宁波市镇海区志

NINGBO SHI ZHENHAI QU ZHI

（上）

宁波市镇海区地方志编纂委员会 编

方志出版社
Publishing House of Local Records

图书在版编目（CIP）数据

宁波市镇海区志 / 宁波市镇海区地方志编纂委员会编. —北京：方志出版社，2019.12
ISBN 978-7-5144-3927-4

Ⅰ. ①宁… Ⅱ. ①宁… Ⅲ. ①镇海区–地方志–1985–2008 Ⅳ. ①K295.54

中国版本图书馆 CIP 数据核字（2019）第 270067 号

宁波市镇海区志

编　　者：宁波市镇海区地方志编纂委员会
责任编辑：罗　滔
出 版 者：方志出版社
地址　北京市朝阳区潘家园东里 9 号（国家方志馆 4 层）
邮编　100021
网址　http://www.zgfzcb.cn
发　　行：方志出版社图书经销中心
电话（010）67110500
经　　销：各地新华书店
印　　刷：成都勤德印务有限公司
开　　本：889×1194　1/16
印　　张：136
字　　数：2966 千字
版　　次：2019 年 12 月第 1 版　2019 年 12 月第 1 次印刷
印　　数：0001~3000 套
ISBN 978-7-5144-3927-4　定价：880. 00 元（全两册）

宁波市鎮海区志

江泽

镇海区位置示意图
（2008年）

编制单位：浙江省工程勘察设计院集团有限公司　地图审核号：浙甬S（2020）207号

保险
CDMA

招宝山街道一角（2006 年）

千年古堤后海塘（2013 年）　陈永忠 / 摄

郑氏十七房（2006 年）

宁波植物园（2016 年）

生态林带（2007 年）

七里屿灯塔（2016 年）

宁波市大学科技园（2010 年）

九龙湖（2010 年）

镇海电厂（2009 年）

招宝山威远城
（2009 年）

安远炮台（2010 年）

镇海鼓楼（2006 年）

九龙湖鱼山、乌龟山遗址（2013 年）

镇海口海防历史纪念馆（2009 年）

宁波帮博物馆（2009 年）

区文化中心镇海箭港湖畔（2015 年）

镇海中学（2006 年）

中国科学院宁波材料技术与工程研究所（2008 年）

镇海炼化（2007 年）

宁波石化区（2009 年）

庄市光明新村（2006 年）

甬江口（20 世纪 70 年代）

沿江景观带（2004 年）

镇海港区（2012 年）

轨道交通二号线进镇海（2015 年）

东外环北外环互通立交（2010 年）

招宝山大桥通车（2001 年）

招宝山街道“十里红妆”（2008 年）

始建于 20 世纪 90 年代的汶骆公路林带（2007 年）

水乡古镇骆驼桥（2010 年）　戎成 / 摄

慈
溪
市
至慈溪、杭州
清明山
镬脐岭山
石英坑水库
横溪
金沙
九龙山
九龙湖旅游度假区
九
龙
湖
老鹰山
金夹岙
尖山
万丈山
龙王堂
十字路
九龙湖
河头
九龙湖镇
藤山
滕山
金家池头
余
澥浦
澥浦镇
秦山水库
秦家岙
里邱
郎家坪水库
南横山
孟家
应家
鹿山
沿山
大磊山
十七房
十七房旅游区
小洞岙水库
九
龙
湖
镇
田顾
西沈
田杨陈
觉渡
毛岙
三圣殿水库
凤凰山
杜夹岙
上畦
新屋
庙戴
罗家
邱何顾李
毛力山
毛力水库
山下陈
上周
西经堂
横河桥家
西岙
汶溪
许家
中心
西河
清水湖
朝阳
迎胜桥
小严
后曹头
黄沙闸
周家潭
沙河
贝家港
杨家水库
七夹岙
方李
蔡家岙
徐家库
九龙湖
沙河
灵山
长石
长宏
金东
联勤
骆驼街道
董家畈
前林
江
化子闸
敬德
余三
东邑
湖心
荪湖水库
林西房
羊江王
保国寺
大庙
骆驼
金华
骆驼机电工业园区
骆兴
至余姚
至杭州
慈
江
宁波绕城高速
小田胡
团桥
华家
北
东钱
费市
镇海新城管委会
至跨海大桥
至杭甬、甬金、沈海、甬台温高速
叶家斗
洪家
洪塘街道
尚志
翁家
菱
曙
区
庄桥街道
庄市街道
北
环
谢家
压赛
江北大桥
湾头大桥
华展大桥
姚江大桥
余
姚
江
海
曙
区
甬江街道
孔浦街道
文教街道
姚江
常洪隧道
望春街道
永丰桥
中马街道
庆丰桥
甬
江
东
区
新明
G329
图 例
区政府驻地
管委会驻地
镇政府街道办事处驻地
行政村
自然村
县(市、区)界
乡(镇、街道)界
建成及在建高速公路
国道及编号
S320
省道及编号
铁路
主要道路
次要道路
一般道路
小路
隧道、桥梁
河流
比例尺 1:75000

镇海区交通图

（2008 年）

地图审核号：浙甬S（2018）45号

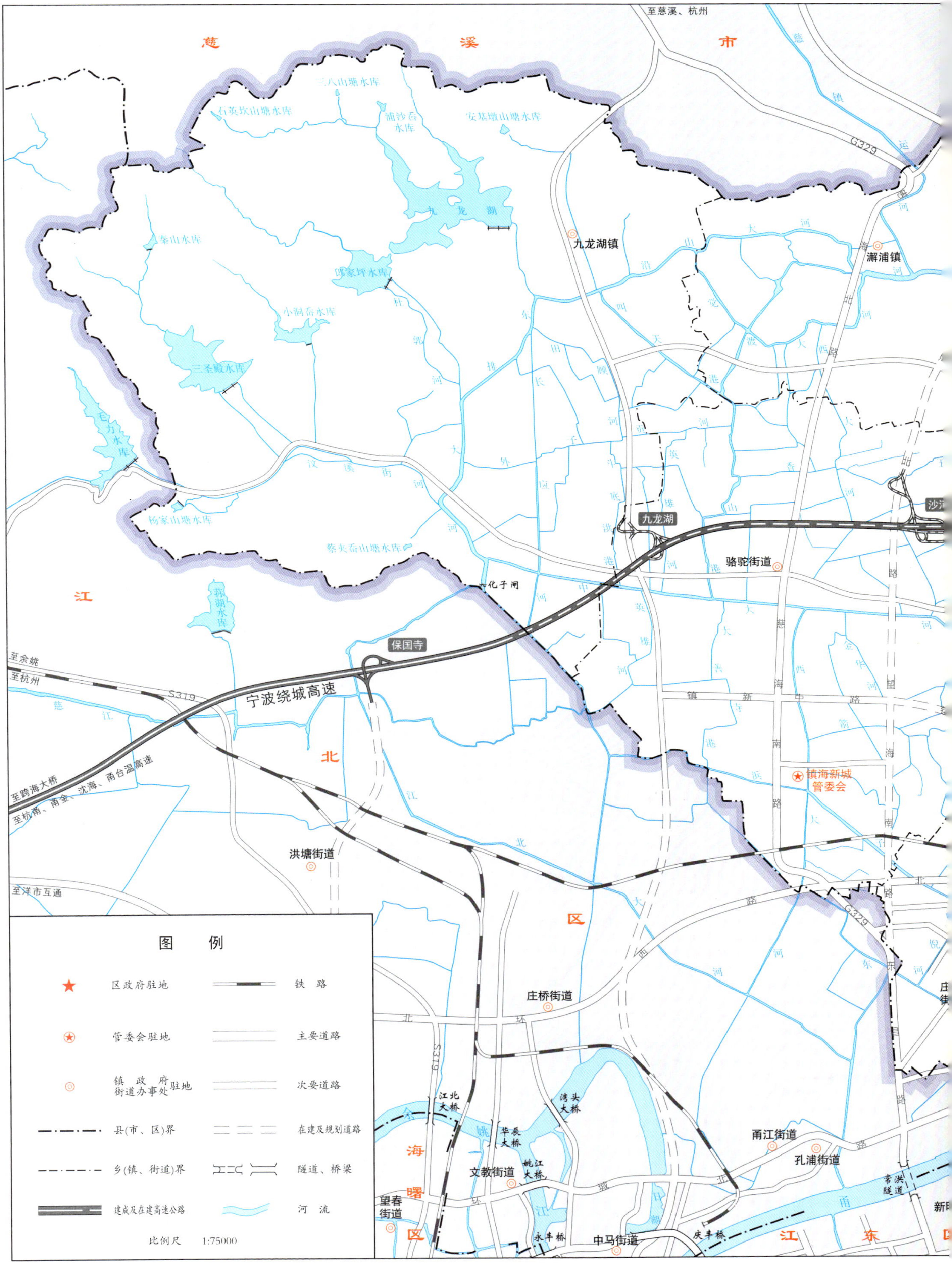
至慈溪、杭州
慈
溪
市
三八山塘水库
石英玖山塘水库
浦沙岙水库
安基墩山塘水库
九龙湖
九龙湖镇
澥浦镇
G329
秦山水库
郎家坪水库
小洞岙水库
三圣殿水库
毛力水库
杨家山塘水库
蔡夹岙山塘水库
化子闸
九龙湖
骆驼街道
沙河
荪湖水库
保国寺
至余姚
至杭州
S319
宁波绕城高速
至跨海大桥
至杭甬、甬金、沈海、甬台温高速
镇海新城管委会
镇新路
洪塘街道
至洋市互通
江
北
区
庄桥街道
S319
北环
江北大桥
湾头大桥
华良大桥
姚江大桥
甬江街道
孔浦街道
文教街道
常洪隧道
望春街道
海
曙
区
永丰桥
中马街道
庆丰桥
江
东
新
图例
区政府驻地
管委会驻地
镇政府驻地
街道办事处驻地
县(市、区)界
乡(镇、街道)界
建成及在建高速公路
铁路
主要道路
次要道路
在建及规划道路
隧道、桥梁
河流
比例尺 1:75000

镇海区水系图

（2008 年）

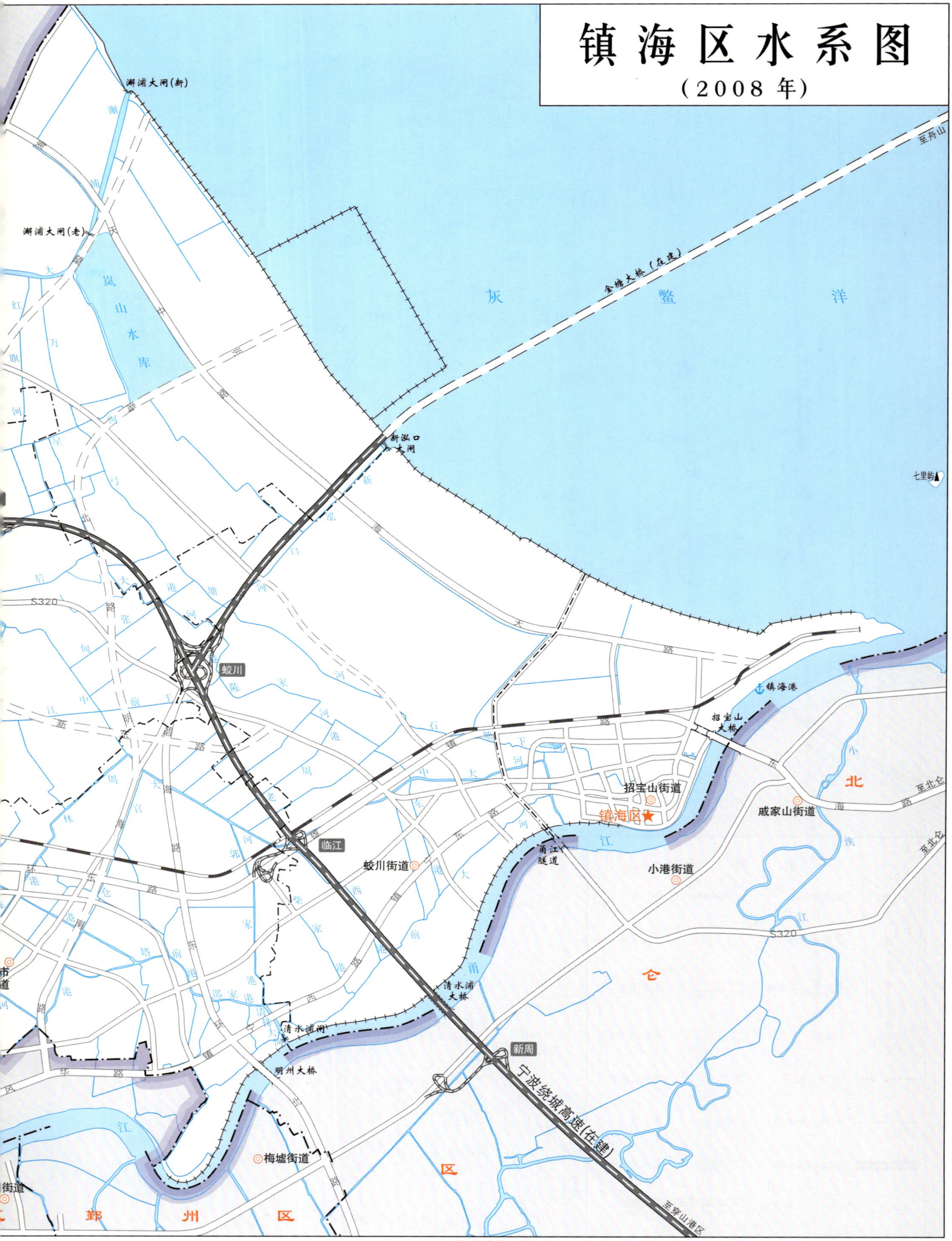

编制单位：浙江省工程勘察设计院集团有限公司　地图审核号：浙甬S（2020）207号

蛟川街道地图

（2008年）

地图审核号：浙甬S（2018）45号

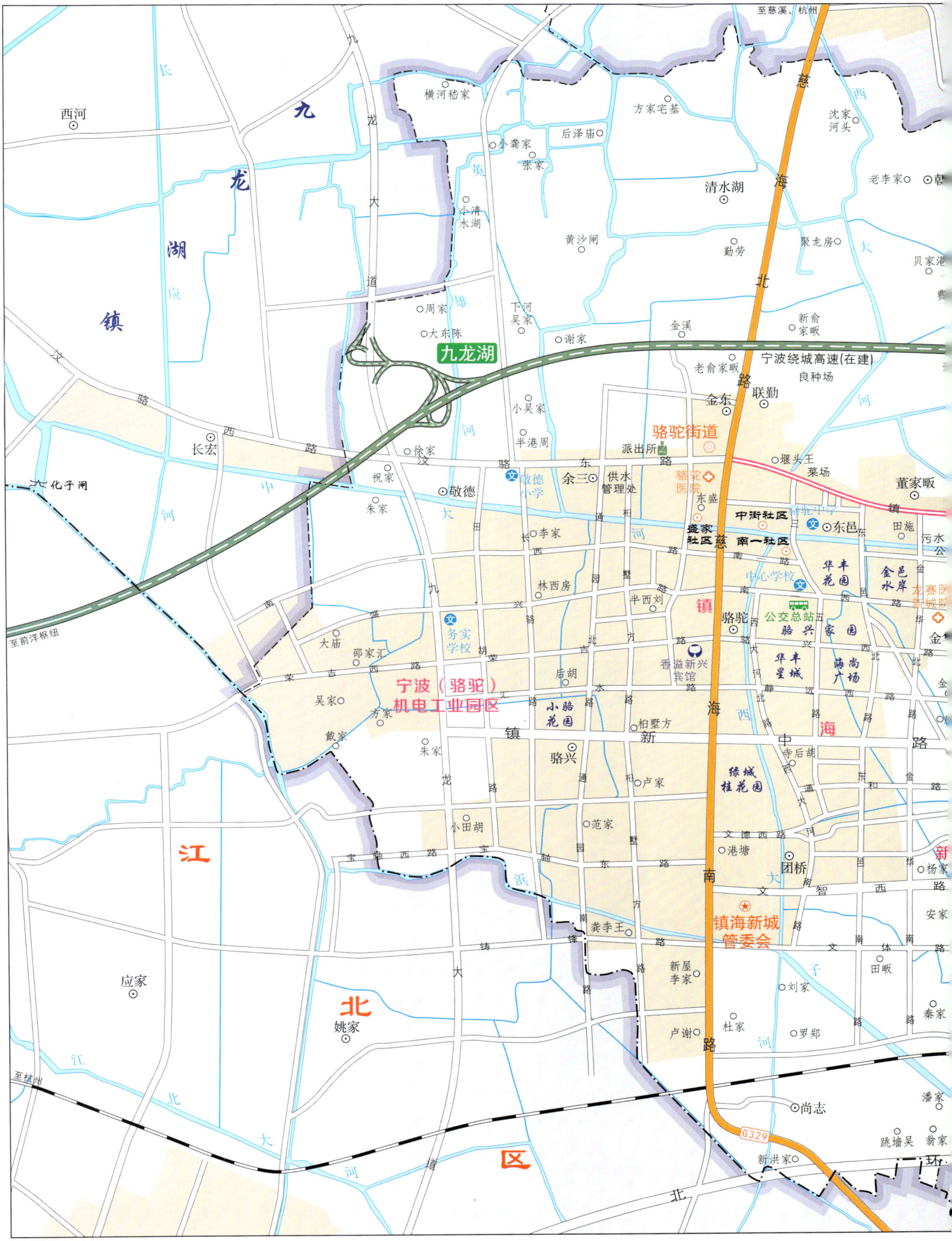

至慈溪、杭州
横河嵇家
方家宅基
后泽庙
沈家河头
西河
小龚家
张家
清水湖
老李家
小清水湖
黄沙闸
勤劳
聚龙房
贝家港
九龙湖镇
周家
下河吴家
大东陈
谢家
金溪
新俞家畈
九龙湖
宁波绕城高速(在建)
老俞家畈
良种场
金东
联勤
小吴家
长宏
半港周
骆驼街道
徐家
派出所
堰头王
菜场
化子闸
祝家
余三
供水管理处
骆驼医院
董家畈
敬德
敬德小学
东盛
骆驼中学
朱家
中街社区
东邑
田施
李家
盛家社区
南一社区
污水
金邑水岸
林西房
中心学校
半西刘
华丰花园
龙赛医
大庙
务实学校
骆驼
公交总站
骆兴家园
邵家汇
香溢新兴宾馆
华丰星城
海尚广场
后胡
宁波（骆驼）机电工业园区
吴家
小骆花园
方家
柏墅方
戴家
朱家
寺后胡
骆兴
卢家
绿城桂花园
小田胡
范家
港塘
团桥
杨家
镇海新城管委会
安家
龚李王
新屋李家
刘家
田畈
应家
江北区
姚家
卢谢
杜家
罗郑
秦家
至杭州
尚志
潘家
G329
跳墙吴
翁家
新洪家
至前洋枢纽

骆驼街道地图

（2008 年）

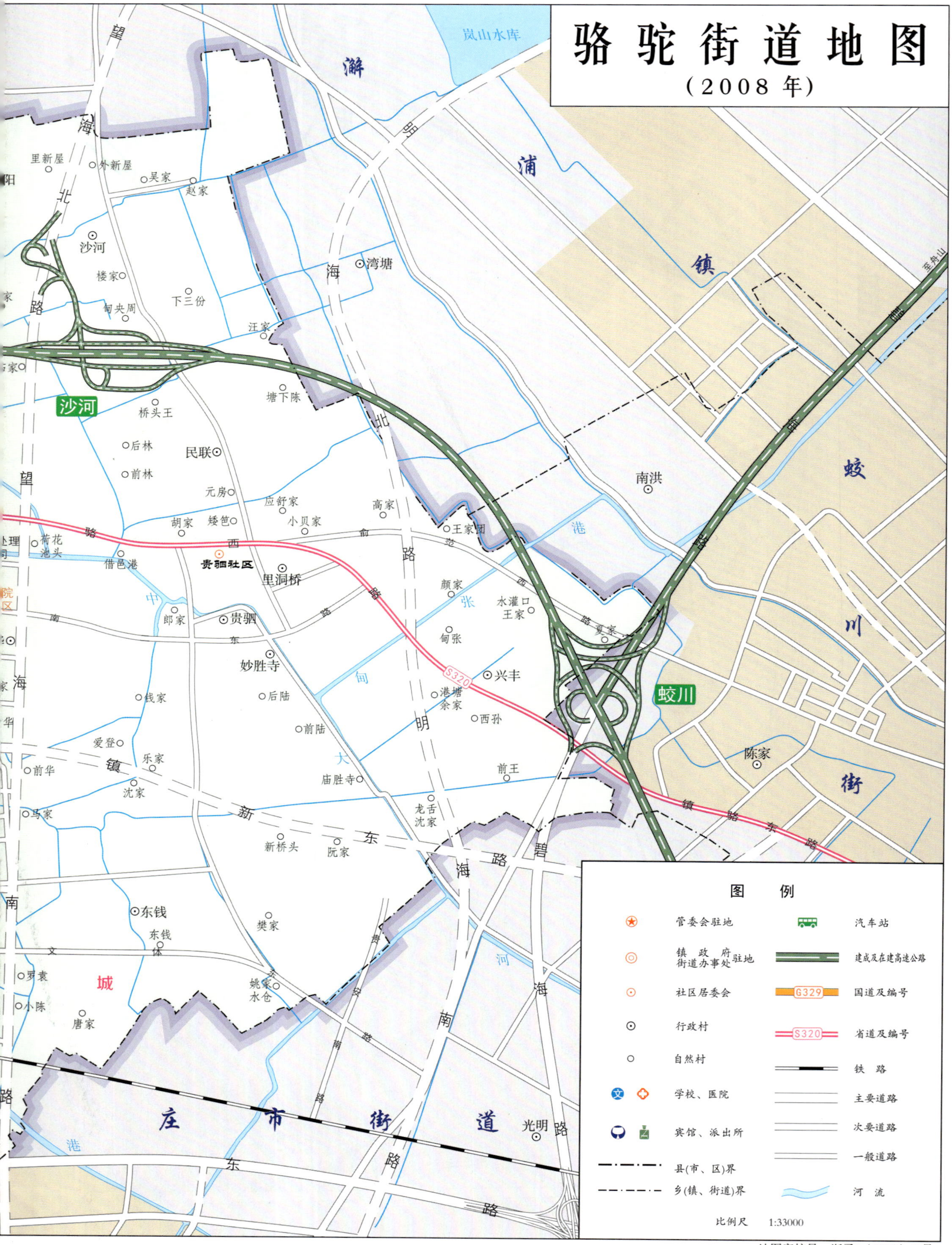

地图审核号：浙甬S（2018）45号

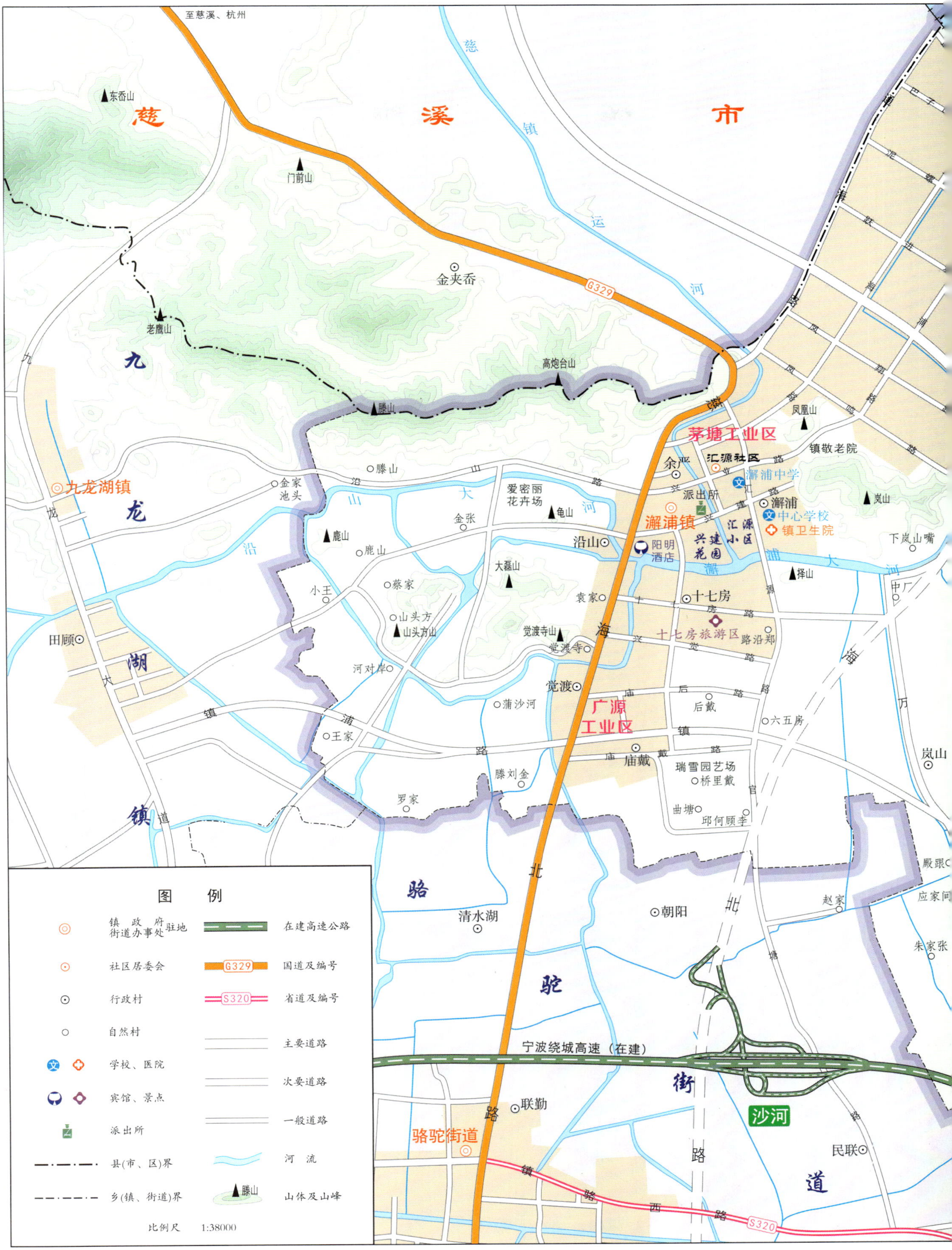

至慈溪、杭州
慈
溪
市
慈
镇
运
河
东岙山
门前山
金夹岙
老鹰山
高炮台山
滕山
G329
九
龙
湖
镇
九龙湖镇
九
龙
大
沿
滕山
金家池头
沿
山
大
河
爱密丽花卉场
龟山
金张
鹿山
鹿山
沿山
小王
蔡家
大磊山
山头方
山头方山
田顾
河对岸
觉渡寺山
觉渡寺
觉渡
蒲沙河
王家
镇
浦
路
滕刘金
罗家
镇
道
凤凰山
茅塘工业区
镇敬老院
余严
汇源社区
澥浦中学
派出所
澥浦
岚山
澥浦镇
中心学校
镇卫生院
阳明酒店
兴建花园
汇源小区
下岚山嘴
择山
澥
浦
大
河
袁家
十七房
十七房旅游区
郑沿路
海
兴
广源工业区
后戴
六五房
庙戴
瑞雪园艺场
桥里戴
曲塘
邱何顾李
岚山
殿跟
赵家
应家
朱家张
巴子
泥螺
蛟
海
浦
凤
翔
路
路
北
路
驼
清水湖
朝阳
北
塘
宁波绕城高速（在建）
街
沙河
联勤
骆驼街道
民联
道
镇
骆
西
路
S320
图例
镇政府街道办事处驻地
社区居委会
行政村
自然村
学校、医院
宾馆、景点
派出所
县(市、区)界
乡(镇、街道)界
在建高速公路
国道及编号
省道及编号
主要道路
次要道路
一般道路
河流
山体及山峰
比例尺 1:38000

澥浦镇地图

（2008 年）

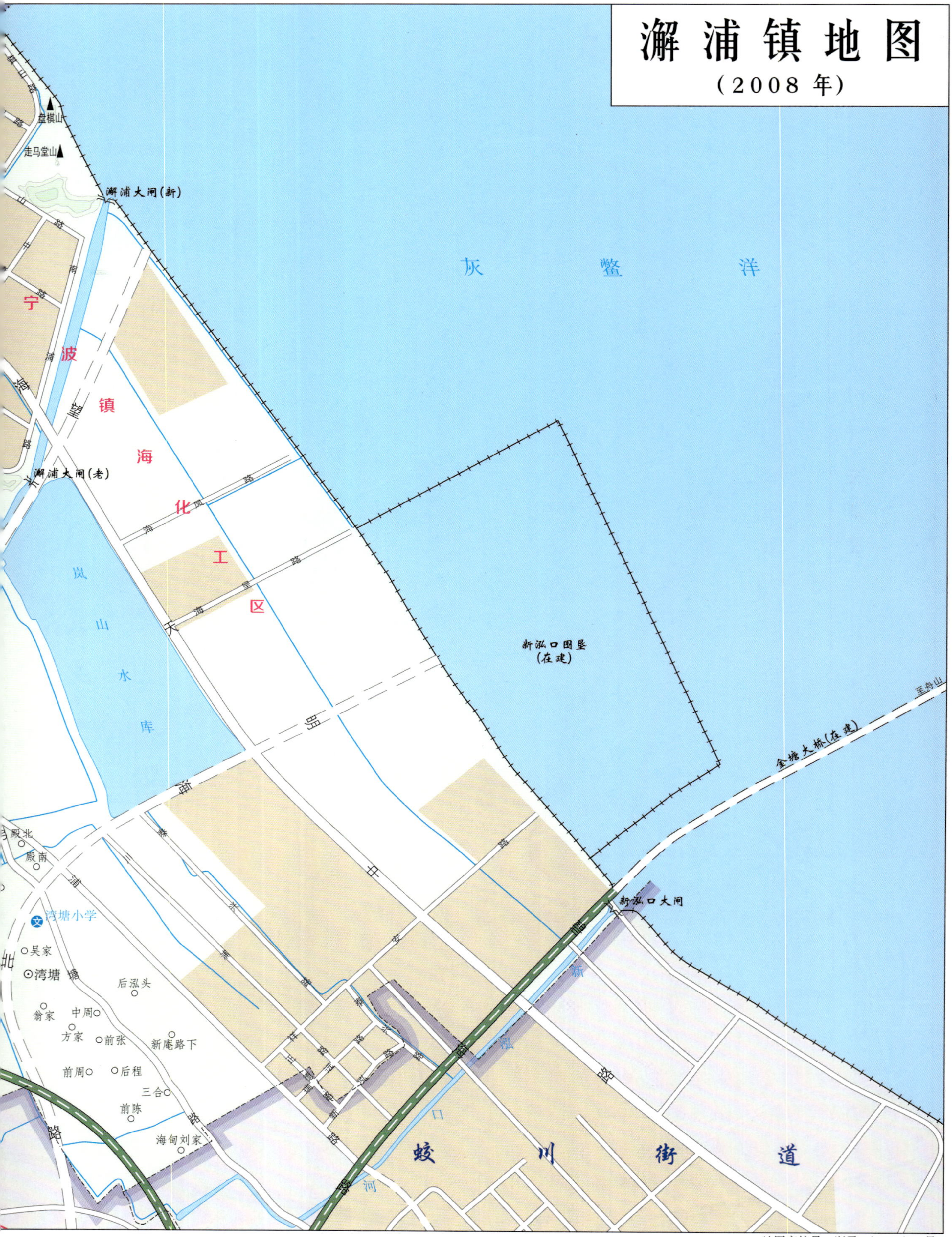

地图审核号：浙甬S（2018）45号

宁波市镇海区地方志编纂委员会

2004.8—2007.6

主　　任　郭华巍
副 主 任　张才国　陈召华　董国安　汪卫国　王耀军
委　　员　王惊殊　胡文安　袁瑞龙　邬路明　董万峰　娄林友　张剑波
王永年　黄胜涛　俞国华　周雅珍　洪裕军　程振明　何加明
陈利华　王宏德　周林表　徐慧丽　邵秀波　顾柳影　张　敏
胡玲珑　林伟明　罗思维　王兆波　胡祖友　高炳华
办公室主任　王耀军

2007.6—2008.9

主　　任　马卫光
副 主 任　陈召华　张江华　陈家俊　汪卫国　许武松
委　　员　汤文东　胡志平　顾其龙　潘群威　王亚玉　郑　刚　王永年
张剑波　俞国华　周雅珍　洪裕军　洪岳军　陈利华　程振明
杨宇伟　周林表　孙伦伟　邵秀波　顾柳影　张　敏　黄胜涛
高炳华　郑玉芳　林伟明　徐天红　俞泉云
办公室主任　许武松

2008. 9—2012. 9

主　　任　陈召华

副 主 任　宋济青　张江华　陈家俊　汪卫国

委　　员　蒋士勇　胡志平　许武松　顾其龙　潘群威　王亚玉　王惠奋　王永年　张剑波　洪岳军　徐天红　叶国萍　洪裕军　叶华育　陈利华　程振明　杨宇伟　周林表　孙伦伟　邵秀波　顾柳影　张　敏

办公室主任　许武松

2012. 9—2017. 6

主　　任　魏祖民

副 主 任　徐　方　顾国芳　高炳华　陈利华

委　　员　陈江其　胡志平　王信永　周云霞　翁国光　余维勤　王惠奋　孙　勇　柴泽跃　崔召春　徐天红　叶国萍　顾　舰　阮一心　陈　恺　施宇峰　杨宇伟　王亚玉　胡菁菁　邵秀波　顾柳影　俞奇恩

办公室主任　王信永

2017. 6—2019. 10

主　　任　魏祖民

副 主 任　李　斌　杨小平　高炳华　严红霞

委　　员　孙大海　胡志平　陈　恺　孙惠明　施宇峰　阮一心　张敏海　孙海雄　孙天龙　胡荣章　毛友军　顾　舰　金　燕　曹慧云　周国伟　庞永刚　毛志挺　孔海平　胡菁菁　邵秀波　王丁盛　俞奇恩　全彩峰

办公室主任　俞奇恩

2019.10—

主　　任	何黎斌						
副 主 任	俞泉云	林伟明	王信永	严红霞			
委　　员	崔召春	郑　岗	陈　恺	孔海平	施宇峰	林世军	张敏海
	孙海雄	孙天龙	胡荣章	毛友军	顾　舰	曹慧云	徐洪涛
	阮一心	周国伟	庞永刚	毛志挺	刘义敏	胡菁菁	孙　灵
	严廷海	顾科明	全彩峰				
办公室主任	顾科明						

《宁波市镇海区志》顾问

（以姓氏笔画为序）

王竹堂	王卓辉	乐山弗	朱兆祥	孙庆福
杨金荣	李锡均	何一江	张乾卿	张　曦
周忠德	郑祖安	郑康宁	胡允和	胡永先
俞福海	洪钧杰	董克勤	魏　桥	

《宁波市镇海区志》编纂人员

主　　编　陈家俊
　　　　　　陈　兵（2004.09—2007.02）
总　　纂　陈　兵
副 总 纂　冯国定
责任编辑　冯国定　陈　兵　陈柏青　郑　修　孟福成
初稿编写　丁轶男　马仕萍　王一萍　王广进　王飞跃　王历明　王姣泉　王　勇
王金波　王　喆　王　凯　王择先　王常芳　毛华勋　毛良骏　毛滋美
卞耀农　方名耀　尹　琪　石魏朝　叶美法　叶得民　卢　亮　史孝祥
乐俊凯　乐满玉　冯　宁　司徒伟　吕广圣　朱　立　朱学年　朱安福
朱帼君　孙家明　孙　晟　孙甦胜　任思思　华　荣　刘　星　刘　鹏
庄美琦　庄　瑾　许亚娟　许　婷　劳珊珊　李　宏　李明政　李小威
李君欣　严水乎　严廷海　吴泰元　吴建娣　吴雪兵　吴　昊　吴嘉昀
岑岂杰　余永翔　余　波　应志樵　忻伟国　沈亚忠　沈　思　宋宏涛
张荷芬　张丽君　张　俊　陆仁文　陆　蕙　陈瑞华　陈与杰　陈颖斐
陈宏福　陈卓霞　陈海群　陈敏姣　陈　莹　邵　平　林　伟　尚立峰
金贤君　周仁毅　周文斌　周建华　周　嵘　周　伟　周　玮　周文祥
郑　强　郑尧贤　项宗剑　胡甬娜　胡春霞　胡渭章　赵仲木　赵静君
施智勇　姚微琴　袁蓉燕　徐天翔　徐　明　徐宏炳　徐崇禧　徐春伟
郭明浩　翁长春　夏玉章　夏晓红　夏颖川　高国勇　顾国民　顾国明
顾科明　顾辛波　顾怡岚　钱　昱　曹晓雯　戚　芸　章正伟　章顺土
黄开聪　黄腾云　谢荣华　谢鹏年　董万峰　景文俊　葛纯玲　赖建爱
蔡火光　蔡东升　黎伦睦　颜丙纳　臧淑筠
摄影编辑　李浙东　周承禔　张敬愉等

序言一

XU YAN YI

盛世修志，志载盛世。《宁波市镇海区志》在历届中共镇海区委、区政府的高度重视下，经镇海区地方志办公室全体同仁和参与编修人员的不懈努力，终于付梓出版，大功告成，可喜可贺！

镇海区位于宁波市东北部，甬江入海口北侧，濒临东海，素称“浙东门户”，古海上丝绸之路起碇港之一，历为海防要地。镇海历史悠久，唐元和四年（809），鄮县甬江口置望海镇，为建治之始。后梁开平三年（909），置望海县，不久改名定海县。宋熙宁十年（1077年），划鄞县灵岩、泰邱、海晏三乡归定海县。明洪武二十年（1387），昌国废县，原昌国县境统隶定海县。康熙二十六年（1687），改定海县为镇海县。1958年年底，撤销镇海县并入宁波市。1963年初，恢复镇海县。1985年10月撤销镇海县，析为镇海区、滨海区（北仑）隶属于宁波市。镇海不仅有辉煌的昨天，更有灿烂的今天。历史上是国人英勇抗击外敌入侵的重要战场，是“宁波帮”的摇篮；镇海具有重教育重人才的优良传统，人文荟萃，名人辈出，是远近闻名的院士之乡。从20世纪70年代起，浙江炼油厂、宁波港镇海新港、镇海发电厂等一批重大工程相继落户镇海。中共十一届三中全会以后，镇海率先登上了改革开放的快车道，更是个蓬勃发展，充满活力的地方。

《宁波市镇海区志》编纂工作启动以后，承蒙镇海区地方志办公室的信任和委托，我有幸参与了从区志纲目论证到志稿初审、复审和终审，见证了志稿形成到成熟的全过程，加深了对镇海历史和现状的了解。受益匪浅，感触颇深。从参与这部志书的多次审读和讨论修改的经历中，我对镇海各级领导、有关部门、社会各界人士和全体编志同仁，在十多年编志过程中所表现的那种和衷共济、热情互助的良好氛围；对乡土家园热爱的深厚家国情怀；对发展地方文化的高度事业心和努力提升志书质量的责任感，深感敬佩。

本志从制定纲目直到终审定稿，中间的每道环节都在充分研究、吸纳各方意见的基础上，进行反复修改，精打细磨，使志稿质量不断提升，逐步走向成熟。这是一部编纂规范，多有新意，资料丰富，特色鲜明，质量上乘的志书。我认为主要有以下显著特点：

其一，编纂思路定位准确，重点突出。志书主要记载镇海撤县设区后23年的发展历程。这正是镇海改革开放以来发展最快、变化最大的时期，也是快速发展中的新问题开始显现的时期。在纲目设置的谋篇布局上，坚持辩证唯物主义和历史唯物主义的立场、观点和方法，遵循“五位一体”的总体布局，紧扣改革开放的主题，秉持“以人民为中心”的理念，全方位反映镇海23年的发展变化和巨大成就，着力突出时代特点和镇海的地域特色。同时，坚持“详今明古”的原则，有选择的适当追溯历史，使读者深刻感悟沧桑变化，不忘弘扬优良文化传统，较好的达到了记述广度和深度的统一。

其二，结构严谨，资料翔实。本志编、章、节、目归属得当，层次清楚，记述的基本要素完整。以志书体为主、多体兼备，图、照、表、文配置较好，图文并茂，相得益彰，多视角、全方位的展示地情。如卷首的彩照和地图并不多，但突出重点，坚持少而精，较好地体现了代表性、典型性和时代性。又如第六编《姓氏　大族　谱牒》的第二章大族世家，设置了15节，计有5万余字，系统记述了镇海历史以来有重要影响和贡献的大族世家。再如《丛录》部分，资料丰富，存史价值高，可读性较强，其中《华人港澳同胞捐款明细表》，载录了1985年至2008年镇海籍华人港澳同胞捐款支援家乡建设的情况，计有560多人次，8个华人港澳同胞团体，个人捐款有数百元到数百万元不等，累计捐赠2亿多元，支助了533个项目，生动体现了“宁波帮”不忘故土、热爱家乡的深厚感情，十分感人。资料翔实可用，是志书成功的基础，也是本志的重要特色。

其三，与时俱进，探索创新。本志在传承之前《镇海县志》特色基础上，从内容和表现形式上都有不少创新。在编目设置上，紧紧围绕镇海实际和时代特点，设编记述《姓氏　大族　谱牒》《地域与人文优势》《环境保护》《经济体制改革》《工业循环经济》；还有在《姓氏　大族　谱牒》编中设章记述“家谱宗规”，传承家训和宗规的优秀传统文化；《民情民俗》编记述“价值观念和社会心理”，反映改革开放伟大变革中的思想观念的变化；设“专记”，记述部分社会群体的社会生活状况调查，反映基层民众的生活实情；《民政》编设章记述“老龄事业”，顺应人口步入社会老龄化必须应对的重要课题；还有对许多方面的改革专门设章记述，等等。这些亮眼之处，充分体现了镇海的地域特色和时代特点。在编纂形式上，也有许多值得肯定的探索。如《大事记》，把编年体和纪事本末体结合，并对重大事物加随文插图，有的则用“链接”形式加以适当延伸，丰富了记事的内涵；又如《人物》编，借鉴二十四史中的立传分类形式，记载了镇海从古到今的各方面精英一千多人，揭示了镇海人领风气之先，始终走在时代前列的深厚的人文底蕴。本志还十分看重“专记”和随文“附”录体裁的使用，记载消失的事物、历史灾害、重要事项等，保存历史记忆，以古鉴今，启迪后人。

其四，全面客观，实事求是。本志是1994年版《镇海县志》的续志，做到横排门类全、纵叙事实通。对断限前、后的内容，根据记述的系统性、完整性需要，进行适当追溯或必要延伸。保存了许多珍贵史料，反映了镇海的悠久历史和深厚的人文底蕴。便于让读者一志在手就能了解镇海古今。在记事态度上，能做到恪守史德，秉笔直书。坚持说真话，不溢美，不避短。比如《环境保护》编，在翔实记述污染治理和生态建设的显著成就时，能把握好分寸，坚持用数据说话。同时还随文“附”记了2002年发生的因企业污染引起的“5·18”群体性事件，在编无题小序中指出“环境保护工作任重道远”；又如，在《民情 民俗》编，记主流价值观念和社会心理的同时，不回避存在的消极观念，等等。这些都是很值得肯定的。

其五，行文通畅，记述规范。志书行文能按志体要求，做到语句平实，行文流畅，标题简明；记述的事实有始有终，数据前后对应、可比性强，下限统一。有助于展现事物发展轨迹，揭示发展规律。如近万字的《概述》，内容全面，资料扎实，特色鲜明，文字精练，层次清晰，是一篇浓缩版的镇海经济社会发展史和改革开放史。总之，这是一部资料性、思想性、实用性、可读性相统一，帮助读志用志者全面了解镇海、研究镇海，有助于“资政辅治”“堪存堪鉴”的志书佳作。

镇海区地方志办公室的修志同仁“十年磨一剑”，功不可没。卷末的《修志始末》是一篇有深度的修志经验的总结。据我所知，他们十余个春秋，持之以恒，从不松懈。为搜集资料，查档案，考文献，访父老，走基层，千方百计；为谋新篇，勤学深思，博采众长，勇于探索，力求创新；为确保质量，文不厌改，精益求精。他们遵循“以人民为中心”“对历史负责，经得起历史检验”的理念，勤奋努力，积极探索。因而使这部志书具有较高的时代印记和存世价值。尤其值得一提的是，区志编纂室的6位同志，都已过古稀之年，他们老当益壮，不畏艰辛，倾心修志，不计名利，成为编纂队伍的中坚。这在全省地方志系统并不多见。陈兵先生所写的《跋》，满怀深情地叙说了方志人的责任追求和为修志事业无私奉献的情怀，读后感人至深，令人敬佩。镇海修志同仁这种对地方志事业的使命感、责任感和无私奉献精神很值得学习弘扬。成志不易，求精更难。镇海区修志同仁无愧是这部成功之作的功臣。我深知自己不是为本志作序的最佳人选，是镇海区修志同仁的修志人精神和真情深深打动了我，才写了以上想说的话。若有不当，恳请指正。最后，衷心祝愿镇海人民在伟大的新时代，不忘初心，开拓奋进，继续走在时代前列，创造更加美好的明天！

杨金荣
2019年4月于杭州

（作者系浙江省社会科学院党委原副书记，浙江省地方志办公室原主任）

序言二

XU YAN ER

我的祖籍是历史上长期属于镇海县的龙山镇，在我幼少年我祖母、外婆在世时，每年总有二三次，我父母携我去乡探望。其时通行带有简便卧铺的沪甬客轮。晚霞将起时，船从上海十六铺码头启碇出发，大海摇晃，入夜早眠。待第二天天亮时，宁波已近。每当这时，我一定都要上甲板倚在船舷，看着轮船缓缓驶进甬江口，也就在此刻，北侧镇海招宝山秀美动人的廓影渐渐接近，越来越清晰，那种给幼少心灵带来的愉悦和感动，难以表述。且这种美妙的记忆一直会挥之不去，竟深深地保留到我今已七十的耆老之年。

祖母、外婆相继过世后，我家极少去乡了。然而令人意想不到的是，与镇海之情却在改革开放后更深地延续了。20 世纪 80 年代全国掀起编修新方志的热潮，《镇海县志》也启动进行。我作为上海的甬籍地方史志专家，受邀参与该志。我尽力从上海为镇海志办收集史料，经常与他们交流修志经验得失，并为该志修正、提升出谋划策。1994 年《镇海县志》成功面世。接着，更令人意料之外的是，进入 21 世纪，第二轮修志工作也在全国各地逐步展开。是时镇海已撤县建区，这样，在相隔仅十年的时间，第一部《宁波市镇海区志》又开始大举编纂。我因前缘，又受邀加入该志队伍。一生中能参与两轮地方志编纂，能两次为家乡做力所能及的贡献，于我真可谓难得而幸甚了。现今，这部厚达近 350 万字的皇皇巨著《宁波市镇海区志》，经全体修志人员数年的艰辛努力，即将付梓问世，这实在让人欢欣鼓舞。

常有人问我，当今社会的出版物浩如烟海，又有各种短小的快餐文化作品充斥市场，这厚重的地方志书的功用价值和意义究竟大吗?

我想可以从三个方面来简约地回答这个问题。

第一，地方志乃一方之地情的全面记录，称它为“全面”，因它直线内容纵贯古今，横面以数十个门类的内容包含了一地自然、经济、政治、文化、社会的方方面面。如前已出版的《镇海县志》，所记上自这片大地地质地貌自然环境及有人居住活动始，下至 20 世纪 80 年代撤县划区，横向设立了二十九个编。这样的架构可谓将镇海自古以来方方面面的发展变迁一网打尽了。而就编撰体例，地方志是资料汇集之书，在修志过程中，参与单位因而认真、系统地梳理了各个领域的进变历程，搜集、发掘、考证、整理、保存了大批有存世价值的文字资料、图像资料和统计数据等。为做到求真存实，又非常注意尽力做到资料的原始性、翔实性，这确实令人钦佩。

第二，如果说上述是各地地方志编纂必要遵循的共性外，更重要和可贵的是，因任何一个地区都有自己特定的地理条件、资源蕴藏、人文环境、社会风情等，这些不同甚至差异很大的状况，会塑造、积淀出各个地区互不一样只属自身的地域特点和地域个性。这样，每一部地方志如何能强烈展现出本地区的个性特点，如何能彰显出本地区的各大特色，就成为每一地方志书的编写追求和要务了，这也是可以以此评价它是否达到高质量的一个标准。

在这方面，新编的《宁波市镇海区志》无疑是朝着这个方向奋力而进的。我翻阅已成的区志稿本，其中不少方面会让我生出似饮醇厚之酒的绵绵感觉。如在谋篇布局上，全书专设《地域与人文优势》编，特别地总结提示了镇海从历史上到现今的地域资源和人文资源的独特优势，这就把镇海历史变迁和镇海人的性格特点，从一个最要紧的根基上揭示了出来，也因此使我们看到了镇海从古至今发展前进具有的深层精神支撑和强大的动力来源；镇海区志显然又十分注重反映镇海的民生，全书还特设《民情民俗》《方言》《姓氏大族谱牒》编以及《丛录》的数项专文等，它们涉及了镇海人过去和现在日常生活的多个方面，内容鲜活，叙述生动，从不同的侧面开掘展现了镇海深厚的历史底蕴和丰富的文化内涵；我还注意到，无论是前出的《镇海县志》，还是眼前的《宁波市镇海区志》，两者都对《人物》编用力甚大。志中吸收了大量镇海籍和非镇海籍在镇海工作、生活、活动过，具有成就和有过一定影响的人物，最关键的是，写人物，做到了资料真实，经历连贯，能不矫饰、不隐讳。这就增加了可信性。所有这些特色篇章明显地为全书增添了浓郁的色彩，也强化了志书的可读性。

第三，在上述的共性和个性之外，地方志作为纵横历史和当代的地方全局、规模宏大的地情书，更深层的还在于拥有蕴藏在其内，及不断焕发出来的巨大的精神和人文意义了，这是完全不可估量的强大生命力。古往今来，大型的、优秀的文化作品，就是会有这样的特殊价值，乃至可以产生持久的影响力和辐射力的。

任何一个地方的演变和成功当然主要都是由“人”创造出来的，故可以从这具有最根本性的方面来予以考察。就镇海而言，濒海临江、浙东前沿的地理位置，使之成为我国历代的国防重镇，也就在这里，一批批反侵略、反压迫的志士英豪，前赴后继，留下了可歌可泣的英雄伟绩和感人故事；这一特别的地理位置，也使之成为浙江与外界往来的枢纽冲要，推动了这一方土地的人们极早大胆、坚毅地从这里走向全国、走向世界，去开拓、去经营。宁波港的贸易遍行天下，一代代的宁波人在全国、全世界落地生根，赢得了海内外广大范围内的“宁波帮”美名；镇海又历来兴学重教，诗礼书香流布，形成了好学、善研的极其良好的文化氛围和文创能力，在这广泛深厚的文明基础上，也就推动造就了一大批卓有成就的科学院士和文化精英。

昨天激励着今天，昨天和今天又激扬鼓舞着走向明天。镇海的历史变迁、镇海的当代辉煌、镇海的未来前景的灿烂，就如东海之浪，一浪逐一浪，一浪高一浪，生生不息，永远向前。

而所有这一切，地方志都广阔地、深刻地把它们记录下来、展现出来了。尤其是前《镇海县志》和今《宁波市镇海区志》，紧紧抓住了"人"与"人物"这条根本性的主线，写出了他们的胸襟情怀，他们的刻苦耐劳、聪慧睿智、求变善拓的优良特质。由这样的人在创造历史、改变现状、奋力迈向未来，那么对镇海各个领域，各行各业的发展进步，镇海整体的崛起兴盛，人们就不难理解和认识，心中了然了。

地方志将地方的精神和人文意义就这样阐发了出来、提升了起来，为当代人带来了充足的知识和广阔的视野，给现今和将来地方上的人们的工作和生活带来信心、力量和智慧，在这里，地方志不仅是从微观上，更从宏观上推出了一个精神和人文的极高境界。这是地方志及其方志工作者的一个不可磨灭的远大贡献。

我期待着这本新修的《宁波市镇海区志》早日面世。

作为文化人，我的藏书可谓汗牛充栋难以计数。然而在所有的藏书中，地方史志类书籍是我的至爱，尤其是对家乡的志书，我尤为看重。在我书房里，已出的《镇海县志》和《宁波市志》以及宁波市下属地区的多部方志，都放在柜架高高的位置上。说实话，我平时因少有时间，故不大会经常地翻阅它们，然而，每当我的目光停留在它们上面时，就会有一种特别的情感在心中会蓦地升起。我知道这是对地方志的一种极度尊崇，更是一种隐于内心深处的乡思、乡愁、乡情、乡谊在交集闪现。这就是无边珍贵的人类根深蒂固的家乡情结。当然，于我或许更为深切真挚：从年幼少时注目招宝山的迷人倩影，到投入两轮新镇海志编纂，与同仁们共同一起为镇海打造一片多姿多彩的文化高地，它们成了划过我人生天空的一道明丽霞光。两者令我欣慰，让我铭记，尤在今天，还为进入晚年的我增添了向着未来前行的一股微妙力量。

郑祖安
2018 年 6 月于上海

（作者系上海社会科学院研究员，1994 版《镇海县志》和 2019 版《宁波市镇海区志》顾问）

凡 例

FAN LI

一、以马克思列宁主义、毛泽东思想、邓小平理论、“三个代表”重要思想、科学发展观、习近平新时代中国特色社会主义思想为指导，坚持辩证唯物主义和历史唯物主义的立场、观点和方法，立足人民，尊重历史，尊重事实。

二、《宁波市镇海区志》主要记述1985年建区后至2008年镇海区自然、政治、经济、文化和社会的历史和现状。对新兴行业或项目（如旅游业、物流业、循环经济等）延伸下限至2010年。涉及需要反映事物整体历史的（如建置及行政区划沿革、重大项目建设等），上溯至事物起源，或适当延伸时限。

三、专编按“编—章—节—目”层次排列，共44编，前插图照，列概述和大事记，后载丛录、修志始末及索引，首末加序、跋。

四、文体采用述、记、志、传、图、录、表、注等形式，辅以链接、附录、专记等项。“大事记”采用纲目体，并插图照。

五、境域、政区、地名、建制名称按历史变迁实记。机构名基本用全称，如有约定俗成的简称，在首现时用全称括注简称。

六、入传人物遵循“生不立传”原则收录。对有重大贡献或有影响的在世人物，在录、表中作简介。

七、数字用法、标点符号、计量单位分别执行国家标准《出版物上数字用法》（GB/T 15835—2011）、《标点符号用法》（GB/T 15834—2011）、《国际单位制及其应用》（GB 3100—1993）和《有关量、单位、符号的一般原则》（GB 3101—1993）。历史上使用的计量单位，如斗、石、里、尺、磅、华氏度等，在引文时可照录。考虑到社会习惯，全书中亩、斤不统一换算。

八、中华民国成立前的纪年，使用朝代年号纪年，括注公元纪年；中华民国成立后的纪年，均使用公元纪年。志中所称“解放前（后）”，以1949年5月26日镇海县解放日为界；“新中国成立前（后）”，以中华人民共和国成立日1949年10月1日为界；“改革开放前（后）”，以1978年12月中共十一届三中全会召开为界。本志“××年代”，凡未加世纪者，均指20世纪。

九、资料主要采自文献档案、社会调查，数据采用统计部门年鉴及业务部门报表。除特殊的注明来源，其余不一一注明。

十、对1994年版《镇海县志》的重要错漏，分别在“人物”“文化”等编和“丛录”中勘误或补正；修订的“镇海县志·大事记”，附于丛录中备考。

十一、志书质量要求及体例规范，按国务院《地方志工作条例》、中国地方志指导小组《地方志书质量规定》及省、市关于地方志书质量规定执行。

总　目

上　部

下 部

General Catalogue

Section 1

Section 2

目 录

第一编 政 区

第二编　自然环境

第三编　野生动植物资源

第四编　国土资源

第五编　人口与计划生育

第六编　姓氏　大族　谱牒

第七编 地域与人文优势

第八编 环境保护

第九编 城市建设与管理

第十编　水　利

第十一编 交通运输

第十二编 邮政 电信 信息化

第十三编 经济体制改革

第十四编　农　业

第十五编 区属工业

第十六编　电　力

第十七编 工业园区

第十八编 工业循环经济

第十九编 建筑业 房地产业

第二十编 旅游业

第二十一编 商贸服务业

第二十二编　对外及对港澳台经济

第二十三编　金　融

第二十四编 财 政

第二十五编 税 务

概　述

GAI SHU

镇海区位于浙东沿海、杭州湾南岸，宁波市境东北部，甬江入海口。境区原属镇海县的甬江以北县域，1985 年 10 月撤县归市，镇海区成立。境区东北临海与舟山市海域相接，南界甬江与北仑区和鄞州区隔江相望，西毗江北区，北接慈溪市。2008 年，行政区划总面积 407. 74 平方千米，其中陆域面积 246 平方千米、海域面积 161. 74 平方千米，陆域海岸线长 18. 34 千米，下辖九龙湖、澥浦 2 个镇和招宝山、蛟川、骆驼、庄市 4 个街道，户籍人口 22. 43 万人，人口密度 912 人/平方千米，外来登记暂住人口 21. 95 万人。

远在新石器时代，境内就有先民繁衍生息，距今 6500 年前的九龙湖镇鱼山·乌龟山遗址，是已知距离海岸线最近的河姆渡文化遗址之一。春秋战国属越国，秦至唐晚期先后为句章县、鄮州和鄮县的东境。唐元和四年（809），在鄮东浃口（今甬江口）置军事建制望海镇。后梁开平三年（909），吴越王钱镠“因地滨海口，有渔盐之利”，更望海镇为静海镇，奏置望海县，未几改名定海县。清康熙二十六年（1687），更名镇海县，至民国时期未变。中华人民共和国成立后，境区归属多次变化。1958 年年底至 1962 年，镇海县与宁波市合并，属宁波市郊区。1984 年 1 月，划县域部分地区建宁波市滨海区（今北仑区），今镇海区部分地区属滨海区。1985 年 7 月，国务院根据宁波市进一步对外开放和经济建设需要，同意撤销镇海县并入宁波市，建立镇海区，扩大滨海区（今为北仑区）。境地属镇海县历时 295 年，从定海县始历时 1073 年（除去其中并入宁波市 4 年）。

境地历来有“唐涂宋滩”之说，经上千年洪水冲积和湖海淤积，又经居民长期筑塘围垦改造自然，才形成今天地势西北高、东南低的地貌特征。低山丘陵集中在西北部，属四明山余脉，至澥浦潜入大海为礁，山区面积 40 平方千米，是境内主要水源涵养地。中部水网平原，东南滨海平原，有名称河流 214 条，总长 325 千米，常年蓄水量 672 万立方米，旱季河网水源从姚江引水补充。甬江沿区境西南侧流向东北，经招宝山入海，甬江入海口自古有“浙东门户”之称。沿海为海岸湿地，每年吸引大批候鸟来此越冬。近海七里屿岛一座，面积 0. 034 平方千米，岛上七里屿灯塔，建于清同治四年（1865），是中国乃至远东地区最早的近代灯塔之一。地处亚热带季风气候区，温和湿润，四季分明，雨量丰沛，无霜期长，夏秋间易受台风暴雨侵袭。

1995 年，镇海区跨入浙江省首批小康县（区）行列，1996 年获“全国科技工作先进县（区）”和“全国体育先进县（区）”称号，1998 年获“全国文化先进县（区）”称号，2000 年获全省首批“浙江省教育强区”称号，2007 年获“国家级生态示范区”和“浙江省科技强县（市、区）”称号，2008 年获“浙江省示范文明城区”和首批“浙江省生态区”称号。1986 年，镇海区全社会地区生产总值6.79亿元，其中区属地区生产总值3.10亿元，财政预算内收入0.42亿元，农民人均收入682元，职工年平均工资收入978元。2010年，全区全社会地区生产总值450.02亿元，人均生产总值20万元，其中区属地区生产总值250.10亿元；区财政总收入122.15亿元，财政一般预算收入51.58亿元；农民年人均纯收入15130元，恩格尔系数为39.5%，城镇居民家庭年人均可支配收入30166元，恩格尔系数为35.5%；城乡居民纳入多层次社会保障体系，居住从“居者忧期屋”到“居者有其屋”，城镇居民人均居住面积34.8平方米。镇海已成为宁波和浙江的经济社会发达地区。

镇海（初为望海，后称定海）扼守甬江，俯临东海，自唐始内外船舶进出明州港往往在这里停靠和启航，通海贸易，开始形成明州港第一码头的地位，招宝山历来为“商舶所经，百珍交集”之地，成中国“海上丝绸之路”的重要启碇港。北宋，朝廷在县城东南建航济亭，作为接待、迎送高丽使团“驿亭”，两浙市舶司一度从杭州迁址定海（今镇海），专管海商贸易。元代，港口南北海运畅通，福建商帮在招宝山下建造天后神庙（后称圣妃宫，俗叫天妃宫），县城出现商业船帮雏形。在明、清闭关锁国期间，镇海港转向内贸港。清末，镇海港开始建造停靠轮船的码头，民国初期一些轮船公司纷纷在县城沿江处建造码头，1923年始行驶沪甬线“江天”客轮停靠镇海港，轮船始通航上海，到1935年镇海港有码头7座，最大一座3000吨级，拥有码头数量约占当时宁波港码头总数1/3，有10多家轮船、汽油船公司船只进出镇海港。抗日战争期间港口设施均遭侵华日军破坏，抗战胜利后海运业无多大复苏，镇海解放前夕港口设施惨遭国民党溃军劫掠，仅存1座300吨级码头。

1949年5月镇海解放后，海上交通因为缺乏船只和受到在定海国民党军海空骚扰而全面停止。1956年至20世纪60年代末，地方先后修建若干百吨级上下泊位，港口的贸易运输发展不快，过埠航线在镇停靠的船只越来越少。1973年周恩来总理作出“三年改变我国港口面貌”指示，国家选址甬江口建设镇海港新港区（后改称宁波港镇海港区），镇海港从内河港走向河口港，也成宁波国际大港的开端。1978年，建成宁波首座万吨级码头。1983年，港口至洪塘的铁路竣工，接轨萧甬铁路，与全国铁路网相连。1984年首次出运宁波港国际集装箱，1986年建成国内首座5000吨级液体化工专用码头，1996年建成当时全球最大的5万吨级液体化工码头，1998年开通宁波港首条内贸集装箱运输航线，镇海港已成为宁波国际大港的一座现代化、多功能、综合性港区。

伴随镇海港建设，镇海被列入国家和浙江重点建设地区。1974年始建设浙江炼油厂（中石化镇海炼化分公司前身）、镇海发电厂（浙能镇海发电有限责任公司前身）、镇海清水浦渔业基地（1980年被列入国家停缓建项目，投产的有年产3000吨的钢丝绳厂），包括港口建设在内时称浙江“四大工程”，一批服务“四大工程”建设的部省属企业纷纷入驻。国家和省重点工程建设，对推进镇海现代化建设产生重要影响。

镇海素为海防重镇，被誉为“海天雄镇”。明代，定海被视为浙东平倭第一关，设定海卫，修筑定海县城（镇海县城），招宝山顶建海防要塞威远城，俞大猷、卢镗、戚继光等先后率师驻防抗倭。第一次鸦片战争爆发，林则徐离开广州到镇海协办镇海防务34天，英军入侵镇海口，爱国官兵奋起抵抗，钦差大臣、两江总督裕谦为国尽节。1885年春中法战争镇海口之战，炮台守备吴杰等官兵炮击敌舰，重创法军舰队，粉碎西方列强“船坚炮利”不可战胜的神话。1940年7月日军入侵镇海，中国守军一九四师、十六师奋勇抗击，战斗6天，取得第一次镇海保卫战胜利，在浙江抗战史上谱写光辉的一页。1941年4月的第二次镇海保卫战，甬江口北岸中国守军三十四师一团一营、三营孤军抗击日军，战况惨烈，官兵大部阵亡。三十四师一团三营营长颜怀信，1989年被民政部追认为“抗日烈士”。镇海口海防遗址历抗倭、抗英、抗法、抗日，全国少见。1996年11月，镇海口海防遗址被国务院确定为全国重点文物保护单位。

1926年11月，镇海第一个中共地方组织——中共镇海独立支部建立，镇海人民在中国共产党领导下开展反帝反封建斗争。1941年宁波沦陷后，中共浙东区委把甬江以北庄市和龙山区及慈溪县姚江以北地区合为慈镇县，建立中共慈镇县工委，建立抗日武装队伍，创建民主政权，坚持敌后抗战，先后进行马家桥、洪桥等战斗，沉重打击日伪军。抗战胜利后国民党悍然发动全面内战，1947年4月中共慈镇县委重建，在境内建立武装工作队，展开艰难困苦的游击战，直至1949年5月26日镇海解放。镇海人民为革命事业做出重要贡献，近百名镇海籍革命烈士“天地英雄气，千秋尚凛然”，1927年中共镇海县独立支部代理书记胡焦琴、1934年任中共湘鄂赣省委书记兼省军区政委的陈寿昌、中华人民共和国成立初奉命去台湾秘密工作的朱枫等烈士，都是突出典型，令人缅怀。1988年，省人民政府批准镇海区为全省“革命老区县（市、区）”。

镇海建区后，修缮镇海口海防历史遗址，建造陈寿昌烈士纪念馆，举办镇海军民反侵略史迹展览。1992年2月，中共镇海区委、区人民政府作出“关于抓紧保护开发利用镇海口海防遗迹，推进爱国主义、集体主义和社会主义教育”的决定，并在全市首先把每年清明节这一周定为“全民爱国主义教育周”，全区爱国主义热潮涌动，社会主义精神文明建设深入人心。投资2100万元建造国内首个海防历史纪念馆——镇海口海防历史纪念馆，200多个单位和5万多人捐款达到1050万元。镇海中学扩展校区特保留朱枫故居，建立朱枫烈士纪念楼。1994—2008年，《人民日报》、新华社、中央电视台、中央人民广播电台等国内重要新闻媒体，报道或播出镇海爱国主义教育活动达150余次。2003年10月22日，中共中央军委主席江泽民考察镇海口海防历史纪念馆。全区涌现一大批精神文明创建先进单位，2005年后大街社区获全国十佳学习型社区称号，镇海中学、镇海海关连续获2006年、2008年国家级文明单位称号。至2008年，全区有省级文明单位、文明村、文明社区24个。

镇海以“宁波帮”重要发源地著称。明末清初镇海人就开始向外拓展商业活动。上海开埠后，吸引大批镇海人漂洋过海到上海谋生，并由上海走向天津、武汉、香港等地，远的到国外，极盛时出门人数约占当时镇海县总人口的1/4。他们在异域以宗亲乡谊为纽带，相互提携，风雨共济，创业奋斗，贡献社会，众多有成就者成为“宁波帮”的中坚力量。叶澄衷开设上海首家华人五金洋杂货店，又涉足火油业、金融业、火柴业、缫丝业、航运业等多个领域，被称为上海近代民族工商业先驱。方液仙在上海创办化学工业社，兴办中国第一家日用化工厂，提倡抵制日货、使用国货，被称为中国日用化工奠基人和“国货大王”。邵逸夫，一代影视巨擘，华夏支教第一人，1985—2003年捐赠国内教育事业31.5亿港元（教育部统计数）。包玉刚，被誉为世界“船王”，为香港回归祖国和宁波发展做出重大贡献。在镇海区，到处可见镇海籍“宁波帮”人士捐资公益事业的印记，他们在1985—2008年捐资就达2亿多元。

境内教育自宋崇宁三年（1104）设县学，南宋学者沈焕设南山书院，倡诗书礼让风气，重教文化绵延不绝，人文梓荫，据对民国《镇海县志》记载考证，宋至清，镇海县境内进士有102人。近现代又涌现出众多镇海籍名家大师，宁波文学成就的主要代表人物姚燮著述丰富，世界语专家方善境被称为“中国世界语的火炬手”，翻译家草婴1987年获苏维埃社会主义联盟高尔基文学奖，经济学家董辅礽1984年获得首届“孙冶方经济学奖”。中国生物物理学奠基者、开拓者贝时璋，是中国科学院首批院士（时称学部委员）。至2008年，镇海籍（今镇海区域）中国科学院和中国工程院两院院士就有21人，镇海籍国外院士3人。2000年11月，11名两院院士回故乡参加镇海区第三届科技合作交流会。2004年，区科学技术协会第八次代表大会聘请镇海籍中国工程院院士翁史烈、倪维斗和倪光南为名誉主席。2006年，倪光南与20多名国内著名专家学者受聘成立“镇海区电子信息（软件）产业专家咨询委员会”。

镇海人杰地灵，改革开放后贯彻“尊重知识、尊重人才”的兴国战略，“人才兴区”氛围浓烈，现代化建设需要的各类人才层出不穷。至2008年，全区企业经营管理人才、专业技术人才、高技能人才、农村实用人才总量达到43235人，每万人拥有人才1879人，每万人拥有人才数量居省、市前列，他们中许多人成为各行各业先进人物。1985—2008年，全区被授予全国劳动模范或全国先进工作者9人次，省劳动模范28人次（包括在省外获得后转入镇海区的2人）。

镇海历史上向以农业和渔业为主，近代工商业发展滞缓，解放后工商业逐步发展。20世纪70年代国家和省重点工程建设，镇海开始进入工业化发展。改革开放后，部省属企业转换经营机制、推行股份制改革、建立现代企业制度，增加投入，采用先进技术和现代管理制度，显示出勃勃生机和活力。浙能镇海发电有限公司是全省首个装机容量超百万千瓦火力发电厂，中石化镇海炼化分公司是国内规模最大的炼油企业和最大的进口原油加工基地，正在开工建设年产100万吨乙烯项目，建成后将成为国内最大的炼油化工一体企业，一些海洋工程企业走向国际市场。2007年，部省属企业产出的增加值占到全社会地区生产总值的1/3。地方经济方面。80年代初期农村实行土地家庭联产承包制，多种经济形式工商经营得到恢复和发展，乡镇企业异军突起，为地方经济快速发展创造条件。1986—1990年，以乡镇企业为主体，国有、集体企业共同发展，扩大企业经营自主权，发展横向经济合作和外贸生产，1990年跨入全省外贸收购值上亿元县（市）行列，工农业总产值实现翻番，地区生产总值年均增长20%。1991—2000年，区属国有和集体企业基本完成产权制度改革和用工制度改革，带动私营经济发展，确立外向带动发展战略，招商引资列入经济工作重点，区属地区生产总值从7.84亿元增加到43.60亿元。2001—2008年，中国加入世界贸易组织为镇海发展开放型经济带来千载难遇的机遇，2001—2005年外资及中国港澳台资引进连续五年列全省县（市、区）前十名，设立国内首个外商直接管理的北欧工业园区，建成一批特色产业、特色园区和特色市场，8年时间区属地区生产总值增加2.71倍。镇海人民创业创新激情，部省属企业为代表的国有经济、民营经济、外商投资和中国港澳台商投资经济，给予这块土地活跃的经济力量，镇海经济持续高速发展。

20 世纪 80 年代确立发展城郊型农业思路，建设粮食“吨量田”和农副产品“菜篮子”工程，1988 年、1989 年“菜篮子”工程建设均获全市考核第一名。90 年代发展优质高产高效农业和土地适度规模经营，粮食生产从“二熟制”向“一熟制”发展，沿海 600 多公顷棉花地改建成蔬菜基地，镇海农业开发区建成全省最大的白羽皇鸽繁育基地，镇海繁育的巨型长毛兔被评为省优质农副产品金奖。2000 年后耕地大量转成建设用地，农业调整布局，发展农业龙头企业、农民专业合作社，农业增效，农民增收。至 2008 年，初步建成九龙湖无公害蔬果基地、骆驼现代农牧业创业园区、庄市现代农业区、澥浦花卉种植区等一批现代农业园区，蔬菜瓜类、花卉生产以及畜禽养殖产值占农业总产值 71.8%。1985—2008 年，农业总产值从 0.53 亿元增加到 7.70 亿元，第一产业增加值占区属生产总值比重从 21.2% 下降到 2.5%。

工业进行大规模产业结构调整，建成以石油加工业、化学原料及化学品制造业、通用设备制造业为主体的工业产业结构，成为华东地区重要的能源化工基地和宁波先进制造业基地。全社会工业总产值 1985 年超过 10 亿元，1994 年突破 100 亿元，2006 年跨上 1000 亿元台阶，2008 年达到 1560.57 亿元，镇海以占宁波市 2.5% 的土地面积，提供宁波市规模以上工业总产值的 17.3%。20 世纪 80 年代，区属工业开发新产品、开发新项目、开发内外市场，1988 年成立首家中外合资企业金冠工业有限公司，1989 年工业八项指标考核居宁波市第二位，工业总产值已超过原镇海县 1985 年县属工业总产值。90 年代，多种所有制经济一起上，机电工业大提高、纺织工业大调整、化学工业大发展，中国台湾金丰集团入驻镇海，建设省市重点中外合资项目宁波乐金甬兴化工有限公司，高新技术产业从无到有，2000 年其产值占区属工业总产值的 22%。2001—2008 年，加快工业结构提升优化，宁波化工区依托中石化镇海炼化分公司建设国家级石化产业基地，镇海经济开发区和宁波市（骆驼）城市工业功能区建设以精密机械、电子信息等为主导的先进制造业集聚区，吸引一大批外商和中国港澳台商的投资，形成以化工、机械、电子三大制造业为主的工业产业结构。2002 年区属工业总产值突破 100 亿元，2005 年突破 300 亿元，2008 年超过 600 亿元，高新技术产品产值占区属工业总产值比重达到 37.66%，发展速度令人瞩目。1985—2008 年，区属工业总产值从 3.58 亿元增加到 629.05 亿元。

20 世纪 80 年代始改革商贸流通体制，商品流通市场日益繁荣，商业设施从改建向建设大型综合商场发展。90 年代始浙东生产性港口物流中心建设加快，煤炭、液体化工、钢材等大宗生产资料交易市场趋向兴旺。2006 年，镇海液体化工市场荣膺中国商品市场最具竞争力 50 强企业。2007 年 11 月在北京召开的“中国物流诚信大会”上，镇海区是浙江省唯一获得“中国物流重镇”称号地区。2007 年，宁波（镇海）大宗货物海铁联运物流枢纽港建设启动，规划建设全国重要的区域性港口物流中心。2000 年后，镇海抓住浙江建设“港航强省”机遇，发展沿海航运业，至 2008 年全区沿海货运总运力达到 58.33 万吨，万吨级以上船舶运力占总运力主体，总运力跻身全省第三位。金融业、旅游业、房地产业、信息服务业迅速崛起，连锁超市改变传统商业经营格局。1985—2008 年，社会消费品零售总额从 1.12 亿元增加到 47.77 亿元。

镇海发挥港口、大工程和侨乡优势，逐步形成开放型经济体制。2008 年，全区进出口贸易额达到42.2亿美元，较1992年进出口贸易额增加1512倍，外资及中国港澳台资总投资累计42.34亿美元，实际利用外资及中国港澳台资累计12.09亿美元，累计引进外资和中国港澳台资企业871家，其中有8家世界著名跨国公司，在国外注册企业达到43家，营业额1.99亿美元。

1986年，镇海区纳入宁波市城市总体规划。1996年，镇海首次提出以城关为中心实现区域城市化，统筹城乡规划和建设。2001年后在骆驼、庄市建设镇海新城，规划为宁波北部商贸商务中心和宁波高教科研基地，融入宁波都市区，城市化进入以新城为中心、全域发展新阶段。2003年提出建设生态型城区，城市化建设向可持续发展前进。历20多年发展，基础设施日新有异，城乡建设前所未有，生态环境保护取得长足进步。

1995年、2001年甬江隧道、招宝山大桥先后建成通车，2005—2008年又建成宁波北外环镇海段，启动建设甬舟高速镇海—舟山金塘大桥、宁波绕城高速跨甬江清水浦大桥、宁波东外环跨甬江明州大桥，以及与之相配套的道路，镇海从处陆域交通末端向宁波市重要道路节点转变。1994年起，镇海采用自借自还形式加快境内道路建设。1995年宁（波）镇（海）公路改建成全省首条6车道高等级公路，至1998年先后改造和建设镇骆路、329国道镇海段，并实现村村通公路。2000年后规划建设“八横七纵”骨干路网，陆续开工建设中官路、九龙大道、新区主干道、化工区主干道等一批道路。至2008年，每百平方千米公路密度达到129.7千米，是宁波市公路密度最高地区之一。镇海集雨面积小，水库库容有限，属于缺水比较严重地区。1986年，宁波市把镇海自来水供应纳入全市供水环网，20世纪90年代建成跨甬江的境外引水管3条，2008年宁波城市供水环网向境内供水达到3122万立方米，相当于姚江全年向境内输水量。境地多台风巨浪侵袭，镇海区重视海塘、江塘建设，至2008年建成9条19千米的一线海塘，11.8千米甬江塘改建成标准江塘，海塘、江塘防洪（潮）能力分别提高到五十年一遇和百年一遇标准，并增加围涂造地面积25.72平方千米。1993年10月，在省内继绍兴县之后实现电话交换程控化、传输数字化。1995年12月，被省人民政府命名为“农村电气化县（区）”，村、农户通电率达100%。2003年4月，在全市首先实现村村通公交。2007年，获全省城乡一体数字电视整体转换示范区称号。2008年，获浙江省“新农村电气化县（市、区）”称号。

20世纪80年代开始大规模改造老城区（原镇海县城），拆旧房建新居辟筑新干道。至2008年，老城区已改造和新建主要道路30条，建成以“四纵四横”为主干道的路网，交通东西畅通、南北便捷，供水、供电、供气等市政设施完备，1980年前砖木结构老旧房基本拆除，开发商品房100多万平方米。90年代老城东美招宝山、南绿沿江岸、西拓西门口、北建古塘园（后改名寿昌公园），至2008年先后建成招宝山风景区、沿江景观带、后海塘景观带、文化广场及内城河休闲带，千年古邑更具江海风韵、历史文化魅力。新城建设拉开框架。2002—2008年，征用和开发土地16.21平方千米，建成和改建总长度46.3千米的道路26条，电、气、供水、排水排污、绿化等一批项目竣工投运，科研、教育、卫生、文化等一批项目落成，建成和在建商品房、安置房超过200万平方米，现代化新城面貌初步呈现。改革开放后农村兴起建房热，农村改水被评为全国“七五”改水先进县（区）。1992年始骆驼镇建设全国百家小城镇建设综合改革试点镇，带动全区乡镇建设。2000

年后，农村开展美丽乡镇建设和清洁美丽家园行动，农村面貌显著改变。2006 年农村调查，农村居民平均每户拥有住宅 132. 6 平方米，99. 7% 居民住户接入自来水，98. 3% 住户使用液化气，80. 4% 住户有冲水式厕所，村村接入宽带网络。至 2008 年有 16 个村进入小康示范村行列，占到全区行政村总数的 24%，高于全市平均水平，其中 5 个村获省级小康示范村称号。

20 世纪 80 年代始工业化、城镇化发展加快，对区域环境压力与日俱增。90 年代提出建设花园型城区，绿化造林改善生态环境，1991 年获“全国绿化造林先进县”称号，1995 年获“全国造林百佳县（市、区）”称号。1996—1999 年，完成 94 家工业企业污染源整治，后海塘煤场首次向北迁移。2003 年贯彻中共浙江省委建设“绿色浙江”战略，规划和建设国家级生态示范区。至 2006 年投入生态环境保护资金 30 亿元，用于污染源治理，清水河道和生态林带建设，实施清洁生产，区域性污水治理设施建设取得“零”的突破，引进国内首套大气特殊因子监测设备，并否决一大批污染严重或选址不合理的项目，通过国家级生态示范区考核验收。2007 年始，镇海规划创建国家级生态区（后改称生态文明区），以更高标准开展节能减排、污染源治理、环保基础设施建设和环境依法监管等方面工作，建成全市首家区域环境监测监控中心，九龙湖镇、澥浦镇建成省级生态镇，环境信息公开发布制度和“环境质量民情日记”，被环保部领导称为“镇海模式”。2008 年，单位生产总值化学需氧量和二氧化硫排放量与 2005 年相比，分别下降 23. 5% 和 22%，区域森林覆盖率达到 29. 8%，建成区绿化覆盖率达到 45. 21%。

镇海区优先发展教育，坚持“科技兴区”战略，加快医疗卫生、文化和体育事业发展，在多个领域处于全市或全省领先地位。

1988 年进入全省首批普及九年制义务教育区，1996 年接受全市“高标准普及九年制义务教育、高标准扫除青壮年文盲”考核高分达标，2000 年获全省首批教育强区称号，2002 年是全省首批创建成功教育强镇“满堂红”区，2003 年在全市首先普及高中教育。2008 年，残疾儿童入学率 100%。外来务工人员子女在公办学校就学 14379 人，公办学校就读率 71%，居全市之首，普通高校录取率 89. 6%，其中重点大学录取率 30. 8%。1996 年，启动校舍改造，1999 年省授予镇海区为“校级无危房先进县（区）”。1999 年，现代化教育建设启动，至 2008 年各类学校（园）有 1/3 建成宁波市现代化建设达纲学校。开展名校创建。镇海中学是全省首个一级重点中学，名列全国中学百强；1993 年创办的龙赛中学，是全省最“年轻”的一级重点中学；区职业教育中心是教育部确认的国家级重点中等职业学校，2008 年毕业生一次性就业率超过 95%。成人教育、社区教育、老年教育、家庭教育均取得丰硕成果，2003 年被列入省首批“社区教育实验区”。

建区伊始，出台政策发展科技横联和科研机构，至 1990 年建立各类专门科研机构 8 家，科技人员增加到 2600 人。20 世纪 90 年代，设高新技术开发区（高科技园区），培育科技型企业，建立与国内大学和科研院所合作平台，发展科技市场，企业开始成为科技创新主体。2001 年起，依托国内著名大学和科研院所建设区域科技创新体系。至 2008 年，引进中国科学院宁波材料技术和工程研究所，基本建成宁波市大学科技园区，有产学研科研机构 14 家、企业工程技术中心 41 家、民营科技企业 190 家、国家级高新技术企业 19 家、科普示范基地 33 家。2005—2008 年，镇海科技水平综合评价连续4年列全省县（市、区）前10名。

保护历史文化，修缮镇海口海防遗址、后海古塘、镇海鼓楼、郑氏十七房、包玉刚故居、邵逸夫故居、叶氏义庄，建成镇海口海防历史纪念馆、宁波帮博物馆、镇海籍院士风采馆、陈逸飞纪念馆、宁波帮文化公园。与北仑区合作编修中华人民共和国成立后首部《镇海县志》，1999年获浙江省第四届地方志优秀成果一等奖，编修出版镇海县专业志7部，并编修出版镇海区专业志3部。支持文艺精品创作，广播连续剧《静静的胡杨》获全国第十届“五个一工程”优秀作品奖，大型打击乐舞《百人龙鼓》《十里红妆》获中国民间文艺最高奖——山花奖，音乐舞蹈《快乐的手工匠》亮相中央电视台。发展公共文化服务，举办元宵文化节、文化艺术节、金秋经贸文化月等活动，创建市民展示才艺的“雄镇大舞台”，文化设施和活动进社区、企业和村落。2007年首次调查非物质文化遗产，蛟川走书和澥浦船鼓被列入省级保护名录，庄市长面手制工艺和镇海口历史故事被列入市级保护名单。

逐步建成区级医院、社区卫生服务中心、社区卫生服务站三级医疗卫生服务体系，实现城区10分钟、农村15分钟的社区卫生服务。2005年，镇海区被省卫生厅评为“省社区卫生服务示范区”。医疗条件显著改善。2008年，全区医疗机构拥有大型医疗仪器和设备90余件，总价值超过1亿元。开展的医疗手术有胶质瘤、听神经瘤、脑膜瘤等颅内肿瘤切除术、食管癌根除术、肺癌肺叶及全肺切除术等。医保制度保障病有所医。2003年，镇海区是浙江省首先建立新型农村合作医疗制度地区之一，2003—2008年累计补助农民医疗费用6436.49万元。2007年，镇海区被省卫生厅评为“省新型农村合作医疗工作先进区”。随着医疗卫生保障体系完善，2008年全区人口平均预期寿命从1985年的71.84岁（镇海县平均数），提高到76岁。

群众体育勃兴，1995年10月骆驼镇被国家体委评选为“全国亿万农民健身活动先进乡镇”。20世纪90年代后期群众健身活动勃兴，2003年镇海区被评为全国健身周活动先进单位。2006年建设“农村体育奔小康工程”，至2008年全区所有镇、街道均获浙江省体育强镇称号。竞技体育成果斐然。镇海区业余蹦床技巧运动学校为国家培养众多技巧运动人才，输送的运动员共获世界冠军5个、亚洲冠军2个、全国冠军116个。

1986—2008年，镇海人民沐改革开放春风，以港兴区，生态立区，实现从温饱到总体小康的历史性跨越，谱写出现代化建设的光辉篇章，这一切都是他们踩着艰难困苦拼出来的，闯出来的。2008年，宁波市人民政府批准《宁波市镇海分区规划（2004—2020年）》，镇海分区承担宁波市作为华东地区重要的先进制造业基地、现代物流中心和交通枢纽，以及浙江省对外开放窗口和高教、科研基地职能。镇海正满怀信心，重塑新优势、实现新跨越，建设科学发展先行区，率先建成更高水平的小康社会，向现代化生态型港口强区前进。

（执笔　陈家俊）

大事记

1985 年

7 月 1 日 国务院批复省政府，同意撤销镇海县，建立镇海区。

将原镇海县的行政区域并入宁波市，设立宁波市镇海区，扩大宁波市滨海区，以甬江为界，甬江以北为镇海区，甬江以南为滨海区（1987 年 6 月，滨海区改名为北仑区）。

7 月 14 日 美国华侨总商会董事长应行久到镇海湾塘、后施等地寻根访故。

8 月 9 日 市政府下发《关于调整宁波市滨海区、镇海县行政区划的实施方案》。

镇海县辖：城关、贵驷、俞范、骆驼、澥浦 5 镇，湾塘、临江、清水浦、河头、长石、汶溪、庄市 7 乡。总面积 372 平方千米，其中陆域面积 214 平方千米，海域面积 158 平方千米。滨海区辖新碶、小港、大碶、柴桥、郭巨 5 个镇和高塘、邬隘、塔峙、江南、枫林、下邵、大榭、霞浦、紫石、昆亭、三山、峙头、白峰、上阳、梅山 15 个乡。总面积 843 平方千米，其中陆地面积 585 平方千米、海域面积 258 平方千米。

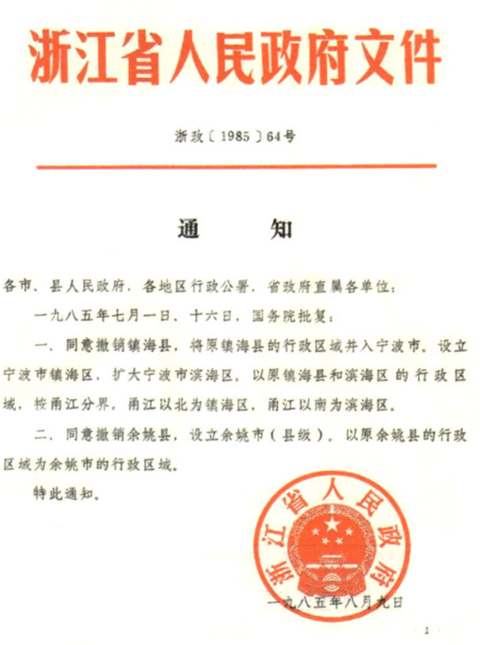
浙江省人民政府文件

浙政〔1985〕64号

通　　知

各市、县人民政府，各地区行政公署，省政府直属各单位：

一九八五年七月一日、十六日，国务院批复：

一、同意撤销镇海县，将原镇海县的行政区域并入宁波市，设立宁波市镇海区，扩大宁波市滨海区，以原镇海县和滨海区的行政区域，按甬江分界，甬江以北为镇海区，甬江以南为滨海区。

二、同意撤销余姚县，设立余姚市（县级），以原余姚县的行政区域为余姚市的行政区域。

特此通知。

浙江省人民政府

一九八五年八月九日

1

《关于调整宁波市滨海区、镇海县行政区划的实施方案》文件

9 月 9 日 中共浙江省委批复撤销中共镇海县委，建立中共镇海区委。9 月 28 日，中共宁波市委决定，报省委同意，公布中共镇海区委常务委员会组成人员名单。

9 月 10 日 镇海县庆祝第一个“教师节”。

9 月 29 日 中共宁波市委、市政府在镇海城关镇召开原镇海县、滨海区干部大会，传达省人民政府通知和国务院批复，并宣布从 10 月 1 日起正式撤县建区。原镇海县调入滨海区干部共 387 人，其中行政编制 215 人、事业编制 120 人、政法系统 52 人。

为便于工作交接，10 月仍挂镇海县人民政府牌子，行使县政府职能。

1986年9月中兴中学奠基典礼

10月 旅港中兴校友会发起兴建中兴中学。

1986年春，中兴校友会旅港校友包玉刚、邵逸夫、包从兴、赵安中、赵亨文和叶谋彰捐资1000万港币，兴建中兴中学。1987年9月建成。

10月29日 国务院副总理万里在镇海石化总厂主持召开会议，会议主题是“关于加快宁波经济开发问题”，省、市领导及包玉刚出席会议。

11月6—8日 召开区政协第二届委员会第三次会议。

会议作出关于镇海县政协改名为宁波市镇海区政协的决定，并决定在镇海区的原镇海县政协主席、副主席和常务委员改任区政协正、副主席和常务委员，增选常委1人。

11月7—8日 召开区第七届人民代表大会第三次会议。

大会选举产生区人大常委会主任和副主任1人，通过原镇海县人大常委会、滨海区人大常委会部分领导成员改任镇海区人大常委会副主任、委员的决定。大会选举产生镇海区人民政府领导成员，正式行使区政府职能。

11月上旬 处理镇海县“文化大革命”中查抄财物清退工作基本结束，历时8个月。

12月16—18日 镇海区首次乡镇企业工作会议召开。

撤县划区后，全区有乡镇村办企业1010家，其中乡镇企业200家、村办企业410家、家庭合资企业400家，从业人员3.48万人，占农村劳力总数的54%。

12月25日 调整乡、镇区划。

撤销湾塘乡，将所属9个村划属俞范镇；撤销清水浦乡，将清水浦、虹桥、五里牌、渡驾桥、沿江5个村划属临江乡，勤勇、甬江、同心3个村划属庄市乡。

1986年

4月 镇海渡运站1000客位新渡轮投入运行。同年8月又购入一艘渡轮。

5月30日 万吨级集装轮驶抵镇海港，为宁波港开辟的第一条洲际集装箱直达航线。

中波轮船公司1.6万吨级永兴号集装箱轮从波兰格丁尼亚港驶抵镇海港区卸货。

6月29日 国内第一个液体化工产品储运工程——镇海港区5000吨级液体化工泊位通过国家验收。

次年4月正式投产。

6月 区政府开始对城关镇、骆驼镇私房改造遗留问题进行复查，落实政策。

8 月 16 日 城区东西主干道——城河路全线贯通。

1982 年开始东濠河、南濠河填石方，拓建城河东路、城河西路。1986 年完工。

8 月 26 日 15 号台风袭击镇海。

全区受灾面积 8266.67 公顷，倒塌农房 341 间，有 1327 间房屋受到不同程度损坏。

8 月底 镇海区进入全国自动拨号电话网。

区邮电局有 14 条长途电话陆续接入全国网。

10 月 镇海河头十字路水库竣工，后改名为九龙湖。

10 月 全民企业、全民事业和外资企业职工建立养老保险社会统筹。

1986 年 8 月建设中的城河路

1988 年 1 月，统筹扩大到县以上集体所有制企业。

11 月 29 日 镇海（外）游山口信号台建成。

11 月 30 日 省电力工业局在镇海发电厂召开“镇海电厂 3 号机组提前完成发电量、4 号机组提前建成投产庆功祝捷大会”。至此，二期工程提前建成，镇海发电厂装机容量达 65 万千瓦，成为当时全省最大的火力发电厂。

是年 港胞李明昌捐资建贵驷中心医院，港胞陈志耀捐资建夏金生福利院。

1987 年

1 月 19 日 撤销区委骆驼、湾塘两个工作委员会和区政府骆驼、湾塘办事处。

1 月 23 日 经省人民政府批准，庄市乡改为建制镇。

2 月 5 日 开通镇海—上海芦潮港高速客轮航线。

1989 年 11 月 20 日起，高速客轮改靠泊小港开发区码头。

4 月 17 日 香港邵氏兄弟有限公司总裁邵逸夫一行回故乡庄市镇朱家岸村，并捐资 200 万港币，兴建儿童乐园等。

4 月 27 日 全国第一个液体化工专用码头——宁波港镇海港区 16 号泊位正式投入运营。

巴拿马籍“太平洋光荣 1 号”轮装载 5000 吨进口烧碱输入储罐。

5 月 6—9 日 中国共产党宁波市镇海区第七次代表大会召开。

5 月 13 日 甬江水底隧道工程在镇海区动工。

5 月 25—30 日 区政协第三届委员会第一次会议召开。

本届共举行 3 次全体会议。

5月26—30日 区第八届人民代表大会第一次会议召开。

会议审议和批准宁波市镇海区国民经济和社会发展第七个五年计划。本届共举行3次全体会议。

5月 进入国际长途自动交换网。

5月19日国内长途自动电话开通，长途区号为“05840”。

6月11日 区人民政府成立镇海区支援重点工程领导小组，下设办公室。

7月10日 《镇海县志》编纂委员会建立。

新编《镇海县志》于1994年12月由中国大百科全书出版社上海分社出版。全书约258万字。1999年1月，获浙江省第四届地方志优秀成果一等奖。

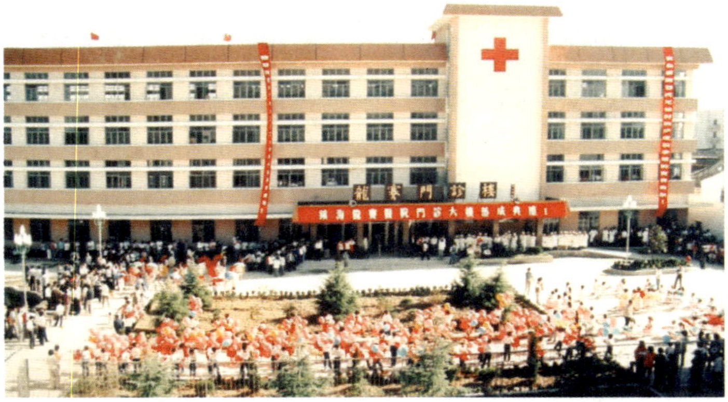

龙赛医院门诊大楼落成典礼

7月11日 宁波老年大学镇海分校成立。

9月15日 镇海龙赛医院门诊楼落成。

原镇海县人民医院改建工程由港胞包玉书、包丽泰和日籍华人包素菊兄妹捐资助建。1986年8月住院大楼建成，同年11月，县人民医院改名龙赛医院。

11月16日 国家“六五”重点建设项目——镇海石化总厂大化肥工程通过国家验收。11月29日，该装置首次实现双达标：合成氨和尿素的产量分别突破30万吨和52万吨。

12月12日 镇海区第一家股份制联营公司建立。

镇海区童车自行车联营公司由16家跨地区的不同经济性质企业入股组建而成。

是年 城区后大街淡水井头至城河东路段改建拓宽工程开工。

1989年全线贯通。

是年 城区江滨公园动工兴建。

至1994年全面建成。

是年 镇海区推行殡葬火化制度。

至1997年全面实施。

1988年

2月 居民因食用带菌毛蚶，甲型肝炎流行，经治疗和防治，不久疫情得到控制。

5月13日 省政府批准镇海区为革命老区县（市、区）。

6月29日下午 329国道（觉渡）发生特大交通事故。

宁波安良旅运站面包车逆道行驶，与杭州西湖汽车运输公司一辆拖挂车发生擦刮。事故造成3人死亡，5人重伤。

6月 镇海区首家中外合资企业宁波金冠工业有限公司成立。

注册资金75万元，外资占25%，汇入5万美元。

8月13日 中共宁波市委决定在全市范围内开展向叶仁龙学习活动。

叶仁龙，镇海澥浦人，宁波海洋渔业公司经济民警。7月5日晚，为制止流氓行凶，与犯罪分子搏斗，身负重伤，抢救无效牺牲。

10月10日 镇海区中大河治理工程开工。

至1993年告竣，整治疏浚河道总长23千米。

是年 开始营造海岸带防护林。

至1993年，镇海区一线海塘海岸13.35千米基干防护林带合拢。

1988年10月中大河河道整治现场

1989年

1月17日 甬申航线“天一轮”航班中途停靠镇海，中断40余年的镇海至上海十六铺码头航班恢复。

2001年5月停航。

3月 镇海发电厂三期灰库围塘工程在镇北涂动工。

1993年7月竣工。塘长3772.64米，围区面积97.13公顷。

5月20日 镇海—香港“海达轮”在镇海港首航。

6月19日 镇海渡运站与汽车轮渡站合并。

7月1日建立镇海轮渡公司。

同日 撤销城关镇城北村，642人就地转为非农业户口。

6月 邮电局市话扩容，1000门纵横自动交换机开通。

10月27日 包玉刚一行回乡访问，并参加由他捐资250万元改建的庄市钟包村工程落成典礼。

10月 由宁波市自来水公司投资400万元，铺设管径500毫米越江输水管道至小道头，长440米，引宁波江东水厂水源输入镇海城区。

1989 年城河西路旁竣工的邮电大楼

同月 镇海邮电大楼落成。

大楼高四层 32 米，建筑面积为 2630 平方米。

同月 区住房改革领导小组建立。

1993 年年初，推行住房商品化，开始出售公有住房。

11 月 7 日 全国第一套炼油型低醇烯比膨胀床 MTBE（甲基叔丁基醚）工业化试验装置，在镇海石油化工总厂投产。

12 月 省政府公布“镇海口海防遗址”为省级重点文物保护单位。

镇海口海防遗址分布在镇海、北仑两区和宁波经济技术开发区，主要有：威远城、月城、管界巡检司城、太平岙巡检司城、白峰巡检司城、霞屿巡检司城、海内西寨巡检司城、长山岗烽堠营垒、金鸡山瞭望台、戚家山营垒、中营营垒、总台山烽堠、靖远炮台、镇远炮台、安远炮台、平远炮台、宏远炮台、探照灯遗址、新镇远炮台。

同月 区政府成立土地资源详查领导小组，开展全区土地资源详查。

1990 年 2 月，建立镇海区土地资源详查小组，量算汇总 10 个乡镇行政区域面积，151 个村、3 个场、17 个独立工矿企业的权属面积，及以村为单位的各类土地面积。

是年 贯彻《中华人民共和国村民委员会组织法》，全区组建 151 个村民委员会。

1990 年

4 月 26—29 日 中国共产党宁波市镇海区第八次代表大会召开。

5 月 4—9 日 区政协第四届委员会第一次会议召开。

本届共举行 3 次全体会议。

5 月 6—11 日 区第九届人民代表大会第一次会议召开。

本届共举行 3 次全体会议。

5 月 31 日 镇海发电厂三期扩建工程投产，该厂成为浙江省第一座超百万千瓦的火力发电厂。

镇海发电厂总装机量达到 105 万千瓦，年发电量超过 70 亿千瓦时。

7 月 1 日 镇海老年公寓奠基。

项目总建筑面积 2030 平方米，位于聪园路北端，1991 年 4 月落成。其中公寓楼 4 层，建筑面积 1260 平方米。

1990 年镇海发电厂全景

7—8 月 开展第四次人口普查。

镇海全区在 7 月 1 日零时，普查登记的总人数为 209627 人，百岁老人 1 名，有 17 个民族，其中汉族 209407 人。

9 月 24 日至 10 月 3 日 区委、区政府举办镇海区首届文化艺术节。

10 月 清水浦大闸配套工程开工。

1993 年 12 月告竣。

是年 区邮电局在城区开通无线通信业务，使用 BP 机等无绳话机。

是年 引入首台两栖式河道挖泥船，后增至 17 台，大规模人工掏河泥历史结束。

1991 年

2 月 22 日 国务委员王芳考察镇海石化总厂。

3 月 26—30 日 区第九届人民代表大会第二次会议召开。会议审议批准镇海区国民经济和社会发展十年规划和第八个五年计划。

5 月 13 日 镇海区取消 18 个行政收费项目。

1991 年 4 月镇海区程控电话开通典礼

区人民政府对收费、罚款、集资等群众反映强烈的 12 个部门进行调查，决定取消行政、事业性收费项目 18 个，其中包括商品展销会管理费、外地企业管理费、小学生“放心班”杂费、个体户卫生押金等。

8 月 修复镇海后海城塘雉堞。

1992 年 6 月竣工。

10 月 《中共镇海历史大事记（1924—1949）》由宁波出版社出版。

10 月 31 日 镇海区电话号码由 5 位升至 6 位。

1993 年 10 月 31 日零时升至 7 位，城乡电话全部实现交换程控化和传输数字化。

是年 镇海区获“全国造林绿化先进县”称号。

是年 城区城河西路建造首座 15 层高楼——有线电视大楼。

1992 年

2 月 镇海农业开发区建立。

该开发区位于原骆驼水稻良种场，耕地 11.33 公顷，由工业贸易、种植示范和多种养殖三项功能组成。1996 年

2月，区骆驼良种繁育场并入，农业开发区土地面积扩大到30公顷。

3月29日 《镇海信息报》正式发刊。

1993年12月29日，经省新闻出版局批准更名为《镇海报》。2004年2月改为内部刊物《今日镇海》。

3月 镇海客运中心建成。

位于城区沿江西路渡运站西侧，占地3780平方米，建筑面积1446平方米，汽车停车场2700平方米。500吨级泊位3个。

3月5日 陈寿昌烈士纪念馆动工。

位于城区寿昌公园内，11月纪念馆开馆。内竖陈寿昌半身铜像，基座正面镌刻聂荣臻元帅题词："陈寿昌烈士永垂不朽"。

4月1日 龙赛医院医生高林山等成功完成镇海区首例断臂再植手术。

4月 镇海经济开发区成立。

1994年8月15日，升格为省级经济技术开发区，定名浙江省镇海经济开发区。

5月 开展扩镇并乡工作。

经省人民政府批准，全区原有10个乡镇合并为5镇1乡，即城关镇、俞范镇、临江乡合并为城关镇；骆驼镇、长石乡、汶溪乡合并为骆驼镇；贵驷镇、庄市镇、澥浦镇、河头乡原设置不变。

7月25日 举行镇海区首次城镇国有土地使用权拍卖会。

拍卖张鑑碶村5-12-4-9号地块面积10548平方米，拍卖价每平方米580元，计611.8万元；拍卖汽车培训中心8-1-18号地块面积4685平方米，拍卖价每平方米880元，计412.28万元。

8月 筹建高新技术开发区。

1993年4月，与区经济开发区合并。

9月26日 实施蓝印户口管理。

全年办理进城农户"蓝印"户口1382本。

10月 骆驼镇被国家计委定为全国百家小城镇建设综合改革试点镇。

同月 移动电话网络基本覆盖全区。

12月26日 中华人民共和国镇海海关开关。

1992年6月的寿昌公园

是年 区政府集资在定海路创办镇海热电厂。

1995年1月至1996年年底，4台机组相继并网发电，发电容量5.4万千瓦。

是年 在城区镇宁路、镇骆路口动工兴建城西公园，并雕塑镇海城标一座。

是年 寿昌公园建成。

位于聪园路西侧后海塘南端，总面积12.6公顷，其中水面占16.3%。总投资250万元。最初命名为古塘公园，1991年5月改名为寿昌公园。

1993 年

1 月 中共中央政治局常委、国务院副总理朱镕基考察中石化镇海石化总厂。

2 月 17—20 日 中共宁波市镇海区第九次代表大会召开。

3 月 1 日 镇海区启动首个劳务输出项目。

由中国宁波国际经济技术合作公司镇海分公司与阿联酋中央饭店签订劳务合作协议。

3 月 8—12 日 区政协第五届委员会第一次会议召开。

本届共举行 5 次全体会议。

3 月 9—13 日 区第十届人民代表大会第一次会议召开。

本届共举行 5 次全体会议。

4 月 1 日 镇海革命烈士纪念馆开馆。

该馆由张爱萍将军题写馆名，展出历史图片 190 余幅和部分历史文物，其中有镇海 369 位革命烈士英名录和 35 位烈士遗照及其事迹。

5 月 11 日 区政府批准建立镇海龙赛中学。

龙赛中学由港胞包玉书兄妹 6 人捐资 1000 万港币兴建。

1993 年 5 月落成的龙赛中学教学楼

8 月 2 日 区委印发《镇海区乡镇企业推行股份合作制的暂行办法》，启动乡镇企业产权制度改革。

8 月 12 日 台湾宁波籍大学生一行 20 余人，在镇海参加夏令营活动。

9 月 9 日 宁镇公路张鑑碶（村）附近发生中巴客车爆炸事件。

上午 9 时 25 分发生爆炸，当场死 3 人、伤 18 人。

9 月 24 日 明代抗倭名将俞大猷生祠旧址发掘过程中，发现 434 年前俞大猷生祠碑记 3 块。

10 月 1—20 日 区文化部门在镇海鼓楼举办“镇海军民反侵略战争史迹展览”。

12 月 29 日 林则徐纪念堂在梓荫山麓动工。

1994 年 6 月 19 日建成。

同日上午 镇海至金山车客渡航线镇海端码头及配套设施完工。

1994 年 7 月 1 日，明越汽车轮渡公司投入运营。2000 年 7 月停航。

是年 镇海区被浙江省列入全国首批农村养老保险试点县（区）。

1995 年全区推开，参加投保的乡镇、行政村、乡镇企业覆盖均达 100%。1996 年 4 月农村社会养老保险工作通过省、市民政部门考核验收，人均社会养老保险额居全省之首。

是年 全区农村开展树强扶弱奔小康工作。

1993—1996 年，全区有 149 个村达到市小康村考核标准。

是年 浙江腈纶厂在临江渡驾桥兴建。

是年 铺设第二条越江自来水管至临江大运路东侧。

1994 年 6 月竣工通水。

是年 镇海区成为全省农村绿化合格县区。

是年 镇海区开展山林资源调查。

全区林业用地 3955 公顷，其中有林地（含灌木林、疏林、未成林造林地等）3230. 13 公顷。

1994 年

2 月 1 日 区委、区政府作出《保护开发利用镇海口海防历史遗迹，推进爱国主义、集体主义和社会主义教育决定》。

建立镇海口海防遗址修复开发领导小组，兴建镇海口海防历史纪念馆，整修招宝山区、后海塘区和镇海中学区，4 年左右时间基本完成。其中镇海口海防历史纪念馆于次年 4 月奠基，1997 年 10 月正式开馆，总投资约 2500 万元，社会各界捐资约占 50%。

4 月初 举办纪念中法战争镇海之役胜利 110 周年暨镇海口海防历史学术研讨会。

7 月 1 日 镇海至上海金山车客渡航线开通。“明越 1 号”“明越 2 号”车客渡轮投入运营。

7 月 8 日 修葺朱枫烈士纪念楼。

位于镇海中学内，翌年 12 月 10 日完成。

7 月 宁镇公路南侧铺设自来水管道工程告竣，引梅林水厂水源至镇海城关。

8 月 宁波港海员俱乐部在招宝山南侧落成。

10 月 8 日 宁镇公路改建工程启动。

为宁波市首条 6 车道高等级公路，投资概算 1. 35 亿元。翌年 10 月 2 日竣工投入使用。

10 月 14 日 对口支援三峡库区启动。

10 月 27 日 龙赛体育中心落成。

位于城区茗园路东侧，占地面积 1. 18 万平方米，建筑面积 4755 平方米。1993 年春动工，耗资 400 万元，其中港胞包玉书捐资 150 万元。

10 月 省政府授予包玉刚、邵逸夫、包玉书、包丽泰、包素菊 5 人首批“爱乡楷模”荣誉称号。

11 月 镇海联合发电有限公司成立。

2009 年 7 月更名为浙江浙能镇海联合发电有限公司。

12 月 18 日 嵊泗渔运 0527 号渔船在镇海口长跳嘴水域沉没。

21 人落水，经镇海浙甬渔 6101 号船员冒风浪紧急抢救，有 8 人获救。

是年 镇海区获“全国平原绿化先进县”称号。

是年 开始整治万弓塘河。

1996 年春告竣，浚河长 8.15 千米，新建桥梁 4 座，两岸驳石塆。

1995 年

1 月 1 日 镇海商城开业。

位于城区南大街，1993 年折旧房兴建，占地面积 8000 平方米，建筑面积 1.77 万平方米。

镇海商城开业典礼

1 月 27 日 镇海至上海芦潮港高速客轮航线开通。

3 月 区人民大会堂、区图书馆、区老年活动中心建成。

重建工程于 1992 年启动。

4 月 25 日 浙江腈纶厂二氧化碳泄漏，30 人中毒。

5 月 9 日 骆驼工业小区发生特大火灾。

过火面积约 5000 平方米，4 家企业受损，直接经济损失 338.65 万元。起火系企业化学品混储引起。

同月 招宝山鳌柱塔动工兴建。

塔高 57 米，共 7 层，由旅港同胞俞立梓（葵卿）、王绍成和旅日同胞傅在源等共同资助。1999 年 4 月落成。

6 月 8 日 招宝山大桥工程开工。

大桥位于甬江入海口，全长 2484 米，总造价 4.23 亿元。2001 年 6 月 8 日建成通车。

是年 镇海区获“全国造林绿化百佳县（市、区）”称号。

是年 镇海区人才市场成立。

2001 年 8 月，区人才市场与区劳动力市场合署办公，迁址工农路 1 号，成立镇海区人才劳动力市场，场地扩大到 1000 多平方米。

1996 年

1 月 15 日 镇海区被省委、省政府命名为全省首批小康县（区）。

2 月 8 日 镇（海）骆（驼）公路改建一级公路工程动工。

双向四车道，全长 12 千米。12 月 28 日正式通车。

2 月 16 日 城区小客车投入运营。

运行范围限于镇海城区，计价一律 5 元。首批投入运营 20 辆。

3 月 14 日 “宝山轮”停靠镇海港码头，日本—上海—镇海集装箱班轮正式开通。

3月19—22日 区第十届人民代表大会第四次会议召开。会议审议批准镇海区国民经济和社会发展第九个五年计划及2010年远景目标纲要。

3月27日 区委、区政府召开非法建造寺观教堂、滥建坟墓专项治理工作会议。

专项治理至4月9日，52处非法庵、庙、寺、堂全部清拆完毕。至5月8日，700穴应拆坟墓也全部清理完毕。

4月3日 浙东抗日游击队虹桥战斗纪念碑在镇海发电厂公园内落成。

4月15日 1995年农村综合经济实力“十强”村和经济发展速度“十快”村评选揭晓。

为历年来首次开展该类评选。

4月20日 自办邮路正式开通。

全长41千米的区内邮路从城关胜利路邮电局出发，途径俞范、贵驷、骆驼、庄市、宁波大学5个点，每天运发邮件2班。

5月28日 区人大常委会组织部分省、市、区人大代表视察后海塘煤尘污染情况。

人大代表视察后认为，后海塘煤场煤尘污染相当严重，煤场必须搬迁。7月2日市人大常委会、市人民政府主要领导现场办公，协调处理后海塘煤场污染问题。决定紧靠后海塘的煤场全部搬迁至铁道支线以北，并采取经常向煤堆喷水等各种防污措施。

10月5—6日 以高桥基树为团长的日本伊势崎佐波广域考察团一行对镇海区进行友好访问，双方签订《友好交流备忘录》。

11月 镇海口海防历史遗址被国务院列为第四批全国重点文物保护单位。

12月18—19日 镇海区创建全国科技工作先进县区通过国家科委全面验收。

镇海区以高于达标分196.3分成绩跨入全国科技工作先进县、区行列。

12月20日 镇海区民营企业第一家股份有限公司——宁波摩士（集团）股份有限公司成立。

12月 全区高标准普及九年义务教育和青壮年扫盲工作通过市考核验收。

是年 镇海区开展党政机构改革，区级党政机构从原来42个减少到30个。

是年 镇海区被国家体委命名为第五批体育先进县（区）。

1997年

1月12—15日 中国共产党宁波市镇海区第十次代表大会召开。

2月6日 区政府与浙江中汇股份（集团）有限公司签订该公司兼并镇海棉纺织厂的协议。

12月30日宁波中汇纺织有限公司成立。

4月10日 镇海籍港胞捐资兴建的仁爱中学和龙赛中学图书科技大楼奠基。

张爱芳女士捐资800万元兴建仁爱中学，1998年10月落成，占地面积2万平方米，总建筑面积1.4万平方米。包玉书捐资120万元兴建龙赛中学图书科技大楼。

4月 区人大常委会根据国务院通知，决定从4月15日起一年内，停止对全区非农建设项目占用耕地的审批。

6月8日 由宁波江东水厂跨甬江引水管铺设成功。

自梅墟穿越甬江至宁波大学，口径1000毫米，增加镇海区水源供应。

镇海口海防历史纪念馆

6月10日 镇海口海防历史纪念馆被中宣部列为全国百家爱国主义教育示范基地之一。

6月12日 粮食自给工程建设全面启动。

1997年7月批准立项为市国家级粮食自给工程，项目建设范围包括骆驼、河头、澥浦3个镇乡24个村的2400公顷中低产田。两年建设总投资1128万元。1999年6月通过市级验收。

7月12日 区委、区政府召开（全区）国有企业、城镇集体企业产权制度改革动员大会，第一批试点改革12家企业。

7月14日 省、市重点工程乐金（LG）甬兴化工有限公司ABS树脂项目在后海塘工业区动工。

1998年7月16日项目竣工，年产ABS树脂5万吨，SAN树脂3.5万吨。

8月6日 “中法战争镇海之役纪念碑”在威远炮台侧动工。

纪念碑由抗法将领刘秉璋曾孙刘永龄捐资兴建，张爱萍上将题写碑名。同年10月落成。

8月17—18日 11号台风经过镇海，时遇天文大潮叠加，甬江潮位达到5.22米，系百年一遇。直接经济损失6000万元。

10月10日 “富的镇中基金”成立，镇海籍日本华人傅在源出资100万美元。

1999—2006年，直接受惠学生800余名，一批家境困难优秀学生受助进入大学。

是年 329国道镇海段16.72千米，开始改建为4车道一级公路，1998年3月竣工，投资概算1.44亿元。

1998 年

2 月 22—26 日 区政协第六届委员会第一次会议召开。

本届共举行 5 次全体会议。

2 月 23—27 日 区第十一届人民代表大会第一次会议召开。

本届共举行 5 次全体会议。

2 月 团区委被共青团中央授予全国青年志愿者十大杰出服务集体荣誉称号。

3 月 1 日 世界最大吨级液体化工船“海角”轮靠泊镇海港液体化工专用码头。

4 月 26 日 鼓楼西路自立市场开业。120 名下岗失业职工得到再就业安置。

5 月 22 日 经区政府同意，蛟川书院成立，是为镇海区首家经批准创立的社会办学的初级中学。

5 月 镇海区被文化部命名为“全国文化先进县（区）”。

7 月 2—3 日 龙卷风袭击镇海湾塘村、棉海村，造成人员受伤、房屋倒塌、大树折断。

7 月 国内年加工量最大的 800 万吨常减压、300 万吨催化专用设备在中石化三建公司机械制造厂制造成功。

2000 年 11 月 6 日，该设备在镇海炼化投料试车成功。

8 月 10 日 甬江塘综合治理工程首期清水浦段动工。

至 2005 年 11 月，甬江塘综合治理工程全面完成。

同日 镇海“110”社会救助工作网络正式运行。

7—8 月 区政府动员捐款、捐物帮助长江、嫩江、松花江流域遭受重大洪涝灾害同胞。

截至 10 月 15 日，全区有 102 个单位、44104 个人，合计捐款 2819165.46 元、台币 1000 元；23 个单位，46075 个人，合计捐衣物 333700 件（条）。区贸易局向灾区紧急调运 2.158 万吨蔬菜。

9 月 1 日 全面实行生猪、菜牛定点屠宰。

9 月 25 日 区放心豆制品生产基地建成，投资 180 万元。

9 月 26 日 宁波市化学工业区在澥浦镇海涂正式开发建设，宁波化工开发有限公司、宁波格林天然保健品有限公司同时揭牌。

10 月 8 日 中共中央政治局候补委员、国务委员吴仪考察镇海海关。

10 月 24 日 镇海中学被全国总工会授予“全国模范职工之家”称号。

11 月 9 日 镇海区与大连市旅顺口区缔结为友好区。

12 月 18 日 镇海区第一家住宅小区试点单位——城关镇白龙街道白龙小区正式实施社区物业管理。

是年 区政府开展国有、城镇集体企业下岗职工基本生活保障和再就业工作。全年共分流安置下岗职工约 1370 人，有 2100 余名失业职工实现再就业。

1999 年

1 月 19 日 省委、省政府授予镇海区浙江省科技进步先进区称号。

4 月 3 日 全国政协副主席钱伟长考察镇海中学和镇海口海防历史纪念馆。

4 月 19 日 全国第一套 30 万千瓦燃气——蒸汽联合循环发电工程在镇海全面建成。

5 月 14 日 城关中学和城关四校合并，建立宁波市镇海区外语实验学校。

2006 年 3 月 31 日，更名为“应行久外语实验学校”。

6 月 30 日 后海塘铁路以南所有煤场搬迁至铁路以北新场地，总用地 14.7 公顷。

7 月 8 日 启动“农电体制改革、农村电网改造和城乡同网同价”工作。

到 2000 年年底全面完成，成为全省第一个实现城乡居民生活用电同网同价的区。

9 月 30 日 根据省政府决定，向全区离休干部颁发庆祝中华人民共和国成立 50 周年纪念章。

11 月 16 日 镇海信息港有限公司开业，区人民政府网站开通。

11 月 30 日 区委、区政府联合作出《关于在全区开展向“爱国拥军好母亲”嵇蓉珍学习活动的决定》。

是年 全面开展第二轮土地承包工作，土地承包期再延长 30 年。

8 月 3 日，骆驼西盛、河头勤山、城关俞范、澥浦庙戴 4 个村先行试点，10 月中旬完成。至 2000 年 5 月，140 个村 987 个生产队完成二轮土地承包工作。

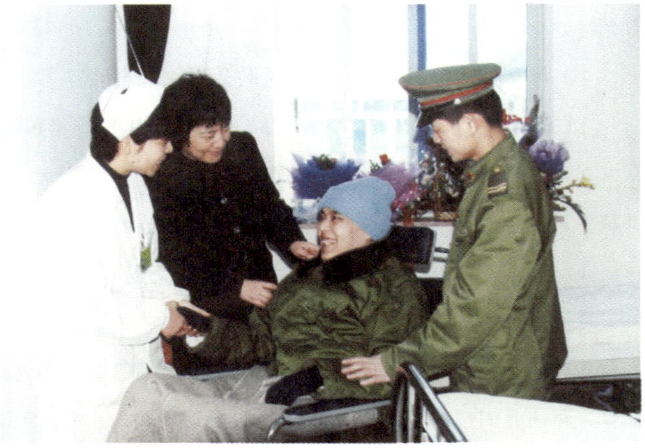

左二、三为嵇蓉珍、嵇琪母子

2000 年

3—7 月 镇海区公安分局开展打击人贩子、解救被拐卖妇女儿童专项治理工作。

共解救被拐妇女 122 名（原地安置 90 名），抓获人贩子 17 名。

4 月中旬 区公安分局破获一起台湾观音法门邪教组织案件，查处骨干教徒 1 人，捣毁共修点 2 处。

4 月 25 日 镇海区被浙江省文化厅命名为“浙江省文化先进县（区）”。

5 月 5 日 行驶镇海定海航线的招宝山轮在离舟山岙山岛 200 米处触礁搁浅。362 名旅客、17 名船员全部获救。

8月8日 镇海电视台参与拍摄的《青春节拍》在中央电视台首播。

12月获第十九届全国电视剧“飞天奖”三等奖。

8月 台风两次袭击镇海区。

10日，第八号“杰拉华”台风正面袭击镇海。受灾面积300公顷，倒塌房屋5间，损坏15间，造成直接经济损失80万元。30日，第十二号“派比安”台风经过镇海区，最大风力接近12级，造成经济损失650万元左右。

8月30日 完成全区基本农田保护区划区界定工作，报市和省验收。

9月13日 第十四号“桑美”强热带风暴袭击镇海区。

正值天文潮汛，风、雨、潮“三碰头”。3天城区降雨达220多毫米，山区平均降雨达420毫米。镇海口最高潮位达5.13米，超过警戒线0.73米；内河水位高4.1米，超过警戒水位0.8米；最大风力达11级。农作物受灾6533.33公顷，绝收面积1433.33公顷。倒塌房屋55间，损坏125间；受灾人口12.5万人。直接经济损失6720万元以上。

10月7日 全国人大常委会副委员长许嘉璐考察镇海中学。

10月26日 镇海区经济服务中心成立，全区19个部门116项行政审批事项进入服务窗口集中办理。

10月27—28日 区委、区政府组织慰问曾参加过抗美援朝战斗的在乡老战士79人。

11月1日 招宝山公园“院士林”栽下首批树木。

刘元方、吴祖泽、杨福愉、於崇文、周毓麟、贺贤土、陈敬熊、周永茂、倪光南、杨福家、杨雄里等11位镇海籍中国科学院、中国工程院院士参加植树。

11月1—10日 全面开展镇海区第五次人口普查入户登记工作。

截至2000年11月1日0时，镇海常住人口为27.17万人。

12月5日 区政府公布11处区级文物保护单位：贵驷父子进士亭、里新屋明代石牌楼、澥浦都神殿戏台、澥浦月洞门、觐祖桥、邵逸夫旧居、徐宅、傅宅、朱仁房大屋、孔庙大成殿、叶氏义庄。

同日 在河头九龙湖镇斗箕岙销毁废旧炸弹53枚、废炸药56公斤，同时帮助江北区、海曙区销毁废炸弹22枚。

2001年

2月21日 镇海区电话网整体列入宁波市新的市话营业区，实行城乡通话费同价。

2月23日 区委、区政府召开农村环境卫生整治工作会议，开展为期3年的农村环境卫生整治。

2月28日 镇海液体化工产品交易市场正式开业。

4月18日 镇海西街服装街被命名为首批“宁波市商业特色街”。

5月18日零时 全区固定电话7位升8位工作结束。

6月24日 城关镇后大街社区龙鼓队在北京举行的中华鼓舞大赛中获最高奖“山花奖”。

2001 年后大街社区龙鼓队参赛实况

7 月 28 日 巴西众议院巴中议员友好小组代表团参观访问镇海区种兔场。

8 月 1 日 创建镇海挪威工业园区（NIP）协议书在挪威首都奥斯陆签署，宁波市市长张蔚文出席签订协议书。

8 月 26 日 区人才劳动市场正式开业。

9 月 10 日 中共宁波市委在镇海召开常委会，专题研究有关镇海发展重大问题，确定“三带三区”发展定位和目标。

9 月 24 日 经省政府、市政府批准，撤销城关镇、庄市镇、骆驼镇、贵驷镇；建立招宝山、蛟川、庄市、骆驼街道办事处；调整澥浦镇行政区域；撤乡建九龙湖镇。

9 月 市委决定在宁波大学周边建设宁波市高教园区北区。

10 月 17 日 全国人大常委会副委员长程思远考察宁波龙华丰田汽车服务公司。

12 月 25 日 位于城区后海塘的镇海再生资源加工园区建设启动。

12 月 28 日 镇海电网高压线走廊经济生态林带综合开发工程启动（亦称高压生态林带）。

至 2006 年，全区基本建成海天、雄镇、镇骆、清风 4 条生态林带，总面积 800 公顷。

2002 年生态林带航拍

2002 年

1月7日 宁波市镇海高教园区开发建设管理委员会成立。

2004年4月改称镇海新区南区开发建设管理委员会。

1月10日 区委、区政府印发《宁波市镇海区机构改革方案》。

机构改革后，区委、区政府工作机构分别设6个和19个；区级机关行政编制精简18%；机关人员编制实行一次定编定岗，人员逐步分流，3年完成任务。

3月18日 市民服务热线“21890”开通。

5月16—18日 万隆酒精公司和华翔检验有限公司排放有害气体引发群体事件。

6月13日 后海塘景区一期工程开工。

该项目总投资3334万元，一期全长2600米，总绿化面积22公顷，其中水面13.5公顷。2003年竣工。

6月26日 人民公园扩建改造为文化广场工程启动。

在原人民公园基础上进行敞开式改造，占地面积约4.8公顷，总投资2200万元。2007年竣工。

6月28日 中共慈镇县委遗址纪念碑揭碑仪式在九龙湖镇举行。

8月9—14日 “2002全国我爱数学少年夏令营”活动在镇海区举行。

来自国内及菲律宾等地600多名小学生参赛，镇海代表队囊括团体总分前三名，其中区中心小学夺冠。这是镇海区代表队继2000年（海南）、2001年（江西九江）后的“三连冠”。

8月23日 镇海公路运输总公司骆驼客运中心投入运营。

该客运中心位于骆驼街道骆驼村（329国道旁），总占地面积33727平方米，建筑面积756平方米，总投资2000万元。

10月30日 镇海区与新疆于田县结为友好县区。

10月31日 镇海区举行“包氏家族与宁波商帮文化”研讨会，全国政协副主席经叔平发来贺信。

同日 全国政协副主席、台盟中央主席张克辉考察镇海区。

11月22日 镇海区第一家村级股份经济合作社正式成立。

招宝山街道张鑑碶股份经济合作社正式成立，140余名村民领到股份权证书，成为该社首批股东。

12月5日 塞拉里昂、日本等国家的驻华外交官农业参观团参观镇海种兔场。

12月19日 全区第一个由村改为社区的招宝山街道张鑑碶社区居委会成立。

12月中旬 区公安分局破获省内最大的非法经营食盐案件。

2002年6—10月，犯罪嫌疑人先后多次组织29个集装箱无碘食盐，共670余吨，运至北仑、镇海码头，销售至余姚、慈溪、鄞州、奉化等地。

2003 年

1月2日 全区自来水“一户一表”和屋顶水箱改造工程竣工并通过验收，受惠住户45820户。

1 月 26—28 日 公交 702 路和 391 路无人售票线开通。

2 月 13 日 宁波化工区实行市区联合开发属地管理体制，镇海区成立宁波化学工业区管理委员会。

2 月 17—21 日 区政协第七届委员会第一次会议召开。

本届共举行 4 次全体会议。

2 月 18—22 日 区第十二届人民代表大会第一次会议召开。

本届共举行 4 次全体会议。

4 月 18 日 国内规模最大的 45 万吨/年对二甲苯装置（PX）和 100 万吨/年连续重整装置，在中石化镇海炼化公司建成交付生产。

4 月 22 日 区委、区政府建立“预防和控制非典工作”领导小组，制订应急方案，在全区范围内预防非典型肺炎工作。

5 月 骆驼新区开发建设管理委员会成立。

7 月 1 日 镇海区在浙江省率先推行农村住院医疗保险制度。

7 月 17 日 气温达 39℃，创镇海区 30 多年来最高纪录。

7 月 公交 376 路开通汉塘村、永旺村，镇海区实现村村通公交。

10 月 9 日 宁波市和镇海区各界联合举行庆贺贝时璋院士百岁寿辰学术报告会。

贝时璋女儿贝濂、中科院院士杨福愉应邀到会。

10 月 22 日 中共中央军委主席江泽民考察镇海口海防历史纪念馆。

11 月 3 日 甬江口因大雾发生船只碰撞事故。

晨 5 时 30 分至 6 时，甬江口一带雾气积聚，能见度降低，8 艘船舶连续发生碰撞，造成 4 起事故和险情。

12 月 7 日 镇海发电厂高 150 米退役机组烟囱爆破成功，烟囱高度和采用的双向折叠式爆破法，均为亚洲第一，媒体称为“亚洲烟囱第一爆”。

镇海发电厂退役机组烟囱爆破瞬间

12 月 23 日 “山海协作”首个项目——舟山市大陆引水工程镇海段开工。

该工程全长 66.6 千米，其中海底管线 36.3 千米，镇海区境内 10.9 千米。工程引江北区李溪渡水库水至舟山。

2004 年

1 月 21 日 中共中央政治局常委、国务院副总理黄菊考察镇海炼化股份有限公司，以及镇海国家石油储备基地建设现场。

6 月 25 日 三圣殿水库引水工程竣工验收。

该工程起自三圣殿水库，终至原长石徐王自然村，管线全长 7.5 千米，设计日供水量 3 万吨。

7 月 1 日 《宁波市最低生活保障办法》开始实施，镇海区共有 1205 户 2017 名居民享受低保，其中城镇居民 545 户 936 人、农村居民 660 户 1081 人。

7 月上旬 镇海幼儿园成为宁波首家“全国学前家庭教育研究基地”。

9 月 16 日 中国大陆首套从国外进口大气特殊污染物自动监测设备落户镇海区。

11 月 12 日正式投入运行，对镇海区大气特殊污染因子实行 24 小时动态实时监测。

10 月 12 日 镇海新闻网正式开通。

10 月 19 日 区委、区政府举行浙江省爱乡楷模证书授予仪式暨镇海职教中心落成典礼。

市领导向港胞包景表颁发“浙江省爱乡楷模”证书。1994—2004 年间，港胞包景表先后捐资助建镇海中医院住院楼、急诊楼、区精英小学、区职教中心等 7 个项目，总计 1443 万元。新建的区职教中心学校占地 18.47 公顷，建筑面积 4.5 万平方米，能容纳 60 个班级开课、近 1000 名学生住宿。

11 月 29 日 中石化镇海炼化扩建 800 万吨炼油工程通过竣工验收。

该项目投资 107.56 亿元，历时 7 年建设，使镇海炼化年原油综合加工能力达到 1600 万吨，成为国内最大原油加工基地和成品油出口基地。

同日 招宝山街道后大街社区被中共中央文明办、文化部命名为“全国群众文化先进社区”。

12 月 29 日 镇海广电新闻中心启用，有线数字电视开通。

是年 爱心人物“我想”两次匿名向区慈善机构捐献慈善款共 158 万元，

落成的广电新闻中心

2005 年

1 月 17 日 一拖（宁波）中策拖拉机汽车有限公司新厂区在骆驼街道落成。

厂区占地面积近 2 万平方米，年生产能力 3 万台，年产值 4 亿元，投资 15 亿元，为中国南方最大中型拖拉机制造企业。

2005 年中策奔野拖拉机

1 月 镇海区被联合国人口基金项目“农村老年人协会的能力建设”确定为唯一试验点和长期跟踪研究基地。

3 月 3 日 挪威斯塔万格市代表团考察北欧工业园区。

3 月 31 日至 4 月 1 日 宁波市召开爱国主义教育基地建设工作会议暨市十一个爱国主义教育周开幕式，镇海中学、镇海口海防历史纪念馆、招宝山风景区、驻镇海部队军史馆被列入市红色旅游景点。

4 月 15 日凌晨 甬江口发生“浙三机 310 号”船与“建兴 18 号”轮碰撞事故。

“浙三机 310 号”船沉没，2 人获救，4 人遇难，1 人失踪。至 18 日上午，沉船被打捞出水。

8 月 6 日 第 9 号台风“麦沙”影响镇海区。

本次台风受灾人口 20253 人，紧急转移安置人口 10399 人，直接经济损失 1836 万元，其中农业直接经济损失 484 万元，向灾民发放救济款 17 万元。

8 月 18 日 中科院宁波材料技术与工程研究所奠基仪式在宁波高教园区（北区）举行。

该项目是中科院成立 55 年来首次在浙江建立研究所，一期建筑总面积 4.8 万平方米，2007 年年底投入使用。

10 月 25 日 镇海区举行朱枫烈士 100 周年诞辰纪念活动。

10 月 31 日 区中医院天文爱好者盛丽发现一颗近地小行星（FMO）。

11 月 2 日获得国际天文联合会承认。盛丽由此成为国内发现近地小行星第四人。

11 月 8 日 镇海籍院士风采馆在区美术馆开馆。

2008 年 6 月，镇海籍院士风采馆迁至宁波市大学科技园科技创业大厦。

11 月 23 日 澥浦泥螺山围垦工程通过竣工验收。

该工程东濒灰鳖洋、南依北仑电厂炼化二期灰库，西靠跃进塘和公司塘，北接慈溪龙山滩涂围垦工程。围垦面积 790 公顷，总造价为 7293 万元。镇海区陆域面积由此增加近 8 平方千米。

11 月 28 日 宁波市第五医院奠基仪式在镇海新城南区举行。

由法籍华人杨璧如女士投资 3.9 亿元建设（总投资 6 亿元）。占地面积 8 公顷多，共有 650 个床位。2008 年年底主体工程竣工。

11 月 北欧工业园区开园。

园区由镇海经济开发区和挪威杰拓投资公司合作共建，占地面积29公顷，外籍管理团队管理，主要引进北欧及其他欧美地区高科技企业。2007年，转由挪威投资公司独资开发。

12月中旬 全区河道清淤和清水河道建设工作完成。

3年共清淤河道171条，总长325千米，河道防洪标准达到20年一遇。

12月26日 浙东抗日武装虹桥战斗、马家桥战斗纪念碑建成揭碑。

纪念碑位于九龙湖北侧山麓。

同日 长邱新线九龙大道举行通车仪式。

建设历时1年零9个月，北连329国道，南接宁波市大庆路延伸段，4车道，沥青路面，全程8.5千米，工程总投资2.3亿元。

2006年

2月14日晚11时 甬江镇海段发生一起船上燃烧爆炸事件。

涉事船只为“浙岱机66208”轮，4名船员获救。至15日凌晨3时明火基本扑灭。

3月 沿江景观带工程全线竣工。

2001年5月启动，分3期建设，至2006年竣工，全长1840米，平均宽度45米，占地面积7.3公顷，建设资金共21701万元。

2008年9月沿江路景观带

1992年的沿江西路原貌

3月12日清晨 位于后海塘月洞门上的望海楼失火烧毁。

为2002年新建。2008年6月重建，建筑面积扩为340平方米。

3月 区委、区政府调整新城南北区管理体制，撤销新城南区开发建设管理委员会和骆驼新区开发建设管理委员会，组建镇海区新城管理委员会。

5月2日 位于庄市的国家粮食储备库散粮集疏运设施项目正式运行。

7月17日 第47届国际奥林匹克数学竞赛结束，镇海中学学生沈才立荣获1枚金牌，为全省首枚金牌。

7月中旬 启动“奉献爱心，牵手助学”行动。

76 家单位、个人参与行动，助学款累计 38.6 万元，有 153 名贫困学生受到资助。

10 月 开展“拯救河南小姑娘美丽”行动。

《今日镇海》刊登“拯救美丽”系列报道以来，河南小姑娘胡美丽的病情牵动镇海人民，40 多天共为胡美丽筹集爱心款 195890 元。经 11 月 29 日、12 月 20 日两次手术，胡美丽的腰椎矫形到 20 度左右。

11 月 5 日 全国人大常委会副委员长兼秘书长盛华仁考察镇海国家石油储备基地。

11 月 6 日 中石化镇海炼化分公司 100 万吨/年乙烯工程开工建设。

该项目总投资 234.98 亿元，包括 10 套生产装置和 5 台 CFB 锅炉及 4 台大型汽轮发电机等配套装置，其中有 6 套装置完全采用拥有自主知识产权的技术。

12 月 5 日 镇海区人民政府设立贵州省普安县教育扶贫基金，启动资金 100 万元。

12 月 16 日 镇海区中医院迁建工程开工。

总投资 1.37 亿元，总建筑面积 34615 平方米，建筑层数 15 层。港胞包景表捐 200 万元助建中医院急诊大楼，2008 年 12 月落成。2009 年 4 月，该工程获得宁波市“甬江杯”优质工程奖。

20 世纪 80 年代的镇海区中医院

2008 年落成的镇海区中医院大楼

12 月中旬 镇海区首次全方位陆地水域调查工作结束。

经调查，镇海区河道总长 310 千米，陆地水域面积 730 万平方米，其中河道水域面积 387 万平方米，水库、河塘、湖泊水域面积 343 万平方米。

是年 新城南区建成宁波帮文化公园，占地面积 17 万平方米。

2007 年

1 月 镇海区被命名为“全国第五批国家级生态示范区”。

1 月下旬 镇海天衡制药公司研制成功抗癌新药紫杉醇注射剂。

2 月 5—9 日 区政协第八届委员会第一次会议召开。

至 2008 年年底，共举行 2 次全体会议。

2 月 7 日 镇海区被省委、省政府授予“科技强县（市、区）”称号。

2月12日 九龙湖镇九龙湖村数字电视开通，是全市农村全部开通数字电视第一村。

2月18—22日 区第十三届人民代表大会第一次会议召开。

至2008年年底，共举行2次全体会议。

3月3日 九龙大道旁一工厂发生氨气泄漏事故。

位于马家桥路口，周边近700名群众被紧急疏散。经过近5个小时紧急排险，未造成严重后果。

3月9日 宁波中科绿色电力有限公司垃圾焚烧发电厂建成投产。

垃圾焚烧发电厂于2005年10月12日开工兴建，总投资2.2亿元，日处理生活垃圾能力600吨，年处理生活垃圾将达24万吨，发电量1.5亿千瓦时。

3月13日 区公安分局破获一宗特大贩毒案。

抓获犯罪嫌疑人4名，缴获毒品海洛因95克、麻古50粒。

3月26日 区企业联合会、企业家协会成立。

5月11日 宁波太平洋海运有限公司成为镇海区首家运力规模达10万吨以上的水运企业。

6月8日 宁波帮博物馆在新城南区奠基。

2009年10月22日开馆。

7月29日 由名誉会长李达三、包从兴等6人组成的香港苏浙沪同乡会访问团一行，考察宁波帮博物馆建设情况。

9月7日 由镇海广播电视台选送的3集广播连续剧《静静的胡杨》获全国“五个一工程”优秀作品奖。

9月12日 全国首个县（市）区级城乡卫生协会在镇海区成立。

形成区、镇（街道）、村（社区）三级社区服务网络，全区实现城乡社区卫生服务全覆盖。2005年全区社区卫生服务门诊量率先在全市超过区级综合性医院的门诊量，2006年达到57%。

9月 舟山大陆连岛工程宁波连接线镇海区段开工建设。

2009年11月6日竣工。

10月 第十六号台风“罗莎”影响镇海区。

10月6日至10月8日晚11点，镇海区平均降水量达184.1毫米左右，区内四大水库总蓄水量达1861万立方米，河网水位超出警戒水位。台风造成3000公顷水稻受损，近2800公顷蔬菜受淹，近666.67公顷林带树木、毛竹、果树等林作物受损，经济损失近6000万元。

10月13日 镇海区举行城乡一体数字电视整体转换工程竣工仪式。镇海区成为浙江省城乡一体数字电视整体转换首个示范区。

10月26日 叶氏义庄陈列馆开展仪式举行。

包从兴、虞刚年、邹星培、叶谋升、叶惟钧、贺友直、吴心平、王尔功、包起昌，叶澄衷的亲属以及来自全国各地的中兴学校其他校友等应邀出席。

10月27—28日 开展“陈逸飞故乡—镇海行”系列活动。

10月27日，陈逸飞视觉艺术综合作品开展；同日，陈逸飞镇海行专场晚会——《招宝山的呼唤》在海员俱乐部举行；10月28日，举行陈逸飞电影作品纪念展暨《理发师》首映式。

11月1日 后海塘煤场再次搬迁。

煤场选址招宝山大桥连接线以东，化工区主干道以南的原再生资源加工园区，占地40.53公顷。

11月3—4日 中国物流战略合作（镇海）峰会举行。

同月在北京召开的“中国物流诚信大会”上，镇海区被授予“中国物流重镇”称号。

11月14日 宁波华通电器成套集团有限公司“宁通”商标被认定为中国驰名商标，为镇海首家本土企业获中国驰名商标。

11月30日 宁波（镇海）大宗货物海铁联运物流枢纽港启动建设。

位于镇海后海塘，区域面积9.5平方千米，列入宁波市“中提升”战略十大功能区块。同时成立区大宗货物海铁联运物流枢纽港管委会。

同日 全国人大常委会副委员长、中科院院长路甬祥考察宁波化工区开发建设工作。

12月上旬 第三水平年丽水滩坑水电站库区移民安置工作完成。

2003年8月8日，丽水滩坑水电站库区农村移民安置工作开始，历时4年多，经过3个水平年，在蛟川、骆驼、庄市、澥浦和九龙湖5个镇（街道）的32个行政村安置移民108户、400人。

2008年

1月11日 区政府印发《镇海区农民养老保障试行办法》，将年满18周岁、未享受其他社会养老保障待遇的农业户口人员划入养老保险范围，实现养老保障体系在制度上全覆盖。

2月1—2日 大到暴雪，并出现积雪和结冰现象。

截至2日下午1时，镇海区北部积雪达15厘米，南部积雪达5厘米，暴雪造成16人车祸受伤、1人死亡。

2月4日 甬江明州大桥开工。

大桥北岸为镇海区庄市勤勇村，南岸为北仑区小港新棉村，工程总投资估算11.35亿元。2010年10月建成通车。

4月27日 后大社区由红妆作乐器演奏的乐曲“十里红妆”，申报上海大世界基尼斯记录成功。

4月30日 中共中央政治局常委、国务院总理温家宝考察中石化镇海炼化分公司。

5月12日 四川汶川县发生特大地震，震后镇海区社会各界共筹集救灾资金2298.15万元，救灾物资折价计179.58万元。

6月2日 晚10时35分，“浙岱66325”与“旗胜8号”两艘货船在甬江口主航道发生碰撞事故。“浙岱66325”货船沉没，3名船员成功获救。

6月5日 区环境监测监控中心落成并投入使用。

中心位于蛟川街道石塘下，项目投资5400万元，建筑面积10680平方米。

6月10日 位于宁波市大学科技园科技创业大厦的镇海籍院士风采馆开馆。

镇海籍院士风采馆开馆盛典

6月12日 首届镇海区社区文化艺术节开幕，同日非物质文化遗产系列展示活动开始。

7月1日 浙江省首个党员教育电视频道——镇海党员教育“先锋”电视频道正式开播。

7月11日 全区遭受强降雨袭击。从17时开始至19时，总雨量达110毫米。

7月24日 2008年全国青少年航海模型锦标赛在九龙湖旅游度假区开幕。

7月29日 镇海区总工会命名“金国民追逃法”。

金国民，镇海公安分局刑侦大队教导员，全国优秀人民警察。从警30年来，结合刑侦实践，创造一套行之有效的“金氏追逃八法”，其带领的抓逃小组一年抓获逃犯近120人。此追逃法在全省公安机关逐步得到推广。2009年4月，中共镇海区委作出《关于向金国民同志学习的决定》。

2009年11月竣工瓦砾小学新貌

8月27日 镇海区和宁海县各选派3名干部赴四川省青川县瓦砾乡，帮助青川县瓦砾乡灾后重建。

援建项目共30个。援建资金4475万元，其中列入省、市指挥部援建项目资金3825万元，村镇（街道、企业）结对帮扶项目资金200万元，其他帮扶资金450万元。

9月下旬 宁波北区污水处理厂配套总管工程通过综合验收，进入常态化运行。

12月10日 成立镇海区气象局（站）。

2009年1月，气象服务中心启动。

（责任编辑 陈柏青）

第一编　政　区

本编目录

镇海自东汉顺帝阳嘉元年（132）在沿海屯兵设戍开始，历代均为军事要地。后梁开平三年（909），钱镠奏置望海县为建县之始。中华人民共和国成立后，建置体制多次变革，或并入宁波市，或析出为县。1985 年 10 月，镇海县撤县并入宁波市，设镇海区、将甬江以南地区划入滨海区（后改北仑区）。

第一章 建置 境域

第一节 建 置

据《尚书》记载，禹贡九州时，境内属扬州。

春秋末越国建国后，本地属越，战国时属楚。

秦王政二十五年（前222）置会稽郡句章县，县治始设大隐城山，后徙鄞西小溪。因地处句章之东，故称句章东境。

唐武德四年（621），析句章县，置姚、鄞两州，八年，更鄞州为鄮县，地属鄮县东境。唐元和四年（809），鄮县在甬江口建望海镇，系军事建制，为建治之始。［一说大历六年（771）置望海镇］

后梁开平三年（909），钱镠奏置望海县，不久改名定海县。时县境辖清泉、灵绪、崇邱、金塘4乡。

宋熙宁十年（1077），划鄞县灵岩、泰邱、海晏三乡归定海县。元丰元年（1078）划金塘隶属昌国，清泉析为东西两乡，自此县辖7乡，定为上县。

元时建置袭宋制。

明洪武二十年（1387），昌国废县，原昌国县境统隶定海县，直至清康熙年间。

清康熙二十六年（1687），改定海县为镇海县，原定海县建置历778年。翌年，析出原昌国县境另置定海县。至此，昌国归属镇海为时300年。镇海县建置相沿至民国未变。

中华人民共和国成立后，镇海县建置更迭与县境变化甚频。1951年，从定海县划入大榭岛，从慈溪县划入骆驼镇；同时划沙堰乡归属宁波市。1953年划合岙乡归属鄞县。1954年年底，龙山区北部10乡镇划归慈溪县；慈东的河头、长石等5乡划属镇海县；杭州湾口滩浒岛划归嵊泗。1958年自余姚县划入汶溪乡。同年年底，撤镇海县并入宁波市。1963年1月，恢复镇海县建制。1985年7月1日，国务院批复同意撤销镇海县。将原镇海县行政区域并入宁波市，设立宁波市镇海区，扩大宁波市滨海区，甬江分界。1985年10月镇海区正式建立。镇海县建置历时295年，县建置自始建至撤销，除去并入宁波市4年共历时1073年。

镇海建置沿革表

表 1－1

时期	纪年	公元	沿革			说明
			隶	属	县	
夏	少康五十二年	约前 20 世纪	扬州	越	越东南境	《尚书》：“禹贡淮海惟扬州。”宝庆《四明志》：“禹葬会稽，少康封庶子无余于其地，号於越。”《通鉴纲目》：“夏少康五十有二岁，封庶子无余于越，以奉先王墓祀。”
商		约前 16 世纪—约前 11 世纪	扬州	越	越东南境	《史记正义》：“《舆地志》云‘越侯传国三十余叶，历殷至周……” 《舆地志》：“敬王时有越侯夫谭，子曰允常，拓土始大，称王……号为於越。”
周		前 1046—前 256		越	地属句甬	《竹书纪年》：“周成王二十四年，于越来宾。” 《十三州志》：“越王大城句余，章伯功以示子孙，故曰句章。”《史记·越王句践世家》（楚威王六年）“楚威王兴兵而伐之，大败越，杀王无彊，尽取故越地至浙江……而越以此散。诸族子弟争立或为王，或为君，滨于江南海上，服朝于楚。”
秦	秦王政二十五年	前 222		会稽郡	句章县东境	《史纪·秦始皇本纪》：“二十五年……王翦遂定荆江南地，降越君，置会稽郡。”
汉	高帝六年	前 201	扬州（荆国）	会稽郡	句章县东境	《汉书·地理志》：“会稽郡，秦置，高帝六年为荆国，十二年更名吴。会稽郡领县二十六，句章、鄞、鄮隶焉。” 据《汉书·高帝纪》：“十二年十月，立兄子濞为吴王。”
	高帝十二年	前 195	扬州（吴国）			
	景帝四年	前 153	扬州（江都国）			《汉书·江都易王传》：“江都易王非以孝景前二年立为汝南王……吴已破，徙（易）王江都，治故吴国。” 《汉书·地理志》：“会稽郡，景帝四年属江都。属扬州。”
	武帝元封五年	前 106	扬州			据《史记·东越传》：汉武帝元鼎六年秋，东越王余善反。遣横海将军韩说出句章，浮海从东方往。《汉书·地理志》：“句章，渠水东入海。”（按此即今浃江） 据《资治通鉴》：元封五年，武帝置冀、幽、徐、青、扬……十三部刺史。《汉书·地理志》：“会稽郡属扬州治。”
三国吴			扬州	会稽郡	句章县东境	《晋书·地理志》：“扬州统丹阳、吴、会稽……十四郡。”

续表 1－1

时期	纪年	公元	沿革			说明
			隶	属	县	
晋	武帝太康元年	280	扬州	会稽国	句章县东境	光绪《鄞县志》：“太康元年平吴，会稽为公国，例置相，不置守。”
	愍帝建兴元年	313		会稽郡		《晋书·地理志》：“东晋初，会稽复为郡。”
	成帝咸和二年	327		会稽国		《晋书·成帝纪》：“咸和二年十二月，徙封琅琊王昱为会稽王。”句章县东境，乾道《四明图经》：“晋安帝时，孙恩寇上虞，刘裕出戍句章，贼退还浃口，即此地也。”
宋	武帝永初二年	421	扬州	会稽郡	句章县东境	会稽郡，领山阴……句章、鄞、鄮等县。乾隆《镇海县志》：“武帝永初二年复为郡。”
	文帝元嘉三十年	453	会州			《宋书·元凶劭传》：“三月，分浙以东五郡为会州，省扬州，立司隶校尉……”五月，劭既诛，会州遂废。
	孝武帝孝建元年	454	东扬州			《宋书·地理志》“孝建元年，分扬州之会稽……五郡为东扬州。”“大明三年罢州，以其地为王畿……而东扬州直云扬州。八年，罢王畿，复立扬州，扬州还为东扬州。”
	前废帝永光元年、景和元年	465	扬州			《宋书·前废帝纪》：“永光元年秋八月，改元为景和元年……罢东扬州并扬州。”
	顺帝升明二年	478	扬州（齐国）			据《宋书·顺帝纪》：“升明二年，萧道成领扬州牧。三年，进齐公萧道成爵为齐王。”
齐			扬州	会稽郡	句章县东境	据《南齐书·州郡志》：扬州领丹阳、会稽、吴、吴兴、东阳、新安、临海、永嘉八郡。
	和帝中兴二年	502	扬州（梁国）			《南史·和帝纪》：“中兴二年二月，进梁公萧衍爵为王。”
梁	武帝普通五年	524	东扬州	会稽郡	句章县东境	《梁书·武帝纪》：“武帝普通五年三月，分扬州、江州，置东扬州。”
	敬帝太平元年	556	扬州	会稽郡	句章县东境	《梁书·敬帝纪》：“罢东扬州，还复会稽郡。”
	太平二年	557	扬州（陈国）			《陈书·高祖纪》：“太平二年十月戊辰，进高祖爵为王，以扬州之会稽、临海……并前为二十郡，益封陈国。”

续表 1－1

时期	纪年	公元	沿革			说明
			隶	属	县	
陈	武帝永定三年	559	扬州	会稽郡	句章县东境	《陈书》：“武帝永定三年，省东扬州并扬州。”“文帝天嘉三年，复置东扬州。”
	文帝天嘉三年	562	东扬州			
	后主至德四年	586		会稽国		《南史・后主纪》：“至德四年夏五月丁巳，立皇子庄为会稽王。”
隋	文帝开皇九年	589	吴州总管府	吴州	句章县东境	《隋书・地理志》：“（文帝）平陈，改（东扬州）曰吴州，（废会稽郡，并鄞、鄮入句章）置总管府。大业初府废，置越州。” 《隋书・地理志》：“炀帝大业初，废总管府，置扬州刺史。”
	炀帝大业元年	605	扬州	越州		
	大业三年	607		会稽郡		宝庆《四明志》：“越州复为会稽郡。”
唐	高祖武德四年	621	越州总管府	鄞州	鄞州东境	《旧唐书・地理志》：“武德四年，平李子通，置越州总管，管越、嵊、姚、鄞……十一州。”“七年，改总管为都督。”“析句章，置姚州、鄞州，隶越州，不设县。”
	武德七年	624	越州都督府			
	武德八年	625		越州	鄮县东境	《新唐书・地理志》：“鄞州废，更置鄮县隶越州。”鄮县，按《一统志・表》：“改置鄮县于句章故城。”
	太宗贞观元年	627	江南道			据《旧唐书・地理志》：“贞观元年，分天下为十道，越州隶江南道。”
	睿宗景云二年	711		越州中都督府		据《新唐书・地理志》：“分天下为二十四都督，越督十州。为中都督府。”
	玄宗开元二十六年	738	江南东道	明州		《旧唐书・地理志》：“开元二十一年分天下为十五道，”越属江南东道。 《旧唐书・地理志》：“开元二十六年，于越州鄮县置明州……取四明山为名。”领县四：鄮、奉化、慈溪、翁山。
	天宝元年	742		余姚郡		《旧唐书・地理志》：“天宝元年，改（明州）为余姚郡。乾元元年，复为明州。”
	肃宗乾元元年	758	浙江东道	明州		乾隆《镇海县志》：“乾元元年分置浙江东道，复余姚郡为明州。”
	代宗大历十四年	779	浙江东西道			《新唐书・方镇表》：“合浙江东西道，置都团练观察使。”
	德宗建中元年	780	浙江东道			《新唐书・方镇表》：“复置浙江东道都团练观察使。”
	建中二年	781	镇海军			《新唐书・方镇表》：“合浙江东西二道，置镇海军节度使。”
	贞元三年	787	浙江东道			《新唐书・方镇表》：“分浙江东西为二道。”复置观察使。

续表 1－1

时期	纪年	公元	沿革			说明
			隶	属	县	
唐	宪宗元和四年	809	浙江东道	明州	鄮县东境（望海镇）	宝庆《四明志》：大历六年省翁山。海壖旧置望海镇。嘉靖《宁波府志》《定海县志》：“宪宗元和四年，置明州望海镇于甬江口，不隶明州。”民国《镇海县志·建置沿革考》：“宝庆志但言旧置，不详何年，约当大历前后。”
	宪宗元和十四年	819	浙江东道	望海镇		《唐会要·卷七十八·诸使中》：“（宪宗元和十四年）八月。浙东观察使薛戎奏……今当道望海镇。去明州七十余里。俯临大海。东与新罗、日本诸蕃接界。请据文不隶明州。许之。”
	僖宗中和三年	883	浙江东道（义胜军）			《新唐书·方镇表》：“升浙江东道观察使为义胜军节度使。”
	光启三年	887	浙江东道（威胜军）			《新唐书·方镇表》：“改义胜军节度为威胜军节度。”
	昭宗乾宁三年	896	浙江东道（镇东军）			《新唐书·方镇表》：“改威胜军节度为镇东军节度。”
后梁	太祖天平三年	909	吴越国	明州（望海军）	静海镇望海县	《舆地广记》：“开平三年，升明州为望海军，是年改鄮为鄞州，领县五：鄞、慈溪、奉化、象山、定海。”宝庆《四明志》：“钱鏐奄有吴越，以明州为节镇，置望海军，又更望海镇为静海镇，寻置望海县，梁开平三年也；未几改县曰定海。”嘉靖《宁波府志》：“乾宁四年，钱氏据有吴越，更望海镇为静海镇，因置望海镇（沿革表作乾宁四年置望海县）。” 《十国春秋》作静安县。《吴越备史》作静海县。 《旧五代史·郡县志》：“明州望海县。（梁开平三年闰八月，两浙奏置。）”
					定海县	《太平寰宇记》：“梁太祖开平三年……置望海县，后改为定海县。”《文献通考》作宋改。康熙《宁波府志·沿革表》：“梁开平三年设望海县，次年改定海县。”

续表 1－1

时期	纪年	公元	沿革			说明
			隶	属	县	
宋	太宗太平兴国三年	978	两浙路	明州（奉国军）	定海县	《通鉴纲目续编》：“太平兴国三年五月，吴越王俶以其地来归。”宝庆《四明志》：“初钱氏国除，杭守带钤辖，提举两浙路州军兵甲贼盗。”《宋史·地理志》：“太祖建隆元年，改望海军为奉国军，授钱亿、钱惟治相继为节度使。”
	淳化四年	993	两浙东路			《通鉴纲目续编》：“淳化四年，分天下郡县为十道，曰‘……两浙东、西……’”
	太宗至道三年	997	两浙路	明州		据《宋史·地理志》：太宗至道三年定十五路，仁宗天圣八年析为十八路。两浙为一路。
	神宗熙宁间	1068—1077	两浙东路			《宋史·地理志》：“两浙路，熙宁七年分为两路，寻合为一，九年复分，十年复合。”宝庆《四明志》：“熙宁十年割鄞县之海晏、灵岩、泰邱三乡隶本县；元丰元年割本县之金塘乡隶昌国，定为上县，凡七乡。”
	高宗绍兴三年	1133		庆元府		《宋史·高宗纪》：“（绍兴二年九月）癸酉，以右朝请大夫吕源为浙东、福建沿海制置使，治定海县。”
	光宗绍熙五年	1194				《宋史·宁宗纪》：“绍熙五年闰十月壬午，诏改明年为庆元元年。”“五年十一月辛亥（按：对照公元纪年已为1195年1月7日）升明州为庆元府。”（按：绍熙为光宗年号，宁宗于绍熙五年七月登位。）
元	世祖至元十三年	1276	两浙大都督府＼两浙行省	庆元路	定海县	《元史·世祖纪》：“至元十三年二月己亥行省承制以临安为两浙大都督府……六月壬申，罢两浙大都督府，立行尚书省于鄂州、临安。” 《元史·地理志》：“至元十三年，改置宣慰司。十四年，改为庆元路总管府。”
	至元十五年	1278	江淮行省			《元史·世祖纪》：“（十五年四月）壬午，立行中书省于建康府。江淮行中书省立于建康。”
	至元二十一年	1284	江浙行省			《元史·地理志》：“至元二十一年，自扬州迁江淮行省来治于杭，改曰江浙行省。”
	成宗大德六年	1302				《元史·地理志》：“浙东道宣慰司都元帅府，元（原）治婺州，大德六年移治庆元。”
	惠宗顺帝至正二十五年	1365	淮南行省	庆元路	定海县	《元史·顺帝纪》：“九月……以方国珍为淮南行省左丞相，分省庆元。”
	至正二十六年	1366	江浙行省			《元史·顺帝纪》：“九月丙戌，以方国珍为江浙行省左丞相。”

续表 1－1

时期	纪年	公元	沿革			说明
			隶	属	县	
明	太祖吴王至正二十六年十二月	1367	浙江行省	明州府	定海县	《明史・地理志》："太祖丙午十二月，置浙江等处行中书省。"《大政纪》："改庆元路为明州府。"据雍正《宁波府志》：奉化、昌国复为县。领县六，如旧。 《明太祖实录》吴元年十二月乙卯（十三）："改庆元路为明州府。"
	洪武九年	1376	浙江布政使司			《明史・地理志》："九年六月，改行中书省为承宣布政使司。"
	洪武十四年	1381		宁波府		《明史・地理志》："宁波府，太祖吴元年十二月为明州府。洪武十四年二月改宁波。"嘉靖《宁波府志》："鄞单仲友奏，明州同国号，乞改名。上以郡有定海县，海定则波宁，因改为宁波府。"
	洪武二十年	1387				据《明史・地理志》："洪武二十年六月，废昌国县，并入定海县。"
清	康熙二十六年	1687	浙江省	宁波府	镇海县	《清史稿・地理志》："浙江……明设布政使司，清初为浙江省，置巡抚。""康熙二十六年，改定海曰镇海。"民国《镇海县志・建置沿革附考》："今据县署有'奉旨改名镇海县'额系康熙丁卯岁邑令周家齐立。"
光复	辛亥革命即清宣统三年	1911	浙江军政府	宁波军政分府	镇海县	11月5日，宁波军政分府成立
中华民国	民国元年	1912	浙江省		镇海县	2月废宁波府
	民国3年	1914		会稽道		设会稽道，宁绍台同属，道尹署驻宁波
	民国16年	1927				会稽道废，县直隶于省
	民国20年	1931		第七专署		10月设浙江省第七行政督察专员公署
	民国21年	1932		第五行署		11月改设浙江省第五特区行政督察专员公署
	民国27年	1938		第六行署		10月改设浙江省第六行政专员公署
	民国30年	1941		宁波专署		是年4月19日镇海被日军占领，民国县政府徙宁海县，1943年3月返回镇海县江南塔峙城湾。抗日民主政府于1942年1月至1945年2月，在龙山、庄市等地区建立慈镇县办事处，1945年2月组建为镇海县政府。县城内于1943年5月至1945年8月，建汪伪县政府
	民国34年	1945		第六专署		1945年2月，在抗日根据地四明山梁弄成立浙东行政公署。同年8月15日日本国无条件投降后，抗日民主政府北撤，国民政府浙江省第六行政督察专员公署进驻宁波。镇海县政府于9月自塔峙重返县城
	民国36年	1947		第三专署		2月裁撤第六专区，镇海县隶属第三区专员公署。10月，由中国共产党领导建立慈镇县办事处，直至1949年5月镇海解放
	民国37年	1948		第二专署		专署驻地余姚梁弄

续表 1－1

时期	纪年	公元	沿革			说明
			隶	属	县	
中华人民共和国		1949	浙江省	5月25日宁波解放后，为浙江省第二区专员公署，后又改称宁波专员公署	镇海县	5月26日中国人民解放军进驻县城，镇海解放，建立镇海县人民政府
		1958		宁波市	市郊区	9月并入宁波市，设郊区办事处于江北岸，11月鄞县亦并入宁波市，撤郊区办事处，直属于市
		1963		宁波专员公署	镇海县	1月自宁波市析出，恢复镇海县建制
		1978		宁波市	镇海县	9月宁波市升省辖市，镇海县隶属宁波市
		1983		宁波市		7月27日，撤销宁波行署，实行市领导县。与鄞、慈溪、余姚、奉化、宁海、象山6县同隶属宁波市
		1984		宁波市	镇海县	1月27日省政府批复，划镇海县城关镇和新碶乡全部，临江乡、湾塘乡、庄市乡、江南乡、小港乡、高塘乡部分，共计143平方千米，建立滨海区，区政府驻城关镇。2月省政府批复，划镇海县庄市乡部分归宁波市江北区
		1985		宁波市	镇海县→镇海区	国务院1985年7月1日批复，撤销镇海县，并入宁波市，以甬江为界分为镇海、滨海（1987年7月改称北仑）两区。10月撤县，甬江以北建镇海区，区人民政府驻城关镇；甬江以南建滨海区，区人民政府驻江南道头红联村（1987年12月迁新碶镇）

【专记】县城城垣兴废录

镇海县傍海为城，古县城东连招宝山，出甬江口，南环甬江，北负东海，西通鄞县、慈溪。

唐乾宁四年（897），钱镠初置望海镇，垒泥为城。城环周长450丈，濠300余丈（宝庆《四明志》）。后梁开平三年（909），钱镠奏置望海县，望海镇泥城遂成望海县城垣。城垣历宋、元而毁。

明洪武元年（1368）千户王及贤始置木栅。洪武七年（1374）守御千户端聚以石易木。二十年（1387）信国公汤和建定海卫时拓宽县城城垣。新建城垣环长1288丈，高2.4丈，基宽1丈，顶宽8尺，延绵9里。辟有6城门。除小南门无月城外，余5门均筑有月城。二十九年（1396）卫都指挥刘澄增建小南门月城。明永乐十三年（1415）卫都指挥余成以北城濒海堵塞北门。留为5门：东名镇远门，南名南薰门，次南名清川门，西名武宁门，次西名向辰门，城门外俱有吊桥。城墙上有敌楼10处，雉堞2185堵，警铺39处。城外濠河，自东抵西环绕城墙，全长966.5丈，其中东段宽5丈，南段宽4.6丈，西段宽13丈，深均2丈，唯城北段际海不设。（嘉靖《宁波府志》）

旧时开水门于城西，不久改置于小南门右侧（嘉靖《定海县志》）。明永乐十六年（1418），卫都指挥谷祥塞小南门，未几复启。增置敌楼7处，窝铺40处（嘉靖《宁波府志》）。嘉靖二年七月（1523）地震毁城墙垛。嘉靖十二年（1533）卫都指挥刘翱增高雉堞三尺（嘉靖《宁波府志》）。嘉靖三十三年（1554）知县宋继祖城北增建望海楼（雍正《宁波府志》）。隆庆三年（1569）秋，暴雨飓风大作，海水涌入城，冲没庐舍，巡抚谷中虚议于城北筑重垣为外护。隆庆五年（1571）事下监司督理，同知段孟贤上言筑外城不便，请增筑内城，得新任巡抚邬琏批准。万历元年（1573）海道副使刘翾命通判祝完负责工程。翌年工竣。所筑之城段长406.3丈，址宽1.4丈，面宽1丈，高2丈（唐令志稿）。万历三十七年（1609），知县黎民表又修增城高2尺（雍正《宁波府志》）。崇祯元年七月（1628）海飓大作，城堞楼橹倒毁近一半。知县龚彝再主持重修（《薛文介集》）。

清顺治十五年（1658）总督李率泰通令郡县修城，知县朱承命负责工程。整修后，雉堞加阔，由2185堵并为880堵，改造敌楼10处，警铺39处（乾隆《镇海县志》）。

康熙二十年（1681）飓风坏城楼。至三十六年（1697）知县唐鸿举设法修葺。后屡被飓风所坏。雍正五年（1727）知县田长文曾修葺（雍正《宁波府志》）。乾隆十二年（1747）七月十四日飓风大作，潮水冲决，北城城塘全圮。巡抚方观承察看后，奏议御潮塘制修办法，拨款重建（乾隆《镇海县志》）。工程始于乾隆十五年（1750）四月二十二日，竣于十六年十二月十七日。北城石砌加厚，底宽6尺，至顶3尺。城分上、中、下三截。下截先于塘后剔取泥土，深3.8尺，梅花钉桩，嵌以块石，再用石板铺盖，上用丁顺小条石包镶，块石高与塘面相等，以固城基。城塘间竖砌龙骨石一道，内外扣槽联合城、塘，用来堵住漏水。后面用丁铺大石四层，间砌丁顺大石六层，隔成三仓为中截，计高6尺，以抵潮浪。余为上截。此次夹层石塘修建，遂使北城城塘合一之特色更为显著。

道光十一年七月（1831）知县郭淳章重修，次年十一月工竣。城环长1416丈，雉堞906堵。

此后，热兵器发展，城垣作为战时防御功能渐失，不再有城垣修葺记载，唯北城后海塘段，因城塘合一故，为抵御海潮，于道光二十八年（1848）作过一次全面补修。1922年用华洋义赈会余款重修，耗银13.88万余元。1942年重修。

民国初，县城城垣尚完整。东、南、西城门，吊桥俱在。

1929年9月，拆南薰门瓮城，拓改为街路，城外吊桥改为钢混结构固定桥，称南薰桥。1930年拆南薰门东首一段城墙，其址辟建南街菜场。同年7月拆武宁门瓮城改为街路，使横街直通小西门外街，城外吊桥改为钢混结构桥，称武宁桥。同年，小南门外清川桥改建为钢混结构桥。

1941年4月19日，日军第二次侵犯镇海。日本占领军为修筑招宝山麓至小道头军车通道，扒开渊德观东首城墙和双司前南城墙缺口各约10米，并在城河上架木桥。

县城沦陷期间，城上敌楼、警铺、雉堞遭日伪军毁拆，面目全非。

中华人民共和国成立后，因市政建设需，1951年拆清川门（小南门），1957年拆镇远门，1962年拆向辰门（大西门），其址均拓为街路。20世纪60年代，李衙前、王施弄改造以及修筑甬江塘，逐段拆取城墙东南段石料。70年代末旧城改造开始，城墙东南段拆完，城基旧址上建港务一村、东河新村、镇海县保险公司、商业大厦、邮电大楼等（今城河东路、城河西路一带）。80年代初，拆城墙西段。西城段城基旧址上建镇海电影院、镇海工商银行、自来水分公司。至1982年，城墙东、南、西三面已拆除无存，唯留北城段（后海塘）遗迹。

1991年北城段（后海塘）整修，雉堞仿古重建，全长1340米，辟为旅游景点。

【专记】镇海解放和人民政权的建立

镇海的解放

1949年5月3日，中国人民解放军第三野战军第七兵团所属的第二十一、第二十二、二十三军及三十五军向浙江挺进，是日解放杭州。5月16日，解放军渡过钱塘江向浙东进军，5月24日晨，解放慈城镇后，兵分两路向宁波和镇海进军。一路沿杭甬公路（今铁路）自洪塘、庄桥至宁波江北岸；另一路翻越东县岭，至汶溪、长石，下午2时左右抵达骆驼桥。国民党驻骆驼桥守军为八十七军二二一师六六一团特务连，激战15分钟后，守军全被歼灭。5月25日，解放军六十六师一九六团经贵驷桥、妙胜寺、万嘉桥、中官路，下午2时许抵达张鑑碶。守防张鑑碶的国民党军六六一团二营，拆毁桥梁，溃撤至县城，被人民解放军俘虏50余名，余军凭借西城墙顽抗。城中国民党县政府及各机关和武装人员，连夜乘船撤退至金塘、梅山等岛屿（镇海报社机器设备和档案资料亦随同转移），未及乘船者渡江向江南溃退。5月26日晨6时，解放军二十二军六十六师一九八团从西门入城，县城宣告解放。其间俘虏国民党军80余名，缴获汽车10余辆。同日，国民党镇海警察大队队副斯建安到骆驼桥，与中共组织联系投诚，上缴短枪19支、子弹1000余发。5月27日，二十二军所属一九〇团、一九一团、一九三团、一九七团向甬江南进军。下午2时许，在柴桥长山冈击溃国民党自卫队200余人。另一路解放军自宁波出发，越育王岭，沿山路进入柴桥，向穿山炮台山的国民党六六一团发起攻击。5月28日晨柴桥地区国民党残兵溃逃至大榭岛，一部分退至中岭山区继续顽抗。5月29日，解放军向郭巨山区进发，在剑岭发生激战。下午3时后，在郭巨、华峙等地的国民党残部乘船舰逃向梅山岛。江南战役共俘、毙国民党人员800余名，缴获枪支400余支。7月9—11日，困守舟山群岛的国民党残军分别从镇海沿海的青峙长跳嘴、龙山所、穿山等处登陆，一度占领龙山所、白峰等地。龙山区区长忻一波等4人被俘执，后被杀害于定海。人民解放军二十二军六十四、六十五、六十六师一部发起还击。11日晨，击退来犯之敌，毙俘百余名，缴获轻机枪11挺、步枪40余支。8月18日傍晚，解放军二十二军六十四师、六十六师一九〇团、一九六团、军山炮团联合进攻大榭岛。次日拂晓，解放大榭岛，歼灭国民党守军一十六师下属2个团，歼敌1448名。身经80余次战斗的华东特等战斗英雄、华东一级人民英雄、六十五师一九五团洛阳营营长林茂成在渡海战斗中牺牲。8月24日，盘踞梅山岛之国民党残部弃岛撤逃。25日晨，解放军二十二军六十五师一九三团进驻梅山，下午2时国民党军一个营从梅山碑塔登陆，经一九三团反击，全歼登陆国民党军。

图1－1 1949年8月解放军进剿盘踞在镇海前沿岛屿的国民党军残股实况

图1－2 1949年8月18日解放军一部向大榭岛进军

图1－3 镇海解放后各界人民向人民解放军赠送锦旗

10月3日，中国人民解放军六十六师、六十四师一九〇团以新碶沿海为基地，发起解放金塘岛战役。10月5日，金塘岛解放。同日晚上，城关谢伟礼等9渔民去海边捕鱼时捕获国民党军长江部队副营长以下官兵6人。10月9日起，县公安局配合县、区地方武装，对流窜在长山、鄞县梅墟一带的“国防部闽浙沿海二纵队第一支队”何芳股进行连续清剿，至10月中旬，全歼该部残股。计毙、俘28名，缴获长短枪22支、机枪1挺、子弹700余发等，部分股匪带枪自首。至此，镇海县境全部解放。

人民政权的建立

5月26日，以刘维新为首的南下负责接收镇海县政权干部中队一行抵达宁波，与其他中队调入的刘刚（后任县委书记）及中共慈镇办事处负责人沈宏康等会合。5月27日上午，44名南下干部乘车到达骆驼桥。因路毁，由慈镇办事处负责人陆子奇带领步行到镇海。下午4时进入县城，入驻薛禄二房。5月29日，成立中共镇海县委、县人民政府。中共浙江省委任命，由刘刚、刘维新、沈宏康3人组成县委会，书记刘刚，县长刘维新。6月1日正式办公。

图 1－4　1950 年 2 月中共镇海县委机关全体人员合影（第六排站立中间的为县委书记刘刚）

图 1－5　1950 年时龙山乡政府全体同志

1949 年 6 月中旬成立龙山、庄市、长山、柴桥 4 个区委和城关镇委。6 月下旬开始，人民解放军二十二军派干部、战士 400 余名组成工作队，协同镇海县委建立乡镇政权，至 8 月，共建乡镇人民政府 34 个。10—12 月，开展“减租减息”、“民主反霸”工作中，培养贫下中农积极分子，摧毁保甲制度，建立村政权，民主推选村长、副村长、村农委主任、民兵队长、妇女主任和村文书，多数村建有姊妹团、儿童团、文工团。全县共建行政村 455 个。

第二节 区 境

镇海区处浙江省东北部沿海，北纬29°53′~30°06′、东经121°27′~121°46′，东临灰鳖洋，南与北仑区、鄞州区以甬江中心线为界，西与江北区紧邻，北与慈溪市接壤。

区处宁绍平原东端，由西北部丘陵和南部江海平原组成。西北山脚线以南至甬江，为水网平原，属姚江水系。

1986年镇海区陆域面积214.3平方千米，其中平原152.91平方千米、山地36.13平方千米、水面25.26平方千米，大致构成“一水、二山、七分地”的地貌组合。

建区前后，镇北滩涂不断围垦造陆，至2008年新增陆域面积31.7平方千米。

2006年海域勘界后审定，镇海行政区总面积407.74平方千米，其中陆域246平方千米、海域161.74平方千米。

陆域界线界桩

1996年国务院决定在全国开展勘定省、县级行政区域界线工作。1998年，镇海区与鄞县（下改鄞州）、慈溪市、江北区、北仑区4个相邻行政区的分界线达成协议，经省人民政府批复生效。

镇海北仑界线 以甬江中心线为界，边界线由西向东，从北仑、镇海、鄞州三地交会点起，到甬江出海口止，全长13.91千米。除北仑、镇海、鄞州三地交会点外，全线无界桩。北仑镇海界线涉及镇海区招宝山街道、蛟川街道、庄市街道，北仑区戚家山街道、小港街道。

镇海鄞州界线 西起江北区、镇海区、鄞州区三地交会点，至北仑区、镇海区、鄞州区三地交会点止，全长2.56千米。除三地交会点外，全线无界桩。镇海与鄞州界线涉及镇海区庄市街道、鄞州区梅墟街道。

镇海慈溪界线 北起江北区、镇海区、慈溪市三地交会点外望阳山顶，至镇海慈溪界线东止点（海边）止，全长18千米。全线置3个界桩。镇海与慈溪界线涉及镇海区九龙湖镇、澥浦镇、慈溪市龙山镇，其中海涂界线以329国道镇慈交界处和以巴子山中心向西移330米处的两点连线，以时存海塘向外延伸4.5千米作为浅海海涂界线，全线未设界桩。澥浦、龙山两地民众为海滩涂利用时有纠纷发生，自界线划定后海滩涂纠纷平息。

镇海江北界线 北起江北区、镇海区、慈溪市三地交会点，至江北区、镇海区、鄞州区三地交会点止，全长36.59千米。全线置5个界桩。镇海江北界线涉及镇海区的九龙湖镇、骆驼街道、庄市街道、江北区的慈城镇、洪塘街道、庄桥街道、甬江街道、孔浦街道。

界桩牌统一用花岗岩刻制，底座部混凝土浇制。

镇海江北慈溪三地交会点 位于慈溪市龙山镇方家河头村、镇海区九龙湖镇汶溪村、江北区慈城镇金沙村交界，海拔351.77米的外望阳山顶。坐标X=3326271.982，Y=41352969.369，图号H-51-63-（56）。界桩编号3302051182S。

镇海江北鄞州三地交会点 位于江北区、镇海区、鄞州区交会的甬江水域中心。坐标X=

3310075.0，Y＝41367815.0，图号H－51－76－（19）。根据勘界技术要求，在江北镇海边界上埋设三面界桩，在江对面鄞州边界埋设双面界桩，以控制三地交会点位置。

镇海江北鄞州三地交会点 位于江北区甬江街道双桥村、镇海区庄市街道勤勇村、鄞州区梅墟街道涂田张村交会处。交会点编号3302051112S，坐标X＝3310075.0，Y＝41367815.0。该点实地无界桩，分设A、B桩。A桩编号3302051112SA，为三面型花岗岩界桩。坐标X＝3310214.535，Y＝41367983.800，位于江北区甬江街道双桥村和镇海区庄市街道勤勇村交界的甬江堤坝上。B桩编号3302051112SB，为双面型花岗岩界桩。坐标X＝3309946.987，Y＝41367591.783，位于鄞州区梅墟街道涂田张村向北偏东北约500米的甬江边堤坝上。

镇海北仑鄞州三地交会点 位于北仑区小港街道新棉村、镇海区庄市街道勤勇村和鄞州区梅墟街道钱家村交界的甬江上。交会点编号3302061112S。坐标X＝3310950.0，Y＝41369307.0。该点实地无界桩，分设A、B桩。A桩编号3302061112SA，为三面型花岗岩界桩。坐标X＝3310823.872，Y＝41369726.301，位于北仑区小港街道新棉村和鄞州区梅墟街道钱家村交界的堤坝上。B桩编号3302061112SB，为双面型花岗岩界桩。坐标X＝3311006.039，Y＝41369123.381，位于镇海区庄市街道勤勇村国家储备粮库内。

镇海江北界线1号界桩 编号020511001，为单立双面型花岗岩。坐标X＝3321189.464，Y＝40643039.660。位于江北区慈城镇毛力村、镇海区九龙湖镇汶溪村交界处水沟，混凝土公路北边。图幅号H－51－63－（64）。

镇海江北界线2号界桩 编号020511002，为单立双面型花岗岩。坐标X＝3319575.754，Y＝41358034.605，位于江北区庄桥街道灵山村、镇海区九龙湖镇长石村交界处公路边。图幅号H－51－76－（1）。

镇海慈溪界线1号界桩 编号021182001，单立双面型花岗岩界桩。坐标X＝3327009.980，Y＝41360454.663。该界桩位于镇海区九龙湖镇河头村、慈溪市龙山镇邱王村交界处大同公墓东侧桥头边上。图幅号H－51－64－（49）。

镇海慈溪界线2号界桩 编号021182002，单立双面型花岗岩界桩。坐标为：X＝3326024.778，Y＝41364981.015。该界桩位于镇海区澥浦镇余严村、慈溪市龙山镇金岙村交界处329国道边。图号H－51－64－（50）。

海域界线

民国《镇海县志·地图册》，对镇海全县6个乡（区）的海域行政界线有明确划定。

中华人民共和国成立后，镇海县的海域界线基本沿用省测绘局划定的县（区）界线，并括注不作划界依据。2003年5月，遵照国务院《关于开展勘定省县两级海域行政区域界线工作有关问题的通知》和《浙江省关于开展勘定海域行政区域界线工作有关问题的通知》，镇海区开展首次海域勘界工作。根据国家海洋局《海域勘界技术规程》和《浙江省海域勘界技术规定》要求，勘界工作查阅镇海县海域界址历史记载，包括宋宝庆《四明志·定海卷》、清乾隆《镇海县志》、民国《镇海县志》等，耗资组织测量队，并用三角点新法规范测量陆域和海域四址。2006年3月，《浙江省宁波市镇海区和慈溪市海域行政区域界线·协议书》和《浙江省宁波市北仑区和镇海区海域行政区域界线·协议书》达成，两地政府代表签署协议。

镇海区与慈溪市海域界线

镇海区与慈溪市海域行政区域界线（编码 330211－0282），始于两区（市）陆域行政区域界线的终点，终于与宁波市、舟山市海域行政区域界线的交会点。界线由 4 个界点连接而成：

01 号界点即界线的起点，编号 330211－0282－01，经纬度 30°02′40.27″N，21°35′59.81″E。

02 号界点，编号 330211－0282－02，经纬度 30°02′57.32″N，121°36′23.50″E。

03 号界点，编号 330211－0282－03，经纬度 30°03′42.62″N，121°36′45.25″E。

04 号界点即界线的终点，编号 330211－0282－04，为 01 号界点和 03 号界点连线的延伸线与宁波市和舟山市际间海域界线的交点。01 号与 03 号界点延伸线方位角北东 33°04′23″，延伸线过点 30°05′08.13″N，121°37′50.49″E，该点距离 20 世纪 70 年代旧塘交会处 4.5 千米。

镇海区和慈溪市海域行政区域界线以红色实线直接标绘在解放军总参谋部测绘局 1982 年出版的 1∶5 万地形图上（共 2 幅），高斯－克吕格投影 21 分带，坐标系统为 1954 年北京坐标系，中央子午线 123°E。

镇海区与北仑区海域界线

镇海区与北仑区海域行政区域界线（编码 330206－0211），始于两区陆域行政区域界线的终点，终于与宁波市和舟山市际海域行政区界线的交会点。界线经过 3 个界点：

01 号界点即界线的起点，编号 330206－0211－01，坐标 X＝3310950.00，Y＝21369307.00，经纬度：29°54′35.50″N，121°38′48.42″E。

02 号界点，编号 330206－0211－02，坐标 X＝3318030.00，Y＝21379662.00，经纬度 29°58′29.18″N，121°45′11.46″E。

03 号界点即界线终点，编号 330206－0211－03，坐标待定。01 与 02 号界点连线沿甬江中心线延伸，02－03 号界点连线方位角北东 60°，界线走向与海域行政区域习惯线一致。

镇海区与北仑区海域行政区域界线以红色实线直接标绘在解放军总参谋部测绘局 1984 年出版 1∶5万地形图上（共 2 幅图），高斯－克吕格投影 21 分带，坐标系统为 1954 年北京坐标系，中央子午线 123°E。

上述 2 个海域勘界协议于 2006 年 2 月签字生效后，镇海区海域总面积 161.74 平方千米，海岸线总长 22.21 千米，其中大陆岸线 18.34 千米，海岛岸线 3.87 千米。

第二章　行政区划

本章记原镇海县甬江以北地区，即今宁波市镇海区历代行政区划变化。

第一节　宋　代

宋宝庆《四明志·定海卷》记，熙宁十年（1077）海晏、灵岩、泰邱3乡划属定海，元丰元年（1078）金塘乡划昌国，全县按乡、里、村建制，凡7乡，辖7里31村，另有4个镇市。

甬江以北区域置有3乡，3里，11村：

清泉东乡，在县西，辖上湖里、山下村、黄泥堰村、金川村。并有城西市。

清泉西乡，在县西，辖光政里、梢木村、鸬鹚村、孔浦村。

灵绪乡，在县西北，辖达礼里、庄北村、桥北村、伏龙村、筋竹村、东墟步村。另有澥浦镇。

第二节　元明时期

元初地方分编社、甲，延祐间始编都、图，全县辖6乡21都。

甬江以北区域分2乡，11都：

清泉乡，辖6都；灵绪乡，辖5都。

明嘉靖《定海县志》载，全县辖7乡，24都，90里，含城内隅1都4里、昌国区4里。

甬江以北区域分3乡，49里，25村：

东管乡，县东清泉里，总第二都里3，第三都里6。辖黄泥堰前村，慈孝村、山下村、金川村、清水村、马阻村。

西管乡，县西清泉里，总第四都里5，第五都里5，第六都里7。辖孔浦村、路林村、署古南村、沈北村、梢木村、鸬鹚村、雁西村。

灵绪乡，县西，总第一都里8，第二都里1，第三都里5，第四都里6，第五都里3。辖庄北村、横山村、清林村、檡木村、桥北村、伏龙村、梅林村、湖上村、筋竹村、东墟步村、上庄村、下庄村。

市：城西市、澥浦市。

第三节 清 代

清初，城隅（含穿山、郭巨两所城）之外凡7乡，原设88里。雍正九年（1731）行顺庄法，除去儒宦（免粮户），改编为79图、607庄。宣统三年（1911）筹办自治组织，灵绪分前绪、东绪、西绪3乡，镇隅又分析郭巨，全县共11区，即城区、东管、西管、前绪、东绪、西绪、崇邱、灵岩、泰邱、海晏、郭巨，凡24都；庄数屡有增补。

民国《镇海县志》载，甬江以北地区有1镇5乡：城区、东管、西管、前绪、东绪、西绪。

城区（即城内隅，亦称镇隅），清泉乡上湖里，一都四隅，本7图，后管5图，六、七两图另立郭巨乡。

一都一图，辖钟楼下区、梓荫山后、海云庵前、仓前、观音寺前、洋山庙弄、胡戚弄、观音寺后、梓宫庙前、李衙前、施家弄、十刘营、银杏树下、谢家河塘、龚家弄、回回弄、金向任弄、童李衙弄。

一都二图，辖横街头、卖盐桥、西门街、马贺弄、三角地头、桂衙弄、西长营弄、水门桥、西门外、乾碶头、白家浦、小南门外、大南门外、东门外。

一都三图，辖戴衙桥、淡水井头、它山庙前、樊衙弄、新桥头、它山庙西街、仓基弄、刘衙桥东、陈衙弄、刘衙桥西、大西门、水门桥、竺家弄、刘衙弄、中所庵。

一都四图，辖半街、火弄口、濠桥头、鼓楼西、李衙前、横街头、小南门、邵衙弄、助海庙、孝闻坊、王施弄、双司前、静波庙、县前、仓下河。

一都五图，辖米行街、大南门、朝宗坊、鼓楼前、鼓楼后、薛家弄、真武宫、东门头、东长营弄、南城脚下、稍工弄、城隍庙、卖盐弄、武衙桥。

东管乡（即清泉东乡）上湖里，在县西，总二都、三都，宣统三年调查户口在五万以上，改称东管镇。

二都一图，辖张鑑碶、戴家村、虹桥东、虹桥西、五里牌、上咸田、下咸田、水璩王、渡驾桥、洪桥、潦路、三蔛黄、普济庵跟、严陈董、冈磴上、冈蹬下、官路沿、迎师桥、后官路、后洋畈。

二都二图，辖葱园、张鑑碶、石塘下、沙头庵跟、新添庙村、孙家、丁董、张陈傅、庙前陈、新河里周、俞范、乌桂桥、罗家、大河沿、谢家坟、迎师桥、万嘉桥、汇头周、庄下胡。

二都三图，辖胡家堰、俞范、海头周、老河里周、河湾头、庙后张、庙后王、二十四房周、平家桥、汪家桥头、郭家堰、老周、新周、小傅、大桥头、万寿庵跟、施周陈、蔡董、徐家堰头、方岳、大市堰、大河沿傅、王隘、官团浦、后施、李家、后徐、马家、潦河、孙杨桥、范家路下、海头周路下、公司地、万寿庵路下、后施路下。

三都一图，辖回向寺、庄家桥、普渡庵前、新桥头、新桥后、牌楼后、清水浦、孙家畈、汤杨张、堰桥头、柴家畈、韩郎桥、双桥村、蔡家桥、桥下王、外王、外顾、叶家弄、大宗汪、河湾、半路汪、新老屋徐、蒋潘、里顾、张李陆、前后徐、沈家、犁轭村。

三都二图，辖长河塘、田野王、中兴桥丁、乌家、前后徐、庙后王、后方、前方、大升桥、前钟、后钟、顾家、积善桥苏、包家、沈郎桥叶、官田沈、西包、横河堰、庄市。

三都三图，辖檀树桥、汉塘市、市前周、市后周、贺驾桥、杨家车头、市前余、冯家、双根桥、前陈、中陈、潘陈、老屋王家、下道头、金唐、里夏、朱家港潭、田厂、大吕隘、何王、西陆、曹家堰、半路张、田洋张、林家桥、李家堰、半路张桥内、张家堰、横沟河头、寺桥头、小庄、外庄、老陈家庄、新蔡家、三官堂。

三都四图，辖宋家汇、邵义门、马嘴汇、练浦庙余、白云庵前、王家桥、朱家桥、河湾、西王、吴家、外夏。

三都六图，辖万嘉桥、袁家、罗家、娄家、郭家、新屋郭、老屋郭、任乌、小娄家、沈葛刘居、陈施隘、河斗、王大户、王逍桥、李家、姚家水仓、大路下刘、鹞鹰湾董、周林、大市堰刘。

西管乡（即清泉西乡）光政里，在县西，总四都、五都、六都。

四都一图，辖路林、外吴、曹隘、白龙王庙、常洪、蔡陈周、梅堰镇。

四都二图，辖孔浦、潘家堰、李家堰、上陈隔田、锺家、桂家河嘴、下白沙、石家河嘴、东曹、前唐、前潘、漕尾巴朱家、田杨董、里陈。

四都三图，辖蛟河倪、蛟河陈、朱家岸、颜家、章母桥、后倪、林王高家、汤家、庄市、河湾张、桥头张、后潘、大五房庄家、西洞桥、严家。

四都四图，辖曹家库堰、曹家、蔡家、新陈家庄、陆白王、东头陈、里吴、三官堂。

四都五图，辖周家河嘴、乌隘、东乌、西乌、水仓桥头、中白沙、田野董。

五都一图，辖宁波寺前、畈头徐、蔡家桥、宁波寺后、贵胜堰、寺后胡、柏墅方、港塘、路头范家、团桥镇、刘杜。

五都二图，辖压赛堰、庙后张、周隘、上白沙、高田头、鄞定桥、新桥头姚家、里曹、外曹、薛家河头、四方桥、韩葛、大徐家岸、小徐家岸、对港、楼下陈、八部庙张、八部庙薛、八部庙管、后堰头姚家、夏顾葛、道院、孔家。

五都三图，辖畈地塘、唐家、郑家、周家垫、老洪、小陈、前翁家斗、朱家岸、华唐、火㭽路头、钱家、菱漕头陈、贝陆朱樊。

五都四图，辖西成庙后、李街、锺鑑堰、张家堰、方家堰、沈家堰、西成庙前、鲁谢、路沿塘、罗郑、龚李王、新李、老李、中和陈、秦胡、小陈、罗园、里白沙。

六都一图，辖西港头、张鑑桥、路下徐、双斢、火㭽路头、后翁家斗、妙胜寺前、新桥头、姚家水仓、王家桥、妙胜寺后、大胡家桥、雁宕、爱登桥、白墙余家。

六都二图，辖跳头沈家、应王、徐王上、徐王下、前雁宕庙、西跳头、吴乌、胡徐、河角头陈、小河角头陈、东西钱孙、玉皇殿东、后雁宕庙、前华、金华、马家桥头、孙家岸、菩提庵、蔡家桥、汤家桥、骆驼桥、周家桥下、半西刘西塘、桥里盛、井头刘、三门头徐、后翁家斗。

六都三图，辖官团、水灌口、龙舌。

六都四图，辖西孙、水灌口、港塘。

六都五图，辖湾塘、桥头张、田洋张、王家团、憩桥、贝家、余家、运河、西河、陆迪功桥、前陆、后陆、借邑港、借邑港下。

六都六图，辖贵驷桥、刘家、借邑港、翁家桥、澄波汇、李家斗、南胡、西河、半港刘、陈家车头。

灵绪乡达礼里，清宣统三年（1911）分为前绪、东绪、西绪三乡。

前绪乡，在县西，总一都、二都，其北以太平岭为界。

一都一图，辖邱何徐、牌门头、六五房、水阁墩、后新屋、外新屋、塘路下、海沙路闸、李汊桥、田央刘、青林庙、桥里戴、庙基头。

一都二图，辖田央戴、锺吴、闸头、王家港、楼贝费、前曲汇塘、后曲汇塘、沙河头、徐家路。

一都三图，辖清水湖、南河桥、河里陆、潘沈罗家、西李、老俞、新俞、堰头王。

一都四图，辖海田周、湾塘周、朱吴、蒋王、塘头张、田央周、吴陆、陆家桥上、陆家桥下、娄蔡、青林庙、锺塘阶、董家畈。

一都五图，辖河里陆、方家宅、罗家村、潘家山、山头方、山后刘、杨王村、洞桥下、斗门、鹿山、滕家山下、十房、桥头、胡杨方、浦桥头、斗门滩、龟山下、袁家山。

一都六图，辖撞山桥、觉度寺、楼家村、蒲沙河、滕刘金、沈家河头、港头张、杜塘畈、庙戴、后戴。

二都一图，辖石山头、下岚山、澥浦、余严、三七房、浦涂戴、路沿郑、十七房郑。

东绪乡，在县西，总三都，与西绪乡分区以奉公堰为界。

三都一图，辖徐家岙、金家岙、大岙、凤浦岙、东岙、岙底徐。

三都二图，辖田洋陈、下洪、中陈上、中陈下、龙头场、伏龙山、龙山镇、后陈、凤浦岙。

三都三图，辖凤浦岙、西门外、李家、龙山所、龙山所中、龙山所下、东门外。

三都四图，辖邱洋、邱王。

西绪乡，在县西，总四都、五都。

四都一图，辖沈家岙、筋竹岙、沙滩头、阴洞口、后堰头、黄草路、官庄、田洋黄、山沿黄、湖湾、铺基。

四都二图，辖路西、路东、河头周、庄黄、施公山下、石碶头。

四都三图，辖王家路、马家路、方马、宣家堰内、傅家山前、黄杨岙、方家河头、傅家塘。

五都一图，辖任家溪。

五都二图，辖东蔡、西蔡、高巷、董家畈、大埠头、小埠头、湖墩、潘岙、通天岭下。

五都三图，辖前河沿东、前河沿西、市心、大汇、河斗、范村、后漕、双眼井眼、后宅、海屋、上杨、下杨。

第四节 民国时期

1927年4月南京国民政府成立后，实行村里制。村以下为闾，闾以下为邻。1929年3月，全县建村214、里22。1930年改为乡镇制，又设区公所。全县并为7区。1932年8月置乡镇公所。1933年6月统计，全县置7区、166乡、22镇、3260闾、16248邻。1935年3月完成保甲设置，裁撤区公所，乡镇公所由195所裁并为190所，继又调整为103所，后确定为97乡镇、855保、8510甲。

1935年，甬江以北区域乡镇设置：

1935年镇海县甬江以北区域新旧乡镇对照表

表1－2

乡镇名	小地名	旧有乡镇名
南薰镇	税关弄、双井头、新会馆弄、大道头、东门路、东门浦、招宝山、南大街、羊庙前、震大弄、县房道头、沈家弄、利市浦、小道头、滚江弄、永安街、养和弄、长生桥头、打笏街、树行街、五昌巷、回澜浦、汪家埠头、李家屋弄、严家弄、清川路、猪行弄、灵地园、快马埠头、白家巷	南薰镇、镇远镇、清川镇
朝宗镇	东门街、羊山庙弄、砚池边、金向任弄、虞家门前、渊德观前、棋杆夹弄、鼓楼东、李衙前、仓下河头、郑家弄、大火弄、薛家弄、胡戚弄、大校场、龚家弄、卫西河、东长营弄、安衙巷、九湾弄、城隍庙弄、卖盐弄、中山路、半街、朝宗坊、县东巷、县巷、米行街、中山公园	梓荫镇、鼓楼镇、朝宗镇
向辰镇	清隐庵后、淡水井头、火神庙前、江漕弄、方家屋弄、一字河头、后康衙弄、仓基巷、庙东池、西长营弄、费家河头、马贺弄、邵衙弄、小南门、横街头、西门街、桂衙弄、观营河头、王施弄、大庙弄、童李衙弄、邬家弄、后大街、冯家弄、刘衙弄、后弄、林庙、总持寺、孝闻坊	向辰东、向辰西、横街镇、上字镇
武宁镇	郑家边、武宁路、王家荡、同善院、白家巷、大西门外、邑厉	武宁镇
张鑑乡	前葱园、后葱园、张鑑碶	张鑑碶乡、葱园镇
石塘乡	陈家、范家、王家	石塘乡
二化乡	后洋畈王家、五里畈王家、渡驾桥市、下盛田、塘路外刘家、胡家、郑界边、赵家、施家、前戴、后戴、陈家、丁家、沈家、朱家、小朱	淳化乡、光化乡
中河乡	汤家、楼屋谢、赵家、包家、汤杨张、前赵汤家、水璩王、周家、颜家、叶家、后谢、堰头赵、徐家、董家、朱家、小朱、桂家、陈家、堰头周、江家、庄屋胡、罗家	大河沿乡、中官路

续表 1－2

乡镇名	小地名	旧有乡镇名
前江乡	清水浦、外王、外顾、陈家、房家、江家、薛家、小顾、大宗汪、柴家、徐家、河湾、半路汪、沈家、章前桥、孙家畈、蒋家、漕塘徐、张李陆、柴家	清泉乡、明泉乡、清水浦镇
长河乡	徐家、赵家、陆家、冯家、杨家、林家、汉塘市、市后周、余家、倪家、阮家、郭家、娄家、薛家、新屋郭、小桥王、汤家、田洋王、后乌、任家、乌家	横河上甲乡、横河下甲乡、汉塘乡
联甲乡	新邵家、大邵家、老邵家、市前周、半路张、小邵家、朱家桥、西王、宋家、外夏、汇头陈家、寺桥头、王家、庙后陈、李家堰、金家、唐家、里夏、田厂、田张、张家堰、老蔡家、汤家、小庄	外六甲乡、联益乡
清泉乡	前叶、江边、张家、东叶、施家、何家弄、后叶、楼屋巷、张家漕、上庵跟、汪家、前房、后房、吴家、小新屋、三官堂、蔡家、六份头、吴家、陈家、陈家庄、徐家	鹭林乡、陈吴乡
三和乡	桥头王、颜家、河里周、田洋董、俞范、陈家、后傅、张陈傅、孙家、丁家	孙张陈傅乡、俞范乡、同益乡
永和乡	任家、二十四房、兴发桥、老周、小新周、平家、堰头胡、庙后王、庙后张、海头周、徐家、新周、小傅、郭家堰头	河湾头乡、老周乡、新周乡
海角乡	海地、大漕李、大李、小李、董家、蔡家、孙家、郭家、施周陈、后施、后徐、杨家、邵家	徐家堰、后施、大市堰、海地乡、施周陈乡、后徐乡
万嘉乡	董家、万嘉桥市、汇头周、王家、范家、屠家、刘家、沈家、陈施隘、老鹰湾董、倪家、李家、王大户、周林、唐家、刘家、河斗何家、葛家、罗家、袁家、大市堰、徐家堰市、孙家、后田洋、方乐、俞家	万嘉乡
临海乡	南泓、前陈、后程、海甸、张王李、洋湖堰、东孙、夏家、假山余、西孙、田张港、水灌口、大库房、港塘徐、王家段	海塘乡、田张乡、东孙乡
妙胜乡	妙胜市、前王、路下徐、龙舌沈家、港塘、龙舌王家、西孙、樊家、大路下、田野王、阮家、白象、庙隔河、西江头、张鑑桥、高升、新桥头、黄家桥、双蚪、徐王	妙胜乡
驷桥镇	余家、甸央、曾家、乐家、郎家、前六、后六	驷桥镇
憩桥乡	借邑港、外胡、里胡、新安桥、界牌头、牌门贝、高家、王家团	憩桥乡
六大乡	骆驼桥、汤家桥、蔡家桥、周家楼厦、井头刘、前后唐、半西刘、经佐巷、桥里盛、华家村、后华、翁家斗、雁宕庙徐家、金华、徐华、裘墅、南胡、桥东厦	六大乡
柏墅乡	方家、高范、童家	柏墅乡
团桥镇	团桥、小河角头、杨家、秦胡、畈田徐、安家、罗袁、中河陈、刘家、罗郑、新李、杜家、谢家、老李、后李、王家、沈家、锺隘、龚家、前李	团桥乡、四维乡、七政乡
东雁乡	孙蔡、寺后胡、菩提庵方、三门徐、应王刘、河角头、马家、前雁宕、乌吴、树桥头、徐王	东雁乡

续表 1－2

乡镇名	小地名	旧有乡镇名
三益乡	韩葛、管家、后堰头、盛家、卢家、张家、吴应、薛家、后韩、西卫桥、对江沈、小徐江岸、小董、四方桥、薛家河斗、外曹、张李、里曹、傅范、洪家、前后唐、板桥头、翁家斗、徐家岸、东西岸边、东西徐家、后新屋、后漕头、河沿门、后山门头、老郑家、新郑家	外曹乡、永安乡、唐郑乡
菱漕乡	菱漕头陈、朱家岸、颜家、桥头张、后章、林王、贝陆朱樊、高楼屋胡、火栎路头、东西钱	菱漕乡
庄市镇	庄市、汤家、河湾张、大吕隘、高家、后倪、蛟河陈、蛟河倪、后潘、大五房	庄市镇
梅堰乡	梅堰、河东、曹隘、常洪、周桂、锺家、上陈、东曹、夏家、李家、前唐、蔡家	梅堰乡
压赛乡	高田头、倪家堰、沈家、张家、周家、压赛堰、东乌、西乌	压赛乡、乌隘乡
白沙乡	上白沙、中白沙、下白沙、碶桥、桂家、张家、王家、新朱家、老朱家、董家、里陈、眠羊董、小郑家、大郑家、徐家、金家、夏家、下道头、孔浦	白沙乡、孔浦乡
湾塘乡	湾塘、殿跟	湾塘、殿跟
福田乡	蒋王、董家畈	董家畈、福田
沙河镇	沙河头、里外新屋	沙河头、里外新屋
清湖乡	清水湖、李衡桥	清湖、李衡桥
曲塘乡	牌门头、六五房、曲汇塘	曲塘、牌门头
通德乡	十七房、庙基头、桥里戴	十七房、庙基头
觉渡乡	觉渡寺、三七房	觉渡、大磊、陡亶（门）
澥浦镇	澥浦、余严	澥浦、余严
雁门乡	邱洋、王家	雁门王、邱洋
龙城镇	龙山所、东门外、西门外、南门外	龙山所、东门外、西门外
龙山镇	龙头场、田洋陈、李家山下、风浦岙、东岙	龙头场、田洋陈、凤浦岙、虞兴、李周
田央乡	田央黄、筋竹岙、堰头、孙家	六合、田央、安乐、堰头
甸山乡	海甸戎、庄黄、施公山	甸戎、庄黄、施山
灵湖乡	东埠头、小埠头、方家河头、傅家塘、任家溪、东蔡、西蔡	东埠、环湖、沿山、任溪
范市镇	杨范、松浦、王家路	范市、临浦、王方
升平乡	滩浒、白山、东霍、西霍	升平

说明：摘自 1936 年 5 月《镇海保甲》

1936年年初，建立柴桥、龙山2个区署和东管、崇岩2个乡镇建设联合办事处。甬江以北区域设置龙山区署和东管区办事处。

龙山区署，下辖湾塘、福田、沙河、清湖、曲塘、通德、觉渡、澥浦、雁门、龙城、龙山、田央、甸山、灵湖、范市、升平、临海、驷桥、憩桥、妙胜、六大、东雁、团桥、柏墅、三益、菱漕、庄市、清泉、梅堰、压赛、白沙等31乡镇。

东管区办事处组合南薰、朝宗、向辰、武宁、张鑑、石塘、二化、中河、前江、永和、海角、联甲、长河、万嘉、三和等15乡镇。

1937年建立西管区建设办事处（驻团桥东岳宫），下辖民权、庄市、三益、驷桥、六大、团桥、复兴、同德、双堰、憩桥10乡镇。

1941年1月改建为庄市、龙山、长山、柴桥4个区署。1941年4月至1945年镇海沦陷期间，民国县政府实际仅控制江南一隅；由中国共产党领导的抗日民主政府于1942年6月组建，辖庄市、龙山2区署。1945年2月改建为庄市、龙山、沿山3区署。民国县政府于1945年12月撤销庄市、龙山、长山、柴桥4区署（1948年又陆续恢复）。

1945年甬江以北区域设置3区，38乡镇：

城区：南薰镇、朝宗镇、向辰镇。

庄市区：二化乡、中河乡、前江乡、长河乡、联甲乡、万嘉乡、龙泉乡、白沙乡、压赛乡、庄市镇、三益乡、团桥镇、六大乡、同德乡、复兴乡、驷桥镇、憩桥乡、同和乡、海角乡。

龙山区：湾塘乡、沙河镇、福田乡、清湖乡、曲塘乡、觉渡乡、通德乡、澥浦镇、雁门乡、龙城镇、龙山镇、田央乡、甸山乡、灵湖乡、范市镇、升平乡。

1946年8月，将原有78乡镇并为49个。

甬江以北区域置3区，19乡镇：

城区：南薰镇、向辰镇

庄市区：临江乡、万嘉乡、汉塘乡、庄市镇、沙堰乡、团桥镇、大同乡、新驷镇、海和乡。

龙山区：沙塘乡、清湖乡、绪中乡、澥浦镇、龙山镇、窖湖乡、灵绪乡、升平乡。

1947年10月起，全县又缩编为34乡镇，362保、4481甲，维持到1949年解放。

甬江以北区域置15乡镇，162保，2003甲。

1947—1949年甬江以北区域乡镇缩编情况表

表1－3

新立乡镇名	保数	甲数	原有乡镇名
蛟川镇	13	195	南薰镇、向辰镇
临江乡	11	148	临江乡
海和乡	12	147	海和乡
万嘉乡	7	78	万嘉乡
汉塘乡	9	84	汉塘乡

续表 1－3

新立乡镇名	保数	甲数	原有乡镇名
庄市镇	14	167	庄市镇、大同乡（部分）
沙堰乡	8	89	沙堰乡
团桥乡	11	151	团桥镇、大同乡（部分）
新驷乡	15	161	新驷镇
沙塘乡	8	118	沙塘乡、绪中乡（部分）
清湖乡	6	92	清湖乡、绪中乡（部分）
澥浦镇	10	107	澥浦镇、升平乡、绪中乡（部分）
龙山镇	13	153	龙山镇
窖湖乡	11	132	窖湖乡
灵绪乡	14	181	灵绪乡

说明：资料来自 1994 年版《镇海县志》

第五节　中华人民共和国成立后

镇海县甬江以北地区行政区划调整（1949 年 10 月至 1985 年 10 月）

1949 年 10 月，废除保甲制改建村闾制。全县建 4 个区、4 个镇、31 个乡、455 个村、4400 余个闾。甬江以北地区设 3 个区、3 个镇、12 个乡。

长山区（部分）：区公所驻大碶，辖城关镇（同年 8 月改区，1950 年 5 月复建镇）。

庄市区：区公所驻庄市，辖庄市镇、临江乡、海和乡、万嘉乡、汉塘乡、沙堰乡、团桥乡、新驷乡。

龙山区：区公所始驻澥浦，1950 年年初迁龙山。辖澥浦镇，沙塘乡、清湖乡、龙山乡、窖湖乡、灵绪乡。

1950 年 6 月调整区、乡建制。全县分设 7 个区、12 个镇、76 个乡、455 个行政村，辖 1569 个自然村。

甬江以北地区设 3 区、8 镇、26 乡。

长山区（部分）：城关区（1952 年 11 月前为镇）。

庄市区：辖庄市镇、团桥镇（1954 年 8 月划三、四两村归机场特区）、骆驼镇（1951 年 6 月从慈溪县庄桥区划入）、贵驷镇、张鑑乡、临海乡、临江乡、谷丰乡、万嘉乡、汉塘乡、联合乡、沙堰乡（1951 年 5 月划归宁波市）、梅堰乡（1954 年 8 月划一、二、三 3 个村归机场特区后，12 月改为新联乡）、棉海乡、妙胜乡、新团乡（1954 年 8 月划五、六两村归机场特区）、贵胜乡（1954 年 12 月并入团桥乡）等 17 个乡镇。

龙山区：辖澥浦镇、龙场镇、范市镇、湾塘乡、沙河乡、清湖乡、觉渡乡、通德乡、雁门乡、龙山乡、田央乡、施山乡、伺山乡、东湖乡（第一村于1953年5月划归慈溪县）、灵湖乡、沿海乡等16个乡镇。

1954年10月，龙山区北部雁门乡、龙山乡、龙场镇、田央乡、施山乡、伺山乡、范市镇、东湖乡、灵湖乡、沿海乡等10个乡镇、41个行政村（含76个自然村、10114户32022人，耕田70046.6亩）划归慈溪县；慈溪县庄桥区长石乡、长骆乡、河头乡、西顾乡、田湖乡5乡划归镇海县。镇海县新建骆驼区，骆驼区署驻地骆驼桥，辖骆驼镇、贵胜乡、清湖乡、沙河乡、湾塘乡、觉渡乡、通德乡、澥浦镇、田湖乡、长骆乡、长石乡、西顾乡、河头乡等13个乡镇。

原澥浦镇所属滩浒岛（民国时为升平乡），有渔民89户407人；并同白山、东霍、西霍、七姊妹等岛屿，1950年9月归属城关镇，1954年10月划归嵊泗县洋山区。行政区划调整后，全县设7个区、11个镇、71个乡、444个行政村。

1956年2月，全县撤区并乡，调整为8个镇、27个乡。

甬江以北区域调整为5个镇、8个乡：

撤骆驼区、庄市区，设城关镇、庄市镇、骆驼镇、澥浦镇、贵驷镇、西河乡、长骆乡、觉渡乡、清河乡、团桥乡、汉塘乡、万嘉乡、湾塘乡。

1954—1956年，农村实现农业合作化，高级农业生产合作社取代原行政村。

1956年3月，宁波费市乡塘民村划归镇海县长石乡。1958年1月，从余姚县划入汶溪乡。（注：1954年10月，汶溪乡从慈溪县划归余姚县）

1958年10月后，根据国务院决定，撤销镇海县，并入宁波市。在“人民公社化”高潮时，以原区为单位建立8个人民公社，下辖84个大队（后称管理区）、营或专业队。管理区下初称连、排，旋改生产队、生产小队。原区署和乡镇人民政府及农业生产合作社组织为人民公社所取代。

甬江以北区域建立镇城、东风和骆驼3个公社（俗称镇城、东风、骆驼公社为大公社），下辖21个管理区。

镇城公社：（1959年7月改镇海镇公社）辖海陆管理区。

东风公社：辖庄市、临江（1960年并入镇海镇公社）、沿江、联合、万嘉、汉塘、后施、湾塘、贵驷、团桥管理区。

骆驼公社：辖骆驼、清湖、沙河、觉渡、澥浦（1959年7月改建镇管理委员会）、长骆、长石、河头、西河、汶溪管理区。

1961年4月，撤销大公社和管理区，恢复原区署建置，分设小公社，下辖生产大队、大队下称生产队。在原镇海县境内设置5个区、34个公社。

甬江以北区域设2个区、14个公社：

镇海区（甬江以北部分）：辖城关、临江。

骆驼区：辖骆驼（长石管理区并入）、团桥（1966年10月并入骆驼镇）、清河（1963年5月清湖部分归骆驼镇）、觉渡（澥浦并入）、西河（1966年10月并入河头）、河头（1962年4月与西河公社分设）、长石、汶溪（1961年10月并入长石公社，翌年6月又分设）、湾塘、贵驷（从东风公社划入）、庄市（1961 年 10 月撤东风公社，划归甬江区，1963 年 1 月划归骆驼区）、汉塘（1961 年 10 月划入甬江区，1963 年 1 月划归骆驼区，1966 年 10 月撤社并入庄市）公社。

1963 年 1 月，恢复镇海县建置，5 月撤销镇海区，复建长山区。原属镇海区的城关镇为县直属镇；同时新建湾塘棉区，区署驻地贵驷，辖贵驷、清河（1966 年 10 月并入贵驷）、湾塘、临江。

1967 年 8 月，骆驼公社联群（更楼）大队划归属宁波市江北区费市公社。

1970 年 2—4 月，骆驼公社改名骆驼镇公社。

为加强蔬菜生产，1978 年 11 月，划临江公社临一、临二、临三、清水浦、渡驾桥、沿江等 6 个大队组建城西公社，隶属湾塘区。1979 年 8 月，撤城西公社，其地复归临江公社。

1979 年 12 月，划长石公社塘民大队归属宁波市江北区费市公社。

1983 年 4—11 月，改革人民公社体制，实施政社分设，复建乡镇人民政府，下属大队改称村民委员会。保留人民公社管理委员会机构以管理经济（后改为乡镇经济联合社）。

调整后，甬江以北区域设 2 个区、2 个镇、8 个乡。

城关镇为县直属镇。

湾塘区：贵驷乡、临江乡、湾塘乡。

骆驼区：骆驼镇、觉渡乡、长石乡、河头乡、汶溪乡、庄市乡。

1984 年 1 月 27 日，划镇海县城关镇和新碶乡全部；临江乡的俞范、庙后张、清水浦、虹桥、五里牌、渡驾桥、沿江 7 个村；庄市乡的勤勇、甬江、同心、里夏（后归江北区）4 个村；湾塘乡的后施、棉丰、五丰、陈家 4 个村；小港乡的青峙、沙头、蒋家、李隘、林唐、黄跟、棉花、盐场 8 个村；高塘乡的算山、沿海、永丰 3 个村，归属新成立的宁波市滨海区（俗称小滨海），区人民政府驻地城关镇。

1984 年 2 月，建设宁波大学，划镇海县庄市乡的路林、双桥、联成 3 个村归属宁波市江北区北郊乡。4 月，划镇海县江南乡红联村归属滨海区城关镇。

1985 年 3 月，贵驷乡改称贵驷镇，觉渡乡改称澥浦镇。4 月，小港乡、青峙乡合并成立小港镇。

镇海区行政区划调整（1985 年 10 月至 2008 年 12 月）

区、乡镇、街道

1985 年 10 月，镇海区建立。区人民政府下设骆驼、湾塘 2 个办事处；辖城关、俞范、贵驷、骆驼、澥浦 5 个镇；庄市、河头、长石、汶溪、临江、湾塘、清水浦 7 个乡。

1985 年 12 月，撤清水浦乡并入临江乡、撤湾塘乡，并入俞范镇，勤勇、甬江、同心 3 个村复归庄市乡。调整后镇海区下辖 5 个镇、5 个乡：城关镇、俞范镇、贵驷镇、骆驼镇、澥浦镇、庄市乡、河头乡、长石乡、汶溪乡、临江乡。

1987 年 1 月，撤区人民政府骆驼办事处、区人民政府湾塘办事处。同年 3 月，庄市乡改为庄市镇。

1992 年 5 月，撤俞范镇和临江乡并入城关镇，撤汶溪乡、长石乡并入骆驼镇。调整后，镇海区辖 5 个镇、1 个乡：城关镇、骆驼镇、庄市镇、贵驷镇、澥浦镇、河头乡。

2001 年 6—9 月，撤城关镇，划原城关镇的岚山、湾塘 2 个村归属澥浦镇，以隧道北路为界，路东建招宝山街道，路西建蛟川街道；撤骆驼镇、撤贵驷镇组建骆驼街道，划原骆驼镇的长石、长宏、汶溪、中心 4 个村归属新组建的九龙湖镇，划原贵驷镇的大市堰、徐家堰 2 个村归属庄市街道；撤庄市镇，组建庄市街道；撤河头乡，组建九龙湖镇。镇海区原 151 个行政村合并为 66 个。调整后镇海区下设 4 条街道、2 个镇：招宝山、蛟川、骆驼、庄市街道，澥浦、九龙湖镇，8 个社区居委会，66 个村民委员会。

至 2008 年年末，镇海区下设 4 条街道、2 个镇，26 个社区居委会、62 个村民委员会。

社区居委会

1986 年，区人民政府驻地城关镇下设街道，街道下辖居委会。时有城东、胜利路、总浦桥、后大街、车站路 5 个街道、15 个居委会。庄市、澥浦、长石、骆驼、贵驷 5 个乡镇各设 1 个居委会（居委会冠乡镇名）。

1987 年 3 月，城关镇增设城北街道居委会。1992 年 7 月，增设白龙街道居委会。

2001 年，城关镇 7 个街道改为 8 个社区居委会（以下简称社区）。至 2008 年年末，全区改建、新建的社区共 26 个，总 77649 户，其中常住 62038 户、暂住 15611 户。

2008 年年末镇海区社区设置情况表

表 1－4

社区名称	成立年月	总户数（户）		社区前身
		常住户	暂住户	
城东社区	2001. 05	3212	682	城东街道。1970 年为城关镇一街道
胜利路社区	2001. 05	3123	409	胜利路街道。1970 年为城关镇二街道
总浦桥社区	2001. 05	3232	360	总浦桥街道。1970 年为城关镇三街道
后大街社区	2001. 04	5460	616	后大街街道。1970 年为城关镇四街道
西门社区	2001. 05	3895	721	1986 年撤城北村，建城关镇城北街道
白龙社区	2001. 05	4262	689	1992 年建城关镇白龙街道
蛟川社区	2001. 05	3699	403	1981 年建城关镇车站路街道
顺隆社区	2001. 05	2860	418	由车站路街道分析，初名繁隆社区
张鑑碶社区	2002. 12	2122	873	张鑑碶村
海港社区	2008. 12	1483	548	港务新村居民区
镇电社区	2002. 12	—	—	电厂居民区
石化三建社区	2003. 01	—	—	石化三公司居民区
俞范社区	2003. 01	1780	816	俞范居民区
临江社区	2003. 01	2500	514	临江新村居民区
后施社区	2003. 09	403	792	后施村
炼化社区	2005. 12	—	—	镇海炼化南苑、北辰居民会

续表 1－4

社区名称	成立年月	总户数（户）		社区前身
		常住户	暂住户	
庄市社区	2002.12	2550	855	庄市居民会
庄一社区	2003.12	368	1291	庄市村
兴庄路社区	2007.06	4340	1064	新建居民区
陈倪路社区	2008.12	2500	60	新建居民区
贵驷社区	2002.01	2533	563	贵驷居民会
南一社区	2002.12	3580	621	南一居民会
中街社区	2002.11	3346	720	中街居民会
盛家社区	2002.11	2402	1750	盛家居民会。2004 年西盛村并入盛家社区。
汇源社区	2002.10	1460	703	澥浦居民会
思源社区	2004.10	928	143	长石居民会

说明：来源区民政局，3 个大工程单位社区户数缺统计

村民委员会

建区初，镇海区有 152 个村民委员会（以下简称村）。1987 年 3 月，城关镇城北村改为城北街道，1989 年 6 月撤城北村。2001 年，镇海区 151 个村调整为 66 个。2001—2004 年，先后有张鑑碶、后施、庄市、西盛 4 个村改建为社区。至 2008 年年末，镇海区下有 62 个村。

2008 年年末镇海区村设置情况表

表 1－5

所在街道（镇）	村名称
蛟川街道（14 个）	清水浦（清水浦、孙家畈、沈家）、陈家（庙后张、五丰、陈家）、迎周（迎师桥、新老周）、俞范（张陈傅、俞范）、南洪、棉丰、水獴王、渡驾桥、沿江、五里牌、虹桥、中一、中官路、石塘下
骆驼街道（20 个）	清水湖（清湖、勤劳、四联）、敬德（胜光、林周、下河）、骆兴（邵家汇、方严、田胡、柏墅方）、团桥（团桥、河角）、尚志（洪家、刘杜、秦胡）、朝阳（朝阳、庙港）、民联（民联、憩桥、甸央周）、兴丰（甸张、胜一、禾丰）、妙胜寺（爱登、双斢、三五、妙胜）、里洞桥、贵驷、沙河、东钱、金华、东邑、董家畈、联勤、骆驼、金东、余三
庄市街道（9 个）	联兴（胜隆、联盟、联丰、西陆）、钟包（钟包、后倪、叶家、协兴）、光明（光明桥、老鹰湾、沈葛刘屠）、曙光（朱家岸、陈倪、菱漕）、永旺（阮家、永丰桥、田野王）、勤勇（勤勇、同心、甬江）、汉塘（汉塘、贺驾桥）、万市徐（万嘉、大市堰、徐家堰）、汤家
澥浦镇（8 个）	沿山（滕山、金张、袁家）、觉渡（方针、觉渡、罗家、王家）、庙戴（庙戴、通德、桥里戴、曲塘）、十七房（郑家、庙后、路沿郑）、湾塘（湾塘、三合、顺风、棉海）、岚山（中星、核心、岚山、殿跟）、余严、澥浦
九龙湖镇（11 个）	河头（勤山、河山、金池、路下徐）、九龙湖（横溪、长胜、十字路、郎家坪）、汶溪（汶溪、三圣殿、民主、秦山、小洞岙）、中心（庶来、迎胜、河头陈、中心）、杜夹岙（吴夹岙、杜郭）、长石（长石、孙陆、三星、何仙、黄杨）长宏（西严、东严、徐王、周胜）、西河、田顾（马家桥、应家、下畦、田顾）、西经堂（曹朗、邵家、西经堂）、田杨陈（陈沈、杨家、田舍陈）

说明：括号内为 2001 年合并前村名，招宝山街道无村

第三章 街道 镇

第一节 招宝山街道

位处甬江口北岸，东南北三面环水，距宁波市中心18千米。东北起七里屿，东南与北仑区小港街道隔江相望，西与蛟川街道紧连，北濒灰鳖洋。自宋、元、明、清、民国至今，历为县（区）治所在地。2008年年末，下设城东、胜利路、总浦桥、后大街、蛟川、顺隆、西门、白龙、张鑑碶、海港10个社区。陆域面积21.71平方千米。有居民23240户，户籍人口66473人，无农业人口，外来流动人口23157人。街道前身为城关镇，亦称城关，泛称镇海。2001年9月撤城关镇，以隧道北路为界，路东称招宝山街道。街道因招宝山得名。街道办事处驻地胜利路200号，距宁波市中心18千米。街道地处宁绍平原东端，系滨海海积冲海积地貌。土壤由淤泥和粉土质组成，地坡平缓，富含贝壳碎屑。天台山余脉之岩基自江南丘陵潜越海域，有招宝山、巾子山、梓荫山、七里屿。主峰招宝山高80米。

地处甬江入海口，形势冲要。自明中叶以来历经抗倭、抗英、抗法、抗日等战争，留下一批珍贵的海防遗址。吴杰故居、安远炮台等15处海防遗址为全国重点文物保护单位。明清时期和民国建筑保留有鼓楼、唐宅（仿古重建）、朱仁房、傅乾月房、徐宅、吴杰故居、戴荣房、胡亨房、林家大屋等。

甬江口招宝山景区集自然风光、人文景观、宗教文化于一体，是宁波市十大风景游览区之一，为国家AAAA级旅游景区。1997年在招宝山麓建成镇海口海防历史纪念馆，列为全国爱国主义教育示范基地。景区内有集珍湖、鳌柱塔、宝陀寺、观音阁、威远城、招宝山大桥等景观。2006年被列入省旅游局和省旅游协会“浙江省五十个优秀景区”之一。

城市建设 围绕甬江、城河、古塘、南街4条轴线展开。旧时的石板路已成为记忆，代之以混凝土、沥青路面，形成“四纵四横”的路网主干道。纵向有南大街、胜利路、聪园路、环城西路，横向有城河路、沿江路、后大街、环城北路。2002年城区人民公园改建为开放式的文化广场，占地4.8公顷。城区砖木结构的旧房拆迁改造基本结束，代之以砖混合钢混结构的多层高层建筑。2005年首建商品房银桂花园高层建筑，置电梯。至2008年，有怡江华庭、锦绣福兴、海景东苑等高层商品房建成。

交通 与外交通便捷。2008年，始发的公交线路有14条，开往宁波中心区、北仑、庄市、骆驼、澥浦、九龙湖等地。长途客运班车通达杭州、温州、临海、永康、丽水、衢州及江西鄱阳等地。城区内“雄镇小客”车和出租车昼夜运行。沿海客运班轮通达金塘、岱山、嵊泗等地。

工业 前身镇办工业始于20世纪50年代末，90年代初具规模。1986年，有镇办企业15家，职工1134人。镇办工业产值2493.85万元，销售收入2020万元，利润128.73万元。1989年，有镇办企业19家，其中11家企业年产值超100万元，城关化纤厂730万元为最高，有8家企业年利润超20万元，其中销子厂达113.12万元。2000年工业总产值超10亿元。2002年4月，街道征地5公顷建镇海经济技术开发区招宝园区。2003年6月，海高利汽车电器等8家区工业投资公司所属企业划归街道。2007年9月，后海塘区域企业划归街道办事处管理。2008年，街道工业企业121家，其中年产值500万以上企业71家。职工10821人。工业销售收入100亿元。有第三产业企业1200余家，三产服务业增加值34亿元。

农业 1986年有耕地84.53公顷，粮食复种面积85公顷，棉花27.8公顷，蔬菜20.4公顷，农业总产值119.32万元（含渔业产值46.2万元），农民人均年收入734元。主产粮食、棉花、油菜籽。1992年城关、临江、俞范3乡镇合并后，耕地面积1849.46公顷，农业总产值3994万元（含渔业398万元），农民人均年收入1252元。是年，农业产业结构调整，建棉丰村农副产品基地、湾塘村淡水养殖基地、五里牌村特种蔬菜基地。万弓塘河以北33.33公顷建蔬菜大棚基地；建南洪村10公顷和俞范村8公顷的果园、蔬菜基地；中石化镇海石化总厂附近133.33公顷瓜果作物基地；五里牌村等133.32公顷大棚蔬菜基地；师桥村、新老周村466.66公顷水生蔬菜区；城关附近133.33公顷蔬菜和畜禽饲养区。渔业村发展外海捕捞，殿跟村建滩涂涨网区。1996年街道有蔬菜基地400公顷，其中市、区级286.66公顷，大棚占50%以上。1996—2001年，分4期在南洪、三合、顺风等8个村实施万亩旱地综合开发，列为市重点农业工程项目。2001年农业总产值13791万元（含渔业300万元），农民人均年收入5820元。2001年9月行政区划调整后，农业经济区块划属蛟川街道和澥浦镇。

渔业 城关镇时下设渔业村，其前身为城关渔业队。1950年由原城关东门外、西门外和石塘下包家等地的近海张网、串网、滩涂作业人员组成。初以近海和淡水作业为主。1958年始外海捕捞。20世纪70年代捕捞作业鼎盛，有机帆船6对半（13艘）计650吨位，有从事外海捕捞160余人，涨网、串网捕捞的40余人、淡水作业20余人。随着甬江航道通航船舶渐多和后海塘外滩涂围垦，1983年，涨网队、串网队撤销。1985年有木帆船10艘，机帆船8艘（4对），实行“对船”承包。1986年机帆船减至4艘（2对）。1987年1艘75吨新机帆船下水。1989年1艘100吨250马力渔轮下水。1991年投资100万元新造钢质渔轮2艘，并建立渔业生产责任制，推行双层经营承包。1999年渔业产值2581万元达到峰值。2004年12月，撤村改建渔业股份经济合作社。随着海洋渔业资源减少，2005年渔业股份经济合作社外海捕捞基本停止。

社区建设 社区建设走在市、省乃至全国前列。2002年12月，被民政部授予全国社区建设示范城区；2005年11月、2006年12月、2007年11月、2008年11月，被中国社会工作协会城区工作委员会分别授予全国和谐社区建设示范街道、全国和谐社区建设示范街道暨全国街道杰出贡献先进集体、全国和谐邻里建设示范街道、全国和谐社区建设自主创新先进街道；2005年2月，获省科学技术协会授予省级科普示范街道；2002年，获宁波市委、市人民政府授予社区建设先进街道；2009年3月，获市委、市人民政府授予首批市级文明街道。

下属10个社区有9个为市级文明社区，7个为省级文明（示范）社区，其中后大街社区先后获得：2001年8月，省委、省人民政府授予浙江省示范社区居委会；2001年8月，省文明办授予省文明社区；2002年5月，团中央、民政部授予全国青年文明社区；2004年11月，中央文明办、文化部授予全国群众文化先进社区；2005年3月，中央文明办、民政部、国家新闻出版署、国家广电总局联合授予全国十佳学习型社区；2006年8月，体育总局、中央文明办授予全国城市体育先进社区；2007年4月，省文化厅授予省文化示范社区；2007年12月，省城市社区工作协调小组授予省十佳和谐社区。后大社区文化建设经验多次在省、市交流，新华社等中央级新闻媒体和国外记者多次来社区采访，社区被列为省对外宣传基地。

社区服务　街道设社区卫生服务中心，下设社区卫生服务站，与宁波市医保中心联网。2008年，有医务人员190余名，受理门诊58万人次。社区居民实现“无病早防、有病早治、小病不出社区”。2002年3月，成立街道行政服务中心，受理居民最低生活保障金申请、城区社会扶助证申请、灵活就业申报、城镇户籍失业人员登记、重度残疾救助证明、生殖健康服务证明、再生育证明、独生子女父母光荣证明、流动人口婚育证明、生育保险代理、个体工商户参保人员退休手续代理、农村户籍失业人员一次性生活补助金申领、城镇户籍失业人员代缴社会保险手续等。2008年受理和办结各类服务7600余件。先后获镇海区文明窗口、镇海区工人先锋号，宁波市文明窗口等称号。2002年2月，成立街道家政服务超市，提供居家养老服务和家政服务。对辖区内特殊困难老人、高龄独居老人提供无偿或低偿服务。家政服务超市设有维修、服务两大类内容。为居民家庭卫生保洁、病人护理、孩子接送、老人护理、月子保姆、婴幼儿护理、管道维修、水电安装、房屋补漏、定点修锁、家电维修、空调拆装清洗等提供服务。2008年，受理各类服务3300多件。2005年4月，成立街道法律援助站。2008年受理法律服务21起。

社区文化　民间文化有一定的渊源和基础。旧时有庙会戏、迎神赛会（俗称行会）。民间文艺有蛟川走书、戏班、马灯（走马灯）、大头娃娃等。20世纪80年代，镇海越剧团以民间流传的宋朝小康王南逃时，张鑑碶一民女设计保护而脱险的“布襕扯大旗”故事为题材，编剧并演出越剧《皇帝与民女》。群众广泛参与民间文化活动始于90年代初。

9个社区建有社区文化宫，总面积6700平方米。有室内文化活动场地5000多平方米，图书阅览室近1000平方米，藏书总量3.7万余册。有室外活动场所3.3万多平方米，有健身苑近30处。有文艺团体9个、文艺队伍110支，参与人员4200余人。以后大街社区龙鼓队在北京喜获中国民间文艺最高奖“山花奖”为标志，社区文化蜚声省内外。2001—2008年，社区荣获市级以上文化奖56项，其中省级28项、国家级16项。每年元宵灯会，猜谜、巡游等活动吸引数万群众参与。文化广场的交谊舞、健美操、越剧唱；望海楼露天舞池交谊舞；沿江民乐演奏、寿昌公园太极拳等均系社区居民自发形成。2008年，由818人组成的“十里红妆”大型婚俗打击乐队，申报上海大世界基尼斯的中国之最——数量最多的婚俗打击乐器表演，被中央电视台、上海文广新闻传媒集团和大世界基尼斯总部共同录制的年度颁奖电视晚会入围。

第二节 蛟川街道

东邻招宝山街道，东南沿甬江，西连澥浦镇、骆驼街道、庄市街道，北濒灰鳖洋，距宁波市中心11.5千米。2008年，下设石塘下、虹桥、五里牌、渡驾桥、中一、中官路、清水浦、陈家、迎周、棉丰、南洪、水璩王、俞范、沿江14个行政村；临江、俞范、后施、炼化、石化三建、镇电6个社区。辖区总面积40.6平方千米，总人口10.88万人，其中户籍人口4.3万人。2001年9月，撤城关镇以隧道北路为界，路西置蛟川街道。街道所在片区原为临江乡全部和俞范镇部分。镇海旧称蛟川，街道因名之。街道办事处驻镇宁东路818号。

城市建设 沿镇宁线、镇骆线、骆霞线两侧展开，以石塘下、临江新村、清水浦、后施4区块为重点。2001—2008年，拆迁住户1489户，拆迁面积22万平方米。新建临江新村、虹桥小区、棉丰小区、古塘丽景、银凤晓月5个安置房小区，共190幢，建筑面积44万平方米，大批农户乔迁新居。2001年建中官路农贸市场，2005年改建五里牌农贸市场。

交通 交通便捷，宁镇路、中官路、镇骆东路、海天路横贯蛟川街道。镇海经济开发区内新建南北向道路金宝路、金锚路、金丰路、金启路、金枢路、金诚路，东西向道路东明路、东信路、东生路、东辉路。2008年途经街道的城市公交线路13条。

工业 为镇海区工业经济布局集中区块。20世纪70年代，浙江炼油厂、镇海发电厂、渔业基地等部省属大工程项目落户。镇海发电有限责任公司（原镇海发电厂）装机容量最高时达到105万千瓦。中石化镇海炼油化工股份有限公司（原浙江炼油厂）年加工原油2000万吨。还有中国石化总公司第三建设公司、省火电宁波华业钢结构有限公司、省工业设备安装公司宁波工程处等一批部省属企业。1992年4月，镇海区启动五里牌镇海经济技术开发区建设。1994年升为省级经济开发区，定名浙江镇海经济开发区。2004年6月，镇海经济开发区管委会与蛟川街道办事处合署办公。是年，在开发区落户企业260余家。建成开发区面积8.8平方千米，分A、B、C、D 4个功能区块，其中B区以北欧工业园区为主。2008年街道和经济开发区工业总产值171亿元，约占镇海区工业总产值1/3强，其中年销售收入500万元以上企业284家，5000万元~1亿元企业27家，超亿元企业21家。企业职工总数4.5万人。形成精密机械、高科技电子、精细化工、轴承等支持产业，引进美国、韩国、日本、挪威、法国、印度尼西亚等国家和中国港澳台商投资企业100多家。

农业 城市化和工业化进程的加快导致街道农业经济规模缩小，传统农业向城郊型农业转变。2002年，开发名优柑橘基地13.3公顷、花卉苗木种植基地40公顷。实施大棚栽培蔬菜与水稻种植轮作。2004年有耕地648.5公顷，其中水田142.5公顷、旱地506公顷，农业总产值9919万元，农民人均年收入7009万元。2008年，有耕地497.6公顷，农业总产值1.3亿元，农民人均年收入11088元。2002—2008年，街道农业总产值稳定在1亿元/年左右。

社区建设 社区居民常举办乒乓球、羽毛球、拔河、跳绳、踢毽子、象棋、自行车慢骑、演讲、猜谜等比赛。俞范社区有星苑艺术团、广场舞蹈队、书画联谊会。临江社区有花棍秧歌队、健身操队、合唱团。后施社区有腰鼓队。俞范社区书画联谊会的金亚妮，1984 年起自学剪纸。其作品以仕女图及佛教类图案见长。其剪纸艺术申报省级非物质文化遗产。俞范社区书画联谊会 2006 年获得首届镇海区农民文化艺术节优秀团队。2008 年，临江社区获区文化示范社区，俞范星苑艺术团和炼化社区夕阳红艺术团获区最佳社区文艺团体。

外来流动人口管理与服务 2003 年外来流动人口 39707 人。2004 年外来流动人口 46640 人，首次超过户籍人口。2007 年外来流动人口达高峰，登记在册近 9 万人。2008 年外来流动人口为 66028 人。外来流动人口以四川、重庆、江西、安徽、湖南、湖北、河南等省、市居多，其次甘肃、贵州、山西、山东、江苏等地，黑龙江、新疆、青海、西藏鲜见。省内以天台、三门、东阳、常山、临海等地居多。不断探索外来流动人口管理举措，形成“以外管外，共创共建”的管理格局，棉丰村、中官路村建立“新棉丰人党支部”和“新中官路人党支部”。村吸收外来务工人员中有威信，素质好的党员做村流动人口管理员或社工。外来流动人员为街道经济发展做出重要贡献。

第三节 骆驼街道

骆驼街道以骆驼桥得名，是镇海城市化建设发展最快地区之一，距宁波市中心 12.4 千米。地处镇海区腹地，东邻蛟川街道，南接庄市街道，西连九龙湖镇，西南与江北区接界，北屏澥浦镇，街道办事处址镇宁东路 818 号，距宁波市中心 11.5 千米。下辖骆驼、东邑、联勤、金东、金华、东钱、余三、团桥、尚志、骆兴、清水湖、敬德、民联、妙胜寺、兴丰、朝阳、沙河、里洞桥、贵驷、董家畈 20 行政村；贵驷、南一、中街、盛家 4 社区。2008 年，辖区面积 46.64 平方千米，户籍人口 4.5 万人，总户数 20345 户，有外来流动人口 6.25 万人。街道办事处驻地汶骆路 86 号。

宋宝庆《四明志》载，骆驼桥始建于宋建隆元年（960）。清中叶已是“市场日繁，商贾云集，车毂相击于其上，舳舻衔接于其下”，是方圆数十里农副产品的集散地。1927 年《重修骆驼桥兼咸宁桥碑记》：“……骆驼桥自明天启年间（1621—1627），翁公尚信奉母命捐资建造，慷慨好义，成斯善举。……清同治十年（1871）重修”。1932 年始称骆驼桥镇，隶属慈溪县。1951 年 6 月，划归镇海县。1958 年 10 月，改称骆驼（区）人民公社。1983 年 11 月，称骆驼镇。1992 年 5 月，划长石乡、汶溪乡并入骆驼镇。2001 年 9 月，撤骆驼镇改建骆驼街道，长石、长宏、汶溪、中心 4 个村划归九龙湖镇，撤贵驷镇（除徐家堰、大市堰、通德、路沿郑）并入骆驼街道。

城市建设 1992 年 10 月，被国家计委批准为全国百家小城镇建设综合改革试点镇。1993—1998 年试点期间，实施户籍制度改革落实蓝印户口 5000 余户；建立骆驼综合市场、骆驼农副产品批发交易市场、骆驼建材装潢市场、骆驼小商品水果市场、骆驼粮油交易市场、骆驼蔬果批发市场等 8 个专业市场，吸纳 6000 户商户投资创业；骆驼经济技术开发区建设启动，今宁波（骆驼）机电工业园区前身。2003 年 12 月，镇海新城（北区）建设在骆驼街道启动。2002—2008 年，骆驼片区拆迁民居 572 户计 7.35 万平方米，拆迁企业 14 家计 2.17 万平方米。至 2008 年，镇海新城（北区）道路已建成南二、南三、南六、南七横路、西二、西三纵向道路等近 10 条，总长 30.85 千米。

建成东盛花园、孝思房、东邑小区、华丰花园、绿城桂花园、骆兴家园、华丰星城、金邑水岸等8个商品房楼盘，计97.12万平方米。

交通 水陆交通便捷。329国道穿越骆驼，北通慈溪南达宁波。79省道通镇海城区。汶骆公路通往九龙湖镇。洪镇铁路穿越骆驼洪家。中大河和西大河十字相交汇集骆驼中心。内河航道东达镇海城区，南至宁波，西至庄桥，北通澥浦。英雄河、香山港、金华河、箭港河流经骆驼。2008年，公交372路、383路、388路、338路、389路、397路等通镇海各街道镇、宁波市中心区、北仑区等地。

工业 1989年有镇办企业48家，村办及私营企业268家，从业9200人，镇村两级企业产值51745万元。1999年工业总产值8.3亿元，实现农业大镇向工业城镇跨越。1992年7月建骆驼经济技术开发区。2002年8月，宁波（骆驼）机电工业园区建设启动，历6年发展，形成通信设备及电子电器、汽车零部件、机械加工，工业缝纫等4大产业群。2008年投产企业467家，其中销售收入上亿元企业21家，5000万元以上企业25家。集聚浙江野马电池有限公司、百隆东方有限公司、宁波埃美柯铜阀门有限公司、明欣化工机械、康力玻璃、宁波富邦铝业集团股份有限公司、宁波伟峰影像设备集团有限公司、宁波永大构件有限公司、宁波市中联紧固件制造有限公司、约翰迪尔（宁波）农业机械有限公司、浙江华冶重型钢管制造有限公司、宁波宏都投资集团有限公司、宁波中鑫毛纺集团有限公司等一批上规模企业。2008年，工业总产值128.4亿元，销售收入126.5亿元，创利税8.9亿元，出口交货值32.2亿元，有企业1150余家，其中外商及港澳台商投资企业190家，职工36957人。

农业 素以种植水稻，大麦、油菜等为主，2000年前是宁波市13个重点产粮镇之一。1987年有耕地1968.6公顷。1992年长石、汶溪两乡并入，耕地增至2906.8公顷，山林面积1565公顷。2001年9月，长石、汶溪划归九龙湖镇，贵驷镇并入骆驼街道，耕地面积调整为2625.3公顷。随着新城建设、宁波机电园区拓展，街道征用土地增加。1989—2008年，共征用土地1182.4公顷。2008年，耕地实有1436.1公顷。1990年5月，利用万头牧场猪粪建沼气站，总投资180万元，设计能力日产沼气1500立方米。是年11月投入运行，实际供气1200立方米/日，用户1200户。1997年兴办雨云蔬菜厂、海福盛食品有限公司，后成为市、区农业龙头企业。2001年6月，占地80公顷的镇海农牧业园区成为市农业科技示范园区之一。2008年，种植蔬菜266.6公顷，瓜果20公顷，白枇杷11公顷，柑橘14.6公顷，草莓、葡萄、梨、无籽西瓜等80公顷。养猪超万头，肉鸭、白鹅出栏10万只，蛋鸭30万只。农村经济总收入9.4亿元，农业总收入0.85亿元。财政收入3.26亿元，农民人均年收入9741元。

文化建设 1990年9月，举办骆驼镇首届文化艺术节。1996年3月举办首届全民健身运动会，有72个代表队4000名运动员参加。是年10月，被国家体委和全国农民体协评为“全国亿万农民健身活动先进乡镇”。至2008年年末，有文化活动场所121个，面积4.2万平方米。民联村获评省级村落文化示范点。中街、南一、贵驷3个社区获评市级示范社区文化宫。有市级村落文化示范点7个，15个村完成区农村文化“五个一”工程建设。有各类业余文艺队伍130余支，成员3000余人。2008年7月，《九龙柱》广场舞代表浙江省参加“北京2008”城市奥运文化广场活动。《九龙柱》广场舞表演时 9 条大龙、数十条小龙环大龙腾飞翻滚，高潮时每条彩龙喷出与自身颜色相同的烟雾。是年，《九龙柱》广场舞在宁波市音舞节广场舞大赛和省“群星奖”广场舞大赛中荣获第一名。

第四节 庄市街道

位于镇海区西南，距宁波市中心 8.5 千米。东邻蛟川街道，南临甬江，西沿杭甬公路与江北区接界，北接骆驼街道。2008 年，辖区面积 25.13 平方千米，总人口 68554 人，其中户籍人口 25914 人。下辖联兴、汉塘、钟包、曙光、永旺、汤家、勤勇、光明、万市徐 9 个村，庄一、庄市、兴庄路、陈倪路 4 个社区。街道办事处驻地兆龙路 769 号。北宋时其地由章姓始居，明洪武间避讳改姓庄，后渐成市集，故名庄市。1930 年，设庄市镇，隶属西管区。1941 年置庄市区，庄市镇隶属之。1958 年 12 月，撤镇改庄市管理区，属东风人民公社。1961 年 10 月，改称庄市人民公社。1963 年 1 月，庄市人民公社归属骆驼区。1966 年 9 月，汉塘公社并入庄市公社。1983 年 7 月，改称庄市乡。1984 年 1 月，划勤勇、同心、甬江、里夏 4 个村归属滨海区清水浦乡，2 月，划路林、联成、双桥 3 个村归属江北区甬江镇。1985 年 10 月，勤勇、同心、甬江 3 个村复归庄市乡。1987 年 1 月，复称庄市镇。2001 年 9 月，划贵驷大市堰、徐家堰 2 村归属庄市，改称庄市街道。

崇尚教育，明清时设有书院、义学、私塾多处。清同治十年（1871），叶澄衷斥资 3 万银圆创办“忠孝堂义庄”，赡养族中孤寡，附设叶氏义塾供族姓子弟启蒙。光绪三十二年（1906）改为“叶氏中兴学堂”。1986 年，包玉刚捐资 2000 万美元助建宁波大学。1987 年，包玉刚、邵逸夫等捐资复建中兴中学。2001 年 9 月，庄市列入宁波市高教园区（北区），宁波万里国际学校、镇海职业教育中心学校、镇海蛟川书院、浙江纺织服装职业技术学院、宁波工程学院等先后落户园区。

著名侨乡，宁波商帮主要发祥地。叶澄衷、宋炜臣、包玉刚，邵逸夫、叶庚年、包从兴、楼志章等实业名人出自庄市。1929 年，中共镇海支部在崇正小学建立，开展革命活动。抗日时期是三北地区重要抗日游击根据地，建立中共慈镇县庄市区委，建立区、乡二级抗日民主政权和抗日武装队伍。

城市建设 1986 年，包玉刚捐资 100 万元建设兆龙路。1996 年，镇政府投资 560 万元建设庄市农贸市场。1997 年 7 月，庄市大道建成通车，自佩珍医院至宁波大学段长 3 千米。2000 年，庄市大道延伸至陈倪。2000 年 10 月，庄市片区供水纳入宁波市城市供水网。2002 年投资 1700 万元，建设光明新村 48 幢连体别墅，计 1.8 万平方米和三层老年公寓 24 户。2004 年 4 月，街道列入镇海新城（南区）开发建设范围，大规模的城市建设启动。2002—2008 年，中官路、北外环路、逸夫路、同心路、明海大道、兴海南路、钟包路、汉塘路、聚兴路等城市主干道建成，中科院宁波材料技术与工程研究所、宁波市大学科技园创意产业基地落户庄市，宁波帮文化公园、宁波帮博物馆、宁波第五医院等一批公共设施建成。

交通 地处水网平原，流经庄市的河道有30余条。主要河道有前大河，东河，周林港，官仓港，郭家港，浜子港，庄市河，有航运之利。329国道沿庄市西侧通过，宁镇路横贯南部，庄俞公路穿越中部，东北接镇骆公路。1995年实现村村通水泥路。1999年首条公交车43路（后称343路）路通过庄市至宁波。镇海新城（南区）开发新建北外环路，中官路，庄市大道等。庄市设有公交始发站，2008年有343路、342路、373路、380路、381路、376路、547路等多条公交线路通往宁波、镇海及周边街道乡镇。货运专线洪镇铁路横穿境域北部，在沈家设有火车站。

工业 1987年，有镇办企业32家，村办企业115家，个体私营业户93家。1991年，工业产值首次破亿元，达13331万元，销售11652万元，利润682万元。1993年，镇办企业实施股份制、议卖、固定资产租赁动产拍卖等方式的转制改革。是年，工业产值4.03亿元，销售3.56亿元，利润0.168亿元。1996年工业产值首破10亿元。2008年，有工业企业416家，工业产值52.7亿元。产值超亿元企业有10家：宁波天美建筑五金实业有限公司、宁波顺利自行车有限公司、宁波金龙铜业有限公司、宁波华通电器集团股份有限公司、宁波摩士集团股份有限公司、宁波杰杰工具有限公司、宁波华美线业有限公司、宁波宝日薄板有限公司、宁波俊诚金属管业有限公司、宁波建发实业有限公司。宁波华通电器集团股份公司“宁通”牌商标及真空断路器系列产品，是浙江省著名商标和浙江省名牌产品。宁波摩士集团股份有限公司2008年月产轴承1500万套，产能名列全国轴承行业第8，利税名列第10，出口收入名列第6，被中国机械工业协会评为机械500强、轴承10强企业。MOS商标被评为浙江省著名商标。

农业 历史上是镇海主产粮区之一，水稻早晚连作。2000年早稻种植面积700公顷，晚稻面积1200公顷。2008年早稻种植面积108.4公顷，晚稻214.2公顷。2000—2008年，稻谷亩产稳定在800~950千克。1986年始引入橘子、黄花梨、胡柚、葡萄、红小玉西瓜等瓜果。1998年从吉林引进50只梅花鹿在光明村养殖。1995—1997年建设田野王、贺家桥、阮家67公顷区级现代农业园区。2000年建成五星现代农业园区134公顷。2002年，万市徐村、永旺村、光明村建设现代农业园区200公顷。2008年街道种植瓜果236.5公顷，有大棚80公顷，种田大户50户，分布在光明村、万市徐村、钟包村，开发养殖南美白对虾。2008年农民人均年收入10010元。庄市手工挂面方圆数十里闻名，为产妇和老年人喜爱，在曼谷“1993年中国优质农产品及科技成果设备展览会”上获金奖。

第五节 九龙湖镇

位于镇海区西北部，东邻澥浦镇、骆驼街道，西南连宁波江北区，北接慈溪龙山。距宁波市中心18千米。2008年，镇域面积65.3平方千米，总户数9498户，户籍人口22479人。外来流动人口1万余人。下辖西经堂、长宏、田顾、长石、杜夹岙、田杨陈、河头、九龙湖、汶溪、中心、西河11个村和思源社区。2001年9月，由河头乡全部，划骆驼镇的长石、长宏、汶溪、中心4个村合建九龙湖镇。镇政府驻地九龙湖镇河头村。因九龙湖得名。

九龙湖镇地属半山区，西北多丘陵山地，东南为河川平原。境内有山峰102座，最高峰尖山海拔385.7米，较有名的有敲头山（望海尖）、万丈山、大斗山、大茅山、神钟山、九龙山、平峰山、达蓬山、马鞍山等。山峰海拔多在100~300米之间，高于300米的15座。境内有十字路、郎家坪、小洞岙和三圣殿4个水库，水域面积合计2平方千米。1995年考古发现，长石村庶来出土商周时期的石斧、石犁、跪俑等，距今至少3500年历史。相传九龙湖汶溪是春秋末期越国大夫文种的故里，汶溪东街存有“文种故里”石桥。

城镇建设 是镇海区旅游开发的重点区域。丰富的山水资源，天然胜景随处可见。在群山环绕林木叠翠之中，有九龙湖、凤凰湖、月亮湖和天鹅湖。湖泊岸线曲折，形态多姿。建于唐代，享有盛名的香山寺，2006年1月7日重建后开光。是年5月，九龙湖风景旅游区建成开放，初现宁波核心城区“后花园”形态，成为宁波市旅游十佳新景。风景旅游区推出看农家景，尝农家菜，吃农家饭、住家庭旅馆、乡野烧烤等时尚休闲游。

交通 流经河流主要有中大河、沿山大河、长应河3条。水系汇入澥浦大闸入海。骆慈公路、长邱公路、余汶公路、黄观公路、九龙大道通达九龙湖镇。2008年，公交377路、379路、381路、382路、383路、384路、385路、965路8条线路往返于九龙湖镇与宁波市区、镇海城区和邻近乡镇、街道。

工业 工业有紧固件、化工、食品、机械、不锈钢、电缆、影视设备等多个门类。2005年，全镇工业产值26.2亿元，比2001年增长351.1%。紧固件业成为镇工业经济的特色和主体。是年，40余家紧固件企业销售额15亿元，占宁波紧固件行业销售额25%。镇外贸出口交货值9.8亿元。销售额500万元以上1000万元以下企业62家，销售额1000万元以上企业39家。2008年，全镇工业产值53.04亿元，外贸出口交货值24.56亿元，其中销售收入上亿的企业有10家：宁波金鼎紧固件有限公司、宁波宁力高强度紧固件有限公司、宁波康兴电缆有限公司、宁波中江高强螺栓有限公司、宁波九龙紧固件制造有限公司、宁波九龙机械制造有限公司、宁波中斌紧固件有限公司、宁波海信紧固件有限公司、宁波市镇海光鑫特钢有限公司、宁波合众不锈钢有限公司。

农业 镇海区农田保留最多的乡镇。2006年有山林地3466公顷，耕地2077公顷，其中水田1889公顷。传统农业主种水稻。1996年开始，种田大户、养殖专业户、种植专业户得以发展。2006年农民人均收入7991元。2008年种植布局为水稻867公顷、蔬菜366.6公顷、葡萄166.6公顷、草莓100公顷、杨梅218.8公顷、竹笋286.6公顷、柑橘49公顷、花木400公顷、瓜果69.2公顷、席草46.7公顷、豆类26.8公顷。全镇山区活立木总蓄积量9.8万立方米，森林覆盖率52.4%。用材林以松杉木为主，占地1400公顷，针阔混交林666.6公顷，生态公益林1333.3公顷，经济林1005.5公顷。汶溪的“秦香春”茶叶，小洞岙圣殿牌“龙殿凤舌”茶，在省内颇有知名度，先后获中国精品名茶博览会金奖、北京马连道第六届茶叶节暨浙江省绿茶博览会金奖、“中银杯”中国名优绿茶评比银奖、“中绿杯”中国名优绿茶评比优质奖等。已批量销往中国香港、台湾地区及韩国、日本等国。横溪毛笋年产50万公斤以上，笋肉脆嫩、味道鲜美、适合红烧、煲汤、晒干。“永耀杨梅”产地杨家，1986年开始栽培，年产量约1500吨。每年杨梅季节客户络绎不绝。小洞岙冬笋、河头板栗等特产深受市民喜欢，畅销宁波市场。

旅游业 镇海区旅游开发的重点区域。丰富的山水资源，天然胜景随处可见。在群山环绕林木叠翠之中，有九龙湖、凤凰湖、月亮湖和天鹅湖。湖泊岸线曲折，形态多姿。建于唐代，享有盛名的香山寺，2006 年 1 月 7 日重建后开光。同是年 5 月，九龙湖风景旅游区建成开放，初现宁波核心城区“后花园”形态，成为宁波市旅游十佳新景。风景旅游区推出看农家景，尝农家菜，吃农家饭、住家庭旅馆、乡野烧烤等时尚休闲游。

第六节　澥浦镇

地处镇海区东北，东临灰鳖洋，东南邻蛟川街道，南连骆驼街道，西毗九龙湖镇，北接慈溪龙山。距宁波市中心 18.3 千米。陆域东北 1.5 千米有泥螺山、巴子山、棋盘山、走马堂 4 岛，21 世纪初澥浦泥螺山海涂围垦，4 海岛已成陆域孤丘。2008 年，下辖沿山、觉渡、庙戴、十七房、湾塘、岚山、余严、澥浦 8 村和汇源社区。镇域面积 41.26 平方千米。全镇有 18967 户、42480 人，其中户籍人口 21643 人。镇政府驻地澥浦兴建路 28 号。澥浦以古泄洪道得名。

宋时建城，置“水陆管界巡检司”。宝庆《四明志》载，“澥浦镇，县西北六十里”，“澥浦，即古所谓渤澥，西有昆仑之山，东有渤澥之岛，俗讹为蟹浦”，县境图标有“澥浦港”“澥浦镇”。历为通衢三北（镇北、慈北、姚北）要隘、军事要地和渔港商埠，称镇北重镇。宋至清末属灵绪乡。清宣统三年（1911）灵绪析为前绪、东绪、西绪 3 乡，澥浦属前绪乡。1930 年始建澥浦镇，属龙山区。1946 年，觉渡、通德、曲塘 3 乡合并称绪中乡，翌年绪中乡大部分村并入澥浦镇。1954 年 10 月，隶属骆驼区。1954 年 10 月至 1958 年称澥浦渔业镇。1958 年 10 月“人民公社化”时，称骆驼人民公社澥浦管理区。1961 年 8 月，澥浦管理区与觉渡管理区合并，称觉渡人民公社。1983 年 11 月，改称觉渡乡。1985 年 3 月，撤觉渡乡复称澥浦镇。2001 年 9 月，划城关镇的岚山、湾塘村，贵驷镇的通德、路沿郑村归属澥浦镇。

历为军事要地。北宋嘉祐八年（1063），水陆管界巡检司由镇海移至澥浦。明洪武二十年（1387）筑澥浦卫城，在岚山、高炮台山筑烽堠台，今遗迹犹存。明代中叶，倭寇屡犯澥浦岭以北的金夹岙和邱王一带，抗倭将领戚继光率军民多次与之激战。清光绪元年（1875）黄军门筑营垒于择山巅。辛亥革命后，曾设镇海县警察第三分局。抗日战争初，国民党守备部队驻此。大革命时期，中共党员活动于十七房郑家一带。抗战初期，以中共党员为骨干的“流动施教团”以澥浦为活动基地。1944 年，中共慈镇县委沿山区委在澥浦建立民主政权。1947 年，中共慈镇县工委建立十字路支部。

城镇建设 1994 年 3 月，启动澥浦工业开发区建设，新建凤海路，岚鹰路，石澥线澥浦段，改建汇源路。对开发区已征用土地开展水、电、通信基础设施配套建设。1995—1998 年，投资 200 万元建成汇源市场，建筑面积 3700 平方米。1998 年 9 月，宁波市化学工业区建设在澥浦启动，澥浦工业开发区以汇源路为界，东部跃进塘内近 133 公顷开发地划归化工区，塘外滩涂 533 公顷作为化工区后备用地。2003 年 5 月，在兴建西路建成镇政府办公大楼。2006 年，启动对明清建筑十七房郑家的保护修复工程，开发建设郑氏十七房旅游景区（2009年建成）。

交通　慈镇运河、澥浦大河、觉渡大河、西大河、沿山大河、叫天港6条河道流经澥浦。境内有329国道、石澥公路、沿山公路3条主干道路。2008年，公交342路、374路、375路、370路、377路5条线路开通澥浦至九龙湖镇、宁波中心区、镇海城区等地。

工业　1986年有村企业96家，职工5268人，现价工业产值3128.95万元，利税468.51万元。1991年，现价工业产值首次达1.68亿元，利税总额1895.71万元。1993年启动对15家镇办企业实行议买竞买改制，对22家村办企业实行议买竞买改制或租赁经营。1994年启动澥浦工业开发区建设。同时在茅塘山炸山整地开发工业用地13.3公顷，引进宁波大红鹰生物工程维E项目和宁波双燕泡沫塑料有限公司。1995年4月，宁波市人民政府同意澥浦工业开发区升为市级开发区。1996年又有澥浦砖瓦厂、神童鞋厂、西马特公司、工业公司、橡塑三厂、澥浦五金厂6家企业转制改革。1997年起，在329国道两侧开辟沿路工业经济带。觉渡、庙戴、郑家、袁家、余严等村使用土地17.6公顷，建成生产用房10.75万平方米，投资额1.03亿元，落户企业61家。主要企业有宁波盛发铜业有限公司、宁波宝云集团公司、宁波金腾电器公司等。2000年开始，澥浦广源工业小区建设启动，使用土地20公顷，至2008年落户企业30余家。主要企业有宁波王兴工艺品有限公司、宁波万通仪表有限公司、镇海原野电声器材厂等。2008年注册企业333家，职工10659人，现行价工业产值37.9亿元，利税0.65亿元。有轻纺、机械、通信设备、造纸、五金、电机电器、粉末冶金、印刷、建材、玩具、鞋业等工业门类。销售收入1000万元以上企业有：宁波盛发铜业公司、金腾电器公司、三鑫机电制造公司、宁波同和机电公司、锦雕电器公司、康福塑料制品厂、声雷电声器材厂、海声塑化工业公司、顺风塑胶制品公司。

农业　粮、蔬、畜、渔综合发展。岚山、湾塘村为蔬菜瓜果种植区，觉渡、庙戴、十七房、余严为工业农副业综合区，沿山村为山林畜牧水稻区。澥浦大河、觉渡大河、沿山大河、万弓塘河纵横交叉。澥浦大闸、新泓口大闸傍海设立，农业排灌条件优越。1984年，全镇耕田面积690公顷，主种水稻每公顷产量0.81吨，年粮食总产量7732吨。2001年区划调整后，种植水稻406.9公顷，每公顷产量1.218吨，年粮食总产量4959.92吨。种植蔬菜771.5公顷。全镇农业人口13432户30605人，劳动力资源12320人。农业产值7448.67万元，农民人均收入6438元。

20世纪90年代起，逐步种植茶叶、杨梅、柿子、杏子、柑橘、梨、黄桃、李子、葡萄、雷竹等。1995年后推广大棚蔬菜。推进沿山公路旁林特产品开发，发展苗木、名优茶，新建浙大水果中试基地、浙南苗木引种繁育基地4个开发示范基地。建立十七房大棚鲜切花基地，以“香水百合”为主，年产鲜切花25万支，占浙江省市场70%。庙戴殿跟花卉园、择山盆景园、爱蜜丽花卉、瑞雪园艺和岚山中星草莓基地形成规模。金达辉休闲农庄和爱蜜丽农庄，集农业生产、生态观光、休闲旅游功能于一体。建成澥浦镇兔场，长毛兔饲养1.5万只笼位。肉猪饲养1.5万头，鸡鸭鹅饲养10万羽。2008年，全镇有耕地1012公顷，农村劳动力21307人，外来劳动力9058人。年农业总产值14168万元，农民人均收入9620元。

澥浦外海捕捞作业历史悠久。元延祐《四明志》载：“渔舟聚集之地，外通大洋，有巡检司及税务在焉。”清嘉庆年间，有大流网船三百号。有谚云：“三百号渔船回洋转，二哥还在崇明县。”

朱正元《浙江沿海图志》记，光绪晚期有“商船四十余号，渔船一百八十余号，市肆颇盛。”解放初期，政府修塘防汛，鼓励渔捞，引导渔民走互助合作道路，渔镇开始复苏。1954 年 11 月，成立澥浦渔业生产初级社，入社渔船 7 艘，渔民 54 户，劳力 58 个。1958 年“人民公社化”后，改为渔业大队，将“记工评分，按劳取酬”分配原则改为基本工资加奖励的供给制度。20 世纪 80 年代，外海捕捞推行“定额包干”责任制。捕鱼船只由木帆船更新为大吨位机帆船，并拥有库容量 500 吨的渔业冷库。拥有镇海区一半以上的捕捞能力。1990 年，有外海捕捞钢质渔轮 4 对，年产值 550 万元。1995 年更新木质渔轮 2 对，有钢质渔轮 3 对。澥浦镇渔业经济合作社由集体改为股份制。1991—2001 年，外海捕捞水产年均 1148 吨。此后，渔业资源缺乏，渔民后继乏人，渔轮变卖，人员转行。2004 年仅有外海渔船 1 对 24 人维持捕捞作业。2008 年，澥浦渔业经济合作社有社员 342 人，其中外海捕捞队 28 人，近海队 30 人。

解放初期，有近半人口以海涂为生。涂民多兼业，农忙务农，农闲下涂，白昼黑夜随潮退而作。有谚云：“初一月半大潮讯，初八二十三当小水。”澥浦一带“落涂人”多从海头、荷苞田、湖息亭、湾塘、殿跟、岚山等地下涂捕鱼捉蟹，人多时达千余人。20 世纪 60 年代起，海港淤塞，滩涂围垦，涂产资源枯萎。至 90 年代，依靠涂业为生者已不多。1994 年，镇政府投资 8 万元，发展海涂养殖泥螺 20 公顷，收获产量 7.5 吨。1998 年 7 月，组建海涂管理委员会，海涂养殖开始有序作业。实施海涂低坝高网养殖新技术，将海涂划分上涂、中涂、下涂，有 386 公顷海涂承包给涂民，养殖泥螺、青蟹、弹涂、梅蛤、虾、泥鱼、鲻鱼等。2001 年湾塘、岚山二村划归澥浦镇，滩涂增加 200 公顷。2002 年以后，泥螺山海涂围垦，塘内涂民原签养殖合同解除，在适当补偿养殖损失后，涂民向泥螺山塘外自然养殖。

社区文化 祭祀海神，庆祝丰收，民间流行“澥浦船鼓”。澥浦船鼓表演人数多则数十人，少则七八人，由龙头作导，众人相随。表演者着有龙、虾、鱼等图案的渔民对襟衫，背景常是画有与海洋相关的图案。乐器由唢呐、大堂鼓、小京鼓和锣钹等组成。船鼓演奏极具浓厚的喜庆气氛，其曲调高亢，和声粗朴，节奏有力，且起伏跌宕。2007 年，澥浦船鼓入选宁波市第二批非物质文化遗产名录。2008 年，船鼓队代表浙江省赴京参加迎奥运广场活动。

【附】撤销的乡镇

河头乡

位于镇海区西北部，乡政府驻河头集镇。距镇海城区 18.6 千米。东邻澥浦镇，南接骆驼长石片，西南连骆驼汶溪片，西北界江北区云湖、慈溪市雁门。面积 35.8 平方千米。下辖勤山、河山、横溪、十字路、郎家坪、长胜、金池、路下徐、马家桥、应家、下畦、田顾、陈沈、杜郭、吴家岙、西河、西经、邵家、曹郎、田舍陈、杨家 21 个村。有河头、西经堂 2 个自然镇。撤乡前的 2000 年有 5292 户 12934 人，其中非农业 279 人。有耕地 1003 公顷，山地 1974 公顷。

旧属慈溪县德门乡西北部。1932 年称慈溪县庄桥区河头镇。1946 年改称河头乡。1947 年 6 月，析为河头、西顾 2 个乡。1954 年 10 月，划归镇海县。1956 年 2 月，河头、西顾 2 个乡合并后称西河乡，乡政府驻田顾村。1958 年 10 月属骆驼（区）人民公社，分设西河、河头 2 个管理区。1961 年 10 月，西河、河头 2 个管理区合并后称西河人民公社。1962 年 4 月，析为西河、河头 2 个人民公社。1966 年 10 月又合并称河头人民公社。1983 年 11 月，改称河头乡。2001 年 9 月，撤河头乡并入新组建的九龙湖镇。

长石乡

位于镇海区西部，乡政府驻地长石桥，距镇海城区 17 千米。东邻骆驼镇，南界江北费市乡，西连汶溪乡，北接河头乡，面积 8.9 平方千米。辖长石、何仙、三星、徐王、周胜、东严、西严、孙陆、黄杨、庶来 10 个村。有长石桥自然镇。撤乡前的 1990 年有 2399 户 5981 人，其中非农业人口 475 人。有耕地 630 公顷，山地 80 公顷。

旧属慈溪县，宋代至民国初为德门乡东北境。1916 年建化东乡，因地处化子闸东，故名。1932 年更名长石桥镇。1946 年与骆驼桥镇合并，称长骆镇。1950 年 6 月，析为长石、长骆、田胡、骆驼 4 个乡。1954 年 10 月，划属镇海县。1956 年 3 月，长石、长骆、田胡 3 个乡合并后称长骆乡。1958 年 10 月人民公社化时，划分为长石、长骆 2 个管理区。1961 年 10 月与汶溪管理区合并，称长石人民公社。1962 年 6 月原属汶溪 8 个村析出，建汶溪人民公社。1983 年 7 月，恢复长石乡建制。1992 年 5 月撤长石乡，所辖 10 个村并入骆驼镇。

汶溪乡

位于镇海区西部，乡政府驻地汶溪集镇。距镇海城区 21 千米。东邻长石乡，西南连江北区，北界河头乡。汶溪西、南、北三面环山，东为平原，属半山区，面积 20.6 平方千米。辖汶溪、中心、迎胜、河头陈、小洞岙、三圣殿、秦山、民主 8 个村。有汶溪自然镇。撤乡前的 1990 年有 1924 户 5029 人，其中非农业 295 人。有耕地 350 公顷，主种水稻，山地 1415 公顷，种植松、杉、竹、茶、果等。

汶溪，原名文溪。宋宝庆《四明志》载："文溪，……受众山之水，色清有文，故以为名。溪上有小市，舟行通定海。"清雍正《宁波府志》又载："文种故里，因以名溪。"清代偶现"汶溪"称谓。1932 年建文溪乡，隶属慈溪县。1954 年 10 月划归余姚县，改名汶溪。1958 年 1 月，建三圣殿水库时划归镇海县。同年 10 月，称骆驼（区）人民公社汶溪管理区。1961 年 10 月与长石管理区合并，称长石人民公社。1962 年 6 月析出，建汶溪人民公社。1983 年 7 月复名汶溪乡。1992 年 5 月撤汶溪乡，所辖 8 个村并入骆驼镇。

相传为文种故里。清光绪《慈溪县志》载："县东一十六里有溪隐庵，庵内奉文大夫木主，或曰：即其故居也。"庵南里许，有"文种故里桥"。汶溪山有拾穗庄，"明大理卿夏时正居此"。敧头山北麓有石柱寺，东南有石柱高数十丈，奇伟突兀。净圆寺，又名放生园，有大雄宝殿，观音阁。寺前有牌坊，额"回光返照"，系国民党元老戴传贤手迹。小洞岙岙口西南有唐代青瓷窑址。

临江乡

位于镇海区东南沿江。乡政府驻地临江自然镇，距镇海 4 千米。东连城关镇，南濒甬江，西界庄市，西北与贵驷镇、俞范镇接壤，面积 13.9 平方千米。辖虹桥、五里牌、渡驾桥、沿江、清水浦、孙家畈、沈家、水璩王、中官路、中一、迎师桥、张陈傅、新老周 13 个村。有临江、渡驾桥、清水浦 3 个自然镇。撤乡前的 1990 年有 5007 户 14596 人，其中非农业 971 人。有耕地 790.8 公顷，其中水田 376.3 公顷、蔬菜地 226.7 公顷，棉地 187.8 公顷。

1930 年，临江片块分属东管区的二化、前江、中河 3 乡。1946 年合并后称临江乡。1950 年 6 月析为临江、临海、张鑑 3 乡。1956 年 2 月，石塘下、张鑑碶 2 个村划归城关镇；俞范、张陈傅、庙后张、老周、迎师桥、虹桥、五里牌、中一、中官路 9 个村划归万嘉乡；沿江、清水浦、渡驾桥、水璩王、上赵、沈家、汪家、孙家畈 8 个村划归汉塘乡。1958 年 10 月人民公社化时，已划属万嘉乡、汉塘乡的原临江 17 个村析出，建立临江管理区，隶属镇城人民公社。1961 年 10 月，改称临江人民公社。1978 年 9 月，划临一（水璩王）、临二（沈家）、临三（孙家畈）、清水浦、渡驾桥、沿江 6 个生产大队另置城西人民公社。1979 年 8 月撤城西人民公社，其所辖村复并入临江人民公社。1983 年 7 月，恢复临江乡。1984 年 1 月，划虹桥、五里牌、沿江、渡驾桥、清水浦 5 个村归属滨海区清水浦乡；划庙后张、俞范 2 个村归属滨海区俞范镇。1985 年 10 月撤清水浦乡，虹桥等 5 个村复归临江乡。1992 年 5 月撤临江乡，所辖 13 个村并入城关镇。自古为镇海通宁波要道，旧有官路驿道，宁镇公路贯穿全乡。境内有镇海发电厂。

俞范镇

位于镇海城区西北沿海。镇政府驻地镇海炼化公司生活区丰收路，距镇海城区 6.7 千米。东北临灰鳖洋，西连贵驷镇，东南与城关镇、临江乡相邻，北与澥浦镇接壤。面积 29.4 平方千米。辖俞范、庙后张、陈家、后施、五丰、棉丰、南洪、棉海、三合、顺风、湾塘、中星、殿跟、核心、岚山 15 个村。有俞范、湾塘、后施 3 个自然镇。20 世纪 70 年代，部省属企业浙江炼油厂、中国石化总公司第三建设公司、省工业设备安装公司宁波工程处等一批企业定点俞范成为新兴的工业重镇。撤镇前的 1990 年俞范镇有 11643 户 35443 人，其中非农业 18662 人。

民国初期，其地分属东管乡、西管乡、前绪乡和慈溪县德门乡。解放前后又分属临江、海和、新驷、沙河、沙塘、临海、棉海、谷丰、湾塘和慈溪县长骆乡。1958 年 10 月，属东风人民公社，设置万嘉、后施、湾塘 3 个管理区。1961 年 10 月，改为临江、湾塘 2 个人民公社。1983 年改称临江乡、湾塘乡。1984 年 1 月，划湾塘乡五丰、后施、陈家、棉丰村和临江乡俞范、庙后张村建俞范镇，隶属于宁波市新建的滨海区。1985 年 10 月撤滨海区，镇复归镇海区。同年 12 月，撤湾塘乡，所属 9 个村全部并入俞范镇。1992 年 5 月撤俞范镇，所辖 15 个村并归城关镇。

湾塘为全省著名的棉花产区。1973 年、1974 年皮棉亩产已高达 96 公斤，其中岚山村多年亩产超 100 公斤，成为浙江省棉花生产先进单位之一，时县革命委员会生产指挥组负责人、中共岚山大队书记；中共镇海县委副书记、中共岚山大队书记共 4 人先后 2 次出席全国棉花生产会议。

贵驷镇

位于镇海区中部，镇政府驻地贵安路，距镇海城区 10 千米。东连俞范镇，南与庄市镇接壤，西靠骆驼镇，北邻澥浦镇。地形狭长，南北宽，东西窄，面积 21.5 平方千米。辖贵驷、里洞桥、路沿郑、通德、庙港、朝阳、沙河、句央周、董家畈、民联、憩桥、三五、爱登、妙胜、双斢、句张、胜一、禾丰、徐家堰、大市堰20个村，有贵驷桥、沙河头2个自然集镇。撤镇前的1995年有8933户、21169人，其中非农业2809人。有耕地1439.3公顷，其中水田546公顷、旱地893.3公顷。

旧称耕渔庄。元泰定年间，宦裔刘复卿家由慈城聪马桥迁此，建贵驷桥。清末形成贵驷桥集镇。1930年建驷桥镇。1946年，与复兴乡合并后称新驷乡。1950年6月改称贵驷镇。1958年10月，分属庄市（区）人民公社和骆驼（区）人民公社贵驷、沙河2个管理区。1961年10月，分属贵驷、清河人民公社。1966年10月撤清河人民公社，并入贵驷人民公社。1983年改称贵驷乡。1985年3月复称贵驷镇。2001年9月撤贵驷镇，划徐家堰、大市堰村归属庄市街道，划路沿郑、通德村归属澥浦镇，余地并入骆驼街道。

第七节 自然村落

1990年版《宁波市镇海区地名志》载，1985年全区10个乡镇有自然集镇21个、自然村落658个。因开发区建设、高速公路建设、农村商品房开发、土地整理等因素，至2008年全区尚有自然村落527个，131个自然村落消失。

九龙湖镇

有河头、西经堂、长石桥、汶溪4个自然集镇，139个自然村。

河头村：余家、徐家、张家、庙山、下周、前房、路下徐、张家山头、西田央、吕岙、金家池头、沿山墩。

九龙湖村：桥头、高屋、后厢、羊（墙）头、胡家、田中央、钱家、长桥头、田央沈、周家港、孟家、茅（毛）岭、斗鸡岙、上山地。

汶溪村：秦家岙、观音寺、唐家园、罗家岭、朱家、岙口、净圆寺、西岙、东岙、干家、何家、陈可观岙、方李、上何、杜良岙、姚家、王界、杨家、田央、上宋、潘家、黄子龙口。

中心村：外东黄、庄屋、山头黄、蔡家岙、蟹蛏港胡家、河头陈、山下陈、许家、迎胜桥、宝泉庵、西方寺。

杜夹岙村：杜郭、王家、吴家、夏家。

西河村：新堰张家、新堰头、刘家、大严、方俞、徐家、上周、薛家、孙家、沈家。

田顾村：马家桥、鸿岙桥、应家、上畦、下畦、徐嵇陆杨家、老屋、新屋、东岸。

西经堂村：汪家、老潘、郑家、前邵、后邵、上河严、经堂王、前杜、曹家、郎家、曹郎张家、翁家池、后杜。

田杨陈村：田舍陈、杨家、三官堂、西沈、章家、邹家、大陈底堰、小陈底堰、小顾、新经庙钱家。

长石村：朱家、胡家、王家、陆家庄、孙家、后陈、地田周、小严、老油车、后唐、唐家、陆家桥、庙跟、大宗、天德邵、半江王、半江汪、陈祝方王。

长宏村：三二房、前漕头、中漕头、后漕头、东严、斗底洪、正二房洪家、庙洪、大茅家、周河潭、徐家库、韩洪、桥里王、桥外王、后新屋、新洪家。

澥浦镇

有澥浦、觉渡寺、十七房郑家、湾塘4个自然集镇，60个自然村。

余严村：余严、张家、后河塘。

沿山村：滕山、胡杨方、金张、三七房、袁家、龟山、浦桥头。

觉渡村：山头方、厂跟、田央严、潘家、蔡家、鹿山、小王、东沈、王家、浦沙河、腾刘金、罗家、洞桥下徐家、李家。

庙戴村：庙戴、桥里戴、曲汇塘陈家、牌门头、六五房、邱何顾李。

十七房村：路沿郑。

岚山村：中厂、下山嘴、上山嘴、南厂、下牌门头、核心、殿跟、殿北、殿南、应家间、朱家张、吴家。

湾塘村：汪家、海甸、胡家、方家、翁家、碑牌张、新屋中周、中周、前张、新庵路下、后泓头、三合、前周、后程、三份头、前陈、海甸刘家。

骆驼街道

有骆驼桥、团桥、清水湖、贵驷桥、沙河头5个自然集镇，161个自然村。

清水湖村：小龚家、龚家、张家、沈家、横河嵇家、后港头、后（择庙）大屋、河里陆家、方家宅基、清水湖南河。

敬德村：下河吴家、小吴家、小清水湖、黄沙闸、大河沿林家、寿山堂、李家、陈家、半港周、杨家垫桥、贺家陈、徐家、小林家、颜家桥、小茅家、大东陈、周家、小东陈。

骆兴村：田胡、柏墅方、路头、卢家、王家、严家、朱家、钱七房、戴家、邵家汇、陆家。

余三村：余三、庙跟、东半港周。

金东村：东盛。

骆驼村：华家、井头刘家、周家楼厦、傅家、童家。

联勤村：新俞家畈、老俞家畈、瓦墙。

东邑村：荷花池头、田施、借邑港。

金华村：后雁宕胡家、金家、后雁宕徐家、后华。

团桥村：蔡家、寺后胡、三门头徐家、港塘、小河角头陈、刘家、杨家、大河角头陈、新屋、马家、畈头徐家、安家。

尚志村：邹家、秦家、胡家、罗袁、潘家、翁家斗、跳墙吴、洪家、路沿唐、罗郑、协顺、新洪家、杜家、龚李王。

东钱村：西钱、东钱、蒋余、华唐、唐家、挑头、徐王。

朝阳村：李汊桥、沈家河头、新李家、聚龙房、里新屋、外新屋、青林庙、老李家、费家、贝家港、钟家。

董家畈村：董家畈、沈孔桥。

沙河村：赵家、吴家。

民联村：憩桥、胡家、堰头胡、应舒家、甸央周、大弄堂、张家畔、下三份、前林、后林、界牌头、中家桥头、顾家弄。

贵驷村：郎家、半港、新郎家。

里洞桥村：高家、小贝家、王家团。

兴丰村：甸张、颜家、港塘余家、白墙余家、西孙、大库房、庙隔河余家、龙舌沈家、前王、假山头、洋湖堰张家、李家、水灌口王家。

妙胜寺村：妙胜寺、张家大屋、龙舌王家、阮家、浮林庙、爱登、老新屋、西河刘家、钱家、乐家、沈家、双斛、王家桥、姚家水仓、樊家、大路下刘家、妙音寺、前陆、后陆、西港头高家、西港头、新桥头、张鑑桥。

庄市街道

有庄市、汉塘、万嘉桥 3 个自然集镇，85 个自然村。

钟包村：包家、东七房、苏家、钟家、后包、韩家、塘东、窗门头、后宅、庙后王、小包、天赦房、二十二房包家、后倪、高家、官田沈。

联兴村：东头陈、吴家、曹家、桥头新屋、西陆、后曹、何王、大吕隘、西徐。

汤家村：汤家。

曙光村：菱漕、林王、胡家、后章、贝家、陆家、朱家、樊家、蛟河倪、大五房。

光明村：老鹰湾叶家、老鹰湾董家、刘屠、葛家、娄家、永宁桥。

汉塘村：刘家、林家、贺驾桥、市后周。

勤勇村：沈余周、小邵家、西王、宋家、老邵、新邵、马家、王家桥、屠家、半路张、外夏、汇头。

永旺村：桥王、薛家、老屋郭家、新屋郭家、小桥汪、田野王、丁家、徐家、乌家、阮家、叶家弄、倪家。

万市徐村：杨家、聚沙庵、罗家、董家、袁家、田中央袁家、罗仁房、堰头、余家、刘家、傅家、俞家、孙家、大市堰乐家、徐家堰头。

蛟川街道

有俞范、后施、临江、清水浦、渡驾桥 5 个自然集镇，82 个自然村。

南洪村：泓南、泓北。

棉丰村：碾子桥头、新泓口、双跟塘、中心桥、后施凉亭。

陈家村：顺泰、邵家、李家、大漕跟、王隘、河塘新村、施周陈、蔡董孙、二十四房、海头周、后胡、河湾头、庙后张、庙前头。

迎周村：老周、新周、小新周、陆家桥、郭家堰头、丁董、夏家、小庵、江家、朱家、周家、郑桂、叶家。

水璩王村：双池倪家、上赵、水璩王。

清水浦村：外王、外顾、孙家畈、后徐、张李陆、漕塘徐、应六房、楼屋蒋、徐家、河弯杨家、沈家、大柴、小柴、汪家、半路汪、里顾。

渡驾桥村：新屋俞家。

沿江村：上咸田、下咸田、塘路外、胡家、郑家、张家。

五里牌村：五里牌、河东堰。

中一村：小董家、潦路沈家、后戴、三斢王郑家。

俞范村：张陈傅、孙家、新河里周、河里周、前胡、俞范、矮笆俞家、颜家、桥头王、沙头庵。

中官路村：下赵、楼屋谢。

后施（社区）：刘家、马家、后房、前房

【附】消失的自然村落

1986—2008 年镇海区消失的自然村落情况表

表 1－6

行政村	自然村名	消失年份	消失原因	户数/人数
余严	湖息亭	1998	建 329 国道	7/18
十七房郑家	浦路戴	2007	十七房新村	22/62
	后戴		庙后自然村	125/415
	庙基头		庙后自然村	145/391
	童家		庙后自然村	7/20
庙戴	田央戴	2007	乔里戴自然村	45/137
	田央刘		小庙戴自然村	12/32
觉渡	河对岸	2007	山方头自然村	21/79
迎周	庄下胡	2008	绕城高速镇海段	20/32
	颜家		绕城高速镇海段	13/32
陈家	后徐	2008	绕城高速镇海段	100/224
	新庵		绕城高速镇海段	16/43
	升阳桥		绕城高速镇海段	13/34
石塘下	陈家	2008	古塘丽景	135/358
	王家		古塘丽景	139/414
	包家		古塘丽景	114/310
虹桥	中戴	1995	发电厂油库	32/80
	虹桥	2002	发电厂扩建	335/720
五里牌	后洋畈	1992	镇海经济开发区	10/35

续表 1-6

行政村	自然村名	消失年份	消失原因	户数/人数
渡驾桥	庄家桥	2003	临江新村	10/39
	堰桥头	2004	临江新村	8/25
	施家		临江新村	10/39
	田央林家		临江新村	16/57
中一	小沈家	2003	俞范东路延伸段	不详
	后汤	2008	村建材市场	73/160
	赵家		银凤晓月	79/155
	三斛王		银凤晓月	42/72
中官路	包家	1992	镇海经济开发区	13/45
	陈家	2003	镇海经济开发区	25/80
	严董沈		镇海经济开发区	60/185
	中谢邱家		镇海经济开发区	37/95
	后董	2008	银凤晓月	44/128
	前汤		银凤晓月	79/208
水璩王	漕塘倪家	1992	村庄整理	3 户
	汤杨张	2008	绕城高速镇海段	56/169
联兴	田厂	2001	宁波帮博物馆	12/34
	小庄	2002	宁波帮博物馆	20/58
	横河泾汤家	2002	拆迁	34/125
	西沈	2003	拆迁	1/1
	田野张	2003	大学	30/70
	跳墙楼屋	2007	中软公司	11/32
	外庄	2008	宁波帮博物馆	65/203
曙光	朱家岸	2002	高教园区	127/389
	老颜家	2005	蛟川书院	9/26
	新颜家		蛟川书院	15/47
	桥头张		蛟川书院	26/90
	蛟河陈	2008	民房	90/283

续表 1－6

行政村	自然村名	消失年份	消失原因	户数/人数
钟包	叶家	2005	市第五医院	95/223
	前方		环岛路	30/88
	下乌	2007	东、北外环路	33/114
	上乌	2007	东、北外环路	25/80
	任家	2008	东、北外环路	29/85
	黄家庵		合生国际城	30/80
勤勇	朱家桥	2007	东外环路	150/500
	白云庵		东外环路	32/81
	小朱家		东外环路	18/50
永旺	韩郎桥蒋家	2005	中官路	70/217
	汇头周	2006	绕城高速	56/160
光明	王逍桥	2001	光明新村	58/150
	陈施隘		光明新村	84/203
	王大路	2003	光明工业园区	98/220
	何斗	2008	明星湾休闲农庄	67/182
	唐家		明星湾休闲农庄	73/201
	沈家	2008	绕城高速连接线	100/300
万市徐	俞家	1999	土地整理	5/25
	傅家	2008	绕城高速连接线	14/43
汤家	河湾张	2002	镇海炼化住房	72/203
	庙桥头方家	2005	并入汤家	38/91
汉塘	汉塘杨家	2002	拆迁	54/132
	张家	2003	中官路	37/113
	冯家		土地储备	67/195
	汉塘	2006	逸夫路	80/250
	余家	2007	东外环路	22/69
骆驼	汤家池	2006	骆兴家园	51/152
联勤	后张	2002	中街社区	5/11
	堰头王	2008	碧水莲晴	113/317

续表 1－6

行政村	自然村名	消失年份	消失原因	户数/人数
金东	金溪	2009	绕城高速	209/617
	谢家		土地整理	23/70
东钱	前雁宕庙	1999	路	103/344
	树桥头陈家	2008	南大路延伸段	8/26
金华	前翁家斗	2002	骆兴家园	4/16
	后翁家斗		骆兴家园	9/19
	前华	2008	世纪大道	23/68
西盛	金竹巷	2004	并入盛家社区	256/761
	西盛			
	桥里盛			
	半西刘			
	前唐			
	后唐			
	朝东屋			
	王峰跟			
兴丰	夏家	2008	绕城高速	10/36
	东孙			75/220
团桥	小方家	2005	新区主干道	5/16
	乌家	2008	世纪大道	37/131
尚志	三官堂	1999	土地整理	4/11
	沈家堰	2003	道路	27/78
	卢谢	2003	机电园区	5/21
	新屋李家		机电园区	24/84
	张家堰		机电园区	18/68
	老屋李家		机电园区	7/25
	小陈		世纪大道	11/30
	施家	2007	路	6/20
	田畈	20 世纪 80 年代	路	4/12

续表 1－6

行政村	自然村名	消失年份	消失原因	户数/人数
骆兴	范家	2004	机电园区	48/162
	路头徐家		机电园区	2/7
	吴家	2005	机电园区	4/11
	后胡		机电园区	7/27
	里钱		机电园区	12/28
	方家	2006	机电园区	26/88
	高家	2008	机电园区	20/69
	大庙		机电园区	5/18
敬德	林西房	2006	机电园区	14/43
民联	塘下陈	1989	土地整理	4/16
	崔家	1992	民联毛纺厂	10/35
	福田庵		民联毛纺厂	10/20
	茹家	2008	绕城高速	21/60
	吴陆		绕城高速	35/80
	桥头王		绕城高速	10/33
	蒋王		绕城高速	76/179
朝阳	楼家	2008	绕城高速	48/162
余三	庙跟	不详	建厂	51/150
九龙湖	杨家岭下	1997	并入田央沈	43/93
	吴松峧	1998	外迁	23/50
田顾	王岙桥	2005	九龙大道	7/19
汶溪	里邱	1985	外迁	9/32
	外邱		外迁	6/16
西经堂	曹家油车	2003	九龙大道	3/8
	新潘	2005	迁居西经堂示范村	5/16
张鑑碶	葱园	1998	聪园住宅区	48/116
	张鑑碶	2002	村改为社区	195/436

（责任编辑　冯国定）

第二编　自然环境

本编目录

镇海区地处宁波北部水网平原，系全新世冲积、海积和湖泊、河泊淤积形成。地表高程约2～3米。平原西北缘为低山丘陵，属四明山余脉，高程100～400米。山体起源余姚，进入汶溪望海尖，续东至澥浦入海，岩基延伸至灰鳖洋。辖区面积407.74平方千米，其中陆域面积246平方千米，海域面积161.74平方千米。地形呈不等边棱形，东西长约33千米、南北宽约16.8千米。全区海岸线总长22.21千米。其中，陆域岸线自澥浦盘棋山直塘至镇海港嘴灯塔长18.34千米，岛屿岸线3.87千米。近海仅留七里屿岛1座。

镇海区属亚热带季风气候区。冬夏季风交替明显，气候温和湿润。冬夏长、春秋短，四季分明，无霜期长，雨量充沛。常受季风交汇影响，天气多变，有不同程度的台风、旱涝、高温、低温等灾害性天气。

第一章 地 质

镇海区所处大地构造位置属华南加里东褶皱系，区内出露的地层，由老至新为下侏罗统、上侏罗统、下白垩统、上白垩统、第四系，主要岩石有澥浦混合花岗岩体、石柱寺花岗岩体、辉长岩体。主要矿石有河头龙王堂石英岩矿、庄市膏盐矿、骆驼泥炭矿、河头半石墨劣质煤、觉渡潘家黏土矿、湾塘天然气、招宝山街道天然气、镇海花岗石建筑石料矿。地处浙闽粤沿海燕山期火山活动带北段，余姚—丽水断裂带以东，昌化—定海断裂带以南，温州—镇海北东向断裂带在东侧通过。镇海属少震弱震区，历史上没有发生过大的破坏性地震。

第一节 地 层

下侏罗统

枫坪组（J_1f） 露在九龙山一带，分布面积约8平方千米。受区域性热动力作用影响，泥、砂岩有不同程度的变质。常见变质岩有片理化石英砂岩、片岩、石英岩、板岩、浅粒岩、片麻岩、角闪岩及大理岩，偶见混合岩和混合花岗岩。在变质较浅的泥沙质粉砂岩及千枚状粉砂质泥岩中，采得植物化石，岩层出露总厚度800余米。该岩层中初步查明石英岩及含半石墨劣质煤等矿产资源，并赋存有红柱石、矽线石等高铝矿物原料资源的找矿线索。

上侏罗统

根据岩性岩相组合、岩石化学成分、古生物面貌和接触关系等特征，划分为：

大爽组（J3d） 以酸性火山碎屑岩为主，间夹沉积岩、酸性—基性熔岩。

高坞组（J3g） 为一套岩性较单一的流纹质晶屑熔结凝灰岩，貌似花岗岩为其特征，偶尔夹杂碎角砾岩及沉凝灰岩。

西山头组（J3x） 区内岩性较杂，主要为流纹质玻屑凝灰岩、流纹质含角砾玻屑凝灰岩，间夹沉凝灰岩、凝灰质砂岩、粉砂岩。

茶湾组（J3c） 流纹质凝灰岩夹，多属沉凝灰岩及凝灰质砂页岩。

九里坪组（J3j） 流纹岩为主，局部为霏细岩等酸性熔岩。

上侏罗统火山碎屑岩，是区内最广泛出露的岩石。今开采的建筑石料绝大部分源于此。

下白垩统

馆头组（K1g） 区内出露很少，平行不整合于西山头组地层之上。底部为不稳定的砂岩、沙砾岩，其上为紫红色碎屑岩及灰绿色细碎屑岩夹少量火山岩层。

金华组 地表未出露，据钻孔资料，为紫红色夹灰绿泥色质粉砂岩、砂岩、沙砾岩。

上白垩统

方岩组 隐伏于平原之下，地表未出露。据钻孔资料，为一套暗紫灰—紫色砾岩、沙砾岩，砂岩、粉砂岩、泥岩。其上部为石膏、钙芒硝质泥岩夹薄层白云岩、凝灰岩。

第四系

主要分布平原区，山前地带，山间谷地亦有零星出露。

下更新统（Q3） 山麓沟谷地带出露。为坡积洪积含黏土碎砾石或含碎砾石亚黏土、冲积洪积含黏性土沙砾石，往往形成坡洪积裙、扇及坡洪积平原。

全新统（Q4） 为一套海积和过渡类型的沉积物，本区仅见中、上两组。中组（Q_4^2）为冲海积、海积湖沼积沉积物，分布最为广泛。大体可分，下部冲海积灰—青灰色粉细砂，局部为轻亚黏土，含丰富的化石。中部为海积灰、深灰色淤泥质亚黏土、含丰富的有孔虫化石。上部为湖沼积灰黄色亚黏土和灰黑色有机质土夹泥炭。骆驼一带泥炭矿即产于此。上组（Q_4^3）为海积冲海积沉积物，分布在海岸线附近及甬江岸边。为黄褐色轻亚黏土，局部为砂和贝壳砂。

第二节 岩 石

澥浦混合花岗岩体（rM25）

岩体与围岩均呈断裂接触，但岩体与残留体之间，呈现侵入接触关系。围绕岩体分布的枫坪组砂页岩中出现混合岩化晕圈。岩体岩性为混合花岗岩，并向均质或条痕状混合岩过渡。岩石呈灰红色，细中粒至粗中粒花岗变晶结构，粒度及成分变化无一定规律可循，矿物成分有微斜长石、斜长石、石英、黑云母和磁铁矿等。岩石普遍碎裂蚀变。该岩体在澥浦等地，地表岩石遭受强裂风化，风化物经加工成为建筑用砂。

石柱寺花岗岩体（r35）

岩体位于河头横溪至汶溪石柱寺，东西长 4.3 千米，南北宽 0.4 千米，为中细粒二长花岗岩。石柱寺耐酸石材矿即为该岩体。

辉长岩体（v）

分布于石柱寺西侧，呈不规则小岩株产出，出露面积 0.28 平方千米。岩石呈墨绿色，辉长结构，由斜长石、普通辉石、少量石英、微量锆石、磷灰石、黄铁矿组成。此外，尚见有少许霏细斑岩（vπ）、霏细岩（U）、辉绿岩呈脉状存在。

第三节　构　造

褶皱

区内褶皱构造不发育。平原地区，有庄市向斜，其核部有金华组地层组成，两翼有方岩组上、中段地层组成。产状平缓，轴向大体为北东向，其中南东翼产状略陡，东、南、西均为断裂所切。

断裂

区内北东向、北西向及东西向三组断裂最为醒目，其先后形成顺序为东西向—北东向—北西向，且具有多期活动特征。

北东向断裂　该组断裂在区内相当发育，且规模较大。主要有镇海断裂、澥浦断裂以及郎家坪断裂。前两组断裂，在区内地表未见踪迹。有关资料表明，其总体走向为40°～60°，断面倾向南东，倾角60°～80°。

北西向断裂　分布九龙山一带，其规模较小。

东西向断裂　规模较大的仅见澥浦—河头—秦山断裂，且被后期北西向、北东向断裂切割。

火山构造

区内见有横溪、招宝山及小灵峰3个火山通道。

横溪火山通道　横溪村北，呈东西向不规则长轴状展布，宽约2千米，面积15平方千米，部分已出图。该通道有直径分别为1100米和1030米圆形火山劲筒并列组成，且西面劲筒略叠置东西劲筒。劲筒充填物为英安质熔结集块岩。

招宝山及小灵峰火山通道　其充填物分别为流纹斑岩及霏细斑岩。通道规模小，分别为0.2平方千米及2.2平方千米。

第四节　地　震

文献记载的地震，自唐咸通十三年（872）至1985年共发生地方地震10次，波及24次。除明嘉靖二年（1523）在下邵附近发生的5.5级地震有明显破坏外，余无灾害记载。1986—2008年，镇海区偶发地震都在2级以下。镇海区置地震监控点1个。2008年，镇海中学地震观测站由电磁波测报地震改为强震动测报。

【附】历史地震记录

镇海县历史地震记录表

表 2－1

历史时期	地震中心震级	震况	资料来源
唐咸通十三年（872）四月初一 —	浙东、西地震	《唐书·五行志》二	
元至正四年（1344）	—	海啸	嘉靖《定海县志》
明弘治十八年（1505）九月十一日、十二日	—	8 日杭、嘉、绍、宁四府地震有声。次日，南京及苏、松、常、镇、淮、扬、宁七府，通、和二州，同日地震	《明史·五行志》三
明嘉靖二年（1525）七月初四	定海卫（今镇海）海滨下邵附近 5.5 级	镇海，空中有声如雷，风雨骤作，地大震，城垛尽毁	《明史·五行志》三 《嘉靖实录》卷二十四
明万历三十二年（1604）十一月初九	福建泉州府近海 8 级	宁波府夜地震，奉化箱环有鸣，慈溪床榻荡摇，象山、宁海、镇海亦震	康熙《宁波府志》 顺治《奉化县志》 光绪《慈溪县志》
明天启三年（1623）十二月二十二	扬州 6 级	宁波府申时地震。鄞县、镇海、慈溪皆震	康熙《宁波府志》卷三十 《明史·五行志》三 《中国地震历史图集》
明崇祯十一年（1638）七月	宁波府 3.5 级	宁波府地震，有声，奉化震声闻数十里。鄞县、镇海、慈溪地震，有声	康熙《宁波府志》卷三十 康熙《奉化县志》卷十三 乾隆《镇海县志》卷四
清康熙七年（1668）六月十七	山东、莒州、郯城地震 8.5 级	宁波夜戌时地震，门窗床桌动作有声，行人举步难行	康熙《宁波府志》 《蛟川备志》
清康熙五十四年（1715）正月十四	镇海下邵 4 级	镇海夜地震，人家瓦铜等器无不倾倒作声	《清史稿·灾异志》五 乾隆《镇海县志》卷四
清雍正二年（1724）	—	海啸，沙涂倾陷	乾隆《镇海县志》卷二
清雍正八年（1730）八月二十四	镇海 3.5 级	镇海地震，酉刻地动有声，次晨卯刻连震，声自西来，出海而止	乾隆《镇海县志》卷四
清乾隆四十八年（1783）五月	镇海 3 级	镇海地震	光绪《镇海县志》卷三十七
清道光二十六年（1846）六月十三	东大洋地震 7 级	宁波凌晨三时后不久，空中有吼声，地面和房屋作北南向摇动，房顶震动如被猛风揭起。慈溪有大声如排山倒海，栋宇皆摇，人在床上觉状如舟在浪中掀簸不已。镇海、象山、慈溪、宁海皆震。镇海 3 日夜有声，16 日复震	《字林西报》1846 年 9 卷 15 期 咸丰《鄞县志》卷二十九 光绪《慈溪县志》卷五十五 光绪《镇海县志》卷三十七
道光二十七年（1847）六月十三	—	镇海寅初地震，有声自东至西南	光绪《镇海县志》卷三十七
道光二十七年（1847）十月初五	长江口 5 级	宁波夜地震有声，慈溪夜半复震，门环有声，镇海夜复震	咸丰《鄞县志》卷二十九 光绪《慈溪县志》卷五十五

续表 2－1

历史时期	地震中心震级	震况	资料来源
清咸丰二年（1852）十月初六	—	镇海、宁波夜地震	光绪《鄞县志》卷六十九 光绪《镇海县志》卷三十七
清咸丰二年（1852）十一月初六日	东大洋地震7级	宁波晚8时9分猛烈地震，人感眩晕窒息，3小时后发生弱震。慈溪、镇海、象山、余姚、宁海皆震，奉化地震，有声	《北华捷报》（英文）1852年12月18日 咸丰《鄞县志》卷二十九
清咸丰三年（1853）三月	东大洋地震7级	宁波地震，14—17日夜连震，屋瓦鸣响，人坐室中如舟之倾荡。22日夜又震	《浙江百年大事记》 民国《镇海县志》 咸丰《鄞县志》
清咸丰四年（1854）十一月二十八	镇海3级	镇海地震，1854年12月24日未时河水骤涨三四尺，状如沸汤，次年1月16日地震	光绪《镇海县志》卷三十七
清咸丰五年（1855）十月十一	长江口5级	鄞县、镇海、慈溪夜半地震	光绪《鄞县志》卷六十九 光绪《镇海县志》卷三十七
清咸丰七年（1857）正月初十	宁波府东北3.25级	镇海、鄞县夜半天明如昼，山雉皆鸣。少顷，地声隆隆如鼓	光绪《镇海县志》卷三十七 光绪《鄞县志》卷六十九
清同治五年（1866）四月十二	慈城东北3.25级	慈溪、鄞县、镇海地震	光绪《慈溪县志》卷五十五 光绪《镇海县志》卷三十七
清同治六年（1867）十二月二十二、二十三、二十六	镇海西3.25级	镇海、慈溪夜地震，次日巳时又震，20日戌时复震	光绪《镇海县志》卷三十七 光绪《慈溪县志》卷五十五
清同治十一年（1872）八月十九	江苏太湖5级	镇海辰时地震，慈溪亦震	光绪《镇海县志》卷三十七 光绪《慈溪县志》卷五十五
清同治十三年（1874）三月二十	镇海西3.25级	镇海卯时地震，慈溪地震	光绪《镇海县志》卷三十七
清光绪五年（1879）三月十三	黄海6级	镇海夜地震	光绪《镇海县志》卷三十七
清宣统元年（1909）十一月十七	东大洋地震6.75级	宁波地震，夜七时半，未闩门户猛烈打开，箱环摇动，十秒钟后渐止	《字林西报》1910年1月10日、11日、12日
1916年（丙辰正月初三）	镇海3级	镇海辰刻地震	民国《镇海新县志备稿》下卷
1918年（戊午正月初三）	广东南澳7.25级	宁波未时地震，窗户格格作响，缸里水被搅动，吊灯摇摆。镇海、象山、宁海、余姚皆震	《字林西报》1918年2月20—27日
1921年（辛酉二月初十）	镇海小港3.75级	镇海午后4时许地震，窗户震动有声，缸水荡动，人坐立不安，摇摇欲倒	《民国日报》1921年3月23日

续表 2－1

历史时期	地震中心震级	震况	资料来源
1971 年 12 月 30 日	长江口 4.8 级	宁波、鄞县、象山、余姚、慈溪、镇海、奉化有震，地面有移动感。镇海 3.5 级	上海地震目录
1978 年 7 月 27 日	镇海穿山 1.4 级		浙江省第五地质大队
1979 年 7 月 9 日	江苏溧阳 6 级	宁波及属县均有震感	宁波地震台
1985 年 9 月 11 日	大衢东鼠浪岛东 2 千米 3.9 级	大榭岛 3.8 级地震，河鱼浮起，天空一道蓝闪光，地面上下振动，房屋咯咯发响达 4 秒钟	浙江省第五地质大队

说明：资料由宁波地震台提供。古时地震级系推测数据

第二章　地　貌

镇海区属浙东沿海隆起发育的东西向追踪型断陷盆地，系早侏罗世末期的燕山Ⅰ幕地壳运动所形成。地形呈西北丘陵，沿山脚线东南直至甬江为水网平原。山丘岩基主要由侏罗纪的凝灰岩和流纹岩组成，山麓残破堆积斜地，零星分布于山脚麓坡，是原地或搬运不远的堆积物，沿西北丘陵的山麓均为此类型。平原为全新世晚期的冲积、海积和湖泊、河泊淤积所形成。

辖区陆域地势西北高，东南低，由西北向东南倾斜的地貌特征明显。概括起来，区域地貌由"山地丘陵、二大平原"组成，少山多平原。

区境内海域岛礁2组。海江滩涂有灰鳖洋、甬江、镇北涂。

第一节　平原　丘陵

西北山地丘陵　包括九龙湖镇的九龙山、大斗山，澥浦的滕山和石灵山一带。区内最高峰尖山海拔385.7米。岩质多含石英砂，土质松脆，流失严重。

中部水网平原　河网纵横，地势低平，海拔高程3～4米。中部水网平原区前大河和中大河纵横交叉流经骆驼、庄市等地。骆驼清湖至田厍陈一带低洼地形，沉积着丰富的泥炭层，地表高程海拔1.8～2米。

东南滨海平原　分布在俞范、五里牌等地。海拔高程1.8～2.5米，直至围垦海塘的广宽地带，系东海潮汐带入泥沙淤涨成，为围垦形成的海涂平原，地面平坦宽广，地势向南微倾。

镇海区区域地势分层面积统计表

表2-2　　单位：平方千米

陆域面积		50米以下		50～250米		250～500米	
面积	%	面积	%	面积	%	面积	%
246	100	221	89.8	23.56	9.58	1.44	0.59

镇海区区域坡度分层面积统计表

表2-3　　单位：平方千米

陆域面积		<6°		6°～15°		15°～25°		>25°	
面积	%	面积	%	面积	%	面积	%	面积	%
246	100	211	85.8	7.94	3.3	14.96	6.0	11.97	4.9

第二节 山 岭 岙

镇海区西北部山脉源起余姚四明山，由西向东进入汶溪，续东至澥浦入海，山体长约16.8千米。山体西界江北区、北界慈溪市。旧有苏湖岭、罗家岭、桃花岭、雁门岭、澥浦岭等山径相通。招宝山为甬江口北孤丘，属天台山余脉，山基潜入海域，有七里屿等岛礁。

有名称山130余座，集中在九龙湖镇和澥浦镇。较著名的有攲头山、尖山、万丈山、大斗山、大茅山、神钟山、九龙山、平峰山、达蓬山、马鞍山、滕山、息云山和招宝山。高于300米山峰15座，最高峰尖山385.7米，其他山峰多在200米左右。

招宝山街道

招宝山 古名候涛山，海拔80米。“为潮汐出入所经”，故名候涛。旧时山上有鳌柱塔，又名“鳌柱山”。后以“商舶所经，百珍交集”，名招宝山。

巾子山 海拔24米，后海城塘东起点。山状似旧时儒生巾帻，故名。山顶建有“宋太傅越国公张世杰纪念碑亭”，东侧崖壁刻“钩金塘”。

梓荫山 海拔12米。宋明以来，建学宫、书院于此，为讲学会文场所，培植人才如梓材荫泽，故名。西麓建有“吴公纪功碑亭”。20世纪80年代，镇海中学辟为校园，建有梓荫阁，林则徐纪念堂。

澥浦镇

岚山 旧称汇源山，又称息云山，海拔101.6米。山腰旧有息云寺，建于宋治平年间，寺后有汇源龙潭，俗呼沙蟹老龙。山巅有烽堠台，山麓有饮马池等明时抗倭遗迹。西南山岙开阔，每多晓岚，故名岚山。

澥浦山 旧称凤凰山，海拔47米。处澥浦集镇之北。又因形如凤凰展翅，故有雅名。北麓沿白沙湖，称凤凰嘴。中有岭，称凤凰岭，俗称大岭岗墩。明时建有水陆管界巡检司城，遗迹可辨。

大岭岗墩 旧称凤凰岭。南起澥浦城门口，越澥浦山沿白沙湖畔，接大平岭。旧时为镇海通往三北（镇北、慈北、姚北地区俗称）要隘。

择山 镇东南1千米，海拔20米，孤丘。北宋末年，十七房郑氏先祖从河南荥阳迁此，择山之阳定居，相传择山之名始自此。

大平山 镇西北0.9千米，海拔92米。山冈平坦，故名。南麓为329国道，东侧大平岭，为慈溪镇海交界处。

高炮台山 又称大寨山。镇西北1.5千米，海拔128米。西界低岭，东麓龙山镇大岙。明时建有烽堠台，因名高炮台。1944年日军在山巅筑碉堡，遗迹尚在。

低岭 镇西北1.8千米，南起袁家浦桥头，越滕山，北抵慈溪龙山徐家岙。岭巅海拔142米，为旧时南北通道。

滕山 俗称滕家山，又呼朱家尖山。镇西北2.7千米，海拔164米。唐宋间山麓居滕姓，故名。南宋间有朱姓迁入，因山峰尖耸、又名朱家尖山。山北慈溪龙山徐家岙。

觉渡寺山　又名撞山。镇西南1.7千米，海拔52米。处觉渡禅寺后，故名。觉渡街西大河至此呈直角，建有撞山桥，别称撞山。

大磊山　镇西南2千米，海拔84.2米，山岩重叠，故名。西麓斗门滩，为古代通海航道。山巅有严家岭，通往觉渡禅寺。

潘家山　镇西南2.3千米，海拔44米，处大磊山西南。西麓有潘家自然村，因名。

斗门山　镇西南2.4千米，海拔67米，处于金张村，东麓斗门滩，故名。叫天港支流古航道河岸磐石垒筑，亦称石河山。

龟山　镇西1.2千米，海拔27米，孤丘。山形如伏龟，故名。

鹿山　镇西3千米，海拔21米，孤丘，山形似卧鹿，故名。

九龙湖镇

敧头山　亦名望海尖，又名秃脑山。镇西北7.4千米，海拔363.6米。顶峰近看似秃脑，远看似歪头，俗称敧头。登极能远眺东海，故称望海尖。雅称灵岩。光绪《慈溪县志》载：灵岩，县东北一十五里，石岩高峻，俗呼为望海尖。明僧文彧有灵岩诗曰：绝壁削下千万尺，道人结庐最上头。扶桑半夜日轮出，蓬莱一点烟岚浮。岭旁多茂林修竹，景色宜人。沿山峰东侧有山径通桃花岭，南达石柱岭，山径西属江北区金沙岙。

石柱岭　镇西7.3千米。山径起自秦家岙，向北经石柱寺抵达岭巅汇合桃花岭，转西通往金沙岙。旧时有古刹石柱寺，建于宋开庆年间。有巨石耸立成天然石柱，高数丈，光绪《慈溪县志》载："居县艮位，石峰屹峙，高入云表，为县龙发祖之地，与望海尖相连。"岭由此得名。

尖山　镇西7.1千米，敧头山南垄，旧又称塔脑山，或呼小黄泥尖。海拔385.8米，因主峰尖耸，故名。山巅径北达望海尖，南通官山湾，巅西金沙岙。

官山弯　俗称大户头，又作管山弯。镇西6.9千米，海拔217米。山弯东麓为秦山水库，西麓为石柱岭起点。清人有"峻岭藏秦山，幽居结柳棚"之句。

西弯山　镇西7.4千米，海拔324.8米，尖山支脉，山峰向西弯扭，故名。山北为江北金沙岙。

大斗山　镇西8.1千米，石门墩之上，海拔343米，处九龙湖镇最西缘，望之屏拱如斗，故名。东北垄有茶园。

寒山　镇西7.8千米，海拔256米。大斗山南垄，罗家岭北。

罗家岭　镇西7.3千米。山径东起秦家岙观音寺前，越寒山，西抵毛岙大路下。

照山　镇西偏南7.3千米，海拔208米。寒山南脉，秦家之嶂山，似宫殿照墙，故名。北麓罗家岭。

赵家岭　镇西偏南7.3千米。东起三圣殿水库北缘朱家，越照山，往西达毛力水库。

陆家山　镇西南7.2千米，赵家岭南侧。海拔196米。东麓为三圣殿水库，西为毛力水库。

毛力山　原名鄮山，简称贸山，谐音简化毛力山，俗称石塔山。镇西南7.1千米，海拔193米。光绪《慈溪县志》载："鄮山，县东北一十里。宋元时贸易之地，故名。"西坡毛力水库。

大茅山 镇西南6.6千米，大旗会山东垄，海拔215米。北麓三圣殿水库。

汶溪山 俗称后山墩。镇西南5.4千米，海拔16米。处汶溪村溪南潘家。光绪《慈溪县志》载：文溪山，县东一十五里，为越大夫文种故里。明大理卿夏时正居此，名拾穗山庄。

青龙山 镇西南7.5千米，海拔73米。旧名宝峰，元大德四年（1300）建宝峰庵得名，今称老庵。

杨岭 镇西南8千米，大猫山与青龙山间。往北可达民主杨家，因名杨岭。下有杨溪。岭巅转向东南，经倒笃鲇鱼山可达江北荪湖。

荪湖岭 镇西南7.4千米，起汶溪方李，止荪湖。荪湖岭今已改建为公路，通达洪塘。

马鞍山 镇南偏西6.5千米，海拔249米。山峰形似马鞍，故名，古称骠骑山。《会稽典录》云：汉世祖时，张意为骠骑将军，其子齐芳，历中书郎，尝隐于此。后人以其父之官衔名山。上有骠骑将军庙（灵山庙）。光绪《慈溪县志》载：荪湖岭之东，黄杨桥之西，山皆连续，古时通称骠骑山。今名以西峰联耸者为马鞍山，峰建庙者为灵山。

小灵峰 镇南偏西6.7千米，马鞍山西侧。海拔293米。因旧有小灵峰寺而得名。

鸡笼山 镇南偏西6.3千米，海拔250米。与马鞍山同一山体，定林寺之南。山头形似鸡笼，故名。山北麓岙谷古有定林寺，又名峰山院，建于晋天福二年（937）。旧有诗曰：四面峰峦合，一林松竹幽，仙踪无路觅，烟霭傍云浮……山南坡有保国寺。

老鹰山 镇南5.9千米，鸡笼山东北垄，海拔155米。其东北麓为长石庶来蔡家岙。山南费市苏家。

福寿山 又名乌龟山。镇南4.8千米，海拔31米，汶溪迎胜孤丘。

隆庆山 镇南4.8千米，海拔32米。长石山头黄北。庶来蔡家岙，古有隆庆庵，俗称茶园庵，以庵得名。

灵山 镇南6.4千米，长石黄杨桥西南，海拔107米。峰极旧有道观九凰坛，故又名坛殿山，山西麓旧有古刹世尊殿，俱废。

蒿岭 镇西北6千米。光绪《慈溪县志》载："石柱山东北，北通桃花岭，其山曰青顶山。"南经蜈蚣陡下坡可达北雪龙潭岙、龙王堂转磨岭，旧时为河头西部通往三北地区主岭。

青顶山 俗称蚂蟥潭。镇西北6.6千米，海拔332米。蒿岭经此北上可达桃花岭。

赶山 镇西偏北6.3千米，海拔352米。青顶山南，蜈蚣陡西。山巅有衢，旧时称赶石弄，相传有秦始皇东临大蓬山遗迹。

万丈山 镇西北5.8千米，海拔325米。瓜子陡东南。万丈形其山高大。山东麓郎家坪北雪龙潭岙。

蜈蚣陡 镇西偏北5.7千米，海拔175米。处于北雪龙潭西北，赶山东麓。光绪《慈溪县志》载："山高幽深，为灵怪所居。"民间传有蜈蚣成精灵，常与北雪龙相斗，因称蜈蚣斗。其山岚峻峭，峰巅多玲珑怪石。陡坡为林场杉木基地。有上、下北雪龙潭，瀑布数丈。

白石头山 镇西5.5千米，海拔173米。处小洞岙里邱西南，牛角尖东南。山顶岩石色白，故名。山南腰有山径自里邱至茂尖岙。

蒋家山 镇西南5.2千米，海拔138米。处白石头山东南，东临小洞岙水库。山南尘避岭，自小洞岙至三圣殿。

尘避岭 镇西偏南5.1千米，东起蒋家山，西至桃岙。光绪《慈溪县志》载：茂昭岙南，西麓名桃岙。

牛头山 镇西南5.5千米，海拔106米。尘避岭与孙家岭之间，山形似牛头，故名。

孙家岭 镇西南5.1千米，岭高57米。处牛头山与西夜壶山之间。东起小洞岙水库，西至三圣殿水库大坝。

西夜壶山 镇西南5.1千米，海拔164米。西北麓孙家岭，西南为三圣殿水库大坝。

顶子帽山 镇西4.9千米，海拔205米。东北麓为北雪龙王堂。山形似旧时顶子帽，俗呼滴子帽（“顶子”转音）山。

肚兜山 镇西4.3千米，海拔110米。山形如肚兜。山西连顶子帽山，北为魔岭，南麓帽长潭、李家潭，即今郎家坪。

梅园岭 镇西偏南3.8千米。东北郎家坪水库，西麓小洞岙水库。历为河头通往汶溪径道。抗日战争前，山径曾扩为慈龙公路，由慈城通往龙山邱王。

神钟山 镇西南3.7千米，海拔197米。小洞岙水库大坝东。民国初，山西麓有净圆禅寺，禅寺内有钟楼，故名。今为大同公墓墓园。

牛眠山 镇西南4.4千米，海拔110米。山形似眠牛，故名。与石蚌山相连，中有岭，东起吴夹岙，西达西岙口，俗称牛尿（方言念“舒”）岭。旧有牛眠亭。山西北为神钟山墓园，西麓净圆禅寺。

象鼻山 镇西南4.9千米，海拔38.9米。处于汶溪中心西方寺北。形似大象之鼻，故名。南麓有西方禅寺，原名溪隐庵，建于元至元二年（1336），里人称为老庵，祀越国大夫文种，相传文种曾居此。

庙前山 镇西南3千米，海拔114米。原郎家坪前有前山庙，山居庙之前，故名。

峪谷崖 镇西偏北5.7千米，海拔189米。三溪岩墩南垄。山前有横溪至蒿岭通道。

平峰山 镇偏北5.1千米，海拔287米。九龙山西垄。因山峰平坦，故名。

九龙山 旧称方山，又称屏风山。镇西4.4千米，海拔364米。横溪南眺，山势九曲起伏，雅称九龙山。郎家坪北望，山峰平伏，如屏风竖列。山南上坡处称“月里仙桃”。旧时，九龙山和天打山合称方山，以形得名。

天打山 别称牛角山、东牛角尖。镇西偏北3.9千米，海拔339米。处于九龙山东南乱梦岙上。谑称天打山，故名。山南向中陇，1947年中共慈镇县工委驻此，茅舍称“子瑛公馆”。

四幅山 镇西3千米，海拔52米。处郎家坪水库与十字路水库副坝西北。山北曾有古代官宦墓道、石俑，俗称石人石马。

牛山 镇西1.7千米，海拔75米。东麓十字路水库大坝，建有启闭机房，南界茅岭，今成库中半岛。西南麓，茅岭上侧辟为第四墓园。形似伏牛，故名。

茅岭 旧称茂岭。镇西2千米，十字路水库大坝西侧，牛山与南横山间的山隘。1980年十字路水库蓄水后，原河头至横溪公路改道，茅岭今为公路，路西辟为第四墓园。

狮子山 十字路水库湖岛，海拔43.8米。镇西2千米。原为十字路村东山，形如狮子偃卧，故名。今饲养猴子，又称猴岛。

南横山 镇西2.3千米，海拔132米。北与牛山对峙，中隔茅岭。北麓辟为第四墓园。山处原十字路村南，山形东西狭长，故名。

西庙山 镇西南1.2千米，海拔31米。师古岙应家北侧。山巅旧有西遐追庙，俗呼西庙，毁于抗日战争时期。

桃花岭 镇西北6.6千米。东起横溪庙前，西行1.5千米达岭巅，海拔约250米。筑有三界亭，亭侧岭路分叉：往西直下慈溪金沙岙，曰小桃花岭；向北至慈溪灵湖方家河头，曰大桃花岭；往西南经石柱岭至秦家岙；往东南蒿岭至龙潭岙。旧时山多桃树，俗呼十里桃花岭。清人王铿诗云：桃花开未开，踏破岭云来。春色杳然去，涧泉流不回。人烟出林远，日影落山颓。村店招人歇，停舆且举杯。

香石头山 俗称响石头。镇西北5.4千米，海拔304米。山上奇石累累，相传刮大风时，石间有裂音，故有此称。山巅北界慈溪。

风门岐 镇西北5.1千米，红岩山东北，乌尖坳西北，大蓬山南侧。海拔约260米。处高山深处，形成多处高山风谷口，东北有里风洞岗，外风洞岗。

大蓬山 又名达蓬山。镇西偏北5.3千米，海拔315米，镇海一侧其上部属慈溪市。

狮子山 镇西北3.9千米，海拔100米。山形如狮，故名。南麓旧有古刹香山寺，唐天宝中结庵，广德初建寺。西侧有瀑布。自狮子山起至横溪岙底山，旧统称香山。光绪《慈溪县志》载："记云：岩谷流香。又云：山多香草。即大蓬山支陇。唐常寂大师（惟实）建寺于此，名智度，今改名香山寺。"狮子山处横溪岙口，与南象鼻山对峙。2002年，香山寺重建在蒲沙岭下。

半边月山 镇北偏西4千米，海拔218米。大蓬山南垄，东南有蒲沙岭。山形似上弦月，故名。北有长龙山野猪洞。山南岙谷有八步水库和三八水库，今辟为九龙源景区，改称上瑶池，下瑶池，称九龙源。

蒲沙岭 镇西偏北3.5千米。狮子山与垛柱山之间。岙口蒲沙水库改作放生池。岙底有径通往下佛迹寺和中佛迹寺。

风浦岭 镇西北3.6千米，西南起自斗鸡岙，过岭往东北达慈溪龙山风浦岙。岭巅曾有风浦亭。

何家山 镇西偏北2千米，海拔81米。脚踏仙山南垄。今为十字路水库半岛。山巅建有徐福渡海景点。

廻峰岭 镇西北2千米，东起勤山水库，越庙山北麓，西抵十字路水库。抗战前改为慈龙公路。解放后为横溪公路。十字路水库建成后，公路改称九龙大道。

庙山 古名亶洲山。镇西北1.6千米，海拔150米。处上街勤山西北，山麓建有古亶洲庙，故名。此山有徐姓始居，称鸿隐山，山麓旧有鸿隐庵。光绪《慈溪县志》载："亶洲山，县东北三十五里。"清费志云有诗赞："碧松深处听寒泉，枕石溪边独解颜。风到岩头声欲碎，日临花骨色凝殷……"西南为蓑衣岭。

蓑衣岭　镇西北1千米，庙山南麓。东起河头上街，西至十字路水库副坝。今辟为九龙湖景区休闲大道，东连九龙大道，西接环湖路。

西山　镇西0.8千米，海拔121米。原名薛家山，处河头之西，故名。东腰建有半山庵。西麓原为湾里沇，建十字路水库后，村外迁。今建九龙山庄。

杨家岭　镇西0.6千米，处西山南，长胜东，河头街越西山抵长桥头山径。岭西吴松岐。

遐追山　俗称龙山，又呼张家山。镇西0.7千米，海拔48米。西麓旧有东遐追庙，祀五代胡毅。光绪《慈溪县志》载，五代末有鲍侍郎约，相钱（钱鏐）氏。宋初，劝纳土归宋，有胡毅，刘韨皆言不可；后胡、刘游窜海上，钱氏使人追之不及，胡归隐于此山终老。钱氏以诗怀之，有“东遐追兮西遐追”句，后人立庙祀之，称遐追庙，名山为遐追山。

猢狲洞山　镇北2.7千米，海拔317.6米。古时，河头北，东起雁门岭西至斗鸡岙，方圆十里崇山，统称十八座大山。今指居中主峰。山北慈溪龙山凤浦岙。

镬肚脐山　俗呼佛肚脐。镇北2.7千米，海拔312米。十八座大山之东。形似覆盖之镬肚脐，故名。东麓雁门陈家岙。

黄狼山　镇北1.7千米，海拔57米，位于勤山北首。建有镇海烈士陵园，山巅耸立革命烈士纪念碑。山南麓雁门岭，东坡为大同公墓五墓园。

雁门岭　镇北偏东2.4千米。西南起河头上街，向北沿黄狼山抵龙山邱王，长500米。为慈溪镇海分界岭。抗日战争前，辟建慈龙公路，今为长邱公路。抗倭名将戚继光曾在此驻兵建隘，称雁门关，与倭寇鏖战于岭北。石塘山留有“苦战岭”遗迹。

礁山　亦名照山，镇北0.7公千米，海拔55米。山小平地拔起似礁石，故名。

张家山头　旧称张家山，镇东南1.2千米，海拔40米。处于金池，孤丘。南麓有村，始为张姓居，故名。

吕岙　镇东1.7千米，老鹰山东垄，海拔181米。山南垄峡谷成岙，旧为吕氏所居，山以岙得名。岙东垄金家池村，南麓沿山公路。山巅有小盆地，旧有迴龙寺。

斗鸡岙　镇西北3千米。岙口起自迴峰岭西麓环湖路，自南向北约2千米。岙东有后坑山、夜壶垴山。岙西垛柱山，脚踏仙山、何家山。岙底称斗鸡山，海拔218米。岙底有东西向山径：往东凤浦岭，抵龙山凤浦岙。往西蒲沙岭，达香山寺。岙中段有东西两峰，奇石嶙峋，似金鸡欲斗之势，因曰斗鸡岙。现东峰金鸡尚在，西峰金鸡相传已被雷电劈毁。岙口辟为九龙湖景点，称风吟幽谷。

第三节　岛　礁

区内海域岛礁2组。南组岛礁属天台山余脉，在招宝山街道甬江口至七里屿一线，有外露岛礁8座。1974年建镇海港区，南组的虎蹲山、里游山、大游山、外游山4岛连同小招宝山夷为平地，成为港区码头、岸线、堆场。北组岛礁属四明山余脉，由澥浦岭向东潜入海域，约2千米处外露，有泥螺山等4岛屿。

南组岛礁

七里屿岛 招宝山街道东北6.8千米，甬江口外。海岛，海拔33.6米。俗称七里峙。岛长0.29千米，宽0.12千米，面积0.034平方千米。民国《镇海县志》记载："七里屿山，县东海中七里""山巅筑台悬灯，以照南北洋往来行船。"自清同治四年（1865）置灯塔，迄今为航标灯塔设置地。

夏老太婆礁 招宝山街道东北4.9千米，甬江口外，干出礁。潮退时干出水面约0.7米。镇海港区兴建后，礁在港区导流堤北水中，已离航道。以其隐现于海波之中，若老妪之头髻依稀难辨，故名。

外游山东礁 招宝山街道东北4.7千米，外游山东150米处。暗礁。水深7.8米。礁在外游山东，故名。

七里屿西礁 招宝山街道东北6.9千米，七里屿岛西100米，干出礁。潮退时干出水面约0.4米。处于七里屿岛西，故名。

消失南组岛屿：

小招宝山 招宝山东，向东北延伸约300米，海拔70米。

虎蹲山 原小招宝山东约1千米。海岛，海拔38.5米。形如虎蹲，故名。

里游山 招宝山街道东北4千米，甬江口外。海岛，海拔41.6米，原外游山之里。

大游山 招宝山街道东北4.5千米，甬江口外。海岛，海拔57.4米。山形如眠马，又名眠马山。

外游山 招宝山街道东北4.6千米，甬江口外。海岛，海拔40米。

北组岛礁

澥浦泥螺山 澥浦东北3.4千米。原系海岛，海拔69.9米，长0.75千米，宽0.33千米，面积0.151平方千米。民国《镇海县志》载："泥螺山在澥浦东海中"，因形似泥螺，别名泥螺山，现定名澥浦泥螺山。

盘棋山 澥浦东北3.9千米，南距澥浦泥螺山0.7千米。原系海岛，海拔21.3米，长0.27千米，宽0.14千米，面积0.032平方千米。

巴子山 澥浦东北3.3千米。原系海岛，海拔16.9米，长0.1千米，宽0.06千米，面积0.005平方千米。岛北形似蛤巴嘴，称巴子山。解放后，驻军曾设靶场，巴子与"靶子"谐音，亦呼靶子山。

走马堂岛 澥浦东北3.7千米，南距澥浦泥螺山0.10千米。原系海岛，海拔13.8米，长0.1千米，宽0.05千米，面积0.003平方千米。岛近澥浦泥螺山，落潮时连在一起，形成一条狭长水道，似屋宇弄堂。1985年命名走马堂岛。

2002年起，澥浦泥螺山滩涂围垦，北组4岛礁已成陆域孤丘。

第四节 海 江 滩涂

灰鳖洋

位处镇海区东北，北连杭州湾、南接镇北涂，西为慈溪龙山海涂，东濒金塘岛。呈不规则四边形，属镇海的海区面积161.74平方千米。原名“龟鳖洋”。光绪《定海县志》记载：“龟鳖洋，县北。因龟、鳖两山得名。”光绪《镇海县志》寰海岛屿图：龟山在定海县城南，鳖山在岱山南。“灰”系“龟”谐音演变。灰鳖洋水深5～10米，由西向东渐深。水呈黄色，透明度0.5米。年平均水温17.3℃；年平均含盐度18‰；年平均潮差2米；年平均风速5.7米/秒，最大风速23米/秒；年平均雾日12.7天。12月至翌年4月为雾季，夏秋少雾。潮汐属不规则半日潮，涨潮向西，落潮向东，流速3～5节。底质均为泥沙。可通行5万吨级以下船舶，为宁波开往舟山、上海等地航线通道。盛产鮸鱼、海蜇等。

甬江

甬江自宁波三江口流向东北，至招宝山入海，系平原常年性河流。甬江镇海段，自庄市汇头至镇海招宝山大桥，长约16千米。（1949年前自下白沙起属于镇海县，境内段又称大浃江。）

江面宽270～404米，最宽处600米。江南道头、梅墟湾最窄处140米。水深3.3米以上，流量每秒1951～1956立方米，底质为软泥。甬江航道弯曲，尤以梅墟段弯度最大，此段俗称“拗猛江”，最小曲率半径470米。1959年9月，建成姚江大闸拦潮蓄淡，造成甬江逐年淤积变浅，航道日趋狭窄。进出甬江船舶吃水限制，大潮汛在5.5米以下，小潮汛在4.9米以下，船长超过110米的不宜进入江内。

江口流速1～3节，洪水期大潮流速5节以上。涨潮潮水沿奉化江而上到鄞州横涨，最大潮到鄞州鄞江，奉化的肖镇、西坞。姚江大闸未建前，潮水沿姚江到达余姚咸池，最大潮时达余姚镇。

甬江口每年5—10月多东南风，11月至翌年4月多西北风。受冷空气影响时风力6～7级。7—9月受台风影响时风力可达9～10级，或10级以上不等。7级以上大风，年均47.5天。有雾日年均24天，分布于冬、春季。雾的延续时间较短，晨雾一般上午10时前消散。

镇北涂

镇海区东北沿海，东起外游山，西迄澥浦巴子山西。系淤泥、粉细沙组成，西南向东北逐渐微倾。处镇海县城之北，得名镇北涂。镇北滩涂落潮时间长，涂泥深厚，盛产泥螺、黄蛤、蟹、跳鱼。20世纪80年代前，是渔民捕捞作业要地，1974年开始，镇北滩涂围垦，从澥浦至城关外游山，历10年建成长约16千米海塘。1996—2009年，又往北围塘7条，筑塘合计长21.68千米，塘堤已达潮基位部分。

第三章　土壤　植被

全区土壤由滨海平原、水网平原和低山丘陵3种地带性土群组成，主要土种黄斑田、黄化青紫泥田、粉泥田、青紫泥田、直塥夜阴土、直塥黄泥翘、中咸泥土、黄泥土、石沙土。

地属亚热带常绿阔叶林亚地带，浙闽山丘甜槠、木荷林区。人类生产活动与自然灾害的影响，天然植被已被次生或人工植被所取代。植被以针叶林、阔叶林、灌丛、草丛等次生林及人工栽培林植被为主。主要为低山丘陵植被、平原植被、沿江海涂地植被，有木本植物160余种，自然分布的主要是马尾松和阔叶次生林，列入国家和省级重点保护的有银杏、金钱松、厚朴、鹅掌楸。2008年全区森林覆盖率26.3%。

第一节　土　壤

土壤种类

据1983年镇海县第二次土壤普查资料，区农机总站1986年分理确认，镇海区域内土壤分红壤、潮土、盐土和水稻土4类，11个亚类，22个土属，32个土种。面积177.43平方千米，占1986年区国土面积218平方千米的81.4%。

20世纪90年代，镇北滩涂围垦后新增面积24.66平方千米，为盐土类型涂泥土。

1986年镇海区土壤类别统计表

表2-4

土类	亚类	土属代号	土　种	面积（公顷）	分布地区
红壤（62135）	11 红壤	114 红泥土	—	52	—
	12 黄红壤	121 亚黄金泥	—	98	—
		122 黄泥土	—	2323	山区半山区
		124 砂黏质红土	—	60	澥浦滕山
	13 侵蚀型红壤	131 石砂土	—	1376	低山丘陵
		132 白岩砂土	—	233	澥浦滕山上部
潮土（28553）	51 潮土	511 洪积泥沙土	511-1 洪积泥沙土	6	溪流两侧出口处
	52 钙质潮土	521 淡涂泥	521-1 直塥黄泥翘	1130	万弓塘内
			521-3 直塥夜阴土	558	万弓塘外
			521-4 夹沙淡涂泥	21	官塘路老塘墩
		523 江涂泥	523-1 江涂泥	189	甬江北岸

续表 2－4

土类	亚类	土属代号	土 种	面积（公顷）	分布地区
盐土（12186）	61 滨海盐土	612 涂泥土	612－1 涂泥土	501	海涂滩地
	62 潮土化盐土	622 咸泥土	622－2 中咸泥土	252	江北大塘内
		624 咸江涂泥	624－1 咸江涂泥	59	甬江江涂地
水稻土（163275）	71 渗育型	712－黄泥田	712－2 沙质黄泥田	2	—
		713 白沙田	713－1 白沙田	6	—
	72 潴育型	721 洪积泥沙田	721－1 洪积泥沙田	52	溪流两侧
			721－5 砾塥红积泥沙田	20	溪流上部
			721－6 腐泥心洪积泥沙田	72	秦山水库下
		722 黄泥沙田	722－1 黄泥沙田	100	山垄山坡田
			722－3 焦塥黄泥沙田	1	山垄山坡上部田
			722－5 白心黄泥沙田	5	沿山脚坡田
			722－6 青泥心黄泥沙田	16	沿山脚平原田
		726 黄斑田	726－1 黄斑田	2741	水网平原大田
			726－2 青心黄斑田	9	沿山脚平原低洼田
		727 小粉田	727－1 小粉田	34	长石粮站后畈
		728 粉泥田	728－2 粉泥田	2763	临江、庄市
			728－3 夹砂粉泥田	5	临江官塘墩
	73 脱潜潴育型	731 青紫泥田	731－1 青紫泥田	1063	骆驼地区凹田
		732 黄化青紫泥田	732－1 黄化青紫泥田	3976	平原稻区畈心田
			732－2 泥沙头黄化青紫泥田	15	汶溪
	74 潜育型	742 烂滃田	742－1 烂滃田	7	澥浦白沙湖田

土壤分布

滨海平原 北起官塘路，南沿甬江北岸。土壤母质为近代浅海沉积物。从海边至内地依次分布盐土、潮土、水稻土 3 类；滨海盐土、潮土化盐土、盐渍型水稻土、钙质潮土、潮土、潜育型水稻土 6 个亚类；涂沙土、涂泥土、咸泥土、咸江涂泥、涂沙田、涂泥田、淡涂泥、江涂泥、沙岗沙土、淡涂田、江涂泥田、沙岗沙田、脱钙淡涂田、粉泥田 14 个土属。各土属内包含盐白地、涂泥土、重咸泥土、中咸泥土、轻咸泥土、咸江涂泥、涂沙田、涂泥田、直塥夜阴土、直塥黄泥翘、夹沙淡涂泥、江涂泥、沙岗沙土、直塥黄泥翘田、淡塘泥田、江涂泥田、沙岗沙田、脱钙塘泥田、粉泥田、夹砂粉泥田、黄心粉泥田、青心粉泥田 22 个土种。

水网平原 处滨海平原与低山丘陵间。成土母质均为水相沉积物。受河、湖、江、海影响，母质分河相沉积物、湖相积物和江海相沉积物，以河、湖相沉积物为主。土壤为水稻土1类；潴育型水稻土、脱潜潴育型水稻土2个亚类；黄斑田、小粉田、青紫泥田和黄化青紫泥田4个土属。各土属分布杂乱，界线不明，受地下水、母质影响，在河口、河边或地势高燥地段，分布着黄斑田、青心黄斑田、黄泥沙头青心黄斑田、泥沙头黄斑田、小粉田5个土种；畈心或沿山脚凹地分布着青紫泥田、黄化青紫泥田、泥沙头黄化青紫泥田3个土种。

低山丘陵 处西北部山区。除山麓、山垄、峡谷部分辟为水田外，均是自然土壤。成土母质多为坡积物、残积物、洪积物。由凝灰岩、流纹岩、少量花岗岩、闪长岩风化残留物或坡落物组成。按海拔由高到低依次分布黄壤、红壤、潮土和水稻土4个土类；侵蚀型黄壤、黄壤、侵蚀型红壤、黄红壤、红壤、潮土、渗育型水稻土、潴育型水稻土、潜育型水稻土9个亚类；山地石砂土、山地黄泥土、岩秃、白岩沙土、石沙土、粉红泥土、沙黏质红土、黄泥土、亚黄筋泥、红泥土、黄筋泥、洪积泥沙土、黄泥田、白沙田、红泥田、新黄筋泥田、黄泥沙田、洪积泥沙田、烂滃田19个土属；在潮土、水稻土中，又划分为砾塥洪积泥沙土、洪积泥沙土、沙质黄泥田、白沙田、红泥沙田、沙质新黄筋泥田、新黄筋泥田、洪积泥沙田、焦塥洪积泥沙田、白心洪积泥沙田、砾塥洪积泥沙田、腐泥心洪积泥沙田、黄泥沙田、砾塥黄泥沙田、焦塥黄泥沙田、白心黄泥沙田、青泥心黄泥沙田、冷水田、烂滃田19个土种。

土种与地力

黄斑田 水稻土类，潴育型水稻土亚类黄斑田土属。分布庄市、骆驼水网平原。土种耕层熟化度好，呈灰棕色，厚15厘米，质地重壤。犁底层以下出现棕黄色至黄棕色氧化铁斑纹层，厚60～70厘米，棱柱状结构发达，干湿交替频繁，冬季地下水位出现95厘米以下，为“热性田”，高产稳产土壤。

黄化青紫泥田 水稻土类，脱潜潴育型水稻土亚类黄化青紫泥田土属。分布在骆驼、长石、河头、汶溪等。土种耕层较浅，厚约12.8厘米，土色棕褐，质地中黏，潜育层发育明显，常出现在表土下40厘米处，厚度在50厘米左右，土性较冷，呈微酸性。

粉泥田 水稻土类，潴育型水稻土亚类粉泥田土属。分布在临江、庄市的水网平原外侧。土种处于淡涂田向黄斑田过渡的土壤类型，成土年龄较短，土层分化弱，但有不同程度黄化，且上下均一。土体已无石灰反应，近中性反应，pH酸碱度平均6.5（CV4.62%），轻黏质地，上粗下粘，肥力中上。

青紫泥田 水稻土类，脱潜潴育型水稻土亚类青紫泥田土属。分布在骆驼等水网平原畈心地段。土种地处畈心低凹处，土质黏重。持水性强，渍潜严重。

黄泥沙田 水稻土类，潴水稻土亚类黄泥沙田土属。分布在沿山坡田、山垅田上。土种由红壤土水耕熟化而来，剖面形态及理化性状带有红壤类土壤属性。

直塥夜阴土 潮土类，钙质潮土亚类淡涂泥土属。分布贵驷、湾塘万弓塘外。土种成土年龄不足200年。土体具较强石灰反应，层次发育弱，母质层多出现在50～60厘米。质地重壤至轻粘，以重壤为主。

直塥黄泥翘 潮土类，钙质潮土亚类淡涂泥土属。分布万弓塘内。成土年龄在700～800年，土壤脱盐、脱钙明显，土层分化，心土有锰化物析出。表土石灰反应弱，心土由上至下，逐渐加强，土层分化明显，1 米深土体内已见不到母质层次。

中咸泥土 盐土类，潮土化盐土亚类咸泥土土属。分布江北围塘所围区域内。成土年龄 30 年左右，土层分化极弱，土壤仍处在盐渍化中，土壤有机质含量少。

黄泥土 红壤土类，黄红壤亚类土壤。分布低山丘陵坡地。母质为凝灰岩、流纹岩风化体，以坡积物为主。土壤厚度不一，一般山坡下部，坡度较缓，泥肉厚 1 米以上；山坡上部土层不足 40 厘米。土体中间夹有大量砾石、沙粒。质地以中壤属多，肥力中下。

石沙土 红壤土类，侵蚀性红壤亚类土壤。分布在山地上半部。土属土壤母质为凝灰岩、流纹岩风化物，多为残积物，部分坡积物。土壤厚度不足 30 厘米，剖面呈“A—C”构型。土地多含岩石碎片，为重石质土。肥力中下，农业利用多为薪炭林或荒山、荒坡。

第二节 植 被

低山丘陵植被

针叶林 分暖性、温性两类。暖性针叶林以马尾松为主，黑松、杉木次之，与甜槠、木荷、白栎、檵木等群丛构成。乔木灌木型林相结构。温性针叶林主要有柳杉、金钱松、日本扁柏、短叶松 4 个群系。

阔叶林 是镇海地带性林地植被，按落叶性分为 3 种：

落叶阔叶林。主要有化香、枫香、麻栎、沙朴等，与蕨类、禾本科草本植物构成乔灌草型植被群。以招宝山保存较为典型；

常绿阔叶林。分两种地形林地植被群落。沟谷常绿阔叶林，主要树种樟树科浙江楠、紫楠、红楠、华东楠等，与朱砂根、蔷薇莓、鳞毛蕨等构成乔木草型林地群落。山坡常绿阔叶林，主要树种有壳斗科、山茶科等如青冈、木荷、赤皮稠、丝栗栲、云山稠等，与连蕊茶、檵木、乌饭、杜鹃、狗骨等构成乔木灌木型群落；

常绿、落叶阔叶林。以石栎、青冈、苦槠、枫香、短柄枹为主，与蕨、白茅、芒等构成乔木草型林地群落，普遍分布在常绿阔叶林遭人为破坏后的恢复地带。

人工林 多为竹、茶、果树林。分布在低山缓坡、溪流两旁洪积体，或低山平岗。竹以毛竹为主，淡竹、龙须竹、雷竹等零星穿插分布。茶与果树常单独建园，形成单一的灌木型或乔木型林相。

平原植被

多为人工栽培农作物如水稻、棉花、蔬菜、大小麦、油菜、绿肥、豆类和果树等。在庭园四旁和路边，有人工绿化的树木、竹子如水杉、池杉、樟树、哺鸡竹等；自然植被主要有禾本科、菊科、苋科、蓼科。

沿江海涂植被

常见碱蓬、菊科、禾本科、藜科等耐咸性植被，沿海塘脚外滩涂、江海涂零星覆盖。

第三节 森林资源

林地面积

1984 年，镇海县的甬江以北地区林地面积 3735.6 公顷。按坡度分，0°～6°的 258.5 公顷占 7%；6°～15°的 850.6 公顷占 22.8%；15°～25°的 1436.1 公顷占 38.4%；25°以上的 1190.2 公顷占 31.8%。按高程分，低于 50 米的 1235.4 公顷占 33.1%；50～250 米的 2356.1 公顷占 63%；高于 250 米的 144 公顷占 3.9%。林地集中在汶溪、河头，其次澥浦、长石，再次城关、贵驷。1998 年镇海区林地总面积 4129 公顷。

2008 年镇海区林地总面积 5658.8 公顷，其中有林地 4841.5 公顷，灌木林地 596.4 公顷，其中国家特别规定的灌木林地 550 公顷，无立木林地 184.6 公顷，宜林地 21.8 公顷，苗圃地 14.4 公顷。林地按功能分类：生态公益林面积 1320 公顷，占全区林地面积 23.32%；用材林面积 1375.6 公顷，占全区林地面积 24.31,%；经济林面积 863 公顷，占全区林地面积 12.25%，其中柑橘 447.6 公顷，杨梅 159.5 公顷，茶叶 101 公顷，其他经济 155 公顷。林地权属分类，国有林地 418.4 公顷，占 7.4%，集体林地 5240.4 公顷，占 92.6%。

林木蓄积

1992—1998 年，低产值的松林改栽水果、竹笋、杉类，松木蓄积材减少。新造杉木林逐渐成材。多年封山育林，麻栎、枫香等成材较多，还有檫树、香樟等增长较快。

1992 年、1998 年镇海林木蓄积情况表

表 2－5

项目		1992 年		1998 年	
乔木面积（公顷）		2821.6		2941.4	
活立木蓄积量（立方米）		105160	100%	121346	100%
其中	林地蓄积	91897	87.39	86683	71.40
	疏林蓄积	243	0.23	25	0.02
	散林蓄积	2267	2.16	1541	1.30
	居住区四旁林蓄积	10753	10.23	33097	27.30
蓄积树种（立方米）		105160	100	121346	100
其中	松类	79955	76.00	64735	53.30
	杉木	11572	11.00	28582	23.60
	硬阔	13633	13.00	28029	23.10
竹林		117.7 万株	241 株/亩	184.4 万株	242 株/亩

2008 年，全区活立木总蓄积量 176867 立方米。林种以乔木林为主，蓄积量 147875 立方米，占总量 83.6%，其中纯林地面积 2073 公顷，蓄积量 79529 立方米；混交林面积 2373 公顷，蓄积量 68346 立方米。用材林蓄积量 65040 立方米，按林木径级组分类统计：小径组株数 1142 百株，占近成过熟林株数的 83%，蓄积量 4532 立方米，占近成过熟林株数 65.6%，余均为中径组株数和蓄积量。按木材质量统计：商品用材树 1048 百株，蓄积量 4913 立方米，分别占近成过熟林株数及蓄积量的 76.2% 和 71.1%，其余为半商品用材树。竹林面积 662 公顷，其中毛竹 561 公顷 22153 株、杂竹 101 公顷。山地毛竹以九龙湖横溪最为集中，均系人工培育竹园。杂竹以哺鸡竹居多，分布在万弓塘片区。20 世纪 80 年代，引入雷笋在山地村均有种植。平原农村居住区四旁植树，面积 511.8 公顷，蓄积量 28158 立方米。

第四章 水系 水文

镇海处姚江流域东北端，属甬江以北水系，故称江北水系。至2008年，境内水系有名称河流214条，总长325千米，主要河流沿山大河、中大河、浜子港、万弓塘河和西大河等，河网内常水位时蓄水量672万立方米；澥浦大闸、清水浦闸、新泓口闸是洪涝外排的主要通道；境内中小型水库6座：十字路水库、郎家坪水库、三圣殿水库、小洞岙水库、岚山水库、秦山水库，总库容4695万立方米。

全区多年平均年降水深1402毫米，年降水量2.973亿立方米，年径流深616毫米，年径流量1.306亿立方米。镇海地下水资源蕴藏量十分贫乏，可供利用的更少，全区地下水资源总量为1231.48万立方米。

镇海甬江口属不规则半日潮，历年最高潮位3.21米，平均低潮1.43米，最大潮差3.62米，平均潮差1.78米。平均涨潮历时6小时23分，平均落潮历时6小时02分。

第一节 水 系

中大河

一支起源于汶溪港，另一支起源于丈亭江，两支汇合于黄杨桥。往东流经骆驼、贵驷至张鑑碶闸入甬江，全长约22千米。河面平均宽20~22米；河底高程-1.87米。

沿山大河

起源横溪香山，往东沿山麓流经澥浦大闸入海，旧称叫天港，长7.2千米。2005年沿山大河纳入姚江东排改造工程。

西大河

河道原起自澥浦新漕跟，向南流经觉渡、骆驼、团桥、洪家直至宁波江北岸三宝桥，全长20千米，为镇北内河航运要道，因河处县境之西，故名。

浜子港

庄市地区引用慈城后江水源的主要通道，弥补化子闸进水不足。西起费市更楼，接江北大河，往东流经沈家堰，穿越国道公路桥，过刘杜，向东南至庄市疗养院，全长8.3千米。河面宽18.3米、底宽4米。

万弓塘河

南起嘉燮亭，接后沙河，北至岚山连澥浦大河，东沿万弓塘，长9.8千米。20世纪90年代，万弓塘河棉丰村段填河筑路，河分为南、北两段。

英雄河

北起骆驼四联，延南至邵家汇接江北大河，全长5.4千米。英雄河南段自邵家汇接江北大江，折北至杨家垫桥，连接中大河，长2.5千米，河面宽15米，河底宽4米。英雄河北段穿中大河向北至四联龚家，长2.9千米，河面宽26米，底宽3米。

前大河

前大河起自县城西门外，延至宁波江北岸桃花渡，旧时为县城达府城通航要道。20世纪90年代，张鑑碶以西至下白沙段填河筑房，河道基本消失。

觉渡大河

起自河头金池接沿山大河，东南经山头方、觉渡至三七房入澥浦大河，长4.4千米，均宽20米，均深1.6米。

清排大河

北起邵家三江口，南迄清水浦大闸，长0.62千米。1992年为大闸配套重新开挖。河底宽32米、河面宽48.8米。

罗家港

蛟川街道中大河分支，长2千米。

郭家港

中大河南支之一。东起万嘉桥、南接邵家港，长3.2千米。1992年，河面拓宽至18米、均深4米。

长应河

起自河头应家汇入沿山大河，向南穿越中大河至跨塘庵连接江北大河，全长4.69千米，面宽20米。

慈镇运河

1986年开掘，境内段长2.2千米，宽12～18米。起澥浦大河，至慈溪龙山大岙，建有过坝船闸，为慈溪镇海分界点。

周林港

北起大市堰，西南经老鹰湾叶家入港子港，长3千米，均宽9米，均深1.3米。

陈家河

西起俞范五丰李家，向东流经后施至海头周。全长2.4千米，平均河宽10米。

江北大河

起自化子闸，经安东寺，折向东南，流经跨塘庵、更楼、黄梅堰，庄桥街、李家村，过铁路出李碶渡闸入姚江。全长6.97千米，河面宽18～22米。

新泓口河

起棉丰新泓口，向东北至流经新泓口排涝站出新闸入海。原长1.7千米，系棉地泓沟，随新建排涝闸外移，河道延伸。2002年，新泓口河总长达3.5千米，面宽30米，为湾塘片区唯一向外海排涝河道。

甸张港

全长 2.4 千米，面宽 30 米。

后大河

南宋古塘河，西起借邑港闸，接中大河，流经憩桥、王家团、后施至俞范与后沙河会合，长 8.2 千米。

第二节　水　文

镇海甬江口北濒杭州湾开阔口，东屏舟山群岛，具半封闭内湾形态，有较深水道与外部沟通。甬江口向东北呈狭长渠道，其北岸线朝向西北，南岸线朝向偏向东南。镇海甬江口处弯曲状海岸线的凹处，故北北东方位海域最为开阔，平均水深在海图基准面以下 10 米左右，为浅海形态。

潮候

甬江口属非正规半日潮型，24 小时 50 分为一个周期，有两个高潮和两个低潮。涨潮、落潮间隔时差 6 小时左右。潮汐受上游姚江大闸放水、奉化江洪水、台风及天气变化影响历时不规则。涨潮时间误差 1 小时左右，每日涨潮时间在正常情况下退后 45 分钟即为翌日涨潮时间。

表 2 -6

甬江口潮候表

农历日期	上午涨潮时间	下午涨潮时间
初一、十五	5 时	18 时 20 分
初二、十六	5 时 45 分	19 时
初三、十七	6 时 30 分	19 时 20 分
初四、十八	7 时 10 分	20 时
初五、十九	7 时 50 分	20 时 30 分
初六、二十	8 时 10 分	21 时
初七、二十一、二十二	8 时 50 分	21 时 40 分
初八、二十三	9 时 40 分	22 时 20 分
初九、二十四	10 时 40 分	23 时
初十、二十五	11 时 30 分	23 时 50 分
十一、二十六	1 时	14 时 10 分
十二、二十七	1 时 50 分	15 时 20 分
十三、二十八	3 时 20 分	16 时 30 分
十四、二十九、三十	4 时	17 时

潮差

甬江口潮差历时表

表 2－7

项　目			潮差（米）	历时（时）
涨潮潮差及历时	历史最大潮差	数值	4.03	9：48
		出现日期	2010 年 1 月 2 日	1988 年 2 月 27 日
	历史最小潮差	数值	0.01	9：47
		出现日期	1969 年 10 月 5 日	1969 年 10 月 5 日
落潮潮差及历时	历史最大潮差	数值	3.96	9：47
		出现日期	2000 年 8 月 31 日	1969 年 11 月 17 日
	历史最小潮差	数值	0.19	3：25
		出现日期	1985 年 12 月 6 日	1957 年 8 月 18 日
历年涨潮平均潮差及平均历时			1.84	6：20
历年落潮平均潮差及平均历时			1.84	6：05

说明：潮位以吴淞零点为基准，多年平均潮位即海平面

潮流

甬江年均降水量 1461.7 毫米，入海水量 666.0/28.6（毫米/亿立方米），输沙量 35.9 万吨/年。甬江口潮汐和潮流既有高潮不等又有低潮不等，其不等现象与月赤纬位置变化相关。镇海出现涨潮历时大于落潮历时，而且愈往内江其朝差愈大，但极限为 3 小时。镇海最大潮差 4.03 米（吴淞高程），平均潮差 1.84 米。甬江口潮流运动形式为往复流。表层平均涨潮流流速 84 厘米/秒，平均落潮流流速 74 厘米/秒；平均最大涨潮流流速 138 厘米/秒，平均最大落潮流流速 107 厘米/秒。底层平均涨潮流流速 69 厘米/秒，平均落潮流流速 58 厘米/秒；平均最大涨潮流流速 103 厘米/秒，平均最大落潮流流速 91 厘米/秒。涨潮流流速大于落潮流流速，表层流速大于底层流速。历史最大涨潮流流速 215.8 厘米/秒，最大落潮流流速 172.7 厘米/秒。

甬江口各站潮流流速统计表

表 2－8　　单位：厘米/秒

项目		黄蟒山	外游山	七里屿	长跳嘴	笠山	招宝山	张鑑碶
表层	平均涨潮流流速	83.7	91.6	89.9	120.8	68.6	68.6	74.7
	平均落潮流流速	92.6	83.6	34.7	102.3	61.0	44.9	63.7
	最大涨潮流流速	141.5	168.2	141.5	207.6	111.7	131.3	98.0
	最大落潮流流速	150.9	133.4	57.8	157.6	106.5	65.0	89.0
底层	平均涨潮流流速	86.8	85.4	58.7	76.1	45.0	58.0	72.0
	平均落潮流流速	76.9	83.4	33.1	83.4	49.4	42.0	49.9
	最大涨潮流流速	113.8	125.8	71.9	111.8	81.3	125.4	92.2
	最大落潮流流速	115.8	151.7	42.5	127.5	72.0	60.7	82.4

海浪

镇海附近海域出现海浪有风浪、涌浪、混合浪3种，以混合浪为主。

不同季节海浪变化情况：春、夏、秋季节（除受台风影响外）海区海面出现海浪波高平均值0.5～0.8米，最大波高1米左右，周期3.0～4.0秒，浪向多偏东。冬季海区出现海浪状况较为复杂，受冷空气频繁侵袭，海面经常出现8～10级偏北大风，由此产生偏北大浪。大风过后由外海传来涌浪随之出现，海面海浪平均波高0.5～2.5米，最大波高1.0～3.0米，周期4.5～6.0秒，浪向多偏北。

台风对附近海域海浪影响：每年7—11月，镇海海区经常受台风侵袭和台风边缘影响，其中严重影响海区的台风大浪年平均1～2次。主要受2种类型台风影响：（1）西北路径台风，从菲律宾以东洋面形成后，向西北或偏西方向移动，在台湾、福建沿海一带登陆，或从菲律宾以东向西北移动，穿过琉球群岛，在浙江沿海一带登陆；（2）转向路径台风，从菲律宾及中国台湾以东洋面形成后，转向东北方向移动，或从菲律宾以东向西北方向移动，经中国东部海面或在沿海地区登陆。镇海附近海域受台风直接或边缘影响，通常出现波高3.0～5.0米巨浪。最大波高6.0米左右，周期6.0～7.0秒，浪向偏东转偏北向。

镇海附近海域海浪海况（级）及频率：0～2级，56%；3级，20%；4级，17%；5级，5%；6级，1%；≥7级，1%。海面年最多风浪向为偏东向，海面年最多涌浪向为北向。年平均周期3.9秒，年最大周期8.7秒，年平均波高0.5米，年最大波高6.1米。

1986—2008年甬江口潮位统计表

表2－9

项目		数值（米）	出现时间
历年最高潮位		5.22	1997年8月18日23：30
历年最低潮位		－0.21	2006年11月8日6：40
历年平均潮位	高潮	2.99	
	低潮	1.15	

第五章　气　候

镇海区属亚热带季风气候区，气候适宜。因所处地理位置，冬季以西北风为主，夏季盛行东南风。春秋短，冬夏长。因受季风影响，降水时空分布不均。区域内影响最大的气象灾害是台风，但也能缓解镇海的伏旱旱情。

镇海县气象站始建于1970年10月，1971年1月作为国家一般站开展气象业务。气象站位于小港开发区炮台山，北纬29°58′、东经121°45′，观测场海拔高度24.1米。1985年年底，县气象站划归北仑区，至2007年镇海区的气象服务由北仑区气象局代管。2008年组建镇海区气象局，位于骆驼街道南二西路555号，占地17602平方米，办公房面积1916平方米。气象观测场地处北纬29°59′、东经121°36′，海拔高度4米。建成计算机网络、自动天气监测数据处理系统、可视天气会商系统、“96121”气象自动答询系统、静止卫星云图接收处理系统、卫星资料接收站、大气电场监测站等气象现代化设施。下设骆驼、庄市、澥浦、汶溪4个自动气象站。

第一节　四季特征

以候（5天为一候）平均气温在10℃～22℃为春、秋季，高于22℃为夏季，低于10℃为冬季。

1971—2006年镇海区（县）四季起止和天数统计表

表2－10

季节	初日	终日	历期（天）	平均气温（℃）
春季	3月26日	5月31日	67	16.5
夏季	6月1日	9月24日	116	26.0
秋季	9月25日	11月30日	67	16.9
冬季	12月1日	3月25日	115	7.1

春季

气温开始波状回升，风向由偏北转向偏南，雨量逐渐增多。冷暖空气交替频繁，气温变化大，天气变化快，容易出现连阴雨天气，雨期长，雨日多，但雨量不很大。偶有倒春寒和晚霜出现。雷雨、大风、冰雹等灾害性天气均可发生。平均气温4月14.9℃、5月19.5℃，4—5月雨量231毫米，雨日29天。入春最早2006年3月4日，最迟1972年4月11日。

夏季

盛行东南风，是气温最高季节。初夏6月冷暖空气往往交汇于长江中下游一带，水汽充足，有一段明显雨季（梅雨期），出现较集中的阴沉多雨天气，雨日多、雨量大，时有暴雨，是洪涝灾害多发季节。24小时最大雨量136毫米，出现在1984年6月13—14日。7—9月由单一的西太平洋或大陆高压控制，多连续晴热天气。在受台风和东风波等热带天气系统影响时，常出现大的降水过程，因降水不均，气温高、蒸发大，有不同程度干旱。最热7月平均气温28.0℃，极端最高气温40.5℃。大于等于35℃的高温天数平均9.8天，最多34天，出现在2003年。夏末秋初常受台风和冷空气影响，形成雨量相对集中的"秋雨期"。是一年中降水量较集中的季节，也是一年中灾害性天气最频繁的季节，主要有台风、暴雨、洪涝、干旱和高温。入夏最早1991年5月18日，最迟1986年6月10日。

秋季

一般为秋高气爽天气，气候宜人，吹西南风，多晴天。受极地南下的变性冷高压控制，形成晴朗少雨，温度适中，日夜温差大的谓之"十月小阳春"气候。随着冷空气势力逐渐加强，侵袭频繁，气温不断下降，有初霜冻出现。季平均雨量147毫米，平均气温10月19.3℃，11月13.9℃。入秋最早1981年9月10日，最迟2006年10月23日。

冬季

盛行西北风，气候干燥寒冷，是一年中降水量较少季节。最冷月1月，平均气温5.4℃，极端最低气温零下6.6℃，出现在1977年1月31日。常见气象灾害有寒潮、大雪。入冬时日最早为1976年11月14日，最迟是2001年12月13日。

1971—2006年镇海区各节气平均气温统计表

表2-11　　单位:℃

节气	立春	雨水	惊蛰	春分	清明	谷雨	立夏	小满	芒种	夏至	小暑	大暑
平均气温	6.2	7.0	9.1	10.7	14.0	17.0	19.0	21.1	23.1	25.8	28.2	28.6
节气	立秋	处暑	白露	秋分	寒露	霜降	立冬	小雪	大雪	冬至	小寒	大寒
平均气温	27.8	26.6	24.0	21.6	19.4	17.0	14.1	10.7	8.0	6.5	5.4	5.0

第二节　日照　温度

日照

1971—2006年镇海区（县）平均日照时数1848.0小时，年日照41.7%。月日照时数以7月最多，为237.8小时，日照55.5%。2月最少，为103.9小时，日照33.4%。年际变化1971年最多，为2302.0小时，2006年最少，为1564.5小时。月际分布基本呈单峰型，7月、8月最多，1月、2月最少。

1971—2006 年镇海区（县）各月平均日照及百分率统计表

表 2－12

单位：小时

月份	1	2	3	4	5	6	7	8	9	10	11	12	年
平均日照时数	106.7	103.9	120.6	149.9	159.9	151.7	237.8	229.4	168.1	160.8	130.5	128.0	1848.0
日照（%）	33.0	33.4	32.5	38.8	37.9	36.1	55.5	56.2	45.6	45.5	41.0	40.5	41.7
最多	175.9	178.2	199.4	225.6	225.1	232.1	349.3	330.3	235.5	264.6	206.6	217.7	2302.0
最少	55.5	37.6	45.2	96.1	87.0	81.2	141.7	115.7	101.2	86.8	68.5	43.1	1564.5

镇海区日照时间表（日出至日入间时数）

表 2－13

日期/时间	日期/时间	日期/时间
1 月 1 日　10：12	5 月 1 日　13：17	9 月 1 日　12：44
6 日　10：15	6 日　13：25	6 日　12：35
11 日　10：18	11 日　13：30	11 日　12：26
16 日　10：23	16 日　13：38	16 日　12：17
21 日　10：29	21 日　13：44	21 日　12：08
26 日　10：35	26 日　13：49	26 日　12：00
2 月 1 日　10：44	6 月 1 日　13：55	10 月 1 日　11：50
6 日　10：51	6 日　13：58	6 日　11：41
11 日　10：59	11 日　14：00	11 日　11：33
16 日　11：08	16 日　14：02	16 日　11：24
21 日　11：16	21 日　14：02	21 日　11：15
26 日　11：25	26 日　14：02	26 日　11：06
3 月 1 日　11：30	7 月 1 日　14：00	11 月 1 日　10：57
6 日　11：39	6 日　13：58	6 日　10：49
11 日　11：48	11 日　13：55	11 日　10：41
16 日　11：57	16 日　13：51	16 日　10：35
21 日　12：07	21 日　13：46	21 日　10：29
26 日　12：17	26 日　13：40	26 日　10：23
4 月 1 日　12：26	8 月 1 日　13：32	12 月 1 日　10：19
6 日　12：35	6 日　13：26	6 日　10：15
11 日　12：44	11 号　13：18	11 日　10：12
16 日　12：53	16 日　13：10	16 日　10：10
21 日　13：01	21 日　13：02	21 日　10：10
26 日　13：10	26 日　12：54	26 日　10：10

镇海区日出入时刻表

表 2－14

节气日数		日出			日入		
		时	分	秒	时	分	秒
春分初（近似20/3）		6	0	0	18	0	0
春分五（25/3）	白露十（15/9）	5	55	24	18	04	36
春分十（30/3）	白露五（10/9）	5	50	52	18	09	08
清明初（5/4）	白露初（5/9）	5	46	16	18	13	44
清明五（10/4）	处暑十（30/8）	5	41	46	18	18	14
清明十（15/4）	处暑五（25/8）	5	37	02	18	22	04
谷雨初（20/4）	处暑初（20/8）	5	33	03	18	26	57
谷雨五（25/4）	立秋十（15/8）	5	28	46	18	31	14
谷雨十（30/4）	立秋五（10/8）	5	24	45	18	35	15
立夏初（5/5）	立秋初（5/8）	5	20	55	18	39	05
立夏五（10/5）	大暑十（30/7）	5	16	41	18	43	19
立夏十（15/5）	大暑五（25/7）	5	13	58	18	46	02
小满初（20/5）	大暑初（20/7）	5	10	55	18	49	05
小满五（25/5）	小暑十（15/7）	5	08	16	18	51	44
小满十（30/5）	小暑五（10/7）	5	06	01	18	53	59
芒种初（5/6）	小暑初（5/7）	5	04	16	18	55	44
芒种五（10/6）	夏至十（30/6）	5	02	54	18	57	06
芒种十（15/6）	夏至五（25/6）	5	02	06	18	57	54
夏至初（20/6）		5	01	45	18	58	06
秋分初（20/9）		6	0	0	18	0	0
秋分五（25/9）	惊蛰十（15/3）	6	04	36	17	55	24
秋分十（30/9）	惊蛰五（10/3）	6	09	08	17	50	52
寒露初（5/10）	惊蛰初（5/3）	6	13	44	17	46	16
寒露五（10/10）	雨水十（底/2）	6	18	14	17	41	46
寒露十（15/10）	雨水五（25/2）	6	22	04	17	37	02
霜降初（20/10）	雨水初（20/2）	6	26	57	17	33	03
霜降五（25/10）	立春十（15/2）	6	31	14	17	30	46
霜降十（30/10）	立春五（10/2）	6	35	15	17	24	45
立冬初（5/11）	立春初（5/2）	6	39	05	17	20	55
立冬五（10/11）	大寒十（30/1）	6	43	19	17	16	41
立冬十（15/11）	大寒五（25/1）	6	46	02	17	13	58
小雪初（20/11）	大寒初（20/1）	6	49	05	17	10	55
小雪五（25/11）	小寒十（15/1）	6	51	44	17	08	16
小雪十（30/11）	小寒五（10/1）	6	53	59	17	06	01
大雪初（5/12）	小寒初（5/1）	6	55	44	17	04	16
大雪五（10/12）	冬至十（30/12）	6	57	06	17	02	54
大雪十（15/12）	冬至五（25/12）	6	57	54	17	02	06
冬至初（20/12）		6	58	06	17	01	54

温度

平均气温 1971—2006年，年平均气温16.7℃，年较差22.6℃。年际变幅在15.8℃～18.0℃，变幅2.2℃。20世纪70—80年代，年平均气温16.3℃，年际变幅1.5℃。90年代以来气候明显偏暖，年平均气温17.1℃。月季分布呈单峰型，最热月出现在7月和8月，月平均气温最高为30.3℃和29.2℃，最冷月出现在1月和2月，月平均气温最低2.2℃和3.4℃。

1971—2006年镇海区（县）各月平均气温统计表

表2－15 单位:℃

月份	1	2	3	4	5	6	7	8	9	10	11	12	年均	年较差
平均	5.4	6.3	9.5	14.9	19.5	23.7	28.0	27.8	24.1	19.3	13.9	7.9	16.7	22.6
最高	7.9	9.1	13.2	17.8	21.9	25.3	30.3	29.2	26.8	22.1	16.3	10.5	18.0	22.4
最低	2.2	3.4	7.0	13.0	18.0	22.1	25.6	25.6	22.3	17.4	10.0	5.7	15.8	23.4

平均最高（低）气温 年均最高气温20.2℃，年均最低气温13.8℃，月均最高气温出现在7月，最高值32.0℃，年际极值35.4℃（2003年7月），月均最低气温出现在1月，最低值2.7℃，年际极值0.2℃（1977年1月）。气温日较差年平均6.4℃，月际变化1月、2月和9月最小，4月、7月最大。

1971—2006年镇海区（县）各月均最高（低）气温及日较差统计表

表2－16 单位:℃

月份	1	2	3	4	5	6	7	8	9	10	11	12	年均
平均最高	8.5	9.5	13.0	18.8	23.3	27.3	32.0	31.3	27.1	22.4	17.3	11.4	20.2
最　高	12.1	13.3	17.2	22.7	26.8	29.8	35.4	34.3	29.9	25.5	20.0	13.4	21.5
最　低	4.3	5.3	9.5	16.7	21.0	25.1	28.6	28.2	24.9	19.7	13.5	8.9	19.0
平均最低	2.7	3.7	6.7	11.6	16.5	21.0	25.0	25.0	21.4	16.2	10.6	4.8	13.8
最　高	4.5	5.9	10.3	13.9	18.1	22.5	26.4	26.6	24.0	18.0	13.0	8.2	15.2
最　低	0.2	1.1	4.9	9.6	14.8	19.1	23.3	23.4	19.4	13.9	6.7	2.4	13.0
日较差	5.8	5.8	6.3	7.2	6.8	6.3	7.0	6.3	5.7	6.2	6.7	6.6	6.4

气温极值 大于等于35.0℃高温天数平均9.8天，最多34天（出现在2003年），多数出现在7—8月，占全年的89%，其中7月最多，占60%，最早出现在1980年6月17日，最迟出现在9月7日（1995年和2003年），持续天数最长16天（出现在1988年7月7日至22日），极端最高值40.5℃（出现在2005年7月5日）。

1971—2006年镇海区（县）≥35.0℃高温平均日数及极值统计表

表2－17

月	6		7			8			9	年
旬	中	下	上	中	下	上	中	下	上	
平均日数	0.1	0.7	1.4	2.2	2.2	1.5	0.9	0.4	0.3	9.8
极值（℃）	36.8	37.9	40.5	39.0	38.4	38.5	38.0	37.4	36.4	40.5

小于等于0℃低温平均16天，最多28天（1971年），多数出现在12月下旬到2月上旬，占全年73%。其中1月下旬到2月上旬最多，占32%。最早出现在1979年11月19日，最迟出现在1978年3月13日。持续天数最长13天，出现在1971年1月29日到2月10日，极端最低气温零下6.6℃，出现在1977年1月31日。

1971—2006年镇海区（县）≤0℃低温平均日数及极值统计表

表2－18

月	11		12			1			2			3		年
旬	中	下	上	中	下	上	中	下	上	中	下	上	中	
平均日数	0.03	0.14	0.64	1.44	2.31	1.92	2.25	2.53	2.36	0.97	0.53	0.42	0.14	15.67
极值（℃）	－0.3	－1.4	－3.0	－5.0	－5.9	－6.2	－4.3	－6.6	－4.9	－3.9	－2.4	－2.5	－0.6	－6.6

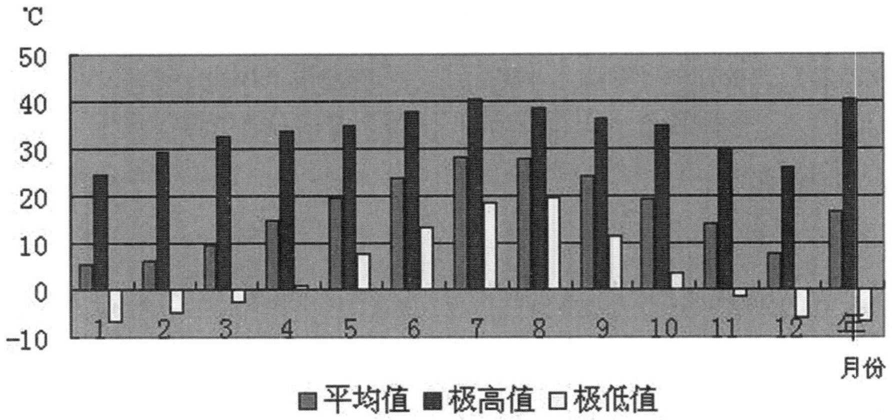

图2－1 1971—2006年镇海区（县）各月平均气温及极值变化柱形图

第三节 降水 蒸发

降水

降水量及时间分布 1971—2006年镇海区（县）平均降水量1310.2毫米，降水分布呈双峰型。3—9月各月降水量均超过100毫米。有2个相对雨季。3—7月为第一个雨季，即春雨连梅雨，其中3—5月为春雨，雨量、雨日分别占年的26.4%和30.4%；6月、7月为梅雨期，又称“黄梅雨”，雨量、雨日分别占年的24.1%和18.2%。6月雨量为全年之最，平均为182.8毫米，占年雨量的14.0%。平均入梅日期6月13日，最早5月26日（1971年），最迟6月23日（1985年和2003年），平均出梅日期7月7日，出梅最早6月18日（2006年），最迟7月22日（1986年），平均梅雨持续时间24天，最长的43天（1999年），最短的5天（2006年）。遇短梅期或空梅期易出现干旱酷热天气。平均梅雨量230毫米，最多435毫米（1994年），最少29毫米（2005年和2006年）。梅期暴雨平均每年1次，最多4次，最少0次。

1971—2006 年镇海区（县）入出梅日期、天数和雨量统计表

表 2－19

项目	入梅	出梅	梅期（天）	梅雨量（毫米）	暴雨（次）
平均	6 月 13 日	7 月 7 日	24	230	1
最早（多）	5 月 26 日	6 月 18 日	43	435	4
最迟（少）	6 月 23 日	7 月 22 日	5	29	0

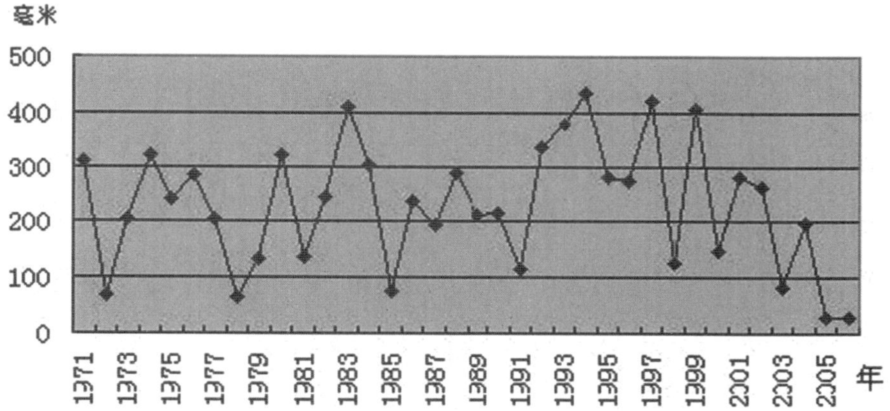

图 2－2　1971—2006 年镇海区梅汛期雨量变化折线图

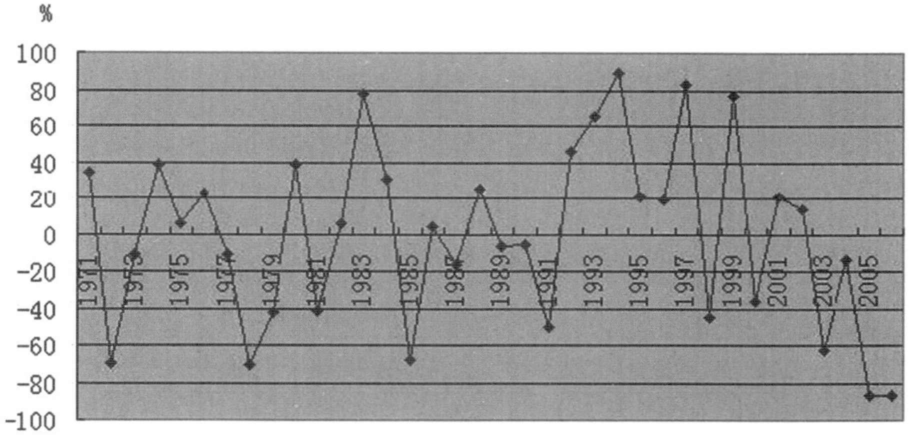

图 2－3　1971—2006 年镇海区（县）梅汛期雨量距平百分率折线图

第二个雨季出现在 8—9 月，平均雨量为 310.1 毫米，占年雨量的 23.7%，但相对变率较大。这段雨量主要决定于台风活动，当台风影响多的年份，常因狂风暴雨致成洪涝，否则易出现伏旱加秋旱。其中 9 月平均雨量 160.4 毫米，是全年次多的月份，10 月至翌年 2 月为相对干季，平均雨量 338.2 毫米，占全年降水量的 25.8%，最少的是 12 月，只有 57.9 毫米。历年最长连续降水日数 19 天，出现在 1996 年 4 月。

1971—2006年镇海区（县）各月雨量统计表

表2－20　　单位：毫米

月份	1	2	3	4	5	6	7	8	9	10	11	12	年
平均	68.0	73.4	115.6	108.5	121.7	182.8	133.3	149.7	160.4	75.3	63.6	57.9	1310.2
最多	224.9	158.1	261.7	192.7	243.7	436.8	318.4	431.4	333.4	217.6	216.4	194.5	1625.6
最少	12.3	18.9	31.9	41.0	48.8	29.5	0.6	21.8	31.1	0.5	3.0	0.0	797.3
日最大	51.8	41.4	42.6	68.2	68.9	97.7	132.3	190.4	160.9	80.4	52.5	89.2	190.4

1971—2006年镇海区（县）各月最长连续降水日数统计表

表2－21　　单位：天

月份	1	2	3	4	5	6	7	8	9	10	11	12	年
日数	11	10	18	19	8	14	15	12	18	7	9	16	19
雨量（毫米）	155.5	74.6	207.8	216.9	50.7	180.5	180.6	63.8	251.3	89.7	89.1	73.1	216.9
出现年份	1998	1972	1996	1996	1977	1983	1983	2002	1990	1975	2000	2001	1996

1971—2006年镇海区（县）各月各级降水日数统计表

表2－22　　单位：天

月份	1	2	3	4	5	6	7	8	9	10	11	12	年
≥0.1（毫米）	11.7	11.9	16.1	14.8	14.5	15.4	11.8	13.7	13.2	9.5	8.0	8.8	149.5
≥1.0（毫米）	8.69	9.11	12.11	11.36	10.92	12.03	8.89	10.19	9.83	6.86	6.03	6.39	112.4
≥5.0（毫米）	4.64	5.00	7.22	6.61	6.64	8.17	5.75	6.14	6.19	3.78	3.58	3.53	67.3
≥10.0（毫米）	2.19	2.58	4.33	3.81	4.25	5.97	3.94	4.39	4.44	2.22	2.19	2.03	42.3
≥25.0（毫米）	0.36	0.36	0.72	0.78	1.08	2.47	1.78	1.81	1.81	0.69	0.61	0.33	12.8
≥50.0（毫米）	0.03	—	—	0.08	0.17	0.58	0.50	0.44	0.67	0.14	0.06	0.03	2.7
≥100.0（毫米）	—	—	—	—	—	—	0.06	0.11	0.17	—	—	—	0.33

降水强度（暴雨）　日降水量大于等于50毫米称暴雨，日降水量大于等于100毫米称大暴雨，日降水量大于等于250毫米称特大暴雨。1971—2006年共出现暴雨97天，平均每年2.7天，最多6天，出现在2005年。暴雨最早出现在2006年1月19日，最迟出现在2004年12月4日。暴雨分布6月、9月最多，7月、8月次之。日最大降水量190.4毫米，出现在2005年8月6日，任意24小时最大降水量283.4毫米，出现在2005年8月6日。一小时最大降水量81.2毫米，出现在1981年7月30日。

1971—2006 年镇海区（县）各月平均暴雨日数及最大雨量统计表

表 2－23

单位：毫米

月份	1	4	5	6	7
日数（天）	1	3	6	21	18
最大雨量	51.8	68.2	68.9	97.7	132.3
出现时间	2006.01.19	2004.04.30	2006.05.18	1994.06.10	1981.07.30
概率（%）	0.03	0.08	0.17	0.58	0.50
月份	8	9	10	11	12
日数（天）	16	24	5	2	1
最大雨量	190.4	160.9	80.4	52.5	89.2
出现时间	2005.08.06	1981.09.23	1994.10.11	1997.11.15	2004.12.04
概率（%）	0.44	0.67	0.14	0.06	0.03

1971—2006 年镇海区（县）各时段最大降水量统计表

表 2－24

单位：毫米

分钟	30	60	180	360	720	1440
雨量	69.7	81.2	131.1	161.9	211.3	283.4
出现时间	1994.09.05	1981.07.30	1981.09.23	2005.09.11	2005.09.11	2005.08.06

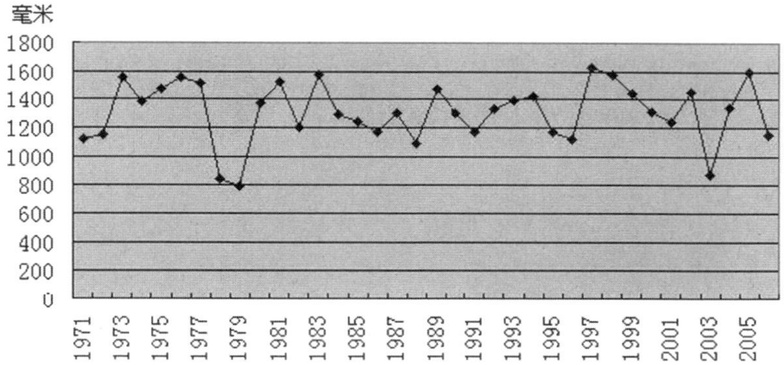

图 2－4 1971—2006 年镇海区（县）雨量变化折线图

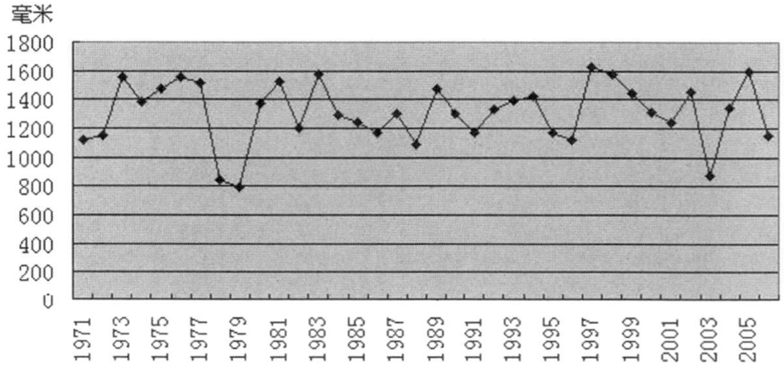

图 2－5 1971—2006 年镇海区（县）雨量距平百分率折线图

蒸发

1971—2006 年平均蒸发量 1478.1 毫米，年际变化 1971 年最大 1831.9 毫米，1999 年最小 1253.2 毫米。月际变化 2 月最小 62.8 毫米，7 月最大 213.8 毫米。9 月起随日照及气温变化蒸发递减。

1971—2006 年镇海区（县）各月平均蒸发量统计表

表 2－25　　单位：毫米

月　份	1	2	3	4	5	6	7	8	9	10	11	12	年
平　均	65.6	62.8	82.7	115.4	135.0	134.8	213.8	199.0	149.5	132.3	101.9	81.8	1478.1
最　多	129.8	87.3	121.1	174.2	175.7	214.9	293.0	271.2	210.7	205.4	151.0	149.2	1831.9
最　少	40.5	33.9	40.8	79.2	89.4	90.2	141.1	129.1	108.2	90.1	54.3	44.7	1253.2

干湿指数　反映自然环境干湿状况的指数，也可称为干燥度。以蒸发与降水之比，1971—2006 年年均干燥度 1.13，属半湿润区。月季分布 1 月、2 月、3 月、6 月、9 月为相对湿润期，以 3 月、6 月为最湿润，7 月和 10 月、11 月为相对干燥期。

1971—2006 年镇海区（县）各月干湿指数统计表

表 2－26

月份	1	2	3	4	5	6	7	8	9	10	11	12	年
K 值	0.96	0.86	0.72	1.06	1.11	0.74	1.60	1.33	0.93	1.76	1.60	1.41	1.13

相对湿度　1971—2006 年年相对湿度均值 78.4%。月季变化明显，5—9 月均在 80% 以上，其中 6 月最大在 83.9%，基本与 6 月梅雨季节相对应。10 月至翌年 4 月低于 80%，12 月最小，仅 73.3%。

1971—2006 年镇海区（县）各月平均相对湿度统计表

表 2－27　　单位：%

月　份	1	2	3	4	5	6	7	8	9	10	11	12	年
平　均	75.5	76.5	78.8	78.7	80.7	83.9	80.4	80.6	80.3	77.0	74.6	73.3	78.4
最　大	84	88	88	87	87	90	87	86	87	83	83	84	81.7
最　小	67	70	67	67	73	70	65	71	69	68	66	60	68.9

第四节　风　雷　雾　霜　雪

风

风向及频率　镇海区（县）风向分布具有典型季风特征。夏季盛行东南风，冬季多西北风，春秋两季为冬夏季风交替期，风向多不稳定。春季多偏东风，而秋季则多偏南风。常年最多风向夏季 ESE、冬季 NW，频率 10%。

1971—2006 年镇海区（县）各月最多风向及频率统计表

表 2－28

月　份	1	2	3	4	5	6	7	8	9	10	11	12	年
风　向	NW	NNW	NW	ESE	ESE	ESE	ESE	SE	N	SSW	SSW	NW	NW
频　率（%）	19.5	14.8	11.6	13.6	14.8	16.4	14.7	13.8	11.2	13.2	14.2	17.3	9.3

说明：E 代表东、S 代表南、W 代表西、N 代表北

风年月变化　1971—2006 年平均风速 5.0 米/秒，最大 6.0 米/秒，最小 4.5 米/秒。11 月至翌年 2 月平均风速都大于 5.5 米/秒，而 4 月至 8 月都小于 5.0 米/秒，6 月最小 3.9 米/秒。

1971—2006 年镇海区（县）各月平均风速统计表

表 2－29　　单位：米/秒

月　份	1	2	3	4	5	6	7	8	9	10	11	12	年
平均风速	5.9	5.5	5.0	4.5	4.2	3.9	4.2	4.9	5.2	5.4	5.7	5.9	5.0
最　大	7.8	8.0	6.6	5.5	5.4	4.7	6.5	6.9	6.2	6.7	7.7	8.0	6.0
最　小	4.9	4.0	3.9	3.7	3.6	3.1	3.1	3.1	3.6	4.1	4.2	4.5	4.5

最大风速、极大风速与大风日数　最大风速各月均在 22 米/秒以上（9 级风力），风向各个方向都有，以偏北和偏东居多。最大风速多出现在 8 月、9 月，系台风影响所致。极大风速发生在强对流天气和台风影响时。年最大风速（2 分钟平均）34.3 米/秒，出现在 1988 年 8 月 8 日，年极大风速（瞬间）大于 40 米/秒，出现在 1981 年 9 月 1 日、1986 年 8 月 28 日和 1988 年 8 月 7 日。年平均大风（≥7 级）日数 40.6 天，最多 69 天，出现在 1990 年。

1971—2006 年镇海区（县）各月最大风速及大风日数统计表

表 2－30　　单位：米/秒

月　份	1	2	3	4	5	6	7	8	9	10	11	12	年
最大风速	24	22	22	25	23	33	26	34	34	24	29	24	34.3
平均大风日数	4.9	3.3	3.0	2.6	1.6	1.8	2.6	3.6	3.3	3.2	5.2	5.6	40.6
最多大风日	10	7	7	5	5	8	8	8	9	8	11	10	69

风能资源

镇海区（县）风能资源开发和利用潜力很大。按起动风速 3 米/秒作为有效风速时数，计算得风能值 2039.7 千瓦时/平方米。

1976—1981 年镇海区（县）各级风速风能累加值统计表

表 2－31

级　别	3～20	4～20	5～20	6～20	7～20	8～20	9～20	10～20	11～20
有效风速时数（米/秒）	6936	5217	4139	3246	2535	1955	1500	1146	847
有效风能（千瓦时/平方米）	2039.7	2020.0	1978.6	1905.6	1813.1	1694.1	1554.3	1399.4	1216.0

续表 2-31

级　别	12~20	13~20	14~20	15~20	16~20	17~20	18~20	19~20	20
有效风速时数（米/秒）	596	413	278	183	111	68	39	18	7
有效风能（千瓦时/平方米）	1015.6	825.9	647.9	497.5	345.7	235.8	153.3	79.8	33.6

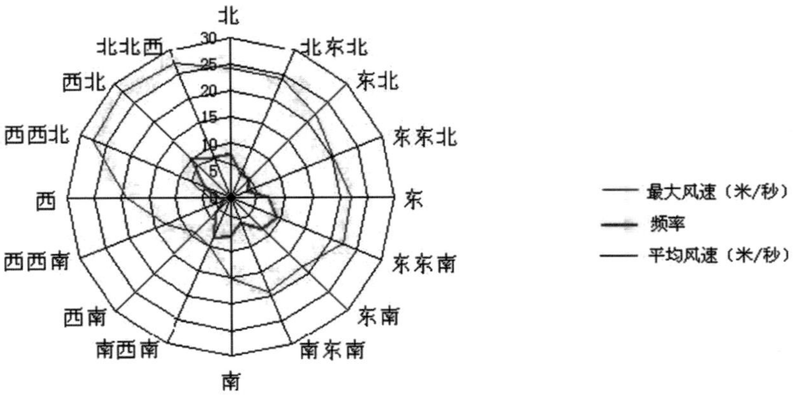

图 2-6　1971—2006 年镇海区（县）风玫瑰图

1971—2006 年镇海区（县）风统计表

表 2-32

风　向	N	NNE	NE	ENE	E	ESE	SE	SSE	S	SSW	SW	WSW	W	WNW	NW	NNW	C
平均风速（米/秒）	6.3	5.6	4.3	4	4.8	4.7	4.5	4.4	3.3	3	2.9	2.9	3.8	7.7	8.5	7.7	—
频　率（%）	8	5	5	3	7	9	8	5	7	8	4	1	2	5	10	8	5
最大风速（米/秒）	24	24	22	20	22	22	18	19	15	10	9	13	19	27	28	27	—

雷

雷暴出现在 3—9 月，集中在 6—8 月，7 月最多。1971—2006 年年均雷暴 27.1 天，最多 44 天，出现在 1980 年，最少 8 天，出现在 1978 年。常年平均初雷出现在 3 月 1 日，最早出现在 2002 年 1 月 15 日，最迟出现在 2001 年 4 月 29 日。终雷出现在 10 月 6 日，最早出现在 1974 年 8 月 12 日，最迟出现在 1979 年 12 月 19 日。

1971—2006 年镇海区（县）各月雷暴日数及初终期统计表

表 2-33　　单位：天

月　份	1	2	3	4	5	6	7	8
平　均	0.06	0.22	2.44	2.39	2.06	4.28	7.08	5.89
最多（早）	1	2	8	8	7	9	14	13
最少（晚）	0	0	0	0	0	1	1	0
平　均	2.28	0.31	0.03	0.11	27.1	3 月 1 日	10 月 6 日	
最多（早）	8	2	1	1	44	1 月 15 日	8 月 12 日	
最少（晚）	0	0	0	0	8	4 月 29 日	12 月 19 日	

雾

水汽在低层大气中凝结成雾，水平能见度小于1000米。1971—2006年平均雾日27.7天，最多1997年和1999年，有49天，最少1975年8天。1—5月和12月出现雾频率较高，以3月、4月居多，8月最少。

1971—2006年镇海区（县）各月平均雾日统计表

表2-34 单位：天

月 份	1	2	3	4	5	6	7	8	9	10	11	12	年
平 均	3.6	3.3	4.4	4.2	2.8	1.3	0.5	0.3	0.5	1.3	1.9	3.6	27.7
最 多	10	11	13	13	7	9	3	3	4	6	6	13	49
最 少	0	0	0	0	0	0	0	0	0	0	0	0	8
频率（%）	13	12	16	15	10	5	2	1	2	5	7	13	100

霜

极端最低气温小于等于4.0℃作为喜温作物冻害临界值。1971—2006年出现初霜的平均日期为11月21日，最早出现在1996年11月9日，最迟出现在2003年12月13日。终霜平均日期为3月22日，最早出现在1999年2月22日，最迟出现在1993年4月9日。年平均无霜期246天，最多1999年278天，最少1993年214天。

1971—2006年镇海区（县）月霜日及初终期统计表

表2-35 单位：天

月 份	11	12	1	2	3	初霜	终霜	无霜期
平 均	2.2	13.6	19.9	15.1	5.8	11月21日	3月22日	246
最多（早）	13	23	30	24	13	11月9日	2月22日	278
最少（迟）	0	6	10	6	0	12月13日	4月9日	214

雪

降雪出现在11月至翌年3月。镇海区（县）年均降雪6.1天，最多1984年有18天，最少1995年无降雪。平均初雪日1月3日，最早出现在1994年11月21日，最迟出现在2000年1月27日。平均终雪日期2月26日，最早出现在1999年1月12日，最迟出现在1975年3月27日。平均积雪1.5天，最多1977年13天。积雪深度大于等于3厘米都发生在12月到次年3月，集中在1—2月。最大积雪深度14厘米，出现在1977年1月30日。

1971—2006年镇海区（县）各月雪日、积雪深度统计表

表2-36 单位：天

月 份	11月	12月	1月	2月	3月	初雪	终雪	年雪日	年积雪
平 均	0.1	0.7	2.5	2.0	0.7	1月3日	2月26日	6.1	1.5
最多（早）	2	4	10	8	5	11月21日	1月12日	18	13
最少（晚）	0	0	0	0	0	1月27日	3月27日	0	0
积雪深度（厘米）	0	3	14	12	3	—	—	—	—

第六章　自然灾害

灾害性天气有台风、洪涝、干旱、寒潮、低温阴雨、冰雹等。

第一节　台　风

台风是影响镇海区的重大灾害性天气系统。它所造成的自然灾害在十大自然灾害中占据41%，影响也最为严重。然高温干旱季节，台风带来的降水亦可缓解或解除旱情。

影响镇海的台风

影响镇海的台风主要有两种类型：（1）西北路径，在菲律宾以东洋面形成，向西北偏西方向移动，在台湾、福建沿海一带登陆，或从菲律宾以东向西北移动，穿过琉球群岛，在浙江沿海一带登陆；（2）转向路径，在菲律宾及中国台湾以东洋面形成，转向东北方向移动，或从菲律宾以东向西北方向移动，经中国东部海面或在沿海地区登陆。台风过程雨量大于等于50毫米或者风速大于等于17米/秒的，称影响台风。过程雨量大于等于100毫米或者风速大于等于30米/秒的，称严重影响台风。

台风的年月变化

1971—2008年镇海区（县）发生有影响的台风94个，平均每年2.5个。最多年6个（1989年），最少年1993年，基本无台风影响。其中严重影响台风32个，平均每年0.8个。影响镇海台风发生的季节在7—10月，8月最多，占37%。次之9月，占31%。再次7月，占19%。最早有影响台风是2006年5月18日0601号“珍珠”台风。最迟2004年12月4日0428号“南玛都”台风。其中，严重影响台风以8月最多，占43.8%，9月次之，占40.6%，10月占9.4%。8月下半月至9月中旬为台风多发期，占68.8%。

1971—2008年影响及严重影响镇海区（县）台风月度分布统计表

表2－37

月　份	5	6	7	8	9	10	12	合计
影响次数	1	2	18	35	29	8	1	94
频　数（%）	1.1	2.1	19.1	37.2	30.9	8.5	1.1	100
严重影响次数	—	—	2	14	13	3	—	32
频　数（%）	—	—	6.3	43.8	40.6	9.4	—	100

影响镇海台风的风雨强度

台风的降水强度强、雨量大。在严重影响镇海区（县）的 32 个台风中以大风（风力大于等于 11 级）为主的有 15 个，其中 1983 年 9 月 25—28 日第 10 号台风近海北上，大于等于 8 级大风持续 44 小时，最大风速 30 米/秒，极大风速 37 米/秒。1988 年 8 月 8 日象山登陆第 7 号台风，最大风速 34. 3 米/秒，极大风速 40 米/秒。以大暴雨为主有 13 个，其中 1977 年 8 月 21 日，近海北上第 7 号台风雨量 228. 9 毫米。风、雨皆有 4 个，1974 年 8 月 19 日三门登陆第 13 号台风，极大风速 33 米/秒，雨量 133. 7 毫米。2000 年 9 月 13 日近海北上第 14 号台风“桑美”，大于等于 8 级大风持续 68 小时，极大风速 30 米/秒，雨量 153. 4 毫米。2005 年 8 月 6 日玉环登陆第 9 号台风“麦莎”，极大风速 32. 9 米/秒，雨量 370. 9 毫米。

1971—2008 年严重影响镇海区（县）台风记录表

表 2 - 38

台风编号	登陆点近海转	影响日期（月、日）	雨量（毫米）	风速（米/秒）		风向
				最大	极大	
7122	惠安	9. 18—20	130. 9	20	25	NNE
7209	平阳	8. 16—18	92. 3	22	35	E
7413	三门	8. 19—23	133. 7	27	33	N
7615	近海转	8. 21—22	193. 2	21	26	NW
7707	近海转	8. 21—23	228. 9	22	24	N
7708	崇明	9. 09—11	76. 0	27	33	WNW
7909	近海转	8. 15—16	20. 0	26	33	NW
7910	普陀	8. 23—25	54. 0	28	36	NNE
8114	近海转	8. 30—9. 03	75. 4	34	40	NW
8310	近海转	9. 25—28	17. 4	30	37	NW
8519	近海转	10. 04—05	71. 3	23	30	N
8615	近海转	8. 26—28	15. 4	33	40	NW
8712	晋江	9. 09—12	140. 2	17	20	ESE
8807	象山	8. 07—08	22. 4	34	40	E
8923	温岭	9. 15—17	101. 1	17	21	ESE
9015	椒江	8. 30—9. 01	89. 0	31	37	E
9216	长乐	8. 29—9. 01	125. 3	18	25	ESE
9219	平阳	9. 22—24	93. 7	22	30	E
9711	温岭	8. 18—20	80. 4	24	34	NE/SE
9806	普陀→北仑	9. 19—20	19. 8	25	34	NNW
9914	福建龙海	10. 09—11	100. 8	13	17	WNW

续表 2－38

台风编号	登陆点近海转	影响日期（月、日）	雨量（毫米）	风速（米/秒）		风向
				最大	极大	
0012	近海转	8. 29—31	44. 2	22	32	N
0014	近海转	9. 13—15	153. 4	23	30	N
0119	近海转	9. 26—30	123. 1	16	22	N
0205	近海转	7. 04—05	45. 7	25	35	N
0421	温州	9. 12—13	127. 6	13	20	NW/E
0509	玉环	8. 05—07	370. 9	19	33	E
0515	台州	9. 11—12	253. 3	18	30	E
0713	温州	9. 17—19	130. 9	13	23	SE
0716	温州	10. 06—09	217. 3	19	26	NNE
0808	福清	7. 28—31	111. 5	13	22	SE
0815	近海转	9. 29—30	167. 2	6	15	NNW

说明：台风编号前两位数为发生年代，后两位为当年的台风编号

台风风暴潮

台风风暴潮因台风大风和气压骤降引起海面升高，又称台风增水，导致潮水浸滥、毁塘决堤，破坏力极大。强台风登陆时诱发的风暴潮恰遇天文大潮，两者迭合，常引起异常高潮，如 9711 号强台风 8 月 18 日温岭登陆，恰遇天文大潮，风、雨、潮叠加，最高潮位 6. 68 米，系百年一遇。受其影响，镇海区经济损失 6000 万元；0014 号台风“桑美”，9 月 13—15 日近海缓慢北上转向，风、雨、潮叠加，大于等于 8 级大风持续 68 小时，全区大暴雨，三圣殿最大雨量 487 毫米，最高潮位 5. 01 米。受其影响，镇海区经济损失 6405 万元。0509 号“麦莎”台风极大风速 32. 9 米/秒，最高潮位 4. 27 米，全区特大暴雨。受其影响镇海区经济损失 1836 万元。0515 号“卡努”台风极大风速 29. 6 米/秒，最高潮位 3. 78 米，全区特大暴雨。受其影响镇海区经济损失 1880 万元。

1971—2008 年镇海区（县）台风灾害情况表

表 2－39

台风编号	登陆点近海转向	影响镇海					潮位（米）	受灾农田（公顷）	损毁			人员伤亡	
		日期	雨量（毫米）	风速（米/秒）		风向			海塘决口（米）	桥梁（座）	房屋（间）	伤	亡
				最大	极大								
7209	平阳	8. 16—18	92. 3	22	35	E	—	2666. 67	—	—	276	—	—
7413	三门	8. 19—23	133. 7	27	33	N	4. 82	2533. 33	45600	—	1000	—	—
7707	近转	8. 21—23	228. 9	22	24	N	—	9000	—	29	84	1	11
7910	普陀	8. 23—25	54. 0	28	36	NNE	4. 83	6666. 67	19600	10	1092	7	—

续表 2－39

台风编号	登陆点近海转向	影响镇海					潮位（米）	受灾农田（公顷）	损毁			人员伤亡	
		日期	雨量（毫米）	风速（米/秒）		风向			海塘决口（米）	桥梁（座）	房屋（间）	伤	亡
				最大	极大								
8114	近转	8.30—9.03	75.4	34	40	NW	4.96	1000	12736	—	2000	11	3
8310	近转	9.25—28	17.4	30	37	NW	4.63	93.33	2691	1	1000	—	5
8712	晋江	9.09—12	140.2	17	20	ESE	3.99	1333.33	—	—	21	—	—
8807	象山	8.07—08	22.4	34	40	E	4.4	200	—	—	463	3	—
9015	椒江	8.30—9.01	89.0	31	37	E	—	1733.33	610	2	64	3	1
9219	平阳	9.22—24	93.7	22	30	E	—	5800	215	2	26	1	—
9711	温岭	8.18—20	80.4	24	34	NE SE	6.68	1800	—	—	—	—	—
0012	近转	8.29—31	44.2	22	32	N	—	600	60	—	20	—	—
0014	近转	9.13—15	153.4	23	30	N	5.01	1866.67	5800	—	72	—	—
0509	玉环	8.05—07	370.9	19	33	E	4.27	1000	—	—	6	—	—
0515	台州	9.11—12	253.3	18	30	E	3.78	733.33	—	—	54	—	—
0716	温州	10.6—9	217.3	19	26	NNE	—	1933.33	—	—	10	—	—
0808	福清	7.28—31	111.5	13	22	SE	3.75	—	—	—	—	—	—
0815	近转	9.29—30	167.2	6	15	NNW	4.25	—	—	—	—	—	—

【附】镇海县历史台风记录

台风登陆和影响镇海县的历史情况表

表 2－40

时期	纪年（公元）	灾害记述
宋	淳熙元年（1174）秋七月壬寅	濒海大风涛，漂没民田
	淳熙四年（1177）五月、七月	江潮大溢，九月丁酉，连日大风雨，驾海潮，坏堤两千五百余丈，漂民田庐
	淳熙五年（1178）七月乙亥	飓风驾海潮害稼
	绍熙五年（1194）七月乙亥	大风驾海潮，坏塘堤伤田，拔木坏舟甚众
元	至正四年（1344）七月	飓风大作，海啸、塘崩、海溢、伤禾成灾
	隆庆三年（1569）秋	淫雨、飓风大作，海啸，居民惶惧，塌房漂没人畜无算
	万历元年（1573）七月	大风、海浪涌高数丈，掀翻战船，冲塌民房、人畜死伤不计其数
	万历三年（1575）七月初八	大风雨潮，人畜庐舍受淹

续表 2－40

时期	纪年（公元）	灾害记述
明	万历十七年（1589）六月	海啸，县署民房多圮塌，民船战舸掀覆，压死溺死多人
	万历十九年（1591）七月十九	东北风大作，大雨如注，海潮溢入
	崇祯元年（1628）七月二十九	飓风海溢，漂没庐舍、人畜无算
	崇祯六年（1633）六月	飓风，雨如注，民庐倒塌，外洋防海战船漂没损坏十之八九，巡民沉溺不计其数
清	康熙四年（1665）七月	淫雨飓风大作，拔木拆屋
	雍正二年（1724）七月十八、十九	大风雨，海溢
	雍正五年（1727）	七月飓风大作
	雍正七年（1729）	飓风涌潮坏塘堤
	乾隆七年（1742）八月十七	飓风涌潮坏塘
	乾隆十二年（1747）七月十四	海潮大涨，东北风冲决城塘并溃，民房多圮塌
	乾隆十四年（1749）七月二十八	飓风拔木，房舍多塌
	道光十七年（1837）七月二十四	大风雨，江河溢
	道光二十三年（1843）八月初七、八	大风雨，水高一丈，舟行桥上，牲畜溺死，庐舍崩坏
	道光三十年（1850）八月	大风雨，平地水涨三尺
	同治三年（1864）六月初十	大风拔木，覆舟
	光绪三年（1877）五月二十四	大风拔木，屋瓦皆飞
	光绪九年（1883）七月	飓风大作，海溢坏塘
中华民国	1915 年 7 月 16 日	飓风雨甚，潮沸，海塘稻棉摧残殆尽
	1919 年 7 月 5 日	狂风挟雨，历三昼夜，拆木倒屋，海潮泛滥，损早稻、禾棉
	1921 年	飓风淫雨成灾，江南诸乡堤塘、道路、桥梁多被冲毁，稻作棉花遭淹
	1922 年夏秋间	10 月 18—20 日，飓风淫雨，县城水深 5 尺，成灾
	1928 年 9 月	水、风为灾，田禾、棉花损失甚巨，冲毁塘堤 5000 余丈，灾民 2300 余人
	1931 年 8 月 24 日、25 日	水、风为灾，万弓塘数处倒塌
	1933 年 9 月	暴风淫雨，咸潮入灌，毁屋 300 余间，船 100 余艘，毁棉地六七万亩，淹田地 6666.67 余公顷，灾户 3 万

续表 2-40

时期	纪年（公元）	灾害记述
中华人民共和国	1949 年	4906 号台风，7 月 24 日普陀登陆，风力 12 级以上，狂风暴雨袭击，坏海塘百余里，淹农田 10000 公顷，毁屋 160 余间，死 30 余人
	1952 年	5207 号台风，7 月 19 日在温岭登陆后西行，于 21 日移至安徽。受暴雨影响，稻田受淹 4733.33 公顷，遭灾 945 户，倒塌民房 173 间，死亡 2 人
	1956 年	5612 号台风，8 月 1 日 24 时在象山登陆，中心气压 923 百帕，风力 12 级以上，最高潮位 4.85 米，最大暴雨量 116.9 毫米。狂风暴雨坏屋 1800 余间，冲毁海塘 49538 米，毁坏渔船 390 艘，伤 347 人，死 55 人。田地受淹 3333.33 余公顷，320 户无家可归
	1961 年	6126 号台风，10 月 4 日 7 时三门登陆，穿过宁波、杭州湾及嘉兴东部入海。风力 12 级以上，降水量河头 443.3 毫米。受淹田地近 6533.33 公顷，受损房屋 495 间
	1962 年	6214 号台风，9 月 6 日在连江登陆，伴大暴雨，4—6 日总雨量 219.2 毫米，晚稻被淹 10453.33 公顷，倒塌房屋 50 间
	1963 年	6312 号台风，9 月 12 日 21 时在连江登陆，西行至福州西部消亡，移动缓慢，造成特大暴雨。11—13 日雨量城关 395.9 毫米，湾塘 374.2 毫米，骆驼 366.2 毫米（9 月 12 日城关日降水量 282.9 毫米），淹农田，损桥梁、水库，倒民房
	1966 年	6615 号台风，9 月 7 日在福建霞浦登陆。5—7 日雨量城关 494.4 毫米，湾塘 429.5 毫米，骆驼 356.5 毫米。受暴雨侵袭，水深过膝，受淹农田 6666.67 余公顷

第二节 干旱 洪涝

干旱

干旱与降水、蒸发、气温、土壤低墒等有关，旱情一年四季都可发生。危害重的属出梅后夏秋干旱，若前期梅雨量偏少或空梅，则干旱更严重。任意连续大于等于 6 旬总雨量距平百分率小于等于 -50% ~ -60%，或任意连续 3 ~5 个旬总雨量距平百分率小于等于 -60% ~ -70% 为干旱；任意连续 6 旬总雨量距平百分率小于等于 -60% ~ -70% 为大旱。

干旱年际变化及时间分布 1971—2008 年镇海区（县）受干旱影响的年份有 20 年，其中较重的有 7 年（1971 年、1978 年、1988 年、1991 年、1994 年、1996 年、2003 年），最长连续干旱为 3 年，最长连续无干旱亦为 3 年。在时间分布上由于历年梅雨结束有早迟，梅雨量有多寡，故干旱开始日期也不同。早的年份 6 月下旬开始，迟的年份 7 月下旬。若伏旱不明显，纯属秋旱，则开始时间更迟。如 1991 年 10 月上旬才开始干旱。夏秋干旱结束日期同样相差甚大，早的 8 月上旬结束，迟的 11 月上旬结束。

1971—2008 年镇海区（县）出现干旱年份及起讫统计表

表 2－41

年份	天数	雨量	起讫	年份	天数	雨量	起讫
1971	72	85	6 月 24 日—9 月 3 日	1991	80	42	10 月 5 日—12 月 24 日
1972	43	39	7 月 3 日—8 月 15 日	1994	58	40	6 月 24 日—8 月 20 日
1976	37	17	7 月 15 日—8 月 20 日	1995	48	24	7 月 7 日—8 月 23 日
1978	75	121	6 月 25 日—9 月 9 日	1996	86	162	7 月 14 日—10 月 6 日
1979	33	38	7 月 12 日—8 月 14 日	2000	52	79	6 月 25 日—8 月 16 日
1982	65	86	9 月 1 日—11 月 4 日	2001	34	51	7 月 1 日—8 月 3 日
1983	34	13	7 月 19 日—8 月 22 日	2003	40	26	6 月 30 日—8 月 8 日
1984	46	60	7 月 2 日—8 月 16 日		68	67	9 月 1 日—11 月 7 日
1986	33	16	7 月 23 日—8 月 24 日	2004	47	60	7 月 15 日—8 月 31 日
1988	98	34	9 月 25 日—12 月 30 日	2006	36	33	7 月 27 日—8 月 31 日
1990	34	35	7 月 4 日—8 月 6 日	—	—	—	—

1971—2008 年镇海区（县）干旱灾害情况表

表 2－42

年	时　间	天数	雨量	灾　情
1971	6 月 24 日至 9 月 3 日	72	85	江河断流，塘库干涸，生活用水困难，工厂停工
1978	6 月 25 日至 9 月 9 日	75	121	生活用水困难，竹木枯死，秋粮大面积减产
1988	9 月 25 日至 12 月 30 日	98	34	农地龟裂，冬种作物死苗，生活用水困难
1991	10 月 5 日至 12 月 24 日	80	42	影响冬种作物播种移栽
1994	6 月 24 日至 8 月 20 日	58	40	高温干旱造成早稻高温逼熟，对工农业生产带来一定影响
1996	7 月 14 日至 10 月 6 日	86	162	用水发生困难，工农业生产造成严重影响
2003	6 月 30 日至 8 月 8 日	40	26	持续高温干旱对经济作物生长和人民生活带来严重影响
	9 月 1 日至 11 月 7 日	68	67	水库蓄水不足，用水紧张

【附】镇海县历史干旱记录

镇海县历史干旱记录表

表 2－43

时期	纪年（公元）	灾害记述
宋	熙宁八年（1075）	旱，疫疠大作，藉尸郊野
	淳熙九年（1182）	旱，夏六月不雨，至秋八月黍稷枯死，大饥
	淳熙十四年（1187）	旱成灾
	绍熙五年（1194）	旱，大饥，取草木为食
元	泰定元年（1324）	旱，翌年二月饥
	至正元年（1346）	旱
明	天顺三年（1459）	旱伤
	正德三年（1508）	六月至十二月不雨，禾黍无收，百姓采野菜为食，仍难以生
	嘉靖二十四年（1545）	大旱，大荒，道有饿死者
	万历十六年（1588）	夏秋亢旱，大饥，瘟疫流行
	崇祯七年（1634）	旱饥，民取白泥为食
	崇祯十六年（1643）	旱
清	顺治元年（1644）	旱，城郭内外填尸枕藉
	顺治三年（1646）	自四月不雨至秋七月，大旱
	顺治四年（1647）	旱饥
	顺治十一年（1654）	大旱，河底龟坼。冬严寒，江水亦冰
	顺治十六年（1659）	大旱，禾稼枯焦
	顺治十八年（1661）	五月不雨至七月，大旱
	康熙元年（1662）	夏大旱
	康熙二年（1663）	旱。上年 5 月至是年秋 7 月不雨
	康熙十年（1671）	正月二十八日，雪中震雷闪电，夏大旱
	康熙二十六年（1687）	大旱
	康熙三十二年（1693）	旱
	康熙三十五年（1696）	大旱，自去秋至五月始雨，早禾尽萎，晚禾薄收
	雍正元年（1723）	秋旱，稻麦尽枯，民不聊生，草根树皮为食，饿死者甚多
	嘉庆二十五年（1820）	大旱，自五月至七月雨，河水涸赤，禾稼尽枯
	道光十一年（1831）	旱，大饥，民多疫死
	道光十七年（1837）	夏旱，禾尽枯
	道光二十七年（1847）	春旱，自正月不雨至四月
	咸丰二年（1852）	旱，岁饥
	同治三年（1864）	秋、冬旱，五月不雨
	同治十年（1871）	夏旱，虫食禾
	同治十一年（1872）	夏大旱，早禾尽死，河枯舟楫不通
	光绪五年（1879）	夏大旱，河皆龟圻，禾尽枯
	宣统元年（1909）	春夏严重干旱，民有“宣统元年，晒煞苗田”之说

续表 2－43

时期	纪年（公元）	灾害记述
中华民国	1928 年	夏旱
	1934 年	自初夏至秋无雨，田土龟坼，秋收绝望
	1940 年	夏秋 80 余天无雨，早稻歉收，晚稻无收。又因干旱引起霍乱流行，死亡甚众，仅澥浦镇即死亡 10 余人
	1942 年	夏干旱，早稻黄熟期遇强干飓风袭击，损失惨重
	1944 年	夏旱严重，收成轻者四至五成，严重者颗粒无收。翌年灾荒
中华人民共和国	1951 年	7—8 月旱 33 天，稻田断水，受灾严重
	1953	6 月下旬至 8 月底旱，小河干涸见底，8666.67 余公顷水田龟裂
	1955 年	7 月 31 日至 9 月 12 日连旱 44 天，受旱农田 3673.33 公顷
	1958 年	5 月 19 日至 8 月下旬，干旱 97 天，农作物受灾 16353.33 公顷，民众挖井、挖池潭抗旱
	1961 年	6 月 15 日至 9 月 4 日干旱 81 天，河道断流，水库干涸
	1963 年	自 1962 年 12 月至 4 月 17 日、7 月 12 日至 9 月 6 日干旱，6666.67 多公顷早稻无法种植
	1964 年	6 月 29 日至 9 月 14 日干旱 79 天，受灾农田 14666.67 公顷
	1967 年	秋，旱情严重，受灾农田 6666.67 公顷，果树、幼林枯死，生活用水困难

洪涝

洪涝集中在 5—7 月梅汛期和出梅后 7—9 月台汛期。

梅汛期洪涝　5—7 月总雨量正距平大于 25% 或 6 月、7 月任意一月雨量比常年同期偏多 7 成以上。形成梅汛期洪涝主要有 3 种：（1）梅期长，长时间连续阴雨，且雨量明显偏多；（2）连续几天大雨或暴雨，雨量过于集中；（3）前期雨量偏多，水位偏高，进入汛期后雨量又明显偏多。1971—2008 年，5 月进入汛期后，较明显的洪涝有 13 年，洪涝集中在 6 月下半月到 7 月上旬。

1971—2008 年镇海区（县）梅汛期洪涝统计表

表 2－44

年份	1973	1980	1981	1983	1984	1988	1989	1993	1994	1997	1999	2001	2002
月	5—7	5—7	7	5—7	6	6	7	5—7	6	7	6	6	7
雨量（毫米）	643.8	587.2	256.0	632.9	335.0	341.8	261.0	573.0	436.8	318.4	365.5	343.3	222.2
距平百分率（%）	47	34	92	44	83	87	96	31	139	139	100	88	67

台风洪涝　出梅后 7—9 月，洪涝的发生是台风、东风波等热带天气系统影响所致。8 月、9 月任意一月雨量比常年同期偏多 7 成以上，或任意 10 天雨量大于 200 毫米为洪涝。1971—2008 年，镇海区（县）较明显的台汛期洪涝有 13 年。

1971—2008年镇海区（县）台汛期洪涝统计表

表2-45

年份	1971	1973	1975	1976	1977	1980	1981	1989	1997	1998	2005		2007	2008
月	9	9	9	8	8	8	9	9	8	9	8	9	10	9
雨量（毫米）	332.6	269.7	290.3	251.0	375.7	258.7	293.1	333.4	248.0	312.9	431.4	258.1	217.7	303.4
距平百分率（%）	107	68	81	68	151	73	83	108	66	95	188	61	550	89.3

1971—2008年镇海区（县）洪涝灾害情况表

表2-46

年	月	雨量（毫米）	雨量距平（毫米）	灾　情
1973	5	244	123	5月雨日21天，9月雨日20天，淫雨成灾，影响农作物生长
	9	270	110	
1975	9	290	130	21日大暴雨，12小时雨量140毫米，农田短时受淹
1977	8	376	226	22日受7号台风影响，普降大暴雨，农田受淹900公顷，冲毁桥梁29座，民房84间，死亡11人
1980	8	259	109	雨日22天，长期阴雨凉夏，夏收稻谷霉烂
1981	7	256	123	30日大暴雨，农田受淹24小时
	9	293	133	23日大暴雨影响农田短时受淹
1983	5—7	633	195	持续阴雨寡照，雨水过多，早稻病虫害旺发，棉田积水根系霉烂死苗
1984	6	335	157	13—14日大暴雨，使农田受淹，农作物不同程度损失
1988	6	342	159	18—20日连降大到暴雨，造成内涝，农作物受淹1333.33多公顷，损失严重
1989	7	261	128	连续阴雨天气造成早稻成熟期推迟
1993	5—7	573	135	农田短时受淹
1994	6	437	254	农田短时受淹
1997	7—8	566	283	9711号台风影响，海塘决口，农作物受淹11506.67公顷
1999	6	365	182	阴雨寡照影响早稻孕穗抽穗
2002	7	222	89	05号台风影响农作物受灾
2005	8—9	689	378	受9号台风“麦莎”和15号台风“卡努”影响，普降特大暴雨，受灾面积1700公顷，损失3716万元
2007	10	217.7	184	16号台风“罗莎”影响，受灾农作物1946.67公顷，毁坏公路5030米，经济损失6422万元
2008	9	303.4	143	无明显灾情

【附】镇海县历史洪涝记录

镇海县历史洪涝记录表

表 2－47

时期	纪年（公元）	灾害记述
宋	淳熙五年（1178）	秋大水
	淳熙八年（1181）五月	大水
明	正德六年（1511）	海溢，漂溺居民
	万历二十六年（1598）九月	水灾
	万历三十九年（1611）六月	大水
清	康熙四年（1665）七月	淫雨
	康熙二十九年（1690）九月	大雨连旬，平地水深五尺，漂没田禾，倾坏民居
	雍正三年（1725）七月十八	大雨海溢，民登至屋脊或大树上避水
	雍正五年（1727）六、七月	阴雨弥月，禾尽萎不实，岁饥
	乾隆十二年（1747）七月	海溢，冲决城塘并溃，民居多漂没圮塌
	咸丰五年（1855）七月	霖雨
	同治元年（1862）八月二十一	大水，坏民房、田禾
	光绪二十五年（1899）六月十三、十四	狂风暴雨昼夜不息，田禾庐舍多被淹没
中华民国	1915 年七月十六	大风雨为患
中华人民共和国	1949 年 10 月	暴雨成涝，柴桥地区水稻受淹 3333.33 余公顷，被淹 7 天，造成严重减产
	1953 年 8 月 31 日至 9 月 2 日	暴雨成灾，农田受淹 20453.33 公顷，倒塌民房 280 余间，伤 9 人，死 1 人
	1954 年 5—7 月	雨量 838.1 毫米，洪涝为灾，3533.33 公顷早稻受淹。8 月高温干旱，稻瘟病猛发
	1956 年 9 月	中旬暴雨成灾，过程雨量 314.9 毫米，农作物受淹 6666.67 余公顷
	1959 年 9 月 4 日	雨量 139.7 毫米，农田受淹 5746.67 公顷

第三节　阴雨　低温

春季连阴雨

连阴雨是 3 月下旬到 4 月底期间，连续 4 天或以上、日降水大于等于 0.1 毫米，且日照小于 2 小时的阴雨过程。境内春季连阴雨平均每年 1.1 次，最多的有 4 次，出现在 1983 年。平均每次维持 5.3 天，最长的 10 天，出现在 1975 年 4 月 10—19 日。

倒春寒

立春后，北方冷空气势力逐渐减弱，暖气流缓慢增强，天气开始转暖，气温呈波浪式上升，但有的年份在清明以后还有强冷空气侵袭，使气温又大幅度下降。通常把4月5日以后，日平均气温连续3天或以上小于等于11℃的天气过程称倒春寒。1971—2008年，境内出现倒春寒有10年14次，平均每3～4年一遇。20世纪80年代出现频率较高，10年中出现5次。一年中出现2次的有1980年、1984年、1993年、1996年。倒春寒通常发生期为4月6—26日，多数发生在4月16日之前。平均每次维持4天，最长的8天，出现1996年4月8—15日。1997—2008年镇海无倒春寒天气出现，反映气候变暖趋势。

镇海区（县）4月倒春寒出现年份及日期统计表

表2－48

年　份	1972	1976	1977	1980		1984	
出现日期	6—11日	6—10日	7—9日	13—15日	24—26日	6—8日	10—12日
天　数	6	5	3	3	3	3	3
年　份	1987	1988	1989	1993		1996	
出现日期	11—16日	6—8日	11—13日	6—9月	11—14日	8—15日	19—21日
天　数	6	3	3	4	4	8	3

寒潮

镇海区（县）遭寒潮侵袭多发生在11月到翌年3月，以3月最多。1971—2008年共有37次寒潮侵袭，平均每年有0.8次。年际分布不均，最多的2004年有4次，有14年无寒潮影响，其中1983—1987连续无寒潮影响，每次寒潮影响一般都有8～10级偏北大风。寒潮影响48小时内降温最大有15.5℃，出现在2005年3月10日—12日。

1971—2008年镇海区（县）平均寒潮影响统计表

表2－49

月　份	11	12	1	2	3	计
影响次数	6	6	5	8	12	37
频率（%）	16.2	16.2	13.5	21.6	32.4	100

第四节　冰　雹

1971—2008年镇海区（县）共出现11次冰雹，出现时日最早在1974年3月7日，最迟为1980年7月16日。影响最严重的是1977年4月24日，西起汶溪，东至峙头，并伴随雷暴和11级大风。

1971—2008 年镇海区（县）冰雹出现记录表

表 2－50

年	月	日	时间	直径（毫米）	重量（克）	灾情
1974	3	7	14 时 53 分—14 时 59 分	—	—	—
1977	4	24	16 时 58 分—17 时 05 分	100	110	损失严重
1980	6	27	13 时 10 分—13 时 12 分	—	—	最大风速 33.0 米/秒，极大风速 40 米/秒。农作物受损严重。倒塌房屋 323 间
	7	16	13 时 16 分—13 时 19 分	7	—	—
1981	5	2	12 时 46 分—12 时 53 分	11	1	—
	7	9	12 时 46 分—12 时 49 分	14	1	—
1991	5	24	16 时 33 分—16 时 48 分	25	1	—
1992	7	13	14 时 40 分—15 时 05 分	100	—	自河头、澥浦、岚山、路沿郑入海，933 公顷农作物受损
1994	3	13	21 时 50 分—21 时 53 分	4	—	—
1997	5	13	15 时 36 分—15 时 38 分	15	2	自河头至城关入海 40 公顷农作物受灾
2004	7	12	16 时 57 分—17 时 00 分	—	—	镇海小冰雹

说明：影响镇海的台风、干旱、洪涝、冰雹、地震记述引自《中国气象灾害大典·浙江卷》，气象出版社 2006 年 11 月第一版；《镇海县志》，1994 年 11 月第一版；《镇海县农业志》，2001 年版

（责任编辑　冯国定）

第三编　野生动植物资源

本编目录

镇海区属亚热带沿海丘陵地区，旧时野生动植物资源丰富，包括陆生生物、淡水生物和海洋生物等。明万历四十八年（1620），老虎曾入县城清川门（嘉庆《蛟川备志》）。清康熙四十五年（1706）、四十七年（1708）老虎几度入县城（民国《镇海县志》卷四十三）。1936年11月，大市堰傅家毙虎一头。抗战开始至解放初期，大批松林及樟树、柏树被砍伐，陆域动物锐减。区域内常见淡水生物资源有淡水鱼类19种、甲壳类7种。海域生物资源呈减少，常见海水鱼类27种，甲壳类11种，贝藻类12种。镇海区对野生植物没有作系统调查。

第一章　海域生物资源

区域内海洋生物资源分为海水鱼、甲壳类、贝藻类以及其他四大类，其中：

常见海水鱼类27种：大黄鱼、带鱼、鲳鱼、马鲛鱼、鳓鱼、鮸鱼、章跳、毛鲿鱼、鲨鱼、孔鳐、竹荚鱼、雄鱼、舌鳎、鲈鱼、鲻梭鱼、长嘴鱼、海黄鳝、鲚鱼、虾鳎、梅童鱼、河豚、海鳗、涂鳗、弹涂鱼、江鳅、泥鱼、烂稻索。

常见甲壳类11种：梭子蟹、青蟹、彭越蟹、红钳蟹、沙蟹、短螯和尚蟹、黄虾、跳虾、中国对虾、水虾、麦秆虾。

常见的贝藻类13种：墨鱼、蛏子、蚶子、毛蚶、圆蛤、黄蛤、螂蛤、泥螺、香蛳螺、贻贝、牡蛎、紫菜、海带。

其他尚有海蜇、章干、望潮、鲎、鳖。

第一节　海水鱼类

大黄鱼（Pseudosciaena crocea）　亦称大鲜，石首科。因脑部有似齿形“耳石”两枚，故亦称石首鱼。呈金黄色，头大口阔，体延长侧扁，长30～40厘米，一般重0.4～0.8千克。幼鱼称梅子，系暖水性产卵集体洄游鱼群。立夏进入渔场产卵，能发声，雄鱼声高，雌鱼音低。味鲜美，晒干为黄鱼鲞，鳔胶更珍贵。20世纪70年代中期，峙头洋、灰鳖洋大黄鱼汛复发，以后逐年减少，现已稀见。

带鱼（Trichiurus haumela）　带鱼科。头尖齿锐，体侧扁似带，长约70～100厘米，故名。呈银白色，鳞退化。属暖水性上、中层洄游鱼类，喜群游群栖，冬季为旺汛，性凶猛，食小鱼虾。亦自相残食。繁殖力强，年产卵2～3次，为主要经济鱼类。20世纪70年代中期起，资源渐减，体形趋小，性早熟。镇海洋面捕获者，多系小带鱼，亦称“带鱼丝”。峙头洋带鱼汛发于初秋，灰鳖洋带鱼汛在夏至至大暑。

鲳鱼（Pampus argenteus）　鲳科。体扁圆、口短小，尾似燕尾，细鳞。呈银白色者称银鲳、白鲳；呈褐色称乌鲳；呈黑色、体大、鳍长称长令、婆子。系中、上层鱼类，初夏洄游至近海产卵。镇海洋面捕获多系白鲳鱼。骨软、肉嫩、味美，为主要经济鱼类之一。

马鲛鱼（Scomberomorus niphonius）　鲛科。体长而侧扁，长25～50厘米，条重1～1.5千克。最大长达1米，条重5千克左右，俗称“金刚腿”。背呈蓝黑色，腹银白色，鳞细小，口大齿锐、性凶猛，食小鱼虾。游泳敏捷，常栖息于上、中层水域。20世纪70年代前灰鳖洋盛产，今已少见。

鳓鱼（Ilisha elongata） 鲱科。体侧扁，形似菜刀，故又名刀鱼。呈银白色，大鳞，口向上略翘。暖水性鱼类，怕强光，性急躁，敏感性强，游速快。常结群洄游至近海产卵，夏季为旺汛。味鲜美，以腌制闻名，称上品，属主要经济鱼类之一。灰鳖洋、峙头洋20世纪80年代前盛产，现资源减少，仅少量捕获。

鮸鱼（Miichthys miiuy） 石首科。形似大黄鱼，体略长而扁圆，大口、锐齿、红唇、红眼，色灰褐带小黑点，产于灰鳖洋，尤以沥港鮸鱼闻名。

章跳 俗呼章跳白眼。体延长而侧扁，中鳞，呈白灰色，条重1千克左右，大者达20余千克。20世纪70年代前，灰鳖洋旺产，以梅季为多，涨网串网亦可捕获。

毛鲿鱼（Megalonibes fusca） 石首科。形似鮸鱼，其体特大，条重30～40千克，大者50余千克。呈灰色带有小黑点，唇红。喜栖深水急流礁石边，昼伏夜游，产卵时叫声如擂鼓。产于灰鳖洋及大榭涂泥门海域，其鳔称“毛鲿鱼胶”，为营养补品。

鲨鱼（Selachimorpha） 鲨科。体圆长，呈纺锤形，尖口，锐齿，具鳞，皮厚有沙，故名。品种较多，形态各异，分白蒲鲨、带鱼鲨、真鲨、角鲨、燕子鲨、书生鲨等。性凶猛，食鱼类，夏秋洄游至近海。卵生，每胎5～6枚，大似鸡蛋黄。肉可食，肝可提炼鱼肝油，皮可制革，鳍晒干成鱼翅，为宴席佳肴。

孔鳐（Raja. porosa ） 鳐科，俗称鯆鱼。品种甚多，呈黄色称黄鯆，褐色者为黑鯆。体扁圆似扇，口小齿尖，生于体下。鼻眼朝天生于体上，尾细长如鞭。有刺含毒素，无鳞多黏液，卵产。栖于近海底层。味鲜美，尤以黄鯆为佳。

竹荚鱼（Trachurus Japonicus） 鲹科。头扁大，呈三角尖形，口阔，体平，尾狭长，背呈褐黄、腹白色，形似竹荚，故名。两鳃盖下各长3刺，含有毒素，尤以双眼外突，面部丑凶，背鳍粗硬而别称“山魈”。

雄鱼（pelteobagrus fulvidraco） 亦名海黄颡，俗称雄铁头，鱼央科。巨口锐齿、有须，背部及左右鳍各长一尖刺。呈银灰色，腹白，无鳞，性凶猛。麦黄季节洄游至近海产卵。

舌鳎（Cynoglossus robustus） 舌鳎科。眼小口侧，体扁，眼鼻均在体上，呈褐黄色，腹白，属底层鱼类。其形似舌，故名。品种多，有粗鳞、细鳞、左手舌鳎、花舌鳎等。海洋捕获以粗鳞居多，滩涂串网涨网捕获者均属细鳞。

鲈鱼（Trachidermus fasciatus） 鮨科。口巨、齿尖，背鳍坚硬，鳞细，体侧扁延长，呈灰白色，有黑星斑点。性凶猛，食鱼虾。栖于浅海中下水层，常游至港湾。潜入淡水河亦能适应，可养殖。

鲻梭鱼（Mugil cephalus） 俗称鲻鱼，鲻科。头大而平扁，身长，红眼、粗鳞、骨软，呈银白色。品种多，分为黄眼、乌鲻、三梭等。栖于近海上、中层水域，成群逆水洄游于港湾，常随潮进入海涂觅食，主食浮游生物。性急躁，喜跳跃，胆小，受惊逃窜敏捷。潜入内陆水域后鳞体变深色，生长快，俗称“淡水大头”。资源丰富，味腴美，可养殖。

长嘴鱼（Raiamas guttatus） 鲱科。体圆，体狭长逾尺，呈银白色、无鳞、骨软，有管形尖吻长伸，因名之。夏秋皆有，但资源缺乏。

海黄鳝（Gymnothorax undulatus）　头大体圆，长 0.8 ~ 1.3 米，粗如鸡蛋，长如管，呈棕黄色，形似河黄鳝，无鳞，多黏液，有褐色长条纹，条重 1.2 ~ 1.5 千克。湾塘、南洪一带涨网，春季常有捕获。

鲚鱼（Coiliamystus）　鳀科，小型鱼类。体扁平，呈长梭形，头尖眼小，尾长似"凤尾"，亦称凤尾鱼。雄性体大称刀鲚，重及两；雌性体小似指，称玉鲚。资源丰富，沿海港湾四季皆产，尤以夏季为旺。

龙头鱼（Harpadon nehereus）　灯笼鱼目龙头鱼科。体长 10 ~ 15 厘米，裂口短吻，形似"蛟龙"，亦名龙头鱼。骨软，无鳞，色白，又称豆腐鱼。晒干后称龙头鲞，沿海盛产。

梅童鱼（collichthys lucidus）　又称"大头梅童"，石首科。头大、眼小、体短、尾细，略向上翘，色似黄金，形似幼小黄鱼，细鳞。小者长 5 ~ 10 厘米，大者 10 ~ 15 厘米。近海港湾皆产，肉嫩味美。

河豚（Takifugu obscurus）　鲀科。体短，呈圆筒形，皮粗无鳞，颔下多刺绒；背蓝，有黄褐色斑纹。遇惊鼓气后腹似球，能发出咕咕之声。其味鲜美，然肝脏血液有毒素，称河豚毒，误食而殒命。腌制晒干称乌狼鲞，为上品。

海鳗（Muraenesox cinereus）　海鳗科。栖深水海底，夜间觅食。体呈圆长管，形似蛇，尾部侧扁。无鳞，皮光滑，背褐色，腹白。背鳍、臀鳍和尾鳍相连，无腹鳍，尖嘴狼齿。游动快速，性凶猛，食鱼虾。冬季体肥肉厚，味鲜美。晒干后称鳗鲞，为佳肴。

涂鳗（Bostrychus sinensis）　塘鳢科。阔口尖齿，体圆短，无鳞，多黏液。背黑褐色，腹浅黄色，甚贪食。肉嫩味鲜美。

弹涂鱼（Boleophthalmus pectinirosris）　俗称弹胡，弹涂鱼科。体似鳅，大如手指。阔口快齿，长圆形，灰褐色，体皆有蓝色斑点。展鳍张口，形凶猛，善跳跃，亦称"泥猴"，又称跳鱼；体小而细长者称跳干。挖洞而栖，退潮后跳跃于涂面觅食。其味鲜美。

江鳅（Clarias fuscus）　俗称赤鳊，虎鱼科。体长圆而略侧扁，头大呈方形，吻短，口阔齿尖，无鳞多黏液，皮光滑。背鳍、臀鳍均长，与尾鳍相连。栖于浅海底层，常在海涂穴居，食浮游生物。呈青蓝色，体长者称蓝赤鳊。呈淡红色，体短者称红头赤鳊。海涂均产，其味以蓝赤鳊为佳，红者次。

泥鱼　虎鱼科。体大及指，前部圆柱形，后部侧扁，头大口阔，背黄腹白。常穴居，潮至出穴觅食。沿海皆产，以梅季为肥。

第二节　甲壳类

梭子蟹（Portunus pelagicus）　蝤蛑科。其形似梭子，故名，幼时亦称白蟹。体分头胸部与腹部。甲壳中间圆两端尖，四对足行动，两大螯捕食。善游能爬，性凶猛，好斗，常互相钳食。浅深海皆生，秋季旺汛。雌性脐圆，螯粗短。雄性脐三角形，螯细长。5—6 月产卵期，称"籽蟹"，体壮味较差。7—8 月卵产后称“热水蟹”，体瘦质差；10 月后育膏肥壮，味鲜美，盐渍后称“䱂蟹”。

青蟹（Scylla serrata） 俗称“黄夹蟹”，蝤蛑科。栖于海涂石隙或软涂处。体扁厚椭圆形，壳光滑呈青黄色，双螯粗大坚硬。前 3 对足指尖，第 4 对足指平扁呈桨状。潮兴出游觅食，潮退蛰居涂泥中。体大者达 1 千克，肉肥，以夏秋膏腴味最美。

彭越蟹（Hemigrapsus sanguineus） 方蟹科。栖于高潮区海涂，挖穴而居。体大如拇指，壳银灰色，腹白，双螯粗圆，色白而略黄。以清明季节最肥，制浆后称彭越蟹浆，味美。

红钳蟹（Uca） 方蟹科。栖于高潮区海滩，挖穴而居。蟹螯一大一小，左大右小或右大则左小。螯大超越蟹体，俗称“大刀谷乱”，甚奇观。因螯均呈紫红色，又名红钳蟹。遇侵犯者，用大螯钳住对方，弃螯而逃，后又能长出新螯。以夏秋间为肥，多制浆而食。

沙蟹（dilatatum） 方蟹科。栖于中低潮区海涂，挖穴而居，夏浅秋深，潮退爬行涂面觅食。呈灰黑色，壳薄软，量多似散沙，故名。以梅季多而肥，俗称黄梅沙蟹，多腌食。

短螯和尚蟹（Mictyris brevidactylus） 和尚蟹科。栖于中潮区海涂，体小、壳圆而隆起，光滑似秃头，故名。细观壳体似“关公头”貌形，亦称关公头蟹。行动缓慢，壳硬肉少，味较差。

黄虾 对虾科。因其色黄，故名。产于台风季节，又名台虾。体大如中指，重及半两。甲壳薄，其须长为虾之魁。以初夏体肥肉嫩，育有膏卵味更鲜美。沿海各地皆产，今已少见。

跳虾（Platorchestia platensis） 对虾科，系日本对虾种。大小似黄虾，唯略狭长，甲壳较厚硬，有彩色斑纹。性急躁，跳跃有猛劲，因又称强盗虾。晒干成虾干，出壳成虾米，为上品。

中国对虾（Penaeus scmisulcatus） 对虾科。栖息于浅海底层，4—6 月产卵，生长迅速，越冬洄游，体大味美。原系野生，今为浅海养殖品种。

水虾 臂虾科。大及小指，因色纯白，光滑透明，故又称白水虾。清明季节盛产，育有膏卵为肥，味鲜美。

麦干虾 小型虾类，因大小似麦干，又于麦黄时发汛，故名。秋季为旺汛。

第三节 贝藻类

墨鱼（Sepia esculenta） 亦作乌贼、乌鲗。头足纲，乌贼科。体呈袋形，背腹略扁平，侧缘绕以狭鳍。头发达，眼大。触腕一对，与体同长，顶端扩大如半月形勺，上生许多小吸盘，均有角质齿环。其腹有墨，遇大鱼就放墨汁数尺而逃避。墨鱼干俗称螟脯鲞。

蛏子（Sinonovacula） 蛏科。体如手指，壳薄呈灰白色，生长纹明显。壳闭合时前后两端仍开口，头有两管吸吐食物。挖穴而居，夏浅冬深。广养殖。肉肥味美，去壳晒干为蛏干。

蚶子（Tegillarca granosa） 蚶科。学名泥蚶，亦称血蚶。体小形如斧，呈灰褐色，壳厚而坚，外表有突起条纹。味鲜美，营养价值高，为宴席佳肴。多人工养殖。

毛蚶（Scapharca subcrenata） 蚶科。形似蚶子，体大，壳厚呈白色，表面有褐色绒毛，故名。

肉脆味美，但不及泥蚶。

圆蛤（Cyclina sinensis） 蛤蜊科。又名青蛤，俗称蛤皮。体扁圆，壳面呈蓝褐、淡黄色，壳口白色。产于海涂中潮区，挖穴而居，深尺余，水管喷水出洞可达 2 尺。以梅季为肥，味鲜美，做羹汤更佳。

黄蛤（Tellina iridescens） 樱蛤科，即虹彩樱蛤。体如指甲，壳呈粉红色。因形似瓜子，俗称海瓜子。味鲜美，以梅季为旺肥，亦名梅蛤。产于中潮区海涂，沿海涂中皆有。

鲫蛤 帘蛤类。体似圆蛤，其背部如锥形，壳呈灰白色。栖于中底潮区，挖穴而居，洞深仅三寸，水管喷水力强。以梅季多而肥，肉嫩味美。

泥螺（Bullacta exarata） 阿地螺科。体型似大豆，呈拖鞋状。小者称吐铁。壳圆形，薄而脆，色灰黄。栖于中潮区，退潮时在涂面爬行觅食，活动能力弱，易捕捉。9 月产卵形似小白球，呈透明状，俗称“泥螺蛋”。多腌制，味鲜美。

香蛳螺（Nassarius hepaticus） 锥螺科。体呈尖锥形，似螺蛳，壳厚硬，灰褐色。栖于中潮区海涂，退潮时在涂面爬行觅食，嗅觉灵敏，易捕捉，以夏秋为多。割尾而食，其味鲜香，故又名“割香螺”。国家明令禁止食用。

贻贝（Mytilus coruscus） 贻贝科。又名淡菜，体楔形，背弧状，腹略直，壳薄，表面呈紫黑色，内淡蓝色，有珍珠光泽，生长纹明显。以足丝附属于礁石等物。因形美味鲜，号称“东海夫人”。去壳晒干品，称淡菜干，亦称贡干。

牡蛎（Concha Ostreae） 俗称“蛎蟥”，牡蛎科。壳多形，下壳附着于物上，栖于高潮区礁岩处。外壳粗糙，呈灰褐色，内壳白而光泽。肉肥味美，冬季旺产，壳可制石灰。

紫菜（Porphyra yezoensis） 红毛菜科。藻体呈肾或长带等多形，色紫，光泽，故名。营养丰富，含碘多。原野生于中高潮区岛礁岩石处，今为人工养殖。

海带（Thallus Laminariae） 海带科。形似长带，故名。呈橄榄色，干品为黑褐色。分固蒂器、柄、叶三部分。晒干成淡干，加盐晒干为咸干，供食用。

第四节 其 他

海蜇（Ahopliema esculentum） 腔肠动物，无肠胃，用体腔消化。属暖水性大型水母，故称水母。形似降落伞。生长于咸淡水适度的近岸海域，游泳力弱，随潮汐、风向漂浮。风干浪静时升于海面。虾寄泊其上，遇惊时虾逃逸而海蜇下沉，故有“海蜇虾当眼”之说。边缘有毒素，人触及则感痒辣。5 月中旬出现幼体，生长极快，夏秋为旺汛。灰鳖洋、峙头洋盛生，为主要海产品之一。

章干 章干科。栖于海之深处，常随潮进入海涂。形似墨鱼，但体略小，无鳞，八腕足长尺余，由吸盘行动捉食。以春季为肥，味鲜美。

望潮（Octopus ocellatus） 章干科。形似章干，体略小、如鸡蛋，八腕足长有吸盘。无鳞，有长须，喜缠物，性警灵。在海涂挖穴而居，以其乘潮而兴，潮退而蛰，故名望潮，味鲜美。

居贡 比望潮小，长者不满一寸。背亦有细骨，俗称“小乌贼”。

鲎（Tachpleus tridentatus） 鲎科。由头胸、甲腹和尾三部分组成。头甲宽广呈半月形，甲壳坚似钢盔，眼生于背两侧，尾如柄细长而硬，能自由转动。口、足皆藏腹下。栖于低潮区海底，雌雄相伴。可食用，供观赏，药用价值高，沿海皆产，唯数甚缺。

江豚（Neophocaena phocaenoides） 鼠海豚科，哺乳类动物。因其体似猪，又称海猪。游泳时常把头伸出海面呼吸，时起时伏，亦名拜江猪。体长纺锤形，头圆无喙，眼小而不明显。无背鳍，鳍肢似镰刀。尾平扁分左右两叶，皮乌滑，背呈黑色，腹略淡。条重 50 ~ 100 千克。食鱼、虾、乌贼等。产仔期 10 月，一胎一仔。喜三五成群洄游于咸淡水交界或潮流冲击处。灰鳖洋、峙头洋及梅山、穿山、镇海等港口出现。

第二章　陆域生物资源

1997—2000年，市林业局组织宁波有史以来首次全面系统的陆生野生动物资源调查，在镇海布设大陆副总体样带1个，占1/58；海岸湿地副总体样点3个，占3/58。凡《全国陆生野生动物重点调查和监测名录》《浙江省陆生野生动物资源增加调查和监测名录》中在宁波的分布种，均列入调查。计有两栖类6种、爬行类13种、鸟类82种和兽类22种，共123个物种。据调查报告，有70个物种出现记录，53个物种没有出现。在70个记录物种中，计有两栖类5种、爬行类12种、鸟类47种和兽类6种。调查还发现鸟类新物种。

第一节　两栖类

两栖动物23品种，隶2目8科12属。其中，有尾目2科5属5种，无尾目6科7属18种。分布两栖类中古北界成分3种，即中华大蟾蜍、金线蛙、黑斑蛙，余20种均为东洋界。

一、有尾目 SALAMANDRIFORMES

（一）**小鲵科** hynoblldae

1. 义乌小鲵 Hynobius yiwuensis

（二）**蝾螈科** Salamandrldae

2. 镇海棘螈 Echinotriton chinhaiensis
3. 肥螈无斑亚种 P. b labiatus
4. 中国瘰螈 Trituroides chinensis
5. 东方蝾螈 Cynops orientalis

二、无尾目 RANIFORMES

（三）**锄足蟾科** Pelobatidae

6. 淡肩角蟾 Megophrys boettgeri

（四）**蟾蜍科** Bufonidae

7. 中华大蟾蜍 Bufo b. gargarizans

（五）**雨蛙科** Hylidae

8. 中国雨蛙 H. chinensis

（六）**蛙科** Ranldae

9. 弹琴蛙 Rana adenopleura

10. 日本林蛙 R. J. japonica
11. 阔褶蛙 R. atouchii
12. 泽蛙 R. limnocharis
13. 黑斑蛙 R. nigromaculata
14. 金线蛙指名亚种 R. p. plancyi
15. 花臭蛙 R. schmackeri
16. 棘胸蛙 R. spinosa
17. 天台蛙 R. Tientaiensis
18. 虎纹蛙 R. tigrina rugulosa
19. 华南湍蛙 S. ricketti
20. 大树蛙 Rhacophorus dennysi
21. 斑腿树蛙 Rh. Leucomystax
22. 饰纹姬蛙 Microhyla ornata
23. 小弧斑姬娃 M. heymonsi

两栖类物种的资源数量已稀少。以前分布众多的黑斑蛙，调查得到的种群出现密度仅 136. 71 只/平方千米。陆栖型蛙类中华大蟾蜍，由于平原农区水污染对其繁殖期和幼体的严重危害，种群数量也大幅度下降。棘胸蛙生活于山涧溪流，虎纹蛙生活于山脚边静水域，其栖息地较少受到环境污染的影响，但人为捕捉禁而不止，资源遭到严重破坏。

【附】镇海棘螈

1932 年首次在镇海县柴桥瑞岩寺山岙发现，后被命名为“镇海棘螈”，列为国家二级重点野生保护动物，为国家特有珍稀物种。其生活在海拔 100 ~ 200 米的沿海丘陵山脚旁，多发现于森林植被（尤以阔叶林）保护较好、人为活动较少、枯枝落叶较多的地区，白昼潜伏于阴暗潮湿、多腐殖质、土壤疏松之处的草丛、土穴、石下或石缝中。繁殖季节进入郁闭度较好的静水沟、小水塘附近，求偶、纳精、产卵，幼体在水中生活，经过 3 个月左右后变态，成体登陆营陆栖生活。镇海棘螈仅分布于北仑区以瑞岩寺林场为中心，东起柴桥镇紫石村、西至新路林场，北起大碶镇新路村、南到三山乡裘山村范围内。

第二节 爬行类

爬行动物有 50 种，分属于 3 目 9 科 31 属。其中，龟鳖目有 2 科 5 属 5 种，蜥蜴目有 4 科 6 属 9 种，蛇目有 3 科 20 属 36 种。

一、**龟鳖目** TESTUDOFORMES

（一）**龟科** Testudinidae

平胸龟亚科 Platysterninae

1. 平胸龟 Platysternon megacephalum
2. 乌龟 Chinemys reevesii
3. 黄喉水龟 Clemmys mutica
4. 黄缘闭壳龟 Cuora flavomarginata

（二）**鳖科** Trionychidae

5. 鳖 Trionyx sinensis

二、**蜥蜴目** LACERTIFORMES

（三）**壁虎科** Gekkonidae

6. 铅山壁虎 Gekko hokouensis
7. 多疣壁虎 G. japonicus
8. 蹼趾壁虎 G. subpalmatus

（四）**石龙子科** Soincidae

9. 石龙子 Eumeces chinensis
10. 蓝尾石龙子 E. elegans
11. 宁波滑蜥 Scincella modestum
12. 蝘蜓 Lygosoma indicum

（五）**蜥蜴科** Lacertidae

13. 北草蜥 Takydromus septentrionalis

（六）**蛇蜥科** Anguidae

14. 脆蛇蜥 Ophisaurus la ti

三、**蛇目** SERPENTIFORMES

（七）**游蛇科** Colubridae

闪皮蛇亚科 Xenoderminae

15. 黑脊蛇 A. spinalis

钝头蛇亚科 Pareinae

16. 钝头蛇 Pareas chinensis

游蛇亚科 Colubrinae

17. 钝尾两头蛇 C. septentrionalis
18. 赤链蛇 Dinodon rufozonatum
19. 黄链蛇 D. flavozonatum
20. 双斑锦蛇 Elaphe bimaculata
21. 王锦蛇 E. carinata

22. 玉斑锦蛇 E. mandarina
23. 紫灰锦蛇 E. porphyracea nigrofasciata
24. 红点锦蛇 E. rufodorsata
25. 赤峰锦蛇 E. anomala
26. 黑眉锦蛇 E. taeniura
27. 颈棱蛇 Macropisthodon rudis rudis
28. 水赤链游蛇 N. annularis
29. 锈链游蛇 N. craspedogaster
30. 乌游蛇 N. p. percarinata
31. 渔游蛇 N. piscator
32. 草游蛇 N. stolata
33. 虎斑游蛇 N. tigrina lateralis
34. 中国小头蛇 Oligodon chinensis
35. 台湾小头蛇 O. formosanus
36. 翠青蛇 Opheodrys major
37. 山溪后棱蛇 Opisthotropis latouchii
38. 花尾斜鳞蛇 Pseudoxenodon stejnegeri striaticaudatus
39. 灰鼠蛇 Ptyas korros
40. 滑鼠蛇 P. mucosus
41. 黑头剑蛇 Sibynophis chinensis
42. 乌梢蛇 Zaocys dhumnodes

林游蛇亚科 Boiginae

43. 绞林花蛇 Boiga kraepelini

（八）**眼镜蛇科** Elapidae

44. 银环蛇 Bungaarus m. muliicinctus
45. 丽纹蛇 C. m. macclellandi
46. 眼镜蛇 Naja naja atra

（九）**蝮亚科** Crotalinae

47. 五步蛇 Deinagkistrodon acutus
48. 蝮蛇 Gloydius brevicaudus
49. 烙铁头 T. mucrosquamatus
50. 竹叶青 T. s. stejnegeri

除乌龟、鳖、北草蜥、赤链蛇、红点锦蛇、黑眉锦蛇、虎斑游蛇、蝮蛇 8 个种系跨古北界和东洋界广布种，赤峰锦蛇从古北界伸展到浙东平原区外，其余 41 个种均属于东洋界种类。爬行类处在资源下降期，由于驯养繁殖技术还没有真正过关，对爬行类野生资源保护的压力很大。

第三节　鸟　类

共有鸟类动物349种（包括亚种），隶属于19目60科。其中，潜鸟目1科1种；䴙䴘目1科5种；鹱形目2科4种；鹈形目3科3种；鹳形目3科22种；雁形目1科27种；隼形目2科25种；鸡形目1科6种；鹤形目3科10种；鸻形目6科42种；鸥形目1科8种；鸽形目1科5种；鹃形目1科6种；鸮形目2科12种；夜鹰目1科1种；雨燕目1科2种；佛法僧目3科6种；鴷形目2科6种；雀形目25科158种。

一、潜鸟目 GAVIFORMES

（一）潜鸟科 Gaviidae

1. 红喉潜鸟 Gavia stellata stellata

二、䴙䴘目 PODICIPEDIFORMES

（二）䴙䴘科 Podicipedidae

2. 小䴙䴘 Podiceps ruficollis poggei

3. 角䴙䴘 P. auritus

4. 黑颈䴙䴘 P. caspicus caspicus

5. 凤头䴙䴘 P. cristatus cristatus

6. 赤颈䴙䴘 P. grisegena

三、鹱形目 PROCELLARIIFORMES

（三）信天翁科 Diomedeidae

7. 黑脚信天翁 Diomedeidae nigrpes

（四）鹱科 Procellariidae

8. 白额鹱 Puffinus leucomelus

9. 短尾鹱 P. tenuirostris

10. 燕鹱 Bulweria bulwerii

四、鹈形目 PELECANIFORMES

（五）鹈鹕科 Pelecanidea

11. 斑嘴鹈鹕 Pelecanus philippensis crispus

（六）鸬鹚科 Phalacrocoracidae

12. 鸬鹚 Phalacrocorax carbo sinensis

（七）军舰鸟科 Fregatidae

13. 小军舰鸟 Fregata minor minor

五、鹳形目 CICONIIFORMES

（八） 鹭科 Ardeidae

14. 苍鹭 Ardea cinerea rectirostris

15. 草鹭 A. Purpurea manilensis

16. 绿鹭（瑶山亚种） Butorides striatus connectens

（黑龙江亚种） B. striatus amurensis

17. 池鹭 Ardeola bacchus

18. 牛背鹭 Bubulcus ibis coromandus

19. 大白鹭 Egretta alba modestus

20. 白鹭 E. garzetta garzetta

21. 岩鹭 E. sacra sacra

22. 中白鹭 E. intermedia intermcdia

23. 夜鹭 Nycticorax nycticorax nycticorax

24. 栗头虎斑鳽 Gorsachius goisagi

25. 黄斑苇鳽 Ixobrychus sinensis sinensis

26. 紫背苇鳽 I. eurhythmus

27. 黑鳽 Dupetor flavicollis flavicollis

28. 大麻鳽 Botaurus stellsris stellaris

（九） 鹳科 Ciconiidae

29. 东方白鹳 Ciconia boyciana

30. 黑鹳 C. nigra

（十） 鹮科 Threskiornithidae

31. 朱鹮 Nipponia Nippon

32. 彩鹮 Plegadis falcinellus falcinellts

33. 白琵鹭 Platalea leucorodia leucorodia

34. 黑脸琵鹭 P. minor

六、雁形目 ANSERIFORMES

（十一） 鸭科 Anatidae

35. 鸿雁 Anser cygnoides

36. 豆雁 A. fabalis serrirostris

37. 白额雁 A. albifrons albifrons

38. 小白额雁 A. erythropus

39. 灰雁 A. anser

40. 小天鹅 Cygnus columbianus jankowskii

41. 翘鼻麻鸭 Tadorna tadorna

42. 针尾鸭 Anas acuta acuta
43. 绿翅鸭 A. crecca crecca
44. 花脸鸭 A. formosa
45. 罗纹鸭 A. falcala
46. 绿头鸭 A. platyrhynchos platyrhynchos
47. 斑嘴鸭 A. poecilorhyncha zonorhyncha
48. 赤膀鸭 A. strepera strepera
49. 赤颈鸭 A. penelope
50. 白眉鸭 A. querquedula
51. 琵嘴鸭 A. clypeata
52. 白眼潜鸭 Aythya nyroca
53. 青头潜鸭 A. baeri
54. 凤头潜鸭 A. fuligula
55. 斑背潜鸭 A. marila
56. 鸳鸯 Aix galericulata
57. 棉凫 N ettapus coromandelianus coromandelianus
58. 鹊鸭 Bucephala clangula
59. 斑头秋沙鸭 Mergus albellus
60. 红胸秋沙鸭 M. ser rator
61. 普通秋沙鸭 M. merganser merganser

七、隼形目 FALCONIFORMES

（十二）鹰科 Accipitridae

62. 鸢 Milvus korschun lineatus
63. 苍鹰 Accipiter gentillis schvedowi
64. 赤腹鹰 A. soloensis
65. 雀鹰 A. nisus nisosimili
66. 松雀鹰 A. virgatus gularis
67. 大鵟 Buteo hemilasius
68. 普通鵟 B. buteo burmanicus
69. 毛脚鵟 B. Lagopus menzbieri
70. 灰脸鵟鹰 Butastur indicus
71. 鹰雕 Spizaetus nipalensis fokiensis
72. 白肩雕 Aquila heliaca heliaca
73. 白腹山雕 A. fasciata fasciata
74. 秃鹫 Aegypius monachus

75. 白尾鹞 Circus cyaneus cyanacus

76. 鹊鹞 C. melanoleucos

77. 蛇雕 Spilornis cheela rickctti

78. 鹗 Pandion haliactus haliactus

（十三）隼科 Falconidae

79. 游隼(普通亚种) Falco peregrinus calidus

（南方亚种）Falco peregrinus calidus

80. 燕隼 F. Subbuteo streichi

81. 灰背隼 F. columbarius insignis

82. 红脚隼 F. Vespertinus amurensis

83. 黄爪隼 F. naumanni

84. 红隼(普通亚种) F. tinnunculus interstinctus

（指名亚种）F. tinnunculus interstinctus

八、鸡形目 GALLIFORMES

（十四）雉科 Phasianidae

85. 鹌鹑 Coturnix coturnis japonica

86. 灰胸竹鸡 Bambusicola thoracica thoracica

87. 白鹇 Lophura nycthemera fokiensis

88. 勺鸡 Pucrasia macrolopha darwini

89. 雉鸡（环颈雉）Phasianus colchicus torquatus

90. 白颈长尾雉 Syrmaticus ellioti

九、鹤形目 GRUIFORMES

（十五）三趾鹑科 Turnicidae

91. 黄脚三趾鹑 Turnix tanki blanfordii

（十六）鹤科 Gruidae

92. 灰鹤 Grus grus lilfordi

93. 白鹤 G. leucogeranus

（十七）秧鸡科 Rallidae

94. 普通秧鸡 Rallus aquaticus indious

95. 红胸田鸡 Porzana fusca erythrothorax

96. 红脚苦恶鸟 Amaurornis akool coccineipes

97. 白胸苦恶鸟 A. phoenicurus chinensis

98. 董鸡 Gallicrex cinerea cinerea

99. 黑水鸡 G. Chloropus indica

100. 骨顶鸟 Fulica atra atra

十、鸻形目 CHARADRIIFORMES

（十八）彩鹬科 Rostratulidae

101. 彩鹬 Rostratula benghalensis benghalensis

（十九）蛎鹬科 Haematopodidae

102. 蛎鹬 Haematopus ostralegus osculans

（二十）鸻科 Charadriidae

103. 凤头麦鸡 Vanellus vanellus
104. 灰头麦鸡 V. cinereus
105. 灰斑鸻 Pluvialis sguatarola
106. 金斑鸻 P. dominica fulva
107. 剑鸻 Charadrius hiaticula placidus
108. 金眶鸻 Ch. dubius curonicus
109. 环颈鸻 Ch. alexandrinus nihonensis
110. 蒙古沙鸻 Ch. mongolus mongolus
111. 铁嘴沙鸻 Ch. Leschenaultii
112. 红胸鸻 Ch. asiaticus veredus

（二十一）鹬科 Scolopacidae

113. 小杓鹬 Numenius borealis minutus
114. 中杓鹬 N. phaeopus variegatus
115. 白腰杓鹬 N. arquata orientalis
116. 红腰杓鹬 N. madagascariensis
117. 黑尾塍鹬 Limosa limosa melanuroides
118. 斑尾塍鹬 L. lapponica novaezalandiae
119. 鹤鹬 Tringa erythropus
120. 红脚鹬 T. totanus totanus
121. 青脚鹬 T. nebularia
122. 白腰草鹬 T. ochropus
123. 林鹬 T. glareola
124. 矶鹬 T. hypoleucos
125. 灰鹬 T. incana brevipes
126. 翘嘴鹬 Xenus cinereus
127. 翻石鹬 Arenaria interpres
128. 针尾沙锥 Capella stenura
129. 大沙锥 C. megala
130. 扇尾沙锥 C. gallinago gallinago

131. 孤沙锥 C. solitaria

132. 丘鹬 Scolpax rusticola rustcola

133. 红腹滨鹬 Calidris canutus rogersi

134. 细嘴滨鹬 C. tenuirostris

135. 红胸滨鹬 C. ruficollis

136. 尖尾滨鹬 C. acuminatus

137. 小滨鹬 C. minuta

138. 黑腹滨鹬 C. alpina sakhalina

139. 弯嘴滨鹬 C. ferrugineus

140. 阔嘴鹬 Limicola falcinellus

（二十二）反嘴鹬科 Recurvirostridae

141. 反嘴鹬 Recurvirostra avosetta

（二十三）燕鸻科 Glareolidae

142. 普通燕鸻 Glareola maldivarum

十一、鸥形目 LARIFORMES

（二十四）鸥科 Laridae

143. 黑尾鸥 Larus crassirostris

144. 银鸥 L. argentatus vegar

145. 灰背鸥 L. schistisagus

146. 红嘴鸥 L. ridibundus

147. 黑嘴鸥 L. saundersi

148. 三趾鸥 Rissa tridactyla pollicaris

149. 白翅浮鸥 Chlidonias leucoptera

150. 鸥嘴噪鸥 Gelochelidon nilotica affinis

十二、鸽形目 COLUMBIFORMES

（二十五）鸠鸽科 Columbidae

151. 红翅绿鸠 Treron sieboldii sororius

152. 山斑鸠 Streptopelia orientalis orientalis

153. 灰斑鸠 S. decaocto xanthocyclus

154. 珠颈斑鸠 S. chinensis chinensis

155. 火斑鸠 Oenopopelia tranquebarica humilis

十三、鹃形科 CUCULIFORMES

（二十六）杜鹃目 Cuculidae

156. 红翅凤头鹃 Clamator coromandus

157. 四声杜鹃 Cuculus micropterus micropteros

158. 大杜鹃 C.　canorus fallax

159. 中杜鹃 C. canorus fallax

160. 小杜鹃 C. poliocephalus poliocephalus

161. 褐翅鸦鹃 Centropus sinensis sinensis

十四、鸮形目 STRIGIFORMES

（二十七）**草鸮科** Tytonidae

162. 草鸮 Tytonidae

（二十八）**鸱鸮科** Strigidae

163. 红角鸮(东北亚种) Otus scops stictonotus

（华南亚种） O. scops malayanus

164. 领角鸮 O. bakkamonena erythrocampe

165. 雕鸮 Bubo bubo kiautschensis

166. 毛脚鱼鸮 Ketupa flavipes

167. 领鸺鹠 Glaucidium brodiei brodied

168. 斑头鸺鹠 G. cuculoides whiteleyi

169. 鹰鸮(东北亚种) Ninox scutulata ussuriensis

（华南亚种） N. scutulata burmanica

170. 灰林鸮 Strix aluco Linnaeus

171. 长耳鸮 Asio otus otus

十五、夜鹰目 CAPRIMULGIFORMES

（二十九）**夜鹰科** Caprimulgidae

172. 普通夜鹰 Capirmulgus indicus jotaka

十六、雨燕目 APODIFORMES

（三十）**雨燕科** Apodidae

173. 白喉针尾雨燕 Hirundapus caudacutus caudacutus

174. 白腰雨燕 Apus pacificus kanoi

十七、佛法僧目 CORACIIFORMES

（三十一）**翠鸟科** Alcedinidae

175. 冠鱼狗 Cryle lugubris guttulata

176. 斑鱼狗 C. rudis insignis

177. 普通翠鸟 Aicedo atthis bengalensis

178. 蓝翡鸟 Halcyon pileata

（三十二）**佛法僧科** Coraciidae

179. 三宝鸟 Eurystomus orientalis calonyx

（三十三） 戴胜科 Upupidae

180. 戴胜 Upupa epops saturata

十八、䴕形目 PICIFORMES

（三十四） 须䴕科 Capitonidae

181. 大拟啄木鸟 Megalaima virens virens

（三十五） 啄木鸟科 Picidae

182. 蚁䴕 Jynx torquilla chinensis

183. 黑枕绿啄木鸟 Picus canus guerini

184. 斑啄木鸟 Dendrocopos major mandarinus

185. 星头啄木鸟（指名亚种） D. canicapillus scintilliceps

（华南亚种） D. canicapillus nagamichii

十九、雀形目 PASSERIFORMES

（三十六） 八色鸫科 Pittidae

186. 仙八色鸫 Pitta brachyura nympha

（三十七） 百灵科 Alaudidae

187. 云雀 Alauda arvensis intermedia

188. 小云雀 A. gulgula coelivox

（三十八） 燕科 Hirundinidae

189. 灰沙燕 Riparia riparia fokienensis

190. 家燕 Hirundo rustica gutturalis

191. 金腰燕 H. daurica japonica

（三十九） 鹡鸰科 Motacillidae

192. 山鹡鸰 Dendronanthus indicus

193. 黄鹡鸰（东北亚种） Motacilla flava macronyx

194. 灰鹡鸰 M. cinerea robusta

195. 白鹡鸰（灰背眼纹亚种） M. alba ocularixs

（普通亚种） M. alba leucopsis

（黑背眼纹亚种） M. alba lugens

196. 田鹨 Anthus novaeseelandiae sinensis

197. 树鹨（东北亚种） A. hodgsoni yunanensis

（指名亚种） A. hodgsoni hodgsoni

198. 红喉鹨 A. cervinus

199. 水鹨 A. spinoletta japonicus

200. 山鹨 A. sylvanus

（四十）山椒鸟科 Campephagidae

201. 暗灰鹃 Coracina melaschistos intermedia

202. 粉红山椒鸟 Pericrocotus roseus

203. 小灰山椒鸟 P. cantonensis

204. 灰山椒鸟 P. divaricatus divaricatus

（四十一）鹎科 Pycnonotidae

205. 绿鹦嘴鹎 Spizixos semitorques semitorques

206. 黄臀鹎 Pycnontus xanthorrhous andersoni

207. 白头鹎 P. sinensis sinensis

208. 栗耳短脚鹎 Hypsipetes amaurotis hensoni

209. 黑鹎 H. madagascariensis leucocephalus

（四十二）太平鸟科 Bombycillidae

210. 太平鸟 Bombycilla garrulus centralasiae

211. 小太平鸟 B. japonica

（四十三）伯劳科 Laniidae

212. 虎纹伯劳 Lanius tigrinus

213. 牛头伯劳 L. bucephalus bucephalus

214. 红尾伯劳（普通亚种）L. cristaus lucionensis

215. 棕背伯劳 L. schach schach

（四十四）黄鹂科 Oriolidae

216. 黑枕黄鹂 Oriolus chinensis diffusus

（四十五）卷尾科 Dicruridae

217. 黑卷尾 Dicrurus macrocercus cathoecus

218. 灰卷尾 D. leusophaeus leucogenis

219. 发冠卷尾 D. hottentottus brevirostris

（四十六）椋鸟科 Sturnidae

220. 灰背椋鸟 Sturnus sinensis

221. 北椋鸟 S. sturninus

222. 丝光椋鸟 S. sericeus

223. 灰椋鸟 S. cineraceus

224. 八哥 Acridotheres cristatellus cristatellus

（四十七）鸦科 Corvidae

225. 松鸦 Carrulus glandarius sinensis

226. 红嘴蓝鹊 Cissa erythrorhyncha erythrorhyncha

227. 灰喜鹊 Cyanopica cyana swinhoei

228. 喜鹊 Pica pica sericea gould

229. 灰树鹊 Crypsirina formosae sinica

230. 秃鼻乌鸦 Corvus frugilegus pastinator

231. 大嘴乌鸦 C. macrorhynchus colonorum

232. 小嘴乌鸦 C. corone oricntalis

233. 白颈鸦 C. torquatus

（四十八） 河乌科 Cinclidae

234. 褐河乌 Cinclus pallasii pallasii

（四十九） 鹟科 Turdidae

235. 红点颏 Luscinia calliope

236. 蓝点颏 L. svecica svecica

237. 蓝歌鸲（指名亚种） L. cyane cyane

238. 红肋蓝尾鸲 Tarsiger cyanurus cyanurus

239. 鹊鸲 Copsychus saularis prosthopellus

240. 北红尾鸲 Phoenicurus auroreus auroreus

241. 红尾水鸲 Rhyacornis fuliginosus fuliginosus

242. 小燕尾 Enicurus scouleri

243. 黑背燕尾 E. leschenaulti sinensis

244. 黑喉石即 Saxicola torquata stejnegeri

245. 灰林即 S. ferrea haringtoni

246. 蓝头矶鸫 Monticola cinclorhynchus gularisl

247. 蓝矶鸫(华南亚种） M. solitaria pandoo

（华北亚种） M. solitaria philppensis

248. 紫啸鸫 Myiophoneus caeruleus caeruleus

249. 橙头地鸫 Zoothera citrina courtoisi

250. 白眉地鸫(指名亚种） Z. sibirica sibirica

（华南亚种） Z. sibirica davisoni

251. 虎斑地鸫 Z. dauma aurea

252. 灰背鸫 T. hortulorum

253. 乌灰鸫 T. cardis

254. 乌鸫 T. merula mandarinus

255. 白腹鸫 T. pallidus pallidus

256. 白眉鸫 Turdus obscurus

257. 赤胸鸫 T. chrysolaus

258. 斑鸫(北方亚种） T. naumanni eunomus

（指名亚种）T. naumanni naumanni

（五十）画眉科 Timaliidae

259. 锈颈钩嘴鹛 Pomatorhinus erythogenys swinhoei

260. 棕颈钩嘴鹛（长江亚种）P. ruficolis styani

（东南亚种）P. Ruficollis stridulus

261. 小鳞鸫鹛 Pnoepyga pusilla pusilla

262. 红头穗鹛 Stachyris ruficeps davidi

263. 黑脸噪鹛 Garrulax perspicillatus

264. 黑领噪鹛 G. pectoralis picticollis

265. 黑喉噪鹛 G. chinensis chinensis

266. 灰翅噪鹛 G. cineraceus cinereiceps

267. 棕噪鹛 G. poecilorhynchus berthemyi

268. 画鹛 G. canorus canorus

269. 白颊噪鹛 G. sannio sannio

270. 红嘴相思鸟 Leiothrix lutea lutera

271. 淡绿鹛 Pteruthius xanthochlorus obscurus

272. 褐雀鹛 Alcippe brunnea superciliaris

273. 灰眶雀鹛 A. . morrisonia hueti

274. 棕头鸦雀（指名亚种）Paradoxornis webbianus webbianus

（长江亚种）P. webbianus suffusus

275. 灰头鸦雀 P. gularis fokiensis

（五十一）莺亚科 Sylviidae

276. 短翅树莺 Cettia diphone canturians

277. 山树莺 C. fortipes davidiana

278. 黄腹树莺 C. acanthizoides acanthizoides

279. 小蝗莺 Locustella certhiola minor

280. 苍眉蝗莺 L. fasciolata

281. 大苇莺 Acrocephalus arundinaceus orientalis

282. 褐柳莺 Phylloscopus fuscatus fuscatus

283. 棕腹柳莺 Ph. subaffinis subaffinis

284. 黄眉柳莺 Ph. inornatus inornatus

285. 黄腰柳莺 Ph. proregulus proregulus

286. 极北柳莺 Ph. borealis borealis

287. 灰脚柳莺 Ph. tenellipes

288. 冕柳莺 Ph. coronarus coronarus

289. 戴菊 Regulus regulus japonensis

290. 棕脸鹟莺 Seicercus albogularis fulvifacies

291. 棕扇尾莺 Cisticola juncidis tinnabulans

292. 金头扇尾莺 C. exilis

293. 褐头鹪莺 Prinia subflava extensicauda

294. 灰头鹪莺 P. flaviventris sonitans

295. 褐山鹪莺 P. polychroa parumstriata

（五十二）鹟科 Muscicapidae

296. 白眉姬鹟 Ficedula zanthpygia

297. 黄眉姬鹟 F. narcissina narcissina

298. 鸲姬鹟 F. muginaki

299. 白腹鹟 Cyanoptila cyanomelana cyanomelana

300. 乌鹟 Musicicapa sibirica sibirica

301. 斑胸鹟 M. griseisticta

302. 北灰鹟 M. latirostris

303. 寿带（鸟） Terpsiphone paradisi incei

304. 紫寿带（鸟） T. atrocaidata atrocaidata

（五十三）长尾山雀科 Aegithalidae

305. 银喉（长尾）山雀 Aegithalos caudatus glaucogularis

306. 红头（长尾）山雀 A. concinnus concinnus

（五十四）攀雀科 Remizidae

307. 雀科 Remiz pendulinus consobrinus

（五十五）山雀科 Parigae

308. 大山雀(华北亚种) Parus major artatus

（华南亚种） P. major commixtus

309. 黄腹山雀 P. venustulus

（五十六）鳾科 Sittidae

310. 普通鳾 Sitta europaea sinensis

（五十七）绣眼鸟科 Zostropidae

311. 暗绿绣眼鸟 Zosterops japonica simplex

（五十八）文鸟科 Ploceidae

312. 麻雀 Passer montanus saturatus

313. 山麻雀 P. rutilans rutilans

314. 白腰文鸟 Lonchura striata swinhoei

315. 斑文鸟 L. punctulcta topela

（五十九）雀科 Fringillidae

316. 燕雀 Fringilla montifringilla

317. 金翅（雀） Cardulis sinica sinica

318. 黄雀 C. spinus

319. 黑头蜡嘴雀 Eophona persanata magnirostris

320. 黑尾蜡嘴雀 E. migratoria migratoria

321. 锡嘴雀 Coccothraustes coccothraustes coccothraustes

（六十）鹀科 Emberixidae

322. 栗鹀 Emberiza rutila

323. 黄胸鹀 Emberiza aureola aureola

324. 黄喉鹀 E. elegans ticehursti

325. 灰头鹀(指名亚种) E. spodoce－phala spodcephala

（西北亚种） E. spodocephala sordida

326. 三道眉草鹀 Ecioides castaneiceps

327. 赤胸鹀 emberiza fucatu fucata

328. 田鹀 E. rustica rustica

329. 小鹀 E. pusilla

330. 黄眉鹀 E. chrysophrys

331. 白眉鹀 E. tristrami

332. 芦鹀 E. schoeniclus pallidior

333. 凤头鹀 Melophus lathami lathami

鸟类生境分布：山地林区鸟类 148 种，占 42.4%；沼泽水域鸟类 112 种，占 32.1%；平原田野鸟类除湿地鸟类外，尚有 89 种，占 25.5%。

鸟类季节型分析：冬候鸟最多，有 125 种，占 35.8%；其次是留鸟，有 115 种，占 33.0%；旅鸟 56 种，占 16.0%；夏候鸟 53 种，占 15.2%。

鸟类地理型分析：以古北界种为多，有 203 种，占 58.2%；东洋界种其次，有 123 种，占 35.2%；广布种 23 种，占 6.6%。

58 种国家重点调查与监测种中，有 33 种不同程度地在调查中得到记录。斑嘴鹈鹕、鸿雁、花脸鸭、赤膀鸭、琵嘴鸭、棉凫、普通秋沙鸭、鸢、蛇雕、白鹇、灰鹤、黑喉噪鹛、东方白鹳、黑鹳、朱鹮、小白额雁、灰雁、小天鹅、白眼潜鸭、凤头潜鸭、斑背潜鸭、鸳鸯、斑头秋沙鸭、红胸秋沙鸭、白鹤等 25 种未在调查中发现。

宁波市 267 种非重点调查与监测种鸟类中，有 134 种不同程度地在调查中得到记录。以麻雀、三道眉草鹀、大山雀、灰头鹀、红头山雀、白鹡鸰、白头鹎、白眉地鸫、黑腹滨鹬、小鹀、白眉鹀的种群数量最大，分别达 87.65 万只、21.74 万只、19.39 万只、15.15 万只、13.58 万只、12.72

万只、11.87万只、11.82万只、11.53万只、11.12万只和10.49万只；数量在5万只~10万只的有树鹨、黄眉、灰头鹀莺、田鹨、棕背伯劳、灰眶雀鹛等6种；1万只~5万只的有黄臀鹎、斑鸫、灰椋鸟、红嘴蓝鹊、东方金翅雀、北红尾鸲、褐柳莺、锡嘴雀、黄眉柳莺、白腹鸫、乌鸫、褐头鹀莺、田鹀、燕雀、绿鹦嘴鹎、普通翠鸟、红嘴鸥等17种；灰鹡鸰、家燕、山斑鸠、短翅树莺、灰背椋鸟、小䴙䴘、苍鹭、矶鹬、大嘴乌鸦、金腰燕、松鸦、白鹭等42种的种群数量在0.1万只~1.0万只；青脚鹬、鹰雕、中白鹭、灰树鹊、银喉山雀、黑尾鸥、赤颈䴙䴘、白尾鹞、黑水鸡等43种的种群数量在0.01万只~0.1万只；鹊鹞、草鹭、黄爪隼、阔嘴鹬、红脚鹬、小杓鹬等15种的种群数量不足100只。

镇海北涂（包括奉化莼湖、宁海西店、茶园等）沿海滩涂是世界自然保护联盟（IUCN）列为稀有鸟种黑嘴鸥的重要越冬栖息地。1997年冬季调查，总数254只以上，占该年在浙江越冬种群总数的8.54%，其中镇海北涂发现210只，约占全球黑嘴鸥种群总数的4.2%，达到重点湿地标准。

候鸟没有“国籍”，为了生存和繁衍每年在繁殖区和越冬区之间进行2次飞越国界、大洋和洲际的长途迁徙。镇海处于候鸟南北迁徙路线的东线中部，辽阔的滩涂湿地和丰富的食物，每年吸引着大批候鸟来此越冬。

中日候鸟保护协定，列出迁徙或栖息于中日两国间的候鸟227种，其中宁波市的候鸟有156种。调查中有80种得到不同程度的记录。灰头鹀、白鹡鸰、白眉地鸫、小鹀、黑腹滨鹬、白眉鹀的数量较多，分别为15.12万只、12.72万只、11.82万只、11.53万只、11.12万只和10.49万只；树鹨、田鹨、绿头鸭、斑鸫、北红尾鸲、锡嘴雀、针尾鸭、黄眉柳莺等13种的数量在1.0万只~10.0万只之间；红胁蓝尾鸲、家燕、白眉鸭、黄鹡鸰、白腰杓鹬、银鸥、罗纹鸭、细嘴滨鹬、黑尾蜡嘴雀等19种的数量在0.1万只~1.0万只之间；青脚鹬、铁嘴沙鸻、豆雁、大白鹭、东方大苇莺、白额雁、董鸡、极北柳莺、灰背鸥、中白鹭和风头䴙䴘等27种的数量较少，在0.1万只以下；角䴙䴘、草鹭、燕隼、反嘴鹬、鹊鸭、大麻鳽和黑脸琵鹭等16种的数量不足百只；而红喉潜鸟、黑脚信天翁、东方白鹳、花脸鸭、红胸秋沙鸭、普通夜鹰、紫寿带（鸟）、仙八色鸫和太平鸟等76种在本次调查中未及。

中澳候鸟保护协定，列出迁徙或栖息于中澳两国间的候鸟81种，其中宁波市的候鸟就有50种。其中黑腹滨鹬等39种属于中日、中澳协定所共有。中澳协定鸟类中，白鹡鸰、黑腹滨鹬的种群数量最多；灰鹡鸰、家燕、白眉鸭、黄鹡鸰、白腰杓鹬、细嘴滨鹬、矶鹬等7种的数量在0.1万只~1.0万只之间；青脚鹬、铁嘴沙鸻、大白鹭、针尾沙锥、白腰雨燕等14种的数量较少，在0.1万只以下；而白额鹱、小军舰鸟、长嘴剑鸻、金眶鸻、东方鸻、白翅浮鸥等27种未在本次调查中发现。

第四节 兽 类

野生兽类需要大范围活动空间。镇海野生兽类资源数量稀少，大型食肉动物已难现踪迹，食草动物相对多些。

1. 刺猬 Erinaceus europaeus dealbatus
2. 小麝鼩 Crocidura suavolens shantungensis
3. 灰麝鼩 C. attenuata attenuata
4. 大麝鼩 C. dracula grsescens
5. 臭鼩 Suncus murinus murinus
6. 普通伏翼 Pipistrellus abramua abramus
7. 折翼蝠 Miniopterus schreibersi fuliginosus
8. 穿山甲 Manis pentadactyla aurita
9. 华南兔 Lepus sinensis sinersis
10. 赤腹松鼠 Callosciurus erythraeus ningpoensis
11. 豹鼠 Tamiops swinhoei maritimus
12. 沼泽田鼠 Microtus fortis calamorum
13. 黑腹绒鼠 Eothenomys melanogastsr colurnus
14. 黑线姬鼠 Apodemus agrarius ningpoensis
15. 小家鼠 Mus musoulus castaneus
16. 屋顶鼠 Rattus rattus rattus
17. 黄胸鼠 R. flavipectus flavipectus
18. 褐家鼠 R. norvegicus socer
19. 黄毛鼠 R. losea exiguus
20. 社鼠 R. niviventer confucianus
21. 针毛鼠 R. fulvescens huang
22. 大足鼠 R. nitidus nitidus
23. 豪猪 Hystrix hodgsoni subcristata
24. 青鼬 Martes flavigula flavugula
25. 黄鼬 Musterla sibirica davidiaua
26. 黄腹鼬 M. kathiah kathiah
27. 鼬獾 Melogae moschata ferreogisea
28. 狗獾 Meles meles lepthorhynchus
29. 猪獾 Arctonyx collaris albogularis
30. 食蟹獴 Herpestes urva
31. 野猪 Sus scrofa chirodontus
32. 獐 Hydropotes inermis inermis

第五节　植　物

收录本地常见植物180余种，分材用植物、水果植物、其他可食用植物、观赏植物、药用植物5类。

材用植物

马尾松 Pinus massoniana　松科，常绿针叶乔木，区内主要山林植被，重要的荒山造林针叶树种。

乌桕 Sapium sebiferum　大戟科，优良木材。多应用于公园，景区绿化。

黑松 Pinus thunbergii Parl　松科，常绿针叶乔木，山丘随处可见。

柏木 Cupressus funebris　柏科，常绿针叶乔木。国家二级重点保护野生植物，树皮淡褐灰色，小枝细长下垂，绿色，花期3—5月，球果圆球形。木材纹理细，质坚，能耐水，常见于庙宇、殿堂、庭院。

柳杉 Cryptomeria fortunei Hooibrenk ex Otto et Dietr　杉科，常绿针叶乔木。高大乔木，园林成片种植为背景林。

杉木 Cunninghamia lanceolata（Lamb.）Hook　杉科，落叶乔木。亦称刺杉，大面积人工种植。

池杉 Taxodium ascendens　杉科，落叶乔木。耐湿性强。

樟 Cinnamomum camphora　樟科，常绿乔木。亦称香樟，国家二级珍稀保护植物，广栽培。

檫树 Sassafras tzumu（Hemsl.）Hemsl　樟科，高大落叶乔木。树形挺拔，红叶迎秋，喜光、深根性树种，散生山地、林缘杂木林中。

柏木 Cupressus funebris Endl　柏科，常绿针叶乔木。别名璎珞柏，国家二级保护野生植物。

侧柏 Platycladus orientalis　柏科，常绿针叶乔木。又称扁柏，常见园林庭园绿化树种、阳坡造林针叶树种，寿命长。

大叶冬青 Ilex latifolia　冬青科，常绿大乔木。叶片厚革质，花淡黄绿色，花期4月，果期9—10月，果球形，成熟时红色。

桧柏 Sabina chinensis（Linn.）Ant　柏科，常绿针叶乔木。又称圆柏，变种多，常见有金叶桧、龙柏等。树冠尖塔形或圆锥形，老树广卵形。旧时庙宇、陵墓多植此，谓“松柏常青”。

毛竹 Phyllostachys heterocycla var. pubescens　禾本科，常绿乔木。竿高可达20多米，粗可达20多厘米。宜供建筑用，如梁柱、棚架、脚手架等，篾性优良，供编织各种粗细的用具及工艺品，枝梢作扫帚，笋味美。

苦槠 Castanopsis sclerophylla　壳斗科，常绿乔木。国家二级保护植物，树冠浓密，圆球形。木材浅黄色或黄白色，是建筑、桥梁、家具、运动器材、农具及机械等上等用材。

朴树 Celtis sinensis Pers　榆科，落叶乔木。俗称沙朴。

白榆 Ulmus pumila L　榆科，落叶乔木。俗称田柳树。

枫香 Liquidambar formosana　金缕梅科，落叶乔木。亦称枫树，秋叶艳红，称为红枫。

槐树 Sophora japonica　蝶形花科，落叶乔木。又名国槐，树型高大，花期 6—7 月，果期 8—10 月。

楝树 Melia azedarach　楝科，落叶乔木。又称苦楝，生于低海拔旷野、路旁或疏林中，广栽培。

皂荚 Gleditsia sinensis　豆科，落叶乔木。又称皂角。木材坚硬，为车辆、家具用材。荚果煎汁可代肥皂用以洗涤丝毛织物。

臭椿 Ailanthus altissima　苦木科，落叶乔木。又名椿树和木砻树，叶呈奇数羽状复叶，因叶基部腺点发散臭味得名。木材黄白色，可制作农具车辆等。

油桐 Vernicia fordii　大戟科，落叶乔木，散栽于山麓村宅。工业油料植物，其果皮可制活性炭或提取碳酸钾。

湿地松 Pinus elliottii　松科，速生常绿乔木。树姿挺秀，叶荫浓。

水杉 Metasequoia glyptostroboides Hu & W. C.　柏科，落叶乔木。珍稀孑遗树种，国家一级保护物种，小枝对生，下垂，叶线形，交互对生，塔树形。适应性强，喜湿润，广有栽培。材质轻软，可供建筑、板料、造纸等用。

青冈 Cyclobalanopsis glauca　壳斗科，常绿乔木。叶片革质，坚果无毛或薄毛，果脐平坦或微凸。4—5 月开花，10 月结果。可供桩柱、车船、工具柄等用材。

木荷 Schima superba Gardn. et Champ　山茶科，常绿大乔木。国家二级珍稀保护植物。树干通直，材质坚韧，结构细致。

冬青 Ilex chinensis　冬青科，常绿乔木。叶薄革质，花瓣紫红色或淡紫色，花期 4—6 月，果期 7—12 月，果实椭圆形或近球形，成熟时深红色，木材坚硬，可作细工材料。

水果植物

李子 Prunus salicina Lindl　蔷薇科，落叶小乔木。花期 4 月，果期 7—8 月。

猕猴桃 Clematoclethra actinidioides　猕猴桃科，藤本植物。也称奇异果，果实呈长圆形，密被黄棕色有分枝的长柔毛。

枇杷 Eriobotrya japonica　蔷薇科，常绿乔木。秋天或初冬开花，果子在春天至初夏成熟。枇杷叶可入药。

樱桃 Cerasus pseudocerasus　蔷薇科，落叶乔木。果实色泽鲜艳、晶莹美丽、红如玛瑙，黄如凝脂。富含糖、蛋白质、维生素及钙、铁、磷、钾等。

杏 Armeniaca vulgaris　蔷薇科，落叶乔木。花期 3—4 月，果期 6—7 月，木质坚硬，是做家具的好材料。

杨梅 Myrica rubra　杨梅科，常绿乔木。栽种于近村山麓。

山楂 Crataegus pinnatifida　蔷薇科，落叶乔木。又名山里果、山里红，核果类水果，核质硬，果肉薄，味微酸涩。可生吃或作果脯、果糕，干制后可入药。

柑橘 Citrus reticulata Blanco　芸香科，常绿小乔木，品种繁多。

桑 Morus alba Linn　桑科，落叶灌木或乔木。栽村旁、田间，叶为桑蚕饲料。木材可制器具，枝条可编箩筐，桑皮可作造纸原料，桑葚供食用、酿酒。

桃 Amygdalus persica　蔷薇科，落叶小乔木。

梨 Pyrus phaeocarpa Rehd　蔷薇科，落叶小乔木。

葡萄 Vitis vinifera　葡萄科，藤本。20 世纪 90 年代后，引入品种繁多。

柿 Diospyros kaki　柿树科，落叶乔木。零星种植。果形色红稍小者，称吊红（蒂红）。

石榴 Punica granatum　石榴科，落叶小乔木。

枣 Ziziphus jujuba　鼠李科，落叶小乔木。除供鲜食外，可制蜜枣、红枣。

柚 Citrus maxima　芸香科，常绿乔木。叶质颇厚，色浓绿，花期 4—5 月，果期 9—12 月。常用于庭院绿化。

金橘 Fortunella margarita　芸香科，常绿灌木或小乔木。又称金柑。

无花果 Ficus carica　桑科，落叶小乔木。品种多，花果期 5—7 月，果实香甜。枝繁叶茂，树态优雅。当年栽当年果。

其他可食用植物

金樱子 Rosa laevigata Michx　蔷薇科，常绿攀援灌木，小枝粗壮，散生扁弯皮刺，无毛。花期 4—6 月，果期 7—11 月，喜生于向阳的山野、田边、溪畔灌木丛中，果实可熬糖及酿酒。

大花萱草 Hemerocallis middendorfii　百合科，多年草本。又名黄花菜，肉质根茎，叶基生，二列状，叶片线形，花果期 5—9 月，花茎高出叶片，花大，有芳香，黄花菜性味甘凉。

野山楂 Crataegus cuneata Sieb. et Zucc　蔷薇科，落叶大灌木或乔木。生于山地灌丛中。

薜荔 Ficus pumila Linn　桑科，藤本。又称木莲。果实富果胶，可制食用凉粉，称木莲糊。

茶 Camellia sinensis（L.）O. Ktze　山茶科，常绿灌木或小乔木。

鼠鞠草 Gnaphalium affine D. Don　菊科，一年生草本。又名佛耳草，幼时嫩茎叶可食，民间用作点心青筋团。

芦笋 Asparagus officinalis L　天门冬科，多年生草本。是石刁柏的幼苗。未出土呈白色称为白笋，出土后呈绿色称为绿笋。

泥胡菜 Hemistepta lyrata（Bunge）Bunge　菊科，一年生草本。高 30 ~ 100 厘米，民间用作点心青筋团。

艾草 Artemisia argyi H. Lév. & Vaniot　菊科，多年生草本或略成半灌木状。又名艾，植株有浓烈香气，花果期 9—10 月。嫩叶可食，民间用作点心青筋团。

栗 Castanea mollissima　壳斗科，落叶乔木。又叫板栗，果期 8—10 月，坚果，喜微酸性土壤。

枸橘 Poncirus trifoliata　芸香科，常绿小乔木。又叫枳，枳实。枝有刺，花期 5—6 月，果期 9—11 月。果可药用，种子可榨油；叶、花及果皮可提芳香油。

荷花 Nelumbo nucifera Gaertn　睡莲科，多年生水生草本。又名莲花、水芙蓉等。地下茎长而肥厚，有长节，藕和莲子能食用，叶盾圆形，花期 6—9 月，种类很多，分观赏和食用两大类。

香椿 Toona sinensis　楝科，落叶乔木。又名香椿芽，广泛种植，叶呈偶数羽状复叶，树体高大，椿芽可食用。

蘑菇 Agaricus bisporus（lang.）Sing　伞菌科，真菌类。野生或栽培。

香菇 Lentinus edodes（Berk.　）Sing　香蕈科，真菌类。野生或栽培。

蕨 Pteridium aquilinum（Linn.）Kuhn var. latiusculum（Desv.）Underw. ex Heller　凤尾蕨科，蕨类植物。生长在林下山坡上，为常见的山林野生地被植物。

荠菜 Capsella bursa－pastoris（L.）Medic　十字花科，一年生或两年生草本植物。

观赏植物

香泡 Citrus medica　芸香科，常绿灌木或小乔木。枝有短硬棘刺，嫩枝光滑，带紫红色，总状花序，3～10 朵花生于叶腋，花期 4 月，果熟期 10—11 月，柑果长圆形、卵形或近球形，果皮粗糙或平滑，熟时柠檬黄色，芳香、瓤囊小。

箬竹 Indocalamus tessellatus（Munro）Keng f　禾本科，常绿地被灌木。竿高可达 2 米，叶片大，多用以衬垫茶篓或装作各种防雨用品，亦可包裹粽子。

苏铁 Cycas revoluta Thunb　苏铁科，常绿小乔木。俗称铁树，喜暖热湿润环境，不耐寒冷，生长甚慢。

银杏 Ginkgo biloba Linn　银杏科，落叶乔木。亦称白果树、公孙树。

垂柳 Cupressus funebris Endl　杨柳科，落叶乔木。俗称杨柳，小枝细长下垂。

雪松 Cedrus deodara　松科，高大常绿针叶乔木，多为单位花坛独立景观树种，公园，景区等背景树种。

白玉兰 Magnolia denudata　木兰科，落叶乔木。花白色，到淡紫红色，早春时节有很高观赏价值。

紫玉兰 Magnolia liliflora　木兰科，落叶大灌木或乔木。花淡紫红色到紫红色，春季具有很高的观赏价值。

厚朴 Magnolia officinalis Rehd　木兰科，落叶乔木，常混生于落叶阔叶林内，或生于常绿阔叶林缘。

络石 Trachelospermum jasminoides　夹竹桃科，常绿藤本植物。叶革质或近革质，3—7 月开花，花芳香，7—12 月结果。常缠绕于树上或攀援于墙壁、岩石上。

金钟花 Forsythia viridissima　木犀科，落叶灌木。小枝绿色或黄绿色，呈四棱形，花 1～3 朵，着生于叶腋，先于叶开放，花期 3—4 月，果期 8—11 月。

中华常春藤 Hedera nepalensis var. sinensis　五加科，常绿攀援藤本植物。墙垣、山石上生有，常作为垂植物，吊挂于厅、廊、棚架上，为立体绿化的优良植物。

花叶蔓长春花 Vinca major Variegata　夹竹桃科，蔓性半灌木。茎偃卧，花茎直立。叶椭圆形，边缘白色，有黄白色斑点，花期 3—5 月。

八仙花 Hydrangea macrophylla　虎耳草科，落叶灌木。又名绣球花。花洁白丰满，大而美丽，其花色能红能蓝，令人悦目怡神，是常见的盆栽观赏花木。

粉花绣线菊 Spiraea japonica　蔷薇科，半常绿灌木。6—7 月开花，8—9 月结果，有时 2 次开花。

金丝桃 Hypericum monogynum　藤黄科，半常绿小乔木或灌木。小枝纤细且多分枝，叶纸质，花期 6—7 月，花序生在枝顶，色金黄，其呈束状纤细的雄蕊花丝也灿若金丝。

金叶女贞 Ligustrum vicaryi　木犀科，半落叶小灌木。

南天竹 Nandina domestica　小檗科，常绿小灌木。植株优美，果实鲜艳。

洒金东瀛珊瑚 Aucuba japonica var. variegata　山茱萸科，常绿灌木。适合生长于阴湿环境，是珍贵的耐阴灌木。

熊掌木 Fatshedera lizei　五加科，常绿灌木。是八角金盘与常春藤杂交而成，叶碧绿，呈掌状，五浅裂，极少三浅裂，似熊掌状。

铺地柏 Sabina procumbens　柏科，匍匐小灌木。贴近地面伏生，叶全为刺叶，3 叶交叉轮生。

大花六道木 Abelia × grandiflora　忍冬科，半落叶或常绿灌木。金叶黄，略带绿心，花粉白色，花期长，是较珍贵观赏性花灌木。

蛇莓 Duchesnea indica　蔷薇科，多年生草本。花期 6—8 月，果期 8—10 月。

紫金牛 Ardisia japonica　紫金牛科，常绿小灌木或亚灌木植物。又叫矮茶，千年矮，老勿大。近蔓生，不分枝，见于山间林下或竹林下阴湿处，花期 5—6 月，果期 11—12 月，有时 5—6 月仍有果。

鸡冠花 Celosia cristata　苋科，一年草本。夏秋季开花，花多为红色，呈鸡冠状，广为栽培，普通庭园植物。

扶芳藤 Euonymus fortunei　卫矛科，常绿藤本灌木。叶椭圆形，革质有花，分枝中央有单花，6 月开花，花白绿色，花盘方形，10 月结果，蒴果粉红色，果皮光滑，近球状。

含笑 Machelia figo　木兰科，常绿乔木。花淡黄色而边缘有时红色或紫色，具有甜浓的芳香。

蜡梅 Chimonanthus praecox　蜡梅科，落叶灌木，常丛生，冬末先叶开花。

虞美人 Papaver rhoeas　罂粟科，一年生草本。原产欧洲，花果期 3—8 月。

悬铃木 Platanus acerifolia　悬铃木科，落叶乔木。又名法国梧桐。

紫荆 Cercis chinensis　豆科，落叶灌木或小乔木，丛生或单生灌木，春季先叶开花。

黄杨 Buxus sinica（Rehd. et Wils.）Cheng　黄杨科，常绿灌木或小乔木。又叫黄杨木、瓜子黄杨、锦熟黄杨。

紫藤 Wisteria sinensis　豆科，落叶攀援缠绕性大藤本植物。又名藤萝、朱藤。春季开花，青紫色蝶形花冠，花紫色或深紫色。

鸡爪槭 Acer palmatum　槭树科，落叶小乔木。亦称鸡爪枫，叶形美观，入秋后转为鲜红色，色艳如花，灿烂如霞。

花桃 Amygdalus persica Versicolor　蔷薇科，落叶小乔木。为桃树观赏品种，多重瓣而不结果或结实性很差，春季开花，新叶常为紫色。

爬山虎 Parthenocissus tricuspidata（S. Et Z.）Planch　葡萄科，落叶藤本。

梧桐 Firmiana platanifolia　梧桐科，落叶乔木。又称青桐。

山茶 Camellia japonica　山茶科，常绿灌木或小乔木。花期 1—4 月，广栽培，花色品种繁多，花多为红色或淡红色，亦有白色，多为重瓣。

杜鹃花 Rhododendron simsii Planch 杜鹃花科，常绿灌木。亦称映山红。

菊花 Dendranthema morifolium（Ramat.）Tzvel 菊科，多年生草本宿根花卉，品种繁多。

玫瑰 Rosa rugosa Thunb 蔷薇科，半常绿灌木。落叶开花灌木。枝条较为柔弱软垂，且多密刺，奇数羽状复叶，花有紫红色、白色，每年花期只有一次，花朵可用于食品及提炼香精玫瑰油。

月季 Rosa chinensis jacq 蔷薇科，常绿、半常绿低矮灌木。又称月月红。四季开花，花色多，品种多。有浓郁香气。

枸骨 Ilex cornuta 冬青科，常绿灌木或小乔木。亦称刺老虎、猫儿刺。常绿灌木或小乔木。

冬青卫矛 Euonymus japonicus Thunb 卫矛科，常绿灌木。俗名大叶黄杨、绿篱卫矛。

水烛 Typha angustifolia 香蒲科，水生或沼生多年草本。又名蒲草，植株高大，地上茎直立，小坚果长椭圆形，花果期 6—9 月。

凤仙花 Impatiens balsamina Linn 凤仙花科，一年生草本。亦称指甲花，俗称满堂红。

木芙蓉 Hibiscus mutabilis 锦葵科，落叶灌木或小乔木，俗称芙蓉花。

垂柳 Salix babylonica 杨柳科，高大落叶乔木。花期 3—4 月，果熟期 4—6 月。

杜英 Elaeocarpus decipiens 杜英科，常绿速生乔木。叶革质，四季红叶常挂，花期 6—7 月。

菖蒲 Acorus calamus L 天南星科，多年生草木块根植物。根状茎粗壮，叶基生，剑形，生于沼泽地、溪流或水田边。可提取芳香油，有香气，是传统可防疫驱邪的灵草，端午节有把菖蒲和艾捆在一起插于檐下习俗。

睡莲 Nymphaea L 睡莲科，多年生水生草本。根状茎肥厚，叶椭圆形，浮生于水面，白天开花夜间闭合，品种多。

桂花 Osmanthus fragrans（Thunb.）Lour 木犀科，常绿乔木。常见有金桂、银桂、丹桂、四季桂等。

迎春花 Jasminum nudiflorum Lindl 木犀科，低矮落叶灌木丛生，早春时先花后叶，花单瓣。

水蜡 Ligustrum obtusifolium 木犀科，常绿灌木或小乔木。耐修剪，易整形，常作球状造型树种。

龙爪槐 Sophora japonica 豆科，落叶乔木。树冠优美，花芳香，形态多变。

仙人掌 dillenii 仙人掌科，丛生肉质灌木。品种多，叶多数退化成茎刺，花色艳丽，花期 6—10 月（或 6—12 月）。茎可药用，浆果酸甜可食。

茉莉花 asminum sambac（Linn.）Aiton 木犀科，半常绿灌木，花期 5—8 月。花极香，为著名的花茶原料及重要的香精原料。

女贞 Ligustrum lucidum 木犀科，常绿乔木。又名冬青树。

夹竹桃 Nerium indicum Mill 夹竹桃科，常绿灌木或小乔木。叶、树皮、根、花、种子均含有多种配醣体，毒性极强，人、畜误食能致死。

泡桐 Paulowinia fortunei（seem.）Hemsl 玄参科，落叶乔木。亦称白桐，生山麓、溪边，速生绿化树种。

白丁香 Syringa oblata var. alba 木犀科，落叶灌木或小乔木。花期 4—5 月，花密而洁白。

栀子 Gardenia jasminoides var. radicans 茜草科，常绿灌木。又名黄栀花、山栀，多野生，亦作盆景观赏。

棕榈 Trachycarpus fortunei 棕榈科，常绿乔木。

梅 Armeniaca mume Sieb 蔷薇科，落叶小乔木。又称梅花，花香味浓，先于叶开放，花萼通常红褐色，花瓣倒卵形，白色至粉红色，多品种。与兰花、竹子、菊花列为四君子，与松、竹并称“岁寒三友”。果期5—6月，果实可食。

海州常山 Clerodendrum trichotomum 马鞭草科，灌木或小乔木。又名臭梧桐。8～10月开花后采，叶片纸质，花果期6—11月，花香，花冠白色或带粉红色，核果近球形，包藏于增大的宿萼内，成熟时外果皮蓝紫色，生于山林中。

梭鱼草 Pontederia cordata 雨久花科，多年水生或湿生草本。叶色翠绿，花色迷人，花期较长，5—10月开花结果。

美人蕉 Canna indica 美人蕉科，多年生草本。单叶互生，总状花序，花单生或对生，品种多，花色多，花、果期3—12月。

芦苇 Phragmites australis 禾本科，多年水生或湿生高大禾草。湿地主要植物之一，常形成苇塘。

兰花 Cymbidium ssp 兰科，附生或地生草本。叶数枚至多枚，通常生于假鳞茎基部或下部节上，总状花序有数花或多花，颜色多种，通常所指“中国兰”仅指地生兰，如春兰、惠兰、建兰、墨兰和寒兰等，本地多为春兰。

葱兰 Zephyranthes candida 石蒜科，多年生草本。又名葱莲，鳞茎卵形，叶狭线形，肥厚，亮绿色，常作花坛的镶边材料，也宜绿地丛植。

红花檵木 Loropetalum chinense var. rubrum 金缕梅科，常绿灌木或小乔木。又名红花继木。叶革质互生，全缘，暗红色。花瓣4枚，紫红色，花期4—5月，10月能再次开花。

西府海棠 Malus micromalus 蔷薇科，落叶小乔木，树枝直立性强。

八角金盘 Fatsia japonic 五加科，常绿灌木或小乔木。掌状叶片，裂叶约8片，看似有8个角而名。叶丛四季油光青翠，性耐荫。

香花槐 Robinia × ambigua Idahoensis 豆科，落叶乔木。刺槐的栽培变种，花被红色，有浓郁芳香，稀有的绿化香花树种。

美女樱 Verbena hybrida Voss 马鞭草科，多年生草本。花期5—11月，开花部分呈伞房状，花色白、红、蓝、雪青、粉红等。

毛鹃 Rhododendron pulchrum 杜鹃花科，常绿灌木。又叫 锦绣杜鹃，春鹃，喜凉爽湿润和阳光充足环境。

无患子 Sapindus mukorossi 无患子科，落叶乔木。又名木患子，洗手果，枝开展，叶互生，花期6—7月，果期9—10月，核果球形，熟时黄色或棕黄色，种子球形，黑色，果皮含有皂素，可代肥皂，木材可做箱板和木梳等。

榉树 Zelkova serrata 榆科，落叶乔木。树皮灰白色或褐灰色，呈不规则片状剥落，树形秀丽，花期 4 月，果期 10 月。

黄檀 Dalbergia hupeana　豆科，落叶乔木。又名不知春，白檀，树皮暗灰色，花冠淡紫色或白色，花果期 5—10 月。材质结构细密，是优质负重力及拉力强的用具及器材制作材料。

红叶石楠 Photinia × fraseri　蔷薇科，常绿乔木或灌木。春秋两季，新梢和嫩叶鲜红，花白色，花期 5—7 月开花，果期 9—10 月。

合欢 Albizia julibrissin　豆科，落叶乔木。又名绒花树，马缨花，夏季开花，头状花序，合瓣花冠，淡红色，花期 6—7 月；果期 8—10 月。

海桐 Pittosporum tobira　海桐科，常绿灌木或小乔木。叶聚生于枝顶，二年生，革质，花白色，有芳香，后变黄色，花期 3—5 月，果熟期 9—10 月。

枫杨 Pterocarya stenoptera　胡桃科，落叶乔木。又叫大叶柳，花期 4—5 月，果熟期 8—9 月，果序长 20 ~ 45 厘米，果翅狭，条形或阔条形。树冠宽广，枝叶茂密，生长迅速。

溲疏 Deutzia scabra　虎耳草科，落叶灌木。树皮薄片状剥落。小枝中空，红褐色，幼时有星状柔毛。花瓣 5 枚，白色或外面略带红晕，初夏盛开，其重瓣变种更加美丽。

石楠 Photinia serrulata　蔷薇科，常绿乔木。萌芽力强，耐修剪，富有观赏价值，花期 5—7 月，果期 10 月。

深山含笑 Michelia maudiae　木兰科，常绿乔木。又名光叶白兰。生长快、材质好、适应强，冬季不凋，早春白花满树，花大，有清香。

珊瑚树 Viburnum Odoratissimum　忍冬科，常绿灌木或小乔木。又名法国冬青，枝干挺直，叶对生，表面暗绿色光亮，花期 4—5 月（有时不定期开花）开白色钟状小花，芳香，果熟期 7—9 月，初为橙红，之后红色渐变紫黑色，形似珊瑚。

五针松 Pinus parviflora　松科，常绿针叶小乔木。因五叶丛生而得名，五针松品种很多，原产日本，适于盆景、庭园、公园等绿化。

樱花 Cerasus sp　蔷薇科，落叶乔木。亦称“日本樱花”，品种多，花多白色、粉红色。常于 3 月与叶同放或叶后开花，樱花花色幽香艳丽。

龙柏 Juniperus chinensis Kaizuka　柏科，常绿针叶乔木。又名刺柏、红心柏、珍珠柏等，是圆柏（桧树）的栽培变种。

凌霄 Campsis grandiflora　紫葳科，落叶攀援藤本。又叫名紫葳，上树蜈蚣，吊墙花，藤罗花。茎木质，表皮脱落，枯褐色，以气生根攀附于它物之上花期 5—8 月。

罗汉松 Podocarpus macrophyllus　罗汉松科，常绿针叶乔木。花期 4—5 月，种子 8—9 月成熟。

落羽杉 Taxodium distichum　杉科，落叶大乔木。又名落羽松，古老的“孑遗植物”，耐低温、耐盐碱、耐水淹。植株逐渐形成不规则宽大树冠。

广玉兰 Magnolia grandiflora　木兰科，常绿乔木。又叫荷花玉兰，叶厚革质，叶面深绿色，有光泽，叶背锈色。花白色，有芳香，花期 5—6 月，果期 9—10 月。木材黄白色，材质坚重。

石斑木 Rhaphiolepis indica　蔷薇科，常绿灌木或小乔木。又叫雷公树、车轮梅，花朵美丽，花瓣白色或淡红色，枝叶密生，能形成圆形紧密树冠。果实可食用。花、枝叶、果实均为高级花材，果实亦可制药。

鹅掌楸 Liriodendron chinense　木兰科，落叶大乔木。国家二级珍稀保护植物，叶形如马褂——叶片顶部平截，犹如马褂的下摆，生长快，耐旱，对病虫害抗性极强。花大而美丽，秋季叶色金黄。

重阳木 Bischofia polycarpa　大戟科，落叶乔木。

紫薇 Lagerstroemia indica　千屈菜科，落叶灌木或小乔木。又叫痒痒树，树皮平滑，灰色或灰褐色，花期6—9月，果期9—12月。树姿优美，树干光滑洁净，花色艳丽。开花时正当夏秋少花季节，花期长，故有“百日红”之称。

紫叶李 Prunus cerasifera f. atropurpurea　蔷薇科，落叶小乔木。又叫红叶李，叶常年紫红色。

垂丝海棠 Malus halliana　蔷薇科，落叶小乔木。花期3—4月，花梗细弱下垂，花瓣倒卵形，粉红色，果期9—10月。

茶梅 Camellia sasanqua　山茶科，常绿灌木或小乔木。叶革质，花大小不一，花色多，叶似茶，花如梅而得名。花期长（自11月初开至翌年3月），树型娇小、枝条开放、分枝低、易修剪造型。

千屈菜 Lythrum salicaria　千屈菜科，多年生草本。根茎横卧于地下，多分枝，全株青绿色，略被粗毛或密被绒毛，枝通常具4棱。叶对生或三叶轮生，花组成小聚伞花序，簇生，红紫色或淡紫色，湿地花卉植物。

野蔷薇 Rosa multiflora　蔷薇科，落叶攀援小灌木。小枝圆柱形，通常无毛，有短、粗稍弯曲皮束，花又名白残花、刺靡、买笑，生于路旁、田边或丘陵地的灌木丛中，5—6月盛开，花色多。

木槿 Hibiscus syriacus　锦葵科，落叶灌木。花期7—10月。

椤木石楠 Photinia davidsoniae　蔷薇科，常绿乔木。花期5月，果期9—10月。冬季叶片常绿并缀有黄红色果实。

乐昌含笑 Michelia chapensis　木兰科，常绿乔木。又名南方白兰花。树干挺拔，树荫浓郁，花香醉人。

常绿萱草 Hemerocallis aurantiaca　百合科，多年生草本。植株常绿，花被裂片单瓣，橘黄色至橘红色。

大米草 Spartina anglica Hubb　禾本科。原产欧洲，20世纪60年代在沿海引种栽培。生于潮水能经常到达的海滩沼泽中，耐淹、耐盐、耐淤。因根系十分发达，疯狂生长和蔓延，不断蚕食沿海滩涂生物的生存空间，严重影响海滩生态环境。

水葫芦 Eichhornia crassipes　雨久花科。学名凤眼蓝，也叫水浮莲。原产巴西，作为观赏植物引入，20 世纪 60 年代作为猪饲料推广。须根发达，分蘖繁殖快，抢占水面，影响航运，窒息鱼类。

一枝黄花 Solidago decurrens Lour　又名黄莺、麒麟草，菊科。多年生草本植物。花形色泽亮丽，1935 年作为观赏植物引入中国。根状茎发达，繁殖力极强，传播速度快，逸生成恶性杂草。主要生长在河滩、荒地、路旁、农田边、农村住宅四周。

药用植物

鱼腥草 Houttuynia cordata Thunb　三白草科，多年生草本宿根。搓碎有鱼腥气味。

黄精 Polygonatum sibiricum Delar. ex Redoute　百合科，多年生草本宿根。

虎杖 Reynoutria japonica Houtt　蓼科，多年生草本。茎直立丛生，基部木质化。

何首乌 Fallopia multiflora (Thunb.) Harald　蓼科，多年生草质藤本。

石斛 Dendrobium nobile Lindl　兰科，多年生草本。产高山阴处，现均有栽种。

忍冬 Lonicera japonica　忍冬科，多年生常绿缠绕灌木。亦称金银花。

菊叶三七 Gynura segtum (Lour.) Merr　菊科，多年生草本。俗名见肺消。

蒲公英 Taraxacum mongolicum Hand. - Mazz　菊科，一年生草本。又名黄花地丁。

黄花蒿 Artemisia annua Linn　菊科，一年生草本。亦称青蒿。

百合 Lilium brownii F. E. Brown ex Miellez var. viridulum Baker　百合科，多年生草本球根。生山间茅草丛中，近年有人工杂交新品种，如亚洲百合、香水百合、火百合等。鳞茎含丰富淀粉，可食，亦作药用。

夏枯草 Prunella vulgaris Linn　唇形科，多年生草本。

益母草 Leonurus artemisia (Lour) S. Y. Hu　唇形科，二年生直立草本。

丹参 Salvia miltiorrhiza Bunge　唇形科，多年生草本。4—8 月开花，花后见果。

天南星 Arisaema heterophyllum Blume　天南星科，多年生草本，花期 4—5 月，果期 7—9 月。天南星块茎含淀粉 28.05%，可制酒精、糊料，但有毒，不可食用。入药称天南星。

麻栎 Quercus acutissima　壳斗科，落叶乔木，以果实及树皮、叶入药。

第三章　淡水生物资源

区域内淡水生物资源主要淡水鱼19种：鲤鱼、鲫鱼、青鱼、草鱼、鳙鱼、鲢鱼、鳊鱼、鲌鱼、玉如鱼、溪鱼、鲝鱼、乌鳢鱼、土步鱼、鳜鱼、黄颡、鲶鱼、河鳗、鳝鱼、泥鳅。甲壳类7种：河蟹、溪蟹、河虾、河蚌、河蚬、田螺、螺蛳。

第一节　淡水鱼类

鲤鱼（Cyprinus carpio）　鲤科。栖于江、河、水库等底层软泥上表或水草丛中。头宽短，具须1~2对，体扁侧而略长，鳞大。适应性强，食杂，品种多，春夏季产卵，繁殖率高。资源丰富，常见条重在1公斤左右，大者达3~4公斤。

鲫鱼（Carassius auratus）　鲤科。体偏侧而短阔，鳞大，杂食。适应性强，在池塘、河流、水库、沟渠等水域皆生，春夏季雨后常于水草丛或逆水上田沟产卵。繁殖力强，生长快，杂交品种多。今已广泛养殖，

青鱼（Mylopharyngodon piceus）　鲤科。体长，头略小而平扁，背青黑，腹灰白，鳞大。栖于水之中下层，杂食，喜食螺蛳，故亦称螺蛳青。大者体重可达40余公斤。肉肥味鲜美，营养价值高．熬油后可制成青鱼肝油或青鱼肝油丸。为“四大家鱼”之一。

草鱼（Ctenopharyn odon idellus）　鲤科。分白鲩、草鲩两种。喜食草，故名。形似青鱼、呈草黄色，腹灰白，大鳞。多栖于水中下层，或多草水域。甚贪食，生长快，喜跳跃，性急躁。为“四大家鱼”之一，味鲜味。

鳙鱼（Hypophthalmichthys nobilis）　俗呼胖头鱼，鲤科。头特大，口宽，体扁短，细鳞。形似鲢，背微黑有花斑，又称花鲢。栖于水之上中层，性温和，食浮游动物，为“四大家鱼”之一。

鲢鱼（Hypophthalmichthys molitrix）　又名白鲢，鲢科。头大吻短，体侧扁而略长，背青灰，腹银白色，细鳞。栖于水之上中层，喜跳跃，性急躁，食浮游植物，生长快，为“四大家鱼”之一。

鳊鱼（Parabramis pekinensis）　鲤科。栖于深水河流底层，原有零星野生。头短、口小、身扁、体菱形。中鳞，呈灰白或草黄色，食草，多脂，肉嫩味美，有“春鳊秋鲤”之说。今有三角鲂、团头鲂、武昌鱼等品种，均系近年引入养殖。

鲌鱼（Erythroculter ilishaeformis）　鲤科。口阔、眼大，嘴唇向上翘，故名翘嘴鲌鱼。背部黑褐色，腹侧呈白银色，体扁长似竹排。栖河流上层。游动敏捷，喜跳跃，性急躁。小者称鲌鱼、大

者分青条、白条等品种。肉鲜嫩，多细刺，夏季最肥，有“冬鲫夏鲌”之说。为主要野生鱼类之一。

玉如鱼　鲤科。系小型鱼类，长及盈指，适应性强，浅深水域皆有。甚贪食，俗称“偷饭乌龟”，又叫“玉如头丁”或“柳叶窜”。肉厚味鲜美。

溪鱼　鲌科。亦名溪坑鱼。栖于溪流、水库等冷水域。体扁长，中鳞、有绿紫色斑纹。肉厚、多刺，骨头硬。

鲢鱼　俗称鲢鲌鱼，鲱科。体狭长似柳叶，眼大嘴阔，游速快，属上层鱼类。甚贪食，常群游于水面争食。俗亦写成“叉鱼”。俗话有“桥倒压勿着叉鱼”。

乌鳢鱼（Channa argus）　鳢科。全身乌黑，有斑纹，又呼黑鱼；其头额有七点斑纹，亦称七星鱼。口大齿锐体圆长，多黏液，中鳞，适应性强，喜食鱼虾，性凶猛。在养鱼塘内视为害鱼。有保护自产幼鱼之天性，但幼鱼稍长亦吞食。常直竖于水上层似木桩，故有“乌鳢鱼扮河桩”之说。

土步鱼　塘鳢科。栖于水底石坎或桥底石缝，因其伏土而游名之。头大、巨口、尖齿、细鳞、身圆短，呈黑褐色。

鳜鱼　鮨科。又名桂鱼。栖于清水河道底层乱石处。头尖、口巨、锐鳍、细鳞，呈黄褐色有斑纹。性凶猛，喜食小鱼虾。唐张志和词有“桃花流水鳜鱼肥”。亦名季花鱼。

黄颡　鲿科。大头巨口有须，体略长，后部侧扁，腹平直。无鳞多黏液，呈黄色有黑斑纹。背及左右鳍具坚刺。性凶猛，食鱼、虾杂物。肉质细嫩少刺。

鲶鱼　鲶科。头大嘴阔，有长须。腹大尾长，背黑肚白，无鳞多黏液，左右胸鳍各具一枚硬刺。性凶猛，食鱼、虾杂物。喜栖暗处或底层腐泥表面，鳃腔有辅助呼吸器官，能直接呼吸空气，适应性强。原属野生，今已有养殖，味鲜美。

河鳗　鳗鲡科。系海水中繁殖，淡水里生长的洄游鱼类。体细长似蛇，前部圆筒形，后部侧扁，头尖长，无鳞多黏液。甚贪食，喜栖洞穴或水域底层，昼伏夜出。秋后性成熟，鳗随泄涝入海产卵；初春体小似针的幼鳗群游至港湾，从闸缝潜入内陆水域生长，年复一年循环。用网具在浅海或闸口捕捞鳗苗，供人工养殖。肉嫩味美，营养价值高，为宴席佳肴。

鳝鱼　合鳃科。栖于池塘、水田、沟畦等处，日间蛰洞，夜出觅食。体圆长似鳗，头大、口阔、眼小、尾尖细。呈黄棕色，有黑斑点，无鳞多黏液。性贪食，常不咀嚼即吞入。冬季居穴不食。其味鲜美，今野生资源日竭，已人工养殖。

泥鳅　鳅科。栖于沟渠、水田之软泥表层，泥土而生，故名。体大似指，头尖、口小、有短须，呈灰褐色，有黑斑点，无鳞多黏液，杂食。适应性强，繁殖率高。味美，骨较硬。多年生体大色黄，称老王泥鳅。肉肥味美，有“天上斑鸠，地下泥鳅”之喻。今已人工养殖。

第二节　甲壳类

河蟹　俗称毛蟹，学名中华绒螯蟹，方蟹科。洄游动物，栖于河流、湖泊、沟畦。喜穴居或隐蔽水草丛、石砾处。体壳呈青黑色，四对步足，两螯有绒毛，体扁平。秋后盛产，其味极鲜，育膏更佳，俗有“九月圆脐，十月尖”和“九月雌，十月雄”之选。冬季入海产卵，翌年春幼苗潜入内陆水域生长，脱壳多次，入海产卵，如此循环生活。

溪蟹　方蟹科。栖于山涧溪流，常蛰溪石之下，俗称“石蟹”。形似毛蟹，体小，可食，味次之。

河虾　长臂虾科。栖于河流、池塘，昼伏夜出，群息散游。大者似小指，具长鼠须，突目而行。腹下步足5对，双螯雄长雌短。能屈体进退，繁殖力强。壳灰黑色，煮熟后变红色，其味鲜美。

河蚌　蚌科。有三角帆蚌、褶纹冠蚌、背壳无齿蚌等品种。其壳能开闭，大可盈掌。壳面黑褐色，内蓝白光亮。栖于河流、池塘、水库，食浮游生物。其肉可食用，味较差；壳可制石灰。三角帆蚌和褶纹冠蚌为人工养殖育珠，尤以三角帆蚌育出之珠，色泽光亮，质佳价贵。

河蚬　蚬科。贝壳呈椭圆、三角形，黄褐色。壳质厚硬，肉可食用，味较差。栖于河流、池塘、水库底层。

田螺　田螺科。体呈圆锥形，口大底尖，壳薄而坚，有盖遮片。黄褐色，卵生。栖于水田、池塘。可食用，插秧苗季节为多，今野生资源日减，有人工养殖。

螺蛳　螺蛳科。形似田螺而体小，壳坚，有盖遮片，善爬吸池堤、石砌河岸。卵生，繁殖力强，资源丰富，食用颇广，以春季最肥。有“清明螺，肥似鹅”之说。

其他：

乌龟　龟科。体椭圆形，略扁，背腹甲壳坚硬，背壳略隆起，甲纹有十余小块，俗称“十三元六角”。背呈乌黑，腹淡黄。头短颈长，尾尖短，四肢各具四爪，爬行劲强而缓慢。性温和。产卵陆岸泥土中。体大呈棕黄色者，俗称“王八”。味鲜美。甲壳有医用价值，中医名龟板，有滋阴、补肾、壮筋骨之功能。今野生甚少。

鳖（Pelodiscus sinensis）　又称甲鱼，鳖科。体平扁，椭圆形，背腹有甲壳，背呈橄榄灰褐色，偶有黑斑点，腹黄白。头短颈长，眼小嘴尖，无齿，鼻孔在吻尖端。体边缘柔软，俗称“裙边”。四足各具五爪，有“四爪乌龟五爪鳖”之说。尾雄长雌短，头、足均能伸缩于甲壳内外。善游好斗，咬住对方而不放，性胆怯，见影、闻声即隐蔽。卵产，觅河岸向阳沙土处，挖穴产蛋后，覆盖上泥沙。味极鲜美，有滋阴功能，为名贵水产品。今多养殖。

（责任编辑　冯国定）

第四编　国土资源

本编目录

七千多年前，镇海大部分地区还是汪洋大海。海退开始，平地显露，出现一大片盐碱沼泽“斥卤之区”。经过几千年的洪水冲积、江海潮汐泥沙淤积，以及历代居民长期垦殖，筑塘围涂，陆域不断向北和东北扩展，岸线逐渐外延，遂成目前地域格局。镇海区人多地少，矿藏资源稀少。

第一章　土地　矿藏

第一节　土地资源

土地详查

1991 年土地详查　1989 年 12 月开展此项工作，1991 年 11 月土地详查结束。镇海行政区面积为 369.40 平方千米，其中陆域面积 218.18 平方千米，海域面积 151.22 平方千米。陆地构成大体为“二山、六地、一水、一居民点及工矿用地”。

1991 年镇海区各地类陆域面积情况表

表 4－1

一级土地分类	面积（平方千米）	占陆域面积（%）
耕地	111.49	51.07
园地	5.23	2.40
林地	32.32	14.81
居民点及工矿用地	28.58	13.09
水域	28.09	12.87
未利用地	8.23	3.77
交通用地	4.34	1.99

说明：资料来源区国土局

1996 年土地变更调查　为土地利用规划编制获取土地利用基础数据，开展此项变更调查。镇海区行政区域面积 369.40 平方千米。其中，陆域面积 232.42 平方千米，海域面积 136.98 平方千米。

1996 年镇海区各地类陆域面积情况表

表 4－2

一级土地分类	面积（平方千米）	占陆域面积（%）
耕地	96.84	41.65
园地	6.71	2.89
林地	32.20	13.85
居民点及工矿用地	40.43	17.39
水域	43.02	18.50
未利用地	7.43	3.18

说明：资料来源区国土局

2004年土地利用更新调查 是次土地利用调查，从2003年5月开始，2004年4月通过浙江省国土资源厅验收，2005年9月通过国土资源部验收。土地利用更新调查结果，镇海区陆域面积245.94平方千米，比1996年增加13.52平方千米，主要系澥浦化工区一带围涂计入陆域面积。

2004年镇海区各地类陆域面积情况表

表4－3

一级土地分类	面积（平方千米）	占陆域面积（%）
耕地	71.77	29.18
园地	6.93	2.82
林地	43.01	17.48
其他农用地	16.12	6.55
居民点及工矿用地	64.89	26.37
交通运输用地	7.92	3.22
水利设施用地	6.25	2.54
未利用地	5.90	2.40
其他土地	23.21	9.44

说明：资料来源区国土局

用地分类

2006年镇海区用地面积及构成情况表

表4－4

一级类名称	二级类名称	面积（平方千米）	占一级类（%）	占陆域（%）
农用地	耕地	60.13	48.80	25.86
	园地	6.55	5.32	2.82
	林地	43.20	35.06	18.58
	其他农用地	13.34	10.82	5.74
建设用地	居民点及工矿	72.37	80.78	31.13
	交通运输用地	11.07	12.36	4.76
	水利设施用地	6.15	6.86	2.64
未利用地	未利用土地	10.39	52.77	4.47
	其他土地	9.30	47.23	4.00

说明：资料来源区国土局

2006 年镇海区主要用地分乡镇面积情况表

表 4－5　　单位：平方千米

乡镇	耕地	园地	林地	居民点及工矿	交通运输	水利设施	未利用地
招宝山街道	0.088	0.033	0.113	9.868	0.923	0.157	1.807
蛟川街道	5.380	0.934	1.83	20.336	2.293	0.221	3.296
骆驼街道	17.983	1.787	2.049	13.561	3.313	—	3.342
庄市街道	9.776	0.548	1.196	9.265	2.428	0.066	0.040
澥浦镇	11.918	0.367	3.524	13.773	1.626	2.891	0.741
九龙湖镇	14.985	2.881	34.486	5.574	0.489	2.815	1.172

说明：资料来源区国土局

用地分区

东部地区　包括招宝山街道、蛟川街道、和原贵驷镇、澥浦镇大部分地区。该区域内土地平坦，田野开阔，棉花、蔬菜、粮食、油菜、蚕豆种植都占相当大的比例，也是镇海区工矿企业重点区。本区东侧是区政府驻地和国家、省、市一批大中型交通、能源、原材料加工已形成相当规模的工业企业，即镇海石化总厂、镇海发电厂、宁波港务局等。区内未利用地也在此，系全区唯一的土地后备资源。

中部地区　包括骆驼街道、庄市街道大部分地区和九龙湖镇南部地区。区内自然条件优越，水网密布，河流纵横，中大河纵贯全境。水陆交通四通八达，以平原为主，是镇海的粮仓，为区内提供部分商品粮。同时，也是猪、禽、蛋的主产地。另外，还有蘑菇、果、蔗等农产品。

西部地区　包括九龙湖镇的汶溪、河头等大部分地区以及澥浦镇沿山村等丘陵地区。该区域地形以山丘为主，地势起伏不平，是镇海区林、木、竹、茶、果等商品基地。也是水工建筑物的集聚区，有十字路、三圣殿、小洞岙、郎家坪 4 个中型和小（一）型水库，面积约 300.39 公顷，蓄水量 3198 万立方米。

第二节　矿藏资源

区内已知固、气态矿物以非金属矿为主，以建筑材料矿居多。有石英、膏盐、石料、黏土、泥炭、天然气等矿种。

河头龙王堂石英岩矿

矿床产于枫坪组地层中，岩系在区内出露长约 6 千米，宽约 1.8 千米。初步普查评价，矿层相对稳定，呈 70°～250°走向，南东倾斜，倾角 40°～55°，与地层产状基本一致。矿体长 1375 米，裸露地表，形成陡峻崖壁。矿层底部被花岗岩侵入破坏，顶部遭受不同程度剥蚀，矿层最大厚度为 39.35 米，最小为 3.98 米，平均厚度为 21.09 米。石英含量 93%～97%，白云母、绢云母、黑云母及少量黄铁矿合计含量1% ~7%。次生矿物含量甚微，有褐铁矿、针铁矿、纤铁矿、赤铁矿，此外尚有锆石、电气石、磷灰石，偶见红柱石。矿石为粒状变晶结构，构造为厚层块状构造。矿石自然类型为块状石英岩型，受沉积层位控制，产状较稳定，类型单一，品位变化小。初查评价，矿石储量791.6万吨。河头石英材料厂等企业合计年产石英砂3万~5万吨。矿石经破碎、水洗，生产1~6号不同粒级石英砂，SiO_2 含量95% ~96.5%，Fe_2O_3 含量0.3% ~0.5%。主要用作玻璃原料及铸造用砂。

庄市膏盐矿

膏盐矿赋存于上白垩统地层中，岩性以灰黑色泥岩为主，广泛发育水平层理。区内见有泥质石膏矿层11层，岩盐矿化体3层，还有与之紧密共生的次生纤膏钙芒硝岩。

泥质石膏矿

在11层泥质石膏矿层中，以膏5矿层规模最大，区内长约7350米，宽400~1400米，厚度1.15~7.62米。矿体呈似层状产出，产状平缓，倾角6~8°。泥质石膏矿品位：（$CaSO_4.2H_20$ + $CaSO_4$）含量在48.57% ~67.43%，平均54.96%，其中硬石膏（$CaSO_4$）含量变化大，从0%到48.89%，一般0.08% ~16.31%。主要矿物有石膏、纤膏、硬石膏，伴生矿物有钙芒硝，脉石矿物有白云石、黏土矿物、方解石、长石，石英少量，黄铁矿个别。矿石结构有泥质纤维变晶结构、隐晶质纤维变晶结构、花岗变晶结构、隐晶质片状变晶结构等。矿石构造有条带状、角砾状、团块状及脉状。初探储量3300万吨。

岩盐矿

仅见贵驷东南一带。呈透镜状产出，沿走向及倾向均变为泥质钙芒硝岩。矿体厚度1.13米，产状平缓。矿石为板状变晶结构（石盐呈柱状立方体结晶或不规则粒状结晶）及花岗变晶结构（石盐呈粒状，互相镶嵌）。矿石构造为薄层状，角砾状，次有脉状、星散状。矿石类型属钙芒硝岩盐矿石，矿石中以石盐为主，次有钙芒硝及硬石膏伴生。脉石矿物有黏土矿物、白云石、黄铁矿。

纤维石膏矿（纤膏矿）

分布庄市、洪家至贵驷一带，赋存于黑色泥岩中，多呈似薄层状及脉状产出，未见有工业可采厚度矿体。

泥质钙芒硝岩

区内膏盐矿埋藏深在257~283米，厚薄变化大，矿层的溶蚀带较发育，矿层品位低，没有工业开采意义。

骆驼泥炭矿

分布骆驼街道周围，面积近20平方千米，属第四系全新统湖泊沼泽相产物。矿层上复土壤厚度0.7~2.05米，平均1.22米，自上而下有腐殖土层0.30米、青灰色细泥0.60米、黄色含砂黏土0.30米。矿层底部黑色含炭黏土。矿层平均厚度0.38米。最厚2.65米。平原地区一般均厚，距海边5千米及山区1千米处变薄乃至消失。泥炭呈深棕色至黑色，干燥后较疏松，植物遗迹明显，绝大部分为草子叶草本植物，木质遗迹偶见。矿层地质储量782.52万吨。

河头半石墨劣质煤

九龙山南部碳质板岩中含有结晶程度不高的石墨或半石墨。固定碳平均4.99%，灰分91%，水分0.99%，挥发分4.02%。试样发热量2.82%卡/克。已开采的硐口一带，含半石墨劣质煤层出露较连续，长300余米，其中沿脉开采硐长100米，地表平均厚度5米。地质储量10.8万吨。

党渡潘家黏土矿

产于上侏罗统高坞组地层中，地质产状140～150/25～30°。属沉积爆发亚相的流纹质含角砾玻屑凝灰岩及凝灰岩，矿层顶板流汶质含角砾玻屑凝灰岩，底板灰绿色黏土化玻屑凝灰岩，呈整合接触。黏土矿层呈层状产出，可见长度5～10米，宽10～20米，厚度3～5米，向两端延伸达150米，延深10米。矿物成分为石英、长石及高岭土，呈变余玻屑凝灰结构、块状结构。耐火度1554.3℃，属风化淋滤型黏土矿点。

天然气

镇海天然气矿点2处。湾糖村东天然气，产于第四系全新统及上更新统沼泽相及滨海相的黏土、细砂层和贝壳砂层中。见气深度20～30米，气井只能延续几天，经济价值不大。招宝山街道天然气，产于第四系全新统及上更新统沼泽相及滨海相的黏土、粉砂、沙砾及贝壳砂层中。见气深度21.65米，日产70立方米，0.8大气压。

镇海花岗石建筑石料矿

西北部山区、半山区出露岩石为火山碎屑岩、变质岩及花岗岩，以上侏罗统火山碎屑岩分布最广，变质岩及花岗岩次之。主要类型为英安流纹质晶玻屑熔结凝灰岩、流纹含角砾凝灰岩，间夹少量凝灰岩、沉凝灰岩、凝灰质砂页岩。岩石结构较致密，石质坚硬。莫氏硬度5～6.1，耐酸碱率96.5%～99%，吸水率0.2%～0.8%，抗压强度120千帕（斯卡）以上。其块石广泛用于路基、房基，破碎后作混凝土骨料。澥浦、河头、汶溪、长石均有开采。

第二章 开发利用和保护

20世纪70年代起，区境内建设镇海石化总厂、镇海港区、镇海发电厂和海洋渔业基地，工业化和城镇化建设规模扩大。1995年镇海区人均耕地降至0.05公顷，2005年降至0.04公顷。镇海区执行国家土地用途管制和占补平衡规定，开展滩涂开发、基本农田保护和土地整理等工作。

第一节 滩涂开发利用

滩涂开发

由于长期受潮汐作用，泥沙淤积，自澥浦择山起，往南经牌门头、沙河头、憩桥、后施至沙头庵，形成弧形高脊地带，其口向北，蜿蜒10余千米，海拔2.8～3.2米（黄海高程），高出周围1米左右。前人趋地形之利，筑堤御潮，大片滩涂开发。1950—1980年，镇海县江北地区围垦滩涂面积合计1822.67公顷。

镇海建区以来，随着电厂灰库、炼油厂、港务局、宁波化工区等建设，围涂造地继续向东北拓展。滩涂开发利用从农业围垦向工业围垦转变。围垦采用机械化施工，海塘建设用现代软土地基加固处理技术和迎水面消浪护坡技术，以堆石坝体取代过去土塘修建工艺。建设的一线海塘达到“五十年一遇，百年校核”的高标准要求。2008年镇北涂一线海塘离南宋古塘相距平均约4.5千米。1989—2009年，镇海区建设围塘工程8条，形成一线海塘起自外游山液体化工码头，至澥浦化工区通海路与慈溪市龙山围垦相接，合计长约22千米，新增围垦面积2572公顷。

1989—2009年镇海区围塘工程统计表

表4-6

名　称	建设起止年度	围区面积（公顷）
镇海电厂三期灰库工程	1989—1993	97.2
北仑电厂二期灰库工程	1996—2000	578
镇海围垦养殖塘工程	1999—2003	86.7
镇海炼化热电厂灰库工程	1999—2001	180.4
镇海港围垦工程	2000—2001	41.1
镇海电厂3号储灰场工程	2000—2002	295
澥浦泥螺山围垦工程	2002—2004	800
新泓口围垦工程	2006—2009	493.5

后备资源

根据浙发改规划〔2006〕234 号《关于印发浙江省滩涂围垦总体规划（2005—2020 年）的通知》，镇海区规划滩涂围垦面积 2874 公顷。

2005—2020 年镇海区围垦工程规划情况表

表 4－7

名称	面积（公顷）	规划期限
镇海新泓口围垦工程	493	2006—2009 年
镇海泥螺山北侧一期围涂	800	中期目标
镇海新泓口东侧一期围涂	547	中期目标
镇海新泓口围垦二期	367	远期目标
镇海泥螺山北侧二期围涂	667	远期目标

说明：资料来源区围垦局。新泓口围垦工程于 2009 年完成，新增土地已计入围垦面积

第二节　土地保护

土地利用规划

1994 年起，镇海依据国务院和省市有关编制土地利用总体规划的要求，着手编制《镇海区 1997—2010 年土地利用总体规划》，1999 年 9 月经省级人民政府批准实施。规划确定镇海区 1997—2010 年耕地保有量为 9841 公顷，其中控制耕地减少量 490 公顷，耕地补充量 651 公顷，基本农田保护面积 7932 公顷。

1997—2010 年镇海区土地利用规划控制指标统计表

表 4－8　　单位：公顷

区、乡名称	1996 年耕地面积	控制耕地减少量		耕地补充量			基本农田		2010 年耕地保有量
		小计	建设占用	小计	开发	整理	保护面积	保护率 %	
镇海区	9681	490	490	651	371	280	7932	81.93	9841
城关镇	1872	256	256	340	242	98	1443	77.07	1956
庄市镇	1462	053	053	071	20	51	1179	80.65	1479
骆驼镇	3101	48	48	64	14	50	2616	84.37	3116
贵驷镇	1494	26	26	34	7	27	1253	83.83	1503
澥浦镇	653	74	74	98	53	44	531	81.28	677
河头乡	1099	33	33	44	35	9	910	82.78	1110

说明：资料来源区国土局

2006年2月，按照省国土资源厅《关于全面开展新一轮县级土地利用总体规划修编工作的通知》规定，镇海区完成规划前期专题报告。2008年5月，镇海区完成《宁波市镇海区土地利用总体规划大纲》编制。

土地整理

1999年年初，贵驷镇民联、河头乡曹郎村等开展全区第一批土地整理。2000年，区人民政府下发《关于镇海区加强土地开发整理实施耕地补偿制度若干意见的通知》，对土地整理新增耕地给予补助和奖励。1999—2008年，全区农用地整理、农村居民点整理共计6786.33公顷，新增耕地657.57公顷，建成标准农田6238.69公顷。

1999—2008年镇海区农村土地整理和标准农田建设情况表

表4-9　　单位：公顷

年份	农村土地面积						建成标准农田
	合计		其中				
			农村土地整理		居民点土地整理		
	整理面积	新增面积	整理面积	新增面积	整理面积	新增面积	
1999	116.53	0.67	116.53	0.67	0	0	95.94
2000	181.91	34.25	181.91	34.25	0	0	163.49
2001	1544.59	176.51	1542.12	174.04	2.47	2.47	1376.29
2002	2078.44	166.82	2073.13	161.51	5.31	5.31	1863.90
2003	683.93	105.71	683.93	105.71	0	0	585.00
2004	345.13	44.49	345.13	44.49	0	0	281.37
2005	514.51	54.50	514.14	54.13	0.37	0.37	497.39
2006	630.49	71.78	628.56	70.33	1.93	1.45	510.64
2007	621.06	0	621.06	0	0	0	797.97
2008	69.74	2.84	66.66	0	3.08	2.84	66.70
合计	6786.33	657.57	6773.17	645.13	13.16	12.44	6238.69

说明：资料来源区国土局

异地折抵补充耕地

2000—2008年，按照省、市有关规定，镇海区通过异地委托造地、向区外购买耕地折抵指标。共计补充耕地1425.54公顷，其中异地购买耕地9宗折抵指标687公顷，委托区外补充耕地738.54公顷。

2000—2008 年镇海区异地折抵指标耕地购买情况表

表 4-10

时间	地点	数量（公顷）	时间	地点	数量（公顷）
2000	龙游县	20	2005.06	桐乡市	133.33
2001.04	德清县	66.66	2006.07	桐乡市	33.35
2001.09	龙游县	33.35	2006.11	嘉兴南湖区	33.35
2002.04	常山县	133.33	2008.03	遂昌县	200
2002.09	江山市	33.35	—	—	—

说明：资料来源区国土局

2005—2008 年镇海区异地委托补充耕地情况表

表 4-11

委托时间	委托补充耕地县（市）	委托面积（公顷）
2005.10	宁海县蛇潘涂	58.17
2006.09	象山县晓塘、茅洋、鹤浦	62.30
2006.11	新桥镇石柱里村等	133.64
2006.12	余姚上马村、南岚村、明湖村	22.37
2006.12	宁海县蛇潘涂	119.15
2006.12	宁海县蛇潘涂	10.60
2007.12	宁海县力洋镇洞门小青等	5.01
2007.12	宁海县力洋镇洞门小青等	0.21
2007.11	东陈乡上周村等	134.07
2008.03	遂昌县石姆尖	66.66
2008.06	涂茨镇钱仓新塘等	-49.70
2008.06	象山县西周镇文城塘等	49.77
2008.06	江山市凤林镇	18.28
2008.06	江山市凤林镇	35.75
2008.12	茅洋乡小白岩村、晓塘乡九龙江村	21.33
2008.12	柯城区华墅乡刘坂村等	50.93

说明：资料来源区国土局

基本农田保护

1986—1991 年，镇海区耕地面积分别为 9960 公顷、9891 公顷、9852 公顷、9831 公顷、9792 公顷、9761 公顷。1991—1993 年，镇海区开展基本农田保护区规划工作，基本农田保护区主要划定在庄市、骆驼、澥浦等乡镇的中高产农田地区。保护区划定后，各乡镇颁发《基本农田保护区通告》，乡镇、村两级签订《农田保护责任状》，各村制定农田保护村规民约。1997—2010 年，镇海区基本农田保护面积控制指标 7930 公顷，保护率 81.9%。2000 年省国土资源厅、农业厅联合下发《浙江省基本农田划区定界工作及验收办法》，是年镇海区进行基本农田划区定界调整、基本农田异地有偿代保、优质园地划为基本农田、土地置换等工作。

1999 年，镇海区内基本农田保护面积为 7263 公顷。2001 年 5 月，由湖州市代保镇海区基本农田 333.5 公顷。2002 年 6 月，由象山县代保镇海区基本农田 333.5 公顷。2005 年，由衢州市代保镇海区基本农田 633.33 公顷。2007 年，由宁海县代保镇海区基本农田 200 公顷。

2008 年镇海区基本农田分布情况表

表 4-12 单位：公顷

基本农田	骆驼街道	庄市街道	蛟川街道	澥浦镇	九龙湖镇	区外	合计
规划指标	2472.81	992.46	632.88	1298.57	1878.6	654.68	7930
执行情况	2472.81	992.46	632.88	1300.93	1878.6	660.67	7938.35

说明：资料来源区国土局

第三章　土地矿产管理

1988 年 4 月，镇海区土地管理局成立，对国土资源和城乡地政集中统一管理。2002 年 5 月，全区矿产资源管理职能划入区国土资源局。

第一节　建设用地管理

镇海区建设用地管理严格执行土地利用规划和上级下达的年度建设用地计划，依法进行农用地转用审批、土地征用审批和农民安置补偿，逐步实行土地出让等有偿使用和规划使用等不同方式供地，规范土地市场，提高建设用地的集约利用水平。2008 年，区国土局对新推出的土地出让地块、对原建设用地批后监管等环节中，设立合同履约保证金制度，是年 10 月新华社专题报道镇海区收取履约保证金、促进土地高效利用的做法。

土地征收

1982 年 11 月开始，每征用耕地 0.07 公顷，缴纳造地费 2000 元。1988 年《中华人民共和国土地管理法》实施，依法规范土地征收及征地补偿。1998 年新土地管理法实施，1999 年 8 月区人民政府下发《镇海区征地补偿安置标准的规定》，规定征收土地的补偿费用包括土地补偿费、安置补助费以及地上附着物和青苗补偿费。征收耕地的，其土地补偿费按该耕地前三年平均年产值的 6 ~ 8 倍计算，安置补助费为被征地前三年平均年产值的 4 ~ 6 倍；征用非耕地，土地补偿费和安置补助费按耕地标准的 1/2 计算。2002 年 3 月 1 日，区人民政府下发《关于〈镇海区征地补偿安置标准的规定〉的补充规定》，土地补偿费由前三年平均产值的 6 ~ 8 倍调整为 8 ~ 10 倍，安置补助费由前三年平均年产值 4 ~ 6 倍调整为 4 ~ 10 倍，征用耕地的年产值全区统一为 1500 元/亩。2003 年 12 月，区人民政府下发《关于镇海区征地综合补偿标准的实施办法（暂行）》，实行征地区片综合价。全区划为 3 个区片，耕地的补偿标准：蛟川一级区片 3 万元/亩，庄市二级区片 2.5 万元/亩，骆驼、澥浦、九龙湖三级区片 2 万元/亩，另增设区片综合价附加 2 万元/亩，专用于被征地人员的养老保障和就业扶持，建设用地、园地、养殖水面、农田水利用地参照耕地补偿标准执行，林地及未利用地按照耕地标准的 1/2 执行。1987—2008 年，镇海区共征用土地 4611.57 公顷，其中耕地 3210.23 公顷。区农业局统计，2001—2008 年全区村经济合作社共收入土地征用补偿费 23 亿元，其中支付土地征用补偿费 17.5 亿元。

1986—2008 年镇海区土地征收情况表

表 4 - 13　　单位：公顷

年份	土地面积	其中耕地
1986 年及以前	632. 13	415. 53
1987—1998	1649. 86	809. 66
1999	32. 8	30. 53
2000	63. 0	59. 93
2001	567. 2	472. 86
2002	673. 73	552. 33
2003	329. 13	275. 0
2004	51. 26	12. 13
2005	150. 8	113. 33
2006	397. 53	309. 0
2007	180. 26	148. 46
2008	516. 0	427. 0

说明：资料来源区国土局

土地出让和转让

土地出让 1990 年 5 月，国务院颁布《城镇国有土地使用权出让和转让暂行条例》。1992 年 7 月，区人民政府下发《宁波市镇海区国有土地使用权出让和转让试行办法》，改变单一行政划拨方式供地，国有土地开始有偿出让。是年 7 月，镇海区首次国有土地使用权拍卖会在招宝山饭店举行，张鑑碶村居住地块以及汽车培训中心地块，分别以 580 元/平方米与 880 元/平方米价格成交，成交总金额 1024. 6 万元。11 月，镇海区首次进行国有建设用地有偿使用招标，茗园小区 0. 74 公顷建设用地以 305. 5 万元成交。2002 年 6 月，国土资源部《招标拍卖挂牌出让国有土地使用权规定》颁布，规定经营性用地必须全面实行招拍挂制度。是年 8 月，镇海区实行国有土地使用权招拍挂制度，推出蛟川石塘下、骆驼孝思房、澥浦十七房 3 宗地块共 7. 6 公顷，成交价 6321 万元。2007 年，宁波市人民政府下发《关于全面实行工业用地招标拍卖挂牌出让的实施意见》，全区工业用地停止协议出让，全部实行招标拍卖挂牌方式出让。2008 年 8 月，区人民政府下发《镇海区国有建设用地使用权招标拍卖挂牌出让实施办法》，明确招标拍卖挂牌方式、程序、管理及责任追究等事项。

1992—2008 年镇海区土地出让情况表

表 4 - 14

年份	宗数	面积（公顷）	金额（万元）	年份	宗数	面积（公顷）	金额（万元）
1992	35	16. 33	1907	1996	206	85. 46	11850
1993	149	129. 8	8882	1997	156	90. 33	16806
1994	114	324. 8	6711	1998	171	76. 26	7229
1995	379	278. 86	20273	1999	199	89. 13	11636

续表 4－14

年份	宗数	面积（公顷）	金额（万元）	年份	宗数	面积（公顷）	金额（万元）
2000	260	184.93	11025	2005	103	306.46	67549
2001	77	73.2	15795	2006	119	318.86	171225
2002	182	223.73	34537	2007	41	296.86	266592
2003	251	323.26	112367	2008	46	119.06	86967
2004	185	269.06	99058	—	—	—	—

说明：资料来源区国土局

土地转让　镇海区对国有土地使用权转让依法实施审批制度。1993 年始，出现零星的土地使用权转让交易。1995 年后，土地使用权交易量逐渐增多，区人民政府对土地二级市场管理逐步加强。2002 年 7 月，区人民政府出台《镇海区土地交易市场管理办法》，并挂牌成立镇海区土地交易中心，作为全区土地交易市场的承办机构和交易平台。2002 年后，镇海区国有土地使用权交易增多，价格稳步上扬。

1995—2008 年镇海区土地转让情况表

表 4－15

年份	宗数	面积（平方米）	金额（万元）	年份	宗数	面积（平方米）	金额（万元）
1995	13	99986	1437	2002	132	571504	9223
1996	9	59083	918	2003	206	1016141	18729
1997	36	212283	3515	2004	191	668530	18596
1998	40	163536	1899	2005	158	724052	21895
1999	71	2301134	4668	2006	334	862174	25512
2000	142	508694	8944	2007	134	1318081	49661
2001	167	1182592	14467	2008	202	2642236	153387

说明：资料来源区国土局

土地收购储备

2001 年 4 月，国务院发布《关于加强国有土地资产管理的通知》，提倡地方政府对建设用地实行收购储备制度。是年 11 月，成立镇海区土地储备委员会，设立镇海区城市土地储备中心。区城市土地储备中心具体实施土地收购、储备、前期开发及供应工作，筹措并管理运作土地收购资金。区城市土地储备中心成立初，收购储备镇海食品厂、镇海汽车电器厂、南大街入口等地块。2002—2008 年，镇海区共计收购和储备土地 129 宗，计 1246.98 公顷。

2002—2008 年镇海区土地收储情况表

表 4 - 16

年份	收储土地宗数	土地面积（公顷）	年　份	收储土地宗数	土地面积（公顷）
2002	22	314.46	2006	16	26.2
2003	22	622.66	2007	14	46.8
2004	27	73	2008	12	33.93
2005	16	129.93	—	—	—

说明：资料来源区国土局

地价管理

1994 年镇海区成立土地评估事务所，对中石化镇海石化总厂 44 宗国有土地资产评估。是年，制定城关镇基准地价。城关镇共分为五个土地级别，住宅用地级别基准地价为 205～520 元/平方米，工业用地为 100～290 元/平方米，制定 24 条商业路的路线价。1996 年，制定骆驼 3 个土地级别价，骆驼 5 条路线价，庄市 3 个土地级别价，澥浦与河头乡各 2 个级别价。1998 年，更新城关地区基准地价，土地级别维持 5 级，路线价增加到 36 条，并将城关地区划分为 27 个住宅区片，分别制定区片价。2003 年，镇海区委托宁波大学房地产研究所对全区基准地价更新研究，研究成果分为招宝山—蛟川片基准地价和骆驼片、庄市片、澥浦镇、九龙湖镇基准地价。招宝山街道分 3 个土地级别，33 条路线价。蛟川街道分 3 个土地级别，10 条路线价。骆驼、庄市分别为 3 个土地级别，骆驼制定 11 条路线价，庄市制定 5 条路线价。澥浦、九龙湖维持原 2 个土地级别，路线价分别增加为 2 条、1 条。

2006 年 10 月，市人民政府下发《关于公布实施宁波市区土地房屋级别和基准地价调整方案的通知》，由市统一制定六区土地级别及对应的级别价格，并制定各用途对应的级别价格。

2006 年宁波市区土地房屋级别和基准地价一览表

表 4 - 17　　单位：元/平方米

用途	一级	二级	三级	四级	五级	六级	七级	八级	九级	十级
商业用地	9300	6900	3520	2656	1948	1507	1177	962	534	472
住宅用地	5850	4608	2592	2170	1683	1248	993	806	416	372
工业用地	957	754	631	513	469	430	364	339	269	260

第二节　农村宅基地管理

1999 年，镇海区明确农村村民每户只能拥有一处宅基地。2001 年后，镇海区对列入开发建设村庄范围内除危房改造外，停止审批村民建房、重建和改造，建设安置房。2004 年 10 月，镇海区出台《农村宅基地管理办法》。2007 年 8 月，出台《农村宅基地管理办法（补充规定）》，对农村私人建房的宅基地申请对象、面积使用标准、占地面积计算等方面做出规定。宅基地面积按农户人数确定，1～3人农户用地面积不超过80平方米，4～5人农户用地面积不超过120平方米，6人以上（含6人）农户用地面积不超过140平方米，其中使用耕地的用地面积不超过125平方米；对已领独生子女证的，可增加20平方米以内的用地面积，其中双农独女户再增加5平方米用地面积，但最高不得超过6人以上户的用地面积；对既有农业户口又有非农业户口的户，农业户口人员按每人24平方米计算用地面积，非农业户口人员（迁入农村的非农业户口除外）按每人20平方米计算用地面积，最高不得超过同类户型农户的用地面积；对户口和生活基础都在农村的且原有宅基地房屋的本村非农村民，按每人20平方米计算用地面积，每户最高不得超过80平方米。农村宅基地面积按建筑物及附属设施的垂直投影占地面积计算。此外，农嫁非结婚后长期（3年以上）并持续居住在本村的农村村民，居民方未享受住房政策，农民方未享受过宅基地政策的，其在册农业人口建房用地面积按每人24平方米内审批。

1986—2008年，全区农村私人建房累计用地147.06公顷，其中耕地建房50.63公顷、非耕地建房96.43公顷。

1986—2008年镇海区农村私人建房用地情况表

表4-18　　单位：公顷

年份	建房用地	其中	
		耕地	非耕地
1986	23.78	5.19	18.59
1987	14.32	4.01	10.31
1988	10.69	2.97	7.72
1989	6.17	2.00	4.17
1990	4.79	1.77	3.02
1991	4.80	2.13	2.67
1992	3.65	1.93	1.72
1993	3.05	1.70	1.35
1994	3.53	1.73	1.80
1995	3.52	1.86	1.66
1996	2.40	2.40	0
1997	0.26	0.26	0
1998	0.13	0.13	0
1999	3.20	3.20	0
2000	2.79	0	2.79
2001	4.97	1.09	3.88

续表 4－18

年份	建房用地	其中	
		耕地	非耕地
2002	5.18	1.28	3.90
2003	8.07	1.54	6.53
2004	10.43	3.51	6.92
2005	8.95	0	8.95
2006	10.15	5.06	5.09
2007	7.33	3.53	3.80
2008	4.90	3.34	1.56

说明：资料来源区国土局

第三节　地籍管理

土地登记

1988 年起，区国土分局先城镇后农村开展土地登记工作。至 2008 年年底，累计登记发证 164987 本，其中国有土地证 117048 本、集体土地证 47939 本。

1992—2008 年镇海区土地登记发证情况表

表 4－19　　单位：本

年份	发证	国有土地证	集体土地证	年份	发证	国有土地证	集体土地证
1992	11610	10449	1161	2001	7245	6358	887
1993	30138	3014	27124	2002	8068	6408	1660
1994	12992	12969	23	2003	10231	7497	2734
1995	5724	5390	334	2004	9520	7227	2293
1996	4922	4394	528	2005	12046	9646	2400
1997	3811	3280	531	2006	10545	8637	1908
1998	6168	4482	1686	2007	9070	7381	1689
1999	5611	4923	688	2008	8789	7121	1668
2000	8497	7872	625	—	—	—	—

说明：资料来源区国土局

信息化建设

2002 年 11 月，区国土局投资 290 万元，建设镇海区地籍管理信息系统，2003 年 4 月系统进入试运行，完成 1：500 地籍地形数据建库工作。是年 12 月，区国土局与区经济服务中心窗口、各镇

（街道）国土所联网办公。

办证服务

1998年10月，开设镇海区土地登记发证窗口。2000年10月，镇海区土地登记发证窗口搬迁至沿江路区经济服务中心，实行办证全程服务。2003年10月，各镇（街道）基层国土所对外提供土地登记发证及咨询服务，实行“一窗式受理、一次性告知、一站式办理、一条龙服务”承诺办结制。2007年8月，土地登记和非行政许可事项整合归并，对部分登记由原需分管领导审批，改为授权局行政许可科直接审批。

第四节　矿产资源管理

矿产资源规划

1996年之前，镇海区矿山零乱分散，矿山企业规模小，管理落后，安全事故多，最多时全区的矿山开采点有70多家，矿区生态遭到严重破坏。1997年镇海区制定《镇海区石料开采规划及实施意见》，划出禁止开采区、控制开采区、允许开采区范围，并明确各区开采与保护的基本要求。2001年制订实施《宁波市镇海区矿产资源规划》，圈定5个禁采区和2个开采区，其余则为限采区。禁采区内的矿山提前关闭，开采区内矿山实行规模化集约化经营，矿山年产量最小在50吨以上，实行总量控制，限采区内不再新批矿山企业，并逐步兼并、迁移、关闭。2007年全区矿产企业数量减少至7家。

采矿权市场建设

2002年10月始，全区实行采矿权有偿使用。至2008年，区国土资源局共10宗建筑用凝灰岩采矿权有偿出让，成交总价计5444万元。

2003—2008年若干年镇海区建筑用凝灰岩采矿权有偿出让情况表

表4－20

时间	方式	出让期限	标的物	出让量（万吨）	出让所得（万元）
2003.01	拍卖	2003年3月11日 2006年3月10日	河头应家开发石场（开心石场）	150	464
2003.01	拍卖	2003年3月11日 2006年3月10日	长石庶来砂石场（永兴石料厂）	127	430
2003.06	拍卖	2003年7月2日 2004年8月1日	河头田顾采石场（九龙采石场）	29.69	106
2003.12	拍卖	2003年12月29日 2010年1月28日	汶溪迎胜轧石场（成丰石料场）	305	920
2003.01	拍卖	2004年1月24日 2007年2月11日	下畦石塘（雄镇石料厂）	151.52	652

续表 4-20

时间	方式	出让期限	标的物	出让量（万吨）	出让所得（万元）
2003.12	拍卖	2002 年 11 月 20 日 2003 年 5 月 20 日	岚山峰尖斗石料场（峰尖斗石料场）	15	45
2003.12	挂牌	2004 年 10 月 13 日 2008 年 1 月 14 日	河头吴夹岙石场（昌发轧石场）	149	350
2004.02	拍卖	2004 年 3 月 5 日 2007 年 4 月 5 日	骆驼迎胜石料场（万峰石料场）	151.19	770
2007.01	拍卖	2007 年 1 月 30 日 2008 年 10 月 5 日	澥浦茶叶山（京安爆破公司镇海石料场）	71.1	477
2008.01	挂牌	2008 年 2 月 3 日 2013 年 9 月 3 日	河头杜郭平安石场（杜夹岙轧石场）	208.54	1230

说明：资料来源区国土局

矿业开采监督

2001 年起，镇海区规范矿业开采管理，建立和完善探矿权和采矿权审批、项目核准、生产许可、安全许可、环保审查、企业审查、企业设立等各项矿产资源开发的管理制度，落实矿产资源开发各个环节的监管责任；完善矿山开采执法监测，对越界开采的企业，按照没收的违法所得的 10% ~30% 予以罚款，拒不退回本矿区范围开采的，给予吊销采矿权许可证，造成矿产资源破坏的，依照法规对直接责任人追究刑事责任；严肃查处无证开采，偷挖盗挖矿产资源等违法违规行为。

2003—2008 年镇海区矿产违法案件查处情况表

表 4-21

项目	单位	2003 年	2004 年	2005 年	2006 年	2007 年	2008 年
件数	件	9	2	4	5	9	26
罚没款	万元	13.02	0.3	0.8	3.13	46.5	176.3

说明：资料来源区国土局

矿山自然生态环境治理

2004 年，成立镇海区矿山自然生态环境保护与治理工作领导小组。2004 年年初，区国土资源局在澥浦大平岭墩废弃矿山复绿治理试点，委托专业绿化设计和施工单位对试点矿山复绿治理。至 2008 年，复绿总面积 16.29 万平方米，总投资 521 万元。

2004—2008 年镇海区废弃矿山整治情况表

表 4-22

项目名称	整治面积（万平方米）	施工年份	整治方式
澥浦大平岭墩采石场	1.77	2004	山体钻孔复绿、山脚堆土复绿
九龙湖镇勤山采石场	1.07	2005	山体钻孔复绿、挡土墙复绿
河头马家桥采石场	1.01	2005	山体钻孔复绿、挡土墙复绿

续表 4－22

项目名称	整治面积（万平方米）	施工年份	整治方式
澥浦徐家山采石场	0.47	2005	山体喷播复绿
九龙湖河头陈采石场	2.71	2006	山体钻孔复绿、挡土墙复绿
九龙湖路下徐采石场	0.87	2006	山体钻孔复绿、挡土墙复绿
澥浦杨梅山采石场	1.67	2006	山体台阶式复绿、挡土墙复绿
澥浦峰尖斗采石场	3.13	2006	山脚堆土复绿
澥浦红旗采石场	1.57	2008	山体台阶式复绿、挡土墙复绿
澥浦屯山砂石场	2.01	2008	山体台阶式复绿、挡土墙复绿

说明：资料来源区国土局

第五节　土地税费

土地税收

耕地占用税　自1987年4月起开征，标准为每平方米10元，农村居民占用耕地新建住宅，按上述规定税额减半征收，有些经批准建设征用的耕地可免征占用税。自2008年1月起，调整为每平方米50元。该税由区财政部门负责征管。

土地增值税　自1994年4月起，在未征收土地增值税之前收取土地使用权转让增值费，土地增值税实行四级超率累进税率。

契税　自1997年10月起开征，税率为1.5%～3%。出让国有土地使用权的，契税计税价格为承受人为取得该土地使用权而支付的全部经济利益。以协议价格出让的，契税计税价格为成交价格。

其他土地使用费

征地管理费（土地管理费）　自1988年6月起开征征地管理费（土地管理费），用地单位按征（使）用土地费用总额的1%～4%比例交纳。自1997年7月起，区收费标准分为全包方式和非全包方式，0.9～4.8元/平方米不等。

重点建设项目统一征地不可预见费　自1988年6月起开征，对征地包干费计算中一时预计不到或可能发生变化的情况，向建设单位收取不可预见费，其计算基数为征地包干费用总额的3%～4%。1999年起对外商投资企业实行减半收费的优惠政策。

征地补偿费　征地补偿费用是土地补偿费、安置补助费、地上附着物和青苗补偿费的总和。自1999年起，全区分3个片区，补偿费为2万元/亩～3万元/亩。征用土地补偿费中包含的区片综合价附加费按2万元/亩提取。

耕地开垦费（委托造地）　自2001年1月起开征耕地开垦费，标准为18元/平方米，占用基本农田的，再加每平方米15元；占用标准农田的，再加7.5元/平方米。2007年2月，调整为耕地开垦费（委托造地）36 元/平方米，2008 年 3 月调整为 52.5 元/平方米。

折抵指标有偿使用费 自 2000 年 6 月起，对建设项目占用耕地实行有偿使用制度，超计划指标使用土地整理折抵指标的，超计划用地部分加收折抵指标有偿使用费，收取标准为 11.25 元/平方米；2004 年 9 月调整为 42 元/平方米；2007 年 2 月调整为 63 元/平方米。

村发展留用地指标费 自 2003 年 8 月 1 日起，在土地使用权有偿出让和集体农用地转为建设用地土地行政划拨时，按 7000 元/亩提取村发展留用地指标费。

新增建设用地有偿使用费 自 1999 年 1 月起，根据本区的土地等级，收取标准为每平方米 24 元，2007 年调整为每平方米 48 元。

土地闲置费 自 2001 年起，对占用耕地进行非农业建设造成的土地闲置，收取土地闲置费 10～18 元/平方米；城市规划区内以出让方式取得土地使用权进行房地产开发造成的土地闲置，按土地使用权出让金的 20% 以下收取。

土地复垦费 自 1993 年 6 月起，向有复垦任务的单位和个人，收取 3 元/平方米的复垦保证金；对造成土地破坏的，以实际造成减产以前三年平均年产值标准收取土地复垦费。

土地登记费 土地登记费由土地权属调查、地籍测绘费和土地登记证书工本费组成，自 1990 年 7 月起收取，权属调查、地籍测绘费标准为：单位用地 200～10000 元/宗，根据用地单位性质不同而不同；城镇居民住房 13～30 元/宗。土地登记证书工本费标准为：普通证书 5 元/证（个人）、10 元/证（单位），特制证书 20 元/证。自 2008 年 8 月 1 日起，土地登记证书工本费停止收取。

土地有偿使用费 （土地使用权出让金、收益金）（土地使用金）自 1988 年 8 月起，凡出让的土地，受让者区别土地不同用途和不同等级按土地出让合同征收土地使用金。镇海区于 1995 年开征土地使用金，自 1999 年起取消该收费项目，设立土地有偿使用费，按拍卖、招标、挂牌竞价确定或协议出让地块评估确认。

矿政收费

矿产资源补偿费 自 1994 年 4 月起收取，标准为矿产销售额的 2%。

采矿权出让所得 自 2001 年 6 月起，普通建筑用石矿产资源的采矿权采用拍卖方式有偿出让。

矿山自然生态环境治理备用金 自 2001 年 6 月起，对采矿权拍卖成交后的买受人收取矿山自然生态环境治理备用金 25 元/平方米。

采矿权使用费 自 1999 年 6 月起收取，标准为每年 1000 元/平方千米，按矿区范围面积逐年收取。

采矿登记费 自 1992 年 7 月起收取，标准为每个矿山 100～500 元。

第六节 行政执法监督

土地执法监察

1987—2008 年，累计查处土地违法案 1693 件，违法面积 894.56 万平方米；拆除建筑物面积

88.72 万平方米，没收建筑物面积 72.83 万平方米，罚没款 11658.46 万元。

1987—2008 年镇海区土地违法案件查处情况表

表 4－23

年　度	违法件数	违法土地面积（平方米）	拆除建筑物面积（平方米）	没收建筑物面积（平方米）	罚没款（万元）
1987	37	960	0	0	0
1988	87	7486	2540	0	1.50
1989	59	2733	129	0	0.80
1990	159	6373	219	0	3.20
1991	143	2853	31	0	1.99
1992	58	1500	400	0	1.85
1993	8	4000	100	0	0.21
1994	9	12900	100	0	9.10
1995	42	48600	0	0	22.50
1996	19	25064	219	365	8.60
1997	23	28824	47	189	196.13
1998	22	26376	273	0	2.94
1999	58	17888	3908	272	6.94
2000	66	24240	1540	1140	7.78
2001	57	90536	2382	62254	63.45
2002	67	6529	4876	999	3.54
2003	86	86928	10879	280	17.93
2004	41	37096	17924	94	6.79
2005	276	5078693	143800	388400	7728.74
2006	130	1442700	595722	68623	662.09
2007	125	585153	23900	103000	916.17
2008	121	1408200	78210	102735	1996.21

说明：资料来源区国土局。拆除、没收面积为《行政处罚决定书》要求拆除、没收面积

开发用地专项检查

1988 年，对全区 93.06 公顷土地开发用地情况全面检查清理，其中国家建设用地 46.86 公顷，乡（镇）企业用地 17.53 公顷，私人建房用地 28.66 公顷。1989 年上半年开展对农村“两户一体”借用土地清查审核，确定对“两户一体”借用土地，改无偿、无限期使用为有偿、有限期使用。1994 年，根据国务院和浙江省人民政府关于加强土地管理、制止乱占滥用耕地通知精神，镇海区对国家和集体建设用地及农村个人建房用地检查清理，对违法用地进行查处。1997 年，镇海区根据中

央有关规定对非农建设项目占用耕地审批停止一年。是年，镇海区对1991—1997年非农建设用地全面清查，其间批准用地项目1639个，实际用地项目1706个，共占用土地面积984.45公顷，其中耕地747.3公顷。共查出违法占地169起，面积30.31公顷，荒闲土地166宗，面积150.32公顷，擅自改变用途单位64个，面积5.2公顷。

卫星遥感执法检查

2000—2008年，根据国土资源部要求，镇海区开展7次卫星遥感执法检查，累计图斑数948个，图斑面积3069.3公顷，查获违法宗地308宗，违法面积964.58公顷。

2000—2008年镇海区卫星遥感土地执法检查情况表

表4－24

年份	图斑数（个）	图斑面积（公顷）	违法宗地（个）	违法面积（公顷）
2000	47	34.66	—	—
2002	152	298.86	11	5.34
2003	48	281.89	6	20.20
2005	369	890.10	169	541.23
2006	152	481.56	49	102.77
2007	37	143.60	27	78.90
2008	143	938.63	46	216.14

说明：资料来源区国土分局

来信来访执法检查

1989—2008年，镇海国土局来信来访2961件，办理2856件，办结率为96%。其中来信1429件，办理1397件，办结率98%，涉及违法占地834件、权属争议98件、征地纠纷164件、咨询建议94件、其他239件；来访1532件，办理1459件，办结率95%，其中违法占地924件、权属争议181件、征地纠纷134件、咨询建议101件、其他119件。来信来访中涉及违法占地案（不包括征地纠纷案）1758件（来信834件、来访924件）占来信来访总案数的37%。

第七节　管理服务机构

宁波市国土资源局镇海分局

1988年2月，成立镇海区土地管理局。2002年1月改名区国土资源局，区计划经济局地质矿产处划归区国土资源局。2005年3月，省以下国土系统实行垂直管理，更名为宁波市国土资源局镇海分局，内设办公室、执法监察科、地籍管理科、土地利用与征地拆迁科、地质矿产资源管理科（土地规划科）。

镇海区土地开发利用管理站

1988 年 8 月成立，全民事业单位。2000 年 2 月，增挂镇海区土地开发整理储备中心牌子。主要职责为保护与合理利用土地提供土地整理技术服务，土地整理工程规划设计，土地整理信息服务，土地整理示范项目选择及实施。

镇海区征地拆迁管理处

1989 年 6 月成立，原名镇海区统一征地事务所，全民事业单位。1992 年 6 月，增挂宁波市镇海区地产管理事务所和宁波市镇海区地产开发公司牌子。1997 年 4 月，更名为征地拆迁管理事务所。2001 年 11 月，更名为镇海区征地拆迁管理处，主要职责为建设项目征地和集体土地房屋拆迁。

镇海区土地勘测所

1991 年 4 月成立，原名镇海区土地勘测室，集体事业单位。1992 年更名为区土地勘测所，主要职责为土地勘测。2004 年 12 月，转制为中介服务机构，与区国土资源局脱钩。

镇海区国土资源监察大队

1991 年 4 月成立，原名镇海区土地监察中队，全民事业单位。2002 年 6 月，更名为区国土资源监察大队，负责对全区单位、个人的土地和矿产使用情况进行监察。

镇海区土地评估事务所

1994 年 3 月，区土地管理局内挂镇海区土地评估事务所牌。1994 年 6 月，明确为全民事业单位，主要职责为土地价格评估。2004 年 12 月转制为中介服务机构，与区国土资源局脱钩。

镇（街道）土地管理所

1998 年 9 月，成立城关镇、骆驼镇、庄市镇、贵驷镇、澥浦镇、河头乡 6 个土地管理所，全民事业单位，实行区土地管理局和镇（乡）政府双重领导，以区土地管理局为主。2001 年 11 月，调整土地管理所设置，设立蛟川、骆驼、庄市、澥浦镇、九龙湖镇 5 个土地管理所。2002 年 6 月，更名为国土资源管理所。2006 年 8 月，更名为国土资源所。2006 年 9 月，成立招宝山国土资源所。

镇海区城市土地储备中心

2001 年 11 月成立，全民事业单位，主要职责收购存量土地，适量储备土地，净地批租地块前期开发，筹措并管理运作土地收购资金。

镇海区地质矿产处

2002 年 6 月成立，全民事业单位，主要职责为地质矿产资源综合管理、开发和保护，地质勘测行业管理，地质环境监测、评价和监督。

（责任编辑　孟福成　冯国定）

第五编　人口与计划生育

本编目录

中华人民共和国成立初期，人口自然增长率提高。1972 年以后贯彻计划生育条例，但因人口基数大，人口增长势态未能减弱。1949—1985 年，镇海县总人口由 282313 人增至 493893 人，增长 75%，年均增长 20.8‰。

1985 年 10 月镇海区建立，区户籍总人口 191806 人。自 2000 年起，外来建设者人口增加迅速，至 2010 年全国第六次人口普查，镇海区常住人口达 418500 人。

第一章　人口规模

建区后，坚持计划生育基本国策，控制人口规模，1985 全区人口自然增长率 2.87‰，2008 年自然增长率 0.34‰。常住人口总量增加以机械增长为主。

第一节　人口数量

户籍人口

1986—2008 年，镇海区总户数由 65595 户增至 92473 户，户籍总人口由 191806 人增至 224348 人，人口年均增长 7.34‰。

1986—2008 年镇海区户籍人口统计表

表 5－1　　单位：人

年　份	总户数	总人口			其中非农业人口
		合　计	男	女	
1986	65595	191806	99515	92291	75015
1987	67104	194952	102058	92894	76869
1988	70473	196188	101477	94711	77990
1989	72171	197638	102199	95439	79509
1990	73936	199435	102915	96520	80815
1991	75588	201627	104320	97307	82633
1992	76683	204391	105920	98471	86515
1993	77513	206246	106974	99272	88867
1994	77522	207298	107235	100063	90317
1995	78024	208826	107920	100906	92648
1996	78793	210925	108800	102125	94286
1997	79669	212063	109190	102873	95819
1998	80426	212422	109030	103392	96602
1999	80999	214000	109452	104548	106576

续表 5－1

年　份	总户数	总人口			其中非农业人口
		合　计	男	女	
2000	83066	214521	109698	104823	108321
2001	84341	215629	110192	105437	113328
2002	85408	215892	110312	105670	115287
2003	87058	216691	110435	106256	116110
2004	89244	220186	111936	108250	132860
2005	90510	224907	113817	111090	141976
2006	91818	225499	113927	111572	153571
2007	92605	225455	113791	111664	156914
2008	92473	224348	113410	110938	159537

说明：2004 年前摘自《镇海区国民经济基本统计资料》，以后摘自区公安分局《人口统计年报》

常住人口

据 1990 年、2000 年、2010 年三次人口普查结果，镇海区常住人口，家庭户数变化情况为：

1990 年常住人口 209627 人，家庭户 67249 户，户均 3. 11 人，男女性别比 107. 22。2000 年常住人口 271707 人，家庭户 105352 户，户均 2. 57 人，男女性别比 106. 33。2010 年常住人口 418500 人，家庭户 165724 户，户均 2. 52 人，男女性别比 111. 22。常住人口中，区外流入镇海人口 217905 人，占全部常住人口 52. 07%。

三次人口普查镇海区常住人口统计情况表

表 5－2　　单位：人

普查年份	总户数	总人数	男	女
1990	67249	209627	108463	101164
2000	105352	271707	140022	131685
2010	165724	418500	220364	198136

第二节　人口分布

人口地区分布

1986—1991 年，镇海区辖 6 镇 4 乡，户籍人口分布见表 5－3。

1986—1991 年区各镇乡户籍人口分布情况表

表 5－3　　单位：人

年份	总人口	城关镇	俞范镇	骆驼镇	贵驷镇	澥浦镇	庄市镇	临江乡	长石乡	汶溪乡	河头乡
1986	191806	39186	32542	26420	21974	12402	20330	14328	6054	4946	13624
1987	194952	40903	33570	26618	21982	12392	20499	14283	6054	4977	13674
1988	196188	41092	34196	26883	21944	12397	20629	14331	6023	5018	13675
1989	197638	42123	34775	26747	21825	12369	20688	14441	5993	4997	13680
1990	199435	43029	35443	26827	21868	12299	20747	14596	5954	5020	13652
1991	201627	44053	36536	26816	21772	12262	20761	14738	5981	5029	13679

说明：1987 年前庄市称乡

1992—2000 年，镇海区辖 5 镇 1 乡，户籍人口分布见表 5－4。

1992—2000 年区各镇乡户籍人口分布情况表

表 5－4　　单位：人

年份	总人口	城关镇	骆驼镇	贵驷镇	澥浦镇	庄市镇	河头乡
1992	204391	99443	37207	21514	12045	20563	13619
1993	206246	101668	37160	21349	11892	20609	13568
1994	207298	103073	37073	21231	11791	20597	13533
1995	208826	105008	37098	21169	11618	20500	13433
1996	210925	106926	37227	21301	11452	20642	13377
1997	212063	108375	37251	21237	11354	20588	13258
1998	212422	109368	37132	21031	11217	20463	13211
1999	214000	111818	37238	20572	11037	20327	13008
2000	214521	112982	37000	20414	10924	20267	12934

2001—2008 年，镇海区辖 4 街道 2 镇，户籍人口分布见表 5－5。

2001—2008 年区各镇街道户籍人口分布情况表

表 5－5　　单位：人

年份	总人口	招宝山街道	蛟川街道	骆驼街道	庄市街道	澥浦镇	九龙湖镇
2001	215629	62156	44048	43385	22186	22393	21461
2002	215982	63113	43958	43239	22398	21175	22099
2003	216691	63030	44204	43414	22738	21273	22032
2004	220186	63816	43657	43627	25592	21395	22099
2005	224907	64486	43990	43939	28861	21427	22204
2006	225499	65287	44460	44258	27544	21567	22383
2007	225455	66064	44019	44652	26615	21641	22464
2008	224348	66473	42839	45000	25914	21643	22479

2008 年年末，镇海区户籍总人口 224348 人，其中招宝山街道 66473 人，占 29.63%；蛟川街道 42839 人，占 19.09%；骆驼街道 45000 人，占 20.06%；庄市街道 25914 人，占 11.55%；澥浦镇 21643 人，占 9.65%；九龙湖镇 22479 人，占 10.02%。

城镇人口与乡村人口

按地域归类，户籍在镇、街道的统计为城镇人口，户籍在乡的为乡村人口。

1986 年年末，城关、俞范、骆驼、贵驷、澥浦 5 镇人口 132524 人，占总人口 69.09%，庄市、临江、长石、汶溪、河头 5 乡人口 59282 人，占总人口 30.91%。城镇人口与乡村人口比 1∶0.45。

2001 年，行政区划调整为招宝山、蛟川、骆驼、庄市 4 街道，澥浦、九龙湖 2 镇，此后镇海区全部人口按城镇人口统计。

非农人口与农业人口

按户籍性质分类，农业户籍的统计为农业人口，反之为非农人口。

1986 年，镇海区非农人口 75015 人，农业人口 116791，分别占总人口的 39.11% 和 60.89%，两者比为 1∶1.56。

2008 年年末，镇海区非农人口 159537 人，农业人口 64811 人，分别占总人口的 71.11% 和 28.89%，两者比为 1∶0.41。其间，全区非农人口净增 84522 人，农业人口净减 51980 人。

1986—2008 年，全区农业人口转非农业人口总 66813 人。

城镇人口和非农人口

1986—2008 年，全区城镇人口和非农人口占户籍总人口的情况见表 5－6。

1986—2008 年镇海区城镇人口和非农人口情况表

表 5－6 单位：人

年份	总人口	城镇人口		非农人口	
		人数	占比（%）	人数	占比（%）
1986	191806	132524	69.09	75015	39.11
1987	194952	155964	80.00	76869	39.43
1988	196188	157141	80.10	77990	39.75
1989	197638	158527	80.21	79509	40.23
1990	199435	160213	80.33	80815	40.52
1991	201627	162200	80.45	82633	40.98
1992	204391	190772	93.34	86515	42.33
1993	206246	192678	93.42	88867	43.09
1994	207298	193765	93.47	90317	43.57
1995	208826	195393	93.57	92648	44.37
1996	210925	197548	93.66	94286	44.70
1997	212063	198805	93.75	95819	45.18

续表 5-6

年份	总人口	城镇人口		非农人口	
		人数	占比（%）	人数	占比（%）
1998	212422	199211	93.78	96602	45.48
1999	214000	200992	93.92	106576	49.80
2000	214521	201587	93.97	108321	50.49
2001	215629	215629	100	113328	52.56
2002	215982	215982	100	115287	53.38
2003	216691	216691	100	116110	53.58
2004	220186	220186	100	132860	60.34
2005	224907	224907	100	141978	63.13
2006	225499	225499	100	153571	68.10
2007	225455	225455	100	156914	69.60
2008	224348	224348	100	159537	71.11

说明：资料来源区统计局

第三节　人口变动

人口自然增长

1986—2008 年，镇海区人口增长得到控制。其间，全区出生 42616 人，死亡 27309 人，自然增加 15307 人。年均出生率 6.06‰、年均死亡率 5.34‰，年均自然增长率 3.35‰。

1986—2008 年镇海区人口自然增长情况统计表

表 5-7　单位：人

年份	年末总人口	自然增长		出　生		死　亡	
		人数	自然增长率（‰）	人数	出生率（‰）	人数	死亡率（‰）
1986	191806	944	4.95	2063	10.82	1119	5.87
1987	194952	1621	8.38	2869	14.84	1248	6.45
1988	196188	1315	6.72	2503	12.80	1188	6.07
1989	197638	1272	6.46	3495	12.67	1223	6.21
1990	199435	1267	6.38	2410	12.14	1143	5.76
1991	201627	1162	5.80	2199	10.97	1037	5.17

续表 5－7

年份	年末总人口	自然增长		出　生		死　亡	
		人数	自然增长率（‰）	人数	出生率（‰）	人数	死亡率（‰）
1992	204391	892	4. 39	2063	10. 16	1170	5. 76
1993	206246	980	4. 77	2105	10. 25	1125	5. 48
1994	207298	892	4. 32	2125	10. 28	1231	5. 95
1995	208826	762	3. 67	2105	10. 12	1343	6. 45
1996	210925	871	4. 15	2052	9. 78	1181	5. 63
1997	212063	774	3. 65	1994	9. 40	1220	5. 75
1998	212422	911	4. 30	2161	10. 20	1250	5. 90
1999	211881	564	2. 67	1657	7. 83	1093	5. 16
2000	214521	605	2. 85	1713	8. 06	1108	5. 21
2001	215629	336	1. 56	1431	6. 65	1095	5. 09
2002	215982	248	1. 15	1386	6. 42	1138	5. 27
2003	216691	32	0. 15	1266	5. 85	1234	5. 70
2004	220186	343	1. 57	1446	6. 62	1103	5. 05
2005	224907	77	0. 35	1306	5. 87	1129	5. 52
2006	225499	124	0. 55	1237	5. 49	1113	4. 94
2007	225455	195	0. 86	1320	5. 85	1125	4. 99
2008	224348	77	0. 34	1249	5. 55	1182	5. 21

说明：资料来源区计划生育局

人口迁移

1986—2008 年，全区迁入 60243 人，其中省外迁入 24678 人；迁出 34382 人，其中迁往省外 11527 人。人口迁入净增 25861 人。

1986—2008 年镇海区人口迁移统计情况表

表 5－8　　单位：人

年份	净迁移（＋）	迁　入		迁　出	
		合　计	其中省外迁入	合　计	其中迁往省外
1986	1332	4426	1260	3094	569
1987	1606	4377	961	2771	482
1988	230	1470	633	1240	553
1989	313	1440	772	1127	734
1990	535	1631	661	1096	501

续表 5－8

年份	净迁移（+）	迁入		迁出	
		合计	其中省外迁入	合计	其中迁往省外
1991	1049	1943	989	894	421
1992	1481	2380	843	899	392
1993	1045	2013	940	968	430
1994	626	1727	785	1101	504
1995	807	1993	894	1186	410
1996	579	1858	942	1279	483
1997	452	1553	744	1101	423
1998	141	1398	721	1257	444
1999	847	2028	865	1181	412
2000	12	1765	879	1753	483
2001	985	2790	1196	1805	593
2002	939	2435	1253	1496	599
2003	1074	2268	1191	1194	520
2004	3764	4758	1345	994	462
2005	5093	6017	1646	924	386
2006	1761	4117	1976	2356	483
2007	451	2782	1198	2331	526
2008	739	3074	1984	2335	717
合计	25861	60243	24678	34382	11527

说明：资料来源区公安分局

暂住人口

1985 年，镇海县实行暂住人口和寄住人口登记。对来镇海暂住超过 3 个月的 16 周岁以上人员发暂住证。对外来务工、经商、办厂、从事服务行业以及投靠亲属等暂住时间较长人员，由所在地派出所登记为寄住人口，发寄住证。

1990—1993 年，区政府发布《关于暂住人口管理的暂行规定》，对外地来镇居住 3 天以上 3 个月以内人员，办理暂住人口登记手续；居住 3 个月以上人员经公安机关审查领取暂住证。

1987—1995 年镇海区暂住人口统计情况表

表 5－9　　单位：人

年份	实有数	男	女	居住处所						来自城乡				暂住原因			
				旅馆	民家	集体宿舍	租赁房屋	建筑工地	其他	城市	集镇	乡村	海外	务工	经商	服务业	其他
1987	7627	5528	2099	—	352	960	1149	2199	2969	55	428	7139	5	5710	1371	37	539
1988	13529	7370	6159	78	3340	4526	2612	2746	227	434	1569	11522	4	8101	851	399	4178
1989	16714	9634	7080	230	4702	5527	3114	2896	245	548	2578	13582	6	9435	1147	454	5678
1990	14025	7382	6643	40	3977	5017	2936	1829	226	443	2255	11324	3	7505	1045	434	5041
1991	18228	9882	8346	18	4349	6115	4828	2506	412	456	3702	14066	4	11087	1273	492	5376
1992	18779	11535	7244	3	5625	5707	4046	2969	429	744	3288	14736	11	11144	1235	569	5831
1993	18503	11224	7279	4	6573	4204	3254	3841	627	665	2641	15196	1	11080	1339	754	5330
1994	21031	13509	7522	26	5782	5614	3436	5102	1071	4960		16071	—	14497	2438	556	3540
1995	25679	15309	10370	34	6968	8896	5270	3741	770	2487		23186	6	17036	2139	1000	5504

说明：资料来源区统计局

1996—2008 年镇海区暂住人口统计情况表

表 5－10　　单位：人

年份	实有数	男	女	居住处所						来自城乡			暂住原因				
				旅馆	民家	集体宿舍	租赁房屋	建筑工地	其他	城镇	乡村	港澳台及海外	务工	务农	经商	服务业	其他
1996	25829	15040	10789	34	6443	9043	5743	3487	1079	3314	22514	1	15299	3085	2413	1007	4025
1997	30035	18714	11321	25	4114	10207	11699	3001	989	3033	27002	—	19181	2891	2709	1457	3797
1998	32726	19978	12748	28	3919	13982	12044	2147	606	2790	29936	—	21600	2664	3097	2590	2775
1999	33469	19568	13901	47	5276	11255	12116	3742	1033	3319	30150	—	22090	2304	3481	3421	2173
2000	38794	21636	17158	28	6720	13854	14009	3569	614	5442	33352	—	25113	2601	4166	4724	2190
2001	54774	32622	22152	26	6328	19918	21942	5922	638	3852	50920	2	39575	2200	3965	5674	3360
2002	64347	37712	26635	33	10355	19650	27410	6534	365	9882	54462	3	50509	768	3582	6107	3381
2003	124764	69570	55194	24	9451	24345	74359	16139	446	7128	117635	1	48930	2433	5782	8448	59171
2004	168160	98974	69186	52	15042	30626	102338	19170	932	5580	162575	5	113622	4040	7425	9426	33647
2005	152763	85239	67524	210	13633	26864	97442	13684	930	28188	124571	4	106971	3683	6749	8842	26518
2006	147712	84827	62885	134	24094	24290	90595	8597	2	15530	132179	3	100520	1992	3513	2626	39061
2007	189126	109309	79817	132	36599	36393	103628	8143	4231	23295	165622	209	158993	3709	9227	7919	9278
2008	200454	117473	82981	39	22960	36662	131906	5664	36223	20357	179979	118	182114	2564	4850	3988	6938

说明：资料来源区公安分局

滩坑水电站库区移民

根据《浙江省人民政府关于切实做好滩坑水电站库区移民安置工作的通知》，2005—2007 年，镇海区接收丽水滩坑水电站库区移民总 108 户 399 人。移民安置任务落实到 5 镇（街道）的 42 个村。第一水平年坝址移民 32 户 122 人，2005 年 4 月落实安置。第二水平年移民 47 户 174 人，2006 年 8 月落实安置。第三水平年应接收移民 29 户 104 人，实际接收 29 户 103 人，2007 年落实安置。镇海区丽水滩坑水电站库区移民安置工作于 2008 年 2 月通过省、市验收。

第二章 人口构成

镇海区人口构成变化主要表现为推行计划生育和健康水平的提高，老年人口比重上升，年龄结构处于老龄化，少数民族人口增加，受教育程度普遍提高。残疾人口6000人左右。纳入城乡居民最低生活保障的贫困人口不足人口总数的1%。

第一节 民族构成

区境内人口以汉族为主。据1990年、2000年二次人口普查结果，1990年镇海区总人口209627人，其中汉族209406人，少数民族221人。2000年镇海区总人口271707人，其中汉族270102人，少数民族1605人。少数民族人口中，土家族最多687人，100人以上的依次为苗族262人、满族136人、侗族120人、回族108人。

少数民族居住落户以城关镇为主，骆驼镇和庄市镇次之。

1990年、2000年镇海区少数民族人口地区分布情况表

表5-11　　单位：人

年份	地区	蒙古族	回族	藏族	维吾尔族	苗族	彝族	壮族	布依族	朝鲜族	满族	侗族	瑶族	白族	土家族	哈尼族	黎族	傈僳族	佤族	畲族	水族	土族	仡佬族	其他	其他未识别的民族
1990	总计	2	65	—	—	7	4	24	4	3	84	2	1	1	14	—	—	—	—	4	—	2	—	4	—
	城关镇	—	23	—	—	—	4	—	—	1	12	—	1	—	3	—	—	—	—	3	—	—	—	1	—
	俞范镇	—	34	—	—	5	—	11	3	2	70	2	—	1	3	—	—	—	—	1	—	—	—	3	—
	贵驷镇	—	—	—	—	—	—	7	1	—	—	—	—	—	—	—	—	—	—	—	—	—	—	—	—
	骆驼镇	1	2	—	—	—	—	2	—	—	—	—	—	—	1	—	—	—	—	—	—	—	—	—	—
	澥浦镇	—	—	—	—	—	—	3	—	—	—	—	—	—	—	—	—	—	—	—	—	2	—	—	—
1990	庄市镇	—	—	—	—	—	—	—	—	—	—	—	—	—	—	—	—	—	—	—	—	—	—	—	—
	临江乡	1	6	—	—	2	—	1	—	—	2	—	—	—	7	—	—	—	—	—	—	—	—	—	—
	长石乡	—	—	—	—	—	—	—	—	—	—	—	—	—	—	—	—	—	—	—	—	—	—	—	—
	汶溪乡	—	—	—	—	—	—	—	—	—	—	—	—	—	—	—	—	—	—	—	—	—	—	—	—
	河头乡	—	—	—	—	—	—	—	—	—	—	—	—	—	—	—	—	—	—	—	—	—	—	—	—

续表 5－11

年份	地区	蒙古族	回族	藏族	维吾尔族	苗族	彝族	壮族	布依族	朝鲜族	满族	侗族	瑶族	白族	土家族	哈尼族	黎族	傈僳族	佤族	畲族	水族	土族	仡佬族	其他	其他未识别的民族
2000	总计	12	108	3	3	262	27	61	52	35	136	120	11	13	687	1	6	1	2	44	3		1	13	4
	城关镇	11	94	3	1	125	10	27	25	33	126	92	4	11	403	1	6	—	2	22	—	—	—	8	—
	贵驷镇	—	1	—	—	15	1	17	1	—	—	1	—	—	27	—	—	—	—	3	2	—	—	—	—
	骆驼镇	—	2	—	1	62	9	9	21	2	6	8	1	—	124	—	—	—	—	4	1	—	1	1	4
	澥浦镇	—	6	—	—	16	3	5	4	—	—	1	—	1	28	—	—	—	—	8	—	—	—	1	—
	庄市镇	—	4	—	1	20	3	3	1	—	2	17	3	—	77	—	—	1	—	6	—	—	—	3	—
	河头乡	1	1	—	—	24	1	—	—	—	2	1	3	1	28	—	—	—	—	1	—	—	—	—	—

说明：资料来源区统计局

2008 年，有户籍少数民族 980 人，民族成分 25 个。

第二节　性别构成

1986—2008 年，镇海区户籍男性人口多于女性人口，性别比保持在 101 ~ 110 之间，并呈逐渐下降。1987 年性别比最高为 109. 87。2007 年性别比最低为 101. 90。

1986—2008 年镇海区人口性别构成情况表

表 5－12　　单位：人

年份	总人口	男性		女性		性别比
		人数	占比（%）	人数	占比（%）	
1986	191806	99515	51. 88	92291	48. 12	107. 83
1987	194952	102058	52. 35	92894	47. 65	109. 87
1988	196188	101477	51. 72	94711	48. 28	107. 14
1989	197638	102199	51. 71	95439	48. 29	107. 08
1990	199435	102915	51. 60	96520	48. 40	106. 63
1991	201627	104320	51. 74	97307	48. 26	107. 21
1992	204391	105920	51. 82	98471	48. 18	107. 56
1993	206246	106974	51. 87	99272	48. 13	107. 76
1994	207298	107235	51. 73	100063	48. 27	107. 17
1995	208826	107920	51. 68	100906	48. 32	106. 95
1996	210925	108800	51. 58	102125	48. 42	106. 54

续表 5-12

年份	总人口	男性		女性		性别比
		人数	占比（%）	人数	占比（%）	
1997	212063	109190	51.49	102873	48.51	106.14
1998	212422	109030	51.33	103392	48.67	105.45
1999	214000	109452	51.15	104548	48.85	104.69
2000	214521	109698	51.14	104823	48.86	104.65
2001	215629	110192	51.10	105437	48.90	104.51
2002	215982	110312	51.07	105670	48.93	104.39
2003	216691	110435	50.96	106256	49.04	103.93
2004	220186	111936	50.84	108250	49.16	103.41
2005	224907	113817	50.61	111090	49.39	102.45
2006	225499	113927	50.52	111572	49.48	102.11
2007	225455	113791	50.47	111664	49.53	101.90
2008	224348	113410	50.55	110938	49.45	102.23

说明：资料来源区统计局

第三节　年龄构成

据1990年、2000年人口普查资料对比，镇海区常住人口中少儿人口比重明显下降，老年人口比重上升。0～14岁少年儿童人口，1990年为37870人，占总人口的18.07%；2000年为39610人，占14.58%。65岁以上老年人口，1990年为13408人，占总人口的6.40%；2000年为20568人，占7.57%。男性16～59岁、女性16～54岁劳动年龄人口比重持续上升。1990年为145312人，2000年为196329人，分别占同年总人口的69.3%、72.3%。

1990年、2000年镇海区常住人口年龄构成情况表

表5-13

年龄组	1990年						2000年					
	人口数（人）			占总人口数的百分比			人口数（人）			占总人口数的百分比		
	合计	男	女	合计	男	女	合计	男	女	合计	男	女
总计	209627	108463	101164	100	51.74	48.26	271707	140022	131685	100	51.53	48.47
0～4岁	13080	6644	6436	6.24	3.17	3.07	12065	6232	5833	4.44	2.29	2.15
5～9岁	12402	6405	5997	5.92	3.06	2.86	12877	6584	6293	4.74	2.42	2.32
10～14岁	12388	6288	6100	5.91	3.00	2.91	14668	7489	7179	5.40	2.76	2.64
15～19岁	15473	8135	7338	7.38	3.88	3.50	15673	7803	7870	5.77	2.87	2.90

续表 5－13

年龄组	1990 年						2000 年					
	人口数（人）			占总人口数的百分比			人口数（人）			占总人口数的百分比		
	合计	男	女	合计	男	女	合计	男	女	合计	男	女
20～24 岁	22983	12380	10603	10.96	5.90	5.06	21194	10618	10576	7.80	3.91	3.89
25～29 岁	23166	12146	11020	11.05	5.79	5.26	29375	15287	14088	10.81	5.63	5.18
30～34 岁	22634	11683	10951	10.80	5.58	5.22	32901	17494	15407	12.11	6.44	5.67
35～39 岁	22220	11294	10926	10.60	5.39	5.21	28539	15169	13370	10.50	5.58	4.92
40～44 岁	17143	8753	8390	8.18	4.18	4.00	24052	12498	11554	8.85	4.60	4.25
45～49 岁	10654	5789	4865	5.08	2.76	2.32	23310	11920	11390	8.58	4.39	4.19
50～54 岁	8573	4755	3818	4.09	2.27	1.82	17580	8842	8738	6.47	3.25	3.22
55～59 岁	8557	4670	3887	4.08	2.23	1.85	10811	5760	5051	3.98	2.12	1.86
60～64 岁	6946	3699	3247	3.31	1.76	1.55	8094	4380	3714	2.98	1.61	1.37
65～69 岁	5400	2697	2703	2.58	1.29	1.29	8051	4249	3802	2.96	1.56	1.40
70～74 岁	3550	1571	1979	1.69	0.75	0.94	5695	2867	2828	2.10	1.06	1.04
75～79 岁	2461	959	1502	1.18	0.46	0.72	3932	1811	2121	1.45	0.67	0.78
80～84 岁	1347	430	917	0.64	0.20	0.44	1833	723	1110	0.67	0.26	0.41
85～89 岁	506	130	376	0.24	0.06	0.18	793	244	549	0.29	0.09	0.20
90～94 岁	128	31	97	0.06	0.01	0.05	216	48	168	0.08	0.02	0.06
95～99 岁	15	4	11	0.01	0.00	0.01	42	3	39	0.02	0.00	0.02
100 岁以上	1	0	1	0.00	0.00	0.00	6	1	5	0.00	0.00	0.00

说明：资料来源区统计局

1987 年 60 岁以上户籍人口占总人口的 10.48%，2008 年 60 岁及以上人口占总人口比重提高到 17.65%。

2008 年镇海区百岁老人情况表

表 5－14

姓名	性别	出生年月	年龄	家庭住址
黄爱娟	女	1907 年 3 月 2 日	101	澥浦镇汇源社区金道弄
任阿菊	女	1904 年 4 月 29 日	104	招宝山街道中山路 12 号
王月英	女	1906 年 11 月 29 日	102	招宝山街道胡家弄 5 号
徐月卿	女	1907 年 10 月 27 日	101	蛟川街道石塘下村陈家
汪彩英	女	1907 年 3 月 9 日	101	招宝山街道费家河头 78 号
苏祥根	男	1906 年 2 月 12 日	102	招宝山街道夏金生福利院
吴阿素	女	1908 年 3 月 22 日	101	骆驼街道民联村憩桥
陈瑞琴	女	1909 年 9 月 18 日	100	招宝山街道邬家弄

说明：资料来源区老龄委

第四节　文化构成

据人口普查结果，镇海区常住人口文化程度有所提高，初等教育入学率不断提高，初中教育逐步普及，文盲和半文盲人数大为减少。2000 年具有初中以上（包括初中）文化程度的为 150510 人，其中男性 81851 人、女性 68659 人，占 6 岁及 6 岁以上人口的 58.6%，比 1990 年的 47.0% 提高 11.6 个点。文盲和半文盲人数 2000 年比 1990 年减少 7729 人，占比下降 6 个点。2004 年全区户籍人口中青壮年非文盲率已在 99.4% 以上，小学、中学教育全面普及。

1990 年、2000 年人口普查镇海区常住人口受教育程度情况表

表 5－15　　单位：人

文化程度	1990 年						2000 年					
	人口			占总人口百分比（%）			人口			占总人口百分比（%）		
	合计	男	女	合计	男	女	合计	男	女	合计	男	女
6 岁及以上	194702	100880	93822	100	51.81	48.19	257006	132460	124546	100	51.54	48.46
研究生	0	0	0	0.00	0.00	0.00	129	114	15	0.05	0.04	0.01
大学本科	1879	1434	445	0.97	0.74	0.23	4715	3385	1330	1.83	1.32	0.52
大学专科	2870	1997	873	1.47	1.03	0.45	8297	5005	3292	3.23	1.95	1.28
中　专	4966	2813	2153	2.55	1.44	1.11	10259	5252	5007	3.99	2.04	1.95
高　中	18624	10279	8345	9.57	5.28	4.29	30278	16905	13373	11.78	6.58	5.20
初　中	63247	33800	29447	32.48	17.36	15.12	96832	51190	45642	37.68	19.92	17.76
小　学	79006	42581	36425	40.58	21.87	18.71	90115	45811	44304	35.06	17.82	17.24
文盲半文盲	24110	7976	16134	12.38	4.10	8.29	16381	4798	11583	6.37	1.87	4.51

说明：资料来源区统计局

第五节　残疾人口

据镇海区残疾人联合会第二次残疾人换领残疾证统计，2009 年 12 月末，镇海区持证残疾人总 6056 人，其中男性 3369 人、女性 2687 人。持证残疾人口分为 6 类：

视力残（盲）　总 640 人。男性 300 人，女性 340 人。其中一级盲残 178 人，二级盲残 94 人，三级盲残 98 人，四级盲残 270 人。

听力残（聋）　总 775 人。男性 393 人，女性 382 人。其中一级聋残 280 人，二级聋残 351 人，三级聋残 120 人，四级聋残 24 人。

语言残（聋哑）　总 34 人。男性 25 人，女性 9 人。其中一级聋哑 20 人，二级聋哑 4 人，三级聋哑 4 人，四级聋哑 6 人。

肢体残 总3410人。男性2033人，女性1377人。其中一级肢体残130人，二级肢体残529人，三级肢体残758人，四级肢体残1993人。

智力残 总531人。男性307人，女性224人。其中一级智力残34人，二级智力残162人，三级智力残208人，四级智力残127人。

精神残 总662人。男性310人，女性352人。其中一级精神残41人，二级精神残416人，三级精神残194人，四级精神残11人。

另有多种残疾4人。其中男性1人，女性3人。

第六节 贫困人口

镇海区城市居民最低生活保障标准（扶贫标准），按照当地维持居民基本生活所必需的衣、食、住费用，并适当考虑水、电、燃煤（燃气）费用以及未成年人义务教育费用确定。其最低生活保障标准原则上要等于政府公布的最低工资标准的40%。农村居民最低生活保障标准按城市居民的60%执行。

2002—2008年，镇海区纳入政府保障的贫困人口占总人口的0.79%~0.97%。

2002—2008年镇海区城乡居民最低生活保障情况表

表5-16

年份	最低生活保障（户/人）	保障金支出（万元）	低保人口占总人口比例（%）	最低生活保障标准（元）	
				城镇	农村
2002	1059/1943	233.74	—	260	140
2003	1241/2099	351.03	0.97	260	140
2004	1128/1817	359.43	0.83	280	160
2005	1289/1880	356.60	0.84	280	160
2006	1269/1792	424.62	0.79	300	180
2007	1268/1774	440.11	0.79	300	180
2008	1300/1789	555.69	0.80	350	245

说明：资料来源区民政局

2008年，全区有117家庭户（233人）领取“城区社会扶助证”，95家庭户（209人）领取“镇海区农村社会扶助证”。该类家庭户可获医疗、教育、法律、居家养老、危旧房维修等相关政策帮扶，缓解生活困难。是年，全区累计1601人次获得医疗救助，发放医疗救助资金275.3万元。

第三章　计划生育

1973年始，倡导“晚”（晚婚年龄男25周岁，女23周岁）、“稀”（两胎间隔4～5年）、“少”（每对夫妇生育不超过2个孩子）。1979年，贯彻“一对夫妇只生育1个孩子”。1983年始，规定青年必须晚婚晚育，并出台独生子女奖励政策：14周岁以下的独生子女每年享受保健费30～50元，时间10年；农村独生子女多划给一份自留地、自留山，建房可按标准多划一份宅基地，父母可优先照顾一人进乡村企业，优先扶持发展家庭副业；同等条件下，独生子女可优先入托、入院、入学、招工。至1985年，一胎率达到95%。镇海建区后，依靠宣传教育、提升计划生育服务水平、完善医疗卫生和社会保障体系，优生优育成为人们的自觉选择。

1995年，镇海区被省人民政府授予“省首批孕前型管理达标（县）区”。2000年，镇海区获“省计划生育工作先进区”。2007年9月，镇海区获“全国计划生育优质服务先进区”。

第一节　计划生育政策

1986年1月，农民只生一个女孩的准予生育第二个孩子。

2003年起，持有独生子女父母光荣证职工和具有本区农村居民（农业户口）、无业居民，领取每年不低于100元的独生子女父母奖励费，直至子女14周岁。

2004年5月起，对符合下列条件之一的双农独女户给予一次性2000元的奖励：

1. 符合《浙江省人口与计划生育条例》第十九条第（二）项规定条件可以再生育一个子女（1987年1月1日后出生），而自愿终身只生育一个孩子，且已办理独生子女父母光荣证的双农独女户家庭（领养子女除外）。

2. 已办理独生子女父母光荣证的双农独女户家庭，夫妻一方死亡后，另一方尚未婚嫁的。

3. 再婚夫妻一方未生育过，另一方再婚前只生育一个女儿，自愿终身不再生育，且领取独生子女父母光荣证的农民家庭。

4. 对已办理独生子女父母光荣证双农独女户家庭，夫妻离婚后与女儿共同生活且尚未婚嫁的一方，减半发放。

户籍所在地镇（街道）对符合上述条件的双农独女户家庭，待妻方年龄至45周岁（或女儿20周岁）后，凭户籍证明、独生子女父母光荣证和村审核意见，予以发放。2001年前已领取双农独女荣誉证书并享受有关奖励待遇的，不再列入奖励范围。

2007年9月，取消两胎间隔生育4～5年的规定。

第二节　计划生育管理

户籍人口计划生育

1986—1990年，计划生育从“晚、稀、少”向一对夫妻只生一个孩子转变。全面开展保“三无”（无早婚早育、无计划外生育、无大月引产），保“五率”（一胎生育率、独生子女领证率、计划生育率、节育率、女性晚婚率）。

1991—1995年，实施计划生育孕前管理。至1995年年末，全区已婚夫妇长效可靠节育率为83.41%。已婚育龄妇女计划外生孕率从1990年的2.91%下降到1995年的0.92%。

1996—2000年，推行避孕节育措施知情选择，计划生育与强村富民的新家庭、新农村建设相结合。其间有500户计划生育困难户脱贫致富。141个村开展新家庭计划活动，23813户农户订立新家庭计划，占应订农户85%。

1986—2008年镇海区已婚育龄妇女生育情况表

表5-17

年份	育龄妇女	已婚育龄妇女	女性初婚		生育				
			人数	晚婚率（%）	出生人数	计划生育率（%）	一孩率（%）	二孩率（%）	多孩率（%）
1986	51777	36568	2364	85.74	2063	99.42	89.14	10.62	0.24
1987	53601	37754	2418	82.75	2869	99.58	73.51	26.18	0.31
1988	54129	40767	2113	90.25	2503	99.56	81.98	17.94	0.08
1989	54039	41769	1954	92.84	2495	99.64	97.74	12.06	0.2
1990	53306	42430	1827	90.48	2410	99.75	88.80	11.04	0.16
1991	54192	43756	2104	89.31	2199	99.86	89.18	10.82	0.00
1992	55398	44499	2344	91.55	2063	99.95	92.05	7.85	0.10
1993	57478	45696	2102	93.72	2105	99.67	93.02	6.94	0.04
1994	58020	46959	2066	94.63	2125	99.67	94.02	5.88	0.10
1995	59566	49518	2035	95.58	2105	99.71	93.78	6.18	0.04
1996	60262	50827	2000	94.45	2052	99.37	93.61	6.29	0.10
1997	60636	50725	1629	93.55	1994	99.75	95.54	4.41	0.05
1998	59471	50922	1620	97.96	2161	99.78	96.63	3.37	0.00
1999	58546	49891	1445	80.35	1657	99.58	95.90	4.10	0.00
2000	59165	49761	1192	77.35	1713	99.94	95.56	4.38	0.06
2001	59167	50121	1104	75.00	1431	99.72	95.08	4.85	0.07

续表 5-17

年份	育龄妇女	已婚育龄妇女	女性初婚		生育				
			人数	晚婚率（%）	出生人数	计划生育率（%）	一孩率（%）	二孩率（%）	多孩率（%）
2002	59474	50151	1213	74.28	1386	99.35	94.26	5.66	0.08
2003	59223	49826	1061	77.94	1266	99.53	94.23	5.77	0.00
2004	59313	50087	1181	—	1446	99.59	94.67	5.26	0.07
2005	59022	48909	911	—	1306	99.39	93.72	6.28	0.00
2006	59640	48721	1167	—	1237	99.35	93.86	6.14	0.00
2007	59225	47756	852	—	1320	99.70	94.62	5.38	0.00
2008	58484	46981	1373	—	1249	99.36	91.51	8.41	0.08

说明：资料来源区计划生育局

流动人口计划生育

流动人口计划生育实行户籍地与现居住地双向管理，以现居地管理为主。1991 年起，每年与镇（街道）签订《流动人口计划生育责任书》。1994—1995 年，城关镇、骆驼镇、庄市镇建立流动人口计划生育管理办公室。1996 年，对流动人口实行暂住证、婚育证、就业证“一个窗口”审核服务。21 世纪初，外来人口接近和超过户籍人口，镇海区对外来人口计划生育实行同城化管理与市民化服务。2003 年 2 月，对辖区流动人口的暂住证、婚育证、就业证实行三证合一。

第三节 计划生育服务

婚前检查

1986 年，区妇幼保健所在骆驼、庄市、贵驷卫生院以及炼化职工医院开设婚前医学检查门诊，当年婚前检查 2170 人。1989 年，举办婚姻保健学习班，开展婚前保健知识教育。1991 年，骆驼、贵驷、庄市 3 家卫生院及炼化职工医院开展婚前保健电化教育，每月 1 次。同年，凭婚前教育合格证及健康证登记结婚。1995 年 6 月，《中华人民共和国母婴保健法》实施，自 1997 年起全区婚前检查依法由区妇保健院承担。是年检查 1938 对准备结婚夫妻，婚检率 99% 以上，查出疾病 235 例，检出率 12.13%。2002 年中华人民共和国卫生部修订《婚前保健工作规范》，区妇保健院按新规范开展婚前保健工作，当年检查 2319 人次，婚检率达 100%，检出疾病 568 人次，检出率 17.11%。2003 年 10 月起，实施新的《婚姻登记条例》，婚前检查不再作为结婚登记依据，婚前检查人数锐减，2004 年婚前医学检查率下降到 5.65%。2005 年 1 月，区实施免费婚前检查，婚前检查率缓慢回升。2006 年，婚前检查增加艾滋病病毒筛查，优生检查项目从 3 项增加到 4 项。2008 年镇海区婚前检查率 28%。

孕产妇围产期保健

1986 年，孕产妇围产期保健建卡率达 94.51%；产前检查率达 98.34%。对农村有实际困难的一孩户、双农独女户申请生育二胎的，作出必须停服避孕药 3～6 个月才可怀孕的规定。1995 年，镇乡建立计划生育服务站，配备专业人员、器械设备和工作用房。1996 年 7 月，浙江省生殖健康服务中心镇海分中心成立。当年施行放环、取环、人流、输卵管结扎 4 项手术 1245 例；下乡服务 2716 人次；全区药具应用率 99.01%，有效率 98.24%，随机访问率 99.8%。

2003 年，庄市街道和蛟川街道为 6000 余名育龄妇女提供生殖健康服务。2005 年 1 月，各镇、街道计划生育服务站孕检信息系统启动运行。2006 年 7 月，计划生育免费技术服务凭卡结算及免费四项优生检测实行。

（责任编辑　冯国定）

第六编　姓氏　大族　谱牒

本编目录

镇海原是个对外开放包容的小城，姓氏复杂繁多。据第六次人口普查统计，有姓氏570余个，其中王、陈、张三姓占总数19．06%，而且有不少少数民族的姓氏。从宋、明、清以来，在镇海逐步形成许多大族。有官宦起家，有商贾起家，有军伍起家，有耕读传家，而为官多清廉，为商多劳瘁，耕读多勤奋，军伍多世袭。这些大族世家又有其共同特色：爱国爱乡，敬业乐群，江湖创业，叶落归根，扶贫济困，排难解忧，重教育，办实业，苟有余，助公益。他们尤其重视子弟的道德、文化教养及为人处世教育，故而子弟中多有出类拔萃之俊彦。在城乡，为维持家族声誉与社会秩序，家族代表们主持社会事务，出力出钱出主意。以上那些优良传统，至今仍被传承着。镇海历史上大族都重视宗族凝聚，除聚族而居外，还以续修家谱来维系家族瓜瓞绵绵，希望子孙繁衍，光宗耀祖。

第一章 姓 氏

2010 年第六次人口普查资料，镇海常住人口为 418500 人，其中镇海区户籍人口 225582 人，外来人口 264432 人。共有姓氏 576 个（其中户籍人口有 558 个姓氏，外来人口有 564 个姓氏）。

第一节 姓氏构成

镇海区总人口中，王姓人口最多，为 37152 人，占 7.58%；次为陈姓 28342 人，占 5.78%；第三是张姓 27919 人，占 5.70%。

姓氏前 10 位依次为：王、陈、张、李、刘、周、徐、杨、胡、吴，共 185741 人，占 37.91%。

户籍人口姓氏

10000 人以上 3 姓，计 43746 人：王 17058 陈 15179 张 11509

1000～10000 人 62 姓，计 132299 人：刘 6625 周 6603 李 5757 徐 5580 胡 5330 郑 4450 朱 4419 吴 4154 沈 3800 金 3290 林 3152 杨 2985 顾 2754 孙 2734 黄 2525 叶 2429 何 2240 严 2225 戴 2209 陆 2160 方 2156 潘 1920 余 1885 俞 1799 赵 1788 翁 1777 董 1691 高 1618 夏 1617 邵 1564 罗 1563 钱 1540 包 1518 蔡 1456 邱 1433 应 1414 洪 1373 马 1369 汪 1294 唐 1290 毛 1283 庄 1279 钟 1254 岑 1249 华 1223 贺 1201 姚 1197 蒋 1160 谢 1152 乐 1136 许 1111 江 1109 丁 1105 冯 1074 曹 1073 章 1068 葛 1050 袁 1040 任 1027 杜 1010 范 1007 龚 1005

100～1000 人 123 姓，计 39177 人：施 992 郭 966 史 956 程 939 宋 873 童 851 傅 824 卢 793 倪 778 邬 772 贝 769 桂 718 虞 698 颜 684 韩 648 费 647 秦 630 梁 616 汤 606 薛 598 盛 595 姜 558 吕 557 嵇 539 阮 537 邹 525 柴 525 梅 491 苏 459 陶 453 米 442 石 406 鲍 404 全 392 魏 385 竺 379 鲁 369 樊 367 裘 353 芦 341 祝 340 曾 318 崔 313 沃 304 彭 288 邓 286 项 279 郎 278 季 276 屠 276 肖 272 娄 266 郁 266 戚 257 舒 255 赖 250 尹 248 于 248 付 247 田 244 柯 242 茅 237 乌 231 孔 229 庞 221 扬 209 白 207 未 195 干 195 廖 191 侯 190 关 188 孟 186 康 186 柳 185 主 180 茹 180 单 175 佘 162 平 162 谭 160 牟 157 熊 150 向 147 涂 146 才 146 贾 145 英 143 闻 141 常 138 殷 138 管 136 法 133 武 130 保 130 辛 126 戎 125 穆 121 缪 122 莫 121 麻 119 苗 117 成 117 车 115 东 115 牛 114 练 113 尚 111 仇 110 水 110 毕 109 齐 109 降 109 宣 109 郜 109 仉 108 桑 106 房 106 侍 105 连 104 来 103 土 103 谈 101

10～100人269姓，计9892人：昊99 褚98 滕97 诸97 焦95 尤92 凌92 瞿92 闫91 闵90 厉90 劳89 詹88 韦87 卓87 沙87 居86 稽86 段85 翟85 司徒85 雷84 欧82 伍81 安79 万78 郝78 於78 刁77 幸76 奚75 汝75 商74 郑74 易73 邢72 卞72 纪72 裴70 解68 印67 巩66 骆64 聂63 左63 祁63 龙62 寿62 利61 化61 国61 腾60 鞠59 储58 木58 符57 丰57 融57 池56 隋56 景55 司55 计55 代53 深53 贡53 云52 柏51 耿49 斯49 霍48 揭48 怀48 饶47 强47 冉46 文46 乔46 喻46 支46 申45 席45 汲45 衣45 卯44 蒲43 时43 宗43 郦42 隆42 岳41 狄41 谷40 卜40 覃39 仲39 和39 禹39 屈38 仰38 阎38 萧38 佟38 黎37 苟37 占37 荣37 卫37 咸37 兰36 明36 古36 相36 习35 素35 牧35 越34 宁33 甘33 杲33 臧33 班33 都33 伊32 官31 宓31 终31 曲30 慕30 冷29 荆29 皮29 井29 束29 迟29 须29 温28 楚28 堵28 师28 梵28 栗27 查27 郜27 花27 雍26 僧26 游25 燕25 阳25 姬25 原25 松25 汉25 艾24 路24 吉24 苑24 筱24 靳23 元23 铁23 步23 宫22 杭22 钮22 边22 帅22 别22 员22 那22 封21 羊21 鱼21 藩21 简20 朴20 战20 薄20 午20 喇20 年19 展19 植19 阴19 衡19 亢18 惠18 扶18 红18 欧阳17 娇17 琴17 经17 上官17 庆17 赍17 蒙16 权16 刑16 巫16 钭16 丘16 钦16 福16 巴16 秋16 弓16 暴16 仓16 凡15 敖15 晋15 满15 危15 蔺15 缑15 冼15 佴15 山15 慎15 寇14 蓝14 农14 甄14 戈14 辜14 廉14 斩14 莘14 郦14 漆13 索13 浦13 昌13 银13 有13 荀13 冀13 璩13 胥12 敬12 窦12 栾12 濮12 丛12 火12 富12 双12 智12 晏11 党11 匡11 伯11 广11 容11 骈11 渝11 籍11 仆11 诸葛11 蔚11 弘11 谯10 娜10 杳10 沿10 益10 帕10

以下13姓每姓9人，计117人：伏 后 阚 尧 凤 盖 湛 宇 艮 学 脱 溯 皇甫

以下10姓每姓8人，计80人：谌 卡 巨 戊 巢 邝 糜 公 哈 苍

以下7姓每姓7人，计49人：位 况 达 傲 从 滑 禄

以下7姓每姓6人，计42人：养 阙 畅 菅 宿 敏 逢

以下9姓每姓5人，计45人：母 鄢 芮 能 爱 蓬 羿 台 充

以下13姓每姓4人，计52人：丹 宰 郗 虎 通 邸 瓦 扈 隗 岱 笪 乜 夏侯

以下13姓每姓3人，计39人：晁 祖 桓 漫 家 申屠 甯 蓟 区 赏 征 蒉 鲜

以下15姓每姓2人，计30人：勾 墨 庾 鄂 库 宦 偃 逯 簿 臣 逄 言 殳 太叔 闻人

以下14姓每姓1人，计14人：但 昝 訾 蒯 鹏 呼延 啜 韶 轩辕 刀 厍 恒 尉迟 蹇

外来人口姓氏

10000人以上5姓，计78816人：王20094 张16410 李16179 陈13163 刘12970

1000～10000人53姓，计115792人：杨6814 吴5108 周4988 徐4984 赵4297 胡4251

黄4013 朱3914 孙3838 罗3505 何3379 郑2598 马2582 叶2336 林2315 邓2167 高2061 唐1955 彭1943 汪1875 谢1865 蒋1859 韩1835 郭1834 潘1782 沈1754 余1675 程1662 梁1622 曹1602 曾1569 袁1557 许1539 魏1523 田1497 冯1462 金1394 丁1374 肖1374 宋1303 姚1263 董1254 夏1230 廖1213 方1192 范1177 谭1122 杜1094 邵1084 向1076 蔡1046 姜1020 钟1016

100～1000人169姓，计59071人：顾995 卢937 任929 侯921 贺897 苏893 陆877 石870 洪862 江853 吕849 俞836 戴830 熊822 牟807 代797 尹788 邹781 龚759 毛758 陶757 邱723 付708 严708 秦695 薛681 钱662 龙660 柳647 雷619 葛609 于603 孟578 舒563 段552 章552 冉547 梅543 万531 汤531 崔527 白520 米495 庞488 季473 韦465 施464 史453 文438 贾432 童429 鲁424 闫396 粟378 黎378 扬374 倪374 祝365 武360 应357 颜343 娄340 赖334 乐330 傅323 莫320 焦311 翁306 包298 常296 康294 鲍293 庄282 盛282 孔276 邢276 涂274 柯273 樊273 乔270 聂270 单261 牛256 虞254 伍249 欧阳246 翟243 左238 桂235 项226 詹221 尚220 华219 关216 苟216 兰215 景214 耿213 岳212 柴211 覃211 全210 安206 郝203 蒲203 英195 殷195 易194 苗192 邬191 明191 管189 阮187 温186 岑184 未181 毕177 宁176 符175 欧174 麻174 齐172 主169 甘167 喻166 裴161 尤160 时158 戚155 费152 屈151 穆151 卞150 年150 缪147 柏146 滕146 霍146 佘143 车141 申140 褚134 游131 祁130 饶129 艾128 凌125 屠125 成124 燕124 晏120 瞿120 司119 母117 冷117 沃116 蒙114 阳113 占112 揭112 芦110 闵109 谈109 商107 裘107 仲102 路102 寇101 纪100

10～100人254姓，计10351人：谷99 练98 昊97 胥96 席96 来95 竺92 郎92 辛91 查88 卓87 骆87 姬86 干85 云84 古84 桑84 凡81 汲81 闻81 嵇81 印80 沙80 法80 解80 靳80 奚79 鞠79 丰78 房78 仇76 支76 贝76 杲76 深75 党74 侍73 保73 鄢72 郁71 诸71 才70 汝70 池70 荆70 蓝70 卜69 土69 匡69 强69 荣68 东67 和66 简66 官65 宫65 郦65 谌65 刁64 宗64 楚63 隆62 敬62 水61 储61 平60 窦59 卫58 计58 越58 厉57 吉57 连57 居57 木56 部56 花55 漆55 降53 封52 习51 戎51 雍51 臧51 宣50 伏49 利49 茅49 敖49 堵49 腾49 相48 化47 羊46 杭46 养46 巩45 位45 幸45 皮44 隋44 芮43 贡43 晋43 乌42 仰42 但42 劳42 茹42 展42 朴41 权41 禹41 井40 农40 郤40 甄40 索39 苑38 仉37 伊37 曲37 元36 戈36 衣36 寿36 钮36 况35 怀35 边34 帅33 刑33 巫33 阎33 满33 亢31 束31 浦31 勾29 郏29 栾29 素29 谯29 昌28 战28 危27 迟27 於27 班27 铁27 银27 植27 丹26 卡26 后26 蔺26 达25 娜25 惠25 薄25 师24 国24 杏24 钭24 都24 有23 昝23 晁23 能23 慕23 阚23 扶22 缑22 丘21 尧21 宓21 终21 须21 濮21 巨20 伯20 狄20 原20 萧20 广19 凤19 卯19 阴19 钦19 容19 辜19 廉19 别18 鱼18 娇18 盖18 融18 衡

18 藩18 佟17 员17 松17 咸17 步16 爰16 傲16 琴16 福16 阙16 戊15 汉15 冼15 经15 巢15 湛15 墨15 稽15 午14 宇14 红14 畅14 苟14 僧14 上官13 艮13 佴13 学13 骈13 宰13 渝13 巴12 丛12 邝12 牧12 营12 筱12 蓬12 訾12 冀12 籍12 那11 祖11 秋11 郗11 弓10 火10 虎10 桓10 梵10 脱10 斯10 蒯10 暴10 糜10

以下8姓每姓9人，计72人：仆 公 庆 斩 哈 皇甫 通 富

以下13姓每姓8人，计104人：山 从 双 司徒 邸 沿 贲 诸葛 庚 鄂 滑 蔚 雒

以下8姓每姓7人，计56人：仓 令狐 弘 厍 羿 莘 漫 璩

以下7姓每姓6人，计42人：台 邴 宦 家 益 禄 慎

以下8姓每姓5人，计40人：瓦 苍 偃 扈 逯 隗 喇 簿

以下5姓每姓4人，计20人：无 申屠 甯 溯 鹏

以下12姓每姓3人，计36人：充 宇文 臣 岱 空 逄 宿 敏 笪 智 蓟 暨

以下10姓每姓2人，计20人：乙 乜 区 言 呼延 帕 南宫 啜 端木 韶

以下12姓每姓1人，计12人：公治 殳 司马 仲孙 轩辕 茶 闾丘 赏 督 赫 赫连 鄞

第二节 三大姓

王姓、陈姓、张姓为镇海区姓氏人口数居前的大姓。辖区各建制镇、街道居前三位的大姓排列见表6－1。

2010年镇海区建制镇（街道）、村（社区）大姓排列统计表

表6－1

区域名称	三大姓			区域名称	三大姓		
招宝山街道	王	张	陈	骆驼街道	王	张	陈
城东社区	王	张	陈	中街社区	陈	王	张
胜利路社区	王	张	陈	南一社区	陈	王	张
总浦桥社区	王	陈	张	盛家社区	王	张	李
后大街社区	王	张	陈	贵驷社区	刘	张	陈
顺隆社区	王	张	陈	金华村	王	华	张
车站路社区	王	陈	张	联勤村	王	俞	张
西门社区	王	陈	张	骆驼村	王	陈	张
白龙社区	王	张	陈	东邑村	陈	王	张
张鑑碶社区	王	张	陈	金东村	周	王	陈

续表 6－1

区域名称	三大姓			区域名称	三大姓		
海港社区	王	陈	张	余三村	王	陈	周
物流园区社区	张	陈	王	贵驷村	刘	陈	王
蛟川街道	王	张	李	董家畈村	王	张	董
石化三建社区	王	李	张	里洞桥村	王	刘	张
镇电社区	张	王	陈	团桥村	王	张	李
后施社区	张	施	李	尚志村	李	王	陈
炼化社区	王	陈	张	骆兴村	王	李	胡
临江社区	王	陈	李	清水湖村	张	王	陈
俞范社区	王	陈	包	敬德村	陈	张	李
炼化围垦区社区	徐	周	杨	兴丰村	王	张	李
石塘下村	王	张	李	妙胜寺村	张	王	陈
中官路村	王	陈	张	民联村	王	陈	张
中一村	王	赵	张	朝阳村	刘	陈	沈
水璩王村	王	李	张	沙河村	陈	刘	王
沿江村	王	张	李	东钱村	王	陈	张
五里牌村	王	李	张	澥浦镇	陈	王	张
渡驾桥村	王	张	李	汇源社区	陈	王	张
虹桥村	王	张	李	余严村	王	陈	张
棉丰村	王	张	李	澥浦村	陈	张	刘
清水浦村	王	张	李	沿山村	金	张	王
迎周村	王	李	张	觉渡村	王	张	李
俞范村	王	张	李	庙戴村	刘	陈	戴
陈家村	王	李	张	十七房村	郑	王	戴
南洪村	刘	王	张	岚山村	陈	王	岑
庄市街道	王	张	陈	湾塘村	王	李	张
庄市社区	王	陈	张	化工区社区	张	李	王
庄一社区	王	陈	张	九龙湖镇	王	陈	张
兴庄路社区	王	陈	张	九龙湖村	王	沈	陈
陈倪路社区	王	陈	张	田杨陈村	陈	沈	杨
高教社区	陈	王	张	杜夹岙村	沈	王	周
汤家村	王	陈	张	西经堂村	陈	王	张

续表 6－1

区域名称	三大姓			区域名称	三大姓		
勤勇村	王	张	李	河头村	陈	徐	周
曙光村	王	陈	李	西河村	张	薛	徐
永旺村	王	李	张	长石村	王	陈	张
光明村	王	陈	李	长宏村	王	严	洪
联兴村	陈	王	张	汶溪村	邱	秦	陈
汉塘村	王	张	陈	中心村	黄	陈	胡
钟包村	王	陈	李	田顾村	顾	陈	嵇
万市徐村	王	徐	张				

说明：资料来源区统计局

第三节　本地大姓源流

境内各姓成族时距参差，据现有资料，较早族居的有东晋时长石陆氏，沿山和内陆平原姓族多形成于南宋后，沿江沿海大批居民点多聚集于明清时期。其始祖因避中原战乱徙此者，以南宋初居多；从军戍边落籍者，明代为多；秩满致仕，以本地山水美、渔盐利、民风淳而定居者，历代俱有，明清最多；经商来此，占籍安家者，多来自鲁、闽两地；趋渔盐农林之利，至此垦殖晒捕，由西东移，最显者为清末民国初的海甸棉农，大部分为姚北移民。1949 年解放后，又有一批来自冀、鲁、苏、皖等省南下干部及军转干部在镇海落户，均属散姓，尚未成族。诸大姓源出多宗，早期落户，繁衍成族，故以姓名村名地者众多。已查知的各姓源流按占有人口多寡简介于下：

王姓　河头横溪王家，南宋建炎三年（1129）随宋室南迁定居。长石何仙大宗王家，祖籍金陵，建炎三年随宋室南渡，卜居长石桥，分支有陆家桥王、半江王、三星王、徐王、黄杨王等 6 宗，派衍觉渡杨王、小王、贵驷西港头王、庄市王大路、王逍桥等。骆驼堰头王家，明后期从三北邱王迁入。龚李王王家清初由山西迁入。庄市田野王王家，明末由三北迁入。贵驷前王王家，清康熙间由福建迁入。蒋王王姓，清初由邱王入赘成族。五里牌王家，先世王煦，系宋左丞相王旦十二世孙，元元统年间授定海县尹，见元政紊乱，退隐于五里牌，今分支江北有张鑑碶、宋家汇头、贺家桥、白龙王庙、城关金向任弄、贵衙弄、清川门外、白家浦、南薰门外、鼓楼后，江南有朱家河头、朱田洋、杨木堰、王家麓、枫棚庙以及金塘、舟山、鄞县、象山、永嘉、平湖、崇明等。新添庙桥王家，约明崇祯间由福建莆田迁入。石塘下王家，明末由福建迁入。

张姓　清湖张姓，始祖尚德，元至大间进士，官明州，因乱卜居田厍陈，后徙今之清水湖。河头张家，南宋淳熙间由安徽迁入。新堰头张家，南宋时由河南洛阳迁入，贵驷西港头张家，明时由河北清河县百忍堂张宗迁入，今分系有双斛、王家桥张家等。俞范庙后张，清初由鄞江桥迁入。张鑑碶张家，明晚期由姜山迁入。衙前张家，祖籍安徽定远县，始祖张子忠，元至顺年间授定海盐官，转任清泉盐场司令，秩满遂定居；分支城关李衙前、江南山下、姚墅岙等地。霞浦宝前张家，祖籍河北冀州，后迁历阳坞江。始祖张千忠系南宋部将，因战败隐奉化，旋徙五乡碶，未几复迁乌石岙。其裔孙于宋嘉定三年择霞浦大桥跟筑室定居，今支系分布霞浦、大榭、白峰、峙头、俞范等地成族30余处。

陈姓　源多出姜山陈氏大本堂、德声堂、雨钞堂宗，明清两代迁入，旺族后支派四衍，有澥浦陈家弄、曲汇塘、李衙桥、沙河头、骆驼大东陈、荷花池头、大小河角头陈、团桥头、河头大小陈底堰、田舍陈、庄市东头陈、中官路陈、湾塘三合前陈、石塘下等陈家。城关陈衙弄陈家，原籍定远。明永乐时始祖陈鑑为定海卫百户，遂定居，并以名地。源出三北掌起桥陈宗有汶溪山下陈、河头陈，均在明时迁入。俞范施周陈，始祖舜德官布政使，自南京洪氏牌楼徙梅堰，明万历后期其三子复迁此。庄市蛟河陈，明末自福建迁入。

胡姓　长石河娘桥胡家，明中期自余姚迁入。田胡胡姓，祖籍河南，北宋末随宋室南渡，嗣裔徙居金塘，至富钊五子于元末明初避乱迁大陆，其仲子卜居田胡，余四徙余姚乌山、慈溪丈亭、奉化上田畈、宁海大溪，遂为该支始祖。团桥寺后胡胡家，明嘉靖年间因避倭难，由福建浦城迁此。借邑港胡家，系明开国元勋胡大海后裔，明末由湖南迁此，分支有湾塘胡家、雁宕庙胡家、秦胡胡家等，枫林胡家，清康熙年间为雁宕庙胡家分支。渡驾桥胡家，清乾隆四十六年（1781）由近地庄下胡迁入。柴桥芦江胡家，始祖胡榘，原籍山东青州，南宋宝庆初以兵部尚书兼知沿海制置使，绍定二年（1229）兼知庆元府，后除龙图阁学士正奉大夫致仕，择芦江垦田筑室，命子用之在此成家立业。后裔居柴桥有车湧、五马、田洋等处，徙外分支有张鑑碶，大榭长墩、老厂里、外新屋、大水浦、外厂、白峰小门、坟山头、燕窝、门浦，昆亭干岙、上阳道头、郭巨大涂塘等胡家。

周姓　河头下周，明洪武间迁入。骆驼赞大门周，约在明时迁入。周家楼下周，明初由舟山迁入。沙河田央周周家，清乾隆时由慈东费市跨塘周迁入。长石周河潭周，明弘治间由定海迁入。湾塘周姓，清乾隆间由河南迁入。临江新老周，祖籍河南濂溪，南宋时避金兵入侵，南移至昌蒲，后分支迁定海城西北鳌舟村定居，称老周，分支有新周、二十四房周等。

李姓　城关李氏一世祖李清以征苗“功”世袭千户侯，调定海指挥，遂定居。其后世李唐、李如珪等民国《镇海县志》有传。城关李衙前即据此定名。李衙桥、新范李家，先世于明末谪此定居。

徐姓　河头鸿山惇仁堂徐家，始祖仲孙，授明州录事参军，占籍鄞西，后五世迁奉化，南宋初，十世祖由奉徙此。河头路下徐，据传南宋初有徐姓五兄弟由山东东海郡迁此，分居各地繁族，长兄立洋墅徐家，二兄立长石徐家库，三兄立西河大刺门跟徐家，四兄立雁门大岙徐家，其五立路下徐；洋墅徐宗，后裔迁镇海较多，有明洪武年间迁入邬隘徐洋，明永乐四年（1406）迁入小港徐家洋，今分前徐、后徐，清乾隆年间迁入团桥三门头徐、畈头徐、东钱徐王徐家等。贵驷徐家堰头徐，清初由余姚陆埠杨徐迁入，有分支迁临江河湾徐家。临江漕塘徐、后徐、清道光时由定海迁入。

郑姓　源出河南荥阳郡新郑，北宋末为避金兵南徙浙东定居，慈溪半浦、镇海灵绪、海晏郑姓，为同宗之三大族。十七房通德堂郑，始祖靖侯，宋室南渡时迁居灵绪乡择山之阳塘路沿，分支有庙基头郑、殿跟应郑、骆驼罗郑、临江三斛王郑等。邬隘贴水桥、大碶先锋山下郑家，明初由河南荥阳迁入。城区郑家边、郑家弄郑家，同宗，先世郑珞，明成化岁贡，由龙山徙镇城西郊定居。

刘姓 世彩堂刘氏有两大宗：贵驷桥刘，始祖刘翊，宋建隆时任鄞令，卒于任，其子卜居鄞县沿江里，至曾孙迁慈城。元泰定年间十世孙复卿兄弟三人赴耕渔庄投亲舅家，后建贵驷桥，成为自然地名；其一徙骆驼立半西刘村。十二世孙刘昂于明永乐八年（1410）自白沙迁县城稍弓弄。分支有骆驼镇刘杜、汤家池、井头刘、河头新堰头、后施、海甸、爱登、双斛、沈葛刘屠、汉塘、城关、江南山下等刘家。牌门头刘，称水阁墩世彩堂刘，自山西迁入，分支田央刘、六五房、里新屋、外新屋、聚龙房等处。昆亭上车门佑启堂和燕湾富润堂刘系同宗，高祖天祥世受宋禄，宋末被诛，宗族星散，至传洲迁居紫石大溟，后裔在元代迁昆亭，立佑启堂；另一支在明弘治间迁燕湾，今子姓徙舟山、六横等多处。昆亭上刘明德堂刘，祖籍姑苏，始祖德纲，唐天宝间授鄞州主簿，避安史乱居鄞县茅山，其二十四世孙于宋宝祐后迁此。后裔分派舟山、朱家尖、刘横、柴桥新街、五里牌等处。紫石周调刘家，原籍山东，有兄弟三人因反元未遂潜逃于镇，匿姓周，明初复姓刘。县城刘家弄刘氏，多系宦裔，世袭指挥二世祖刘晟于明永乐三年（1405）任职定海指挥，遂定居。

林姓 骆驼大河沿林家，祖籍安徽，始祖林真，宋天圣间授明州录事参军，定居鄞，九世祖林逸元至元年间迁此。贵驷前、中、后林，清乾隆年间由福建迁入。

贺姓 多出大碶老贺，先世于明代从绍兴鑑湖迁入，先居前宋，繁衍后迁居石柱头，立宗称老贺。贺氏子孙四衍，在高塘、新碶两地分支有 20 余处，尚有塔峙城东贺家、霞浦林大中贺、三眼碶贺、新贺家、骆驼贺家陈贺、峙头上宅贺家等。

顾姓 河头田顾，元元统年间由鄞县陶公山迁入。

朱姓 澥浦滕山朱姓，称汉朱买臣之后，宋绍兴四年（1134）徙此，分支有鹿山、金家池头和龙山等朱家。河头马家桥朱家，北宋时由鄞县黄古林迁入。长石黄杨朱家，明中期由颜家桥朱家迁入。庄市朱家岸朱家，明成化间由南京迁入。虹桥朱家，始祖系宋哲学家朱熹，祖籍安徽婺源，四世祖朱濬于宋末由闽之建阳迁白营教场（今聪园桥东），六世祖启迪于元大德年间再徙虹桥定居。分支有庄市朱家桥、江南朱家河头、康乐桥等处。张鑑碶运石浦朱家，系明宗室一系，明末隐居是村。近代名人有朱忠煜。

吴姓 骆驼下河吴家，明成化间自福建迁入，时属慈溪德门乡清水里鄞水村。河头吴家岙吴姓，明洪武间迁入。庄市联盟吴家，清初由鹭林三官堂吴家迁入。

沈姓 镇北一带沈姓，源多出自三北沈师桥宗。祖籍江西婺源，北宋末避兵灾迁沈师桥定居，后裔在明、清两代陆续徙山南，分支有澥浦东沈、河头西沈、西河沈家、爱登沈家、龙舌沈家、官田沈家、庄市沈葛刘屠沈家、临江沈家、三山慈峰沈家等。河头湾里沈，始祖亦在北宋末迁此，与师桥沈同宗，后有分支迁田央沈、长桥头和骆驼龚李潘沈等。河头杜郭沈姓，据传明嘉靖间有朝臣颜某兄弟避祸自河南迁此，改姓沈。贵驷沈家河头沈，与江南衙前沈家同宗，先祖沈焕南宋乾道年间进士，其后裔一支于元朝中（约 1330）迁居定海（镇海）河头，繁衍后地名遂称沈家河头。

乐姓 湖塘乐家，原籍浙西安吉苕溪，唐广德二年始祖从商明州，卜居灵岩，始居新路盘岙。至五世定鲁官御史中丞，撰排行 104 字，将天下乐氏统一归宗。定鲁得九子，有八子登科。仁规、仁厚在唐光化年间分授兵部尚书、刑部尚书。仁规在湖塘繁族，仁厚徙福建。小港乐和梅墟老乐乃仁厚之裔。分支有大名桥、溪东、璎珞、大碶、烟墩、河北、新碶高桥、备碶、紫石雁荡岙、三山程乐家、白峰、山防、小港田央乐、外乐、中乐、里乐、贵驷大市堰、爱登以及鄞县梅墟新乐、咸祥、小白、宝幢和六横等地乐家。

孙姓　长石孙陆孙家，先世孙惟最，任唐镇海军节度使，避朱温乱居慈城。宋宝庆间，后裔孙梦现任礼部侍郎，其子姓迁居于此，分支有西河孙家。贵驷东孙、西孙，清康熙间由余姚双河孙家迁入，分支有大市堰孙家。临江张陈傅孙家，明洪武间由奉化迁入。孙家畈孙姓，清顺治间亦由奉化迁入。

俞姓　骆驼俞家畈俞家，明中叶自鄞西黄古林俞家迁入；俞范俞姓源出同宗，清乾隆初迁入，江南石桥俞家，明时自福建迁入，分支有双斟俞家。

黄姓　长石桥山头黄、外东房，由三北田央黄迁此。

叶姓　庄市汉塘叶家，清乾隆年间由慈溪叶家迁入，第一代宁波帮人士叶澄衷出生于此。有分支居迎师桥叶家。

赵姓　临江水璩王赵家、中官路下赵、中一赵家等，均在明初定居于此，分支有长山桥赵家。

陆姓　长石孙陆家，又名陆家庄，传系东吴陆逊后裔，晋永宁间避八王之乱，由建康迁杭城，东晋永昌间迁此。庄市西陆陆家，清时由宁波湖西陆家迁入。贵驷前陆、后陆，清初由三官堂陆白王迁此。

杨姓　河头杨王杨家，明成化年间由慈城小关爷殿杨家迁此。汶溪石臼岙杨家，为汉太尉骠骑将军杨震后裔，自陕西迁严州，复迁慈城北门外，明成化间一支系迁此。骆驼杨家垫桥杨家，于明初定居立村。

金姓　澥浦金家，据《金氏宗祠记》：世居吴间。宋建炎初，高宗南渡时裔孙从驾至明州，寓居定邑澥浦，迁三北之清溪，称金家岙，后裔返迁澥浦、龟山、三七房、金华村金家等多处。城关童李衙弄金家，原籍鄞县韩岭，明正德、嘉靖年间迁崇邱徐家洋，旋迁此，分支有庄市长河塘、枫林金家斗等处。

戴姓　由奉化迁入居多，澥浦庙戴，清初由奉化萧王庙戴家迁入，分支有桥里戴、田央戴、浦路戴和后戴。临江中官路戴家，后又分前戴、中戴、后戴多族，其始祖有兄弟 6 人，明万历三十五年（1607）从塘里戴分迁于此。

邵姓　骆驼邵家汇邵姓，元末由河南迁入，分支有长石天德邵、后施邵家等。西经堂邵家，明洪武年间由湖南迁入。庄市勤勇老邵，宋哲学家邵雍之后，其先范阳人（今河北涿县），后裔于北宋末避金兵之乱迁浙江临安，旋定居余姚，约明后期，有分支迁镇海城内和老邵，分支有新邵、小邵家。县城邵衙弄邵，始祖邵瑜，山东人，明成化年间，因宦游占籍定海，世居县城孝闻坊。

曹姓　庄市联丰曹家，清初由鄞县陶公山迁入，分支有西陆后曹。西经堂曹家，明成化年间由慈城狮子山迁入。

丁姓　下邵丁家山下丁家、江桥丁家、朱街丁家源出同宗。始祖丁拱，山东青州府益都县人，南宋理宗朝参知政事，居临安，因时局变迁，迁庆元府甬东，旋迁定海崇邱乡双峰山下，繁衍成族，有分支迁临江丁董。

谢姓 宗出县城谢氏，始祖谢宇，原籍平江（今苏州市），宋建炎二年（1128）以进士官定海令，殁于任。因战乱，子孙遂卜葬定居于此。传十世分为四支，散徙浃江南北中官路、莘岙、柴楼、城中，后又分派迁大榭、白峰、峙头多处。谢氏世代重文，明、清两代登进士第 11 人，举人 28 人，诸贡 35 人，生员 172 人。

傅姓 城关傅姓，祖籍福建，始祖傅尧禄，经商镇城，遂定居。骆驼汤家池傅家，清道光年间由五乡碶傅家迁入。大市堰傅家，明中叶迁入，分支有江南山下村傅家和万嘉桥傅家。

庞姓 周文王第十五子以封地为姓始称庞。传宋初湖北襄樊庞正已考取进士，受封天台县尉，晚年落籍天台平镇。明天启年间庞姓一支迁定海，在城关后大街、鼓楼、三角地一带定居，以从文、商、手工业为生。晚清期间经商发迹，后人多赴沪、川长江流域各地。城关庞姓称存德堂，分福禄寿三房，立“天开文启毓秉广昌家纪名远惟以永良辅性修善遵德传芳景象有兆保世滋安”32 代。

方姓 源出河南六桂堂宗。先世方轸，福建莆田人，北宋元符三年（1100）进士，官太庙斋郎、右正言。大观元年以劾蔡京流岭南，不久放归，仍上言不止，又编管永州，遇赦，靖康元年为鄞县令，因贫不能归，后偕子转徙灵绪凤浦湖，子孙四衍，成族多处。其一支于明万历年间迁定海柏墅方，繁衍成族。方氏家族为近现代宁波帮发展做出重大贡献。方液仙、方椒伯均为方氏后裔。清湖方家宅基方姓，明末由河南迁入。

严姓 唐时翰林严珏，任官明州，观四明山川秀丽，遂卜居鄞县大畈田，为甬之始祖。明时支派四衍于鄞江小溪、武林余杭、慈溪鸣鹤场双庙、赭山、长石桥南、宁海缑城、黄坛、定海金塘等地。今长石乡东严、西严、孙陆村小严、河头乡大严、骆驼赵严家严，均出同宗。澥浦余严严家，清康熙年间由三北徐家岙迁入。

汪姓 长石半江汪家，祖籍安徽，约在唐末逃荒迁此，元至元间，有分派迁西经堂，立新屋汪家、老屋汪家。临江汪家，始祖汪思颜，明洪武间从戍镇海，遂世居邑东管乡清水浦，别称大宗汪，有分支半路汪等。

董姓 贵驷董家畈董，清康熙年间自奉化董家迁此。庄市老鹰湾董家，清时从宁波西门外板桥头迁入。宁波帮人士董杏生即生于此。临江井头董，清康熙年间迁入，分支有丁董、严沈董、万嘉桥董家。

何姓 庄市何斗何家，清康熙年间自山西迁入，汶溪庙湾何家，明成化间由丈亭迁入。

蔡姓 澥浦蔡家，明前由三北灵湖东蔡徙入，汶溪蔡家岙蔡家，南宋初自慈溪海甸迁此。骆驼半练桥蔡家，祖籍福建建阳，明万历年间迁入，有分支迁觉渡蔡家。

袁姓 觉渡袁家，明末由慈溪陆家埠迁入，有分支迁庄市万嘉桥。

夏姓 憩桥夏家，祖籍陇西，后定居慈溪，元时一支迁入憩桥，为明天顺朝大理寺夏时正故里。庄市里夏、外夏，明末迁入。

潘姓 觉渡潘家，清初自江西潘庄迁入。西经堂老潘、新潘，元至元年间由福建迁入。汶溪潘家，明万历年间由河南荥阳迁至鄞西大隐山下，明末一脉迁此。

姚姓　汶溪姚家，明成化年间由余姚迁慈城，再迁此。贵驷姚家水仓姚姓，清初由慈溪迁入。

蒋姓　临江楼屋蒋，清初从奉化迁入。

钟姓　庄市钟包钟家，明初迁入。

余姓　贵驷庙隔河余家，清康熙间由福建迁此，遂分派大市堰余、骆驼火栎路头余、爱登余、港塘余、白墙余、万嘉桥余等六房，后又分支禾丰村假山头余，大市堰余、庄市半路张新余、周余等。河头余家，祖籍徽州，先世南宋淳熙间随军来此定居。澥浦余严余家，明中叶由余姚道路头余家迁此。贺驾桥余家，明末由奉化迁入。

邱姓　汶溪里邱、外邱，均于清康熙年间自邱隘和邱王迁入。临江中谢邱家，清道光年间由大碶迁入。

钱姓　源多出三北凤浦岙钱姓，南宋末，有钱仲仁居凤浦里，隐居不仕。后裔于清初迁入骆驼东钱、贵驷爱登等地。

洪姓　长石庙洪家，明洪武年间由洪塘迁此，分支有庙洪、颜家桥洪家、斗底洪、正二房洪家，逍遥桥洪家，又有支系新洪家。骆驼周家垫洪家，祖籍睦州，宋孝宗时后裔洪景升迁明州，卜居慈溪汉塘（洪塘）。明嘉靖年间，第十世洪镗迁周家垫立基，别有支系新洪家。

马姓　后施马家，清乾隆年间由余姚马家路迁入。

唐姓　长石唐家，北宋时迁入，有分支居县城。骆驼洪家路沿唐，清初由畈田唐迁入。

罗姓　觉渡罗家，由伏龙山罗李周家迁入。

高姓　贵驷里洞桥高家，清乾隆年间由河南迁入，贵驷西港头高家，清乾隆年间由鄞西高桥迁入。

冯姓　汉塘冯家，清乾隆年间由慈溪西门迁入。

翁姓　始有二十九世祖翁珞于隋末避萧铣之乱，由睦州徙四明，卜居慈溪金川乡太平里，为四明一脉始祖，子孙繁衍后分徙鸣鹤场、余姚、丈亭、嘉定等地。其十六世孙彦献，南宋初迁骆驼，为骆驼翁家始祖。分支有湾塘顺风村翁家、霞浦通山村翁家等。河头翁家池翁姓，明万历间由慈溪泽山头翁家迁入。

施姓　后施、前施施家，明嘉靖年间由山东迁居县城西门外，其后有兄弟俩迁此，分前后两房。骆驼田施，清嘉庆年间由余姚施马陈迁入。

应姓　河头师古岙应家，明万历间由定海迁入。憩桥应家，清康熙间由山东迁入。湾塘应郑间应家，明崇祯间由鄞县下应迁入。

庄姓　庄市庄姓，本姓章，始祖章隐之，原籍福建浦城，北宋皇祐中宰定邑。子章震，留居庆元，后遂繁族。至明洪武间，因避朱元璋讳，改为庄姓。分支有外庄、小庄、后庄、大五房庄等。

包姓　庄市钟包村包家，据《横河堰包氏宗谱》载系宋包拯后裔，元至正年间迁此。分支有东七房包、后包、小包、二十二房包、天赦房包等。近现代宁波帮知名人士包兆龙、包玉刚、包玉书等均出自此。二十世孙奎祉为后新屋始祖。石塘下包家，清康熙间由横河堰包家迁入。后裔包达三曾任浙江省副省长。

龚姓　清末从姚北迁入居多，散居于湾塘海甸和江南下泥场。

贝姓 憩桥贝家，祖籍河北清河郡，南宋后期，有贝姓兄弟三人逃荒南来，后一居苏州，一居奉化，一迁此。贝时璋院士即生于此。分支有小贝家，清初迁入；庄市贝陆朱樊贝家，清乾隆间迁入。

童姓 骆驼蔡家桥庙童家，清乾隆初自樟桥童姚马泾童家迁入。

韩姓 长石韩洪韩家，明弘治间由慈溪五里马韩家迁入。

杜姓 河头前杜、后杜家，明万历间迁入。团桥刘杜杜姓，清初从舟山登步岛迁入。

岑姓 清光绪年间自余姚道路头迁入，散居湾塘海甸和甬江两岸棉区一带。

倪姓 庄市蛟河倪倪姓，明末自福建迁入。后裔有倪光南院士。庄市后倪，南宋中自河南迁入，后裔有倪维斗院士。清初有分支迁临江双桥倪家，澧塘倪家。庄市阮家村倪家，清康熙间自金塘迁入。

范姓 俞范范姓，明洪武初始祖名其善自平江（今苏州市）迁县之沙头，子孙繁衍后即以姓名地称俞范。

郭姓 庄市永丰桥老屋郭家、新屋郭家，唐末由广东迁入。

宋姓 汶溪宋家、上宋家，祖先曾为明谏议大夫，明万历年间定居于此。庄市宋家汇头宋姓，清雍正年间由福建莆田迁慈溪，旋复迁此，后裔有商帮名人宋炜臣。分支有江南山下宋家。

葛姓 庄市沈葛刘屠葛家，清道光年间由樟桥葛家迁入。

阮姓 庄市阮家，清时由慈溪迁入。

华姓 骆驼前华、后华、华家、华唐华家等系同宗，祖籍无锡，宋绍兴末年占籍定海施公山，明初迁此。

程姓 湾塘后程，清初由安徽迁入。

任姓 庄市长河塘任家，清乾隆年间由三北任家溪迁入。

楼姓 沙河楼家，原籍鄞西鄞江桥，始祖南宋时任盐官来此，遂定居。

干姓 汶溪西岙干家，明代由外地迁入，清康熙间七世祖一支徙宁海下河。

盛姓 骆驼桥盛家，据《盛氏家谱》载，盛氏肇基淮海，始祖肃敏，为宋太祖朝工部尚书，至理宗时，有盛秉刚任慈溪县令，有惠政，后定居桥里盛，分支东盛、西盛、余三房等处。近现代名人有盛丕华、盛俊峰（草婴）等。

柴姓 临江柴家分大柴、小柴，南宋初为避兵灾由外地迁至三北袭市柴家，明万历年间支派徙此定居。

颜姓 贵驷甸张颜家，清乾隆间迁自汶溪。俞范颜家，明嘉靖时迁自山东。

秦姓 汶溪秦家岙秦，明万历年间由慈城迁入。骆驼秦胡秦家，清乾隆初亦由慈城迁入。

薛姓 城关薛氏，明景泰、天顺年间自鄞东新庄迁入，始迁祖文斌，其六世孙三才、三省曾任兵、礼部尚书，建宅处名薛家弄。后裔一支迁大碶头，一支迁定海，一支迁鄞县大嵩。

嵇姓 河头上嵇、下嵇和横河嵇家均同宗，南宋淳熙间避金兵乱，由河南谯郡迁入。

竺姓 城区竺家，清中期自奉化萧王庙后竺迁入。

汤姓 庄市汤家，元末时由河南徙象山，后有分支迁此。今分支有横泾河汤、汤杨张汤家等。

临江前汤、后汤家，明嘉靖时由金塘迁入。

樊姓　城区樊家，始祖樊远，其先临淮人，父樊连明初从征有功，樊远在明成祖永乐初授定海卫世袭指挥佥事，遂定居于此。其后裔樊棻协助叶澄衷在沪创业，为宁波帮知名人士。庄市贝陆朱樊樊姓，明末由大碶迁入，有分支迁贵驷双斠樊家。

郎姓　西经堂郎家，明成化间由老郎迁入。贵驷郎家、新郎家，明初迁入。

乌姓　庄市长河塘乌家，清初由压赛堰迁入，分上乌、下乌，后有支派分迁团桥乌家。

向姓　城区向家，始祖向国桢，系明初从征有功世袭定海卫指挥使，县内十八衙之一，嗣裔定居于此。

（责任编辑　冯国定）

第二章 大族世家

镇海区有大小“世家”上百。今选其中14家较有影响的入编。计有城区谢、朱、樊、薛、金、周氏6家，庄市庄、倪、包、邵、叶氏5家，镇北盛、郑、方氏3家。排列以迁入时间为序。

第一节 骆驼桥盛氏

盛氏起于唐朝，肇基淮海。世居镇北骆驼桥慈溪、镇海两县交界处。盛氏二世昭、曦两公时，分东、西两房。随子孙繁衍，族人沿中大河从东向西绵延而居。后以香山港为界，有东盛、西盛之称，并建东、西两祠。比庐相望，深院大宅，九进十明堂，倾名数百年。始称“慈镇盛氏”，后全境属镇海。

一世 盛 昊 字希天。宋建隆二年（961）进士。官至工部尚书。封康靖侯，谥肃敏。

二世 盛 昭 字明卿。宋建隆五年（964）武举人，官至康化军节度使，赠武毅都虞侯。

二世 盛 曦 字朝卿。以父荫举仕越州判官，官至德州司户。

四世 盛 忠 字良臣。宋太平兴国二年（977）武举人，官至准南节度。

十五世 盛次仲 宋元丰初（1078）知慈溪县事。为人公正耿直，关心民间疾苦，严肃吏政，改善民生，后为翰林学士。

十五世 盛次伸 字秉刚，以明州节度推官知慈溪县事。

十九世 盛 梁 明嘉靖中期，倭寇猖獗，镇海首当其冲。因城垣倾废，百姓受害最烈。梁发愤尽鬻祖业田三百余亩，出资完修城堡，让民众稍安。

二十五世 盛廷诏（1729—1785），字凤衔，号莲南、金门。乾隆二十四年（1759）以举人任直隶景州州判、补衡水知县。县内有强悍好斗风气，廷诏将重违者绳于法，全县民风大变。继而规定家丁无故不得外出，吏役追捕不扰民。官司公正，败者必偿，于是民不畏吏。县内少水，耕作粗放，廷诏开辟水利，招募农业艺师教导督促。未二年，官民相亲。生三子植麟、植骥、植麒皆仕。

二十五世 盛廷谔（1737—1819），字采言，八十岁时自号采岩老人。少时辍学营商，善居积，致富巨万，然自奉甚俭而乐善不倦。凡渡口桥梁道路废坏者，孤寡残疾颠连无告者，皆尽力相助。尤以先出资建宗祠，后建个人养老房子为乡人所称道。

二十六世 盛植麟（1751—1811），字在郊。清乾隆年间以举人主持直隶衡水县政，多惠政。性宽厚，敢于伸张正义，深受里人敬重。

二十六世 盛植才（1759—1811），字含英，号墨峰。三十岁中举，历任广东海丰、开建。清嘉庆八年（1803）任电白知县，洋匪猖獗，集结港口，欲焚掠沿海各乡。植才亲临海滨督剿，不避炮火。捐俸设水栅望楼，匪累犯未得逞。继补阳春县，盗贼充斥，海盗啸聚，植才上请援军，下募乡勇，用计伏击，斩擒盗贼数百，以功擢升雷州府同知。在粤八载，两妻前后卒，长子次女继殒，本人又病逝于官署，且清贫无钱入殓。电白士民捐数百金助归。

二十六世　盛植本（1762—1810），又名本，字伦先，号小坨。清乾隆五十四年（1789），以拔贡补福建闽县令。嘉庆四年（1799）任宁德知县。逮捕欺压平民之豪强首恶，绳以法，余党震慑，乡里靖安。并整顿衙署，理狱清明。后调任龙溪、南安两县十余年。泉州行商林謇，肩银千两去厦门，途中遇害。植本亲自查访，一讯而破。因父母丧而归。县人在丰州书院设馆以纪念。

二十六世　盛植麒（1770—1828），字天石，号藕塘。清嘉庆三年（1798）由例贡生挑取，授湖北德安府同知，补安徽颍州府同知。遇灵璧、宿州等四县饥荒，奏请赈恤。上级委其赴办赈务。于是急驰凤阳履勘，分别编册支放，冒侵弊绝，民受实惠。历时半载，心力交瘁。居官八年，地方大有建树。因疾告归时，恰逢宁波受灾，与兄植麟出粟设厂救济。镇海建德润书院，西舍已捐建，麟独自承担东舍款项以助成。

二十六世　盛植琯（1811—1867），字凤仪，号秋吾。少丧父，聪明好学；后又失母，弃学从商。初在辽宁，后在宁波辅佐董氏。办事干练，善于经营，策划屡中，营业大振，植琯亦由此出名。清道光十八年（1838）与族人合资创办盛滋记酱园，后成为宁波著名的老字号企业。江浙原以商舶运粮北上，途中常遇不测。琯倡议漕运改河为海，并购海轮，取名“宝顺”，沿海巡防，盗不敢犯。大吏上报其功，由候选同知，赏戴花翎。当时，盗匪蠢起，甬上富商不安。建议设局募勇防御，诸商恃以无恐。性慷慨，周急济匮，从未吝啬，受舆论赞扬。

二十六世　盛植型（1829—1887）字钧士，号蓉洲。清咸丰五年（1855）举人，翌年登进士。（参见第四十四编“人物”第二章“知名人士”）

二十七世　盛炳煜（1795—1857），字鹿坪。豪爽善办事，年轻时督运天津，按业绩授直隶州同知。初江浙粮运改商舶后由沪商包办，清道光四年（1824）运额大增，沪船运力不足，江督要求浙抚召派甬船分运。甬商不知按例有“脚价”（走脚钱，类似“补贴”），怕吃亏百计规避，并重金请辩士去江宁回绝。江督琦善奏办海运之意甚决，对甬商推诿大为震怒。炳煜得悉，急速面谒江督，请求独自承担，并放弃脚价以充军饷，方得平息。自此甬商承运不辍。

二十七世　盛炳纬（1856—1931），字省传，植型子。清光绪六年（1880）进士。前后主事四川学政和江西学政。（参见第四十四编“人物”第二章“知名人士”）

二十七世　盛炳纪（1860—1927），字竹书。参与争回浙江路权、宁绍轮自辟航线等。被举为汉口总商会协理、总理。（参见第四十四编“人物”第二章“知名人士”）

二十八世　盛在渌（1818—1883），字莲水。清咸丰中期以附贡生分发福建为县丞。曾在巡抚署襄理盐务，晋秩通判。同治初年，调任泉州马港。该地濒海，外寇与内盗串通，民生不宁。在渌抵任后，先抓内靖，部署兵力，缉擒盗首严厉制裁，余党屏息。乃开讲院、兴文教，引导百姓守法，外寇再不敢进犯。时邻县寇盗充斥，而该地独称无事。

二十八世　盛在垧（1885—?），日本中央大学毕业，清宣统元年（1909）回国，部试举人，内阁中书补用。

二十八世　盛在琨（1886—?），日本中央大学毕业，清宣统元年（1909）回国，部试举人，以内阁中书补用。

二十九世　盛锺琯（1837—1862），字六飞，国学生。曾以左营水师千总衔，隶属宁绍台道张景渠守定海。

二十九世　盛锺瑚（1877—?），字筱珊。初在上海承裕钱庄习业，后任上海赓裕钱庄经理。1918年投资上海志诚钱庄，兼任经理。1919年任上海钱业公会二届副会长，后又任三至七届会董，八至十一届执行委员，为钱业公会任职时间最长会董和委员之一。1935年兼任中国化学工业社董事兼副经理、上海中和商业银行董事。

二十九世　盛济舲　其祖父为盛植琯，父亲是老中医，在当年乡里颇有声望。济舲年轻时去日本留学，因患肺结核回国治疗。病愈后进同济医学院学医。1919年毕业后留沪开业行医，一年后回乡，任宁波铁路医院院长。常常出诊为辖区各路站职工看病。"九·一八"事变后，宁波开展抗日救国募捐活动。济舲给儿子峻峰30元大洋，让他去学校捐献。1931年10月21日，宁波《时事公报》上，登出《小学生盛峻峰独捐30金》报道。1937年全面抗战开始，济舲携家眷去上海，直到抗战胜利。将家宅小洋楼一幢及一排小平房捐给甬江女子中学办学。

三十世　盛峻峰（1923—2015），济舲子。笔名草婴。1923年出生于镇海骆驼桥。当代著名翻译家。（详见第四十四编"人物"第二章"知名人士"）

三十世　盛晓峰　1931年出生，峻峰胞弟。上海复旦大学中文系毕业，上海古籍出版社高级编辑。

三十世　盛丕华（1882—1961），原名沛华。曾任上海市副市长等职。（详见第四十四编"人物"第二章"知名人士"）

三十一世　盛康年（1914—1965），又名仲悟，丕华长子。曾任政协全国二届委员、第一、二届上海市人大代表，民建上海分会秘书长。（详见第四十四编"人物"第二章"知名人士"）

三十一世　盛珊珊　1957年生于上海，峻峰之女。1990年被选为芝加哥第一届亚裔人节首席艺术家。绘画作品在世界各地举办过多次展览。1999年后，扩展到其他艺术领域，包括为公共场所特定创作大型雕塑和玻璃雕塑。2007年，作品"海浪"被美国艺术委员会授予最佳公共艺术品；2009年，作品"竹林"被台湾文化机构授予最佳公共艺术作品。2009年，由联合国教科文组织推荐、以独立艺术家身份参加威尼斯双年展。

三十二世　盛茹茵　女，1918年出生。就读骆驼桥锺毓小学。1941年毕业于上海美术专科学校音乐专业。曾参与北京市及全国音乐教材编写工作，创作《上学歌》《向日葵》《今日我戴上红领巾》等歌曲，在当年中小学中颇为流行。

三十二世　盛树人（1920—1976），20世纪30年代毕业于上海圣约翰大学新闻系。解放前在《字林西报》《密勒士评论报》及英国驻上海领事馆任职。解放后入新华社，曾在外交部西欧司工作。

三十二世　盛焕候　1925年出生。教授级高级工程师。历任上海石油商品应用研究所所长，第一、二届上海石油学会常务理事、科普委员会主任等职。

三十二世　盛卓人（1928—2013），又名焕倬。中国医科大学教授、麻醉医学专家。（详见第四十四编“人物”第二章“知名人士”）

三十二世　盛立人（1937—2015），安徽大学教授，数学系主任。西班牙巴塞罗那自治大学客座教授。享受国务院政府特殊津贴。是安徽省政协第六、七、八届委员，九三学社安徽省委员会委员。

（编辑　郑　修）

第二节　城区翰墨谢氏

镇海谢氏始祖谢宇，原籍平江（今属苏州市），宋宣和七年（1125）以进士出任定海（即后之镇海）县令，于建炎元年病逝任上。子孙将谢宇卜葬于定海，并占籍定居，繁衍成族。后代传十世分为四支，散迁甬江南北的城区、中官路、柴楼、大榭、峙头等地。谢氏世代重文，据县志及家谱统计，谢宇以后，又有进士 9 人，举人 27 人，诸贡（含岁贡、拔贡、恩贡、选贡、副贡、增贡）37 人，生员（秀才）172 人。

谢　宇（？—1127），镇海谢氏始祖。宋宣和七年（1125）八月，以进士任定海县令。卒于任上。

谢　琛　字伯玉，号恒庵。聪颖博学，为文雄健富丽。明正统四年（1439）进士，出任上饶知县。为政精强，操持孤高，不随流俗，安抚良善，剪除强横狡猾不法之徒，当地民众誉为“谢城隍”，画像供祀。后授河南林邑知县。离县治二十里有废祠遗址，传说有“白牛”神作祟，谢琛以为“白牛”哪有神，应为“伯牛”（孔子学生冉耕的字）。后掘土得碑碣，果如其言。朝廷使者调其去磁州稽核钱粮存储情况。磁州仓储积弊甚重，谢琛周密调查核实，问责守吏，守吏认罪。后升迁为开封府通判，又因父丧归里。所属州县纷纷赠送赙银，超过两千两，婉拒不成，待离城二十里后，仍派人将赙银全数封送归还。服父丧后改任福建泉州同知，不久升为福建按察使佥事，未到任病逝，士民甚为哀悼。

谢源父　字深之。闭门读《易》，能古文辞，对理学尤有钻研。晚年爱好玩赏山水，兴至则吟诗自娱。

谢应辰　字济明，源父之子。受源父指点，得《易经》要旨。因而在元代至正初年，被征召为太子说书（辅导太子讲说经书的官），后改任为州学录（元代学官，协助教授、学正教育生员）。不久辞免还乡归隐。

大纶立德贤三代

谢大纶　字世和。幼家贫，下海涂捡蜃蛤，以所得供养父母。及长，将过继给别人为子。大纶认为自己有父母尚不能很好供养，怎能去侍服他人父母？就让其兄过继，自己劳作更为艰苦，力使父母不因贫受苦。定海北城为咸潮侵蚀，当局商议增筑城塘。而乡里执役者甚畏难，大纶带头劳役并督导劝勉，三年后城塘终于增厚加固。

生子瀚、渭、湘，均贤。

谢　瀚　字爰夫，号泮池，大纶长子。幼年与弟谢渭同习八股文，准备应举考试。因家贫难以养父母，遂让谢渭继续读书，自己弃学经商。后谢渭成进士累官至按察使，谢瀚仍操持家政，不让谢渭分心，使渭终成名宦。瀚性好行善，热心公益，如雇佣专人守护长山碶闸门，及时启闭蓄泄，使灵岩数万亩水田得到好收成；为歉年请求抚军，在转运粮谷时分拨数万斤作为平粜，使城关居民得免饥馁。曾说：一般人都看重有所依靠。但光想依靠父兄的不是好子弟，光想依靠子弟的也不是好父兄。所以重视对子女自立自强教育。

子泰宗、泰运、泰履、泰定、泰交，均成器。

谢　渭（1567—1628），字道游，一字鑑止，大纶次子。明万历三十八年（1610）中进士，授职大理寺评事。（参见第四十四编“人物”第二章“知名人士”）

子泰道、泰臻、泰阶、泰登。

谢　湘　字春池，大纶三子。性格纯厚，家遭火灾，从烈火中背负父母出火窟。二兄渭为官京城，湘奉母就养，亲侍汤食。晚年家居好义，友人陆仲延去世，湘主动备嫁妆嫁其女，又舍田十亩给其子。年七十七卒。

谢泰宗（1598—1667），字时望，谢瀚长子。明崇祯十年（1637）进士。字时望，人称天愚先生，晚号天愚山人。官至兵科给事中，善捕盗息讼。入清称病不仕。（参见第四十四编“人物”第二章“知名人士”）

子得昌、景昌、谔昌。

谢泰履　字天怀，谢瀚三子，南明弘光乙酉年（1645）恩贡生。性孝友，为父患痈疽吮舐解痛，全部承担一家里役差使，让兄弟子侄专心致学无内顾之忧。在善谋生计致富后，增修学宫，整治灵岩塘路，建造长山桥。尤愿助人急难。县役朱若海欠军债不能偿还，其子被夺抵债，其妻哭于途中。泰履闻说即解囊派人赎归孩子。乡人郑来宁兄弟家贫，亲丧十年未葬，泰履赠银助葬。卒年七十七。子赓昌，清顺治十一年（1654）举人。

谢泰定　字时慧，谢瀚四子。遇灾年歉收，定海关守兵因饷银不至，欲兵变。泰定召集富户商议，向公所捐谷，使行商平抑粮价，解决守卒粮饷，全城得以安宁。清兵占甬后，泰定闭门著述。卒年五十九。

谢泰交　字时际，号天童，谢瀚五子。博览经史，擅长作诗与古文词。清顺治十一年（1654）贡入太学，廷试防海策，因其平时留心经济，熟悉沿海形势，洋洋洒洒下笔近万言，为皇帝赏识，以知县候用。清军平定舟山，欲弃地移民，泰交建议就近安置，朝廷不听。既而移民踉跄转徙，冻馁载道，泰交自出存粮救济流民。后参加顺天乡试中举人，四十八岁卒。

才义传承“昌”字辈

谢得昌　字全者，泰宗长子。少习韬略，父官番禺时得昌尚幼，跃马从军入箐篁山涧，遍察军事要处，回来即能一一详述。年长后虽博览群书，但累试不中。清顺治十八年（1661），始由恩贡考授州同知。子六人，皆英姿挺秀。得昌督导众子学习经书，亲为解释疑难。同县薛士学赞叹得昌

“为父兄者之楷模”。卒年七十一。

谢燕昌　字翼之，诸生。天性孝友，父死于海寇，燕昌觅尸海上，号痛几绝。母病三年，日夜服侍。与诸弟终身和睦。后入太学，考试高等，授职州同知。在家多义行，曾建议知县王元士，调整东冈碶畈田亩高低，使本邑亦能享受东钱湖水之利。知县上报后，获巡抚批准照行。出资雇工开凿盘岙山溪，并加架梁桥，使二十里险道得平，樵农称便。弟兆昌任御史，子绪彦中进士，燕昌仍谦虚待人处事。外祖父为尚书薛三省，殁后燕昌代为赎产，又扶持三省曾孙克圣成长，刻制三省文稿。卒年五十五。

谢归昌　字灵昭，泰阶子。研究经史，为业师器重。清顺治八年（1651），明大学士张肯堂殉难滃洲（舟山）时，归昌正以事渡海，亲见雪交亭下从死者骸骨累累，于是设法收置大瓮中埋之，立石书张相国墓，众人称义。不久由拔贡入太学，廷试高等。康熙五年（1666），授河南固始知县，风纪严正，请托不行。康熙七年（1668），调江南砀山。遇地震，房舍倒塌，人口逃亡。归昌招抚难民，并令斫芦苇抵租课，又解决耕牛农具，使垦种荒地，流民渐归。诸生杨文煇乃饱学之士，因遭灾赋欠至八十余金，迫于追捕逃亡他乡。归昌访察杨一贯品行，招还后代偿其欠赋，并聘为子弟师。砀山滨河，正筑郭家楼堤，河督派工各县。归昌同情民穷不堪重役，恳请得免。康熙十一年（1672）调任江西德化县。地当交通要道，往来官差络绎不断。归昌酌情设立接待费，以免扰民。同时还修葺陶靖节（陶渊明）墓，并作和陶诗一卷。三年后因足疾辞官，士民送行十里余。家居著述自娱，年八十卒。

谢荣昌　字庆臣，泰定子。清顺治十五年（1658）登进士，授定兴知县。定兴地当京畿要冲，役重差繁，荣昌制订均徭之法，以免负担不均。又贷银从关外购来马匹，供应驿站役使，以免扰民。当时法律严禁窝藏盗贼，当地奸邪之辈利用此点诬告殷实良民，使之破产，名为“抛虎”。荣昌派干练公人，侦查奸人踪迹，一入县境即予擒缚，于是治安转良。后改知房山县，定兴有百姓自愿带行李随去房山。康熙三年（1664）升任东城兵马司指挥。因亲丧归家，服丧未终，而以悲哀过度卒，终年四十。

谢师昌　字维贤，一字铁戒，泰瑞子。岁贡生。少时遇寇乱，严冬负母夜行十余里避难，两股尽裂。清康熙二十二年（1683）授平湖县训导，筹划修建毁废已久之学校，半年告成；辛勤督促诸生，尤其对家贫而有志于学者，加意奖劝，从不计报酬。因此求教者不绝，经其点拨多考中甲乙科（指进士和举人）。又协助县令编纂地方志。任期满后升调南雄府经历（出纳文书），以年老请辞。年七十一卒。

谢兆昌　字瞻在，博学能文。家贫，兄弟三人常换着衣服外出，仍欢愉如常。清康熙六年（1667）登进士第，授职宏文院庶吉士。康熙八年（1669）调任广东道监察御史，掌理山西道事。康熙十七年（1678）补山东道，掌理河南道事。在御史台刚直不阿，曾弹劾中贵人（皇帝所宠幸的近臣），铮铮有声。因罪人充军乌喇者多死，兆昌向朝廷请免乌喇之戍。考察长芦时，顾恤商家，剔除流弊，肃清盐政，奏章上送不下数十次，言人所不敢言。康熙二十三年（1684）以兄丧称病退休。此后游吟山林，超然物外。曾为鄞人筑堤阻塞东钱湖水流向定海一事，为崇邱乡民力向知府反映，使之恢复旧状。卒年七十七。

谢岐昌　字丰臣，泰履子。才气豪迈，由廪贡生候补中书，效力河工。清康熙四十四年（1725）因在皇帝考察河南时奏对明敏，被授任署理兖州同知，防曹县段河险。次年六月，黄河溃决，百姓沉溺众多。岐昌日夜焦劳，带头捐薪，招募人役，筑建石堤。百姓感动，踊跃参与。堤成，一致称名为“谢公堤”以纪念岐昌之功。政声大起，升任彰德河务同知，疏浚洹、卫、漳三河以助漕运并灌民田。洹河东故道得以通运河，商民称便。又升南康知府，以廉干闻名。不久辞职还乡又多义举：迎养寡姑三十余年，且救济其后人；助家贫友人沈某成家；浙江连年饥荒，捐谷800石。

谢功昌　字在武，泰道子。增广生。性孝友，热心公益。为东钱湖水被阻断事率先向府县申告，并在会勘时侃侃析辩，词理俱壮，使对方理屈词穷，最后妥然解决，立碑永志。兄秉昌，字对越，县廪生。兄弟友爱，著《西堂草》，县人称为“西堂先生”。

新代尽显祖上风

谢绪彦　字又文。清康熙二十一年（1682）进士，授内阁中书，淡泊仕进，日与叔兆昌赋诗论文，人望甚重。时人认为是“东山二谢”。

谢绪光　字敬跻，泰宗孙。贡生。天姿颖敏，由拔贡任职国子监典籍，历任工部都水司主事、屯田司员外郎，后调任贵州司郎中。清康熙三十年（1691）出任云南驿传道，兼理盐法事，恤盐民，宽商人，革旧弊，刚三月，因父丧归。服阙后补授陕西洮岷道。当地土司因争地率部仇杀，绪光单骑奔往晓谕，终使绪光任内不再争斗。土豪赵某倚势侵蚀陇西粮脚价数千金，绪光立擒追还予民。后辞归，再被授济东道，未赴任卒。子曾祚，字贻堂，康熙四十六（1707）年举人，知云南罗次县，有政绩。

谢绪恒　字子朔。随父学《春秋》，专心学问，博通经史，善诗古文词。十七岁补诸生，清康熙三十八年（1699）由副贡入国子监，考任内庭教习。期满以知县用，随即中康熙五十九年（1720）举人。卒年七十五。

谢绪敷　字敬在，得昌子。诸生。幼颖异，长为古文，刚健柔美、音节流畅。曾与兄弟辈在梓荫山南麓建造书室，知县周家齐常去谈诗论文，并题其室为“夹镜”。晚年著作更精。性刚毅，遇事侃侃敢言。有子五人，严为教育。后长子闳祚充拔贡，四子闓祚登进士，五子闲祚中举人，都以文章著名。

谢绪守　字子建。十五岁应童子试每获冠军。清康熙五十九年（1720）中举。行为端方不苟，授徒讲读，县内英俊，多出其门。

谢绪敬　字人舆，别字小江，师昌侄。清雍正元年（1723）贡入太学，廷试以海防策对，条分缕析，侃侃而言，甚中肯要，雍正帝阅后大为赞赏。不久任云和训导。

谢云祚　字岩英，绪钦子。清康熙五十二年（1713）举人，任内阁中书，被派遣四川丈量屯田，继调任建宁知县。政绩卓著，大得民心。后调任三台任职，以年老乞休还乡。卒年六十八。

谢铮贤　字铁卿。清道光二十年（1840）举人。工诗文，为县内士子所重。好奖掖后进。曾代诸生某雪冤，声震一时。兄在福建经商，病在旅舍中，铮贤闻知，立即整装上路，跋涉数千里，接兄归乡。与贡生黄溥共同监筑倒圮海塘。

谢辅坫　字恺宾。清咸丰九年（1859）登进士。授工部主事，文誉闻京城，达官贵人子弟争相求为弟子。县人去京城，多借宿旅舍，辅坫便与县人吏部主事盛植型、候补盐提举余鸿潮等募资建造镇海试馆于京城东华门外，士子称便。

谢周训　字鲁封。幼勤学，父死，兄将携去习商，周训手持一编，勤读不辍。其兄感悟，仍让周训就学。于是博通经史，善作文，从其求学有成者前后数百人。馆谷所得，均周济贫困孤寡族人。知县以礼敦请，未尝一往。与人相交，恳切周到，人皆敬畏。喜奖掖后进，子弟聪明者劝其学习，贫穷者不受其束修，更且资助生活。终于廪贡生候选训导。清同治十年（1871）卒，年六十。

谢辅缨　字尺瑚，泰宗六世孙。童年清苦自守。清咸丰二年（1852）乡试中举。四上礼部考试落榜。咸丰六年（1856）南归经扬州，留办捐输，同治二年（1863）在吏部投牒，三年选发陕西。辅缨襆被行千里去陕西述职。后代理淳化知县，审案清明，被颂为"青天"。逢回民乱，由醴泉犯淳化。城中兵少，辅缨以疑兵计退之，并以戒严上报。而醴泉行营长官先于前一日以"杀贼殆尽"上报。两报不一，上官令交印赴省，当地百姓遮道泣留。因大员林颖叔重莅陕西，知其冤，委解甘肃军饷，五次后奏复原职。后倦游还乡，以教子弟为务。晚年参与修辑光绪《镇海县志》。

谢辅濂　字莲史，铮贤子。年十九补县学生。清咸丰十一年（1861），中拔萃科时，因太平军起义，省城戒严，东南战事频起，未赴廷试。同治六年（1867）乡试中举，七次参加礼部考试，至光绪九年（1883）五十六岁始登进士。授礼部考功司主事。不喜征逐名利，而才复高超，常片言解纷，故座上客常满。凡县内较大公益事业，辅濂无不参与。尤以光绪十二年（1886）浚治城河，辅濂心力兼尽。著有《青雷山馆诗文稿》。卒年六十余。

谢骏德　字通声，号东村，篪贤孙。清咸丰九年（1859）中举。文史外兼工绘画。校刻《天愚山人诗文集》（谢泰宗著）行世，又辑录《甬上续耆旧诗》。以大挑（注：清乾隆后定制，三科以上会试不中的举人，挑取其中一等的以知县用，二等的以教职用。六年举行一次，意在使举人出身的有较宽出路）授任缙云教谕。刚到任因父丧归，服阙后摄理归安县训导，继任金华教谕。在金华任内，修县志，葺学舍，捐薪俸购置学宫礼器。居官十余年，以维持名教，整饬风俗为己任。卒年六十六，著有《灵蕤馆始存稿》待印。兄骥德，道光十四年（1834）举人。

谢觐黻　字彤黼，周训子。幼颖敏，饱读经书，多与同县学者交游，学业大进，应县、府考试名列前茅。清光绪元年（1875）得浙江学政胡瑞澜赏识入府学。光绪二十年（1894），乡试中浙江省第十七名举人。会试二次均不第。时清廷励行新政，将废科举，觐黻与妻弟盛炳纪等致国兴办学堂。觐黻在江南（今北仑小港红联）创办渎南学堂，后历任镇海蒙养、养正、渎浦、中兴等校校长，在中兴任校长至十六年之久。生平孜孜于学，培育后进，至老不衰。省视学考核其办学成绩后上报，获民国大总统颁予之七品嘉禾章。1923 年参加《镇海县志》分纂。继又辑纂薛氏宗谱，兼及东管王氏、芦江郑氏、虹桥朱氏、鹭林叶氏、小港杨氏、庄市包氏等他姓巨族修谱。最后任慈东龙江学校校长，一年而病卒，年七十。

（编 辑 陈 兵）

第三节 骆驼柏墅方方氏

柏墅方方氏家族驰骋中国近现代商业领域一百余年，曾执上海商界之牛耳。其事业包括钱业、糖业、沙船、银楼、绸缎、棉布、药材、南北货、渔业、书业、地产业等，经营地区以上海为中心，辐射杭州、宁波、镇海、绍兴、汉口、南京、沙市、宜昌、长沙、湖州等地，在宁波商帮形成中占尽风流。

据方氏族谱记载，宁波方氏的始祖为宋代的方轸。

始祖方轸人与事

方 轸（1058—1136），本名堂，字克载，号松年，原是福建莆田人。父方希通为王府翊善（侍从讲授的官）。宋哲宗元符三年（1100），登进士，始任太庙斋郎（掌管宗庙祭祀的小官）、右正言（相当于唐朝的拾遗），大观元年（1107）向宋徽宗上书弹劾宰相蔡京下狱，发配到岭南。不久赦回。政和年间向登闻鼓院（类似中央的信访办）上书，请求皇帝“收权独断，毋使国贼肆志”，结果被发配到永州看管。后逢恩赦放归。钦宗靖康元年（1126），上京陈诉，得平反改正，任浙江鄞县令。卸任后因当时宋金战事，无钱返籍，就在慈溪的鸣鹤山落户，死后葬于凤浦，其子孙遂在凤浦繁衍。

传至明代一位“友”字排行子孙，由凤浦分迁到柏墅，十几代后繁衍成族，聚族成村，柏墅被改称为柏墅方。那位“友”字子孙便成为柏墅方方氏世祖，称“友一公”。当时方氏子孙的排行为“友广闻礼明廷宗上元亨仁义”，继又续增“积善之家必有余庆资富能训惟以永年”十六代排行。子孙虽衍，家无余财。直至方亨宁，冒险出海去上海经商，才逐渐改变方氏困窘情状。

以建康、介堂为核心，创方氏家业

方亨宁（1772—1840），一名亨吟，字建康，号鑑航。国学生。上代及兄弟均为寒族，亨宁十二岁时辍学做小生意，后只身去上海，在市内开设小店，积累多年开设方泰和糖行并经营南北货。几十年后方氏一门财名满乡里。

方亨学（1777—1828），字建才，号简裁，亨宁堂弟。家贫，弃儒经商去上海，逐渐富裕。赡养家道中落的外甥，倡议家乡善举。清嘉庆十九年（1814）、嘉庆二十一年（1816）饥荒，从外地购粮按户口分给族中贫寒者度荒达三个月，对亲友有困难的也不吝施与。

方亨黉（1783—1840），字建伦，号介堂，亨学三弟。国学生。他和建康是方氏家族集团第一代创业者和奠基人。

亨宁（建康）和亨黉（介堂）成方家第一代创业者。他们的身后，有七个侄子——亨学儿子仁高（仰乔）、仁照（润斋）、仁本、仁荣（梦香）、仁沛、仁泰、仁孝（性斋），在经营上继承并超过父辈。在柏树方老家，建康及其子孙住方家老屋，当时被称为“老方”。而亨学和亨黉（介堂）及其子孙，在家乡建起许多新屋，就被称为“新方”。

仰乔、润斋、性斋为中心承前辈，青胜于蓝

方仁高（1811—1890），字仰乔，号凤冈，亨宁长子。国学生。继承父亲糖业，并大事扩展钱业。10余年间，在上海开出元大亨、晋和、元益、会余、敦和、元祥、益和、森和等八家钱庄；在宁波、杭州开张同和、咸和、祥和、谦和、恒和、豫和、赓和等十多家银号。平时饮食起居俭朴，对公益事业出手大方。独资出银钜万疏浚西大河，惠及沿岸数万亩田地灌溉。

仰乔生三子。长子义镛，字振玉，号声伯，清光绪十一年（1885）举人，尊父志操办建义庄，浚修西大河。次子义钧，字蓉舟，号仲萼，光绪十九年（1893）举人。幼有足疾，勤学多闻，精通古今沿革。三子义铭，字鼎甫，号砚铭，光绪十四年（1888）举人。待亲友多恩谊，乐于参与公益事业。

方仁照（1808—1858），字浩然，号润斋，亨学次子。与四弟梦香合设方萃和糖行。和长兄仁和、七弟仁孝在南市设“南履和”钱庄兼杂货业。又在上海北市租界区开“北履和”，创“方镇记”做进出口贸易。咸丰年间任上海四明公所董事，倡议拓地重修，首输巨资。（参见第四十四编“人物”第二章“知名人士”）

方仁孝（1823—1872），字天真，号性斋，亨学七子。润斋去世后，生意由性斋继续经营，使方家事业达到前所未有的全盛时期。（参见第四十四编“人物”第二章“知名人士”）

方仁荣（1812—1865），又名椿，字灿然，号梦香，亨学四子。国学生。16岁时父死，由叔介堂带至上海学习财会，继承祖业。清道光二十年（1840）年介堂死后与兄润斋在上海开设方萃和糖行、振裕丝号，逐渐致富。梦香急公好义，鸦片战争时捐输饷银达数万两。宁波失守，亲友至上海避难，都多方周济；又向流落上海难民施粥舍衣。与润斋合力重修四明公所。曾拟在省城杭州建造镇海试馆来接待同县考生，方待购地而病死。其子义路（正甫）继父志建成杭州镇海试馆，且“慷慨英爽，勇于任事”，助人申雪冤屈。义路长子积骅，曾任广东合浦、新宁、乐会知县，历升候补道。

黼臣、樵苓为代表，再拓祖业

方继善（1843—1898），谱名义章，字子谦，号黼臣，润斋子。19世纪末在沪宁波商帮领袖人物，与堂弟樵苓同为方氏家族第三代代表人物。（参见第四十四编“人物”第二章“知名人士”）

黼臣长子积钰，字式如，号雪屿，过继给大房义存为后。方萃和糖行即为黼臣与式如共同经营管理。次子积铨，官名启新，号选青，三子积鎔，字叔陶。四子积镳，官名培源，字季扬。

方义鹏（1868—1895），字翼云，一字瑞麟，号蕊疄，性斋二子，清光绪十一年（1885）举人，五品同知衔。喜读书、爱作诗，抒写性情，哀感顽艳。18岁中举人。以后考试失利，致力于诗词，也旁及绘画，兼工篆刻，且均有造诣。方氏以商业起家，资财雄厚，而瑞麟却以少年风雅著称于当时。年二十八岁病逝。

方义鹗（1871—1951）　字韶龄，又名舜年，号樵苓，仁孝（性斋）三子。廪贡生，知府衔。

好古诗文，更善于鉴别书画。（参见第四十四编“人物”第二章“知名人士”）

椒伯、选青、季扬为首，爱国兴业

方氏家族第四代代表性人物有方选青、方季扬和方椒伯。

方积蕃（1885—1968），字椒伯，义鹏长子。（参见第四十四编“人物”第二章“知名人士”）

方积铨（1874—1938），官名启新，号选青，黼臣次子。清光绪二十四年（1898）父亡后继承父业，经营上海安康、汇康、安裕、承裕、赓裕和宁波瑞康等钱庄及糖行、银楼等祖传企业。20世纪初，还与方氏家族其他成员创办一些钱庄。1908年任沪北商团公会会员。1910—1911年间，因橡皮股票风潮和辛亥革命影响，所投资经营的钱庄大多受累，只留下赓裕、承裕、安康三家。此后一直在此三家钱庄拥有股份，并与诸兄弟拥有方氏家族公产，20世纪30年代初，尚拥资300万元。

方积镳（1881—?），字季扬，官名培源，黼臣四子。幼年在家延师就读，后在宁波钱庄习业，满师后至上海继承家业。1897年在上海独资开设安裕钱庄。后与诸兄弟拥有上海南市方萃和、方惠和糖行及上海寿康、汇康、福康和宁波瑞康钱庄（季扬任瑞康董事长）、杭州方怡和南北杂货号、宁波方裕和南北杂货号等方氏家族公产。又是宁波方萃和和晋记糖行、方紫金银楼店主。此外，还与人合股开设安康因记、赓裕来记、复康等钱庄，均为大股东。1920年入股中国化学工业社，占股本1/3，并任董事长。20世纪30年代初时拥有资财500余万元。

方积球（1871—1914），字彭年，号凤孙，义镛长子。继承先业，家产丰厚，但勤俭刻苦。清光绪三十年（1904），县创设乡约局，为西管乡乡约局董事，兼慈溪骆驼桥乡约局董事。对平争息讼，调解纠纷，兴学助教及慈善公益事业，无不慎重对待。办事时车马舟船费用全部自付。宣统二年（1910），积极参与筹备城镇乡自治，被选举为西管乡自治乡董。1912年肄业于上海法律学校，1913年毕业后被选举为镇海县议会议员。任乡约会董，以公正廉敏著称。

方积年　1938年出生。中国科学院上海药物研究所研究员、博士生导师，药物所学术委员会和学位评定委员会委员，生物技术室主任。因发明治胃癌等新药，获中科院自然科学二等奖及上海市科技进步三等奖。享受国务院政府特殊津贴。

方积乾　1939年生于上海。曾任北京医科大学教授，中山大学公共卫生学院教授、主任；国际生物统计学会中国组负责人；广东省卫生统计学会会长。

以液仙、善堃为代表，科技兴国

方氏家族第五代代表人物有方液仙、方善堃、方善珪。

方液仙（1893—1940），字传沆，小名阿揆，选青子。为方氏家族第五代之佼佼者。（参见第四十四编“人物”第二章“知名人士”）

方液仙一脉：友一—广一—闻一—礼七—明五—廷锦—宗伟—上曜—元祚—亨学（建才）—（二子）仁照（润斋）—（次子）积铨（选青）—（子）液仙　液仙—（子）曾泽、曾规—（孙）家祥（男）、左芬（女）、家祯（男）、右芬（女）、晏虹（女）、冠虹（女）、耀虹（女）、赛虹（女）、家黎（女）—（曾孙）：必焕（儿）、必杰（儿）、必琳（女）。

方善堡（1902—1991），又名子卫。上海交通大学数学系毕业。在美国耶鲁大学获无线电博士学位，1924 年回国。1931 年在上海法租界创建中国无线电工程学校，任校长，培养一批专业人才。校内建立中国业余无线电社，办社刊《无线电杂志》。晚年旅居美国，在旧金山病逝。

方善境（1907—1983），笔名焦风。最先将拉丁化新文字介绍到国内，被誉为国家世界语运动“火炬战士”。（详见第四十四编“人物”第二章“知名人士”）

方善坚　字子勤。仰乔曾孙，青年时留学德国，获医学博士学位，研究黑热病。回国后在上海开设诊所，医术高超成一代名医。

方善堃（1908—1968），字子藩，积球次子、子勤胞弟。留学日本、德国。曾是中华化学工业会副理事长。（详见第四十四编“人物”第二章“知名人士”）

方善桂（1914—1999），椒伯子。幼年随父去上海，1936 年上海交通大学管理系毕业后赴美国留学，入哈佛大学获经济学博士。1946 年回国任中国银行总管理处业务室副主任、主任。1951 年以后任中国银行香港分行副总经理，暨南大学董事、中国金融学会理事、广东金融学会常务理事、香港海外银行俱乐部理事、香港银行华员会长等职，曾当选为全国人大第五、六、七届代表。

方善足　1934 年 6 月生于杭州。1952 年 1 月毕业于浙江工业干部学校化工专业。曾任温州市副市长，浙江省人民政府驻海南、广州办事处副主任，浙江省石油化学工业厅副厅级巡视员，浙江化工厂厂长、浙江太平洋化学有限公司董事长、浙江善高化学有限公司董事长等职。

个性飞扬

方之扬（1922—2003），烧伤外科专家。（详见第四十四编“人物”第二章“知名人士”）

方之熙　1940 年出生。曾在惠普研究实验室任 VLIW（超长指令字）编译器与架构事业部经理，并拥有约 40 项专利。1995 年加入英特尔公司，先后任编程技术实验室总监、编程系统研究院首席科学家及编译器与 Java 研究院经理。2010 年被任命为英特尔公司研究院副总裁兼英特尔中国研究院院长。

方世聪　1941 年出生于上海。曾任上海戏剧学院美术系油画教研室主任、教授。作品被英国查尔斯王子、摩纳哥阿尔贝特王子和各国博物馆收藏。1987 年旅居海外，在欧美等国举办 30 多次画展。在法国被誉为继赵无极、朱德群之后的中生代杰出画家。

方之焯　1944 年 3 月生。复旦大学化学系毕业。曾任中共镇江市委书记、江苏省九届人大常委会副主任、党组成员等职。是中共十五大代表，八届全国人大代表。

中外创业

解放后，方氏后人在国内外频创新业，人才辈出。

方曾泽　方液仙长子。在香港、内地有多家独资、合资印刷及房地产企业。曾任上海静安区工商联合会主任委员，江西省工商联合会高级顾问，上海爱建股份有限公司特种基金会理事，江西省政协委员。

方家祥　1958 年出生于上海，曾泽长子。上海美术专科学校毕业后，赴美深造，获旧金山艺术学院广告设计硕士学位，投身商海。1987年任东方出版公司总经理，主持旧金山和洛杉矶两地公司业务。不数年汇集一批进出口商长期客户，制作平面广告质量于当地首屈一指。1993年才35岁获选1993—1994年度《世界企业家名人录》。

方家祯　1960年出生于上海，家祥之弟。自幼喜爱绘画，1978年在高中一年级时跳级投考上海戏剧学院舞台美术系，以高分录取。1982年去美留学，先后获纽约州立大学建筑系学士和麻省理工学院建筑硕士学位。1989年为美国注册建筑师，并为美国建筑师学会会员。在九年间，为美国政府和企业完成二十余幢建筑物设计和工程管理。1995年以来，负责香港“君临天下”3幢八十层临海豪宅，上海徐家汇“港汇广场”和南京西路“恒隆广场”50多万平方米工程项目管理和建设。

（编　辑　陈　兵）

第四节　澥浦十七房郑氏

唐代郑氏在江南做官，后裔播居浙江，一支于宋末迁澥浦，定居择山之南。数百年间，从塘路沿逐步发展十七房、庙基头、后新屋等5个自然村，后以十七房为总称。后裔繁衍二十余世，各业皆有建树。族群聚居地以其深厚历史文化，被开发为旅游胜地。

十七太公启新风

六世　郑东沧，名鏠，生于明嘉靖年间，育五子。因塘路沿老屋不敷居住，在西北隅另建新房。东沧在族内同辈兄弟中排序十七，嗣孙称为“十七太公”。后人就将其新居处称“十七房”。东沧享年77岁，为人宽厚大度。三子文瑞及其后代最为发达。

七世　郑文瑞（1575—1646），十七房三房派始祖。早年离乡进入仕途。由吏员选授温州府瑞安县巡检，署知县事。在祖居建三房宗堂“辅德堂”。

八世　郑廷杰（1603—1694），字君位，文瑞三子。慷慨仗义。明末沿海多盗，郑氏文四房数家屡遭抢掠，主家挈眷外避，长期舍闭田废。清初当局清查户籍，对无主田舍将另作处置，众邻无措。廷杰挺身而出，将避离户所有地宇登入本人名下，并代缴所要粮赋。主人返回后，将田舍悉数归还。

十世　郑光礽（1707—1782），字国桢。议叙贡生。善经商，壮年在嘉兴、苏州营商，弃取废举，屡能奇中，数致千金，而慷慨好施。清乾隆十六年（1751）宁波大饥，光礽第一个出粟赈贫民。曾捐巨资疏浚家乡河道，并建化子闸，提高骆驼桥至澥浦数万亩农田抵御旱涝灾害能力。捐银一千数百两，捐田110亩，养其族之鳏寡孤独、废疾而贫无所依者，被授予“修职郎”。

十世　郑之玠（1705—1784），字亦昊，廷杰孙。虽不富而好施，自力不及时就代为呼吁。宁波饥荒时，之玠带头输粟，再劝富绅赈灾。主动献出良田三亩助建郑氏大宗祠。后又与国桢倡导修《宗谱》。时人把国桢、亦昊称“族中两杰”。

十二世 郑逸亭（1746—1803），谱名大容。聪颖过人，博涉经史诸子百家。清嘉庆元年（1796）选入国子监深造，成郑氏首个贡生。最早在乡里办学馆，是进士郑谦的老师。

十三世 郑 谦（1765—1840），谱名光烈，号虚谷，廷杰后代。清嘉庆二十二年（1817）登进士。（参见第四十四编“人物”第二章“知名人士”）

十三世 郑伟烈（1775—1832），号月波。国学生。自少在宁波营商。胞兄光烈任知县时离商随行，协助综理事务，办事井井有条，深受倚重。其兄亏空公款贬官调职时，回宁波重操商业，数年后将亏款如数偿还。

十四世 郑德阶（1799—1866），名楷，号稻香。在甬开设泰和未行、木行。致富后，衔四品朝议大夫。

十四世 郑明之（1801—1860），名椿，号莲亭。邑廪生。天资聪慧，入县学，每考核皆列高等。清道光十二年（1832），以学习优秀获奖，后被选派京都国子监深造，成恩贡生。平时喜欢研究中医理论，造诣渐深，帮人解痛治病，深得乡闾敬重。

十四世 郑德本（1826—1883），名权，号舌莲，德阶四弟。39岁中举，未仕，在乡出资开办书塾。

十五世 郑传箴（1820—1888），号勿庵，德阶长子。附贡生，曾任富阳县学训导，出资维修当地孔庙。年过花甲辞官返里，热心公益。清光绪十年（1884）法舰挑衅，沿海告警，带头募资组织乡团巡查。灵绪大堰闸失修渗水，独资改建为石堰，三年竣工。督工后冒大雨回家，受风寒得病离世。

十五世 郑传楷（1852—1917），名一夔，号啸云。清光绪五年（1879）中举，任温州府永嘉县学教谕。致力捐资重建当地孔庙，修缮书院，开设学堂，政绩突出。后升任处州府教授。

十五世 郑传笈（1861—1938），号云仲，德本次子。年轻时多病，自学医书开药方治病，写成《古今医家证治粹言》多卷，得上海名医张禾芬赞赏。清光绪十四年（1888）中举，与其父被并誉为“父子登科”。任温州泰顺县学教谕。辛亥革命前，弃官从医，曾在上海两医校任教。晚年致力宗谱和地方志修撰，主纂《前绪乡郑氏宗谱》。

十六世 郑子刚（1859—1915），名廷琛，号荇芷。早年丧父，天资聪颖，举贡生，列候补官员。清末时局不稳，子刚在乡设堂办学，培育近乡子弟。清光绪年间，协助侄婿蔡汝衢创建澥浦学堂。后募资创立启绪学堂。1913年参与《郑氏宗谱》修纂，赍志而卒。遗有《荇芷手泽》等作品。

十六世 郑芳华（1911—1992），曾任浙东抗日根据地凤湖中学校长，坚持抗日救亡活动。解放后，历任镇海县中校长、浙江省镇海中学第二校长、校长，宁波市图书馆副馆长。历任县、市多届人大代表，1965年任宁波市政协常务委员。

十七世 郑尊德（1899—1980），又名葆懿。省立四中（宁波中学）毕业。曾在启绪、宁波旅沪同乡会公学、澥浦、通德等小学任教。后从医，为镇海县人民医院中医科主任。曾为镇海县人大第三、第四届代表和宁波市政协第三、第四届委员。

从耕读转向商贾

十世　郑世昌（1644—1728），字天玉。郑氏中最早营商之家。承父命外出经商，每逢父母诞辰及祭日，虽身在数十百里外必先期兼程归。其曾孙郑开秀（1796—1863）幼在私塾读书，后也承亲命舍儒从贾，中年客商嘉、湖间。开秀长子秉彝（1826—1880）继承先业。秉彝子玿芳，又承父业外出营商。从世昌始的经商历程延续七代。

十二世　郑维嘉（1716—1788），字我宾。清乾隆年间，在宁波经营渔盐业。晚年精力不济，因子学泗远在台湾任官，遂命长孙德标弃儒学贾继祖业。

十二世　郑维宁（1756—1812），字尔康，国学生。在宁波发展渔盐钱庄等业致富，回乡置业。长子备烈（1780—1826），名薰，国学生，中年弃儒从商，致富后，选十七房西隅置良田千亩，疏河砌岸，营造宅府。备烈长子德阶（1798—1860），年轻时从商，在甬、镇等地开办粮行木行，富甲一方，后举贡生，成为训导。德阶子传箕（1821—1873），字子良，国学生，在甬江学钱业，精通会计，在同辈中倍受推崇。

十三世　郑天治（1760—1826），字道存，庙基头人，“承德堂”全盛门第始祖。乾隆末、嘉庆初，到岱山经营渔盐。长子开侯（1787—1809），不幸遭遇海难。次子开芳（1792—1868），17岁时亦到岱山襄佐父业。后来开芳又把店交给其弟开圻（1795—1864）。开圻两子秉槐（1822—1853）、秉桂（1832—1897），接班岱山祖业，把营业范围跳出岱山小岛，向宁波，慈溪，苏州等地扩展。又涉足米业、药材、钱庄。不几年创出岱山全盛渔行、宁波公茂渔行、苏州协理药材行、慈溪裕丰米行、河头正丰米行、宁波钱庄等。

十四世　郑德标（1767—1849），又名锦章，号浦山。清乾隆五十三年（1788），维嘉卒。德标承祖业，内理琐屑，外权奇赢，蓄资余羡以浸，为蛟川巨室。除鱼盐业外，还办起钱庄，实行转账制。中年后将钱庄交四子郑勋经营，命五子郑熙持资去绍兴别营居积。内持节俭，外性慷慨。嘉庆二十二年（1817）宁波饥荒，德标为首开仓赈灾。在萧山营商时为养济堂广施寒衣。建桥修路舍棺义举从不吝啬。

十五世　郑　勋（1810—1863），又名士景，字南琴，号竹溪，德标四子。国学生。承父业，携重资赴沪发展钱业，挟厚利回甬成宁波钱业巨头。（详见第四十四编“人物”第二章“知名人士”）

十五世　郑　熙（1813—1858）又名士昆，字玉成，号渔村，德标五子。初承父命，赴绍兴另谋发展。勤慎周练，屡获倍息。清道光二十四年（1844）复客沪上、立嘉、湖、汉、广各业，所得益饶，家业隆隆起。道光二十八年（1848），在上海创办“凤祥银楼”，前店后场，获利甚厚，成沪上银楼业巨擘。咸丰三年（1853），“小刀会”攻克上海前夕，将店铺临时搬迁至宁波，宁波“凤祥银楼”即始办于该年。咸丰五年（1855）重回上海，于豫园旧址开业，改称“老凤祥银楼”。郑熙病故后转卖他人。

十五世　郑传镛（1898—?），字振民。清宣统三年（1911）在宁波开设通源等3家钱庄，经营长达42年，成甬上金融界有影响人物。1923年为宁波新建钱业会馆捐款。1941年宁波沦陷后，坚不加入日伪主导的组织。1946年8月，宁波钱业召开战后首次会员代表大会，再被举为理事。1953

年，通源钱庄参加“公私合营行庄联合放款处”。

十五世　郑子荣（1901—?），谱名传镐，传镛胞弟。1935 年创办上海光新机织印染厂，生产“中国虎”牌阴丹士林棉布，远销东南亚。1957 年整体南迁湖南湘潭县，建成湖南当年最大纺织印染联合企业，号称十里纺城的湘潭纺织印染厂，任副厂长，产品获国家银奖。曾为湖南省政协委员。

十六世　郑芳恩（1847—1909），字本安。上海开设郑源泰蛋行起家，成为蛋业先驱。去世后儿子星炎承父业，成上海茂昌蛋业冷藏公司监事。

十六世　郑芳桢（1893—1967），又名方正。1916 年与奉化人郑源兴合办承余顺记蛋行，任副经理。1922 年增添冷藏设施，1925 年建起千吨冷库，为国内首家大型冷藏企业。1930 年成立上海茂昌蛋业冷藏公司。国内建 8 家分支机构，职工逾千。1934 年在伦敦设蛋品联合体，蛋品远销西欧。

十六世　郑芳汲（1872—1939），字奎元。四兄弟：芳池、芳汲、芳沁、芳渊，以芳汲为核心。初在上海经营承裕蛋厂，1927 年，加盟上海茂昌蛋业公司，被选为公司五董事之一。后去江苏高邮创办茂昌分公司收购蛋品，月收量高达十多万斤，历时八年。在宁波元大、通源、恒康等五家钱庄投资。在菱漕置田地、购宅院。重修《前绪郑氏宗谱》时，四兄弟捐大洋 500 元，为族中捐额最高的房派。

十六世　郑芳钧（1863—1936），国学生。在沪经营美国照相机起家，首开柯达器材专卖公司，发展为大商人。他的五个儿子于 1946 年在家乡沙河头创办“芳钧学校”，新建中西结构二层楼校舍，免费供村里郑、应两姓子弟上学读书。

十七世　郑钟润（1887—?）芳钧长子。先任仁记洋行协理，后开照相材料行，专营比利时胶卷。

十七世　郑钟泮（1898—?）芳钧五子。曾在上海德商利康洋行和美商协隆洋行任职。1917 年创设公盛印刷材料行。1924 年又创办公盛机器厂，专制各种印刷机器。1930 年又办公盛油墨厂，专造印刷五彩油墨。1931 年创办公盛凡立水厂，专造印刷用凡立水。后又创办公盛铜铁厂和印刷厂，钢铁厂专造各种文具仪器及学校用具，形成具有一定规模的公盛印刷企业系统。

十七世　郑尊法（1899—1970），又名玉川，省立四中（宁波中学）毕业。

1918 年赴日本东京高等工业学校化工系就读。1924 年在上海集资创办“民生墨水厂”，为民族墨水工业的开拓者。（参见第四十四编“人物”第二章“知名人士”）

后世新辈多俊彦

十七世　郑继侨（1932—2013）。历任中共宁波市委党校副书记、副校长，市广播电视局局长兼宁波电视台首任台长，市新闻工作协会主任等职。

十八世　郑朴英（1925—2012），号硕人。历任上海文化出版社美术设计科长、人民文学出版社上海分社编辑组长、上海文艺出版社民间文学编辑室副主任以及中国民间文艺家协会理事、中国故事学会副秘书长等职。撰写编译有《中国童话》《世界文学金库·神话史诗卷》《苏联民间舞蹈》

等，并任《中国民间文学大辞典》分类主编。为上海市第七、第八届政协委员。

十八世　郑家骏　1925 年出生。20 世纪 50 年代末任堪萨斯市中西研究所高级研究员及有机药物化学系主任。1978 年起，历任美国堪萨斯大学癌症研究院院长、药理系教授、有机化学药物研究室主任。设计综合抗癌、抗疟、抗农害等药物 3000 多种。为中、美 20 余所大学客座或荣誉教授。

十八世　郑颐英　1928 年出生。中科院化学研究所研究员。早期从事高分子合成研究，后参与我国煤炭腐殖酸资源开发利用工作。享受国务院政府特殊津贴。

十八世　郑基英　1931 年出生。教授。历任江汉石油学院副院长，湖北省沙市副市长、荆州市人大常委会副主任等职。两次带学生参加大庆石油会战。

十八世　郑英炜　1931 年出生。曾任宁波职业技术学院党委书记。

十八世　郑领英　1932 年出生。中科院大连化学物理研究所研究员，享受国务院政府特殊津贴。从事页岩油催化裂化，火箭高能燃料合成，分离膜材料合成、制备及海水淡化、污水净化等研究，对膜分离技术的开发、应用和普及做出贡献。

十八世　郑康英　号颖人，1933 年出生。地下工程、岩土边坡专家。中国工程院院士。（详见第四十四编“人物”第三章“院士”）

十八世　郑家声　1933 年出生。俄语专家，初任苏联专家翻译，后为国家测绘出版社编审，享受国务院特殊津贴。

十八世　郑本英　1934 年出生。四川东方电机公司教授级高级工程师。享受国务院政府特殊津贴。

十八世　郑家麟　1937 年出生。北京市第十八中学特级教师，享受国务院政府特殊津贴。

十八世　郑　旻　女，1937 年出生。又名雅婷，南京水泥工业设计院工艺总设计师，教授级高级工程师。

十八世　郑企成　1939 年出生。中国农科院研究员，从事开发农业生物技术。

十八世　郑家庆　1941 年出生。芬兰图尔库大学天文系教授。

十八世　郑素蓉　女，1944 年出生。曾任上海跃华玻璃厂党总支书记。3 次评为上海市三八红旗手，建材业全国劳动模范。上海市党代会第六、七届代表，中共十五大代表。

十九世　郑　伟　1956 年出生。法学博士，华东政法大学教授，博士生导师。曾被东方电视台《东方大律师》栏目评为十佳律师之一。

十九世　郑毓明　1960 年出生，郑家俊之二女。任美国 BP 阿莫科全球业务中心新兴市场集团副总裁，美英石油公司国际贸易副总裁。兼任北京阿莫科东方炼油公司总裁。

十九世　郑　瑜　1962 年出生。历任宁波市科技局局长及市政协副主席等职。

十九世　郑小军　1965 年出生。浙江传媒学院系主任、编审。

（编　辑　郑　修）

第五节　庄市蛟西庄氏

庄市蛟西庄氏，为宁波历史悠久的名门大族之一。庄氏本姓章，源起福建浦城。自远祖章及起，历代为官。八世章隐之，自闽来定海任县令。十一世章允执娶定海唐氏为妻，举家迁居清泉。子孙繁衍，聚居成族，后发展为集市，命名章市。明洪武二十四年（1391），为避朱元璋之讳，章姓改为庄姓。

唐至宋代

一世　章　及　唐末康州刺史。

二世　章　修　唐末福州军事判官。

三世　章仔钧　唐末五代十国时，官至闽国太傅，被封为高州刺史兼御史大夫、上柱国、西北面行营招讨制置史，赐竭忠立志功臣，封金紫光禄大夫、武宁郡开国伯。宋庆历初，被追封琅琊王，谥忠宪。

夫人练氏，被封渤海郡君、越国夫人。练夫人舍全家、保建州一城十万百姓的故事，在中国历史上世代相传，广受赞誉。练夫人去世后，建州百姓感念她的恩德，公议将她安葬在城内府衙大堂之后，并建阴德祠，春秋祭拜，并尊练夫人为“芝城之母”（建州别称芝城）。章氏子孙自此以后，无论迁徙何地，都以“全城堂章氏”自称且自豪。练夫人祠墓历千年沧桑而毁于“文化大革命”，建瓯市人民政府于20世纪80年代在原址塑练夫人铜像，以纪念这位伟大女性。

四世　章仁嵩　朝奉大夫、检校尚书、驾部郎中。宋朝赠授为太师、中书令兼尚书令、燕国公。

五世　章士廉　以大理寺评事担任汀州宁化县县令，宋朝赠授为太师、尚书令兼中书令、密国公。

六世　章世康　宋赠殿中丞。

七世　章得一　宋真宗咸平三年（1000）进士及第，仕太常博士、著作佐郎，出宰乾化令，景德中调余杭令，大中祥符间知江西南安军，赠刑部尚书，《浙江通志》列名宦有传。

八世　章隐之　被授为尚书虞部员外郎、太常寺太祝。北宋皇祐四年（1052）自原籍福建浦城来到定海（镇海）任县令。北宋至和二年（1055）四月转任扬州府知高邮军。隐之为官廉正，定海人感受他的恩德，曾为他立祠以纪念。隐之有六子。

十一世　章允执　字孟固。娶畈田塘唐氏为妻，举家迁居清泉。章允执（细五）为清泉庄氏始祖。南宋年间，清泉形成集市，因以章姓居多，故名“章市”。

元代

十六世　章仲成　因文武双全，元元统二年（1334）受命为海道运粮千户，封正上骑都尉。

明代

明洪武二十四年（1391），章氏避朱元璋讳改为庄姓，章市也随之改称庄市。

庄市庄氏历代重教尚礼，人才辈出。明洪武年间，族人在庄市中央漕旁建宗祠（俗称西祠堂，现仅存遗址）。清嘉庆年间，又在庄市大方桥边建东祠堂（又称荫德祠）。

十七世　庄叔明　师从鄞州单仲友（即建议朱元璋将明州改名宁波者），以耆英应召，被授为承事郎湖广都指挥司都事。

十七世　庄元吉　明洪武十一年（1378），以制贡被授为后军都督府经历。养亲归乡后被朝廷复招，为定辽中卫经历，任上逝世。

二十三世　庄　敬　历任福建侯官县学训导、晋江县学教谕、江西南康教授，晋封奉直大夫。

二十三世　庄　普　泉州府司训、江西瑞金府教授。

二十四世　庄而安　松江府通判。

二十五世　庄国惠　河南督标守备。

二十六世　庄士英　明万历四十三年（1615）科举人，崇祯七年（1634）科进士，授四川汉州知州。后辞官，在福州、泉州一带经商，经营丝绸、茶叶、陶器、瓷器等业，生意通达南洋各地。

二十七世　庄重锡　金华教谕司训。

清代

二十八世　庄而济　州司马。

二十九世　庄峙峨　庆元县学教谕。

三十世　庄英美　文昌县青监司巡检。

三十一世　庄粤台　云南丽江府、顺宁府知府。

三十一世　庄振英　衢州龙游县训导，特授嘉兴府训导兼理教授事、兼理秀水县学事、兼理鸳湖书院事。

三十一世　庄兼仁　海运保举五品衔以洋务暨晋豫办赈，保举四品顶戴。

三十一世　庄再豪　敕授儒林郎布政司理问衔，诰封奉直大夫。“庄源大绿豆烧”创始人。

三十二世　庄岳嗣　钦加六品衔，赏戴蓝翎即补府经历，历任广东开平县松柏分司署理、开平县知县。

三十三世　庄立诚　贵州安南县典史署理、安南县知县。

近现代后裔英才辈出

庄可法（1869—?），名医。精通伤寒之症，有独特之功，人称“孟河先生”。（详见第四十四编“人物”第二章“知名人士”）

庄　俊（1888—1990），最早留学美国、学习建筑工程学的建筑师，发起组织中国第一个“中国建筑师学会”，多次被推举为会长。（详见第四十四编“人物”第二章“知名人士”）

庄云庐（1892—1966），名医。宁波中医界代表人物。（详见第四十四编“人物”第二章“知名人士”）

庄祥昌　1928年出生。“神舟九号”与“天宫一号”成功实现载人交会对接的功臣、国际宇航科学院院士。（详见第四十四编“人物”第二章“知名人士”）

庄正方　1938年出生。任中共杭州电子科技大学党委委员、纪委副书记，省老干部书法家协会和美术家协会会员。

庄行方　1948年出生。教授，曾任中国电子会计学会副会长、中国信息化推进联盟副会长、中国电源协会名誉理事长，中国电子资深专家委员会委员、资深经济专家。

三十二世　庄宝康　创办中国泰康食品股份有限公司。1926年美国费城万国博览会上“金鸡牌”饼干夺得甲等大奖。

三十四世　庄智豪　上海四明公所“长生会”柱首。曾在上海江湾镇走马塘南竹行桥东，建有占地二十余亩的“庄园”。

三十四世　庄禹梅（1885—1970），解放后，曾任《宁波人报》《宁波时报》社社长，宁波市各界人民代表会议协商委员会副秘书长，第一至六届政治协商会议宁波市委员会副主席，中国国民党革命委员会宁波市委员会第一至三届主任委员。（详见第四十四编“人物”第二章“知名人士”）

三十四世　庄智焕（1900—1978），曾任中华民国交通部电政总局局长、中华民国工业部电子司司长、中华民国经济部企业司司长和中国机电学会第九任会长。（详见第四十四编“人物”第二章“知名人士”）

三十四世　庄益群　教授，中国高教学会高等教育管理研究会副理事长。曾任中共国家教育行政学院党委副书记。

三十五世　庄启东（1910—1997），禹梅子。解放后曾任国家经委劳动工资局局长、国家计委劳动工资局局长、国家计委经济研究所顾问、国家计委咨询组副组长。（详见第四十四编“人物”第二章“知名人士”）

三十五世　庄起民　历任中共上海体育学院党委副书记、纪委书记，上海市教卫工作党委第二督导组组长。

三十五世　庄启发　曾任云南省工商联副主委、云南省民建副主委、全国工商联执行委员等职。

三十五世　庄表达　曾任芜湖市政协第五、六届委员、常务副秘书长，芜湖市第十届人民代表大会常务委员会副主任，芜湖市工商联主任委员。

三十六世　庄熙英（1919—2001），曾任上海计划委员会物价局处长、国务院物价委员会委员、国家物价局驻浙江物价局特派视察员等职。（详见第四十四编“人物”第二章“知名人士”）

三十六世　庄凯勋　曾任新华社供稿中心主任、《中国名牌》杂志社社长、中国新闻发展公司总经理、新华社新闻信息中心副主任兼总经理、中国红十字基金会副会长，宁波经济促进会北京联谊会副会长、北京镇海同乡联谊会会长。

三十六世　庄熙祖　南京市书法家协会副主席。

三十六世　庄　戈　历任地矿部石油海洋地质局培训化探中心主任，安徽省石油学会副会长、地球化学专业委员会主任委员。

三十六世　庄英翘　庄禹梅孙、庄启东子，中国第一代核试验参与者，中国继续工程教育协会副秘书长。

三十六世　庄世维　舟山市定海区作家协会名誉主席。

三十六世　庄英邦　安徽省国标舞协会副会长、世界华人舞蹈联合会副主席。

三十八世　庄丽君　女，教授，历任中共清华大学党委常务副书记、清华大学校务委员会副主任等职。

（编　辑　庄志俊）

第六节　城区长生桥朱氏

镇海长生桥朱氏系宋朱熹后裔。四世朱濬，于宋末由福建建阳迁至镇海白营教场（今聪园桥东地），六世启迪，于元大德年间再徙镇海虹桥定居。此后子孙聚族繁衍，渐成村落，即今虹桥朱家村。至二十世孝瑞，于清同治十三年（1874）自虹桥迁镇海南门定居。长生桥朱氏即在此奠定家业。

一世　审度形势　面向商贸

朱孝瑞（1836—1889）　迁入镇海后，率先在城区开设瑞茂报关行，代理进出口客商报关纳税业务。与两浙木商共同创设仁济公所，救济罹难舟人家属。

生六女一子，子忠煜，继承父业，且有更大发展。

二世　立足镇海　开创大业

朱忠煜（1860—1925）　字彬绳，随父习商。集资完善仁济公所设施。镇海公益事业，凡旅沪邑人财力支持，皆由彬绳具体操办。与旅沪同乡筹办沪甬客货航线停靠镇海码头。（详见第四十四编“人物”第二章“知名人士”）

三世　抗日战起　共赴国难

朱传基（1894—1969），字础立，彬绳长子。少年时去余姚恒大钱庄学徒，后转至汉口、上海银号、银行学业。1921 年奉父命辞职回乡主持镇海仁济公所。先后任镇海县商会主席、县公产、公款管理委员会常委、县行政委员会委员，以及镇海公益织布厂经理、镇海孤儿院院长等职。抗日战争期间，当局决定沉船封锁甬江口。仁济公所属下几十条木帆船亦在应征之列。础立想到数百口船主家人生计，出面几经斡旋，当局才同意用打梅花桩代替沉船，并腾出朱家老宅作为封江办公室。础立每日必临江口打桩现场照看，直到事竣。凡家乡公益事，无不积极参与。

朱传型（1897—1985），字健行，彬绳次子。上海沪江大学毕业，就业招商局，后任华成烟草公司广告部经理，落户上海。其家成为朱氏家族成员在沪求学之上海寓所。健行照护子侄辈一如己出，数十年如一日。交友广泛，与摄影名家郎静山、画家谢之光等交谊颇深。喜集历史人物资料，从书报杂志中剪贴成册，其中有溥仪、孙中山、袁世凯、蒋介石等十余人一生有关资料，历数十年积累，名之为《沧桑集》，累积有数尺高。此资料“文化大革命”时被抄，劫后幸存，捐献给国家，现存于上海图书馆。20 世纪 40 年代，受董杏生委托，共同参与镇海三乡公益堂和庄市同义医院管理工作，经常往返沪、镇途中，不以为苦。

朱传垲（1899—1987），字叔高，彬绳三子，就读于上海圣约翰中学、大学，毕业后又赴美国哥伦比亚大学经济系留学。与宋子良为大学同学，又同时留美，交往甚深。1922 年夏学成回国。1933 年至 1934 年秋任镇海县立初级商业职业学校校长。在任内聘用进步教师，营造爱国进步气氛。出墙报、班刊，开展篮球、足球比赛，又出版《镇商校刊》，课余体育、文艺活动相当活跃。学校教育教学工作富有生气。后去上海通商银行任职，复应同学宋子良邀聘，任上海中国国货银行襄理。抗日战争时期，支持长子世镛（化名洪大中）参加革命工作。上海解放后，将其负责保管的银行“保险箱”内财物，全部上缴人民政府。

朱传圻（1903—1962），字春沂，彬绳幼子。就读上海同济大学医科。行将毕业时适逢上海“五卅”惨案，工人、学生反帝、反卖国贼斗争高潮，春沂积极投入反帝运动中，致被学校除名。1925 年学成回乡，就任庄市同义医院院长多年。抗日战争爆发，毅然放弃去香港应就高薪职位，参加救亡救护工作。后随队到江西后方，投入军政部办的后方医院，为抗日将士服务。后医院迁福建后方，春沂在青年远征军医院工作。因医术高明，医德高尚而深受病者赞扬。抗战胜利后，任常熟县医院院长。1950 年调任苏州市卫生局副局长，参加农工民主党。

朱茂禾（1908—1965），彬绳女。接受新文化运动影响，识字求知，思想进步。抗战爆发后，参加镇海李善祥创办的小港救护队。日军占领宁波时，茂禾携儿带女，到浙西转上海又回镇海，定居大碶扎马，在大碶和灵山学校任教。1946 年因病去上海求医。解放后即投身革命，参加民主妇联工作，并加入中国共产党。后在上海邑庙区（南市区前身）卫生系统工作，担任过党支部书记，邑庙区沙眼防治站站长。1965 年病逝。

四世　顺应潮流　各创业绩

朱氏第四代共八男二女（世镛、世鋐、世钧、世铣、世鑑、世鏐、世铮、世鏦、世锦）童年时一起亲密生活，和睦相处。大多受过高等教育，有三人从军，其余从商、从教和科技工作，大多具有中高级职称，在单位、部门中均系业务骨干，落户于祖国各地和国外。

朱世镛（1920—2000），参军后改名洪大中，叔高长子。1941 年 3 月，参加新四军。参加莱芜、孟良崮、淮海、渡江、上海等战役。1950 年奉调赴朝鲜作战，任 20 军某炮兵团政委。1960 年 9 月被授予上校军衔。1982 年 9 月以副军级离休。

朱世铣　1924 年出生，春沂长子。教授级高级工程师。1940 年毕业于镇海县中。1949 年上海解放后，为支援东北，主动报名去黑龙江牡丹江。1980 年加入中国共产党。曾任牡丹江市纺织工业公司副经理兼总工程师，牡丹江市政协委员，多届市人大代表、市人大常委、市科协副主席等职。

朱世鏦（1935—1989），春沂幼子。童年丧母，随父辗转各地。后考入清华大学。毕业后在北京重型电机厂、邵阳第二纺机厂、纺织部设计院等单位工作，为教授级高级工程师。曾任纺织工业部电子计算中心副主任、中纺电脑技术公司总经理等职。

五世　虽逢“文化大革命”　奋斗依旧

朱氏第五代，大多出生和成长于上海，都逢“文化大革命”期间，但仍传承家教，奋斗自强。

朱之轮　1942年出生。教授级高级工程师。曾主持研制大型科学分析仪器12D496微热量计，达世界先进水平，1990年获国防科委、国家计委、外经部联合颁发的金奖。

朱之杠（1949—2000），字犇，础立次孙。初中毕业后首批支边，1979年落户北京，在邮电部中国通讯建设公司工作。1987年去深圳参加华为技术公司组建创业，任华为通讯公司副总裁。1998年任深圳中兴通讯公司总裁助理。引入无绳市话（小灵通），盛销粤、桂、川等省市。2000年遇车祸辞世。

朱之轨　1955年出生，春沂长孙。毕业于同济大学道路桥梁系，被调派至上海第一座跨江大桥南浦大桥总指挥部任计划部长，后又参加杨浦、徐浦大桥建设。继任上海远东国际桥梁建设公司总经理。分别主持建造海南世纪大桥、广西柳州大桥以及多个省市道路桥梁建设项目。参与宁波市区多条马路改造建设。连续多次被评为建设部及上海市建设功臣、劳动模范等称号。

（供　稿　朱世鉴）

第七节　庄市蛟河倪倪氏

北宋时理学家倪节随宋室南迁至临安（今杭州），后裔几经迁徙，从衢州到鄞西光溪。南宋末，后代倪雍坤又迁至清泉西乡光政里（今庄市）西端荒凉之地。直至明洪武年间，倪氏天德发迹致富，倡建倪氏宗祠，并出资疏浚蛟河，地名随倪氏家族兴旺改称“蛟河倪”。古音“蛟”读“高”（gao），“蛟河”读得快一点听起来便成“隔河”。后人误以为是“隔河的倪家”，并以讹传讹，变成“隔河倪”。

几传到清代，蛟河倪氏已成大族。

倪起蛟　字安澜。清乾隆五十九年（1794）中武举，在本省效力。嘉庆九年（1804）补授为温州千总。次年代理黄岩守备。时海盗蔡牵作乱，随提督李长庚去福建征剿。蔡牵勾结广东盗贼边扰边逃。起蛟追击于泉州张坑洋、金门返埕洋，歼灭盗首陈熕，缴获盗船三十二艘。又于定海渔山、披山外洋，俘获盗首陈角、刘永、郭英等及余盗近百人，蔡牵终被消灭。后调署浙江玉环任守备，当年发生严重饥荒，大群饥民围住厅署，要求赈济。玉环同知请求用兵弹压。起蛟认为这样做将激化群情，引起更大动乱。于是单人独骑抚慰劝退饥民，又与同知等商议帮助群众度荒，事渐安定。嘉庆十七年（1812），调任温州游击，嘉庆二十四年（1819）升任江南吴淞参将，继调到川沙，不久升任京口副将。道光元年（1821）署理寿春镇总兵，十二月，实授福建海坛镇总兵。曾发生驱捕海盗时有诬指良民为盗之事，特报请总督严令各州县，在入海商船船篷上用大字写上郡县姓名，以免误指。从此，海盗无法混迹，而士兵也不敢指商船渔船为盗船。卒年五十八岁。

倪邦宪（1859—1937），名相孚、襄甫，字曙洲，号渔笠、一粟。幼就读于崇正书院，嗜学好文，被誉为“神童”，常被邀为婚丧喜庆大礼读祝文或祭文。清光绪二十二年（1896）考录府学岁贡，授州县训导而不就，志在高远。继被推举执掌崇正书院，不三年，书院面貌大变。乡人敬仰，尊称为倪夫子或倪训导而不名。开设倪氏学馆，提供馆舍与经费。中日甲午之战后，邦宪目睹清政府腐败无能，痛感民族危机日深，热血沸腾，遂放弃中榜之想，投入“废科举，办新学”运动。与乡人陈培源、刘崇照、庄赓思、陈予龄、庄衮、庄可缙、陈云衢、苏丙薰等以崇正书院为基地，组织崇正诗社，宣传维新运动，被推为诗社坛丈。在新学运动影响下，由于镇海教育会推动，光绪三十二年（1906）崇正书院改办为崇正两等小学堂。次年，将倪氏学馆改办为启秀女学堂，为全县继港口务实女学堂之后开办的女子学堂。辛亥武昌起义，邦宪积极拥护，代表地方民众进城推举县政长官。1919 年参与县志采访并筹募修志款银。晚年致力地方公益慈善事业，会同族人为庄市同义医院多次捐资。其他如造桥铺路、疏浚河道、赈济穷困等均倡议参与，竭力而为。

倪承焘（1897—1980）　又名全标，字也鲁，号埜（野）庐。邦宪三子。幼年就读于崇正书院，1915 年毕业于宁波斐迪中学，考入电报学堂。毕业后曾任烟台电报局报务员、浙江长安电报局局长、宁波电报局局长。1934 年，进国民政府中央财政部任科员、经济委员会科长等职，为宋子文所赏识，兼任宋之秘书。“七七”事变后，宋任香港广东银行董事长，派承焘去港任事，并办理救国公债等事务。1941 年日军攻占香港，承焘携八口之家返沪。在上海时宁愿谋职于大华畜殖公司、大观园饮食公司等小企业，也不愿为日伪服务。度日为难，夫人张凤卿变卖首饰，支付子女教育费用。抗日战争胜利后，国民政府迁回南京。宋子文任行政院长，在上海中国银行大厦设行政院驻沪办事处，承焘任办事处简任秘书。时国民党军政大员，贪污腐败成风，承焘在位三年多，坚持清廉作风。目睹当时政局，逐渐对国民党统治失去信心，受友朋中中共党员及进步民主人士影响，寄希望于中国共产党，并尽可能，为中共地下党员提供方便，如代购赴香港机票，暗地保护中共人员安全等等。直至上海解放，受到华东军政委员会负责人陈昌颉登门慰问感谢。承焘文学造诣较高，然一生淡泊谦逊，勤谨自处。上海解放后入申一橡胶带厂（后改为“联一”）总务科工作，为同仁钦敬，多次被推为厂先进工作者。夫妇俩重视子女教育，六个子女爱如、国弼、光耀、光炯、光正、光南全部大学毕业，服从国家分配，参加中华人民共和国建设。倪氏姊弟都曾就读于上海复兴中学，个个功课优秀，被师生们赞誉为“倪家班”。

倪爱如　女，1927 年出生。20 世纪 40—50 年代由于全家成绩优异在上海复兴中学被誉称“倪家班”长姊。自幼品学兼优，得父母钟爱。因父亲工作调动，中学、大学先后在上海、香港等地就读，成绩都是优等。1948 年在上海光华大学银行系以第一名成绩毕业，并以优异成绩被中央银行录用。1949 年上海解放后转入中国人民银行分行工作，因精通英、俄双语，被调至华东区行经济研究处从事英语、俄语文字兼口头翻译。1952 年起，先后被调至上海对外贸易管理局、上海地产公司工艺品出口公司及丝绸公司、外语学院、外贸学院和光华补习学校任职。其间从俄文书刊中编译不少资料在内部和公开书刊上发表。1964 年奉调任新组建的上海外国语职业学校英语教研组长，“文化大革命”时该校停办，转为普陀区沙洪二中、云岭中学教师。1976 年起被借调至英汉大辞典编写组，参加繁重艰巨的编写工作达 17 年之久，直至该辞典正式出版。爱如在解放后转换十余岗位，尽责尽力，受所在单位和同事好评。

丈夫翁泽永，系陈布雷外甥，抗日战争时期在军事委员会政治部第三厅和文化工作委员会任郭沫若秘书。1985 年后翁为上海市政协委员兼上海文史研究馆馆员，撰写大量有关陈布雷、郭沫若以及抗战期间重庆进步文化事业发展等回忆文章，受各方面关注。其居美国二子四孙在学术事业上均有成就，孙翁海伦因在中学时学习成绩特优获美国总统签署荣誉奖状。

倪光炯　1934 年出生。1955 年毕业于上海复旦大学物理系，留校任教，历任复旦大学物理系教授、博士生导师、理论物理教研室主任、现代物理研究所所长等职。长期从事理论物理研究。1988 年合作完成“真空稳定性、对称性破缺和温度量子场论”研究项目，获国家教委科技进步二等奖；合作完成“推广的莱文森定理”项目，获中科院科技进步二等奖；并获其他科研和教学奖多项。先后访问美国、加拿大、日本、瑞典、瑞士、德国、韩国等，曾为意大利国际理论中心（IC-TP）高级协联成员。1979 被评为全国劳动模范。

倪光正　1938 年出生。1964 年西安交通大学研究生毕业。1985 年调任浙江大学任教。现任浙江大学教授、博士生导师。长期致力电磁场理论教学精辟应用研究，获国家教委高校优秀教材一等奖 2 次、河北省科技进步三等奖 1 次。曾任浙江大学电机工程学系系主任，国家教委高等学校工科电工课程教学指导委员会委员，系中国电机工程学会高级会员，国际电磁场计算会议联络办公室委员，高等学校电磁场教学与教材研究会理事长。

倪光南　1939 年出生。计算机专家。1994 年当选为首批中国工程院院士。（详见第四十四编“人物”第二章“知名人士”）

（编　辑　陈　兵）

第八节　庄市横河堰包氏

庄市横河堰包氏，其先代为安徽合肥望族。宋高宗南渡定都临安（杭州）时，任宋朝翰林院中书待制的十二世包元吉侍从南下，并安家临安。后子孙蕃昌，绵延于嘉兴、天台等地。越数代，其中一支徙甬，卜居定海（镇海）庄市横河堰，至今八百余年。

先代

十二世　包元吉　字履祥，世居合肥。性刚毅端严，读书必求深解，不人云亦云。15 岁时为郡守刘公赏识。宋建炎二年（1128）登进士，从国子录进翰林院中书待制。宋高宗南渡建都临安（杭州），元吉随之。安家于武林冷水坑，娶宗氏，有四子，长子彰亦登进士。南下包氏，在嘉兴、天台散居。

十四世　包　荣　字克显。元朝入仕，任廉访使（监察官）。自临安来宁波，卒葬东乡黄瓦溪。鄞县、定海（镇海）之有包氏，自包荣始。

十五世　包　容　字仲宽，元朝进士，任陕西中道廉访使。

本宗

一世　包世忠　包容之子。其兄世懋，元至正年间（1350年左右），任定海（镇海）县学教谕。世忠随兄入官邸。后兄充西安府属员，世忠亦随之离开，在东管乡安家。

东管乡之有包氏，自世忠始。故尊为本宗一世。

一世　包世懋（1346—1392），原名莘，字尹耕，号蛟川，世忠胞兄。通六经，尤精于诗。元朝以其学精品正而授予定海县教谕，被誉为“四明三先生”之一。协助县令汪汝懋大修学宫。明朝洪武元年（1368），诏求天下贤士，莘不应未赴，罚充西安府属员3年。后连中举人、进士，授广东新城县丞。继为同事牵连，安置凤阳屯种13年。后隐居鄮山故庐，著有《蛟川集》。

十六世　包祖赉（1841—1906），字诗馥。少随兄至营口学艺。长后创设“恒昌德”京货铺，能用英语与外商作贸易。诚信兴业，家道日昌。晚年挈眷归东管故里，匡困济乏，乐善好施。其三兄皆早逝而敬待寡嫂。

十七世　包大昌（1875—1939），字燕卿、金鳌。其父振高，在定海营酒业发家，于家乡东七房置田建宅修祠。大昌幼时好学，及长学会计，后继父业，精于经营，家道益隆，有父风且尤过之。勤俭克家，而行善慷慨，葺家庙、修宗谱、置学田、浚水铺路，无不乐为。又捐巨资与同乡建立集广国民学校，省民政厅授予银质奖章，被举为东管乡议员及农会会长，又任同义医院董事，设私立集广小学并兼课任教。

十七世　包大纪（1880—?），字如云，号时墉。十五岁受族叔诗馥器重，荐至营口恒昌德百货店习商，供职18年间，两遇兵灾，克尽职守，营业大盛，擢升经理。1914年转任大连美孚煤油公司业务主任，继升销售经理30余年。热心公益慈善，历任营口三江同乡会会董，创立大连四明同乡会任副会长，极尽嘉惠旅东北同乡之义。在乡独出巨资，创办振才义校，因日军入侵而未成，继独资补助贫寒子弟去邻校上学。妻宋氏倾积蓄万元，置田十亩入祠，以所得资助族内贫户。长子起隆，管理驻申甬联煤油总办事处；三子起阼，总管鄞奉余三行煤油经理；四子起陶，就读交通大学；女玉淑，就读上海圣约翰大学。

十八世　包起勋　字贤训。6岁丧父，仅读私塾三年，14岁在镇海米行学业，17岁受荐入上海福和烟草公司，5年后受赏识委派至北京馥馨烟公司，后升任经理十余年，同时创设大亨烟草公司。旋在天津创办民华烟草公司。曾任全国烟酒督办公署征查课主任、北京宁波同乡会常务理事、官商合办中华烟草厂直豫鲁三省营业区长。1929年挈眷南下上海，独资开设东方烟店，又任中央烟草公司董事长兼总经理暨公和烟草公司华丰昌公司董事长。为当时国内烟草业名人。对地方公益慈善事业乐为发起和捐助，疏财仗义。

二十世　包奎祉　少时好学，及长于宁温间经营丝绸业。一次夜宿天台客栈，次日早起与挑夫匆匆赶路。途中惊见行囊中多一锦绢包裹，内尤有一张五千两银票及二百两纹银，才知是挑夫早起匆忙误取他人之物。于是急忙赶回原旅店，但客商都已离去。等候数日，未见来人，在客栈壁上留下“招认”而去。翌年有福建木商见壁“招认”，循示寻访至包家，奎祉原物璧还。木商留纹银为谢，坚辞不受。客感其诚意，遂请偕至福建一起营商。经营十载，获厚利而归。在乡置田产、建屋宇。族人称为后新屋。传数代，兆龙、玉刚皆在此屋内诞生。

迁城系　包宗经（1845—1893），字伯琴。稍长励志攻书，38 岁登进士。授刑部福州司兼奉天司主事，后补安徽泾县知县。时值兵灾之后，乡里萧条，即招集流亡，教以农桑，以裕衣食。严保甲、强治安，设学校、重教化，孜孜不遗余力。因受褒嘉，调至怀宁，甚受倚重。然积劳成疾，患咯血症求医。抚院沈公悯其贫，换任善地宣城。然伯琴已病入膏肓，犹不惮劳瘁，任事数月而逝。

迁城系　包绪烈（1889—?），字赓笙，毕业于中等商业学校。1928 年任上海利兴烟草公司经理及一中棉织厂董事。八一三淞沪抗战时任济民医院董事。抗战胜利后，恢复利兴、一中公司总经理外，兼任中国烟叶公司、华东建业公司常务董事，上海市卷烟同业公会常务监事、上海机器染织同业公会理事等职。

二十七世　包大德（？—1920），字雨塘。长后在沪习商，识广计多，于同辈中脱颖而出。性慷慨，乐于排难济贫，地方公益竭力襄成。为家庙拓基及增建节孝祠事奔走沪甬，募资银圆四万，其中自认三万。历时三载事成，却积劳成疾，殁于沪上。族人感其为建宗庙离世，于 1925 年共议铸其铜像于宗庙。

二十七世　包大用（1912—?），长期在上海经商，创办天源祥百货公司，开设华山路大用百货公司和斜桥制造局路瑞余百货商店。1944 年夏在华山路创办大用义务学校，出资数十万独力办校，救济一般贫寒学子。

二十八世　包兆龙（1895—1982），名大澍。曾任环球航运集团主席、名誉主席，香港甬港联谊会名誉会长。（详见第四十四编“人物”第二章“知名人士”）

二十九世　包玉书（1915—2011），名起杰，兆龙长子。（详见第四十四编“人物”第二章“知名人士”）

二十九世　包玉刚（1918—1991），名起然，兆龙次子。（详见第四十四编“人物”第二章“知名人士”）

二十九世　包玉星（1920—2005），兆龙三子。（详见第四十四编“人物”第二章“知名人士”）

二十九世　包素菊　兆龙长女，1928 年出生。就读叶氏中兴学校。与丈夫培明长期经营香港环球航运集团日本分公司。20 世纪 80—90 年代，与兄妹共同捐资建造兆龙学校及道路、龙赛医院住院及门诊大楼、龙赛中学。1994 年 10 月，省人民政府授予其“爱乡楷模”称号。

二十九世　包丽泰　兆龙次女，1930 年出生。就读叶氏中兴学校。与丈夫李伯忠长期经营香港国际联合船舶代理有限公司。20 世纪 80—90 年代，与兄妹共同捐资建造兆龙学校和村路、龙赛医院住院及门诊大楼、龙赛中学。1994 年，省人民政府授予其“爱乡楷模”称号。

二十九世　包起帆　1951年出生于上海。教授级高级工程师。上海国际港务（集团）股份有限公司副总裁。提出并在世界上首次实现公共码头与大型钢铁企业间无缝隙物流配送新模式。2009年负责领导编写集装箱电子标签国际标准，实现中国航运界在领衔制定国际标准方面零的突破。是中共十四大至十七大代表，全国优秀共产党员、全国劳动模范，全国道德模范。

三十世　包陪庆　玉刚长女，1945年出生。1948年随家人迁居香港。毕业于美国芝加哥大学、加拿大麦哲尔大学。通晓英、法、德语言。1970年加入香港环球航运集团，历任集团董事、香港环球水火保险公司主席、香港演艺学院友谊社副主席等职，后升为集团第一副主席，1986年入选香港立法委员。父逝世后，收购瑞典油船公司及挪威天然气船公司，在上海设立办事处，拓展内地航运市场。1994年受聘国务院港事顾问。关心家乡教育，助建宁波大学第四、五号教育楼，前后出资100万美元和1000万元人民币。2002年当选为浙江省政协委员、宁波市政协常委。2004年在浙江大学建立“包玉刚国际基金”和“包玉刚讲座基金”。与子苏文骏在上海创办包玉刚实验学校，自任该校理事长。并任内地华夏基金会主席、上海宋庆龄福利基金会理事，香港伸手助人协会行政委员，兼环球教育集团主席。是浙江省爱乡楷模，宁波市荣誉市民。

（编　辑　郑　修）

第九节　城区蛟川樊氏

蛟川樊氏始祖樊连，跟随朱元璋转战南北，后在定海（镇海）落籍，世袭军职。后世重视子孙教育，有的成为宁波商帮中坚人物。樊氏传今20世，新代多受中高等教育，多为教科文卫各线精英。

击倭寇　再立新功

一世　樊　连（？—1388），原名仲得，元至正二十四年（1364）在军中改名。祖籍安徽凤阳府临淮。至正十七年（1357）追随凤阳朱元璋领导的农民起义转战南北。至正二十三年（1363）在战斗中两次负伤。明洪武元年（1368）朱元璋称帝，樊连被授昭信校尉，特授嫡长男世袭。次年又封为武略将军，后官云南左卫中所千户。

二世　樊　远（？—1423），明洪武二十二年（1389）温州卫左所百户，不久调任昌国卫副千户，升锦衣卫千户，继升羽林卫指挥佥事，守沧州。永乐二年（1404），授定海卫世袭指挥佥事，遂在定海安家，被称定海抗倭十八指挥之一。永乐四年（1406）随成国公张辅征讨安南，守堡护粮，招安难民有功。次年升调磐石卫青门水寨把总，在中山界海洋抵御倭寇，擒获倭寇19人。永乐六年（1408）仍回定海卫，调任沈家门把总，在沈家门、海门等洋面屡次剿获倭寇。

六世　樊　懋（1501—1552），樊远玄孙。明嘉靖十七年（1538）袭定海卫指挥佥事。嘉靖三十一年（1552）掌郭巨所印。六月二十日，倭寇抵郭巨城下，樊懋与守御指挥魏英登城巡守，合议攻击倭寇。倭寇乘半夜雷雨入城。樊懋急忙督率士兵迎战于大涂塘上，力战殉职。魏英仍率所部巷战至天明，终将倭寇驱赶出城。樊懋勇战倭寇朝廷追懋为指挥同知。

攻书文　开启新风

九世　樊维屏（—1633—），字时翊。明崇祯六年（1633）袭职指挥佥事。工书能文，为时人所称道。年二十九逝世。

十世　樊　璋（1673—1726），又名廷麟，字子师。笃学从文，励行儒学，开樊氏文教之先。晚年从教十余年。终生节俭，以笔耕所得，购置房产。

十世　樊　昂　字子威，樊璋堂弟，学文为诸生。谦和文雅，博闻强记。爱好吟诗，有诗人风度。晚年以德高望重为乡人所敬。曾创编《樊氏宗谱》。

十三世樊汝兴（1776—1848）。早年经商，克勤克俭，积资开设多家商行。重视子女教育，培养良好家风。

经历练　商帮中坚

十五世　樊　棻（1844—1916），谱名君芳，字时勋，又名拜云，晚号勤稼老人。樊生四女，无子，过继大弟长子和甫为嗣，为樊氏十六世祖。和甫生女翠娥，子荫庭、幹庭、刚庭。（参见第四十四编“人物”第二章“知名人士”）

新一代　各业精英

十七世　樊荫庭（1897—1977）名正棣。求学镇海便蒙学堂、上海澄衷中学、上海沪江中学。抗日战争前曾任上海浙江银行、交通银行职员，上海叶天德国药号董事。1942 年聘老夫子为六子慷咸及甥辈讲授四书等古籍。1951 年支持三女素璇参加军事干校。

有七子三女：子怀咸、悦咸、恺咸、悌咸、恪咸、慷咸、恂咸，女素珍、凤英、素璇。

十八世　樊怀咸（1916—1997），字念曾，荫庭长子。建筑专家。中央大学土木工程系毕业。先后在安徽省淮南矿务局、沈阳东北人民政府经济委员会、武汉中南建筑设计研究院等单位任工程师，后晋升教授级高级工程师。参与浙江化工厂、武汉重型机床厂、第二汽车制造厂、南京扬子石化厂等工程项目设计及审核。

十八世　樊悌咸　1920 年出生，字望曾，荫庭四子。毕业于南通纺织学院。先后任江苏太仓沙溪、上海公永、大丰、国棉 24 厂、织针一厂等纱厂工程师。

十八世　樊恪咸　1923 年出生，字效曾，荫庭五子，毕业于上海会文中学和交通大学机械系。1947 年去台湾，在台北从事国际贸易。

十八世　樊慷咸　1927 年出生，字传曾，荫庭六子。热工专家。上海交通大学轮机工程系毕业。北京理工大学教授。

十八世　樊素璇（1933—2005），字逢葭，荫庭三女。南京铁道医学院附属医院妇产科主任医师。1956 年毕业于中国医科大学。1988—1989 年在美国阿利桑纳州癌中心西南生物研究所从事妇科肿瘤细胞遗传学研究。曾任铁道医学专家委员会委员，中国铁道学会医学与环保委员会委员。享受国务院政府特殊津贴。

十七世　樊幹庭（1898—1976），名正梓。就读镇海便蒙小学、上海澄衷中学，后在沪江大学化学系肄业。受祖上实业救国思想影响，投考录用浙江兴业银行国外汇兑部。1921 年受派赴美国纽约欧芬银行实习。两年后学成回兴业银行，去大连、奉天（沈阳）开辟汇兑业务。1925 年回上海总行稽核部任职。1927 年辞职，加入中西国外汇兑经纪员公会。1930—1936 年与友人和兄弟合办瑞康银公司，任董事兼管汇兑业务。1937—1944 年在汉口、香港资源委员会国外贸易事务所任会计主任、上海求是实业公司任襄理兼会计主任。1944 年回浙江兴业银行任信托部副经理兼储蓄部副经理。上海解放后调总行任业务部副经理兼虹口支行经理。1952 年后在新华银行、中国人民银行下属办事处工作，直至 1959 年退休。

有子四：思曾、纯曾、期曾、慕曾，女三：丽娟、瑶娟、婵娟。

十八世　樊　康（1917—2001），原名思曾、慎咸，幹庭长子。文艺专家。（参见第四十四编“人物”第二章“知名人士”）

十八世　樊　健（1924—1989），原名纯曾、旋咸，幹庭次子。镇海便蒙小学毕业，在香港导群中学、上海麦伦中学读书。1941 年 7 月，在麦伦中学读高一时，经同学介绍，去江苏江阴转苏北参加新四军。同年 12 月加入中国共产党。1941—1945 年，在苏北抗日根据地从事民运、通信等工作，经过战火考验，受二等功。解放战争期间，调至华东第三野战军司令部工作，获三等功。1949 年 5 月，上海解放，先后在上海电池厂、华东工业部电工局任科长。1953—1958 年参加上海绝缘厂筹备，后随厂迁西安。1958 年后，在一机部第八设计研究院任建设设备生产办公室主任等职。“文化大革命”中受冲击。1979 年调一机部第二设计研究院任副院长、纪委书记等职。1986 年曾病危，写下“清白过一生，已尽光和热，走完人生路”等语，作为自己一生总结。

十八世　樊期曾　幹庭三子，1932 年出生，又名观咸。上海麦伦中学毕业，1954 年沈阳农学院植物保护专业毕业，同年 12 月参加中国共产党。1956 年获沈阳市青年社会主义建设积极分子称号。1959 年中国人民大学哲学系研究班毕业。长期在高校从事马克思主义哲学教学、科研和管理工作。先后在沈阳农业大学、河海大学常州分校任教，1985 年晋升教授，并任硕士研究生导师。曾任马列主义教研室主任、基础课部主任，全国高等农业院校自然辩证法研究会理事、辽宁省哲学学会理事。主编专著两部皆获部级优秀成果二等奖。1992 年获水利部优秀教师称号，1993 年享受国务院政府特殊津贴。

十八世　樊慕曾　幹庭四子，1935 年出生。1951 年在上海麦伦中学读高二时参加军事干校，入华东第三野战军后勤干校，毕业后留校。1956 年参加中国共产党。1953—1960 年在南京步兵学校任主任教员。1961 年、1975 年两进南京军区政治部，1979 年去南京政治学院学习，毕业后留校任教，1993 年晋升教授。1997 年研究项目获全军院校军队级优秀教学成果二等奖。1991—2000 年担任全国教育科学规划领导小组第二、三届德育学科组成员。曾任全国军事教育学会常务理事。1993 年享受国务院政府特殊津贴。

十八世　樊丽娟（1925—1998），幹庭长女。1945 年毕业于上海震旦大学医学院附设广慈护校，1947 年，在联合国善后救济总署上海分署工作。次年至 1953 年在上海广慈医院任护士。1954—1956 年入上海医专儿科学习。后在广慈医院、儿童医院和北站医院工作 40 余年，被评为副主任医师，任北站医院儿科主任，获上海市闸北区三八红旗手称号。

十八世　樊瑶娟　幹庭次女，1931 年出生。1950 年加入中国共产党，同年 7 月在上海清心女中毕业，9 月考入南京大学师范学院教育系，1952 年年底提前毕业。长期在南京高校和江苏省委有关部门分管高校学生思想工作。先后任南京师范学院团委副书记、中共江苏省委宣传部省高校团委副书记，出席全国共青团第三次、第九次代表大会。1958 年 2 月参加全国妇女建设社会主义积极分子代表大会并获大会颁发荣誉奖章。1963 年当选为共青团江苏省第五届委员会委员。1969—1973 年在江苏省五七干校及下放农村劳动，继被调南京药学院党委宣传部、科教部、教育工委和教育厅任副处长、处长。1988 年退休后担任《江苏省志・教育志》编委。

十八世　樊婵娟　幹庭三女，1936 年出生。上海继光中学毕业，1958 年北京航空学院导弹自动控制专业本科毕业。1961 年参加中国共产党。长期在高校从事教学与科研工作，先后在北京航空航天大学、江苏化工学院、无锡轻工业学院任教，副教授。曾任教研室主任、基础课部党总支书记等职。1988 年获江苏省普通高校优秀教学质量三等奖。

十七世　樊刚庭（1903—1966），名正楢，1923 年毕业于上海复旦大学商科。1930—1936 年与友人和兄长在上海合办瑞康银公司，专代银行买卖证券业务，任经理。20 世纪 40 年代在上海任中央合作金库科长，曾从事证券交易，任证券经纪人。

生女芝英，子绳曾、继曾、绍曾、绘曾。

十八世　樊　骏（1930—2011），原名绳曾，又名祉咸，刚庭长子。文学研究专家。（参见第四十四编“人物”第二章“知名人士”）

十八世　樊继曾（1932—1990），刚庭次子。1950 年上海麦伦中学毕业时，曾先后考取大连、浙江、上海多所高校，因病在家休养。其间参加会计业务学习。1956 年赴武汉中南建筑设计研究院任绘图员，并参加电气设计训练班培训。结业后分配至上海华东建筑设计院任技术员，后升任工程师。业余时间刻苦自学有关专业大学课程，1965 年获上海市业余无线电学院工业电子班毕业证书。1988 年评为高级工程师。长期从事工业电气照明等方面设计，先后参加华侨大学、上海新火车站等 10 个大中型工程项目设计，其中上海显像管玻璃厂的设计获上海市科技进步奖三等奖。

十八世　樊绍曾（1935—2009），刚庭三子。上海第一医学院附属儿科医院教授、博士生导师。科研成果《围产期缺氧缺血性脑损伤早期诊断和防治研究》获中华医学科技奖三等奖及上海市科技进步奖三等奖。1992 年享受国务院特殊津贴。历任中华医学会围产医学学会副主任委员、中华医学会上海儿科学会委员。担任《中国实用儿科杂志》《小儿急救医学》副主编。

十八世　樊绘曾　刚庭四子。1936 年出生，又名礽咸。1954 年上海育才中学毕业，南京药学院药学系本科毕业，分配至天津市药物研究所，先后在化学合成室和生化室工作。主持和参与《前列腺素 E2 的生物合成》项目，获 1978 年卫生部科技大会二等奖。1980 年任生化室主任，主持和参与《刺参粘多糖实验研究》项目，获 1987 年天津卫生局优秀医学科技进步奖一等奖。1986—1987 年赴英国伯明翰大学和曼彻斯特大学访问进修。1987 年晋升研究员。1988—1989 年赴日本与日本大鹏药品（株）协作新药研发。1992 年获政府特殊津贴。

（编　辑　陈　兵）

第十节　庄市汉塘邵氏

宋邵雍后人有一支迁至山东曹县，因故改姓杜。后裔有名彬者，在明洪武元年（1368）应征荐任为定海（今镇海）知县。洪武初年因经方国珍乱后城乡残破，杜彬到任后，安抚百姓，百事重新建设，其中修葺学宫，建设坛庙，尤为显著。任满上调，百姓盛情挽留不果，杜彬答应留下儿子，占籍定居于定海孝门巷，以慰民情。后来恢复本姓为邵。明清府县志将杜彬列入名宦传。杜彬应为邵氏在镇海世祖，其子则为镇海邵氏始祖。

邵　瑜　字从义，北宋邵康节第十八世孙。其先人即自山东宦游至定海，任明代定海第一任知县之杜彬。邵瑜幼年失父，孝顺母亲。母亡后葬在东管汉塘村（今属庄市街道），守墓三年，未尝履足城市。服丧毕，即携全家筑室于母墓西侧，边耕边读。明成化年间，逢大旱饥荒，邵瑜施粥赈济，救活乡邻甚多。事后乡人感激，在邵瑜家东南凿池备旱，命名“万功池”，以志不忘。后俗称王家漕者即其遗址。邵氏奉邵瑜为汉塘邵氏始祖。

邵凤来　字廷仪。父邵德，曾任徐州卫经历，有政绩。凤来生得魁梧伟岸，而奉亲却极谨慎小心，乡里称为“纯孝”。明隆庆年间，镇海因海啸，海潮倒灌城郭。凤来奉命负责北城外塘施工，计划周详，计算准确，受官府赏识。后以吏员被授广东属州吏目，又转为惠州府照磨（管理文书收发校核）。凤来勤职奉公，为地方发展渔业，安定治安做出贡献，遇到饥荒年月，又捐薪赈济，当地民众甚为感激。退休回家时，两袋空空，已无积蓄，分居屋一部分出售，又逢亲戚中穷困无告的，即将卖屋款相赠。子辅忠，司李（即司理，此处为任职意）毗陵时曾多次迎养，均辞不去。

邵辅忠　字广益，号上葵。童年时受到知县朱沏赏识，参加童生考试选拔为第一名。十八岁补录为生员（即秀才），20岁登录明万历二十二年（1594）甲午科榜，次年考取进士，被授为常州府推官（相当于审判员）。禁止邪教惑民，拆毁淫祠230所。一年后任满，考核以最优良政绩调任工部屯田司主事。后又为光禄寺寺丞，继升顺天府丞。一度官至兵部尚书，视侍郎事，天启七年（1627）功加太子太保，但终因卷入魏忠贤逆案，判徒刑，捐钱减赎为民。晚年家居，莳花筑石，以诗酒自娱，相信风水之学，常游山玩水，所至多有题咏。著有诗一卷，《补陀山志》八卷。明亡，曾奉南明朝廷诏旨，以大司马衔主持联络恢复明室之事。继以浙东被清兵占领，复兴明室事无望，遂剃发避迹于大雷山。没几月因病还家逝世。

邵辅明　字广良，邵氏族谱中名作辅政，辅忠同母弟。读书求其大意，不屑于八股文笔法。钻研左氏《春秋》，曾校核内外传合编。个性刚直，不交损友。常周济贫苦亲戚。五十岁时本可例贡，但却让予年长同庠。二年后刚入贡而卒。

邵似续　字康如，辅忠第二子。明末鲁王监国时以诸生征辟为屯田都司。浙东被清兵占领后携全家避入嘉溪山（现属北仑大碶地区）中，躬耕田地，自食其力，三十余年不入城市，不交官府。相交如周西、陈式裕等均为明朝遗民。邻里遇有疾病，似续常帮助治疗，乡人称誉其义。

邵似欧　邵似雍　似欧，字子文，号碧晖，又号觉庵，辅忠三子；似雍，字子尧，一字尧民，辅忠五子。似欧、似雍是陈昌统优秀门生，在兄弟中最为突出，都补为生员。宏光监国，似欧以明经入贡太学，考录后题授同知。丙戌年（1646 年，清顺治三年、南明唐王隆武二年），南明军败，辅忠避居大雷山中，似欧、似雍兄弟委婉劝父殉国不果。南明鲁王在翁洲、石浦间活动时，邵氏兄弟竭力资助其军旅用品。因此，明末遗民凡至蛟关（即今镇海）者必登邵氏之门拜访。明亡，似欧屡辞当局征聘，日游四海名胜自娱。似雍则往来寺观，与僧人作诗唱和，有诗集《丹霞草》，偶或参与修订地方志。

邵似昇　字之如，辅忠八子，为清生员，为文华雅可爱，亦能诗，著有闲吟集。性嗜学，未尝一天停止读书，然二十六年终不能再登科第，郁郁而卒。

邵元观　字宾王，一字亦存，似欧子。清康熙三十六年（1696）举人，任职山阴县儒学教谕。立身清约，精通古文词。著作甚多，尤精于诗。其子师瞻，字于迈，由诸生援例入太学，科场蹭蹬，后由太学生授职县丞。能诗，著有《偶言》二集。

邵玉轩（？—1920），名镛，又名连生，字行银。14 岁弃书从贾，赴乌镇药铺习业。铺主苛刻，便去职至沪。被张贤石药铺聘用，并委其采办商务，不一年业绩显著，被同仁堂聘为总管。不数载，又被推为万丰盛福记店经理。嗣后，上海名号方顺颜料老板，以高薪聘为经理，光绪二十七年（1901），与堂弟裕生等人，合资开设锦泰颜料号，由于经营有方，成为沪埠名号。自奉俭朴，布衣蔬食，但对公益事业关怀备至，凡扶危济贫、兴医助学、兴修水利、不惜重金慷慨捐资，为乡人颂扬。育六子：仁杰、仁棣、仁枚、仁樛、仁楞、仁棻。二女：善英、梅英。

邵醉翁（1896—1975），本名同章，字仁杰，玉轩长子。电影企业家。（详见第四十四编“人物”第二章“知名人士”）

邵仁棣（1898—1973），号邨（村）人，玉轩次子。上海天一影片公司创始人之一。以擅长编剧著称。（详见第四十四编“人物”第二章“知名人士”）

邵仁枚（1901—1985），字初章，号山客，玉轩三子。电影企业家。（详见第四十四编“人物”第二章“知名人士”）

邵逸夫（1907—2014），原名仁楞，玉轩五子。长子惟铭，任邵氏影业公司经理，次子惟锦。女素雯、素云。（详见第四十四编“人物”第二章“知名人士”）

（编　辑　陈　兵）

第十一节　城区薛家弄薛氏

宁波的薛氏始自宋。全祖望《甬上族望表》中有“浮石薛氏”一族，其中薛朋龟“为一望”。朋龟登北宋政和八年（1118）进士，历官监登闻院，权工部、吏部郎，知兴国军，后授知衡州。归老于乡，在郡城西南十五里建造别业，名新庄。其第九世孙文斌，明景泰、天顺年间自新庄迁居定海，定海即今之镇海，建宅处名薛家弄。

镇海薛氏家族排行字为“一二三士、咸克上志、由义居仁、备大人事”。前四字上祖所定，后十二字薛三省续编。子孙再续编“元启朝邦瑞、名崇教道彰、忠良同继善、敦品显家光、文振英贤裕、清和致美祥、修明维有本、万世永承芳”40字。

终明之世 簪缨相继 硕德重望 代不乏人

一 世 薛文斌（1407—1476），号讷庵。生子暹、通、迎。

二 世 薛 通（1442—1507），又名永，字德明，号樗菴。乐善好施，经常赈贫扶困，后当众吁天烧掉借款字据。临终还叮嘱其子积德为善，人呼为薛外公。县令为其居赠匾“崇义”。生五子：伦、俊、伸、伟、伦。

三 世 薛 俊 字文祥，一字梓山。通次子。明由贡入京，礼部廷试皆第一，授常州府训导，后升浮梁教谕。有《日本考略》行世，收入四库。（详见第四十四编“人物”第二章“知名人士”）

四 世 薛一相（1506—1539），字万石，暹之孙。明诸生，性嗜学，家里房子着火，不持他物，负书笈出。家人责骂他太迂，答曰：只要有书在，何忧居无庐。曾为里中无赖所构陷，讼于郡守。上书自辩，援经据典，洋洋数万言。守大惊，曰：镇海居然还有这样的博学隽才。直接还他清白。生三子：二邕、二京、二凤。二邕过继给长兄一卿为嗣。

四 世 薛一本，字万殊。通之孙。酷好诗书，为粤西藩司照磨（监察官），深得布政使谭某器重，有事辄以相询。后升迁为粤东肇庆卫经历，在任以廉吏著称。乞休归里，名德为乡里所称。年八十九而卒。

四 世 薛一桂，字万芳，一字云谷。迎之孙。明万历间贡生赠文林郎，特授杭州府学教谕。为人长厚，与弟一楫，俱以齿德为宗党推重。一楫尝举邑宾，年九十一卒。

四 世 薛一乾，字万生。俊长子。明嘉靖年间曾辅佐张时彻修宁波府志。

五 世 薛二楼，字伯望，一字凤岑。一桂子。笃行好学，崇祯初，由贡授宜兴训导。帮助县令用奇计擒盗贼，上书巡抚整治恃势横行豪家奴，治境乃安。后迁阜平知县，及罢官归，行李萧然，人皆称廉吏。在任时阅囚闻读书声，怪问之，吏曰：此童生也，因县试滋事获重罪。二楼即入视其人，见气宇不凡，为请于大府，而免之。后童生成进士，历官至知府，有政绩。

五 世 薛二雄，字宣宗，一乾四子。京营守备。

五 世 薛二邕（1528—1591），字伯甫。一相长子。一卿卒，无嗣，邕为之后。时甫十四岁，两弟俱幼，抚之。及长，授以室，又造新房，平分给兄弟。生平足不履公庭。生二子，三才，三省。二子即贵，郡县求一见而不可得，学宫宾筵，亦固辞不应。

五 世 薛二凤（1537—1615），字瑞宗，号鸣歧。一相三子。授儒林郎。

六 世 薛三才（1555—1619），字仲儒，号青雷。明万历十四年（1586）进士，资政大夫，兵部尚书，赠太子太保，谥恭敏。（参见第四十四编“人物”第二章“知名人士”）

六 世 薛三省（1558—1634），字鲁叔，号天谷。明万历二十九年（1601）进士，资政大夫，礼部尚书，赠太子太保，谥文介。（参见第四十四编“人物”第二章“知名人士”）

六　世　薛玉衡（1571—1631），初名三台，字六符，别字高尘，一本孙。弱冠举于乡，任临安教谕。服丁外艰满，补嘉善。明万历四十七年（1619）成进士，授工部屯田司主事，迁都水司员外，寻升郎中，分司南旺，督治济河。天启中为归德知府，地邻萧砀两县，时局不宁，玉衡昼夜防御，并招抚唐邓流民，检各邑绝甲田、抛荒地，丈量后给之，并予以牛具，活民八万有余。后因得罪御史，告归，安家于城西，课弟子读书其中。

七　世　薛士衍（1574—1656），字长瑜，号白於门人。三才长子。曾与邑内三省、三台、谢渭一起被誉为黉门四隽，后三人俱登第为显官，独士衍仅以明经贡太学。年八十三而卒，病危阶段，时举杯引满，命所知清歌送之，盖逍遥而终。

七　世　薛士琪（1607—1660），字孟麟。三省子。生为贵公子，而天性俭素，不仗势欺人。舅李某，扰邻人田，想让他出面到官府通关系，不应。三省死后做墓，朝廷勅卜地而兆，旁窒于民屋。使者欲毁之，士琪请之，竟勿毁。明崇祯十二年（1639）荫受五军都督府都事。

七　世　薛士学，初名士玹，字五玉。贡生。三才从子。博览群籍，作文自成一家。人称书岩先生。镇海文庙旁有其亲书碑刻。

时移世易　江海飘零　德才为本　偶露峥嵘

十一世　薛志镇　由举人为山西知县，官甚清廉。及死，官囊萧然，贫无以殓，民皆哀之。

十二世　薛　昌　谱名由衷。工书法，乾隆间为文昌县典史，事母以孝称。

十二世　薛由浩　号锦川。操舟业往来闽广间，以秉性公直，举为商船长，众商船俱受其管理。家素贫，读书少，识字不多，然性好书，行商归，必购书数种，让下代学习。

十四世　薛居荣　薛居梁　居荣，字春林，号杏卿。居梁，字维山，号禹甸。兄弟俩一起做生意，为商船长，名噪海上。往来闽沪间，采运木材，多获利。时海盗不靖，两君出奇计以御，盗闻之敛迹。好朋侪，座上客常满，樽中酒不空。

十四世　薛居泮（1859—1916），字思芹，又字锡三。玉衡后裔。清国子监生，援例授同知衔，世居镇海。4 岁丧父，16 岁辍读学商，精计然术。曾为同邑太守在闽公司襄理簿书，以廉公称，太守倚之如左右手。辛亥革命后孑然脱归，行李萧然。性慷慨好义，能急人之所急。为人排解债务纠葛，众人都很信服。某巨商微时，住在崇邱乡，被人构陷入狱，得居泮营救获免。

十五世　薛文泰（1873—1930），谱名仁泰，字焕章。宁波帮早期闯荡上海滩的代表人物之一。（参见第四十四编“人物”第二章“知名人士”）

十五世　薛仁渠　年十八赴沪，得亲戚提携，先后供职于通和、协和等糖行，后卢州黄静泉资力雄厚，到上海设元和糖粮号，聘其主持糖部，半生辛劳，至是方入坦途。与人合伙开设忠和糖行，开薛氏经营糖业一脉。

（编　辑　顾科明）

第十二节　城区蛟门金氏

蛟门金氏，始祖于明朝正德、嘉靖年间，航行至镇海江南徐家洋定居，至四世迁镇海城西武宁门内。全家本聚居一堂，清雍正年间遭火灾，始分居多处。但以童李衙弄为主，弄口建有小祠堂。相传金家曾是城区五大家族之一，当年在重修后海塘时，这五家在财力上作过较大贡献。清道光十四年（1834），县令曾赐匾额给金氏，一直挂在童李衙弄金家老屋大客堂前，至“文化大革命”时才毁。

九世　金子城（1775—1838），字宗维，号寗薇，监生。平时言笑不多，行事谨慎，重信义德行；生活上不求奢衣美食，但遇灾害或贫病有求者，则必慷慨捐助毫不吝啬。日常不问公事，如有访问求计的，则畅所欲言无所保留。清道光十二三年（1832—1833），镇海连遭灾害，赈济中不无虚靡，岁春县令李峒云（超咸）邀诸绅讨论改善之计，子城慨然定策说：革其弊端，去其内耗，从实际出发，让受灾的得到实惠。鄞慈两县称赞镇海好办法。

九世　金子堃（1783—?），又名汉津，字界维，号小园，子城弟，贡生。10 岁能佐其兄处理家政，16 岁始专攻读，应童子试，24 岁中秀才。此后，县里有公益大事，必请其佐理；在碰到歉收年头、岁修文庙、浚疏城河，无不尽其力，从未发生过大错。县令郭淳章特制锦旗“仁心为质”以奖。清道光二十一年（1841），英人以禁烟为由占据县城，一时城邑无主，众人惶惶不安。英人提出，要富家发放粮粟接济贫民以稳人心。汉津得知此议，认为这听起来是件好事，但胁迫之下，并非自愿，必有后患。遂挺身而出，找到英人，分析利害，其头领终被折服而罢此议。

九世　金子宁（1795—?），字思维，号绮霞，子城三弟，太学生。在苏杭经商起家，性慷慨，明大义。清道光十七年（1837）浙江大旱，饿殍枕藉。子宁设粥厂日供三次，贫民得食，既自出巨资，又力劝绅富协成。道光二十三年（1843）秋，飓风大作，县海塘被大潮冲毁。邑令与绅老上门延请其任事。子宁晨往夕归，风雨不避，修塘一千六百丈，阔一丈四尺，加高一倍。又与其兄汉津合力建宗祠，捐助田一百二十亩，汉津认捐五十亩。

十世　金　菜　字镜芙，附贡生，子宁儿子。谨慎好学，教子有法，手录先儒格言，作为儿子每日必学内容，而后儿子长进见快。

十世　金　钧　字豳谷，见义勇为。太平军犯镇时家祠被毁，群议重建，一时乏资，钧竭力完其功。一次在宁波作客，见有人索债急逼，对方欲卖妻还债。钧设法代为偿还，使夫妇团圆。

十一世　金士准　号稺莲，清同治四年（1865）科举人。15 年后（光绪年间）经选拔分江苏，受江苏总督器重，委以事务繁剧的阳湖任知县。当时有西人在县内购地拟筑堂传教，而民众非议甚多。士准闻讯，竭力劝阻筑堂事。那时江苏省内常有百姓与教会纠纷发生，惟阳湖县内平静。士准任内，浚疏河渠，募丁勇护民，增膏火育士，与邻县相比独优。几年后任江南乡试同考官。后父母过世，守丧三年，继充乡试供给官，积劳中暑，卒于官署。晚年曾筑室居于鄞东，以地宅让其弟。

十一世　金士衍（1851—1931），字允升，子宁孙。清光绪五年（1879）科举人，后累试不第，即招徒自立。乡里看重士衍学问，都愿拜其为师。其所授规定学艺之外，另有涉及经世有用学问。凡经士衍教授学子，均有所得，成名也不少。士衍曾任丽水景宁县学训导，该县地处山僻。在任三年，士习大变，受知府赵某敬重，延请其为子师，旋辞职归里。辛亥革命后，邑人均推其为自治官，士衍谢绝。然独走学宫，精心收藏法物礼器，修缮校舍走廊。后归。晚年居家，不问时事。后修县志，只选户赋、学校两类，亲手撰稿，不辞劳瘁。自号“磷叟”，名其庐为“澹静”，有《澹静庐诗集》四卷藏于家。

十一世　同辈六人：

金士瀛　字予登，与士准同榜举人。

金士奎　字星联，恩贡。

金士彦　字予屏，恩贡。

金士沣　字芑芬，诸生，为士准幕僚。

金士鸿　字渠清，清光绪十九年（1893）科举人。

金士涞　字渔渭，岁贡，官嵊县训导。

十二世　金贤寀（？—1964），字雪塍，士衍子。天资颖悟，5 岁入塾，14 岁应县府试，得冠军；第二年补博士弟子员；然两次应乡试，皆未中。弱冠，弃儒赴上海，佐助姻丈李云书总持的上海商务总会。清末，邀友好于上海创设华商联合会，并主编发行华商联合会报，又在上海各报撰写社论，鼓吹革命和改革。浙江保护路权运动事发，担任争路代表，函电多出其手。有《诗集》8 卷存世。

十二世　金贤松（1866——1941），字茂如。晚清秀才。1922 年受聘庄市中兴学校任校长 20 年。提出“勤、朴、肃、睦”四字校训。在任期间培养出大量优秀学子，其中有包玉刚、邵逸夫、赵安中、包从新等。

十三世　金润庠（1890—1961），号绅友，子城曾孙。商界名人。（参见第四十四编“人物”第二章“知名人士”）

十三世　金臻庠（1896—1966），号恨晚，润庠二弟。报业名人。（参见第四十四编“人物”第二章“知名人士”）

十三世　金瓯卜（1919—2012），谱名嗣炘，贤寀之子。建筑专家。（参见第四十四编“人物”第二章“知名人士”）

十四世　金嗣硍（1916—2000），字志朗，润庠长子。上海沪江大学工商管理系毕业，后留学美国。抗战胜利后返国，任华丰造纸厂副厂长，浙江省政协委员，民建全国委员，全国工商联合会常委。

十四世　金嗣骥　1929 年出生，字培扬，润庠三弟安庠的长子，教授级高级工程师，马鞍山钢铁厂副总工程师。

十四世　金辅琮（1921—2008），字肇康，贤松之孙。大学毕业于上海大同大学土木建筑系。曾在川、闽及华东区和交通部所属公路建设任工程师 15 年，后在西安公路学院（长安大学）任教授 25 年。

十四世　金玉芳　1930 年出生，士鸿曾孙女，上海交通大学哲学系教授。

十五世　金志刚　1932 年出生，天津大学土木系教授。

（编　辑　郑　修）

第十三节 庄市沈郎桥叶氏

宋理宗绍定年间，叶公石林居相。明代中期，叶氏一支迁至慈溪石步。清雍正年间该支叶茂春迁至庄市沈郎桥。茂春为沈郎桥叶氏始祖。

九世 叶志铭（1858—?），字洪涛，启伦子。5岁丧父，母茹辛抚孤。14岁习商于澄衷商号。入叶氏商务学馆学习，秉母训振作奋发，尤对英语学勤而精，进入通工艺，善察商情，任事干练，深受叶氏器重，后委以老顺记五金号经理重任。清光绪二十四年（1898）叶澄衷创议办上海蒙学堂，聘任六校董，志铭为其中之一。翌年澄衷病重，亲笔遗嘱致“族叔洪涛”，托付以三万金在家乡兴建义庄与学堂事。遵叶氏遗愿，志铭竭尽全力，总理其事，二年事成。越二年，义庄学堂声名鹊起，四方求学者日众，志铭未忍坚却，解囊增班，延师课读。母逝世时遵母命节省丧费，捐一千金分予村崇正学校及附存义庄，以生息助困。族内于光绪十七年（1891）、光绪三十三（1907）两修宗谱，志铭皆尽全力主其事。

九世 叶志崧（1866—1929），号嶽青。赋性忠实而有巧思。14岁辍读赴上海习技工。17岁时艺大进，任南琛军舰机务员，凡锅炉、轮机诸艺皆得心应手。23岁入祥生厂为小领班，已初通造舰技术。三年后被和丰船厂聘为总领班，旋升总技师。时镇海炮台司令吴吉人方兼辖外海水师，慕名邀至超武军舰为总管车。远涉重洋，履险如夷，以功得五品衔，供职十载。后又任大镕铁厂、江南造船厂技师。求新厂董事朱志尧敦请为总机师，凡13年。因年高倦勤，决然舍去，年已61岁。返里后任本族宗长，创议续修族谱，维护宗祠，频年积劳，病逝。

十世 叶澄衷（1840—1899），原名成忠。曾祖绍基，祖父启芳，父志禹皆务农。澄衷生七子：贻鑑、贻钊、贻铭、贻铨、贻锜、贻镛、贻钰。七女：大适镇海王鹤年、二适鄞县王柳亭、三适太仓陆兴之、四适鄞县马叔平、五适江北胡钰卿、六适镇海方桂章、七适镇海陆郑东。（详见第四十四编“人物”第二章“知名人士”）

十世 叶成孝（1846—1896），字斝馨。15岁随兄澄衷沪上习贾。曾在黄浦江上营贩，备尝艰辛。兄业大昌后，受兄嘱返里营宗祠、修谱牒以及周济亲朋、轸恤贫寒等事。无后，兄以三子贻铭嗣弟。

十 世 叶雨庵（1855—1935），字成钦。为叶氏企业中受信赖一员。澄衷去世后，辅佐其子贻钊、贻铨等掌管叶氏企业。晚年致力家乡公益事业。（详见第四十四编“人物”第二章“知名人士”）

十一世 叶贻鑑（1868—1902），字松卿，澄衷长子。幼习外语，性敦笃友。父临终析产时，诸子分授资产后，特别另授长子贻鑑十万金。后上海澄衷蒙学堂扩建，经费不足，贻鑑举十万金以助。不久病逝。生三子：谋禔、谋祥、谋祺；两女。次女适同邑盛在珦（盛炳纬次子）。

十一世 叶贻钊（1875—1929），字勉卿，澄衷次子。早年随父习业，清光绪二十四年（1898）

继承父业，出任南顺记五金杂货号经理，并开设洋纱号。光绪三十二年（1906）与同乡宋炜臣创办汉口既济水电公司，规模居当时全国水电业之最。光绪三十四年（1908）先后与众多宁波商人发起、创办四明商业储蓄银行和宁波轮船公司两大企业，均任董事。同年又与父辈同乡挚友樊棻创办上海第一家毛纺织厂——上海日晖织呢厂，还投资浙江铁路公司1万元，为大股东。在钱庄方面，除继续经营其父创办的升大钱庄及与湖州许（春荣）家合开的余大、志大、瑞大、承大钱庄外，光绪三十四年（1908）又开设衍庆、大庆钱庄。曾任农工商部五等顾问官。生二子三女。

十一世　叶贻铨　字子衡，澄衷四子。少年喜文学，其父为其聘请英语教师，深受西洋文化影响。父亡故后与其二兄贻钊共同支撑叶氏企业，兼任老顺记所属各企业联号董事长，负责上海叶氏企业；而上海以外企业则由贻钊主持。两人都输金支持蒙学堂扩建。清光绪三十四年（1908）以银20万两，购地120亩，按西方模式兴建私人花园，号称叶氏西洋花园，落成后上演西洋音乐、舞蹈，邀沪军政商界名流观光，红极一时，被称为上海夜花园。1933年把此私人花园捐给“澄衷肺病疗养院”。1917年与其兄贻钊参与创建镇海同义医院（今宁波康宁医院）。为家乡设立孤老院，在叶氏义庄内增设洋龙救火会、牛痘局，把叶氏私人墓园改为公益的蓬莱公墓。生一子：谋卓，一女：慧囡。

十一世　叶贻锜（1885—1919），字铁卿，澄衷五子。幼禀异性，长企善行，为人谦和。澄衷蒙学堂扩展规模，兄弟共议需再输十万金时，即首定其议。1946年旅居日本。子谋洵，女菊英。

十一世　叶庚年（1900—1988），字贻丰，雨庵子。是宁波帮“叶氏家族”承先启后的关键人物。（参见第四十四编“人物”第二章“知名人士”）

十二世　叶谋彰（1920—2004），庚年长子。早年就读叶氏中兴学校。28岁移居香港，为父庚年做助手。历任香港新昌集团有限公司董事、香港甬港联谊会常务理事、香港苏浙同乡会会董、香港本岛狮子会理事等职。为中兴中学复校及增添设施、庄市老年中心、庄市福利基金会等捐款、捐物。

十二世　叶谋迪　1929年出生，庚年次子。1948年随父移居香港。历任香港新昌集团有限公司常务董事，新昌营造厂有限公司副总经理及新昌地产工程有限公司、新昌有限公司、盈利投资有限公司、新地置业有限公司、新昌地产管理及代理公司董事；宁波旅港同乡会理事。

十二世　叶谋遵　1931年出生，庚年幼子。前后获美国伊利诺斯大学土木工程学士和哈佛大学建筑学硕士，返港后辅助父业。任香港新昌集团董事长兼总经理，并任香港建造业训练局主席，香港建造协会会长，香港城市设计委员会委员，苏浙同乡会副会长，英国建筑学会最高级会员。1976年被前港英政府授予太平绅士荣衔；香港回归后被特区政府授予银紫荆勋章。在北京设立新昌中国总部，成立北京新昌设施管理有限公司。2006年捐资500万元，在北京大学设立“叶氏鲁迅社会科学讲座教授基金”。

十二世　叶谋升　1929年出生。早年就读叶氏中兴学校。后赴上海和无锡，帮助父亲及亲戚经商，业余时间就读立信会计学校，取得毕业证书。1949年应同乡朱之信邀赴台湾，在朱氏天益贸易行和福信棉织厂任会计，3年后升为经理。在台湾数十年，曾任生产扬声器及电子零件的电气器材厂厂长，从事远洋垂钓渔业的顺利渔业公司总经理，经营植物油料买卖及薄荷油提炼的和祥股份有限公司董事长兼总经理，从事土地开发的台达公司董事长兼总经理等职。1997 年朱之信去世，应邀接任中国电气器材厂股份有限公司董事长。1991 年与楼志章、朱之信、朱之康等捐资兴建庄市公园，资助中兴中学发展铜管乐队。

十三世　叶惟钧　祖父贻鑑，父谋祥。1948 年自沪去香港创业，为香港九龙五金行董事长、总经理。2007 年 10 月 28 日，返故里参加中兴中学复校 20 周年庆典，为其曾祖父叶澄衷铜像揭幕，并向中兴中学捐赠 100 万元作为奖教奖学基金。

十三世　叶惟洪（1922—2009），谋祺二子。机电金属冶炼专家。上海大同大学电机系毕业后赴重庆。抗战胜利后受派遣去天津接收日本企业，任天津第三发电厂厂长。后至美国求学，获纽约得伯克林多工艺学院电机工程和纽约大学机械工程两个硕士学位。1953 年入纽约华昌公司任职，专事金属冶炼。主持研制的铌钛合金被用在阿波罗登月舱上。

（链接）叶澄衷从贾发迹，于清光绪十四年（1888）重建叶氏大院，兴建中兴桥，并建忠孝祖堂，后人称之叶家。

叶氏忠孝堂立辈：启、志、成、贻、谋、惟、善、始、为、宝。

（编　辑　郑　修）

第十四节　城区八里桥周氏

镇海城关八里桥周氏，相传先祖系宋代理学家周敦颐。其四世孙周靖，随北宋宗室南迁临安（杭州），子孙散居浙东。清顺治年间，其中一支从温州迁定海（镇海）定居。后传至周运杓，由于事业有成，在城区八里桥购地建屋，命名周经房，并以其父幼渔为八里桥周经房第一代始祖。

一世　周幼渔　生两子：长子运杓、次子运元。

二世　周运杓（1864—1937），字星北。有子启鋈，女菱仙、金仙。天津建筑商。（参见第四十四编“人物”第二章“知名人士”）

二世　周运元（1872—1930），字蔚甫，幼读私塾。青年时与兄运杓同赴天津谋生，在老顺记五金行供职时兼营进出口贸易。与兄协力创办升大营造厂从事建筑业后，运元虚心钻研行规业务，精选建材，一丝不苟；在打地基和封顶时，亲临工地，细察监督。由此“升大”声誉日隆，成当时天津营造业巨头。有七子：启炎、启圭、启爻、启多、启刍、启吕、启林，二女：文仙、闰仙。

三世　周启鋈（1900—1956），字轸官。运杓独子，生于镇海。1926 年毕业于上海复旦大学银行系。曾任上海交通银行、国华银行外汇科经理，东华商业银行董事。解放初任太平洋水电行董事。为人正直，乐于助人，深得他人信任和尊敬。妻叶尹谋，为叶澄衷长孙女。有子祖荫、祖望、祖濂，女舜华、舜英、舜琴、舜娟、舜卿。

三世　周启炎（1901—1975），字耀南，运元长子。生于镇海，便蒙小学毕业，后考入上海沪江大学商科。1924 年在天津亚细亚石油公司任职。1932 年在南通同仁泰盐业公司任经理。数年后到汉口许士公司任买办，后任汉口中国公信行经理直到1962年退休。病逝于汉口。有子祖彭、兆初，女周红、周纯。

三世　周启圭（1907—1980），字锦泉，运元次子。在镇海、宁波读完小学初中，1925年随父母去天津。1931年于上海持志大学经济系毕业，进入汇丰银行。1935年返津继承由父创办的打包公司，又先后在克达洋行、运通船务行、天津电焊条厂任经理、厂长。解放后到天津新华造纸厂任第一副厂长。为天津市八届人大代表、中国民主建国会天津市常委、天津国际信托投资公司董事、市政协文史研究会委员。有子：祖康、祖达，女：奕琪、奕瑗、奕琳。

三世　周启炇（1911—1973），字闰官，运元三子。生于镇海，就读便蒙小学。1925年随父母去天津。1933年考入上海同济大学建筑系，后继承父业经营升大营造厂。解放后在天津第一建筑公司、天津市设计公司、建工部天津工业设计院、市煤气设计院、市合成纤维厂等单位参与技术设计工作，2次获市政府嘉奖。有子祖民，女周璎、周璐、周珏。

三世　周启多（1914—1940），又名周坚，运元四子。抗日烈士。在南京入伍，空军军官学校第十期学员。1937年军校内迁云南蒙自，转入高级班驱逐机训练。1940年元旦，日机空袭昆明，随队驾机升空与日机激战，返航时机件出现故障，落地撞击致头部重伤而牺牲。安葬于南京紫金山麓抗日航空烈士墓园。

三世　周启刍（1918—2003），又名周楚，运元五子。部队文艺工作者。有子剑生、剑平，女奕珊、奕榛。（详见第四十四编“人物”第二章“知名人士”）

四世　周祖荫　字延龄，号松筠，1920年出生于镇海，启鋆长子。就读便蒙小学。1944年毕业于上海复旦大学土木工程系。解放初应聘进京参加商业部、外贸部等办公大楼设计及施工；1954年后，在中央水电设计院、水电部西北水电勘测设计院、电力部西北勘测设计院等单位，长期从事水电建设，为教授级高级工程师。曾参加河北官厅，四川狮子滩，新疆喀什，甘肃刘家峡、八盘峡，青海龙羊峡，宁夏青铜峡等20余座水电站建筑的结构设计。捐款支持镇海口海防历史纪念馆的兴建。子述勤，女述俭、述全。

四世　周祖达　1935年出生于天津，启圭次子。大学肄业。1960年入天津人民医院肿瘤研究所，1982年调入天津医科大学任教授。

四世　周兆初　1940年出生于武汉，启炎次子。教授级高级工程师。1963年毕业于清华大学铸造工艺及设备专业，分配机械工业部济南铸造锻压机械研究所，历任研究室主任、副所长、总工程师、研究所党委副书记等职。

四世　周奕珊　又名林竹，1945年生于天津，启刍长女。1960年考入北京人民剧院学员班。1962年参军，入西藏军区文工团、话剧团。1977年后历任陆军53师副政治教导员（医院）、西藏山南军分区文教办副主任。为边疆高寒地区国防建设贡献青春。立三等功1次。1986年回北京。

四世　周剑生　原名祖庆，1950年出生于上海，启刍长子。著名华人摄影家，日本PPS通讯社、日本世界文化图片社签约摄影师，从1994年起自费走世界拍摄“世界遗产”，遍及五大洲的77个国家和地区。多幅作品被中国美术馆、澳门政府等收藏。2008年唯一被北京奥组委会邀请在奥运村举办专题作品展。

四世　周　璐　1953年出生于天津，启炆次女。“文化大革命”结束后考入北京钢铁学院热动力专业，毕业后在天津冶金材料研究所及天津钢铁设计院从事专业设计。1994年作为专家调入北京首钢机电设计研究所工作，任首钢机电有限公司珠海设计研究院总工程师兼常务副院长。

（编　辑　郑　修）

第十五节　中医钟氏　灯塔叶氏

中医钟氏

旧时庄市梅堰乡有钟姓人家，世代务农。

一世　钟文彩　自研草药性能，试为乡亲治病，积累经验，渐见成效。

二世　钟成瑶　文彩子，弃农跟其父专攻医药。父子终被乡人公认为医家。清道光十六年（1836），在梅堰乡开设“益寿堂”药铺，并坐堂门诊。

三世　钟章元（1832—1905）　承先人医业，精究医理，擅长妇科。（参见第四十四编“人物”第二章“知名人士”）

四世　钟纯泮（1856—1922）　字鲁芹，号丰水。章元子。继承父业，医术精湛，屡见奇效，虽居僻隅，四方求诊者纷至不绝。常与甬城同仁切磋医理。认为从医不能宗一派而治万病。终生行善不置恒产，惟以德教化子女。辛亥革命时带头剪辫。生子三：一贯、一桂、一棠。

五世　钟　英（1897—1973），字一桂，章元次孙。早年就读宁波商校，毕业后从父习医。在宁波江北永安巷一家诊所任中医师。精内、妇科，尤谙儿科，擅治湿热症。1937年与吴涵秋、庄云庐等在创办宁波中医专门学校。1940年日军入侵镇海，赴沪隐居。解放后任上海市静安区地段医院中医师，上海市传染病医院中医科主任。

五世　钟一棠（1915—2016），纯泮幼子。（详见第四十四编“人物”第二章“知名人士”）

灯塔叶氏

舟山群岛白节山上有灯塔，为进出长江口重要助航标志。叶氏祖孙，在荒无人烟孤岛上守护灯塔，坚持一百余年。一家四代人战胜孤独、风浪与恐惧，且痛失至亲3人。1998年在全国公映的《灯塔世家》影片，其原型即叶氏家人。

一世　叶荣宝　清光绪九年（1883），白节山灯塔做守灯人，是中国最早的一批灯塔工。

二世　叶阿岳　年轻时随父守护白节山灯塔。1944年10月台风来袭，为保护守塔船只，被风浪卷走遇难。

三世　叶中央　1940年出生。1959年接手守护灯塔，后为宁波航标处白节灯塔主任。1971年春节，妻子带着一对女儿准备上岛过年。途中，因风大浪高，小船不幸翻沉，除大女儿被人救起，年仅29岁的妻子和5岁的小女儿双双遇难。

1987年被授予中国海员工会首届金锚奖；1988年获全国五一劳动奖章；1989年获评全国劳动模范；1996年被中宣部、全国总工会列入全国12位重点宣传工人之中；1989年、1994年先后到北京参加国庆40周年、45周年观礼活动，受到胡锦涛等国家领导人接见。2004年8月，被宁波市评为20年最具影响力十大新闻人物；2006年4月，被浙江省评为中华人民共和国成立后最具影响力十大劳模。

四世　叶静虎　1962年出生，1984年上岗，循着父辈足迹，在白节山守护灯塔。

（编　辑　郑　修）

第三章　家谱宗规

20 世纪 80 年代起，部分大姓后裔兴起溯祖追源、续修或新修家谱的寻根凝族行动。当时修谱行动较早的有庄市退休干部童志行，为争取香港“影视巨擘”邵逸夫回乡寻根，主动设法找到邵氏祖墓，查清邵氏 32 代世系资料，编成《邵氏宗系汇集》。此举感动邵逸夫，1987 年邵回故里祭祖，并开展向家乡公益捐助历程。其他如车氏、叶氏、樊氏、朱氏、金氏、倪氏、周氏、郑氏、楼氏等均有续谱或新谱修纂存世，有的还建立网站。在家谱或族谱中有的制定族规宗约，来保持宗族合力，传承良好家风。由于旧时代与思想的局限，过去族规宗约中存在不少封建陋规旧则，但其中也不乏许多可资借鉴与传承的道德伦理部分。

第一节　家　谱

镇海档案馆建馆以来收集整理民间所藏谱牒，有馆藏不同时期家谱 101 种（其中本地 96 种）。同时，为保存谱牒这一传统文化资源，提供研究镇海人口姓氏变迁史实，服务群众寻根认祖需要，区档案馆将馆藏及上海图书馆、天一阁、北仑区档案馆等现存原镇海县大姓家谱目录编为索引备查。

区档案馆馆藏谱牒索引表

表 6－2

目录号	案卷号	谱牒名	册数	修谱日期	主修人	提供者	保藏者
1	1	天叙堂翁氏家谱	1 册	清道光三十年（1850）手抄本	翁学清	区文管会	镇海档案馆
2	1－17	五里牌王氏宗谱（仰德堂）（卷一至卷十七）	17 册	民国 22 年（1933）铅印本	张　琴	区文管会	镇海档案馆
3	1－12	镇海柏墅方氏重修宗谱（六桂堂）（卷首、卷一至卷二十四）	12 册	民国 4 年（1915）铅印本	张美翊等	区文管会	镇海档案馆
4	1	四明古藤史氏宗谱（卷一上半部分）	1 册（残本）	民国 5 年（1916）手抄本	俞宗海	区文管会	镇海档案馆
5	1－2	蛟川白氏宗谱（卷三、卷四）	2 册（不全）	民国 24 年（1935）铅印本	不详	区文管会	镇海档案馆
6	1－8	镇海虹桥朱氏宗谱（徽荫堂）（卷首、卷一至卷十二）	8 册	清宣统二年（1910）木活字本	谢觐黻	区文管会	镇海档案馆

续表 6－2

目录号	案卷号	谱牒名	册数	修谱日期	主修人	提供者	保藏者
7	1	镇城刘氏宗谱（世彩堂）（卷上、卷下）	1册	清道光四年（1824）木活字本	刘　灿	区文管会	镇海档案馆
8	1－2	蛟门金氏宗谱（裕后堂）（卷上、卷下）	2册	清道光二十七年（1847）木活字本	金奕淦等	区文管会	镇海档案馆
9	1	镇海西管乡河角陈氏家谱（树本堂）（卷一）	1册（不全）	不详木活字本	不详	区文管会	镇海档案馆
10	1	余姚江南徐氏宗谱（卷一、卷二，缺卷三至卷八）	1册（不全）	明万历十三年（1586）手抄本	徐详等	区文管会	镇海档案馆
11	1－2	余姚徐氏再续增修谱（卷一至卷七，缺卷八至卷十一）	2册（不全）	清道光二十八年（1848）手抄本	徐景洙	区文管会	镇海档案馆
12	1－2	姚江徐氏续谱（卷一至卷八、缺卷九、卷十部分）	2册（不全）	清乾隆二十九年（1764）手抄本	徐生祥 徐　炎	区文管会	镇海档案馆
13	1－4	镇海谢氏宗谱（嵩高堂）（卷首、卷一至卷十三）	4册	民国21年（1932）铅印本	谢崇伦 谢振鸿	区文管会	镇海档案馆
14	1－15	慈镇盛氏七修宗谱（源远堂）（卷一至卷十六）	15册	民国8年（1919）铅印本	盛思赞 盛在桑	区文管会	镇海档案馆
15	1－4	蛟川樊氏宗谱（锡麟堂）（卷一至卷四）	4册	清宣统二年（1910）铅印本	樊君芳（棻）等	区文管会	镇海档案馆
16	1－4	镇海薛氏宗谱（三凤堂）（卷一、卷二、卷五至卷九，缺卷三、卷四）	4册（不全）	民国12年（1923）铅印本	董天览等	区文管会	镇海档案馆
17	1－10	镇海薛氏第一次续修宗谱（三凤堂）（卷首、卷一至卷九共4册，还有原稿6册）	10册	民国36年（1947）铅印本	薛仁孝等	区文管会	镇海档案馆
18	1	镇海泰邱童氏宗谱	1册	1988年印刷线装	童信稲	陈　兵	镇海档案馆
19	1－2	鄞县西袁氏家乘（敦本堂）（上、下卷）	2册	1982年、2000年复印件有光盘	袁稼畲	白峰门浦袁士友	镇海档案馆
20	1	镇海向氏宗谱及向氏道榕公家庭亲系名录（让堂）（散页）	1册（不全）	民国17年（1928）、1988年复印件	何织云等	区志办	镇海档案馆
21	1	镇海朱氏运石浦家乘（支谱）（还有附件3件）	4册	民国23年（1934）复印件	朱传基 朱传型等	区文管会	镇海档案馆
22	1	镇海庄市楼氏宗谱（画锦堂）	1册	1993年精装本	童志行编、赠		镇海档案馆
23	1	宁波镇海小港李氏支谱	1册	1993年精装本	王绍基等编、赠		镇海档案馆
24	1	邵氏宗系汇集（敕义堂）（卷一至卷四）	1册	民国16年（1927）精印本	童志行编、赠		镇海档案馆
25	1－4	镇北滕山朱氏宗谱（藤荫堂）（卷首至卷六、卷末）	8册	民国14年（1925）木活字本	朱锦康		镇海档案馆

续表 6－2

目录号	案卷号	谱牒名	册数	修谱日期	主修人	提供者	保藏者
26	1	蛟河倪氏宗谱（卷一至卷四）	1 册	1998 年复印件	童志行编、赠		镇海档案馆
27	1－4	镇海大市堰傅氏宗谱（敦本堂）（卷一至卷四）	4 册	民国 16 年（1927）复印件	傅德慷	区志办	镇海档案馆
28	1－4	新添庙桥王氏宗谱（三槐堂）（卷首、卷一至卷四）	4 册	民国 15 年（1926）木活字本	陈培元 王友德	区志办	镇海档案馆
29	1	骆驼翁氏家谱	1 册	清雍正十年（1732）复印件	不详	区志办	镇海档案馆
30	1	水阁墩世彩堂刘氏简谱（残本）	1 册（不全）	明嘉靖九年（1530）（简谱断线年代）复印件	刘承良	严水孚	镇海档案馆
31	1	盛氏（怀古堂）谱及益春公房志彦公派调查草册、乾坤房分书（共 3 件）	3 册	清光绪十八年（1892）、同治三年（1865）、民国 6 年（1917）复印件	不详	严水孚	镇海档案馆
32	1－2	郑氏承德堂谱（2 件）	2 册	2001 年复印件	郑征祥编、赠		镇海档案馆
33	1	张南園清湖小志	1 册	清光绪八年（1882）复印件	不详	严水孚	镇海档案馆
34	1	清湖务本堂张氏宗系谱	1 册	民国 22 年（1933）复印件	张绪荣	张晓晓	镇海档案馆
35	1	镇海八里桥周经房家史	1 册	2000 年复印件	周祖荫等	陈　兵	镇海档案馆
36	1	俞氏宗谱及新屋俞家纪念册（共 2 件）	1 册	1995 年、2001 年复印件	俞翊焘 俞立勘	陈　兵	镇海档案馆
37	1	沈氏宗谱（宁波镇海系）	1 册	2000 年复印件	沈松青	陈　兵	镇海档案馆
38	1－4	镇海柏墅方氏恭房支谱及方氏家言（卷首、卷一至卷二十）	4 册	民国 22 年（1933）复印件	江五民	方之冈 赠送	镇海档案馆
39	1	浙江省宁波市镇海区车氏世系宗谱	1 册	2003 年铅印本	车荣锦	车荣锠 编、赠	镇海档案馆
40	1	浙江镇海蛟川樊氏家谱及樊幹庭家史（3 件）	3 册	2005 年铅印本有光盘	樊慕曾等	樊期曾	镇海档案馆
41	1	杨木堰史氏宗谱（林大山派系）续编（上、下）2 件	2 册	2002 年铅印本	史贤思等	顾柳影	镇海档案馆
42	1	澥浦余严村张家家谱（元、亨、利、贞房）共 4 件	4 册	清光绪二十三年（1897）复印件	张斯栋	张志平	镇海档案馆
43	1－10	澥浦郑氏宗谱（卷首、卷一至卷三）	10 册	清光绪七年（1881）木活字本复印件	郑传澜	区政协 文史办	镇海档案馆
44	1－15	湖山黄氏宗谱（卷五至卷七）（不全）	15 册	民国 25 年（1936）木活字本	不详	区文管会	镇海档案馆
45	1	白龙陈氏树德堂家谱（树德堂）（卷首至卷八）附原序语译	4 册	民国 10 年（1921）木活字本复印件	陈培元	区志办	镇海档案馆

续表 6－2

目录号	案卷号	谱牒名	册数	修谱日期	主修人	提供者	保藏者
46	1	（镇海）叶澄衷家系	1 册	2000 年手抄本	童志行编、赠		镇海档案馆
47	1－13	乐氏宗谱（湖塘）（惇钗堂）（卷一至卷九，缺卷首部分）	13 册（不全）	清道光二年（1822）复印件		乐炳成	镇海档案馆
48	1－5	蛟川小浃港口乐氏宗谱（卷首、卷一至卷四）	5 册	民国 13 年（1924）复印件	李培厚（芸青）	乐炳成	镇海档案馆
49	1	乐氏源流谱（湖塘）（分 4 件）	4 册	1999—2001 年铅印本	乐炳成、乐晓明等		镇海档案馆
50	1－6	镇海沈郎桥叶氏宗谱（永思堂）（卷首、卷一至卷六）	6 册	民国 18 年（1929）复印件	金贤松	童志行	镇海档案馆
51	1－17	前绪乡郑氏宗谱（通德堂）（第一至十六册，其中第二册有 2 本）	40 册	民国 9 年（1920）铅印本复印件有光盘	郑一夔、郑传笈 自沈阳市图书馆购入		镇海档案馆
52	1－2	镇城世彩堂刘世宗谱（上、下卷）（卷一、卷二基本相同，卷二增手抄原件）	2 册	清光绪二年（1876）木活字本	刘从庆等	区文管会	镇海档案馆
53	1	唐四明鄞县慈（城）溪县贵驷桥镇海县世彩堂刘氏宗谱考释补遗	1 册	2001 年复印件	刘元祥编、赠		镇海档案馆
54	1－8	清泉张氏宗谱（卷首、卷一至卷十二，2 函）	8 册	清宣统元年（1909）／2004 年再版　铅印本	张汝蘅	海天公司赠	镇海档案馆
55	1－2	镇海中官路汤氏宗谱［卷首、卷一至卷四（终）］	4 册	民国 25 年（1926）木活字本复印件有光盘	汤钧昭等 自上海图书馆购入		镇海档案馆
56	1－2	镇西蛟河倪氏宗谱（中兴堂）（卷首、卷一至卷六）	6 册	宣统二年（1910）木活字本　复印件有光盘	倪绍鸿 自上海图书馆购入		镇海档案馆
57	1－6	镇海横河塘包氏重修宗谱	6 册	民国 36 年（1947）木活字本复印件有光盘	董佑栻 自上海图书馆购入		镇海档案馆
58	1－11	昆亭刘氏（明德堂）宗谱（上刘刘氏）（卷首、卷一至卷七）	11 册	民国 37 年（1948）手抄本复印件	刘粲芳	刘联庆	镇海档案馆
59	1	昆亭刘氏（富润堂）谱（上车门刘氏）（卷首、卷一至卷三）	1 册	民国手抄本复印件	刘粲芳	刘联庆	镇海档案馆
60	1	庐江刘氏宗谱（刘秉璋世系部分）	1 册（不全）	清宣统三年（1911）复印件	刘礼智等	区文管会	镇海档案馆
61	1	邵氏宗系汇集	2 册	2006 年　铅印本	四明书刊公司编纂	严水孚	镇海档案馆
62	1	新编镇江柏氏家谱	1 册	2001 年　铅印本	柏兴吾等	严水孚	镇海档案馆

续表 6－2

目录号	案卷号	谱牒名	册数	修谱日期	主修人	提供者	保藏者
63	1	上王王氏宗谱（卷一至卷三）	3 册	1961 年续修，2000 年抢救复印件	胡仰瀛 王　奋	王　奋	镇海档案馆
64	1－3	胡氏前湧房谱（小榭三房派系）	3 册	清同治二年（1863）复印件	胡禹备	胡嘉翔	镇海档案馆
65	1－19	芦江胡氏前湧房谱（承德堂）（卷首、卷一至卷十）	19 册	民国 37 年（1948）复印件	胡振霖等	胡嘉翔	镇海档案馆
66	1－18	芦江胡氏房谱（前湧）（承德堂）（卷首、卷一至卷八）	18 册	清光绪三十二年（1906）复印件	戴声浩	胡嘉翔	镇海档案馆
67	1－8	阳王氏宗谱（卷首、卷一至卷三、卷六至卷九，缺卷四、卷五）	8 册（不全）	民国 2 年（1913）复印件	王万如	上阳老龄办	镇海档案馆
68	1	芦江胡氏前房派贵十五公系支谱	1 册	民国 37 年（1948）复印件	胡振笏	白峰胡才章	镇海档案馆
69	1	镇邑灵岩横河乐氏宗谱	1 册	清宣统三年（1911）重修复印件	乐容炀	乐炳成	镇海档案馆
70	1	鑑桥胡氏宗谱（残）（胡宗南世系）	1 册（不全）	不详复印件		胡镇彪	镇海档案馆
71	1	灵岩徐家洋徐氏宗谱	1 册	2000 年复印件	俞信茂	大碶徐家洋村	镇海档案馆
72	1	北仑新碶陈氏慎德堂宗谱	1 册	2000 年铅印本	陈继屏等	陈　亮	镇海档案馆
73	1	蒋母事略	1 册	民国 7 年（1918）至民国 14 年（1925）复印件	蒋介石等	区文管会	镇海档案馆
74	1－38	芦江胡氏宗谱（玖睦堂）（第一本至十六本）	38 册	清道光二十七年（1847）复印件	谢洁贤	胡嘉翔	镇海档案馆
75	1－4	朱塘胡氏宗谱（第一至第四册）	4 册	民国 7 年（1918）版 2004 年整理复印件	陈师蕃 胡镇彪	胡镇彪	镇海档案馆
76	1	陈氏房谱（卷一、卷二为第一册，卷三、卷四为第二册）	2 册	民国 7 年（1918）复印件	施宗范	海曙陈继申	镇海档案馆
77	1	郑氏支谱（承德堂）（塘路沿和庙基头村）（上、下卷）	1 册	2007 年铅印本	郑征祥编、赠		镇海档案馆
78	1－2	镇海洪桥戴氏家谱（堂号习礼堂）（卷一、卷二各一册）	2 册	民国 26 年（1937）3 月上海永业印刷公司印　复印件有光盘	王予蕃纂修		镇海档案馆（原件存上海图书馆）
79	1	清泉张氏宗谱（卷首、卷一至卷十六）（分三函装入木箱）	15 册	2009 年铅印本	海天公司编、赠		镇海档案馆
80	1	澥浦庙基头郑氏宗谱（续修）	1 册	2006 年 12 月复印件	郑钟嘉续修	洪余庆	镇海档案馆

续表 6－2

目录号	案卷号	谱牒名	册数	修谱日期	主修人	提供者	保藏者
81	1	镇北龙山《郑氏宗谱》	1 册	清光绪二十八年（1902）重修复印件	郑钟嘉从天一阁查阅后打印	洪余庆	镇海档案馆
82	1	郑氏十七房世系图、宗约、士籍、官衔汇集录	1 册	2009 年 10 月　复印件有光盘	郑　旭	区档案馆负责打印	镇海档案馆
83	1	十七房郑氏闸口派支谱	1 册	2010 年 2 月复印件有光盘	郑　旭	区档案馆负责打印	镇海档案馆
84	1	十七房郑氏塘路沿靖二十九派支谱	1 册	2010 年 6 月复印件有光盘	郑　旭	区档案馆负责打印	镇海档案馆
85	1	澥浦十七房郑氏传锦公一支家谱（包括郑旭有关十七房文化提升意见等 1 册 5 件）	2 册	2009—2012 年复印件有光盘	郑　旭	区档案馆负责打印	镇海档案馆
86	1	黄氏屏山公房谱（柴桥黄家桥）	1 册（不全）	1932 年手抄本复印件		黄金美	镇海档案馆
87	1	镇海庞氏宗谱（存德堂）（附件九件）	10 册	2009 年 11 月复印件	庞纪勋等编、赠		镇海档案馆
88	1	中华郑氏通书	1 册	2008 年（定价 150 元）	《中华郑氏通书》编纂委员会		镇海档案馆
89	1	朱氏源流谱（石湫朱家朱氏八房房谱）（尚德堂）	1 册	2002 年铅印本	朱镇华执笔	乐炳成	镇海档案馆
90	1	叶公澄衷荣哀录	1 册	清光绪二十八年（1902）铅印本复印件		陈　兵	镇海档案馆
91	1	镇海县海晏乡梅山乐家《乐氏宗谱》	1 册	清道光二十七年（1847）手抄本复印件	黄彬编修	乐炳成	镇海档案馆
92	1	慈东叶氏源流	1 册	2010 年印刷本	北仑商业局叶宝定赠送		镇海档案馆
93	1	镇海蛟门金氏元房宗谱	1 册	2008 年电脑打印	金颋赠送		镇海档案馆
94	1	郑氏十七房家谱简介	1 册	2011 年电脑打印	郑　旭	区档案馆负责打印	镇海档案馆
95	1	白峰乐竹房祀谱	1 册	2007 年 2 月原件		乐炳成	镇海档案馆
96	1	十七房郑氏后新屋文四派支谱	1 册	2012 年 6 月电脑打印	郑　旭	区档案馆负责打印	镇海档案馆
97	1	芦江胡氏宗谱（卷一至卷八）（1 箱）	8 册	2012 年铅印本	芦江胡氏宗谱编纂委员会赠		镇海档案馆
98	1	翁洲紫微庄墩头黄氏谱	1 册	2013 年收集	舟山市黄以周学术研究会		镇海档案馆
99	1	澥浦十七房郑氏后裔世系名录汇集（分居岱山、舟山地区）	2 册	2014 年 2 月电脑打印	郑　旭	区档案馆负责打印	镇海档案馆
100	1	三北徐氏	1 册	2012 年精装本	方　煜	东宁波出版社	镇海档案馆
101	1	纵观中华乐氏	1 册	2009 年普装本	乐炳成乐晓明	香港天马出版公司	镇海档案馆

说明：其中目录号 60、62、73、92、98 系外地宗谱

镇海县大姓家谱目录线索表

表 6－3

谱牒名	卷册	修谱日期	主修者	保藏者
镇邑颖川村黄满隔河陈陈氏宗谱	1	民国抄本	不详	上海图书馆
黄满陈氏续修宗谱	1	清抄本	陈善等	上海图书馆
黄满陈氏宗谱	1	民国抄本	不详	上海图书馆
镇邑隔河陈陈氏宗谱	1	民国 37 年（1948）铅印本	陈忠立等	上海图书馆
蛟川灵绪乡沙河陈氏西宅宗谱	8	民国 14 年（1925）木活字本	陈廷钧等	上海图书馆
蛟川灵绪乡沙河陈氏西宅支谱	5	民国 14 年（1925）木活字本	陈廷钧等	上海图书馆
蛟川黄氏本派草谱	2	清道光十九年（1839）木活字本	黄溥	上海图书馆
镇海柴桥曹氏宗谱	1	民国 9 年（1920）木活字本	不详	上海图书馆
慈镇盛氏七修宗谱	16	民国 8 年（1919）木活字本	盛锺襄等	上海图书馆
石湫叶氏宗谱	8	民国 14 年（1925）木活字本	叶亮高	上海图书馆
沈郎桥叶氏房谱	1	清光绪三十三年（1907）木活字本	叶志国	上海图书馆
镇海鹧鸾湾董氏宗谱	9	民国 16 年（1927）木活字本	董朝巽等	上海图书馆
镇海中官路汤氏宗谱［卷首、卷一至卷十三，2 函（终）］	4 册	民国 25 年（1936）木活字本，复印件，有光盘	汤钧昭等	镇海图书馆
镇海五里牌王氏重修族谱	16	清光绪三十二年（1906）木活字本	王子谦等	上海图书馆
镇海五里牌王氏宗谱	17	民国 22 年（1933）木活字本	张琴等	上海图书馆
蛟川王氏宗谱	4	清光绪七年（1881）刻本	王世灏等	上海图书馆
镇海崇邱乡漕头王氏家谱	5	民国 25 年（1936）木活字本	谢汇川	上海图书馆
镇海崇邱乡漕头王氏支谱	1	民国 25 年（1936）木活字本	不详	上海图书馆
慈东方家堰方氏宗谱	8	民国 20 年（1931）木活字本	童成章	上海图书馆
灵岩虞氏宗谱	2	民国 22 年（1933）木活字本	虞中烜等	上海图书馆
燕翼堂虞氏谱传	1	清稿本	不详	上海图书馆
镇海刘氏宗谱	1	民国 24 年（1935）抄本	刘姬年	上海图书馆
镇海薛氏宗谱	10	民国 13 年（1924）木活字本	谢觐獻等	上海图书馆
镇海薛氏宗谱	10	民国 36 年（1947）木活字本	薛仁孝等	上海图书馆
卢氏宗谱	残本	民国 6 年（1917）木活字本	卢忠熹等	上海图书馆
镇海洪桥戴氏宗谱	2	民国 26 年（1937）铅印本	王予藩	上海图书馆
镇海西管乡后倪倪氏宗谱	17	民国 13 年（1924）木活字本	陈祖诏	上海图书馆
镇海蛟河村倪氏宗谱	7	民国 19 年（1930）木活字本	倪邦宪	上海图书馆

续表 6－3

谱牒名	卷册	修谱日期	主修者	保藏者
镇海大枫林徐氏宗谱	1	民国 24 年（1935）铅印本	徐鼎年 徐桴等	上海图书馆
崇邱陈山前徐氏宗谱	3	民国 26 年（1937）木活字本	徐静镜 李国宰	上海图书馆
蛟川东管朱氏房谱	1	清光绪三十年（1904）木活字本	朱声榜	上海图书馆
蛟川东管朱氏宗谱	15	民国 18 年（1929）木活字本	朱声榜	上海图书馆
镇海张鑑碶朱氏庆善堂家乘	1	民国 25 年（1936）石印本	朱德祐	上海图书馆
镇海县江南镇朱氏宗谱分录	1	民国 35 年（1946）铅印本	朱荣富	上海图书馆
镇海向氏家谱	1	民国 17 年（1928）铅印本	向道衍等	上海图书馆
镇海港口李氏支谱	1	民国 25 年（1936）铅印本	李厚垣等	上海图书馆
蛟川灵绪乡澥浦余家塘余氏宗谱	4	清光绪十六年（1890）抄本	余志俊	上海图书馆
镇海清水浦大宗汪氏宗谱	17	民国 33 年（1944）木活字本	汪立孝等	上海图书馆
镇海沈氏宗谱	13	民国 26 年（1937）铅印本	沈俊卿	上海图书馆
俞氏宗谱	1	民国抄本	俞宗海	上海图书馆
蛟西洪氏宗谱	6	民国 7 年（1918）木活字本	杜项斯	上海图书馆
镇海中官路汤氏宗谱	5	民国 25 年（1936）铅印本	汤钧昭等	上海图书馆
沙河陈氏支谱	8	民国 14 年（1925）木活字本	陈廷钧等	上海图书馆
镇海范回春先生家传	1	1992 年铅印本	范伯丰	上海图书馆
清泉张氏宗谱	13	清宣统元年（1909）木活字本	张汝蘅	上海图书馆
华氏宗谱	1	清抄本	华梦起等	上海图书馆
镇海柏墅方氏重修宗谱	25	民国 4 年（1915）木活字本	张美翊	上海图书馆
蛟川樊氏宗谱	4	清宣统三年（1911）石印本	樊君芳（棻）	上海图书馆
蛟川前灵绪乡郑氏宗谱	4	清光绪七年（1881）木活字本	郑传澜	上海图书馆
镇海虹桥朱氏重修族谱	14	清宣统二年（1910）木活字本	谢覲黻	上海图书馆
镇海朱氏运石浦支谱	1	民国 23 年（1934）铅印本	朱传型	上海图书馆
镇海柏墅方氏恭房支谱	21	民国 22 年（1933）木活字本	江五民	上海图书馆
蛟川江氏支谱		民国 23 年（1934）	虞中烜	宁波天一阁
东管包氏宗谱	6 卷	民国 9 年（1920）	谢覲黻	宁波天一阁
横河堰包氏宗谱	6 卷	民国 36 年（1947）	黄佑栻	宁波天一阁
蛟门金氏总谱	全 1 册	清道光二十七年（1847）	金蔗仙	宁波天一阁
镇西蛟河村陈氏宗谱	4 卷	清光绪二十四年（1898）	陈云衢	宁波天一阁

续表 6-3

谱牒名	卷册	修谱日期	主修者	保藏者
镇海大通宣庆府董氏宗谱	4 卷	清光绪二年（1876）	陈继聪	宁波天一阁
蛟川范氏宗谱	4 卷	清光绪十八年（1892）	范恒益	宁波天一阁
镇海柏墅方方氏重修宗谱	24 卷	民国 3 年（1914）	张美翊编纂	宁波天一阁
柏墅方方氏恭房支谱	20 卷 首 1 卷	民国 22 年（1933）	江五民 方义鹗	宁波天一阁
蛟西洪氏宗谱	6 卷	民国 6 年（1917）	陈祖诏	宁波天一阁
汉塘洪氏宗谱	不分卷	民国 12 年（1923）	洪日湄	宁波天一阁
汉塘洪氏宗谱	不分卷	民国	佚名	宁波天一阁
汉塘洪氏宗谱	存 1 卷	民国	佚名	宁波天一阁
田胡村胡氏宗谱	10 卷 首 1 卷	清光绪二十五年（1899）	朱宗夔	宁波天一阁
蛟东胡氏重修宗谱	4 卷	清宣统三年（1911）	胡　丹 王予藩	宁波天一阁
鑑桥胡氏宗谱	7 卷 首 1 卷	民国 7 年（1918）	董祖羲	宁波天一阁
田胡村胡氏宗谱	13 卷 首 1 卷	民国 17 年（1929）	胡昌龙	宁波天一阁
镇北赵氏宗谱	6 卷	民国 6 年（1917）	赵学晋 赵有信	宁波天一阁
蛟川前灵绪乡郑氏宗谱	3 卷 首 1 卷	清光绪七年（1881）	郑传澜	宁波天一阁
镇北龙山郑氏宗谱	14 卷 首末 2 卷	清光绪二十八年（1902）	余夔	宁波天一阁
镇海严氏宗谱		清光绪十三年（1887）	严广滏 严昭明	宁波天一阁
三山俞氏宗谱	不分卷	清道光三十年（1850）	项历农	宁波天一阁
三山俞氏宗谱	不分卷	清光绪六年（1880）	郑文纶	宁波天一阁
三山俞氏宗谱	不分卷	清光绪二十九年（1849）	朱景徽	宁波天一阁
三山俞氏宗谱	不分卷	民国 22 年（1933）	俞本梿	宁波天一阁
新添庙桥王氏宗谱	4 卷 首 1 卷	民国 23 年（1934）	王钦瑞	宁波天一阁
东管王氏宗谱	2 卷	清道光十九年（1839）	王景秀 王钦芳	宁波天一阁
港口孙氏宗谱	存 7 卷	清宣统三年（1911）	佚名	宁波天一阁
蛟川清水桥孙氏宗谱	存 3 卷	民国 22 年（1933）	佚名	宁波天一阁
蛟川周氏宗谱	6 卷 首末 2 卷	民国 20 年（1931）	张琴	宁波天一阁

续表 6－3

谱牒名	卷册	修谱日期	主修者	保藏者
蛟西庄氏宗谱	5 卷 首末 2 卷	民国 18 年（1929）	庄继良 庄小愚	宁波天一阁
穿山周氏宗谱	4 卷	清光绪十五年（1889）	胡锡桐	白峰百丈村周时堂
穿山周氏宗谱	4 卷	民国 4 年（1915）	邹启峰	白峰百丈村周时堂
鄞东徐氏宗谱	8 卷 2 册	清道光二十九年（1849）	徐景洙	白峰门浦徐阿康
司前郑氏续修宗谱	1 册	清光绪三十年（1904）		白峰司前村
鄞县西袁氏家乘	12 卷			白峰雁停湾
鄞县西袁氏家乘（续编）	上下卷	1982 年	袁久富	白峰雁停湾
蒋氏宗谱	1 册			白峰蒋家岙
鑑桥胡氏宗谱	7 卷	民国 7 年（1918）	董祖羲	朱塘胡镇彪
朱塘胡氏世系	3 册	民国	项舜年	朱塘胡镇彪
清泉张氏宗谱	8 本 12 卷	清宣统元年（1909）	张汝蘅	镇海张培康
小港李氏宗谱		民国 25 年（1936）		上海李祖敏
徐氏永怀堂宗谱并续	1 册	民国	徐本祥 徐本谦 徐新远	上海徐新远
镇海大市堰傅氏宗谱	4 册 4 卷	民国 16 年（1927）	傅德慷	上海傅湘源
镇海张鑑碶朱氏庆善堂家乘续编	1 册	1982 年	朱德祐	上海朱吉相
镇海向氏家谱	1 册	民国 17 年（1928）	向道深	大连向惟浚
（大碶）灵岩王氏重修宗谱	1	清咸丰元年（1851）	傅锦昭	北仑博物馆
（大碶）灵岩王氏宗谱	1	清光绪二十四年（1898）	宗克佩	北仑博物馆
（霞浦）陈氏宗谱世系	1	民国 35 年（1946）	周昌祚	北仑博物馆
（霞浦）明十七公长房谱（张）	1	清咸丰八年（1858）	半塘氏	北仑博物馆
（霞浦）大胡胡氏品房重祀支谱	1	民国 13 年（1924）	石玉如	北仑博物馆
（北仑）周氏宗谱	1	清末或民国	不详	北仑博物馆
（白峰）郑氏谱系	1	清道光二十九年（1849）	沃良能等	北仑档案馆
（白峰）司前郑氏宗谱	1	清光绪三十年（1904）	胡同钧等	北仑档案馆
（大碶）湖塘乐氏宗谱	8	清道光二十一年（1841）	瓶山逸史	北仑档案馆
（大碶）灵岩徐家洋徐氏宗谱	1	2000 年	乐炳成 俞信茂	北仑档案馆
（大碶）嘉溪邵氏重修宗谱	1	民国 10 年（1921）	韩宰潮	北仑区佛教协会

第二节　家训宗规选

一、镇海柏墅方方氏家训选

选自民国4年（1915）《镇海柏墅方氏重修宗谱（六桂堂）》

子弟性情刚愎、礼貌粗疏，皆因不读书之故，自宜延明师教之，以陶镕其气质。上者讲求义理，追美前儒；其次肄习举业，以取功名；下亦须粗知章句，稍通文墨，不失礼教。为父兄者各宜勤心。

娶妇不必论其贫富，但择其门第，访其家政与妇之性情如何。若艳其目前富贵，漫意攀援，转恐贻患他日。其装奁厚薄更可无论。

嫁女不必论其贫富，但择名门与婿之贤者则许之。聘礼之来随，其丰俭切勿争较，以失亲情。置办装奁，称家有无，切勿勉强，因以自累。

勤俭者家以成立，怠荒者家以覆坠。成立之难如跻高山，覆坠之易如下坡阪。盖勤则日进不已，不已则何事不就；俭则日用无靡，无靡则何物不保。惟自奉不宜侈奢，若冠婚丧祭及礼节人情诸项亦不当过于吝啬，以适中为度。

阖族之人虽有亲疏远近，而在始祖视之，则一体也。不得以富贵而压贫贱，以强大而凌弱小，致长幼无序尊卑无统。今宜祖宗是念。家庭出入，里闾会聚，以情相爱，以分相接，其有凌犯尊长欺侮等辈不合于礼者，族长以家法治之。

各家大小事务悉宜主自家长。为家长者亦宜秉公无私，辑睦群从。世俗尝有听信妇言，人各一意，甚至预留私蓄，以为分爨之计。遂致同胞兄弟至亲叔侄视如外人，纷纷争讼，岂成家法。今凡为长上者，先须立心公正，处已勤俭，以御群子弟及家众，分之以职，授之以事，而责其成功。钱谷出入务要明白，饮食衣服务要均一。为群从者凡事禀行，不可专擅，尤必协力同心助理家政。其父子兄弟会食在外，妇女会食内庭，勿私蓄，勿私营，勿私赴饮食，以启衅端。仆妾有忠义者厚遇之，离心者逐之。

忍之一字，诚处家者所宜知。昔张公艺九世同居，不过一忍。人思窒欲惩忿，凡事有非大相干犯者，隐忍在心，以消戾气，以释烦言，以全亲亲之谊，亦辑睦之一道也。

乡里当以爱敬相联，凡有往来之礼不可缺失。邻舍之密尤较他人不同。古人千万买邻，盖重其事也。睦邻之道，患难相恤，有无相济，贤否相劝戒。一切小忿不校，宿怨不留，躬自厚而薄责于人，如此则百世可居矣。

贫富在天，非人所能□也。故富者不可骄奢自足，当好义好礼以处富；贫者不可贪求自污，当安分安命以守贫。能处富则可久富，能守贫则不终贫。此中消息，正须自参。

家境无论贫富，士农工商能各守一业，斯无游惰之患，且贫可给而富可充矣。贫者尤莫若务农。今人不知农为本业，反以为贱而不肯为此，其所以长贫也。设有富者不知训饬子弟，授以职业，一旦不幸财匮产尽，无以聊生，欲为士而未尝读书，欲为农而不耐劳苦，欲为工而技未娴，欲为商而赀不足，游手游食转出人下，皆因不务生理所致也。戒之，戒之！

争人土田，谋人赀产，非仁人君子之事。况膏腴之地、崇厚之财，人皆慕之，而人不皆得。此可以义命自安矣。苟藉祖宗之贻薄田旷地，能勤力其中，衣食足供，奚事处心残刻，希冀他人所有乎？司马温公曰，积金以遗子孙，子孙未必能守；积书以遗子孙，子孙未必能读。不如积阴德于冥冥之中，以为子孙常久之计也。勉之慎之。

（注）《南史·吕僧珍传》："初，宋季雅罢南康郡，市宅，居僧珍宅侧，僧珍问宅价，曰：'一千一百万。'怪其贵。季雅曰：'一百万买宅，千万买邻'。"

二、镇海柏墅方方氏六桂堂宗规选

选自民国4年（1915）《镇海柏墅方氏重修宗谱（六桂堂）》

六桂堂：是一个十分著名的堂名，指的是南方闽粤一带的洪、江、翁、方、龚、汪等六个姓氏。根据历来文献的记载，南方的这六个家族，虽然所顶的姓氏完全不同，但实际上却是一父所出的同一家人，所以才会共用"六桂堂"堂名。

国也有法，家也有范，不肃规程，宗将焉赖。述宗约志第四。

宗约志　六桂堂宗规

敬宗睦族，所以敦本也。凡我子姓须知，宗族蕃衍，犹水有分派，木有分枝，远近虽异，本原则同。务宜出入相友，缓急相通，守望相助，俾乡俗推为仁里，终古无愧义门，岂不甚美。慎毋恃富凌贫，以强欺弱，途人相视。

读书为四民之首。士习贵端，处不愧为名儒，出即可为良吏。平居宗族训饬子弟务以退让明礼为先。遇有事故，排难解纷，持理规诤，慎毋饰智警愚，藉端滋事，贻羞胶庠。

农桑乃衣食之源。春耕秋敛不失其时，自然丰衣足食。慎毋游惰自安，以致仰事俯畜之无资。

百工商贾，各宜专守本业。工能专门名家，不惮辛勤；商能懋迁货居，不辞跋涉，皆可兴家立业，慎毋游手好闲，为流荡子弟。

勤俭为治家之本。凡事尽心悉力，务以就理为先。其日用起居以及冠婚丧祭，须知量入为出，宁俭毋奢，慎浮费浪用，专事华靡有倾覆之虞。

宗长主持宗政务须秉公无私。然为子姓者当知乡党莫如齿。凡出入追随各宜恭敬循分。倘或梗顽不率、目无尊长以及恃强凌弱，柱首等会集宗祠公同议罚，决不从宽。

柱首择贤而立，以助理宗祠诸务。务宜实心为事，询谋佥同，毋执己见，紊乱章程。所有田亩收租银钱进出，公同妥议，不得私自徇情。如有存私偏执者，除公举更立柱首外，再行从重议罚。

承继兼祧，律有明文。族中年老无子必邀集宗房柱首公同择立，昭穆相当者以为后。如应继之人为继父母素所不欲，再议择贤立爱。至于身后之嗣，必须照次承继，或一子兼祧，此皆与律相符。倘其人不贤，凭宗族更为选立。设有继父母在日遗据，必经公同议处者方可作据。

平居执业，尤宜安分守己，倘有为非作妄以及攘窃偷盗者，一经察出，宗房会同柱首即将本身出族，并不准在本处居住，重者送究不贷。

聚赌、窝窃及煎卖鸦片烟，大干例禁。族中如有不肖犯此者，宗房会同柱首惩办。倘外来赁屋赌窃卖烟者，公同驱逐，决不宽贷。

三、镇海朱氏运石浦家乘——文公家训

选自民国23年（1934）《镇海朱氏运石浦家乘（支谱）》

朱子曰：君之所贵者，仁也；臣之所贵者，忠也；父之所贵者，慈也；子之所贵者，孝也；兄之所贵者，义也；弟之所贵者，敬也；夫之所贵者，和也；妻之所贵者，柔也；事师长所贵乎礼也，交朋友所贵乎信也。见老者敬之，见幼者爱之。有德者，年虽下于我，我必尊之；不肖者，年虽高于我，我必远之。

慎勿谈人之短，切莫矜己之长。仇将以义解之，怨将以直报之，随所遇而安之。人有小过含容而忍之，人有大过以理而谕之。勿以善小而不为，勿以恶小而为之。人有恶则掩之，人有善则扬之。处世无私仇，治家无私法。勿损人而利己，勿妒贤而嫉能，勿忿怒以播横逆，勿非礼以害物命。见不义之财勿取，遇合理之事必从。

诗书不可不学，礼仪不可不知，子孙不可不教，僮仆不可不恤，斯文不可不敬，患难不可不扶。守我之分者，理也；听我之命者，天也。人能如是，天必佑之。此乃日用常行之道，若衣服之于身体，饮食之于口腹，不可一日无也，可不慎哉。

勤俭治家之本，和顺齐家之本，谨慎保家之本，诗书起家之本，忠孝传家之本。

四、镇海朱氏运石浦家乘——治家格言

选自民国23年（1934）《镇海朱氏运石浦家乘（支谱）》

《朱子家训》亦称《朱柏庐治家格言》，简称《治家格言》。作者朱用纯（1627—1698），字致一，自号柏庐（昆山现有柏庐小学），江苏省昆山县人。明—清著名的思想家。其父朱集璜是明末的学者，反清复明失败自尽。朱用纯始终未入仕，康熙年间有人要推荐他参加朝廷博学鸿词科的考试，固辞乃免。一生研究程朱理学，主张知行并进，其著作有《删补易经蒙引》《四书讲义》《愧讷》和《大学中庸讲义》等，其中以506字的《朱子家训》最有影响，三百年来脍炙人口，家喻户晓。

黎明即起，洒扫庭除，要内外整洁；既昏便息，关锁门户，必亲自检点。

一粥一饭，当思来处不易；半丝半缕，恒念物力维艰。

宜未雨而绸缪，毋临渴而掘井。

自奉必须俭约，宴客切勿流连。

器具质而洁，瓦缶胜金玉；饮食约而精，园蔬愈珍羞。

勿营华屋，勿谋良田。三姑六婆，实淫盗之媒；婢美妾娇，非闺房之福。

奴仆勿用俊美，妻妾切忌艳装。

祖宗虽远，祭祀不可不诚；子孙虽愚，经书不可不读。

居身务期质朴，教子要有义方。

勿贪意外之财，勿饮过量之酒。

与肩挑贸易，毋占便宜；见贫苦亲邻，须加温恤。

刻薄成家，理无久享；伦常乖舛，立见消亡。

兄弟叔侄，需分多润寡；长幼内外，宜法肃辞严。

听妇言，乖骨肉，岂是丈夫？重资财，薄父母，不成人子。

嫁女择佳婿，毋索重聘；娶媳求淑女，勿计厚奁。

见富贵而生谄容者，最可耻；遇贫穷而作骄态者，贱莫甚。

居家戒争讼，讼则终凶；处世戒多言，言多必失。

勿恃势力而凌逼孤寡，毋贪口腹而恣杀生禽。

乖僻自是，悔误必多；颓惰自甘，家道难成。

狎昵恶少，久必受其累；屈志老成，急则可相依。

轻听发言，安知非人之谮诉？当忍耐三思；因事相争，焉知非我之不是？需平心暗想。

施惠无念，受恩莫忘。凡事当留馀地，得意不宜再往。

人有喜庆，不可生妒忌心；人有祸患，不可生喜幸心。

善欲人见，不是真善；恶恐人知，便是大恶。

见色而起淫心，报在妻女；匿怨而用暗箭，祸延子孙。

家门和顺，虽饔飧不继，亦有馀欢；国课早完，即囊橐无馀，自得至乐。

读书志在圣贤，非徒科第；为官心存君国，岂计身家？

守分安命，顺时听天。为人若此，庶乎近焉。

五、镇海沈郎桥叶氏族规选

选自民国 18 年（1929）《镇海沈郎桥叶氏宗谱（永思堂）》

第七章　承继及兼祧

第十六条：不娶者不继，即冥配亦作未娶论。惟有为国捐躯有光祖宗者，得立后以承祀。

第九章　阖族应共守条件

第二十二条：子姓中如有人素良懦，家仅孤寡，为人所欺陷者，宗房长及董监诸人务须力为昭雪。其有咎由自取者，则不在此例。

第二十三条：子姓中有不务正业，作种种不法行为者，非徒祖宗之羞，抑亦地方之害，经族议后必严重处置。

六、镇海五里牌王氏宗约选

选自民国 22 年（1933）《五里牌王氏宗谱（仰德堂）》

第三条：范文正公云，吴中宗族于吾固有亲疏，然在祖宗视之则皆子孙也，故睦族之道最所当先。族中除游惰不检、破坏产业以致窘穷者例不周给外，其余婚丧无资及意外疾病患难，或周济，或借贷，惟力是视，万勿袖手，以亏一本之理。然在待济者亦不得萌非妄想以致口实之端，使美意反成争窦。

第七条：平居执业尤宜安分守己，倘有为非作妄以及攘窃偷盗者，一经察出，宗房会同柱首即将本身出族，不准在本处居住；重者送究不贷。

七、镇海五里牌王氏宗规六条

选自民国22年（1933）《五里牌王氏宗谱（仰德堂）》

一曰读书为要。有书不读子孙愚。昔人之言至矣，尽矣。况古来亢宗之子断无不事诗书者。今虽西法盛行，而无我国圣贤经传以为之根柢，鲜不蹈乱理犯分之咎。后世子孙苟稍温饱，无废书香。

二曰孝弟当先。入孝出弟，圣训昭彰。盖能孝弟，则上足以格天地，中可以端行谊，下有以示子孙，可不先务于与？

三曰礼义廉耻。礼义廉耻谓之四维，四维不张，国乃灭亡，况在家族。试观古来世德之家，断无不崇礼重义、敦廉尚耻者。是何可鲁莽灭裂，自流污下，而致玷辱家声乎。

四曰勤紧节俭。勤为起家之本，俭实藏用之源，故虽贫富，当安于义命。然士农工商各执一业，务必及时振奋，量入取用，勿贪逸游，勿爱奢侈，庶事业得兴与己，衣食常裕于家。

五曰和顺忍耐。和顺致祥，忍耐免咎。倘意气用事，动多乖戾，鲜不与祸为邻者。故大舜不藏不蓄，孟子之三自反，二者皆万世所当师也。

六曰择交慎与。昔张文端公有言，保家莫如择友，盖益友固足以取资，而匪类实足以招祸。辨为邪枉，务须决意绝交，仰厥贤能，要在竭诚崇奉。倘使鉴别之不审，而暱比匪人，以贻后悔，岂不晚哉。

八、镇西蛟河倪氏族规

选自清宣统二年（1910）《镇海蛟河倪氏宗谱（中兴堂）》

宗长为一族模楷，必须行常笃实、心地坦白，又必精力充足，堪以任事。倘其人疲癃有疾及出外营生诸事，得以副长代充；其有未经婚娶与行止不端及营业不正或逞私武断、索贿包庇等情，有人指明确据，可公议更换，择序齿中尊贤者以代之，经众公举不得推诿。

本族宗长一人，中前后三房房长各一人，柱首四人，监察一人，此向规也。

柱首监察须择其人公正明白、不避嫌怨者举充。倘有尸位旷职、泄泄从事者，公议更换。

子孙有下伍娼优隶卒及大逆不道身为盗贼事，经发觉者，世系内除其名，以昭炯戒。惟出为缁黄者，存其名而削其生卒，注明出家。倘日后还乡仍须照依补入。

族人有作奸犯科及伦常乖舛与窝娼、窝赌、私售洋烟，均为乡党所不齿，无论尊卑贫富，可公议黜族。

尊卑长幼各宜自爱，如族中有居卑犯尊、恃长凌幼、逞强项以欺懦弱等情，可邀众公议辨其虚实，判其曲直。过轻者议罚令其自新，罪重者禀办以昭炯戒。

严禁赌博，例有明文。族中有敢犯此科者，轻则议罚，重则鸣官究治。如报告人执有实据，本公堂愿酬鹰洋贰元。倘包庇隐匿得贿故纵，一经察出，亦例应照罚。

族人遇有争执事故，必须先告本房长理论。不服次禀宗长理论，不服事主备牲醴，开公堂门，邀请宗房长各柱首绅衿等公议曲直。不准遂行涉讼，以敦族谊而保资财。苟有恃蛮逞刁、倚官托势，轻则议罚，重则黜族。

祭日务讲孝弟敦礼让，如有无端起衅或酗酒挟私争执，议罚南词一台，以惩不敬。

未娶而卒者及未成人等，其主入处士堂。如有忠孝可旌、为国捐躯、名节卓著、事业昭彰或有著作可传者，宗房长及各柱首不妨摈除成见，另行酌商入祠，以为贤达劝。

（唐斌源　选　辑）

第七编　地域与人文优势

本编目录

清顾祖禹《读史方舆纪要》卷九十二称镇海“控海据山，为浙东门户”。招宝山潮音洞崖壁上曾镌刻明代抗倭名将卢镗“六国来王处，平倭第一关”联语，历史也确实证明“莫小招宝山，东来第一关”（明代邵似雍诗句）断语。

改革开放以来，镇海充分利用港口、大工程、侨乡三大优势，逐渐把这个地处“浙东门户”的县级区建设成令人瞩目的国家重点发展地区，各项事业欣欣向荣。江海河山、港口滩涂、人文景观、历史文化，国防要冲、海上丝路、商帮摇篮、院士之乡、教育强区、临港产业……构成镇海独特的地域与人文优势。

第一章　港　口

甬江口即镇海口，古称大浃口。甬江从宁波三江口起，东流22千米，至镇海口注入东海。

据近代钻探探明，距今4000多年前，原系进出潮豁口的石塘下一带，为钱塘湾来沙积壅成陆，甬江改道从浃口出海。镇海口外金塘水道水深20～100米，可满足万吨级以上大型船舶进入港区锚地。镇海口至大游山水域长840米，宽140米，水深10～44米，万吨级轮船无须候潮可抵达镇海港区。

宁波港镇海港区，位于甬江口门北侧，招宝山东南。20世纪70年代，国家重点建设宁波港镇海港区，镇海以港而兴。历史上的镇海港亦由内河港向河口港转型。

第一节　港史略述

历史上的镇海港，通常指镇海城关甬江口招宝山至张鑑碶一线。

周元王三年（前473），句章港兴起。晋隆安三年十一月（399），孙恩起义军自海道入浃口①，溯江而上。

唐开元二十六年（738），明州港作为贸易港在三江口崛起，甬江口作为明州外港亦发展起来。内外船舶出入明州港，多在甬江口放洋和收帆。唐元和四年（809），置望海镇。历史上明确载明在望海镇启碇者有：唐大中元年（847）六月二十二日，明州商人张支信等37人“自望海镇放洋，横渡东海到达（日本）值嘉岛”；唐咸通六年（865）七月二十五日，明州商人李延孝等63人“自望海镇抵达日本肥前值嘉岛”。

后梁开平三年（909），置县建城，初名望海，旋改定海。国内外来明州的商船，频繁进出定海，或在此驻泊。港口出现一派“海道辐辏，风帆浪舶”的兴旺景象。北宋淳化三年（992）四月，两浙市舶司由杭州迁定海。同年十二月，阇婆国（今印尼爪哇）遣使来宋，“以中国商人毛旭为向导，泛舶六十日，至明州定海县”。

北宋熙宁七年（1074）高丽使者为远避契丹，要求不走登州，改行明州朝贡。高丽来使与宋廷去高丽使节，俱在定海港登岸和放洋。北宋元丰年间，朝廷于县城东南40步（1步=5尺=1.66米）处，“建航济亭，以为高丽使臣往还赐宴之地”。元丰元年（1078），昭遣安涛、陈睦出使高丽，乘凌虚致远安济神舟和灵飞顺济神舟，“自定海绝洋而东，既至，国人欢呼出迎”。政和四年

① 浃口之名见《宋书·武帝纪》。

（1114）三月，金兵南犯，朝廷规定日本、高丽商船以明州港为主要停泊港。徐兢《宣和奉使高丽图经》卷三十四载："……仍诏有司更造二舟，……一曰鼎新利涉怀远康济神舟，二曰循流安逸通济神舟，巍如山岳，浮动波上。"宣和五年（1123）路允迪、徐兢出使高丽时，以此两舟为座船，加上六艘客舟，自定海放洋。船到高丽礼成江时，"倾国耸观，而欢呼嘉叹也"。从北宋元丰元年到南宋隆兴二年（1078—1164），定海港共接待高丽使团14次，宋使节4次由此出使高丽。

元代统一全国，南北海运畅通。庆元路商人纷纷北上去华北诸港贩货，山东商人络绎到庆元路经营贸易。原来往返于泉州、庆元路两港的福建商人，这时来得更加频繁。元至正《四明续志》卷三称：定海"蛮夷诸番舟帆所通，为一据会总隘之地"。元至元十六年（1279），福建商贩在招宝山下建造天后神庙（明志称圣妃宫，俗叫天妃宫），镇海开始出现商业船帮雏形。

明朝对海外贸易采取严厉限制政策，加上倭寇为患，"海禁"长达200年之久，进出定海港商舶大为减少。

清初（1644—1682），实行比明朝更为严厉的"海禁"，并强令"迁界"。严饬"片板不许下水，粒货不许越疆"，"商舟、渔舟不许一艘下海"。将舟山岛上居民全部迁往大陆，空室清野；边海居民一律内迁30里，并筑墙为界，界外庐舍夷为废墟；所有沿海船只，全部烧毁。康熙二十二年（1683），开"海禁"，复"迁界"所弃之地，通海贸易。康熙二十六年（1687），定海县改名镇海县。乾隆二十二年（1757），宁波停止对西方商船的开放，（其）国内海上贸易运输还是迅速发展。民国《镇海县志》载："清乾隆年间，招宝山下，四方商贾争相贸易。"嘉庆至道光年间，镇海港"外省通直隶（河北）、山东，省内通杭州、绍兴、嘉兴、台州、温州各地。如南船常运糖、靛、板、果、白糖、胡椒、苏木、药材、海蜇、杉木、尺板。自南至沙埕北抵定关（指镇海口）。如北船常运蜀、楚、山东、南直棉花、牛骨、桃枣诸果、坑沙等货，自北而南抵定关。又有台、温捕贩渔船。绍兴、余姚土产、棉花，自内河至关"。南北船舶进入镇海口后大多驶往宁波，也有一部分在镇海港停泊装卸。镇海城里那些与海上贸易运输关系密切的地方，诸如打箹街、树行街，以及江南市、城西市，都相当繁华。进入近代，位处浙东门户的镇海港，深受外国武装侵略与经济掠夺之害，曾是鸦片输入的要口之一。第一次鸦片战争爆发的第二年，被英军侵占达一年之久。外国侵略者以护航为名，在镇海—舟山海域勒索中国民船多年。中法战争时期，遭法军侵略，海上交通中断4个多月。

19世纪90年代，镇海港始建轮埠，至清末，先后造轮埠8个：海龙轮埠、云龙足踏轮轮埠、镇海轮埠、宁波轮埠、小平安轮埠、海宁轮埠、景升轮埠、瑞云轮埠（湖广轮埠）。至1935年，犹存镇海轮埠和湖广轮埠。

1912年至1935年，建码头5个：三北公司码头、永川公司码头（宁象码头）、招商局码头（江天码头）、联益码头、宁兴码头。

1940年6月23日定海沦陷，因沉船封宁波港，镇海港承担宁波的对外贸易运输。到镇轮船停泊在镇海口外，人货由驳船装运。其时沪杭、浙赣、沪宁铁路线先后中断，长江航运停顿，沿海港口先后沦陷，镇海港一时成为大后方与外部世界物资交流（即通过镇海与上海租界间的贸易运输）的重要通道。

1941 年 4 月 19 日，镇海沦陷，港航设施以及运输被日本海军特务部控制。战后镇海港已没有一个可用码头和一艘像样船舶，江天码头趸船烂穿漏水，宁兴、三北码头只剩平台而没有趸船和引桥，其余 4 个码头亦因破败不堪而废弃。

抗战胜利后，1946 年年初，庙后张人王允财在县望道头西新建公记码头。同年 9 月，江天码头修复。11 月 16 日，沪甬客轮恢复在镇海靠泊。其时，镇海港与上海以及舟山、海门间的过埠航线已开通，但货少客多。从 1947 年 1 月至 1949 年 4 月的 28 个月中，进出港口货物平均每月不足千吨。1949 年 5 月 23 日，国民党军自宁波、镇海下海溃撤，劫走港内所有船只，并且在镇海江天码头的趸船上装满大米、站满士兵，由“江隆”轮拖向舟山，镇海港受到严重摧残而陷于瘫痪。

解放初，镇海港口只有一个公记码头和一条小轮（“江利”轮，行驶甬镇线）。海上交通运输因缺乏船只和受到在定海的国民党军海空骚扰完全停止。1956 年，县水产公司建 2 个水产码头。1958 年，县运输公司造 3 个简易木质卸货平台。1961 年，长山粮管所在甬江南岸建造粮食码头。1962 年，张鑑碶运输队在张鑑碶修建砂石码头。以上都是百吨上下小型码头。至 20 世纪 70 年代中期，港口几无新的发展。沪甬班轮在镇海靠埠的传统久未恢复，其他过埠航线在镇停靠的船只也越来越少。1972 年，公记码头因严重淤积而废弃。1978 年，甬镇定等过埠班轮全数停止在镇海的停靠。

【附】旧时大浃江码头

旧时称道头。清末民国初火轮出现称轮埠。

中华人民共和国成立前，镇海城关曾有的道头、轮埠、码头有：

道头 12 座

石道头　东门浦北首，又名石家渡道头。因近处有石姓世居，故名。旧时，是招宝山、金鸡山驻军给养输送与交通联络的渡口，也是招宝山、东门外一带筑城建庙运输砖瓦石料的起卸码头。民国时期曾作明明电灯公司运煤码头。现为港务局轮驳公司、上航二公司专用码头。

镇大道头　亦称拦江浦道头。一鑑池东，清道光年间建。现为三航四公司等单位专用码头。

洋关道头　镇大道头南首。清咸丰年间，英国人在甬江边建海关，西式洋房，百姓称“洋关”，有 2 层 5 间。其道头称洋关道头。现为镇海海关码头。

金塘道头　金塘道头弄东口。传系明代尚书邵辅忠所建，亦称舟山道头、新道头、邵家道头。现为镇海航标处专用码头。

税关道头　渔丰弄南口。传系明代尚书薛三省所建，亦称薛家道头。清时为税关码头。现为水产码头。

台下道头　养和弄南。民国时，税关在码头上设高台，以瞭望过往船只，故名。现为沿江景观带。

大道头　又称大道头利涉亭渡、大浃渡。位于南大街口。建于宋代。清时为扼守关口的战船停泊处，后为通往江南的主要渡口。现为沿江景观带。

远望道头　远望道头弄南口，旧称县房道头。建于清嘉庆年间，筑有亭。传为县署专用码头。现为镇海渡口码头。

二道头 亦称泥道头、运石浦道头。胜利路口东侧。清光绪六年（1880）建。有亭。现为沿江景观带。

链子道头 滚江弄南口，清乾隆年间建。相传筑码头时用铁链加固，故名。现为沿江景观带。

小道头 胜利西弄南口，亦称济川渡道头。光绪年间曾有筑济川亭。中华人民共和国成立后，为海军码头。现为沿江景观带。

白家浦道头 小道头西。曾为宁波航运公司镇海船厂船坞。现为沿江景观带。

轮埠8座

海龙轮埠 县望道头西。清光绪十六年（1890）租地设置。置火轮航行于甬镇间，光绪二十二年（1896）济安轮寄碇。

云龙（踏足轮）轮埠 大道头附近。清光绪二十四年（1898）租地设置。

镇海轮埠 县望道头东。清光绪二十六年（1900）租地设置。木构平台、木引桥、木趸船。

宁波轮埠 县望道头西。清光绪三十年（1904）租地设置，利济轮寄碇。

小平安轮埠 清光绪三十一年（1905）设于台下道头东，后移至县望道头西。

海宁轮埠 县望道头西。清光绪三十二年（1906）租地设置，光绪三十三年（1907）湖广轮寄碇。

景升轮埠 清光绪三十四年（1908）设于台下道头西首，后移至大关汛外。

瑞运轮埠 清宣统三年（1911）设于白家浦，旋移至泥道头东。1931年，改名湖广轮埠。

以上8个轮埠至1935年时犹存2个，即镇海轮埠和湖广轮埠。

1912年至1935年码头5个

三北公司码头 1915年建于台下道头、大道头之间。木构平台、木引桥、木趸船。

永川公司码头 1918年建于远望道头西，租地建设。钢筋混凝土平台，木引桥、木趸船。1931年改名宁象码头。轮船航行于甬镇间，后往温州等处。

招商局码头 济川渡西（小道头），1923年县人傅宗耀任招商局董事时购地建设。因停靠“新江天”轮，亦称江天码头。“江天”轮行驶于沪甬之间，轮船始通航上海，一时赴沪交通方便。3000吨级，石驳平台、木引桥（后改钢引桥），铁壳木台格趸船。镇海沦陷后，被日军占用。抗战胜利后，于1946年9月修复，沪甬客轮恢复在镇海停靠。1949年5月25日，趸船被劫往台湾。

联益码头 1932年建于税关道头西。钢筋混凝土平台、木引桥、木趸船。

宁兴码头 招商局码头西。1934年三北轮船公司建设，俗称三北公司码头。开拓水陆联运，三北棉花经此运往上海。因停靠“宁兴”轮，故名。3000吨级，钢筋混凝土平台、钢引桥，木趸船。1941年4月19日镇海沦陷后，被日军占用，后宁兴轮被劫走，不知去向。

战后至解放前建码头1个

公记码头 1946年年初，庙后张人王允财在远望道头西建。投入“江利”“梅浦”两轮行驶甬镇线间。

资料来源：《镇海县交通志》海洋出版社1997版、《宁波市镇海区地名志》1991年内部发行、任根德。

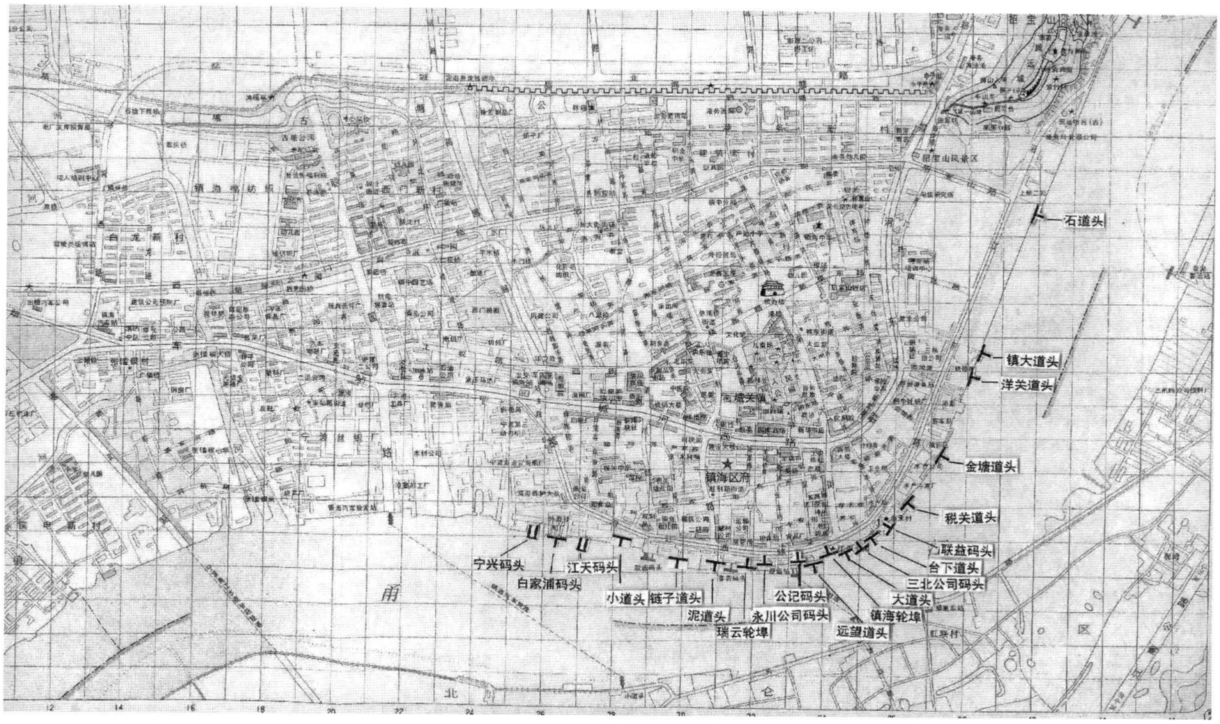

图 7—1　大浃江城关码头示意图（2008 年李红制作）

第二节　镇海港区开发

1974 年，宁波港镇海作业区建设工程上马，各施工单位纷纷在镇海港兴建建材或工作船码头，交通运输单位也增修码头，原本冷落的港口开始恢复生机，岸线的使用在北岸延伸到清水浦，南岸拓展至钳口门。1980 年 10 月，宁波港、镇海港、北仑港“三港合一”，统称宁波港，开始有宁波港区、镇海港区、北仑港区之分。

开发建设历史（1973—1985 年）

1973 年 7 月，国务院港口建设领导小组组长粟裕考察甬江，确定在扩建宁波市区老港的同时，建设镇海新港区。9 月，浙江省宁波港建设指挥部向国务院港口建设领导小组和国家计划委员会编报《宁波港扩建工程计划任务书》，提出在镇海甬江口门扩建 3 个作业区，建设 16 个泊位，年设计吞吐能力 820 万吨；以及新建进港铁路、新建和改建公路、扩建杭甬运河等配套工程的规划，全部工程分两期实施。

1974 年 8 月，交通部批复同意：“第一期建设煤码头 2 个泊位，杂货码头 3 个泊位以及相应的生产配套工程”。是年，港区一期工程开始劈山围堤造陆。围堤造陆工程从招宝山北麓起，向东经虎蹲山、小游山到大游山，先造一条拦海大堤，再在南面 500 米处筑一条与此平行海堤，在两堤围成区域内吹填成陆，成为新港岸线和后方陆域。造陆关键工程——拦海大堤，于 1974 年 4 月动工，1975 年 9 月 25 日合龙，全长 3160 米，合计使用土石方 62. 6 万立方米。施工高潮时，进场民工来自镇海县33个公社5500余人，抛石船只100多艘，有19人为筑堤献出生命。造陆所需石料，主要取自江南笠山，其次是小招宝山。小招宝山原是招宝山一部分，南侧长290米，北侧长366米，纵深宽30～160米，山顶标高40～46.5米，开挖小招宝山土石方82万立方米。爆破和削平小招宝山和虎蹲山，原本孤悬海上的大小游山，与大陆连成一片，突出于东海之滨，甬江出海口随之向东延伸约3.5千米。近代曾以灯塔出名的虎蹲山从此消失。

1976年，2个煤炭泊位主体工程动工，1978年10月竣工。同时建成的有进港铁路、公路等配套工程和其他辅助设施。后港池出现严重淤积，从1980年起，建设重点转到镇海口外航道包括新港港池整治。1982年，煤炭泊位试生产，1983年5月26日正式投产。1984年9月23日起，其他泊位开始建设。至1985年年底，共建成3000～10000吨级生产性泊位5个，形成年吞吐能力210万吨，另有零号通用泊位和港作浮码头，合计共7个。在建的还有5000～10000吨级生产性泊位3个。到1985年年末，镇海港区货运已达134.47万吨。运输货物主要为煤炭、金属与非金属矿石、钢铁、木材、水泥。

港区基础设施

至2010年，宁波港镇海港区共建有生产性泊位19个，其中5万吨级2个，1万吨级9个，1000～5000吨级8个。含全国第一座1万吨级液体化工专用泊位和全国最大的5万吨级液体化工专用泊位。港区设计货物吞吐能力年2400万吨以上。按功能分，有煤炭泊位5个、杂货泊位5个、液体化工泊位9个。镇海港区已形成大中小泊位配套、专用及通用功能齐全，能适应煤炭、液体化工、石油、散杂货、件杂货、集装箱等多种货物装卸、贮存服务需要的综合性现代化港区。

煤炭泊位

1号、2号泊位　宁波港第一座1万吨级码头。1976年6月主体工程开工，1978年10月基本竣工。1号泊位亦名装船泊位，长130米，宽20米，前沿水深7.5米，靠泊能力为3000吨级，年装船能力70万吨。主要装船机械有效率各为500吨/时装船机2台。2号泊位亦名卸船泊位，长180米，宽20米，前沿水深9.5米，靠泊能力为1万吨级，年卸船能力250万吨。主要卸船机械有起重能力为10吨的门吊5台，效率各为500吨/时。1983年5月投入使用。

3－1号泊位　1987年12月始建，1988年7月竣工。为高桩梁板式装船泊位，长80米，宽15米，前沿水深7.0米，靠泊能力2000吨级，年装船能力100万吨。主要装船机械有效率各为500吨/时的装船机2台。

3号泊位　1987年4月始建，翌年8月竣工。为钢筋混凝土高桩梁板式结构。长160米，宽27.5米，前沿水深9.5米，靠泊能力1万吨级，年吞吐能力200万吨。有引桥连接，置有起重能力为10吨的门机5台。

4号泊位　1987年4月始建，翌年8月竣工。1万吨级散杂货泊位，钢筋混凝土高桩梁板式结构，长180米，宽30米，前沿水深9.5米，靠泊能力2万吨级，年吞吐能力60万吨。有引桥连接，置有起重能力为10吨的门机3台。2008年3月，4号泊位改造工程启动，同年10月竣工。本次码头结构加固改造工程，按靠泊2万吨级散杂货船舶进行加固改造。泊位长180米，宽30米，前沿水深9.5米，靠泊能力2万吨级，年吞吐能力500万吨，与陆域连接栈桥3座。

杂货泊位　原虎蹲山附近。1985 年时，杂货码头由 5 号、6 号、7 号、8 号、9 号 5 个泊位组成，总吞吐能力年 140 万吨。1988 年，建成 3 号、4 号杂货泊位，(后改为煤码头)。年吞吐能力增至 300 万吨。2006 年建成 10 号泊位。

5 号泊位　1985 年 6 月 20 日始建，翌年 11 月竣工，钢筋混凝土高桩梁板式结构。长 180 米，宽 30 米，前沿水深 9. 5 米，靠泊能力 1 万吨级，年吞吐能力 40 万吨。有引桥连接，置有起重能力为 10 吨门机 3 台。

6 号泊位　1985 年 6 月 20 日始建，1988 年竣工，为钢筋混凝土高桩梁板式结构。长 180 米，宽 30 米，前沿水深 9. 5 米，靠泊能力 1 万吨级，吞吐能力年 40 万吨。有引桥连接，置有起重能力为 10 吨门机 2 台。

7 号—8 号泊位　1985 年 1 月 5 日始建，同年 10 月 30 日竣工，为 3 艘泵船组合结构。泵船之间各有两座 10 米长的钢联桥连接，每艘泵船有系缆柱 6 个。泊位总长 279 米，宽 11 米，靠江侧置护舷，岸侧置栏杆，前沿水深 6 米，靠泊能力 1 万吨级，年吞吐能力 80 万吨。7 号—8 号泊位改造工程于 2008 年 10 月开工，2009 年 12 月竣工。本次改造包括原浮码头拆除、清礁、挖泥，新建 2 万吨级集装箱码头平台 1 座，长度 279 米，软基段码头宽 36 米，平台宽 29 米，岩基段码头宽 22 米，后方采用挡土墙结构。

9 号泊位　1984 年 9 月始建，1985 年 7 月竣工，钢筋混凝土高桩梁板式结构，长 180 米，宽 30 米，前沿水深 9. 5 米，靠泊能力 1 万吨级，年吞吐能力 30 万吨。有长 30 米，宽 9. 1 米的引桥 4 座。附属设施计有门机钢轨 355 米，规格为 75 吨、35 吨、25 吨、15 吨系船柱 17 个，铁梯 4 座，D 型橡胶护舷 195 只，起重能力为 10 吨门机 2 台。

10 号泊位　2004 年 12 月开工，2006 年 1 月完工，设计为 1 万吨级，兼靠 2 万吨级件杂货和散货。泊位总长 280 米，宽 30 米，前沿水深 11 米，引桥 4 座。设计吞吐能力 100 万吨年，兼顾单件重量小于 65 吨的大件货物装卸。配置 40 吨门机 1 台、16 吨门机 3 台。

液体化工泊位

1986 年，建成首座 5000 吨级液体化工专用泊位。至 2010 年，共建有液体化工装卸专用泊位 9 个，设计吞吐能力年 620 万吨。

16 号泊位　坐落在被削平的大游山岩基上。1984 年 10 月始建，1987 年 5 月投入使用，系全国第一座液体化工专用泊位，年吞吐能力 20 万吨。泊位由两座长 40 米，宽 9 米，高 2. 31 米的钢筋混凝土泵船组合，钢引桥 2 座，长 21. 4 米、宽 4. 2 米，前沿水深 6 米，靠泊能力 5000 吨级。铺有铁路化工专用线 1 条，长 2. 71 千米，其中货物装卸线 2 股道，中间置装卸鹤位 15 只；装卸月台 1 座，长 60 米；卸车台 1 座，长 72 米。16 号泊位改造工程于 1991 年 9 月启动，1992 年 1 月竣工。改造后靠泊能力提高到 1 万吨级，年吞吐能力增至 40 万吨，可承受 2 万吨船舶限速靠泊。码头长 64 米，宽 15. 5 米，高桩墩式结构。引桥 2 座，总长 42. 8 米，宽 6. 5 米，抛石引堤和墩台，大板结构；系缆墩 5 座，人行桥墩 1 座；系缆墩联系桥 1 座，设计水深 -9. 0 米。

12 号泊位、13 号泊位　2002 年 5 月开工打桩，2002 年 12 月通过交工验收。12 号泊位为 1000 吨级钢筋混凝土趸船浮码头，设计水深 -4. 5 米。13 号泊位为 3000 吨级，兼靠 5000 吨船的固定式高桩墩式码头，设计水深 -6.5 米。

14 号泊位　1994 年 4 月开工，1994 年 9 月建成，5000 吨化工泊位。钻孔灌注桩墩式结构。泊位总长 180 米，宽度 15 米，引桥 2 座，预制空心大板，墩台结构，引桥长度 21.5 米，上游引桥宽 8 米，下游引桥宽 6 米。设计水深 -7.0 米。

14 -2 号泊位　1997 年 9 月开工，1998 年 1 月竣工，为兼做成品油装卸泊位，靠泊 1500 吨级。40 ×9 ×2.3 米趸船 1 只，18x4 米钢引桥 1 座，17.4 米钢撑杆 1 榀。

15 号泊位　非镇海港埠分公司所有。

16 -2 号泊位　1993 年 12 月开工，1994 年 12 月竣工。为 2000 吨级重力墩式码头，设计水深 -6.0 米。

17 号泊位　1995 年 12 月开工，1997 年 5 月竣工。5 万吨级液体化工泊位。泊位长 349 米，呈蝶形布置，高桩墩式和重力式沉箱墩台结构。泊位区泥面标高 -14.0 米，设橡胶护舷 12 套，系船柱 4 个，快速脱缆钩 6 只，登船梯 1 座。引桥 1 座，长 75 米，宽 10.2 米。设计接卸能力 208 万吨/年。

18 号泊位　2002 年 6 月开工，2003 年 8 月竣工。5 万吨级墩式泊位，总长 340 米，工作平台宽 25 米，前沿水深 -14 米。引桥长 82 米，宽 11 米，设计接卸能力 265 万吨/年。

2010 年宁波港镇海港区生产性泊位情况统计表

表 7 -1

泊位	靠泊等级（吨）	水深（米）	泊位长度（米）	设计能力（万吨）	泊位用途
1 号泊位	3000	-7.5	130	70	煤炭专用
2 号泊位	10000	-9.5	180	250	煤炭专用
3 -1 号泊位	2000	-7	80	100	煤炭专用
3 号泊位	10000	-9.5	160	200	煤炭专用
4 号泊位	20000	-9.5	180	500	煤炭专用
5 号泊位	10000	-9.5	180	40	通用件杂货
6 号泊位	10000	-9.5	180	40	集装箱专用
7 -8 号泊位	20000	-9.5	279	10 万 TEU、80 万吨	集装箱专用
9 号泊位	10000	-9.5	180	30	通用件杂货
10 号泊位	10000	-11	280	100	通用件杂货
12 号泊位	1000	-4.5	50	40	液体化工
13 号泊位	3000	-6.5	48	52	液体化工
14 号泊位	5000	-7	180	20	液体化工
14 -2 号泊位	1500	-5.5	50	40	液体化工
15 号泊位	2000	-6	40	10	化工油品

续表 7－1

泊位	靠泊等级（吨）	水深（米）	泊位长度（米）	设计能力（万吨）	泊位用途
16 号泊位	10000	－9	144	40	化工油品
16－2 号泊位	2000	－6	40	10	液体化工
17 号泊位	50000	－14	349	208	化工油品
18 号泊位	50000	－14	340	265	液体化工

堆场

2010 年，镇海港区有堆场 48 处，合计堆场面积 78.41 万平方米。

2010 年宁波港镇海港区堆场统计表

表 7－2

名称	堆场面积（平方米）	堆存货种	建造（改造）年份
904 堆场	4366	硫黄	1985
905 堆场	2000	硫黄	1985
502 堆场	6651	钢材或石墨球	1986
503 堆场	11218	钢材或石墨球	1986
504 堆场	6450	钢材或石墨球	1986
601 堆场	13040	集装箱	1986
903 堆场	9533	砂	1986
906 堆场	9787	钢材或木材	1986
6#煤堆场	7140	煤炭	1988
7#煤堆场	7350	煤炭	1988
8#煤堆场	7530	煤炭	1988
301 堆场	14024	煤炭	1988
202 堆场	6049	石油焦	1994
201 堆场	6761	石油焦	1995
506 堆场	16700	停车或石油焦	1995
603 堆场	12189	石墨球	2000
5#煤堆场	10451	煤炭	2002
10#煤堆场	9233	煤炭	2002
机动煤堆场	33000	煤炭	2002
西门二场	36700	煤炭	2003

续表 7－2

名称	堆场面积（平方米）	堆存货种	建造（改造）年份
港后煤场	34000	煤炭	2003
1001 堆场	18307	石墨球	2003
1#煤堆场	7920	煤炭	2006
4#煤堆场	8673	煤炭	2006
1004 堆场	30669	钢材	2006
9#煤堆场	8592	煤炭	2007
2#煤堆场	8138	煤炭	2008
3#煤堆场	8462	煤炭	2008
402 堆场	8254	废金属	2008
501 堆场	3600	废金属	2008
507 堆场	1309	石墨球	2008
508 堆场	3697	石墨球	2008
4 泊位后方 A 场	27691	煤炭	2009
4 泊位后方 B 场	46678	煤炭	2009
4 泊位后方 C 场	52506	煤炭	2009
4 泊位后方 D 场	52506	煤炭	2009
4 泊位后方 E 场	52506	煤炭	2009
4 泊位后方预留煤炭场	35000	煤炭	2009
路北三场	4694	石油焦	2009
集装箱 M 场	6500	集装箱	2009
集装箱 B 场	10952	集装箱	2009
集装箱 F 场	10692	集装箱	2009
集装箱 H 场	10692	集装箱	2009
1003 场地	9984	集装箱	2009
4 泊位后方 F 场	52506	煤炭	2010
1100 苏松熏蒸场	12730	松木	2010
401 堆场	10111	废金属	2010
集装箱 A 场	16634	集装箱	2010

港区配套设施

除铁路外（详见第十一编“交通运输”第三章“铁路运输”），港区公路通达生产区之间，有管道运输直通码头前沿。附加设施有热用锅炉房、蒸气管线、吹扫压缩气、配变电静电消除和防雷接地等装置，以及消防、供水排水、供热供电系统、环境保护、污水处理、防浪堤、通信工程等。

港区液体化工区

港区单设液体化工区，化工区占地面积75万平方米。液体化工专用码头具备船←→船←→罐←→汽车（火车）联运等多种装卸功能。至2010年，建成化工及油品储罐230余个、总容量90余万立方米，其中液体化工罐53万立方米、180个。

港口条件和投资环境，吸引中国香港、台湾地区及荷兰、德国、挪威、日本、韩国等国家和宁波周边大型化工企业的投资创业。1988年2月17日，首次接卸“化工2”轮载混合甲苯1050吨。同年12月，与香港龙翔化工有限公司合资组建宁波海翔液体化工仓储有限公司。1989—2010年，港区化工区引进16家大型化工企业。成立于2007年的宁远化工仓储有限公司，由宁波港集团与宁波化学工业区（宁波石化经济技术开发区）共同出资7.8亿元组建，为港区最大的合资项目。

港区化工区吞吐货物主要为液化品和油品。可接卸的液化品含苯、醇、酸烃等10大类，包括乙二醇、PX、苯乙烯、丙烯腈、甲醇、氯仿、丙酮、醋酸、苯酚等100多个品种，是国内液化装卸品种最为齐全的港区。港区化工区全国液化品中转基地的雏形已形成。

图7—2　港区液体化工区

宁波港股份有限公司镇海港埠分公司

镇海港区由宁波港股份有限公司镇海港埠分公司经营。1973 年 9 月，浙江省宁波港建设指挥部成立，镇海港区建设开始。始称交通部宁波港务管理局镇海作业区。1981 年 1 月 19 日，改称港务局镇海港埠公司，地址招宝山路 1 号。1987 年，改称宁波港务局镇海港埠公司。2004 年，改称宁波港集团镇海港埠有限公司。2008 年，股份制改革后改为今名。

2010 年，镇海港区可使用岸线 6120 米，陆域面积 267 万平方米。年末，公司全民职工 1128 人，集体职工 123 人，聘用工 1480 人，合计 2731 人。公司资产总值 29. 57 亿元，年营运收入 6. 97 亿元，利润 2 亿元。

内贸航线通航港口：北至秦皇岛、天津、营口，南至厦门、黄埔、湛江等。

外贸通航港口：俄罗斯、日本、韩国、新加坡、马来西亚等国主要港口。到港船舶为 2 万吨级以内的各类散杂货船，5 万吨级以内的液化油品船。

1990—2010 年镇海港区货物吞吐量情况表

表 7－3　　　　单位：万吨

年份	总吞吐量	煤炭	杂货	液化油品	集装箱（TEU）
1990	402	300	95	7	16551
1991	548	398	126	23	18238
1992	591	440	125	26	13565
1993	654	507	121	26	14083
1994	690	493	163	34	17119
1995	822	578	197	47	2192
1996	838	627	156	55	978
1997	841	649	141	51	348
1998	924	651	181	93	4744
1999	1079	677	165	237	30588
2000	1236	733	153	350	32136
2001	1313	760	220	333	53971
2002	1401	823	278	300	73317
2003	1755	892	503	360	102784
2004	2052	1028	586	438	124717
2005	2210	1047	657	506	137138
2006	2396	1116	809	471	203492
2007	2696	1307	773	616	226603
2008	2756	1198	924	635	253016
2009	3153	1482	1090	581	304678
2010	3790	1884	1248	658	379492

说明：TEU 集装箱单位，即标箱

第二章 部省属企业

20 世纪 70 年代中期，浙江炼油厂、镇海发电厂、宁波港镇海作业区、镇海渔业基地“四大工程”在镇海建设。随之，一批为大工程建设配套的建筑、安装、交通、仓储企业迁入镇海或相继在镇海兴办。镇海地方政府和人民，积极支持和支援国家重点工程建设，如无偿划拨土地，提供劳动力，给予生活供应保障等。部省属大工程企业的发展，也促进了镇海区域经济的发展，镇海成为宁波重要的临港产业基地。2008 年，镇海区全社会规模以上工业总产值 1536.51 亿元，占全市规模以上工业总产值的 17.3%。镇海区部省属企业工业总产值占全社会工业总产值 59.69%。

第一节 企业选介

中国石油化工股份有限公司镇海炼化分公司

位处蛟川街道俞范。1974 年，浙江炼油厂筹建处成立，隶属于浙江省人民政府。1975 年 5 月 23 日，打下第一根桩。1983 年，划归中国石油化工总公司。1984 年 1 月，更名为中国石油化工总公司镇海石油化工总厂。1994 年 6 月，组建镇海炼油化工股份有限公司，在香港联合交易所上市。2000 年，更名为中国石化镇海炼油化工股份有限公司。2006 年 3 月，撤回香港联合交易所上市地位。同年 9 月，注册成立中国石油化工股份有限公司镇海炼化分公司（以下简称镇海炼化）。镇海炼化是中国石化旗下的骨干企业。建厂 34 年，公司从 250 万吨/年的小炼油厂成长为中国最大的炼油企业。累计加工原油超过 2 亿吨，向社会提供汽油、煤油、柴油、沥青、液化气、尿素等产品超过 1.9 亿吨。累计实现利税 502 亿元，其中税收超 304 亿元，成为地方财政收入重要来源。2006 年获“宁波工业风云榜最大纳税贡献企业特别奖”称号。2008 年 4 月 30 日，国务院总理温家宝考察镇海炼化，给予镇海炼化“顾全大局，贡献最大”的评价。

镇海炼化生产和销售清洁汽油、优质柴油、航空煤油、液化气、高等级道路沥青、尿素、芳烃等 40 多个品种的优质石油化工产品，其中汽油、航空煤油、芳烃等多种产品销往美国、日本、印度、韩国、新加坡等国及中国香港、台湾地区。生产的“东海”牌 F1 沥青在上海国际赛车场赛道中应用，并进入国际汽联选用沥青名单。开发并向市场投放相当于欧Ⅲ标准和奥运会标准的 98 号清洁汽油，以及澳洲规格汽油、城市低硫柴油、增效尿素、京标 B 汽油、胶体磨 SBS 重交沥青等石化新产品。

镇海炼化加工手段配套齐全，炼油、化肥、化工联合紧密，深度加工能力、劣质原油加工能力强。生产装置均实行 DCS 控制，主要装置实施 APC 先进控制，其中 1000 万吨/年常减压、300 万吨/年催化裂化、200万吨/年延迟焦化、300万吨/年柴油加氢及180万吨/年蜡油加氢联合装置、50万吨/年对二甲苯、20万吨/年聚丙烯、410吨/小时循环流化床锅炉等都是国内规模领先、技术领先的炼油、化工和热电装置，集中代表中国炼油业的先进水平。

2008年年末，镇海炼化拥有2000万吨/年原油综合加工能力、60万吨/年尿素、100万吨/年芳烃、20万吨/年聚丙烯生产能力，4500万吨/年吞吐能力的深水海运码头，有超过300万立方米的储存能力，成为国家最大的原油加工基地、进口原油加工基地、含硫原油加工基地、成品油出口基地和重要的原油集散基地。国际著名的所罗门咨询公司绩效评估报告显示，镇海炼化竞争能力居亚太地区72个炼厂第一组群。美国《油气杂志》统计，镇海炼化2008年炼油能力居世界第17位。

2006年3月，浙江省和中国石化联合上报的镇海炼化100万吨/年乙烯工程获国务院核准。项目占地230公顷，分东、西、北3个区和厂外工程部分。投资概算235亿元。2006年11月6日，大乙烯工程正式开工建设。2009年12月28日，工程圆满实现中交。2010年4月20日，工程实现“安全、经济、一次开车成功”。项目包括10套生产装置。主要的4套生产装置采用国外技术，分别是：100万吨/年乙烯装置，采用中国石化和美国ABB LUMMUS公司的合作技术；65万吨/年环氧乙烷/乙二醇（EO/EG）装置，采用美国DOW化学公司技术；28.5/62万吨/年环氧丙烷/苯乙烯（PO/SM）装置，采用美国LYONDELL公司技术，成立合作公司；45万吨/年聚乙烯（LLDPE）装置，采用美国UNIVATION公司技术。其他6套均采用中国石化自有技术，具体为70万吨/年裂解汽油加氢装置、60万吨/年芳烃抽提装置、65万吨/年乙苯（EB）装置、30万吨/年聚丙烯（PP）装置、11/4万吨/年MTBE/丁烯－1装置、16万吨/年丁二烯抽提装置。配套装置和公用工程包括：5台410吨/时循环流化床锅炉和4台50MW汽轮发电机，以及供水、供电、空分、储运等公用工程和辅助系统。

100万吨乙烯项目投产后，镇海炼化成为中国最大的炼化一体化企业。2010年，镇海炼化原油加工破2000万吨，营业收入过千亿元，利税超200亿元，利润超50亿元，从中国石化的炼油排头兵一跃成为“炼化排头兵”。与“十五”末相比，镇海炼化总资产从191亿元增加到391亿元，年原油加工能力从1850万吨增加到2300万吨，年乙烯产能从0增加到100万吨，大型生产装置从44套增加到55套，产品种类从22种增加到52种，年物流量从3300万吨增加到4400万吨，年营业收入从578亿元到突破1000亿元，年创利税从66亿元到突破200亿元。

浙江浙能镇海发电有限责任公司

位处蛟川街道虹桥，占地63.7公顷。其前身为1974年建设的镇海发电厂。1978年12月和1979年9月，首期两台12.5万千瓦燃油机组分别建成投产。1983年8月，兴建燃煤机组。1990年6月，4台煤机全部建成投产。至此，镇海电厂6台机组装机总容量达105万千瓦，成为当时浙江省最大的火力发电厂。1995年9月，按省电力局建立区域性检修公司要求，汽机、锅炉、电气、热工、化学、修配分场检修队伍及部分管理人员从电厂划出，成立宁波发电设备检修公司（后更名宁波发电工程公司），主营省内电厂检修、技改等业务。镇海发电厂职工由2586人减至1755人。1999年12月，省电力公司决定，宁波发电工程公司并入镇海电厂，职工增至2605人。是年年末，镇海发电厂改组为浙江镇海发电有限责任公司。1999年开始，对燃煤机组实施技术改造，历时6

年，4 台燃煤机组改造结束，等效可用系数达 88.41%，单机容量增至 21.5 万千瓦，达到国内同类机组先进水平。2003 年 9 月，1、2 号燃油机组退役拆除。2003 年 3 月，划归浙江省能源集团有限责任公司。2004 年，4 台燃煤机组发电 62.11 亿千瓦时，创历史新高，供电标准煤耗 348 克/千瓦时，比上年下降 8 克/千瓦时，达到国产同类机组最优水平。实现利润 1.04 亿元，首破亿元关。2004 年 11 月，浙江浙能镇海天然气发电有限责任公司成立。2005 年 2 月，发改委核准镇海电厂油改气项目。油改气项目#11、#12 机组相继于 2006 年 6 月、2007 年 7 月通过 168 小时试运行，移交生产。2008 年 6 月，更为今名。

投产以来，镇海发电厂年发电量由 1979 年的 8.6 亿千瓦时，增加到 1990 年的 53.62 亿千瓦时。到 1990 年年底，累计发电 312.75 亿千瓦时。根据 1986 年计算口径，1979 年，总产值为 4092 万元，1990 年，总产值为 25661.17 万元，增长 6.27 倍。1991 年，6 台机组全部投运，年发电量达 65.82 亿千瓦时。1993 年，北仑发电厂发生“3·10 事故”，1 号机组停运，宁波地区社会用电几乎全由镇海发电厂供给，6 台机组满发电满供电，是年发电量达 67.16 亿千瓦时，创历史最高纪录。1997—1999 年，社会用电减少，发电量相应减少。2000 年起，社会用电增长较快，连续 5 年发电量在 62 亿千瓦时以上。自机组投产至 2008 年年末，镇海发电厂累计发电 1408.10 亿千瓦时。

1981 年，镇海发电厂获水利电力部“安全生产标兵”称号。1984 年，获水利电力部“安全生产先进单位”和浙江省人民政府“安全生产、文明生产先进单位”称号。1990 年，获中共浙江省委和华东电业管理局“思想政治工作优秀企业”称号。1992—2001 年，先后 4 次被中共浙江省委、省人民政府授予省级文明单位称号。

中交第三航务工程局有限公司宁波分公司

位处镇海沿江东路 462 号，总占地面积 30 万平方米。前身为 1974 年成立交通部第三航务工程局第四工程处。1985 年 2 月，更名第三航务工程局第四工程公司。2000 年 5 月，更名中国港湾建设集团第三航务工程局第四工程公司。2003 年 1 月，更名中国港湾建设集团第三航务工程局宁波分公司。2006 年 12 月，更为今名。隶属于中国交通建设集团总公司。航务工程特级施工企业，具有国家水运工程甲级设计资质。2008 年年末，公司固定资产原值 6.44 亿元，拥有大型打桩船、高效率水上混凝土搅拌船等工程船舶 32 艘，各类设备 1000 余台。公司预制混凝土能力年 20 万立方米，为省内规模最大、生产能力最强。为国内外大中型港口码头、船台滑道、海上风电、市政、等级公路、桥梁、海堤工程及陆域形成、软基加固、各种混凝土构件预制、金属结构制作、钢桩制作、土石方施工等提供服务。先后在宁波、舟山、温州、湖州、上海、杭州湾地区、长春及马来西亚等地区承建码头、风电、桥梁、道路等大中型工程。承建的工程以工期短、质量优、服务好得到建设单位和社会各界的好评，多个工程项目获得国家“鲁班奖”“詹天佑奖”等优质工程奖。2008 年年末，建筑安装产值超过 30 亿元，有职工 1200 余人，其中各类专业技术人员 550 余人，中高级技术人员 430 余人。

1994 年、2003 年，公司被评为浙江省文明单位。2001 年，公司获评上海市文明单位。

中交上航局航道建设有限公司

地处招宝山麓，公司总部占地面积 1.5 万平方米，隶属于中国交通建设股份有限公司。其前身为1975年6月成立上海航道局第二航道工程处。1994年4月，更名交通部上海航道局第二工程公司。1999年6月，更名上海航道局第二工程公司。2006年11月，更为今名。具有港口与航道工程施工总承包一级和航道工程专业承包一级资质。主要从事国内外港口与航道疏浚工程、海岸与近海工程、筑堤与吹填造地工程、堆场道路和陆域构筑物工程、地基及基础工程、河湖整治与渠化工程及码头、船坞、土石方、水下炸礁清礁、勘察测绘工程等。2008年年末，公司正式职工681人，其中专业技术人员273人，其中中高级技术职称人员81人。资产规模8.5亿元，产值7.4亿元，利润6000万元。拥有耙吸、绞吸船型为主，抓斗、吹泥船型为辅的功能较为全面的核心船舶装备体系。

承建国内多个重大港航工程项目：国内首条30万吨级航道（－22.5米）舟山虾峙门航道整治工程。宁波港口建设及周边围海造地、航道整治。国家第五个保税港区梅山保税港区基础工程建设。参与营口港、丹东港、大连港、唐山工业区、天津滨海新区、长江口深水航道治理，上海洋山深水港、温州地区、福建海西地区、广西北部湾、海南洋口开发区等国家、省、市重点工程项目建设。自2002年开始，公司开拓海外业务。“十五”期间，完成国家最大的援外项目巴基斯坦瓜达尔港的建设。继后在阿根廷拉普拉塔河流域、尼日利亚拉各斯港、安哥拉沿海、巴西亚苏港、乌拉圭蒙得维蒂亚港等地承建项目。

公司多项成果获国家、部、省级科学技术进步奖。2002年常洪沉管隧道工程技术项目获浙江省科学技术二等奖、宁波市科技进步一等奖。2005年国家“十五”科技攻关项目“挖泥船计算机辅助疏浚决策系统和高效耐用机具研发及应用”，获得国家航海领域最高科技奖——中国航海科技一等奖、中交集团科技进步特等奖。2006年“航浚4011轮研制”项目获中国航海科技三等奖、中交集团科技进步二等奖。2007年“带油缸的耙头”和“双重溢流结构的泥舱”获国家实用新型专利。2008年“先进的疏浚技术与关键装备研发及产业化”项目获国家科技进步二等奖。

浙江省二建建设集团有限公司

前身是浙江省第二建筑工程公司，创办于1958年。1975年，由衢州迁入镇海。1994年，在全国建筑施工企业中首家通过质量管理体系认证。2000年6月，公司改制后称浙江省中兴建设有限公司。2001年12月，改为浙江省二建建设集团有限公司（以下简称省二建）。集安装、钢结构、装饰、市政、地基与基础、高耸构筑物、房产开发等多元经营为一体的省属国有控股企业。公司注册资本3.622亿元，净资产4.386亿元。具有房屋建筑工程施工总承包特级、市政公用工程施工总承包一级、钢结构工程专业承包一级、高耸构筑物工程专业承包一级、地基与基础工程专业承包一级、装修装饰一级资质。下设30余分公司、子公司和项目部。有各类专业技术人员1000余人，其中高中级经济技术人员300余人，建造师200余人，其中一级建造师136人。

建筑工程质量方面，1988年，在浙江省首家获得“鲁班奖”。至2008年累计获得“鲁班奖”13项、国优工程金质奖3项、国优工程银质奖14项、新中国成立60周年百项经典暨精品工程1项和全国用户满意工程、全国装饰、安装优质工程和省级优质工程300余项。获得全国安全标准化示范（诚信）工地7项以及省、市级安全文明标准化工地200余项。

省二建列入全国建筑业综合实力百强企业、全国500家最大经营规模建筑施工企业、全国房屋建筑业最大经营规模百强企业，全国建筑业最佳经济效益百强企业。多次获得国家及省部级各类荣誉。1990 年，首次命名为浙江省文明单位，保持至 2008 年。1998 年，获全国交通系统先进集体。2002—2008 年，连续 6 年获浙江省“安康杯”竞赛优胜奖。2003 年，获浙江省工商企业信用 AAA 级“守合同重信用单位”。2004 年，获“浙江省建设企业文化建设先进单位”。2004—2008 年，连续 4 年获全国“安康杯”竞赛优胜企业。2005 年，获“创建全国交通文明行业先进单位”称号。2006 年，获浙江省“创建学习型组织”。2008 年，杭湖锡线浙境段航道改造工程获浙江省建设工程“钱江杯奖”；2008 年，获全国交通运输行业文明单位称号。公司年生产施工能力 60 亿元以上，足迹遍布新疆、湖北、甘肃、广东、福建、安徽、江苏等 20 个省市及阿尔及利亚。

中国石化集团宁波工程有限公司

前身是石油化学工业部第一石油化工建设公司第三工程处。1975 年，为建设浙江炼油厂入驻镇海。1978 年 1 月，改建为第十四石油化工建设公司。同年 8 月，改称石油工业部第三工程公司。1983 年 7 月，更名中国石油化工总公司第三建设公司。1998 年，更名中国石化集团第三建设公司。2003 年 9 月，与中国石化集团兰州设计院共同组建中国石化集团宁波工程有限公司。拥有工程设计综合甲级资质，集技术研发、工程设计、EPC 总承包、施工建设和设备制造于一体，提供技术服务和管理服务。公司总部处宁波市国家高新区院士路 660 号，在上海、兰州、北京等地设有分支机构。2005 年开始，公司形成以 EPC 管理中心、建设中心、设计中心和制造中心 4 大业务单元为主体、以职能处室和运营管理部门为支撑的管理模式。

2005 年 8 月，公司与上海石化机械制造公司重组整合，形成千吨级石化设备制造基地。2006 年 10 月，组建中国石化集团宁波技术研究院。2007 年，组建子公司宁波天翼石化重型设备制造有限公司，能制造大型、超大型加氢反应器、高压换热器、塔器类设备和附加值较高的有色金属类设备及炉类模块。为国内唯一集石化研发、设计、制造、施工为一体的工程建设企业。研究院业务范围包括以煤、沥青、渣油、重油、天然气、油气、炼厂干气、焦炉气等不同原料气化技术为主导的制氢、制羰基合成气和 IGCC 发电等工艺技术研究；天然气净化、合成气净化和精制脱硫脱碳、烟气脱硫脱硝等气体净化技术研究；合成油工艺技术开发和催化剂开发；气化炉、气化烧嘴、R－T 合成反应器、关键设备、特种设备、专利设备、专有设备等石化装备技术开发等。

2003—2008 年，宁波工程公司累计实现营业收入 140 亿元，上缴税金 5 亿元，是国家高新技术企业和浙江省技术中心。2008 年，有职工 3000 余人，其中国家级设计大师 2 人，高级职称 300 余人，中级职称 600 余人，其他经营管理和技术人员 1000 余人。拥有 200 多项专利、专有技术。持有化工石化医药行业、石油天然气行业、市政公用行业、建筑行业设计甲级资格，工程咨询、工程造价咨询、环境影响评价甲级资格，化工石油工程施工总承包一级资质，A1、A2、A3 级压力容器设计、制造许可证，美国 ASME 压力容器“U”钢印证和动力锅炉“S”钢印证。

第二节 支援重点工程建设

镇海区支援重点工程建设领导小组办公室

1975年11月，建立镇海县支援四项重点建设工程办公室。1983年9月，改名镇海县支援重点工程建设领导小组，下设办公室。1985年10月，改称镇海区支援重点工程建设领导小组办公室（以下简称区支重办），为入驻镇海的部、省、市属企事业单位提供政策协调、联络服务，促进区域经济与大工程（项目）联动发展。

征地两万多亩全部按规定收费

1975—1983年，国家和省市重点工程镇海港煤码头、浙江镇海石油化工厂、镇海发电厂、镇海渔业基地、北仑港十万吨级矿石码头和年产30万吨合成氨及52万吨尿素的大化肥等工程，共征用土地20570亩。不论是粮田、棉田，还是山地、宅基地、新围海涂，地方政府全部按国家有关征用土地规定收费。特别是征用的围垦海涂，每亩只收取成本费450元左右。当社队集体和农民同重点建设工程发生矛盾时，地方政府主动教育农民以大局为重，不拖工程建设的后腿。其间，重点工程征地需安排农村劳动力2701人，地方政府为重点工程承担900多人的安置任务，为重点工程解决“安置难”问题。

协调服务

1986—2008年，区支重办牵头为镇海炼化在区域内的30多条输油管线建立联保体系，为中石化甬沪宁原油管线镇海段、省石油公司成品油管线、东海舰队通信线缆工程、舟山大陆引水工程一期、镇海发电有限公司油改气项目、镇海国家石油储备基地和舟山岙山储备库海底油管线工程、市工业供水和省天然气管线工程镇海段、宁波绕城高速东段、镇海炼化100万吨乙烯工程等项目顺利推进提供政策保障和协调服务。

部省属单位联动企业联谊会

1993年8月，镇海区成立驻镇海部、省属单位集体三产企业联谊会。2005年，改名为驻镇部、省属单位联动企业联谊会。成立初期企业联谊会有理事单位14家。2008年，有理事单位28家，会员企业70家。自成立至2008年，共选举产生5届联谊会，召开14次联谊会成员大会。

第三节 支援地方经济发展

确保地方计划物资供应

计划经济时代，镇海炼化为浙江省、宁波市提供汽油、柴油、液化气、尿素等生产、生活资料。镇海炼化生产的尿素全部交给浙江省农业生产资料公司销售，企业一吨不留、不售，被国务院总理朱镕基赞誉为“支农模范”，多次受到国务院和浙江省委、省人民政府的表彰。市场经济条件下，镇海炼化服从国家调控，当国际原油价格持续攀升时，炼油企业承受成品油价格严重倒挂、加工越多亏损越大的经营压力，坚持顾大局，一方面加大生产，一方面坚持保障本地市场供应、努力为维护当地社会稳定尽责。

产业链带动

与镇海炼化产业链相衔接，镇海区兴办一批化工骨干企业，都呈现良好效益。镇海炼化的不断滚动发展也带动一批地方建设安装企业的快速发展。日常生产经营活动和工程建设所需物资的采购为地方制造业、流通业提供配套机会与市场空间。镇海炼化还为周边企业提供公用工程依托。其下属子公司及改制企业均注册在镇海，企业的资产规模、创利能力、纳税水平处于地方企业前列。2003 年 8 月开始，镇海炼化岚山备用水库每年向舟山市提供 600 万立方米原水。

资助公益事业

镇海炼化先后提供 3500 余万元，支持宁波市体育中心体育场馆、宁波市老年颐乐园和镇海区庄俞公路、镇海区沿江景观带建设等。据不完全统计，1994 年以来，镇海炼化向宁波市无偿捐赠超过 3200 万元，涵盖扶贫、救灾、教育、环保、慈善、公共设施建设等。

支持地方危险化学品事故抢险

镇海炼化作为危险化学品事故抢险主力军，多次义务参与地方危险化学品抢险。先后处理宁波市环城西路火车立交桥特大卡车泄漏事故、杭甬高速公路绍兴出口处液化气槽车侧翻泄漏、丽水缙云特大液化气槽车翻车泄漏、2003 年大年三十温州油轮着火爆炸等事故 20 多起，成为浙江省危险化学品事故抢险的重要专业力量。

节能减排

镇海炼化注重企业的社会责任，通过建设“资源节约型、环境友好型”企业，实现与社区和谐、与周边和谐、与自然和谐，主要节能减排指标保持行业领先水平，部分达到国际先进水平。1987 年，获“全国绿化先进单位”称号。1990 年，获“全国绿化先进单位和全国环保先进企业”称号。1993 年 10 月，获“全国工业污染防治十佳企业”称号。2004 年，成为中国首批 8 家“国家环境友好企业”之一。2007 年，获“中华环境优秀奖”。2008 年，获“中华环境友好石油石化企业”称号。

第三章　人文优势

镇海历史悠久，人文渊薮，保留有全国少有的抗倭、抗英、抗法、抗日海防遗址，为古代“海上丝绸之路”起碇港，有着厚重的重教办学传统。镇海在多重文化的影响下，形成独具地方特色的人文优势。

第一节　海防史存

据史载，自东晋以来，镇海口历经大小战事46次。明中叶以来，先后经历抗倭、抗英、抗法、抗日等几次重大抵御外侮的战争，留下先辈可歌可泣的英雄业绩和丰富珍贵的海防遗址。

现存镇海口海防遗址共有30多处，主要分布在以招宝山为轴心的2平方千米范围内。镇海口北面有威远城、月城、安远炮台、烽火台、明清碑刻、吴杰故居、吴公纪功碑亭、泮池、钩金塘、后海塘遗址。后海塘遗址，城塘合一，能挡住海潮冲击，能抵御外敌入侵。城塘是用大块石板和条石构筑而成的夹层塘，气势宏伟，蜿蜒数千米。镇海口南面有金鸡山瞭望台、靖远炮台、宏远炮台、戚家山营垒遗址。

1996年11月，镇海口海防遗址被国务院列为全国重点文物保护单位。1997年10月，镇海口海防历史纪念馆建成开馆，形成以镇海口海防历史纪念馆为龙头，诸多海防遗址相呼应的爱国主义教育基地格局。国家和省有关部门命名其为全国百家爱国主义教育示范基地、全国青少年教育基地、省爱国主义教育基地、省国防教育基地、省妇女爱国主义教育基地。（详见第三十七编“文化”第一章“文化社团与院馆”）

第二节　商帮摇篮

镇海滨海临江的地理环境，具商贸地利之便。唐、宋时，镇海系当时对外贸易与交往的重要口岸，与海外和中国其他地区有着十分密切的经济文化联系，逐渐形成崇商传统与诚信、开放、务实的价值取向。

镇海为“宁波帮”的主要发源地之一。宁波地方商帮，形成于明末清初，崛起于清中后期，鼎盛于清末民国时期。19世纪中叶后，镇海崇商之风更甚、经商人数众多、发展规模扩大。至当代，宁波帮后代遍布海外，影响深远。镇海成为“宁波帮”发源地之一，镇海籍商人在“宁波帮”中具有重要的历史地位。在“宁波帮”著名人士中，镇海籍商人约占1/3，并且出现众多商界巨子、侨团领袖。前有第一、二代宁波帮的代表人物方介堂、李也亭、叶澄衷、虞洽卿；后有著名船王包玉刚、影视巨擘邵逸夫等。这批人所创办事业多在上海、天津、武汉、香港等地，为当时行业之翘楚。在当地的经济中，据有十分重要地位和影响，其后人多在海外，不少事业有成。

柏墅方方氏家族驰骋中国近现代商业领域一百余年，曾执上海商界之牛耳。其事业包括钱业、糖业、沙船、银楼、绸缎、棉布、药材、南北货、渔业、地产业等，经营地区以上海为中心，辐射杭州、宁波、绍兴、汉口、南京、沙市、宜昌、长沙等地。郑氏十七房家族，靠渔盐票号等经商发家，商旅经沪达京，建树颇丰，为早期宁波商帮的先驱。至1936年，全县旅外经商、务工者达十万之众，约占全县总人口的1/4。镇海商人往往一家经营数业，互为挹注，事业得到延续和扩大，时至21世纪仍在延续。

镇海人与工商实业

镇海商帮发展史中，航海业一直是他们所从事的主要产业之一。他们拓展海洋运输，创办新式航运交通，虞洽卿（其里现属慈溪）的三北轮埠公司成为当时中国三大民营航运集团之一。郑良裕的通裕航业公司成为上海规模最大的民营造船厂。1949年前后，镇海籍商人将事业逐渐转向香港。顾宗瑞家族、包玉刚家族为代表以香港为舞台，使之与世界经济运行模式接轨。余名钰的大鑫钢铁厂（上海重型机器厂前身）、胡西园的亚浦耳电器业、丁佐成的大华科学仪器公司、姚德甫的华通电业机器厂等诸多实业在国内趋于领先地位。镇海商人创办的“协大祥”“宝大祥”“信大祥”为当时上海滩有名的绸布店。张逸云创办中国第一家调味品生产厂家——天厨味精厂，“佛手”味精获得英国、美国、法国等国专利授权。

镇海人与钱庄金融

清道光年间，镇海人在钱庄经营中发明“过账制度”，开始金融业票据交换。镇海人开设钱庄，先上海，后发展到京、津及汉口、九江、芜湖等地。乾隆至嘉庆年间，十七房郑世昌父子在北京开设的“四大恒”钱庄，规模宏大。19世纪末，现代银行业开始取代传统钱庄。镇海商人顺应时代发展参与新式银行业创办。清光绪二十三年（1897），以镇海人为主的宁波帮创办“中国通商银行”。光绪三十四年（1908），虞洽卿等为主集资创办“四明商业储蓄银行”，为民资独立创办、并冠以地方名称的第一家股份制商业银行。此后陆续创办上海煤业银行、民新银行等10余家新式银行，又接盘中国垦业银行、中国企业银行等。镇海商人的发迹，依靠的是强大的金融背景以及独特的资本运作经验。19世纪末20世纪初，柏墅方方氏经营的钱庄达43家之多，盈利为当时钱业之冠。同时方氏家族在上海开设多家糖行，在杭州开办方裕和南北货商店，营业额为同行之首。叶澄衷创办“顺记五金店”起步，专营进口煤和铁，创办鸿安轮船公司，投资中华汇理银行。虞洽卿一生从事航运业，也投资和创办劝业银行、惠通银行、四明银行以及上海证券物品交易所。

镇海人与科教文化

镇海商帮也是“宁波帮”中对社会教育文化贡献最大的团队之一。19世纪末，刚刚完成财富原始积累的镇海商人，把经商致富的原因归结到教育，在旧学向新学转化的过程中，开始兴办近代教育，撰写100多年的捐资办学史。有创建上海第一所私立新式学校的叶澄衷，镇海商人捐资办学几成风气。20 世纪 80 年代，包玉刚、邵逸夫、赵安中等镇海籍人士频返故乡，兴办各类公益事业，捐资教育事业。这些热心人士的义举，不仅局限于家乡镇海，至今在国内已累计教育捐资高达 40 多亿元。

镇海籍科技、文化人士为建设祖国创下的业绩享誉海内外。如中国打捞技术的开拓者童葵轩、第一个倡议开发浦东的金瓯卜、新中国第一代远洋轮船长贝汉廷等；书画界镇海籍文人墨客辈出，有被称为“大梅先生”的姚燮，以及李秋君、张雪父等国画大师，有在版画、油画、书法领域名声斐然的邵克萍、贺友直、华三川、方世聪、陈逸飞等；文化界镇海籍人士也各领风骚，庄禹梅、林汉达、鲁彦、唐弢、草婴、丁景唐等都在各自的文化领域内贡献卓越。邵氏兄弟打造天一影片公司积累巨额资金，尤其是邵逸夫，在东南亚和中国香港地区创造世人瞩目的业绩，成为一代影视巨擘。

第三节　侨胞故园

镇海向外移民，与处于沿海的地理位置及历代政治、经济变革、海外接触交往有密切关联。史载宋时已有镇海籍人远涉高丽（今朝鲜）、日本等地。《宋史·高丽传》提及：宋绍兴二年（1132），约 80 位侨居高丽的定海（今镇海）人愿奉表还国。明时，镇海海运业已具规模，陶铸匠人亦漂洋外出开拓创业。清康熙二十二年（1683），海禁重开，海船商运业兴起。乾隆时，境内已形成南船、北船业帮。宁波开埠后，县人纷纷离乡，活跃于沪、津、汉等大商都，结识一批外商，一部分人闯向日本、新加坡、马来西亚等国家和中国香港地区，渐而远涉重洋至欧洲、美洲。

鸦片战争后，破产的农民和失业的手工匠赴国外求生增多。赴日本东京、大阪等地的以开设饭店、酒家为主，著者有贵驷沙河祝忠棠之父、骆驼桥人翁荣绥等。赴南洋群岛的多以洗衣业为主。民国《镇海县志》人物中亦记述清光绪二十八年（1902）县人被骗至南洋一带做苦力的情况。还有不少人受雇当船员。高塘邱榆臣 20 世纪 30 年代由香港转新加坡开设琴行，在新加坡近 10 家较大的钢琴行，绝大多数为高塘王、贺、邱三姓族人开设。随着赴港者渐增，有人开设“船头馆”“联谊社”，兼营“包工”等业。侨胞和港澳同胞中大多勤俭刻苦、坚忍奋斗、勇于开拓，又重亲情顾乡谊，往往通过相互引荐、提携、扶持，共同在海外创立事业。县人外出多从上海经日本赴澳洲、美洲，或经香港转至东南亚和欧洲。

抗战胜利至 1949 年前后，镇海籍人去海外人数骤增，多为旅居沪、津、汉等地金融界、工商界人士，他们携亲带眷赴香港、台湾，有的再转迁南北美洲、西欧、澳洲和日本，大多实力雄厚，具有科学管理经验，在外很快创立事业，不少成为当代名流。

中华人民共和国成立后，渡洋深造者以科学、教育和文艺界人士居多，且多旅居美国。20 世纪 80 年代改革开放后，出国探亲、留学深造、开拓经营、劳动就业者趋多。现今，海外华侨华人社会的侨团、财团领袖和各界著名人士不乏镇海籍人。如美国华商总会董事长、永远顾问，著名爱国侨领和华人实业家应行久及其子美国大中集团主席兼董事长应立人；香港荣华纺织有限公司董事长赵安中；日本东京三晶实业株式会社社长傅在源；香港远东纺织有限公司董事长包景表；在美国堪称旧金山巨富张济民；香港新昌集团有限公司董事会主席叶谋遵；宁波旅港同乡会会长金如新；新加坡宁波同乡会会长水铭章；日本东京宁波同乡会会长张和祥等。

著名旅美女作家於梨华；著名数学家、美国芝加哥大学终身教授林芳华；中科院海外评审专家、瑞典—中国能源技术和气候变化合作协调人、瑞中科技合作促进会主席严晋跃博士等都为侨界佼佼者。

海外华侨华人分布及职业构成

镇海籍海外华侨华人遍布世界，尤以美国、日本、加拿大、新加坡居多。据2006年调查，镇海籍海外华侨华人港澳同胞及出国留学人员共有5177人。他们的国家和地区分布情况为：亚洲690人，欧洲338人，美洲1707人，非洲78人，大洋洲365人，中国香港、澳门地区1999人。

2006年镇海区华侨华人港澳同胞及出国留学人员分布情况表

表7－4

洲别	国家（地区）	人数（人）	洲别	国家（地区）	人数（人）
亚洲	中国香港地区	1966	欧洲	德国	40
亚洲	中国澳门地区	33	欧洲	俄罗斯	1
亚洲	日　本	398	欧洲	瑞　士	18
亚洲	新加坡	170	欧洲	乌克兰	4
亚洲	印度尼西亚	13	欧洲	意大利	7
亚洲	马来西亚	90	欧洲	比利时	63
亚洲	泰　国	5	美洲	美国	1267
亚洲	韩　国	10	美洲	加拿大	391
亚洲	文　莱	4	美洲	巴西	28
欧洲	英　国	105	美洲	哥伦比亚	20
欧洲	奥地利	10	美洲	乌拉圭	1
欧洲	挪　威	34	非洲	南非	38
欧洲	丹　麦	2	非洲	加纳	12
欧洲	瑞　典	13	非洲	尼日利亚	28
欧洲	西班牙	32	大洋洲	澳大利亚	336
欧洲	希　腊	1	大洋洲	新西兰	29
欧洲	法　国	8			

说明：资料来源区侨办

2006年镇海区华侨华人港澳同胞及出国留学人员职业构成统计表

表7－5　　单位：人

地区	商贸	餐饮	加工制造	科教文卫	金融保险	从政	其他	合计
亚洲	100	101	53	30	12	4	390	690
欧洲	12	79	9	28	2	4	204	338
美洲	209	241	138	143	50	—	926	1707
非洲	13	42	8	—	—	—	15	78
大洋洲	35	46	6	45	11	2	220	365
港澳地区	303	328	86	140	75	7	1060	1999
合计	672	837	300	386	150	17	2815	5177

说明：资料来源区侨办

华侨华人港澳台同胞对镇海贡献

镇海籍港澳台同胞、华侨华人素以爱国爱乡著称，以报效桑梓为己任。改革开放以来，特别是邓小平发出“把全世界‘宁波帮’动员起来建设宁波”的号召后，更激发了他们的热忱，纷纷捐款、捐物，兴办文教卫生、公益事业。1979—2008年，共有160余人及社团向镇海捐赠533个项目，累计20127.76万元，其中1993年10月至2000年10月，包玉书兄妹、傅在源、张爱芳为龙赛中学、镇海中学、仁爱中学、龙赛医院捐资，设立100万元以上的奖教奖学基金5个，累计2463万元。1993—2008年，镇海籍港澳同胞及海外华侨华人有13人被浙江省人民政府授予爱乡楷模荣誉称号，有14人被宁波市人大常委会授予荣誉市民称号。

第四节　院士之乡

中华人民共和国成立至2008年，有26名镇海籍人士（含今属北仑区7名）获中国科学院院士和中国工程院院士殊称，占宁波籍院士1/4。2008年6月，19名镇海籍院士回乡参加院士风采馆开馆仪式。

镇海区籍中国科学院院士有贝时璋、周毓麟、杨福愉、沈自尹、刘元方、杨福家、白以龙、陈祖煜、包为民9人；中国工程院院士有汤德全、陈敬熊、周永茂、林永年、翁史烈、倪维斗、范立础、郑颖人、朱高峰、倪光南10人；汤于翰获英国伦敦皇家医学科学院院士，庄祥昌获国际宇航科学院院士，林芳华获美国科学与艺术院院士殊称。（详见第四十四编“人物”第三章“院士”）

第五节　兴学重教

镇海历有尊师兴学重教传统。从宋、元以来开办书院、社学、义学义塾以及私塾。清末民国初，近代教育兴起。清光绪二十七年（1901），大市堰余氏义塾首先改办为学堂。宣统三年（1911）创立县立中学。至民国时期小学已遍布城乡。解放前，镇海县甬江以北区域有新仓、便蒙、声远、培玉、尚志、锺毓、团桥、驷桥、崇正、中兴、妙胜、履中、澥浦、启绪、清湖、通德等小学办得比较好。那时镇海人多希望子女能识字"开眼"，男孩还能会珠算，学点英文，以方便就业。即使是一般农民，也希望孩子能粗识文字，懂些算术，以免被人欺蒙。时镇海民间纷纷办学，镇海商帮办学助学几成风气。宁波帮初期领军人物叶澄衷，晚年以切身体验深感教育重要性，有"兴天下之利，莫大于兴学"之喟叹。身后立遗嘱敦促后辈办学回哺社会。其后辈所办中兴学堂，40 多年办学，人才辈出，一批饮誉海内外的宁波帮人士从这里走向世界。1994 年版《镇海县志》记载，1947 年镇海县有小学 253 所，班级 670 个，学龄儿童入学率 66.6%。

中华人民共和国成立后，特别是改革开放后，教育事业优质发展。1988 年，镇海区成为省首批 12 个实施九年制义务教育的县（区）之一。2000 年，镇海区列入浙江省教育强区。2003 年普及高中教育。教育经费逐年增加，建区初率先实施"教育经费附加"措施。2008 年，教育经费财政投入达 38235 万元以上。镇海籍港、澳、台同胞及海外华侨、华人及社团兴教助学风气不衰。学校设施趋向现代化，城乡教育资源均衡发展，教育经费的增长，师资力量的增强，教育政策的落实，使全区的教育事业从幼儿到老年，从义务到高中，从正规到业余，从普通教育到职业培训，纳入终身和全面教育轨道，形成完整体系。

（责任编辑　冯国定）

第八编　环境保护

本编目录

20世纪70年代中期以后，随着浙江炼油厂、镇海发电厂、镇海港务局等一批项目落户，工业排放开始成为影响镇海区域环境的主要因素。80年代中后期开始，随着经济快速发展和国家相关政策的出台，环境保护问题逐渐引起地方政府重视和公众关注。镇海作为沿海开放城市和经济较发达地区一部分，面临着能源消耗污染排放总量大、环境安全风险高的问题。1997年9月成立镇海区环境保护局。2008年建成镇海区环境监测监控中心，镇海区对环境保护工作力度不断加大，工作范围和深度不断拓展，基本保持与环境压力相应的监管强度。

2003年6月，启动国家级生态示范区创建，提出“生态镇海”目标。2007年1月，被国家环保总局命名为“全国第五批国家级生态示范区”。2008年6月，镇海区被省人民政府命名为首批省级生态区。随后，继续创建更高等级的国家级生态区（于2014年获得命名）。但污染物排放的总量控制问题，化工产业带来的安全风险问题依然存在，环境保护工作任重道远。

第一章　环境质量

1986 年，以石油化工、火力发电、仓储运输为主导的临港大工业格局逐步成型，区域污染物排放总量持续上升，环境影响逐步显现，尤其是大气环境质量下降感受明显。但因监测标准和技术手段有限，这种下降趋势并没有完全反映到监测数据上。总体上，这一时期的环境质量是下降的。但与同一时期经济发展速度、污染物排放强度背景分析，镇海基本上遏制了环境质量的恶化，并为此付出很大的努力。

第一节　大气环境质量

空气质量

空气质量受区域性系统污染物和周边地区输入性污染物影响，呈现一定的复杂性。1985 年始，镇海区启动环境空气常规监测。1989 年，设镇海石化总厂、石塘下村、区环境监测站和宁波港务局镇海作业区 4 点监测环境空气质量。到 2008 年，全区设有二氧化硫、二氧化氮、可吸入颗粒物（PM10）等常规因子（API）监测点 1 个，降尘监测点 4 个，降水监测点 1 个。环境空气质量合格标准为二氧化硫（SO_2）0.06 毫克/立方米，氮氧化物（NOx）0.08 毫克/立方米，可吸入颗粒物（PM10）0.10 毫克/立方米。根据监测结果，1986—2008 年，除可吸入颗粒物（PM10）在 2000 年前略超国家标准外，其他各项监测数值均低于标准值，环境空气质量等级维持在 I 级或 II 级，环境空气质量状况描述为“优”或“良”。

1986—2008 年镇海区环境空气监测情况表

表 8－1

监测项目（年平均值）	二氧化硫（毫克/立方米）	二氧化氮（毫克/立方米）	可吸入颗粒物（毫克/立方米）	降尘（吨/平方千米・月）
1986	0.020	0.010	0.190	7.25
1987	0.010	0.010	0.213	8.37
1988	0.018	0.010	0.180	7.45
1989	0.016	0.009	0.105	6.42
1990	0.013	0.014	0.108	6.54
1991	0.018	0.021	0.155	6.98
1992	0.017	0.014	0.151	5.62

续表 8－1

监测项目（年平均值）	二氧化硫（毫克/立方米）	二氧化氮（毫克/立方米）	可吸入颗粒物（毫克/立方米）	降尘（吨/平方千米·月）
1993	0.026	0.019	0.155	4.24
1994	0.011	0.020	0.198	5.34
1995	0.023	0.027	0.133	5.12
1996	0.013	0.032	0.193	4.86
1997	0.010	0.032	0.138	4.85
1998	0.014	0.030	0.103	6.59
1999	0.012	0.029	0.100	6.68
2000	0.011	0.027	—	9.37
2001	0.014	0.026	0.051	7.92
2002	0.017	0.052	0.064	8.00
2003	0.039	0.060	0.075	7.39
2004	0.047	0.060	0.083	7.02
2005	0.052	0.062	0.082	6.59
2006	0.046	0.057	0.084	7.31
2007	0.056	0.048	0.090	6.07
2008	0.052	0.053	0.085	7.22

说明：资料来源区环境保护局

空气有机物含量

石油化工企业影响大气环境质量的主要因素是有机废气，有机污染物主要为烃类、各类苯系物、丙烯腈、二甲基甲酰胺（DMF）、含硫化合物、氨、醇类。一些企业在生产不正常或停工检修期间，会出现突发性的污染物排放现象，尤其是含硫化合物、苯乙烯、氨等恶臭污染物的排放，经常对大气环境产生影响。由于国内缺乏相关标准，加上设备和技术手段的限制，大气特殊污染因子长期没有列入监测范围。2004 年，镇海区投资 300 万元从意大利 SARTEC 公司引进一套大气特殊污染因子在线自动监测系统，实现对 36 种大气特殊污染因子监控。根据监测数据分析，大气特殊污染物主要为苯系物，其浓度都很低且变化较小，基本上在检出限附近，还有一些苯系物如氯苯和二氯苯未检出。参照欧洲空气质量标准、中国居住区有害物质最高允许浓度值，符合标准。

酸雨

酸雨监测始自 1985 年。镇海在地域上属华东酸雨区，酸雨污染比较严重，特别是 2002 年至 2008 年连续为Ⅴ级，与北仑、慈溪一起成为宁波市的酸雨中心。造成酸雨的主要污染物是硫酸，既有本地二氧化硫排放，也有输入性污染物影响。2006 年以来，硝酸对酸雨的影响逐渐增强，表现出硫酸型为主、硫酸与硝酸混合污染型酸雨特征。酸雨污染在镇海区范围内难以短期得到解决。

1986—2008 年镇海区酸雨监测情况表

表 8－2

年份	收集样品（个）	pH 酸碱度＜5.60 样品数	酸雨率%	最低 pH 酸碱度	pH 酸碱度波动范围	等级
1986	6	1	17	4.62	4.62～6.94	Ⅰ
1987	3	0	0	6.34	6.34～6.94	Ⅰ
1988	30	20	66.7	4.12	4.12～7.64	Ⅴ
1989	35	17	48.6	4.34	4.34～7.14	Ⅲ
1990	26	14	53.8	4.26	4.26～7.46	Ⅲ
1991	20	13	65	4.20	4.20～6.80	Ⅳ
1992	28	22	78.6	4.05	4.05～6.83	Ⅴ
1993	24	10	41.7	4.68	4.68～7.44	Ⅲ
1994	—	—	—	—	—	—
1995	19	11	57.9	4.26	4.26～6.69	Ⅳ
1996	24	4	16.7	4.93	4.93～7.50	Ⅰ
1997	—	—	—	—	—	—
1998	89	60	67.4	3.90	3.90～7.70	Ⅴ
1999	111	73	65.8	4.02	4.02～7.06	Ⅳ
2000	—	—	—	—	—	—
2001	69	25	36.2	3.98	3.98～8.79	—
2002	131	102	77.9	3.61	3.61～7.56	Ⅴ
2003	77	72	93.5	3.75	3.75～6.89	Ⅴ
2004	85	75	88.2	3.92	3.92～6.36	Ⅴ
2005	83	81	97.6	3.96	3.96～6.00	Ⅴ
2006	78	78	100	3.93	3.93～5.05	Ⅴ
2007	78	78	100	3.97	3.97～4.68	Ⅴ
2008	80	79	98.8	4.01	4.01～5.65	Ⅴ

说明：资料来源区环境保护局。pH 酸碱度低于 5.6 为酸雨

第二节　水环境质量

河流水质

河流主要污染物为氨氮、高锰酸盐指数等，来源于生活污水、农业面源污染以及工业废水。镇

海区以中大河和澥浦大河为主设 5 个河网地表水监测点位。2002 年河网水质达标率为 20%，2003 年为 40%，2004 年为 20%，2005 年为 60%。2005 年开始，定期引姚江水对内河水置换。2003 年开始创建国家级生态示范区后，加大对河网水质环境治理投入，加强基础设施建设，开展河道整治工程，实施农村污水处理，区域河网水质有所好转。2006—2008 年，5 个地表水监测断面均能满足水环境功能水质目标要求，水质达标率 100%，符合生态功能区（Ⅳ类）要求。

1990—2008 年镇海区内河水质监测情况表

表 8－3

年份	河流	站位	水质类别	定类项目	水体功能类别
1990	中大河	汶溪	Ⅲ	高锰酸盐指数、氨氮、总磷	Ⅲ
		贵驷	劣Ⅴ	氨氮、总磷	Ⅳ
		张鑑碶	劣Ⅴ	氨氮、总磷	Ⅳ
	澥浦大河	马家桥	劣Ⅴ	氨氮、五日生化需氧量	Ⅲ
		俞范	劣Ⅴ	氨氮	Ⅲ
1991	中大河	汶溪	Ⅲ	高锰酸盐指数、氨氮、总磷	Ⅲ
		贵驷	劣Ⅴ	氨氮、总磷	Ⅳ
		张鑑碶	劣Ⅴ	氨氮、总磷	Ⅳ
	澥浦大河	马家桥	Ⅳ	氨氮、五日生化需氧量	Ⅲ
		俞范	Ⅳ	氨氮	Ⅲ
1992	中大河	汶溪	Ⅳ	高锰酸盐指数、氨氮	Ⅲ
		贵驷	劣Ⅴ	氨氮、总磷	Ⅳ
		张鑑碶	劣Ⅴ	氨氮、总磷	Ⅳ
	澥浦大河	马家桥	劣Ⅴ	氨氮、BOD5	Ⅲ
		俞范	劣Ⅴ	氨氮	Ⅲ
1994	中大河	汶溪	Ⅳ	DO、CODMn	Ⅲ
		贵驷	劣Ⅴ	CODMn	Ⅳ
		张鑑碶	劣Ⅴ	CODMn	Ⅳ
	澥浦大河	马家桥	Ⅴ类	CODMn	Ⅲ
		俞范	Ⅴ类	CODMn	Ⅲ
1995	中大河	汶溪	Ⅳ	COD	Ⅲ
		贵驷	Ⅴ类	CODMn	Ⅳ
		张鑑碶	Ⅴ类	CODMn、挥发酚	Ⅳ
	澥浦大河	马家桥	Ⅴ类	CODMn	Ⅲ
		俞范	劣Ⅴ	CODMn	Ⅲ

续表 8－3

年份	河流	站位	水质类别	定类项目	水体功能类别
1996	中大河	汶溪	Ⅳ	DO、CODMn	Ⅲ
		贵驷	Ⅴ类	CODMn	Ⅳ
		张鑑碶	Ⅴ类	DO	Ⅳ类
	澥浦大河	马家桥	劣Ⅴ	DO	Ⅲ类
		俞范	劣Ⅴ	CODMn	Ⅲ类
1997	中大河	汶溪	Ⅳ	COD	Ⅲ类
		贵驷	Ⅴ类	CODMn	Ⅳ类
		张鑑碶	Ⅳ	CODMn、挥发酚	Ⅳ类
	澥浦大河	马家桥	劣Ⅴ	CODMn	Ⅲ类
		俞范	劣Ⅴ	CODMn	Ⅲ类
1998	中大河	汶溪	Ⅲ	CODMn	Ⅲ类
		贵驷	劣Ⅴ	CODMn	Ⅳ类
		张鑑碶	Ⅴ	CODMn	Ⅳ类
	澥浦大河	马家桥	劣Ⅴ	CODMn	Ⅲ类
		俞范	Ⅴ类	CODMn	Ⅲ类
1999	中大河	汶溪	Ⅱ类	COD	Ⅲ类
		贵驷	Ⅳ类	DO、CODMn、BOD5	Ⅳ类
		张鑑碶	Ⅴ类	CODMn	Ⅳ类
	澥浦大河	马家桥	Ⅴ类	CODMn	Ⅲ类
		俞范	Ⅳ类	非离子氨、CODMn	Ⅲ类
2000	中大河	汶溪	Ⅲ类	氨氮、总磷	Ⅲ类
		贵驷	劣Ⅴ	氨氮、总磷	Ⅳ类
		张鑑碶	劣Ⅴ	氨氮、总磷	Ⅳ类
	澥浦大河	马家桥	劣Ⅴ	BOD5、氨氮	Ⅲ类
		俞范	劣Ⅴ	氨氮	Ⅲ类
2002	中大河	汶溪	Ⅲ类	氨氮、总磷、CODMn	Ⅲ类
		贵驷	劣Ⅴ	氨氮、总磷	Ⅳ类
		张鑑碶	劣Ⅴ	氨氮、总磷	Ⅳ类
	澥浦大河	马家桥	劣Ⅴ	BOD5、氨氮	Ⅲ类
		俞范	劣Ⅴ	氨氮	Ⅲ类

续表 8－3

年份	河流	站位	水质类别	定类项目	水体功能类别
2003	中大河	汶溪	Ⅲ类	总磷	Ⅲ类
		贵驷	劣Ⅴ	氨氮、总磷	Ⅳ类
		张鑑碶	Ⅳ类	氨氮、总磷	Ⅳ类
	澥浦大河	马家桥	Ⅴ类	氨氮	Ⅲ类
		俞范	Ⅴ类	氨氮	Ⅲ类
2004	中大河	汶溪	Ⅲ类	总磷	Ⅲ类
		贵驷	Ⅴ类	总磷、DO、CODMn、氨氮	Ⅳ类
		张鑑碶	Ⅴ类	总磷、DO、CODMn、氨氮	Ⅳ类
	澥浦大河	马家桥	Ⅴ类	总磷、CODMn、氨氮	Ⅲ类
		俞范	Ⅴ类	总磷、CODMn、氨氮	Ⅲ类
2005	中大河	汶溪	Ⅲ类	总磷	Ⅲ类
		贵驷	Ⅳ类	总磷、DO、CODMn、氨氮	Ⅳ类
		张鑑碶	Ⅴ类	总磷、DO、CODMn、氨氮	Ⅳ类
	澥浦大河	马家桥	Ⅳ类	总磷、CODMn、氨氮	Ⅳ类
		俞范	Ⅴ类	总磷、CODMn、氨氮	Ⅳ类
2006	中大河	汶溪	Ⅲ类	CODMn、氨氮	Ⅲ类
		贵驷	Ⅳ类	CODMn、氨氮、BOD、石油类	Ⅳ类
		张鑑碶	Ⅳ类	CODMn、氨氮、BOD、石油类	Ⅳ类
	澥浦大河	马家桥	Ⅳ类	CODMn、氨氮、石油类	Ⅳ类
		俞范水厂	Ⅳ类	CODMn、氨氮、石油类	Ⅳ类
2007	中大河	汶溪	Ⅲ类	CODMn、氨氮	Ⅲ类
		贵驷	Ⅳ类	CODMn、氨氮、石油类	Ⅳ类
		张鑑碶	Ⅳ类	CODMn、氨氮、BOD	Ⅳ类
	澥浦大河	马家桥	Ⅳ类	CODMn、氨氮、石油类	Ⅳ类
		俞范水厂	Ⅳ类	CODMn、氨氮、石油类	Ⅳ类
2008	中大河	汶溪	Ⅲ类	氨氮	Ⅲ类
		骆驼	Ⅳ类	CODMn、氨氮	Ⅳ类
		贵驷	Ⅳ类	CODMn、氨氮	Ⅳ类
	澥浦大河	马家桥	Ⅳ类	CODMn、氨氮	Ⅳ类
		俞范水厂	Ⅳ类	CODMn、氨氮	Ⅳ类

说明：1. 资料来源区环境保护局；

2. 水质类别，Ⅰ类主要适用于源头水、国家自然保护区；Ⅱ类主要适用于集中式生活饮用水地表水源地一级保护区、珍稀水生生物栖息地、鱼虾类产卵场、仔稚幼鱼的索饵场等；Ⅲ类主要适用于集中式生活饮用水地表水源二级保护区、鱼虾类越冬场、洄游通道、水产养殖区等渔业水域及游泳区；Ⅳ类主要适用于一般工业用水区及人体非直接接触的娱乐用水区；Ⅴ类主要适用于农业用水区及一般景观要求水域；

3. DO 为溶解氧、COD 为化学需氧量、BOD 为生化需氧量

水库水质

十字路水库、郎家坪水库和三圣殿水库是镇海饮用水源保护地，水质历来较好。按 GB 3838—2002 Ⅱ类水标准，所有监测指标均无超标记录，达标率 100%。

2001—2008 年镇海区水库水质监测情况表

表 8－4

水库名称	年份	水质类别	定类项目或主要污染项目	功能要求	达标率
十字路	2001	Ⅰ	—	Ⅱ	100%
	2002	Ⅰ	—		
	2003	Ⅱ	—		
	2004	Ⅰ	—		
	2005	Ⅰ	—		
	2006	Ⅰ	—		
	2007	Ⅰ	—		
	2008	Ⅰ	—		
郎家坪	2001	Ⅱ	溶解氧、总大肠杆菌	Ⅱ	100%
	2002	Ⅱ	总磷、高锰酸盐指数、氨氮		
	2003	Ⅱ	总磷、高锰酸盐指数、氨氮		
	2004	Ⅱ	—		
	2005	Ⅱ	—		
	2006	Ⅱ	高锰酸盐指数		
	2007	Ⅱ	高锰酸盐指数		
	2008	Ⅱ	高锰酸盐指数		
三圣殿	2001	Ⅱ	溶解氧、总大肠杆菌	Ⅱ	100%
	2002	Ⅱ	总磷、高锰酸盐指数、氨氮		
	2003	Ⅱ	总磷、高锰酸盐指数、氨氮		
	2004	Ⅱ	—		
	2005	Ⅱ	—		
	2006	Ⅱ	高锰酸盐指数		
	2007	Ⅱ	高锰酸盐指数		
	2008	Ⅰ	—		

说明：资料来源区环境保护局

近海海域水质

甬江口及毗邻海域，镇海区沿岸至北仑大榭岛东侧离岸 2 千米内，面积约 148.5 平方千米属于镇海—北仑—大榭四类功能区，水质目标是第三类。2005 年镇海近岸海域布设 1 个监测站位，于每年4月、7月、10月对站位水质进行监测。2005—2008年监测结果表明，海水水体中pH、高锰酸盐指数、石油类、汞、镉、铅、铜7指标均符合一类海水标准，无机氮和活性磷酸盐指标超过四类海水标准，海域海水水质为劣四类，为严重污染海域，不能满足海域功能区要求。随着临港工业发展，2007年水质状况略有下降，无机氮含量一定程度上升，其他污染因子浓度变化不大。2008年加大对临港污染源控制，水质状况略有好转，与2007年相比，无机氮和活性磷酸盐含量均有一定程度下降，其他污染因子浓度变化不大。

第三节 声环境质量

1986年开始区域环境噪声监测和交通噪声监测。至2008年，布设交通噪声监测点位23个，区域环境噪声监测点位53个。

交通噪声

区域交通噪声计权均值历年均达到GB 3096—93标准和《声环境质量标准》（GB 3096—2008）4a类标准，但呈上升趋势。随着车流量增加，交通噪声污染源增加。2003年以来部分监测点位交通噪声超标，分别达39.1%、21.7%、26.1%、13%，21.7%，26.1%。

1986—2008年镇海区交通噪声监测情况表

表8-5

年份	监测月份	路段测点数（个）	道路总长（千米）	平均路宽（米）	超标路段	平均车流量（辆/小时）	Leq dB（A）	超标点位数（个）	超标率（%）
1986	11	24	—	—	—	—	—	—	—
1988	11	13	5.65	19.8	—	263	66.0	—	—
1989	11	15	8.75	19.8	—	—	78.5	—	—
1990	11	—	—	19.8	—	—	70.8	—	—
1991	11	10	7.72	19.8	—	259	68.1	—	—
1992	12	9	5.07	18.3	—	282	70.9	—	—
1993	12	—	—	—	—	—	70.3	—	—
1994	12	22	19.62	12.9	—	497	67.9	—	—
1995	12	22	14.71	19.0	—	504	70.1	—	—
1996	11	22	14.70	19.0	—	533	69.0	—	—
1997	12	22	14.70	19.0	—	580	67.2	—	—
1998	10	22	14.70	19.0	—	574	68.3	—	—
1999	12	22	14.70	19.8	—	662	66.6	—	—

续表 8－5

年份	监测月份	路段测点数（个）	道路总长（千米）	平均路宽（米）	超标路段	平均车流量（辆/小时）	Leq dB（A）	超标点位数（个）	超标率（%）
2000	11	22	14.7	19.8	—	623	68.4	—	—
2001	11	22	14.7	19.8	—	662	66.5	—	—
2002	11	23	16.2	18.9	—	683	67.7	—	—
2003	4	23	16.2	18.9	6.77	710	68.4	9	39.1
2004	4	23	16.2	18.9	5.10	738	69.0	5	21.7
2005	5	23	16.2	18.9	5.45	751	68.9	6	26.1
2006	5	23	16.2	18.9	3.50	749	68.9	3	13.0
2007	5	23	16.2	18.9	3.80	819	68.7	5	21.7
2008	4	23	16.2	18.9	5.40	834	68.1	6	26.1

说明：资料来源区环境保护局。合格标准为75dBA，Leq含义为等效连续A声级

环境噪声

区域环境噪声历年来均达到国家“城考”满分标准。区域环境噪声未随城市人口、经济规模和机动车等因素而明显恶化。

1986—2008 年镇海区环境噪声监测情况表

表 8－6　　单位：dBA

年份	网格（米×米）	网格总数（个）	网格覆盖人口（万人）	Leq
1986	500×500	21	10	58.6
1990	500×500	16	10	54.5
1994	500×500	52	10	55.6
1995	500×500	51	10	53.7
1996	500×500	51	10	52.4
1997	500×500	51	10	52.5
1998	500×500	51	10	52.5
1999	500×500	51	10	54.1
2000	500×500	51	10	53.4
2001	500×500	51	10	53.2
2002	500×500	53	10	53.5
2003	500×500	53	10	53.2
2004	500×500	53	10	53.7

续表 8 - 6

年份	网格（米×米）	网格总数（个）	网格覆盖人口（万人）	Leq
2005	500×500	53	10	52.4
2006	500×500	53	10	53.2
2007	500×500	53	10	53.3
2008	500×500	53	10	53.0

说明：资料来源区环境保护局。合格标准为55dBA

第二章 环境污染治理

区域环境污染源主要来自化工、电镀、印染、酸洗和煤炭仓储，相对集中在镇海经济开发区后海塘区块、宁波化工区（澥浦）、九龙湖镇（河头）。化工以废气废水为主，印染电镀以废水为主兼有废气，煤炭主要为粉尘。据2007年调查，全区工业污染源企业2288家，其中化工109家、酸洗72家。农业污染主要源自畜禽养殖。2000年以来，对化工、紧固件酸洗、电镀、印染行业和煤场开展多次分类集中整治。到2008年，搬迁关闭后海塘小化工企业8家。建成蛟川电镀中心，9家电镀企业集中作业。建成九龙湖酸洗废水集中处理厂。建后海塘集中煤场，逐步向北迁移。

第一节 工业污染治理

1996—1999年，镇海区投入2380万元用于工业污染治理。94家工业企业中78家实现达标排放，16家关闭或停产，按时完成“一控双达标”任务（污染物排放总量控制，环境空气和地面水环境质量达标）。2000年以前，对工业企业可能产生的污染处于“先污染，后治理”和“轻源头控制，重末端治理”状态。2001—2008年，对印染、化工废气、电镀、废塑造粒、紧固件酸洗行业专项治理，脱硫整治、印染业中水回用改造。2002—2005年，区财政和相关企业共投入近5亿元用于工业污染治理，关闭和搬迁企业83家。经过治理，2005年工业污染物COD排放量为1410吨，比2002年削减22.5%。2006—2008年，共投入62699.3万元用于工业污染治理。2008年工业污染物COD排放量为1440.88吨。

化工污染治理

2002—2004年，对后海塘区域宁波乐金甬兴化工有限公司、宁波海利化工有限公司、宁波华力斯化工有限公司、宁波众利化工有限公司、阿克苏诺贝尔过氧化物（宁波）有限公司、宁波万隆食用酒精有限公司等重污染企业开展整治。整治期间上述企业投入环保资金数千万元，用于改造设施和淘汰落后生产工艺。2004年开始，化工废气整治重心向宁波化工区转移。宁波化工区具有统一的治理设施和园区管理机构，但因周边村居距离较近，村民投诉废气异味事件时有发生。

酸洗废水治理

20世纪90年代以来，河头乡（九龙湖镇）形成以西河至西经堂为中心的紧固件企业集中区。2000年前后，对紧固件业酸洗废水多次整治成效不显。2004年，该区域紧固件企业38家，酸性废水含油废水超标排放，长应河水变黄发红，水质严重恶化。2004年启动新一轮整治，在改造企业环保设施同时，总投资1200万元建设酸洗污水集中处理厂，污水处理规模4800吨/日。2006年，澥浦镇庙戴21家酸洗企业整治，取消10家企业酸洗加工，11家企业酸洗废水用槽车运输到九龙湖镇污水厂集中处理。

电镀污染治理

镇海区9家电镀企业工艺落后设备陈旧，电镀污水对环境影响很大。2003年，区人民政府和相关企业出资1.5亿元，建造蛟川电镀中心，占地面积15.7万平方米，日污水处理能力2000吨。原企业手工生产改为自动半自动流水线，污染物集中处理，基本达到“新鲜用水减少三分之一、污染物排放减少三分之一、生产效率提高三分之一”目标。

废塑料造粒污染治理

废塑造粒设施简陋工艺落后，产生的烟雾、废渣对大气、水和土壤造成污染。2002年，对骆驼街道和九龙湖镇60余处废塑造粒点整治，取缔无证作坊，在清水湖村建废塑造粒集中区，26家企业搬入集中区作业。

工业污水集中处理

2004年前，中石化镇海炼化分公司建有污水集中处理设施。区内工业污水集中处理设施在2004年前后逐步建成。主要有宁波化工区污水处理厂（爱普环保）、蛟川电镀中心电镀废水集中处理厂、九龙湖紧固件酸洗废水处理厂、庄市酸洗废水处理站等。2008年全区工业污水处理率达到95%以上。化工、电镀、印染、酸洗等重点用水行业，2006年起尝试工业污水处理后重复使用（中水回用），但回用量较少。

第二节　生活污水与农村畜禽污染治理

城镇生活污水集中处理

2005年前，城乡生活污水集中处理率接近零。2005年12月，镇海污水处理厂在后海塘开工建设。2006年10月，建成镇海污水处理厂。2007年11月，建成宁波北区污水处理有限公司（宁波北区污水处理厂），城镇生活污水开始集中处理。2007年12月，建成九龙湖生活污水处理站。2007年和2008年，全区城镇生活污水处理率分别为46.03%和75.13%。

农村生活污水生态化处理

2001年，庄市光明村生活污水尝试“无动力湿地”处理方式，但未大规模推广。2007年开始，镇海区农村第一批5个自然村污水生态化处理，除九龙湖横溪村采用分户湿地方法外，其余均采用无动力地埋式厌氧处理。到2008年，全区有10个自然村生活污水生态化处理。

农村畜禽养殖污染治理

2003年，镇海区出台《关于全面开展畜禽养殖污染综合整治的实施意见》，采取划定禁养区，禁养区内养殖场户关闭拆迁，建设养殖小区，建造堆粪棚，有机肥加工等等措施。到2008年，建成8个养殖小区，其中生猪5个，奶牛、兔和蛋鸭养殖各1个。养殖小区雨污分离，配套建设污水处理设施。污水处理总投入275万元，日处理能力270吨。建成生化处理厂3座，沼气处理3处，兼性塘和氧化塘7只计4700多立方米。植物净化池1.5万平方米，其中南洪养殖小区采用台湾红泥塑料厌氧技术，日处理能力60吨。养殖污水产沼后专线送至北区污水处理厂。规模养殖场粪便干湿分离，建干粪避雨堆棚。里洞桥养殖场粪便由骆驼沼气站吸收，其他小区由贩运户承包运送到林带、果树和蔬菜基地作有机肥，粪便综合利用率96.2%。

第三节　仓储加工业污染治理

煤场粉尘污染治理

镇海港区煤炭年吞吐量约2000万吨。后海塘区域60余家企业煤炭仓储面积53.28万平方米。煤场粉尘影响城区空气环境质量明显。1999年以来镇海区开展3次较大规模煤场粉尘整治，效果不佳。2005年煤场往北迁移，建集中式新煤场。到2008年，总投资2.3亿元，68家煤炭经营企业北迁至固定煤场或公共煤场。铺设水管7000米，置喷淋头176只，安装粉尘在线自动监控系统。新煤场建成后缓解煤灰粉尘对城区环境影响，但随着镇海港区煤炭吞吐量增长和煤炭储运的活跃，解决煤灰污染依然难度较大。

废旧金属拆解污染治理

2002年，投资15.6亿元建宁波市再生金属资源加工园区。2003年10月，园区被国家环保总局等5部委列为全国首家进口再生金属资源“圈区管理”试点。98家企业陆续入驻。允许园区企业采用手工或机械方式物理拆解，鼓励企业引进先进拆解工艺和设备。对污水经隔油后通过地下管线输送至园区污水处理厂达标处理后排放。固体废弃物统一收集送焚烧发电厂或垃圾填埋场处理。对擅自采用焚烧方式拆解废金属件的企业，环保部门严厉处罚。2008年，园区安装高空瞭望系统，对废旧金属拆解实时视频监控。

第四节　城镇截污管网建设

2008年起，镇海区计划投资1.8亿元，实施城镇截污排污系统改造一期、二期、三期工程。当年实施一期工程，完成投资7900万元。包括镇骆路污水干管、镇海老城区中大河截污、骆驼老镇区截污、庄市老镇区庄市河截污、蛟川街道临俞路二级管截污、澥浦镇截污、九龙湖镇截污和新城中官路、聚兴路、南二路截污8个子项目，共铺设三级以上污水管网19千米。

第三章　环境管理与生态区建设

从常规环境监测、环境统计、日常污染处理到区域环境保护和生态建设，镇海区环境管理范围不断扩大，管理职能益发细化。

2003 年 6 月，生态镇海建设拉开帷幕。编制《镇海生态区建设规划》，确定生态建设的目标、任务、步骤和主要举措。2007 年制定《镇海区“十一五”期间主要污染物减排工作方案》，以控制主要污染物减排。同时，每年滚动制定主要污染物减排工作方案。

第一节　管理机构

1981 年 5 月设县环境保护监测站，编制 5 人，隶属县城乡建设环境保护局。1985 年 10 月，改称区环境保护监测站，同时区城乡建设环保局内设环境保护管理处。1997 年设置镇海区环境保护局，同时成立区环境监测监理站。2002 年 6 月，撤区环境监测监理站，建区环境监理大队（后称区环境监察大队）和区环境监测站。2004 年，成立区环境保护局宁波化工区分局。同年，镇街道建环保管理所（与安监所合署办公）。2007 年区环境监察大队增挂区环境监控中心牌。2008 年，区环境保护局及其所属事业单位共有行政和事业编制 38 人。区环境保护局办公地初在胜利路 16 号。2002 年迁至胜利路 112 号区人民政府综合楼。2008 年 6 月，区环境监测监控中心大楼建成，区环保局、区环境监察大队、区环境监测站、区环境监控中心一并迁址后海塘雄镇路 969 号。

第二节　环境保护规划

“十五”环境保护计划

2000 年 8 月，根据《镇海区国民经济“十五”计划》和《宁波市环境保护“十五”计划和 2015 年长远目标纲要》，编制《宁波市镇海区环境保护“十五”计划（2001—2005）》。计划编制遵循以下原则：环境保护和经济、社会发展相协调；污染防治和生态保护并重；以改善环境质量为根本目的；预防为主、防治结合和综合治理；城镇环境保护及基础设施建设和农村环境综合整治相结合；实事求是，因地制宜，分类指导。计划提出的“十五”环境保护总体目标为：在经济、社会发展的同时，加强环境保护，减缓环境污染的发展趋势，使镇海区的环境质量基本稳定，局部地区自然生态环境有所好转，逐步使环境与经济、社会发展相协调。计划分别针对大气环境、水环境、声环境保护和固体废弃物治理提出控制目标和对策措施。

生态区建设规划

《镇海生态区建设规划》由中国社会科学院可持续发展研究中心和区人民政府共同编制完成。2004 年 4 月，区十二届人大常委会第八次会议审议通过。规划提出，在全面推进现代化生态园林城区建设、提前基本实现现代化进程中，坚定不移地实施可持续发展战略，加快新型工业化步伐，大力发展生态经济、营造生态环境、培育生态文化，全面推进生态镇海建设，走生产发展、生活富裕、生态良好的文明发展道路。规划确定生态区建设近期、中期、远期目标任务。近期 2003—2007 年创建国家级生态示范区。中期 2008—2012 年基本建成生态区。远期 2013—2020 年巩固和提高。

分区功能规划

2008 年 4 月，市人民政府颁发《宁波市市区生态环境功能区规划》，近期为 2006—2010 年，远期为 2011—2020 年。据规划，镇海区域分禁止准入区（十字路水库饮用水水源保护生态环境功能小区及招宝山海防遗址保护生态环境功能小区），限制准入区（九龙湖风景旅游生态环境功能小区、镇海九龙平原综合发展生态环境功能小区、镇海东部农业综合发展生态环境功能小区、镇海码头港口生态环境功能小区），重点准入区（化工区南区生态环境功能小区、北区生态环境功能小区、镇海经济开发区生态环境功能小区、骆驼城区生态环境功能小区），优化准入区（九龙湖镇综合发展生态环境功能小区、招宝山和蛟川综合发展生态环境功能小区、澥浦综合发展生态环境功能小区），对各个区域的总量控制提出要求。

第三节 生态区创建

国家级生态示范区创建

2003 年 6 月，镇海区发起创建国家级生态示范区行动，对大气、水、声环境和固废污染等实施全面整治，推进清洁生产和节能减排工作，实施生态绿化工程，健全环境保护公众参与和监督机制。至 2006 年，镇海区主要工业污染物化学需氧量比 2002 年下降 22.5%，二氧化硫需氧量基本持平，单位生产总值综合能耗下降 12.1%，建成生态林带 4 条。2007 年 1 月，镇海区获国家环保总局“全国第五批国家级生态示范区”称号。

国家级生态区创建

2007 年，区人民政府按照创建国家级生态区的 22 项考核标准，制定《镇海区创建国家级生态区工作意见》，开展国家级生态区创建工作（2014 年获得命名）。在建立大生态工作机制、节能减排、污染整治、生态绿化和环境科技监管方面有新进展。2008 年，全区化学需氧量和二氧化硫排放量分别比 2005 年下降 23.5% 和 22%，建成区绿化覆盖率 45.21%。是年 6 月，镇海区获得浙江省首批省级生态区称号。此后，镇海区落实浙江省和宁波市环境保护三年行动计划，编制完成临港工业废气整治规划和后海塘海铁联运物流枢纽港环境整治规划，开展整治工作。

环境保护宣传教育

每年以世界环境日、地球日、节能宣传周等为契机，组织生态建设相关单位、群众和媒体开展“人口、资源、环境”主题系列活动，活动内容有：区委书记和区长环境日致辞、环保图文展览、环保讲座与通报会、环保知识竞赛、环保摄影比赛、广场文艺表演、系列专题和系列报道等，其中“百名市民看环保”“百名妇女看生态”“百名儿童生态行”活动获得良好反响。2002 年，首次聘请环保义务监督员 10 人，每季召开环保义务监督员座谈会。建立企业—公众环保恳谈会、企业环境行为年度报告会制度。2003 年起，每年一次对重点监管企业环境行为等级评定（评色），引导公众对企业环境行为进行评价和监督。2008 年，启动环境信息发布会、环境质量民情日记活动，每季向环保义务监督员、居民代表通报环境质量和环保工作。

绿色创建

至 2008 年，澥浦镇、九龙湖镇被命名为全国第七批环境优美乡镇，中石化镇海炼化分公司创建成国家首批环境友好企业，龙赛中学创建成全国绿色学校。获省级绿色单位称号有 15 个：镇海中学、仁爱中学、中兴中学、外语实验学校、实验小学、精英小学、炼化小学、镇海幼儿园、镇海艺术实验幼儿园（以上为省级绿色学校），城东社区、顺隆社区、胜利路社区（以上为省级绿色社区），宁波摩士合普轴承有限公司、宁波银球轴承有限公司（以上为省级绿色企业），九龙山庄（省级绿色饭店）。有省级生态环境教育示范基地 1 个，省级绿色家庭称号 9 户，省级绿色家庭示范点 1 个。有市级环保模范单位（含学校、企业、小区、酒店、医院等）60 个，市级生态村 17 个。67 家企业通过 ISO 14000 环境管理体系认证。

第四节　环境监测与污染处置

环境监测

环保监测站建立初，环境监测装备水平低，以常规、手工、简单化学分析为主。“十五”期间环境监测装备渐上水平，陆续装备美国产 PE－300 原子吸收分光光度仪、VORAGE 1 便携式气相色谱仪、苏玛罐采样及清洗系统、美国 VARIAN 公司 CP3800 气相色谱仪、日本岛津 UV－2501 紫外分光光度计、美国 Agilent 公司气相色谱—质谱联用仪。置北京吉天公司 AFS－9130 型原子荧光仪，增强对汞、砷等有害物和有机物的监测能力。引进芬兰产便携式傅立叶红外多组分气体分析仪等一些应急监测仪器、防护器具以及有机气体监测仪器，具备区域环境监管技术支撑的基本条件。2004 年，从意大利引进国内首套大气特殊污染因子自动监测系统。2007 年，投资 430 万元配备环境应急监测车，相当于一个流动大气特殊污染因子在线自动监测站。到 2008 年，镇海区共有各类精密监测分析仪器设备 130 台（套），其中大型仪器 16 台（套），经计量认证的监测项目 85 项。2008 年 6

月，建成区环境监测监控中心，成为区环境质量演示中心、应急事故处置指挥中心和市民环境教育基地。大型环境监测仪器设备、大气特殊因子在线环境监测系统、移动式有机物应急监测车、重点化工行业污染源及厂界特殊因子在线监测系统、视频数据双监控系统等高科技资源得到合理整合配置。与监控中心联网的重点企业60家，视频监控点133个。

污染事故处置

2001年，对潜在的突发性环境污染事故危险源展开调查，编制镇海区突发性环境污染事故应急监测及处置预案。2002—2005年，共出动突发性环境污染事故应急监测10次。

2007年9月和11月，宁波乐金甬兴化工有限公司先后出现丙烯腈泄漏事故和火炬倒塌事故，其中丙烯腈泄漏数量估计在300吨以上（确切数据不明），造成一定范围内大气、地表水、地下水及土壤污染。市、区环境保护部门和乐金甬兴公司分三个阶段持续一年时间对泄漏造成的污染进行处置。2008年，发生宁波绿能再生资源有限公司人员中毒、某煤气代充点爆炸等5起环境事件。

投诉受理

2006年，镇海区建立“12369”热线电话受理系统，实行24小时值班，节假日、夜间处理环境保护投诉等同于工作时间。

受现实环境状况和居民维权意识增强两方面因素影响，环境问题投诉持续上升。数量较多的2006年、2007年、2008年环境信访投诉件分别为536件、724件、647件（重复投诉未计入），区环境保护部门对所有投诉的回复率达到100%，办结率达到95%。

【附】“5·18”事件

2002年5月18日，镇海区发生由环境污染引发的群体游行事件。

1. 2002年4月10日，位于后海塘的宁波万隆食用酒精有限公司在试生产期间违反规定，擅自扩大生产量，产生的废水大大超过设施处理能力。大量未经处理的废水在夜间直排，产生硫醇、硫醚和硫化氢气体，散发的恶臭气体，导致城区港务新村、建筑新村等受害明显区域居民强烈反应。5月7日，区环境保护局对该公司做出立即停产整改的决定。5月12日该公司又擅自投产，致5月14日城区大气恶臭污染再次发生。

2. 港务新村附近的宁波华翔化工气体检验实验室，长期将实验残液直接倒入下水道，并有异味气体排放，周边居民强烈不满。

3. 一段时间来，附近居民特别是儿童有较多呼吸道感染，人们认为是化工气体引发。

4. 镇海的环境问题日积月累，变得十分突出，人们的不满情绪在寻找一次发泄的契机。

5月18日上午，城区港务新村、建筑新村附近居民数百人开始冲击离他们最近的宁波华翔化工气体检验实验室，要求其立即关闭。事情迅速发展为自发的人群游行。人群的情绪指向镇海区所有化工企业，有人要求所有化工企业搬出镇海。游行人群持横幅标语，从后大街起始沿城区主要道路行进，逐渐扩大超过千人，并一直持续到下午。行进路段交通堵塞。在人群冲击华翔公司后，区人民政府有关部门立即责令华翔公司搬离，并对游行人群进行交通疏导。事件中曾发生轻微的推拉碰撞，但没有发生严重的暴力冲突，没有人受伤。

事后，区环境保护部门对宁波万隆食用酒精有限公司严厉处罚，并加强对全区环境的监管。时任区长就这一事态作电视讲话。镇海区人大常委会《关于进一步加强环境保护工作的决定》和区人民政府《关于进一步加强环境保护工作的若干意见》两个重要文件出台。

（责任编辑　冯国定）

第九编　城市建设与管理

本编目录

镇海县时城区道路东西不畅，南北不通。“向天明沟石板路”“晴天一身灰，雨天一身泥”，是建区前城关镇市容的真实写照。20 世纪 80 年代初，镇海城关旧城改造开始，填河筑路改建城区道路和砖木结构旧房。1986—2000 年，城区新建百货大楼、镇海商城、海关大楼、商业大厦、邮电大楼、广电大楼、人民医院等一批公用建筑。2000 年后，城区建设围绕“甬江、城河、古塘、南街”4 条轴线展开，实施以招宝山景区为主体，沿江景观带、古塘景观带为两翼的绿化美化亮化工程。城区市政基础设施建设日趋完善，既蕴涵悠悠古韵魅力，又饱含生机勃发的现代港城气质。

镇海新城开发建设分北区骆驼街道，南区庄市街道两片区。规划总面积 46 平方千米。新城开发建设的总体目标：立足融入大都市，接轨大上海，建设宁波中心城副中心、宁波中心城区北部商贸商务中心，以高教科研区和都市产业区为依托，以提高人居环境和人民生活质量为主线，构建可持续发展的城市经济，重塑镇海城市核心竞争力，打造生态人文镇海新城区。

镇海区城市管理工作初由区建设局负责，以对城关镇管理为主。2002 年起，设立区城市管理局（城市管理行政执法局），城市管理工作扩大至镇海区全域。

第一章　规　划

1984 年置镇海县城乡建设规划处，由县建设局城镇规划管理股和村镇股合并而成。1985 年 10 月，更名为镇海区规划处，隶属于区建设局。2002 年 1 月，组建宁波市规划局镇海分局，区规划处成建制划入，隶属于市规划局。下设镇海区规划处、镇海规划勘测设计院、镇海区地理信息中心、驻新城办事处。2005 年规划局镇海分局，在全市率先实行“三公示、三公告”为核心的阳光规划公示制度。

第一节　规划编制

镇海区城市规划纳入宁波市城市总体规划。一开始定名为《宁波市城市总体规划 · 镇海发展区》，1986 年通过国务院批复。1990 年，按市总体规划着手编制《宁波 · 镇海分区规划》。1992 年，市人民政府提出对编于 1985 年的《宁波市城市总体规划》，同时对镇海片区规划作调整。1994 年 6 月，调整后的规划由市人大常委会审查通过。2001 年市人民政府对 1999 年国务院批准的《宁波市城市总体规划》进行修编，2006 年宁波市总体规划通过国务院审批。自 2001 年始，镇海区参与《宁波市镇海区分区规划》的研究和编制，2008 年由市人民政府正式批准。

《宁波市城市总体规划 · 镇海发展区（1985—2000 年）》

由省城乡规划设计研究院编制。规划面积 31.1 平方千米，总体布局和长远发展战略设计到 2050 年。由宁波老市区、镇海发展区和北仑开发区 3 片组成，各片生产、生活相对独立的组合型大城市。镇海发展区以镇海老城区和石油化学工业区为重点，镇海港主要承担浙江省物资中转和近海物资集疏运输。人口规模 1990 年为 10 万人，2000 年为 18.23 万人。用地规模为 20.26 平方千米。规划远期在宁波、镇海、北仑开辟轨道交通。招宝山将建成“可登山远眺，领略海天风光”的风景区。

《宁波 · 镇海分区规划（1990—2000 年）》

由宁波市城乡规划设计院和镇海区规划处共同编制。1991 年 3 月，市人民政府委托市城乡建委评审定稿。规划调整主要内容：（1）因行政区划变动，删去原规划的城南（江南）部分，在用地和人口分布上作相应调整。（2）后海塘外新增 2 平方千米陆域开发做出规划。（3）综合电力高压线走廊及工业管线，确定管线走廊规划宽度为 60 米。（4）完善城市道路系统，并作局部调整。（5）增加地方工业、仓储和体育设施用地。将城市用地划分为老城区（Ⅰ分区）、临江（Ⅱ分区）、俞范（Ⅲ分区）。分区规划确定镇海发展区规划总用地 32.4 平方千米，其中城市建设用地 22.85 平方千米，规划备用地4.28平方千米。规划区总人口19.12万人，人均建设用地119.5平方米。Ⅰ分区以老城区为主的区级中心地段（包括镇海港区），西起洪镇铁路支线以南的高压线走廊及威海路为界，东南临甬江，北濒灰鳖洋海堤，规划用地12.2平方千米，规划人口7.76万人；Ⅱ分区以镇海发电厂、浙江腈纶厂、宁波毛条厂等沿江工业区为主，西起宁波毛条厂及渔基路，东至镇海发电厂高压线走廊与Ⅰ分区相接，南临甬江，北沿洪镇铁路线，规划用地6.06平方千米，规划人口5.86万人；Ⅲ分区以镇海石化总厂为主组成的石化工业区，西起大件路，东至威海路及进港铁路与Ⅰ分区相接，南起洪镇铁路以北的高压线走廊，北至海堤，规划用地14.19平方千米。规划人口5.5万人。分区规划对居住用地的建筑容量和建筑高度控制、人口密度等做出具体规划指标。规划还对工业、居住、环境保护、绿地、河流水系、公共设施、消防、给排水、电力、通信、道路交通等做出具体安排。

《宁波市城市总体规划·镇海片（1994—2000年）》

镇海区列为宁波组合型大城市体系的第一级城镇等级。城市形态以沿江、滨海呈“T”状组团发展，以宁波老城区为中心，由宁波、镇海、北仑三大片组成有机统一的生产、生活相对独立的组合型大城市。镇海片规模，至2000年人口为15万人~20万人，远景为5060万人。镇海片布局结构以老城区为中心，逐步向沿海、沿江扩展，构成各功能区。老城区中心为生活居住区；城东北招宝山至外游山为镇海港区；城北后海塘外为仓储和地方工业区；城西北俞范为沿海石化工业区；城西南为生活居住和轻纺工业区；沿甬江为能源工业和高科技工业区。镇海片区职能分工，以发展石油化工工业及深加工和后续加工为重点的石油化工区；以承担浙江省物资中转和近海物资中转集疏运输的镇海港区，发展建设甬江入海口的深水码头。并对现有港区进行技术改造，预留发展大吨位客运码头。

《宁波市城市总体规划·镇海片（2004—2020年）》

规划宁波中心城呈“两带三片双心”组团式结构。两带即滨海产业带，沿三江生活带；三片即三江片、镇海片、北仑片，各片区相对独立，兼以生态绿地作隔离，以快速交通相连接，以保持良好的城市生态环境；双心即三江片三江口中心和东部新城中心。镇海区除镇海片外，镇海新城纳入三江片，承担宁波三江片的部分职能，重点发展行政商务、科研教育，同时发展无污染的高新技术产业。镇海片规模，至2020年人口15万人；城市建设用地3208公顷。镇海片布局结构，用地由居住和工业两部分组成，其中滨江为居住生活用地；工业用地由后海塘工业区、镇海经济技术开发区及宁波市化工区组成；居住和工业用地之间以防护绿带作隔离。综合交通，规划在现有洪镇支线基础上扩建为北环线。保留镇海—北仑间的甬江口的部分生产岸线；沿海岸线主要用作生产岸线；甬江航运按海运3000吨级航道控制。结合港口、公路、铁路、航空场站及大型工业园区集中，在镇海布置一个物流园区。城市快速路系统由东外环路、西外环路、南外环路、北外环路、世纪大道、通途路组成，三江片、镇海片、北仑片三片相互之间保证至少有3条通道。镇海片主干路呈自由式格局，老城形成内环路，规划打通后海塘至老城的南北向通道，增加俞范—澥浦—九龙湖及后海塘—宁波市化工区的道路。轨道交通线网以三江片为核心，以跨三江、连三片、沿三轴为指导思想构成主体骨架，形成三主三辅6条线、双模式放射状的轨道交通线网。名城保护，镇海口海防史迹保护区：东北起笠山、戚家山，西至后海塘进港公路，北东以笠山、招宝山为界，南至镇海古城墙原址，面积为4.56平方千米。保护以抗击外来侵略史迹为重点的镇海口海防设施网络。镇海十七房等城市外围历史街区。生态环境，形成沿甬江绿轴和甬江—招宝山—后海塘东西向绿色通道构成的“L”形绿色框架。镇海片区规划绿地455.6公顷，其中公园绿地265.1公顷，生产绿地100公顷，防护绿地90.5公顷，城市绿地率40%以上，绿化覆盖率45%以上。镇海片规划市级公园1处，面积98公顷；区级公园1处，面积51公顷；居住区级公园4处，面积21公顷；专类公园1处，面积30公顷；带状公园和街旁绿地65公顷。人均公园绿地面积17.7平方米。基础设施，镇海片远景预留水厂1座（澥浦），镇海1座（后海塘）；镇海电厂装机容量186万千瓦，采用220千伏电压上网；电信邮政至2020年，市话主线普及率镇海片60%；镇海片燃气为一点供气方式，设1座高中压调压站；镇海片2座热电厂，保留后海塘热电厂，新建久丰热电厂；新建镇海多元垃圾填埋场及固体废弃物处置站；规划在镇海区结合城市污水处理厂建设城市粪便处理厂。

《宁波市镇海区分区规划（2004—2020年）》

2001年开始委托上海同济城市规划设计研究院编制。2005年5月，通过分区规划方案会审。2006年8月，《宁波市城市总体规划》通过国务院审批，镇海分区规划根据已批的宁波市城市总体规划修改完善。2007年12月，报市人民政府第19次常务会议通过。2008年1月，宁波市人民政府正式批准。规划镇海区行政区范围，计入规划填海面积，以及新城南区部分江北区范围（世纪大道以东4.18平方千米），计236.8平方千米。镇海分区职能与发展目标为，承担宁波市作为华东地区重要的先进制造业基地、现代物流中心和交通枢纽，以及浙江省对外开放窗口和高教、科研副中心等重要职能。依托临海、临港资源、教育科技资源、自然风景和历史文化遗产资源，以发展大型临港工业、无污染的高新技术产业、科研和教育等第三产业为产业发展主导；建设成为以新城为载体的宁波中心城北部商贸商务中心、以老城为载体的浙东生产性港口物流中心、以宁波化工区为载体的国家级石化产业基地；同时大力发展旅游产业。发展目标：建设教育科技发达、生态环境良好、产业结构多样化、产业技术现代化、交通物流畅通、具有江南水乡特色、布局合理、功能完善、环境优美的生态型现代化园林城区。人口规模：至2020年，人口42万人。用地规模：至2020年，规划总用地236.8平方千米，总建设用地62.45平方千米。

布局结构　用地结构呈组团式发展，整个分区分为6个次分区和九龙湖旅游区。6个次分区分别为老城次分区、滨海产业次分区、镇海新城南区次分区、镇海新城北区次分区、机电工业次分区、澥浦次分区。除镇海新城北区次分区和机电工业次分区外，其他次分区之间均设置大型生态绿化带。

综合交通　对外交通由公路、铁路、港口构成。快速道路与高速道路相互连接形成“三横两纵”的交通骨架，主要承担城市区间交通。城市道路交通由“四横五纵”9条主干道和3条轨道交通组成。铁路在现有洪镇支线基础上扩建为铁路北环线，跨越甬江至北仑区；在镇海新城预留一处铁路客运站（北站），在后海塘预留连接舟山的跨海通道。加强港口集疏运通道的建设，规划结合镇海港区、铁路场站、物流园区，建设由铁路、公路、水运和管道运输构成的大宗货物海铁联运物流枢纽港。

生态环境 绿色生态走廊由防护绿地、基本农田、河流水体以及园林苗圃等基本要素构成。在绿色生态走廊范围内，严格控制现有的村镇扩展建设用地，不发展成片的居住用地和产业用地；可发展生态农业、各类生态公园、运动场地、游乐场等公共性的休闲设施，同时应符合城市总体规划对绿色生态走廊保护和建设以及其他的相关规定。

历史文化保护 区内确定7处历史地段，1处历史城区。分别为十七房、团桥、骆驼、憩桥、澥浦镇、庄市老街、施周陈等历史地段和城关历史城区。

基础设施 给水工程：根据宁波市总体规划，本区用水主要由三江片、北仑片给水管网供给。新建澥浦化工区工业水厂，规模为30万吨/月，水源取自澥浦大河，远景通过富春江引水。排水工程：设置污水处理厂4座，分别为后海塘污水处理厂、宁波市北区污水处理厂、化工区污水处理厂、宁波爱普环保污水处理厂。供电工程：保留规划区内的镇海电厂、镇海节能电厂、镇海热电厂、炼化热电厂；扩建久丰（镇洋）热电厂。规划220千伏变电所7座，110千伏变电所33座。燃气工程：气源为东海春晓天然气和“西气东输”天然气，东海春晓天然气通过海上输气管输入宁波，并在北仑三山建设年处理规模为25亿立方米的天然气处理厂。供热工程：规划期内，镇海区域内将形成以镇海电厂、江北热电厂、镇海热电厂、久丰（镇洋）热电厂为公用热源点，以镇海炼化热电站、大乙烯热电站为自备热源点，以热电联产供热为主体的现代化集中供热系统。环卫设施：本区规划共设10座垃圾中转站。澥浦次分区北部建设镇海多元垃圾处理厂、固体废弃物处理中心；同时建设工业固体废弃物焚烧中心。结合后海塘污水处理厂建设城市粪便处理厂。

专项规划编制

1986年以来镇海区编制的专项规划见表9-1。

1986—2008年镇海区主要专项规划编制情况统计表

表9-1

规划名称	编制单位	编制年份
招宝山风景区规划	镇海区规划处	1986
镇海口海防历史遗迹保护区规划	宁波市规划设计研究院	1990
高教园区（北区）概念规划	北京清华规划院	2001
高教园区（北区）核心区城市设计	香港城市规划顾问有限公司	2002
宁波市化工区总体规划	中国天辰化学工程公司	2002
宁波市九龙湖镇度假旅游区总体规划	北京清华城市城市规划设计研究院	2002
镇海历史文化遗产保护与发展规划	上海同济规划设计研究院	2003
镇海区澥浦片区总体规划	镇海规划勘测设计院	2003
镇海区城市综合交通规划	杭州市城市规划设计研究院	2004
镇海区九龙湖镇总体规划	镇海规划勘测设计院	2005
镇海城关片区宁镇路沿线城市更新规划	上海同济规划设计研究院	2005

续表 9－1

规划名称	编制单位	编制年份
老城功能整合提升策划及城市更新规划	德国 SOL 联合事务所、北京蓝图智库顾问有限公司、市规划局镇海分局	2006
镇海新城核心区城市设计及重要开放空间景观规划	易道咨询有限公司	2006
镇海区域村庄布局（农村新小区）规划	镇海规划勘测设计研究院	2007
镇海区域村庄排污规划	镇海规划勘测设计研究院	2007

说明：资料来源区规划分局

第二节　规划管理

1975 年开始，镇海城区的道路、房屋、管线等建设用地纳入规划管理。1985 年以前主要对村镇房屋建设用地纳入规划管理。1985 年始，对城镇、农村各种建设工程项目纳入规划管理。

1990 年《中华人民共和国城市规划法》实施，城市规划管理逐步纳入正规，按照“一书两证”（核发选址意见书、建设用地规划许可证、建设工程规划许可证）制度管理。1994 年起，对建设项目增加核发建设工程设计方案的规划审核意见书。2004 年 7 月，《中华人民共和国行政许可法》实施，规划行政许可事项归并为 7 项：建设项目选址意见书、规划条件许可及变更审批、建设用地规划许可证、建设工程规划验线、建设工程规划许可证、测量标志拆迁许可、基础测绘成果使用许可。

2008 年《中华人民共和国城乡规划法》实施，依法设立规划行政许可 11 项：建设项目选址意见书、规划条件许可及变更审批、建设用地规划许可证、建设工程规划设计方案、建设工程规划验线、建设工程规划许可证、建设工程竣工规划条件复核、乡村建设规划许可、改变土地和建筑物用途审批、测量标志拆迁许可、基础测绘成果使用许可。

第三节　测　绘

测量标志

平面控制网　镇海区首个平面控制网是 1996 年由宁波市规划局统一组织建立的四等 GPS 控制网，该网共布设四等 GPS 点 31 个，但因自然、人为等原因，这批控制点早已无法使用。2004 年宁波市基本控制网改造，镇海区内布设 C 级基本控制网点 2 个（GJ07、GJ09）、二等 GPS 点 2 个及四等 GPS 加密点 20 个。随着城乡建设快速发展，部分点遭破坏，部分点自然沉降或移位，可用控制点密度降低。2006 年，镇海区实施三等 GPS 控制网改造，新埋设三等 GPS 控制点 17 个，利用旧

GPS控制点16个，建立新的平面基准控制网。该批平面控制成果共有WGS—84坐标系、1954北京坐标系、1980西安坐标系及宁波市独立坐标系四套坐标系统。

高程控制网 境内有国家一等水平路线杭广南在线两点Ⅰ杭广南37（位于澥浦镇）、Ⅰ杭广南38（位于骆驼街道），较全面的高等级高程控制网建立于1996年，共布设二等水平点11个、三等水平点19个。随着城乡建设快速发展，部分水平点遭毁坏，部分标志因自然沉降等原因停止使用。宁波市规划局于2003年至2004年组织对宁波市基本高程控制网复测，起算数据采用国家测绘局2001年3月发布的国家一等水平点。复测成果于2005年4月启用，为宁波市基本高程控制网二期水平复测成果。二期控制网在镇海区内共布设二等水平点11个，主要分布在东部沿海一带。规划镇海分局于2006年组织三等水平网改造工程。新建基本岩层水平标石2个，普通岩层水平标石4个，基本水平标石5个，普通水平标石11个，加上原有保存完好的17个水平标石，构成镇海区高程基准网。

基础地形图测绘

1987年，市规划局组织航空摄影测量，其中镇海测区航摄成图53平方千米，完成1/1000地形图234幅和相应的1/2000、1/5000地形图，并完成东起镇海老城区，西至镇海水泥厂，北到后海塘以南地段，控制面积为13平方千米的Ⅰ、Ⅱ级城市导线网和四等水平网测量。此后，镇海区的平面控制一直采用宁波市独立坐标系统，高程控制采用1956年黄海高程系。1990年9月起，镇海区开始施测1/500地形图，城关镇石塘下测区由浙江省地质五大队完成0.61平方千米。1991—1992年，由浙江省有色地质综合勘察公司测量队完成镇海老城区3.5平方千米的1/500地形测量，并完成地形图70幅。1992年5月，地形测绘自上述两个测区往西至汤杨张、镇海水泥厂，北起沙头庵，南至五里牌乔梓学校、镇海发电厂以北范围的城区西部测区，面积2.4平方千米。1993年由市工程勘察院测绘分院施测完成临江洪镇铁路支线以南，面积约10.5平方千米1/500地形图共计234幅。1995年3月，由市工程勘察院测绘分院完成清水浦测区1/500地形图5平方千米。2000年，完成贵驷、骆驼、澥浦测区1/1000地形图，2001年完成镇海炼化测区、镇海城关测区和庄市测区1/500地形图测绘，2002年完成九龙湖河骆测区1/1000地形图32.1平方千米，2003年完成蛟川测区1/500地形图15.8平方千米，2006年完成九龙湖测区1/500地形图5.5平方千米。2007年规划局镇海分局完成后海塘测区、镇海新城团桥片测区和镇海新城庄市中心城测区共计约15.3平方千米1/500地形图测绘和九龙湖西部测区10平方千米地形图修测工作。2008年，规划局镇海分局组织实施25平方千米的地形图测绘工作。

地理信息系统建设

2005年12月，开始建设镇海区基础地理信息系统，2008年5月通过验收。区地理信息中心完成区200多平方千米的1：500和1：1000数字线化图的整理、入库，完成全区1：10000的4D产品数据库，并利用建库以来的竣工测量和修测数据，及时对大比例尺的DLG数据库进行更新，建立一套合理的数据更新机制。同时完成全区控制点数据和部分规划数据的入库工作，完成全区的电子地图数据的采集和入库。

地下管线普查

2005 年 8 月至 2007 年实施地下管线普查。全区（机电园区除外）管线实际探测长度 2621.11 千米，全区管线统计测绘长度 1942 千米。探测成果数据报市管线办统一入库。普查的地下管线数据已纳入镇海区基础地理信息系统。

第二章　城区建设

城区概念原限于城关镇，建成区面积6.5平方千米。1992年临江乡和俞范镇并入城关镇，城关镇面积增至52.4平方千米。2001年撤城关镇改称招宝山街道，城区面积调整为14.5平方千米。2003年镇海新城开发启动，招宝山街道俗称老城区。

第一节　旧宅改造

20世纪50—60年代，城区建房极少。民居、商铺、企事业、文教医卫、机关用房多系清末民国时期所建的砖木结构房屋。60—70年代，偶有旧房翻新，仅为两层砖木结构民居。

1975年宁波港镇海港区建设启动，率先在后大街梓荫山东北建港务新村，交通部第三航务工程局第四工程处在大教场东建航务新村，为镇海城区成批建造4～5层水、电、卫生配套的住宅之始。1976年镇海县房管部门在八里桥、谢家河塘、双连漕等地块建造砖混结构水、电、卫生配套的4层楼住宅，旧宅改造拉开序幕。1982年，成立镇海县房屋开发公司，为辖区首家房地产开发企业。

1978—1984年，镇海县在双连漕、冯家弄、仓基弄、仓前桥、陈衙弄、八里桥、一字河头、刘家弄、火神庙旁、林地园、羊山庙弄、朝宗坊、东河塘等13个地块陆续建成住房49幢，计1015套，建筑面积5.16万平方米。建成的住宅一般由单位出资购买，按条件分配给职工租住，城区职工居住条件开始改善。

1986年前后，建设西门新村、白龙新村、东河新村、渔网厂红星小区，改造城河路、胜利路、后大街地块等区域。1989年，香港达昌有限公司罗之光在镇海首开中外合资海昌房产公司，外资涉足镇海区商品房开发。1993年城镇职工住房制度改革后，城区商品房开发加快，陆续竣工的商品房住宅有1.06万套，建筑面积61万平方米。1998年福利分房结束，居住用房建设进入市场化运作。1993—2008年，城区商品房建筑面积超100万平方米。

第二节　市政道路

建区以来，城区街巷路建设得到历史性发展，旧时的石板路、泥石路已成为记忆。打通断头路，拓宽狭窄路，改造低洼路，形成“四纵四横”的城区路网主干道。纵向有南大街、胜利路、聪园路、环城西路；横向有城河路连车站路、沿江路、后大街连大西门路、环城北路。2008年，城区街巷路共93条。

主要街路（30条）

城河东路　起巾子山，迄南大街，与城河西路岔口相接。利用古护城河东段和东河塘路修建。长1118米，宽31米。1980年动工，1986年竣工。2003年，城河东路镇达路至镇远路段延伸改造。2007年，后大街招宝山路岔口至巾子山段延伸改造。

城河西路　起自南大街，接城河东路，西迄电影院连车站路。利用古护城河西段和西河塘路修建。长840米，宽31米。1980年始建，1982年年初，建成泥结碎石路面，简易通车。1985年铺沥青路。1995—1996年，改建混凝土路面。

沿江东路　起自招宝山麓零号码头，迄南大街。长1740米，宽20米。1964年，始筑大道头至税关道头段泥结碎石路面。1974年，筑简易公路通港区工地。1986年，筑大道头至招宝山路段混凝土路。1987年，续建招宝山路至安远炮台段。1988年，再铺安远炮台至零号码头段。

沿江西路　起南大街口，至小道头接聪园路，长1650米，宽20～40米。1956年，塘内修筑小道头至远望道头砂石路。1976—1978年，改建为沥青路面。2001年，南大街口至小道头段改为混凝土路面。2003年，小道头至聪园路段铺设沥青路面。

南大街　旧称南街，明清以来为城区主要商业街。起自沿江路，迄鼓楼，长690米，宽约20米。自大道头至南薰桥段原称南街，南薰桥至中山路段原称朝宗坊，延北至鼓楼前原称半街。1982年，三段合称南大街。1984年，改造大道头至南薰桥、朝宗坊至鼓楼段。2007年，改为沥青路面。

人民路　起南大街至清川路，长796米，路宽6～8米。

胜利路　起沿江西路迄后大街，长1040米，宽16米。1951年，甬江边至人民路（旧称双司前）建泥结碎石路面，称胜利路。1985年，拓宽延伸改造，并接双司前至总浦桥段（旧称王施弄）。1987年，拆郑家弄、新桥头、方家大屋等，贯通至后大街，1989年全路告竣。

清川路　起沿江西路，至西街，长367米，宽6～16米。2005年拓宽重建。

西街　旧称横街头。起大庙弄，迄武宁桥，长544米，宽16米。1980年，拆玄坛庙、拆大庙拓建西街。2005年，重新翻建。

后大街　起城河东路，迄西门口接大西门路，长1196米，宽20～23米，混凝土路面。20世纪80年代初，拓宽改建淡水井头至西门口段。80年代中，拓宽改建淡水井头至城河东路段，1989年全路贯通。2007年，大西门至淡水井头段路面翻建。

大西门路　起大西门口接后大街，迄隧道北路。长1439米，宽20米。大西门外旧称风龙港，1970年以前为农田和荒冢。1980年，筑泥结碎石路。1982年开始，分段建设大西门路。1988年建成跨越中大河的镇棉桥。1993年，大西门路全路贯通。2006年路面翻修。

聪园路　起汽渡码头，迄寿昌公园。长999米，宽约32米。1974年建镇海汽车轮渡，建成车站路至渡口段。1982年，续建至大西门路段，后延伸至寿昌公园。1987年全路建成。2006年路面翻修。

环城西路　路基原为农田。1978年，宁波港建设指挥部出资建砂石路，称进港公路，1985年，改建混凝土路。1987年定为今名。起张鑑碶岔口，迄后海塘连接环城北路。长780米，宽约12米。

2004 年路面翻修。

环城北路 路基原为塘外滩涂。1978 年，宁波港建设指挥部出资建砂石路，称进港公路。1985 年，改建混凝土路面。1987 年定为今名。起环城西路，迄巾子山。长 2406 米，宽 12～20 米。2006 年路面翻修。

车站路 起沿江西路小道头，迄张鑑碶接镇宁路，长 1542 米，宽 31 米。1979 年起，改泥结碎石路面为沥青路面。经分段建设于 1985 年竣工。1993 年，隧道口大转盘到聪园路段拓宽。2001 年，撤除大转盘（环岛）。

隧道北路 甬江隧道口至威海路，全长 1150 米。始建于 1986 年，一期起隧道口，迄镇骆路，长 320 米，宽 12～16 米。二期镇骆路至雄镇路铁路道口，1994—1995 年，拓建延伸，路基宽 35～42 米，长 830 米。

工农路 起苗圃路，至聪园路，长 435 米，宽约 16 米。

庙前路 起洞桥，迄车站路，长 445 米，宽 11 米。1994 年新建。张鑑碶旧有外澜浦庙，故名。

招宝山路 起沿江西路，迄城河东路，长 296 米，宽 19 米。1989 年新建，路北有招宝山故名。

鼓楼东路 起城河东路，迄鼓楼，长 310 米，宽 18 米。

鼓楼西路 起鼓楼，迄胜利路，长 360 米，宽 18 米。

西长营弄 起西街，迄后大街，长 436 米，宽 16 米。2005 年改造修建。

三角地路 起马贺弄，迄后大街，长 382 米，宽 21 米。2007 年拓宽改建

苗圃路 起车站路，迄后海塘，长 897 米，宽 8～16 米。1984 年撤园林苗圃筑路，故名苗圃路。2005 年，苗圃路拓宽改建。

顺隆路 起工农路，迄大西门路，长 350 米，宽 9 米。明代时建有神农坛，俗称社坛。1978 年拓路，谐音名顺隆路。2007 年顺隆路翻建。

中河路 起裘家河头，迄车站路，长 281 米，宽 8 米，1994 年建成。路东依中大河，故名。

镇远路 起沿江东路，迄城河东路，长 230 米，宽 11 米。2006 年拓建。旧有镇远门，故名。

茗园路 起大西门口，迄福龙路，长 750 米，宽 10 米。2006 年拓建。

林庙路 起后大街，迄望海楼，长 380 米，宽 20 米。1992 年建造。路北旧有广济林王庙，故名。2007 年拓宽改建。

镇骆东路 起俞范东路，迄隧道北路，长 594 米，宽 34 米，1993 年改建。

其余街巷路弄名录（63 条）

2008 年招宝山街道街巷路弄情况统计表

表 9－2

街巷名称	起讫	修建年份	长度（米）
镇大道头弄	沿江东路—城河东路		106
渔丰弄	沿江东路—城河东路		299
谢家河塘	胜利路—童李衙弄		125

续表 9－2

街巷名称	起讫	修建年份	长度（米）
平海路	威海路—港务局大门		3080
茗南路	环城西路—宝和路		219
胡家弄	胜利东弄—城河西路		85
冯家弄	后大街—仁爱中学		68
宝和路	茗南路—中大河		125
包兴路	福龙路—福龙路		310
八里桥弄	三角地—西长营弄		165
大会堂右侧	人民路—胜利路		102
仓河头路	南大街—仓河头		80
旗杆格弄	洋山庙弄—后大街	1980	236
仓基弄	后大街—仁爱中学	1983	242
朱杭桥弄	缸甏弄—城河西路	1985	119
缸甏弄	胜利东弄—城河西路	1985	163
一字河头	三角地—后大街	1985	414
静海路	环城西路—隧道路	1986	560
金向任弄	旗杆格弄—后大街	1988	300
洞桥路	张鑑碶闸—庙前路	1988	383
裘家河弄	中河路—庙前路	1989	216
风龙路	大西门路—吉庆路	1989	705
童方路	淡水井头—后弄	1990	576
方家弄	一字河头—后大街	1993	155
滚江弄	沿江西路—城河西路	1994	344
大庙弄	人民路—西街	1994	65
大成路	渔丰弄—南大街	1994	152
东升街	南街—渔丰弄	1994	84
长生桥弄	沿江西路—城河西路	1998	261
后葱园弄	车站路—聪园路	1999	438
大教场路	鼓楼—后大街	1999	554
步行街	西街—费家河头	2000	120
胜利东弄	南大街—胜利路	2001	484
镇达路	沿江东路—城河东路	2002	298

续表 9－2

街巷名称	起讫	修建年份	长度（米）
童李衙弄	西街—三角地路	2002	232
光大路	镇骆路—镇宁路	2002	329
龚家弄	旗杆格弄—胜利路	2002	236
中山路	城河东路—南大街	2003	211
远望道头弄	沿江西路—城河西路	2003	279
俞范东路	镇骆路—镇宁路	2003	617
马贺弄	西街—三角地路	2003	178
龙洋路	大西门路—吉庆路	2003	312
吉庆路	苗圃路—聪园路	2003	337
公园东路	南大街—人民路	2003	105
俞范东路	镇骆路—镇宁路	2003	617
陈衙弄	三角地路—内城河	2004	120
菜场路	大西门路—吉庆路	2004	315
邬家弄	后大街—童方路	2005	255
前葱园路	车站路—洞桥路	2005	972
江塘路	招宝山路—镇远路	2005	311
费家河头弄	马贺弄—苗圃路	2005	238
东长营弄	中山路—鼓楼东路	2005	292
洋山庙弄	鼓楼东路—后大街	2006	279
胜利西弄	胜利路—白家浦	2006	374
后塘路	城河东路—望海楼	2006	790
福龙路	环城西路—隧道北路	2006	485
宝平路	茗南路—中大河	2006	125
刘家弄	后大街—精英小学	2007	198
金塘道头弄	沿江东路—南大街	2007	439
后弄	后大街—精英小学	2007	384
宏远路	环城北路—滨海快速路	2007	2268
定海路	宏远路—威海路	2007	1822
淡水井头弄	后大街—童方路	2007	176

说明：资料来源区建设交通局

城区废止街巷（28 条）

1986—2008 年，城区建设废止街巷有：会馆弄、养和弄、南城巷、稍弓弄、茅檐弄、大呵弄、安衙弄、钟楼下弄、牌楼下弄、仓前桥弄、太平桥弄、包家弄、白家浦弄、林地园弄、羊庙前弄、五昌弄、卫西河头弄、薛家弄、小呵弄、三层楼下弄、红星弄、公园西路、西城脚下弄、西城巷、柴家河头弄、竺家弄、贵衙弄、车站支路。

【附】“文化大革命”时期城关镇路名

20 世纪 60 年代，发生“文化大革命”，波及旧时路名。时镇海县城内分一、二、三、四街道，下设东河、东长、鼓东、清川、西河、菜市、鼓西、银杏、中山、西长、三角、后大 12 个居委会。县城内路名八成被改，染上“文化大革命”的烙印。

“文化大革命”时期城关镇路名情况统计表

表 9－3

原路名	“文化大革命”时名	原路名	“文化大革命”时名
会馆弄	卫国弄	包家弄	朝阳弄
金塘道头弄	镇纺弄	林地园弄	军民路
养和弄	革新弄	白家浦弄	劳动路
东昇街	东胜街	米行街	人民路
中山路	团结路	仓河头弄	幸福河头
九湾弄	爱民弄	当典弄	红星弄
茅檐弄	灭资弄	鼓楼西路	解放西路
大呵弄	拥军弄	税关道头弄	鱼丰弄
安衙弄	幸福弄	薛家弄	卫生路
东长营弄	东风弄	龚家弄	文卫路
鼓楼东路	解放东路	郑家弄	卫生南路
钟楼下弄	革命路	小呵弄	解放西路 38 弄
洋山庙弄	文化路	卫西河头弄	红卫西路
大教场路	红卫场路	大庙弄	反帝弄
太平桥弄	红卫东路	三层楼下弄	青年弄
旗杆格弄	生产弄	童李衙弄	红旗弄
牌楼下向家	文化路 36 弄	方家弄	新仓弄
金向任弄	兴无弄	马贺弄	民主路
仓前桥弄	文化路 44 弄	贵衙弄	勤俭弄
虞家门前	前进路	西长营弄	光明路

续表 9－3

原路名	“文化大革命”时名	原路名	“文化大革命”时名
打切街	胜利东弄	西城脚下	工农路 146 弄
树行街	胜利西路	费家河头弄	新建路
五昌弄	五星弄	八里桥弄	三八弄
永安街	跃进弄	竺家弄	和平弄
远望道头弄	沿江弄	三角地路	民主路 90 弄
羊庙前弄	反封弄	谢家河塘	立新河塘
缸甏弄	延安路	回回弄	捍卫弄
长生桥弄	延安路	陈衙弄	民主路 76 弄
朱杭桥弄	延安路 27 弄	淡水井头弄	红农弄
胡家弄	先进弄	仓基弄	文革弄
严家弄	胜利弄	冯家弄	建国弄
滚江弄	承泽弄	邬家弄	丰收弄
猪行弄	大众弄	刘家弄	东方弄
菜市街	建设路	柴家河头弄	前进河头
日成弄	交通路		

第三节　桥　梁

城区桥梁最早的为市西桥，宋宝庆《四明志》载，在县西二里，建于唐开元年间。鼓楼前的濠桥原名嘉定桥，约在五代后梁时建，民国时改名承德桥。宋时建总浦桥（善庆桥）、登瀛桥和通利桥等。明初，县城扩建后市肆日盛，浚河筑桥，至清代城区有桥梁 50 余座。桥梁随河道自西向东布局。大西门外中大河建有平水桥，西城水门建有水门桥。往东河流分为 3 支，过竺家弄往北称北河，自西往东北建有康衙桥、通济桥（刘衙桥）、方官人桥、童官人桥、官河渚桥、戴衙桥、仓前桥等，再往东虞家门前有无名桥 3 座。中河始于八里桥，往东平浪桥（里晏公庙桥）、车梳桥、登瀛桥、卫西桥、永镇桥、太平桥（安乐桥）、通明桥、迎龙桥以及文庙内的泮水桥等。北支河流称斗富河，建有龙华庵桥、履泰桥（洞桥，又称新桥）。南支河流有横街贸易桥、青龙桥、南水门桥等。内河起梓宫庙，建有迎龙桥、永安桥、总浦桥、仓河桥、尚书桥（横带桥）、嘉定桥、武衙桥等。城外濠河自东往西建有镇远桥（东门桥）、南薰桥（大南门桥）、清川桥（小南门桥）、武宁桥（小西门桥）、向辰桥（大西门桥）等。中大河东端有社坛桥、永安桥等。沿城河东南诸泄洪浦均建有通途桥，自东至西有东门浦第一山浦碶闸桥、运石浦长生桥，回澜浦回澜桥、招财浦回澜桥、利市浦利市浦桥、白家浦白家浦桥、山家浦山家浦桥、三山浦乾碶桥和三山桥等。

旧时桥梁以石梁桥为主，城内河道狭窄，又无大船航行，故桥梁短而狭，多无步阶。一般架石梁4~6块，桥面宽2~3米，桥长3~4米，桥两侧多置石座栏，供人憩息。

民国时期，城区改木架构桥为钢筋混凝土桥，计7座：南薰桥、武宁桥、清川桥、镇远桥、嘉定桥、双桥、静德桥。

解放初，城区有桥梁54座，其中钢筋水泥结构有南薰桥、镇远桥、清川桥、武宁桥、承德桥、双桥、静德桥7座；石梁结构有通济桥、仓河头桥、水门桥、总浦桥等41座；木梁结构有张鑑碶公路桥（1号桥）、胜利桥、谢家河塘桥等6座。

1963年，快马埠头西城河上建镇西桥，双孔石梁结构，置有桥栏。尔后南门菜场东城河上建铁架便桥。20世纪70年代后，填河筑路建房大部老桥被拆或废。随着城区西拓，大西门外建起多座大型钢筋混凝土桥。

城区大型桥梁

至2008年，城区新建、修建大型钢筋混凝土桥有12座。

聪园桥 西门新村中大河，1983年建。桥长31.3米，面宽21米，其中车行道宽16.7米，两侧人行道各宽2.12米，单孔，重力式桥台，桥面钢筋混凝土梁板，设计荷载汽-20，挂100。

镇棉桥 大西门路中大河，1988年新建。桥长35.5米，面宽20米，其中车行道11米，两侧人行道各宽4.5米，3孔。2007年重修。桥墩钢筋混凝土钻孔灌注桩基础，桥面钢筋混凝土梁板，设计荷载汽-15，挂100。

茗兴桥 隧道北路中大河，1993年新建。桥长27.5米，面宽29米，其中车行道25米，两侧人行道各宽2米，3孔。桥墩钢筋混凝土钻孔灌注桩基础，桥梁为钢筋混凝土装配式结构。设计荷载汽-20，挂100。1995年，镇海炼化运输大件设备需，桥梁东侧拓宽9米，其中车行道7米，人行道2米，设计荷载汽-40，挂200。

广镇桥 张鑑碶前大河。始建于清光绪十三年（1887），名澜浦庙桥，石梁结构。1986年改为钢筋混凝土桥，1孔，跨径8米，面宽4米。1995年拓建，钢筋混凝土桥，长12米，跨径8米，面宽9米，其中车行道7米，两侧人行道各1米，配置花板钢筋混凝土栏杆，设计荷载汽-15。

隧道桥 张鑑碶西前大河，1987年建成。桥长24米，钢筋混凝土空心板梁，面宽12米，其中车行道9米，两侧人行道各1.5米，3孔，桥台桥墩为钢筋混凝土钻孔灌注桩基础，钢筋混凝土盖梁，干砌块石护坡。设计荷载汽-20，挂100。

茗园桥 茗园路中大河。1992年建造，钢筋混凝土桥，桥长25.7米，面宽11.5米，跨径22.7米，3孔，桥面车行道7米，两侧人行道各2.25米，配置钢筋混凝土栏杆，设计荷载汽-20，挂-100。

蛟川桥 曾名张鑑碶大桥，亦称1号桥。始建于1935年，修建于1954年，1982年重建，1999年再拓建后改为今名。钢筋混凝土结构，桥长29.1米，宽32米，3孔，配置青花岗岩栏杆，设计荷载汽-20，挂-100，为城区通往宁波主桥梁。

静德桥 亦称3号桥，石塘下王家。始建于1935年，1948年重建，1980年再建。钢筋混凝土结构，桥长25米，宽15米。系镇骆公路主桥梁，2008年拓宽重建。

张鑑碶桥　洞桥路中大河，1982年建造，钢筋混凝土桥，桥长21米，面宽9米，2孔，设计荷载汽-15，挂-80。

张鑑碶桥　洞桥路中大河，1982年建造，钢筋混凝土桥，桥长21米，面宽9米，2孔，设计荷载汽-15，挂-80。

中益桥　中官路西港河。1997年建造，钢筋混凝土桥，桥宽50米，长29米，跨径22.7米，面宽40米，1孔，两侧人行道各5米，配置混凝土栏杆，设计荷载汽-20，挂-100。

镇兴桥　环城西路中大河。1978年建成，钢筋混凝土结构，桥长29米，面宽15.5米。1孔，其中车行道9米，设计荷载汽-15，挂-80。

金桂桥　大西门中大河，桥北有金桂花园新村，故名。建于2003年，钢筋混凝土桥。桥长20米，面宽16米，仿河北赵州桥，大跨度石砌曲拱，桥下两头置有减负偏空各3个。配青石栏杆，设计荷载汽-15，挂-80。

城区普通桥梁

至2008年，城区有普通桥梁22座。

2008年城区普通桥梁情况统计表

表9-4

桥名	桥址	修建年份	孔数	桥长（米）	桥宽（米）	结构	备注
陈家桥	陈家中大河	1985	1	14	4	钢筋混凝土	1961年由石桥改建
吉庆桥	西门新村风龙江	1986	1	12	4.8	钢筋混凝土	
隧道立交桥	隧道北口	1987		11.8	12	钢筋混凝土	
海陆路桥	西门新村风龙江	1988	1	3.7	13	钢筋混凝土	
中河桥	中河路前大河	1992	3	26	10.5	钢筋混凝土	
平水桥	苗圃路中大河	1997	1	6	20	钢筋混凝土	始建于明代，1973年改建
濠桥	鼓楼前	1998	1	5.2	20	混凝土	曾名嘉定桥、承德桥，始建于后梁。1967年改建
水门桥	西长营弄	1998	1	4.2	12	混凝土桥	始建于清代，曾名广济桥，1973年改建
社坛桥	顺隆路中大河	1999	1	5.3	11	混凝土	始建于明代，1982年改建
八里桥	八里弄	1999	1	3.5	4.8	石桥	始建于明代，清乾隆四十四年（1779）修
西长营桥	西长营弄	2000	1	3	11	钢筋混凝土	始建于清代
公园后桥	仓河头	2000	1	6.5	3.3	混凝土	
仓河中桥	仓河头	2000	1	6.5	3	石桥	始建于明代
仓河北桥	仓河头	2000	1	7.2	3.6	石桥	始建于民国
胜利路桥（1）	胜利路	2000	1	3	4.5	混凝土桥	

续表 9－4

桥名	桥址	修建年份	孔数	桥长（米）	桥宽（米）	结构	备注
胜利路桥（2）	胜利路	2000	1	5.4	4	混凝土桥	
胜利路桥（3）	胜利路	2000	1	6	3.5	混凝土桥	
向梓桥	胜利路	2000	1	5.4	4	混凝土桥	1994 年改建
车梳桥	童李衙弄	2000	1	4.2	11	混凝土桥	始建于明代，1967 年改建
平浪桥	马贺弄	2000	1	7.6	16	钢筋混凝土	始建于明代，旧名晏公庙桥，1966 年改建
天兴桥	宏远路	2000		10	7	钢筋混凝土	
定海桥	宏远路	2000		10	30	钢筋混凝土	

说明：资料来源区市政设施养护中心

城区废止桥梁

民国时期至 1985 年前，城区废除桥梁 34 座。

1985 年前城区废除桥梁情况统计表

表 9－5

桥名	桥址	建造年代	废时结构	废弃年代及原因
迎龙桥	梓荫山西	明代	石梁桥	民国时期
贸易桥	横街	明代	石梁桥	民国时期
青龙桥（旧称火门桥）	小南门	明代	石梁桥	民国时期
南水门桥	小南门	明代	石洞桥	民国时期
长生桥	运石浦	清初	石梁桥	民国后期浦淤桥废
回澜桥	回澜浦	清代	石梁桥	民国后期浦淤桥废
回澜桥	招财浦	清代	石梁桥	民国后期浦淤桥废
利市浦桥	利市浦	清代	石梁桥	民国后期浦淤桥废
白家浦桥	白家浦	清代	石梁桥	民国后期浦淤桥废
山家浦桥	山家塘	清代	石梁桥	民国后期浦淤桥废
乾碶桥	三山浦	明代	石梁桥	民国后期浦淤桥废
三山桥	三山浦	清代	石梁桥	民国后期浦淤桥废
康衙桥	陈衙弄	明代	石梁桥	20 世纪 50 年代填河筑路
太平桥	中河	清初	石梁桥	1961 年填河桥废
永镇桥	中河	明代	石梁桥	20 世纪 70 年代填河桥废
青龙桥	青龙港	清代	石梁桥	20 世纪 70 年代建镇宁路改涵洞

续表 9－5

桥名	桥址	建造年代	废时结构	废弃年代及原因
官河渚桥	北河	清代	石梁桥	20 世纪 80 年代初填河建房
戴衙桥	北河	明代	石梁桥	20 世纪 80 年代初填河建房
仓前桥	北河	明代	石梁桥	20 世纪 80 年代初填河建房
卫西桥	中河	明代	石梁桥	20 世纪 80 年代初填河建房
登瀛桥	中河	宋代	石梁桥	20 世纪 80 年代中填河建胜利路
通明桥	中河	清初	石梁桥	20 世纪 80 年代填河桥废
龙华庵桥	斗富河	明代	石梁桥	20 世纪 80 年代中填河筑路
履泰桥（新桥）	斗富河	明代	石梁桥	20 世纪 80 年代填河桥废
武衙桥	南河	明代	石梁桥	20 世纪 80 年代填河筑路
镇远桥	东门	明代	钢筋混凝土	20 世纪 80 年代初填河筑路
南薰桥	大南门	明代	钢筋混凝土	20 世纪 80 年代初填河筑路
胜利桥	双司前	1941 年	钢筋混凝土	20 世纪 80 年代初填河筑路
清川桥	小南门	明代	钢筋混凝土	20 世纪 80 年代初填河筑路
镇西桥	快马埠头	1963 年	双孔石梁桥	20 世纪 80 年代初填河筑路
武宁桥	小西门	明代	钢筋混凝土	20 世纪 80 年代初填河筑路
向辰桥	大西门	明代	石梁桥	20 世纪 80 年代中填河筑路
菜场东桥	东城河	20 世纪 70 年代	钢筋梁石板桥	20 世纪 80 年代初填河筑路
东门浦桥	东门浦	明代	3 孔石梁桥	20 世纪 80 年代中填河筑路

说明：资料来源区市政设施养护中心

1986—2008 年，填河、筑路、建房等，城区废止桥梁 8 座。

1986—2008 年城区废止桥梁情况统计表

表 9－6

桥名	坐落	建造年代	结构	废弃原因
总浦桥	城内南河	宋代	石梁桥	1987 年建胜利路改涵洞
通济桥	城内北河	明代	石梁桥	1987 年建后大街改涵洞
方官人桥	城内北河	明代	石梁桥	1994 年建林庙路改涵洞
双桥	中大河	宋代	混凝土	改道废止
吉庆闸桥	后沙河	20 世纪 80 年代	钢筋混凝土	2000 年改道废止
尚书桥（仓河东桥）	濠河	民国时期	石梁桥	改涵洞
童官人桥（永庆桥）	城关二校后	清嘉庆末年	石梁桥	改道废止
后葱园桥（东方红桥）	中大河	1967 年	钢筋水泥板	2003 年改道拆除

说明：资料来源区市政设施养护中心

第四节　路　灯

1917年，镇海县城部分煤油灯开始改为电灯。1935年城关置电灯262盏。1938年8月，电厂关闭，恢复煤油路灯。1952年，城关有煤油路灯80盏，木桩灯杆顶装四方铁架，搁放铁皮框玻璃罩四合式防风灯壳。1955年6月，镇海久丰纱厂向城关供电，主要街路恢复电灯，至1963年共装路灯275盏。光源，初为白炽灯，1966年采用荧光灯。1968年路灯改为分区自控装置，部分安装汞灯。1973年，路灯增至396盏。20世纪80年代，采用低能耗，高效率的汞灯。

1987年，城区有路灯757盏，合计功率114.6千瓦。路灯一般架设于三相四线的电力杆上，架路灯用线1条，习称“夜火线”。20世纪80年代后期，主要路段路灯设专用线，采用金属灯架。时城河路、车站路灯杆分列道路两侧，金属双臂灯架，一臂伸向街心，一臂伸向慢车道，灯离地5~6米，间距40~50米，其中城河西路自南大街至车站路段，双臂式灯杆上装有三叉式装饰灯3盏，节日夜晚华灯齐放。90年代初期，城河路、车站路、大西门路西段、镇骆路张鑑碶至静德桥，路灯架空线改为地埋线。1995年，城区架设路灯线长4.01万米，其中地埋线1.01万米。装路灯1287盏，总功率234千瓦，其中汞灯692盏、钠灯512盏，白炽灯83盏。2008年，城区市政管理路灯3990盏。除照明外，路灯更有装扮城区提升城市品位功能。

路灯开关采用光源自动控制。2004年开始，安装中国电子科技集团第五十研究所开发的路灯自动监控系统，2006年投入使用。该系统安装后一改以往送电全部开启，断电全部熄灭，城区路灯可分时段、地段、类型自动遥控，人工启闭成为历史。2007年，城区外围主要路段安装路灯防盗监控系统。设立路灯监控终端94个，景观监控终端36个，对城区主要道路路灯及公园绿地景观灯实行微机监控。

1995年6月，长途汽车站前置高架灯1盏，架高20米，高压钠灯，盆式灯架，双排8片，置灯16盏，功率6.4千瓦，照明半径150米。同年9月，隧道北路环岛置大功率高架灯1盏，架高28米，钢质筒杆，顶置伞形钢灯一组，共24盏，功率7.8千瓦，照明半径150米。1998年，城河西路胜利路口置高架灯1盏，照明半径50米，金卤灯，架高25米，共18盏。

2008年城区市政路灯情况统计表

表9－7

道路名称	路灯		控制箱（号）
	结构	数量（盏）	
沿江东路、镇远路、江塘路、东门路	单叉	65	1
招宝山路、进港路	单叉	17	2
镇远花苑	单叉	9	3
沿江东路、洋关路	单叉	19	4
南大街、渔丰弄	单叉	54	5

续表 9－7

道路名称	路灯		控制箱（号）
	结构	数量（盏）	
胡家弄、小商品市场	单叉	12	6
长生桥弄、胜利东弄	单叉	21	7
胜利路、银杏小区、中山小区、仓河头、大会堂前、人民路	单叉	125	8
胜利西路、建筑公司住宅楼	单叉	4	9
沿江西路、远望道头、菜场南路、海景东苑	单叉	88	10
清川佳苑、清川路、胜利西路、滚江弄、严家弄	单叉	42	11
苗圃路东	单叉	7	12
日成弄小区	单叉	41	13
沿江西路、聪园南路	单叉	63	14
聪园小区	单叉	27	15
前聪园路	单叉	19	16
滨江小区、前聪园路、洞桥路	单叉	15	17
庙前路、张鑑碶小区	单叉	52	18
中河路	单叉	10	19
张鑑碶菜场、庙前路	单叉	26	20
城河东路	双叉	42	21
城河东路	双叉	51	22
荣盛小区	单叉	4	
城河西路	双叉	36	23
城河西路	双叉	72	24
苗圃路、清川路	单叉	22	
车站路	双叉	57	25
商业银行西	单叉	4	
车站路	双叉	98	26
工商局旁、供电大楼西、老民政局、城管局、锦绣福兴	单叉	26	
隧道路岔口	单叉	44	27
中山路、东长营弄、南大街	单叉	96	28
九弯弄小区	单叉	47	29
鼓楼路、南大街、仓河头、鼓楼广场	单叉	158	30
旗杆格弄、洋山庙弄、金向任弄	单叉	25	31

续表 9－7

道路名称	路灯		控制箱（号）
	结构	数量（盏）	
后大街、大教场路、淡水井头、鼓西小区	单叉	67	32
林庙路、仓基弄小区、后大街、童方路、邬家弄	单叉	85	33
三角地、方家弄、后大街	单叉	44	34
三角地、陈衙弄	单叉	28	35
谢家小区、谢家河塘、三角地	单叉	33	36
西街、童李衙弄、大庙弄人民路	单叉	28	37
西街、马贺弄、费家河头、步行街、红星小区	单叉	43	38
刘家弄、童方路	单叉	21	39
后弄、刘家弄、精英小区前、园林住宅楼	单叉	46	40
西长营弄、西长小区、港城花园天宝小区	单叉	60	41
后大街、苗圃路	单叉	55	42
大西门路、后大街、风龙巷	单叉	102	43
大西门路	单叉	56	44
苗圃北路、风龙巷、海陆路、吉庆路	单叉	74	45
龙洋路、吉庆路、菜场路	单叉	48	46
聪园北路、敬老院南	单叉	19	47
寿昌公园	单叉	10	48
金桂小区、镇棉小区	单叉	163	49
顺隆路、繁景小区	单叉	33	50
工农小区、公安局住宅楼	单叉	43	51
工农路、聪园路、武宁小区、后聪园弄	单叉	53	52
红房子小区、银桂小区、车站路 360 弄	单叉	30	53
中大新苑	单叉	20	54
白龙小区	单叉	41	55
白龙小区	单叉	24	56
大西门路	单叉	97	57
环城西路	单叉	38	58
环城西路、茗南路	单叉	58	59
安置小区	单叉	28	60
环城西路、静海路	单叉	23	61

续表 9－7

道路名称	路灯		控制箱（号）
	结构	数量（盏）	
茗园一区、福龙路、安居小区、包家	单叉	35	62
茗园二区、茗园路	单叉	44	63
隧道北路、镇骆路	双叉	186	64
光大路	双叉	16	65
环城北路、大通南路	单叉	63	66
宏远路	双叉	34	
宏远路	单叉	94	67
定海路	单叉	94	68
雄镇路、宏远路	双叉	109	69
雄镇路	双叉	45	70
老镇骆路	单叉	39	
大通路	单叉	22	71
安平路	单叉	14	72
威海路	单叉	65	73
俞范东路	单叉	68	74
老镇骆路	单叉	40	75
威海路延伸段	单叉	36	131
城河西路胜利路口	高杆灯	18	8

说明：资料来源区市政设施养护中心

第五节 排水泵站与水闸

城区河流水位调节、水质保障和排涝排污，置排水泵站 11 处和控制水位闸 2 处。

排水泵站

东门泵站 处沿江东路 501 号，镇海港监东侧甬江边，为雨污合流泵站。始建于 1983 年，时采用电力排放与自流排放相结合。2005 年镇海污水处理厂及配套管网工程需要改建，2006 年 10 月建成投入使用。安装污水泵 3 台，280 立方米/小时 ×3，合计 840 立方米/小时。雨水泵 2 台，雨水 2800 立方米/小时 ×2。日均输送水能力 2.2 万吨。

吉庆桥泵站 处吉庆闸南侧中大河，1992 年 4 月建成。泵室为钢筋混凝土箱型结构，进水口闸门控制。安装 20ZLB－70 轴流泵 2 台，每台配电动机功率 30 千瓦，吸水量 1310 立方米/小时。取中大河水，输水管道通过镇海棉纺厂区直泻后沙河。2006—2007 年，泵站东侧扩建排水泵站，添置 110 千瓦水泵 2 台，每台流量 10800 立方米/小时。

水门洞泵站 处水门洞闸左岸，1995 年 1 月建成。装 HW250 水泵 2 台，配电动机功率 7.5 千瓦，翻水量 480 立方米/小时，为内城河循环换水控制水位。闸底标高 1.7 米，控制内城河最高水位 3.7 米，下游城外河水位 3.2 米。2008 年，闸门由人力启闭改为电动启闭。

沿江路雨水泵站 处沿江路，2001 年 10 月建成。泵站占地 525 平方米。内设 100WLB 型号水泵 1 台，配套电动机功率 5.5 千瓦，流量 100 立方米/小时。400WLB 型号水泵 2 台，每台配电动机功率 55 千瓦，流量 1500 立方米/小时。沿江路及区人民政府片雨污水由此排入甬江。

后海塘泵站 处宁波乐金甬兴公司旁。2003 年 11 月建成。内设 6 台 WL2520 – 623 – 400 型号水泵，每台配电动机功率 110 千瓦，流量为 1500 立方米/小时。定海路北至化工区主干道区域雨污水由此排海。

濠桥排水泵站 处濠桥东，2005 年建成。泵房为仿古江南民居建筑，建筑面积 40 平方米，箱体结构泵站。内设 WL2327 – 671 – 250 型号水泵 2 台，每台配电动机功率 18.5 千瓦，流量为 600 立方米/小时。调蓄内河水位，促使内河水体流动。

西门泵站 大西门路与聪园路岔口西南，2006 年建成。安装污水泵 3 台，280 立方米/小时 × 3，合计 840 立方米/小时。日均输送水能力 2.3 万吨。

威海泵站 威海路与平海路岔口东北，2006 年建成。安装污水泵 4 台，输送能力 1400 立方米/小时 ×2，2 用 2 备，合计 2800 立方米/小时。日均输送水能力 3.5 万吨。

临江泵站 金丰路与中官路岔口西北，2007 年建成。安装污水泵 4 台，800 立方米/小时 ×2 + 600 立方米/小时 ×2，2 用 2 备，合计 1400 立方米/小时。日均输送水能力 2 万吨。

宏远河排海泵站 2007 年建成，泵站占地 1697 平方米，建筑面积 348 平方米。装 900QB – 100D 水泵 2 台、900ZDB – 10 水泵 3 台，每台流量为 10800 立方米/小时，配套功率 185 千瓦。后海塘区域雨水汇集宏远河后排海。

海天泵站 镇骆路与铁路岔口东北，2009 年建成。安装污水泵 3 台，280 立方米/小时 ×2 + 140 立方米/小时 ×1，1 用 2 备，合计 280 立方米/小时。日均输送水能力 800 吨。

控制水位闸

西门水位堰排水闸 处镇棉桥南中大河上。1994 年 5 月建成。中孔为控制闸门，宽 3 米，闸底标高 1 米，闸门标高 3.2 米，钢螺杆人力启闭。闸门左右为固定式浆砌滚水堰，净宽 9 米。该闸为吉庆桥泵站的循环换水配套工程，解决内河排水。2007 年，闸门由人力启闭改为电动启闭。

水门洞控制水位闸 处港城花园北侧，1995 年 1 月建成。建有闸门 1 孔，宽 2.5 米，钢螺杆人力启闭。闸底标高 1.7 米，控制内城河最高水位 3.7 米，下游城外河水位 3.2 米，具有内城河循环换水控制水位功能。

第三章　新城开发

2001 年 9 月，中共宁波市委决定在宁波大学基础上建设宁波市高教园区北区。2002 年 1 月，宁波市镇海高教园区开发建设管理委员会成立。高教园区北区规划区域面积 18.1 平方千米。2003 年 5 月，宁波市骆驼新区开发建设管理委员会成立。2004 年 4 月，高教园区北区管理委员会改称宁波市镇海新城南区开发建设管理委员会。2006 年 3 月，撤镇海新城南区开发建设管理委员会，撤骆驼新区开发建设管理委员会，组建镇海区新城管理委员会。镇海新城开发建设分北区骆驼街道，南区庄市街道两片区。规划总面积 46 平方千米，北至绕城高速，南临甬江，东起东外环，西界世纪大道和 329 国道。

第一节　征地　拆迁　安置

征地

2002—2008 年，镇海新城建设（含江北区甬江镇列入新城规划部分）共征地 1621 公顷，其中庄市片 871 公顷、骆驼片 563 公顷、甬江镇 187 公顷。

2002—2008 年镇海新城庄市片征地情况表

表 9－8　　单位：公顷

年份 被征地村	2002—2005	2006	2007	2008
汉塘村	134.00	—	—	—
曙光村	152.60	—	4.56	—
联兴村	218.60	—	—	—
钟包村	209.50	0.14	5.76	19.10
汤家村	27.40	—	—	—
勤勇村	4.13	—	—	—
永旺村	39.80	—	—	—
庄市村	22.00	—	—	—
万市村	33.20	—	—	—
合计	841.23	0.14	10.32	19.10

说明：资料来源新城管委会

2002—2008 年镇海新城骆驼片征地情况表

表 9 - 9　　单位：公顷

年份 被征地村	2002—2003	2004	2005	2006	2007	2008
团桥村	203.61	5.15	—	—	—	—
尚志村	128.11	36.46	—	—	—	—
骆驼村	24.10	—	—	—	0.34	—
东邑村	31.33	—	—	—	—	—
董家畈	14.86	—	—	—	—	—
东钱村	17.97	—	6.57	—	—	—
金华村	—	—	27.43	34.44	21.67	10.84
合计	420.00	41.61	34.00	34.44	22.01	10.84

说明：资料来源新城管委会

2003—2005 年，新城建设涉及甬江镇夏家村、畈里塘村、双桥村、路林村、联成村和光华热处理厂，合计征地 187 公顷。

拆迁

2002—2008 年，镇海新城建设拆迁民居 2060 户，共 27.83 万平方米，其中庄市片 1488 户，计 20.47 万平方米；骆驼片 572 户，计 7.35 万平方米。拆迁单位 67 家，计 12.14 万平方米，其中庄市片 53 家，计 9.96 万平方米；骆驼片 14 家，计 2.18 万平方米。

2002—2008 年镇海新城庄市片民居拆迁情况表

表 9 - 10

项目名称	所在村或位置	户数	拆迁面积（平方米）
庄市大道西侧工程	曙光村	28	1431
中官路西段	汤家小庄	71	10569
中官路东段	永旺村	68	10271
同心路、明海大道	钟包村	44	6369
芳辰路、兴海南路	庄市村	25	3622
逸夫路、汉塘路	汉塘村	275	32520
园区其他道路	汉塘村	34	4453
北外环路	曙光村、钟包村	151	24334
东外环路	勤勇村	92	16170
城市学院、商帮公园	联兴村	75	13099
芳辰丽阳小区	汤家、河湾张	79	14153
	钟包村	23	2930

续表 9－10

项目名称	所在村或位置	户数	拆迁面积（平方米）
蛟川书院	曙光村	222	24266
第五医院、合生国际城	钟包村	80	11916
	冯家村	2	240
锦绣曙光安置区	曙光村	95	17184
商帮公园西住宅	联兴村	82	6113
明海大道	钟包村	42	5087

说明：资料来源新城管委会

2002—2008 年镇海新城骆驼片民居拆迁情况表

表 9－11

项目名称	所在村或位置	户数	拆迁面积（平方米）
绿城桂花园	玉皇殿、义庄	29	3656
镇新路	团桥村小方家、寺后胡	39	4714
团桥过渡房	团桥村	2	220
华丰花园	孝思房	3	342
骆兴家园二期、华丰星城	翁家斗	49	4400
文智西路	徐家	28	3630
引水工程	尚志新洪家	5	881
镇海区人民医院	金华村	37	5539
南二路	骆驼村、金华村	130	14343
团桥老年活动中心	团桥村	4	387
新城小学	团桥村	18	1709
金华北路	金华村	1	155
东邑北路	金华村、团桥村	2	367
三五路	团桥村	1	142
静远西路	团桥村	1	188
世纪大道	金华村、团桥村、尚志村、东邑村	110	15752
骆兴西路	金华村	10	1208
金华北路	金华村	18	2796
医院南侧地块	金华村	1	122
污水北排工程	金华村	5	790
新城中学	金华村	30	5090

续表 9－11

项目名称	所在村或位置	户数	拆迁面积（平方米）
爱婴医院	金华村	2	373
新城幼儿园	金华村	25	4183
收储地块	金华村	22	2552

说明：资料来源新城管委会

2002—2008 年镇海新城庄市片单位拆迁情况表

表 9－12

项目名称	拆迁企业名称及位置	户数	拆迁面积（平方米）
同心路	科达钢塑品厂	1	845
	光达塑料制品有限公司	1	868
	康星车业	1	6292
	西陆汽车配件厂	1	1414
逸夫路、汉塘路	车辆附件厂	1	4134
	车辆附件厂、良峰塑料厂	1	5196
	汉塘铸件厂	1	429
北外环路	钟包祠堂（网厂）、超宇压制厂	2	754
东外环路	白云庵印花厂、勤勇经济合作社	2	694
世纪大道	华发、华顺有限公司	2	19707
逸夫路	庄市旭东五金厂（曙光村）	1	542
	汉塘卫生院	1	40
	汉塘村委办公室、青年队仓库	2	1363
中官路	永旺村卫生保健室	1	77
	永旺电线厂、米厂、办公室	3	1283
	砖瓦厂	1	101
天圣路	博隆鞋业有限公司	1	3316
园区绿地公园	西陆村委办公室、甬江双桥村营业房	2	1385
兴光煤气管改道	恒鑫机械厂	1	86
职教中心	华发化工工贸公司、兴发缝制设备、顺发缝纫厂	3	4731
第五医院	印刷厂、叶家粮站、粮站压制厂、钟包村叶家仓库	4	9151
出让地块	裕隆工贸公司	1	5699
旧城改造	兴隆村厂房	1	386

续表 9－12

项目名称	拆迁企业名称及位置	户数	拆迁面积（平方米）
蛟川书院	三友热浸锌厂、曙光塑料包装彩印厂、曙光村集体企业、办公室、锦达铝塑厂、镇海宁峰塑料厂	6	7884
康宁医院扩建	建业轴承有限公司	1	2947
纺织服装学院	联兴村曹家祠堂	1	320
宁波国际学校	曙光村仁爱轴承厂	1	1751
芳辰丽阳	汤家村屠宰场、花木场	2	2808
同心路	镇海工缝五金厂（西陆村）	1	730
合生国际城	钟包、协兴（镇海钟鸣仪表厂）	4	8363
	钟包、协兴（镇海轴承机械配件厂）	1	3068
	钟包、协兴（镇海通力轴承厂）	1	3298

说明：资料来源新城管委会

2002—2008 年镇海新城骆驼片单位拆迁情况表

表 9－13

建设项目	拆迁企业名称及位置	拆迁面积（平方米）
绿城桂花园	义庄编织厂	1450
	义庄宏伟电器五金厂	1177
	沙发厂	1671
	玉皇殿 92919 部队机房	50
东邑北路	工缝厂	4277
	鑫磊电器厂	1140
	香溪福乐园	1513
	绿洲加油站	1137
	镇骆建筑工程公司	174
骆兴家园	金海轴承厂	1204
	宁珠钢丝厂	2499
	金华精特轴承厂	1568
文智西路	海事局技校	3476
	印刷厂	523

说明：资料来源新城管委会

安置房建设

2002—2008 年，镇海新城建设中兴小区、华丰星城、鑫隆花园、骆兴家园、金邑水岸、柳岸晨韵 6 个拆迁安置区，共建拆迁安置房 6138 套，建筑面积 79.25 万平方米。

中兴小区 用地面积2公顷，建安置房270套，建筑面积2.8万平方米，2003年建成并交付。

华丰星城 用地面积6.2公顷，建安置房707套，建筑面积6.88万平方米。2006年建成交付。

鑫隆花园 用地总面积13.8公顷，建安置房1147套，建筑面积17.54万平方米。一期建安置房140套，建筑面积2.6万平方米，2004年建成交付。二期建安置房731套，建筑面积11.54万平方米，2005年年底建成交付。三期建安置房276套，建筑面积3.4万平方米，2008年建成交付。

骆兴家园 用地总面积21.5公顷，建安置房2054套，建筑面积26.55万平方米。一期建安置房1099套，建筑面积14.4万平方米，2005年建成交付。二期建安置房739套，建筑面积9.35万平方米，2005年建成交付。三期建安置房216套，建筑面积2.8万平方米。2007年5月建成交付。

金邑水岸 用地面积9.8公顷，建安置房1114套，建筑面积15.5万平方米。2005年10月开工，2008年1月建成交付。

柳岸晨韵 用地面积8.8公顷，建安置房846套，建筑面积9.95万平方米。2007年11月建成交付。

第二节 新城道路

2002—2008年，镇海新城新建改建城市道路26条，总长46.27千米。

城市快速路（2条）

北外环路新城段 东起东外环路西至329国道，长5.3千米，宽68米，桥梁7座，荷载30吨，沥青路面。2005年开工，2007年10月建成。

东外环路新城段 南起自甬江，北至宁镇路，长0.45千米，宽68米，2008年建设。

城市主干道（15条）

中官路新城段 东起东外环路，西至329国道，长4.28千米，宽50米，桥梁6座，荷载30吨，沥青路面，建有盲道，道两侧绿化带各6米，中央隔离带8～12米。2002年开工，2005年8月建成。

庄市大道 南起自宁镇路，西至329国道，其中宁镇路至同兴路段为南北走向，同心路至329国道段为东西走向。全长4.67千米，宽36米，桥梁1座，荷载30吨，两侧绿化带各6米。庄市大道兆龙路至陈倪路段，混凝土路面，长1.12千米，宽36米，建于2001年6月之前。新城建设段工程分两期实施。一期陈倪路至329国道段，混凝土路面，长0.65千米，宽36米，2002年5月开工，10月完成。二期宁镇路至兆龙路段系旧路改造，沥青路面，长2.9千米，宽36米，2005年3月开工，2006年年末建成。

逸夫路 南起自宁镇路，西至329国道，其中宁镇路至钟包路段为南北走向，钟包路至329国道段为东西走向。全长2.89千米，宽44米。逸夫路分三期建设。一期天圣路至中官路段（西侧单幅），长0.91千米，宽22米。2002年12月开工，次年7月建成。二期329国道至兴海南路段，长1.2千米，宽44米，桥梁2座，荷载30吨，沥青路面，2003年1月开工，2005年9月建成。三期中官路至钟包路段，长0.78千米，宽44米，桥梁1座，荷载30吨，沥青路面。2004年6月开工，2006年8月建成。

文智西路 东起世纪大道，西至329国道，长1.68千米，宽40米，桥梁2座，荷载30吨，沥青路面，建有盲道，道路两侧绿化带各6~8米，两侧隔离带1.8米。2003年6月开工，翌年10月建成。

同心路 环形走向，东接汉塘路、钟包路，南接思源路、归源路，西接明海大道，北临浜子港。全长2.4千米，宽48米，桥梁3座，桥梁荷载30吨，沥青路面，建有盲道。道路两旁绿化带各6米，中央隔离带8~10米，两侧隔离带各1.5米。2003年7月开工，2005年7月建成。同心路西北侧建有地下通道。

文诚西路 东起世纪大道，西至329国道，长1.68千米，宽40米，桥梁2座，荷载30吨，沥青路面，建有盲道。道路两旁绿化带各6~8米，两侧隔离带1.8米，2003年7月开工，翌年4月建成。

明海大道新城段 南起自宁镇路，北至庄市大道，长2.12千米，宽60米，桥梁1座，荷载30吨，沥青路面，建有盲道。道路两侧绿化带各6米，中央隔离带10~12米。2003年12月开工，2005年10月建成。

兴海南路新城段 南起自聚兴路，北至北外环路，长1.7千米，宽44米，桥梁3座，桥梁荷载30吨，沥青路面，建有盲道。道路两侧绿化带各6~7米，中央隔离带8~12米。一期工程自聚兴路至逸夫路段，2004年5月开工，翌年6月建成。二期工程自逸夫路至北外环路段，2007年8月开工，翌年10月建成。

南二西路 东起世纪大道，西至329国道，长1.7千米，宽36米，桥梁2座，荷载30吨，箱涵1处，主车道混凝土路面，辅车道沥青路面，建有盲道。2004年8月开工，2006年3月建成。

汉塘路 东起自逸夫路，西至同心路，长0.52千米，宽28米，桥梁1座，荷载30吨，沥青路面，建有盲道。道路两侧绿化带各6米。2004年12月开工，2007年11月建成。

钟包路 东起自逸夫路，西至同心路，长0.55千米，宽36米，桥梁1座，荷载30吨，沥青路面，建有盲道。道路两侧绿化带各6米，中央隔离带2.2~2.5米。2004年12月开工，2006年8月建成。

兆龙路 南起329国道，北至庄俞公路千岁桥，系旧路改造工程。全长2.8千米，宽27米，桥梁1座，荷载30吨，沥青路面，建有盲道。道路两侧绿化带各2.5~4米。2005年3月开工，翌年年末建成。

东邑北路 南起骆兴西路，北至荣骆路，长1.17千米，宽40米，桥梁3座，荷载30吨，沥青路面，建有盲道。2005年7月开工，年末建成。

镇新路新城段 东起世纪大道，西至329国道，长1.74千米，宽60米，桥梁1座，荷载30吨，沥青路面，建有盲道。道路两侧绿化带各6米，中央隔离带8~12米。2005年开工，2007年年底建成。

聚兴路 东起规划15号路，西至陈倪路，长0.41千米，宽36米，沥青路面，建有盲道。2006

年3月开工，翌年2月建成。

城市次干道（6条）

思源路　南起自宁镇路，北至同心路，长1.1千米，宽24米，沥青路面，建有盲道。道路两侧绿化带各6~8米。2002年5月开工，2004年12月建成。

归源路　南起自宁镇路，北至同心路，长1.1千米，宽24米，沥青路面，建有盲道。道路两侧绿化带各6~8米。2002年7月开工，2004年12月建成。

骆兴西路　东起世纪大道，西至329国道，长1.07千米，宽28米，桥梁2座，荷载30吨。世纪大道至西大河路段沥青路面，西大河至329国道段混凝土路面，建有盲道。2003年6月开工，2005年10月建成。

清泉路　东起归源路，西至兴庄路，长1.3千米，宽24米，桥梁2座，荷载30吨。沥青路面，建有盲道。2003年6月开工，2005年年末建成。

兴庄路　南起中官路，北至芳辰路，长2.05千米，宽30米，桥梁1座，荷载30吨，沥青路面，建有盲道。一期中官路至聚兴路段，长0.75千米，宽30米，中央隔离带4~6米，2004年3月开工，年末建成。二期聚兴路至芳辰路段，长1.3千米，宽30米，2007年开工，翌年6月建成。

静远西路　东起三五路，西至329国道，长0.66千米，宽28米，沥青路面，建有盲道。2006年9月开工，翌年1月建成。

城市支路（3条）

荣骆路　长1.1千米，宽16米，混凝土路面，建有盲道。2002年6月开工，翌年10月建成。

天圣路　长0.81千米，宽24米，桥梁1座，荷载30吨，沥青路面，建有盲道。道路两侧绿化带各6米。2002年9月开工，翌年1月建成。

三五路　长1.02千米，宽24米，沥青路面，建有盲道。道路两侧绿化带各6米，两侧隔离带1.5米。2004年10月开工，2006年5月建成。

第三节　供排水管　河道整治

供水管铺设

镇海新城铺设供水干管和分支管线。供水干管起自宁镇路半路涨给水泵站，经庄市大道、世纪大道，往北分别至文诚西路和骆畈路，全长5300米，管径800毫米。

新城南片供水管线由庄市大道两侧引出分支线至各建成道路，分支供水线管径600毫米。新城北片供水分支线分2路，一路文诚西路经329国道北上，沿329国道东侧引出至各建成道路，管径500毫米；另一路由骆畈路两侧引出至各建成道路，管径600毫米。

排水管铺设

新城建成道路全部铺设排水管，管径300~400毫米，排水管与道路同步建设。

新城南区排水管线　逸夫路（世纪大道至兴海路段及钟包路至汉塘路段）、陈倪路（逸夫路至聚兴路段）、庄市大道（全路段）、兴海路（逸夫路至聚兴路段）、芳辰路（兴海路至兆龙路段）、兆龙路（浜子港至兴海路段）、聚兴路（陈倪路至兆龙路段及兴庄路至明海大道段）、同心路（全路段）、兴庄路（聚兴路至中官路段）、明海大道（庄市大道至中官路段）、清泉路（兴庄路至归源路段）、中官路（兴庄路至东外环路段）、归源路（同心路至中官路段）、思源路（同心路至中官路段）、钟包路（同心路至逸夫路段）、汉塘路（同心路至逸夫路段）。

新城北区排水管线 荣骆路（329 国道至东邑北路段）、三五路（荣骆路至中大河段及南二路至镇新路段）、东邑北路（荣骆路至镇新路段）、南二路（西大河北路至世纪大道段）、骆兴西路（西大河北路至东邑北路段）、镇新路（西大河至世纪大道段）、文智西路（西大河至世纪大道段）、文诚西路（西大河至世纪大道段）。

排污管铺设

新城排污纳入宁波北区污水处理厂处理。

排污总管沿世纪大道铺设，起兆龙路口，北至镇骆路污水泵站，全长 6.87 千米，管径 1800～2000 毫米。2005 年 7 月开工，2006 年 10 月建成投入运行。

排污干管铺设 北外环路、镇新路、中官路、聚兴路和南二西路铺设排污水干管 10.08 千米，管径 400～600 毫米，连接排污总管。铺设时间 2005—2008 年。

排污支管铺设 新城建成道路全部铺设排污支管，管径为 300～400 毫米。

城南区排污支管分布 逸夫路（世纪大道至兴海路段及钟包路至中官路段）、北外环路（世纪大道至东外环路段）、陈倪路（逸夫路至聚兴路段）、兴海南路（芳辰路至聚兴路段）、兆龙路（浜子港至聚兴路段）、芳辰路（兴海路至兆龙路段）、清泉路（兴庄路至归源路段）、兴庄路（清泉路至中官路段）、明海大道（庄市大道至中官路段）、庄市大道（兆龙路至中官路段）、同心路（同心路东端至浜子港段）、归源路（清泉路至中官路段）、思源路（同心路至中官路段）、钟包路（同心路至逸夫路段）、汉塘路（同心路至逸夫路段）。

新城北区排污支管分布 东邑北路（镇骆路至骆兴西路段）、世纪大道（镇骆路至中官路段）、骆兴西路（西大河北路至东邑北路段）、镇新路（西大河北路至世纪大道段为两侧双管，329 国道至西大河北路段为南侧单管）、三五路（南二路至镇新路段）、文智西路（329 国道至世纪大道段）、文诚西路（329 国道至世纪大道段）。

污水泵站

中官路污水泵站 中官路与东外环路交叉口，用地面积 0.4 公顷，建筑面积 380 平方米，泵站主沉井直径 18 米，深 16.98 米，配置水泵 5 台。2003 年 12 月开工，翌年 11 月建成并投入使用。

明海大道污水泵站 位于明海大道西侧清泉花园北侧，用地面积 1100 平方米，设计规模 766 升/秒，配置 400WL B1400－12－75 型水泵 3 台。2004 年 3 月开工，翌年 1 月建成并投入使用。

河道整治

2002—2008 年，新城开发建设开凿河道 2 条，整治河道 3 条。

金华河开凿 位于东邑北路东侧，北起中大河，南接金华河现状河道，开凿段长 394 米，宽 20 米。2005 年下半年完成开凿。

文化公园内河开凿　北接中官路北侧横泾河，南连宁镇路南侧的前大河，开凿段长1042米，宽15米。2002年启动，2006年完成。

陈倪河清淤　2004年上半年，陈倪河清淤及驳岸景观段长1429米，宽20米。

杨家河与颜家河清淤　2004年杨家河与颜家河清淤及驳岸长6000米，其中驳岸景观段1600米。

浜子港整治　2008年浜子港329国道至西大河段整治，长450米，宽25米。

第四节　公建设施

2002—2008年，镇海新城区域建成一批学校、医院、商业街、园馆等公建配套设施。

学校

宁波国际学校　由浙江省万里教育集团创办的宁波万里国际学校和宁波市政府筹建的宁波国际学校两部分组成，设有小学、初中和高中部。学校占地面积20.67公顷，建筑面积15.2万平方米，总投资2.5亿元。2003年开工，翌年8月竣工并投入使用。

镇海区职业技术教育中心　2004年8月，由镇海城关迁入。学校用地面积18公顷，总投资9000万元，其中一期工程建筑面积5.56万平方米，2002年开工，2004年8月建成并投入使用。二期工程体育馆及实训大楼，建筑面积1.17万平方米，2006年7月开工，翌年年底竣工。

镇海蛟川书院　股份制民办中学。占地面积19.67公顷，建筑面积7.19万平方米。2005年6月开工，翌年9月建成并投入使用。

宁波易斯戴专修学校　民营专科院校，用地面积7.34公顷，建筑面积8.22万平方米，投资2.6亿元。2006年6月开工，翌年10月竣工并投入使用。

新城小学　原骆驼团桥小学地块，设计规模36班。一期用地3.13公顷，建筑面积8086平方米。2008年3月开工建设。

医院

宁波市第五医院　又名宁波市新民医院。法籍华人杨璧如女士投资3.9亿元建设。医院定位为三级乙等医院，设肿瘤专科和综合性全科。用地面积5.86公顷，建筑面积7.07万平方米。2006年开工，2008年年底主体工程竣工。

宁波市第七医院　又名镇海区人民医院。占地8公顷，规划建筑面积6.65万平方米，病床位400床。按三级乙等综合医院标准建设。一期工程住院综合楼建筑面积3.14万平方米，共15层，投资1.96亿元。2006年年底开工建设，2008年12月主体工程结顶。

庄市佩珍医院　占地1.53公顷，建筑面积8325平方米，投资1417万元。2007年建成并投入使用。

商业街

兴隆花园商业街　建筑面积9700平方米，2005年8月开工，当年年底建成并投入使用。

学生村商业步行街 建筑面积7034平方米。引入民营资金1000万元建设。2006年4月开工，当年年底建成并投入使用。

嘉盛银座酒店 用地1.13公顷，建筑面积3.85万平方米。2007年10月开工建设。

宁波帮文化公园（详见第二十编“旅游”第二章“旅游资源开发”）

宁波帮博物馆（详见第三十七编“文化”第一章“文化社团与院馆”）

第四章 园林绿化

1980年4月，城区招宝山开始封山育林建设公园。1982年成立县绿化委员会。1990年3月，镇海区提出“以道路绿化为骨干，庭院绿化为基础，公园、绿地为景点，东美招宝山、南绿沿江岸、西拓西门口、北建古塘园的花园型城区”建设框架，重点实施一批园林绿化项目。城区道路两旁植行道树。车站路、城河路、聪园路等骨干道路设绿化隔离带、人行道花坛、街角绿地。2008年，招宝山街道城市绿地面积229万平方米，道路两旁绿树成荫，绿化覆盖率35.55%，人均公园绿地12平方米。

第一节 招宝山景区建设

1980年3月，镇海县人民政府决定开发建设招宝山景区。1982年开始向游人开放。1987年4月，编制《招宝山公园规划设计方案》，确定以历史文化名胜古迹为主体，领略海天风光为特色的游览风景区。

自1981年重修宝陀禅寺、圆通宝殿开始，先后修复或建成的有威远城、半山亭、棋子枰、中峰古道、南陵云路、西山幽径、观音阁、吴公纪功碑亭（仿建）等30余处。2006年12月，招宝山景区管理由区园林处移交招宝山街道。此后又建成天王殿、招宝财神文化苑、景区游客服务中心、智能化西大门、景区管理房等。

中峰古道 旧为盘陀石阶路，宽仅2米，1986年重新整修。景区南端正中的登山主道，长612米，宽约3~4米，利用天然岩石开凿或砌石而成。

南陵云路 景区东南部山腰的环山通道，1986—1987年新辟。起自佳景坊，向东南经摩崖石刻、紫竹林、登云路牌坊至月城。路长830米，宽2米。路面结构由石板、石条、卵石、碎石板、断砖碎瓦铺筑，拼凑图案10余种，步移图异，并在中段置有石雕栏杆。

西山幽径 景区西北面山腰的环山通道，起自第一山碑，绕山腰向东北至月城。路长500米，宽1.5米。1981—1982年，在旧路基上改用石板或块石铺筑，置有圆铁栏杆。沿路绿荫蔽天，故名。

桃柳百步堤 景区大门至山脚，1987—1988年修筑。路长90米，路基宽7.4米，路面块石拼筑，两旁栽有桃、柳及花卉。堤旁左右有池，面积4800平方米。1988年重浚驳岸整理，东池原为东岳宫放生池，辟为儿童游艇乐园；西池原为濠河发源处，植荷花。

渐入佳景坊 南麓山坡，原有亭屋3楹，1981年遭台风倾塌。1990年重建，单檐翘角歇山顶，粉墙筒瓦，置有曲背长椅，意为至此进入登山景区。

第一山碑 南麓山坡，碑高 1.85 米，宽 1 米，阴镌直书大楷“第一山”，系江西庐陵箫天荫书。碑原植半山腰，1986 年 3 月移至佳景坊上侧石崖，碑前筑坪台，置石雕栏。

半山亭 又名浩然亭，中峰古道山腰，居山之半，故名。原为简陋四方亭，1981 年重修。呈四方形，庙殿式砖木结构，单檐四角歇山顶，龙首鸱吻，黄墙黛瓦。

揽江台 半山亭东侧，原为镇海港区贮水池顶部平台，建于 1976 年。1982 年 4 月辟为景点。筑游龙状景墙 1 堵，饰有洞门花窗，门额题有篆书“揽江”“步云”。平台建于峭壁之上，长 25 米，宽 10 米，前沿钢筋混凝土护栏。台后松林翠竹掩映，登台鸟瞰港城。

棋子枰 又名魁星阁，半山亭与威远城之间，原枰阁早湮灭。1982 年整山绿化发现旧址有石碑 1 方，系清乾隆六十年（1795）植，高 1.55 米，宽 0.78 米，镌有阴文行书“棋子枰”。同年，重建双檐六角攒尖顶弈棋亭，高 6 米，直径 3.15 米，木结构，朱柱乌瓦，中置石桌棋枰，旁置石鼓凳和坐栏。清《招宝山志》载：“棋子枰在半山之间，有小沙滩，其下通海，相传出石棋子，人欲取之，先以白米或黑豆撒其中，翌日得子，各随其色，今无验。”

望海坪 圆通殿北至后城门间，分上下两台。上坪台旧有望海楼，即招宝山十二景的“山楼观旭”处。1982 年铺筑石地坪，侧置条石凳，供游客小憩观景。下坪台旧有营房，今为游人健身练操处。出北城门观海台，有抗日时钢筋混凝土瞭望哨。

摩崖石刻 “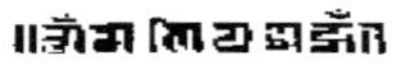”印度梵文，南陵云路南段。1984 年 2 月，整山绿化发现。（详见第三十七编“文化”第五章“文物与保护”）

吴公纪功碑亭 威远城东南山坡。1984 年仿建[①]，单檐歇山顶，全石结构。亭高 5 米，宽 3 米，深 2.5 米，建筑面积 10.2 平方米。亭四侧铺石坪台，面积 189 平方米，前沿置石雕护栏长 30 米。碑亭下侧又筑石板坪台，安置清道光二十一年（1841）铸前膛炮 2 尊，石马 1 对，前沿置石雕护栏。（参见第三十七编“文化”第五章“文物与保护”）

紫竹林 南陵云路中段。旧有紫竹林观音殿，20 世纪 50 年代废。1989 年 10 月重建紫竹林，置憩堂 1 幢，平房 3 间，单檐歇山顶，右侧配曲折游廊，长 15 米，总建筑面积 122 平方米。亭前砌筑坪台和石阶，植紫竹。2008 年，紫竹林处改建招宝财神文化苑。

仙人洞 旧有仙人洞在山西北角尽处，洞门两壁夹峙，勒有“六国来王处”“平倭第一关”书，都督卢镗题，因建镇海港区废。1989 年在南陵云路东北段另劈仙人洞。原洞储水，深约 10 米，面积 37 平方米。洞口建有半壁亭，砖木结构，四角攒尖顶。

仙井 仙人洞上端，原井已淤废。清《招宝山志》载：“仙井在山巅，久旱不涸。一名自在泉、甘井……”1989 年挖掘疏浚，井底铺石板，井壁砌条石，置石雕吐水龙头，围设石栏 8 米，铺筑石地坪 130 平方米，置石桌石鼓凳。

登云坊 南陵云路北段。建于 1927 年。坊为 2 柱 1 间，钢筋混凝土结构，大平顶。坊额阳面横书“上天竺”“登云路”，阴面横书“上天竺”“回头是岸”。并有楹联多幅，系佛门弟子出资所建。

锁蛟亭 西山幽径中段。建于 1992 年 7 月，单檐八柱攒尖亭，混凝土仿木朱柱，黛色筒瓦，

① 1936 年建吴公纪功碑亭于梓荫山西麓（现镇海中学内），现存。

四周坐栏，建筑面积 12 平方米。

集珍湖　1997 年，开辟山下绿地集珍湖，面积 3 公顷，与招宝山相映成趣。

张世杰纪念碑亭　巾子山上。1987 年，在山顶八面楼旧址新建仿明石结构亭，单檐四方攒尖顶。1990 年，亭中植“宋太傅越国公张世杰纪念碑”，碑高 2.4 米，宽 1.04 米。正面书为杭州王京盙题，背面镌刻清代全祖望撰《张太傅祠堂碑记》全文。

建城碑亭　城塘西北角，建于明万历二年（1574），境内现存有历史价值的古建筑之一。1987 年修建城碑亭。因石质风化剥蚀，四柱下沉，顶盖压碑，有倾倒之危，1990 年耗资重修。造型全仿明式，亭高 3.85 米，周长 10.6 米，四方亭，全石结构，单檐歇山顶，正脊漏孔雕刻，两端鸱吻，石雕筒瓦拱斗，亭柱、顶盖、梁架、翘檐均系条石凿榫嵌镶而成。亭中植石碑，碑刻《增筑定海内城碑记》，万历年兵部尚书张时彻撰。

天王殿　威远城后。2007 年建天王殿，建筑面积 100 平方米。

招宝财神文化苑　南陵云路中段。2008 年 5 月，原紫竹林处改建招宝财神文化苑。塑招宝天尊像，高 2.88 米，用黄金喷涂，珠宝、玛瑙、翡翠等材料装饰。

游客服务中心　2007—2008 年，建成游客服务中心，建筑面积 230 平方米；景区管理房，建筑面积 970 平方米；智能化西大门。

圆通宝殿、明清碑刻、月城、安远炮台、镇海口海防历史纪念馆。（详见第三十七编“文化”第一章“文化社团与院馆”，第五章“文物与保护”）

宝陀禅寺、观音阁、鳌柱塔、中法战争镇海口之役胜利纪念碑。（详见第二十编“旅游”第二章“旅游资源开发”）

第二节　景观带建设

城区以招宝山景区为中心，沿甬江北岸建设沿江景观带，沿后海城塘建设古塘景观带。

江滨公园

位于沿江路中段，东起水文站，西迄联运码头，长约 650 米，宽 30～50 米，面积 8217 平方米，分为东西两园。1987—1994 年，分 3 期建成。2001 年后改建为沿江景观带。

东园一期工程南大街口至渡运站，面积 1785 平方米，1988 年建成。筑有单檐六角攒尖亭，深绿色琉璃筒瓦；蘑菇亭 3 座，分别建于 3 层坪台上，错落有致；临江坪台，置石鼓凳、石桌、石椅等 10 件；坪中心竖候车式亭，V 形柱落地，海鸥造型；立体花坛；景墙；卵石游道，旁置长背椅 5 件。

东园二期工程南大街口至水文站，面积 2786 平方米，1990 年 11 月动工，1992 年 5 月建成。入口圆形喷水池，直径 22.5 米，面积 398 平方米。池壁棕色花岗石装饰，池内装环形多功能喷嘴 208 只，水底装彩灯 64 盏，采用程控自动变换装置，夜间喷水池中五彩缤纷。喷池中置黑色花岗石基座，高约 5 米，立体 3 柱造型，上置不锈钢雕塑蛟龙腾飞，直径 2.5 米，寓意古镇蛟川腾飞。园中建望江楼，两层船形风格，建筑面积 166 平方米。东侧筑有扇状棚架，面积 25 平方米。园内铺卵石游道 209 平方米，彩色方块路面 174 平方米。

西园三期工程东起客运中心停车场，西迄联运码头，面积 3646 平方米，1992—1994 年建成。大门面向胜利路口，进门置圆形水池，直径 12 米，水面积 46 平方米，池壁天蓝色瓷砖贴面，池中置圆形草坪，中竖不锈钢指形管造型的火树模型 1 株，高 8 米。前卧花岗石碑，刻“火树，生命与希望之树，为宣传环境保护而作，镇海区人民政府、市环保局、区城建局建，1993 年 12 月。”池西南侧构筑曲折多边广场，面积 1156 平方米，为健身锻炼场所。广场中筑四方井架形憩亭两座，斜角交错，建筑面积 18 平方米。园中游道和绿地呈曲折多边形布局，绿地分隔成 5 大块，面积 2593 平方米，以草皮为主，散植乔灌木。花坛壁水泥预制块堆砌，铸有浪花和海鸥阴纹图案。旁置混凝土座椅。游道 1006 平方米。

沿江景观带

2001 年起，在原江滨公园基础上全面扩建改造。

沿江景观带全长 1840 米，平均宽度 45 米，占地面积 7. 3 公顷。2001—2006 年，分 3 期实施建设。2001 年 10 月，建成渔丰弄至车站路段。2003 年 6 月，建成白家浦至聪园路段。2006 年 3 月，建成渔丰弄至航标处段。自联运码头至聪园路段为原江滨公园扩建延伸，延伸段长 1200 米。扩建拆迁镇海面粉食品厂、省海洋工程公司、宁波海运公司船厂、镇海木材公司、镇海冷冻食品厂等企业。沿江景观带建设由道路排水、景观绿化、堤防工程 3 部分组成，其中甬江堤防工程按百年一遇标准建设。投入建设资金共 21701 万元，其中拆迁 12688 万元，工程建设资金 9013 万元。（参见第二十编“旅游”第二章“旅游资源开发”）

后海塘景观带

后海塘东起巾子山，西迄嘉燮亭，长 4800 米。1991—2009 年，后海塘历经 3 次大规模整修。1991—1992 年，城塘上建仿古雉堞 301 堵，箭眼 300 空。雉堞高 1. 86 米，宽 4. 37 米。每隔约 12 堵雉堞留架炮位一孔，共 18 孔。城砖特制，规格 0. 34 米 ×0. 165 米 ×0. 09 米，俗称 20 斤砖。砖两旁铸刻“镇海后海塘城砖”和“一九九一年重修”。2002—2003 年，以遗址恢复、文化水景区开发整修后海塘。遗址恢复区起巾子山至建城碑亭，建仿古望海楼。望海楼占地面积 568 平方米，建筑面积 345 平方米，系木结构仿清风格。2006 年春望海楼部分毁于火，2008 年，修复望海楼。文化水景区起林庙路，至环城路长约 1300 米。利用寿昌公园、林庙池营造滨水亲水平台。2008—2009 年，实施景区文化休闲提升工程，对后海塘、后塘路整修改造。建成钩金塘，长 71. 85 米，宽 7 米，连接招宝山与巾子山。钩金塘上建钩金楼，建筑面积 230 平方米。后海塘及后塘路改造，共整修海塘 1300 米；园林铺装面积 1. 5 万平方米；仿古建筑 200 平方米，特色木屋 17 个，景观牌坊 2 座，八角亭及四角亭各 1 座；修缮古塘警铺、凉亭、战道、马道和台阶踏步；点缀特色庭院灯和红灯笼 160 余盏，安装 1 万米彩色灯带；增设文化碑廊和景观照壁；铺植 8000 余平方米绿地，配种紫竹、红梅、金桂、南天竹等名贵苗木 28. 8 万株，草坪 2500 平方米。（参见第二十编“旅游”第二章“旅游资源开发”）

第三节　公园和广场建设

民国时期镇海城内有私人花园4家。朱家花园，在鼓楼东路，占地190平方米，建于清末。园内筑假山、六角攒尖亭、园池，傍水楼阁等景，植有梅、桂，用卵石铺筑游路，砌龙凤图案，有苏州园林风范。樊家花园，位于仓基弄，占地400余平方米，建于清末。时樊时勋创办便蒙学校，同时辟花园。胡家花园（胡亨房），占地300平方米，建于民国初期。园内筑假山、曲池、小桥、憩亭等，有峰峦叠翠、曲径通幽之美，构筑玲珑，造景别致。徐家花园（徐圣禅），题名“霜红小筑”，占地156平方米，建于1928年。园内花木布景为主，栽苏铁、龙爪槐、罗汉松、红叶枫、黄杨、桂花、女贞等20余株，均从上海引入，时属珍贵名木。

1913年，城区梓荫山辟建梓山公园，毁于抗日时期。1934年，开放镇海县署后花园，称“中山公园”，不久毁于战乱。抗战胜利后，民国县政府在旧址复建中山公园，仅建3间公园大门，余皆废墟。

解放后，1959年城关镇重建中山公园，辟苗圃植花木。1967年10月，中山公园改名人民公园。

1987—1995年，城区先后建江滨公园、向辰园、镇棉公园、寿昌公园、城西公园、镇海中学建梓荫山景点、石化总厂建未名园、棉丰村建东苑园等，园林面积合计14.97万平方米。2000年，大规模扩建人民公园，并改名文化广场。

文化广场

前称人民公园。1975年，园内西北部辟儿童游乐场，设有滑梯、转盘玩具、晃荡玩具、跷跷板、秋千、小三轮、电瓶车、电子玩具、石马等活动点。1978年，公园往北扩建。1979年，建公园东大门，建筑面积190平方米，中启大门，两旁为售票房和售花房。门内垒堆假山，筑椭圆形金鱼池。池北有大型落地式盆景，内植罗汉松、金丝桃和白鹤雕塑。池后为假山（土丘），由挖池土砾堆积而成，长方形，高7~8米，面积528平方米。假山东部堆筑假山石，南辟洞径旋上，壁镌“曲径通幽”；洞径逶迤后山，小桥横架，题为“小桥引客”。绕过弈棋平台，筑有圆亭，重檐8柱攒尖顶，琉璃筒瓦，中安圆石桌，围以座栏。亭东侧悬崖高处筑有护栏坪台1方，为游客摄影取景佳处。1982年，公园南门外移至人民路，入口处铺水泥地坪，中置花坛，太湖石缀景，稍后建双扇亭，曲廊坐栏。亭前安石狮1对，旁设花坛。亭西南筑有竹、梅造型漏窗粉墙，启洞门进出。门内接棚架曲廊，曲廊尽头建单檐六柱攒尖亭，中置石雕圆桌、鼓凳。南门景点于1986年建成。时公园占地面积2.43万平方米。1995年，改建儿童乐园。原儿童乐园处辟为“激流勇进”活动点，双环形水道长350米，置碰碰船10艘，提升高度6~11米。环绕公园中心安装高架脚踏车轨道，周长300米，高度5米。园西电动碰碰车场，面积400平方米。园中铺筑椭圆形下沉舞池，面积约1000平方米。2000—2007年，公园3次拓建改造。改造后文化广场南临人民路，东沿南大街，西濒胜利路，北环古濠河，占地4.4万平方米，为城区最大的开放式公园。2000年，拆除儿童乐园，公园西扩至胜利路，南靠城关镇人民政府，北至青少年宫。2002年6月，公园东扩拆园林处办公楼、东大门、仓河亭。建仓河景观桥，园内置表演区、亲水区、木平台、树阵广场、儿童游乐区，置假山、雕塑、喷泉、溪涧、下沉式广场、长廊、拱桥等景点。2007年绿化改造，移植和种植色块32780株，种植乔木583株，灌木1303株，地被植物14920株（丛），草花6000株，水生植物株770（杆、丛），重铺马尼拉草坪。土建扩大水面积309平方米，修筑浆砌块石驳岸73米，花岗岩铺装79平方米，碎花岗岩拼铺54平方米，鹅卵石铺装92平方米，雨花石30平方米。修建林荫卵石沙滩铺装306平方米。改建六角古典木亭1座。

寿昌公园

城区西北，东起后海塘百步阶，南为西门新村，西迄吉庆闸，北沿后海塘。东西长约780米，南北均宽80米，占地4.52万平方米。以塘河、水荡和后沙河为主开发，水面约占66.3%。1989年10月启动建设，挖池、筑亭、造桥，初名古塘公园。1991年5月，为纪念中国共产党早期革命烈士、县人陈寿昌，改为寿昌公园。仿苏州园林建筑，亭台楼阁、粉墙黛瓦、九曲回廊、水梁飞虹、垒石植柳，动静成趣。园门坐北朝南，正厅3间，左右厢房，砖木结构，单檐硬山顶，建筑面积61平方米。门两旁置汉白玉石鼓1对。门额“寿昌公园”为谭启龙题。门厅前置石狮1对，由苏州市金阊区绿化委员会赠。门前庭地坪960平方米，西、南砌筑院墙，长186.6米，粉墙筒瓦，漏窗嵌花，色相古朴。门厅曲角，竖有湖石、石笋，配以花木。左侧院墙中段依墙筑半亭，四柱单檐攒尖顶，面积6.5平方米。亭中植碑，螭首龟趺，镌有“古塘秀色”，为县人张曦题。门厅后景墙1堵。天井右侧掘有曲形鱼池，面积70平方米，池后垒堆有太湖石假山，植合欢芭蕉。景墙高4.5米，长20米，粉墙黛瓦，嵌有漏窗，中启大门，上镌“亦山亦水”额书。倚景墙筑有单面游廊，廊尽头置水榭亭。游廊长128米，宽1.3米，卷棚顶，盖以黛色筒瓦，廊内坐栏、地坪均用大青砖或混凝土砖铺砌，栗色柱梁，镶有方头如意结木档。水榭亭4柱攒尖顶，戗脊高翘，围有坐栏。出景墙往北有草坪绿地，中间铺筑石板游路长40米。路西块绿地面积稍大，中间隆起，乔木与草坪相间。路东北建仰止亭，单檐6柱攒尖顶，混凝土结构，橘黄色琉璃筒瓦，四方围有木制曲栏座椅，建筑面积13平方米。亭北后沙河有卧波桥，石砌结构，单孔拱桥，长14米，宽3.8米，孔径3.5米，两旁置桥栏，精雕方头望柱。过桥稍东后沙河与塘河之间，架设鱼跃桥，石砌结构，单孔拱桥，长12.6米，宽3.25米，孔径3.5米，两边围以桥栏，12根望柱精雕12生肖。仰止桥西有归凫桥，石砌结构，单孔拱桥，长12.8米，宽3.32米，孔径3.5米，两旁置桥栏，望柱头雕有石鼓。再西后沙河上架垂虹桥，石砌结构，单孔拱桥，长12米，宽3米，孔径3米，置桥栏。16根望柱上精雕狮子，栩栩如生。4座园桥的桥面均用光面块石铺砌，无步阶，桥拱高薄，有园林建筑流畅之美。园内古塘河和后沙河建园初疏浚，驳砌护岸石磡，两池四周垒零星太湖石，植垂柳。东池，名鹅池。西池，名莲湖。

向辰园

2003年，向辰园和镇海棉纺厂公园整合而成，改造后统称向辰园。向辰园沿中大河北岸布局，全长近900米，面积1.8万平方米。由东往西分“绿意清风”“秋水嘉境”“春色缤纷”“向辰年华”4个景区。设阳光水廊、子母亭、清心亭、向辰桥及石亭廊架，晨练广场，健身设施等景点。

前向辰园，1989 年 3 月始建，1990 年 6 月建成。园址为中大河河塘和农杂地。东西长 360 米，南北均宽 25 米，占地面积 9007 平方米。公园大门设在东园，立体门柱，两翼展伸为圆孔景墙。入口置立体梅花形花坛，面积 30 平方米。花坛东侧为健身广场，面积 352 平方米，地坪由多角碎石板间隔卵石铺装。花坛后为棚架，双列交错，长约 32. 5 米，宽 2. 5 米，建筑面积 81 平方米。西园有 3 格方块立体花坛 1 组，面积 59 平方米。庭院茶室 1 座，面积 80 平方米。茶室西侧有棚架憩廊，长 22 米，面积 66 平方米。棚架西侧为曲折型景墙，漏窗与花架联为一体，长 8. 9 米，造景别致。稍西建有错落有致的蘑菇亭 5 座，建筑面积 48. 57 平方米。园内安置仿竹、仿树桩方桌 4 张、坐凳 16 根，沿河岸置石椅 35 把。东园游路边角碎石板拼凑，西园卵石铺筑，宽 1. 2 米。沿中大河砌石护岸，混凝土封面，竖有立体造型水泥望柱 113 根，系有铁链护栏。沿中大河游路长 360 米，宽 2 米。种植各类花木 2400 株，铺种草皮 7000 平方米。1992 年换种瓦斯草皮，面积 1500 平方米，绿染满园。

前镇海棉纺织厂公园，起聪园桥迄镇棉桥，长 400 米，均宽 20 米，面积约 8000 平方米，由镇海棉纺织厂出资建造。1987—1991 年，建设聪园桥至东方红桥段。1995 年建设自东方红桥至镇棉桥段。公园大门在聪园路口，绿色马赛克立体门柱。入口地坪为彩色 6 角形砼预制块铺装，广场南侧筑有漏孔景墙。稍西有圆形立体花坛。沿中大河畔建有单檐六柱攒尖顶亭，仿木朱柱，金黄色琉璃筒瓦。亭前筑有折形棚架，长 23 米，建筑面积 55 平方米，置双面混凝土坐栏，架上紫藤攀缘。棚架东首设服务部，建筑面积 150 平方米。棚架西首连环形园池，面积约 112 平方米，池中架小桥，置顽童嬉钓鲤鱼雕塑。池南垒有湖石假山，面积 68 平方米，高 6 米。假山西有高 5 米雕塑女像，面朝棉纺织厂大门。东方红桥以西筑憩廊。园内游路由碎花岗石拼砌。河岸置立体望柱 109 根，置铁链护栏。

城区入口广场

城区西部镇宁路与镇骆路交叉口处，占地面积 5. 5 万平方米。1992 年 11 月启动建设，1995 年建成，初称西门公园，占地面积 2 万平方米。由不锈钢城标、草坪、乔灌木群、水面、游道、小桥等景物组成。园东大块草坪呈三角形，面积 5000 平方米。草坪中间为城标雕塑台基，南北宽 18. 6 米，东西长 24 米，花岗石平板铺装。台基中央为城标座基，长方形，边长 6 米 ×8 米，高 3 米，花岗石贴装。座基上耸立镇海城标——大型不锈钢制作“腾飞”雕塑。3 只海鸥展翅飞翔，寓意镇海经济在“港口、侨乡、大工程”三大优势支撑下起飞，冲向世界，飞向未来。雕塑净高 18 米，宽 10 米，耗用钢材 36 余吨。草坪西侧由大批乔灌木和人工开掘回旋水流组成。水面积 2250 平方米，浆砌块石驳磡，岸边垒块石，仿景山麓溪涧。筑有小桥 3 座和踏步 1 道。园内游路环状分布，主游路宽 3 米，长 430 米，混凝土浇制。支道宽 1. 2 米，长 280 米，由色泽各异碎花岗石拼砌。环绕水道、游路分隔成若干绿地，多有起伏坡度，铺草坪，植垂柳，香樟、雪松等乔灌木和四季竹。2001—2003 年，拓建西门公园，新增广场绿地 3. 5 万平方米，改名城区入口广场。

未名园

炼化公司生活区内。1989—1990 年，由镇海炼油厂建造，占地面积 1. 48 万平方米，现代建筑风格公园。大门正厅 3 间，门额“未名园”，左右厢房，建筑面积 150 平方米，砖混结构，硬山顶，橘红色琉璃筒瓦。大门前庭广场450平方米，中竖盘龙灯柱高8米，宜兴陶器烧制，两旁置青石精雕蹲式石狮1对。进入园内为宽阔游道，中间筑有直径8米大花坛，为入口挡景。门西侧筑游廊，长48米，建筑面积105.6平方米，硬山顶，粉柱黑瓦，安有双向坐栏。游廊东北有起坡草坪绿地，坡顶筑有伞亭1座，圆尖顶，直径4米。门厅南筑景墙，圆窗洞门，墙内天井1方，面积100平方米，安放青石精雕圆桌4张，鼓凳16只。天井右方置有仿竹棚架，混凝土浇制，长16米，建筑面积35.2平方米。公园中心掘有园池，面积1300平方米，周边垒以湖石，植垂柳。池中架设单孔“长虹桥”，由青石雕制，宽2.5米，长9米，12级台阶，孔径2.5米，12根望柱精雕石狮。池后草坪坡地，坡上筑三角亭、六角亭各1座，均混凝土结构，攒尖顶，橘红色琉璃瓦，彩色石子水磨石柱，四沿安置坐栏。公园西北草坪置方亭，现代风格，建筑面积16平方米。方亭南有混凝土结构棚架，长20米，建筑面积66平方米。园东南辟有盆景园，面积1130平方米，置有立体盆景架150平方米，常有各类花卉盆景数百盆。公园围墙民族风格，粉墙黛瓦，漏窗嵌花，共长156米。园中游路面积808平方米。公园绿地面积11400平方米，其中草皮10400平方米。植乔灌木1600余株。

东苑园

1990—1991年，棉丰村建设，占地3000平方米。园门为黑色花岗石贴装立体柱，高7米，直书“东苑园”。门前蹲坐青石雕石狮1对。入口地坪花岗石碎块铺筑。园内挖掘曲形水池，池壁混凝土浇制，置重叠齿轮模型2只，下只直径6米，上只直径2米，马赛克贴装，安有跪伸裸体珍珠少女雕像。竖旗蚌吐珍珠4只。沿水栏杆护围，置石鼓凳12只。水池后有环形岛，面积150平方米，铺植绿草，安放铁制喷气式战斗机1架。环岛河面宽2米，架青石雕刻桥，宽1.5米，长4米，两旁10根栏柱刻有祥云，10块桥栏石板刻仙鹤。园西南筑有4柱攒尖顶“红丰亭”，四戗高翘，金黄色琉璃筒瓦，仿木朱柱，置座椅、石桌、鼓凳。亭东筑有棚架，长4米，由6根石柱撑托，周围安放混凝土雕刻蘑菇模型5只，石圆桌，石鼓凳点缀景色。园内铺草坪2600平方米，配植松、柏、杉、小竹等乔灌木。

鼓楼广场

2002年以鼓楼为中心布局建设，绿地面积5980平方米。鼓楼东西置仿古铜钟和鼓台，以模纹花坛、色块、球灌木造型营造绿化景观。

静海绿地

在原镇海氨基酸厂地块上建设，占地1万平方米。2002年，由奉化花卉园林建筑公司承建。

武宁广场

电影院西侧，在原人民商场地块上建设，占地5200平方米。2002年，由慈溪海逸绿化工程公司承建。

第四节　植树绿化活动

招宝山街道绿化

城区街道绿化，自1966年在人行道种植白杨树开始，后陆续由悬铃木更替。1989年开始，采用香樟和悬铃木间种，城河路行道树以香樟为主。1992年，城区行道树品种有国槐、水杉、女贞、枫杨、广玉兰、喜树、枫香、七叶树等27品种，计6470株。城区人行道长25.3千米，绿化投影面积64806平方米。道路绿化隔离带长4811米，计5315平方米。

义务植树活动

每年“3·12”植树节前后，镇海区组织义务植树活动。据区绿化办统计，1986—2008年，年参加义务植树活动人数少则3.5万人次，多则13.5万人次，累计植树1171.16万株。

1986—2008年镇海区义务植树情况表

表9－14

年份	植树数（株）		植树人数（万人次）
	乔灌木	绿　篱	
1986	78111	314573	4.0
1987	35041	245092	4.2
1988	66640	148524	6.0
1989	53041	67783	9.0
1990	178000	88827	8.0
1991	214000	67000	3.5
1992	76700	82000	10.1
1993	258000	81400	9.6
1994	125000	84000	12.6
1995	191900	12200	12.0
1996	250000	—	8.8
1997	260000	—	9.0
1998	111500	—	9.8
1999	250000	—	12.6
2000	150000	—	4.5
2001	120000	—	4.4
2002	617000	—	4.7

续表 9－14

年份	植树数（株）		植树人数（万人次）
	乔灌木	绿　篱	
2003	2840000	—	13.5
2004	1310000	—	13.5
2005	760000	—	13.5
2006	2929153	—	13.5
2007	210000	—	12.1
2008	627600	—	13.5

说明：资料来源区园林绿化养护中心

园林绿化主要品种

常绿乔木：雪松、黑松、五针松、龙柏、罗汉松、广玉兰、樟树、枸骨、山茶、女贞、棕榈蜀桧、青柏、日本柳杉、扁柏。

落叶乔木：银杏、水杉、重阳木、垂柳、枫杨、白榆、白玉兰、悬铃木、垂丝海棠、梅花、花桃、樱花、红叶李、国槐、合欢、乌柏、鸡爪槭、红枫、无患子、青桐、紫薇、石榴、龙爪槐、喜树。

常绿灌木：苏铁、含笑、南天竹、海桐、月季、大叶黄杨、瓜子黄杨、八角金盘、桃叶珊瑚、夹竹桃、栀子花、珊瑚树、六月雪、凤尾兰、十大功劳、翠柏、玉荷。

落叶灌木：蜡梅、紫荆、木槿、杜鹃、锦带花、金丝桃、火棘。

藤本植物：紫藤、野蔷薇、葡萄、爬山虎、凌霄。

竹类：紫竹、凤尾竹、四季竹。

草花：半支莲、石竹、矮雪轮、雁来红、鸡冠花、千日红、三色堇、羽衣甘蓝、紫罗兰、含羞草、长春花、牵牛花、凤仙花、一串红、金鱼草、雏菊、金盏菊、万寿菊、翠菊。

宿根球根花卉：荷花、天竺葵、旱金莲、四季海棠、爪兰、仙客来、菊花、大丽花、瓜叶菊、万年青、文竹、武竹、吊兰、君子兰、水仙、美人蕉、兰花、

草坪植皮植物：葱兰、麦冬、马尼拉草、马蹄金、酢浆草、瓦巴斯草。

全区园林绿化资金投入

1986—2008 年，镇海区园林绿化资金投入情况见表 9－15。

1986—2008 年镇海区园林绿化资金投入统计表

表 9－15　　单位：万元

年份	政府投入	单位出资	单位自建投入	捐款兴建	合计
1986	20	25	200	—	245
1987	25	45	200	—	270
1988	25	55	200	—	280

续表 9－15

年份	政府投入	单位出资	单位自建投入	捐款兴建	合计
1989	40	60	200	—	300
1990	37	110	200	—	347
1991	46	10	200	—	256
1992	120	10	200	200	530
1993	80	20	200	20	320
1994	60	20	250	—	330
1995	50	30	250	—	330
1996	200	25	600	—	825
1997	70	40	600	—	710
1998	500	60	600	—	1160
1999	300	110	600	200	1210
2000	270	90	600	—	960
2001	1400	40	700	—	2140
2002	6400	230	2900	70	9600
2003	25000	540	5900	—	31440
2004	26000	780	2800	—	29580
2005	2664	2626	3850	—	9140
2006	604	1753	2816	—	5732
2007	4284	1788	1412	—	7484
2008	2339	3692	3604	—	6729

说明：资料来源区园林绿化养护中心

2008 年全区园林绿化面积

据区绿化办统计，2008 年镇海建成区绿地面积 2401. 03 万平方米，绿地率为 43. 06%，其中公园绿地 186. 03 万平方米、生产绿地 184 万平方米、防护绿地 1053 万平方米、居住绿地 121 万平方米、单位绿地 348 万平方米、道路绿地 445 万平方米、其他绿地 64 万平方米。

2008 年镇海区园林绿化情况表

表 9－16

类别	绿化覆盖面积（万平方米）	城市绿地面积（万平方米）								其他绿地（万平方米）	人均公园绿地（平方米）	绿地率（%）	绿化覆盖率（%）
		合计	公园绿地	生产绿地	防护绿地	附属绿地							
						小计	居住绿地	单位绿地	道路绿地				
全社会	3188	3049	191	587	1168	1104	122	360	622	206	31	38. 73	40. 50
建成区	2454	2337	186	184	1053	914	121	348	445	64	13	43. 06	45. 21

续表 9－16

类别	绿化覆盖面积（万平方米）	城市绿地面积（万平方米）								其他绿地（万平方米）	人均公园绿地（平方米）	绿地率（%）	绿化覆盖率（%）
		合计	公园绿地	生产绿地	防护绿地	附属绿地							
						小计	居住绿地	单位绿地	道路绿地				
招宝山街道	252	229	77	—	37	115	28	70	17	4	12	35.55	35.55
蛟川街道	1049	1018	63	62	464	429	39	244	146	27	21	45.82	45.82
庄市街道	453	430	24	36	229	142	29	15	98	21	9	46.80	46.80
骆驼街道	700	660	22	87	323	229	25	19	184	12	8	47.89	47.89
建制镇	734	712	5	402	115	190	1	12	177	142	18	30.05	62.19
九龙湖镇	379	379	3	313	—	63	—	3	60	89	9	37.31	37.31
澥浦镇	355	333	2	89	115	127	1	10	117	53	9	24.88	24.88

说明：资料来源区绿化办

【附】古树名木

1992年区园林管理处对城区古树名木调查，估计50年以上树龄的有沙朴、苏铁、樟树、广玉兰、枫杨、槐树、瓜子黄杨、杏树、罗汉松、含笑、丝棉木、女贞、素心蜡梅等18个品种，计55株，其中也有100年以上的，但未经科学测定，难以记载确切树龄。

区园林绿化养护中心登记古树名木49株。

2008年镇海区登记古树名木一览表

表 9－17

树名	生长地	具体生长位置	估计树龄（年以上）	胸围（厘米）	树高（米）	平均冠幅（米）	生长势	保护编号
苏铁	镇海区委庭院	单位庭院	70	100	4	4	良好	0211100001
苏铁	文化广场	公园	120	220	2	2	良好	0211100002
沙朴	文化广场	公园	120	260	18	15	良好	0211100003
沙朴	文化广场	公园	120	260	18	12	良好	0211100004
沙朴	文化广场	公园	70	250	17	21	良好	0211100005
沙朴	文化广场	公园	70	190	18	14	良好	0211100006
沙朴	文化广场	公园	70	170	18	14	良好	0211100007
沙朴	镇海仁爱中学	单位庭院	120	210	15	10	良好	0211100008
沙朴	文化广场	公园	70	150	13	14	良好	0211100009
沙朴	文化广场	公园	70	110	14	10	良好	0211100010
沙朴	文化广场	公园	70	150	12	15	良好	0211100011
沙朴	文化广场	公园	70	150	12	12	良好	0211100012

续表 9－17

树名	生长地	具体生长位置	估计树龄（年以上）	胸围（厘米）	树高（米）	平均冠幅（米）	生长势	保护编号
沙朴	文化广场	公园	70	120	12	8	良好	0211100013
沙朴	区司法局	单位庭院	70	140	14	12	良好	0211100014
沙朴	镇海仁爱中学	单位庭院	70	160	19	14	良好	0211100015
苏铁	文化广场	公园	120	100	3	2	良好	0211100016
苏铁	文化广场	公园	70	100	2	3	良好	0211100017
苏铁	文化广场	公园	70	100	4	3	良好	0211100018
苏铁	文化广场	公园	70	90	3	3	良好	0211100019
槐树	文化广场	公园	120	160	19	12	良好	0211100020
槐树	文化广场	公园	120	160	20	11	良好	0211100021
槐树	文化广场	公园	120	140	19	10	良好	0211100022
槐树	文化广场	公园	120	140	11	17	良好	0211100023
枫杨	文化广场	公园	120	310	16	24	良好	0211100024
枫杨	镇海仁爱中学	单位庭院	120	360	24	19	良好	0211100025
枫杨	镇海仁爱中学	单位庭院	120	200	20	14	良好	0211100026
香樟	招宝山威远城	公园	120	180	11	11	良好	0211100027
香樟	文化广场	公园	120	150	16	11	良好	0211100028
香樟	文化广场	公园	120	110	15	6	良好	0211100029
瓜子黄杨	文化广场	公园	120	60	7	5	良好	0211100030
杏树	文化广场	公园	120	80	9	6	一般	0211100031
罗汉松	文化广场	公园	120	60	5	5	一般	0211100032
含笑	文化广场	公园	120	160	6	5	良好	0211100033
丝绵木	文化广场	公园	120	180	18	9	一般	0211100034
素心蜡梅	镇海中学	单位庭院	70	20	4	5	良好	0211100035
瓜子黄杨	镇海区委庭院	单位庭院	120	73	7	6	良好	0211100036
女贞	镇海区委庭院	单位庭院	70	150	13	10	良好	0211100037
广玉兰	俞范病虫害观察站	单位庭院	120	280	20	14	良好	0211100038
广玉兰	俞范病虫害观察站	单位庭院	120	270	20	14	良好	0211100039
香樟	九龙湖镇汶溪村	单位庭院	120	310	14	16	良好	0211300040
香樟	九龙湖镇汶溪村	杨家水旁	120	340	18	23	良好	0211300041
香樟	九龙湖镇九龙湖村	九龙湖村水旁	120	270	8	9	良好	0211300042

续表 9－17

树名	生长地	具体生长位置	估计树龄（年以上）	胸围（厘米）	树高（米）	平均冠幅（米）	生长势	保护编号
香樟	九龙湖镇九龙湖村	九龙湖村路旁	120	270	10	14	良好	0211300043
香樟	九龙湖镇汶溪村	汶溪村水旁	120	250	16	12	良好	0211300044
枫香	九龙湖镇汶溪村	杨家水旁	120	220	16	12	良好	0211300045
柿树	九龙湖镇九龙湖村	单位庭院	120	180	18	8	良好	0211300046
沙朴	九龙湖镇汶溪村	杜良岙水旁	120	260	16	13	良好	0211300047
榔榆	澥浦镇觉渡村	蔡家河塘边	70	160	11	10	良好	0211300048
榔榆	澥浦镇觉渡村	蔡家河塘边	70	150	12	9	良好	0211300049

说明：文化广场即原人民公园

第五章 城市管理

2001年前，城市管理由区建设局负责。2002年起，成立区城市管理局（挂牌城市管理行政执法局）加强城市管理。局内设办公室、政工科（执法督查科）、执法管理科、计划财务科、综合管理科（行政许可科）。下属有区公用事业管理处（区供节水办）、区数字城管监督指挥中心、宁波市城市管理行政执法支队镇海大队。执法大队下设7中队：机动中队、招宝山中队、骆驼中队、庄市中队、蛟川中队、澥浦中队和九龙湖中队。2008年，在编行政及事业编制112人。

第一节 环卫保洁

1953年成立镇海县城关镇环卫站，有职工24人，清扫不足1万平方米的城关路巷。收集垃圾、粪便，靠肩挑手拉。20世纪70年代，环卫保洁设施原始落后。80年代，城区环卫保洁职工增至70人，承担公厕30座、楼道垃圾筒380只、果壳箱100只的保洁任务。年清运生活垃圾约1.5万吨、粪便52万担。清运仍以人力为主，有手推垃圾车20辆。仅有2吨汽车1辆。粪便收集贮放后卖给农户作肥料。垃圾多为生活垃圾稍加处理亦作农肥。80年代末，化肥普及，垃圾、粪便作为农家肥不受欢迎，环卫保洁渐渐向机械化、专业化、科学化方向发展。2001年后，各街道成立环卫保洁服务中心，负责辖区环卫保洁工作。

道路保洁

1986年，城区保洁道路34条，面积25.2万平方米，其中一类保洁路1条2.38万平方米，二类保洁路11条10.61万平方米，三类保洁路22条12.2万平方米。配清扫工29人，人均日清扫0.87万平方米。1992年，保洁范围扩大至城区西北，增环城北路、茗园新村、车站路至镇海发电厂段。保洁面积增至26.5万平方米，清扫工增至39人。2002年街道成立前，城区道路保洁由区环卫保洁中心负责，后由区环卫保洁中心和招宝山街道保洁服务中心分地段保洁。2004—2006年，区环卫保洁中心3次向招宝山街道移交保洁道路25条，计42.9万平方米。

自2000年1月起，城区道路保洁逐渐实行制度化规范化。规定每日早上5时至下午4时日清扫2次。清扫质量要求达到“四无、五净”标准：道路上无零星垃圾、无果壳纸屑、无积水积泥、无杂物瓦砾；路面净、窨井沟眼净、喇叭口净、侧石边角净、花坛周围净。2008年，道路保洁作业标准和机械化程度提高。中心城区实行14~18小时动态保洁，其中16小时以上动态保洁面积31.57万平方米。机械清扫面积28.37万平方米。城河路等一类道路人行道定期专业清洗，清洗面积7.65万平方米。中心城区以外道路实行7~14小时动态保洁。2008年城区保洁道路面积合计83.94万平方米。

垃圾处置

垃圾收集点 1980年前，城区砖砌或石板围筑方形垃圾筒，供居民投放垃圾。不久城区新建居民住宅楼，各单元楼层配建通道垃圾筒。因其臭气，虫害滋生不久封停。20世纪80年代中，城区48处简陋垃圾筒改为半封闭式垃圾房。90年代建垃圾楼亭44处。垃圾楼亭分上下层，建筑面积约60平方米，设有露梯。居民倒垃圾须上楼，遇雨雪上楼不便，垃圾扔在楼下成为常态。90年代末垃圾亭废，代之以便于清洁消毒的垃圾房和活动式塑料垃圾桶。2008年，城区置垃圾房300处，配塑料垃圾筒1560只。

垃圾中转站 1985年，在张鑑碶设临时垃圾堆场510平方米。1992年7月，改建为垃圾中转站，建筑面积252平方米，日收集清运垃圾40~60吨。1993年11月，后大街虞家门前建第二个垃圾中转站，建筑面积518平方米，日清运中转垃圾80~120吨。1998年建威海路垃圾压缩中转站，建筑面积1900平方米，但一直停用。2006年年初，投资370万改造威海路垃圾压缩中转站，设计日处理能力160吨。2007年2月投入使用，日均压缩中转垃圾110吨。同年12月，骆驼街道建垃圾压缩中转站，总投资130万元，占地1032平方米，日处理能力80吨。2008年2月投入使用，日均压缩中转垃圾50吨。

垃圾填埋场 1986年，后海塘外镇北涂置垃圾填埋场，占地135公顷。全区垃圾清运至此集中填埋。张鑑碶垃圾堆场和镇远路临时垃圾场遂废。1994年，填埋场外口围筑海塘，防止浮物扩散污染。倾倒的垃圾采用推平、消毒、灭蝇，用塘渣、石块、瓦砾覆盖填埋。2004年年填埋垃圾17万吨，其中招宝山街道7万吨。2007年，垃圾焚烧发电厂建成，生活垃圾填埋停止，专用于建筑垃圾、装潢垃圾、泥浆等固废消纳。

公厕管理

解放初，城区公厕设施简陋，卫生条件差，多为流槽式积粪池。1977年起偶有水冲式公厕。建区后公厕条件逐步改善，主要路段、公共场所、旅游景点出现融古典式，建筑风格各异，卫生设施比较现代化，有专人管理的公厕。公厕墙面、地面有装饰，设分隔或蹲或坐便器，小便器、老年人和残障者专用便位、自动喷冲装置、衣帽架、洗手台盆和整衣镜等。1992年10月1日，城区公厕开始收费。一类0.10~0.20元，二类0.05~0.10元。2003年城区公厕停止收费。2006年开始，景区、重要路段的公厕内置反映镇海新貌的风景图片，夏季安放樟脑丸消除异味，点蚊香、喷洒生物制剂驱蚊蝇。

2008年年末，镇海城区有公厕46个，其中专人管理25个、24小时开放9个。

2008年镇海城区公厕情况统计表

表9-18

公厕名称	建造年份	类别	面积（平方米）	坑位（只）		残疾人坑位（只）		独立式便器	
				男	女	男	女	大便器	小便器
南街菜场	1988	二	80	7	6	—	—	V	1.9米
招宝山街道	1988	三	30	3	3	—	—	—	3.2米

续表 9 - 18

公厕名称	建造年份	类别	面积（平方米）	坑位（只）		残疾人坑位（只）		独立式便器	
				男	女	男	女	大便器	小便器
一校	1988	三	43	4	2	—	—	—	2.4 米
西门菜场	1988	三	40	7	5	—	—	V	2 米
长途汽车站	1990	二	51	4	4	—	—	V	1.8 米
胜利北路	1990	二	40	3	2	—	—	—	1.9 米
党校	1990	三	31	5	3	—	—	—	1.5 米
煤卫大楼	1991	一	50	3	3	1	1	V	2 只
双连漕	1991	二	57	4	5	1	1	V	4 只
淡水井头	1991	三	30	4	3	—	—	—	2.5 米
老供电局	1992	三	40	3	3	—	—	—	2 米
童李衙弄	1992	一	50	4	3	—	—	V	2.5 米
鱼丰弄	1992	二	80	3	3	—	—	—	2.5 米
前葱园路	1993	三	20	3	2	—	—	—	1.3 米
白龙新村	1993	三	26	3	2	—	—	—	2 米
滚江弄	1993	三	40	3	3	1	1	V	3 只
张鑑碶（小）	1994	三	30	3	2	—	—	—	1.7 米
人民公园	1995	二	36	4	2	—	—	—	2.4 米
洋山庙弄	1996	一	63	3	3	1	1	V	5 只
清川路	1997	三	53	4	2	—	—	—	2 米
张鑑碶（大）	1997	二	78	7	5	—	—	V	3.2 米
大会堂	1999	一	85	4	3	—	—	V	4 只
镇远路	1999	一	80	5	4	—	—	V	5 只
古楼下	1999	二	64	4	4	—	—	—	2.5 米
虞家门前	1999	三	20	2	2	—	—	—	1.4 米
西长营弄	1999	三	45	5	5	—	—	—	2 米
刘家弄	1999	三	36	3	3	—	—	—	3 米
仓河头	1999	三	20	2	2	—	—	—	1.2 米
汽配城	2001	三	38	4	3	—	—	—	2.4 米
渡口	2002	三	55	4	4	—	—	V	2.5 米
静海公园	2002	三	48	4	4	—	—	—	2 米

续表 9－18

公厕名称	建造年份	类别	面积（平方米）	坑位（只）		残疾人坑位（只）		独立式便器	
				男	女	男	女	大便器	小便器
沿江景观二期	2003	一	93	5	6	1	1	V	4只
寿昌公园	2003	二	80	3	3	—	—	V	3只
古海塘一期	2003	一	80	5	3	1	1	V	3只
经济服务中心	2003	二	20	2		—	—	V	2只
西门公园	2003	一	136	4	4	1	1	V	5只
向辰园	2003	一	86	3	4	1	1	V	4只
镇棉公园	2003	一	53	3	4	1	1	V	5只
童方弄	2003	一	53	3	4	1	1	V	5只
工农路	2003	三	45	5	3	—	—	—	1.9米
招宝山	2004	一	68	2	2	1	1	V	3只
新供电局	2005	一	53	3	4	1	1	V	5只
夜宵城	2005	一	70	3	3	1	1	V	3只
金属园区	2006		86	6	6	—	—	V	—
沿江景观三期	2006	一	30	2	2	1	1	V	2只
包家	2006	三	35	3	2	—	—	—	—

说明：资料来源区环卫保洁中心

粪便和垃圾清运量

1986—2008年，镇海城区粪便清运量总计80.81万吨，垃圾清运量总计98.3万吨。

1986—2008年镇海城区粪便和垃圾清运量统计表

表 9－19

年份	粪便（万吨）	垃圾（万吨）
1986	4.79	1.50
1987	4.70	1.50
1988	4.50	1.50
1989	4.50	1.60
1990	4.50	1.90
1991	4.50	2.20
1992	4.50	2.20
1993	4.09	2.30

续表 9－19

年份	粪便（万吨）	垃圾（万吨）
1994	4.00	2.80
1995	2.20	2.80
1996	4.34	3.10
1997	3.59	4.40
1998	4.50	5.40
1999	4.20	6.30
2000	3.70	5.70
2001	3.24	6.70
2002	2.20	6.20
2003	2.10	6.50
2004	2.10	6.50
2005	2.26	6.00
2006	2.21	5.50
2007	2.08	7.80
2008	2.01	7.90

说明：资料来源区环卫保洁中心

第二节　供　水

供水沿革

1963年前镇海城区居民饮用水为雨水、井水、河水和漕水，富裕人家建有水柜。水缸几乎家家必备。夏秋干旱，城区招宝山放生池，南门外羊庙漕、东长营弄一鑑池、仓河头新漕、西门外砧板漕水味甘不涸。1963年城关镇建自来水厂，取新漕及人民公园内、半街、朝宗坊和南门菜场旁井水供应机关、部队，置公用龙头10只，每担售价0.03元。时日均供水88.3吨。1964年城关镇自来水厂在西城河北段改建贮水池，吉庆闸建泵站，汲中大河水入池。建1000吨级净水池1口，日均供水104.6吨。1968年城关镇自来水厂自公园西侧迁址大西门，建26米高100吨水塔。1970年日均供水256.7吨。1975年日均供水1039吨。1980年7月，宁波港务局镇海港区在江南竺山头建水厂，向城区部分地段供水，城区日均供水量增至2342.3吨。1982年西门自来水厂改建，日供水能力提高至3000吨。1985年，沿宁镇路北侧铺设自三官堂、半路涨至镇海城关500毫米水管，长11千米，建半路涨加压泵站，设计日供水能力1万吨。城关地区居民基本用上自来水。1986年7月，镇海自来水厂划归宁波自来水公司，改名宁波自来水公司镇海营业管线所，半路涨泵站更名为镇海自来水厂。1989 年 1 月，镇海营业管线所与半路涨泵站合并，称镇海水厂。1993 年 4 月，改称宁波自来水公司镇海分公司。1994 年 3 月，镇海分公司在后大街建成 4 层办公大楼，建筑面积 1631 平方米。1986—2008 年，镇海区大部分地区的供水由宁波自来水公司镇海分公司承担。

宁波自来水公司镇海分公司供水

供水区域 1986—2008 年，城区（招宝山街道）自来水一直由宁波自来水公司镇海分公司供应。进入 21 世纪后，宁波城市供水环网不断向镇海区拓展延伸，市供水区域逐步扩大。2000—2002 年，庄市街道片区纳入宁波自来水公司供水。2003—2005 年，骆驼街道片区（不含贵驷）纳入宁波自来水公司供水。2007 年，蛟川街道俞范片（包括澥浦镇岚山村、湾塘村）纳入宁波自来水公司供水。

供水水源 1986 年 5 月竣工，引宁海梅林水厂水至镇海，同时西门水厂停机。1989 年 10 月，引江东水厂水入城区。1997 年，半路涨水厂不再使用十字路水库水源。2008 年 7 月，宁波城市供水环网直径 2000 毫米管与宁镇公路直径 800 毫米管接通，引入东钱湖水厂水源。镇海区供水 80% 以上来自东钱湖水厂。2009 年 7 月，镇海结束向梅林水厂取水。

供水主管道铺设 过甬江铺设 3 条主管道：1989 年 10 月铺设直径 500 毫米管，自江南公路上直径 1000 毫米管接口，跨甬江至海军码头。1993 年铺设直径 800 毫米管，自江南衙前，过甬江至大件码头。1997 年 6 月铺设直径 1000 毫米管，从梅墟过甬江至宁波大学。2003 年，镇海高教园区铺设直径 800 毫米管 5.3 千米，直径 600 毫米管 3.2 千米。2004 年，骆驼机电园区道路配套供水管网铺设。2005 年，铺设临江路直径 800 毫米管，西起 329 国道东至金川路。2006 年铺设临江路直径 800 毫米管，西起金川路东至镇骆公路。2006—2007 年，铺设金丰路至镇骆公路至庄俞公路直径 600 毫米管及临俞片管线，管线合计长 11 千米。

自来水价格 自来水价格由政府定价。1987—2006 年，镇海区居民生活用水价格 9 次调整，工业用水价格 10 次调整。

镇海分公司供水价格调整情况统计表

表 9-20　　单位：元/吨

年份	1987	1990	1991	1993	1994	1995	1996	1997	1999	2003	2006
生活用水	0.1	0.25	—	0.38	—	0.50	0.66	0.91	1.20	1.65	2.20
工业用水	0.2	—	0.32	0.68	0.83	0.94	1.12	1.33	1.50	2.25	4.30

说明：资料来源自来水公司镇海分公司

供水量 1994—2008 年，镇海自来水分公司供水量从 1334 万吨增至 3122 万吨，增长 134.03%，其中生活用水增长 447.02%。

1994—2008 年镇海自来水分公司供水量统计表

表 9-21　　单位：万吨

年份	总水量	工业用水	生活用水	其他用水
1994	1334	877	185	272
1995	1643	1000	258	385

续表 9－21

年份	总水量	工业用水	生活用水	其他用水
1996	1694	941	283	470
1997	1514	713	316	485
1998	1605	804	297	504
1999	1539	754	274	510
2000	1633	851	292	490
2001	1662	976	334	352
2002	1904	1149	350	406
2003	2238	1326	412	500
2004	2494	1315	547	631
2005	3326	1592	909	824
2006	3296	1777	1187	331
2007	3340	1832	1108	400
2008	3122	2014	1012	96

说明：资料来源自来水公司镇海分公司

区供水管理处供水

1990—1991 年，镇海区铺设自十字路水库经骆驼至贵驷直径 600 毫米管 12 千米。1992 年，铺设贵驷至半路涨直径 600 毫米管 11.8 千米。1993 年，铺设三圣殿水库经骆驼泵站至半路涨直径 400 毫米管 10 千米。自 1992 年开始，镇海区供水管理处引十字路水库、三圣殿水库水经骆驼、蛟川、澥浦、贵驷水厂加工后供水。2004 年，铺设三圣殿水库至骆驼胜光直径 600 毫米管 7.5 千米。建骆驼、长胜、郎家坪、三圣殿 4 个加压泵站。2004 年，区供水管理处供水量 1200 万吨，达历史峰值。

1992—2008 年，区供水管理处供水量统计见图 9－1。

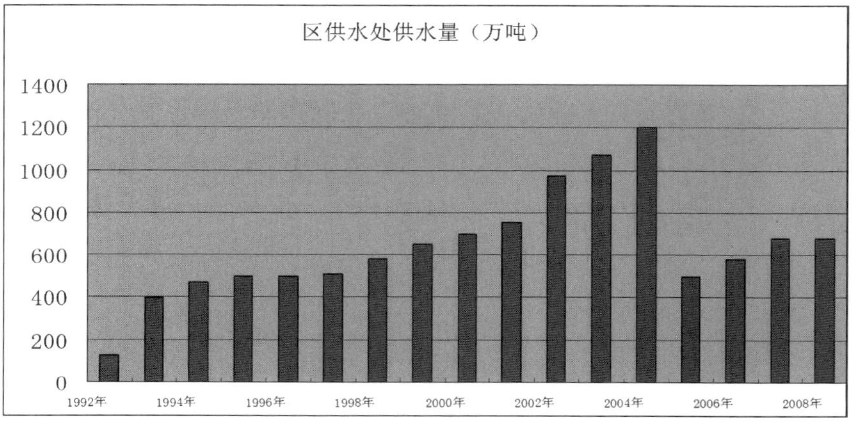

图 9－1　1992—2008 年镇海区供水管理处供水示意图

说明：资料来源区供水管理处

国有大型企业自供水

镇海炼油厂、镇海电厂、镇海港区等大工程单位自建水厂提供企业用水。

镇海炼化公司水厂 1976年，镇海炼化公司自三溪浦引水，过江管道在大件码头东侧出口至炼油厂区自建水厂。设计日供水能力7.2万吨。1995年供水量965.5万吨。

宁波港镇海港区水厂 1980年7月，宁波港务局镇海港区在江南竺山头自建水厂，设计日供水能力1.8万吨。1995年供水量253.4万吨。

镇海发电厂淡水补给系统 1987年，镇海发电厂在鄞县龙观乡建淡水补给系统，日供水能力2.5万吨。1993—1994年，在进厂公路旁建5000立方米备用水池3只，泵房1座。1995—1997年，建设清水浦泵站，占地面积3928平方米，设计日供水能力7000吨。清水浦泵站铺设长4.8千米直径426毫米管，向电厂内二、三期工业水池供水。2001—2002年，对鄞江、龙观泵站监控系统进行自动化改造，置中央控制室。2002—2003年，在清水浦泵站南侧征地4380平方米，建一套水处理系统，日处理能力8000吨。

第三节 燃 气

液化石油气

镇海居民用上液化石油气（俗称“煤气”）始于1979年。时浙江炼油厂一期工程投产，每月向镇海区居民提供计划液化石油气6000瓶。2008年，镇海区居民液化石油气普及率99%。

供气站点建设 镇海液化石油气供气站1977年筹建，1979年5月竣工，位于车站路西端。供气站占地面积2432平方米，建筑面积987平方米，供气规模5000户。1981年5月，在俞范村石塘下，建400立方米贮气球罐2只、50立方米卧式罐1只，总贮气量850立方米，占地8900平方米，总投资110万元。1982年5月，自炼油厂至贮气罐点建地下输气管道1条，长1700米，管径89毫米。城区煤气用户扩增至8000户，实行凭票定量供气，每户月供10.8公斤。1983年3月，面向社会集资，增开议价气用户2500户，每户集资500元，用于二期球罐扩建工程。1985年5月，400立方米球罐2只建成后向集资户供气。1988年年初，在俞范建钢瓶检验站，占地1333平方米，建筑面积1036平方米，投资60万元。置除锈、静电喷塑和倒残液等装置，年保养钢瓶5万只以上。1989年，列为省钢瓶检测保养定点单位。1992年，投资200万元增建容量为650立方米贮气球罐1只，为当时省内最大贮气球罐。1994年，扩建容量为1000立方米的球罐2只。至1995年共有贮气球罐8只，总贮量4300立方米，日灌装液化石油气7000瓶，日充装槽车液化石油气300吨。2008年，镇海区内设有液化石油气供气点4个：招宝山街道供气站、骆驼供气站、九龙湖供气站、石化三公司供应站。

居民用气供应 1979年12月，向城关区域首批2700户居民供气，每户收取开户费40元。建区后，随着液化石油气产量增加，居民用气户扩大。居民用气分平价户、集资气用户和市场价用户三类。2008年年末，镇海区液化石油气瓶装用户合计32215户，其中平价户10708户、集资气用户

10167户、市场价用户11340户。集资气用户于1989年、1990年和1994年分三次扩大。2009年4月，宁波市取消平价气、集资气，一律改为市场价供应。

天然气

2002年，镇海区开始铺设天然气管道。至2008年年初，天然气供应进入家庭。天然气气源以东海春晓油气田为主。天然气通过管道输送到庄市天然气门站。

天然气管道铺设　2002年开始，临江路（中官路）铺设天然气管道，高教园区北区铺设天然气管道。2005年，宁镇公路铺设天然气管道。2006年金丰路、隧道北路、大西门路、聪园路等陆续铺设。铺设管道口径分325毫米、273毫米、219毫米、159毫米、108毫米。2008年年初，镇海区天然气管网布局专项规划通过会审。至2009年，镇海区铺设各类口径天然气管道总长21.7千米。

2002—2009年镇海区天然气管道铺设情况表

表9－22　　单位：米

管道起止	口径 273毫米	口径 219毫米	口径 159毫米	口径 108毫米	口径 325毫米
329国道（南三路—南一路）	—	—	—	—	600
聪园路（吉庆路—雄镇路）	—	—	624	—	—
大西门路（隧道北路—大教场路）	2610	—	—	—	—
淡水井头弄（后大街—仁爱中学）	—	—	—	116	—
高教园区12号路（明海大道—18号路）	—	—	1332	—	—
高教园区15号路（芳辰路—庄市大道）	—	—	—	395	—
兴海路（逸夫路—北外环路）	—	276	—	—	—
兴庄路（清泉路—庄市大道）	—	—	—	772	—
鼓楼东路、镇远路（南大街—沿江路）	—	590	—	—	—
海景东苑接入（远望道头弄）	—	—	—	172	—
宏远路（化工区主干道—望海路）	—	—	355	—	—
金丰路（东明路—宁镇公路）	460	—	—	—	—
金华北路（骆兴西路—中大河）	—	—	—	750	—
静远路（329国道—三五路）	—	—	—	700	—
林庙路（后大街—环城北路）	—	—	490	—	—
临江路（金丰路—镇骆路）	1341	—	—	—	—
骆兴西路（东邑北路—望海大道）	—	—	—	593	—
宁镇东路（临江新村—大运路）	1600	—	—	—	—
青青路（金诚路—金丰路）	—	—	430	—	—

续表 9－22

管道起止	口径 273 毫米	口径 219 毫米	口径 159 毫米	口径 108 毫米	口径 325 毫米
三角地路（后大街—谢家河塘）	—	—	199	—	—
童李衙弄（谢家河塘—西街）	—	—	274	—	—
西大河北路（南二路—新区主干道）	—	—	—	1000	—
俞范东路（宁镇公路—雄镇路）	—	1558	—	—	—
新城 21 号路（同心路—逸夫路）	—	—	—	539	—
西街（苗圃路—鼓楼东路）	—	—	1100	—	—
苗圃路（沿江西路—工农路）	—	—	450	—	—
沿江西路（南大街—苗圃路）	—	—	400	—	—
南大街（鼓楼东路—沿江东路）	200	—	500	—	—
环城西路（大西门路—福龙路）	—	500	—	—	—
中大河两侧（大西门路—城河路）	—	—	300	—	—
后大街（大教场路—城河东路）	473	—	—	—	—

说明：资料来源区城市管理局

居民天然气供应　2008 年年初，招宝山街道金桂花园小区和银桂小区实施液化气转换天然气改造，近 800 户居民率先用上天然气。至年末，全区有 1.3 万余户居民实施外墙立管和小区庭院管铺设改造，7000 余户居民用上天然气，其中招宝山街道 6016 户居民实施外墙立管和小区庭院管铺设改造，1564 住户用上天然气。2008 年，居民用天然气价格每立方米 2.80 元。

宁波兴光燃气集团公司镇海液化气分公司

1980 年 9 月，镇海液化石油气站改称镇海县煤气公司。2005 年 7 月，镇海区煤气公司成建制并入宁波兴光燃气集团公司，改称镇海液化气分公司，址半路涨 1 号。镇海液化气分公司下设 3 站点。半路涨灌装站，置储气罐 8500 立方米，以经营液化气槽车批发为主，兼营 C_3、C_4、混合气槽车充装；俞范储灌站，置储气罐 4300 立方米和 1 套 24 称位的转盘灌装系统，以钢瓶灌装为主，兼营民用液化气批发；供应站经营液化气换瓶业务和送气上门、维修服务。2008 年，液化气分公司从业 158 人，其中专业技术人员 11 人。

第四节　城市管理行政执法

1992 年 5 月，镇海区建设局下设城建监察大队，负责城区违法（章）建设处理。2002 年 5 月，新设镇海区城市管理局，9 月增挂城市管理行政执法局牌（宁波市城市管理行政执法支队镇海大队）。全区市政设施、园林绿化、市容环卫、供节水、燃气、供热、规划、环境保护（部分）、工商行政（无照商贩）、公安交通（侵占道路）和内河管理等职能相对集中于区城市管理局。

日常执法管理

重点在市容执法。执法内容为教育纠正、查处乱张贴、乱搭建、乱堆放、乱吊挂及无照设摊、跨门占道等行为，依照法定程序实施行政处罚。执法以教育纠正为主，处罚为辅。2002 年至 2009 年 6 月，区城管局共教育纠正市容环卫方面违法行为 235355 起。办结简易程序案件 3559 起，罚款 13.54 万元；办结一般程序案件 1468 起，罚款 76.45 万元。2006 年起，以“疏堵结合，引摊入市”方式，实行定人定点定时管理，建成骆驼蔬果市场、蛟川小商品市场、小吃市场、自产自销蔬菜水果市场、招宝山便民服务点等疏导场地。

重大活动保障

区“秋洽会”暨金秋菊展、中高考、“浙洽会”等展会，春节、元宵、清明、“五一”劳动节、“十一”国庆节等节庆活动，在国家卫生城市、全国文明城市、省级示范文明城区以及国家园林城市等创建工作中，区城市管理局加强重大节庆活动的城市管理，做好创建工作中迎检准备。

投诉处理

区城市管理局指挥中心开通“96310”投诉举报电话，受理城市管理行政执法方面的举报、投诉，24 小时接听信访电话。对投诉做到件件有落实、事事有回音，信访受理率 100%。

2002—2008 年，处理来信、来电、来访等群众投诉 12513 件。

数字城管

2008 年，启动建设数字化城市管理系统。数字城管系统一期工程总投资 678 万元，涵盖西至隧道北路，东南至甬江边，北至环城北路约 5 平方千米片区。2009 年 8 月，建成数字城管指挥中心大楼，服务器、网络、存储、安全等硬件设备的安装调试，数字城管指挥中心软件部署和数据库切换完成，系统进入试运行。2008 年 12 月，借助宁波市城管局平台试运行，至 2009 年 8 月共上报案件 1969 起，立案 1819 起，立案率 92.38%，应结案 1811 起，结案 1800 起，结案率 99.39%，按期结案 1367 起，按期结案率 75.48%。

第五节　城市养护队伍

区级城市养护队伍 3 支，隶属于区建设与交通局，业务上受区城市管理局安排。

镇海区市政设施养护中心

位于招宝山街道顺隆路 35 号。前身为 1963 年成立的城关镇市政建设委员会。1975 年 5 月，改为镇海县市政园林管理站。1978 年 2 月市政、园林分设，称镇海县市政工程队。1985 年 11 月，更名为镇海区市政工程管理处。2002 年 8 月更为今名。承担辖区市政工程建设、养护、管理、维修城区主要道路、桥梁；城市公共照明设施、下水道、泵站等市政设施的建设和维护；负责城区防汛防台等工作。区市政设施养护中心具有市政公用工程二级企业资质。2008 年年末，有职工 68 人，其中技术人员 56 人。下辖镇海区市政工程公司，镇海区市政搅拌站。镇海区市政搅拌站，建于 2002

年10月，职工22人，占地面积4.5万平方米，设计能力预拌商品混凝土2500立方米/日。主要生产设备及设施："南方路机"程控商品混凝土搅拌楼2立方米机2套，混凝土搅拌运输车44辆，45米、44米、42米混凝土泵车各2辆，37米混凝土泵车1辆，拖泵2辆，配套铲车14辆。建有抗压试验室、恒温试验室、标准化混凝土试块养护室及留样室。

镇海区园林绿化养护中心

聪园路585号。前身为1964年1月成立的城关镇园林管理站。1969年6月，与城关镇市政建设委员会合并，称镇海县市政园林建设管理站。1975年，划属县建设局。1978年2月，市政园林分设，称县园林管理站。1984年，改称县园林管理处。1985年10月，改称区园林管理处。2002年8月，更为今名，隶属于区建设与交通局。负责镇海区城市园林绿化规划，园林绿地建设，城市园林绿化工程设计、公园设施维护与管理，苗圃栽培等。2008年年末，有事业编制职工69人。下设区园林绿化工程公司。

镇海区环卫保洁中心

前身为1953年成立的镇海县城关镇环境卫生管理站，时地址日成巷9号，管理用房上下8间，平房7间，共200平方米。1971年8月，迁址西街90号。1978年10月，更名为县环境卫生管理站，隶属于县卫生局。1980年7月，划属县建设局。1985年10月，改名区环境卫生管理站。1988年3月，改称区环境卫生管理处。1989年4月，与区煤气公司在西街合建办公大楼2400平方米，1990年12月竣工。2002年7月，更为今名。隶属于区建设与交通局。2004年7月，搬至威远路87号。2006年，区环卫保洁中心实行企业化运作，职工事业身份不变，事业工资进档案。2008年年末，区环卫保洁中心注册资金667万元，设备资产1600万元，有职工199人，其中事业编制77人，企业编制25人，合同制职工97人。2007年，选址雄镇路215号建办公大楼，用地面积8137平方米。2009年3月竣工，工程总造价500万元，建筑面积2900平方米，其中生产用房1000平方米、3层办公楼1800平方米、门卫配电房等100平方米。

（责任编辑　冯国定）

第十编　水　利

本编目录

镇海境内地表水资源短缺，易受干旱、洪涝和台风暴潮影响，治水历史悠久。中华人民共和国成立后，大兴水利，浚河建水库。建区后推进水利改革，从传统的农业水利向城乡统筹水利转变。先后实施海江塘标准化工程、骨干河道整治工程、山塘水库除险加固工程、防灾减灾工程、农村水改和并网工程，建设大工业姚江引水工程，建成跨越甬江的白溪水库引水管道，努力解决区域性水资源短缺问题。逐步建立防洪减灾、水资源安全、水环境保护、水利发展服务四大保障体系，完善依法治水、科学管水机制。

第一章 海塘 江塘

据旧志载，唐乾宁四年（897）始筑治城时已“负塘而筑”，当已有后海土塘。清康熙年间，后海塘、灵绪塘（又名万弓塘）为当时第一线海塘。后海涂围垦，第一线海塘逐步外移。1969年10月，镇海县江北地区10个乡镇联合兴建江北围塘（后称镇北塘），从招宝山至岚山澥浦大闸全长12.8千米（1974年建镇海煤码头和浙江炼油厂，该塘由建港指挥部和炼油厂管理），围垦面积达到1200公顷。1977年合龙后，后海塘、万弓塘，以及20世纪20年代所筑合记塘、周家塘、千弓塘、力生农场塘（后为棉场塘）、民生塘（后为新棉场塘），60年代所筑临陆、棉场、棉丰、棉海等“四清”塘和向阳塘俱成内塘。1985年，全区一线海塘海岸线全长18.34千米，自西而东依次为觉渡跃进塘、岚山海涂水库塘、镇海石化总厂护厂堤、镇海发电厂三期灰库塘、二期灰库塘、镇海港区防浪堤。

甬江北岸江塘，起招宝山南麓，至庄市鹭林（后划归江北区），长15.51千米，解放后改为石塘。全塘分为二段，自招宝山麓至张鑑碶，长3.1千米，主要保护城区。据民国镇海县志载，城区段石塘始建于明成化年间。第二段，自张鑑碶灯球下至庄市鹭林，全长12.41千米，保护江岸内临江、庄市等乡镇。据民国《镇海县志》记载，该塘始建于明末清初。1985年镇海江塘，从宁波大学至镇海港区，全长13.79千米。

第一节 海 塘

1980年起，按照省水利厅《浙江省海塘技术规定》，建设一线海塘。1997年开展标准塘建设。至2008年共建成50年一遇标准一线海塘（堤）9条，计19.09千米。

觉渡跃进塘

西起慈溪龙山盐场塘，东至风尖兜，长1904米。1968年5月由觉渡公社兴建，1975年基本建成，1980年、1990年两次加固成标准塘。塘面宽3米，塘顶高程6.7米，干砌防浪墙顶高程7.7米。1980年划给镇海县棉场面积33.33公顷，其余为觉渡乡农场。该塘于20世纪90年代划归宁波化工区后，填为平地建筑厂房。

镇海石化总厂塘

西北起澥浦大闸、东至红旗闸与镇海电厂3期灰库塘衔接。原为江北围塘工程，1974年转让于镇海炼油厂，后由炼油厂继续投资建成高标准海塘。全长7370米，其中西北段2800米为岚山水库大堤；东段4750米为厂区保护塘。塘顶高程6.5米，顶宽6.0米，防浪墙顶高程7.8米，外坡复式石。划给岚山水库面积218.93公顷、划给炼油厂及港区面积342公顷。因新一轮围垦工程的实施，一线海塘外移，该塘转为二线海塘，并用为宁波化工区开发。

镇海港区招游防波堤

工程始于2000年，完工2001年，东起大游山、西至进港铁路道口（原虎蹲山北）与镇海电厂二期灰库塘连接，形成一线海塘长1725米（原长3250米，后被镇海电厂三期灰库围进）。塘顶高程5.5米，宽7米，浆砌防浪墙顶高程8.95米，堤防等级2级。围区面积41.4公顷，主要为镇海港区用地。

镇海电厂3号储灰库海塘

工程始于1999年1月，完工于2002年6月，位于镇海港区防波堤外。东起防波堤中段，延向西北至镇海养殖区海塘，形成一线海塘长3992米。堤顶高程7.5米，防浪墙顶高程为9.0米。护面形式为1.5吨四脚空心块体，防浪墙为混凝土反弧形防浪墙，C20砼路面宽4米。围区面积295公顷，主要用途镇海电厂灰库和宁波化工区建设用地。

镇海养殖塘围堤

工程始于1999年，竣工于2003年。位于炼化厂塘以北，东接镇海电厂三号灰库塘、北接镇海炼化灰库塘，形成一线海塘长1047米。堤顶高程7.5米，防浪墙顶高为9.0米。护面形式为1.5吨四脚空心块体，防浪墙为混凝土直挡墙，C20砼路面宽4米。围区面积79.33公顷，为宁波化工区建设用地。

镇海炼化灰库围堤

始建于1999年，竣工于2001年。东起镇海养殖围塘、北至新泓口河，形成一线海塘长1495米。堤顶高程7.5米，防浪墙顶高程为9.5米。护面形式为干砌条石护面，防浪墙为浆砌直挡墙，3.5米宽泥结石路面。围区面积180.2公顷，主要用途镇海炼化灰库和建设用地。

北仑电厂二期灰库围堤

始建于1996年，竣工于2000年。东起新泓口河，北接澥浦泥螺山围塘，形成一线海塘3424米。堤顶高程为7.5米，防浪墙顶高程为9.5米。护面形式为干砌条石，防浪墙为浆砌直挡墙，3.5米宽泥结石路面。围区面积为562公顷，主要用途北仑电厂灰库和镇海化工区建设用地。因新泓口围垦，该围堤转为二线海塘。

澥浦泥螺山围垦工程海塘

始建于2002年10月，竣工于2004年9月。海堤东南接北仑电厂二期灰库塘，延向东北穿越澥浦泥螺山和盘棋山，与慈溪市龙山围塘相接，形成一线海塘全长4816米。堤顶高程8米、防浪墙顶高程为8.8米。防浪墙为混凝土直挡墙，护面形式为四脚空心块护面，C30砼路面宽4~5米。围涂总面积为790公顷，中间由澥浦大河相隔，形成南北两区。澥浦大河以南海堤长3376米，围涂面积411.33公顷；澥浦大河以北海堤长1440米，面积378.67公顷。工程总量为166.21万立方米，其中石方90.79万立方米、土方70.92万立方米，砼4.9万立方米。劳动力85.7万工，均为宁波化工区建设用地。

新泓口围垦工程海塘

始建于2006年，完工于2010年。围垦工程东濒灰鳖洋，南靠新泓口水闸，西依北仑电厂二期灰库，北接泥螺山滩涂围垦工程，总围垦面积493.33公顷，形成一线海塘6017米，其中东顺堤长3163米，南直堤长1205米，北直堤长1649米。东顺堤堤顶高程6.5米、防浪墙顶高程为7.5米，C30砼堤顶路面宽4.5米；东顺堤堤顶高程6.5米、防浪墙顶高程为7.5米，C30砼堤顶路面宽4米；北直堤堤顶高程5.7米、防浪墙顶高程为6.7米，C30砼堤顶路面宽4米。防浪墙为混凝土直挡墙，护面形式为四脚空心块护面。主要工程量为石方321万立方米、砼6.2万立方米。土地远期用途为宁波化工区建设用地。

第二节 甬江塘

镇海区甬江北岸岸线自宁波大学至镇海港区，总长13.79千米，分为城区段、农村段、港区段。城区段1956年遭“8·1”台风损坏严重，1957年重建，1964年始逐段改建砌石塘加混凝土压顶，塘顶高程5.5~5.8米，总长3.1千米；农村段（张鑑碶至镇海江北交界）长8727米，原塘身为土堤。1952年、1958年先后加高加固，部分地段迎潮面铺石板或块石保护，塘顶高程在5.8~6.5米之间；港区段（招宝山大桥至港区）长约2千米。因历史原因，宁波大学段1.42千米甬江塘由镇海区代管。

1998年8月开始，镇海区对甬江塘分6个路段进行标准塘建设，至2005年年底，起自镇海江北交界，迄至招宝山大桥全长11.79千米标准江塘建成，防洪标准达百年一遇。

1号路段江塘

该路段江塘（宁波大学至清水浦大闸）全长1197.5米（不包括宁波大学段1.42千米）。工程设计等级2级。防洪墙塘体断面直立式，粗料石镶面，中间混凝土防渗墙；护岸墙浆砌块石。二线中间为引洪滩堤，阔9~17米。防洪墙顶高程6.5米，阔0.8米。1998年8月开工，1999年7月竣工，造价725万元。

2号路段江塘

该路段江塘（清水浦大闸至清水浦船厂）全长2060米。工程设计2等2级，其中1标段长967.8米，2标段长1040.2米。堤顶高程1标段6.2米，防浪墙顶高程6.5米，路面宽度4米；2标段堤顶高程5.8米，防浪墙顶高程6.5米，路面宽度3米。工程于1999年8月开工，2000年11月竣工。完成土方12.97万立方米、石方36044立方米、混凝土6789立方米。工程总造价1160万元。

3号路段江塘

该路段江塘（清水浦船厂至钢丝绳厂）全长1319.3米，工程设计等级2级，堤顶高程6.5米。工程于2001年1月开工，同年8月竣工。工程总造价526万元。

4号路段江塘

该路段江塘（钢丝绳厂至聪园路）全长4150米。工程设计2等2级，堤顶高程6.5米。工程于 2003 年 6 月动工、2004 年 12 月竣工。工程总造价 4636 万元。

5 号路段江塘

该路段江塘（聪园路至水文站），全长 1473 米。工程设计 2 标段，堤顶高程 6 米。工程于 2001 年 2 月动工、2003 年 10 月告竣，工程总造价 2896 万元。

6 号路段江塘

该路段江塘（区水文站至招宝山大桥）全长 1591 米。堤顶高程 6. 5 米。工程于 2004 年 11 月动工、2005 年 11 月竣工。工程造价 4653 万元。

第二章　水库　山塘

解放前镇海无水库，山区有少量山塘。1958 年秋在“大跃进”形势推动下，掀起建设水库热潮。至 1980 年年初，区境内有大小水库、山塘共 46 座［其中：中型水库 1 座、小（一）型水库 4 座、小（二）型水库 1 座、小山塘 40 座］，总库容 4019 万立方米。小（二）型以下水库、山塘，多为均质土坝或砂壳心墙坝，防洪能力较差。

20 世纪 80—90 年代，对全区水库、山塘全面规划，分批治理。1996 年镇海区被评为宁波市水库除险加固达标区。2002 年完成十字路水库加固工程。2003 年起，根据省、市水利部门关于开展《全省千库保安工作》要求，对水库、山塘进行安全鉴定和防洪校核，分期整修加固。其中，2008 年年底全区 6 座小（二）型以上水库除险加固工程全部完成安全鉴定或加固。

第一节　水　库

2008 年年末，区境内共建有中、小型水库 6 座。其中：中型水库 1 座，工程总投资（国家拨款）607.50 万元，劳动力投工 428 万工①；小（一）型水库 3 座，工程总投资 298.16 万元，劳动力投工 127.4 万工。此外，岚山小（一）型和秦山小（二）型水库各 1 座，工程投资和投工均无账可查证。

十字路水库

区内唯一中型水库，位于九龙湖镇。1958 年开始筹建，1959 年因压缩基建规模停建。1977 年筹备复建，并于 10 月动工。1982 年 1 月大坝合龙。1983 年 11 月蓄水。1985 年 7 月完成溢洪道开挖。1986 年 6 月建成翻水站、电站厂房。1988 年 7 月竣工验收并正式交付使用，同年 11 月被评为浙江省优质工程。1989 年获水利部优质工程奖。工程建设共完成土石方 211 万立方米、干砌块石 4.47 万立方米、浆砌块石 0.65 万立方米、钢筋混凝土 0.97 万立方米，工程总量 215.2 万立方米。工程总投资（国家拨款）607.50 万元，各人民公社劳力投工 428 万工，其中镇海 367 万工、江北区 61 万工。库区淹没面积 1.45 平方千米，淹没耕地 89.73 公顷，拆迁房屋 740 间，移民 249 户、658 人。

十字路水库主流横溪，主流长 6.77 平方千米，集雨面积 10.4 平方千米。水库原设计总库容 2300 万立方米，正常库容 2030 万立方米，相应水位 25.11 米，兴利库容 1965 万立方米，死库容 65

① 当年建库民工均是公社社员，只供吃饭没有报酬。

万立方米。设计洪水标准50年一遇，相应洪水位26.13米，24小时最大雨量310毫米，校核洪水标准二千年一遇，年最大24小时雨量538.7毫米，洪峰流量433.2立方米/秒，校核洪水位27.03米，最大下泄流量67立方米/秒。水库设计以灌溉为主，结合养鱼、发电、防洪的中型水利工程。水库受益包括镇海区5个镇和江北区庄桥等镇，同三圣殿、郎家坪、小洞岙3座小（一）型水库联合灌溉面积1.24万公顷。1991年起，水库功能以供水、防洪为主，兼顾养殖和休闲旅游等。

水库工程枢纽由主坝1座、副坝3座、输水隧洞、溢洪道、翻水站、电站等组成。主坝坝型设计为黏土心墙坝，坝高26米。2002年，水库安全鉴定实测坝顶高程27.94米，防浪墙高程28.92米，坝顶宽5米，坝底宽236米，坝顶长383米。心墙顶高程27.77米，心墙宽2米。上下游边坡为3级，同时内外设有高9米、宽40米的镇压层。基础取用砂井、砂垫层处理，共打砂井7416眼。水库共有郎家坪、茅岭、蓑衣岭3座副坝。郎家坪副坝实测坝顶高程28.97米，坝顶长110米，最大坝高12米；茅岭副坝实测坝顶高程28.98米，坝顶长54米，最大坝高4.7米；蓑衣岭副坝实测坝顶高程28.58米，坝顶长90米，最大坝高7.3米。输水隧洞位于大坝右岸，利用猪头山山形挖掘。主洞长186米，内径3.2米，进口底高程2.81米，支洞长47米，内径1.7米，主洞出口接4条，直径0.55米压力管至电站1条，翻水站3条。支洞出口底高程2.36米，最大下泄流量14.6立方米/秒，出口安装一台直径1米的锥形阀门，控制灌溉防洪。隧洞进口装6扇分层取水斜拉插板启闭闸门。砼折线型实用堰，堰顶高程25.11米，进口宽度18.3米，堰高3米。水库运行以来，仅在1998年9月27日溢洪道溢洪1次。水库最高洪水位25.45米，最大下泄流量5.4立方米/秒。十字路水库建有水力发电站1座，翻水站是利用输水隧洞主洞出口接出压力管道，装机容量为100千瓦。水库于2002年完成大坝安全鉴定，鉴定结果为防洪安全等级A级，定为1类坝。根据大坝安全鉴定报告中专家提出的维修加固建议，2002年3月进行大坝维修加固工程，同年10月完工。

三圣殿水库

位于九龙湖镇汶溪村，以防洪灌溉供水为主兼顾养殖的小（一）型水库。主流为山涧小溪，源出望海尖，长4.2千米，集雨面积7.443平方千米。水库于1958年6月动工，1959年5月大坝填筑到8米时堵口。1962年1月水库停建，时坝顶高程15.7米。1969年9月复工续建，1974年8月主体工程基本完成。水库库区淹没耕地42.27公顷，其中水田32.53公顷、旱地9.73公顷，移民146户、740人。共完成土方42万立方米，石方3.9万立方米，混凝土30立方米，工程总投资200万元，其中国家补助84.24万元，群众自筹115.76万元。投民工83.08万工、技工2.58万工，用工主要为农民义务劳动。

水库原设计总库容810万立方米，相应水位21.34米，正常库容587万立方米，相应水位19.40米。设计洪水标准30年一遇，设计洪水位20.46米，原校核洪水标准为50年一遇，校核洪水位21.34米。2006年，经大坝安全鉴定和防洪复核，水库总库容为700万立方米，正常库容为587万立方米，相应水位19.40米。

工程枢纽包括主大坝1座、放水隧洞和溢洪道等部分。大坝为黏土心墙土坝，坝高18米，坝顶高程22.40米，坝底高程4.4米；坝顶长320米、顶宽4米。大坝内外均用干砌石护坡，坝坡分为3级。放水隧洞位于左岸，利用山头凸出有利地形开凿隧洞，洞长80米，进口底高程4.4米，出口底高程3.6米，由3孔闸门控制，洞径1孔0.6米，其余2孔0.5×0.6米，断面积0.88平方米，闸门为斜拉铸铁插板门，手摇斜拉螺杆式。洞身尺寸2.5×2.5米，断面积6.25平方米，最大输水能力6.6立方米/秒，用于辅助溢洪及灌溉供水。三圣殿水库坝后建水力发电站1座，装机容量40千瓦，年发电量8万千瓦时。1994年定为生活用水后，停发电，2005年拆除发电机组。溢洪道位于大坝右岸，型式为侧流式，浆砌石护砌，砼护面，宽度14米，堰顶高程19.4米，架设2跨桥1座。1987年，对大坝实施白蚁防治。1988年对大坝内外坡砌石加固，另在坡脚增设2眼减压井，清洗原7眼减压井，投入资金70余万元。

小洞岙水库

位于九龙湖镇汶溪村，以防洪灌溉供水为主兼顾养殖的小（一）型水库。主流为山岙小涧，长2.63千米，集雨面积1.96平方千米。水库原设计总库容192万立方米，相应水位26.95米，正常库容162万立方米，相应水位26.03米。原设计洪水标准为30年一遇，设计洪水位26.44米，原校核洪水标准500年一遇，校核洪水位26.95米。2006年，大坝经安全鉴定和防洪复核，总库容182万立方米，正常库容为141万立方米，相应水位26.03米。水库于1957年12月动工兴建，1958年6月大坝填筑至8米时，开始堵口截流，至1959年3月基本建成。库区淹没耕地4.67公顷，其中水田3.33公顷、旱地1.33公顷，移民27户、120人。共完成土方11.55万立方米，石方0.86万立方米，混凝土77立方米，浆砌块石288立方米。工程总投资37.11万元，其中国家补助13.38万元，群众自筹23.73万元。投工17.26万工，其中人民公社社员义务出工16.45万工，投工8100工。

工程枢纽包括大坝1座，放水涵洞、溢洪道等组成。大坝坝型为黏土心墙土坝，坝高21.5米，坝顶高程29.03米，防浪墙高程29.73米；坝顶长130米，宽3.8米。大坝内外坡均进行干砌石护坡。放水涵洞位于大坝左段，浆砌条石明涵，洞长110米，洞身断面0.8×（1.2～1.4）米。进口底高程7.93米，出口底高程6.98米，安装直径0.6米铸铁拉杆式斜拉板闸门，最大输水能力3.2立方米/秒。溢洪道受地形条件限制，位于大坝左岸，型式为侧流堰式，进口底宽14.5米，进口底高程26.03米。1995年对大坝内外坡砌石加固，放水涵洞灌浆处理，投入资金200余万元。2004年对大坝渗漏进行挖坑和黄泥分层填塞。2007年，水库全面除险加固，工程包括大坝加固，坝脚增设排水沟，坝顶路面铺设彩色小方块，右坝肩防渗处理，坝下涵洞封堵，新建放空输水涵洞及溢洪道加固等，总投资200余万元。

郎家坪水库

位于九龙湖镇九龙湖村，以防洪灌溉供水为主兼顾养殖的小（一）型水库。主流为郎家坪小溪，主流长4.15千米，集雨面积6.06平方千米。水库原设计总库容455万立方米，相应水位19.27米，正常库容332万立方米，相应水位17.80米。原设计洪水标准30年一遇，设计洪水位18.77米，原校核洪水标准为500年一遇，校核洪水位19.27米。2006年，经大坝安全鉴定和防洪复核，总库容425万立方米，正常库容332万立方米，相应水位17.80米。水库于1958年10月动工兴建，1959年9月大坝填筑达到6米时，因缩小基建规模而停建，1962年10月复工续建。1964年1月修正设计，确定大坝高度为15米，1965年11月基本建成。累计完成土方15.69万立方米，石方1.31万立方米，工程总投资61.05万元，其中国家补助28.35万元，自筹32.70万元。总投工24.48万工，均为人民公社社员义务劳动。库区淹没水田9.67公顷、旱地2.67公顷，拆迁房屋157间，移民86户计380人。

工程枢纽由大坝、输水涵洞和溢洪道等组成。大坝为黏土心墙土坝，坝高15米，坝顶高程20.8米，防浪墙高程21.5米。坝顶长211米，坝顶宽3.6米。大坝内外坡均干砌石护坡。输水涵洞位于右岸，为浆砌条石明涵，长75米，洞身断面0.9米×1.4米。进水口安装直径0.6米铸铁斜插门2扇，进口底高程6.3米，出口底高程5.6米。溢洪道位于大坝左岸，型式为侧流式，进口宽度29米，堰顶高程17.80米。1990年对大坝内外坡砌石加固，投入资金80余万元。1991—1993年按保坝标准除险加固。2004年对大坝进行白蚁防治。

岚山水库

位于澥浦镇岚山村，为小（一）型平原水库。1975年年初在镇海县江北围塘围垦土地上兴建，1976年年底建成蓄水。水库南侧紧靠国家储备油库和镇海炼化公司，西侧为宁波化工区规划区，北东侧为已建和在建的宁波化工区，北侧为澥浦大河。经2006年水库安全鉴定及防洪复核实测，水库面积2.34平方千米，总库容927万立方米，校核洪水位4.58米，设计洪水位4.47米，正常库容830万立方米，正常蓄水位4.17米。水库原设计为镇海炼化公司主要水源地，后由于水质问题，改为备用水源为厂区提供消防用水、施工用水，并临时承担向蛟川工业园区、舟山群岛供水，兼顾养殖。水库由4条直坝围成，坝型为均质坝。东坝（原外海大堤）长2670米，西坝（原内侧大堤）长2480米，北坝（原岚山直堤）长880米，南坝（原五星直坝）长1200米。根据实测，东坝坝顶高程5.22米，西坝坝顶高程5.23米，北坝坝顶高程4.97米，南坝坝顶高程5.43米。水库库底高程西南较高，东北较低，坝底平均高程0.5米。水库配有翻水泵站1座，用于从澥浦大河翻水；一级泵站1座，用于向镇海炼化公司供水；泄洪排水闸1座，位于水库东北侧，闸门为2孔，净宽4米。

秦山水库

位于九龙湖镇秦山村，又名劈开猪头水库，建成于1972年8月，以供水、灌溉、防洪为主的小（二）型水库。经2006年水库安全鉴定及防洪复核实测，水库集雨面积1.5平方千米，主流长度1.38千米，总库容15.2万立方米；校核洪水位69.43米，校核洪水标准为200年一遇，设计洪水标准为20年一遇，设计洪水位68.92米；正常库容11.5万立方米，正常蓄水位67.35米。

工程枢纽由大坝、虹吸管和溢洪道等组成。大坝为黏土心墙坝，坝顶长108米，宽3米，坝顶路面采用C20砼预制砖铺设；坝顶高程69.35米，防浪墙高程70.15米，大坝内外坡均采用干砌石护坡。水库原有1根输水涵管，位于大坝左端，长期有水流出，2008年实施封堵灌浆处理。同时新建虹吸管输水，虹吸管长80米，内径0.4米A3钢结构，管壁厚3毫米。大坝两侧均有溢洪道，位于大坝右侧的溢洪道为山体开挖而成，自流式无坎宽顶堰，两边均为基岩，进口底高程67.70米，进口底宽7米，向下游变窄；位于大坝左端的溢洪道直接和大坝相连，为折线型实用堰，进口为砼护砌，进口底宽7.97米，进口底高程67.35米，泄水槽依山开挖。水库于1970年3月动工兴建，建成于1972年8月。2008年，投入150万元对水库进行全面的除险加固，新建水库管理房。

2008 年镇海区小（一）、小（二）型水库情况统计表

表 10－1

类型	库名	所在乡镇	集雨面积（平方千米）	坝高（米）		总库容（万立方米）		正常库容（万立方米）		水面面积（公顷）	灌溉面积（公顷）	建成年月
				设计	现有	设计	现有	设计	现有			
小（一）型水库	三圣殿	九龙湖镇	7.44	18.0	18	810	700	587	587	52.7	联灌区	1974.08
	小洞岙	九龙湖镇	1.97	21.5	21.5	192	182	162	141	17.1	联灌区	1959.03
	郎家坪	九龙湖镇	6.06	15.0	15	455	425	332	332	40	联灌区	1965.11
	岚山	澥浦镇	2.34	—	8.0	927	927	830	830	233.3	工业	1976
小（二）型水库	秦山	九龙湖镇	1.50	—	16.15	—	15.2	—	11.5	34	6.7	1972.08

说明：岚山水库系平原水库，镇海炼化公司自备水库

第二节 山 塘

20 世纪 80 年代初，镇海区境内共有小山塘 40 座，其中澥浦镇 1 座，其余全部分布在九龙湖镇境内。其中 5 万立方米以上山塘有 3 座，位于九龙湖镇杨家、安基墩和蒲沙岙，总库容量分别为 6.6 万立方米、6.4 万立方米和 5.41 万立方米。

1986 年镇海区山塘水库进行总体规划，分批治理，到 2010 年年底，山塘除险加固工程全面完成。

杨家山塘

山塘位于九龙湖镇汶溪村，始建于 1957 年，以防洪、灌溉为主。水库大坝为均质坝，坝顶长 129 米，最大坝高 7.17 米，坝顶宽 17.4 米，坝顶高程 12.68 米。水库集雨面积 0.43 平方千米，总库容 6.60 万立方米，正常库容 5.60 万立方米，正常蓄水位 11.61 米，设计 10 年一遇，洪水位 12.16 米，校核 20 年一遇，洪水位 12.25 米。2008 年实施除险加固工程，2009 年完工。工程包括坝顶增设防浪墙，墙顶高程 13.28 米，坝顶高程 12.68 米，最大坝高 7.37 米，下游坝坡干砌块石护坡，封堵原输水涵管并新建虹吸管，坝脚新修干砌块石排水沟，对溢洪道整治。

应家山塘

山塘位于九龙湖镇田顾村，以防洪、灌溉为主。水库大坝为黏土心墙坝，坝顶长度 80 米，最大坝高 7.5 米，坝顶宽度 2.63 米，大坝内外均为干砌石护坡。水库集雨面积 0.26 平方千米，设计正常蓄水位 10.64 米，正常库容 0.95 万立方米，总库容 1.46 万立方米。2008 年起实施除险加固工程，包括坝顶增设防浪墙，墙顶高程 12.75 米，墙高 0.6 米，修整溢洪道，设计洪水标准 10 年一遇，校核洪水标准 20 年一遇，2009 年完工。

蔡夹岙山塘

山塘位于九龙湖镇中心村，始建于 1958 年，以防洪、灌溉为主。水库大坝为黏土心墙坝，坝

顶长度89米，最大坝高5.9米，坝顶宽度2.5米，大坝上游干砌石护坡，坝坡下游碎石护坡。水库集雨面积0.1256平方千米，设计正常蓄水位10.46米，正常库容2.5万立方米，总库容2.6万立方米。2008年实施除险加固工程，包括坝顶增设防浪墙，墙顶高程11.7米，墙高0.6米，宽度0.4米，下游坝坡干砌石护砌，坝顶15厘米水泥碎石封闭，拓宽加固溢洪道。设计洪水标准10年一遇，校核洪水标准20年一遇，2009年完工。

三八山塘

山塘位于九龙湖镇，始建于1959年，以供水、防洪、灌溉为主。水库大坝为黏土心墙坝，坝顶长度63米，最大坝高9.43米，坝顶宽度3.6米，大坝上游干砌石护坡，坝坡下游碎石护坡，坝顶有0.6米高防浪墙。水库集雨面积0.82平方千米，设计正常蓄水位109.53米，正常库容2.04万立方米，总库容3.4万立方米。2008年启动除险加固工程，设计洪水标准10年一遇，校核洪水标准20年一遇，2009年完工。加固工程包加固坝体，坝顶高程111.35米，最大坝高9.63米，加固防浪墙，墙顶高程112米，墙高0.65米，宽度0.5米，大坝内外坡均为干砌块石，溢洪道拓宽加固。

百步山塘

山塘位于九龙湖镇，以防洪、灌溉为主。水库大坝为均质坝，坝顶长度48米，最大坝高6米，坝顶宽度3.09米，无防浪墙。大坝上游为干砌石护坡，下游为砌石加绿化护坡。水库设计正常蓄水位136.52米，正常库容7000立方米，总库容8000立方米。2008年实施除险加固工程，包括拓宽溢洪道，大坝上游坝坡铺设防渗土膜，设计洪水标准10年一遇，校核洪水标准20年一遇，2009年完工。

安基墩山塘

山塘位于九龙湖镇，建于1971—1975年间，以防洪、灌溉为主。水库大坝为黏土心墙坝，坝顶长度108米，最大坝高14.95米，坝顶高程59.80米，坝顶宽度5.08米，大坝内外均为干砌石护坡，无防浪墙。水库集雨面积0.39平方千米，设计正常蓄水位58.85米，正常库容6.3万立方米，总库容6.4万立方米。2008年启动除险加固工程，设计洪水标准20年一遇，校核洪水标准200年一遇。加固工程包括坝顶增设防浪墙，墙顶高程60.70米，墙高0.9米，宽0.4米，上游坝坡干砌石翻砌，坝顶水泥碎石封闭，对溢洪道拓宽加固，2009年完工。

石英坎山塘

山塘位于九龙湖镇横溪村，以供水、防洪为主。水库大坝为均质坝，坝顶长度60米，最大坝高14.94米，坝顶高程112.1米，坝顶宽度2米，大坝内外均为干砌石护坡，防浪墙高0.3米，宽0.5米。水库集雨面积1.97平方千米，总库容3.75万立方米。2007年启动除险加固工程，包括水库大坝加高、大坝上游面采用防渗土工布进行防渗处理、清理溢洪道、封堵输水涵洞、新建虹吸管等，设计洪水标准20年一遇，校核洪水标准200年一遇。2008年年底完工。

2007—2010 年镇海区除险加固小山塘情况表

表 10－2

序号	山塘名称	集水面积（平方千米）	总库容（立方米）	坝型	坝高（米）	坝长（米）	所在地
1	三八	0.82	34000	土坝	10	63	九龙湖镇九龙湖村
2	百步	0.1	8000	土坝	6	48	九龙湖镇九龙湖村
3	蔡家岙	0.13	26000	土坝	7	94	九龙湖镇中心村
4	安基墩	0.39	64000	土坝	10.5	115	九龙湖镇河头村
5	杨家	0.43	66000	土坝	6.7	132	九龙湖镇汶溪村
6	应家	0.26	14600	土坝	5.5	80	九龙湖镇田顾村
7	石英坎	0.86	37500	土坝	10	76	九龙湖镇九龙湖村
8	竹林安	0.24	3000	土坝	5	38	九龙湖镇汶溪村
9	水牛池	0.01	3000	土坝	4	26	九龙湖镇汶溪村
10	秦夹岙	0.16	1000	土坝	8	24	九龙湖镇汶溪村
11	孟家	0.15	1000	土坝	5	60	九龙湖镇九龙湖村
12	史夹岙	0.02	1000	土坝	6	25	九龙湖镇九龙湖村
13	茂尖岙	0.08	2700	土坝	3	23	九龙湖镇汶溪村
14	毛岭	0.02	3000	土坝	5	75	九龙湖镇九龙湖村
15	大树山	0.12	7740	土坝	7	44	九龙湖镇汶溪村
16	西坑	0.31	3240	土坝	4.4	45	九龙湖镇杜夹岙村
17	东岙	0.05	9500	土坝	7.5	57	九龙湖镇杜夹岙村
18	王干	0.08	2400	土坝	4	24	九龙湖镇汶溪村
19	下光岙	0.15	5000	土坝	4.7	32	九龙湖镇汶溪村
20	下乌笼	0.15	2800	土坝	4	23	九龙湖镇汶溪村
21	罗家岭	0.28	1400	土坝	3.8	38	九龙湖镇汶溪村
22	龙舌二	0.1	1470	土坝	2.3	25	九龙湖镇河头村
23	龙舌三	0.26	4310	土坝	5.5	34	九龙湖镇河头村
24	毛奄	0.03	900	土坝	4	22.5	九龙湖镇汶溪村
25	蒲沙岙	0.34	54100	土坝	10	61	九龙湖镇九龙湖村
26	金字岭	0.18	2500	土坝	4.7	38	九龙湖镇汶溪村
27	上王高低	0.08	1400	土坝	4.7	30	九龙湖镇中心村
28	方李	0.04	1500	土坝	4.4	21	九龙湖镇汶溪村
29	息云寺	0.14	10000	土坝	4.3	162	澥浦镇澥浦村

第三章 河网 水闸

镇海区属宁波江北水系，境内水系因地形高低不同，又分为上河、中河、下河3个水系。水系建有水闸，闭闸蓄水，开闸排涝。1959年姚江大闸建成后，姚江遂成内河与江北河网相贯连体。1985年主要河流有中大河、前大河、沿山大河、江北大河和万弓塘河等，组成纵横交错河网，总长304.6千米，水面面积387.5万平方米，容积554.1万立方米。有水闸47座。主要河流周边是粮食、棉花、油菜籽主产区，并且人口稠密，市镇相连，工业集中，水运发达。2008年，全区有名称河道214条，总长325千米，河网经常水位蓄水量672万立方米，设水闸54座。

第一节 河 道

20世纪80年代起，化肥使用普及，农民不再掏河泥作肥料，河道淤积，不少河岸倒坍。1988年，区成立中大河综合治理工程指挥部，历时6年，动员全区力量疏浚中大河。其后，又对部分主要河道进行治理。2000年后，群众对治理河道淤积、水质恶化的呼声日高，2003年区人民政府统一规划、统一标准，集泄洪排涝、堤岸结合、水系整治、水质保护、沿岸绿化于一体，对全区河道进行整治，2008年基本完成。其中整治主要河道13条，总长90.86千米。

中大河

一支起源于汶溪港，另一支起源于丈亭江，两支汇合于黄杨桥，往东流经骆驼、贵驷至镇海张鑑碶闸流入甬江，全长约22千米，为历史上重要内河航道。1988年10月，开展中大河治理工程，对全线进行综合治理，预算经费686万元。工程分6段进行，至1993年全线竣工。治理工程起张鑑碶闸，至汶溪碶闸桥，浚河总长23千米，挖掘土方83.6万立方米，两岸驳石64.5万立方米。河面原宽14~17米，拓至20~22米，河底高程-1.87米（黄海高程）。为拓宽河面，拆除两岸民房8000平方米，其中骆驼3000平方米、贵驷3340平方米。拆除并重建桥梁8座，桥面宽5米、桥孔净跨18~20米。

2003年，启动总长18.7千米的中大河城市河道清淤、拓宽和两岸绿化建设。是年，完成贵驷至骆驼示范段长2780米，挖掘土方5949立方米，驳岸块石1115立方米，砼100立方米，占工程总量32%。2004—2005年，完成庄市段0.5千米，完成静德桥至铁路桥、鼎新桥至何仙桥共长5.9千米。采取清淤、拓宽、翻新方法，至2005年共完成土方21575立方米、驳岸块石7000立方米、砼2000立方米，完成投资1746.2万元，其中工程费1051.19万元、政策处理费695万元。

西大河

原河道起自澥浦新漕跟，向南经觉渡、骆驼、团桥、洪家直至宁波江北岸三宝桥，全长20千米，为镇北航运要道，因河处县境之西，故名。20世纪80年代，骆驼集镇段已截流成街路。1999年，自骆驼咸宁桥至洪家段进行疏浚并砌石护岸，长4600米，共完成工程量石方1.4万立方米，混凝土300立方米，浚淤挖土4万立方米。2003年分段疏浚。其中，骆驼自堰头王至沈家河头长3215米，完成挖掘土方57876立方米，驳岸块石1890立方米；觉渡至庙戴段长1350米，完成土方27000立方米、石方1040立方米。两段共用砼360立方米。2007年，投入资金1500万元对公路两旁的1937米河道进行景观建设，河道拓宽至20米，两岸设置15～20米绿化带，配套建设桥梁、景点、农家乐等。

浜子港

浜子港是庄市地区引用慈城后江水源的主要通道。建于1957年冬，弥补化子闸进水不足。河道西起费市更楼接江北大河，往东经沈家堰，穿越国道公路桥，过刘杜村，向东南至庄市疗养院，全长8.3千米，河面宽18.3米，底宽4米，完成土方31.81万立方米，投工16万工。20世纪50年代末，又开挖自叶家至前方与塔前河相接，长2千米。1992年，为配套清水浦大闸排涝工程，邵家至刘杜段长7.8千米河道疏浚，两岸吴淞标高2.2米以上干砌块石挡土墙防冲刷。1993年12月全线告竣。工程量石方2.7万立方米，压顶混凝土400立方米，挖土7.8万立方米。2008年对机电园区及镇海新城1千米河道整治，河道由20米拓宽至25米，采用松木桩护坡，两岸建10～20米绿化带。

万弓塘河

南起嘉燮亭接后沙河，北至岚山连澥浦大河，东沿万弓塘，全长9.8千米，开掘于明代。1963年冬到1964年春，河面加宽3～4米，达12米，为防塘身开裂脱坡，挖低塘身1米。1976年冬疏挖河面，宽度达到16米，并对全线桥梁拆除重建，单跨孔径达7米。1981年冬，岚山至新泓口段6.3千米河道普遍挖深1.5米，农田排灌和航运条件得到改善。后因船运建材残物在河床沉积甚多，1994年对岚山至新泓口段用挖泥船疏挖，两岸吴淞标高2.2米。干砌块石挡土墙防冲刷，当年完工。1997年5月，镇海区和炼化公司共同出资，对甸张港至炼化公司1006米河段，用挖泥船疏挖。干砌块石挡土墙护岸，于当年11月完工。1994年和1997年两期工程共完成石方3万立方米，压顶混凝土500立方米，挖掘土方8万立方米。20世纪90年代中，镇海炼油厂在棉丰村段万弓塘河填河筑路。

英雄河

1957年冬，骆驼区农民在“大办农业、大办粮食”号召下破冰掏河，于次年春完成，故称英雄河。河全长5.45千米，由南北两段组成。南段自邵家汇村接江北大江，折北至杨家垫桥连中大河，全长2.55千米，河面宽15米，河底宽4米；北段穿中大河向北至四联龚家，全长2.89千米，河面宽26米，底宽3米。1997年冬至1998年，对南段河道疏浚，两岸干砌块石挡土墙护岸，共完成石方7650立方米，压顶混凝土130立方米，挖土2万立方米。

清排大河

北起邵家三江口，南迄清水浦大闸，全长0.62千米。原为小河，1992年为大闸配套重新开挖。河底宽32米、河面宽48.8米，两岸砌石护岸，1993年告竣。共完成石方2560立方米，砼32立方米，挖掘土方3.2万立方米。2005年进行清水河道建设，加砌护坡，两岸修建10～15米绿化带，形成河道防洪、排涝、蓄水、景观、休闲功能。

罗家港

位于蛟川街道，属中大河分支，全长2千米。2003年全线疏浚，共完成土方41031立方米、驳岸块石3436立方米。

郭家港

东起万嘉桥、南接邵家港，全长3.2千米，原河宽14米、均深1.4米，系中大河南支之一。1992年，为清水浦大闸配套进行整治，河面拓宽至18米、均深4米，两岸石砌护岸。共完成石方1.1万立方米，混凝土150立方米，挖掘土方3.72万立方米。

长应河

起自河头应家汇入沿山大河，向南穿越中大河，至跨塘庵连接江北大河，故名长应河，为改变长石、河头两乡低产农田的水利条件而开掘。全长4.69千米，面宽20米，河底吴淞标高0米。沿河配套建设净跨20米桥梁5座、净跨25米桥4座，均为汽6级钢筋混凝土圆拱片桥。工程于1978年12月开工，1980年11月告竣，完成土方21.9万立方米，石方991立方米，投工19.6万工，挖损土地8.74公顷。由于河道淤积严重，1993年用挖泥船疏挖，并在两岸吴淞标高2.2米以上用干砌块石挡土墙防冲刷，共完成石方1.4万立方米、压顶混凝土240立方米、挖泥3.7万立方米。2003年，长应河4733米河床全面疏浚，共完成土方45470立方米，驳岸块石1510立方米。

慈镇运河

1986年按宁波市内河航运交通规划而开掘，为沟通慈溪镇海两地航运通道。1987年年底竣工。运河南起澥浦大河，向北经余严村，穿越白沙湖湖床，至湖息亭山东麓折北入慈溪龙山大岙村，建有过坝船闸为。境内段长2.2千米，宽12～18米。2008年，澥浦镇段455米河道干砌块石挡墙护岸，河道两岸采用松木桩支护，局部层面镶贴毛石板，配套实施河道两岸绿化景观工程。

周林港

北起大市堰，西南经老鹰湾叶家入浜子港，全长3千米，均宽9米，均深1.3米。2003—2004年疏浚，共挖土4.1万立方米、驳勘块石1538立方米、砼103立方米，河道由15米拓宽至20米，两岸设10米绿化带。

陈家河

西起俞范五丰村李家，向东经后施至海头周。为古代官塘路塘河，因河中段处陈家村，故名。2007年列入清水河道建设规划，同年8月开工。工程从庄俞公路开始至炼化医院止，涉及蛟川街道五丰、后施、陈家3个村，全长2.4千米，平均河宽10米，2008年5月全线完工。

新泓口河

西起棉丰新泓口，向东北至新泓口排涝站出新闸入海，全长1.76千米。原是棉地泓沟，1964

年，建新泓口闸时开阔至16米。1977年闸外移，河道随之延伸，河面相应拓宽至18米。2002年，闸再次向外延伸1746米，河面开宽至30米，新泓口河总长3506米，为湾塘片区向外海排涝河道。

第二节　姚江东排水河镇海段工程

姚江东排镇海段整治工程，从化子闸至澥浦大闸全长23.55千米（外加2.3千米化工区段），投资概算5.4亿元，分南北支线及澥浦老闸段实施。北支线工程从江北区镇海区交界处化子闸经大严入沿山大河至澥浦三七房与澥浦河交界，长11.65千米；南支线工程从大严起经外子贡河至三七房，全长8.8千米；澥浦老闸段工程从三七房至澥浦老闸，全长3.1千米。工程涉及原薛家河、沿山大河、澥浦大河、外子贡河、方针大河等多条河道。工程等级III等，工程沿线排涝标准从原七八年一遇提高至二十年一遇。

东排一期工程

2005年9月，市发改委批准北支线走向为东排一期工程线路，同意姚江东排镇海段整治工程（一期）初步设计。东排一期工程总长11.65千米，从化子闸至三七房。是年11月，开始治理马家桥至三七房5.2千米河道，2006年11月底全线完工并投入使用。工程将20米宽河道拓至40米，改造桥梁12座，河道两侧营造10米宽绿化带，堤防采用干砌石护岸和斜坡式土堤，临近村庄或道路的地段，由干砌石断面改为浆砌石结构，同时将复式断面改为直立式断面。2008年1月，化子闸至马家桥段施工。工程包括6.18千米河道拓浚及两岸堤防建设，拆除桥梁8座，11座桥梁重建及灌溉泵房修建等。2009年11月姚江东排北支线全线贯通。

东排二期工程

2006年11月，市发改委批准澥浦老闸段走向为东排二期工程线路，同意姚江东排镇海段整治工程（二期）初步设计。该河段从三七房至澥浦老闸处，全长3.1千米，是姚江东排工程入海口段，也是岚山水库、宁波化工区等用水的主要取水河道。2006年12月，二期工程开始实施，原30米河道拓宽至80米，新建堤防6.3千米，新建桥梁7座，对澥浦老闸加固扩建。工程于2007年年底完工并投入使用。

第三节　水　闸

1985年，全区有水闸47座，其中外海排涝9座，内河节制27座，稻棉分界11座。1986—2008年，境内主干河道多次挖掘整治，农耕田被征用，海涂围垦面积扩大，一些碶闸废弃，新建一批碶闸。2008年年底，全区共有水闸54座，其中中型水闸3座、小型水闸51座。

澥浦大闸

2002年10月，实施澥浦泥螺山围堤工程，将原澥浦大闸外移重建，所在河流澥浦大河，为姚江东排出海口。重建闸地址泥螺山东南麓山基，凿岩基作闸基，设计过闸流量 540.9 立方米/秒。大闸设 8 孔，每孔净宽 5 米，闸底高程为 -1.87 米（黄海高程），闸底板宽 1 米，闸墩宽 1 米，闸门为钢筋砼梁板式，启闭机采用 25 螺杆式启闭机，闸室上设置净宽 5 米通道平桥。开挖排洪浦 1 条，河面宽 110 米，底宽 60 米、长 2380 米，西接澥浦老闸。建交通长堤 1 条，长 1638 米。工程于 2004 年 10 月完工，2005 年 10 月通过竣工验收。共完成工程量 0.62 万立方米，其中石方 0.25 万立方米、土方 0.1 万立方米、砼 0.27 万立方米。引河及引河堤工程完成工程量 63.97 万立方米，其中石方 5.78 万立方米、土方 57.82 万立方米、砼 0.37 万立方米。

澥浦节制闸

位于澥浦岚山嘴南麓澥浦大河，原名澥浦大闸，因围垦工程外移新建澥浦大闸后，改名为节制闸。澥浦大闸为解决姚江向北排涝兴建，主体工程于 1964 年 2 月开工，翌年 4 月主体工程及配套工程告竣，实际控制流域 114.7 平方千米，设计频率采用 20 年一遇，过闸流量 153 立方米/秒。主体工程有排水闸 1 座、设 3 孔，每孔净宽 6 米。闸门结构为钢筋混凝土叠梁式，闸门顶高程 2.13 米，闸底板高程 -1.87 米。闸门启闭采用电动卷扬式 25 吨 3 台。配套工程有：新围塘 1 条，长 600 米，宽 4 米，顶高 7 米；万弓塘河新建节制闸 1 座；新开排涝主河道长 2000 米，面宽 56 米，底宽 35 米，并建净跨 30 米人行桥 6 座。1965 年 11 月至 1967 年春，又先后实施开河、拓河、拆阻水桥梁等排涝配套二期、三期工程，1967 年后又拆建三七房和余严公路桥。至 1973 年完成土石方 43.5 万立方米，出工 37.23 万工，总投资 110.69 万元，其中国家补助 66.08 万元，占用土地 26.71 公顷。1986 年 9 月，对 1 号孔钢筋混凝土结构碳化部位修补。1987—1988 年，对 2 号孔和 3 号孔碳化部位修补。1998 年对北孔闸槽碳化部位修补。2007 年姚江东排镇海段河道扩宽，新增 5 孔，每孔净宽 6 米，扩孔后流量达到 325 立方米/秒。

清水浦大闸

位于甬江北岸清水浦。1978 年宁波地区专署为姚江流域排涝而兴建，工程由镇海县负责。清水浦大闸主体工程为 4 孔大闸，每孔净宽 6 米。闸底高程 -1.0 米（吴淞标高），门顶高程 4.0 米，设计排涝流量 123 立方米/秒，采用 4 台功率 2×25 吨的卷扬机启闭。工程于 1978 年 6 月动工，1982 年 3 月完工。碶闸主体工程完工后，因当时上下游预留土坎未曾开通，排涝不畅，水闸未能发挥效益。1990 年 6 月至 1991 年 7 月，重建大闸配套工程，开挖闸前新河 624 米，河面宽 48.8 米，底宽 32 米，河底标高 -1.00～-0.5 米；疏拓河道长 10.9 千米，闸下游新建抛石海塅，改建大小桥梁 21 座，其中含镇宁公路 3 孔 13 米勤勇桥。共完成土方 14.8 万立方米，投资 359 万元。1991 年 10 月，拓宽自万嘉桥至郭家港，拆建桥梁 4 座。1992 年 11 月，疏浚团桥刘杜至浜子港，拆建桥梁 10 座，翌年年底完工。

新泓口闸

位于澥浦镇湾塘村，1964 年利用老塘基新建。2 孔，孔径 2.5 米。1974 年浙江炼油厂在闸外建水库，加剧闸外出水淤积。1977 年新泓口闸外移，仍为 2 孔，孔径 3 米，闸旁增建电力翻水排涝站，装机 5 台，总功率 400 千瓦，投资 24.76 万元。不久，闸外两侧海涂围垦造地，修筑海塘，原闸距外侧围垦塘 1800 米，闸外浦道淤积影响碶闸排涝。2000 年 11 月，新泓口闸外移开工，2002 年

5月8日竣工。新建的新泓口闸位处北仑电厂灰库三期工程和中石化镇海炼化灰库海堤连接处，距老闸1746米，排涝面积28平方千米，设计流量86.4立方米/秒，属小（一）型水闸。工程主要由3×3米排涝闸1座、5台28ZLB－70的电力排涝站1座及157.6米（包括水闸）连接横堤组成，疏浚拓宽引洪河长1746米，接续1978年所建闸口。碶闸总投资1315万元（包括引河开掘）。新闸为开敞式带胸墙水闸。闸室基础采用¢800钢筋砼灌注桩，整体式平底板，水闸3孔，每孔净宽3米，闸室两侧采用空箱式岸墙，启闭机为20吨手电两用单吊螺杆式。闸上游左岸置排涝站，安装5台28ZLB－70水泵，设计排涝能力6立方米/秒。新闸建成后，2000年市计委批准老闸报废，2006年掘毁。

张鑑碶闸

位于城关镇张鑑碶村，为江北地区主要排涝设施。始建于南宋，原址在澜浦庙西南前大河旁，河水经洞桥入甬江。1951年为解决甬江以北地区排涝，移址江塘边新建，开挖白龙洋近江边排水河长450米，后因碶底太高，排水不畅而弃。1957年12月，原碶外新建3孔闸1座，每孔净径2.5米，钢筋混凝土结构，基础为黄泥三合土，闸门板为钢混浇制，闸底高程0.3米，置人力螺旋杆启闭，工程于1958年年底竣工。1972年改为电动启闭。1996年冬，骆驼水管站对闸室、闸门板进行加固、更换。水闸设计流量60立方米/秒，属小（一）型水闸。

化子闸

始建于宋宝祐年间，位于长石乡黄杨村安乐寺西，原址在长石乡安乐寺三江口，为慈东、镇北农田引丈亭江水主要孔道，又名化纸闸，亦称关潮闸，其后时有废兴。1959年姚江大闸建成后，姚江水位与江北水系水位时有差落，闸遂形成引水和节制双重功能。1959年，拆除老闸，在原址上游100米处建新闸。闸孔4孔，总孔径宽9.73米，木插板闸门，人力启闭，1960年告成，投资2.23万元。后因结构不利通航和节制不佳，于1986年10月至1987年8月，拆建为2孔闸。单孔宽5米，闸底高程0.6米，桥梁底高程5.7米，钢砼闸门，电力卷扬机启闭，建管理房2层楼1幢，投资21.67万元，其中国家补助11.6万元，属小（一）型水闸，该碶闸扩建前规模较小，无设计流量。

2008年镇海区中型水闸情况统计表

表10－3　　单位：立方米/秒

闸名	过闸流量	所在河流	所在地
澥浦大闸	540.90	澥浦大河	澥浦镇宁波化工区
澥浦节制闸	325.00	澥浦大河	澥浦镇岚山村
清水浦大闸	123.00	甬江	庄市街道勤勇村

2008年镇海区小型水闸情况统计表

表10－4　　单位：立方米/秒

序号	闸名	过闸流量	所在河流	所在地
1	北陈家塘闸	5.00	陈家塘河	蛟川街道棉丰村
2	长胜门前闸	5.00	长胜门前河	九龙湖镇九龙湖村
3	东昇闸	9.60	东昇新河	骆驼街道董家畈村

续表 10－4

序号	闸名	过闸流量	所在河流	所在地
4	董家小河水闸	3.00	董家小河	庄市街道光明村
5	光明亭村小河水闸	2.50	光明亭村小河	庄市街道光明村
6	河头中街闸	5.00	河头街河	九龙湖镇河头村
7	河运水闸	6.00	澥浦大河	澥浦镇澥浦村
8	黄子弄闸	10.00	民主河	九龙湖镇汶溪村
9	街河闸	3.80	浜子港连接河	庄市街道钟包村
10	解放闸	13.60	郎家坪溪坑	九龙湖杜夹岙村
11	借邑港闸	9.60	借邑港	骆驼街道民联村
12	联盟下河闸站	1.60	下河	庄市街道联兴村
13	菱漕大河水闸	10.00	菱漕大河	庄市街道曙光村
14	六角凉亭闸	15.90	郎家坪溪坑	九龙湖镇杜夹岙村
15	马家水闸	3.00	马家河	蛟川街道后施社区
16	门沿河水闸	5.00	郑家门沿河	澥浦镇十七房村
17	南洪河东闸	2.00	南洪河	蛟川街道南洪村
18	南洪河西闸	2.00	南洪河	蛟川街道南洪村
19	宁波化工区 1#闸	15.00	—	澥浦镇宁波化工区
20	宁波化工区 2#闸	39.00	—	澥浦镇宁波化工区
21	宁波化工区 3#闸	39.00	—	澥浦镇宁波化工区
22	宁波化工区 4#闸	15.00	—	澥浦镇宁波化工区
23	前大河节制闸	20.70	前大河	蛟川街道镇电社区
24	三圣殿闸	10.00	三圣殿溪流	九龙湖镇汶溪村
25	上宋闸	20.00	中大河	九龙湖镇汶溪村
26	上周水闸	5.00	沿山大河	九龙湖镇西河村
27	双根塘闸	3.00	双根塘河	蛟川街道棉丰村
28	水门洞闸	9.40	内城河	招宝山街道后大街社区
29	汤家闸	2.04	中大河	庄市街道汤家村
30	王家桥水闸	3.00	甬江	庄市街道勤勇村
31	西门水位闸	21.10	中大河	招宝山街道胜利路社区
32	息云寺水库放水闸	2.50	息云寺水库	澥浦镇澥浦村
33	小洞岙闸	10.00	小洞岙溪流	九龙湖镇汶溪村

续表 10－4

序号	闸名	过闸流量	所在河流	所在地
34	小桥洞闸	13.60	郎家坪溪坑	九龙湖镇杜夹岙村
35	新泓口碶闸	86.40	新泓口河	蛟川街道南洪村
36	沿江村水闸	2.72	甬港塘河	蛟川街道沿江村
37	沿江节制闸	3.00	甬江	蛟川街道渡驾桥村
38	杨家水闸	10.00	民主河	九龙湖镇汶溪村
39	应家畦水闸	5.00	沿山大河	九龙湖镇西河村
40	张鑑碶闸	60.00	中大河	招宝山街道张鑑碶社区
41	镇海向阳闸	8.00	向阳河	澥浦镇宁波化工区
42	中大河节制闸	47.80	中大河	蛟川街道中一村
43	中星 1 号水闸	5.00	中星窑厂河	澥浦镇岚山村
44	中星 2 号水闸	8.00	中星窑厂河	澥浦镇岚山村
45	周家巷闸	5.00	长胜门前河	九龙湖镇九龙湖村
46	朱家河水闸	5.00	朱家河	澥浦镇十七房村
47	岚山 1 号水闸	4.50	老塘河	澥浦镇岚山村
48	岚山 2 号水闸	8.00	向阳河	澥浦镇岚山村
49	岚山排水闸	27.40	万弓塘河	澥浦镇岚山村
50	甬江水闸	4.50	甬江	庄市街道勤勇村
51	清水浦段碶闸	3.50	甬江	蛟川街道清水浦村

第四章 农田水利

1958年以前，境内灌溉用水主要依靠姚江潮汐将四明山水顶托上溯，经余姚丈亭后江（慈江）过化子闸、泗江闸注入河网。水系干流置有贵胜堰、大市堰、方家堰、堰头王、黄沙闸、大堰头、斗门闸等各自节制。1959年姚江蓄淡后江水通过碶闸注入内河，1961年建李碶渡、压赛堰两翻水机站，旱季从姚江翻水抗旱。至1985年，全区可灌溉水源有河道调蓄、姚江翻水和水库蓄水，共8800万立方米，平均抗旱能力60天。洪涝水通过碶闸向外海和甬江排泄。1986年后，浚河挖渠，完善农田排灌系统，农田防汛抗旱能力得到提升。遇极端气候，九龙湖镇长石、汶溪、河头片区部分农田积涝时间较长。

第一节 灌溉 排水

灌溉

泵站 1986年，全区有农用水泵1477台，水田基本实现机灌，有灌溉设施的旱地占旱地总面积44.56%。灌溉设备多年运行后，年久失修，日趋老化，一段时间又疏于管理，1987年农用泵站效率普测，泵站平均效率仅20%，其中10%以上固定泵站平均效率为23.9%，渠系水利用系数为40%，水电资源严重浪费。1989年开始对8英寸以上农灌泵站进行改造，至1998年共改造农灌泵站365台。泵站装机效率从26.3%提高到45.18%，达到部颁与省规定装置效率。每公顷耗电力由372.3千瓦时降至204.9千瓦时。2001年改造节水型泵站80台，2002年改造节能泵站453千瓦。2008年年末，全区共有固定农灌泵站616座，总装机功率8000千瓦，农田机灌率100%。

翻水站 1959年姚江蓄淡后，镇海平原主要靠姚江引水抗旱。1961年大旱，庄市、骆驼两区在梅林、李碶渡兴建简易翻水站，后倒塌。1962年重建，其中梅林翻水站迁址压赛堰。1963年建置湾塘棉区，撤庄市区并入骆驼区后，两站统称江北翻水站，其灌区统称江北灌区，受益农田12400公顷（包括宁波江北区部分农田）。至1981年两站共装水泵58台，电机2347千瓦。1985年1月起，江北翻水站归属宁波市水利局。压赛堰泵站，初主要满足庄市4000公顷晚稻灌溉用水，建新站后受益有市郊甬江公社，庄市区和城关镇。至1991年2月，装机130千瓦3台，最大流量8.55立方米/秒。李碶渡泵站，受益4200公顷农田（包括江北区庄桥镇）。至1997年，装机210千瓦3台，设计流量8.69立方米/秒。全区每年从姚江翻水3000万立方米，占两个翻水站翻水总量80%。

渠道 1988—1992年，建成防渗渠道238.5千米，经费国家补助213万元，群众自筹419万元。1993—1998 年，新建防渗渠道 175.6 千米。至 1998 年全区干、支道明渠全部改造完成。2001 年修建节水型防渗渠道长 66.3 千米，2002 年建成防渗渠道长 32.7 千米。

排水

1964—1979 年，湾塘、城关、澥浦等棉旱地，建设新泓口、南泓、五星、向阳、棉丰、四清塘、岚山、跃进塘排涝站，有柴油机水泵 1 台，电动机水泵 18 台，受益面积 1246.67 公顷。1986 年后，改造低洼农田，提高泵站排水效率，2009 年姚江东排北支线工程告竣，排涝能力从七八年一遇提高到二十年一遇。

第二节 农田水利改造

易旱、易涝、易渍低产田改造

1988—1995 年，改造易旱、易涝、易渍的低产田。低产田内建干砌块石排水沟、砼防渗渠道和机耕路，共改造低产田 1360 公顷。1999—2002 年，全区中低产田改造成标准农田 1179.4 公顷，改造项目 11 个。

标准农田建设

1995 年建设农业综合开发园区，计耕地 235.27 公顷。园内兴建防渗渠道 14915 米，石砌或砼板排水沟 12155 米，砂石机耕路 21993 米，混凝土路 3340.2 米，改造农灌泵站 10 座，平整土地 26.93 公顷。1996—1997 年，湾塘地区旱地畈开发治理，累计 666.67 公顷，兴建排灌两用沟渠（砼板）28500 米，砂石机耕路 3800 米，混凝土机耕路 3950 米，开挖新河 3500 米，新建泵站 13 座，闸 2 座。1997 年开展粮食自给工程农田建设，面积 303.33 公顷，建设防渗渠道 14384 米，石砌水泥排水沟 13410 米，机耕路 24556 米，改造农灌泵站 23 座，兴建桥梁 5 座。是年，庄市兴建农业现代化园区 2 畈，共 63.33 公顷，兴建防渗渠道 1238.5 米、水泥板排水沟 1225 米、机耕路 5244.8 米、泵站 2 座、桥 1 座。1999 年，省人民政府提出在全省建设商品粮基地任务，镇海区开展新一轮标准农田建设，农田水利设施进一步完善。至 2004 年，全区土地整理、标准农田建设 4647.53 公顷，路、沟、渠配套成网。是年，九龙湖镇农业生态工程建设和庄市优势农产品基地建设，兴建道路 9675 米、排水沟 11300 米、防渗渠道 3100 米、泵站 7 座、桥梁 3 座。至 2008 年，累计建设标准农田 4647.53 公顷，实有标准农田 4478.53 公顷。

第五章　管理服务

1985年10月撤县建区后，镇海区成立农林渔水局。1986年4月，撤销农林渔水局，复建水利局。1996年4月，农经委和农林、水利、水产局合并，建立区农业局，内设水利科，行政编制3人。水政监察和水资源保护由局法规科承担。2002年1月，区农业局挂水利局牌子。2005年农业局设农业行政执法大队，同时承担水利行政执法职能。

第一节　取水管理

许可审批

2006年起，按照国家和省《水资源管理条例》和《取水许可制度实施细则》规定，实施取水许可审批。根据《建设项目水资源论证管理办法》，对新建、扩建、改建的取水项目，实行水资源论证。至2008年，共44家单位获批取水许可证。

供水收费

按照省水利厅《关于水利工程供水价格管理办法》和市物价局《关于调整水利工程供水价格的通知》规定，自2007年1月1日起，直接从水库取水由原0.18元/立方米（含水资源费0.02元/立方米）调整为0.35元/立方米（含水资源费0.10元/立方米），直接从河网取水由原0.25元/立方米（含水资源费0.10元/立方米）调整为0.28元/立方米（含水资源费0.10元/立方米）。2007年起，镇海区暂免农业灌溉水费，改由财政转移支付。

取水计量

2006年，镇海区共有自备水源企业14家，均安装取水计量设施，安装率100%。2007年起，根据浙江省水利厅《关于开展取水实时监控系统建设的通知》和宁波市水利局《关于开展取水实时监测系统建设的通知》要求，4家年取水量50万立方米以上企业均按装取水实时监控系统，并接入省取水实时监控系统平台。

第二节　水源保护

饮用水源保护

1995年划定十字路水库合格饮用水源保护区。1997年制订《镇海区保护饮用水源地通告》和

《镇海区创建合格饮用水地表水源保护区工作计划》，创建三圣殿水库为合格用水地表水源保护区。2005年，十字路水库水源短缺，实施三圣殿水库引水工程，限制工业取水，部分区域自来水并入宁波大网，8500户农户自来水管改造。九龙湖镇三八水库列入农民饮水工程建设项目，增蓄水量2万立方米，改善周边700余户居民饮水困难。2006年区下发《关于做好十字路水库水土流失及水资源保护工作的意见》，整治水库周边畜禽养殖污染。十字路水库、三圣殿水库、郎家坪水库水质按Ⅱ类水质标准，达标率100%。

清水河道建设

2003年开始，实施以"清障、清淤、清水面、护堤岸"为主要内容的清水河道工程，先后完成中大河、周林港、东大河等清水河道建设。并在10个自然村试点生活污水生态化处理，实施农村污水纳管工程，减轻生活污水对河道污染。

引水冲污 河流周边工业集中，人口密集，水质污染严重。为保障境内河网水质水量，区水利部门每年从姚江引水冲污。

河道保洁 2003年8月，镇海区推出《河道保洁管理实施办法》，提出河道10小时动态保洁，实现河面无杂草、无漂浮物、河中无障碍、河岸无垃圾的"四无"要求。全区落实专业保洁62人，配备保洁船21艘，人均保洁河道5.36千米。河道保洁经费区、镇（街道）两级分担，其中区财政每年每千米补助1500～2000元，差额部分由镇（街道）财政负担。保洁人员包任务、包标准、包报酬，验收考核后确定奖励额度。是年，区财政投入保洁资金50余万元。2004年，区农业局组建河道保洁中心，配备7人，负责河道保洁检查、协调等，并将区内河道划分骆驼、庄市、蛟川、九龙湖、澥浦和清排6个片，采取区、镇（街道）两级管理。2005年，实行定河道、定人员（船只）、定形式、定职责制度，每月一次考核，年终按月考核，实行以奖代补。至2008年，保洁船增至46艘，人员增至93个，人均保洁长度3.6千米，区财政投入资金增加到120万元，镇、街道投入资金增加到40万元。2005年、2007年和2008年三年，镇海区获省河道保洁奖，其中2008年获省河道保洁一等奖。

河道清障 2005年5月，区印发《关于实施河道清障专项整治》的通告，对河道沉船、网具、废弃坝基及河道两旁违章搭建物集中清理。至10月，全区共处理沉船139艘、拔除鱼笼104顶、渔箔13道，拆掉坝基3道，基本实现河道无障碍物。2007年开展清障行动，清除各类网具230顶、乱搭乱建20余平方米。

2008年，农业局设立巡查中队，专门负责河道清障。

河道生态修复

2004年3月，在骆驼街道英雄河、庄市街道周林港和九龙湖镇长应河，实施放养鱼类自然净化水质试点。试点河段长8千米、水面积16公顷，投放鱼种5万余尾，其中花、白鲢3.5万尾（放养比例1：5），银鲫、鲤鱼、草鱼、鳊鱼等1.5万尾。采用"政府投入、渔民管理"方式，养殖全程不喂料、鱼类全赖水体中的浮游动植物等天然饵料。试点河流获商品鱼20吨，价值12万元以上。在骆驼街道东大河、九龙湖镇长应河各选1000米河段，两岸种植革命草改良水质。2005年，放养鱼类23万尾，水面积73.33公顷，近4千米河道种植水草。2006—2008年，投入资金70万元，对全区河道全面放养，放养水面400公顷，投放鱼苗1314万尾，部分河道试种西洋蓍草1200平方米、革命草3000平方米，试养水草4000平方米。

第三节 防 汛

区设立防汛防旱指挥部（以下简称区防指），负责全区的防汛防台抗旱工作，相关部门为成员单位，日常工作由区农业局（水利局）承担，至2008年成员单位41个。1991年，区防指制订《镇海区人民政府防汛抗旱指挥部防御台风（热带风暴）暴雨工作预案（试行）》。2008年制定《镇海区防台风应急预案》，完善防台防汛工作机制。

报汛

十字路水库建成后，配置无线电话，与市防汛办联网。至1985年年底，境内已建镇海县水文站、十字路水库和骆驼3个国家报汛站，建成三圣殿、小洞岙、郎家坪水库，澥浦、清水浦大闸及湾塘区水管站6个县级站，内容主要为记录、积累水文、雨量资料，及时向省、市、县防汛指挥部报汛。1991年，镇海区防汛办公室配置星云图接收仪1台。至2000年，全区已建成由1个中心站（区防指）、6个遥测站（十字路水库、三圣殿水库、郎家坪水库、小洞岙水库、镇海站及骆驼站）组成的自动测报网络，全区域实现实时报汛。2003年建成区水情遥测中心站，改变以往人工报汛方式，实现自动化水文遥测。2007年在镇海、骆驼及十字路水库建立水情应急备份系统，同时建成三圣殿水库、郎家坪水库和小洞岙水库遥测站。2008年，全区小型以上水库及6座屋顶山塘安装水雨情遥测系统，实时监测水库水文数据。

强排泵站

1992年4月，城关建吉庆桥排水泵站，功率220千瓦。至2008年先后建水门洞（城区）、濠桥（城区）、沿江路（城区）、后海塘、新泓口、泥螺山、宏远河、化工区3号闸、4号闸强排泵站。其中装机功率100千瓦以上泵站有：沿江路泵站，装机功率115.5千瓦；后海塘泵站，装机功率660千瓦；宏远河泵站，装机功率185千瓦；新泓口泵站，装机功率400千瓦；泥螺山泵站，装机功率700千瓦；化工区3号闸泵站，装机功率500千瓦，化工区4号闸泵站，装机功率155千瓦。

抢险队伍 物资

进入汛期，由区人武部（基干民兵）、驻镇部队及各防汛单位临时组建防汛队伍。2008年，区汛期防汛抢险机动队100人，配备冲锋舟2艘、机动船2艘、挖掘机4台、推土机2台、运输车5辆、排涝设备19套。镇（街道）、村（社区）汛期组织临时防汛抢险队伍。

防汛抢险专用物资每年由区防指提出计划，区供销社在指定地点存储，起初主要有草包、麻袋、杉桩、毛竹、铅丝等，储备期4月15日到10月15日。区农业局（水利局）常年储备防汛物资，以备抢险时使用。后防汛物资储备种类增多，2008年防汛抢险物资主要有麻袋16500只、钢管100根、编织袋7000只、毛竹100根、铅丝600公斤、救生衣46件、救生圈4个、橡皮舟2艘、冲锋舟2艘。

第四节 水利机构

水文站

1951 年 4 月，建镇海县水文站。1980 年 10 月，县水文站直属宁波地区水文站。1996 年 1 月，水文站下放到区，隶属区水利局。全民事业单位，编制 3 人，址沿江东路 709 号。主要职责是辅导全区各雨量站、水位站观测工作，对各站水文资料汇编；每年汛期向省、地（市）、县（区）防汛防旱指挥部提供相关数据。

水利管理中心

1994 年 4 月，设区水利管理总站，全民事业单位，编制 8 人，地址区农业大楼内。水管总站负责全区水利工程，水资源管理，按法规收取水费，协助法规科调查处理水事纠纷，并承担小型水利工程设计施工。2000 年更名区水利管理中心，全民事业单位，隶属区农业局。

十字路水库管理处

1984 年 7 月，建十字路水库管理处，事业性质，定编 9 人。地址在水库大坝下西侧，职工 23 人，房屋建筑 1256.5 平方米。主要职责确保水库工程运行安全，开展以库养库综合开发。先后兴办江北塑料五金厂、西服厂、九龙山庄、九龙湖宾馆、互感器联营厂、高压开关厂、电器成套公司、养殖场、花木园艺场等。2005 年水管体制改革，保留十字路水库管理处，隶水利管理中心，由体制改革前清水浦大闸管理处、骆驼水利管理站、十字路水库管理处合并组成，核定事业编制 46 人，经费自收自支，供水收入全额返还十字路水库管理处统一支配，差额由区财政补足。负责全区小（一）型以上水库、碶闸等水利工程的日常运行和维修养护。

水利水电勘测设计室

1985 年 10 月建区后，设宁波市镇海区水利水电勘测设计室，属事业单位，无编制，人员从骆驼水利管理站、区水利管理总站及水利局抽调。1994 年 9 月，更名为镇海区勘测设计所，为本地中小型水利水电工程进行勘测设计、技术咨询等。2000 年撤销区勘测设计所，人员各回原单位。

机电排灌站

1985 年 10 月，县机电排灌站改名区机电排灌站，址城关聪园路 330 号。1997 年 9 月，迁址镇骆路 63 号。有生产用房 1208 平方米，生活用房 873.6 平方米，正式职工 29 人，全民事业单位。机电排灌站主要负责全区机电排灌、泵站配套、设备安装维修等，另有修配五金车间，承接机械配件、小五金加工业务。后又发展线带机械厂、台钻附件厂，在沿江西路开设排灌机械物资经营部，经营金属材料和机电设备。2001 年 12 月，机电排灌站改制，并入区水利管理中心，承担机电排灌、代管专项资产职责。镇海排灌物资经营部与镇海台钻附件厂合并，设立台钻附件制造有限责任公司，股份合作制企业，职工 27 人，职工原身份不变，与新建企业重新确立劳动关系。

骆驼水利管理站

1986 年 6 月，骆驼区水电委员会更名为骆驼水利管理站，址骆驼镇大河路 40 号，集体事业单位，隶属区水利局。主要职责落实农田水利建设规划，进行施工技术指导；管好用好水利工程，加强农田水利资金、物资使用的检查、监督，总结交流和推广农田水利建设和水利工程管理的经验，掌握雨情、水情和工程运行，做好防汛防旱工作；管理澥浦大闸、张鑑碶闸、化子闸防洪排涝和三圣殿、郎家坪、小洞岙水库堤坝安全蓄水、排水。2005 年机构改革，骆驼水利管理站被撤销，其职能转入十字路水库管理处。

清水浦大闸管理处

1982 年清水浦大闸建成。1993 年 1 月建立清水浦大闸管理处，集体事业单位。1998 年有职工 11 人。清水浦大闸管理处前身为湾塘水利管理站，主要任务协助乡镇政府兴修水利、改造低产畈、管理河道、修建桥梁，做好稻棉地水系分流；管理贵驷、甸张、临江、借邑港、东升、新孔庵、沙河、后施、河里周 9 只节制闸闭启。1994 年 5 月办公地点由憩桥迁至大闸管理房，1996 年 8 月搬迁至城关胜利路农业局大楼。主要职责为管理大闸、做好排涝、抗洪、护理河道、海江塘工作。2005 年撤销清水浦大闸管理处，其职能、人员转入十字路水库管理处。

（责任编辑　孟福成）

第十一编　交通运输

本编目录

建区以来20余年，镇海区交通基础设施建设和交通运输业发展之快史无前例。公路运输、水路运输、铁路运输、管道运输大力发展，量与质上都发生历史性变化。

2004年，镇海区硬化路面直达山乡村落，村村通公共交通在全市率先实现。道路货物运输通达内陆要地，车流昼夜不息。境内路网纵横交错，区域内“半小时交通圈”已经形成。随着杭州湾跨海大桥，舟山大陆连接线，宁波绕城高速的开通，昔日镇海地处交通末端的局面一去不复返。

宁波港镇海港区成为现代化国际大港的组成部分，甬江两岸码头林立。贯彻省人民政府“港航强省”要求，2008年镇海区沿海运输船舶总运力达到58.33万吨，位居全省第三。

第一章　水路运输

镇海素有“宁波外港”之称，港口运输自然条件十分优越。距今5500年的新石器中晚期，镇海——舟山百里海域已有先民早期航海活动。后梁开平三年（909），镇海置县建城，镇海港兴起。宋朝，在镇海口启碇的船只，其航路“南则闽广，东则日本，北则高丽”。元朝，出现商业船帮雏形。明朝长期实施“海禁”，海运一度中衰。明末，恢复北至山东、辽东，南至广东、南洋，东至日本的航路。清初仍行“海禁”。清康熙二十三年（1684）开禁，海运复苏。18世纪初，航路远达吕宋等南洋群岛。19世纪初，镇海100吨以上海运船有40余艘，航线远及南北诸港、日本和东南亚。解放初期，镇海港口运输业发展缓慢。1974年，镇海港区建设启动，传统的内河港向河口港转变。2008年，宁波港镇海港区水路货物运输量达2756万吨，镇海区属水路货物运输量达1090万吨。

第一节　沿海运输

客运航线

沿海客运航线开通镇海至舟山诸岛和上海方向。1986—2008年，镇海区开通的客运航线共有10条。1997年沪杭甬高速公路开通后，镇海往返上海的客流“弃水走陆”，上海方向航线陆续停开。至2008年年末，镇海区尚有通往舟山的航线4条。

镇海—金塘航线　1979年，镇海至金塘航线分为沥（港）镇（海）线与大（大浦口）镇（海）线。沥镇线，即沥港至镇海，航程10海里。1985年，“大丰渡3”船营运。木质，60吨，60马力，抗风力7级，90客位。不久，定海县航运公司“金塘渡2”轮加入营运。钢质，150客位。2001年，因船老旧停航。继之，舟山通达高速客轮有限公司3艘客轮投入营运。“飞舟5”轮，钢质，70客位；“飞舟6”轮，钢质，92客位；“飞舟9”轮，钢质，130客位。2008年1月，停航。大镇线，即大浦口至镇海，航程8海里。1985年始，“大丰渡2”船营运。木质，130吨，135马力，抗风力8级，286客位。不久，舟山海晶海运有限公司“舟海晶1”轮投入营运，钢质，250客位，航速10.4节。

镇海—大衢—嵊泗航线　航程72海里。1995年1月开通，嵊泗县大洋船务公司营运。初营运“有财1”轮，钢质，180客位。1996年“有财2”轮替之，钢质，312客位，航速13.5节。2003年4月，镇海威远海运有限公司“威远2”轮加入该线营运。该轮，武汉南华高速船舶工程股份有限公司制，钢质，船长33.7米，宽4.1米，深1.9米，99客位，航速23节。

镇海—大洋山—嵊泗航线 航程62海里。1997年4月开通，嵊泗县昌盛海运有限公司“金沙”轮营运。自嵊泗泗礁出发，靠泊大洋山至镇海。该轮，钢质，250客位。2000年换“嵊翔”轮，钢质，114客位。另又增“嵊鹰1”轮，钢质，198客位。

镇海—岱山—大衢航线 航程31海里。1997年11月开通，镇海经岱山至大衢。嵊泗县大运海运有限公司“珍珠山”轮营运，钢质，200客位，2000年停航。2003年3月起，舟山蓬莱客运轮船有限公司3艘客轮投入营运。“仙洲1”轮，钢质，144客位；“仙洲2”轮，钢质，140客位；“仙洲7”轮，钢质，258客位。

镇海—沥港—定海航线 航程33海里。1984年9月，定海县航运公司开通。“浙定机206”轮行驶，木质，150客位。1990年镇沥线旅客流量8.3万人，镇定线旅客流量0.83万人。不久停航。

镇海—册子航线 航程34海里。1985年1月，定海县册子运输社开通。自册子道头湾起航，中途停靠岑港、小李岙、南山。“浙定交5”轮行驶。1990年旅客流量2.2万人次。1995年停航。

镇海—沈家门—普陀航线 航程39海里。1985年6月，镇海县外海航运公司开通，中途靠埠沈家门。每日往返1次，“招宝山”轮营运，240总吨，415客位。1989年11月，节能双尾鳍新“招宝山”客轮建成，额定529客位，航速11节，替换旧轮。1990年客流量18.9万人。2001年停航。

镇海—芦潮港航线 航程55.8海里。1987年2月开通，中外合资宁波花港有限公司运营。投入挪威建造的铝合金双体高速客轮“甬兴”轮，1天2班。初停泊镇海港区零号泊位，1989年11月20日起，停泊小港开发区码头。“甬兴”轮，时速32.5海里，320客位，船长38.8米，宽9.4米。

镇海—金山车客渡航线 车客渡镇海端处招宝山麓。1993年12月28日建成。占地面积1.36万平方米，建有钢筋混凝土趸船泊位3000吨级2座，2000吨级1座。建有办公楼、候船厅等建筑面积927.8平方米，混凝土停车场3000平方米。1994年7月9日，成立宁波明越汽车轮渡有限公司。同年7月试航，并开通车客渡航线。日发船3班。镇海至金山海上航行约4小时。投入运营“明越1”“明越2”滚装船和上海金山船公司“金海马”车客船。每船可装载5吨标准汽车25～30辆，同时可载客300～360人。通航后的1995年，渡运机动车3.96万辆，客运15.06万人。1996年达历史最好水平，渡运机动车5.57万辆，客运29.91万人。1997年，沪杭甬高速公路开通，车客渡车客流量日渐萎靡。1999年1月，“明越1”停航，5月“明越2”停航。翌年7月，“金海马”停航，车客渡航线终结。

镇海—芦潮港航线 1995年1月开通，宁波海运轮船有限公司“海马1”轮运营。1天2班，停靠镇海客运中心码头。2000年4月，“海马1”轮停航。宁波花港高速客轮有限公司“甬旺”轮继之，铝质，180客位。2001年停航。

旅客运输量

1986—2008年，镇海区往来舟山和上海方向的水路旅客运输量共计265.17万人，旅客周转量91895.21万人千米。

1986—2008 年镇海区水路旅客运输量统计表

表 11 - 1

年份	客运量（万人）	周转量（万人千米）
1986	11.96	974.87
1987	12.31	959.90
1988	13.70	1066.95
1989	11.27	883.62
1990	17.40	1358.50
1991	18.32	1444.09
1992	20.01	1570.48
1993	17.90	1407.20
1994	14.30	1130.00
1995	14.20	1120.00
1996	10.00	789.00
1997	8.00	661.00
1998	7.00	656.00
1999	6.00	579.00
2000	3.00	288.00
2001	5.00	374.00
2002	4.00	174.00
2003	4.00	252.00
2004	6.00	73410.00
2005	4.00	265.60
2006	11.00	549.00
2007	18.80	831.00
2008	27.00	1151.00

说明：资料来源统计年鉴，对 2007 年客运量作调整

货运

船舶 建区初期机帆船居多，后逐步被钢质货船替代。2004 年起，一批万吨以上货船投入运营，最大吨位达到 9 万多吨。至 2008 年年末，镇海区注册登记沿海货运船舶 72 艘。货运总运力 58.33 万吨，其中万吨以上货运船舶 11 艘，“拓展 1”轮、“拓展 2”轮、“拓展 5”轮、“拓展 6”轮、“拓展 7”轮、“天盛 15”轮、“天盛 16”轮、“绪扬 8”轮、“绪扬 15”轮、“金宁 1”轮、“金宁 2”轮。

2008 年镇海区注册登记货运船舶情况表

表 11－2

业主	船舶数	其中				总吨（吨）	总载重吨	净载重吨	净吨	集装箱
		货船	油船	货驳	拖轮					
镇海威远海运有限公司	10	—	10	—	—	3771	5914	5566	2081	—
镇海满洋船务有限公司	5	2	—	3	—	3822	7129	7090	2989	—
宁波绪扬海运有限公司	11	4	7	—	—	29483	46180	44276	16508	281
宁波港龙海运有限公司	7	—	7	—	—	12631	19481	18346	7072	—
镇海恒兴船务有限公司	6	—	6	—	—	4982	8384	7954	2704	—
镇海明旭船务有限公司	2	—	—	1	1	1746	2355	2000	1302	—
镇海众茂海运有限公司	3	3	—	—	—	5631	8323	8129	3153	—
宁波镇海港通船务有限公司	3	3	—	—	—	6571	8003	7606	3096	366
宁波太平洋海运有限公司	5	5	—	—	—	112398	197576	196645	66317	—
宁波镇海泓翔海运有限公司	4	4	—	—	—	10759	17849	17419	6025	—
宁波圣泽海运有限公司	3	3	—	—	—	5576	9647	9313	3122	—
宁波天盛海运有限公司	2	2	—	—	—	112850	191821	191821	47646	—
宁波合众海运有限公司	2	2	—	—	—	20480	32574	31065	11468	—
镇海连悦船务有限公司	1	—	1	—	—	1861	3384	3182	1042	—
宁波联合集装箱海运公司	5	5	—	—	—	18693	31095	29855	10466	—
宁波思杰海运有限公司	3	—	3	—	—	2057	3316	3039	1150	—
合计	72	33	34	4	1	353311	593031	583306	186141	647

说明：资料来源区港航管理处

货物运输量 1986 年，镇海区沿海货运以生产资料、建筑材料、工业产品和农副业产品为主，通航港口达上海、舟山、温州等地，年运输量 39.42 万吨。1986 年至 1999 年，年最高货运量 54 万吨。2000 年后，货运品种扩大，运输量逐年增加。至 2008 年，煤炭、矿石、粮食等散杂货，液化品、油品和集装箱为沿海主要运输货种，运输量达到 1090 万吨，是 1986 年的 27.65 倍。通航港口远达天津、黄骅、福州、镇江、广州、茂名、泰州、鲅鱼圈和印度尼西亚、印度等国际航线。1986—2008 年，镇海区沿海水路货物运输量累计 4792.3 万吨，货物周转量累计 2696466 万吨千米。

1986—2008 年镇海区水路货物运输量情况表

表 11－3

年份	运输量（万吨）	周转量（万吨千米）
1986	39.42	5248
1987	51.22	4968

续表 11 －3

年份	运输量（万吨）	周转量（万吨千米）
1988	42.94	6766
1989	50.54	5920
1990	40.33	5217
1991	40.87	6764
1992	37.38	9573
1993	51.20	18782
1994	49.70	30243
1995	49.20	29308
1996	34.00	17853
1997	37.00	25746
1998	49.00	59807
1999	54.00	88819
2000	107.00	44300
2001	138.00	72969
2002	167.00	68208
2003	268.00	99797
2004	419.00	284841
2005	473.50	416553
2006	552.00	50446
2007	951.00	112250
2008	1090.00	1232088

说明：资料来源《镇海区统计年鉴》

第二节　渡　运

1985 年 10 月建区初，镇海区甬江上有人渡 3 处：镇海江南渡、新棉清水浦渡、外夏梅墟渡，张鑑碶汽车轮渡 1 处。不久，新棉清水浦渡、外夏梅墟渡、张鑑碶汽车轮渡撤。镇海与北仑渡运往来唯留镇海江南渡。

镇海江南渡（镇海渡）

宋称定海江南渡，又叫大浃渡。明称南关渡或大关渡。清代称大道头渡，渡旁“有亭三楹，曰利涉”。对岸是江南道头，其上“旧有海济亭，光绪六年（1880）里人谢诏禹捐资重修，又建明远亭、明远阁于渡侧”。两边岸坡石板台阶形道头，20世纪60年代尚存。1963年，造码头，置“镇渡1”轮，渡轮与旧式渡船并驶。1966年，旧式渡船淘汰。北岸码头初在大道头。1981年改建时西移150米，建筑面积604平方米。江南码头建造在江南新道头。1984年，扩建江南码头。建区后，2001年10月江北码头扩建改造。有候船厅及附属用房850平方米，码头平台1255平方米，趸船浮码头3座，引桥5座。江南码头位于小港红联原江南道头西150米处。有简易候船及附属用房493平方米，码头平台243平方米，趸船浮码头1座，引桥2座。

镇海江南渡，南北两岸航距300米。由镇海轮渡公司运营，运营渡轮“镇渡6”“镇渡7”“镇渡8”，可渡运人、非机动车。

2008年镇海轮渡公司运营渡轮情况表

表11－4　　单位：人、千瓦

船名	材质	建造年份	总吨	净吨	载客定额	功率	制造厂
镇渡6	钢质	1986	288	184	1000	528	上海立新船厂
镇渡7	钢质	1986	288	184	1000	528	上海立新船厂
镇渡8	钢质	1995	288	184	1000	528	宁波海运总公司镇海船厂

说明：资料来源镇海区交通局

镇海江南渡客流量1993年达到峰值为2518万人次。1996年，甬江隧道开通，2001招宝山大桥建成通车，客流量直线下降。

1988年，调整镇海江南渡轮票价，每人次从0.10元调至0.15元。1993年，每人次调整至0.25元。2004年，油价上涨渡轮价格全面调整，每人次从0.50元调整至1.00元；自行车每辆次（含电动）从0.50元调整到1.00元；小三轮车每辆次从1.50调整到2.00元；二轮摩托车、助动车每辆次从1.00元调整到1.50元；三卡、三轮摩托车每辆次从3.00元调整到3.50元；手拉车、三轮车和人力三轮车每辆次从2.50元调整到3.00元。

1986—2008年镇海江南渡客流量统计表

表11－5　　单位：万人次

年份	人渡量	年份	人渡量
1986	991	1995	2502
1987	1763	1996	1138
1988	1353	1997	1031
1989	1380	1998	932
1990	1598	1999	928
1991	1855	2000	928
1992	2085	2001	900
1993	2518	2002	918
1994	2295	2003	937

续表 11－5

年份	人渡量	年份	人渡量
2004	1007	2007	667
2005	627	2008	594
2006	634	—	—

说明：资料来源镇海区交通局

镇海汽车轮渡

始建于1971年11月，1972年12月码头建成。1974年9月25日开航通渡。汽车轮渡北岸码头处张鑑碶大闸以东0.9千米处。南岸码头处镇海渡（人渡）江南码头以西0.6千米处。均为浆砌块石锯齿形码头，长19米，宽11米。耗资10.5万元，省交通厅拨款，县公路段工程队施工。北码头与镇骆路相接，长357米，宽8米，砂石路面。南码头与镇大路相接，长911米，宽8米，砂石路面。

汽车轮渡的建成通渡，使镇北的镇骆路与镇南的镇大路连接，来往车辆不必绕道宁波城区兜圈子，节减运输费用，同时也减轻对市区的交通压力。20世纪80年代，北仑港区矿石码头、算山原油码头投产，镇海地方工业迅速发展，过往汽车轮渡的车辆与日俱增。不久，1996年2月甬江隧道开通，汽车轮渡被隧道取代。汽车轮渡撤销前后，4艘汽渡船相继出售。“汽渡3”轮，1995年10月转让温州永嘉轮渡公司。“汽渡4”轮，1995年年初转让北仑梅山轮渡公司。“汽渡5”轮，1996年3月转让给三门县健跳轮渡公司。“汽渡6”轮，1996年5月转让给杭州市轮渡公司。2001年5月，北岸汽车渡码头改建为500吨级浮动杂货码头。2003年1月，南岸汽车渡码头改为1000吨级固定杂货码头。

1976—1995年镇海区（县）汽渡过车数情况表

表 11－6　　单位：万辆

年份	通过车辆	年份	通过车辆
1976	23.4	1986	13.95
1977	31.6	1987	19.95
1978	12.2	1988	25.56
1979	33.4	1989	27.24
1980	39.2	1990	30.56
1981	40.8	1991	33.1
1982	44.6	1992	39.4
1983	56.6	1993	55
1984	15.7	1994	45.6
1985	17.9	1995	42.2

说明：资料来源镇海区交通局。1978年修船停渡半年

镇海汽车轮渡曾经使用的渡轮共6艘：

“汽渡1”轮　1972年5月6日从曹娥渡调拨来。水泥钢丝结构横骨架式，120马力，载重量50吨，4车位。配有6135柴油机1台，120离合器2台，伞形传递齿轮箱1台。杭州船舶修造厂制造。1964年8月出厂。造价14.81万元。1985年9月报废改作趸船。

“汽渡2”轮　1978年11月从曹娥渡调拨来。水泥钢丝结构横骨架式。150马力，载重量40吨，4车位。配有6E135柴油机1台。G803离合器1台。因该轮主机能力和舵系设计的位置不适合镇海汽车轮渡使用，1981年8月，由省交通厅调拨给温州瓯江大桥工程做工作船使用。

“汽渡3”轮　1979年10月从交通部第三航务工程局第四工程处调拨来。为钢体横骨架结构，500马力，载重68吨，8车位。配有6135柴油机2台，2105发电机1台，QD135齿轮箱2台。芜湖造船厂制造，1975年11月出厂，造价56.61万元。此轮主机功率大，油耗大，舵系和副机的布局也不够合理，后自行改装，将主机换成300马力，对舵系和副机作调整和更换。

“汽渡4”轮　省交通厅拨款，委托岱山船厂建造。钢体，6车位，300马力，载重量50吨。配有6135柴油机2台，2105发电机1台。1983年7月出厂，造价36万元。同年8月投入营运。

“汽渡5”轮　自筹资金38万元向江苏省长江驳轮公司购买，八成新汽车渡轮。钢质船体，纵横结构，400马力，12车位，载重量100吨。配有6160柴油机2台，2105、4110发电机各1台，ZF180改装齿轮箱2台。无锡造船厂建造，1975年8月出厂。

“汽渡6”轮　自筹资金62万元从杭州轮渡公司购入，钢质船体，主机功率380马力，14车位。

清水浦新棉渡

民国《镇海县志》称清水浦渡。北口位于清水浦西街，南口在江南乡新棉村，此间甬江宽450米。为斜坡式干砌条石道头。1982年，新棉渡口建造凉亭，面积13.32平方米。1984年，改橹摇渡船为5吨木壳3马力渡轮，限乘30人。日均客流量230人次，船工2人。由江南新棉村经营。1996年2月撤渡。

外夏梅墟渡

原系义渡，有田40亩供岁时修船工费。清康熙五十四年（1715）知县陆敬德立碑于梅墟渡侧，田亩数附载碑内。外夏渡口位于庄市甬江村慧济庵前200米处，渡头有新义亭，建于清中叶；与南岸梅墟渡口相距550米。1970年，改干砌条石道头为水泥板路堤，长130米。1984年，置5吨3马力木质渡轮2艘，每船船工2人。日均客流量250人次。渡运由甬江村经营。1987年，以20客位的钢质渡船替换原木质渡船。因钢质渡船不舒适，1993年又建造20客位的木质机动渡船，替换之。2003年1月28日，往返于庄市勤勇与梅墟391公交车开通，梅墟渡同日撤。

第三节　内河运输

内河航运史略

清时以县城为中心的内河航运网络已形成，内河航运日盛。抗日战争时期，镇海沦陷后内河航运衰落。解放以后，内河运输船舶通过组织起来逐渐集中到运输合作社内；厂矿企业自置机动船以自运货物。1965 年起，开始内河运输船舶技术改造与更新换代，置拖轮，搞机动拖带，改木结构为钢丝水泥结构。钢丝网水泥机动拖带船渐渐取代木板船，成为主要运输工具。船舶载重能力随着航道的拓宽疏浚由 3 吨提高到 10 ~ 15 吨。1970 年开始，内河客运渐为公路客运代替，至 1980 年内河客运停办。20 世纪 70—80 年代，镇海港区、浙江炼油厂、镇海发电厂等大工程单位兴建，石料、黄沙、砖瓦等地方建筑材料运输量大增，年货运量最高时近 100 万吨。内河货运一度鼎盛。到 1985 年，全县共有机动和非机动船 331 艘，总吨位 2522 吨，1795 马力。

建区后，内河运输业务由镇海区内河航运公司为主经营，也有个体运输业户参与航运。1990 年，镇海区尚有内河营运船舶 228 艘，计 2278 载重吨，其中属于交通部门的 53 艘，计 858 载重吨。

1990 年镇海区内河运输船舶情况统计表

表 11 - 7

项目		合计	交通部门	非交通部门
轮驳船	艘	228	53	175
	1420	净载重量（吨）	2278	858
	576. 5	功率（千瓦）	735. 3	158. 8

1990 年，镇海区内河货运量 26. 69 万吨，货物周转量 867. 63 万吨千米，分别是 10 年前 1980 年的 30% 和 61. 8% 。随着陆路运输兴起，内河货运渐渐萎缩，至 1998 年 6 月，辖区已无内河货运经营。

1985—1990 年镇海区内河货物运输量情况表

表 11 - 8

年度	货运量（万吨）	货物周转量（万吨千米）
1985	44. 73	1145. 80
1986	23. 32	889. 62
1987	39. 04	1248. 66
1988	27. 21	963. 02
1989	32. 73	1063. 60
1990	26. 69	867. 63

说明：资料来源区交通局。1990 年后内河货运统计停止

内河航道

据1979年航道普查，甬江以北的镇海区域有内河航道18条（不含甬江），通航里程84千米。

1990年，镇海区有航道9条，通航里程81.09千米。航道分类：7级航道3.35千米，10级航道16.77千米，11级航道51.21千米，12级航道9.76千米。其中2条航道通往宁波市区，1条与杭甬运河乙线相连接。

1995年调整航道等级，镇海区列入等级航道4条：丈镇线、庄河线、河岚线、贵新线，航道里程39.9千米。1999年浙江省交通厅批复，丈镇线和贵新线定为7级航道，庄河线、河岚线定为9级航道。同年，省交通厅批复甬江航道为沿海1级航道、内河4级航道。至此，镇海区共有航道5条，合计可通航里程56.73千米。

丈镇线 河流名称中大河。航道出化子闸，经慈江闸，至丈亭，进入姚江，是镇海区直接沟通杭甬运河的内河航线。1990—1992年，中大河河道整治，整治后底宽8~10米，面宽18~24米，一般宽度为20米，河底标高0.5米。自静德桥起，至化子闸全长17.21千米，可通航船舶50吨。实际通航能力为10~15吨。

贵新线 河流名称新泓口河。起点新泓口闸，终点贵驷桥，走向由东向西。贵新线由新泓口河、甸张港和中大河组成。航道分3段：自新泓口闸至南弘叉河口，2.39千米；南弘叉河口至甸张闸口，2.42千米；甸张闸口至贵驷桥，0.81千米，全长5.62千米。有跨河桥梁11座，甸张套闸1座，跨河管线11处。20世纪90年代初，新泓口河整治，两岸干砌块石，航道疏浚，护岸底标高为2.2米，疏浚后河底标高0.5米。底宽6米，面宽12~18米，水深1.2~2.5米。可通航船舶50吨。实际通航能力为10~15吨。

庄河线 河流名江北大河。航道原起河头，经马家桥、杨家桥、沈堰头、庶来桥、黄扬江、安乐寺、跨塘桥、更楼、黄梅堰、半路庵至庄桥，过李溪渡节制闸，入姚江。该航道，在马家桥东行通往澥浦，东南行通往骆驼；还可在安乐寺向西过化子闸进入后江。境内段长7.78千米，可通航船舶10吨。

河岚线 由澥浦大河和觉渡大河组成。起点澥浦大闸，终点河头马家桥。走向由东向西，全长9.29千米。自澥浦大闸至觉渡二桥，4.34千米；觉渡二桥至河头马家桥，长4.95千米。河岚线面宽16~35米，水深1.3~2.5米。可通航船舶10吨。

杭甬运河甲线（甬江航道） 自镇海口起，至三官堂，长16.83千米。甬江航道多弯曲，3000吨级船舶可候潮进出。

2008年镇海区内河航道情况统计表

表11-9

航道名称	等级	起讫地点	通航船舶（吨）	里程（千米）
杭甬运河甲线	4	镇海口—三官堂	3000	16.83
丈镇线	7	内河码头—化子闸	50	17.21
贵新线	7	新泓口闸—贵驷桥	50	5.62
庄河线	9	联群三港口—河头马家桥	10	7.78
河岚线	9	澥浦大闸—河头马家桥	10	9.29

说明：资料来源区港航管理处。杭甬运河甲线即甬江。丈镇线、贵新线有重复里程0.8千米

内河航运企业

镇海区内河航运公司　集体企业，隶属于区交通局。址骆驼镇东盛。1952年8月成立，时称骆驼联合运输组，有组员32人，木板船24艘，载重计114吨（其中航船6艘，计24吨）。1956年转社，改称骆驼内河木帆船运输合作社。有社员53人，木板船37艘，载重计205吨，经营镇北内河客货运输。1958年10月，并入镇海县运输公司。1959年1月，划归宁波市航运公司。1962年6月，又改为集体企业，并改名为骆驼内河运输合作社。时有社员69人，木帆船67艘，载重计375吨。1976年12月，加入镇海县第二运输公司，称镇海县第二运输公司骆驼内河站。1983年11月，与县第二运输公司分离，单独成立镇海县内河航运公司。1985年10月，改称镇海区内河航运公司。有职工145人，固定资产原值37.60万元，船舶49艘，载重计659吨，其中水泥机动船8艘，合计186马力；货运量7.98万吨，货物周转量578万吨千米，营业收入65.50万元，利润4.60万元。因内河运输萎缩，1993年12月并入宁波镇海轻工机械厂。

镇海轮渡公司　前身为镇海渡运站，1963年成立。时有职工28人，木板船14艘，载重96吨。1989年8月，镇海渡运站和镇海汽车轮渡站合并改为今名。址沿江西路69号，国有企业，隶属于区交通局。下设镇海轮渡站和镇海汽车轮渡站，时有员工121人，固定资产398万元。主营人员、非机动车和机动车渡运。1996年2月，汽车轮渡站撤，员工20人分流到甬江隧道管理处。2008年年末，公司固定资产1352万元，职工80人。

第四节　码头泊位

2008年，甬江镇海段，包括宁波港镇海作业区，共置码头泊位共75个，其中5万吨级1个、1万吨级10个、5000吨级1个、3000吨级9个。1991年，建成全国第1座万吨级16号液体化工专用泊位。1997年，建成全国最大的5万吨级液体化工专用泊位。

2008年镇海区域码头泊位情况统计表

表11－10

地点	名　　称	结　构	靠泊标准（吨）	修建年份	
镇海港区	17号泊位液体化工	高桩梁板	5万	1997	宁波港务局
	16号泊位液体化工	高桩梁板	1万	1991	
	16－2号泊位	浮码头	2000	1994	
	15号泊位	浮码头	2000	1988	
	14号泊位	高桩梁板	5000	1994	
	14－2号泊位液体化工	—	1500	1998	
	13号泊位	高桩梁板	3000	2002	
	12号泊位	浮码头	1000	2002	

续表 11－10

地点	名　　称	结　构	靠泊标准（吨）	修建年份	
镇海港区	10 号泊位	—	1 万	2006	宁波港务局
	9 号泊位	高桩梁板	1 万	1985	
	8 号泊位	浮码头	1 万	1985	
	7 号泊位	浮码头	1 万	1985	
	6 号泊位	高桩梁板	1 万	1986	
	5 号泊位	高桩梁板	1 万	1986	
	4 号泊位	高桩梁板	1 万	1988	
	3—1 号泊位	高桩梁板	2000	1988	
	3—2 号泊位	高桩梁板	1 万	1988	
	2 号泊位	方块重力式	1 万	1978	
	1 号泊位	方块重力式	3000	1978	
	0 号泊位	浮码头	3000	1984	
	环保浮码头	浮码头	1500	1998	
	消拖码头	浮码头	1000	1997	
沿江东路	5 号泊位	浮码头	1000	1987	宁波港务局
	4 号泊位	浮码头	1000	1986	
	3 号泊位	浮码头	1000	1985	
	2 号泊位	浮码头	1000	1989	
	1 号泊位	浮码头	1000	1982	
	明越车客渡 3 号码头	浮码头	500	1996	
	明越车客渡 2 号码头	浮码头	3000	1994	
	明越车客渡主码头	浮码头	3000	1994	
	明越车客渡码头	浮码头	3000	1994	
	1#码头	浮码头	500	1980	上航二处
	2#码头	浮码头	500	1980	
	3#浮码头	浮码头	500	1980	
	海关码头	浮码头	500	1995	镇海海关
	边防站码头	浮码头	100	1990	宁波边防站

续表 11－10

地点	名　　称	结　构	靠泊标准（吨）	修建年份	
沿江东路	三航四公司码头	浮码头	800	1975	三航四公司
	三航四公司靠船墩	高桩	500	1989	
	三航四公司起重码头	高桩	500	1976	
	海事处码头	浮码头	300	2002	宁波海事局
	航标处码头	浮码头	500	1983	镇海航标处
	航标靠船墩	固定	500	2000	
	水产公司 1 号码头	浮码头	300	1972	镇海水产公司
	水产公司 2 号码头	浮码头	200	1972	
	水产公司 3 号码头	浮码头	200	1988	
	水产公司 4 号码头	浮码头	300	1986	
沿江西路	人渡 1 号码头	浮码头	300	2001	镇海轮渡公司
	人渡 2 号码头	浮码头	300	2001	
	人渡 3 号码头	浮码头	300	2001	
	人渡 4 号码头	浮码头	300	2001	
沿江西路	客运中心 1 号码头	浮码头	1500	1994	镇海客运中心
	客运中心 2 号码头	浮码头	1500	1994	
	航管所码头	浮码头	500	1988	镇海航管所
	航管所 1 号码头	浮码头	300	1998	
	航管所 2 号码头	浮码头	300	1997	
	汽车渡轮码头	浮码头	500	2000	镇海轮渡公司
聪园路	张鑑碶运输队码头	高桩	300	1994	张鑑碶运输队
	张鑑碶船舶修造厂码头	高桩	1000	1991	船舶修造厂
发电厂	发电厂码头	浮码头	2000	1978	镇海发电厂
	发电厂煤码头	高桩梁板	2000	1986	
	发电厂油码头	高桩梁板	3000	1979	

续表 11－10

地点	名　称	结　构	靠泊标准（吨）	修建年份	
五里牌	炼化成品油码头	浮码头	3000	1979	镇海炼化公司
	五里牌大件码头	高桩梁板	3000	1980	五里牌航管站
	五里牌大件码头	斜桩梁板	500	2003	五里牌航管站
	冷冻厂码头	高桩梁板	300	1995	华雄冷冻厂
	海港工程公司码头	高桩	500	1983	海港工程公司
	海港工程公司出桩船码头	高桩	2000	2006	
	腈纶厂码头	高桩	500	1994	金甬腈纶厂
	兴源货物联运公司码头	高桩	500	2008	兴源货物联运公司
庄市	鑫达冷冻厂码头	高桩	300	1993	鑫达冷冻厂
	海达冷冻厂码头	高桩	300	1997	海达冷冻厂
	宁波中房自备码头	高桩	1000	1996	宁波中房物资总司
	国家粮食储备库码头	高桩	1000	1996	市粮食局
	宁波敏杰物流有限公司码头	高桩	1000	2005	宁波敏杰物流有限公司
	庄市冷冻厂码头	高桩	500	2008	庄市冷冻厂

说明：资料来源区港航管理处

第五节　助航设施

清徐时栋《烟屿楼笔记》卷一载，其父徐桂林于蛟门外夏太婆礁建航标，大木柱，系以铜铃。时在清道光六年（1826）九月，为有记载的镇海最早航标。同治四年（1865），由浙海关税务司会同宁绍道台建立七里屿灯塔和虎蹲山灯塔。

灯塔

七里屿灯塔　1982 年，灯塔由海军移交镇海航标区管理。1986 年 11 月，改用美国进口 FA－251 灯器。1988 年 2 月，灯质改为闪白 5 秒。1992 年，改为英国产的 PRB－46 灯器。1997 年，又改为西班牙产 FGA－300 灯器，射程提高到 18 海里。20 世纪 90 年代，交通部海事系统对七里屿灯塔及其配套设施全面改造，新建改建各类建筑十余幢，建筑面积 1000 余平方米。现灯塔为 1995 年新建，塔身高 25.5 米，白色钢筋砼八角柱形，内旋梯，白色瓷砖贴面。原灯塔老塔身作为文物，被迁移到毗邻的小七里山上。七里屿灯塔除了装有先进的航标灯供船舶导航，同时还安装了英国产 CG1000 电雾号，在雨雾天等能见度不良时鸣放，警示过往船舶。2004 年和 2005 年，七里屿灯塔又分别安装雷达应答器和 AIS 基站，使灯塔拥有了视觉、音响和无线电等多种助导航手段，满足了在高科技条件下船舶对航海保障的需求。

图 11－1　七里屿灯塔

虎蹲山灯塔　清同治四年（1865），由浙海关署会同宁波（绍）道台建。初时以普通油灯放玻璃窗内，报雾用的是铜锣。同治十一年（1872）重修，建高 17 英尺（5.18 米）红白相间的塔楼，换上发红色固定光、强 6 级塔灯，光照海平面上 148 英尺（45.1 米）无云天气能见度 5 海里，并将铜锣换成雾钟。1925 年，重建站屋，灯标高 148 英尺（45.1 米），增置一杆 6 磅重的雾枪，专门用来向镇海发信号，表示轮船已到。1930 年 6 月，又换上乙炔白炽灯，每 1.5 秒自动闪光一次，光强从原来的 60 支提高到 250 支。1975 年，填海造陆建设宁波港镇海港区，虎蹲山削平，灯塔废。

其他航标　随着镇海港区的开发建设和航运业的发展，甬江口和甬江内相继增设多座航标。截至 2008 年年末，有包括视觉、无线电、音响等航标设施 31 座。

图 11－2　2006 年镇海渡口灯桩

2008 年镇海区范围内（含甬江）航标设施情况表

表 11－11

类别	航标号	名称	位置（经纬度）	灯质	灯高（米）	射程（海里）	构造
灯塔	2483	七里屿灯塔	30°00′02.3″ 121°45′37.3″	闪白 5 秒	51.7	18	白色八角柱形塔，瓷砖贴面
灯桩	2485	北导堤堤头灯桩	29°58′40.4″ 121°45′21.1″	快绿	10.4	7	绿色圆柱形钢管
	2486	北 5 号丁坝灯桩	29°58′38.0″ 121°45′15.3″	闪（2）黄 6 秒 0.5＋1.0＋0.5＋4.0	6.2	2	白色八角形混凝土瓷砖贴面
	2498	北 3 号丁坝灯桩	29°58′28.6″ 121°44′25.2″	快黄	4.7	2	白色八角形混凝土瓷砖贴面
	2503.5	镇海渡口灯桩	29°57′01.8″ 121°43′04.0″	闪白 10 秒	12.2	10	上红下白圆柱形混凝土，高 13.2 米
	2517	清水浦灯桩	29°55′01.4″ 121°39′08.0″	闪绿 2 秒 0.5＋1.5	12.3	1	三角形钢架
	2521	梅墟灯桩	29°53′56.5″ 121°38′13.4″	闪（2）白 4 秒 0.5＋1.0＋0.5＋2.0	12.6	4	红白横带圆柱形钢结构

续表 11－11

类别	航标号	名称	位置（经纬度）	灯质	灯高（米）	射程（海里）	构造
导标	2495	虎蹲山进口引导灯桩前	29°58′24.5″ 121°44′11.0″	定红	38.1	5	方形镀锌钢架，顶标为红色矩形
	2496	虎蹲山进口引导灯桩后	29°58′22.0″ 121°43′54.3″	定红	51.4	5	方形镀锌钢架，顶标为红色矩形
	2508	张鑑碶引导灯桩上行前（一）	29°56′57.0″ 121°41′45.6″	快红	14	3	白色混凝土圆柱，顶标为黑色正方形
	2509	张鑑碶引导灯桩上行后（一）	29°56′57.8″ 121°41′38.2″	快红	17.6	3	黑色角铁桩身，顶标为黑色正方形
	2510	张鑑碶引导灯桩下行前（二）	29°56′50.2″ 121°41′32.4″	定红（霓虹灯）	19	3	镀锌角铁架，日标牌为红色矩形
导标	2511	张鑑碶引导灯桩下行后（二）	29°56′55.6″ 121°41′34.7″	定红（霓虹灯）	24.7	3	镀锌角铁架，日标牌为红色矩形
	2518	清水浦引导灯桩上行前	29°55′07.5″ 121°39′17.3″	定红	15.3	3	方形镀锌钢架，顶标为白红白竖条矩形
	2519	清水浦引导灯桩后标	29°55′06.2″ 121°39′06.8″	定红	18.8	3	方形镀锌钢架，顶标为白红白竖条矩形
	2520	清水浦引导灯桩下行前	29°54′59.4″ 121°39′03.6″	定红	15.3	3	方形镀锌钢架，顶标为白红白竖条矩形
灯浮	2494	甬江1号灯浮	29°58′33.1″ 121°45′31.8″	闪红4秒	—	—	红色柱形，顶标为红色罐形
	2500	甬江3号灯浮	29°58′01.0″ 121°43′49.2″	闪红4秒	—	—	红色柱形，顶标为红色罐形
	2503	甬江2号灯浮	29°58′23.2″ 121°44′31.0″	闪（3）红10秒	—	—	红色柱形，顶标为红色罐形
	2512	甬江4号灯浮	29°56′43.2″ 121°41′35.0″	闪（2）红6秒	—	—	红色柱形，顶标为红色罐形
桥涵标	2500.1	招宝山大桥1号桥涵标	29°57′42.8″ 121°43′33.1″	快红	38	3	红色正方形日标牌
	2500.2	招宝山大桥2号桥涵标	29°57′41.9″ 121°43′32.6″	快红	38	3	红色正方形日标牌
	2500.3	招宝山大桥3号桥涵标	29°57′44.0″ 121°43′30.5″	莫（A）白6秒	37	10.5	红白相间竖条圆形日标牌
	2500.4	招宝山大桥4号桥涵标	29°57′43.1″ 121°43′30.0″	莫（A）白6秒	37	10.5	红白相间竖条圆形日标牌
	2500.5	招宝山大桥5号桥涵标	29°57′45.2″ 121°43′27.8″	快绿	35	3	绿色正三角形日标牌
	2500.6	招宝山大桥6号桥涵标	29°57′44.3″ 121°43′27.3″	快绿	35	3	绿色正三角形日标牌
	2500.7	招宝山大桥7号桥涵标	29°57′42.2″ 121°43′35.1″	莫（C）黄12秒	7.4	3	黄色柱形，顶标为黄色“X”形，标体明显处漆黑色水中构筑物标记
	2500.8	招宝山大桥8号桥涵标	29°57′41.0″ 121°43′34.5″	莫（C）黄12秒	7.4	3	黄色柱形，顶标为黄色“X”形，标体明显处漆黑色水中构筑物标记

续表 11－11

类别	航标号	名称	位置（经纬度）	灯质	灯高（米）	射程（海里）	构造
雷达应答器	2483	七里屿灯塔	30°00′02.3″ 121°45′37.3″	信号 B （—・・・）	—	—	
雾号	2483	七里屿灯塔	30°00′02.3″ 121°45′37.3″	雾天每 90 秒鸣 4 次	—	—	
AIS 岸台	2483	七里屿灯塔	30°00′02.3″ 121°45′37.3″	—	—	—	

说明：资料来源宁波航标处

航标管理机构

解放前，镇海县沿海航标及甬江口附近航标由上海海关管理，甬江内的航标由宁波航政办事处管理。1950 年，镇海海上航标部分移交上海海务办事处，甬江内的港标由港务局管理。1953 年，由宁波港务监督站管理。1953—1982 年，海上航标由海军管理。1983 年，海上航标移交上海航道局镇海航标区管理。1986 年，镇海航标区划归上海海上安全监督局。1989 年，又划归宁波海监局，并设立航标处，与镇海航标区合署办公。同年，宁波海监局将原镇海监督站航标组管理的甬江内港标移交航标处。2001 年，镇海航标处划归上海海事局。2008 年，更名为宁波航标处。宁波航标处担负浙江沿海中北部南起三门湾，北到长江口海域国家公用干线航标的管理和养护。管理与维护的航标有 845 座，各类航标工作船 6 艘，具备沿海航标作业能力，能够保证辖区范围内航标的维护和应急反应工作。宁波航标处有航标工作船码头 4 个，AIS（船舶自动识别系统）岸台 5 个，AIS 监控中心 1 座、DGPS（全球卫星定位差分系统）台 1 座，配合船舶自动识别系统和遥测遥控系统平台等航标动态综合监控指挥系统的应用，提升航标应急反应能力和管理效率，推动航标向智能化、信息化和网络化方向发展。

第六节　水路运输企业

1986 年，镇海区外海航运公司为区属唯一沿海货运企业。城关渔业大队和澥浦渔业大队兼营海上货运业务。镇海发电厂等大工程单位自备船队运输。2000 年后，区人民政府出台发展航运业政策，一批海运企业入驻镇海，部分煤炭经营企业自购船舶搞运输，海运业较快发展。

2008 年注册运输企业（16 家）

宁波镇海明旭船务有限公司　1997 年 1 月成立，国有企业，经营国内沿海及长江中下游港口间货物运输。2008 年，固定资产原值 278 万元，员工 18 人。驳船 2 艘，“明拖 5”和“明驳 2005”。址镇海招宝山路 15 号。

宁波众茂海运有限公司　前身为 1997 年 4 月 30 日成立的宁波市镇海腾达船务有限公司。2008

年9月注册资本增至1000万元，更名为宁波众茂海运有限公司。址镇宁东路235号。员工52人，固定资产原值2215.7万元。经营国内沿海、长江中下游的煤炭、石灰石及其他货物运输。有船舶3艘，运力规模8129准载吨。

宁波绪扬海运有限公司　1999年1月成立，注册资本500万元。员工112人。2008年固定资产22000万元。有船舶11艘，44276准载吨。其中钢质普通货船4艘，油船7艘。经营国内沿海及长江中下游普货船运输。2003年11月1日以后，增成品油船运输。址镇海洞桥路15号。

宁波市镇海威远海运有限公司　1999年1月，由原镇海区外海航运公司职工等49人出资组建。注册资本299万元。员工96名。2008年，固定资产原值2520万元。有高速客轮1艘，普通客轮2艘，油船10艘。经营范围：客运为宁波至普陀山（停靠镇海、沈家门）航线。2003年4月1日始，调整为镇海至大衢、嵊泗航线。2006年5月1日，增白峰至沈家门、普陀山航线。货运：国内沿海及长江中下游普货船和成品油船运输。址沿江西路372号。

镇海满洋船务有限公司　2001年1月组建，注册资本660万元。员工33人。2008年固定资产原值2008万元。有散货船2艘，驳船3艘。经营省内沿海及内河B级各港普货船运输。2005年12月14日，调整为国内沿海及长江中下游普货船运输。址胜利路91号。

宁波市镇海恒兴船务有限公司　2001年9月成立，注册资本500万元。员工87名。2008年固定资产32319万元。有船舶6艘，7954准载吨，均为钢质油品运输船。经营国内沿海及长江中下游成品油船运输。址定海路289号。

宁波市太平洋海运有限公司　2003年7月成立，2004年1月开业。注册资本3000万元。员工123人。经营国内沿海及长江中下游普货船运输。2008年固定资产原值12.3亿元。有船舶5艘，196645准载吨。址平海路388号。

宁波市镇海泓翔海运有限公司　2004年1月成立。注册资本112万元。员工78人，2008年固定资产原值7800万元。有船舶4艘，17419准载吨。经营国内沿海及长江中下游普货船运输。址定海路289号。

宁波港龙海运有限公司　2004年2月成立。注册资本200万。员工83人。2008年固定资产原值1.5亿元。有散装化学品船舶4艘，油船3艘。经营国内沿海及长江中下游成品油船、化学品船运输。址镇骆东路656号。

宁波圣泽海运有限公司　2004年11月成立。注册资本1100万元。员工36人。2008年固定资产原值5600万元。有船舶3艘。经营国内沿海及长江中下游普货船运输。址定海路289号。

宁波天盛海运有限公司　2004年12月成立，注册资本2500万元。员工55名。2006年11月，由北仑区小港迁入镇海。2008年固定资产原值18.8亿元。有船舶2艘，191821准载吨。经营国内沿海及长江中下游普货船运输。址环城西路261号。

宁波市镇海港通船务有限公司　2005年3月成立，注册资本500万元。员工84人。2008年固定资产原值4509万元。有集装箱船舶3艘，7606准载吨，366标准箱（TEU）。经营国内沿海及长江中下游普货船运输。址招宝山路15号。

宁波合众海运有限公司　2005年11月成立。注册资本1000万元。员工33人。2007年3月，由奉化方桥工业区迁入镇海。2008 年固定资产原值 18600 万元。有散货船 2 艘，31065 准载吨。经营国内沿海及长江中下游普货船运输。址镇海环城西路 261 号。

宁波联合集装箱海运有限公司 2007 年 9 月成立，注册资本 2000 万元。员工 85 人。2008 年 11 月，由江东贺丞路迁址镇海招宝山路 15 号。固定资产原值 52020 万元。有散货船 5 艘 29855 准载吨。经营国内沿海及长江中下游普货船运输、集装箱班轮内支线运输。

宁波市镇海连悦船务有限公司 2008 年 9 月成立，注册资本 100 万元。员工 22 人。固定资产原值 1220 万元。有油船 1 艘，3182 准载吨。经营国内沿海及长江中下游成品油船运输。址车站路 310 号 204 室。

宁波思杰海运有限公司 2008 年 12 月成立，注册资本 500 万元。员工 13 人。固定资产原值 1500 万元。有油船 3 艘，3039 准载吨。经营国内沿海及长江中下游成品油船运输。址胜利路 59 号。

注销歇业企业（8 家）

镇海区外海航运公司 区属集体企业，隶属交通局。址沿江西路 21 号。1979 年 2 月，由镇海外海航运站和穿山外海航运站合并成立县外海航运公司。1985 年，改称区外海航运公司。时有职工 331 人，固定资产原值 215.85 万元，货船 12 艘，客轮 1 艘，拖轮 3 艘；货运量 10.50 万吨，货物周转量 3042 万吨千米。客运量 2.6 万人，旅客周转量 202 万人千米，营业收入 204.94 万元，利润 23.43 万元。1998 年 12 月，外海航运公司亏损严重破产。

宁波港股份有限公司油港轮驳公司 成立于 1980 年 8 月，前身是宁波港务管理局船队。2007 年 4 月，因运力规模不足 2000 准载吨注销。

宁波中燃船舶燃料有限公司 1985 年 5 月，由中国船舶燃料供应总公司与宁波港务局（宁波港集团公司）出资组建。成立时，固定资产原值 440 万元。有船舶 3 艘：“甬油 1”轮，1000 吨；“甬油 2”轮，1000 吨；“甬油 6”轮，600 吨。2001 年 5 月，公司迁址北仑。

宁波甬江海运有限公司 1997 年 9 月组建，注册资本 514.59 万元。成立初有船舶 1 艘，1996 准载吨。2002 年注销。时有固定资产 3000 万元，船舶 4 艘，1 万准载吨。经营国内沿海及长江中下游普货船、成品油船运输。址张鑑碶。

宁波市镇海永大船务有限公司 2003 年 11 月组建，注册资本 50 万元。固定资产原值 200 万元。有船舶 21 艘，12390 准载吨。经营国内沿海及长江中下游普货船运输。址环城北路 289 号。2005 年 4 月，因运力规模不足注销。

宁波市镇海敏杰物流有限公司 2003 年 11 月组建，注册资本 100 万元。从业人员 48 名，有船舶 4 艘，5436 准载吨。经营国内沿海及长江中下游普货、成品油船运输。2004 年 10 月，迁址奉化松岙镇湖头渡。

宁波甬金海运有限公司 2005 年 5 月成立，注册资本 1000 万元。员工 20 人。公司固定资产 2513 万元，散货船 1 艘，5077 准载吨。址车站路 48 号 3 楼。2008 年 6 月，公司船舶出卖后注销。

第二章　道路运输

1986—2008 年，镇海区道路运输业快速发展。旅客运输量从 1986 年的 79.58 万人增加至 2008 年的 2410 万人，货物运输量从 104 万吨增加到 1050 万吨。开通的公交线路从 3 条增加到 28 条。

1986 年，镇海区有国道 1 条，省道 1 条，县（区）乡道路 7 条，专用公路 7 条，公路总里程 93.48 千米，每百平方千米公路密度 42.72 千米。“七五”计划期间，长（石）邱（王）公路扩建工程竣工。“八五”计划期间，新建改建公路 13 条，计 52 千米，高级及次高级路面占通车公路总里程的 68%。“九五”计划期间，公路建设投资 3.8 亿元，新建改建道路 120 千米，其中新增一级公路 10.9 千米，二级公路 4.39 千米，基本实现村村通混凝土路。“十五”计划期间，“八横七纵”路网建设规划形成，陆续开工建设临江路（后称中官路）、九龙大道、新区主干道、化工区主干道、宁波北外环路镇海段。2007—2008 年，舟山大陆连岛工程宁波连接线镇海段和绕城高速镇海段开工建设，区域道路交通从末端提升为重要节点。

2008 年，辖区国道 1 条、省道 1 条、县（区）乡道 38 条、专用公路 6 条、村道 128 条，通车公路总里程 306.08 千米，每百平方千米公路密度 129.7 千米。

第一节　公　路

国道（1 条）

329 国道澥浦至常洪段　杭沈公路过境线，自澥浦岭入区境，至常洪出区境。长 16.72 千米。前身是 1930 年镇海县境内修筑的第一条公路——鄞慈镇公路组成的部分。1972 年澥常段路基拓宽至 12 米。1976 年 7 月至 1979 年 10 月，实施路桥改造，改砂石路为沥青路面，路宽 7～9 米。1989—1993 年，改沥青路为混凝土路。路基宽 12 米，面宽 9 米，桥梁 10 座，设计荷载汽－15。1997 年以“四自”（自行贷款、自行建设、自行收费、自行还贷）公路建设方式拓宽改造，1998 年 3 月改造完成，投资概算 1.2 亿元。改造后为 4 车道一级公路。路基宽 32～38.8 米，面宽 15.5～18 米，混凝土路面。两侧辅车道各宽 6 米，沥青路面。主、辅车道设钢质护栏，中央设中分带花坛，宽 3 米。路两侧绿色通道各宽 30 米。桥梁 10 座，桥与路基同宽，设计荷载汽－20。2007 年 6 月至 2008 年 7 月，镇海段路面整治，复改沥青砼路面。

省道（1 条）

320 省道骆驼至镇海段　长 12.074 千米。始建于 1934 年 10 月，时从骆驼到镇海小道头车站，里程 14.31 千米。路基宽 6.57 米，泥结碎石路面，宽 3 米，分段设会车道，石台木梁桥，载 6 吨。

1937年冬掘毁。1949年9月11日修复，因国民党飞机骚扰，试通车后又于同月17日停运。1950年6月11日恢复通车。1971年3月，路基拓宽至12米。1980年改建成沥青路面，宽8~9米。1996年以“四自”公路建设方式改造，为4车道一级公路。改造后路基宽35米，面宽15米，混凝土路。两侧辅车道宽各6米，沥青路。主辅道各设宽2米隔离花坛。中央设中分带花坛宽3米。路两侧绿色通道各宽30米。桥梁5座，桥与路基同宽。设计荷载汽-20。自骆驼到贵驷3.5千米系原路拓宽，贵驷至镇海7.4千米为改道新建路段。

县道（13条）

常（洪）镇（海）公路 高等级公路。起自常洪至镇海，长10.9千米。始建于1958年10月，次年因经济困难停建。1964年10月续建，1965年1月建成。时路基宽7.5米，砂石路面，面宽3.5~5.5米。1975年由宁波港建设指挥部出资改建，1978年完成。改造后路基宽12米，面宽9米，沥青路面，时系二级公路。1994年以“四自”公路建设方式拓宽改造。改造后路基宽42.5米，面宽22.5米，混凝土路面。两侧辅车道各宽6米，沥青路面。主辅道各设宽2米隔离花坛，中央设中分带花坛宽3米。两侧绿色通道各宽30米。桥梁3座，桥与路基同宽，设计荷载汽-20。1994年12月拓宽改造工程启动，翌年10月竣工。是镇海进入宁波市区的重要县道，为宁波市第1条6车道高等级公路。2005年至2007年，宁镇公路拓宽改建，投入资金1.04亿元。

骆（驼）慈（城）公路 系三级公路，境内段起自骆驼，经胜光、长石、庶来到汶溪，长9.667千米。1987年至1989年，分二段完成砂石路面改混凝土路面。1998年，汶溪卫生院至民主（与江北区毛力村相接）1.667千米砂石路面改混凝土路面。同年，骆驼至徐王3千米拓宽改建。

长（石）邱（王）公路 系四级公路，境内段起自徐王，经西经堂、田顾、马家桥、河头至邱王，长9.7千米。1990年，徐王至勤山7千米改砂石路为混凝土路。1999年，勤山至烈士陵园段改砂石路为混凝土路。2001年全国第二次公路普查，长邱公路镇海段长为8.187千米。

庄（市）俞（范）公路 亦名庄合线，二、三级公路，长11.045千米。1986年11月，始建庄市至钟包段混凝土路。1990年续建钟包至俞范段。2001年至2002年，康宁医院至后施段拓宽改造，投资概算4600万元。2003年5月至2004年7月，后施至运焦路续建，按二级公路标准建设，投资概算1亿元。2003年7月，庄市至康宁医院段拓宽改建。

炼化公司至澥浦公路 亦名炼澥线，三级公路，长8.77千米。1978年4月始建，时为炼化公司专用公路。1988年续建岚山至澥浦段，砂石路面。1993年改建混凝土路面，1994年竣工。2004年4月至2005年7月，K7+819—K8+770段按二级公路标准拓宽改建，与329国道相接，投资概算1968万元。

骆（驼）费（市）公路 三级公路，境内段起自骆驼经邵家汇，至江北大河桥。长3.2千米。1992年新建混凝土路面，1997年续建。2002年4月再拓宽改建。

黄（杨）观（庄）公路 三级公路，境内段起自骆慈线黄杨，至江北临山，长0.951千米。1998年砂石路改建为混凝土路。

余（严）汶（溪）公路 三、四级公路。起自澥浦余严，经沿山、金池、河头、杜郭、吴夹岙、勤山与骆慈线相接，长10.53千米。1995年开始，建余严至河头砂石路。1997年，改建混凝土路。1999 年建田央沈至吴夹岙混凝土路。2001 年，建吴夹岙至勤山混凝土路，2003 年，河头至田央沈改建沥青路。

贵（驷）镇（海）公路　二、三级公路。长 7.278 千米，原为省道骆霞公路镇海段。1996 年改为县道。起自贵驷，经甸张、禾丰、后施、炼油厂、俞范、石塘下，到静德桥与骆霞公路相接。1980 年改建沥青路。1996 年，后施至静德桥改建混凝土路。2007 年 11 月，对 K6 +504—K7 +244 路段（雄镇路口至静德桥）计 0.74 千米拓宽改建为混凝土路，按二级公路结合城市道路标准拓宽，2008 年 11 月竣工。

招宝山大桥接线　二级公路。起自大桥收费站，经宏远路、隧道北路到石塘下与贵镇公路相接，长 3.273 千米。1998 年 4 月动工建设，11 月竣工。

中贺线　二级公路。起自镇海经济技术开发区北欧工业区，经阮家永旺村，至东外环。长 1.409 千米。路基宽 50 米，面宽 17 米，两侧辅道各宽 4 米，沥青路面。2004 年竣工。

新长邱线　一级公路。起新城主干道，经骆费、骆慈公路至环湖路与原长邱线相接，长 8.407 千米。路基宽度 44 米，路面宽度：K0 +838—K2 +785 段 23 米，K2 +785—K9 +245 段 16 米。路中绿化带宽 6 ~11 米，主、辅车道分隔绿化带宽 3 米，两侧铺道各宽 5 米。两侧绿色通道各宽 12 米。建桥梁 7 座，桥与路基同宽，设计荷载汽 - 超 20。2003 年 12 月开工，2005 年 12 月竣工，投资概算 3.87 亿元。

图 11 -3　长邱新线（九龙大道）

沿海北线镇海段（化工区主干道） 一级公路。起自镇海港区化工北路，至澥浦与规划沿海北线慈溪段相接，全长14.434千米。一期工程：东起新泓口，西至与慈溪交界直堤，长7.955千米。路基宽52米，路面宽24米。新建桥梁2座，桥与路基同宽，设计荷载公路－Ⅰ级。2004年10月开工，2006年9月竣工。

乡道（25条）

2008年镇海区乡道情况统计表

表11－12 单位：千米

公路名	起至	长度	公路等级	路面形式	始建年份
长横	长胜—横溪	5.70	4	混凝土	1982
贵郑	贵驷—路沿郑	5.23	3	混凝土	1991
西上	西经堂—上畦	1.87	4	混凝土	1991
贵光	贵驷—光明	4.47	3	混凝土	1996
团双	团桥—双斛	3.08	3	混凝土	1996
庄宁	庄市—宁大	3.00	3	混凝土、沥青	1996
民苏	民主—苏湖岭	0.95	4	混凝土	1996
觉庙	觉渡—庙后	0.84	4	混凝土	1996
贵妙	贵驷—妙胜	1.45	3	混凝土	1996
丁妙	丁卯桥—妙胜	1.18	3	混凝土	1996
陈徐	陈家—徐家堰	2.69	3	混凝土	1996
十朗	十字路—朗家坪	1.10	4	混凝土	1996
西新	西经堂—新堰头	1.62	3	混凝土	1997
曹杨	曹朗—杨家	1.43	3	混凝土	1997
王方	王家—方针	1.45	3	混凝土	1997
俞临	俞范—临江	1.86	3	混凝土	1998
觉林	觉渡—林周	5.34	3	混凝土	1999
田方	田顾—方针	2.98	3	混凝土	1999
庙通	庙戴—通德	2.00	3	混凝土	1999
汶秦	汶溪—秦山	4.35	4	混凝土	1999
骆畈	骆驼—畈田塘	3.84	4	混凝土	2000
袁郑	袁家—路沿郑	1.30	3	混凝土	2000
长邵	长石—邵家汇	1.90	3	混凝土	2001
骆贵	骆驼—贵驷	3.00	3	混凝土	2001
澥泥	澥浦—泥螺山	0.80	—	混凝土	2002

说明：资料来源区建设与交通局

专用公路（6条）

镇海港区进港公路

张鑑碶至煤码头，长3.3千米，路基宽10米，混凝土路宽7米。桥梁1座，桥宽12.6米，设计荷载汽－15，二级公路。1980年建成。

五里牌至大件码头，长1.2千米，路基宽10米，沥青路宽7米。桥梁1座，桥宽7.9米，设计荷载汽－20，三级公路。1980年6月建成，1998年改建混凝土路。

俞范至火车站，长1.0千米，路基宽10米，沥青路宽8米。桥梁1座，桥宽10米，设计荷载汽－15，四级公路。1982年建成。

清水浦至渔业基地，长1.0千米，路基宽11米，原为砂石路，后改建混凝土路，宽6米。桥梁1座，桥宽9.7米，设计荷载汽－10。四级公路。1982年建成。

陈家至新泓口，长2.1千米，路基宽6.5～11.9米，混凝土路宽6.3～8.8米，无桥梁，四级公路，1993年建成。

岚山至岚山水库，长0.8千米，路基宽8米，混凝土路宽5～7米，无桥梁，等外公路。

村道（128条）

2008年全区村道128条，计116.682千米。其中：骆驼街道29条，计29.97千米；九龙湖镇34条，计25.56千米；澥浦镇17条，计12.555千米；蛟川街道20条，计13.977千米；庄市街道28条，计34.619千米。

2008年镇海区公路等级状况统计表

表11－13　　单位：千米

<table>
<tr><th>行政等级/里程</th><th>技术等级/里程</th><th>路面等级/里程</th><th>砂石路</th><th>沥青路</th><th>混凝土路</th></tr>
<tr><td>国道/16.72</td><td>一级/56.061</td><td>高级/298.855</td><td>—</td><td>12.534</td><td>4.186</td></tr>
<tr><td>省道/12.074</td><td>二级/13.422</td><td>次高级/7.229</td><td>—</td><td>—</td><td>12.074</td></tr>
<tr><td>县道/88.936</td><td>三级/91.241</td><td rowspan="4">—</td><td rowspan="2">—</td><td rowspan="2">38.962</td><td rowspan="2">112.788</td></tr>
<tr><td>乡道/62.814</td><td>四级/38.123</td></tr>
<tr><td>专用道/8.858</td><td>等外/107.237</td><td>—</td><td>1.0</td><td>7. 858</td></tr>
<tr><td>村道/116.682</td><td>—</td><td>7.229</td><td>—</td><td>109.453</td></tr>
<tr><td>总计</td><td colspan="2">306.084</td><td>7.229</td><td>52.496</td><td>246.359</td></tr>
</table>

说明：资料来源区建设与交通局

第二节　桥梁　隧道

公路桥梁

2008年，镇海区公路桥梁共186座，合计3585.44延米。其中大桥1座，中桥15座，小桥170座。其中，国、省、县乡公路桥梁113座，村道桥梁73座。沿海北线澥浦大桥，为区域内唯一公路大桥，全长165米，跨径为8×20米，桥面宽24米，设计荷载公路－Ⅰ级。

2008年镇海区公路桥梁情况统计表

表11－14

公路名	桥涵洞	孔数、结构型式	跨径（米）	桥长（米）	行车道宽（米）	荷载量（吨）	建、翻建年份
杭沈线	余严桥	1孔空心板梁　组合式桥台	8.0	14.0	18.0	汽－20	1997
	三七房桥	3孔空心板梁　组合式桥台	32.8	38.8	18.0	汽－20	1998
	觉渡桥	2孔空心板梁　组合式桥台	18.0	24.6	18.0	汽－20	1997
	蒋家桥	1孔空心板梁　组合式桥台	10.0	16.0	18.0	汽－20	1997
	清河桥	1孔空心板梁　组合式桥台	10.0	16.0	18.0	汽－20	1997
	南河桥	1孔空心板梁　组合式桥台	9.0	15.0	18.0	汽－20	1997
	骆驼桥	4孔空心板梁　组合式桥台	28.0	34.0	16.9	汽－20	1997
	刘杜桥	2孔空心板梁　组合式桥台	16.0	22.0	18.0	汽－20	1998
	洪家桥	1孔空心板梁　组合式桥台	13.0	19.0	18.0	汽－20	1997
	彭王庙桥	5孔空心板梁　组合式桥台	40.0	46.0	18.0	汽－20	1997
骆霞线	借邑港桥	1孔板梁　墙式桥台	6.0	8.0	15.0	汽－20	1996
	甸张桥	1孔空心桥梁　墙式桥台	13.0	14.3	15.0	汽－20	1996
	后大河桥	3孔空心板梁　墙式桥台	36.0	43.5	15.0	汽－20	1996
	东港河	1孔板梁　墙式桥台	6.0	23.5	15.0	汽－20.0	1996
	管廊桥	2孔空心板梁　墙式桥台	40.0	45.5	15.0	汽－20	1996
常镇线	勤勇桥	3孔T形梁　多柱框架式桥台	39.0	56.4	25.6	汽－超20	1995
	河湾桥	1孔T形梁　墙式桥台	6.0	12.5	25.6	汽－超20	1995
	管廊桥	2孔T形梁　墙式桥台	40.0	48.1	25.6	汽－超20	1995
庄南线	春荫桥	3孔板梁　U形桥台	24.0	34.6	16.0	汽－20	2003
	千岁桥	3孔空心板梁　组合式桥台	28.2	38.8	15.0	汽－20	2002
	丁卯桥	3孔空心板梁　U形桥台	32.8	43.7	15.0	汽－20	2002
	邵家桥	1孔桥梁　U形桥台	6.0	16.0	16.6	汽－20	2002
	1号桥	1孔空心板梁　双柱框架式桥台	13.0	13.0	16.0	汽－超20	2004
	3号桥	3孔空心板梁　双柱框架式桥台	24.0	65.7	16.0	汽－超20	2004
	4号桥	3孔空心板梁　双柱框架式桥台	24.0	24.0	16.0	汽－超20	2004
	5号桥	1孔空心板梁　空箱式桥台	10.0	10.1	16.0	汽－超20	2004
	6号桥	1孔空心板梁　组合式桥台	10.0	10.0	16.0	汽－超20	2004

续表 11－14

公路名	桥涵洞	孔数、结构型式	跨径（米）	桥长（米）	行车道宽（米）	荷载量（吨）	建、翻建年份
骆慈线	青山港桥	1 孔空心板梁　U 形桥台	8.8	14.0	7.0	汽－10 级	1988
	芳岗桥	1 孔空心板梁　U 形桥台	8.6	16.4	14.5	汽－20	1995
	贺家桥	1 孔空心板梁　U 形桥台	13.0	21.3	7.0	汽－10 级	1987
	胜光桥	1 孔板梁　U 形桥台	5.6	9.3	8.5	汽－10 级	1988
	赵外王桥	1 孔板梁　U 形桥台	7.6	14.7	7.0	汽－10 级	1988
	徐王桥	1 孔板梁　U 形桥台	5.6	10.9	7.0	汽－10 级	1988
	长石桥	1 孔板梁　U 形桥台	5.5	15.5	8.5	汽－10 级	1976
	孙陆桥	1 孔板梁　U 形桥台	7.8	16.6	7.0	汽－10 级	1988
	蟹蛏桥	3 孔板梁　U 形桥台	14.3	19.4	7.0	汽－15 级	1985
	迎东桥	1 孔空心板梁　U 形桥台	8.3	12.5	7.0	汽－15 级	1990
黄观线	黄杨桥	3 孔空心板梁双柱框架式桥台	17.7	31.7	8.5	汽－20 级	1994
贵镇线	新明桥	1 孔板梁　U 形桥台	6.6	9.1	11.7	汽－10 级	1981
	甸张桥	1 孔板梁　U 形桥台	7.2	17.0	11.5	汽－20	1981
	俞范桥	1 孔板梁　U 形桥台	7.0	10.4	12.0	汽－20	1979
	静德桥	3 孔空心板梁　埋置衡重式桥台	20.0	25.0	14.0	汽－20	1988
长邱线	严四宅桥	2 孔空心板梁　U 形桥台	13.6	25.4	7.0	汽－10 级	1981
	翁家桥	1 孔板梁　U 形桥台	6.0	13.6	8.2	汽－15 级	1990
	马家桥	空心板梁　U 形桥台	16.7	26.0	7.0	汽－10 级	1981
余汶线	河头桥	1 孔板梁　U 形桥台	7.7	19.76	15.6	汽－20 级	1998
	田央沈桥	3 孔空心板梁　U 形桥台	18.0	23.2	5.2	汽－10 级	2001
	河头陈桥	1 孔板梁　U 形桥台	5.0	12.2	9.2	汽－10 级	1997
炼澥线	新泓口桥	2 孔空心板梁　U 形桥台	12.2	23.3	7.0	汽－10 级	1984
	中星桥	1 孔板梁　U 形桥台	5.0	12.8	9.0	汽－15 级	1993
	岚山桥	1 孔空心板梁　U 形桥台	12.7	22	8.0	汽－10 级	1984
	澥浦桥	3 孔空心板梁　组合式桥台	33.2	39.9	7.0	汽－10 级	1994
	航道 14 号桥	3 孔空心板梁　组合式桥台	28.3	38.6	7.0	汽－20 级	1988
骆观线	邵家汇桥	1 孔空心板梁　U 形桥台	8.0	16.0	18.0	汽－20 级	2003
贵光线	耕渔桥	3 孔空心板梁　组合式桥台	25.2	33.2	7.1	汽－20 级	1993
	贵公桥	1 孔板梁　组合式桥台	5.0	15.3	8.5	汽－20 级	1996
	周林港桥	3 孔空心板梁　组合式桥台	18.0	19.6	8.5	汽－20 级	1996

续表 11－14

公路名	桥涵洞	孔数、结构型式	跨径（米）	桥长（米）	行车道宽（米）	荷载量（吨）	建、翻建年份
团余线	迎丰桥	3 孔空心板梁　组合式桥台	16.2	22.6	8.5	汽－20 级	1996
	河角桥	1 孔板梁组合式桥台	5.0	12.0	8.5	汽－20 级	1996
	东钱桥	1 孔板梁　组合式桥台	6.0	14.5	8.5	汽－20 级	1996
	双斟桥	1 孔板梁　组合式桥台	5.0	12.5	8.5	汽－20 级	1996
觉林线	觉渡桥	3 孔板梁　组合式桥台	24.0	25.7	7.0	汽－20	1995
	徐家一桥	1 孔板梁　组合式桥台	5.0	14.6	7.0	汽－20	1995
	徐家二桥	1 孔板梁　组合式桥台	5.0	14.6	7.0	汽－20	1995
	兴旺桥	3 孔板梁　组合式桥台	32.8	34.9	7.0	汽－20	1996
	杨家桥	3 孔空心板梁　组合式桥台	26.1	28.1	7.0	汽－20	1997
	四联桥	1 孔板梁　组合式桥台	5.8	12.4	8.7	汽－20	1997
	四杨桥	1 孔板梁　组合式桥台	8.0	14.5	8.5	汽－20	1997
	龚家桥	1 孔空心板梁　组合式桥台	8.0	15.8	7.5	汽－20	1997
	小清水湖桥	1 孔空心板梁　组合式桥台	8.4	18	8.5	汽－20	1997
西上线	杨家桥	1 孔空心板梁　组合式桥台	10.5	11.9	8.6	汽－15 级	1991
庄宁线	叶家桥	1 孔空心板梁　组合式桥台	8.5	16.0	16.5	汽－20	1996
	曹家桥	1 孔板梁　组合式桥台	7.0	22.5	16.5	汽－20	1996
	张家桥	1 孔板梁　组合式桥台	6.7	18.0	26.6	汽－20	2001
	同心桥	1 孔板梁　组合式桥台	8.5	19.4	22.7	汽－20	1996
骆畈线	镇东桥	3 孔空心板梁　组合式桥台	20.8	23.1	13.5	汽－20	1999
	金华桥	1 孔板梁　组合式桥台	5.0	11.6	8.5	汽－20	1999
	河角桥	1 孔板梁　组合式桥台	6.0	13.3	9.5	汽－20	1999
长邵线	何仙桥	3 孔板梁　组合式桥台	26.5	29.6	4.6	汽－15 级	1994
汶秦线	矸闸桥	2 孔空心梁板　组合式桥台	15.5	17.0	4.0	汽－10 级	1986
	吉清桥	3 孔板梁　组合式桥台	11.0	11.8	4.9	汽－20	1998
西新线	西河桥	3 孔空心板梁　组合式桥台	21.0	24.3	5.5	汽－10 级	1997
十郎线	郎家坪桥	1 孔板梁　组合式桥台	5.0	10.0	6.8	汽－20	1998
曹杨线	宗家桥	1 孔板梁　组合式桥台	6.0	13.0	8.4	汽－20	1997
王方线	方针桥	3 孔板梁　组合式桥台	20.0	22.2	7.0	汽－20	1997
庙通线	曲塘桥	1 孔板梁　组合式桥台	5.0	9.6	11.0	汽－10 级	1991

续表 11－14

公路名	桥涵洞	孔数、结构型式	跨径（米）	桥长（米）	行车道宽（米）	荷载量（吨）	建、翻建年份
丁妙线	龙舌桥	1孔板梁　组合式桥台	5.6	12.6	7.6	汽－15	1998
田方线	三官塘桥	3孔空心梁板　组合式桥台	24.0	26.2	7.4	汽－20	2001
	小王家桥	板梁　组合式桥台	22.0	24.2	7.0	汽－20	1999
贵郑线	北一桥	1孔板梁　组合式桥台	5.3	9.7	6.2	汽－15级	1991
	福田桥	1孔板梁　组合式桥台	5.1	15.1	7.1	汽－15级	1991
	沙河桥	1孔板梁　组合式桥台	5.2	10.8	7.5	汽－20	1995
陈徐线	思源桥	3孔空心板梁　组合式桥台	10.8	11.7	5.5	汽－20	1999
	大统桥	2孔肋拱　拱砂桥台	11.4	18.8	4.8	汽－10级	1938
俞临线	庙后张桥	1孔板梁　组合式桥台	6.0	12.0	8.7	汽－20	1998
	张陈傅桥	1孔板梁　组合式桥台	5.9	13	8.7	汽－20	1998
袁郑线	澥浦四桥	4孔板梁　组合式桥台	35.0	36.0	7.4	汽－20	2000
骆贵线	长安桥	1孔板梁　组合式桥台	8.4	16.0	14.7	汽－20	2000
	金华桥	1孔板梁　组合式桥台	5.0	17.5	16.0	汽－20	2001
张煤线	1号桥	3孔空心板梁　组合式桥台	29.0	30.0	9.0	汽－15级	1992
五大线	1号桥	3孔板梁　组合式桥台	14.5	15.4	7.0	汽－20	1996
俞火线	1号桥	1孔板梁　组合式桥台	5.0	6.0	8.4	汽－15级	1988
清渔线	1号桥	1孔板梁　组合式桥台	6.7	15.6	7.1	汽－10级	1978
中贺线	阮家桥	3孔空心板梁　双柱框架式	10.0	34.0	17.0	汽－20	2004
招宝山大桥接线	后沙河桥	3孔空心板梁双柱框架式	22.0	20.0	20.0	汽－20	1998
新长邱线	洪庄庙桥	3孔空心板梁双柱框架式	24.0	27.0	17.0	公路一级	2005
	胜光桥	3孔空心板梁多柱框架式	39.0	42.7	17.0	公路一级	2005
	横河桥	3孔空心板梁双柱框架式	24.0	27.0	17.0	公路一级	2005
	上河严桥	2孔空心板梁双柱框架式	26.0	35.0	17.0	公路一级	2005
	翁家桥	3孔空心板梁多柱框架式	39.0	42.7	17.0	公路一级	2005
	勤三桥	2孔空心板梁双柱框架式	16.0	19.0	17.0	公路一级	2005
沿海北线镇海段	澥浦大桥	8孔空心板梁U形桥台	160.0	165.0	24.0	公路一级	2006
	北海桥	1孔空心板梁组合式桥台	16.0	16.0	52.0	公路一级	2006

说明：资料来源区建设与交通局。村道桥73座计896延米，未列表

甬江隧道

位于镇海张鑑碶与北仑衙前之间。1987年6月动工建设，1995年11月8日建成通车。单管双车道结构，隧道长1019延米。其中江中沉管420米，内壁净宽10.2米，路面宽7.5米，净高4.5米。采用5节85米×11.9米的钢筋混凝土大型沉管水底对接而成。按平原微丘二级公路标准设计，设计行车速度60千米/时，日通车能力5500辆。隧道内置有两排高压钠灯照明，6台射流风机通风，并建有消防、监控、通信等设施。两端公路接线2802米，总投资15967万元。建设单位宁波市交通委。设计单位浙江省交通设计院。施工单位广州救捞局。监理单位交通部南京、东华监理公司。质量鉴定宁波市交通工程质量监督站。自1995年11月8日建成通车，至2007年10月17日零时止，共计通行收费车辆2920.37万辆。

招宝山大桥

横跨甬江口，连接镇海区的招宝山和北仑区的金鸡山。1995年6月8日开工，2001年6月8日建成通车。按城市快速路标准，设计新颖，技术含量高，如斜拉桥的通航路径为是时全国之冠，斜塔柱呈花瓶造型为国内首创。整个工程包括主桥、引桥、隧道、引路四个部分，全长2552米。主桥为单塔双索面不对称预应力钢筋混凝土斜拉桥，长568米，宽29.5米，行车道宽度2×11.25米，双向6车道，设计车速为每小时60千米，日通过能力机动车5万辆。通航主孔宽258米，边孔宽185米，净空高32米，5000吨级的客货轮可全天候通过。招宝山隧道长169米，来往分流有平行的

图11－4　招宝山大桥

2 个隧洞。主塔高 148. 5 米，其标准截面为双箱单室开口箱形截面；引桥为简支梁桥；匝道桥为 25 米跨连续箱梁。桥梁设计荷载为汽 – 超 20，挂 – 120。总投资 3. 6 亿元，建设单位：宁波兴业大桥有限公司。设计单位天津市市政工程设计研究院，中铁大桥勘测设计院。施工单位：铁道部在桥工程局，铁道部大桥工程局第一桥梁工程处，铁道部第一工程局第三工程处，宁波市市政工程总公司等。监理单位：武汉桥梁建筑工程监理公司，铁科院建设监理部华铁工程咨询公司。由宁波市计委、交通委员会、交通建设质量监督站、交警支队参加对大桥的工程质量鉴定。

第三节　客　运

1985 年撤县划区前，镇北地区旅客运输由省汽车运输公司宁波分公司经营。开通的客运班线有：

由宁波北站发车的班线 7 条：宁波经骆驼至镇海、宁波至澥浦、宁波至汶溪、宁波至民主、宁波经邱王到河头、宁波经胜光至河头、宁波至横溪。

由宁波北站发车的过境镇海线 10 条：宁波至观城、宁波至淞浦、宁波至浒山、宁波至庵东、宁波至海晏庙、宁波至新浦、宁波至胜山、宁波至周巷、宁波至泗门、宁波至余姚，在镇海境内停靠庄市，团桥，骆驼、觉渡、澥浦。

由镇海城关发车的班线 6 条：镇海至浒山，镇海至余姚，镇海至诸暨、镇海至汶溪，镇海至河头、镇海至骆驼。

由骆驼发车的班线 4 条：骆驼至余姚，骆驼至浒山，骆驼至澥浦，骆驼至河头。

20 世纪 80 年代中期，道路旅客运输向社会开放。1984 年 6 月，镇海县供销社开办镇海县储运旅游服务公司，开通镇海至宁波火车南站线路。同年 7 月，镇海县汽车站建立客货混合车队，开通镇海经骆驼至余姚、镇海经宁波北至慈溪线路。1985 年，又开通镇海至宁波南站，镇海至余姚，镇海至周巷线路。1987 年 6 月，镇海汽车大修厂成立镇海区公交公司（1990 年并入镇海长途汽车运输公司），开通镇海招宝山至宁波南站、镇海至澥浦、镇海至汶溪线路。

1988 年 7 月，省汽车运输公司宁波分公司客运业务下放镇海区。镇海区成立宁波市镇海长途汽车运输公司（1992 年改名镇海公路运输总公司）。经营镇海至庄市，镇海经岚山至澥浦，镇海经沙河至澥浦，庄市至澥浦，招宝山至滕山，骆驼至河头等区内班线。跨区班线有镇海至新碶，镇海经河头至观城，镇海经保国寺至东邵，骆驼至郭巨，骆驼至大榭，吴夹岙至宁波北，毛力经骆驼至宁波北，镇海至溪口等。

至 2008 年，镇海区开通的跨省、市客运班线 21 条，大市内跨区客运班线 5 条。

跨省、市班线

跨省线 4 条：镇海至鄱阳、六安、界首，颍上。跨市线 17 条：镇海至诸暨、东阳、义乌、三门、丽水、磐安、温岭、衢化、温州、临海、常山、杭州、永康、沈家门、杜桥、四岔、杭州（高速公路线）。

2008 年镇海区开通的跨省、市客运班线情况表

表 11－15

起点	终点	里程（千米）	日班次	开班年份	起点	终点	里程（千米）	日班次	开班年份
镇海	诸暨	195	1	1984	镇海	鄱阳	732	0.5	1984
镇海	沈家门	117	1	1986	镇海	界首	981	0.5	1984
镇海	临海	177	1	1989	镇海	颍上	836	0.5	1984
镇海	东阳	237	1	1990	镇海	常山	443	0.5	1984
镇海	杭州	208	3	1991	镇海	杭州	172	2	1984
镇海	衢化	408	1	1993	镇海	磐安	241	1	1984
镇海	温岭	268	1	1993	镇海	丽水	366	1	1984
镇海	温州	393	0.5	1994	镇海	杜桥	238	1	1984
镇海	三门	153	1	1994	镇海	四岔	231	1	1984
镇海	义乌	255	1	1996	镇海	六安	800	0.5	1984
镇海	永康	273	1	1996					

说明：日班次 0.5 系指隔日发 1 班

市内跨区班线

开通的市内跨区班线 5 条：镇海至余姚、镇海至石浦、镇海至宁海、镇海至慈溪（2 条）。

镇海至余姚 1984 年开通，投放 45 座大客 1 辆，每日 1 班。全程 78 千米，初时全程票价 6.50 元。区内停靠后施、贵驷、骆驼、觉渡、澥浦 5 站。1992 年 3 月、1998 年 7 月，车辆更新为 40 座大客。2004 年 2 月，又更新为宇通 40 座空调大客。沿途停靠改为掌起、淞浦、裘市、沈师桥、观城、樟树、慈溪、横河、石堰。全程票价 22 元。

宁波北至慈溪 1997 年 9 月开通，镇海经宁波北至慈溪。先后投放 40 座大客 3 辆。1999 年 3 月，线路缩短为宁波北至慈溪。2003 年，大客陆续更换为中巴车。沿途停靠骆驼、澥浦、观城等站，后定线不定点。全程 64 千米。初时全程票价 9 元。现全程票价 17 元。

镇海至石浦 2000 年 4 月开通，投放 19 座中巴车 1 辆，每日 1 班。2004 年 7 月，车辆更新为 20 座宇通空调中客。全程 108 千米，初时全程票价 25 元，沿途停靠张鑑碶、横山码头、丹城，后调整为横山码头、西泽、丹城。现全程票价 38 元。

镇海至宁海 2003 年 4 月开通，投放宇通 20 座豪华双空中客 1 辆。每日 2 班，全程 120 千米。初时全程票价 11.80 元，沿途停靠骆驼、宁波、西店。后调整为停靠奉化、西店、梅林。现票价 30 元。

宁波南至慈溪（快客） 2003 年 9 月开通，每日 2 班。宁波南直达慈溪，全程 70 千米。初时票价 12 元，现票价 19 元。

旅客运输量

1986—2008 年，镇海区全社会公路旅客运输量累计 28246.39 万人。

1986—2008 年镇海区公路旅客运输量情况表

表 11-16

年份	运输量（万人）	周转量（万人千米）
1986	79.58	1963.42
1987	111.13	2914.37
1988	446.74	9866.53
1989	473.80	11690.27
1990	393.10	9890.74
1991	389.18	8997.22
1992	633.86	17828.19
1993	557.00	15032.00
1994	639.20	16616.00
1995	1047.80	20307.00
1996	1686.00	62442.00
1997	1726.00	54005.00
1998	1740.00	54120.00
1999	1705.00	53038.00
2000	1785.00	56506.00
2001	1821.00	59930.00
2002	1760.00	60700.00
2003	1935.00	67345.00
2004	2110.00	365.20
2005	164.00	9850.00
2006	2283.00	77435.00
2007	2350.00	97830.00
2008	2410.00	98850.00

说明：资料来源《镇海区统计年鉴》

出租车客运

1984 年 4 月，贵驷民联村民刘雪定购入菠罗乃茨轿车 1 辆（浙 02-70636）从事客运出租，为镇海县从事出租车运输第一人。1984 年 12 月，镇海县出租汽车公司成立，系镇海首家出租车公司。建区后 1986—1993 年，出租车经营权通过行政审批取得，高峰时的 1993 年全区有出租汽车 93 辆，其中出租汽车公司 29 辆、私人经营 64 辆。1994 年 4 月，市人民政府 27 号令《宁波市出租汽车客运管理办法》出台，规定营运车辆投放以及经营权实行竞拍和有偿使用。此后镇海区无新增出租车。1996年，宁镇、镇骆“四自公路”收取通行费后，区内出租车转户频繁，大都转到效益较好的老市区经营。至2008年年末，镇海区出租车仅27辆。

城区小客车客运

区域内代步车，与出租车有别。1996年年初推出城区小客车，由镇海区公路运输总公司经营。是年，投放“奥拓”车32辆。车身黄色，俗称“小黄的”。1998年7月，镇海区顺达汽车租赁公司18辆桑塔纳和2辆夏利车纳入城区小客车营运，城区小客车总数达52辆。区交通部门规定城区小客车营运范围：宁镇线不超过镇海发电厂大门，骆霞线至静德桥，城北以进港公路为界。收费定为每人每车次5元。2001年12月，“奥拓”车更新为“富康”车，车色统一为蓝色，城区小客车又称“小蓝的”。2007年5月，城区小客车更新为红色“富康”车。

旅客运输企业

镇海区公共交通有限公司，国有企业，隶属于宁波市公交总公司。公司前身为创建于1954年的浙江省汽车运输公司宁波分公司镇海站。1988年7月，客货运输业务由下放镇海区，改称宁波市镇海长途汽车运输公司。1992年12月，更名宁波市镇海公路运输总公司。2000年1月，成建制并归宁波市公交总公司，在镇海区设宁波公共交通第五分公司，保留宁波市镇海公路运输总公司牌子。2008年，改为今名。公司场站占地面积6万平方米，建筑面积2.1万平方米，有员工650人。主营城市公交、长途客运、货物运输、车辆检测、汽车大修、汽配经营等。具备道路旅客运输三级、货物运输四级资质。址骆驼街道慈海南路770号。

第四节 货 运

货物运输量

镇海区主要货物运输品种为煤炭、液化品、钢材、废旧金属、油品。运输方式从散装为主，逐步转向快车整车运输、港海陆直达运输、甩挂运输、罐装液体化工运输和集装箱运输。

1986—2008年，镇海区货物运输量累计13656万吨，货物运输量周转量累计697994万吨千米。

1986—2008年镇海区货物运输量情况表

表11－17

年份	运输量（万吨）	周转量（万吨千米）
1986	104	2630
1987	274	8433
1988	242	8695
1989	245	8483
1990	365	8761

续表 11－17

年份	运输量（万吨）	周转量（万吨千米）
1991	370	9405
1992	555	20591
1993	706	22035
1994	508	16148
1995	792	60236
1996	705	38705
1997	723	39255
1998	665	35410
1999	590	38443
2000	583	31768
2001	621	33138
2002	629	34000
2003	670	37240
2004	740	40590
2005	700	42160
2006	821	46053
2007	998	57065
2008	1050	58750

说明：资料来源《镇海区统计年鉴》

货运企业

1985 年，镇海区专业运输公司 2 家。镇海运输公司，国有企业，职工 139 人，汽车 22 辆 168.5 吨位，年货运量 5.89 万吨，货物周转量 483.69 万吨千米。镇海第二运输公司，集体企业，职工 89 人，汽车 15 辆 110.5 吨位，机动小货车 2 辆 0.85 吨位，运输拖拉机 3 辆 4.5 吨位，挂车 4 辆 22 吨位，装卸机械 5 台，汽车吊 1 辆，年货运量 6.38 万吨，周转量 542.65 万吨千米。区物资局、区粮食局、镇海发电厂、宁波港务局镇海作业区、交通部第三航务工程局第四工程处、浙江炼油厂等单位自备运输车辆（队）搞运输。乡镇属有庄市、贵驷、清水浦搬运队，副业运输队 24 个。20 世纪 90 年代，区属国有、集体运输企业转制改革，退出运输市场，民营运输企业成货运市场主体。

2008 年，辖区道路运输业（户）1560 家，有车 3093 辆，总吨 27240 吨，其中四级以上货物运输企业 11 家；其中危险品运输企业 26 家，有车 395 辆，总吨 8049 吨；其中集装箱运输企业 13 家，有车 177 辆，总吨 5142 吨。

2008 年镇海区四级以上货物运输企业情况表

表 11－18 单位：人

企业名称	成立年份	地址	主营业务	职工
宁波金洋化工物流有限公司	1995	镇宁东路液体化工市场	危险品、集装箱	140
镇海运输有限公司	2000	镇骆西路 1988 号	普货、集装箱、危险品	66
宁波镇海华达运输有限公司	2001	镇海宏远路 77 号	普货、集装箱	92
宁波雄镇物流有限公司	2001	平海路 788 号	普货	120
宁波福莱物流有限公司	2001	镇海聪园路 131 弄 21 号	普货、集装箱	41
镇海通华货物运输有限公司	2002	定海路 289 号	普货、集装箱	56
宁波力达运输有限公司	2003	定海路 289 号	普货、集装箱	28
镇海石化物流有限公司	2005	镇海石化总厂内	危险品、集装箱、普货	420
集装箱运输海关监管车队	2005	镇海再生资源加工园区	集装箱	38
宁波长锦物流限公司	2005	定海路 289 号	普货、集装箱	20
宁波凯华物流有限公司	2005	定海路 289 号	普货、集装箱	18

说明：资料来源区公管所

企业选介

宁波金洋化工物流有限公司 创办于 1995 年 6 月，注册资金 1018 万元。址镇宁东路液体化工交易市场南楼。办公场所 600 平方米，危险品车停车专用场地 16800 平方米。有重型危险化学品运输车辆 94 辆，吨位 2758 吨。其中罐式车 60 辆，1692 吨，箱式车 32 辆，1056 吨。主要运送易燃液体类、易燃固体遇水放出易燃气体物质类、毒性物质和感染物质类以及腐蚀物质类等危险化学品。年运输量近 50 万吨。有员工 255 人，其中管理人员 23 人，驾驶员、押运员 220 余人，人员持证上岗率 100 %。车辆营运中建有“三点一线”的管理模式（即装载地、卸载地和停车场；运输全过程控制）。多次参加省、市、区人民政府管理部门组织的应急救援演练。多次代表宁波危险化学品运输企业接受上级部门和行业部门的考察。2007 年获宁波市道路危险品运输企业信用 AAA 级、宁波市安康杯活动竞赛优胜企业单位。2008 年获浙江省安康杯活动竞赛优胜企业单位、宁波市交通委确定为市级龙头物流企业。公司货物运输业务网点遍及华东地区省市及河南、山东、广东、福建、广西、江西、湖南等地，在徐州、嘉兴建立长期的物流网点。主要客户有：世界 500 强企业英国 BP 公司；德国 Bayer 公司；阿克苏诺贝尔（AkzoNobel）公司；在全球松香加工行业享受盛誉的韩国（独资）南宁利通树脂有限公司；全国最大氟化工业生产基地浙江衢化股份有限公司；炼油能力居世界第 18 位的镇海炼化；合成材料制造业百强企业烟台万华聚氨酯有限公司；以氯碱化工为基础的综合型化工企业宁波镇洋化工发展有限公司；腈纶龙头企业浙江杭州湾腈纶有限公司；世界最大乙氧甲醛生产基地、全国最大维生素饲料添加剂生产企业浙江新和成股份有限公司等。

宁波卓承石化物流有限公司 2008 年 3 月成立，注册资金 1000 万元，总投资 6000 万元。由宁波卓远经贸发展（集团）有限公司与宁波市天晴运输有限公司出资组建。址蛟川街道镇浦路 2188

号。公司占地面积2万平方米，有3000平方米办公楼。配置1.2万平方米的大型危化品运输车辆停车场及车辆维护中心，可容纳30吨运输车80辆。公司与中石化化工销售华东分公司、中海油宁波大榭石化有限公司、镇海炼化分公司、杭州石化有限责任公司、江山化工股份有限公司、无锡焦化有限公司、中国石化高桥分公司、宁波港化工码头仓储公司等建立运输关系。公司为宁波化学工业区管委会指定的园区唯一石化物流承运商。有职工120人。有营运车44辆，1360总吨，其中有压力槽罐车6辆，计162吨，能装运丙烯、环氧乙烷、丙烷、一氯甲烷、二甲醚、碳五等高危产品；有25立方米、26立方米、28立方米、36立方米、40立方米、42立方米不锈钢保温槽罐车计24辆，700总吨，专业承运苯酚、丙酮、甲苯、二甲苯、邻苯、DMF、MIBK等产品；油品运输车8辆，计288吨。公司全部车辆均配装GPS卫星定位系统。

第五节　城市公共交通

公交线路

1979年4月，开通镇海城关至宁波汽车北站的41路公交车（后改341路），镇海始有通往宁波市区的第1条公交线路。此后，陆续开通342路（初称42路）、343路（初称43路）、338路、541路4条线路。至1999年年初，镇海区共有城市公交线路5条，55辆公交客车，564班次运行。

1999年12月28日，镇海区与宁波市公交总公司达成协议，镇海区公路运输总公司成建制划归宁波市公交总公司，镇海区城乡公交一体化进程由此加快。2000年，开通城市公交线路7条：澥浦至宁波体育馆的370路、汶溪至骆驼班线改为公交377路、招宝山至骆驼班线改为公交376路、河头至骆驼班线改为公交379路、招宝山经岚山至澥浦班线改为公交374路、炼油厂至联丰新村380路、庄市至河头381路。2001年，开通城市公交线路7条：372路、373路、375路、382路、383路、384路、389路。2003年，开通城市公交线路5条：贵驷经招宝山大桥至北仑小港702路、勤勇经常洪隧道到鄞州梅墟391路、镇海客运中心经常洪隧道至江东麦德龙超市390路，招宝山至宁波南站371路、招宝山至新碶778路。2003年4月，镇海区城乡实现村村通公交，在市内处于领先地位。2006年，首条旅游线路——九龙湖景区至宁波南站965路开通。是年年末，全部公交车安装电子监控系统。

至2008年年末，镇海区开通的公交线路共有28条，营运车近300辆，日行2580班次，运行里程650千米，空调车覆盖率70%以上。

2008年镇海区城市公交车运行网络情况表

表11-19

线路	起讫	停靠站	里程（千米）	开通年份
341	招宝山—白沙中心站	白沙中心站、宁大附属医院、白沙路、日湖婚庆广场（光明眼病医院）、江北交警大队、仓储路、红梅新村、孔浦中学、怡江新村、清泉花园（中官西路）、轻纺学院生活区、宁大学生村、汉塘村、贺家桥、永旺村、张李陆、柴家、水璩王、爱尔使公司、中官路村、汤家、小董家、静德桥、陈家、茗园、棉纺小区、镇海自来水公司、淡水井头、招宝山	20.60	1979

续表 11－19

线路	起讫	停靠站	里程（千米）	开通年份
342	甬江新村—郑家	十七房郑家、郑家、岚山村、牌门头、核心村、殿跟村、中星村、湾塘村、顺风村、棉海村、三合村、南洪村、棉丰村、俞范中学、河塘新村、后施、炼化体育馆、炼化医院、镇海第二医院（炼化公司）、庙后张、俞范、临俞小学（银球轴承）、新老周（万盛轴业）、徐家堰、万市徐、大市堰、沈家、中国摩士集团（光明村）、后倪村、钟包村、康宁医院、庄市大道、庄市新街路、联盟村、明海大道、清泉花园北门、清泉化园西门、陆家村、桑家、中兴北路、常青藤小城、明楼公园、明园、朝晖新城、二号桥市场、甬港新村	32.10	1984
541	招宝山—火车东站	火车东站、东柳新村、园丁街、百丈东路中兴路口、朱雀社区、舟孟北路（鄞州人民医院）、七塔寺、灵桥东、浦发银行（江厦公园）、外滩、宁大附属医院、白沙路、东鹰花园、大庆北路、大通桥、孔浦、半路凉亭、怡江新村、路林市场、工程学院东校区（永安公交）、三官堂（浙甬建材市场）、宁波大学科技学院（浙江纺织服装学院）、宁波大学、半路涨、朱家桥、清水浦、渔业基地、镇海经济开发区（易通公司）、五里牌、大件码头、虹桥、张鑑碶、聪园路、电影院、南大街、镇远桥、招宝山	24.20	1986
338	骆驼中心站—洪塘中路站	骆驼中心站、金华村、骆驼小学、骆驼工业区、文中路、田胡村、方严村、邵家汇村、汪家村、塘民村、居乐村、胡家村、横路陈村、灵山、苏家村、保国寺、福利院、鞍山村、鞍山翁家、灵峰站、荪湖水库、荪湖村、朱家站、方家站、后洪家畈、洪家畈、周陈村、上沈村、洪塘北路、洪塘陈家弄、洪塘南路、洪塘街道办事处、洪塘中路、姚江家园、洪塘中路站（洪塘中心小学）	12.90	1999
343	白沙中心站—贵驷工业区	白沙中心站、宁大附属医院、白沙路、东鹰花园、大庆北路、大通桥、红梅社区、孔浦、半路凉亭、怡江新村、清泉花园北门、鑫隆花园、庄市菜市场、浅水湾小区、庄市大道、康宁医院、钟包村、后倪村、中国摩士集团（华通电器集团）、进口道（摩士轴承技术中心）、老鹰湾、刘家、双斛、王家、爱登村、耕渔桥、贵驷工业区	14.50	1999
381	庄市站—河头	河头、农贸市场、九龙湖镇、路下徐村、马家桥、河头工业区、田顾、田顾小学、曹郎、航海公司、邵家、河头卫生院、西经、光华村、西严村、周胜村、徐王村、桥里王、祝家、胜光村、林周村、余三村、西盛村、骆驼镇政府、荣骆路、骆驼工业区、团桥、鑫海公司、洪家、畈里塘、浙东棉纱市场、兆龙路口、兆龙路、东头陈、庄市派出所、庄市街道、庄市站	21.25	2000
370	化工区—玛瑙路	宁波化工区、聚丰化工公司、凤翔路、化工区管委会、东海塑料厂、澥浦、汇源市场、澥浦镇政府、袁家、觉渡、庙戴村、清水湖、骆驼农场、骆驼镇、荣骆路、骆驼工业区、公交五公司、团桥、鑫海公司（刘杜村）、洪家、畈里塘、工一路、兆龙路口、怡江新村、孔浦、大通桥、东鹰花园、白沙路、宁大附属医院、汽车北站、玛瑙路	24.75	2000
377	汶溪—澥浦老站	班次1：汶溪、迎胜村、河头陈、夏家、吴夹岙、杜郭、上畦、应家、长胜、九龙山庄、九龙湖镇政府、河山村、里岙、金池、滕山、金张、囤山、澥浦镇政府、汇源市场、澥浦卫生院、郑家、路沿郑、十七房景区 班次2：汶溪、迎胜村、羊毛衫厂、庶来村、田地周、黄扬村、孙陆村、长石、徐王村、桥里王、周新村、西严村、光华村、西经堂、潘家、下畦、上畦、应家、长胜、九龙山庄、九龙湖镇政府、河山村、里岙、金池、滕山、金张、囤山、澥浦镇政府、汇源市场、澥浦卫生院、郑家、路沿郑、十七房景区	12.70	2000

续表 11－19

线路	起讫	停靠站	里程（千米）	开通年份
380	炼油厂—联丰新村	炼油厂、镇海第二医院（炼化公司）、炼化医院、炼化体育馆、后施、河塘新村、五丰、邵家、陈家、徐家堰、万市堰、大市堰、沈家、中国摩士集团（光明村）、后倪村、钟包村、康宁医院、庄市大道、庄市派出所、东头陈、兆龙路、兆龙路口、怡江新村、孔浦中学、红梅新村、江北交警大队、日湖婚庆广场（光明眼病医院）、宁大附属医院、新马路人民路口、槐树路、中山广场、市政府、宁波移动公司（鼓楼）、西门口（长春路）、柳汀街、妇儿医院、柳汀立交桥西、民丰街、联丰路、联丰新村	24.50	2000
376	招宝山—庄市站	招宝山、招宝山、镇远桥、南大街、电影院、聪园路、张鑑碶、茗园、陈家、静德桥、小董家、汤家、中官路村、爱尔使公司、水璩王、柴家、张李陆、张家、孙家畈、北欧工业区、清水浦、朱家桥、勤勇、逸夫小学、贺家桥、汉塘、杨家、庄市、中鑫公司、联明村、明海大道、清泉花园北门、鑫隆花园、庄市菜市场、浅水湾小区（宁波肿瘤医院）、汤家庙、柳岸晨韵、公交庄市站	21.20	2000
379	西卫桥—河头	河头、九龙湖镇、田央沈、长胜、应家、上畦、下畦、潘家、西经、河头卫生院、邵家、航海公司、曹郎、钱家、田舍陈、杨家、潘沈、四联、小清水湖、周胜村、下河村、小吴家、敬德小学、林周村、余三村、西盛村、骆驼镇政府、荣骆路、骆驼工业区、骆驼客运中心、团桥、鑫海公司（刘杜村）、洪家、北环东路、西卫桥	18.35	2000
374	招宝山—澥浦	招宝山、镇远桥、百货大楼、电影院、聪园路、张鑑碶、茗园、招宝山派出所、颜家、俞范、庙后张、镇海第二医院（炼化公司）、炼化医院、后施、河塘新村、俞范中学、棉丰村、南洪村、三合村、棉海村、顺风村、湾塘村、中星村、殿跟村、核心村、下牌门头、岚山村、郑家、澥浦卫生院、汇源市场、袁家、澥浦、澥浦大会堂、余严村、澥浦汽车站	21.00	2000
375	招宝山—化工区	招宝山、镇远桥、百货大楼、电影院、聪园路、张鑑碶、茗园、陈家、石塘下、颜家、俞范、庙后张、镇海第二医院（炼化公司）、炼化体育馆、后施、河塘新村、五丰、禾丰、胜一村、甸张村、南二东路（百隆集团）、贵驷、憩桥、民联、甸央周、沙河小学、沙河、外星屋、通德、牌门头、六五房、庙后、路沿郑、澥浦卫生院、汇源市场、澥浦、东海塑料厂、化工区管委会、凤翔路、聚丰化工公司、宁波化工区	20.35	2001
384	白沙中心站—九龙湖旅游区	九龙湖旅游区、九龙湖镇政府、路下徐村、马家桥、天业精铸公司、田顾、航海公司（曹郎）、邵家、河头卫生院、西经、光华路、西严村、周胜村、徐王村、桥里王、祝家、胜光村、余三村、西盛村、骆驼街道、荣骆路、骆驼工业区、团桥、鑫海公司（刘杜村）、洪家、畈里塘、工一路、兆龙路口、怡江新村、孔浦、大通桥、东鹰花园、白沙路、白沙中心站	24.90	2001
372	招宝山—骆兴村	招宝山、淡水井头、镇海鼓楼（龙赛医院）、南大街、电影院、聪园路、张鑑碶、茗园、陈家、静德桥、中一村、张陈傅村、迎师桥村、新老周、陈家村、邵家、禾丰、胜一村、甸张村、南二东路（百隆集团）、贵驷、贵驷工业区、民联、董家畈、堰头王、骆驼、荣骆路、骆驼工业区、公交五公司、荣吉路、长骆路、骆兴村	17.20	2001
389	镇海客运中心—骆驼中心站	镇海客运中心、镇海区政府、电影院、聪园路、张鑑碶、茗园、陈家、石塘下、颜家、俞范、庙后张、镇海第二医院（炼化公司）、炼化医院、炼化体育馆、后施、河塘新村、五丰、禾丰、胜一村、甸张村、南二东路（百隆集团）、贵驷、贵驷工业区、民联、董家畈、骆驼、荣骆路、金华村、骆驼中心站	15.20	2001

续表 11－19

线路	起讫	停靠站	里程（千米）	开通年份
382	路林市场—汶溪	汶溪、迎胜村、河头陈、夏家、吴夹岙、杜郭、上畦、下畦、潘家、西经、光华村、西严村、周胜村、徐王村、桥里王、祝家、胜光村、林周村、余三村、西盛村、骆驼街道、荣骆路、骆驼工业区、公交五公司、团桥、鑫海公司（刘杜村）、洪家、畈里塘、工一路、兆龙路口、路林市场	21.50	2001
383	骆驼中心站—汶溪	汶溪、迎胜村、羊毛衫厂、庶来村、田地周、黄杨村、孙陆村、长石村、徐王村、桥里王、祝家、胜光村、林周村、余三村、西盛村、骆驼镇政府、荣骆路、骆驼工业区、骆兴小学、金华村、骆驼中心站	22.50	2001
373	招宝山—庄市站	招宝山、淡水井头、镇海鼓楼（龙赛医院）、南大街、电影院、聪园路、张鑑碶、茗园、陈家、石塘下、颜家、俞范、庙后张、炼化公司、炼化体育馆、后施、河塘新村、五丰、邵家、陈家村、徐家堰、万市徐、大市堰、沈家、中国摩士集团（光明村）、后倪村、钟包村、康宁医院、庄市大道、庄市派出所、聚兴路、公交庄市站	18.50	2001
385	招宝山—九龙湖旅游区	招宝山、镇远桥、南大街、电影院、聪园路、张鑑碶、茗园、陈家（公交大修厂）、静德桥、中一村、张陈傅村、临俞工业区、新老周、陈家村、五丰村、禾丰村、胜一村、甸张村、南二东路（百隆集团）、贵驷、贵驷工业区、民联、董家畈、堰头王、骆驼街道、西盛村、余三村、林周村、敬德小学、小吴家、下河村、周胜村、小清水湖、四联、潘沈、王家、方针、蔡家、鹿山、东沈、西沈、陈沈、田顾、天业精铸公司、马家桥、路下徐村、九龙湖镇政府、九龙湖旅游区	26.00	2002
391	梅墟—甬江	甬江村、宁大南校门、宁大东校门、宁波大学、宁波大学科技学院、三官堂、路林市场、老庙、高新区管委会、颐乐园、俞家、涂田涨村、东一路、东二路、东三路、梅墟站、梅墟路、梅墟街道	12.60	2003
397	镇海贵驷—北仑客运中心	贵驷汽车站、高家、王家、甸张、禾丰、河塘新村、后施、炼化体育馆、炼化医院、炼化公司、庙后张、俞范、颜家、招宝山派出所、茗园、张鑑碶、聪园路、自来水公司、林庙路、宏远路、戚家山、贝发、怡和医院、红联、江邵路、孔墅岭、岭南、大同路、甬江路、南海路、钱江路、黄山路、恒山路、凤阳二路、新大路、海晨公司、念慈园、新艳公寓、天兴公寓、行政中心、开发区中心医院、高凤路、小山公园、闽江路、北仑客运总站	37.80	2003
390	镇海客运中心—麦德龙	麦德龙、东湖花园西大门、高速交警宁波支队、中兴南路、儿童公园、市中级人民法院、宁穿路（中兴路）、体育馆、锦苑小区（家乐福）、常青藤·小城、中兴北路、桑家、宁波国际汽车城（陆家村）、路林市场、公交二公司、三官堂、宁波大学科技学院（浙江轻纺学院）、宁波大学、半路涨、朱家桥、清水浦、渔业基地、镇海经济开发区（易通公司）、五里牌、大件码头、虹桥（发电厂）、张鑑碶、聪园路、电影院、镇海区政府、镇海客运中心	23.10	2003
778	招宝山—新碶	新碶、小山公园、高凤路、横河路、隆顺花园、保税东区、北仑老车站、保税西区、凤洋二路、大港货柜、沿海村、北仑电厂、算山、原油码头、杨公山、蒋家、青峙、李隘村、林唐村、实验中学、小港站、戚家山、贝发公司、怡和医院、红联、小港镇政府、海天新村、甬江隧道、张鑑碶、聪园路、电影院、南大街、镇远桥、招宝山	26.30	2003
371	招宝山—宁波南站	招宝山、镇远桥、南大街、镇海客运中心 镇海区政府、电影院、聪园路、张鑑碶、虹桥（发电厂）、大件码头、五里牌、镇海经济开发区（易通公司）、渔业基地、清水浦、朱家桥、半路涨、宁波大学、宁波大学科技学院、三官堂、路林市场、怡江新村、孔浦中学、红梅新村、创储路、江北交警大队、日湖公园北、清河路、湾头马家、运河桥、永丰北路、传染病医院、第二医院、西河街、西门口（长春路）、天一阁、柳汀街、宁波南站	26.30	2003

续表 11－19

线路	起讫	停靠站	里程（千米）	开通年份
388	火车东站—骆驼中心站	骆驼站、金华村、骆驼小学、骆驼菜场、荣骆路、骆驼工业区、公交镇海公司、团桥、鑫海公司（刘杜村）、洪家、畈里塘、工一路、兆龙路口、陆家村、朱一社区、火炬大厦、江东第二实验小学（市公管处）、市眼科医院（兰亭绿源）、福民公园、东海花园、中兴小区、锦苑小区（家乐福）、体育馆、姚隘路中兴路口、宁穿路、科技小区、园丁路、东柳新村、火车东站	17.50	2004
393	镇海客运中心—炼化体育馆	炼化体育馆、炼化公司、炼化后施市场、棉丰村、石化市场西路、中兴路、中央大道、三健医院、炼化公交站、庙后张、俞范、后周、颜家、石塘下、公交大修厂、茗园、张鑑碶、聪园路、电影院、区政府、镇海客运中心	9.80	2005
965	九龙湖旅游区—宁波南站	九龙湖旅游区、九龙湖镇政府、路下徐村、马家桥、天业精铸公司、田顾、曹郎、航海公司、翁家池、东严、茅家、胜光村、林周村、西盛村、骆驼街道、荣骆路、骆驼工业区、公交五公司、文中路、田胡村、方严村、邵家汇（浙江野马电池公司）、汪家村、塘民村、骆费公路、应家村、宁慈公路、圣莱达电器、华辰大桥北、宁波外国语学校、环城北路西段、高塘四村、柳庄小区、宁波海关、马园社区、宁波南站	26.40	2006

说明：资料来源区建设与交通局

公交经营

镇海区开通的公交线路由 4 家公交公司经营：镇海公共交通有限公司 23 条、宁波永平公共交通有限公司 1 条，宁波永安公共交通有限公司 3 条，北仑公共交通有限公司 1 条。

市民公交出行需求以上下班、购物、求学为主。每周五住宿学生放学回家流量最大，周四相对较小。周日出行多与购物、娱乐有关。第四季度为出行高峰，2 月受春节、学生放寒假影响流量最少，7 月、8 月学生放暑假，流量相对较少。居民日均出行约 9 万人次。

2008 年镇海区运营公交车分类情况表

表 11－20　　单位：辆

公交车		合　计	普通车	中高级车
		287	70	217
按油分	汽油车	16	16	—
	柴油车	271	54	217
按长度分	6 米～8 米以下	49	49	—
	8 米以上～9 米以下	83	21	62
	9 米以上～11 米以下	108	—	108
	11 米以上	47	—	47
按空调设施分	空调	222	5	217
	非空调	65	65	—
安装电子监控设备	安装	287	70	217
	未安装	—	—	—

说明：资料来源区建设与交通局

第六节 加油站 公路收费站

加油站

1987 年，城关车站路开办首家加油站。至 2008 年，镇海区加油站遍布城乡，达 27 家。

2008 年镇海区加油站情况表

表 11－21

站名	地址	开办年份
中石化 BP 镇海城关加油站	城关车站路 154 号	1987
镇海炼化骆驼联营加油站	骆驼慈海北路 151 号	1989
中石油镇海澥浦加油站	澥浦镇余严村	1990
镇海东海联营后施加油站	蛟川街道陈家村五丰	1992
中石化 BP 镇海贵驷加油站	贵驷朝阳村	1993
中石油镇海陈倪加油站	庄市陈倪村	1993
镇海静德加油站	镇骆路 77 号	1993
镇海庄市供销社加油站	庄市兆龙路口	1993
镇海石油化工储罐有限公司	骆驼徐王村	1993
宁波众茂集团海星分公司	镇宁东路 235 号	1994
中石化 BP 清水浦加油站	蛟川街道清水浦村孙家畈	1995
镇海城西协和加油站	清水浦村	1995
上海聚龙加油站管理有限公司骆驼加油站	骆驼勤劳村	1995
中石化镇海棉海加油站	澥浦湾塘村棉海	1996
镇海通仁加油站	镇骆东路 346 号	1997
镇海永大加油站	骆驼贵驷朝阳村	1997
中石化 BP 镇海金梦加油站	骆驼尚志村	1998
中石化 BP 镇海十七房加油站	澥浦十七房郑家	1998
镇海炼化港区加油有限公司	后海塘雄镇路 818 号	1998
镇海炼化俞范加油有限公司	骆亚线俞范村北侧	1998
中石化 BP 镇海绿洲加油站	骆驼荣骆路 1 号	1999
中石化 BP 镇海庄市加油站	庄市汤家村	2000
中石化 BP 镇海城北加油站	蛟川街道五丰村	2000
中石化 BP 镇海汶骆加油站	骆驼汶骆路 316 号	2000
中石化 BP 镇海河头加油站	河头马家桥村	2001
镇海威远石油钢铁有限公司	后海塘环城北路 36 号	2001
镇海浙石雄盛加油有限公司	蛟川街道石塘下村王家	2001

说明：资料来源区公路运输管理所

公路收费站

1994 年 7 月至 1998 年年初，按照浙江省人民政府“自行贷款、自行建设、自行收费、自行还贷”方式，镇海区拓宽改建宁镇公路、镇骆公路和 329 国道镇海段（以下简称“四自”公路），建成后设站收费。

宁镇、镇骆公路收费站　宁波（常洪）至镇海段，1995 年 12 月在路林设收费点。镇海至骆驼段，1997 年 4 月在骆驼设收费点。宁镇、镇骆公路先后设路林、庄俞、骆驼 3 个收费点。同年 4 月，镇海区交通开发公司与香港招商局国际有限公司出资组建中外合资宁波常镇、镇骆公路有限公司，合资经营宁镇、镇骆收费公路。港方股权占 60%，区交通开发公司占股权 40%。省人民政府批准宁镇、镇骆公路收费年限为 30 年（自 1995 年 12 月 8 日至 2025 年 12 月 7 日）。按照浙江省取消政府还贷二级公路收费的统一令，2006 年 4 月，镇海区财力出资 2 亿元回收港方股权。同年 4 月 29 日零时，3 个站点同时撤销停止收费。

329 国道镇海收费站　起澥浦岭至常洪。1997 年，区交通开发公司与市交通投资公司出资组建宁波市镇海交通经营开发有限公司，拓宽改建 329 国道镇海段。区交通开发公司股权占 45%，市交通投资公司股权占 55%。1998 年 3 月，建成后通车收费。收费站点初设骆驼刘杜。2000 年，迁址慈溪龙山。2002 年 9 月，迁址澥浦岭。省人民政府批准 329 国道镇海段收费年限为 30 年（自 1998 年 3 月 5 日至 2027 年 3 月 4 日）。

车辆通行费收取

镇海区建设的“四自”公路，自 1995 年 12 月开始收取车辆通行费。

1996—2006 年，宁镇公路、镇骆公路车辆通行费收入累计 27826 万元。

1998—2008 年，329 国道镇海段的车辆通行费收入累计 19275 万元。

1996—2008 年镇海区“四自”公路收费情况表

表 11－22

年份	宁镇公路、镇骆公路收费（万元）	329 国道镇海段收费（万元）
1996	1581	—
1997	2718	—
1998	2948	804
1999	2866	1029
2000	3080	1254
2001	3265	1288
2002	2608	1533
2003	2690	1809
2004	3012	1969
2005	2505	2681
2006	553	2120
2007	—	2443
2008	—	2345

说明：资料来源区建设与交通局

宁镇公路、镇骆公路和 329 国道镇海段的车辆通行收费标准经省批准。进入镇海区方向的车辆，单向一次性收取通行费。收费标准按表列标准乘以 2 执行。

进入镇海区的车辆通行费收取标准表

表 11－23　　单位：元/车次

车辆类别	收费
二、三轮摩托车（含轻骑）	2
载重 2 吨（含 2 吨）和载客 20 座（含 20 座）以下客货汽车及简易机动车	5
载重 5 吨（含 5 吨）和载客 50 座（含 50 座）以下客货汽车	10
载重 10 吨（含 10 吨）和载客 50 座以上的客货汽车	15
10 吨以上车辆（含大型平板车、特种车）按行驶证规定的载重吨（特种车自重吨位）计收，超过 40 吨以上部分按 50% 计收	2 元/吨

自 2005 年起，普通公路 10 吨以上货车收费，一律按 5 吨以上货车标准计收（即 30 元/车次），摩托车通行费不再收取。

第七节　运输企业体制改革

1993—2000 年，镇海区交通局属 13 家国有、集体企业，按照“一厂一策”实施转制改革，其中兼并 7 家、转为有限公司 2 家、转为个私 3 家、破产 1 家。企业体制改革涉及在职职工共 1411 人，转制企业资产净值 3906.05 万元。

镇海区运输总公司　国有企业。1985 年，有职工 139 人，固定资产 107 万元，汽车 22 辆，合 168.5 总吨。年货运量 5.89 万吨，货物周转量 528.49 万吨千米。1993 年 4 月，改称镇海运输总公司。1994 年 4 月，与香港运成国际有限公司合资，组建运成集装箱有限公司。2000 年 9 月，转为民营企业，更名镇海运输有限公司。

镇海区第二运输公司　集体企业。地址车站路 43 号。1985 年 10 月，改称镇海区第二运输公司，时有货运汽车 19 辆，5 吨汽车 1 辆。1997 年 6 月，成建制并入镇海公路运输总公司。

镇海区第三运输公司　集体企业。位于 329 国道骆驼公路桥东南侧。1986 年 10 月，改称镇海区第三运输公司。是年，占地 2733 平方米，建筑面积 2000 平方米，职工 64 人，货运汽车 6 辆 28 总吨。1997 年 6 月，成建制并入镇海公路运输总公司。

镇海区贵驷搬运站　集体企业。1956 年成立，有职工 13 人。1998 年 4 月，职工一致同意解散。经实物盘点，企业积累资金 13.05 万元，经提取老职工医疗费后，积余资金按职工工龄长短分配。解散后，原 5 名职工自愿合伙经营搬运业务。

镇海区交通机械修配厂　集体企业。厂址在骆驼镇。1983 年 11 月建厂，定名镇海县交通机械修配厂。1985 年，有职工 103 人，固定资产原值 11.74 万元，营业收入 21.26 万元，利润 0.08 万元。1993 年 1 月，成建制并入镇海公路运输总公司。

镇海区汽车修配厂　国有企业。1975 年 7 月挂牌营业，与镇海县运输公司一个班子、两块牌子。1978 年，与运输公司分离独立。1985 年，有职工 43 人，固定资产原值 6. 54 万元，产值 27. 38 万元，利润 4. 14 万元。1986 年，迁址镇骆路南侧。1990 年，挂牌镇海公共交通汽车公司，兼营客运。1991 年 2 月，客运业务划归镇海长途汽车运输公司。1997 年 6 月，成建制并入镇海公路运输总公司。

镇海区交通企业经营公司　集体企业。地址车站路 72 号（交通局大楼内）。1980 年 5 月开办，称镇海县交通物资经理部，1984 年改名镇海县交通企业经营公司。1985 年，有职工 10 人，固定资产 3. 3 万元，流动资金 23 万元，营业额 166 万元，利润 2. 76 万元。1995 年 4 月，出资组建宁波三友环保有限公司，地址镇骆东路。1998 年 10 月，转为民营，保留宁波三友环保有限公司名。

镇海区胶管制品厂　集体企业。1974 年开办，地址骆驼镇。主要产品胶管、汽车防震块、橡皮门窗嵌条等。1993 年 1 月，成建制并入镇海公路运输总公司。

镇海区航运代理站　国有企业。1985 年成立，址沿江路，从事码头货物装卸，有职工 18 人。1997 年 10 月，改组为股份合作制。保留航运代理站名称。1999 年沿江路拓宽改造时被拆。

镇海区外海航运公司船厂　集体企业。隶属区外海航运公司，独立核算。址城关沿江西路 383 号。1973 年 6 月，独立建厂。1978 年 8 月，改为镇海县外海航运公司船厂。1985 年 10 月，改为今名。有职工 80 人，固定资产原值 20. 45 万元，营业收入 37. 13 万元，利润 3. 83 万元。1997 年企业体制改革，时有职工 54 人。同年 11 月，企业资产转让澥浦建筑工程公司，更名为镇海交通船舶大修厂。

镇海区公路运输总公司　国有企业。2000 年 1 月，并入宁波市公交总公司（详见第十一编“交通运输”第二章“道路运输”第三节“客运”）。

镇海区内河航运公司　集体企业。1993 年 12 月，并入宁波轻工机械厂（详见第十一编“交通运输”第一章“水路运输”第三节“内河运输”）。

镇海区外海航运公司　集体企业。1998 年 12 月，区人民法院受理破产（详见第十一编“交通运输”第一章“水路运输”第六节“水路运输企业”）。

第三章 铁路运输

中华人民共和国成立后，萧（山）甬（宁波）铁路在原路基上分段重建，并计划延伸建设至镇海县穿山，故亦名萧穿铁路。铁路由铁道部第十一工程局承建。1953 年 7 月，萧山至曹娥段始建。1955 年 1 月，修建曹娥至穿山段。1959 年 9 月，萧山至宁波（甬）铁路修复通车。宁波延伸至穿山段因故停建。1975 年 2 月，建设洪镇铁路支线，至 1983 年 10 月投入运营。洪镇铁路支线是宁波港镇海港区的配套设施，属地方性铁路，西与萧甬铁路洪塘编组站接轨，东至镇海站到发场前的路港交界处。

第一节 洪镇铁路支线

宁波港铁路有限公司管辖的线路正线全长 18. 95 千米，其中在镇海区境内 13. 44 千米。自镇海站到发场前的路港交界处向东延展至镇海港区化工泊位前沿，为镇海站调车场和货场。作业线共 31 股，总有效长 13. 91 千米。

洪镇支线铁路　1975 年 2 月 28 日破土动工，1983 年 10 月正式投入运营，投资 2651 万元。设计通过能力年 400 万吨。线路等级：Ⅱ级中型。牵引种类：内燃机车，东风 7C 型机车定数为 4300 吨；GK1C 型机车定数为 3500 吨。全线有桥梁 16 座，计长 379. 45 延米，涵洞 62 座，计长 747. 34 延米；道口 32 处。沿线设有洪塘站、沈家站、俞范线路所、镇海站（到发场）等 4 个站（所）。通信线路为直埋电缆。沿线两侧配置绿化带，栽有水杉等乔灌树木。

洪镇铁路支线另有 1 条分支专用线，为镇海炼化股份有限公司专用铁道。1977 年 9 月 16 日动工，1984 年 9 月 10 日建成，投资 443 万元。在洪镇铁路支线俞范线路所接轨，全长 18. 47 千米，有桥梁 1 座，涵渠 15 座，道口 5 处。

洪镇铁路支线主要运输煤炭、成品油、液体化工、钢铁和非金属矿石等，发往省内及江西等地。2008 年，装车数 113075 辆，货运量 693. 4 万吨。车流来源：由公司自配内燃机车到洪塘编组站以小运转方式送达。

第二节 铁路桥

镇海区境内的铁路桥梁，洪镇铁路支线有 12 座。

洪镇铁路支线（区境内）桥梁情况统计表

表 11－24

桥名	中心里程	孔数、结构	全长（米）	建造时间
西大河	9 千米 +76.08 米	单孔钢筋混凝土箱型梁	21.70	1975—1977 年
浜子港	9 千米 +964.60 米	3 孔钢筋混凝土箱型梁	39.80	
翁家斗	10 千米 +402.55 米	单孔钢筋混凝土箱型梁	15.28	
胡家	11 千米 +493.40 米	单孔钢筋混凝土箱型梁	20.11	
叶家	12 千米 +126.60 米	单孔钢筋混凝土箱型梁	20.16	
陈施益	13 千米 +170.70 米	单孔钢筋混凝土箱型梁	19.78	
郭家	15 千米 +320.45 米	单孔钢筋混凝土箱型梁	25.26	
小立交	15 千米 +775.00 米	单孔钢筋混凝土箱型梁	10.90	
万家	15 千米 +815.60 米	单孔钢筋混凝土箱型梁	45.90	
孙家	18 千米 +202.86 米	单孔钢筋混凝土箱型梁	14.48	
排水河	19 千米 +75.50 米	单孔钢筋混凝土箱型梁	21.10	
13#（石化专线）	便 0 千米 +288 米	单孔钢筋混凝土箱型梁	21.45	

说明：资料来源宁波港铁路有限公司

第三节　火车站

沈家站（13 千米 +741.5 米），在庄市街道光明村西。1975 年建站。有正线和到发货线各 1 股，有效长度共 1815 米。站屋 1 栋，建筑面积 109.55 平方米，职工 7 人。

俞范线路所（18 千米 +758.35 米），在蛟川街道俞范村。1975 年建站。有正线 1 股，另有连接镇海炼化股份有限公司铁路专用线 1 条。站屋 1 栋，建筑面积 113.69 平方米，职工 7 人。

镇海站到发场（20 千米 +939.49 米），在后海塘外海涂围塘区。1975 年建站。该站场负责镇海港区货物列车到达解体、出发编组作业以及镇海炼化、国家物资储备 837 处、粮库等专用线的取送车作业。有站线 13 股，其中正线 1 股，有效长 854 米；到发线 7 股，总有效长 5770 米；其他线 5 股，总有效长 2154 米。有行车楼、办公楼和单身宿舍各 1 栋，建筑面积分别为 294.7 平方米、116.04 平方米和 187.47 平方米，职工（包括镇海站调车场）61 人。

镇海站调车场和货场，在港区内。1986 年建站。该站现与镇海站合并，负责镇海港区货物列车的调车和取送车作业。有各类股道 31 股，总长 13.912 千米。其中调车线 8 股，总有效长 3603 米；装车线 17 股，总有效长 7955 米；化工线 4 股，总有效长 2154 米；其他线 1 股，有效长 200 米。有信号楼和综合楼各 1 栋，建筑面积分别为 430.1 平方米和 378.12 平方米。

第四章　管道运输

管道运输是随着现代工业的发展，为减轻水陆运输压力，提高运力而产生的新型运输方式。1978年，镇海石油化工总厂落成试产，镇海始有地埋输油输气管道运输。1984年始，镇海发电厂铺设至后海塘围垦区的输煤灰管线。2005年，宁波化工区建设液体化工管廊带。2009年，镇海炼化分公司建设大乙烯工程输煤栈桥。

第一节　镇海炼化分公司管道

中石化镇海炼化分公司的管道运输线包括原油、成品油、液化石油气、大乙烯工程输煤栈桥等。

1985年，镇海炼化分公司已建成原油、成品油、液化气专用线13条，总长度156.1千米。

2010年，镇海炼化分公司有原油、成品油、液化气管线27条，总长度629千米。另有大乙烯工程输煤栈桥1条，长7.5千米。

2010年镇海炼化分公司运输管线情况统计表

表11－25

管线编号		管径（毫米）	起　止	设计能力（万吨/年）	建成年份	长度（千米）
成品油3线	393#	108	炼化—镇海成品油码头	10	1976	5.6
	37#	108		10		
	56#	159		20		
原油1线	1#	426	炼化—算山码头	461	1977	18
成品油1线	428#	159	炼化—算山码头	50	1979	18
	27#	159		60		
	142#	273		133		
液化气管线		89	炼化—孔浦	8.6	1981	13.2
液化气管线		89	炼化—俞范	8.6	1982	1.7
液化气1线		273	炼化—算山码头	105	1983	18
液化气2线		273	炼化—算山码头	36	1983	18

续表 11－25

管线编号		管径（毫米）	起　止	设计能力（万吨/年）	建成年份	长度（千米）
成品油 2 线	22#C	273	炼化—算山码头	139	983	18
	92#B	273		139		
	256#	273		164		
原油 2 线	1#B	529	炼化—算山码头	721	1989	18
成品油 3 线	484#	325	炼化—算山码头	140	1992	18
	1#C	325		210		
	459#	325		228		
成品油	80#	100	炼化—镇海成品油码头	10	1994	5. 6
船用油线	147#	159		20		
成品油	459#	200		25		
	663#	200		25		
成品油	1000#	350	炼化—杭州萧山	250	1997	150
成品油线	22#D	300	炼化—算山码头	200	2001	18
	1042#	300		200		
原油 3 线	1#A	710	炼化—算山码头	2000	2001	18
成品油		250	炼化—上海金山	150	2005	137
乙烯输煤栈桥			镇海煤码头—炼化	900 吨/小时	2009	7. 5

第二节　液体化工管廊

液体化工管廊为宁波市化工区的重要基础设施。该管廊 2005 年 4 月动工，2009 年 10 月全线建成。管廊南起液体化工码头，北至宁波化工区杭州湾腈纶厂，长 19. 2 千米，总投资 3 亿多元。管廊架宽 6 米。高度分为两段：港区 B 区至海天路（炼化乙烯工程）长 5. 5 千米段内高 8. 1 米，管架 3 层；海天路至北海路长 13. 7 千米段内高 8. 3 米，管架 2 层。管廊带上铺设 80 ~ 500 毫米不等口径管道。投入 1500 万元，建成管廊远程可视监控、报警、广播、气体探测报警等电子监控系统；投入 2500 万元，建成长 10 千米的海天路管廊防撞栏。管廊管理主体为宁波安捷化工物流有限公司，注册资本 3. 65 亿元，隶属于宁波化工开发有限公司。已建成管廊的理论管位投影面积 42. 04 万平方米（能力），安装管位率 30%。管廊输送规模 3000 万吨/年。2010 年年末，已有 19 家企业的 55 条管线投入使用，总长度 280 千米。2010 年，管廊输送量 135. 46 万吨。

图 11－5　液体化工管廊

已在管廊上架设管线的企业有：镇海炼化分公司（及利安德）100 万吨/年乙烯项目的 11 根相关管线；浙江省石油公司镇海油库的汽柴油管线；宁波市镇海威远林德气体有限公司的氮气、氧气、氢气供园区企业管线；宁波久丰热电有限公司到阿克苏及金海德旗蒸汽管线及澥浦片蒸汽管线；浙江镇海热力责任有限公司的顺泽橡胶厂门口至久丰热电有限公司蒸汽管线；宁波兴光燃气集团公司的天然气管线；宁波阿克苏诺贝尔化学项目从镇海炼化至装置的乙烯和甲烷管线；宁波四明化工有限公司供阿克苏诺贝尔化学项目的液氨管线及镇洋化工至四明化工的氢气管线；宁波万隆食用酒精有限公司的污水管线；宁波乐金甬兴化工有限公司从港区来的苯乙烯、丁二烯、丙烯腈管线及与乙烯项目连接的苯乙烯、丁二烯管线；宁波金海德旗化工有限公司从乙烯项目来的 C5 管线及回镇海炼化 C5 余液管线；浙江恒河石油化工股份有限公司从乙烯项目来的 C9 管线；宁波欧瑞特有限公司从乙烯项目来的丁二烯和氢气管线；宁波瑞福特气体储运有限公司项目的乙烯管线；宁波朝日硅材料有限公司从镇洋化工来的 HCL 管线；宁波争光树脂有限公司从镇洋化工来的 HCL 管线；华东二氧化碳气体公司从阿克苏来的二氧化碳管线；宁波华清环保科技有限公司污水管线。

2010 年宁波化工区管廊带的企业管道情况统计表

表 11－26

单位	管道名称	公称直径	长度（米）	桩号
中国石化股份有限公司镇海炼化分公司	对二甲苯	DN400	6849	900—1664
	乙二醇	DN250	5415	900—1462
	丁二烯产品	DN250	5415	900—1462
	丁二烯循环	DN200	5415	900—1462
	丁二烯气相	DN100	5415	900—1462
	乙烯装卸船	DN300	5344	938—1462
	乙烯预冷	DN100	5344	938—1462
镇海炼化利安德化学有限公司	苯乙烯产品	DN300	5416	900—1462
	苯乙烯循环	DN200	5416	900—1462
	环氧丙烷产品	DN300	5416	900—1462
	环氧丙烷循环	DN200	5416	900—1462
宁波乐金甬兴化工有限公司	丁二烯	DN150	4126	900—1341
	苯乙烯	DN200	3942	900—1341
	丙烯腈	DN150	3942	900—1341
	苯乙烯（新）	DN200	1333	1340—1463
	丁二烯（新）	DN150	2273	1340—1603
浙江省石油公司镇海油库	汽油	DN250	6931	900—1664
	柴油	DN250	6931	900—1664
宁波市镇海威远林德气体有限公司	氮气	DN250	18547	900—44
	氧气	DN500	12708	900—4116
	氢气	DN150	2721	295—4120
宁波四明化工有限公司	氢气	DN250	1030	26—295
	液氨	DN100	3239	26—4172
浙江恒河石油化工股份有限公司	碳 9	DN100	4745	5238—1602
宁波朝日硅材料有限公司	氯化氢	DN250	1341	44—295
	氢气	DN80	205	27—44
宁波金海德旗化工有限公司	碳 5	DN150	4453	5118—1602
	碳 5 抽余液	DN100	2143	5118—1995
宁波争光树脂有限公司	氯化氢	DN160	1884	90—296

续表 11－26

单位	管道名称	公称直径	长度（米）	桩号
宁波万隆食用酒精有限公司	污水	DN150	5637	1303—3028
阿克苏诺贝尔乙烯胺（宁波）有限公司	乙烯	DN150	7826	1601—4173
	甲烷	DN80	7812	1601—4173
宁波兴光燃气集团公司	天然气	DN250	8488	111—3100
		DN150	1105	5001—5168
		DN250	78	3100—3095
宁波瑞福特气体储运有限公司	乙烯气相	DN250	9995	4266—1403
	乙烯预冷	DN100	4550	1403—938
	乙烯产品	DN300	4656	1403—938
	污水	DN100	4543	1403—3028
宁波欧瑞特有限公司	丁二烯	DN150	4964	5168—1602
	氢气	DN80	5024	5144—1602
镇海热力责任有限公司	蒸汽	DN500	4896	4122—5170
宁波久丰热电有限公司	蒸汽	DN400	624	1—44
			319	89—112
			319	89—112
			1793	346—4172
		DN300	29	43—44
		DN350	33	57—59
		DN250	664	43—89
		DN80	28	43—44
		DN500	2315	346—4122
		DN450	349	89—112
宁波华东二氧化碳有限公司	二氧化碳	DN150	3955	4172—3097
宁波华清环保科技有限公司	污水	DN350	1199	91—240
		DN250	239	91—112
		DN400	44	343—345

说明：资料来源宁波安捷化工物流有限公司

第三节　电厂输煤灰管线

镇海发电厂和北仑发电厂分别建有通往后海塘围垦区和澥浦泥螺山围垦区的输煤灰管线，计 11 条总长 251 千米。

2008 年前镇海区已建成电厂输煤灰管线情况表

表 11－27

建成年份	建设单位	起始	长度（千米）	数量（条）	管径（毫米）	年输送能力
1984	镇海发电厂	厂区—后海塘煤灰库	6. 88	2	426	25 万吨
1987	镇海发电厂	厂区—后海塘煤灰库	6. 88	1	426	25 万吨
2000	北仑发电厂	厂区—澥浦泥螺山煤灰库	28. 8	8	219	16 万吨

第五章　交通运输管理

第一节　管理机构

镇海区建设与交通局

1985年10月，撤县划区，置镇海区交通局，有行政编制20人，事业编制8人，内设交通建设、运输管理、企业管理、人事秘书4股。2002年1月，区交通局与区建设局合并改称今名，增挂区人民防空办公室牌。局办公室大楼地址城河西路151号。为镇海区建设、交通、房地产和人防工作的行政职能部门。2008年，局内设办公室（法制科）、计划财务科、工程建设科、房地产和建工管理科、交通运输管理科、行政许可科、人防科等7科室，行政编制22人，下属交通行业管理机构6家。

镇海区港航管理处

前身是1955年7月成立的镇海县航运管理站。1985年10月，设宁波市航运管理处镇海管理所，挂浙江省船检处镇海检验站牌，受市航运管理处和区交通局双重领导。1987年10月，增挂浙江省宁波镇海港航监督牌。1990年3月，市航运管理处镇海航管所体制下放，改称宁波市镇海区航运管理所。1994年1月，浙江省宁波镇海港航监督更名为镇海区港航监督所，浙江省船舶检验处镇海检验站更名为浙江省船舶检验局镇海检验所，新挂宁波市镇海区航道管理所牌。2001年7月，镇海区的水路交通安全监督职能划归宁波海事局。区港航监督所同时被撤销，有7人和110万元资产划归宁波海事局。2005年2月起，船检人员借去市航运管理处，区航运管理所船检工作停止。2006年7月，区航运管理所更名为区港航管理处，增挂区航道管理处牌，浙江省船舶检验局镇海检验所牌子仍挂。履行水路运政管理、航政管理等职能。2008年11月《浙江省水路运输管理条例》实施，明确县级港航管理部门对辖区的水路运输实施具体管理，区港航管理处的水路运输管理职能不再由区交通主管部门委托履行。2008年，区港航管理处事业编制16人，聘用工3人。有运政管理艇1艘，公务车4辆。址蛟川街道镇骆东路386号，办公楼面积962平方米，附属用房166平方米。下设庄市港航管理检查站，站址在庄市国家粮食储备库码头。

区港航管理处下曾设3站：湾塘航管站于1985年设，站址镇海石化总厂中央大道西侧河口处，站房100平方米，管理人员1人，1994年4月撤。驼驼航管站1985年设，站址骆驼镇，站房200平方米，管理人员2人，1998年10月撤。区联运经营站，原隶属于镇海县航运管理站。1985年划归镇海区航管所，有员工14人，经济自收自支。1988年4月，更名为镇海航运代理站。1989年，经市航运管理处协调，区航管所的135平方米房屋、300平方米仓库和1000平方米场地划归镇海航运代理站。1991 年，改为隶属于区交通局。

镇海区公路运输管理所

挂区公路稽征所牌子，址车站路 214 号。主管镇海区公路客货运输、车辆维修及检测、驾驶培训和公路规费征收。1984 年 8 月成立，时称镇海县公路运输管理所。同年 12 月，与县车辆监理所合并，称镇海县交通监理所，受县交通局与市交通监理处双重领导。1985 年，在编 24 人，址城关镇车站路 56 号。有二层楼房 2 座，建筑面积 626 平方米，工作用车 4 辆（吉普、拉达）、侧三轮 4 辆。内设车辆监理、运输管理、路政管理、行政计财 4 股室。下辖骆驼、湾塘、长山、大碶、柴桥、郭巨交通监理站。1985 年 10 月，撤县划区改称镇海区交通监理所，下辖骆驼、湾塘、城关交通管理站。1987 年 9 月，撤区交通监理所，车辆监理、公路安全管理职能归区公安局交通警察大队。同年 10 月，建镇海区公路稽征所（定编 7 人），恢复区公路运输管理所（定编 20 人）。内设运输管理、养路费征收和办公室 3 股室。配工作用车 2 辆，侧三轮 2 辆。1994 年办公大楼原址新建。1996 年 10 月搬入新楼。钢混框架结构 7 层，占地面积 2703 方米，建筑面积 2459 平方米。内设运输管理、安全、稽征、维修管理、培训、办公室、车辆购置费办公室（2004 年划出），稽查大队 8 股室。下辖骆驼、城北、客运管理、货运管理、车辆检测（2005 年 9 月划出）等站。2008 年，内设办公室、违章处理室、运输管理综合股、稽征股、客运管理站、安全股、检测管理站、危化品运输管理站、稽查大队 9 股室，下辖骆驼、城北、九龙湖、招宝山 4 个运输管理稽征站。在编事业 33 人，合同工 40 人，借用工 8 人，有车辆 22 辆。

镇海区公路段

负责区内国道、省道和县乡道的路桥养护、修建与绿化，公路路产路权维护，超限运输管理。区公路段前身为宁波公路养路总段镇海工区，成立于 1964 年 1 月，时隶属于宁波公路养路总段。1971 年，隶属镇海县工业交通局。1973 年 2 月，改称镇海县公路段。1979 年地市分开，县公路段隶属于省公路工程管理局。1984 年地市合并，隶属于宁波公路总段。1985 年 10 月，改称镇海区公路段。1991 年 12 月，区公路段成建制下放镇海区，隶属区交通局。区公路段原址城关车站路 587 号。2008 年 4 月，拆迁时租用镇骆西路 1988 号镇海运输有限公司房屋（2012 年 5 月，迁镇骆东路 388 号新楼办公）。主要机械设备有路面清扫车 2 辆，多功能清洗车 1 辆，洒水车 1 辆，振动压路机 2 台，打拨桩机 1 台，小型自卸养护车 4 辆，综合养护车 1 辆，轻型载货车 5 辆，公路巡查车 1 辆，路政巡查车 5 辆，警车 1 辆，小车 5 辆。2008 年，在编职工 40 人，聘用路政管理 14 人，聘用其他管理 2 人。有养路工 62 人，其中工程技术 4 人，经济专业 4 人。内设办公室、养护工程股、路政管理大队（分设蛟川路政中队、九龙湖路政中队、治超中队）3 股室。

下属公路养护站 4 个。

骆驼公路养护站，站房建筑面积 225 平方米，占地面积 1479 平方米。

九龙湖镇公路养护站，站房建筑面积 1168 平方米，占地面积 1704 平方米。

清水浦公路养护站，站房建筑面积 431 平方米，占地面积 3220 平方米。

后施公路养护站，2008 年舟山大陆连岛工程宁波连接线建设需要拆迁（2012 年 6 月，新站房建成。建筑面积 800 平方米，占地面积 4000 平方米）。

镇海区五里牌航运管理站

位于五里牌大运路518号。其前身为浙江炼油厂大件码头。1980年5月，建成3000吨级码头，为炼油厂运输大件设备配套。1981年年末，码头移交省交通厅。1984年9月，成立宁波市航管处五里牌航管站。1990年3月，该站成建制下放镇海区，改名镇海区五里牌航运管理站，事业单位，隶属于区交通局。五里牌航运管理站经营码头货物装卸、大件设备中转运输，码头和设施租赁。2003年，筹资130万元建斜桩梁板500吨级码头1座。2008年年末，有码头2座，25吨吊机1台，35吨吊机2台，500吨吊机1台，占地面积2.1万平方米，建筑面积900平方米，在编职工13人。

宁波公路主枢纽镇海货运站

2001年11月成立，位于定海路289号，事业单位，隶属于区交通局，是交通部运输发展规划确定的全国45家公路主枢纽货运站之一。货运站占地面积71700平方米，建筑面积2700平方米，有综合办公楼一幢，内有办公用房60余间。具有货运交易、信息中介，国际、国内集装箱，公路零担及快运货物、联运货物和储运货物的堆存，拆装箱、仓储、包装、货运代理、短途取送货等生产服务功能。

镇海区客运中心

镇海区客运中心位于沿江西路85号，事业单位，隶属区建设与交通局。客运中心始建于1993年10月，占地面积3780平方米，客运大楼建筑面积1445平方米，有500吨级码头3座，停车场1800平方米。负责码头客船停靠泊调度及维护停车场秩序，售票检票。水路停靠客船通往嵊泗、岱山、大衢、大洋山、大浦口等地。陆路客运车通往宁波、骆驼、炼化厂，同时代售杜桥、四岔汽车票。发售水路船票，铁路火车票及民航飞机票。民航窗口发售的有海航、南航、东航等航空公司的机票。2008年年末有职工29人，其中事业编制7人、合同制职工22人。

第二节　水路运输管理

货物运输“三统一”管理

1986年起，沿海运输统一运价、统一货源、统一调配的管理机制逐渐弱化，除煤炭、粮食、化肥等原重点计划物资仍由区交通主管部门以货物运输平衡会议的方式实行统一货源管理外，建筑材料等已经实行承托双方合同运输。实行统一货源管理的货物，一部分由镇海区外海航运公司驻镇海区航管所员工（运输调度）调度该企业船舶装运，其余部分由区航管所调配其他船舶运输。不久，交通主管部门不再组织水路货物运输平衡会议，沿海运输由承托双方协议运输。

1986年，内河航运已呈自揽货源，自定运价、自行调配船舶状态。仅有镇海炼化合成氨分厂运往绍兴等地的化肥，由水路运输服务企业揽货，调配船舶运输，至20世纪90年代内河航运停止。

航运市场准入

个体户、联户船舶申请投入内河运输，须由船舶所有人出具书面申请，由村、镇签署意见，然后由区航管部门对投运的船舶进行丈量、检验。检验合格的，签发航行签证簿准予营运。区港航管理部门对营运船舶实行年检。

区港航管理部门对航运企业开业、变更、注销、船舶营运证申领等实施行政许可。航运企业行政许可事项有4项：国内水路运输业经营及变更、注销（含开辟或调整集装箱内支线、客运航线）；国内营运船舶的“船舶营业运输证”申领、变更、注销；新增客船、危险品船投入运营审批；国内水路运输服务业经营及变更、注销（含水路客运站点开业、变更及注销，国内船舶管理业经营、变更、注销初审）。

航道航政管理

1986—2008年，区港航管理部门实施航道航政管理行政许可18次，其中临跨栏航道建筑物许可10次，航道范围内施工作业许可5次，通航水域施工作业停航许可3次。

船舶检验

镇海船舶检验所检验权限为80总吨以下普通货船建造及初次检验，200总吨以下营运普通货船检验。按照浙江省《关于转发船舶及船用产品检验计费标准的通知》规定计收船舶检验费。2005年2月，市船舶检验处对所辖船舶检验所调整，镇海船舶检验所的船检业务停止。

水路货运价格

内河货运价格，建区前后内河货运运价执行《宁波航区内河货物运价》和1984年6月宁波市物价局、交通局《关于水上货运实行浮动运价的通知》等规定。《宁波航区内河货物运价》规定：（1）停泊基价每吨每航次1.10元，航行基价每吨每千米0.025元。（2）货物分类改为八级制，以一级（一类）货物的运价为基数，二级至八级货物逐级递增，递增系数见表11－28。（3）6千米以内航程为短驳。短驳运价不分水系，不分货物等级，3千米以内每吨0.80元，3～6千米每吨1.00元。6～11千米，一级货物每吨1.40元，八级货物每吨4.25元。50千米，一级货物每吨2.45元，八级货物每吨7.40元。棉絮等轻泡货物，以实重加3倍计运价。根据《关于水上货运实行浮动运价的通知》，内河货运运价可以向上浮动10%。1986年起货物运输价格逐渐放开，承托双方在议定运价时，还是参照上述运价规定。

宁波市内河货物运价递增系数表

表11－28

货物运价等级	一级	二级	三级	四级	五级	六级	七级	八级
级差系数	1	1.05	1.15	1.30	1.50	1.90	2.30	3.00

沿海货运价格，1981年12月起，执行省交通厅颁发的《浙江省沿海机动船货物运价规则》的规定。沿海机动船货物运价，把货物分为8个等级，按级计费，起码计费里程为10海里；一次交运的货物其实际重量满5吨者为整批，5吨以下为零担；零担运价按整批运价加20%。1986年起，沿海运输市场放开，运价由市场供求关系决定。

第二次全国内河航道普查

2003年3月25日至7月31日，区航管所对辖区航道普查。普查航道概况、航段、枢纽、过河建筑物、临河设施等。普查资料上报宁波市内河航道普查办公室。据普查结果，镇海区航道5条，分别是杭甬运河（甬江镇海口至梅墟段）、丈镇线（静德桥至化子闸）、庄河线、贵新线和河岚线。

第三节　道路运输管理

公路路政管理

镇海区公路段依据《中华人民共和国公路法》《浙江省公路路政管理条例》《宁波市公路路政管理条例》《超限运输车辆行驶公路管理规定》等法规，围绕“保护公路路产，维护公路合法权益、保障公路安全畅通”目标，以经常性管理和专项整治相结合的方法，保护辖区公路路产、路权、路容路貌。

车辆综合性能检测

1995 年 7 月，成立镇海区车辆综合性能检测站（以下简称检测站），隶属于区公路运输管理所。站址镇骆东路 89 号，占地 5616 平方米，建筑 1138 平方米。初始投入建设资金 382 万元。1996 年 5 月，经省技术监督局计量认定合格，定为 B 级资质。1998 年 1 月，检测站获汽车技术等级评定资格。7 月，置汽车喷淋装置，对 1000 平方米站场平整。2001 年 4 月，重新通过省交通厅运输管理局汽车技术等级评定资格。2003 年，检测站与区公路运输管理所脱钩，划归宁波市公路运输总公司。2005 年 10 月，设备仪器更新，系统升级，检测能力提高，能满足单轴重 10 吨以下车辆检测。2006 年 3 月，第三次通过计量认证，资质等级升为 A 级。检测站主要设施有车辆安全检测线 1 条，综合检测线 1 条，测试封闭式车间 680 平方米，停车场、试车道路 2300 平方米，办公楼 458 平方米。内设业务接待受理厅，待检停车区、车辆检测区，其中车辆检测区内由安全性能检测车间、综合性能检测车间、底盘测功区、大小车试车道组成。有各种检测设备 30 余台（套），可以两车同时检测，年综合检测能力 1.1 万辆～1.3 万辆，年最大检测能力 18000 辆次。检测站采用先进的工业控制计算机对检测设备进行分布式多工位联网，实行远程控制。检测数据自动贮存并向主控计算机传输，通过全省联网的检测站网络管理系统向省运输管理局网站传输，是省内汽车综合性能 A 级检测站中设备较齐全、检测能力较强的检测站。1995—2008 年，检测站检测汽车 11.32 万辆。

1995—2008 年镇海区检测站检测车辆统计表

表 11－29　　单位：辆

年份	检测车辆	年份	检测车辆
1995	1241	2002	9751
1996	8170	2003	9598
1997	8341	2004	10004
1998	8032	2005	7172
1999	7283	2006	8422
2000	8136	2007	9495
2001	9065	2008	8505

打击车辆非法运营

20世纪90年代起，车辆向社会开放，道路运输需求扩大，滋生非法运营。无证客货运输、超线经营、货物超限运输等时有发生，且屡禁不止。区运输管理部门采取集中力量联手突击整治和加强常态管理的办法保持对非法运输的经常性打击。

1999年上半年，通过新闻媒体印发“告客运车主书”和“告乘客书”，区交通局、工商局、公安部门联手打击出租车非法运营。在城关、俞范、庄市、骆驼划定出租车专用候车点，对证据确凿的23辆非法运营出租车作出处罚。下半年，推行“三优三化服务”，即优质服务、优良秩序、优美环境、服务质量标准化、服务管理规范化、服务过程秩序化，道路客运市场面貌大有改观。全年对外地籍货车偷逃交通规费、超载行驶整治，查处货车58辆，补缴交通规费16万元。

2002年，交通部门查处客运跨线经营32次，超经营范围31次，站外组客69次。查处无证运输轿车、面包车、货车218辆次。

2005年，区公安部门牵头开展“天网一号”行动，对骆驼、镇海炼化区块非法运营车加强打击，查处非法运营车28辆、摩托车21辆。

2006年，区公安部门牵头开展“天网二号”行动，对客车超速、超员、超范围经营、站外组客和无证运输等实施整治。同年9月，贯彻浙江省“平安运输”活动，多部门联合开展城区无证客运整治，在客运中心、电影院、中国农业银行等非法运营车出没区块加强监管，查获无证运营车16辆。

2008年，迎接第二批全国文明城市检查和落实“奥运会”安全保卫工作，对长途客运重点监管，检查客车1736次，旅客安全检查26031人，扣押危险物品62件。

危险化学品运输管理

20世纪70年代，镇海成为华东地区重要石油化工基地和液体化工产品重要集散地，化学危险品运输量增加，安全管理问题日益突出。危化品有易爆，易燃，毒害腐蚀，放射等特性，在运输和装卸过程中容易造成人身伤亡和财产损失。自2005年开始，镇海区对道路危化品运输连续几年实施专项整治。行业管理部门运用考核措施和科技手段规范危险品运输企业的日常运行，至2010年形成一套危化品运输“1、2、3、4、5”的安全管理办法。即：组建1支队伍，镇海区道路运输安全稽查大队；建立2个中心，镇海区危运车辆GPS监控指挥中心和镇海区危险品运输车辆综合服务中心；建立3个登记服务点，对进出澥浦化工区、镇海炼化周边、镇海港区液体化工码头区块的省内外危险化学品车辆实施登记监控；创新4项管理，分级分类管理、呼吸阀改造、“险外险”统一投保、外省市危险化学品车辆备案；推进5项建设，危险化学品车辆专用通道建设、事故应急救援队伍建设、企业预警机制建设、危险化学品从业人员监管和重点危险化学品运输企业扶持。

2010年，全区危险货物运输经营业户30家，危险品运输车678辆、16974总吨，分别占全部营运货车的15.3%和36.7%。每家企业平均危险化学品车22.6辆。危险化学品以3类运输易燃液体、2类运输气体和8类运输腐蚀性物质为多，分别是29家、13家和10家。危险品运输车全部安装GPS卫星定位系统和行驶记录仪。全区危险货物运输车100%投保危险货物承运人责任险。危险货物运输车以罐车为主，罐车647辆、15617总吨，分别占危险货物运输车95.4%和92%。

2010 年镇海区道路危险货物运输业户情况表

表 11－30

项目	计量单位	合计
一、道路危险货物运输业户数	户	30
其中：1 类—运输爆炸品	户	0
2 类—运输气体	户	13
3 类—运输易燃液体	户	29
4 类—运输易燃固体、易于自燃的物质和遇水放出易燃气体的物质	户	2
5 类—运输氧化性物质和有机过氧化物	户	2
6 类—运输毒性物质和感染性物质	户	5
7 类—运输放射性物质	户	0
8 类—运输腐蚀性物质	户	10
9 类—运输染类危险物质和物品	户	0
其中：运输剧毒化学品	户	2
二、道路危险货物运输车辆合计	辆	678
	吨位	16974
其中：安装 GPS 车辆	辆	678
	吨位	16974
安装行驶记录仪车辆	辆	678
	吨位	16974

说明：资料来源区公管所

清明运输服务

清明前后祭祖扫墓为民众传统习俗。区交通运输、公安交警、城市管理部门组织力量做好清明运输服务。1986—2000 年，清明专线运输的运力投入由镇海运输总公司的全部机动车和部分班线车，同时抽调镇海炼化公司、镇海发电厂、三航四公司、石化三公司、浙建二公司等企业的社会车辆组成。2001—2010 年，清明专线运输的运力投入全部由镇海公交公司调配，社会车辆的运力不再调配。自 2000 年起，城市公交 382 路、383 路开通汶溪，公交 379 路、381 路开通河头，384 路、385 路、965 路开通九龙湖，分流部分扫墓客。

扫墓客集结地车站通往汶溪、河头目的地墓区，开通有镇海至汶溪、镇海至河头、骆驼至汶溪、骆驼至河头、庄市至汶溪、庄市至河头、宁波汽车北站至汶溪、宁波汽车北站至河头、庄桥至汶溪、贵驷至汶溪、贵驷至河头的清明运输专线。

至汶溪神钟山墓园、河头第五墓园，开通运输短驳线路。1995 年，辟有河头老汽车站至五墓园短驳线路。2007 年，短驳始发地延伸到九龙湖旅游景区主入口。2008 年，短驳始发地又延伸到旅游景区牌楼处。2007 年起，原田顾采石场地块作临时停车场，有车位 1000 个，为自驾车停车带来便利。

1986—2010 年镇海区清明运输客流量统计表

表 11 - 31

年份	投运车辆（辆）	客流量（万人）	年份	投运车辆（辆）	客流量（万人）
1986	38	1. 11	1999	45	2. 57
1987	39	1. 14	2000	52	2. 63
1988	43	1. 09	2001	58	2. 88
1989	46	1. 28	2002	68	2. 56
1990	48	1. 16	2003	68	3. 15
1991	51	1. 16	2004	76	3. 08
1992	49	1. 19	2005	81	3. 12
1993	54	1. 19	2006	87	3. 15
1994	51	1. 27	2007	88	3. 21
1995	57	1. 84	2008	96	3. 16
1996	62	2. 69	2009	113	2. 79
1997	58	2. 06	2010	124	3. 10
1998	54	2. 34			

第四节　驾驶员培训与管理

驾驶员管理

1984 年以前，镇海县的汽车驾驶员培训、考试、发证与年审工作，由宁波地区交通监理处管理。1984 年后改为考试、发证由宁波市监理处负责，县监理所负责培训学员的报考条件审查，年审由县监理所组织实施，市监理处批准。1987 年 10 月，区监理所由区交通局划归区公安局，驾驶员的培训、考试、发证与年审均由区公安局交通警察大队负责。2001 年，驾驶员培训管理划归区交通局。

驾驶员培训

1985 年 6 月，镇海县汽车驾驶员培训站成立，址城关进港公路，征地 2. 67 公顷，建筑面积 600 平方米，有培训用车 10 辆，隶属区公安局。1993 年 4 月，更名为区机动车驾驶员技术培训站，迁址城关隧道北路 325 号。年培训驾驶员约 170 人。1994 年 4 月，区飞达机动车驾驶培训学校成立，址骆驼杭甬路 137 号，隶属区农机局。2001 年，省交通厅《关于加强全省汽车驾驶员培训业户重新登记发证工作的通知》出台，驾驶员培训业户重新登记，并统一纳入交通部门管理。2002 年 8 月，重新换发浙江省汽车驾驶员培训许可证。2005 年区机动车驾驶员技术培训站转制改革，更名镇海金鹰机动车驾驶员培训学校，与公安部门脱钩，并迁址环城北路44号。有教育用房400平方米，训练场地8480平方米，年培训能力800人。同年，宁波公安技校镇海汽车驾驶员培训站改为镇海区威远驾驶员培训学校。有办公用房280平方米，训练场地4200平方米，年培训能力780余人。2006年7月，镇海博隆汽车驾驶员培训学校成立，有教育用房500平方米，训练场地6000余平方米。初有教练车20辆，2008年起增至39辆，年培训能力1000余人。2006年12月，宁波江东一剑驾校在镇海开设分校，有训练场地4500平方米，办公室、教室320平方米。2008年年末，全区共有汽车驾驶员培训学校5家，合计校区训练场地76820平方米，教练员192人，教练车166辆。

2008年镇海区机动车驾驶培训学校统计表

表11－32

名称	开办年份	学校资质	培训驾驶员	培训车（辆）	教练员（人数）	校址
镇海金鹰机动车驾驶员培训学校	1985	二级	汽车、摩托车	42	53	环城北路44号
镇海区飞达机动车驾驶员培训学校	1994	二级	营运车、汽车	32	34	骆驼杭甬路2168号
镇海威远汽车驾驶员培训学校	1996	二级	汽车	33	40	镇骆西路1881号
镇海博隆汽车驾驶员培训学校	2006	二级	汽车	39	43	庄市同益路98号
宁波江东一剑驾驶员培训学校镇海分校	2006	二级	汽车	20	22	镇宁东路168号

说明：资料来源区公管所

第五节 规费稽征

交通规费稽征包括公路规费和航运规费。

公路规费

1972年，镇海县开始稽征公路养路费。初由县（区）交通监理所征收。1987年10月，改为区公路稽征所征收。征收的规费每月10日前全额上缴宁波市公路稽征处征收专户。根据国务院《关于实施成品油价格和税费改革的通知》文件，镇海区于2008年年末停止征收公路养路费、公路运输管理费、公路客货运附加费等。1985—2008年，镇海区按规定开征的公路规费有汽车养路费、拖拉机养路费、养路费附加、车辆购置附加费、公路客货运附加费、公路运输管理费、摩托车养路费等12种。

汽车养路费 1985年5月起，按省人民政府转发省计经委、财政厅、交通厅、物价局《关于调整公路养路费征收标准的意见》规定执行。除规定免征车辆以外，一律按月以核定载重吨位计征。非营运车辆由每月每吨80元调整为105元。专业运输企业的营运车辆及其他部门的营运车辆由按营业收入的14%调整为15%，若低于社会车辆征收标准的，一律按每月每吨105元计征。1990年11月，宁波市交通运输委员会《关于调整部分车辆养路费实施中有关问题的通知》规定，货车每月每吨145元计征。1994年4月，《浙江省公路养路费征收管理办法》规定，货车及其他机动车养路费每月每吨165元计征。2004年1月，经省人民政府批准，浙江省交通厅、财政厅、物价局《关于调整公路养路费征收标准的通知》规定，非营业性客车及货运车辆养路费从每月每吨165元调整为每月每吨200元计征。2008年，镇海区全年征收汽车养路费1.11亿元。

公路客货运输附加费（公路建设基金）　1986年7月1日起，先开征公路客运建设基金。征收标准为每人每千米0.003元。1988年7月1日起，公路客运建设基金提高到每人每千米0.01元。同时开设公路货物建设基金，征收标准为每吨千米0.01元。1992年2月起，公路建设基金实行定额征收。2004年3月，公路建设基金征收标准为：货车15吨及以下55元/吨·月，15吨以上部分28元/吨·月，挂车28元/吨·月。出租轿车70元/座·月，旅游车40元/座·月，定线不定时面包车60元/座·月，大客车200千米以内70元/座·月，201～300千米98元/座·月，300千米以上120元/座·月。

公路运输管理费　（1）非机动车运输管理费征收始于1965年10月。交通部规定，按从事公路运输收入的3%征收公路运输管理费。1974年7月1日，改为民间运输企业按营业收入额的3%征收，县属大集体以上运输企业按营业收入额的2%征收。1990年10月，取消非机动车运输管理费征收。（2）专业机动车与社会机动车运输管理费征收分别始于1972年和1983年。1983年7月，国家经委和交通部594号文件规定，凡从事营业性客货运输的车辆，均按营业收入额计征运输管理费，其中汽车按1%，拖拉机按0.6%征收。1986年9月调整为：纳入交通部门管理的专业车队，按营业额1%征收，乡（镇）村运输企业的手扶拖拉机与轮拖、汽车，分别按营业额的0.6%与1%征收。社会车辆采用定额征收办法：手扶拖拉机每台每月4元，四轮拖拉机每辆每月8元，机动三轮车每辆每月6元，个体运输户和集体承包给个人的汽车，每月每吨10元。自备汽车每月每吨6元。2004年4月始，定额征收标准为：高速客车12元/座·月，快客11元/座·月，普通大客10元/座·月，定线中巴（23座及以下）15元/座·月，旅游车（24座及以上）3元/座·月，旅游车（10～23座）4元/座·月，出租车（6～9座）6元/座·月，出租车（4～5座）12元/座·月，租赁车10元/座·月。货运车15吨（含）以下20元/吨·月、15吨以上部分10元/吨·月、挂车、特种车11元/吨·月，机动三轮车14元/吨·月，简四轮车（客运）4元/吨·月，简四轮车（货运）13元/吨·月，拖拉机（轮拖、手扶）3元/吨·月。

养路费附加费　1988年7月开征。征收对象为应缴纳公路养路费的各种机动车辆，征收费率为养路费的23.81%。按每吨每月105元标准计征养路费的车辆，其养路费附加费为每吨每月25元，两者合计征收每吨每月130元。

摩托车养路费　1990年11月开征。征收标准：两轮每辆每年100元，侧三轮每辆每年150元，轻骑（轻便摩托车）每辆每年50元。

拖拉机养路费　1963年7月开征。1985年，按照浙江省人民政府《关于调整公路养路费征收标准的意见》规定执行。对农民个人和联户从事营业的拖拉机采取包干收费，累进减免养路费办法。即：手扶拖拉机每月每台30元，按季统交75元，半年统交135元，全年统交240元。轮式拖拉机（以20马力折合一吨）每月每吨42元，手把式简易三轮机动车比照手扶拖拉机每月每辆30元，按月计征。1990年10月，拖拉机征费吨位核定统一改为按拖挂车的核定载重量计征养路费，每月每吨50元。1992年12月起，调整为每月每吨60元。1998年9月，调整为每年每吨540元。对既从事营业性运输，又完成农忙季节机耕任务的，采取包干统缴、累进减免的办法。即按月统缴的免征半月，半年统缴的免征一个半月，全年一次性统缴的免征四个月。

车辆购置附加费 1985年5月开征。规定凡购买或自行组装的机动车辆，在购买后或投入使用前，以实际销售价格为依据开征附加费。国产车按销售价格10%征收。进口车以计算增值税后的计费组合价格为依据，按15%征收。1994年1月起，车辆购置附加费费率统一改为10%。2001年，车辆购置附加费改为车辆购置附加税。2005年1月起，车辆购置附加税改由区国税局征收。

1986—2008年镇海区公路规费征收额汇总表

表11-33 单位：万元

年份	汽车养路费	养路费附加	公路建设基金	车辆购置附加费	客站基金	公路客货运附加费	过桥费	公路运输管理费	道路改造费	拖拉机养路费	摩托车养路费	交通管理费
1986	38.56	—	0.0043	—	—	—	—	—	—	0.38	—	—
1987	79.37	—	0.021	—	—	—	—	—	—	11.37	—	—
1988	75.72	—	16.33	1.50	—	—	3.01	—	—	19.89	—	—
1989	885.60	—	237.46	10.49	—	22.75	93.13	—	25.79	25.81	—	66.36
1990	808.91	—	191.08	9.27	—	22.73	98.96	—	106.48	34.50	28.9	67.34
1991	893.01	146.39	188.19	7.42	—	—	93.77	—	—	36.21	37.25	—
1992	979.59	164.66	190.41	17.09	—	—	101.56	—	—	35.04	55.91	—
1993	1313.61	218.65	485.06	72.21	—	—	127.33	—	—	26.38	68.22	—
1994	1902.21	87.46	597.87	147.53	—	—	198.94	—	—	28.26	73.82	—
1995	2499.71	—	880.52	229.75	—	—	229.30	—	—	19.30	74.07	—
1996	2582.06	—	922.30	244.30	—	—	234.34	—	—	21.24	75.25	—
1997	2483.40	—	908.07	139.94	28.87	45.03	—	242.89	453.71	25.88	77.80	—
1998	2427.85	—	861.82	136.81	26.58	16.95	—	232.82	752.94	27.24	76.87	—
1999	2391.04	—	820.74	191.79	—	—	—	139.95	—	18.96	67.68	—
2000	2527.87	—	831.21	154.69	—	—	—	156.53	—	23.47	79.47	—
2001	2828.70	—	813.20	132.20	—	—	—	161.70	—	32.50	89.70	—
2002	3739.93	—	959.18	152.70	—	—	—	209.51	—	33.12	100.09	—
2003	4454.17	—	1134.28	179.57	—	—	—	282.62	—	26.94	104.09	—
2004	6284.61	—	1277.87	261.20	—	—	—	489.47	—	30.71	135.69	—
2005	6900.05	—	1255.70	—	—	—	—	467.30	—	24.37	109.60	—
2006	8923.00	—	1402.00	—	—	—	—	619.00	—	25.14	108.00	—
2007	10263.13	—	1477.460	—	—	—	—	568.50	—	25.67	103.23	—
2008	11100.00	—	1499.00	—	—	—	—	573.00	—	24.90	88.56	—

说明：资料来源区公路稽征所

港航规费

1985—2008 年，按上级规定先后开征的港航规费有沿海航政费、船舶港务费、水路货运附加费、水路交通建设费、水路运输管理费、内河航道养护费、船舶及船用产品检验费、货物港务费等 8 种。2009 年 1 月 1 日起，根据国务院《关于实施成品油价格和税费改革的通知》，水路运输管理费、内河航道养护费停止征收。

沿海航政费 1953 年开征。1971 年，沿海航政费率改按营业收入 4% 计征。1983 年 1 月，对个体船、航运企业个人承包船改为按船舶载重吨定额计征。定额标准：机动船每月每吨 2. 20 元，非机动船每月每吨 1. 65 元。1989 年 4 月，调整为载重 60 吨（含 60 吨）以下船舶每月每吨 2. 20 元，60 吨以上船舶每月每吨 3. 20 元。不久定额标准调整为：201 ~ 500 吨船舶每月每吨 5. 60 元；501 ~ 3000 吨每月每吨 4. 80 元；3001 ~ 6000 吨每月每吨 4. 00 元；6001 ~ 10000 吨每月每吨 3. 20 元；1 万吨以上每月每吨 2. 40 元。2000 年 1 月，沿海航政费停止征收。

船舶港务费 1988 年 10 月 1 日起征。费率：内河港口，船舶每进港或出港一次，各征收船舶港务费每载重吨（拖轮按马力，排筏按立方米）0. 10 元，集体所有制专业运输单位内河船舶的港务费，按该单位拥有的内河营运船舶总载重吨（拖轮按马力），每月每载重吨 1. 00 元计征。1994 年 9 月 1 日起，船舶港务费费率调整。规定：实行按月定额计征的内河船舶港务费，按其拥有的营运船舶总净吨（拖轮按总千瓦），每月每净吨 3. 00 元计征，拖轮每月每千瓦 4 元计征。2001 年 8 月，船舶港务费停止征收。

水路货运附加费 1996 年 5 月开征。费率：按货物周转量每吨千米五厘计征。1999 年 9 月，水路货运附加费停征。

水路交通建设费 1999 年 9 月开征。（1）内河实行产供销结合的个体、专业户船舶，按月按定额计征，月定额标准 3. 00 元/吨。（2）沿海按货物类别和航距不同分别计征：①运输货物起讫地跨省或省内跨航区运输，运距 200 千米以上货物，按以下标准计征：石油（含原油）、液化气 3. 50 元/吨；木材、钢材、金属矿石、非金属矿石 3. 00 元/吨；水泥 2. 50 元/吨；其他未列名货物 2. 00 元/吨。②起讫地均在本市（地）航区内的货物，跨省跨航区但运距少于 200 千米的，不分货物种类收费统一为每吨 1. 50 元。2002 年 6 月，水路交通建设费停止征收。

内河航道养护费 原在征规费。1971 年，费率从 4% 调整为 6% 。1983 年 1 月，对个体船、航运企业个人承包船，改为按船舶载重吨定额计征，每月每吨 2. 50 元。1992 年调整为：按运费收入的 8% 计征；实行定额征收的，每月每载重吨 3. 00 元。1998 年调整为：按运费收入的 6% 计征；实行定额征收的，每月每载重吨 3. 00 元。

水路运输管理费 1991 年起征。费率：1. 按营运收入的 1. 5% 征收；2. 对无法准确反映运输收入的船舶，实行定额征收。2000 年，沿海船舶定额标准调整为：1000 吨以下，2. 50 元/吨·月；1001 ~ 6000 吨，3. 00 元/吨·月；6001 吨以上，2. 00 元/吨·月；油船及其他船舶，3. 40 元/吨·月。

船舶及船用产品检验费 按照浙价费〔1988〕405 号文件规定计收。缴费对象为船舶所有人，船舶经营人等申检者。2005 年 2 月，船舶及船用产品检验工作划归市港航处后停止收取。

货物港务费 1980 年 1 月开征。1994 年 9 月，费率调整为：进出港货物各计征 0. 35 元/吨，

0.25 元/立方米，2 吨集装箱每箱 0.72 元，国标 5 吨集装箱每箱 1.15 元。2005 年 8 月 1 日起，货物港务费费率调整为沿海港口 0.50 元/吨，内河港口 1.00 元/吨。

1987—2008 年镇海区港航规费征收情况表

11—34 单位：万元

年份	沿海航政费	船舶港务费	水路货运附加费	水路交通建设费	航道养护费	水路运输管理费	船舶及船用产品检验费	货物港务费
1987	9.2	—	—	—	9.2	—	0.8	8.8
1988	13.3	—	—	—	6.9	—	0.4	6.0
1989	19.0	—	—	—	2.6	—	0.4	5.6
1990	14.2	1.4	—	—	1.6	—	0.4	5.0
1991	23.0	2.0	—	—	2.5	—	0.7	9.2
1992	30.0	2.6	—	—	3.9	17.6	—	7.6
1993	52.8	2.0	—	—	2.9	28.5	—	9.0
1994	77.3	2.4	—	—	3.5	55.3	5.9	14.0
1995	81.3	3.1	—	—	2.7	83.8	2.3	12.2
1996	82.5	1.2	79.8	—	1.5	70.9	1.2	2.9
1997	80.6	0.9	49.7	—	0.5	64.0	1.0	5.0
1998	100.3	1.6	54.0	—	0.1	65.4	1.4	1.0
1999	100.3	1.4	54.2	137.5	0.1	65.4	1.4	1.0
2000	—	—	—	149.1	0.45	105.1	1.2	0.5
2001	—	1.4	—	92.6	—	133.1	1.7	0.6
2002	—	—	—	—	0.5	153.6	4.9	2.2
2003	—	—	—	—	0.2	192.4	15.8	28.4
2004	—	—	—	—	0.05	328.1	14.2	62.5
2005	—	—	—	—	—	397.1	3.5	61.1
2006	—	—	—	—	—	452.7	—	97.0
2007	—	—	—	—	—	690.0	—	131.2
2008	—	—	—	—	0.97	890.1	—	98.8

说明：资料来源区港航管理处

（责任编辑　冯国定）

第十二编　邮政　电信　信息化

本编目录

1985年10月镇海县撤县划区，11月设镇海区邮电局，属宁波市邮电局管辖的二级机构。建区后，邮电事业得到快速发展，长途电话网、本地电话网、移动电话网、数据通信网逐步实现程控交换和数字转输，邮政储蓄、特快专递、商函广告等业务迅速发展。1997年7月和8月，浙江移动通信有限责任公司镇海区分公司（以下简称移动镇海分公司①）、中国联通镇海分公司（以下简称联通镇海分公司）分别成立，移动电话和无线寻呼业务从邮电局剥离，电信事业进入竞争发展阶段。1998年9月镇海邮电局实行邮、电分营，分别成立宁波市镇海区邮政局和宁波市镇海区电信局。2000年后，互联网进入家庭。2008年，邮电业务总量达到54442万元，是1986年225万元的241.96倍，其中邮政业务总量8242万元，占15.1%，电信业务总量46200万元，占84.9%；邮电业务总收入51826万元，其中邮政业务收入5626万元、占10.9%，电信业实现业务收入46200万元、占89.1%。

1998年5月，镇海区成立区信息化办公室，指导全区信息化建设，政府信息化、社会信息化、农村信息化和企业信息化建设。2002年建立区信息中心，与信息化办公室合署办公。至2008年基本形成覆盖全区的信息化网络。

① 1997年7月移动镇海分公司成立时，镇海邮电局有18名员工分流到移动镇海分公司。

第一章　邮　政

1986年后，镇海恢复邮政储蓄业务，发展邮政快件业务和特快专递业务，邮政营业网点普及全区农村，邮政业务得到快速发展。至1997年实现邮政业务总量885万元，比1986年44万元增长19.1倍。1998年9月邮、电分营，“以电补邮”的经营格局结束，镇海邮政扩大邮政储蓄业务，发展函件和速递等邮政业务市场，重视邮政机械化、信息化建设。1999年至2008年，镇海邮政固定资产投资共计2503.15万元，邮政投递、邮运基本实现机械化，邮件、邮政储汇和金融类业务实现微机操作，与全国的网络联网，区局和支局办公实现自动化。至2008年，已形成邮务类、速递物流类、金融类三大板块业务结构，邮政业务总量达到8242万元，比1998年增加7.9倍；邮政储蓄余额240550万元，比1986年增加19倍。

2007年9月，镇海区农村邮电管理站的邮政代办网点，改镇海区邮政局自办。2008年3月，中国邮政储蓄银行镇海区支行成立后，邮政储蓄业务实行“自营加代办”管理模式。胜利路储蓄所、贵驷、骆驼邮政储蓄业务划归中国邮政储蓄银行镇海区支行；东门、西门、后大街、龙洋、虹桥、联丰、团桥、长石、汶溪、河头、觉渡、湾塘、后施、汉塘、临江、宁大、庄市、西经堂、澥浦、俞范计20个邮政网点邮政储蓄业务，归镇海区邮政局。是年，局下设计划财务部、市场经营部和综合办公室，设支局7个、邮政所15个。

第一节　邮政网络

营业网点

1985年，区境内设有区局营业班、东门、西门、虹桥、庄市、骆驼、贵驷、俞范、汶溪、长石、河头、澥浦、团桥、沙河、湾塘、临江、汉塘等17处邮电营业网点。1986年12月10日，增设宁大邮政所。至当年年底，全区邮电营业网点增加到24个。1988年12月，撤销田湖邮政代办所。1993年2月27日，后施邮电所被撤销，并入俞范邮电支局。1994年4月23日，设西经堂邮电支局。

1998年9月1日邮电分营，下设庄市、骆驼、贵驷、俞范4个邮政支局，东门、西门、虹桥、宁大4个自办邮政所和15个委办邮政所。2000年6月16日，宁大邮政所改为宁大邮政支局。2001年7月19日，设临江邮政支局，撤销临江邮政代办所、清水浦邮政代办点。2003年11月17日，设立浙江纺织服装职业技术学院邮政所；12月31日，撤销沙河邮政代办所。2004年12月27日，设联丰邮政所。2006年1月16日，设后大街邮政所；2月1日，撤销万嘉邮政代办所。翌年1月

30日，纺织服装职业技术学院邮政所撤销。2008年5月16日，西经堂邮政所升格为西经堂邮政支局，管辖汶溪、长石、河头邮政所，贵驷邮政支局降格为贵驷邮政所。

2008年年末，全区设有临江、宁大、庄市、骆驼、俞范、澥浦、西经堂等7个支局，东门、西门、后大街、龙洋、虹桥、联丰、贵驷、觉渡、后施、湾塘、团桥、河头、汶溪、长石、汉塘等15个邮政所和区局邮政营业班，共23处邮政营业网点。

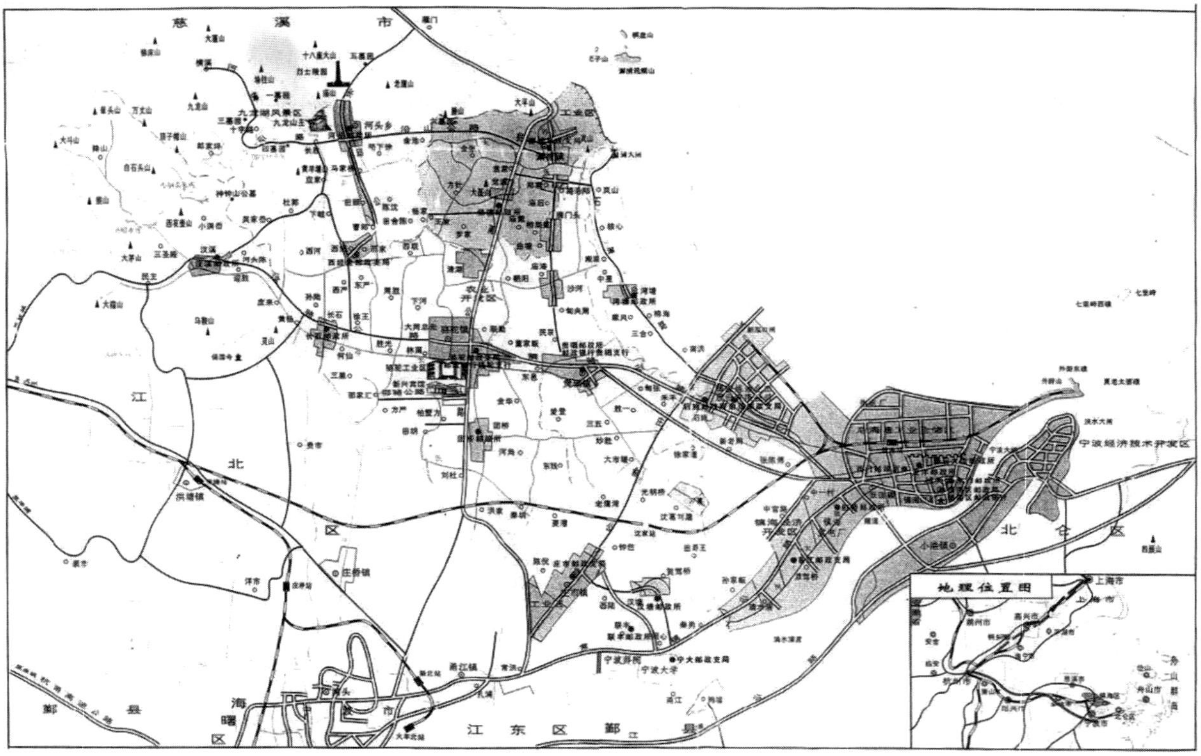

图12-1 镇海区城乡邮政机构设置示意图

邮路

1986年年底，全区共有邮路26条，其中市内邮路2条、农村邮路24条、邮路单程长度197千米。至1995年年末，调整后有邮路16条。其中，市内邮路1条，城关至市内邮路；汽车邮路8条，镇海至虹桥、镇海至临江、骆驼至长石、骆驼至河头、骆驼至汶溪、骆驼至澥浦、骆驼至觉渡、骆驼至西经堂；自行车邮路7条，镇海至临江、骆驼至团桥、庄市至万嘉、庄市至汉塘、俞范至湾塘、俞范至后施、贵驷至沙河。邮路单程长度197千米。1996年，增开区局至东门、西门市内邮路2条；骆驼至西经堂，镇海至俞范、贵驷、骆驼、庄市、宁波大学农村邮路2条；原贵驷至后施、湾塘和镇海至临江邮路，改为俞范至后施、湾塘，镇海至清水浦；开通镇海至俞范、贵驷、骆驼、庄市、宁大支局（所）的自办汽车邮路，每日2班，单程长度41千米，普通邮件运递时限提高一个频次（半日）。1998年6月10日，撤销区内自办邮路，开通宁波至镇海二级干线汽车邮路。次年，撤镇海至俞范、贵驷、骆驼、庄市、宁大邮路。2001年，撤镇海至临江、清水浦邮路2条。镇海城关内趟班邮路改为镇海至镇海邮路。2004年，撤镇海至镇海、贵驷至沙河邮路2条，增加宁大至纺校邮路1条。2006年2月1日，撤庄市至万嘉邮路1条。2007年10月16日，开通速递公司至区局营业窗口邮路1条。2008年1月21日起，骆驼至澥浦、西经堂、河头、汶溪、长石、团桥的趟班车的开行单位由速递公司改为骆驼支局。12月1日，新开邮件处理中心至庄市、宁大、临江邮路3条，新增庄市、骆驼支局快速邮路2条。年末，市内邮路4条、农村邮路14条，其中自办汽车邮路14条、快速邮路4条，邮路单程长度95千米。

2008年镇海区邮运邮路情况表

表12－1

序号	起点	终点	条数	邮路长度（单程：千米）	邮路类别	日均行程（千米）	备注
1	骆驼	河头	1	10	自办汽车	20	农村
2	骆驼	西经堂	1	7	自办汽车	14	农村
3	骆驼	汶溪	1	8	自办汽车	16	农村
4	骆驼	长石	1	5	自办汽车	10	农村
5	骆驼	团桥	1	6	自办汽车	12	农村
6	庄市	汉塘	1	3	其他	6	农村
7	俞范	后施	1	2	其他	4	农村
8	澥浦	湾塘	1	6	其他	12	农村
9	澥浦	觉渡	1	3	其他	6	农村
10	邮件处理中心	东门	1	3	自办汽车	12	市县内城区
11	邮件处理中心	城关	1	2	自办汽车	8	市县内城区
12	邮件处理中心	西门	1	2	自办汽车	8	市县内城区
13	邮件处理中心	后大街	1	3	自办汽车	12	市县内城区
14	邮件处理中心	虹桥	1	1	自办汽车	2	农村
15	邮件处理中心	骆驼	1	12	自办汽车	48	农村
16	邮件处理中心	庄市	1	11	自办汽车	44	农村
17	邮件处理中心	宁大	1	8	自办汽车	32	农村
18	邮件处理中心	临江	1	3	自办汽车	12	农村

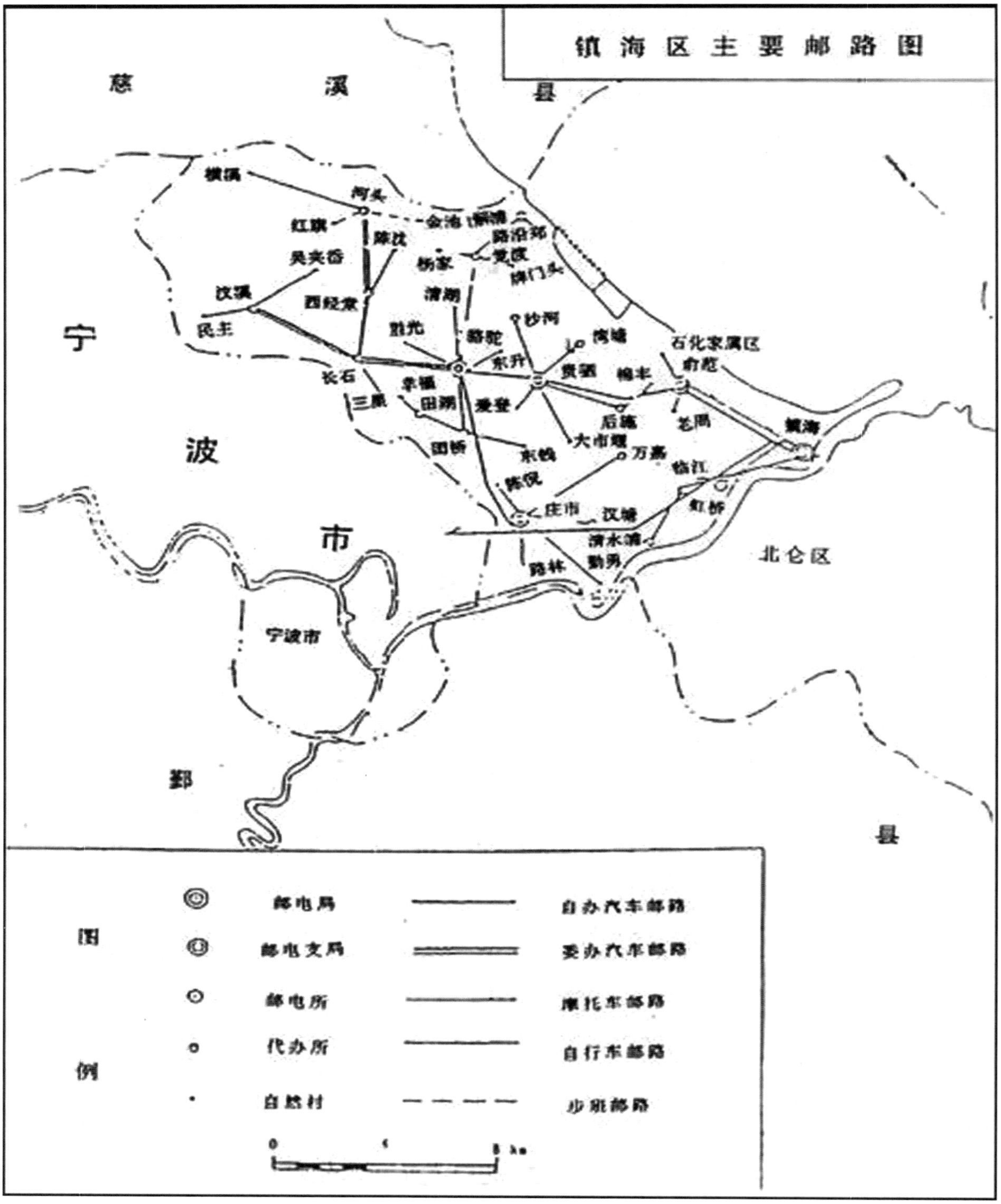

图 12－2 镇海区主要邮路图

邮件投递

20 世纪 80 年代，投递业务以信函、包件、汇票、报刊为主，投递工具以自行车为主，投递网络覆盖城乡。1988 年开始邮政快件投递。至 1995 年，境内设有投递段 35 个，投递邮路长度 425 千米。其中，城关8个，俞范2个，庄市3个，贵驷2个，骆驼2个，区联营站所属的邮电所18个，投递员48人。1996年8月起，凡符合通邮条件的全部按地址投递，对客户查询所订阅的报刊，在2天内进行答复，节假日顺延。1997年，实施邮政投递规范化服务。1998年，城关投递增扩棉纺织厂、白龙新村、后海塘1个投递段。翌年，增扩繁景小区、工农路和港城花园、西长营弄、四方小区、天宝小区2个投递段。2000年，城关原11个投递段扩至14个投递段，并于2月4日设立宁波市镇海天鸿传邮服务有限公司，10月24日区局投发班改设为邮政投递公司，开办物流配送业务。是年12月1日在城关实施送汇票到户，17日开始向实验小学、蛟川书院等4所学校学生配送课间奶。2001年实行有偿上楼投递服务，6月26日起邮件报刊执行投递时限。2002年，临江邮政支局部分投递区域划拨城关投递，城关投递由原14个段增至20个段。是年4月1日，虹桥邮政处理中心正式启用。2003年5月1日，开办宁波市区内"限时递"业务。2004年2月27日起投递《今日镇海》，6月1日城区实行《浙江日报》早报早投。2005年新增城市投递段9段。2006年4月开始投递个性化账单。2007年6月18日开始实行好易购、快乐购邮件专车专人投递，11月6日在城区投递段实行电瓶车投递，12月1日起区内9条农村邮路实行摩托车投递。2008年1月1日，庄市、骆驼、澥浦、西经堂各开通农村投递线路1条，全区邮政投递实行电瓶车投递，10条农村投递线路实行摩托车投递，5月觉渡邮政所投递业务并入澥浦支局。年末，全区设有城市投递段道29条，农村投递路线41条，共计单程长度1649.40千米，邮政直接投递点9.4万个，投递从业人员106人。其中，城区投递服务地域东至宁波港镇海港区，西至大运路，南至甬江，北至俞范，城区每日投递总次数58次，安装信报箱住宅楼房累计1722栋，设置信箱（筒）15个。是年，投递函件506.02万件、包件4.44万件、报纸1760.49万份、杂志46.55万份。

2008年镇海区农村投递路线情况表

表12－2 单位：千米

序号	起点（经过）终点	条数	邮路长度（单程）	日均行程	序号	起点（经过）终点	条数	邮路长度（单程）	日均行程
1	俞范—炼化家属区1—俞范	1	9.9	9.9	11	骆驼—华丰—骆驼	1	15.7	15.7
2	俞范—炼化家属区2—俞范	1	27.9	27.9	12	骆驼—东邑村—骆驼	1	15.6	15.6
3	俞范—炼化家属区3—俞范	1	17.0	17	13	骆驼—余三—骆驼	1	23.5	23.5
4	俞范—三公司家属区—俞范	1	7.6	7.6	14	庄市—工业区—庄市	1	28.6	28.6
5	俞范—炼化公司—俞范	1	9.9	9.9	15	庄市—庄市街上—庄市	1	27.5	27.5
6	贵驷—爱登—贵驷	1	20.7	20.7	16	庄市—陈倪—庄市	1	26.1	26.1
7	贵驷—妙胜—贵驷	1	39.7	39.7	17	庄市—曙光村—庄市	1	25.6	25.6
8	贵驷—沙河—贵驷	1	31.9	31.9	18	庄市—清泉花园—兴隆花园—庄市	1	21.2	21.2
9	骆驼—东升—骆驼	1	18.0	18.0	19	宁大支局—宁波大学—宁大支局	1	25.0	25.0
10	骆驼—工业区—骆驼	1	26.1	26.1	20	宁大支局—常洪—宁大支局	1	31.1	31.1

续表 12－2

序号	起点（经过）终点	条数	邮路长度（单程）	日均行程	序号	起点（经过）终点	条数	邮路长度（单程）	日均行程
21	临江—五里牌—临江	1	25.0	25.0	32	澥浦—庙戴—澥浦	1	28.0	28.0
22	临江—清水浦—临江	1	34.0	34.0	33	澥浦—觉渡—澥浦	1	27.5	27.5
23	临江—水璩王—临江	1	26.0	26.0	34	澥浦—湾塘—澥浦	1	40.3	40.3
24	俞范—后施—俞范	1	29.3	29.3	35	河头—横溪—河头	1	58.2	58.2
25	俞范—棉丰—俞范	1	29.0	29.0	36	西河—田顾—西河	1	34.0	34.0
26	俞范支局—俞范—俞范支局	1	35.1	35.1	37	西河—杜郭—西河	1	36.5	36.5
27	团桥所—田湖—团桥所	1	22.7	22.7	38	长石—徐王—长石	1	45.7	45.7
28	团桥所—团桥—团桥所	1	39.0	39.0	39	汶溪—秦山—汶溪	1	49.1	49.1
29	骆驼—清湖—骆驼	1	40.0	40.0	40	庄市—汉塘—庄市	1	37.6	37.6
30	澥浦—余严—澥浦	1	14.9	14.9	41	庄市—万加—庄市	1	32.7	32.7
31	澥浦—化工区澥浦	1	41.2	41.2		合计	41	1174.4	1174.4

1999—2008 年镇海区邮件投递业务量情况表

表 12－3

年份	函件（万件）	包件（万件）	汇票（万张）	报纸（万份）	杂志（万份）
1999	482.74	4.97	6.38	948.65	72.97
2000	456.01	5.06	5.79	1044.63	48.41
2001	461.65	5.85	5.54	1256.27	75.20
2002	414.58	6.52	4.90	1407.40	75.48
2003	394.72	9.29	4.65	1376.60	60.94
2004	410.34	8.79	4.14	1394.29	50.98
2005	388.00	7.80	3.21	1372.14	39.33
2006	425.90	6.78	3.56	1507.03	42.80
2007	473.02	5.85	3.43	1650.76	43.06
2008	506.02	4.44	0	1760.49	46.55

分拣与封发

1985 年年末，有直封口子至北仑下邵、江南、顾家桥、东岗碶、江桥头 5 处代办所，至郭巨、柴桥、大碶、新碶、霞浦、白峰 6 个支局，至上海、杭州格口、宁波、宁波格口 4 个转口局。1988 年 11 月，封发班被评为全国分拣封发先进集体。1993 年，国际邮件、特快封发首用（AST）微机操作。1994 年，条码自动登单机投入使用，结束封发登单手工操作的历史。1995 年 7 月 3 日，始用邮政分拣封发微机登单系统。1995年年底，有平函直封口子俞范、贵驷、骆驼、庄市、宁大、临江、虹桥、宁波、杭州、北仑、余姚、黄岩、鲁皖、京沈、申格口、温岭、嘉兴、慈溪、奉化、上海、普陀、绍兴、定海、宁波格口、临海、象山、宁海、温州、浙赣。挂快有宁波国际、宁波、杭州、慈溪、奉化、象山、温州、绍兴、宁海、定海、临海、余姚、北仑、庄市、贵驷、骆驼、俞范、宁大。1996年，设有包裹、平信分拣、主封发、副封发、质检5个台席。1997年4月8日，骆驼、俞范、庄市、贵驷4个邮电支局始用邮政分拣封发微机登单系统。翌年12月1日，使用信盒封发平常信件。2003年9月，进口特快由市局直封支局，骆驼特快邮件直封出口。2004年8月31日，撤销邮政封发班，封发业务并入速递公司；11月1日，取消特快出口封发功能，改由宁波中心局统一出口；12月1日，封发条码系统投入应用。年末，有专职分拣封发15人。2005年4月，启用特快专递封发出口登单系统。次年10月11日普邮封发系统上线并运行，12月19日封发生产作业系统3.4版本升级。2008年1月1日，澥浦邮政所设立邮件、报刊直封格口。年末，全区有分拣封发23人，全年分拣封发函件934.5万件、包件9.47万件、特快邮件44.93万件、报纸1776.67万份、杂志53.41万份。

邮政编码

1985年11月，省邮电管理局核定批准镇海区邮电局、所邮政编码，后变化调整。

2008年镇海区邮政局（所）邮政编码情况表

表12－4

支局、所名称	邮政编码	支局、所名称	邮政编码
镇海（含东门、西门、后大街、龙洋）	315200	贵驷（沙河）	315206
庄市（含汉塘、万嘉）	315201	俞范（后施）	315207
骆驼（含团桥、长石、汶溪）	315202	虹桥	315208
觉渡	315203	宁大	315211
澥浦（湾塘）	315204	联丰	315212
西经堂（含河头）	315205	临江	315221

第二节　邮政业务

镇海建区后，邮政业务范围不断扩大，业务量和业务收入逐步增加。2008年，业务范围为函件、包裹、速递、集邮、储蓄、汇兑、报刊发行、代理信息、机要、电子商务及增值信息服务。是年，邮政业务总量达到8242万元，比1986年增加186.3倍，邮政业务总收入完成5636万元。

1986—2008 年镇海区邮政业务总量情况表

表 12－5　　单位：万元

年份	邮政业务总量	年份	邮政业务总量	年份	邮政业务总量
1986	44	1993	381	2002	3418
1987	48	1995	654	2003	4167
1988	56	1996	794	2004	4684
1989	81	1997	885	2005	5419
1990	190	1998	924	2006	6541
1991	216	2000	1145	2007	7442
1992	277	2001	2633	2008	8242

说明：无 1994 年、1999 年数据

邮政函件

1987 年 7 月 15 日，开办“国内邮政有声信函”业务，每件限重 100 克，不分本埠外埠，资费 1.00 元，如用航空运输另加 0.20 元。1998 年 5 月 1 日开办“国际商业回函业务”，8 月 1 日寄往俄罗斯水陆路邮件改为 SAL 邮件（即空运水陆路邮件）收寄，9 月 1 日试办向美国寄发全球优先函件业务。全球优先函件全程运递时限不超过 7 天，小信封限重 500 克每件 40 元，大信封限重 1000 克每件 70 元，全球优先函件一律在窗口比照平常航空函件收寄。1999 年 3 月 1 日调整部分邮政资费，5 月 1 日起取消“邮电公事”业务种类，7 月 15 日开通出口全球优先函件业务，9 月 10 日区首套风光有资明信片定稿付印，至年末共制作 45 个品种 35 万枚各类明信片。2000 年起将国内邮件回执业务扩大到个人用户交寄的给据邮件，3 月 19 日为区移动公司印制商函 2.5 万份，5 月 28 日中邮广告创刊，至年末出刊中邮广告 26 期。2001 年 1 月，开办寄往巴西、加拿大、韩国的空运水陆路（SAL）函件及寄往美国、澳大利亚和日本的空运水陆函件业务。2002 年，与宁波网通公司镇海分公司、区交警大队等单位建立商函业务关系。次年，与中国银行镇海分行等单位建立账单类函件业务关系。2004 年，受理邀请函、招生简章、产品广告等函件业务。2005 年，拓展账单类和商函类业务。2006 年 1 月 1 日开办宁波市范围内个性化挂号银企对账单业务，11 月 15 日信函、明信片业务资费调整。2007 年发展“邮政贺卡”“招生商函”“生活信使”等广告信函业务，11 月 9 日区局直复营销中心开业。2008 年，制作招宝山景区幸运卡门票、镇海电业局新春祝福账单贺卡 4.96 万枚、宁波大学学生成绩单贺卡 2.3 万枚，全年邮资封片及邮政贺卡入账收入 163.25 万元，占函件业务收入的 35.57%。是年函件业务量 443.78 万件，是 1986 年 283.14 万件的 1.6 倍，其中国内业务量 440.68 万件、国际业务量 3.1 万件；收入 459 万元，是 1996 年 69 万元的 6.7 倍。

1986—1995 年镇海区函件业务量情况表

表 12－6　　单位：万件

年　份	合　计	其中计费	年　份	合　计	其中计费
1986	283.14	249.33	1991	239.47	214.22
1987	287.86	257.05	1992	267.11	238.96
1988	333.05	297.03	1993	323.92	293.89
1989	336.81	299.41	1994	349.21	317.87
1990	235.54	209.55	1995	367.43	334.94

1996—2008 年镇海区函件业务量情况表

表 12－7　　单位：万元

年份	国内业务量（万件）	国际业务量（件）	收　入	年份	国内业务量（万件）	国际业务量（件）	收　入
1996	336.24	39882	69	2003	137.10	16329	143
1997	326.17	30105	164	2004	129.87	9986	181
1998	332.63	35935	135	2005	134.02	13701	213
1999	259.93	40928	160	2006	131.17	6261	250
2000	205.89	48276	170	2007	132.41	15695	316
2001	192.87	46950	169	2008	440.68	30915	459
2002	158.09	18985	127	—	—	—	—

说明：2008 年国内函件业务量因统计口径变化及业务量增长因素，差异较大

1955—2008 年镇海区（县）国内平信邮资变化情况表

表 12－8　　单位：元

时间	计费标准	本埠	外埠	时间	计费标准	本埠	外埠
1955.3.1	重 20 厘米（克）	0.04	0.08	1999.3.1	首重 100 克内，每重 20 克	0.60	0.80
1990.7.31	重 20 厘米（克）	0.10	0.20	2006.11.15	首重 100 克内，每重 20 克	0.80	1.20

邮政包件

1986 年 7 月 1 日，凡不能纳入信函业务种类的一律按民用包裹交寄，包裹内件属于非经营性的个人零星物品作民用包裹交寄（现行资费不变），包裹内件属于经营性和超过民用包裹规格标准作为商品包裹交寄，其资费标准在民用包裹资费基础上加收 50%。是年，包裹业务收入 11.58 万元。1987 年 1 月 1 日，以金法郎确定的国际邮件附加邮费调整。1988 年 6 月起，每只包裹收取附加费 0.10 元，其中商品包裹每只加收 0.30 元。1990 年 7 月，包裹资费按寄递里程分区核定，计重单位由 100 克恢复至 500 克，8 月起停收航空商品包裹。1993 年，实行商品包裹资费下浮，最低可按民用包裹资费收取，最高不超过民包资费标准的 50%。1998 年 1 月，内地与香港之间互换的航空和水陆路包裹限重调整至 30 千克，8 月 1 日寄往俄罗斯水陆路邮件改为 SAL 邮件（即空运水陆路邮

件）收寄，收寄资费在水陆路包裹资费基础上加收航空附加费每千克或其零数 20.00 元。1999 年 9 月 15 日，开办寄往日本的空运水陆路包裹（SAL）业务，资费按水陆路包裹资费每千克加收 8 元。2001 年 1 月，开办寄往巴西、加拿大、韩国的空运水陆路（SAL）包裹业务，8 月 1 日开办国内包裹快递业务。2003 年 1 月开办台湾小包业务，全年各类包件业务量达到 9.91 万件，为 1986—2008 年业务量最高年份。翌年 1 月，国际资费调整。2005 年 3 月起，城区内的快递包裹不再投递到户，用户凭单到营业窗口自取。4 月 20 日起寄往香港包裹限重提高到 40 千克。2006 年 7 月起，城区恢复快递包裹直投到户。2008 年组织实施进校园、进军营上门收寄包裹服务。2008 年收寄包件 5.03 万件，其中国内包件 4.94 万件，国际包件 924 件，包件总收入 145 万元。

1986—1995 年镇海区包裹业务量情况表

表 12－9　　单位：万件

年份	合计	年份	合计	年份	合计
1986	4.45	1990	4.26	1994	4.04
1987	4.08	1991	3.42	1995	4.26
1988	5.18	1992	3.56	—	—
1989	4.67	1993	3.84	—	—

1996—2008 年镇海区包裹业务量及收入情况表

表 12－10　　单位：万元

年份	国内业务量（万件）	国际业务量（件）	收入	年份	国内业务量（万件）	国际业务量（件）	收入
1996	4.93	422	58	2003	9.87	398	136
1997	4.86	298	66	2004	8.65	406	137
1998	5.09	286	65	2005	7.01	418	150
1999	4.92	—	65	2006	6.21	447	130
2000	4.67	—	67	2007	5.86	651	138
2001	4.85	—	88	2008	4.94	924	145
2002	7.58	275	114	—	—	—	—

邮政快件

1988 年 5 月区局增办邮政快件业务，起重 100 克以内每 20 克或其零数 0.50 元，续重 101 克到 5000 克每 100 克或其零数加收 0.80 元。当年收寄邮政快件 1.7 万件。1989 年 6 月 20 日，骆驼、庄市、贵驷、俞范、虹桥、宁波大学等 6 个支局、邮电所开办邮政快件业务。1990 年 1 月 1 日，汶溪、长石、河头、西经堂、澥浦、觉渡、团桥、沙河、后施、湾塘、临江、清水浦、汉塘、万嘉等 14 个邮电代办所开办邮政快件业务。1992 年 7 月 1 日资费标准调整，起重 100 克以内每 20 克或其零数 1.00 元，续重 101 克到 5000 克每 100 克或其零数加收 1.20 元。1997 年，全年收寄邮政快件 12.13 万件，比 1988 年增加 6.1 倍。1998 年 7 月 1 日起取消邮政快件业务。

1988—1997 年镇海区快件业务量情况表

表 12－11　　单位：万件

年份	业务量	其中计费	年份	业务量	其中计费
1988	1.70	1.70	1993	17.79	17.79
1989	8.24	8.24	1994	18.27	18.26
1990	11.51	11.51	1995	17.54	17.52
1991	12.58	12.58	1996	17.80	—
1992	14.97	14.97	1997	12.13	—

特快专递

1992 年 3 月 10 日，为宁波市局代办特快专递业务，城区内（包括临江）用专车投送，各支局、所的特快按封发时限邮送。国内特快专递邮件资费，起重 200 克为 12.00 元，续重每 200 克或其零数加收 3.00，保价费为保价金额的 1%，查询费每件 3.00 元。是年完成国内特快专递业务收入 18.68 万元，国际特快专递业务收入 2.04 万元。1993 年 4 月 1 日，骆驼、贵驷、庄市、俞范邮电支局代办特快专递邮件业务。1994 年，区局代办特快专递业务改为自办，8 月起河头、西经堂、澥浦、觉渡、临江、路林 6 个邮电所代办特快专递业务。是年 9 月 1 日，国际特快邮件资费再次调整，其中台湾起重 1000 克为 190.00 元，续重每 500 克为 52.00 元。1995 年至 1997 年 6 月，长石、汶溪、东门、西门、虹桥邮电所先后开办特快专递业务。1997 年 8 月 1 日调整国内特快专递邮件资费，9 月 4 日开通“185”邮政特快专递业务电话特服号。1998 年始高校生录取通知书实行特快邮件寄递，3 月 23 日起暂停收寄往美国的 EMS 到付邮件，5 月 12 日成立邮政速递公司，6 月 1 日调整国内邮政特快专递邮件保价金额标准，最高保价金额由 1 万元调整为 5 万元，保价费率不变，6 月 8 日开办国内特快专递代收货款服务。1999 年下半年，开通至中国香港地区及日本“次日递”业务。当年，发展大宗记账用户 65 户，其中每月特快邮费超过 5000 元的大用户 7 家。2000 年，原由宁波经转的国际特快邮件，直接由上海出口，推出 TNT 中速业务、UPS 到付业务、韩国特快邮件次日递业务、收寄中国速递国际快件业务，7 月 1 日调整国际特快专递业务资费标准，平均降幅约为 10%，部分资费降幅 20%，8 月 1 日停止收寄出口安邦快件。

2001 年 3 月 1 日，开办中速经济快递业务，每件快件最低限重 45 千克，6 月 1 日开办至上海“次晨达”业务，8 月开办快递包裹出口业务。2003 年 4 月 18 日，开办宁波市区内邮政特快专递“次晨达”业务，5 月 1 日开办上海限时递，台州、杭州次晨达及物流配送业务。2003 年 8 月 30 日国家调整国内邮政特快专递业务资费标准和计费方式，9 月 22 日区局及俞范等 6 个支局与宁波邮政局建立特快邮件直封关系，当月骆驼特快直封出口，进口特快由市局直封各支局，12 月 5 日开办“信用卡专递”业务。2004 年 1 月 8 日，正式开办上海、杭州、台州及长江三角洲地区特快邮件“次晨达”业务。2005 年，先后开办法院法律文书特快专递业务、国际卡哈拉业务、招商银行对账单特快专递收件人付费业务、省内 EMS 次晨达及限时递业务。2006 年 1 月 23 日起，调整进口国际包裹投递方式，将进口国际及港澳包裹的投递、签收及投递信息录入纳入速递邮件渠道处理。2007

年，与移动公司、电信局合作，在高校录取通知书内附寄宣传资料，实现收入16.5万元。2008年，新增安徽蚌埠“次晨达”业务，组织实施“大同城”特快方案，全年特快专递业务收入503万元，比1998年增加3.7倍。

1994年镇海区国际特快专递邮件资费情况表

表12-12　　单位：元

资费区	文件			物品			适用国家、地区
	起重500克		续重500克或其零数	起重500克		续重500克或其零数	
	定时	特需		定时	特需		
一区	97	105	30	172	180	30	中国香港、澳门
二区	127	135	45	202	210	45	日本、韩国
三区	142	150	45	217	225	45	东南亚：印度尼西亚、马来西亚、新加坡、菲律宾、泰国、文莱
四区	187	195	52	262	270	52	南太平洋：澳大利亚、新西兰、巴布亚新几内亚、斐济、瓦努阿图
五区	225	232	82	300	307	82	西欧：奥地利、比利时、丹麦、芬兰、法国、直布罗陀、冰岛、德国、英国、希腊、爱尔兰、意大利、卢森堡、列支敦士登、摩纳哥、挪威、荷兰、马耳他、葡萄牙、西班牙、瑞士、斯威士兰、梵蒂冈
六区	210	217	90	285	292	90	美国、加拿大
七区	247	255	90	322	330	90	南亚：孟加拉国、印度、老挝、巴基斯坦、土耳其、马尔代夫、尼泊尔、斯里兰卡、也门
八区	255	262	112	330	337	112	中、南美：阿根廷、巴西、古巴、哥伦比亚、秘鲁、圭亚那、巴拿马、墨西哥
九区	367	375	120	442	450	120	中东、非洲：塞浦路斯、伊朗、伊拉克、约旦、科威特、阿曼、阿联酋、卡塔尔、以色列、科特迪瓦、吉布提、刚果、埃及、扎伊尔、莫桑比克、埃塞俄比亚、加蓬、加纳、几内亚、马达加斯加、布基纳法索、马里、摩洛哥、尼日尔、尼日利亚、卢旺达、塞内加尔、乍得、突尼斯、肯尼亚
十区	375	382	120	450	457	120	独联体、东欧及其他：匈牙利、波兰、罗马尼亚、捷克、乌克兰、爱沙尼亚、哈萨克斯坦、斯洛伐克、俄罗斯、拉脱维亚、克罗地亚

1993—2008 年镇海区特快专递业务量及收入情况表

表 12－13

年份	国内业务量（万件）	国际业务量（件）	收入（万元）	年份	国内业务量（万件）	国际业务量（件）	收入（万元）
1993	0.46	—	—	2001	6.55	5621	287
1994	1.16	—	—	2002	7.63	4202	237
1995	1.83	—	—	2003	7.08	2468	227
1996	2.67	806	—	2004	9.3	2446	255
1997	2.66	639	103	2005	11.59	2907	305
1998	3.36	619	107	2006	14.18	2745	358
1999	4.01	2061	148	2007	16.08	2945	447
2000	4.99	4717	215	2008	18.82	3553	503

邮政汇兑

1988 年 6 月，各支局、所开办快件汇票业务，汇费按规定收取，每笔另收快件费 0.50 元。1995 年 9 月 27 日，邮政代办所开发汇票金额由原最高 500 元调整到最高 1000 元，兑付汇票金额从原最高 300 元调整到最高 1000 元。1999 年先后开办国内邮政入账汇款业务、国内邮政礼仪汇款业务、电报入账汇款业务。2000 年 2 月 16 日开办邮政特快汇兑业务，6 月 1 日起邮政代办所开发汇票，每笔最高限额由 1000 元调整为 1 万元（含 1 万元）。2001 年 10 月 20 日，区局营业部、俞范支局正式开办电子汇兑业务，全年开发礼仪汇款 6.25 万笔、特快汇款 4179 笔。2002 年 1 月 13 日，电子汇兑业务全面替代传统汇款业务，全年先后开办加急电子汇兑业务、实时汇款和汇款回执业务、西联汇款和兑付、国内邮政礼仪汇款、2 小时加急汇款等业务。至 2005 年，汇兑增值业务收入占当年汇兑业务收入的 19.2%。2006 年 12 月 18 日，开办邮政网汇 e 业务，全年办理跨省万元以下入账汇款 6.69 万笔，占汇兑业务量的 33.3%、汇兑总收入的 36.5%。2007 年 11 月，汇兑大集中业务系统上线运行。2008 年 12 月 15 日，开办两岸邮政汇兑业务。是年，开发地址汇款 8.73 万笔，入账汇款 19.25 万笔，自行通知汇款 0.18 万笔，办理网汇易 0.34 万笔，新增商务汇款、移动资金归集 12 处，汇兑业务收入 290 万元。

1986—2001 年镇海区汇票业务量情况表

表 12－14

年份	合计（万笔）	其中计费（万元）	年份	合计（万笔）	其中计费（万元）
1986	8.82	8.63	1991	7.77	7.46
1987	8.60	8.35	1992	9.07	8.70
1988	9.27	9.01	1993	11.19	10.68
1989	8.10	7.83	1994	12.90	12.10
1990	8.14	7.85	1995	13.94	13.00

续表 12－14

年份	合计（万笔）	其中计费（万元）	年份	合计（万笔）	其中计费（万元）
1996	14.58	84	1999	14.14	106
1997	14.44	100	2000	14.92	118
1998	15.15	108	2001	15.81	130

2002—2008 年镇海区汇票业务量、收入情况表

表 12－15

年份	业务量（万笔）	收入（万元）	年份	业务量（万笔）	收入（万元）
2002	16.97	139	2006	20.43	192
2003	19.25	158	2007	24.67	214
2004	17.91	175	2008	28.17	290
2005	15.93	173	—	—	—

报刊发行

1987 年 12 月 14 日，成立报刊经营组，隶属于邮政股。1992 年 8 月，区局报刊发行首用（AST）微机操作，结束报刊发行用手工操作的历史。1994 年 5 月 5 日成立报刊经营公司，下设南街、渡口、人民商场报刊零售亭。1995 年年末，全区设有总浦桥、家电大楼、新星、清川、证券、旭日、龙赛医院、镇棉、张鑑碶、浪人、长途车站、九月、古楼、百货、东门、西门、渡口、白龙、车站、招宝山、西门菜场、晓月、陈家、电厂、五里牌、怡心、茗园、俞范明理、德龙、君君、乐园、骆驼综合市场、绿叶报刊零售亭和区局报刊门市部共 34 处，全年报刊流转额 423.46 万元。2001 年 12 月 1 日，报纸按季整订改按月整订。2003 年 6 月 16 日，推出网上订报业务。2006 年 9 月 30 日，“杭邮”版软件操作系统改为中国邮政报刊发行信息系统（NPS），10 月起报刊收订、汇总要数实现全国联网。2008 年报刊实行即时收订。是年，设有报刊经营公司 1 处和零售亭 58 处，发行站 46 个，报刊发行人员 10 人，其中收订《人民日报》855 份、《浙江日报》2088 份、《求是》杂志 528 份，完成报刊流转量合计 1830.08 万份，收入 323 万元，比 1996 年 150 万元增加 1.15 倍。

1986—1995 年镇海区报刊业务量情况表

表 12－16　单位：万份

年份	订销报纸		订销杂志	
	期发数	累计数	期发数	累计数
1986	8.89	1207.87	5.54	84.90
1987	8.31	1152.06	6.70	86.96
1988	6.44	851.75	6.25	73.90
1989	3.74	524.53	3.58	46.39
1990	3.99	552.72	5.50	58.77

续表 12－16

年份	订销报纸		订销杂志	
	期发数	累计数	期发数	累计数
1991	4. 63	607. 77	5. 61	70. 86
1992	5. 02	666. 39	6. 39	82. 78
1993	5. 63	718. 58	7. 46	88. 95
1994	4. 83	740. 13	7. 37	92. 75
1995	4. 76	773. 27	6. 62	90. 98

1996—2008 年镇海区报刊发行业务量及收入情况表

表 12－17

年份	业务量（万份）	收入（万元）	年份	业务量（万份）	收入（万元）
1996	955. 47	150	2003	1437. 54	247
1997	986. 09	152	2004	1445. 28	254
1998	1038. 00	145	2005	1480. 17	265
1999	1021. 63	156	2006	1613. 42	298
2000	1093. 03	166	2007	1753. 89	294
2001	1331. 49	223	2008	1830. 08	323
2002	1482. 88	227	—	—	—

集邮

1988 年 3 月 27 日，在石化总厂文化宫内举办区首次邮品拍卖。1990 年 9 月 28 日，举办区文化艺术节集邮展览会，展期 5 天。是年，集邮业务收入 24. 10 万元。1991 年 6 月 30 日，举办庆祝中国共产党成立 70 周年集邮展览。1993 年 4 月 1 日成立邮票公司，7 月 4 日在石化总厂文化宫举办第二次邮品拍卖。1995 年 11 月 3 日，举办建区 10 周年集邮展览会。是年年末，全区集邮服务网点 23 处，销售集邮邮票 419 万枚，集邮业务收入 183. 30 万元。1997 年集邮业务收入达到 433. 48 万元，比 1990 年增加 6. 6 倍。1998 年，集邮市场低迷，是年集邮收入比 1997 年下降 24. 8%。1999 年，围绕“’99 世博会”“’99 世界邮展”“中华人民共和国成立 50 周年纪念邮展”等活动，设计制作镇海风光系列封、镇海风光集邮票品等，先后举办镇海区、宁波港务局、骆驼镇邮展。2002 年 2 月 15 日，在骆驼中心学校举办专题邮展，全年设计制作个性化邮票 3500 版、5. 6 万枚，企业形象年册 300 本。2004 年，设计制作镇海区新闻中心大楼落成个性化邮品专题册 1000 版，电信公司个性化邮品 600 版，企业形象年册 1200 本，并于 10 月 1 日举办第十一届集邮展览，全年销售集邮邮票 37. 72 万枚、邮册 5769 本、外购邮品 41. 44 万元。年末，有专职集邮人员 3 人，8 个集邮网点。2005 年，完成 1992—2001 年票册库存及各点留存盘点、收缴、封存工作。2006 年，销售 2008 年北京奥运会和红军长征胜利 70 周年为题材的邮品，共销售系列邮品 4 万余元，收缴、封存 2003 年前的集邮品共计 173705 件、价值 128 万元。2008 年，销售集邮总公司发行的第二十九届奥运会邮票大全12套，开办“永结同心——婚庆”个性化邮票项目，开发浙江浙能镇海发电有限责任公司和浙江省二建建设集团有限公司两户定制型邮品（其中个性化邮票8400版、企业形象年册1000本）。是年集邮业务量50.20万枚，收入297.18万元。

1997—2008年镇海区集邮业务量、收入情况表

表12－18

年份	业务量（万枚）	收入（万元）	年份	业务量（万枚）	收入（万元）
1997	606.91	433.48	2003	25.47	74.68
1998	510.07	325.86	2004	37.72	120.70
1999	421.71	304.11	2005	48.36	167.89
2000	259.49	122.45	2006	55.19	113.29
2001	110.45	200.96	2007	49.02	162.71
2002	68.67	134.53	2008	50.20	297.18

代办业务

1986年12月18日代办储蓄业务。1999年8月2日代理中行长城卡业务，10月10日首次代售凭证式国债。2002年1月4日，正式开办代收寻呼月租费业务。2004年8月10日，代理烟草款业务。2005年先后开办联网代缴、收电费和水费业务，移动现金归集业务，联通话费充值业务。2006年起开办代发工资业务，共代理发放企事业单位员工工资3516户，开办代理开放式基金业务和代发全区城镇老年居民养老金业务。至2008年已开办保险、国债、理财、基金、代收水电费和固定电话费、粮食直补款、代发工资等业务。全年代理申、认购基金675.89万元，赎回1066.95万元；受理理财客户542户，发生理财业务651笔，金额6182.10万元，代售国债157.60万元；代缴收水费10.31万笔、金额444.48万元，电费3.64万笔、金额668.84万元，电话费18.78万笔、金额1133.45万元。是年代办业务总收入164.98万元。

2005—2008年邮件代办业务收入情况表

表12－19　　单位：万元

年份	2005	2006	2007	2008
代办业务收入	8.29	12.41	35.47	164.98

邮政储蓄

1986年12月18日，区邮政局胜利路邮政储蓄所代办储蓄业务正式开业，至12月20日储蓄余额38.4万元，储户1038户。中国人民银行按邮政储蓄缴存款的月累计日平均余额付给2.2‰的手续费。1987年2月8日，原属营业班的邮政储蓄、汇兑、汇检合并后成立储汇组，全年先后举办5期邮政定额定期有奖储蓄，储金90万元，当年储蓄年末余额比1986年增长4.3倍。1989年5月3日，成立邮政储蓄、汇兑股，负责储蓄及汇兑业务的组织管理。1990年1月1日邮政储蓄业务由代办改为自办，手续费收入改为利差收入，6月30日储蓄、汇兑股被撤销，业务并入邮政股，储蓄年末余额405万元，比1987年增长99.5%。1993年2月25日，区局开设邮储专厅。1994年1月15

日设立储汇班，至年末全区已有21个邮政营业网点办理各类邮政储蓄业务，储户5.55万户。1997年12月21日，实行统一的转存款利率，按季付息。1998年1月9日，首台邮政储蓄ATM机在胜利路邮政储蓄所正式启用。1999年12月18日，全区21个邮政储蓄网点实现联网，12月27日小联网系统切换到宁波邮政局“绿卡”网络系统。2000年6月25日胜利路储蓄所储蓄余额超亿元，成为全省第三个邮政储蓄余额超亿元网点，12月10日俞范支局储蓄余额超亿元，成为全省第一个农村储蓄单点超亿单位。2001年8月2日，区内邮政储蓄网点开始实现全国通存通兑。2002年7月1日开办“银证通”业务。2003年2月开办存款质押贷款业务，5月1日办理存款证明业务。2003年8月1日，中国人民银行规定邮政储蓄转存款按新、老存款分别核算，老存款按4.131%结付利息，新增存款则可自主运行，并规定老存款在5年内按季分期转出，每年转出比例分别为10%、15%、20%、25%和30%。2004年8月30日推出“平安绿荫卡”业务，12月12日邮政储蓄实现全国网络联网。2005年先后开办“绿卡”储蓄卡境外办理业务、全省邮政储蓄整存整取省内通兑业务，11月24日胜利路储蓄所开办网汇通业务。2005年6月2日，邮政储汇“两网互通”工程正式切换上线，汇兑网络合并到储蓄网络系统。2006年，开办邮储资产类小额质贷业务（存单质押贷款）、商家联名卡业务、邮政储蓄短信业务、邮政网汇易业务，其中资产类小额质贷业务受理86笔，金额520.61万元。年末全区有邮政储蓄网点25个。2007年先后开办邮政储蓄一本通业务、国际金融西联收汇业务。2008年先后开办个人理财业务、即期结售汇业务、公司存款和资金结算业务、信贷业务、绿卡通业务，以及小额信用代贷、商务代贷、二手房交易代贷等金融业务。是年，邮政储蓄年末余额240550万元，比1998年15578万元增加14.44倍；储蓄业务收入2278万元，比1998年97万元增加22.48倍。

1986—1995年镇海区邮政储蓄余额、收入情况表

表12－20　单位：万元

年份	储蓄年末余额	储蓄业务收入	定活比例（%）	年份	储蓄年末余额	储蓄业务收入	定活比例（%）
1986	39	—	6	1991	1051	17.11	1
1987	203	3.63	5	1992	1142	14.64	1
1988	323	7.83	8	1993	3004	28.51	6
1989	281	7.06	5	1994	5846	96.29	12
1990	405	6.20	6	1995	10260	165.36	11

1996—2008年镇海区邮政储蓄余额、收入情况表

表12－21　单位：万元

年份	储蓄年平均余额	储蓄年末余额	储蓄业务收入	定活比例（%）
1996	10760.95	12049	237	—
1997	13013.21	15269	438	10.52
1998	15864.54	15579	97	13.71

续表 12－21

年份	储蓄年平均余额	储蓄年末余额	储蓄业务收入	定活比例（%）
1999	17577.67	18848	576	13.71
2000	29768.2	32855	740	10.26
2001	44593.68	58843	1051	7.43
2002	74311.99	88259	1555	5.87
2003	104560.04	113847	2001	6.39
2004	122308.88	128232	2385	8.02
2005	142857.94	157259	2958	8.98
2006	179628.67	198184	3237	10.40
2007	207093.02	211135	3965	12.68
2008	226250.05	240550	2278	13.76

第三节 邮政设备

1986年有摩托车5辆、自行车40辆、包件收寄机6台。1993—1994年，汽车、微机等设备逐渐进入邮政业务领域。1999年，开工建设“绿卡”网与小联网系统，增添计算机网络设备21台、微机20台。2001年，投资30.85万元，建设“绿卡”网络二期联网工程，购置计算机网络设备26台，微机13台。2002年投资27.52万元，建设电子汇兑和局办公自动化应用系统硬件联网工程，新增计算机网络设备26台，微机11台。2004年，邮政储蓄绿卡统一版本工程建成，邮政储蓄、汇兑联网，成为接入各省（市）区域性邮政中间业务平台，实现全方位电子稽查数据监控，全局21个网点之间光纤联通。2005年，储蓄余额5000万元以上骨干网点标准化改造工程完工，建成全省邮政储蓄示范网点1处。2006年，封发生产作业实现无纸化操作，开通速递封发、上网查询系统。至2008年，全区邮政投递、邮运基本实现机械化，邮件、邮政储汇和金融类业务实现微机操作，与全国网络联网，区局和支局办公实现自动化。年末，全局有汽车25辆、摩托车12辆、电瓶车79辆、计算机网络设备66台、微机131台，设ATM自动柜员机12台。

1995—2008年若干年镇海区邮政主要设备情况表

表12－22

设备名称	单位	1995年	1998年	1999年	2000年	2003年	2004年	2005年	2006年	2007年	2008年
邮政汽车	辆	4	8	12	12	11	14	15	16	19	25
邮政摩托车	辆	5	—	2	2	2	3	3	3	3	12
ATM自动柜员机	台	—	5	5	5	7	7	8	10	11	12
商函处理作业线	台	1	—	—	—	—	—	—	—	—	—

续表 12－22

设备名称	单位	1995 年	1998 年	1999 年	2000 年	2003 年	2004 年	2005 年	2006 年	2007 年	2008 年
信函制作系统	套	—	—	—	1	1	1	1	1	1	1
过戳机	台	—	4	4	4	4	3	3	3	3	3
邮资机	台	—	—	—	—	6	6	6	6	6	6
信箱信筒	个	100	124	161	161	161	110	110	110	110	98
微型计算机	台	12	83	103	61	86	114	96	104	120	131
计算机网络设备	台	—	—	21	19	56	56	57	59	62	66
自有房屋面积	平方米	2768	14229	10669	10669	14279	13524	13524	13524	13524	13524

第二章 电 信

1987 年 5 月，镇海至宁波 DD14 半自动拨号和 DD16 全国长途自动拨号相继开通，进入全国自动拨号网。1989 年 10 月 30 日，全区固定电话启用自动交换网，淘汰沿用半个多世纪的磁石“摇把子”。1991 年 4 月 20 日零时，9000 门程控电话开通，并与宁波、北仑、鄞县联网，并实现国内国际长途直拨。1993 年 5 月 20 日区内局用交换机实现程控化，10 月 31 日率先在宁波地区实现电话交换程控化、传输数字化。20 世纪 90 年代，相继开通会议电视电话网、公众数据网、蜂窝式移动电话、自动无线寻呼系统、磁卡电话和“168”自动声讯系统等业务，开通互联网，电信业务从单一的语音业务向包括数据、文字、图像等多种非话领域发展。2000 年后，数据通信和多媒体业务成为新的增长点，先后启动“政府上网”“企业上网”“社区上网”和“家庭上网”工程，为社会提供多层次、全方位的通信服务。2008 年，全区本地网固定电话用户 127698 户，移动电话用户 471976 户（移动镇海分公司 380976 户、联通镇海分公司 91000 户），互联网用户 52183 户（电信局 45683 户、联通镇海分公司 6500 户）。

1997 年 7 月和 8 月，先后成立移动镇海分公司、联通镇海分公司，镇海邮电局员工 18 人分离到移动镇海分公司。1998 年 9 月，成立宁波市镇海区电信局。2000 年 8 月，宁波市镇海区电信局更名为浙江省电信公司镇海电信局，移动镇海分公司由邮电综合楼搬迁至镇海城河西路 12 号。2001 年 5 月 8 日，镇海电信局由镇海胜利路 71 号（邮电大楼）搬迁至镇海大西门路 716 号（电信大楼）。2003 年 3 月，浙江省电信公司镇海电信局更名为中国电信股份有限公司宁波镇海区分公司（中国电信宁波镇海区分公司），隶属关系及管理体制不变。是年 6 月联通镇海分公司从由镇海车站路 65 号搬迁至车站路 130 号。2008 年 10 月，中国电信宁波镇海区分公司承接 CDMA 移动电话业务，开始启动电信全业务经营。

1986 年电信业务总量 181 万元。1998 年邮电分营，是年电信业务总量为 5351 万元，比 1986 年电信业务总量增加 28.56 倍。2008 年，电信业务总量增加到 46200 万元，比 1998 年电信业务总量增加 7.63 倍。

第一节 固定电话

1985 年，城关镇每百人仅拥有电话 9.6 部，私人电话极少。至 1995 年，全区电话普及率每百人 34 部。2000 年固定电话用户 68035 户（其中市内固定电话用户 39634 户、农村固定电话用户 28401 户），比 1986 年 1960 户增加 33.71 倍。2008 年，全区拥有固定电话用户（本地网电话用户）

127698 户，比 1986 年增加 64.15 倍，年均增长 20.9%。

1998—2008 年镇海区固定电话用户情况表

表 12－23　　单位：户

年份	固定电话用户	年份	固定电话用户	年份	固定电话用户	年份	固定电话用户
1998	—	2001	80116	2004	109406	2007	123150
1999	57228	2002	86488	2005	115228	2008	127698
2000	68035	2003	97451	2006	119948	—	—

说明：2008 年《镇海区统计年鉴》固定电话拥有数为 193000 户

长途固定电话

长话设备　1985 年年末，有载波电话终端机 6 部、DD－14 半自动拨号设备 1 架、共电交换机容量 130 门、席数 26 席，电话会议汇接台 1 席。次年，增镇海至宁波晶体管六十路载波终端机 1 部。1987 年 5 月 19 日，全国长途自动拨号设备开通。翌年，新增载波电源铃流架（ZP627－II 型）1 部。1990 年，有载波机三路 1 部、十二路 2 部、二十四路 1 部、六十路 2 部。1991 年，三路、二十四路载波机拆除，十二路、六十路各拆除 1 部。次年，置光通信设备三次群电端机 1 端、光中继器 1 端、光端机 2 端，共电式交换机容量减至 80 门。1993 年，置四次群电端机 1 端，增光端机 1 端、光中继器 1 端，共电式长途交换机容量减至 40 门，十二路、六十路载波电话终端机设备全部拆除。1994 年，光通信设备（电端机）全部拆除。1995 年 5 月 17 日，可视电话会议系统开通，电路为 30 条，同时使用 JHJ－01TB12 门会议电话汇接机。

长话电路　1985 年年末，共有长途线路 67 条，出租长话电路 22 条。1986 年 6 月 29 日，首开镇海至宁波全自动去话电路 2 条，8 月 1 日增开至宁波半自动长途线路 5 来 5 去。1987 年 2 月，镇海进入全国长途自动交换网，5 月进入国际长途自动交换网，可直拨 144 个国家和地区，9 月开通镇海至宁波全自动中继电路 8 条、半自动电路 6 条，至年末共有电路 98 条。其中，人工电路 60 条，至上海 6 条、宁波 30 条（其中支局至宁波 10 条）、杭州 4 条、定海 3 条，至余姚、慈溪、临海、萧山、绍兴、金华各 2 条，至奉化、宁海、普陀、岱山、象山各 1 条；半自动电路 18 条，至宁波 12 条、杭州 2 条、定海 4 条；另有全自动电路 30 条，出租电路 23 条。1991 年 4 月 20 日，镇海首期程控电话开通，镇海电话以汇接局方式进入宁波市话网（小 C3 网），其中镇海至小 C3 网中继电路 12 个系统（360 路），至宁波 TS 长市中继电路 4 个系统（120 路），保留人工模拟电路 60 条。1992 年，增开至宁波长市中继电路 1 个系统（30 路）。1994 年 5 月 18 日，人工长途电话接续台由宁波 113 台统一受理，镇海人工长途台及人工电路全部被撤销。

1986—1994 年镇海区长途电话电路情况表

表 12－24　　单位：路

年份	业务话路总数	有线电路	架空明线实线	架空明线载波	年份	业务话路总数	有线电路	架空明线实线	架空明线载波
1986	84	84	3	11	1988	110	110	3	2
1987	98	98	3	2	1989	108	108	0	2

续表 12－24

年份	业务话路总数	有线电路	架空明线实线	架空明线载波	年份	业务话路总数	有线电路	架空明线实线	架空明线载波
1990	105	105	0	8	1993	455	455	0	0
1991	158	158	0	2	1994	273	273	0	0
1992	175	175	0	0	—	—	—	—	—

说明：1995 年开始，长途线路全部纳入宁波市本地网内电路统计

长话业务 1985 年 4 月 1 日，“国内长途电话”改为“国内公众长途电话”，长途电话业务种类分为代号电话、特种电话、政务电话、普通电话、公务和业务电话等六类，特别业务有预约电话、预告电话和会议电话。年末，长话去话为 60.92 万张，业务收入 51.23 万元。1987 年 5 月 19 日自动电话开通，镇海区首批进入全国自动网的 30 来个有权用户，可向全国 120 多个城市直拨长途电话，长途区号为“05840”，至 1988 年年末有权用户发展到 107 户。1990 年 6 月，开通国内长话“立接制”业务。次年 5 月 13 日，国际电话立即接续台开通。1991 年 4 月 20 日程控电话开通后，镇海长途区号改为宁波全市统一区号“0574”，长途有权用户数 5 月增加到 823 户，比 4 月翻一番。1993 年起直拨长话业务迅速发展，人工台接续的长途电话业务量急剧下降。1994 年 4 月镇海邮电局 113 人工长途台并入宁波市局，开放国际直拨受话人付费“108”业务。1995 年年末，长话去话 484.46 万张，收入 1474.20 万元，分别比 1990 年增长 4.77 倍和 8.74 倍，长途直拨有权用户已达 16524 户，其中国际港澳直拨用户有 4664 户。1996 年 3 月 28 日，开办中国电话卡密码记账长途直拨“200”业务。1999 年 10 月 1 日，开放国际“800”来话业务。次年 7 月 8 日，“17908” IP 电话卡正式开通。2001 年 12 月 20 日，开通宜通电话卡拨打国内长途电话功能。翌年 4 月 1 日起，全面开放固定电话“17909”主叫直拨长话业务。2007 年 9 月 20 日停止受理省内“800”业务 11 月 30 日对 200/IP 电话卡国际长途通达国家和地区进行调整，资费不变。2008 年，长途电话业务收入 2341.9 万元，比 1986 年增加 40.4 倍。

1986—2008 年镇海区长途电话业务量和收入情况表

表 12－25

年份	去话（万张）	收入（万元）	年份	去话（万张）	收入（万元）
1986	14.91	56.57	1994	413.49	1089.56
1987	57.67	66.95	1995	484.46	1474.20
1988	73.30	114.15	1996	596.18	1795.68
1989	77.02	122.12	1997	698.30	2380.27
1990	84.01	151.28	1998	827.18	2727.32
1991	90.06	197.73	1999	844.02	2235.49
1992	152.16	424.04	2000	971.21	2646.95
1993	288.51	784.49	2001	980.14	1792.99

续表 12－25

年份	去话（万张）	收入（万元）	年份	去话（万张）	收入（万元）
2002	954.10	1766.89	2006	—	3213.20
2003	—	2186.94	2007	—	2761.10
2004	—	3462.60	2008	—	2341.90
2005	—	3500.30	—	—	—

市内固定电话

市话设备　1985年年末，市话电话交换机总容量2000门，型号为HJ921型纵横制自动交换机。翌年5月16日，纵横制自动交换机扩容1000门。1987年，配合DD－16全自动拨号设备的开通，安装8架长途多频盘设备。1989年6月30日，市话再次扩容1000门，市话交换机总容量达到4000门，实占2664门。1990年7月，利用无息贷款引进澳大利亚墨尔本LM爱立信公司AXE－109000门程控电话交换机设备，于次年4月21日开通使用，其中市话7000门（另2000门为农话）。镇海至宁波光端机开通，实现国内国际长途直拨，纵横制自动交换机拆除。1993年，城关扩容开通MD110型1000门程控交换机，西门4000门AXE－10程控母局开通，原2000门模块停用，改变过去镇海只有一个汇接局的格局。翌年，城关程控母局扩容AXE－10型2000门程控设备开通，城关AXE－10型程控交换机4000门开通使用。1995年6月，西门扩容AXE－10程控交换机2000门。是年，新增本地电路1711路，其中镇海—宁波210路、西门—后施960路，全区本地电路共达6244路。1996年12月，西门程控扩容2000门，城关扩容2000门。1997年，国内首家城关程控交换机软件版本由AS27直接升级至AS49，C3、C4自愈环试运营，城关增扩4000门程控交换机设备，完成西门程控软件版本升级，从华为公司引进的Intess－112集中测量系统投入使用。1998年，西门程控3000门交换设备扩容工程完成，城关机房MD110交换机下2400门电话一次性割接为AXE－10交换机下的设备，同时实现软件版本升级，镇海城关（胜利路、西门）二个程控母局的7号信令从14位升为24位。是年，程控交换设备全部实现软件版本升级，可提供ISDN综合业务数字网和虚拟网功能。1999年，全区电话交换母局由5个优化为3个，交换机型由3种减为2种。2002年，西门程控交换设备扩容2000门，开通TS网调电路17套、C4本地网电路50套、2M数字电路30套，新建城关、西门等5个点的AXD－155环1个。2003年，新建远端模块机房6个，面积600平方米，完成AXE－10交换机的中继电路和骆驼EWSD交换机中继电路改造。

1986—2000年镇海区局用交换机及线路设备情况表

表 12－26

年份	交换机容量（门）	实占容量（门）	杆路长度（千米）	电缆长度（皮长千米）	光缆长度（对千米）
1986	3000	1522	36.7	66.6	—
1987	3000	1786	54.0	67.3	—
1988	3000	2275	62.0	77.3	—

续表 12－26

年份	交换机容量（门）	实占容量（门）	杆路长度（千米）	电缆长度（皮长千米）	光缆长度（对千米）
1989	4000	2664	67.0	84.1	—
1990	4000	3153	74.0	94.7	—
1991	7000	3993	98.0	120.5	—
1992	7000	5322	98.0	156.0	22.4
1993	10000	8151	115.0	210.0	28.9
1994	16000	11987	—	216.5	28.9
1995	18000	15492	—	211.0	28.9
1996	23000	18196	—	253.30	28.9
1997	33168	20721	—	259.50	69.9
1998	50480	35357	—	324.0	69.9
1999	50736	38239	—	402.4	77.4
2000	56600	42952	—	428.8	99.9

2001—2007 年镇海区局用交换机及线路设备（本地网电话）情况表

表 12－27

年份	交换机容量（门）	实占容量（门）	电缆长度（皮长千米）	光缆长度（对千米）	年份	交换机容量（门）	实占容量（门）	电缆长度（皮长千米）	光缆长度（对千米）
2001	106262	77539	621.9	390.0	2005	127874	106407	—	406
2002	118460	84536	796.1	429.0	2006	133035	109355	—	867
2003	117287	90959	378.0 *	490.0	2007	134277	113187	—	966
2004	124435	100057	478.0 *	652.0	—	—	—	—	—

说明：因统计口径改变，* 为主干电缆长度

市话线路 1986 年年初，镇海市话有出局电缆 9 条，均为纸隔铅包电缆，容量最大为 600 对，最小为 200 对；出局管道 12 孔管道 0.17 千米，6 孔管道 3.09 千米，4 孔管道 0.88 千米。次年 7 月 17 日，施放甬江 7×4×2×1.2 过江电缆 2 条。1988—1989 年布放电缆 800 对 159 米、600 对 2439 米、400 对 357 米、200 对 299 米，新增出局电缆 1400 对，抽掉旧电缆 400 对 2042 米。1990 年 10 月，在甬江底布放镇海至小港大容量多模 4 芯光缆 1 条，全长 500 米。布放胜利路电信机房至西门机房 HYA2×2×0.6 市话电缆，开通 PCM 系统 6 个，设中继再生器 1 个，作为镇海城关至西门程控设备的中继电路。1992 年年初，布放第一条聚乙烯绝缘铅塑黏合护套 HYA1600×2×0.4 市话电缆，全年共增市内电缆 36.5 皮长千米。1995 年，从张鑑碶至宁波常洪敷设 11 千米的地下通信管道，布放 HYA 市话电缆 13 条，出局电缆增至 21200 对，城关住宅新村已基本实现 1 户 1 线到位制。1996 年，布放市话出局电缆 4800 对。1997 年 6 月，沿甬江隧道敷设 24 芯光缆 1 条，拆除招宝山与金鸡山之间的甬江口过江飞线。1999 年，完成胜利路电信楼至西门的 24 芯光缆建设。2000 年，市话用户线对容量新增 920 对，达到 71100 对，实占 42952 对。2001—2002 年，新增电缆 158 皮长千米、光缆 144 皮长千米、管道 178 孔千米、杆路 12 千米，建成第二个 SDH 自愈网。2002 年，全年管线

建设工程项目22个，开发区架空电缆改走地下管道。2003年6月，完成镇海电子政务网光缆工程，共架设架空光缆54938米，布放管道光缆24736米、槽道光缆220米、墙壁光缆6819米；9—12月，完成西门电信楼配线电缆工程和出局主干电缆工程，宁波化工区完善电缆网络。2004年，完成镇海公安分局监控组网工程，全年新增电缆405皮长千米、光缆162皮长千米、管道45.2孔千米。2007年，全区光缆长度966对千米。

市话业务 1985年年末，市内电话用户数为1254户。1986年，市内电话业务有普通电话、电话副机、同线电话、合用电话、用户交换机、分机、中继线、专线、临时电话、公用电话等10种。1986年年底市话用户1507户（其中私人及个体工商用户为11户），业务收入39.09万元。1988年，新增无绳电话、复用设备、租杆挂线、租用管道、代维设备及程控电话等服务项目。1991年4月20日，电话号码在原号码前加“2”由5位升至6位；6月3日，开通查询鄞县、北仑、宁波电话号码的“144”“145”“146”查询台；9月1日，“160”综合信息服务台开通。1992年，市内电话主要业务种类有普通电话、电话副机及附件、公用电话、复用设备、租杆挂线、租用管道、出租代维设备、程控电话服务项目、无线寻呼、国内国际长途自动直拨、改名和过户等16种，5月18日镇海“114”查号台并入宁波市局，取消镇海区查询号码，12月3日镇海区电话信息台开台。次年10月31日，全区电话号码原号码前加“6”由六位升至七位，11月开办“168”查询业务（查询该机当月的月租费和长、市、农话费以及信息费、移动电话费等）。1994年4月28日，“168”综合信息服务台并入宁波市局“168”声讯服务台。1995年，市话业务种类改为普通电话（正机）、电话副机及附件、无绳电话、用户交换机及集团电话、分机、中继线、专线、临时电话及临时专线、公用电话、用户终端复用设备、租杆挂线、代维设备、程控电话服务项目、电话查号、移机、改名及过户、代办工程、选号等18种。1996年本地网营业区划分为老城区（北到后海塘，西到石塘下）、清水浦（原临江乡）、后施（原俞范镇）、骆驼（含长石、汶溪两地）、西经堂（河头乡）、贵驷、庄市、澥浦8个营业区。1997年4月10日，开通“180”用户投诉服务台，7月1日开放固定电话主叫号码显示系统服务功能。1999年，开通语音信箱业务。2000年，全区市内固定电话39634户，是1986年的26.3倍；业务收入3228.96万元，是1986年的82.6倍。

1986—2000年镇海区市内固定电话用户数和业务收入情况表

表12－28

年份	用户数（户）	业务收入（万元）	年份	用户数（户）	业务收入（万元）
1986	1507	39.09	1994	11806	1402.59
1987	1735	45.66	1995	15105	2187.17
1988	2232	54.90	1996	18059	3409.85
1989	2639	69.28	1997	20369	4850.17
1990	3023	90.94	1998	30610**	3430.59
1991	3713	227.45	1999	34842	3291.14
1992	5004	390.68	2000	39634	3228.96
1993	8069	873.06	—	—	—

说明：**为统计口径调整，俞范电话划入市话

农村固定电话

农话传输设备 1985年年末，有载波电话终端机76部。1986年，开通镇海至骆驼ZJ－24二十四路载波机1套，原十二路改开镇海至贵驷，开通镇海至庄市ZJ－3三路载波机1部。翌年，新开镇海至庄市ZJ－12十二路载波机1套、远程自动接续机1套，开通骆驼至河头、澥浦ZJ－3三路载波机各1套，骆驼新装ZP627—II型载波电源铃流架1部。1988年，增镇海至骆驼ZJ－24二十四路载波机1套，镇海至庄市十二路载波机改开二十四路，增镇海至红联、棉丰、庄市、骆驼、临江ZZD－24六路坏路载波机各1套。次年6月2日，首开镇海至澥浦邮电所ZJ－12十二路载波机1套。1990年12月28日，开通镇海至骆驼PCM120路用户设备，开通镇海至澥浦、骆驼至河头ZJ－24二十四路载波机各1套。翌年4月，开通镇海至庄市三次群光端机1套。1992年开通镇海至后施120路PCM传输设备，全年新增农话电路157条，全区农村载波设备全部拆除。1993年5月20日，全区实现传输数字化，年末农话电路达3090条。1994年至1995年3月，骆驼至西经堂开通三次群光端机设备1套，新开西门至俞范四次群光端机设备1套，开通西门至石化总厂四次群光端机设备1套。1997年8月20日，城关、西门、清水浦、庄市、贵驷、骆驼6个点的SDH工程设备安装、调测完工。1999年，完成西经堂—澥浦—骆驼622MSDH传输自愈网络建设。2000年，全年农话电路新增253路，电路总数达到4740路。2001年9月18日，宁波大学及骆驼4个机房完成C4—SDH设备割接，骆驼母局至宁大的传输电路由原来的点对点PDH电路，改成具有自愈功能的环行结构网络。

农话交换设备 1986年年末，有农村电话交换机总容量1930门，电话机1343部。1987年12月15日，骆驼HJ921型1000门纵横制自动电话开通使用，团桥磁石交换机并入骆驼自动网，同时骆驼农话接续台改为JTF－300型接续台，澥浦、临江的磁石交换机改为JFL－2型300门共电复式交换机。次年，后施邮电所率先开通HJ905型200门自动交换机，同时将湾塘并入自动网，汶溪邮电所开通JFL－2型200门共电复式交换机，骆驼、贵驷自动电话联网工程完成，沙河邮电所并入骆驼自动网。1996年，建成骆驼4800门程控母局，西经堂程控模块局增扩至2400门，开通澥浦2400门程控模块局。1997年，开通贵驷2400门程控模块设备、清水浦4000门程控模块局。1998年，程控交换机扩容骆驼5800门、庄市2000门。1999年，程控交换机网络中所有STP转接点7号信令由14位升至24位，俞范电信支局新安装容量8000门的EWSD交换机，替代原来的容量6200门的HJD－04型交换机，通过SDH同步数字链路与骆驼母局相连，庄市电信支局原HJD04型设备改型为西门子设备，开通长石、清湖和俞范等地的远端模块。2000年全年新增农村远端模块13个，缓解部分地区线路紧张问题。翌年，完成河头、湾塘和桥里戴村、黄杨村、庙戴村、培红村、邵家村、朱家岸村、林周村、光明村、路林市场、宁波大学、化工区的远端模块设备安装割接。

农话线路 1986年年底，共有农话杆线323杆千米，明线718对千米，电缆96.2皮长千米。1987年，新布骆驼至西经堂200×2×0.5架空电缆7千米，西经堂至河头100×2×0.6架空电缆10千米。翌年，布放镇海至骆驼HEQ24×4×1.2高频对称电缆2条。1990年，用高频对称电缆开通PCM4个系统120路用户设备，及13千米传输线路中继再生器4只，布放镇海至庄市GYA4D光缆10.4千米1条。1993年5月，布放庄市至骆驼GYTA4D光缆10.65千米1条，完成骆驼至贵驷6孔管道2.7千米，及其他管道1.88千米。翌年，实现村村通程控电话。1996年共布放农话出局电缆13800对。1997年，完成西门—小港、贵驷—骆驼、庄市—宁波、镇海—西门—后施—贵驷的24芯光缆敷设工程。1999年，完成骆驼至西经堂、骆驼至庄市24芯光缆建设，及西经堂—澥浦—骆驼622MSDH传输自愈网络建设。2000年，全区农话电缆达1540.8皮长千米，光缆达165.5皮长千米。

表12-29

1986—2000年镇海区农村固定电话局用交换机及线路设备情况表

年份	交换机容量（门）	实占容量（门）	杆路长度（千米）	电缆长度（皮长千米）	光缆长度（对千米）
1986	960	596	115.0	53.2	—
1987	1660	631	130.0	81.2	—
1988	1430	830	148.0	15.9	—
1989	1430	999	155.0	152.5	—
1990	1490	1114	164.0	159.0	—
1991	3130	1296	152.0	189.6	—
1992	5000	2188	163.0	265.5	14.5
1993	7000	4263	192.0	345.5	50.8
1994	12000	8067	—	586.6	50.8
1995	20000	10623	—	678.7	50.8
1996	28800	13174	—	855.80	57.8
1997	30350	16680	—	989.00	76.7
1998	23934	15598	—	1246.2	76.7
1999	31838	22404	—	1446.1	117.0
2000	40318	28412	—	1540.8	165.5

农话业务 1986年8月执行邮电部《农村电话业务规则》，年末拥有农话用户453户，全年农话通话量为79.38万张，业务收入43.97万元。1989年6月1日起，镇海城关与全区乡镇开通直拨功能。1993年6月全区农村电话全部并入程控网。翌年7月1日，镇海农村电话开放“116”立接制。1997年9月，虹桥村成为全区首个电话村。1999年9月15日，宁波大学校园电话网开通。翌年新增电话村43个，年末全区电话村达65个，占全区行政村的66%。2000年农村拥有固定电话总数28401户，比1986年453户增加61.7倍，业务收入2560.74万元，比1986年43.97万元增加57.2倍。

表12-30

1986—2000年镇海区农村电话用户数和业务收入情况表

年份	用户数（户）	业务收入（万元）	年份	用户数（户）	业务收入（万元）
1986	453	43.97	1989	874	98.30
1987	502	41.13	1990	967	132.64
1988	680	63.94	1991	1253	258.61

续表 12－30

年份	用户数（户）	业务收入（万元）	年份	用户数（户）	业务收入（万元）
1992	2190	550.15	1997	17177	1685.75.
1993	4312	960.89	1998	15588**	1905.10
1994	8121	1261.00	1999	22386	2329.07
1995	10675	1761.10	2000	28401	2560.74
1996	13221	2186.70	—	—	—

说明：＊＊为统计口径调整，俞范电话划为市话

本地网固定电话

2001年起，市内固定电话和农村固定电话合一，统称“本地网固定电话”，电话用户84642户。是年5月18日零点，宁波本地网电话号码由7位升至8位，镇海区固定电话号码在原7位号码前加“8”。次年2月，开通“家家E”业务。2003年4月30日，114查号系统全部进入宁波市电信公司平台，6月10日晚TELECOM2000系统顺利割接，9月1日10000号客户服务中心接入号码正式启用。2004年5月19日，全区第一个试点电话“虚拟村”在五里牌村割接成功，建成村电话虚拟网。2006年，推出“一号双机”（固定电话与小灵通双机同号）业务，提升10000号业务受理能力，正式开放宁波市区、鄞州、镇海、北仑之间的固定电话移机不改号业务。2008年6月，区残联“阳光家园”电话交流平台项目启动，至11月底共有5000余残疾用户安装固定电话（其中部分盲人安装有盲文按键电话）；7月15日，农村全面发展“91”单向虚拟网业务（仅需主叫方申请加入单向虚拟网，主叫方即可享受指定范围内免费拨打的虚拟网，被叫方不一定是单向虚拟网用户）；8月，正式开放新航线（ECP）业务。2008年，全区本地网固定电话用户拥有量为127698户，是2001年84642户的1.51倍；业务收入总额6278.30万元，是2001年5353.04万元的1.17倍。

2001—2008年镇海区本地网固定电话用户和业务收入情况表

表12－31

年份	用户（户）	业务收入（万元）	年份	用户（户）	业务收入（万元）
2001	84642	5353.04	2005	115228	6488.40
2002	101264	6273.63	2006	119646	6178.10
2003	97451	6425.20	2007	112607	6068.20
2004	109407	6652.02	2008	127698	6278.30

公用固定电话

1986年年底，全区公用固定电话10户。至1995年年末，全区有公用电话代办点320个，其中公用电话厅19个，公用电话335部。1996年5月10日，50部桌式投币电话机投放公用电话市场。1997年2月，城关城河路和南大街开通6部无人值守投币公用电话，6月首部IC卡电话在骆驼开通。1997年7月，城河路、沿江路、后大街、大西门路等增设无人值守的IC卡电话亭20只。1999年9月30日，为驻镇某部队安装5部701卡电话，解决部队内部官兵（原先只有1部公用电话）

打电话难问题。2000 年，全年新增 IC 卡公用电话 211 部（城关 91 部、农村 120 部），全区累计 1718 部。翌年，全区新安装 IC 卡电话亭 60 个，新增公用电话 305 部。2002 年 12 月 31 日 24 时，磁卡公用电话停止服务。2003—2004 年，大量增加公用电话，2 年新增公用电话 12605 部，占 2004 年公用电话总数的 67.2%。2008 年，全区拥有公用电话 29996 部，比 1986 年增加 29986 部。

1986—2008 年镇海区公用电话拥有量情况表

表 12－32　　　　单位：部

年份	数量	年份	数量	年份	数量
1986	10	1994	144	2002	7501
1987	11	1995	335	2003	10961
1988	11	1996	523	2004	18744
1989	11	1997	876	2005	22336
1990	13	1998	1136	2006	24394
1991	13	1999	1511	2007	29247
1992	20	2000	1718	2008	29996
1993	39	2001	2021	—	—

第二节　电报传真

设备与电报报路

设备　1986 年，区邮电局共有载报机 5 部，电传打字机 14 部，真迹传真机 1 部，五单位自动发报机 6 部，15 瓦短波发信机 2 部（备用）。其中年内置 16 路 ZB319 型载报机 1 部，新增 4 路插报机 1 套、BD55 型电传打字机 2 部、BYM85 型中文译码机 1 部。1988 年，新增 ASR－124 电子电传机 4 台、美国产电传机 10 台，电传机由机械式过渡到高性能的电子式。次年，新增 PACT220 型电传机 11 台。1990 年，新增 BFS830 发报机 3 台。1991 年，增 BDC83H 型电传机 2 部，FAX－450 型传真机 1 部。1992 年后，随着电报业务量的锐减，电报设备进行更新换代，逐步报废一批老设备。1995 年 5 月，引进 JK－921 传真转报系统，并置报房至营业窗口 K－412W 终端机 1 台，13 部电传打字机拆除停用。2000 年 11 月报务班被撤销，报务工作划入电信营业班，仅余 1 台传真机。

报路　1985 年年末，全区共有报路 12 条，其中电缆载波 2 条、电缆实线 2 条、架空明线载波 6 条、架空明线实线 1 条、无线 1 条。1987 年，镇海纳入杭州 256 路自动转报系统，进入全国自动转报网路，新增区局至贵驷话传报路 1 条。1992 年，新增区局至后施、临江和澥浦传真报路各 1 条，镇海至宁波改为自动转报。翌年，镇海至宁波无线报路停开。1994 年，至骆驼电传报路改为传真报路。至 1995 年，区局至骆驼、贵驷、俞范、庄市支局及临江、澥浦邮电所的报路，均改为传真报路。1996 年年底，有公众电报电路 10 条，出租公众和用户电报电路 6 条。至 1998 年年末，仅余 3

条公众电报电路，用户电报电路7条（镇海进出口公司至宁波2条，镇海农业银行、中国银行、建设银行、石化建设银行和炼油厂至宁波各1条），出租电报电路6条（镇海公安局2条，东海舰队、民航、工商银行、宁大浦发银行各1条）。是年，配置TELEMUX数字载报设备16路1套，淘汰模拟载报设备，改为以数字数据电路（DDN）作基础传输和开放数字载报系统。随着电报业务量的萎缩，1999年公众电报电路全部拆除，营业窗口受理电报后，用传真传至宁波，由宁波电信公司报务部门发出。

1986—2008年若干年镇海区电报报路与设备情况表

表12-33

年份	报路（条）	载报机（部）	传真机（部）	五单位自动发报机（部）	中文译码机（部）	短波收发机（部）	电传打字机（部）
1986	12	5	1	6	1	2	15
1990	10	3	1	9	1	1	28
1993	12	1	9	9	1	1	13
1995	10	1	13	9	0	0	0
2000	0	0	1	0	0	0	0
2004	0	0	1	0	0	0	0

电报业务

1986—2004年，累计去报业务110.25万份，收入378.61万元。其中，1988年业务量最高，去报15.55万份，1989年业务收入最高，达到31.77万元，业务量和业务收入分别比1986年增长49.5%和65%。1993年起，国内长话直拨用户增多，电报业务逐年缩减。2004年去报业务0.06万份，仅占1988年业务量的0.39%；业务收入2.88万元，仅占1989年收入的9.07%。

1986—2004年镇海区电报业务量和收入情况表

表12-34

年份	去报（万份）	其中计费（万份）	业务收入（万元）	年份	去报（万份）	其中计费（万份）	业务收入（万元）
1986	10.4	9.29	19.21	1996	2.22	2.02	31.68
1987	11.18	10.24	23.36	1997	1.72	1.58	29.97
1988	15.55	13.42	30.68	1998	1.61	1.51	9.04
1989	13.77	12.26	31.77	1999	1.57	1.50	11.35
1990	11.25	10.22	26.34	2000	1.50	0	14.36
1991	10.87	9.77	28.01	2001	1.81	0	11.81
1992	9.72	9.04	26.58	2002	0.43	0	7.32
1993	7.59	6.61	32.53	2003	0.03	0	4.13
1994	5.72	4.43	22.61	2004	0.06	0	2.88
1995	3.26	2.89	14.98	—	—	—	—

第三节　移动电话

1992年开通移动电话，放号容量200户，1996年开通GSM数字移动电话，移动B网和A网于1998年、2001年相继关闭，用户全部转入G网。2008年移动电话拥有量为471976户（移动分公司380976户、联通镇海分公司91000户），是1998年10043户的47倍，年均增长21.48%。1990年6月起，还先后开通无线寻呼（BP机）、小哥大、G-2无绳电话（漫步通）、小灵通等其他移动通信业务，后逐步淘汰。

移动电话网络

1991年10月，引进美国MOTOROLA公司，900兆赫A网模拟蜂窝式移动电话TACS系统，总投资198万元。翌年10月，胜利路电信楼建铁塔一座，高64米，开通A网移动电话基站1处，计10个信道，其中信令信道2个、话音信道8个，放号容量200户，发送功率为25瓦，基本覆盖镇海区域。1993年1月21日，镇海与省内5城区及所属22个县区实现移动电话漫游，10月28日22时移动电话号码由六位升为七位，12月一期、二期各扩容10个信道。年末，有基站1处，信道30个，容量800户。1994年7月12日，A网基站三期扩容10个信道，18日引进瑞典爱立信公司TACS模拟蜂窝移动通信系统的B网基站设备，建B网基站2处共84个信道（各3个信令信道，39个话音信道），除汶溪等偏远农村外，信号基本能覆盖镇海全区。是年年末，信道总数增至124个，其中B网信道数达到96个。1995年，在骆驼增设A网基站1处（计20个信道，其中信令信道2个，话音信道18个，采用O-S制式），区局A网基站四期扩容（20个信道，总信道数达80个，并且改大区制为小区制，采用S-S制式），银行系统安装首台车载式移动电话，西门电信楼开通B网新基站1处48个信道，庄市新建B网基站1处信道48个。是年年底，有信道总数272个（其中B网信道192个），模拟式移动电话可在全国部分省市间自动漫游，其中A网漫游为北京、天津、上海、江苏和浙江（省内所有县市）等21个省、市、区，B网漫游为北京、天津等15个省、市、区。1996年，6月1日，模拟移动电话扩容庄市A网10个信道，镇海A网20个信道。翌年4月19日，庄市A网基站再次扩容10个信道。

1995年3月，引进美国MOTOROLA公司GSM数字蜂窝式移动电话设备（协议金额450万元，翌年2月正式投入运行）。至1995年年底3个GSM基站试运行，共计15个频点，120个信道。1996年2月12日，GSM数字移动电话正式对外放号。翌年1月，开通3个GSM数字移动电话基站13个频点，扩建3个基站10个频点，4月8日移动电话综合管理系统开通，用户购买手机实现即买即通，5月5日GSM数字移动电话语音自动受理系统开通，12月28日在贵驷、西经堂、清水浦、区工商银行新建GSM基站4个，计15个频点，新增信道272个。1997年，建设GSM 900M宏蜂窝基站21个。2001年移动公司自建光缆传输线路。至2006年年底，建设开通宏蜂窝基站121只，微蜂窝基站8只，覆盖延伸系统18处，载频数达1210个，综合接入点29处，移动通信信号覆盖全区境域。2006年年底开通2.5代的GPRS网络，有GSM基站110个，3个室内分布系统和2个直放站，总载频数达 1145 个，信道数 7400 左右。

移动电话业务

1992 年 10 月 12 日，全市联网的 900 兆赫模拟移动电话对外开放业务，业务量为 14.69 万元，11 月 28 日经市物价局核准，移动电话选号费为每号 2500 元以内。1994 年 7 月 1 日，移动电话入网费（含附加费）下调至 1 万元（原入网费每户 2.2 万元，含摩托罗拉手机 1 台），月租费由 150 元下调至 50 元，每分钟基本通话费（业务区内）由 0.50 元减为 0.40 元，漫游费降至每分钟由 1.10 元下降到 0.60 元。翌年 7 月 1 日，停止收取“大哥大”每户每月 10 元代维费，8 月 1 日入网费下调至 5000 元，12 月 29 日每台数字移动电话入网费下调到 3000 元。1996 年 12 月 21 日，模拟移动电话入网费降至 3000 元。1997 年，移动电话用户达至 9743 户（时统计口径为镇海邮电局），比 1992 年 200 户增长 47.72 倍；业务收入 1997.82 万元，比 1992 年 14.69 万元增长 135 倍。2006 年年末，全球通用户 2.77 万户，金卡用户 12.63 万户，动感地带用户 8.42 万户，神州行本地卡用户 8.62 万户，IP 公用用户 1500 户，彩铃用户 12.71 万户，彩信用户 5.56 万户，商务 IP 用户 448 户，GSM 网络已实现与 IP 电话、移动互联网、虚拟专用网、GSM 1800 双频网、移动智能网和短消息平台的拓展和融合，实现与全省所有市、县和主要乡镇的全覆盖、高话务量区域的立体覆盖及主要交通干道的无缝覆盖，实现全国自动漫游。至 2007 年 6 月，已开通与 225 个国家和地区 GSM 国际自动漫游，与 151 个国家和地区的 GPRS 国际漫游，国际短信共通达 104 个国家和地区的 206 家运营商，彩信通达 21 个国家和地区的 29 家运营商。镇海移动分公司开放的增值业务有短消息、手机银行、手机证券、移动传真、虚拟专用网、亲情号码、自由呼、秘书服务、手机上网、移动 OICQ、IP 电话。2008 年全区拥有移动电话 471976 户，其中镇海移动分公司 380976 户，镇海联通分公司 91000 户。

1992—2008 年镇海区移动电话用户情况表

表 12－35　　　　单位：户

年份	移动电话小计	其中：			年份	移动电话小计	其中：		
		邮电局	移动分公司	联通分公司			邮电局	移动分公司	联通分公司
1992	200	200	—	—	2001	56162	—	49162	7000
1993	655	655	—	—	2002	96876	—	80876	16000
1994	1649	1649	—	—	2003	141628	—	115628	26000
1995	3387	3387	—	—	2004	205836	—	168836	37000
1996	5590	5590	—	—	2005	290984	—	241984	49000
1997	9743	9743	—	—	2006	346147	—	284147	62000
1998	10043	—	9743	300	2007	413325	—	337325	76000
1999	10543	—	9743	800	2008	471976	—	380976	91000
2000	21255	—	19255	2000	—	—	—	—	—

说明：1992—1997 年镇海邮电局移动电话用户数为 9743 户，1998 年划归镇海移动分公司

其他移动通信业务

无线寻呼（BP机） 1990年6月底，区邮电局开通公众无线寻呼（BP机）业务，发射机机型YCF－12型，台号6275111，为人工台，年底增同型号无线寻呼发射机1部。BP机收费每户一次性开户费企业单位和个人为300元，行政事业单位为200元，月租费每月每户30元（12月6日取消）。至1990年年底，有无线寻呼用户125户，业务收入1.75万元。1993年5月，开办BP机出售业务。1994年5月，新开第二频点宁波“99”二台自动寻呼业务，8月BP机人工台改为自动台（数汉兼容，发射台机型改为MASTER型，台号为6279），9月BP机中文台开办特殊服务业务，向用户免费提供供电、停电、气象预告、影视等信息。是年，净增无线寻呼用户2306户，总数达4180户。1995年3月，开通镇海台庄市支局同播BP机发射机1台；5月27日零时99寻呼台、127寻呼台统一使用99台号，126人工台号改用7366126，寻呼机用户号码同时由5位升为7位；8月18日，镇海自动台台号由原来的“6279”改为“66”；9月26日，宁波“99”三台语音寻呼系统开台，一期工程竣工后分配给镇海邮电局4400个用户，其中数字机3800户，中文机600户；12月6日，骆驼网“129”BP机开通。至1995年年底，无线寻呼机容量达36000户，BP机计费用户达5119户，有无线寻呼发射机3部，无线寻呼中继机1部，无线寻呼操作终端机2部。1997年12月，无线寻呼入网开户费为每号100元，月租费本地数字机15元，汉字机35元，本地网内联网或省内联网，每月各加收联网服务费5元和10元。是年，全区无线用户为12400户，比1990年增加98.2倍，业务收入122.5万元，比1990年增加69倍。

1990—1997年镇海区无线寻呼业务量及收入情况表

表12－36

年份	期末户数（户）	业务收入（万元）	年份	期末户数（户）	业务收入（万元）
1990	125	1.75	1994	4180	87.91
1991	244	8.14	1995	5205	89.65
1992	628	13.96	1996	9187	88.64
1993	1874	46.02	1997	12400	122.50

移动电话（小哥大） 1993年5月17日，宁波地区邮电系统第一个450兆赫集群单工移动电话——“小哥大”无线通信公众网在镇海区建成开通，设城关、骆驼2个基站，各4个频道，容量300户，开通当月出售机子80余只，收费标准为初装费3500元、手机费2500元、月租费50元、过户改名费每只40元，通话费实行单向收费，镇海区内每分钟0.40元，至宁波、北仑每分钟0.50元，长话费按有关规定收取。1995年3月至12月“小哥大”逐渐淘汰。

CT－2无绳电话（漫步通） 1993年开始建设第二代无绳电话CT－2，设备从英国GPT公司引进。1993年10月18日开通，城关设20个基站，其标志为熊猫图案，基站半径150～200米区域内可使用，覆盖范围为城关内所有大街、主要住宅区及宁波、北仑区。收费标准初装费每台3500元（不含手机款），开户费每号100元（不含特殊选号费），基本月租费每月60元，过户改名费每只40元，通话费在现行规定收费标准基础上每分钟加收0.10元，实行单向收费。翌年7月，基本月租费下调为40元。1995年2月，城关60个基站全部安装完毕；11月，CT－2初装费下调为1000元/户，基本月租费30元/户，通话费按普通电话资费计收。年末，“漫步通”用户增至170户。CT－2受自身性能及覆盖范围的局限，用户逐渐减少，1995年5—12月逐渐淘汰。

小灵通　2001年5月25日，开通“小灵通”便携电话系统，首期网络覆盖为老城关区域、炼化区域和骆驼镇、庄市镇中心区域及江北区路林市场，其月租费、通话费的费率与固定电话相同，实行单向收费。是年，安装200兆瓦基站213个、10兆瓦基站165个、500兆瓦基站7个，年末用户5026户。2002年，设有“小灵通发”基站423个，容量16977门。翌年，对“小灵通”网络进行优化，拆移200兆瓦基站43只、10兆瓦基站108只，新增500兆瓦基站137只，用户增至14776户。2003年年末用户数达到26707户。2004年7月28日，安装500兆瓦基站148个，布放用户电缆超过30千米，安装UPS23个，拆、移基站23个，年末有小灵通基站809个，用户数已达42908户。2005年8月10日起，对机卡分离小灵通终端销售全面停止烧号模式，采用购买SIM卡使用模式，10月21日试开放“灵通随意行——杭州卡”业务。年末，有小灵通基站1082只，信道6216个。2006年1月10日起，所有小灵通用户收取每月3元的来电显示费，7月3日，推出“一卡多号”业务通，全年新建小灵通基站500兆瓦点位38个，扩容200兆瓦基站12个。2007年1月17日，开放小灵通无线数据上网业务（包括外接设备上网和终端直接上网两种接入模式），资费标准为上网通信费0.02元/分钟、网络使用费0.04元/分钟。是年，新增小灵通500兆瓦基站50多个。2008年8月27日，停止小灵通租号业务。

第四节　互联网

1996年有互联网（Internet）用户10户，次年发展到85户。1998年6月5日，“163”中国公众计算机互联网和“169”中国公众多媒体通信网接入平台硬件安装工作结束。是年，发展Internet用户1382户。1999年年末，Internet出口宽带由原来的4M扩容到155M，建成IP宽带接入点7个计300个10M/100M端口，N—ISDN交换设备扩充384个2B＋D端口，全区上网用户6249户。

2001年1月“163”镇海节点带宽升级到155M，5月推出“网络快车ADSL”业务和FTTX＋LAN小区宽带接入方式台等措施，城关繁景小区为宽带接入示范点；9月，进行ADSL设备第二期工程施工，对城关、西门和后施三个接入点进行扩容，并新增清水浦、西经堂、贵驷和澥浦4个接入点。年末，上网注册用户达到7257户，宽带用户1206户。2002年3月，镇海炼化公司生活区2000多户宽带用户接入Internet网络；10月开始，对镇海所有LAN用户进行系统升级改造，实行PPPOE接入；12月，宁波大学学生村宽带网顺利完成。是年，对宽带IP网络结构进行优化调整，增设宽带接入服务器1台，增加千兆出口电路1条；ADSL共扩容3000线，网络端口容量达到4988线；建设小区LAN网络2000余线，网络覆盖户数达7000多户，网络容量达4000多线。

2003年6月，宁波电信互联网窄带接入码进行调整，注册用户接入码由163/169改为96163，非注册用户接入码由163/169改为16300。2004年8月，开放集视频、音频和数据于一体的交互式多媒体通信业务（视讯业务），末年ADSL端口达14880户，比上年同期增长72.22%，LAN端口达18470户，比上年同期增长53.92%。2005年，电信宽带网吧数量37个。2006年3月阿尔卡特ADSL设备软件进行升级，以支持IPTV等多项业务功能；5月ADSL扩容工程通过终验，设备投入正式运营。

2008年ADSL端口达到14880户，比上年增长72.22%；LAN端口18470户，比上年增长53.92%；IP网出口带宽达40G，可以全面承载视频、语音、数据等业务。是年，全区互联网用户52183户（其中，中国电信宁波镇海区分公司45683户，占全区互联网总数的87.5%；联通镇海分公司6500户，占全区互联网总数的12.5%），比1999年3599户增加14.5倍，年均递增34.6%。

1996—2008年镇海区互联网用户拥有量情况表

表12－37　单位：户

年份	互联网小计	其中：		年份	互联网小计	其中：	
		IP注册用户	宽带用户			IP注册用户	宽带用户
1996	10	10	—	2003	24909	7809	17100
1997	85	85	—	2004	33089	7453	25636
1998	415	415	—	2005	40528	7040	33488
1999	3599	3599	—	2006	47419	6669	40750
2000	6376	6249	127	2007	49025	2174	46851
2001	8463	7257	1206	2008	52183	1167	51016
2002	14614	7452	7162	—	—	—	—

2005—2008年镇海区网络基础设施情况表

表12－38

年份	接入网设备		光缆长度		宽带端口	实有户数
	总容量	实占	皮长（千米）	纤芯（千米）		
2005	11582	9258	406	20580	42404	33488
2006	12072	10153	867	29040	30186	40750
2007	12202	10476	966	20789	36242	46851
2008	12252	10580	1100	39800	52015	51016

第五节　专用通信网

中国石油化工股份有限公司镇海炼化分公司专用通信网

镇海炼化股份有限公司专用通信网于1974年筹建，与所属原油码头有直达电路，市话中继线及长途电路通镇海、宁波两个方向，并租用杭州市话中继线1条。1990年前有HJ905型纵横制交换机1600门。1990年，更新为西门子HICOM390型2000门程控交换机。1992年扩容至3000门，次年再次扩容至4000门。1994年年初，电缆总长度达到20.92皮长千米。是年，经省邮电管理局同意，该厂专用网以分局方式6000门容量进入镇海区公众通信网。1995年，交换机总容量达8000门，实占容量5000门，有通邮电局的中继线45条。同年，布放至西门电信楼8芯光缆1条，开通微波电路至原油码头30路、至宁波60路，内部开通450兆赫集群单工移动电话作为生产调度用。1995年年底，与镇海邮电局开通四次群光端机，与市话局联网采用1万门局号的等位制拨号。2001年3月23日，将原接入炼化通信站的炼化生活区主干电缆改接入镇海电信局，公司生活区范围内的5490多部住宅电话全部割入镇海局电信公网。翌年，炼化通信站增设AXD－620设备1个。2003年8月，开通至镇海化工码头点对点专线1条，敷设镇海炼化公司内四号泵站到航空煤油罐站8芯光缆1条，从招宝山大桥下到化工码头由电信镇海区分公司出面向宁波通信公司租用光缆，中间使用电信镇海区分公司现有的光缆，两端以光转换设备作为中间，数据接口为10－BASE（RJ－45）。

浙江浙能镇海发电有限责任公司专用通信网

1974年筹建，至1985年年末有HJ905型纵横制自动交换机400门，1986年扩容到800门。1994年，更新为哈里斯HL－20型1920端口程控交换机，市话中继线及长途电路有镇海、宁波两个方向出口，厂专用网进入邮电公众网，向区邮电局租用通往宁波电业局、省电力调度电路2条。1995年，向区邮电局租用镇海发电厂至小港邮电支局三次群光通信设备，租用期1年。1997年，厂内电话专用网至邮电公用网中继方式由模拟改为数字，并将原有的29线、30线的出、入中继线各增至60线，同时保留原模拟环路中继线的出、入中继线各8条作为备用；内部通信220千伏和110千伏电力线分别开通电力载波机4台及5台，生产调度使用有线调度电话总机7套及指令电话总机1套，远动装置1套；无线通信开通与北仑电厂及省电力局各数字微波电路30路、450兆赫集群单工移动电话2套，有手机72部。2001年10月，厂内电缆扩容，布放HYA100对管道电缆140米，穿放100对交接箱成端电缆2条、100对引上电缆2条。

宁波港务局专用通信网

有线通信 1974年筹建，至1985年年末有HJ905型纵横制自动交换机400门，宁波、镇海、北仑之间开通十二路载波机作为传输电路。1987年更新为六十路载波机，交换机扩容为HJ－1型450门纵横制自动交换机，局内电话实行自动拨号，并设有长途电话专线，可直接与北京交通部及部属十大港口通话。1988年，纵横制自动交换机扩容至900门，利用邮电局中继线及长途台专线与市话及外地联系。1994年，宁波港务局10000门程控交换机开通，其中镇海3000门、北仑4000门均为模块局，邮电局提供局号1万门，确定宁波市港务局专网交换局局号为“769”局。是年，该专网全部划归宁波市电信局。

无线通信 1986年前已建成宁波（镇海）海岸电台，并建设相应遥控线路及高压输电线路。设备从日本和丹麦引进，有无线电报电话接收机和收讯天线，开有5条电路，构成海上船舶和其他海岸电台之间的通信联系。

石化三公司专用通信网

有线通信　中国石油化工总公司第三建设公司1975年筹建专用通信网，至1985年年底有HJ905型纵横制自动交换机200门。1990年，改型为HJA800门纵横制自动交换机，租用邮电局32条中继线与全国各地联系。2000年2月23日，公司580多门电话以虚拟网形式并入镇海电信公众网。2001年12月，布放100对以下地沟电缆594米、分歧管100米、埋式电缆100米、HYA30对电缆400米。翌年8月，新建通信管道880米，新增配线电缆660对、主干电缆300对。

无线通信　石化三公司迁址镇海时，使用的是由中国红光无线电厂与日本八重洲（YAESU）无线株式会社合作生产的FT—80C收发讯机，工作频率100KHZ—300兆赫，发射功率100W，可储存20个波道，开设公司与上海二处基站无线通信，作为工作联系用。随着程控电话、移动电话的普及，收讯机于1994年停止使用，同时开通450兆赫单工无线移动电话，在公司设1处基站，用户80个。

第六节　用户程控交换机

1987年，镇海炼化公司、港务局、发电厂、三航四处等部省属大工程单位和区内镇海棉毯厂、镇海纺织机械厂、康宁医院等单位，自建、自用、自维安装程控交换机。1990年年底全区拥有程控交换机单位34户，至1995年发展到47户，1998年年末用户交换机增至61户。2000年起，用户交换机进行虚拟网改造，石化三公司、火电公司、龙赛医院、镇海中学、康宁医院等单位总机以虚拟网形式并入电信公网，全年有1131门用户交换机进行虚拟网改造。翌年，又有7296门用户交换机改为虚拟网。2002年，先后完成腈纶厂、LG金甬公司、中鑫毛纺集团公司和镇海城关内各小学等单位的虚拟网改造工作。次年，又完成海事处、航标处、镇海大酒店、上航二处等用户的改建工作。后用户交换机逐年减少，至2004年年末全区仅余6户。

1995年镇海区用户程控交换机情况表

表12－39

单位名称	机器型号	使用年份	容量（门）	实占门子	话机部数	中继线（条）
镇海炼化股份有限公司	HCOM390西门子程控	1991	8000	5000	5000	45
炼化公司外招	程控	1991	400	200	200	17
镇海发电厂	哈里斯HL－20－20	1994	2000	1400	1410	48
镇海港通信站	AXE－10	1994	3072	无	无	无
宁波丝织厂	TL－64程控	1991	64	52	52	6
石化三公司	HJ905纵横	1979	800	580	580	23
浙建二公司	HAX－100程控	1988	112	64	64	9
浙二建机具站	HAX－100程控	1991	47	47	47	5

续表 12－39

单位名称	机器型号	使用年份	容量（门）	实占门子	话机部数	中继线（条）
龙赛医院	HJD48	1991	100	90	91	11
帝力促生素有限公司	HAX－100 程控	1991	112	21	21	6
三航四公司	HAX－200 程控	1992	200	150	150	9
镇海区政府	西门子	1986	300	140	140	24
区府招待所	HSJ－256	1992	280	230	230	9
省火电指挥部	HAX－100 程控	1983	110	105	105	9
镇海棉纺织厂	HJ905 纵横	1988	400	220	222	25
镇海供电局	SOPHOS250	1991	112	65	65	12
镇海航标区	东芝 HPSU8239	1986	32	30	30	4
镇海公安局	SODHOS250	1983	96	69	69	8
贵驷棉丰村	HJD－39 程控	1985	256	130	132	11
招宝山饭店	RC－2000	1993	400	230	230	26
宁波毛条厂	JGL－8 共电	1989	50	48	48	5
上航二处	SOPHO－S100	1989	96	51	51	7
甬兴化工厂	JGL－8 共电	1990	25	6	6	5
九龙山庄	HAX－100 程控	1991	64	35	35	无
港务局铁路指挥	HJX 程控	1989	100	22	22	5
茗园大酒店	程控	1995	40	25	25	3
浙江腈纶厂	HICOM370	1993	400	197	197	39
绿野山庄	HJD－1696	1993	100	16	16	无
镇海中转粮仓	HAX－200	1992	32	13	13	2
轮渡公司	DTE636	1992	24	13	、13	2
花园大酒家	HAX－100 程控	1993	64	63	63	8
金海岸酒家	HPS－112	1993	110	83	83	10
新兴宾馆	RC2000	1994	150	61	61	9
兴达宾馆	HAX－64	1993	50	25	25	5
有线电厂	通利 2000	1994	100	59	59	10
现代建筑材料公司	日本东芝	1993	20	20	20	5
钢丝绳厂	菲利浦	1993	100	85	85	6
宁波师院	SOPHOS	1994	200	86	86	7

续表 12－39

单位名称	机器型号	使用年份	容量（门）	实占门子	话机部数	中继线（条）
宁波大学	上海贝尔公司	1994	400	300	300	24
人民剧院	SSU12	1994	40	30	30	3
镇海海关	松下	1993	130	60	60	15
明清坊	HJD	1994	36	20	20	4
开发区化建公司	HJD－80	1995	32	28	28	4
棉海村	HJD	1989	100	75	75	2
岚山村	HJD－80	1989	120	114	114	3
龙华汽车公司	日本 NRTSUKO	1995	32	20	20	4
镇海纺织机械厂	共电	1985	50	37	37	3

第三章　网络与信息化

1998 年 5 月，镇海区信息化办公室成立，指导全区信息化建设。1999 年 11 月，镇海区政府与区电信局联合组建镇海信息港有限公司，经营建设镇海信息宽带多媒体骨干网。2002 年 7 月，建立镇海区信息中心，与镇海区信息化办公室合署办公。2003 年 2 月，中国电信宁波镇海区分公司企业网站正式开通，并于年末基本完成区—镇（街道）—行政村电子政务系统建设，中心小学以上学校均建成校园网。2006 年，所有行政村都能使用宽带上网。至 2008 年，全区 IP 网出口带宽达 40G，可以全面承载视频、语音、数据转输等业务。基本形成政务信息化、社会管理信息化、企业信息化等网络建设，及信息安全监察网络。

第一节　政务信息网络

1998 年建立区政府门户网站。2001 年 12 月起，政务专网改造、政府网技术开发和政府办公自动化系统建设。2003 年 2 月，区委、区政府、区人大、区政协和计经局、财政局、教育局、农业局、卫生局等 15 家政府部门实现联网，6 月电子政务网延伸到全区 6 个街道（镇）、20 个社区和 66 个行政村，至年底已有区政府办公室、人事局、供电局、经贸局、邮政局、建设局、环保局、计划局、检察院、电信局、财政局、国税局、经济服务中心、工商局、教育局、人行、中行、建行、农行、信用联社、国土资源局、统计局、科技局、经济开发区、劳动保障局等 41 个单位建立内部局域网。2004 年 3 月，区政府增设电子政务信息中心，12 月区电子政务网络系统工程安装完毕，区政府向镇海电信分公司租用 2 条 100M 光纤线路。2005 年 1 月建立区政府网上办公系统，从 5 月起全面升级政府门户网站。2006 年 10 月，区政府制定《镇海区电子政务建设规划与实施方案（2006—2008）》，至 2008 年完成电子政务网络平台工程、区政府门户网站群工程、全区党政办公自动化系统工程建设，已建立人口信息库、政府数据库、信访数据库等多个政务信息系统，实现教育、卫生、民政、人事、劳动、社会保障等领域信息化服务。

镇海门户网站（网址：http：//www. zh. gov. cn）

1999 年 1 月，建立“中国镇海”政府门户网站。2007 年 11 月网站进行全新改版，网站链接全区党委政府部门以及下属单位、镇、街道等 70 多个网站，涵盖区内行政服务、教育、医疗卫生、企业、科技、社会保障、群众生活等领域，网站频道数达到 846 个，并提供政民交互功能和 RSS 信息聚合服务。改版后网站日均浏览量近 8 万次。“中国镇海”政府门户网站获得 2007 年度浙江省各县（市）区优秀网站第四名、2008 年度浙江省政府门户网站建设优秀单位、2008 年度中国政府网站优秀奖。

政府协同办公系统（http：//10. 34. 194. 200）

2002 年，镇海区政府协同办公系统开始运行，2004 年、2008 年两次改版。协同办公系统栏目主要包括收发文管理、领导批示、政务督查、信息采编、建议提案、区长信箱、咨询平台、文书档案、电子会议、信息公告、个人办公，并整合政务通、信访系统、政府信息公开等子系统。2009 年 1 月 1 日，全区通过公文交换系统实现无纸化传送。

区长信箱及咨询平台

2004 年，区政府门户网站推出改版的“区长信箱”和“咨询平台”，接受群众的意见和建议。2007 年 11 月，“区长信箱”和“咨询平台”进行系统升级，区政府办公室制发《关于进一步加强区长电子信箱办理工作的通知》，各部门一般信件 5 日内答复，重要信件 10 ~ 20 日内答复，涉及全区政策性问题的 30 ~ 60 日内答复。

电子行政审批和监察系统

2002 年建立区行政服务中心信息化系统，并逐步与政府机关、税务等部门连接，是年受理办件近 32 万件。2003 年，建立区行政服务中心门户网站和招投标信息系统和网站。随着招投标纳入范围的不断扩大，招投标信息系统在原来的“建设工程”和“政府采购”的基础上，增加“土地交易”“产权交易”“小型项目”等内容。2008 年，区行政服务中心电子监察系统进一步完善，数据实时上传到省电子监察系统。

第二节 社会服务与管理信息化

市民求助热线

2002—2008 年，开通“21890”市民求助热线和市民服务网站，网站的“民声快递”栏目成为市民和政府交流的桥梁。2008 年后并入宁波市“81890”服务网络，成立“81890”镇海分中心。

基础地理信息系统

2005 年 12 月开始建设，用两年多时间、分三期完成系统的开发建设，以及相应的数据库的建设和入库等工作，为各部门的专业地理信息系统的建设提供服务平台。镇海区基础地理信息系统（ZHGIS）由数据生产体系、基础地理信息管理体系、数据应用体系和数据发布体系组成。下辖 8 个子系统：前端数据采集系统、基础空间数据管理与应用信息系统、元数据管理信息系统、城市综合地下管网管理信息系统、控制测量成果管理信息系统、地名管理信息系统、规划成果发布信息系统、地理数据内外网发布系统。后城市综合地下管网管理信息系统由市管线办统一建设，该系统修改为镇海区电子地图。

数字城管系统

区城管局于 2005 年 5 月开始筹建，2009 年 6 月正式投入使用。区数字城管系统数据与市城管局对接，系统采用规划局提供的 1∶500 电子地图为底图，实施对招宝山街道范围内（东、南至甬江，西至隧道北路，北至环城北路，区域面积约4.5平方千米）城区实施网格化管理。

社会治安视频监控系统

区公安局于2003年年初建设。2004年10月，区公安分局与电信分公司签订镇海区治安动态监控二期光缆租用协议，共计47个前端监控点、11个前端电子警察。至2006年，共投入1507万元，建成104个治安监控点、16个电子警察、2个智能卡口、3套移动监控设备、5个紧急报警通、1个控制中心、7个分控室。2008年投入5000多万元，完善社会治安监控系统，1000个摄像头分布在全区6个镇（街道），形成一个覆盖全区主要道路、重点部位、复杂场所的治安视频监控网。

社会救助网络

2004年10月建立镇海区社会救助信息管理系统。社会救助管理系统实行以村（社区）为基础、镇（街道）为核心、区级救助部门为重点的三级操作管理模式，形成网上申请、网上审核、网上审批等救助网络系统。2008年，社会救助管理系统已覆盖城乡低保、医疗救助、临时性救助、居家养老等多个救助项目，录入救助人员基础信息达1万多条，累计救助记录多达5万人次。

第三节　企业信息化

2002年镇海区网上技术市场成立，注册企业累计达到567家，共发布技术难题280个，提供资金60413万元，项目正式签约共138个，合同成交金额累计13936万元。电信局与天一证券公司合作推广家庭上网业务。2003年2月，镇海电信企业网站正式开通。2003年10月，区电信分公司与宁波化工区管委会签订“数字园区”建设项目协议书，项目包括基础网络平台、公共支撑平台、政务系统、企业系统、交易系统和公共服务六大组成部分，工程建设时间3年。是年，区认定制造业信息化示范企业（基地）3家。2004年10月，电信分公司与区环保局签订环保监控虚拟专网（VPN）协议，首期接入企业20家。2005年7月1日，区政府、电信运营商、同人软件等共同出资，组建宁波腾泓信息发展有限公司，建设运行“71·90（谐音企业点就灵）区域产业网链公共服务平台”被列入宁波市信息化建设（企业信息化）试点单位。当年8月，“E企业”联动作为面向紧固件行业信息化服务平台，以ASP方式向企业提供多种信息化应用。至2005年年底，全区培育市级以上信息化示范企业13家，50%以上规模企业开始实施CAD、ERP、电子商务等信息化工程，建立企业网站231家，70家企业建立内部局域网。2006年，宁波都普特液体化工电子交易中心有限公司、宁波海信铁路器材有限公司被列入宁波市信息化试点单位。是年，镇海区聘请中国工程院院士倪光南等20多名专家学者成立“镇海区电子信息（软件）产业专家咨询委员会”，为镇海区的电子信息产业发展高端决策提供智力支持。2007年，全区推广浙江科技信箱，有注册单位会员108个，个人会员408个。至2008年年底，企业开始实施CAD、CAM、PED、ERD、PDMM、电子商务、财务、仓库管理及ASP平台等信息化工程，全区规模以上工业企业注册使用“71·90”公共科技服务平台。

第四节　网络安全监察

2002 年 11 月，镇海区公安分局设立公共信息网络安全监察大队，核定网络执法人员 3 名，正式开展网络安全监察工作。

网吧安全管理

1999 年 11 月，镇海炼化地区开通第一家高速网吧（海威网吧），至 2006 年电信宽带网吧数量为达到 37 个。2002 年开始规范网吧安全管理。2006 年，辖区全部网吧安装摄像机，完成网吧视频监控系统工程建设。2008 年全区 33 家网吧实名制登记、软件的安装率、在线率达到 100%；加强实名制登记网吧日志文件基础数据的管理工作，加强视频监控系统安装工作，图像保存 15 天以上。对全区提供上网服务的宾馆、酒家，落实安全技术措施，加强管理督促，保证在线率 100%。

计算机安全监察

计算机安全监察的重点是金融部门，其次是计算机应用单位。每年通过检查、例会、通报等方式，及时发现和查处一批利用计算机的违法犯罪案件，协助金融单位建立计算机安全管理领导小组和安全管理体系。2003 年，针对银行使用的密码键盘存在的重大隐患，进行专项检查，协助多家银行进行整改。2004 年，针对银证转接系统暴露的漏洞，在全区银行、证券单位进行通报和全面检查。区公安分局为全区重点单位发放计算机杀毒软盘，对全区计算机应用单位的人员和计算机硬件全面调查，形成全区第一批网络安全基础资料。

互联网安全监察

2005 年始，区公安分局加强对互联网的安全管理工作，重点为互联网用户备案和网吧的安全审核管理，分局网监大队对本地门户网站、重点网页进行实时监控。是年，大队全年共编发互联网信息 230 多条，删除网上不良和有害信息 60 余条。2006 年，取缔违纪网吧 16 家，收缴计算机 120 台。

（责任编辑　孟福成）

第十三编　经济体制改革

本编目录

20 世纪 80 年代初，骆驼镇幸福大队试行“联产到劳责任制”，后演化为“包产到户责任制”，1982 年全面推广包干到劳、到户的家庭联产承包责任制。1984 年起逐步减少农产品统、派购品种，1992 年开放粮食市场。农村经济体制改革，使农村多种经营和非农产业得到快速发展，乡镇企业异军突起，成为全区发展商品经济的主导力量。借鉴农村改革经验，开展企业经营权制度改革。1984 年乡镇企业实施经营承包责任制，后在国有、城镇集体企业推行。1993 年乡镇企业冲破以集体为主的思想禁锢，率先改革产权制度，宜股（股份制）则股，宜租则租，宜卖则卖。随之国有、城镇集体企业进行产权制度改革和理顺劳动关系改革，国有、城镇集体企业职工为搞活企业做出重要贡献。1986—2008 年，全区计划、投资、物价、流通、财政、金融等领域改革也逐步深入。

本编记述农村基本经营制度改革、企业改革、经济主管部门体制改革、财政体制改革、金融体制改革。其他领域的改革分别记述于相关专业编。

第一章　农村经济体制改革

1984年土地承包权延长到15年。1987年以发展村级经济为重点，完善家庭联产承包责任制为基础、统分结合的双层经营机制。1992年，推行农民承包土地两田制（承包土地分为责任田和口粮田简称“两田制”，其中责任田可以流转），加快土地承包经营权流转。1995年开展农村集体资产管理体制综合改革。1999年开展二轮土地承包，土地承包权再延长30年，规范土地承包经营权流转。2000年后，稳定完善土地承包关系，部分村经济合作社归并，开展村经济合作社股份制改革。

第一节　土地承包经营权改革

稳定完善土地承包经营权

延长土地承包期　1984年1月，镇海县开展延长土地承包期工作，承包期限由原来3~5年延长到15年以上（1984—1999年）。是年11月，镇海江北地区（现镇海区）除城关镇外，湾塘、贵驷、临江、骆驼、觉渡、河头、长石、汶溪、庄市9个乡镇、873个生产队完成延长土地承包期工作，向23809农户承包的7831.47公顷农田发放土地使用证。其中，水田6536.6公顷，棉地1128.93公顷，旱地97.8公顷；经济特产地68.13公顷，其中集体承包22.8公顷，农户承包45.33公顷。至1985年年底，全区全面完成土地承包期延长工作。

至1995年年年底镇海区土地承包和使用证发放情况表

表13－1　　单位：公顷

乡镇	承包15年以上队数	发放土地使用证户数	承包土地面积							
			合计面积	水田面积	棉地面积	旱地面积	经济特产地面积			
							集体承包		农户承包	
							个数	面积	户数	面积
湾塘	17	569	143.26	32.8	110.47	—	—	—	—	—
贵驷	106	4717	1456.33	571.6	884.73	—	—	—	—	—
临江	47	1767	499.8	437.7	110.2	97.8	—	—	2	—
骆驼	204	5115	1823.47	291.8	—	—	—	—	—	—
觉渡	99	2089	642.87	619.33	23.53	—	—	—	—	—

续表 13－1

乡镇	承包15年以上队数	发放土地使用证户数	承包土地面积							
			合计面积	水田面积	棉地面积	旱地面积	经济特产地面积			
							集体承包		农户承包	
							个数	面积	户数	面积
河头	133	3004	981.53	980.73	—	—	—	—	—	0.8
长石	66	1421	585.33	585.33	—	—	—	—	—	—
汶溪	53	1058	389.33	322	—	—	5	22.8	38	44.53
庄市	148	4069	1309.53	1309.53	—	—	—	—	—	—
合计	873	23809	7831.47	6536.6	1128.93	97.8	5	22.8	40	45.33

第二轮土地承包 1999年开展第二轮土地承包，列入二轮土地承包的有142个村1031个生产队（组），土地承包期再延长30年。至2000年5月，全区140个村987个生产队完成二轮土地承包工作，31839户农户与村经济合作社签订为期30年土地承包合同，占应签订合同农户总数的98.5%。二轮土地承包耕地总面积7551.6公顷，其中土地承包权落实到户7319.53公顷，集体留用地232.07公顷，分别占耕地总面积96.9%和3.1%。有135个村按人均承包延长，耕地7023.87公顷；有5个村按人劳比例承包延长，耕地164公顷，其中口粮田82公顷、劳动力责任田82公顷；30年承包期内农户放弃承包耕地131.67公顷，由村安排给种田大户或综合开发之用。截至2000年6月20日，区人民政府向承包农户颁发“浙江省农村集体土地承包权证”。全区有44个生产队，涉及17个村的土地，因承包期未到期等诸多因素，未开展第二轮土地承包。

1999—2000年镇海区第二轮土地承包情况表

表 13－2

项目		合计	庄市镇	骆驼镇	河头乡	澥浦镇	贵驷镇	城关镇
应开展二轮土地承包	村个数	142	25	41	17	14	20	25
	生产队个数	1031	159	326	128	96	131	191
	农户数	34052	5578	9163	3190	2692	326	8103
	耕地面积（公顷）	7875.07	1230.07	2493.00	803.46	538.20	1266.27	154.40
未开展二轮土地承包	生产队个数	44	6	11	1	2	9	15
	涉及村个数	17	6	5	1	1	2	2
	农户数	1730	218	183	39	41	497	752
	耕地面积（公顷）	323.47	41.07	55.60	8.13	10.00	103.20	105.47
村个数		140	25	41	17	14	19	24

续表 13－2

项目				合计	庄市镇	骆驼镇	河头乡	澥浦镇	贵驷镇	城关镇
其中	全部完成村个数			125	19	36	16	13	18	23
	打破队界承包村个数			3	1	—	—	2	—	—
今后30年解决人地矛盾办法	增减人不增减地的村个数			113	21	32	17	14	15	14
	其他办法村个数			27	4	9	—	—	4	10
队个数				987	153	315	127	94	122	176
其中	直接延长队个数			73	—	29	3	4	37	—
	调整后延长队个数			914	153	286	124	90	85	176
农户数				32322	5360	8980	3151	2651	4829	7351
其中	未签订承包合同农户数			483	65	93	66	25	84	150
	外来户入社户数			42	29	10	3	—	—	—
	30年内放弃承包权农户数			174	2	51	64	—	27	30
耕地面积（公顷）				7551.60	1189.00	2437.40	795.33	528.20	1163.07	1438.60
承包耕地面积	土地承包落实到户面积			7319.53	1147.07	2371.53	777.13	504.33	1127.47	1392.47
	按人口均包	村个数		135	24	41	17	12	17	24
		承包面积		7023.87	1090.80	2336.20	756.60	434.60	1014.53	1391.13
	按人劳比例面积	村个数		5	1	—	—	2	2	—
		承包面积		164.00	46.53	—	—	38.20	79.27	—
		其中	口粮田面积	82	16.13	—	—	24.00	41.87	—
			劳力田面积	82	30.40	—	—	14.20	37.40	—
	30年内放弃承包权面积			131.67	9.73	35.33	20.53	31.53	33.67	0.87
机动田面积	面积			232.07	41.93	65.87	18.20	23.87	35.60	46.60
	占总面积（%）			3.1	3.5	2.7	2.3	4.5	3.1	3.2
签订承包合同	合同份数			31839	5295	8887	3085	2626	4745	7201
	合同签订率（%）			98.5	98.8	99.0	97.9	99.1	98.3	98.0
发放集体土地承包权证	合同份数			31839	5295	8887	3085	2626	4745	7201
	权证发放率（%）			98.5	98.8	99.0	97.9	99.1	98.3	97.8

续表 13－2

项目			合计	庄市镇	骆驼镇	河头乡	澥浦镇	贵驷镇	城关镇
土地经营权流转情况	签订转包合同份数		4075	838	1176	467	246	614	734
	转包面积		1478.4	538.47	337.93	151.47	45.6	224.87	144.07
	经营 0.67 公顷以上种田大户	户数	1449	343	453	116	50	231	256
		经营面积	2143.53	542.67	634.4	217.33	85.33	337.47	328.33
落实 2000 年农田基本规划	防渗渠道（米）		118753	16393	31481	8761	18461	17911	25746
	机耕路（米）		210789	33249	56978	26545	21737	30045	36235

说明：数据截至 2000 年 6 月 30 日

稳定完善土地承包关系　2004 年 8 月起，全区有 63 个村（社区）、1046 个队（组），开展稳定完善土地承包关系工作。至 2004 年 11 月，62 个村（社区）、1043 个队（组）完成稳定完善土地承包关系工作，建立土地承包经营权证管理和变动登记制度。全区新签订承包合同 2274 份，累计合同签订率 99.1%，累计发放土地承包权证率 99.3%，累计发放土地承包权证 34742（包括承包地已全部被征用的 10189 本、部分被征用的 3132 本，补发承包权证 2814 本）。落实 5335 个应分未分人员的土地承包经营权，其中落实承包地 376 人、计 8.67 公顷，采用经济补偿的 4959 人。纠正 4 个村、29 个生产队与二轮土地承包政策相抵触的“小调整”条款。2004 年 11 月 4 日，全区稳定完善土地承包关系工作通过市人民政府验收。

土地承包经营权流转

1985 年，坚持农村集体土地所有权、稳定农民承包权、放活土地经营权，按照依法、自愿、有偿要求，试行承包土地经营权流转。至 1987 年，全区经营土地 0.67 公顷及以上农户 964 户，耕地 889 公顷，占承包耕地面积的 9.5%。1992 年，农民承包的责任田可进行有偿流转（不含口粮田）。1994—1996 年，镇海区列入省 26 个推进粮田适度规模经营重点县（区）范围，全区普遍推行以两田制为主的土地使用权流转机制。1999 年开展二轮土地承包，引导农户将土地经营权转包给经营大户。是年，全区签订转包合同 4075 份，转包土地 1478.4 公顷。2004 年稳定完善土地承包关系，对土地流转 1 年以上未签订转包合同的进行补签，补签合同 717 份，涉及土地 138.73 公顷。1999—2004 年，全区共流转土地 1933.33 公顷，其中通过村经济合作社中介流转 1066.67 公顷，流转收益全部归土地承包户，土地转包合同由镇、村分别建档备案。2005 年，全区按照《中华人民共和国土地承包经营权流转管理办法》，规范流转方式、流转合同和流转管理。

1986—2000 年期间若干年镇海区土地规模经营情况表

表 13－3

单位：公顷

年份	合计				承担粮食定购		2 公顷以上		其中外来种植户	
	户数	总面积	其中：水稻田面积	其中：旱地面积	数量（吨）	全区占（%）	户数	面积	户数	面积
1987	964	889	800.13	88.87	—	—	47	197.47	499	458.67
1992	914	1068.4	986.87	81.53	3269	17.2	119	305.6	807	673.53
1994	1524	2545.93	1753.13	758.73	8493	44.7	565	1506.73	910	1622.4
1996	1472	2442.67	1903.47	539.2	10974	57.8	555	1432.33	792	1416.87
1997	1603	2548.47	2024.73	523.73	11347	59.7	526	1357.27	819	1397.53
1999	1706	2761.67	2100.73	660.93	9430	52.4	542	1485.87	842	1632.4
2000	1653	2465.4	1917.27	548.13	6650	36.9	334	1023.07	756	1259.73

说明：1. "土地规模经营"是指 0.67 公顷（10 亩）以上的经营户（本章下同）；
2. 2001 年取消粮食定购任务，不再统计土地规模经营相关数据

2002—2008 年镇海区土地规模经营情况表

表 13－4

单位：公顷

年份	土地规模经营总计	其中					
		0.67 公顷～3.33 公顷			3.33 公顷以上		
		户数	面积	比重（%）	户数	面积	比重（%）
2002	2395.20	1588	2012.27	84.0	76	382.93	16.0
2003	1928.94	1212	1346.07	77.6	100	582.87	22.4
2004	1620.27	858	1082.00	66.8	68	538.27	33.2
2005	1565.87	815	977.20	62.5	73	588.67	37.5
2006	1770.74	660	871.87	49.2	93	898.87	50.8
2007	3173.33	—	1820.40	57.4	—	1352.93	42.6
2008	3001.93	—	1699.53	56.6	—	1302.40	43.4

说明：因农业部统计指标变动，从 2007 年开始，只统计规模经营面积，对户数不做统计要求

第二节　林权制度改革

林特生产责任制

1986 年落实林特生产责任制，有集体山地 4124.47 公顷，比原统计数增加 420.8 公顷，多为山杂地部分。其中，扩大自留山 1814.47 公顷，占山地总面积 44%；承包山 1471.53 公顷，占 35.7%；集体统管山 511.67 公顷，占 12.4%；其他杂地 323.8 公顷，占 7.9%。1990 年，镇海区

完善山林责任制。其中，“有统有分，双层统管”面积3606.67公顷，占山地面积87.5%；“统一服务，分户经营”面积200公顷，占4.9%；“专业承包，规模经营”面积233.33公顷，占5.7%；“借山造林，兴办乡村林场”面积80公顷，占1.9%。

延长山林承包期

1981年实行山林承包责任制，承包期限30年。2006年全区开展延长山林承包期工作，自留山保持长期不变，承包山统一延长承包期50年（至2055年12月31日），定权换发林权证，11月30日基本完成山林延包工作。全区延长承包期山林3733.33公顷，其中自留山1736.8公顷（农户3796户），责任山594.33公顷（农户2056户），统管山1402.2公顷。是年年底，全区有山林的17个行政村和2个国有单位，共核发权证2646本，发证2537户，发证面积3399.4公顷。其中，责任山发证面积338.07公顷，签订合同1960户，自留山发证面积1339.6公顷，统管山发证面积1721.74公顷（集体统管1641.67公顷、国家统管80.07公顷）。

第三节　村集体经济管理体制改革

1987年，制订和落实发展村级经济、完善双层经营体制的三年规划，清理整顿村级财务，帮扶36个集体经济贫困村。1988年，把壮大村级集体经济、完善农村双层经营体制作为农村改革重点，发放扶贫贴息贷款171.2万元，扶持集体经济薄弱村。1991年，建立和健全村经济合作社社员代表大会制度，完善农业发展基金、承包款上缴、劳动积累工和合作基金制度。1993年起开展“树强扶弱奔小康”工作。1995年，开展农村集体资产管理体制综合改革，乡镇完善集体资产管理制度，村经济合作社进行产权界定、建章立制等工作。1996年起实施强村富民计划，区每年安排强村富民资金100万元。1996年，按市考核标准全区已有98.7%村达到小康标准。1998年规范村级财务公开，次年建立村级财务审计制度。2000年后每年安排集体经济薄弱村扶持资金280万元，改革村级财务管理制度，归并部分村经济合作社，推行村经济合作社股份制改革。2008年区集体经济薄弱村扶持资金提高到500万元，至年底30个人均可用收入240元以下的村，已有18个村脱贫。2008年，全区66个村经济合作社和股份经济合作社收入（不含土地征用补偿收入），20万元以上1个村，在30万元至50万元有3个村，在50万元至100万元有13个村，在100万元至500万元的有47个村，500万元以上的有2个村。

财务管理规范化

村级财务清理　1986年4月至9月，全区村级财务清理整顿，达到清理整顿要求的有144个村，占村总数的94.6%。村级资产总额，清理后实有1568.72万元，比清理前1591.07万元减少22.35万元；共有应收款788.24万元，在清理中收回现金155.41万元，相互转账冲销的297.17万元，注销呆滞宕账7.82万元。1989年8月，对村级财务再次清理整顿，累计收回欠款335万元，并健全财务收支预决算、财物管理、承包合同管理、会计档案管理等制度，占总村数75%的村做到财务收支定期上墙公布。1991年5月至11月，对村级财务前清后乱、边清边乱等问题进行清理。

1995 年、1997 年分两次对村级财务进行清理，清理村级财务收支，规范土地征用费及集体土地出让金的使用管理，落实转制村办企业资金到位，理顺债权债务关系，收缴欠款。在清理整顿村级财务的同时，清理所属生产队的资产。1986 年年底 1037 个生产队共有积累资金 1062.55 万元，1990 年年底生产队实有积累资金为 1005.78 万元，其中农户承包底垫 515.68 万元，应收款 60.56 万元，农村合作基金会有偿借贷 137.91 万元，由村代管资金 291.63 万元。1991 年后，生产队不单独设立账户，生产队资金并入村经济合作社统一管理。

村级财务监督　1998 年 12 月，区委办下发《关于进一步规范村务财务公开和民主管理工作的通知》，实行村财务“四公开”（公开时间、公开阵地、公开内容、公开程序），加强民主监督，做到群众满意。1999 年 9 月，区委办印发《关于进一步规范村级集体经济内部审计监督的通知》，各乡镇建立审计室，对村财务账目、村经济合作社负责人离任等开展审计。2004 年进一步完善财务公开日制度和财务公开程序，全区 100% 村达到室外公开和按规范程序公开。2006 年始，按照省政府《转发省农业厅等部门关于加强农村集体经济审计工作意见的通知》，区成立农村集体经济审计中心（与农业局经管科合署办公），建立村级财务“三年一轮审”制度。2006—2008 年，区共审计 80 个村。

村级会计代理　2000 年全市开展村级会计镇乡代理试点，村集体资金所有权、管理权、监督权和基本核算单位不变，实行出纳报账制，会计记账实行代理制，货币资金使用实行会计牵制制。镇海区于 10 月在庄市镇试点，至次年 2 月全面实行会计代理。区恢复乡镇农村合作经济经营管理站，建立镇乡农村会计服务站。2002 年，推行村级财务会计电算化管理，至 2007 年年底 5 个农村会计服务站基本达到市村级会计电算化工作规范要求。2008 年 7 月开始，农村会计服务站全部进入网络记账。

1986—2008 年期间部分年镇海区村级财务收支情况表

表 13－5　　单位：万元

年份	收入合计	其中						支出合计	其中				集体资产	
		统一经营	发包及上缴	投资收益	上级补助	统筹款	其他收入		生产性支出	公益性支出	管理费用	其他支出	总资产	净资产
1986	477	3	376	—	16	27	55	524	195	184	87	58	3911	3515
1990	895	5	511	—	177	43	159	1036	422	279	200	135	5061	4039
1995	4128	—	2038	—	583	64	1443	4924	1672	1723	830	699	19536	14755
2000	6169	30	2939	176	1483	15	1553	4941	1135	1669	1161	976	49175	41716
2005	6926	3133	1398	321	804	34	1236	7011	553	4007	1678	773	95615	67158
2008	11085	5279	837	293	3254	—	1422	10685	558	6805	2283	1039	139107	84261

说明：村级收入不包括集体土地征用补偿收入

集体资产管理体制综合改革

1995 年，镇海区按照中共宁波市委关于农村集体资产管理体制综合改革的要求，对村集体资产进行清产核资、产权界定、建章立制、产权登记。至 1997 年 2 月，全区 151 个行政村、3 个渔业合作社（渔业村）完成清产核资、产权界定、建章立制等工作，对村级集体企业采用独资经营、股份合作、租赁承包、拍卖、兼并等多种方式明晰产权，对占用集体土地资产进行经营活动的实行有偿使用。1997 年 7 月到 1998 年 2 月，开展村级资产产权登记工作，产权登记分村本级资产、村集体企业资产和村集体资源性资产，集体资产产权向社员代表大会公布，由乡镇检查验收，区农村集体资产管理办公室核实，颁发农村集体资产产权证书。

1998 年镇海区村级产权登记情况表

表 13－6　　　　单位：万元

项目＼乡镇			庄市镇	骆驼镇	河头乡	澥浦镇	贵驷镇	城关镇	合计
资产总计			6664.7	6743.4	2604.8	3973.4	4543.7	13450.6	37980.6
其中	固定资产		3370.9	4484.1	1821.9	2781.4	2071.3	6857.0	12386.6
	流动资产		1640.1	2122.7	660.9	912.3	832.0	7455.3	13623.3
	其中：货币资金		242.0	280.0	75.4	142.5	84.4	1527.6	2351.9
负债合计			959.5	1208.7	704.5	767.4	686.2	1602.7	5929.0
所有者权益合计			5705.2	5534.8	1900.3	3206.0	3857.6	11847.8	32051.7
企业个数			9	10	—	4	9	26	58
资产合计			23988.2	4427.9	—	811.3	9764.2	23545.1	62536.7
负债合计			12507.7	3004.7	—	417.3	5338.9	16708.2	37976.8
所有者权益合计			11480.5	1423.2	—	394.0	4425.3	6836.9	24559.9
其中	村资本金		11480.5	1423.2	—	391.0	4425.3	6836.9	8640.8
	村享受权益		125.6	640.7	—	207.5	－112.9	4110.9	4971.8
村级净资产合计			5830.8	6175.5	1900.3	3413.6	3744.6	15958.8	37023.4
村总面积（公顷）			2397	5592	3644	1892	2166	3425	19114
土地资产合计（公顷）			2091	5135	3287	1174	1849	2675	16211
其中	耕地	合计	1366	2789	1099	624	1306	1851	9034
		水田	1265	2727	983	592	600	653	6819
		旱地	101	62	117	32	706	1197	2215
	企业用地		25	46	4	49	20	35	179
	公益事业用地		140	115	82	61	74	108	579
	山林	合计	—	1464	1683	209	—	—	3356
		其中经济林	—	105	—	23	—	—	128
	水面		191	131	41	74	38	93	567
	宅基地		285	365	159	103	217	414	1542
	其他		26	189	95	32	36	21	399
	园地		57	37	124	22	159	154	553

说明：1. 河头乡 1998 年村集体企业产权登记前，已全部转为个私企业；
2. 土地面积汇总单位 152 个，其中骆驼渔业队 1 个，面积 0. 2 公顷，日期 1998 年；
3. 土地面积由亩换算成公顷，小数点后数据“四舍五入”

村经济合作社组织改革

村经济合作社撤并 2001年，全区有122个行政村并为37个。区出台村集体资产融合实施意见，规定集体资产不平调，土地承包权30年不变，原有村管资金的所有权不变，原村经济合作社确定的福利待遇基础和其他有关经济政策保持相对稳定。并账前对村集体资产进行综合评估，界定并账资产范围，根据不同资产情况采用不同的资产融合方法。资产核定、财产和账户合并等重大事项，由社员代表会议讨论决定后实施。是年，122个村经济合作社集体资产全部并入37个新的村经济合作社。其中，村与村之间人均占有集体资产基本平衡的，把原村经济合作社的资产全部合并，再直接进行账户合并；村与村之间人均占有集体资产有一定差异的，确定基准数，超基数部分暂作账户处理，用于原村域内的建设和发展，在此基础上进行账户合并；村与村之间人均占有集体资产差异悬殊的，原村经济合作社的资产负债设立二级明细账核算，新经济合作社的资产与原村经济合作社的资产各自单独核算，待今后随着集体经济发展逐步融合。

村经济合作社股份制改革

2002年7月，招宝山街道张鑑碶村经济合作社进行股份制改革试点，村经济合作社经营性资产全部折股量化到人，折合股权10384股，其中人口福利股9344股、劳力股1040股，全村享受股权105人。2003年，庄市街道庄市村、蛟川街道后施村、骆驼街道西盛村等经济合作社改制为股份经济合作社。2004年，庄市街道胜隆村、蛟川街道五里牌、虹桥村等经济合作社相继改制为股份经济合作社。2004年年底，全区改制后的7个村经济合作社，按改制时资产核定年份计算，经营性净资产5544.5万元，转制时全部折股量化到人，共设立股权243.22万股（人口福利股139.79万股、劳动积累股103.43股），有3035人分得村集体资产的股权。2008年年底，全区7个村股份经济合作社集体资产总额达到12537.41万元，其中经营性净资产8707.67万元，分别比改制时增长33.9%和57.1%；是年可分配收益1126.53万元，其中股东按股分红668.28万元，人均2200元。

第四节 农村税费改革

2000年中共中央、国务院颁发《关于进行农村税费改革试点工作的通知》，实试农村税费改革。是年，骆驼镇被定为宁波市农村税费改革测算试点区之一。2002年8月，中共镇海区委、区人民政府印发《关于全面开展农村税费改革的实施意见》，10月，印发区农村税费改革6个配套文件，各项农村税费改革政策已基本落实到位，取消乡统筹、村提留、劳动积累工和义务工制度，农林特产税政策作出调整，并就取消乡统筹费后如何确保五项事业支出作出足额安排。

农村税费改革工作重点

落实农业税“有税无地”政策 根据市财政局《关于农村税费改革中有关农业税问题的通知》精神，对未办理过正常用地手续，占用农业税计税土地而形成的“有税无地”，结合这次农村税费改革，按照“减税不减地”的原则，对道路绿化、水利工程、乡村道路、农村公益设施建设等用地的农业税给予核减。但乡村企业占地、民宅占地及其他情况按照谁占用谁缴税的原则，继续缴纳农业税。经统计，2002 年全区涉及“有税无地”的行政村有 45 个，面积为 312. 72 公顷，农业税为 161583. 62 元。在当年 12 月，已将这部分资金落实到有关镇（街道）、村。

调整农业税税负不平衡政策 由于历史原因，1962 年确定的农业税计税依据的常年产量，一直未作调整，全区镇（街道）、村农业税税负存在着不平衡的情况，亩均负担存在差异。当时全区农业税平均负担为 33. 40 元/亩（按现行农业税计税价格，每公斤 0. 92 元），但有些行政村农业税亩均负担仅 23 元，而原城关、贵驷镇的有些村则高达每亩 50 元以上，税负较高地区的农户多年来要求调整呼声一直比较强烈。2002 年全区调查，农业税正附税计征任务数亩均负担超过 40 公斤的地区，涉及的自然村有 18 个，农户 5929 户，农业税计征任务为 953586 公斤，如按减征 30% 测算，减征金额为 263189. 74 元。区政府决定从当年起，结合农村税费改革，对亩均农业税正附税计征任务数超过 40 公斤的 18 个自然村，5929 户农户，减征 30% 的农业税，计实际农业税 263189. 74 元，减轻税负较高地区农户的负担。

明确税费改革的相关规定 一是对明确在农业税计税土地上生产的农业特产品一律不征“农林特产税”。对外运应税特产品采取“先征后退”办法，并加强服务。二是各镇（街道）因农村税费改革而引起的政策内短收，在自有财力中调剂消化，区财政不安排专项转移支付。三是采用统一格式，明确收款项目，避免各行政村在收取待摊费用时搭车收费。四是对区出台的村内筹劳政策，严格执行上报审批、预决算、公示制度。五是组织力量对乱收费、乱摊派、乱集资情况进行检查清理，从根本上杜绝乱收费、乱摊派、乱集资现象的发生，以确保农村税费改革的顺利推进。

农村税费调减免征情况

2001 年 9 月，镇海区行政区划调整后，区辖澥浦、九龙湖 2 个镇和招宝山、蛟川、庄市、骆驼 4 个街道办事处，下辖行政村 66 个，农业人口 11. 05 万人，耕地 8760 公顷，山林 3500 公顷。2000 年，农民年人均纯收入 5144 元（区农经委口径），全区 6 个镇（街道）财政总收入 21739. 29 万元，其中财政可用资金 20969. 53 万元。按 1998 年计算，全区征收农村税费 767. 61 万元，其中：农业税及附加 551. 89 万元，其中附加 71. 99 万元；农业特产税 20. 11 万元；屠宰税 27. 3 万元；乡统筹 76. 39 万元，其中优抚费 70. 23 万元、乡河道疏通费 6. 16 万元；村提留 81. 6 万元，其中公积金 20. 10 万元、公益金 4. 65 万元、管理费 14. 09 万元、大地承包金 42. 76 万元；农村劳动积累工和劳动义务工 10. 32 万元。

2002 年，全区征收农村税费 403. 57 万元，其中：农业税及附加 343. 75 万元，其中附加 44. 84 万元；村提留 59. 82 万元，其中大地承包金 59. 82 万元。

按 2000 年二轮承包面积 7853. 33 公顷和 11. 05 万人的农业人口计算，1998 年全区农民人均税费负担 61. 43 元，亩均税费负担 57. 62 元，比浙江全省农民人均负担 92 元低 30. 57 元。2002 年全区农民的人均税费负担为 36. 52 元，亩均税费负担为 34. 26 元。与改革前相比人均减负 24. 91 元，下降幅度 40. 55%。

2003 年区出台全面缓征农业税措施，农业税采取“空转”办法。2004 年起全面免征农业税（不再进行农业税土地核减工作）和停止征收农林特产税[①]。

镇海区免征农业税、停征农林特产税后，仍然把减轻农民负担作为一项重要工作。2004 年年初，提出确保农民负担不反弹，确保不发生严重违反中央规定的“八个禁止”行为，确保不发生因损农、坑农而引发的群众上访事件、恶性事的“三确保”要求。2008 年，全区农村中、小学校（含义务教育、高中阶段），统一实行“一费制”收费办法和标准，学校不得再向学生收取其他任何费用。任何部门和单位不得通过学校代收任何税费，也不得向学校摊派各种费用。

① 镇海区 1986—2008 年农业“四税”（农业税、农林特产税、耕地占用税、契税）历年征减税情况见本志第二十五编“税务”。

第二章 企业体制改革

1986年起国有、城镇集体企业、乡镇企业普遍实行经营承包责任制为主的多种形式经济责任制，国有商业小企业实行改租转。随着社会主义市场体制逐步发展，国有、集体企业负盈不负亏弊端日益显露，不少企业经济效益每况愈下。1993年乡镇企业率先开展产权制度改革，1997年国有、城镇集体企业全面开展产权制度改革，1999年开展理顺改制企业与职工劳动关系改革。至2001年，已有1237家企业（国有企业77家、城镇集体企业133家、镇乡办集体企业186家、村办集体企业222家、挂靠集体个私企业619家），分别改制为有限责任公司、股份有限公司、股份合作制企业、私营企业和个体经营户，部分亏损企业进行兼并和破产，用工制度改革中全区有10527名国有、大集体企业固定制身份的职工理顺与企业的劳动关系。

第一节 经营权制度改革

国有企业两步利改税

1983年6月1日起，国有企业推行第一步利改税，把原国有企业利润全额上缴国家财政，改为“利税并存”，扩大企业财权。到翌年8月，有63户国有企业完成第一步利改税改革。1984年10月1日起，国有企业开始以税代利的第二步改革，将国有企业原来上缴国家财政的利润，分别按11个税种向国家交税，税后所得利润国家征收一定数额的所得税，余下的归企业使用，由税利并存过渡到完全的以税代利。1986年11月，区财政税务局按国家规定完善两步利改税，对预算内12户国有企业基础利润、所得税税率、减征所得税额、调节税率、企业留利率等重新核定。

1986年镇海区部分预算内国有企业税收、留利情况表

表13－7　　单位：千元

企业	项目				
	基数利润	所得税率（%）	减征所得税额	调节税率（%）	企业留利率（%）
机械厂	335	55	—	—	45
丝织厂	342	55	103	—	45
渔网厂	445	55	—	4.36	40.64
液压厂	176	八级	3	—	税后全留
汽车电器厂	223	八级	4	—	税后全留

续表 13－7

企业	项　目				
	基数利润	所得税率（%）	减征所得税额	调节税率（%）	企业留利率（%）
第三动力机厂	36	八级	2	—	税后全留
水泥厂	132	八级	3	—	税后全留
立新酒厂	213	八级	12	—	税后全留
印刷厂	152	八级	2	—	税后全留
运输公司	159	八级	23	—	税后全留
汽车修配厂	14	八级	3	—	税后全留
医药公司	243	55	—	19.1	25.9

说明：资料来源镇海区财政局

扩大企业经营自主权

横向经济联合自主权　1988年8月，区政府简化审批手续，出台物资供应、财政税收、资金贷款、奖励有功人员等9项政策措施。1987年，全区横向经济联合项目发展到97个，共引进资金4800万元。1988年7月8日和1990年7月24日，区政府以先后下发鼓励和推动横向经济联合的文件，鼓励企业兴办横向经济联合项目。

外向型经济自主权　1988年1月，区政府落实企业出口创汇和引进外资自主权，实行多项优惠政策。是年有镇海棉纺织厂等7家企业获得自营出口权。

劳动用工自主权　1986年，国有企业招工实行“面向社会、公开招收、全面考核、择优录用”，允许企业和职工“双向选择”，统包统配的用工制度开始松动。1993年6月，区属国有、大集体企业，可自主确定招工数量、条件和方式，允许纺织行业和苦脏累工种录用农村劳动力和外地城镇待业人员，企业之间可以直接办理固定工调动手续。

收益分配自主权　1985年，企业工资管理制度由集中统一管理，改为统一领导、分级管理。镇海渔网厂开展“工效挂钩”（工资总额与经济效益挂钩）试点，企业工资总额随企业经济效益指标完成情况而浮动，企业在核定的工资总额范围内决定职工收入分配。1988年，42家国有企业、71家大集体企业实施工效挂钩，政府通过征收工资调节税控制工资总额增长，当年企业平均工资总额同比增长24%。1989年有129家企业实行工效挂钩。1991年，实施第二轮工效挂钩。1993年，进一步完善工商企业工效挂钩办法，工资总额同实现利税挂钩，粮食企业实行费用定额承包。

企业承包经营责任制

1986年起，国有、大集体企业实行首轮承包经营责任制，多数企业采用工资总额与实现利润挂钩承包方式，少数企业采用租赁制，承包期限5年。1987年，财政部门与工业、二轻、丝绸、物资4个部门，签订上缴利税包干、超收分成、短收抵补的承包经营合同，41家国有、大集体企业签订目标利润承包经营合同。1988年贯彻《中华人民共和国企业法》，112家企业实行承包经营，4家企业实行风险抵押、公开招标承包，承包和租赁企业占应承包企业的85.3%。1990年，区财政对一轮承包到期的37家国有企业进行结算，企业在一轮承包期间共上缴利税853.1万元，得到超收分成收入317.1万元。1990年年底，实施新一轮国有、大集体企业承包经营责任制，为期5年。新一轮承包企业实行"两包一挂"（即包上缴利税、包资产增值，工资总额与经济效益挂钩）承包方式，上缴利税递增包干，超收分成，歉收自补，并完善考核内容。全区承包企业上缴利税平均递增幅度确定为6.5%，超收部分生产企业30%上缴财政，流通企业35%上缴财政。规定企业超收分成资金70%用于技改或补充流动资金，其余30%作为集体福利和奖励基金。承包企业每年超收部分划出10%～15%作为风险基金，承包班子成员交纳一定数额风险抵押金。是年，实行二轮承包的国有企业55户、集体企业115户。至1991年，实施新一轮承包企业面达到95%以上。

实行厂长（经理）负责制

1986年，区委、区政府下发《厂长任期目标暂行办法》《厂长任期目标审计办法》《招标选聘全民所有制企业承包经营者的暂行办法》等文件，完善厂长（经理）负责制。1987年，有42家企业实行厂长（经理）负责制、37家企业实行厂长（经理）任期目标责任制，分别占应实行企业的44%和39%。1988年1月起，区属国有、大集体企业开展党政分开的领导体制改革，修订厂长（经理）工作实施细则、厂长（经理）任期目标责任和任期终结审计等相关制度，明确厂长（经理）全面负责企业两个文明建设。是年，全区84%国有、大集体企业完成党政分开工作。

企业内部配套改革

1989年1月、1991年4月和1993年6月，区政府先后下发《关于搞活固定工制度的通知》《关于进一步落实企业自主权强化企业内部配套改革若干意见的通知》和《关于贯彻落实企业劳动用工和工资分配自主权的若干试行意见的通知》，开展企业内部用工、分配、福利三项制度改革。

用工改革 1989年1月，国有、大集体企业按照区政府提出的"四结合"（同全面落实企业承包经营责任制相结合，同搞好定岗定编、推行"满负荷工作法"相结合，同改革企业干部人事制度相结合，同改革企业工资福利制度相结合）和"四公开"（优化劳动组合的方案公开、定员定编公开、选人标准和过程公开、有关政策待遇公开）要求，对固定工身份职工开展"择优录用（优化劳动组合）、下岗分流（安置富余职工）"的用工制度改革。至1991年3月，全区有1200余名职工下岗（约占应开展搞活固定工制度企业总人数的6%），企业通过多种途径，分流安置下岗职工。1992年1月区轻工机械厂对固定职工试行全员劳动合同制，打破干部、固定工与合同制职工身份界限。至1997年年底，全区100余家国有、大集体企业的14500余名固定工全部实行劳动合同制。

实施岗位技能工资制 1993年6月起，国有、大集体企业逐步实施岗位技能工资制，职工工资划分为技能工资和岗位工资，副食品补贴和新增效益工资结余部分纳入改革范围，职工工资随企业经济效益状况上下浮动。镇海棉纺织厂、宁波丝织厂等一批企业划小核算单位，采用分级分权管理、全员风险抵押以及资产增值承包等方式，搞活内部分配。

保险福利制度改革 劳动保险实行国家、集体和个人共同合理负担，实行个人交费制；实行企业补充养老保险，增强企业凝聚力；扩大待业保险范围，企业固定职工可享受待业保险；按照"加强管理，保证医疗，避免浪费"原则，改革企业劳保医疗管理办法。

国有商业小企业改、租、转

1985 年 1 月起，小型国有商业和商办企业实施以改、租、转为内容的企业改革（国家所有制改为集体经营，或国家所有制转为集体所有制，或租赁给集体经营或个人承包，简称为“改、转、租”）。至 1987 年 1 月，有 20 户小型国有零售商业、6 户饮食服务业和 2 户商业企业实行改和租。其中，23 户实行“国家所有、集体经营，照章纳税，自负盈亏”的国有民营责任制，3 户饮食业和 2 户零售商业实行集体租赁。是年，营业收入总额比改革前 1984 年增长 28.6%，5 户集体租赁个业实现利润比人均奖金增长 1.2 倍。

乡镇推行“一包五改”为内容的企业改革

1984 年 10 月起，乡镇集体企业推行“一包五改”（承包经营责任制，改厂长、经理任命制为选举或聘任制，改固定工制为招考合同制，改固定工资制为浮动计件工资制，改封闭半封闭为开放经营型，改变相‘官办’为真正民办）为内容的经营承包责任制。至 1985 年年末，全区乡镇办企业 200 家、村办企业 410 家，基本完成“一包五改”任务。其中，以厂长为代表的集体承包占 77%，合伙承包占 10%，个人承包占 13%；厂长（经理）实行选举和聘任制的占 70%，其余 30% 因承包期延长继续聘用；全面实行改固定工为招考合同制，企业实行全额计件或超额计件工资的占 82.6%，其余生产任务包干到车间、班组，工资、奖金与企业盈利挂钩。1988 年，乡镇企业实施“骨干企业完善承包上水平、中间企业风险抵押搞租赁、小微亏企业放开经营进家庭”改革，全区近 200 家乡镇企业分别实行风险抵押承包、租赁、拍卖和兼并。1990 年，全区村以上乡镇集体企业实现利润 1947 万元，缴纳税金（包括减免金额）2808 万元，上缴乡镇、村利润 573 万元，企业留利 815 万元，分别比 1986 年增长 32%、147.84%、122.96% 和 182.97%。

第二节　产权制度改革

1993 年 8 月和 1997 年 7 月对乡镇集体企业和国有、城镇集体企业分别开展产权制度改革。先试点，后全面推开，分别于 1997 年 12 月（历时 4 年 4 个月）和 2001 年 8 月（历时 4 年 1 个月）基本结束，全区有 1237 家国有、城镇集体企业和乡镇企业（含 619 家戴国有、集体帽子的个体私营企业）明晰产权关系，实现企业产权结构投资主体多元化、经济成分多样化；140 家国有、城镇集体企业同 11120 名固定制职工理顺劳动关系，实行企业和职工双向选择的用工制度。

产权制度改革方式

企业产权制度改革期间，区委、区政府对企业对资产评估、产权界定、资产处置，以及股权设置、产权出售、债权债务承担和职工安置等项改革，制定明确的政策和措施，保障改革有序开展。

乡镇企业产权制度改革　1993 年 8 月 2 日，区委出台《镇海区乡镇企业推行股份合作制的暂行办法》，明确资产评估、产权界定、转制方式、股权设置等方面政策。1993 年 9 月，区委办印发《乡镇企业股份合作制改革试点工作总结和下步改革工作的具体意见》，提出稳妥推进股份合作制、大力推进中小企业竞卖议卖、未转制企业继续完善经营承包责任制等要求，促使改革有序进行。

1996年10月9日，区委、区政府联合下发《关于进一步做好乡镇企业转换经营机制的规范、完善、提高工作意见》，对参股比例、集体资产保值增值、产权关系、国家减免税归属、改制企业管理等提出要求。是年，乡镇企业组建股份合作制企业17家，转为个私企业175家，小微亏企业产权出售总额7931万元。1997年年底，全区已有镇（乡）、村两级408家集体企业实行改制，理顺619家名为集体、实为个私企业的所有制关系。

国有、城镇集体企业产权制度改革 1997年7月10日，区委、区政府联合下发《关于推进国有、城镇集体企业股份合作制改革的若干政策意见（试行）》，对国有、城镇集体企业资产评估、产权界定、资产处置（资产核销、提留、剥离，土地使用权处置、股权设置、产权出售、债权）和职工安置作出明确规定。1997年，国有、大集体11家产权制度改革试点企业，评估后净资产2917.56万元，提留职工保障费用、核销不良资产、剥离非经营性资产总额2197.17万元，占企业净资产总额82.16%。其中，提留职工保障费用和转制风险准备金总额为1332.71万元，占提留、核销、剥离3项资金的66.65%，试点企业职工人均约为11318元。1999年，区政府为困难企业转制创造条件，专项安排1500万元改革风险准备金。

产权重组实现途径

区委、区政府对企业产权重组，要求“尊重职工意愿，实行一厂一策”：从企业实际出发，宜股则股（指“股份制”）、宜租则租、宜卖则卖、宜破则破、宜转让则转让……的企业产权重组的实现途径。

股份制改制 1993年改制股份合作制企业9家（其中乡镇企业改组7家、区二轻工业系统改制2家），改制有限责任公司8家。1994年，成立全区首家股份有限公司—宁波摩士（集团）股份有限公司，国有企业宁波液压马达厂和镇海石油公司进行“公司制”改革试点。1997年7月起，42家国有、城镇集体企业开展股份制改革试点，于翌年1月底完成改革试点任务，改制为有限责任公司和股份合作制各21家，共筹集股金4522.71万元，国有股、社有集体股、职工股分别占16.8%、32.7%和50.5%，其中经营者股占职工股的17.5%。

浙江光华毛纺织集团有限公司，是全区唯一一家经国家经贸委批准的，实行债权转股权改革的企业。2001年2月，浙江光华毛纺织集团有限公司，经国家经贸委同意，银行贷款实行债权转股权，由华融、信达、东方、长城资产管理公司和区纺织丝绸公司五家单位共同出资改制而成，注册资本总额13408万元。批准文号：国家经贸〔2000〕第1086号。

至2001年8月，约占全区国有、集体经济总量80%的144家骨干企业（国有、城镇集体企业82家，乡镇企业62家），分别改制为股份有限公司、有限责任公司和股份合作制，筹集股本金总额87706.482万元。

1993—2001 年镇海区“股份制”改制企业情况表

表 13－8

企业分类	改制方式						合计	
	股份有限公司（家）		有限责任公司（家）		股份合作制（家）			
	企业	股金（万元）	企业	股金（万元）	企业	股金（万元）	企业	股金（万元）
乡镇企业	3	20900	17	19520.60	42	4260.70	62	44681.300
国有城镇集体企业	—	—	49	36190.10	33	6834.442	82	43025.182
合　计	3	20900	66	55710.70	75	11095，142	144	87706，482

产权转让　1993 年，乡镇企业拍卖、议卖 60 家，企业转为个私企业。至 1996 年 8 月底，175 家乡镇企业转让全部产权或固定资产租赁、流动资产转让，资产转让金额 7931 万元，收回转让资金 6923.76 万元，资金回收率 87.3%。1997 年起，部分国有、城镇集体企业提留职工安置费、富余人员安置费、职工医疗费、独生子女费等后进行拍卖，资产受让者承担原企业全部债权债务和职工安置责任。其中，大部分企业提留安置等费用后以负资产或“零”资产转让。负资产转让的以土地资产补偿资产受让者，没有土地资产用以后年度减免税金弥补。至 2001 年，产权转让的国有和城镇集体企业 45 家、乡镇集体企业 350 家。

企业兼并　1994 年，二轻系统轻工机械厂兼并交通局内河航运公司。至 1998 年，全区有 4 家国有企业、7 家城镇集体企业实行兼并。其中，1998 年镇海棉纺织厂被浙江中汇集团（股份）有限公司兼并后，由浙江中汇集团（股份）有限公司、浙江中策公司、镇海区纺织丝绸工业公司三家单位共同出资 1000 万元，新组建宁波（中汇）纺织有限责任公司。

1994—1998 年镇海区国有、城镇集体企业兼并情况表

表 13－9

序号	被兼并企业			兼并企业		兼并方式	兼并后改制
	企业名称	企业性质	职工人数	企业名称	企业性质		
1	内河航运公司	集体	37	宁波轻工机厂	集体	成建制划归	股份合作
2	盛滋记酿造有限公司二厂	国有	25	镇海水处理厂	国有	成建制划归	股份合作
3	棉毯厂	国有	133	浙江光华集团公司	国有	成建制划归	有限公司
4	镇海皮件厂	集体	58	宁波敦煌织造有限公司	集体	资产划归人员分流	有限公司
5	兴宝玩具	集体	126	镇海棉纺织厂	国有	成建制划归	同序号 11
6	制革厂	集体	65			成建制划归	同序号 11
7	三鑫曲轴厂	国有	62	宁波液压马达厂	国有	成建制划归	有限公司

续表 13－9

序号	被兼并企业			兼并企业		兼并方式	兼并后改制
	企业名称	企业性质	职工人数	企业名称	企业性质		
8	第二运输公司	集体	109	镇海公路运输总公司	国有	成建制划归	2000年行业归口划入宁波公交总公司
9	第三运输公司	集体	46			成建制划归	
10	汽车修配厂	集体	47			成建制划归	
11	棉纺织厂	国有	3637	浙江中汇集团股份有限公司	上市公司	成建制划归	有限责任公司

企业关闭歇业破产 1993—1998年，50家城镇集体企业因经营不善关闭歇业。1998年7月，4家国有企业和6家城镇集体企业申请破产，区人民政府下拨破产企业职工分流安置等经济补偿、补助金2525.87万元，解决职工分流安置和社会保障等费用。

1998年镇海区国有、城镇集体破产企业职工安置补偿、补助费情况表

表 13－10

企业名称	企业性质	职工分流补偿费用		其他补偿补助费用		职工补偿补助费用合计（万元）
		人数	金额（万元）	人数	金额（万元）	
镇海粉煤灰建筑材料厂	国有	91	129.80	102	83.20	213.00
镇海外海航运公司	大集体	192	418.55	241	148.34	566.89
镇海电子电器原件厂	大集体	80	125.00	63	42.00	167.00
镇海二轻供销公司	大集体	18	39.00	12	12.00	51.00
镇海昌海钢管厂	大集体	11	18.22	—	—	18.22
镇海纺织机械厂	大集体	208	424.00	218	155.00	579.00
浙东电热电器厂	大集体	137	226.00	94	57.54	283.54
镇海水泥厂	国有	156	289.47	120	104.31	393.78
镇海盛滋记酒厂	国有	43	90.24	46	66.18	156.42
镇海华甬动力机械厂	国有	36	63.78	38	33.24	97.02

第三节 用工制度改革

理顺企业同职工劳动关系

1994年7月《中华人民共和国劳动法》颁布，镇海区国有、城镇集体企业推行全员劳动合同制和岗位合同化管理。其中，1984年6月底前参加工作的职工，与企业签订无固定期限劳动合同。随着企业产权制度改革展开，这一用工制度已不适应职工就业，企业用工双向选择的要求。由此，

1999 年 8 月至 2001 年 8 月，区人民政府采取“转变身份、适当补偿、承认工龄、续接社保”方式，开展改变固定工身份的用工制度改革。至此，全区有 142 家企业 10527 名固定工终止原国有、大集体性质职工身份。其中，企业内国家干部，保留干部身份，其余政策与企业职工相同。职工在改制企业就业的，1999 年年底距法定退休年龄不足五年的职工，企业与职工续订劳动合同，直至退休年龄，其他职工全部与企业重新签订劳动合同。理顺劳动关系职工给予经济补偿，企业改制时按每满一年工龄补偿 810 元、医疗补助 100 元。享受供养直系亲属、遗属生活困难补助待遇的人员，企业转制时一次性给予补偿。

至 2001 年镇海区改变国有、城镇集体企业固定工身份情况表

表 13－11

序号	主管部门	企业户数	职工人数	序号	主管部门	企业户数	职工人数
1	工业公司	13	1183	8	贸易局	2	101
2	二轻公司	15	1723	9	外贸局	6	58
3	纺丝公司	8	2486	10	交通局	8	402
4	计经委	9	380	11	物资局	13	280
5	民政局	11	221	12	商业局	18	1096
6	农业局	11	249	13	城建局	8	657
7	供销社	17	1531	14	粮食局	3	160

说明：不包括实施跨区域兼并的镇海棉纺织厂和省、市行业归并划转的镇海石油公司、镇海运输总公司等国有、城镇集体企业 2937 名职工，以及关闭歇业、破产企业已理顺劳动关系的固定身份的职工

帮扶下岗职工再就业

全区开展国有、城镇集体企业产权制度改革和固定工用工制度改革，至 2001 年累计下岗职工近 5500 人。1997 年 12 月，区成立再就业工程领导小组，设再就业工程专项经费。1998 年 2 月 18 日，区政府印发《关于镇海区再就业工程实施办法（试行）》，在 11 个经济主管部门和 54 家企业相继成立再就业服务中心及服务站，在城关镇建立下岗职工自力市场，发展职业中介服务机构。是年，共分流安置下岗职工 1370 余人，有 2100 余失业人员实现再就业。1999 年，出台鼓励企业和社会安置下岗、失业职工政策，全年有 2500 余下岗、失业职工得到安置。2001—2002 年，区政府完善促进下岗、失业人员再就业、自主创业相关政策，推出面向经济困难职工的公益性岗位，动员社会力量提供再就业岗位。至 2002 年，累计推出适合大龄失业人员就业岗位 1618 个，帮助 4000 多失业人员实现再就业，登记失业率从 2000 年 3.46% 下降到 2.68%。2002—2008 年，财政用于再就业政策扶持的各项补助、补贴累计达到 16488 万元，计 54032 人次。

2002—2008 年镇海区再就业各项补助、补贴费表

表 13-12

单位：万元

项目	2002 年		2003 年		2004 年		2005 年		2006 年		2007 年		2008 年		2002—3008 年合计	
	人数	金额	金额	人数	金额	人数	金额	人数	金额	人数	金额	人数	金额	人数	金额	人数
社保、用工补助	1906	223	5474	1308	6715	2381	6870	2858	6801	2944	5823	2762	5217	1233	38806	13711
灵活再就业补贴	—	—	—	—	—	—	—	—	174	28	489	135	4233	437	4896	600
再就业援助	—	—	48	9	213	139	357	79	350	68	231	50	255	46	1454	391
公益性岗位补贴	103	18	137	22	114	24	300	257	332	378	297	415	294	388	1577	1502
生活困难补助	228	2	2440	24	617	6	118	27	122	26	102	25	75	20	3702	130
职介补贴	67	2	393	15	1002	33	86	1	—	—	—	—	—	—	1548	51
培训补贴	94	5	70	4	100	6	705	29	600	30	306	18	174	11	2049	103

说明：不含自主创业、自谋职业而已享受各项减免税费 9415 人次和贷款贴息 2235 人次的职工

第三章　专业经济主管部门体制改革

镇海区国有、城镇集体企业资产、人事原由相关主管部门管理。1996 年年底统计，全区 210 家国有、城镇集体企业资产归属于 17 个政府部门管理。其中，区工业公司（局）、区第二轻工业公司（局）（以下简称二轻工业公司）、区纺织丝绸工业公司（以下简称纺丝工业公司）、区商业局、区物资总公司（局）（以下简称物资总公司）、区供销合作社等 6 个专业经济主管部门，管理国有、城镇集体企业资产 148342 万元，所有者权益 40158 万元，职工 14571 人，分别占全区国有、城镇集体企业总资产的 66%，职工总人数的 71.9%。随着政府经济管理职能改革，全区 6 个专业经济主管部门也相继转体改革。

第一节　实施“非政府序列”管理

1996 年 4 月全区党政机构改革，工业和商贸系统经济主管部门，从政府行政序列划出，成建制转为经济实体，保留行政管理职能，实行“非政府序列”的管理模式。1996 年年底，工业、商贸系统的 6 个经济主管部门，下属国有企业 40 家，职工 9119 人，总资产 103602 万元，所有者权益 25167 万元；城镇集体企业 51 家，职工 5452 人，总资产 44740 万元，所有者权益 14991 万元。

工业系统

区工业公司　1996 年 11 月，成立镇海区工业国有资产经营公司（以下简称工业国资公司），由政府授权管理下属企业的国有资产和集体资产，保留工业公司（局）机构和相应的行政管理职能，承担资产保值增值职能。工业国资公司与工业公司（局）合署办公，实行三块牌子、一套班子管理体制。

区二轻工业公司　1996 年 4 月二轻工业公司（局）从政府序列中划出，保留行政管理职能，承担资产保值增值职能。

区纺织丝绸工业公司　1986 年 12 月，成立宁波镇海纺织丝绸公司，企业性公司。区内国有、大集体纺织服装企业划归其管理，隶属区计经委。1988 年 5 月，宁波镇海纺织丝绸公司更名为宁波镇海纺织丝绸工业公司，并成立宁波镇海纺织丝绸联合总公司，实行两块牌子、一套班子管理。1989 年 10 月，纺织丝绸工业公司与纺织丝绸联合总公司分离，更名为宁波市镇海区纺织丝绸工业公司，转为行政性公司，定为正局级，管理所属国有和集体企业。宁波镇海纺织丝绸联合总公司更名为宁波镇海纺织丝绸原材料公司，实行独立核算。1996 年 4 月，从政府序列划出，保留行政管理职能，承担资产保值增值职能。

1996 年镇海区工业、二轻、纺纺丝绸公司经济规模情况表

表 13－13　　单位：万元

部门名称	企业类型	企业（家）	职工人数	总资产	所有者权益	产品销售总额	实现利润
工业	国有企业	11	1186	14057	4224	6639.50	309.30
	集体企业	2	82	702	460	219.20	19.50
二轻	集体企业	16	2530	15597	6959	9141	－21.32
纺丝	国有企业	4	7253	63517	17231	59410	650
	集体企业	4	544	3160	1262	5499	143.61

说明：产品销售总额不包括工业部门商贸企业商品营业额

商贸系统

区商业局　1996 年 11 月成立镇海区商业国有资产经营公司，与商业局合署办公，实行两块牌子、一套班子管理体制，由政府授权管理所属企业国有资产，承担资产保值增值职能。

区物资总公司　1985 年 10 月撤县划区，改名为宁波市镇海区物资局和宁波市镇海区物资总公司，实行两块牌子、一套班子管理。1993 年 6 月，镇海区物资总公司登记为企业法人。1996 年 4 月，物资局、物资总公司从政府序列中划出，转为经济实体，保留行政管理职能，承担资产保值增值职能。1998 年 1 月，成立镇海区物资国有资产经营公司，保留镇海区物资总公司和物资局牌子，实行三块牌子、一套班子管理体制，由政府授权管理下属企业国有资产。承担所管理资产保值增值职能。

区供销合作社　镇海区供销合作社为自收自支事业单位，同时又是合作经济组织，供销合作社正式在编人员属行政编制。1993 年 9 月，增挂财茂集团总公司牌子，注册资金 2141.98 万元。

1996 年镇海区商业局、物资总公司、供销社经济规模情况表

表 13－14　　单位：万元

商贸业部门	企业类型	企业户数	职工人数	总资产	所有者权益	商品营业总额	实现利润
商业	国有企业	14	966	11855	1782	35366	359.84
	集体企业	1	86	760	148	635	－51
物资	国有企业	11	314	14173	1930	36555	106.80
	集体企业	10	74	4000	1518	12719	130.14
供销社	集体企业	18	1536	20521	4644	32185	154.10

说明：商业系统中商品营业总额，包括商办工业企业产品销售总额

第二节　与企业理顺产权和劳动关系

理顺产权关系

工业、商贸 6 个专业经济主管部门的归属企业全部进行改制。其中，改制股份有限公司 23 家，股份合作制 11 家，歇业关闭 21 家，破产 8 家，兼并 6 家，资产重组 6 家，资产划归集体 7 家。企

业改制后，专业经济主管部门与企业关系，从行政管理转为资产管理。

2002 年镇海区经济部门下属企业改制情况表

表 13－15

单位：家

部门	"股份制"改组				其他改制方式									
	有限公司		股份合作		歇业关闭		破产		兼并		重组		划归	
	国有	集体	国有	集体	国有	集体	国有	集体	国有	集体	国有	集体	国有	集体
工业局	8	1	3	—	—	1	3	—	2	—	—	—	—	—
二轻工业局	—	—	—	6	—	2	—	5	—	2	—	3	—	—
纺丝工业公司	3	2	—	—	2	1	—	—	1	1	—	—	—	—
商业局	5	—	—	—	3	3	—	—	—	—	3	—	—	—
物资局	—	—	—	—	8	—	—	—	—	—	—	—	—	—
供销社	—	4	—	2	—	1	—	—	—	—	—	—	—	7
合计	16	7	3	8	13	8	3	5	3	3	3	3	—	7

说明：重组是指产权置换后重组股份合作制企业；"划归"是企业理顺劳动关系后，资产划归国家或集体所有

理顺劳动关系

1999 年 8 月，6 个专业经济主管部门管理的国有、集体企业固定制职工 8299 人。（其中国有企业固定制职工 4139 人，大集体企业固定制职工 4160 人）至 2001 年 8 月，按照区政府采取"转变身份、适当补偿、承认工龄、续接社保"方式同企业理顺劳动关系。由此，经济主管部门劳动工资管理职能，按照经济主管部门转体改革相关规定移交镇海区劳动局。

2002 年镇海区工业、商贸经济主管局归属企业改变职工身份情况表

表 13－16

单位：人

部　门	总人数	工业系统			商贸系统		
		工业	二轻	纺丝	商业	物资	供销社
改变职工身份人数	8299	1183	1723	2486	1096	280	1531
其中：国有身份	4139	1132	—	1942	833	232	—
集体身份	4160	51	1723	544	263	48	1531

第三节　公司重组　政资分离

2002 年 5—9 月，区工业公司、区二轻工业公司、区纺织丝绸工业公司合并，以区工业国有资产经营公司为基础，组建镇海区工业资产投资发展有限公司；以区商业局为主体，以商业国有资产经营公司为基础，组建镇海区商贸资产投资公司，区物资总公司（局）并入镇海区商贸资产投资发展有限公司，2002 年 9 月撤销商业局；以供销社为主体，对镇海供销发展有限公司资产重组。专业经济主管部门原行政人员（1996 年 4 月底在册）转入新公司后，实行"保留身份、工资进档、待遇并轨"；对要求离岗退养的人员，其年龄可放宽到男年满 50 周岁、女年满 45 周岁；聘用的事业

人员，按照事业单位改革的有关政策处理。转入新公司的人员，按劳动合同制进行管理。行政编制人员参股不再保留行政编制。

镇海区工业资产投资发展有限公司

组织机构 镇海区工业资产投资发展有限公司，为企业性质的法人实体和投资主体，并由区政府授权经营国有资产。按《中华人民共和国公司法》要求，设立公司董事会和监事会，董事4人（其中区国资办、职工代表各1人），监事3人（其中财政1人），总经理1人、副总经理实行聘任制。公司内设办公室、人力资源开发部、财务监审部、投资开发经营一部、投资开发经营二部（二轻联社部）、资产物业管理部、离退休职工管理中心。

职能转移 原工业公司、纺丝公司、二轻公司行政管理职能移交区政府职能部门，原管理的企业党组织、工会组织实行属地管理。

投资规模 至2002年9月，区国资委授权经营的投资企业11家，投资总额3808.03万元。其中全资企业1家，股本金500万元；控股企业4家，参股775万元；参股企业6家，参股2533.03万元。

2002年镇海区工业资产投资发展有限公司投资企业情况表

表13－17　　单位：万元

部门	被投资企业	投资比例（%）	投资金额	部门	被投资企业	投资比例（%）	投资金额
工业	真源经贸	95	100	纺丝	中汇纺织有限公司	25	250
	五星网印	75	75		光华毛纺有限公司	6.9	925.2
	国创电力有限公司	50	500	二轻	三星房地产公司	100	500
	天臣印务	50	100		天宝锌合金公司	15	42
	英达姆液压马达有限公司	35	958.69		建华石化有限公司	7.41	353
	意宁液压马达有限公司	5	4.14	—	—	—	—

镇海区商贸资产投资发展有限公司

组织机构 商贸资产投资发展有限公司，为区政府授权经营国有资产运营机构，属企业性质的法人实体和投资主体。按照《中华人民共和国公司法》要求，设立公司董事会和监事会，董事3人（国资办、职工代表各1人），监事3人（财政局、职工代表各1人），总经理1人、副总经理实行聘任制。公司内设综合办公室、财务科、资产管理科、投资发展科。

职能转移 原商业局的化学危险品管理、生猪定点屠宰管理职能移交给区贸易局。物资局的民爆物品经营权和废旧汽车回收经营权管理职能，移交给区贸易局。原管理的企业党组织、工会组织实行属地管理。

投资规模 2002年9月底，国资委授权经营的投资企业4家，投资总额243.45万元。其中控股企业3家，投资总额213.45万元。

2002 年镇海区商贸资产投资公司投资企业情况表

表 13－18　　单位：万元

被投资企业	投资额	占比（%）	被投资企业	投资额	占比（%）
食品有限公司	51.00	51.00	医药药材有限公司	30.00	15.00
饮服有限公司	93.00	75.00	商业物资有限公司	59.45	87.50

镇海区供销合作社

2002 年 9 月区供销合作社按经济主管部门转体改革要求，设立镇海区供销投资发展有限公司，为区政府授权经营集体资产的投资运营机构，机构性质为企业法人实体和投资主体，为区供销社投资（参股）企业。

公司股权设置　2002 年 9 月，镇海区供销投资发展有限公司总股本 1500 万元。其中：区供销社（集体股）1350 万元、占 90%，财茂实业公司（法人股）135 万元、占 9%，个人股 15 万元、占 1%。2003 年 3 月区供销社与供销投资发展有限公司董事会商定，以区供销社农业生产资料公司、畜产废旧物资公司、供销大楼、亚东房地产公司、经济开发区农贸市场的资产净值 1500 万元，作为供销投资发展有限公司总股本。公司股东调整为 7 名自然人和区供销社。7 名自然人出资置换区供销社集体资产 825 万元，占总股权 55%，供销社股本 675 万元。7 月，再次调整供销投资发展有限公司股权结构，自然人占 90%，区供销社占 10%。

机构设置　按照《中华人民共和国公司法》和《供销合作社章程》规范要求，供销投资发展有限公司设董事会和监事会，董事 3 人（供销社代表 1 人），监事 2 人。总经理 1 人，副总经理实行聘任制。公司内设办公室（人事部）、财务基建部、业务部、开发部。

2008 年 8 月区人民政府办公室下发〔2008〕101 号文件，设置镇海区供销合作社，为区政府领导的正局级机构，参照群团机关管理。

2003 年镇海区供销社投资企业情况表

表 13－19　　单位：万元

企业名称	投资金额	投资比例（%）	企业名称	投资金额	投资比例（%）
一、全资企业	—	—	三、参股企业	—	—
骆驼供销社	737.70	100	镇海区供销发展有限公司	675.00	45
贵驷供销社	453.23	100	宁波经济开发区浙东纺织原材料有限公司	2.00	4
庄市供销社	393.67	100			
土产日杂公司	174.15	100	镇海特产有限公司	5.00	10
蔬菜公司	151.60	100	华丰纺织原料有限公司	5.00	10
二、控股企业	—	—	华强纺织原料有限公司	5.00	10
棉花加工有限公司	168.00	84	银盛棉麻有限公司	5.00	10
银飞棉麻有限公司	100.00	80	—	—	—

第四章 财政体制改革

1986年，宁波市对镇海区继续实施“划分收支、核定基数、分级包干”的财政体制。1994年国家实行分税制改革，2002年国家实行所得税收入分享改革，区财政体制也同步改革。1994年实施分税制改革，区财政年可用财力7931万元，至2008年增加到167146万元，增加20.1倍。

1985年建立乡镇财政。1986—1993年，区对乡镇财政实行“包干制”。1994—2008年，区对乡镇（街道）财政实行分税制管理体制。乡镇（街道）财政收入从1986年的1715万元，至2008年增加到54153万元，增加30.6倍，财政收入占全区财政收入比例从44.6%，减少到27.2%，镇（街道）财政支出从350万元增加到35948万元，增加101.7倍，财政支出占全区财政支出比例从16.9%，提高到19.3%。

第一节 区财政体制改革

包干制财政体制

1985年，市对区继续实施“划分收支、核定基数、分级包干”的财政体制，称“分灶吃饭”。当年调整包干基数，收入以1983年为基数，国营企业奖金税48%缴省，52%留区，新开征城市维护建设税和排污费全额留区。1986年起，乡镇企业奖金税全部留区。1988年起，按“统一领导，分级管理”的原则，由宁波市确定各县（市、区）收入基数，递增比例为7.3%，一定三年不变。

分税制财政体制

1994年国务院实施分税制改革，是年10月5日市财政局下发《关于核定分税制财税管理体制税收返还基数和地方固定收入基数的通知》，以1993年为基数，核定镇海区税收返还基数为5847万元，地方固定收入基数为5142万元。

1996年起，市对县（市、区）调整地方财政收入的增量分配。区地方财政收入当年增长幅度在10%以内（含10%）部分，仍按现行财政体制执行；区地方财政收入当年增幅在10%～15%范围内（含15%），市集中14%，区留成86%；区地方财政收入当年增幅超过15%部分，市集中10%，区留成90%。1996年，镇海区财政收入比1995年增长20.8%，上缴市932万元，区留成8868万元。

1998年起，市对县（市、区）地方固定收入比上年实绩增长部分，确定一个上缴增长率，镇海区上缴增长率为7%，一定五年不变。是年，镇海区财政收入29587万元，比1997年年增长20.6%，上缴市财政（按7%计）1043万元。

2002 年，中央实施所得税收入分享改革。宁波市对镇海区所得税基数返还进行调整：中央企业所得税、个人所得税、银行存款利息所得税，以 2001 年为基期计算确定；地方企业所得税以 2000 年实际完成数为基础，按 2001 年 1—9 月镇海区实际增长或 1999—2000 年镇海区年均递增，择高选定增长率，并按照镇海区的择高增长率计算分享收入与中央核定的基数差额，按占全市差额的比重进行分摊核定。镇海区按宁波市改革方案，上划所得税收入与中央下放所得税收入的差额部分，作为区所得税基数，由市返还给镇海区。自 2003 年起，镇海区获得的所得税基数返还固定为 9262 万元。

2005 年 1 月起，宁波市实施新的市对县（市）、区财政管理体制。新的财政体制以 2003 年为基年，2004 年仍按原体制过渡一年。新一轮体制对市辖区实行“比例分享”财政体制。改变按企业隶属关系划分收入级次的做法，将原市属与原区属企业的全部财政收入，划分为市级固定收入、市级和区级共享收入、区级固定收入和专项分成收入。宁波市核定镇海区 2004 年共享收入基数为 62464 万元，分享比例为 87.88%。根据核定的 2004 年共享收入基数及分享收入比例，按 2005—2009 年间区级分享收入平均每年增长 15% 和上解市 15% 计算，镇海区 2005—2008 年上解统筹率分别为 1.72%、3.21%、4.51%、5.65%，区分享比例分别为 86.16%、84.67%、83.37%、82.23%。

2005 年，国务院完善中央与地方出口退税负担机制政策。镇海区在确保出口退税基数 14504 万元不变的前提下，超基数部分中央与地方按 92.5∶7.5 的比例负担。

第二节　乡镇（街道）财政体制改革

包干制财政体制

1986—1993 年，镇海区对乡（镇）实行“核定基数，划分税种，收支挂钩，超收分成，超支不补，结余留用，一年一定”的财政管理体制确定乡（镇）、村办企事业，乡（镇）村户联办企业，合作商店，个体工商户，集贸市场及农、林牧、水产业的税收和其他收入，为乡（镇）级财政收入，划分区和乡镇事权，乡（镇）财政主要承担乡（镇）机关运转所需支出，本地区经济、事业发展和社会管理所需的支出。乡（镇）以 1985 年财政收支实绩为基数，固定收入实行总额比例分成，工商“三税”超收部分按环比分成，结余留用，一年一定。乡镇所属单位交纳的城市维护建设税，按区所得的 80% 比例返回。1987—1993 年，对原财政体制中的财政收入支出基数、增收分成比例等进行适当调整。1986 年乡镇地方财政收入 1715 万元，占全区财政收入比例 45.6%，至 1993 年增加到 5424 万元，占全区财政收入比例 46.3%；1986 年乡镇财政支出 350 万元，1993 年增加到 1477 万元，乡镇财政支出占全区财政支出比例从 16.9% 提高到 18.1%。

分税制财政体制

1994—2008 年，全区乡镇（街道）实行分税制财政管理体制，并根据市对区财政体制调整以及行政区划调整等情况，对分税制体制进行多次调整。1994 年，乡镇财政收入 3422 万元，至 2008

年镇（街道）财政收入增加到54153万元，占全区财政收入比例从44.6%下降到27.2%；乡镇（街道）财政支出从2267万元增加到35948万元，占全区财政支出比例从24.8%下降到19.3%。

一轮“分税制”（1994—1997年） 1994年起，乡镇财政实行“划分税种，核定基数，超收分成与专项分成相结合”的财政管理体制。收入划分为区级固定收入、地方固定收入、区级和地方共享收入三块。各乡镇财政收支以1993年实绩为基数，按年环比递增8%。乡镇财政收入从1994年的3422万元，至1997年增加到4992万元，收入占全区财政收入比例从44.6%下降到39.4%；乡镇财政支出1994年为2267万元，1997年增加到3485万元，支出占全区财政支出比例从24.8%提高到25.0%。

二轮“分税制”（1998—2000年） 1998年调整区与乡镇财政收入分成办法。乡镇当年实际完成中央级财政收入超过基数部分，按5%分成；乡镇当年实际完成地方固定收入超过基数部分，按40%分成；乡镇当年全额完成农业税征收任务，按完成实绩20%分成，乡镇城建税、农业特产税收入按当年实际征收数全额分成。实施二轮分税制，乡镇财政收入1998年6666万元，至2000年增加到11217万元，占全区财政收入比例从39.4%提高到47.2%；乡镇财政支出1998年为4235万元，至2000年增加到8904万元，支出占全区财政支出比例从22.9%提高到29.8%。

三轮“分税制”（2001—2003年） 2001年行政区划调整，区财政调整乡镇（街道）财政共享收入和地方固定收入分配办法。按照乡镇实际收入，扣除应上缴上级财政20%后的余额，作为乡镇共享收入和地方固定收入的分配额。区与乡镇共享收入分成比例按照支出基数与收入基数之比分类确定，乡镇固定收入乡镇财政全额分成，同时按事权明确乡镇支出范围。实施三轮分税制后，乡镇（街道）地方财政收入从2001年的15141万元，至2003年增加到20846万元，收入占全区财政收入比例从43.8%下降到38.3%；乡镇财政支出从9062万元，至2003年增加到15124万元，支出占全区财政支出比例从22.1%下降到21.2%。

四轮“分税制”（2004—2006年） 2004年镇（街道）财政体制实行新一轮分税制（不包括招宝山街道）。按照属地管理原则明确收入范围：在镇（街道）区域范围内（不包括市、区固定收入部分）的各类纳税人缴纳的营业税、城镇土地使用税、增值税、企业所得税、个人所得税，为区、镇（街道）两级财政共享收入；城市维护建设税、房产税、印花税为镇（街道）财政固定收入。按照镇（街道）实际收入，扣除应上缴上级财政20%后的余额，作为镇（街道）共享收入和地方收入的分配额；按照事权明确支出范围，镇（街道）财政承担本级机关运转所需支出和本地区经济、事业发展、社会管理的支出；收入基数以前三年上述范围内年平均财政收入为基数（按照分税制办法计算分税所得），支出基数以前三年平均既得利益为镇（街道）支出基数。招宝山街道以前三年分税制财政既得利益为基数（包括人员支出基数），每年按照全区其他镇（街道）分税制财政可用收入的平均增长率给予补助。镇（街道）财政收入2004年为25168万元，到2006年增加到42765万元，收入占全区财政收入比例从35.7%下降到32.5%；镇（街道）财政支出2004年16671万元，至2006年增加到24302万元，支出占全，区财政支出比例从17.9%下降到17.3%。

五轮“分税制”（2007年起） 2007年起，镇（街道）在按企业所在地划分预算级次，在保持前三年平均既得利益基础上，区与镇（街道）实行“增收分成”的财政体制，其中产业园区继续实行“比例分享”的财政体制，房地产企业缴纳的营业税实行专项分成。招宝山街道以2006年既得利益为财政支出基数，每年按环比增长10%给予补助。是年，原由镇、街道管理的部分小学改为由区政府直接管理，原各镇（街道）的教育支出基数按2006年核定数上解区财政，并以2005年镇（街道）农村教育费附加的10%为基数，由区财政给予镇（街道）专项补助。实行新的镇（街道）财政体制后，镇（街道）财政收入2007年为52124万元，至2008年增加到54153万元，收入占全区财政收入比例从32.0%下降到27.2%；镇（街道）财政支出2007年31043万元，至2008年增加到35948万元，占全区财政支出比例从19.8%下降到19.3%。

第五章　金融体制改革

1986—2008 年，镇海区金融业在组织结构、管理体制、运作机制、经营模式、产权制度等方面进行改革。建立完善由人民银行调控和监督，国家商业银行为主体，政策性金融与商业性金融分离，农村信用社等多种金融机构并存、合作、功能互补的金融体系；形成以中国人民保险公司为主渠道的、既有分工又有竞争、高效统一的保险市场；完善金融市场，搞活资金融通。

第一节　金融组织体系改革

人民银行体制改革

1985 年 10 月，镇海县撤县划区，在北仑区小港设立中国人民银行宁波经济技术开发区支行（以下简称人民银行开发区支行），负责三区（北仑区、镇海区、宁波开发区，后增设宁波保税区、大榭岛开发区）金融监管和调控，撤销中国人民银行镇海县支行。1998 年中国人民银行管理体制进行重大改革，逐步退出对证券和保险业的监管。2003 年 12 月，人民银行开发区支行分离金融企业监管职能，中国银行业监督管理委员会宁波监管局开发区办事处成立，监管镇海区、北仑区、宁波经济技术开发区、宁波保税区和大榭岛开发区的金融机构。

金融机构多元化

1985 年 10 月撤县划区后，撤销原镇海县专业银行，设立镇海区工商银行、农业银行、建设银行、中国银行办事处（后升格为区支行），撤销中国人民保险公司镇海分公司，设立中国人民保险公司镇海区办事（后升格为支公司），恢复邮政储蓄，成立区农村信用合作联社。1990 年后国家推进金融体制改革，区政府支持各类金融机构在镇海设立支行或办事处，成立股份制群星城市信用社（后归属宁波商业银行），试办财务开发公司（后撤销），开办证券交易市场。至 2008 年，镇海区域金融机构有农村信用合作联社 1 家，政策性银行 1 家，商业银行区级支行 11 家，保险公司支公司和营销服务部 14 家，证券公司营业部 1 家，支持地方经济社会发展。

金融市场建设

1985 年开始形成银行同业拆借市场，1987 年开发区人民银行辖区内累计发生额 3.84 亿元，年末余额 4403 万元。1986 年，宣传、推广商业票据承兑、贴现和再贴现业务。1987 年 4 月 1 日，开发区人民银行设立票据交换所，辖区内专业银行票据纳入清算交换，加速资金周转。年末，共交换票据 19.24 万笔，金额 23.06 亿元。同时，进一步完善六县一市的区域票据交换。1992 年 1 月，成立宁波市外汇调剂中心开发区代办处，办理辖区外资、外贸企业小额外汇调剂。1992—1994 年，共办理外汇调剂业务21592万美元，其中，调入9252万美元，调出12340万美元，净调出3088万美元。1994年6月宁波金融市场开发区代理处被撤销，改设宁波融资中心开发区代理处。1996—1997年累计拆入资金92亿元，拆出资金61.3亿元。1996年后，人民银行先后放开银行间拆借市场利率、债券市场利率和银行间市场国债和政策性金融债的发行利率，放开境内外币贷款和大额外币存款利率，试办长期大额协议存款，逐步扩大贷款利率的浮动区间。1996—1997年，开发区人民银行办理再贴现377笔，累计发生额2.26亿元。

1992年7月成立宁波市镇海区国债服务部，2000年5月镇海区国债服务部注销。累计发行国库券和国债7180万元。1993年5月，宁波证券公司镇海营业部开展证券交易业务。1999—2008年，证券成交总额1123.92亿元。

第二节　金融机构改革

国有金融机构改革

1987年贯彻浙江省人民银行关于《专业银行贷款业务交叉问题的通知》的文件精神，打破银行专业垄断，企业、银行可以双向选择，增强银行服务和竞争意识。1996年12月，农业银行政策性金融与商业性金融分离。2002年，人民银行取消对国有商业银行贷款规模的限额控制，推行资产负债比例管理和风险管理，促使国有商业银行提高风险管理与内控水平。2004—2005年，中国银行、中国建设银行、中国工商银行相继改制为股份制银行，其下属镇海区支行建立相对规范的公司治理结构和运营机制。2000—2003年，中国人民保险、中国人寿保险、中国太平洋保险等国有保险公司实施股份制改造，区分支机构也随之改制。

农村信用社改革

1996年，农村信用社与中国农业银行脱离行政隶属关系，由人民银行承担对农村信用社的监管。1997年，骆驼农村信用社进行规范化管理试点，完成全区乡镇农村信用社清股扩股、社员民主选举等规范化管理工作，健全信用社各级组织，进一步明确农村信用社的办社方向和为“三农”服务的目标。1999年，推广农户小额信用贷款卡制度。2003年7月，国务院下发《关于农村信用社改革试点方案》，开始新一轮农村信用社改革试点。2004年6月3日，开发区人民银行向镇海区农村信用合作社联合社发行专项票据，帮助化解农村信用社不良资产历史包袱。2004年11月，镇海信用联合社召开创立大会，成立一级法人，选举成立理事会、监事会，完善法人治理结构。

邮政储蓄改革

1986年12月，区邮政局恢复邮政储蓄代办业务。1990年1月起，邮政储蓄业务由代办改为自办，手续费收入改为利差收入。2003年8月1日起，允许邮政储蓄新增存款由邮政储蓄机构自主运用，逐年扩大邮政储蓄机构对老转存款资金的自主运用，五年后做到全部自主运用。2008年3月，建立邮政储蓄银行镇海区支行。

第三节 金融调控监管改革

金融调控

1985年执行“稳中求松”的货币方针，着重信贷规模控制和信贷结构调整，镇海区停缓建项目46个，削减投资2263万元，加强对工交企业技术改造支持。1986年，宁波市人民政府批转市人民银行《股票、债券发行暂行管理办法》，引导、规范社会集资，镇海毛纺厂、渔网厂采用厂内集资办法，缓解企业资金困难。1987年国家实施“紧中有活”的货币政策，镇海区金融机构现金回笼34020万元、比上年增长33.05%，投放39252万元、增长32.65%，其中农业贷款和乡镇企业贷款，分别增长28%和35.4%。1988年执行“控制总量，调整结构”的金融方针，全区压缩信贷规模4163.5万元，信贷规模控制在上级核定的规模内，银行、信用社工业贷款80%以上投向一、二类企业，农业贷款和乡镇企业贷款分别比上年增长3.7%和22.1%。1989年起，贯彻、执行“控制总量，调整结构，保证重点，压缩一般，适时调节”的金融方针，重点压缩积压物资和不合理资金，清理“三角债”，压缩“三项资金”，盘活资金存量，多方筹措融通资金。1991年年底，全区企业三项资金比年初压缩21.6%，贷款余额比上年增长44.62%。1994年国家加强宏观调控，当年全区金融机构现金净投放从上年的1181万元减少到171万元，为1986—2008年现金净投放最低年份。1996—1997年，开发区人民银行支持和解决实力工程建设和重点企业资金需求，1997年镇海区金融机构贷款余额比上年增长30.84%，年增长率达到1992年以来最高水平。其中，工业短期贷款增长38.53%，基本建设中长期贷款增长58.34%。1998年执行“适度从紧”的货币政策，人民银行取消对商业银行贷款规模限额管理，实行“计划指导、自求平衡、比例管理、间接调控”信贷资金管理体制，信贷资金重点投向农业开发、农副产品收购、实力工程建设、重点企业和集约型产业发展。是年，农业短期贷款比1997年增长27.2%，三资企业短期贷款增长29.1%，私营个体短期贷款增长86.7%。2004年国家进行宏观调控，10月29日放开商业银行贷款利率上限，城乡信用社贷款利率浮动上限扩大到基准利率的2.3倍，实行存款利率下浮制度。2003年全区金融系统贷款余额比上年增长41.0%，2004年增长率下降到9.8%，2003年城乡居民储蓄存款余额比上年增长19.4%，2004年增长率下降到10.1%。2005年起人民银行提高个人住房贷款首付比例，2007年起进一步重点调整和细化房地产开发贷款和住房消费贷款管理政策，严格房地产开发性贷款和住房消费贷款管理。2007年全区房地产投资比上年增长46.1%，2008年房地产投资增长率下降到9.1%。

金融监管

1987年，人民银行加强对辖区金融机构管理，换发金融机构“经营金融业务许可证”，农村信用社向人民银行缴存特种存款。1990年金融系统全面清理企业多头开户，对新开户企业实行“开户许可证”管理。1992年，镇海区实施“贷款证”制度，年末发放贷款证45份。1992年，开发区人民银行对金融机构实行资产负债比例管理和资产风险管理试点，加大对商业银行资产负债匹配的监管力度，建立金融风险预警体系和化解系统性风险的长效机制。1993年，金融系统清理、收回违章拆借资金，清理、关闭金融机构自办的经济实体；贯彻国务院《关于坚决制止乱集资的通知》精神，对非法集资进行清理或补办手续；加强利率管理，对金融机构变相吸存、超范围吸存和擅自提高存贷款利率等违规行为进行处罚；非银行金融机构重新登记，对无开户许可证企业账户进行清理和补证。1994 年，金融系统继续开展制止“四乱一控”工作（即乱拆借、乱集资、乱提利率、乱批金融机构，严格控制贷款总量），规范资金调剂和短期融资业务，实行贷款限额管理，建立贷款规模台账；人民银行开发区支行加强对信用社的信贷监管，对信贷资产质量低、负债比例高、管理薄弱、风险度高的社，进行跟踪监督。1995 年，人民银行开发区支行出台《银团贷款暂行规定》。1997 年，人民银行开发区支行对区农村信用合作社正、副主任进行任职资格审查和机构年检，加强对农村信用社信贷监管；人民银行开发区支行会同区政府整顿调整 2 家农村合作基金会，撤销 1 家。1998 年，人民银行开发区支行加强银行不良资产、机构准入、负责人任职资格以及内控制度的监督管理，进行风险资产五级分类试点，制订《辖区金融机构支付结算公约》。1999 年，人民银行开发区支行会同区政府对镇海区 4 家农村合作基金会进行清理整顿和关闭工作，通过农村信用合作社、相关村办企业、镇财政等解决资金 1625 万元，基金会自筹和政府注入 950 万元，化解挤兑风险。是年制订《创建金融安全区试行规划（1999—2001 年）》。2003 年 12 月，中国银行业监督管理委员会宁波监管局开发区办事处成立，对镇海区银行业金融机构实行现场和非现场监管，对违法违规行为进行查处，审查金融机构高级管理人员的任职资格和金融机构的设立、变更、业务范围，进一步强化对金融业的监管。

（责任编辑　孟福成）

第十四编　农业

本编目录

1986—2008 年，镇海区农业从传统农业向现代农业转变。“七五”期间，确立传统农业向城郊型农业转变目标。稳定粮食生产，发展农业多种经营，至 1989 年年初步扭转三年前粮食生产徘徊、生猪靠外调、农副产品供不应求的局面。“八五”期间，实施吨粮田工程、菜篮子工程和绿化工程，兴办农业开发示范区。“九五”期间，推进现代农业建设，实施“粮食自给”工程，全区建立农业龙头企业 3 家，农产品专业化生产基地 150 处，面积约 1000 公顷。“十五”期间，全区把“农业增效，农民增收”作为农业发展总体要求，调减粮食种植面积，规划和实施现代农牧产业带、生态经济带、沿山环湖林果带、特色农业带建设，形成以特种养殖、蔬菜瓜果、花卉苗木、水产品等为主导的农产品体系，基本建成海天、雄镇、镇骆、清风和油管 5 条生态林带，总长 47. 3 千米，面积 1332 公顷。镇海区“十一五”经济和社会发展规划提出都市现代农业发展目标。2006—2008 年，继续引导和扶持农民、农业企业发展产品绿色型、生产科技型和基地休闲型等效益农业，重点推进九龙湖蔬果园、澥浦花卉种植园、骆驼农业精品园、蛟川生态休闲园、庄市农业旅游观光园、沿河农家乐旅游带和优质高产粮食示范基地建设，形成农业产业化基地 26 个，农民专业生产合作社 18 个，农业龙头企业 12 家，土地规模经营面积达 3001. 93 公顷，机耕率和农田机灌率分别达到 99%、100%。

第一章　农业总情

镇海历史上主产稻米，植棉业始于晚清，渔业发达。1986—2008 年，因工业化和城镇化建设，耕地减少，青壮年农业劳动力向二、三产业转移，农业结构按照市场需求进行调整，农业经济收入和农民收入持续增长。

第一节　耕　地

耕地总量

1986 年年初，镇海区实有耕地 9957 公顷，其中水田 7383.73 公顷，占 74.2%，旱地 2573.27 公顷，占 25.8%。1986—2007 年，国家基建、乡村基建、兴修水利等使用耕地 3081.07 公顷。其中，国家基建用地 1356.6 公顷，占 44%，乡村基建用地 1497.53 公顷，占 48.6%，兴修水利用地 45.67 公顷，占 1.5%。其间，围垦海涂、开荒、土地整理等增加耕地 1800 公顷。其中，围垦海涂 1071.27 公顷，占增加耕地量 59.5%；土地整理 429.6 公顷，占增加耕地量 23.9%。2007 年，全区实有耕地 8675.92 公顷，比 1986 年减少 1279.73 公顷，减少 12.9%。其中，水田 5660.67 公顷，减少 1723.07 公顷，减少 23.3%；旱地 3015.27 公顷，增加 442 公顷，增加 17.2%。

1986—2007 年镇海区耕地面积变化情况表

表 14－1　　单位：公顷

年份	年末耕地面积	其中		当年变化				
		水田	旱地	年内增加面积	年内减少面积	国家基建占地	乡村基建占地	兴修水利
1986	9955.67	7382.4	2573.27	30.00	31.33	26.47	—	—
1987	9891.00	7297.87	2593.13	8.00	72.67	37.40	—	7.07
1988	9852.20	7302.00	2550.20	—	38.80	17.93	—	1.13
1989	9831.87	7212.00	2619.87	—	20.33	14.47	—	1.40
1990	9792.06	7204.33	2587.73	—	39.80	33.73	—	1.13
1991	9761.67	7150.40	2611.27	2.07	32.47	21.07	—	4.67
1992	9601.47	7237.47	2364.00	—	160.20	41.40	54.53	12.60
1993	9344.07	6890.00	2454.07	0.53	245.93	63.13	105.53	7.47
1994	9272.47	6750.67	2521.80	62.73	134.33	62.67	62.13	3.00

续表 14－1

年份	其中			当年变化				
	年末耕地面积	水田	旱地	年内增加面积	年内减少面积	国家基建占地	乡村基建占地	兴修水利
1995	9090.93	6659.33	2431.60	1.13	182.67	64.33	108.27	2.07
1996	9023.53	6610.00	2413.53	—	67.40	30.53	32.27	1.27
1997	8977.73	6527.73	2450.00	1.47	47.27	30.07	17.20	—
1998	8987.67	6531.60	2456.07	46.67	36.73	5.33	21.67	—
1999	9006.07	6554.60	2451.47	48.93	30.53	6.73	20.47	3.33
2000	9031.73	6565.60	2466.13	78.33	52.66	1.33	51.33	—
2001	9032.13	6443.60	2588.53	501.13	500.73	302.07	194.00	—
2002	8925.87	6171.73	2754.13	460.67	566.93	103.73	463.20	—
2003	8998.00	6076.07	2921.93	429.67	358.20	330.00	28.20	—
2004	8998.00	5693.20	3304.80	10.47	10.47	10.47	—	—
2005	8826.07	5635.07	3191.00	47.20	219.14	66.47	152.67	—
2006	8821.74	5629.67	3192.07	70.33	74.60	—	74.60	—
2007	8675.92	5660.64	3015.28	—	145.87	87.80	58.07	—

说明：1986年耕地为年初数。2008年始耕地不列入《镇海统计年鉴》

1986—2007年镇海区耕地面积增减情况表

表 14－2　　单位：公顷

起止年份		增加面积				减少面积						
		合计	围垦海涂	土地整理	其他	合计	国家基建	乡村基建	兴修水利	改桑茶林果	挖鱼塘	其他
1986—2007		1800.00	1071.27	429.60	299.13	3081.07	1356.60	1497.53	45.67	98.20	47.07	36.00
其中	1986—1990	38.00	30.00	—	8.00	202.93	130.00	46.67	10.73	—	—	15.53
	1991—1995	66.47	2.07	—	64.40	767.60	252.60	337.20	29.80	98.20	43.73	6.07
	1996—2000	175.40	—	—	142.33	234.60	74	142.93	4.60	—	3.33	9.73
	2001—2005	1449.80	1039.20	359.23	—	1655.47	812.73	838.07	—	—	—	4.67

耕地分布

1986年年底，骆驼镇1975.47公顷，占耕地总数19.8%；澥浦镇701.8公顷，占耕地总数7.0%；河头乡1095.73公顷，占耕地总数11.0%；汶溪乡354.07公顷，占耕地总数3.6%；长石乡629.73公顷，占耕地总数6.3%；庄市镇1603.93公顷，占耕地总数16.1%；贵驷镇1504.73公顷，占耕地总数15.1%；俞范镇1149.4公顷，占耕地总数11.5%；临江乡799.13公顷，占耕地总数8.10%，其余城关镇84.53公顷、区水稻场27.73公顷、区棉场30公顷。1992年调整为6个乡镇，是年耕地分布：城关镇（含原俞范镇、临江乡）1849.2 公顷，骆驼镇（含原汶溪乡、长石乡）2906.87 公顷，贵驷镇 1486.33 公顷，庄市镇 1548.2 公顷，澥浦镇 689.87 公顷，河头乡 1075 公顷，区水稻场 23.27 公顷，区棉场 22.73 公顷。2001 年，调整为 4 个街道 2 个镇，耕地在除招宝山街道外的 5 个镇（街道）。

2001—2007 年镇海区耕地分布及变化情况表

表 14－3　　　　单位：公顷

年份	庄市	骆驼	蛟川	澥浦	九龙湖
2001	1255.96	2950.85	938.93	1759.91	1965.35
2002	1256.51	2594.82	809.03	2156.06	1948.44
2003	1079.00	2625.85	651.93	2427.67	2052.54
2004	1079.00	2623.20	649.94	2427.67	2057.18
2005	1050.87	2529.93	612.41	2383.61	2088.27
2006	1068.09	2536.27	597.07	2382.13	2077.22
2007	1025.94	2527.99	541.13	2354.95	2064.91

说明：1. 2001 年始水稻良种场、棉花良种场耕地面积并入骆驼街道和澥浦镇统计；
2. 2008 年始《镇海统计年鉴》不再统计耕地面积

农业用地结构

1989 年 12 月至 1990 年第一次土地详查，耕地、园地、林地三项农业用地合计为 14896.65 公顷，占国土总面积的 68.27%。其中，耕地 11143.4 公顷，占农业用地 75%；园地 522.63 公顷，占 0.4%；林地 3230.58 公顷，占 22%。

2001 年土地资源第二次详查，耕地、园地、林地三项农业用地合计 12601.2 公顷，比第一次土地资源详查减少 18.22%。其中，耕地 7395.5 公顷，占 58.7%；园地 594.9 公顷，占 4.7%；林业用地 4610.8 公顷，占 36.6%。

1990 年、2001 年镇海区土地详查农业用地情况表

表 14－4

土地类别	1990		2001		2001 年比 1990 年土地增、减（+、－）	
	面积（公顷）	“三地”面积各占比重（%）	面积（公顷）	“三地”面积各占比重（%）	面积（公顷）	%
国土面积	21818.34	—	21818.34	—	—	—
其中：“三地”面积	14896.65	—	12601.20	—	－2295.45	－18.22%
耕地	11143.40	74.8	7395.50	58.69	－3747.90	－50.68%
园地	522.64	3.5	594.90	4.72	+72.26	+13.83
林地	3230.58	21.7	4610.80	36.59	+1380.22	+42.72

第二节　农村劳动力

劳动力转移

1986 年，从事第一产业劳动力 35660 人，占 44.7%；从事第二产业劳动力 30414 人，占 38.1%；从事第三产业劳动力 13713 人，占 17.2%。随着农村工业化和城镇化发展，农业劳动力不断减少，2000 年从事农业劳动力总数比 1990 年减少 17.2%，占农村劳动力比重从 1990 年 46.4% 下降到 2000 年的 32.4%。2000 年后农业劳动力转移速度加快，2000—2005 年减少的劳动力占 1986—2008 年减少总数的 45.6%。2008 年，从事第一产业的劳动力 14963 人，比 1986 年减少 58%，占农村劳动力 21.9%，比 1986 年减少 22.8 个百分点；从事第二产业的劳动力为 34164 人，比 1986 年增长 12.3%，占总劳动力的 50%，比 1986 年提高 11.9 个百分点；从事第三产业的劳动力 19169 人，比 1986 年增长 39.8%，占总劳力的 28.1%，比 1986 年提高 10.9 个百分点。

农业劳动力结构

农村劳动力产业结构　1986 年，从事农业劳动力 33277 人，从事林业劳动力 564 人，从事畜牧业劳动力 626 人，从事兼营工业等副业生产劳动力 620 人，从事渔业劳动力 573 人，分别占第一产业劳动力的 93.3%、1.6%、1.8%、1.7% 和 1.6%。2008 年，从事农业生产的劳动力 13071 人，比 1986 年减少 60.7%；从事林业生产劳动力 520 人，比 1986 年减少 7.8%；从事畜牧业生产的劳动力 1074 人，比 1986 年增加 71.6%；从事渔业生产的劳动力 298 人，比 1986 年减少 48%。农、林、牧、渔各业劳动力占第一产业劳动力比重分别为 87.4%、3.4%、7.2% 和 2%，比 1986 年所占比重分别减少 5.9 个百分点、增加 1.8 个百分点、增加 5.5 个百分点、增加 0.4 个百分点。

1986—2008 年间若干年镇海区农村劳动力从业结构情况表

表 14－5

项目	1986 年		1990 年		1995 年		2000 年		2005 年		2008 年	
	人数	占总劳力（%）	人数	占总劳力（%）	人数	占总劳力（%）	人数	占总劳力（%）	人数	占总劳力（%）	人数	占总劳力（%）
男劳力	41819	52.4	39247	52.6	38069	—	37432	—	36294	—	37712	—
女劳力	37968	47.6	35405	47.4	35030	—	34148	—	31811	—	30584	—
第一产业	35660	44.7	34620	46.4	28062	38.4	23219	32.4	13778	20.2	14963	21.9
农业	33277	41.7	31356	42.0	25665	35.1	20420	28.5	11699	17.2	13071	17.2
林业	564	—	703	—	665	—	536	—	513	—	520	—
牧业	626	—	733	—	1151	—	1720	—	1269	—	1074	—
渔业	573	—	588	—	581	—	543	—	297	—	298	—
副业	620	—	1240	—	—	—	—	—	—	—	—	—

续表 14－5

项目	1986 年		1990 年		1995 年		2000 年		2005 年		2008 年	
	人数	占总劳力（%）	人数	占总劳力（%）	人数	占总劳力（%）	人数	占总劳力（%）	人数	占总劳力（%）	人数	占总劳力（%）
第二产业	30414	38.1	25453	34.1	25392	34.7	24773	34.7	31030	45.6	34164	50.0
工业	28126	35.3	23646	31.7	23048	31.5	22115	31.0	25962	38.1	29814	43.6
建筑业	2288	2.8	1807	2.4	2344	3.2	2658	3.7	5068	7.5	4350	6.4
第三产业	13713	17.2	14579	19.5	19648	26.9	23588	32.9	23297	34.2	19169	28.1
交通运输	2056	—	1946	—	2936	—	3575	—	4179	—	3454	—
商贸业	1226	—	1660	—	2826	—	5079	—	8997	—	5460	—
服务业	4919	—	4018	—	485	—	620	—	286	—	870	—
其他	5512	—	6955	—	13401	—	14314	—	9835	—	9385	—
外出劳力	13466	—	10597	—	6750	—	7835	—	12373	—	14054	—
外来劳力	—	—	—	—	—	—	—	—	92247	—	94380	—
劳力合计	79787	100	74652	—	73102	—	71580	—	68105	—	68296	—

农村劳动力从业、年龄、文化结构　2006 年 6 月，对农村劳动力从业和年龄、文化结构情况调查。截至 2006 年 6 月 30 日，镇海区农村劳动力 70199 人。其中，第一产业 16508 人、第二产业 28312 人、第三产业 19915 人、无业 5464 人，各占总劳动力 23.5%、40.3%、28.4% 和 7.8%。在无业劳动力中，40 岁以下的 2419 人，41～59 岁的 3045 人，分别占各年龄段 7.6% 和 10%。农村劳动力年龄、文化结构，40 岁以下劳动力 31594 人，占总劳动力 45%，其中小学及以下文化程度 8241 人，初中 18763 人，高中以上 4590 人，分别占 40 岁以下劳动力 26.1%、59.4% 和 14.5%；40～59 岁劳动力 30574 人，占总劳动力 43.6%，其中小学及以下文化程度 19264 人，初中 9711 人，高中及以上 1599 人，分别占 40～59 岁劳动力 63%、31.8% 和 5.2%；男 60 岁以上、女 55 岁以上劳动力为 8031 人，占总劳动力 11.4%，其中小学及以下文化程度 6663 人，初中 1243 人，高中及以上 125 人，分别占男 60 岁以上、女 55 岁以上劳动力的 83%、15.5% 和 1.5%。

外出外来劳动力

外出劳动力　本区农村劳动力转移基本选择离土不离乡，在本地就业为主。据农经年报统计，2008 年常年外出劳动力 14054 人，其中外出到街道、镇外区内的劳动力 9885 人，占外出劳动力 70.3%，外出区外省内劳动力 3315 人，占外出劳动力 23.6%，外出到省外劳动力 854 人，占外出劳动力 6.1%。

外来劳动力　1986 年起，外地种田能手来镇海经营土地逐渐增加。1987 年全区有外来种田大户 499 户，占全区种田大户的 51.8%。1999 年外来种田大户最多达到 842 户，占全区种田大户总数的 49.3%，经营耕地 1632.4 公顷，占全区种田大户耕地总面积的 59.1%。2000 年以后耕地减少，外来种田大户逐年减少。

第三节　经济收入

农业经济收入

1986 年，第一产业收入 5422 万元，占农村经济总收入 28565 万元的 19%。2008 年，第一产业收入 42582 万元，比 1986 年增长 6.9 倍，占农村经济总收入的 1.1%。其中，农、林、牧、渔各业收入占第一产业比重分别为 56%、1.5%、37.3%和 5.2%。

1986—2008 年间若干年镇海区农村经济按产业分类收入情况表

表 14－6　单位：万元

项目		1986	1990	1995	2000	2005	2007	2008
农村产业总收入		28565	62958	314536	649721	2074465	3477459	3808878
第一产业	农业收入	5422	9826	22393	32658	36126	39689	42582
	占总收入%	19	15.6	7.2	5.0	1.7	1.1	1.1
第二产业	工业收入	19935	45225	251714	529404	1901738	3217529	3521784
	占总收入%	69.9	71.8	80.0	81.5	91.7	92.5	92.5
	建筑业收入	1079	3966	13927	19070	24962	33466	39343
	占总收入%	3.7	6.3	4.4	2.9	1.2	1.0	1.0
第三产业	交通运输业收入	1030	1693	10526	19533	24271	25478	28426
	占总收入%	3.6	2.7	3.3	3.0	1.2	0.7	0.7
	商业饮食业收入	222	518	10374	34859	54672	122667	129295
	占总收入%	0.8	0.8	3.3	5.4	2.6	3.5	3.4
	服务业收入	472	728	1841	4566	5511	7827	9761
	占总收入%	1.6	1.2	0.6	0.7	0.3	0.2	0.3
	其他收入	405	1002	3761	9631	27185	30803	37687
	占总收入%	1.4	1.6	1.2	1.5	1.3	0.9	1.0

农户家庭经营收入

1986 年，农户家庭经营收入 7567 万元，占农村经济总收入的 26.5%。2008 年，农户家庭经营收入 376368 万元，比 1986 年增长 48.7 倍，家庭经营收入占农村经济总收入 9.9%，比 1986 年减少 16.6 个百分点。

1986—2008年间若干年镇海区农村经济收入按经营方式分类情况表

表14-7 单位：万元

项目	年份	1986	1990	1995	2000	2005	2007	2008
农村经济总收入		28565	62958	314536	649721	2074465	3477459	3808878
农民家庭经营	收入	7567	13728	47712	143043	147124	296536	376368
	占总收入%	26.5	21.8	15.2	22.0	7.1	8.5	9.9
	比上期±%	—	81.4	247.5	199.8	2.8	101.5	26.9
	年均±%	—	20.3	49.5	40	0.6	50.8	26.9
村组集体经营	收入	7888	18741	154044	327587	51420	55454	67734
	占总收入%	27.6	29.8	49.0	50.4	2.5	1.6	1.8
	比上期±%	—	137.6	722	112.6	-84.6	7.8	22.1
	年均±%	—	34.4	144.4	22.5	-16.8	3.9	22.1
乡镇办企业	收入	13031	30489	112779	177925	1032008	1786838	1925743
	占总收入%	45.6	48.4	35.8	21.4	49.7	51.4	50.5
	比上期±%	—	134	269.9	57.8	480	73.1	7.8
	年均±%	—	33.5	54	11.6	96.0	36.5	7.8
个体企业经营	收入	79	—	—	1185	843913	1338631	1439033
	占总收入%	0.3	—	—	0.2	40.7	38.5	37.8
	比上期±%	—	—	—	—	—	58.6	7.5
	年均±%	—	—	—	—	—	29.3	7.5

说明：增长率和年均增长率按1986—1990年、1990—1995年、1995—2000年、2000—2005年、2005—2007年、2007—2008年6个时间段计算

农民收入

1986年农民人均收入678元，其中家庭经营收入占人均收入的66.1%，工资性收入占33.9%。2000年后，工资性收入逐渐成为农民主要收入，财产性收入和转移性收入增加。2008年，农民人均收入11985元。其中，工资性收入比1986年增长29.8倍，占人均收入的59.08%；家庭经营纯收入比1986年增长2.6倍，占人均收入的13.6%；财产性收入比2000年增长23.9倍，占人均收入13.3%；转移性收入比2005年增长1.4倍，占人均收入14%。

1986—2008 年期间若干年镇海区农民年人均收入情况表

表 14－8

单位：元

项目		1986 年	1990 年	1995 年	2000 年	2005 年	2008 年
农民人均收入		678	1010	2820	5208	8031	11985
其中	一、工资收入	230	266	767	1709	4689	7081
	1. 从外出组织中得到	1	2	—	177	870	1327
	2. 本地城内劳动所得	229	264	767	1028	3506	4998
	3. 从外出从业所得	—	—	—	504	313	757
	二、家庭经营纯收入	448	744	2053	3435	1817	1625
	1. 第一产业收入	—	—	1075	1270	820	1002
	2. 第二产业收入	—	—	236	401	59	66
	3. 第三产业收入	—	—	742	1764	938	557
	三、财产性收入	—	—	—	64	832	1595
	四、转移性纯收入	—	—	—	—	693	1684

说明：农民人均收入通过农经记账户和住户调查取得。2000 年增加财产性收入统计，2005 年增加转移性收入统计

第四节　农业产业结构

1986 年全区农业总产值 5575 万元（1980 年不变价），其中：种植业 3745 万元占 72.9%，林业 38 万元占 0.7%，牧业（饲养业）1286 万元占 23.1%，渔业 187 万元占 3.3%。1986 年后开始打破“以粮为纲”的农业结构，形成“决不放松粮食生产，积极发展多种经营”的结构格局。1990 年后大力发展高产优质高效农业，种植业比重下降，牧业、渔业得到较快发展。2000 年浙江省取消粮食定购政策后，提高粮食生产综合能力，发展绿色农业、生态农业，形成蔬菜、水果、养殖等规模化生产，发展农业服务业，延长农业产业链。到 2008 年全区农业总产值 76983 万元（现行价）。其中，种植业产值 45082 万元，为农业总产值 58.6%，比 1986 年下降 14.3 个百分点；林业产值 1273 万元，占 1.6%，比 1986 年递升 0.9 个百分点；牧业（饲养业）产值 27454 万元，占 35.7%，比 1986 年递升 12.6 个百分点；渔业产值 990 万元，占 1.3%，比 1986 年下降 2 个百分点。2005 年首次计算农林牧渔服务业产值，实现产值为 1600 万元，占农业总产值 2.6%，到 2008 年，服务业产值上升到 2184 万元，占农业总产值 2.8%，比 2005 年上升 0.2 个百分点。

1986—2008 年期间若干年镇海区农业产值情况表

表 14－9

单位：万元

产值	1986 年		1990 年		1995 年		2000 年		2005 年		2008 年	
	产值	比重（%）	产值	比重（%）	产值	比重（%）	产值	比重（%）	产值	比重（%）	产值	比重（%）
种植业	3745	67. 2	8558	60. 9	10257	61. 1	8517	40. 8	32756	52. 8	45082	58. 6
林　业	38	0. 7	100	0. 7	185	1. 1	283	1. 3	693	1. 1	1273	1. 6
牧　业	1286	23. 1	4260	30. 3	5294	31. 5	8793	42. 1	25149	40. 6	27454	35. 7
渔　业	187	3. 3	667	4. 7	1065	6. 3	3294	15. 8	1786	2. 9	990	1. 3
副　业、服务业	318	5. 7	471	3. 4	—	—	—	—	1600	2. 6	2184	2. 8
合　计	5575	100	14056	100	16801	100	20887	100	61984	100	76983	100

说明：1. 1986 年产值按“1980 年不变价格”计算，1990 年、1995 年、2000 年按“1990 年不变价格”计算，2005 年、2008 年按现行价格计算；

2. 1994 年起农业总产值取消副业项目，2005 年起农业总产值设服务业项

第二章　农业专业化经营

1986 年，全区有种植业专业户 347 户，林业专业户 4 户，畜牧业专业户 279 户，渔业专业户 70 户，其中承包土地 1 公顷、向国家交售商品粮 5000 千克以上的粮食专业户 218 户。随着推行土地适度规模经营和农业结构调整，农业专业户增加。20 世纪 90 年代农民专业合作社和农业龙头企业兴起，至 2008 年农民专业合作社、农业龙头企业已形成一定规模。

第一节　农民种植养殖专业户

1987 年，全区 0.67 公顷以上土地规模经营农户 964 户，经营耕地 889 公顷，其中 2 公顷以上种植大户 47 户，种植面积占全区规模经营面积 22.2%。农民专业户以粮食种植为主，粮食生产规模经营面积占全区规模经营总面积 90%。1999 年 4 月，全区共有土地规模经营户 1706 户，经营耕地 2761.67 公顷，其中种粮大户规模经营面积占全区规模经营总面积的 76.1%，承担国家粮食定购任务 9430 吨，占全区粮食定购任务 52.2%。2002 年后，耕地大量被征用，土地规模经营集聚度提高。2006 年，0.67 公顷以上土地规模经营户 753 户，比 2002 年 1664 户减少 54.1%，土地经营规模面积 1770.73 公顷，比 2002 年 2395.2 公顷减少 26.1%。其中，规模经营面积在 0.67～3.33 公顷的有 660 户，比 2002 年 1588 户减少 58.4%，合计规模经营面积 871.87 公顷，比 2002 年 2012.27 公顷减少 56.7%，占全区规模经营总面积从 2002 年的 84% 下降到 49.2%；规模经营面积在 3.33 公顷以上的有 93 户，比 2002 年 76 户增加 17 户，合计规模经营面积 898.87 公顷，比 2002 年 382.93 公顷增长 1.3 倍，占全区规模经营总面积从 2002 年的 16% 提高到 50.8%。

1986—2008 年，镇海区畜牧业从散养向集中养殖发展。2008 年，全区猪、牛、羊和家兔畜饲养四大主要上市产品，有 80% 由近 2000 个专业户提供。

第二节　农民专业合作社

1996 年成立第一家具有合作性质的经济组织——宁波市镇海骆驼禽蛋产销合作社。2004 年省出台《浙江省农民专业合作社条例》，镇海区农民专业合作社开始发展。2008 年全区农民专业合作社 18 个，其中种植业 10 个、畜禽养殖业 5 个、农机服务业 3 个，有社员 316 人，带动农户 3350 户，基地面积 1000 公顷；合作社资产总值 221 万元，实现销售收入 1890 万元，社员经营收入

447.5万元。骆驼禽蛋产销专业合作社被评为省级示范合作社，九龙蔬菜专业合作社和飞洪蔬菜专业合作社获评规范化合作社。

镇海绿佳佳蔬菜专业合作社

2008年8月成立，入社社员50户，基地133.3公顷，注册资金50万元。合作社依托镇海九龙湖镇蔬菜基地和周边种植散户，对接海外市场，收购、加工和销售社员和散户种植的蔬菜，品种有绿花菜、白花菜、青刀豆、青葱、毛豆、小松菜、油菜花等。是年完成产值1200万元。

镇海区大丰蔬菜专业合作社

2006年11月成立，出资成员88人，注册资金110万元，土地82.7公顷，办公用房650平方米，延伸周边农户60余户。2008年总产值740万元，年生产总量3000吨，生产的蔬菜95%销往宁波周边市场、餐饮公司、超市和企业食堂，在区内设有农产品直销中心。2008年完成产值740万元。

镇海阿亮草莓专业合作社

成立于2008年12月，注册资金5万元，占地13.3公顷，经营项目为草莓种植和组织采购供应社员草莓种植所需的生产资料，为社员提供与草莓种植有关的技术、信息服务。合作社与新美心食品有限公司建立长期供销关系，提高产品附加值。2008年完成产值120万元。

镇海区飞洪蔬菜专业合作社

成立于2006年11月，入社社员7户，基地53.3公顷，注册资金10万元，是一家集生产、加工、销售、发展于一体的农民专业合作社。合作社主要对接宁波及省外市场，收购社员种植的青菜、白菜、大黄瓜、小黄瓜、丝瓜、大西红柿等加工和销售，为社员提供产前、产中、产后服务。2008年完成产值200万元。

镇海骆驼禽蛋产销专业合作社

成立于1996年，社员51名，注册资金30万元，股东由省农科院、江南家禽育种有限公司、镇海供销社等组成，是一家集科学研究、良种选育、产业基地、加工营销为一体的现代农业经济合作组织和产业联合体。有300平方米综合性大楼一幢，孵化厂及禽蛋加工厂各1家。有蛋鸭养殖基地2万平方米，饲养蛋鸭5万羽。1996年，镇海江南家禽育种有限公司与省农科院合作，建立青壳高产蛋鸭育种中心、禽蛋产品科技合作基地，在绍兴鸭高产系的基础上，经过连续5个世代选育，至2004年国际先进蛋鸭品种——“青壳高产蛋鸭”育种成功，该项目先后被列入国家农业科技跨越计划、国家级星火计划项目，并获得省科技进步三等奖。至2005年累计向全国大部分省份推广绍鸭镇海青壳系父母代23万羽、商品代230万羽，向社会供应鲜青壳鸭蛋5万吨以上。2006年，镇海江南家禽育种有限公司和省农科院两家共有的“绍鸭青壳2号（镇海青壳蛋鸭）”通过浙江省品种审定委员会审定，进入国家品种资源库。“奔强”商标青壳鲜、咸鸭蛋获市绿色食品认证，“奔强”蛋制品2002年获省农博会金奖，产品进入沪杭等地各大超市。合作社在省农科院支持下组建江南家禽研究所，开展对蛋鸭无污染生态饲养、非色素红心蛋饲养配方、中草药禽病防治及禽蛋加工等现代养殖技术研究。2008年完成产值100万元。

镇海区九龙蔬菜专业合作社

成立于2003年8月，入社社员62户，基地320公顷，注册资金10万元，依托蔬菜加工龙头企业宁波佳绿食品有限公司，收购、加工和销售社员的绿花菜、白花菜、青刀豆、青葱、毛豆、小松菜、油菜花等。2008年完成产值1000万元。

2008年镇海区部分农民专业合作社情况表

表14－10

名称	所在镇（街道）	注册资本（万元）	成立年	主营业务	基地面积（公顷）	产值（万元）	农户（社员）
镇海绿佳佳蔬菜专业合作社	九龙湖镇	50	2008	蔬菜产销	133.3	1200	50
镇海区大丰蔬菜专业合作社	九龙湖镇	110	2006	蔬菜产销	82.7	740	88
镇海阿亮草莓专业合作社	九龙湖镇	5	2008	草莓产销	13.3	120	8
镇海区飞洪蔬菜专业合作社	九龙湖镇	10	2006	蔬菜产销	53.3	200	7
镇海骆驼禽蛋产销专业合作社	骆驼街道	30	1996	禽蛋产销	2	100	51
镇海区九龙蔬菜专业合作社	九龙湖镇	10	2003	蔬菜产销	320	1000	62

第三节　农业龙头企业

镇海农业龙头企业以蔬菜、罐头食品加工为主，产品大部分销往国际市场。至2008年，全区共有龙头企业12家，其中市级6家。

宁波飞洪生态农业发展有限公司

2006年年初成立，选址九龙湖镇兴建绿色蔬菜基地，注册资本500万元，首期占地27.3公顷，投资700万元。已建成8×60米标准大棚168座，有蔬菜加工车间，蔬菜储备库和冷冻保鲜库，质量安全检测室，配置蔬菜专用车8辆，以及防虫网、杀虫灯、性诱剂等综合防虫设施，每天有50多个品种、50余吨“飞洪”牌新鲜蔬菜直送市区超市。公司为宁波市农科院蔬菜研究所科研示范基地，培育成功水果黄瓜、樱桃番茄、芦蒿、马兰等优质保健蔬菜、地方特色蔬菜和野生蔬菜等，公司对黄瓜、瓠瓜、丝瓜等作物进行立体矮化栽培，实现蔬菜生产标准化。公司及生产基地被宁波市贸易局、宁波市农科院分别授牌为“绿色菜篮子配送中心”“蔬菜科技示范园区”，为市级农业龙头企业。2008年实现产值4441万元。

宁波海龙罐头食品有限公司

公司为与日本川商福至株式会社合资企业，成立于1995年，位于田顾工业区。注册资本650万元，总投资2500万元。占地1.5万平方米，建筑6500平方米，职工100余人，其中工程技术20余人，临时用工1500人，为宁波市级农业龙头企业。公司主车间建筑面积1520平方米，副车间建筑面积750平方米，主要生产设备有4吨锅炉1台，低温连续杀菌机3台，4B2全自动封罐机2台，M14自动封罐机3台，大罐自动封罐机1台，自动加肠机多台，自动分级机2台及其他多种生产辅助设备，设有生产线2条。全年生产规模达到7万吨以上，年销售额保持在5500万元。公司通过ISO 9001：2000和HACCP双体系认证。主要产品有橘子、黄桃、枇杷、大豆、蘑菇、椰果、银杏、玉米笋、笋片等马口铁及软包装罐头系列，产品98%出口日本、美国、加拿大等。至2005年年底，公司投入380万元改造生产废水处理设施，由二级排放改为一级排放，排放水质符合国家一级排放标准。2008年实现产值4800万元。

宁波胖大厨食品有限公司

2003年成立，注册资本800万元，地点清水浦，从事海产品收购、加工、销售，具有生产企业进出口经营权。现有固定资产4500万元，占地23700平方米，建筑面积12500平方米。员工300余人，其中中高级管理人员100多人。日速冻能力100吨，冷藏能力3500吨。主要产品有烤鳗、鱿鱼丝、马鲛鱼片、虾仁、黄花鱼、安康鱼等，部分产品销往美国、韩国、日本、欧盟等国家和地区。企业通过HACCP食品安全保证体系认证，为市级农业龙头企业。2008年实现产值2800万元。

宁波启盛生物食品发展有限公司

外商独资企业，公司地址镇海经济开发区金元路181号，注册资金600万美元，总投资1000万美元，2004年成立，2006年3月正式投产。企业占地3万平方米，建筑面积2.9万平方米。主营产品有水煮笋、水煮薇菜及其他水煮类混合蔬菜及调理品，兼营干燥菌类、果蔬罐头，产品主销国际市场。80%以上加工、检测设备从日本引进，拥有3条生产流水线，加工工艺处于目前国内先进水平，并通过ISO 9000质量管理体系认证和HACCP产品安全卫生认证，获得日本JAS认证。企业建有研发中心，与国内外多家科研开发机构合作，开发生产有机及保健等绿色产品。2007年公司资产总额6320万元，实现销售收入4889万元，出口创汇320万美元。2008年实现产值6491万元。

宁波雨云蔬菜厂

厂址位于镇海农业开发区，1996年成立，注册资本200万元，占地1万平方米，厂房面积7500平方米，有员工250人，为市级农业龙头企业。生产能力年加工小包装榨菜或其他蔬菜2万吨，是目前国内同行业中规模最大、设备先进的蔬菜加工企业。企业在细化传统腌制工艺基础上引入成套电脑终端控制蔬菜生产线，以全自动杀菌装置取代传统对人体有害的防腐剂，并实行ISO 9001：2000全面质量管理。产品商标“云”牌，荣获国内贸易部“名牌推荐产品”，被省政府授予“优质农产品金奖”“浙江省著名商标”，获市“宁波市名牌产品”称号，“云”牌系列产品已获国家专利。2007年，总资产3000万元，固定资产2500万元，实现销售收入3000万元，收购农产品1.5万吨，带动当地蔬菜种植400公顷。2008年实现产值3622万元。

镇海海福盛食品工业有限公司

1998年创立的中外合资企业，位于骆驼农业开发区。公司注册资本170.8万元，占地16660平方米，建筑9000平方米，拥有1000吨冷库，冻干炉180平方米2座、30平方米1座，生产设备上配备全套杀青流水线、磁铁、金探及其他先进设备。公司主要以水产品、蔬菜、肉类加工为主，采用冷冻干燥新技术，生产FD虾仁海鲜类、各种肉类、蔬菜类食品以及糖水系列、速食汤系列、速食粥系列等产品，出口日本、欧美等。2003年3月，芙蓉鲜蔬汤、芙蓉海鲜汤、冰糖银耳汤、翡珍绿豆汤等方便面调料等20余种产品被评为宁波市名牌产品。2007年，资产3000万元，固定资产

2000万元，年销售收入2000万元，收购农产品近7000吨。曾连续获评宁波市农业龙头企业和宁波市卫生先进企业。

浙江青青实业有限公司

成立于1997年，是一家以农产品种植加工为主的浙合资公司，位于镇海经济开发区，2008年有标准厂房1.1万多平方米，占地2公顷，总投资301万美元，职工460多人，技术管理人员56名，其中大专以上学历占68%，本科以上学历占36%。公司于2001年通过ISO 9001：2000质量管理体系认证，出货产品均得到国家认证。公司生产有机农产品、干货食品、休闲食品和调味品，共6个系列500产品，年销售额3000万元。其中，香菇、黑木耳、银耳、黄花菜、百合干、核桃仁、葡萄干等8个产品已通过中绿华夏有机认证，产品获2006年度“浙江农业博览会金奖”，“懂你”商标2007年获“宁波知名商标”称号。

宁波市巨高兔业发展有限公司

创建于2006年4月，注册资本200万元，占地13.3公顷，建有半开放式钟楼型兔舍271幢，笼位6万个。公司对獭兔和长毛兔生产进行改进，成功培育成世界知名的巨高长毛兔。公司为周边农户提供技术支持，开发并销售獭兔生物制品项目。2008年销售额719万元，产值920万元。

2008年镇海区市级农业龙头企业情况表

表14－11

名称	所在地	注册资本	成立年份	总资产（万元）	年产值（万元）	产品	从业人员（人）
宁波飞洪生态农业发展有限公司	九龙湖镇	500万元	2006	1614	4441	精品果	300
宁波海龙罐头食品有司公司	九龙湖镇	650万元	1995	4751	4800	水果罐头	100
宁波胖大厨食品有限公司	蛟川街道	800万元	2003	26700	2800	海产品	300
宁波启盛生物食品发展有限公司	蛟川街道	600万美元	2004	6321	6491	果蔬罐头	60
宁波雨云蔬菜厂	骆驼街道	200万元	1996	2533	3622	蔬菜	250
镇海海福盛食品工业有限公司	骆驼街道	170万元	1998	3000	2100	海产品、蔬菜	200

第三章　农业机械

1986—2008 年，全区逐步形成以农户为主体、政府给予补助的农机发展机制，完善农机社会化服务体系，一批先进农业机械、设施装备投入使用，粮食生产基本实现机械化。1986 年全区农机总动力 48580 千瓦。2008 年农机总动力 63011 千瓦，其中柴油机 43183 千瓦，汽油机 650 千瓦，电动机 19178 千瓦，农机总动力比 1986 年增长 29.71%。

第一节　种植业机械

排灌机械

1983 年农村实行家庭联产承包后，大型水泵减少，小型水泵增多，对原有水泵型号进行更新，用 HW 型蜗壳式混流节能泵逐步取代离心泵。到 1990 年，有电动机排灌机械 1369 台，柴油机排灌机械 98 台。水泵以浙农系列泵、潜水泵为主，口径在 3～12 英寸。2000 年镇海区开始引进喷灌设备，至 2008 年拥有 22 套，节水灌溉面积 306.7 公顷，主要用于果木、花卉、蔬菜及大棚种植作物。2008 年，全区有农用水泵 1525 台，机灌作业 11.6 万公顷。

1986—2008 年间若干年镇海区排灌机械拥有量及机灌面积情况表

表 14－12

年份	总动力（台/千瓦）	农用水泵（台）	机灌作业（万公顷）	年份	总动力（台/千瓦）	农用水泵（台）	机灌作业（万公顷）
1986	1339/6314	1348	—	2000	1689/10271	1687	15.68
1988	1560/7036	1760	—	2002	1455/8783	1454	11.25
1990	1565/7183	1686	17.35	2004	1505/7354	1479	11.62
1992	1612/8708	1671	17.7	2006	1532/7319	1524	12.26
1995	1602/8825	1670	22.6	2008	1535/7324	1525	11.6
1998	1684/9433	1752	18.28	—	—	—	—

说明：农田机灌面积农机统计年报按每公顷灌溉遍数重复计算

耕作机械

20 世纪 60 年代末，镇海引进手扶拖拉机耕作，1990 年最多时达 1289 台。1986 年 5 月，骆驼镇部分村由于农田泥脚变深，手扶拖拉机作业困难，从嘉善拖拉机厂首购 2 台船型拖拉机耕作，2002 年最多时有 279 台。70 年代初购入中型拖拉机，以宁波东方红－20Z（后改奔野 24、25 型）为主，1988 年最多时有 553 台。1998 年后中小型耕作机械逐年减少，至 2008 年，农田耕作大中型拖拉机23台，手扶拖拉机341台，机耕船232台。1986年机耕率65.37%，2008年机耕率99%。

1986年6月，从余姚、奉化等地引入改装后的增幅旋耕机，旋耕耕幅由原来60厘米增至90厘米，并解决田块四周角落需用牛耕的麻烦，因旋耕耕幅增大、动力不变，易使发动机磨损加剧、耕作质量受到影响，几年后逐步淘汰。1990年为解决稻草还田，购入北仑区生产IGBS－65型水田旋耕耙，与手扶拖拉机配套，在完成耕作的同时，把还田的稻草压入泥土下层，全区共使用130台，年最高作业839公顷。1994年，首次从日本购入10台微型耕整机，每台价格1.2万元，用于蔬菜和大棚内耕作。1999年后购入宁波协力机电有限公司生产的协力耕整机，2006年改购宁波培禾小型耕作有限公司生产的耕整机，至2008年有耕整机25台。

1986年从江苏淮阴购入前置刀盘式开沟机1台。1989年后使用宁波农机研究所改装的前置刀盘式开沟机。1990年从象山县农机厂引进后置式开沟机。1995年最多时拥有前后置式开沟机69台，最高作业年份开沟666.7公顷。后因冬种面积减少，该机基本停用。

1986—2008年间若干年镇海区耕作机械拥有量及作业情况表

表14－13

年份	耕作机械总动力（台/千瓦）	大中型拖拉机（台/千瓦）	小型拖拉机（台/千瓦）	船型拖拉机（台）	作业（万公顷）
1986	1768/20175	518/9159	1247/10990	2	—
1988	1826/20976	553/9774	1252/11036	18	—
1990	1850/20888	522/9246	1289/11358	30	0.75
1992	1856/20882	514/9105	1279/11281	54	0.75
1995	1376/13271	127/2314	1082/9530	160	0.68
1998	1283/12316	114/2163	930/8179	217	0.68
2000	1327/12676	120/2216	867/7624	279	0.64
2002	1237/11548	93/1629	850/7475	270	0.93
2004	834/7773	31/636	565/5120	225	0.47
2006	623/5924	27/655	366/3251	222	0.55
2008	628/6025	23/699	341/3053	232	0.50

水稻栽插机械

1982年前，镇海农村使用过多种插秧机，耕地实行家庭联产承包后，1983年停用。1987年，澥浦镇庙戴村购入吉林延吉插秧机厂生产2ZT－7358机动插秧机1台，至1989年全区增至9台，机插面积22公顷。该机对秧苗、农艺配套要求较高，未能推广。1996年购入锡山市农机研究所生产的2ZPX－C型机动抛秧机，至1998年增加至20台，1999年机抛面积244.67公顷，因机组配备人员较多，对秧苗培育要求高，且与手工抛秧没有大的区别，逐年淘汰。2006年4月，镇海区引进中韩合资生产的东洋P600机动插秧机，当年机插早晚稻20.67公顷。2007年引进日本久保田有限公司生产的SPW－68C手扶式插秧机3台。机插对秧苗培育要求高，2008年购入一套工厂化育秧苗设备及育秧秧盘，在九龙湖建立秧苗培育中心，当年培育秧苗10.3万盘。2008年全区有插秧机12台，机插（抛）秧面积166.67公顷。

1988—2008年间若干年镇海区抛插秧机拥有量及作业情况表

表14－14

年份	插秧机（台/千瓦）	抛秧机（台/千瓦）	机插（抛）秧（公顷）	年份	插秧机（台/千瓦）	抛秧机（台/千瓦）	机插（抛）秧（公顷）
1988	3/7	—	—	2000	2/4	19/53	246.67
1990	9/19.8	—	21.33	2002	0	22/58	133.33
1993	7/15	—	4	2004	0	10/24	0
1996	5/15	2/6	5.3	2006	1/5	5/17	20.67
1998	3/6	19/53	240	2008	12/41	4/12	166.67

植保机械

镇海区植保机械以背负式手动喷雾（粉）器和机动高压喷雾机为主。机动高压喷雾机有工农36型和台州海顺高压喷雾机等，该机需6～9人操作，每小时功效0.4～0.67公顷，是1982年前土地集体经营时主要植保机械，1983年联产承包后，适应不了小地块作业而逐年减少。随着农业产业结构调整和农村土地规模经营发展，又逐步使用。至2008年有机动喷雾机176架，作业1.28万公顷。

1986—2008年间若干年镇海区植保机械拥有量及作业情况表

表14－15

年份	人力喷雾（粉）器（架）	机动喷雾（粉）机（架）	机械植保作业（公顷）	年份	人力喷雾（粉）器（架）	机动喷雾（粉）机（架）	机械植保作业（公顷）
1986	14324	546	—	2000	—	270	2.98
1988	16867	312	—	2002	—	275	3.08
1990	18977	197	3.13	2004	—	126	1.38
1992	17117	196	4.01	2006	—	138	1.49
1995	17229	137	3.35	2008	—	176	1.28
1998	24903	171	3.65	—	—	—	—

说明：1998年后不再统计人力喷雾（粉）器台数和作业

收获、烘干机械

1986年水稻收获机械以电动脱粒机为主，机动脱粒面积1.35万公顷（按播种面积计），占播种面积58.4%。1988年引入湖州100－12半喂入联合收割机2台，后改进为160型。1990年3月，引入开封联合收割机厂生产的KC－070型，由于故障多、操作技术等原因，后转卖给外县。1992年秋，骆驼镇引入上海Ⅲ型挂式联合收割机与50马力四轮拖拉机配套，后发展至31台，由于该机体型大、技术不成熟等原因未能推广。1994年11月，引入台州130型，后改为浙江三联动150型和台州柳林160型全喂入履带式联合收割机，1999年达到256台，机收面积8600公顷。1999年5

月，购入2台韩国产“东洋5050”型半喂入联合收割机为示范样机，因价格高、质量差，未推广。后水稻种植面积下降，收割机减少。2008年全区有联合收割机113台，电动脱粒机4620台，机械收获面积5000公顷，机割率99%。1997—2008年，全区共有605台次机车跨区作业，机割小麦5260公顷，水稻6827公顷，毛收入1305万元，净收入522.5万元。

1986年前镇海曾使用过红卫一型简易堆放谷物烘干机，每炉可烘谷750~900千克，用煤作燃料，20世纪80年代中期后逐步停用。1998年，购入日本金子公司SSA－160型谷物烘干机2台，在澥浦农机站使用，当年烘谷450吨，后又购置上海三久机械有限公司生产的三久低温干燥机，吨位3~6吨不等。至2008年全区有烘谷机17台，是年烘谷600吨。

1986—2008年间若干年镇海区收获机械拥有量及机收、机烘数量情况表

表14－16

年份	收获机械动力（台/千瓦）	其中		机械收获面积（公顷）	烘谷机（台）	烘干谷物（吨）
		联合收割机（台/千瓦）	机、电动脱粒机（台）			
1986	4669/97601	0	4076	—	90	—
1988	6041/13956	2/18	5079	—	83	—
1990	6885/11621	17/182	6043	986.67	73	—
1992	7302/13220	16/169	7282	993.33	75	—
1995	7260/12967	44/1082	7212	786.67	72	—
1998	8367/18955	234/4337	8133	453.33	2	450
2000	7697/16875	244/3806	7448	640	13	547
2002	6984/14454	216/2963	6755	620	15	1105
2004	5384/11034	168/2758	5202	286.67	16	1030
2006	4832/11383	115/2437	4699	326.67	17	810
2008	4735/11317	113/2467	4620	333.33	17	600

第二节　加工、运输及其他机械

农副产品加工机

粮食加工机具，轧米机以Ⅱ号米机为主。饲料粉碎机，20世纪80年代采用310、450型饲料粉碎机。90年代末，推广象山正圆农牧机械厂生产的9PSL－25和9PSL－500型锤片饲料粉碎机。茶叶加工机械，2002年年初九龙湖镇秦山茶场购入2台新式茶叶加工机，并在全区茶场推广，目前茶叶加工机械有多功能理条机、扁形茶炒制机、修剪机和揉捻机。棉花加工机，随着棉花种植面积下降而减少。至2008年，全区有粮食加工机械132台，饲料加工机130台，茶叶加工机械57台，棉花加工机4台，农副产品加工作业量折合1.63万吨。

1986—2008 年间若干年镇海区农副产品加工机械拥有量情况表

表 14－17　　单位：台

年份	粮食加工机	棉花加工机	茶叶加工机	饲料加工机	年份	粮食加工机	棉花加工机	茶叶加工机	饲料加工机
1986	411	116	121	185	2000	296	42	—	105
1988	425	122	73	183	2002	296	23	—	108
1990	416	99	21	167	2004	134	7	25	120
1992	396	100	35	154	2006	130	4	43	112
1995	420	98	37	145	2008	132	4	57	130
1998	296	42	12	160	—	—	—	—	—

运输机具

运输机械以中、小型拖拉机（包括变型拖拉机）和机动船为主。中型拖拉机为宁波动力机厂生产的奔野 24、25 型，手扶拖拉机有工农 12 和东风 12 型；机动船原为宁波挂机厂产品，后改用宁波农机研究所产品，挂桨机配 3～5 马力，最多时有 184 艘，公路运输发展，机动船减少，到 1998 年仅存 59 艘。20 世纪 90 年代末，购入农用运输车，2004 年新的《中华人民共和国道路交通安全法》颁布后称为变型拖拉机。至 2008 年，全区有运输机械 461 台，动力 7467 千瓦，年运输量 3870 万吨/千米。

1986—2008 年间若干年镇海区运输机具拥有量和作业量情况表

表 14－18

年份	运输机具总动力（台/千瓦）	农用运输车（辆/千瓦）	运输型拖拉机（辆/千瓦）	农用机动船（艘/马力）	农机运输作业量（万吨/千米）
1986	227/6637	86/5686	4/35	137/916	—
1988	272/7835	94/7255	8/108	170/472	—
1990	296/9008	100/8350	20/176	176/482	509. 2
1992	348/10029	103/8674	58/512	184/490	330. 3
1995	419/17753	272/16668	91/891	56/194	594. 0
1998	447/10235	250/8413	136/1259	59/262	409. 6
2000	382/9783	199/6439	156/1386	—	327. 9
2002	469/11947	277/6230	153/1387	—	349. 9
2004	481/7501	377/6583	104/918	—	222. 6
2006	453/7784	—	387/7400	—	1004. 0
2008	461/7467	—	461/7467	—	3870. 0

说明：2005 年开始统计年报农用运输车统称运输型拖拉机

鱼塘增氧机

1985年7月，镇海购入宁波农机研究所生产的第一台增氧机，至2008年有160台，配套功率有1.5千瓦和3千瓦两种。

清淤机

1989年治理中大河购入1艘清淤机（挖泥船），由江苏水利建筑公司船厂生产，同年骆驼镇也购入1艘。其抓斗容积0.3立方米，挖掘半径8米，卸载高度4.5米，日可挖泥土200立方米。1998年，购入1台冲击式吸泥泵，配套电机7.5千瓦2只，适用池塘、小河滨清淤。2004年清淤机最多时有47台（其中挖泥船13台），年吸泥47.2万立方米。

第三节　农机机构与服务

农机机构

农机管理总站　1985年10月，镇海县农机管理总站改名为镇海区农机管理总站，事业编制10人，内设管理股、人秘股。1996年7月，区农机总站升为正局级单位，内设管理推广科、计划财务科、办公室。2002年1月，更名为镇海区农业机械化服务总站，内设机构、定编人数、人员性质未变。

农机监理站　建区后，县农机监理站改名为区农机监理站。1990年6月定编5人，全民事业。2008年在职5人。

农机化服务中心　1989年12月，成立区农机化服务中心，定编12人，自收自支集体事业。主要职责为农机配件和油料供应、农机服务等。1994年服务中心开办飞达汽车培训学校，到2008年年底培训汽车驾驶员5000人。1997年10月，注册建立镇海区闲置物资设备调剂市场，以场地租赁和市场管理为主，2008年9月撤销。

乡镇农机管理站　1986年镇海区乡镇农机管理站10个，属民办公助，实行条块双重领导，有管理员21人。1992年，随乡镇行政区划变动并为6个。1994年7月，农机管理站定为全民事业，农机专管员为聘用干部，定编18人，首聘17人。2001年撤镇建街道调整为5个。2004年10月，乡镇事业单位体制改革，撤销农机管理站，人员并入镇、街道农办，部分分流和离岗退养。2008年在编在岗人员6人，离岗退养2人。

农机服务

拖拉机牌证核发　2004年5月前，公安部门对拖拉机上道路行驶委托农机部门监管，驾驶证由公安交警部门审核盖章有效，行驶证由农机监理部门核发。2004年5月，实施新的《中华人民共和国道路交通安全法》，由农业（机）主管部门对上道路行驶的拖拉机行使管理职权，上道路行驶的拖拉机行驶证、驾驶证由农机部门核发。至2008年农机部门核发行驶证482本，驾驶证持证515人，年检年审率分别为90%和93%。2007年5月29日，区农机监理站挂区行政服务中心农机分中心牌子。

1988—2008 年间若干年镇海区拖拉机及驾驶员情况表

表 14－19

年份	行驶证在册（本）	驾驶证在册（人）	年检率（%）	年审率（%）	年份	行驶证在册（本）	驾驶证在册（人）	年检率（%）	年审率（%）
1988	644	575	85.6%	95.1%	2003	503	463	95%	96%
1992	720	745	88%	92%	2004	482	383	91%	94%
1995	350	489	82%	82%	2005	483	383	90%	92%
1999	376	366	87.4%	86%	2006	447	359	91%	93%
2000	414	419	88%	86%	2007	461	483	92%	93%
2002	485	454	93%	92%	2008	482	515	90%	93%

农机应用扶持　1987 年镇海区建立农机更新发展周转基金，每年安排 20 多万元贴息周转资金。1988—1992 年用贷款贴息办法更新小型拖拉机 416 台，占 1988—1992 年农耕机车 1022 台的 40%。1994 年后，改为区财政每年安排一定数量资金用于购置新型农机具补助。2005 年 12 月制定《镇海区农业机械购置补贴专项实施办法》，补助比例逐年提高。到 2008 年购置插秧机每台补助资金 80%，收割机每台补助资金 30%。

1986—2008 年镇海区农机总动力情况表

表 14－20　　单位：千瓦

年份	农机总动力	年份	农机总动力	年份	农机总动力	年份	农机总动力
1986	48580	1992	58684	1998	56794	2004	50891
1987	53908	1993	61451	1999	56879	2005	52113
1988	55571	1994	59894	2000	53104	2006	61252
1989	54967	1995	58909	2001	54492	2007	61574
1990	54696	1996	61459	2002	53104	2008	63011
1991	57794	1997	57157	2003	52933	—	—

农机技术培训　1986 年成立镇海区农机技术培训学校，定编 5 人，自收自支全民事业。2005 年后人员逐年调出，到 2008 年人员全部调出，学校仍保留，培训工作由农机总站承担。1986—2008 年培训各类农机手 5378 人。

1986—2008 年镇海区各类农机操作人员培训情况表

表 14－21　　单位：人

年份	培训人数	其中				
		拖拉机	收割机	插秧机	发电机	挂桨机
1986—1990	1110	448	85	45	—	180
1991—1995	840	394	65	48	—	42
1996—2000	1431	653	250	19	—	—
2001—2005	1320	224	155	—	373	122
2006—2008	677	132	135	200	158	—
合　计	5378	1851	690	312	531	344

第四章　种植业

1986 年，全区种植业以粮食为主。随着种植业结构调整，2008 年粮食生产占种植业产值 13.5%，茶果类、蔬菜瓜类、花卉园艺类占种植业产值 86.3%。

第一节　种植业结构变化

1986 年全区种植业产值 3745 万元（不包括其他副业，下同），其中粮食作物占 59.7%、棉花占 7.6%、油料占 10.1%、茶果类占 0.1%、蔬菜瓜类占 6.5%、花卉占 0.5%、其他作物占 15.2%。2008 年种植业产值增加到 44782 万元。其中，粮食生产占种植业产值比 1986 年减少比重 46.2 个百分点；棉花生产 2008 年产值仅有 4 万元，比 1986 年减少 279 万元；茶果类生产占 23%，比 1986 年比重提高 22.5 个百分点；花卉园艺生产占 16%，比 1986 年比重提高 15.5 个百分点；蔬菜瓜类生产占 46%，比 1986 年比重提高 39.2 个百分点。

1986—2008 年间若干年镇海区种植业产值情况表

表 14－22　　单位：万元、%

产值		1986 年		1990 年		1995 年		2000 年		2005 年		2008 年	
		产值	比重	产值	比重	产值	比重	产值	比重	产值	比重	产值	比重
种植业合计		3745	100	8550	100	8347	100	8428	100	32498	100	44782	100
一、粮棉油种植		—	—	—	—	—	—	—	—	—	—	—	—
其中	粮食	2234	59.7	5414	63.3	4576	54.8	3731	44.3	4857	15.0	6032	13.5
	棉花	283	7.6	347	—	158	—	28	—	8	—	4	0
	油料	380	10.1	636	—	311	—	222	—	55	—	59	0
二、果花卉小计		—	—	—	—	—	—	—	—	—	—	—	—
其中	茶果类	20	0.1	255	—	751	—	777	—	9549	—	10363	23.1
	蔬菜瓜类	244	6.5	1457	—	1746	—	3280	—	11558	—	20477	45.7
	花卉园艺	15	0	341	—	702	—	299	—	6105	—	7385	16.5
	其他作物	569	15.2	100	—	103	—	91	—	366	—	462	1.0

说明：种植业产值不包括家庭副业产值

第二节 粮 食

1986年，全区粮食耕地面积6900公顷，总产量77002吨。1991年，镇海区粮食生产达到1986—2008年期间高峰，播种面积1.45万公顷，总产量93494吨，播种面积和总产量分别比1986年增长3%和21.2%，单位面积产量增长11%。1995年后粮田减少，产量下降。2008年粮食耕地面积4732公顷，为1986年的68.9%，总产量31426吨，为1986年的40.8%。

粮食作物

稻谷 粮食作物以稻谷为主。1986年播种面积1.27万公顷，占粮食播种面积90.1%，总产量72435吨，占粮食总产量的94%。1991年播种面积1.28万公顷，总产量超过8万吨。1993—1999年，随着经济作物发展和工业园区建设，年均播种面积1.14万公顷，粮食产量年均约7万吨。2000年后播种面积大量减少，至2007年播种面积和产量下跌到历史最低。2008年有所回升，面积3580公顷，比2007年增长12.3%，总产量比2007年增长22.5%。

其他粮食作物 1986年大麦种植面积约980公顷，占粮食耕地面积的14.2%，总产量3510吨，占粮食总产量的4.8%。1987年、1988年、1991年大麦年种植面积超过1333公顷，其中1988年大麦总产量最高，占粮食总量的7.2%。1995年起年播种面积均低于666.67公顷，至2004年全区种植面积仅1公顷。小麦有少量种植，1986年后好多年份没有小麦种植，有些年份虽有种植，均是外来承包户所种。冬种蚕豆原来是镇海的杂粮大类，在棉地内冬种条植，以对折计算粮食面积，并且抵销棉农口粮。1985年后，棉地逐步改种蔬菜类作物，植棉面积下降，蚕豆面积亦随之锐减，种植的蚕豆均以摘鲜当菜出售，列入粮食统计，实粮已不存在。镇海区番薯种植面积少，玉米和大豆以鲜食为主。

表 14-23

1986—2008 年镇海区粮食种植情况表

年份	粮食耕地产量合计		其中						小麦		
			春粮		稻谷		夏秋杂粮		播种面积（公顷）	公顷产量（千克）	总产量（吨）
	面积（公顷）	产量（吨）	播种（公顷）	总产量（吨）	播种（公顷）	产量（吨）	播种（公顷）	产量（吨）			
1986	6900	77002	1300	4270	12720	72435	80	297	67	4155	34
1987	7000	79404	1647	5501	12713	72471	413	1432	—	3045	10
1988	6800	85493	1940	6649	12713	77749	293	1095	—	3000	7
1989	6912	83272	1293	4121	12800	76478	648	2673	—	—	—
1990	6760	87462	1149	5489	12890	79523	479	2450	—	—	—
1991	6860	93494	1928	6254	12823	83670	636	3570	—	—	—
1992	6787	80039	1384	4637	12661	72802	454	2600	—	—	—
1993	6760	77930	1091	3983	11604	72090	487	1857	155	3570	554
1994	6367	76352	1357	3409	11136	71484	340	1459	25	2595	64
1995	6127	75102	690	2065	11604	71165	350	1872	2	3000	6
1996	6320	84634	563	1804	11524	79537	612	2670	1.3	3750	5
1997	6163	78016	958	2891	11440	72451	654	2674	4.3	3705	15
1998	6052	74348	864	1800	11402	71921	644	2684	—	—	—
1999	6164	71543	863	2466	11088	65948	686	3020	2.9	3345	9.6
2000	5730	59971	833	2398	9072	55095	666	2429	18	3915	71
2001	4786	59050	298	698	7789	54690	978	3581	31	194	6
2002	4634	51132	320	772	7104	47829	580	2531	3	5000	15
2003	2875	32620	200	720	4143	29050	622	2850	—	—	—
2004	2797	36638	145	603	4173	30492	1068	5543	—	—	—
2005	2607	32722	143	560	4231	29042	681	3120	—	—	—
2006	4529	28880	151	536	3706	24850	678	3494	—	—	—
2007	4065	25393	124	507	3191	21303	750	3583	—	—	—
2008	4753	31426	174	538	3582	26101	998	4787	—	—	—

续表 14-23

年份	大麦			蚕豆（豌豆）			早稻			晚稻			其中					
													单季稻			连作晚稻		
	播种面积（公顷）	公顷产量（千克）	总产量（吨）	播种面积（公顷）	公顷产量（千克）	总产量（吨）	播种面积（公顷）	公顷产量（千克）	总产量（吨）	播种面积（公顷）	公顷产量（千克）	总产量（吨）	播种面积（公顷）	公顷产量（千克）	总产量（吨）	播种面积（公顷）	公顷产量（千克）	总产量（吨）
1986	980	3585	3510	240	2040	490	5960	6405	38149	6760	5055	34286	700	5070	3549	6060	5070	30737
1987	1440	3465	4976	207	2445	505	5967	5595	33309	6747	5805	39162	127	5805	735	6620	5805	38427
1988	1747	3525	6147	193	2535	495	5987	5910	35332	6729	6300	42417	572	6645	753	6613	6300	41664
1989	1082	3480	3766	209	1695	354	6028	6075	36598	6774	5880	39880	—	—	—	—	—	—
1990	1272	3825	4865	222	2805	624	6097	6405	39087	6793	5955	40436	—	—	—	—	—	—
1991	1755	3225	5660	172	1620	278	6062	6465	39171	6761	6585	44499	—	—	—	—	—	—
1992	1167	3465	4043	3265	132	431	5934	6030	35783	6724	5505	37019	—	—	—	—	—	—
1993	824	3870	3191	116	2145	249	5239	6045	31671	6365	6345	40419	—	—	—	—	—	—
1994	1174	2610	3069	159	1740	277	4964	6165	30608	6172	6630	40876	—	—	—	—	—	—
1995	590	3105	1829	100	1725	230	5287	5700	30116	6317	6495	41049	—	—	—	—	—	—
1996	355	3780	1341	207	2205	458	5291	6780	35865	6233	7005	43672	—	—	—	—	—	—
1997	612	3600	2206	342	1965	670	5233	6645	34783	6207	6075	37668	—	—	—	—	—	—
1998	509	3240	1646	349	1560	548	5047	6225	31733	6355	6345	40312	—	—	—	—	—	—
1999	409	3405	1392	360	1890	682	4583	5670	25962	6235	6420	39986	1329	6720	8932	4906	6330	31054
2000	233	3465	808	385	2175	837	3139	6180	19382	5932	6015	35713	2507	6240	15640	3425	5865	20073
2001	64.7	3570	230.3	231	1995	461	2661	6300	16780	5128	7395	73910	2172	7695	16719	2957	7170	21191
2002	42	3667	154	276	2185	603	2453	5420	13295	4651	7425	34534	2168	7220	15654	2483	7604	18880
2003	6	3167	19	196	3577	701	978	5964	5834	3165	7335	23216	2122	7590	16106	1043	6817	7110
2004	1	5000	5	144	4153	598	1112	6870	7643	3061	7470	22849	1961	7121	13964	1100	8077	8885
2005	2	3000	6	141	3929	554	1130	6105	6898	3101	7140	22144	2062	7271	14993	1039	6883	7151
2006	2	4000	8	149	3544	528	1041	6061	6414	2665	6932	18436	1787	7059	12615	878	6630	5821
2007	2	3500	7	122	4098	500	827	6209	5135	2364	6831	16168	1623	6798	11033	741	6930	5135
2008	3	3333	10	171	3088	528	931	6390	5955	2651	7590	20146	1720	7921	13108	931	7560	7038

说明：1. 粮食产量按播种面积计算；
2. 春粮包括小麦、大麦、蚕豆（豌豆）及其他作物；
3. 夏秋杂粮包括玉米、番薯、大豆及其他杂粮；
4. 单季稻、连作晚稻面积、产量合计数=晚稻面积和产量；
5. 1989—1998 年《镇海统计年鉴》，无单季稻、连作晚稻面积和产量数据

耕作制度

20 世纪 60 年代至 80 年代，推广夏种水稻冬种大麦的耕作制度，简称三熟制。1986 年，早稻、晚稻播种面积分别占水稻播种面积的 46.7% 和 53.0%，其中单季稻占晚稻播种面积的 10.36%。90 年代，大麦种植面积大量减少，连作稻面积缩小，单季晚稻面积增加。2000 年，晚稻播种面积占稻谷播种面积的 65.4%，其中单季稻占晚稻播种面积的 42.26%。2008 年，早稻、单季稻、连作稻播种面积分别占稻谷播种面积的 26%、48% 和 26%，早稻、晚稻产量分别占水稻总产量的 22.8% 和 77.2%。

品种

早稻品种 1986 年庄市万嘉村种子队繁育的中熟早籼 141 为全区早稻主要品种，穗多高产、早熟抗病、耐肥抗倒、米质好、出糙率高，早种早熟，迟种稳产，深受农民欢迎，栽培面积占全区早稻种植面积的 40%。早熟早籼庆莲 16，种植面积占早稻面积 30%。其余 30% 为迟熟品种，有广陆矮四号、二九丰、军协等 6 ~ 7 个品种。20 世纪 80 年代后期，引入二九丰/305 取代早籼 141，栽培面积占全区早稻面积的 40%。20 世纪 90 年代初期，从嘉兴市农科所引入的嘉育 293，成为全区早稻主要品种。同时引入的嘉育 280，熟期早，产量稳，栽培容易，自 1999 年开始种植面积迅速扩大，遂成为早稻的主要品种。1999 年引入嘉育 143，稳产、抗倒伏，迅速得到推广，成为与嘉育 280 的主要搭配品种。2005 年，试种嘉兴市农科院选育的高产品种嘉育 253，其成熟期比嘉育 280 迟 2 天左右，未大面积推广。2006 年，试种宁波市农科院选育的甬籼 57 和甬籼 69，因易倒伏和易落粒等原因未推广。到 2008 年，嘉育 280 一直是全区早稻主要品种。

晚稻品种 1986 年起，镇海区确定中熟晚粳品种为当家品种，淘汰中粳品种，搭配晚糯。晚粳当家品种中，1986—1987 年为秀水 27，1988—1992 年为秀水 11，逐渐淘汰迟熟晚粳的矮粳 23、秀水 48 和秀水 27。20 世纪 90 年代初，引入台州农科所台 202、宁波农科所宁 67 等中熟晚粳品种。1997 年、1998 年开展甬粳 18 品比试验，1998 年全区种植面积 666.67 公顷，1999 年确定为区内晚稻主栽品种，2000—2008 为全区晚稻当家品种。2000 年开始引入杂交晚粳甬优 1 号试种，2004 年又引进甬优 3 号，种植面积约占全区晚稻面积的 20% 左右。2004 年后区内种植的糯稻品种尚有绍糯 97 - 14 和春江糯 2 号。2005 年，引入矮秆抗倒高产品种嘉花 1 号，试种 2 年。2006 年，试种宁波市农科院选育的宁 88 和宁 81 新品种。2007 年扩大宁 81 的试种面积，2008 年种植面积约 266.67 公顷，占晚稻种植面积的 10%。

栽培

播种 建区初期，化肥供应偏紧，水稻栽培仍走密植多穗增产路子。早稻秧田播量每公顷在 3000 千克以上、晚稻播量每公顷在 1500 千克以下。连作早稻每公顷用种量 112 ~ 150 千克。连作晚稻密度稍低，每公顷用种量 120 千克。20 世纪 90 年代初期，化肥供应量增加和水稻品种更新，在栽培上开始重视穗粒兼顾，注重秧苗素质。晚稻秧田播量减至每公顷 1125 千克，早稻由于秧龄短，每公顷播量仍在 2250 ~ 2625 千克。90 年代中后期，栽培技术重点提高秧苗素质，秧田播量进一步下降，早稻秧田播量每公顷 2250 千克，晚稻秧播量每公顷 750 ~ 1125 千克。90 年代末，晚稻播量稳定在每公顷 600 ~ 750 千克，本田用种量每公顷 52 ~ 60 千克。2000 年开始，超高产品种引入、大穗型晚粳面积增加，插秧密度相应放宽。2005 年晚粳稻每公顷插秧 24 万丛～30 万丛，杂交晚粳每公顷插秧 21 万丛～24 万丛。

育秧　1994 年，区农技人员创举免耕法播种育秧，免耕法育秧每公顷可省工 52.5 工，拔秧可省 60 工，秧田利用率 85%～90%，比翻耕秧田增加利用率 5%～10%，成秧率 88%，比常规育秧提高 8%，秧苗素质明显提高，适宜抛秧，至 1998 年免耕法育秧面积占 20%。1997 年起，历 7 年研究成功半干旱育秧技术，与推广抛秧栽培技术配套。品种采用中熟晚粳，比原来早熟、特早熟晚粳品种生育期延长 15 天以上，每公顷能增产 750 千克，获市科技进步二等奖。

模式栽培　20 世纪 80 年代后期至 90 年代初，推广模式栽培，主要为早籼二九丰、305、晚粳宁 67、大麦早熟三号等，取得良好效果。模式栽培图由区农技总站每年印刷，发放农户推广。

水稻抛秧　1996 年全区大面积推广抛秧技术，面积 933 公顷，至 2000 年抛秧面积增加到 2247 公顷，占水稻总面积 24.8%。据 1997 年、1998 年测试，抛秧每公顷增产 414 千克，每公顷节约成本 1037.4 元，两者相计每公顷增收 1494.9 元。1996—2000 年，累计增产稻谷 2917 吨、农民增收 1053 万元。2004 年，80% 以上早稻和 50% 连作晚稻均采用抛秧技术。

薄露灌溉　1993 年在晚稻田进行试验示范，至 1995 年全区薄露灌溉面积 1370.87 公顷。1997 年，早稻薄露灌溉面积 2333.33 公顷，每公顷一般增产 300 千克，节水 1500 立方米，用电量减少，经济效益显著。

施肥　1987 年开始推行“因土定产、因产定氮、缺啥补啥、高产栽培”的配方施肥法。因土定产，一般早稻每公顷施磷肥 150～300 千克，施钾肥 75～85.5 千克；因产定氮，一般以每公顷 7500 千克产量施纯氮 135 千克为标准，1 千克纯氮相当于 2.17 千克尿素；有机肥用量，每季作物补充土壤 15 担左右有机质的消耗量，对低产田再适当增加，早稻仍以绿肥为主，春花田早稻以土杂肥为主，晚稻以稻草还田为主。1996 年早稻机割稻草还田面积占早稻面积 15%，1998 年 75%，2004 年达到 98%。

第三节　棉花　油料

棉花

1985 年起棉花由指令性生产改为指导性计划，取消棉花统购和棉花奖售粮政策，实行合同定购。植棉费工多、市场风险大，收购价格偏低，植棉经济效益低于其他经济作物，植棉面积、总产量和收购量开始大量减少。1986 年全区植棉面积 1146.67 公顷，集中在贵驷镇、俞范镇，总产量 790 吨，至 1989 年植棉面积下降到 380 公顷，仅为 1986 年植棉面积的 33.14%，总产量下降到 267 吨，仅为 1986 年总产量的 33.8%。1990 年起，棉花市场需大于供，政府多次提高棉花收购价格刺激棉花生产，1990—1992 年每年植棉面积回升至 540 公顷。1993 年起，棉地综合开发加快，植棉面积逐年减少，至 1998 年下降到 273.33 公顷，总产量下降到 248 吨。1999 年起棉花收购价格放开，国家指导价每担为 500 元，棉农种植棉花积极性大为减弱，是年棉花种植面积下降到 140 公顷。2000 年后，大量棉地征用建设化工区，至 2008 年全区棉花仅零星种植 4.67 公顷，总产量 4.1 吨。

1986—2008 年镇海区棉花种植情况表

表 14－24

年份	面积（公顷）	皮棉公顷产量（千克）	总产（吨）	年份	面积（公顷）	皮棉公顷产量（千克）	总产（吨）
1986	1146.7	690	790	1998	273.3	915	248.0
1987	693.3	855	589	1999	140.0	765	109.0
1988	593.3	555	330	2000	56.0	750	42.0
1989	380.0	705	267	2001	54.5	900	49.1
1990	540.0	975	527	2002	33.0	1000	33.0
1991	538.5	1050	565	2003	13.0	846	11.0
1992	538.4	1080	581	2004	12.0	834	10.0
1993	474.1	930	441	2005	—	—	—
1994	344.1	915	315	2006	—	—	—
1995	335.9	738	248	2007	5.0	1000	5.0
1996	228.8	960	219	2008	4.5	915	4.1
1997	255.4	675	172	—	—	—	—

油菜

1986—1991 年，油菜生产为重要冬季经济作物，普及 92－13 系良种，开展模式栽培，创办丰产坊，年均种植面积 2266.27 公顷，占总耕地面积 22%，单产稳中有升。1993 年后，菜油市场萎缩，农户改种其他效益好的作物，种植面积大幅度下降，1998 年种植面积比 1986 年下降 58.76%，单位产量除 1994 年、1998 年因受不利气候因素影响减产外，其余年份均保持在每公顷 1500 千克以上，其中 1996 年平均每公顷产量达到 2139 千克。2000 年后，大批耕地田被征用，至 2008 年全区仅种植油菜 41.13 公顷，总产量 98 吨。

1986—2008 年镇海区油菜籽种植情况表

表 14－25

年份	面积（公顷）	占总耕地（%）	公顷产量（千克）	总产（吨）	年份	面积（公顷）	占总耕地（%）	公顷产量（千克）	总产（吨）
1986	2376.1	23.9	1770	4205	1998	980	10.9	1245	1220
1987	2192.8	22.2	1665	3659	1999	767	—	2070	1589
1988	2207.7	22.4	1845	4091	2000	643	—	2154	1385
1989	2284.9	23.2	1470	3368	2001	371.3	—	1982	736
1990	2379.7	24.3	1815	4327	2002	453	—	1884	854
1991	2156.4	22.0	1770	3818	2003	189	—	1868	353
1992	1854.3	19.3	1740	3229	2004	66	—	2016	133
1993	788.9	8.4	1845	1454	2005	79	3.1	1658	131
1994	760.7	8.4	1380	1045	2006	48	2.1	2354	113
1995	1240.9	13.6	1725	2134	2007	47	2.1	1809	85
1996	1003.7	11.1	2139	2140	2008	41.1	—	2385	98
1997	955.0	10.6	1875	1790	—	—	—	—	—

第四节　蔬菜　瓜果

面积产量

1986年起政府实施菜篮子工程，蔬菜生产得到较快发展，蔬菜种植主要集中在临江乡、俞范镇和贵驷镇等地。1998年全区蔬菜种植面积3506.67公顷，比1986年增长113.16%，占耕地总面积的20%。湾塘乡、贵驷镇的冬春包心菜，骆驼金华村的大棚番茄、青瓜，临江乡的黑茄，俞范镇棉丰村的大棚草莓，骆驼镇胜光村的雪菜，以及“云牌”榨菜等，在全市有一定影响。1999年大量蔬菜地被征用转为建设用地，全区蔬果种植面积2613公顷。2000年起一批粮田改种蔬菜及瓜类。2003年九龙湖镇建设蔬菜基地，全区蔬菜及瓜类种植面积5150公顷。2008年蔬菜种植面积3388公顷，比1999年增长58.84%，总产量117902吨，比1999年增长1.26倍；瓜类种植面积1086公顷，比1999年种植面积增长1.3倍，总产量28779吨，比1999年增长1.1倍。

1986—1998年间若干年镇海区蔬菜种植面积情况表

表14-26　单位：公顷

年份	各乡镇蔬菜种植面积							合计
	城关镇	骆驼镇	澥浦镇	贵驷镇	庄市镇	河头乡	其他	
1986	873	187	67	307	127	80	7	1647
1990	1100	173	60	493	100	60	7	1993
1994	1553	197	70	400	200	60	7	2487
1998	1547	273	90	1127	340	100	33	3510

说明：城关镇包括原临江乡、俞范镇；骆驼镇包括原长石乡、汶溪乡；其他指水稻场、镇海炼化农场、棉场

1999—2008年镇海区蔬菜及瓜类种植情况表

表14-27

年份	蔬菜类		瓜类		合计	
	面积（公顷）	产量（吨）	面积（公顷）	产量（吨）	面积（公顷）	产量（吨）
1999	2133	52168	480	13956	2613	66124
2000	3194	71821	577	13079	3771	84900
2001	3734	85981	628	15349	4362	101330
2002	4119	138876	700	18588	4819	157464
2003	4313	125145	837	24000	5150	149145
2004	3852	107256	953	23429	4805	130685
2005	3719	123843	769	19362	4488	143205
2006	3531	112546	875	25169	4406	137715
2007	3748	131100	909	26107	4657	157207
2008	3388	117902	1086	28779	4474	146681

品种

1990—1998 年，镇海区每年引入蔬菜新品种 50 个以上，至 1998 年全区有蔬果品种 13 个大类近 300 个，其中有不少优质良种得到推广。如早丰、903、杭茄 1 号、农友长茄等番茄，嘉配 5 号、明星、早杂 2 号、保椒 2 号等辣椒，津优 1 号、津春 2 号等黄瓜，春大将、春秋 54、夏阳、热抗白等大白菜和广东黑皮冬瓜，京欣 1 号、8424、拿比特等西瓜，台湾 292、75、辽鲜 1 号等毛豆，日本强力 50、四季获、新丰等包心菜；台湾东升、日本红宝等西洋南瓜，9646、白玉春、夏抗 40 等萝卜，美国超甜玉米、黑玉米等特种玉米，还有绿花菜、樱桃番茄、网纹甜瓜、木耳菜、红菜头、荷兰香菜、生菜、抱子甘蓝、西芹、苦瓜、紫甘蓝、金丝瓜、黄秋葵等蔬菜新品种。2000—2008 年，引入和推广日本小松菜、绿花菜、超甜玉米、优质小西瓜等，美国芦笋，以及夏秋大白菜等，种植面积 333.33 余公顷；津优系列黄瓜、台湾长茄、雪令春花菜、荷兰香芹、迷你黄瓜等不同熟期的良种 30 余个，种植面积 466.67 公顷。

镇海番茄 1972 年，镇海已有农户开始零星种植番茄。1989 年，岚山、湾塘一带农户开始露天规模种植番茄，主要品种北京早红，多采用番茄、大蒜、卷心菜轮作种植。1992 年，区蔬菜办引进番茄品种上海 -903，在骆驼镇金华一带开始大量种植，面积 20 公顷。2006 年，澥浦农户陈善忠从浙江省农科院、上海市农科院引进番茄新品种，新型番茄在湾塘、河头、万市徐等地试验种植，筛选出适合本地栽培的优质镇海番茄品种。镇海番茄个头适中，皮薄多汁，口感绵柔鲜甜，可溶性固形物高达 13.6 度，成为镇海最具有特色的新型土特产。2008 年，镇海番茄种植面积稳定在 66.7 公顷，产量近 5000 吨，年产值 2000 余万元。

镇海草莓 1982 年，镇海县长石乡黄杨村一带开始草莓种植。1989 年，骆驼农户陈欢祥从江苏省农科院引进“美国 1 号”“美国 6 号”草莓，该品种果型大、产量高、适宜运输。镇海开始大规模露天种植草莓。1992 年长石、河头、棉丰一带农户从江苏蓟县引进“丰香”品种，草莓大量种植面积逐步扩大。2003 年，湾塘草莓休闲采摘基地成型，集种植、认领、采摘、休闲于一体，吸引区内外游客。镇海草莓上市期早、果型饱满、颜色明丽、香味浓郁，可溶性固形物含量高，肉嫩多汁、口感香甜，深受消费者喜爱。2008 年，镇海草莓种植面积稳定在 133 公顷，主导品种章姬、红颊等，年产值 8000 余万元。

镇海葡萄 宁波市镇海特产之一。1994 年河头乡、骆驼镇引进葡萄新品种栽培，到 1998 年河头、汶溪、长石、杜夹岙、田杨陈、清水湖、敬德等地开始大规模种植，形成集葡萄种植、采摘、休闲于一体的体验片区。在各级政府的推进下，通过引进新品种、提升种植技术、加强品牌建设、拓展市场等措施，葡萄种植品种多达 20 余种。主导品种有巨峰、红富士、腾稔、夏黑、甬优一号、99 -5 等。镇海葡萄栽培多采用有机肥料，结合镇海地域富含锌、硼、硒等微量元素土壤，培育出高品质葡萄。镇海葡萄以形美、色佳、糖度适中、口感好等优点，果肉软硬适中，汁多味甜，有香气，风味较浓，深受消费者喜爱。镇海区每年举办葡萄节、葡萄品尝周、精品葡萄评选活动，推动互联网 + 销售、休闲采摘、客商采购会等，镇海葡萄已打响宁波市场。2008 年，镇海葡萄种植面积稳定在 267 公顷，年产值近亿元。

栽培技术

地膜覆膜栽培 1982年进行地膜覆盖夏菜试验。1983年用小拱棚塑料薄膜覆盖黄瓜，结果提早15天上市，每公顷增值在4500元上下。至1998年，早春栽培的西瓜、茄子、黄瓜、夜开花、辣椒、番茄、毛豆、春大白菜、春萝卜等，基本采用地膜覆盖栽培，面积达933.33公顷，早春采用小拱膜覆盖的面积约333.33公顷。

大棚栽培 1987年，镇海区首次引进钢管大棚7套，在临江蔬菜基地试种，效益显著，特别是种植黄瓜能提早月余上市，增产50%以上，比露地种植收益提高2~3倍。钢管大棚成本高，政府虽给予50%的费用补助，也未能大面积推广。1989年，开始用毛竹架搭大棚，因成本低，得到迅速推广。1998年，全区共有大棚280公顷，大棚宽度一般为6米，其中80%以上为竹棚。大棚蔬菜主要品种有黄瓜、番茄、茄子、草莓，以及部分带豆、辣椒、夜开花、糯玉米、春大白菜、春萝卜、西洋南瓜、小西瓜、洋香瓜、毛豆、梅豆等。1998年引进宽度为12米大棚3座，因其保温性好，土地利用率高，大棚栽培在全区得到推广。2006年，九龙湖镇蔬菜基地引进山东菜农，种植大棚丝瓜面积13.33公顷，采用密植栽培技术，每公顷产量达到7.5万千克。

反季节栽培 1983年起，开始试种、推广秋番茄、黄瓜、秋梅豆反季节栽培。1989年起，随着大棚面积扩大，反季节栽培迅速发展，不少菜种做到全年栽植、全年供应。20世纪90年代，推广夏番茄、秋冬番茄、秋冬瓜、秋南瓜、秋西瓜、秋甜瓜、夏秋黄瓜、秋马铃薯、大棚冬芹、冬莴苣笋等反季节栽培。2000年起，西瓜长季栽培推广较快，种植面积最多时达133.33公顷，并有大棚芦笋16.67公顷。2005年，推广水芋艿大棚反季节栽培，面积6.67公顷。

其他栽培技术 1989年，从省农科院引进无土栽培技术，后因无土栽培用水、用电、用肥等成本较高，其产品的价格同土栽相差无几，至1992年被淘汰。1995年后，采用强力座瓜灵喷西瓜、甜瓜、夜开花幼果，有显著保花保果作用。2000年，应用西瓜嫁接育苗技术，至2005年推广面积约66.67公顷。

第五节 花卉 园艺

生产规模

镇海区农村实行家庭联产承包后，一度兴起种五针松热，后市场转冷，逐渐淘汰。1986年，全区花卉面积12公顷，2000年花卉面积78公顷。2002年后花卉园艺市场开始转旺，加之政府鼓励，种植面积达到517公顷，是1986年43倍。2008年，花卉园艺面积1211公顷，比2002年增长1.34倍，花卉园艺产值7385万元，比2002年增长35.9倍，占全区种植业产值16.38%；花卉企业6个，花农200户，专业技术人员24人；控温温室1400平方米，日光温室12500平方米，遮阴篷2000平方米。

2003—2008 年镇海区花木种植情况表

表 14－28

年份	播种（公顷）	其中				产值（万元）	其中	
		花卉	观赏苗木	草皮	盆栽园艺		花卉苗木	盆栽园艺
2002	517	455	62	—	—	200	150	50
2003	1298	373	914	11	—	2655	1984	671
2004	1170	407	748	15	—	5130	3680	1450
2005	1182	503	665	14	23	6105	4181	1924
2006	1197	512	671	14	23	6777	4774	2003
2007	1242	513	715	14	—	6970	4838	2132
2008	1211	518	689	4	—	7385	5585	1800

花卉园艺企业选介

澥浦瑞雪花卉研究所　由两大学毕业生创办于1999年，位于澥浦镇岚山村，占地8公顷，总投资200多万元，拥有150个标准大棚，并建有4000平方米连栋温控大棚，年产草花300万株、盆花近10万株，年产值600余万元，利润70万元。2008年，生产花坛草花逾500万盆，占据宁波市场份额近一半。该研究所和浙江大学农学院、宁波农科院建立长期合作关系，并和传化生物技术有限公司等知名企业协作，先后从美国、日本、德国、荷兰等国家引进孔雀草、和服鸡冠、万寿菊、三色堇等一批名优花卉。

镇海爱密丽花卉场　2001年始办，位于澥浦镇十七房村，总投入120万元，建有3.33万平方米钢质大棚，引进全套冷藏等设施，试种“森林旋律”“白雪公主”“奥林匹克之星”等百合品种，以及郁金香、银柳、非洲菊、彩色马蹄莲等。2002年，花卉场的主导产品实现工厂化周年供应，年产鲜切花50万枝，成为浙江省规模最大的香水百合供应基地。2002—2005年，新建温室大棚，另在庙戴村建花卉生产基地。2006年，投资80万元新建温控大棚2座，面积4000平方米。2007年，投资130万元新建智能温室，面积423平方米；投资350万元在庙戴村开发综合性的花卉园区，总面积16.67公顷。年产香水百合120万株，每公顷收入约900万元。2008年，投资1550万元新建智能温室4830平方米。

庄市永明园艺场　创办于2006年，占地8.1公顷，累计投入800万元，开展盆景、苗木和园林树木的栽培、种植和展示。园艺场有白玉兰、罗汉松等苗木5000多盆，罗汉松中大型盆景1000余盆，红枫、鸡爪枫、桂树等名贵园林绿化树种近50颗，并建有苗木温室大棚2000平方米，设有垂钓、餐饮、娱乐等设施，年产值100万元，盈利50万元。

澥浦中华盆景园　创办于2007年，占地6.87公顷，累计投入500万元，开展盆景、苗木和园林树木的栽培、种植和展示。从事松树盆景种植，有造型盆景3万盆，年产苗木2万盆，产值50万元，盈利25万元。

第六节　茶　叶

1986年全区茶园84.9公顷，可采摘73.9公顷，产茶53吨。茶园分布汶溪、长石、河头和澥浦4乡镇18行政村。1985年全区低产茶园面积33.33公顷。1986年起以改树、改土、重施肥，改造低产茶园，至1993年改造低产茶园27.33公顷，至2008年茶园保持在82公顷的情况下，产茶185吨，比1986年增加2.5，而茶叶品质逐年提高；茶叶产值1986年13万元，至2008年提高到321万元，增加24.69倍。

良种推广

1991年，河头勤山茶场引入无性系福丁白毫2.5万株，栽植0.33公顷。1992年，引入瑞岩寺林场乌牛早、龙井43等4.34万株，栽于汶溪乡民主村，计地0.53公顷；乌牛早、龙井43和迎霜等剪穗20万枚，植于汶溪乡迎胜，自繁扦插苗圃0.13公顷。2年间共推广无性系良种26.8万株，栽植1.33公顷，投入资金4万元。1993年，新辟澥浦滕山茶园3公顷，品种有乌牛早、龙井43、迎霜等，投入资金1万元，投产面积1.6公顷，年精制龙井茶200千克，收益4万元。2003年引入安吉白茶，九龙湖镇秦山春毫茶场新辟汶溪秦山茶园23.33公顷，品种有乌牛早、龙井43、迎霜、安吉白茶等，其中白茶7.8公顷、乌牛早2.73公顷、龙井43号1公顷。2004年起重点发展白茶，至2008年白茶面积33.33公顷，占全区茶园面积40%，名优茶产值321万元，其中白茶产值180万元。

名茶制作

1990年春引进名茶加工技术，至1997年名茶炒制点发展到16个，采摘面积53.33公顷，共精制龙井名茶13.8吨，价值244.5万元。2004年始，镇海区名优茶产量持续上升，品质也逐年提高，均价可达600元/千克。九龙湖镇秦山春毫茶场“秦香春”获2004年中国宁波国际茶文化节“中绿杯”银奖、2005年中国国际茶文化节“中绿杯”优胜奖、2006北京马连道第六届茶叶节暨浙江绿茶博览会金奖、2008年中国国际茶文化节“中绿杯”金奖。龙殿茶场“龙殿凤舌”获2004年中国宁波国际茶文化节“中绿杯”银奖、2006年北京马连道第六届茶叶节浙江绿茶博览会银奖、2008年中国国际茶文化节暨浙江绿茶博览会金奖。

QS和无公害认证

2007年，九龙湖镇秦山春毫茶场、龙殿茶场和建国茶场获QS认证。2006年，九龙湖镇秦山春毫茶场获市无公害农产品产地认证。

1986—2008 年镇海区茶叶生产情况表

表 14－29

年份	茶园（公顷）	采摘（公顷）	公顷产量（千克）	总产量（吨）	其中			总产值（万元）	投售茶站（吨）
					春茶	夏茶	秋茶		
1986	84.9	73.9	624.0	53.0	35.4	12.6	5.0	13.0	26.5
1987	76.3	74.9	721.5	55.0	20.0	18.0	17.0	27.0	40.0
1988	73.5	73.5	897.0	66.0	33.0	17.0	16.0	43.0	51.0
1989	97.6	41.5	564.0	55.0	38.4	9.3	7.3	38.8	38.0
1990	73.6	66.8	543.0	40.0	31.0	9.0	—	35.0	21.0
1991	66.7	900.0	153.0	50.3	33.9	9.0	7.4	45.0	29.3
1992	66.7	66.7	994.5	66.3	42.4	16.4	7.5	61.0	13.4
1993	66.7	66.7	1335.0	89.0	47.0	30.0	12.0	62.0	—
1994	66.7	66.7	1150.5	76.7	53.2	15.5	8.0	58.0	—
1995	67.0	67.0	1030.5	69.0	52.0	14.0	3.0	68.0	—
1996	69.9	69.9	943.5	66.0	44.0	20.0	2.0	126.0	—
1997	70.9	67.4	1270.5	90.0	45.0	31.0	14.0	180.0	—
1998	74.9	68.9	1642.5	123.0	55.0	45.0	23.0	219.0	—
1999	71.7	69.2	1705.5	122.3	44.6	52.1	25.6	215.0	—
2000	78.2	69.2	1291.5	101.0	44.0	40.0	17.0	227.0	—
2001	81.5	78.2	1363.5	111.2	51.0	39.0	21.2	251.0	—
2002	70.0	70.0	1300.5	91.0	39.0	31.0	21.0	206.0	—
2003	78.0	74.0	1333.5	104.0	66.0	24.0	14.0	235.0	—
2004	79.0	73.0	1771.5	140.0	96.0	30.0	14.0	316.0	—
2005	86.0	83.0	2256.0	194.0	91.0	78.0	25.0	340.0	—
2006	98.0	97.0	1887.0	185.0	113.0	51.0	21.0	282.0	—
2007	9.02	78.0	2022.0	186.0	99.0	68.0	19.0	291.0	—
2008	82.0	76.0	2256.0	185.0	115.0	48.0	22.0	321.0	—

说明：1993 年后供销社茶站停收，改茶农自售，均产按茶园面积计算

第七节　水　果

镇海区历史上水果种植较少，主要品种有柑橘、桃、杨梅、梨等。1986 年，镇海区将水果生产列入发展开发农业和提高农民收入的重要内容，是年水果面积比 1985 年增长 3.9 倍，达 518.2 公顷，其中柑橘面积占 67.5%，比上年增长 7.4 倍。1997 年水果面积达 719.07 公顷，水果产量 7415 吨。2000 年后开始大量种植葡萄。至 2008 年全区水果种植面积达到 676 公顷，比 1985 年增加 5.37 倍；水果产量 15617 吨，比 1985 年增加 59.44 倍；水果主要品种有柑橘、杨梅、水蜜桃、柿、李、葡萄、梨、枇杷，其中柑橘和葡萄种植面积、年产量，占全区水果面积和年产量的 63% 和 75.8%。

柑橘

柑橘生产原主要集中在汶溪乡和河头乡的山坡地。1984 年后，开始在棉旱地和水稻田种植柑橘。1986 年柑橘面积 350 公顷，产量 139.5 吨。1990 年，全区橘园 302.8 公顷。其中，河头乡、汶溪乡山坡地栽植 91.93 公顷，占 31%；平原稻棉区发展橘园 210.87 公顷，占 69%。1998 年，全区 333.3 公顷老品种柑橘，以高接换种等方法逐步进行品种改良。至 1998 年，栽植面积 420.4 公顷，占水果总面积的 55%，总产量 2309 吨，占水果总产量的 64.4%。平原种植分布在澥浦镇、贵驷镇、庄市镇和城关镇，面积 307.6 公顷，大多在棉旱地种植，年产量 4390 吨，占总产 77.4%，其中贵驷镇最多，面积 152.6 公顷，年产量 1880 吨。山旱地种植分布在骆驼镇的汶溪和河头，面积 112.8 公顷，年产量 1288 吨，占总产量的 22.6%。2001 年后，部分棉旱地被化工区征用，平原柑橘面积减少。2008 年全区柑橘面积 282 公顷，占水果总面积的 41.7%，总产量 6601 吨，占水果总产量的 42.3%。柑橘以橘类为主。橘类特早熟品种有崎久葆、大分、日南等，其中大部分于 2005 年后引入，种植 80 公顷，年产量 500 吨。1998 年起种植宫川、市文为主的早熟型品种和尾张、山田为主的中熟型品种，种植面积 277.13 公顷，占柑橘总面积 66%，年产量 3950 吨。柑类有红玉柑、椪柑等晚熟类型，橙类有甜橙，杂柑为胡柚、宫内伊予柑、象山红等，种植面积均不多。1986—1998 年，开展科学种果，以幼龄适期投产为栽培管理目标。1986—1990 年进行第一期科学种果，产橘果 1637.3 吨，占同期柑橘产量的 6.2%。1991—1998 年进行第二期科学种果，以提高单产为目标，产橘果 24795 吨，占同期柑橘产量 93.8%。

梨

1991 年镇海区开始种植黄花梨，栽植于河头勤山村，庄市光明村和五星村，贵驷镇民联村和沙河村，城关镇俞范等村。1994 年面积 72.9 公顷，年产量 5 吨。1995 年，从浙江农业大学引入西子绿、脆冠、雪新、新雅等品种，栽植于城关镇三合村、岚山村、顺风村，骆驼镇中心村，河头乡杜郭村和澥浦镇郑家等村，面积 30 公顷，年产量 18 吨。2008 年，主栽品种有翠冠、黄花，栽植于庄市镇和骆驼镇，面积 57 公顷，总产量 1083 吨，分别占水果总面积和总产量的 8.4% 和 6.9%。

桃

1986 年，镇海棉区从奉化引入适宜加工罐装的黄桃品种，种植于贵驷镇的路沿郑、通德、庙港、沙河、朝阳、董家畈、爰登、双斢、妙胜、禾丰、大市堰、徐家堰等 14 个村，面积 85 公顷，年产量 600 吨。1994 年黄桃罐头滞销、桃果无销路，改种其他作物。1992 年，从省农科院引入适应山旱地种植的早霞露、玫瑰露、雪花露和砂子、岗山、春花、春蕾等特早桃，栽植于河头勤山村、吴夹岙村、杜郭村和郎家坪村，澥浦镇藤山村，骆驼镇的汶溪、秦山、西岙、小洞岙、河头陈、中心等诸村，面积 23. 33 公顷，年产量约 450 吨。2008 年全区种植水蜜桃 13 公顷，产量 230 吨，分别占全区水果总面积和总产量的 1. 9% 和 1. 5% 。

杨梅

历史上汶溪山区有少量杨梅。1990 年始，从黄岩、慈溪等引入东魁、荸荠种 15 万株，栽植于河头乡的路下徐、勤山、河山、长胜、十字路、郎家坪、横溪、吴夹岙、杜郭和骆驼镇的民主、汶溪、小洞岙、迎胜、中心等 14 个村（含自然村），种植最多时面积 173. 33 公顷，年产量 651 吨。2003 年，九龙湖镇民主村杨永耀将杨梅采摘与休闲观光相结合，建立杨梅休闲观光园。2008 年，全区杨梅种植面积 159 公顷，总产 1243 吨，分别占水果总面积和总产量的 23. 5% 和 8% 。

柿

河头山区有种植，但数量不多。1992 年从北仑区塔峙引入方柿品种，栽植于澥浦镇袁家村和河头乡的勤山、长胜等村，面积 9. 53 公顷，年产 60 吨。至 1994 年，柿子种植面积最多达到 16. 5 公顷。后因经济效益差，从 2001 年起面积逐年减少，2008 年种植 3 公顷，产量 70 吨。

枇杷

历史上有少量实生苗枇杷在院庭内种植，主要为观赏。1990 年从黄岩县引入洛阳青品种，栽植于河头勤山和骆驼汶溪两村，面积 5. 67 公顷，年产量 180 吨。2004 年，从宁海引进白枇杷，栽植于骆驼镇董家贩村，后推广到九龙湖镇，至 2008 年种植 14. 67 公顷。2008 年全区枇杷种植 18 公顷。

油捺

1993 年从福建古田县引入，有红皮红肉和青皮黄肉两种。主要栽植于骆驼镇汶溪、河头陈，田顾，澥浦镇袁家，贵驷镇徐家堰，庄市镇协兴，城关镇南洪等村，面积 61. 2 公顷，年产 540 吨。1998 年 16 公顷油捺改种西子绿梨、翠冠梨，至 1999 年已无种植。

李子

1997 年引入美国黑李，栽植于城关镇顺风村，面积 2 公顷。后因土地征用，至 1999 年全部淘汰。

1986—2008 年镇海区水果种植面积情况统计表

表 14－30　　单位：公顷

年份	总计	柑橘	黄桃	杨梅	水蜜桃	柿	李子	葡萄	梨	油捺	枇杷
1986	518.2	350.0	85.0	39.1	31.9	1.7	7.1	1.1	2.7	—	—
1987	601.0	394.0	92.0	47.4	42.9	1.7	5.5	14.3	3.3	—	0.1
1988	562.0	298.3	85.2	82.9	56.9	1.7	5.5	15.3	3.3	—	2.3
1989	590.0	299.9	85.2	110.8	64.1	2.4	5.5	16.0	3.3	—	2.3
1990	619.0	302.8	85.2	134.5	65.0	2.4	5.5	16.1	2.5	—	4.9
1991	678.0	308.0	85.2	186.2	65.3	3.7	5.5	16.1	2.5	—	5.1
1992	678.0	308.0	85.2	186.2	65.3	3.7	5.5	16.1	2.5	—	5.1
1993	684.0	299.7	85.2	165.0	32.5	11.7	5.5	22.5	32.6	29.7	5.2
1994	877.0	333.2	85.2	178.0	33.1	16.5	9.3	22.5	72.9	71.3	5.2
1995	714.0	347.3	—	152.4	31.2	6	6.2	20.5	71.7	20.1	6.3
1996	701.0	354.0	—	152.4	33.9	8.7	6.2	20.5	71.7	54	6.3
1997	719.0	384.0	—	146.7	34.5	10.3	2.0	22.5	92.3	21.3	5.7
1998	772.0	420.4	—	140.8	34.5	9.5	3.1	15.1	99.7	7.7	5.7
1999	810.0	416.7	—	170.8	41.1	9.5	—	15.4	108.0	—	5.7
2000	847.0	416.7	—	188.8	47.1	9.5	—	22.4	114.0	—	5.7
2001	642.0	314.7	—	160.7	22.9	4.7	—	46.5	89.9	—	3.1
2002	651.0	320.0	—	160.0	25.0	5.0	—	46.0	92.0	—	3.0
2003	661.0	306.0	—	153.0	28.0	5.0	—	57.0	84.0	—	2.8
2004	794.0	404.0	—	189.0	42.0	8.0	—	82.0	68.0	—	1.0
2005	800.0	379.0	—	201.0	36.0	10.0	—	110.0	60.0	—	4.0
2006	820.0	387.0	—	200.0	36.0	11.0	—	121.0	61.0	—	4.0
2007	766.0	322.0	—	155.0	18.0	4.0	—	188.0	61.0	—	18.0
2008	676.0	282.0	—	159.0	13.0	3.0	—	144.0	57.0	—	18.0

1986—2008 年镇海区主要水果产量统计表

表 14 - 31 单位：吨

年份	合计	其中：					
		柑橘	梨	桃	葡萄	杨梅	其他
1986	281	139.5	20	50.5	1	62	8
1987	412	230.0	16	48.0	6	105	7
1988	477	86.0	17	223.0	35	100	16
1989	1135	606.0	12	288.0	62	157	10
1990	1540	575.0	10	748.0	128	54	25
1991	1840	969.0	4	466.0	219	177	5
1992	2509	1465.0	5	665.0	323	47	4
1993	3800	2868.0	4	417.0	396	115	—
1994	3592	2800.0	5	316.0	352	117	2
1995	5524	4213.0	18	811.0	304	102	76
1996	5361	4281.0	385	210.0	344	40	101
1997	7415	6403.0	238	155.0	330	189	100
1998	3585	2309.0	394	199.0	323	120	240
1999	5951	4325.0	775	194.0	323	76	258
2000	5845	3591.0	1129	115.0	341	390	279
2001	11762	8997.0	1732	172.0	391	373	97
2002	12000	9000.0	1800	180.0	500	490	30
2003	12607	8934.0	1194	256.0	929	591	703
2004	16373	8538.0	1842	1107.0	1982	1498	1406
2005	16352	8688.0	1726	730.0	2234	1608	1366
2006	17164	9074.0	1507	742.0	2547	1800	1494
2007	18777	8327.0	1918	470.0	4975	2158	929
2008	15617	6601.0	1083	230.0	5239	1243	1221

第八节　农作物保护

水稻病虫害防治

蝗虫　20 世纪 80 年代初，有机磷和有机氮农药取代有机氯，蝗虫害有所遏制。90 年代蝗虫又有回升趋势。1993—1994 年汶溪、骆驼等地调查，虫量为 200～300 只 / 666.7 平方米（亩）；1995

年临江调查，最高虫量600余只/666.7平方米。同年5月30日，在湾塘征而未用的荒草地上调查，虫口密度高达3.12万只/666.7平方米。全区每年发动稻蝗为害的乡镇，在稻蝗二龄高峰期对征而未用的杂草地、河塘、田埂等划地喷药杀灭。经连续几年防治，稻蝗发生量显著减少，对水稻产量已无影响。2000年以后，征而未用的土地增多，且多有旱情发生，稻蝗又有回升，但对产量无影响。

螟虫　1986—1998年，螟虫以二化螟为主，年发生量占三种螟虫的90%以上，三化螟为罕见。采用低毒高效和残效期长的杀虫双农药，防治效果在90%左右，螟害率控制在1%以下，挽回因螟害造成的粮食损失6021.3吨，损失粮食仅214.3吨、占发生为害应有损失的3.44%。2000年以后，单季稻种植比例上升，螟虫为害加重。螟虫对杀虫双农药出现抗药性，开始推广锐劲特防治螟虫，防治效果达95%以上。2000—2008年，挽回粮食损失4158吨，实际损失104吨。

1986—2008年镇海区一代螟虫害防治情况表

表14－32

年份	发生面积（公顷）	防治面积（公顷）	挽回粮食（吨）	实际损失（吨）	年份	发生面积（公顷）	防治面积（公顷）	挽回粮食（吨）	实际损失（吨）
1986	5933	5160	464.40	16.84	1998	5047	5027	750.00	30.00
1987	5667	5287	475.80	8.55	1999	4580	5440	687.00	28.00
1988	3000	3093	278.40	2.25	2000	3147	3307	472.00	19.20
1989	3333	3600	296.20	2.46	2001	2700	5400	1016.80	21.45
1990	3400	3153	306.00	9.18	2002	2187	2840	823.28	17.35
1991	6060	6033	362.20	6.36	2003	980	1173	340.13	7.79
1992	6107	5807	566.15	14.50	2004	1113	1333	379.00	8.20
1993	5240	4233	412.75	20.60	2005	1127	1333	385.00	8.85
1994	4967	4800	360.70	18.10	2006	1000	1600	264.00	8.35
1995	5267	5000	375.00	18.75	2007	827	1333	250.00	7.25
1996	5267	5033	592.50	29.60	2008	667	1333	227.80	5.23
1997	5213	5207	781.00	36.50	—	—	—	—	—

稻飞虱　1986年起，随着长效农药扑虱灵引进，飞虱为害基本控制。1986—1998年，全区共发生飞虱为害面积4.94万公顷，防治面积6.7万公顷，挽回粮食损失24577.5吨，实际损失287吨。其中，1988年、1990年和1991年，晚稻飞虱发生量在100万只以上/666.7平方米，损失稻谷分别为50吨、56吨和60.5吨，其余各年均控制在一般发生年的标准内。2005年秋季高温，稻飞虱再度暴发。区农技总站10月上旬调查，平均666.7平方米虫量81.8万只，少数田块虫量500万只。初用扑虱灵和吡虫啉防治效果不好，后改用敌敌畏或毒死蜱与之混配进行大面积防治，为害得到控制。是年晚稻褐飞虱防治面积6133公顷，挽回粮食损失1万吨，绝收面积16.67公顷。2006年、2007年，稻虱飞继续爆发，并在穗部出现大量灰飞虱，引起稻穗发黑，经用乐斯本防治，效果

显著，是年粳稻丰收。

1986—2008 年镇海区飞虱发生和防治情况表

表 14-33

年份	发生面积（公顷）	发生量			防治面积（公顷）	挽回损失（吨）	实际损失（吨）
		虫（万只）	卵（万粒）	合计			
1986	340	4.90	23.78	28.68	880	255.00	1.50
1987	9707	44.50	153.79	198.20	6800	2250.00	12.50
1988	6727	19.72	213.75	233.47	6733	4204.00	50.20
1989	3493	8.88	64.30	73.18	4560	2501.00	10.20
1990	4993	11.71	94.40	106.11	5700	1123.00	56.00
1991	6720	43.86	183.49	227.17	6593	7560.00	60.48
1992	6733	6.69	99.33	106.02	4873	2525.00	12.60
1993	820	1.76	52.62	54.38	1780	307.00	6.15
1994	1233	2.62	20.35	22.97	5667	277.50	13.87
1995	7333	2.02	80.00	82.02	9000	2750.00	42.50
1996	1333	2.35	16.17	18.52	5000	25.00	1.50
1997	667	1.34	10.50	11.87	3333	100.00	4.50
1998	2333	10.13	57.75	67.88	6067	700.00	15.00
1999	2667	6.33	80.50	86.83	6233	900.00	9.00
2000	1533	1.64	45.50	47.14	6000	517.50	5.20
2001	2267	4.51	48.02	52.23	5687	850.00	4.00
2002	2033	3.17	38.50	41.67	4553	853.70	4.00
2003	1333	2.12	35.60	37.72	2667	500.00	2.62
2004	2533	9.01	36.75	45.76	5067	1900.00	9.88
2005	3047	81.80	818.00	899.80	6093	14464.00	685.00
2006	3047	87.00	286.00	373.00	15000	9750.00	437.00
2007	2667	142.90	450.00	592.50	10667	8000.00	500.00
2008	2333	40.00	80.00	120.00	8000	12543.00	284.00

稻螟蛉 20 世纪 90 年代初，因甲胺磷长期使用防治效果明显下降，在汶溪和贵驷的半稻半棉区晚稻秧田偶有发生。

稻纵卷叶螟 1962 年扩大连作稻种植后，为害逐年加剧。1985 年起，广泛使用杀虫双水剂，对稻纵卷叶螟虫害防效显著，一般年份损失控制在 3% 以下。2000 年以后，以种植单季稻为主，季节性抛荒田增加，纵卷叶螟栖息环境改善，发生为害趋重。2002 年甲胺磷等部分高毒农药禁用，

2002—2008年纵卷叶螟连年暴发，杀虫双水剂治防效果下降，使用乙酰甲胺磷、锐劲特等防治，为害控制在允许范围内。

1986—2008年镇海区稻纵卷叶螟发生和防治情况表

表14－34

年份	二代				四代			
	发生面积（公顷）	防治面积（公顷）	挽回稻谷（吨）	实际损失（吨）	发生面积（公顷）	防治面积（公顷）	挽回稻谷（吨）	实际损失（吨）
1986	2000	2353	750.00	17.50	1000	1400	105.00	2.80
1987	5967	5553	1041.75	31.90	6333	6100	915.00	10.38
1988	3200	3760	705.00	3.50	6387	6733	950.00	11.75
1989	3400	4267	735.00	2.90	4633	4927	814.00	1.50
1990	2033	2633	—	—	3473	4347	864.70	26.50
1991	2133	2733	408.00	0.54	4300	5160	806.00	15.12
1992	2967	5640	222.50	11.12	4040	4873	303.00	15.15
1993	3147	3133	940.00	27.00	5273	5567	1186.50	23.73
1994	6260	6433	2348.50	70.46	5000	5933	950.00	20.5
1995	5267	4960	1580.00	59.25	10133	11400	3800.00	152.00
1996	5267	5000	1770.00	7.50	10253	11867	3845.00	190.00
1997	2467	5000	740.00	3.50	5400	6133	2025.00	100.00
1998	667	2333	700.00	3.50	3000	7933	1125.00	40.00
1999	333	2000	250.00	1.50	6233	6213	2337.00	23.50
2000	200	3147	150.00	0.70	4500	6000	1460.00	13.50
2001	1367	2700	510.00	4.50	5687	10333	1706.00	17.00
2002	33	2187	328.00	5.00	4553	9107	6830.00	341.50
2003	600	600	1350.00	9.00	3133	12533	9400.00	235.00
2004	667	667	1500.00	10.00	3067	12267	9200.00	230.00
2005	767	767	1580.00	11.40	3047	18280	9300.00	242.00
2006	820	800	1320.00	7.20	3047	5933	6370.00	212.00
2007	2667	2667	1200.00	6.80	2667	5333	6750.00	280.00
2008	2667	5333	2105.00	14.00	2333	4667	4800.00	220.00

稻苞虫 常年均有零星发生，以山区为害较重。1985年起使用低毒高效新型农药杀虫双水剂后，基本控制稻苞虫为害发生，一般每666.7平方米虫量在100条以下。1994年城关镇迎师桥村对为害明显田块调查，500丛晚稻有害虫28条，每666.7平方米虫量1120条，经防治后得到控制。

稻象甲和稻秆蝇 偶尔发生在沿海和山区。20 世纪 80 年代末，在汶溪沿山田块早稻稻象甲偶有发生，以后逐年扩大。至 1998 年，虫害发生面蔓延至长石、河头、骆驼等平原稻区，除个别年份在汶溪为害较重、有明显损失外，其余发生田块均未减产。

蝼蛄、负泥虫及蚜虫 均系常发性害虫，蝼蛄常见于咬食田边稻株，负泥虫在沿山稻区每年均有零星发生，蚜虫危害多发生在晚稻，其损失要高于蝼蛄和负泥虫数倍。1989 年、1991 年、1995 年和 1996 年，晚稻蚜虫为害较重，稻头呈灰黑色，明显影响晚稻产量和品质。

稻瘟病 1986—1997 年，全区早晚稻罹病面积共 6593 公顷，防治面积 2.8 万公顷，挽回稻谷损失 4106.8 吨，实际损失 896.45 吨，占发生损失的 17.9%。后广泛种植抗病品种，20 世纪 90 年代后期起稻瘟病害明显减轻，除 1999 年、2000 年有少量发生外，后几年基本未用农药防治。

1986—2005 年镇海区稻瘟发病情况表

表 14-35

年份	早稻					晚稻				
	秆发病率（%）	病情指数	损失率（%）	发病面积（公顷）	损失稻谷（吨）	秆发病率（%）	病情指数	损失率（%）	发病面积（公顷）	损失稻谷（吨）
1986	17.12	9.23	5.26	809	176.95	6.10	2.41	1.43	273	49.30
1987	8.85	3.09	1.99	143	11.22	13.21	8.32	5.09	66	29.30
1988	7.06	2.41	1.13	27	2.50	18.17	9.28	5.55	13	4.40
1989	40.15	17.88	8.64	14	6.38	30.69	16.20	9.87	1027	135.70
1990	22.83	12.77	8.21	73	10.6	35.45	18.16	9.03	63	18.00
1991	24.18	13.89	8.77	43	6.91	23.23	13.91	9.91	236	56.40
1992	13.65	8.14	5.56	250	29.3	7.7	3.76	2.40	631	56.33
1993	12.52	5.28	2.57	245	8.6	17.81	8.14	4.29	1027	66.00
1994	15.10	7.31	4.57	17	4.13	10.77	4.31	2.04	8	7.60
1995	11.11	4.30	1.98	10	1.1	—	—	—	—	—
1996	7.45	2.50	1.10	7	0.80	19.27	7.58	3.65	100	37.50
1997	7.65	2.01	0.82	13	1.20	32.39	16.15	10.22	100	180.00
1998	—	—	—	—	—	2.16	0.54	0.22	293	4.12
1999	—	—	—	—	—	34.89	9.13	3.65	340	8.50
2000	—	—	—	—	—	13.90	3.50	1.40	367	32.70
2001	—	—	—	—	—	1.85	0.50	0.18	133	1.53
2002	—	—	—	—	—	1.65	0.48	0.15	107	1.02
2003	—	—	—	—	—	1.55	0.35	0.13	87	0.72
2004	—	—	—	—	—	1.49	0.32	0.11	80	0.56
2005	—	—	—	—	—	1.25	0.28	0.10	73	0.47

纹枯病　枯病在镇海历史上没有造成严重灾害的记载。20 世纪 80 年代，肥水管理进行控制，新型农药稻脚青和井岗霉素应用，早稻纹枯病为害除 1990 年、1994 年较重外，其余年均为一般，晚稻均控制在轻发程度范围内。1986—1997 年，早晚稻两季累计发病 14.68 万公顷，防治面积 26.51 万公顷，挽回稻谷损失 58693.9 吨，实际损失 2344.38 吨，占纹枯病损失的 3.84%。

表 14－36

1986—2008 年镇海区稻纹枯病发病情况表

项目	早稻			晚稻		
	株发病率（%）	病情指数	发病程度	株发病率（%）	病情指数	发病程度
1986	25.90	9.63	轻	24.83	6.55	轻
1987	24.35	6.63	轻	13.18	3.33	轻
1988	35.71	18.38	中	18.52	5.55	轻
1989	27.68	12.75	中	15.07	4.37	轻
1990	31.84	21.20	重	26.41	9.73	轻
1991	43.33	14.39	中	24.04	9.51	轻
1992	20.37	11.74	中	27.92	9.45	轻
1993	33.57	15.92	中	9.01	2.64	轻
1994	40.65	24.18	重	24.93	7.19	轻
1995	41.93	17.84	中	13.03	3.64	轻
1996	35.58	15.48	中	23.10	8.71	轻
1997	23.18	10.98	中	20.30	7.05	轻
1998	11.42	—	轻	14.20	—	轻
1999	34.50	—	中	25.30	—	中
2000	29.40	—	重	27.30	—	中
2001	18.45	—	轻	30.86	—	中
2002	23.75	—	中	5.30	—	轻
2003	21.70	—	中	18.90	—	轻
2004	11.10	—	轻	23.20	—	轻
2005	—	—	轻	26.40	—	中
2006	7.80	—	轻	18.20	—	轻
2007	14.20	—	轻	20.50	—	轻
2008	6.90	—	轻	5.60	—	轻

白叶枯病　20 世纪 70 年代初，因易感病品种从温州引入，白叶枯病迅速遍及，损失甚重。1981 年后推广川化 018 农药，白叶枯病得到有效控制。1990 年，因白叶枯病多年轻发未加重视，

加之气候条件适合，白叶枯病再度复发，发病面积76公顷，损失稻谷139.5吨。1991年，引入台州地区晚粳台202、宁波农科所宁67抗病品种，白叶枯病发生率逐年下降，1995—1998年早晚稻基本无此病发生。2000年汶溪村零星发生晚稻白叶枯病，2000年后未发生。

干尖线虫病 20世纪80年代初因种子大串换后始见。1991年全区发生面积3333.33公顷，临江乡张陈傅村调查，株发病率15.7%，共计损失稻谷122吨。干尖线虫病发生以晚稻为主，采用种子处理剂“的确灵”或“线菌清”等防治。1991年后该病每年均有不同程度发生，但造成损失微小。

细条病 1987年庄市镇0.67公顷晚稻首见此病，至1989年蔓延到3个镇，罹病面积30公顷。经封存病谷、烧毁病草、病田撒施生石灰、种子采用强氯精消毒和大田用叶青双等农药喷施，细条病得到控制。1990年，由于品种更换和台风影响，晚稻细条病暴发，发病面积162公顷，虽经药物防治，实际损失稻谷达26.4吨。1991—1996年，普遍开展种子消毒，此病仅发生在老病区局部田块，损失轻微。1997年、1998年，此病基本得到控制。2000年，晚稻因遭台风暴雨，细条病在骆驼镇孙陆、胜光、方严等村复发，发病品种为杂交稻“二优培九”，发生面积33.33公顷。后基本未发生细条病。

蔬菜病虫害防治

20世纪80年代推广高效低毒的菊酯类速灭杀丁农药防治蔬菜害虫，代替残毒量大的甲胺磷，推广瑞毒霉、乙磷铝防治蔬菜霜霉病、疫病等，采用农用链霉素、敌克松防治白菜软腐病。1989年始，在大棚内普遍使用百菌清、速克灵烟熏剂等农药。1990年后，推广选用抗病品种、开沟排水、增施有机肥、适时播种等防治技术，降低病虫害发生。1992年起推广化学除草剂，减少菜农除草用工。1997年引进防虫网覆盖技术，推广对人体无毒的生物农药和高效低毒农药，1998年网覆大棚面积4公顷。2005年，引进昆虫性诱剂1000只、杀虫灯1000盏，推广防虫网罩24公顷。

草害防治

20世纪80年代起，新型除草剂扑草净、杀草丹、拉索、草甘膦、丁草铵、田草亡等在棉区和稻区推广应用。1988年全区稻田除草剂使用面积超过50%，1992年起蔬菜种植推广化学除草剂。至2004年100%水稻地使用除草剂。

农田灭鼠

1986—1989年，农田鼠害突出。1989年区农技总站在骆驼镇余三村10块早稻被害田调查，平均丛被害率14.3%，严重田块丛被害率44%，株危害率平均1.75%，最高田块5.74%，鼠密度为6.68%。1990年，按照省、市开展农村灭鼠工作的要求，区政府拨款3万元，乡镇拨款3.16万元，单位集资4.77万元，农户出钱4.7万元，合筹灭鼠资金15.63万元，采购鼠夹4620只，供应灭鼠药溴敌隆母液384.3千克，组织灭鼠专业队186个、1367人。是年6月中旬骆驼余三村10块早稻田复查，丛为害率和株为害率0.3%和0.019%，比上年同期分别下降97.9%和98.9%。其间灭鼠76.85万只，挽回粮食6919吨，折现金526.3万元，其效益比为1：33.7。经宁波市灭鼠指挥部核定，达到灭鼠先进标准。1991—1998年，每年春耕前均进行一次农田灭鼠，共计投药2.035吨，施药后除1994年田间鼠密度为1.4%外，其余各年田间鼠密度均在1%以下，挽回粮食25614.1吨，为害损失粮食 1924.9 吨，为害损失率 6.90%。2003 年开始，改用溴鼠灵毒饵剂灭鼠，由区、街道（镇）出资供应，每年投放毒饵 7～10 吨，投放农田面积 4666～5666 公顷之间，室内投放 4.5 万户，灭鼠效果 90% 以上。

第九节　农场　学校

镇海区水稻良种繁育场

1985 年 10 月，县水稻良种繁育场改名为区水稻良种繁育场，场址骆驼镇，面积 37 公顷，其中耕地 27.87 公顷。水稻良种繁育场以农场为基地，以点带面，发挥科研场所、良种基地、高产样板、技术学校等作用。1993 年 1 月，兴建镇海区农业开发区，租用水稻良种繁育场耕地 11.33 公顷。1996 年 2 月，区水稻良种繁育场并入农业开发区。1997 年 12 月，由区政府直属改为区农业局管辖。2002 年 2 月，区水稻良种繁育场按生产经营类事业单位改制要求，进行产权制度改革。2003 年 8 月关闭歇业。全场 165 人，其中在职 74 人、退休 85 人，遗属 2 人、保养人员 4 人；经营性资产 379.19 万元，其中货币资金 16.93 万元，应收款 62.45 万元，房屋资产 298.5 万元，机械设备资产 1.3 万元，流动负债 443.1 万元；土地资产 34.04 公顷，其中已出让 7.79 公顷、剥离土地资产 2.67 公顷、建设用地 9.51 公顷、农业用地 14.07 公顷。

镇海区棉花良种繁育场

1985 年 10 月，县棉花良种繁育场更名区棉花良种繁育场，场址澥浦，耕地面积 30 公顷，为生产经营类事业单位。1998 年，棉场 40 公顷土地转让给澥浦镇政府，协议支付 1400 万元，买断棉场所有权（除螺钉厂和职工舍外，包括土地资源、矿产山林资源、地面附属物及种植作物等），用于化工区开发。2001 年 12 月止，棉场流动资产 43.3 万元、流动负债 97.9 万元，相抵负债 54.6 万元，固定资产 147.7 万元，剔除剥离资产 72 万元（职工住宅及螺钉厂抵押给银行）；从业 108 人，其中在编职工 81 人、退休职工 18 人、遗属 3 人、精减人员 6 人。2002 年 2 月进行产权制度改革，2002 年 9 月关闭歇业。

镇海区农业技术培训学校

1985 年 10 月，县农业技术培训学校改名为区农业技术培训学校，址城关车站路 454 弄 9 号，农业局属事业单位。学校建有 4 层楼房屋 1 幢、3 层 1 幢、2 层 1 幢，设有教室、会议室 3 个，客房 45 间，床位 100 个。至 1998 年年底，每年培训人员及接待会议 5000 人次。1998 年实行自收自支企业化管理。2001 年 1 月，按事业单位转制政策歇业关闭。经资产评估，总资产 341.7 万元，负债 134.3 万元，净资产 203.8 万元。对 2001 年 5 月在编 17 个职工，解除劳动合同，支付理顺劳动关系费用 105.6 万元。2001 年 7 月，房屋等固定资产进行投标竞卖，以 196 万元转卖。

第五章 林 业

1986年起，全区确立城区花园型、农区网络型和山区经济型绿化目标，深化林权制度改革。20世纪90年代中期开始，林业重点转向发挥林业生态效益。2008年，森林覆盖率26.3%，比1992年提高8个百分点，林木绿化率29.1%，活立木总蓄积176867立方米，比1992年增加0.68倍，农田林网控制率达到95%以上，铁路、公路、河流、堤塘等干线绿化率100%。

1985年10月，镇海县农林局改称镇海区农林局，内设山林特产股，负责全区林政管理，下设林特站。1996年5月，区农经委和农林局、水利局、水产局合并，建立区农业局，内设林特科，承担林政管理工作。1986—1990年，澥浦、河头和汶溪3个乡镇农科站增配林政管理员各1人。同时在河头长胜村和汶溪村设立临时竹木检查站。1993年1月，省政府批准建立省级检查站“宁波市镇海区木材检查站”，址在骆驼镇329国道线，1996年7月撤销。建站期间，共检查木材运输车辆3785车次，查扣违规运输木材6989立方米。

1991年镇海区被全国绿化委员会、林业部、人事部授予“全国造林绿化先进县”称号。1993年率先成为省农村绿化合格县（区）。1994年被全国绿化委员会、林业部授予“全国平原绿化先进县”称号。1995年被全国绿化委员会授予“全国造林绿化百佳县（市、区）”称号。2000年获“浙江省高标准平原绿化县”称号。2006年被全国绿化委员会、人力资源和社会保障部、国家林业局授予“全国绿化先进集体”，区委书记被授予“全国绿化奖章”，区农业局被授予“全国沿海防护林体系建设先进单位”。至2008年，全区有全国绿化造林先进单位5个，省级绿色小城镇2个。

第一节 造 林

山地造林

荒山绿化 1984年镇海甬江以北地区有荒山283公顷，至1991年全面完成荒山绿化。1993年被省政府批准为“全省首批荒山绿化达标县”。

低效林改造 1990年起逐年淘汰马尾松，改植阔叶树、杉木、竹类和果木等。1993年，实施低丘缓坡低效林开发总体规划，种植银杏、板栗、竹类、杉木、水果等。至1997年，全区共开发林特基地1859公顷，主要有毛竹279公顷、小杂竹502公顷、柑橘516公顷、小水果350公顷、干果82公顷、茶叶64公顷。1998年，松树蓄积量占乔木总蓄积量从1992年的76%，下降到53.7%，杉木和硬阔叶林分别增加147%和106%。2000年，区出台山林开发项目栽后3年培育管抚措施，落实到每个山头、开发地块，并给予资金补助。1985—2008年，累计完成山林开发933公顷，经济林培育5392公顷。2008年，全区商品林3146公顷，经济林791.6公顷。

生态公益林建设

2002年，根据省委、省政府关于“建设绿色浙江”部署，全区开展生态公益林区划界定，共签订《公益林现场界定书》10份，1320公顷。其中，省级重点公益林338.13公顷，界定书1份，分布于九龙湖村十字路水库集水区，为水源涵养林；县级公益林982公顷，界定书9份，其中三圣殿水库、小洞岙水库、郎家坪水库周围集水区水源涵养林962公顷，招宝山景区风景林20公顷。2003年开始开展生态公益林生态效益补偿试点，省级重点生态公益林每年每公顷补偿120元，合计资金4万元。2006年开始对县级生态公益林生态效益补偿，补偿标准同省级重点生态公益林。2007年，省级重点生态公益林每公顷补偿提高到180元。2008年，省级重点公益林补偿标准提高到225元，共补偿资金76080元（含市级补助资金45600元），县级公益林补助标准仍为180元／公顷，共补偿资金176760元。是年，被省政府评为“浙江省重点公益林建设管理先进单位”。

封山育林

1986年，全区下达封山育林指标126.6公顷，其中疏林封山40公顷、荒山封山85.87公顷、火烧迹地封山0.27公顷。封山育林实行“以全封为主，全封和轮封相结合”的方针，对部分地方因群众生活所需实行小面积轮封。是年，实际封山育林面积153公顷。1992年实行全封，面积127公顷。至2008年封山育林面积扩大到1320公顷。

1985—2008年镇海区山地造林开发情况表

表14－37

年份	荒山造林（公顷）	其中				山林开发（公顷）	其中	封山育林	幼林抚育	经济林木培育	林木育苗	投入（万元）
		松树	杉木	竹林	雷竹		经济林					
1985	43	18	24	1	—	19	15	313	117	613	2	5
1986	38	27	6	5	0.4	1	7	153	113	602	1	5
1987	61	22	18	19	2	4	8	267	120	624	1	5
1988	55	20	18	16	1	64	36	267	11	616	2	10
1989	55	27	20	6	2	42	28	67	167	656	0.6	10
1990	21	16	4	—	1	46	5	67	67	685	2	15
1991	12	7	3	—	2	67	57	169	27	744	4	15
1992	—	—	—	—	—	40	40	127	27	81	0.7	20
1993	—	—	—	—	—	42	42	100	27	83	0.7	20
1994	—	—	—	—	—	48	25	100	20	88	0.3	30
1995	—	—	—	—	—	80	49	100	27	97	0.3	30
1996	—	—	—	—	—	58	7	100	60	115	0.3	40
1997	—	—	—	—	—	65	7	100	53	115	0.3	50
1998	—	—	—	—	—	55	21	100	67	123	0.3	50

续表 14－37

年份	荒山造林（公顷）	其中				山林开发（公顷）	其中	封山育林	幼林抚育	经济林木培育	林木育苗	投入（万元）
		松树	杉木	竹林	雷竹		经济林					
1999	—	—	—	—	—	67	13	—	67	13	47	60
2000	—	—	—	—	—	57	20	—	57	20	60	40
2001	—	—	—	—	—	58	31	—	58	31	73	45
2002	—	—	—	—	—	62	57	1089	62	57	100	75
2003	—	—	—	—	—	12	12	1249	11	11	313	20
2004	—	—	—	—	—	10	10	1249	10	10	313	15
2005	—	—	—	—	—	157	—	1320	250	—	250	10
2006	—	—	—	—	—	112	—	1320	200	—	166	10
2007	—	—	—	—	—	172	105	1320	33	7	26	10
2008	—	—	—	—	—	117	—	1320	13	—	26	10
合计	285	—	—	—	—	933	—	—	—	—	1390	600

说明：1992 年已无荒山

平原造林

平原绿化达标 20 世纪 80 年代开展义务植树为主，造林面积虽大，因管理不善，成活率低。1989 年镇海区被列为省平原绿化达标试点区，平原绿化列入政府考核内容。是年，全区平原绿化造林 18.6 万株，成活率 75.1%。1990 年，政府制定林地、林权、护林政策，谁种谁管谁受益，其后每年平原绿化达标拨款 10 万元以上。1991 年，农林局“池杉两段育苗”试验成功，扩大平原绿化品种资源。1994 年，区政府提出农村园林化目标。1990—1994 年，全区平原绿化植树 72 万株。1995 年实施高标准平原绿化试点工程，区府每年安排平原绿化资金 40 余万元，1995—1998 年，种植香樟、桧柏、黄杨球、湿地松等高档园林树种 12 万余株，全区农村基本实现农田布林网，公路配绿带、河流傍竹林、村庄树成行目标。骆驼镇金华村路栽植香樟，庄市镇光明村旅游果园种植香樟、黄杨球和紫薇，澥浦镇庙戴村住宅四旁和路边隙地砌花坛，植黄杨、香樟、罗汉松等。1998 年森林资源调查，平原绿化现存活木 573656 株，面积 651.73 公顷，林带林网共 878 条，长 454 千米，通过省县级平原绿化达标验收。1999 年，在 329 国道、宁镇线和镇骆线两侧 1 千米范围内建设“窗口林带”工程，实施区级园区畈高档次绿化配套工程，后施村被评为“全国绿化造林千佳村”。2000 年，区政府制定平原绿化“四定”政策（定人员、定地段、定任务、定报酬），规定每年至少除草 3 次、治虫 4 次，责任与报酬挂钩，提高管抚质量、造林成活率和保存率。2001 年采用返租倒包形式的租地绿化，解决主干道两侧绿化用地难和管理难问题。2004 年实施甬江塘四期绿化，清水浦钢丝绳厂至镇海电厂，长度 2000 米，绿化面积 11 公顷，总投资 460 万元。至 2008 年，平原农区绿化面积 970.4 公顷，勤勇村、虹桥村、民联村、沿山村、南洪村、汶溪村通过市级园林式村庄验收，曙光村、董家畈村、沿江村被评为 2008 年度市级绿化示范村，建成永旺村、兴丰村、陈家村、岚山村、中一村休闲公园。

防护林带建设 1988年，俞范镇岚山、棉丰村海岸种植哺鸡竹，长1596米，7.44公顷，4832株。至1993年，镇海区一线海塘13.25千米的岸基干林带合龙，林带宽10~40米，以哺鸡竹为主，其中，黑杨栽植1千米。1995年海岸防护林建设经省验收合格。1998年完成国道线、沿山公路、庄市大道等6条骨干林带建设。2001年，329国道、镇骆路、沿山路两侧绿化列为区农业重点工程，共栽植生态经济林带26.5千米，绿化54.33公顷，种植乔木8.2万株，区、镇、村三级总投入超1000万元。2002年，实施电网高压线走廊林带建设（称高压生态林带），共长12400米，租地118.4公顷，绿化104.47公顷，计有10余树种，252650万株，总投资955.6万元。2003年起全面开展生态林带建设，是年，共完成景观性生态林带建设456.98公顷，种植大香樟1.5万株，黄樟2万株。其中，雄镇生态林带（甬江至骆驼街道）207.37公顷，海天生态林带（后海塘北至宁波化工区）110.95公顷，镇骆生态林带（起镇海城区，接骆驼街道）138.67公顷。2004年，沿宁波市东外环线建设环城生态带—清风林带，长8000米，119.97公顷，投资1392.3万元，至2006年全线贯通；实施海天林带二期工程，长5500米，宽200米，68.11公顷，总投入资金1785万元；自五里牌至中大河，沿石油管道建设长1400米油管林带，绿化7.67公顷，总投资120万元；沿周林港、东大河、罗家港和长应河，开展清水河道生态林带建设试点，河岸绿化14.9千米，绿化面积47.87公顷，总投资1240万元。1988—2008年，建设主要林带26条，总长161千米。

1988—2006年镇海区主要林带建设情况表

表14-38　　单位：米

林带名称	长度	宽度	株数	树　种	植树年度
常镇铁路	10850	4	22000	水杉	1988—1993
镇北海塘	13250	10~14	20000	哺鸡竹	1990—1993
镇宁路	5900	5	46000	香樟、桧柏、海桐、黄杨	1996—1998
329国道	13600	3	110500	香樟、洒金柏、水蜡、海桐	1998
镇骆路	12800	5	35850	樟、柏、海桐、黄杨、火棘	1996—1998
庄市大道	2900	2	7200	香樟、马褂木、龙柏、柑橘	1998
汶骆路	7800	14	58300	水杉、池杉、海桐	1995—1998
长邱路	5040	14	35300	水杉、池杉	1993—1995
沿山路	4840	2	3240	香樟、芙蓉	1998
石碶路	6300	1	1300	香樟	1998
贵驷北大路	3000	2	3200	广玉兰、水杉、花柏	1998
贵驷南大路	2400	2	1950	水杉、香樟、大叶黄杨	1992—1998
团应路	4300	2	5600	香樟、海桐	1996
金秦路	2700	2	1100	香樟	1995

续表 14－38

林带名称	长度	宽度	株数	树　种	植树年度
邵家汇路	3100	2	3560	香樟、龙柏	1997
岚觉路	1000	2	300	樟、夹竹桃	1998
庄俞路	6400	2	6400	水杉	1991
觉王路	1750	2	1300	香樟、紫薇	1996
王方路	950	2	1300	香樟、紫薇	1998
杜西路	2210	2	1900	桧柏、紫薇	1997
田舍陈路	1400	2	450	香樟	1998
棉丰防尘林	1000	2	2000	香樟、水杉、海桐、桉树	1998
海天林带	14500	200	164812	杜英、乐昌、含笑、黄樟等	2003—2004
雄镇林带	12400	350	467700	杜英、乐昌、含笑、黄樟等	2002—2003
镇骆林带	11000	400	310350	杜英、乐昌、含笑、黄樟等	2002—2003
清风林带	8000	200	372600	杜英、乐昌、含笑、黄樟等	2004—2006
油管林带	1400	60	13476	杜英、乐昌、含笑、黄樟等	2004

第二节　竹笋　苗木

竹笋

竹笋主要有毛笋、哺鸡竹笋和雷竹笋3种。1986年面积248.4公顷，产笋量277吨，产值17.9万元。2008年竹笋面积660公顷，产量1518吨，是1986的5.48倍。

毛笋　毛笋以河头横溪产笋最多。1985年以后，扩大竹笋生产列入重要的山区经济开发项目。是年，在汶溪乡秦山村进行毛竹笋高产试验示范，竹笋公顷产量从750余千克提高到1000余千克。1988年，又在郎家坪村进行笋用林高产示范，尔后扩大到横溪、长胜、民主、小洞岙、庶来、汶溪等产笋村，合计改造低产竹林100余公顷。2007年，九龙湖镇竹笋基地被认定为宁波市无公害农产品产地。2008年，全区共有笋竹两用丰产林300公顷，年产笋945吨，其中公顷产量15吨的笋山约67公顷，横溪村120公顷毛竹园，毛笋总产量占全区总产量的50%以上。是年，产笋1318吨，为1986年以来最高年份，比1986年增长3.85倍，占笋总产量86.82%，种植560公顷，占全区竹笋面积84%。

哺鸡竹笋　哺鸡竹笋是镇海乡土竹笋，历史上种植面积不多。1986年全区种植19公顷，产量5吨。1988年，岚山和棉丰村营造海岸带防护林采用哺鸡竹种，后在护林带建设时全面推广。产量最高时1997年达457吨，种植最多时2002年达158公顷。2005年种植的哺鸡竹土地被大量征用，面积减少到50公顷，哺鸡笋产量减少到150吨。2008年，种植面积50公顷，占竹笋面积的

7.58%，产量150吨，占竹笋总产量的9.88%。

雷竹笋　1986年从奉化引入雷竹，在河头乡、汶溪乡等种植0.4公顷，以后逐年扩大。1995年澥浦镇滕山、金张、袁家3村开发雷竹基地13公顷，至1998年全区已有20个行政村种植，面积50公顷，年产鲜笋14吨。1996年秋季，澥浦镇袁家村春笋冬出地面覆盖增湿保温试验，翌年1月开始出笋，产笋量比同类竹园高出7～10倍。1998年地面覆盖增湿保温扩大到13公顷。2008年，雷笋种植50公顷，占竹笋面积7.55%，产量50吨，占竹笋总量3.29%。

1985—2008年镇海区笋、竹两用林面积和产量情况表

表14－39

年份	毛　竹		哺鸡竹			雷　竹		合　计		
	面积（公顷）	产量（吨）	面积（公顷）	林带长度（千米）	产量（吨）	面积（公顷）	产量（吨）	面积（公顷）	产量（吨）	产值（万元）
1985	221	260	16	0.0	3	0	0	237.0	263	15.85
1986	229	272	19	0.0	5	0.4	0	248.4	277	17.90
1987	236	400	19	0.0	8	2	0	257.0	408	24.70
1988	243	438	23	2.3	13	2	少量	268.0	451	32.10
1989	251	450	26	2.3	18	4	少量	281.0	468	35.00
1990	256	450	33	2.6	40	5	少量	294.0	490	41.00
1991	293	450	35	4.0	60	6	少量	334.0	501	57.00
1992	326	450	45	6.9	103	13	少量	384.0	553	70.10
1993	334	628	66	22.9	185	15	3	415.0	816	148.20
1994	350	1050	113	58.9	195	19	5	482.0	1253	182.20
1995	403	1000	132	73.9	350	20	3	555.0	1358	300.00
1996	429	1000	137	85.9	450	26	11	591.0	1461	219.00
1997	493	945	143	86.0	457	35	17	671.0	1419	200.80
1998	508	945	143	86.0	380	50	14	701.0	1339	143.10
1999	537	715	147	86.0	360	50	10	734.0	1085	152.00
2000	600	610	153	88.0	375	50	16	803.0	1000	103.00
2001	603	644	157	90.0	390	50	16	810.0	1050	100.00
2002	589	705	158	92.0	400	50	15	797.0	1120	165.00
2003	543	746	153	88.0	390	50	14	746.0	1150	190.00
2004	607	677	156	84.0	410	50	13	813.0	1100	115.00
2005	560	1015	50	7.6	150	50	35	660.0	1200	201.00
2006	560	1145	50	7.6	150	50	35	660.0	1330	191.00
2007	560	1290	50	7.6	150	50	40	660.0	1480	200.00
2008	560	1318	50	7.6	150	50	50	660.0	1518	210.00

苗木

1986年，区园林处有苗圃5公顷。随着农业结构调整加快，苗木种植逐步兴起，2001年全区苗木种植28公顷。2003年镇海区出台扶植发展苗木种植政策，至2005年苗圃面积417公顷。其中，佳木斯种苗有限公司66.67公顷，育有香樟、栾树、红叶李、广玉兰、山茶、红花继木、罗汉松等；浙江森淼园林建设有限公司66.67公顷，育有香樟、女贞、红叶石楠、海桐、紫薇、红枫、合欢等。2006年，苗木市场行情下滑，部分苗木种植地被征用，至2008年全区种植苗木267公顷。

第三节　森林保护与管理

镇海区森林病虫害有松梢螟、杉梢卷叶蛾、松叶松瘤锈病、杉木细菌性叶枯病、松杉立枯病、苗木茎腐病、煤污病、炭疽病、黑翅白蚁、水（池）杉蓑蛾、樟叶蜂、樟巢螟、刺蛾、蓑袋蛾；竹笋夜蛾、竹螟、竹锈病、竹丝枝病、毛竹枯梢病；非洲蝼蛄、小地老虎、金龟子、吸果夜蛾、茶象、螨类、茶毛虫等。2005年镇海区协同宁波市农科院林科所完成林业有害生物调查，采集林业有害生物共计524种，其中林业害虫89科265种，林业病害9类88种，有害植物28科58属71种。

松材线虫病防治

1997年，招宝山风景区首先发现松材线虫病，尔后又向澥浦、河头和汶溪等乡镇山区蔓延。1998年11月，集中烧毁招宝山风景区病死松树200余株，并在澥浦、河头和汶溪一带山区对类似的病枯松树清理烧毁。2000年对枯松现砍现烧防治处理，2001年8月调查，全区线虫病发病1123.33公顷，枯萎死松树9.8万株，发病范围25个行政村、411个小畈。2002年，山区大多数村实行枯松树杆连同枝条背下山过磅称重后集中烧毁。是年8月中旬再次对松材线虫病罹害调查，全区发病829.27公顷，比上年减少1/4，涉及小畈数219个，减少47%，枯死树松8244株，比上年减少91.79%。2003年，区制定《松材线虫病防治方案》，组建防治专业队2支、28人，自9月至11月，清理枯死松树7952株，火烧200多次，焚毁树枝147.1吨，树干290.2吨，用工1260工，耗资8万元。2004年起，防治处理以异地砍烧为主，实行防治全程监督。2004—2006年，防治531.67公顷，清理枯死松树11095株，异地焚烧松树树枝树干1094吨，用工2750工，投入资金49万元。2007年9月至11月，澥浦镇开展松材线虫病防治，清理枯死松树3170株，完成率100%，防治132.33公顷，完成率100%，安全利用树干1600吨，火烧树枝920吨，用工5500工，投入资金78万元。2008年，区农业局与九龙湖镇、澥浦镇签订松材线虫病防控责任书，组建防治专业队2支及监理队伍2支。自9月至11月间，共清理枯死松树3150株，火烧30多次，安全利用树干1500吨，用工1690工，耗资12万元。

森林植物检疫

1986年区农林局有专职森林植物检疫员1人，负责全区森林植物检疫工作。下属林特站又设专人开具“森林检疫证”，凡过境或出运的进口材、国产材、竹木制品或半成品、旧屋料等，附有发票等凭证给予办理木材检疫证。1997年，浙江省规定省内检疫对象病害8种、虫害6种，镇海区把松材线虫病、毛竹枯梢病和柑橘溃疡病为区内植物检疫对象。2002—2008 年，全区共开出木材检疫证 6435 张，检疫原木 59568 立方米，板材 36620 立方米，木制品 184602 件、检疫苗木 272.6 万株、花卉 170 万株，开出检疫要求书 16 份，查处违章调运松疫木案 2 起，焚烧除害松疫木 6 立方米，收取检疫费 41.5 万元。

森林防火

1988 年 1 月，国务院颁发《森林防火条例》、浙江省公布《森林防火实施办法》后，镇海区建立森林防火指挥部，下设办公室，农林局为职能单位具体负责森林防火工作，先后制定《镇海区森林防火实施细则》《镇海区扑救森林火灾工作预案》等，各乡镇和村也相应制订《护林防火公约》，并规定全区每年 10 月底至翌年 4 月 3 日前为森林防火期。1992 年 10 月，根据省防火办公室要求，确定镇海区森林火灾区划等级为Ⅲ级。1999 年 4 月，建立镇海区公安分局森林警察大队，挂靠区农业局，行使森林防火职责。2004 年，制订《镇海区扑救重特大森林火灾应急预案》，九龙湖、澥浦两镇也制订乡镇应急预案，并每年进行一次演练。

1998 年，区已建有管火队、督查队各 1 支，扑火队 2 支；乡镇建管火队、督查队各 3 支，扑火队 4 支；村级建管火队、督查队和扑火队各 30 支。各级防火组织共有 560 名，各山村落实护林员 38 个。其间，先后购置风力灭火机 114 台，防火阻燃服 140 套，山林防火车 2 辆，建造无线电通信差转台（塔）1 座，配置对讲机 10 只，修筑防火隔离带总长 200 千米，森林防火总投入资金 118.1 万元。2002 年，落实专业扑火队 3 支、共 90 人，义务扑火队 30 支、共 218 人，落实护林员 23 名，树立大型禁火牌，在农历清明等高火险天气轮流值班，并用宣传车巡回宣传。2003 年，共刷新大型禁火牌 8 块，开辟防火隔离带 20 千米，全区灭火机达到 86 台，有扑火队 12 支、突击队 2 支、共 180 人。2004—2008 年，采购 4 台背包式进口灭火机和 4 台油锯，全区风力灭火机达到 165 台，有二号工具 500 余把、电锯 2 台、对讲机 10 个。2006 年 9 月，武警区中队挂牌成立武警森林消防中队。

1985—2008 年，全区发生森林火灾 21 次，直接经济损失 58.5 万余元，死亡 1 人，其中过火 6.67 公顷以上火灾 3 次，受火面积 74 公顷，损失木材 492 立方米。

1985—2008 年间若干年镇海区森林火灾发生情况表

表 14－40

年　份	火灾次数	受害面积（公顷）	烧毁（立方米）		死亡人数	直接损失（万元）	主要地点
			木材	幼林			
1985—1990	5	5	30	3100	1	—	郎家坪
1991	8 次火警	—	—	1200	—	—	—
1992	2	7	10	3350	—	1.0	长胜、勤山
1993	2	11	56	6840	—	2.0	民主、迎胜
1994	2	3	24	920	—	1.0	袁家、小洞岙
1995	2	11	40	3500	—	5.0	袁家、滕山、金张
1996	1	10	30	12500	—	5.0	汶溪等

续表 14-40

年份	火灾次数	受害面积（公顷）	烧毁（立方米）		死亡人数	直接损失（万元）	主要地点
			木材	幼林			
1997	1	14	225	6300	—	20.0	长胜、勤山、十字路
1998	3次火警	—	—	500	—	—	—
2004	2	8	3	89	—	15	斗鸡岙、勤山墓地
2005	1	3	42	300	—	3.5	息云寺山
2007	1	1	2	200	—	2	斗鸡岙
2008	2	2	30	200	—	3	沿山、余严329国道旁

采伐管理

1985年，编制《镇海区森林经营方案》，建立森林采伐许可证制度，规定1985—1990年森林采伐限额每年500立方米。自1990年起，规定树木砍伐范围，严格“采伐许可证”申领手续。1991年开始，限额采伐指标由省人民政府根据各地编制的《森林经营方案》进行审核，并一律使用省林业厅印制的“木材采伐许可证”。“八五”计划（1991—1995）期间，年森林限伐指标为1400立方米、毛竹6万支，实际树木采伐量1477.4立方米，超出限额数的5.5%。“九五”（1996—2000）期间，年森林限伐指标为2050立方米、毛竹7万支，其中1996—1998年采伐量比下达指标少1.46%。2005年林木采伐限额4060立方米，共发采伐许可证28份，发证蓄积为555立方米。2006—2008年，每年采伐限额3330立方米，累计发采伐许可证69份，发证蓄积为563.83立方米。1987—1996年，查处违法事件9起，涉及17人，查扣木材2.5万余千克，罚款2.3万元。1997年后，未发生较大的滥伐事件。2002年开展“绿剑行动”，查处破坏森林资源案件3起。

木竹经营加工核准

1991年，对区内木材市场和木材经营加工企业全面清理整顿，凡符合木材经营加工条件或有正当木材来源单位，逐个核发“木竹经营加工核准证”，先后发放42家，其中骆驼木材市场规模较大，占地1万平方米，驻有18户客商，年经营量近1万立方米。2002年整顿木材加工单位13家。2007年，开展“绿盾护林”专项行动，联合出动执法人员90人次，检查企业27家。

林地管理

20世纪70年代中后期，部省属炼油、发电、港口等项目在镇海开工建设，基建所需石料、沙料大量增加，沿山区各村兴起采石挖沙热潮，至80年代达到高峰。时东起岚山，西迄汶溪，在沿山坡林地开辟大小采石矿塘70余处，部分山体掘得面目全非，个别孤山夷为平地，如澥浦镇的合箕山、猫堂山及西山嘴等，山地绿化受到很大影响，一些自然景观遭受严重破坏。河头乡龙潭岙高达80余米的千古奇峰石笋，作为矿石掘毁。1994年4月，省人民政府颁发《浙江省林地管理办法》，镇海区对1992年以来占用山地情况调查，1995年开始逐个办理林地征用手续和收取费用，但受习惯势力影响，进展缓慢。1997年4月，宁波市下发《宁波市关于统一核定林地五项收费标准的通知》，林地管理步入规范化。1998年8月，国务院下发《保护森林资源、制止毁林开垦和乱占林地》的紧急通知，镇海区组织农业、土管、计经委和民政等部门，对全区被占用林地全面检查，查实共有石塘49处，其中已停业12处、正在开掘的37处，实际办理征用手续仅17处，收取林地占用资源补偿费面积2.97公顷。1998年新《中华人民共和国森林法》《森林法实施条例》颁布，项目征占用林地须先经林业部门审核同意，再由国土部门审批。2002年1月，省开元集团开发郎家坪地块征占用林地66.8公顷，九龙湖旅游区开发建设项目环湖路、香山广场等，使用林地8公顷。2005—2008年，全区共审批征占用林地项目9个，征占用林地11.6公顷。

林业产值

1986年，林业产值39万元，其中人造林木生长占23.08%，林产品占56.41%，竹木采运占20.51%。2008年完成林业产值为1273万元，占全区农业总产值76983万元的1.7%，比1986年增长31.64倍。其中，人造林木生长产值491万元、林产品506万元、竹木采运276万元，分别占林业产值的38.57%、39.75%和21.68%，分别比1986年增长53.56倍、22倍和33.5倍。

1986—2008年镇海区林业产值情况统计表

表14－41　　单位：万元

年份	合计	其中现行价			年份	合计	其中		
		人造林木生长	林产品	竹木采运			人造林木生长	林产品	竹木采运
1986	39	9	22	8	1998	429	193	163	73
1987	96	34	43	19	1999	398	155	77	166
1988	161	40	84	37	2000	360	24	169	167
1989	247	68	111	68	2001	407	77	161	169
1990	145	62	50	33	2002	462	97	193	172
1991	164	70	50	44	2003	493	154	131	208
1992	176	36	50	90	2004	338	0	109	229
1993	243	68	81	94	2005	435	0	150	285
1994	318	65	126	127	2006	785	0	388	397
1995	381	102	143	136	2007	1170	195	521	454
1996	292	135	88	69	2008	1273	491	506	276
1997	431	222	140	69	—	—	—	—	—

第六章　饲养业

1986 年后，镇海区饲养业发展较快，饲养业呈现块状特色和专业化生产，饲养以猪、家禽为主。1998 年庄市镇、河头乡养鸡占全区的 77. 39%，骆驼镇、河头乡、贵驷镇养鸭占全区 88. 6%，城关镇、贵驷镇长毛兔占全区 65. 08%，全区孵坊集中在骆驼镇。2000 年后，饲养业集约化经营扩大。2008 年，全区专业养殖场（户）722 个，万头以上猪场 1 个，千头以上猪场 10 个，2000 只以上养鸡户 79 户，5 万只以上养鸡场 2 个，畜禽业规模化程度达到 96%。全区猪、牛、羊和家兔畜上市产品，有 80% 来自近 2000 个专业户（场）。

镇海区畜禽疫病以预防为主，普及疫苗预防注射，每年春、秋两季集中防疫，每年秋季狂犬病集中免疫。日常检疫分产地检疫和屠宰检疫，对外来畜禽的疫病和违禁药物进行监控，严格控制疫情不明或检测结果不良的畜禽及其产品调入。

2003 年，镇海区出台《关于全面开展畜禽养殖污染综合治理的实施意见》，开展畜禽养殖污染整治。至 2008 年，畜禽养殖污染治理共投入 1300 万元，其中区财政下拨 614 万元。

第一节　饲养规模

产量

1986 年后，耕牛饲养量大幅度减少，猪、禽、兔等饲养业得到发展。1998 年全区畜禽总产量（按“一个牛单位”计算，即：1 头牛 =5 头猪、 =10 头羊、 =50 只兔、 =100 羽禽）15267 个。其中，禽 6780 个（自然产量 678000 羽），占 44. 5%；猪 6940 个（自然产量 34700 头）占 45. 5%；兔 610 个（自然产量 30500 头）占 4. 2%；牛 732 个（自然产量 732 头）占 4. 8%；羊 157 个（自然产量 1574 头），占 1%。2004 年，全区畜禽生产总产量（按“一个牛单位”计算）26856 个，比 1998 年增加 75. 9%。其中，家禽自然饲养量为 1708000 羽，比 1998 年增长 60. 3%；奶牛自然饲养量为 512 头，比 1998 年增长 365. 45%；兔自然饲养量为 98800 头，比 1998 年增加 223. 93%。2008 年，全区畜禽生产总产量（按“一个牛单位”计算），总产量为 16877 个，比 2004 年下降 59. 13%。

1998—2008 年若干年镇海区畜禽饲养情况表

表 14－42

畜别			1998 年			2004 年			2008 年		
			自然数	标准（牛单位）		自然数	标准（牛单位）		自然数	标准（牛单位）	
			头（羽）	个数	%	头（羽）	个数	%	头（羽）	个数	%
家畜	猪		34700	6940	45.5	34900	7400	26.0	34200	6840	40.5
	牛	黄牛	353	353	—	90	90	—	119	119	—
		水牛	269	269	—	48	48	—	30	30	—
		奶牛	110	110	—	512	512	—	523	523	—
		小计	732	732	4.8	650	650	2.4	672	672	4
	羊		1574	157	1	1700	170	0.6	900	90	0.5
	合计		—	7829	51.3	—	7800	29.0	—	7602	45.0
兔			30500	610	4.2	98800	2280	7.4	108600	2172	12.9
禽			678000	6780	44.5	1708000	17080	63.6	710300	7103	42.1
总计			—	15267	100	—	26856	100	—	16877	100

产值

1986 年镇海区畜禽饲养业产值 1286 万元，占农业总产值 5575 万元的 23.1%。1986—1995 年畜禽业产值稳定在农业总产值的 30% 左右。2002 年，全区畜牧业总产值达 11866 万元，占农业总产值 46.7%。2008 年畜禽产值 27454 万元，占农业总产值 35.7%。其中，牲畜产值 16399 万元，占饲养业产值 60%；家禽产值 3414 万元，占饲养业产值 12%；畜禽产品 6019 万元，占饲养业产值 22%；其他饲养产值 1622 万元，占 6%。

1986—2008 年间若干年镇海区畜牧业产值情况表

表 14－43

单位：万元

饲养业产值	1986 年		1990 年		1995 年		2000 年		2005 年		2008 年	
	产值	%	产值	%	产值	%	产值	%	产值	%	产值	%
畜饲养	450	35	1620	38	1841	35	2387	60	9894	39	16399	60
家禽饲养	90	7	571	13	1083	20	2569	12	5205	21	3414	12
畜禽产品	479	37	1657	39	1872	35	3176	22	9025	36	6019	22
其他饲养	267	21	412	10	498	10	661	6	1025	4	1622	6
合计	1286	100	4260	100	5294	100	8793	100	25149	100	27454	100

说明：1. 产值 1986 年按“1980 价”计算；

2. 1990 年、1995 年、2000 年、2002 年按“1990 价”计算；

3. 2005 年、2008 年按现行价计算

收入

1998年畜禽饲养业总收入6996.58万元。其中，猪4737.38万元，占畜禽总收入67.71%；家禽1548.98万元，占22.10%；兔子686.46万元，占9.81%。2008年畜禽饲养业总收入27454万元，比1998年增长292%。其中，养猪收入16302万元，比1998年增长244%；养禽收入9433万元，增长508.97%；养兔收入1149万元，增长67.49%。

1998—2008年若干年镇海区畜禽业收入情况表

表14-44 单位：万元

1998年			2004年			2008年		
项目	合计	%	项目	合计	%	项目	合计	%
总计	6996.58	100	总计	22204	100	总计	27454	100
猪	4737.38	67.71	猪	9600	43.20	猪	16302	59.38
禽	1548.98	22.10	禽	6500	29.30	禽	9433	34.36
牛	4.85	0.07	牛	300	1.40	牛	50	0.19
羊	12.92	0.18	羊	100	0.50	羊	47	0.18
兔	686.46	9.81	兔	2600	11.70	兔	1149	4.19
其他	5.99	0.31	其他	3104	14.00	其他	473	1.70

第二节 家畜

生猪

饲养 农村经济结构调整，家养户逐步减少，专业户兴起。1986年，澥浦滕山张仲华、骆驼清湖郑申夫养群猪，当年出售肥猪380头。1987年，区出台发展生猪生产、扶持养猪专业户等政策，全年投售百头以上专业户达到148户。1989年全区生猪饲养量7.76万头，比1986年增长14.62%，全区生猪靠外调状况得到改变。其中，投售千头基地场10个，年投售生猪百头以上专业户88户。1991年，对55户饲养百头以上商品猪户（场）推行集约化综合生产技术，瘦猪肉率达到51.7%，饲养报酬料肉比3.57∶1。是年，镇海骆驼内外贸畜禽场年投售肥猪9000头，占全区投售总量的35%。其后，专业户成为生猪饲养主体，至1999年全区养猪大户1064户，存栏生猪3.5万头，其中存栏50头以上135户，1.92万头，占饲养总量的54.9%。2008年，有专业场户277户，其中存栏50头以上212户，共出栏8.98万头，占出栏总数98.9%。1986—2008年，出栏累计152.13万头。

1988—2008 年镇海区生猪饲养情况表

表 14－45　　单位：万头

年份	全年饲养量	年终存栏数		出栏数		
		总数	其中能繁母猪	总数	其中	
					出售给国家	自宰
1986	6.93	2.90	0.20	4.03	2.32	0.45
1987	6.27	2.56	0.12	3.71	1.78	0.48
1988	6.78	2.59	0.17	4.19	2.17	0.31
1989	7.76	3.11	0.18	4.65	2.51	0.41
1990	7.88	2.62	0.14	5.26	3.17	0.23
1991	7.80	2.81	0.16	4.99	2.60	0.24
1992	7.99	3.14	0.19	4.85	2.34	0.36
1993	8.36	2.92	0.17	5.44	2.02	0.13
1994	7.80	2.84	0.12	4.96	1.50	0.08
1995	7.98	2.65	0.14	5.33	1.24	0.06
1996	7.45	2.32	0.12	5.13	1.20	0.17
1997	9.32	3.21	0.20	6.11	1.23	0.08
1998	10.48	3.47	0.26	7.01	1.77	0.05
1999	10.43	3.37	0.23	7.06	0.95	0.06
2000	12.03	3.84	0.27	8.19	0.75	0.06
2001	10.35	3.34	0.23	7.01	1.10	5.91
2002	10.88	4.37	0.23	7.51	1.52	5.99
2003	11.89	3.91	0.26	7.98	1.12	6.86
2004	11.35	3.49	0.20	7.86	2.10	5.76
2005	11.72	3.62	0.22	8.10	—	—
2006	11.57	3.49	0.23	8.08	—	—
2007	12.26	3.35	0.27	8.91	—	—
2008	12.39	3.42	0.27	8.97	—	—

品种培育　镇海本地品种为纯黑猪，俗呼“本膛”，相传由乐清、宁海等地流入的虹桥乌猪和岔路黑猪训化选育而成。1950 年后陆续引进外地新品种，至 20 世纪 60 年代已基本达到“公猪外来良种化、母猪本地良种化、肉猪杂交一代化”目标。1982 年镇海县对种猪普查，境内有 13 个品种，母猪以本地黑猪、湖南花猪、荣昌猪为主，分别占母猪总数的 18.92%、17.89% 和 13.31%，公猪以中型约克夏为主，占总数的 56.35%，肉猪基本形成以约荣、约宁、约黑杂交组合为主的肥育猪

群，国营农牧场推广三品种杂交瘦肉型肥猪。1991 年 7 月，镇海区引进良种猪种皮特兰 3 头、斯格猪 2 头、嘉兴黑猪 100 头投放各基地猪场。1994 年，农业开发区从上海引入香猪 12 头。1998 年统计，全区公猪、母猪全部达到良种化。1999 年，引入、推广大约克、长白、杜洛克良种公猪 20 头、良种母猪 350 头，全区良种覆盖率达 100%。2000 年，又引进良种公猪长白 6 头、杜洛克 2 头、大约克 2 头，母猪 200 余头。

1998—2008 年若干年镇海区公猪分类情况表

表 14－46　　单位：头

年份	项目	合计	品种			
			长白	大约克	杜洛克	皮杜
1998	数量	55	18	13	12	12
	%	100	32. 73	23. 64	21. 82	21. 82
2004	数量	46	18	10	10	8
	%	100	39	22	22	17
2008	数量	71	18	16	18	20
	%	100	25. 35	22. 54	25. 35	28. 17

牛

耕牛　20 世纪 50 年代中期实现农业合作化后，耕牛饲养量开始逐年下降。70 年代中期拖拉机耕作增加，耕牛饲养量进一步减少。农村实行联产承包制后，耕牛转为个体饲养，饲养户为农户代耕收取报酬，饲养成本高而获利低微，耕牛饲养量继续下降。1986 年全区存栏 1296 头，1999 年存栏 450 头，每头负荷水田 13. 33 公顷。2000 年后，农耕面积减少，耕牛主要作为菜牛养殖，2003 年全区饲养量仅 141 头。2004 年回升到 595 头。2008 年饲养量 398 头。

1986—2008 年镇海区耕牛情况表

表 14－47　　单位：头

年份	总量	其中		年份	总量	其中	
		黄牛	水牛			黄牛	水牛
1986	1296	778	518	1995	655	328	327
1987	1204	728	476	1996	593	288	305
1988	1171	673	498	1997	523	274	249
1989	1186	659	527	1998	622	353	269
1990	1182	712	470	1999	450	266	184
1991	1105	626	479	2000	470	278	192
1992	1029	548	481	2001	321	—	—
1993	855	440	415	2002	141	—	—
1994	711	374	337	2003	197	—	—

续表 14－47

年份	总量	其中		年份	总量	其中	
		黄牛	水牛			黄牛	水牛
2004	595	—	—	2007	355	—	—
2005	366	—	—	2008	398	—	—
2006	384	—	—	—	—	—	—

说明：资料来源《镇海区统计年鉴》，2001 年后耕牛不再分类

奶牛　1982 年，县食品公司有奶牛 28 头，临江牧场 16 头，尔后逐年有所发展。至 1986 年饲养 85 头。1993 年俞范镇牛奶场转为个人经营。2000 年后牛奶盈利，2002 年全区饲养量达 382 头，比上年增长 77.67%，2003 年增至 490 头，又比上年增长 28.3%，至 2005 年达 528 头。全区主要奶牛基地有镇海远大奶牛养殖场，年存栏百头，镇海姚忠海奶牛养殖场，年存栏百头，澥浦方针奶牛养殖场，年存栏 126 头。2007 年起政府对后备母牛按每头 500 元标准补助，2007 年补助 321 头，2008 年补助 202 头。2008 年饲养量 523 头，其中澥浦觉渡奶牛养殖场年存栏量近 200 头。

1986—2008 年镇海区奶牛饲养情况表

表 14－48　　单位：头

年份	饲养数	能繁数	年份	饲养数	能繁数	年份	饲养数	能繁数
1986	85	38	1994	209	87	2002	382	370
1987	114	68	1995	123	78	2003	490	470
1988	115	52	1996	86	52	2004	512	480
1989	196	140	1997	97	63	2005	528	—
1990	269	164	1998	110	57	2006	570	—
1991	322	180	1999	104	64	2007	518	—
1992	273	174	2000	122	94	2008	523	338
1993	272	103	2001	200	180	—	—	—

说明：资料来源《镇海区统计年鉴》

羊

镇海农民有养殖山羊的习惯，尤其在山区较为普遍。本地饲养为短角山羊，以白色为主，偶有黑色，肉用型，体重一般在 25 至 30 公斤，草口粗、抗病性强、易饲养。山区多为放养，平原则桩养。成羊多就地出售，办喜庆酒宴之用。1954 年棉区开始饲养湖羊，1964 年发展稻区养羊，并从嘉兴引入湖羊，尔后饲养量逐年下降，20 世纪 80 年代中期湖羊基本淘汰。1991 年从玉环县引进黄羊，放养在澥浦镇农场，本地山羊杂交后，其后代体形变大，产仔量增加，肉质鲜美，受消费者欢迎。养羊至今仍是少数农民副业，2008 年全区存栏 900 头。

1986—2008 年镇海区养羊生产情况表

表 14－49　　单位：头

年份	存栏数	山羊	能繁羊	出栏数	年份	存栏数	其山羊	能繁羊	出栏数
1986	1531	1484	196	610	1998	1574	1564	450	1676
1987	1425	1413	133	268	1999	1865	1865	480	1177
1988	1140	1133	162	373	2000	1536	1536	480	1242
1989	1435	1433	222	529	2001	1600	1600	600	1400
1990	1327	1313	264	463	2002	2200	2200	—	4100
1991	1521	1520	361	911	2003	2600	2600	—	3300
1992	1327	1282	359	700	2004	1700	1700	—	2200
1993	1448	1408	397	660	2005	1100	1100	—	1700
1994	1516	1536	392	818	2006	1100	1100	—	1600
1995	1740	1404	515	1139	2007	1100	1100	—	1500
1996	1961	1961	451	1156	2008	900	900	—	1600
1997	2013	2013	556	1409	—	—	—	—	—

兔

以德系长毛兔为主，兼有少量肉用兔和皮用獭兔。1986 年存栏数 3.64 万只，兔毛产量 14 吨。1998 年春，全区共有养兔专业户 145 户，其中镇海昝建梁种兔场为省 1 级种兔场，贵驷甸央周蔡永昌兔场定为省 2 级种兔繁育场。1999 年，从新昌长毛兔研究所等地引入良种公兔 10 只，镇海万只兔场建成投产。2001 年，区财政对建设 1 万个笼位补助 10 万元。2003 年，獭兔生产效益较好，长毛兔专业户转养獭兔，当年獭兔存栏 4.5 万只，比上年增长 106.4%。2004 年，全区有种兔场 2 个，其中镇海种兔场为省一级种兔场，夏东长毛兔繁育场为省二级种兔场。2007 年巨高兔业有限公司从山东引进彩色毛兔 60 只、彩色獭兔 150 只，从省内引进白色毛兔 50 只、白色獭兔 300 只，2008 年又引进白色毛兔 60 只、白色獭兔 220 只，彩色毛兔发展到近 300 只，彩色獭兔发展到近 2000 只。2008 年 2 月 29 日，“宁波市首届长毛兔产毛量比赛”在镇海举行，镇海参赛的长毛兔几乎包揽所有奖项。参赛的母兔平均产毛量 670.5 克，公兔 539.3 克，均列全省第一。2008 年年末，全区兔存栏 10.86 万只，比 1986 年增长 2 倍，兔毛产量 85 吨，比 1986 年增长 5 倍。

1986—2008 年镇海区养兔生产情况表

表 14－50　　单位：万只、吨

年份	年末存栏	其中		年内出栏	兔毛产量	年份	年末存栏	其中		年内出栏	兔毛产量
		肉用兔	长毛兔					肉用兔	长毛兔		
1986	3.64	0.05	3.59	1.38	14	1989	1.50	0.05	1.45	0.20	—
1987	2.25	0.07	2.18	0.40	34	1990	1.32	0.04	1.28	0.14	—
1988	1.64	0.08	1.56	0.19	21	1991	1.59	0.03	1.56	0.09	—

续表 14－50

年份	年末存栏	其中		年内出栏	兔毛产量	年份	年末存栏	其中		年内出栏	兔毛产量
		肉用兔	长毛兔					肉用兔	长毛兔		
1992	2.89	0.05	2.84	0.12	—	2001	6.53	1.21	5.32	2.58	41
1993	2.56	0.12	2.44	0.19	—	2002	11	1.5	9.5	2.7	110
1994	2.15	0.10	2.05	0.19	—	2003	12.63	3.96	8.67	11.09	87
1995	1.90	0.11	1.79	0.24	19	2004	9.88	5.24	4.46	7.66	26
1996	1.70	0.06	1.64	0.16	16	2005	11.69	6.53	5.16	9.53	42
1997	2.80	0.15	2.65	0.34	28	2006	12.66	7.04	5.62	10.72	57
1998	3.35	0.21	3.14	0.35	31	2007	9.01	6.42	2.59	11.89	—
1999	3.32	0.30	3.02	0.72	60	2008	10.86	7.07	3.79	10.81	85
2000	4.32	0.39	5.93	2.39	—	—	—	—	—	—	—

镇海长毛兔（巨高长毛兔）　镇海区多种经营种兔场采用当地长毛兔与德系（西德）长毛兔杂交，择优选育，于1989年培育而成。1991年，全国首届毛兔“创世杯”擂台赛，巨高长毛兔300只公母兔群体产毛量双双超过世界纪录，荣获“创世杯”金杯奖。2000年，巨高长毛兔获得浙江省品种审定证书。2000年12月，全国畜牧总站主办第三届全国兔业研讨会暨长毛兔性能测定演示会，1000只巨高长毛兔群体产毛量创世界纪录，荣获全国兔育种委员会颁发的“千禧杯”金奖，在现场观摩的世界家兔科学大会主席布莱斯柯赞誉巨高长毛兔年产毛量世界最高，并题词祝贺。镇海长毛兔被誉为“兔中之王”，载入第6届世兔会文献。成年镇海长毛兔一般体重5公斤以上，全身毛密，绒毛粗，产毛量年均2公斤以上，兔毛品质好。其饲养耐粗料，抗病力强，遗传性状稳定，繁殖力强，经济效益比一般长毛兔高1～3倍。镇海长毛兔已推广省内各地和全国20多个省（市、区）的种兔场和养殖专业户。

第三节　家　禽

1986年，全区饲养家禽41万羽，其中鸡26万羽、鸭14.3万羽、鹅0.7万羽，禽蛋产量2655吨。1986年后，养禽专业户增多，饲养规模扩大。1992年全区饲养家禽146.43万羽，其中鸡61.1万羽、鸭83.1万羽、鹅2.23万羽。1999年全区家禽饲养专业636户，饲养量176.20万羽。其中，养鸡专业214户，年饲养110.50万羽；养鸭专业288户，年饲养60.20万羽；养鹅专业90户，饲养5.50万羽。2000年后，快大型肉鸡饲养有所减少，三黄鸡、番鸭和白鹅等品种发展较快。2003—2004年，家禽生产受“非典”影响，饲养量下降，2004年减少至194.20万羽，比2002年下降38.05%。同年，全区有省二级种禽场2个，即宁波市镇海江南家禽育种有限公司、镇海骆驼兴远孵坊；单纯种苗自孵养殖场 3 家，即筱岳军养殖场、城关家禽饲养场和骆驼善华哺坊。2008 年，禽产量 179. 14 万羽、比 1986 年增长 4. 37 倍，禽蛋产量 8678 吨、比 1986 年增长 3. 27 倍。

1986—2008 年镇海区禽、蛋生产情况表

表 14－51

年份	禽饲养量（万羽）	禽蛋产量（吨）	年份	禽饲养量（万羽）	禽蛋产量（吨）	年份	禽饲养量（万羽）	禽蛋产量（吨）
1986	61. 95	2655	1994	142. 87	3850	2002	313. 47	9215
1987	111. 77	3708	1995	130. 00	4000	2003	245. 84	10570
1988	262. 51	3750	1996	123. 30	5868	2004	194. 20	13070
1989	113. 61	3027	1997	156. 31	4984	2005	187. 41	13098
1990	112. 03	3500	1998	136. 87	5299	2006	191. 77	15493
1991	117. 41	3510	1999	176. 20	6123	2007	179. 36	8424
1992	125. 61	3313	2000	382. 02	3385	2008	179. 14	8678
1993	150. 55	3320	2001	278. 04	6859	—	—	—

鸡

1986 年以后，鸡饲养逐步趋向蛋用、肉用分养。镇海区饲养的肉用鸡品种，主要有三黄鸡、AA、红宝鸡；蛋用鸡品种为罗斯鸡、罗曼鸡、伊莎鸡。1987 年从上海引入海佩科父母代种鸡 600 余羽、依色鸡 200 羽，投入区农场饲养，后因效益差淘汰。1992 年引入美国七彩山鸡 310 羽，投入城关水禽场饲养，经济效益差被淘汰。2000 年引进江西东乡绿壳乌鸡 1000 羽，引入 AA 父母代种鸡。饲养量最高年份 2002 年，达到 196. 16 万羽，比 1986 年增长 6. 5 倍。随着农村城市化发展，饲养量减少，2008 年饲养量 97. 05 万羽，仅为 2002 饲养量的 49%。

1986—2008 年镇海区家鸡生产情况表

表 14－52　单位：万羽

年份	数量	年份	数量	年份	数量	年份	数量
1986	26. 00	1992	61. 10	1998	74. 69	2004	124. 30
1987	24. 00	1993	—	1999	110. 50	2005	101. 80
1988	82. 26	1994	55. 12	2000	188. 63	2006	110. 68
1989	67. 00	1995	60. 00	2001	180. 94	2007	101. 31
1990	52. 00	1996	68. 00	2002	196. 16	2008	97. 05
1991	90. 00	1997	85. 97	2003	164. 20	—	—

鸭

镇海家鸭品种分为蛋用鸭和肉用鸭两类。1993 年，镇海区从省农科院引入 TD 鸭 2000 羽，投入专业户饲养，TD 鸭食料消耗大、长肉率低未能推广。1992 年引入美国野鸭 630 羽，在城关镇水禽场试养，经济效益不佳淘汰。1998 年，骆驼禽蛋产销合作社与省农科院畜牧所合作，开发绍鸭青壳

蛋的选育，于2001年9月30日通过市科技局项目鉴定。青壳蛋鸭主要生产指标为青壳率90.23%，500日龄产蛋量329个，总蛋重22.11千克。2004年青壳蛋鸭选育攻关获省科技进步三等奖，至2004年年底累计推广1250万羽。2004年，骆驼禽蛋产销合作社与省农科院合作成立的江南家禽育种有限公司，从中国农科院畜牧所引进Z型北京鸭2200羽试养。家鸭饲养历史最高年份2002年为94.71万羽，比1986年增长5.6倍。2002年后开展清水河道建设，划定禁养区，推行旱地饲养，家鸭饲养量逐年下降，2008年下降至73.57万羽，为历史最高年饲养量的77.68%。

1986—2008年镇海区家鸭生产情况表

表14－53　　单位：万羽

年份	数量	年份	数量	年份	数量	年份	数量
1986	14.30	1992	83.10	1998	58.61	2004	55.00
1987	36.00	1993	—	1999	60.20	2005	73.46
1988	50.00	1994	83.75	2000	67.36	2006	71.50
1989	16.00	1995	62.00	2001	80.62	2007	70.69
1990	40.90	1996	54.80	2002	94.71	2008	73.57
1991	66.70	1997	69.25	2003	67.67	—	—

镇海青壳蛋鸭与青壳鸭蛋

青壳蛋鸭养殖是镇海传统的农业产业，青壳鸭蛋是最受欢迎的土特产之一。1984年，镇海县河头乡、骆驼镇开始蛋鸭养殖。20世纪90年代，存栏蛋鸭达1000万羽。2002－2003年，镇海青壳系鸭蛋获得“浙江省农博会优质奖”。2004年绍鸭青壳系选育技术获得浙江省科学技术奖三等奖誉称。2006年“绍鸭·镇海青壳系（青壳Ⅱ号）”蛋鸭通过浙江省品种审定委员会审定。镇海青壳蛋鸭产蛋率高、蛋的青壳率高、抗病力强。成年镇海青壳蛋鸭性寒味甘，低脂鲜嫩，滋补养生。镇海青壳鸭蛋蛋壳硬、低破损、宜加工、耐储藏；白煮蛋清淡营养、咸蛋松沙多油、松花蛋唇齿留香。“绍鸭·镇海青壳系”鸭苗销往全国大部分省市，市场认知度高。

鹅

家鹅传统品种以浙东白鹅为主。1986年全区饲养量7000羽，饲养量最少年份1996年为5000羽，最多时2002年达到22.60万羽。2008年饲养量8.52万羽，为历史最高年的37.56%，比1986年增长11倍。

1986—2008年镇海区家鹅生产情况表

表14－54　　单位：万羽

年份	数量	年份	数量	年份	数量	年份	数量
1986	0.70	1992	2.23	1998	3.57	2004	14.90
1987	4.00	1993	—	1999	5.50	2005	12.15
1988	1.05	1994	1.00	2000	13.47	2006	9.59
1989	1.00	1995	8.00	2001	16.48	2007	7.36
1990	1.10	1996	0.50	2002	22.60	2008	8.52
1991	1.21	1997	1.09	2003	13.97	—	—

第四节　蜂及其他

蜂

1986年全区养蜂2918箱。1987年以后养蜂业呈下降趋势，至2004年全区尚有920箱。2008年增加到1800箱，占1986年养蜂量的61.69%。蜜源主要以紫云英和油菜花为主，本地花期短、时间集中，4月后蜂群向外运迁，初在天台、仙居、金华，后开始远距离放养，南到广东、福建，北至内蒙古、新疆，蜜源为长绒棉和向日葵。随着养蜂户主年龄老化后继无人，近地蜜源锐减，养蜂业呈萎缩状态。

梅花鹿

1983年河头乡西严村、汶溪乡迎胜村分别饲养8头、3头，后由于饲养技术未过关被淘汰。1997年，庄市光明村引入梅花鹿45头，1998年存栏78头，并试制鹿茸补酒。2004年存栏增加到105头。以后因经济效益不佳，逐年减少，2008年梅花鹿存栏36头。

白羽皇鸽

1993年，区农业开发区特种动物养殖场引入美国产白羽皇鸽1000对，至1998年发展至2万对，为全市最大繁殖基地，被国家农业部、特产协会定为良种繁育基地。翌年，在国家科委举办的“八五”科技博览会中获优秀项目奖。1999年白羽皇鸽存栏2.6万对。后白羽皇鸽饲养量有所下降，2004年存栏1.7万对，2008年存栏1.9万对。

孔雀

1995年贵驷镇禾丰村试养孔雀12羽，1998年增至700羽。2000年全区绿孔雀存栏800羽。后因经济效益不佳，孔雀饲养量逐年下降，2004年孔雀存栏318羽。2008年，孔雀仅有零星养殖。

鸵鸟

1998年，河头乡郎家坪村创建特种动物示范养殖场，饲养鸵鸟60余只，投资100万元。2000年鸵鸟饲养量70只。后因养殖技术等原因，2004年尚存8只，2008年无饲养记录。

第五节　疫病防治

机构

1986—1990年，镇海区畜牧兽医站与家畜检疫站负责畜禽疫病防治和检疫，有业务干部4人，骆驼和湾塘农技站有兽医3人，10个建有乡镇兽医站，人员33人，其中骆驼、庄市、澥浦、河头、汶溪、长石6个镇乡在1980年组成联站。1990年12月，骆驼和湾塘农技站被撤销，畜禽防治由区兽医站直管。1996年12月成立区兽医卫生检验监督所，与区兽医站一套班子、两块牌子管理。2006年3月，建立镇海区畜牧兽医总站，定编9人，核定专职动物检疫员12人。2007年，开展基层畜牧兽医体制改革，全区建立乡镇（街道）畜牧兽医站 5 个，每站落实畜牧辅导员 1 人（兼任站长），澥浦、蛟川、庄市 3 个镇（街道）各设动物防疫员 1 人，骆驼街道 2 人，九龙湖镇 3 人，确定养殖场所动物防疫监管责任人和村级动物疫情测报员。

病种

1985 年以后，猪疫病主要有猪瘟、猪丹毒、猪肺疫、仔猪副伤寒、仔猪黄痢、白痢、乙型脑炎、猪流感、猪气喘病、猪血痢、猪水肿病、猪破伤风、猪传染性胃肠炎、猪弓形虫、猪流行性腹泻、伪狂犬病等 17 种，牛疫病主要有牛流感，羊疫病主要有山羊传染性胸膜肺炎；家禽疫病有鸡新城疫、鸡法氏囊病、鸡马立克病、禽沙门氏杆菌病、鸭病性肝炎、鸭瘟、小鹅瘟、禽出败、鸡支原体病、鸡球贵病、鸡传染性支气管炎、喉气管炎、大肠杆菌病、禽伤寒、副伤寒、传染性浆膜炎、鸡传染性腺胃炎、鸡肾脏病等 18 种；兔病主要有兔瘟、兔魏氏梭菌病、兔巴氏杆菌病、兔伪结核病、兔球虫病、兔疥癣等 6 种；蜂病主要有囊状幼虫病、美洲腐臭病、麻痹病、螨病 4 种。

防治

1993 年起，实行生猪疫病预防制度，区和乡镇成立指挥部，签订责任状，落实重大疫病措施和经费。因疫苗成本高，免疫效果差（只有 40%），防注率不高。1998 年，对生猪重大疫病实行强制免疫，免疫数占存栏数 73%。1999 年，对牛、猪等偶蹄动物继续采取强制免疫，猪免疫密度 74.61%，牛免疫密度 90%，注射鸡瘟疫苗 120 万羽、鸭瘟 90 万羽、猪瘟 20 万头，密度均达 97% 以上。后全区猪瘟和禽瘟防疫注射从未间断。2003 年始，集中开展禽流感防治，全区未发生大规模禽流感疫情。

1986—2004 年镇海区猪瘟防疫情况表

表 14－55　　单位：头

年份	春防		防疫率（%）	秋防		防疫率（%）
	总存栏	防疫头数		总存栏	防疫头数	
1986	23353	20288	86.4	31177	27515	98.5
1987	23041	21793	94.6	23108	21737	94.1
1988	30327	29500	97.3	24719	22171	89.7
1989	29028	28010	96.5	34801	33351	95.8
1990	31579	29786	94.3	26500	28214	106.4
1991	24609	24291	98.7	25094	23341	93.0
1992	25973	25654	98.8	32683	32061	98.0
1993	28476	29660	104.0	29149	28421	97.5
1994	21253	20463	96.0	23461	23262	99.1
1995	25783	25402	98.5	24288	23083	95.0
1996	22811	22051	96.7	23854	22851	95.8
1997	23289	22415	96.0	29534	29044	98.3

续表 14－55

年份	春防		防疫率（%）	秋防		防疫率（%）
	总存栏	防疫头数		总存栏	防疫头数	
1998	33363	30795	95.0	34211	27353	95.0
1999	34600	33200	96.0	34800	33700	97.0
2000	35200	33800	96.0	35200	34100	97.0
2001	38100	36900	97.0	38100	36900	97.0
2002	39800	38600	97.0	40600	39700	98.0
2003	36000	35300	98.0	38200	37800	99.0
2004	34000	33300	98.0	37000	36600	99.0

检疫

20世纪80年代，骆驼兽医联站派员对骆驼牲畜交易市场牲畜进行检疫，对进入市场的肉类实行检疫检验，合格的加盖红色“兽医验讫”章，不合格的加盖蓝色三角形“处理”章。1991年，全区对进入市场的家禽和禽肉实行检疫检验。1996年4月，在城关食品公司屠宰场和帝力公司屠宰场实施“定点屠宰、集中检疫、统一纳税、分散经营”措施，区兽医站派员负责定点场的宰前、宰后检疫。1997年，先后建立骆驼、庄市、城北定点屠宰场和庄市阮家菜牛定点场。自1996年4月至1998年年底，全区定点屠宰场共检疫生猪134759头、牛2757头，检出病畜猪831头、牛9头。2004年根据农业部令，对全区屠工屠宰资格重新审定，换发动物防疫合格证300余份，屠工持证率100%，并举办检疫员培训班5期。2008年，全区动物检疫申报点3个，产地检疫开展面100%。

1999—2008年镇海区检疫情况表

表 14－56

年份	定点屠宰肉猪		检疫菜牛（头）	检疫长毛兔（只）	检疫外贸兔毛（吨）	家禽（羽）
	检疫（头）	查出病猪（头）				
1999	77740	140	3178	3065	76.21	21900
2000	75396	110	2694	17673	109，00	39800
2001	87274	273	5536	8448	104.89	12720
2002	101105	219	7778	12000	345，00	20
2003	100063	154	7037	15000	250，00	20
2004	108038	151	8930	16000	260，00	18
2005	112636	198	5638	—	—	—
2006	125704	168	7151	4936	—	687973
2007	92883	86	7343	1955	—	311300
2008	92379	100	5050	22243	—	140945

第六节 污染治理

散养户环境污染整治

2004年起开展散养户环境污染整治，关闭转产养殖户（场）139户，其中养猪16户、养禽123户；迁移20户，其中养猪18户、奶牛1户、养禽1户。2008年，区财政下拨补助资金196万，关闭转产养殖户（场）38户，其中养猪16户、养禽23户（其中3户兼养猪）、养牛1户、养兔1户。截至2008年年底，累计关闭转产258户。

粪便无害化处理

镇海畜禽粪便无害化处理始于1990年，镇海内外贸畜禽场（区内唯一万头猪场）建立沼气站，对粪便作发酵处理，沼气供周边1000多户居民生活所需，沼渣作肥料。2004—2008年，蛟川临江畜牧小区和骆驼江南家禽育种公司等建设污水"三格式"处理池，对污水沉淀处理，沉淀物无害化后作肥料；镇海巨高兔业有限公司建造粪污零排放工程，将兔尿、雨水和少量生活污水收集后处理，处理后作清洗和灌溉用水回用，将兔宰杀的废弃内脏和下脚料喂养鱼类、虾、蚯蚓等；在庄市万市徐畜牧小区配套建尿液无害化处理厂，投入70多万元，尿液无害化达标后排放。2008年，九龙湖镇河头村由政府和个人共同出资，建造粪便处理厂，对周边养殖户畜禽粪便集中进厂处理，制成有机肥料，年处理能力500吨。

畜禽小区建设

2000年后，划定畜禽集中养殖区，对产生的污染物综合整治。2008年年底全区已有11个畜牧小区，全年出栏生猪9万头、家禽120万羽、兔14万只、存栏奶牛500头。

2008年镇海区畜牧小区基本情况表

表14－57

名称	占地（公顷）	建筑面积（平方米）	饲养	存拦	
				单位	数量
庄市万市徐畜牧小区	2.67	6000	生猪	头	2000
骆驼内外贸畜禽养殖场	4.00	20000	生猪	头	6000
骆驼里洞桥畜牧小区	2.00	4800	生猪	头	2650
江南家禽育种有限公司	0.87	2000	蛋鸭	羽	5000
澥浦方针奶牛养殖	1.33	1000	奶牛	头	180
长宏蛋鸭养殖	0.73	2400	蛋鸭	羽	20000
蛟川南洪畜牧小区	2.00	4500	生猪	头	2800
澥浦沿山畜牧	2.00	3200	生猪	头	2000
蛟川临江畜牧小区	1.33	4000	生猪	头	1500
巨高兔业养殖	12.96	—	獭兔	只	80000
			长毛兔	只	20000

第七章　渔　业

镇海东邻东海渔场，海涂面积20.8平方千米，陆域水面面积253公顷。历史上海洋捕捞较为发达，澥浦和城关曾是省内重要渔港。20世纪80年代始，海洋渔业从捕捞为主逐步转为捕捞和海水养殖并重。淡水鱼业历史上为捕捞，1955年渔民组织合作社后淡水养殖逐步发展，现成为淡水鱼业主要经营方式。2000年后休闲渔业得到发展，至2008年休闲渔业基地10余家，其中面积1公顷以上有5家。

第一节　生产规模

渔民

海水捕捞渔民集中在澥浦镇和城关镇。清末绍兴、上虞等县淡水渔民流入镇海定居骆驼，镇海专业淡水渔民出现。1986年全区有澥浦镇、城关镇、骆驼镇3个渔业大队，渔户642户，渔业人口2050人。1996年，渔业生产992户，从业2637人。随着从业渔民转行及年龄老化后继乏人，2008年渔业户和从业人口分别为484户和1042人，比1996年减少51.21%和60.49%。

1986—2008年镇海区渔业户数人口情况表

表14－58　　单位：户、人

年份	渔民		年份	渔民		年份	渔民	
	户数	人口		户数	人口		户数	人口
1986	642	2050	1994	814	2442	2002	564	1410
1987	652	2080	1995	819	2456	2003	405	1085
1988	662	2110	1996	992	2637	2004	486	995
1989	746	2238	1997	904	2366	2005	478	972
1990	980	2040	1998	832	2160	2006	472	957
1991	627	1905	1999	901	2221	2007	492	1042
1992	665	2020	2000	906	1935	2008	484	1042
1993	693	2099	2001	928	1982	—	—	—

渔船

海洋渔船　1986年镇海有出海渔船116艘，计1776吨、2736千瓦，其中非机动船3艘、50

吨。1987 年城关渔业大队首置大功率渔船—浙镇渔 21001、21002 号船，单船载重 130 吨、功率 184 千瓦，为镇海区允许在禁渔线外全年作业的第一对渔船，年捕获量 340 吨。1988 年，沿海作业小渔船全部实现机动化。1989 年，澥浦渔业大队置全区第一对钢质渔轮，单船载重 110 吨、功率 184 千瓦，年产量 340.3 吨。1996 年，全区筹资 2000 多万元，新置 11 对大马力钢质渔轮，全区钢质渔轮达 25 艘，其中低拖网 14 艘、帆式涨网 11 艘，机动渔船 3896 总吨。2004 年起，出海捕捞产量和利润大幅减少，外海捕捞渔船陆续转让，渔船数量锐减。到 2008 年出海渔船仅为 25 艘，349 总吨，仅为历史最高年 1996 年 8.95%。解放前渔民出海捕鱼，设施简陋，全赖经验和手工操作，安全无保障。解放后渔船开始装备捕捞设备和仪器。20 世纪 90 年代，外海捕捞船全部使用渔探仪、罗经、电台、对讲机、卫星导航仪等仪器。

1986—2008 年镇海区出海渔船统计情况表

表 14－59

年份	艘数	吨位	动力（千瓦）	年份	艘数	吨位	动力（千瓦）
1986	116	1776	2736	1998	90	3698	7109
1987	115	1811	2775	1999	86	3382	6190
1988	114	1690	2760	2000	89	3656	6553
1989	104	1767	2828	2001	89	3755	6881.4
1990	98	1610	2674	2002	82	3299	5990.1
1991	84	1562	2746	2003	86	3320	6011.4
1992	83	1546	2570	2004	70	1137	2071.4
1993	82	1557	2724	2005	37	734	1443
1994	114	1630	2745	2006	35	476	1045
1995	114	1622	2954	2007	33	389	896
1996	89	3898	7647	2008	25	349	1065
1997	87	3889	7606	—	—	—	—

说明：出海渔船包括非机动渔船、渔油船和渔政船

内河渔船　1986 年镇海有内河渔船 129 艘，计 80 吨，其中机动船 3 艘，17 吨，动力 21 千瓦。1990 年后机动渔船逐步增加，2000 年机动船达到 69 艘，计 36 吨，占淡水渔船总吨位 73%，动力 231 千瓦，比 1986 年增加 210 千瓦。2008 年机动渔船减少到 57 艘，30 总吨。

1986—2008 年镇海区淡水渔船情况表

表 14－60

年份	渔船		其中：机动船			年份	渔船		其中：机动船		
	艘数	吨位	艘数	吨位	动力（千瓦）		艘数	吨位	艘数	吨位	动力（千瓦）
1986	129	80	3	17	21	1988	128	75	2	12	12
1987	128	75	2	12	12	1989	127	68	1	5	16

续表 14－60

年份	渔船		其中：机动船			年份	渔船		其中：机动船		
	艘数	吨位	艘数	吨位	动力（千瓦）		艘数	吨位	艘数	吨位	动力（千瓦）
1990	117	69	45	33	113	2000	97	50	69	36	231
1991	106	53	66	28	124	2001	95	49	69	36	231
1992	106	53	66	28	124	2002	93	48	69	36	231
1993	118	59	58	29	129	2003	85	44	63	33	216
1994	91	47	67	35	154	2004	86	46	59	31	203
1995	84	44	67	35	154	2005	77	41	58	31	200
1996	91	48	76	40	169	2006	80	42	62	33	188
1997	90	48	65	35	165	2007	75	39	59	31	275
1998	81	41	56	28	128	2008	71	37	57	30	283
1999	86	43	58	29	182	—	—	—	—	—	—

产量

1986 年，全区渔业产量 1601 吨。2000 年渔业产量 5570 吨，是 1986 年的 3.43 倍，为建区后最高年。2004 年起渔业产量下降，到 2008 年渔业产量下降至 1172 吨，为 2000 年的 21%。

1986—2008 年镇海区渔业产量情况表

表 14－61　单位：吨

年份	产量	其中		年份	产量	其中	
		海水产品	淡水产品			海水产品	淡水产品
1986	1601	1326	275	1998	4817	3971	846
1987	1647	1333	314	1999	5431	4571	860
1988	1569	1189	380	2000	5570	4690	880
1989	1611	1260	351	2001	5520	4610	910
1990	1723	1370	353	2002	4785	3915	870
1991	1810	1448	362	2003	5249	4455	794
1992	1900	1490	410	2004	3880	3130	750
1993	2260	1810	450	2005	1700	1350	350
1994	2621	1991	630	2006	1500	550	950
1995	2806	2119	687	2007	1200	500	700
1996	3649	2904	745	2008	1172	415	757
1997	4623	3858	765	—	—	—	—

说明：涂产品产量自 1994 年人工养殖开始统计

产值

1986年产值187万元，其中海水产品占61.5%，淡水产品占38.5%。1993年产值超千万，1998年产值超2000万元，2000年超3000万元，2005年起产值大幅度下降，2008年产值990万元，其中海水产品占39.9%，淡水产品占60.1%。

1986—2008年镇海区渔业产值情况表

表14-62　　单位：万元

年份	产值	其中		年份	产值	其中	
		海水产品	淡水产品			海水产品	淡水产品
1986	187	115	72	1998	2303	1942	361
1987	184	91	93	1999	2830	1896	934
1988	237	80	157	2000	3294	2340	954
1989	322	86	236	2001	2848	2082	766
1990	667	413	254	2002	3235	2149	1086
1991	797	540	257	2003	3237	2312	925
1992	946	699	247	2004	3552	2243	1309
1993	1009	704	305	2005	1746	1149	637
1994	1197	877	320	2006	1246	597	649
1995	1065	745	320	2007	800	473	327
1996	1343	1006	337	2008	990	395	595
1997	1791	1443	348	—	—	—	—

说明：1986—1989年按1980不变价计算，1990—2003年按1990不变价计算，2004—2008年按现行价计算

第二节　海水渔业

海水渔业包括海洋捕捞业和海涂养殖业。海洋捕捞业，1986—1992年年产量在1189～1490吨之间波动；海涂养殖业起始于1993年，是年产量5吨。2000年海水渔业产量达到4690吨，产量为建区后的最高年，其中海洋捕捞业3720吨，海涂养殖业970吨。2000年后，围海造地海涂减少，化工企业落户沿海区域水质逐步恶化，等因素使海洋捕捞业和海涂养殖业产量逐年下滑。到2008年全区海水渔业产量降至415吨，仅占2000年4690吨的8.84%，其中海洋捕捞业289吨，是2000年3720吨的7.77%；海涂养殖业126吨，是2000年970吨的12.99%。

海洋捕捞业

海洋捕捞澥浦起源，相传有近千年历史。澥浦大流网系常年性生产，夏汛流鳓鱼、秋季流蟹、冬春流鲨鱼，世代相传，对海洋渔场位置、鱼汛、渔法以及航道等甚为熟识，有独特优势。随着老

渔民相继去世，传统的鲨鱼作业和渔场失传。还在苏北吕泗洋和浙江海礁以东渔场，捕鳓鱼和蟹。

解放初期发展背对作业，20 世纪 50 年代中期引进大围作业，时称“打洋船”，50 年代后期机帆船增多，传统流网作业改为对网作业。1970 年引进拖风作业。1978 年经济鱼类资源衰退，曾发展灯光围网作业，用于鲐鲹等上层鱼类捕捞。80 年代，发展拖虾和拖蟹作业，产量高经济效益好。1996 年开始，从舟山引进帆式张网作业，网具大、网目小，鱼类入网无法逃逸，对鱼类杀伤力大，逐步禁止使用。

海洋捕捞产品有鱼、蟹、虾三类，其中鱼类有黄鱼、带鱼、目鱼、鳓鱼、马面鱼、鳗鱼、鲳鱼等。1986 年海水鱼捕捞产量 1326 吨。2003 年海洋捕捞产量 3942 吨，为历史最高年，其中鱼类 3695 吨，蟹类 92 吨，虾类 155 吨，分别比 1986 年增加 2.07 倍、0.16 倍、3.06 倍。2005 年后海洋捕捞产量下降，到 2008 年海水鱼捕捞产量减少到 289 吨，其中鱼类产量减少到 245 吨、蟹类产量减少到 10 吨、虾类产量减少到 13 吨。其中大黄鱼 1986 年捕获 13.2 吨，仅为 1985 年 143 吨的 10.83%。1986—1996 年大黄鱼产量已是断续无常，1997 年起《镇海区海水鱼生产统计报表》中大黄鱼无数据统计。

1986—2008 年镇海区海洋捕捞业产品产量情况表

表 14－63

年份	合计（吨）	海洋捕捞品种										
		（1）鱼类									（2）蟹类	（3）虾类
		小计	大黄鱼	小黄鱼	带鱼	墨鱼	鳓鱼	马面鱼	鳗鱼	鲳鱼	其他		
1986	1326	1206	13	0	245	22	3	3	30	37	853	79	41
1987	1333	1204	1	1	410	10	1	0	0	54	727	80	50
1988	1189	1124	0	5	423	15	25	0	0	36	620	40	25
1989	1260	1205	0	0	718	32	6	0	4	28	417	35	20
1990	1370	1336	6	0	877	35	1	20	4	33	360	23	11
1991	1448	1396	20	51	987	34	1	1	3	28	271	34	18
1992	1490	1415	92	19	990	51	0	0	8	50	205	35	40
1993	1805	1756	0	9	1294	155	0	0	10	20	268	14	35
1994	1975	1920	22	27	1462	150	0	18	9	38	194	16	39
1995	2091	2005	5	10	1241	20	2	50	5	70	602	39	47
1996	2860	2786	42	12	1833	10	2	40	16	83	748	40	34
1997	3788	3704	0	164	2428	20	2	62	32	159	837	28	56
1998	3816	3756	0	342	2670	50	0	38	37	235	384	16	44
1999	3541	3464	0	82	2375	102	3	15	57	171	659	31	46
2000	3720	3531	0	255	2440	95	5	10	76	220	430	102	87

续表 14－63

年份	合计（吨）	海洋捕捞品种											
		（1）鱼类										（2）蟹类	（3）虾类
		小计	大黄鱼	小黄鱼	带鱼	墨鱼	鳓鱼	马面鱼	鳗鱼	鲳鱼	其他		
2001	3650	3557	0	118	2380	140	0	11	41	180	687	23	70
2002	3590	3436	0	155	2292	161	0	10	69	259	490	46	108
2003	3942	3695	0	171	3109	165	0	6	51	128	65	92	155
2004	2914	2762	0	70	2405	102	2	6	46	62	69	65	87
2005	1083	1012	0	32	868	52	0	2	13	23	22	34	37
2006	408	377	0	15	298	24	0	3	4	5	28	15	16
2007	295	251	0	22	190	9	0	0	3	4	23	10	16
2008	289	245	0	19	187	10	0	0	3	4	22	10	13

海涂养殖业

海涂生产历史悠久，专业涂民以澥浦镇为多，常年有数百户靠下涂为生。石塘下村、城关后大街和东门外等地也有一定数量专业涂民。近海村落青壮年农民作为副业生产。夏秋涂产盛发，下涂人多时上千，年产量100吨之多。

20世纪90年代初，区棉场在风尖兜试养蛏子2公顷获成功，随之部分民众进行小量泥螺、青蟹或梅蛤养殖。1996年，海涂养殖户与习惯捕捉的涂民发生矛盾，甚至斗殴致伤，后经公安、水产等部门和乡镇政府调解，事态得到平息。1998年，城关镇渔民利用发电厂灰库围塘内尚未冲灰的空间，放养泥螺、梅蛤、蛏子、青蟹等266.67公顷，年产量155吨、产值451万元。1999年，城关镇沿海8村联合开发海涂养殖，养殖面积增至533.33公顷，采用单养或混养方法，养殖对虾、蛏子、青蟹，城关镇海涂养殖产量达200吨。1999年7月，澥浦镇成立海涂开发管理委员会，开辟海涂养殖466.67公顷，实行统分结合经营体制，集体投入基础设施建设资金75万元，承包户出资460万元用于生产性投入，并上缴海涂养殖费。当年产量达800吨，产值850万元。其中，低潮区养殖203.33公顷，产量600吨；高潮区133.33公顷，产量62.5吨；中潮区养贝130公顷，产量137.5吨。

1999年全区养殖联合体发展到34个，养殖劳动力310人，养殖面积1033公顷，年产量1030吨，产量占到海洋捕捞3541吨的29.1%。

2001年，海涂养殖生产达到顶峰，养殖面积1533公顷，产量1165吨。随着海涂养殖地域被列入宁波化工区建设范围，且水质恶化，可养涂面逐年减少。至2008年养殖面积和产量分别下降至200公顷和126吨，仅为2001年13.05%和10.82%。

1993—2008 年镇海区海涂养殖面积产量情况表

表 14－64

年份	合计		海涂养殖品种									
			泥螺		蛤类		蛏子		青蟹		对虾	
	面积（公顷）	产量（吨）	面积（公顷）	产量（吨）	面积（公顷）	产量（吨）	面积（公顷）	产量（吨）	面积（公顷）	产量（吨）	面积（公顷）	产量（吨）
1993	33	5	14	2	5	1	0	0	13.7	2	0	0
1994	100	16	20	5	0	0	0	0	80	11	0	0
1995	103	28	24	12	0	0	1	1	78	15	0	0
1996	122	44	50	24	4	5	0	0	68	15	0	0
1997	167	70	60	25	25	22	10	5	72	18	0	0
1998	287	155	60	50	80	40	40	15	30	10	60	20
1999	1033	1030	200	460	140	120	260	280	240	95	153	45
2000	1333	970	220	340	260	230	150	145	365	105	240	70
2001	1533	1165	306	360	270	247	140	125	395	146	260	82
2002	576	510	60	65	85	70	36	30	160	105	145	55
2003	576	513	35	42	86	88	28	30	125	84	155	62
2004	416	361	30	35	75	64	5	7	126	62	82	48
2005	307	188	9	5	28	22	6	4	68	29	82	34
2006	247	131	5	2	9	4	0	0	36	17	66	31
2007	233	151	15	8	0	0	0	0	60	15.5	75	38
2008	200	126	11	6	0	0	0	0	51	8	66	29

第三节 淡水渔业

内河捕捞

内河捕捞因渔具和渔获不同，作业方式众多。主要有牵网作业、游丝网作业，其他还有打网作业（俗称旋网）、弹弓作业（亦称弹钓）、金钩作业（又称夜钓）、三角腰网作业等。1986 年全区捕捞产量 17.5 吨，主要有青、草、鳙、鲢鱼等，2008 年产量 181 吨。

1986—2008 年镇海区内河捕捞产量情况表

表 14－65

年份	产量（吨）	年份	产量（吨）	年份	产量（吨）
1986	17.5	1988	75	1990	66
1987	104	1989	51	1991	0

续表 14-65

年份	产量（吨）	年份	产量（吨）	年份	产量（吨）
1992	2	1998	118	2004	158
1993	88	1999	115	2005	132
1994	123	2000	148	2006	155
1995	123	2001	165	2007	175
1996	126	2002	165	2008	181
1997	133	2003	152	—	—

淡水养殖

1986 年镇海淡水养殖产量 257 吨，养殖产量是捕捞产量的 14.69 倍，其中外荡养殖产量占淡水鱼总量的 67.83%。主要鱼类有青、草、鳙、鲢鱼。后外荡养殖减少，内塘养殖为主。20 世纪 90 年代，发展名特水产品，2000 年养殖牛蛙 2 公顷、罗氏沼虾 20 公顷、河蟹 2.3 公顷、甲鱼 3 公顷、黑鱼 4.8 公顷。2008 年淡水养殖捕捞产量 576 吨，占淡水鱼总产量的 76%，比 1986 年增加 1.2 倍。

外荡养殖 1986 年养殖 117.13 公顷，占淡水养殖面积 33.56%，产量 175 吨，占养殖产量的 68.1%。1989—1992 年养殖发展最快，年养殖保持在 366.67 公顷，产量下降，年平均产量 69 吨。1993—2003 年，河道水质恶化，外荡渔业生产大幅度下滑，2000—2003 年已无外荡养殖。2004 年建设清水河道，至 2008 年养殖面积恢复到 386.67 公顷，占淡水养殖面积的 43.7%，产量下降到 49 吨，占淡水养殖产量的 8.5%。珍珠养殖，受外荡水污染的影响和价格下降等因素淘汰。1993 年，产珍珠 750 千克，1995 年下降至 45 千克，1996 年后基本无养殖。

水库养殖 全区有中小型水库 5 只（含岚山水库），水面积 439.73 公顷。水库水资源以供应生活用水及部分工业用水为主，限制淡水养殖及大范围捕捞。1986 年，养殖面积 164.67 公顷，占淡水养殖面积 47.18%，产量 16.5 吨，占养殖产量 6.4%。1986—2007 年，水库养殖年均 148 公顷，产量 12～28 吨。2008 年养殖 371 公顷，占淡水养殖 41.9%，产量 75 吨，占淡水养殖产量 13%。

内塘养殖 1984 年内河水资源调查有平原漕塘 3249 口、计水面积 178.33 公顷。池塘以庄市镇居多，有 1201 只、54 公顷，骆驼、贵驷、临江次之。漕塘呈封闭式，水质污染相对较轻，产量占养殖鱼总产量第一位。1986 年养殖 67 公顷，产量 63.9 吨。2001 年内塘养殖最多，达 212 公顷、产量 715 吨。后蛟川、庄市和骆驼池塘密度较高地区城市化快速推进，漕塘填平筑路建房，2008 年养殖 128 公顷，产量 452 吨。

表 14-66

1986—2008 年镇海区淡水养殖鱼种和珍珠养殖情况表

年份	总数		外荡养殖		水库养殖		内塘养殖		鱼种		放养鱼种		鳗苗产量（公斤）	珍珠产量（公斤）
	面积（公顷）	产量（吨）	面积（公顷）	产量（吨）	面积（公顷）	产量（吨）	面积（公顷）	产量（吨）	面积（公顷）	鱼苗（万尾）	子口（万尾）	老口（吨）		
1986	349	257	117	175	165	16.5	67	63.9	20	250	237	1.5	50	100
1987	334	210	112	135	165	30	58	45.0	14	240	236	1.4	146	105
1988	326	305	0	0	177	12	149	291.3	14	230	205	1.5	78.5	125
1989	665	300	367	80	177	29.5	122	241.5	14	235	185	3.0	105	150
1990	653	287	367	82	177	22	110	249.0	13	215	147	18.5	46	500
1991	611	362	367	55	147	31	97	276.0	12	192	145	7.8	80	600
1992	598	408	367	59	150	38	81	308.0	11	205	143	6.3	100	550
1993	262	382	3	15	150	32	109	335.0	11	196	155	7.3	70	750
1994	327	507	3.6	15	150	33	174	459.0	14	210	180	6.0	75	265
1995	344	564	4	18	150	35	189	511.0	11	205	180	6.0	65	45
1996	357	619	7	8	150	35	200	576.0	12	210	190	7.0	50	0
1997	355	632	12	13	150	36	193	583.0	12	175	195	6.5	5	0
1998	357	698	10	22	150	35	197	639.0	13	205	198	7.5	30	0
1999	361	745	8	26	150	41	203	677.0	14	225	200	17.0	50	0
2000	360	732	0	0	150	30	210	702	14	240	195	21	37	0
2001	362	745	0	0	150	30	212	715	12	250	185	20	45	0
2002	273	705	0	0	150	35	123	670	12	230	180	18	31	0
2003	266	642	0	0	150	32	116	610	10	195	152	16	68	0
2004	298	574	300	20	150	35	128	539	8	160	130	15	33	0
2005	366	576	73	15	151	32	142	529	8	155	145	16	29	0
2006	673	569	387	58	151	27	136	484	0	0	0	0	76	0
2007	665	582	387	65	151	28	128	489	0	0	0	0	16	0
2008	885	576	387	49	371	75	128	452	0	0	0	0	54	0

第四节 水产品保鲜加工

企业

1986年，镇海区建有冷库10座，其中全民办2座，其余为集体联营。日速冻能力207吨，日冷藏总量3935吨、日制冰总量72.5吨，固定资产953.05万元。2008年，全区有澥浦冷冻厂、鸿远冷冻厂、华鑫冷冻厂、顺达水产加工厂、鑫达水产冷冻厂等企业14家，日冷藏能力6150吨。

产品

1986年，小包水产品6吨。1986—2008年，小包水产品实际为17个加工年，累计生产10063吨。小包水产品主要有冷冻带鱼、目鱼、梅鱼、虾仁和鳝丝等。1994年开始加工干制水产品，到2008年累计加工7347吨。干制水产品主要有淡干品、咸干品、腌渍品、糟醉品和煮干品等5类100余种，如鲨鱼鲞、咸鳓鱼、咸梭子蟹、糟带鱼和虾干等。

1986—2008年镇海区水产品加工情况表

表14-67

年份	冷库数（座）	急冻能力（吨/日）	制冰能力（吨/日）	贮冰能力（吨/日）	干制水产品（吨）	冷藏能力（吨/日）	冷藏总量（吨/日）	制冰总量（吨/日）	冷冻水产品（吨/日）	小包水产品（吨）
1986	10	207	—	—	—	—	3935	72.5	750	6
1987	10	207	—	—	—	—	41305	0	756	150
1988	10	207	—	—	—	—	72694	0	606	50
1989	2	207	20	—	—	350	133250	00	2275	0
1990	3	67	21	200	—	750	194450	0	4362	0
1991	3	61	45	200	—	800	155500	11213	4163	0
1992	3	61	45	200	—	800	155500	9190	4344	0
1993	2	36	45	200	—	500	122287	9193	2037	93
1994	3	59	45	200	50	1120	180191	9226	3072	712
1995	3	76	45	200	20	1370	170573	9474	4240	857
1996	2	49	1	0	76	1000	45000	200	1424	140
1997	8	139	107	400	133	2100	95000	10200	2987	556
1998	9	109	107	400	50	1500	72000	5000	2550	436
1999	5	100	35	100	66	3000	124000	4000	3100	0
2000	3	24	0	0	54	450	4712	82	1570	10
2001	16	425	135	1250	300	7150	28500	37200	15200	3200
2002	15	395	130	1150	300	6680	26700	35200	13900	3010

续表 14－67

年份	冷库数（座）	急冻能力（吨/日）	制冰能力（吨/日）	贮冰能力（吨/日）	干制水产品（吨）	冷藏能力（吨/日）	冷藏总量（吨/日）	制冰总量（吨/日）	冷冻水产品（吨/日）	小包水产品（吨）
2003	17	515	400	0	250	8680	25300	22800	18250	0
2004	15	450	250	0	828	8200	22500	18200	15152	220
2005	15	550	280	0	1060	9200	23000	18500	16450	350
2006	15	450	120	0	1260	6500	16250	6500	12215	105
2007	14	420	120	0	1400	6100	15850	6200	12900	85
2008	14	430	120	0	1500	6150	0	0	12800	83

第五节　渔政管理

管理机构

1985 年 10 月撤县分区，原镇海县农林、水利、水产三局合并，建区农林渔水局。1986 年 4 月，撤销农林渔水局，复建水产局，地址胜利路 91 号农业大楼。1996 年 4 月，区农经委和农林局、水利局、水产局合并，建立区农业局，内设水产科。1999 年 4 月，水产科更名为海洋与水产科，并承担相应的海洋管理职能。2002 年，海洋与水产科更名为海洋与渔业科。

资源保护

1990 年 5 月，农业部东海渔政分局划定东海区产卵带鱼保护区，规定每年 5 月 1 日至 6 月 30 日禁止拖网、对网和捕捞带鱼为主的渔船进入保护区生产。1996 年，区政府根据《中华人民共和国渔业法》和农业部《关于修改〈东、黄、渤海主要渔场鱼汛生产安排和管理的规定〉的通知》，全区实行定置张网和流动张网休渔，时间为 6 月 1 日至 8 月 31 日。2000 年，镇海区执行公安部《关于严禁炸鱼、毒鱼及非法电捕作业的通告》，整治捕鱼秩序。2005 年 6 月至 10 月中旬，全区出动渔政船 10 多艘次，检查渔船 40 多艘次，处罚 15 艘捕捞幼鱼比例超标渔船。2006 年 5 月，全区根据《浙江省渔业管理条例》，整治地笼网、电鱼、毒鱼、炸鱼等非法捕捞，至年底共拆除地笼网、排网各类网具 144 顶，没收电捕鱼电瓶 104 只、头子 96 个、非法捕捞小船 12 艘。

渔船渔港普查

2000 年，镇海区根据全国海洋渔船普查工作要求，建立区海洋渔船普查领导小组，调查全区外海捕捞和近海张网渔船的分布、性能、吨位、马力及渔船通信、导航设施的配置，调查成果与全国海洋渔船普查联网。2002 年 1 月，镇海根据农业部《关于开展全国沿海渔港普查的通知》要求，开展渔港普查，3 月底结束。渔港普查结果，全区共有渔港 5 个，分别为镇海区渔业港区（镇海水产码头）、镇海区城关鸿运冷冻厂渔业专用码头、镇海区五里牌渔业专用码头，镇海区鑫达冷冻厂渔业专用码头、庄市渔业专用码头。

2001—2005 年镇海区渔业船舶登记情况表

表 14－68

年份	调查单位	其中					合计	
		外海渔船	近海渔船	渔政船	渔运船	渔油船	单位	数量
2001	船数	25	61	1	1	1	艘	89
	吨位	3305	285	19	103	43	吨	3755
	功率	5989	454.4	162	220	56	千瓦	6881.4
2002	船数	22	57	1	1	1	艘	82
	吨位	2870	264	19	103	43	吨	3299
	功率	5119	433.1	162	220	56	千瓦	5990.1
2003	船数	22	61	1	1	1	艘	86
	吨位	2870	285	19	103	43	吨	3320
	功率	5119	454.4	162	220	56	千瓦	6011.4
2004	船数	6	61	1	1	1	艘	70
	吨位	687	285	19	103	43	吨	1137
	功率	1119	454.4	162	220	116	千瓦	2071.4
2005	船数	4	30	1	1	1	艘	37
	吨位	429	134.7	19	103	43	吨	728.7
	功率	721	241.6	162	220	116	千瓦	1460.6

（责任编辑　孟福成）

第十五编 区属工业

本编目录

1949年，区域内工业企业屈指可数，规模甚小，生产方式落后，工业总产值仅有142万元。中华人民共和国成立至1978年，工业生产有过几次大的发展，也走过曲折路程，1978年实现工业总产值0.89亿元。改革开放后，镇海炼化、镇海发电等一批国家和省重大工程项目建设加快，乡镇企业异军突起，涉外经济和非公有制经济兴起，1984年全社会工业总产值超过10亿元，达到11.17亿元；1994年超过100亿元，达到111.32亿元；2006年超过1000亿元，达到1163亿元。至2008年达到1560.57亿元，是1986年16.02亿元的97.41倍，年均增长22.03%，石油加工业、化学原料及化学制品制造业、通用设备制造业、纺织业四大行业合计占全社会规模以上工业总产值的76.1%。其中：区属工业企业2008年工业总产值达到629.05亿元，是1986年4.32亿元的145.61倍，年均增长24.2%；化工、机械、电子等产业占区属工业总产值55.8%；镇海经济开发区、宁波（骆驼）城市工业功能区、宁波化学工业区的产业集聚度达到44.3%；私营、外商、港澳台和“股份制”企业已成为工业发展的主体。

第一章　工业总情

1986—1990 年，全区重视技术改造和新产品开发，外贸生产发展较快，乡镇工业成为工业经济发展主体。至 1990 年，累计开发新产品 232 项，完成计划内技改投资约 2 亿元，全区外贸产值上百万元的企业增加到 20 家，区属工业总产值突破十亿元，比 1985 年增长 1.79 倍，形成以轻纺工业为主体的产业结构。

1991—1995 年，以镇海开发区和各镇乡工业小区为重点的对外开放格局初步形成，投资在 300 万美元以上项目 29 个，镇海热电厂、光华毛纺织公司、针织内衣厂、金丰机械、华昌时装城、苯胺、蒽醌、PVC 人造革、程控交换机局用电源、断路器柜和接触器柜、高档特种印刷等一批重点基建和技改项目先后竣工投产。至 1995 年年底，共开发新产品 250 个，自营出口年均递增约 92%，区属工业总产值比 1990 年增长 4.01 倍。工业企业产权制度改革从乡镇企业向国有、大集体企业推进。

1996—2000 年，区属工业生产性投入达到 40.69 亿元，机械电子、轻工纺织、化工医药类产业得到较快发展，韩国 LG 等多个外商投资大项目落户镇海，高新技术产值占全区工业总产值的比重超过 20%。工业企业产权制度改革基本完成。2000 年，区属工业总产值完成 83.91 亿元，比 1995 年增长 0.67 倍，工业增加值达到 19.05 亿元，比 1995 年 9.58 亿元增长 0.99 倍。私营工业和外商及港澳台商投资工业工业产值比重接近 60%。

2001—2005 年，区属工业投入达到 215.7 亿元，是前 5 年投入总额的 5.3 倍，累计实际利用外资 5.6 亿美元，是前 5 年总额的 4.1 倍，经济开发区、机电园区、化工区建成面积达到 23 平方千米，基本形成化工、精密机械、电子信息产业集群，工业总产值年超 5000 万元以上企业 11 家、上亿元企业 8 家。2002 年区属工业产值突破 100 亿元，2004 年突破 200 亿元，2005 年达到 340.44 亿元，是 2000 年工业总产值的 4.06 倍。

2006—2007 年，外商投资和民营工业规模进一步扩大，高新技术产业发展加速，工业循环经济开始起步，工业经济总量和效益同步提高。2007 年高新技术产值超过 200 亿元，规模以上工业总产值比 2005 年增长 69.19%，工业增加值增长 69.73%，实现利润增长 52.73%。

2008 年，工业经济面临国际宏观经济形势走低趋势，镇海发展新兴、特色、优势产业，发挥大企业支撑作用，工业经济运行平稳。区属工业实现总产值 629.05 亿元，比上一年增长 9.9%，实现工业销售产值 620.13 亿元，比上一年增长 11.4%，化工、机械、电子等主导产业占区属工业产值比重超过 55%，实现利税总额 17.99 亿元，比上一年下降 43.6%，其中利润总额 6.44 亿元，比上一年下降 70.9%。

第一节 规模企业

1986年，规模以上工业企业[①]341家，从业人员32441人，工业总资产3.37亿元，固定资产净值1.13亿元。1991年，9家企业分别被命名为国家二级和省、市先进企业。1993年，3家企业产值上亿元，8家企业产值超5000万元。至1995年，工业总产值年超5000万元以上企业11家、上亿元企业8家，有11家企业进入大中型企业行列。1997年，工业企业386家，比1986年341家净增加45家；从业人员30383人，比1986年净减少2058人；工业总资产29.49亿元，是1986年的8.75倍；固定资产净值14.99亿元，是1986年的13.27倍。其中51家骨干企业产值、销售收入、实现利润占区属工业比重分别达到50.9%、51%和63.7%。2000年后，民营企业、外商和港澳台投资企业快速增加，至2008年规模以上工业企业973家，是1998年160家的6.08倍，产值超亿元企业120家，其中超10亿元企业5家；从业人员124111人，是1998年27352人的5.27倍；总资产461.05亿元，是1998年49.43亿元的9.36倍；固定资产133.43亿元，是1998年17.92亿元的7.45倍；所有者权益149.35亿元，是1998年19.66亿元的7.60倍，其中资本金108.59亿元，是1998年13.72亿元的7.92倍。

1986—2008年部分年份镇海区属规上企业经济规模情况表

表15－1　　单位：亿元

规上企业	年份	从业单位（个）	从业人数（人）	总资产合计	固定资产净值	所有者权益	其中：资本金
乡及以上工业	1986	341	32441	2.10	1.13	—	—
	1989	419	32227	—	—	—	—
	1990	388	31787	—	—	—	—
	1991	401	32977	—	—	—	—
	1992	416	33011	—	—	—	—
	1993	455	35546	19.00	5.40	6.30	4.36
	1994	453	34350	21.81	6.20	7.94	5.51
	1995	411	18129	33.15	11.58	12.79	8.90
	1996	402	36132	34.58	13.23	13.19	8.84
	1997	386	30383	36.49	14.99	13.85	10.99

① 规模以上工业企业：在1986—1997年指乡及乡以上；1998—2008年指主营业务收入500万元及以上。

续表 15－1

规上企业	年份	从业单位（个）	从业人数（人）	总资产合计	固定资产净值	所有者权益	其中：资本金
主营业务收入500万元及以上企业	1998	160	27352	49.43	17.92	19.66	13.72
	1999	161	28434	52.55	19.21	21.41	14.43
	2000	186	31815	58.56	21.87	24.97	15.13
	2001	230	37748	63.87	22.14	28.82	17.36
	2003	323	53470	105.07	35.17	44.38	26.39
	2005	671	98872	232.01	65.48	84.58	53.55
	2007	837	119220	420.52	113.58	133.19	89.72
	2008	973	124111	461.05	133.43	149.35	108.59

第二节　产出与效益

工业总产值　工业增加值

1986年区属工业总产值4.32亿元。1990年区属工业企业总产值突破10亿元，是1986年的2.31倍，年均增长18.23%。1993年区属工业企业总产值达到28.48亿元，比1992年的18.53亿元增长53.69%，是1986—2008年期间最高增长率年。2002年区属工业企业总产值突破100亿元，达到117.37亿元。2004年突破“两百亿”，达到231.58亿元，2005年突破300亿元。2008年区属工业总产值629.05亿元，是1986年4.32亿的145.61倍，年均递增24.18%。其中，1986年乡及乡以上企业工业总产值3.37亿元，1997年达到29.49亿元，是1986年8.75倍，年均增长19.81%。1998年区属规模以上企业工业总产值38.74亿元，2008年达到605.00亿元，是1998年的15.62倍，年均增长28.38%，是1986年的179.53倍，年均增长25.32%。

1986年乡及乡以上企业工业增加值1.02亿元，1997年达到6.20亿元，是1986年6.08倍，年均增长16.23%。1998年区属规模以上企业工业增加值8.02亿元，2008年达到94.72亿元，是1998年的11.81倍，年均增长25.16%，是1986年的92.86倍，年均增长21.77%

1986—2008 年若干年镇海区属规上工业企业总产值增加值情况表

表 15－2　　单位：亿元

规上企业	年份	工业总产值	工业增加值	规上企业	年份	工业总产值	工业增加值
乡及以上企业	1986	3. 37	1. 02	年主营业务收入 500 万元及以上企业	1998	38. 74	8. 02
	1990	8. 05	—		1999	51. 70	9. 95
	1991	10. 51	—		2000	65. 77	12. 90
	1992	13. 09	3. 36		2001	81. 51	15. 14
	1994	26. 40	3. 89		2003	125. 02	23. 85
	1995	30. 43	6. 21		2005	312. 60	46. 55
	1996	29. 85	5. 24		2007	528. 88	79. 01
	1997	29. 49	6. 20		2008	605. 00	94. 72

利税总额和利润总额

1986 年乡及乡以上工业企业实现利税总额 0. 43 亿元，1997 年实现利税总额 3. 08 亿元，是 1986 年 0. 43 亿元的 7. 16 倍，年均增长 17. 83%。1998 年规模以上企业利税总额 2. 85 亿元，2008 年达到 17. 99 亿元，是 1998 年的 6. 31 倍，年均增长 18. 23%，是 1986 年的 41. 84 倍，年均增长 17. 63%。

1986 年乡及乡以上工业企业实现利润总额 0. 32 亿元，1997 年达到 1. 41 亿元，是 1986 年的 4. 4 倍，年均增长 13. 14%。1998 年规模以上工业企业实现利润总额 1. 20 亿元，2008 年达到 6. 44 亿元，是 1998 年的 5. 37 倍，年均增长 15. 05%，是 1986 年的 20. 12 倍，年均增长 13. 94%。

1986—2008 年若干年镇海区属规上工业企业实现利税总额情况表

表 15－3　　单位：亿美元

规上企业	年份	实现利税总额	其中：利润总额	规上企业	年份	实现利税总额	其中：利润总额
乡及以上工业企业	1986	0. 43	0. 32	年主营业务收入 500 万元及以上	1998	2. 85	1. 20
	1990	0. 89	0. 36		1999	2. 85	2. 63
	1991	0. 99	0. 47		2000	4. 53	4. 33
	1992	1. 22	0. 62		2001	6. 52	4. 58
	1994	1. 22	0. 58		2003	7. 38	7. 44
	1995	1. 56	0. 73		2005	20. 66	13. 20
	1996	1. 87	0. 75		2007	30. 03	20. 16
	1997	3. 08	1. 41		2008	17. 99	6. 44

全员劳动生产率

1986 年乡及乡以上企业从业人员 32441 人，工业总产值 33700 万元，全员劳动生产率人均 10388 元，1997 年乡及乡以上工业企业总产值 294900 万元，从业人员 30383 人，全员劳动生产率人均 97061 元，是 1986 年的 9. 34 倍，年均增长 20. 46%。1999 年规模以上企业从业人员 28434 人，工业总产值517000万元，人均劳动生产率181825元，2008年规模以上企业工业总产值605亿元，从业人员124111人，人均劳动生产率为487467元，是1999年的2.77倍，年均增长16.26%，是1986年43.20倍，年均增长17.79%。

1986—2008年若干年镇海区属工业全员劳动生产率情况表

表15-4

规上企业	年份	年均从业人数（人）	工业总产值（亿元）	全员劳动生产率（元/人均）	规上企业	年份	年均从业人数（人）	工业总产值（亿元）	全员劳动生产率（元/人均）
乡及以上工业企业	1986	32441	3.37	10388	年主营业务收入500万元及以上	1998	—	38.74	—
	1990	31787	8.05	25325		1999	28434	51.70	181825
	1991	32977	10.51	31871		2000	31815	65.77	206764
	1992	33011	13.09	39653		2001	37748	81.51	215932
	1994	34350	26.40	76856		2003	53470	125.02	233813
	1995	—	30.43	—		2005	98872	312.60	316166
	1996	36132	29.85	82614		2007	119220	528.88	443617
	1997	30383	29.49	97061		2008	124111	605.00	487467

说明：全员劳动生产率=工业总产值/年均从业人数

第三节　企业资本金

1986年后企业资本金规模逐步扩大，至1997年乡及乡以上工业企业资本金总额增加到10.99亿元，比1993年增长1.52倍。其中，国家资本金3.08亿元，增长1.05倍，占28%；集体资本金3.09亿元，增长0.17倍，占28.12%；法人资本金0.57亿元，占5.19%；个人资本金0.78亿元，占7.10%；外商及港澳台商资本金3.47亿元，增长11.85倍，占31.59%。1998年至2008年，规模以上企业资本金增长6.91倍，其中法人资本金增长7.5倍，个人资本金增长16.75倍，港澳台和外商资本金增长10.11倍。至2008年非公有制经济资本金比重达到93.2%。

1993—2008年镇海区属规上企业资本金权属情况表

表15-5　单位：亿元

规上企业	年份	资本金总额	资本金权属					
			国家资本金	集体资本金	法人资本金	个人资本金	港澳台资本金	外商资本金
乡及以上工业企业	1993	4.36	1.50	2.63	—	—	0.27	—
	1994	5.51	1.42	3.51	—	—	0.58	—
	1995	8.90	1.83	5.10	—	—	1.97	—
	1996	8.84	3.00	3.58	—	—	2.26	—
	1997	10.99	3.08	3.09	0.57	0.78	3.47	—

续表 15－5

规上企业	年份	资本金总额	资本金权属					
			国家资本金	集体资本金	法人资本金	个人资本金	港澳台资本金	外商资本金
年主营业务收入500万元及以上	1998	13.72	2.74	2.27	2.58	1.23	1.92	2.98
	1999	14.43	2.20	1.84	2.89	2.12	2.39	2.99
	2000	15.13	2.33	1.76	2.55	2.12	2.45	3.92
	2001	17.36	3.35	1.96	1.74	2.98	1.76	5.57
	2005	53.55	2.85	1.58	11.14	12.11	11.65	14.22
	2007	89.72	0.81	3.58	17.89	17.47	24.02	25.95
	2008	108.59	2.18	5.20	21.93	21.83	25.55	31.90

说明：1998 年起港澳台商、外商资本金由合并计算改分别计算

第二章　经济类型

1993年前，镇海区属工业以公有制经济为主。随着经济体制改革逐步深化，对外开放步伐加快，至1996年，私营企业、港澳台资企业、外商投资企业的经济比重逐年增加，国有、集体工业企业的经济比重逐年下降①。

1986—2008年若干年镇海区属各类所有制企业工业总产值比重变化情况表

表15－6

年度	项目	单位	总计	各类所有制企业工业总产值比重					
				国有企业	集体企业	私营企业	港澳台企业	外商企业	股份制企业
1986	产值	亿元	6.00	1.61	4.39	0	0	0	0
	比重	%	100	26.83	73.17	0	0	0	0
1996	产值	亿元	30.09	6.67	14.42	0.28	3.89	4.43	0.40
	比重	%	100	22.17	47.92	0.93	12.93	14.72	1.33
2008	产值	亿元	603.16	9.49	6.56	154.40	148.29	193.20	89.99
	比重	%	100	1.57	1.11	25.60	24.59	32.03	14.92

到2008年外商投资企业、港澳台商投资企业和私营工业企业占区属规模以上企业总数比重达到81.9%，产值占区属规模以上企业产值比重达到82.22%，股份制企业占区属规模以上企业总数比重达到13.5%，产值比重达到14.92%，国有、集体企业占规模以上企业总数比重下降到3.7%，产值比重下降到2.68%。

第一节　国有工业

1986年，区属国有工业企业19家，从业人员6259人，完成工业总产值1.02亿元，分别占全区乡及乡以上企业的5.57%、19.29%和30.26%。1991年，国有工业企业增加到21家，从业人员7375人，工业总产值3.14亿元，占全区工业总产值9.83亿元的31.94%，有镇海棉纺织厂、宁波丝织厂、宁波光华毛纺织厂、镇海机械总厂，宁波液压马达厂、镇海汽车电器厂、镇海印刷厂、镇海渔网厂、镇海盛滋记酿造厂等一批国有工业企业。1996年，国有企业29家，从业人员9160人，

① 工业总产值相关数据，均按《镇海统计年鉴》规模以上工业企业的数据。其中1986—1997年村及村以下工业的工业总产值、企业家数、从业人员、税利等相关数据，另记载于本章“附录：村及村以下工业情况”。

完成工业总产值6.45亿元，占全区工业总产值29.85亿元的22%。1997—2001年，企业产权制度改革，国有企业减少到3家，从业人员减少到1533人。2008年区属国有企业减少到2家，从业人员减少到425人，实现工业总产值9.49亿元，占区属工业企业总产值比重下降到1.58%。

1986—2008年若干年镇海区属国有工业企业情况表

表15－7

规上企业	年份	企业（家）		从业人数（人）		工业总产值（亿元）		
		全区	其中：国有企业	全区	其中：国有企业	全区	其中：国有企业	比重（%）
乡及乡以上	1986	341	19	32441	6259	3.37	1.07	31.75
	1988	377	19	33683	6962	6.00	1.61	26.83
	1989	419	31	31372	6369	7.35	2.13	28.98
	1991	401	21	32977	7375	9.83	3.14	31.94
	1993	455	32	35546	9307	20.45	5.45	26.65
	1996	402	29	36132	9160	30.09	6.67	21.60
	1997	386	16	30385	7442	29.49	5.61	19.02
年主营业务收入500万元及以上	1998	160	7	27352	2903	38.74	2.89	7.46
	2000	186	5	31815	2067	59.00	3.53	5.98
	2001	230	3	37748	1533	67.46	2.61	3.87
	2003	323	3	53470	1347	125.03	3.14	2.51
	2007	837	1	119220	65	528.88	0.10	0
	2008	973	2	124111	425	601.93	9.49	1.58

第二节 集体工业

1986年，全区乡及乡以上集体工业企业322家，占全区企业总数的94.43%。1993年，集体工业企业工业总产值突破10亿元大关，达到11.13亿元，占区属工业总产值的54.45%。1993年产权制度改革启动，至1997年企业总数占乡及乡以上工业企业74.35%，从业人数占24.96%，工业总产值占45.57%，分别比1986年减少20.08个百分点、28.85个百分点和22.68个百分点。到2001年，规模以上集体工业企业减少到55家，占全区规模以上工业企业比重下降到21.91%，从业人员减少到5620人，比重下降到14.89%，工业总产值9.66亿元，比重下降到14.32%。2008年，全区集体工业企业减至34家，从业人员减至3212人，工业总产值6.56亿元，分别占全区规模以上企业的3.49%、2.59%和1.01%。

1996 年镇海区大集体工业企业分布情况表

表 15－8

所属部门	企业（家）	从业人数	所属部门	企业（家）	从业人数
二轻工业公司（局）	16	2550	水利局	12	418
纺丝工业公司	4	644	水产局	1	29
工业公司（局）	1	51	商业局	1	86
计经局	1	45	供销社	1	23

1986—2008 年若干年镇海区集体工业企业情况表

表 15－9

规上企业	年份	企业（家）			从业人数（人）			工业总产值（亿元）		
		全区	其中：集体	比重（%）	全区	其中：集体	比重（%）	全区	其中：集体	比重（%）
乡及乡以上	1986	341	322	94.43	31441	26182	83.27	3.37	2.30	68.25
	1988	377	358	94.96	33740	22065	65.40	6.00	4.39	73.17
	1990	365	364	99.72	30772	24019	78.06	7.44	4.97	66.80
	1993	455	338	85.27	35546	21109	59.39	20.45	11.13	54.42
	1994	453	335	73.95	34350	17447	50.79	26.40	11.32	42.88
	1996	402	302	75.12	36132	19663	54.42	29.85	14.41	48.27
	1997	386	286	74.35	41102	10260	24.96	29.49	13.44	45.57
年主营业务收入 500 万元及以上	1998	160	67	41.88	27352	8075	29.33	38.74	12.90	33.35
	2000	186	56	30.10	31815	6244	19.03	59.39	10.98	18.49
	2001	230	55	21.91	37748	5620	14.89	67.46	9.66	14.32
	2003	323	59	18.7	53470	6084	11.38	125.02	11.66	9.33
	2005	671	55	8.23	98872	5336	5.40	312.60	15.32	4.90
	2007	837	39	4.66	119220	4463	3.74	528.88	12.82	2.42
	2008	973	34	3.49	124111	3212	2.59	601.93	6.56	1.01

第三节　私营工业

1988 年注册登记私营工业企业 8 户。1990 年后私营工业发展加快，1995 年工业经济普查私营、个体工业 798 个，工业总产值合计 1.4 亿元，分别占区属工业的 38.42% 和 3.19%。1996 年，乡及乡以上私营工业企业首次列入《镇海统计年鉴》的有 6 家，从业人员 218 人，工业总产值 0.28 亿元，占全区乡及乡以上工业总产值 30.09 亿元的 1%。1998—2000 年，规模以上私营工业企业个数增加1倍，占区属规模以上工业企业比重从15.63%提高到27.42%；从业人员增加1倍，占区属规上工业从业人员比重从12.56%提高到22.07%；实现工业总产值增加0.61倍，占区属规模以上工业总产值比重从16.75%提高到24.31%。2001—2008年私营工业发展进入快车道，至2008年全区私营工业企业达到477家、从业人员47283人、工业总产值154.40亿元，分别比2000年增加8.35倍、5.73倍和13.79倍，比重分别占区属规模以上工业企业的49.02%、38.1%和28.65%。

1996—2008年若干年镇海区私营工业企业情况表

表15－10

规上企业	年份	企业（家）		从业人数		工业总产值（亿元）		
		区属工业企业	其中：私营企业	区属工业企业	其中：私营企业	区属工业企业	其中：私营企业	比重（%）
乡及乡以上	1996	402	6	36132	218	30.09	0.28	0.94
	1997	386	11	30385	622	29.49	0.84	2.84
年主营业务收入500万元及以上	1998	160	25	27352	3436	38.74	6.49	16.75
	1999	160	35	28434	4381	45.57	6.64	14.57
	2000	186	51	31815	7022	59.40	10.44	24.31
	2001	230	78	37748	11133	67.46	13.96	20.69
	2003	323	135	53470	20580	125.03	34.16	27.32
	2005	671	326	98872	40239	312.60	83.46	26.70
	2007	837	445	119220	51010	528.88	156.66	29.61
	2008	973	477	124111	47283	601.93	154.40	25.65

第四节 港澳台商投资工业

20世纪90年代初，镇海工艺织造厂与澳门建兴贸易有限公司合资组建宁波澳琪工艺织造有限公司。1993年，港澳台商投资企业共5家，从业人员352人，工业总产值完成0.36亿元，分别占全区乡及乡以上工业的1.1%、1%和1.76%。1994年引进台湾金丰（中国）机械工业有限公司，至2008年总投资额2420万美元，为区内投资额最大的台商独资企业。1997年，港澳台投资企业32家，从业人员2648人，完成工业总产值3.63亿元，分别占乡及乡以上工业企业的8.29%、8.72%和3.39%。1997—2000年受亚洲金融危机影响，港澳台投资处于徘徊状态。2001—2008年，港澳台投资企业大量增加。2004年香港新国投资发展有限公司在镇海兴办百隆东方有限公司，至2008年总投资额达17899万美元，为区内投资额最大的港商独资企业。到2008年港澳台投资企业达到160家，从业人员达到29157人，工业总产值达到148.29亿元，分别占规上工业企业的16.44%、23.49%和24.64%。

1993—2008 年若干年镇海区港澳台商投资工业情况表

表 15－11

规上企业	年份	企业（家）		从业人数		工业总产值（亿元）		
		区属工业企业	其中：港澳台投资企业	区属工业企业	其中：港澳台投资企业	区属工业企业	其中：港澳台投资企业	比重（%）
乡及乡以上	1993	455	5	35546	352	20. 45	0. 36	1. 76
	1994	453	13	34350	988	26. 40	1. 32	5. 00
	1995	411	30	—	—	30. 43	3. 32	10. 91
	1996	402	30	36132	2577	29. 85	3. 89	12. 90
年主营业务收入 500 万元及以上	1998	160	27	27352	3781	38. 74	6. 20	16. 00
	1999	161	27	28434	4823	45. 57	9. 37	20. 56
	2000	186	32	31815	5154	59. 40	8. 60	14. 48
	2004	323	48	53470	7816	125. 03	15. 84	12. 67
	2006	671	126	98872	20781	312. 60	63. 53	20. 32
	2007	837	152	119220	26785	528. 88	123. 82	23. 41
	2008	973	160	124111	29157	601. 93	148. 29	24. 64

说明：1. 港澳台商投资企业包括内地与港澳台合资经营企业、内地与港澳台合作经营企业、港澳台商独资经营企业；

2. 1990—1992 年外商、港澳台商投资工业企业合并统计，统称“外商投资企业”；

3. 1995 年《镇海区统计年鉴》无从业人数记录

第五节　外商投资工业

1988 年，首家中外合资企业金冠工业有限公司成立。1990 年外商投资企业 3 家，从业人数 184 人，工业总产值 500 万元。1993 年，日本独资企业宁波阿尔卑斯电子有限公司落户镇海。1994 年，外商投资企业增加到 31 家，从业人员 2705 人，工业产值 2. 05 亿元，分别占区属工业的 6. 84%、7. 87%和 7. 77%。1997 年韩国 LG 化学株式会社与宁波甬兴化工投资有限公司合资组成宁波乐金甬兴化工有限公司，为区内首家与世界 500 强企业合资企业。1998 年，规模以上外商投资工业企业 14 家，从业人员 1911 人，完成工业总产值 3. 63 亿元，分别占区属规模以上工业企业的 8. 75%、7. 28%和 9. 37%。1997 年东南亚金融危机爆发，外资引进处于低迷。2001 年起外商投资工业企业快速增加。2002 年 9 月，NIP 挪威有限公司在镇海开发区独资设立宁波北欧工业园区管理有限公司，总投资额 6559. 4 万美元，注册资本 2186. 5 万美元，一批北欧工业企业相继落户。2008 年，世界五百强企业荷兰阿克苏诺贝尔化学品国际有限公司投资建立阿克苏诺贝尔乙烯胺（宁波）有限公司，总投资额 2 亿美元，注册资本 6700 万美元，为镇海区外商一次性投资额最大项目。2007 年外商投资工业企业工业产值比重占到区属规模以上企业的 1/3。2008 年，全区外商投资企业 160 家，从业27026人，工业总产值193.20亿元，分别比2000年增加7.89倍、10.14倍和14.58倍，分别占区属规模以上工业企业的16.44%、21.78%和32.03%，工业总产值比重列区属各类所有制工业总产值比重首位。

1990—2008年若干年镇海区外商投资工业企业情况表

表15－12

规上企业	年份	企业（家）		从业人数		工业总产值（亿元）		
		区属工业企业	其中：外商投资企业	区属工业企业	其中：外商投资企业	区属工业企业	其中：外商投资企业	比重（%）
乡及乡以上	1990	440	1	31787	184	7.73	0.05	0.60
	1991	452	4	32977	323	10.19	0.21	2.06
	1992	459	10	33011	434	13.47	0.32	2.38
	1993	455	23	35546	1556	20.45	1.08	5.28
	1994	453	31	34350	2705	26.40	2.05	7.77
	1996	402	29	36132	4033	29.85	4.42	14.81
年主营业务收入500万元及以上	1998	160	14	27352	1911	38.74	3.63	9.37
	2000	186	18	31815	2425	59.40	12.40	20.88
	2004	323	34	53470	6674	125.03	37.88	30.30
	2007	837	137	119220	27152	528.88	184.81	34.94
	2008	973	160	124111	27026	601.93	193.20	32.1

第六节 “股份制”工业

“股份制”工业包括（不含港澳台和外商投资企业）股份有限公司、有限责任公司、股份合作制、联营等多个法人或自然人共同出资的企业。1986—1992年，区政府鼓励发展联营企业。1993年后，公有制企业和新办工业企业，按照《中华人民共和国公司法》和“股份合作制企业”规范要求，改制和组建股份合作制、有限责任公司和股份有限公司等，“股份制”工业企业有较快发展。2008年，全区“股份制”企业136家，从业人员16752人，工业总产值89.99亿元，分别占区属规模以上工业企业的13.98%、13.50%和14.95%。

联营工业企业

1989年起，全民与集体、公有制企业与个人合营工业企业开始兴起，是年实现工业总产值82万元，实现利税总额16万元，其中利润总额13万元。1993年全区联营企业发展到52家，从业人员达到2589人，实现工业总产值19900万元，分别占全区乡及乡以上工业企业的11.43%、7.28%和8.85%。1996年起，随着《中华人民共和国公司法》的颁布和“股份制”企业的逐步兴起，联营企业逐步减少，2008年全区联营企业1家，从业人员31人，工业总产值600万元。

1989—2008 年若干年镇海区联营工业企业情况表

表 15－13

规上企业	年份	企业（家）		从业人数		工业总产值（亿元）		
		区属工业企业	其中：联营企业	区属工业企业	其中：联营企业	区属工业企业	其中：联营企业	比重（%）
乡及乡以上企业	1989	419	1	31372	18	7.35	0.01	—
	1990	440	2	31787	73	7.73	0.04	—
	1991	401	4	32977	332	9.83	0.12	1.22
	1992	459	37	33011	1975	13.47	1.26	3.66
	1993	455	52	35546	2589	20.45	1.99	9.73
	1994	453	37	34350	2143	26.40	2.25	9.65
	1996	407	8	36132	337	30.09	0.33	1.10
年主营业务收入 500 万元及以上	1998	160	9	27352	1338	38.74	1.15	2.97
	2001	230	3	37748	1180	67.46	3.54	5.25
	2003	323	2	53470	290	125.05	0.18	1.93
	2005	671	3	98872	319	312.60	6.03	1.93
	2007	837	2	119220	217	528.88	2.63	0.50
	2008	973	1	124111	31	601.93	0.06	—

股份合作制工业企业

1993 年乡镇企业实行产权制度改革，是年 5 家乡镇办企业改组为股份合作制，实现工业总产值 4400 万元，比重占全区工业总产值的 2.15%。1997 年有 11 家乡及乡以上工业企业实行股份合作制改组，从业人员 1687 人，实现工业总产值 10800 万元。是年，国有城镇集体企业全面开展产权制度改革，以推行“公司制”企业（有限责任公司和股份有限公司）为主，转制股份合作制企业开始减少。到 2008 年，全区规模以上股份合作制企业 5 家，从业人员 434 人，实现工业总产值 7500 万元，工业产值占区属规模以上工业企业 0.12%。

1993—2008 年若干年镇海区股份合作制工业企业情况表

表 15－14

规上企业	年份	企业（家）		从业人数		工业总产值（亿元）		
		区属工业企业	其中：股份合作企业	区属工业企业	其中：股份合作企业	区属工业企业	其中：股份合作企业	比重（%）
乡及乡以上企业	1993	455	5	35546	633	20.45	0.44	2.15
	1994	453	6	34350	1436	26.40	1.09	4.13
	1995	442	3	—	—	31.07	0.13	0.42
	1996	407	2	36132	174	30.09	0.07	0.23
	1997	386	11	30385	1687	29.49	1.08	3.66

续表 15－14

规上企业	年份	企业（家）		从业人数		工业总产值（亿元）		
		区属工业企业	其中：股份合作企业	区属工业企业	其中：股份合作企业	区属工业企业	其中：股份合作企业	比重（%）
年主营业务收入500万元及以上	1998	160	3	27352	595	38.74	0.36	0.93
	2001	230	6	37748	667	67.46	1.09	1.62
	2003	323	7	53470	847	125.02	1.56	1.25
	2005	671	6	98872	616	312.60	0.96	0.31
	2007	837	6	119220	543	528.88	1.72	0.33
	2008	973	5	124111	434	601.93	0.75	0.12

有限责任公司工业企业

1994 年，国有、集体企业改为有限责任公司 8 家（含村办工业）。1998 年，规模以上企业有限责任公司 5 家，从业人员 859 人，工业总产值 1.20 亿元，分别占区属规模以上工业企业 18.63%、3.14%和 3.10%。2001—2008 年有限责任公司大量增加，从 23 家增加到 122 家，工业产值增加 12.39 倍，占区属规模以上工业总产值比重从 8.76%提高到 13.12%。

1998—2008 年若干年镇海区有限责任公司工业企业情况表

表 15－15

规上企业	年份	企业（家）		从业人数		工业总产值（亿元）		
		区属工业企业	其中：有限责任公司	区属工业企业	其中：有限责任公司	区属工业企业	其中：有限责任公司	比重（%）
年主营业务收入500万元及以上	1998	160	5	27352	859	38.74	1.20	3.10
	2000	186	12	31815	2551	59.40	3.37	
	1999	161	12	28434	2546	45.57	2.26	
	2001	230	23	37748	3037	67.46	5.91	
	2003	323j	28	53470	5037	125.02	13.81	
	2005	671	40	98872	7233	312.60	27.45	
	2007	837	51	119220	8076	528.88	37.00	
	2008	973	122	124111	14571	601.93	79.11	13.12

股份有限公司工业企业

1994 年，乡镇企业宁波摩士（集团）股份有限公司成立，注册资本 15100 万元。随后，1998 年宁波华通集团股份有限公司相继成立。同年，全区有 3 家股份有限公司正式列入《镇海区统计年鉴》，从业人员 4453 人，实现工业总产值 3.91 亿元，占区属规模以上工业企业总产值 10.10%。2008 年，全区股份有限公司 8 家，从业人员 1716 人，工业总产值 10.07 亿元，占区属规模以上工业企业比重比为 1.67%。

1986—2008 年若干年镇海区股份有限公司工业企业情况表

表 15－16

规上企业	年份	企业（家）		从业人数		工业总产值（亿元）		
		区属工业企业	其中：股份有限公司	区属工业企业	其中：股份有限公司	区属工业企业	其中：股份有限公司	比重（%）
年主营业务收入 500 万元及以上	1998	160	3	27352	4453	38. 75	3. 91	10. 10
	1999	161	3	28434	4171	45. 57	5. 81	12. 77
	2000	186	5	31815	4859	59. 40	6. 12	10. 30
	2003	323	7	53470	4795	125. 03	6. 80	5. 44
	2005	671	4	98872	919	312. 60	6. 03	1. 93
	2007	837	4	119220	909	528. 88	9. 32	1. 76
	2008	973	8	124111	1716	601. 93	10. 07	1. 67

【附】1986—1997 年镇海区村及村以下工业情况

村及村以下工业，是指 1986—1997 年《镇海区统计年鉴》中，不列入“乡及乡以上工业企业”（或“规模以上工业企业”）统计口径的工业，由村办工业和村以下个体经营工业组成。其中，村以下个体经营工业，分为合作个体工业、合作工业经营户和农民个体工业经营户三部分。村及村以下工业是镇海乡镇工业重要组成部分，对加快农村劳动力转移、增加农民收入、实现农村奔小康，发挥重要作用。1986 年村办和村以下工业实现工业总产值 8815 万元，占乡镇企业工业总产值 21310 万元的 41. 37%，到 1997 年村办和村以下工业实现工业总产值增加到 281924 万元，较 1986 年增加 31 倍，年均增长 39%，比重占到全区乡镇企业工业总产值 411094 万元的 68. 58%。

村办工业

1986 年，村办工业企业 398 家，占乡镇办、村办工业企业总数 69. 34%；从业人数 13740 人，占乡镇工业企业从业人员 44. 0%；工业总产值 8477 万元，占乡镇工业总产值 40. 5%；实现利润 465 万元，占乡镇工业利润 21. 2%，上缴税金 142 万元。1986—1991 年，全区村属企业累计投入基建、技改资金 7033 万元，实现村村有企业目标。1991 年村属工业总产值和实现利润，分别比 1986 年增加 2. 2 倍和 1. 9 倍。1993 年，全区开展农村“树强扶弱奔小康”计划，村属工业得到进一步发展。1995 年村属工业企业达到 830 家，比 1992 年 654 家增长 26. 9%；工业总产值达到 123206 万元，比 1992 年 46034 万元增加 1. 7 倍；利润总额达到 5761 万元，比 1992 年 2795 万元增加 1. 1 倍。1997 年村属工业企业 827 家（包括转制企业），比 1986 年增加 1 倍，占全区乡镇工业企业总数的 49%；从业 22502 人，比 1986 年增长 0. 64%，占全区乡镇企业职工总数 57. 4%；工业总产值 244963 万元，比 1986 年增加 27. 9 倍，占乡镇工业总产值 62. 1%；实现利润 10936 万元，比 1986 年增加 22. 5 倍；上缴税金 2048 万元，比 1986 年增加 13. 4 倍。

1986—1997 年镇海区村属工业情况统计表

表 15－17　　单位：万元

年份	从业单位		工业总产值			利税	
	个数	人数	乡镇工业总产值	其中：村属工业总产值	比重（%）	利润	上缴税金
1986	398	13740	20916	8477	40.5	465	142
1987	446	14557	27144	10132	37.3	682	65
1988	528	14762	40071	15727	39.3	1025	56
1989	525	13114	46820	19576	41.8	1195	181
1990	495	12190	45255	20467	45.2	1060	195
1991	543	14425	58499	26411	45.2	1346	176
1992	654	16908	94776	46034	48.6	2795	414
1993	809	19313	192448	86597	45.0	4356	538
1994	760	18374	306736	125104	40.8	4081	1479
1995	830	18129	337684	123206	36.5	5761	1057
1996	772	21046	352961	178338	50.5	9776	1229
1997	827	22502	394559	244963	62.1	10936	2048

村以下工业

合作个体工业　中共中央十一届三中全会后，农村“放宽政策，搞活经济”，村以下合作工业经营户和个体工业经营户（以下统称合作个体工业）开始兴盛，由各乡镇管辖，工业总产值等主要经济指标纳入统计范围。1986 年，村以下工业 863 户，从业人数 3160 人，工业总产值 896 万元，上缴税金 142 万元，自有资金 225 万元，从业人数和工业产值分别占全区乡镇工业的 10.12% 和 4.3%。至 1997 年，村以下合作个体工业 706 户，从业人数 4601 人，从业人数比 1986 年增长 45.6%，占乡镇工业从业总人数的 13.68%；村以下合作个体工业总产值 36961 万元，比 1986 年增加 40.3 倍，占全部乡镇工业总产值的 9.4%；村以下合作个体工业上缴税金 2048 万元，比 1986 年增加 13.4 倍；自有资金 7682 万元，比 1986 年增加 33.1 倍。

1986—1997 年镇海区村合作个体工业经营户情况表

表 15－18　　单位：万元

年份	从业户/人		村以下工业总产值	占乡镇工业比重		上缴税金	自有资金
	户数	人数		乡镇总产值	比重（%）		
1986	863	3160	896	20916	4.3	142	225
1987	382	2026	952	27144	3.5	65	137
1988	299	2195	980	40071	2.5	56	137
1989	508	2912	1556	46820	3.3	184	280

续表 15－18

年份	从业户/人		村以下工业总产值	占乡镇工业比重		上缴税金	自有资金
	户数	人数		乡镇总产值	比重（%）		
1990	554	2349	1166	45255	2.6	195	849
1991	554	2253	1332	58499	2.3	176	547
1992	587	2368	2590	94776	2.7	414	489
1993	641	2435	5928	192448	3.1	538	877
1994	650	4659	67906	306736	22.1	1479	4703
1995	805	5481	99900	337684	29.6	1057	8844
1996	668	3979	26360	352961	7.5	1229	5066
1997	706	4601	36961	394559	9.4	2048	7682

说明：1996 年起，全区村以下工业全部为农民个体工业

合作工业经营户　1986 年，合作工业经营户（以下简称合作经营工业）261 户，从业 1469 人，工业产值 369 万元，工业产值占村以下工业比重 59.0%。1989 年起，合作经营工业户减少，相关经济指标逐年下降，到 1992 年工业总产值下降至 84 万元，1986—1992 年年均递减 123.6%。1993 年，农村实施“树强扶弱奔小康”计划，合作经营工业复苏。1995 年合作经营工业总产值达到 26525 万元，比 1986 年增加 29.6 倍，年均递增 145.7%。1986—1995 年，村以下合作经营工业累计总产值 49255 万元，占村以下累计工业总产值 182935 万元的 28%；累计上缴税金 1350 万元，占村以下累计上缴税金 4378 万元的 30.8%。

1986—1997 年镇海区村合作工业经营户情况表

表 15－19　　单位：万元

年份	合作工业从业		工业产值			上缴税金		
	户数	人数	村以下工业产值	合作经营工业产值	%	村以下工业税金	合作经营上缴税金	%
1986	261	1469	625	369	59.0	142	27	19
1987	97	1148	952	494	51.9	65	34	52
1988	84	1258	980	469	47.9	56	20	36
1989	67	835	1556	293	18.8	184	35	18
1990	40	537	1166	73	6.3	195	36	18
1991	34	552	1332	49	3.7	176	5	3
1992	34	548	2590	84	3.2	414	83	20
1993	59	944	5928	2162	36.5	438	130	30
1994	166	1973	67906	18737	27.6	1479	841	57
1995	0	0	99900	26525	26.6	1229	175	14

说明：“合作工业经营户”转型等因素，1995 年起从业人员和工业产值、上缴税金等数据分别纳入“个体工业经营户”统计口径

个体工业经营户 1986年村以下个体工业602户，从业1691人，工业产值256万元，占村以下工业的41%。1995年户数比1986年增加203户，人数比1986增加3790人，产值比1986年增加286.69倍，占村以下工业产值比重74%。1996年起，全区村以下工业全部为农民个体工业。1997年，工业产值比1986年增加58.14倍。1986—1997年，村以下个体工业企业上缴税金累计6372万元，占村以下上缴税金累计7655万元的83%。

1986—1997年镇海区村个体工业经营户情况表

表15－20　单位：万元

年份	个体工业从业人员		工业产值			上缴税金		
	户数	人数	村以下工业产值	个体办工业产值	占比（%）	村以下工业税金	个体办上缴税金	占比（%）
1986	602	1691	625	256	41	142	115	81
1987	285	878	952	458	48	65	31	48
1988	215	937	980	511	52	56	36	64
1989	441	2077	1556	1263	81	184	149	81
1990	514	1812	1166	1093	94	195	159	82
1991	520	1671	1332	1283	96	176	171	97
1992	541	1820	2590	2506	97	414	331	80
1993	582	1491	5928	3766	64	438	408	93
1994	650	2686	67906	49169	75	1479	638	43
1995	805	5481	99900	73649	74	1229	1057	86
1996	668	3979	26360	26360	100	1229	1229	100
1997	706	4601	36961	36961	100	2048	2048	100

第三章　工业行业与企业选介

1986年，区属乡及乡以上按工业行业统计分类，主要行业29个，其中纺织、机械、塑料制品三个行业工业总产值合计1.97亿元（1980不变价），占乡及乡以上工业总产值3.31亿元的59.38%。随着工业产业结构调整，至2000年机械电子类、轻工纺织类、化工医药类成为主要工业行业。2000年后，化工行业发展迅猛，机械和电子类工业行业门类增多，废旧金属拆解加工成为区属工业重要行业。2008年，区属规上工业企业分布28个工业行业①，实现工业销售产值593.49亿元。其中，销售产值超过5亿元的有17个工业行业，销售产值共574.63亿元，占全部工业行业销售产值的96.82%；5亿元以下有11个工业行业，销售产值共18.86亿元，占全部工业行业销售产值的3.18%。是年销售产值45亿元及以上的有化学原料及化学制品制造业、通用设备制造业、废旧金属拆解加工业、纺织业、有色金属冶炼压延加工业共5个工业行业，实现工业销售产值共386.58亿元，占区属规模以上企业销售产值65.13%。

2005年宁波埃美柯铜阀门有限公司陶瓷片密封水嘴获“中国名牌”称号。2006—2008年，有10只产品先后获名牌产品称号。

本章记述2008年销售产值在5亿元以上17个工业行业。

第一节　纺织制造业

行业概况

镇海近代纺织工业起始于民国初期，历经变迁，解放前企业仅有久丰纱厂1家。1960年久丰纱厂迁往余姚，区域内纺织业仅存土纺土织。1964年镇海回纺厂由土纺向精纺过渡，镇海纺织工业开始改变土纺土织局面。20世纪70年代中期至80年代中期，置有丝织机200台的宁波丝织厂建成投产、镇海棉纺织厂移地扩建3万纱锭开建、乡镇办纺织企业兴起，至1986年镇海纺织工业企业31家，实现工业总产值（按1980年不变价计算）1.03亿元，占全区工业总产值4.32亿元的23.84%。主要生产企业有镇海棉纺织厂、宁波棉毯厂、宁波丝织厂、宁波湾塘纺织厂、镇海毛纺织厂、镇海光华毛纺织集团、中鑫毛纺织厂等。80年代中至90年代初，宁波丝织厂、镇海光华毛纺织集团、中鑫毛纺织厂等企业规模进一步扩大，产品技术档次不断提高；镇海棉纺织厂建成最终具有6.5万枚纱锭、144台有梭织机、32台剑杆织机等生产能力，被纺织工业部认定为国家大型二

① 不包括“电力、热力的生产和供应业”和“水的生产和供应业”

类纺织印染全能企业。2000 年镇海区纺织工业总产值达到 10.10 亿元，是 1986 年的 9.81 倍，占全区工业总产值 83.91 亿元的 12.04%。2001 年中国加入 WTO，镇海纺织业发展加快。2008 年，全区纺织业企业达到 169 家，从业人员 12611 人，实现主营业务收入 49.97 亿元，为主营业务收入超过 20 亿元的 12 个行业之一，实现利润总额 5.5 亿元，位居制造业行业第 2 位。其中，规模以上工业企业达到 68 家，按当年价计算工业总产值 50.29 亿元，工业销售产值 48.7 亿元，出口交货 22.5 亿元。纺织行业中棉、化纤纺织及印染精加工企业 21 家，工业总产值为 359737 万元，占 71.53%；毛纺织和染整精加工企业 9 家，工业总产值为 65830 万元，占 13.10%；纺织制成品制造企业 8 家以及针织品、编织品及其制品制造企业 30 家，工业总产值为 63964 万元，占 12.72%。全年生产棉纱、棉混纺纱和化学纤维纱 11.95 万吨，销售金额 261868 万元，其中棉纱生产占总产量的 93.9%；生产棉布、棉混纺布和化学纤维布合计 3637 万米，其中化学纤维布占产量的 86.53%；生产印染布 10605 万米，其中染色布占 99.81%。

企业选介

宁波大贯制线有限公司 公司地处宁波市镇海区庄市兆龙路 151 号，创办于 1994 年，专业从事各种规格涤纶缝纫线制造。1998 年引进被大型汽车厂家广泛使用的车辆专用线，1999 年引进生产高质感西服大衣缝制的涤纶长丝缝纫线，2000 年引进生产由高强力长丝和特殊涤纶混捻而成的高品质“HYPER”涤纶缝纫线，2005 年引进生产由高强力长丝线和短纤维混捻加工的“SPUFILA”涤纶线。2008 年，公司固定资产 1757 万元，厂房面积 6930 平方米，职工 158 人，其中大专及以上学历 9 人，专业技术人员 16 人，完成工业总产值 3789 万元。

莲香纺织品（宁波）有限公司 公司地处宁波市镇海经济开发区 A 区青青路 288 号，于 2002 年 4 月成立，为香港莲香投资有限公司的独资企业，注册资本 248 万美元，投资总额 1000 多万美元，占地面积 22528 平方米，建筑面积 29181.5 平方米，拥有先进的近 7 万纱锭生产线，主要生产胚线、全棉、涤棉纱线及其他的棉涤产品，年产量 1 万余吨，主营业务为服装、服饰、线带、拉链、手套、纺织品（除国家限制外商投资项目）制造、加工和涤纶坯经线分装。“XIANGYE”品牌纱线畅销于国内及欧美、亚洲等地，设有专纺生产线，适合小订单及来样定造的订单。2008 年公司固定资产 4728 万元，职工 380 人，完成工业总产值 7814 万元，销售额 6821 万元，出口交货值 7232 万元。

百隆东方有限公司 公司地处骆驼街道南二东路 1 号，成立于 2004 年，是百隆集团有限公司投资企业之一。总投资额 8399 万美元，占地面积 49 万平方米，总体设计规模 20 万枚色纱纱锭，总建筑面积达 40 余万平方米。公司引进全套瑞士乌斯特检测设备、进口意大利 BELLINI 染色机染整设备、香港立信 ALLWIN 染色机、美国 GRETAGMACBETTH 公司颜色评审灯箱、进口立达并条机等先进设备，能满足染色、纺纱、研发的各项需求。

2006 年 4 月，百隆东方有限公司以股权转让方式收购宁波中汇纺织有限公司，转让总股金为 8761 万元（其中贵州航天工业有限责任公司股权份额 86.7%、转让股金 7595.7870 万元，镇海纺织丝绸工业公司股权份额 12.16%、转让股金 1065.3376 万元，浙江名策投资有限责任公司股权份额 1.14%、转让股金 99.8754 万元）。

2008 年，百隆东方有限公司①拥有固定资产 268800 万元，完成工业总产值 243984 万元，销售额 239017 万元，创利税 43957 万元，出口交货值 85267 万元，销售收入进入镇海区工业企业销售收入前百名。

宁波振华毛纺织染整有限责任公司　公司地处镇海区蛟川街道大运路 361 号，成立于 2005 年，中外合资企业，前身为浙江光华纺织集团，系国家中一型企业，占地面积 5.6 万平方米，建筑面积 3.2 万平方米，是集洗毛、毛条、毛纺、毛织、染整于一体的精毛纺生产企业。主要设备分别从意大利、德国、瑞士、日本等国家引进，引进率达 80%。其中，2005 年 11 月投入 30 万美元，引进意大利 KD95 罐蒸机 1 台，以及分条整经机、细纱机等设备；2007 年新增 8 台万事达机杆织机。主要产品有粗纺精梳花呢、羊绒高支花呢、正反捻花呢、羊绒啥咪呢、赛络菲尔、毛粘花呢、华达呢、毛竹纤维、自然弹性等全毛和毛绲纺产品，产品 90% 以上外销，其中轻薄高档精纺呢绒在欧美市场属中、高档水平。2008 年公司固定资产 4025 万元，职工 497 人，完成工业总产值 8786 万元，销售额 8515 万元，创利税 982 万元，出口交货值 915 万元。

中鑫毛纺织集团有限公司　成立于 1994 年 7 月，公司前身是宁波中鑫兔毛纺厂，系中国航天科工集团公司下属的航天通信控股集团股份有限公司控股的子公司，注册资本 9000 万元。中鑫集团公司下属有 5 家生产企业和 1 个国际贸易公司，并取得国家高新技术企业资格。公司主要产品有各种比例精纺纱线、粗纺纱线、半精纺纱线、花式纱线，各种比例羊绒及其他混纺面料、各类针织毛衫及梭织大衣及服饰等纺织品。主要销往日本、韩国、美国、法国、意大利等国家和中国港澳地区，其中中鑫牌纱线被评为浙江省名牌产品，双豹牌羊绒面料被评为宁波市名牌产品，中鑫牌商标和双豹牌商标被评为浙江省著名商标。公司为国家中型股份制企业，是浙江省毛纺重点骨干企业，宁波市最大的毛纺企业，占地近 20 万平方米，职员人数 1000 人。2005 年自营出口值 8000 万美元。2008 年工业总产值 20267.5 万元，自营出口值 3000 万美元。

第二节　纺织服装与鞋帽制造业

行业概况

1986 年，乡及乡以上纺织服装企业 21 家，现行价工业总产值 1763 万元，除大集体企业镇海服装厂、华丽丝绸绣服厂等企业外，服装生产主要集中在乡镇企业。1993 年镇海服装及其他纤维制品制造业企业 40 家，工业总产值 1.4 亿元。至 1997 年，该行业乡及乡以上工业企业 27 家，不少企业从国外引进大圆机、横机、成衣生产等先进机器设备，是年实现工业总产值 1.53 亿元，按当年价格计算工业总产值为 1.59 亿元。2004—2008 年，企业增加到 48 家，其中纺织服装制造 46 家，制帽企业 2 家，实现工业总产值增加到 10.11 亿元，年均增长 40.45%。2008 年全年生产服装 4906 万件，其中针织服装 3115 万件、梭织服装 1791 万件；针织帽、钩编帽各 77 万个和 38 万个。主要服

① 2012 年 6 月 12 日，百隆东方有限公司在上交所 A 股首发上市。由此，百隆东方股份有限公司成为镇海区首家上市公司。

装企业有宁波洛克牛仔服饰有限公司、宁波振纺制衣有限公司、宁波东逸纺织品有限公司、宁波蕾梦纺织品有限公司等。服装企业集中在蛟川、骆驼和庄市3街道。

企业选介

宁波蕾梦纺织品有限公司 公司地处镇宁西路7号，成立于1995年，外商独资企业。蕾梦前身系宁波镇海春蕾服装厂、宁波康迪斯制衣有限公司，1992年起开始从国外引进先进的大圆机、横机、成衣设备。到2005年已拥有固定资产300万美元，标准厂房1.5万平方米，各种进口成衣设备600台（套），员工800人，年生产各种针织、梭织系列产品500万件，产品销往澳洲、欧洲、美洲、东南亚等国家和中国香港地区，先后获得“WRAP”“REEBOK”“UMBRO”国际认证。2008年员工423人，产品销售额13683万元，创利税132万元，出口交货值12734万元。

宁波洛克牛仔服饰有限公司 公司地处镇海经济开发区内，成立于2003年，占地面积2.5万平方米，员工400人，注册资金250万美元，专业从事牛仔系列服饰、婴幼儿服饰、儿童服饰的设计，有生产流水线10条，各种缝纫设备及专用车400余台，年生产能力120万件。产品销往美国、法国、葡萄牙、意大利、南非、西班牙和日本等国家，先后通过BSCI、Woolworths等国际认证机构认证验收。2008年员工429人，产品销售额6789万元，创利税496万元，出口交货值6950万元。

第三节　文教体育用品制造业

行业概况

1986年，全区乡及乡以上文教体育用品制造工业企业9家，从业734人，当年实现工业总产值867万元，占乡及乡以上工业总产值2%。其中玩具生产为镇海特色产业之一，主要企业有二轻系统的镇海玩具厂、镇海玩具元件厂，以及骆驼、临江、俞范、贵驷等乡镇企业玩具厂。2004年，规模以上文教体育用品制造工业企业增加到15家，从业3000人，实现工业总产值25400万元，是1986年的29.3倍。2008年，规模以上文教体育用品制造工业企业有宁波文魁笔业有限公司、宁波天润文具有限公司、宁波恒生文具有限公司、宁波镇海华文笔业有限公司、镇海诚业文体用品制造有限公司、宁波诚丰文体旅游用品制造有限公司、宁波市镇海鹏松网具厂等24家，从业3951人，当年实现工业总产值70038万元，比1986年增长79.78倍，占全区规模以上工业总产值1.13%。其中，文化用品制造企业14个，工业总产值24775万元，占该门类产值的35.10%；体育用品制造企业7家，工业总产值13149万元，占该门类产值的19%；玩具制造企业10家，工业总产值29809万元，占该门类产值的42.16%；游艺器材及娱乐用品制造企业1家，工业总产值2305万元，占该门类产值的3.29%。

企业选介

宁波文魁笔业有限公司 公司位于镇宁东路1118号，成立于1997年，前身是创建于1984年镇海圆珠笔厂。公司主要产品为圆珠笔、活动铅笔、自来水笔、中性笔、多功能系列笔等，品种300余个，以中、高档金属笔为主，产品销往美国、日本、俄罗斯、欧共体、拉美、中东等几十个国家和地区。文魁牌产品自2002年以来，先后被评为“宁波市名牌产品”“宁波市知名商标”“中国制笔名牌产品”“浙江省出口名牌”，公司先后被授予“全国制笔功勋企业”“中国制笔王”“中国活动铅笔王”“浙江省诚信企业”“浙江省专利示范企业”等称号。2008年，公司员工505人，产品销售额10660万元，创利税1006万元，出口交货值10630万元。

宁波市诚邦办公设备有限公司　公司位于临俞北路16号，成立于2001年，占地面积1万余平方米，厂房建筑面积1.2万平方米，员工200余人，主要生产碎纸机、塑封机、折纸机等先进办公设备，产品销往日本、美国、英国、德国、澳大利亚、比利时、西班牙等亚欧美国家和地区。公司2004年通过ISO质量管理体系。2006年后产品先后获得“宁波市名牌”“宁波市知名商标”“宁波市出口名牌”等称号。2008年成立宁波市级工程中心，每年的研发费用投入比例占销售收入的5%，有已授权的有效专利21项，其中国内发明专利2项、实用新型15项、美国发明专利1项、日本发明专利3项。2008年员工308人，产品销售额7105万元，出口交货值7303万元。

第四节　化学原料及化学制品制造业

行业概况

20世纪80年代初，河头、俞范等乡镇相继开设日用化工厂，其中镇海俞范日用化工厂年产洗洁精16吨。1986年全区拥有化学原料及化学制品制造业企业8家，按1980年不变价格计算工业总产值400万元。90年代，建立海德氨基酸厂、镇海氨基酸厂、东海化工厂、俞范有机化工厂、俞范化工溶剂厂、精细化工厂等一批企业，主要生产胱氨酸半脱氨酸、三混甲酸、蒽醌等产品，宁波市区一批化工企业迁至澥浦工业区。1997年韩国LG化学株式会社与宁波甬兴化工投资有限公司出资组建宁波LG甬兴化工有限公司，为全区规模最大化工企业。1999年该行业规模以上工业企业9家，按当年价格计算工业总产值7.52亿元，工业销售产值7.12亿元，工业增加值1.89亿元，出口交货值0.3亿元。2000年后，全区化学原料及化学制品制造业规模、生产品种进一步扩大。至2008年，该行业规上工业企业48家，工业总产值129.5亿元，工业销售产值129.3亿元，出口交货值13.9亿元，固定资产原值52.5亿元。行业涵盖基础化学原料制造、肥料制造、农药制造、涂料、油墨、颜料及类似产品制造、合成材料制造、专用化学产品制造、日用化学产品制造等。其中工业总产值中所占比例较大的有：基础化学原料制造占20.89%，合成材料制造占58.06%，专用化学产品制造占14.60%。全年主要产品及产量：硫酸（折100%）68362吨、盐酸（氯化氢，含量31%）83425吨、烧碱（折100%）118802吨、纯苯221019吨、合成氨195715吨、初级形态的塑料861587吨。规模以上企业主营业务收入131.89亿元，为镇海区主营业务收入超过20亿元的12大行业之一。有13家企业进入2008年镇海区工业企业销售收入前百名。

2008 年镇海区销售前百强的化学制品企业情况表

表 15－21

单位：万元

企业名称	名次	销售收入	企业名称	名次	销售收入
宁波乐金甬兴化工有限公司	1	646042	宁波甬兴化工有限公司	32	29942
爱敬（宁波）化工有限公司	3	124987	宁波巨化化工科技有限公司	33	29549
浙江杭州湾腈纶有限公司	4	108980	宁波东来化工有限公司	41	24036
宁波镇洋化工发展有限公司	9	64450	宁波明欣化工机械有限责任公司	45	22349
宁波大安化学工业有限公司	10	63849	宁波人健医药化工有限公司	56	17272
阿克苏诺贝尔过氧化物（宁波）有限公司	20	42258	宁波四明化工有限公司	63	14368
宁波华力斯化学工业有限公司	26	37043	—	—	—

行业选介

宁波乐金（LG）甬兴化工有限公司 公司由韩国 LG 化学公司和宁波甬兴化工合资组建，1996 年成立，注册资金 3600 万美元，地处后海塘工业区，总占地面积 11 万余平方米，员工 300 人，主要生产高品质的 ABS 及 SAN 树脂。生产及包装设备全部从国外进口，其中生产自动化控制部分采用霍尼韦尔公司提供的 DCS 系统，并采用世界一流的韩国 LG 化学先进的工艺流程和生产管理方法，已形成 ABS 树脂年产量 45 万吨、SNA 商品树脂年产量 5 万吨、ABS 彩色掺配塑料粒子年产量 1 万吨的生产能力。企业内部全部采用企业资源管理信息系统（ERP），保持产品质量的稳定性。2008 年，产量 51 万吨，销售额 64 亿元，创利税 1650 万元，出口货值 74014 万元，员工 554 人。

宁波新福钛白粉有限公司 公司地处澥浦镇跃进塘路 1 号，2000 年 7 月成立，注册资金 14080 万元，占地面积 133340 平方米，建筑面积 9 万余平方米。公司主要生产锐钛型和金红石型钛白粉、硫酸亚铁，钛白粉主要应用于涂料、油漆、油墨、橡胶、塑料、造纸、陶瓷、化纤、电子、冶金、日化、医药等领域。建厂初期主要生产玻璃微珠用二氧化钛、PTC 陶瓷专用二氧化钛、高纯度二氧化钛、电容器二氧化钛、低铁二氧化钛等中高档专用二氧化钛，年产能力 5000 吨。其主要产品 NT－606、NT－200、NT－100 等系列产品质量达到国内领先水平。公司获得宁波市优秀新产品、重大高新技术产业转化项目、镇海区科技创新“10＋1”工程民营科技型重点企业、宁波市科学技术进步奖三等奖、浙江省工商企业信用 AA 级“守合同重信用”单位、“慈善之星”等荣誉。2008 年公司固定资产 38238 万元，员工 620 人，完成产值 17363 万元，销售额 16673 万元。

宁波镇洋化工发展有限公司 公司为浙江省铁路投资集团公司下属全资子公司，2004 年 12 月成立，地处宁波化工区海天中路 655 号，主要生产氯碱等化学产品。公司占地 50 万平方米，员工 300 余人，其中大学大专学历 159 人，是浙江省氯碱生产重点企业之一。主要产品生产规模：离子膜烧碱年生产能力 15 万吨，高浓度离子膜烧碱年生产能力 6 万吨，液氯年生产能力 12 万吨，高纯盐酸年生产能力 5 万吨，氯化石蜡年生产能力 5 万吨，MIBK 年生产能力 1.5 万吨。离子膜烧碱采用日本旭化成工业株式会社的生产技术和设备，高浓度离子膜烧碱引进世界先进的技术和主要设备，MIBK 引进先进技术，技术产品质量达国际先进水平。建有省级企业技术中心和中试基地。公司下辖浙江善高化学有限公司、宁波镇海众利化工有限公司、台州市高翔化工有限公司、宁波镇洋新材料股份有限公司等四家控股子公司。2008年公司固定资产42152万元，员工304人，完成工业总产值65264万元，销售额64450.3万元。

宁波巨化化工科技有限公司 公司地处宁波化工区跃进塘路501号，2005年成立，是国有浙江巨化股份有限公司下属子公司，拥有年产8.5万吨甲烷氯化物和年产1.2万吨四氯乙烯2套生产装置，主产品有一氯甲烷、二氯甲烷、三氯甲烷及四氯乙烯等四个品种，装置技术水平达到国际先进水平。ODS替代品原料项目于2006年6月开工建设，同年11月基本建成第一套年产6万吨甲烷氯化物装置。2008年4月，第一套甲烷氯化物技改项目并网实现一次开车成功，装置产能由6万吨/年提升至8.5万吨/年。四氯乙烯项目引进美国文氏公司工艺包技术，于2006年2月底正式启动，10月下旬开工建设，2007年4月基本建成第一套年产1.2万吨四氯乙烯装置，10月实现达标达产，2008年12月装置通过环保部组织的验收检查。2008年，员工215人，总资产3.52亿元，完成工业总产值2.96亿元，销售额2.95亿元，被浙江省人民政府评为2008年度全省节能工作先进集体。

第五节 医药制造业

行业概况

1986年镇海区医药制造业企业1家，按1980年不变价格计算工业总产值25万元。1998年有业规模以上企业数1家，按当年价格计算工业总产值0.28亿元，年销售额0.3亿元，工业增加值为0.19亿元。2004年规模以上企业10家，工业总产值1.77亿元，销售额1.62亿元，工业增加值0.5亿元，出口交货值0.42亿元。2008年行业内规模以上企业12家，工业总产值6.25亿元，销售产值5.91亿元，固定资产原值2.1亿元。其中，化学药品原药制造企业6家，工业总产值4.3亿元；生物、生化制品制造企业5家，工业总产值1.9亿元；卫生材料及医药用品制造企业1家，总产值530万元。主要产品及产量有抗菌素644吨、维生素类239吨、中成药186吨。

企业选介

宁波市天衡制药有限公司 公司建于1992年7月，位于庄市工业区，集科、工、贸于一体，是宁波市第一批高新技术企业，厂区占地面积61334平方米，建筑面积24251.96平方米，绿化面积15480平方米，注册资金6000万元，员工210人。2000年12月至2002年12月，公司生产的小容量注射剂、片剂（含抗肿瘤药）、原料药全部通过国家食品药品监督管理局GMP认证。主要产品有肿瘤用药、消炎镇痛药、神经系统用药、呼吸系统用药、心血管用药、消化系统用药、造影剂、抗菌药、生物制剂等等，涵盖医疗临床各个专业领域，产品有原料药、针剂、输液、片剂等多种剂型，有国家二类新药和四类新药22个，多次荣获国家、省、市级的各类科技奖，有10多个品种评为国家重点新产品。2003年列入宁波市百家重点企业，2004年“枢丹”商标被评为浙江省著名商标，2007年被评定为国家级高新技术企业，2008年进入镇海区工业企业销售收入前百名。2008年公司销售额5642万元，完成工业总产值6120万元，利税1270万元，员工350余人。

宁波人健医药化工有限公司 公司地处宁波化工区北海路255号，2005年成立，占地约6.7万平方米，员工248人，其中大专以上学历科技管理人员55人、中级以上专业职称6人，是专业从事生产化学合成中间体、原料药的高科技企业，为宁波大型医药化工企业之一。公司按照GMP标准设计，拥有4个生产车间、1个创新中心、1个检测中心，具备各类型的反应及控制设备，产品70%以上销往欧美、日本、东南亚等国家和地区，产品在国内外市场竞争优势明显。公司创新中心已研发多只原料药产品，其中研发的头孢克肟及替米沙坦列入技改项目，计划投资2.9亿元，建设年产200吨头孢克肟及年产50吨的替米沙坦原料药生产基地。2008年员工350人，产品销售额17271.8万元，创利税2021.8万元，出口交货值10344.6万元。

第六节 化学纤维制造业

行业概况

1987年镇海区化学纤维制造业企业3家，按1980年不变价格计算工业总产值516万元，按当年价格计算为498万元。1993企业增加到7家，按1990年不变价格计算工业总产值0.22亿元，按当年价格计算为0.18亿元。1998年该行业规模以上企业2家，按不变价格新规定计算工业总产值1.7亿元，按当年价格计算为1.6亿元，销售额0.9亿元，工业增加值为0.06亿元。2008年该行业规模以上工业企业数2家，工业总产值14.1亿元，工业销售产值14.3亿，出口交货值为2.2亿元，主要产品产量醋酸纤维23156吨、腈纶纤维54332吨。

企业选介

浙江杭州湾腈纶有限公司 公司地处宁波化工区泥螺山路111号，2003年6月成立，注册资本1.5亿元。公司主要生产差别化腈纶纤维，应用于针织、服装、家纺、工业等领域。其中，高收缩腈纶和丝缩腈纶纤维质量可与世界同类腈纶相媲美，替代进口，为国内纺织业冲破欧美纺织品设限提供强大支撑。公司建成的一期项目占地20万余平方米，年生产能力为7.2万吨，年销售额超10亿元，员工400余名，其中中高级专业职称40余名。新建的21万吨差别化腈纶纤维项目，引进德国拜尔DMAC为溶剂的湿法两步法腈纶生产技术，主要设备装置全部从德国引进，生产控制采用DCS集散控制系统。2008年，产品销售额108979.5万元，出口交货值16962.2万元。

宁波大安化学工业有限公司 公司地处宁波化工区D区（后海塘），是西安北方惠安化学工业有限公司、大赛璐（中国）投资有限公司和陕西中烟工业公司共同组建的中日合资企业。2005年3月成立，注册资本27500万元，项目投资85125万元。主要产品有香烟过滤嘴用二醋酸纤维素和精制醋酐，采用世界先进水平的日本大赛璐的生产技术生产，生产规模为二醋片3万吨/年，商品醋酐3万吨/年。2008年，员工179人，产二醋酸纤维素和精制醋酐各3万吨，销售额63849万元，利税总额3523万元，出口交货值5471万元。

第七节　塑料制品业

行业概况

镇海区塑料制品业起步于20世纪60年代初，生产工艺简单的塑料鞋底、塑料绳和塑料零杂件。1969年7月，省水产厅拨款3万元置办的镇海渔网厂乙纶单丝抽丝设备投产。1974年镇海塑料厂开始批量生产聚丙烯编织袋。1978年9月骆驼镇联勤塑料厂开始生产聚乙烯农用薄膜。80年代，境内塑料制品业迅速发展。1986年，全区塑料制品企业41家，按1980年不变价计算工业总产值3254万元，按当年价格计算为3063万元，占乡及乡以上工业产值的9.82%，主要产品有聚乙烯和聚丙烯编织品、渔网单丝与拼线、塑料鞋和日用塑料制品。1998年该行业规模以上工业企业10家，按当年价计算工业总产值2.1亿元，工业销售产值2.07亿元，工业增加值为0.4亿元。2004年，塑料制品业规模以上工业企业增加到28家，工业总产值4.07亿元，固定资产原值1.87亿元，从业726人。2008年塑料制品业共有企业法人319个，从业8151人，其中规上工业企业45家，工业总产值12.59亿元，工业销售产值12.6亿元，固定资产原值3.54亿元。主要产品塑料管及其附件、塑料丝、绳及编织品、泡沫塑料、塑料零件、塑料板、塑料片。年生产塑料制品58471吨，其中塑料薄膜409吨、日用塑料制品30718吨。

企业选介

宁波金雄塑料有限公司　公司地处骆驼（团桥）工业园区，1998年成立，占地面积2万平方米，建筑面积1.4万平方米，总投资约6500万元，员工160人，其中具有大中专以上学历的管理、技术人员31人，约占员工总数的19%，属研制、生产包括蓄电池塑壳在内的各种高分子材料产品的专业化企业。公司员工160人，其中具有大中专以上学历的管理、技术人员31人，约占员工总数的19%。公司模具研发加工中心配置台湾秀峰等注塑模具加工制造的全套设备，为客户提供优质、迅捷的模具加工服务。拥有国产名牌注塑机39台，单机注射重量从150～16000克，注塑设备规格形成系列，设备注射总重量达到8万克，月加工塑料能力1000吨（ABS/pp等各种塑料）以上。2008年员工119人，产品销售额6647万元，创利税596万元。

宁波理想轻工工业有限公司　公司地处庄市大道228号，前身系浙江省岱山县海绵制造有限公司，1999年10月实行股份制，2001年4月29日注册成立宁波理想轻工工业有限公司，员工250人，其中大专以上学历有29人，各类工程师20余人。公司经营项目有塑料制品、鞋类、工艺品制造、加工、批发、零售。标准厂房16500平方米，通过ISO 9002、TSI 6949认证，为南京汽车、南京菲亚特、奇瑞汽车、吉利汽车、上海李尔、南京李尔、宁波李尔、江森云鹤和富卓内饰、延锋江森等提供塑料制品。2008年员工220人，产品销售额5700万元，创利税220万元，出口交货值340万元，创汇48万元美元。

宁波家联塑料用品制造有限公司　公司地处蛟川工业园区川浦路269号，外商独资企业，2004年成立，专业生产塑料餐具、塑料吸管以及其他塑料日用品。现代化标准厂房5万余平方米，生产线80条，拥有国际领先的塑料加工专业设备，员工1200人，其中大学、大专学历348人，中级以上技术职称18人。2007年10月通过ISO 9000质量管理体系认证，并经世界权威认证机构SGS审核，通过GMP、HACCP食品质量安全管理体系双认证及美国KOSHER、NSF认证。2008年引进美国查狄龙抗压测试仪，检测技术在世界塑料餐具行业领先。是年，出口额5000多万美元，实现利润2556万元，上缴国家税金1000多万元，被评为宁波市进出口诚信企业。

第八节　非金属矿物制造业

行业概况

20世纪60年代，县建筑公司所属预制构件厂生产水泥预制件。70年代初期庄市、澥浦、骆驼、湾塘等地建有社办队办砖瓦厂6家。1975年11月筹建地方国营镇海水泥厂，选址城关镇桥头王，设计能力年产水泥1万吨，1977年11月投产。1975年、1978年长石、河头公社兴办玻璃纤维厂、建材树脂厂和化工电器厂，生产玻璃钢瓦。1986年，主要生产企业有镇海水泥厂及庄市、骆驼、澥浦镇的砖瓦厂，建设镇海粉煤灰建筑材料厂。是年，乡及乡以上非金属矿物制造业企业36家，工业产值按1980年不变价计算0.25亿元，按现行价格计算0.28亿元，共生产水泥2.46万吨、砖1.81亿块、瓦100万片。90年代，水泥厂、砖瓦厂陆续关闭，至1998年该行业规模以上工业企业3家，按当年价格新规定计算工业总产值0.4亿元。2000年后，全区非金属矿物制造业企业增多，开始规模化生产商品混凝土、平板玻璃、预应力混凝土桩。至2004年全区该行业规模以上工业企业增加到11个，工业总产值增加到5.18亿元，工业销售产值增加到5.04亿元，工业增加值达到1.14亿元。2008年全区非金属矿物制造业规上工业企业12家，工业总产值12.4亿元，工业销售产值11.6亿，出口交货值为2.04亿元。非金属矿物制造业产品有水泥制品和石棉制品、砖瓦石灰和轻质建筑材料、玻璃及玻璃制品、陶瓷制品、耐火材料制品、石墨及其他非金属矿物制品。全年生产商品混凝土670033立方米、预应力混凝土桩2156139米、平板玻璃521万重量箱、钢化玻璃124万平方米。

企业选介

宁波康力玻璃有限公司　1987年5月创建，地处宁波市镇海区俞范西路66号，专业经营玻璃及玻璃深加工。2003年扩建年产75.1万重箱的玻璃生产线，2006年投产600t/d超厚高白特种优质浮法玻璃生产线后，产品应用于建筑、装饰、车辆、厨用电器家用等各种领域，质量可满足国内外多国标准。是年，公司占地总面积16.6万平方米，其中厂房8万平方米；员工600余人，其中专业技术人员70多人。2008年员工998人、产品销售额4019万元、创利税1034万元。

宁波航通预制构件工程有限公司　公司地处镇海五里牌，2004年9月成立，2006年7月正式投产，已承揽岱山县仙草潭修造船基地4号、2号码头、浙江海洋石化3000DWT油码头、舟山船厂新址舾装码头接长工程、温州城区防洪堤三期第二阶段Ⅰ、Ⅱ、Ⅴ标段工程、浙江省岱山县海舟修造船有限公司6万吨级码头等工程，累计生产Φ800mm、Φ1000mm、Φ1200mm管桩10万多延米。

年生产能力27万米（Φ800PHC管桩），企业试验室装备先进，保证产品质量。2008年员工99人，产品销售额6774万元，创利税1147万元。

第九节　黑色金属冶炼及压延加工工业

行业概况

20世纪80年代至90年代发展比较缓慢，较为著名的有庄市冷弯型钢厂和临江拉丝厂。1992年该行业乡及乡以上独立核算工业企业1家，按1990年不变价格计算工业总产值231万元。2003年行业内规模以上工业企业3家，工业总产值0.68亿元，工业销售产值0.68亿元，工业增加值855.8万。2004年规模以上企业增加到19家，均为钢压延加工企业，从业1655人，工业总产值12亿元，工业销售产值11.7亿元，工业增加值0.8亿元，生产粗钢6676吨，轧制、锻造钢坯280吨。2008年行业内规模以上工业企业19家，工业总产值33.9亿元，工业销售产值34.3亿元，出口交货值为3.28亿元，生产粗钢3.6万吨，钢材33万吨，其中钢压延加工企业18家，工业总产值占行业总产值的91%。行业内企业拥有国内先进水平的JCOE大口径直缝双面埋弧焊管生产线、美国林肯螺旋缝双面埋弧焊接生产线、REF滚弯成型双面埋弧焊接生产线、20t电炉，25TAOD精炼炉、弧形连铸机、850热轧机、冷轧机等先进设备。

企业选介

宁波九龙机械制造有限公司　公司地处九龙湖工业区，1992年镇海发电厂出资创办，1999年改制为有限责任公司。公司占地面积2.4万平方米，建筑面积1.5万平方米，员工268人，其中工程技术58人，专业制造钢格板及其制品，2001年通过ISO 9001：2000质量体系认证，在国内生产规模仅次于河北新兴铸管股份有限公司，浙江省行业内排名第一。生产的产品80%出口，主要销往美国、欧盟、中东、南美洲、大洋洲、东南亚等国家和地区。2007年公司获区政府质量奖，被评为宁波市环模（绿色）先进单位。2008年，公司“龙踏”钢格板被评为宁波市名牌产品，荣获宁波市进出口诚信企业荣誉。是年，销售额20499万元，创利税181万元，出口交货值14765万元，创汇2136万美元。

宁波市镇海天地特种钢有限公司　公司地处定海路98号，中外合资企业，2001年8月成立，2002年建成投产，占地4万平方米，厂房建筑面积1.32万平方米，员工280人，专业不锈钢及其他特种钢的制造、加工和批发、零售。公司在宁波地区率先采用国际先进的电炉化钢、AOD（氩氧脱碳精炼炉）全精炼生产工艺，拥有全自动宽坯连铸生产线等先进工艺装备，年设计生产能力20万吨。公司采用国家标准ISO、ANSI、BS、DIN、JIS、CB、JB、HGJ等生产的镍铬不锈钢、超低碳不锈钢、双相钢、高级合金钢等主导产品，钢水纯洁度高，成分稳定。2008年产品销售额29150万元。

第十节　有色金属冶炼及压延加工业

行业概况

1974年镇海县金属铸品厂始生产铝压铸品。1986年该行业乡及乡以上企业数1家，主要产品产量铝材1735立方米。2000年行业内规模以上工业企业2家，按不变价计算工业总产值1.6亿元。2004年行业内有宁波富邦精业集团股份有限公司、宁波金龙铜业有限公司、宁波华力斯化学工业有限公司、宁波腾龙铝业有限公司、宁波金亿合金材料有限公司等有色金属冶炼及压延加工业19家，其中规模以上企业11家，工业总产值20.3亿元，工业销售产值19.7亿，工业增加值为1.83亿，生产铜材5.3万吨，铝材3.5万吨，工业总产值比2003年增长143%。2008年，行业内规模以上工业企业24家，从业3191人，工业总产值44.4亿元，比2000年增加25.7倍，工业销售产值44.6亿，出口交货值为0.71亿元，铜材产量5.3万吨，铝材产量5.2万吨。

企业选介

宁波招宝磁业有限公司　公司地处镇海威海路388号，1999年成立，股份制企业。公司占地面积27000平方米，年生产能力300吨钕铁硼磁钢，产值200万元。建厂初期有员工40人，熔炼炉6台，气流磨2台，烧结设备6台，产品主要用于电动自行车磁钢等领域。2000年以来，公司研发工程中心成功开发出N35SH—N42SH、N33UH—N40UH、N30EH—N38EH、N28AH—N35AH等系列低温度系数产品，大批量供应永磁电机磁钢市场，成公司特色产品。2006年公司员工230人，大型速凝炉代替原来的熔炼炉，气流磨增加到6台，烧结炉增加到20台，年生产能力1200吨钕铁硼磁钢，产值1.2亿元，各项工艺技术处于国内同行领先水平，产品应用于工业自动化和电机、矿山、通信、石油、医疗、高保真音响、计算机、航天航空、测量仪器、电子、风力发电等领域，并销往欧、美、亚等国及中国港澳地区。2008年公司员工198人，固定资产2598万元，完成工业总产值13605万元，产品销售额14053万元，出口交货值2363万元，创汇340万美元。

金利合金制造工业（宁波）有限公司　公司地处澥浦工业区王家王方路8号，由澳洲太平洋金属矿业有限公司（澳矿）与香港利记集团（利记）合资组建成立，2000年9月成立。公司采用澳矿精湛熔炼技术，可为客户设计特种型号锌合金，产品符合国际标准及环保要求。公司配有瑞士的光谱仪、采用先进工艺建造的熔炉、采用国外先进技术制造的铸锭机、采用国内顶尖的除尘设备，已获得由德国TUV公司认证的ISO 9000：2008，为国内著名的外资锌合金生产商之一。2008年公司固定资产1666万元，完成工业总产值33916万元，产品销售额33848.6万元，员工50人。

宁波盛发铜业有限公司　公司地处澥浦镇汇源路158号，2001年5月成立，是规模较大的铜材加工企业。公司有整套高精度的现代化专业生产设备，主要生产加工铅黄铜、普通黄铜、锌白铜、锡青铜、环保铜、焊丝等系列各种规格的棒线材，以及各种铜饰品。公司通过ISO 9001质量管理体系认证和ISO 14001环境管理体系认证，实施国际通用的5S管理模式，并从美国引进等离子发射光谱仪、万能材料试验机、原子吸收分光光度计等检测设备，对生产各个环节进行质量控制，生产的产品达到国家标准。2007 年，公司“旺发”商标被评为宁波市知名商标，企业被评为镇海区十强企业。2008 年，公司被授予宁波市“潜力明星企业”。2008 年公司员工 392 人，固定资产 3347 万元，完成工业总产值 50589 万元，产品销售额 70392 万元。

第十一节　金属制品制造业

行业概况

镇海船用锚链生产历史悠久，在舟山群岛享有一定的知名度，镇海锚链厂曾被列入交通部定点生产企业。20 世纪 70 年代国家在清水浦建设钢丝绳厂，年产钢丝 3000 吨。1986 年乡及乡以上金属制品业企业 25 家，工业总产值 1025 万元。1998 年行业内规模以上工业企业 5 家，按当年价计算工业总产值 0.94 亿元，工业销售产值 0.94 亿元，工业增加值 0.17 亿元。2000 年后金属制品业发展加快。至 2008 年，行业内规模以上工业企业 75 家，其中结构性金属制品制造企业 19 家，金属表面处理及热处理加工企业 18 家，金属工具制造企业和建筑、安全用金属制品制造企业各 10 家，工业总产值 26.3 亿元，工业销售产值 25.7 亿元，出口交货值为 7.56 亿元，固定资产原值 7.8 亿元。工业总产值中结构性金属制品制造业占 33%，金属表面处理及热处理加工业占 17.37%。全年生产钢结构及其产品 9.2 万吨，金属丝 1.3 万吨，钢丝绳 1.98 万吨，保险柜 4.5 万个。全年平均从业 8689 人，实现主营业务收入 25.9 亿元。行业内企业采用先进生产设备和技术，多家企业有较强的自主研发能力，拥有一批知名度较高品牌产品，其中鼎鑫（宁波）合金制造有限公司拥有独立出具镀层厚度、盐雾试验、锌合金物理性能、化学成分等报告能力。

企业选介

宁波市杰杰工具有限公司　公司位于庄市大道 118 号，1995 年成立，注册资本 600 万元，厂区占地面积 2.5 万多平方米，主要生产、经营各类五金工具、组套工具加工、包装、套筒、工具车及附件，先后有 40 多项新产品获国家专利，其中 FIXMAN 系列工具车产品一定程度上填补国内空白，产品销往美国、英国、法国、德国、荷兰、挪威、日本、澳大利亚等国。公司下设 2 家子公司、1 家科技研发公司。2008 年，公司投入 280 万元重点开发 F3 系列移动工具车，获技术专利 15 项目，被列入宁波市级新产品开发项目，填补国内技术空白。2008 年员工 220 人，产值 1.365 亿元，销售额 1.3 亿元，出口交货值 1.18 亿元，创汇 1688.3 万美元，实现利税总额 265.3 万元，其中利润总额 111 万元。

宁波华业钢结构有限公司　公司地处大运路 151 号，2001 年 1 月成立，系浙江省火电建设公司下属改制企业，是电力建设行业集钢结构、管道及电缆桥架加工等的大型专业化生产基地。公司占地面积 8.5 万多平方米，注册资金 1555 万元。公司业务包括电站锅炉钢结构及汽机房厂房钢结构等重型钢结构的二次设计、制造，各类工业、民用厂房钢结构的制造安装，各种水箱、油罐、电缆桥架及烟风道等制作，以及各类大、中型电站工程和市政工程的大口径管道工程建设，具有 A 级起重机安装资质并可生产起重量 10 吨及以下的桥式、40 吨及以下门式起重机。2003 年被评为镇海区

“十强企业”，2004 年被评为宁波市“成长之星”企业，2008 年被授予浙江省工商行政管理局 AAA 级“重合同、守信用”单位。是年，员工近 500 人，其中各类专业技术人员 60 余人，工程师以上职称 38 人，有多名高级技师、技师、高级技工；总资产 36711 万元，实现工业总产值 4 亿多元，创利税 2527 万元，出口交货值 1612 万元。

宁波红杉高新板业有限公司 公司地处镇海经济开发区 B 区东辉路 168 号，2003 年 6 月成立。公司前身宁波市江东三星板业有限公司，2003 年以 310 万美金注册成立宁波红杉高新板业有限公司，在镇海经济开发区购置土地 23333 平方米，厂房建筑面积 2.5 万平方米，固定资产 3189 万元，引进多条现代化生产设备。公司集研发、生产和销售为一体，主要生产铝塑复合板、铝彩涂板，年生产能力 250 万平方米，并担负铝塑复合板国家标准项目的调研和实验工作。2005 年公司通过 ISO 9001：2000 国际质量体系认证，2004 年获得国家测试中心颁发的“中国铝塑板知名优质品牌”称号，是国内铝塑板行业首家通过环保Ⅱ型认证企业和国家防火材料性能检测合格企业，“港吉”牌产品商标被宁波市工商局认定为“宁波市知名商标”，产品销往 30 多个国家和地区、国内 26 个省、市、自治区。2008 年员工 65 人，工业产值 7990 万元，销售额 7585 万元，创利税 407 万元，出口交货值 6938 万元。

第十二节 通用设备制造业

行业概况

镇海区通用设备制造有较好基础。1986 年，主要产品有空气压缩机、液压马达、冲压机械、金属切削机床、紧固件等产品，主要生产企业有镇海机械厂、宁波液压马达厂、宁波锻压机床厂、镇海肖子厂等企业，紧固件生产集中在乡镇企业。1993 年镇海普通机械制造业乡及乡以上工业企业 49 家，按 1990 年不变价格计算工业总产值 1.51 亿元，按当年价格计算工业总产值为 1.53 亿元。2000 年行业内规模以上工业企业 36 家，按当年价计算工业总产值 9.88 亿元，工业销售产值 9.85 亿元，出口交货值 3.4 亿元，工业增加值 2.6 亿元。2004 年行业内规模以上工业企业 139 个，工业总产值 35.7 亿元，工业销售产值 34.6 亿元，出口交货值 10.8 亿元，工业增加值 8.9 亿元。2008 年通用设备制造业规模以上工业企业 239 家，其中金属加工机械制造 9 家，泵、阀门、压缩机及类似机械制造 35 家，轴承、齿轮、传动和驱动部件制造 62 家，通用零部件制造及机械修理 94 家。全年实现工业总产值 91.7 亿元，占区属规模以上工业总产值的 14.58%，工业销售产值 89.4 亿元，出口交货值为 3.8 亿元，固定资产原值 32.6 亿元。该门类中泵、阀门、压缩机及类似机械制造产值占 15.9%，轴承、齿轮、传动和驱动部件制造产值占 18.22%，通用零部件制造及机械修理产值占 49.36%，全年主要产品及产量有泵 568090 台、阀门 11230 吨、滚动轴承 102358 万套、金属紧固件 458753 吨。紧固件年生产加工能力占宁波市总量的 1/4、全国总量的 1/6。

企业选介

中意液压马达有限公司 公司地处镇海区中意路 88 号，1971 年成立，公司前身为宁波市液压马达二厂，1996年更名为宁波中意液压马达有限公司，2001年改制为有限责任公司，注册资本170万，2008年被认定为国家级高新技术企业。公司专业生产液压马达和液压传动装置等液压产品，主要为国内外工程机械和塑机产品配套，产品市场占有率居于国内领先，为国内主要的液压产品供应商之一，并销往意大利、德国、英国、波兰、阿根廷等几十个国家和地区。公司厂区占地面积4.4万平方米，建筑面积2.5万平方米，总资产8090万元、固定资产3454万元，员工280余人，其中大专以上文化程度70人，设有国家塑料机械产品质量监督检验中心液压马达实验室、浙江省液压马达工程技术研发中心、宁波市液压马达研发与测试公共服务平台等。2008年工业产值6968万元，销售额6971万元，创利税970万元，出口交货值2250万元。

宁波埃美柯铜阀门有限公司　公司地处骆驼街道通和东路68号，前身为宁波阀门有限公司，1990年8月由宁波市五金阀门总厂、中国五矿总公司和美国埃美柯国际贸易有限公司共同投资组建，系国内阀门、水暖专业生产龙头企业、中国五金制品协会副理事长单位、中国五金制品协会水暖洁具及阀门专业委员会会长单位。公司主要生产埃美柯系列产品，品种4000余种，主要出口美国、英国、丹麦、法国等国际市场，在全国设有2400多个销售网点，产品国内市场占有率名列前茅。公司累计获得40余项专利，自主研发的大规格法兰阀门等产品填补国内市场空白，企业产品质量和工艺水平处于国内、国际行业领先地位，部分产品指标优于国际同类产品，产品为北京“鸟巢”国家体育场、国家大剧院、“水立方”国家游泳中心等国家重点项目首选产品，先后获得“中国名牌”“中国驰名商标”“最具市场竞争力品牌”等称号。2008年公司固定资产7807万元，员工670人，完成工业总产值63692万元，销售额61933万元，创利税2697万元。

宁波摩士集团股份公司　公司地处镇海庄市，1996年12月成立，经多年发展，公司注册资本达到8260万元，下属控股企业7家，一般参股成员企业3家，员工3300余人。公司专业从事轴承领域的制造、销售、贸易及相关配套服务，开发研制的轴承产品涵盖9个系列500多个品种，共计3000多种规格型号，其中微型和小型轴承制造和销售规模在业内已位列国内之首，进入国内机械行业500强企业之列，国内轴承行业十强企业。公司“MOS牌”商标被评为“浙江省著名商标”和“中国驰名商标”，该类产品及环境管理分别通过ISO 9001：2000、QS 9000：1998质量管理体系认证、ISO 14001：1996环境管理体系认证。公司实施“5S”“6S”及ERP管理，产品质量和生产技术在国内行业中处于比较先进水平，与国际大公司产品配套。2008年工业产值23897万元，销售额24392万元，创利税1060万元，出口交货值17237万元，创汇2350万美元。

宁波金鼎紧固件有限公司　公司地处九龙湖镇西经堂，1997年成立，专业生产各类高强度紧固件，注册商标“金鼎”牌为浙江省著名商标。2003年通过ISO 9001：2000认证，企业采用数字信息化管理体系及ERP管理软件支持，2003年成为出口产品管理一类企业，2007—2008年开展清洁生产。2005年在马德里条约13国及澳大利亚商标注册、2008年美国商标注册。产品标准有GB国标、ISO国际标准、DIN德标、AS澳标、ANSI（IFI）美标、BS英标等，产品主要应用于机械设备、建筑钢结构、船舶、桥梁、道路等领域，远销欧洲、澳洲、北美、东南亚各国及地区。2008年公司员工627人，固定资产10254万元，完成工业总产值84179万元，实现销售总额8.3亿元，利税4300万元。

宁波达尔轴承有限公司 公司地处骆驼街道柏墅方北路139号，2004年11月成立，员工300多人，研发人员30多人，专业制造微小型深沟球轴承制造。历多年发展，有现代化厂房面积35000平方米，自动化生产线40多条，汽车轴承、办公设备轴承、吸尘器轴承、空调轴承等产品在同行业中享受较高的盛誉，是国内最大的深沟球轴承制造企业之一。主导产品为6系列微小型轴承，其中608系列轴承全球市场占有率达到1/3以上，在全球精密轴承行业中排名领先。公司WTOO商标被认定为“宁波市知名商标”和“宁波市名牌产品”。公司是全国微特电机与组件行业协会团体会员、浙江省守合同重信誉单位、区级创新成长型企业、宁波市信息化示范企业、国家级高新技术企业，公司工程技术中心列为宁波市级工程技术中心，获实用新型专利11项，获宁波市创业创新综合示范企业称号。2008年公司员工230人，固定资产4500万元，完成工业总产值1.5亿元，销售额8485万元，创利税总额1108万元。

第十三节 专用设备制造业

行业概况

1978年年底，镇海轻工机械厂转产纺织机械，改名为镇海纺织机械厂，1979年列入纺织部纺织机械总公司定点生产企业。1985年，镇海骆驼机械厂转产烟草机械、包装机械和食品机械，其中BFT－10封箱贴条机曾获轻工业部科技三等奖，引进吸收意大利技术生产的滤嘴成型机，曾获国家经委新产品“金龙奖”，烟草机械被中国烟草机械总公司选为定点产品。1986年，专业设备制造主要产品有镇海纺织机械厂的棉毛丝织和印染机械、镇海轻工设备厂的烟草机械、镇海勘测设备厂的静力触探车、镇海农药药械厂的喷雾机、镇海特种纺织配件厂的挠性杆头等。20世纪90年代初开始生产塑料加工专用设备，生产为石化工业配套的专业设备。1994年生产汽车专用设备的金丰（中国）机械有限公司落户镇海经济开发区。2000年后，宁波奔野拖拉机厂、宁波明欣化工机械有限责任公司等企业落户骆驼工业区，全区生产的专用设备品种增多，制造能力快速增长。2008年全区该行业规上工业企业54家，固定资产原值81961万元，年平均从业5464人，工业总产值19.6亿元，工业销售产值18.3亿元，出口交货值1.45亿元，主要从事矿山、冶金、建筑专用设备制造，化工、木材、非金属加工专用设备制造，食品、饮料、烟草及饲料生产专用设备制造，印刷、制药、日化生产专用设备制造，纺织、服装和皮革工业专用设备制造，电子和电工机械专用设备制造，农、林、牧、渔专用设备制造，医疗仪器设备及器械制造，环保、社会公共安全及其他专用设备制造，该行业内纺织、服装和皮革工业专用设备制造企业26家，化工、木材、非金属加工专用设备制造20家。其中，炼油及化工专用设备、塑料加工专用设备、缝纫机、拖拉机等产品形成专用设备生产特色，全年生产炼油、化工生产专用设备14645吨，塑料加工专用设备14062吨，缝纫机32117台，拖拉机18140台。

企业选介

宁波天翼石化重型设备制造有限公司 公司地处俞范东路811号，2007年成立，系中石化集团旗下两个石化装备制造基地之一、中石化集团公司在长江三角洲地区的千吨级石化设备制造基地，为集研发、设计、制造、安装、服务于一体的国有大型石油化工装备制造企业，专业从事炼油、石油化工、煤化工、天然气、医药、电力等多个领域的非标压力设备（反应器、塔器、容器、换热器等），及钢结构、管道、工业炉模块等产品的设计与制造。公司有现代化厂房 20 多万平方米，占地面积 40 多万平方米。拥有多项专利技术、专有产品设计技术和多项先进制造技术，有各类先进生产设备 1100 多台和各类检测设备近 50 台，以及计算机辅助管理系统。公司制造的腾龙芳烃漳州有限公司二甲苯再生蒸馏塔（长 130 米、直径 9.8 米、重量 1300 吨）、青岛大炼油装置减压塔（长 50 米，最大段直径 9.8 米，总重量 575 吨）、镇海炼化 EO/EG 装置主洗涤塔（长 47 米，直径 9 米，总重量 847 吨）等设备均采取整体制造、整体运输的交货方式。多项大型设备制造业绩一直保持着亚洲纪录，在行业内已跻身于第一方阵，部分领域处于领头羊地位。

宁波海达塑料机械有限公司　公司位于镇海俞范东路 77 号，1992 年成立，企业性质为集体，1997 年转制为民营企业，占地面积 10 余万平方米，总资产 2.5 亿元，员工 380 人，其中有高级技术职称 60 多人，专业制造 HD、HDX、HDH 系列化全自动塑料注射成型机，注塑机锁模能力从 50 千克至 3300 千克，注射量从 48 克至 52000 克。2000 年获批自营进出口权，2003 年“海达”商标被评为浙江省著名商标，2004 年通过欧洲 CE 安全质量认证，并承担国家火炬计划，并先后通过 ISO 9001 国际质量体系认证、德国 TUV 的 CE 认证、NOA 英国皇家质量体系认证。2005 年被批准为国家级高新技术企业，2007 年企业技术工程中心被认定为省级工程（技术）中心。至 2005 年，产值已过 3 亿元，年生产能力达到 4000 余台。2008 年工业产值 19826 万元、销售额 15949 万元、创利税 1065 万元、出口交货值 2935 万元。

金丰（中国）机械工业有限公司　公司位于宁波市镇海经济开发区，1994 年成立，台资企业，占地面积 87767 平方米，现有资产 8.4 亿元，员工 652 人，是专业的锻压机械制造厂商。2004 年被评为浙江省高新技术企业、国家级高新技术企业，1997 年 12 月通过 ISO 9002 质量体系认证，2001 年 3 月通过 ISO 9001：2000 认证，2001 年 11 月通过机械安全（3C）认证。自 1996 年投产以来，先后与国内各大汽车及电子大厂，如天津丰田汽车、青岛海尔、宜宾五粮液、长安福特、武汉本田、富士康、日产及马自达等公司建立良好的合作关系，年生产能力 933 台。2008 年工业产值 33195 万元、销售额 30217 万元、创利税 6327 万元、出口交货值 14025 万元。

宁波奔野拖拉机汽车制造有限公司　公司前身为宁波农业机械厂，1955 年建厂，1970 年改名为宁波拖拉机厂。1980 年后，公司所有产品都采用“奔野”品牌。2004 年移址骆驼工业区，2005 年 12 月更名为宁波奔野拖拉机汽车制造有限公司（以下简称宁拖公司）。宁拖公司主要生产 20～80 马力大中型拖拉机和配套农机具，是中国南方最大的拖拉机制造企业。根据市场需求，在近几年相继开发 BY35－48、BY55－72、BY80 等优秀产品，其中 BY354 和 BY550 拖拉机分别荣获 1999 年度和 2002 年度国家新产品奖，BY70 系列拖拉机荣获中国机械工业科学技术进步三等奖。宁拖公司近年累计出口大中马力拖拉机 1 万多台，产品遍及 70 多个国家和地区。奔野拖拉机已经得到广大用户的一致认可，成为国内最成功的拖拉机品牌之一，在农机行业享有盛誉，在国际农机界也有着重要影响。2005 年 10 月，奔野被评为农民最喜爱的拖拉机品牌之一。2008 年工业总产值为 50692.5 万元。

第十四节　交通运输设备制造业

行业概况

1980年11月，镇海县社队企业管理局组织37家乡镇企业生产S81型16“招宝山”牌伸缩型自行车，成立县自行车工业公司为总装厂，共生产、销售10420辆，因市场变化，先后于1981年和1983年6月停产，少数企业继续生产自行车或零部件。1986年镇海区交通运输设备制造业企业15家，按照1980年不变价格计算工业总产值为744万元。2000—2008年交通运输制造业发展较为迅速，到2008年全区交通运输设备制造业规上工业企业59家，工业总产值18.4亿元，工业销售产值18亿元，出口交货值11.1亿元，固定资产原价4.99亿元，从业7179人。其中汽车制造业企业最多，有38家，自行车制造业11家，余为铁路运输设备制造业、摩托车制造业等。规模以上企业全年生产两轮脚踏自行车319万辆，电动自行车5.99万辆。其中电动自行车生产方面，拥有国内最新的电动车生产技术和设备，电动自行车关键部件智能控制器、电机等都采用英国P. NEAR专有整车技术生产。

企业选介

宁波鑫海爱多汽车雨刷制造有限公司　公司地处骆驼工业区，1996年5月成立，占地面积10765.4平方米，建筑面积1.5万平方米，下设11个生产车间，有在职员工380人。1999年9月获得自营进出口权。2003年研制开发汽车雨刷片，2005年实现规模生产，2006—2009年平均年销售收入增幅30%，共有四百余款上千个品种，年产量1000万套~1500万套，产量规模进入全国前二位、浙江省第一位。2008年工业产值6012万元、销售额5907万元、创利税196万元、出口交货值5935万元。

宁波国创机车装备有限公司　公司地处骆驼机电工业园区盛兴路115-1号，1999年6月成立，占地66667平方米，厂房面积6000平方米，总资产569万元，从业60人，专业生产制造机车配件。2004年10月通过ISO 9001国际质量体系认证，2006年通过日本东芝株式会社交通系统事业部的质量体系评审，2007年3月通过法国阿尔斯通的质量体系评审，6月通过美国EMD公司的评审。2008年产值513万元，销售收入513万元，创利税42万元。

第十五节　电气机械及器材制造业

行业概况

建区前，电气机械及器材制造业主要产品有汽车分电器、输配电及控制设备制造、交流电动机、微型电机、离心开关、电风扇、电线等。1986年镇海电气机械及器材制造业企业15家，按照1980年不变价格计算工业总产值为802万元。随着乡镇工业发展，到1989年全区乡及乡以上电气机械及器材制造业企业已有42家，当年价计算工业总产值为0.43亿元。1990年后电气机械及器材制造业加快技术进步和规模化发展，到1999年全区该行业规上企业13家，按当年价格计算工业总产值5.2亿元，新产品产值1.55亿元，工业销售产值4.78亿元，工业增加值0.7亿元。2000年后该行业外商和区外投资增加，产品向智能化发展。2004年全区该行业规上企业34家，工业总产值7.64亿元，工业销售产值7.29亿元，出口交货值1.64亿元，工业增加值1.28亿元，宁波野马电池有限公司投资1亿多在骆驼开工建设。2008年该行业规上企业61家，工业总产值22.7亿元，工业销售产值21.9亿元，出口交货值11.4亿元，固定资产原值9.68亿元，年均从业7829人。主要从事电机制造，输配电及控制设备制造，电线、电缆、光缆及电工器材制造，家用电力器具制造，非电力家用器具制造，照明器材制造，其他电器机械及器材制造，其中输配电及控制设备制造企业20家，电机制造企业18家，家用电力器具制造企业11家。全年生产微电机681万台、变压器388台、配电或电器控制设备11488台、电线6096千米、原电池及原电池组35912万只、灯具及照明装置190万套。

企业选介

宁波华通电器集团股份有限公司　公司地处庄俞南路501号。前身为宁波华通电器成套厂，始建于1982年11月。企业初创时仅有资金2000元，半间厂房，7名员工，7把老虎钳。20世纪90年代引进日本东芝技术生产真空灭弧室，1996年被科技部认定为高新技术企业。现公司总部占地面积40万平方米，建筑面积20万平方米，员工850人，其中工程技术257人，主导产品包括高低压电器，高低压开关成套设备和220千伏以下电力变压器、六氟化硫电压电流互感器、油浸式电压电流互感器、六氟化硫断路器、数控注塑机等7大类数百个系列产品，各项经济指标在行业内名列前茅。公司“宁通”商标被评为中国驰名商标、浙江百强名牌产品。公司应用计算机进行辅助设计、控制和检测，引进国际先进水平的板材柔性制造自动生产线（FMS）以及大型金属表面处理、装配流水线等关键设备和专有工艺，设有600千伏级中心试验室，多个产品被列为国家级新产品计划、国家级火炬项目和国家专利产品，多次荣获省市级科技进步奖、火炬优秀项目奖。2008年资产总额39823.05万元、固定资产净值10156.34万元、工业产值48533万元、销售额46106.30万元、创利税2037.50万元、出口交货值142.15万元。

浙江野马电池有限公司　公司前身为宁波野马有限公司，创办于1992年1月，2002年9月更名为浙江野马电池有限公司。公司是一家集专业研发、生产、销售各种规格型号电池为一体的民营企业，是中国电池工业协会常务副理事长单位，高新技术企业。公司拥有各种规格型号锌锰干电池、无汞碱锰电池、无汞扣式锂锰电池、镍氢电池生产线36条，年生产能力20亿只，是中国最大规模的碱性电池生产企业之一。公司自主品牌为野马、MUSTANG、RAYMAX；厂区规模10万平方米；公司拥有碱性电池生产线20条，碳性电池生产线20条，镍氢电池生产线2条。员工1200余人，其中技术人员120名。2001年，从加拿大海霸公司引进具有国际先进水平LR6、LR03无汞碱锰电池生产线。是年，公司自行开发、研制的CR—锂锰电池被评为“宁波市新产品”。2004年9月，“野马”牌碱锰电池被认定为“浙江省名牌产品”。2008年工业总产值20476.1万元。

第十六节　电子及通信设备制造业

行业概况

1986年乡及乡以上电子及通信设备制造业企业2家，年产电子元件（商品量）95.28万只，按照1980年不变价格计算工业总产值为163万，按现行价格计算为148万。1989年村办企业镇海有线设备厂HPX（原型号）配线架获国家科委举办的全国星火博览会银奖。1994年全区该行业全部乡及乡以上工业企业10家，按当年价格计算工业总产值为0.25亿元，工业销售产值0.22亿元，从业429人。2000年全区该行业规上企业10家，按当年价新规定计算工业总产值1.85亿元，工业销售产值1.87亿元，工业增加值为0.56亿元。2004年全区该行业规上企业17家，工业总产值4.05亿元，工业销售产值3.96亿元，出口交货值1.8亿元，工业增加值0.86亿元。2008年该行业规上企业25家，其中电子元件制造企业11家，占44%，家用视听设备制造企业占24%，其他为通用设备制造、广播电视设备制造和电子计算机制造等。工业总产值8.3亿元，工业销售产值8.4亿元，出口交货值为3.3亿元，主营业务收入8.4亿元，固定资产原值4.12亿元，从业4044人。全年生产光电子器件5145万只、电子元件92397万只、组合音响18万台。

企业选介

宁波金海电子有限公司　公司地处骆驼工业区盛兴路111号，1995年12月成产，系厦门宏发电声股份有限公司控股子公司，主要生产继电器、传感器、温控安保系列等电子元器件产品，继电器为省级名牌产品。2000年后，先后通过ISO 9000质量管理体系、ISO 14001环境管理体系、QCO 80000有害物质管理体系认证，产品获美国UL和CUR、德国VDE和TüV、中国CQC等安全认证。2002年、2003年分别被认定为“宁波市高新技术企业”、“浙江省高新技术企业”，2006年被科技部认定为“国家火炬计划重点高新技术企业”，2007年公司工程中心被省科技厅认定为“浙江省高新技术研究中心”，2008年被评为“国家高新技术企业”。公司建有现代化厂房3万余平方米，流水线30余条，员工560人，其中大学大专学历185人、中级以上技术职称55人，承担国家火炬计划项目、国家重点新产品项目，继电器年生产能力6000万只，传感器年生产能力1000万只。2008年工业产值13986万元，销售额13329万元，创利税1693万元，出口交货值1849万元。

宁波格林触点有限公司　公司地处镇宁西路101弄88号，2003年1月成立，前身是1992年建立的宁波大成金属工艺品制造公司，员工80人，主营电器触点生产。2008年公司三复合触点立项获专利权，并获国家创新基金支持，与厦门金波贵金属有限公司合资成立丝材供应厂，生产的多种材料获宏发、美国触盖公司供应商资格，其中部分材料可替代世界最先进的日本田中材料，成为国内一流的集触点及触点材料研发、制造、销售一体化企业。2008年资产总额4035万元，固定资产786万元，工业产值5813万元，销售额5777万元，创利税248万元，出口交货值85万元。

宁波新容电器科技有限公司　公司地处骆驼街道通和东路228号，成立于2003年5月，注册资金240万美元，总资产8000万元，从员工232人，是宁波新容电气有限公司（原宁波电容器总厂）在骆驼机电工业园区的异地扩建企业。公司先后通过ISO 9000质量、ISO 14000环境体系认证和IECQ国际电工委员会制造厂认可，是国内专业从事交流薄膜电容器的研发、制造和销售的高新技术企业，中国电子元件百强企业。产品主要应用于家用电器、分马力电机、节能降耗、电能质量优化、防止电网污染和电磁干扰、电力机车、风力发电等高端节能环保领域。“宁容”牌交流薄膜电容器的产销量和实物质量在全行业中名列前茅，“宁容”牌商标为浙江省著名商标。2008年工业产值9526万元，销售9525万元，创利税792万元。

第十七节　废弃资源回收加工业

行业概况

2004年，区废弃资源和废旧材料回收加工业规上企业37家，工业总产值19.8亿元，工业销售产值19.4亿元，出口交货值60.3万元，工业增加值0.7亿元。2008年，区废弃资源和废旧材料回收加工业规上企业66家，工业总产值74.5亿元，工业销售产值74.6亿元。其中有金属废料和碎屑加工处理企业63家，非金属废料和碎屑加工处理3家。全年熔炼用废钢47万吨、熔炼用废铁25万吨。废弃资源和废旧材料回收加工业集聚在宁波再生金属资源加工园区（以下简称金属园区）。2001年4月开始筹建，专业从事进口再生金属资源加工利用，2003年10月被国家环保总局、海关总署、质检总局等五部委列为全国首家进口再生金属资源试点园区。累计投入建设资金15.6亿元，开发面积130万平方米，入园企业87家，连续数年年进口总量保持110万吨以上，年销售产值突破80亿元，为宁波工业企业提供大量金属原料。

企业选介

宁波涵盈金属工业有限公司　公司地处金属园区内，2006年9月成立，占地6.5万平方米，注册资本5600万元，员工30余人，外协人员450余名。主要从欧美进口固体废物进行拆解、分类，对再生金属、再生塑料分拣、利用、批发、零售。2008年资产总额7500万元，固定资产159万元，工业产值39527万元，销售额39527万元。

镇海荣昌金属工业有限公司　公司地处金属园区内，2004年8月成立，占地2.5万平方米，注册资本1550万元，员工20余人，外协人员120余名。主要是从欧美进口固体废物拆解、分类，对再生金属、再生塑料分拣、利用、批发、零售。2008年资产总额1583万元，固定资产43万元，工业产值7968万元，销售额9069万元。

附表　2008年28个工业行业销售产值实绩情况：

2008年镇海区属销售产值5亿元以上工业行业排序情况表

表15－22　单位：亿元

排序	工业行业	工业销售产值	排序	工业行业	工业销售产值
1	化学原料及制品制造业	129.31	10	交通运输设备制造业	17.98
2	通用设备制造业	89.39	11	化学纤维制造业	14.34
3	废弃废旧资源回收加利用	74.65	12	塑料制品业	12.59
4	纺织业	48.66	13	非金属矿物制品业	11.64
5	有色金属冶炼压延加工业	44.57	14	纺织服装鞋帽制造业	10.11
6	黑色金属冶炼及压延加工业	34.28	15	通信、计算机等设备制造业	8.39
7	金属制品业	25.66	16	文教体育用品制造业	7.00
8	电气机械及器材制造业	21.89	17	医药制造业	5.91
9	专用设备制造业	18.26	合计		574.63

2008年镇海区属销售产值5亿元以下工业行业排序情况表

表15－23　单位：亿元

排序	工业行业	工业销售产值	排序	工业行业	工业销售产值
1	仪器仪表及文化等机械制造业	4.35	7	家具制造业	0.98
2	造纸及纸品业	4.29	8	食品、饮料等制造业	0.94
3	工艺品及其他制造业	2.65	9	农副食品加工业	0.92
4	橡胶制品业	1.39	10	木竹藤棕草等制品业	0.47
5	食品制造业	1.23	11	印刷、记录媒体的复制业	0.46
6	皮革、毛皮、羽毛等制品	1.18	合计		18.86

（责任编辑　孟福成）

第十六编　电　力

本编目录

1917 年，于城关小西门外建立华明电灯公司，购置 62 千瓦柴油发电机组 1 套，1921 年 2 月停办。后又先后建立明明电灯公司（45 马力蒸汽机配 35 千瓦发电机 3 套，1938 年 3 月停办）、骆驼桥敦丰电灯厂（70 马力双缸立式柴油机 1 台，27. 2 千瓦发电机 1 台，后停办）。1978 年开始建设镇海炼化发电站、镇海发电厂，境内电力工业得到快速发展，到 1994 年包括浙镇电联合发电公司和区属镇海热电厂等发电企业共有 7 家。2008 年 7 家发电企业装机总容量为 147. 5 万千瓦，总发电量为 75. 31 亿千瓦时。

解放初，境内仅有宁波永耀电力公司 6 千伏线路 19 千米，配电变压器 6 台，容量不足 300 千伏安。1972 年建 35 千伏城关变电所，1979 年建 110 千伏静德变电所，1982 年建 35 千伏骆驼变电所。建区后，加快供配电设施建设，优化电网结构，增加供电能力，提高供电可靠性。1995 年 12 月镇海区通过电力工业部考核验收，被命名为“农村电气化县（区）”。2007—2008 年对农村电网进行全面改造。2008 年获浙江省“新农村电气化县（市、区）”称号。至 2008 年，全区共有 35 千伏及以上公用变所 20 座，总容量达到 195. 9 万千伏安；有 35 千伏线路 65 条，长度 179. 53 千米，有 10 千伏线路 163 条，长度 963. 84 千米。

建区后供用电管理机构迭有变更。1986 年 1 月，镇海县供电局更名为宁波市镇海供电局，继续承担镇海、北仑两区供用电管理职能。1987 年 3 月，镇海供电局分为镇海供电局和北仑供电局，为宁波电业局直属单位，镇海供电局负责镇海区的供用电管理，下设城关供电所，骆驼供电所，供电体制趸售改为直供。1996 年 6 月成立庄市供电所。1999 年 1 月，增设城郊、澥浦、河头、贵驷供电所，并按照农电体制改革的要求，实行站所合并办公。2001 年 12 月供电所调整为招宝山、蛟川、九龙湖、澥浦、庄市、骆驼 6 个供电所，2003 年宁波市镇海供电局更名为宁波电业局镇海供电局。2005 年 2 月招宝山、蛟川供电所合并成立城关供电所。

1986 年全社会用电量 20709. 21 万千瓦时，2008 年全社会总用电量为 447540. 51 万千瓦时，增加 20. 6 倍。

第一章 发 电

1978年3月镇海炼化发电站一期工程投产，1978年12月浙能镇电公司（原名镇海发电厂）一期工程投产发电，装机容量分别为2.1万千瓦和12.5万千瓦。1985年12月浙能镇电公司二期工程投产发电，至1986年境内装机容量总规模达到68.3万千瓦（浙能镇电公司65万千瓦，炼化发电站3.3万千瓦），总发电量为25.87亿千瓦时（炼化发电站0.81亿千瓦时，浙能镇电公司25.06亿千瓦时）。1989年6月浙能镇海发电厂三期工程投产发电，1994年12月区属镇海热电厂首期工程投产发电。

1995年年底，境内装机容量总规模增至111.3万千瓦（炼化发电站3.3万千瓦，浙能镇电公司105万千瓦，区属发电企业3万千瓦），总发电量增至69.31亿千瓦时（炼化公发电站3.21亿千瓦时，浙能镇电公司64.9亿千瓦时，区属发电企业1.2亿千瓦时），分别比1986年增长62.96%和167.92%。1999年9月1日浙镇联合发电发电机组装机容量30万千瓦全面投入生产，境内总装机容量总规模增至141.3万千瓦。2003年9月，浙能镇电公司一期工程1、2号机组因设备老化拆除，装机容量由105万千瓦缩减至86万千瓦，镇海炼化发电站和区属发电企业装机容量分别增至18.3万千瓦和13.2万千瓦。

2008年年底，境内装机容量总规模为147.5万千瓦，是1995年1.33倍；总发电量为75.31亿千瓦（浙能镇电公司53.63亿千瓦，浙镇电联合发电3.47亿千瓦，炼化发电站14.11亿千瓦，区属发电企业4.10亿千瓦），是1995年的1.09倍。

第一节 省部属发电企业

浙能镇电公司

浙江浙能镇海发电有限责任公司（以下简称浙能镇电公司），是隶属于浙江省能源集团有限公司的国有全资企业，位于宁波市镇海区镇宁东路235号，前身为镇海发电厂。

1974年11月20日由国家计划委员会和水利电力部批准建设镇海发电厂，为国家"六五"和"七五"计划期间重点建设项目，占地63.7万平方米。1975年4月成立镇海发电厂工程指挥部，工程分三期进行。首期工程安装2台（1号、2号）12.5万千瓦燃油机组，1977年3月30日破土动工，1978年12月1号机组投产，1979年9月2号机组投产，平均每千瓦造价409.85元；二期工程安装2台（3号、4号）20万千瓦燃煤机组，1983年8月13日动工建设，1985年12月21日3号机组投产，1986年12月14日4号机组投产，平均每千瓦造价800.93元；三期工程安装2台（5

号、6号）20万千瓦燃煤机组，1987年4月15日动工兴建，1989年6月28日5号机组投产，1990年6月9日6号机组建成投产，平均每千瓦造价1070元。一、二、三期工程全部竣工总决算为89707万元，装机6台，总容量105万千瓦，固定资产（原值）77146.5万元，其中中央投资42082.7万元，地方集资35063.8万元。1990年发电量53.6亿千瓦时，占全省总发电量的25.7%，跻身于全国百万千瓦发电厂行列，成为浙江省容量最大的一座火力发电厂。翌年年初，认定为部属企业。

2003年9月，1、2号燃油机组退役拆除，其中150米高的烟囱于是年12月7日成功实施折叠式定向爆破，被媒体称为“亚洲第一爆”。2008年年末，浙能发电共有4台机组，总容量规模为86万千瓦，占境内装机总容量58.31%；年发电量53.63亿千瓦时，占境内总发电量71.21%。（参见第七编“地域与人文优势”第二章“部省属企业”）

1978—2008年浙能镇电公司发供电情况表

表16-1　　单位：亿千瓦时

年度	机组（台）	容量（万千瓦）	发电量	供电量	年度	机组（台）	容量（万千瓦）	发电量	供电量
1978	2	25	0.01	—	1994	6	105	64.14	59.36
1979	2	25	8.64	8.05	1995	6	105	57.78	53.24
1980	2	25	16.15	15.2	1996	6	105	64.90	59.86
1981	2	25	18.31	17.3	1997	6	105	56.08	51.44
1982	2	25	18.21	17.2	1998	6	105	54.94	50.37
1983	2	25	16.85	15.9	1999	6	105	57.35	52.75
1984	2	25	17.12	16.2	2000	6	105	62.17	57.24
1985	3	45	17.04	16.0	2001	6	105	64.93	59.86
1986	4	65	25.06	23.3	2002	6	105	64.28	59.39
1987	4	65	40.26	37.3	2003	6	105	65.01	60.16
1988	4	65	38.23	35.3	2004	4	85	62.11	57.58
1989	5	85	43.23	39.8	2005	4	85	59.83	55.45
1990	6	105	53.62	49.1	2006	4	86	57.51	53.19
1991	6	105	65.82	60.79	2007	4	86	52.92	48.93
1992	6	105	64.78	59.81	2008	4	86	53.63	49.52
1993	6	105	67.16	62.10	—	—	—	—	—

镇海炼化发电站

1978年3月1日，镇海炼化自备发电站（以下简称炼化发电站）首期发电工程建成投运。到2006年共有7台机组，上网点220千伏湾塘变电所。其中，1号机组1.2万千伏投运于1978年3月1日，2号机组1.2万千伏投运于1992年5月1日，3号机组2.5万千伏投运于1999年11月1日，

4号机组2.5万千伏投运于1999年11月1日，5号机组0.9万千伏投运于1983年8月1日，6号机组5万千伏投运于2003年11月1日，7号机组5万千伏投运于2003年12月1日。至2008年，炼化发电站装机总容量为18.3万千瓦，占镇海境内装机总容量147.5万千瓦的12.41%，年发电14.11亿千瓦时，占境内总发电量75.31亿千瓦时的18.74%。

表16－2　　1986—2008年镇海炼化公司自备电情况表

单位：万千瓦时

年份	机组台数	机组容量	年发电量	上网电量	年份	机组台数	机组容量	年发电量	上网电量
1986	2	21000	8055.51	—	1998	3	33000	31200.00	—
1987	2	21000	9913.13	—	1999	5	83000	27549.00	—
1988	2	21000	10855.02	—	2000	5	83000	58819.71	—
1989	2	21000	10738.04	—	2001	5	83000	64780.83	—
1990	2	21000	11108.00	—	2002	5	83000	70042.62	—
1991	2	21000	122240.00	—	2003	7	183000	75512.70	—
1992	3	33000	17264.00	—	2004	7	183000	157616.93	25838.07
1993	3	33000	18838.00	—	2005	7	183000	152989.05	7559.91
1994	3	33000	22995.00	—	2006	7	183000	145328.65	1550.71
1995	3	33000	32100.00	—	2007	7	183000	145932.65	794.38
1996	3	33000	32600.00	—	2008	7	183000	141090.62	1629.46
1997	3	33000	20915.00	—	—	—	—	—	—

浙镇联合发电公司

1994年9月8日，浙江省对外经济贸易委员会批准设立中外合作浙江镇海联合发电有限公司（以下简称浙镇联合发电公司），由浙江省电力开发有限公司（浙江省能源集团有限公司）、宁波市电力开发公司和香港兴源投资有限公司共同投资，投资比例分别占45%、30%和25%，1994年11月29日正式成立，地处浙江宁波镇海镇宁东路455号，为浙江省第一座300兆瓦燃气—蒸汽联合循环发电厂，总投资为15亿元，占地总面积7.3万平方米。

公司拥有2套100兆瓦燃气轮发电机组和1套100兆瓦蒸汽轮发电机组。工程分布包括燃机主厂区、戴家村储油区、220千伏升压站、网控楼、循环水泵房区，拥有一座3000吨级的自备油码头等。工程主要设备通过国际招标从国外引进，由英国约翰布朗（JOHMBROWN）工程有限公司成套供应。工程总体布置和辅助系统由浙江省电力设计院设计，并负责设计归口和协调，油码头由浙江省交通设计院设计。工程主要设备有：2台100兆瓦燃汽轮发电机组，型号PG9171E型，由美国GE公司制造；1台100兆瓦蒸汽轮发电机组，单压单缸多级凝气型冲动式轴向排气，由英国GECALSTHOM公司制造；2台余热锅炉，立式非补燃单压强制循环，最大额定蒸发量171.7t/h，由荷兰NEM公司制造（在杭州锅炉厂组装）；3台发电机，型号9A3，空冷，额定视在功率152MVA，由奥地利ELIN公司制造；2套油处理设备由德国ALFALAVAL公司制造；3台主变压器及1台高压备用启动变压器为英国HSPT

公司产品；机组集散控制系统（DCS）由英国BAILEY公司提供；其他生产辅助系统包括通信运动系统、循环水系统、3000吨级油码头、储油输油设施、重油处理装置、升压站电气设备和其他配套装置以及生产、管理用建、构筑物组成，均由国内配套。燃料为进口的180CST燃料油。发电工程于1996年7月10日正式开工，1999年9月21日全部建成投产。

浙江镇海联合发电公司所属电厂为浙江电网的主力调峰和事故备用电厂，调峰速率为同类燃煤电厂的10倍，自动化程度达到国内同类型燃机电厂的先进水平。1999年到2008年累计总发电量为98.46亿千瓦时，年平均发电9.85亿千瓦时，其中2008年发电量为3.47亿千瓦时，占全区总发电量75.31亿千瓦时的4.61%；累计供电量为92.15亿千瓦时，年平均供电量9.21亿千瓦时，其中2008年供电量3.37亿千瓦时，占全区总供电量44.75亿千瓦时的7.53%。

1999—2008年浙镇联合发电有限公司发供电情况表

表16－3

年度	发电机组（个）	容量（万千瓦）	发电量（万千瓦时）	供电量（万千瓦时）	年度	发电机组（个）	容量（万千瓦）	发电量（万千瓦时）	供电量（万千瓦时）
1999	3	30	60148.5	58109.568	2004	3	33.06	132306.7	127777.056
2000	3	30	88013.6	84851.712	2005	3	33.06	117703.6	113606.064
2001	3	30	126036.2	121856.064	2006	3	33.06	69509.46	67205.688
2002	3	32.8	119655.7	115672.92	2007	3	33.06	71222.46	69172.224
2003	3	33.06	165266.1	129511.704	2008	3	33.06	34703.796	33683.232

第二节　区属发电企业

至2008年12月底，地方发电企业装机总容量13.2万千瓦（不包括十字路水库和三圣水库水发电站拥有的装机容量0.14亿千瓦时[①]），占境内装机总容量147.5万千瓦的8.95%；年发电量为4.95亿千瓦时，占境内总发电量75.31亿千瓦时的6.57%。

镇海热电厂有限公司

镇海热电厂有限公司开建于1993年6月，注册地为宁波镇海经济技术开发区，厂址位于镇海后海塘，与港澳台企业合作，从事专业热电联产。总投资1950万美元，注册资本780万美元。其中，境内出资527.36万美元（宁波招宝实业有限公司出资145.16万美元，自然人4人出资382.2万美元），投资比例67.61%；香港ISOCRYL HONGKONG LTD出资252.64万美元，投资比例32.3897%。公司占地面积11万平方米，规模为五炉四机，发电容量5.4万千瓦，占地方发电总容量40.91%，额定供汽量201.7 t/h。1号机组1.2万千瓦1994年12月1日投产，2号机组1.2万千

① 镇海区三圣殿水库和十字路水库，分别于20世纪70年代和80年代各自建有水力发电站各一座，随同水库建成而投入使用，装机容量分别为0.10万千瓦和0.04万千瓦。

瓦投产于1995年3月1日，3号机组1.5万千瓦投产于1996年12月1日，4号机组1.5万千瓦于1996年12月1日投产。原上网点是110千伏静德变电所。220千伏湾塘变电所和蛟川变电所投产后，上网点改为220千伏湾塘变电所和蛟川变电所。2008年发电和上网电量分别为7396.83万千瓦时和6167.58万千瓦时。

镇海节能发电有限责任公司

镇海节能发电有限责任公司，由宁波众茂集团有限责任公司独家出资500万元（注册资本），1993年8月1日成立，厂址位于镇海五里牌。有2台机组，容量规模为1.2万千瓦，占地方发电总容量9.09%，上网点220千伏蛟川变电所。1号机组0.6万千瓦投产于1996年7月1日，2号机组0.6万千瓦投产于1995年4月1日，2008年发电量和上网电量分别为5761.13万千瓦时和5452.49万千瓦时。

宁波久丰热电有限公司

宁波久丰热电联产项目是宁波市重点工程项目，成立于2001年4月17日，厂址位于宁波化工区（镇海澥浦），向宁波化工园区内热用户集中供热，同时可为园区增加约70%的供电能力。公司注册资本11000万元，由宁波市电力开发公司、宁波众茂置业股份有限公司、宁波化工开发有限公司分别出资44000万元、33000万元和33000万元共同组建。一期工程建二台机组，容量规模为4.2万千瓦，总投资为43687.93万元，2006年8月8日基本建成，上网点2007年改接220千伏殿跟变电所。2007年5月，1号机组扩容到3万千瓦，2号机组1.2万千瓦，占地方发电总容量31.8%。2008年，年发电量和上网电量分别为16411.48万千瓦时和138282.15万千瓦时。

宁波中科绿色电力有限公司

宁波中科绿色电力有限公司是由中国科学院直属企业“中科集团”为主投资建设的生活垃圾焚烧发电厂，厂址位于宁波化工区（镇海澥浦），项目总投资2.4亿元，占地49362.57平方米。公司注册资本6000万元，其中宁波市镇海区环卫保洁中心出资852万元、中科集团有限公司出资4648万元、北京中科通用能源环保有限责任公司出资500万元。项目由镇海区人民政府以生活垃圾特许经营权向全社会公开招商，中科院直属企业“中科集团”获取特许经营权，经营本项目及镇海区的生活垃圾处置。2007年3月9日建成投产，容量规模为2.4万千瓦，占地方发电总容量18.2%，上网点35千伏澥浦变电所。其中，1号机组1.2万千瓦2007年3月9日投产，2号机组1.2万千瓦2007年4月29日投产。2008年发电量和上网电量分别为11380.28万千瓦时和9507.51万千瓦时。

1994—2008年镇海区地方电厂装机容量情况表

表16－4

年份	宁波镇海热电厂公司		镇海节能发电公司		宁波久丰热电公司		宁波中科绿色公司		合计	
	机组台数	容量（千瓦）	机组台数	容量（千瓦）	机组台数	容量（千瓦）	机组台数	装机（千瓦）	机组台数	装机（千瓦）
1994	1	12000	—	—	—	—	—	—	1	12000
1995	2	24000	1	6000	—	—	—	—	3	30000
1996	4	54000	2	12000	—	—	—	—	6	66000

续表 16－4

年份	宁波镇海热电厂公司		镇海节能发电公司		宁波久丰热电公司		宁波中科绿色公司		合计	
	机组台数	容量（千瓦）	机组台数	容量（千瓦）	机组台数	容量（千瓦）	机组台数	装机（千瓦）	机组台数	装机（千瓦）
2006	4	54000	2	12000	2	37000	—	—	8	103000
2007	4	54000	2	12000	2	42000	2	24000	10	132000
2008	4	54000	2	12000	2	42000	2	24000	10	132000

1995—2008 年镇海区地方电厂发电和上网电量情况表

表 16－5　　单位：万千瓦时

年份	宁波镇海热电厂公司		镇海节能发电公司		宁波久丰热电公司		宁波中科绿色公司		合计	
	发电量	上网电量	发电量	上网电量	发电量	上网电量	发电量	上网电量	发电量	上网电量
1995	10576.7	9746.2	1643.2	1575.2	—	—	—	—	12220，0.	11321.4
1996	12801.3	11827.3	3652.4	3437.9	—	—	—	—	16453.7	15265.2
1997	19535.1	18134.8	4230.9	3997.6	—	—	—	—	23765.9	22132.4
1998	18427.0	17350.4	3676.6	3514.3	—	—	—	—	22103.6	20864.6
1999	19025.8	17987.3	3400.1	3304.6	—	—	—	—	22425.9	21291.9
2000	18741.8	17765.4	4102.4	4102.4	—	—	—	—	22844.2	21867.8
2001	25276.7	23781.9	5160.2	5160.0	—	—	—	—	30436.9	28941.9
2002	27928.3	25844.7	4262.0	4262.0	—	—	—	—	32190.3	30106.7
2003	27606.5	24784.9	5925.5	5925.5	—	—	—	—	33532.0	30710.4
2004	39994.1	34741.3	7178.0	7001.6	—	—	—	—	47172.1	41742.9
2005	46121.9	42356.8	7919.0	7484.2	—	—	—	—	54041.0	49841.0
2006	48220.8	44466.2	7106.9	6724.6	7879.4	6978.5	—	—	63207.2	58169.3
2007	36055.6	33200.2	7390.6	6995.3	27984.1	24736.1	9482.4	7950.7	80912.6	72882.3
2008	7396.8	6167.6	5761.1	5452.5	16411.5	13828.2	11380.3	9507.5	40949.7	34955.7

第二章 供 电

1986年，镇海区有110千伏静德变电所和35千伏骆驼变电所等两座公用变电所，容量为48200千伏安；35千伏电力架空线路1条，长度11.6千米，10千伏线路17条，长度283.56千米。1990年建造35千伏贵驷变电所。1995年开展农村电网改造。1998年建造全区首座220千伏湾塘变电所和第2座110千伏骆驼变电所，35千伏变电所增加至3座，35千伏及以上变电所总容量达到49.45万千伏安。2000年后，全区售电量以年均20%以上增长，变电所建设加快，到2008年全区共有35千伏及以上公用变所21座。其中，220千伏变电所3座，110千伏变电所8座，35千伏变电所10座，总容量达到195.9万千伏安。35千伏及以上用户自备变电所达到37座，总变电容量125.345万千伏安。35千伏线路有65条，长度179.53千米，10千伏线路有163条，长度963.84千米，10千伏开闭所有23座，配电变压器有3170台，合计容量94.024万千伏安。

第一节 变电所

公用变电所—220千伏

湾塘变电所 位于镇海区贵驷，1998年12月23日建成投产，有3台主变，容量合计45万千伏安，220千伏电源来自镇海电厂，为镇海区第一座220千伏变电所。其中，1号、2号主变均为15万千伏安，于1998年12月23日投运；3号主变15万千伏安，2006年7月26日投运。有110千伏出线11条，35千伏出线9条，供电服务范围主要有镇海骆驼街道、九龙湖镇、澥浦镇、宁波化工区，蛟川街道、庄市街道部分区域、镇海炼化、江北区部分区域，备供慈溪市范市部分区域。

蛟川变电所 位于镇海区虹桥，2005年11月29日一期建成投产，2007年1月5日二期建成投产，共2台主变，其容量36万千伏安，220千伏电源来自镇海电厂，系镇海区第2座220千伏变电所。有110千伏出线8条，35千伏出线10条，供电范围主要有镇海招宝山街道、镇海经济开发区、港务局、蛟川街道、庄市街道部分区域、北仑区部分区域。

殿跟变电所 位于镇海区澥浦镇殿跟，2007年12月20日一期建成投产，2008年9月27日二期建成投产，共两台主变其容量36万千瓦时，220千伏电源来自镇海电厂和500千伏河姆变电所。有110千伏出线11条，35千伏出线6条，供电范围主要有镇海澥浦镇、宁波化工区、九龙湖镇、贵驷及江北区部分区域。该变电所对于优化镇海区220千伏电网有重要意义。

公用变电所—110 千伏

静德变电所 位于镇海区虹桥村，1979 年 4 月 10 日建成投运，共有 2 台主变，合计容量 12.6 万千伏安，110 千伏电源原来来自镇海发电厂，220 千伏蛟川变电所建成后，电源来自 220 千伏蛟川变电所。其中，2 号主变 4000 千伏安于 1979 年 4 月 10 日投运，1992 年 1 月 3 日调增至 63000 千伏安；1 号主变 63000 千伏安于 1989 年 12 月 20 日投运。后静德变电所运行年限将至，设备老化，2007 年 6 月 20 日静德变电所在原址旁完成改建。新静德变电所共有 2 台主变，合计容量 8 万千伏安，110 千伏电源来自 220 千伏蛟川变电所，有 10 千伏出线 24 条，供电范围主要有蛟川街道、经济开发区、镇海招宝山街道部分区域。

骆驼变电所 位于镇海区骆驼，1998 年 12 月 25 日建成投运，共有 2 台主变容量合计 63000 千伏安，110 千伏电源来自 220 千伏湾塘变电所。其中，1 号主变 31500 千伏安于 1998 年 12 月 25 日投运；2 号主变 31500 千伏安于 1999 年 9 月 21 日投运。有 10 千伏出线 20 条，供电范围主要为骆驼和九龙湖。110 千伏龙湖变电所投产后，110 千伏骆驼变电所供电服务范围主要为骆驼街道。

宝山变电所 位于镇海区后海塘，2003 年 7 月 30 日建成投运，共有 2 台主变容量合计 10 万千伏安，110 千伏电源来自 220 千伏蛟川变电所，其中 1 号主变 5 万千伏安，2 号主变 5 万千伏安。有 35 千伏出线 8 条，10 千伏出线 19 条，供电范围主要有经济开发区、镇海招宝山街道部分区域及宁波港镇海港区。

澥浦变电所 位于镇海区澥浦化工区，2004 年 6 月 8 日建成投运，共有 2 台主变容量合计 10 万千伏安，110 千伏电源来自 220 千伏湾塘变电所。其中，1 号主变 5 万千伏安投运于 2004 年 6 月 8 日，2 号主变 5 万千伏安投运于 2006 年 1 月 20 日。有 35 千伏出线 8 条，10 千伏出线 18 条。供电服务范围主要为宁波化工区全部、澥浦镇大部分区域。

龙湖变电所 位于镇海区九龙湖，2006 年 2 月 22 日建成投运，共有 2 台主变容量计 10 万千伏安，110 千伏电源来自 220 千伏湾塘变电所。其中，1 号主变 5 万千伏安投运于 2006 年 2 月 22 日，2 号主变 5 万千伏安投运于 2007 年 5 月 20 日。有 35 千伏出线 1 条，10 千伏出线 20 条，供电范围为九龙湖镇。

前方变电所 位于镇海区庄市街道，2007 年 6 月 25 日建成投运，共有 1 台主变容量计 5 万千伏安，110 千伏电源来自 220 千伏蛟川变电所。有 10 千伏出线 11 条，供电范围为庄市街道部分区域及市高教园区北区。

南洪变电所 位于镇海区蛟川街道南洪村，2008 年 6 月 27 日建成投运，共有 1 台主变容量计 5 万千伏安，110 千伏电源来自 220 千伏殿跟变电所。有 10 千伏出线 12 条，供电范围为蛟川街道部分区域及宁波化工区部分区域。

团桥变电所 位于镇海区骆驼街道团桥村，2008 年 12 月 25 日建成投运，共有 2 台主变容量计 10 万千伏安，110 千伏电源来自 220 千伏湾塘变电所。有 10 千伏出线 5 条，供电范围为骆驼街道新城部分区域及机电园区。

1986—2008 年部分年份镇海区 110 千伏公用变电所情况表

表 16－6

单位：千伏安

变电所		1986 年	1989 年	1992 年	1998 年	1999 年	2003 年	2004 年	2006 年	2007 年	2008 年
静德变	台数	1	2	2	2	2	2	2	2	2	2
	容量	40000	103000	126000	126000	126000	126000	126000	126000	80000	80000
骆驼变	台数	—	—	—	1	2	2	2	2	2	2
	容量	—	—	—	31500	63000	63000	63000	63000	63000	63000
宝山变	台数	—	—	—	—	—	2	2	2	2	2
	容量	—	—	—	—	—	100000	100000	100000	100000	100000
蟹浦变	台数	—	—	—	—	—	—	1	2	2	2
	容量	—	—	—	—	—	—	50000	100000	100000	100000
龙湖变	台数	—	—	—	—	—	—	—	1	2	2
	容量	—	—	—	—	—	—	—	50000	100000	100000
前方变	台数	—	—	—	—	—	—	—	—	1	1
	容量	—	—	—	—	—	—	—	—	50000	50000
南洪变	台数	—	—	—	—	—	—	—	—	—	1
	容量	—	—	—	—	—	—	—	—	—	50000
团桥变	台数	—	—	—	—	—	—	—	—	—	2
	容量	—	—	—	—	—	—	—	—	—	100000
合计	座	1	1	1	2	2	3	4	5	6	8
	台数	1	2	2	3	4	6	7	9	11	14
	容量	40000	103000	126000	157500	189000	289000	339000	439000	493000	643000

公用变电所—35 千伏

1982 年建成现区境第一座 35 千伏变电所，共有 6 条 10 千伏出线，主要供电范围为骆驼、贵驷、长石、河头、澥浦等地区。随着经济的发展，在 20 世纪 90 年代先后建成 35 千伏贵驷、庄市、广源等变电所。进入21世纪后，又先后建设35千伏联盟、经发、棉海、北欧、团桥和沙河等变电所。

骆驼变电所 位于镇海区骆驼，1982年6月建成投运，共有2台主变，容量合计1.43万千伏安，35千伏电源来自110千伏静德变电所。其中，1号主变0.5万千伏安于1982年6月投运，1993年7月调增至0.8万千伏安；2号主变0.63万千伏安于1987年5月16日投运。主要供电范围为骆驼、贵驷、长石、河头、澥浦等地区。1998年12月110千伏骆驼变建成投产，35千伏骆驼变停役。

贵驷变电所 位于镇海区贵驷，1990年12月8日建成投运，共有2台主变，容量合计2.5万千伏安，35千伏电源来自静德变，220千伏湾塘变电所建成后，电源来自220千伏湾塘变电所。其中，1号主变容量0.8万千伏安于1990年12月8日投运，2005年6月9日调增至1.25万千伏安；2号主变0.5万千伏安于1995年7月投运，2000年7月1日调增至0.8万千伏安，2005年6月9日调增至1.25万千伏安。有10千伏出线8条，供电范围主要为骆驼街道部分区域、庄市街道小部分区域、蛟川街道小部分区域。

庄市变电所 位于镇海庄市，1994年9月建成投运，共有2台主变，容量合计2.5万千伏安，35千伏电源来自静德变电所，220千伏湾塘变电所建成后，电源来自220千伏湾塘变电所。其中，1号主变容量0.8万千伏安于1994年9月投运，2003年5月16日调增至1.25万千伏安；2号主变容量0.8万千伏安于1996年7月投运，2003年5月16日调增至1.25万千伏安。有10千伏出线8条，供电范围为庄市街道。

广源变电所 原为澥浦变电所，位于镇海澥浦，1997年6月17日建成投运，共有1台主变，容量合计0.8万千伏安，35千伏电源来自220千伏湾塘变电所。其中，1号主变容量0.8万千伏安于1997年6月17日投运，2号主变容量0.8万千伏安于1999年12月30日投运。2004年12月110千伏澥浦变电所建成投产，35千伏澥浦变电所更名为广源变电所，2号主变8000千伏安停役。有10千伏出线间隔4只，供电服务范围主要为澥浦镇一部分地区。

联盟变电所 位于镇海庄市联盟村，2001年11月16日建成投运，共有1台主变，容量为0.8万千伏安，35千伏电源来自220千伏湾塘变电所，有10千伏出线4条，2006年6月20日增容至1.6万千伏安，供电范围主要为庄市街道部分区域。

经发变电所 位于镇海经济开发区，2003年9月12日建成投运，共有2台主变，容量为1.6万千伏安，35千伏电源来自220千伏蛟川变电所。其中，1号主变0.8万千伏安于2003年9月12日投运，2号主变0.8千伏安于2008年7月31日投运。有10千伏出线3条，供电范围主要为镇海经济开发区小部分区域。

棉海变电所 原为35千伏蛟川变电所，2005年220千伏蛟川变电所投产后改名为棉海变电所。位于蛟川街道棉海村，2003年2月28日建成投运，1台主变容量为0.8万千伏安，35千伏电源来自220千伏湾塘变电所。其中，1号主变0.8千伏安于2003年2月28日投运，2007年7月21日增容至1.6万千伏安，2008年8月6日迁拆至沙河变投运；2号主变0.8万千伏安于2005年1月28日投运。有10千伏出线6条，供电范围主要为宁波化工区。

北欧变电所　位于镇海经济开发区，2005 年 2 月 7 日建成投运，1 台主变容量为 1.6 万千伏安，35 千伏电源来自 220 千伏蛟川变电所。有 10 千伏出线 4 条，供电范围主要为镇海经济开发区北欧工业区部分区域。

培红变电所　原为 35 千伏团桥变电所，2008 年年底 110 千伏团桥变投产后改名培红变。位于镇海骆驼团桥村，2005 年 4 月 8 日建成投运，1 台主变容量为 1.6 万千伏安，35 千伏电源来自 220 千伏湾塘变电所，有 10 千伏出线 6 条，供电范围主要为骆驼街道 329 国道以东部分区域。

沙河变电所　位于镇海澥浦镇沙河村，2008 年 7 月 8 日建成投运，1 台主变容量为 1.6 万千伏安，35 千伏电源来自 220 千伏殿跟变电所。有 10 千伏出线 3 条，供电范围主要为澥浦镇。

表 16-7

1986—2008 年镇海区 35 千伏公用变电所情况表

单位：千伏安

年份	骆驼变		贵驷变		庄市变		广源变		联盟变		经发变		棉海变		北欧变		培红变		沙河变		合计		
	台数	容量	台数	容量	台数	容量	台数	容量	台数	容量	台数	容量	台数	容量	台数	容量	台数	容量	台数	容量	座数	台数	容量
1986	2	5000		—		—		—		—		—		—		—		—		—	1	1	5000
1987	2	11300		—		—		—		—		—		—		—		—		—	1	2	11300
1988	2	11300		—		—		—		—		—		—		—		—		—	1	2	11300
1989	2	11300		—		—		—		—		—		—		—		—		—	1	2	11300
1990	2	11300	1	8000		—		—		—		—		—		—		—		—	2	3	19300
1991	2	11300	1	8000		—		—		—		—		—		—		—		—	2	3	19300
1992	2	11300	1	8000		—		—		—		—		—		—		—		—	2	3	19300
1993	2	14300	1	8000		—		—		—		—		—		—		—		—	2	3	22300
1994	2	14300	1	8000	1	8000		—		—		—		—		—		—		—	3	4	30300
1995	2	14300	2	13000	1	8000		—		—		—		—		—		—		—	3	5	35300
1996	2	14300	2	13000	2	16000		—		—		—		—		—		—		—	3	6	43300
1997	2	14300	2	13000	2	16000	1	8000		—		—		—		—		—		—	4	7	51300
1998		—	2	13000	2	16000	1	8000		—		—		—		—		—		—	3	5	37000
1999		—	2	13000	2	16000	2	16000		—		—		—		—		—		—	3	6	45000
2000		—	2	16000	2	16000	2	16000		—		—		—		—		—		—	3	6	48000
2001		—	2	16000	2	16000	2	16000	1	8000		—		—		—		—		—	4	7	56000
2002		—	2	16000	2	16000	2	16000	1	8000		—		—		—		—		—	4	7	56000
2003		—	2	16000	2	25000	2	16000	1	8000	1	8000	1	8000		—		—		—	6	9	81000
2004		—	2	16000	2	25000	1	8000	1	8000	1	8000	1	8000		—		—		—	6	8	73000
2005		—	2	25000	2	25000	1	8000	1	8000	1	8000	2	16000	1	16000	1	16000		—	8	11	122000
2006		—	2	25000	2	25000	1	8000	1	16000	1	8000	2	16000	1	16000	1	16000		—	8	11	130000
2007		—	2	25000	2	25000	1	8000	1	16000	1	8000	2	24000	1	16000	1	16000		—	8	11	138000
2008		—	2	25000	2	25000	1	8000	1	16000	1	16000	1	8000	1	16000	1	16000	1	16000	9	11	146000

用户自备变电所—110 千伏

石化变电所　中国石油化工股份有限公司镇海炼化分公司自备变电所，共有 2 台主变，容量合计 12.6 万千伏安，110 千伏电源来自 220 千伏湾塘变电所。其中，1 号主变 2 万千伏安，1983 年 6 月 5 日投运，1992 年 12 月调增至 4 万千伏安，2003 年 3 月 7 日调增至 6.3 万千伏安；2 号主变 2 万千伏安于 1992 年 9 月投运，1995 年 11 月 9 日停役，2003 年 3 月 11 日调增至 6.3 万千伏安；3 号主变 4 万千伏安于 1995 年 11 月 9 日投运，2005 年停役。

炼化变电所　中国石油化工股份有限公司镇海炼化分公司自备变电所，共有 2 台主变，容量合计 8 万千伏安，110 千伏电源来自 220 千伏湾塘变电所。1 号主变 4 万千伏安，2 号主变 4 万千伏安，均于 1999 年 3 月 5 日投运。

镇洋化工变电所　镇海镇洋化工股份有限公司自备变电所，2006 年 11 月 7 日建成投运，共有 4 台主变，容量合计 5.075 万千伏安，110 千伏电源来自 220 千伏殿跟变电所。其中，1 号主变 1.425 万千伏安，2 号主变 1.425 万千伏安，号 3 主变 8 万千伏安，4 号主变 1.425 万千伏安。1 号、2 号、3 号主变于 2006 年 11 月 7 日投运，4 号主变于 2008 年 5 月 23 日投运。

1986—2008 年间若干年镇海区 110 千伏用户自备变电所规模情况表

表 16－8　　单位：千伏安

年份	变电所座	主变台数	主变容量	年份	变电所座	主变台数	主变容量
1986	1	1	20000	2005	2	4	206000
1992	1	2	60000	2006	3	7	242500
1995	1	2	80000	2007	3	7	242500
1999	2	4	160000	2008	3	8	256750
2003	2	5	246000	—	—	—	—

用户自备变电所—35 千伏

至 2008 年，镇海 19 家企业有自备 35 千伏变电所 34 座，主变 75 台，容量 996700 千伏安，其中镇海炼化占 17 座、40 台、723200 千伏安，分别占变电所、主变、容量总数的 51.4%、46.7%、72.56%。

1986—2008 年镇海区 35 千伏用户自备变电所情况表

表 16－9　　单位：千伏安

年份	企业自备变电所			镇海炼化厂自备变电所			合　计		
	座	主变台数	容量	座	主变台数	容量	座	主变台数	容量
1986	1	2	6350	3	9	36550	4	11	42900
1987	1	2	6350	3	9	35750	4	11	42100
1988	1	2	6350	3	9	35750	4	11	42100
1989	2	3	10350	3	9	35750	5	12	46100
1990	2	4	14350	3	9	35750	5	13	50100

续表 16－9

年份	企业自备变电所			镇海炼化厂自备变电所			合　计		
	座	主变台数	容量	座	主变台数	容量	座	主变台数	容量
1991	2	4	14350	3	9	35750	5	13	50100
1992	2	4	14350	3	11	69100	5	15	83450
1993	2	4	18000	3	8	68950	5	12	70750
1994	3	6	34000	3	8	68950	6	14	102950
1995	3	6	34000	3	8	68950	6	14	102950
1996	3	6	34000	4	10	108950	7	16	142950
1997	4	7	44000	4	10	113800	8	17	157800
1998	4	7	44000	5	12	122300	9	19	166300
1999	4	7	44000	7	16	225300	11	23	269300
2000	4	7	44000	7	16	225300	11	23	269300
2001	4	7	44000	7	16	225300	11	23	269300
2002	4	8	60000	8	18	257300	12	26	317300
2003	5	10	76300	16	39	697500	21	49	773800
2004	8	17	112800	17	41	713500	25	58	826300
2005	11	23	161000	17	41	713500	28	64	874500
2006	14	29	201000	17	41	713500	20	67	914500
2007	16	34	268200	17	40	723200	33	74	991400
2008	17	35	273500	17	40	723200	34	75	996700

港口变电所（镇海作业区变）　宁波港自备变电所，址镇海煤码头，共有 2 台主变，合计容量 2 万千伏安，35 千伏电源来自 110 千伏宝山变电所。其中，1 号主变 0.315 万千伏安于 1980 年 7 月 15 日投运，1993 年 11 月调增至 0.5 万千伏安，2005 年 8 月 23 日调增至 1 万千伏安；2 号主变 0.32 万千伏安于 1980 年 7 月 15 日投运，1993 年 11 月调增至 0.5 万千伏安，2003 年 8 月 1 日调增至 1 万千伏安。

镇棉变电所　宁波中汇纺织有限公司自备变电所，共有 2 台主变，合计 0.8 万千伏安，35 千伏电源来自 110 千伏宝山变电所。其中，1 号主变 0.4 万千伏安于 1990 年 9 月 18 日投运；2 号主变 0.4 万千伏安于 1989 年 10 月 18 日投运。后厂址搬迁，该变电所于 2008 年 9 月 19 日退出运行。

腈纶变电所　镇海腈纶厂自备变电所，1994 年 4 月 10 日建成投运，共有 2 台主变，合计容量 1.6 万千伏安，35 千伏电源来自 220 千伏蛟川变电所。其中，1 号主变 0.8 万千伏安，2 号主变 0.8 万千伏安。

LG 甬兴变电所　宁波乐金甬兴化工有限公司自备变电所，共有 3 台主变，合计容量 4.2 万千伏安，35 千伏电源来自 220 千伏蛟川变电所和 110 千伏宝山变电所。其中，1 号主变 1 万千伏安于 1997 年 7 月 1 日投运，2 号主变 1.6 万千伏安于 2002 年 8 月 1 日投运，3 号主变 1.6 万千伏安于 2006 年 6 月 25 日投运。

富邦变电所　宁波富邦精业集团股份有限公司铝材厂自备变电所，2003 年 6 月 1 日建成投运，1 号主变 0.63 万千伏安，2 号主变 0.5 万千伏安，合计容量 1.13 万千伏安，35 千伏电源来自 220 千伏湾塘变电所。

宝日精密变电所　宁波宝日精密薄板有限公司自备变电所，2004 年 1 月 18 日建成投运，1 台主变容量为 0.8 万千伏安，35 千伏电源来自 220 千伏湾塘变电所。

光鑫特钢变电所　宁波市镇海光鑫特钢有限公司自备变电所，2004 年 6 月 15 日建成投运，共有 4 台主变，容量 2.6 万千伏安，35 千伏电源来自 220 千伏湾塘变电所。其中，1 号主变 0.4 万千伏安，2 号主变 0.4 万千伏安，3 号主变 0.9 万千伏安，4 号主变 0.9 万千伏安。

天地特钢变电所　宁波市镇海天地特钢有限公司自备变电所，共有 7 台主变，合计容量 2.93 万千伏安，35 千伏电源来自 35 千伏镇海热电厂。其中，1 号主变 0.63 万千伏安，2 号主变 0.63 万千伏安，3 号主变 0.125 万千伏安，4 号主变 0.125 万千伏安，5 号主变 0.16 万千伏安，6 号主变 0.63 万千伏安，7 号主变 0.63 万千伏安。

杭州湾腈纶变电所　浙江杭州湾腈纶有限公司自备变电所，2005 年 6 月 14 日建成投运，0.63 万千伏安主变 2 台，合计容量 1.26 万千伏安，35 千伏电源来自 110 千伏澥浦变电所。

四明化工变电所　宁波四明化工有限公司自备变电所，2005 年 6 月 16 日建成投运，1 台主变容量为 1 万千伏安，35 千伏电源来自 110 千伏澥浦变电所。

阿尔卑斯变电所　宁波阿尔卑斯电子有限公司自备变电所，2005 年 7 月 16 日建成投运，1 台主变容量为 0.8 万千伏安，35 千伏电源来自 220 千伏蛟川变电所。

康力玻璃变电所　宁波康力玻璃有限公司自备变电所，2006 年 5 月 21 日建成投运，共有 2 台主变，每台主变容量为 0.8 万千伏安，合计容量 1.6 万千伏安，35 千伏电源来自 220 千伏湾塘变电所。

金鼎紧固件变电所　宁波金鼎紧固件有限公司自备变电所，2006 年 7 月 25 日建成投运，1 台主变容量为 0.8 万千伏安，35 千伏电源来自 110 千伏龙湖变电所。

大安变电所　宁波大安化学工业有限公司自备变电所，2007 年 1 月 1 日建成投运，共有 2 台主变，容量 2 万千伏安，35 千伏电源来自 110 千伏宝山变电所。

陆霖紧固件变电所　宁波陆霖机械铸造有限公司自备变电所，2007 年 6 月 10 日建成投运，1 台主变容量为 0.8 万千伏安，35 千伏电源来自 110 千伏宝山变电所。

盈展变电所　宁波盈展精密薄板有限公司自备变电所，2007 年 8 月 16 日建成投运，1 台主变容量为 2.5 万千伏安，35 千伏电源来自 110 千伏澥浦变电所。

钛白变电所　宁波新福钛白粉有限公司自备变电所，2008 年 3 月 5 日建成投运，35 千伏电源来自 110 千伏澥浦变电所，1 台主变容量为 0.5 万千伏安。

百隆变电所　百隆东方有限公司自备变电所，2008 年 4 月 29 日建成投运，共有 2 台主变，合计容量0.83万千伏安，1号主变0.63万千伏安，2号主变0.2万千伏安，35千伏电源来自220千伏湾塘变电所。

炼化自备变电所 中国石油化工股份有限公司镇海炼化分公司自备35千伏变电所作为生产配套，随着装置规模的扩大而增加。1977年9月5日投运第1座35千伏油厂变电所，主变容量3.2万千伏安，1991年前加上原油码头和水源泵站2座35千伏变电所，主变容量3.575万千伏安。1992年5月油厂变电所扩容调整至6.91万千伏安。1996年8月21日投产炼油新区联合变电所，新增容量4万千伏安。1998年6月18日投产北渡泵站变电所，新增容量0.4万千伏安。1999年1月和7月分别投产炼化变和二催化变电所，新增容量8.3万千伏安。2002年6月投产化工变电所，新增容量3.2万千伏安。2003年炼油新区装置扩容及第三化肥电站投产，共投用8座35千伏变电所，新增容量40.26万千伏安。2005年7月投产国储变电所，新增容量1.6万千伏安。35千伏主变随着部分变压器老化进行更新及扩容改造，至2008年年底共有35千伏变电所17座，主变40台，容量72.32万千伏安。

第二节 输配电设施

电力线路

35千伏线路 1987年35千伏电力架空线路1条，1990年开始35千伏线路迅速增加，1995年起35千伏线路逐渐采用电缆，到2008年年末35千伏线路65条，长度合计179.53千米。其中，架空线路16条，长度53.95千米；电缆49条，长度125.58千米，包括自备线路。

10千伏线路 1987年有10千伏架空线路17条，长度283.56千米，1992年起10千伏线路逐渐采用电缆。到2008年年末，10千伏线路共计有163条，长度963.84千米。其中，架空线路116条，长度561.96千米；电缆47条，长度401.88千米，包括自备线路。

1987—2008年镇海区10千伏、35千伏线路情况表

表16-10　　单位：千米

年份	10千伏线路						35千伏线路					
	合计		架空线路		电缆		合计		架空线路		电缆	
	条	长度	条	长度	条	长度	条	长度	条	长度	条	长度
1987	17	283.56	17	283.56	—	—	1	11.6	1	11.6	—	—
1988	17	288.69	17	288.69	—	—	1	11.6	1	11.6	—	—
1989	17	291.67	17	291.67	—	—	2	13.82	2	13.82	—	—
1990	23	302.54	23	302.54	—	—	4	21.94	4	21.94	—	—
1991	23	305.26	23	305.26	—	—	4	22.19	4	22.19	—	—
1992	23	308.11	23	305.71	—	2.4	6	25.26	6	25.26	—	—

续表 16－10

年份	10 千伏线路						35 千伏线路					
	合计		架空线路		电缆		合计		架空线路		电缆	
	条	长度	条	长度	条	长度	条	长度	条	长度	条	长度
1993	24	327.17	24	324.49	—	2.68	6	25.26	6	25.26	—	—
1994	28	339.14	28	336.46	—	2.78	11	53.71	11	53.71	—	—
1995	32	358.42	32	354.04	—	4.38	12	59.31	12	57.34	—	1.97
1996	37	373.79	36	365.14	1	8.65	17	70.31	15	66.24	2	4.07
1997	46	415.88	41	383.03	5	32.85	19	86.62	16	72.55	3	14.07
1998	48	427.68	43	390.52	5	37.16	20	91.75	17	74.88	3	16.87
1999	51	422.14	47	384.88	4	31.5	19	99.4	15	72.33	4	27.07
2000	54	467.69	54	417.53	4	50.16	21	123.35	18	82.73	3	40.62
2001	56	552.4	56	490.53	4	61.87	17	112.22	17	84.14	3	28.08
2002	63	626.88	63	542.95	4	83.93	18	118.83	18	84.08	3	34.79
2003	75	587.98	75	461.16	4	126.82	21	123.52	18	70.27	3	53.25
2004	91	660.76	88	499.8	3	160.96	21	112.42	18	60.72	3	51.70
2005	103	729.99	91	495.72	12	234.27	25	139.34	17	68.81	8	70.53
2006	117	792.07	93	520.13	24	271.94	56	155.11	13	53.12	43	101.99
2007	146	902.13	108	543.45	38	358.68	61	173.29	14	54.55	47	118.74
2008	163	963.84	116	561.96	47	401.88	65	179.53	16	53.95	49	125.58

10 千伏开闭所

从 1992 年开始建造 10 千伏开闭所，到 2008 年有 10 千伏开闭所 23 座。

1992—2008 年镇海区 10 千伏开闭所情况统计表

表 16－11

序号	开关站名称	投产日期	供电范围
1	聪园开关站	1992.01	镇海供电局、聪园路南部一带
2	骆驼开关站	1994.01	骆驼工业区及附近
3	张鑑开关站	1996.01	镇海张鑑碶、锦绣福兴、前聪园路一带
4	西街开关站	1996.09	镇海港城花园、工商银行、红星小区、中医院、大会堂、区委、西长营弄、谢家河塘、家世界一带
5	清川开关站	1996.12	镇海胜利路（区府）、清川路、日成弄一带、渡口等
6	北海开关站	2002.03	澥浦化工区部分
7	金桂开关站	2002.06	镇海金桂花园、白龙小区、西门菜场一带

续表 16－11

序号	开关站名称	投产日期	供电范围
8	开发区 1 号开关站	2002. 06	镇海开发区
9	国泰开关站	2004. 09	澥浦化工区 3 号地块
10	环北开关站	2004. 09	澥浦化工区 4 号地块
11	清泉开关站	2005. 07	庄市清泉花园
12	书香开关站	2005. 12	镇海九湾弄、加贝超市一带
13	临江开关站	2006. 07	镇海蛟川街道临江小区一带
14	华城开关站	2006. 07	骆驼街道华丰星城
15	金光开关站	2006. 01	蛟川街道金丰阳光小区
16	水韵开关站	2007. 05	怡江华庭小区、庄市鑫隆花园及农贸市场一带
17	绿城开关站	2007. 08	绿城桂花园
18	金邑开关站	2007. 09	金邑水岸
19	亚创开关站	2007. 12	亚创软件园区
20	兴建开关站	2008. 01	澥浦拆迁小区
21	柳岸开关站	2008. 05	柳岸晨韵小区
22	晨韵开关站	2008. 09	柳岸晨韵小区
23	古塘开关站	2008. 11	古塘丽景小区

配电变压器

1987 年共有配电变压器 672 台，合计容量 69513 千伏安。其中，公用变压器 47 台，容量为 5213 千伏安；用户自备变压器 563 台，容量为 61350 千伏安；合资变压器 62 台，容量为 2950 千伏安。2008 年共有配电变压器 3170 台，合计容量 94. 024 万千伏安。其中，公用变压器 813 台，容量为 27. 2205 万千伏安；用户自备变压器 2357 台，容量为 66. 8035 万千伏安。

1987—2008 年镇海区配电变压器拥有量情况表

表 16－12　　单位：千伏安

年份	合计		公用		用户自备		合资	
	台	容量	台	容量	台	容量	台	容量
1987	672	69513	47	5213	563	61350	62	2950
1988	679	72878	41	5328	600	65560	40	1990
1989	693	71298	41	5768	614	63710	38	1820
1990	705	77883	59	8271	646	69612	—	—
1991	736	85148	60	9630	676	75518	—	—

续表 16－12

年份	合计		公用		用户自备		合资	
	台	容量	台	容量	台	容量	台	容量
1992	827	102653	51	9590	776	93063	—	—
1993	696	114388	58	11706	638	102682	—	—
1994	967	130358	70	16320	897	114038	—	—
1995	1020	151943	83	22880	937	129063	—	—
1996	1111	171314	107	28750	1004	142564	—	—
1997	1199	189378	125	33130	1074	156248	—	—
1998	1249	199935	142	40330	1107	159605	—	—
1999	1302	211125	146	43175	1156	167950	—	—
2000	1391	229170	439	74720	952	154450	—	—
2001	1557	275815	473	85240	1084	190575	—	—
2002	1757	340115	512	102369	1245	237746	—	—
2003	2006	434345	584	126655	1422	307690	—	—
2004	1967	421120	554	121630	1413	299490	—	—
2005	2544	642850	651	173035	1893	469815	—	—
2006	2763	748440	713	216150	2050	532290	—	—
2007	2198	822760	746	230110	2172	592650	—	—
2008	3170	940240	813	272205	2357	668035	—	—

第三节　农村电网

农电管理

1973 年起相继成立农村机电站。1984 年 5 月，各区、乡（镇）建立电力管理站，为同级政府的管电机构。1985 年 2 月，成立县农电总站，乡、镇电管站归农电总站直接管理，撤销区电力管理站。1987 年镇海供电局分为镇海和北仑两局后，镇海农电总站分为镇海和北仑 2 个总站，镇海农电总站下辖城关、庄市、骆驼、澥浦、河头、贵驷 6 个电管站，负责农村综合变以下农村用电管理。1994 年 5 月，供电局农电总站转制为大集体企业，同时成立区农村电力公司，保留农电总站行政职能，农电总站电管员转制为农村电力公司大集体企业合同制职工。1999 年年初，根据国发〔1999〕2 号文件“改革乡（镇）电管站的现行管理模式，将乡（镇）电管站改为县级供电企业所属的供电所或营业所，其人、财、物纳入县级供电企业统一管理”要求，实行站所合并。2007 年年底，撤销镇海区农电总站。

1999 年前，全区村电工 155 人。1999 年年初根据国务院〔1999〕2 号文件精神进行调整。2002 年年初，农村电工分为由供电所集中管理和村自行管理 2 类，村自行管理的电工由村委会领导，供电企业在业务上进行培训和指导。至 2003 年全区村电工共 75 人，其中村自行管理电工 65 人。

创建农村电气化县（区）

1995 年年初，区十届人大第三次会议提出镇海区实现农村电气化目标，1995 年 10 月底基本完成农村电气化建设任务，达到《浙江省农村电气化验收细则》的要求。是年 12 月通过电力工业部考核验收，被省政府命名为省“农村电气化县（区）”。是年，全区乡通电率 100%、村通电率 100%、农户通电率 100%、排灌供电保证率 100%、乡村居民用电保证率 99.96%。

实施“两改一同价”

1999 年国务院下发国发（1999）2 号文精神，实施农电体制改革、农村电网改造、城乡居民用电同网同价（以下简称两改一同价），镇海区列为省电力公司“两改一同价”试点单位。

农电体制改革 1999 年在原城关、骆驼、庄市 3 个供电所基础上成立贵驷、澥浦、河头、城郊等供电所，实现每一个镇乡有供电所，供电所与电管站合署办公；2005 年 2 月根据甬农改〔2005〕004 号文件《关于镇海区镇（街道）农电体制改革实施细则的批复》精神，撤销全区镇乡电管站，成立供电营业所，农村电力用户由供电局管理到户，实行同网同价，重新招用农电工（电管员和专职农村电工），负责农村供用电管理，实行劳动和社会保障事务代理的用工形式。

农村电网改造 省电力公司批准镇海农村电网改造项目总投资 5596.39 万元，其中 35 千伏部分投资 405 万元，10 千伏及以下部分投资 5191.39 万元。1999 年 9 月全面启动农村电网建设和改造工作。至 2000 年 3 月，累计完成工程投资额 2960.29 万元。2000 年 4 月通过省农网建设与改造工程验收委员会的验收，2000 年 12 月全面完成农网建设和改造工程。

城乡居民用电同网同价 按农村集体电力资产移交一个村、电网改造一个村、农村照明用电同价一个村、供电部门管理到户一个村的原则，对农村照明用电实行同网同价，实现抄表到户、销售到户、收费到户、服务到户，实行统一电价、统一发票、统一抄表、统一核算和统一考核。至 2001 年，全区行政村基本实现城乡居民生活用电同网同价，电价标准由原来的平均 0.671 元/千瓦时降到 0.53 元/千瓦时，同价电量为 1118353 千瓦时，直接减少农民电费支出 15.77 万元，到 2004 年年底全区所有行政村实现与城镇居民用户同网同价，完成率 100%。

“两改一同价”工程实施，初步解决农村电网薄弱、供电能力差等突出问题，基本理顺城乡电力管理体制，减轻农民用电负担。

新农村电气化建设

2006 年起，全区启动新农村电气化建设，优化电网结构，降低电能损耗，提高电能质量和供电能力，提升农电管理和供电服务水平。至 2008 年，东邑、沿江等 30 个村，被区政府授予“新农村电气化村”称号，占全区行政村的 48.39%；九龙湖镇、澥浦镇、庄市街道、蛟川街道被区政府授予“新农村电气化镇”称号。其间，新立电杆 2500 多根，改造低业线路 500 千米，敷设电缆 230 千米，累计完成低压投资 5500 万元，平均每个行政村投资 180 万元，户均约 3000

元。进一步理顺体制机制，解决实施“两改一同价”后遗留问题，规范用电秩序，促进农村供用电和谐。2008 年 10 月，镇海区通过省有关部门组织的考评验收，年底被省政府授予“新农村电气化县（市、区）”称号，镇海供电局被国家电网公司授予“2008 年新农村电气化建设先进单位”称号。

第三章 用 电

1987年电力用户数为7639户、容量95414千瓦，到2008年电力用户数达到131392户、容量增加到1964811千瓦，电力用户平均每年增长14.51%，容量平均每年增长15.49%。网供最高负荷1987年2.06万千瓦，2008年增加到52.40万千瓦，每年平均增长18.51%。

1986—2008年，全区全社会用电量增长20.6倍，其中工业用电增长达到27.4倍，居民用电增长10.7倍。为缓解电力供需矛盾，先后实施集资办电、有序用电、峰谷用电等措施，区供电局提升用电服务水平，保障全区经济社会发展和居民用电。

第一节 用电水平 用电结构

用电水平

1986年全社会用电量20709.21万千瓦时，1995年全社会用电量74431.18万千瓦时，2008年全社会用电量447540.51万千瓦时。1995—2008年全社会用电量年平均增长15.22%。

1986—2008年镇海区用电情况表

表16-13

年份	全社会用电（万千瓦时）	供电量（万千瓦时）	售电量（万千瓦时）	网供最高负荷（万千瓦时）	用户数	装机容量（千瓦）
1986	20709.21	—	—	—	—	—
1987	—	10936.79	10355	2.06	7639	95414
1988	—	12265.69	11831	2.25	7743	114504
1989	—	13044.19	12392.99	2.5	7816	115434
1990	—	19120.47	18486.07	2.78	7874	171233
1991	—	28580.98	27772.84	3.09	8158	177205
1992	—	30734.24	29803.63	3.7	8389	189189
1993	55794.54	36956.54	35929.27	4.22	8734	251232
1994	65354.85	42359.85	40501.79	4.83	5488	224756
1995	74431.18	51677.73	49877.51	5.17	7804	280058
1996	78861.15	55174.73	53425.08	4.51	8339	299879
1997	85283.02	66532.68	65070.08	5.51	8509	313206

续表 16－13

年份	全社会用电 （万千瓦时）	供电量 （万千瓦时）	售电量 （万千瓦时）	网供最高负荷 （万千瓦时）	用户数	装机容量 （千瓦）
1998	98528.03	75090.98	72192.48	6.52	8698	331569
1999	108851.28	80263.76	76872.66	5.99	14627	435564
2000	130830.47	71034.4	68879.03	6.71	73529	458199
2001	146021.74	79745.92	75987.79	12.92	74328	546379
2002	170369.53	98243.32	92584.84	12.07	76176	710015
2003	205203.36	126869.06	120138.78	13.6	98455	790389
2004	299065.62	136019.5	129042.14	15.34	102342	1040536
2005	328672.68	171483.67	170638.82	22.47	110783	1185514
2006	363790.80	213424.29	204066.62	29.16	119991	1375942
2007	436419.59	282456.63	275862.46	39.34	124639	1545629
2008	447540.51	300455.80	300138.89	52.40	131392	1964811

说明：数据来源于区供电局。1987—1992 年查无“全社会用电数据”

用电结构

工业用电　1987 年镇海区工业用电量 7941 万千瓦时，占当年供电总量的 72.61%。1992 年区工业用电量 23885.36 万千瓦时，占当年供电总量的 77.72%。2000 年全社会工业用电量 113230.43 万千瓦时，占当年全社会用电量的 86.55%。2008 年全社会工业用电量达到 403069.19 万千瓦时，占全社会用量的 90.1%，2000—2008 年全社会工业用电量年均增长 17.66%。

农业用电　1987 年镇海区农业用电量（包括部分乡镇工业）1312.18 万千瓦时，占当年供电总量的 12%。1993 年农业用电量（包括部分乡镇工业）2247.00 万千瓦时，比 1987 年增长 71.24%，占当年供电总量的 6.1%。1995 年，农业用电统计指标调整限于农业、林业用电，全年农业用电 445.09 万千瓦时。随着农业产业结构调整和农业用地减少，农业用电增长趋缓，所占比例下降。2000 年农业用电 533.95 万千瓦时，比 1995 年增长 20%，占当年供电总量的 0.75%。2008 年农业用电量 750.64 万千瓦时（其中包括因电价结构调整原执行非工业电价的农业种植、养殖业电量 133.58 万千瓦时，该类用电从 2006 年 7 月起统计归属到农业用电），占当年供电总量的 0.25%。

商业和城乡居民用电　1987 年镇海商业公共饮食用电 150.13 万千瓦时，占全年供电量的 1.37%，到 2008 年用电量增加到 5938.95 万千瓦时，年均增长 21.88%，占当年供电总量的 1.98%。城乡居民用电从 1987 年的 867.45 万千瓦时，占当年供电总量的 7.93%，到 2008 年增长到 23548.92 万千瓦时，年均增长 18.44%，占当年供电总量的 7.84%。

1987—2008 年镇海区用电结构情况表

表 16-14 单位：万千瓦时

年度	全社会用电	农业用电	工业用电	商业公共饮食用电	城乡居民用电
1987	—	1312.18	7941.00	150.13	867.45
1988	—	1481.83	8753.57	199.34	1041.17
1989	—	1454.37	9317.95	218.10	1177.98
1990	—	1444.40	14533.43	258.95	1586.43
1991	—	1685.82	22732.43	310.61	1929.85
1992	—	2012.07	23885.36	417.38	2190.13
1993	55794.54	2247.00	47742.22	581.65	2572.89
1994	65354.85	1149.43	55269.25	797.23	5195.65
1995	74431.18	445.09	62557.71	1385.09	6667.12
1996	78861.15	476.16	64520.47	2313.09	7668.97
1997	85283.02	474.89	70295.49	1805.21	8803.04
1998	98528.03	460.60	83505.94	2033.08	8013.92
1999	108851.28	421.00	93265.49	2036.49	8682.27
2000	130830.47	533.95	113230.43	3195.84	8659.84
2001	146021.74	589.39	127888.82	3505.74	7918.77
2002	170369.53	651.85	150657.28	4075.45	7614.32
2003	205203.36	572.19	180234.88	4181.17	9922.13
2004	299065.62	753.20	273228.92	3663.19	10096.63
2005	328672.68	624.52	298393.25	2969.93	13643.70
2006	363790.80	562.80	329935.76	3408.40	14939.11
2007	436419.59	707.32	396772.66	5258.24	20020.18
2008	447540.51	750.64	403069.19	5938.95	23548.92

说明：1987—1992 年工业电量指网供工业电量，从 1993 年起工业电量包括全社会的工业用电量。1995 年统计指标调整，农业用电指农、林用电

第二节 用电价格

1976 年，国家规定销售电价分为照明电价、非工业、普通工业电价、大工业电价、农业生产电价五大类，不满 1 千伏照明电价为 0.15 元/千瓦时。1983 年，水利电力部、国家物价局文件颁布功

率因数调整电费办法。1995 年，全市实行全口径峰谷分时电价。1997 年，全省调整城乡居民生活用电价格，城镇居民用电价格从每千瓦时 0.43 元调整到 0.53 元，农村居民用电价格每千瓦时从 0.42 元调整到 0.52 元。2000 年，全省实行统一销售电价，全省销售电价分为居民生活用电、大工业用电、非、普工业用电、商业用电、部队、狱政、敬老院用电、农业生产用电、中小化肥用电、贫困县农业排灌用电 8 大类。1999 年起全区实施农电“两改一同价”工作，到 2002 年，镇海区城乡用电全部实现同网同价，其中居民电价为每千瓦时 0.53 元。2003 年 7 月 1 日起，浙价商〔2003〕228 号文件规定对浙江省内所有的大工业用户峰谷电度电价和普通工业用户峰谷电价实行“六时段三费率电价”①。2003 年，调整浙江电网销售电价，规定从 2004 年 1 月 1 日起除居民生活、农业生产、中小化肥用电外，其余各类用电价格每千瓦时提高 0.8 分，居民生活用电范围扩大到幼儿园、所有中等教育学校的教育用电。2004 年 8 月 1 日起，浙价电〔2004〕35 号文件对居民生活用电实行阶梯电价。2005 年 5 月 1 日起，浙江省电网销售电价平均每千瓦时提高 2.4 分，其中居民生活用电、农业、中小化肥企业用电价格暂不调整。2006 年 6 月 30 日起，浙江省电网销售电价平均每千瓦时提高 1.89 分，不满 1 千伏居民电价调整到每千瓦时 0.538 元，增设“非工业用电”，全省销售电价分为居民生活用电、大工业用电、普通工业、非工业、商业用电、农业生用电 6 大类。2007 年 6 月 1 日起，浙价商〔2007〕69 号文规定对所有装有“一户一表”的城乡居民用户都可申请执行峰谷电价。2008 年 7 月 1 日起，全省销售平均电价每千瓦时提高 3.21 分，其中居民生活用电、中小化肥用电、农业生产用电价格不作调整。将商业电价、普通工业用电合并为“一般工商业用电”，并规定一般工商业用电中的 1 ~ 10 千伏普通工业用户、商业用户自 2008 年 12 月 31 日起全部执行六时段分时电价，不满 1 千伏普通工业用户、商业用户自 2009 年 7 月 1 日起全部执行六时段分时电价，过渡期间商业用户按一般工商业用电中“未执行分时电价的商业用电”类别电价执行。全省销售电价分为居民生活用电、大工业用电、一般工商业用电、非工业、商业用电、农业生产用电 6 大类。

第三节　用电管理

集资办电

1985—1996 年，为缓解电力供需矛盾，在继续实行计划用电外，区三电办公室筹集资金 3822.75 万元，向省电力局报购高价煤（油）加工电量，通过集资办电、电力债券等形式购买用电权。对除农业和居民生活以外的用电加收补偿电费，用以支付计划外用电的加价收费。1994 年集资建造镇海热电厂、镇海节能电厂。

① “六时段三费率电价”即：尖峰时段（共 2 小时）：19：00—21：00 为 1 个时段；高峰时段（10 小时）：8：00—11：00、13：00—19：00、21：00—22：00 为 3 个时段；低谷时段（共 12 小时）：11：00—13：00、22：00—次日 8：00 为 2 个时段。

1985—1996 年镇海区集资办电资金、分配电量情况表

表 16 - 15

年份	筹集资金（万元）	集资办电分配电量（千瓦时）	年份	筹集资金（万元）	集资办电分配电量（千瓦时）
1985	100.00	—	1991	569.00	2024.00
1986	120.00	350.00	1992	162.40	450.00
1987	372.75	550.00	1993	752.40	775.00
1988	307.50	1285.50	1994	330.00	5144.50
1989	287.50	1750.00	1995	110.00	—
1990	211.20	2600.00	1996	500.00	—

用电平衡

有序用电 1986 年，区属用电由宁波市计划分配，而实际用电量往往超过计划分配额度，区三电办（计划用电、节约用电、安全用电办公室）加强用电管理，避峰填谷。20 世纪 90 年代，统配电量不到需求电量的 50%，全区采用负荷切块包干到每条 10 千伏线路、每条 10 千伏线路确定机动负荷、工业企业错峰用电等措施，确保居民生活和农业生产用电。1998 年起电力供需矛盾缓解，取消原计划用电方案，区三电办职能逐步消失。2003 年上半年开始供用电形势趋紧，企业用电实行“停二开五”轮休制的用电方案，保障居民生活用电。2003 年 7 月 1 日最高负荷达到 16.9 万千瓦，7 月开始镇海区出现较大范围拉闸限电，7 月 1 日至 10 日共拉电 86 条次，损失电量 50 万千瓦时。8 月负荷缺口扩大到 3 万千瓦，镇海区实行“停三开四”轮休制的有序用电方案，进一步落实错峰负荷措施减少供电压力，推广居民峰谷电表、蓄热型电锅炉和冰蓄冷空调的应用。2003 年 12 月，区政府出台更严格的“停三开四”轮休制度，对必须连续供电的用电企业削减用电负荷 25%，除必要的安全、指示照明外，区内的“亮灯”工程、装饰工程以及广告用电等照明实行全天候关闭，全区机关、企事业单位、宾馆、饭店、商场及娱乐场所控制用电负荷。2004 年全区电力负荷缺口最高时达到 1/3，镇海区恢复成立三电办公室，各街道（镇）成立有序用电领导小组和有序用电办公室，对不同用户进行负荷分类，制订用电缺口分级预警方案，出台促使热电厂、企业自备发电机多发电和限制高能耗企业用电等措施，确保重要化工企业、水厂、医院、学校、党政重要机关、要害部门、重要场所及居民用电。2006—2007 年电力供需相对平衡。2008 年，一些燃煤发电企业因能源价格上涨发电亏损减少发电量，政府对地方发电企业采取财政补贴形式，鼓励发电企业多发电，缓解用电紧张局面。2008 年 9 月至年底，全区经济受国际金融危机的影响，连续 4 个月用电量同比开始负增长，电力出现供大于需局面。

2003—2008 年镇海区电力负荷缺口、限电情况表

表 16 - 16　　单位：万千瓦

年份	最高负荷	量大负荷缺口	限电条次	年份	最高负荷	量大负荷缺口	限电条次
2003	16.9	3	1087	2006	34.31	2	44
2004	19.953	5	1670	2007	45.5	2	40
2005	25.725	6	1157	2008	52.4	10	313

用电负荷动态管理　根据宁波市电力负荷管理系统的整体规划，全区从2002年开始安装电力负荷管理系统，实现用电负荷动态管理，优化电力资源的配置，提高供用电双方的现代化管理水平。至2008年年底共安装1623户，占应安装总户数的90%。

峰谷用电　1988年下半年对高能耗企业实行峰谷考核。1995年1月开始对工业用户实行峰谷考核，2000年工业峰谷考核户数为926户，到2006年工业峰谷考核户数为2839户。2002年1月开始城镇居民安装峰谷表试点，到2008年已安装18459户，占城镇居民用总户数28%；2003年农村居民开始安装峰谷表，到2008年已安装3965户，占农村居民总户数8%。

用电服务

1994年开始推行城镇居民预付费电卡表，到2000年年底电卡表用户有3.5万户，2004年全部取消。1995年4月城关、骆驼城镇居民推行1户1表，到2000年累计安装21687户，2007年城镇1户1表改造基本完成。2002年1月1日起取消一般用户的供配电贴费收取，临时用电用户、双回路供电用户和三相供电居民用户仍收取临时接电费用、高可靠性费用，三相居民贴费。2002年全面推广电费收费银行储蓄卡代扣制度。

20世纪90年代，用电业务办理实行“一口对外，进一个门，办所有事”，缩短用户的通电时限。1996年供电部门开展“为农业、为农民、为农村经济”的电力“三为”服务活动，同年4月镇海供电局被电力工业部评为“三为”服务达标单位。2004年8月开通提供24小时服务的“95598”电力热线。后又推出“电力.社区”服务共建等多项惠民服务，计划停电城区书面公告到社区、农村电话通知到村委会，免费为用电客户告知停送电短信和电费电量短信，供电部门为用电客户设计和优化用电方案，降低用电成本。从2006年起，公开办事流程和收费标准，相继开展“可靠能源、可信服务”“优质服务年”“创建群众满意基层站所”“金牌服务迎奥运”“电力春风行动”等一系列主题活动。2007年，电力客户服务中心被省电力公司授予“创建群众满意基层站所（办事窗口）”先进单位和国家电网优质服务规范化窗口称号。2008年，电力客户服务中心被省电力公司授予创建“群众满意基层站所”示范窗口称号。

（责任编辑　孟福成）

第十七编　工业园区

本编目录

1992年镇海经济开发区开工建设，嗣后乡镇工业区陆续建立，逐步形成以镇海经济开发区、宁波市（骆驼）城市工业功能区①、宁波化学工业区②三个市级以上工业园区（以下简称三大工业园区）为主体的产业园区布局。至2008年，三大工业园区开发土地面积38.71平方千米，基础设施建设累计投入资金44.73亿元，累计引入内资、外资项目893个，其中内资项目332个，投资总额161.31亿元，外商及港澳台商投资项目561个，实际利用外资及港澳台资10.82亿美元，占全区利用外资及港澳台资的89.46%。是年，三大工业园区工业总产值270.81亿元，占区属工业产值的43%；工业增加值34.48亿元，占区属工业增加值的36%；实现利税6.79亿元，占区属工业实现利税的38%；产品出口额11.11亿美元，占全区出口额的54%；集聚工业企业587家，占全区工业企业60%；从业52835人，占全区工业从业39%。

① “宁波（骆驼）机电工业园区”，2007年12月更名为“宁波市（骆驼）城市工业功能区”。
② “宁波化工区”，2010年12月30日升格为国家级经济技术开发区，定名为“宁波石化经济技术开发区”。

第一章 宁波化学工业区

宁波化学工业区地处杭州湾南岸、镇海西北侧海涂围垦区，距宁波市中心 14 千米，规划总面积 56.22 平方千米，为浙江省唯一的石油化工专业园区（以下简称宁波化工区）。园区邻近的镇海液体化工码头，拥有 5 万吨级液体化工专用泊位，建有总罐容 60.84×104 立方米储罐区，年周转量 605 万吨。园区内有全国最大的炼化企业——中石化镇海炼化分公司，年炼油能力 2300 万吨、生产乙烯 100 万吨。

宁波化工区前身为澥浦工业开发区。1994 年 3 月，澥浦镇政府在跃进塘围垦区建立澥浦工业开发区。1995 年 4 月，市政府批准澥浦工业开发区列为市级开发区，明确开发区以工业为主、以外资为主、以市化工企业腾笼换业技术改造为主，6 月成立宁波市澥浦工业开发区管理委员会。1998 年 9 月，宁波化工开发公司成立，撤销宁波市澥浦工业开发区管理委员会，建立宁波化工开发有限责任公司，注册资本 5000 万元。其中，宁波化工控股有限公司出资 3000 万元，宁波交通投资开发公司出资 1000 万元，澥浦经济开发中心出资 1000 万元。2003 年 2 月 13 日，宁波化工区实行市区联合开发属地管理体制，镇海区成立宁波化学工业区管理委员会，3 月，宁波化工开发有限责任公司注册资本增至 1.68 亿元。其中，区海江投资发展有限公司出资 8920 万元，占公司注册资本的 53%；宁波工贸资产经营有限公司出资 5880 万元，占注册资本的 35%；宁波交通投资开发有限公司出资 1000 万元，占注册资本的 6%；宁波澥浦经济开发中心出资 1000 万元，占注册资本的 6%。2006 年 4 月，省人民政府批准宁波化工区为省级开发区。至 2008 年，开发面积 19.06 平方千米。

第一节 园区规划

区域范围

1994 年年初，编制《澥浦工业开发区规划（1995—2000 年）》，开发面积 8 平方千米，近期开发 1.1 平方千米。1998 年，确定澥浦工业开发区以汇源路为界，东部跃进塘内近 1.33 平方千米土地归工业开发区，塘外滩涂 5.33 平方千米为工业开发区后备用地。2004 年 5 月 13 日，市政府批准《宁波化工区总体规划（2002—2020）》，明确宁波化工区位于镇海区和慈溪市沿海地带围垦土地上，总规划面积 56.22 平方千米。其中，镇海区面积约 43.22 平方千米，为近期和中期发展用地，范围东起后海塘威海路，西至慈溪与澥浦交界的龙山大堤，南起万弓塘河，北至滨海高速路；慈溪市境内约 13 平方千米，为远期发展用地，范围东起镇海、慈溪交界，西至虞洽卿码头，处慈溪龙山新老海塘之间的滩涂区域。

产业定位

化工区建设按照石化工业循环经济生产理念，以大型炼油、乙烯联合装置为龙头，发展上游原料和中间产品，以镇海液体化工码头为依托，发展下游延伸产品，头尾呼应，中间对接，形成上下游一体化的石化产业链，辅以研发、创业环境配套建设，规划建成集生产、科研、仓储运输、物流中心、市场集散为一体的现代石化工业园区。

交通网络

城市总体规划中东西走向的杭甬高速复线、海天一路、海天二路，为化工区与外部连接的东西主要通道。329 国道、庄俞北路、岚山路、世纪大道、威海路由南而北，为化工区与外部连接的南北通道。化工区内部道路由化工区主干道、区片主干道、次干道 3 级组成。

功能区块

规划区内划分乙烯及下游产业区块、大型合成树脂产业区块、基本有机化工原料产业区块、精细化工及化学新材料产业区块，以及位于慈溪市龙山的远期发展区块，由镇海的俞范、湾塘、岚山、澥浦和慈溪市的龙山 5 个片区组成。

俞范片 东起威海路、西至庄俞北路，南起海天一路、北至滨海高速路，占地 14.02 平方千米。为以炼油、乙烯为龙头的石化源头产业区，包括镇海炼化片、LG 甬兴片、俞范北片、生态绿地。

湾塘片 东起庄俞北路、西至岚山路生态绿地，南起海天一路、北至滨海高速路，占地 7.96 平方千米。湾塘片中部建设中石化 240 万吨原油储备库和 500 万吨国家原油储备库，东南部为蛟川工业园区，北部为乙烯中、下游产品用地，南部为对大气污染相对较小的合成材料加工用地。

岚山片 东起岚山路和生态绿地、西至世纪大道和澥浦大河，南起海天一路、北至滨海高速路，占地 12.03 平方千米，为混合功能区。其中，岚山北片为三类工业用地（M3），规划为石化产业中、下游产品。另外，按照《宁波市城市总体规划》，部分土地为生态绿地。

澥浦片 东起岚山、西至澥浦龙山交界处，南起澥浦镇、北至滨海高速路，占地 5.03 平方千米，为化工基础原料和精细化工用地。

龙山片 东起镇海、慈溪交界、西至龙山虞洽卿码头，位于慈溪龙山新老海塘之间的滩涂围垦区域，占地 13 平方千米，为化工区远期发展用地。

第二节 基础设施

至 2008 年年底，园区累计投入基础设施建设资金 35 亿元，用于围海造地、土地平整、道路交通建设和供排水、供电、污水处理、通信等公用工程建设，以及化工储罐区、工业管廊、热电联供、危险废物处理中心和生活垃圾焚烧发电厂等设施建设。

道路

化工区建有园区主干道，片区主干道和次干道，道路总长度 41.9 千米，总投资 7.62 亿元。

化工区主干道 由海天二路、海天中路、沿海北线组成，全长14.43千米，道路红线宽度52米、道路净空高度5米，道路转弯半径20~40米，总投资约5.3亿元。2003年9月起分段建设，至2011年10月全线建成通车。

化工区区片主干道 道路红线宽24米、道路净空高5米，道路转弯半径20~40米。已建成北海路、跃进塘路和泥螺山路，全长12.4千米。北海路全长3.2千米，总投资约5000万元，1999年3月开始分段建设，至2005年9月全线建成通车。跃进塘路全长7.7千米，贯穿化工区澥浦片、岚山片和湾塘片，2004年5月兴建，2009年12月全线建成通车，总投资8800万元。泥螺山路全长1.5千米，位于澥浦片，东起南浦路，西至通海路，2004年5月兴建，2005年9月建成通车，总投资3000万元。

化工区次干道 至2008年建成9条，分布于澥浦片、岚山片和湾塘片，全长14.1千米，道路红线宽度18米，道路净空高度5米，道路转弯半径20~40米，总投资18150万元。澥浦片7条：通海路全长3.1千米，总投资4000万元，建设时间2001年9月至2005年9月；中浦路全长1.9千米，总投资2500万元，建设时间2003年8月至2005年9月；南浦路全长1.5千米，总投资2000万元，建设时间2004年5月至2005年9月；盘棋山路全长0.8千米，总投资1000万元，建设时间2004年5月至2005年9月；巴子山路全长0.7千米，总投资800万元，建设时间2004年5月至2005年9月；凤翔路全长1.8千米，总投资2250万元，建设时间2001年9月至2005年12月；凤鸣路全长2.0千米，总投资2600万元，建设时间1999年3月至2005年12月。岚山片1条：海凤路全长1.2千米，总投资约1600万元，建设时间2006年10月至2007年12月。湾塘片1条：海河路全长1.1千米，总投资1400万元，建设时间2008年8月至2009年12月。

供排水

1995年，铺设直径300毫米砼管2.5千米，由澥浦水厂供水。2003年后，生活用水由宁波市大网供给，工业用水由宁波碧海供水有限公司供给，供水能力约15万吨/日。截至2008年共建成排水管道84.3千米，排水雨、污分流，其中污水管30.4千米，雨水管53.9千米。污水纳入污水处理厂，处理达标后深海排放，雨水汇集后就近、分散、重力流排入河网。

供电　供热

供电 2004年前，由湾塘变电所供电。随着化工区规模扩大，2004年6月，投运110千伏澥浦变电所。2007年12月，投运220千伏殿跟变电所。2008年6月，投运110千伏南洪变电所。

热电联供 2001年4月，宁波化工开发有限公司、宁波电力开发有限公司、宁波众茂集团有限责任公司出资组建宁波久丰热电有限公司，总规模为6炉4机，为园区企业统一供给压强为1.3~4.1兆帕蒸汽。2006年8月一期工程建成，装备3台130吨/小时的次高压次高温循环流化床锅炉，配1台2.5万千瓦抽凝式发电机组（2007年5月增容至3万千瓦），1台1.2万千瓦背压式发电机组，供热能力250吨/时，总投资43688万元。从镇海发电厂接入蒸汽管道，可利用蒸汽量约500吨/小时。

生活垃圾焚烧发电 2007年年初，它波中科绿色电力有限公司生活垃圾焚烧发电厂建成投运，日垃圾处理能力600吨，年处理生活垃圾21万吨，年发电量超1亿千瓦时。

通信设施

2003年10月，园区管委会与区电信分公司签订建设数字园区项目协议书。项目包括基础网络、公共支撑平台、政务系统、企业系统、交易系统和公共服务6大系统，工程建设时间2年。至2008年，园区电话、宽带和广电等电缆全覆盖。

仓储管廊

化工区（俞范片）低温及压力储罐区 储罐区规划占地272667平方米，储罐26座，总库容预计13.6万立方米，年中转量125万吨。其中，2万立方米低温乙烯储罐1座，2万立方米液氨储罐1座，3000立方米液化石油气储罐3座，3000立方米丁二烯球储罐5座，2000立方米丙烯球储罐6座，3000立方米二甲醚球储罐10座。现已建成2万立方米的低温乙烯储罐1座。

公共管廊 公共管廊由宁波安捷化工物流有限公司建设和管理。到2008年年底已建成总长度15千米化工专业公共主管廊1条，起镇海港区液化码头，止化工区澥浦片。建成总长度5千米公共支管廊，连接镇海港区液化工储罐区和化工区（俞范片）低温及压力储罐区。园区22家企业共58条管线敷设在公用管廊上，管线总长度280千米，化工物料实现管道输送。

污水处理 危险废物处理

污水处理 2003年4月，建成宁波爱普环保有限公司，工业污水处理能力1万吨/日。2007年，宁波市北区污水处理厂一期工程投运，污水处理能力10万吨／日，服务范围为镇海区、江北区和海曙区部分区域。

危险废物处理 2006年，宁波大地化工环保有限公司危险废物处理一期工程投运，危险废物焚烧年处理能力3000吨，废有机溶剂综合回收利用年处理能力2.5万吨，物化处理为主的综合处理能力年3万余吨，并建有污染土壤热脱附修复、包装桶清洗修复、活性炭再生业务、污水处理站等配套设施。

消防

化工区管委会与宁波市消防支队共同组建化工区消防大队。消防大队占地面积2万多平方米，总投资3500多万元，配备先进的消防装备，设有应急指挥中心和直升机停机坪，项目整体水平达到省内领先，2006年10月投入使用。沿道路布置消火栓，设置消防系统，消防水源来自工业用水管网。

第三节 招商引资

1994年引进首家市区化工企业腾笼换业项目——宁波大红鹰生物工程维E项目。至1996年注册落户企业17家。2003年起，招商引资转变为选商引资、产业链招商，重点引进低污染、低能耗、产业关联度大和投资密度大的大项目。2003—2008年，共引进内外资项目125个。

2003—2008 年宁波化工区引资项目情况统计表

表 17－1

年份	引进项目合计	内资项目（万元）		外资和港澳台资项目（万美元）			
		引进个数	投资总额	批准个数	投资总额	合同利用资金	实际利用资金
2003	38	24	137333	14	7866	4807	1346
2004	26	13	415412	13	7680	3907	1867
2005	34	24	267400	10	6291	3575	2618
2006	12	8	77390	4	3805	1362	2402
2007	8	5	420680	3	9665	5282	2019
2008	7	5	77700	2	22798	8192	5155

说明：引资项目数据不包括中石化镇海炼化等省部属企业

内资项目

2003—2008 年，引进内资项目 79 个，投资总额 1395915 万元。其中单个投资总额 5000 万元及以上的有 24 个项目，注册落户在 24 家企业：宁波四明化工有限公司（10000 万元），镇海海德氨基酸工业有限公司（9523 万元），宁波鑫甬生物化工有限公司（5000 万元），宁波橡胶有限公司（6000 万元），宁波久丰热电有限公司（57000 万元），杭州湾腈纶有限公司（68000 万元），横店集团鼎泰化工有限公司（7500 万元），浙江天圣控股集团有限公司（300000 万元），宁波镇海泰达化工有限公司（19262 万元），中科实业集团（控股）公司（19800 万元），宁波巨化化工有限公司（70000 万元），宁波裕隆工贸实业有限公司（9000 万元），浙江江山化工股份有限公司（110000 万元），宁波海利化工有限公司（10000 万元），宁波飞帆皮革有限公司（6800 万元），宁波博汇石油化工有限公司（7000 万元），宁波中鼎石化检修安装有限公司（7000 万元），杭州争光树脂有限公司（9300 万元），宁波工贸资产经营有限公司（50590 万元），宁波裕隆工贸实业有限公司（10000 万元），华峰集团（400000 万元），宁波朝日硅材料有限公司（7100 万元），宁波金海德旗化工有限公司（40000 万元），浙江恒河实业集团有限公司（26000 万元）。

外资及港澳台商投资项目

2003—2008 年，引进外资（含中国港澳台商投资）项目共 46 个，投资总额 58105 万美元，实际利用外资 15407 万美元。其中单个投资额 500 万美元以上项目 23 个：

外商投资项目（11 个） 宁波欧德机械有限公司，总投资 500 万美元，合同利用外资 300 万美元；宁波利化化学品有限公司，总投资 580 万美元，合同利用外资 300 万美元；宁波德拜机电有限公司，总投资 900 万美元，合同利用外资 600 万美元；宁波璐翔化工有限公司，总投资 860 万美元，合同利用外资 430 万美元；宁波德泰化学有限公司，总投资 1541.25 万美元，合同利用外资 184.95 万美元；宁波诺尔丽化学科技有限公司，总投资 500 万美元，合同利用外资 300 万美元；宁波卓能石化物资设备制造有限公司，总投资 500 万美元，合同利用外资 200 万美元；爱敬（宁波）化工有限公司，总投资 1555 万美元，合同利用外资 435.26 万美元；阿克苏诺贝尔化学品（宁波）有限公司，总投资9500万美元，合同利用外资4900万美元；阿克苏诺贝尔聚合剂化学（宁波）有限公司，总投资2797.74万美元，合同利用外资1181.27万美元；阿克苏诺贝尔乙烯胺（宁波）有限公司，总投资20000万美元，合同利用外资6700万美元。

港澳台商资项目（12个） 宁波银屹生物化学有限公司，总投资2500万美元，合同利用外资1000万美元；宁波佳器新型建材有限公司，总投资700万美元，合同利用资金332.5万美元；宁波盈展精密薄板有限公司，总投资700万美元，合同利用资金618万美元；宁波百隆房地产有限公司，总投资512.84万美元，合同利用资金256.46万美元；宁波韩胜纺织品有限公司，总投资1000万美元，合同利用资金500万美元；宁波华驰特钢有限公司，总投资1000万美元，合同利用资金1000万美元；宁波镇洋化工发展有限公司，总投资2420万美元，合同利用资金242万美元；宁波美琪化工有限公司，总投资640万美元，合同利用资金320万美元；宁波家联塑料用品制造有限公司，总投资600万美元，合同利用资金400万美元；宁波萌恒线业有限公司，总投资500万美元，合同利用资金349.2万美元；宁波科腾三博聚合物有限公司，总投资2000万美元，合同利用资金1500万美元；宁波神化特种化学品集成有限公司，总投资750万美元，合同利用资金300万美元。

第四节 经济规模 主要项目

经济规模

2008年，园区入驻企业121家，从业1.7万人，工业总产值80.02亿元，实现利税1.88亿元，出口总额1.12亿美元。

2003—2008年宁波化工区投入产出情况表

表17－2

年份	固定资产投入（万元）	基础设施投入（万元）	工业总产值（亿元）	工业增加值（亿元）	实现利税（万元）	其中税收（万元）	进出口总额（万美元）	其中出口额（万美元）
2003	17798	17282	4.9	1.1	4000	0	0	0
2004	72184	20660	6.44	1.58	9800	0	0	0
2005	125887	30010	14.5	1.79	4059	1211	1405	0
2006	132448	25490	27.79	3.68	15696	5818	3896	0
2007	105144	34283	60.92	8.44	24564	10113	15415	7080
2008	149201	51600	80.02	9.54	18844	16292	22893	11185

说明：数据不包括镇海炼化、LG甬兴等企业

主要项目

已经建成项目有：储备石油1000万立方米的国家原油战略储备和中石化商业储备基地，中石化镇海炼化2300万吨炼油项目，宁波乐金（LG）甬兴化工有限公司50万吨ABS树脂项目，韩国爱敬（宁波）化工有限公司30万吨和宁波东来化工有限公司15万吨的增塑剂项目，宁波镇洋化工

发展有限公司30万吨离子膜烧碱项目，宁波巍华化工有限公司（前身为聚丰化工有限公司）20万吨硫黄制酸项目，宁波巨化科技有限公司6万吨ODS（国际消耗臭氧层物质）替代品和四氯乙烯装置，宁波镇海泰达化工有限公司6万吨苯酐项目、杭州湾腈纶有限公司7万吨差别化腈纶项目，宁波德泰化学有限公司年产2.5万吨炭黑项目。

将建成或已开工建设主要项目有：中石化镇海炼化100万吨乙烯项目，阿克苏诺贝尔化学品（宁波）有限公司多产品生产基地项目，宁波巨化科技有限公司12万吨醇醚及ODS替代品二期，浙江江山化工股份有限公司8万吨顺酐项目，金海德旗化工有限公司15万吨/年乙烯裂解炭5分离项目，宁波顺泽橡胶有限公司5万吨丁腈橡胶项目，宁波德泰化学有限公司年产3万吨软（硬）质新工艺炭黑生产项目。

第二章　镇海经济开发区

镇海经济开发区（以下简称经济开发区），由区经济开发区和区高新技术开发区合并而成，位于镇海区蛟川街道及镇海后海塘，东距镇海城区3千米，西离宁波市中心14千米。1992年4月，筹建区经济开发区，投资2500万元，首期开发土地16公顷，8月筹建区高新技术开发区，分别建立区经济开发区管理办公室、区高新技术开发区管理办公室。1993年4月，两区合并，建立宁波市镇海区经济开发区、宁波市镇海区高新技术开发区管理委员会，两块牌子、一套班子。1994年5月，更名为宁波市镇海区工业技术开发区。是年8月15日，省政府办公厅发布《专题会议纪要》，同意宁波市镇海工业技术开发区为省级开发区，定名为“浙江省镇海经济开发区”。开发区首期开发面积9.22平方千米，延伸开发面积34平方千米。2005年，市政府批准宁波化工区规划，镇海经济开发区部分区块列入宁波化工区规划区域。

2006年4月，国家发展与改革委员会发布第4批公告，被重新核准为省级开发区，定名为浙江镇海经济开发区。至2008年年底，累计开发面积8.83平方千米，其中绿化面积40万平方米。

第一节　建设规划

镇海开发区分A、B、C、D 4个区块。A、B区块位于蛟川街道五里牌到清水浦之间，规划面积11.5平方千米。C、D区块位于镇海后海塘，规划面积22.5平方千米。2006年，C、D区块威海路以东区划归招宝山街道。

A区

规划为精密机械园区，紧邻镇海城区，南沿宁镇一级公路拓展延伸，北临萧甬铁路支线，中有中官路横贯而过。园区已入驻中国台湾的金丰（中国）机械、东毓油压机械、雄丽金属制品、东光五金阀门，印尼的波美特自行车等数十家企业，基本形成上下游配套、协作生产的机械行业生产链。

B区

以北欧工业园区为主体，以发展电子元器件产业及高新技术产业为主，西与宁波市高教园区（北区）毗邻，东接精密机械园区（A区）。北欧工业园区为镇海经济开发区与挪威跨国投资公司联合开发的特色园区，按北欧斯堪的纳维亚风格设计开发，重点引进北欧及欧美中小型高科技企业，成为欧美中小型高科技企业投资平台。入驻企业有大有电子（挪威）、瑞麦机械设计制造（丹麦）、奥尔特机械制造（挪威）、特艾科机械制造（挪威）、尼欧联磁性（荷兰）、凯恩磁性材料

(美国)、阿尔卑斯电子（日本)、金慰电子（台湾）等10余家企业。

C区

重点发展仓储物流加工等配套产业，入驻企业主要有为精密机械产业配套的铸造企业，包括宁波金属再生资源加工园区。已有陆霖机械铸造有限公司、安德机械有限公司、建颖金属工业有限公司、宁辉金属材料有限公司等企业建成。

D区

依托镇海炼化股份有限公司的产业龙头优势，利用滩涂资源以及全国最大的液体化工码头，重点发展精细化工业。入驻园区的有乐金（LG）甬兴化工有限公司的ABS项目、荷兰阿克苏诺贝尔化学有限公司的过氧化物生产项目、日本大赛璐化学株式会社与中方合资的二醋酸纤维素等项目。现划入宁波化工区规划区域。

第二节　基础设施

1992—2008年，共投入基础设施建设资金7.43亿元，形成比较完善的道路、供电、供水、排污、绿化等公用配套设施。

道路

1997年，城区至开发区临江路竣工，为开发区内主要通道。2000年后道路建设加快，至2008年开发区内共建设道路18条，总长度23.47千米，组成东西南北、纵横交叉的路网。

1992—1995年，共兴建7条混凝土路，路宽14～18米，共长4540米。其中，南北走向“金”字排名4条：金丰路、金平路、金锚路、金宝路，其中金丰路长1260米，宽24米；东西走向“银”字排名3条：银舟路、银凰路、银凤路。

1995—2008年，兴建11条混凝土路，总长18928米，宽18～24米（含绿化带）。其中，南北走向以“金”字排名6条：金诚路、金元路、金达路、金河路、金川路、金枢路，最长金达路，全长2090米。东西走向以“东”字排名4条：东明路、东信路、东生路、东辉路。另有1条青青路。

供电

1992—2003年，由110千伏静德变电所供电。2003年9月，35千伏经发变电所投运，2台主变，容量1.6万千伏安，其中2号主变0.8千伏安于2008年7月投运。2005年2月，北欧变电所投运，1台主变容量1.6万千伏安。

供水

园区供水纳入城区自来水管网，园区内管网由开发区建设，水源起始来自镇海水厂，后并入宁波自来水大网。在中官路设直径800毫米主管区，总管长23468米。管网呈树枝状布置，每120米设消防栓。

排水排污

2000年后排水排污管道与道路同步建设。雨水管铺设于车行道下，雨水就近排入河流。污水经泵站排入城市分区排污管网，纳入镇海区污水处理厂处理。

第三节　招商引资

引资规模

1992 年镇海经济开发区总投资 2500 万元，首期开发土地 16 公顷，其中建筑面积 4 万平方米。当年 10 月完工交付使用的 2 号、3 号、4 号单层标准厂房，建筑面积 7000 平方米，被镇海石化总厂、镇海发电厂等认购，其余 4000 平方米的 1 号综合楼和 1 万平方米的 5 号标准厂房，1993 年 1 月交付使用，由湖北、上海等客商认购。1992—1999 年，引进内资项目 25 个，投资总额 10449. 4 亿元，外资项目 52 个，实际利用外资 8078 万美元。2001 年起，在广东设招商机构，建立北欧工业园区以外引外，至 2008 年，引进外资项目 349 个，占外资项目总数的 82. 31%，实际利用外资 6. 41 亿美元，占实际利用外资总额的 86. 86%。至 2008 年年底，累计引进内、外资项目 473 个。其中，内资项目 49 个，累计引资总额 9. 43 亿元；外商投资企业 424 个，累计引资总额 21. 38 亿美元，合同利用外资 12. 78 亿美元，实际利用外资 7. 38 亿美元。

主要项目

1993 年引进日本独资阿尔卑斯电子有限公司，投资总额 6263 万美元，注册资金 2306 万美元。1994 年，台资金丰集团在开发区设立金丰（中国）机械工业有限公司，投资总额 5000 万美元，注册资金 1320 万美元。1998 年，省、市重点工程宁波乐金（LG）甬兴化工有限公司建成投产，由韩国 LG 化学株式会社与宁波甬兴投资公司（国资）共同出资，总投资 7000 万美元，注册资金 3500 万美元，中韩投资比例为 1 ∶ 3，可年产 ABC 树脂 5 万吨，SAN 树脂 3. 5 万吨。2000 年 6 月，宁波市政府批准荷兰阿克苏诺贝尔收购当地 1 家企业，成立阿克苏诺贝尔过氧化物（宁波）有限公司。2005 年 6 月，大安化学公司二醋片项目签约，由中国兵器工业集团总公司、中国烟草总公司、日本大赛璐（中国）投资有限公司共同投资，项目总投资 9773 万美元，注册资金 3322 万美元，年产二醋酸片纤维素 3 万吨、商品醋酐 3 万吨。

1992—2008 年镇海经济开发区引资项目统计表

表 17－3

年份	引进项目总数	内资项目（万元）		外资及港澳台商投资项目（万美元）			
		引进个数	投资总额	批准个数	投资总额	合同利用资金	实际利用资金
1999 年及以前	77	25	10449. 4	52	28075	18249	8078
2000	26	3	1549. 4	23	1982	1387	1594
2001	24	2	2549. 4	22	13610	9667	4206
2002	59	2	2134. 6	57	35287	21171. 88	9633. 01
2003	63	1	7316	62	39650	23789. 28	10775. 68
2004	44	7	23285	37	22300	16880. 3	9967

续表 17－3

年份	引进项目总数	内资项目（万元）		外资及港澳台商投资项目（万美元）			
		引进个数	投资总额	批准个数	投资总额	合同利用资金	实际利用资金
2005	48	5	30728. 75	43	30236	13289	9131
2006	36	1	3274	35	20974	9618	7543
2007	48	1	5000	47	8492	9300. 84	9840
2008	48	2	8000	46	13200	4427. 62	3036

第四节　经济规模　行业门类

经济规模

2008 年，从业 14246 人，其中 100 人以上企业 43 家，工业产值 114. 38 亿元，实现利税 1. 95 亿元，出口总额 5. 47 亿美元。

1992—2008 年镇海经济开发区投入产出情况表

表 17－4

年份	固定资产投入（万元）	基础设施投入（万元）	工业总产值（亿元）	工业增加值（亿元）	实现利税（万元）	其中税收（万元）	进出口总额（万美元）	其中出口额（万美元）
1999 年及以前	28280. 2	13127. 62	38. 47	7. 26	16000	5213	38755	35296
2000	6857. 4	1008	20	4. 30	19756	3700	3200	1900
2001	12692. 4	1443	31. 5	5. 06	24644	6586	3171	2400
2002	29170. 8	15800	30	5. 60	39862. 2	13000	22287	2394
2003	62271	4210	42. 5	6. 22	44400	14900	27390	3300
2004	75106. 96	9138. 41	59. 59	9. 10	54673	40290	46458	6959
2005	117000	7839	89	11. 92	96244	45000	21165. 35	20835
2006	144410	4219. 32	91. 38	16. 88	146400	52124	109666	34256
2007	86285	6670	102. 77	18. 91	142269	34826	49052	46552
2008	140090	10889	114. 38	14. 43	19466	35000	156998	54673

行业门类

2008 年，机械、电子、化工、纺织服装行业，产品销售额 83. 6 亿元，占开发区销售总额 80%，其中机械行业销售额 4. 61 亿元，电子行业 8. 9 亿元，化工行业 67. 37 亿元，纺织服装行业 2. 72 亿元。

机械类　主要有精密（冲床）机械、电机及配件和汽车排气管产品。金丰（中国）机械工业有限公司制造的精密（冲床）机械，品牌“金丰”，1996年10月投产，产品部分销往新加坡、印尼、泰国、马来西亚等国家和中国香港地区。2008年销售额30217万元。宝迪机电有限公司制造的电机及配件，品牌“宝迪”，2007年9月投产，产品主销欧美。2008年销售额7425万元。特艾科机械制造有限公司的汽车排气管，品牌“Tajco”，2005年5月投产，产品主销丹麦、德国。2008年销售额8447万元。海达塑料机械有限公司的塑料机械、中意液压马达有限公司的液压马达等产品有较高知名度。其他还有易通实业（宁波）有限公司、宁波利镒机械有限公司、鹤林（宁波）缝制机械有限公司、宁波华业钢结构有限公司、宁波成龙机械有限公司、宁波恒瑞有限公司、宁波美宁机械有限公司、雄丽（宁波）金属制品有限公司、富伟精密机械有限公司、宁波拓诚机械有限公司等企业，生产饲服自动送料机、缝制机械、冲床快速换模系统、货架部件、电站钢结构、包装机械、高压清洗机、高精度导轨滚轮等产品。

电子类 主要有轻触开关、音响用磁头、摄像用磁头、有限电子信号接收及配件、电子、五金等。阿尔卑斯有限公司生产的轻触开关、音响用磁头、摄像用磁头，品牌“ALPS”，2005年10月投产，产品主要销往日本。2008年销售额23611万元。金慰电子有限公司生产的电子信号接收及配件，2003年5月投产，产品主销欧美、中东和澳洲。2008年销售额9212万元。金慰电子、协畅电子有限公司生产的电子、五金产品，2003年2月投产，主要销往美国。2008年销售额10064万元。宁波积家电子有限公司、宁波杨家乐电子有限公司、宁波嘉佑电子安全设备有限公司、宁波金点电子有限公司等企业，生产电脑刺绣机、音响设施及电子产品等。

化工类 主要有ABS、SAN树脂、SBL树脂、EP3高效发泡剂及附属产品、PVC胶粒产品等，乐金（LG）甬兴化工有限公司制造。ABS、SAN树脂、SBL树脂1998年3月投产，2008年销售额64.6亿元。EP3高效发泡剂及附属品1999年5月投产，2008年销售额13518万元。PVC胶粒2004年10月投产，2008年销售额14198万元。宁波永固化工有限公司、浙江群力沥青化工有限公司、宁波新龙欣化工有限公司、宁波安信德亿塑业科技有限公司、宁波甬兴化工有限公司等企业，生产黏合剂系列产品、沥青、塑料和橡胶产品、发泡剂、塑料管道、树丙烯树脂等产品。

纺织服装类 主要有服装、涤纶缝纫线、针织纱等。洛克牛仔服饰有限公司制造的牛仔服装，品牌“米绮布罗”，2005年4月投产，产品主销欧洲。2008年销售额6789万元。艾姆斯·振纺制衣有限公司制造的涤纶缝纫线、针织纱，2003年6月投产，产品主销亚洲。2008年销售额6821万元。振纺制衣有限公司制造的品牌Corwerse针织服装，1995年10月投产，产品主销澳大利亚、巴拿马。2008年销售额13600万元。宁波华丰针织成衣有限公司、宁波加乐美制衣有限公司、宁波鸿森时装有限公司、宁波澳琪工艺织造有限公司、宁波俊亿服饰有限公司、宁波三华服装有限公司、宁波格美服饰有限公司、宁波鼎得丰制衣有限公司、宁波丰和制衣有限公司、宁波杉杉儿童用品开发有限公司等企业，生产高档羊毛纱、针织衫、儿童服饰、时装等产品。

第三章 宁波市城市工业功能区

宁波市（骆驼）城市工业功能区，前身为骆驼经济技术开发区，建于1992年7月，规划面积1.61平方千米。2002年镇海区与江北区联合成立宁波机电工业园区，规划面积25.17平方千米，其中镇海片区定名宁波（骆驼）机电工业园区，原骆驼经济技术开发区并入宁波（骆驼）机电工业园区，规划面积扩展到10.4平方千米。宁波（骆驼）机电工业园区东至329国道，西至江北大河，北临绕城高速，南至洪镇铁路。2007年，宁波机电工业园区更名为宁波城市工业功能区，规划面积调整为25.51平方千米，宁波（骆驼）机电工业园区更名为宁波市（骆驼）城市工业功能区，定位为机电产业区块，以一、二类工业为主。至2008年，开发面积10.82平方千米，累计投入基础设施建设资金2.3亿元。

第一节 基础设施

道路

自园区建立至2008年，累计投入1.3亿元，建成便捷的交通网络，总长度35千米。主干横路（东西向）8条，其中，汇沁路投入资金314万元、通和路投入资金1461万元、聚源路投入资金425万元、汇水路投入资金870万元、荣吉路投入资金894万元、昌兴路投入资金472万元、盛兴路投入资金656万元、南一西路投入资金1440万元；建成主干纵路（南北向）4条，其中，柏墅方路投入资金470万元、通园路投入资金4004万元、长骆路投入资金377万元、田胡路投入资金60万元。

供电

截至2008年，供电部门累计投入建设资金1235万元，有10千伏线路19条，线路总长105.75千米，其中电缆线45.61千米，树电杆1031杆，柱上开关18台，设环网站15只，置10千伏安配变361台，总装机容量120585千伏安，企业用户355户，供电量12501.3万千瓦时。

通信

截至2008年，骆驼电信支局累计投资2800万元，在机电园区东开路、柏墅方路、胜光路、南一西路、盛兴路、通和路、汇心路等铺设4孔、6孔、8孔口径地下电缆线路28千米。在团桥、邵家汇、林周安装机房3座、基站4座，企业安装固定电话3200只，光缆宽带网络进企业125户。

供水

截至2008年，共铺设直径800毫米管1800米、600毫米管4025米、500毫米管3850米、300

毫米管3355米、200毫米管1550米、100毫米管1000米，置放65厘米窨井盖190只，50厘米窨井盖14只。日供水量1.2万立方米，总投资3500万元。

排污

一、二类工业用地面积7.21平方千米，新铺设直径1500～1800毫米污水主干管5.8千米，设计污水日排放量1020吨。

绿化

2008年，园区绿化面积31.2万平方米，由道路绿化、河岸绿地组成。

第二节　招商引资

引资规模

1992年引进项目4个，其中内资3个，投资总额1200万元；外商投资项目1个，投资总额30万美元。2002年，招商引资有较大增加，全年引进项目26个。其中，内资项目17个，投资总额1.14亿元；外商及港澳台商投资项目9个，投资总额3231万美元，当年外商及港澳台商投资占1992—2001年外商及港澳台商投资总和的43.69%。到2008年年末，引进企业累计331个。其中，内资企业233个，累计投资总额119249万元；外商及港澳台商投资企业98个，累计投资总额33190.9万美元，累计合同利用外资33368.4万美元，累计实际利用外资及港澳台资20300.4万美元。

主要项目

1994年，首个台商投资企业大中（宁波）缝纫机有限公司落户工业功能区，投资总额100万美元。2004—2008年，近20家大型企业落户工业功能区。主要有：投资1.1亿美元的百隆东方有限公司，投资2.8亿元的恒力集装箱有限公司，投资上亿元的宁波富尔顿热能设备有限公司、宁波华冶钢材加工有限公司、宁波奔野拖拉机汽车制造有限公司［2007年被外资收购，改名为约翰迪尔（宁波）农业机械有限公司］、宁波埃美柯铜阀门有限公司、浙江野马电池有限公司等。

1992—2008年宁波市（骆驼）城市工业功能区引资项目情况统计表

表17－5

年份	引进项目（个）	内资项目（万元）		外资及港澳台项目（万美元）			
		引进个数	投资总额	批准个数	投资总额	合同利用资金	实际利用资金
1992	4	3	1200	1	30	30	30
1993	3	3	800	0	0	0	0
1994	6	5	2100	1	100	100	100
1995	10	8	3300	2	120	120	120
1996	13	11	3700	2	80	80	80

续表 17－5

年份	引进项目（个）	内资项目（万元）		外资及港澳台项目（万美元）			
		引进个数	投资总额	批准个数	投资总额	合同利用资金	实际利用资金
1997	12	11	1180	1	40	40	40
1998	9	7	1780	2	150	150	150
1999	14	13	3700	1	10	10	10
2000	14	12	4600	2	150	150	150
2001	17	15	6700	2	60	60	60
2002	26	17	11336	9	3231	1500	780
2003	39	24	13486	15	8196. 8	4109. 1	1995. 1
2004	34	15	19730	19	2360. 2	6740. 8	3328. 9
2005	23	13	6488	10	3851. 2	6065. 8	3303. 5
2006	21	9	1150	12	4491. 1	6281. 1	3075. 1
2007	61	50	34038	11	9122. 4	5143. 5	5014. 5
2008	25	17	3961	8	1198. 2	2788. 1	2063. 3

第三节　经济规模　行业门类

经济规模

1992 年工业总产值 4823 万元，2008 年工业总产值 764000 万元，是 1992 年的 158. 41 倍；2008 年工业增加值 104600 万元，是 1992 年 1060 万元的 98. 68 倍；2008 年实现利税 29542 万元，是 1992 年 536 万元的 55. 16 倍；2008 年进出口贸易总额 47490 万美元，是 1992 年 209 万美元的 227. 22 倍。其中，出口贸易总额 45223 万美元，是 1992 年 149 万美元的 303. 51 倍。2008 年城市工业功能区从业 21589 人。

1992—2008 年宁波市（骆驼）城市工业功能区投入产出情况表

表 17－6

年份	投入（万元）		产出（万元）				进出口贸易（万美元）	
	固定资产投入	基础设施投入	工业总产值	工业增加值	实现利税	其中税收	进出口总额	其中出口额
1992	—	—	4823	1060	536	205	209	149
1993	3000	125	9271	2133	1066	394	451	317
1994	5900	337	17210	3890	1979	732	890	633
1995	11000	675	16000	3555	1840	690	822	625

续表 17－6

年份	投入（万元）		产出（万元）				进出口贸易（万美元）	
	固定资产投入	基础设施投入	工业总产值	工业增加值	实现利税	其中税收	进出口总额	其中出口额
1996	15000	746	16200	3590	1860	650	1008	887
1997	12000	736	19137	4306	2258	835	984	733
1998	17000	911	21768	4920	2503	926	943	765
1999	21000	1296	28382	6385	21264	1207	1467	1146
2000	23000	1145	37261	8384	4390	1624	1811	1466
2001	32000	1667	43519	9792	5005	1851	1880	1374
2002	37000	2960	74000	11000	5453	2037	5222	3811
2003	51000	4800	122000	14800	11565	3468	5935	4877
2004	68000	3700	186000	32000	14939	3994	9620	8092
2005	91000	1140	263000	41400	17378	5874	13525	12207
2006	105000	780	434000	58200	18218	7306	18764	17339
2007	75000	250	793000	115100	35182	14412	25710	23493
2008	55000	2000	764000	104600	29542	12883	47490	45223

行业门类

2008 年，工业行业门类主要有电子电器（通信）、机电五金（成套设备、零部件）、汽车（摩托）配件、金属加工、缝纫机、塑料制品、纺织服装和家居用品 8 大类。

电子电器 至 2008 年，主要生产企业有宁波嘉明通信设备有限公司、镇海宏业机电仪表有限公司、宁波绅乐电子有限公司、宁波金海电子有限公司、宁波新容电器科技有限公司、德贝里克电器有限公司、宁波市宏都投资集团有限公司、浙江野马电池有限公司。主导产品有电子电容器、通信设备用总配线架和数字配线光缆配线架、车载液晶显示器及配件、空调热泵热水器、继电器传压器温控器、碱猛电池和锌锰电池。其中，“宁容”牌电子电容器等整件 5 种，配件 120 余种，内属高新技术类产品 8 只（获美国 UL 认证，省、市名牌产品称号），产品 75% 外销澳大利亚、美国、德国、法国、韩国等。2008 年，该行业产值 7.02 亿元，销售 6.84 亿元，外贸出口 2.3 亿元，利税 1.2 亿元。

机械五金 1995 年后进入快速发展时期，至 2008 年有企业 62 家，其中占地面积上万平方米、固定资产上亿元的有 14 家。产品属整机的有 12 个产品，生产的零配件有 150 余种，其中 23 个产品为区、市、省级科技新产品。约翰迪尔（宁波）农业机械有限公司的“奔野”牌拖拉机，品种有 20～28 马力轮式水旱两用多功能拖拉机和 140～180 马力轮式拖拉机。2008 年产量 18140 台，产品部分出口泰国。宁波中威机电有限公司“阳光快车”电动车，在国内同行中率先进入国际市场。宁波科贝海大塑机制造有限公司“海太牌”注塑机，部分产品销往国外。2008 年该行业产值 15.2 亿元，销售14.3亿元，外贸出口8.4亿元，创利税6.7亿元。

汽车（摩托）配件　起步于20世纪80年代初，企业从原几家发展到现在25家，产品从小五金加工到生产整件。主要企业有宁波通用汽车零件有限公司、宁波市凯达汽车部件厂、宁波万里汽车电器有限公司、宁波鑫海爱多汽车雨刷制造有限公司等6家。主导产品有“爱多”牌系列汽车雨刷器、汽车玻璃升降器等整件产品4只。零配件产品有120多种，部分产品销往国外市场。2008年，该行业产值12.9亿元，销售11.4亿元，外贸出口6.7亿元，创利税3.8亿元。

金属制品　至2008年有生产企业73家，共计整件产品21只，零部件产品4500余种，有8只产品获省、市级科技名牌产品称号，产品50%销往国外市场。主要生产企业有宁波埃美柯铜阀门有限公司、宁波夏厦齿轮有限公司、宁波昌兴压铸有限公司、宁波宁微轴承有限公司、宁波士溢精密压铸件有限公司、宁波镇海耀天钢球有限公司、宁波中联紧固件制造有限公司、宁波富邦精业集团公司等9家。“埃美柯”牌阀门水暖器材、水表和管件系列产品4000多种。精密微型轴承、铝压铸件、机械零部件、紧固件年生产能力52万吨。2008年工业产值16.7亿元，销售14.8亿元，其中外贸出口9.3亿元，创利税7.3亿元，工业产值占园区的22%。

缝纫设备　起步于20世纪80年代初，初有小规模企业二三家，后逐年增多。截至2008年，有企业21家，主要产品有“星菱”牌工业缝纫机和“白金”牌缝纫机，并有曲轴、连杆、弯杆各种规格型号零部件产品140多种，获省、市级科技新产品的有8个，产品60%销往美国、日本、东南亚、中东等国家。主要生产企业有星菱缝纫机（宁波）有限公司、伊士曼缝纫机（宁波）有限公司、中国标准缝纫机镇海零件厂、宁波肯特机械有限公司等6家。2008年产值7.3亿元，销售6.71亿元，其中外贸出口4.9亿元，创利税3.6亿元。

塑料制品　2008年年底企业30家，其中产值超过2000万元的有宁波金雄塑料制品有限公司、宁波嘉琪工艺品有限公司、宁波百纳工艺品有限公司、宁波市凤飞工艺品有限公司等4家。产品90%出口美国、日本、俄罗斯等国和欧洲。2008年产值3.2亿元，销售3.1亿元，其中外贸出口2.7亿元。

纺织服装　起步于20世纪90年代初，2008年有企业15家。重点骨干企业有宁波中鑫毛纺集团有限公司、宁波甬欣纺织有限公司等5家。主要产品有精、粗纺针织毛纱、花式纱线、羊绒纱线、羊绒面料、羊绒毛衫及羊绒大衣等粗纺毛织品，其中“中鑫牌”纱线被评为浙江省名牌产品。

家居用品　2008年该行业企业13家，重点骨干企业有宁波联化家居用品有限公司、宁波歆家家居有限公司、宁波富华家私有限公司、宁波阳光休闲用品有限公司、宁波甬昌工贸有限公司等5家。主要产品有办公和家用家具、家具消毒液、遮阳伞。2008年产值8.7亿元，销售8.6亿元，其中外贸出口2.4亿元。

园区还有化工、铝材、照相器材等生产企业。宁波伟峰影像设备集团公司生产摄影摄像用三脚架、摄影箱包和影视设备，销往世界各地。

（责任编辑　孟福成）

第十八编　工业循环经济

本编目录

2005年，镇海区被省政府列入全省10个工业循环经济试点县（区）之一，宁波化工区和金属加工园区被列为省循环经济试点园区。2006年，镇海编制《镇海区循环经济发展规划（2006—2010年）》，规划实施发展循环经济的“213”行动计划（通过3年努力，建设宁波化工区、金属加工园区两个循环经济示范区，建成10个循环经济重点项目，实施30家清洁生产示范企业）。“十一五”期间，宁波石化经济技术开发区开展循环经济示范区建设，镇海经济开发区实施生态化改造，全区建设一批重点节能减排和资源综合利用项目，企业清洁生产全面展开。2010年，全社会（除中石化镇海炼化分公司）万元生产总值能耗比2005年下降21.4%，化学需氧量和二氧化硫分别比2005年削减44.3%和74.4%，“十一五”期间资源综合利用累计449万吨。

第一章　节　能

“十一五”期间，全区实施能耗强度和能耗总量双控制，严格项目准入，开展节能技术改造，淘汰落后产能，建立以政府为主导、企业为主体、全社会共同参与的节能工作机制，提高能源利用率。2010 年，全社会万元工业增加值能耗为 2. 17 吨标准煤（除中石化镇海炼化分公司），与 2005 年相比下降 24. 3%。

2010 年，全社会实现年生产总值 318. 39 亿元（2005 年价），比 2005 年增长 66. 32%，年均增长 10. 71. %；全社会年能源消费总量达到 768 万吨标煤，比 2005 年增长 48. 53%，年均增长 8. 23%；全社会（除中石化镇海炼化分公司）万元 GDP 能耗为 1. 38 吨标煤，比 2005 年下降 21. 4%。区属生产总值 202. 98 亿元（2005 年价），能源消费总量 240. 36 万吨标煤，按可比价格计算，万元 GDP 能耗 1. 18 吨标煤，比 2005 年下降 21%。超额完成万元生产总值综合能耗下降 20% 的节能约束性指标。

第一节　节能项目建设

2006 年，宁波久丰热电有限公司、宁波镇海热电厂有限公司、宁波宁力高强度紧固件有限公司、宁波橡胶有限公司等 4 家单位列为首批创建节水型企业试点单位，成为首批节水型企业。其中，镇海热电厂通过对冷却塔底部抽水、余气供热、回收软化水和排水分流等措施，年回收余汽 6000 吨，日回收清水 2400 吨、冷凝水 80 吨。宝日薄板、久丰热电、金鼎紧固件有限公司等 7 家企业实施的 9 个节能项目，取得预期效果，获得市级节能补助资金。

2007 年，区政府开始对各镇、街道、产业园区节能降耗、污染减排和清洁生产工作进行考核，并安排 1000 万元节能减排项目补助资金，对节能项目提供贷款免费担保。是年全区完成节能项目 24 个，年节能量 23320 吨标煤。其中，13 个市级节能项目获市奖励资金 241. 3 万元，带动投入 2296. 10 万元；11 个区级节能项目奖励资金 183. 28 万元，带动投入 3555. 54 万元。是年，全社会万元 GDP 能耗同比下降 10. 71%，万元 GDP 电耗同比下降 9. 27%。

2008 年，镇海区开展能效对标专项行动，开展能源管理培训，对年耗标煤 3000 吨以企业进行节能审计，镇海经济开发区开始实施“生态化建设与改造工程”。至年底，完成节能项目 27 个，年节能量 27509 吨标煤。其中，5 个市级项目获奖励资金 175 万元，带动投入 758 万元，年节能量 4430 吨标煤；22 个区级项目获奖励资金 353. 73 万元，带动投入 6410. 12 万元，年节能量 23079 吨标煤。是年，区属 GDP 综合能耗下降 7. 38%，超额完成市里下达的下降 4. 5% 的节能降耗考核目标。

2009年，完成30家用能企业能源审计和22家企业清洁生产审核，完成节能项目19个，年节能量38050.92吨标煤，奖励资金911.53万元。其中，1个国家级项目（万隆酒精）获奖励资金282万元，带动投入4412万元，年节能量14100吨标煤；7个市级项目获奖励资金381.5万元，带动投入1839万元，年节能量18475吨标煤；11个区级项目获奖励资金248.03万元，带动投入904.66万元，年节能量5475.96吨标煤。全社会GDP综合能耗为3.97吨标煤/万元，同比下降8.1%，其中区属GDP综合能耗为1.28吨标煤/万元，同比下降7.25%。

2010年全区完成节能改造项目34个，年节能量136552吨标煤，带动投资18062.55万元。对产能低的镇海热电厂和耗能高的大自然新型墙材、招宝纸业、华力斯等企业实施关闭，其中镇海热电厂于当年9月30日关闭停产，腾出用能空间2.91万吨标煤。镇海发电厂供热工程进展顺利，12月底实现43吨/小时的供热量，每月可节能2750吨标煤，年节能量3.30万吨标煤。淘汰光鑫特钢、广发特钢、维钟印染、通宝纸业等4家高能耗企业炼钢能力17.3万吨、印染能力0.3亿米、造纸能力3万吨。全社会（除炼化）万元GDP能耗为1.38吨标煤，比2009年下降7.3%，完成市下达的万元GDP能耗下降7%的节能任务。全区1000吨标煤及以上121家工业重点用能企业，完成工业总产值1405.46亿元，当量综合能耗717.11万吨标煤。

“十一五”期间，全区实施节能与淘汰落后产能项目的企业共投资22988.68万元，年节能量11.13万吨标煤，政府下拨节能专项奖励资金2408.53万元，超额完成“十一五”计划提出的万元GDP综合能耗下降20%的节能约束性指标。

2007—2010年镇海区节能量及奖励资金情况表

表18-1

年份	节能量（万tce）	投资额（万元）	奖励资金（万元）
2007	2.32	5851.64	424.58
2008	2.75	7168.12	528.73
2009	3.81	7155.66	911.53
2010	2.25	2813.26	543.69
合计	11.13	22988.68	2408.53

第二节 能源利用

2006—2010年，全社会能源消费总量累计2994.57万吨标煤，其中区属能源消费总量累计1077.45万吨标煤，从2005年的159.19万吨标煤上升到2010年的240.36万吨标煤，增长50.99%。全区五年累计全社会（除中石化镇海炼化分公司，下同）总用电量141.21亿千瓦时，其中2010年用电量比2006年增长63.84%年均增长13.14%；工业用电总量113.08亿千瓦时，占全社会总用电量的80.08%，其中2010年比2006年增长87.55%，年均增长17.04%；生活用电总量为9.57亿千瓦时，占全社会总用电量的6.78%，其中2010年比2006年增长60.40%，年均增长12.54%。同期区属国内生产总值（GDP）由2005年的106.2亿元增加到2010年的202.98亿元，增长91.13%；区属工业总产值由2005年的340.44亿元，增加到2010年的835.73亿元，增长145.49%；区属万元GDP能耗，从2005年的1.5吨标煤/万元，至2010年下降到1.19吨标煤/万元。

2005—2010年镇海区属万元GDP能耗情况表

表18－2

年份	工业总产值		国内生产总值（GDP）		能源消费总量		万元GDP能耗（tce/万元）
	总产值（亿元）	同期增长率（%）	GDP（亿元）	同期增长率（%）	能源费总量（万tce）	同期增长率（%）	
2005	340.44	47.0	106.2	17.6	159.19	1.47	1.5
2006	445.06	30.7	124.6	17.3	180.52	13.4	1.45
2007	572.42	28.6	144.58	16.0	215.18	19.2	1.49
2008	629.05	9.9	159.39	10.2	219.06	1.8	1.38
2009	599.22	－4.7	174.68	9.6	222.33	1.49	1.28
2010	835.73	39.5	202.98	16.2	240.36	8.11	1.19

2006—2010年镇海区工业用电情况表

表18－3

年份	全社会用电量（亿千瓦时）	比上年增长率（%）	工业用电量（亿千瓦时）	年增长率（%）
2006	21.10	—	15.10	—
2007	27.34	29.57	22.14	46.62
2008	28.37	3.77	23.61	6.64
2009	29.83	5.15	23.90	1.23
2010	34.57	15.89	28.32	18.49

说明：表内数据不包括中石化镇海炼化公司

第三节　节能节水技术应用

“十一五”（2006—2010年）期间，镇海区列入区计划节电、节煤、节油、节气、节水等节能技术应用项目35个，投资总额为8548.8万元。其中，典型节能技术应用项目21个，投资总额6193.8万元。

炭黑反应炉节能改造

宁波德泰化学有限公司原有炭黑反应炉的总热负荷较低，生产能力和能源消耗指标均与设计值存在一定差距。2007年企业投资35万元对炭黑反应炉的空气分配器、燃烧室、喉管、反应段结构和型式及燃料油枪、原燃料油的雾化喷嘴进行改造，改造采用自主研发的五段炉油炉法生产技术。改造后反应炉可生产高品质软质炭黑，生产能力达3万吨/年，年节约原燃料油1350吨，节电45万千瓦时，节水3375吨，创造经济效益434万元。

锅炉更新改造

宁波和润服装有限公司原有一台型号为WNS－0.25、蒸发量为0.25吨/时的卧式燃油锅炉，由于锅炉购置年限较早，导致炉内结垢严重，炉体保温材料破损，热效率较低，燃油用量大，蒸汽压力不稳定。公司投资7.5万元，更新WNS0.1－0.7－YQ节能型燃油蒸汽锅炉，提高锅炉热效率和蒸汽品质，同时对全厂的供热系统进行改造，将冷凝水接回锅炉使用，年节约燃油18.4吨/年，节约费用10.2万元。

合金熔化炉改造

宁波鼎鑫合金制造有限公司原熔化炉设计不合理，浪费人工和能源。公司投资65万元，采用耐火砖重新打造2台熔化炉，提高炉膛密封性，改善燃烧状况，缩小散热面积，投料方式由人工改为机械，缩短投料时间，减少投料过程中产生的粉尘。方案实施后，吨产品标煤消耗节省0.57吨，年节煤217.792吨，减少二氧化硫排放0.87吨，产生经济效益166.22万元。

烧结炉节能改造

宁波招宝磁业有限公司原真空烧结炉存在炉内温度不均匀、测控精度不高，炉门内侧和炉底无热源配置，要达到工作区内的热平衡保温需较长时间，能源损耗较大。公司投资16.9万元改变烧结炉加热方式，并在炉门内侧和炉底等处安装热反射镜，对内部的能量反射系统进行改进，改善温区均匀性。方案实施后，年节电12万千瓦时，节省电费6.44万元。

燃气锻造炉节能改造

宁波远成石化有限公司投资46万元，将燃煤锻造炉改造为2台燃气锻造炉，配套煤气发生炉1套。方案实施后，产生经济效益20万元，原煤消耗量由原来300吨/年减少至150吨/年，年减少二氧化硫排放量2.04吨/年，同时减少阵发性的黑烟。

空气预热器改造

宁波德泰化学有限公司投资259万元，选用中橡炭黑研究院开发的850℃空气预热器，替换原有的650℃空气预热器。空气预热器改造后，年节能1012吨标煤，年经济效益80.96万元。

锅炉三级余热回收

宁波四明化工有限公司投资400万元，对锅炉进行三级余热回收改造，热量回收率达83%，与一级余热回收相比，总热负荷增加33%，公司每年可节能1912吨标煤，年经济效益560万元。

浮法一线石油焦粉替代重油燃烧改造

宁波康力玻璃有限公司投资280万元，对浮法玻璃一线进行燃烧系统改造，采用石油焦粉代替重油燃烧，降低企业生产成本和能源消耗。方案实施后，减少重油消耗1.2万吨，年经济效益600万元。

电镀电源节能改造

骆驼电镀厂投资10万元，采用新式节能高频开关电源和可控硅电源，淘汰原有的5台硅整流电源，该项技术的投用可实现节电 10% ~20% 效果，年节约电量 16.2 万千瓦时，每年电费节约 12.6 万元。

更换压铸机供热燃料

宁波鼎鑫合金制造有限公司投资 6.6 万元用电加热炉替代柴油加热炉，电加热炉的控制与柴油炉的控制相比，更加简单，可靠性更高，并且不存在燃烧不完全的问题。方案实施后，每年节能 163.66 吨标煤，减排二氧化硫 0.23 吨，节约成本 80.256 万元。

ABS 树脂掺配单元提升改造

宁波乐金甬兴化工有限公司投资 3300 万元购买 DSP 设备。方案实施后，降低湿粉料进入挤出机的水分含量，提升单位产能、降低单位能耗，每生产 1 吨 ABS 树脂，节电 19 千瓦时，年生产量增加 38400 吨、销售额增加近 6 亿元，年经济效益 682.5 万元。

节能型研磨设备更新改造

宁波招宝磁业有限公司投资 36 万元采用新型涡轮式气流磨更新 2 套气流磨设备。方案实施后，年节电 25.74 万千瓦时，产品的生产效率由原来的 85 千克/小时提高到 120 千克/小时，并减少制粉工序产生的金属粉尘，降低噪音，产生经济效益 15.7 万元。

引进高效烘烫机

宁波瑞丽洗涤有限公司投资 164.763 万元购买日本三菱公司生产的槽烫机及后整理设备。方案实施后，年节省运行费用 45.71 万元，年节省蒸汽 1399 吨，节电 8184 千瓦时。

中频炉无功补偿技术改造

宁波镇海天地特钢公司，内部配电网络的无功损耗较大，特别是中频炉的无功损耗最大。2008 年公司的功率因数平均在 0.85，低于《评价企业合理用电技术导则》（GB 3485）中在企业最大负荷时的功率因数不低于 0.90 的规定，以审计期电力消耗 2917 万千瓦时计算，多损电力 145.85 万千瓦时，以期内平均电价 0.77 元/千瓦时计算，价值 112.3 万元。公司选择加装静态无功补偿装置对中频炉进行技术改造。技术改造后，功率因素可从目前的 0.85 提高到 0.95 以上，既增加线路的供电能力，又减少线路损耗。项目投资约 200 万元，年经济效益 240 万元。

盐浴炉淘汰提升改造

宁波中斌紧固件制造有限公司投资 427 万元购买托辊式淬火炉（RCW9 - 80），淬火炉（SY - 805），淘汰氯化钡盐浴炉，吨产品节约电能 390 千瓦时，年节约电能 468 万千瓦时，节约能耗费用 304.2 万元。

空压机淘汰更新

宁波创世轴业有限公司投资 7.5 万元引入 1 台型号为 LGBP - 3.6/8 的螺杆式变频压缩机、1 台 VAH37V 凯撒螺旋式变频空压机，将原来 4 台活塞式空压机全部淘汰。方案实施后，公司年节电 39117 千瓦时，年运行费用节省 5.04 万元。

注塑机变频改造

宁波灏钻科技有限公司对 3 台注塑机进行改造，增装变频器，新购置 1 台变频注塑机，淘汰 4 台旧注塑机。项目共投资 50.5 万元，方案实施后年节省电力 40% 以上，节电 21.6 万千瓦时，生产效率提高20%，节省生产成本42.68万元。

车削替代磨削

宁波万盛轴业有限公司投入资金400万元，改进原有的磨削工艺，车削替代磨削，年产量增加约15%，减少用电40.5万千瓦时，节约电费31.59万元，减少磨削液19.8吨，新增利润181.23万元。

冷拉工艺代替热处理

宁波万盛轴业有限公司投入资金155万元，引进先进的棒料拉拔加工设备，采用冷拉工艺替代热处理工艺，降低电力等能源消耗和生产成本，并且减少有害气体排放。企业改用冷拉工艺后，年可减少用电29.7万千瓦时，减少淬火油120吨，年节约费用83.17万元。

红打改冷镦工艺

宁波中斌紧固件制造有限公司原生产加工紧固件，需要将铁件加热，锻打后用冷却水冷却，消耗大量电能。公司投资221万元将红打工艺生产紧固件改为冷镦工艺。方案实施后，每年可减少电耗58.9万千瓦时、电费38.3万元，节约总费用81.3万元。

片状触点产品新工艺

宁波格林触点有限公司的主要产品为铆钉型触点，公司投资106.81万元，开发片状触点新产品，克服产品单一化缺陷，扩大市场。新建片状触点生产线时结合技术改造，采用目前国际先进的新工艺、新设备。方案实施后，降低能源消耗，且有效防止熔炼过程产生的粉尘排放，降低设备运行噪声，车间操作环境得到明显改善。年节电9.6万千瓦时，年经济效益31.53万元。

第二章　减　排

"十一五"（2006—2010 年）期间，镇海区通过临港工业废气污染整治和化学需氧量（COD）减排工程、二氧化硫（SO_2）减排工程、垃圾焚烧环境保护等一系列工作，实现全区减排的预期目标。

第一节　排放总量控制

减排计划

"十一五"期间，宁波市主要污染物排放总量控制计划规定要求：镇海区化学需氧量（COD）排放总量要从 2005 年的 0. 578 万吨（其中工业 COD 排放量 0. 141 万吨、其他 COD 0. 437 万吨），到 2010 年下降至 0. 491 万吨，削减率为 15%；二氧化硫（SO_2）排放总量要从 2005 年的 6. 027 万吨（其中电力行业 SO_2 排放量 5. 5810 万吨、非电力行业 SO_2 排放量 0. 4464 万吨），到 2010 年下降至 1. 789 万吨（其中电力行业排放量 1. 319 万吨，非电力行业 0. 470 万吨），削减率为 70%。镇海区依据镇海实际制订计划目标，组织实施全区减排工作。

"十一五"期间镇海区主要污染物控制目标情况表

表 18 - 4　　单位：吨

年排放量项目	化学需氧量（COD）		二氧化硫（SO_2）	
	排放总量	削减率%	排放总量	削减率%
2005 年污染物实际排放量	5780	—	60274	—
宁波市规定 2010 目标	4910	15. 1%	17890	70. 4%
镇海区计划 2010 目标	3020	47%	17890	70. 4%

减排成效

2009 年，化学需氧量（COD）排放总量为 3147 吨（其中工业 1170 吨，其他 1977 吨）；二氧化硫（SO_2）排放总量为 35321 吨（其中电力行业排放量 27800 吨，非电力行业 7500 吨）。化学需氧量（COD）、二氧化硫（SO_2）排放总量分别比 2005 年削减 45. 6% 和 41. 4%，化学需氧量（COD）提前一年完成"十一五"期间减排任务，二氧化硫（SO_2）完成"十一五"减排任务的 58. 9%。

2010 年上半年镇海区化学需氧量（COD）新增 98. 4 吨，通过宁波北区污水处理有限公司、后海塘污水处理厂等生活污水处理厂全区减排削减 596. 1 吨，完成全年减排任务 89%；二氧化硫

(SO_2) 新增3407.7吨，通过久丰热电、镇海炼化Ⅱ电站和镇海电厂的脱硫工程减排21322.5吨，已完成全年减排任务的52%。至2010年年底，“十一五”期间化学需氧量（COD）排放量削减44.3%，二氧化硫（SO_2）排放量削减77.55%，两项主要污染物减排指标均超额完成宁波市政府下达的“十一五”减排目标。

2005—2010年镇海区主要污染物排放削减情况统计表

表18－5

排放量项目 / 年份	化学需氧量（COD）		二氧化硫（SO_2）	
	排放总量（吨）	比2005年削减（%）	排放总量（吨）	比2005年削减（%）
2005	5780	—	60274	—
2006	6157	－6.6%	56379	6.4%
2007	5120	11.4%	52735	12.6%
2008	4424	23.5%	46949	22%
2009	3147	45.6%	35321	41.4%
2010	3220	44.3%	13530	77.55%

需氧量（COD）排放 2005—2010年镇海区化学需氧量（COD）排放总量年度变化情况见图18－1。

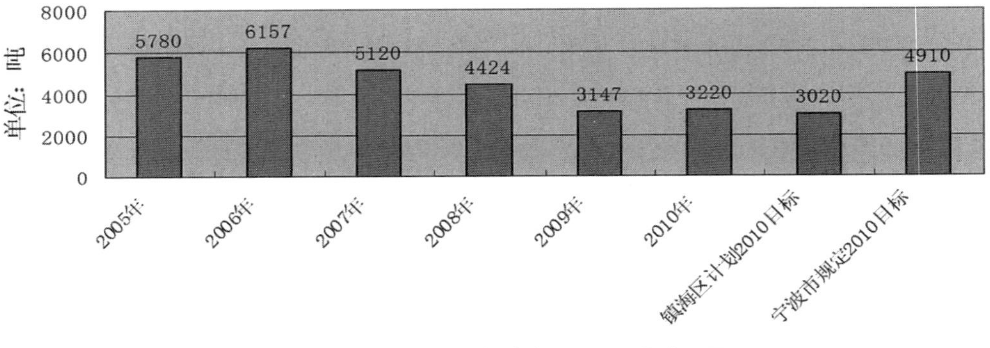

图18－1 2005—2010年镇海区COD排放总量图

二氧化硫（SO_2）排放 2005—2010年镇海区二氧化硫（SO_2）排放总量年度变化情况见图18－2。

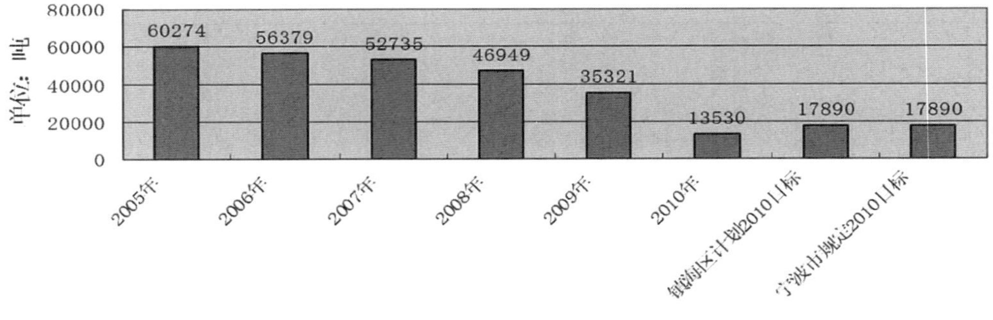

图18－2 2005—2010年镇海区二氧化硫排放总量图

第二节　临港工业废气污染整治

镇海临港工业拥有诸如中国石油化工股份有限公司镇海炼化分公司（以下简称中石化镇海炼化分公司）、宁波乐金甬兴化工有限公司（以下简称 LG 甬兴化工）、浙江浙能镇海发电有限责任公司（以下简称镇电厂）等一批骨干企业。2008 年、2009 年开展临港工业废气污染整治工作，累计投入资金 12 亿元、实施 35 个临港工业废气整治项目，2010 年通过市级和省级验收，开始新一轮临港工业废气整治。

重点整治企业

2008 年，临港工业区域内有废气排放的企业 65 家（不包括重点在建待建企业或项目 11 个），被列入重点整治企业 24 家，其中石油加工业 1 家、基础化学原料业 2 家、精细化工业 6 家、合成材料业 4 家、电力业 5 家、其他业 6 家。

2008 年镇海临港工业重点整治 24 家企业情况表

表 18－6

所属行业	企业家数	企业名称	所属行业	企业家数	企业名称
石油加工	1	中石化镇海炼化分公司	合成材料	1	宁波甬华树脂有限公司
基础化学原料	2	宁波聚丰化工有限责任公司	电力	5	宁波久丰热电有限公司
		宁波四明化工有限公司			宁波镇海热电厂有限公司
精细化工	6	宁波中化化学品有限公司			浙江镇海发电有限责任公司
		宁波龙欣精细化工有限公司			浙江镇海联合发电有限公司
		宁波新福钛白粉有限公司			宁波中科绿色电力有限公司
		宁波人健药业有限公司	其他	6	镇海港埠有限公司
		宁波镇海泰达化工有限公司			宁波大地化工环保有限公司
		宁波万隆食用酒精有限公司			宁波爱普环保有限公司
合成材料	3	浙江金甬腈纶有限公司			宁波华力斯化学工业有限公司
		宁波大安化学工业有限公司			宁波康力玻璃有限公司
		宁波 LG 甬兴化工有限公司			宁波市镇海煤炭交易市场

主要污染物

镇海临港工业主要废气污染物为化学需氧量（COD）、二氧化硫（SO_2）、烟尘、工业粉尘等有害物，依据 2007 年对 24 家重点整治企业调查，主要废气污染物排放量 NO_2 总排放量 25276. 76ta、SO_2 总排放量 42994. 192t/a、烟尘总排放量 4621. 74t/a、工业粉尘 2281. 75t/a。

2007 年镇海区临港工业 24 家企业主要废气污染物排放量情况表

表 18－7

行业分类	企业数量（家）	NOx 排放量（t/a）	SO_2 排放量（t/a）	烟尘排放量（t/a）	工业粉尘（t/a）
石油加工	1	2838	5538.19	718	789
基础化学原料	2	—	154.48	5	—
精细化工	6	—	9.77	—	96.7
合成材料	4	676.26	1001.71	175	9.55
电力（热电）	5	21488	36031.78	3682.2	—
其他	6	274.5	249.328	41.54	1386.5
合计	24	25276.76	42994.192	4621.74	2281.75

整治效果

石油加工业 1 家企业（中石化镇海炼化分公司），2008 年（整治前）主要污染物硫化氢放量 1.5t/a、二甲二硫 0.0051.5t/a、甲乙二硫 0.0051.5t/a。2009 年（整治后），分别为 1.528t/a、0.005t/a、0.004t/a，比整治前削减－3.3%、0%、20.0%。其中，硫化氢排放量比整治前增加 0.052t/a，二甲二硫比整治前持平，甲乙二硫比整治前减少 0.001t/a。

2008—2009 年镇海区石油加工行业整治前后废气污染物削减量情况表

表 18－8

污染物	硫化氢排放量（t/a）	二甲二硫（t/a）	甲乙二硫（t/a）
整治前（2008 年）	1.58	0.005	0.005
整治后（2009 年）	1.528	0.005	0.004
削减量	－0.052	0	0.001
削减率（%）	－3.3	0	20.0

精细化工业 6 家企业（宁波中化化学品有限公司、宁波龙欣精细化工有限公司、宁波新福钛白粉有限公司、宁波人健药业有限公司、宁波镇海泰达化工有限公司、宁波万隆食用酒精有限公司），2008 年（整治前）主要污染物甲醇排放量 19.26t/a、甲苯排放量 0.19t/a、二甲苯排放量 15.3t/a、甲硫醚排放量 2.88t/a、voc 排放量 59.75t/a。2009 年（整治后），分别为 9.35t/a、0.062t/a、3.86t/a、1.4t/a、46.1t/a，分别比整治前削减 51.1%、68.4%、74.8%、51.4%、22.5%，削减效果较为显著。

2008—2009 年镇海区精细化工行业整治前后废气污染物削减量情况表

表 18－9

污染物	甲醇排放量（t/a）	甲苯排放量（t/a）	二甲苯排放量（t/a）	甲硫醚排放量（t/a）	VOC 排放量（t/a）
整治前（2008 年）	19. 26	0. 19	15. 3	2. 88	59. 75
整治后（2009 年）	9. 35	0. 062	3. 86	1. 40	46. 1
削减量	9. 91	0. 13	11. 44	1. 48	13. 65
削减率（%）	51. 5	68. 4	74. 8	51. 4	22. 5

合成材料行业　4 家企业（浙江金甬腈纶有限公司、宁波大安化学工业有限公司、宁波 LG 甬兴化工有限公司、宁波甬华树脂有限公司），2008 年（整治前）主要污染物二氧化硫排放量 385t/a、氮氧化物排放 128. 26t/a、烟尘排放量 81t/a、丙烯腈排放量 17. 02t/a、DMF 排放量 50. 88t/a、甲苯排放量 2. 78t/a、苯乙烯排放量 25. 66t/a、VOC 排放量 2. 89t/a。2009 年（整治后），分别为 0. 0t/a、0. 0t/a、0. 0t/a、7. 13t/a、0. 0t/a、2. 88/a、8. 51t/a、0. 44t/a，比整治前分别削减 100%、100%、100%、58. 1%、100%、－3. 6%、66. 8%、84. 4%，其中，甲苯排放量比整治前增加 0. 1t/a，其余七项污染削减量幅度有较大削减。

2008—2009 年镇海区合成材料行业整治前后废气污染物削减量情况表

表 18－10

污染物	二氧化硫排放量（t/a）	氮氧化物排放（t/a）	烟尘排放量（t/a）	丙烯腈排放量（t/a）	DMF 排放量（t/a）	甲苯排放量（t/a）	苯乙烯排放量（t/a）	VOC 排放量（t/a）
整治前（2008 年）	385	128. 26	81	17. 02	50. 88	2. 78	25. 66	2. 89
整治后（2009 年）	0	0	0	7. 13	0	2. 88	8. 51	0. 44
削减量	385	128. 26	81	9. 89	50. 88	－0. 1	17. 15	2. 45
削减率（%）	100	100	100	58. 1	100	－3. 6	66. 8	84. 8

说明：浙江金甬腈纶有限公司 2009 年停产，所以无污染物排放量

电力行业　5 家企业（宁波久丰热电有限公司、宁波镇海热电厂有限公司、浙江镇海发电有限责任公司、浙江镇海联合发电有限公司、宁波中科绿色电力有限公司），2008 年（整治前）主要污染物二氧化硫排放量 23618. 7t/a、氮氧化物排放量 10139. 84t/a、烟尘排放量 1709. 6t/a。2009 年（整治后），分别为 15243. 9t/a、11549. 02t/a、1396. 75t/a，分别比整治前削减 35. 5%、－13. 9%、18. 3%。其中，氮氧化物排放物比整治前增加 1409. 19t/a，二氧化硫排放量和烟尘排放量削减效果较为显著。

2008—2009 年镇海区电力行业整治前后废气污染物削减量情况表

表 18－11

污染物	二氧化硫排放量（t/a）	氮氧化物排放（t/a）	烟尘排放量（t/a）
整治前（2008 年）	23618.7	10139.84	1709.6
整治后（2009 年）	15243.9	11549.02	1396.75
削减量	8374.8	－1409.19	312.85
削减率（%）	35.5	－13.9	18.3

其他行业　6 家企业（镇海港埠有限公司、宁波大地化工环保有限公司、宁波爱普环保有限公司、宁波华力斯化学工业有限公司、宁波康力玻璃有限公司、宁波市镇海煤炭交易市场），2008 年（整治前）主要污染物为硫化氢排放量 0.63t/a，2009 年（整治后）硫化氢排放量 0.989t/a，削减率为－56.9%，整治后效果不明显。

第三节　重点减排工程

“十一五”期间，实施二氧化硫（SO_2）减排工程项目 3 个，化学需氧量（COD）减排工程项目 7 个和垃圾焚烧发电工程项目 1 个。

二氧化硫（SO_2）减排工程

中石化镇海炼化分公司Ⅱ电站 CFB 锅炉 SO_2 减排　该公司Ⅱ电站 CFB 锅炉 SO_2 减排项目，列入省减排计划，共投入资金 4355 万元。主要在烟道外建设一套“石灰石—石膏”湿法烟气脱硫装置，包括烟气系统、脱硫剂储存和浆液制备系统、吸收塔系统、石膏脱水及外排系统等。设计处理烟气量为 40 万 Nm^3/h，最大处理烟气量为 44 万 Nm^3/h，入口浓度 $1500mg/Nm^3$，装置脱硫效率大于 95%，2009 年年底投入使用，2010 年 SO_2 排放量为 2000 吨，比 2009 年 2492 吨，削减 12.45%。

浙江浙能镇海发电有限责任公司 SO_2 减排　该公司实施燃煤机组脱硫和供热改造工程，采用现役机组石灰石石膏湿法烟气脱硫技术，该项目被列入省政府颁布的年度减排计划。2007 年 4 月开工建设 2×430MW 烟气脱硫工程，第一套二期#3、#4 机组脱硫装置于 2008 年 5 月建成投运，第二套三期#5、#6 机组脱硫装置 2008 年 11 月建成投运。2010 年上半年实现 SO_2 减量 18540.5 吨。其中，#3 机组 SO_2 减量 4469.6 吨，#4 机组 SO_2 减量 4423.1 吨，#5 机组 SO_2 减量 4757.6 吨，#6 机组 SO_2 减量 4890.2 吨。

宁波久丰热电有限公司 SO_2 减排　该公司 3 台 130t/h 型次高温次高压循环流化床锅炉，烟气中 SO_2 为 $1800\sim3000mg/Nm^3$。SO_2 减排项目主要内容为炉外氨法脱硫，采用氨—肥法脱硫装置，以工业合成氨产生的废氨水为原料，回收烟气中 SO_2，生产硫酸铵化肥，装置运行不产生废水和废渣，不产生二次污染。该项目被列入省减排计划，共投入资金 4355 万元，2010 年上半年实现 SO_2 减量 1842.9 吨。

化学需氧量（COD）减排工程

宁波爱普环保有限公司 COD 减排　该公司系处理化工新区化工污水及镇海蟹浦、贵泗等城镇生活污水的专业工厂。污水处理项目规划日处理污水量为 4 万立方米，其中一期工程规模为日处理污水 1 万立方米。该减排工程于2003 年4 月建成并投产，运行后各项指标均符合设计要求，设备运行正常。改项目被列入省减排计划，共投入资金 3374 万元，2010 年上半年实现 COD 减排 83. 7 吨。

2009—2010 年宁波爱普环保有限公司 COD 减量核算情况表

表 18 - 12

类别	项目		数据	
			2009 年上半年	2010 年上半年
相关参数	污水处理量（万吨/日）	生活污水	0. 103	0. 182
		工业废水	0. 219	0. 264
		合计	0. 322	0. 446
	设计处理能力（万吨/日）		1	1
	生活污水所占比例（%）		31. 9	40. 8
	纳管企业	废水量（万吨/日）	0. 322	0. 446
		COD 排放量（吨）	51. 9	78. 7
	污水厂进水浓度（mg/L）		808	1130
	污水厂进水浓度 2010 年第一、第二季度监督性监督分别为 1370mg/L、890mg/L，计算平均值为 1130mg/L			
	污水厂出水浓度（mg/L）		49	48
	污水厂出水浓度 2010 年第一、第二季度监督性监督分别为 142mg/L、65mg/L，计算平均值为 103. 5mg/L			
	实际运行天数（日）		179	180
	中水回用量（万吨/日）		—	—
核算数据	生活污水 COD 减排量（吨）		—	80. 6
	工业废水 COD 减排量（吨）		—	3. 1
	COD 减量（吨）		—	83. 7

九龙湖生活污水处理站 COD 减排　该站位于九龙湖镇西经堂村，主要处理九龙湖旅游风景区周围度假区、生活小区的生活污水，用以保证饮用水源水质洁净和满足镇海区生态示范区建设的要求。一期工程处理能力为 1000m^3/d。设计进水 COD 浓度为 350mg/L，BOD5 为 180mg/L，SS 为 150mg/L，NH3 - N 为 35mg/L。经处理后出水 COD 浓度为 60mg/L，BOD5 小于 20mg/L，SS 小于 20mg/L，NH3 - N 小于 15mg/L。污水处理厂采用的工艺为 C - TECH（循环式活性污泥法）。该减排工程于 2007 年 12 月建成并投产，运行后各项指标均符合设计要求，设备运行正常。改项目被列入省减排计划，共投入资金 120 万元，2010 年上半年实现 COD 减排 6. 8 吨。

2009—2010 年镇海区九龙湖生活污水处理站 COD 减量核算情况表

表 18 - 13

<table>
<tr><th rowspan="2">类别</th><th rowspan="2" colspan="2">项目</th><th colspan="2">数据</th></tr>
<tr><th>2009 年上半年</th><th>2010 年上半年</th></tr>
<tr><td rowspan="10">相关参数</td><td rowspan="3">污水处理量（万吨/日）</td><td>生活污水</td><td>0.0478</td><td>0.0527</td></tr>
<tr><td>工业废水</td><td>—</td><td>—</td></tr>
<tr><td>合计</td><td>0.0478</td><td>0.0527</td></tr>
<tr><td colspan="2">设计处理能力（万吨/日）</td><td>0.1</td><td>0.1</td></tr>
<tr><td colspan="2">生活污水所占比例（%）</td><td>100%</td><td>100%</td></tr>
<tr><td rowspan="2">纳管企业</td><td>废水量（万吨/日）</td><td>—</td><td>—</td></tr>
<tr><td>COD 排放量（吨）</td><td>—</td><td>—</td></tr>
<tr><td colspan="2">污水厂进水浓度（mg/L）</td><td>179</td><td>134</td></tr>
<tr><td colspan="2">污水厂出水浓度（mg/L）</td><td>49</td><td>48</td></tr>
<tr><td colspan="2">实际运行天数（日）</td><td>365</td><td>151</td></tr>
<tr><td></td><td colspan="2">中水回用量（万吨/日）</td><td>0</td><td>0</td></tr>
<tr><td rowspan="3">核算数据</td><td colspan="2">生活污水 COD 减排量（吨）</td><td>—</td><td>6.8</td></tr>
<tr><td colspan="2">工业废水 COD 减排量（吨）</td><td>—</td><td>—</td></tr>
<tr><td colspan="2">COD 减量（吨）</td><td>—</td><td>6.8</td></tr>
</table>

宁波市城市排水有限公司镇海区排水分公司 COD 减排 该工程是浙江省利用世界银行贷款城建环保项目的子项目，近期设计规模为 3 万吨/日、远期 6 万吨/日，配套管网长约 45 千米，新建 5 座污水提升泵站，接纳镇海区城关片、临江片、俞范片、后海塘工业区片的生活及部分工业废水。采用氧化沟处理工艺，污水经处理达到国家二级排放标准后深海排放，产生污泥全部外运到热电厂焚烧处理。工程于 2006 年 10 月建成并投产，运行后各项指标均符合设计要求，设备运行正常。改项目被列入省减排计划，共投入资金 21510 万元，2010 年上半年实现 COD 减排 230.2 吨。

2009—2010 年镇海污水处理厂 COD 减量核算情况表

表 18 - 14

类别	项目		数据	
			2009 年上半年	2010 年上半年
相关参数	污水处理量（万吨/日）	生活污水	3.034	3.346
		工业废水	0.093	0.205
		合计	3.127	3.551
	设计处理能力（万吨/日）		3	3
	生活污水所占比例（%）		97.03%	94.23%
	纳管企业	废水量（万吨/日）	—	—
		COD 排放量（吨）	—	—
	污水厂进水浓度（mg/L）		368	364
	污水厂出水浓度（mg/L）		36	49
	实际运行天数（日）		181	181
	中水回用量（万吨/日）		0.2	0.2
核算数据	生活污水 COD 减排量（吨）		—	230.2
	工业废水 COD 减排量（吨）		—	—
	COD 减量（吨）		264.19	230.2

宁波北区污水处理厂 COD 减排　污水处理厂位于镇海新泓口甬舟高速与化工区主干道交叉口附近，是省、市两级重点工程。工程一期建设用地 15.48 公顷，处理能力 10 万吨/日；远期规划控制用地 47.6 公顷，处理能力 40 万吨/日；配套管网主干长约 17.9 千米，其服务范围涉及江北区、镇海区、海曙区，服务面积约 177.24 平方千米；处理工艺采用先进的改良式 AAO 工艺，处理尾水按国家两级排放标准控制、一级 B 排放标准符合排放，项目总投资约 41639 万元。2005 年一期工程开工建设，2007 年 11 月建成投产运行，共投入资金 27409 万元。项目建成投产后，使排入海域的污染物显著减少。运行初期该厂的污泥经离心脱水机脱水后运至中科绿化垃圾焚烧中心焚烧发电，2009 年 6 月开始运至慈溪经济开发区金地生物堆肥专业合作社生物堆肥，实现污泥的无害化、减量化、稳定化、资源化。2010 年上半年实现 COD 减排 402.3 吨。

2009—2010年宁波北区污水处理厂COD减量核算情况表

表18-15

类别	项目		数据	
			2009年上半年	2010年上半年
相关参数	污水处理量（万吨/日）	生活污水	7.97	9.47
		工业废水	—	0.09
		合计	—	9.56
	设计处理能力（万吨/日）		10	10
	生活污水所占比例（%）		100%	99%
	纳管企业	废水量（万吨/日）	0	0.0909
		COD排放量（吨）	0	77.1
	污水厂进水浓度（mg/L）		220	179
	污水厂出水浓度（mg/L）		28	30
	实际运行天数（日）		181	180
	中水回用量（万吨/日）		0	0
核算数据	生活污水COD减排量（吨）		—	402.3
	工业废水COD减排量（吨）		—	—
	COD减量（吨）		—	402.3

浙江金甬腈纶有限公司废水治理设施改造 该公司改造日处理量2800立方米的高温酸性生产污水和杂排水（生活污水、清洗污水等混合污水）废水处理装置1套，总投资达到4500万元。2007年11月完成并投入试用，在正常运行条件下，企业能削减化学需氧量150吨。

宁波海德针织漂染有限公司中水深度处理回用 该公司目前建有2套废水处理装置，其中第一套处理能力为5000t/d，现处于废弃状态；另一套处理能力为15000t/d，正在运行。改造方案是将处理能力为15000t/d的废水处理装置的出水进行进一步深度处理后回用于生产，投资210万元改造废弃的5000t/d污水处理装置。方案实施后，可使深度处理后废水COD浓度稳定控制在50mg/L以下，部分处理后中水可回用到棉花染色后洗棉工序。按年用水量以200万吨计算，回用率为60%，可节约用水120万吨/年，削减废水量120万吨/年，削减COD 96吨/年。

宁波港集团镇海港埠有限公司化工新区污水处理站改造 该公司原化工污水处理站进水COD设计浓度为2500mg/L，而化工区实际产生的污水COD浓度在8000～25000mg/L之间，污水包含醇类、苯类、有机酸类、酯类、胺类、酮类、醚类、苯乙烯、氯仿、丙烯腈、苯酚等有机化工产品。企业投资近1000万元，对原化工污水站进行改造，以降低处理成本且达到好的处理效果。项目设计处理能力为5吨/小时，共两套，设计最大处理水量：$Q=240m^3/d$。方案实施后废水排放达到《综合治理排放标准》中的二级排放标准，且化工污水可直接进入污水处理设施而不用先稀释。

镇海港埠化工区实际产生原化工废水水质情况表

表 18－16

项目	COD（mg/L）	pH	NH_3－N（mg/L）
浓度	8000～25000	3～7	40～100

镇海港埠化工新区污水处理站废水处理排放标准情况表

表 18－17

项目	pH	SS（mg/L）	BOD（mg/L）	COD（mg/L）	NH_3－N（mg/L）	磷酸盐（mg/L）
浓度	6～9	≤150	≤30	≤150	≤25	≤1.0

垃圾焚烧发电

宁波中科绿色电力有限公司投资建设的生活垃圾焚烧发电厂，总投资 2.4 亿元，占地 4.74 公顷，采用循环流化床焚烧垃圾工艺，设计规模为 2 台 55t/h 循环流化床垃圾焚烧锅炉和 2 台 12MW 凝汽式汽轮发电机组，配套发电机组规模 2×12MW，蒸汽参数为中温中压过热蒸汽 450℃、3.82MPa，日处理生活垃圾能力 800 吨，生活垃圾处理费用约为 45 元每吨，年发电能力 1 亿千瓦时。该项目 2005 年开工建设，得到国家环境保护总局《环境影响报告书》的认可。项目于 2007 年年初投入试生产，2008 年 4 月，浙江省环境监测中心，经现场监测和环境管理检查，其各项指标基本达到建设项目竣工环境保护验收要求，是年 5 月浙江省环保局认定该工程环境保护竣工验收合格，准予投入正式运行。同年 6 月，该公司被宁波市人民政府生态办、东南商报联合评为宁波市生态建设十大亮点工程。至 2008 年 9 月，累计无害化处理生活垃圾及无害的工业垃圾 286513 吨（其中镇海区垃圾 178790 吨）；累计发电 18355.33 万千瓦时，上网 15375.86 万千瓦时。2009 年年初公司被列入清洁生产审核示范企业，共计投入资金 187.1 万元，产生经济效益 300.67 万元/年。其中，节电 73.37 万 kWh/a，节约煤 3585t/a，节约水 1.26 万 t/a，节约油 6t/a，减排飞灰 422t/a，减排二氧化硫 67.5t/a。

第三章　清洁生产

2003年12月，镇海炼化公司作为中石化首批清洁生产示范企业，通过审核验收。至2005年全区共有13家企业完成清洁生产审核工作。“十一五”期间，镇海区实施清洁生产审核涉及25个行业107家企业（其中工业企业104家、服务行业3家）。2003—2010年全区审核验收合格以上企业为101家，其中，审核优秀企业8家，合格以上企业占审核企业总数的84%。按照资源消耗情况和行业特点，重点推进化工、紧固件、电力、纺织印染、电镀等高能耗、高污染行业企业的清洁生产工作。

第一节　企业清洁生产审核

2003年和2004年清洁生产审核验收合格企业各1家。2005年是镇海区全面启动企业清洁生产审核工作的第一年，选择化工、纺织印染、电镀、热电、医药、通信电缆、紧固件制造、化纤、通用设备制造、饮料制造和橡胶制品等11个高污染、高能耗行业的11家企业，开展清洁生产审核工作，11家企业全部通过审核验收。2006年，开展清洁生产审核企业18家。其中，化工行业5家，通用设备制造业3家，纺织印染和紧固件制造行业各2家，电镀、食品、服务、冶炼、饮料制造和非金属矿物制品等行业各1家。审核合格企业18家，其中宁波银球轴承有限公司为优秀企业。2007年清洁生产审核不同行业20家企业，年度审核合格企业15家，其中紧固件制造业4家，冶炼、交通运输设备制造、纺织印染、通用设备制造、非金属矿物制品等行业各2家。2008年开展清洁生产审核企业23家，涉及10个行业，其中通用设备制造业5家，化工行业5家，铸造行业3家，纺织印染、金属制品和有色金属行业各2家，年度审核合格企业18家。2009年全区22家企业开展清洁生产审核，其中通用设备制造业4家，热电行业3家，化工、纺织印染和电器电子设备制造业各2家，铸造、汽车、纺织服装、服务、冶炼、医药、专用设备制造、金属制品和交通运输设备制造等行业各1家。年度审核通过企业19家，其中宁波立华植物提取技术有限公司、宁波创世轴承有限公司、宁波瑞丽洗涤有限公司、宁波格林触点有限公司、宁波海大嘉华汽车零部件制造有限公司、宁波灏钻科技有限公司等6家为优秀企业。2010年共有21家企业开展清洁生产审核工作，涉及12个行业，其中化工行业4家，有色金属行业3家，金属制品、电器电子设备制造业、专用设备制造业和污水处理及其再生利用行业各2家，通用设备制造业、铸造行业、食品行业、纺织印染行业、化纤行业和汽车及零部件制造业各1家。年度审核通过企业17家，其中宁波爱普环保有限公司为优秀企业。

2003—2010 年，中石化镇海炼化分公司建成国家环境友好企业，省绿色企业 3 家。审核验收企业中，宁波万隆食用酒精有限公司、宁波瑞丽洗涤有限公司和宁波宁力高强度紧固件有限公司持续开展两轮清洁生产审核工作。

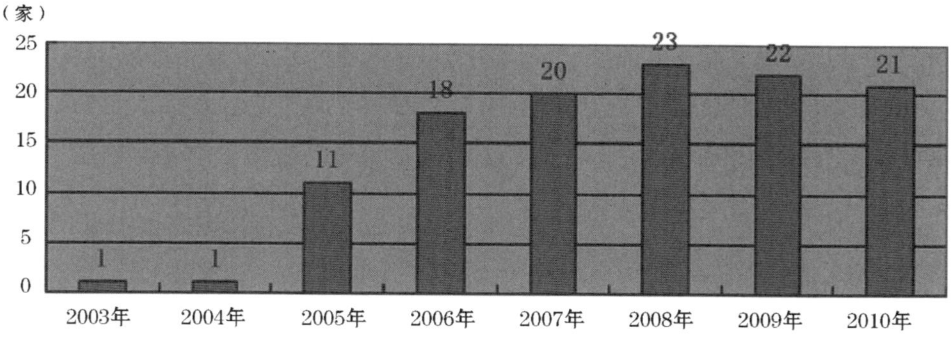

图 18－3　2003—2010 年镇海区开展清洁生产企业数量图

2003—2010 年镇海区 101 家清洁生产企业行业情况分布情况表

表 18－18　　单位：家

序号	行业分布情况	审核验收合格以上企业	其中							
			2003 年	2004 年	2005 年	2006 年	2007 年	2008 年	2009 年	2010 年
1	化工行业	20	1	1	1	5	1	5	3	3
2	通用设备制造业	13	—	—	1	3	2	4	3	—
3	纺织印染行业	9	—	—	1	2	2	1	2	1
4	有色金属行业	5	—	—	—	—	—	2	1	2
5	电器电子设备制造行业	5	—	—	—	—	—	1	2	2
6	金属制品业	5	—	—	—	—	—	2	1	2
7	热电行业	5	—	—	1	—	1	—	3	—
8	紧固件制造行业	4	—	—	1	2	1	—	—	—
9	专用设备制造业	3	—	—	—	—	—	—	1	2
10	铸造行业	3	—	—	—	—	—	2	—	1
11	医药行业	3	—	—	1	—	—	1	1	—
12	服务行业	3	—	—	—	1	1	—	1	—
13	冶炼行业	3	—	—	—	1	2	—	—	—
14	非金属矿物制品业	3	—	—	—	1	2	—	—	—
15	电镀行业	3	—	—	1	1	1	—	—	—
16	污水处理及其再生利用行业	2	—	—	—	—	—	—	—	2
17	食品行业	2	—	—	—	1	—	—	—	1
18	化纤行业	2	—	—	1	—	—	—	—	1

续表 18－18

序号	行业分布情况	审核验收合格以上企业	其中							
			2003 年	2004 年	2005 年	2006 年	2007 年	2008 年	2009 年	2010 年
19	交通运输设备制造业	2	—	—	—	—	2	—	—	—
20	饮料制造业	2	—	—	1	1	—	—	—	—
21	汽车及零部件制造行业	1	—	—	—	—	—	—	1	—
22	纺织服装行业	1	—	—	—	—	—	—	1	—
23	橡胶制品业	1	—	—	1	—	—	—	—	—
24	通信电缆行业	1	—	—	1	—	—	—	—	—

说明：2003—2010 年清洁生产审核合格企业中，优秀企业 2006 年 1 家、2009 年 6 家、2010 年 1 家

第二节 清洁生产企业节能

清洁生产节能绩效

2005—2010 年清洁生产企业审核，节能量累计 74235.9 吨标煤，节能取得显著成效。

其中，节电量 7275.32 万千瓦时，节煤量 48777.86 吨，节蒸气量 78120.9 吨，节油量 6370.1 吨，节水量 14609.8 万吨。

2005—2010 年镇海区清洁生产绩效汇总情况表

表 18－19

能源项目	单位	2005	2006	2007	2008	2009	2010	总计
年节能量	tce	21885.40	10477.00	6755.80	10090.10	19521.70	5505.70	74235.90
年节电量	万千瓦时	580.35	2056.26	755.36	1120.86	1853	909.49	7275.32
年节煤量	吨	21953.00	78.28	4943.00	3406.58	17697.00	700.00	48777.86
年节蒸气量	吨	38436.30	7047.80	5264.00	16114.80	5523.00	5735.00	78120.90
年节油量	吨	619.30	2235.30	247.60	1810.90	359.00	1098.00	6370.10
年节水量	万吨	161.90	1122.50	8141.10	39.90	2133.00	3011.40	14609.80

清洁生产年节能量

2005—2010 年，年节能量由高到低排列，依次为 2005 年、2009 年、2006 年、2008 年、2007 年、2010 年。

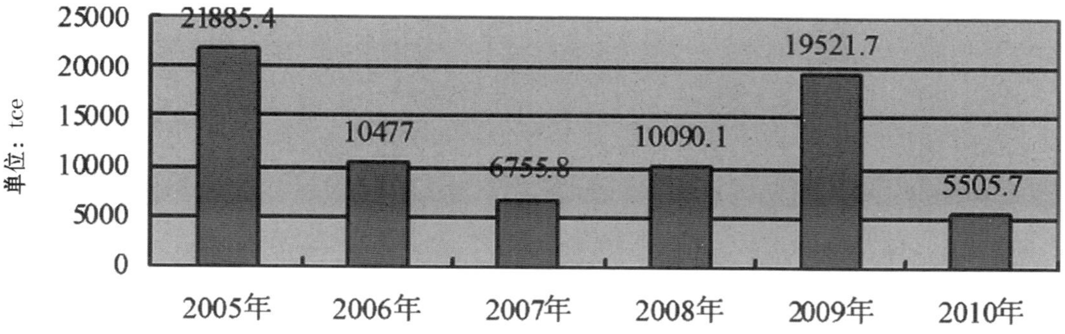

图 18－4　2005—2010 年镇海区清洁生产年节能量图

清洁生产年节电量

2005—2010 年，年节电量由高到低排列，依次为 2006 年、2009 年、2008 年、2010 年、2007 年、2005 年。

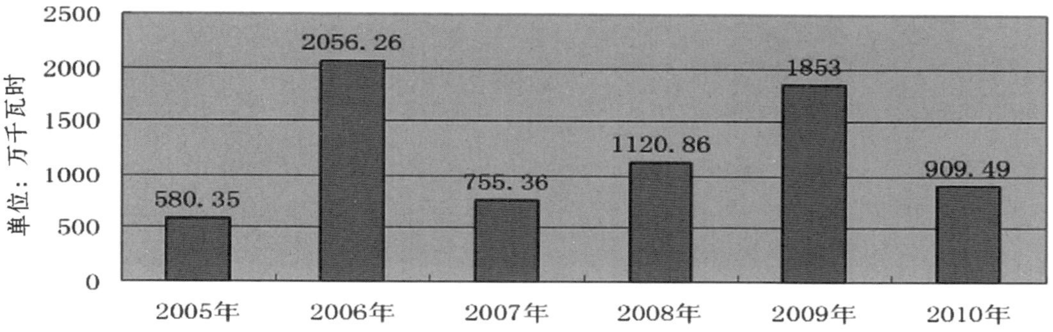

图 18－5　2005—2010 年镇海区清洁生产年节电量图

清洁生产年节蒸气量

2005—2010 年，年节蒸气量由高到低排列，依次为 2005 年、2009 年、2007 年、2008 年、2010 年、2006 年。

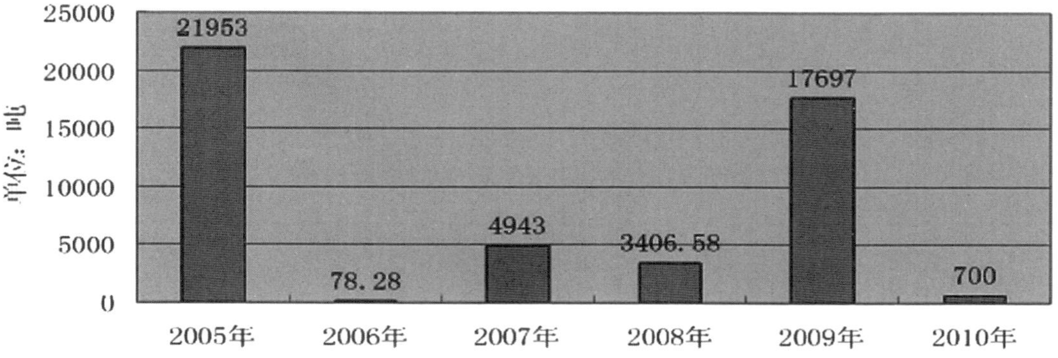

图 18－6　2005—2010 年镇海区清洁生产年节蒸汽量图

清洁生产年节油量

2005—2010 年，年节油量由高到低排列，依次为 2006 年、2008 年、2010 年、2005 年、2009

年、2007 年。

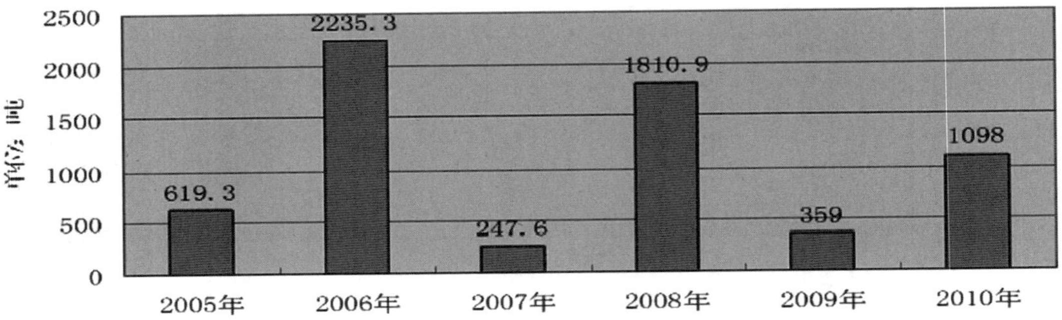

图 18－7　2005—2010 年镇海区清洁生产年节油量图

清洁生产年节水量

2005—2010 年，年节水量由高到低排列，依次为 2007 年、2010 年、2009 年、2006 年、2005 年、2008 年。

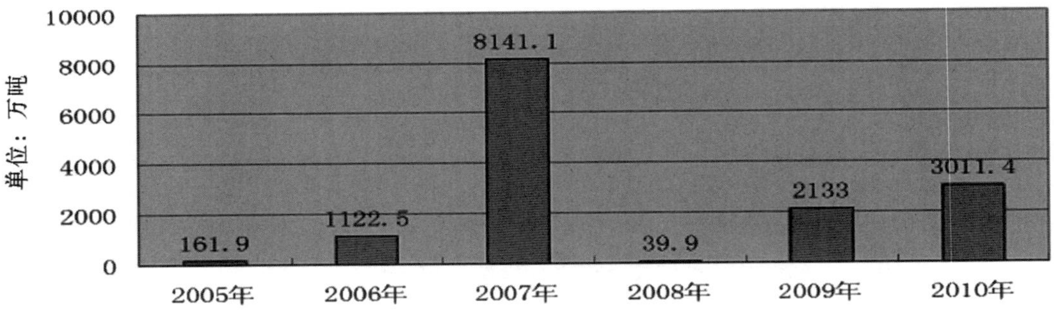

图 18－8　2005—2010 年镇海区清洁生产年节水量图

第三节　清洁生产企业减排

2005—2010 年，废水累计减排量为 26801.67 万吨，年均减排 4466.95 万吨；废气累计减排量 4070.9 吨、年均减排 678.48 吨；固废累计减排量 68251.4 吨，年均减排 11375.23 吨；化学需氧量（COD）累计减排量 203.42 吨，年均减排减 33.90 吨。

2005—2010 年镇海区清洁生产减排绩效情况表

表 18－20

废物排放项目	计量单位	2005 年	"十一五"规划期间					2005—2010 年合计
			2006 年	2007 年	2008 年	2009 年	2010 年	
年减排废水量	万吨	40.02	1303.9	23365	18.12	2067	7.63	26801.67
年减排 COD 量	吨	24.72	50.93	4.47	23.56	2	97.74	203.42
年减排废气量	吨	3.8	2665.5	18.9	189	693	500.7	4070.9
年减排固废量	吨	44498.6	3875.2	6100	11498.6	1265	1014	68251.4

清洁生产年减排废水量

2005—2010 年，年减排废水量由高到低排列，依次为 2007 年、2009 年、2006 年、2005 年、2008 年、2010 年。

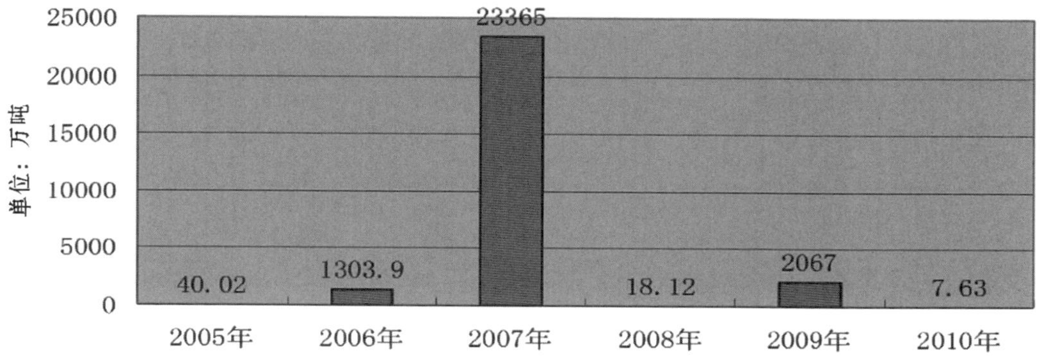

图 18－9　2005—2010 年镇海区清洁生产年减排废水量图

清洁生产年减排化学需氧量（COD）

2005—2010 年，年减排化学需氧量由高到低排列，依次为 2010 年、2006 年、2005 年、2008 年、2007 年、2009 年。

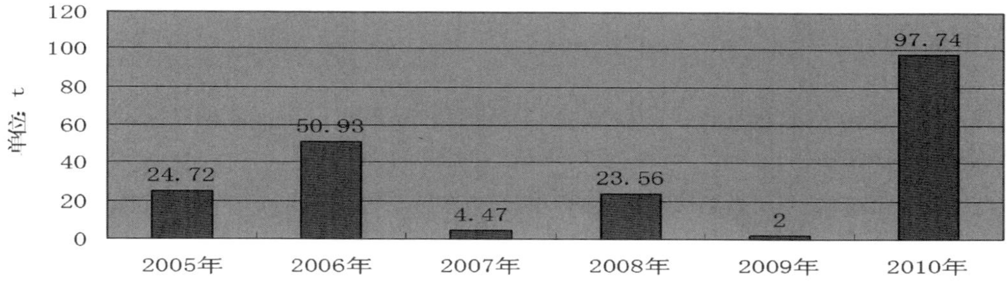

图 18－10　2005—2010 年镇海区清洁生产年减排 COD 量图

清洁生产年减排废气量

2005—2010 年，年减排废气量由高到低排列，依次为 2006 年、2009 年、2010 年、2008 年、2007 年、2005 年。

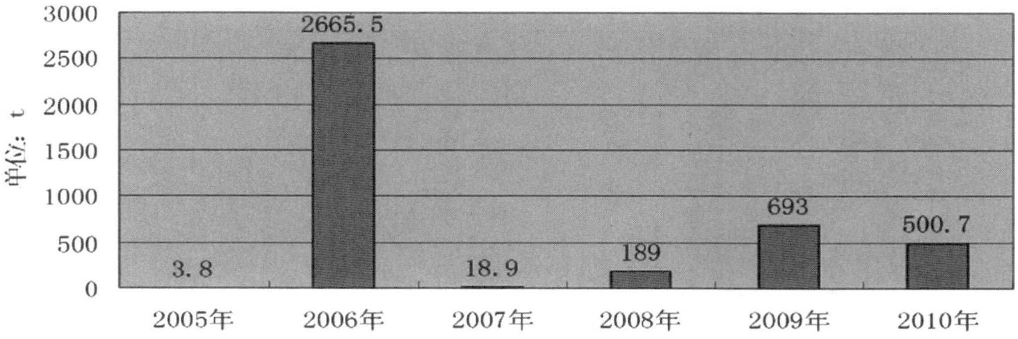

图 18－11　2005—2010 年镇海区清洁生产年减排废气量图

清洁生产年减排固体废弃物

2005—2010 年，年减排固废量由高到低排列，依次为 2005 年、2008 年、2007 年、2006 年、2009 年、2010 年。

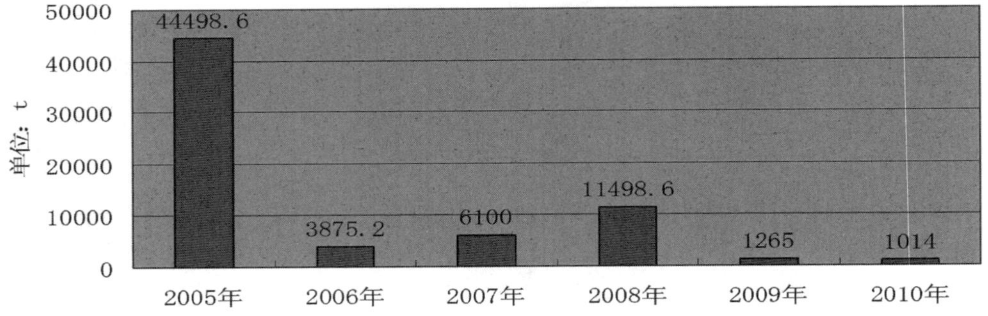

图 18－12　2005—2010 年镇海区清洁生产年减排固废量图

第四节　“三高类型”企业清洁生产

2003—2010 年，镇海区实施清洁生产审核 120 家企业中，属于高能耗、高污染、高水耗类型（以下简称“三高类型”企业）企业 81 家，分布 7 个行业，其中化工、通用设备制造行业最多，分别为 16 家、和 14 家企业，纺织印染行业 9 家居第三位，其余依次为冶炼、紧固件制造、金属制品、热电行业。

清洁生产投入产出

全区 81 家“三高类型”企业在清洁生产审核过程中，2005—2010 年累计投入资金总额 35006 万元，年经济效益为 31343 万元。其中，2005 年企业清洁生产完成投资额 5074.40 万元，年增加经济效益 3752.10 万元；2006 年企业清洁生产完成投资额 15087 万元，年增加经济效益为 11533 万元；2007 年企业清洁生产完成投资额 3988.88 万元，年增加经济效益为 2808.6 万元；2008 年企业清洁生产完成投资额 6110.38 万元，年增加经济效益为 7271.85 万元；2009 年企业清洁生产完成投资额 2531 万元，年增加经济效益为 3528 万元；2010 年企业清洁生产完成投资额 2214 万元，年增加经济效益为 2449 万元。

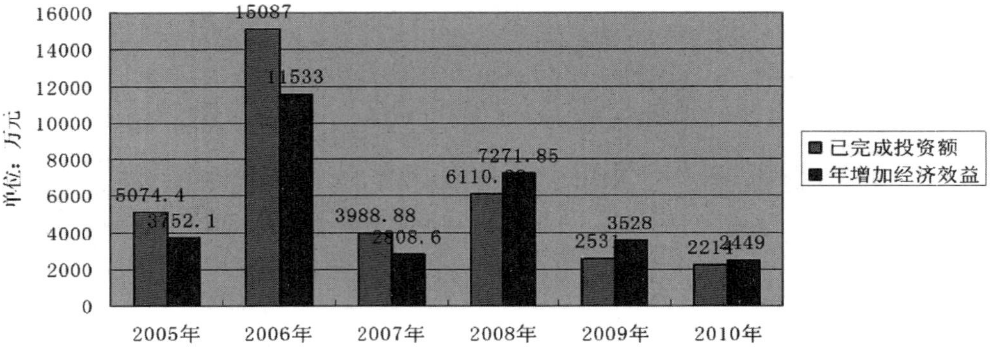

图 18－13　2005—2010 年镇海区企业完成的清洁生产投资数和经济效益图

2010年镇海区清洁生产审核验收企业投入产出情况表

表18－21

单位：万元

序号	企业名称	完成投资额	年增加经济效益	序号	企业名称	完成投资额	年增加经济效益
1	浙江金甬腈纶有限公司	2954.50	1064.45	22	宁波镇明转轴有限公司	526.20	244.58
2	宁波港集团镇海港埠有限公司	2060.20	156.75	23	宁波热电股份有限公司	518.30	969.30
3	宁波合众不锈钢有限公司	1902.60	1184.43	24	宁波金鼎紧固件有限公司	494.70	230.38
4	浙江浙能镇海发电有限责任公司	1513.30	969.30	25	宁波市镇海兴怡紧固件有限公司	488.20	212.54
5	宁波四明化工有限公司	1350.00	1400.00	26	浙江浙能镇海联合发电有限公司	478.71	608.30
6	宁波达尔轴承有限公司	1145.34	536.92	27	宁波现代精细化工有限公司	471.16	83.20
7	浙江中平粉末冶金有限公司	1107.48	464.74	28	宁波鑫海爱多汽车雨刷制造有限公司	451.38	350.00
8	宁波海德针织漂染有限公司	1073.58	343.98	29	宁波摩士集团股份有限公司	433.62	138.22
9	宁波巨化化工科技有限公司	1053.93	950.07	30	宁波德泰化学有限公司	427.04	939.19
10	宁波瑞丽洗涤有限公司（第二轮）	837.22	174.69	31	宁波创世轴业有限公司	419.50	89.49
11	宁波九龙机械制造有限公司	822.10	438.40	32	宁波甬华树脂有限公司	419.40	437.24
12	莲香纺织品（宁波）有限公司	818.00	318.73	33	宁波市镇海银球轴承有限公司	417.35	276.39
13	宁波中意液压马达有限公司	813.25	250.27	34	宁波宝日精密薄板有限公司	390.00	379.12
14	宁波市镇海九龙瓶盖玻璃制品厂	717.00	500.00	35	宁波镇洋化工发展有限公司	361.45	566.79
15	宁波久丰热电有限公司	690.80	—	36	宁波龙欣精细化工有限公司	340.00	156.80
16	宁波中斌紧固件制造有限公司	684.25	431.25	37	宁波爱尔使自行车有限公司	298.11	260.89
17	宁波远成石化电力机械有限公司	637.905	82.50	38	宁波瑞丽洗涤有限公司（第一轮）	296.71	—
18	宁波摩根轴承有限公司	614.50	218.00	39	宁波启盛生物食品发展有限公司	285.00	109.00
19	宁波明欣化工机械有限责任公司	561.73	148.96	40	宁波市镇海泰达化工有限公司	278.00	107.66
20	宁波万盛轴业有限公司	556.00	265.6	41	鼎鑫（宁波）合金制造有限公司	271.94	277.60
21	宁波盛发铜业有限公司	549.50	384.47	42	宁波市镇海国创高压电器有限公司	270.30	70.70

续表 18－21

序号	企业名称	完成投资额	年增加经济效益	序号	企业名称	完成投资额	年增加经济效益
43	宁波万隆食用酒精有限公司（第二轮）	248.06	280.72	63	浙江华泰化工有限公司	58.37	—
44	宁波伟峰影像设备集团有限公司	245.67	481.42	64	宁波灏钻科技有限公司（优秀）	55.14	56.93
45	宁波中鑫毛纺集团有限公司	242.45	115.66	65	百隆东方有限公司	52.85	84.33
46	宁波市镇海区渊博电镀有限公司	191.30	63.38	66	宁波升阳精密铸造制品有限公司	51.20	54.95
47	金慰（宁波）电子有限公司	190.56	97.83	67	宁波立华植物提取技术有限公司	49.30	46.02
48	宁波中科绿色电力有限公司	187.10	300.67	68	宁波大地化工环保有限公司	44.62	25.88
49	宁波市镇海第二化工厂	186.40	58.21	69	宁波联盛染整有限公司	25.00	28.00
50	宁波东来化工有限公司	177.57	146.73	70	宁波诺尔丽化学科技有限公司	18.72	14.74
51	宁波宁力高强度紧固件有限公司	177.25	178.58	71	浙江杭州湾腈纶有限公司	554.57	1077.80
52	宁波格林触点有限公司	175.91	94.12	72	宁波陆霖机械铸造有限公司	37.74	—
53	宁波市镇海骆驼电镀厂	165.45	81.44	73	宁波连通设备制造有限公司	48.57	—
54	宁波华力斯化学工业有限公司	160.30	400.00	74	宁波新荣电器科技有限公司	36.39	18.49
55	宁波招宝磁业有限公司	124.83	75.58	75	宁波海利化工有限公司	57.30	88.60
56	宁波金亿合金材料有限公司	119.00	28.50	76	宁波新福化工科技有限公司	33.00	4.59
57	宁波市医药技术研究有限公司	114.70	51.33	77	宁波萌恒线业有限公司	45.98	72.84
58	宁波市镇海和润服装有限公司	111.40	121.80	78	宁波爱普环保有限公司	129.79	15.94
59	镇海高鼎轴承有限公司	100.00	80.00	79	宁波昌兴压铸有限公司	408.50	229.35
60	宁波海大嘉华汽车零部件制造有限公司	84.95	48.36	80	宁波富邦精业集团股份有限公司	158.80	196.43
61	宁波华通电器集团股份有限公司	75.55	58.04	81	宁波海龙罐头食品有限公司	22.53	33.39
62	宁波橡胶有限公司	59.40	81.00	—	—	—	—

清洁生产企业选介

宁波四明化工有限公司　该公司前身为宁波化工厂（宁波化肥厂），建于1966年，是以生产碳铵为主的合成氨化肥企业，已形成年产4万吨合成氨、1万吨食品二氧化碳、2万吨双氧水的生产能力，是全国小氮肥先进企业。2005年被列入强制性清洁生产审核计划。2006年1月开展首轮清洁生产审核，提出无低费清洁生产方案26项、高费方案4项，实施率100%。该轮清洁生产审核，公司共计投入资金1350万元，对造气吹风气余热回收装置和NHD法脱硫脱碳净化技术进行清洁生产技术改造，效果显著，每年增产蒸汽4.464万吨，节电61万千瓦时，循环水1万吨，年产生经济效益1400万元。

宁波巨化化工科技有限公司　2005年12月成立，注册资金1.3亿元，占地面积约33.33公顷。2007年2月第一套ODS替代品原料生产装置建成投产；四氯乙烯（PCE）项目在引进国外工艺技术软件包的基础上，通过消化、吸收和改进，形成部分专有技术，于2007年6月投产，是全球第一套以四氯化碳为原料转化成四氯乙烯的工业化装置。公司于2008年开展清洁生产审核工作。在审核过程中，共筛选出18个无/低费方案及5个中高费方案，甲烷氯化物装置减排改造、能量梯级利用、蒸汽梯级利用等5个中/高费方案全部实施，无低费方案也全部实施。该轮清洁生产审核企业共计投入资金1053.93万元。通过首轮清洁生产审核，年节电92.07万千瓦时，节蒸汽13712吨，节约甲醇137吨；削减COD产生量1.23吨/年，共计节约能耗1513.22吨标煤/年，产生经济效益950.07万元/年。

宁波现代精细化工有限公司　该公司成立于2004年12月，是一家专业生产高档皮革染料及助剂的精细化工企业，隶属于泰国现代染料集团，属外商独资企业。该公司一期工程总投资346万美元，年生产能力达3750吨，销售收入达8000万元。2006年该公司生产染料520.5吨，产值达到2144.5万元。2007年8月开展清洁生产审核工作。在审核过程中，共筛选出38个无/低费方案以及2个中高费方案，制冰工程、废水处理系统改造2个中/高费方案和无低费方案全部实施。该轮清洁生产审核公司共计投入资金471.16万元。通过该轮清洁生产审核，年节电8.4万千瓦时，节蒸汽160吨，节水11589吨，减排废水10733吨/年，削减COD排放量1.29吨/年，削减氨氮排放量0.24吨/年，节约原辅材料155吨/年，年经济效益83.2万元。

宁波德泰化学有限公司　该公司成立于2005年9月，位于宁波化工区，厂区占地面积50332平方米，实际总投资9030万元，注册资金5000万元，专业从事炭黑生产，年生产硬质炭黑能力达到2.5万吨。2007年3月投入试生产，年产量11349吨，产值8910.5万元。2008年年初，公司被列入宁波市2008年度清洁生产审核工作示范试点企业。在审核过程中，共筛选出24个无低费方案以及9个中高费方案，全部实施完成，共计投入资金427.04万元。中高费方案有冷凝水回收及除氧器改造、反应炉改造、空气预热器改造、热风管保温改造、主袋滤器的滤袋更新、油脱水轻油回收装置改造、脱硫除尘设备技术改造、油预热器改造。年节电90.365万千瓦时、节水9215吨、回收炭黑227吨/年、削减SO_2排放量9.6吨/年、削减烟尘排放1.92吨/年。产生经济效益939.19万元/年。

宁波甬华树脂有限公司　该公司是一家专门生产碳五石油树脂的企业，公司原名宁波镇海甬华精细化工厂，始建于1997年，于2003年年底迁入宁波市化学工业区后，更名为宁波甬华树脂有限公司，年生产能力为7000吨碳五石油树脂。2006年列入镇海区清洁生产试点企业，开展清洁生产审核工作。在审核过程中，共筛选出21个无/低费方案以及7个中高费方案，其中尾气处理系统改造、污水处理系统改造、精馏系统改造、造粒单元改造、冷却系统改造和碱洗、水洗系统改造等6个中/高费方案全部实施，共计投入资金419.4万元。通过该轮清洁生产审核，年节电7.5万千瓦时、节水4000吨，减少间戊二烯、正己烷废气排放607.3吨/年，减少固废排放82.5吨/年，减少废水排放2463吨/年，产生经济效益437.24万元/年。

宁波镇洋化工发展有限公司 该公司成立于2004年，系浙江省铁路投资集团和浙江发展化工科技有限公司投资兴建的企业，占地面积50公顷，首期总投资4.85亿元，总体规划以30万吨/年离子膜烧碱为基础，将建成拥有精细化工产品群、石油化工产品群、生物化工产品群、现代物流中心区的综合型化工企业。2008年，公司被列为镇海区清洁生产试点企业，开展清洁生产审核工作。在审核过程中，共筛选出21个无/低费方案以及7个中高费方案，其中浓水与高浓度碱冷凝水回收再利、热力系统改造、盐泥中硫酸钡回收再利用、氯蜡厂尾气吸收改造等5个中高费方案实施完成。该轮清洁生产审核公司共计投入资金361.45万元，年节电46.60万千瓦时、节水20.34万吨，节约氢气633.6万标准立方米，节约食盐277吨，节约液氯15吨，节约氯蜡6.5吨，节约硫酸钡1530吨，年减排盐泥4800吨，减排废水9.95万吨，取得经济效益566.79万元/年。

宁波龙欣精细化工有限公司 该公司2001年11月成立，2003年1月投产，总投资1800万元，占地4.2公顷。公司主要生产酸性染料、油溶染料及染料中间体等产品。2006年被列入清洁生产审核企业。在审核过程中，共筛选出6个无/低费方案以及8个中高费方案，全部实施完成。该轮清洁生产审核公司共计投入资金340万元。年节电6万千瓦时，减少固废排放27.4吨/年，减少废水排放10万吨/年，产生经济效益156.8万元/年。

宁波伟峰影像设备集团有限公司 公司创立于1993年，系影视器材专业生产企业。年产各类三脚架500万支。2005年被列入镇海区清洁生产试点企业。审核过程中共筛选出14个无/低费方案、4个中高费方案。无低费方案已全部实施，引进铝压铸生产线、提高水的循环利用率、注塑机安装节电器等3个中高费方案实施完成，共计投入资金245.67万元，年节电6.1万千瓦时，节水10.08万吨，减少固废排放44.8吨/年，削减铬酸排放2.4吨/年，削减纸张32万张/年，产生经济效益481.415万元。

宁波摩士集团股份有限公司 公司主要产品有微型、小型精密深沟球轴承、回转支承轴承（转盘轴承）、机床精密主轴轴承、仪器、精密器械和专用机械轴承、端面轴承、不锈钢特种材料精密薄壁深沟球轴承等各大类多品种轴承。2006年开展清洁生产审核工作。在审核过程中，共筛选出9个无低费方案和新上油污净化机、地源热泵中央空调、净化车间、磨削液循环处理机、蒸发式降温换气机组等7个中高费方案，全部实施完成。该轮清洁生产审核公司共计投入资金433.62万元，年节电181.68万千瓦时，节约磨削液210吨，节约超精油1.092吨，产生经济效益138.22万元/年。

宁波中意液压马达有限公司 2008年公司被列为清洁生产试点企业。在审核过程中，共筛选出21个无/低费方案以及金工车间自动化设备更新、ERP管理系统软件升级、液压油滤油器更换节油方案、环保型冷风机等5个中高费方案，全部实施完成。企业共投入资金813.25万元，年节电

30.56万千瓦时，减少固废2.4吨/年，减少废液压油12吨/年，减少皂化液产生量3.6吨/年，取得经济效益250.27万元。

宁波海德针织漂染有限公司 公司从事散纤维棉花染色。2006年公司被列为清洁生产试点企业，通过审核，共筛选出17个无/低费方案以及3个中高费方案，无低费方案全部实施完成，中高费方案实施完成1个。该轮清洁生产审核公司共计投入资金1073.58万元，年节电55.55万千瓦时，节水6.293万吨，节约蒸汽6290吨。减排废水6.293万吨/年，削减COD10.58吨/年，取得经济效益343.98万元/年。

宁波金鼎紧固件有限公司 2009被列入镇海区年度清洁生产审核试点企业。在审核过程中，共筛选出22个无/低费方案以及6个中高费方案，其中旧式网带炉淘汰更新、冷镦车间设备淘汰更新、工艺技术改进、改进拉丝工艺等5个中高费方案已经实施。该轮清洁生产审核公司共计投入资金494.7万元，产生经济效益230.38万元/年。通过该轮清洁生产审核，年可节电34.53万千瓦时，节约蒸汽12吨，节约盐酸72吨，减排废水100吨/年，回收机油52.05吨/年，减少酸雾排放17.1吨/年。

宁波合众不锈钢有限公司 专业从事不锈钢热轧钢带生产的民营企业。2008年被列入镇海区清洁生产试点企业。在审核过程中，共筛选出18个无/低费方案以及3个中高费方案，其中酸洗槽改造、退火炉改造、热轧生产线技术改造3个中/高费方案全部实施完成。该轮清洁生产审核公司共计投入资金1902.6万元，产生经济效益1184.43万元/年。通过该轮清洁生产审核，年节电128.1万千瓦时，节煤1655吨，节水1.35万吨，节约不锈钢材2430吨/年，有效提高成材率。削减冷条、氧化铁皮等固废2438.6吨/年，煤渣331吨/年，减排$SO_2$21.18吨/年，减排烟尘113.48吨/年。

宁波宝日精密薄板有限公司 浙江新盈钢铁集团下属的专业生产冷轧薄板的民营高新技术企业。经过近几年的发展已成为浙江省中大型冷轧薄板专业生产企业，年产能力达10万吨。2007年列入清洁生产审核试点企业，共筛选出55个无/低费方案以及7个中高费方案，中高费方案全部实施完成，无低费方案实施52个。该轮清洁生产审核公司共计投入资金390万元，产生经济效益379.12万元。通过该轮清洁生产审核，年节电132.47万千瓦时、节水2060吨，节约乳化液720吨，节约柴油18.08吨，节约盐酸577.71吨，减少固废1270.5吨，减少废水排放2800多吨。

宁波盛发铜业有限公司 中等规模的铜材加工企业，年生产能力1.8万吨。2007年度被列为镇海区清洁生产的试点单位。在审核过程中，共筛选出14个无/低费方案以及6个中高费方案，全部实施完成。该轮清洁生产审核公司共计投入资金549.5万元，年节电380.7万千瓦时，节水1.044万吨，节约柴油220吨，产生经济效益384.47万元/年。

宁波九龙机械制造有限公司 公司年生产钢铬板能力5万吨。2008年被列入镇海区清洁生产示范试点企业。在审核过程中，共筛选出10个无/低费方案及11个中高费方案，其中8个中/高费方案实施完成。该轮清洁生产审核公司共计投入资金822.1万元，年节电87.485万千瓦时，节水2322吨，节约钢材77吨，节约圆锯片218片，年经济效益438.4万元。

宁波爱尔使自行车有限公司 公司具有年产各类山地车、轻快车、折叠车和童车等自行车50万台的生产能力。2007年被列为清洁生产审核试点单位。在审核过程中，共筛选出17个无/低费方案及5个中高费方案，其中3个中/高费方案实施完成。该轮清洁生产审核公司共计投入资金298.11万元，年节电2.53万千瓦时，节水2.1万吨，节约燃油34.5吨。产生经济效益260.89万元/年。

宁波鑫海爱多汽车雨刷制造有限公司 公司专业从事汽车雨刷片、雨刷杆设计开发、生产、销售、贸易的企业。2007年被列为清洁生产审核试点单位。在审核过程中，共筛选出32个无/低费方案以及6个中高费方案，全部实施完成。该轮清洁生产审核公司共计投入资金451.38万元，年节电27.32万千瓦时，产生经济效益350万元/年。

宁波市医药技术研究有限公司 独立核算、自负盈亏的股份制研究型生产企业，宁波市首批市级十大工程中心之一，2000年被批准为省级工程中心。公司代表产品有盐酸恩丹西酮、盐酸格雷司琼、枸橼酸托瑞米芬、卡维地洛、巴氯芬等。2007年1月开展清洁生产审核。在审核过程中，筛选出17个无/低费方案及2个中高费方案，全部实施完成。该轮清洁生产审核公司共计投入资金114.7万元，年节电0.7万千瓦时，节汽35吨。削减有机溶剂排放量1.8吨/年，削减固废量2.17吨/年，削减COD量1.65吨/年，产生经济效益51.33万元/年。

宁波港集团镇海港埠有限公司 2006年度被列为宁波市强制清洁生产审核企业。在审核中筛选出11个无/低费方案和18中高费方案，全部实施完成。该轮清洁生产审核企业共计投入资金2060.2万元，取得经济效益156.75万元，年节电118.5万千瓦时、节水6万吨，削减有机废气9吨/年，削减粉尘排放20吨/年。

宁波市镇海区渊博电镀有限公司 2006年被列为宁波市强制清洁生产审核企业。在审核中共筛选出16个无低费方案和5个中高费方案，全部实施完成。该轮清洁生产审核企业共计投入资金191.3万元，取得经济效益63.38万元，年节电10.6万千瓦时，铜、镍和铬酐的利用率分别提高4.9%、3.1%、3%。

宁波市镇海骆驼电镀厂 企业以手工电镀生产工艺和半自动生产工艺为主，镀种主要包括镀铜、镀镍、镀铬、镀锌等。2008年被列入清洁生产示范试点企业。在审核中共筛选出22个无低费方案和6个中高费方案，全部实施完成。该轮清洁生产审核企业共投入165.45万元，取得经济效益81.44万元/年，年节电16.2万千瓦时、节蒸汽150吨、减排废水1.08万吨。

浙江金甬腈纶有限公司 由上海石油化工股份有限公司以控股方式兼并原浙江腈纶厂组建的有限责任公司，1995年投产，生产能力为五万吨腈纶纤维。2005年被列入浙江省清洁生产试点企业。审核过程中筛选出20个无/低费方案和14个中/高费方案。无/低费方案完成19个，中/高费方案完成11个。该轮清洁生产审核企业共计投入资金2954.5万元，取得经济效益1064.45万元/年，减排$SO_2$419吨/年，减排废气1000吨/年，减排废水8万吨/年。

宁波市镇海银球轴承有限公司 专业生产以“NZSB”注册商标为品牌系列的微小型深沟球轴承，共130多个品种，年产量在7200万套以上。2006年列入清洁生产审核试点企业，在审核过程中筛选出14个无/低费方案及7个中高费方案，全部实施完成。该轮清洁生产审核公司共计投入资金417.35万元，取得经济效益276.39万元/年，年节电5万千瓦时，节水2.97万吨，提高材料利用率，降低物料损耗。

宁波万隆食用酒精有限公司　专业食用酒精生产，固定资产投资7000万元，年产酒精3.5万吨（含无水酒精8000吨）、食品添加剂二氧化碳1万吨、酒糟饲料3万吨，年产值超过1.5亿元。2006年开展清洁生产审核工作，审核过程中筛选出19个无/低费方案和9个中/高费方案，全部实施完成。该轮清洁生产审核企业共计投入资金248.06万元，取得经济效益280.72万元，年节电58万千瓦时，节水2.59万吨，节约原辅材料948吨，减排固废667吨/年，减排废气2465.6吨/年，减排废水2.55万吨/年。

第四章　资源综合利用

镇海区资源综合利用管理，分为区域管理和圈区管理两大部分。其中，“圈区管理”是专门为进口再生金属资源加工利用而设立的宁波再生金属资源加工园区（以下简称金属加工园区）。“区域管理”是指除“金属加工园区”以外的全区资源综合利用管理，主要通过废旧物资回收、生产、企业内部循环利用等途径来实现资源综合利用。2006—2010 年，全区资源综合利用回收企业累计回收各类废旧物资 116.72 万吨，产值 22.39 亿元。2006—2010 年资源综合利用生产企业利用废弃物 449 万吨，实现产值 7.53 亿元。

第一节　区域资源综合利用

资源回收

2006 年回收各种废旧物资 19.0613 万吨，其中废有色金属 0.0166 万吨（其中废铜 0.0082 万吨、废铝 0.0056 万吨）、废钢铁 5.6101 万吨、废塑料 0.9099 万吨、废纸张 8.1306 万吨、废橡胶 0.0671 万吨、废玻璃 4.201 万吨、其他 0.1260 万吨。年产值 27794.04 万元，实现利润 437.24 万元。

2007 年回收各种废旧物资 16.10 万吨，其中废有色金属 0.2689 万吨（废铜 0.1795 万吨、废铝 0.0893 万吨）、废钢铁 6.9596 万吨、废塑料 0.2763 万吨、废纸张 8.5501 万吨、废橡胶 0.0366 万吨、废玻璃 0.0015 万吨、其他 0.0099 万吨。年产值 37315.49 万元，实现利润 227.24 万元。

2008 年，镇海区资源综合认定的再生回收企业有 29 家（其中 8 家企业首次认定），主要回收废钢铁、废纸张、废橡胶、废铁末、废玻璃、废液氨、废镍钴、废铜等，以废钢和废纸回收为主，年累计回收 19.05 万吨，销售 19.11 万吨，年产值 91701.54 万元，减免税收 6435.83 万元。

2009 年认定再生资源回收经营企业 31 家，共回收废旧物资 45.72 万吨，其中有色金属 0.4948 万吨（废铜 0.4809 万吨、废铝 0.0086 万吨）、废钢铁 6.5144 万吨、废塑料 0.0701 万吨、废纸张 4.6666 万吨、废橡胶 0.0096 万吨、粉煤炭等其他废物 33.9337 万吨；年产值 30574.55 万元；实现利润 253.27 万元。

2010 年，共回收废旧物资 16.7890 万吨，其中有色金属 0.4205 万吨（废铜 0.3874 万吨、废铝 0.0332 万吨）、废钢铁 9.8453 万吨、废纸张 5.3797 万吨、粉煤炭等其他废物 1.1434 万吨；产值 36543 万元；实现利润 56.89 万元。

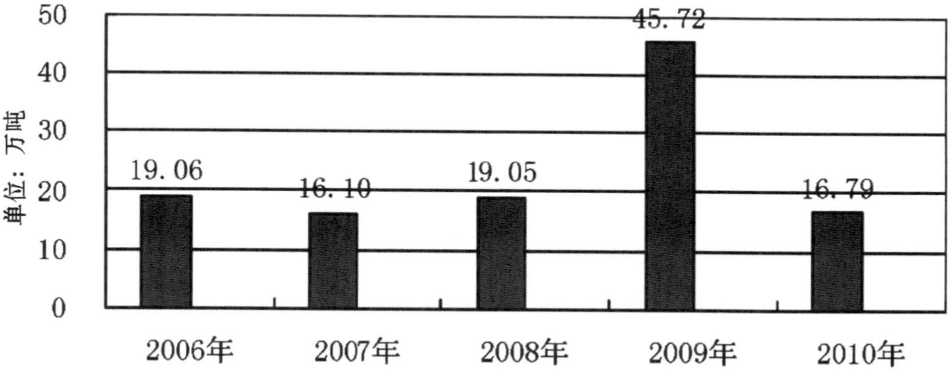

图18－14　镇海区“十一五”资源综合利用回收企业回收废旧物资总量图

资源综合利用

2005年综合利用生产企业2家，其中镇海众茂公司利用镇海发电厂粉煤灰进行精加工，年产44万吨精制粉煤灰，销售额达到1536万元，宁波市大自然新型墙材公司利用镇海众茂公司4.5万吨精制粉煤灰，每年可为宁波各地提供81万平方米新型墙体材料。

2006年综合利用生产企业2家（宁波镇海众茂粉煤灰有限公司和宁波大自然新型墙材有限公司）利用废弃物42.51万吨，加工成节能建筑材料，利用价值达到2867万元。

2007年，认定资源综合利用生产企业4家，年利用废弃物38.82万吨，产值8628万元。其中：宁波镇海众茂粉煤灰有限公司废弃物利用34万吨，产值1200万元；宁波市大自然新型墙材有限公司利用废弃物3万吨，产值1088万元；宁波雄发墙体材料有限公司利用废弃物1.27万吨，产值340万元；宁波博帆卫浴有限公司利用废弃物5500吨，产值6000万元。

2008年资源综合利用生产性企业6家，综合利用产品年产量5.6万吨，废弃物利用72.75万吨，产值16265万元。其中，宁波市大自然新型墙材有限公司综合利用产品年产量5.6万吨，废弃物利用8.4万吨，产值1480万元；宁波市镇海众茂粉煤灰有限公司废弃物利用37万吨，产值1400万元；宁波雄发墙体材料有限公司废弃物利用4.9万吨，产值2700万元；宁波博帆卫浴有限公司废弃物利用0.45万吨，产值4500万元；宁波中科绿色电力公司废弃物利用19万吨，产值4185万元；宁波华东二氧化碳有限责任公司废弃物利用3吨，产值2000万元。

2009年资源综合利用生产企业10家，废弃物利用量216.43万吨，其中综合利用粉煤灰30.88万吨、煤渣（含锅炉炉渣）11.22万吨、磷（氟）石膏2.88万吨、生活垃圾25万吨、碎玻璃1.83万吨、石油化工余热利用134万吨，石油化工尾气1.4亿立方米，产品销售产值23563万元。

2010年资源综合利用生产企业14家，年利用废弃物78.487万吨，其中综合利用粉煤灰22.8万吨、生活垃圾31.94万吨、石油化工尾气19.98万吨，产值2.4亿元。

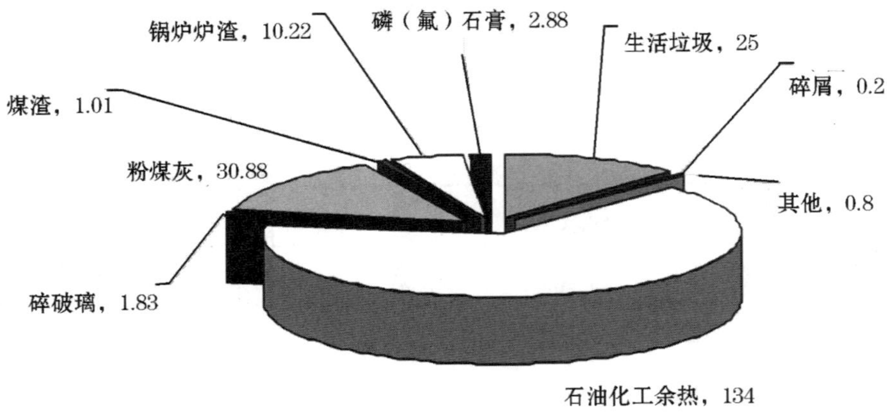

图 18－15　2009 年镇海区废弃物资源统计图

2009 年镇海区区属资源综合利用企业（生产）情况表

表 18－22

认定企业名称	资源综合利用产品名称	综合利用产品年产量（万吨）	废弃物利用量（万吨）	申请减免税额（万元）		预计到位减免税额（万元）		综合利用产品产值万元
				增值税	所得税	增值税	所得税	
宁波雄发墙体材料有限公司镇海分公司	蒸压加气混凝土砌块	14 万立方米	6.5	85	57	85	57	3000
众茂新型墙材有限公司	精制粉煤灰、脱硫石膏	7	4.5	43	—	—	—	1558
宁波市大自然新型墙材有限公司	加气砌块、陶粒、陶粒砌块	12 万立方米	10	—	—	109	—	1500
宁波博帆卫浴有限公司	坐便器厕盖	1	1	—	—	—	—	6500
宁波中科绿色电力有限公司	电力	15008 万千瓦时	25	484	0	484	0	7222
宁波华东二氧化碳有限责任公司	液态二氧化碳	2.45	4	225	40	225	40	2380

第二节　资源综合利用园区

宁波再生金属资源加工园区（以下简称金属加工园区），2003 年 10 月被国家环保总局列为全国进口再生资源加工利用行业“圈区管理”的试点园区。2005 年为宁波工业企业提供 100 余万吨金属原材料。“十一五”期间，全园区累计投入建设资金 15.6 亿元，开发面积 130 公顷，海关国检监管区、商务管理区、员工生活区、污水固废处理区和 87 个拆解分选区已全面竣工，2010 年金属园区企业达到 73 家，从业人员 1.3 万余人。

进口加工利用量

2005—2010 年，园区累计进口加工总量 630. 40 万吨，工业总产值 416. 70 亿元，销售额 424. 1 亿元，上缴税收 5. 01 亿元。

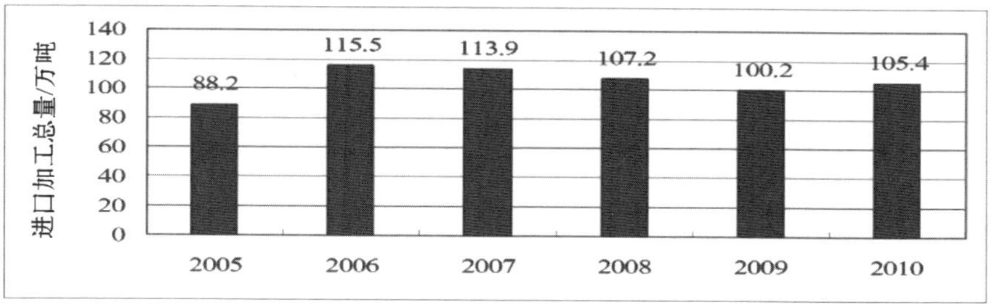

图 18－16　2005—2010 年镇海区再生金属资源加工园园区进口总量图

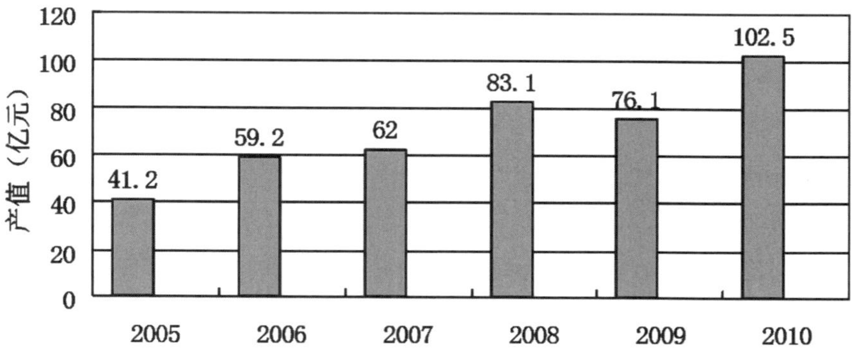

图 18－17　2005—2010 年镇海区再生金属资源加工园园区产值图

拆解品种分类

2006—2010 年，金属园区拆解的主要品种有铜、铝、不锈钢、废钢铁、废塑料、其他金属和不可利用废物等七种，5 年累计 542. 2 万吨。其中铜 38. 9 万吨、铝 69. 10 万吨、不锈钢 34. 55 万吨、废钢铁 340. 04 万吨、废塑料 26. 3 万吨、其他金属 26. 29 万吨、不可利用废物 7. 02 万吨。其中，废钢铁占总拆解量 63%，其次是铝、铜、不锈钢，分别占拆解总量的 13%、7%、6%。

2006—2010 年金属园区拆解品种分类统计表

表 18－23

产品	单位	“十一五”规划期间				
		2006 年	2007 年	2008 年	2009 年	2010 年
铜	万吨	7. 39	7. 40	8. 01	6. 79	9. 31
铝	万吨	14. 21	14. 01	13. 76	12. 50	14. 62
不锈钢	万吨	7. 28	7. 15	6. 65	6. 28	7. 19
废钢铁	万吨	73. 57	72. 23	68. 63	63. 83	61. 78
废塑料	万吨	6. 01	5. 92	4. 48	4. 88	5. 01
其他金属	万吨	5. 31	5. 61	4. 53	4. 60	6. 24
不可利用废物	万吨	1. 73	1. 58	1. 14	1. 32	1. 25

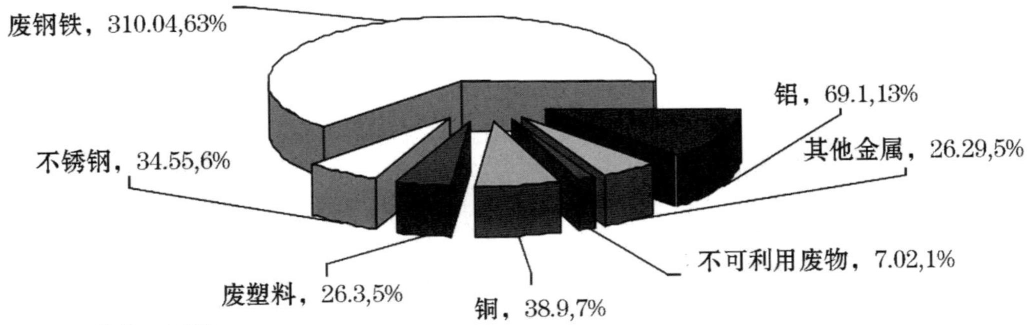

图 18－18 2006—2010 年镇海金属园区拆解品种数量及占比图

园区加工利用再生金属资源环境效益

在 2005 至 2010 年，金属园区加工利用进口再生金属资源 630.4 万吨，仅有色金属类（剔除拆解利用的钢铁类）可节能 946.90 万吨标准煤，节水 51349.15 万吨，少排固废 26193.80 万吨，少产生二氧化硫 17.44 万吨。

2005—2010 年金属加工园区加工利用再生金属资源环境效益一览表

表 18－24

再生资源	再生金属产量和利用量（万吨）	单位节能（吨）	总节能量（万吨）	单位节水（吨）	总节水量（万吨）	单位少排放固废（吨）	总固废少排量（万吨）	单位少排 SO_2 量（吨）	总 SO_2 少排量（万吨）
铜	44. 65	3. 33	148. 68	734	32773. 10	420. 5	18775. 33	0. 14	6. 25
铝	80. 15	8. 20	657. 23	70	5610. 50	29. 0	2324. 35	0. 06	4. 81
不锈钢及其他类金属	70. 85	1. 99	140. 99	183	12965. 55	71. 9	5094. 12	0. 09	6. 38
合计	195. 65	—	946. 90	—	51349. 15	—	26193. 80	—	17. 44

第三节 资源综合利用项目选介

“十一五”期间镇海炼化、中科电力等 10 家企业、14 个技改项目通过资源综合利用认定，利用废弃物资源种类有煤渣、碎玻璃、石油化工余热、碎屑、生产垃圾、磷（氟）石膏、锅炉炉渣和石油化工尾气等。

中石化镇海炼化分公司资源综合利用

气体资源循环利用 建立气体回收系统，实现气体资源的循环利用。实施“化肥生产系统富裕氢气和氮气供炼油装置使用”和“分离炼油干气中氢气供加氢精制装置使用”等技改措施。将通常引入加热炉作燃料烧掉的高含硫常减压初馏塔顶不凝气，引入催化裂化装置气压机，既实施脱硫处理，减少燃烧废气所排放的 SO_2 量，又可以回收其中的液化气组分，增加效益；利用催化装置的 CO 锅炉和余热锅炉，将催化一再烟气和二再烟气作为燃料，生产合格蒸汽，提高能源利用利用效率。

水资源循环利用　建立废水回用系统，实现水资源的循环利用。公司通过开发、集成炼油节水型工艺、达标外排污水适度处理回用、新上汽轮机凝汽空冷、炼油污水串级使用和重复使用、炼油凝结水分级回收回用等核心技术，实现各类污水“污污分流、分质处理、分级利用”，实现水资源的循环利用。2009 年公司吨原油新鲜水耗量由原 1.5 吨左右持续下降到 0.368 吨，下降 75.5%，居世界领先水平；吨油废水排放量由 0.55 吨持续下降到 0.062 吨，下降 88.7%，炼油污水已接近“零排放”。

固体资源循环利用　建立延迟焦化装置，实现渣油资源环利用。公司采用 2 套总处理能力为 350 万吨/年的延迟焦化装置，将劣质渣油转化为液化石油气、汽油、柴油、蜡油等液体产品和石油焦，提高轻油收率。除少量废催化剂需送专业公司处理和采用专用固废堆场填埋外，其他固体废弃物如油泥、浮渣、炉渣和飞灰等全部实现资源综合利用。

通过“三废”的综合利用，公司内部综合收益每年可达 4 亿多元，其中硫黄回收装置、干式气柜、利用高硫石油焦发电发热和污水回收等项目享受国家有关资源综合利用优惠政策，年退税达到 2000 万元左右。

宁波中科绿色电力有限公司无害化垃圾处理

截至 2010 年 6 月底，累计无害化处理生活垃圾及无害工业垃圾 727087 吨，累计无害化处理生化污泥 20753 吨，累计发电 45977 万千瓦时，上国家电网 38556 万千瓦时。

宁波大地化工环保有限公司处置危险废弃物利用

公司位于宁波化学工业园区内，是专门处置危险废弃物的专业环保公司。2006 年年底一期工程投入试生产，当年共处理各类危险废物 2 万多吨，主要包括废有机溶剂回收、废物高温焚烧处置、热脱附、包装桶清洗修复、废活性炭再生、危险（剧毒）化学品氰化物安全处置等项目，使工业企业产生的各类工业废物在符合环保要求下，尽可能地进行综合利用及无害化处置。危险废物焚烧处理工艺主要包括废物预处理系统、焚烧系统、烟气处理系统和辅助公用系统四大部分，配置有先进的在线尾气监测系统，燃烧效率大于 99.9%，焚烧去除率大于 99.99%，可实现对固态、液态化工废物的安全、高效处置。

宁波众茂新型墙材有限公司废水、废浆再利用

公司是专业生产蒸压粉煤灰加气混凝土砌块的企业，成立于 2008 年 5 月，总投资 2550 万元。公司依托镇海发电厂的水、电、汽及排放的工业废灰、废渣等资源，形成年产 20 万立方米的粉煤灰加气混凝土砌块能力。每年可少毁耕地约 6.67 公顷，减少粉煤灰占用土地约 26668 平方米，消耗粉煤灰、脱硫石膏 9 万吨，生产过程中的废水、废浆再利用，达到零排放。

宁波博帆卫浴有限公司废弃物综合利用

公司坐落于镇海蛟川工业园区，占地面积 4 万平方米，主要产品为木（竹）、秸秆纤维板，综合利用废弃的木屑、刨花等废弃物，通过先进设备和工艺，制成木（竹）秸秆纤维板，替代大量木材。年产木（竹）秸秆纤维板200万套，综合利用废弃的木屑、刨花8000吨。

宁波巍华化工有限公司（新福科技）余热总回收

公司（企业前身为宁波硫酸厂）主要产品以生产硫酸、普钙等产品为主。利用硫黄在燃烧中产生的大量余热，用1台3兆瓦抽凝式发电机组发电，余热总回收量抵偿全部的燃料动力消耗外，每年还可另外为工厂提供4.248万吨标准煤的能源。

宁波华东二氧化碳有限责任公司循环利用二氧化碳

公司位于宁波化工区蛟川园区内，2007年10月建成投产，主要产品为食品级液体二氧化碳。公司利用镇海炼化制氢装置所产生的二氧化碳尾气做原料，提纯制取高纯度液体二氧化碳。循环利用二氧化碳，减少二氧化碳的直接集中排放，既减轻企业排放废气对环境的影响，又解决当地工业对二氧化碳气体的需求。

宁波德泰化学有限公司余热利用

公司依托镇海炼化100万吨乙烯工程副产物乙烯焦油和宁波钢铁公司焦化副产物煤焦油为基本原料，生产硬质炭黑；综合利用炭黑生产过程中产生的多余热量，2009年全厂余热利用产生蒸汽15.2万吨，外供蒸汽12.3万吨；年综合利用产品产值1950万元，实现利润1300万元。企业被列入宁波市第一批循环经济生产示范企业。

宁波巨化化工有限公司资源利用

余热利用 公司综合利用甲烷氯化物装置氢氯化反应热，年节约蒸汽3831吨，折合经济效益55万元；回收甲烷氯化物装置冷凝水槽的蒸汽，供低压蒸汽系统使用，年节约蒸汽120吨，折合经济效益2.6万元；更换甲烷氯化物装置E－607材质以提高余热利用效率，年节约蒸汽211吨，折合经济效益3万元。

蒸汽梯级利用 利用四氯乙烯装置换热器，PCE塔再沸器等设备凝结水，在中压蒸汽冷凝水槽增加压力调节系统，将压力控制在0.35兆帕，可产生150kg/h蒸汽供系统使用。装置年运行时间为8000小时，年可节约蒸汽1200吨，年经济效益26.40万元。

宁波立华植物提取技术有限公司资源综合利用

公司成立于2005年9月，是一家专业从事中药材提取精制的企业。主要产品有自用浸膏和配方颗粒两大类产品。2008年生产自用浸膏82.11吨，生产配方颗粒153.45吨，实现工业总产值3571万元，税收318万元。

药渣压榨回收乙醇 药渣通过压榨后可回收17.60%药汁，内含有乙醇17.43%、流浸膏2.35%。废弃药渣制膏率由原来的15.42%提高到16.20%。按2008年白芍药渣产生量1024.50吨计算，年回收药汁量180.31吨，回收95%乙醇33.08吨，回收流浸膏4.24吨，经济效益17.95万元。

蒸汽冷凝水回收 提取车间内提取罐和多效蒸发器产生的蒸汽冷凝水至外建的冷凝水回收水池，利用输送泵将回收水池内的水输送至提取罐内，用作中药水提用水或醇提乙醇溶剂装置用水。项目实施后，年可回收冷凝水7920吨、年节约蒸汽量221.94吨、年减少高温废水排放7920吨，节约费用6.79万元。

（责任编辑　孟福成）

第十九编　建筑业　房地产业

本编目录

改革开放以来，特别是进入21世纪后，建筑业成为镇海区国民经济发展的支持产业之一。建筑施工队伍为镇海区一幢幢高楼大厦的崛起，一条条道路的延伸，一座座桥梁的飞架做出重要贡献。1993年城镇职工住房制度改革后，镇海区商品房开发加快。1998年，福利分房结束，镇海区房地产业进入市场化新阶段。

第一章　建筑业

1985 年 1 月建立镇海县建筑总公司，属地建筑业企业纳入其统一管理，1986 年统计的区属建筑业总产值仅 131 万元。同年 10 月，县建筑总公司改称区建筑总公司。1989 年撤销区建筑总公司，其管理职能并入区城乡建设环保局。1990 年区属建筑业生产总值 2442 万元，2000 年区属建筑业生产总值 17438 万元，至 2007 年区属建筑业生产总值达到 76964 万元，建筑业持续快速增长。

第一节　建筑企业

概况

1986 年，辖区注册建筑企业 14 家，其中国有 7 家，集体 7 家。国有企业有镇海区房屋拆建公司、镇海区供电局电力安装公司、中国石油化工总公司第三建设公司、交通部第三航务工程局第四工程处、浙江省第二建筑工程公司、浙江省火电建设公司宁波工程公司、浙江第一公路工程队。集体企业有镇海区建筑工程公司、镇海区第三建筑工程公司、镇海区骆驼建筑安装工程公司、镇海电厂建筑公司、镇海区城关建筑工程公司、镇海炼化工贸建筑安装公司、镇海区湾塘水利工程队。是年，建筑从业 10890 人，其中工程技术人员 452 人。全年建筑施工面积 36. 37 万平方米，其中住宅 9. 96 万平方米，部省属企业建筑施工面积 12. 85 万平方米。全年建筑工程竣工面积 19. 81 万平方米，其中住宅 5. 91 万平方米，部省属企业 5. 91 万平方米。年建筑业产值 5000 余万元。

1998 年前后，区属国有、集体建筑企业体制改革，多数转为民营。随着区域经济的发展，镇海区市政工程公司、宁波天鸿建设工程公司、镇海区第二建筑公司（中亿建业集团前身）、镇海区泰阳建筑公司等陆续成立。至 2008 年年末，镇海区注册建筑施工企业 64 家，其中施工安装 51 家，监理、园林绿化、勘测、设计、招标代理 13 家。其中，施工总承包特级 1 家，二级 11 家，三级 6 家；专业承包一级 2 家，二级 3 家，三级及以下 18 家；劳务分包 10 家。2008 年，镇海区建筑业产值 70. 12 亿元，其中建筑工程产值 63. 43 亿元，竣工工程产值 46. 14 亿元。全年房屋建筑施工面积 472. 05 万平方米，竣工面积 168. 5 万平方米，新开工面积 187. 4 万平方米。建筑从业 42569 人，其中工程技术人员 4271 人。建筑施工队伍已形成一支能满足各类工程需要、门类齐全、专业配套的产业力量。

2004—2008 年镇海区全社会建筑业企业总产值情况表

表 19－1 单位：亿元

年份	2004	2005	2006	2007	2008
产值	46.12	54.81	57.95	60.91	70.12

说明：数据来源区统计局。2004 年之前统计部门对建筑业产值未作统计

建筑企业选介

镇海区建筑工程公司 地址区胜利路 9 号。1956 年前称城关镇建筑生产合作社，后分为木业、泥水业和石匠业 3 生产合作社。1959 年与镇海县木器厂合并，称镇海县建筑工厂。1961 年分为独立的木工队、泥工队、石工队。1963 年秋 3 队合并，称镇海县城关建筑生产合作社。1965 年 11 月，更名为镇海县建筑联社建筑工程队。1969 年 11 月，与镇海县家具厂合并，组建县建筑工程公司，隶属于县手工业联社。1975 年 2 月，原家具厂部分划出，建筑工程公司归属于县建设管理局。1985 年 1 月，成立县建筑总公司，归属于县建筑总公司。1985 年 10 月更为现名，区属集体企业。1989 年 5 月，划归区城乡建设环保局。1999 年，改制转为股份合作制企业。2008 年年末，公司注册资本 2008 万元，净资产 3500 余万元，建筑总承包二级资质。有设备 300 余台（套）。有职工 1600 人，其中工程技术人员 220 人。下属子公司：宁波蛟川房屋开发公司、中坚物业管理有限公司、设备租赁、装饰装潢公司及预制构件厂、水电安装地基基础公司。公司承建 4.8 万千瓦镇海热电厂，36 米大跨度预应力混凝土结构的镇海光华毛纺厂工业用房，华丰星城住宅小区，慈溪市实验化验公寓、北仑区四方家园等。

宁波市第四建筑工程公司 地址城河西路 219 号。公司前身为镇海县房屋拆建公司，1978 年 2 月成立，与县房地产管理处一套班子。1979 年 6 月，析出独立，隶属于县建设管理局。1985 年 1 月，隶属于县建筑总公司。1985 年 10 月，更名为镇海区房屋拆建公司。1989 年 5 月，归属区城乡建设环保局。1991 年 9 月，浙江省工程质量大检查，公司接受抽检的在建和竣工项目全部合格，优良率达 66.7%，名列全省第二。1992 年 8 月，更为今名。1993 年 11 月，获得施工总承包二级资质。2000 年 1 月，改转为股份合作制，隶属于区建设管理局。2008 年年末，公司职工 2530 人，其中工程技术人员 203 人。下设综合部、人力资源管理部、质量安全管理部、生产技术管理部、财务管理部、经营预算管理部、合同核算管理部等以及安徽、北仑分公司及宁波办事处。总部占地面积 2641 平方米，建筑面积 1234 平方米，有机械设备 2171 台。年建筑业产值 4.08 亿元，上缴税金 1504 万元。

镇海区市政工程公司 地址顺隆路北。前身为镇海区市政工程管理处，事业体制。1992 年 12 月，挂区市政工程公司牌子，隶属于区建设管理局。承担道路、桥梁、排水、路灯等市政基础设施建设。1995 年新建办公楼，占地面积 2160 平方米，建筑面积 2654 平方米。2002 年 8 月，取得市政公用工程施工总承包二级资质。2006 年事业体制改革，职工事业身份进入档案，收入分配实施企业化。2008 年年末，区市政工程公司有职工 68 人，其中工程技术和经济管理 56 人。拥有大中型施工机械 120 余台，年施工能力 1.8 亿元。下设预拌商品混凝土搅拌站、砼构件预制厂、沥青搅拌站、专业专项施工队。承接的城区建设项目有车站路、沿江路、宏远路、威海路、聪园路、城镇污水干

管、大西门路、中大河截污、后海塘排涝等工程；承接的新区建设项目有骆费路、南二路、联勤路、庄市1—4#泵站。承接的宁波化工区建设项目有海天路、规划一路、1—7#道路排水、临江路污水管等。在慈溪、金华、温州、义乌等地承接沿江大道、黄山西路等市政工程。

浙江泰阳建设有限公司　前身为镇海县湾塘区水利工程队。1993年7月，改称镇海区湾塘建筑安装工程公司，地址贵驷甸张，集体企业。1996年2月，改制后称镇海区泰阳建筑有限公司，迁址觉渡。2007年4月，改称今名，公司注册资本5086.8万元，净资产6100万元。2008年年末，施工产值2.5亿元，有职工219人，其中高级职称16人、中级职称67人。一级注册建造师17人。具有房屋施工总承包二级、钢结构制作、安装专业承包二级、建筑装修装饰工程专业承包二级、水利水电施工总承包三级、机电设备安装专业承包、地基与基础工程专业承包三级资质。有机械设备428台（套），施工机械总装备5287千瓦。承建的建设项目有：液体化工交易市场、金桂花园、骆驼中学体艺楼、镇海区工商咨询服务中心办公楼、万里国际学校体艺楼、九龙山庄娱乐城、再生资源园区钢结构单跨35米厂房、骆兴家园、海达塑料机械厂房、丽晶大厦、天和家园、美亚特、新芝生物工程有限公司综合楼、北仑小港中学、北仑海关武警部队营房、北仑利广公司厂房、江北求知幼儿园、姚江公园花博会、沈阳聚贤雅居小区等。

中亿建业集团有限公司　1993年3月成立，时称镇海区城关第一建筑工程公司，隶属于镇海区科委。1998年12月，更名镇海区第二建筑安装工程公司。2001年1月，转制后更名镇海区第二建筑工程有限公司。主营房屋建筑工程施工总承包，兼营建筑装饰装修、房地产开发，茗园大酒店。2008年9月，更名为中亿建业集团有限公司。具有房屋建筑工程施工总承包二级资质。是年，建筑业产值12136.4万元，职工607人，其中工程技术人员173人。承建工程有庄市佩珍医院。

镇海石化建安工程有限公司　前身是镇海炼化检修安装公司。从事炼油化工装置检修维修工程施工及保运、设备制造业务。2008年11月，从镇海炼化分公司整体剥离，改称今名。属国有企业，注册资本1.4亿元。主营石化装置及其他工业设备安装、维修，民用建筑工程施工，各类压力容器设计、制造，石油化工工程成套设备、非标设备及机械设备制造加工，防腐保温工程施工，锅炉安装、改造、修理，压力管道设计、安装，电气、仪器仪表及自动化控制设备维护、安装、调试等。具有资质：化工石油施工总承包二级；化工石油设备管道安装工程专业承包二级；管道工程专业承包二级；机电设备安装工程专业承包三级；防腐保温工程专业承包三级；无损检测工程专业承包三级。具有多种特种设备安装改造维修许可证。2008年年末，公司职工2000人，其中高级工程师27人、初级中级经济技术人员230人。一级建造师10人，二级建造师19人，工程造价师6人，安全注册证书8人，持有设计审核证5人，持有管理体系内审证书24人。职工具有特种作业证书1278本。2009年，公司总资产6.6亿元，固定资产净值7041万元。实现收入4.5亿元，所有者权益1.67亿元，上缴税款5315万元。名列镇海区企业上缴国税第二、国税地税总额第四。公司主要施工区域在镇海炼化、北仑储运部、舟山和邦化工厂。

浙江省第二建设集团有限公司、中交第三航务工程局有限公司宁波分公司、中交上航局航道建设有限公司、宁波华业钢结构有限公司。（详见第七编“地域与人文优势”第二章“部省属企业”）

2008 年镇海区建筑企业名录表

表 19－2

企业名称	地址	主项资质	性质
浙江省第二建设集团有限公司	宁波东渡路 55 号华联楼	房屋建筑工程施工总承包一级	国有
浙江省第二建设集团安装有限公司	宁镇东路 218 号	消防设施专业承包一级	国有
浙江省二建钢结构有限公司	俞范路 2 号	钢结构工程专业承包一级	国有
镇海区建筑工程公司	胜利路 9 号	房屋建筑工程施工总承包二级	集体控股
宁波市华欣建设工程有限公司	镇骆路 201 号	房屋建筑工程施工总承包二级	私人控股
宁波市第四建筑工程公司	城河西路 219 号	房屋建筑工程施工总承包二级	集体控股
浙江泰阳建设有限公司	胜利路 91 号	房屋建筑工程施工总承包二级	私人控股
浙江海洋工程有限公司	沿江西路 417 号	港口与航道施工总承包二级	国有控股
镇海炼化检修安装公司	俞范炼化厂	化工石油工程施工总承包二级	国有
镇海区市政工程公司	顺隆路 35 号	市政公用工程施工总承包二级	国有
浙江省时代建筑装饰公司	镇宁路 160 号	建筑装修装饰工程专业承包二级	国有
宁波市富华建筑装饰有限公司	城关西街 2 号	建筑装修装饰工程专业承包二级	私人控股
中亿建业集团有限公司	茗园路 2 号	房屋建筑工程施工总承包二级	私人控股
镇海区九龙建筑工程有限公司	九龙湖西经堂	房屋建筑工程施工总承包三级	私人控股
镇海石化工贸建筑安装工程有限公司	俞范	房屋建筑工程施工总承包三级	国有
镇海区镇骆建筑工程有限公司	骆驼工业区杭甬路 32 号	房屋建筑工程施工总承包三级	私人控股
宁波众茂建筑工程有限责任公司	虹桥	房屋建筑工程施工总承包三级	集体控股
镇海炼化新城建筑安装工程公司	俞范	房屋建筑工程施工总承包三级	国有
镇海区民欣建设工程有限公司	镇骆西路 1088 号	房屋建筑工程施工总承包三级	私人控股
镇海区围垦工程有限公司	镇海福龙路 8 号	土石方工程专业承包三级	集体控股
宁波天鸿建设工程有限公司	中山路 26 号	市政公用工程施工总承包二级	私人控股
镇海区中南建筑装饰有限公司	庄市大道北路 26 号	建筑装修装饰工程专业承包三级	私人控股
宁波三利装饰有限公司	胜利路 16 号	建筑装修装饰工程专业承包三级	私人控股
镇海区装饰装潢有限公司	茗园路 38 号	建筑装修装饰工程专业承包三级	私人控股
宁波市阳光建设有限公司	蛟川街道前程路 108 号	房屋建筑工程施工总承包三级 建筑装修装饰工程专业承包二级	私人控股
宁波华业钢结构有限公司	蛟川大运路	钢结构工程专业承包二级	国有控股
宁波华申设备安装有限公司	庄市兆龙路 200 号	金属门窗工程专业承包三级	私人控股
镇海区宏途建设工程有限公司	五里牌	机电设备安装工程专业承包三级	私人控股
宁波市永大构件有限公司	环城北路 60 号	混凝土预制构件专业二级	私人控股

续表 19－2

企业名称	地址	主项资质	性质
宁波三友环保工程有限公司	镇骆公路陈家	环保工程专业承包三级	私人控股
镇海区华中土建管道安装有限公司	海曙区迎春街 88 弄 27 号	水暖电安装作业分包	私人控股
镇海区正纬工业设备安装有限公司	大教场 173 号	水暖电安装作业分包	私人控股
镇海区城博高空油漆工程队	费家河头 68 号	油漆作业分包	私人控股
宁波市达明电气安装有限公司	车站路 387 号	架线作业分包	集体控股
镇海区电力实业总公司	车站路	送变电工程专业承包三级	集体控股
镇海区元永防腐保温有限公司	后葱园路 78 号 403 室	防腐保温专业承包三级	私人控股
宁波华伦装饰有限公司	骆驼荣骆路 160 号	建筑装修装饰工程承包三级	私人控股
镇海区俞范金属门窗厂	蛟川庙后张村	金属门窗工程专业承包叁级	私人控股
镇海区新鑫建筑门窗厂	贵驷耕渔路 12 号	金属门窗工程专业承包三级	私人控股
中国石化第三建设公司华海实业公司	俞范	油漆作业分包资质	集体控股
镇海区东港防腐工程有限公司	工农路 3 号 208 室	油漆作业分包资质	私人控股
镇海区天兴高空油漆工程有限公司	小港红联渡口路 68 号	油漆作业分包资质	私人控股
镇海区东海高空油漆工程有限公司	胜利东弄 110 号	油漆作业分包资质	私人控股
宁波市新天下建设劳务有限公司	环城北路 20 号	木工作业分包壹级	国有控股
镇海区景联混凝土预拌有限公司	镇海炼化工程公司 508 室	预拌商品混凝土三级	私人控股
镇海区东升园林绿化工程有限公司	九龙湖镇长宏村东严	城市园林绿化工程施工四级	私人控股
宁波雷拓绿化工程有限公司	澥浦镇顺风村	城市园林绿化叁级	私人控股
镇海区园林绿化工程公司	白龙路 22 号	城市园林绿化暂贰级	国有
镇海区泰日设备安装有限公司	骆驼街道兴丰村甸张	起重设备安装工程专业承包三级	私人控股
宁波新升水泥制品有限公司	骆驼街道清水湖	砼预制构件叁级	私人控股
镇海区招宝山园林绿化工程有限公司	蛟川街道石塘下村	城市园林绿化肆级	私人控股
宁波华厦水泥制品有限公司	庄市街道工业区 A 区	水泥制品预制构件三级	私人控股
镇海区胜贤安装有限公司	—	水暖电安装作业分包不分等级资质	私人控股
镇海区天然园林装饰工程有限公司	车站路 231 号	园林绿化叁级	私人控股
宁波振邦特种设备安装有限公司	—	机电安装三级	私人控股
镇海区璟峣防腐有限公司	开发区 A 区金锚楼 509	防腐保温工程专业承包三级	私人控股
镇海区电力设计有限公司	电厂内	工程设计电力行业丙级	集体控股
镇海区规划勘测设计院	车站路 288 号	规划设计、园林工程设计、测绘丙级	国有

续表 19－2

企业名称	地址	主项资质	性质
镇海区建筑设计有限公司	城河西路 151 号	建筑智能化乙级	私人控股
镇海区国泰工程造价投资咨询有限公司	人民路 7 号	不分行业类别不分等级	集体控股
宁波华光建设监理有限公司	俞范东路 858 号	化工石油工程乙级	集体控股
宁波市宏宝工程监理有限公司	车站路 521 号	房屋建筑工程乙级	私人控股
镇海区创安建设工程监理有限公司	车站路 310 号	房屋建筑工程乙级	私人控股
镇海区永安建设工程监理有限公司	胜利路 209 号	房屋建筑工程乙级	集体控股

说明：资料来源区建设与交通局

第二节　建筑业管理

1985 年 10 月，设镇海区城乡建设环保局，2002 年 1 月改称区建设与交通局，为镇海区建筑与房地产业的行政主管部门。加强对建筑行业的规范管理，1985 年 3 月，成立县（区）建筑工程质量监督站。1985 年 10 月，成立区建筑安装管理站。1988 年 9 月，成立区建设工程招标投标管理办公室。自 1997 年开始，对建筑工程实施优质工程评审。

行业管理机构

镇海区建筑工程质量监督站　1985 年，置镇海县建筑工程质量监督站。建区后，改称区建筑工程质量监督站，隶属于区建设与交通局，主管辖区房屋建筑工程质量监督。1999 年，增加市政基础设施施工工程质量监督职能。初时办公地点在区市政工程管理处。1991 年迁至聪园路 50 号。1997 年迁至童方路 60 号。2005 年 6 月，增挂区安全监督站、区建筑市场监察执法中队牌，对质量、安全、执法实施一体化监管。2008 年年末，在编职工 20 人，其中具有相关专业本科及以上学历 16 人，具有大专学历 4 人。具有高级工程师职称 9 人，工程师专业技术职称 7 人，助理工程师职称 1 人。

区建筑安装管理站　1985 年 10 月成立，与区建设与交通局建工科合署办公。

镇海区建设工程招标投标管理办公室　1988 年 9 月成立，隶属于区城乡建设环保局，负责建筑工程招标投标管理、监督、检查、协调和仲裁。1999 年 12 月，置镇海区建设工程交易中心，与区建设工程招标投标管理办公室合署办公。2003 年 4 月，成立镇海区招投标中心，区建设工程交易中心从区建设与交通局划出，归入区招投标中心，隶属于区经济服务中心。2008 年 8 月，区招投标中心更名为区公共资源交易中心。

工程招标投标

对经国家、省、市、区批准在镇海区范围内新建、扩建、改建的建设项目，建筑面积在 1000 平方米以上或工程造价在 30 万元以上的建设工程，实施招标投标监管。由区建设工程交易中心负责存贮和发布各类工程信息、建筑企业信息、建材信息和政策法规信息；提供工程项目招标、开标、评标、定标等交易活动服务场所；办理工程报建、招投标、质量监督、合同鉴证、施工许可证等业务。

1988—2008 年镇海区建筑工程招投标情况表

表 19 - 3

年度	公开招标			邀请招标			直接发包			合计		
	监管项目（个）	建筑面积（万平方米）	工程造价（万元）	监管项目（个）	建筑面积（万平方米）	工程造价（万元）	监管项目（个）	建筑面积（万平方米）	工程造价（万元）	监管项目（个）	建筑面积（万平方米）	工程造价（万元）
1988	—	—	—	1	0.22	—	14	2.76	—	15	2.98	—
1989	—	—	—	24	2.98	—	39	7.35	—	63	10.33	—
1990	—	—	—	20	4.40	—	68	11.14	—	88	15.54	—
1991	—	—	—	26	4.80	—	74	14.67	—	100	19.47	—
1992	—	—	—	10	4.23	—	92	23.50	—	102	27.73	—
1993	—	—	—	5	1.11	—	83	17.61	—	88	18.72	—
1994	—	—	—	13	3.04	—	61	20.92	—	74	23.96	—
1995	—	—	—	7	2.82	—	106	32.72	—	113	35.54	—
1996	—	—	—	9	3.97	—	117	39.07	—	126	43.04	—
1997	—	—	—	22	11.85	—	90	27.75	—	112	39.60	—
1998	—	—	—	37	14.60	—	70	24.64	—	107	39.24	—
1999	1	0.28	—	34	16.35	—	72	18.14	—	107	34.77	—
2000	14	8.54	—	33	17.99	—	117	34.58	—	164	61.11	—
2001	93	28.00	—	11	1.51	—	124	28.08	—	228	57.59	—
2002	92	39.93	51742	11	1.37	2953	136	53.24	26872	239	94.54	81567
2003	136	80.91	89131	19	17.37	34186	181	136.13	58834	336	234.41	182151
2004	97	59.19	71967	19	71.32	72374	210	135.00	87136	326	265.51	231478
2005	91	57.67	93860	31	52.14	79429	164	125.21	110467	286	235.02	283756
2006	80	34.80	65809	20	41.32	115707	142	104.50	82983	242	180.62	264499
2007	78	7.19	45089	21	54.68	69152	96	68.67	48709	195	130.54	162949
2008	81	7.36	43622	24	119.08	170544	79	78.72	76255	184	205.16	290421

说明：资料来源区建设与交通局

建筑工程施工许可

1986—1999 年，对建筑工程施工采用项目报建的形式，由建设单位向区建设行政主管部门申报，由区建筑安装管理站受理。1999 年建设部令第 71 号《建筑工程施工许可管理办法》发布实施。自 1999 年 12 月起，镇海区依法实施对建筑工程施工许可管理。辖区各类房屋建筑及其附属设施的建造、装修装饰和与其配套的线路、管道、设备的安装，以及城镇市政基础设施工程，须向区建设行政主管部门申领建筑工程施工许可证。

2000—2008 年镇海区建筑工程施工许可证受理情况表

表 19－4　　单位：本

年份	核发许可证	受理科室	办证地点
2000	36	局建工管理科	区经济服务中心
2001	203	局建工管理科	区经济服务中心
2002	168	局建工管理科	区经济服务中心
2003	288	局建工管理科	区经济服务中心
2004	238	局建工管理科	区行政服务中心
2005	158	局建工管理科	区行政服务中心
2006	210	局建工管理科	区行政服务中心
2007	141	局行政许可科	区行政服务中心
2008	142	局行政许可科	区行政服务中心

说明：资料来源区建设与交通局

新型墙体材料改革

传统的墙体材料以实心黏土砖为主。1997 年起，镇海区开始推进新型墙体材料改革。据省人民政府 87 号令，建立新型墙体材料专项基金，按每平方米建筑面积 10 元预征收，工程完工后验收后，按新型墙体材料实际使用比例退还基金。2004 年，据省人民政府 171 号令，镇海区新建、改建、扩建的建筑工程，建设单位预缴新型墙体材料专项基金调整为每平方米建筑面积 8 元。2008 年，镇海区新型墙体材料专项基金预缴标准恢复为每平方米 10 元。

1991 年 2 月，镇海区开办粉煤灰建筑材料厂，利用电厂锅炉燃烧煤灰作为原料，生产煤灰黏土烧结空心砖，于 1991 年 11 月投产（1998 年关闭）。1998 年镇海区尚有黏土砖瓦生产企业 6 家：澥浦砖瓦厂、庄市砖瓦一厂、骆驼砖瓦厂、湾塘砖瓦厂、城关中星砖瓦厂、骆驼镇海建材厂。为推广新型墙体材料，保护有限的耕地资源，1999 年镇海区关停黏土砖瓦生产企业 1 家，2008 年关停黏土砖瓦生产企业 4 家，剩余 1 家。2003 年起，镇海区兴办新型墙体材料企业，至 2008 年年末，共有新型墙体材料生产企业 11 家，产品有加气混凝土砌块、陶粒砌块、水泥实心砖、水泥多孔砖等。

民工工资支付担保

建筑企业拖欠民工工资问题时有发生。2004 年 8 月，镇海区按照《宁波市建筑业企业人工工资支付担保统筹管理办法》规定，实行建筑业企业人工工资担保办法。建筑业企业在签订工程承包合同后的 10 个工作日内或办理安全监督登记手续前，必须办妥人工工资支付担保手续。银行、保险公司、担保公司等合称为担保人。企业保函的担保额度规定：施工总承包一级及以上企业 150 万元，二级、三级企业 120 万元，专业承包企业 50 万元。

外地建筑企业进区施工管理

1974年后，浙江炼油厂、镇海发电厂、宁波港镇海港区、清水浦渔业基地等工程先后开工，外地建筑施工队伍不断涌入镇海。1975年，外地进镇海施工建筑企业15家，共1074人。承包土石方工程的民工队伍18家，共7000余人。施工队伍大多来自温州、台州、绍兴以及宁波邻近各县。1986年，区城乡建设环保局制定《关于镇海区建筑安装施工管理暂行规定》，凡进入镇海区承担施工业务的各类建筑安装企业，必须持属地县级以上城乡建设主管部门的企业营业管理手册及工商营业执照，开户银行注册资金证明和外出经营税收管理证明，并附有企业所在地城乡建设主管部门批准来镇海区施工的职工人数、工种、技术力量和设备状况等清册，向区建筑安装管理站登记。特殊工种还须向区劳动部门验证核准。区建筑安装管理站按企业资质等级，确定承接工程范围和收费标准，发给"建设工程施工许可证"。施工企业承接的工程，须经区建筑安装管理站审批同意方能开工。2003年5月开始，对外地进镇海施工的建筑企业取消进区施工审批，代之以登记备案。2008年，外地进镇海区施工登记备案建筑企业221家。

第三节　建筑工程质量监督

建筑工程质量监督

1985—1988年，工程质量监督制度已经建立，但有关工程质量的法律、法规和技术标准尚未完善，亦无工程质量验收的国家标准，工程质量监督处于探索阶段。质量监督以抑制无序生产，确保不倒房为目标。由于建筑从业人员素质不高，工程质量意识淡薄，建筑工程各类质量问题还相当普遍。1989年，建设部颁布《建筑安装工程质量检验评定统一标准》（GBJ 3007—88）等6项检验评定标准施行，开始对工程质量进行等级核定。1991年，宁波市工程质量优质优价政策出台，同时国家推行工程监理制度，工程质量稳步上升。

2000年，《建设工程质量管理条例》实施，工程质量监督登记、地基与基础、主体工程的验收监督与备案、竣工验收监督、工程质量监督报告的出具及监督资料归档等相关工作有法可依。2001年，实施竣工验收备案制度，由监督实物质量为主，向以监督责任主体质量行为为主转变。2002年，《建筑工程施工质量验收统一标准》（GB 50300—2001）及施工质量验收系列规范标准施行，对工程质量监督的依据是国家的法律、法规和强制性标准。目的是保证建设工程使用安全和环境质量。主要监督工程建设各方主体质量行为和地基与基础、主体结构和使用功能，监督方式是巡回抽查。对建设系统组织的竣工验收实施监督，工程竣工后出具工程质量监督报告。

1986—2000 年镇海区建筑工程质量监督情况表

表 19－5

年度	受理项目（个）	受理面积（平方米）	竣工项目（个）	竣工面积（平方米）	优良工程（个）	优良工程面积（平方米）
1986	51	117231	9	19204	—	—
1987	61	148108	63	98881	5	13744
1988	104	183811	82	124617	2	3230
1989	86	137758	91	176055	4	7828
1990	107	164519	102	180031	16	33720
1991	98	150687	93	162598	19	35137
1992	138	317276	112	195726	26	53341
1993	139	484893	91	238491	26	55643
1994	125	377979	164	506746	14	39114
1995	304	913190	92	203211	1	1991
1996	213	818832	139	575536	7	14362
1997	122	724473	176	421174	15	44702
1998	82	530836	203	446279	19	49787
1999	102	419549	192	479303	37	112911
2000	137	670829	187	329326	37	85040

说明：资料来源区建筑工程质量监督站

2001—2008 年镇海区建筑工程质量监督情况表

表 19－6

年度	受理项目（个）	受理面积（万平方米）	住宅工程		公建工程		其他工程		竣工项目（个）	竣工面积（万平方米）
			个数	面积（万平方米）	个数	面积（万平方米）	个数	面积（万平方米）		
2001	165	50. 70	18	13. 40	48	24. 00	99	13. 40	124	31. 90
2002	153	73. 00	16	22. 10	35	8. 70	102	42. 20	181	66. 20
2003	300	188. 60	12	48. 00	69	27. 60	219	113. 00	146	65. 30
2004	241	245. 10	19	85. 60	22	11. 80	200	147. 70	173	91. 50
2005	167	151. 40	8	43. 80	23	13. 90	136	93. 60	189	159. 90
2006	205	229. 50	18	79. 70	21	19. 80	166	130. 10	200	221. 70
2007	145	154. 40	7	34. 10	14	18. 30	124	102. 00	203	186. 70
2008	145	187. 40	15	93. 00	23	32. 40	107	62. 10	140	168. 50

说明：资料来源区建筑工程质量监督站

工程质量监督收费

1986 年始，按建筑工程造价总额 3‰收取工程质量监督费。2003 年始，房屋建筑按建筑面积 1.2 元/平方米计收，构筑物等按建设合同造价的 1% 计收，市政公用工程按建设工程合同造价的 1.81% 计收。

获奖优质工程

1997—2008 年，镇海区建筑工程获国家级市政金杯奖 1 个、省级钱江杯奖 3 个、市级甬江杯奖 15 个。

1997—2008 年镇海区获奖优质工程统计表

表 19－7

	工程名称	施工企业	获奖年度
国家级市政金杯奖	市高教园区一期 4 号路工程	宁波市建设集团股份有限公司	2007
省级钱江杯奖	镇海电力调度营业大楼	浙江省二建建设集团有限公司	2004
	中科院材料研究所 1 标	华丰建设股份有限公司	2007
	市高教园区一期 4 号路工程	宁波市建设集团股份有限公司	2007
市级甬江杯奖	镇海口海防历史纪念馆	浙江省二建建设集团有限公司	1997
	国家储备局八三七仓库	中亿建业集团有限公司	1998
	骆驼房产 27 号商住楼	宁波市华欣建设工程有限公司	1999
	骆驼房产 33 号住宅楼	宁波市华欣建设工程有限公司	2000
	沿江景观大道	镇海区市政工程公司	2001
	镇海艺术幼儿园教育楼	宁波市华欣建设工程有限公司	2002
	镇海电力调度营业大楼	浙江省二建建设集团有限公司	2003
	宁波军分区镇海教导大队	浙江中联建设集团有限公司	2005
	市高教园区一期 4 号路	宁波市建设集团股份有限公司	2006
	镇海中学分校综合楼 C 栋	宁波市第四建筑工程公司	2006
	庄市佩珍医院	中亿建业集团有限公司	2007
	中科院材料研究所 1 标	华丰建设股份有限公司	2007
	中科院材料研究所 2 标	中达建设集团股份有限公司	2007
	镇海中医院	中科建设开发总公司	2008
	宁波北区污水处理厂	中科建设开发总公司	2008

说明：资料来源区建筑工程质量监督站

第四节　城市建设档案

1986年3月，置镇海区城建档案室，初在区市政工程管理处办公。1989年11月，迁址城河西路151号建设大楼，隶属于区建设与交通局。区城建档案室配有电脑、打印机、复印机、摄像机、照相机、去湿机、电子防盗器、空调等档案管理设备。2003年，安装泰宇文件档案管理系统软件，将所有城建档案逐卷编码、分类，输录并保存到城建档案数据库。2008年，对泰宇文件档案管理系统软件升级，实现准确、快捷的电子调档，并实施纸质与电子档案并存管理。2008年年末，有办公、库房及辅助用房等建筑面积430平方米，城建档案箱212组。

区城建档案室对镇海区新建、改建、扩建的建筑物、构筑物以及市政基础设施、道路等工程建设项目，主要包括综合、城市勘测、城市规划、城市建设管理、市政工程、公用设施、交通运输工程、工业建筑、民用建筑、名胜古迹、园林绿化、环境保护、城市建设科学研究、人防工事、水利防灾、工程设计、地下管线、声像类等18类资料的收集、验收、整理、装订、集中统一归档。对归档的每一项目出具宁波市镇海区建设工程档案验收证明。

城建档案的归集量因房地产开发项目的发展而增加。城建档案的开发利用也逐年增加。

1986—2008年镇海区城建档案归集情况表

表19－8

年份	归档案卷（件）	案卷起讫号
1986—1995	2800	1～2800
1996—2006	6926	2801～9726
2007	2730	9727～12456
2008	3417	12457～16080

说明：资料来源区城建档案室

2001—2008年镇海区城建档案利用情况表

表19－9

年份	调阅人次	调阅案卷	复印件数	利用目的
2001	18	26	35	房屋装修改造、维修类占33%；工程建设、技术论证类占28%；申领权证占11%；其他占28%
2002	18	34	59	房屋装修改造、维修类占50%；房屋安全鉴定占11%；其他占39%
2003	35	69	89	工程建设、房屋装修改造类占29%；招投标占14%；申领权证占14%；房屋安全鉴定占9%；其他占34%
2004	31	54	122	工程建设、改造类占16%；房屋装修、安全鉴定类占16%；申领权证占9%；法律诉讼占16%；其他占43%

续表 19－9

年份	调阅人次	调阅案卷	复印件数	利用目的
2005	30	44	142	工程建设、改造类占 30%；法律诉讼占 10%；房屋装修、维修类占 20%；申领权证占 13%；其他占 27%
2006	40	47	116	法律诉讼占 35%、工程建设、房屋装修类 30 占%、申领权证占 10%、其他占 25%
2007	26	71	222	法律诉讼占 38%；房屋装修、维修类占 27%；招投标占 8%；其他占 27%
2008	70	131	687	法律诉讼占 34%；房屋装修、维修类占 19%；房屋扩建、翻建类占 13%；其他占 34%

说明：资料来源区城建档案室。2001 年前未作统计

第二章 房地产业

房地产管理的行政机构为区建设与交通局，下设区房地产管理处和骆驼房屋管理所。镇海区房地产管理处建于1978年，时称镇海县房地产管理处，隶属于县建设管理局。1985年10月，改为今名。2008年年末在编职工35人。骆驼房屋管理所分管骆驼街道、庄市街道，澥浦镇、九龙湖镇片区的房产登记、发证、交易及公有房屋管理，2008年年末在编职工14人。

第一节 房屋权籍管理

城镇房屋所有权登记发证

自1988年6月至1990年，城关、骆驼两镇开展城镇房屋所有权登记发证工作试点，实施房屋面积勘测丈量、分层分户平面图绘制、收件、登记、核实、发证等。1990年4月至1992年，庄市、贵驷、澥浦3镇推开城镇房屋所有权登记发证工作。全区房屋所有权登记发证结束后，城镇房屋所有权登记发证工作转入区房地产管理处日常职能。

发证机关 1988年6月至1997年12月，房产证的发证机关为宁波市人民政府。1998年1月起，房产证的发证机关为宁波市房产管理局。

填发单位 辖区房产证的填发单位为区房地产管理处。房产证加盖的印章分类：城关镇（招宝山街道、蛟川街道）1988年6月至2000年12月为区房地产管理处，2001年1月起，改为区房地产管理处（2）。骆驼镇（骆驼街道）1988年6月至2001年6月为骆驼房管所。2001年6月至2008年4月为区房地产管理处（2）。2008年4月起，为区房地产管理处（3）。庄市镇（庄市街道）、贵驷镇（后改骆驼街道）、澥浦镇区域1990年3月至2001年6月为骆驼房管所。2001年6月至2008年4月为区房地产管理处（2），以后改为区房地产管理处（3）。

权证版本 权证种类有房屋所有权证、共有权证、他项权证以及预告登记证明、在建工程抵押登记证明共5种。1988年6月至1998年6月，镇海区发放使用的房屋所有权证、共有权证、他项权证为宁波市统一版本。1998年7月起，镇海区发放使用的房屋所有权证、共有权证、他项权证为住房和城乡建设部监制的统一版本。

1988—2008 年镇海区城镇房屋登记发证情况表

表 19 - 10　　单位：万平方米

年度	所有权证					共有权证		他项权证	
	建筑面积	件（户）数	其中			建筑面积	件（户）数	建筑面积	件（户）数
			私房	单位自管房	直管公房				
1988—1993	298. 65	10358	28. 56	241. 95	28. 15	—	—	—	—
1994	19. 40	2690	13. 51	5. 89	—	—	—	—	—
1995	131. 89	21092	119. 39	12. 50	—	—	—	4. 70	31
1996	26. 34	4413	18. 21	8. 13	—	—	—	31. 71	225
1997	29. 55	3126	20. 33	9. 22	—	—	—	42. 48	240
1998	42. 92	4950	28. 11	14. 81	—	—	—	38. 70	285
1999	70. 04	5286	46. 58	22. 97	0. 49	0. 03	6	57. 21	489
2000	115. 59	5380	42. 01	43. 70	29. 88	0. 19	78	90. 21	1217
2001	127. 19	6301	59. 79	67. 30	0. 10	0. 03	186	85. 50	1210
2002	178. 98	8963	75. 66	81. 35	21. 97	—	218	138. 14	2820
2003	298. 25	10011	—	—	—	—	414	182. 69	3335
2004	188. 26	6583	—	—	—	—	472	237. 24	3833
2005	163. 37	7997	—	—	—	—	734	214. 60	2741
2006	234. 49	8771	—	—	—	—	1580	290. 16	4352
2007	262. 07	7684	—	—	—	—	1797	353. 88	4511
2008	321. 59	14522	—	—	—	—	2429	369. 89	4144

说明：资料来源区房地产管理处

附：权证版本

1988年6月-1998年6月“房屋所有权证”（咖啡色）

1988年6月—1998年6月“房屋他项权证”（深天蓝色）

1998年7月—2010年1月“房屋所有权证”

1998年6月—2010年1月“房屋他项权证”（深蓝色）

1998年6月—2009年6月30日“房屋共有权证”

图 19 - 1　镇海区房屋权证版本图

二手房交易

1992年，区房地产管理处挂牌镇海区房地产交易所，对房地产的买卖、租赁、转让、抵押等实施管理，交易所地址中山路1号。1993年，城镇职工住房制度改革实施和随之兴起的商品房开发，加快和促成镇海区二手房交易活跃。1999年，区房地产交易所迁址工农路8号。2000年10月，房产交易和产权产籍登记受理进入区经济服务中心窗口。骆驼房管所受理骆驼、庄市片区房产交易。

1992—2008年镇海区二手房交易情况统计表

表19－11

年份	户数		面积（万平方米）		成交额（亿元）	
	合计	其中城区	合计	其中城区	合计	其中城区
1992	156	156	0.61	0.61	0.01	0.01
1993	179	179	1.25	1.25	0.04	0.04
1994	110	110	2.19	2.19	0.09	0.09
1995	136	136	1.29	1.29	0.06	0.06
1996	146	146	3.22	3.22	0.13	0.13
1997	165	165	3.45	3.45	0.26	0.26
1998	408	408	6.10	6.10	0.42	0.42
1999	727	727	14.70	14.70	0.82	0.82
2000	1193	1193	19.25	19.25	1.29	1.29
2001	1823	1823	31.86	31.86	2.21	2.21
2002	2469	1934	38.70	29.36	2.16	1.67
2003	3898	3021	57.52	36.15	5.01	2.50
2004	2991	2265	45.21	32.47	5.30	3.61
2005	3067	2301	39.34	22.31	6.72	4.28
2006	4456	3471	44.68	23.56	10.50	7.39
2007	4310	3091	71.00	45.35	14.93	10.61
2008	3023	2046	51.84	36.36	9.73	6.37
合计	29359	23274	432.46	309.73	59.70	41.78

说明：资料来源区房地产管理处

第二节　政府保障性住房

20世纪90年代中期，政府制定实施解困房政策。进入21世纪，商品房价格逐步上涨，中低收入家庭住房难矛盾凸显。自2002年开始，镇海区陆续推出政府保障性住房政策，并不断完善廉租住房、经济适用房、解困房的政策，缓解中低收入家庭住房难矛盾。

廉租房

2002年7月，同时符合4条件的家庭可申请廉租房：取得民政部门核发的《最低生活保障金领取证》，且申请时已连续接受民政部门救助6个月以上的；无房或住房人均使用面积低于11平方米（含）的家庭；家庭成员具有本区正式常住户口且实际居住，并至少有1人取得本区常住户口3年以上，其他成员户口迁入此处满1年以上；家庭人数为2人或2人以上，家庭成员之间具有法定的赡养、扶养或抚养关系。对符合条件的家庭，政府提供租金补贴或以低廉租金配租普通住房。租金补贴标准为：招宝山街道12元/平方米；蛟川、庄市、骆驼街道10元/平方米；九龙湖、澥浦镇8元/平方米。由于政策偏紧，享受廉租住房保障者甚少。后廉租住房保障政策3次完善，保障条件和保障面积不断放宽。2004年，区廉租住房保障实施办法调整，增加持有民政部门核发“宁波市城区社会扶助证”或总工会核发“特困职工证”家庭列入保障范围，并把1人户使用面积低于12平方米的单亲家庭列为保障对象。2005年1月，租金补贴标准调增：招宝山街道16元/平方米；蛟川、庄市、骆驼街道12元/平方米；九龙湖、澥浦镇10元/平方米。2007年，进一步扩大廉租住房保障范围：家庭收入条件从原持有“宁波市城区社会扶助证”“宁波市城镇居民最低生活保障金领取证”“特困职工证”，扩大到家庭人均月收入在市人民政府公布的当年最低工资标准以下；家庭住房面积从原1人户使用面积低于12平方米，2人或2人以上家庭人均使用面积低于11平方米，扩大到1人户建筑面积低于22平方米，2人或2人以上家庭人均建筑面积低于18平方米。

廉租住房租金补贴分为较高标准和一般标准。较高标准补贴对象为持有“宁波市城区社会扶助证”“宁波市城镇居民最低生活保障金领取证”“特困职工证”家庭；烈士遗属、因公牺牲的军人遗属；一至四级残疾军人或一至四级残疾军人配偶；市级以上劳动模范家庭。其余为一般标准补贴。较高标准租金补贴金额为：基础补贴每户120元/月，差额面积标准补贴为10元/月·平方米；一般标准租金补贴金额为：基础补贴每户80元/月，差额面积标准补贴为6元/月·平方米。每户每月租金补贴 = 基础补贴 + 标准补贴 × 家庭可享受建筑面积。廉租住房实行一年一审。2007年开始，由于政策放宽，受惠廉租住房保障户数扩大。

2002—2008年，全区廉租住房租金补贴家庭累计650户，区财政补贴165.49万元；租金减免累计240户，区财政补贴12.82万元。

2002—2008年镇海区廉租住房租金补贴情况表

表19－12

年份	租金补贴		租金减免	
	户数	金额（万元）	户数	金额（万元）
2002	—	—	37	1.77
2003	—	—	42	2.09
2004	2	0.45	38	1.93
2005	3	1.08	38	1.78
2006	7	1.91	33	1.67
2007	184	21.55	30	1.58
2008	454	140.50	22	2.00

说明：资料来源区建设与交通局

经济适用房

镇海区同时符合下列条件的家庭（人员）可以申请购买一套经济适用住房：（第二轮）

（一）至2006年12月31日，申请人具有本区城镇居民户口3年以上（因土地征用、撤村建居等原因而转为城镇居民户口，仍享受村民建房政策的人员除外）；

（二）已婚①或年龄在35周岁及以上的单身人员；

（三）无房或现有（原有过）住房建筑面积：1人户建筑面积低于25平方米（含25平方米）；2人或2人以上家庭人均建筑面积低于18平方米（含18平方米）。

（四）2006年户内家庭人均年收入在12000元以下。

2005—2008年，镇海区经济适用房受惠户数502户，区财政补贴863．7万元。经济适用房源为金丰阳光、金邑水岸、骆兴家园和柳岸晨韵。2006年，经济适用房基准价格分为：蛟川街道2500元/平方米，骆驼街道2300元/平方米，庄市街道2400元/平方米。2007—2008年，全区经济适用房基准价格统一为2550元/平方米。

解困房

镇海区同时符合下列条件的家庭（人员），可以申请购买一套解困房：

（一）至申请日止，具有本区城镇居民户口3年以上（因土地征用、撤村建居等原因而转为城镇居民户口，仍享受村民建房政策的人员除外）；

（二）持有民政部门签发的“宁波市城区社会扶助证”“宁波市城镇居民最低生活保障金领取证”或总工会核发的“特困职工证”；

（三）无房或现有（原有过）住房建筑面积低于人均12平方米（含12平方米），且总建筑面积低于48平方米（含48平方米）；

现有（原有过）住房包括：自有私房和赠予、继承等方式取得的各类私房；承租私房、落实政策私房、集资建房、村民建房、货币分房、拆迁安置（补偿）住房和各类政策性住房；自购住房以及已出售的所有住房。

（四）家庭人数为2人及2人以上，户口登记在同一家庭共同生活的家庭成员并具有法定赡养、抚养或抚养关系，或年龄在35周岁以上的单身人员［含未满35周岁离异（或丧偶）带小孩］。

2006—2008年，镇海区最低收入家庭受惠解困房户数55户，区财政补贴667万元。

2005—2008年镇海区经济适用房解困房安置情况表

表19－13

年份	经济适用房			解困房		
	安置户数	房源	财政补贴（万元）	安置户数	房源	财政补贴（万元）
2005	89	骆兴家园	—	—	—	—
2006	85	金丰阳光	—	29	金丰阳光	396
	—	—	—	2	勤勇村	—

① 含未满35周岁离异（或丧偶）带小孩。

续表 19－13

年份	经济适用房			解困房		
	安置户数	房源	财政补贴（万元）	安置户数	房源	财政补贴（万元）
2007	57	骆兴家园	90.5	3	骆兴家园	33.5
	13	柳岸晨韵	—	—	—	—
	29	金丰阳光	—	—	—	—
	161	金丰阳光	—	19	金丰阳光	209.8
2008	19	骆兴家园	—	—	—	—
	49	金邑水岸	773.2	2	华丰星城	27.7

说明：资料来源区住房保障办

第三节　房地产企业

1986 年，区房屋建设开发公司是区内唯一从事房地产开发的单位。20 世纪 90 年代，镇海区商品房开发启动，商品房开发企业迅速增多。1993—2008 年，成立后又注销的房地产开发企业 9 家：镇海招宝房地产有限公司、镇海亚东房地产公司、镇海商业房地产公司、镇海大地房产公司、镇海甬欣房地产有限公司、镇海金田房地产公司、宁波鑫乐投资控股有限公司、镇海华厦房地产公司、宁波宝云房地产公司。至 2008 年年末，镇海区注册的商品房开发企业共 42 家。

2008 年镇海区房地产开发企业情况统计表

表 19－14

企业名称	成立年份	资质等级	企业性质	注册资本（万元）	地址
镇海区房屋建设开发公司	1982	3	国有	1000	城河西路 157 号
镇海城区房地产开发公司	1992	4	集体	582	招宝山街道办事处内
镇海区骆驼房地产开发公司	1992	4	集体	500	骆驼街道菜场路
镇海区房地产公司	1992	3	国有	1000	聪园路 127 号
镇海耀华房地产开发有限公司	1993	3	非公	1000	车站路 63 号
宁波志达房地产有限公司	1993	4	港商投资	520（万美元）	西长营弄
镇海庄市镇房屋开发公司	1994	4	集体	1000	庄市庙卫路 2 号
镇海石化工程有限责任公司	1994	3	非公	5115	蛟川街道五里牌
宁波港强房地产开发有限公司	1994	暂 3	外资控股	1000	江塘路 67 号
镇海区住房发展投资有限公司	1995	2	国有控股	10800	聪园路 127 号
镇海骆建房地产开发有限公司	1995	暂 3	非公	1008	骆驼工业区
镇海茗园房地产开发有限公司	1999	2	非公	5188	茗园路 2 号

续表 19-14

企业名称	成立年份	资质等级	企业性质	注册资本（万元）	地址
镇海恒基房地产开发有限公司	1999	暂 3	非公	1100	开发区金锚楼 419 室
宁波华通房地产开发有限公司	1999	3	非公	2800	庄市光明村王大路
镇海华鑫房地产开发有限公司	2000	2	非公	2200	镇骆西路 728 号
镇海区城市建设投资开发有限公司	2001	3	国有	5000	聪园路 127 号
镇海新城南区开发建设投资有限公司	2001	暂 3	国有	5000	庄市兆龙路 184 号
镇海三星房地产开发公司	2001	3	非公	1000	镇海经济开发区
宁波太一房地产开发有限公司	2002	3	非公	1200	镇海经济开发区 1 号楼
镇海新城开发建设投资有限公司	2002	暂 3	国有	25000	骆驼文智西路 168 号
镇海福兴房地产开发有限公司	2003	3	非公	1000	远望道头 17 号
宁波众茂置业股份有限公司	2003	3	非公	19423	经济开发区铜帆楼
浙江恒河实业集团有限公司	2003	暂 3	非公	5000	澥浦海天路 168 号
宁波百隆房地产有限公司	2003	1	非公	7126.9（万港元）	宁波灵桥路 255 号中宁大厦
宁波亚创电子信息工业开发有限公司	2003	暂 3	非公	5000	庄市兆龙路 184 号
百隆东方有限公司	2004	暂 3	台港澳商合资	6998（万美元）	骆驼街道镇骆路
宁波金鹏房地产开发有限公司	2004	暂 3	非公	360（万美元）	蛟川工业园区
宁波嘉盛置业有限公司	2004	暂 3	非公	3000	庄市兆龙路 184 号
镇海勤勇新村市场建设有限公司	2004	暂 3	非公	1000	庄市勤勇村
宁波华鼎房地产有限公司	2005	暂 3	非公	1000	蛟川南洪村
宁波绿城桂花园房地产开发有限公司	2005	暂 3	非公	2000	骆驼街道荣骆路 160 号
宁波开元华城置业有限公司	2006	3	非公	30000	九龙湖郎家坪
宁波亚杰置业有限公司	2006	暂 3	国有	1000	五里牌金锚楼 3—22
宁波合生创展房地产有限公司	2006	3	非公	22000	庄市钟包路 1 号
宁波海宏房地产开发有限公司	2006	暂 3	非公	1000	五里牌临江路 63 号
宁波镇海维科房地产开发有限公司	2006	暂 3	非公	2000	城河西路 106 号
宁波恒裕置业有限公司	2007	暂 3	非公	2700	澥浦兴建西路 358 号
宁波华荣时代置业有限公司	2007	暂 3	非公	3000	镇宁东路 818 号
宁波传化绿都置业有限公司	2007	暂 3	非公	5000	蛟川街道镇宁东路
宁波海丰置业有限公司	2007	暂 3	非公	3000	沿江西路 268 ~ 278 号
镇海银亿房产开发有限公司	2008	3	外资	30000	庄市清泉花园
宁波学生村物业有限公司	—	暂 3	非公	1000	庄市甬江村

说明：资料来源区建设与交通局

第四节　商品房开发

镇海区商品房开发始于1993年。1998年，城镇职工住房制度改革停止福利房分配，商品房开发进程由此加快。2002年12月起，商品房建设现浇水泥楼面替代水泥预制板（多孔板）。2004年，镇海区住房发展投资有限公司首建钢混结构商品房孝思房。2005年，镇海区茗园房地产开发有限公司首建银桂花园高层商品房，置电梯，城区始有高层民居。2008年，镇海区住房发展投资有限公司开发柳岸晨韵小区，建地下汽车库，成为首个人车分流小区。是年，全区完成房地产开发投资21.96亿元，房屋销售面积38.17万平方米。

至2008年年末，全区建成1万平方米以上商品房小区44个，合计建筑面积322.47万平方米，其中高层商品房建筑面积22.18万平方米。

1993—2008年镇海区商品房开发情况表

表19-15　　单位：万平方米

名称	开发单位	建成年份	建筑面积	其中高层面积	坐落地
西门新村	镇海区房屋建设开发公司	1993—1998	15.64	—	招宝山
繁景小区	镇海区房屋建设开发公司 镇海区住房发展投资有限公司	1993—1998	11.30	—	招宝山
招宝花园	镇海区招宝房地产有限公司	1993—1996	2.19	—	招宝山
西陆小区	宁波甬江新区成达房地产开发有限公司	1994	2.05	—	庄市
庙前路	镇海区耀华房地产开发有限公司	1994	2.90	—	招宝山
港城花园	宁波志达房地产有限公司	1995—2000	8.70	—	招宝山
聪园小区	镇海区房地产公司	1997—2002	7.50	—	招宝山
浅水湾	镇海区华通房地产开发有限公司	1998—2003	4.80	—	庄市
茗园二区	镇海区金田房地产开发有限公司、镇海区房地产公司	1999—2003	8.90	—	招宝山
四方小区	宁波四方实业发展总公司镇海房地产分公司	2000	2.60	—	招宝山
车站路	镇海区华厦房地产公司	2001	1.50	—	招宝山
红星小区	镇海区恒基房地产开发有限公司	2001	2.10	—	招宝山
中大新苑	镇海区房屋建设开发公司	2001	4.40	—	招宝山
金桂花园	镇海区住房发展投资有限公司	2002	7.90	—	招宝山
谢家河塘	镇海区恒基房地产开发有限公司	2002	2.93	—	招宝山
胜利路	镇海区茗园房地产开发有限公司	2002	1.60	—	招宝山
滨江花园	镇海区亚东房地产公司	2002	2.10	—	招宝山

续表 19－15

名称	开发单位	建成年份	建筑面积	其中高层面积	坐落地
工农小区	市经济技术开发区房地产总公司	2002	1.30	—	招宝山
东盛花园	宁波经济技术开发区万通置业有限公司	2002	3.20	—	骆驼
清川佳园	镇海区房地产公司	2003	2.40	—	招宝山
镇远花苑	镇海区房屋建设开发公司	2003	1.15	—	招宝山
前聪园路	镇海区亚东房地产公司	2003	2.18	—	招宝山
中兴小区	镇海区庄市房屋开发公司	2003	2.20	—	庄市
临江新村	镇海区城市建设投资开发公司、镇海区城区房地产开发公司	2003—2006	21.50	1.9	蛟川
孝思房	镇海区住房发展投资有限公司	2004	7.50	—	骆驼
东邑小区	镇海区骆建房地产开发有限公司	2004	1.90	—	骆驼
华丰花园	镇海区华鑫房地产开发有限公司	2004	9.80	—	骆驼
银桂花园	镇海区茗园房地产开发有限公司	2005	2.70	0.56	招宝山
桔园小区	宁波太一房地产开发有限公司	2005	2.80	—	蛟川
虹桥小区	镇海区城区房地产开发公司	2005	5.05	—	蛟川
鼓韵花园	镇海区茗园房地产开发有限公司	2005	5.71	—	招宝山
宁大花园	镇海区华信房地产开发有限公司	2005	10.07	—	庄市
骆兴家园	镇海区住房发展投资有限公司	2005—2008	23.38	—	骆驼
华丰星城	镇海区华鑫房地产开发有限公司	2006	17.20	—	骆驼
怡江华庭	镇海区房地产公司	2006	3.80	3.8	招宝山
清泉花园	宁波银亿房地产开发有限公司	2006	19.40	—	庄市
锦绣福兴	镇海区福兴房地产开发有限公司	2006	2.30	2.3	招宝山
鑫隆花园	镇海区城市建设投资开发有限公司、镇海区庄市镇房屋开发公司	2006	9.70	—	庄市
海景东苑	镇海区福兴房地产开发有限公司	2007	1.40	1.4	招宝山
金丰阳光	镇海区房地产公司	2007	15.11	—	蛟川
绿城桂花园	宁波绿城桂花园房地产开发有限公司	2008	16.38	—	骆驼
金邑水岸	镇海新城开发建设投资有限公司	2008	17.80	6.32	骆驼
柳岸晨韵	镇海区住房发展投资有限公司	2008	22.91	5.9	庄市
汇源小区	浙江舜杰建筑集团股份有限公司	2008	4.52	—	澥浦

说明：资料来源区房地产管理处。建筑面积1万平方米以上商品房小区列表

第五节 房屋普查

2007 年 6 月 30 日 24 时为普查时点，对全区城镇国有土地上居民住房组织普查。

据普查结果，镇海区城镇住房总计 58563 套，建筑面积 384.9 万平方米，其中公房 565 套，2.7 万平方米，占 0.7%；私有房屋 57998 套，建筑面积 382.19 万平方米，占 99.3%。成套房 56440 套，占 96.37%；非成套房 2123 套，占 3.63%。城镇居民拥有 38791 套，占 66.24%；非本区城镇居民（包括本区农民）拥有 19772 套，占 33.76%。

普查资料显示：

居民家庭总数 27425 户，居民人口总数 79441 人，户均 2.9 人。

家庭成员人数分档，1 人 5547 户，占 20.23%；2 人 8360 户，占 30.48%；3 人 10978 户，占 40.03%；4 人及以上 2540 户，占 9.26%。

按使用情况，自住房 51527 套，自住率 87.99%；出租房 4668 套，出租率 7.97%；空关房等其他情形 2368 套，占 4.04%。

按房屋来源，公房 565 套，占 0.96%；商品房 32638 套，占 55.73%；经济适用房 37 套，占 0.06%；出售房改房 17608 套，占 30.07%；其他住房 7715 套，占 13.17%。

无房户 2445 户，占 8.19%；户均 1 套住房 21157 户，占 70.83%；户均 2 套住房 2471 户，占 11.62%；户均 3 套及以上 352 户，占 1.18%。

人均住房建筑面积 27.25 平方米，其中人均住房建筑面积 8 平方米（含无房户）以下 2535 户，占 9.21%；8～12 平方米 573 户，占 2.08%；12～15 平方米 996 户，占 3.62%；15～18 平方米 2260 户，占 8.21%；18～20 平方米 2553 户，占 9.27%；20 平方米以上 18615 户，占 67.61%。

户均住房建筑面积 86.55 平方米。套均住房建筑面积 61.19 平方米，其中 60 平方米以下住房（含 60 平方米）13035 套，占总数 47.53%；60～80 平方米住房 7318 套，占总数 26.68%；80～100 平方米住房 3979 套，占总数 14.51%；100～120 平方米住房 1908 套，占总数的 6.96%；120～140 平方米住房 768 套，占总数 2.8%；140 平方米以上住房 417 套，占总数 1.52%。

1995 年以来，城区居住条件迅速改善，人均居住建筑面积由 17 平方米增至 2008 年的 31.6 平方米。

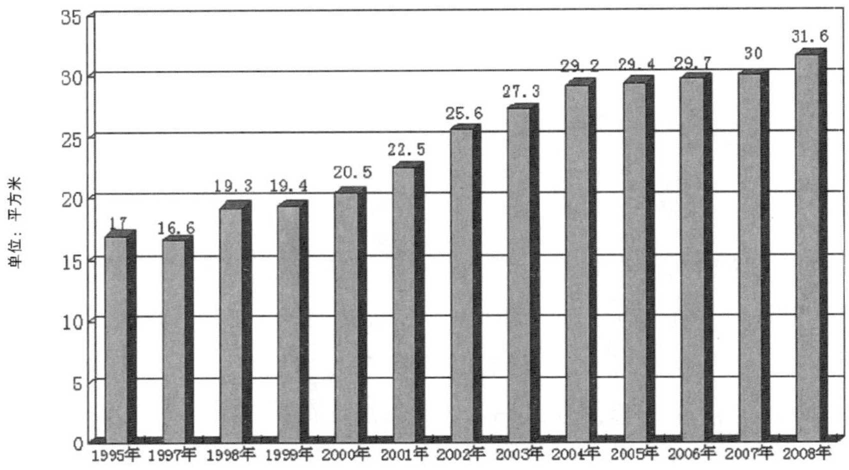

图 19－2　1995—2008 年镇海区城区人均居住建筑面积情况图

第六节　小区物业管理

1998 年以前，镇海区无物业管理。1998 年 12 月，镇海白龙物业管理有限公司成立，开启白龙小区拆迁安置房物业管理先河。2001 年，聪园小区商品房建成，四方物业公司开启对新建商品房物业管理先河。此后镇海区商品房住宅小区物业管理逐年拓展。至 2008 年年末，镇海区注册物业管理企业有 15 家。外地进镇海物业管理企业有 7 家：宁波联合物业、宁波佳佳物业、宁波银亿物业、浙江绿城物业、浙江华荣物业、宁波亚太酒店物业、宁波维科物业。全区实施物业管理的商住小区 52 个，居民户数 35808 户。

2001—2008 年镇海区实施物业管理小区情况表

表 19－16

物业小区名称	物业管理公司	居民户数	实施年份
聪园小区	镇海区四方物业公司	714	2001
招宝花园小区	镇海区中坚物业公司	759	2001
金桂花苑	宁波联合物业公司	595	2002
滨江小区	镇海区真诚物业公司	194	2003
银杏小区	镇海区招宝物业公司	713	2003
港城小区	镇海区招宝物业公司	780	2003
锦绣福兴	镇海区四方物业公司	170	2004
怡江华庭	镇海区四方物业公司	266	2004
中山小区	镇海区招宝物业公司	302	2004
四方小区	镇海区招宝物业公司	377	2004

续表 19－16

物业小区名称	物业管理公司	居民户数	实施年份
中山小区	镇海区招宝物业公司	302	2004
红房子小区	镇海区招宝物业公司	321	2004
海景东苑	镇海区四方物业公司	92	2005
茗园二区	镇海区中坚物业公司	819	2005
白龙小区	镇海区招宝物业公司	1624	2005
红星小区	镇海区招宝物业公司	275	2005
繁景小区	镇海区招宝物业公司	901	2005
清川佳园	镇海区招宝物业公司	335	2005
中石化宁波工程公司俞范生活区	镇海区海纳物业公司	2218	2005
骆兴家园	宁波联合物业公司	1955	2005
宁大花园	宁波佳佳物业公司	734	2005
金丰阳光	镇海区四方物业公司	1300	2006
鼓韵花苑	镇海区鼎天物业公司	370	2006
鑫隆花园	镇海区鼎天物业公司	731	2006
谢家小区	镇海区招宝物业公司	142	2006
三角地小区	镇海区招宝物业公司	532	2006
中石化宁波工程公司过渡房	镇海区海纳物业公司	120	2006
清泉花园	宁波银亿物业公司	1780	2006
华丰星城	宁波联合物业公司	1199	2006
华丰花园	宁波联合物业公司	1309	2006
西门小区	镇海区中坚物业公司	800	2007
临江小区	镇海区鼎天物业公司	2108	2007
兴建小区	镇海区鼎天物业公司	464	2007
化工区南洪小区	镇海区蛟川物业公司	200	2007
绿城桂花园	浙江绿城物业公司	1118	2007
东河小区	镇海区润家物业公司	240	2007
朝宗坊小区	镇海区润家物业公司	117	2007
武宁桥小区	镇海区润家物业公司	420	2007
金邑水岸	宁波联合物业公司	1114	2007
古塘丽景	镇海区真诚物业公司	800	2008

续表 19－16

物业小区名称	物业管理公司	居民户数	实施年份
刘家弄小区	镇海区真诚物业公司	818	2008
柳岸晨韵	镇海区住发物业公司	1730	2008
丽景华府	镇海区鼎天物业公司	344	2008
水岸丽园	镇海区鼎天物业公司	222	2008
同心苑商住楼	镇海区鼎天物业公司	119	2008
德馨家园	镇海区鼎天物业公司	90	2008
荣盛花园	镇海区润家物业公司	98	2008
工农小区	镇海区润家物业公司	1020	2008
银桂小区	镇海区润家物业公司	1172	2008
中大新苑	镇海区润家物业公司	364	2008
安置小区	镇海区创安物业公司	200	2008
南熏别院	宁波维科物业公司	321	2008

说明：资料来源区建设与交通局

第七节 白蚁防治

区境内常见的白蚁有家白蚁、黄胸散白蚁、黑胸散白蚁、黑翅土白蚁、黄翅大白蚁共 5 种。前三种属土木两栖性白蚁，危害房屋建筑、衣服、家具、图书、纸张等杂物。后两种属土栖性白蚁，危害果树林木、水库堤坝。在防治过程中发现，新建钢砼结构建筑物屡遭白蚁侵蚀，显现白蚁习性正在改变，在建筑物用材结构以钢砼为主的环境条件下，白蚁形成特殊的生态，给白蚁防治工作提出新课题。

白蚁抗药性强，防治药物屡作更换。20 世纪 70 年代，使用六六六粉剂、二二三乳剂及亚砒酸水剂。80 年代，根据白蚁种类和被害物性质，分别用灭蚁灵饵诱剂和氯丹。2000 年以来使用天鹰杀白蚁乳油。

有组织开展白蚁防治始于 1964 年，时镇海县财政局房管所配兼职白蚁防治人员 1 名。1968 年，置县白蚁防治站，附设在县房管所内，白蚁防治人员仍为兼职。1971 年，县财税局设房管组，配白蚁专职防治人员 1 人。1980 年 6 月，重新明确县白蚁防治机构。1982 年 4 月，置镇海县白蚁防治所，配专职白蚁防治人员 4 名，附设在县房地产管理处。1985 年 10 月，改称镇海区白蚁防治所，承担全区新建房屋白蚁预防、山林水库白蚁检查、古树名木、古建筑及旧房白蚁灭治等。1995 年 5 月，白蚁防治所从区房地产管理处析出独立。2008 年，有在编 6 人，编外合同制职工 5 人，其中白蚁防治专业技师 2 人、高级工 2 人、操作工 3 人。

1986—2008 年镇海区白蚁防治情况统计表

表 19－17

年份	防治面积（平方米）				
	合计	房屋	古建筑	水库堤坝	果林树木（棵）
1986	30809	29809	1000	—	—
1987	132148	131148	1000	—	—
1988	168014	166214	1800	—	—
1989	130887	129387	1500	—	—
1990	150202	149202	1000	—	—
1991	165102	163802	1300	—	—
1992	278949	277249	1700	—	—
1993	404169	381669	2500	20000	60000
1994	358377	336177	2200	20000	60000
1995	472266	450166	2100	20000	60000
1996	472011	470011	2000	—	—
1997	373315	371815	1500	—	—
1998	388014	386214	1800	—	—
1999	333878	271478	2400	60000	—
2000	522815	520515	2300	—	—
2001	480328	478328	2000	—	80000
2002	877158	875058	2100	—	80000
2003	1726215	1723915	2300	—	120000
2004	2611500	2609000	2500	—	80000
2005	1941026	1938526	2500	—	80000
2006	1697013	1694713	2300	—	80000
2007	1848998	1846498	2500	—	80000
2008	1607265	1604265	3000	—	80000

说明：资料来源区白蚁防治所

镇海区常见白蚁有 5 种：

图 19－3 家白蚁

图 19－4 黑胸散白蚁

图 19－5 黑翅土白蚁

图 19－6 黄胸散白蚁

图 19－7 黄翅大白蚁

第三章　城镇职工住房制度改革

1989 年 10 月，成立镇海区住房制度改革领导小组。1992 年 9 月，区住房制度改革政策出台。住房制度改革（以下简称房改）核心内容为：建立住房公积金制度、稳步出售公有住房、推行租金改革、发展房地产市场和加强房屋维修管理。1997 年 11 月，改称区住房委员会，下设办公室。

第一节　公有住房出售

公有住房出售范围

凡在镇海区城镇内有常住户口，并已取得独用成套公有住房租赁权的承租人可以购买公有住房。每户家庭只能享受一次，限购一套。部、省属单位镇海区集体户口职工视同常住户口也可申请购买。

1993 年，全区机关、企事业单位开展公有住房制度改革，将单位公房和部分直管公房出售给符合条件的承租人，全年共出售公有住房 1558 套，归集售房款 1702.59 万元。1994 年住房制度改革全面推开，至 1995 年 6 月，城镇 92% 的公有住房出售给住户。自 1998 年 12 月 31 日起镇海区范围内所有行政、企事业单位一律停止实物分配，逐步实行住房分配货币化。对 1998 年 12 月 31 日前单位已在建、已购的，且已批准、明确分配对象的，在 1999 年年底前竣工交付使用的，可继续按原规定向职工按房改政策出售。至 2008 年累计出售住房 28519 套，房屋建筑面积 152 万平方米，回收售房款 38412.83 万元。

出售公有住房由区房地产管理部门办理住房过户和产权转移登记手续，同时办理相应的土地使用权变更登记手续，领取产权证。1998 年 3 月开始，房改房可上市交易。

售房基准价

1992 年 9 月，区房改政策规定城关镇公有住房出售每平方米建筑面积综合价 475 元，标准价 190 元，其他乡镇综合价 400 元，标准价 180 元。1993 年 1 月 1 日调整价格，新建砖混结构二等住房每平方米建筑面积综合价：城关调整为 320 元，其他乡镇 280 元，标准价基价按原规定不变。标准价占产权比例调整为：城关镇按 60% 计算，其他乡镇按 65% 计算。市场价基价：城关镇 400 元，其他乡镇 350 元。砖混结构三等住房，每平方米建筑面积综合价基价：城关镇 270 元，其他乡镇 240 元。标准价基价：城关镇 160 元，其他乡镇 155 元。标准价占产权份额城关镇为 60%，其他乡镇为 65%。市场价基价：城关镇为 340 元，其他乡镇为 300 元。不久，与国务院房改政策衔接，调整新建公有住房出售标准价。砖混二等住房成本价每平方米建筑面积：城关镇 384 元，其他乡镇

336 元。住房年折旧率 2%。折旧年限以购房年份减住房竣工交付使用年份计算，超过 30 年的，按 30 年计算。公有住房的实际售价还需结合房屋结构、等级、地段、层次、朝向、设施和装修等因素，区别计价。购买公有住房，原则上一次性付清房款，有困难者可以申请抵押贷款。一次性付清房款的，给予总房款 20% 优惠。

1994—2007 年，售房基准价及相关优惠政策多次调整，2007 年，售房基准价提高到每平方米 790 元。

1993—2008 年镇海区公有成套住房出售情况表

表 19 - 18

年份	房改售房			
	套数	面积（平方米）	售房基准价（元/平方米）	售房款（万元）
1993	1558	80200	320	1702. 59
1994	17486	963400	384	19325. 32
1995	2456	112800	580	3109. 74
1996	1091	76000	640	2466. 56
1997	1206	73000	665	2950. 95
1998	1325	72900	680	2681. 58
1999	1260	55400	680	2541. 01
2000	1853	71500	680	2948. 95
2001	102	6000	680	224. 22
2002	19	1200	680	52. 38
2003	49	2500	710	122. 40
2004	73	3300	710	167. 13
2005	9	434	710	21. 21
2006	10	536	710	31. 30
2007	16	787	790	47. 35
2008	6	300	790	20. 14

说明：售房基准价非实际成交价

售房资金管理

各单位归集的售房资金汇交区建设银行、区工商银行房地产信贷部，由区住房基金管理中心统一管理。1994 年 3 月，区按售房款的 35% 建立住房维修清卫基金，其中住房维修基金 25%，清卫维修基金 10%。2006 年，清卫维修基金划转区财政。2007 年起，清卫维修基金收益中的环卫经费由区财政安排。2008 年，区住房资金管理中心管理的单位 165 家，住房基金 0. 56 亿元，清卫维修基金 1. 30 亿元（其中区统筹基金 5400 万元、代管基金 18 家 7600 万元），合计 1. 87 亿元。

1992—2008 年镇海区单位住房资金和清卫维修基金情况表

表 19－19

单位：万元

年份	单位住房资金				清卫维修基金		
	单位数	归集金额	动用金额	期末余额	归集金额	动用金额	期末余额
1995 年前	—	—	—	—	7658.36	—	7658.36
1996	—	25614.43	21862.48	3751.95	1413.81	325.01	8747.16
1997	—	2203.99	2347.67	3608.27	1712.68	167.17	10292.67
1998	—	7146.63	3819.93	6934.97	1685.49	577.14	11401.02
1999	—	5433.92	1911.18	10457.71	1025.36	243.80	12182.58
2000	—	3420.54	1877.36	12000.89	1099.31	145.43	1136.46
2001	—	400.32	2294.80	10106.41	479.67	117.17	13498.96
2002	—	253.07	2016.31	8343.17	845.53	89.01	14255.48
2003	—	331.30	325.99	8348.48	183.22	384.18	14054.52
2004	273	481.69	1651.26	7178.91	189.90	50.54	14193.88
2005	222	169.10	1145.17	6202.84	238.44	78.91	14353.41
2006	180	476.58	599.21	6080.21	562.26	1171.08	13744.59
2007	202	112.37	156.25	6036.33	396.22	1205.32	12935.49
2008	165	170.86	507.83	5699.36	359.70	260.79	13034.40

1995 年镇海区住房制度改革实施细则规定

1995 年城镇公有住房租金标准情况表

表 19－20

单位：元/平方米

结构	钢　混			砖　混			砖　木		
等级	一	二	三	一	二	三	一	二	三
租金	1.06	0.96	0.77	0.91	0.84	0.72	0.74	0.63	0.50
结构	木			简　易			平　均		
等级	一	二	三	一		二	0.77		
租金	0.67	0.53	0.43	0.36		0.24			

1995 年镇海区住房地段差价情况表

表 19－21

地段等级	范　围	地段差价率（%）
一　级	东南到甬江，西至中大河，北至后海塘，东至招宝山	0
二　级	中大河以西，隧道路以东，后海塘以北区域	－5
三　级	隧道路以西，城关镇所辖区域	－8
四　级	除城关镇外的各建制镇城镇规划区内	－10
五　级	其他	－15

1995 年城镇住房结构差价情况表

表 19－22

住房结构	等级	差价率%	备注
钢混	一	55	住房成本价以砖混结构二等为基准，1994 年按每平方米建筑面积 580 元计
	二	36	
	三	14	
砖混	一	14	
	二	0	

1995 年城镇住房朝向差价情况表

表 19－23

等级	范围	差价率（%）
一	结构主方向朝南或偏东、偏西小于或等于 45 度	0
二	结构主方向偏东或偏西大于 45 度	－5

1995 年城镇住房楼层差价情况表

表 19－24　　单位：元

楼层	三楼	四楼	五楼	六楼	七楼	八楼	九楼
一层	－2	－4	－4	－4	－4	－4	－4
二层	＋2	＋2	0	0	0	0	0
三层	0	＋4	＋4	＋4	＋4	＋4	＋4
四层	—	－2	＋4	＋4	＋6	＋6	＋6
五层	—	—	－4	＋2	＋4	＋6	＋6
六层	—	—	—	－6	－2	＋2	＋4
七层	—	—	—	—	－8	－2	0
八层	—	—	—	—	—	－10	－6
九层	—	—	—	—	—	—	－10

1995 年城镇公有住房出售设施价格调整情况表

表 19－25

设施名称	计量单位	价格（元）	
		增加	减少
永久性独用车房	建筑面积平方米	250	—
永久性共用车房	建筑面积平方米	150	—
临时性独用车房	建筑面积平方米	200	—
临时性共用车房	建筑面积平方米	100	—
独用天井（砼地坪）	地面净面积平方米	25	—

续表 19－25

设施名称	计量单位	价格（元）	
		增加	减少
独用晒台	晒台净建筑面积平方米	40	—
瓷砖贴墙面	平方米	24	—
水磨石地面	平方米	12	—
地砖、马赛克地面	平方米	20	—
纱门、纱窗	平方米	30	—
搪瓷浴缸	套	400	—
陶瓷洗脸盆	套	50	—
蹲式大便池	套	—	60
自装分水表	只	—	40
自装分电表	只	—	40
顶层挑阳台无雨篷	只	—	40
砼门框杠	框	—	50
砼窗框	膛	—	40
顶层无隔板（只调整顶层）	建筑面积平方米	—	成本价 5%
低层无架空层（只调整底层）	建筑面积平方米	—	成本价 5%

1995 年城镇公有住房增减设施租金调整情况表

表 19－26

设施名称	计量单位	月租金（元）	
		增加	减少
瓷砖贴墙面	墙面面积平方米	0.18	—
水磨石地面	地面面积平方米	0.08	—
地砖、马赛克地面	地面面积平方米	0.18	—
纱门、纱窗	门、窗面积平方米	0.30	—
搪瓷浴缸	套	2.00	—
陶瓷洗脸盆	套	0.60	—
蹲式大便池	套	—	0.20
独用天井（包括底层平台）	净面积平方米	0.10	—
独用晒台	净面积平方米	0.15	—
防盗门（总门外另设的）	扇	1.00	—

续表 19－26

设施名称	计量单位	月租金（元）	
		增加	减少
独用车房（砼、瓦屋面）	使用面积平方米	0.60	—
公用车房（砼、瓦屋面）	户	1.00	—
公用车棚（砼、瓦屋面）	户	0.50	—
自装分水表	只	—	0.30
自装分电表	只	—	0.30
顶层挑阳台无雨篷	只	—	0.30
顶层无隔热板	使用面积平方米	—	基本租金5%
低层无架空层（只调整底层）	使用面积平方米	—	基本租金5%

镇海区干部职工住房面积控制标准情况表（1995年房改方案第二次补充意见）

表 19－27　　单位：平方米

建筑面积	90～110	80～100	70～90	60～75	55～65
使用面积	66～80	58～73	51～66	44～55	40～48
机关事业单位	厅局级（区级）	副局级（副区级）、师级军转干部	处级（局级）、乡镇正级、团级军转干部	科级、正副主任科员、副镇级、营级军转干部	一般干部
企业单位	特大型	大型	中型	小型	一般职工
知识分子	—	正高级	副高级	—	—

说明：1. 超过上述面积控制标准一律执行商品价；
2. 上述面积控制标准是从全区宏观上予以规定，由于各单位、各部门住房条件不一，因此各单位可以在上述规定范围内制定相关标准，区级机关、事业单位分房、调房按区府规定执行；
3. 三代同堂且异性，其晚辈年龄在13周岁以上或四人以上子女异性年龄在13周岁以上的可放宽到科级标准

1995年城镇商品房基准价表

表 19－28　　单位：元/平方米（建筑面积）

地段等级	范　围	价　格
一级	后大街以南、苗圃路以东、甬江以北地段	1500
二级	苗圃路以西、中大河以东、后海塘以南、甬江以北地段及后大街以北、后海塘以南地段	1300
三级	中大河以西、隧道路以东、甬江以北、后海塘以北、洪镇铁路以南地段	1100
四级	隧道北路以西、后海塘以南、甬江以北地段，城关镇辖区域及骆驼镇规划区范围内的地段	1000
五级	其他乡镇规划区范围内的地段	800

说明：1. 为了对房改购房超面积部分有一个统一结算标准，根据全区商品房销售价格，制订基准价；
2. 凡超过房改住房面积控制标准部分，若原商品房购入价超过基准价按购入价结算，低于基准价按基准价结算；
3. 上述基准价须结合楼层差价，楼层差价率，按镇海区规定结算；
4. 以上基准价每年调整一次

镇海区职工购房工龄计算标准情况表

表 19－29

类型	计算方法
双职工	夫妻双方的实际工龄之和
35 周岁以上未婚单职工 35 周岁以上已婚单职工 35 周岁以上离婚未再婚职工	按本人工龄的 1.5 倍计算
丧偶后未再婚职工	按其配偶生前工龄的 1.5 倍计算或按本人及其配偶生前工龄之和计算
丧偶后未再婚非职工	其配偶生前工龄可按实计算
离婚后未再婚的非职工	不能给予工龄折扣
超龄离退休人员（组织部批准留任的除外）	只计算到按国家规定的离退休年龄当年
提前退休的退休人员	按退休时的实际工龄计算
退职人员	按退职时的实际工龄计算

说明：1. 镇海区购房工龄计算到 1994 年年底；
2. 职工初次参加工作当年（不论年初或年末），可按一年计算购房工龄，办理离休、退休、退职手续的当年（不论年初或年末），可按一年计算购房工龄；
3. 因各种原因中断过工作，中断时间按规定不能计算连续工龄，应按实扣除；
4. 全日制大专以上院校毕业生，在校学习期间，视作工作年限，不能作房改购房工龄；
5. 从事高温、高空、有毒、有害气体等工种的职工工龄，一年折合成一年半计算的，只限于养老，购买公有住房时不能套用

第二节 提高公房租金

住房制度改革前，城关直管住宅租金沿用 1964 年制定的标准，即每平方米使用面积最高甲等上 0.07 元，最低丁等 0.025 元。1980 年 4 月起，新建住宅月租金调整为每平方米 0.10 元。1992 年执行《宁波市区住房制度改革实施方案》，自 10 月 1 日起对租赁公房的住户，逐步提高租金。新的租金标准为每平方米使用面积平均租金 0.32 元。1995 年、1996 年、1998 年、1999 年、2003 年、2005 年和 2007 年均作调整提高。2008 年每平方米使用面积月租金标准 2.43 元。

非住宅类公房，1985 年按房屋结构和等级每平方米建筑面积月租金 0.3～1.5 元。规定房屋质量系数 0.7～1.0，地段系数 0.9～1.15，干道系数 1.1～1.7。1990 年 7 月 1 日至 1991 年 12 月 31 日，每平方米月租金 0.50～2.60 元。1992 年 1 月起，每平方米月租金 0.60～3.30 元，地段系数 1.05～1.20、干道系数 1.3～1.8。1994 年 3 月起，每平方米建筑面积月租金为 1.0～5.3 元。

2008 年，全区直管公房 525 户，面积 4.19 万平方米。其中，住宅 304 户面积 1.54 万平方米，非住宅 221 户面积 2.65 万平方米。全年租金收入 322.41 万元。

1985—2008 年镇海区直管公房租金收入情况表

表 19－30　　单位：万元

年度	城区片	骆驼片	合计
1985—1989	201.69	52.92	254.61
1990—1994	488.82	76.88	565.70
1995—1999	944.43	134.65	1079.08
2000	208.34	21.53	229.87
2001	195.87	25.23	221.10
2002	160.91	28.14	189.05
2003	184.12	32.18	216.30
2004	199.65	33.12	232.77
2005	226.89	41.21	268.10
2006	216.74	46.01	262.75
2007	261.01	53.20	314.21
2008	268.08	54.33	322.41

镇海区公有住房租金标准调整情况表

表 19－31　　单位：元/月平方米（使用面积）

调整年度		1992	1995	1996	1998	1999	2003	2005	2007
钢混	一	0.44	1.06	1.56	1.73	2.07	—	—	—
	二	0.40	0.96	1.41	1.57	1.88	—	—	—
	三	0.32	0.77	1.13	1.25	1.50	—	—	—
砖混	一	0.38	0.91	1.34	1.49	1.78	—	—	—
	二	0.35	0.84	1.23	1.36	1.63	2.05	2.21	2.43
	三	0.30	0.72	1.06	1.18	1.41	—	—	—
砖木	一	0.31	0.74	1.09	1.21	1.21	—	—	—
	二	0.26	0.63	0.93	1.03	1.03	—	—	—
	三	0.21	0.50	0.74	0.82	0.82	—	—	—
木	一	0.28	0.67	0.98	1.09	1.09	—	—	—
	二	0.22	0.53	0.78	0.87	0.87	—	—	—
	三	0.18	0.43	0.63	0.70	0.70	—	—	—
简易	一	0.15	0.36	0.53	0.59	0.59	—	—	—
	二	0.10	0.24	0.35	0.39	0.39	—	—	—

1980 年制定的村镇新建住宅租金标准情况表

表 19－32　　单位：元/平方米

项　目	地区	甲	乙	丙	丁
住　宅	集镇	0.07	0.05	0.035	0.025
	农村	0.04	0.03	0.025	0.02
一般非住宅	集镇	0.11	0.09	0.075	0.06
	农村	0.08	0.06	0.05	0.04
特殊非住宅	集镇	0.15	0.11	0.095	0.075
	农村	0.11	0.09	0.075	0.06

1980 年制定的城区新建住宅租金标准情况表

表 19－33　　单位：元/平方米

基本使用面积月租金		附属设施月租金					
层次	每平方米	独用自来水设备	独用卫生设备		阳台		阁楼
			坐式	蹲式	有顶	无顶	
一	0.10	0.20（每套）	0.20（每套）	0.10（每套）	0.05	0.03	0.04
二	0.11						
三	0.11						
四	0.10						
五	0.09						

说明：基本使用面积系指住户独用的室内面积，两户以上公用的卫生设备、阳台等不计租金

第三节　建立住房公积金

1992 年 6 月，成立区住房基金管理中心。1997 年 11 月，更名为区住房资金管理中心。2006 年 10 月，区住房资金管理中心改为宁波市住房公积金管理中心镇海分中心，保留区住房资金管理中心牌子。镇海区的住房公积金归集支取由区住房资金管理中心负责。

住房公积金实施范围

1992 年 10 月，镇海区建立住房公积金制度。制度规定，区属党政机关、群众团体、企事业单位工作的固定职工、合同制职工、计划内临时工，均实行公积金制度。城关镇属单位及部门所属的小集体单位也纳入范围。离退休干部、退休职工、临时工、“三资”企业中的外籍职工，不实行公积金制度。2007 年 7 月《宁波市住房公积金缴存管理暂行办法》出台，镇海区依照执行。由时起，公积金缴存单位和职工扩大为国家机关、国有企业、城镇集体企业、外商投资企业、城镇私营企业及其他城镇企业、事业单位、民办非企业单位、社会团体等单位及其在职职工。

住房公积金缴交存

住房公积金个人承担部分，由个人支付。企业承担部分由企业从公有住房提取的折旧费、大修理基金和其他自有资金中支付，不足部分经财政部门核定后，在成本中列支。行政事业单位由其自有资金支付，不足部分经财政部门核定后，列入预算。

1992 年，职工个人和所在单位为职工缴交的公积金为职工月基本工资 3%。1995 年 7 月调整为职工上年月平均工资 5%。此后，住房公积金缴存的基数和比例每年调整一次。缴存基数以职工本人上年月平均工资为依据，缴存比例从单一缴存比例到规定范围内的缴存比例。执行时间从当年的 7 月到翌年的 6 月。其中，2002 年 6 月前，所有缴存单位和职工均按单一缴存比例缴存住房公积金。2002 年 7 月至 2007 年 6 月，缴存比例在 8～10% 范围内。2005 年 7 月起，结合住房分配货币化改革，对不实行住房分配货币化的单位，其缴存比例经批准适当提高，最高为 18%。2007 年 7 月起，正常缴存比例上限提高到 12%。

1992—2008 年镇海区职工住房公积金缴存标准情况表

表 19－34　单位：元

执行时间		缴存基数		缴存比例		
		低限	高限	正常范围	最低	最高
1992. 10	1995. 06	职工月基本工资		3%	—	—
1995. 07	1996. 06	职工上年月均工资		5%	—	—
1996. 07	1997. 06	370	1850	5%	—	—
1997. 07	1998. 06	426	2126	5%	—	—
1998. 07	1999. 06	486	2430	6%	—	—
1999. 07	2000. 06	587	2935	6%	—	—
2000. 07	2001. 06	629	3145	6%	—	—
2001. 07	2002. 06	741	3705	6%	—	—
2002. 07	2003. 06	927	4634	8～10%	—	—
2003. 07	2004. 06	997	4984	8～10%	—	—
2004. 07	2005. 06	1060	5301	8～10%	—	—
2005. 07	2006. 06	1138	5689	8～10%	5%	15%
2006. 07	2007. 06	1194	5967	8～10%	5%	15%
2007. 07	2008. 06	1274	10615	8～12%	5%	18%
2008. 07	2009. 06	1353	11275	8～12%	5%	18%

住房公积金使用

职工个人和所在单位缴交的公积金，均归职工个人所有。职工家庭可以使用本户成员及其直系亲属积累的公积金购买和建造自住住房及私房翻建、改造和大修。职工出售用公积金购买的住房，购房时动用的公积金应如数存入原公积金户名。单位用于购建职工住房，原则上可以有偿使用本单位职工结余的公积金。职工离退休、出国（境）定居，其结余的公积金本息归还给职工本人；调动工作，离开本市，其结余的公积金本息可转入新工作所在地该职工公积金名下。职工在职期间去世，其结余公积金本息可转入继承人或受赠人公积金名下。2007 年 7 月起，支取住房公积金调整为：职工购买、建造、翻建、大修自住住房的；偿还购建翻修自住住房贷款本息的；职工本人、配偶及其直系亲属因重病、大病造成家庭生活严重困难，用于支付物业专项维修资金、物业服务费等费用的；退休的；基本丧失劳动能力，并与单位终止劳动关系的；职工与所在单位终止劳动关系未重新就业满 5 年，或满 2 年且家庭生活严重困难的；持有总工会核发的“特困职工证”或民政部门核发的“宁波市最低生活保障金领取证”“宁波市城区社会扶助证”，并与单位终止劳动关系未重新就业的；工作调动并户口迁出宁波市，或者出国、出境定居的；职工死亡或者被宣告死亡的；非宁波市户籍职工与所在单位终止劳动关系并离开宁波市的等 10 类情形。

1992—2008 年镇海区职工住房公积金使用情况表

表 19－35

年份	单位数	缴存人数	归集金额（万元）	支取金额（万元）	期末余额（万元）
1992—1996	—	—	8964.98	400.72	8564.26
1997	—	—	6563.83	747.64	14380.44
1998	—	—	8917.14	3294.10	20003.49
1999	—	—	9790.86	3838.00	25956.35
2000	—	—	12973.26	5573.26	33356.35
2001	—	—	23080.72	8013.48	48423.59
2002	—	—	21104.77	12441.62	57086.74
2003	—	38854	33471.21	16803.85	73754.09
2004	—	39062	35833.44	24064.64	85522.90
2005	—	39081	47040.04	28306.94	104256.01
2006	492	39427	47903.55	39656.55	112503.00
2007	524	41330	53939.57	40812.29	125630.28
2008	598	42082	60340.06	34023.21	151947.13

住房公积金贷款

1998 年 11 月，开办住房公积金贷款业务。贷款申请对象是缴存住房公积金满一年而无欠缴的职工，并具有镇海区常住户口、首付房款 30% 以上、有稳定的经济收入和还本付息能力、未享受过房改购房、同意办理住房抵押和保险等条件。可贷额度为借款人及其配偶等缴存公积金的月工资基数之和 × 贷款系数 30% × 贷款年限 ×12 个月，并不得超过总房款的 70%，同时超过面积控制标准部分不予贷款。贷款期限一般为 5 年，特殊情况不超过 10 年。

1999 年 7 月，调增贷款额度。贷款系数调整到 40%；保险费率由 0.3% 调整为 0.1%（5 年以内）、0.08%（6～10 年）；贷款期限分 5 年以内、5～10 年两档；明确最高贷款限额为 8 万元；取消面积控制标准；扩大贷款对象，职工家庭购买自住住房未享受过公积金贷款的，均可享受一次。

1999 年 11 月，调整最高贷款额度到 15 万元。

2003 年 10 月，贷款限额从 15 万元调高至 25 万元，贷款系数仍为 40%。贷款年限从最长 10 年调整到 20 年。首次规定购置二手房也可申请贷款，可贷金额为房屋评估价值的 40% ~60%，组合贷款最高不超过 70%。贷款房屋地域扩大为海曙、江东、江北、镇海、北仑、鄞州六区范围内的成套住房。同时，取得住房抵押贷款的职工，在清偿贷款本息前，可支取部分公积金，实行一年一取且对年对月支取。

2004 年 5 月，放宽贷款次数限制，职工在还清第一次公积金贷款后，可再一次贷款，两次贷款额度相加不超过现行贷款限额规定。

2005 年 3 月进一步放宽可贷房屋范围，职工在购置自住住房一年内，也可申请住房公积金贷款。同时增加二次贷款额度，职工还清首次公积金贷款后，可申请二次贷款，贷款金额不超过最高贷款限额，不必扣除首次贷款金额。2005 年 4 月，贷款限额提高到 40 万元。2006 年 3 月，贷款限额提高到 50 万元。

2007 年 7 月，规定贷款对象是已按规定缴存住房公积金，具有完全民事行为能力的在职职工，并且具有本市常住户口或本市有效居留身份；申请贷款时正常连续缴存住房公积金一年（含）以上；购买自住住房取得房产证后一年以内，建造、翻建自住住房取得房产证后三个月以内，大修自住住房竣工后三个月以内；购买自住住房，首付款不低于购房总款的 30%；有稳定经济收入，个人信用良好，有按时偿还贷款本息能力；同意以贷款所购买、建造、翻建、大修的房产价值全额作为抵押。购买商品房的，房地产开发企业须为购房人作阶段性担保；申请第二次住房公积金贷款的，须还清首次住房公积金贷款。

2007 年 8 月，公积金贷款限额从 50 万元提高到 60 万元。

1998—2008 年镇海区住房公积金贷款情况表

表 19 - 36　　单位：万元

年份	贷款户数	贷款金额	期末贷款余额
1998	2	4. 50	—
1999	130	909. 20	—
2000	378	3167. 03	3572. 70
2001	650	5128. 60	7743. 22
2002	640	5984. 15	11862. 21
2003	1155	9544. 21	18337. 64
2004	682	11860. 90	25889. 45
2005	901	17596. 70	37119. 48
2006	1067	23348. 20	49951. 40
2007	1922	44204. 40	79232. 72
2008	1051	29004. 10	93850. 31

第四节 住房分配货币化

1998 年 12 月 31 日起，镇海区行政机关和企事业单位停止住房实物分配，逐步实行住房分配货币化，职工购房给予住房补贴。2000 年 6 月，镇海区停止住房实物分配，实行住房货币补贴，包括住房公积金补贴、一次性住房补贴和工龄住房补贴。实行专项存储、统一管理、定向使用。住房货币补贴资金来源主要有财政和单位住房建设资金、公有住房出售收入、自有资金、财政拨付用于住房补贴的预算外资金等，其中：（1）对 1999 年 1 月 1 日后参加工作的职工，单位除按规定比例缴存住房公积金外，另按月给予本人工资 12% 的住房公积金补贴。（2）对 1998 年 12 月 31 日前参加工作的无房，或住房未达到规定面积标准的老职工（包括离退休职工），由单位发给一次性住房补贴。一次性住房补贴根据行政职务、专业技术职务、工作年限、住房面积控制标准和原住房面积等因素综合测定。

至 2008 年年末，镇海区累计发放住房货币补贴 2.4 亿元，9864 人次享受住房货币补贴。

（责任编辑　冯国定）

第二十编　旅游业

本编目录

镇海濒临大海，山水灵秀。明清时期，招宝山有“鳌柱插天”等十二景，境内宝陀寺、香山寺等寺庙香火颇盛。存留抗倭、抗英、抗法、抗日留下威远城、月城、安远炮台、抗日碉堡等历史遗迹。1981 年，招宝山辟为景区。此后，镇海口海防历史纪念馆、寿昌公园、沿江景观带、文化广场、商帮文化公园等先后建成。后海塘、包玉刚故居、邵逸夫旧居、叶氏义庄等陆续修复。2006 年，九龙源、九龙湖环湖景区、香山教寺建成，九龙湖旅游区改名九龙湖旅游度假区。2008 年，招宝山旅游风景区和九龙湖旅游度假区双获国家 AAAA 级旅游景区。2009 年 9 月 20 日，郑氏十七房旅游区开游。同年 10 月 21 日，宁波帮文化旅游区开游。元宵灯会、金秋菊展、九龙湖葡萄节等节庆活动，使镇海的旅游吸引力日益增强。2010 年，旅游直接收入 3.05 亿元。接待游客 406.7 万人。旅游业在区域经济发展中的地位愈来愈重。

第一章 资源 规划

江海河山，人文景观，构成镇海旅游资源特色。1990 年以来，发展旅游业摆上议程。先后编制镇海区招宝山风景区规划、九龙湖度假旅游区总体规划、镇海区旅游发展总体规划，并付诸实施。1997—2010 年，镇海区旅游基础设施建设共投入 24.38 亿元，其中 2006—2010 年投入 23.66 亿元，建成九龙湖旅游度假区、郑氏十七房旅游区、宁波帮文化旅游区。

第一节 旅游资源

2003 年区旅游局旅游资源普查，镇海区域旅游资源涵盖 8 主类的其中 6 类，在全部 155 种旅游资源基本类型中，共有 34 种，占 21.94%。镇海旅游资源以人文景观为主，其中建筑与设施类旅游资源集聚度较高，优良级旅游资源较少。

普查的 89 种旅游资源单体情况见表 20－1。

2003 年镇海区旅游资源单体汇总情况表

表 20－1

资源名称	单体编号	区位	级别
明州“海上丝绸之路”起航地	EBA（历史事件发生地）	招宝山街道	5
镇海口海防遗址	EBB（军事遗址与古战场）	招宝山街道	5
安远炮台	FCF［城（堡）］	招宝山街道	4
后海塘	FGD（堤坝段落）	招宝山街道	4
威远城	FCF［城（堡）］	招宝山街道	4
鳌柱塔	FCB（塔形建筑物）	招宝山街道	3
包玉刚故居	FDD（名人故居与历史纪念建筑）	庄市街道	3
海防历史纪念馆	FAE（文化活动场所）	招宝山街道	3
望海楼	FCC（楼阁）	招宝山街道	3
吴杰故居	FDD（名人故居与历史纪念建筑）	招宝山街道	3
月城	FCF［城（堡）］	招宝山街道	3
招宝山明清碑群	FCH［碑碣（林）］	招宝山街道	3
镇海发电有限责任公司	FAF（建筑工程与生产地）	蛟川街道	3

续表 20－1

资源名称	单体编号	区位	级别
镇海鼓楼	FCC（楼阁）	招宝山街道	3
镇海炼化股份有限公司	FAF（建筑工程与生产地）	蛟川街道	3
镇海龙鼓	HCC（民间演艺）	招宝山街道	3
镇海沿江景观带	FAK（景物观赏点）	招宝山街道	3
郑氏十七房	FDC（特色社区）	澥浦镇	3
梓荫山	ACB（独峰）	招宝山街道	3
东海宾馆	FAB（康体游乐休闲度假地）	蛟川街道	2
观音阁	FAC（宗教与祭祀活动场所）	招宝山街道	2
胡亨房与花园假山	FDD（名人故居与历史纪念建筑）	招宝山街道	2
湖心岛	AEA（岛区）	九龙湖镇	2
巾子山	ACB（独峰）	招宝山街道	2
净圆禅寺	FAC（宗教与祭祀活动场所）	九龙湖镇	2
九龙山庄	FAB（康体游乐休闲度假地）	九龙湖镇	2
宁波城市职业技术学院	FAA（教学科研实验场所）	庄市街道	2
泮池	EBB（军事遗址与古战场）	招宝山街道	2
邵逸夫旧居	FDD（名人故居与历史纪念建筑）	庄市街道	2
十字路水库	FGA（水库观光游憩区段）	九龙湖镇	2
寿昌公园	FAD（康体游乐休闲度假地）	招宝山街道	2
吴公纪功碑亭	FCH［碑碣（林）］	招宝山街道	2
香溢新兴宾馆	FAB（康体游乐休闲度假地）	骆驼街道	2
俞大猷生祠碑	FCH［碑碣（林）］	招宝山街道	2
招宝山大桥	FFA（桥）	招宝山街道	2
招宝山饭店	FAB（康体游乐休闲度假地）	招宝山街道	2
孔庙大成殿	FAC（宗教与祭祀活动场所）	招宝山街道	2
镇海大酒店	FAB（康体游乐休闲度假地）	招宝山街道	2
镇海烈士陵园	FEA（陵寝陵园）	九龙湖镇	2
中法战争镇海口之役胜利纪念碑	FCH［碑碣（林）］	招宝山街道	2
“登云路”牌坊（孝子牌坊）	FCK（建筑小品）	招宝山街道	1
“第一山”碑	FCH［碑碣（林）］	招宝山街道	1
宝陀寺	FAC（宗教与祭祀活动场所）	招宝山街道	1
都神殿戏台	FCK（建筑小品）	澥浦镇	1

续表 20－1

资源名称	单体编号	区位	级别
斗鸡双峰	ACE（奇特与象形山石）	九龙湖镇	1
范宅花园	FAD（园林游憩区域）	蛟川街道	1
父子进士亭	FCK（建筑小品）	澥浦镇	1
傅宅	FDD（名人故居与历史纪念建筑）	招宝山街道	1
贵驷太史第	FDD（名人故居与历史纪念建筑）	骆驼街道	1
河头古樟	CAC（独树）	九龙湖镇	1
后丰林庙	FBB（祭拜场馆）	蛟川街道	1
黄公祠	FBB（祭拜场馆）	澥浦镇	1
黄杨桥	FFA（桥）	九龙湖镇	1
集珍湖区	BBA（观光游憩湖区）	招宝山街道	1
建城碑亭	FCH［碑碣（林）］	招宝山街道	1
巾子亭	FCH［碑碣（林）］	招宝山街道	1
觐祖桥	FFA（桥）	骆驼街道	1
聚兴园	FAB（康体游乐休闲度假地）	庄市街道	1
岚山水库	FGA（水库观光游憩区段）	澥浦镇	1
郎家坪水库	FGA（水库观光游憩区段）	九龙湖镇	1
林则徐纪念堂	FDD（名人故居与历史纪念建筑）	招宝山街道	1
刘聘三故居	FDD（名人故居与历史纪念建筑）	骆驼街道	1
柳堤荷风	FAK（景物观赏点）	招宝山街道	1
龙潭飞瀑	BCB（跌水）	九龙湖镇	1
宁波商帮主题公园	FCI（广场）	庄市街道	1
棋子枰	FCK（建筑小品）	招宝山街道	1
憩桥	FFA（桥）	骆驼街道	1
憩桥桂花厅	FBA（聚会接待厅堂）	骆驼街道	1
人民公园	FAB（康体游乐休闲度假地）	招宝山街道	1
三圣殿水库	FGA（水库观光游憩区段）	九龙湖镇	1
邵氏康乐园	FAB（康体游乐休闲度假地）	庄市街道	1
思源亭（子瑛公馆）	FCK（建筑小品）	九龙湖镇	1
苏铁	CAC（独树）	招宝山街道	1
同义医院	FAA（教学科研实验场所）	庄市街道	1
未名园	FAB（康体游乐休闲度假地）	蛟川街道	1

续表 20－1

资源名称	单体编号	区位	级别
仙井洞天	ACL（岩石洞与岩穴）	招宝山街道	1
向辰园	FAB（康体游乐休闲度假地）	招宝山街道	1
小洞岙唐代古窑遗址	EBD（废弃生产地）	九龙湖镇	1
叶澄衷墓址	FEB（墓）	庄市街道	1
叶家小洋房	FDA（传统与乡土建筑）	庄市街道	1
叶氏义庄	FDE（书院）	庄市街道	1
月洞门	FGD（堤坝段落）	澥浦镇	1
招宝山摩崖石刻	FCG（摩崖字画）	招宝山街道	1
招宝山徐宅	FDD（名人故居与历史纪念建筑）	招宝山街道	1
招宝山院士林	FAE（文化活动场所）	招宝山街道	1
朱枫烈士纪念楼	FDD（名人故居与历史纪念建筑）	招宝山街道	1
朱仁房大屋	FDD（名人故居与历史纪念建筑）	招宝山街道	1
庄市农业观光区	FAF（建筑工程与生产地）	庄市街道	1
庄熙雄宅	FDA（传统与乡土建筑）	庄市街道	1

说明：资料来源区旅游局

第二节　旅游规划

招宝山风景区规划

1986年由区规划处编制《招宝山风景区规划》。1988年8月，市城乡建设委员会组织专家审定，年末，市城乡建委受市人民政府委托批复规划方案。招宝山风景区的性质：以历史文化名胜古迹为主体，以登山远眺、望海观城、领略海天风光为特色的游览风景区。为宁波海上出入的主要标志。规划布局分山上、山下两部分。山上以赏景望海和俯城远眺为主，结合寺宇复建和文物保护，逐步修复“山楼看旭”“鳌柱插天”“山城岚翠”“钟鸣山寺”“千帆破浪”等景物。山下以休闲公园为主，分静区、动区两块，由草坪、雕塑、服务区及水面组成，并设置露天乐池、攀山捷道及防空洞内游乐场、舞厅等。规划风景区用地面积31.16公顷，其中山下8.56公顷。

宁波市九龙湖度假旅游区总体规划

2002年，由北京清华城市规划设计研究院编制。九龙湖度假旅游区的景观结构概括为“四湖两山”，确定以“郎家坪水库＋九龙山庄”为核心区，以“九龙湖＋达蓬山”与“小洞水库＋三圣殿水库为两翼”的旅游规划总体布局。

宁波市镇海区旅游发展总体规划

2004年12月，委托北京达沃斯巅峰旅游规划设计院编制，于2006年年初完成。镇海区旅游发展总体规划确定为“三点一线”，即西北九龙湖旅游区、中部宁波帮文化旅游区、东部招宝山文化旅游区；都市观光农业、休闲农业、生态景观为主的乡村游线。2009年9月，“三点一线”调整为“四个重点区块、一条乡村旅游线”：以“东海风情小城”为主题，提升镇海老城旅游品位；以“碧水仙踪、养心天堂”为主题，打造九龙湖省级休闲度假区；发展新城旅游，打造新城商贸购物、宁波帮文化旅游、宁波市植物园三大功能区块；整合十七房节庆旅游资源，围绕中华传统文化传承基地和中国美术学院采风写生基地打造精品景区。整合农家乐旅游资源。

第二章 旅游资源开发

1986—2010年，镇海区陆续建成招宝山风景旅游区、九龙湖旅游区、宁波帮文化旅游区、郑氏十七房4个旅游区，并将传统的元宵灯会、金秋菊展开发为新的旅游资源。

第一节 旅游景区

招宝山旅游风景区

位于招宝山街道东北，甬江口北岸，拥有优美的自然景观，宗教文化和厚重的海防历史文化。招宝山旧名候涛山，又名鳌柱山。因山外洋面波涛汹涌，旧有“虎蹲涛吼”一景，文人雅士，结伴登山听涛，故曰候涛。因当海口，商舶所经，百珍交集，后又以招宝山名之。招宝山以宝陀寺闻名，游人朝拜毘卢观音，数百年来香火旺盛。1980年开始，封山育林，择要整修，辟为游览区。至2010年形成18个新景点：鳌柱插天（鳌柱塔）、霞辉夕照（观音阁）、宝陀钟声（宝陀禅寺）、明清碑群、威远雄关（威远城）、月城松涛（月城）、平台览港（揽江台）、摩崖梵书（梵文石刻）、第一山碑、棋枰仙踪（棋子坪）、紫竹幽林（紫竹林）、古塘春色（后海城塘）、巾帻怀古（巾子山）、大浃飞虹（招宝山大桥）、安远扼江（安远炮台）、丰碑纪胜（中法战争纪念碑）、湖山集珍（集珍湖）、海防史鉴（海防纪念馆）。招宝山上中峰古道、南陵云路和西山幽径3条登山道路相通。

图 20－1 招宝山旅游风景区

景区镇海口海防遗址为全国重点文物保护单位，有文物保护点8处，包括威远城、明清碑刻、月城、安远炮台、吴杰故居、吴公纪功碑亭、泮池、俞大猷生祠碑记。省级文物保护单位后海塘1处。（详见第三十七编“文化”第五章“文物与保护”）

宝陀禅寺 在招宝山威远城内。原建于东海梅岑山（普陀山），始建于唐大中年间，供奉观世音。雍正《宁波府志》载，“明嘉靖间总制胡宗宪、都督卢镗徙海外補陀洛迦山大士像，建寺于山巅故名”。明万历四十年（1612）毁，独存大士像。清康熙四十四年（1705）毁于火，仅存天王殿并大士像。其间四度修建。道光二十五年（1845）大修。按观音道场和普陀山格局，建有宝陀禅寺、紫竹林、上天竺、中天竺、潮音洞等。解放后1981年大修。因宝陀禅寺观音来自普陀山，引各方香客朝拜，香火旺盛。2010年，新建成天王殿、钟楼、藏经阁。

观音阁　在招宝山西侧，明代时建有夕照庵，清《招宝山志》载：“在招宝山后，山势回环，松风掩盖，以夕为佳”，吟咏“夕照霞辉”，为旧时招宝山12景之一，后圮。1917年，释妙山在旧址复建观音阁，后毁于抗日战争时期。1985年，释智柔在原观音阁废墟上重建元始殿，供千手观音，仍名观音阁，翌年开阁。1987年建设香光殿。1990年建设观音阁正殿。1992年建设清静世界、客库房。1993年建设大师殿。至2008年，总建筑面积1500余平方米。观音阁倚山面城，松竹掩映，尤以晚景最佳。

鳌柱塔　在观音阁后西山巅。唐宋时有鳌柱插天塔记载，年久失传，其址无考，仅留鳌柱山之名。1995年，侨胞俞葵卿、王绍成、傅在源等资助重建鳌柱塔。仿唐楼阁式，7层8面，框筒结构，总高57.6米。各层设屋檐、平座、栏杆、斗拱，首层外圈柱廊，塔心内置电梯。塔层屋面青瓷筒瓦，琉璃垂脊。塔匾额费孝通题。登鳌柱塔眺望，东海、镇海港、北仑港和金塘岛清晰可见，甬江入口蜿蜒上溯。

图20－2　鳌柱塔

九龙湖旅游度假区

位于镇海西北部的九龙湖镇，涵盖自然景点、人文景观、建筑设施景观。1988年十字路水库竣工后，辟为游览地，定名九龙湖，游区总面积44.35平方千米。依托十字路、郎家坪、小洞岙和三圣殿水库，形成九龙湖、凤凰湖、月亮湖和天鹅湖等自然景观。1991年建成九龙山庄，成为九龙湖旅游区首个配套服务项目。2004年开始，建设游区道路，逐步建成环湖景区、九龙源景区、香山教寺。龙潭飞瀑、蓬山佛迹、斗鸡双峰、方腊寨、子瑛公馆、烈士陵园等景点。2006年，九龙湖旅游区开游，成为宁波市十佳新景之一。2009年5月，开元九龙湖度假村开业。九龙湖旅游区更名为九龙湖旅游度假区。九龙湖周边形成横溪农家乐、九龙百果园、康得助农庄、飞洪蔬菜基地、葡萄庄园等乡村休闲场所。

九龙湖　镇海区最大人工湖。三面环山，湖周黛峰如眉，翠岭逶迤；湖中碧波如镜，岚影倒悬。波光蓝天一色，绿树修竹相映，景色极为旖旎。湖中有猴岛，天然野趣浓郁。

环湖景区 以环湖路为依托，有游区主入口广场、九天银河、仰望达蓬、方腊神剑、九龙归海、风吟幽谷、游船码头、竹林茶室、徐福渡海、梵呗清音等10余景点组成。有九龙山庄和九龙乐园、滑草场、沙滩排球、茶室、游艇、农家餐馆、烧烤园等休闲游乐点。

达蓬山 九龙湖东北，海拔315米，为游区主峰。山势峥嵘、崖岩危突，登顶可眺望东海。有斗鸡峰、方腊寨、秦渡庵、佛迹等古迹，是历代文人墨客涉足之地。宋宝庆《四明志》载："秦始皇至此，欲自此入蓬山，故号达蓬。"明清著名思想家、史学家黄宗羲游达蓬山作《海市赋》，认为所谓"蓬莱"乃是"海市"。

九龙源 九龙湖北香山。山涧飞瀑喷泻，寒暑不辍，古树参天，奇花烂漫，岩谷留香。景区步道长2.5千米，有"源"字摩崖石刻、九龙源碑楼、太平桥、九龙叠瀑、上下瑶池、龙脉、神钟石、仙人古道、金蟾听佛、金刚台、下佛迹等景点。

香山教寺 始建于唐天宝年间。初为小庵。广德初（约763）建寺，宋舒亶、清黄宗羲等有诗咏其胜。"文化大革命"时寺被毁。2006年1月7日，香山寺建成，更名香山教寺。圆通宝殿、藏经楼等唐式建筑与优美的自然环境相映。

郑氏十七房旅游区

位于澥浦镇。郑氏十七房多为清乾隆至光绪年间建筑，包括路沿郑中央房、东房、庙基头全盛郑房、郑家村三房堂前、大祖堂房、小九房、恒德房、恒祥房、后堂楼房、兴房、立房、鼎丰房、当典房。以明清古建筑和早期宁波帮聚集地的历史痕迹为依托，显现江南水乡古村特色。建筑群宅中有街市。占地面积6万平方米，建筑面积4万平方米。民间保留清代节孝牌楼石刻"圣旨"匾额。郑氏十七房具有典型的"家家有水埠、户户有小桥"江南水乡特征，又具北方宫殿般布局，纵横轴线极为明显。2006年启动保护开发十七房工程。2009年9月20日，郑氏十七房旅游区开游，中华文化促进会授予其"中华传统文化传承基地"称号，也成为中国美术学院采风写生基地。

图20－3 郑氏十七房旅游区

鼎丰房 清道光至咸丰年间建，四合院民居，占地面积1900平方米，建筑面积2097平方米。

后堂楼 清嘉庆年间建，南、北两座宅院组成，占地面积近4200平方米，建筑面积3900平方米。系郑氏十七房现存规模最大、最具代表性的宅院。后堂楼早期主人郑谦，嘉庆二十二年（1817）进士，授职福建归化、南平县令。

兴房 道光咸丰年间建，占地面积3050平方米，建筑面积2380平方米。早期主人郑勋，晚清宁波钱业巨子，授官正二品资政大夫。

典当房　清咸丰年间建，占地面积470平方米，建筑面积350平方米。典当房名号“慎益”。

望益堂　清道光初建，占地面积523平方米，建筑面积730平方米，曾为后堂楼的藏书楼。堂名望益取自《佛说善生子经》中“士丈夫望益，而善法不衰”。

源茂房　清光绪年间建，占地面积432平方米，建筑面积595平方米。源茂取“生意兴隆，财源茂盛”之意。

栈房　兴房一部分，占地面积2788平方米，建筑面积1750平方米。早为家仆、雇工住所，兼作仓储之用。

立房　清嘉庆年间建，占地面积1967平方米，建筑面积2190平方米。立房主人郑德标，早年弃儒学贾，21岁时承担起宁波一带的生意。发迹后资助慈善事业，行多项义举，如萧山养寄堂施寒衣数百袭，增宗祠祭田，设义冢、修桥梁、道路等。

洽礼堂　清光绪年间建，占地面积750平方米，建筑面积约210平方米，为郑氏宗族专设的女性祠堂。

宁波帮文化旅游区

位于庄市街道，游区内集聚宁波帮文化公园，宁波帮博物馆，包玉刚、邵逸夫等名人故居，以江南水乡为特色，2009年10月21日全面建成开游。

宁波帮文化公园　2002年开工，2007年11月建成对游人开放。文化公园占地10万平方米。建宁波帮文化公园旨在纪念邓小平“把全世界宁波帮都动员起来建设宁波”的指示发表20周年。公园以水榭园林和商帮文化景观为特色，建筑风格呈“三江汇源”之态。内置邓小平会见包玉刚雕塑像，寓意共商“香港回归”“宁波帮帮宁波”。还有宁波商帮12项代表性行业的大型雕塑，孙中山和邓小平赞誉宁波商帮的石刻题词。

叶氏中兴学校　宁波帮先驱叶澄衷创办的叶氏义庄所设的义塾，1903年落成。1906年改名叶氏中兴学堂，1912年更名为叶氏中兴学校。包玉刚、邵逸夫、包从兴、赵安中等一批宁波帮精英启蒙于此。中兴学校以“勤朴肃睦”校训和“中西兼容”教育特色著称，尤以“商帮摇篮”的育人成果而闻名于世，诠释宁波帮“兴天下之利，莫大于兴学”的重教理念和薪火相传的捐资兴学精神。

包玉刚故居　位处钟包村东七房。清光绪年间建，占地800平方米，四周围墙环抱，石板铺砌大明堂，硬山顶山墙，内置包兆龙铜像。故居内以“名臣之后、爱国爱乡、船王之路、功在国家、誉满天下”五大主题分设展厅，展示世界船王包玉刚传奇人生和报效桑梓的义举。

邵逸夫故居　位处勤勇邵家。1936年在祖屋基础上翻造，占地500平方米，建筑200余平方米。坐西朝东，硬山顶屋面，中西合璧砖木结构。现为陈列室，内展出邵逸夫返乡活动和捐资兴学事迹。

叶氏义庄　清同治十年（1871）由叶澄衷筹资创办。义庄占地面积2800平方米，建筑面积1045平方米。庄内陈列“百年中兴，商帮摇篮”史迹。

明星湾生态农庄　2009年4月18日开业，建筑面积3200平方米。占地13.33公顷，其中果园7.33公顷，包括农家菜品味园、四季水果花卉园、休闲垂钓园。

第二节 历史文化景点

镇海中学内历史文化景点

镇海中学前身县立中学堂，创建于清宣统三年（1911），校内除国家级文物保护点泮池、吴公纪功碑亭、俞大猷生祠碑外，尚有其他景点。

“流芳”碑 明嘉靖三十八年（1559），卢镗以都督衔守御镇海。书写“流芳”两字，刻石立碑，树于学宫泮池旁。今“流芳”碑为1994年重立。

图20－4 大成殿

大成殿 北宋雍熙年间始建，重檐翘角，雄伟庄重。经历代维修保存至今。鸦片战争、中法战争时，为驻镇守将聚议军机处。现为学校教育成果馆。

古炮群 存放吴公纪功碑亭周围，是近代战争遗物。

“日涉成趣”碑 梓荫山上，系抗日战争时守卫镇海第194师师长陈德法所书。

梓荫阁 原名文昌祠，北宋始建，为历代祭祀主司文运和禄运的文昌帝君以及文人以文会友场所。清初，祠内曾设火攻局。鸦片战争时，局内技师们在此研制火炮。林则徐来镇海筹划海防时，曾五次到文昌祠内研讨铸炮技术。1991年重建，改名为梓荫阁。

林则徐纪念堂 林则徐被革职，“戴罪”赴浙江协办海防。清道光二十一年（1841）6月10日抵达镇海，下榻梓荫山蛟川书院。7月13日，流放伊犁的“谕旨”传到军营，次日中午林则徐在当地文武官员礼送下离开镇海。1994年，建林则徐纪念堂，赵朴初为纪念堂题额名。

蛟川书院牌坊 清乾隆八年（1743）由罗汉堂改建，邑令杨玉生题写门额。时移世易，书院旧址几经拆改，仅遗留门额碑一方。1998年5月，沿用清代校名，创立蛟川书院。2003年8月，重建蛟川书院牌坊于新蛟川书院园内。

摩崖石刻 梓荫山，镌刻楷书“惩忿窒欲”，落款南宋“嘉定庚辰（1220）山西冯枋书”。

光霁亭 元至正年间，县尹汪汝懋曾建光霁亭，原在泮池旁，后圮。2003年10月重建，移至蛟川书院教学大楼西南角，六角重檐，仿古斗拱，与蛟川书院古牌坊交相辉映。

朱枫烈士纪念楼 朱枫烈士故居一部分，位于校园东南角。

柔石亭 校训碑东侧。1926年，柔石任校国文和音乐教师。其间，创作《二月》等中长篇小说。1992年纪念柔石90周年诞辰建造此亭。其长子赵帝江题名。

困斋亭 2004年夏，纪念张困斋烈士90周年诞辰，建亭于梓荫山麓。

中法战争镇海口之役胜利纪念碑

招宝山南麓，依山傍水，占地面积600平方米。由纪念碑、抗法将领群雕、水池、古炮、威远石勒和围护城垣组成。1995年为纪念中法战争镇海口之役胜利110周年而建。纪念碑主体建筑为抗法将领群像浮雕墙，墙体呈弧形，长16.3米，高4.2米。群像中立抗法指挥浙江巡抚刘秉璋，左右为提督欧阳利见、宁绍台道薛福成和镇海守备吴杰，配严阵以待炮勇。群雕左侧置花岗石贴装丰碑，“中法战争镇海口之役胜利纪念碑”系张爱萍题。纪念碑西侧置古炮3尊，依山增筑城垣。山坡摩崖“威远雄风”为沙孟海题。

鼓楼（详见第三十七编“文化”第五章“文物与保护”）

纪念馆　博物馆

镇海口海防历史纪念馆、宁波帮博物馆、陈寿昌烈士纪念馆、陈逸飞纪念馆。（详见第三十七编“文化”第一章“文化社团与院馆”）

第三节　景观带　公园

沿江景观带

东起航标处大楼，西至聪园路口，全长1840米，平均宽度45米，占地面积7.3公顷。工程自2001年至2006年分3期建成。沿江景观带以现代园林艺术结合地方历史文脉，嵌入绿化草坪、广场、步道、亭、廊、桥、雕塑等元素，呈现滨江临海，自然和人文景观的统一。2008年，景观带内建仿宋“神舟”景观船①，船长40米、宽10米、高7.5米。分为5层，水位以上部分木结构，水位以下部分钢筋混凝土结构，设三道桅杆。北宋“神舟”起碇前，曾停泊于招宝山下甬江口。2009年，景观带内建仿宋“航济亭”。沿江景观带集观光、休闲、防洪为一体，被誉为镇海“外滩”。

图20－5　沿江景观带

古海塘景观带

后海塘，东起巾子山西至嘉礮亭，长4.8千米。自1991—2009年，历经3次大规模整修。第一

① 《宣和奉使高丽图经卷三十四》记载，宋神宗皇帝“……赏诏有司造巨舰二，一曰凌虚致远安济神舟二曰灵飞顺济神舟”。宋徽宗皇帝“……仍诏有司更造二舟……其名一曰鼎新利涉怀远康济神舟二曰循流安逸通济神舟”。

次1991年始，仿古建城塘合一段雉堞。第二次2002年始，以遗址恢复、文化水景开发、生态环境保护三功能区块展开。遗址恢复区，起自巾子山至建城碑亭，为景观带核心区。林庙路与后海塘交会处重建仿古望海楼。文化水景区，起自林庙路至环城路，在寿昌公园，林庙池营造滨水亲水平台，置名木园，植大树。原九湾弄地块拆迁的民居陈家大屋、王恕房，移此重建。置植物化石、名人雕塑，形成“古塘、古树、古人、古村、古化石”景点。生态环境保护区处环城路西侧，沿水景两侧浅滩营造湿生水生植物群落，为鸟类提供栖息地。建成后改称古海塘景观带。第三次实施文化休闲提升工程，后塘路段整修改造，建设钩金塘通道，通道上建重檐歇山顶钩金楼，招宝山与巾子山游路贯通。

公园

文化广场 2002年，原称人民公园向东、向西拓展改建，改造后公园敞开，并改称文化广场。文化广场南为人民路，东为南大街，西为胜利路，北环古濠河，占地面积4.8公顷。设表演区、亲水区、木平台、树阵广场、儿童游乐区、亭、廊、假山叠水、涌泉、瀑布，配以灯光、雕塑、刻雕等设施。常年举办政治、经济、文化、科学、艺术展览，元宵灯会和金秋菊展。

寿昌公园 城区西北部。1992年建成，占地12.6公顷，其中水面占66.3%。仿苏州园林风格，亭台楼阁，小桥流水，古色古香宁静雅致。以先烈陈寿昌命名。内置陈寿昌烈士纪念馆、纪念碑、烈士半身铜像、寿昌阁、石拱桥、六角亭。

向辰公园 城区向辰门外。2003年，由原向辰园和镇棉公园合并而成。公园呈带状分布，东西长800米，南北宽20~50米，设4个景观区段，面积1.8公顷。

西门公园 建于1992—1995年，原名城西公园，占地面积2公顷。2002年往北拓至大西门路，面积达4.3公顷。内竖不锈钢城标“腾飞”，寓意港口、侨乡、大工程三大优势拓起镇海经济，似海鸥展翅高飞。

未名园 镇海炼化公司生活区内。1989—1990年由镇海炼油厂出资建造，占地面积1.48公顷，现代建筑风格公园。大门正厅3间，门额“未名园”。公园中心掘有园池，周边垒以湖石，植垂柳。池中架设单孔“长虹桥”。园东南辟有盆景园，常有各类花卉盆景数百盆。公园围墙民族风格，粉墙黛瓦，漏窗嵌花。

第三章　旅游管理与服务

1997 年 8 月，成立镇海区旅游局，内设办公室。2002 年增设行业管理科。2005 年增设规划建设科。2007 年设立市场开发科与规划建设科合署办公。区旅游局建立后，规范区内旅游市场秩序的服务质量，加强指导教育培训；开展旅行社、旅游星级饭店、经济型酒店、绿色饭店、旅游区（点）质量等级及风景名胜区、旅游度假区、旅游示范基地等品质创建的初审评定和申报；宣传贯彻执行旅游法律法规，受理投诉案件，调解旅游消费者与旅游经营者之间发生的权益争议；旅游宣传产品的制作和管理；组织、策划大型宣传促销活动及重大旅游节庆活动；以及加强全区旅游业的统计、信息、咨询、安全等管理工作。

第一节　旅游管理

景区管理机构

宁波镇海九龙湖旅游度假区管委会　2006 年 3 月，建立宁波镇海九龙湖旅游区管委会，区直属正处级事业单位。2009 年 6 月，更为今名。主要职责为九龙湖旅游度假区旅游规划、开发建设、招商引资、宣传营销、景区运营等。位于九龙湖镇环湖路 168 号九龙湖景区。

宁波镇海郑氏十七房旅游景区管委会　2010 年 7 月建立，为区直属正处级事业单位，核定事业编制 6 人、领导职数 3 人（1 正 2 副）。郑氏十七房旅游景区管委会主要职责为郑氏十七房景区旅游产业的整体规划、投资开发和监督管理。

旅游客流量

2005—2010 年，镇海区旅游业接待客流及旅游收入见表 20 - 2。

2005—2010 年镇海区旅游业接待客流人数及旅游收入统计表

表 20 - 2

项目		2005 年	2006 年	2007 年	2008 年	2009 年	2010 年
接待人数（万人）		80.92	90.11	135.00	179.40	232.57	406.7
景区	招宝山景区	68.29	62.47	84.12	97.04	123.54	156.54
	九龙湖景区	1.70	25.48	48.73	65.55	33.85	51.3
	十七房	—	—	—	—	12.20	55.46
	宁波帮	—	—	—	—	3.00	40.5
	小　计	69.99	74.93	132.90	162.60	172.59	303.8
	其中：入境游	—	4.95	6.19	6.24	4.56	14.14

续表 20－2

项目		2005 年	2006 年	2007 年	2008 年	2009 年	2010 年
星级宾馆		7.15	12.42	12.90	15.90	13.88	14.36
旅行社		2.02	2.76	2.83	3.65	3.24	3.4
开元华城		—	—	—	—	4.16	6.75
推荐饭店		—	—	—	—	26.72	32.25
农家乐		—	—	—	—	11.98	25.48
旅游直接收入（万元）		7198.00	11400.00	13700.00	15700.00	20500.00	30500.00
景区	招宝山景区	220.80	255.00	409.60	492.70	514.61	592
	九龙湖景区	27.06	131.40	229.10	418.10	240.95	363.9
	十七房	—	—	—	—	221.08	460.2
	宁波帮	—	—	—	—	22.00	31.3
	小　　计	247.90	386.40	638.70	910.90	998.64	1447.4
星级宾馆		5247.00	8637.00	10576.00	12328.00	9879.81	12367.88
旅行社		1704.00	2365.00	2503.00	2476.00	2189.00	2920
开元度假村		—	—	—	—	3692.25	7925
推荐饭店		—	—	—	—	3505.38	4707.6
农家乐		—	—	—	—	234.92	559.7

说明：资料来源区旅游局

景区门票

1982 年招宝山景区门票单价 1.8 元，1997 年 10 月调至 5 元，1999 年 2 月调至 10 元，2007 年 5 月调至 35 元，2008 年 3 月调至 50 元，2010 年 3 月调至 80 元。

九龙湖景区门票 2006 年 60 元，2008 年调至 75 元。

招宝山景区和九龙湖景区门票收入统计如下：

2002—2010 年镇海旅游景区门票收入统计表

表 20－3

年份	招宝山景区		九龙湖景区	
	门票单价（元）	门票收入（万元）	门票单价（元）	门票收入（万元）
2002	10	239.00	—	—
2003	10	207.00	—	—
2004	10	269.01	—	—
2005	10	220.83	—	—
2006	10	255.01	60	131.37

续表 20－3

年份	招宝山景区		九龙湖景区	
	门票单价（元）	门票收入（万元）	门票单价（元）	门票收入（万元）
2007	35	409.57	60	229.16
2008	50	492.74	75	418.12
2009	50	486.63	75	225.45
2010	80	592.07	75	363.87

第二节　旅游服务

旅行社

1993 年，首家组织旅游活动的镇海旅游服务总公司成立，代订车、船、机票和国内旅游业务。此后，镇海民航售票处改建镇海旅行社。2010 年，辖区有国内旅行社 5 家：镇海旅行社、镇海旅游服务公司、阿拉假期旅行社、天地假日旅行社、天下行旅行社；分社 3 家：省中旅镇海分社、宁波康泰镇海分社、浙江运通镇海分社；旅游网点 10 家。据统计，2010 年组团出游总人数 34235，计 56901 人天数，营业收入 2921.22 万元。

旅游饭店

2010 年，镇海区星级旅游饭店 6 家，其中四星级 2 家、三星级 2 家、二星级 2 家。全区星级旅游饭店总营业收入 1.24 亿元，接待游客 14.36 万人，计 21.28 万人天数，其中入境游客 1504 人，计 5652 人天数。

招宝山饭店　位于招宝山街道鼓楼东路 21 号。始建于 1984 年，时由县人民政府、华东电业管理局和镇海发电厂合资兴建。1999 年 12 月，招宝山饭店事业体制改为企业。2006 年 3 月，按四星级标准改扩建。2007 年 11 月，挂四星级酒店牌。江南民居建筑格局，占地面积 10682 平方米，建筑面积 15743 平方米。有客房 157 间（套），600 平方米无柱式多功能会议大厅及中小型会议室。

雄镇大酒店　位于招宝山街道南大街 27 号，三星级酒店。前身为区人民政府招待所。2004 年 8 月重新装修。酒店占地面积 3400 平方米，建筑面积 1.2 万平方米。有客房 127 间，中餐厅、包厢、宴会厅可容纳 500 人餐饮。

九龙山庄　位于九龙湖风景区，四星级酒店。1991 年由区财力投资建设，1992 年 3 月营业。2008 年 7 月，按照四星级标准改扩建。山庄建筑面积 29500 平方米，有高档套房、标房、单人房 164 间（套）。中西餐厅，11 个包厢及 1 家农家特色菜馆可容纳 1000 人餐饮。设有会议中心，多功能舞厅、KTV 包厢、棋牌室、桑拿、美容、SPA、健身房、快艇、垂钓、烧烤、室内游泳池、1500 平方米露天游泳池。

曙光丽亭酒店　位于骆驼街道慈海南路 600 号，四星级酒店。始建于 1993 年，时称新兴宾馆，隶属于区机关事务管理局。2000年1月，更名为“香溢·新兴宾馆”，隶属于镇海烟草公司。2004年8月定为三星级旅游饭店。2009年镇海烟草公司清理“三产”，“香溢·新兴宾馆”转隶属于曙光酒店集团公司。2010年按四星级标准改造，总投资3600万元，更名为宁波曙光丽亭酒店有限公司。酒店占地16563平方米。客房127间（套）、餐厅包厢20余间、宴会厅和多功能厅各1个，可容纳1000人同时用餐。荟萃宁波菜、粤菜、杭帮菜等风味美食。有高档会议室5个，可容纳700人。

镇海炼化东海宾馆 位于蛟川街道炼化生活区沿河路，二星级旅游饭店。占地面积19800平方米，建筑面积21089平方米。2009年按照现代化酒店标准设施装修改造，有各类客房154间，大中型会议厅9个，餐厅19个，餐位400个。

九龙湖开元华城度假村 位于九龙湖镇郎家坪，开元旅业集团投资，美国WATG公司和香港贝尔高林景观设计公司按白金五星标准设计。2009年5月开业，酒店总建筑面积6.43万平方米，354间豪华客房，8个大中型宴会厅（其中可容纳1200人会议室1个），拥有1500个餐位。

骆驼大酒店 位于骆驼街道慈海北路111号，二星级旅游饭店。建筑面积13000多平方米，中高档客房150间（套），会议室、多功能厅各1个，餐饮包厢20余间。

旅游餐饮

镇海餐饮属宁波菜系，又叫“甬帮菜”，擅长烹制海鲜，鲜咸合一，以蒸、烤、炖等技法为主，讲究鲜嫩软滑、原汁原味，色泽较浓。随着商贸服务和旅游业发展，涌现出石浦大酒店、山外山大酒店、九龙人家等一批旅游接待酒店，三美酒家、小石浦酒家、海鲜夜排档等海鲜特色店。

石浦大酒店 南大街口，大小包厢40个，大厅可容纳270人用餐，以典型的宁波菜及海鲜闻名。

山外山大酒店 镇海最大的餐饮连锁企业，在城关、庄市、骆驼开设分店，分别可容纳110人、170人、140人就餐，经营特色海鲜菜肴。

九龙人家 九龙湖旅游区内。酒家环境格调纯朴、洁净，以农家菜为特色，可容纳100人用餐。

碧盛园 亦称玻璃房酒家，位处蛟川街道。碧盛园内假山碧池、热带花木环绕。

横溪村农家乐 九龙源景区入口处。以新鲜山货，地道农家菜口味为特点，集聚20余餐饮点，可容纳700人就餐。

一串红大酒店 创办于1997年，有多家连锁店。城河东路一串红大酒店为纯餐饮酒店，设包厢20余个，大厅能容纳200人餐饮。

海鲜大排档 沿江景观带西，依江而建，以经营小海鲜闻名。

旅游线路

儒商寻根游。宁波帮文化旅游区→九龙湖旅游度假区→郑氏十七房旅游区→招宝山旅游风景区。第一日：至宁波帮文化旅游区，参观宁波帮博物馆、包玉刚故居、邵逸夫旧居（夜宿镇海）。第二日：游九龙湖旅游度假区，尝农家菜，下午至郑氏十七房，体验节庆文化（夜宿镇海）。第三日：游览招宝山旅游风景区，下午返程。

招宝祈福游。招宝山旅游风景区→普陀山→奉化溪口风景区。第一日：招宝山旅游风景区（夜宿镇海）。第二日：过舟山大桥游普陀山（夜晚回镇海住宿，尝海鲜排档）。第三日：游奉化溪口景区，观弥勒大佛，下午返程。

休闲踏青游。九龙湖旅游度假区→招宝山旅游风景区→郑氏十七房旅游区→江北绿野农庄。第一日：九龙湖旅游度假区（品农家菜，夜宿横溪农家）。第二日：游览招宝山景区，下午至郑氏十七房体验节庆文化（夜宿镇海，尝海鲜排档）。第三日：至江北绿野农庄，玩采摘，品尝特色有机蔬菜，下午返程。

红色游。镇海中学→招宝山旅游风景区→海防历史纪念馆→古海塘→陈逸飞纪念馆。游览国家爱国主义教育基地之一的镇海中学，招宝山景区，参观镇海口海防历史纪念馆、威远城、莲池、招宝文化苑等，上古海塘，赏碑林和古城墙，体验古代海战历史，至陈逸飞纪念馆欣赏作品，结束返程。

一日游 九龙湖旅游度假区→郑氏十七房旅游区→招宝山旅游风景区。

二日游 九龙湖→郑氏十七房旅游区→招宝山旅游风景区→宁波帮文化旅游区。第一日：出发至九龙湖旅游度假区，下午游览景区，后至郑氏十七房，晚宿镇海。

第二日：游览招宝山景区，逛海鲜卖场，午餐后游览宁波帮文化旅游区，返程。

三日游 杭州湾跨海大桥→达蓬山风景区→舟山大桥→普陀山景区→郑氏十七房→九龙湖旅游区→江北保国寺→慈城古县城。第一日：过杭州湾跨海大桥至达蓬山风景区（夜宿镇海）。第二日：招宝山景区、宁波帮文化旅游区（夜宿镇海）。第三日：九龙湖旅游度假区，后至慈城古县城，返程。

（责任编辑 冯国定 孟福成）

第二十一编　商贸服务业

本编目录

1986 年，商品流通的主管部门有区商业局、区粮食局、区水产局、区物资局（区物资总公司）和区供销合作社，以及区经济协作办公室、工业主管部门的供销公司。是年，社会消费品零售总额 1.24 亿元，其中国有商业、供销合作商业、集体商业占 86.53%，合作商业占 3.93%，个体有证商业占 9.54%。随着商贸企业经营权和产权制度改革深入，个体私营企业大量涌现，1995 年，国有、集体商业社会消费品零售总额占比下降到 51.87%。2000 年，国有、集体商业社会消费品零售总额占比 24.3%。2001 年年末，镇海区国有、集体流通企业产权制度改革基本结束，除卷烟、盐业专营外，国有、集体企业商品流通主渠道地位退出。

1996 年后，全区放开搞活商贸服务业加快，至 1990 年社会消费品零售总额达到 2.78 亿元，比 1985 年 1 亿元增长 178%。20 世纪 90 年代，生活资料、生产资料的经营逐步市场化，人民生活必需品凭票供应历史结束，市场活跃，2000 年社会消费口零售总额增加到 15.31 亿元。商业流通企业突破经营和区域界限，个体私营商业蓬勃发展。进入 21 世纪，超市、专卖店、各类专业市场成为商品经营主体，农贸市场遍布城乡。2008 年镇海区社会消费品零售总额 47.77 亿元，比 2000 年 15.31 亿元增加 2.92 倍，亿元以上商品市场成交额达到 245.88 亿元。

第一章　国有商业

1985 年 10 月，设立宁波市镇海区商业局。1996 年 11 月，增挂镇海区商业国有资产经营公司牌子。2002 年 9 月，以镇海区商业国有资产经营公司为基础，组建镇海区商贸资产投资发展有限公司，为区人民政府授权经营商业国有资产的投资主体。是年年末，撤镇海区商业局。

1986 年，区商业局系统共有国有、集体企业 12 家，职工 1794 人，其中国有企业 11 家，集体企业 1 家。1988 年 4 月，镇海区燃料公司划归区物资局。1992 年 3 月，烟草专卖业务析出，划归宁波市镇海区烟草专卖局。1998 年，区商业局属企业共 19 家。

1986 年国有商业商品纯销售额 1. 24 亿元。1996 年商品营业总额 3. 54 亿元。1997 年起实施国有集体商业企业产权制度改革，国有商业逐步退出商品流通主渠道地位。

2001 年年末，区商业局系统企业产权制度改革和用工制度改革全部结束。除区饮食服务有限公司、区医药药材有限公司、区食品有限公司和区商业物资有限公司 4 家由区商业国有资产经营公司参股外，其余企业转为民营或歇业关闭。固定制职工在领取经济补偿金后全部转为合同制职工。

第一节　商业企业

商业批发企业

1986 年，镇海区有商业批发企业 5 家，职工 301 人。至 1998 年商业批发企业增至 13 家，其中独立核算 9 家，职工 298 人。

镇海区百货批发公司，前身为 1956 年 7 月设立的中国百货公司镇海县公司。1986 年其下属有批发部、百货第一门市部、百货第二门市部、侨汇商店、棉布商店、东海商店 6 个。

镇海区糖业烟酒批发公司，前身为 1964 年 11 月设立的镇海县糖业烟酒商店。1986 年其下属有批发部、糖烟酒第一门市部、糖烟酒第二门市部、第三食品商店 4 个。

镇海区五金交电化工批发公司，前身为 1970 年 12 月成立的镇海县五金交电化工公司。1986 年其下属有批发部、家电商店、交电商店、五金商店 4 个。

镇海区医药公司，前身为 1970 年 11 月成立的镇海县医药公司。1986 年其下属有西药批发部、中成药批发部、大生堂药店、大陆药房、西街药店 5 个。

镇海区石油公司，前身为 1970 年 12 月成立的镇海县煤炭石油公司。1986 年其下属有煤场、五里牌油库。

镇海区纺织品批发公司，其前身为 1984 年 12 月成立的镇海县工业品贸易中心，下设批发部和门市部。1988 年 4 月，改称镇海区纺织品批发公司，与镇海百货批发公司一套班子、两块牌子。

镇海区商业批发公司，其前身为 1985 年 4 月设立的镇海县城北商业综合公司。其经营场地由镇海石化总厂无偿提供，下属有医药商店、百货商店、五金化商店、糖烟酒商店、城北书店 5 个。

百货大楼，1986 年 1 月正式开业。1987 年 1 月，镇海百货大楼单独建制，下设 16 个柜组，营业面积 3000 多平方米，经营商品 7000 多种，年销售额 500 万元。

侨汇友谊公司，1988 年 6 月，以侨汇商店为基础组建镇海区侨汇友谊公司。

镇海商业大厦，1994 年 6 月，镇海商业大厦落成开业。一楼、二楼为综合商场和副食品自选厅，三楼为多功能娱乐场，营业面积 3600 平方米。

商业零售企业

1986 年商业局属零售网点 30 个，其中独立核算单位 20 个，从业人员 619 人。1991 年 7 月，镇海五金交电化工商场扩建改造，营业面积 2000 多平方米，1993 年 7 月，更称镇海五金交电化工商厦，1996 年 5 月又更名镇海国贸大厦。到 1998 年，商业局属零售网点 31 个，其中独立核算单位 28 个，从业人员 621 人。商业零售网点和职工人数与 1986 年相比变化不大。

归口商业局管理的集体商业网点 21 个，其中独立核算 15 个，从业人员 135 人。

第二节 商业企业改革

经营权制度改革

实行经理（厂长）负责制 1987 年，实行为期 4 年的经理任期目标责任制（1987—1990 年）。

承包经营 1988 年 7 月，区商业局代表系统企业与区财税局签订承包合同，承包采取“应缴利税，递增包干，超收分成，歉收自补”的办法。承包以 1987 年上缴利润加减调整因素为基数，按静态环比递增，一定 3 年。承包方依法纳税及提取税后留利和各项基金，超过基数部分企业留 60%，主管局留 20%，财税留 20%。

工资总额同经济效益挂钩 1988—1990 年，实施第一轮工资总额同经济效益挂钩，实行增人不增基本工资总额，减人不减基本工资总额。1991—1993 年，实施第二轮工资总额同经济效益挂钩，实行增人增资增效益，减人减资减效益，工效挂钩企业完不成上缴利润或必保实现利润的，扣减当年新增效益工资的 30%。由于税率利率提高，镇海百货公司、镇海烟糖公司等企业改 1993 年度“工效挂钩”为工资总额包干。不久，商业批发企业实施“包死基数，确保上缴税利，超额分成，缺额自负”的风险大承包。

全面推行经营、价格、用工、分配放开（以下简称“四放开”） 1992 年 2 月，镇海五交化批发公司“四放开”试点，后批发企业全面推开。由于企业经营自主权扩大，镇海百货批发公司、镇海烟糖批发公司一度改变亏损局面。

国有民营承包 1994 年 1 月，镇海城北商业批发公司对所属百货、食品商场 17 个柜组，推行以“自筹资金、自主经营、自负盈亏、自主分配和确保上缴承包费”为主要内容的承包责任制。商场职工66人，经自由组合重新签订劳动合同64人，其中57人参与合伙承包。承包时有问题商品83.2万元，经盘点评估一次性折价4.2万元，收回库存商品资金79万元。1997年，镇海百货大楼、镇海劳保用品商店实施国有民营承包。

国有小型零售商业改转租

年利润在8万元以下的国营小型商业零售业，1985年开始实行“国家所有、集体经营、照章纳税、自负盈亏”的改革。1986年11月又规定，凡1983年实现利润在13万元以下的国营零售企业全部放开，同时给予一系列优惠政策。1987年年底，实行国家所有，租赁给集体经营的小型零售业共14家，从业298人。区商业局对第二百货商店等5家租赁企业调查，1987年1—7月，实现利润6.8万元，同比增加1.78倍。上缴租赁费2.97万元，同比增加3.14倍。职工月人均奖金67.2元，同比增加1.33倍，达到国家多收企业多留职工多得。

商业批发企业产权制度改革

镇海区百货批发公司　1993年6月，改称百货总公司。1996年12月，百货批发公司与百货大楼、侨汇友谊公司合并实行三块牌子、一套班子。2000年8月，百货批发公司（含百货大楼、侨汇友谊公司）歇业终止。

镇海区石油公司　前身为1970年12月设立的县煤炭石油公司。1985年燃料和石油分开，改称区石油公司。1997年4月，区石油公司改制，更名宁波市镇海石油有限责任公司。1998年5月，按国办发文件规定，镇海石油有限责任公司无偿划归中石化总公司。

镇海区医药公司　前身为1970年11月设立的镇海县医药公司。1986年改称区医药公司。1995年9月，经宁波市医管局批准，更名为宁波市镇海医药药材公司。1998年6月，镇海医药药材公司改制，更名为镇海医药药材有限责任公司。

镇海区五金交电化工批发公司　前身为1970年设立的镇海县五交化公司。1986年改称区五金交电化工批发公司。1993年8月，更名为镇海五金交电化工总公司。1999年10月，公司资不抵债暂行歇业。2001年5月公司终止。

镇海区糖业烟酒批发公司　1986年改称区糖业烟酒公司。1996年9月与商业大厦合并，改名区糖业烟酒劳保用品总公司。2000年8月，公司歇业终止。

镇海上海五金机械联营公司　前身为1991年1月成立的镇海商业物资经营部。1992年1月与上海五金机械公司联营更为现名。1998年8月歇业终止。

华甬机电设备销售公司　1992年10月成立，1997年5月歇业。

镇海区商业物资公司　1994年成立，时称区商业开发公司。1998年12月改制，更名区商业物资有限公司（2009年转为民营）。

镇海区饮食服务公司　前身为1968年9月成立的县饮食服务公司。1986年改称区饮食服务公司，下属工农旅社、南街糕团店、四味馆、镇海饭店、镇海照相馆、镇海旅社。1997年11月转制改革，改名宁波市镇海饮食服务有限责任公司。公司先后由商业国有资产经营公司、商贸资产投资发展有限公司控股。2000年7月，公司职工108人全部转变固定工身份，下属门店均歇业终止。

镇海区食品公司　前身为1956年7月开设的中国食品公司镇海县公司。1963年成立镇海县食品公司。1986 年食品公司有下属场、店、站 11 个，职工 235 人。1987 年 11 月，区食品公司新建年产 3 万只肉鸡场，建筑面积 1870 平方米，投资 53.4 万元。1987 年 8 月至 1991 年 7 月，实行第一轮经理经营承包。1993 年 3 月，公司对地产猪销售实行肉店小组或个人承包。2000 年 3 月公司歇业，后重组为区食品有限责任公司。公司股本金 100 万元，由区商业国有资产经营公司出资 51 万元，镇海食品有限责任公司职工持股会出资 49 万元。2002 年 6 月，公司国有股调减为零，转为民营。

镇海区商业批发公司　前身为区城北商业综合公司，1999 年 12 月歇业。

商办工业企业改革

镇海食品厂　建于 1955 年，国有企业。生产经营糖果、饼干、冷饮等。1986 年有职工 174 人，1996 年减至 86 人。1987 年实行“国家所有、集体经营、分级核算、自负盈亏、工资浮动、奖赔挂钩”承包责任制。以 1987 年实现利润 5.05 万元为基数，完成和超利润基数适当多发奖金，完不成利润基数按同比例扣发职工浮动工资。后因连年亏损，生产处于停顿状态。1996 年实行租赁经营。1998 年 9 月，实施固定资产租赁经营。2000 年 12 月，因承租人亏损中止承包并歇业。

镇海酿造厂　建于 1956 年，国有企业。生产酱油、食醋、黄酒等。1986 年有职工 74 人。1994 年 5 月至 1997 年 4 月实施为期 3 年的经营承包。1996 年 10 月，因生产难以为继被镇海商业大厦兼并。

镇海冷冻食品厂　建于 1958 年，1976 年改扩建，集体所有制企业。经营冷藏、生产棒冰、糖果等。1986 年有职工 215 人。1996 年实行风险抵押承包。1997 年 5 月被镇海食品厂兼并。1998 年 12 月歇业终止。

1986—2008 年间若干年镇海区商业局商办工业销售与盈亏统计表

表 21－1　　单位：万元

企业名称	1986 年		1989 年		1992 年		1995 年		1998 年	
	销售	利润	销售	利润	销售	利润	销售	利润	销售	利润
食品厂	203.77	－14.57	96.37	－35.24	440.72	5.7	1314.6	0.79	321.71	－14.10
酿造厂	100.00	11.10	106.77	18.00	190.74	－22.55	102.47	0.31	—	—
冷冻食品厂	114.51	18.49	142.18	20.32	282.98	14.38	635.38	－50.89	161.41	－82.69

说明：资料来源区贸易与粮食局

第三节　商品购销

纺织品、百货、工业品、副食品、燃料批发

纺织服装、日用百货、文化体育用品、五金交电、食品副食品、糖、酒、饮料等批发业务，由百货批发公司、糖业烟酒批发公司、五金交电化工批发公司、石油公司经营。1986 年，镇海区 4 家商品批发企业销售额合计 8943.2 万元，1998 年销售额合计 23169.7 万元。

1986—2008 年间若干年镇海区商业批发公司销售及盈利统计表

表 21 - 2

单位：万元

单　位	项　目	1986 年	1989 年	1992 年	1995 年	1998 年
百货批发公司	销售额	1661. 10	2303. 20	3062. 45	2766. 40	178. 90
	利润	26. 83	17. 18	-66. 27	-13. 10	-24. 49
糖业烟酒批发公司	销售额	3381. 40	2441. 80	2367. 50	1070. 90	2027. 30
	利润	83. 62	58. 32	-16. 52	0. 11	-69. 60
五金交电化工批发公司	销售额	2558. 10	2439. 10	3612. 82	5852. 70	6441. 30
	利润	73. 51	65. 27	33. 02	9. 67	5. 50
石油公司	销售额	1342. 60	2809. 60	18849. 00	15881. 70	14522. 20
	利润	68. 67	65. 44	175. 92	71. 80	—

说明：资料来源区贸易与粮食局。糖业烟酒批发公司 1992 年、1995 年、1998 销售不含烟草销售

1986—2008 年间若干年镇海区石油产品销售量统计表

表 21 - 3

单位：吨

项　目	1986 年	1989 年	1992 年	1995 年
汽　油	5619	4612	21187	19688
柴　油	8766	13482	81102	65264
重　油	—	—	—	10360

说明：资料来源区贸易与粮食局

20 世纪 90 年代，私营商业快速发展，商业局系统生活用品销售下降，家用电器普及使五金交电销售增长。1997 年国有集体企业开始转制改革，国有集体商业渐被社会商业替代。2000 年后，镇海与宁波市区交通便捷，部分购买力流向市区。

2008 年，镇海区限额以上纺织服装及日用品批发企业 4 个，商品销售总额 2. 18 亿元；限额以上五金、交电、家用电器批发企业 4 个，商品销售总额 2. 13 亿元。

猪禽蛋经营

1986 年，镇海区食品公司下属有批发部、屠宰场、牛奶场、蛋品加工场和西街、南街、炼油厂肉食商店、醋味食品商店、议购议销商店以及骆驼、湾塘食品购销站等 11 个网店经营猪禽蛋。1990 年前后镇海区生猪购入不足，猪肉供应紧张，区制定《关于生猪产销工作的若干政策》，不久达到猪源基本自给，产销总量平衡。1995 年镇海区实施生猪定点屠宰试点。1998 年 9 月起镇海区全面实行生猪定点屠宰，年定点屠宰量保持在 10 万头 ~11 万头。

1999 年起，镇海区猪禽蛋经营完全市场化。

1986—2008 年间若干年镇海区食品公司猪禽蛋购销统计表

表 21 - 4

年份	收　购			销　售			利润（万元）
	活猪（头）	家禽（羽）	鲜蛋（百公斤）	猪肉（头）	家禽（羽）	鲜蛋（百公斤）	
1986	32926	48849	4231	32806	31678	3018	11. 52
1989	23449	47275	18068	23235	80829	15801	8. 12

续表 21－4

年份	收　购			销　售			利润（万元）
	活猪（头）	家禽（羽）	鲜蛋（百公斤）	猪肉（头）	家禽（羽）	鲜蛋（百公斤）	
1992	21874	24400	49200	17525	49200	6452	44.11
1995	12930	352	2338	31812	508	3889	8.20
1998	20110	17161	18004	21492	69365	5187	5.70

说明：资料来源区贸易与粮食局

中西药购销

1986 年镇海区医药公司下设中药、西药 2 个批发部，大生堂药店、大陆药房、西街药店 3 个零售店。1987 年在城河西路开设保健药店。1996 年城北商业批发公司医药商店划归区医药公司，更名康乐药店。1997 年在大西门路开设龙洋药店，在城河西路开设雄镇大药房。2002 年开设五里牌大药房。至 2008 年，镇海区医药药材有限责任公司下属零售药店共 8 家。

1986—2008 年，由镇海区医药药材公司购销的中西药情况见表 21－5。

1986—2008 年镇海区医药药材公司中西药购销统计表

表 21－5　　单位：万元

年份	购　进				销　售				零售额	利润
	总额	中药	中成药	西药	总额	中药	中成药	西药		
1986	714	261	—	453	791	287	—	504	106	41
1987	860	320	—	540	1072	490	—	582	117	46
1988	920	325	—	595	1200	446	—	754	146	60
1989	950	317	—	633	1154	380	—	774	156	44
1990	1090	384	—	706	1215	427	—	788	160	47
1991	1260	558	—	702	1301	555	—	746	173	41
1992	1336	639	—	697	1537	754	—	783	198	48
1993	2240	920	—	1320	2540	1137	—	1403	246	24
1994	3469	289	1165	2015	3695	509	1136	2050	256	24
1995	4025	389	1282	2354	4324	585	1362	2377	268	42
1996	5061	452	1644	2965	6005	695	1786	3524	353	38
1997	5803	491	1895	3417	6702	639	2192	3871	489	45
1998	8327	393	1876	6058	9304	531	2153	6620	471	51
1999	8618	350	1812	6456	9058	521	2117	6420	451	66
2000	9016	389	2076	6651	9683	576	2292	6815	443	60
2001	9651	454	2281	6916	9742	662	2356	6724	413	63
2002	8185	519	2362	5304	8629	605	2438	5586	853	121
2003	8605	621	2838	5146	8959	710	2780	5469	832	130
2004	9025	701	3004	5320	8956	648	2503	5805	691	152
2005	9890	721	3576	5593	10452	762	3698	5992	614	117

续表 21－5

年份	购进				销售				零售额	利润
	总额	中药	中成药	西药	总额	中药	中成药	西药		
2006	13481	803	4144	8534	13821	898	4081	8842	530	129
2007	13376	877	4204	8295	14296	992	4364	8940	488	57
2008	17987	1017	5198	11772	18009	1177	5175	11657	515	217

说明：资料来源区贸易与粮食局

水产品经营

1986—2000 年，镇海区水产品由区水产公司主营，时有职工 126 人。1986 年 6 月，区水产局与水产公司签订经济责任制，实行以经理为代表的集体承包。1987 年扩建沿江路水产码头，建设海水产品交易市场。1988 年 9 月，区水产公司实行经理聘用制。1994 年区水产公司水产品收购量 10579 吨，比上年增长 27.5%，销售量 10095 吨，比上年增长 14%，史上首次突破万吨关。1994—1996 年，区水产公司采取“购销联营，南北贯通，东西横联，大进大出”的经营策略，3 年水产品收购总量 34336 吨，销售总量 34454 吨。

水产品销售网点有：城关设南街、西门、炼油厂 3 个门市部和南街、西门 2 个水产合作商店。农村由基层供销社水产门市部和水产合作商店供应。网点进货渠道主要是区水产公司和宁波市水产公司。20 世纪 90 年代起，水产品进货渠道和价格放开，水产品市场供应状况大为改善。2000 年 8 月，区水产公司改为由职工全额入股的股份合作制企业。自此，镇海区的水产品购销全部转为个私经营。

第四节　烟草专卖

经营管理机构

1986 年至 1992 年年初，烟草专卖管理和批发经营，由镇海区糖业烟酒批发公司负责。1992 年 3 月，糖业烟酒批发公司烟草专卖业务析出，成立浙江省宁波市镇海区烟草专卖局和浙江省烟草公司宁波市镇海区公司，烟草专卖改为上级烟草公司和区人民政府双重管理。2008 年 1 月，浙江省烟草公司宁波市镇海区公司法人资格取消，并改名宁波市烟草公司镇海分公司，纳入宁波市局（公司）统一管理。

货源组织

在计划定购的前提下，镇海区卷烟购销通过市场调节弥补不足。1992 年，镇海区向广州、云南、上海和省内开拓进货渠道，争取计划外卷烟。1993 年年初，云南烟价格下滑，卷烟经营亏损 18 万元，转向北京、郑州、南宁、河北、江苏、山东、山西等地开拓卷烟商路。1994 年起，烟草购销逐步走向全国卷烟市场。1995 年，省产卷烟经营效益不佳，开拓贵阳、长沙、芜湖、蚌埠、红河、曲靖等卷烟业务，增加玉溪、昆明烟厂计划量。

营销服务

1993年始，卷烟供应逢节日送货上门点。2000年起改为全面实行送货上门服务。1999年起，卷烟销售实现局域网联网。2001年，局域网升级，实现卷烟销售全省电脑联网。2004年，镇海区设卷烟配送中心和电话订货部，对全区经烟户全部实行电话订货和配送服务，为省内首家纳入大市一库配送的区（县）级烟草公司。2005年，建立投诉、举报、咨询“96177”服务热线，并在全市率先实施五日订送货制，使用新电话呼叫系统，为客户经理配置笔记本电脑并组建无线网络，成为全市配备最先进的客服队伍。2006年，镇海区的卷烟营销线路增加至12条。当年新营销系统CRM（客户关系管理系统）应用。2007年，设计《卷烟零售客户服务互联簿》，向500家零售客户发行。2008年，客户经理中（高）级卷烟商品营销员占80%以上。

1992—2008年镇海区卷烟购销统计表

表21－6

年份	购进		销售			
	数量（大箱）	金额（万元）	数量（大箱）	金额（万元）	利润（万元）	税利（万元）
1992	6198	2492	5123	2371	9.82	23.55
1993	11211	6844	11517	8055	38.24	74.61
1994	10445	5957	8630	6776	72.93	88.21
1995	9321	6300	9253	5747	80.10	144.61
1996	9112	8756	10204	9222	401.01	648.10
1997	14319	17674	17950	17692	535.02	1327.82
1998	14293	13593	14376	13467	535.76	736.37
1999	14053	11458	13428	14476	1040.61	1550.59
2000	12349	12243	12329	15093	1876.28	2413.52
2001	13806	13648	13692	17468	2418.60	3168.30
2002	13422	13844	13613	18823	3007.81	3947.96
2003	15368	14395	15203	20084	4006.39	5106.54
2004	16643	16471	16533	22425	4880.43	6109.07
2005	18096	19526	17763	30518	5357.43	6696.77
2006	19834	23110	19962	38348	6878.95	8692.59
2007	22164	28805	22043	47551	9317.04	11666.60
2008	22839	30537	23210	51554	11815.95	14312.33

说明：资料来源区烟草专卖局

烟草专卖管理

烟草专卖许可 1992年，重新颁发“卷烟经营许可证”。1993年“卷烟经营许可证”换发为

“烟草专卖许可证”。1999年，取缔无证经营卷烟，全区查处无证、过期及无效许可证161户，责令限期补证。2001年开始，换发烟草专卖许可证改为年检，由专卖管理员上门对经烟户年检、贴花。2003年，倡导亲和管理，由原开着专卖执法车走访改为骑电动车走访，得到经烟户肯定，市局推广镇海做法。2008年，烟草专卖许可证办理进镇海区行政服务中心，许可证受理、办证实行一条龙服务。

1992—2008年镇海区烟草专卖经营户统计表

表21-7

年　份	新批户数	歇业户数	年末实有数
1992	1119	—	1119
1993	1158	—	1158
1994	106	180	1084
1995	123	250	957
1996	384	320	1021
1997	388	300	1109
1998	1380	—	1380
1999	515	180	1715
2000	264	190	1789
2001	268	210	1847
2002	236	200	1883
2003	299	230	1952
2004	382	220	2114
2005	2601	—	2601
2006	278	203	2676
2007	367	435	2608
2008	385	266	2724

说明：资料来源区烟草专卖局

违法违规查处　1995年，设骆驼专卖管理站。1999年3月，骆驼专卖管理站改为专卖管理所，同时增置澥浦专卖管理所。1999年，区烟草局、区公安分局、区工商行政管理局联合行动3天，查获卷烟违法经营案件34起，捣毁1个制假窝点。在“百日执法大行动”中查处违法案件399起。2000年6月，设镇海城区烟草专卖管理所。2001年端掉“台州帮”1个制售假冒烟窝点。2002年，撤澥浦专卖管理所。2004年破获1起假冒卷烟调包盗窃案。2005年查获“3·16”销售假烟案。2006年查获1起特大无证运输真品卷烟案。该案属省公安厅督办件。2007年，镇海区卷烟卡口329国道镇海慈溪收费站、镇海客运中心码头进入重点监管。2008年破获宁波地区首起“国标卷烟网络大案”和1起省标网络案件。

1992—2008 年镇海区烟草专卖局查处卷烟违法案件统计表

表 21 - 8

年份	查处案件数	查处卷烟（条）	其中				罚没款（万元）
			假冒烟（条）	走私烟（条）	乱渠道进货烟（条）	无证运输烟（条）	
1992	91	28726	1985	654	—	26087	4.32
1993	49	8131	588	3327	—	4216	10.69
1994	80	43278	17309	316	—	25653	23.34
1995	302	37383	7432	472	—	29479	0.016
1996	332	52158	30018	545	—	21595	67.81
1997	216	71092	15918	2979	—	52195	62.14
1998	435	36544	26267	327	—	9950	0.039
1999	998	19959	12550	1910	560	4939	35.73
2000	695	10823	5554	1039	3230	1000	17.44
2001	384	3449	554	305	2190	400	6.71
2002	819	5136	1005	362	3769	—	16.04
2003	340	4404	554	143	2707	1000	5.69
2004	245	3071	401	390	2184	96	6.73
2005	241	3070	709	545	1816		12.60
2006	119	6791	524	134	6133		42.47
2007	242	31076	24026	812	6238		57.28
2008	222	53333	9351	4038	39944		129.54
合计	5810	418424	154745	18298	245381		498.58

说明：资料来源区烟草专卖局

第二章　供销合作商业

供销合作商业由镇海区供销合作社下属各区级专业公司（厂）和基层供销社经营。建区初期，供销合作商业在城乡商品流通领域发挥主渠道作用。1986 年，镇海区供销合作社系统商品纯销售额 9251 万元。1996 年，镇海区供销合作社系统商品营业总额 3. 22 亿元。随着计划经济体制向市场经济转变，2000 年前后，区供销合作社下属专业公司（厂）和基层供销社体制改革结束，改革后原供销合作商业基本转为民营商业。

第一节　机　构

镇海区供销合作社

1985 年 10 月撤县划区，建立镇海区供销合作社（以下简称区供销社）。区供销社内设办公室、人事秘书股、计划业务股、财务基建股、集体商业管理股。1993 年 9 月，区供销社增挂宁波财茂集团总公司牌子，注册资金 2141. 98 万元。2003 年 4 月，宁波财茂集团总公司变更为宁波财茂实业公司。同年，区供销社体制改革，组建镇海区供销投资发展有限公司，注册资本 1500 万元。区供销合作社出资 675 万元，占 45%，宁波财茂实业公司出资 825 万元，占 55%。同年 7 月，区供销投资发展有限公司股权结构调整，区供销社占 10%，自然人占 90%。2008 年 8 月，镇海区人民政府办公室〔2008〕101 号文件明确：设置宁波市镇海区供销社，正局级机构，参照群团机关管理，内设办公室、财务资产管理科、业务科。

1986 年，区供销社下属有直属公司（厂）10 个：区特产公司、区土产日杂公司、区畜产废旧物资公司、区农业生产资料公司、区蔬菜（副食品）公司、区工业品公司、区储运旅游公司、区食品冷藏公司、浙东纺织原材料公司、镇海棉花加工厂。基层供销社 3 个：骆驼供销社、庄市供销社、湾塘供销社（后改贵驷）。骆驼供销社下有河头、西河、长石、汶溪、觉渡、澥浦分社；贵驷供销社下有沙河、湾塘、后施、临江分社；庄市供销社下有汉塘、万加分社。是年年末，区供销社系统职工总数 1250 人，农村基层社营业网点 85 个。1989 年 10 月，镇海供销大楼开业。1990 年 10 月，镇海园南商场开业，其前身区工业品公司随之被撤销。2002 年以后，区供销社业务转向为农服务。

镇海区第二商业公司

1984 年 12 月，成立镇海县合作商业总公司。1985 年 2 月，改名镇海县第二商业总公司。是年年末，更为今名。镇海区第二商业公司下属有庄市商业公司、骆驼商业公司、贵驷商业公司和城关部分合作商业。各基层商业公司下属有门店，经营生活资料，代销化肥、农药等。1986 年区第二商业公司所属网点有 64 处，职工 687 人，退休 265 人。1994 年开始，在基层商店推行产权制度改革。商店职工在自愿一次性交纳 5000 元养老金基础上（不包括个人应交部分）实行转制改革，资产量化到人，然后重新组合或自谋职业。1994—1997 年，第二商业公司下属合作商业解体 51 家，占合作商业总数 80%。转让商业网点 63 处，营业用房面积 2588 平方米。至 2001 年，合作商业转制解体基本结束。2008 年，区第二商业公司本级留有管理人员 6 人，区第二商业公司系统保留职工身份 65 人，退休职工 342 人。

第二节 供销社企业改革

经营体制改革

承包经营责任制 1990 年 12 月，区供销社对所属企业和贵驷、庄市、骆驼 3 个基层社下达《关于对新一轮承包经营标的及责权等有关事项的核定书》，实施核定基数、递增包干、超收分成、短收自补的经营责任制，承包期自 1991 年 1 月 1 日至 1993 年 12 月 31 日止。

社有个营 1994 年起，区供销社推行“社有个营”经营责任制。企业以及基层供销社的零售商场（店）及柜组实施“社有个营”。

资产增值、利润承包和工效挂钩 1994 年起 3 年内，供销社系统采取资产增值、利润承包和工效挂钩为主的经营责任制。区供销社对所属公司、工厂实行资产增值和利润承包、超基数按比例分成的经营责任制；对骆驼、贵驷、庄市 3 个基层供销社实行工效挂钩、总挂总提的经营责任制。各基层社年度工资总额和使用数经区供销社核实后报区劳动局、财税局审批，核定的当年可使用数经职工代表大会讨论通过后由企业自主分配。对园南商场实行百元销售利润工奖含量分配形式经营责任制。

企业产权制度改制

1997—2001 年，区供销社直属企业实施产权制度改革。改革主要内容是改变职工固定工身份、给予经济补偿、人员分流安置；企业体制转换为个私经营、股份合作和合伙经营、租赁经营、组建有限责任公司等。区供销社 13 家直属企业改制情况分别为：区畜产废旧物资公司实施股份合作制改革，股本总额 132 万元，其中集体股 89.2 万元、职工股 42.8 万元。2001 年 11 月，复为区供销社独资公司。园南商场、区供销大楼、区土产日杂公司 3 家歇业重组。浙东纺织原材料公司，资产整体转让。镇海食品冷藏公司、区蔬菜（副食品）公司 2 家不动产租赁。区特产公司、区农业生产资料公司、贵驷棉花加工厂 3 家组建有限责任公司。骆驼、庄市、贵驷 3 个基层供销社转为民营或股份合作。

改革后，至 2001 年年末镇海区供销社系统人员机构情况见表 21－9。

2001年镇海区供销社系统机构网点情况表

表21－9

单位：个

项目	合计		县社级		基层社级	
	法人单位	产业活动单位	法人单位	产业活动单位	法人单位	产业活动单位
一、各级供销社	4	4	1	1	3	3
二、社有企业及社涉企业	17	26	11	20	6	6
按组织形式分						
1. 有限责任公司	4	4	4	4	—	—
2. 股份有限公司	—	—	—	—	—	—
3. 股份合作企业	1	1	1	1	—	—
4. 合作制企业	1	1	—	—	1	1
5. 合伙制企业	—	—	—	—	—	—
6. 其他	11	20	6	15	5	5
按资产比例分						
1. 全资企业	9	18	5	14	4	4
2. 控股企业	2	2	2	2	—	—
3. 参股企业	5	5	4	4	1	1
4. 开门开放办社企业	1	1	—	—	1	1
按产业类别分						
1. 批发零售贸易企业	13	22	8	17	5	5
其中：农资经营企业	4	6	1	3	3	3
2. 商品交易批发市场	1	1	—	—	1	1
其中：农副产品市场	1	1	—	—	1	1
3. 工业生产企业	1	1	1	1	—	—
其中：农产品加工企业	1	1	1	1	—	—
4. 其他	2	2	2	2	—	—

说明：资料来源区供销社

2001 年镇海区供销社系统人员统计表

表 21－10 单位：人

项目	合计	县社级	基层社级
一、从业人员	188	161	27
（一）按人员身份			
1. 供销社职工	22	22	—
2. 开门开放办社吸收的各类人员	166	139	27
其中：解除职工身份重新聘用人员	166	139	27
（二）按产业类别			
1. 各级供销社	22	22	—
2. 社有企业及社管企业	166	139	27
（1）批发零售贸易企业	139	112	27
（2）商品交易（批发）市场	3	3	—
（3）服务企业	3	3	—
其中：餐饮企业	—	—	—
（4）工业生产企业	21	21	—
（三）文化程度			
大专以上学历	21	19	2
高、中专学历	59	54	5
二、离开本单位仍保留劳动关系的职工	88	65	23
其中：内部退养职工	88	65	23
三、离退休人员	829	509	320
其中：参加社会统筹养老保险的人员	829	509	320
四、当年解除职工身份的人员	753	443	310

说明：资料来源区供销社

第三节　供销社商品购销

生活资料购销

品种有纺织服装、日用百货、文化体育用品、五金交电、副食品、中西药等。农村基层供销社设有生活资料批发部和零售商店，购进的主要渠道是市、区有关批发公司，销售对象主要是当地居民。副食品商店经营猪肉、蛋及其制品等。随着商品经营多渠道，供销系统在全社会商品经营中的份额逐渐减少。2002 年开始，生活资料购销不再统计。

1986—2001 年镇海区供销社生活资料经营统计表

表 21－11

单位：万元

年份	五金交电	副食品糖酒饮料	中西药	纺织服装	日用百货	文化体育用品
1986	971	1504	—	367	965	—
1987	1142	1723	—	428	1180	—
1988	2065	2279	—	513	1716	—
1989	1832	2539	—	426	1846	—
1990	1297	2276	—	310	1576	—
1991	1855	3014	—	419	2241	—
1992	2633	4791	—	311	3008	—
1993	3668	5779	—	2978	4908	—
1994	2164	2651	795	448	2706	314
1995	2891	5275	1316	863	2399	341
1996	3348	5151	1826	324	3074	322
1997	6135	4913	1969	553	1716	358
1998	1954	4495	1942	892	1084	139
1999	1637	2863	1571	1375	877	78
2000	958	2361	1421	192	461	73
2001	188	828	749	93	192	24

说明：资料来源区供销社

农业生产资料销售

由区农业生产资料公司和基层供销社农资商店经营。经营品种主要有化肥、农药、农具、水泥、石油产品等。化肥主要有氮肥、磷肥、钾肥和复合肥 4 类。氮肥主要品种有尿素、碳酸氢铵；磷肥主要品种有过磷酸钙；钾肥主要品种有氯化钾；复合肥主要品种是氮、磷、钾含量各占 15% 的三元复合肥。农药有杀虫剂、杀菌剂、除草剂 3 大类。农药品种有美曲膦酯、乐果、甲基 1605、杀螟松、杀虫双、叶蝉散、菊酯类、叶青双、井冈霉素、多菌灵、三氯杀螨醇、乙磷利、久效灵、草甘膦、丁草胺等。1993 年前对化肥、农药只统计售给农民的销售量。1993 年开始对批发量和售给农民的销售量同步统计。1998 年后售给农民的化肥、农药呈下降趋势，原因是土地减少。

1986—2008 年镇海区供销系统化肥农药销售情况表

表 21－12

单位：吨

年份	磷肥	复合肥	钾肥	尿素	碳酸氢铵	农药
1986	3245	115	211	5088	9150	221
1987	4476	104	589	6148	11225	251
1988	5038	95	547	6961	10027	304
1989	4502	63	904	6668	7620	330

续表 21-12

年份	磷肥	复合肥	钾肥	尿素	碳酸氢铵	农药
1990	6297	34	1655	7168	7098	391
1991	6143	92	1148	6370	8328	418
1992	4520	203	745	6164	7593	302
1993	5024	504	733	13896	10982	608
1994	5612	1245	1831	17438	9671	606
1995	6703	2320	1910	15082	11979	809
1996	4978	2553	2214	24684	9471	1198
1997	7086	5199	1674	24589	8734	1111
1998	12262	3737	1820	29050	7564	930
1999	9359	3921	1403	27279	9766	1126
2000	7352	2747	1337	18716	8175	691
2001	5642	1644	688	11357	5415	589
2002	8041	2398	1225	14317	8310	501
2003	8397	2034	527	9868	6733	308
2004	5927	4109	761	10070	5487	363
2005	2077	3986	390	8816	1180	321
2006	1165	4394	445	9102	5525	255
2007	1738	5054	322	11680	4851	283
2008	715	2973	191	5456	4989	148

说明：资料来源区供销社

农产品购销

棉花 棉花种植分布在贵驷、澥浦沿海地带，镇海棉花加工厂承担地产棉花收购和加工任务。1986年后，全区棉花种植面积逐年减少，地产棉花收购和加工数量下降。镇海棉花加工厂由棉花加工向棉花经营转化。参与棉花经营的还有镇海特产公司、浙东纺织原料公司、大榭财茂发展有限公司。棉花购自省内外棉花产区，销售对象棉纺织企业。

1986—2008年镇海区棉花购销统计表

表 21-13　　单位：吨

年份	棉花购进	棉花销售	
		棉花	棉短绒
1986	652	5105	281
1987	475	7264	132
1988	164	2607	81
1989	207	1866	17

续表 21－13

年份	棉花购进	棉花销售	
		棉花	棉短绒
1990	475	1566	44
1991	519	1300	97
1992	564	1670	141
1993	339	4192	35
1994	145	3817	345
1995	224	5104	385
1996	1411	7719	1174
1997	612	7311	41
1998	484	3209	153
1999	931	5516	46
2000	981	7239	50
2001	1329	7087	44
2002	574	9858	88
2003	408	11268	47
2004	505	14423	80
2005	—	12397	—
2006	—	12869	—
2007	—	13223	—
2008	—	10567	—

说明：资料来源区供销社

茶叶　茶叶主产汶溪、河头。骆驼供销社承担地产粗制茶叶收购和销售任务。烘青绿茶，炒青绿茶为主，红茶较少。1986—1992 年收购茶叶共 213 吨。1993 年起地产粗制茶叶自产自销，茶叶收购停止。

蔬菜　1986 年区蔬菜公司在城关南街菜场开设菜篮子工程蔬菜门市部。1986—1989 年蔬菜收购值分别为 141 万元、105 万元、136 万元、69 万元，销售值分别为 17 万元、20 万元、24 万元、23 万元。1990 年蔬菜购销由集体经营转为个人承包经营。

第四节　废旧物资回收

废旧物资回收由区供销社畜产废旧物资公司和贵驷、骆驼、庄市 3 个基层供销社经营。区畜产废旧物资公司在城关设有多个收购门市部和废旧物资回收仓库，同时配备废旧物资简单加工设备。

各基层供销社由采购商店负责经营，在各分社设有收购门市部。2001 年后，废旧物资回收全部改由供销社职工个人经营。同时，外来人员和本地闲散人员大量加入废旧物资回收。2002 年废旧物资收购总金额 5078 万元，比上年 1061 万元增加 4017 万元。2007 年，区人民政府对再生资源流动收购人员实施统一集中居住，统一收购车辆，统一收购衡器，统一着装，统一佩证上岗。

2008 年，全区有营业执照和门店的废旧物资收购站 45 家，有营业执照无门店的流动收购车辆 392 辆，为生产服务有营业执照从事再生资源回收的 88 家，废旧物资收购总金额 19775 万元。

1986—2008 年镇海区供销社废旧物资购销情况统计表

表 21－14

年份	总购进		总销售	
	废旧物资收购额（万元）	其中：收购废钢铁（吨）	废旧物资销售额（万元）	其中：销售废钢铁（吨）
1986	89	3857	184	2899
1987	123	3812	255	3277
1988	143	3838	200	3544
1989	194	4221	291	4628
1990	276	5256	310	5615
1991	368	5586	473	6794
1992	579	6745	793	8039
1993	1157	11502	—	6549
1994	679	5807	—	3856
1995	803	6272	—	5125
1996	724	5992	—	7177
1997	834	7306	1088	6677
1998	624	5725	872	5384
1999	984	10403	1177	9739
2000	1366	11858	1695	11590
2001	1061	6826	1206	7568
2002	5078	41873	5470	44231
2003	6571	54512	7098	51125
2004	10979	54353	11137	63574
2005	13669	67784	16118	76841
2006	17396	56948	21342	61901
2007	11413	43398	13796	43165
2008	19775	57156	20453	59959

说明：资料来源区供销社

第三章　粮油购销和加工

自1953年起至1992年粮食实行统购统销，历时39年。1993年1月起，浙江省放开粮食价格和经营，镇海区粮油购销亦随之放开。

建区前镇海县粮食自给有余，正常年份粮食购销顺差约1万吨。建区初1986—1992年，粮食自给不足，粮食购销逆差每年在0.1万吨。1993年粮油购销放开后，镇海区粮食种植面积减少，外来流动人口增加，粮食购销逆差扩大。至2008年，镇海区粮食需求量19.58万吨，地产粮2.13万吨，缺口17万吨。

1988年1月起，粮油企业财务体制由省管改为区管，同时实行经营承包责任制。1996年1月起，粮食政策性业务和经营性业务分开，镇海区建立粮食经营两条线运行机制。

1985年10月，置镇海区粮食局。随着粮食流通体制改革的深化，粮食管理机构也相应变化。1994年1月，增挂镇海区粮食总公司牌子。1996年2月，建立镇海区粮食结算中心。1998年1月，建立镇海区粮食国有资产经营公司。1999年2月，建立镇海区粮食收储有限责任公司。2002年1月，镇海区粮食局与镇海区贸易局合并，改称镇海区贸易与粮食局，至2008年未变。

第一节　粮油收购

粮食收购

粮食合同定购　1985年4月起，1953年开始的粮食统购改为合同定购，定购以外粮食农户可自由上市。定购品种为稻谷、小麦、玉米3种。是年，镇海区与15903农户签订粮食合同定购任务2.285万吨。1986年镇海区粮食合同定购任务2.453万吨。1986—1992年，镇海区粮食收购总量29.04万吨，年均4.149万吨。

1987、1989和1992年国家3次提高粮食定购价和超购加价幅度。粮食定购价格政策执行到1992年年末。

1987年、1989年、1992年镇海区粮食定购价格标准情况表

表21－15

粮种	1985年4月1日前比例价	1987年4月1日起执行		1989年4月1日起执行		1992年4月1日起执行	
		定购价（元）	超购加价幅度（%）	定购价（元）	超购加价幅度（%）	定购价（元）	超购加价幅度（%）
早稻谷（每50公斤）	15.50	17.00	9.68	22.20	30.59	24.60	10.80
晚粳谷（每50公斤）	18.80	20.55	9.30	26.60	29.44	31.80	19.55
晚糯谷（每50公斤）	22.30	24.20	8.53	31.70	31.00	36.90	16.40

说明：资料来源区贸易与粮食局

粮食计划收购 1993年1月，粮食合同定购改为指导性计划收购。是年，镇海区收购计划1.9万吨，按原粮食合同定购任务比例落实到乡（镇）、村，由局粮食企业与农户签订收购合同，价格随行就市。

粮食订单收购 2001年起，粮食实行订单收购，镇海区粮食订单收购量1.7万吨。订购对象为原有定购任务的农户。由区粮食收储有限公司与粮农签订订购合同。2004年始，粮食订单收购量改由农户自报，余粮由粮食部门按购得进销得出的原则敞开收购，价格随行就市。

粮食议价收购 1986年起，定购任务以外的粮食实行议价收购，粮食收购价格进入双轨制。1989年，全区粮食议价收购任务0.7万吨。是年，早谷和晚粳谷议购价分别比上年提高58.7%和40.5%，实际收购议价粮1.7万吨。1990年早谷议购价比上年下调18.9%，种粮农户仍踊跃售粮。1990年、1991年两年镇海区共收购议价粮5.617万吨，创历史最高纪录。1992年早谷议购价比上年大幅下调65.9%，市场抬价争购激烈，是年，镇海区议购早谷和晚粳谷分别比上年减少1.373万吨和1.830万吨。

油料收购

棉籽收购 棉花主产湾塘、贵驷、临江。20世纪70年代，棉籽油食用仍占一定比例。时棉籽属统购物资，由粮食部门委托供销社棉花收购站（加工厂）代购，经剥绒加工的光籽分等级计价，全数拨交粮管所。每百公斤棉籽返给棉农油票3.5公斤，棉饼票54公斤。1986年，调高为返给棉农油票5公斤，棉饼票50公斤。1984年新棉上市，标准棉籽（出油率14%）每百公斤收购价24元。不久，因土地征用、棉地改作蔬菜基地，棉花籽收购数量减少。1992年镇海区停止棉花籽收购。

油菜籽收购 1986年镇海区油菜籽定购任务148万公斤，实行“倒四六”购兑（40%顶任务，60%作兑换）。是年，全区收购油菜籽196万公斤。1992年镇海区取消油菜籽定购任务，购兑比例调整为各半。1997年实行油菜籽收购不限购兑比例由农户自行选择。此后，油菜籽收购量减少，至2004年无油菜籽收购。1986年每百公斤油菜籽收购价93.60元，1988年4月调整为100.80元，1992年调整为140.80元。1995年省油菜籽定购价为每百公斤270元，市定购价为300元，定购价高于市场价每百公斤约50～60元，外地油菜籽大量涌入镇海。1995年、1996年两年共收购油菜籽5447吨，给地方财政带来沉重负担。

1986—2008年镇海区粮油收购统计表

表21－16 单位：吨

年份	粮食				油菜籽			棉籽
	合计	定购任务数	定购收购数	议价收购数	合计	其中		
						定购数	兑换数	
1986	31011	24530	22426	8585	3522	1959	1563	776
1987	35661	24320	22054	13607	2623	1385	1238	620
1988	36877	24000	22091	14786	2428	1300	1128	171
1989	45633	24030	22128	23505	1876	1069	807	188

续表 21－16

年份	粮食				油菜籽			棉籽
	合计	定购任务数	定购收购数	议价收购数	合计	其中		
						定购数	兑换数	
1990	56165	23910	30102	26063	2527	1484	1043	618
1991	51050	23790	21885	29165	2760	1492	1268	646
1992	34045	23670	18606	15429	1987	981	1006	—
1993	31387	19000	19568	11817	771	771	—	—
1994	20827	19000	18625	2202	263	263	—	—
1995	25044	19325	19001	6043	2140	2140	—	—
1996	37299	19325	21521	15778	3307	3307	—	—
1997	41091	19325	40712	379	646	646	—	—
1998	32796	19400	28491	4305	113	113	—	—
1999	31668	17500	17348	14320	415	415	—	—
2000	25122	17000	15184	9938	71	71	—	—
2001	33447	17000	14045	19402	10	10	—	—
2002	24074	—	16036	8038	13	13	—	—
2003	11586	—	10649	937	4	4	—	—
2004	11223	—	11053	170	—	—	—	—
2005	9066	—	9045	21	—	—	—	—
2006	9361	—	9349	12	—	—	—	—
2007	7135	—	7132	3	—	—	—	—
2008	8393	—	8387	6	—	—	—	—

说明：资料来源区贸易与粮食局

第二节 粮油供应

1986—1992 年，镇海区粮油供应由粮食部门独家经营。国有粮油企业担负着城乡居民、单位食堂、缺粮农民、品种兑换粮、奖售粮、饲料粮、行业用粮和军粮的供应任务。七年共供应粮食 170636 吨，食油 4300 吨。居民购买粮油必须凭购粮证和粮票油票，到定点粮油供应站。品种以早米为主，时有限量供应的粳米和面粉。1993 年 1 月 1 日起，取消粮食统购统销政策，停止使用各种粮票。1993 年下半年，镇海区国有粮油供应站实行个人承包。2001 年镇海区国有粮油供应站体制改革，全部转为私营。改制后个体经营户经营的粮油主要从宁波路林粮油批发市场进货。

粮食定量凭票供应

城镇居民粮食供应 20世纪70年代，居民供应粮分类标准出台，吃商品粮的居民，每季度由当地粮管所根据四类九等四十六级的定量标准，每户发给购粮证和定额粮票，凭证票向定点粮油供应站购买，一直沿用到1992年12月底。1992年镇海区吃商品粮居民84597人。2001年5月1日起，粮食部门取消“市镇居民粮食供应转移证明”“农村粮食关系转移证”和“准许转移粮食通知书”。

1986—1992年镇海区居民供应粮分类标准情况表

表21－17　　单位：市斤/人

工人																							
特重体力者							重体力者									轻体力者							
一级	二级	三级	四级	五级	六级	七级	一级	二级	三级	四级	五级	六级	七级	八级	九级	一级	二级	三级	四级	五级	六级	七级	八级
50	48	47	46	45	44	43	42	41	40	39	38	37	36	35	34	33	32	31	30	29	28	27	

职员						大中学生					一般居民										
											十岁以上		六岁至十岁			三岁至六岁			三岁以下		
一级	二级	三级	四级	五级	六级	一级	二级	三级	四级	五级	一级	二级	一级	二级	三级	一级	二级	三级	一级	二级	三级
32	31	30	29	28	27	32	31	30	29	28	25	24	23	21	19	17	15	13	11	9	7

附：部分粮票样张

农村粮食供应 有定销粮、品种兑换粮、周转粮、奖售粮、饲料粮。对大（小）麦、蚕豆，给予一定数量的品种兑换并发给兑换粮票；对农村社供应户按计划发给周转粮票；对收购农副产品和奖售生猪发给奖售粮票和饲料票，1985年起镇海区停止上述票证发放。定销粮对象是粮食不能自给的棉农、菜农以及河头横溪、十字路、郎家坪征地建水库后的缺粮农民。每年由粮食专管员对村农业人口迁移、土地征用、作物改种等通过调查结算调整购销指标，按季将定销粮证、票发放到农户。1992年镇海区农村缺粮人口36100人。1993年起粮食购销和价格放开，农村定销粮不再纳入保证供应范围。1995年棉花收购年度起恢复粮棉挂钩，每投售百公斤皮棉奖售成品粮200公斤，后随着棉花收购减少而停止。

工业用粮供应 主要是以粮食为原料的制酒业，根据省核定的指标由粮食部门签发《价拨通知书》供应。手工业的制药、浆纱、制革、糨糊等用粮，根据生产计划和耗粮定额按季分月审批供应，1983年7月起取消计划改为议价供应。食品业的熟食、复制、糕点等行业按季核定计划，分月填发“企业用粮供应证”，凭证交票购买，1987年起改为议价供应。副食业的豆制品、粉丝，酿造业的酱油、大酱、米醋、乳腐、霉麸等原料（黄豆、蚕豆、小麦）按市局下达计划分配给有关企业，凭《价拨通知书》购买。1985年三季度起按平、议价各半供应，以后逐步转为议价销售。

中华人民共和国粮食部
全国通用粮票
壹市斤
1966
伍市斤
1966
浙江省粮票
壹市两
伍市斤
1976
浙江省流动粮票
壹市斤
浙江省周转粮票
伍市斤
最高指示
一定要有储备粮，年年搞一点，逐年增多。
壹市斤
1969
浙江省
临时流动粮票
贰两五钱
半市两
(十两制)
凭票购粮　遗失不补
省内通用　禁止买卖
1960年
四市两
1957
浙江省定额粮票
伍佰克
500克
1992

图 21－1　部分粮票样张

军粮供应 按照“先前方后后方，先部队后地方”的原则，根据部队的标准凭证和军用粮票保证供应。在城关粮管所设军供站，粮站转制后迁址沿江西路94号。2004年1月，迁址胜利东路121号。2007年1月开始用磁卡代替军用粮票，凭卡内核定的品种、数量供应。

食油定量凭票供应

城乡吃商品粮居民，凭粮食部门印发的食油票供应食油。1965年10月，每人每月4市量。1977年3月下调为2市量。1978年2月恢复4市量，至1986年未变。1987年4月1日起，镇海区食油供应提高到每人每月250克，与宁波老三区同标准。随着油源充足，增加居民节日供油量。1988年国庆节每人增供菜油1.1千克，春节增供菜油0.6千克。1993年起，取消食油凭票定量供应。1995年9月，镇海区城乡居民凭12号备用券每张供应菜油1千克，农村凭农民售粮证供应菜油2.5千克，价格每千克7.2元。食油放开销售后，镇海区市场上食油品种呈现多样化，品质迅速向中高档方向发展。

粮油销售价格

统销价 1966—1990年，粮油销价未作调整。1979年以后国家多次提高粮油收购价，粮油购销价出现倒挂。1991年5月、1992年4月国家2次提高粮油销价。

1991年、1992年镇海区粮油统销价格一览表

表21－18 单位：元/50公斤

品种	等级	1991.5.1前	1991.5.1起执行	1992.4.10起执行	品种	等级	1991.5.1前	1991.5.1起执行	1992.4.10起执行
早籼米	标二	13.80	25.00	36.00	晚糯米	标二	18.70	34.00	51.00
早籼米	标一	14.20	26.50	38.00	晚糯米	标一	19.10	35.50	53.50
早籼米	特制	15.90	29.00	41.50	晚糯米	特制	21.50	39.00	58.50
晚籼杂交	标二	14.20	27.00	40.00	面粉	标准	17.00	27.00	39.00
晚籼杂交	标一	14.60	28.50	42.00	面粉	上白	19.50	31.00	47.00
晚籼杂交	特制	16.30	31.00	46.00	面粉	富强	22.10	35.00	52.00
晚粳米	标二	15.70	29.00	45.00	菜油	二级	75.00	208.00	—
晚粳米	标一	16.10	30.50	47.50	棉油	精炼	68.00	190.00	—
晚粳米	特制	18.10	33.50	52.00	—	—	—	—	—

说明：资料来源区贸易与粮食局

农村定销粮价 1985年4月起，对实行合同定购的稻谷、小麦、玉米按比例价计价收购（早谷为“倒三五、六五”，晚粳谷、晚糯谷为“倒二、八”，前者按原统购价，后者按原超购价），在比例收购价基础上加收费用，费用为每50公斤原粮2元、大米3元、面粉4元。农村定销粮比例收购价加费用销售执行到1992年年底止。

议销价 1986年粮食流通由价格单轨制向平（价）、议（价）兼营的“双轨制”转变。议销价按进销差率加费用确定。议销价粮主要安排于行业用粮。

市场指导销价　1993年粮油购销和价格放开。是年1月，镇海区首次推出销售中心价，标一早米每公斤0.88元，标一晚粳米每公斤1.10元。3月推出零售最高限价，标一早米每公斤1.12元，标一晚粳米1.44元，标一晚杂交米1.30元。12月10日推出销售指导价，标一早米1.30元，标一晚粳米1.56元，二级菜油6.80元。12月20日销售指导价调整为，标一早米1.40元，标一晚粳米1.60元，二级菜油7.00元。1994年上半年粮价继续上扬，镇海区3次动用储备粮投放市场。同年8月，又实行粮食零售临时最高限价，每公斤标一早米1.72元、晚籼米2.12元、晚粳米2.10元、特制晚粳米2.30元。1995年后，粮食市场销售价格渐处正常，没有推出市场指导销价。

第三节　粮油仓储

粮仓　食油储罐

1986年全区粮库仓点17处、仓号100只，总仓容量43800吨。1990年和1991年每年粮食收购量5万吨以上，而实际仓库容量3.5万吨，缺口约1.5万吨。1986—1992年投入资金1385.5万元，建库点3处、仓号10只，仓容量4750吨。扩建仓站8处仓号27只，增仓容量13850吨。1994年投资59万元建仓库2处，仓容4000吨。到2004年，全区实有粮库站点20处，仓号118只，总仓容量57665吨，达历史最高点。后粮食收购大幅减少，部分仓库拆除、转让、报废。2008年实有仓号94只，仓容量44725吨。

1986—2008年，骆驼、长石、庄市3仓站各有1只钢板油罐，容量210吨，贵驷和城关有8只油罐，容量1250吨。全区油罐总容量1460吨。油罐于2008年年底前全部拆除。

粮油调运

从区粮食局到各粮管所配备专职调运员。区外调入和区内调出粮油计划每月由市粮食局下达。区内调拨和加工计划每月由区粮食局下达，基层站与站之间调拨由各粮管所自行平衡并按月报区粮食局。1990年和1991年粮食收购量猛增，粮仓爆满，两年调运总量17153吨。粮食调入调出多属品种串换。调入以小麦为主及部分富强粉，调出以稻谷和大米为主。1986—1992年镇海区调入粮食39258吨，其中小麦（含面粉）24433吨，调出稻谷大米31302吨，逆差8000吨。1993年放开粮食购销后粮油计划调运结束。

粮油储备

1995年镇海区建立粮油储备制度，由区粮食收储有限责任公司负责。

国家专项储备　1993年镇海区代国家储备粮食1万吨，是年下库专项销售粮食500吨。1995年、1996年用于镇海区粮食市场调节500吨和450吨。1997年8550吨粮食全部转为销售。食油储备150吨，2001年全部转为销售。

地方专项储备　1995年镇海区储备粮7500吨。1997年储备粮调整为9500吨。2001年储备粮调整为12500吨。2004年储备粮调整为17500吨，至2008年未变。

地方周转粮　2004年镇海区建立区地方周转粮1万吨，2005年增加1500吨，达11500吨。同时食油储备200吨。

地方专项储备粮、地方周转粮的储备规模和出售计划由区人民政府批准。

第四节 粮油加工 饲料生产

稻谷加工

稻谷加工有骆驼米厂和骆驼粮管所办长骆大米车间。1986—1993年，该两厂共加工大米145661吨，另有副产品米糠油1302吨、植酸干250吨、白酒504吨。共创利润334万元。1989年和1991年，骆驼米厂对骆驼大米车间和庄市大米车间设备改造，改造后开始生产标一大米。

面粉加工

1968年镇海县米厂增添设备开始生产面粉，但生产规模小不能满足行业用粮和居民供应需要。计划面粉供应不足部分和部队特需富强粉每月由宁波太丰面粉厂调入。1987年镇海区面粉车间改建，年产标准面粉能力由7500吨提高到11720吨。1989年开始生产富强粉，能基本满足居民、部队和行业用粮的需要。1986—1997年，镇海区共生产面粉50476吨，其中富强粉4034吨。

油籽加工

菜籽、棉籽榨油加工历经手工、木压榨、机榨、预榨浸出工艺之发展。区内油籽、棉籽由镇海江北油厂加工。1986年起外地菜籽大量流入镇海，油厂加工能力明显不足。为此，镇海江北油厂征地0.86公顷扩建改造，至1992年共投入380多万元，新建榨油、炼油、浸出、锅炉车间和2座1326平方米的仓库。改造后镇海江北油厂榨油能力从日产30吨提高到90吨，炼油能力从日产15吨提高到30吨，浸出能力从日产20吨提高到40吨。1986—1997年，累计加工菜油39414吨，棉油181吨，豆油2117吨。镇海江北油厂加工的二级菜油1989年获商业部优质产品称号。1986—1991年，镇海江北油厂与舟山地区饲料厂、贵州铜仁县油脂化工厂、湖南侗族自治县垄坪油厂、贵州湄潭植物油厂经济技术合作，输出油籽饼浸出加工技术。

饲料生产

区属机制饲料加工企业有骆驼饲料厂、骆驼米厂和贵驷、河头两家商办饲料厂。1986—1998年，镇海区共生产机制饲料124803吨、颗粒饲料103473吨。其中骆驼饲料厂生产机制饲料85720吨、颗粒饲料22764吨，分别占饲料生产总量的68%和22%。

第五节 粮食企业改革

1986—1997年国有粮食企业沿革

镇海区粮食局下属有基层粮食管理所4家。城关粮食管理所、城北粮食管理所、骆驼粮食管理所、庄市粮食管理所（前称湾塘粮食管理所，后改贵驷粮食管理所）。各粮食管理所设有仓站，承担粮食收购、保管、供应职能。1992年下半年粮食放开前，城北粮食管理所并入城关粮食管理所。余下城关、骆驼、庄市3家粮食管理所增挂粮油经营公司牌子。粮油经营公司由内部职工自愿组合经营，经济独立核算。1999年3月，各粮食管理所析建粮食收储分公司，隶属于区粮食收储有限公司。

骆驼米厂，位于骆驼镇。1987年骆驼米厂推行厂长负责制和厂长任期目标责任制，同时划小核算单位实行车间承包。1993年11月，撤骆驼大米车间，庄市大米车间划归贵驷粮食管理所，长石大米车间划归骆驼粮食管理所。1997年7月，骆驼米厂并入骆驼粮食管理所。

镇海骆驼饲料厂（公司），位于骆驼余三。1979年开办，1992年10月，骆驼饲料厂与镇海区饲料公司合并。

镇海江北油厂，位于贵驷镇。1985年10月更名镇海区江北油厂。1997年镇海江北油厂股份制改革，改称镇海金海植物油有限公司。

产权制度改革

1998—2001年，镇海区粮食系统有14家国有粮食企业实施体制改革。改革涉及粮食企业在职职工539人，改制企业总资产23979.93万元，负债17416.20万元，净资产6553.73万元。

改制时，国有粮食企业在职职工全部与原企业解除劳动合同。其中1984年6月前参加工作2004年到达法定退休年龄的351人实行企业内部退养，按本人标准工资的80%计发退养费；147人与区粮食收储有限公司、区粮食总公司签订聘用合同；41人自谋职业。

2001年改制后，粮食系统保留国有独资企业镇海区粮食总公司、镇海区粮食收储有限公司、镇海华厦房地产公司3家；改制为国有控股公司华润植物油有限公司1家（后破产）；歇业9家；自然人重组1家。

1998—2001年镇海区国有粮食企业改制情况表

表21－19

单位名称	企业概况					改制形式	改制年份
	创办年份	职工（人）	资产（万元）	负债（万元）	净资产（万元）		
镇海江北油厂	1958	67	5687.00	5225.00	462.00	华润植物油有限公司	2001
镇海骆驼饲料厂	1979	27	996.30	1041.00	－44.70	甬兴饲料有限公司	2000
镇海区粮油贸易公司	1979	12	240.20	182.60	57.60	歇业	2001
镇海面粉食品厂	1982	57	1140.93	1225.10	－84.17	歇业	1998
镇海区粮油工业经营公司	1987	5	275.90	127.80	148.10	歇业	2001
镇海区粮食局直属粮库	1992	12	286.40	64.60	221.80	歇业	2000
镇海骆驼粮食批发市场	1992	12	519.60	256.80	262.80	歇业	2000
庄市粮油经营公司	1992	26	424.60	134.30	290.30	歇业	2001
骆驼粮油经营公司	1992	36	1089.00	143.90	945.10	歇业	2001
城关粮油经营公司	1992	83	1208.00	480.10	727.90	歇业	2001
镇海华厦房地产公司	1992	7	2642.00	2016.00	626.00	国有独资	2001

续表 21－19

单位名称	企业概况					改制形式	改制年份
	创办年份	职工（人）	资产（万元）	负债（万元）	净资产（万元）		
镇海区粮食总公司	1994	10	5335.00	4006.00	1329.00	国有独资	2000
镇海区粮油物资公司	1996	3	80.00	76.00	4.00	歇业	2000
镇海区粮食收储有限公司	1998	182	4055.00	2437.00	1618.00	国有独资	2000
合计	—	539	23979.93	17426.20	6553.73	—	—

说明：资料来源区贸易与粮食局

第四章　物资经营

1985 年 10 月，镇海县物资局改为镇海区物资局（挂区物资总公司牌）。局内设人秘股、业务股、财务股 3 个。1989 年局内设机构调整为人事秘书股、经营管理股和财务股。1993 年局内设机构被撤销，物资总公司下设业务一科、业务二科、人事教育保卫科、财务科和办公室。同年 6 月，区物资总公司作为企业法人注册登记。2002 年 1 月，镇海区物资局和区物资总公司被撤销。

第一节　物资供应

1986—2000 年，镇海区物资局及其下属各公司是镇海区生产资料流通的主渠道。计划经济年代，社会对物资需求由区计划经济委员会分配，区物资局按分配计划供应物资。煤炭、钢材、有色金属、水泥、木材、玻璃、汽车、机电设备、轮胎等都纳入计划物资。随着改革开放的深入，物资供应格局发生变化，计划物资渐减，市场调节成为主流。1993 年区物资局系统供应物资金额达 8.25 亿元峰值。1994 年后，国家物资购销流通政策进一步放开，民营经济大量参与物资经营，计划供应物资成为历史。1986—2000 年，镇海区物资系统主要物资累计销售额 46.27 亿元。

1986—2000年镇海区物资系统主要物资供应情况表

表 21-20

项目	单位	1986年	1987年	1988年	1989年	1990年	1991年	1993年	1994年	1995年	1996年	1997年	1998年	1999年	2000年
销售额	万元	3873	6646	14606	16019	15532	23095	82493	42709	65367	54913	40718	23853	16134	56786
煤炭	万吨	—	—	9.88	10.06	7.83	11.19	22.04	10.46	17.67	15.82	5.84	4.50	2.03	1.06
生铁	吨	104	94	115	142	543	1052	88	112	—	—	—	—	—	—
钢材	吨	6127	7768	12494	14192	20544	34123	105603	41437	52734	49024	29464	22692	16417	18034
铜	吨	97.36	344	113	42	7	89	873	44	378	3	—	—	—	—
铝	吨	17.80	90.80	135	52	62	111	81	21	—	—	—	—	—	—
铅	吨	54.84	81.87	277	575	350	21	252	—	241	699	466	—	—	—
锌	吨	62.27	299	1020	444	1018	888	292	366	627	439	2	—	—	—
硫酸	吨	111	—	101	91	103	96	—	—	—	—	—	—	—	—
烧碱	吨	224	348	309	356	153	85	—	—	—	—	—	—	—	—
纯碱	吨	287	255	1343	1718	111	40	80	—	16	—	500	—	—	—
橡胶	吨	135	193	335	114	67	11	25	405	—	—	—	—	—	—
轮胎	套	1656	1967	1669	456	961	559	212	48	22	—	—	—	—	—
水泥	吨	11829	15502	10587	11866	10649	10410	13320	6950	6320	5484	2510	115	—	6002
木材	立方米	5599	14867	17646	15472	15596	21501	30917	20735	15325	11903	8599	5597	1461	2995
机电设备	万元	783	1669	2707	3034	1955	3090	10097	6636	12319	3922	3387	2745	3257	2600
汽车	辆	60	84	134	130	91	141	452	219	348	478	248	242	251	338

说明：资料来源区物资局。缺1992年物资供应数据

第二节　物资企业改革

1986 年，镇海区物资局下属国有企业 7 家，镇海区金属材料公司、镇海区机电设备公司、镇海区轻化工建材公司、镇海区生产资料服务公司、镇海区木材公司、镇海区农业机械公司、镇海区物资局骆驼物资供应公司。是年，物资系统职工总数 130 人。1988 年 4 月，区燃料公司划归区物资局，同年，成立镇海区物资协作配套公司。1990 年成立镇海区生产资料交易市场。1993 年成立镇海区物资房地产公司。至此物资局系统国有企业共 11 家，职工 261 人。2000—2001 年，11 家物资企业全部实施体制改革，国有资本退出企业，企业或歇业或歇业后自然人重组，企业的固定职工改为合同制职工并领取经济补偿金。

2000—2001 年镇海物资局属企业体制改革情况表

表 21－21

企业名称	建立年份	改制年份	改制形式	备注
镇海区木材公司	1963	2001	歇业	—
镇海区农业机械公司	1963	2000	歇业	1996 年改为国有控股，职工入股，更名兴达农业机械有限公司
镇海区生产资料服务公司	1973	2000	歇业后重组	—
镇海区金属材料公司	1979	2000	歇业	—
镇海区机电设备公司	1979	2000	歇业	—
镇海区轻化工建材公司	1979	2000	歇业后重组	—
镇海区物资局骆驼物资供应公司	1979	2000	歇业后重组	—
镇海区物资配套公司（镇海设备租赁公司）	1988	2000	歇业后重组	—
镇海区燃料公司	1988	2000	歇业后重组	1988 年 4 月由区商业局划入
镇海区生产资料交易市场	1990	2000	歇业	—
镇海区物资房地产公司	1993	2000	歇业后重组	—

说明：资料来源区物资局

第五章　商品市场

第一节　物流专业市场

1997—2008 年，镇海区先后形成 6 个物流专业市场。

镇海液体化工产品交易市场

简称液化品市场。2001 年 2 月 28 日，液化品市场正式开业。进场交易（销售）商品主要有液体化工产品、工业消费品和其他生产资料。2002 年 7 月，新建的液体化工交易大楼竣工，址镇海大运路 1 号。同年 11 月 2 日，镇海“秋洽会”期间新大楼启用。新建的液化市场占地面积 22980 平方米，其中营业房 13700 平方米、管理用房 1600 平方米，有商务用房 338 间。液化品市场依托港区液化品泊位、40 多万立方米液化品储罐、炼化公司生产的液化品，依托镇海区人民政府、宁波港务局和镇海海关的政策扶持迅速发展。2003 年，省人民政府和省工商行政管理局分别授予其“省重点商品市场”、“省四星级文明规范市场”和“省百强市场”称号。2004 年，液化品市场获评“宁波市信用市场”、“镇海区信用市场”和“中国商品专业市场最具竞争力 50 强”。2005 年，液化品市场“中国液体化工在线”成为全国著名的液体化工网站，是全国液体化工产品的信息中心、价格中心和交易中心。2008 年，液化品市场获“改革开放 30 年中国浙江十大先锋市场”称号、“改革开放 30 年镇海经济风云榜”现代服务业发展奖。2008 年，进场企业 300 余家，交易额达 88.60 亿元。

镇海货运市场

1999 年货运市场动工建设，投资概算 1500 万元，获交通运输部补助 500 万元。2001 年 11 月 8 日，宁波公路主枢纽镇海货运站建成，地址定海路 289 号。由镇海货运站主办的货运市场为进场企业提供货物运输、货物堆场、货运代理、仓储、集装箱堆放等服务。货运市场占地面积 68451 平方米，管理用房 2330 平方米。场内设有客户休息区、停车场，有完善的配电，通信，及防盗设施。市场管理员 24 小时值班，为客户提供行情信息。2004 年进场货运企业 35 家，实现货物运输、货运代理营业额 4.5 亿元。2008 年，进场货运企业近 100 家，营业额 7.2 亿元。

镇海再生资源加工园区

简称金属园区。坐落在镇海后海塘，地址定海路 9 号。园区规划面积 200 万平方米，分为海关监管、园区管理、生产加工和员工生活等四功能区块。2001 年 9 月，经宁波市计划委员会批准立项。2001 年 12 月，组建宁波镇海再生资源加工园区开发有限公司，注册资金 680 万元，宁波财茂实业公司占股权 51%，美国百盛国际有限公司占 49%。园区一、二期工程投资 3.13 亿元，开发面积 130 万平方米，2004 年完工。年再生金属加工能力 100 万吨。经营范围为再生金属资源加工利用。进口国家允许进口的第六类（废钢铁、废有色金属）和第七类（废电机、废电线电缆、废五金电器）可用作原料的废金属。进口货物进入金属园区后，必须经过拆解分拣、加工，才能运出园区外销售。通过监管区内安装的视频监控系统，采用 GPS 卫星定位系统、箱号识别系统、电子车牌识别系统、辐射自动检测系统和电子地磅数据联网等科技手段，检验检疫和海关部门实现远程视频辅助查验、全程监控，对进出园区的货物实现信息化、科学化、全面化监管。金属园区是经国家环保总局批准的对可回收利用的再生金属进行循环加工的试点园区。2004 年，入园企业 52 家，拆解再生金属 50 万吨，实现产值 20 亿元。2008 年进口再生资源 110 万吨、交易额 80.16 亿元。

镇海钢材市场

国家物资储备局浙江 837 处主办，2001 年 11 月建立。位于后海塘大通路 331 号，占地 18.74 万平方米，营业面积 4.5 万平方米，库外堆场 7 万余平方米。库区铁路专线双线长 300 米，配有龙门吊、叉车、库内行吊，一次设备装卸能力 194.3 吨，储存能力 20 万吨。从事仓储保管、期货交割、保税、港口接转、铁路接发运、银行质押监管、集装箱及货物全程代理等物流业务。进场交易品种有金属材料、建筑材料。2002 年，市场成交额 1.35 亿元，实缴税额 150 万元。2003 年，市场成交额 3.85 亿元，实缴税额 274 万元。2004 年，进场企业 33 家，市场成交额 25 亿元，实缴税额 978 万元。2008 年年末入驻企业 43 家销售 30.47 亿元。是年，被授予“省二星级文明规范”市场。

镇海煤炭交易市场

2003 年 10 月建立，隶属于区贸易与粮食局。初时，市场设在定海路 289 号。主办单位镇海通贸市场发展有限公司。2004 年，入场企业 52 家，成交额 17.2 亿元，上缴税额 3447 万元，实现利润 3629 万元。2005—2007 年，镇海区投入 2.3 亿元，煤炭交易市场迁址宏远路 818 号，占地面积 40 万平方米。市场依托港区煤炭中转优势，集港区码头装卸、运输、配送、加工、储存等作业功能为一体。2008 年，入场企业 67 家，成交额 74.3 亿元。

镇海厚恒物资城

2006 年 11 月成立，地址骆驼街道盛兴路，占地 1.3 万平方米，营业面积 3 万平方米，营业用房 80 间、摊位 381 个，总投资 1.1 亿元，入场企业 80 家。2008 年，物资城成交额 32.84 亿元。物资销售已辐射浙江、江苏、上海，被授予省二星级文明规范市场。

第二节　连锁超市　综合商场

连锁超市

1998 年 8 月，第一家大型连锁超市“三江购物俱乐部”在镇海落户，至 2004 年，全区有大小连锁超市 23 家，总营业面积 2.8 万平方米，从业 796 人，年销售额 2.34 亿元，经营品种最多的“家世界”超市，品种达 1.8 万余种。

1998—2008 年镇海区连锁超市情况统计表

表 21－22

超市名称	地　址	开业年份	面积（平方米）	经营品种（种）	年销售额（万元）	从业人员（人）
三江购物俱乐部	招宝山街道顺隆路	1998	1250	7000	6500	62
联华超市石化店	蛟川街道炼化生活区	1998	1200	6000	1300	35
依木超市贵驷店	骆驼街道镇骆路	1998	2000	8000	560	70
家世界超市	招宝山街道西街	1999	9500	18000	8200	197
加贝超市镇海店	招宝山街道城河西路	2000	1200	6500	1200	60
加贝超市庄市店	庄市街道西陆路	2000	600	4000	780	23
加贝超市西长便利店	招宝山街道西长营弄	2000	210	2500	98	6
申友超市骆驼店	骆驼街道综合市场旁	2001	120	1200	40	3
依木超市澥浦店	澥浦汇源菜场内	2001	1660	7000	400	60
加贝超市石化店	蛟川街道炼化生活区	2002	1470	6500	380	50
申友超市九龙湖店	九龙湖镇西经堂	2002	300	1000	54	4
东方超市	骆驼街道团桥	2002	520	3000	90	10
加贝超市骆驼店	骆驼街道杭甬路	2003	1600	3500	500	56
加贝超市西门便利店	招宝山街道大西门路	2003	70	2400	85	4
如海超市庄市店	庄市街道庄市粮站	2003	700	4000	500	25
加贝超市五里牌店	蛟川街道五里牌	2004	1620	2600	1036	23
加贝超市南一店	骆驼街道南一路	2004	400	2000	—	12
华联超市骆驼店	骆驼街道杭甬路	2004	1260	5000	400	33
华联超市炼化店	蛟川街道炼化菜场	2004	1200	6500	800	40
金龙超市	九龙湖镇长石	2004	200	2000	80	5
家家乐超市长石店	九龙湖镇长石	2004	100	1200	50	3
家家乐超市庄市店	庄市街道祥裕路	2004	400	2000	150	8
发联超市贵驷店	骆驼街道贵驷大街	2004	400	2500	200	7
三江购物俱乐部骆驼分公司	骆驼街道南二路综合服务大楼	2006	—	—	6071	—
三江购物俱乐部棉丰分公司	蛟川街道棉丰路 51 号	2007	—	—	4611	—
宁波世纪百联超市后施分公司	蛟川街道后施村	2008	—	—	2333	—
三江购物俱乐部城关分公司	招宝山街道西街 8～10 号	2008	—	—	11240	—

说明：资料来源区贸易与粮食局

综合商场

建区后，镇海城乡新建一批有一定规模的综合商场。1985 年年末，首建成镇海百货大楼，翌年年初开业。1989 年建成镇海园南商场和骆驼综合商场。1992 年建成镇海商业大厦。1993 年建成镇海商城、成福商场。20 世纪 90 年代末，专卖店和连锁超市兴起，综合商场渐衰。

第三节　城乡集贸市场

建区后，镇海区城乡集贸市场硬件建设投入加强，市场交易环境极大改善。城乡集贸市场建设资金多方筹集，有区、乡镇人民政府出资，大工程单位筹资，区工商管理部门出资，个体工商户集资等。

1986 年，镇海区有棚屋市场 5 个，建筑面积 9146 平方米，总投资 236.78 万元。1987—1989 年，建棚屋市场 5 个，建筑面积 22670 平方米，总投资 583.5 万元。至 1989 年，全区各建制镇都建有集贸市场，消灭了露天市场。

1996 年，建镇海炼化后施集贸市场。1998 年 10 月，南街菜场改建扩建完成，建筑面积 1.1 万平方米，投资 3000 万元。至 2008 年，镇海区城乡集贸市场共 21 个，营业面积 672.17 万平方米，设摊位 6310 个，年成交额 15.81 亿元。最大南街菜场底层经营鲜活水产为主，二层经营蔬菜肉类为主。2008 年南街菜场成交额 3.63 亿元，连续 4 次获“全国文明集贸市场”称号。1999—2008 年获省三星级文明规范市场称号。

2008 年镇海区城乡集贸市场（菜市场）情况统计表

表 21－23

市场名称	地址	营业面积（平方米）	商位（个）	年成交额（万元）
南街菜场	招宝山街道远望道头	11000	1083	36300
西门菜场	招宝山街道龙翔路	4762	729	28500
张鑑碶菜场	招宝山街道中河路	1700	178	2606
炼化后施菜场	蛟川街道后施村	5886	666	21056
开发区农贸市场	蛟川街道五里牌	4800	353	6530
中官路菜场	蛟川街道中官路村	1600	261	2670
南洪农贸市场	蛟川街道南洪小区	2400	216	2745
骆驼菜场	骆驼街道市场路	8796	778	15847
团桥农贸市场	骆驼街道团桥村	2300	220	3978
清水湖农贸市场	骆驼街道清水湖村	4733	318	3174
贵驷农贸市场	骆驼街道贵驷社区	1000	200	2942
沙河农贸市场	骆驼街道沙河村	460	80	1889

续表 21－23

市场名称	地址	营业面积（平方米）	商位（个）	年成交额（万元）
庄市集贸市场	庄市街道西陆路	3000	316	8467
永旺菜场	庄市街道永旺村	1200	72	1963
万加农贸市场	庄市街道万加村	480	70	1910
汇源市场	澥浦镇汇源小区	3000	250	5202
湾塘菜市场	澥浦镇湾塘村	1300	181	2813
西经堂农贸综合市场	九龙湖镇西经堂村	4000	125	2856
汶溪农贸市场	九龙湖镇中心村	1800	50	2515
河头农贸市场	九龙湖镇勤山村	1500	70	2205
长石农贸市场	九龙湖镇长宏村	1500	94	1924

说明：资料来源区贸易与粮食局

【附】清代、民国时期集市

清代、民国时期直至解放初期，镇海县甬江以北地区集市点成名的有 27 个。

清代、民国时期镇海县甬江以北地区集市情况表

表 21－24

集市点	市日（农历）	备注
鼓楼前市	三	
大南门市	一、六	
小南门市	一、六大市　三、八小市	
小西门市	三、八大市　一、六小市	
龙山西门市	无记载	
龙头场	一、四、六、八	
邱王	三、五、七、九	
东埠头	二、五、七、九	
路头	二、四、	
施公山	三、五、七、十	
范家	三、六、八、十	
觉渡寺市	一、四、七	
澥浦	每日	
牌门头	三、六、九	
沙河头	八、十	
后施	逢单日	

续表 21－24

集市点	市日（农历）	备注
万加桥市	二、四、六、九	
汉塘	三、五、七、十	
渡驾桥	一、四、八	
徐家堰	逢单日	
清水浦市	（无记载）	采访每日有市
庄市	一、四、六、八	
骆驼桥（时属慈溪县）	逢双日	
团桥头市	逢单日	
妙胜寺市	逢双日	
贵驷桥市	逢单日	
憩桥市	逢双日	

说明：资料来源民国《镇海县志》

第四节 小商品市场

20 世纪 90 年代，城关沿江路塘外设小商品市场，后沿江路改造拆除。90 年代后期，在城关西街至鼓楼设下岗职工自立市场，政策鼓励企业下岗职工进自立市场经营。2008 年，镇海区有小商品集市点 8 个，集市面积 58730 平方米，以石化综合市场居首，每周六、日市场热闹非凡，引慈溪等地小商品经营户入场。小商品经营户展销服装、百货、布料和各色小商品，约定成俗一星期七天轮番在各点展销，周成交额约 18 万元。

2008 年镇海区小商品集市点情况统计表

表 21－25

集市点	市日	商品	营业面积（平方米）	摊位（个）	日成交额（万元）
石化综合市场（场内外）	周六、周日	服装、小百货	46730	60	1.2
湾塘菜市场（场外）	周三	服装、小百货	750	130	2.5
汇源市场（场外）	周二	服装、小百货	1380	230	4.2
贵驷农贸市场（场外）	周四	服装、小百货	950	110	2.2
长石农贸市场（场外）	周五	服装、小百货	850	90	1.7
西经堂农贸综合市场（场外）	周一	服装、小百货	1250	100	2.3
河头农贸市场（场外）	周四	服装、小百货	820	80	1.5
庄市街道西陆路	周五	服装、小百货	6000	120	2.5

说明：资料来源区贸易与粮食局

第六章 社会服务业

计划经济年代，社会服务业主要由国营和集体商业承担。随着经济体制改革深入，服务行业转为民营，个体工商户。1986 年，镇海区有个体商业 1721 户、饮食业 403 户、服务业 145 户、修理业 255 户。1994—1996 年，贯彻邓小平南方谈话精神，大力促进个体经济发展。2008 年年末，镇海区有个体饮食业 1197 户、服务业 1676 户、修理业 218 户。

第一节 旅馆业 餐饮业

旅馆业

1986 年区工商局统计，全区旅馆 47 家。规模较大的有招宝山饭店、区人民政府招待所、镇海炼化东海宾馆。次之有区饮服公司在城关开设的镇海旅社、工农旅社、港口旅社。各乡镇有基层供销社经营的旅社。随着经济交往扩大，旅馆业日益兴旺，部分旅馆改造升级，民营旅馆迅速发展。

20 世纪 90 年代初，建骆驼新兴宾馆和河头九龙山庄。21 世纪初，浙江开元集团在九龙湖镇建开元华城度假村。2008 年年末，全区共有旅馆 149 家，其中星级饭店 7 家。

九龙湖开元华城度假村按五星级饭店建设（白金五星标准，未参评）；四星级饭店招宝山饭店；三星级饭店雄镇大酒店、九龙山庄、香溢新兴宾馆；二星级饭店镇海炼化东海宾馆、骆驼大酒店。

2008 年镇海区主要饭店选录表

表 21 - 26

单位名称	地址	星级标准	经营面积（平方米）	餐位（个）	员工数（人）
九龙湖开元华城度假村	九龙湖景区	五	52800	1500	820
镇海九龙山庄	九龙湖景区	三	29500	1500	260
镇海招宝山饭店	鼓楼东路	四	1590	500	100
镇海石浦大酒店	南大街 36 号	四	6000	990	290
镇海花园大酒店	沿江西路 2 号	四	1000	300	70
雄镇大酒店	南大街 27 号	三	1500	300	130
骆驼大酒店	慈海路 111 号	二	3000	300	120
镇海炼化东海宾馆	镇海俞范	二	19800	550	179
海伦宫宾馆	沿江东路 373 号	二	2954	100	58
镇海香溢新兴宾馆	慈海南路 600 号	三	11000	650	110
宁波港奥天府酒店	慈海南路 373 号	三	2000	1600	73

说明：资料来源区贸易与粮食局

餐饮业

餐饮以本地宁波口味的酒家、饭店、快餐、小吃居多。也有川、湘、粤菜，山西刀削面、兰州拉面、千里香馄饨、永和豆浆、过桥米线、鸭头鸭食、新疆大盘鸡等各地名吃。洋餐饮店有肯德基、麦当劳、比萨、必胜客、上岛咖啡、名典咖啡等。

餐饮店选介：

石浦大酒店　南大街口，经营典型的宁波菜及海鲜。

山外山大酒店　镇海最大的餐饮连锁企业，在城关、庄市、骆驼开设分店。

九龙人家　酒家环境格调纯朴，以农家餐饮为特色。

碧盛园　玻璃房酒家，内有假山碧池、热带花木环绕。

横溪村农家乐　九龙源景区入口处，以新鲜山货为原料，农家菜口味为特点。

一串红大酒店　创办于1997年，有多家连锁店。城河东路一串红大酒店为纯餐饮酒店。

海鲜大排档　沿江景观带西，经营小海鲜闻名。

1986—2008年镇海区个体餐饮从业情况表

表21－27

年度	户数	从业人数	资金（万元）	营业额（万元）
1986	403	688	31	136
1987	471	802	48	192
1988	465	866	102	332
1989	571	1022	120	352
1990	626	1106	122	401
1991	625	1100	127	551
1992	652	1128	133	657
1993	745	1337	208	1166
1994	911	1596	360	3640
1995	898	1335	783	6165
1996	992	1498	951	6575
1997	885	1333	649	19335
1998	988	1492	1023	18479
1999	1360	1556	964	21396
2000	1350	1735	218	14152
2001	2263	3333	2935	26109
2002	2388	3043	4302	18878
2003	3349	4946	4782	20356
2004	832	1660	945	18999
2005	794	1697	2815	—

续表 21－27

年度	户数	从业人数	资金（万元）	营业额（万元）
2006	807	1786	3009	—
2007	933	2089	2473	—
2008	1197	2805	4507	—

说明：资料来源区贸易与粮食局

第二节 修理业及其他服务业

修理业

1986 年，个体工商户修理主要为钟表、生产用具、家用电器和自行车等。20 世纪 90 年代，传统的自行车、手表、缝纫机等三大件修理服务向摩托车、电瓶车、电视机、手机等拓展。

1986—2004 年镇海区个体工商户修理业统计表

表 21－28

年度	户数	从业人数	资金（万元）	营业额（万元）
1986	255	384	24	57
1987	271	414	34	80
1988	270	422	44	127
1989	332	489	69	118
1990	378	543	75	135
1991	362	487	61	124
1992	374	504	70	177
1993	398	524	92	383
1994	445	589	125	2011
1995	521	601	346	2771
1996	512	568	368	2927
1997	523	576	369	2076
1998	551	430	428	4012
1999	263	316	112	1346
2000	280	358	112	575
2001	195	209	140	693
2002	189	278	91	314
2003	219	314	92	434
2004	218	275	83	—

说明：资料来源区贸易与粮食局

20 世纪末 21 世纪初之交，汽车进入工薪家庭，机动车维修以及洗车美容快速发展。2008 年，镇海区机动车维修业户数达到历史峰值，计有 292 家。

其他服务业

1986 年，其他个体服务业有理发、摄影、洗染、旧货收购等。20 世纪 90 年代起，法律服务、会计服务、文印、家政服务、足浴、咨询等服务发展。

1986—2008 年镇海区个体工商服务业情况表

表 21－29

年度	户数	从业人数	资金（万元）	营业额（万元）
1986	145	218	12	36
1987	158	236	14	86
1988	197	335	55	388
1989	273	391	63	101
1990	307	428	64	129
1991	298	401	72	99
1992	300	407	91	148
1993	426	534	199	378
1994	481	616	217	2594
1995	1744	2098	1180	2917
1996	1653	2040	1216	5920
1997	1203	1648	950	4443
1998	1378	1894	1137	9596
1999	1449	1938	1178	8104
2000	1358	1792	1292	7119
2001	1201	3894	1330	12981
2002	1691	2079	1805	10242
2003	1820	2363	2787	11934
2004	1737	2758	3399	—
2005	668	1271	2268	—
2006	685	1359	2462	—
2007	657	1292	2491	—
2008	1676	2883	4223	—

说明：资料来源区贸易与粮食局

（责任编辑　冯国定　孟福成）

第二十二编　对外及对港澳台经济

本编目录

中华人民共和国成立初期，镇海县供销社代理收购农副产品并通过浙江省外贸公司出口。1974年5月，镇海县对外贸易公司成立，出口商品货源组织和出口商品生产基地管理改为县对外贸易公司负责。1985年10月，县对外贸易公司改名区对外经济贸易公司，隶属于宁波市外经贸委。1988年3月，设置宁波市镇海区对外经济贸易局。5月，镇海区对外经济贸易公司更名为镇海进出口公司。1990年2月，镇海进出口公司复名镇海区对外经济贸易公司。1996年4月，区对外经济贸易局更名为区对外贸易经济合作局。1998年6月，增挂镇海区外商投资管理局牌。2002年1月，增挂镇海区招商中心牌子。

1986—1992年，镇海区对外经济以商品出口为主。1992年后招商引资步伐加快。1993年镇海区对外经济合作起步。2000年后，对外经济发展迅速。2008年，镇海区进出口贸易总额422200万美元，是1991年进出口贸易总额151万美元的2796倍。合同利用外资及港澳台资15029.87万美元，是1988年合同利用外资及港澳台资10万美元的1503倍，实际到位外资及港澳台资14230.9万美元，是1988年实际到位外资及港澳台资10万美元的1423倍。2001—2008年，经批准的境外投资项目有36个，2008年对外经济合作营业额19900万美元。

第一章 进出口贸易

1986 年建区初，镇海区商品出口由区外贸公司按计划收购，通过市公司出口。1993 年开始，获自营进出口权企业渐增。1999 年 12 月，国家对外贸易经济合作部下发《关于对国有、集体生产企业实行自营进出口权登记制的通知》，外贸生产企业自营进出口权改为登记制。2004 年 7 月起，国家进一步放开外贸生产企业经营权，实行备案制。

2000 年 10 月，区对外经济贸易公司首次组织参加中国出口商品交易会（每年春秋两季在广州举办，又称广交会），利用广交会平台发展进出口贸易。至 2008 年，区内企业参加广交会共 17 届。2008 年，广交会镇海区参展企业 71 家，产品涉及机械、家用电器、工具、五金、汽车配件、建筑及装饰材料、家居用品、玩具、礼品及赠品、园林产品、个人护理用具、办公文具、体育及旅游休闲用品、服装、纺织原料等，布置展区 20 个。

2001 年起，镇海区进出口贸易额连年快速增长，2008 年达到 42.22 亿美元，占宁波市进出口总额的 6.2%，在宁波县（市、区）中名列第七。

1991—2008 年镇海区进出口贸易额情况表

表 22－1 单位：万美元

年份	出口贸易额	进口贸易额	进出口贸易额
1991	151	0	151
1992	149	130	279
1993	467	967	1434
1994	757	517	1274
1995	1804	2159	3963
1996	4429	4781	9210
1997	6303	2656	8959
1998	7587	2437	10024
1999	7615	5915	13530
2000	12399	14264	26663
2001	15123	18708	33831
2002	24010	38595	62605
2003	41459	67180	108639

续表 22－1

年份	出口贸易额	进口贸易额	进出口贸易额
2004	75733	122731	198464
2005	111000	177000	288000
2006	116400	186400	301000
2007	143200	220400	363600
2008	205000	217200	422200

说明：1. 资料来源区外贸局，1991 年前资料缺失；
2. 2006 年起镇海炼化、镇海国家石油储备基地进出口额不列入镇海区统计

第一节　出口贸易

出口商品及出口额

建区后出口贸易快速增长。1990 年，跨入出口商品收购值上亿元区（县、市、区）行列。1991 年全区出口商品收购值达到 21953 万元，是 1986 年 1453 万元的 15 倍。出口商品企业 69 家，其中乡镇企业 57 家。出口商品收购值在 200 万元以上的 24 家，500 万元以上的 11 家，与海外客商有直接业务往来的 29 家。是年，镇海棉纺织厂生产的棉纱、棉涤纱、棉布、棉涤布等出口商品收购值达 6086.63 万元，占全区出口商品收购值的 27.72%，城关镇、俞范镇、贵驷镇、澥浦镇的出口商品收购值突破 1000 万元。

1986—1991 年镇海区出口商品收购值情况表

表 22－2　　单位：万元

年份	粮油食品	轻工业品	纺织品	针棉织品	服装品	丝织品	工艺品	五金矿产	机械	医疗器材	土畜产	合计
1986	53	560	685	—	—	—	35	—	119	—	1	1453
1987	82	295	1678	64	216	—	19	13	144	—	—	2511
1988	114	885	2392	284	216	—	46	183	178	133	125	4556
1989	97	693	3476	682	136	—	69	1526	652	296	103	7730
1990	110	1460	5470	1362	757	162	322	2241	731	466	129	13210
1991	466	2424	6529	3005	1573	768	432	3228	1381	1693	454	21953

说明：资料来源区外贸局

1986—1991 年，镇海区出口商品创汇共计 534.47 万美元。

1986—1991 年镇海区出口商品创汇情况表

表 22－3

单位：万美元

年份	合　计	其　中	
		自营出口	来料加工
1986	11.59	—	11.59
1987	58.00	—	58.00
1988	48.76	—	48.76
1989	130.47	74.13	56.34
1990	132.56	78	54.56
1991	153.09	113	40.09

说明：资料来源区外贸局

20 世纪 90 年代，镇海区出口商品增加紧固件、阀门、轴承、童车、渔具、针织、文体用品等类，至 2000 年出口商品增至 18 类 60 余种。进入 21 世纪，主要出口商品有化工、纺织、机电、服装、文化用品 5 大系列。

2000—2008 年镇海区主要出口商品情况表

表 22－4

单位：万美元

年份	石油产品	纺织产品	杂项制品	陆路车辆	通用工业机械	服装产品	电力机械	有机化学	动力机械及设备	合计
2000	1251	1844	537	322	1803	1924	405	102	602	8790
2001	1001	3868	974	407	1370	1905	189	199	595	10508
2002	1580	4311	1077	427	1684	1869	418	271	473	12110
2003	3181	5107	1397	948	2626	2490	904	1206	73	17932
2004	5878	6780	2148	3184	4389	2625	1422	4862	430	31718
2005	9677	7987	4168	5794	8705	4711	3350	5478	1881	51751
2006	14041	9624	6438	7003	10929	7030	5422	6483	1947	68917
2007	16177	10300	9013	10196	13484	8660	9597	4479	3641	85547
2008	24919	24631	15293	14572	14264	12459	11697	6964	6369	131168

说明：资料来源区外贸局

2008 年镇海区排名前 20 出口商品出口额表

表 22－5

商品名称	单位	数量	出口额（万美元）
螺钉及螺栓，包括是否带有螺母或垫圈	千克	176477754	23999
5～7 号燃料油	千克	380905147	22858
棉≥85%，232≤单纱＜714 分特精梳多股纱线	千克	15797249	6964

续表 22－5

商品名称	单位	数量	出口额（万美元）
塑料制餐具及厨房用具	千克	20261078	5029
16 英寸及以下未列名自行车	辆	2446289	4761
螺母	千克	29183739	4499
合成纤维短纤缝纫线	千克	13054843	4102
其他钢结构件；钢结构体用部件及加工钢材	千克	29644888	3467
过氧化（醇、醚、酮）及其卤、磺化衍生物	千克	11816186	3271
16、18、20 英寸越野自行车	辆	1385572	3214
其他照相机未列名零件	千克	4923521	3150
其他单相交流电动机	台	1027532	2133
开关，线路 V≤1000V	个/千克	825744874	2007
纵向埋弧焊石油天然气管道管，D≥406.4mm	千克	17922807	1943
子目号 8502.31 所列发电机组零件	千克	12519280	1887
轻柴油	千克	18938519	1858
棉≥85%，192≤单纱＜232 分特精梳多股纱线	千克	4009688	1687
其他钢铁制螺纹制品	千克	9263150	1679
圆珠笔	支	69323048	1662
初级形状丙烯腈—丁二烯—苯乙烯共聚物	千克	8913000	1631

说明：资料来源区外贸局

2008 年，镇海区有出口商品生产企业 462 家，自营出口额 20.49 亿美元，出口商品涉足世界五大洲，其中排名前 20 商品出口额 10.18 亿美元，占全部出口额 50%。

2000—2008 年镇海区商品出口额按企业分类情况表

表 22－6　　单位：万美元

年份	外贸公司	自营出口企业	外商及港澳台投资企业	其他企业
2000	2775	2573	7051	0
2001	2141	3405	9463	0
2002	1890	5402	11313	0
2003	3302	10100	14493	0
2004	4992	17134	23624	0
2005	7856	27008	42559	0
2006	9067	39582	67692	44
2007	9069	51877	81636	640
2008	11426	81620	110958	976

说明：资料来源区外贸局

出口方式

建区初，外贸出口产品以计划收购为主。1988 年 6 月，首家外商投资企业宁波金冠工业有限公司成立，成为镇海区首家获得自营出口权企业。1993 年，镇海棉纺织厂获自营出口权。1993—1997 年，先后有镇海棉纺厂、宁波中汇纺织有限公司、浙江光华纺织集团股份有限公司、宁波中鑫毛纺集团公司、宁波中联紧固件制造有限公司、宁波市镇海进出口有限公司、宁波索莱尔集团公司、宁波摩士集团股份有限公司 8 家企业获自营出口权。1998 年，国家放宽外贸出口权申请标准，翌年新增 11 家自营出口权企业。2000 年，改为生产企业自营出口权登记，当年又有 8 家企业获权，其中宁波市镇海巨高兔科研所是首家获权的农业企业，宁波中鑫毛纺集团公司进出口公司为首家生产企业办的进出口公司。2001 年，15 家机电产品企业获自营出口权。2004 年 7 月 1 日起，外贸经营准入资格进一步放开，实行备案制。是年有 159 家企业获准自营进出口权。2008 年年末，镇海区有自营进出口权企业 630 家。

出口市场

20 世纪 80 年代至 90 年代，镇海区出口商品主要销往中国香港和美国。2000 年开始，镇海区出口商品向欧洲、东南亚市场拓展。按出口份额排列，出口国家（地区）依次是日本、美国、巴拿马、韩国。2004—2008 年，美国成为镇海区最大出口商品市场。2008 年镇海区出口商品额 20.49 亿美元，出口市场以亚洲、欧洲、北美洲为主，分别占 31.24%、24.79%、21.57%。出口国家（地区）达 162 个。出口商品额列前的国家（地区）依次为美国、巴拿马、日本、德国、英国、澳大利亚、韩国、西班牙、荷兰，占全部出口额的 64%。其次为拉丁美洲、东盟、非洲，占出口额 24%。

2000—2008 年镇海区出口商品额分布情况表

表 22－7　　单位：万美元

年份	亚洲	非洲	欧洲	拉丁美洲	北美洲	大洋洲
2000	6470	678	1535	1333	1923	461
2001	7891	496	2296	1391	2407	642
2002	15000	451	2633	2243	2827	856
2003	23079	844	4455	6440	5190	1451
2004	43698	1242	9187	7311	8516	5779
2005	53818	2206	20128	13544	16449	4940
2006	62552	3587	29740	19060	20949	5407
2007	43787	3911	37081	22592	31408	4444
2008	64041	5135	50818	34006	44222	6759

说明：资料来源区外贸局

第二节 进口贸易

进口商品及进口额

20 世纪 80 年代，原油、煤炭、纺织原料等大宗商品开始进口。90 年代，外商投资企业在镇海落户增多，企业自用机电设备和原材料进口增加。1998 年建设宁波化学工业区后，化工产品成为重要的进口商品。2001 年建设镇海金属加工园区，大量废旧金属开始进口。2008 年，宁波化工区化工产品进口额 11778 万美元，金属园区废旧金属进口额 84778 万美元。

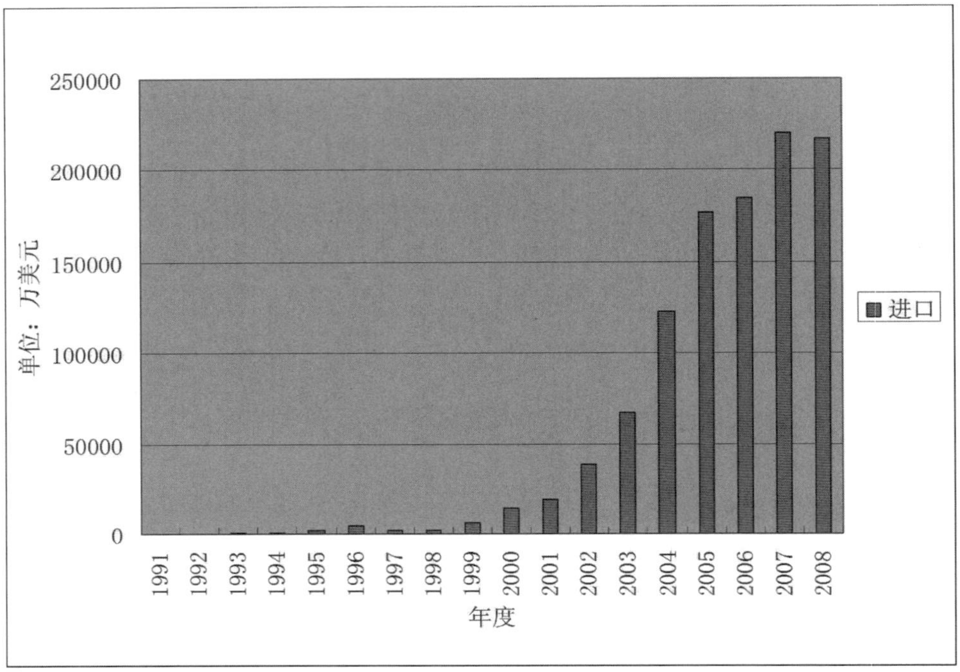

图 22－1 1991—2008 年镇海区进口总额情况柱图

2004—2008 年镇海区企业进口主要原材料情况表

表 22－8 单位：万美元

名称	单位	2004 年	2005 年	2006 年	2007 年	2008 年	进口企业
苯乙烯	吨	178905	207391	219257	264429	192238	宁波乐金甬兴化工有限公司
润滑油	吨	934	1307	898	1080	1692	宁波中燃船舶燃料有限公司
乙二醇	吨	59123	100697	69509	69312	99383	宁波宁兴液化储运有限公司
羔羊生皮	张	1065	1545	1324	615	1029	宁波飞帆皮革有限公司
木薯干	吨	20009	157927	207851	278705	159050	宁波亿隆国际贸易有限公司
甲　醇	吨	34515	237918	346632	105099	140983	宁波龙润化工进出口有限公司

续表 22－8

名称	单位	2004 年	2005 年	2006 年	2007 年	2008 年	进口企业
不锈钢丝	吨	137	298	315	457	420	宁波群力紧固件制造有限公司
铜废碎料	吨	—	—	10596	12849	18165	宁波明辉再生资源有限公司
化学木浆	吨	—	—	—	7230	15868	宁波大安化学工业有限公司
棉　花	吨	—	—	—	4747	5375	百隆东方有限公司

说明：资料来源区外贸局

进口商品来源地

2000—2008 年，镇海区进口商品来源地以亚洲、欧洲、北美洲为主，增加拉丁美洲、东盟、非洲 3 大进口市场。2008 年亚洲、欧洲、北美洲的进口商品总额分别占当年区进口商品总额的 59.84%、16.71%、15.75%。是年，进口商品来源地达 87 个国家（地区），其中亚洲 24 个、欧洲 29 个、北美洲 2 个、拉丁美洲 18 个、大洋洲 4 个、非洲 10 个。按进口份额分，累计进口额列前的国家（地区）依次为日本、韩国、美国、沙特阿拉伯、法国、所罗门群岛、荷兰、印度尼西亚、德国。来自该国家（地区）的进口商品总额占全区进口商品总额 76.77%。2008 年受全球金融危机影响，拉丁美洲、东盟、非洲三大新兴市场进口呈负增长，进口同比分别减少 25.59%、－6.15%、4.42%。是年，3 大新兴市场进口商品总额占比 7.95%。欧盟进口也呈负增长，同比减少 5.28%。

进口企业

从事商品进口的企业主要有 3 类：外贸公司，外商投资企业（含港澳台商企业，下同），取得自营进出口权的内资生产企业，其中以外商投资企业进口自用机电设备及原材料为主。2008 年，全区有进口实绩企业 302 家，进口商品 63 种，进口总额 21.72 亿美元，其中外商投资企业进口额占 64.5%，内资生产企业占 20%，外贸公司占 11.12%。

2000—2008 年镇海区分企业类别商品进口额统计表

表 22－9　　单位：万美元

年份	外贸公司	内资生产企业	外商投资企业	其他企业
2000	399	200	13665	—
2001	393	139	15533	—
2002	1349	369	25817	—
2003	4474	540	38345	—
2004	10028	1434	69422	—
2005	22913	8150	106483	—
2006	29076	18053	137501	—
2007	26465	41173	149318	3429
2008	24174	43324	140153	9594

说明：资料来源区外贸局

第二章　引进外资及港澳台资

1988 年 6 月，首家中外合资企业宁波金冠工业有限公司落户镇海，总投资 37.2 万美元，外方为菲律宾客商。至 1991 年，累计兴办“三资”企业 17 家，总投资 984.5 万美元，注册资金 741.18 万美元，合同利用外资及港澳台资 311.14 万美元。有针织、漂染、制衣、制鞋、玩具、工具、电子、石料、油脂、薄膜印刷等 10 个门类。

1993 年，镇海区合同利用外资及港澳台资 3809.01 万美元。1994—1996 年金丰冲床、龙华汽车等落户镇海，3 年内批准投资额千万美元以上项目 10 个。1996 年年末，镇海区外商投资项目平均规模达 510 万美元，投资来自 18 个国家和地区，改变原港台投资的单一格局。1997 年，韩国 LG 公司与宁波甬兴化工厂合资，成立宁波 LG 甬兴化工有限公司，世界 500 强企业首次落户镇海。1999 年，世界 500 强企业德国梅塞尔·格里斯海姆公司与镇海炼化合资，成立宁波梅塞尔东海二氧化碳有限公司。东南亚金融危机爆发后，1998—2000 年，镇海区合同利用外资每年低于 3000 万美元。2001 年镇海区把引进外资及港澳台资列为经济发展的首要任务。2001—2005 年，镇海区连续 5 年进入浙江省县（市、区）利用外资及港澳台资前 10 名。

1988—2008 年，镇海区引进外资及港澳台资企业累计 871 家，合同利用外资及港澳台资共 19.64 亿美元，实际到位外资及港澳台资 12.09 亿美元。有 8 个世界 500 强企业落户镇海：韩国 LG 公司、德国梅赛尔公司和林德公司、荷兰阿克苏诺贝尔公司、日本东芝公司和三菱商事、韩国 SK 公司和美国约翰迪尔公司。

2008 年年末，全区注册外商及港澳台商投资企业 529 家，参加年检企业 523 家，其中投产开业 451 家。外商及港澳台商投资企业销售收入 353.31 亿元，占区属销售收入 57%。纳税总额 11.77 亿元，占区属工业纳税总额的 62%，利润总额 13.89 亿元。从业 55680 人，其中外籍员工 560 人。

第一节　招商引资

政策与服务

1992 年，区制定《关于印发镇海经济技术开发区若干政策规定的通知》和《关于鼓励镇乡工业配套区建设和实施“低门槛”引进外商投资企业的若干规定》。2002 年，区制定《镇海区 2002 年工业投资和招商引资考核办法》。2004 年、2006 年和 2007 年对政策作适当调整。2008 年，区出台《镇海区工业创业创新倍增计划若干配套政策的通知》，鼓励外商投资兴办先进制造业和现代服务业；鼓励企业“以外引外”“以民引外”，鼓励利用外资盘活存量资产，对租赁区内利用闲置厂房（不包括园区招商厂房）新批外商投资企业以及购买区内闲置厂房的新批外商投资企业，实施政策优惠。

1992 年，建立镇海区外商投资服务公司。1995 年，建立镇海区外商投资企业协会。2002 年，建立镇海区招商中心，同时设立区人民政府驻深圳办事处。为外商及其子女提供医疗、入学和车辆通行等优惠和服务。

招商引资推介

1992 年镇海区在深圳举办招商投资洽谈会，签合同 9 份，总投资 1367.8 万美元。签意向 15 项，总投资 871.9 万美元。1993 年 8 月，镇海区在香港举办招商和经贸洽谈会，签订合同 8 份，意向 12 项，总投资 3922.8 万美元。2002 年 4 月，镇海区在东莞招商。

自 1997 年起，镇海组团参加宁波国际服装节、浙江投资贸易洽谈会，开展招商引资推介。

开发区建设

1992 年起，镇海区先后建立镇海经济开发区、宁波化工区和宁波市（骆驼）城市工业功能区，形成全区集聚外资企业的园区平台。至 2008 年年末，累计引进外商投资及港澳台商项目 561 个，实际利用外资 10.82 亿美元，占全区实际利用外资 89.46%。2000 年后加快建设镇海新城，九龙湖旅游度假区，进一步扩大利用外资及港澳台资平台。

1988—2008 年镇海区利用外资及港澳台资情况统计表

表 22－10　　单位：万美元

年份	外资及港澳台资企业数	总投资	合同利用外资及港澳台资	实际到位外资及港澳台资	省排名
1988	2	57.20	10.00	10.00	
1989	3	255.10	87.43	87.43	
1990	3	78.80	30.25	30.25	
1991	19	1192.29	349.48	110.00	
1992	31	3144.30	905.00	365.40	
1993	62	10518.18	3809.01	1651.28	
1994	51	7608.90	3651.32	2238.00	
1995	41	8140.86	2435.10	1720.81	
1996	27	15196.07	4208.97	2026.19	
1997	18	12917.52	3715.25	3066.00	
1998	8	1413.00	660.00	2174.83	
1999	19	5684.92	2651.45	1553.87	
2000	30	3453.00	2157.10	2066.00	
2001	61	18804.21	8578.40	4054.91	第十位
2002	77	34343.22	18497.03	7055.67	第九位
2003	130	61097.01	32941.68	12093.99	第八位

续表 22－10

年份	外资及港澳台资企业数	总投资	合同利用外资及港澳台资	实际到位外资及港澳台资	省排名
2004	96	49005.90	27434.00	15222.66	第九位
2005	58	65665.95	27153.83	17595.00	第十位
2006	61	45014.22	21004.77	16105.29	
2007	46	46340.29	21101.76	17445.33	
2008	28	33490.02	15029.87	14230.90	
累计	871	423420.96	196411.70	120903.81	

说明：资料来源区外贸局

外商及港澳台商投资企业行业分布

2008 年镇海区外商及港澳台商投资企业行业分布情况表

表 22－11　　单位：万美元

行业类别	实际利用外资及港澳台资	比重
化学原料及化学制品制造	29141.74	26.13%
通用设备制造	12788.63	11.47%
纺织	10074.57	9.03%
金属制品	7290.88	6.53%
电气机械及器材制造	5813.52	5.21%
通信设备、计算机及其他电子设备制造	4698.14	4.21%
纺织服装、鞋、帽制造	4384.02	3.93%
专用设备制造	4320.40	3.87%
交通运输设备制造	4249.65	3.81%
房地产	3214.25	2.86%
塑料制品	2775.17	2.49%
工艺品及其他制造	2523.87	2.26%
有色金属冶炼及压延加工	2355.32	2.11%
房屋和土木工程建筑	1613.30	1.45%
仓储	1581.74	1.42%
批发	1461.45	1.31%
食品制造	1418.36	1.27%
黑色金属冶炼及压延加工	1417.88	1.27%
仪器仪表及文化、办公用机械制造	1334.53	1.2%
木材加工及木、竹、藤、棕、草制品	1330.90	1.19%
其他	7748.54	7%
合计	111536.85	100%

说明：资料来源区外贸局

引进外资及港澳台资国别（地区）分布

2008 年镇海区引进外资国别（地区）分布情况表

表 22-12

国别（地区）	实际利用外资（万美元）	国别（地区）	实际利用外资（万美元）
韩国	10200.20	澳大利亚	342.73
荷兰	10389.62	文莱	334.05
日本	2135.35	秘鲁	259.20
美国	6194.59	阿拉伯联合酋长国	224.09
萨摩亚	4689.45	芬兰	209.03
英属维尔京群岛	4629.38	塞舌尔	205.03
开曼群岛	2378.81	墨西哥	156.40
英国	2317.88	新西兰	155.50
意大利	2293.10	洪都拉斯	102.00
西班牙	368.80	南非	97.70
丹麦	1559.37	法国	68.00
新加坡	1493.81	马来西亚	60.00
瑞士	947.80	泰国	56.50
挪威	751.90	菲律宾	55.00
加拿大	725.46	卢森堡	44.28
毛里求斯	623.00	阿根廷	40.00
瑞典	534.50	奥地利	30.00
德国	508.66	塞内加尔	19.60
印度尼西亚	399.02	孟加拉国	4.00
境外机构投资	5.00	—	—
合　计	55608.82		

说明：资料来源区外贸局

2008 年镇海区引进港澳台商投资情况表

表 22-13

地区	实际利用外资（万美元）	地区	实际利用外资（万美元）
香港	46965.04	台湾	8652.99
澳门	310.00	—	—
合　计	55928.03		

说明：资料来源区外贸局

第二节 外商及港澳台商投资企业

1988—2008 年，镇海区累计批准外资投资企业 372 家，占全部引进项目数的 42.7%。累计投资总额 14.73 亿美元，合同利用外资 8.3 亿美元。

1988—2008 年，镇海区累计批准港澳台商投资企业 499 家，占全部引进项目数的 57.3%。累计投资总额 27.61 亿美元，合同利用资金 11.34 亿美元。

1000 万美元以上外资及港澳台商企业

2008 年年末，镇海区投资额在 1000 万美元以上外商及港澳台商企业共 75 家。

2008 年镇海区投资额 1000 万美元以上外商及港澳台商企业情况表

表 22－14　　单位：万美元

企业名称	性质	投资额	注册资本	合同利用资金	成立年份
宁波埃美柯铜阀门有限公司	合资	1125	703	184	1986
宁波孚宝仓储有限公司	合资	2696	1120	1020	1992
宁波奔腾拖拉机汽车制造有限公司	合资	1431	716	394	1992
宁波阿尔卑斯电子有限公司	独资	6263	2307	2307	1993
宁波镇海热电厂有限公司	合作	1950	780	253	1993
金丰（中国）机械工业有限公司	独资	2420	1320	1320	1994
宁波乐金甬兴化工有限公司	合资	30374	13240	9930	1997
宁波海德针织漂染有限公司	合资	1520	1000	490	1999
宁波维钟印染有限公司	合资	1455	608	181	1999
大有电子（宁波）有限公司	独资	1273	686	686	1999
宁波新福钛白粉有限公司	合资	3220	2061	618	2000
宁波陆霖机械铸造有限公司	独资	2600	1310	1310	2000
东毓（宁波）油压工业有限公司	独资	1000	500	500	2001
宁波东光五金有限公司	独资	1420	840	840	2001
宁波安德机械有限公司	独资	1770	1224	1224	2001
金慰（宁波）电子有限公司	独资	1500	800	800	2002
宁波红杉板业有限公司	独资	1000	500	500	2002
金丰（宁波）精密机械科技有限公司	独资	1000	731	731	2002
宁波北欧工业园区管理有限公司	独资	6559	2186	2186	2002
宁波俊诚金属管业有限公司	独资	1000	650	650	2002
宁波中大金属材料有限公司	合资	1040	1035	1025	2002

续表 22－14

企业名称	性质	投资额	注册资本	合同利用资金	成立年份
宁波波英特车业有限公司	独资	1000	600	600	2003
宁波同裕电子有限公司	独资	1010	1010	1010	2003
华美线业有限公司	合资	2470	1729	864	2003
宁波昊邦焊业有限公司	合资	1210	605	575	2003
宁波伸阳亚克力制品有限公司	独资	1000	500	500	2003
宁波百隆房地产有限公司	独资	1827	914	914	2003
宁波安信德亿塑业科技有限公司	独资	1080	600	600	2003
宁波盈展精密薄板有限公司	合资	3800	1520	1000	2003
浙江杭州湾腈纶有限公司	合资	2980	1200	300	2003
宁波基圣机械有限公司	独资	1000	500	500	2003
宁波华冶钢材加工有限公司	合资	1436	718	179	2003
宁波艾迪姆斯运动用品有限公司	独资	1200	1010	1010	2003
宁波杰成机械有限公司	独资	1500	900	900	2003
宁波恒利木业有限公司	独资	1998	1000	1000	2003
宁波阿玛迪精密机械有限公司	独资	1200	600	600	2003
宁波康赛妮纺织品有限公司	独资	1000	500	500	2003
宁波中威机电有限公司	独资	1000	500	500	2004
奥而特（宁波）机械制造有限公司	独资	1000	500	500	2004
百隆东方有限公司	独资	17899	5998	5998	2004
宁波裕华实业有限公司	独资	2998	1500	1500	2004
宁波和富塑胶实业有限公司	独资	1000	500	500	2004
宁波启盛生物食品发展有限公司	独资	1000	600	600	2004
鹤林（宁波）缝制机械有限公司	独资	1000	500	500	2004
宁波美宁机械有限公司	独资	1000	509	509	2004
泰来模钢（宁波）有限公司	独资	1100	611	611	2004
宁波易能再生资源有限公司	独资	1010	1010	1010	2004
宁波大安化学工业有限公司	合资	9773	3322	997	2005
宁波嘉祐电子安全设备有限公司	独资	1100	550	550	2005
宁波嘉安数码科技有限公司	独资	1000	500	500	2005
宁波康兴电缆有限公司	合资	5000	1900	1881	2005
宁波杨家乐电子有限公司	独资	2998	1600	1600	2005

续表 22－14

企业名称	性质	投资额	注册资本	合同利用资金	成立年份
宁波明辉再生资源有限公司	独资	2675	1070	1070	2005
宁波人健医药化工有限公司	合资	1300	1210	302	2005
宁波德泰化学有限公司	合资	1541	616	185	2005
宁波欧倍德家居用品有限公司	独资	1000	500	500	2005
宁波欧瑞特聚合物有限公司	独资	1575	900	900	2005
宁波镇海威远林德气体有限公司	独资	1000	500	500	2006
宁波歆家家具实业有限公司	合资	1100	550	150	2006
海发（宁波）办公设备有限公司	独资	1600	800	800	2006
宁波联发金属制品有限公司	独资	1200	600	600	2006
宁波合众不锈钢有限公司	合资	1219	618	247	2006
宁波冠新机械有限公司	独资	1200	600	600	2006
宁波比利华金融设备有限公司	独资	1000	600	600	2006
宁波镇海炼化利安德化学有限公司	合作	55233	18411	4906	2006
爱敬（宁波）化工有限公司	独资	1554	621	621	2006
宁波泽宇机械设备有限公司	独资	1498	600	600	2006
宁波新利多休闲用品有限公司	独资	1000	500	500	2007
约翰迪尔（宁波）农业机械有限公司	独资	7945	2648	2648	2007
阿克苏诺贝尔化学品（宁波）有限公司	独资	10775	5410	5410	2007
宁波麦肯森太阳能有限公司	独资	2998	2500	2500	2008
阿克苏诺贝尔聚合物化学有限公司	独资	2798	1181	1181	2008
阿克苏诺贝尔乙烯胺（宁波）有限公司	独资	20000	6700	6700	2008
宁波德威线缆有限公司	独资	1600	660	660	2008
宁波创展科技开发有限公司	独资	1500	1500	1500	2008

说明：资料来源区外贸局

企业选录

宁波乐金甬兴化工有限公司 位于蛟川街道。1997年韩国LG化学株式会社与宁波甬兴化工投资有限公司合资组成。项目初始投资2917万美元，注册资本1166.3万美元。2008年公司总投资额3.04亿美元，注册资本1.32亿美元，主产ABS树脂、SAN树脂。

宁波北欧工业园区管理有限公司 位于蛟川街道。2002年9月NIP挪威有限公司独资设立。公司总投资额6559.4万美元，注册资本2186.5万美元，主管蛟川街道北欧工业园区开发建设。

宁波大安化学工业有限公司 位于澥浦化工区。2005年2月，西安北方惠安化学工业有限公司、陕西中烟工业公司与大赛璐（中国）投资有限公司合资组成。公司总投资额9773万美元，注册资本3322.4万美元，主产二醋片和精制醋酐。

约翰迪尔（宁波）农业机械有限公司　位于骆驼工业区。2007年7月，约翰迪尔（中国）投资有限公司设立。公司总投资额7945.6万美元，注册资本2648.5万美元，主产农用机械。

阿克苏诺贝尔乙烯胺（宁波）有限公司　位于澥浦化工区。2008年11月，荷兰阿克苏诺贝尔化学品国际有限公司投资设立。公司总投资额2亿美元，注册资本6700万美元，为区引进的外商投资额最大项目，主产乙醇胺、乙烯胺。

宁波澳琪工艺织造有限公司　位于五里牌开发区。1993年12月镇海工艺织造厂与澳门建兴贸易有限公司合资组建，系区内首家澳商合资企业，注册资本20万美元，主产羊毛衫。

金丰（中国）机械工业有限公司　位于五里牌开发区。1994年10月，金丰（中国）机械工业有限公司成立，为区内投资额最大的台商独资企业。2008年公司总投资额2420万美元，注册资本和合同利用外资均为1320万美元，主产锻压机械。

百隆东方有限公司　位于骆驼街道。2004年4月，香港新国投资发展有限公司兴办百隆东方有限公司，为区内投资额最大的港商独资企业。2008年，公司总投资额17899万美元，注册资本5998万美元，合同外资5998万美元，主产纺织品和服装。

宁波海大嘉华汽车零部件制造有限公司　位于九龙湖镇三星工业区。2004年10月成立，为区首家澳商独资企业。注册资本300万美元，合同利用外资300万美元，主产汽车零部件。

宁波镇海炼化利安德化学有限公司　位于蛟川街道。2006年12月，中国石化镇海炼油化工股份有限公司与利安德中国控股有限公司合资组成，区内投资额最大的港商合资企业。公司总投资额55233万美元，注册资本18411万美元，合同利用外资折美元4906万美元，主产环氧丙烷和苯乙烯。

第三章　对外经济技术合作

20 世纪 90 年代起，对外经济合作开始发展。2000 年区政府出台进一步鼓励对外经济合作政策，部省属企业兴起对外经济技术合作，全区对外经济合作步入加快发展阶段。

第一节　劳务输出

1993 年 3 月，中国宁波国际经济技术合作公司镇海分公司与阿联酋中央饭店签订合同，派遣餐饮服务工。首批服务工 6 人赴阿联酋开展为期 2 年的劳务服务。同年 9 月，又向阿曼苏丹国派遣厨师 2 人。1995 年中国宁波国际经济合作公司镇海分公司输出劳务技术人员 3 人。此后至 2008 年镇海区没有劳务输出。

第二节　对外工程承包

2001 年宁波华通电器有限公司援助越南电器工程，当年完成对外经济合作营业额 80 万美元。2002 年中石化第三工程公司开展对外工程承包。是年，区对外工程承包额 1017 万美元。2004 年为 5607 万美元，2006 年为 8200 万美元，2007 年为 9685 万美元，2008 年达 19900 万美元。

第三节　境外投资

1993 年 1 月，外经贸部批准镇海石化总厂、中国石化国际事业公司和利德石油（新加坡）有限公司在新加坡合资创办海德船务有限公司，为镇海区第一个境外投资项目。该项目总投资 140 万美元，注册资本 140 万美元，中方出资 98 万美元，主要从事油品运输和加工。2001—2008 年，经批准的境外投资项目 36 个。宁波爱尔使自行车有限公司在法国设立的办事处，是镇海区属第一个境外加工贸易项目。百隆东方在孟加拉国设立的百隆纺织（孟加拉国）有限公司，是镇海区属企业最大的境外投资项目。

2001—2008 年镇海区境外投资机构一览表

表 22－15

单位：万美元或标注币

机构名称	国别（地区）	批准年	投资额	注册资本	类别
宁波爱尔使自行车有限公司法国办事处	法国	2001	9.15	—	办事处
宁波爱尔使自行车有限公司日本办事处	日本	2001	8.45	—	办事处
宁波海德氨基酸工业有限公司美国办事处	美国	2001	12.50	—	办事处
镇海远东电脑刺绣设备制造有限公司泰国办事处	泰国	2002	8.50	—	办事处
镇海远东电脑刺绣设备制造有限公司马来西亚办事处	马来西亚	2002	3.00	—	办事处
镇海远东电脑刺绣设备制造有限公司也门办事处	也门	2002	3.00	—	办事处
宁波镇海白石广告艺术有限公司新西兰办事处	新西兰	2002	2.80	—	办事处
宁波奥利多玩具有限公司维尔京群岛办事处	维尔京群岛	2003	5.50	—	办事处
株式会社バンネット	日本	2003	9.33	9.33	加工贸易企业
宁波文魁笔业有限公司韩国办事处	韩国	2004	3.60	—	办事处
宁波文魁笔业有限公司俄罗斯办事处	俄罗斯	2004	3.20	—	办事处
宁波镇海川辉刷业有限公司阿联酋迪拜办事处	阿联酋	2004	3.20	—	办事处
宁波文魁笔业有限公司泰国办事处	泰国	2004	4.00	—	办事处
宁波中联紧固件制造有限公司迪拜办事处	阿联酋	2004		—	办事处
宁波海达塑料机械有限公司印尼办事处	印度尼西亚	2004	4.80	—	办事处
波斯波尔	伊朗	2004	8.00	8.00	加工贸易企业
宁波杰杰工具有限公司美国办事处	美国	2005	10.00	—	办事处
宁波凤飞工艺品有限公司美国办事处	美国	2006	5.00	—	办事处
诚邦（澳大利亚）有限公司	澳大利亚	2006	50.00	50.00	独资子公司
宁波瑞腾日用塑料电子有限公司摩洛哥办事处	摩洛哥	2006	0.29	—	办事处
宁波文魁笔业有限公司美国办事处	美国	2006	8.00	—	办事处
恒泰实业（香港）有限公司	中国香港地区	2006	706.00	129.00	合资子公司
莲香纺织品（宁波）有限公司秘鲁办事处	秘鲁	2006	6.50	—	办事处
香港拓展实业有限公司	中国香港地区	2006	6.40	6.40	独资子公司
宁波天宝锌合金制品有限公司英国办事处	英国	2007	13.20	—	办事处
敦莱得集团有限公司（罗马尼亚）	罗马尼亚	2007	3.10	3.10	独资子公司
易通实业（宁波）有限公司英国办事处	英国	2007	21.00	—	办事处

续表 22－15

机构名称	国别（地区）	批准年	投资额	注册资本	类别
成迅运输有限公司	中国香港地区	2007	50.00	1 万港币	独资子公司
银星国际实业有限公司	中国香港地区	2007	70.00	1 万港币	独资子公司
百隆纺织（孟加拉国）有限公司	孟加拉国	2008	998.00	998.00	合资子公司
红光集团有限公司	中国香港地区	2008	12.90	12.90	独资子公司
家联塑料美国有限公司	美国	2008	60.00	60.00	独资子公司
海能实业有限公司	中国香港地区	2008	50.00	0.13	独资子公司
环球紧固件有限公司	马来西亚	2008	20.00	20.00	独资子公司
印尼 Y&T 坚固件制造有限公司	印度尼西亚	2008	150.00	50.00	独资子公司

说明：资料来源区外贸局

（责任编辑　冯国定　孟福成）

第二十三编　金　融

本编目录

建区后，金融业不断发展，信贷投向与区域经济结构逐渐吻合，银行保险证券业协调发展。1986 年，全区有金融机构 6 家。其中，国有银行 4 家，存款合计 2. 62 亿元，贷款 1. 35 亿元；农村信用社 1 家，存款 0. 52 亿元、贷款 0. 23 亿元；国有保险公司 1 家，保额 3. 47 亿元。2008 年，全区有专业银行 13 家（含信用联社 1 家），从业 1472 人，年末各项存贷资金规模达到 572. 88 亿元，其中存款余额 325 亿元，贷款余额 247. 88 亿元；保险业 14 家，从业 768 人，年末全区保险业务 1425. 96 亿元；证券业 1 家，证券从业 58 人，年末证券成交规模 256. 33 亿元，其中股票成交 253. 06 亿元，基金成交 3. 27 亿元，投资者开户数 27330 户。

2003 年 6 月，镇海区创办首家典当行。至 2008 年，全区有典当行 4 家。典当行经营房产、材料设备、车辆、家电和有价证券等，以房产和材料设备典当居多。

第一章　银　行

1985年10月，人民银行镇海县支行改为中国人民银行宁波经济技术开发区支行，监管范围包括镇海区。2003年12月，中国银行业监督管理委员会宁波监管局开发区办事处成立，对镇海区银行业金融机构实行现场和非现场监管（参见第十三编“经济体制改革”第五章“金融体制改革”）

1989年，区境内设有中国农业银行、中国工商银行、中国银行、中国人民建设银行、农村信用联社等金融机构。1990年起，多家股份制商业银行及股份制非银行金融机构入驻镇海，初步形成国家商业银行为主体，政策性金融与商业性金融分离，股份制商业银行、城市商业银行、农村信用联社、邮政储蓄等多种银行机构并存、合作、功能互补的金融体系。进入21世纪，国有商业银行加快改革步伐，金融机构、金融网点和人员有机整合，成立一批二级支行，农村信用社通过充实资本金，完善法人治理与资本结构，优化资产质量等措施，逐步实现扭亏为盈。

第一节　银行机构

国家政策性银行

农发银行镇海支行　全称中国农业发展银行宁波市镇海区支行，为国家政策性银行，1997年1月2日成立，承接农业银行的政策性金融业务和人民银行专项贷款，代理财政支农资金的拨付，为农业和农村经济发展服务。2008年，内设行长室、办公室、信贷部、会计出纳部，员工18人。址在费家河头弄158号。2008年年末，存款余额3912万元，贷款余额18734万元，基本结算账户5个。

国有独资商业银行

农业银行镇海支行　全称中国农业银行宁波市镇海区支行，为国有独资商业银行。1985年10月撤县划区，撤镇海县农业银行，1986年1月设立农业银行镇海区办事处，地址在城河西路106号，内设人事股、秘书股、信贷股、计划股、会计股、信用合作股、营业部等7个股室，下辖2个办事处。1987年11月改名为镇海区支行。1988年4月成立镇海区信用联社，1996年8月区支行与信用联社脱钩，12月与农业银行分设。2003年8月，搬迁至城河西路328号。内设行长室、办公室、人事监察部、保卫部、计划信贷部、市场客户部、财务会计部、电脑管理部、审计办公室与工会办公室，下辖招宝山支行、骆驼支行、庄市支行3个二级支行，有湾塘、澥浦、俞范、经济开发区、化工市场5个分理处及1个营业部，下设4个储蓄所，全行员工236人。2008年年末，存款余额331338万元，其中外币存款余额339万美元；贷款余额271781万元，其中外币贷款余额42万美元。

股份制商业银行

工商银行镇海支行 全称中国工商银行股份有限公司宁波市镇海区支行，1985年7月1日县支行正式与人民银行分设。1986年1月，工商银行县支行改名为中国工商银行镇海区办事处，内设人事股、秘书股、计划股、信贷股、储蓄股、出纳股、会计股与保卫稽核股，下属石化分理处及胜利桥储蓄所、南街储蓄所、西街储蓄所、石化储蓄所、渡口储蓄所和城北储蓄所。翌年12月，改名为中国工商银行镇海区支行，有员工144人，地址在城河西路54号（现在苗圃路28号）。内设办公室、资金财务部、会计结算部、信贷管理部、公司业务部、公司业务二部、个人业务部、营业部，下辖胜利桥、西门、电厂、骆驼、开发区、宁波港区6个二级支行，后设后大街分理处和招宝山储蓄所，员工增至172人。2005年更名为中国工商银行股份有限公司宁波镇海区支行。2008年年末，存贷款余额601100万元，其中外汇存款375.67万美元，国际结算26000万美元，结售汇18284万美元。

工商银行镇海石化支行 全称中国工商银行股份有限公司宁波镇海石化支行，1993年6月29日正式挂牌成立，地址在镇海石化市场东路1号。内设综合管理部、业务经营部，下辖1个对公营业厅和石化、城北2家储蓄所，员工28人。1997年8月25日迁址镇海炼化中兴路。2005年，更名为中国工商银行股份有限公司宁波镇海石化支行。2008年，内设机构综合管理部、信贷管理部、市场营销部和营业部4个，下辖3个二级支行，员工增至69人。2008年年末，本外币各项存款余额155397万元，其中外汇存款437万美元；本外币各项贷款余额204133万元，其中外汇贷款2879万美元。

中国银行镇海支行 全称中国银行股份有限公司镇海支行，1985年3月21日成立中国银行镇海办事处，翌年5月2日正式对外营业，地址在城河西路（原海洋站二楼）。1987年8月23日更名为中国银行镇海支行，翌年1月3日迁址城河西路33号，后又迁址城河西路369号。内设综合管理部、公司业务部、个人金融部和营业部。2008年年末，支行下辖4个经营性二级支行、3个分理处、1个支行本级营业网点，在编正式员工104人，派遣员工48人；本外币各项存款余额358923.31万元，其中外币存款5472.08万美元；本外币各项贷款余额274608.62万元，其中外币贷款5751.08万美元。

建设银行镇海区支行 全称中国建设银行股份有限公司宁波市镇海区支行，1972年10月13日成立镇海办事处。1974年1月31日改名中国人民银行宁波港区支行，地址在城关总浦桥。1978年10月26日更名为中国人民建设银行宁波市镇海县支行。1982年6月1日设立镇海发电厂办事处。1985撤县划区，于10月18日成立中国人民建设银行宁波市中心支行镇海办事处，1987年10月29日更名为中国人民建设银行宁波市镇海区支行，地址城关胜利路2号。次年3月26日成立宁波市镇海区投资咨询公司。1990年7月21日迁址城关城河西路135号。1996年3月15日更名为中国建设银行宁波市镇海支行，2005年2月18日改名为中国建设银行股份有限公司宁波镇海支行。2007年，镇海石化专业支行隶属镇海支行。2008年年末，内设办公室、保卫部、财会部、个金部、公司部、风险管理部6个部门，1个支行营业部，下设宁波骆驼支行、宁波庄市支行、宁波镇海电厂支行、宁波镇海经济开发区支行、宁波镇海城建支行、宁波镇海石化支行6个网点型支行，茗园分理处、宁波镇海化工区2个分理处，车站路储蓄所、胜利路储蓄所、迎宾路储蓄所、海田储蓄所4个储蓄所，有员工240人。地址聪园路118号。2008年年末，本外币各项存款余额624811万元，其中外汇存款165万美元；本外币各项贷款余额424384万元，其中外汇贷款2700万美元。

交通银行镇海支行 全称中国交通银行股份有限公司宁波分行镇海支行，1992年12月22日交通银行宁波分行镇海办事处开业，内设计划信贷科、会计出纳科、储蓄证券科和综合科，在编干部职工16人，地址在城河西路46号。1995年5月22日，办事处迁至城河西路28号，原营业场所变更为城河路储蓄所。翌年11月18日，镇海办事处升格为镇海支行。2002年5月16日，支行内设机构调整为办公室、市场营销科与前台业务科。2005年9月，支行改名为交通银行股份有限公司宁波镇海支行。2008年，下辖骆驼、庄市两家二级支行，有员工56人。年末本外币各项存款余额200028万元，其中外汇存款47.55万美元；本外币各项贷款余额177050万元，其中外汇贷款457万美元。

浦发银行镇海支行 全称上海浦东发展银行宁波分行镇海支行，1996年12月27日设立上海浦东发展银行宁波分行镇海办事处，内设办公室、计划信贷科、营业科3个科室，在编干部职工17人，址在车站路130号。1998年6月30日更名为上海浦东发展银行宁波分行镇海支行。翌年4月12日撤销计划信贷科与办公室，新设综合业务科。2000年2月迁至镇海苗圃路185号。2007年7月，内设机构办公室、公司金融业务科、风险管理科、营业科、理财中心，有员工29人。2008年年末，本币存款余额115259万元，外币存款113万美元，本币贷款余额103975万元。

光大银行镇海支行 全称中国光大银行宁波镇海支行，2002年6月设立中国光大银行宁波支行镇海分理处，2003年5月升格为镇海支行。内设对公客户经理部、对私客户经理部、营业部，在编职工20人。地址清川路181号。2008年年末，各项存款余额135343万元，外汇存款342万美元；各项贷款余额94468万元，外汇贷款1600万美元。

兴业银行镇海支行 全称兴业银行股份有限公司宁波镇海支行，2005年9月设立，内设机构有行长室、业务部、综合部和营业厅，有员工21人，地址车站路339号。2008年年末，本外币各项存款余额91259万元，本外币各项贷款余额62890万元，国际结算2660万美元，结算汇1684万美元。

邮政储蓄银行镇海支行 全称中国邮政储蓄银行股份有限公司镇海支行，2008年3月21日成立，前身为镇海邮政局内设的邮政储蓄所①。邮政储蓄银行镇海支行成立后，邮政储蓄所及其营业网点（3个一类网点、12个二类网点、8个代理网点）成建制划归邮政储蓄银行镇海支行，从业员工58人。至2008年年末，存款余额为24.05亿元，贷款余额为1795万元，销售国债157.6万元。

宁波银行镇海支行 全称宁波银行股份有限公司镇海支行，1993年1月，镇海群星城市信用社成立，地址在城河东路72号，4月更名重组为科技城市信用社。1994年9月迁址城河西路173号。1997年7月，改制为宁波市城市合作银行镇海支行。翌年6月，更名为宁波市商业银行镇海支行，内设办公室、计划信贷科、会计出纳科（营业部）。2006年，内设业务部、营业部、业务三部、综合管理部、个人业务部等。2007年4月，宁波市商业银行改名为宁波银行，宁波市商业银行镇海支

---

① 镇海邮政局内设的邮政储蓄所，开办于1986年12月18日。

行相应改为宁波银行镇海支行，迁址镇海车站路 18 号，下辖镇海支行、骆驼支行、庄市支行 3 个营业网点。2008 年年末，本外币各项存款余额 215098 万元，其中外汇存款 202 万美元，本外币各项贷款余额 136534 万元。

镇海信用合作联社

1954 年 6 月，镇海县农村信用合作社创办，当年吸收存款 16.62 万元，发放贷款 7.15 万元。1988 年 4 月 6 日镇海区信用合作社联社成立，地址在城河西路 52 号，内设综合股、业务股与财务股，下辖 10 个信用社、10 个分社、3 个储蓄所。1996 年 8 月，信用联社与农行脱钩，农村信用合作社联社正式开业。1998 年 3 月，内设办公室、业务经营科、监察稽核科、营业部与财务电脑科等部门，下辖 8 个信用社、12 个分社、12 个储蓄所。2004 年信用联社深化两级法人改革试点，建立法人治理架构。联社内设办公室、人事教育科、信贷科、业务发展科、风险管理科、财务电脑科、内审科、安全保卫科 8 个科室及非独立核算营业部 1 家，下辖独立法人信用社 6 家、信用分社 19 个、储蓄所 8 个，有正式在编职工 230 人，短期合同工 57 人。地址在沿江东路 552 号。2008 年年末，各项存款余额 268324.40 万元，各项贷款余额 190297.60 万元。

第二节　银行业务

存款业务

建区以来，全区银行业各项存款余额逐年增长。1986 年存款余额 31380 万元，至 2008 年为 3250040 万元，是 1986 年的 103.57 倍，年均增长 22.31%。

1986—1993 年镇海区银行机构各项存款余额情况表

表 23－1　　单位：万元

年份	银行						农村信用社	
	合计	企业存款	财政存款	城镇储蓄存款	农村存款	其他存款	合计	农民储蓄存款
1986	31380	14610	718	7130	3487	1872	5247	4005
1987	46588	25690	800	10210	3839	1996	6897	5342
1988	45152	23768	325	12317	3577	663	7477	5789
1989	53920	22937	574	18886	4762	715	10306	8240
1990	79869	34114	1413	27372	5945	1148	13957	10916
1991	101937	46216	1691	35719	8081	1423	17110	13592
1992	133762	63258	565	43769	11205	2871	22099	17586
1993	179231	76168	1519	56312	13156	4227	29761	21656

说明：银行农村存款中含农村信用社转存款：1987 年 3556 万元，1988 年 3206 万元，1989 年 4438 万元，1990 年 5445 万元；行社存款合计，1987—1993 年分别为 49929 万元、49423 万元、59788 万元、88381 万元、111535 万元、146269 万元、179231 万元；银行各项存款仅为主要 5 类存款明细

1994—2008 年镇海区银行各项存款余额情况表

表 23－2　　单位：万元

年份	合计	其中					
		企业存款	财政存款	机关团体	城乡储蓄	农业存款	其他存款
1994	260581	113667	1573	3674	121943	1085	13315
1995	382581	149574	1854	4402	187131	815	8482
1996	472127	215985	2079	4244	258585	1362	—
1997	599237	255982	839	3946	324562	128570	2644
1998	687124	272758	1660	6014	394758	9641	3637
1999	779671	300224	1441	8347	449990	13334	6962
2000	866513	347365	1059	8453	480763	15997	12925
2001	946615	353056	1929	8819	547619	22427	13026
2002	1166102	430520	4872	8210	656265	27411	38940
2003	1531045	598734	5921	21882	783336	42649	78688
2004	1782724	716811	12841	45854	862330	45172	97106
2005	2126002	789355	4261	75324	1004958	51595	195978
2006	2510764	967551	9925	98616	1159204	54327	213431
2007	2847339	1173458	18905	188839	1174311	62030	209952
2008	3250040	1217282	44429	128432	1500169	66951	262473

说明：银行各项存款仅为主要 6 类存款明细

企业存款　1986 年企业存款余额 14610 万元，2008 年 1217282 万元，比 1986 年增加 82.32 倍，占存款总量比重 37%。1988 年企业存款占全部存款比重超过 50%。1989 年起企业存款比重低于储蓄存款比重，1991—2008 年企业存款平均比重为 40%。

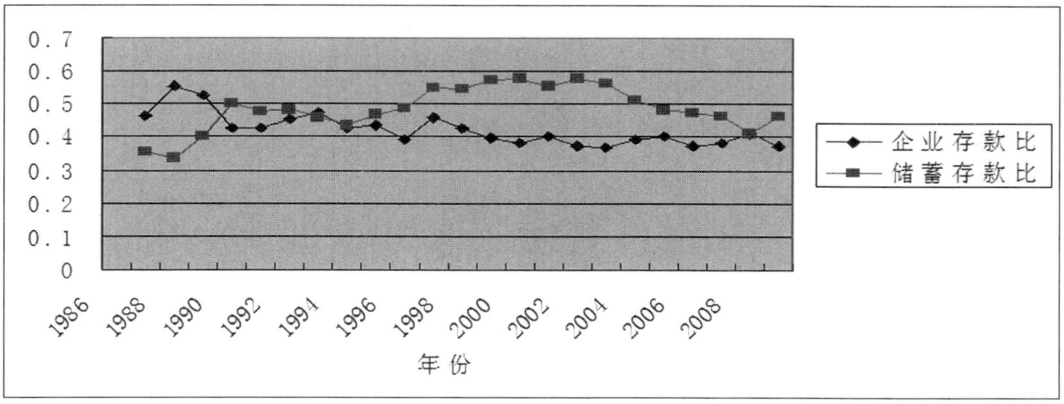

图 23－1　1986—2008 年镇海区银行企业存款比与储蓄存款比示意图

储蓄存款 1986年后，金融机构之间储蓄业务交叉，相互竞争，推出多种形式有奖储蓄。1988年物价上涨过快，国家自9月起实行保值定期储蓄，1991年12月停办。1993年恢复，1996年4月1日起停办。1998年停办有奖储蓄。1987年储蓄存款15552万元，占存款总量比重33.3%，1987年后储蓄存款逐年增长，2001年达到547619万元，占存款总量比重达到57.9%，2001年后，储蓄存款比重逐年下降。2008年储蓄存款1500169万元，占存款总量比重为46.2%.

财政存款 1987年财政存款800万元，占存款总量的1.6%，2008年财政存款44429万元，存款总量比重为1.37%。1987—2008年占存款总量的平均比重为0.6%。

农业存款 1987—1996年，农村存款平均比重在5.28%，1997—2008年，农业存款平均比重下降为2.17%。2008年农业存款为66951万元，占存款总量比重为2.1%。

其他存款 2001年后其他存款由保险公司存款、保证金存款、预算外财政存款、应解汇款及临时存款等组成。1994年其他存款余额13315万元，2008年其他存款余额为262473万元，占存款总量比重为8.1%，比1994年存款余额增加18.71倍。

贷款业务

1986年，按照省人民政府要求，控制基本建设投资，放活流动资金，通过扩大存款、发展横向资金融通、加速资金周转等办法，支持生产发展和流通搞活，重点支持适销对路产品和出口创汇商品发展，同时保持信贷平衡。是年，银行固定资产贷款余额比上年减少19.62%，流动资金贷款增长23.1%，缓解工商企业资金供需矛盾。1987年，新增信贷资金主要用于工商企业流动资金贷款、农业贷款（含乡镇企业贷款）和收购农副产品贷款，其他贷款从严控制。1988年下半年至1989年，金融系统在宏观收紧信贷形势下，控制总量，调整结构，保证重点，压缩一般，适时调节，提高效益，工业贷款80%以上投向一、二类企业，农副产品收购没有出现打“白条”现象。1990年，对新增贷款和盘活的老贷款，优先解决农副产品、重要生产资料和生活必需品购销所需资金，全年收购议价粮3.3万吨，高于计划收购数的5倍多，解决农民“卖粮难”。1991年起继续执行国家信贷总方针，信贷资金重点投向农业综合开发、实力工程建设，增加对私营个体和三资企业贷款。2000年后，信贷资金重点投向生态区创建、区域城市化建设和工业集约化、现代服务业、都市型农业发展，扩大对居民住房、汽车、助学等贷款规模。

1986年，银行（含信用社）贷款余额为32363万元，2008年为2478781万元，增长75.59倍，其中1991年贷款增长率最高，比1990年增长44.6%。

1986—1993年镇海区金融机构各项贷款余额情况表

表23－3　　单位：万元

年份	银行						信用社	
	合计	工业贷款	商业贷款	乡镇企业贷款	固定资产贷款	其他贷款	合计	乡镇企业贷款
1986	30020	5755	6469	1713	12664	18	2343	2098
1987	26683	6633	8476	2214	5523	949	3259	2949
1988	34059	9307	11066	2780	6988	1165	3853	3525

续表 23－3

年份	银行						信用社	
	合计	工业贷款	商业贷款	乡镇企业贷款	固定资产贷款	其他贷款	合计	乡镇企业贷款
1989	44651	13091	13657	3221	10330	1142	5343	5286
1990	58538	19095	15101	3619	15885	1199	7132	6651
1991	85852	24049	16081	4506	33600	3665	9121	8603
1992	104980	28523	19599	5190	43001	3657	13631	12848
1993	141207	38919	24540	6508	57350	8778	20206	17944

说明：金融机构各项贷款余额由于统计口径因素，分为按1986—1993年、1994—2008年列表

1994—2008年镇海区金融机构贷款余额情况表

表23－4　　单位：万元

年份	各项贷款合计	短期贷款				中长期贷款	
		小计	其中			小计	基本建设贷款
			工业贷款	商业贷款	乡镇企业贷款		
1994	208946	135334	55241	31459	32241	69956	21805
1995	269625	175331	63297	43154	42344	73704	48109
1996	306011	224150	68023	60536	58478	69033	41205
1997	402078	304125	87303	76740	73502	96283	64957
1998	434957	3032972	88424	67606	79768	128258	99456
1999	496191	357218	118734	65464	81545	133305	99100
2000	537198	373763	112673	61536	91068	151446	122065
2001	676716	447475	160830	50790	97913	200531	169923
2002	795208	479706	93860	60898	103498	237849	204693
2003	1120939	672537	143533	84837	121782	333199	248415
2004	1230862	731639	175368	104002	120362	362600	281609
2005	1443152	737580	255277	123911	119917	566613	427615
2006	1828025	960474	406477	160650	126508	721214	523295
2007	2053762	1162675	423472	237472	123210	766590	537770
2008	2478781	1388974	486347	245846	145149	973065	692360

说明：1994—2006年各项贷款除短期、中长期贷款外，还包括其他类贷款。2007—2008年各项贷款统计口径为短期贷款和中长期贷款。2001年后"乡镇企业贷款"改用"中小企业贷款"

短期贷款 1994年短期贷款余额208946万元，2008年为1388974万元，增长5.65倍。1994—2008年短期贷款占贷款总量的平均比重为65%，1997年最高为74%，2006年最低为53%，2008

年为56.53%。其中，1987—1990年工商贷款占总贷款的比重在50%以上，1991—1997年比重在40%左右徘徊。1999年开始工商贷款比重持续下降，至2002年工业、商业贷款连续四年负增长，2002年为历史最低，比重为19.5%，2003年开始工商贷款比重逐年回升，2008年达到29.54%；随着乡镇企业、民营经济和外向型经济发展，2008年乡镇企业贷款比1986年增长37.1倍，私营个体和“三资”企业贷款比1994年分别增长137.09倍和17.55倍；农业贷款稳步增长，2008年比1994年增长9.66倍，占短期贷款比重从1994年2.59%提高到2.68%；建筑业贷款最高年份2005年达到56306万元，比1994年增长18.6倍，2008年下降到29918万元，比1994年增长9.41倍。

中长期贷款 1994年中长期贷款余额69956万元，主要有基本建设贷款、技术改造贷款及其他中长期贷款，其中基本建设贷款占31.17%。1994—2008年镇海区中长期贷款占贷款总量的平均比重为30%，其中2006年、2008年比重达到39%。随着镇海城市化发展，基本建设贷款规模不断扩大，1994年基本建设贷款占中长期贷款的31.17%，至2008年达到692360万元，比1994年增长30.75倍，占中长期贷款总额的71.15%。

其他短期贷款 其他短期贷款包括建筑贷款、农业贷款、“三资”企业贷款、私营企业及个人贷款和其他类短期贷款。

1994—2008年镇海区金融机构其他短期贷款情况表

表23－5　　单位：万元

年份	建筑业贷款	农业贷款	“三资”企业贷款	私营企业及个体贷款	其他类短期贷款
1994	2873	3499	5768	131	4122
1995	4936	6378	8877	684	5661
1996	7960	8379	9468	435	10871
1997	7140	10780	17340	180	22346
1998	5345	13711	22394	336	25713
1999	7335	15549	29546	714	38330
2000	9965	19295	22562	3718	52946
2001	18315	22584	23495	5034	68514
2002	15409	31254	33111	6645	135031
2003	9519	38958	27866	5741	240301
2004	22888	42535	32619	8185	225680
2005	56306	36466	29739	9752	156212
2006	21180	35848	42490	14109	153212
2007	37637	35474	90237	24517	190656
2008	29918	37283	107016	18091	319324

现金收支

银行卡发行　1988 年中国银行在辖区发行长城卡，1989 年工商银行发行牡丹卡，1992 年农业银行、建设银行相继发行金穗卡和万事达卡（龙卡），1996 年交通银行、浦发银行分别发行太平洋卡和东方卡。2000 年后在辖区发行的还有光大银行的阳光卡、深圳发展银行的发展卡、兴业银行的兴业卡、招商银行的一卡通、商业银行的明州卡、邮政储蓄的绿卡等。

票据结算　1986 年 7 月开始同城票据交换，10 月参加宁波市区域票据交换。1989 年，结算业务进入微机操作，实行新的结算制度，废除托收承付、国内信用证、付款委托书、托收无承付、保本支票、省内限额。1991 年取消同城票据交换，以市区交换进行划拨。1995 年 5 月《中华人民共和国票据法》出台，规范票据结算业务。1998 年 10 月 5 日，电子资金实时清算系统（以下简称 RCS）正式运行。2001 年 12 月 1 日，开办宁波市辖银行本票业务。2003 年 9 月 1 日实施《人民币银行结算账户管理办法》。2004 年 3 月 1 日，国税电子缴款书启用。2005 年 6 月 27 日，大额支付系统正式运行。2005 年 5 月 12 日，人民币银行账户管理系统正式运行，账户管理信息实行全国联网。2005 年 6 月 1 日起，人民银行对签发空头支票行为实施行政处罚。2006 年 2 月 27 日，宁波市同城外币结算系统开通。2006 年 5 月 29 日，小额支付系统运行。2008 年年末镇海区结算账户总计 2982506 户，其中基本结算账户 8891 户，临时账户 732 户，专用账户 503 户，一般存款账户 3885 户，个人银行账户 2968495 户。

现金投放与回笼　1986 年现金支出 29591 万元，现金收入 25570 万元，净投放 4021 万元。1989 年国家进行治理整顿，是年现金投放比上年减少 38.63%。1994 年国家加强金融调控，是年全区现金收支相抵净投放仅 170 万元。2008 年现金投放 7060290 万元，回笼 6746939 万元，净投放 313351 万元。随着经济体制改革深入，储蓄现金收入和储蓄现金支出成为现金回收、投放主渠道。1986 年，储蓄存款收入 7260 万元，占当年现金回笼总额的 28.39%，储蓄现金支出 5415 万元，占当年现金投放总额 18%。2008 年，储蓄存款收入 4658275 万元，占当年现金回笼总额 69.04%，储蓄存款支出 4979394 万元，占当年现金投放总额 70.53%。

1986 年、2008 年镇海区银行机构现金投放与回笼渠道情况表

表 23－6

项目	1986 年		2008 年	
	金额（万元）	比重（%）	金额（万元）	比重（%）
一、投放合计	29591	100	7060290	100
其中：工资性支出	11639	39	671014	9.5
农副产品采购支出	3275	11	19414	0.27
行政企事业管理支出	2239	8	396069	5.61
储蓄存款支出	5415	18	4979394	70.53
汇兑支出	259	1	13732	0.19
其他支出	436	2	620566	8.79

续表 23－6

项目	1986 年		2008 年	
	金额（万元）	比重（%）	金额（万元）	比重（%）
二、回笼合计	25570	100	6746939	100
其中：商品销售收入	14471	—	898785	13.32
服务业收入	1131	—	182782	2.71
储蓄存款收入	7260	—	4658275	69.04
汇兑收入	309	—	119532	1.77
其他收入	698	—	631619	9.36

说明：1998 年以后现金统计不单独设立农村信用社收支项目，改为城乡个体经营收支。“投放合计”仅提供 6 类主要支出明细；“回笼合计”仅提供 5 类主要收入明细

1986—2008 年镇海区银行机构现金投放与回笼情况表

表 23－7 单位：万元

年份	投放	回笼	净投放	年份	投放	回笼	净投放
1986	29591	25570	4021	1998	1255720	1217761	37959
1987	39261	34147	5114	1999	1422562	1368638	53924
1988	56336	50166	6170	2000	1630228	1578973	51255
1989	62089	58203	3886	2001	1901362	1822891	78471
1990	71250	64255	6995	2002	2291770	2166989	124781
1991	86274	76424	9850	2003	3370396	3220561	149835
1992	127810	116889	10921	2004	4382530	4228618	153912
1993	220755	219574	1181	2005	4874666	4668925	205741
1994	325420	325250	170	2006	5600767	5343162	257605
1995	465154	453554	11600	2007	6977037	6707516	269521
1996	660672	629050	31622	2008	7060290	6746939	313351
1997	898431	864787	33644	—	—	—	—

外汇业务

1990 年，取消外汇侨汇券核销和合资企业外汇额度账户。是年 6 月试行出口收汇核销制度，全年发放核销单 1697 笔，交单 1534 笔，交单金额 4736 万美元，核销 1426 笔，核销金额 4454 万美元。1991 年 1 月 1 日正式实施出口收汇核销制度。1995 年 1 月，全面展开外汇贷款代登记工作。1996 年试行外汇结汇、售汇制度，外汇核销员持证上岗。1997 年，建立国际收支统计申报网络和外汇账户 IC 卡管理信息系统网络。1999 年 9 月更换外商投资企业“外汇登记证”，10 月起凭新证办理外汇业务。2002 年监管方式由直接监管转向间接监管，监管重点从企业向银行过渡；改革外商

投资项下资本金结汇管理方式，授权商业银行办理资本金结汇业务，开展经常项目外汇账户改革试点。2005 年对出口收汇核销制度进行改革，推行网上核销。2006 年新版国际收支统计监测系统上线。2000 年后，镇海加快外向型经济发展，银行外汇业务快速发展。2008 年年末，镇海区外汇指定银行（一级支行）共有 10 家。外汇存款 3405 万美元，其中储蓄 2204 万美元；外汇贷款 14493 万美元，比 2002 年增加 2. 6 倍；国际结算 882803 万美元，比 2002 年增加 7. 76 倍；结汇售汇 745869 万美元，比 2002 年增加 8. 12 倍。

2002—2008 年镇海区银行外汇业务情况表

表 23 - 8　　单位：万美元

年份	外汇存款	其中：储蓄	外汇贷款	国际结算	结汇售汇
2002	8945	4749	4018	100767	81367
2003	9035	4516	4967	116143	126895
2004	6620	3489	4779	280014	327559
2005	10308	2953	5432	428888	516904
2006	7629	2763	33171	582698	653657
2007	2452	2037	12549	636334	565307
2008	3405	2204	14493	882803	745869

第二章 保 险

1985 年 10 月，中国人民保险公司镇海县支公司被撤销，分设镇海区办事处。1987 年更名中国人民保险公司镇海区支公司。1995 年 12 月，中国太平洋保险公司宁波分公司镇海办事处成立，开始形成多个保险公司经营区或保险市场局面。1996 年起，财产、人寿分业经营。2000 年后，保险业市场化改革进一步推进，保险业得到快速发展。至 2008 年，全区财产、人寿各类保险机构 14 家，其中，保险支公司 7 家、保险营销部 7 家，保险业务总额 1425. 96 亿元，比 1986 年增加 410 倍。

第一节 保险机构

保险支公司

人保产险镇海支公司 全称中国人民财产保险股份有限公司宁波市镇海支公司，1996 年 5 月中国人民保险公司财产、人寿分业经营，1996 年 6 月设立人保产险支公司，1999 年年初更名为中国人民保险公司镇海区支公司，2003 年 7 月更名为中国人民财产保险股份有限公司宁波市镇海支公司。公司地址在车站路 333 号。2008 年年末，内设总经理室、营业一部至四部、营销管理部、综合部，下设石化营业部，杭甬路营销服务部与兆龙路营销服务部，从业人员 38 人。

人保寿险镇海支公司 全称中国人寿保险股份有限公司宁波市镇海支公司，1996 年 5 月中国人民保险公司财产、人寿分业经营，1996 年 7 月设立人保寿险镇海支公司，1999 年年初更名为中国人寿保险公司宁波市镇海支公司。2003 年 7 月更名为中国人寿保险股份有限公司宁波市镇海支公司，公司地址在车站路 331 号。内设个险销售部、团险销售部、中介代理部与综合服务部。2008 年年末从业人员 90 人

太保产险镇海支公司 全称中国太平洋财产保险股份有限公司宁波市镇海支公司，1995 年 12 月成立中国太平洋保险公司宁波分公司镇海代理处，次年 12 月升格为办事处，地址在清川路，1998 年 12 月迁址车站路 272 号。2000 年 11 月，改名为中国太平洋财产保险股份有限公司宁波市镇海支公司。2008 年，公司内设经理室、综合管理部、查勘理赔部、国际业务部、国内业务部、市场开发部、营销业务部。市场开发部下辖庄市、石化、骆驼 3 个服务所，从业人员 39 人。

太保寿险镇海支公司 全称中国太平洋人寿保险股份有限公司宁波市镇海支公司，2001 年 1 月从中国太平洋保险公司宁波分公司镇海办事处分设，地址在车站路 278 号。2008 年，从业人员 135 人，其中职工 20 人、保险代理人 115 人。内设总经理室、个人业务科、团体业务科、银行保险科

和综合管理科。

大众保险镇海支公司 全称大众保险股份有限公司镇海支公司，2003年1月8日成立，地址在车站路581号，2008年迁址聪园路222～226号。2008年年末，内设总经理室、财务部、理赔部与业务部，从业人员11人。

中华联合保险镇海支公司 全称中华联合财产保险公司镇海支公司，2003年7月成立，地址在车站路1号。2008年年末，内设总经理室、副总经理室、综合部、理赔部、业务一至四部与营业部。从业人员17人，其中正式在编8人，合同编制9人。

大地保险镇海支公司 全称大地保险股份有限公司镇海支公司，2006年8月8日成立宁波分公司镇海区营销服务部。2007年11月，更名中国大地保险股份有限公司宁波市镇海支公司，地址在沿江西路306号。内设总经理室、综合部、业务一至三部，从业人员14人。

保险营销部

2002—2008年，先后设立保险业镇海营销部（含服务部）7家，从业总人员41人。其中，中国平安财产保险股份有限公司宁波市镇海区营业部（以下简称平安产险镇海区营业部）成立于2003年3月，从业人员2人；天安保险股份有限公司宁波市镇海区营销部（以下简称天安保险镇海区营销部）成立于2002年9月，从业人员6人；安邦财产保险股份有限公司宁波市镇海区销服务部（以下简称安邦产险镇海区销服务部）成立于2006年1月，从业7人；华安财产保险股份有限公司宁波市镇海营销服务部（以下简称华安产险镇海营销服务部）成立于2006年9月，从业人员11人；中国平安人寿保险股份有限公司宁波市镇海营销服务部（以下简称平安寿险镇海营销服务部）成立于2002年9月，从业人员6人；永安财产保险股份有限公司宁波中心支公司镇海营销服务部（以下简称永安产险镇海营销服务部）成立于2008年10月，从业人员5人；都邦财产保险股份有限公司镇海营销服务部（以下简称都邦产险镇海营销服务部）成立于2007年12月，从业人员5人。

第二节 保险业务

1986年，全区保险业务总额3.47亿元，保险费121.9万元，赔款64.6万元，赔付率53%。主要险种有企业财产险、家庭财产险、运输工具及责任险、货物运输险、农业险、简易人身险、养老年金险、人身意外险，其中企业财产险占保额的54%。保险产品营销以公司直销为主。1996年开始银行兼业代理保险营销，到2000年发展到行业代理、企业代理、团体代理等各种兼业代理形式，保险营销经纪人模式开始发展。2000年后，网络营销、电话营销、门店营销等模式出现，基本形成涵盖所有可保风险领域的业务和产品体系。2008年，镇海区保险业财产保险险种达40多项，人寿保险险种达150多项，保险逐步深入到群众生活。是年，全区保险机构保险费业务总额1425.96亿元，比1986年增长410倍，保费收入3.60亿元，比1986年增长299倍，赔款金额1.37亿元，增长216.19倍。

1986—2008 年镇海区保险业务情况表

表 23－9　　单位：亿元

年份	保险业务总额	保费收入	赔付金额	赔付率（%）	年份	保险业务总额	保费收入	赔付金额	赔付率（%）
1986	3.47	0.012	0.0064	53%	1998	149.14	0.54	0.25	46.30
1987	4.96	0.018	0.0045	26%	1999	186.41	0.58	0.25	43.10
1988	10.18	0.027	0.012	45%	2000	108.64	0.66	0.21	31.82
1989	11.31	0.034	0.010	31%	2001	149.55	0.50	0.20	40.00
1990	13.18	0.054	0.016	29.63	2002	185.40	0.69	0.21	30.71
1991	20.22	0.071	0.021	29.58	2003	370.85	1.59	0.41	25.79
1992	—	0.112	—	—	2004	—	—	—	—
1993	30.96	0.16	0.057	35.85	2005	—	—	—	—
1994	42.99	0.20	0.13	65.00	2006	—	—	—	—
1995	47.02	0.26	0.11	42.31	2007	1131.71	3.29	0.87	26.44
1996	64.70	0.47	0.17	36.17	2008	1425.96	3.60	1.39	38.06
1997	107.38	0.54	0.35	64.81	—	—	—	—	—

说明：来源《镇海区统计年鉴》，其中 1992 年仅记载保费收入，无 2004 年、2005 年、2006 年数据记载

财产保险

2008 年，财产保险保费收入 20039.78 万元，其中企业财产险保费收入 2433.61 万元，机动车辆险 13034.18 万元（商业险 10183.4 万元、交强险 2850.78 万元）；赔款支出 11927.6 万元（其中机动车辆险 8888.14 万元），赔付率 59.52%；有营销员 211 人。

人身保险

1996 年人寿保险与财产保险分设后，人寿保险业务迅速发展。2008 年，人寿保险保费收入 19772.1 万元。其中，个人营销收入 13965.34 万元，团体业务收入 699.06 万元，银行代理收入 5107.7 万元；短期赔款金额 347.86 万元，满期给付金额 4626.35 万元，退保金额 4605.41 万元；有营销员 528 人。

保险费收支

支公司保险收支　镇海区 7 家支公司，2008 年保险费收入 31052.71 万元，保险赔款总支出 10461.92 万元，平均赔付率为 34%。其中短线赔款 346.86 万元，短线赔付率 61.08%。中华财险镇海支公司保费赔付支出大于保费收入 5.19%。

2008 年镇海区保险公司支公司保险费收支情况表

表 23－10

机构名称	保险费总收入（亿元）	保险赔款总支出（亿元）	赔付率（%）	其中	
				短线赔款	短线赔付率
中国人民产险镇海支公司	7956. 9	4416	55. 5	0	0
中国人民寿险镇海支公司	5712. 74	155. 12	0	155. 12	71. 72
中国太保寿险镇海支公司	5855. 33	3091. 73	52. 8	0	0
中国太保产险镇海支公司	7938. 90	191. 74	0	191. 74	50. 44
大众保险镇海支公司	1084. 94	628. 55	58	0	0
中华财险镇海支公司	1090. 11	1146. 72	105. 19	0	0
中国大地保险镇海支公司	1413. 79	832. 06	58. 85	0	0

保险公司经营部保险费收支

镇海区 7 家保险营业部，2008 年保险费收入 7567. 02 万元，保险赔款支出 2300. 69 万元，赔付率为 30. 41%。其中平安、天安、安邦、华安等 4 家保险营销服务部，保费赔付支出大于保费收入 382. 74 万元。

2008 年保险公司镇海经营部保险业务收支情况表

表 23－11

机构名称	保费收入（万元）	保费支出（万元）	赔付率（%）
平安镇海营销服务部	472. 10	569. 07	120. 54
天安保险镇海营销部	316. 64	391. 63	123. 68
安邦产险镇海营销服务部	175. 46	362. 24	206. 45
华安产险镇海营销服务部	0. 79	4. 79	606. 33
平安寿险镇海营销服务部	5667. 61	592. 2	10. 45
永安产险镇海营销服务部	405. 16	269. 99	66. 64
都邦产险镇海营销服务部	529. 26	110. 77	20. 93

第三章 证 券

1993年5月，宁波证券公司与镇海建设银行共同参股筹建宁波证券公司镇海营业部，6月1日正式营业，干部职工8人，营业面积100平方米，地址在镇海区城河西路35号。1994年营业部迁址镇海沿江西路32号，营业面积600平方米。1997年10月迁址镇海工农路1号，营业面积1000平方米。1998年更名为宁波证券有限责任公司镇海城关营业部，2000年获全国优秀营业部称号。2001年4月改名为天一证券有限责任公司镇海城关营业部，5月迁址镇海聪园路139号，营业部面积3000平方米。2006年7月，天一证券破产，其下属营业部由光大证券托管，2006年年末员工12人。

1992年7月30日成立宁波市镇海区国债服务部，主要承担国家债务推销和国库券、保值公债到期兑付，开展国债转让交易，定期公布国债市场价格，配合公安、工商等部门打击黑市倒卖国债活动。2000年5月，区国债服务部注销，其承担的业务职能也一并取消。

第一节 股票基金

1999年股票基金成交总额23亿元，2000年股票基金成交总额45亿元，比上年递增95.65%。2006年增加到109亿元，比2000年递增1.42倍。2007年证券市场持续火爆，股票基金成交总额达到528.79亿元，比2006年增长447.6%。其中，股票成交额468.15亿元，增长490.6%；基金成交额9.3亿元，增长473.9%；证券客户交易结算资金余额为5.67亿元，增长168.2%；年末证券投资者开户数为29019户，比2006年增长39.4%，其中A股开户数为28075户，增长37.5%。2008年证券市场低迷，证券成交总额256.33亿元，比2007年下降45.9%。其中，股票成交额253.06亿元，下降45.6%；基金成交额3.27亿元，下降61.8%；证券客户交易结算资金余额为2.56亿元，下降54.9%；年末证券投资者开户数为27330户，比2007年下降5.8%，其中A股开户26349户，下降6.2%。

1999—2008年镇海区证券交易情况表

表23－12

年份	股票基金成交总额（亿元）	佣金（万元）	年份	股票基金成交总额（亿元）	佣金（万元）	年份	股票基金成交总额（亿元）	佣金（万元）
1999	23	792	2003	22	44	2007	528.69	98
2000	45	1582	2004	40	8	2008	278.33	51
2001	28.9	57	2005	27	54	—	—	—
2002	22	44	2006	109	2	—	—	—

第二节　国库券　国债转贷

国库券

1992年，公布1981年、1982年发行并到期的单位国库券兑付办法。其中，1981年单位国库券计息年为9年，年利率4%，由各专业银行、区国债服务部兑付；1982年单位国库券按当年单位购买总额的20%偿还，凭国库券收据到原签发银行兑付。1992年，完成市下达的175万元国库券发行任务，并调入国库券600万元进行发行和转让，全年兑现保值公债590万元，国库券132万元。1993年，完成市下达的两期620万元国库券发行任务，比上年增加1.54倍，全年共兑现到期国债312万元，转让国债850万元。1994年发行两年期国库券，1994年4月1日起计息，年利率13%，偿还期2年；提前偿还1981—1984年发行的国库券，从发行的第6年开始分次偿还，每年偿还发行总额的20%。1995年，共发行国库券1390万元，兑付国债1010万元，转让国库券693万元，并被评为全国兑付工作先进集体。1996年发行国债1385万元，兑付910万元。1997年发行国债3000万元，兑付国债200万元，国债发行工作列全市第一。

国债转贷

2003年10月，镇海区政府与宁波市财政局签订九龙湖旅游区进区道路国债转贷项目，转贷资金1000万元，为期15年，专项用于九龙湖旅游区进区道路建设。2004年8月，镇海区政府与宁波市财政局签订宁波中化化学公司技改国债转贷项目，转贷资金388万元，为期15年，专项用于公司高效低毒农药开发。区财政部门监督上述两个国债转贷项目资金使用，并对债务的还本付息分别承担偿还和担保义务。至2008年12月底，上述两个国债转贷项目各余贷款本金909万元和388万元。

（责任编辑　孟福成）

第二十四编　财　政

本编目录

1985 年 10 月撤县划区，设镇海区财政税务局，下设城关、骆驼、湾塘 3 个财税所，其中城关财税所分设城关财税一所、城关财税二所。1986 年 1 月增设俞范财税所，1987 年 11 月增设庄市财税所。1989 年 3 月撤销庄市财税所，划归骆驼财税所。1989 年 12 月，恢复庄市财税所，新建澥浦财税所，原湾塘财税所更名为贵驷财税所。1995 年 1 月，区财税局析置为区财政局、区国家税务局和区地方税务局。区地方税务局与区财政局合署办公，统称镇海区财政税务局，下设城关税务所、骆驼税务所、庄市税务所、贵驷税务所和澥浦税务所。2002 年 5 月，区财政税务局城关税务所、骆驼税务所和庄市税务所，分别更名一分局、二分局和三分局，并设置稽查分局。2004 年 11 月，区财政局与区地税局分署办公，内设办公室、人事监察科、预算科、企业财务科、农业财务科、会计管理科、计算机信息管理中心等科室。2005 年设立财政监督科和行政事业财务管理科。2006 年企业财务科改为国有资产管理科。2007 年设基本建设财务管理科和行政许可科（与会计管理科合署办公）。

1985 年 10 月撤县划区，镇海区保留县级财政体制。1986—2008 年，实行税制改革和财政管理体制改革，财政可持续增长机制进一步完善，财政促进全区经济社会统筹协调发展水平不断提高。2008 年，预算内财政收入 390585 万元，比 1986 年 4163 万元增加 92.8 倍，其中地方财政收入 198969 万元，比 1986 年 3757 万元增加 52 倍；预算内财政支出 189858 万元，比 1986 年 2075 万元增加 90.5 倍。2008 年税收收入 380479 万元，比 1986 年 4104 万元增加 91.7 倍。

第一章 财政收入

1986年预算内收入为4163万元，1993年达到12636万元，跨入省亿元县（区）行列。1994年实行分税制财政体制，预算内收入达到15093万元。1996年实现预算内收入21126万元，跨入全省财政收入双亿元县（区）行列。2003年突破10亿元大关，实现收入115285万元。2005年收入突破20亿元，收入达到215980万元。2007年突破30亿元，实现收入339625万元。2008年达到390585万元。1986年预算外收入为79万元，1989年达到402万元，1994年达到1074万元，2005年达41178万元，2008年达到159784万元。

1986—2008年，全区预算内总收入合计1866087万元，年均增长率为21.8%；预算外总收入合计289913万元，年均增长47.9%。预算内收入与预算外收入占总收入比重，1986年为98∶2，2008年为71∶29。

第一节 预算内收入

1985年实行“划分税种、核定收入、分级包干”的财政体制。1988年起实行“收入递增包干”财政体制。1994年起实行“分税制”财政管理体制，收入划分为中央固定收入、地方固定收入、中央和地方共享收入。1986年中央财政收入406万元，地方财政收入3757万元，分别占财政收入的10%和90%。2008年，中央财政收入191616万元，比1986年增长471倍，占财政总收入比重提高到49%；地方财政收入198969万元，比1986年增长52倍，占财政总收入比重下降到51%。1986年税收收入4104万元，非税收入59万元，两者比重为99∶1。2008年，税收收入380479万元，非税收入10106万元，两者比重为97∶3。

1986—2008年镇海区预算内收入情况表

表24-1 单位：万元

年份	财政收入	年增%	中央收入和地方收入			税收收入和非税收入		
			中央收入	地方收入	比例	税收收入	非税收入	比例
合计	1866087	—	919089	946998	49∶51	1904928	-38841	102∶-2
1986	4163	—	406	3757	10∶90	4104	59	99∶1
1987	4981	19.6	371	4610	7∶93	4940	41	99∶1
1988	5458	9.6	310	5148	6∶94	5712	-254	105∶-5

续表 24－1

年份	财政收入	年增%	中央收入和地方收入			税收收入和非税收入		
			中央收入	地方收入	比例	税收收入	非税收入	比例
1989	6268	14.8	475	5793	8：92	6610	－342	105：－5
1990	6727	7.3	502	6225	7：93	7015	－288	104：－4
1991	7557	12.3	531	7026	7：93	7476	81	99：1
1992	8216	8.7	665	7551	8：92	7882	334	96：4
1993	12636	53.8	915	11721	7：93	13745	－1109	109：－9
1994	15093	19.4	7427	7666	49：51	17603	－2510	117：－17
1995	17483	15.8	8203	9280	47：53	19905	－2422	114：－14
1996	21126	20.8	9630	11496	46：54	24446	－3320	116：－16
1997	24525	16.1	11861	12664	48：52	28718	－4193	117：－17
1998	29587	20.6	14417	15170	49：51	34277	－4690	116：－16
1999	37363	26.3	18891	18472	51：49	41823	－4460	112：－12
2000	49555	32.6	25811	23744	52：48	58011	－8456	117：－17
2001	64597	30.4	30034	34563	46：54	78468	－13871	121：－21
2002	88882	37.6	47400	41482	53：47	95441	－6559	107：－7
2003	115285	29.7	60808	54477	53：47	119237	－3952	103：－3
2004	127226	10.4	56663	70563	45：55	130567	－3341	103：－3
2005	215980	69.8	113902	102078	53：47	217786	－1806	101：－1
2006	273169	26.5	141592	131577	52：48	267840	5329	98：2
2007	339625	24.3	176659	162966	52：48	332843	6782	98：2
2008	390585	15.0	191616	198969	49：51	380479	10106	97：3

“分税制”前财政收入

1986—1993年，全区预算内收入累计完成56006万元，年均递增17.2%，主要来源有产品税、增值税、营业税、国营企业所得税类、集体企业所得税、农业“四税”（农业税、农林特产税、耕地占用税、契税）、城市维护税、国家能源交通重点建设基金和国家预算调节基金。其中，增值税为18159万元，占财政收入的32.4%；营业税为14183万元，占25.3%；集体企业所得税7516万元，占13.4%；产品税3049万元，占5.4%；农业“四税”为2728万元，占4.9%；国营企业所得税类2544万元，占4.5%。中央财政收入与地方财政收入的比例，由1986年的10：90衍变为1993年的7：93；税收收入和非税收入的比例，由1986年的99：1衍变为1993年的109：－9（负数是受退库资金影响，下同）。

1986—1993 年镇海区预算内收入情况表

表 24－2

单位：万元

年份	总收入	其中主要收入								
		产品税	增值税	营业税	国营企业所得税	集体企业所得税	农业“四税”	城市维护税	国能交基金	国家预算调节基金
1986	4163	917	544	775	307	1063	143	220	—	—
1987	4981	550	999	1259	326	1173	265	246	—	—
1988	5458	200	1686	1559	382	1095	224	344	99	—
1989	6268	267	2028	1381	288	949	296	390	103	88
1990	6727	202	2261	1480	240	952	267	446	88	147
1991	7557	261	2512	1582	306	861	480	550	81	133
1992	8216	325	2744	2214	418	806	518	590	68	151
1993	12636	327	5385	3933	277	617	535	1011	74	198
合计	56006	3049	18159	14183	2544	7516	2728	3797	513	717

“分税制”后财政收入

1994—1997 年，全区财政预算收入累计完成 78227 万元，年均递增 17.6%，主要来源有工商税，农牧业和耕地占用税、企业所得税、罚没收入及行政性收入、城市维护建设收入、专项收入等。其中，工商税收入 40993 万元，占预算内总收入的 52.4%；企业所得税 2810 万元，占 3.6%，城市维护建设类收入 6107 万元，占 7.8%；农牧业和耕地占用税收入 3641 万元，占 4.7%；企业所得税 2810 万元，占 3.6%；专款收入类 1107 万元，占 1.4%；罚没类收入 612 万元，占 0.8%。中央财政收入与地方财政收入的比例，由 1994 年的 49∶51 衍变为 1997 年的 48∶52；税收收入和非税收入的比例，由 1994 年的 117∶－17 衍变为 1997 年的 109∶－9。

1994—1997 年镇海区预算收入情况表

表 24－3

单位：万元

年份	总收入	其中地方财政主要收入						中央级财政收入
		工商税收类	农牧业和耕地占用税	企业所得税	罚没收入行政性收入类	城市维护建设类	专款收入类	
1994	15093	7903	639	457	—	1177	296	7427
1995	17483	9187	727	392	104	1396	345	8203
1996	21126	11492	1355	742	152	1227	466	9630
1997	24525	12411	920	1219	356	2307	—	11364
合计	78227	40993	3641	2810	612	6107	1107	36624

1998—2005 年，全区财政预算收入累计完成 728475 万元，年均递增 32.8%。主要来源有增值税、营业税、企业所得税、个人所得税、房产税、城市维护建设收入、农业“四税”、罚没收入等。

其中，营业税121741万元，占16.7%；增值税90754万元，占12.5%；企业所得税73093万元，占10%；城市维护建设收入36540万元，占5%；个人所得税31990万元，占4.4%；农业四税35469万元，占4.9%；罚没收入14587万元，占2%。中央财政收入与地方财政收入的比例，由1998年的49：51衍变为2005年的53：47；税收收入和非税收入的比例，由1998年的116：－16衍变为2005年的101：－1。

1998—2005年镇海区预算内收入情况表

表24－4　　单位：万元

年份	总收入	其中地方财政主要收入								中央财政收入
		增值税	营业税	企业所得税	个人所得税	房产税	城市维护建设	农业“四税”	罚没收入	
1998	29587	4799	7813	1111	2297	447	1453	1369	26	14417
1999	37363	6289	6982	1655	2718	606	2444	1479	—	18891
2000	49555	8583	7974	5610	3798	591	3436	1456	204	25811
2001	64597	10010	11149	17896	3628	798	2719	1681	165	30034
2002	88882	10953	13626	8974	4112	881	4925	3903	113	47400
2003	115285	14132	16889	8074	4067	1153	5980	7333	187	60808
2004	127226	9942	24195	12766	4857	1377	11816	7720	2932	56663
2005	215980	26046	33113	17007	6513	3204	3767	10528	10960	113902
合计	728475	90754	121741	73093	31990	9057	36540	35469	14587	367926

2006—2008年，全区财政预算收入累计为1003379万元，年均递增15.2%，3年财政收入总额超过前20年收入总额。地方财政主要收入，增值税收入116261万元，占23.6%；营业税收入139454万元，占28.3%；企业所得税74987万元，占15.2%；个人所得税33904万元，占6.9%；城市维护建设税26305万元，占5.3%；耕地占用税4207万元，占0.9%；契税28635万元，占5.8%；罚没收入15879万元，占3.2%。中央财政收入与地方财政收入的比例，由2006年的52：48衍变为2008年的49：51；税收收入和非税收入的比例，由2006年的98：2衍变为2008年的97：3。

2006—2008镇海区预算内收入情况表

表24－5　　单位：万元

年份	总收入	其中地方财政主要收入								中央级财政收入
		增值税	营业税	企业所得税	个人所得税	房产税	城市维护建设	农业“四税”	罚没收入	
2006	273169	32988	39737	19656	9071	4574	6053	9012	5112	141592
2007	339625	40114	45222	25546	12708	5549	9210	9726	5181	176659
2008	390585	43159	54495	29785	12125	6541	11042	14104	5586	191616
合计	1003379	116261	139454	74987	33904	16664	26305	32842	15879	509867

第二节　预算外收入

1986—1996年，预算外收入累计完成6453万元，主要来源于农业税附加、公用事业附加、粮食附加、其他收入，其中公用事业附加累计达2087万元，占预算外总收入的32.3%，粮食附加累计达3734万元，占57.9%。

1986—1996年镇海区预算外收入情况表

表24－6　　单位：万元

年度	合计	工商税附加	农业税附加	公用事业附加	粮食附加	其他收入
1986	79	2	16	54	—	7
1987	77	—	17	57	—	3
1988	90	—	18	66	—	6
1989	402	—	23	67	220	92
1990	405	—	22	76	216	91
1991	405	—	22	88	262	33
1992	539	—	23	86	402	28
1993	814	—	26	199	578	11
1994	1074	—	33	368	641	32
1995	1285	—	50	543	688	4
1996	1283	—	60	483	727	13
合计	6453	2	310	2087	3734	320

1997年起预算外资金统一更名为各项政府性基金科目。1997—2005年镇海区财政基金收入累计完成74247万元，主要来源于社会保险基金、文教基金、农业基金、土地有偿使用、财政税费附加等收入和其他基金。其中，社会保险基金收入31445万元，占同期财政基金总收入的42.4%；财政税费附加收入20914万元，占28.2%；农业基金收入12920万元，占17.4%。

1997—2005年镇海区财政基金收入情况表

表24－7　　单位：万元

年度	合计	文教基金	农业基金	土地有偿使用收入	其他部门基金	财政税费附加收入	社会保险基金收入
1997	2072	304	—	—	75	1693	—
1998	2953	56	409	—	—	2488	—
1999	3159	61	577	—	—	2521	—
2000	6829	1495	980	—	—	4354	—
2001	4455	42	1151	—	—	3262	—
2002	4020	41	1502	—	296	2181	—
2003	5649	33	1972	—	894	2750	—

续表 24－7

年度	合计	文教基金	农业基金	土地有偿使用收入	其他部门基金	财政税费附加收入	社会保险基金收入
2004	3932	45	2346	—	1033	508	—
2005	41178	55	3983	3241	1297	1157	31445
合　计	74247	2132	12920	3241	3595	20914	31445

2006—2008 年，政府性基金收入累计完成 209213 万元。主要来源于国有土地使用权出让金、国有土地收益基金、农业土地开发资金、新增建设用地土地有偿使用费、地方水利建设基金、残疾人就业保障金、地方教育附加、城市公用事业附加、农业发展基金等。其中，国有土地使用权出让金收入 139632 万元，占政府性基金总收入的 66.7%；地方水利建设基金收入 18854 万元，占 9.0%；新增建设用地土地有偿使用费收入 14016 万元，占 6.7%。

2006—2008 年镇海区政府性基金收入情况表

表 24－8　　单位：万元

序号	科目	合计	年度		
			2006	2007	2008
总计		209213	14992	34437	159784
1	墙体材料专项基金	360	3	323	34
2	文化事业建设费	164	55	53	56
3	地方教育附加	11245	1956	4226	5063
4	农业发展基金	1826	—	—	—
5	国有土地使用权出让金	139632	—	15138	124494
6	国有土地收益基金	4459	—	504	3955
7	农业土地开发资金	6570	1404	1689	3477
8	新增建设用地土地有偿使用费	14016	350	3157	10509
9	地方水利建设基金	18854	4523	6460	7871
10	残疾人就业保障金	5373	1598	1735	2040
11	城市公用事业附加	3408	891	1152	1365
12	彩票公益金	920	0	920	0
13	其他基金	2386	2386	0	0

说明：2007 年年底开始将土地出让金收入纳入基金预算管理，2008 年开始将彩票公益金纳入基金预算管理

第二章　财政支出

1986—2008 年，镇海区预算内财政总支出 1011636 万元，年均增长 21.6%；预算外总支出 222323 万元，年均增长 38.7%。预算内支出与预算外支出之比，由 1986 年的 96∶4 衍变为 59∶41。1994 年实行分税制财政体制后，核定上解中央款额，并逐年增加。至 2008 年年底，镇海区累计上解中央财政 914417 万元，年均上解 60961.13 万元。

第一节　预算内支出

1986—2008 年，全区预算内总支出 528701 万元，其中 2008 年区财政支出 185898 万元，是 1986 年 2075 万元的 89.6 倍。1986 年，农业投入、科教文卫支出、企业挖潜改造、城市维护等四大类支出分别占总支出的 7.3%、30.9%、9.7%、15.9%，合计占总支出的 63.8%。2005 年农业投入、科教文卫支出、企业挖潜改造、城市维护等四大类支出分别占总支出 3.5%、19.9%、10.6%、8.7%，合计占总支出的 42.7%，分别比 1986 年增长 26.6 倍、35.9 倍、61.8 倍和 30.4 倍。2006—2008 年，教育支出、文化体育与传媒支出、社会保障和就业支出、医疗卫生支出、环境保护支出、城乡社区事务支出和农林水事务支出合计 254858 万元，占同期总支出的 52.8%。2008 年建立“新增财力三分之二以上用于改善民生和社会事业建设”的财政资金投入机制，当年用于民生保障和社会事业建设方面支出达到 11.66 亿元，比 2007 年增长 16.1%。

1986—2008 年镇海区财政支出情况表

表 24-9　　单位：万元

年份	财政支出	年增（%）	年份	财政支出	年增（%）	年份	财政支出	年增（%）
1986	2075	—	1994	9127	12.1	2002	55280	35.1
1987	1727	-16.8	1995	10259	12.4	2003	71260	28.9
1988	2741	58.7	1996	13083	27.5	2004	93636	31.4
1989	3331	21.5	1997	13967	6.8	2005	119207	27.3
1990	3663	10.0	1998	18509	32.5	2006	140159	17.6
1991	4174	14.0	1999	22871	23.6	2007	156878	11.9
1992	4860	16.4	2000	29871	30.6	2008	185898	—
1993	8142	67.5	2001	40918	37.0	—	—	—

“七五”预算内支出

1986—1990 年，全区财政预算内总支出 13537 万元，占同期预算内收入 49.1%。其中，教文卫支出 3960 万元，占 29.3%；支农资金支出 1218 万元，占 9.0%；企业挖潜、改造、简建和科技三项费用支出 706 万元，占 5.2%；行政管理及离退休费支出 1199 万元，占 8.9%；抚恤和社会救济费支出 502 万元，占 3.7%；基本建设和城市维护费支出 1283 万元，占 9.5%；政策性价格补贴支出 2618 万元，占 19.3%。

“八五”预算内支出

1991—1995 年，全区财政预算内总支出 36562 万元，占同期预算内收入 60%，比“七五”计划期间增长 1.7 倍，支持国有企业改革，增加对农业和教育、科技、卫生投入。其中，支援农业、农林水事业费支出 3521 万元，占 9.6%，比“七五”时期增长 189.1%；企业挖潜改造、基建和科技三项费用支出 3100 万元，占 8.5%；文教科卫事业经费支出 10164 万元，占 27.8%，比“七五”时期增长 156.6%；行政管理（含公检法司）费支出 6046 万元，占 16.5%；基本建设和城市维护费支出 3561 万元，占 9.7%；抚恤和社会救济经费支出 1067 万元，占 2.9%；政策性价格补贴支出 2065 万元，占 5.6%。

“九五”预算内支出

1996—2000 年，全区财政预算总支出 98301 万元，占同时期预算内收入的 60.6%，比“八五”计划期间增长 1.7 倍，支持经济发展，保障农业、科技、教育及保持社会稳定等重点支出需要，增加下岗职工再就业、社会保障和公共设施基本建设支出。其中，支援农业、农林水事业费支出 9602 万元，占 9.8%；企业挖潜改造、基建和科技三项费用支出 1723 万元，占 1.8%；文教科卫等事业费支出 32063 万元，占 32.6%；行政管理（含公检法司）费支出 15682 万元，占 16.0%；基本建设和城市维护费支出 11751 万元，占 12.0%；抚恤、社会救济和社会保障补助支出 4210 万元，占 4.3%；政策性补贴支出 1279 万元，占 1.3%。其间，区财政支出增幅较大的有 1998 年和 2000 年。1998 年财政支出增长主要用于创建卫生城市、人员增加和工资调整、环境保护、安置下岗工人再就业和抚恤救灾、水利建设等。2000 年财政支出增长主要用于各项创建、加大社会保障、下岗职工再就业、公共设施建设投入等。

“十五”预算内支出

2001—2005 年，全区财政预算内总支出 380301 万元，占同期财政总收入的 62.1%，比“九五”计划时期增长 2.87 倍。期中，支援农业、农林水事业费支出 22580 万元，占 5.9%，比“九五”期间增长 1.35 倍；企业挖潜、基建和科技三项费用支出 44741 万元，占 11.8%；文教科卫等事业费支出 80142 万元，占 21.1%，比“九五”期间增长 1.5 倍；行政管理（含公检法司）费支出 61466 万元，占 16.2%；基本建设和城市维护费支出 63955 万元，占 16.8%；抚恤、社会救济和社会保障补助支出 22979 万元，占 6.0%，比“九五”期间增长 4.46 倍数。

“十一五”前三年预算内支出

2006—2008 年，区财政一般预算内总支出 482935 万元，占同期财政总收入的 48.1%，平均每年财政支出 160978 万元，比“十五”计划时期年均支出增长 111.6%，财政投入向教育、环境保护、医疗卫生、社会保障和就业、农林水等方面倾斜。其中，教育支出79309万元，占16.4%；环境保护支出12532万元，占2.6%；医疗卫生支出37501万元，占7.8%；社会保障和就业支出35956万元，占7.4%；农林水支出25438万元，占5.3%。

1986—2005年镇海区预算内支出情况表

表24－10　单位：万元

年份	金额总支出（决算）	其中预算内支出科目											
		基本建设	农林水费等	企业挖潜改造	科技三项费用	城市维护费	文体教育卫生费	抚恤和社会福利费	行政管理离退休费	公检法司武装警察	其他部门事业费	政策性价格补贴	社会保障
1986	2075	—	152	202	6	330	636	87	186	49	82	188	—
1987	1727	—	122	60	5	172	647	92	178	48	101	224	—
1988	2741	—	290	144	6	201	776	98	245	84	137	604	—
1989	3331	—	261	85	13	270	933	110	260	112	157	814	—
1990	3663	—	393	173	12	310	968	115	330	158	181	788	—
1991	4174	—	536	69	18	382	1168	129	391	196	269	529	—
1992	4860	—	457	162	13	466	1301	140	542	241	271	486	—
1993	8142	—	924	1277	6	1000	1666	180	730	274	346	303	—
1994	9127	—	821	963	13	888	2703	277	1233	443	440	300	—
1995	10259	10	783	569	10	815	3326	341	1373	623	619	447	—
1996	13083	55	1015	82	75	1050	4764	335	1582	746	816	386	—
1997	13967	237	1454	85	145	1142	5163	356	1668	1006	1478	215	—
1998	18509	14	1854	90	190	1987	6619	463	1737	1261	1504	288	189
1999	22871	43	2207	90	260	2200	6971	480	1959	1553	1681	150	836
2000	29871	700	3072	266	440	5372	8546	477	2449	1721	1854	240	1074
2001	40918	1687	4361	4169	545	5116	10836	790	3254	2575	1901	130	1747
2002	55280	742	4112	5427	601	8600	12387	1103	4595	3009	3757	124	1050
2003	71260	4713	5050	6262	619	10672	15534	1778	6195	3948	4942	—	2436
2004	93636	1974	4857	12910	774	13412	18424	2121	8934	7158	6093	318	4321
2005	119207	6684	4200	12693	741	10355	22961	3195	12686	9112	9410	27	4438

说明：镇海区1986—2008年财政预算内支出情况，分别按2006年预算收支科目分类改革前、后划分

2006—2008 年镇海区预算内支出情况表

表 24－11

单位：万元

序号	科目	合计	年份		
			2006	2007	2008
	总支出（决算）	482935	140159	156878	185898
1	一般公共服务支出	76095	19615	27914	28566
2	一般公共安全支出	38540	10064	14147	14329
3	教育支出	79309	24168	25714	29427
4	科学技术支出	18538	4328	6215	7995
5	文化体育与传媒支出	10618	2803	3535	4280
6	社会保障和就业支出	35956	9578	11818	14560
7	医疗卫生支出	37501	10215	12508	14778
8	环境保护支出	12532	4732	2928	4872
9	城乡社区事务支出	53504	20239	15164	18101
10	农林水事务支出	25438	6281	7865	11292
11	交通运输支出	1481	244	603	634
12	工业商业金融等事务支出	64831	11851	22717	30263

第二节　预算外支出

1986—1996 年预算外支出

预算外累计支出 7369 万元（按照财政财务统计口径）。其中，企业更新改造大修理支出 284 万元，占 3.9%；城市维护费支出 1553 万元，占 21.1%；事业行政支出 5249 万元，占 71.2%；其他支出 283 万元，占 3.8%。

1986—1996 年镇海区预算外支出情况表

表 24－12

单位：万元

年度	合计	更新改造大修理支出	城市维护支出	事业行政支出	其他支出
1986	96	—	75	21	—
1987	69	—	51	18	—
1988	209	—	54	155	—
1989	342	—	105	226	11
1990	490	46	91	299	54

续表 24－12

年度	合计	更新改造大修理支出	城市维护支出	事业行政支出	其他支出
1991	615	23	94	487	11
1992	819	35	102	662	20
1993	1045	80	92	837	36
1994	957	—	146	751	60
1995	1439	—	426	973	40
1996	1288	100	317	820	51
总计	7369	284	1553	5249	283

1997—2005 年预算外支出

财政基金累计支出 45153 万元。其中，工商交贸部门基金支出 924 万元，占 2.0%；文教部门基金支出 2617 万元，占 5.8%；农业部门基金支出 11125 万元，占 24.6%；地方财税费附加支出 21996 万元，占 48.7%；土地有偿使用支出 904 万元，占 2.0%；其他支出 7587 万元，占 16.8%。

1997—2005 年镇海区财政基金支出情况表

表 24－13　　单位：万元

年度	合计	工交商贸支出	文教支出	农业支出	地方财政税费附加支出	土地有偿使用支出	其他支出
1997	2089	—	905	—	1164	—	20
1998	2490	—	13	260	2217	—	—
1999	4168	—	66	805	3297	—	—
2000	7641	95	1421	696	5429	—	—
2001	6907	305	62	1620	4920	—	—
2002	2924	224	35	1530	1135	—	—
2003	5223	—	28	1421	2575	—	1199
2004	3839	—	35	1343	847	600	1014
2005	9872	300	52	3450	412	304	5354
合计	45153	924	2617	11125	21996	904	7587

2006—2008 年预算外支出

财政基金累计支出 169801 万元。其中，国有土地使用权出让金支出 124829 万元，占 73.5%；地方水利建设基金支出 12209 万元，占 7.2%；地方教育附加支出 11414 万元，占 6.7%；新增建设用地土地有偿使用费支出 4432 万元，占 2.6%；残疾人就业保障金支出 3899 万元，占 2.3%；农业土地开发资金支出 3254 万元，占 1.9%；城市公用事业附加支出 2293 万元，占 1.4%。

2006—2008 年镇海区政府性基金支出情况表

表 24－14

单位：万元

年度	2006	2007	2008	合计
合计	12956	27712	129133	169801
养路费	503	338	43	884
公路客货运附加费支出	139	105	—	244
墙体材料专项基金	52	59	249	360
文化事业建设费	45	50	50	145
地方教育附加	—	4525	6889	11414
农业发展基金	1772	—	1	1773
国有土地使用权出让金	2126	13000	109703	124829
农业土地开发资金	—	1749	1505	3254
新增建设用地土地有偿使用费	350	12	4070	4432
地方水利建设基金	3553	5166	3490	12209
残疾人就业保障金	1585	999	1315	3899
城市公用事业附加	514	1027	752	2293
彩票公益金	—	—	689	689
其他基金	2317	682	377	3376

第三章 财政管理

1986—2008 年，实行部门预算、零基预算、国库集中支付、政府采购和“收支两条线”等财政管理制度改革，规范国有资产管理，加强财源涵养，提高财政监督效能，初步建立公共财政管理框架。

第一节 财政预算管理

部门预算管理

2001 年区科委、技监局作为部门预算试点单位。2002 年对区级 16 个单位试编部门预算，2003 年在区级 29 个一级预算单位实行部门预算。2004 年起，区级所有一级预算单位及其所属事业单位实施部门预算，并每年将部分单位的部门预算提交区人民代表大会审议。2006 年，区级所有二级预算单位全部纳入部门预算编制范围，并在街道财政进行部门预算试编。2007 年，细化部门预算编制，各预算单位同时编制政府采购预算，部门预算调整区政府批准后提交区人大常委会审议通过。2008 年，出台《镇海区本级财政预算追加管理办法（试行）》和《镇海区本级部门预算调整暂行办法》，规范预算追加和调整，预算单位上年结余资金纳入部门预算编制范围。

国库集中支付管理

2008 年 5 月，区成立国库集中支付中心，与会计核算管理中心合署办公。2008 年 6 月起，区财政部门在 4 家一级预算单位开展国库集中支付试点改革，相继制定《国库集中支付管理办法》《财政国库集中支付会计核算办法》《财政国库集中支付资金银行清算办法》等规范性文件，所有预算内资金、预算外资金、自筹资金等财政性资金（基本建设资金暂不纳入），收入直接缴入国库或财政专户，支出通过国库单一账户体系直接支付。至 2008 年 11 月，有 14 家一级预算单位和 1 家二级预算单位试行国库集中支付。

政府收支分类管理

2006 年 5 月起，启动政府收支分类改革工作，构建适合公共财政管理要求的政府收支分类体系。按照政府收入来源和性质，分设类、款、项、目四级科目；根据政府管理和部门预算要求，统一按支出功能设置类、款、项三级科目，分别为 17 类、170 多款、800 多项；支出经济分类科目设类、款两级，分为 12 类 90 多款。2007 年起，政府预算及部门预算编制和决算全部按照新科目进行。

管理信息化建设

2006 年 9 月引入新中大部门预算管理软件编制部门预算，提高部门预算编制效率。2007 年，采用新中大预算执行软件进行指标下达和拨付管理，建立部门预算编制、调整和执行统一的信息化平台管理模式。2008 年 6 月，区财政部门采用宁波市财政局方正国库集中支付系统，进行试点单位的国库集中支付管理。同年进一步完善预算编制软件，将编制软件从原来的单机编制升级到联网编制，缩短编制流程，提高编制效率。

第二节　预算外资金管理

1985 年 10 月，区财政税务局内设预算股（1993 年 1 月改为预算科），负责预算外资金管理、监督工作，预算外资金管理范围为农业税附加、粮食附加和公用事业附加费，预算外资金由各部门分别存储，财政部门实行计划管理、综合平衡。1986 年建立乡镇级财政，加强对乡镇预算外资金管理。1997 年起，预算外资金作为政府性基金列入预算内，其管理范围包括农业发展基金、财政税费附加、地方水利建设基金和土地有偿使用收入等。自 2001 年起，区财政部门每年向区人大常委会汇报预算外资金管理工作，接受区人大监督。2004 年 7 月，按照财政部提出“加强政府非税收入管理”的要求，用政府非税收入的定义取代预算外资金概念，进一步明确政府非税收入管理范围和相关政策。

财政专户储存

1991 年起，对应实行财政专户储存管理单位预算外资金逐步纳入财政专户管理。1992 年全区专户存储为 65 户，年末资金余额 4898 万元，比 1991 年增加 1178 万元。1993 年 3 月，对应纳入专户管理的单位或资金，实行“专户储存、计划管理、财政审批、银行监督”管理方式。对有预算外收入的事业、行政单位采取“抵支收入”的财务管理办法，收入统一纳入单位预算管理。1996 年，建立单位预算外资金和政府专项资金收支预算编制及预算编报制度，资金使用做到事先有预算、执行中有监督。

收支两条线

1996 年根据国务院和省、市统一部署，对全区 57 个单位共 0. 57 亿元预算外资金实行“收支两条线”，纳入财政专户管理。1997 年，对部门和单位预算外资金收支按不同性质，实行“收支两条线”分类管理。1999 年，对尚未实行“收支两条线”管理单位预算外资金，实行财政专户存储。2000 年，全区行政事业单位全面实行预算外资金收缴分离和“收支两条线”管理。

政府非税收入

2005 年起，先后对预算单位银行账户和罚没物资管理、行政事业单位国有房产和土地有偿使用等管理，做出相应规定。2007 年 1 月，启用镇海区非税收入集成票据系统，单位、财政、银行三者实时联网，单位通过网络实时结报票据，财政实时监督单位的票据使用和非税收入缴库情况。

预算外资金清理整顿

1991 年，重点控制预算外资金搞基本建设、购买专控商品和发放奖金实物，严禁将预算内资金转作预算外资金，或设置“小金库”。1995 年，对全区 151 个单位的预算外资金进行专项清理，开展清理“小金库”工作，出台《关于加强预算外资金管理的实施意见》。同时开展行政事业单位收费年审工作，共审验159个收费单位，审验收费资金1.3亿元。1996年，会同审计、银行、监察等部门对18家单位预算外资金进行检查，督促有关单位限期改正存在的问题。1997—1998年，集中清理整顿全区行政性收费项目，取消收费项目52个，降低收费标准项目19个。1999年，对全区9家单位1998年度预算外资金管理情况进行检查，责成违纪单位对违规资金进行收缴。2000年，全面清理行政事业性收费、基金项目和收费标准，预算外资金在票据领购、核销使用和资金结算等环节实行计算机网络管理。2001年，清理167家单位银行账户，撤销不合规定的银行账户89个。2008年，免征和减半征收行政事业性收费33项，共减免行政事业性收费项目收入600万元。

第三节 政府采购

2001年1月，区政府采购中心成立，对行政事业单位实施政府采购。2003年4月，政府采购中心划归区招投标中心。是年8月起，政府采购与监管分离。2004年，由单一集中采购拓展到部门集中采购、中介采购以及区市联动采购。政府采购目录有货物类（数码相机及附件、摄像设备、空气调节设备、计算机、打印机、传真机、复印机、速印机、投影机、视频展示台、扫描仪、绘图机、网络设备、办公家具、1万元以上的炊事设备、办公纸张、耗材、执法部门服装、通信设备、电梯、锅炉、公务用车、摩托车）、工程类（建筑、装修）和服务类（印刷、专用软件开发、保险、政府指定的其他采购项目等）3种。2006年，扩大政府采购范围，实施绿化养护、系统软件、地下管线探测、网站建设、职工休养等项目的政府采购，城管局、建设交通局实施的城市公用、城建交通工程和公建中心实施的公共卫生工程，纳入政府采购管理。2007年，对房屋计税价格评估、城市规划、政府投资项目委托中介审计、国家建设项目投资评审等项目，实施政府采购，尝试规划测绘政府采购工作，并通过招投标确定社会中介机构。2008年，确定政府采购限额标准为预算金额5万元以上的货物和服务项目，对单项或批量预算金额一次达到30万元以上的项目公开招标。2001—2008年，政府采购总额52562.74万元，其中政府集中采购27659万元，部门集中采购24903.89万元。

2001—2008年镇海区政府采购资金情况表

表24－15

单位：万元

年份	批次	政府采购总额	其中：		比预算安排资金节减资金	节约率（%）
			政府集中采购	部门集中采购		
2001	57	1633.71	1633.71	—	134.58	8.240
2002	55	2042	2042	—	156	7.64
2003	—	2859.36	2059.36	800.28	461.39	13.99
2004	—	4423.69	2476.48	1947.21	660.8	13

续表 24－15

年份	批次	政府采购总额	其中：		比预算安排资金节减资金	节约率（%）
			政府集中采购	部门集中采购		
2005	—	6445.03	3246.23	3198.80	638.46	9.01
2006	—	13505.02	4604.72	8900.30	2643.31	16.37
2007	—	9559.34	5523.04	4036.30	1216.82	11.29
2008	—	12094.59	6073.59	6021.00	1868.06	13.38

第四节　国有资产管理

经营性国有资产管理

1986—1995 年，由相关部门共同对经营性国有资产进行直接管理，财税部门主要是负责利润监交和投资拨款管理。1996 年 7 月，镇海区委印发《宁波市镇海区国有资产管理试行办法》，成立区国有资产监督管理委员会（办公室设在财政局），逐步开展经营性国有资产“国家所有、分级管理、授权经营、分工监督”的管理体制改革。区工业局、商业局、物资局、粮食局相继成立国有资产经营公司。1997—2001 年，竞争性行业国有企业实施产权制度改革，改革后有国有全资企业 1 家、控股企业 6 家、参股企业 8 家。2002 年，撤销区工业公司（局）、纺织丝绸工业公司、二轻工业公司（局），以工业国有资产经营公司为基础，合并组建镇海区工业资产投资发展有限公司（以下简称工业国投），由区政府授权经营工业国有资产；商业国有资产经营公司变更组建镇海区商贸资产投资发展有限公司，关闭注销物资总公司，并入商贸资产投资发展有限公司，由区政府授权经营国有商业资产。2003 年 7 月，区国资委对区属 13 家国有企业国有产权进行划转，涉及资产总额 44530 万元，并成立镇海投资有限公司。2007 年，区政府下发《镇海区进一步整合政府性投资公司实施方案》，产业园区投资公司、政府公益性投资公司、政府实体性投资公司相分离，建立责权利相统一的投资公司管理运行机制。区政府批准工业国投公司在市产权交易中心出让绝大部分经营性资产，转让价格 8742.97 万元。2008 年建设宁波（镇海）大宗货物海铁联运物流枢纽港，成立国有独资宁波大宗货物海铁联运物流枢纽港开发有限公司，注册资金 1 亿元；成立国有独资宁波市镇海发展有限公司，注册资金 2.5 亿元，服务镇海新城建设；3 家国有房产企业转制合并，保留住发公司，解散其他两家公司。2008 年，区政府印发《企业国有产权转让管理实施意见》《区属政府性投资公司财务管理办法》《区属政府性投资公司内设机构、人员管理办法》，初步形成政府性投资公司规范管理的制度框架。是年，区财政局（国资办）联合区工商分局、区监察局开展全区企业国有资产产权登记检查工作，根据规定补办产权登记证书，建立企业国资基础信息库，健全产权登记档案。是年，全区共有 95 家国有资产投资（包括下级全资、控股、参股子公司）企业，国有投资总额 21.6 亿元。

非经营性国有资产管理

1986—2005 年，行政事业单位国有资产管理，实行以各职能部门自行管理为主、财政监督为辅的管理体制。区财政对行政事业单位国有资产监督、核查，产权登记，加强资产处置监督。2005 年 7 月，对全区 30 家行政事业主管部门、6 个镇（街道）及下属全额拨款单位、差额拨款行政事业单位房产经营情况开展自查和抽查。全区有 16 家行政事业主管部门及 31 个下属拨款单位，存在闲置或非自用房产出租出借的“非转经”行为，涉及经营房产面积 25733 平方米（不含区房管处直管公房），合同年收益 319 万元。不少单位存在出租程序不规范、不公开、收取租金大幅低于市场价、租金收入不及时、不全额入账等问题。区财政部门督促各单位整改。2006 年，区财政局内设国资管理科（企财科改名），负责对全区行政事业单位的国有资产和经营性国有资产监督管理。2007 年 3—7 月，对 237 家行政事业单位国有资产清查。2006 年 12 月 31 日，全区行政事业单位国有资产账面总资产 51. 58 亿元，负债 34. 3 亿元，净资产 17. 28 亿元。

第五节　财源涵养

1986 年对企业让利税 1347 万元，1987 年财税支持生产性资金 2000 余万元。1988 年，财政发放小型技措贷款 500 万元，减免税金 2000 余万元，批准税前还贷 604 万元。1989 年，制定落实建设梯级财源方案，按照不同的财源类型实行不同的财税政策。1990 年，全年累计发放财政小型技改贷款 542 万元，批准国有企业税前还贷 110. 3 万元，批准给予重点企业、骨干乡镇企业、相关产品减免税 1700 万元。1991 年，重点支持 35 家企业技术改造和新产品开发，对 65 家企业实行综合折旧率、新产品开发基金、新增利润还贷、上缴能交基金和预算调节基金等方面优惠。1992 年对列入区扶持的 37 家企业，核定利税增长率，其增量部分税收报批后给予减征或免征。1993 年，全年列入财政支帮促项目 35 个，新增产值 4 亿，新增利税 3500 万元。1994—1995 年，引进和调剂资金 5 亿余元，缓解经济建设资金紧张状况。1996 年，区委作出经济建设扶强扶优发展决策，财政部门制订相应配套政策。1997 年，支持全区实力工程建设，财政预算内基本建设和企业挖潜改造支出比 1996 年增长 136%。1998 年，实施积极的财政政策，减少亚洲金融危机对本区经济影响。1999 年，制订完善加快非公有制经济发展的政策措施，制订落实出口贴息、出口信贷等外贸出口扶持政策，运用财政贴息、税收杠杆扶持重点技改项目。2000 年，财政部门用好财政技改贴息、技改设备投资抵免企业所得税等财政政策，全区工业技改投资比 1999 年增长 80. 3%，全区高新技术产品占区属工业产值达到 20. 7%。2004—2008 年，区财政扶持工业结构调整技术改造项目 100 多个，审核拨付奖励资金 2000 万元，带动企业技改投资 8 亿元。2001—2008 年，区财政涵养资金投放 98310 万元，支持企业科技进步、外向型经济发展、专业市场和工业园区建设。

2001—2008 年镇海区财源涵养资金情况表

表 24－16　　单位：万元

年份	总计	财政资金涵养内容						
		科技资金	人才资金	品牌资金	技术创新	外贸资金	专业市场	园区建设
2001	4660	540	0	0	0	0	0	4120
2002	5600	600	0	0	0	0	0	5000
2003	11100	1300	100	0	700	400	1600	7000
2004	14300	1350	100	100	700	1300	1600	9150
2005	14400	1400	200	100	900	1100	3500	7200
2006	13450	1700	300	150	2300	1000	3300	4700
2007	14700	4300	400	250	300	1000	5400	3050
2008	20100	4500	500	500	1400	1000	7300	4900

第六节　财政监督

1986—2000 年，区财政局财政监督工作由预算股（后改为预算科）负责，对行政事业单位、乡镇及企业财政及经济活动情况进行一年两次检查和一次年审。2001 年成立区财政局财政监督科（与局人事监察科合署），2005 年区财政局财政监督科单独设立。

行政事业单位财务监督

1985—1992 年，开展查处行政事业单位私设“小金库”、滥发奖金、为职工购买煤气瓶等违纪违章行为。1992 年，会同监察、审计、物价、计经委等部门对“三乱”现象实行综合治理，废止 21 项自立收费项目，查处未经授权机关批准罚款 30 项，取消基金项目和集资项目各 1 项，纠正一些超范围、超标准、超权限的滥收滥罚问题；清理整顿统一着装单位，取消 596 人擅自着装、纠正扩大范围着装 168 人，并按规定收取共计 17 万元应由个人负担的着装款。2003 年开展对财政补贴结算工作督查，核减补贴资金 421 万元，开展工会、协会账户清理，开始向部门征收奖励经费调节基金。2003—2006 年，清理追缴拖欠公款 49.9 万元。2007—2008 年，对 4 个行政单位部门预算执行情况检查，督促被检查单位加强财务基础管理，规范财务核算，加强专项资金使用管理。

专项资金监督

2001 年起开展专项资金检查。2003 年，区财政局协同相关部门，对扶贫资金和绿化建设资金专项检查，涉及建设资金总额 22183.35 万元。2004 年，对 4 个专业市场、5 个开发区、33 家享受新产品政策企业，进行 2003 年度财政补贴结算情况检查。2005 年，检查污水处理厂世界银行贷款项目、九龙湖环湖路国债项目、部分国开行及商业银行贷款项目，提出财政监督建议，督促项目实施方落实。2006 年，开展社区卫生服务中心建设经费、畜牧养殖小区建设经费、二期移民安置资金、农机具补助资金等项目检查，提出加强建设资金管理意见。2007 年，开展 2006 年居家养老补助资金、第二次农业普查专项资金、科技资金等 7 个专项资金管理使用情况监督检查，对发现问题提出改正意见。

控制社会集团购买力

1986 年，成立区控制社会集团购买力领导小组，下设办公室（以下简称控办），挂靠区财政局，对社会集团购买力实行指标管理。

1985 年 12 月 26 日，镇海区根据省市规定将原来 31 种专项控制商品改为 14 种，其中小汽车（包括小轿车、吉普车、旅行车、工具车，不包括双座小卡车）、大轿车、录像机（包括摄影机、放像机、编辑机）、空气调节器（窗式、柜式的制冷或制冷制热机）4 种由省控办审批，摩托车（包括轻骑，不包括三轮运输摩托车）、沙发、地毯、沙发床、录音机、照相机和放大机（单价 500 元以上）、大型或高级乐器（单价 300 元以上）、家具（单价 100 元以上的钢、铁、木、藤等制作的各种家具）、呢绒及其制品、纯毛毯等 10 种由区审批。

1989 年，专控商品目录扩大到 32 种，其中小汽车、大轿车、摩托车、空气调节器、录音机和多用机、录像机、照相机和放大机、大型或高级乐器、彩色电视机、电冰箱、电子打印机、电传机、国产 13 种名牌卷烟、国产 13 中名牌酒和进口酒等归省控办审批，沙发、地毯、沙发床、家具、呢绒毛料及其制品、毛毯、洗衣机、各种电取暖电煮水设备、羽绒服、风雨衣、吸尘器、丝绸及其制品、50 元以上各种钟表、100 元以上各种灯具、布匹及其制品、针织机、书写印刷纸等归区控办审批。

1990 年 5 月调整专控商品审批权限。小汽车、大轿车、摩托车、空调器、录像机、彩色电视机、复印机和电子打印机 8 种专控商品报省控办审批；录音机和多用机、照相机和放大机、大型或高级乐器、电冰箱、电传机 5 种专控商品报市控办审批；购买或自制其他 17 中专控商品由区控办审批，同时严禁用公款购买国产 13 种名牌卷烟、国产 13 种名牌酒和进口酒。1991 年，市核定镇海区控购指标 105 万元，汽车 3 辆。是年，对 7 家违反专控规定的单位罚款 15500 元。

1992 年，布匹、针织品、书写印刷纸等部分专项控制商品免予审批，增列微型电子计算器、无线寻呼机和无线移动电话、办公用印刷系列，以及单价在 100 元以上的皮革制品，专控商品改为 29 种。是年，镇海区财税局印发《关于转发市财税局〈征收专控商品附加费的通知〉的通知》，机关、团体、企事业单位、外地驻甬单位及个人，购买 12 种专控商品一律征收附加费。

1993 年 5 月 1 日起，全区专项控制商品调整为小汽车、大轿车、摩托车、录像设备、空调器、各种音响设备、单价在 500 元以上照相机和放大器、无线寻呼机和无线移动电话等 8 种。1994 年，对党政机关小汽车购置进行清理和整顿。1997 年 7 月，根据省控办要求，增加大型医疗仪器和助动自行车 2 项，专控商品增加到 10 项。1999 年，除小汽车审批仍实行指标证制度外，其余项目放开审批。2000 年，小汽车 10 万元 / 辆以上由省控办审批，10 万元 / 辆以下由宁波市控办审批。

财政绩效评价

2005 年，镇海区财政局、科技局共同制定《镇海区科技计划项目绩效评估办法》。2006 年，制定《财政支出绩效评价工作实施意见》，对投入重点企业工程技术中心补助资金、基建资金、环保资金和财政支农资金等项目进行财政绩效评价。其中，2003—2005年补助24家重点企业工程技术中心1340万元，评价后24家企业工程技术中心平均定量得分为48.25分，平均定性得分为76.58分。2007年，印发《2007年度镇海区开展财政支出绩效评价工作实施方案》，制订《镇海区政府投资项目绩效评价暂行办法》《宁波市镇海区清洁生产绩效考评办法（试行）》等评价制度，重点开展清洁生产、生态环保、居家养老服务等五大类项目补助资金绩效评价。其中，对14家清洁生产试点企业绩效评价，平均得分86.7分，最高分为91.75分，最低分为80.5分；定性打分70分以上的有13家。2008年，重点开展蛟川小学、公交候车亭、企业污染治理、小洞岙水库维修加固、城市生态隔离林带等建设项目绩效评价，对卫生部门支出和工业经济政策实施效果进行评价。

第四章　财务管理

2000年前，行政事业财务管理实行“定额管理，核定费用，包干使用，结余留用”的办法。2000年后，实施综合财政预算管理。2001年11月，建立会计核算管理中心，区级机关（事业）单位经费实行集中管理，统一开户，分户核算。2005年6月，行政事业财务相关管理职责从区财政局预算科划出，成立区财政局行政事业财务管理科，统一管理全区行政事业单位财务。

企业财务管理从重视国家与企业的利润分配转为对企业放权让利、支持企业转换经营机制。国企改制任务基本完成后，财政部门对国有企业财务管理，以检查企业财务会计报告质量、实施企业财务评价、监测企业财务运行状况为主要内容。

第一节　行政事业财务管理

工资　津贴管理

1993年工资改革后，实行不同的工资分配管理办法。全额拨款单位，执行国家统一的工资制度和工资标准；差额拨款单位，固定部分（按照工资标准套改表）为60%，活的部分为40%；自收自支单位，固定部分为55%，活的部分为45%，有条件单位实行企业化工资管理。2001年，人员工资分统发工资和自发工资两大块。2001年5月1日起，对44家行政单位实行工资统发，10月1日起对中小学教师实行工资统发。2008年10月1日起，对全区公务员津贴补贴进行规范，各单位不允许发放规定以外的津贴补贴，工作性津贴和目标考核奖通过财政统一发放，机关离退休人员生活性补贴参照宁波市离退休人员生活性补贴标准，对离退休人员发放节日补贴。

公用经费管理

1986年，区财政对行政事业单位公务费、业务费、购置费3项公用经费实行定额包干，年终超支不补。1993年，实行行政经费“分类核定、总额包干、节约有奖、超支不补”的包干办法，（离退休人员经费按实有人数，核定现行开支标准，按实拨给），其中公务费、业务费、购置费、汽车（摩托车）油修费等4项公用经费实行定额包干。后行政事业单位经费实行“预算包干、超支不补、结余留用”。2008年3月1日起，取消机关单位公务用车，实行公务交通费报销（补贴）的公务用车制度，区财政局组织实施205辆参改公务用车的收缴、评估、拍卖处置工作。是年12月18日出台《镇海区本级部门财政拨款结余资金管理办法（试行）》，行政单位人员经费结余原则上在下一年度进行全额统筹，公用经费结余50%进行统筹，项目支出净结余年终纳入财政总预算，项目专项结余可结转下年。至2008年，全区各级机关行政公用经费，以2006年实际发生额和人均费用为基数，实现年‘零增长’的目标。

规范收费票据

1992—1994年，执行省财政厅关于行政事业单位收费、使用、集资、换版票据等各项规定。1997年12月和2004年7月，全省两次对收费票，全面换版，区财政局对全区行政事业单位票据全面清理，对新版票据严格监督和统销。2005年出台《镇海区财政票据管理办法》，票据管理达到规范化、制度化。2008年1月1日起使用新版财政票据，3月31日财政老版票据一律停用，并开展全区财政票据专项检查。

会计核算管理

2001年以前，区行政事业单位财务管理由各单位分别核算。2001年11月，成立区会计核算管理中心，隶属区财政局，定编12名，经费全额拨款，区票据管理中心并入镇海区会计核算管理中心。2002年11月，区本级一级、二级预算单位资金纳入核算中心集中结算。2003年9月至2004年9月，先后成立教育、卫生、农业局系统会计核算中心，实行资金集中结算和会计集中核算。2008年年底，全区进入核算中心单位89家。

第二节　企业财务管理

国有企业财务管理

1986年后逐步推行企业承包经营责任制，推行工资总额同经济效益挂钩（以下简称工效挂钩）。其中，国有小型商业企业开始推行改、转、租、并（包括商办企业、饮食服务业等企业）的改革，实行国家所有、集体经营、照章纳税、自负盈亏，企业由原执行国营商业会计制度，改为执行集体商业会计制度。1993年，实施《企业财务通则》《企业会计准则》《工业企业财务制度》和《工业企业会计制度》。1997年，对改制企业资产核销、提留、剥离等财务处理作出规定。2001年国有企业改制任务基本完成，财政部门对国有企业财务管理，以检查企业财务会计报告质量、实施企业财务评价、监测企业财务运行状况为主要内容。

外贸企业财务管理

1988年前，地方外贸企业财务隶属于中央财政，统收统支、统负盈亏。1988年起，外贸企业下放到地方，企业财务与地方财政挂钩，对国家下达的出口计划、出口收汇、上缴外汇额度、出口收汇基数内补贴实行承包经营责任制。国家对外贸企业实行“不挤不让”政策，实现利润全部留给企业，并按利润一定比例转增自有流动资金，其余除上缴15%能源交通建设基金和10%预算调节基金外，60%净利润用于发展生产，20%用于职工福利，20%用于职工奖励。外贸企业每1美元出口收汇，给予2分人民币和1美分外汇额度奖励，并在外贸企业利润分配中提取；生产和供货企业，每一美元出口收汇，奖励5分人民币，列入外贸企业成本，由外贸企业付给生产、供货企业。

1990年，外贸企业实行工资总额与实现利润和出口收汇复合挂钩。不久改为工资总额与实现利润挂钩、与收汇利润挂钩，财务管理从鼓励出口规模与效益并重向安全收汇和经济效益为中心转变。1994年1月，未实行“利改税”的外贸企业征收企业所得税，税率33%，利润较少企业，实行两档照顾税率，分别为18%和27%，税后留利的60%转为盈余公积金用于企业发展，40%转为公益金用于职工集体福利，取消外贸企业单项留利的各项收入。“八五”计划期间继续实行单项留利政策，取消外汇分成，外汇双轨制并轨。

外商投资企业财务管理

1988年起，外商投资企业执行《中外合资经营企业所得税法》《外国企业所得税法》。1991年7月1日起，执行《外商投资企业和外国企业所得税法》。1994年税制改革后，外商投资企业和外国企业所得税划归镇海区国税局征收和管理。

第三节　专项资金财务管理

支农资金财务管理

1998年，市农业综合开发办公室批准城关镇旱地综合开发项目、农业综合开发多种经营项目和贵驷镇、城关镇、河头乡农业开发土地治理项目，并获中央及市级财政补助资金210万元，有偿资金150万元。1999年，开展农业综合开发项目调研、申报、资金管理和考核验收工作。2001年起，农业开发项目财政无偿资金实行区级报账制，建立区农业综合开发报账资金专户，实行专人专账管理，完善项目工程承包合同标准文本；多种经营项目财政有偿资金实行委托贷款制，制订委托贷款操作程序，完善委托贷款担保制度，降低财政有偿资金的贷款风险。2003年起，建立项目工程质量监督和监理制度，加强项目工程财务管理。1998—2005年区财政农业综合开发支出资金4892.61万元，其中中央财政资金1469万元（有偿资金403万元）、市级财政资金1847万元（有偿资金364万元）、区级财政资金1576.61万元（有偿资金300万元），同时镇（街道）、村及单位自筹配套资金3892.12万元，合计土地治理项目投入资金5057.08万元，多种经营项目投入资金3727.65万元。1986—2008年，区财政支农资金40364.64万元，农林水费项目建设总支出42678万元。其中，甬江标准塘建设工程，累计支出资金13755万元，其中市财政补助6780万元，区财政支出6975万元；2003年开始对全区325千米河道进行全面整治，总投入资金9115万元，其中区财政投入7068万元；生态林带建设总投资14674万元，其中区财政投入7676万元；畜禽养殖污染整治工程，总投入1300万元，区财政下拨资金614万元。

1986—1994 年镇海区财政支农资金支出情况表

表 24－17　　单位：万元

序号	支出项目	年份								
		1986	1987	1988	1989	1990	1991	1992	1993	1994
	支农资金总计	152.4	121.9	290.3	261.4	393.1	535.6	457	924	821
农业生产支出	一、农业生产支出小计	105.4	74.6	206.7	181.3	293	427.2	367	787	669
	1. 农田水利·水土保持	42.5	26.2	38.6	58.3	114.2	166.5	88	82	102
	2. 农村生产合作组织	50.2	39.8	48	47.7	80.3	92.9	110	433	233
	3. 农技推广·植物保护	—	6.1	1.4	—	—	—	1	4	—
	4. 农村造林·林业保护	2.6	1.8	2.4	2.5	8.7	3.6	8	3	15
	5. 农村草场·畜禽保护	—	0.7	—	—	—	—	—	—	—
	6. 农村水产	10.1	—	—	—	—	—	—	—	—
	7. 农业综合开发	—	—	—	—	—	—	—	—	—
	8. 农业发展专项资金	—	—	116.3	60.4	69	164.1	160	265	319
	9. 粮食生产专项资金	—	—	—	11.4	20.8	0.1	—	—	—
	10. 粮食自给工程资金	—	—	—	—	—	—	—	—	—
事业部门支出	二、事业部门支出小计	47	47.3	83.6	80.1	100.1	108.4	90	137	152
	1. 土地管理事业费	—	—	—	1.4	1.5	2.3	2	4	5
	2. 农业资源调查区划费	0.5	0.1	0.1	3.6	8.5	0.3	—	—	—
	3. 农业	25.7	27.4	34.7	34.4	44	39.2	34	56	70
	4. 畜牧业	4.8	3.2	4.2	5.7	4.8	4.9	6	6	8
	5. 农机	4.4	5	11.6	7.5	6.6	7.2	9	13	20
	6. 林业	1	1.2	2.2	1.9	1.7	5	4	5	6
	7. 水利	7.2	7.2	27.2	18.8	27.9	41.9	26	41	30
	8. 水产	3.1	3.2	3.6	3.6	4.5	5.6	7	11	12
	9. 气象	—	—	—	—	—	—	—	—	—
	10. 其他农林水事业费	0.3	—	—	3.2	0.6	2	2	1	1

1995—2002 年镇海区财政支农资金支出情况表

表 24 - 18

单位：万元

序号	支出项目	年份							
		1995	1996	1997	1998	1999	2000	2001	2002
	支农资金总计	353	1015	1454	1854	2207	3702	4361	4112
农业生产支出	一、农业生产支出小计	149	525	714	1031	1772	2647	3789	3376
	1. 农田水利水土保持	26	33	94	49	165	386	367	316
	2. 农村生产合作组织	43	408	303	299	952	1605	2760	1207
	3. 农技推广・植物保护	33	17	—	13	35	55	176	180
	4. 农村造林・林业保护	44	62	60	153	141	58	245	659
	5. 农村草场・畜禽保护	—	—	—	—	1	—	15	82
	6. 农村水产	3	5	2	10	55	17	16	37
	7. 农业综合开发	—	—	—	180	349	522	207	895
	8. 农业发展专项资金	—	—	—	—	—	—	—	—
	9. 粮食生产专项资金	—	—	—	—	—	—	3	—
	10. 粮食自给工程资金	—	—	255	327	74	4	—	—
事业部门支出	二、事业部门支出小计	204	254	314	823	435	425	572	736
	1. 土地管理事业费	7	8	11	52	37	16	24	25
	2. 农业资源调查区划费	—	—	—	—	—	—	—	—
	3. 农业	96	121	145	154	209	191	291	426
	4. 畜牧业	10	12	11	10	13	15	26	28
	5. 农机	24	29	37	47	70	43	107	112
	6. 林业	6	21	11	22	18	18	20	11
	7. 水利	42	45	52	477	66	108	75	84
	8. 水产	19	18	22	17	19	32	16	9
	9. 气象	—	—	—	—	—	—	4	21
	10. 其他农林水事业费	—	—	25	44	3	2	8	20

2003—2008 年镇海区财政支农资金支出情况表

表 24－19 单位：万元

支出项目		2003	2004	2005	2006	2007	2008	合计
农业支出	总计	5050	4857	4200	2734	4360	5512	26713
农业支出	农业支出小计	2985	4284	2966	2342	3495	3643	19715
农业支出	1. 行业管理	1973	3650	2351	2232	2862	3081	16149
农业支出	2. 自然灾害救助	—	11	20	—	20	4	55
农业支出	3. 农业生产资料补贴	97	25	1	—	63	17	203
农业支出	4. 农业资源和环境保护	31	—	—	—	—	—	31
农业支出	5. 土地管理	25	56	89	—	—	—	170
农业支出	6. 农业综合开发	629	286	5	5	—	—	925
农业支出	7. 其他农业支出	230	256	500	105	550	541	2182
林业支出	林业支出小计	1356	410	219	217	334	1351	3887
林业支出	1. 行业管理	68	58	49	58	118	166	517
林业支出	2. 森林救灾	17	86	19	26	36	11	195
林业支出	3. 天然林保护	—	—	—	—	—	—	—
林业支出	4. 森林生态效益	—	—	27	128	—	3	158
林业支出	5. 造林	1271	246	110	3	—	7	1637
林业支出	6. 防沙治沙	—	—	14	—	—	—	14
林业支出	7. 其他林业支出	—	20	—	2	180	1164	1366
水利和气象支出	水利和气象支出小计	709	163	1015	175	531	518	3111
水利和气象支出	1. 行业管理	85	99	121	135	384	257	1081
水利和气象支出	2. 防汛抗旱	20	—	—	—	—	—	20
水利和气象支出	3. 水利建设	585	30	869	40	147	261	1932
水利和气象支出	4. 气象支出	19	34	25	—	—	—	78

财政性基建资金财务管理

1989 年根据财政部、中国人民建设银行规定，中国人民建设银行镇海区支行代行基本建设财政职能。1996 年建设银行转为商业银行，区财政局从建设银行镇海区支行收回基本建设财务管理职能，先后由预算科、行政财务科负责。1997 年，区政府制定出台《财政性基本建设资金管理暂行办法》《财政性资金投资基本建设项目管理办法》。2006 年 6 月，区政府印发《镇海区公共建设服务中心工程项目代建管理暂行办法》。2007 年 2 月，区财政局设立基本建设财务管理科，负责政府投资项目财政财务监督管理。2008 年，修订完善《镇海区政府投资项目管理办法》，明确各部门职责，区财政局负责政府投资项目资金财务活动监督管理。

2006 年，改变建设资金由财政局按计划、预算、合同和施工进度拨付给建设单位、再由建设单位支付给施工服务企业办法，由财政局按计划、合同和施工进度直接支付给施工服务企业，当年直接支付项目 23 个，直接支付金额 8161 万元，占所有项目总支出 47%。2007 年财政直接支付项目 33 个，直接支付金额 15440 万元，占所有项目总支出的 66%。2008 年财政直接支付项目 52 个，直接支付金额 23573 万元，占所有项目总支出的 85%。

1997 年开始，区财政局开始参与基本建设项目的论证、可行性研究、初步设计评审、投资计划调整审查、招投标监督管理、设计变更审查和竣工验收，包括基本建设项目资金来源审查、投资估算、设计概算、施工图预算和竣工财务决算审批等。先后对老城功能提升改造工程、新城主干道 BT 项目一期工程、城镇村庄截污工程、中小学校舍抗震加固改造工程、卫生基础设施工程、宁波帮博物馆、防空博览园等重点项目建设，实行全过程财政投资评审试点，尝试基建支出绩效评价。

国有土地出让金财务管理

2001 年，土地出让收入按照地方非税收入收缴管理制度有关规定执行，实行收支两条线。2006 年遵照《宁波市国有土地使用权出让金管理暂行办法》，土地出让金不再缴入财政预算外资金专户，统一缴入区土地出让金财政专户。区财政局在全市率先开发土地出让信息化系统管理软件，并设“合同管理”“支出管理”模块，土地出让金管理各个环节纳入计算机网络管理。2007 年，土地出让收支统一纳入到地方基金预算管理，国有土地出让总价款全额缴入地方国库，支出通过地方基金预算从国有土地出让总价款中予以安排。

社会保障资金财务管理

1998 年 5 月，社会保险经办机构和财政部门在同一国有商业银行开设 3 个专用账户，其中财政部门开设“社会保障基金财政专户”，社会保险经办机构开设“基本养老保险基金收入户”和“基本养老保险基金支出账户”，按各自开户用途履行职责。1999 年 6 月，规定全区所有社会保险基金纳入财政专户，实行收支两条线管理，社会保障基金财政专户会计核算统一执行财政部《财政总预算会计制度》。是年 9 月，区财政局在镇海交通银行开设社会保障基金财政专户，各主管局分管的社保基金上划到财政专户。2001 年社保专户共 13 个项目纳入电脑系统软件管理，至 2005 年 4 月进入社保专户核算社保项目 31 个。是年 5 月 1 日，镇海区城镇职工社会基本养老保险、城镇职工基本医疗保险、失业保险、生育保险、工伤保险上划市财政管理。2008 年全区进入财政专户的社保项目 47 个，主要有城镇居民养老保障、被征地人员养老保障、新型农民养老保障、事业养老保险、新型农村合作医疗、城镇居民医疗保障、最低生活保障、抚恤社救、居民医疗救助、就业再就业专项资金、社会保险风险基金等，社会保障基金收入 35903 万元，支出 28117 万元，历年结余 80897 万元。

财政周转金财务管理

财政周转金始于 20 世纪 60 年代流动资金无息贷款、小型农田水利贷款等，1996 年暂停提取财政周转金。1999 年根据宁波市财政局部署，对财政周转金进行为期 3 年的整顿清理。至 2002 年 4 月底，财政周转金来源为 3504 万元，其中各类基金 1739 万元（预算挖革改资金 502 万元、农财支农周转金489万元、企财技改基金560万元、税政技改基金188万元)，各专户资金1665万元（农税专户405万元、综合专户530万元、财开专户450万元、政府专项资金专户280万元)，其他来源100万元。财政周转金占用为3504万元，其中周转金放款1401万元（预算放款480万元、农财放款397万元、企财放款441万元、税政放款83万元)，各专户往来借款1385万元，银行存款718万元。经清理，3家单位归还欠款58万元，26家单位报批核销1324万元，各财政所借款1434万元同意转账处理，通过财政体制结算逐年扣还。清理后周转金专户结余资金654万元，转入政府专项资金专户。

外债管理

2008年8月，区政府与市政府签订世界银行贷款项目，转贷资金1530万美元（折合人民币12668万元)，为期20年，专项用于宁波市镇海污水处理厂及配套管网工程。区财政局为债务负责人，承担外债还本付息担保责任。2004—2008年，累计支付利息及承诺费140.42万美元（折合人民币1034.91万元)。2009年起开始还本。

第四节　会计事务管理

1990年2月，按照《浙江省会计工作管理方法》，企事业单位的总会计师、会计机构负责人、会计主管人员的任免，由主管部门考核，区财政部门同意。1993年7月起，全区实施财政部《企业会计准则》、《企业财务通则》及10个行业财务制度、会计制度。是年，举办120期专题培训班，全区财税干部和企业财会人员及企业负责人6013人参加。2000年，举办新《中华人民共和国会计法》和财政部《会计基础工作规范》培训班80期，参加人数5355人，顺利完成新旧会计制度转换。2005年1月1日，实施《农村集体经济组织会计制度》和《民间非营利组织会计制度》。2006年财政部修订《企业会计准则》，2007年1月1日率先在上市公司实施。

会计证管理

1989年，对已取得会计员以下专业职务任职资格和具有财政类大中专学历（含具有大中专专业证书)、从事会计工作10年以上的会计人员免考发证，其他人员参加省统考合格后发证。2001年7月起，对具备教育部门认可的财会中专（含中专）以上学历的，可直接申请会计从业资格证书，毕业后两年内尚未申请和不具备会计专业毕业条件的，必须参加会计从业资格考试，成绩合格后方可领取会计证。2005年3月，对具备教育部门认可的财会中专（含中专）以上学历的也必须参加一课“财政法规”考试，合格后才能取得会计从业资格证书。至2008年会计从业资格考试报名达到2400人，考试合格率在50%左右。

1994年起实行会计证定期换证制度，分别于1994年、1997年、2002年和2006年进行换证。1997年起会计证实行每年一次定期年检，2000年7月1日起会计证年检改为两年一次，2005年3月取消。

2004年12月，实施会计从业资格证书“继续教育确认登记”工作。2005年按照财政部《会计从业资格管理办法》和《会计人员继续教育》相关规定，镇海区的会计人员继续教育工作由镇海区社区学院承担。2005—2008 年，镇海社区学院共对 17400 余人次进行继续教育培训。

2006 年起，对全区会计人员建立健全管理档案，至 2008 年年底共完成 8090 名会计持证人员会计档案建档工作，占会计人员数 95%。

会计专业技术资格考试

1992 年前，会计人员技术资格由评审产生。1992 年，会计员、助理会计师和会计师实行三个级别全国统考。1999 年起，会计员、助理会计师合并为一个级别，实行两个级别考试。2003 年，高级会计技术资格评审由单一评审改为考试与评审相结合，每年一次。至 2008 年，全区获得高级专业技术资格 35 人（包括驻镇大工程单位），中级技术资格 640 人，初级技术资格 2124 人，分别占会计总数的 0.5%、7.9%和 26%。

会计行政许可

2003 年按照财政部《代理记账管理办法》，区财政部门核发宁波市金穗税务师事务所镇海缔益分所代理记账许可证。2005 年起，实行代理记账单位年度登记检查。2007 年根据《中华人民共和国行政许可法》和区委《关于深化行政审批制度改革实施行政许可职能归并的意见》，确定区财政局行政许可内容为会计从业资格证书核发和会计代理记账机构审批。同时设立行政许可科，与会计管理科合署办公。2008 年，共有 7 家单位取得代理记账资格。

（责任编辑　孟福成）

第二十五编　税　务

本编目录

1983—1984 年分两步进行国有企业利改税，开征土地使用税。1991 年开征固定资产投资方向税，停止征收建筑税。20 世纪 90 年代初，取消产品税，绝大部分改征增值税。1994 年，工商税制全面改革，统一内资企业所得税，建立以增值税为主，与消费税、营业税、资源税协调配套的流转税制，国家和地方实行分税制。2001 年后，实行“费改税”改革，取消农业税，合并内外资企业所得税，以及其他税制改革。

1994 年前，工商税由区财税局征管。1994 年国家实行分税制，税收收入划分为中央税、地方税、中央与地方共享税 3 部分，税收征收管理体制也作相应改革。中央税和共享税由国税局征收，地方税由地税局征收，农业税类由财政部门收取。2002 年，国家实施所得税收入分享改革。

1994 年 9 月建立区国税局，由宁波市国税局垂直管理，1995 年 1 月正式行国税征管职能，设税务稽查大队、城关税务所、庄市（贵驷）税务所、骆驼（澥浦）所、涉外税务所。1997 年 6 月，撤销税务稽查大队、城关税务所、骆驼（澥浦）税务所、涉外税务所（科），建立城关税务分局、骆驼税务分局和税务稽查分局，建立区国税局税务计算中心。1998 年 4 月 1 日，撤销国税庄市（贵驷）税务所。2001 年 6 月，撤销国税城关税务分局、骆驼税务分局和税务稽查分局，设征收局、管理局（涉外税收管理分局）和稽查局，及国税局信息中心（事业编制）。

2005 年 1 月，镇海地税局成立，由宁波市地税局垂直管理。镇海区财政税务局税征科、征收管理科、计划会计科和下属 4 个分局归属区地税局，办公室、人事监察科、计算机信息管理中心等综合科室人员各按 50% 划分，其中划入地税局在职人员 87 人、退休人员 5 人。

第一章 工商税源 基金及附加

1984年10月至1993年，国家工商税源共有流转税、资源税、所得税、特定目的税和财产行为税5个大类21个。1994年，国家税制全面改革，镇海开征的工商税种减少到14个。在流转税中，取消产品税，绝大部分改征增值税，对一些限制发展的行业和烟酒、成品油、汽车、高档家电等，在征收增值税后再征收消费税。分解营业税，除旅游、饮食服务、交通运输、建筑安装行业继续征收营业税外，商业批发、零售环节和公用事业、加工、修理修配、典当等行业改征增值税。改工商统一税为增值税、消费税和营业税。在所得税类中，改变以往企业按所有制性质征税的办法，统一征收企业所得税。将城市个体工商所得税、个人收入调节税和个人所得税合并为个人所得税。对资源税、特别目的税、财产税、行为税作大幅度调整，扩大资源税的征收范围，开征土地增值税，取消盐税、奖金税、集市交易税等7税种。2002年起停征农业税。

1994年实行分税制财政管理体制后，国家税务局征收的税种为增值税、消费税，铁道部门、银行、保险公司缴纳的部分营业税，中央企业所得税、地方和非银行金融企业所得税，企业所得税（2002年1月1日后新设立的企业），外商投资企业和外国企业所得税，储蓄存款利息个人所得税，证券交易印花税、海洋石油企业缴纳的资源税，车辆购置税等。地方税务局征管的主要税种有营业税（除银行、铁路、保险集中缴纳部分），企业所得税（不含地方金融企业）、个人所得税、城镇土地使用称、固定资产投资方向调节税、城市维护建设税、房产税、车船使用税、土地增值税、印花税、资源税、屠宰税；财政部门征收的农业税类有农业税、农林特产税、契税、耕地占用税。至2008年年底，镇海区国家税务局征收的税种5个，镇海地方税务局征收的税种10个。

到2008年，镇海区主要税源有流转税、所得税、资源税、特定目的税四大类，以及财政代收农业“四税”（农业税、农林特产税、耕地占用税、契税）和地方税务局征收的基金、费、附加，共11个。

第一节 流转税

增值税

1982年12月，浙江省对机器机械、农业机具、电风扇、缝纫机等试行征收增值税。1984年，增值税分设12个税目，税率6%～16%，分6级。1986—1988年，税目由12个扩大到31个，设12个税率，最高45%，最低8%。1994年1月1日起，实行《中华人民共和国增值税暂行条例》，增值税推行到工业生产、流通领域、劳务加工和修理修配业，设置17%基本税率和13%低税率，小规模纳税人销售货物或应税劳务的税率为6%。从1998年7月1日起，商业企业小规模纳税人的增值税征收率由6%调减为4%。1986—2008年，征收增值税91.57亿元。

消费税

1989年2月省内开征彩色电视机、小轿车特别消费税。1994年1月起全面开征消费税，消费税分5类11种。1995—2008年，征收消费税3092万元。

营业税

1984年10月1日起征，设置税目11个，税率分别为3%、5%、10%、15%的四档比例税率和5%～10%的弹性比例税率。征税范围包括商业、物资供销、交通运输、建筑安装、金融保险、邮电通信、公用出版社、娱乐业、加工修理业和其他服务业。1994年，营业税以交通运输业、建筑业、金融保险业、邮电通信业、文化体育业、娱乐业、服务业提供的应税劳务，以及转让无形资产或销售不动产的应税行为为征税对象，设9个税目，采用3%、5%和5%～20%的比例税率，镇海区娱乐业税率为20%。从1997年起，金融保险业营业税税率调整为8%，其中提高的3%部分由国税机关征收。从2001年起，金融保险业营业税税率每年下调一个百分点，至2003年金融保险业的营业税税率为5%。2001年10月1日起，农村信用社减按5%的税率计征营业税。1995—2008年，地税机关征收营业税282548.5万元，国税机关征收5845万元，合计征收营业税288393.5万元。

工商统一税

工商统一税征税对象为中外合作经营、中外合资经营和外商独资企业，1994年后并入增值税。1989—1993年，共征收560万元。

产品税

1984年10月起征。1986年部分产品陆续改征增值税，至1988年年底产品税征税范围从原来的270个税目减至96个税目。至1993年年底，征收产品税只有烟、酒、电力热力、气体、成品油、化工及农林牧水产品等7类。1994年起产品税取消。1986—1993年，共征收3049万元。

第二节　所得税

国营企业所得税

1983年起，国营企业上缴利润改征所得税。大中型企业适用55%的固定比例税率，小型企业和县以上供销社按八级超额累进税率征税，饮食服务企业和营业性宾馆、饭店、招待所等按15%税率征税。1994年起停征，改按《中华人民共和国企业所得税暂行条例》执行。1986—1993年，共征收2832万元。

国营企业调节税

1983年起开征。1984年9月执行国务院颁布《国营企业调节税征收办法》。1986年起，为增强国营大中型企业发展后劲，逐步实行减免。1994年1月1日停征，改按《中华人民共和国企业所得税暂行条例》执行。

集体企业所得税

1985 年 4 月，国务院颁发《集体企业所得税暂行条例》，次年 1 月 1 日起实施，按新的八级超额累进税率纳税，税率为 10% ~55%。1994 年 1 月起废止，改按《中华人民共和国企业所得税暂行条例》执行。1986—1993 年，共征收 7656 万元。

城乡个体工商户所得税

1986 年 1 月，国务院发布《城乡个体工商户所得税暂行条例》，采用十级超额累进税率加成征收。1994 年 1 月 1 日起，城乡个体户所得税并入个人所得税。

私营企业所得税

1988 年 6 月，国务院颁发《私营企业所得税暂行条例》，同年 1 月 1 日起实施，依照 35% 的比例税率征收。1994 年 1 月 1 日废止，改按《中华人民共和国企业所得税暂行条例》执行。1989—1993 年，共征收 82 万元。

中外合资经营企业所得税

1980 年 9 月开征。中外合资企业将分得的利润汇出国外的外国经营者为纳税义务人，税率 30%，另附征 10% 地方所得税。《中华人民共和国中外合资经营企业所得税法》于 1991 年 7 月 1 日废止，改按《外商投资企业和外国企业所得税法》执行。

外国企业所得税

1982 年起征，实行五级超额累进税率。《中华人民共和国外国企业所得税法》于 1991 年 7 月 1 日废止，改按《外商投资企业和外国企业所得税法》执行，税率为 30%，地方所得税税率为 3%，合计为 33%。

企业所得税

1994 年 1 月 1 日起开征。各种经济性质的企业（除外商投资企业和外国企业外）均为纳税义务人。企业所得税税率为 33%。2008 年，《中华人民共和国企业所得税法》和《企业所得税法实施条例》颁布，从 2008 年起中国境内企业和其他取得收入的组织统一征收企业所得税，税率为 25%。1995—2008 年，全区共征收企业所得税 327786. 1 万元。

个人收入调节税

1987 年 1 月 1 开征。镇海区按六类地区计税基数 100 元核算，纳税人月综合收入（包括工资薪金收入、承包转包收入、劳务报酬收入、财产租赁收入）超过地区计税基数 3 倍以上的部分，以超倍累进税率按月计征个人收入调节税。超倍累进税率分 5 档，最低税率为 20%，最高税率为 60%。1994 年 1 月起，个人收入调节税和城乡个体工商户所得税并入个人所得税。

个人所得税

1980 年 9 月 10 日起开征。1994 年 1 月 1 日起，将个人收入调节税和城乡个体工商户所得税并入个人所得税，国家历经五次修正，规定对十一项个人所得征税，分别为：工资薪金所得，个体工商户的生产、经营所得，对企事业单位的承包承租经营所得，劳务报酬所得，稿酬所得，特许权使用费所得，财产租赁所得，财产转让所得，偶然所得，经国务院财政部门确定征税的其他所得。

储蓄存款利息所得个人所得税

储蓄存款利息所得税，按税率20%征收。储蓄存款利息所得，按照每次取得的利息全额计征个人所得税。个人储蓄存款在1999年10月31日前滋生的利息不征税，在1999年11月1日后滋生的利息，依法计征个人所得税。1995—2008年，全区共征收个人所得税51870.3万元。

第三节 资源税

资源税

1984年10月起开征。2005年1月1日起，宁波市规定开征建筑用石资源税，按产品销售收入利润率超额累进税率征收。镇海区石资源颇少，2006—2008年共征收493.1万元。

城镇土地使用税

1994年镇海区城镇土地按五、六、七级标准征收，每平方税额分别为0.6元、0.4元、0.3元。2005年1月1日起土地等级重新划分，按新标准的三、四、五级征收，每平方米税额分别为3元、2元、1元。1995—2008年，全区共征收城镇土地使用税19637.9万元。

土地增值税

1994年起，对转让国有土地使用权、地上建筑物及其附着物并取得收入的单位和个人征收土地增值税。1997—2008年，全区征收土地增值税5527万元。

第四节 特定目的税

建筑税

1987年7月，施行《建筑税暂行条例》，实行差别税率，税率分10%、20%、30%。镇海区1987年开征，1991年停征。

固定资产投资方向调节税

1991年开征，2000年1月停征。根据国家产业政策和项目规模实行差别税率，分为0%、5%、10%、15%、30%五档。1995—2008年，镇海区固定资产投资方向调节税收入1275.1万元。

城市维护建设税

1985年1月1日起征。凡缴纳产品税、增值税、营业税的单位和个人为纳税义务人，纳税人在市区的，税率为7%；在县城、镇的，税率为5%；在镇以下的，税率为1%，“三资”企业不征收城市维护建设税。1994年，城市维护建设税按新颁发实施的增值税、消费税、营业税三税税额为计征依据征收。2006年7月1日起，在镇海区缴纳增值税、消费税、营业税的单位和个人（除三资企业），适用税率均为7%。1986—2008年，全区城市维护建设税收入11645万元。

奖金税

1985年开征，国营企业、集体企业、事业单位为奖金税征收范围。1994年1月1日取消奖金税。

印花税

1988 年 8 月，国家开征印花税。镇海区于同年 10 月 1 日起执行，设置 13 个税目，分比例税率和定额税率两种。1995—2008 年，全区印花税收入 12323.8 万元。

屠宰税

1986 年 5 月，屠宰税税额猪每头 5 元，附征生产稳定基金 2 元；菜牛每头 7 元，附征生产稳定基金 3 元；绵羊每头 1 元，附征生产稳定基金 0.5 元；山羊每头 0.6 元，附征生产稳定基金 0.3 元。1994 年，按头（只）定额征收，牛每头 14 元，猪每头 10 元，羊每头 2 元，不再征收生产稳定基金。2002 年停征。1995—2002 年，全区征收屠宰税 181.4 万元。

房产税（城市房地产税）

1986 年 10 月 1 日起开征。1995—2008 年，全区共征收房产税 26271 万元。

车船使用税（含车船使用牌照税）

1986 年 10 月 1 日起，车船使用税采用定额税率，税额：机动船按船舶吨位计税，每吨 1.20 ~ 5.00 元/年；非机动船，每吨 0.60 ~ 1.40 元/年；客车按座位数计税，每年每辆 100 元 ~ 200 元；货车 40 元/年・吨，摩托车 20 ~ 80 元/年・辆，非机动车 6 ~ 10 元/辆・年。1995—2008 年，全区车船使用税收入 2146.8 万元。

牲畜交易税

1983 年 1 月 1 日起恢复征收牲畜交易税，税率为 5%。以购买方应付的全部价款为计税依据。1994 年 1 月 1 日起，取消牲畜交易税。

车辆购置税

2005 年 1 月 1 日起由国税部门征收。车辆购置税的征收范围为汽车、摩托车、电车、挂车、农用运输车（包括购买、进口、自产、受赠、获奖或者以其他方式取得并自用应税车辆的行为），实行从价定率的办法计算应纳税额，税率为 10%。2005—2008 年，征收车辆购置税 1552 万元。

第五节 农业“四税”

农业税

以征收粮食为主。1958 年执行《中华人民共和国农业税条例》，实行比例税制。根据土地自然条件，当地耕作水平和正常年景亩产评定计税产量，按照规定税率计征。其间，按政策规定，实施农业税优待、减免，分社会减免、灾情减免、政策性优待减免。2003 年采取“空转”办法，缓征农业税。2004 年 1 月 1 日起停止征收。1986 ~ 2003 年，镇海区农业税征收稻谷总计 89545877 公斤，减免 4580843.2 公斤，其中灾情减免 460000 公斤。

农林特产税

1983 年 11 月，国务院下发《关于对农林特产收入征收农业税的若干规定》，对园艺收入、林木收入、水产收入等征税，税率一般为5% ~10%，纳入全国统一税制。1984 ~1988 年，浙江省相继对珠蚌、珍珠、对虾、柑橘、西瓜、淡水鱼、花卉、售苗木、制茶等产品收入开征农林特产税。1989 年，国务院发出《关于进一步做好农林特产农业税征收工作的通知》，凡属规定的应税产品收入，必须依法全面征收，实行统一税种。1994 年 1 月，改称农林特产农业税，简称“农林特产税”，2004 年 1 月 1 日起停止征收。1986—2003 年，全区累计征收农林特产税 206. 76 万元。

耕地占用税

1987 年 4 月 1 日开征，浙江省耕地占用税每平方米均税额 6 元，折合每亩平均税额 4000 元。1989 年 1 月 1 日起，耕地占用税收入 30% 上缴中央，70% 留地方，留地方部分上缴省财政 10%。1992 年，省财政厅调整耕地占用税标准，宁波市每平方米 10 元（每亩 6600 元）。耕地占用税收入中央与地方分成各为 50%，留地方部分上缴省财政 10%。1994 年，耕地占用税收入全部留给地方。1987—2008 年，镇海区实征耕地占用税 18945. 67 万元。

契税

1997 年 10 月 1 日，实施《中华人民共和国契税暂行条例》，浙江省契税税率为 3%。其中，1997 年 10 月 1 日前发生的应纳税行为，仍按原税率 6% 计征；房屋所有权转移在 1997 年 5 月 1 日至 1997 年 9 月 30 日之间的，按实际成交价 6% 计征，其中 3% 的部分由地方补贴；房屋所有权转移发生在 1997 年 10 月 1 日至 1999 年 7 月 31 日之间的，按 3% 征收；房屋所有权转移发生在 1999 年 8 月 1 日以后的，享受减半征收优惠政策。1986—2008 年镇海区共征收契税 52581. 23 万元。

1986—2008 年镇海区农业“四税”征收情况表

表 25 – 1

年份	一、农业税（公斤）					二、农林特产税（万元）	三、耕地占用税（万元）	四、契税（万元）
	计税面积（公顷）	计税产量	计征	实征数	其中：现粮			
1986	9207. 87	84601089	10071380	10021600	5938040	0	0	75
1987	9157. 47	42105244	5007428	4982150	3224064	2. 15	284. 77	88
1988	9121. 33	41925905	4985026	4985026	3211076	2. 88	0	93
1989	9085	41746575	4962824	4940058	3200078	3. 63	130. 06	96
1990	9066. 73	41658527	4952417	4809988	3085565	7. 84	91. 33	111
1991	9040. 93	41527434	4936414	4884612	2989889	8. 25	429. 91	0
1992	8976. 67	41219946	4900205	4579187	3119945	7. 49	463. 83	0
1993	8883. 33	40785476	4849125	4659409	—	5. 27	133. 98	20. 17
1994	8752. 4	40174571	4776126	3824876	3674020	26. 11	334. 03	32. 56
1995	8628. 6	39603896	4708044	4604544	2761289	11. 34	320. 21	98. 31
1996	8337. 87	38271527	4549263	4497709	3200129	10. 29	749. 81	284. 45
1997	8267. 13	37934509	4507822	4459432	—	7. 4	184. 16	401. 72

续表 25－1

年份	一、农业税（公斤）					二、农林特产税（万元）	三、耕地占用税（万元）	四、契税（万元）
	计税面积（公顷）	计税产量	计征	实征数	其中：现粮			
1998	8206.87	37670842	4477411	4425730	—	21.11	181.49	942.26
1999	8184.67	37584917	4468936	4427782	—	20.86	283.54	1018.67
2000	8170.53	37547563	4460391	3612968	1690272	24.75	276.81	1098.53
2001	8163.13	37516369	4456808	3377270	—	24.61	240.41	1388.26
2002	7822.8	35881460	4268855	3734060	—	22.39	1075.43	2507.47
2003	7709.93	35359782	4207403	4138633	—	0.39	3275.90	3725.83
2004	—	—	—	—	—	—	2120.00	5600.00
2005	—	—	—	—	—	—	4163.00	6365.00
2006	—	—	—	—	—	—	1341.00	7671.00
2007	—	—	—	—	—	—	1696.00	8030.00
2008	—	—	—	—	—	—	1170.00	12934.00
合计	154783.26	753115632	89545877	84965034	36094367	207	18946.00	52581.00

说明：2004 年起农业税和农林特产税分别实施免征和停征政策

第六节 基金及附加

镇海区征收的基金、费及附加，按征收使用分类有水利建设专项资金、教育费附加、粮食附加、代征收基金和其他基金共 5 大类。其中代征收基金有社会保险基金（职工养老保险基金、失业保险费、医疗保险费、职工工伤保险费、生育保险费）、义务兵优待金、残疾人就业保障金。1995—2008 年共征收各类基金、费及附加累计 346347.9 万元，其中代征收基金 263009.2 万元。

水利建设专项资金

1994 年 8 月 1 日开征，征集标准分别为 0.2%、0.1%，2003 年增加一档 0.6‰，2005 年调整为 1‰和 0.6‰。1995—2008 年共征收水利建设专项资金 33511.9 万元。

教育费三附加

教育费附加 1986 年 7 月 1 日起开征。除设在乡、镇范围内的乡镇企业仍按省人民政府浙政〔1985〕37 号文件规定办法征收农村教育费附加外，其余凡缴纳产品税、增值税、营业税的单位和个人，都按实际缴纳“三税”税额的 1% 缴纳教育费附加。1989 年，镇海区计征率调整为 2%，1993 年 5 月 1 日调整为 3%，1994 年起，“三税”调整为增值税、消费税和营业税，1995 年 10 月 1 日，计征率调整为 3.5%，1997 年，计征率调整为 4%。2006 年 5 月 1 日起，镇海区范围内缴纳

“三税”的单位和个人（除外商投资企业和外国企业外），计征率调整为3%。1995—2008年，征收教育费附加23166.1万元。

农村教育费附加 1986年开征。1993年镇海区人民政府《批转区教委、财税局关于适当调整农村教育事业费附加计征率的报告》，镇（乡）村工业企业（包括合资、合作、联营、个体、私营企业等）以及“三资”企业，按产品销售收入和营业、加工收入的0.5%计征（其中轻纺、服装等行业按0.3%计征）；商业、交通运输、建筑安装、饮食服务等，按0.2%计征（其中商业、供销企业的批发业务减半计征，商业、供销下属的合作商业免征）。2006年5月1日起停止征收。1995—2006年，农村教育费附加收入21831.4万元。

地方教育费附加 2006年5月1日起，所有缴纳增值税、营业税、消费税的单位和个人，按实际缴纳“三税”税额的2%征收地方教育费附加。2006—2008年，征收地方教育费附加10865万元。

粮食附加

粮食附加税 1987年12月1日开征，对乡镇工业企业、建筑企业、交通运输企业按销售或经营收入的0.6%比例征收，2001年2月1日起停止征收。1995—2001年，征收粮食附加税6232万元。

粮食补偿金 1989年4月1日开征，征收范围为除财政拨款的行政、事业单位和已缴纳粮食附加税的乡（镇）村工业、建筑、交通、运输企业外，凡全民所有制和城镇集体所有制企业，城镇私营企业，外商投资企业和其他乡（镇）村企业，实行企业化管理的全民和集体所有制的事业单位，非农业户口的个体工商户，均缴纳粮食补偿金。征集标准为工业、事业单位，按在册人数每人每月缴纳5元，个体工商户按从业人数，每人每月7元。粮食补偿金2001年2月1日起停止执行。本区共征收粮食补偿金2848.3万元。

代征收基金

社会保险基金 根据浙江省劳动和社会保障厅、浙江省地方税务局的通知，地方税务部门代征社会保险基金。宁波市财政局、地方税务局规定，从2000年起收取企业职工养老保险基金、失业保险费、医疗保险费。从2003年起收取企业职工工伤保险费、生育保险费。至2008年共收取社会保险基金252964.4万元。

义务兵优待金 1997年1月1日起，对区属及城镇街道（居委会）所属的企业，部、省、市属企业和外地驻镇企业，征收义务兵优待金，征集标准按企业（单位）上年度在职职工或从业人员年平均人数，年人均25元征收，1999年调整为15元。2002年7月1日起停止征收。其间共代征义务兵优待金617.7万元。

残疾人就业保障金 1996年1月1日，根据《镇海区残疾人就业保障金征收管理办法的通知》规定，企业每年3月按上年度在职职工年均人数向地税机关申报缴纳。1999年征收标准为每人每年50元，2002年调整为144元。2000—2008年，全区共代征残疾人就业保障金9427.1万元。

其他基金

农业发展基金 1994年10月1日开征，征集范围为各镇乡所属从事生产经营活动，有销售收入、经营业务收入的镇办、村办集体企业和私营、个体工商户，按征收对象的销售额或营业额的0.2%、0.1%两档标准征收。2000—2008年，共征收农业发展基金13453.5万元。

文化事业建设费 根据宁波市地方税务局规定，从1998年1月1日起对缴纳娱乐业、广告业营业税的单位和个人，征收文化事业建设费。文化事业建设费按缴费人应当缴纳娱乐业、广告业营业额为计费依据，费率为3%。1998—2008年共征收557.6万元。

表25-2

1995—2008年镇海区地税系统基金、费、附加收入情况表

单位：万元

征收名称	征收金额	比重（%）	征收名称	征收金额	比重（%）
水利建设专项基金	33511.9	8.88	残疾人就业保障金	9427.1	2.50
社会保险基金	252964.4	67.02	粮食附加、补偿金	9080.3	2.41
教育费三附加	57862.5	15.33	农业发展基金	13453.5	3.56
义务兵优待金	617.7	0.16	文化事业建设费	557.6	0.14

第二章 税收征管

1986 年开始改革专管员征管模式，先后建立“征管、稽查分离”“征、管、查”分离征管模式。1993 年建立“申报、代理、稽查”三位一体的税收征管格局。1994 年，建立纳税人自行申报纳税制度。1995 年，建立税务师事务所作为税务代理机构，加强税务机关内部稽查机构的建设。1996 年，全面推进纳税申报、税款征收、发票管理、纳税服务、税收稽查、税收信息化建设等各项工作。1999 年国、地税建立稽查分局。2005 年全面推进以税收管理员制度为基础的税收征管新机制。是年年初，企业税收管理关系按照属地管理原则重新进行划分，镇海地税户管企业有 11 家上划市地税局征收管理，原市管企业有 81 家下划镇海属地征管。2007 年地税机关推广“税易 07”新征管系统，国税局深化“金税二期”工程。1986—2008 年镇海区累计税收收入 186. 8 亿元。其中 1995—2008 年国税收入 109. 49 亿元，地税收入 70. 39 亿元。

第一节 税收管理

税务登记

1984 年 9 月，纳税单位在开业后或停业前 30 日内，向当地税务机关办理税务登记。1995 年年初，推广税务代理制，税务登记、变更、注销、纳税申报、税务咨询、受聘税务顾问等工作原来由专管员承办转为中介代理服务。1996 年 5 月，在全区范围内统一更换税务登记证件，地税系统换发税务登记证 7821 只，清理关歇户 1821 户、漏户 17 户、换证数占应换发数 98. 4%。1998 年开展税务登记验证，及漏征漏管户清查工作，地税税务登记完成率达 98%。次年地税再次进行税务登记换证工作，换证 9718 户，换证率为 95. 43%。1999 年 10 月 8 日，国家税务总局发出关于做好储蓄存款利息所得个人所得税代扣代缴义务人登记工作的通知，当年登记扣缴储蓄存款利息个人所得税储蓄机构 14 家。同年，开展税务登记证换发工作。2006 年，根据《国家税务总局关于换发税务登记证件的通知》，对全区地税 15800 多户纳税人、国税 12000 多户纳税人开展换证工作，换证率达到 100%。2008 年，全区地税税务登记 16495 户，其中国有企业 192 户、集体企业 422 户、股份合作企业 100 户、联营企业 9 户、有限责任公司 574 户、股份有限公司 108 户、私营企业 5305 户、其他企业 21 户、港澳台商投资企业 311 户、外商投资企业 315 户、外国企业 12 户、个体经营户 8520 户、其他 606 户。国税税务登记户数 13620 户，其中国有企业 50 户、股份合作制企业 94 户、联营企业 8 户、股份有限公司 76 户、其他有限责任公司 621 户、私营企业 4637 户、外商投资企业 305 户、个体工商户 7187 户、其他 642 户。

2004—2008年镇海区地税系统税务登记企业情况表

表25-3

单位：家

类型	企业名称	2004	2005	2006	2007	2008
内资企业	国有企业	284	276	265	218	192
	集体企业	797	693	602	488	422
	股份合作企业	62	62	61	58	100
	其中：国有联营企业	1	1	1	2	1
	其中：集体联营企业	11	8	8	3	2
	其中：国有与集体联营企业	11	10	5	6	4
	其中：其他联营企业	5	4	4	2	2
	有限责任公司	620	684	731	532	574
	其中：国有独资公司	21	18	17	19	20
	其中：其他有限责任公司	599	666	714	513	554
	股份有限公司	26	72	81	90	108
	私营企业	3581	4116	4557	5019	5305
	其中：私营独资企业	1698	1817	1860	1840	1811
	其中：私营合伙企业	339	336	457	500	526
	其中：私营有限责任公司	1543	1895	2236	2676	2966
	其中：私营股份有限责任公司	10	5	4	3	2
	其他企业	7	6	5	8	21
	小计	5405	5932	6320	6426	6731
港澳台商投资企业	合资经营企业	109	114	128	150	146
	合作经营企业	5	5	4	4	3
	独资经营企业	123	138	150	168	161
	投资股份有限公司	2	3	2	1	1
	小计	239	260	284	323	311
外商投资企业	中外合资经营企业	123	136	141	134	123
	中外合作经营企业	2	1	1	1	1
	外资企业	127	150	164	179	189
	外商投资股份有限公司	—	—	—	2	2
	预算内财政支出按科目分类小计	252	287	306	316	315
外国企业		—	2	3	14	12
个体经营		8408	8778	8853	8839	8520
其他		32	37	44	591	606
总户数		14336	15296	15810	16509	16495

纳税申报

1984年，应缴产品税、增值税、营业税的纳税人按规定办理纳税申报。1989年9月，扩大至个体工商户（包括定期定额征收户，经批准减税、免税户）和从事临时经营的纳税人。1994年，建立纳税人自行申报制度。1998年6月地税建立邮寄申报机制。1999年，国税推行税收电子申报。2001年，对定期定额个体工商户、增值税小规模纳税人采取电话报税方式。次年，有4791户小规模纳税人进入电话报税，占全区小规模纳税人总数的82%。2002年对增值税一般纳税人推行网络申报，当年全区有1259户企业进入网络申报，占全区一般纳税人总户数的54%。2003年，地税电话报税5000余户。2005年，地税全面推广电子报税。2008年，地税纳税申报率达到99.34%，国税纳税申报率达到99.7%。

税款征收

查账征收，对财务会计制度较为健全，能够认真履行纳税义务的纳税人，按照纳税人提供的账表所反映的经营情况，依照适用税率自行申报缴纳税款。定期定额征收，对无完整考核依据的小型纳税单位，在典型调查的基础上逐户确定营业额并据以征税。定期定率征收，对无法准确核算所得额企业，以其应税收入额作为计税依据，按照一定的核定率，合并征收流转税和所得税。

委托代征，税务机关委托代征人以税务机关名义，征收小额、零散税源税款，储蓄存款利息所得个人所得税由各储蓄机构为国税代扣代缴，保险公司、建筑管理站、沙石管理站为地税机关代征车船使用税、外来建筑业税款、区内销售沙石的个人的各项税款。代扣代缴，主要用于个人所得税征收。

发票管理

建区后，建立发票管理制度，分类登记各种发票的印、领、用、存；企业有两个以上开票户的，设立发票分户登记；企业于每月终了后15天内向税务部门报送发票的领、用、存、销月报表。1992年7月1日起，在个体饮食、建材等两个行业使用剪贴发票，以堵塞偷税漏洞，后又扩大使用范围，1995年起被定额发票取代。1994年，增值税专用发票由国家税务总局负责印制，由地方国家税务局发放和管理。地方税务局征收管理税收所使用发票，由地方税务局印制、发放和管理。1998年对12户自印发票单位进行清理抽查，对全区858户饮食业2356本定额发票进行检查，剪角作废1340份过期发票。2000年制定《关于加强公路交通运输业发票管理的通知》，避免偷税行为发生。2002—2003年，地税机关共检查户数781户，查出有问题户数67户，查出违法发票1718份，罚款70310元。2004年地税机关对货运企业进行发票稽核检查，检查户数519户，对违法企业罚款5.51万元。2007年1月1日起，施行国家税务总局修订的《增值税专用发票使用规定》，全国统一使用税控系统开具货运发票。

税法宣传

1990年10月起，开展为期一年的全国税法宣传教育活动。1992年起，每年4月开展全国“税收宣传月”活动。税收宣传先后围绕“税收与发展”“税收与改革”“税收与法制”“税收征管和市场经济”“税收与文明”“依法治税、强国富民”“税收与未来”“税收与公民”“诚信纳税、利国利民”“依法诚信纳税、共建小康社会”“依法诚信纳税，共建设和谐社会”“税收·发展·民生”

等主题，开展多种形式宣传，表彰纳税先进单位，开展税法进企业、进社区、进乡村等活动，增强社会纳税意识，拓宽为纳税人服务渠道。2003 年，地税税收宣传系列片《大林纳税记》被国家税务总局评为税收宣传月活动创新项目。2008 年，地税局推出“税收·茶”文化节、税收文化墙体艺术展、“问计于民”大调查、《税收广播小品》等项目，国税局开展“同享发展果、共书税收情”等活动。

纳税服务

“八五”期间，税收征收服务以专管员为主，着重做好专管企业的“支、帮、促”工作。1997 年起，国、地税基层税务机构建立办税服务大厅，各项办税业务统一归办税服务大厅办理，实行一站式服务。

1997 年，地税实行文明办税八公开制度，实行承诺限时服务、首问责任制和“AB”工作制，推出“一柜通服务”等。后先后实施“预约服务”“提醒服务”“午间值班”“上门服务”、税法宣传进社区等 8 项延伸服务。进入 21 世纪后，地税先后推出“财税超市”“纳税人之家”“QQ 税企交流平台”“71·90”网上咨询等服务项目，创建“零距离服务”品牌，并获得全国税务系统信息化建设先进单位荣誉。2002—2008 年，地税三分局获国家税务总局和共青团中央授予的全国青年文明号荣誉。

1997 年起，区国税局开始推行税务政务服务承诺制，建立税法公告、税收工作通报例会、税收辅导网等制度。1998 年起，国税系统在镇海公用信息网上设镇海国税网站，实行政务服务公开。2001 年，国税推行“诚信服务”“公开办税”和“首问责任人”制度，开展执法回访活动。2002 年区国税局在全市率先全面推行全程办税服务制度，2003 年实行“一窗式”办税服务。2005 年，国税系统推出“全职能”窗口服务，实现办证、认证、报税、购买发票等系列业务一窗式办公。区国税局办税大厅荣获全国“巾帼文明岗”。

税收减免

1994—2008 年，区国税局加强税收减免管理，落实国家增值税转型、所得税优惠政策、资源综合利用、出口退税率提高、减征车辆购置税、利息所得税停征等税收政策，对符合即征即退优惠政策的企业，坚持应退即退，及时将各月应退的税款足额退还企业，做到月退月清。开展减免税清理工作，严格企业减免税审核、审批。1995—2008 年，国税共减税免税 202161 万元。

1995—1996 年镇海区国税减免税情况表

表 25－4　　单位：万元

年份	1995			1996			
项目	减免税额	其中：提退	其中：校办、福利、外商企业退税	减免税额	其中：提退	其中：校办企业退税	其中：民政福利企业退税
总计	2784	2170	2147	3974	3105	733	2171
一、税收合计	2784	2147	2147	3973	3105	733	2171
增值税	—	2060	2060	3904	3040	733	2171

续表 25－4

年份	1995			1996			
项目	减免税额	其中：提退	其中：校办、福利、外商企业退税	减免税额	其中：提退	其中：校办企业退税	其中：民政福利企业退税
消费税	—	—	—	—	—	—	—
营业税	—	87	87	50	50	—	—
企业所得税	—	—	—	—	—	—	—
外商投资企业所得税	—	—	—	15	15	—	—
税款滞纳金、罚款收入	—	—	—	4	—	—	—
二、其他收入	—	—	—	1	—	—	—
教育费附加	—	23	—	1	—	—	—

1997—1998 年镇海区国税减免税情况表

表 25－5

单位：万元

年份	1997				1998			
项目	减免税额	其中：提退	其中：校办企业退税	其中：民政福利企业退税	减免税额	其中：提退	其中：校办企业退税	其中：民政福利企业退税
总计	4671	3791	1031	2553	5721	4021	1129	2716
一、税收合计	4671	3791	1031	2553	5721	4021	1129	2716
增值税	4671	3791	1031	2553	4845	4021	1129	2716
消费税	—	—	—	—	—	—	—	—
营业税	—	—	—	—	—	—	—	—
企业所得税	—	—	—	—	—	—	—	—
外商投资企业所得税	—	—	—	—	876	—	—	—
税款滞纳金、罚款收入	—	—	—	—	—	—	—	—
二、其他收入	—	—	—	—	—	—	—	—
教育费附加	—	—	—	—	—	—	—	—

1999—2000 年镇海区国税减免税情况表

表 25－6

单位：万元

年份	1999				2000			
项目	减免税额	其中：提退	其中：校办企业退税	其中：民政福利企业退税	减免税额	其中：提退	其中：校办企业退税	其中：民政福利企业退税
总计	7762	6222	1253	3031	6154	4364	251	4111
一、税收合计	7762	6222	1253	3031	6154	4364	251	4111
增值税	6220	6220	1253	3031	4362	4362	251	4111
消费税	—	—	—	—	—	—	—	—
营业税	—	—	—	—	—	—	—	—
企业所得税	—	—	—	—	—	—	—	—
外商投资企业所得税	1542	2	—	—	1792	2	—	—
税款滞纳金、罚款收入	—	—	—	—	—	—	—	—
二、其他收入	—	—	—	—	—	—	—	—
教育费附加	—	—	—	—	—	—	—	—

2001—2003 年镇海区国税减免税情况表

表 25－7

单位：万元

年份	2001			2002			2003		
项目	减免税额	其中：提退	其中：民政福利企业退税	减免税额	其中：提退	其中：民政福利企业退税	减免税额	其中：提退	其中：民政福利企业退税
总计	7229	3498	3224	8074	5135	5126	7229	3498	3224
一、税收合计	7229	3498	3224	8074	5135	5126	7229	3498	3224
增值税	3407	3407	3224	5126	5126	5126	3407	3407	3224
消费税	—	—	—	—	—	—	—	—	—
营业税	—	—	—	—	—	—	—	—	—
企业所得税	—	—	—	—	—	—	—	—	—
外商投资企业所得税	3822	91	—	2948	9	—	3822	91	—
税款滞纳金、罚款收入	—	—	—	—	—	—	—	—	—
二、其他收入	—	—	—	—	—	—	—	—	—
教育费附加	—	—	—	—	—	—	—	—	—

2004—2005 年镇海区国税减免税情况表

表 25－8 单位：万元

年份	2004			2005		
项目	减免税额	其中：提退	其中：民政福利企业退税	减免税额	其中：提退	其中：民政福利企业退税
总计	8700	3223	3039	26451	6049	5022
一、税收合计	8700	3223	3039	26451	6049	5022
增值税	3067	3067	3039	5024	5024	5022
消费税	—	—	—	—	—	—
营业税	—	—	—	—	—	—
企业所得税	164	133	—	1737	812	—
外商投资企业所得税	5469	23	—	19690	213	—
税款滞纳金、罚款收入	—	—	—	—	—	—
二、其他收入	—	—	—	—	—	—
教育费附加	—	—	—	—	—	—

2006—2008 年镇海区国税减免税情况表

表 25－9 单位：万元

年份	2006			2007			2008		
项目	减免税额	其中：提退	其中：民政福利企业退税	减免税额	其中：提退	其中：民政福利企业退税	减免税额	其中：提退	其中：民政福利企业退税
总计	29814	5445	4894	40440	6426	3797	44194	4196	367
一、税收合计	29814	5445	4894	40440	6426	3797	44194	4196	367
增值税	6272	4954	4894	4495	3824	3797	4094	3719	367
消费税	12	—	—	198	—	—	27	—	—
营业税	—	—	—	—	—	—	—	—	—
企业所得税	2952	25	—	6690	—	—	40073	477	—
外商投资企业所得税	20578	466	—	29057	2602	—	—	—	—
税款滞纳金、罚款收入	—	—	—	—	—	—	—	—	—
二、其他收入	—	—	—	—	—	—	—	—	—
教育费附加	—	—	—	—	—	—	—	—	—

说明：根据财政部、国家税务总局财税字〔2000〕33 号文件规定，自 2000 年 1 月 1 日起，校办企业增值税退税政策停止执行

第二节　税收收入

分税制前税收收入（1986—1994 年）

1986—1994 年，镇海区税收收入共计 69177.4 万元，年均增幅为 12%，其中增幅比较大的主要有营业税、增值税和城市维护建设税，增值税、营业税和企业所得税分别占税收总收入的 29.8%、26.0% 和 15.4%。

1986—1994 年镇海区税收收入情况表

表 25－10

单位：千元

税种	年份									合计
	1986	1987	1988	1989	1990	1991	1992	1993	1994	
产品税	9169	5501	1999	2671	2020	2611	3250	3270	—	30491
增值税	5445	9987	16855	20284	22607	25118	27440	53850	24430	206016
营业税	7756	12590	12433	13810	14798	15822	22140	39330	41340	180019
工商统一税	0	0	0	184	115	422	960	3920	—	5601
集体企业所得税	10626	11726	10949	9491	9517	8609	8060	6170	1410	76558
私营企业所得税	—	—	—	28	90	110	160	160	270	818
外商投资企业所得税	—	—	—	—	—	34	100	230	420	784
国营企业所得税	3069	3256	3817	2877	2399	3064	4180	2770	2890	28322
国营企业调节税	218	138	37	79	－284	－213	－270	70	—	－225
盐税	—	—	—	—	—	—	—	—	—	—
城市维护建设税	2203	2456	3442	3897	4455	5496	5900	10110	11770	49729
耕地占用税	—	1129	677	965	673	2823	3070	3030	3080	15447
印花税	—	—	34	533	338	523	510	700	880	3518
城镇土地使用税	—	—	—	304	299	300	300	300	470	1973
建筑税	—	—	308	505	1631	209	—	—	—	2653
十四种小税	1025	999	4575	6969	7949	9520	9650	11760	10770	63217
固定资产投资方向调节税	—	—	—	—	—	371	730	730	540	2371
工商税收（税款滞纳金补罚款）	162	183	547	746	891	1576	1300	1720	740	7865
农业税	1359	1431	1450	1869	1819	1849	1920	2170	2750	16617
合计	41032	49396	57123	65212	69317	78244	89400	140290	101760	691774

分税制后税收收入（1995—2008 年）

地税税收收入 1995 年，地税部门完成税收、基金费收入 9971 万元，1996 年达到 1.22 亿元，突破亿元大关。2001 年收入 4.94 亿元，比上年增长 56.2%。“十五”期间，地税系统共组织各项收入 40.2 亿元，年均增长幅度达到 30.8%，其中税收收入 27.5 亿元，年均增幅 31.6%。2008 年全区经济受全球金融危机影响，地税各项收入亦达到 23.58 亿元，比 2007 年增长 20.61%，比 1995 年增加 22.7 倍。

1995—2008 年镇海区地税税收收入情况表

表 25－11　　单位：万元

项目	年份						
	1995	1996	1997	1998	1999	2000	2001
营业税	4419.8	5689	5397.9	7813.1	6981.7	7974.1	11149.7
个人所得税	1180.9	1490.5	1761.6	2297.4	2717.7	3798.2	3628
城建税	1381	1218.8	2306.6	1452.9	2443.6	3436.2	2718.9
车船使用税	65.4	78.7	84.3	80.3	84.2	92.7	101.6
房产税	76	214.3	260.9	447.1	606.1	590.9	798.4
屠宰税	3.7	17.7	20.4	26	33.9	33.6	34.1
土地使用税	37.9	53.8	74.5	71.6	80.2	83	88.6
印花税	138	139.6	183.3	287.4	208.6	250.9	301.1
投资方向调节税	114.5	299.6	287.1	53.9	374.4	146.7	—
企业所得税	391.9	743.6	1218.9	768.5	857.2	4106.5	15252.6
土地增值税	—	—	8.7	51.7	37.7	143.5	27.4
资源税	—	—	—	—	—	—	—
合计	7809.1	9945.6	11604.2	13349.9	14425.3	20656.3	34100.4

项目	年份						
	2002	2003	2004	2005	2006	2007	2008
营业税	13626.3	16889.5	24194.9	33113.4	39736.9	45221.9	54495.3
个人所得税	5569.5	7846.9	9506.8	13422.2	19078.6	27772.1	27862.3
城建税	4924.8	5980.2	11816.1	3766.8	6053.1	9210.2	11041.8
车船使用税	131.7	159.6	203.3	59.2	46.9	82.8	876.1
房产税	881.1	1153	1376.9	3204.1	4574.2	5548.9	6540.6
屠宰税	12	—	—	—	—	—	—

续表 25－11

项目	年份						
	2002	2003 年	2004	2005	2006	2007	2008
土地使用税	96.8	112.7	129.8	1708.5	2070.7	3861.4	11168.4
印花税	388.2	524.7	898.6	1466.3	1782.1	2612.8	3142.1
投资方向调节税	－1.1	—	—	—	—	—	—
企业所得税	15792.2	15072	21820	24351.3	19195.2	23460.6	20581.6
土地增值税	39.1	5.2	—	472.1	1208.6	1310.1	2222.9
资源税	—	—	—	—	48.5	241.8	202.8
合计	41460.6	47743.8	69946.4	81563.9	93794.8	119322.6	138133.9

1995—2008 年镇海区地税其他税收收入情况表

表 25－12　　单位：万元

项目	年份						
	1995	1996	1997	1998	1999	2000	2001
其他税收合计	2162.3	2209.3	2527.2	2618.9	3011.9	10986.3	15310.7
粮食附加税	908.6	966.7	937.9	913.5	1179.6	1008.3	317.4
粮食补偿金	324.5	424.1	486.6	474.1	464.6	565.5	108.7
水利建设专项基金	733.6	492.4	600.1	583.9	577.4	979.8	1151.2
教育费附加	144.8	293.5	422.1	591.1	729.6	895.5	1116.2
农村教附	—	—	—	—	—	1697	2075.6
文化事业建设费	—	—	—	56.3	60.7	59.4	42.1
养老保险费	—	—	—	—	—	3662.8	4792.5
失业保险费	—	—	—	—	—	105	669
医疗保险费	—	—	—	—	—	153.3	2656
义务兵优等金	—	—	—	—	—	186.9	275.6
残疾人保障金	—	—	—	—	—	253.3	281.4
农发基金	—	—	—	—	—	1384	1802
地方教育费附加	—	—	—	—	—	—	—
工伤保险费	—	—	—	—	—	—	—
生育保险费	—	—	—	—	—	—	—
罚没收入	50.8	32.6	80.5	—	—	35.5	23

续表 25－12

项目	年份						
	2002	2003	2004	2005	2006	2007	2008
其他税收合计	17564.4	24093.5	30656.1	39497.1	56322.7	76215.6	97701.5
粮食附加税	—	—	—	—	—	—	—
粮食补偿金	0.1	0.1	—	—	—	—	—
水利建设专项基金	1501.5	1972.3	2345.5	3721.4	4522.5	6459.6	7870.7
教育费附加	1252.3	1472.5	1931.3	2470.2	3169.3	3945.7	4731.6
农村教附	2391.2	3266.7	4421.8	5589.8	2386	0.3	—
文化事业建设费	40.9	32.9	45.4	55.4	54.6	53.5	56.4
养老保险费	5765.4	7348	9076.3	11505.9	23206	32967.4	43459.1
失业保险费	760.3	879.7	1122.9	1366.1	2004.7	3444.1	4884.6
医疗保险费	3879.3	6376.1	7957.2	10065.5	14895.5	22083.3	27878.4
义务兵优等金	152.7	2.5	—	—	—	—	—
残疾人保障金	296	893.6	1033.1	1297.1	1598.4	1735	2039.2
农发基金	1505.4	1611.1	2336.7	2987.6	1826.4	0.3	—
地方教育费附加	—	—	—	—	1955.7	4225.9	4683.4
工伤保险费	—	149.3	197.6	224.5	416.7	742.3	998.2
生育保险费	—	80.5	151.9	190.8	271.8	546.3	1077.7
罚没收入	19.3	8.2	36.4	22.8	15.1	12.1	22.2

国税税收收入 1995年国税收入11570万元，2005年国税收入达到12.64亿元，2007年，国税收入突破20亿元大关，达到20.37亿元。2008年全区经济受世界金融危机影响，税收增速放慢，年增长率为12.01%，低于历年平均增长幅度。1995—2008年，国税收入（不含海关代征税收）累计入库109.49亿元，年均增长25.28%，2008年国税收入比1995年增长18.7倍。1995—2008年，国内增值税占税收收入总额的比重为81.76%，1995年，企业所得税（内资企业所得税和涉外企业所得税）占税收收入总额的比重为0.57%，2008年占22.69%，提升22.12个百分点，企业所得税逐渐成为本区税收收入的重要组成部分。国税税收收入情况见表25－13。

1995—2008 年镇海区国税税收收入情况表

表 25－13

单位：万元

年度	国内增值税	免抵调库增值税	剔除调库后增值税	消费税	营业税	国内所得税	涉外所得税
1995 年分设	10897	0	10897	72	208	31	35
1996	12879	0	12879	59	125	114	80
1997	15240	0	15240	38	795	227	477
1998	19277	322	18955	22	1252	471	342
1999	25287	1021	24266	13	1011	105	793
2000	34544	1518	33026	6	997	67	1503
2001	40345	3427	36918	4	894	237	2643
2002	43824	5500	38324	28	466	180	3585
2003	56565	5100	51465	175	97	1294	4036
2004	66991	8180	58811	403	0	4356	6096
2005	104244	14110	90134	484	0	6716	12007
2006	131956	26600	105356	563	0	7738	21175
2007	160454	29500	130954	700	0	11546	26526
2008	172637	33000	139637	525	0	16570	35224

年度	个人所得税	其他地方税	车辆购置税	税收收入合计	剔除调库后税收收入	税收收入年增长率
1995 年分设	132	195	0	11570	11570	12. 05
1996	77	266	0	13600	13600	17. 55
1997	0	593	0	17370	17370	27. 72
1998	0	0	0	21364	21042	22. 99
1999	8	0	0	27217	26196	27. 40
2000	1124	0	0	38241	36723	40. 50
2001	2145	0	0	46268	42841	20. 99
2002	2655	0	0	50738	45238	9. 66
2003	2320	0	0	64487	59387	27. 10
2004	2636	0	0	80482	72302	24. 80
2005	2861	0	116	126428	112318	57. 09
2006	3600	0	76	165108	138508	30. 59
2007	3998	0	540	203764	174264	23. 41
2008	2452	0	820	228228	195228	12. 01

1995—2008 年镇海区国税局出口退税情况表

表 25－14　　单位：万元

年份	出口退税额	年增长率	年份	出口退税额	年增长率
1995	685	—	2002	3000	－32. 17
1996	2226	224. 96	2003	11592	286. 40
1997	2938	31. 99	2004	39837	243. 66
1998	2189	－25. 49	2005	36450	－8. 50
1999	4530	106. 94	2006	48600	33. 33
2000	4308	－4. 90	2007	60600	24. 69
2001	4423	2. 67	2008	60000	－0. 99

第三节　税务稽查

建区后，基层税务机关普遍建立检查组，专门从事税务检查工作。1985—1989 年，根据上级有关部门的统一部署，税务部门每年都要会同财政、审计、物价等部门组织开展一年一度的税收、财务、物价大检查。1991 年全区共检查各类纳税户 5878 户，其中重点纳税户 2817 户，查补税款及罚没款总额 309. 5 万元。随着税收新征管模式逐步建立，国家停止集中统一的税收、财务、物价大检查，实施全国性的税收专项检查，税收稽查工作重点转向日常检查、行业检查、专项检查、专案检查和举报受理检查。2001 年，税务稽查实行选案、检查、审理、执行“四分离”的稽查工作规程，规范执法行为。

地方税务稽查

1999 年成立镇海区地方税务局稽查局，实行“二种稽查”并存的模式（即对城关地税所管辖区域实行一级稽查模式，其他区域实行二级稽查模式）。2001 年，实行“一级稽查”模式，进一步突出新征管模式中“重点稽查”的要求。1999 年至 2008 年，累计查补入库资金 4057. 76 万元，其中补税 3060. 08 万元，滞纳金 273. 54 万元，罚款 712. 84 万元，没收违法所得 11. 3 万元。

1999—2008 年镇海区地税稽查补税款情况表

表 25－15　　单位：万元

年度	查补入库金额合计	补税	滞纳金	罚款	没收违法所得
1999	51. 14	32. 97	4. 32	13. 57	0. 28
2000	583. 70	472. 20	9. 20	102. 30	0
2001	678. 48	526. 02	2. 37	139. 07	11. 02
2002	352. 91	302. 25	1. 29	49. 37	0
2003	384. 75	252. 80	71. 74	60. 21	0

续表 25-15

年度	查补入库金额合计	补税	滞纳金	罚款	没收违法所得
2004	493.36	316.29	71.01	106.06	0
2005	309.74	188.79	21.22	99.73	0
2006	232.91	124.92	26.97	81.02	0
2007	462.63	426.73	12	23.9	0
2008	508.14	417.11	53.42	37.61	0
合计	4057.76	3060.08	273.54	712.84	11.3

国家税务稽查

1995年1月，区国税局设置内设机构稽查科，设局直属机构税务稽查大队。1997年6月，撤销税务稽查大队，建立镇海区国税局税务稽查分局，实现办税服务厅集中征收、专业化稽查的征管格局，专职稽查干部占全局总人数的比例达到33%，并建立公安、检察、法院联络室。2001年，按照“集中征收、专业管理、一级稽查”的税收征管要求，区国税局撤销稽查分局，成立稽查局，实行征、管、查“三分离”，推行专业化管理模式。

1995—2008年，区国税局开展整顿规范税收秩序行动，突出抓好涉税违法案件，把大要案的查处和税收专项检查列为稽查重点，并进一步规范税收执法行为。1997年，协助查处震惊全国的“金华涉税大案”。2001年，开展对商贸企业专项检查和打击虚开增值税专用发票犯罪行为，全年累计查补税款930万元，罚款和滞纳金208万元，5名当事人被法院判处有期徒刑。2008年，重点组织对房地产、烟草、有色金属冶炼等企业系列专项检查，查处市局级大案要案3件，查处市局、总局督办的宁波沥北金属工业有限公司税案。1995—2008年，区国税局共查补税款13410.31万元，滞纳金531.31万元，罚款3633.5万元，没收违法所得26.48万元，移送司法机关处理案件438件。

1995—2008年镇海区国税稽查补税情况表

表 25-16

单位：万元

年度	税款	滞纳金	罚款	没收违法所得	金额合计	移送司法机关（件）
1995	1316.27	—	97.54	2	1415.81	3
1996	2311.58	19.23	218.33	0.9	2550.04	1
1997	1314.01	10.98	521.53	1.66	1848.18	2
1998	470.54	0.85	112.29	1.96	585.64	9
1999	1035.03	1.06	278.57	12.14	1326.80	12
2000	1401.96	0.82	288.85	1	1692.63	78
2001	930.55	2.29	206.15	0.24	1139.23	72
2002	823.11	23.25	151.76	5.21	1003.33	30

续表 25－16

年度	税款	滞纳金	罚款	没收违法所得	金额合计	移送司法机关（件）
2003	814. 36	87. 81	669. 90	1. 37	1573. 44	122
2004	272. 69	48. 81	233. 92	—	555. 42	38
2005	231. 90	21. 97	225. 14	—	479. 01	30
2006	390. 53	123. 62	215. 87	—	730. 02	14
2007	331. 99	60. 19	198. 17	—	590. 35	15
2008	1765. 79	130. 43	215. 48	—	2111. 70	12
合计	13410. 31	531. 31	3633. 5	26. 48	17601. 6	438

（责任编辑　孟福成）

宁波市镇海区志

NINGBO SHI ZHENHAI QU ZHI

（下）

宁波市镇海区地方志编纂委员会 编

方志出版社
Publishing House of Local Records

目　录

第二十六编　经济管理

第二十七编 海关 检验检疫 海事

第二十八编 中国共产党

第二十九编 人民代表大会

第三十编 人民政府

第三十一编 政治协商会议

第三十二编　民主党派　社会团体

第三十三编　政　法

第三十四编　军　事

第三十五编 教 育

第三十六编 科学技术

第三十七编　文　化

第三十八编　医疗卫生

第三十九编 体 育

第四十编　民政　老龄事业

第四十一编　人事　劳动　社会保障

第四十二编　民情民俗

第四十三编 方 言

第四十四编 人 物

丛　录

第二十六编　经济管理

本编目录

1986—2008 年，镇海区处于计划经济体制走向市场经济体制的变革时期，政府经济管理机构设置、管理职能、调节方式发生变化。其间，镇海区增设土地管理、质量技术、安全生产等经济管理监督机构；加强审计监管，转换计划、统计、工商行政管理等职能。2001 年区属国有、集体企业基本完成产权制度改革后，撤销区工业公司、二轻工业公司、纺织丝绸工业公司、商业局、物资局等经济管理部门。政府经济管理从直接干预企业经营活动转向规划引导，从直接管理资源配置转向发挥市场对资源的配置作用，从依靠行政手段管理转向依法监管，不断提高为市场主体服务能力，营造良好发展环境。

第一章　计划与经济总量

1985 年 10 月，镇海县计划经济委员会改称镇海区计划经济委员会，为区政府计划编制、调控、管理职能部门。1996 年 4 月改称区计划与经济委员会。2005 年 5 月区经济体制改革办公室并入，更名为区发展与改革局。

1986—2010 年，镇海区属经济从粗放型向集约型转变，从内向型向外向型转变，经济主体从国有集体为主变为以外资和民营经济为主，经济快速发展，居民收入逐步增加。（经济总量为与五年计划相对应，下限延伸至 2010 年）

第一节　计划编制

1986 年，镇海区编制建区后第一个国民经济和社会事业发展五年计划（1986—1990 年），与国家第七个五年经济和社会事业发展计划同步。为与原镇海县编制的 6 个五年计划相衔接，称第七个五年计划。“七五”计划期间，全区经济和社会发展的主要奋斗目标：大力促进科学技术进步和智力开发，不断提高经济效益，实现国民经济稳定持续发展，争取到 1990 年工农业总产值比 1980 年翻两番；实现国民收入、财政收入同步增长；人民群众生活质量、生活环境和居住条件进一步得到改善，生活水平逐步向小康型过渡。经过 5 年努力，完成和超额完成“七五”计划确定的目标任务，其中国民生产总值比 1980 年增长 4 倍多，农民经营性收入增长近 4 倍。

1991 年编制国民经济和社会发展十年规划和第八个五年计划纲要，确定经济和社会发展的主要奋斗目标：在提高经济效益和优化经济结构基础上，城郊型农业的框架结构更加巩固并上新的层次，起点较高、层次较深、外向型加工和外贸出口能力较强的港口型工业的雏形初步形成，经济实力和发展后劲明显增强；围绕把镇海建设成为全省的重要能源、原材料基地，以建设花园型城区和文明、整洁的新农村为重点，投资环境在原有基础上登上新台阶，为镇海大规模开发建设的综合服务功能明显增强，在宁波组合型城市中的地位和作用更加突出；人民生活提前进入小康水平，部分达到富裕程度。经过 5 年努力，国民生产总值年均增长 30.27%，农村改革、企业产权制度改革、社会保障制度改革逐步推进，个私经济快速发展，建成全国绿化百佳县（区），各项社会事业和精神文明建设得到新的发展，全面完成“八五”计划确定的各项主要任务。

1996 年编制国民经济和社会发展第九个五年计划和 2010 年远景目标纲要，确定经济和社会发展的主要奋斗目标：保持国民经济较快增长，基本实现经济增长方式由粗放型向集约型转变；实施现代企业制度，初步建立社会主义市场经济的运行机制；加快经济外向化步伐，基本确立与国际市场对接的开放型经济；完善城乡基础设施，区域城市化水平明显提高；发展各项社会事业，人民生活在实现小康的基础上向富裕迈进。经过 5 年努力，国内生产总值年均增长 12% 以上（现价比），国有、集体企业转制面达到 97.3%，改造和建设区乡道路 28 条，一批城市绿化、供水、供电等基础设施建成投入使用，进行重点污染源专项整治，建成全省首批教育强区，城乡居民收入年均分别递增 7.2% 和 5.9%，较好地完成“九五”计划确定的各项主要目标任务。

2001 年编制国民经济和社会发展第十个五年计划（2001—2005 年），确定经济社会发展的主要奋斗目标：国民经济保持较快发展速度，经济结构调整取得明显进展，到 2005 年区属人均国内生产总值达到 3.5 万元；社会主义市场经济体制和运行机制更加完善，参与国际经济合作和竞争的范围更广、程度更深；初步形成组团式城区形态结构，人口、产业集聚更加明显，达到国家园林城市和环保模范城市标准；科技、教育、文化等社会事业全面协调发展，精神文明和民主法治建设达到一个新的水平，城乡文明程度显著提高，形成团结和谐、稳定有序的社会政治局面和法治环境；就业渠道进一步拓宽，社会保障制度比较完善，城乡居民收入不断增加，小康生活更加宽裕。经过 5 年努力，对外开放、城市化、科教发展、区域经济联动发展“四大”战略取得显著成效，国民生产总值年均增长 21.65%，利用外资综合指标连续 5 年跻身全省前 10 位，区域科技创新体系基本建立，建成区面积达到 50 平方千米，绿化覆盖率达到 45.1%，在全市首先建立被征地人员养老保障制度和新型农村合作医疗制度，先后获得 20 多项国家和省级以上各类精神文明建设荣誉称号，提前一年完成“十五”计划确定的主要任务和指标。

2006 年编制国民经济和社会发展第十一个五年规划（2006—2010 年），确定经济社会发展的主要奋斗目标：着力推进产业升级、城区提升、文化发展、生态镇海、和谐社会“五大工程”，努力打造石化机电产业、港口物流、高教科研、休闲旅游四大基地，在全市率先建成更高水平的小康社会，为提前基本实现现代化打下扎实的基础。“十一五”规划对原计划指标作了进一步改革，设经济发展、社会发展、人民生活、资源环境等四方面共 27 个指标，其中非经济指标占 2/3，生态环境（万元区属生产总值能耗、水环境质量按功能区标准达标率、空气环境质量按功能区标准达标率）、每千人医生数（户籍）、义务教育普及率、城镇居民最低生活保障覆盖率为约束性指标，其他均为预期性指标。至 2010 年规划指标基本实现，获国家级生态示范区、省生态区、省文明城区称号。

第二节 计划管理

区计划管理部门牵头协调相关职能部门，依据五年计划制定年度国民经济和社会发展计划，指标任务分解到镇（乡）街道和主管部门，通过年度考核促进目标任务完成。

国民经济发展计划

国民经济发展计划，其主要经济指标为国民生产总值、三次产业生产总值比重、人均生产总值、工农业总产值、财政收入、商品零售额、固定资产投资、外贸出口总值、自营出口总值、外商投资总额、税收、银行存款等主要指标及其增（减）比例率。其中，编制实施工业生产计划、农业生产计划、基本建设投资计划、技术改造投资计划、物资分配计划、建设用地计划等，保障国民经济发展计划实现。随经济体制改革逐步深入，管理方式逐步以规划引导、政策调控、发挥市场作用等为主要途径。

工业生产计划 1984 年起，随着国家计划管理体制的改革，逐步下放工业产品的管理权限，特别是一般性工业品的生产放宽计划管理。时宁波市着重对国计民生和地方生产建设关系较大的 1000 种主要产品进行管理，涉及区计划管理的工业产品 15 种，其中指令性计划 2 种。以后逐年减少计划管理产品数量，执行指导性管理。“七五”和“八五”计划期间，对全区工业下达工业企业综合经济效益计划、工业新产品开发计划、技术改造项目计划、技术改造贴息基金计划、工业科研、星火新产品开发计划等。“九五”计划开始不再下达上述计划，纳入到全区科技创新规划。

农业生产计划 1985 年前，粮食、棉花、油料、生猪、鲜鱼、牛奶、茶叶、造林等关系国计民生的主要农副产品计划，由国家统一管理，实行指令性计划。1985 年起，对主要农产品的生产实行指导性计划管理。粮食、棉花取消统购，改为合同定购，定购以外部分允许农民上市自销。茶叶、生猪、水产品、城市蔬菜也改为合同定购，合同内产品保证计划物资供应，至 1990 年年底取消统购，自由交易。其后对粮食生产采用指导性计划，加强农业产业结构调整指导和服务，严格基本农地保护，促进农业产业健康发展。

基本建设投资计划 1983 年前，基本建设投资额度均由省级主管部门管理。1983 年，由原来直接控制投资额度，改为控制投资规模和贷款额度，即实现“笼子”控制。1984 年，凡国家和市下达的预算内投资和纳入国家信贷计划的基本建设项目实行指导性计划。是年 5 月，宁波市规定对市区不需征地的 5 万元以下的零星基本建设项目、建设面积不超过原面积 30% 的拆翻建项目、产供销不要上级主管部门平衡的单项工程、投资 20 万元以下的集体所有制基建项目，以及商品住宅建设计划，市下放审批权，由区直接审批。社会发展方面的项目，不再纳入市基本建设项目计划管理范畴，由区直接审批。1986 年起，国家预算内基本建设投资，全部实行拨款改为贷款（以下简称“拨改贷”）。是年，市级财政安排的基建项目，凡有营业收入的均实行“拨改贷”，其他项目实行投资计划包干责任制；用地方机动财力和预算外资金安排的中小学校、医院、文化馆建设，城市维护建设资金安排的新建、扩建城市道路和增添交通车辆，养路费新建扩建公路，企业用自留资金建造职工住宅，以及全民生产企业用自留资金进行生产配套等 5 种项目，均不纳入基建规模管理（以下简称“五不纳入”）。全民自筹资金的基本建设，由市按分配额度切块到区，原则上由区自定，市审核平衡。后进一步简政放权，多次对基本建设管理体制进行改革。2003 年国家对投资体制实行新一轮改革，确立企业投资自主权，对企业不使用政府投资的项目，不再实行审批制，采用核准、备案制，对有政府投资的项目仍需审批。

技术改造投资计划 1992 年前，区计划经济委员会（计经委）编制年度计划，实行计划管理。1992 年开始，总投资在 1500 万元以下项目由区计经委审批；1500 万元以上、3000 万元以下项目，区计经委提出审查意见后报市经委审批；3000 万元以上项目由区计经委报市经委、由市经委报国务院经贸办审批。1993 年开始，市政府进一步简政放权，简化审批手续，3000 万元以下技改投资项目，下放到县（区）计经委审批。2004 年 4 月，明确政府投资和企业投资按不同的办法进行管理。

对于政府投资项目，采用直接投资和资本金注入方式的，只审批项目建议书和可行性研究报告，不再审批开工报告。对于企业不使用政府投资建设的项目，一律不再实行审批制，区别不同情况实行核准制和备案制。对于企业使用政府补助、转贷、贴息投资建设的项目，政府只审批资金申请报告。凡属区级核准、备案的企业投资项目由区发展和改革局核准与备案。

物资分配计划 1984 年前，计划物资基本上纳入国家统一分配，由省、市或主管局实行统筹统支，平衡分配。市管的地方物资大部分由市及市各主管部门平衡调配。地方生产的化肥、水泥由区平衡分配。1985 年起，国家只对部分关系国计民生的燃料、钢铁、水泥、有色金属、基本化工原料及重要机电设备等少数物资实行计划分配制度。省计划分配的物资主要是保证完成上调计划生产任务及省重点工程建设需要的能源、原材料。1990 年，国家统配物资减为 20 种、部管物资减至 8 种。1993 年，镇海水泥厂取消计划分配，实行市场调节。

建设用地计划 1988 年前，土地管理为地政管理主项，属区农林局部门管理。1988 年成立区土地管理局，用地计划纳入国民经济社会发展计划序列（含国家、乡镇建设、农民建房用地计划），其中耕地、非耕地占用分列指令性、指导性计划，每年由区政府上报上级政府审批后执行。1996 年，编制镇海区土地利用总体规划，进一步严格控制建设用地规模。2006 年 10 月，宁波市政府下达关于进一步加强土地管理和调控工作的通知，对加强土地资源管理，严格依法合理用地，依法征收征用土地，保障被征地农民的合法权益，规范国有土地使用权出让，推进土地市场建设等方面作了规定。

社会事业计划

社会事业包括计划生育、教育、科技、就业、文化、城镇登记失业率、城乡居民收入等主要指标。1993 年起社会主义精神文明建设单列为工作目标。其中，科技计划由区科学技术委员会编制后，会同区计经委下达；大中专院校毕业生分配计划，由区人事局、区计经委同管；中小学校招生计划，由区教委管理；人口计划，由区计经委、计划生育委员会同管；劳动工资计划，由区计经委、劳动局同管。以上社会事业计划管理到 20 世纪 90 年代末，陆续取消，重要的社会发展指标列入政府实事工程，并实施以就业、就学、就医、养老、居住、生活保障等为重点的“解难创优”民生计划。

第三节　经济总量

2010 年，镇海区属地区生产总值达到 250. 10 亿元，是 1985 年 2. 5 亿元的 100 倍，年均增长 20. 23%；2010 年人均地区生产总值达到 142696 元，是 1985 年 1677 元的 85. 10 倍，年均增长 19. 45%。其中，第一产业 2010 年地区生产总值 5. 75 亿元，是 1985 年 0. 53 亿元的 10. 85 倍，年均增长 10%；第二产业 2010 年地区生产总值 150. 99 亿元，是 1985 年 1. 48 亿元的 102. 02 倍，年均增长 20. 33%；第三产业 2010 年地区生产总值 93. 36 亿元，是 1985 年 0. 49 亿元的 190. 53 倍，年均增长 23. 37%。三次产业比重，1985 年为 21. 2∶59. 2∶19. 6，2010 年调整为 2. 3∶60. 4∶37. 3。

2010 年区属工农业总产值达到 845. 34 亿元，是 1985 年 4. 25 亿元的 198. 9 倍，年均增长 23. 58%。其中，2010 年农业总产值 9. 61 亿元，是 1985 年 0. 67 亿元的 14. 34 倍，年均增长 11. 24%；2010 年工业总产值 835. 73 亿元，是 1985 年 3. 58 亿元的 233. 44 倍，年均增长 24. 37%。2010 年建筑业总产值达到 116. 43 亿元，是 1985 年 0. 60 亿元的 194. 05 倍，年均增长 23. 46%。

2010 年全区交通货运量 3601 万吨，实现旅客运输量 2457 万人次，年末拥有营运性公路运输工具 4419 辆。邮政业务总量 7726 万元，电信业务收入 5. 11 亿元，年末拥有固定电话用户 15. 57 万户、移动电话用户 62. 20 万户、互联网用户 7. 60 万户。全区接待国内旅游人数 402. 30 万人次，直接收入 3. 05 亿元，接待入境旅游人数 4. 40 万人次，国际旅游外汇收入 1983 万美元，旅游综合收入 18. 57 亿元。

2010 年财政收入达到 515800 万元，是 1985 年 8300 万元的 62. 15 倍，年均增长 17. 96%。2010 年完成固定资产投资 130. 43 亿元，是 1985 年 0. 83 亿元的 157. 15 倍，年均增长 22. 42%。

2010 年全社会用电量 51. 48 亿千瓦时，是 1993 年 5. 58 亿千瓦时的 9. 23 倍，年均增长 13. 90%。其中，2010 年工业用电 46. 06 亿千瓦时，占总用电量 51. 48 亿千瓦时的 89. 47%，是 1993 年 4. 74 亿千瓦时的 9. 71 倍，年均增长 14. 31%；2010 年城乡居民生活用电 2. 39 亿千瓦时，占总用电量 51. 48 亿千瓦时的 4. 64%，是 1993 年 0. 26 亿千瓦时的 9. 19 倍，年均增长 13. 94%。

按 1996—2010 年的统计同口径计算，2010 年居民家庭人均可支配收入达到 30166 元，是 1996 年 9056 元的 3. 33 倍，年均增长 8. 97%；2010 年农民年人均纯收入达到 15130 元，是 1996 年 4490 元的 3. 37 倍，年均增长 9. 07%。

“七五”计划实施

“七五”期间（1986—1990 年），1990 年实现地区生产总值 6. 43 亿元，是 1986 年 3. 10 亿元的 2. 07 倍，年均增长率为 20. 00%，是 1985 年 2. 5 亿元的 2. 57 倍。“七五”累计实现地区生产总值 23. 24 亿元：第一产业累计实现 4. 35 亿元，占全区生产总值 18. 7%，其中 1990 年是 1985 年的 1. 94 倍；第二产业累计实现 12. 11 亿元，占全区生产总值的 52. 1%，其中 1990 年是 1985 年的 1. 92 倍；第三产业累计实现 6. 78 亿元，占全区生产总值的 29. 2%，其中 1990 年是 1985 年的 5. 22 倍，人均地区生产总值累计 15190 元，其中 1990 年是 1985 年的 2. 48 倍。

工农业总产值累计实现 43. 44 亿元，其中 1990 年比 1985 年增长 172. 5%：农业总产值 6. 31 亿元，占工农业总产值 14. 5%，1990 年比 1985 年增长 135. 8%；工业总产值 37. 13 亿元，占工农业总产值 85. 5%，1990 年比 1985 年增长 179. 3%。

固定资产投资累计投入 5. 73 亿元，其中 1990 年固定资产投资 1. 28 亿元，比 1985 年 0. 83 亿元增长 54. 2%。地方财政收入累计 2. 77 亿元，其中 1990 年 0. 67 亿元，比 1985 年 0. 83 亿元减少 19. 3%。金融机构存款余额 9. 38 亿元，累计 29. 57 亿元，1990 年比 1985 年增长 226. 8%，其中城乡居民储蓄存款余额累计 6. 24 亿元，1990 年比 1985 年增长 602. 6%。金融机构各项贷款余额累计 20. 67 亿元，其中 1990 年比 1985 年增长 313. 2%。社会消费品零售总额累计 11. 96 亿元，其中 1990 年 2. 78 亿元，比 1985 年增长 148. 2%。

1990 年，职工年平均工资收入 2200 元，比 1985 年增长 124. 95%；农民人均收入 1453 元，比

1985 年增长 113.05%。

“七五”计划期间镇海区属国民经济主要指标实现情况表

表 26－1

国民经济主要指标	单位	1985 年实绩	“七五”累计	“七五”期间年度实绩					1990 年比 1985 年增长（%）
				1986 年	1987 年	1988 年	1989 年	1990 年	
一、地区生产总值	亿元	2.50	23.24	3.10	3.82	4.24	5.65	6.43	157.2
人均地区生产总值	元/年	1677	15190	2056	2537	2778	3659	4160	148.1
1. 第一产业	亿元	0.53	4.35	0.62	0.73	0.97	1.00	1.03	94.3
比重	%	21.2	18.7	20.0	19.1	22.9	17.7	16.0	—
2. 第二产业	亿元	1.48	12.11	1.81	2.27	2.28	2.91	2.84	91.9
比重	%	59.2	52.1	58.4	59.4	53.8	51.5	44.2	—
3. 第三产业	亿元	0.49	6.78	0.67	0.82	0.99	1.74	2.56	422.5
比重	%	19.6	29.2	21.6	21.5	23.3	30.8	39.8	—
二、工农业总产值	亿元	4.25	43.44	5.25	6.49	9.15	10.97	11.58	172.5
1. 农业总产值	亿元	0.67	6.31	0.93	1.00	1.35	1.45	1.58	135.8
2. 工业总产值	亿元	3.58	37.13	4.32	5.49	7.80	9.52	10.00	179.3
三、固定资产投资	亿元	0.83	5.73	1.00	1.00	1.26	1.19	1.28	54.2
四、财政收入	亿元	0.41	2.81	0.42	0.50	0.55	0.63	0.71	57.75
五、金融	—	—	—	—	—	—	—	—	—
1. 各项存款余额	亿元	2.87	29.57	3.66	4.85	5.26	6.42	9.38	226.8
其中：城乡居民储蓄存款余额	亿元	0.39	6.24	0.52	0.73	1.02	1.23	2.74	602.6
2. 银行贷款余额	亿元	1.59	20.67	2.32	2.99	3.79	5.00	6.57	313.2
六、社会消费品零售总额	亿元	1.12	11.96	1.65	1.82	2.79	2.92	2.78	148.2
七、其他	—	—	—	—	—	—	—	—	—
1. 职工年平均工资收入	元	978	8225	1038	1306	1647	2034	2200	124.95
2. 农民人均收入	元	682	5635	763	883	1067	1469	1453	113.05

“八五”计划实施

“八五”期间（1991—1995 年），1995 年实现地区生产总值完成 22.61 亿元，是 1991 年 7.84 亿元的 2.88 倍，年均增长率为 30.27%；“八五”累计实现地区生产总值 72.88 亿元，比“七五”23.24 亿元增长 213.6%。其中，第一产业累计完成 7.60 亿元，占全区生产总值的 10.4%，比“七五”计划实现数增长 74.7%；第二产业累计 37.77 亿元，占全区生产总值的 51.8%，比“七五”计划实现数增长 211.8%；第三产业累计 27.51 亿元，占全区生产总值的 37.8%，比“七五”计划实现数增长305.8%。人均地区生产总值累计45003元，其中1995年比1990年增长218.7%。

工农业总产值累计实现157.95亿元，比“七五”计划期间累计数增长263.9%。其中，农业总产值累计11.05亿元，占7.0%，比“七五”计划期间累计数增长75.1%；工业总产值累计146.90亿元，占93.0%，比“七五”计划期间累计数增长295.6%。

固定资产投资累计完成34.34亿元，比“七五”期间累计完成数增长499.3%。地方财政收入累计6.07亿元，比“七五”计划期间累计数增长119.1%。金融机构各项存款余额累计109.87亿元，比“七五”计划期间累计数增长271.6%，其中城乡居民储蓄存款余额累计46.65亿元，比“七五”计划期间累计数增长647.6%。金融机构各项贷款余额累计85.14亿元，比“七五”计划期间累计数增长311.9%。社会消费品零售总额累计31.82亿元，比“七五”计划期间累计数增长166.1%，其中1995年10.71亿元，比1990年增长285.3%。进出口贸易累计0.72亿美元，其中自营出口贸易累计0.34亿美元。实际利用外资累计达到0.17亿美元。

1995年职工年平均工资收入累计24017元，比“七五”计划期间累计收入增长192.0%；农民人均收入累计12209元，比“七五”计划期间累计收入增长116.7%。

1995年，镇海区被省委、省政府命名为全省首批“小康县（区）”。

“八五”计划期间镇海区属主要经济指标实现情况表

表26－2

国民经济主要指标	单位	“七五”累计	“八五”累计	“八五”期间年度实绩					“八五”比“七五”增长（%）
				1991年	1992年	1993年	1994年	1995年	
一、地区生产总值	亿元	23.24	72.88	7.84	10.22	14.10	18.11	22.61	213.6
人均地区生产总值	元	15190	45003	5080	6589	8907	11168	13259	196.3
1. 第一产业	亿元	4.35	7.60	1.07	1.13	1.38	1.82	2.20	74.7
比重	%	18.7	10.4	13.7	11.0	9.8	10.0	9.7	—
2. 第二产业	亿元	12.11	37.77	3.71	5.17	7.57	9.67	11.65	211.8
比重	%	52.1	51.8	47.3	50.6	53.7	53.4	51.5	—
3. 第三产业	亿元	6.78	27.51	3.06	3.92	5.15	6.62	8.76	305.8
比重	%	29.2	37.8	39.0	38.4	36.5	36.6	38.8	—
二、工农业总产值	亿元	43.44	157.95	14.66	20.1	30.47	39.38	53.34	263.6
1. 农业总产值	亿元	6.31	11.05	1.59	1.57	1.99	2.69	3.21	75.1
2. 工业总产值	亿元	37.13	146.90	13.07	18.53	28.48	36.69	50.13	295.6
三、固定资产投资	亿元	5.73	34.34	2.18	4.21	8.40	9.27	10.28	499.3
四、财政收入	亿元	2.77	6.07	0.73	0.82	1.26	1.51	1.75	119.1
五、金融	—	—	—	—	—	—	—	—	—
1. 银行存款余额	亿元	29.57	109.87	11.90	15.59	17.91	26.20	38.27	271.6
其中：城乡居民储蓄存款余额	亿元	6.24	46.65	3.57	4.38	7.80	12.19	18.71	647.6

续表 26－2

国民经济主要指标	单位	"七五"累计	"八五"累计	"八五"期间年度实绩					"八五"比"七五"增长（%）
				1991 年	1992 年	1993 年	1994 年	1995 年	
2. 银行贷款余额	亿元	20.67	85.14	9.50	11.86	15.93	20.89	26.96	311.9
六、对外经济	—	—	—	—	—	—	—	—	—
1. 进出口总额	亿美元	0	0.72	0.02	0.03	0.14	0.13	0.40	—
其中：自营出口	亿美元	0	0.34	0.02	0.01	0.05	0.08	0.18	—
2. 实际利用外资	亿美元	0	0.17	0	0	0	0	0.17	—
七、社会消费品零售总额	亿元	11.96	31.82	3.19	3.91	5.43	8.58	10.71	166.1
八、其他	—	—	—	—	—	—	—	—	—
1. 职工年平均工资收入	元	8225	24017	2278	2924	4695	6845	7275	192.0
2. 农民人均收入	元	5635	12209	1551	1734	2350	3090	3484	116.7

说明："自营出口"和"实际利用外资"对外经济的数字统计分别始于 1991 年、1995 年

"九五"计划实施

"九五"计划期间（1996—2000 年），2000 年实现地区生产总值完成 43.60 亿元，是 1996 年 27.29 亿元的 1.60 倍，年均增长率为 12.47%；"九五"累计实现地区生产总值 173.27 亿元，比"八五"72.88 亿元增长 137.8%。其中，第一产业累计 13.27 亿元，占全区生产总值 7.7%，比"八五"计划累计实现数增长 74.6%；第二产业累计 80.82 亿元，占全区生产总值 46.6%，比"八五"计划累计实现数增长 113.9%；第三产业累计 79.18 亿元，占全区生产总值 45.7%，比"八五"计划累计实现数增长 187.8%。人均地区生产总值累计 98539 元，比"八五"计划累计实现数增长 119.0%。

工农业总产值累计 334.59 亿元，年均增长 12.8%，比"八五"计划期间累计数增长 188.3%。其中，农业总产值累计 21.39 亿元，占工农业总产值比重 6.4%，比"八五"计划期间累计数增长 93.6%，；工业总产值累计 313.20 亿元，占工农业总产值 93.6%，比"八五"计划期间累计数增长 113.2%。

固定资产投资累计 52.03 亿元，比"八五"计划期间累计数增长 51.5%，其中 2000 年比 1995 年减少 5.25%。地方财政收入累计 16.21 亿元，比"八五"计划期间累计数增长 167.1%。金融机构各项存款余额累计 340.37 亿元，比"八五"计划期间累计数增长 209.8%。其中，城乡居民储蓄存款余额累计 190.88 亿元，比"八五"计划期间累计数增长 309.2%。金融机构各项贷款余额累计 217.65 亿元，比"八五"计划期间累计数增长 155.6%。社会消费品零售总额累计 68.08 亿元，比"八五"计划期间累计数增长 114%，其中社会消费品零售总额 2000 年 15.31 亿元，是 1990 年的 5.5 倍。进入口总额累计 6.84 亿美元，比"八五"计划期间累计数增长 850.0%，其中增加自营出口累计 3.83 亿美元，比"八五"计划期间累计数增长 1026.5%。实际利用外资累计 1.04 亿美元，

比“八五”计划期间累计数增长511.8%。

居民家庭年人均可支配收入累计48343元，其中2000年比1996年增长21.7%；农民人均纯收入累计24282元，其中2000年比1996年增长16.0%。

“九五”计划期间镇海区属主要经济指标实现情况表

表26－3

国民经济主要指标	单位	“八五”累计	“九五”累计	“九五”期间年度实绩					“九五”比“八五”增长（%）
				1996表	1997表	1998表	1999表	2000表	
一、地区生产总值	亿元	72.88	173.27	27.29	30.80	33.61	37.97	43.60	137.8
人均地区生产总值	元	45003	98539	16053	17903	18993	21270	24320	119.0
1. 第一产业	亿元	7.60	13.27	2.48	2.62	2.68	2.70	2.79	74.6
比重	%	10.4	7.7	9.1	8.5	8.0	7.1	6.4	—
2. 第二产业	亿元	37.77	80.82	13.69	14.48	15.01	17.09	20.55	113.9
比重	%	51.8	46.6	50.2	47.0	44.6	45.0	47.1	—
3. 第三产业	亿元	27.51	79.18	11.12	13.70	15.92	18.18	20.26	187.8
比重	%	37.8	45.7	40.7	44.5	47.4	47.9	46.5	—
二、工农业总产值	亿元	157.95	334.59	54.57	62.15	60.10	69.34	88.43	188.3
1. 农业总产值	亿元	11.05	21.39	4.01	4.20	4.30	4.36	4.52	93.6
2. 工业总产值	亿元	146.90	313.20	50.56	57.95	55.80	64.98	83.91	113.2
三、固定资产投资	亿元	34.34	52.03	11.90	11.44	10.03	8.92	9.74	51.5
四、财政收入	亿元	6.07	16.21	2.11	2.45	2.95	3.74	4.96	167.1
五、金融	—	—	—	—	—	—	—	—	—
1. 银行存款余额	亿元	109.87	340.37	47.21	59.83	68.71	77.97	86.65	209.8
其中：城乡居民储蓄存款余额	亿元	46.65	190.88	25.86	32.46	39.48	45.00	48.08	309.2
2. 银行贷款余额	亿元	85.14	217.65	30.60	40.21	43.50	49.62	53.72	155.6
六、对外经济	—	—	—	—	—	—	—	—	—
1. 进出口总额	亿美元	0.72	6.84	0.92	0.90	1.00	1.35	2.67	850.0
其中：自营出口	亿美元	0.34	3.83	0.44	0.63	0.76	0.76	1.24	1026.5
2. 实际利用外资	亿美元	0.17	1.04	0.20	0.31	0.16	0.16	0.21	511.8
七、社会消费品零售总额	亿元	31.82	68.08	11.88	12.39	14.75	13.75	15.31	114.0
八、其他	—	—	—	—	—	—	—	—	—
1. 居民家庭年人均可支配收入	元	24017	48343	9056	9291	9470	9509	11017	101.3
2. 农民年人均纯收入	元	12209	24282	4490	4731	4871	4982	5208	98.9

说明：“居民家庭年人均可支配收入”和“农民年人均纯收入”按1996年统计同口径数据计算

“十五”计划实施

“十五”计划期间（2001—2005 年），2005 年实现地区生产总值完成 106.17 亿元，是 2001 年 48.47 亿元的 2.19 倍，年均增长率为 21.65%；“十五”累计实现地区生产总值 361.05 亿元，比“九五”173.27 亿元增长 108.4%。其中，第一产业累计 16.37 亿元，占全区生产总值 4.5%，比“九五”计划累计数增长 23.4%；第二产业累计 191.33 亿元，占全区生产总值 53%，比“九五”计划累计数增长 136.7%；第三产业 153.35 亿元，占全区生产总值 42.5%，比“九五”计划累计数增长 93.7%。人均地区生产总值累计 197982 元，比“九五”计划累计数增长 100.9%。

工农业总产值累计 973.09 亿元，比“九五”计划期间累计数增长 190.80%。其中，农业总产值累计 26.64 亿元，占 2.7%，比“九五”计划期间累计数增长 24.5%；工业总产值累计 946.45 亿元，占 97.3%，比“九五”计划期间累计数增长 202.2%。

固定资产投资累计 214.51 亿元，比“九五”计划期间累计数增长 312.3%。地方财政收入累计 61.19 亿元，比“九五”计划期间累计数增长 277.5%。金融机构各项存款余额累计 755.24 亿元，比“九五”计划期间累计数增长 121.9%，其中城乡居民储蓄存款余额累计 385.45 亿元，比“九五”计划期间累计数增长 101.9%。金融机构各项贷款余额累计 526.69 亿元，比“九五”计划期间累计数增长 142.0%。社会消费品零售总额累计 112.94 亿元，比“九五”计划期间累计数增长 65.9%。

对外进出口货物累计 49.01 亿美元，比“九五”计划期间累计数增长 616.5%，其中自营出口累计 18.46 亿美元，比“九五”计划期间累计数增长 381.2%。实际利用外资累计 5.61 亿美元，比“九五”计划期间累计数增长 439.4%。

居民家庭年人均可支配收入累计 71800 元，比“九五”计划期间累计数增长 48.5%；农民人均纯收入累计 33004 元，比“九五”计划期间累计数增长 35.9%。

“十五”计划期间镇海区属主要经济指标实现情况表

表 26－4

国民经济主要指标	单位	“九五”累计	“十五”累计	“十五”期间年度实绩					“十五”比“九五”增长（%）
				2001	2002	2003	2004	2005	
一、地区生产总值	亿元	173.27	361.05	48.46	54.87	66.07	85.48	106.17	108.4
人均地区生产总值	元	98539	197982	27005	30542	36632	46798	57005	100.9
1. 第一产业	亿元	13.27	16.37	2.94	3.07	3.19	3.48	3.69	23.4
比重	%	7.7	4.5	6.1	5.6	4.8	4.1	3.5	—
2. 第二产业	亿元	80.82	191.33	22.94	26.32	33.52	46.96	61.59	136.7
比重	%	46.6	53.0	47.3	48.0	50.7	54.9	58.0	—
3. 第三产业	亿元	79.18	153.35	22.58	25.48	29.36	35.04	40.89	93.7
比重	%	45.7	42.5	46.6	46.4	44。5	41.0	38.5	—
二、工农业总产值	亿元	334.59	973.09	99.91	122.32	167.09	237.13	346.64	190.8

续表 26－4

国民经济主要指标	单位	"九五"累计	"十五"累计	"十五"期间年度实绩					"十五"比"九五"增长（%）
				2001	2002	2003	2004	2005	
1. 农业总产值	亿元	21.39	26.64	4.74	4.95	5.20	5.55	6.20	24.5
2. 工业总产值	亿元	313.20	946.45	95.17	117.37	161.89	231.58	340.44	202.2
三、固定资产投资	亿元	52.03	214.51	15.41	25.23	40.35	58.38	75.14	312.3
四、财政收入	亿元	16.21	61.19	6.46	8.89	11.53	12.72	21.59	277.5
五、金融	—	—	—	—	—	—	—	—	—
1. 银行存款余额	亿元	340.37	755.24	94.66	116.61	153.10	178.27	212.60	121.9
其中：城乡居民储蓄存款余额	亿元	190.88	385.45	54.76	65.63	78.33	86.23	100.50	101.9
2. 银行贷款余额	亿元	217.65	526.69	67.67	79.52	112.09	123.09	144.32	142.0
六、对外经济	—	—	—	—	—	—	—	—	—
1. 进出口总额	亿元	6.84	49.01	3.11	4.61	7.13	12.66	21.50	616.5
其中：自营出口	亿元	3.83	18.46	1.50	1.86	2.79	4.57	7.74	381.2
2. 利用外资	亿元	1.04	5.61	0.41	0.71	1.21	1.52	1.76	439.4
七、社会消费品零售总额	亿元	68.08	112.94	17.26	19.41	22.32	25.28	28.67	65.9
八、其他	—	—	—	—	—	—	—	—	—
1. 居民家庭年人均可支配收入	元	48343	71800	11950	12500	14060	15882	17408	48.5
2. 农民年人均纯收入	元	24282	33004	5517	5874	6396	7187	8030	35.9

"十一五"规划实施

"十一五"规划期间（2006—2010年），2010年实现地区生产总值250.10亿元，是2006年130.02亿元的1.92倍，年均增长率为17.71%；"十一五"累计实现地区生产总值920.23亿元，比"十五"累计361.05亿元增长154.9%。其中，第一产业增加值23.06亿元，占全区生产总值2.5%，比"十五"计划期间累计数增长40.9%；第二产业增加值553.98亿元，占全区生产总值60.2%，比"十五"计划期间累计数增长189.5%；第三产业增加值343.20亿元，占全区生产总值37.3%，比"十五"计划期间累计数增长123.8%。人均地区生产总值累计509607元，比"十五"计划期间累计数增长157.4%。

工农业总产值累计3120.77亿元，比"十五"计划期间累计数增加220.7%。其中，农业总产值累计39.29亿元，占全区工农业总产值1.26%，比"十五"计划期间累计数增长47.5%；工业总产值累计3081.48亿元，占全区工农业总产值98.74%，比"十五"计划期间累计数增长225.6%。

固定资产投资累计512.50亿元，比“十五”计划期间累计数增长138.7%。地方财政收入累计194.05亿元，比“十五”计划期间累计数增长217.1%。金融机构各项存款余额累计1770.56亿元，比“十五”计划期间累计数增长134.3%。其中，城乡居民储蓄存款余额累计763.72亿元，比“十五”计划期间累计数增长98.2%。金融机构各项贷款余额累计1344.64亿元，比“十五”计划期间累计数增长155.3%。社会消费品零售总额累计242.89亿元，比“十五”计划期间累计数递增115.1%。

对外进出口货物累计202.57亿美元，比“十五”计划期间累计数增长313.3%，其中自营出口累计84.27亿美元，比“十五”累计数增长356.5%；实际利用外资累计7.52亿美元，比“十五”计划期间累计数增长34.05%。

居民家庭年人均可支配收入累计124819元，比“十五”计划期间累计数增长73.84%；农民人均纯收入累计60161元，比“十五”计划期间累计数增长82.28%。

“十一五”规划期间镇海区属主要经济指标实现情况表

表26－5

国民经济主要指标	单位	“十五”累计	“十一五”累计	“十一五”期间年度实绩					“十一五”比“十五”增长（%）
				2006	2007	2008	2009	2010	
一、地区生产总值	亿元	361.05	920.23	130.02	156.66	180.27	203.18	250.10	154.9
人均地区生产总值	元	197982	509607	69042	83823	99816	114230	142696	157.4
1. 第一产业	亿元	16.37	23.06	3.81	4.08	4.54	4.88	5.75	40.9
比重	%	4.5	2.5	2.9	2.6	2.5	2.4	2.3	—
2. 第二产业	亿元	191.33	553.98	78.41	95.93	109.12	119.53	150.99	189.5
比重	%	53.0	60.2	60.3	61.2	60.5	58.8	60.4	—
3. 第三产业	亿元	153.35	343.20	47.80	56.65	66.61	78.78	93.36	123.8
比重	%	42.5	37.3	36.8	36.2	37.0	38.8	37.3	—
二、工农业总产值	亿元	973.09	3120.77	451.62	579.62	636.75	607.44	845.34	220.7
1. 农业总产值	亿元	26.64	39.29	6.56	7.20	7.70	8.22	9.61	47.5
2. 工业总产值	亿元	946.45	3081.48	445.06	572.42	629.05	599.22	835.73	225.6
三、固定资产投资	亿元	214.51	512.50	87.50	93.71	92.84	108.02	130.43	138.7
四、财政收入	亿元	61.19	194.05	27.32	33.96	39.06	42.13	51.58	217.1
五、金融	—	—	—	—	—	—	—	—	—
1. 银行存款余额	亿元	755.24	1770.56	251.08	284.73	325.00	413.62	496.13	134.4
其中：城乡居民储蓄存款余额	亿元	385.45	763.72	115.92	117.43	150.02	179.71	200.64	98.2
2. 银行贷款余额	亿元	526.69	1344.64	182.80	205.38	247.88	318.87	389.71	155.3
六、对外经济	—	—	—	—	—	—	—	—	—

续表 26－5

国民经济主要指标	单位	“十五”累计	“十一五”累计	“十一五”期间年度实绩					“十一五”比“十五”增长（%）
				2006	2007	2008	2009	2010	
1. 进出口总额	亿元	49.01	202.57	30.10	36.36	42.22	38.32	55.57	313.3
其中：自营出口	亿美元	18.46	84.27	11.64	14.32	20.50	15.76	22.05	356.5
2. 实际利用外资	亿美元	5.61	7.52	1.61	1.74	1.42	1.25	1.50	34.05
七、社会消费品零售总额	亿元	112.94	242.89	33.80	39.24	47.77	55.79	66.29	115.1
八、其他	—	—	—	—	—	—	—	—	—
1. 居民家庭年人均可支配收入	元	71800	124819	19674	22307	25304	27368	30166	73.84
2. 农民年人均纯收入	元	33004	60161	9136	10447	11985	13463	15130	82.28

【附】1986—2010 年镇海区全社会经济总量情况

全社会经济总量记载 1986—2010 年镇海区境内，部省市属企业和区属的地区生产总值（GDP）和固定资产投资两个方面内容。其中：农业、金融、对外经济贸易、利用外资、财政收入、社会消费品零售总额等相关经济总量情况，与本章第三节经济总量所记相同。全社会工业总产值参见第十五编“区属工业”小序。

镇海境内的部省市属企业有 40 多家，主要分布在石油化工、电力、建筑、交通等国民经济行业，是镇海全社会经济发展的支柱产业。1986—2010 年全区累计完成全社会地区生产总值 2598.58 亿元，其中市省部属企业累计达到 1047.91 亿元，占全社会地区生产总值的 40.33%。其中，中国石油化工股份有限公司镇海炼化分公司，在全社会地区生产总值中，除 2008 年受到世界金融危机影响外，一直保持着首屈一指的领先地位。

镇海区全社会地区生产总值 2010 年达到 450.01 亿元，是 1986 年 6.79 亿元的 66.28 倍，年增长率 19.09%；人均生产总值达到 200064 元，是 1986 年 3561 元的 56.18 倍，年增长率 18.28%；三次产业比重分别为：1986 年第一产业 9.13%、第二产业 80.86%、第三产业 10.01%；到 2010 年三次产业比重分别调整为第一产业 1.28%、第二产业 77.98%、第三产业 20.74%。

镇海区全社会固定资产投资 2010 年达到 163.40 亿元，是 1986 年 2.67 亿元的 61.2 倍，年增长率为 18.7%。

1986—2010 年镇海区全社会经济总量情况表

表 26－6

年份	地区生产总值（亿元）	其中：				人均生产总值（元）	全社固定资产投资（亿元）
		第一产业	第二产业	其中：工业	第三产业		
1986	6.79	0.62	5.49	5.12	0.68	3561	2.67
1987	8.18	0.74	6.63	6.18	0.82	4233	2.63

续表 26－6

年份	地区生产总值（亿元）	其中：				人均生产总值（元）	全社固定资产投资（亿元）
		第一产业	第二产业	其中：工业	第三产业		
1988	9.08	0.97	7.13	6.63	0.99	4615	3.54
1989	11.87	1.00	9.13	8.51	1.74	6026	4.09
1990	13.32	1.02	9.73	8.77	2.56	6709	4.79
1991	15.63	1.08	11.49	10.41	3.06	7795	6.61
1992	19.10	1.13	14.05	12.73	3.92	9410	11.61
1993	24.27	1.38	17.74	15.73	5.15	11819	13.77
1994	33.15	1.82	24.71	22.65	6.62	16031	14.37
1995	43.11	2.20	32.15	29.12	8.76	20717	19.37
1996	52.64	2.48	39.04	35.24	11.12	25080	34.60
1997	59.99	2.62	43.67	40.02	13.70	28364	29.90
1998	64.70	2.68	46.10	41.78	15.92	30484	31.06
1999	73.83	2.70	52.95	49.60	18.18	34626	28.79
2000	82.36	2.79	59.31	56.67	20.26	38746	18.39
2001	90.72	2.94	65.20	61.32	22.58	42182	29.82
2002	110.91	3.07	82.36	77.66	25.48	51393	44.83
2003	128.59	3.19	96.04	89.57	29.36	59438	69.79
2004	184.40	3.48	145.88	135.17	35.04	84416	90.13
2005	191.43	3.69	146.56	133.84	41.18	86016	110.57
2006	192.64	3.81	141.03	126.67	47.80	85539	119.26
2007	238.67	4.08	177.94	163.08	56.65	105851	134.99
2008	152.92	4.54	79.99	60.04	68.39	67994	167.85
2009	340.27	4.87	256.62	233.85	78.78	151570	223.21
2010	450.02	5.75	350.91	329.06	93.35	200064	163.40
合计	2598.58	64.66	1921.83	1759.42	612.09	—	1380.04

第二章　统　计

1985 年 10 月设镇海区统计局，经济主管部门、乡镇、企业设专职统计人员。1996 年 7 月成立计算机中心，为区统计局下属事业单位。2002 年 1 月，区统计局和区发展计划与经济局合署办公，统计职能由国民经济核算科、专业统计科及计算机中心承担。2004 年 3 月成立普查中心，为区统计局下属事业单位，计算机中心并入普查中心。2005 年 8 月，镇海区统计局单独设置，内设办公室（法规与教育科）、综合核算科、工业与投资科、服务业统计科，同时下设普查中心。2007 年 6 月，成立社会经济调查队（统计执法大队），为区统计局下属事业单位。随着改革深入，统计工作由单纯经济统计向经济统计和社会统计并重转变，由为党委、政府决策服务向全社会服务转变。

第一节　专业统计

1986 年后专业统计内容不断扩大，至 2008 年区统计局承担的专业统计主要包括：农业、工业、能源、建筑业、固定资产、房地产、商贸、服务业、国民经济核算、劳动工资、科技、妇女儿童、基本单位名录库、企业景气、工业品价格指数、城镇居民、农村居民等方面的统计任务。各业务主管部门承担人口、财政金融、科研、文化教育、卫生、体育、广播电视、环境保护、市政建设、公用事业、民政福利、社会治安等统计任务。

农业统计

主要有农村基本情况、劳动力、耕地面积、农业机械、农村水利、主要农作物面积与产量、农林牧渔业生产情况、农村经济发展现状等内容。

工业统计

主要有工业企业单位数、生产、销售、主要产品产量、主要经济指标、生产能力等内容。

能源统计

主要有能源购进、消费、库存、原油及石油制品资源与去向、产品能耗情况、单位生产总值能耗及工业增加值能耗情况、水消费等内容。

建筑业统计

主要有生产情况、财务状况、房屋建筑完成情况、生产经营情况等内容。

固定资产投资统计

主要有投资规模、构成、建设性质、完成投资额、新增固定资产、新增生产能力、施工竣工面积、资金来源等内容。

商贸统计

主要有批发零售业商品销售情况和财务状况、住宿餐饮业的经营情况和财务状况、社会消费品零售总额、亿元以上商品交易市场成交情况等内容。

服务业统计

主要有单位基本情况、财务状况等内容。

劳动工资统计

主要有单位从业人员、劳动报酬、人员变动、职工素质、劳动力资源配置情况等内容。

科技统计

主要有人员情况、经费筹集、支出及成果、项目情况等内容。

第二节　统计调查

抽样调查

农村住户抽样调查　1985 年建立农村住户调查，在 4 个村抽取容量为 40 户的调查样本。2004 年，对原定样本户扩点换户，扩大到 100 户。2008 年抽样调查结果显示，农民人均纯收入 11985 元，比 2007 年增长 14.7%，人均消费支出 11857 元，比 2007 年增长 19.4%，恩格尔系数为 41.1%

城镇住户抽样调查　1987 年建立城镇居民生活情况调查，1988 年起对 50 户样本户正式记账并编制城镇居民生活消费物价指数。2008 年抽样调查结果显示，城镇居民人均可支配收入 25304 元，比 2007 年增长 13.4%，人均消费支出 16379 元，比 2007 年增长 17.7%，恩格尔系数为 37.3%。

专项调查

1986—2008 年，区统计局会同有关部门共进行 11 次专项调查。1986 年 10 月，开展工业企业横向经济联合组织一次性调查和交通运输横向经济联合组织一次性调查。1995 年 7 月开展 1% 人口抽样调查。2003 年 5 月，以九龙湖镇为样本开展“农作物播种面积抽样调查”。2003 年，开展“2003 年浙江省劳动力就业和社会保障状况调查”。2005 年，开展 1% 人口抽样调查和“平安镇海”群众安全感满意度调查。2007 年，开展投入产出调查，开展人才资源调查，受区纪委委托开展廉情预警机制指数测评调查。2008 年，协助国家统计局宁波市调查队完成组织部门委托的“万人评组工”调查，受区委办委托的“法治建设群众满意度”调查。

第三节　国情普查

人口普查

第四次人口普查　1990 年开展全国第四次人口普查，普查标准时间为 1990 年 7 月 1 日零时。

1991年12月，编印《宁波市镇海区1990年人口普查资料》。普查资料显示，全区常住人口为209627人，家庭户为66604户，家庭户平均每户人数为2.95人，男女比例为107.22（以女性为100）；年龄比例0～14岁人口为37870人，15～59岁人口为151403人，60岁及以上人口为20354人；文化程度具有大学（指大专及以上）程度的人口为4749人，具有高中（含中专）程度的人口为23590人，具有初中程度的人口为63247人，具有小学程度的人口为79006人。1989年1月1日至1990年6月30日，出生人口为3865人，死亡人口为1772人。

第五次人口普查　2000年开展第五次全国人口普查，普查标准时间为2000年11月1日零时。2002年4月，编印《宁波市镇海区2000年第五次全国人口普查资料》。普查资料显示，全区常住人口为271707人，家庭户为98946户，家庭户平均每户人数为2.54人，男女比例为106.33（以女性为100）；0～14岁人口为39610人，15～59岁人口为203435人，60岁及以上人口为28662人；具有大学（指大专及以上）程度的人口为13141人，具有高中（含中专）程度的人口为40537人，具有初中程度的人口为96832人，具有小学程度的人口为90115人。1999年11月至2000年10月，出生人口为2297人，死亡人口为1296人。

农业普查

第一次农业普查　1996年开展第一次全国农业普查，全区共调查乡1个、镇4个，村级组织156个（151个村、5个居委会），家庭48683户。1998年8月编印《宁波市镇海区第一次农业普查资料》。普查资料显示，1996年年末全区共有从事生产经营活动农村住户38507户，其中农业户16660户、农业生产经营单位61个；非农乡镇企业总个数1197个，从业人员35990人；农村总人数115349人，从业人员82459人，其中从事农业的人员24419人；农村农民科技人员31人，农民专业人员609人；拥有大中型拖拉机59台，小型拖拉机935台，联合收割机52台，机动脱粒机6548台，农用运输车202辆；全区156个村（居）均通电、通邮、通公路、能接收电视、饮用自来水，151个村（居）使用燃气燃料，6个村（居）拥有小学，147个村（居）有医疗站，35个村（居）有幼儿园托儿所。

第二次农业普查　2006年开展第二次全国农业普查，普查对象为境内的农村住户、城镇农业生产经营户、农业生产经营单位、村委员会、镇人民政府和街道办事处。全区共调查镇2个，街道3个，村级组织65个（62个村、3个居委会），40890个家庭户。2008年5月发布《宁波市镇海区第二次农业普查主要数据公报》。普查资料显示，2006年年末全区共有农业生产经营户12301户，农业生产经营单位66个，农业从业人员11078人，农业技术人员169人；农村劳动力资源总量149817人，农村从业人员134743人；拥有大中型拖拉机21台，小型拖拉机588台，联合收割机115台；100%的村和自然村通公路，91.9%的村村内主要道路有路灯，村村通电和电话，所有村接入宽带网络；100%的村3千米范围内有小学，88.7%的村5千米范围内有中学；所有村实施垃圾集中处理，93.5%的村距离医院、卫生院在3千米以内，96.8%的村有卫生室；农村居民平均每户拥有住宅面积132.6平方米，99.7%的住户使用管道水，98.3%的住户使用煤气或天然气，80.4%的住户使用水冲式厕所。

工业普查

1995年进行全国第三次工业普查，1996年12月编印《宁波市镇海区第三次工业普查资料》。普查资料显示，1995年年末全区工业企业和生产单位2077个，工业总产值43.82亿元，从业人员60525人。其中：国有企业37个，产值9.41亿元，从业人员11277人；集体企业1152个，产值25.42亿元，从业人员35633人；私营企业250个，产值9654万元，从业人员3315人；个体548个，产值4379万元，从业人员2092人；联营企业28个，产值1.43亿元，从业人员1297人；股份制企业3个，产值1278万元，从业人员111人；外商及港澳台投资企业59个，产值6.02亿元，从业人数6800人。轻重工业产值比例为62.05∶37.95。

第三产业普查

1993年，开展全国第一次第三产业普查，1994年10月编印《宁波市镇海区第三产业普查资料》。普查资料显示，1992年年末全区第三产业单位1404个，从业人数21528人。其中，农业9个、88人，地质勘查业、水利管理业6个、266人，交通运输、仓储及邮电通信业55个、3425人，批发和零售贸易、餐饮业467个、6958人，金融、保险业24个、681人，房地产业7个、124人，社会服务业80个、1796人，卫生、体育和社会福利业37个、1526人，教育、文化艺术及广播电影电视业139个、2684人，科学研究和综合技术服务业17个、583人，国家机关、政党机关和社会团体280个、3280人，其他行业13个、117人。执行企业会计制度的单位，全年营业收入3.37亿元，营业利润7205万元；执行事业行政会计制度的单位，全年收入2.61亿元，全年支出2.45亿元。全区个体户5824户，根据推算年末从业人员7251人，全年营业收入1.08亿元。

基本单位普查

第一次全国基本单位普查 1996年开展第一次全国基本单位普查，普查对象为全区所有的法人单位及法人单位所附属的产业活动单位。普查资料显示，1996年年末全区共有法人单位2597个，从业人数109991人。按产业结构分类，第一产业11个、155人，第二产业1575个、86462人，第三产业1011个、23374人。按所有制结构分类，国有经济363个、35344人，集体经济1631个、49101人，私营经济252个、4403人；联营经济32个、810人，股份制31个、11265人，外商投资经济43个、4194人，港澳台投资经济46个、3823人，其他经济199个、1051人。按单位性质分类，企业2117个，事业单位209个，机关63个，社会团体12个，居委会45个，村委会151个。产业活动单位2896个。

第二次全国基本单位普查 2001年，开展第二次全国基本单位普查，普查的对象为全区所有的法人单位及法人单位所附属的产业活动单位。普查资料显示，2001年年末全区共有法人单位4144个，从业人数135827人。按产业结构分类，第一产业单位23个、206人，第二产业2440个、103310人，第三产业1681个、32311人。按登记注册类型分类，内资单位3927个、118796人，港澳台投资单位126个、9885人，外商投资单位91个、7146人。按单位类别，企业3721个、126634人，事业单位186个、5675人，机关54个、2057人，社会团体66个、408人，居委会26个、160人，村委会68个、664人。产业活动单位4516个。

经济普查

第一次全国经济普查　2004年进行全国第一次经济普查，普查的对象是境内从事第二产业和第三产业的全部法人单位、产业活动单位和个体经营户，2006年8月编印《2004宁波市镇海区经济普查年鉴》。普查资料显示，2004年年末全区共有从事二、三产业法人单位4767个。按登记注册类型，国有企业284个，集体企业490个，股份合作企业41个，联营企业21个，有限责任公司191个，股份有限公司19个，私营企业3127个，其他企业174个，港澳台投资企业223个，外商投资企业197个。按机构类型，企业4316个，机关、事业单位220个，社会团体77个，其他154个。按产业结构类型，第二产业2990个，其中工业2889个、建筑业101个，第三产业1777个。产业活动单位5341个，其中第二产业3073个，第三产业2268个。个体营业户13558户，其中第二产业1357户，第三产业12201户。年末，全区第二、三产业共有就业人员230994人，其中第二产业176151人，包括工业139217人、建筑业31860人，第三产业54843人。在合计中，单位就业人员204981人，个体营业人员26013人。

第二次全国经济普查　2008年进行全国第二次经济普查，普查对象是境内从事第二产业和第三产业的全部法人单位、产业活动单位和个体经营户，2009年11月，编印《镇海区第二次全国经济普查主要数据简要本》。普查资料显示，2008年年末全区共有从事二、三产业的法人单位6966个。按登记注册类型，国有企业331个，集体企业284个，股份合作企业14个，联营企业13个，有限责任公司332个，股份有限公司18个，私营企业5150个，其他企业283个，港澳台投资企业274个，外商投资企业267个。按机构类型，企业6323个，机关、事业单位250个，社会团体93个，其他300个。按产业结构类型，第二产业4136个，其中工业3960个、建筑业176个，第三产业2829个。产业活动单位5341个，其中第二产业3073个，第三产业2268个。个体营业户13558户，其中第二产业1357户，第三产业12201户。年末，全区第二、三产业共有就业人员275850人，其中第二产业203553人，包括工业160300人、建筑业43253人，第三产业72289人；在合计中，单位就业人员246141人，个体营业人员29709人。

第四节　统计监督与服务

统计服务

1986年3月起，区统计局每年度定期公布全区国民经济和社会发展情况公报，编印综合统计分析资料《镇海统计》。1993年起编印《镇海区社会经济发展统计年鉴》，次年扩版为《镇海统计年鉴》。1998年起，区统计局按月编印《镇海统计信息》，为党委、政府及部门提供信息服务。2000年10月，在区经济服务中心设立统计登记窗口，正式启动统计单位登记服务。2002年11月，通过网络公布镇海区经济社会统计信息。2008年编纂《看镇海巨变——改革开放30周年》《镇海区经济社会发展回顾》等宣传册。

统计监督

遵照《中华人民共和国统计法》《中华人民共和国行政许可法》《政府信息公开条例》《浙江省统计工作监督管理条例》等法律法规，区统计局制定《依法行政监督检查制度》《行政执法责任制》《信息公开管理办法》等，建立健全统计依法行政、统计信息公开和统计执法的责任、保障和监督机制。

1986年起，连续开展"一五""二五""三五""四五""五五"5次统计普法教育活动。1989年起，区统计局每年定期开展统计执法检查工作。2008年，共稽查单位90家，其中44家单位被依法给予警告处罚，1家单位被给予罚款处罚。

第三章　审　计

1985年10月，镇海县审计局改称为镇海区审计局。至2008年12月，在职人员由建制时8名，增至19名，其中具有中级职称以上任职资格为15名，占在职人员总数78.95%，内含审计师8名、会计师2名、工程师4名、技师1名。

区审计局承担辖区内国家审计工作职能，对政府及其各部门财政收支、国有金融机构和企事业组织的财务收支，以及其他应进行审计的财政、财务收支的真实性、合法性和效益性依法进行审计监督。此外，对社会审计部门和内部审计单位进行业务指导和监督。

1986—2008年，镇海审计局共完成审计项目724个，审计查出违纪违规金额49188万元，审计决定应上缴财政金额8248万元，应减少财政拨款或补贴金额7039万元，应归还原渠道资金6684万元。其中，对违规违纪人员，移送纪检监察部门处理的9人，移送司法机关处理的8人。其历年审计查出违规违纪金额情况详见表26－13。

区审计局1996年11月被评为浙江省审计系统先进集体，是年被评为宁波市审计系统先进集体，1994年4月被评为宁波市审计机关先进集体，2002年2月被评为省审计系统1997—2001年度廉政勤政先进单位。

第一节　财政财务审计

财政财务审计包括对本级财政预算执行情况进行审计、对乡镇（街道）进行审计和对行政事业单位进行审计。1986年到2008年，共审计335个项目，审计查出违纪违规金额14998万元，审计决定应上缴财政3458万元，应缴财政1458万元，应减少财政拨款或补贴586万元，应归还原渠道资金3366万元。

本级财政预算执行审计　1996年审计本级财政年度预算执行情况，审计主要内容为预算批复和调整情况、预算收入征收情况、资金拨付和支出情况，预算外资金、专项资金、财政周转金征集、使用和管理等情况。审计结果向区政府和宁波市审计局提交《审计结果报告》，向区人大常委会提交《审计工作报告》。审计结果，1995年预备费安排低于《中华人民共和国预算法》的规定，全区12家房地产开发企业期末房屋出售预收款7000余万元未解缴营业税及附加，错算多付镇海工商银行1995年第二季度利息15.87万元，委托发放企业挖潜改造基金逾期贷款占贷款总额66.48%，预算外资金管理分散等问题。区政府、区人大常委会要求有关部门抓紧整改并书面报告整改情况。此后，每年对本级财政预算执行情况进行审计。

乡镇（街道）财政审计 1989 年开始对乡镇财政进行审计。1998 年，区审计局对乡镇财政进行全面审计。审计结果，乡镇财政隐性赤字 11221 万元，负债 21002 万元，乡镇财政处于困境。区委、区政府对审计发现的问题，提出乡镇财政建设 3 年目标，促进乡镇财政步入良性循环轨道。2002 年对某镇财政决算进行审计，发现已给某企业发放 2 公顷土地使用权证，未收土地出让金 295 万元。区委、区政府责成依法进行处理，并组织区审计、监察、国土等部门对全区以前年度土地出让业务进行专项清理。至 2008 年共审计乡镇（街道）财政 36 次。

行政事业单位经费审计 1986 年开始行政事业单位经费审计。1987 年 2 月，区政府批准下发《关于对区属行政事业单位经费实行定期审计的通知》，完善行政事业单位经费审计制度。1986—2008 年，共实施 286 个审计项目。

1986—2008 年镇海区财政财务收支审计情况表

表 26－7 单位：万元

年份	项目（个）	违规违纪金额	应缴财政	应减少拨款	应归还原渠道	年份	项目（个）	违规违纪金额	应缴财政	应减少拨款	应归还原渠道
1986	2	58	3	—	—	1998	2	1198	277	70	630
1987	6	53	40	2	—	1999	12	2411	114	344	270
1988	22	72	1	—	1	2000	10	2351	368	—	195
1989	44	31	9	—	—	2001	10	574	55	36	458
1990	44	130	19	—	109	2002	14	601	248	—	130
1991	32	280	13	—	23	2003	18	269	270	—	—
1992	18	459	10	—	—	2004	12	604	208	—	222
1993	6	44	8	—	—	2005	11	3105	1308	—	757
1994	14	598	105	20	196	2006	6	1359	27	—	259
1995	9	179	75	4	—	2007	8	49	27	—	4
1996	17	407	225	—	34	2008	5	—	—	—	—
1997	13	166	48	110	78	—	—	—	—	—	—

第二节 金融审计

1987 年开始金融审计。1996 年，审计部门对某保险公司进行审计，发现挪用公款案 1 起，“小金库”金额 246.07 万元，以及违反规定购买专控商品，少缴营业税和所得税等问题。1999 年，区审计部门由国家审计署授权对 3 家区支行进行审计，审计金额共达 357795 万元。对审计查获问题依法处理，共上缴中央财政 244.34 万元，上缴地方财政 244.8 万元。至 2008 年，区审计部门审计各专业银行区支行 18 次，人民保险产、寿险公司 7 次，审计调查信用社 2 次。审计共查出违纪违规金额3369万元，审计决定应上缴财政364万元，应归还原渠道资金486万元。

1986—2008年镇海区金融审计情况表

表26－8　　单位：万元

年份	项目（个）	违规违纪金额	应缴财政	应减少拨款	应归还原渠道	年份	项目（个）	违规违纪金额	应缴财政	应减少拨款	应归还原渠道
1986	—	—	—	—	—	1998	3	1737	16	—	288
1987	2	29	14	—	—	1999	—	—	—	—	—
1988	1	6	—	—	—	2000	—	—	—	—	—
1989	1	655	—	—	—	2001	1	35	—	—	—
1990	1	14	1	—	—	2002	—	—	—	—	—
1991	2	54	44	—	—	2003	—	—	—	—	—
1992	2	121	66	—	—	2004	1	21	—	—	—
1993	2	11	11	—	—	2005	—	—	—	—	—
1994	2	27	1	—	9	2006	—	—	—	—	—
1995	3	253	94	—	108	2007	—	—	—	—	—
1996	2	274	90	—	—	2008	—	—	—	—	—
1997	4	132	27	—	81	合计	26	3359	363	0	486

说明：不包括1999年国家审计署委托审计数

第三节　领导干部经济责任审计

1987年，区政府下发《关于严格执行厂长（经理）离任经济责任审计制度的通知》，区审计局、区委组织部、区计划经济委员会联合制定《关于企业厂长（经理）离任经济责任审计的实施办法》，开始对企业领导进行经济责任审计。1998年区委办公室、区政府办公室下发《镇海区领导干部经济责任审计实施办法（试行）》，2001年区委办公室下发《关于建立领导干部经济责任审计联席会议制度的通知》，领导干部经济责任审计工作向制度化规范化发展。2000年，区审计部门按区委、区政府要求对区外经贸局进行经济责任审计，审计发现该局下属区外经贸总公司坏账高达1086.63万元，总公司原出纳侵占贪污公款107.02万元。与此同时主管局从总公司收取的专项资金部分用于发放奖金，发现的问题移交区纪委和司法部门。

1987—2008年，完成领导干部经济责任审计项目83个，审计查出违规金额6200万元，审计决定应上缴财政金额1725万元。

1986—2008 年镇海区领导干部经济责任审计情况表

表 26－9 单位：万元

年份	项目（个）	违规违纪金额	应缴财政	应减少拨款	应归还原渠道	年份	项目（个）	违规违纪金额	应缴财政	应减少拨款	应归还原渠道
1986	—	—	—	—	—	1998	13	1886	—	—	—
1987	—	—	—	—	—	1999	2	147	—	—	—
1988	—	—	—	—	—	2000	5	906	196	—	—
1989	1	92	—	—	—	2001	2	184	32	—	—
1990	1	—	—	—	—	2002	1	—	—	—	—
1991	—	—	—	—	—	2003	1	269	269	—	—
1992	—	—	—	—	—	2004	3	49	49	—	—
1993	—	—	—	—	—	2005	—	—	—	—	—
1994	—	—	—	—	—	2006	8	1525	679	—	—
1995	—	—	—	—	—	2007	10	151	135	—	—
1996	16	603	—	—	—	2008	9	365	365	—	—
1997	11	23	—	—	—	合计	83	6200	1725	0	0

第四节 国有企业审计

1986 年开始对国有企业审计。1986—2008 年，共审计 103 个项目，审计查出违纪违规金额 15381 万元，审计决定应上缴财政 2560 万元，应减少财政拨款或补贴 406 万元，应归还原渠道资金 2381 万元。1990 年 5 月 14 日，镇海区商贸公司资产核实审计组被省审计厅记集体二等功。

1986—2008 年镇海区国有企业审计情况表

表 26－10 单位：万元

年份	项目（个）	违规违纪金额	应缴财政	应减少拨款	应归还原渠道	年份	项目（个）	违规违纪金额	应缴财政	应减少拨款	应归还原渠道
1986	4	51	28	—	—	1998	4	2533	8	—	—
1987	3	41	2	—	—	1999	4	772	75	—	637
1988	4	88	17	—	—	2000	3	957	150	—	522
1989	8	54	1	—	—	2001	5	6866	1604	—	104
1990	4	13	2	—	—	2002	5	914	367	33	142
1991	—	—	—	—	—	2003	7	—	—	—	—
1992	7	525	37	—	—	2004	2	—	—	—	—
1993	11	54	20	—	—	2005	5	1381	101	373	883
1994	7	837	11	—	—	2006	5	150	33	—	93
1995	6	66	61	—	—	2007	1	—	—	—	—
1996	1	—	—	—	—	2008	1	—	—	—	—
1997	6	79	43	—	—	—	—	—	—	—	—

第五节　基建审计

1986年起，审计机关对国家建设项目进行审计监督。2003年11月，成立镇海区固定资产投资审计中心，进一步加强对政府投资工程决算审计监督。2005年5月，区政府制定《镇海区国家建设项目审计实施办法》，全区财政性投资项目全部纳入审计监督范围。2007—2008年，区审计局组织社会审计机构参加基本建设审计，核减基建项目决算资金5846万元。

1986—2008年镇海区基本建设审计情况表

表26－11　　单位：万元

年份	项目（个）	违规违纪金额	应缴财政	应减少拨款	应归还原渠道	年份	项目（个）	违规违纪金额	应缴财政	应减少拨款	应归还原渠道
1986	1	127	—	—	—	1998	1	221	—	—	221
1987	8	12	1	—	—	1999	1	2	—	—	—
1988	—	—	—	—	—	2000	—	—	—	—	—
1989	2	55	—	—	—	2001	1	149	64	—	86
1990	1	16	—	—	—	2002	—	—	—	—	—
1991	1	—	—	—	—	2003	2	498	—	482	16
1992	1	41	—	—	—	2004	2	72	—	68	—
1993	1	—	—	—	—	2005	6	1107	—	991	115
1994	—	—	—	—	—	2006	9	1598	—	1593	5
1995	—	—	—	—	—	2007	4	2511	—	2511	—
1996	—	—	—	—	—	2008	1	380	—	376	—
1997	1	—	—	—	—	—	—	—	—	—	—

第六节　专项资金审计

全区审计或审计调查的专项资金有社会保障资金、住房资金、教育经费、科技资金、土地出让金、水利建设资金、农发基金、农业综合开发资金、交通建设资金、城市建设资金、工业技改资金、外贸发展基金、粮食资金等。1986—2008年，共审计项目133个，审计查出违纪违规金额2451万元，审计决定应上缴财政76万元，应减少财政拨款或补贴26万元，应归还原渠道资金8万元。2007年镇海区《公立医院医药定价正确性审计》，2008年镇海区《数字电视付费增值业务经济效益审计》《多头享受再就业政府性补贴审计》，入选国家审计署计算机审计专家经验。2007年《公立医院经济运行情况专项审计调查》，2008 年《千万农村劳动力素质培训工程专项审计调查》和《镇海有线电视台财务收支审计》，分别获国家审计署现场审计实施系统应用实例评选应用奖和鼓励奖。

1986—2008 年镇海区专项资金审计或审计调查情况表

表 26－12　　单位：万元

年份	项目（个）	违规违纪金额	应缴财政	应减少拨款	应归还原渠道	年份	项目（个）	违规违纪金额	应缴财政	应减少拨款	应归还原渠道
1986	1	9	3	—	—	1998	4	539	—	—	—
1987	7	—	—	—	—	1999	6	332	—	—	—
1988	2	116	47	—	—	2000	8	410	—	—	—
1989	4	69	16	—	—	2001	6	89	—	—	—
1990	8	50	—	—	—	2002	5	—	—	—	—
1991	1	3	1	—	—	2003	4	—	—	—	—
1992	5	—	—	—	—	2004	7	—	—	—	—
1993	6	30	9	—	—	2005	8	—	—	—	—
1994	3	148	—	—	—	2006	6	164	—	—	—
1995	7	39	—	26	8	2007	9	222	—	—	—
1996	7	—	—	—	—	2008	11	59	—	—	—
1997	8	172	—	—	—	—	—	—	—	—	—

1986—2008 年镇海区审计项目查出违纪违规金额情况表

表 26－13　　单位：万元

年份	项目（个）	违规违纪金额	应缴财政	应减少拨款	应归还原渠道	年份	项目（个）	违规违纪金额	应缴财政	应减少拨款	应归还原渠道
1986	8	245	34	0	0	1998	27	8114	301	70	1139
1987	26	135	57	2	0	1999	25	3664	189	344	907
1988	29	282	65	0	1	2000	26	4624	714	0	717
1989	60	956	26	0	0	2001	25	7897	1755	36	648
1990	59	223	22	0	109	2002	25	1515	615	33	272
1991	36	337	58	0	23	2003	32	1036	539	482	16
1992	33	1146	113	0	0	2004	27	746	257	68	222
1993	26	139	48	0	0	2005	30	5593	1409	1364	1755
1994	26	1610	117	20	205	2006	34	4796	739	1593	357
1995	25	537	230	30	116	2007	32	2933	162	2511	4
1996	43	1284	315	0	34	2008	27	804	365	376	0
1997	43	572	118	110	159	合计	724	49188	8248	7039	6684

第四章　物价管理

1985年10月，设区物价局，下设物价检查所，定编4人。1993年2月至1996年4月，区物价局与区工商局合署办公，内设价格科，下设物价检查所。1996年4月从区工商局析出，与区计划与经济委员会合署办公，挂物价局牌子，内设价格管理科，下设物价检查所。

改革开放后，国家改变原单一计划价格，实行国家定价、国家指导价、市场调节价3种价格管理体制。1998年5月《中华人民共和国价格法》实施，物价管理职能从价格审批转向对市场价格行为管理。

第一节　价格水平

1986年以后，国家多次提高粮、棉、油、生猪收购价，放开大部分农副产品、工业品和小商品价格，物价逐步上涨，国家开始对职工发放价格补贴。1990年放开水产品价格。1991年5月、1992年4月，国家两次提高粮食、食用油销售价格。20世纪90年代后期，全区96%以上商品和服务价格放开，实行市场调节价。

物价指数

镇海区居民消费零售价格指数1988年为122.4%，1994年升至124.7%，以后逐年回落，至1998年为99.9%。至2006年维持在98.9%至102.9%之间，价格总水平处于温和上涨，总体比较平稳。从2007年开始，价格总水平上涨较快，当年居民消费品价格指数升至103.9%。2008年1—6月，居民消费价格指数达到106.5%。2008年下半年，全年全区居民消费价格指数回落到105%。

1988年，商品零售价格总指数达到122.4%，比1987年上涨22.4%。1994年为101.1%，至2008年上半年升到107.1%。

1988—2008年镇海区居民消费价格指数及商品零售价格指数情况表

表26-14

年份	居民消费品价格指数（%）	商品零售价格指数（%）	年份	居民消费品价格指数（%）	商品零售价格指数（%）
1988	122.4	—	1992	110.4	—
1989	115.9	—	1993	119.8	—
1990	101.6	—	1994	124.7	—
1991	104.8	—	1995	113.9	111.9

续表 26－14

年份	居民消费品价格指数（%）	商品零售价格指数（%）	年份	居民消费品价格指数（%）	商品零售价格指数（%）
1996	111.3	105.1	2003	101.2	—
1997	103.3	100.7	2004	102.8	—
1998	99.9	98.3	2005	102.0	101.1
1999	99.4	98.6	2006	101.9	101.8
2000	102.9	98.6	2007	103.9	103.3
2001	98.9	—	2008	105.0	107.1
2002	99.2	—	—	—	—

说明：居民消费品价格指数 1988—2002 年镇海区单独计算，2003 年起与宁波市区一起统计。1995 年起镇海区统计商品零售价格指数，2001 年起不再统计，2005 年恢复该项指数统计

1988—2002 年镇海区消费品分类价格指数情况表

表 26－15

年份	消费品分类							
	食品类（%）	衣着类（%）	日用品类（%）	文娱用品类（%）	书报杂志类（%）	医药类（%）	建材类（%）	燃料类（%）
1988	126.5	119.5	110.0	112.6	130.1	148.1	—	108.2
1989	115.7	115.8	117.3	108.9	166.4	131.0	101.5	114.6
1990	100.9	100.8	102.5	103.7	102.9	101.1	98.9	123.1
1991	106.3	101.5	102.9	100.5	100.2	103.6	102.1	124.3
1992	115.1	98.6	103.4	98.6	100.1	104.0	105.6	148.2
1993	125.9	102.0	108.5	105.6	124.9	103.4	141.7	152.2
1994	138.7	102.3	111.9	110.6	108.7	109.8	—	135.8
1995	118.2	105.9	107.6	102.8	110.0	132.4	105.8	101.4
1996	114.4	106.9	104.6	105.8	109.8	115.3	102.8	119.7
1997	101.6	106.2	100.8	95.8	107.4	106.0	99.2	123.6
1998	100.2	103.3	97.2	100.2	100.0	104.0	93.4	105.4
1999	99.2	99.8	101.2	102.2	113.0	101.3	95.2	100.4
2000	102.3	100.2	100.2	101.8	101.0	95.0	95.8	108.7
2001	96.1	97.8	94.0	93.7	100.0	98.0	94.5	103.8
2002	101.2	100.3	94.9	95.4	101.2	97.7	96.1	100.1

说明：居民消费分类价格指数 1988—2002 年镇海区单独计算

表 26－16

2003—2008 年宁波市区居民消费品分类价格指数情况表

年份	消费品分类							
	食品类（%）	烟酒及用品（%）	衣着（%）	家庭设备用品及维修服务（%）	医疗保健和个人用品（%）	交通和通信（%）	娱乐教育文化用品及服务（%）	居住（%）
2003	103.4	102.8	100.4	97.2	102.1	96.4	99.8	102.0
2004	107.6	101.6	99.0	98.0	96.7	98.5	100.9	104.9
2005	104.6	98.8	104.0	99.8	102.6	98.6	98.9	102.7
2006	103.2	100.8	103.1	105.8	101.6	99.1	97.9	104.7
2007	109.6	101.2	101.4	102.5	101.2	99.0	97.3	108.5
2008	113.8	101.1	100.5	103.2	108.7	93.4	100.0	103.5

粮食食用油猪肉价格

粮食　1985—1990 年，镇海区粮食统销价格，早籼米（标一）每 50 千克 14.2 元，晚粳米（标一）每 50 千克 16.2 元。1991 年 5 月和 1992 年 4 月，两次提高城镇居民口粮统销价格。1993 年 1 月粮食销售价格放开，随行就市，价格实行进销差率。1994 年粮食价格上涨，政府实行限价控制，镇海区早籼米（标一）每 50 千克 124 元，市场价 115 元；晚粳米（标一）每 50 千克 148 元，市场价每 50 千克 140 元。1996 年粮价开始回落。2002 年镇海区市场粮食价格，早籼米（标一）每 50 千克 86～90 元，晚粳米（标一）每 50 千克 95～110 元。2003 年镇海区市场粮食平均价格，其中早籼谷每 50 千克 85 元，晚粳谷每 50 千克 120 元。2005 年，镇海区早籼谷每 50 千克 84 元，晚粳谷每 50 千克 100 元。2007 年，镇海区早籼谷每 50 千克 85 元，晚粳谷每 50 千克 102 元。2008 年，镇海区早籼谷每 50 千克 101 元，晚粳谷每 50 千克 112 元。

食用油　1991 年 5 月 1 日前，菜油（二级）每 500 克 0.75 元，棉油（精制）每 500 克 0.68 元。1991 年 5 月 1 日后，菜油（二级）每 500 克 2.08 元，棉油（精制）每 500 克 1.9 元。1992 年取消油菜籽合同定购，食用油价格随市场供需状况波动。2005 年 5 月至 2006 年 10 月，镇海区菜油零售价格从 4 元/500 克下降至 3 元/500 克。从 2006 年 11 月起价格回升，2007 年 6 月以后全区食用油价格快速上涨，12 月零售价格达到 5.4 元/500 克，2008 年 7 月区内零售价格达到 6.8 元/500 克。2008 年 8 月起，食用油价格从批发环节开始下降，到 2008 年 12 月零售价格回落到 4.8 元/500 克。

猪肉　1986 年，猪肉价格 0.9 元 / 500 克。1987 年 11 月猪肉市场供需矛盾突出，猪肉价格上调到 2 元/500 克。1988 年 1 月，猪肉价格提高到 2.30 元/500 克，7 月猪肉价格再次提高到 2.40 元/500 克。1989 年，猪肉价格 2 元 / 500 克。1990 年，猪肉价格 1.85 元 / 500 克。1991 年 9 月提高合同内生猪收购价格，猪肉价格上调到 2.50 元/500 克。其后猪肉价格随行就市，政府扶持养猪大户生产，增加猪肉上市量，调控猪肉价格。2006 年 6 月猪肉价格 7 元/500 克。2007 年 5 月始猪肉零售价格 8.5 元/500 克，到 2008 年 4 月，镇海区猪肉零售价格达到 14 元/500 克。同年 7 月起价格逐渐回落，12 月全区猪肉零售价格回落到 12 元/500 克。

第二节 交换比价

20 世纪 80 年代，主要农业产品收购价格有较大幅度提高，其中早籼谷为 89.74%，晚粳谷为 98.51%，油菜籽为 111.11%，生猪为 179.36%。单项商品交换比价，1990 年同等数量农产品换得工业品比 1980 年有较多增加。进入 90 年代后，农产品价格逐步放开，工农业产品交换剪刀差进一步缩小。2000 年后粮食生产成本上升，粮食生产比较效益下降。

20 世纪 80 年代若干年镇海区农业产品与工业产品交换比价情况表

表 26－17

被交换品	单位	主要年份					
		1980	1985	1987	1988	1989	1990
早籼谷（100 千克）							
收购价	元	23.40	31.00	34.00	34.00	44.40	44.40
食盐	千克	85.40	103.33	113.33	113.33	141.40	96.50
食糖	千克	14.81	19.62	21.80	17.30	18.80	17.30
煤油	千克	34.41	45.59	51.52	51.50	67.30	67.30
白细布	米	27.37	28.70	32.20	27.50	22.50	19.50
414 毛巾	条	26.59	28.97	24.64	17.80	21.80	17.10
雕牌肥皂	条	65.00	64.58	72.34	58.60	55.50	50.50
棉花（327 皮棉 100 千克）							
收购价	元	290.00	326.60	402.80	422.80	624.80	600.00
食盐	千克	967.2	1086.7	1176.0	1409.3	1989.8	1304.3
食糖	千克	167.8	206.3	226.2	215.7	264.7	234.4
煤油	千克	389.7	479.4	534.6	640.6	946.7	909.1
白细布	米	309.9	310.9	334.0	342.1	318.0	263.5
414 毛巾	条	301.1	304.7	255.7	221.4	306.3	231.7
雕牌肥皂	条	736.1	679.2	750.7	728.9	781.0	681.8
生猪（四级毛猪 100 千克）							
收购价	元	126.00	170.00	216.00	294.30	359.00	352.00
食盐	千克	456.2	666.7	720.0	981.0	1143.3	765.2
食糖	千克	79.1	126.6	138.5	150.2	152.1	137.5
煤油	千克	183.8	294.1	327.3	445.9	543.9	533.3
白细布	米	146.2	185.2	204.5	238.1	182.7	154.6
414 毛巾	条	142.9	186.9	156.5	154.1	176.0	135.9
雕牌肥皂	条	347.2	416.7	459.6	507.4	448.8	400.0

1985—1990年若干年镇海区农业产品与工业产品交换比价指数情况表

表26-18

被交换品	1980年为基数	主要年份				
		1985	1987	1988	1989	1990
早籼谷（100千克）						
收购价	100	132.48	145.30	145.30	189.74	189.74
食盐	100	121.00	132.70	132.70	165.57	113.00
食糖	100	132.48	147.20	116.81	126.94	116.81
煤油	100	132.49	149.72	149.67	195.58	195.58
早籼谷（100千克）						
白细布	100	104.86	117.65	100.47	82.21	71.25
414毛巾	100	108.95	92.67	66.94	81.99	64.31
雕牌肥皂	100	99.35	111.29	90.15	85.38	77.69
棉花（327皮棉100千克）						
收购价	100	112.62	138.9	145.79	215.45	206.90
食盐	100	112.35	121.59	145.71	205.73	134.85
食糖	100	122.94	134.80	128.55	157.74	139.69
煤油	100	123.02	137.18	164.38	242.93	233.28
白细布	100	97.42	107.78	110.39	102.61	85.03
414毛巾	100	101.20	84.92	73.53	101.73	76.95
雕牌肥皂	100	92.27	101.98	99.02	106.10	92.62
生猪（四级毛猪100千克）						
收购价	100	134.92	171.43	233.57	284.92	279.36
食盐	100	146.14	157.83	215.04	250.61	167.73
食糖	100	156.26	175.10	189.89	192.29	173.83
煤油	100	160.01	178.07	242.60	295.92	290.15
白细布	100	126.68	139.88	162.86	124.97	105.75
414毛巾	100	130.79	109.52	107.84	123.16	95.10
雕牌肥皂	100	120.01	132.37	146.14	129.26	115.21

说明：交换比价指数=报告期比价/基期比价×100

第三节 价格管理

物价调控

1988 年全区物价出现较大幅度上升，尤以副食品、蔬菜、水产品价格上涨最多，商品零售价格总指数达到 122.4%，比 1987 年上涨 22.4%，区政府按国家规定，对部分生产资料实行最高限价，完善和加强工业品价格管理，部分商品实行提价申报制度，控制物价上涨。至 1990 年全区物价指数逐步回落，通货膨胀得到控制。1992 年起物价上涨，至 1994 年居民消费品指数上升到 124.7%，区政府加强“米袋子”“菜篮子”建设，加强市场管理，平抑市场物价。2008 年，国家和地方政府相继出台相关政策抑制物价过快上涨，首次对早稻种植实行普惠制补贴，全区居民消费价格指数从上半年的 106.5% 回落到 105%。

价格调整核定

1991 年，国家管理的价格由 737 种减少到 89 种。1997 年浙江省制定《浙江省定价目录》《浙江省听证目录》《浙江省政府制定价格成本监审目录》，政府定价的商品和服务费的价格制定、调整，核定方式从过去的单位申报、物价部门审核，改为价格听证制度。1997—2008 年，镇海区根据《浙江省定价目录》《浙江省听证目录》《浙江省政府制定价格成本监审目录》的规定，对属政府定价的污水处理费、集中供热费、民办教育收费、有线电视配套费用、拆迁服务费、风景区门票、经济适用房的价格制定或调整进行成本监审。

自来水价格 1987 年，自来水价格 0.1 元/吨。1988 年、1989 年，分别为 0.25 元/吨、0.3 元/吨。1993 年、1994 年，分别为 0.38 元/吨、0.53 元/吨。1996 年城区 0.9 元/吨，贵驷 0.65 元/吨，骆驼 0.70 元/吨，澥浦 0.50 元/吨，俞范 0.70 元/吨，河头 0.60 元/吨，庄市 0.90 元/吨。1997 年城区提高到 1.1 元/吨，澥浦 0.65 元/吨，庄市 1.25 元/吨，骆驼 1.25 元/吨，贵驷、俞范 1.10 元/吨。1999 年、2004 年，分别为 1.53 元/吨、1.65 元/吨。

渡轮价格 1988 年调整镇海渡轮票价，其中乘客每人次从 0.10 元调整到 0.15 元。1993 年调整为每人次 0.25 元。2004 年油价上涨，镇海渡轮运输价格调整，其中乘客每人次从 0.50 元调整到 1.00 元，自行车（含电动）每辆次从 0.50 元调整到 1.00 元，小三轮车每辆次从 1.50 元调整到 2.00 元，二轮摩托车、助动车每辆次从 1.00 元调整到 1.50 元，三卡、三轮摩托车每辆次从 3.00 元调整到 3.50 元，手拉车、三轮车和人力三轮车每辆次从 2.50 元调整到 3.00 元（车辆价格均不含人员）。

幼儿园保育费 1988 年，幼儿园大、中、小班收费实行按等级定价管理，按系统内外不同标准收费。1991 年后增加小小班收费标准。1991 年后统一收费标准，其中，企事业单位招收本系统内职工子女入园收费标准，由各主管部门在公布的标准范围内自行确定。2006 年根据《中华人民共和国民办教育促进法》《浙江省定价目录》等有关规定，规范公办幼儿园收费标准，民办幼儿园保育费标准由幼儿园自行制定，报主管部门备案并公示。

1988 年镇海区幼儿园收费标准情况表

表 26 - 19　　单位：元/月

年份	级别	系统内（外）	小班收费	中班收费	大班收费
1988	一级	系统外	18	16	14
		系统内	12	10	8
	二级	系统外	16	14	12
		系统内	10	8	6
	三级	系统外	14	12	10
		系统内	8	6	4
	四级	系统外	12	10	8
		系统内	8	6	4

说明："幼儿园保育费价格"分系统内和系统外两种标准。其中，"系统内"是指部门举办的幼儿园招收本系统和有福利基金上交用于幼儿园单位的职工子女，其余都按"系统外"标准收费。教育系统公立幼儿园的收费标准一律按系统外执行

1991—1994 年镇海区幼儿园收费标准情况表

表 26 - 20　　单位：元/月

年份	级别	小小班收费	小班收费	中班收费	大班收费
1991	一级	30	25	23	21
	二级	27	23	21	19
	三级	25	21	19	17
	四级	22	19	17	15
1992	一级	45	38	35	32
	二级	40	33	30	27
	三级	36	30	27	24
	四级	33	28	25	22
1993	一级	105	90	85	80
	二级	85	70	65	60
	三级	70	55	50	45
	四级	60	45	40	35
1994	一级	105	90	85	80
	二级	85	70	65	60
	三级	70	55	50	45
	四级	60	45	40	35

2006 年镇海区星级幼儿园收费标准情况表

表 26 - 21　　单位：元/月

幼儿园级别	小小班收费	小班收费	中班收费	大班收费
六星级	370	350	330	310
五星级	270	240	215	195
四星级	230	210	195	185
三星级	190	175	160	145
二星级	150	140	130	120
一星级	120	90	80	70
星外级	100	80	70	60

经济适用房价格 2005年，第一轮经济适用住房在控制面积标准以内的，蛟川街道基准价为2500元/平方米，庄市街道基准价为2400元/平方米，骆驼街道基准价为2300元/平方米，底层自行车房使用面积均为800元/平方米，超过控制面积标准5平方米以上部分参照周边普通商品房价格。2007年，第二轮经济适用住房在控制面积标准以内的，建筑面积基准价统一为2550元/平方米，底层自行车房使用面积900元/平方米，超过控制面积标准5平方米以上部分参照周边普通商品房价格。

物业管理费 2008年，一般性住宅小区综合服务费收费标准每平方米为0.30元/月至1.50元/月不等，其中独幢住宅每平方米收费为2.5元/月。

2008年镇海区部分住宅小区物业服务收费标准表

表26－22

<table>
<tr><th>小区名称</th><th>物业企业名称</th><th>物业类型</th><th>综合服务费
元/平方米·月</th><th>日常维修费
元/平方米·年</th><th>装潢垃圾清运费
元/平方米(一次性)</th></tr>
<tr><td rowspan="2">合生国际城</td><td rowspan="2">上海合生物业管理有限公司宁波镇海分公司</td><td>联体、双拼多层住宅</td><td>1.50</td><td rowspan="15">1. 多层（6层及以下）以及无电梯的中层（7至9层）住宅每平方米每年1.50元；2. 经营用房等非住宅以及有电梯的中层住宅每平方米每年2.00元（甬价房〔2001〕312号）</td><td rowspan="15">住宅每平方米每年1.50元，非住宅每平方米每年2.00元。（甬价房〔2000〕22号，镇价经费〔2000〕15号）</td></tr>
<tr><td>独幢住宅</td><td>2.50</td></tr>
<tr><td>鑫隆花园</td><td>镇海鼎天物业管理有限公司</td><td>多层住宅</td><td>0.30</td></tr>
<tr><td>古塘丽景</td><td>镇海真诚物业管理有限公司</td><td>多层住宅</td><td>0.30</td></tr>
<tr><td>金邑水岸</td><td>宁波联合物业管理有限公司</td><td>多层住宅</td><td>0.30</td></tr>
<tr><td rowspan="2">小骆花园</td><td rowspan="2">镇海鼎天物业管理有限公司</td><td>多层住宅</td><td>0.45</td></tr>
<tr><td>小高层住宅</td><td>1.10</td></tr>
<tr><td rowspan="3">柳岸晨韵</td><td rowspan="3">镇海区住发物业管理有限公司</td><td>多层住宅</td><td>0.30</td></tr>
<tr><td>小高层住宅</td><td>1.00</td></tr>
<tr><td>高层住宅</td><td>1.20</td></tr>
<tr><td rowspan="2">华荣·风景九园</td><td rowspan="2">浙江华荣物业管理有限公司宁波分公司</td><td>多层住宅</td><td>0.50</td></tr>
<tr><td>小高层住宅</td><td>1.10</td></tr>
<tr><td>德馨家园</td><td>镇海区勤勇新村市场建设有限公司</td><td>多层住宅</td><td>0.45</td></tr>
<tr><td rowspan="2">绿城桂花园</td><td rowspan="2">浙江绿城物业管理有限公司宁波分公司</td><td>多层住宅</td><td>0.75</td></tr>
<tr><td>小高层住宅</td><td>1.15</td></tr>
</table>

价格监督

1985—2008年，开展价格和收费专项检查、市场价格巡查、联合执法等价格监督工作，共查处各类价格违法案件3090件，经济制裁总额1184.936万元，其中上缴财政988.76万元，退还消费者196.176万元。2005年2月设立“12358”价格投诉电话，全市联网。设立企业收费负担监测点、农民负担监测户，向医院派遣价格指导员，进行价格、收费监测和服务。

第五章 工商行政管理

1985 年 10 月撤县分区，镇海县工商行政管理局改称镇海区工商行政管理局，内设办公室和市场管理股、企业登记管理股、个体经济管理股、经济合同管理股，下设骆驼、湾塘、城北、城关 4 个区（镇）工商所。1988 年成立经济检查（股）队，1989 年增设商标广告管理股，个体经济管理股更名为个体私营经济管理股。1992 年撤销城北工商所，建庄市工商所。1993 年 2 月区工商行政管理局、区物价局合署办公，下设办公室和价格科、商广科、个私科、企业科、合同科、市场科、经济检查科，下属有经济检查队、物价检查所、城关所、城关市场所、骆驼所、庄市所、贵驷所。1994 年增设法制科。1995 年后，按国务院要求市场办管脱钩，工商行政管理职能转向监管与服务。1996 年 4 月工商、物价两局分离，镇海区工商行政管理局更名为宁波市工商行政管理局镇海区分局，恢复设立城北市场管理所。1999 年 6 月，工商行政管理机构实行省以下垂直领导，更名为宁波市工商行政管理局镇海分局。2002 年内设机构调整为办公室（法制科）、组织人事科、企业注册监督管理科（注册中心）、市场合同监督管理科、商标广告监督管理科、经济检查科（经济检查队）。2004 年增设信息管理办公室，与分局办公室合署办公。2005 年城关工商所与城关市场管理所合署办公，设立分局直属机构“12315”举报申诉中心。2006 年城北市场管理所更名为城北工商所。2007 年内设行政许可科。

第一节 企业法人注册登记

1993—1994 年，改革企业法人登记审批制度，简化登记程序，放宽登记事项。2007 年，部分登记项目推行“审核合一”制度，简化程序，扩大窗口直接核准登记事项范围。2008 年，统一登记标准、程序和要求，营造公平的市场准入环境。

内资企业

1985 年起，国有、集体、联营、股份合作制、公司制企业登记，允许企业一业为主，兼营近业或他业，允许外地单位、个人来镇海境内开设企业或联营，支持乡镇企业发展。1994 年企业产权制度改革，登记股份合作制企业 42 户，登记公司制企业 32 户。1996 年，依照公司法对 16 家有限公司和 1 家股份公司进行规范登记。1997—2001 年，全区有 1237 户国有、集体企业通过资产重组，登记注册为有限责任公司、股份有限公司、股份合作制、私营企业和个体经营户。至 2008 年，登记户数 1107 户，其中国有企业占 9.4%、集体企业占 30.8%、股份合作制企业占 7.9%、公司制企业占 51%、其他企业占 0.9%。

1986—2008 年镇海区内资企业登记情况表

表 26－23

年份	户数	其中						注册资金（万元）
		国有企业	集体企业	联营企业	股份合作企业	公司制	其他企业	
1986	1626	135	1280	27	—	—	184	161615
1987	1910	146	1500	56	—	—	208	158351
1988	2266	164	1739	111	—	—	252	174796
1989	2013	156	1479	125	—	—	253	175160
1990	1940	136	1413	159	—	—	232	212902
1991	2739	240	1784	215	—	—	498	221792
1992	2762	267	1795	269	—	—	431	272038
1993	3339	219	2287	404	—	—	429	421617
1994	4881	610	3182	424	42	32	591	502561
1995	4910	668	3700	352	36	154	17	613603
1996	4646	703	3387	268	30	258	16	431373
1997	4367	707	3071	219	32	338	15	433761
1998	3637	630	2443	158	51	355	15	395011
1999	2744	560	1665	97	80	328	14	358274
2000	2327	489	1344	67	76	335	16	336716
2001	2039	446	1127	54	70	328	14	325290
2002	1708	331	917	42	66	340	12	322451
2003	1535	288	768	39	62	367	11	381610
2004	1450	259	686	33	58	402	12	384545
2005	1422	247	658	0	58	415	44	909251
2006	1348	221	604	0	55	424	16	551967
2007	1140	113	402	0	57	548	20	783914
2008	1107	104	341	0	88	564	10	970042

说明：公司制企业是指按照《中华人民共和国公司法》要求组建的有限责任公司、股份有限公司

私营企业

1988 年《中华人民共和国私营企业暂行条例》颁布，区工商部门开始直接受理私营企业注册登记，年底登记私营企业 9 户，总注册资金 245.9 万元，其中独资经营 6 户，合伙经营 3 户。1992 年国家对私营企业放宽登记和审批条件，1993 年允许私营企业从事综合经营、批发零售、长途贩运、代购代销等经营活动。1994 年，镇海区第一家私营企业集团公司——宁波市镇海海达实业有限

公司成立。1998 年起企业产权制度改革全面推进，私营企业登记数大量增加。1999 年达到 1263 户，比 1997 年增加 1.01 倍。2000 年《中华人民共和国个人独资企业法》实施，宁波市首家个人独资企业——宁波市镇海申华包装彩印厂注册成立。2001 年，全区外向型私营企业增加到 66 户，注册资本 8020 万元，全年创汇 9087 万美元，其中有 25 户获得外贸自营进出口权。2003 年私营企业改称为民营企业。2006 年新《中华人民共和国公司法》实施，允许设立一个自然人投资公司，宁波市镇海天艺翔制衣有限公司登记注册。2008 年年底全区私营企业 5326 户，注册资本总额 73.84 亿元。

1986—2008 年镇海区私（民）营企业登记情况表

表 26－24

年份	户数（个）	企业法人（个）	营业单位（个）	注册资本（万元）	年份	户数（个）	企业法人（个）	营业单位（个）	注册资本（万元）
1986	3	3	0	63	1998	823	799	24	39281
1987	7	7	0	101.64	1999	1263	1230	33	43935
1988	9	9	0	245.9	2000	1770	1726	44	76670
1989	56	56	0	387	2001	2378	2327	51	102990
1990	63	63	0	446	2002	2900	2847	53	126072
1991	59	59	0	535	2003	3542	3472	70	172717
1992	72	72	0	629	2004	4122	4058	64	267863
1993	115	114	1	2200	2005	4510	4425	85	728456
1994	311	310	1	7209	2006	5025	4945	80	779265
1995	425	423	2	11905	2007	5269	5205	64	649994
1996	526	522	4	27006	2008	5326	5259	67	738423
1997	617	611	6	35990	—	—	—	—	—

外商及港澳台商投资企业

1993 年 4 月 1 日起镇海工商分局受宁波市工商局委托，开始受理外商投资企业登记初审。1999 年鼓励私营企业利用引进外资，鼓励区外外商投资本地企业，鼓励外资收购国内企业股权，至年底外商投资企业达到 94 户。2001 年起镇海区把引进外资列为一号工程，至 2008 年新增外商投资企业注册登记 438 户。2008 年年底，全区共有外商及港澳台商投资企业注册登记 557 户，其中港澳台投资企业 295 户，占外商投资企业总数 53%；外商及港澳台商投资企业投资总额 35.4661 亿美元，其中港澳台投资企业 18.37 亿美元；注册资本总额 18.3951 亿美元，其中港澳台投资企业 92608 万美元。

1988—2008 年镇海区外资企业登记情况表

表 26－25

年份	户数	其中			投资总额（万美元）	注册资本（万美元）
		合资	合作	独资		
1988	1	1	—	—	40	25
1989	1	1	—	—	40	25
1990	3	2	—	1	2626	1617
1991	3	2	—	1	2626	1617
1992	15	12	1	2	7255	4230
1993	37	27	1	9	18382	9512
1994	51	30	3	18	24358	13564
1995	66	38	3	25	56288	28066
1996	71	42	3	26	56746	28417
1997	77	45	3	29	57167	28734
1998	82	47	3	32	58984	30034
1999	94	54	3	37	62300	32085
2000	119	67	3	49	71010	37506
2001	177	98	3	76	86389	47793
2002	223	120	4	99	105506	58402
2003	324	166	5	153	151205	85008
2004	409	190	5	214	186987	110147
2005	449	207	5	237	235521	131966
2006	498	226	5	267	253388	141822
2007	534	252	6	276	325877	171441
2008	557	241	6	310	354661	183951

说明：含港澳台商投资企业

1988—2008 年镇海区港澳台商投资企业登记情况表

表 26－26

年份	户数	其中			投资总额	注册资本（万美元）
		合资	合作	独资		
1988	1	1	—	—	40	25
1989	1	1	—	—	40	25
1990	2	2	—	—	2611	1602
1991	2	2	—	—	2611	1602
1992	10	8	1	1	5033	3070
1993	26	18	3	5	15311	7641
1994	37	22	3	12	20491	11037

续表 26－26

年份	户数	其中			投资总额	注册资本（万美元）
		合资	合作	独资		
1995	46	27	3	16	21497	11888
1996	48	29	3	16	21560	11944
1997	53	31	3	19	21953	12241
1998	54	31	3	20	22953	12741
1999	60	34	3	23	23572	13253
2000	75	39	3	33	31622	18129
2001	105	57	4	52	43817	26282
2002	120	64	4	52	43817	26282
2003	178	89	5	84	76067	43959
2004	223	103	5	115	93899	54496
2005	243	110	5	128	110135	62892
2006	275	125	5	145	122801	69401
2007	287	134	6	147	178811	88801
2008	295	135	6	154	183700	92608

个体工商户

1986 年实施《宁波市城乡个体工商户管理办法》，全区有个体工商户 3970 户，其中农村个体工商户 3155 户，从业 5049 人，营业额 1783 万元。1988 年水上运输个体户补办登记。1989 年，执行市工商局《关于限制个体工商户、私营企业经营商品的品种和部分行业实行暂停审批的通知》。1992 年遵照省工商局《关于进一步发展个体私营经济的若干意见》，放宽个体工商户在登记对象、经营范围和审批上的规定，免除个体工商户在注册资金、申报数额上的资信证明，将无照经营者纳入登记管理。2005 年实行《中华人民共和国行政许可法》，个体工商户发展环境进一步改善，至 2008 年全区新增个体工商户 1565 户。2008 年，全区个体工商户 13172 户，比 1986 年增长 231.79%，其中个体商户 1888 户，比 1986 年 400 户增长 372%；从业人员总数 21159 人，比 1986 年增长 2.37 倍，其中个体商户 3162 人，比 1986 年 602 人增长 4.25 倍；注册资金总额 30210 万元，比 1986 年增长 48.04 倍，其中个体商户 4311 万元，比 1986 年 36 万元增长 118.75 倍。

1986—2008 年镇海区个体工商户登记情况表

表 26－27　　单位：万元

年份	户数	从业人数	资金	营业额	年份	户数	从业人数	资金	营业额
1986	3970	6270	616	2339	1989	5959	10488	1963	5352
1987	4547	7436	869	3282	1990	6650	10990	2134	5827
1988	5047	8706	1918	4819	1991	6557	10702	2087	6532

续表 26-27

年份	户数	从业人数	资金	营业额	年份	户数	从业人数	资金	营业额
1992	6993	11114	2696	6875	2001	9742	14836	10602	115699
1993	7634	12274	3792	8986	2002	9605	15860	11422	104002
1994	8709	13543	5151	29203	2003	10806	18100	15041	119549
1995	8341	12425	5632	67062	2004	11607	18348	24540	108980
1996	8846	13039	8542	112216	2005	11496	18522	31434	108964
1997	8285	12262	8714	120948	2006	12273	19797	34451	109169
1998	8815	12962	9478	162144	2007	12479	19821	24805	121173
1999	9162	13288	9478	123540	2008	13172	21159	30210	121189
2000	9365	14508	10367	89854	—	—	—	—	—

第二节 市场监管

1986—1987 年，开展市场经营作风和商品价格监管，查处高价倒卖名牌卷烟等违法行为。1988—1989 年，遵照国务院颁发的《关于做好当前物价工作和稳定市场若干重要决定》，区工商管理部门会同相关部门，稳定市场物价，加强对卷烟市场和文化市场监管。1993 年重点整治集贸市场商品质量、环境卫生。1996 年加强市场“菜篮子”“米袋子”管理。1997 年起推行市场巡查制度。1998—1999 年开展市场创星级市场、创卫生市场工作。2001 年开展市场消防安全检查。2003 年，督促市场主办者健全内部监督管理与退货制度，落实消费者投诉处置制度，开展市场“非典”型肺炎防治工作。2002—2004 年，整治农村集贸市场“脏、乱、差”状况。2005—2007 年，开展市场食品安全整治，实施“百县万村放心店工程”，进行市场禽流感防治工作。2008 年清查问题奶粉，检查经营主体 10749 户，下架奶粉 6796.46 千克。1987—2008 年，共查处市场案件 18003 件，罚没款 606.18 万元。

1987—2008 年镇海区市场案件统计表

表 26-28

年度	案件（件）	罚没款（万元）	年度	案件（件）	罚没款（万元）
1987	197	1.7	1992	692	1.30
1988	1099	1.4	1993	692	1.41
1989	2029	4.76	1994	795	1.86
1990	1120	3.20	1995	749	2.94
1991	1166	1.95	1996	763	5.94

续表 26－28

年度	案件（件）	罚没款（万元）	年度	案件（件）	罚没款（万元）
1997	896	10.81	2003	1100	45
1998	554	6.08	2004	557	162.65
1999	777	9.64	2005	526	160
2000	934	41.1	2006	458	6.67
2001	1263	12.21	2007	261	6.19
2002	1117	113	2008	258	6.37

第三节　经济合同管理

合同签证

1986年区工商行政管理机构依法对经济合同鉴证。1988年，国家预算内建筑项目合同、建筑面积3000平方米以上或工程造价在50万元以上国家预算外工程项目合同，由工商局鉴证。1996年，区工商局会同区城建局开展房屋租赁合同登记工作。2000年，新增建筑工程、企业承包与租赁、柜台出租、水产养殖和政府公物采购等合同鉴证。2002年11月，国务院发布《关于取消第一批行政审批项目的决定》，工商行政管理部门取消各类合同鉴证。1986—2002年，全区共鉴证经济合同747件。

合同清理检查

1986年，区工商部门对国家指令性计划产品经济合同进行检查，确认无效合同1份，金额5.5万元。1987年对3970家单位进行合同纠纷清查，清查出经济纠纷合同3344份，争议金额1975万元。1987—1989年连续三年对全区建筑行业合同签约履行情况进行清理整顿。1990年加强对建筑承包合同检查，共检查各类经济合同5252份，合同金额48.968亿元。1992年按照省工商局要求开展企业经济合同清理，受理45家企业合同纠纷72起，合同金额2001.52万元；检查各类经济合同5000份，金额1.6亿元，依法确认和处理无效合同11份。1998年对辖区36家房地产开发经营企业进行检查，抽查商品房销售合同3997份，合同金额6.3958亿元。1999—2001年，共查处违法合同案件44起，合同金额318.71万元，为企业挽回经济损失167.31万元。

合同纠纷调解仲裁

1986—1995年，全区共调解各类经济合同纠纷786起，调解争议金额4494.28万元。1995年9月1日国家颁发《中华人民共和国仲裁法》，1996年起工商行政管理机关仲裁经济纠纷职能终止。

1986—1995 年镇海区经济合同纠纷案件情况表

表 26－29

年份	受理数（件）	审结数（件）				
		调解	裁决	确认无效	撤销	移送有关部门
1986	7	0	6	1	0	0
1987	23/15	12	0	1	2	0
1988	99	96	0	3	0	0
1989	100/105	79	7	10	7	2
1990	175	170		2	2	1
1991	77	73	0	4	0	0
1992	84	73	0	11	0	0
1993	35	28	0	7	0	0
1994	32	29	0	3	0	0
1995	8	7	0	1	0	0

抵押物登记

1995 年国家《企业动产抵押物登记管理办法》颁布，由工商行政管理部门对企业动产抵押物进行登记。1996 年全面开展企业动产抵押物登记，共登记动产抵押 42 户，抵押物净值 1.933 亿元，主债权金额 1.1299 亿元。1997—1999 年，共受理企业动产登记 127 件，抵押物总值 5 亿元。2001—2006 年，共受理抵押登记 610 件，抵押物价值 46.74 亿元。主债权金额 22.04 亿元，变更 91 份，注销 179 件。2008 年共办理动产抵押登记 107 份，主债权 12.2289 亿元，办理注销 63 件，主债权 6.0742 亿元，办理变更登记 3 件，主债权 1950 万元。

守合同重信用活动

1986 年开展重合同守信用活动，全区 1900 家企业有 38 家企业被批准为重合同守信用单位，1988 年增至 72 家。1995 年全区 64 家企业申报重合同守信用单位，有 58 家入选。1997—1998 年度重合同守信用单位 49 家。2003 年，重合同守信用单位活动改为守合同重信用单位 A 级评定活动，认定 AAA 级 1 家、AA 级 12 家、A 级 22 家。2008 年，全区共有守合同重信用企业 74 家，其中 A 级 39 家、AA 级 23 家、AAA 级 12 家。

第四节　商标管理

注册与管理

1987 年全区注册商标总数 54 件，商标注册核准率从原来 53% 提高到 73%。1990 年共验证商标 118 件，其中 74 件未注册，对 18 家违法使用单位采取制止使用或收缴处理。1993 年清理使用他人注册商标35件。1994年注销3件长期不使用商标。1997年，全区13家有注册商标的重点骨干企业建立商标管理制度。1998年鼓励农副产品商标注册，全年注册农副产品商标8件，占全年申请商标总数14.3%。2000年促成闲置商标向市内外转让7件。2005年开展对出口企业产品注册涉外商标业务指导，年底有6家企业到国外注册商标53件。2007年完成镇海区首件集体商标“九龙凰”注册。至2008年年底，全区累计注册商标904个。

1986—2008年镇海区商标注册情况表

表26-30

年份	核准商标注册数	年末注册商标数	年份	核准商标注册数	年末注册商标数
1986	13	43	1998	42	500
1987	11	54	1999	46	540
1988	29	83	2000	54	579
1989	25	106	2001	57	601
1990	32	138	2002	66	667
1991	32	170	2003	70	737
1992	34	203	2004	27	764
1993	40	243	2005	50	813
1994	22	265	2006	45	858
1995	32	295	2007	28	887
1996	74	363	2008	17	904
1997	97	463	—	—	—

驰名商标和著名商标

1999年宁波华通成套电器厂“宁通”商标被认定为省著名商标。2004年区对创省市知名商标及国际性商标实行奖励政策，是年新增两件省著名商标，4件市知名商标。2008年年底，全区共有全国驰名商标5件，省著名商标13件，市知名商标42件。

2006—2008年镇海区驰名商标和著名商标一览表

表26-31

商标	企业名称	商标所指商品	商品认定类别	有效期限
“AM”商标	宁波埃美柯铜阀门有限公司	水龙头	全国驰名（省著名）	2006.11.06—
“宁通”商标	宁波华通电器集团有限公司	电力设备	全国驰名（省著名）	2007.11.14—
“MOS”牌商标	宁波摩士集团股份有限公司	轴承	全国驰名（省著名）	2008.08.25—
“海达”牌商标	宁波市海达塑料机械有限公司	塑料注射成型机	全国驰名（省著名）	2008.03.25—

续表 26－31

商标	企业名称	商标所指商品	商品认定类别	有效期限
“云”牌商标	宁波雨云蔬菜厂	榨菜	全国驰名（省著名）	2008. 12. 01—
“N”牌商标	宁波宁力高强度紧固件有限公司	金属螺丝、金属螺母	省著名商标	2008. 12. 30—
“双豹”商标	宁波中鑫毛纺集团有限公司	呢绒	省著名商标	2007. 01. 01—2009. 12. 31
中鑫	宁波中鑫毛纺集团有限公司	纺织用纱、丝、线	省著名商标	2006. 01. 01—2008. 12. 31
“枢丹”商标	宁波市天衡制药厂	盐酸恩丹西酮	省著名商标	2007. 01. 01—2009. 12. 31
“JDJ”商标	宁波金鼎紧固件有限公司	金属螺丝、金属螺母	省著名商标	2007. 01. 01—2009. 12. 31
“东海”牌商标	中国石油化工股份有限公司镇海炼化分公司	重油	省著名商标	2007. 01. 01—2009. 12. 31
“NHM”商标	宁波英特姆液压马达有限公司	马达及其部件	省著名商标	2006. 01. 01—2008. 12. 31
“敦煌”商标	华美线业有限公司	涤纶线	省著名商标	2006. 01. 01—2008. 12. 31

商标专用权保护

1986 年，查处商标违法违章案件 4 起，罚没款 0. 7 万元。1988 年对全区 30 家商标印刷企业进行整顿，确定 22 家重点印制企业，取消 8 家商标广告印制业务。1991 年，查处商标侵权假冒案 6 起，罚没金额 1. 33 万元，其中镇海外贸公司为深圳联发有限公司来样生产的 555 “红花”牌扑克一案，侵权数量计 21. 6 万付，总金额 17. 64 万元。1992 年，调查处理外地企业假冒本区注册商标“银龙”牌防盗锁、“银球”牌丝质被面、“镇了”牌电器和“骆驼”牌水果削皮器等产品侵权案。1995 年对区内 34 家定点印制企业进行检查，取消 3 家长期无业务企业的商标印刷资格。1996 年，共查处商标侵权假冒案件 12 起，罚款 10. 4 万元，收缴或消除侵权商标标识 358 万只，没收假冒酒 2462 瓶。1997 年查处商标假冒侵权案 12 起，罚款 4. 75 万元，没收假冒酒 364 瓶，假烟 447 条，冒牌煤气灶 40 台。1999 年开展百日执法大行动，查处假冒摩托车、白胶等商标侵权假冒案 21 起，罚款 9. 9 万元；查处印刷企业违章违法案 16 起，罚款 6. 07 万元，收缴印制模板 24 付，假冒侵权商标标识 2. 8 万张。2000 年查处商标违章违法案 42 起，罚款 32. 68 万元，帮助宁波摩士集团捣毁其注册商标“MOS”的制假窝点。2001 年，城关工商所会同四川宜宾五粮液股份有限公司开展联合打假行动，查获假冒“五粮液”50 瓶。2002 年，开展“打击印制假商标、假发票、假证件违法专项整治”行动，共查处商标侵权案件 29 起，罚款 18. 82 万元。2003 年工商部门与多家企业联手赴奉化、上海等地开展专项打假行动，查处假冒国外及国内注册商标各 2 起。2004 年，查处制售假冒侵权案件 56 起，其中涉美案件 1 起。2005 年执行国务院《保护知识产权行动方案》，捣毁制假窝点 2 个，立案查处各类商标侵权案件 41 起，罚没款 41 万元。2006 年，对印花、服装、油漆等行业开展商标专项执法检查，共查处各类商标违法案件 48 起，罚款 44 万元。2007 年，查处各类商标违法案件36起，罚没款35万元，并建立商标印制企业信用监管体系。2008年，区工商部门遵照国家工商总局《保护奥林匹克标志专有权行动方案》，检查经营户4570户，商品交易市场160个。1986—2008年，共查处商标侵权案件452起。

第五节 广告管理

广告申请登记

1986年10月，全区共有广告企业3家，从业44人，年经营额86805元。1988—1989年，建立健全广告合同、登记、审查等制度。1993年，市工商局下放广告经营单位审批权、辖区内户外广告的规划协调和设置审批权，全区新增广告企业19家，年营业额达255万元。1994年开展广告企业年检，取消经营代理权13家，注销歇业2家。1995年，国家允许各种经济成分从事广告经营，不再实行广告经营单位总量控制。2004年，实行网络广告登记备案制度，对变相从事招牌、条幅制作等广告活动的个体工商户实行广告登记。至2008年，广告经营单位总计52家，从业341人，广告经营额2701万元。

广告经营监管

1988—1989年，对户外张贴广告进行重点整治。1990年查处违法案件7起。1991年拆除不规范路牌广告27块，对5家广告主发出限期整改通知书，捣毁非法印刷广告窝点6家，收缴非法广告品30余万张。1992年，城区不再设置民墙广告。1995年违章无证经营增多，全年查处无证经营广告4起，虚假广告3起。1996年建立广告监测网络，重点监测在电视、广播播出的广告；户外张贴广告实行专人审批，建立举报电话。1998年，查处违法案件35起，其中虚假广告2起，擅自设置非法广告11起，药品广告6起。1999年，取消4户广告企业经营资格，并设立社会义务广告监测员。2001—2002年，开展反误导打虚假行动，对维春宝等4起违法广告依法惩处，查处5家纯净水生产厂虚假产品质量保证。2003年，广告监管到社区，开展广告企业信用评价活动。2004年，开展百日假广告整治。2005年，处理虚假违法广告5起，罚款1.1万元。2006年，统一规划城区主要路段和沿江景观带户外广告。2007—2008年，加大对医疗药品、保健品和美容等广告监管。2008年，查处违法案件58起，罚款21万元，查处网络虚假广告21起。

1986—2008年镇海区广告经营情况表

表26-32

年份	广告经营单位	从业人员	广告经营额（万元）	年份	广告经营单位	从业人员	广告经营额（万元）
1986	3	44	8.68	1990	5	65	110
1987	4	50	40	1991	6	70	128
1988	4	54	87	1992	7	98	255
1989	5	61	103	1993	26	365	255

续表 26－32

年份	广告经营单位	从业人员	广告经营额（万元）	年份	广告经营单位	从业人员	广告经营额（万元）
1994	34	385	636.9	2002	21	203	845
1995	32	356	688	2003	24	223	1113
1996	35	308	716	2004	33	301	1158
1997	28	300	629	2005	37	321	1659
1998	25	209	597	2006	43	331	2136
1999	21	183	534	2007	48	346	2641
2000	20	202	610	2008	52	341	2701
2001	20	203	755	—	—	—	—

第六节　经济检查

专项整治

1985—1986 年，对全区 210 家公司清理整顿，核准允许经营的公司 82 家，不具备公司条件的 55 家，注销 72 家，吊销营业执照 1 家。1989 年，整顿流通领域混乱现象，制止农副产品“争夺大战”。1990 年，配合有关部门整顿废旧金属回收、个体文化市场、私营酒厂及国道线和风景旅游点的饮食摊、旅馆等，处理违章 563 户，停业整顿 487 户，吊销营业执照 43 户，罚款 654 户，取缔无照经营 76 户。1991 年，配合相关机关对废旧金属市场、个体刻字、运输等行业专项整顿。1995 年，清理“三无”（无执照、无资金、无场地）企业，共清理 61 家。1996 年，专项整治餐饮、屠宰等行业。1997 年，开展市场中介机构治理。1998 年，开展美容、家电维修、文化娱乐等行业整治，共检查 48 批次，检查企业、个体工商户 1.2 万户。1998—2000 年，整顿煤炭、粮食、危险化学品经营批发企业和军队、武警、政法机关所属企业，建立企业不良行为台账制度。2003 年，开展食品、药品、农药、化妆品等集中检查，检查市场 267 个，检查企业、个体工商户 9861 家。2002—2004 年，集中整治医疗器械市场、特种油料产品市场、涉黄音像制品，开展废油加工、成品油经营企业、无照经营铝合金门窗加工和网吧专项整顿。2005—2007 年，对 10 大类食品进行专项整治，对流通领域农药、奶制品、饮用水、染发剂等商品进行质量抽检。2007—2008 年，治理商业贿赂、非法传销和不正当竞争行为。2008 年，工商部门对消防安全重点行业进行前置审批“回头看”活动，共检查易燃易爆生产经营企业 294 户，娱乐餐饮企业 459 户，取缔无照经营 223 户。开展市场主体清理行动和经营规范活动，检查 2559 家，整治 2477 家。

工商企业（户）年检

1987 年国务院发布《城乡个体工商户管理暂行条例》，个体工商户年检工作进入规范化阶段。1989 年区工商部门全面推行验照换照工作。1990 年开展私营企业年检工作。1991—1992 年，支持横向经济联合和外向型经济发展，对大中型骨干企业实行帮扶，核发一次性经营项目许可证。1993—1994 年，对全区验资机构、房产、粮食批发、党政机关办的企业重新进行资格认定，对违法违章企业依法处理。1995—1996 年，检查个私企业名称中的不文明现象，责令 23 家企业更改名称。1997 年根据国家工商局《关于查处个体工商户转借、出卖、出租、涂改营业执照违法行为的通知》，全区共查处个体工商户转借、出租、涂改营业执照 13 起，罚没款 2550 元，停业整顿 7 户。1998 年起，依据国家和省市的有关规定，区工商部门开始对外资企业联合年检工作。2005—2006 年，试行网上年检，2007 年全面实施网上年检。2008 年企业年检率达到 96.23%，数字证书应用率达到发证企业的 75%。1986—2008 年，累计工商企业年检 85501 家、个体工商户 20089 户，其中吊销营业执照企业 3601 家、个体工商户 464 户，分别占年检总数的 4% 和 2%。

1986—2008 年镇海区企业和个体工商户年检情况表

表 26－33

年份	年检企业（家）	未年检企业（家）	吊销营业执照（家）	年份	年检（家/户）	未年检企业（家/户）	吊销营业执照（家/户）
1986	1325	12	8	1998	3165	292	292
1987	1412	10	4	1999	2443	76	76
1988	2103	6	6	2000	2891	307	307
1989	2071	9	7	2001	1875	126	126
1990	2148	14	7	2002	4707	299	221
1991	2234	21	20	2003	4819	688	244
1992	2556	2	2	2004	5413	610	161
1993	3747	15	15	2005	5784/4211	514/180	180
1994	5261	87	87	2006	5000/4750	6/417	367/417
1995	5376	206	206	2007	5597/5292	43/229	230/229
1996	4918	466	351	2008	5673/5836	2/200	200
1997	4983	491	484	—	—	—	—

说明：2005 年起对个体工商户年检

消费者权益保护

1989 年 1 月，成立镇海区消费者协会，乡镇（街道）成立消费者协会分会 6 个，同时在企业设立 3 个消费者维权联络站，每个行政村（社区）建立消费维权联络点。1998 年，建立“96315”举报投诉中心，实行 12 小时值班制，当年接电话举报投诉 987 次。2005—2006 年，调整消费者协会分会 5 个，增加消费维权监督站 1 个，完善 62 个行政村维权监督站点，15 家商贸企业设联络站。2007 年区消费者协会更名为区消费者权益保护委员会。1989—2008 年，调解终结投诉案件 5448 件，为消费者挽回经济损失 370.42 万元。

1989—2008 年镇海区消费者协会受理投诉情况表

表 26－34

年份	调解终结（起）	为消费者挽回经济损失额（元）	年份	调解终结（起）	为消费者挽回经济损失额（元）
1989	110	42732.8	1999	325	218838.80
1990	192	45583.47	2000	312	145211.06
1991	107	31518.28	2001	44	27442
1992	109	29586.55	2002	414	673964.52
1993	99	36287.10	2003	387	231527.05
1994	149	47352.15	2004	309	209491.42
1995	595	71317.40	2005	359	207190
1996	666	298553.22	2006	257	244366
1997	278	196851.56	2007	265	174213
1998	352	246996.26	2008	119	525164.85

违法违章查处

1986—1987 年，重点查处卷烟市场投机倒把行为，其中 1987 年倒卖卷烟罚没金额 20.46 万元，占当年违法违章罚没金额的 75.47%。1988 年重点查处流通领域内转卖倒手重要生产资料和紧俏农产品行为，全年共查处各类案件 1225 起，罚没金额 22.6 万元，其中投机倒把案件 35 起，罚没金额 17.72 万元，占罚没金额的 78.4%。1989 年，共查处各类投机违法案件 173 起，罚没金额 49.72 万元。1990 年重点查处倒卖重要生产资料及紧俏耐用消费品案件，共查处 67 家违法企业、69 起违法案件。

1991 年国务院发出《关于大力加强走私反私斗争的通知》，全区查获走私啤酒、香烟、家电等案 5 起。

1992 年展开打假专项行动，查获电器、假烟、劣质酒、劣质皮夹克等大量假货，并在城关沿江路烧毁 5 万余元假冒劣质商品。1994 年，重点查处制售假冒劣质商品和无照经营活动，取缔无照经营 104 户。1995 年，按照市工商局部署，开展打假保节日、打假保农业、打假保健康、打假保名牌行动。1997 年，查处罚款在万元以上的大案 13 起，罚没款达 64.21 万元，占全年总罚没款的 64.9%。1998 年，重点查处假烟、假酒、假纯净水和不正当竞争行为案件。1999—2000 年，全省开展百日执法大行动，查获镇海区首起非法传销案。2004 年，查获 20 余家违法生产成品油和经营化学危险品企业，罚没金额 146 万元。2005—2007 年，取缔无照经营网吧 7 家、游戏室 3 家。2007—2008 年，查处侵犯奥标案件 4 起，案值 2.55 万元，罚款 1.17 万元。截至 2008 年年底，共查处各类经济案件 19160 起，罚没金额 3248.83 万元。

1986—2008 年镇海区工商行政查处违法违章案件情况表

表 26－35

年度	案件（件）	罚没金额（万元）	年度	案件（件）	罚没金额（万元）
1986	86	3. 70	1998	965	72. 00
1987	1079	23. 41	1999	1287	62. 68
1988	1225	22. 60	2000	1501	173. 96
1989	173	49. 72	2001	2006	184. 80
1990	151	15. 10	2002	1997	246. 73
1991	195	17. 20	2003	1446	363. 30
1992	247	9. 80	2004	1033	392. 76
1993	446	3. 24	2005	1112	428. 00
1994	292	10. 35	2006	871	380. 00
1995	292	30. 2	2007	590	337. 55
1996	437	85. 48	2008	502	237. 37
1997	1227	98. 88	合计	19160	3248. 83

第六章　质量技术监管

1985 年 10 月，镇海县计量管理所改名为宁波市标准计量局镇海管理所，1987 年 9 月改名为宁波市镇海标准计量所。1988 年 11 月，划归区计划经济委员会。1990 年 10 月，区计划经济委员会对外增挂镇海标准计量局牌。1996 年 4 月，成立镇海区技术监督局，为行使行政管理职能的事业局。2002 年 1 月实行市、区双重领导，更名为宁波市质量技术监督局镇海分局。同年 8 月，区劳动局锅容管特安全监察职能和宁波市锅炉压力容器检验所镇海检验站划入镇海分局，宁波市锅炉压力容器检验所镇海检验站为分局直属事业单位。2004 年 3 月，成立镇海区质量技术监督稽查大队，为分局直属事业单位。2007 年 3 月，宁波市锅炉压力容器检验所镇海检验站成建制上划宁波市特检中心。

第一节　计量管理

法定计量单位推行

1986 年《中华人民共和国计量法》发布实施，镇海区全面推行使用法定计量单位，并在政府机关、印刷和统计报表及新产品中率先采用。1987 年始，对各类台、案秤的标尺、增铊、压力表、血压计表盘、材料试验机等计量器具、测试仪器的非法定计量单位进行改制和调整、检定、监督，1988 年完成改制。1991 年 1 月起，除外贸产品和经审批同意的使用非法定计量单位外，其他均采用法定计量单位。

企业计量管理

建立计量标准器　1986 年前，镇海区已建立三大类量具（游标卡尺、千分尺、百分表）的计量标准器，电流表、电压表、电度表热工和力学室，并建立压力表、温控仪、电子电位差计、机械地磅和 25 千克砝码的计量标准器。1986 年，建立小容量计量标准器。1993 年，建立大型电子衡和电子计价秤的计量标准器。至 1999 年，先后建立 4 大类 14 项计量标准装置，先后开展 41 种计量器具的检定。2000 年，调整后共建有计量标准 12 项。

计量定级升级　1985 年起，开始企业计量定级升级管理，累计对企业进行二级计量定级 3 家、三级计量定级 74 家，计量验收 7 家。1996 年 7 月，计量定级升级管理改为企业计量水平确认。至 2001 年，全区累计“计量水平确认企业”24 家。2002 年后，企业计量水平交由中介机构确认。

计量授权　1990 年开始，先后对龙赛医院等 8 个单位的血压计、衡器等 14 个强制检定项目进行计量授权。2000 年，对所有授权项目进行清理整顿。2004 年《中华人民共和国行政许可法》实施后，计量授权调整为行政许可事项。2008 年年底，有效计量授权（行政许可事项）企业 2 家。

2008 年镇海区有效计量授权企业情况表

表 26－36

被授权单位	授权区域	授权形式	授权检定项目
镇海炼化检修安装公司	该企业内部	对内部使用的强制检定工作计量器具执行强制检定	一般压力表、氧气表
宁波埃美柯铜阀门有限公司	该企业内部	对内部使用的强制检定工作计量器具执行强制检定	一般压力表

计量标准考核　1988 年开始，开展企业计量标准考核管理，共对 83 家企业 155 项企业最高计量标准器进行考核评审，颁发计量标准合格证书，并进行定期复查、依法监督、检查和日常管理。至 2008 年，23 家企业通过最高计量标准考核评审，有效期内计量标准 54 项。

2008 年镇海区最高计量标准考核评审企业情况表

表 26－37

序号	企业名称	标准名称	可开展检定及校准项目
1	镇海南街制秤刻字门市部	5 级千克组砝码标准装置	案秤、台秤
2	镇海华翔轴承有限公司	千分表检定仪标准装置	千分表
		百分表检定仪标准装置	百分表
		检定指示量具标准器组	扭簧比较仪
3	宁波市镇海互感器厂	电流互感器标准装置	电流互感器
4	浙江中平粉末冶金有限公司	百分表检定仪标准装置	百分表
		检定游标量具标准器组	游标卡尺
		检定测微量具标准器组	外径千分尺
5	宁波合普微型轴承有限公司	检定指示量具标准器组	扭簧比较仪
6	宁波摩根轴承有限公司	检定指示量具标准器组	扭簧比较仪
		千分表检定仪标准装置	千分表
		百分表检定仪标准装置	百分表
7	宁波海达塑料机械有限公司	百分表检定仪标准装置	百分表、杠杆百分表、内径百分表
		检定测微量具标准器组	外径千分尺
		检定游标量具标准器组	游标卡尺、高度卡尺
8	宁波摩士集团股份有限公司	百分表检定仪标准装置	百分表
		检定测微量具标准器组	外径千分尺
		检定指示量具标准器组	扭簧式比较仪
		千分表检定仪标准装置	千分表
		检定游标量具标准器组	游标卡尺

续表 26－37

序号	企业名称	标准名称	可开展检定及校准项目
9	宁波镇海压铸厂	百分表检定仪标准装置	百分表
		检定测微量具标准器组	外径千分尺
		检定游标量具标准器组	游标卡尺、深度卡尺、高度卡尺
10	宁波中意液压马达有限公司	百分表检定仪标准装置	百分表、杠杆百分表、内径百分表
		检定测微量具标准器组	千分尺、公法线千分尺
		检定游标量具标准器组	游标卡尺、数显卡尺、带表卡尺
11	宁波旦尔阀门有限公司	检定测微量具标准器组	外径千分尺、公法线千分尺、壁厚千分尺
		检定游标量具标准器组	游标卡尺、数显卡尺、带表卡尺、高度卡尺
		百分表检定仪标准装置	百分表、杠杆百分表、内径百分表
12	镇海炼化检修安装公司	百分表检定仪标准装置	百分表、杠杆表（百分表）、内径百分表
		直角尺检定装置	宽座直角尺
		电能表检定装置	单相电能表、三相电能表
		检定游标量具标准器组	通用卡尺、高度卡尺、密度卡尺
		角度规检定装置	角度规
		检定测微量具标准装置	外径千分尺、公法线千分尺
		精密压力表标准装置	一般压力表、氧压表 、乙炔表
13	镇海鼎鼎电子衡器有限公司	衡器检定装置	吊秤、电子汽车衡、电子地上衡
14	宁波聚丰化工有限公司	精密压力表标准装置	一般压力表
15	宁波镇海恒泰仪表厂	精密压力表标准装置	一般压力表
16	宁波镇海传感器厂	二等活塞压力计标准装置	ZY 型压力传感器
17	宁波镇明转轴有限公司	检定游标量具标准器组	游标卡尺、高度卡尺、带表卡尺
		百分表检定仪标准装置	百分表
		检定测微量具标准器组	外径千分尺、杠杆千分尺
18	宁波镭蒙智能科技有限公司	热能表检定装置	热能表
19	宁波万盛轴业有限公司	检定测微量具标准器组	外径千分尺
		检定游标量具标准器组	通用卡尺、高度卡尺
20	镇海银球轴承有限公司	千分表检定仪标准装置	千分表
		检定指示量具标准器组	扭簧比较仪

续表 26－37

序号	企业名称	标准名称	可开展检定及校准项目
21	镇海腾达测试仪器有限公司	材料试验机检定装置	材料试验机
22	宁波海宏液压有限公司	检定测微量具标准器组	外径千分尺
		百分表检定仪标准装置	百分表
		检定游标量具标准器组	游标卡尺
23	宁波埃美柯铜阀门有限公司	精密压力表标准装置	弹簧管式一般压力表

计量器具制造和修理管理

1986 年《中华人民共和国计量法》颁布，镇海区实施制造修理计量器具许可证制度。1994 年始，建立一年一次计量产品质量监督抽查和基础管理检查等制度。至 2000 年，全区制造、修理计量器具许可证获证企业有镇海方正电子仪表厂、镇海传感器厂、镇海明泰设备成套厂、镇海玻璃仪器厂、镇海计量实验厂等 15 家。2006 年按照国家质检总局 145 号令规定，对列入《依法管理的计量器具目录（型式批准部分）》的计量器具实行许可证管理，未列入目录的计量器具不再实行许可证管理。至 2008 年，镇海区实行计量器具制造、修理许可证管理企业 6 家。

2008 年镇海区制造修理计量器具企业情况表

表 26－38

企业名称	制造、修理计量器具项目
宁波镇海腾达测试仪器有限公司	微机液压万能试验机、微机全自动压力试验机、球团专用微机控制电子压力试验机制造
宁波镇海传感器厂	压力传感器制造
宁波镇海恒泰仪表厂	一般压力表制造
宁波镇海互感器厂	电流互感器制造
宁波镭蒙智能科技有限公司	智能热能表制造
宁波镇海区南街制秤刻字门市部	衡器修理

第二节　标准化管理

工业产品标准化

1987 年 4 月前，产品标准的备案管理工作由浙江省标准计量局受理，并作为浙江省地方标准发布，镇海区共有省地方企业标准 7 项。是年 5 月始，企业产品标准向宁波市标准计量局备案，并以宁波市地方标准发布。至 1988 年上半年，镇海区有宁波市地方企业标准 19 项。1988 年 8 月始，镇海区开展对企业产品标准的备案和管理，并每年两次定期发布备案公告。1996 年开始，城关镇范围内开展消灭无标生产（无国家标准、无行业标准、无企业标准，以下简称无标生产）试点，工业企业产品执行标准覆盖率达到 93%（省要求为 90%），城关镇被浙江省技术监督局授予“治理无标生产达标乡（镇）”称号。1997 年，庄市镇进行全区消灭无标生产试点，产品标准覆盖率达到 98.43%，庄市镇荣获浙江省技术监督局授予的“治理无标先进乡（镇）”称号。1998 年年底，全区产品标准覆盖率由 57.62% 提高到 98.2%。1999 年，宁波市技术监督局将镇海区列入 1999 年度治理无标生产国家级验收试点，8 月通过验收。至 2008 年，共受理备案产品标准 1312 项（区级受理）。1996—2008 年，累计发放产品执行标准登记证书 2936 份。

1987 年，开展产品采用国际标准和国外先进标准的验证确认。至 2000 年，全区有采用国际标准证书的产品 30 只，尚具有效证书采标产品 21 只，其中有 7 只产品使用采标标志。2008 年，加大采用国际标准和国外先进标准工作力度，全区纺织服装、仪器仪表、家用电器、装备制造、文具重点行业 178 家企业产品，食品、特种设备 2 大重点产品，市级以上高新技术企业重点产品，国际标准采标率达 89.3%，九龙湖镇 30 家紧固件企业主导产品全部采用国际标准。

农业生产标准化

1997 年 12 月，镇海区首次制定发布农业地方标准《镇海区水稻塑料盘育秧抛秧技术育秧规范》。至 2004 年，共制订育秧技术、畜禽饲养、特种动物繁育、瓜果栽培、蔬菜种植等农业地方标准 20 项。2007 年，创建宁波飞洪生态农业发展有限公司九龙湖无公害蔬菜标准化示范区、宁波市镇海内外贸畜禽场无公害生猪标准化示范基地，2008 年被认定为市级标准化示范区。

1997—2004 年镇海区农业地方标准制定情况表

表 26－39

序号	标准名称	标准号	起草单位	发布时间	实施时间
1	水稻塑料盘育秧抛秧技术育秧规范	DB330211/T1.1－1997	镇海区农技总站	1997 年 12 月 31 日	1998 年 3 月 25 日
2	白羽王鸽种鸽选择要求	DB330211/T002－1998	镇海特种动物繁育场	1998 年 11 月 20 日	1999 年 1 月 1 日
3	白羽王鸽种鸽饲养管理规程	DB330211/T003－1998	镇海特种动物繁育场	1998 年 11 月 20 日	1999 年 1 月 1 日
4	巨型高产长毛兔	DB330211/T004－1998	镇海种兔场	1998 年 3 月 28 日	1998 年 4 月 1 日
5	西瓜促成栽培技术规程	DB330211/T005－2004	镇海区农技总站	2004 年 12 月 30 日	2005 年 3 月 1 日
6	茎用芥菜栽培技术	DB330211/T006－2000	区质量技术监督局、区农技总站	2000 年 12 月 1 日	2001 年 1 月 1 日
7	连作晚粳抛秧塑料盘育秧技术规范	DB330211/T007－2001	镇海区农技总站	2001 年 10 月 1 日	2001 年 10 月 15 日
8	甘蓝生产技术规范	DB330211/T008－2001	镇海区蔬菜办公室	2001 年 10 月 8 日	2001 年 10 月 20 日
9	甜玉米栽培技术规范	DB330211/T009－2002	镇海区农技总站	2002 年 11 月 20 日	2002 年 12 月 1 日
10	大棚栽培草莓生产技术规范	DB330211/T010－2002	镇海区农技总站	2002 年 12 月 15 日	2002 年 12 月 20 日

续表 26－39

序号	标准名称	标准号	起草单位	发布时间	实施时间
11	镇海獭兔种兔及种兔繁育	DB330211/T011.1－2002	镇海区畜牧兽医站	2002年11月20日	2002年12月1日
12	镇海獭兔饲养管理	DB330211/T011.2－2002	镇海区畜牧兽医站	2002年11月20日	2002年12月1日
13	镇海獭兔疫病防治	DB330211/T011.3－2002	镇海区畜牧兽医站	2002年11月20日	2002年12月1日
14	镇海獭兔皮	DB330211/T011.4－2002	镇海区畜牧兽医站	2002年11月20日	2002年12月1日
15	绍鸭镇海青壳蛋鸭第一部分种鸭	DB330211/T012.1－2003	镇海区畜牧兽医站	2003年12月18日	2004年1月1日
16	绍鸭镇海青壳蛋鸭第二部分饲养管理	DB330211/T012.2－2003	镇海区畜牧兽医站	2003年12月18日	2004年1月1日
17	绍鸭镇海青壳蛋鸭第三部分疾病防治	DB330211/T012.3－2003	镇海区畜牧兽医站	2003年12月18日	2004年1月1日
18	无公害番茄生产技术规程	DB330211/T013－2003	镇海区农技总站	2003年12月18日	2004年1月1日
19	无公害蔬菜生产通用技术规程	DB330211/T014－2003	镇海区农技总站	2003年12月18日	2004年1月1日
20	单季晚稻无公害生产技术规程	DB330211/T015－2004	镇海区农技总站	2004年12月30日	2005年3月1日

强制性标准执行

1990年，全区进行《食品标签通用标准》实施情况监督检查，共查处、销毁不符标准和虚假食品标签299575张，变质食品272瓶（袋），查封“三无”（无厂名、无厂址、无生产日期）食品1560瓶，后每年监督检查食品标签标准实施情况。1992年，镇海区规定凡印制食品标签须经区标准计量局审核，对全区18家食品生产企业和30家食品标签印刷企业进行“食品标签通用标准”实施情况监督检查，未达到标准要求的限期整改。1994年起，对车站、码头、宾馆等公共场所实施《公共信息图形符号》国家标准情况监督检查。1995—2004年，宣传贯彻新发布的强制性国家标准GB7718《食品标签通用标准》，进行电器等安全认证产品标志监督检查，没收销毁无安全认证标志、不符合质量要求的电器产品。

代码与条码应用

组织机构代码　1993年，镇海区发布《党政机关企业事业单位和社会团体统一代码标识制度的实施意见》，先在贵驷镇试点，至年底各乡镇和各部门全面推开。1994年6月起，办理颁发代码证转入正常性工作。1996年7月，推行使用IC卡。至2008年年底，镇海区组织机构代码有效数据9850家。

商品条形码　1992年开展商品条形码申请注册，有近50家企业注册，正常应用条形码系统成员单位30余家。1998年执行《宁波市商品条码管理办法》，规范条码管理。2008年，全区条形码系统成员单位104家。

第三节　工业质量管理

生产许可证管理

1999年首次查处螺纹钢无证生产企业1家。2003年，开展重点查处非法生产“地条钢”突击行动，查处非法生产“地条钢”窝点13个，查获“地条钢”80余吨。2004年，检查生产企业42家，查处无证产品生产企业6家，并捣毁“地条钢”生产窝点9个，查处成品“地条钢”及模具、原辅材料计100余吨。2005年，先后捣毁“地条钢”生产窝点4个，查获成品“地条钢”及模具、原辅材料计15.31吨。2006年，检查生产企业25家，查处无证产品生产企业8家。2007年和2008年，开展“许可利剑行动”，查处无证产品生产企业43家。2008年，本区涉及工业产品生产许可证目录的产品有验配眼镜、压缩气体、人造板、电动自行车、化工品包装物、燃气器具、空压机、农药农肥、涂料等。

强制性产品认证（3C认证）

2002年5月，国家开始实施强制产品认证（3C认证）制度。2003年，镇海区列入第一批“3C”认证企业24家，通过认证企业19家，获得认证书66张，认证率79.2%。至2004年，共有25家企业产品通过强制性认证，认证率96%。2005年，对区内16家强制性认证产品企业检查，立案查处1起。至2008年，区内强制性认证产品有钢化玻璃、低压电器、配电柜箱、空调器、电动机、荧光灯具等，涉及企业43家。

质量监督抽查

1987年，监督抽查全区水产品冷库冷冻产品质量，销毁国家禁止生产的单相三级圆脚插头座和生产模具。1989年，对涉及安全的6种重点产品进行质量监督抽查。1990年，开展对电烙铁和化肥质量监督抽查。1992年起，从以监督全民企业、大企业产品质量为主，转到以小型企业、乡镇企业产品质量为主。1994年，对全区36家水泥预制板生产企业产品质量全面监督抽查。2007年，省、市、区分类对工业产品质量定期监督抽查，其中列入区级监督抽查的有混凝土砖、电热管、电容器、验配眼镜、电动自行车、农资等产品。2005—2008年，全区共抽查工业产品435批次，产品平均合格率84.29%。

2005—2008年镇海区工业产品抽查合格率情况表

表26－40

年度	2005	2006	2007	2008
抽查批次数	78	89	102	166
合格率	84.87	84.5	85.3	82.5

评优创名牌

优质产品　1988—1991年，全区25个产品被评为“宁波市优质产品”。1992年起不再评选“市级优质产品”。

1988—1991 年镇海区获市级优质产品情况表

表 26 - 41

序号	产品名称	企业名称	级别	获评年份
1	旋环牌 ISOJM21 - 0.63 液压马达	宁波液压马达厂	市级	1988
2	北仑牌 L14 - L45 系列离心开关	镇海微型电机厂	市级	1988
3	永畅牌 Z - 0.025/6 型空压机	镇海机械厂	市级	1988
4	百宝牌 ME093 开门电气列车	宁波玩具厂	市级	1988
5	镇"3"牌 FDQ - 5 分电器	宁波汽车电器厂	市级	1989
6	镇容牌 CBB60 型金属化聚丙烯薄膜介质电容器	镇海电容器厂	市级	1989
7	塑料薄膜印刷品	镇海印刷厂	市级	1989
8	百宝牌电动闪光坦克	宁波玩具厂	市级	1989
9	循飞牌 3 × 4.93 × 5.9 圆柱滚子	宁波销子厂	市级	1990
10	不干胶印刷品	镇海印刷厂	市级	1990
11	博雅特 KA306R 涤棉女睡袍	镇海服装厂	市级	1990
12	招宝山牌 NF110 玩具枪机芯	宁波玩具元件厂	市级	1990
13	银球牌 10101 乔其纱	宁波丝织厂	市级	1990
14	骆驼桥牌梳棉盖板针布	镇海钢丝针布厂	市级	1990
15	宁通牌 BFC - 20A 型低压抽屉式成套开关设备	宁波华通电器成套厂	市级	1991
16	宁通牌 KYN1 - 10 型金属铠式手车开关柜	宁波华通电器成套厂	市级	1991
17	镇"3"牌 FD462 型分电器	宁波汽车电器厂	市级	1991
18	华甬牌 12V135 型柴油机连杆	宁波第三动力机厂	市级	1991
19	宝云牌 HPX - 15 型配线架（箱）	宁波有线设备厂	市级	1991
20	镇容牌 CBB61 型金属化聚丙烯薄膜介质电容器	镇海电容器厂	市级	1991
21	宝山牌塑料编织袋	宁波镇海塑料厂	市级	1991
22	银球牌 HN705 尼龙被面	宁波丝织厂	市级	1991
23	弓力牌 A 系列钢制对焊无缝管件	中国石化总公司第三建设公司镇海联营配件厂	市级	1991
24	宁龙牌 ET10 - 25 无碱玻璃纤维带	镇海玻璃纤维厂	市级	1991
25	山石牌 QZ - 1/155/I0.07 ~ 0.31 毫米漆包圆铜线	镇海电工线材厂	市级	1991

名牌产品 1994—2008 年，全区有 57 家企业的 57 个产品获市、省、国家名牌产品称号。其中，获"市名牌产品"有 40 家企业的 40 个产品，获"省名牌产品"有 16 家企业的 16 个产品，宁波埃美柯铜阀门有限公司陶瓷片密封水嘴（商标"AMICO"）2005 年获"中国名牌产品"称号。

1994—2000 年镇海区获省市名牌产品情况表

表 26－42

序号	产品名称	单位名称	级别	年份
1	宁通牌真空断路器系列	宁波华通电器成套厂	市级	1994
2	粉末冶金异型结构件	宁波粉末冶金厂	市级	1995
3	JPX 系列总配线架	宁波有线电厂	市级	1995
4	塑料台灯系列	宁波良亮灯饰总厂	市级	1995
5	YBD 系列保安单位	宁波有线电厂	市级	1995
6	HK－10Z 真空环网柜	宁波华通电器成套厂	市级	1996
7	羊绒衫	镇海羊毛衫厂	市级	1996
8	微型深沟球轴承	宁波摩士集团股份有限公司	市级	1998
9	真空系列开关设备	宁波华通电器成套厂	市级	1998
10	榨菜	宁波雨云蔬菜厂	市级	1999
11	聚丙烯粉料	镇海炼化工贸联营总公司	市级	1999
12	东海牌农用尿素	镇海石油化工总厂	市级	1993
13	宁通牌 ZN17－10 真空断路器系列	宁波华通电器成套厂	省级	1995
14	东海牌尿素	镇海炼油化工股份有限公司	省级	1998
15	巨高牌长毛种兔	宁波镇海种兔场	省级	1999
16	宁通牌高低压开关设备	宁波华通电器成套厂	省级	2000

2006—2008 年镇海区获市名牌产品情况表

表 26－43

序号	企业名称	产品名称	商标	获牌年份
1	宁波文魁笔业有限公司	圆珠笔、活动铅笔	文魁	2006
2	镇海石化工业贸易有限责任公司	聚丙烯粉料	招宝山	2006
3	宁波摩士集团股份有限公司	微型深沟球轴承	MOS	2006
4	宁波英特姆液压马达有限公司	低速大扭矩液压马达	图形	2006
5	宁波华通电器集团股份有限公司	高低压开关设备	宁通	2006
6	宁波镇海海福盛食品工业有限公司	芙蓉海鲜汤	福盛阁	2006
7	宁波埃美柯铜阀门有限公司	阀门、水嘴	AMICO	2006
8	宁波金海电子有限公司	小型大功率继电器	图形	2006
9	宁波中意液压马达有限公司	液压马达	图形	2006
10	宁波明欣化工机械有限责任公司	搪玻璃设备、低温容器	金鼎、DF 牌	2006
11	宁波镇海银球轴承有限公司	微小型深沟球轴承	BZSB	2006

续表 26-43

序号	企业名称	产品名称	商标	获牌年份
12	宁波杰杰工具有限公司	组合手工具	图形	2006
13	宁波诚邦办公设备有限公司	粉碎机	图形	2006
14	宁波天衡制药有限公司	盐酸昂丹琼	枢丹	2006
15	宁波宁力高强度紧固件有限公司	通径 100mm 以内紧固件	宁力	2007
16	宁波富邦精业集团股份有限公司	纯铝板材、带材	宁圆 + 图	2007
17	宁波伟峰影像设备集团有限公司	照相机用三脚架	WF	2007
18	宁波镇海中大电力设备有限公司	高低压电力成套设备	蛟川 + 图	2007
19	宁波摩根轴承有限公司	微小型深沟球轴承	宁环 + 图	2007
20	宁波意宁液压有限公司	液压马达	INI	2007
21	宁波绅乐电子有限公司	车载液晶显示器	爱之影 + 图	2007
22	宁波九龙机械制造有限公司	钢格板	龙踏　捷踏	2008
23	宁波九龙紧固件制造有限公司	高强度紧固件	图形	2008
24	宁波宁微轴承有限公司	微型深沟球轴承	WTOO	2008
25	宁波杜亚机电技术有限公司	电动卷门机	DOOYA	2008
26	宁波天韵通信设备有限公司	JPX180 型系列总配线架	图形	2008
27	中国石化镇海炼油化工股份有限公司	3 号喷气燃料、汽柴油	东海	2008
28	宁波橡胶有限公司	橡胶 V 带	“甬”字图形	2008

2006—2008 年镇海区获省名牌产品情况表

表 26-44

序号	企业名称	产品名称	商标	获牌年份
1	宁波中鑫毛纺集团有限公司	纱线	中鑫	2006
2	宁波华通电器集团股份有限公司	高低压开关设备	宁通	2006
3	宁波埃美柯铜阀门有限公司	阀门	埃美柯	2006
4	宁波摩士集团股份有限公司	微、小型深沟球轴承	MOS	2006
5	宁波奔野拖拉机汽车制造有限公司	轮式拖拉机	奔野	2006
6	宁波爱尔使自行车有限公司	自行车	AISHI	2006
7	华美线业有限公司	涤纶缝纫线	敦煌	2007
8	中国石化镇海炼油化工股份有限公司	农用尿素	东海	2007
9	镇海石化工业贸易有限责任公司	聚丙烯粉料	招宝山	2007
10	宁波海达塑料机械有限公司	塑料注射成型机	海达	2008
11	宁波富邦精业集团股份有限公司	纯铝板材、带材	宁圆	2008
12	中国石化镇海炼油化工股份有限公司	汽、柴油、3 号喷气燃料	东海	2008

国家免检产品 2005—2006年，宁波海达塑料机械有限公司、中国石化镇海炼油化工股份有限公司、宁波华通电器集团股份有限公司、宁波埃美柯铜阀门有限公司等4家企业的4个产品，获“国家免检产品”称号。

2005—2006年镇海区获国家免检产品情况表

表26－45

企业名称	产品名称	商标	获免检时间
宁波海达塑料机械有限公司	塑料注射成型机	海达牌	2005
中国石化镇海炼油化工股份有限公司	农用尿素	东海牌	2005
宁波华通电器集团股份有限公司	中低压开关系列	宁通牌	2006
宁波埃美柯铜阀门有限公司	DN8－DN400阀门	埃美柯牌	2006

第四节　食品生产企业监管

2005年10月，区质监分局按照宁波市质量技术监督局《关于成立食品质量安全监管机构的通知》，设立食品安全管理办公室，开展食品生产企业质量监管。2007年，食品安全管理办公室更名为食品安全监督管理科。

食品生产许可

2003年，全区第一批5类、第二批10类食品的生产企业，共有25家获得许可，通过率92.6%，居全市前列。至2008年，全区共有51家食品生产许可企业，产品涉及饮用水及饮料、饼干及糕点、畜禽及果蔬罐头、大米及其他粮食加工品、挂面及速冻面米食品、酱腌菜、茶叶、水产加工品、肉制品、蛋制品、果蔬制品、豆制品、蜜饯及糖、调味料、冷冻饮品、炒货品，省质量技术监督部门核发食品生产许可证62只。

生产监管

2005年，实施《镇海区2005年食品普测计划》，食品普测覆盖90%食品生产加工业，产品覆盖率大于50%。对全区106家食品生产企业采用ABC分类管理，根据高危、中危、低危3级风险分级，落实监督管理责任，进行动态管理。2006年，采取分类、分级、分片定责，对每家食品企业开展日常巡查，将重点食品、高危食品生产企业列入巡查重点，严格执行食品定期监督检查计划和地产食品普测计划。2007年，16家食品加工小作坊签订食品质量安全承诺书，26家10类产品生产企业全部建立质量档案，并实施质量等级监管制度。2008年，对销往北京、上海等6个奥运会比赛城市的6家食品生产企业实施严密的质量监管。北京奥运会期间共抽样17批次，合格率达100%；应对“三鹿牌”婴幼儿奶粉事件（添加三聚氰胺），对可能使用或生产含乳产品的7家企业进行循环排查。

质量专项整治

2006年，按《宁波市食品生产加工企业使用食品添加剂备案规定》，89家企业使用的184种食品添加剂备案率100%，茶叶、水产品列入重点整治食品；区工商、卫生、食品药品监督三部门联合出台《关于整顿规范食品小企业、小作坊生产经营行为的实施方案》，质监部门会同区教育局开展校园食品专项执法检查，开展“东方牌”劣质奶粉专项核查。2007年，先后开展饮用水“清泉行动”、豆制品“放心行动”、黄（白）酒“安全行动”、水产品“保质行动”、添加剂“规范行动”，开展肉制品等高风险食品专项整治，并出台《镇海区食品生产加工小作坊、小企业专项整治方案》，建立不安全食品召回制度。是年8月，省级监督抽检13家企业产品13批次，其中11家企业产品直接从市场抽样，2家从生产企业抽样，13批次全部合格。

第五节　特种设备管理

普查登记

1985年起开展压力容器注册登记，至1998年全区注册登记压力容器461台，其中Ⅰ类压力容器378台、Ⅱ类压力容器71台、Ⅲ类压力容器12台。2002年1月至9月，普查整顿2535台锅炉、压力容器等特种设备注册登记，其中锅炉208台、压力容器838台、电梯213台、起重机械928台、简易升降机69台、厂内机动车348台，全部按规定注册，普查整顿工作以总分名列全市第一通过市级验收。

安全监察

2003年6月1日，国务院《特种设备安全监察条例》施行，对重点企业、重点设备实施重点监察，并完成44台无证简易升降机专项整治。2007年，现场检查特种设备使用单位330家，现场监察记录202份，现场监察率达24.6%，超过市局下达的全年8%要求。2008年，依托宁波市特种设备电子监管网，对超期未检和检验不合格的600余台特种设备进行清理，其中400余台特种设备达到整改要求。

专项整治

2004年，开展液化石油气钢瓶专项普查整治，71030只钢瓶完成产权转让，3090只办理托管手续，报废钢瓶3315只，检查超期瓶16826只，全区钢瓶产权转让率98%；对65个单位在用工业压力管道普查，共计管道357千米，在线检验率100%，一次性通过上级验收；开展冷库压力容器安全整治，检查19家冷库168台压力容器，整改压力容器48台。2006年，督促11家单位19台无证码头吊落实改造措施，开展搪玻璃反应锅等承压类特种设备安全整治（烘缸用户2家、搪玻璃反应锅用户8家、冷库17家）。2007年，开展起重机械执法保安全专项行动，完成快门式压力容器安全（联锁装置）整治。是年，市局对全区特种设备6项指标考核，指标达标率均达100%。

压力容器检验

1989年7月31日，区劳动局下设全民事业单位镇海锅炉压力容器检验站，定编3人。1992年5月3日，更名为宁波市锅炉压力容器检验所镇海检验站，其质保体系纳入宁波市锅炉压力容器检验所，主要承担镇海区Ⅰ、Ⅱ类固定式压力容器和4吨/小时及以下锅炉的定期检验、水质化验和锅炉压力容器安全阀检验工作。至2006年年底，累计完成锅炉检验2730余台次，压力容器检验4650余台次。2007年起压力容器检验由市锅炉压力容器检验所承担。

第六节　行政执法

1996年4月，区技术监督局配专职执法1人，1997年增加到2人。2005年增加到6人，2008年专业行政执法人员9名。完善行政执法责任和监督机制，1996年成立案审委员会，对案件的证据、程序、适用法律法规进行审核，作出处罚意见。2005年实施《行政执法责任制》，2006年实施《行政执法立案案卷制作要求和评审细则》，2008年实施《行政执法奖励和过错责任追究办法（试行)》。1994—2008年，累计办案1193件（立案472件、现场处罚691件)，罚没款总额540.29万元，其中消费者投诉举报327件，办结率100%。

1994—2008年镇海区技术监督办案情况表

表26－46　　单位：件

年份	办案件数	其中		万元以上案件	罚没款（万元）	处理消费者投诉件数
		立案	现场处罚			
1994	8	8	—	—	1.57	8
1995	18	6	12	—	3.09	14
1996	41	11	30	2	6.51	12
1997	70	17	53	2	15.89	22
1998	98	24	74	1	10.42	19
1999	70	15	25	4	11.10	20
2000	89	22	67	3	14.83	22
2001	96	24	72	8	24.27	35
2002	150	44	106	7	31.00	31
2003	50	27	23	11	40.00	29
2004	69	49	20	7	57.70	30
2005	209	35	174	11	56.86	32
2006	80	51	29	21	92.58	17
2007	70	66	4	24	100.00	15
2008	75	73	2	38	74.47	21

第七章　安全生产监督管理

1986—2001 年，区劳动局担负全区安全生产监督管理职能。1987 年 10 月，成立镇海区安全生产委员会，1989 年 6 月设办公室于劳动局。2001 年 8 月，区劳动局（区安全生产委员会办公室）安全生产综合管理、职业安全监察、矿山安全监察等职能划转区计划与经济委员会，内设安全监察科。2004 年 8 月，成立镇海区安全生产监督管理局，挂区安全生产委员会办公室牌子，内设办公室、危险化学品安全监督管理科、综合安全生产管理科（后改名为综合安全监督管理科）。2005 年 6 月，成立区安全生产监督管理局宁波化工区分局，为局直属正科级事业单位，各镇（街道）成立公共安全监督管理所。2006 年 9 月，成立区安全生产执法监察大队，与局综合安全监督管理科合署办公。2007 年 10 月，区安全生产执法监察大队独立设置，为区安全生产监督管理局直属正科级事业单位。

第一节　安全生产规范化

培训安全生产专业人员

1986—2008 年，培训生产经营单位负责人、安全管理人员、特种作业人员和其他从业人员共 25277 人次。其中，特种作业人员 17331 人次，企业劳动保护干部 94 人次，建筑安全员 1027 人次，采石安全员 424 人次，企业安全员 5425 人次，自备发电作业人员 373 人次，危化烟花从业人员 543 人次，监管人员 60 人次。2006—2007 年，全区实施全员安全生产培训工程，有 101040 名企业在岗员工接受各类安全知识培训。

1986—2008 年镇海区安全生产专业培训情况表

表 26－47　　单位：人

年度	培训人数	安全生产专业人员							
		特种作业人员	企业劳保干部	建筑安全人员	采石安全人员	企业安全人员	自备发电人员	危化烟花从业人员	监管人员
1986	94	—	94	—	—	—	—	—	—
1987	508	436	—	—	72	—	—	—	—
1988	638	593	—	45	—	—	—	—	—
1989	414	272	—	96	46	—	—	—	—
1991	1001	969	—	—	32	—	—	—	—

续表 26－47

年度	培训人数	安全生产专业人员							
		特种作业人员	企业劳保干部	建筑安全人员	采石安全人员	企业安全人员	自备发电人员	危化烟花从业人员	监管人员
1992	355	355	—	—	—	—	—	—	—
1993	904	874	—	—	30	—	—	—	—
1994	596	558	—	—	38	—	—	—	—
1995	380	259	—	—	121	—	—	—	—
1996	430	430	—	—	—	—	—	—	—
1997	200	200	—	—	—	—	—	—	—
1998	700	700	—	—	—	—	—	—	—
1999	380	276	—	104	—	—	—	—	—
2000	715	715	—	—	—	—	—	—	—
2001	533	533	—	—	—	—	—	—	—
2002	676	531	—	—	85	60	—	—	—
2003	897	651	—	—	—	—	—	246	—
2004	1886	731	—	782	—	—	373	—	—
2005	2765	1540	—	—	—	928	—	297	—
2006	4319	1960	—	—	—	2359	—	—	—
2007	3570	2256	—	—	—	1254	—	—	60
2008	3316	2492	—	—	—	824	—	—	—

安全生产经营许可证管理

2005 年年初，贯彻《浙江省关于安全生产许可证实施意见的通知》，全区对危化生产企业、非煤矿山开采企业、烟花爆竹经营企业实施安全生产许可证管理，至 2008 年全区应申领安全生产许可证企业全部纳入管理范围。其中，危化品安全生产经营许可证企业 412 家，内领取甲种经营许可证共 22 家、危险化学品乙种经营许可证共 368 家（无仓储经营 351 家、有仓储经营企业 17 家）、安全生产许可证 22 家，核准颁发 9 家非煤矿山安全生产许可证；全年核发烟花爆竹经营许可证 296 家，其中零售经营许可证 295 家、批发经营许可证 1 家。

2008 年镇海区申领危险化学品安全生产甲种许可证企业情况表

表 26－48

序号	单位名称	许可证号	许可范围	有效期
1	宁波四明化工有限公司	（ZJ）WH 安许证字〔2007〕－B－1396	液氨 2 万吨、甲醇 1 万吨、过氧化氢 2 万吨、二氧化碳 2 万吨、氢气 800 万立方米、工业煤气 2000 万立方米、氨水 3000 吨	2010 年 3 月 8 日
2	镇海炼化海达发展公司	（ZJ）WH 安许证字〔2007〕－B－1407	液氨 15000 吨、金属焊割气 1 万吨、油漆工业用溶剂油 2 万吨、橡胶溶剂油 2 万吨、苯 1.5 万吨、甲苯 6 万吨、邻二甲苯 1 万吨等	2010 年 4 月 30 日

续表 26－48

序号	单位名称	许可证号	许可范围	有效期
3	宁波镇洋化工发展有限公司	（ZJ）WH 安许证字〔2007〕－B－1428	烧碱 10 万吨、液氯 9 万吨、盐酸 2 万吨、氢气 2500 吨、次氯酸钠 1 万吨、稀硫酸 2900 吨、副产盐酸 60900 吨	2010 年 6 月 10 日
4	宁波镇海晨虹气体有限公司	（ZJ）WH 安许证字〔2007〕－B－1432	管道氧气 750 立方米/小时、管道氮气 1200 立方米/小时（限于管道输送）	2010 年 7 月 16 日
5	宁波镇海磷肥厂	（ZJ）WH 安许证字〔2007〕－B－1452	氟硅酸钠 300 吨	2010 年 11 月 6 日
6	宁波镇海飞翔液氨充装站	（ZJ）WH 安许证字〔2007〕－B－1465	年充装液氨 5000 吨	2010 年 12 月 17 日
7	宁波大安化学工业有限公司	（ZJ）WH 安许证字〔2008〕－B－1476	乙酸酐 8 万吨（自用 5 万吨）	2011 年 1 月 9 日
8	宁波巨化化工科技有限公司	（ZJ）WH 安许证字〔2008〕－B－1462	一氯甲烷 5000 吨、二氯甲烷 2 万吨、三氯甲烷 3 万吨、四氯化碳 5000 吨、31% 盐酸（副产）2.6 万吨、80% 硫酸（副产）4600 吨、8%～12% 次氯酸钠（副产）600 吨	2011 年 1 月 24 日
9	宁波华纳化工有限公司	（ZJ）WH 安许证字〔2009〕－B－0746	2.2－二甲氧基丙烷（含甲基异丙烯基醚）300 吨	2011 年 2 月 4 日
10	宁波镇海泰达化工有限公司	（ZJ）WH 安许证字〔2008〕－B－1485	苯酐 6 万吨	2011 年 2 月 5 日
11	宁波华东二氧化碳有限责任公司	（ZJ）WH 安许证字〔2008〕－B－0737	二氧化碳（食品级）6 万吨	2011 年 3 月 16 日
12	宁波大达化学有限公司	（ZJ）WH 安许证字〔2008〕－B－0825	年产：氯化橡胶漆 400 吨、醇酸类漆 800 吨、环氧沥青类漆 400 吨、环氧漆 4000 吨、丙烯酸聚氨酯漆 900 吨	2011 年 5 月 7 日
13	宁波大地化工环保有限公司	（ZJ）WH 安许证字〔2008〕－B－1505	年产（回收）：甲苯、二甲苯、乙苯、乙酸乙酯、甲醇、乙醇、异丙醇、丙酮、甲酰二甲胺，总量不超过 3000 吨	2011 年 5 月 7 日
14	宁波九龙气体制造有限公司	（ZJ）WH 安许证字〔2008〕－B－0009	年产：液氧 3 万吨（其中充装氧气 475.2 万立方米）、液氮 2.66 万吨（其中瓶装氮气 12 万瓶）、液氩 1140 吨（其中瓶装 12 万瓶、充装工业二氧化碳 6 万瓶）	2011 年 5 月 22 日
15	宁波中化化学有限公司	（ZJ）WH 安许证字〔2008〕－B－1522	年产：马拉硫磷 2500 吨、杀螟硫磷 800 吨、二甲戊灵 500 吨、戊唑醇 300 吨、噁醚唑 50 吨、丙环唑 100 吨、氟虫腈 50 吨、烟嘧磺隆 60 吨、吡虫啉 500 吨、啶虫脒 200 吨	2011 年 7 月 10 日
16	中国石化镇海炼化分公司	（ZJ）WH 安许证字〔2008〕－B－0023	年产：液化气 95 万吨、丙烯 25 万吨、石脑油 345 万吨、汽油 245 万吨、橡胶溶剂油 3 万吨、油漆溶剂油 10 万吨、碳五 2 万吨、煤油 180 万吨、苯 26 万吨、甲苯 18 万吨等	2011 年 7 月 12 日
17	宁波康力玻璃有限公司	（ZJ）WH 安许证字〔2008〕－B－0003	年产：氮气（空分，管道自用）3070 万立方米、氧气（空分，管道自用）140 万立方米、氢氮混合气（氨裂解制，管道自用）315 万立方米	2011 年 10 月 8 日
18	宁波万隆食用酒精有限公司	（ZJ）WH 安许证字〔2008〕－B－0575	乙醇 3.5 万吨、液态二氧化碳 0.8 万吨	2011 年 12 月 5 日

续表 26－48

序号	单位名称	许可证号	许可范围	有效期
19	宁波新龙欣化学有限公司	（ZJ）WH 安许证字〔2008〕－B－0576	发泡剂戊烷 16900 吨、已烷 800 吨、轻组分（C4）300 吨	2011 年 12 月 5 日
20	宁波人健药业有限公司	（ZJ）WH 安许证字〔2008〕－B－0643	咪哒唑仑中间体－氨基酮系 80 吨、2，4，6－三甲基苯甲酰氯 200 吨、甲醇（回收）100 吨	2011 年 12 月 23 日
21	阿克苏诺贝尔过氧化物（宁波）有限公司	（ZJ）WH 安许证字〔2008〕－B－0646	异丙苯过氧化氢（CHP）18000 吨、过氧化二异丙苯（DCP）10000 吨	2011 年 12 月 23 日
22	浙江鑫甬生物化工有限公司	（ZJ）WH 安许证字〔2008〕－B－0038	年产：丙烯酰胺 10000 吨	2012 年 1 月 11 日

企业安全生产标准化

2005 年，宁波乐金甬兴化工有限公司、杭州湾腈纶、阿克苏诺贝尔、孚宝仓储、金甬腈纶、新翔液化、镇海港埠公司等 15 家企业列入市首批危险化学品安全生产标准化试点单位。2006 年，区政府印发《镇海区机械制造企业安全生产标准化达标实施方案》，开展机械制造企业安全标准化活动。2008 年，镇海区按照省、市关于开展工业企业安全生产规范工作要求，开展一般企业安全生产标准化工作。至 2008 年，全区累计 104 家企业认定为安全生产标准化单位，其中省级 28 家（危险化学品标准化企业 26 家、机械行业标准化企业 2 家），市级 57 家（危险化学品标准化企业 33 家、机械行业标准化企业 24 家），区级 19 家（为一般企业规范化）。

2006—2008 年镇海区安全生产标准化、规范化达标企业情况表

表 26－49　　单位：家

年度	危险化学品标准化		机械行业标准化		一般企业规范化
	省级	市级	省级	市级	区级
2006	7	5	1	4	—
2007	11	11	—	10	—
2008	8	17	1	10	19
总计	26	33	2	24	19

2006—2008 年镇海区危险化学品省级安全生产标准化达标企业情况表

表 26－50

区域	企业名称	企业类型	达标年份
液体化工储罐区	宁波港股份有限公司镇海港埠分公司	储存	2006
	宁波孚宝仓储有限公司	储存	2006
	宁波新翔液化仓储有限公司	储存	2006
	宁波宁翔液化储运码头有限公司	储存	2007
	宁波辰菱液体化工仓储有限公司	储存	2007
	宁波海云液化储运有限公司	储存	2007

续表 26－50

区域	企业名称	企业类型	达标年份
液体化工储罐区	宁波中化建韩华化工储运有限公司	储存	2007
	宁波金海菱液化储运有限公司	储存	2007
	中国石油化工股份有限公司浙江镇海油库	储存	2007
	宁波中燃船舶燃料有限公司	储存	2007
	宁波宁兴液化储运有限公司	储存	2007
	宁波镇海海港液化仓储有限公司	储存	2008
	宁波舜龙储运有限公司	储存	2008
	宁波越洋化工码头储运有限公司	储存	2008
	宁波华宁化工储运有限公司	储存	2008
宁波化工区	宁波镇洋化工发展有限公司	生产	2007
	宁波巨化化工科技有限公司	生产	2007
	宁波中化化学品有限公司	生产	2008
	宁波四明化工有限公司	生产	2008
	宁波大地化工环保有限公司	生产	2007
	宁波杭州湾腈纶有限公司	使用	2006
	宁波东来化工有限公司	使用	2007
招宝山街道	阿克苏诺贝尔过氧化物（宁波）有限公司	生产	2006
镇海开发区	镇海石化海达发展有限责任公司	生产	2008
	镇海炼化工贸公司	使用	2006
	宁波乐金甬兴化工有限公司	使用	2008

2006—2008 年镇海区机械制造业省级安全生产标准化达标企业情况表

表 26－51

区域	企业名称	企业类型	达标年份
蛟川街道	金丰（中国）机械工业有限公司	生产	2006
	宁波市海达塑料机械有限公司	生产	2008

第二节　安全监察

危险化学品监管

重大危险源管理　2005 年开展危险化学品重大危险源普查登记，区域内共有重大危险源 78 个，督促完成重大危险源数据库填报工作。2007 年完成网上企业自查、周边环境、救援预案 GPS 定位等基础数据、信息确认工作，区域内所有重大危险源企业按要求设置重大危险源安全警示牌。至 2008 年，依照重大危险源辨识标准（GB 18218—2000），52 家生产、储存、经营、使用企业构成重大危险源，重大危险源管理数量增加到 126 个。

危险化学品运输综合监管 镇海区危险化学品运输综合监督管理由镇海安监局履行。2004 年区政府颁发《关于切实加强危险化学品运输安全监督管理的意见》，危险化学品运输实行定期培训、定点停放、定点维修、定位监控、定线运输的“五定管理”。

重大安全隐患整改 2004 年 5 月，宁波港镇海液体化工储罐区被定为国务院督导的浙江省重大安全隐患，省、市、区高度重视，2005 年 2 月宁波众安仓储管理有限公司挂牌成立，建立对液体化工储罐区内各业主储罐实施四统一（生产调度统一、安全监管统一、安全信息统一、应急救援统一）管理模式，对存在的安全隐患进行整改。2004—2008 年，先后对宁波镇海恒达农化有限公司、宁波乐金甬兴化工有限公司、浙江金甬腈纶公司、镇洋化工发展有限公司、巨化化工科技有限公司等企业重大安全隐患整改，全区共清除危险化学品安全隐患 6 项。

2005—2008 年，镇海区联合执法查获 7 个非法储存经营危化品窝点，查获的危化品有丙烯腈、甲苯、二甲苯、甲醇、丙酮、丁酮、丙烯酸、盐酸、液化气等，扣押封存危化品总量约 96.8 吨。

2005—2008 年镇海区查处危险化学品非法储存、偷盗情况表

表 26－52

年份	日期	镇（街道）	地点	查获主要危化品
2005	8 月 2 日	蛟川街道	南洪运输队停车场	汽车擅自罐装工业硫酸
2007	7 月 18 日	九龙湖镇	利兴停车场	丙烯腈、乙二醇、丙烯酸甲酯、乙醚、丙酮
	7 月 27 日	九龙湖镇	九龙湖镇河头村	非法炼油窝点，油品
2008	6 月 6 日	招宝山街道	平海路天乐煤场	二甲苯、丙酮、甲醇、乙二醇、丙烯酸
	7 月 1 日	九龙湖镇	九龙湖镇路政管理站（九龙大道西侧）	31% 盐酸
	7 月 15 日	骆驼街道	骆驼街道兴丰村旬张	甲苯、苯乙烯、甲醇、冰醋酸
	7 月 21 日	蛟川街道	镇骆路蛟川停车场	甲苯、苯乙烯、DMF（二甲基甲酰胺）
	7 月 21 日	骆驼街道	骆驼街道明斌路停车场（位于骆驼金东村）	二辛醇、苯乙烯
	7 月 25 日	骆驼街道	骆驼街道秦湖村环城北路 329 国道边一厂内	甲苯、苯乙烯
	12 月 1 日	骆驼街道	骆驼街道山东人停车场	二甲苯、苯乙烯、醋酸乙酯、四氢呋喃、丙酮

专项整治

2005 年，区安全生产监督管理局会同镇海海事处和区国土局等部门，对海上运输和捕捞作业、非煤矿山、化学品运输等安全生产专项整治。其中，海上运输、捕捞作业安全生产专项整治，共检查船舶1077艘次，减卸船舶65艘次、减卸超载货物3955吨，对25艘超载船舶予以行政处罚；非煤矿山整治推行民爆中心仓库制度，加强对爆炸物品管理；化学品运输专项整治查处涉嫌违章车83辆次。2005年专项检查非煤矿山、冲压行业、化学品运输等5个行业。2006年专项检查码头沙场、工业气体经营、化学品仓库等9个行业。2007年专项检查船舶修造等3个行业，专项排查7个行业，对电镀、制冷、桶装危化品使用企业、液氯使用企业、气体供应站开展专项检查。2008年列入专项检查的有非煤矿山、电力用户、剧毒化学品、醋酸酐等4个行业，开展供用电安全隐患排查。

事故查处

1988—1991年，事故查处按照国务院《工人职员伤亡事故报告规程》执行。1991年5月至2007年6月，按照《企业职工伤亡事故报告和处理规定》执行，其中死亡3人以下（不含3人）生产安全事故，由宁波市相关部门委托镇海区组织事故调查。2007年6月1日开始，按照《生产安全事故报告和调查处理条例》，生产安全一般事故由镇海区安监局、负有安全生产监督管理职责的有关部门、监察机关、公安机关以及工会组成事故调查组，并邀请区人民检察院派员参加，较大及以上事故由上级政府负责调查处理。1986—2002年，镇海区生产经营单位（不包括道路、火灾事故）共发生事故96起，死亡100人。2003—2008年，共发生各类事故（含道路、火灾事故）3779起，造成362人死亡，直接经济损失2043.5万元。

1986—2002年镇海区生产经营单位死亡事故情况表

表26-53

年份	事故次数	死亡人数	年份	事故次数	死亡人数	年份	事故次数	死亡人数
1986	11	11	1992	8	8	1998	7	7
1987	1	1	1993	4	4	1999	3	3
1988	4	4	1994	7	7	2000	14	15
1989	5	5	1995	11	11	2001	2	3
1990	1	1	1996	2	3	2002	8	8
1991	5	5	1997	3	4	—	—	—

2003—2008年镇海区各类安全事故情况表

表26-54

年份	工矿企业			道路交通			火灾			合计		
	事故起数	死亡人数	直接经济损失（万元）	事故起数	死亡人数	直接经济损失	事故起数	死亡人数	直接经济损失	事故起数	死亡人数	直接经济损失（万元）
2003	9	9	120	1996	58	276.5	7	—	14.9	2012	67	411.4
2004	10	10	204.4	459	59	184.6	10	1	63.2	479	70	452.2
2005	9	9	246.6	360	50	75.4	8	—	35.2	377	59	357.2
2006	6	6	151.9	307	50	73	7	—	54.8	320	56	279.7
2007	10	10	177	254	47	67.1	29	—	39.9	293	57	284
2008	9	9	164	230	44	33	59	—	62	298	53	259

第三节 应急救援

应急救援体系

2004年，区政府通过《镇海区危险化学品事故应急救援预案》。2005年，进一步修订完善《镇海区危险化学品事故应急救援预案》，督促相关企业制订企业应急救援预案。2006年，编制以《镇海重大生产事故应急救援预案》为龙头的10个事故应急救援专项预案，即化学事故、道路交通事故、矿山事故、特种设备安全事故、突发环境事件、建设工程质量安全事故、突发燃气事故、火灾事故、电网大面积停电事故、重特大农机事故等应急预案，基本形成区域安全生产重大事故应急救援体系。要求4家使用丙烯腈企业各储备100吨以上硫代硫酸钠，以应对丙烯腈泄漏事故。2007年，建立由镇海炼化检安公司、浙江金甬腈纶公司、宁波巨化化工科技有限公司、宁波镇洋化工发展有限公司组成的专业应急救援组织，由区政府或区安全生产委员会办公室统一调遣，重点企业完善应急救援专业装备和物资。

应急救援演练

2005年12月22日，在宁波众利化工有限公司举行市、区两级重大危险化学品泄漏事故应急救援演练。2006年11月8日，在宁波化工区杭州湾腈纶公司举行危险化学品重大火灾事故应急救援演练。2007年6月21日，宁波金洋化工物流有限公司等6家危险化学品运输公司，举行危险品运输车辆泄漏事故应急救援演练。2007年7月19日，在宁波镇洋化工有限公司举行外部电网失电事故应急演练。2007年11月22日，省运管局和区人民政府联合举办“2007年浙江省（镇海）危险化学品道路运输事故应急救援演练”。2008年8月5日，区安监局联合镇海供电局、宁波化工区管委会、宁波巨化化工科技有限公司等单位，开展镇海区电力高危企业停电应急演练。

突发事件处置

2005—2008年，共处理区境内安全生产突发事件12起，有效避免事故扩大和更多的财产人员损失。

2005—2008年镇海区安全生产突发事件情况表

表26－55

年份	日期	突发事件
2005	4月3日	乙二醇50.44吨，超载运输，发生侧翻
	5月23日	一辆河北沧县万达汽车运输有限公司液化气体运输半挂车在镇海煤气公司到老镇骆路出口处转弯时发生挂车脱挂事故，罐体前部落地，造成罐体局部变形，部分表面油漆磨损，未破损泄漏
2006	8月29日	一辆装有240瓶（每瓶1升，约3公斤）危险化学品溴素的从奉化至余姚的过境车辆（小型箱式货车），在镇骆路口发生泄漏
	9月26日	骆驼自来水厂液氯钢瓶针型阀泄漏
	11月5日	镇海经济开发区玻英特车业公司液化石油气钢瓶泄漏

续表 26－55

年份	日期	突发事件
2007	3 月 25 日	一辆装载 50 吨乙二醇槽车在 329 国道与南二路交会处因避让车辆造成侧翻
	5 月 31 日	中石化镇海炼化分公司镇杭成品油管线泄漏
	9 月 23 日	二甲苯槽罐车驾驶室着火
	11 月 12 日	俞范东路二硫化碳货车自燃
	12 月 24 日	甲苯罐车侧翻
2008	8 月 26 日	宁波新明化工有限公司盐酸泄漏
	9 月 30 日	骆驼荣骆路加油站旁，一辆载有 30 吨液碱槽罐车发生侧翻，泄漏液碱 50 多公斤

第八章　药品医疗器械监管

新中国成立后相当长时期，药品和医疗器械的管理职责游移于镇海县卫生、商业、质量技术、医药管理部门之间。建区始，至2002年由区卫生局负责药政管理。2002年4月，组建宁波市药品监督管理局镇海分局，负责药品和医疗器械监督管理，办公地址设在胜利路112号区政府大院内（8月移址到中山路6号）。2002年3月镇海区药品检验所划归市药品监督管理局镇海分局。2005年8月，宁波市药品监督管理局镇海分局改称宁波市食品药品监督管理局镇海分局，为辖区综合监督食品、保健品、化妆品安全和药品安全的主管部门。机构定编8人。是年，区药品检验所改称镇海区食品药品稽查大队。

第一节　药品监管

药品生产监管

1985年开设的镇海医药公司中药饮片厂为区内最早的药品生产企业，后改制更名为镇海医药药材股份有限公司中药饮片厂。1996年天衡制药厂成立，2003年更名为宁波市天衡制药有限公司。该公司有小容量注射剂车间、大容量注射液车间、片剂车间（含抗肿瘤）、原料车间（含抗肿瘤）等6个车间，均已通过GMP质量管理体系认证。2006年1月，宁波万隆食用酒精有限公司成立，主要生产药用酒精。是年，宁波立华制药有限公司镇海生产车间在宁波化工区落户，产品分为3大类：原料药、植提产品与中药免煎颗粒，均通过GMP质量管理体系认证。至2008年，全区共有4家药品生产企业。另有医疗机构制剂室2家：宁波市镇海龙赛医院制剂室、宁波市康宁医院制剂室。产品涉及化学制剂药品、中成药、中药饮片、原料药等。2002年起对所有药品生产企业，实施实时管理，按GMP等相关要求，企业按季上报动态生产质量管理情况，形成监管基础数据，实行巡查抽检核对。对生产企业的关键环节、薄弱区域实施重点监管。2007年，向宁波天衡制药有限公司派驻厂监督员，对24种药品注册、大容量注射剂产品工艺和处方实施全面核查。

药品流通监管

1985年开设的镇海医药公司为区内最早的药品批发企业，1998年经股份制改革，更名为宁波市镇海医药药材股份公司。下属有8家药品零售店、1家分公司（设在宁波外滩）、1家中药饮片厂，其中大生堂药店为百年老店。1986—2002年，全区共有药品批发企业2家，药品零售企业13家。2003年始，国家撤销对药品零售企业总量控制，至2009年全区药品零售企业增至90家。2000年4月，国家药监局制定GSP认证制度并实施。区通过举办GSP知识培训班，帮促药品零售企业实施并申报 GSP 认证，设立质量管理机构、配备专职质量管理人员，100% 的药品零售企业实施处方药、非处方药与外用药分类管理。2002 年，镇海医药药材有限公司通过 GSP 认证。2003 年始，规定新办零售药店在一个月内申请 GSP 认证，五年后复认证。2004 年 1 月，宁波市出台《宁波市乙类非处方药零售设置暂行规定》，简称 OTC 药店，是年全区开办 8 家。2005 年，药品零售企业实行信用等级监督，信用等级分为四级，评定结果网上公布。至 2009 年，有 A 级药品赛售企业 16 家、B 级 66 家、C 级 2 家、D 级 6 家。

医疗机构药房与药库监管

1986 年区各级医疗机构设药房、药库 276 个。2002 年，各级医疗机构药房普遍建立台账查对制度，近效期药品目录上墙，在库药品色标管理，划分合格、待验、退货、不合格等药品色标区域。2003 年后创建示范药房，按照 GSP 质量管理模式加强监管，定期检查，实行“示范药房”申报制度。至 2009 年所有医院、乡镇街道卫生院、村卫生室均达到合格药房标准，26 家村卫生室达到示范药房标准。个体诊所基本设置独立药房。

村卫生室药品配送

1997 年，对村卫生室实施药品配送，由当地乡镇卫生院负责。2003 年 12 月起，村卫生室药品凭证配送，确定镇海医药药材有限公司、镇海骆驼医药有限公司、大生医药有限公司 3 家药品批发企业为药品配送企业。是年，农村药品监管覆盖率达到 100%，实施药品配送覆盖率达到 100%，主导供货方药品配送率达到 96%。

药师资格管理

1999 年始，执业药师考核，至 2009 年考核合格执业药师 41 人，注册执业药师 52 人（其中 11 人为外地调入）。2000 年国家药监局制订从业药师政策，作为过渡性措施，弥补执业药师数量不足。2002—2004 年 3 次考试，有 36 人取得从业药师资格。

第二节　医疗器械生产流通监管

创办于 1992 年的康宏医疗器械有限公司为区内首家医疗器械生产企业。2004 年始，医疗器械生产企业实行诚信评定，建立一户一档监管档案。至 2008 年年底，全区共有医疗器械经营企业 22 家，其中Ⅱ类 5 家、Ⅲ类 17 家。2008 年推行牙科诊所药械质量管理规范化建设。至年底，全区共有 11 家，其中Ⅰ类 2 家、Ⅱ类 7 家、Ⅲ类 2 家，生产微量进样器、义齿加工、高分子材料、医用高分子材料、灭菌设备等。

第三节　药品和医疗器械稽查

2002年开展“清源行动”、一次性使用医疗器械专项检查、计划生育和性保健用品市场专项整治，实施“药品放心工程”。检查涉药单位200余家次，作出行政处罚6起，罚没款5.8万元。

2003年开展打击生产销售假劣药品和医疗器械专项行动、防“非典”物资质量专项检查、打击邮政渠道寄递假劣药品专项行动、节日打假治劣保平安行动，对全区村卫生室、计划生育药具经营单位、城乡集贸市场中药材经营全面检查。检查涉药单位400余家次，受理举报、投诉35件，立案24起，撤案2起，作出行政处罚25起，其中当场处罚2起。没收药械货值22.1万元，没收违法所得2.2万元，罚款48.6万元，合计罚没款50.8万元。

2004年开展抗生素、疫苗、进口药品、藏药、中药饮片专项检查，实施药品放心工程3号行动。检查涉药单位600余家次，立案28件，涉案金额12.5万元，作出行政处罚25件，其中当场处罚2件，没收药械1.91万元，没收违法所得4.41万元，罚款13.34万元，合计罚没款17.75万元。

2005年开展“药品打假在农村”和“平安行动”专项整治。出动检查2000余人次，检查涉药单位800余家次，发现违法违规行为39起，立案16件，作出行政处罚17起，没收药械标值8万元，没收违法所得1.1万元，罚款29.7万元。

2006年对“齐二药”“欣弗”问题药品专项整治。查控药品12种36464支（瓶），其中假药1种292支。同时，对“拜粮萍·阿卡波粮片”“A型肉毒素”假劣药品核查，对不良反应较为严重的7种鱼腥草注射液紧急叫停。共检查涉药单位900余家次，立案42件，作出行政处罚38起，没收药械标值1.1万元，没收违法所得7.1万元，罚款45.1万元。

2007年开展药品质量、药品冒充非药品专项整治。撤柜伪药品4718盒。检查涉药单位900余家次，立案36起，作出行政处罚33件，没收假劣药品、医疗器械货值3万余元，罚没款21.06万元。

2008年实施农村安全用药、药械节日保健康、兴奋剂专项治理和药品冒充非药品、“挂靠过票”经营药品专项检查，中药饮片和大输液质量专项检查。重点对含可待因复方口服溶液、糖脂宁胶囊、双黄连注射液和利用互联网销售假药等检查。受理举报投诉25起，责令整改55起，现场处罚15件，立案查处药械违法案件29件，没收违法所得10.9万元，罚款23.91万元，罚没款合计34.81万元。

（责任编辑　孟福成）

第二十七编
海关　检验检疫　海事

本编目录

北宋淳化三年（992），两浙市舶司由杭州迁定海（今镇海），主掌番物、海货、海舶、征榷和贸易。次年回迁。清康熙二十四年（1685）在宁波设海关，现区境有镇海、澥浦口，征收国内货物税。光绪二十七年（1901）设镇海为常关，征收进出口船舶货物关税。1927 年 11 月，在宁波设浙江省第三区船舶管理所，镇海为第二分所。1931 年 11 月，民国政府上海航政局宁波办事处在镇海成立，掌管船舶丈量、登记、船员管理和海事处理。1946 年 3 月设镇海支关，办理船舶登记、征收关税、缉私。1951 年 1 月，设上海港务局宁波分局镇海管理站，执行本港交通法规，处理事故和违章船舶，管理航道及船舶进出口签证和征收港务费等。1957 年 3 月，宁波港务局镇海站改称中华人民共和国宁波港务监督镇海监督站。1988 年 1 月，宁波港务监督镇海监督站更名为宁波海上安全监督局镇海监督站。1990 年 12 月成立镇海海关，隶属于杭州海关，1994 年 12 月改属宁波海关。1999 年 11 月，成立宁波出入境检验检疫局镇海办事处。2001 年 12 月 8 日，宁波海上安全监督局镇海监督站更名为宁波海事局镇海海事处。2004 年 4 月，镇海海关缉私监管职能从镇海海关分列单独建制，成立镇海海关缉私分局。

第一章　海　关

镇海海关监管区域，包括镇海行政区、镇海港区以及金塘锚地和七里锚地。1993—2008 年，镇海海关进出口累计总值 2740457 万美元，其中，出口累计值 245143 万美元，进口累计值 2488632 万美元；海关征收进出口税收 4123472. 84 万元，其中关税 756925. 30 万元，环节税 3366547. 54 万元。监管镇海口岸国际航行船舶累计 24329 艘、集装箱 109287 箱、进出口人员 400733 人次。办理镇海区内企业的特定减免税 246971. 07 万元。1993—2008 年，累计查缉和处理各类违规走私案件共 311 起，罚没款 10746. 83 万元。

第一节　出入境监管

货物监管

1993 年监管进出口货物 832146 吨，2008 年达到 5856390 吨，比 1993 年增长 6. 04 倍。1993—2008 年，累计监管进出口货物 50771526 吨，年递增 12. 97%。累计监管转关货物 2922683 吨。其中，镇海港区液化品、镇海再生金属资源加工园区（以下简称金属资源加工园区）废金属进出口贸易，2008 年达到 4869400 吨，占全年镇海海关进出口货物总量的 83. 15%。

镇海港区接卸的液化品达上百种，主要有醇类、苯类、酮类、酯类等有机化工原料。1997 年，海关监管液化品进出口 414800 吨，占全年海关进出口货物总量 29. 1%。2008 年液化品进出口增加到 3848000 吨，比 1997 年增加 8. 28 倍，占全年海关进出口货物总量的 65. 6%。

再生资源加工园区于 2005 年投入运行。2007 年进口废金属 1070300 吨、金额 90951. 92 万美元，分别占宁波关区进出口总量和金额的 68. 12% 和 40. 4%。2008 年进口废金属 1021400 吨，金额 92457. 04 万美元，分别占宁波关区进出口总量和金额的 76. 81% 和 54. 8%。镇海海关在再生资源加工园区设立海关监管点，采取“前港后场”的物流模式，进口集装箱废物到达港口后，以转场运输方式运至园区监管场地，进行集中监管。

运输工具监管

进出境运输工具监管分为纸面单证监管和现场监管。进出境船舶向海关提交船舶监管资料，包含总申报单、货物申报单、船员名单、船用物品申报单、纸面舱单和载货清单，海关审核纸面单证，并按一定的比例登轮检查。现场监管，按纸面单证提交的内容进行核查。1993 年监管 508 艘（辆），至 2008 年增加到 2782 艘（辆），累计监管运输工具 24329 艘（辆）。

出入境人员监管

1993—2008 年，镇海口岸累计监管出入境人员 400733 人次。其中出入境人数最多为 2007 年的 44365 人次，是年均出入境人数的 1.77 倍。

1993—2008 年镇海口岸进出口货物、运输工具、出入境人员情况表

表 27－1

年份	进出口货运量（吨）	进出口报送单（份）	运输工具（辆、艘）	集装箱总数（箱）	出入境（人次）	转关监管货物（吨）
1993	832146	14967	508	13378	17454	104924
1994	1185750	9623	689	16269	16553	178403
1995	1254340	1970	756	1757	13078	276253
1996	1324480	1219	834	912	13662	172850
1997	1411620	1714	786	未统计	13346	110433
1998	1819890	2235	973	未统计	15893	86093
1999	1742030	1915	1004	未统计	15976	82840
2000	3299340	2881	987	1532	16185	48943
2001	2827680	2511	1123	1331	21837	64039
2002	2965220	2770	1593	1056	26973	12826
2003	3944920	3152	1797	1078	30324	28052
2004	4778960	6528	1872	9458	37668	175957
2005	5892230	11272	2829	22267	39894	352602
2006	5427720	14699	2782	26824	37793	442626
2007	6208810	14538	3014	26094	44365	433083
2008	5856390	13150	2782	19647	39732	352759
合计	50771526	105144	24329	141603	400733	2922683

说明：集装箱以 20 英尺标箱为单位计算

第二节　进出口贸易总值与关税

进出口贸易货物总值

1993 年进出口贸易货物总值 47979 万美元，至 2008 年进出口贸易货物总值 533928 万美元，增加 10.13 倍。其中，进口总值增加 24.25 倍，出口总值增长 37.41%。

1993—2008 年镇海口岸进出口贸易总值统计表

表 27 - 2　　单位：万美元

年份	总值	出口值	进口值	年份	总值	出口值	进口值
1993	47979	28517	19462	2001	78451	6087	72364
1994	55878	21692	34186	2002	102867	5097	97770
1995	38325	6696	31629	2003	163360	17268	146092
1996	33764	6752	27012	2004	267420	12355	255065
1997	39978	9017	30961	2005	345607	17133	328474
1998	36908	4498	32410	2006	374774	23919	350855
1999	45627	5408	40219	2007	501079	35085	465994
2000	74512	6435	68377	2008	533928	39184	494774

进出口税收

2008 年镇海海关税收（关税和环节税）总额 686004. 12 万元，是 1993 年 17215. 42 万元的 39. 85 倍，年均递增 25. 9%。其中，2008 年关税 98606. 12 万元，是 1993 年 7550. 4 万元的 13. 06 倍，年均递增 17. 42%；2008 年环节税 587398. 00 万元，是 1993 年 9665. 02 万元的 66. 78 倍，年均递增 32. 03%。1993—2008 年，镇海海关减免税金累计总额 246971. 07 万元。

1993—2008 年镇海海关进出口税收入情况表

表 27 - 3　　单位：万元

年份	税收总额	其中		减免税
		环节税	关税	
1993	17215. 42	9665. 02	7550. 40	26906. 40
1994	40127. 20	31307. 45	8819. 75	52229. 77
1995	43637. 54	31964. 02	11673. 52	15860. 90
1996	50537. 11	36616. 30	13920. 81	13456
1997	41993. 07	31985. 25	10007. 82	9903
1998	51055. 80	38202. 15	12853. 65	3616
1999	70797. 48	50959. 37	19838. 11	1969
2000	165760	131770	33990	21383
2001	138244. 19	99542. 81	38701. 38	18070
2002	177020. 95	130307. 98	46712. 97	20109
2003	259064. 95	196903. 59	62161. 36	11920
2004	470136. 29	372136. 96	97999. 33	5498
2005	553603. 10	450007. 90	103595. 20	15649
2006	580611. 45	491913. 26	88698. 19	18672
2007	777664. 17	675867. 48	101796. 69	4016
2008	686004. 12	587398. 00	98606. 12	7713

第三节 缉 私

1993—2003 年，镇海海关查缉和处理违规走私案件 85 起，罚没款 6600.82 万元。2004—2008 年，镇海海关缉私分局查缉和处理各类走私案件 226 起，涉案总值 71412.86 万元，涉税总额 9859.68 万元，罚没款总额 4146.01 万元。

走私刑事案件

2006—2008 年，镇海口岸走私刑事案 6 起，涉案值 4810 万元，涉税 368 万元。其中，2006 年 9 月 23 日，宁波某金属材料有限公司伪报价格走私废塑料案，案值 550 万元，涉税 36 万元；2007 年 3 月至 2008 年 5 月，立案 4 起伪报价格进口废五金走私案，案值共计 5380 万元，涉税共计 214 万元；2008 年 12 月 25 日，陈某走私废金属案，案值 130 万元，涉税 19 万元。

走私行政案件

2006—2008 年，镇海口岸走私行政案件共 220 起，涉案总值 66226.53 万元，涉税总额 9445.86 万元。其中：走私行为案 12 起，涉案值 3166 万元，涉税 192 万元；违规案 150 起，案值 32200 万元，涉税 5187 万元；固体废物禁止入境案 58 起，涉及固体废物共计 1472.87 吨，累计执行罚没入库 778.66 万元。

2004—2008 年镇海口岸查缉案件情况表

表 27－4

年份	涉案（起）	涉案总值（万元）	涉税总额（万元）	罚款总额（万元）	走私刑事案			走私行政案		
					案数（起）	案值（万元）	涉税（万元）	案数（起）	案值（万元）	涉税（万元）
合计	226	71032.53	9813.81	4146.01	6	4810	3680	220	66226.53	9445.86
2004	32	5345.00	953.00	145.80	—	—	—	32	5345.00	953.00
2005	49	4334.62	587.56	550.00	—	—	—	49	4334.62	587.56
2006	59	37950.00	6681.00	1734.00	1	550	36	58	37400.00	6645.00
2007	43	7182.00	1183.00	964.00	3	1530	223	40	5652.00	960.00
2008	43	16220.91	409.25	752.21	2	2730	109	41	13494.91	300.30

第二章　检验检疫

中华人民共和国宁波出入境检验检疫局镇海办事处（以下简称国检镇海办），负责镇海口岸（含江北区三官堂）出入境船舶人员检疫、传染病监测、卫生监督和出入境货物检验检疫、动植物疫情监测等工作。并按照“三检”（商品检验检疫、动植物检疫、卫生检疫）合一和“六个一”（一次报检，一次取样，一次检验检疫，一次卫生除害处理，一次计收费，一次签证放行）检验检疫监管模式要求，逐步实现三检业务融合。

第一节　商品检验检疫

2000—2008 年，国检镇海口岸进出口商品检验检疫共 38219 批次，重量 507.8626 万吨，总值 319420.0441 万美元，其中不合格进出口商品 85 批次、重量 1.2773 万吨、总值 374.3361 万美元。不合格品主要涉及进口废物原料，废物原料不合格主要有环保不合格和检疫不合格。环保不合格的采取退货处理，检疫不合格的采取除害处理（熏蒸）、销毁，或退货。

2000—2008 年镇海口岸进出口商品检验检疫情况表

表 27-5

年份	检验批次	重量（万吨）	总值（万美元）	其中：不合格情况		
				批次	重量（万吨）	金额（万美元）
2000	189	0.6663	—	—	—	—
2001	386	6.5763	1056.448	1	0.0706	10.9431
2002	413	7.2495	1343.7774	3	0.1453	25.292
2003	682	14.9941	3828.9777	0	0	0
2004	3284	50.96	20579.31	10	0.0286	13.27
2005	6958	92.67	44806.41	24	0.85	51.01
2006	9510	116.038	68319.654	21	0.107	200.096
2007	9086	112.138	86346.667	20	0.056	51.935
2008	7711	106.534	93138.8	6	0.0198	21.79

出口食品检验检疫

镇海口岸出口食品主要品种有脱水蔬菜、盐渍蔬菜、速冻蔬菜、水煮蔬菜、保鲜蔬菜五大类，具体为脱水叶大根、盐渍榨菜、盐渍雪菜、速冻绿花菜、速冻白花菜、速冻油菜、速冻小松菜、水煮笋、水煮混合蔬菜、保鲜芋艿等。历年出口食品生产企业有宁波凯博士食品有限公司、宁波启盛生物食品发展有限公司、宁波镇海远大食品有限公司、宁波雨云蔬菜厂、宁波海福盛食品有限公司、宁波佳绿食品有限公司等6企业，产品主要出口日本、东南亚各国。2004—2008年，共检验检疫出口食品1019批次、数量12520.26吨，创汇金额2074.87万美元。2007年度，宁波启盛生物食品发展有限公司、宁波镇海远大食品有限公司、宁波雨云蔬菜厂3家企业，全部安装电子监管系统（ES）或全球眼系统，电子监管（VS）上线率、覆盖率、运行率均达到100%。2008年全面应用电子监管、视频监控系统，全面推广出口企业诚信管理系统。是年，检验检疫出口蔬菜301批次，计3625.95吨、743.64万美元，无一批次出口食品因产品质量问题遭到国外通报和退货。

2004—2008年镇海口岸出口食品情况表

表27-6

年份	品种	进出口国家或地区	批次	重量（吨）	金额（万美元）
2004	榨菜、雪菜、脱水蔬菜	日本、马来西亚、西班牙、美国、韩国	35	401.81	32.24
2005	榨菜、雪菜、脱水蔬菜、速冻蔬菜、保鲜芋艿	日本、马来西亚、美国、韩国、意大利、新加坡	18	174.24	22.86
2006	榨菜、水煮笋、水煮蔬菜、脱水蔬菜	日本、澳大利亚、西班牙	279	3699.4	534.38
2007	水煮笋、水煮蔬菜、脱水蔬菜	日本	386	4618.86	741.75
2008	水煮笋、水煮蔬菜、脱水蔬菜	日本	301	3625.95	743.64

进口废金属检验检疫

镇海口岸商品检验检疫主要系进口废金属，品种有废电机、铜废碎料、废电线电缆、废五金电器、铝废碎料、锌废碎料、废钢铁等。废金属主要来自美国、日本、欧盟、加拿大、澳大利亚等国家和地区，采用集装箱和散装两种方式进口。美国、日本和欧盟是废金属最大输出地。2003—2008年，从上述3个国家和地区进口固体废物累计32346批次，重量391.187万吨，总值258854万美元。

2000年国检镇海办正式承担镇海辖区进境废旧原料检验检疫，当年共检验箱载废金属6.7万吨，其中20英尺163个、40英尺112个。2001年镇海口岸检验检疫进境废物原料384批，共66.7万吨，金额122.85万美元。2003年检验检疫进境废物原料682批次，共149.万吨，货值3828.98万美元，与上年同比批次增长66.34%，重量增长106.8%，货值增长167.57%，年增长率为历年最高。2004年4月16日，金属资源加工园区海关、国检监管区正式启用。2005年10月，废物原料电子视频监管系统正式使用。2006年共检验检疫进口废物原料9510批，重量116.038万吨，金额6.8319亿美元，进口废物原料总重量首次突破100万吨。2006年金属园区查验监管区安置ASM 6000通道式放射性检测仪，对所有进入园区的废金属实施放射性检测。2008年，镇海国检办制定再生金属资源加工园区检验检疫监督管理办法。2008年共检验检疫进口废物原料7709批，重量106.307万吨，金额8.49亿美元，检验检疫集装箱装载的进口废物原料18809标箱。至2008年，镇海口岸检验检疫进口废物原料连续3年超过100万吨。

2003—2008 年镇海口岸进口美国、日本和欧盟废金属情况表

表 27－7

年份	进口国家地区	批次	数量（万吨）	金额（万美元）	年份	进口国家地区	批次	数量（万吨）	金额（万美元）
2003	美国	484	2. 61	0	2006	美国	4539	16. 89	10805. 94
	日本	147	11. 61	2858. 59		日本	1049	52. 57	27499. 23
	欧盟	18	0. 09	22. 94		欧盟	2522	17. 28	15129. 08
2004	美国	1154	4. 84	2518. 00	2007	美国	4885	17. 45	15108. 38
	日本	483	24. 14	8160. 89		日本	985	64. 01	40885. 16
	欧盟	891	6. 24	3334. 05		欧盟	2188	17. 40	16880. 42
2005	美国	3320	11. 66	6606. 56	2008	美国	4089	14. 58	14196. 82
	日本	859	43. 67	18283. 27		日本	896	59. 967	47963. 75
	欧盟	1691	12. 14	12875. 35		欧盟	2146	14. 04	15725. 57

第二节　动植物检验检疫

1999—2008 年，共检验检疫进出境动植物及其产品 38941 批次，重量 186. 88 万吨，货值 42005. 9 万美元。其中，检验检疫出不合格进出口动植物产品 212 批次，44. 41 万吨，货值 4210. 99 万美元。不合格产品涉及进口原木、木质包装、羊毛及出口蔬菜等产品。镇海国检办同时开展外来有害生物监测、TCK 疫麦熏蒸、进出口食品安全专项整治、出口企业帮扶等工作。

1999—2008 年镇海口岸进出境动植物检验检疫情况表

表 27－8

年份	批次	重量（万吨）	总值（万美元）	其中：		
				批次	重量（万吨）	金额（万美元）
1999	413	25. 66	4925	4	4. 86	94. 1
2000	153	9. 71	1198. 2	3	0. 36	44. 09
2001	301	13. 78	2913. 9	2	0. 33	39. 4
2002	503	20. 89	6191. 2	9	0. 12	44. 1
2003	614	24. 42	7043. 9	24	3. 0	368. 8
2004	4224	18. 35	3461. 9	22	2. 0	263
2005	2550	21. 15	5290. 5	14	4. 8	633. 3
2006	9869	18. 67	3327. 4	54	15. 56	1163. 4
2007	10069	19. 56	2849. 4	35	8. 58	870. 5
2008	10245	14. 69	4804. 5	45	4. 8	690. 3

出境动植物检验检疫

1999 年，镇海口岸开始承担镇海辖区出口的大米、蔬菜、水产品、木质包装以及竹木草制品、出境动物检验检疫。当年检验检疫监管出口大米 13 批次，计 118242 吨，采取仓库熏蒸结合大船熏蒸的方式，出口大米全部通关。2002 年全年检验检疫出口青葱、脱水卷心菜、叶大根、榨菜、赤紫苏等蔬菜共 55 批次，共 440. 368 吨，货值 57. 649 万美元，全部通过检验检疫。2006 年完善检验检疫及监管方式，加强源头管理，建立风险分析及预警机制，推广电子监管视频监控系统，健全残留农药监控体系。

进境动植物检验检疫

国检镇海办先后承担镇海口岸进境的木材、羊毛、木浆、麦麸、亚麻油、高岭土、天丝短纤、豆粉、茶叶、莫代尔毛条以及木质包装的检验检疫。1999 年镇海口岸进境动植物检验检疫，共检出国家禁止进境二类危险性害虫——大家白蚁 3 次，二类危险性仓库害虫——巴西豆象 1 次，三类危险性害虫——四纹豆象 11 次，三类危险性杂草——法国野燕麦 1 次。其中，检疫“正阳”轮装载来自印度尼西亚的 5233. 25 吨麦麸，发现麦麸带虫严重，每公斤样品最高达 68 头活虫，并有三类危险性杂草——法国野燕麦，首次采用大批量仓库堆垛熏蒸方法对货物进行卫生处理。2000 年在船舶检验检疫中，共截获植物疫情 24 批次（一类检疫对象小麦印度腥黑穗病 1 批次、三类检疫对象四纹豆象、绿豆象 12 批次、其他仓库超标害虫 11 批次）。2002 年下半年，共检疫进境集装箱 901 标箱、4185 箱/托的木质包装，6 批次不合格，进行销毁处理。2003 年下半年，首次检疫进口的俄罗斯落叶松原木 1. 9 万立方米，货值 96. 83 万美元。2004 年，完成进境 13800 吨疫麦接卸、进库过程监管和消毒监管，以及 8200 吨疫麦检疫处理监管工作。2005 年，在入出境船舶上截获植物疫情 27 批次，封存来自疫区动物产品 67 批次、共计 3387 公斤，发现媒介生物 110 批次、共计 101535 只，检验检疫进境原木，发现疫情 41 批次，疫情检出率达到 100%。2005 年 6 月 9 日，对远洋捕捞渔船“新世纪十八”轮实施除虫卫生处理，熏蒸杀死蟑螂 10 万余只，为国检镇海办在同一艘船舶上发现蟑螂数量最多、病媒生物最多的一次。2006 年 4 月 17 日，现场检疫交易出口二手船 1 艘，经熏蒸发现毒毙鼠 10 只（后经鉴定为 1 只黑家鼠，9 只黄毛鼠）、德国小蠊 500 只，为镇海口岸在国际航行船舶上检疫发现毒毙鼠最多 1 次。2007 年 4 月 17 日，对在国外援助港口建设的“航浚 1007”轮进行熏蒸除虫、除鼠处理，杀灭德国小蠊、美国大蠊共计 1. 5 万只，杀灭捡获毒毙鼠 5 只。

第三节 卫生检验检疫

人员和交通工具卫生检验检疫

1999—2008 年，检疫镇海口岸出入境人员 302423 人，其中入境 177381 人、出境 125042 人；检疫入出境国际航行船舶 2952 艘次，检疫入出境交通工具员工 41177 人，其中入境 12040 艘次、出境 8607 艘次，签发各类船舶检疫证书 3133 件，截获植物检疫性有害生物 7 种 29 批次，非检疫性有害生物 313 批次，医学媒介生物 439 批次，进行卫生处理 879 艘次，封存来自疫区动物产品 172 批次，查处违法案件 8 起。

1999—2008 年镇海口岸出入境人员、交通工具检疫情况表

表 27－9

年份	人员检疫（人）			交通工具卫生检验检疫					签发除鼠卫生证书（本）	签发卫生证书（本）
	小计	入境	出境	小计	入境艘次	出境艘次	来自动植物疫区	来自人类疫区		
1999	19807	10918	8889	1540	826	714	0	0	99	22
2000	16455	8844	7611	1002	519	483	0	0	43	13
2001	20051	10864	9187	1221	639	582	542	44	55	29
2002	27288	14962	12326	1628	870	758	859	5	35	41
2003	29234	16635	12599	1844	1028	816	1005	23	28	36
2004	33030	19159	13871	2223	1270	953	1203	4	45	64
2005	38494	23006	15488	2747	1650	1097	1581	1	110	100
2006	36667	22472	14195	2715	1658	1057	1428	4	119	113
2007	41976	25674	16302	2990	1841	1149	1069	8	73	60
2008	39421	24847	14574	2737	1739	998	1087	20	91	96
合计	302423	177381	125042	20647	12040	8607	8774	109	698	574

卫生监督

1999—2008 年，对出入境船舶卫生监督，共计 6731 艘次，其中饮用水 14 批次、外供食品 739 批次。霍乱疫源检索 36 份，微气候监测 8 艘国际航行船舶。2002 年对 2 起船员死亡事件实施临时检疫，排除传染病的可能，并对船舶生活区进行防疫性处理。2003—2008 年，查处违法案件 24 件。

1999—2008 年镇海口岸卫生监督情况表

表 27－10

年份	船舶卫生监督（艘）	饮用水（次）	外供食品（批次）	霍乱监测（份）	微小气候监测（点）	查处违法案件（件）
1999	668	—	—	36	—	0
2000	669	—	—	36	—	0
2001	903	—	—	36	—	0
2002	758	—	—	36	—	0
2003	853	—	—	36	—	6
2004	350	—	100	36	—	6
2005	700	—	160	36	—	4
2006	900	—	122	36	32	4
2007	325	2	113	36	32	0
2008	605	12	244	36	32	4

船舶卫生检疫

1999—2008年，检出动植物病虫害国际航行船舶共304艘次，病虫害种类和数量分别为296种和67个；封存来自疫区肉类704批次，计30436.5公斤；检出医学媒介生物881艘次，医学媒介生物种类数23种，计23438个。卫生除害处理共计1246个，做消毒处理327种，杀虫处理890种，除鼠处理21种，其他处理方法8次。

1999—2008年镇海口岸卫生检疫情况表

表27-11

年份	动植物病虫害			封存疫区肉类		医学媒介生物			处理情况				
	检出（艘）	种类（种）	数量（公斤）	批次	重量（公斤）	检出（艘次）	种类（种）	数量（个）	卫生除害处理（个）	消毒处理（个）	杀虫处理（种）	除鼠处理（种）	其他处理（次）
1999	—	—	—	—	—	19	2	320	19	0	11	6	2
2000	24	14	24	92	3200	—	—	—	9	0	0	9	—
2001	13	8	21	182	8427	—	—	517	46	44	1	0	1
2002	9	9	13	120	6019	27	1	17036	33	5	24	1	3
2003	34	24	34	106	4049	29	1	7079	53	23	29	0	1
2004	22	17	22	76	2414	120	2	14805	124	4	120	0	0
2005	27	14	27	70	3387	110	3	1E+05	113	1	110	1	1
2006	81	92	201	19	798	151	6	2721	375	222	151	2	—
2007	34	51	119	1	20	115	4	16566	125	8	115	2	0
2008	60	64	212	38	2122.5	329	6	4151	349	20	329	0	0
合计	304	293	673	704	30436.5	881	23	23438	1246	327	890	21	8

第四节　报检签证

1999年11月，国检镇海办开始受理报检签证业务。2001年8月1日起，开始受理出口蔬菜、出口水产品、部分进口羊毛类货物报检工作。2000—2008年，国检镇海口岸出入境检务总量为45507批次，办理证书证单49806份。其中，入境检务38567批次，计366848.37万美元；出境检务6940批次，计17791.76万美元。

2000—2008年镇海口岸检务情况表

表27-12　　单位：万美元

年份	入境		出境		合计		证单（份）
	批次	金额	批次	金额	批次	金额	
2000	135	2375.47	127	338.02	262	2713.67	235
2001	425	2936.95	246	519.48	671	3456.43	854

续表 27－12

年份	入境		出境		合计		证单（份）
	批次	金额	批次	金额	批次	金额	
2002	425	2936.95	246	519.48	671	3456.43	854
2003	808	11200	554	924.78	1362	12124.78	2204
2004	3397	28437	1405	3440	4802	31877	8383
2005	7081	58800	1552	4600	8633	63400	7284
2006	9217	67186	847	2066	10064	69252	9727
2007	9168	86260	964	2489	10132	88749	10654
2008	7911	106716	999	2895	8910	109613	9611
合计	38567	366848.37	6940	17791.76	45507	384642.31	49806

第三章　海　事

镇海海事处管辖范围，包括宁波市镇海区、慈溪市、余姚市行政区划内沿海及内河水域，共4000余平方千米，下设慈溪、余姚2个办事处。

第一节　管辖水域

海区水域

南起杨公山、大黄蟒灯桩、大浦口山嘴连线，以北至舟山、与嘉兴海事局管辖水域接壤，水域面积4310平方千米。有公共航路13条（金塘港区进港航路、西航路至镇海港区、甬江航路等），主要引航、待泊、避风公共锚地有七里锚地和金塘锚地，锚地面积18.7平方千米。

七里锚地　位于七里屿灯塔东北以下六点连线水域范围：（1）29°59′.5N/121°46′.5E；（2）29°59′.5N/121°47′.5E；（3）30°02′.5N/121°47′.5E；（4）30°02′.5N/121°45′.6E；（5）30°00′.5N/121°45′.6E；（6）30°00′.5N/121°46′.5E。锚地面积13.7平方千米，底质为泥底及泥沙，水深6～10米，潮流往复流，涨潮西北，落潮东南，流速2～4节，大潮汛时可达5节，西北至东北风6～7级时涌浪较大。锚地内设置23个锚泊点，其中危险品锚泊点11个、非危险品锚泊点12个。

金塘锚地　位于金塘岛西面以下7点连线水域范围：（1）30°00′.0N/121°49′.1E；（2）30°00′.0N/121°49′.5E；（3）30°00′.0N/121°50′.0E；（4）30°02′.0N/121°50′.0E；（5）30°02′.5N/121°49′.5E；（6）30°02′.5N/121°48′.6E；（7）30°00′.5N/121°49′.5E。锚地面积5平方千米，底质为泥底，水深15～23米，潮流往复流，涨潮流向北北西，落潮流向南南东，流速4～6节，水流外急内缓。锚地内设置23个锚泊点，其中危险品锚泊点5个、非危险品锚泊点6个。（以上数据参考《浙江沿海及主要港口航行指南》）

内河（湖）水域

甬江王家洋下游至甬江口，长度约为9千米，姚江通航里程为74千米。辖区内湖泊5个，水库1座，其中镇海区境内有九龙湖。共有码头泊位149座。其中，甬江两岸泊位106座，内5万吨级泊位4座、万吨级泊位11座、千吨级泊位41座，其余为500吨级以下泊位。在甬江两岸泊位中有危险品泊位23座。渡口14处，其中甬江渡口1处、姚江内13处，渡船29艘，年渡运量600万人以上。辖区内共有湖泊、水库旅游船舶14艘，其中镇海区九龙湖旅游船舶5艘，余姚境内9艘。

第二节 通航监督管理

航行秩序管理

甬江两岸码头林立，有跨海跨江桥梁，船舶种类多，甬江口每日进出口船舶达千余艘次，通航环境复杂。2002 年出动巡逻艇 778 艘次，出动执法人员 2540 人次，巡航时间 1336 小时，巡航里程 277504 千米，检查船舶 1625 艘次。2006 年金塘大桥工程开建，为保大桥工程水上安全，海事处增强对施工现场的监护力度和巡航频次，通航监督各项数据达到 2002—2008 年间最高值。2007 年 8 月起，开展镇海水域创建"安全畅通文明航区"活动，有 56 家单位参加。

2002—2008 年镇海海域船舶通航监管情况表

表 27－13

项目	单位	实施机构	2002 年	2003 年	2004 年	2005 年	2006 年	2007 年	2008 年
出动巡逻艇	艘次	镇海海事处	778	861	693	861	1205	572	966
出动执法人员	人次	镇海海事处	2540	2434	2614	3247	4462	2237	2665
巡航用时	小时	镇海海事处	1336	1821	1932	3256	3565. 5	1758. 3	2816
航程	海里	镇海海事处	17247	23508	21566	26345	35655	17583	24614
检查船舶	艘次	镇海海事处	1625	1314	2293	2580	3298	1321	1873

船舶进出口签证

进出辖区港口或在港内航行、作业的中国籍船舶，以及从事营业性运输或作业的军用、公安、渔业和体育运动船舶，由船方或其代理向辖区海事部门交验船舶国籍证书、船舶登记证书、船舶检验证书、船员适任证书、船舶安全检查记录、保险文书、证明文件等文书，办理签证手续。对来往于港口和在附近作业的船舶、内河定线客船、定线短途运输及作业的船舶办理定期签证。2002 年船舶签证 7 万艘次，2004 年之后船舶签证数量稳定在 20 万艘次以上。2006 年金塘大桥施工，小型施工船舶签证量大幅增加，全年签证达到 48 万艘次，至 2008 年累计签证 163 万艘次。港口货物吞吐量 2003 年为 2185 万吨，至 2008 年增至 3768 万吨。旅客水上运输量 2003 年为 38 万人次，2005 年增加至 747 万人次，2008 年下降至 667 万人次。

2001—2008 年镇海海事船舶进出港签证情况表

表 27－14

年份	船舶签证（万艘次）	货物吞吐（万吨）	旅客进出（万人）	年份	船舶签证（万艘次）	货物吞吐（万吨）	旅客进出（万人）
2001	—	—	—	2005	25	2916	747
2002	7	—	—	2006	48	3312	618
2003	16	2185	38	2007	24	3707	874
2004	22	2261	38	2008	21	3768	667

船舶安全检查

船舶安全检查对象为进出镇海港域的海船，内河船舶，从事营业性运输的军用、公安、渔业船舶及体育运动船艇。检查内容主要有：船舶证书及有关文件、资料，船员及其配备，救生设备、消防设备，船员对与其岗位职责相关的设施设备的实际操作能力等。1989 年 10 月，宁波海上安全监督局授权镇海监督站实施 200 总吨以上国轮安全检查。2002 年开展船舶安全检查 123 艘次，其中滞留 3 艘次。2005 年，对海上运输、渔业船舶进行安全生产专项整治。2008 年船舶安全检查达到 500 艘次，其中滞留 23 艘次。2002—2008 年，累计船舶安全检查 2256 艘次，其中滞留船舶 52 艘次。

2001—2008 年镇海海域船舶安全检查情况表

表 27－15　　单位：艘次

年份	检查船舶	滞留船舶	年份	检查船舶	滞留船舶
2001	—	—	2005	342	9
2002	123	3	2006	432	2
2003	298	3	2007	269	8
2004	292	4	2008	500	23

第三节　危险货物装运及水上污染管理

危险货物装运管理

2001 年，镇海港液体化工港区危险货物吞吐量为 397 万吨，连续 8 年单港散装液体化学品货物吞吐量居国内第一。到 2008 年吞吐量达 1059 万吨，为国内首个单港散装危险化学品突破千万吨港口。2001 年，镇海海事处成立危防科，承担危险货物装运现场管理职能。2006 年，加强对单壳油船管理。2007 年，镇海海事处制订《宁波镇海海事处危险货物申报及装箱检验员记分管理办法》，规范对危险货物申报及装箱管理。2008 年，制定化学品液化船现场检查指南，强化辖区危化品装运监管，推进散装化学品监管品牌建设。

防止船舶污染管理

2007 年，镇海海事处制定镇海内河船舶污染物、废弃物零排放行动方案，建立污染物、废弃物接收处理系统，规范污染物、废弃物排放接收行为，逐步实现内河船舶污染物、废弃物零排放，初步建立辖区内河船舶防污染管理长效机制。同年，镇海海事处加强对辖区船舶修造厂的防污染管理，开展对辖区船舶修造厂的备案。2008 年推出化学品液化船现场检查指南，全面强化辖区危化监管，推进散装化学品监管品牌建设。

第四节　海事调查处理

2001—2008年，镇海海事区域累计发生水上交通事故139起，其中重大事故4起、大事故22起、一般事故15起、小事故98起，累计直接经济损失4780.93万元、死亡失踪9人、沉船18艘。4起重大事故中，直接经济损失2637万元，占累计直接经济损失的55%；死亡失踪4人，占总死亡人数44%；沉船2艘，占总沉船数11%。

2001—2008年镇海海事区域水上交通事故情况表

表27－16

年份	事故件数	事故等级				直接经济损失（万元）	死亡失踪（人）	沉船（艘）
		重大	大	一般	小			
2001	20	0	6	2	12	116.70	0	0
2002	19	0	1	1	17	161.59	0	1
2003	25	0	2	2	21	414.85	0	2
2004	22	1	2	1	18	249.14	1	3
2005	24	2	1	4	17	802.60	0	2
2006	14	0	1	4	9	343.05	0	2
2007	8	0	5	0	3	412.20	2	6
2008	7	1	4	1	1	2280.80	6	2
合计	139	4	22	15	98	4780.93	9	18

2001—2008年镇海海事区域海难重大事故情况表

表27－17

序号	日期	地点	事故名称	损失（万元）	死亡（人）	沉船（艘）
1	2004年8月30日14时40分	杭州湾大桥施工水域	“洞税检1”与桥墩触碰	140	0	1
2	2005年7月30日19时30分	29°56′.6N/121°46′.9E	“浙奉顺212”沉没	97	0	1
3	2005年9月8日4时10分	杭州湾大桥栈桥	“顺行海60”与栈桥触碰	400	0	0
4	2008年3月27日1时15分	金塘大桥水域	“勤丰128”轮碰撞金塘大桥桥墩	2000	4	0
合计	—	—	—	2637	4	2

（责任编辑　孟福成）

第二十八编　中国共产党

本编目录

1926年11月，镇海县首个地方党组织——中共镇海独立支部（以下简称中共镇海独支）成立，在境内掀起反帝反封建斗争。1927年“四一二”反革命政变后，中共镇海地方党组织在白色恐怖下，坚持革命斗争。1938年8月建立中共镇海县工作委员会，推动全县抗日救亡活动。1942年7月，中共浙东区委为有利于建立敌后抗战根据地，决定将镇海县以甬江为界分为两个部分：甬江以南及县城，仍为镇海县，建中共镇海县工委，1943年3月改为特派员制度；甬江以北部分和慈溪县的姚江以北部分组建慈镇县，先后建立慈镇县（工）委和抗日民主政权——慈镇县办事处。1945年2月，慈镇县办事处改称镇海县政府，5月，中共慈镇县委改称中共镇海县委。镇海和慈镇党组织发动群众开展敌后游击战，建立抗日根据地，为抗战胜利做出重要贡献。解放战争期间，全县沿袭抗日时期的区划：江南部分（包括县城）为镇海县，仍实行特派员制度，江北部分和慈溪姚江以北部分重建慈镇县，党委制也改为特派员制。1947年4月建立中共慈镇县工委。在三年半的解放战争期间，镇海、慈镇党组织领导镇海人民反击国民党发动的内战，建立和发展慈镇游击根据地，直至镇海县解放。

1949年5月26日，镇海县解放，中共镇海县委成立。1955年12月，召开首届镇海县党代表大会，至1984年6月，共召开六次代表大会。1985年7月1日，国务院批复同意撤销镇海县，镇海县行政区域并入宁波市，设立镇海区和扩大滨海区（后改称北仑区）。1985年10月1日，中共镇海区委正式行使职能。中共镇海区委按照宁波市总体发展规划，发挥港口、大工程、侨乡优势，先后作出“建设城郊型农业、港口型工业、花园型城区”“建设具有现代化中等城市水平的国际港口城区”“全面建设现代化生态园林城区”“率先在全市建成更高水平的小康社会”等一系列重大决策，发挥各级党组织的政治核心作用和共产党员先锋模范作用，带领团结全区人民努力奋斗，镇海社会主义现代化建设取得显著成就。

第一章　中共镇海区代表大会

遵照中共宁波市委的指示，镇海区党的代表大会届次续接原镇海县党的代表大会届次。

1987 年 5 月，召开中国共产党宁波市镇海区第七次代表大会。至 2008 年，镇海区共召开 6 次党的代表大会。其中，第七、八次会议届期 3 年，第九、十、十一、十二次会议届期 5 年。

第一节　历届党代会代表

代表选举

区党代会代表名额、代表结构和选举办法，由区委决定，报上级党委批准。党代会代表采取党组织推荐和党员推荐相结合方式，充分发扬民主选举产生，经本届区党的代表大会代表资格审查委员会审查通过。

1987—2007 年镇海区党代会代表名额一览表

表 28－1　　单位：人

届次	正式代表	列席代表
第七次代表大会（1987 年 5 月）	225	28
第八次代表大会（1990 年 4 月）	219	47
第九次代表大会（1993 年 2 月）	230	49
第十次代表大会（1998 年 1 月）	234	35
第十一次代表大会（2003 年 1 月）	220	52
第十二次代表大会（2007 年 1 月）	225	61

说明：资料来源区委组织部

代表构成

区党代会的代表由领导干部、专业技术人员、先进模范人物、解放军、武警部队等各方面的代表构成。妇女代表和少数民族代表所占比例一般不少于本地区妇女、少数民族党员占党员总数的比例。45 周岁以下的中青年党员代表占有较高的比例。

1987—2007 年中共镇海区代表大会代表构成情况表

表 28－2　　单位：人

届次	代表人数	性别		年龄	身份			
		女性	男性	45 岁以下	干部	专业人员	先进模范	其他
七	225	51	174	149	128	40	55	2
八	219	49	170	122	134	—	—	—
九	230	40	190	115	138	43	46	3
十	234	41	193	119	127	50	53	4
十一	220	47	173	127	130	87		3
十二	225	60	165	165	126	94		5

说明：资料来源区委组织部

镇海区出席中共浙江省第八次至第十二次党的代表大会代表名录一览表

表 28－3

届次	出席代表
第八次代表大会（1988 年 12 月）	王卓辉　姚微琴（女）
第九次代表大会（1993 年 12 月）	洪钧杰　倪文奎
第十次代表大会（1998 年 12 月）	胡永先　倪文奎
第十一次代表大会（2002 年 6 月）	闻建耀　周国民
第十二次代表大会（2007 年 6 月）	张咏梅（女）　郭华巍　葛菊英（女）

说明：资料来源区委组织部

镇海区出席中共宁波市第七次至第十一次党的代表大会代表名录一览表

表 28－4

届次	出席代表
第七次代表大会（1989 年 7 月）	王学正　张利一　韩保遵　王卓辉　张　曦　林庆甫　陈恒华　郑英伟　乐可祥　鲁世俊　毛庭旺　柴永定　包永芳　戴岳珍　吴秀华（女）　倪文奎　姚文春（女）　邬显芳（女）　王亭芳（女）　黄道聪　龚恩惠　周　霆
第八次代表大会（1994 年 6 月）	周忠德　黄惠芬（女）　洪钧杰　姚　力　左建一　柴永定　沃仁祥　范炳坤　郑尧贤　周晓芳（女）　周林表　董国安　王志浩　徐岳芳　车良昌　严惠芬（女）　周　霆　袁玉娟（女）　翁　奇（女）
第九次代表大会（1999 年 5 月）	王宏德　王鸣凤（女）　王剑波　贝国军　乐惠珍（女）　伏庆祥　华声亮　何一江　何加明　沈曙光　张才国　张蔚文　陈利华　林根海　郑平龙　胡永先　胡志根　俞泉云（女）　虞铭贤　潘佩霞（女）　戴松茂
第十次代表大会（2004 年 2 月）	王　悦（女）　陆明明（女）　胡祖友　张志远　焦小玲（女）　王兆波　陈利华　闻建耀　王宏德　张咏梅（女）　陈国军　洪钧杰　金亚君（女）　江　鲁　卓祥駷　顾国芳　钟康明　张才国　罗思维　郭华巍　翁品鑫
第十一次代表大会（2007 年 3 月）	马卫光　王宏德　张咏梅（女）　张金康　陈　瑜（女）　陈召华　陈利华　陈国军　林伟明　林宝夫　赵章琪　胡祖友　俞泉云（女）　洪钧杰　贺志良　柴鹏飞　高茹芸（女）　高炳华　郭华巍　唐一军　黄道飞　葛菊英（女）

说明：资料来源区委组织部

第二节　历届党的代表大会

第七次代表大会

1987 年 5 月 6 日至 9 日在城关召开，大会正式代表 225 名，列席代表 28 名，特邀代表 3 名，代表全区 7559 名党员。大会听取、审议并通过王卓辉代表六届县（区）委作的《坚持四项基本原则，坚持改革开放搞活，为加快镇海社会主义现代化建设而奋斗》报告。听取、审议并通过王竹堂代表六届区纪委作的《端正党风，严肃党纪，保证和促进我区两个文明建设健康发展》报告。大会选举产生中共镇海区第七届委员会委员 22 人，候补委员 3 人，选举产生区纪律检查委员会委员 13 人。

第八次代表大会

1990 年 4 月 26 日至 29 日在城关召开。大会正式代表 219 名，列席代表 47 名，特邀代表 4 名。代表全区 8890 名党员。大会听取、审议并通过张曦代表七届区委作的《齐心协力，奋发图强，在治理整顿深化改革中开拓前进》的报告。听取、审议并通过黄惠芬代表七届区纪委作的《加强党的纪律检查工作，保证治理整顿、深化改革的顺利进行》报告。大会选举产生中共镇海区第八届委员会委员 22 人，候补委员 2 人，选举产生区纪律检查委员会委员 11 人。

第九次代表大会

1993 年 2 月 17 日至 20 日在城关召开。大会正式代表 230 名，到会 216 名，列席代表 49 名，特邀代表 5 名。代表全区 9238 名党员。大会听取、审议并通过洪钧杰代表八届区委作的《抓住机遇，奋勇开拓，把镇海社会主义两个文明建设推上新台阶》报告。听取、审议并通过黄惠芬代表八届区纪委作的《全面履行纪检工作四项职能，更好地为我区改革开放和经济建设服务》报告。大会选举产生中共镇海区第九届委会委员 22 人，候补委员 1 人，选举产生区纪律检查委员会委员 13 人。

第十次代表大会

1998 年 1 月 11 日至 15 日在城关召开。大会正式代表 234 名，到会 227 名，列席代表 35 名，特邀代表 8 名。代表全区 10573 名党员。大会听取、审议并通过胡永先代表九届区委作的《解放思想，开拓进取，为建设具有现代化中等城市水平的国际港口城区而努力奋斗》报告。听取、审议并通过华声亮代表九届区纪委作的《紧贴中心，履行职能，为实现区第十次党代会确定的目标提供纪律保证》报告。大会选举产生中共镇海区第十届委员会委员 23 人，候补委员 2 人，选举产生区纪律检查委员会委员 11 人。

第十一次代表大会

2003 年 1 月 17 日至 20 日在招宝山街道召开。大会正式代表 220 名，列席代表 52 名，代表全区 11796 名党员。大会听取、审议并通过闻建耀代表十届区委作的《全面建设现代化生态园林城区，为提前基本实现现代化而努力奋斗》报告。听取、审议并通过王悦代表十届区纪委作的《全面贯彻党的十六大精神，深入推进党风廉政建设和反腐败斗争》报告。大会选举产生中共镇海区第十一届委员会委员 23 人，候补委员 5 人，选举产生区纪律检查委员会委员 11 人。

第十二次代表大会

2007 年 1 月 9 日至 12 日在招宝山街道召开。正式代表 225 名，列席代表 61 名，代表全区 12829 名党员。大会听取、审议并通过郭华巍代表十一届区委作的《全面落实科学发展观，全力建设和谐新镇海，为率先在全市建成更高水平小康社会而努力奋斗》报告。大会听取、审议并通过陈瑜代表十一届区纪委作的《认真履行党章赋予的职责，为全面建设和谐新镇海提供坚强有力的政治和纪律保证》报告。大会选举产生中共镇海区第十二届委员会委员 31 人，候补委员 6 人，选举产生区纪律检查委员会委员 17 人，选举出席中共宁波市第十一次代表大会代表 22 人。

第二章 中共镇海区委员会

1985年9月9日，中共浙江省委批复，撤销中共镇海县委，建立中共宁波市镇海区委员会，在镇海区的原中共镇海县第六届县委委员即为中共镇海区第六届区委委员。

第一节 区委全体委员会议

区委全体委员会议（以下简称全委会）一般半年召开一次，遇有重要情况可随时召开。全委会由区委常委会召集，须有三分之二以上委员到会方能举行。根据工作需要，可召开区委全体委员扩大会议，扩大对象为区人大常委会、区政府、区政协领导，各街道党工委书记、办事处主任，镇党委书记、镇长，区级机关党、政主要负责人，部分离退休老干部。全委会听取审议区委常委会工作报告，讨论决定全区经济社会发展和党的建设等方面重要工作。

第二节 区委常务委员会

1985年9月28日，中共宁波市委决定，报省委同意，公布中共镇海区委常务委员会由9人组成（暂缺3人）。七届区委一次全委会选出常委7人，其中书记、副书记各1人。八届区委一次全委会选出常委8人，其中书记1人、副书记2人。九届区委一次全委会选出常委9人，其中书记1人，副书记2人。十届区委一次全委会选出常委9人，其中书记1人、副书记2人；十届区委在1998年12月31日前，增设副书记1人、常委1人。十一届区委一次全委会选出常委10人，其中书记1人、副书记4人。十二届区委一次全委会选出常委10人，其中书记1人、副书记2人。届中部分委员调整由上级党委决定。

区委常委会在全委会会议闭会期间，行使全委会职权。区委常委会会议一般每月召开两次，须有半数以上常委到会方能举行，讨论干部任免须有三分之二以上常委到会。区人大常委会主任、区政协主席列席常委会会议。根据会议需要，可以确定其他人员列席会议，也可以召开扩大会议。

1985—2008 年中共镇海区委常务委员会组成人员名录一览表

表 28－5

届次	职务	姓名	籍贯	任期
第六届	书　记	李锡均	江苏南通	1985. 09—1987. 03
	副书记	林庆甫	浙江宁波	1985. 09—1987. 05
		王卓辉	浙江宁波	1987. 03—1987. 05（主持工作）
	常　委	张乾卿	宁波北仑	1985. 09—1987. 05
		陈恒华	浙江慈溪	1985. 09—1987. 05
		周忠德	浙江镇海	1985. 09—1987. 05
		薛兆亮	山东泰安	1985. 09—1987. 05
		张根锡	浙江镇海	1987. 03—1987. 05
第七届	书　记	王卓辉	浙江宁波	1987. 05—1989. 12
		张　曦	浙江镇海	1989. 12—1990. 04
	副书记	林庆甫	浙江宁波	1987. 05—1990. 02
		张　曦	浙江镇海	1989. 07—1989. 12
		洪钧杰	浙江镇海	1990. 01—1990. 04
		王竹堂	浙江镇海	1990. 01—1990. 04
	常　委	张根锡	浙江镇海	1987. 05—1990. 04
		王竹堂	浙江镇海	1987. 05—1990. 01
		陈恒华	浙江慈溪	1987. 05—1990. 04
		周忠德	浙江镇海	1987. 05—1990. 04
		薛兆亮	山东泰安	1987. 05—1990. 04
		黄惠芬（女）	浙江镇海	1990. 01—1990. 04
第八届	书　记	张　曦	浙江镇海	1990. 04—1990. 06
		洪钧杰	浙江镇海	1991. 03—1993. 02
	副书记	洪钧杰	浙江镇海	1990. 04—1991. 03
		王竹堂	浙江镇海	1990. 04—1993. 02
		程　刚 .	安徽庐江	1991. 01—1992. 07
		张根锡	浙江镇海	1992. 06—1993. 02
		姚　力	浙江镇海	1992. 08—1993. 02
		周忠德	浙江镇海	1992. 12—1993. 02
	常　委	张根锡	浙江镇海	1990. 04—1991. 02
		陈恒华	浙江慈溪	1990. 04—1992. 12

续表 28－5

届次	职务	姓名	籍贯	任期
第八届	常　委	周忠德	浙江镇海	1990.04—1992.12
		薛兆亮	山东泰安	1990.04—1993.02
		黄惠芬（女）	浙江镇海	1990.04—1993.02
		姚　力	浙江镇海	1991.03—1992.08
		柴永定	浙江镇海	1991.05—1993.02
		范翠宝（女）	浙江宁波	1991.11—1993.02
		郑信才	浙江镇海	1992.11—1993.02
		左建一	山东莱芜	1992.12—1993.02
		洪德裕	浙江奉化	1992.12—1993.02
第九届	书　记	洪钧杰	浙江镇海	1993.02—1995.10
		胡永先	浙江慈溪	1995.10—1998.01
	副书记	姚　力	浙江镇海	1993.02—1996.10
		周忠德	浙江镇海	1993.02—1997.09
		张卫民	山东临沂	1993.11—1995.05
		何一江	浙江宁波	1996.10—1998.01
		王剑波	浙江宁海	1997.03—1998.01
	常　委	郑信才	浙江镇海	1993.02—1998.01
		薛兆亮	山东泰安	1993.02—1997.03
		黄惠芬（女）	浙江镇海	1993.02—1995.11
		柴永定	浙江镇海	1993.02—1996.09
		左建一	山东莱芜	1993.02—1996.06
		洪德裕	浙江奉化	1993.02—1995.12
		罗吕榕（女）	安徽六安	1995.11—1997.07
		吴秀华（女）	浙江镇海	1995.12—1997.09
		张立功	浙江鄞县	1996.06—1998.01
		林根海	浙江上虞	1996.09—1998.01
		张惠诚	浙江镇海	1997.03—1998.01
		徐岳芳	浙江镇海	1997.09—1998.01
		华声亮	浙江鄞县	1997.09—1998.01
		林　瑶	浙江镇海	1997.09—1998.01

续表 28－5

届次	职务	姓名	籍贯	任期
第十届	书　记	胡永先	浙江慈溪	1998. 01—2000. 12
		闻建耀	浙江余姚	2000. 12—2003. 01
	副书记	何一江	浙江宁波	1998. 01—2000. 07
		王剑波	浙江宁海	1998. 01—1999. 05
		张立功	浙江鄞县	1998. 08—2002. 12
		林根海	浙江上虞	1999. 05—2001. 06
		郭华巍	浙江临海	2000. 07—2003. 01
		张才国	浙江象山	2001. 07—2003. 01
		林　瑶	浙江镇海	2002. 11—2003. 01
		王　悦（女）	浙江缙云	2002. 11—2003. 01
	常　委	徐岳芳	浙江镇海	1998. 01—1999. 05
		林根海	浙江上虞	1998. 01—1999. 05
		张立功	浙江鄞县	1998. 01—1998. 08
		华声亮	浙江鄞县	1998. 01—2001. 04
		林　瑶	浙江镇海	1998. 01—2002. 11
		张惠诚	浙江镇海	1998. 01—2001. 02
		张才国	浙江象山	1998. 08—2001. 07
		柴鹏飞	浙江慈溪	2000. 12—2003. 01
		王　悦（女）	浙江缙云	2001. 04—2002. 11
		李　凌	浙江仙居	2001. 07—2003. 01
		冯　林	浙江余姚	2001. 07—2003. 01
		叶剑鸣	浙江宁波	2002. 07—2003. 01
		陈召华	浙江奉化	2002. 11—2003. 01
		江　鲁	浙江奉化	2002. 12—2003. 01
第十一届	书　记	闻建耀	浙江余姚	2003. 01—2005. 10
		郭华巍	浙江临海	2005. 10—2007. 01
	副书记	郭华巍	浙江临海	2003. 01—2005. 10
		张才国	浙江象山	2003. 01—2006. 01
		林　瑶	浙江镇海	2003. 01—2007. 01
		王　悦（女）	浙江缙云	2003. 01—2007. 01
		马卫光	浙江绍兴	2005. 10—2007. 01
		陈召华	浙江奉化	2006. 11—2007. 01

续表 28－5

届次	职务	姓名	籍贯	任期
第十一届	常委	陈召华	浙江奉化	2003. 01—2006. 11
		柴鹏飞	浙江慈溪	2003. 01—2005. 07
		李 凌	浙江仙居	2003. 01—2004. 06
		冯 林	浙江余姚	2003. 01—2006. 11
		江 鲁	浙江奉化	2003. 01—2006. 11
		叶剑鸣	浙江宁波	2003. 01—2005. 07
		陈国军	浙江宁海	2003. 06—2007. 01
		罗思维	浙江镇海	2003. 12—2006. 11
		王惠奋	浙江奉化	2005. 07—2007. 01
		张江华	浙江镇海	2006. 11—2007. 01
		王雅宁	浙江宁波	2006. 11—2007. 01
		陈 瑜（女）	浙江东阳	2006. 11—2007. 01
		王宏德	浙江宁波	2006. 11—2007. 01
		顾国芳	浙江宁波	2006. 11—2007. 01
		胡祖友	浙江慈溪	2006. 11—2007. 01
第十二届	书记	郭华巍	浙江临海	2007. 01—2008. 03
		马卫光	浙江绍兴	2008. 03—
	副书记	马卫光	浙江绍兴	2007. 01—2008. 03
		陈召华	浙江奉化	2007. 01—
		宋济青	浙江绍兴	2008. 08—
	常委	张江华	浙江宁波	2007. 01—
		陈国军	浙江宁海	2007. 01—2007. 08
		徐 方	浙江宁波	2007. 08—
		王雅宁	浙江宁波	2007. 01—
		陈 瑜（女）	浙江东阳	2007. 01—
		王宏德	浙江宁波	2007. 01—
		顾国芳	浙江宁波	2007. 01—
		胡祖友	浙江慈溪	2007. 01—
		王惠奋	浙江奉化	2007. 01—2007. 04
		邓惠民	广西灵山	2007. 04—
		李宏伟	山西长治	2007. 09—2008. 12

说明：资料来源区委组织部

第三节 区委工作机构 党的基层组织

区委工作机构

1985 年 10 月，原中共镇海县委工作机构改建为中共镇海区委工作机构。1987 年 4 月，建立区委农村工作部，1989 年 1 月撤销。1988 年 5 月，撤销区委政法委员会，建立区委政法协调小组，8 月改名为政法领导小组。1990 年 6 月，撤销区委政法领导小组，重建区委政法委员会。1991 年 1 月，区委党史资料征集研究委员会更名为区委党史委员会。1993 年 3 月，区委宣传部和区委党校合署办公。1997 年 11 月，区级机关党委改名为区级机关工作委员会（党工委），列入区委直属工作机构。2001 年 12 月，区委党校单设为区委直属机构。1996 年 4 月，区委办公室增挂区政策研究室牌子。2001 年 12 月，区委办公室挂区保密局牌子。

1985—2008 年中共镇海区委工作机构设置情况表

表 28－6

届　别	时　间	机构名称
第六届	1985. 10—1987. 05	办公室、组织部、宣传部、统战部、农村工作部、政法委员会（政法协调小组、政法领导小组）、党史资料征集研究委员会、党校、机关党委、老干部局
第七届	1987. 05—1990. 04	办公室、组织部、宣传部、统战部、农村工作部、政法委员会（政法协调小组、政法领导小组）、党史资料征集研究委员会、党校、机关党委、老干部局
第八届	1990. 04—1993. 02	办公室、组织部、宣传部、统一战线工作部、政法委员会、党史资料征集研究委员会（党史委员会）、对台工作小组、党校、机关党委、老干部局
第九届	1993. 02—1998. 01	办公室、组织部、宣传部、统一战线工作部、政法委员会、党史委员会、对台工作小组、党校、机关党工委、老干部局
第十届	1998. 01—2003. 01	办公室、组织部、宣传部、统一战线工作部、政法委员会、党史研究室、台湾工作办公室、党校、机关党工委、老干部局、档案局、精神文明指导委员会办公室
第十一届	2003. 01—2007. 01	办公室、组织部、宣传部、统一战线工作部、党校、政法委员会、党史研究室、台湾工作办公室、机关工党委、老干部局
第十二届	2007. 01—	办公室、组织部、宣传部、统一战线工作部、政法委员会、党史研究室、台湾工作办公室、党校、机关党工委、老干部局

说明：资料来源区委办公室

党的基层组织

1985 年年底，中共骆驼区委和湾塘区委改称中共骆驼工委、湾塘工委，为中共镇海区委派出机构；党委 47 个，城关镇、骆驼镇、澥浦镇、贵驷镇、俞范镇、长石乡、庄市乡、湾塘乡、临江乡、清水浦乡、汶溪乡、河头乡等镇乡党委 12 个，企业党委 18 个，机关党委 17 个；区级机关党组 24 个；党总支 3 个，党支部 615 个。

1986 年 1 月，湾塘乡并入俞范镇，清水浦乡并入临江乡，乡镇党委调整到 10 个：城关镇、骆驼镇、澥浦镇、贵驷镇、俞范镇 5 个镇党委，长石乡、庄市乡、临江乡、汶溪乡、河头乡 5 个乡党委。1987 年 1 月，撤销骆驼和湾塘两个党工委，庄市乡改建庄市镇，设庄市镇党委。

1992 年 5 月，城关镇、俞范镇、临江乡合并定名城关镇，骆驼镇、汶溪乡、长石乡合并定名为骆驼镇，全区设城关镇、骆驼镇、澥浦镇、贵驷镇、庄市镇 4 个镇党委，河头乡党委。

2001 年 9 月，撤销城关镇，设立招宝山街道和蛟川街道；撤销骆驼镇、贵驷镇，合并设立骆驼街道；撤销庄市镇，设立庄市街道；撤销河头乡，设立九龙湖镇；澥浦镇建制未变。行政区划调整后，全区 5 镇 1 乡调整为 2 镇 4 街道，设澥浦镇、九龙湖镇 2 个镇党委，设招宝山街道、蛟川街道、骆驼街道、庄市街道 4 个党工委。

2002 年 1 月，建立镇海经济开发区党工委（2007 年与蛟川街道党工委合署办公）。2004 年 3 月，建立宁波化学工业区党工委。2007 年 11 月，建立区大宗货物海铁联运物流枢纽港党工委。

2008 年年末，全区基层党委 24 个，其中镇党委 2 个，企业党委 12 个，事业单位党委 2 个，机关单位党委 1 个，其他党委 7 个；区级机关设党组 34 个，党工委 6 个；全区党总支 65 个，党支部 829 个。

1985—2008 年镇海区党的基层组织情况表

表 28 - 7　　　　单位：个

年份	党委						党组	党工委	党总支	党支部				
	合计	镇乡党委	企业	事业	机关	其他				合计	企业	事业	机关	其他
1985	47	12	18	0	17	0	24	2	3	615	464	38	76	37
1986	45	10	17	1	17	0	20	2	5	646	497	38	79	32
1987	45	10	17	1	17	0	21	0	6	660	497	43	81	39
1988	46	10	7	1	11	17	15	0	8	688	498	55	84	51
1989	45	10	5	1	11	18	14	0	7	668	457	49	100	62
1990	46	10	5	1	11	19	22	0	10	665	450	52	96	67
1991	47	10	5	1	11	20	25	0	9	699	480	54	95	70
1992	0	6	6	1	7	20	26	0	14	698	474	50	105	69
1993	39	6	6	0	7	20	25	0	14	693	486	56	86	65
1994	39	6	5	0	7	20	25	0	15	683	497	54	87	68
1995	40	6	7	0	7	20	28	0	22	679	459	58	92	70
1996	39	6	8	0	7	18	27	0	26	694	480	64	98	52
1997	40	6	7	1	7	19	32	1	23	685	479	60	101	45
1998	41	6	7	1	1	26	24	1	23	681	426	57	97	101
1999	23	6	9	1	1	6	24	1	21	668	412	67	117	63

续表 28－7

年份	党委						党组	党工委	党总支	党支部				
	合计	镇乡党委	企业	事业	机关	其他				合计	企业	事业	机关	其他
2000	25	6	8	2	1	8	24	1	25	704	431	71	109	93
2001	15	2	7	2	3	1	24	5	60	719	411	65	112	131
2002	23	2	11	2	3	5	22	6	67	712	414	67	124	107
2003	19	2	6	3	7	1	27	6	70	772	224	134	114	300
2004	39	2	7	2	26	2	28	7	68	778	231	126	120	301
2005	31	2	7	2	1	19	19	7	68	809	237	122	136	314
2006	28	2	8	2	13	3	33	7	66	792	275	118	127	272
2007	23	2	9	2	1	9	33	6	65	799	279	118	128	274
2008	24	2	12	2	1	7	34	6	65	829	288	110	130	301

说明：1. 其他党委、党支部，指地方工作部门设立的党委、党支部；
2. 资料来源区委组织部

第四节 重要决策

1987 年 5 月至 1990 年 4 月（第七届次）

三上三创一提高 1988 年 1 月，七届二次全委会提出。三上，上规模、上水平、上等级；三创，创新、创汇、创优；一提高，提高经济效益。全会对调整产业结构和产品结构，企业技术改造和新产品开发，加强企业管理，提高质量，降低消耗，扭亏增盈，关、停、并、转长期亏损企业，作出部署。

治理整顿 1989 年 7 月，七届七次全委会提出。缩固定资产投资规模，扭转非生产性建设投资比重过高局面。稳定物价，保障供给。整顿流通领域秩序，清理整顿公司和市场秩序。治理整顿与调整产业和产品结构相结合，支持优势企业的生产和技改，增产人民生活必需品、市场适销产品和外贸产品，关停并转一批没有前途的企业，限产和停产一批滞销积压产品，形成一批新的创汇骨干企业和拳头产品。发展农业规模经营，深化企业经营机制改革，加强企业管理。

1990 年 4 月至 1993 年 2 月（第八届次）

城郊型农业、港口型工业、花园型城区 1990 年 4 月，区第八次党的代表大会提出。大力发展农业，实施吨粮田工程、菜篮子工程、城乡绿化工程三大系统工程。稳定发展工业，重点是：一个调整，加快产业产品结构调整；两个提高，提高企业管理水平和技术水平；三个开发，开发新产品，开发新项目，开发内外市场。同时提出，加强城镇建设，增强城镇的综合服务功能，建设文明、清洁、美化的城镇环境。

六查六看　1991年3月，八届三次全委会提出。一查政治思想，看政治立场是否坚定，为人民、为经济、为基层服务思想是否明确，思想意识是否健康；二查精神状态工作精神是否饱满，看工作精力是否集中，工作是否勤奋，开拓创新意识强不强；三查工作实绩，看工作是否尽职尽力，工作标准和工作效率高不高；四查作风纪律，看是否遵纪守法，作风是否艰苦深入，组织观念群众观念强不强；五查团结协作，看是否顾全大局，上下内外关系是否协调；六查廉洁从政，看廉洁思想是否牢固。

二个加快，三个突破，三个加强　1992年1月，八届五次全委会通过。二个加快，加快以乡镇工业为重点、以经济效益为中心的经济发展步伐，加快经济和社会事业重点项目建设。三个突破，企业和社会改革有所突破，结构调整特别是农业结构调整有所突破，城镇建设有所突破。四个加强，加强以村、企业为重点的党的基层组织建设，加强以社会主义教育和革命传统教育为重点的思想政治工作，加强领导班子思想作风建设。

1993年2月至1998年1月（第九届次）

一快二开三活四同　1993年2月，党的九次代表大会通过。一快，加快经济发展步伐，是全区的中心任务；二开，社会大开放、经济大开发，实现经济加速发展；三活，活市场、活企业、活机关，增强发展的内在动力；四同，港口、大工程、侨乡三大优势同时发挥、三个产业同步发展、经济科技同时抓紧、两个文明同时前进。全会提出到20世纪末，把镇海建设成为经济发达、社会文明、环境优美的沿海“明星”城区。

三业并举，四轮驱动　1994年1月，九届三次全委会通过。三业并举，实行改革开放，发展市场经济，形成一、二、三产业并进，大中小项目并举的经济发展新优势。四轮驱动：科技驱动，依靠科技优化经济结构。外向驱动，进一步实施外向带动发展战略。人才驱动，多渠道、多层次引进人才，依靠人才推进经济社会发展。环境驱动，优化有利于经济社会发展的思想舆论环境、政策小环境和领导服务环境。

加强党的建设　1994年12月16日，九届六次全委会通过镇海区委贯彻《中共中央关于加强党的建设几个重大问题的决定》的实施意见。实施意见对民主集中制的制度建设、基层党组织建设、年轻领导干部队伍建设、党的思想建设和作风建设，作出全面部署。

基本实现区域城市化　1995年12月，九届九次全委会通过。形成以城关为中心，骆驼、庄市为呼应，发达的城镇体系为依托，开放式团组结构与沿区内快速干道轴向发展相结合，历史文化与现代文明有机结合的城乡一体格局，人民群众的生活水平和生活质量得到显著提高，到2000年初步建成具有现代化中等城市水平的国际港口城区。

突破重点，稳中求进，再打基础　1996年12月，九届十一次全委会通过。突破重点：依靠科技，培植规模经济，营造实力工程，增强发展后劲；实施强村富民计划，推进社会主义新农村建设。稳中求进：正确处理改革、稳定、发展关系，促进经济社会健康发展；保持政策的连续性、稳定性，并从实际出发，采取积极的措施，增强经济发展的新活力。再打基础：培植规模经济，合理规划经济布局，再打实力工程基础；提高领导干部特别是党政一把手素质，再打队伍基础；加快社会主义新农村建设，再打基层基础；加强精神文明建设，提升城市建设和管理水平，再打可持续发展基础。

五个突破 1997年1月，九届十二次全委会通过。在经济运行质量和经济效益的提高上有新突破，在国有、集体企业改革的深化上有新突破，在精神文明建设的特色创新上有新突破，在干部队伍建设尤其是一把手队伍的建设上有新突破，在强村富民建设社会主义新农村上有新突破。

1998年1月至2003年1月（第十届次）

以港兴区、区域联动、可持续发展 1998年1月，区党的第十次代表大会通过。以港兴区，以港兴工业，以港强农业，以港通商贸，以港活旅游，以港兴社会各项事业；区域联动，拓展功能联市区，一体发展联城乡，加强协作联好大工程，优势互补联北仑；可持续发展，正确处理经济发展与人口、资源、环境的关系，依靠科技与人的素质提高发展经济，资源开发与节约并重，实现经济效益、社会效益和环境效益相统一。2001年1月，十届十次全委会将三项决策表述为对外开放、城市化、科教发展、区域经济联动四大发展战略。

二提二增 1999年12月，十届七次全委会提出。提高经济整体素质，增强竞争力；提高干部队伍素质，增强凝聚力。坚持以农业产业化经营为重点扎实推进强村富民工作，进一步稳固农业、农村的基础地位；坚持以提高经济整体素质增强竞争力为主线，加快推进结构调整步伐，提高工业经济运行质量；坚持拓展国内国际两个市场，进一步改善投资软环境，加快开放型经济发展。

加强党的基层组织建设 2000年7月，十届八次全会通过。区委按照全委会的决定，分别制定非公有制企业、机关、农村、中小学校、街道社区基层党组织建设的实施意见，建立党的基层党建工作巡查督查制度，基层党建工作列入考核各级领导班子实绩和领导干部使用的重要依据。

加强从政道德建设，深入实施“民心工程” 2001年8月，十届十一次全委会提出。以深入基层知民情、广开渠道集民智、关心群众解民难、加快发展促民富、优化形象聚民心为主要内容，加强思想教育，健全制度建设，树优良作风，创优质服务，做优秀公仆，进一步密切党同人民群众的联系。2002年10月，区委把加强环境保护列入“民心工程”重要内容。

推动公民道德建设 2002年1月，十届十二次全委会提出。确定2002年为道德建设年，党员干部开展从政道德主题教育活动，重点行业开展职业道德建设活动，青少年开展“实践‘五爱’要求，争做‘四有’新人”主题教育活动，农村开展“讲文明、树新风”主题教育活动，社区开展家庭美德教育活动。

2003年1月至2007年1月（第十一届次）

三带三区建设 2003年1月，区党的十一次代表大会通过。以三带三区建设为突破口，全面开创镇海现代化建设新局面。三带：以镇海炼化公司、LG甬兴有限公司和特色工业园区为依托，建设沿海重化工业带；统一规划整治甬江沿岸环境，建设滨江大道和滨江公园，形成风格独特的沿江景观带；大规模开展生态绿化建设，形成组团式城区的生态绿化带。三区：以宁波大学为依托，建设宁波市高教园区北区；改造老城区提高品位，在骆驼、庄市片规划建设有一定规模的高档次、有文化品位的新区；发挥海防历史文化、商帮文化、名人文化等优势，加快九龙湖、招宝山、十七房等旅游景区景点的开发，形成特色鲜明的文化旅游区。

五做一加强 2004年1月，区十一届三次全委会提出。做强经济抓质量，调整结构、培育规模、内外并举、提高效益；做大城区抓品位，建设新城，改造老城，规划指导，基础先行；做深文化抓特色，挖掘特色，打响品牌，拓展伸延，创建文明；做优环境抓形象，注重生态，治理环境，改善服务，维护稳定；做富生活抓统筹，完善社会保障，促进就业，扶贫帮困，各项事业统筹发展；加强党建抓根本，强化基层基础，建好党员干部队伍，弘扬为民务实、清正廉洁作风。

率先建成更高水平的小康社会　2005年7月，十一届七次全委会提出：率先在全市建成更高水平的小康社会，为提前基本实现现代化打下坚实基础。总体要求：自主创新能力有新的提高，临港产业和都市型经济体系基本完善，产业结构调得到优化，产业竞争力明显增强，到2010年力争全区生产总值、财政收入比2005年实绩翻一番，人均生产总值达到1万美元；城区基础设施更加完善，新城初具规模，老城档次再有新的提高，新农村建设与城市化同步推进，镇海成为宁波大都市的重要功能区；文化建设进一步推进，社会事业全面发展，精神文明和民主法治建设得到进一步加强，城乡文明程度显著提高；生态建设取得明显进展，集约型经济发展模式基本确立，可持续发展能力不断增强，力争到2010年通过国家级生态区考核验收；城乡居民收入稳步提高，年均增幅保持在6%以上，社会保障体系比较健全，人民群众的各项权利得到保障，社会更加和谐；公共服务型政府建设和要素配置市场化取得突破性进展，多种所有制经济共同发展，开放型经济达到新水平。

建设“法治镇海”　2006年7月21日，十一届十次全委会通过。全区到2010年，初步建立起与更高水平小康社会相适应的法治化框架，到2020年，基本实现经济、政治、文化和社会生活的法治化。

2007年1月至2012年1月（第十二届次）

两中心一基地（五大工程　四大基地）　2007年1月，区党的第十二次代表大会提出。两中心：依托老城改造提升，建设浙东生产性港口物流中心，依托新城开发建设，建设宁波中心城区北部商贸商务中心；一基地，依托宁波化工区开发建设，建设国家级石化产业基地。把镇海区“十一五”经济社会发展规划确立的建设“五大工程，四大基地”目标，作为落实科学发展观和构建社会主义和谐社会、全面建设更高水平小康社会的战略任务来抓。五大工程，产业升级工程、城区提升工程、文化发展工程、生态镇海工程、和谐社会工程；四大基地，石化机电产业基地、港口物流基地、高教科研基地、休闲旅游基地。

建设社会主义和谐社会　2007年1月，十二届二次全委会通过。提出坚持以科学发展观统领全局，在推动平稳较快发展上取得新成效，在推动转型发展上取得新成效，在推动协调发展上取得新成效，在推动和谐发展上取得新成效，在推动党的先进性建设上取得新成效。

加快转变经济发展方式　2008年11月，十二届七次全委会通过。着力推动产业结构向一二三次产业协同带动转变，推动经济发展向依靠创新驱动转变，推动增长动力向消费、投资、出口协同拉动转变，推动生态环境向资源节约型、环境友好型转变，推动区域发展向城乡一体化转变，全区发展动力转强、产业结构转优、要素支撑转新，增强发展的稳定性、协调性和可持续性。到2012年，努力把镇海建成科学发展的先行城区。

第五节　重要活动

“三讲”教育活动

2000年，中共镇海区委按照中央和省、市委部署，区委、区人大常委会、区政府和区政协以及区纪委、区法院、区检察院、区公安分局的领导班子、领导干部开展“三讲”教育活动（以“讲学习、讲政治、讲正气”为主要内容的党性党风教育，以下简称“三讲”教育）。教育活动从2000年3月2日开始到4月29日结束，历史近两个月。省、市委派出“三讲”教育巡视组赴镇指导帮助和督促。

3月1日至15日，召开动员大会，区级领导干部个人自学和集中学习，参加学习的领导干部撰写读书心得，组织大组交流发言，学习联系本人思想、工作和经济社会发展实际。

3月16日至4月10日，区委组织力量走访机关、企事业单位和部分离退休老干部，召开各类座谈会，无记名书面征求意见，个别谈话，设立征求意见箱和开通征求意见电话专线，征求意见计1057人次，征求对区委常委会党性党风方面存在的主要问题意见408条，其中对领导班子集体意见189条，对领导干部个体意见219条。

4月11日至20日，区委、区人大常委会、区政府和区政协四套班子组成人员和班子之间相互谈心119人，四套班子民主生活会共提出批评意见207条。区级机关党政一把手、镇乡党政正职、各民主党派负责人、工商联负责人和副区级以上离退休干部，对区级领导班子、党员领导干部的剖析材料开展民主评议和满意度测评。共计705人次参加各种评议，梳理出评议意见79条。

4月21日至29日，区委针对干部群众提出的意见和建议，整改落实。区委下发《关于进一步精简会议、评比检查和规范外出考察管理的若干规定》《镇海区区级机关单位接待工作的有关规定》《镇海区审批制度改革若干规定》等文件。审批制度改革削减各类审批事项43.6%。

11月27日至12月12日，开展“三讲教育回头看”活动，巩固教育成果。

保持共产党员先进性教育活动

2005年1月至2006年6月，中共镇海区委按照中央和省、市委的统一部署，在全区分3个批次开展保持共产党员先进性教育活动。

2005年1月至2005年6月，区级党政机关和部分事业单位开展教育活动。教育重点解决党员在政治意识、大局意识，廉洁从政、服务基层、服务群众，科学执政、民主执政、依法执政，树立和落实科学发展观和正确政绩观等方面存在的问题。

2005年7月至2005年12月，城区基层单位和镇（街道）、工业园区管委会开展教育活动。教育重点解决党员在组织纪律、职业道德和参与社区建设、服务居民群众、发挥模范作用等方面存在的问题。

2006年1月至2006年6月，农村和部分党政机关开展教育活动。教育重点解决党员在思想观念、带头贯彻执行党在农村的方针政策、带头致富和带领群众共同致富、带头维护农村稳定等方面存在的问题，解决一些基层干部工作方法简单粗暴、作风不实、损害群众利益的问题。

镇海区保持共产党员先进性教育活动，充分听取党外群众意见，整改措施和整改情况在一定范围内公布，接受群众监督。全区149家单位，809个基层党支部，13079名共产党员参加保持党的先进性教育活动。保持共产党员先进性教育活动测评，群众满意度达到98.47%。

第三章　纪检　监察

1985—2008 年，全区党风廉政建设制度、规定和措施不断完善，采取清理、检查、专项治理等方式纠正不正之风，查处违法违纪案件，建立和完善效能监察机制，有力地保障全区改革开放、经济社会发展和党的作风建设。

第一节　机　构

中共镇海区纪律检查委员会

中共宁波市委、镇海区委于 1985 年 9 月 28 日及以后陆续公布中共镇海区纪律检查委员会组成名单（以下简称区纪委），届次延续原中共镇海县纪委届次，任期与中共镇海区委相同。1987 年 5 月，区第七次党的代表大会选举产生七届区纪律检查委员会，至 2008 年共历 6 届。区纪律检查委员会全体会议选举产生区纪委常务委员会和书记、副书记，由党的同级委员会全体会议通过，报上级党的委员会批准。1989 年 5 月，区纪委内设纪律检查室、教育室。

1985—2008 年镇海区纪委书记、副书记名录一览表

表 28－8

<table>
<tr><th rowspan="2">届别</th><th colspan="2">书记</th><th colspan="2">副书记</th><th rowspan="2">常委人数</th><th rowspan="2">委员人数</th></tr>
<tr><th>姓名</th><th>任职时间</th><th>姓名</th><th>任职时间</th></tr>
<tr><td rowspan="3">六</td><td rowspan="3">丁玉琦</td><td rowspan="3">1984. 06—1985. 12</td><td>王世华</td><td>1984. 06—1985. 10</td><td rowspan="3">5</td><td rowspan="3">13</td></tr>
<tr><td>王竹堂</td><td>1984. 06—1987. 05</td></tr>
<tr><td>方瑞丽</td><td>1986. 09—1987. 05</td></tr>
<tr><td rowspan="2">七</td><td>王竹堂</td><td>1987. 05—1990. 01</td><td>方瑞丽</td><td>1987. 05—1988. 10</td><td rowspan="2">5</td><td rowspan="2">13</td></tr>
<tr><td>黄惠芬（女）</td><td>1990. 01—1990. 04</td><td>黄惠芬（女）</td><td>1988. 10—1990. 01</td></tr>
<tr><td>八</td><td>黄惠芬（女）</td><td>1990. 04—1993. 02</td><td>王通义</td><td>1990. 04—1993. 02</td><td>4</td><td>11</td></tr>
<tr><td rowspan="3">九</td><td>黄惠芬（女）</td><td>1993. 02—1995. 11</td><td>王通义</td><td>1993. 02—1997. 05</td><td rowspan="3">5</td><td rowspan="3">11</td></tr>
<tr><td>罗吕榕（女）</td><td>1995. 11—1997. 07</td><td rowspan="2">石泰华</td><td rowspan="2">1997. 05—1998. 01</td></tr>
<tr><td>华声亮</td><td>1997. 09—1998. 01</td></tr>
</table>

续表 28－8

届别	书记		副书记		常委人数	委员人数
	姓名	任职时间	姓名	任职时间		
十	华声亮	1998. 01—2000. 12	石泰华	1998. 01—2002. 12	5	11
	王　悦（女）	2001. 04—2003. 01	徐继伦	2002. 12—2003. 01		
			强焕昌	1999. 03—2003. 01		
十一	王　悦（女）	2003. 01—2006. 12	徐继伦	2003. 01—2005. 02	5/6	11/12
			陈海伟	2005. 11—2006. 12		
			强焕昌	2003. 01—2006. 12		
十二	陈　瑜（女）	2007. 01—	陈海伟	2007. 01—	6	18
			吴　敏	2007. 01—		

说明：资料来源区纪委

区监察局

1988 年 4 月，成立区监察局，内设办公室，行使对全区国家行政机关及其工作人员、国家行政机关任命的其他人员的行政监察职能。1989 年 7 月，撤销内设办公室，改设监察股、信访股。1989 年 2 月，设行政监察举报中心。

区纪委（监察局）

1993 年 1 月，区纪委与监察局合署办公，监察局属区政府序列。合署后内设科室 4 个：办公室（党风廉政教育室）、纪检监察室、案审室、信访室（举报中心）。1996 年 5 月，设纠风办公室。1998 年，办公室、党风廉政教育室分设。1999 年 5 月，增设执法监察室。2000 年 10 月，增设经济发展环境监察投诉中心。2001 年 6 月，建立“96178”廉政投诉中心，与经济发展环境监察投诉中心合署办公。2005 年 6 月，增设效能监察室。

基层纪检组织

区人民法院、区人民检察院和区人民政府工作机构党组（党委）设纪检组（委），乡镇党委、街道党工委设纪律检查委员会，党的总支部委员会、党支部委员会设纪律检查委员。2008 年，全区共设有纪检组织 58 个。

第二节　党风廉政建设

党风党纪教育

1985—1986 年，通过整党开展党性党风党纪教育。1987—1989 年，教育形式主要有集中培训、轮训、上党课，宣传先进典型，通报党内违纪案件，区纪委还购买 13 部正反典型录像片供各单位放映，共放映 100 余场次，参加观看的党员、干部 7000 余人。1991 年党纪条规教育，党员受教育面达到90%。1993—1997年，全区举办各类党风党纪培训班528场次，参训党员干部3万多人次，其中1996年6000余名党员、干部参加中纪委组织的党纪知识百题答卷活动，1997年6000余名党员、干部参观省反腐败斗争成果展。1998—2002年，开展警示教育、预防教育、党性党风教育和廉洁从政教育，其中2000年领导干部开展“从我做起、对我监督、向我看齐”教育活动。2004年，开展“为民、务实、清廉”主题教育活动，推进廉政文化建设。2005年，分别制订出台廉政文化进机关、进农村、进社区、进家庭、进学校、进企业实施意见，办好“镇海廉线”，发挥网络在反腐倡廉教育中的渗透力和影响力。2006年，开展以保持共产党员先进性、党章和社会主义荣辱观等为主要内容的党性党风党纪教育。2003—2006年，党风廉政教育普通党员每年受训率在80%以上，党员干部受训率在90%以上。2007年，区委主要领导对各镇（街道）、区直属各单位80余名党政一把手进行集体谈话，开展中层干部“廉管家”专题教育，举办“树新风、促和谐”党纪党规知识竞赛，在全社会开展“倡清廉之风，建和谐镇海”系列活动。2008年，开设廉政大讲堂，推行领导干部配偶廉政教育活动。

1988—2008年镇海区党风廉政教育活动情况表

表28－9

年份	教育内容	成果
1988—1998	党风党纪学习培训班	552期，受教育5万人
1988	违纪党员学习班	4期，82人参加
1988—2000	纪委、监察局上门授课	187次，受教育3万人
1988—1997	各类警示教育	614场，9万人受教育
1991—2000	参观“反腐倡廉”、反腐败斗争成果展览	4次，受教育1万人
1989—2003	编写党纪教育教材	20篇
1989、1991	党委委员、基层党支部书记基本知识测验、竞赛活动	—
1991	教育工作理论研讨会	—
1992	党风党纪教育工作会议	—
1993	播出讴歌勤政廉政党员干部录像	1部
1994	“惩腐倡廉”演讲会	13场，2000名党员干部到会
1995	下发《关于对党员、干部进行纪律条规和廉洁自律教育的通知》	—
	区管领导干部和骨干企业负责人培训班	5期
1996	印发《1996年我区党政纪教育工作意见》	—
	“讲正气、塑形象，努力争做勤廉兼优的合格公仆”教育	—
	“奉献于事业，服务于人民”主题教育	—
	纪律条规知识竞赛	6050人参加
1997	《中国共产党廉洁自律准则》《中国共产党纪律处分条例（试行）》学习	—

续表 28 - 9

年份	教育内容	成果
1998	“艰苦创业、廉洁从政”教育活动	—
	全区《中华人民共和国行政监察法》知识竞赛	—
	区管干部党风廉政函授教育	—
1999	《邓小平论党风廉政建设和反腐败》学习	—
	“廉内助”评选活动	—
	区管干部党风廉政建设函授教育	2 期，受教育面 95%
2000	印发《镇海区纪委关于在领导班子、领导干部中开展以“三讲”为主要内容的党性、党风教育的实施意见》	—
	区管干部“率先垂范、干净干事”演讲会	—
	区管干部廉政知识测试	—
	警示教育动员会	—
	区管干部《警示教育读本》学习	—
	评选、宣传“廉内助”先进事迹	—
2001	观看先进事迹专题片	—
	集中廉政谈话	乡镇撤并后 69 名新提拔干部
2001	发公开信、廉政台历、警示卡、手机警示短信	—
	干部家属观看《廉内助与贪内助》电教片、家属座谈会	—
	开设党风廉政网页	—
	《党风廉政建设工作记事册》发放	—
2002	新任区管干部党性党风教育培训班	86 干部参加
	区管“一把手”配偶廉政学习会	—
2003	“一把手”廉政教育五年规划启动	—
	开设“每周一题”党纪条规学习栏目	参与答题干部群众 1.5 万人
	“用短信，学党纪”活动	发送短信 1.1 万余条
	职务犯罪开庭审理旁听	200 党员干部参加
	区纪委负责人与部门负责人谈话制度建立	—
	社区设立“一箱、一岗、一会、一评、一牌”	—
	制作《出国（境）人员警示卡》	—
	《镇海报》刊发廉政专栏	10 期，38 篇
	镇海电视台《廉政经纬》栏目开播	—
	有关职能部门负责人走进直播室与群众交流	—

续表 28－9

年份	教育内容	成果
2004	“两个条例”党纪条规教育	2000 名党员干部、公职人员和 305 名区管干部参加
	“为民、务实、清廉”主题教育	—
	学习贯彻“两个条例”电视知识竞赛	—
	区管干部主题教育培训班和中青年后备干部培训班	22 班次
	汇编《以人为镜，可以知得失——领导干部腐败忏悔录》	分发中层以上干部
	党员干部家属签订《助廉承诺书》	—
	廉政文化学苑、园地、景点建设	—
	“镇海廉线”推出	—
2005	廉政文化“六进”工作纳入党风廉政建设责任制	—
	全区廉政文化建设工作会议	—
	出台廉政文化进机关、进农村、进社区、进家庭、进学校、进企业的实施意见	—
	召开全区纪检宣传教育联席会议	—
2005	行政村党支部书记、村委会主任培训班	—
	纪委《两个纲要》学习竞答活动	党员干部 3100 人参加
	“走进社区大课堂，永葆党员先进性”系列活动	—
2006	全区廉政文化建设推进会	—
	廉政短信征集评比、《镇海区廉政短信集萃》汇编	—
	“唱响正气歌”活动、廉政歌曲演唱赛	机关干部 1000 人参赛
	领导干部配偶廉政教育活动	—
	全区中小学学生廉政创作漫画巡展	—
	“红船杯”党章知识竞赛	—
	新任区管干部党风党性党纪教育培训	区管干部 41 人参加
	《财政违法行为处罚处分条例》学习	行政一把手、财务负责人参加
	首家农村文化教育点——思源苑在九龙湖建成、在寿昌公园建成“廉园”	—
2007	廉政教育专题报告会	区管干部 400 人听讲
	“树新风、促和谐”党纪法规知识竞赛、反腐倡廉宣传图片巡回展	党员干部 4700 人受教育
	各镇、街道和区属各单位办公室主任、财务科长等“廉管家”专题教育	中层干部 100 余人参加
	区委主要领导集体廉政谈话	党政“一把手”80 余人参加
	干部上交礼品公开拍卖会	—
	“倡清廉之风，建和谐镇海”系列活动	—
	“和谐·清风”诗歌、书画、摄影有奖大赛	—
	“模范廉洁家庭”创评活动	—
	朱根华廉政漫画展	—
	出台《关于开展廉政文化建设示范点创建活动的意见》	—
	《今日镇海》开设“党政主要负责人谈惩防体系”专栏	区重点单位主要责任人畅谈惩防体系建设

续表 28－9

年份	教育内容	成果
2008	领导干部配偶廉政教育活动	—
	机关廉政文化建设现场会	—
	“干净干事・狠抓落实”教育活动	—
	廉政大讲堂开设	2 期，600 余名干部参加
2008	廉政家居用品创意大赛、“清风润党旗”廉政十字绣、剪纸大赛	—
	“清风润党旗・廉洁伴我行”廉政文化作品展	—
	新任区管干部党性党风党纪教育培训班	—
	项目推进保廉工作会议暨项目管理人员廉政教育培训会	领导干部、骨干 40 人参加
	“树正气清风，促勤政廉政”演讲比赛	—
	“读廉思廉促落实”征文比赛	—
	“课间三分钟话廉政”模式推行，编印读本	3 期

说明：资料来源区纪委

党内监督

1986 年，全区设党委的 34 个机关和单位建立党风责任制，各部门党委（党组）完善集体议事规则及党委（党组）领导班子民主生活会制度。1987 年 5 月，中共镇海区委印发《中共宁波市镇海区委党风责任制》，各级各部门党组织参照执行。1989 年 4 月，中共镇海区委印发《关于在党政机关实行“两公开，一监督”制度的若干意见》。至年底，60 个区级机关、10 个乡镇机关实施党务、政务公开制度，87 个基层执法、行政管理和公用事业绝大部分单位实行党务、政务公开。1994 年 7 月，试行区管领导干部个人重大事项报告制度。1998 年，建立干部审查联席会议制度，区纪委建立全区 379 名区管干部廉政档案。1999 年 6 月，中共镇海区委印发《镇海区落实党风廉政建设责任制实施办法》，进一步明确各级党委（党组）党风责任制的责任范围、责任内容、责任考核和责任追究，10 月，细化党风廉政建设责任制责任范围。2000 年 7 月起，建立镇海区区级领导干部廉洁自律公开承诺制度，执行情况列入领导班子民主生活会内容，此后在全区推行领导干部廉洁自律公开承诺制度。2001 年起，中共镇海区委修订区管领导干部个人重大事项报告制度，规定 10 个事项需事前报告，5 个事项需事后报告。2003 年，各级各部门对重大决策、干部任免、工程项目安排、大额资金使用等重要事项，普遍建立征求意见、集体决策和民主监督制度。2005 年，中共镇海区委再次修订完善重大事项报告制度，完善领导干部出国（境）事前教育和事后报告制度。区纪委制定《关于发生重大案件的单位领导班子接受区纪委质询的暂行规定》，督促发案单位落实整改措施。2006 年 1 月，中共镇海区委下发《中共宁波市镇海区委关于加强对党政主要领导干部监督管理的规定》和《宁波市镇海区党内监督九项制度实施办法（试行）》，实行机关部门党政主要领导向区纪委全委会报告党风廉政建设责任制履职情况和“三谈一述”（廉政责任谈话、任前廉政谈话、信访监督谈话和述职述廉）制度。2008 年，全区实施党委委员、纪委委员党内询问和质询办法，发挥区纪委委员监督作用，实行干部任用党风廉政建设“一票否决制”。区纪委、监察局对全区公务用车制度改革开展监督。全区62家机关单位1190人纳入公车改革范围，车改后节约经费15%。

基层廉洁工程

2005年，全区推进基层“廉洁工程”建设，区纪委量化评估全部62个行政村党风廉政建设工作，评定A级12个、B级44个、C级6个，对6个C级村提出整改措施；对全区重点单位明察暗访，对发现的问题，督促相关部门整改解决。2006年，区纪委首次在全市发布农村“廉情指数”，受到中纪委和省、市纪委的关注与肯定；开展对供水、供气、公交三行业行风评议，开展“百家企业、千名市民评机关”活动。2007年，建立廉情预警机制，对镇（街道）、行政村（社区）、基层站所进行廉情预警机制指数测评，建立全区廉情监测员、特邀监督员队伍。2008年，区纪委印发《关于开展“民声快递”活动实施办法的通知》，全区41家有行政职能的部门开展“民声快递”活动，接受群众监督。

第三节 纠风治乱 效能监察

纠风治乱

撤县设区后，中共镇海区委贯彻中发〔1984〕27号、国发〔1984〕186号和中办发〔1985〕57号等文件精神，对铺张浪费、请客送礼，摆阔气讲排场，党政干部违纪建房，滥发奖金实物，以及弄虚作假，以权谋私等问题，作出纠正的决定。1986年，清理公款吃喝和公费旅游和违纪建私房。1987年，清查、通报党员参赌案例。1988年，查处单位和个人的不正之风行为，查处单位2个、个人14人。1989年，制止和纠正党政干部低价购买高档耐用消费品，21名党政干部补差额款46325元，清理区属单位公款安装住宅电话，拆除公装住宅电话26部。1990年专项检查行政执法部门收费、罚款行为，纠正个别基层农机管理站向机手多收驾驶证管理费、公安干警平时就餐未付基本伙食费问题，禁止个人私用公车扫墓。1991年，整治乱收费、乱摊派和乱罚款（以下简称“三乱”），处理市纠风办督办的“三乱”投诉件，实现区内道路基本无“三乱”现象。1992年，开展公款吃喝送礼专项举报。1993年，全区取消79项行政收费项目，降低8项收费标准。1994年，清理行政事业性收费，取消不合理收费100多项，对1993年取消的收费项目执行情况进行抽查，查处违规收费项目2个，没收违规收费5.23万元，监督经济建设重点项目和群众关注的工程招标、招干、招工、招考等热点问题，对17个重点行业作为期40天的行风检查。1995年，全区对区属企业的生产性项目两年内免收7项费用、降低5项收费标准，取消4项收费项目，核查、清理区管领导干部违反房改政策购置住房的行为。1996年，区政府与18家单位签订行风建设目标责任状，清理部分社会中介组织收费，降低5项收费标准，理顺8个收费关系。1998年清理公费配置移动电话568部，其中折价归私人和公开变卖452部。1996—2004年，教育系统清退不合理收费50余万元。1997—2004年节庆期间，共查获商业网点使用代币购物券累计119.5万元，对发售代币购物券的商家罚款累计8.8万元。1999年，整治医药购销不正之风。2000年，全区实行药品统一管理采购、定点单位供应，严查有关单位使用“三无”（无厂名、无批准文号、无注册商标）药品。1997—2002年，区纪委专项监察粮食流通体制改革、企业转制、行政审批制度改革、社会保障资金和环保资金使用，治理交通、教育、医疗等领域乱收费、乱摊派、乱罚款行为。五年共清退中小学违规收费53.8万元，减轻学生家长负担801.4万元。2004年，执行中纪委《关于严格禁止利用职务上的便利谋取不正当利益的若干规定》、市委和市政府“四条禁令”（即禁止工作日午餐饮酒；禁止上班时间上网聊天、玩电脑游戏；禁止在机关或下基层时搓麻将；禁止以各种名义公款度假和违反规定参与公款支付的高消费娱乐、健身活动），处理违规人员12人；组织开展安全生产、工程项目保廉专项检查和公车夜间停放住宅小区大检查，处理各类违规人员41人次；实行收费公示制，进一步规范学校收费行为，继续治理医药购销中的不正之风。2007年，对商场超市违规发售使用代币购物券（卡）、公路“三乱”、教育乱收费、减轻企业负担等情况，进行监督检查。

效能监察

1996—1997年，在全区35家单位推行社会服务承诺制度。2001—2003年，连续三年开展基层评机关活动，开展效能建设试点和优胜服务窗口评选。2003年起，基层推行民主听证制度，建立基层效能监察点和监察员队伍，开展百家企业、千名市民评机关活动，是年，群众对机关作风综合满意度为94.65%。2004—2006年，开展行政审批制度改革工作督查，规范行政审批程序，审批核准项目从原来的214项削减到122项。2007年，在全区200余家基层站、所、队、办事窗口开展创建“群众满意基层站所（办事窗口）”活动；开展“面对面促进会”、“阳光热线走进镇海”活动，开展效能建设专项督查活动。2008年，全区11家单位被评为市、区两级“群众满意基层站所（办事窗口）”示范单位或先进单位。

第四节　案件查处

1986—1992年，立案查处违纪党员392人，开除党籍61人，留党察看74人，撤销党内职务10人，查处党政机关一般干部29人，乡科级以上领导干部14人。1993—1998年，查处经济类案件118件，处分违纪党员233人，其中乡科级以上领导干部28人，开除党籍73人，移送司法机关22人，追回赃款及挽回经济损失585万元。1999—2008年，立案查处违法违纪党员干部案件303件，其中经济案件139件，共处分违纪党员262人，其中开除党籍101人，给予政纪处分49人，其中开除公职15人，受党政纪双重处分27人，移送司法机关41人；查处乡科级干部25人，查处局级干部10人。

表 28-10

1986—2008 年镇海区党纪处分情况表

单位：人

年份	处分人数	处分类别						违纪性质												
		开除党籍	留党察看	撤销职务	党内严重警告	党内警告	免于处分	违反财政纪律	贪污	挪用公款	贿赂	侵占侵犯国家群众利益	盗窃	失职渎职	嫖娼腐化道德败坏	赌博	违反计划生育	诈骗	以权谋私	其他
1986	21	10	0	0	5	1	0	1	5	0	3	0	3	2	1	6	0	0	2	1
1987	8	5	0	0	2	1	0	1	0	0	0	0	1	2	0	4	0	0	0	0
1988	10	9	0	0	0	1	0	1	2	1	1	0	2	0	2	1	0	0	0	1
1989	17	16	0	1	0	0	0	0	1	1	5	0	2	0	1	5	0	0	0	3
1990	9	6	0	0	2	1	0	0	0	1	2	0	0	0	1	3	1	1	1	0
1991	6	5	0	0	0	1	0	0	0	1	1	0	0	0	1	2	0	1	0	1
1992	6	4	1	0	1	0	0	0	3	0	3	0	0	0	1	2	0	0	0	0
1993	7	2	0	1	2	2	0	0	0	1	2	0	0	0	2	1	0	0	1	0
1994	12	10	1	0	0	1	1	0	1	0	2	0	3	0	4	1	0	0	1	1
1995	22	13	3	0	5	1	1	1	6	4	5	0	0	0	3	4	0	0	0	3
1996	27	17	3	0	5	2	0	3	5	1	11	1	0	0	8	2	0	0	2	2
1997	22	0	1	1	3	3	0	2	1	2	12	4	0	0	0	3	0	0	2	0
1998	28	19	0	1	5	3	0	1	1	2	10	6	0	0	9	2	0	0	0	1
1999	32	15	7	2	5	3	2	1	1	9	6	6	0	0	6	2	1	0	0	4
2000	29	10	1	3	8	7	2	2	2	3	2	4	0	0	4	6	1	1	0	4
2001	31	14	5	2	3	7	1	3	2	0	2	4	0	2	11	2	1	0	0	4
2002	28	7	4	0	12	5	1	7	1	2	1	2	1	0	7	6	2	0	0	1
2003	26	7	1	0	8	10	2	2	1	1	2	4	1	0	1	6	0	0	0	8
2004	32	16	3	0	6	7	0	1	3	2	4	0	0	2	5	5	0	0	0	11
2005	31	10	2	0	5	14	2	1	1	1	4	0	0	2	4	14	0	0	0	4
2006	18	11	0	0	0	7	0	0	3	0	4	0	1	1	0	5	0	0	0	4
2007	20	7	3	0	3	7	1	0	2	0	7	0	0	1	0	7	0	0	0	3
2008	22	10	1	0	5	6	1	2		0	8	0	0	3	2	2	0	0	0	3
合计	464	237	36	11	85	90	14	29	41	32	97	31	14	18	73	91	6	3	9	55

说明：资料来源区纪委

表 28-11

1986—2008 年镇海区政纪处分情况表

单位：人

年份	处分人数	处分类别								错误性质											级别			
		开除公职	开除留用察看	撤职	降级	记大过	记过	警告	免于处分	违反财政纪律	贪污	贿赂	其他经济类	失职渎职徇私枉法	嫖娼道德败坏	赌博	违反计划生育	侵权侵占类	以权谋私	其他	县处级	科级	一般干部	其他人员
1986	—	—	—	—	—	—	—	—	—	—	—	—	—	—	—	—	—	—	—	—	—	—	—	—
1987	—	—	—	—	—	—	—	—	—	—	—	—	—	—	—	—	—	—	—	—	—	—	—	—
1988	—	—	—	—	—	—	—	—	—	—	—	—	—	—	—	—	—	—	—	—	—	—	—	—
1989	12	0	2	2	1	2	3	2	0	0	0	0	0	0	0	0	0	0	0	0	0	0	0	0
1990	10	0	0	2	0	4	4		0	0	0	0	0	0	0	0	0	0	0	0	0	0	0	0
1991	10	0	1	3	0	3	1	2	0	0	0	0	0	0	0	0	0	0	0	0	0	0	0	0
1992	10	1	1	1	1	2	2	2	0	0	2	1	1	0	2	4	0	0	0	2	0	0	0	0
1993	23	0	0	0	1	4	4	14	0	4	0	0	0	2	10	0	0	0	1	6	0	0	0	0
1994	15	2	2	0	1	6		4	0	1	1	4	1	0	0	0	0	0	3	5	0	0	0	0
1995	18	1	0	1	2	6	2	6	0	0	0	1	1	2	2	9	0	1	1	1	0	0	0	0
1996	10	1	1	3	0	0	3	2	0	0	1	2	3	0	1	2	0	0	1	1	0	0	0	0
1997	5	0	1	2	0	1	1	0	1	0	1	1	1	0	2	0	0	0	0	1	0	0	0	0
1998	8	1	1	0	0	0	3	3	0	0	0	0	4	0	0	0	3	0	0	1	0	0	0	0
1999	12	2	0	3	0	2		5	0	0	1	3	3	3	1	0	0	0	0	3	0	0	9	3
2000	7	4	0	2	0	2	1	0	0	1	1	3	0	0	0	0	0	0	0	2	1	1	4	1
2001	5	0	0	1	1	2	1	0	1	0	0	1	0	1	0	0	0	1	0	2		2	3	0
2002	5	0	0	3	0	1	1	0	0	2	0	0	0	0	1	1	0	2	0	0	2	3	0	0
2003	2	0	0		0		0	2	0	1	0	0	0	1	0		0	0	0	0	0		1	1
2004	5	1	0	2	1	0	0	1	0	0	0	3	0	1	0	1	0	0	0	0	0	0	3	2
2005	4	4	0	0	0	0	0	0	0	0	2	2	0	0	0	0	0	0	0	0	0	3	0	0
2006	1	1	0	0	0	0	0	0	0	0	1	1	0	0	0	0	0	0	0	0	0	0	0	1
2007	2	2	0	0	0	0	0	0	0	0	0	2	0	0	0	0	0	0	0	0	0	0	0	1
2008	7	5	0	1	0	0	1	0	0	0	0	7	0	0	0	0	0	0	0	0	2	4	1	0
合计	171	24	9	26	8	35	27	43	2	9	10	31	14	10	19	17	3	4	6	24	7	13	21	9

说明：资料来源区纪委

第四章　组织工作

1986—2008 年，中共镇海区委加强各级领导班子和干部队伍思想作风建设，改革干部制度，领导班子和干部队伍素质不断提高；加强基层党组织建设，扩大基层党组织覆盖面，党的基层基础得到巩固；完善党员教育和管理制度，完善民主评议党员制度，积极、慎重发展党员，发挥党员在新时期的先锋模范作用；建立和完善人才培养、吸引、使用三个环节，完善政策，创新机制，优化环境，人才工作取得新成效。（人才工作参见第四十一编“人事　劳动　社会保障”）

第一节　党员队伍建设

党员发展

建区后，中共镇海区委把培养吸收先进青年、知识分子和生产第一线骨干列入党建工作目标。1990 年，重点在企业生产第一线的工人和优秀知识分子中发展党员，以及优秀共青团员和优秀妇女干部入党。1993 年，中共镇海区委提出在三年内基本消除有三年以上未发展党员的农村党支部，对 61 岁以上党员占 1/3 的支部，三年内发展 1 ~2 名 35 岁以下的青年党员，解决农村发展党员难的问题。1998 年，贯彻中央组织部提出的党员发展要坚持“均衡发展，适度增长”的原则，全区有重点的发展党员。2000 年后，推行党员发展全盘筹划制度，建立完善党员发展的推优制、预审制、公示制、票决制和责任追究制，重视在非公有制企业和新经济组织、新社会组织（以下简称“两新”组织）发展党员。2007 年，区委组织部制订下发农村党员发展四年计划，并对党员的结构提出要求。1986—2008 年，全区累计发展党员 6237 人。其中，妇女党员占 38. 1%，25 ~35 岁党员占 66. 1%，大专以上学历的占 26. 36%。1985 年年底全区党员 7548 人，2008 年年底增加到 14672 人。

表 28-12

1986—2008 年镇海区中共党员发展情况表

单位：人

年份	发展员数	性别		民族		年龄				学历				
		男	女	汉族	少数民族	25 岁以下	6 至 35 岁	36 至 59 岁	60 岁以上	大专以上	中专	高中	初中	小学及以下
1986	309	230	79	309	0	65	117	126	1	34	41	70	124	40
1987	307	227	80	307	0	60	137	110	0	32	42	73	114	46
1988	228	166	62	228	0	47	94	87	0	19	29	53	98	29
1989	191	127	64	191	0	45	75	71	0	21	25	38	80	27
1990	262	169	93	262	0	46	108	108	0	30	35	55	104	38
1991	305	211	94	305	0	42	120	142	1	31	35	70	123	46
1992	291	193	98	291	0	39	128	124	0	40	41	69	98	43
1993	292	176	116	292	0	55	108	129	0	44	37	63	118	30
1994	264	158	106	264	0	53	112	99	0	42	53	53	104	12
1995	278	175	103	278	0	44	122	122	0	54	46	52	104	22
1996	273	171	102	273	0	32	154	87	0	53	52	55	85	28
1997	277	168	109	277	0	57	162	58	0	60	47	73	90	7
1998	232	153	79	232	0	35	130	67	0	72	44	47	60	9
1999	255	153	102	255	0	54	120	81	0	67	51	64	60	13
2000	239	162	77	239	0	63	113	62	0	69	46	61	52	11
2001	247	154	93	247	0	39	135	73	0	90	41	53	63	
2002	275	163	112	273	2	60	148	67	1	94	51	79	51	
2003	258	157	101	258	0	51	130	76	1	103	44	67	44	
2004	335	177	158	335	0	71	175	89	0	118	55	76	86	
2005	248	119	129	248	0	50	122	76	0	109	44	45	50	
2006	277	146	131	277	0	43	160	74	0	151	39	33	54	
2007	296	154	142	295	1	186		110	0	157	27	40	72	
2008	298	152	146	297	1	215		83	0	154	34	42	68	
合 计	6237	3861	2376	6233	4	4122		2121	4	1644	959	1331	2303	

说明：资料来源区委组织部

党员结构

1985年年底，镇海区中共党员7548人，其中男性占85.7%，女性占14.3%。文化程度：大专以上占3.2%，中专占3.6%，高中占7.5%，初中及以下占85.7%。年龄：35岁及以下占25.3%，36～45岁占28.6%，46～60岁占37.9%，61岁以上占8.1%。党员行业分布，工业系统占25.16%，基本建设、交通运输系统占4.39%，农林系统占37.68%，财贸、金融系统占7.43%，文卫系统占6.39%，机关系统占12.32%，其他占6.63%。

1986—2008年，党员结构发生显著变化。其中，男性比例从85.54%下降到72%，女性比例从14.46%上升到28%；分年龄组在总数中所占的比例，35岁及以下由25.1%降为22.3%，36～45岁由29.4%降为20.2%，46～59岁由35.8%降为28%，60岁及以上由9.8%上升为29.5%；入党时间在总数中所占的比例，1949年9月前入党的1986年占2.5%，2008年占0.4%，1949年10月至1966年4月入党的1986年占34.1%，2008年占12.8%，1966年4月至1976年10月入党的1986年占32.5%，2008年占15%，1976年11月以后入党的1986年占30.9%，2008年占71.7%。党员文化程度，大专及以上的由3.8%上升为32.2%，中专由4.2%上升为9.5%，高中由8.3%上升为11.4%，初中及以下由83.7%降为46.9%；党员在社会行业分布比例，在岗职工由55.3%降为46.6%（其中国家干部由14.3%降为7.3%，非公有制经济单位劳动者1986年为16.7%，2008年仍保持在16.7%），农民由33.5%降为27.7%，离退休人员由9.6%上升至22.8%。

表 28-13

1986—2008 年镇海区党员学历和入党时间统计表

单位：人

年份	党员数	学历				入党时间				
		大专以上	中专	高中	初中及以下	1945 年 9 月 2 日以前	1945 年 9 月 3 日至 1949 年 9 月	1949 年 10 月至 1966 年 4 月	1966 年 4 月至 1976 年 10 月	1976 年 11 月以后
1986	7900	298	335	658	6609	48	150	2694	2568	2440
1987	8213	380	406	728	6699	37	161	2686	2547	2782
1988	8447	433	462	841	6711	37	159	2669	2568	3014
1989	8611	488	539	827	6757	37	161	2629	2523	3261
1990	8890	555	594	893	6848	40	154	2593	2519	3584
1991	9206	609	651	953	6993	38	148	2585	2514	3921
1992	9494	672	713	1010	7099	37	142	2582	2510	4223
1993	9783	753	770	1081	7179	36	131	2554	2460	4602
1994	10014	819	821	1125	7249	35	125	2535	2468	4851
1995	10292	902	839	1241	7710	32	119	2499	2474	5168
1996	10573	1081	944	1275	7273	29	119	2486	2370	5569
1997	10881	1238	984	1401	7258	29	112	2404	2416	5920
1998	10896	1311	1016	1457	7112	27	105	2366	2359	6039
1999	11075	1556	1123	1244	7152	25	106	2340	2354	6250
2000	11199	1730	1143	1238	7088	19	102	2250	2335	6493
2001	11460	1892	1204	1372	6992	23	104	2247	2313	6773
2002	11796	2145	1262	1327	7062	21	99	2189	2304	7183
2003	12189	2422	1325	1414	7028	18	93	2160	2299	7619
2004	12768	2890	1356	1481	7041	16	91	2128	2270	8283
2005	13079	3217	1408	1553	6901	15	82	2027	2218	8737
2006	13354	3620	1369	1542	6823	15	75	1971	2161	9132
2007	13870	4163	1357	1553	6797	15	71	1914	2154	9716
2008	14672	4727	1392	1675	6878	14	66	1875	2194	10523

说明：资料来源区委组织部

表 28-14

1986—2008 年镇海区党员社会职业分布情况表

单位：人

年份	党员总数	在岗职工						农牧渔民	离退休人员		其他
		小计	公有制单位			非公有制单位			总数	其中离休	
			工人包括营业员服务员	企事业单位管理和技术人员	机关干部	工人包括营业员服务员	企业管理和技术人员				
1986	7900	4365	984	933	1132	938	378	2650	756	207	129
1987	8213	4796	993	1066	1307	973	457	2571	794	225	52
1988	8447	4967	1034	1255	1360	813	505	2626	772	225	82
1989	8611	4855	923	1669	1055	905	303	2719	840	294	197
1990	8890	5022	963	1907	1003	864	285	2789	904	286	175
1991	9206	5179	1021	1933	1020	872	333	2958	962	267	107
1992	9494	5284	971	1958	1051	1037	267	3062	658	237	490
1993	9783	5728	989	2117	1046	1279	297	2790	1102	227	163
1994	10014	5977	1081	2134	1127	1403	232	2780	1077	231	180
1995	10292	6073	1166	2054	1113	1152	588	2626	1111	141	482
1996	10573	6056	978	2398	924	1063	693	2733	1432	153	352
1997	10881	5726	946	2478	905	851	546	3473	1476	161	206
1998	10896	5651	808	2368	1018	880	577	3501	1548	229	196
1999	11075	5275	2928	376	1118	570	283	3350	1805	189	645
2000	11199	5264	868	2307	1192	570	327	3348	1774	210	813
2001	11460	4929	645	1655	1361	821	447	3793	2179	174	559
2002	11796	5015	682	1706	1509	656	462	3925	2343	177	513
2003	12189	5054	712	1706	1324	874	438	3841	2093	111	1201
2004	12768	5449	781	1622	1746	881	419	3675	2721	160	923
2005	13079	5803	1021	2025	1277	869	611	3625	3196	151	455
2006	13354	5782	907	1923	960	1312	680	3916	3347	144	308
2007	13870	6451	828	2170	1176	1635	642	3886	3319	139	211
2008	14672	6840	829	2485	1077	1760	689	4057	3348	132	424

说明：资料来源区委组织部

1986—2008年镇海区党员性别民族年龄构成统计表

表 28-15

单位：人

年份	党员			性别		民族	年龄					
	总数	正式党员	预备党员	男	女	其中少数民族	25岁以下	26岁至35岁	36岁至45岁	46岁至54岁	55岁至59岁	60岁以上
1986	7900	7559	341	6758	1142	2	271	1711	2320	2826		772
1987	8213	7883	330	6981	1232	2	319	1607	2496	2866		925
1988	8447	8190	257	7151	1296	2	277	1610	2654	1954	962	990
1989	8611	8363	248	7253	1358	2	264	1573	2721	1926	1016	1111
1990	8890	8583	307	7444	1446	2	283	1615	2818	1927	1064	1183
1991	9206	8835	371	7650	1556	3	281	1627	2923	1952	1108	1315
1992	9494	9136	358	7912	1582	3	282	1620	2994	2061	1124	1413
1993	9783	9443	340	8038	1745	3	321	1608	2958	2138	1117	1641
1994	10014	9694	320	8156	1858	5	346	1666	2951	2192	1126	1733
1995	10292	10004	288	8363	1929	5	384	1777	2897	2343	1135	1756
1996	10573	10278	295	8526	2047	4	439	1963	2696	2455	1042	1978
1997	10881	10576	305	8734	2147	3	393	2005	2706	2617	1109	2051
1998	10896	10639	257	8734	2162	6	428	2037	2626	2635	1106	2064
1999	11075	10789	286	8735	2340	9	360	1950	2414	2794	1020	2537
2000	11199	10920	279	8799	2400	6	388	1893	2334	2847	1080	2657
2001	11460	11077	383	8950	2510	7	293	1538	2320	2822	1222	3265
2001	11796	11407	389	9170	2626	9	313	1633	2341	2808	1351	3350
2003	12189	11761	428	9431	2758	10	2096		2320	2767	1491	3515
2004	12768	12371	397	9732	3036	15	2336		2440	2708	1580	3704
2005	13079	12712	367	9851	3228	16	2524		2553	2652	1587	3763
2006	13354	12913	441	9843	3511	17	2699		2572	2435	1643	4005
2007	13870	13405	465	10029	3841	21	2957		2786	2270	1638	4219
2008	14672	14225	447	10569	4103	24	3277		2965	2410	1695	4325

说明：资料来源区委组织部

第二节 基层党组织建设

村党组织建设

1985年年底，全区有村党支部152个。1989年9月，撤城北村，全区村党支部151个。2001年，全区151个行政村调整为66个，村级党组织66个。后撤村建居，行政村党组织减少，2008年全区设党委村1个，设党总支村37个，设党支部村22个。

1987年，整顿11个后进村党支部。1989年，农村党支部开展创先、升级、转化工作，全区行政村党支部有一类党支部22个、二类党支部48个、三类党支部72个，对10个后进党支部进行整顿。1991年，根据市委组织部下发的《宁波市行政村党支部战斗力评估标准》，区委组织部评出一类村党支部25个、二类村党支部105个、三类村党支部21个。到1993年年底，全区行政村党支部达到一类党支部标准65个、二类党支部标准86个。

1994年，村党组织实施农村"奔小康工程"，农村党员开展"带头实现小康，带领群众实现小康"活动。1997年，开展村党组织"强村富民创五好"（核心作用好，党员队伍建设好，村级经济发展好，规章制度落实好，精神文明建设好）活动。2000年，农村党组织开展创"五好"（好的领导班子，好的队伍，好的发展路子，好的经营体制，好的管理制度）活动，是年年末，73个行政村党组织达到"五好"标准，占村党组织总数的48.3%。2001年，村党组织实施"民心工程"，全区有34名乡镇机关干部到村任职，其中25人担任村党支部书记。2003年起，全区行政村党组织开展"争星升级创五好"活动，至2004年有30个行政村党组织达到或保持五星级党组织标准。2005年10月起，设立标准化党员服务站，建集活动、服务、议事功能为一体的村民服务中心。2007年，开展城区社区与村开展党建结对试点，并有106家企业、76家机关事业与62个村建立稳定的村企结对关系，帮助结对村解决实际问题127个，确定共建项目56个。2008年，开展创"五好"（领导班子好，党员干部队伍好，工作机制好，小康建设业绩好，农民群众反映好）村党组织，蛟川街道中官路村党支部2009年获省"五好"村党组织荣誉。

2008年11月，中共镇海区委规定全区村级正职后备干部达到一职一备，村党组织、村委会、经济合作社班子（以下简称三套班子）其他成员的后备干部每个村不少于2名，女性后备干部比例不少于20%，三套班子干部每届更新率不低于15%。

企业党组织建设

1988年，有80%的企业实行党政分开，并新建11个企业党支部，撤销6个企业党支部，合并5个企业党支部。1990年1月，中共镇海区委下发《关于加强企业党的建设和思想政治工作的若干意见》，对企业党组织的地位、作用和任务作了进一步明确。1997年5月，中共镇海区委进一步明确党对国有企业领导，促进国有企业的改革和发展。2000年7月，中共镇海区委提出加强非公有制企业党的建设，是年年末，全区党员3人以上的126家非公有制企业有116家单独建立党组织，79家职工在50人以上、党员在3人以下的非公有制企业派驻党的工作员。2002年，全区100名职工以上的企业全部建立党组织，50名职工以上的企业有党员率达到100%。2007年，建立蛟川街道（镇海经济开发区）党员服务中心，招宝山街道建立后海塘区域党委，促进区域内非公有制企业党建工作，吸纳和组织流动党员开展正常性的组织生活。是年年末，全区非公有制规模以上企业有党员1972人，单独建立党组织企业133家，联合建立党组织的企业135家，党组织组建率达到100%。2008年，全区有企业党组织300个，其中企业党委12个、企业党支部288个。

1998—2003年，在总资产1000万元或职工100人以上的62家企业中推开“达规范、创‘四好’（即好的领导班子，好的党员队伍，好的工作机制，好的工作制度）”活动，有45家企业党组织达到规范化标准，其中21家企业党组织达到“四好”标准。2003年10月起，全区在非公有制企业党组织中开展“达规范、创‘五好’（即领导班子好、党员队伍好、工作机制好、发展业绩好、群众反映好）”活动，至2004年年末，审核认定26家“五好”企业党组织和6家“规范化”企业党组织。2006年全区有44家“五好”企业党组织通过审核认定。2008年8月，非公有制企业党组织开展“服务企业推动发，服务员工凝聚人心，服务社会促进和谐”活动，力助企业凝心聚力渡难关，企业党建得到企业家和社会各方的支持和认同。

社区党组织建设

1986年，全区建有居民委员会20个，其中建立党支部9个。至2000年，属地管理的居民委员会一般都建立党支部。2001年起居民委员陆续改建为社区，按照“一居一支部”要求，原居委会党组织改为社区党组织。至2008年，全区建立社区25个，其中有23个社区建立党组织（炼化、镇电社区未建立党组织），其中社区党委1个，社区党总支16个，社区党支部6个。

1986年起，居民委员会党支部普遍建立“三会一课”、民主评议党员等制度，开展创先、争优活动。1998年起，城区街道居委会党组织积极开展失业和下岗职工再就业服务，开展创建“充分就业社区”活动，居委会党组织凝聚力和影响力显著增强。2000年起，推行社区在职党员“双向三卡”管理制度（在职党员双向管理、活动情况双向反馈，建立登记卡、活动情况登记卡和活动情况反馈卡），形成新的社区党建工作体系。2001年有1400名社区在职党员，报名参加1900多个社区服务岗，参加社区服务活动的在职党员达到7900人次。2003年，招宝山街道试行改居民区党支部为楼群党支部，建立楼群党支部81个，实现党员教育、管理、监督评议、作用发挥“四进”楼群。2004年7月，后大街社区党员服务站列入宁波市党员服务中心建设首批试点单位，后各镇、街道陆续建立社区党员服务中心。2003年起，开展“争星升级创五好（好班子，好队伍，好服务，好制度，好社风）”活动，是年有5个社区党组织达到五星级党组织标准，2004年度共有13个社区党组织达到或保持五星级党组织标准。2006年4月起，调整充实社区党组织力量。2007年5月下旬至7月上旬，社区党组织换届选举采取“一推一评一示一选”（即党员民主推荐、群众民意测评、选前考察公示和党内无记名投票选举）方式，全区21个社区党组织中设立专职副书记9人，社区党组织班子平均年龄44岁，比换届前下降6岁，大专以上文化程度占42%，比换届前提高10个百分点。

机关党组织建设

1985年10月，中共镇海区机关党委所辖党支部39个，党员414人。2008年年底，区级直属机关党工委下属党委1个，总支6个，支部104个，党员1736人。

1986年，机关党组织开展反对资产阶级自由化教育、形势教育和政治思想教育，倡导社会主义道德风尚。1987年，开展党员大讨论，党风大检查，改革大宣传。1988年，开展党风党纪教育。1989年，落实区委关于党务政务公开和保持自身廉洁的若干规定，健全机关党组织民主生活会制度。1991年，开展机关作风整顿。1994年，开展解放思想大讨论，促进思想观念和工作作风转变。1993年8月，机关党员干部学习中央纪委第二次全体会议精神，机关党委把查处违法违纪案件作为开展反腐败的主要工作，并配合相关部门清理整顿党政机关经商办企业。1996年，机关党组织开展“奉献于事业、服务于人民”主题活动。1997年，开展机关干部从政道德建设大讨论。1999年，机关党组织建立学法制度，机关党工委加强督促检查。2001年，机关党组织开思想作风和工作作风整治工作。2007—2008年，有近1700名机关党员参加理论学习班，有2500多名党员志愿参加文明城市创建活动，机关党组织帮助结对困难户实现就业再就业620人，扶持125户困难户脱贫，16个机关党组织达到“和谐机关党组织”考核要求。

第三节　干部队伍建设

干部制度改革

1988—1993年，加强领导干部评议考察工作，推行干部换岗交流制度、公开招聘制度。1994—1998年，采用“推荐报名、推荐提名、面试考评、组织考察”方式，在后备干部中选拔任用一批素质较好的年轻干部。1995年起，新提拔任职区管领导干部实行一年期限的试用期，民主推荐拟任用的党政领导干部考察对象。1999年，全区试行镇乡和区直属单位拟提拔党政领导干部任前公示制，2000年全面实行党政领导干部任前公示制。2000年起，公开选拔领导干部，至2007年公开选拔副局级领导干部12人。2003年，规范干部选拔任用的条件和民主推荐、考察、任前公示等程序。2005年9月，中共镇海区委调整中层干部管理权限，将原由区委组织部负责管理的单位中层正职干部（含非领导职务），由各镇党委、街道党工委、区级机关部门党委（党工委、党组）管理。2006年3月起，实行拟提拔任用干部差额考察，差额比例20%。2007年7月，区级机关、镇和街道36个中层职位中层干部跨系统交流。2008年，全区推出卫生局副局长、新城管委会副主任、九龙湖旅游度假区管委会副主任、建设交通局副局长、团区委副书记等9个副局级岗位，在全市公开选拔，346人报名参与竞争，经初选量化评估、笔试、面试、组织考核，8名干部竞争上岗。

领导班子建设

1987—1990年，按照干部“四化”标准，提拔干部212人，区级机关和乡镇领导班子素质有所提高，结构更趋合理。1990—1992年，选拔231名中青年干部进入区级机关和镇乡领导班子，进一步改善干部队伍结构。1994—1998年，加强领导班子“一把手”队伍建设，开展推优荐才工作，加强对领导干部监督。5年共选拔区管干部370人。1999年和2003年，加强对领导干部的教育和监管工作，实行领导干部离任经济责任审计和信访件的调查核实，开展对领导干部“八小时以外”的监督管理。5年累计选拔局级中青年干部236人，其中35岁以下干部90人，50%局级领导班子配备35岁以下的年轻干部。2004—2008年，中共镇海区委制定区委全委会成员民主推荐提名、常委会（全委会）干部任免票决、干部选拔任用工作纪实等制度，加强对各级党政机关领导班子和主要负责人的监督管理，有65名领导干部辞去在企业兼任的118个职务。5年累计选拔区管干部239人。2008年年底，全区共有区管干部374人，平均年龄42.6岁，其中45岁以下占67.9%，40岁以下占39.3%，大学以上文化程度占72.9%，女干部占18.4%，非党干部占5%。

区管后备干部培养

1986年始，中共镇海区委开展后备干部队伍建设。1992年，乡镇党委和区直属单位党委（党组）按“一职一备”要求，建立后备干部队伍，领导干部人选原则上从成熟的后备干部中产生。1994—1998年，采用助理制加强对后备干部的培养。1999—2003年，开展后备干部公开选拔工作，列入考察范围的有457人，充实到后备干部库有60人，实行动态管理，共选派年轻后备干部257人到基层各类岗位锻炼。2004年，全区共有区管后备干部203人，其中“一把手”后备干部56人，女性后备干部38人，非中共党员后备干部19人。区委组织部通过选派到村、社区和重要复杂岗位挂职锻炼方式，提高后备干部素质。2007年，区委组织部在全区范围开展后备干部推荐考察工作，其中有35名1980年后出生的列入向区委建议的后备干部名单。2008年，全年提拔后备干部15人，其中处级干部中1980年后出生的4人，科级干部中10人。

第四节　老干部工作

管理

1986年始，区级各部门逐步建立和实施老干部工作岗位目标责任制，区委老干部局每季度召开一次分管老干部工作领导会议，不定期开展老干部工作业务培训。1998年，区建立两年一次召开老干部工作会议、两年一次检查老干部工作制度。2005年起，每年下发老干部工作目标考核细则。

区委老干部局服务对象：撤县建区时划分的离休干部，建区后行政事业、企业单位的离休干部，易地安置委托区管理的离休干部，驻镇海省、部、市属单位委托代管离休干部，区级退休干部。1992年12月起，副局级以上（含享受待遇）退休干部纳入区委老干部局管理。1985年10月至1993年，共接管和办理离休干部261人，其中抗日战争时期70人，解放战争时期191人；提高享受厅局级政治生活待遇6人，厅局级乘车医疗待遇4人，县处级政治生活待遇92人。2008年年底，在世离休干部129人，平均年龄81.9岁。

政治与生活待遇

离退休干部政治待遇与在职时不变，包括阅读文件、听重要报告、参加重要会议和重要政治活动等。区委专门增发一套县处级文件，在区老干部活动中心设阅文室。区举行的纪念性活动、领导干部会议邀请离退休领导参加。从1986年始，全区工作通报会每年2次，重大事情及时向老干部通报，重大决策前召开老干部座谈会征求意见。离退休干部的生活待遇，随着社会和经济发展，逐步提高经费标准。1998—2003 年，区对离休干部经费实行社会统筹，建立离休干部“两费”纳入统筹等四个办法。2008 年归并规范机关津补贴，统一为离休人员生活补贴和退休人员生活补贴，仍保留离休干部的特有经费。

离退休干部党支部建设

1985 年年底，全区离休干部党支部 13 个。1995 年起，建立每季度一次老干部党支部书记例会制度。2003 年起，每年举办 1 期老干部党支部书记培训班。2004 年起，开展“五好”老干部党支部争创活动，两年一轮，至 2008 年，评出“五好”党支部 19 个（次）。2008 年年底，全区离休、副局以上退休干部党支部 41 个，其中离休干部党支部 5 个、退休干部党支部 14 个、离退休干部党支部 22 个，共有党员 321 人。

教育和活动场所建设

区老年大学 1987 年 9 月，宁波老年大学开设镇海分校，校舍设在区政府五楼会议室和农业局会议室，设 3 班级，有老年学员 58 人。1989 年 9 月，校舍设在区老年宫。1995 年 1 月，更名为镇海区老年大学。2001 年 10 月，校舍迁址区离退休职工管理活动中心。2003 年，财政拨款 113 万元，在原址扩建改造老年大学，租用面积 1063 平方米。2004 年 8 月，批准区老年大学为全额补助全民事业，定编 2 人（其中 1 人按编外用工管理）。2008 年年底，在册学员 1400 余人。（参见第三十五编“教育”）

老干部活动中心 1984 年 11 月，在人民公园东侧建成镇海县老干部活动中心，占地 350 平方米，财政拨款 11.8 万元，聘请 1 ~ 2 名离退休人员任管理员。1993 年，区老干部活动中心翻层扩建，建设资金 28 万元，建筑面积扩大到 500 平方米。2003 年，区老干部活动中心重新装修，资金 40 万元，其中 10 万元用于设备更新。2004 年 8 月，区编办明确老干部活动中心为正科级全民事业单位，定编 4 人。2004—2008 年，区老干部活动中心先后 3 次被评为市级先进老干部活动中心。

老干部作用发挥

老干部发挥作用的领域有：参加社会公益事业和公益活动，关心教育下一代，协助做好社区建设、社会治安、计划生育、老龄事业，编史修志、撰写回忆录，从事种养殖业和创办经济实体，受聘党风、行风监督员，为党委、政府建言献策，在社会团体中发挥作用。全区相继成立老年书画协会、老干部钓鱼协会、老年人体育协会、关心下一代协会、京剧联谊会、门球协会、老干部诗社（招宝山诗社）、银发宣讲团。抗战时期入伍的老干部胡伟，长年累月为群众义务理发、按摩，社会誉其为“古镇奇人”“活雷锋”，先后荣获全国和省“老有所为精英奖”，1986 年起连续 7 次被评为宁波市先进离休干部。1985—2008 年，全区获得市级离退休干部先进称号 30 人，区级离退休干部先进称号 20 人。

第五章　宣传工作

1986—2008 年，中共镇海区委遵照中央、省、市有关宣传思想工作的方针、政策，开展干部教育工作，组织开展党的基本路线等主题教育，推进全社会精神文明建设，重视基层政治思想工作，发挥思想宣传工作阵地作用，用建设有中国特色的在社会主义理论统一全区人民的思想，推动全区的经济社会发展和党的建设。

第一节　理论学习

党委中心组理论学习

中共镇海区委建立区委理论学习中心组，学习采用集中研讨、个人自学和专题调研等方式，每月集中学习一次。1999 年 2 月，中共镇海区委制定《进一步健全规范区委理论学习中心组学习制度的意见》，乡镇党委和区直属部门党委（党组）参照执行。2005 年，中共镇海区委制定《镇海区委中心组学习制度实施办法（试行）》，进一步完善区委理论学习中心组学习制度，镇（街道）和区级机关党委（党组、党工委）也完善中心学习组学习制度。各级党委理论学习中心组每年制定学习计划，重点学习中国特色社会主义理论和党的路线、方针政策和决议，联系实际开展理论研讨和工作研讨。

党员干部理论学习

1988 年开展生产力标准研讨，举办局级领导干部学习中共十三大文件精神读书班，培训乡镇、机关和基层党支部书记 247 人，全区 10 个乡镇 4800 多名党员和干部参加学习培训。

1990 年，组织马克思主义哲学基本原理学习，区、镇乡机关干部参加学习考试的占机关干部总数的 90%，6540 名农村党员进乡镇党校学习“四项基本原则”和《农村基层干部读本》。

1992 年，学习邓小平南方谈话和中共十四大精神，局级干部进区委党校学习培训，农村和企业党员进基层党校轮训。

1993 年，学习中共十四大精神和中共十四大通过的新《中国共产党章程》，开展社会主义市场经济理论和基础知识、改革与发展、干部作风建设教育，全区副乡镇长以上领导干部参训率达到 82.6%，举办区级机关党支部书记、农村党支部书记及中青年干部培训班。

1994 年，学习《邓小平文选》第三卷和中共十四届三中、四中全会精神，开展解放思想大讨论。

1995—1997 年，开展“学理论、学党章”教育活动，全区基层党校举办培训班 256 期，培训党员1.8万多人次。

1997年、1998年，重点学习江泽民“5·29”讲话精神和中共十五大精神，举办4期领导干部读书会，全区乡镇干部集中考试邓小平理论和中共十五大精神。

2000年、2001年，重点学习“三个代表”重要思想，开展“致富思源、富而思进”教育，区组织讲师团向党员干部宣讲约339场次，计3.5万余人参加，乡镇党校和系统党校举办党员培训班82期，培训7724人次，并组织乡镇机关开展“贯彻‘三个代表’要求，我为镇海发展做什么”大讨论活动。2001年，开展党的基本知识和实践党的宗旨教育。

2002年、2003年，学习中共十五届六中全会精神、中共十六大精神和“三个代表”重要思想，各级党校培训党员干部人数约42700人次。

2003年，开展“学习贯彻十六大精神、推进三带三区大发展”和“看周边、找差距、转变观念谋发展”大讨论活动，参加活动人数52700多人次。

2005年、2006年，开展保持共产党员先进性教育活动。

2007年、2008年，开展中共十七大精神主题教育，区讲师团到基层宣讲450多场次，推广开展“微型党课”教育。

第二节　宣传教育

党的全国代表大会精神宣传

中共十三大召开后，宣传部有关同志为区级机关、基层组织、驻镇部队专题讲课40多次，印发中共十三大精神知识竞赛9100份，编印中共十三大基本知识讲座30讲。

1992年10月中共十四大召开后，全区开展中共十四大精神教育宣传。

1997年中共十五大召开前后，区级新闻媒体开设迎接中共十五大、宣传中共十五大精神专栏，全面深入及时地报道中共十五精神以及各单位学习贯彻中共十五大精神的情况、经验和做法。

2002年，区级新闻宣传媒体开设“创造新成绩，迎接十六大”“喜看五年”“迎接十六大、再创新辉煌”等专题和专栏，广泛宣传镇海改革开放和现代化建设的新成就，区讲师团进基层宣讲100场次，直接听众10600人次。2003年，开展中共十六大精神主题教育。全区组织89个工作组，到65个行政村、18个社区和6家企业开展宣传教育，开展宣讲300多场次，各镇、街道还组织10多个宣传小分队和“百场电影下乡”，举办各类文艺活动300多场次。

2007年中共十七大召开后，广播、电视、报刊、网络等多种载体都开设专题和专栏，宣传中共十七大精神。2008年，全区开展以“高举旗帜推进科学发展，创业创新实施五大工程”为主题的中共十七大精神教育，组织开展全区干群大讨论、万名市民搞竞赛、千名党员上党课、百场宣讲进基层、十佳典型作示范等活动，镇海新闻网举办网络学习中共十七大精神知识竞赛，4940多名群众参加网上答题。

形势任务教育

1986 年，全区开展经济体制改革形势政策教育。

1989 年 12 月，开展农村党的基本路线教育，全区 46% 的村民和 89% 的户长受到一次多年没有的面对面教育。

1990 年，开展以中共十三届五中全会精神为主要内容的农村、企业党的基本路线教育。全区 129 个村开展教育工作，受教育的户长占应教育户数的 90. 42%，培训党员干部 4983 人次；121 家全民、大集体企业和乡镇企业，党员干部受教育面达到 98% 以上，职工教育面达到 94%。

1991 年，机关、农村、企业和学校开展反“和平演变”教育。农村以“反演变、奔小康、建设社会主义新农村”为主题，开展社会主义思想教育；企业开展职工“基本路线、基本国情”教育，17 个局（公司）所属 119 家企事业单位的 17784 名职工参加教育活动，占应教育人数的 93. 3%。

1994 年、1995 年、1996 年、1997 年，连续四年开展农村党的基本路线教育。

1996 年、1997 年，连续两年开展企业形势任务教育。

1999 年，开展农业和农村现代化教育，贯彻落实《镇海区农业和农村现代化建设实施意见》。

2000 年，开展学习贯彻中共十五届四中全会精神主题教育活动和“致富思源、富而思进”宣传教育，300 余名机关干部进村开展教育活动，组织 8 个工作组进驻国有、集体企业开展教育活动。

2001 年，全区再次开展农业和农村现代化教育。

2003 年，开展“转变观念谋发展”教育和大讨论活动，全区参加大讨论活动的干部和群众约有 52700 多人。

2007 年，开展建设社会主义新农村主题教育，发动各级机关、企事业单位下村送教育、送政策、送服务，帮助新农村建设。

重要纪念活动

1989 年，纪念镇海解放 40 周年，举办“知镇海、爱镇海、建设镇海”大型展览，参观人数约 1. 2 万人次。

1991 年，开展以“党在我心中”为主题的中国共产党成立 70 周年纪念活动。

1997 年，开展庆祝香港回归祖国的宣传活动，举办“我们爱祖国、我们爱香港”万名儿童绘画签名传递仪式、“抗英史迹励后人、不忘国耻庆回归”、“喜庆香港回归，共建港城文明”文艺大巡游等活动。

1998 年，开展中共十一届三中全会二十周年纪念活动。

2001 年，开展纪念中国共产党成立 80 周年宣传教育，举办纪念中国共产党成立 80 周年广场文化活动 50 多场次。

2004 年，纪念邓小平 100 周年诞辰暨纪念邓小平“把全世界的宁波帮都动员起来建设宁波”指示发表 20 周年，举办以“畅叙乡情友谊，共图发展繁荣”为主题的系列纪念活动。

2006 年，举办中国共产党成立 85 周年、红军长征胜利 70 周年系列纪念活动。

2007 年，开展“同在一片蓝天下、同在一块热土上”为主题的“新镇海人”系列教育，评选十佳外来务工员，开展牵手帮护等活动，推进“新镇海人”与镇海人民共建共享、共创共荣。

2008 年，纪念改革开放 30 周年，广泛宣传镇海区改革开放 30 年的成就和经验，评选和宣传全区“改革开放 30 年 30 事”。

思想政治工作制度和队伍建设

1986 年 5 月，召开全区首次思想政治工作会议，交流基层开展思想政治工作经验，部署全区开展思想政治工作任务。以后，全区每年召开全区思想政治工作或宣传工作会议。

1987 年，区委宣传部建立每季一次思想政治工作例会制度。1988 年，区委宣传部建立由 32 人组成的宣传信息员队伍，建立 8 个部门组成的全区中小学德育例会制度。

1990 年 1 月，中共镇海区委下发《关于加强企业党的建设和思想政治工作的若干意见》，明确区计经委和企业主管局配专职政工干部，建立思想政治工作年度目标责任制。1991 年，建立由 240 人组成的农村宣传员队伍，每村和重点乡镇企业均配备 1 名以上宣传员；9 月，中共镇海区委下发《加强企业思想政治工作的若干意见》，并组织有关部门督促企业落实思想政治工作制度、宣传教育阵地和思想政治工作人员。

1992 年，全区完成首批企业政工职称评定工作，108 人获政工职称，其中评为中职职称以上 22 人。

1997 年 5 月，中共镇海区委下发《关于进一步加强和改进国有（集体）企业党的建设和思想政治工作的实施意见》，明确新形势下拓展和充实企业思想政治工作内容，建立适应现代企业制度的思想政治工作方式方法；12 月，区思想政治工作研究会成立，开展思想政治工作交流研究。

1999 年，评选企业思想政治工作创新奖。2000 年，区委宣传部建立思想政治工作和社会舆情分析联席会议制度，对群众关注的社会热点问题开展舆情调研，指导基层有针对性开展思想政治工作；4 月，中共镇海区委下发《关于加强和改进思想政治工作的实施意见》，进一步明确农村、企业、学校和社区思想政治工作目标和任务。

2000—2008 年，部署开展企业文化建设活动，创建学习型社区、和谐社区和文明社区。

第三节　爱国主义教育

教育活动

1994 年 2 月，镇海区委、区人民政府作出《关于抓紧保护开发利用镇海口海防遗迹，推进全区爱国主义、集体主义和社会主义教育的决定》，全区兴起爱国主义教育热潮。1995 年 1 月，中共镇海区委、区人民政府下发《关于进一步加强全区爱国主义教育工作的意见》，全面部署全区爱国主义教育。中共镇海区委、区人民政府每年制定全区爱国主义教育活动实施意见，形成爱国主义教育长效机制。

1994 年，确定在每年 4 月第一个星期天举办爱国主义周教育活动，活动动期间除举办有 1000 人左右、各界人士参加的开幕式，还组织以爱国主义为主题的电影周、文艺会演、文化巡游、演讲征文等活动，至2008年连续举办15个爱国主义教育周活动。

青少年是全区爱国主义教育重点，教育活动形式多样，如每年“一二·九”运动纪念日举办18岁成人仪式，镇海口海防纪念馆建立未成年人教育基地，镇海中学每年高一新生第一堂课瞻仰学校的人文历史遗迹，各个小学普遍建立“国旗”班、爱国主义教育基地红领巾讲解队伍。

镇海区与有关单位合作，摄制反映中法战争镇海口保卫战的《炮魂》《血墙》等京剧、电视连续剧、专题片等，其中《血墙》获得第十六届电视剧“飞天奖”中篇电视剧三等奖和浙江省“五个一工程”奖；组织编印《海天雄镇》《中法战争镇海之役史料》《雄关烽烟录》《雄关丹心》等系列书籍，各个爱国主义教育基地还设计制作画册、明信片、折页、书签等宣传资料。据统计，全区创作生产和印制的各类爱国主义教育题材宣传品达到20多种。

爱国主义教育基地建设

1997年10月建成镇海口海防历史纪念馆，还在纪念馆周边建立和修缮一批爱国主义教育设施和馆所，形成以“一馆”（镇海口海防历史纪念馆）为龙头，“三区”（招宝山区、后海塘区和梓荫山区内的海防遗迹）、“四点”（朱枫故居、古海塘、驻镇部队史展馆和陈寿昌烈士纪念馆）为补充的爱国主义教育基地网络。所有爱国主义教育基地和参观点均实行“一挂两免”（挂牌定点，免费开放、免费讲解），镇海口海防历史纪念馆也因此成为宁波市和浙江省首先向社会免费开放的大型纪念馆所。镇海口海防历史纪念馆自1997年开馆以来，已累计接待参观人员100多万人次。该馆和镇海口海防遗址先后被列为全国首批百家爱国主义教育示范基地、全国青少年教育基地、浙江省国防教育基地、省爱国主义教育基地先进单位。（参见第三十七编“文化”）

第四节 对外宣传

1992年，被市级以上新闻单位用稿100多篇，其中有3篇被《人民日报》《人民日报（海外版）》录用。

1993年，反映镇海两个文明建设成果的114篇稿件，被香港《文汇报》《大公报》及《深圳特区报》《深圳商报》《浙江日报》等录用。

1994年，组织以镇海爱国主义教育活动为主题的对外宣传，各级新闻媒体纷纷报道宣传镇海区爱国主义教育活动，《人民日报》2月20日头版刊登《春天的故事》、5月28日头版刊登《听古垒诉说——宁波镇海爱国主义教育见闻》，《浙江日报》5月13日、15日头版刊载《热土上涌动春潮》系列报道，配发评论员文章，《解放日报》5月20日头版刊载《镇海海防遗迹修复工程赢得炎黄子孙热情支持》，中央人民广播电台、中国国际广播电台先后两次连续20分钟，长篇报道镇海修复海防遗迹开展爱国主义教育工程。

1995年4月，中央电视台《新闻联播》栏目播出镇海区第二个“爱教周”活动，《人民日报》、中央电视台、中央人民广播电台及省内外新闻媒体报道镇海口海防历史纪念馆奠基仪式、中法战争胜利110周年研讨会。

1996年，开展以“天南地北镇海人”为主题的对外宣传，香港《大公报》整版介绍“浙东门户——镇海、宁波帮的发源地——镇海”，镇海新闻被《人民日报》海外版等省级以上录用重点稿件70余篇，录制的郑氏十七房电视片在中央电视台3个频道播出。

1997年，区邀请中央和省、市媒体20余家再次采访镇海爱国主义教育活动，《人民日报》华东版、《解放日报》、《浙江日报》等以专题或连续报道的形式，集中报道镇海精神文明建设和爱国主义教育的基本做法和经验。

2000年1月31日，《人民日报》头版刊载《母爱的力量——记“爱国拥军好母亲”嵇蓉珍》，报道镇海女职工嵇蓉珍爱国拥军事迹，中央其他多家媒体也进行长篇报道。

2001年4月，区邀请台湾无线卫视、东森电视台、《劲报》《投资中国》等4家媒体采访镇海，《投资中国》以3000多字篇幅较全面报道宣传镇海的人文、地理和投资环境。

2002年，邀请国内外媒体采访镇海，海外媒体发表介绍镇海的文章10多篇，《镇海报》稿件被各级党报录用200多篇，其中刊载在《宁波日报》头版头条的达10篇。

2006年4月，《今日镇海》刊载长篇通讯《十六年相守风雨路》，报道驻镇海部队军嫂李兰英悉心照顾长年患病丈夫，用爱心创造生命奇迹的事迹，吸引浙江、江苏两地10多家新闻媒体采访，开展跟踪报道。

2007年，镇海新闻被《浙江日报》录用26篇、《宁波日报》267篇。

第六章　统战工作

1986—2008年，区委统战部按照区委的统一战线工作部署，贯彻中国共产党新时期统战工作方针、制度和政策，坚持以“大团结、大联合”的主题，团结社会各界人士，开展港澳台及海外统战工作，凝聚人心，汇聚力量，为祖国统一大业和社会主义现代化建设服务。乡镇街道党委（党工委）宣传委员兼任统战委员，建立基层统一战线工作制度。

1996年4月，区委统战部挂区委台湾工作办公室（区人民政府台湾事务办公室）、区人民政府民族宗教事务办公室牌子。

第一节　与党外人士合作共事

党外人士参政议政

区第八届人大代表党外人士71人，占代表总数的31.3%，党外人士人任大常务委员会（以下简称常委会）副主任1人、委员2人。区第九届人大代表党外人士103人，占代表总数的41.7%，党外人士任常委会副主任1人、委员3人。区第十届人大代表党外人士85人，占代表总数的34.3%，党外人士任常委会副主任1人、委员4人。区第十一届人大代表党外人士40人，占代表总数的24%，党外人士任常委会副主任1人、委员2人。第十二届区人大代表党外人士47人，占代表总数的27.3%，党外人士任常委会副主任1人、委员2人。第十三届区人大代表党外人士54人，占代表总数的31.12%，党外人士任常委会副主任1人、委员3人。

1987年区政协换届，三届区政协委员110人，其中非中共人士79人（民主党派成员2人），占委员总数71.8%；政协常委21人，其中非中共人士14人，占总数66.7%；政协副主席6人，其中非中共人士4人。

1990年区政协换届，四届区政协委员120人，其中非中共人士79人（民主党派成员9人），占委员总数65.9%；政协常委21人，其中非中共人士14人，占总数66.7%；政协副主席6人，其中非中共人士4人。

1993年区政协换届，五届区政协委员160人，其中非中共人士98人（民主党派成员9人），占委员总数61.2%；政协常委27人，其中非中共人士18人（民主党派成员2人），占总数66.7%；政协副主席6人，其中非中共人士4人。

1998年区政协换届，六届区政协委员156人，其中非中共人士95人（民主党派成员12人），占总数60.9%；政协常委27人，其中非中共人士18人（民主党派成员2人），占总数66.7%；政协副主席5人，其中非中共人士4人。

2003年区政协换届，七届区政协委员170人，其中非中共人士103人（民主党派成员26人），占总数60.6%；政协常委20人，其中非中共人士13人（民主党派成员5人），占总数65%；政协副主席5人，其中非中共人士1人。2007年区政协换届，八届区政协委员175人，其中非中共人士105人（民主党派成员37人），占总数60%；政协常委26人，其中非中共人士17人（民主党派成员8人），占总数65.4%；政协副主席5人，其中非中共人士1人；非中共市政协委员8人。

培养选拔党外干部

党外干部教育列入区委全年干部教育计划，并列入主体班次。其中，2002年、2004年、2007年，区委党校举办党外干部培训班3个班次，培训党外干部110人次。

1995年3月，区委统战部对非中共后备干部全面考察，从中选择23名优秀非中共年轻干部列入区级后备干部人选。此后多次对非中共后备干部进行考察，加强对非中共后备干部培养。2008年，有20名党外干部进入区后备干部人才库。

1995年7月，中共镇海区委批转区委组织部、统战部《关于积极培养选拔非中共干部担任政府部门领导职务的意见》，按照《党政干部选拔任用工作条例》的有关规定，有计划选拔使用党外干部。2008年年底，区管非中共领导干部16人，其中政府部门和司法机关6人，其他单位及部门10人，任正职1人。

第二节 港澳台及海外团结联谊

联谊活动

1990年4月18日至20日，区政府在深圳召开“宁波镇海对外经济贸易研讨会”，香港同胞102人参加会议，签订中外合资企业合同书2份，协议书、意向书7份，“三来一补”合同书4份。

1996年4月8日，区新闻采访团赴港采访包玉书兄妹、李坤夫妇、陈志耀、李明昌父子、赵安中及香港甬港联谊会负责人。

2002年10月31日，举行“包氏家族与宁波商帮文化研讨会”，中国民主促进会副主席陈舜礼及有关专家学者80人参加。

2003年11月21日，区委统战部、区海外联谊会举行“彩虹之路——经济界人士共谋发展研讨会”，海外经济界人士、民营企业家、台资企业老总等20余人参加。

2005年2月23日，区政府举行元宵招待会，在镇台商、外商、港商50余人参加；10月、11月，举行“开放创新·彩虹之路”10周年座谈会、张济民《我的经营观》首发式、首届“彩虹大使”授予仪式等6项内容组成的大型系列活动。

2005年10月28日至11月28日，举行“爱国爱乡、造福桑梓”港澳台及海外华侨华人捐赠事迹图板展。

2006年11月16日，举行《爱国爱乡 造福桑梓——镇海港澳台同胞及海外华侨华人回报家乡纪实》画册首发式。

2007 年 5 月 20—24 日，区政府在香港举办“宁波帮博物馆诚邀乡贤垂询会”。

2008 年 11 月 13 日，在招宝山饭店举行“彩虹之路——海内外新生代议辉煌、谋发展 30 年座谈会”，虞刚年夫妇、陈志耀、陆扬烈等对家乡建设发展提出建议。

区联谊组织

台胞台属联谊会（以下简称台联会）　1988 年 6 月成立，是以台胞台属为主体自愿组成的爱国民间性社会团体，至 2008 年共选举产生 5 届台联会。首届台联会（1988 年 7 月至 1991 年 9 月），会长徐德智。第二、三届台联会（1991 年 9 月至 2003 年 11 月），会长俞绍备。第四届台联会 2003 年 11 月至 2008 年 12 月，会长周永昌。第五届台联会 2008 年 12 月起，会长赵德明。台联会下设镇、街道分会。

宁波市镇海海外联谊会（以下简称海外联）　1993 年 12 月成立，会员由镇海各界人士及有关单位和团体、港澳同胞、台湾同胞和海外侨胞及华人中的知名人士组成。首届海外联（1993 年 12 月至 1998 年 12 月），会长沃仁祥。第二届海外联谊会（1998 年 12 月至 2004 年 8 月），会长周晓芳。第三届海外联谊会（2004 年 8 月至 2009 年 12 月），其中 2004 年 8 月至 2008 年 4 月，会长周晓芳，2008 年 4 月至 2009 年 12 月，会长胡文安。1995 年创办宁波市镇海海外联谊会会刊《彩虹》杂志，每季一期，面向港澳台胞及海外人士发送，介绍镇海经济社会发展，宣传海外人士爱国爱乡、造福桑梓义举。

镇海区留学人员和家属联谊会（以下简称留联会）　1995 年 9 月，成立镇海区出国留学人员家属联谊会，2007 年 12 月更名“镇海区留学人员和家属联谊会”，是镇海区留学人员和留学人员家属自愿参加的全区性联谊社会团体。首届留联会（1995 年 9 月至 1997 年 9 月），会长徐晓芳。第二、三届留联会（2002 年 9 月至 2012 年 11 月），会长盛树君。

第三节　统战政策落实

私房和宗教房产政策落实

1986 年，继续开展落实华侨土改私房查证核实和腾退工作，至年底腾退归还 19 户，住宅面积 5389. 46 平方米，并发放产权证。腾退归还上海镇海籍 2 户工商业者在乡私房，面积约 200 平方米。1987 年，落实 1 户台属私房政策，面积 137 平方米，落实 2 户因与台湾关系受错误处理的房产政策，面积 421 平方米。

1986 年，归还基督教房产 4 处共 863 平方米，折价退赔 10420 元。1987 年，落实宗教房产 6 处。1989 年 1 月，宗教房产向土地管理局登记，落实宗教房产的产权。除房管处代管的佛教房产由房管处登记外，佛教登记的有：宝陀寺、观音阁、总持寺原大殿与一部分尚存的偏房、福田寺、净圆寺，基督教登记的有：城关教堂、骆驼教堂、后施点、贵驷点、原庄市堂、清水浦点。至 1997 年，共归还宗教团体产权面积 1864 平方米，另 884 平方米因已被有关单位改造或拆建，折价 2. 4 万元补偿，补偿款退给宗教团体。1998年，区政府给区佛教协会一次性经济补偿60万元，听潮庵房产由房管处移交给区佛教协会。2000年落实镇海天主堂房产补偿，支付征地费用0.17公顷，补助填塘渣费3万元，赔偿7间平房折价1.5万元。

宗教人士政治安排

1990年3月，区基督教三自爱国运动委员会（以下简称三自教会）主席胡祖学为区第四届政协常委，副主席董才章、区佛协理事徐性慧为区政协第四届委员，常志和尚为区第九届人大代表。

1993年3月，区基督教三自教会、基督教协会（以下简称两会）主席（会长）胡祖学任区政协第五届常委，性慧为第十届区人大代表，周志芳、慧定为区政协第五届委员。

1998年2月，区基督教两会主席（会长）周志芳任区政协第六届常委，法正为区第十一届人大代表，区基督教两会名誉主席（会长）胡祖学、区佛教协会副会长慧定、骆驼教堂堂管会主任陈世耀、宝陀寺副当家宽海任区政协第六届委员。

2003年2月，区基督教两会主席（会长）周志芳任区政协第七届常委，区佛协副会长法正为区第十二届人大代表，区佛教协会会长慧定、骆驼教堂堂管委主任陈世耀、天主教信徒汤青海为区政协第七届委员。

2007年2月，区佛教协会会长法正为区政协第八届常委，区佛教协会副会长佛祥为第十三届区人大代表，区基督教三自教会主席周马大和副主席张玉英、区佛教协会副会长证觉为区政协第八届委员。

错案纠正

1987年，查清、认定、落实王传林、斯建安、杨青山（河北定州人）等起义投诚人员的有关政策遗留问题。是年年底，平反冤假错案69件，错划“右派分子”86件，认定起义投诚人员29件，处理错误查抄财物80件。

第七章　党校工作

中共镇海区委重视党校建设，把党的理论教育和党性教育作为党校的首位任务，充分发挥党校培训党员干部的主渠道作用，党校教育取得显著成绩。2008 年，全区有区委党校 1 所、基层党校 84 所。

第一节　区委党校

学校设置

1985 年 10 月，中共宁波市委决定原镇海县委党校改挂镇海区委党校和北仑区委党校两块牌子，共同承担两区党员干部教育培训任务。1992 年 1 月，两区党校经宁波市委党校协调分离。1993 年 3 月，镇海区委党校和区委宣传部合署办公，实行两块牌子、一套班子领导体制。2002 年 1 月，区委党校与区委宣传部分设，为区委直属局级事业单位。2008 年，学校有干部职工 11 人，其中专兼职教师 6 人，行政后勤人员 5 人，办公兼教学楼 3 幢，大小教室及报告厅 6 个，基本能够满足培训轮训干部需要。

党员干部教育培训

1985—2008 年，党校共举办各类培训班约 440 期，共培训 3.5 万余人次：区管干部理论进修班、培训班、读书会 80 余期，参与学习 5000 人余次；联合区纪委、组织部、宣传部、统战部、区直机关党工委、妇联、团委、总工会等相关部门及系统，对基层干部、党员、妇女干部、中青年干部、党外干部举办短期轮训和培训班 360 余期，培训 3 万余人次。党员干部的培训内容上，逐步形成基础理论、能力培训、体验式教学“三大课程板块”，取得效果。

学历教育

1985—2001 年，开办干部中专班 2 届，毕业 90 人；省函院中专班 2 届，毕业 426 人；财会中专班 5 届，毕业 268 人；政工大专班 2 届，毕业 102 人；企业管理中专班 1 届，毕业 37 人，农村管理中专班 1 届，毕业 42 人。

2000 年开办经济管理大专班，2000—2007 年共开办 8 个班级，学制三年，毕业学员 519 人，2008 年停办。2003 年、2006 年开办 2 届农村管理大专班，共 2 个班级，学制三年，毕业学员 160 人。2003 年至 2008 年，开办 6 届经济管理本科班，6 个班级，学制 4 年，毕业学员 217 人。2008 年，大专班停止招生，新招收 2008 级本科班学员 51 人。学校共有 2006 级、2007 级经济管理大专班，2006 级、2007 级、2008 级经济管理本科班，2006 级农村管理大专班 6 个班级，学员 392 人。

第二节　基层党校

1987 年，成立庄市、澥浦、俞范等乡镇党校 10 所。

1989 年，乡镇党校首次以长班短训形式举办为期 3 个月的农村后备干部培训班。

1990 年，建企业党校和机关系统党校，镇海棉纺织厂党校、区计经委口党校、区农经委口党校、区财贸口党校于当年相继成立。1991 年，庄市镇党校被评为全国先进基层党校。

2000 年 11 月，出席全国先进基层党校工作会议的各省、市委宣传部党教处长到庄市镇党校参观考察，庄市镇党校被评为全国先进基层党校示范点。

2005 年 4 月，区委宣传部下发《关于实施“4110 工程”加强基层党校建设的意见》，要求全区所有符合条件的村、社区、企业建立基层党校，并制订出台《镇海区基层党校工作制度汇编》。

2008 年 1 月，区委宣传部在庄市街道党校举办全区基层党校建立二十周年暨区基层党校建设研讨会。2008 年，全区有基层党校 84 所，其中镇、街道党校 6 所，部门系统党校 6 所，村党校 45 所，社区党校 24 所，企业党校 3 所。

第八章　精神文明建设

镇海区建立后，以“五讲四美三热爱”（即讲文明、讲礼貌、讲卫生、讲秩序、讲道德；心灵美、语言美、行为美、环境美；爱祖国、爱人民、爱社会主义）为主题，创建文明家庭、文明小区、文明社区、文明工厂、文明村、文明社区、文明商店、文明学校和文明路段。1989 年始，评选季度精神文明建设 10 件新事、年度 10 件新事。1994 年，全区依托海防历史资源实施爱国主义教育工程，构建爱国主义教育基地网络，举办爱国主义教育周活动。2003 年始，创建“文明之城、爱心之城、礼仪之城”，不断推进精神文明创建活动。（爱国主义教育参见第二十八编“中国共产党”第五章“宣传工作”）

第一节　文明城区和文明单位创建

省文明城区、文明示范城区创建

2003 年，镇海区按照省、市部署，创建省文明城区，创建文明城区活动与建设现代化生态园林城区、平安城区、文化名区相结合，创建工作取得显著成绩。2004 年 1 月，镇海区被省委、省政府命名为浙江省创建文明城区工作先进城区。2005 年 1 月，镇海区被省委、省政府命名为省文明城区。

2007 年，镇海区创建省示范文明城区，成立创建工作领导小组，下设政务环境、法治环境、市场环境、人文环境、生活环境、生态环境和创建活动 7 个专业组，相关单位、各街道、社区也成立创建工作机构，建立责任考核机制，如期达到省文明示范城区创建目标。2008 年 10 月，镇海区被省委、省政府命名为“第二批浙江省示范文明城区”。

2005 年 8 月，宁波市获全国首批文明城市称号，镇海区获宁波市全国文明城市创建工作先进单位称号。2008 年，宁波市蝉联全国文明城市，镇海区获宁波市创建全国文明城市先进单位称号。

基层文明创建

文明单位创建　1986 年，镇海区制订区级文明单位评比条件、评比标准、管理办法，发动企事业单位开展文明单位创建活动，至年底全区共创建文明单位 18 个，评出“文明楼”9 幢，“五好家庭”60 户。此后，区级文明单位每两年评选一次。2000 年始，开展创建区级文明机关、文明窗口活动。2006 年、2008 年，镇海中学、镇海海关两次获全国文明单位称号。至 2008 年，镇海区有全国文明单位 2 家，省级文明单位 15 家，市级文明单位 26 家，区级文明单位 110 家、文明窗口 50 家。

镇海区国家级、省级、市级文明单位统计表（至2008年）

表28－16

国家级文明单位（2个）	镇海中学、中华人民共和国镇海海关
省级文明单位（15个）	中国工商银行宁波市镇海区支行、中国建设设银行宁波市镇海区支行、镇海区中心学校、浙江省电信有限公司镇海区分公司、镇海区邮政局、宁波华通电器集团股份有限公司、宁波中鑫毛纺集团有限公司、浙江镇海发电有限责任公司、中国石化镇海炼油化工股份有限公司、浙江省二建建设集团有限公司、镇海供电局、镇海区公路管理段、镇海区烟草专卖局、镇海区龙赛中学、宁波海事局镇海海事处
市级文明单位（26个）	中国农业银行宁波市镇海区支行、中国银行镇海支行、浙江移动通讯有限责任公司镇海分公司、镇海区国家税务局、镇海区公路运输管理（稽征）所、中国人民财产保险股份有限公司宁波市镇海支公司、中国工商银行宁波市镇海石化支行、镇海区骆驼中心学校、宁波发电工程有限公司、中国人民银行宁波经济技术开发区支行、镇海区应行久外语实验学校、宁波众茂集团有限责任公司、镇海区财政局、镇海区仁爱中学、镇海区疾病预防控制中心、镇海区行政审批管理办公室、上海海事局宁波航标处、中国石化集团宁波工程有限公司、宁波港股份有限公司油港轮驳有限公司、宁波港股份有限公司镇海港埠有限公司、宁波摩士集团股份有限公司、宁波文魁笔业有限公司、宁波华一包装有限公司、宁波市天衡制药有限公司、中交上海航道局建设有限公司、中交第三航务工程局有限公司宁波分公司

说明：资料来源区文明办

文明村创建 1986年农村整党，各村修订文明村创建规划。1987年，澥浦镇桥里戴村进入省、市首批文明村行列，3个村被命名为区级文明村。1990年，全区106个行政村开展评“三户”（遵纪守法户、五好家庭户、双文明户）活动，66个村通过复评。1993—2000年，全区开展树强扶弱奔小康和强村富民工作，农村文明建设列入重要内容。2000年后围绕社会主义新农村建设，先后组织实施“百村示范、千村整治”工程、农村环境高标准综合整治、“清洁美化家园”行动、新农村文化建设工程等。164家区级文明单位和全区66个行政村结对共建文明（包括驻镇海部队联村结对），共建内容包括思想教育、服务设施、环境卫生、文体活动、社会治安等方面。截至2008年，全区创建省级文明村2个、市级文明村19个、区级文明村40个，庄市街道光明村获全国文明村镇先进村称号。

镇海区省级、市级文明村统计表（至2008年）

表28－17

省级文明村	庄市街道光明村　蛟川街道：虹桥村
市级文明村	骆驼街道金东村　骆驼街道团桥村　骆驼街道联勤村　骆驼街道董家畈村　蛟川街道迎周村　蛟川街道清水浦村　蛟川街道中官路村　庄市街道联兴村　庄市街道勤勇村　庄市街道曙光村　庄市街道钟包村　九龙湖镇杜夹岙村　九龙湖镇西经堂村　九龙湖镇田顾村　九龙湖镇九龙湖村　澥浦镇澥浦村　澥浦镇庙戴村　澥浦镇湾塘村　澥浦镇十七房村

说明：资料来源区文明办

文明社区创建 2002年起，以社区自治建设、市民素质、社区服务、社区平安、社区文化等为重点内容，创建评选文明社区。2006年，文明社区创建呈现“创新出品牌、拓展促均衡”格局，涌现出后大街社区创建文化型社区、总浦桥社区创建孝德型社区、西门社区创建服务型社区等一批社区建设品牌。其中，后大街社区2005年3月被中央文明办、民政部、国家新闻出版署、国家广电总局联合授予全国十佳学习型社区称号。至2008年，全区获评省文明社区7个、市文明社区10个。

镇海区省级、市级文明社区统计表（至2008年）

表28－18

省级文明社区	招宝山街道白龙社区、招宝山街道后大街社区、招宝山街道总浦桥社区、招宝山街道胜利路社区、招宝山街道西门社区、招宝山街道城东社区、骆驼街道贵驷社区
市级文明社区	招宝山街道顺隆社区、招宝山街道蛟川社区、招宝山街道涨监契社区、蛟川街道镇电社区、蛟川街道临江社区、蛟川街道炼化社区、蛟川街道石化三建社区、骆驼街道中街社区、骆驼街道南一社区、庄市街道兴庄路社区

说明：资料来源区文明办

第二节　公民思想道德建设

“五讲四美三热爱”活动

1986年，城乡精神文明建设按照区“五讲四美三热爱”教育活动总体部署，进行爱国主义、集体主义、社会主义、共产主义思想教育和有理想、有道德、有文化、有纪律教育，遵守社会主义职业道德教育和社会主义民主和法治教育，评选“五好家庭”“文明市民”“文明墙门”，农村评选“双文明户”。1989年，开展“爱党、爱祖国、爱人民解放军、爱社会主义”教育，约10万人次群众参加。1992年，全区开展社会主义思想教育。1994年，全区开展爱国主义教育。1996年，开展社会公德教育、敬业爱岗教育和新型的社会主义伦理道德。1999年，全区宣传学习“爱国拥军好母亲”嵇蓉珍先进事迹。2006年起，开展“八荣八耻”教育，弘扬艰苦奋斗、吃苦耐劳、奉献爱心、团结互助社会风尚。

1989年始，开展季评精神文明建设10件新事、年评十佳新事活动，得到社会的好评。1991年5月9日，《人民日报》以《镇海区群众学习身边“活雷锋”》为题报道这一活动。活动连续开展12年，共评出480件季度“十件新事”、120件年度“十佳新事”。

“爱心城区”创建

2006年，镇海区提出创建“爱心城区”，倡导“讲爱心、颂爱心、献爱心”的道德风尚。3家区新闻媒体开设“寻找爱心足迹”“我身边的爱心人物”等栏目，连续宣传报道好人孙光兴、好军嫂李兰英、社会热心人士救助外来务工人员子女治病康复等事迹。是年年底，全区评出“2006十大爱心感动人物（事件）”。此后，每年开展“十大爱心感动人物”评选。组织开展“牵手助学、奉献爱心”助学行动，有153名家境贫困大学生受到资助，助学金额达到31.8万元。

2008年起，确定每年3月第一周作为公民爱心活动周，广泛开展各类爱心服务、公益演出和募捐帮扶活动。各镇（街道）、社区普遍建立“爱心慈善超市”，对低收入群体、困难户及外来务工人员提供帮助。组织“无偿献血、关爱生命”行动，2008年全区无偿献血量占临床用血量的100%。全区创立见义勇为基金会，保障见义勇为者权益，表彰见义勇为先进群体和个人。

“市民学礼仪”活动

2007年，编辑和免费发放《知荣辱明礼仪知识读本》1万册，推行“人人讲礼仪、文明在细节”“脏话不出口、文明在嘴上”“垃圾不落地、文明在手中”“出行不违规，文明在脚下”活动。2008年，在服务窗口单位、社区、学校开展服务礼仪、家庭礼仪、学校礼仪教育活动。有关单位开设礼仪培训课程，宣传媒体开辟学习专栏，发放各类培训教材2万册、光盘400余张，并举办“华荣杯”礼仪知识大奖赛和“2008镇海区职场文明礼仪电视大赛”。

农村“十要十不”文明公约

2006年，镇海区在农村发动村民签订“十要十不”文明公约：要热爱家乡，不损害集体；要遵纪守法，不违法乱纪；要团结互助，不损人利己；要崇尚科学，不愚昧迷信；要健康娱乐，不打牌赌博；要尊老爱幼，不丧失美德；要邻里和睦，不计嫌冷淡；要美化庭院，不乱搭乱扔；要俭朴节约，不铺张浪费；要勤劳创业，不等靠依赖。有关单位把“十要十不”文明公约内容制作宣传海报广泛宣传，制作的十集动画系列片在区电视台播出。

“刹三风”专项治理

1988年春节开始，镇海区开展刹“赌博、封建迷信、婚丧事大操大办”三股歪风活动。

1994年1月，在河头乡开展制止封建迷信活动试点工作，部分群众自觉搬掉菩萨。

1996年3—5月，按照省、市的统一部署，全区开展反对封建迷信、制止非法建造寺观教堂、滥建坟墓专项治理工作。被列入清理范围的小庙小庵、封建迷信活动点共52处，全部清理完毕；全区“三沿两区”坟墓700余穴，基本予以清除或绿化覆盖。

第三节 未成年人思想道德建设

未成年人思想道德建设制度

2004年，中共镇海区委制定下发《镇海区关于进一步加强和改进未成年人思想道德建设的实施意见》《镇海区关于进一步加强和改进未成年人思想道德建设的目标任务分工》等文件，确立区文明委牵头协调全区未成年人思想道德建设的工作机制，明确各单位对未成年人思想道德建设工作的责任分工，每年召开成员单位协调会议，制定全区未成年人思想道德建设工作意见。自2006年起，每年评选社区、学校未成年人思想道德建设工作创新案例，获奖的案例编辑印发到全区各社区、学校，促进未成年人思想道德建设工作的开展。

未成年人健康成长环境营造

在“一馆三区”（镇海口海防历史纪念馆，招宝山区、后海塘区和梓荫山区内的海防遗址）为龙头的爱国主义教育基地网络，建立青少年德育教育基地。整治校园周边文化、治安和交通等环境，保障青少年学生健康成长。区广播电台、电视台开设《丑小鸭》《快乐成长》等少儿节目（专栏），营造有利于未成年健康成长的银屏声频环境。至2008年，各个社区都设有未成年人图书室，并专门设立面向未成年人的宣传窗。

中小学校依据学校特色，创建校本德育特色。中小学校成立家长学校，建立家长委员会议事制度，邀请有经验的家长作经验交流，聘请专家向家长“传经授道”，开展“百名家长点评家教案例”活动，编印《家教百法》。文明单位与社区、学校结对共建未成年人教育机制，开展青少年喜闻乐见的各类教育活动。2006 年始，在全区青少年中广泛开展“做一个有道德的人”主题教育活动。主题教育形式多样，参与青少年约 2.6 万人次。全区九所中小学校军警民共建结对，每个班级聘请优秀军人任校外辅导员，拓展关心下一代工作。2007 年起，开展“母亲素养工程”，计划用 5 年时间对全区 1 万名子女在 18 周岁以下处于婴幼儿期、少儿期、青春期的部分母亲群体，开展继续教育活动。

关爱弱势青少年群体

2006 年 7 月，全区首家农村假日学校在骆驼街道民联村开办。2008 年，庄市街道光明村和华通集团公司合办全区首家村企联办假日学校，招收父母暂住在光明村和在华通集团公司工作的外来务工人员子女，开展形式多样的暑期校外教育活动。2006 年，成立 4 所外来儿童家长学校，依托家长学校实施新镇海人家长素养工程，免费举办家庭教育讲座，至 2008 年累计举办讲座 18 期，培训家长 7500 余人次。2008 年始，开展“助学、助教、助困、助德”的圆梦工程系列活动，社会各界给进城小公民送教育、给失足少年送关怀、给贫困学生送书籍、给孤残儿童送爱心，帮助他们圆心中梦想。

关心下一代工作组织

1989 年 4 月，成立镇海区关心下一代协会（以下简称镇海区关协），至 1992 年，全区建立各级关协组织 23 个，会员近 2700 人。1992 年 7 月，镇海区关协改名镇海区关心下一代工作委员会（以下简称镇海区关工委），1997 年 9 月至 10 月，各镇乡建立分会。2000 年 6 月，24 所中小学成立关心下一代工作小组。至 2008 年，全区各镇和街道、22 个社区、6 个村、5 家民营企业、24 所学校、40 个五星级文明楼群、1 个商会都先后建立关心下一代工作组织。

镇海区成立由离退休干部和教师组成的讲师团，至 2008 年授课 4120 余场次，受教育青少年近 28 万人次。组织退休科技人员成立科技辅导团，向青少年传播科技知识。后又在区政法系统成立“关爱工作团”，镇、街道成立“关爱小组”，对未成年人开展法治教育和帮教工作。在基层，许多老同志自发组织“银发讲师团”“校外图书室义务管理员”“网吧文明劝导员”等关心下一代组织。

1998 年，骆驼镇关工委建立区内首个校外图书室，至 2008 年基层关工委校外图书室 4 个，藏书 3 万多册，到校外图书室借阅图书及参加活动青少年超过 20 万人次。区关工委联合街道和学校建立农科实验园地 1 处、农科院 1 个，成为青少年学习与实践的乐园。2008 年，镇海区创建市级关心下一代校外教育基地 6 个，约占市级关心下一代校外教育基地总量的 1/3。

第四节 志愿服务

志愿者组织

2007 年起，镇海区成立由区文明委牵头、各相关部门共同参与的志愿服务工作指导委员会，改变过去分散管理的模式。在区文明办建立区志愿者指导中心，配备专人负责日常事务，全面指导全区志愿事业服务工作。成立镇海区志愿者协会，镇、街道分别成立志愿者分会，50余个社区、村成立志愿者服务站。按照志愿服务行业和内容，建立23支规范化的专业志愿者服务总队，下设45个分队。至2008年，全区登记志愿者32693人。

志愿者管理

开通“镇海区志愿者网”和“镇海区志愿者QQ群”等信息化管理系统，沟通志愿者组织、个人之间的交流。征集志愿服务项目，志愿者指导中心对重点志愿服务项目提供扶持，保障志愿活动顺利开展。2008年起，施行志愿者星级评定和优秀志愿者（组织）评选制度，依据志愿者登记后的累积服务时间，认定从一星到五星五个不同级别的星级志愿者，从中评选每年度优秀志愿者（组织）。

志愿服务活动

2007—2008年，全区开展助老、助残、助困、助成长以及市民教育、平安家园、文明交通、生态环保等“八大爱心志愿服务行动”，计1600余次，参与志愿者7.5万余人次，活动受益人数累积达到35万多人次。2008年，志愿者开展“我与文明同行”志愿服务暨“创建面对面、文明靠大家”社区巡回宣讲、礼仪教育宣传等活动，700余名志愿者到城区车站、主要道路、公园、广场进行文明劝导。每个社区根据实际和需要开展社区阵地化志愿服务活动。

（责任编辑　陈柏青　冯国定）

第二十九编　人民代表大会

本编目录

1954 年开始，镇海县建立县乡两级人民代表大会（以下简称人大）制度。1954 年 7 月至 1964 年 7 月，镇海县人大历经第一至第五届，共召开 11 次会议。1966 年秋，由于受“文化大革命”冲击，县第六届人民代表大会未能如期召开。1980 年，恢复因“文化大革命”而中断的人民代表大会制度。自 1954 年 7 月镇海县一届一次人大至 1985 年 4 月县七届二次人大，镇海县时共举行 7 届 17 次人民代表大会。

撤县划区后，县人民代表大会改为区人民代表大会（以下简称区人大），县人民代表大会常务委员会改为区人民代表大会常务委员会（以下简称区人大常委会）。区人大及其常务委员会和乡镇人大，切实履行宪法和法律赋予的各项职权，发挥地方国家权力机关的作用，坚持和完善人民代表大会根本政治制度，建立和发展社会主义民主政治，健全社会主义法治。

第一章　区人民代表大会

1985 年 10 月，镇海撤县划区。根据省人大常委会办公厅批复：原镇海县选出的县人大代表其资格继续有效，镇海区人大的会议届次延续原镇海县人大会议的届次，原选举产生的县人大常委会委员的资格同代表一样继续有效。原县人大常委会主任、副主任和正、副县长，法院院长，检察院检察长人选不作调整，通过区人民代表大会作出决议予以确认。

1985 年 11 月，镇海区第七届人民代表大会第三次会议召开，即为镇海区建立后首次人民代表大会，至 2008 年 1 月区第十三届人民代表大会第二次会议止，共举行 24 次人大会议。

第一节　代表选举　代表构成

选举机构

1982 年全国人大五次会议修改的《中华人民共和国选举法》规定，县乡两级设立选举委员会。县级选举委员会受本级人大常委会领导，主持本级人大代表的选举。乡级选举委员会受乡镇人民政府的领导，主持乡镇人大代表的选举。县乡两级选举委员会的组成人员，由县人大常委会任命。

1987 年 1 月、1989 年 10 月、1992 年 9 月、1997 年 11 月、2002 年 11 月、2006 年 10 月，先后成立镇海区第八届、第九届、第十届、第十一届、第十二届、第十三届选举委员会，具体组织实施区人大代表的选举。

代表任期

区人大代表实行任期制。区人大代表的任期第八届、第九届为 3 年，第十届起任期改为 5 年。2005 年 10 月，全国人大常委会规定县、乡两级人大代表同步换届，根据省人大常委会安排，区十二届人大代表任期调整为 4 年，自该届起外来人员办理有关手续取得选民资格后，也可以参加当地的代表选举。

换届选举

县（区）第七届人大代表选举　1984 年 4—7 月完成投票选举。设代表选区 192 个。辖县（区）人口 303586 人，选民 294478 人，参加投票选民 286040 人，选举产生县（区）代表 280 名。

区第八届人大代表选举　1987 年 1—4 月完成投票选举。设代表选区 112 个。辖区人口 196545 人，选民总数 149583 人，参加投票选民 136341 人，选举产生区代表 227 名。

区第九届人大代表选举　1989 年 10 月—1990 年 3 月完成投票选举。设代表选区 104 个。辖区人口 175185 人，选民总数 161346 人，参加投票选民 148600 人，选举产生区代表 247 名。

区第十届人大代表选举 1992年9月—1993年1月完成投票选举。辖区人口183331人，选民总数167198人，参加投票选民152525人，选举产生区代表248名。

区第十一届人大代表选举 1997年10月—1998年1月完成投票选举。设81个代表选区，辖区人口212063人，选民总数173511人，参加投票选民162922人，选举产生区代表167名。

区第十二届人大代表选举 2002年11月—2003年1月完成投票选举。辖区人口271707人，选民总数183369人，参加投票选民174221人，选举产生区代表173名。

区第十三届人大代表选举 2006年10月—2007年1月完成投票选举。辖区人口269277人，选民总数201689人，参加投票选民198301人，选举产生区代表173名。

第七至十三届镇海区人大代表构成统计表

表29－1 单位：人

届别	届期	代表总数	干部	军人	工人	农民	文教	爱国人士	工商	其他	其中	
											党员	妇女
七	1984.07—1987.05	280	55	10	32	107	52	20	—	4	127	69
八	1987.05—1990.05	227	46	1	65	73	25	17	—	—	156	59
九	1990.05—1993.03	247	43	1	83	80	21	19	—	—	144	89
十	1993.03—1998.02	248	42	1	34	82	68	21	—	—	163	68
十一	1998.02—2003.02	167	45	2	45	47	13	—	—	15	127	46
十二	2003.02—2007.02	173	49	2	32	39	47	—	—	4	125	50
十三	2007.02—	173	46	2	36	42	17	—	—	30	119	44

镇海区出席宁波市人大代表名录

市八届人大代表52人（1983年当选）

王大梓　王天喜　王玲玲（女）　王师荣　王锡明　方承泰　朱桐生
朱国庆　朱良棣　乔廷民　乐　敏　刘敬禟　孙吉祥　孙庆福　严培和
杜渂祥　李长富　李广志　李良元　吴美仙（女）　宋瑞甫　张幼君（女）
陆伯鸿　陈绪丰　陈金星　范　玑　林兹庆　罗洪洪　周安定（女）
胡万月　胡岳成　钟　荣　俞燕珍（女）　俞崇高　顾美华（女）
钱忠备　徐芸屏（女）　徐奕山　高静玉（女）　黄林英（女）
曹会寿　曹序道　景为康　舒桂林（女）　蔡阿萍（女）　戴有生
刘善祥　胡秉成　贺文莉（女）　徐建裕　曲若灿　孙武吉

市九届人大代表32人（1988年当选）

王承良　吕齐鸣　吕志鸿　江　万　孙庆福　严明华　张　曦　张凤鸣
张凤祥　张行毅　张利一　张建初　张乾卿　陈守义　陈亦敏　陈君浩
陈炳良　陈绥贞（女）　邵鹏飞　范紫清（女）　林安祥　林和芬（女）

周舜珠（女） 郎益娟（女） 俞华信 施孝国 祝达飞 倪莉莉（女）
徐国璋 殷 娟（女） 黄爱犀 龚明友
减少：张 曦 增补：程 刚

市十届人大代表34人（1993年当选）

王仁义 王卓辉 王新登 贝国军 刘正刚 张凤鸣 张行毅 张明亮
张建初 张根锡 陆友全 陈绥贞（女） 罗云义 金国兴 俞华信
翁维新 章华达 童兆洪 王申浩 王婷芬（女） 孔宪旦 吴秀华（女）
陈守义 陈继申 范紫清（女） 林同鑫 周舜珠（女） 周 燧
姚 力 钱振华 徐国璋 葛菊英（女） 葛深海 颜发有
减少：童兆洪 张凤鸣 颜发有 增补：翁品鑫 洪钧杰 胡永先

市十一届人大代表29人（1998年当选）

胡永先 张根锡 何一江 张江华 郑世海 钟康鸣 庄德章 王明飞（女）
葛菊英（女） 王申浩 龚恩惠 徐富康 虞兆浩 贺珮珍（女）
王晓芳（女） 柳忠华 张蔚文 洪钧杰 冯雪尧 张义彬 钱振华
朱正华 王仁义 俞仁明 包中勇 沈保清 陈绥贞（女） 蔡怀书
周慧敏（女）
减少： 胡永先 张蔚文 增补： 闻建耀 郭华巍

市十二届人大代表29人（2003年当选）

马玉娟（女） 马苏亚（女） 王柏欢 王樟松 冯雪尧 庄德章
汤能忠 张文杰 张利一 张根锡 李 莉（女） 沈保清 陈 旭
陈 洪 陈文娟（女） 陈宏国 陈绥贞（女） 周思楷 周雅珍（女）
郑时梅（女） 郑岳青 郑绍琪 金月成 胡明杰 胡松如 闻建耀
郭华巍 陶宝康 黄胜涛

市十三届人大代表31人（2007年当选）

马卫光 马苏亚（女） 王仁洲 王卓辉 王承红 王柏欢 叶菀茵（女）
庄德章 朱武达 许亚南 张利一 李 莉（女） 杨晓霞（女）
陈伟军 陈宏国 林 瑶 郑平龙 郑时梅（女） 郑绍琪 俞德鹏
胡明杰 胡松如 钟康明 唐一军 席伟达 郭华巍 黄胜涛 彭建国
程 刚 葛依军 董国军

镇海区出席省人大代表名录

省七届人大代表（1987 年当选）

徐芸屏（女） 何性善 徐云达 曹宝根 唐锦春 邵宗杰

省八届人大代表（1993 年当选）

郑英伟 祝达飞 傅丽华（女） 戴根宝 张祖慧（女） 邵宗杰 唐锦春

余应年 江 坪

省九届人大代表（1999 年当选）

胡炳甫 姚 力 陈 坚 祝达飞 杨丽英（女） 唐锦春

省十届人大代表（2003 年当选）

孙伟君 孙荣光 吴国平 张凤鸣 张根锡 贺汉雄 葛菊英（女）

省十一届人大代表（2008 年当选）

林 瑶 吴国平 孙荣光 金亚君（女）

镇海区出席全国人大代表名录

六届全国人大代表（1983 年当选） 张敏裕

七届全国人大代表（1988 年当选） 孙玉宝

八届全国人大代表（1993 年当选） 孙玉宝

九届全国人大代表 （1998 年当选） 张家仁

十一届全国人大代表（2008 年当选） 王梅珍（女）

第二节 人民代表大会会议

区第七届人民代表大会

本届人民代表大会共举行 4 次会议，其中七届人大一次会议、七届人大二次会议为前镇海县人民代表大会。

七届人大三次会议于 1985 年 11 月 6 日至 8 日召开。出席会议代表 231 名。会议通过区人大常委会、区人民政府、区人民法院、区人民检察院主要领导的人事变更决议，选举产生区人大常委会正副主任和区人民政府正副区长。

七届人大四次会议于 1986 年 3 月 31 日至 4 月 3 日召开。出席会议代表 223 名。会议收到议案 26 件，意见建议 249 件。经审查决定，10 件议案（其中内容相同 3 件合为 1 件）提交大会表决，其余作为意见建议处理计 265 件。

区第八届人民代表大会

本届人民代表大会共举行 3 次会议。

八届人大一次会议于 1987 年 5 月 25 日至 30 日召开。出席会议代表 227 名。会议审议和原则批准《宁波市镇海区国民经济和社会发展第七个五年计划》。选举产生区第八届人大常委会正副主任和委员，选举区人民政府正副区长，区人民法院院长、区人民检察院检察长。会议收到议案 59 件，意见建议 410 件，经审查决定，16 件议案交区人民政府办理，其余作为意见建议计 453 件，交区人民政府和有关部门办理。

八届人大二次会议于 1988 年 3 月 22 日至 26 日召开。出席会议代表 221 名。会议确定 1988 年经济发展的主要目标，提出本年度的主要任务是认真执行经济体制改革、政治体制改革的方针，进一步深化改革，努力做到改善供给、安定人民生活、加快发展外向型经济，同时加强精神文明建设。会议收到议案 41 件，意见建议 141 件。经审查决定，5 件议案交区人民政府处理实施，其余均作为意见建议计 177 件交有关部门办理。

八届人大三次会议于 1989 年 3 月 14 日至 16 日召开。出席会议代表 224 名。会议就农业、城乡建设、教科文卫、社会治安问题进行专题审议。会议收到议案 24 件，意见建议 120 件。经审查决定，3 件议案交区人民政府处理实施，其余作为意见建议共计 141 件，交区人民政府和有关部门办理。

区第九届人民代表大会

本届人民代表大会共举行 3 次会议。

九届人大一次会议于 1990 年 5 月 6 日至 11 日召开。出席会议代表 247 名。会议提出用三年或更长一些时间，基本完成治理整顿任务，为 90 年代镇海的振兴打下扎实基础。选举产生区第九届人大常委会正副主任和委员，选举区人民政府正副区长，和区人民法院院长、区人民检察院检察长。会议收到议案 43 件，意见建议 174 件。经审查决定，1 件议案交区人民政府办理；其余作为意见建议共 216 件交有关部门办理。

九届人大二次会议于 1991 年 3 月 26 日至 30 日召开。出席会议代表 245 名。会议审议和原则批准《镇海区国民经济和社会发展十年规划和“八五”计划》。会议收到议案 34 件，意见建议 85 件。经审查决定，均作为意见建议计 119 件交区人民政府有关部门办理。

九届人大三次会议于 1992 年 3 月 24 日至 27 日召开。出席会议代表 241 名。会议肯定区人民政府以“经济工作为中心，乡镇企业为重点，全民、乡镇企业一起上”的指导思想，在工业生产、对外开放，经济体制改革及各项社会事业等方面取得的可喜成绩，进一步明确 1992 年的目标任务。会议收到议案 35 件，意见建议 97 件，经审查决定，3 件议案交区人民政府办理，其余作为意见建议共 129 件，交有关部门办理。

区第十届人民代表大会

本届人民代表大会共举行 5 次会议。

十届人大一次会议于 1993 年 3 月 9 日至 13 日召开。出席会议代表 248 名。会议充分肯定上届政府3年来坚定不移地执行党的“一个中心，两个基本点”的基本路线，在经济建设和改期开放等方面所取得的成绩，同意区人民政府提出的今后一个时期的奋斗目标及1993年工作安排。选举产生区人大常委会主任、副主任和委员，选举区人民政府正副区长，区人民法院院长、区人民检察院检察长。会议收到议案70件，意见建议113件。经审查决定6件议案交区人民政府办理，其余作为意见建议共177件，交有关部门办理。

十届人大二次会议于1994年3月8日至11日召开。出席会议代表244名。会议作出《关于保护开发镇海口海防遗迹的决议》。会议收到议案42件，意见建议43件。经审查决定，2件议案交区人民政府办理，其余均作为意见建议共83件，交有关部门办理。

十届人大三次会议于1995年3月15日至17日召开。出席会议代表243名。会议通过《关于建立镇海区慈善基金的决定》。会议收到议案70件，意见建议114件。经审查决定，3件议案交区人民政府办理，其余均作为意见建议共181件，交有关部门办理。

十届人大四次会议于1996年3月19日至22日召开。出席会议代表241名。会议批准《镇海区国民经济和社会发展第九个五年计划及2010年远景目标纲要》。会议收到议案58件，意见建议115件。经审查决定，2件议案交区人民政府办理，其余均作为意见建议共171件，交有关部门办理。

十届人大五次会议于1997年3月4日至7日召开。出席会议代表242名。会议提出，各级各部门要认真贯彻中共十四届五中、六中全会和中央经济工作会议精神，树立强烈的时代紧迫感和历史责任感，善抓机遇，发愤图强，坚定信心，进一步把镇海的发展抓上去。会议收到议案50件，意见建议70件。经审查决定，2件议案交区人民政府办理，其余均作为意见建议共118件，交有部门办理。

区第十一届人民代表大会

本届人民代表大会共举行5次会议。

十一届人大一次会议于1998年2月23日至27日召开。出席会议代表167名。会议提出，要紧紧依靠全区人民，牢牢把握“抓住机遇，深化改革，扩大开放，促进发展，保持稳定”的基本方针，始终坚持以经济建设为中心，开拓奋进，推进经济体制和经济增长方式的根本转变，促进社会全面发展。选举产生区人大常委会正副主任和委员；选举区人民政府正副区长和区人民法院院长、区人民检察院检察长。会议收到议案81件，意见建议147件。经审查决定，2件议案交区人民政府办理，其余均作为意见建议共226件，交有关部门办理。

十一届人大二次会议于1999年3月17日至20日召开。出席会议代表163名。会议认为，1998年是极不平凡的一年，在亚洲金融危机影响和国内消费不旺的形势下，区人民政府高举邓小平理论伟大旗帜，全面贯彻中共十五大精神，依靠全区人民，同心协力，扎实工作，基本完成各项目标任务。会议要求在新的一年里，全区的经济发展保持平稳增长，精神文明建设得到进一步的推进。会议收到议案55件，意见建议96件。经审查决定，2件议案交区人民政府办理，其余均作为意见建议共149件，交有关部门办理。

十一届人大三次会议于2000年2月26日至29日召开。出席会议代表164名。会议指出，要围绕建设现代化中等城市水平的国际港口城区和提前基本实现现代化的宏伟目标，依靠科技，调整结构，提高质量，增强后劲，集中精力抓落实，开拓创新求突破，为 21 世纪发展的良好开局迈出坚实的一步。会议收到议案 53 件，意见建议 79 件。经审查决定，2 件议案交区人民政府办理，其余均作为意见建议共 130 件交区政府有关部门办理。

十一届人大四次会议于 2001 年 2 月 13 日至 17 日召开。出席会议代表 161 名。会议要求，逐年实施“十五”计划纲要，促进国民经济持续快速发展和社会全面进步。要加强农业基础地位，加快开放步伐，增强工业发展后劲，理顺“三产”管理体制，营造良好法治环境，确保社会稳定。会议收到议案 46 件，意见建议 47 件。经审查决定，2 件议案交区人民政府办理，其余均作为意见共 91 件交有关部门办理。

十一届人大五次会议于 2002 年 3 月 5 日至 8 日召开。出席会议代表 159 名。会议强调，必须坚定不移地把发展作为首要任务，要进一步推进“三带三区”建设，加快经济结构战略性调整，提高全区国民经济的整体素质和综合竞争能力，以优异成绩迎接中共十六大召开。会议收到议案 95 件，意见建议 91 件，经审查决定 3 件议案交区人民政府办理，其余均作为意见建议共 183 件，交有关部门办理。

区第十二届人民代表大会

本届人民代表大会实际任期 4 年，共举行 4 次会议。

十二届人大一次会议于 2003 年 2 月 18 日至 22 日召开。出席会议代表 172 人。会议提出：必须坚持发展是执政兴国的第一要务的思想，把握发展主题，努力开创各项工作新局面。选举产生区人大常委会正副主任和委员，选举区人民政府正副区长，区人民法院院长和区人民检察院检察长。会议收到议案 113 件，意见建议 109 件。经审查决定 5 件议案交区人民政府办理，其余均作为意见建议共 217 件交有关部门办理。

十二届人大二次会议于 2004 年 2 月 17 日至 20 日召开。出席会议代表 170 人。会议要求，深入贯彻党的十六届三中全会和中央经济工作会议精神，坚持以民为本，统筹城乡发展，继续致力于打造经济强区，切实提高人民生活水平，促进国民经济持续发展和社会的全面进步。会议收到议案 114 件，意见建议 102 件。经审查决定，2 件议案交区人民政府办理，其余均作为意见建议共 214 件，交有关部门办理。

十二届人大三次会议于 2005 年 1 月 18 日至 21 日召开。出席会议代表 164 人。会议强调，要按照“解四难创四优”的总体要求，牢固树立民本意识，始终把关心人民群众的生活放在政府工作的首要位置。继续办好实事工程，改善城乡居民的生产生活条件。会议收到议案 96 件，意见建议 77 件。经审查决定，2 件议案交区人民政府办理，其余均作为意见建议共 171 件，交有关部门办理。

十二届人大四次会议于 2006 年 1 月 19 日至 22 日召开。出席会议代表 167 人。会议提出，全区上下要贯彻科学发展观，增强自主创新能力，促进城乡协调发展。要聚精会神搞建设，一心一意谋发展，不断深化改革开放。会议收到议案 23 件，意见建议 150 件。经审查决定，13 件议案交区人民政府办理，其余均作为意见建议共 160 件，交有关部门办理。

区第十三届人民代表大会

本届人民代表大会任期 5 年，自 2007 年 2 月起，至 2008 年 1 月，召开 2 次会议。

十三届人大一次会议于2007年2月5日至9日召开。出席会议代表173人。会议提出，要进一步按照科学发展观和构建社会主义和谐社会的要求，转换经济发展模式和转变经济增长方式，在全市率先建成更高水平的小康社会。选举区人大常委会正副主任和委员，区人民政府正副区长，区人民法院院长和区人民检察院检察长。会议收到议案40件，意见建议200件。经审查决定，5件议案交区人民政府办理，其余均作为意见建议共235件，交有关部门办理。

十三届人大二次会议于2008年1月14日至16日召开。出席会议代表163人。会议要求，全面落实科学发展观，全力建设和谐新镇海，着力改善民生，推动经济社会又好又快发展。会议收到议案36件，意见建议142件。经审查决定，均作为意见建议交区有关部门办理。

第二章　区人大常委会

按《中华人民共和国地方各级人民代表大会和地方各级人民政府组织法》规定，县级以上地方各级人民代表大会设立常务委员会。1980 年 12 月，镇海县第六届人大一次会议首次选举产生人大常委会。

第一节　常委会组成

镇海区人大常委会由主任、副主任和委员组成。建区后，自 1985 年 11 月区七届人大三次会议至 2007 年 2 月区十三届人大一次会议，共选举产生区人大常委会主任 7 名、副主任 33 名；选举产生常务委员共 98 名，其中七届三次会议 13 名、八届一次会议 10 名、九届一次会议 12 名、十届一次会议 13 名、十一届一次会议 18 名、十二届一次会议 15 名、十三届一次会议 17 名。

第七至十三届镇海区人大常委会主任、副主任名录一览表

表 29－2

届别	职务	姓名	籍贯	任职时间
第七届（三次始）	主任	孙庆福	山东荣成	1985 年 11 月—1987 年 5 月
	副主任	乐山弗	宁波镇海	1985 年 11 月—1987 年 5 月
		范玑	山东海阳	1985 年 11 月—1987 年 5 月
		杜洂祥	宁波镇海	1985 年 11 月—1986 年 8 月
		景为康	浙江鄞县	1985 年 11 月—1987 年 5 月
		张鸿宾	宁波镇海	1985 年 11 月—1987 年 5 月
第八届	主任	孙庆福	山东荣成	1987 年 5 月—1990 年 5 月
	副主任	张乾卿	宁波北仑	1987 年 5 月—1990 年 5 月
		乐山弗	宁波镇海	1987 年 5 月—1990 年 5 月
		徐芸屏（女）	浙江海宁	1987 年 5 月—1990 年 5 月
		华顺根	上海市	1987 年 5 月—1990 年 5 月
第九届	主任	张乾卿	宁波北仑	1990 年 5 月—1993 年 3 月
	副主任	张玉恒	宁波镇海	1987 年 5 月—1990 年 5 月
		徐芸屏（女）	浙江海宁	1987 年 5 月—1990 年 5 月
		郑康宁	宁波镇海	1987 年 5 月—1990 年 5 月
		郑英伟	宁波镇海	1987 年 5 月—1990 年 5 月

续表 29-2

届别	职务	姓名	籍贯	任职时间
第十届	主任	张根锡	宁波镇海	1993 年 3 月—1998 年 2 月
	副主任	贺再梅	宁波北仑	1993 年 3 月—1996 年 3 月
		胡炳甫	宁波北仑	1993 年 3 月—1998 年 2 月
		郑英伟	宁波镇海	1993 年 3 月—1998 年 2 月
		洪贞霞（女）	宁波镇海	1993 年 3 月—1997 年 10 月
		高水锦	浙江绍兴	1996 年 3 月—1998 年 2 月
		薛兆亮	山东泰安	1997 年 3 月—1998 年 2 月
第十一届	主任	张根锡	宁波镇海	1998 年 2 月—2003 年 2 月
	副主任	胡炳甫	宁波镇海	1998 年 2 月—2003 年 2 月
		薛兆亮	山东泰安	1998 年 2 月—2003 年 2 月
		陆启梁	宁波镇海	1998 年 2 月—2003 年 2 月
		徐国璋	宁波镇海	1998 年 2 月—2003 年 2 月
第十二届	主任	张根锡	宁波镇海	2003 年 2 月—2007 年 2 月
	副主任	董国安	宁波镇海	2003 年 2—2007 年 2
		葛深海	宁波镇海	2003 年 2 月—2007 年 2 月
		陈家俊	宁波镇海	2003 年 2 月—2007 年 2 月
		高岭夏	宁波镇海	2004 年 2 月—2007 年 2 月
		吴国平	宁波镇海	2003 年 2 月—2007 年 2 月
第十三届	主任	林瑶	宁波镇海	2007 年 2 月—
	副主任	董国安	宁波镇海	2007 年 2 月—
		葛深海	宁波镇海	2007 年 2 月—
		陈家俊	宁波镇海	2007 年 2 月—
		高岭夏	宁波镇海	2007 年 2 月—
		吴国平	宁波镇海	2007 年 2 月—

第二节 常委会会议

区人大常委会会议每两个月至少举行 1 次。人大常委会坚持民主集中制原则，集体行使职权。常委会会议围绕经济建设中心，适时地把实施宪法和法律法规，改革开放，国民经济与社会发展等方面的重大事项和人民群众普遍关心的重大问题列为议题进行审议，必要时作出相应决议、决定。

区第七届人大常委会共举行12次会议，作出决定决议和审议意见11个，任免国家工作人员69名，接受辞职4名。

区第八届人大常委会共举行20次会议，作出决定决议和审议意见21个，任免国家工作人员101名，接受辞职1名。

区第九届人大常委会共举行20次会议，作出决定决议和审议意见22个，任免国家工作人员113名，接受辞职7名。

区第十届人大常委会共举行39次会议，作出决定决议和审议意见41个，任免国家工作人员223名，接受辞职9名。

区第十一届人大常委会共举行38次会议，作出决定决议和审议意见46个，任免国家工作人员175名，接受辞职6名。

区第十二届人大常委会共举行27次会议，作出决议决定和审议意见23个，任免国家工作人员136名。

区第十三届人大至2008年年末，常委会举行13次会议，听取和审议“一府两院”专项工作报告28个，提出审议意见14件，作出决议决定17项，任免国家机关工作人员89名。

第三节　工作机构

内设机构

1987年5月，区人大常委会内设工作机构4个：办公室、政法工作委员会、财政经济工作委员会、教科文卫工作委员会。1993年4月，增设代表工作委员会，政法工作委员会改称法制工作委员会。2002年10月，增设城乡建设环境保护工作委员会，至2008年未变。

街道工作委员会

2001年11月招宝山、骆驼、蛟川、庄市4个街道设立人大工作联络处，2004年4月改称街道工作委员会。街道工作委员会为区人大常委会的派出机构。街道工作委员会设主任1名、副主任1~2名、委员若干名，主任、副主任由区人大常委会任免，主任列席区人大常委会会议。

第四节　常委会工作和活动

审议与决定重要事项

区人大常委会行使决定权的主要方式，是在常委会会议上对有关重大事项做出决议或决定。对需要决定的事项，事先调查研究，听取有关部门的报告。形成的决议、决定以文件形式送达“一府两院”，对贯彻实施情况组织代表检查，督促落实。

第七至十三届镇海区人大常委会重大事项决议决定统计表

表 29－3

会议届次	时间	内容
七届十二次	1986 年 1 月	关于认真执行《中华人民共和国药品管理法》的决定
七届十三次	1986 年 2 月	关于加强审计工作的决议
八届二次	1987 年 7 月	关于加强土地管理工作的决议
八届九次	1988 年 9 月	关于在区级国家机关开展执法检查的决定
八届十九次	1990 年 2 月	关于进一步全民义务植树运动搞好全区绿化工作的决定
九届三次	1990 年 9 月	关于贯彻实施《中华人民共和国行政诉讼法》的决议
九届三次	1990 年 9 月	关于创建国家卫生城市活动的决议
九届九次	1991 年 7 月	关于全区深入开展法制宣传教育的决议
九届十一次	1991 年 11 月	关于区国民经济和社会发展十年规划和“八五”纲要的决议
十届七次	1994 年 4 月	关于区十届人大二次会议主席团交付审议要求建立镇海调频广播电台议案处理意见的决定
十届八次	1994 年 6 月	关于组织人民代表评议行政执法工作的决定
十届十次	1994 年 8 月	关于依法治区的决议
十届二十六次	1996 年 4 月	关于加强预算外资金管理的决定
十届二十七次	1996 年 8 月	关于在全区开展第三个五年法制宣传教育的决议
十一届二次	1998 年 4 月	关于第二个依法治区五年规划的决议
十一届十一次	1999 年 8 月	贯彻执行《中华人民共和国村民委员会组织法》的决议
十一届二十五次	2001 年 6 月	关于进一步开展法制宣传教育的决议
十一届二十六次	2001 年 8 月	关于同意调整乡镇行政规划和管理体制的决定
十一届三十三次	2002 年 6 月	关于进一步加强环境保护工作的决定
十二届一次	2003 年 4 月	关于进一步加快民营企业发展的决定
十二届二次	2003 年 6 月	关于创建国家级生态示范区的决定
十二届八次	2004 年 4 月	关于生态区建设规划的决议
十二届十一次	2004 年 10 月	关于加强区级部门预算审查监督的决定
十二届十四次	2005 年 4 月	关于加强流动人口服务与管理议案办理决定
十二届十五次	2005 年 6 月	关于后海塘区域综合整治促进港口物业发展的议案办理决定
十二届二十二次	2006 年 4 月	关于加快实施低洼地和危房改造，不断改善居民居住环境的议案办理决定
十二届二十四次	2006 年 8 月	关于建设法治镇海的决议
十三届一次	2007 年 4 月	办理大力推进清洁生产、有效促进节能降耗减污增效议案的决定办理强化农村污水整治力度、全面改善河道水质议案的决定
十三届九次	2008 年 5 月	关于批准区“十一五”规划调整方案的决议

执法检查

区人大常委会执法检查的主要方式有：听取、审议行政和司法机关对法律、法规执行情况的报告；组织检查组或指定有关工作委员会对执法情况进行检查，并向常委会会议报告。执法检查组一般由区人大常委会组成人员、部分区人大代表组成。

第七至十三届镇海区人大常委会执法检查情况表

表 29－4

届别	时间	内容
七届	1986 年 9 月	《中华人民共和国食品卫生法》
八届	1987 年 9—11 月	《中华人民共和国宪法》《中华人民共和国刑法》
	1988 年 7 月	《中华人民共和国统计法》
	1989 年 9—11 月	《中华人民共和国地方各级人民代表大会和地方各级人民政府组织法》《中华人民共和国民事诉讼法》《中华人民共和国刑事诉讼法》《中华人民共和国土地管理法》《中华人民共和国经济合同法》《中华人民共和国计量法》《中华人民共和国档案法》
九届	1991 年 9 月	《中华人民共和国义务教育法》
	1991 年 10 月	《浙江省保护老年人合法权益的若干规定》
	1992 年	《中华人民共和国军事设施保护法》《中华人民共和国档案法》
十届	1993 年 12 月	《中华人民共和国产品质量法》《中华人民共和国教师法》
	1994 年 3 月	《中华人民共和国环境保护法》
	1994 年 11 月	《中华人民共和国工会法》
	1995 年 5 月	《中华人民共和国土地管理法》《中华人民共和国环境保护法》
	1995 年 12 月	《中华人民共和国国家赔偿法》
十一届	1998 年 5—7 月	《中华人民共和国食品卫生法》
	1998 年 6 月	《中华人民共和国民事诉讼法》
	1999 年 5 月	《中华人民共和国行政处罚法》
	1999 年 6 月	《中华人民共和国森林法》《中华人民共和国防洪法》
	1999 年 10 月	《中华人民共和国农业技术推广法》
	2000 年 4—5 月	《中华人民共和国产品质量法》
	2001 年 2 月	《中华人民共和国环境保护法》
	2001 年 4 月	《中华人民共和国残疾人保障法》
	2001 年 4 月	《中华人民共和国建筑法》《中华人民共和国招标投标法》
	2002 年 5 月	《中华人民共和国矿产资源法》
十二届	2003 年 4 月	《中华人民共和国食品卫生法》
	2003 年 3—5 月	《浙江省职工基本养老保险条例》《浙江省职工失业保险条例》
	2003 年 6 月	《中华人民共和国劳动法》《中华人民共和国安全生产法》《中华人民共和国职业病防治法》
	2003 年 8 月	《中华人民共和国老年人权益保障法》

续表 29－4

届别	时间	内容
十二届	2004 年 6 月	《宁波市私营企业权益保护条例》
	2004 年 8—9 月	《中华人民共和国行政许可法》
	2004 年 9 月	《中华人民共和国农业机械化促进法》
	2004 年 11 月	《浙江省信访条例》
	2005 年 10 月	《中华人民共和国老年人权益保障法》
	2005 年 11 月	《中华人民共和国工会法》
	2006 年 5 月	《中华人民共和国职业病防治法》《中华人民共和国安全生产法》
十三届	2007 年 5 月	《浙江省物业管理条例》
	2007 年 8 月	《中华人民共和国道路交通安全法》
	2007 年 9 月	《中华人民共和国妇女权益保障法》《中华人民共和国农产品质量安全法》
	2008 年 11 月	《中华人民共和国劳动合同法》

对政府部门行政执法和述职评议

区人大常委会一般把执法评议、工作评议和述职评议结合进行。1993 年 5 月至 2008 年，区人大常委会对区人民法院、区人民检察院和区公安分局、区司法局、区工商局、区卫生局、区交通局、区土管局、区城建局、区药品食品监督局、区文广局、区环保局、区劳动保障局、区质监局等进行评议。1994 年 8 月至 2005 年，区人大常委会对任命干部 23 人进行述职评议。2006 年全国人大常委会制定《中华人民共和国各级人民代表大会常务委员会监督法》后，不再对任命干部述职评议。

视察与调研

视察和调研分区人大常委会组织的集中视察、代表分散就地视察、代表持证视察、应选民要求组织视察 4 种形式。视察调研情况和意见作为常委会审议的重要依据，也可用口头或文件、简报等形式告知“一府两院”及有关部门，并向常委会报告处理结果。

第七至十三届区人大代表视察活动情况表

表 29－5

届别	次别	年月	内容
七届	一	1986 年 1 月	市场和卫生工作
	二	1986 年 4 月	环境保护工作
	三	1986 年 5 月	土地管理和侨属企业工作
	四	1986 年 9 月	《中华人民共和国食品卫生法》贯彻执行情况
	五	1987 年 4 月	“双增双节”运动和粮食生产情况

续表 29－5

届别	次别	年月	内容
八届	一	1987 年 6 月	防汛工作
	二	1987 年 12 月	优抚和社会福利工作
	三	1988 年 5 月	山林发展情况
	四	1988 年 8 月	监所管理工作
	五	1989 年 9 月	粮棉生产情况
	六	1989 年 10 月	“扫黄”工作情况
	七	1990 年 2 月	工农业经济发展情况
九届	一	1990 年 10 月	卫生工作情况
	二	1990 年 11 月	十字路水库
	三	1990 年 12 月	排水工程建设
	四	1991 年 1 月	绿化工作
	五	1991 年 2 月	“菜篮子”工程建设
	六	1991 年 4 月	“吨粮田”工程建设
	七	1991 年 5 月	“自来水”质量情况
	八	1991 年 6 月	“三防”工作情况
	九	1991 年 6 月	贯彻执行《中华人民共和国军事设施保护法》情况
	十	1991 年 11 月	农村桥梁、道路建设和改造情况
	十一	1991 年 12 月	初级卫生保健
	十二	1992 年 7 月	城河治理工程
	十三	1992 年 7 月	开发型农业建设
十届	一	1993 年 5 月	交通道路建设
	二	1993 年 6 月	农业结构调整与粮棉生产情况
	三	1993 年 6 月	城河治理工程
	四	1993 年 7 月	“三防”工作情况
	五	1993 年 8 月	农村破旧校舍改造情况
	六	1993 年 12 月	后海塘工业区
	七	1994 年 4 月	“菜篮子”工程建设
	八	1994 年 5 月	农村初级卫生保健
	九	1994 年 7 月	长应河治理、沿山公路建设情况
	十	1994 年 12 月	海防历史遗迹保护

续表 29－5

届别	次别	年月	内容
十届	十一	1995 年 1 月	区新闻媒体工作
	十二	1995 年 8 月	交通道路情况
	十三	1995 年 12 月	骆驼镇建设情况
	十四	1996 年 2 月	看守所工作情况
	十五	1996 年 3 月	《中华人民共和国体育法》贯彻实施情况
	十六	1996 年 4 月	现代化农业园区建设情况
	十七	1996 年 5 月	后海塘煤场污染问题
	十八	1996 年 7 月	“镇海口海防历史纪念馆”建造情况
	十九	1996 年 10 月	港城文明建设
	二十	1997 年 5 月	农业机械化情况
	二十一	1997 年 5 月	城关儿童公园建设
	二十二	1997 年 7 月	棉旱地改造情况
	二十三	1997 年 8 月	农村环境卫生综合治理
十一届	一	1998 年 7 月	教卫设施工程进展情况
	二	1998 年 7 月	《中华人民共和国食品卫生法》贯彻情况
	三	1998 年 8 月	看守所工作情况
	四	1998 年 8 月	“菜篮子”工程
	五	1999 年 5 月	“三法一条例”贯彻情况
	六	2000 年 1 月	城市建设情况
	七	2001 年 10 月	城建、交通重点实事工程进展
	八	2002 年 4 月	绿化建设
	九	2002 年 10 月	城建项目建设情况
十二届	一	2003 年 3 月	实事工程建设
	二	2003 年 4 月	“非典”防治情况
	三	2003 年 5 月	《中华人民共和国食品卫生法》贯彻情况
	四	2003 年 5 月	农产品安全体系情况
	五	2003 年 6 月	生态林带建设
	六	2003 年 6 月	外来民工子弟学校建设
	七	2004 年 3 月	文明城区创建情况
	八	2004 年 9 月	涉药单位情况

续表 29－5

届别	次别	年月	内容
十二届	九	2005 年 4 月	金属园区情况
	十	2005 年 5 月	九龙湖紧固行业防污情况
	十一	2005 年 6 月	公共卫生体系建设
	十二	2006 年 3 月	新农村建设情况
	十三	2006 年 4 月	低洼地改造情况
十三届	一	2007 年 3 月	农村污水整治、改善河道水质情况
	二	2007 年 8 月	全区解难创优工作
	三	2008 年 4 月	新农村建设
	四	2008 年 6 月	大宗货物物流枢纽港建设
	五	2008 年 11 月	实事工程完成情况

人事任免

区人大常委会依法行使人事任免权。1987 年 7 月，区八届人大常委会第二次会议通过《关于任免国家机关工作人员暂行办法》，后经多次修改，逐步规范和完善任免程序。2005 年 5 月，区十二届人大常委会第三次会议通过关于国家机关工作人员任前法律知识考试的试行办法（草案），更加严格任免程序。区第八届人大一次会议至区第十三届人大二次会议期间，区人大常委会依法任免区“一府二院”国家工作人员 837 人。

第七至十三届镇海区人大常委会人事任免统计表

表 29－6

届别	时间	人数
七届	1985 年 10 月—1987 年 4 月	69
八届	1987 年 5 月—1990 年 5 月	101
九届	1990 年 5 月—1993 年 3 月	113
十届	1993 年 3 月—1998 年 2 月	223
十一届	1998 年 2 月—2003 年 2 月	175
十二届	2003 年 2 月—2007 年 2 月	136
十三届一次、二次	2007 年 2 月—2008 年 1 月	89

代表建议

区人大代表向大会提出的议案、建议、批评和意见，是代表依法行使权利和职责，参与国家事务和社会事务管理的重要形式。1988 年 3 月，区八届人大二次会议起，由大会秘书处负责对代表议案、建议、批评和意见进行收集审核，向大会主席团提出处理意见报告。经大会主席团通过的议案视其内容，或交付大会决定，或交区人大常委会审议决定后，交区人民政府组织实施，区人大常会负责督促。对于代表建议、批评和意见，由区人大常委会办事机构交区人民政府和有关部门办理，承办单位在规定时间内答复代表。区人大常委会由 1 名副主任分管代表议案建议工作 ，对“一府二院”及部门办理议案和建议进行督促和检查。

第八至十三届镇海区人大代表议案、建议统计表

表 29 - 7

届次	届期	议案	建议意见						
			件数	解决或正在解决		计划解决		留作参考	
八	1987 年 5 月—1990 年 5 月	24	771	202	26.2%	306	39.7%	263	34.1%
九	1990 年 5 月—1993 年 3 月	4	464	147	31.6%	220	47.4%	97	21.0%
十	1993 年 3 月—1998 年 2 月	15	762	189	24.8%	378	49.6%	195	25.6%
十一	1998 年 2 月—2003 年 2 月	11	807	199	24.7%	345	42.8%	263	32.6%
十二	2003 年 2 月—2007 年 2 月	22	762	345	45.3%	246	32.3%	171	22.4%
十三	2007 年 2 月—2008 年	5	413	225	54.5%	125	30.6%	63	15.3%

说明：个别届次包含闭会期间少量建议

代表活动

人大代表在闭会期间的活动，由区人大常委会组织，以各代表中心组和代表小组为单位的集体活动为主要形式。

代表视察 各代表小组根据区人大常委会的部署，或者针对群众关心的热点问题，在本辖区内进行专题视察，并将视察情况向区人大常委会和有关部门报告。为加强对司法部门的监督，也组织代表旁听区人民法院的公开审判。

评议“一府两院” 代表除参加区人大常委会举行的对“一府两院”评议外，还以代表中心组为单位定期对所在街道或区级机关下属单位进行评议。评议形式主要有召开评议大会和集体约见等。一般是每半年进行一次评议或集体约见。

代表联系选民 每届代表当选后，都需向本选区选民做出履职承诺，每年年终向选民述职。从区十三届人大开始，各中心组开展代表接待选民活动，每次确定若干名代表定期接待本选区选民，听取意见和反映。同时，区人大常委会还组织开展代表活动周和联系选民月活动。

代表评先争优活动 区人大常委会每届都召开各种类型的代表工作经验交流会，开展评比先进活动。1995 年 3 月 1 日，区人大常委会办公室印发《关于开展评选“先进代表小组”和“代表活动积极分子”的意见》的通知。评比每二年举行一次。街道人大工委建立后，代表小组作调整合并，不再进行先进代表小组评比。但代表活动积极分子的评比制度仍坚持。自 1995 年区十届人大三次会议后，每年开展代表优秀议案建议评选，评出的优秀议案和建议在翌年人大会议的预备会议上进行表彰。

联系代表工作

区人大常委会通过召开代表座谈会，邀请代表列席常委会会议，走访和固定联系代表，接待代

表等方式，加强与人大代表的联系，为代表履行职务创造条件提供服务。

邀请代表列席人大常委会会议。1987 年区八届人大常委会第一次会议通过决定，在区人大常委会举行会议时，视会议议题邀请区人大代表列席。如审议代表议案时，议案领衔代表列席会议，听取他们对立案理由和解决办法的阐述。1999 年起，对列席常委会会议的人大代表，预先通知会议审议内容。2000 年起，常委会会议审议的有关资料会前寄送列席代表。

拓宽联系人大代表的渠道。区八届人大一次会议以来，区人大常委会把召开代表座谈会作为联系代表的主要工作方法。座谈会的内容，主要是区人大常委会和主任会议审议的议题，群众关心的热点、难点，对有关法律颁布和修改征求意见等。同时建立区人大常委会驻会主任、副主任走访代表制度。区人大常委会主任、副主任走访代表，广泛征求代表对人大常委会和“一府两院”的意见，并及时交有关部门处理或协调解决。1994 年，区十届人大常委会代表工委选定 20 名代表建立固定联系。1998 年，区十一届人大常委会主任会议决定，正式建立人大常委会主任、驻会委员固定联系代表制度。人大常委会主任、副主任、驻会委员按分管工作选择代表，每人确定 5 名以上人大代表建立联系。区人大办公室按季将联系内容以文件形式通知代表，每人一年至少联系 2 次以上，联系情况一年综合分析 2 次，并向主任会议汇报。做好代表接待日活动和组织代表参加通报会。1990 年起，人大常委会建立主任到乡镇和企事业单位接待代表和向代表通报情况制度。同时，组织人大代表参加区委、区人民政府半年一次重大事项通报会。2002 年起，制订接待计划，确定议题事先告知代表。同时根据接待议题，约请区人民政府领导和有关部门负责人共同参加接待，听取意见，答复代表询问。2005 年始，常委会领导进一步明确分片联系镇（街道）人大工作制度，加强对镇（街道）人大工作的指导力度。2006 年后，区人大常委会主任会议每季度一次听取代表反映社情民意，并以通报或信息专刊形式将相关意见发往区人民政府职能部门研究处理。

公民旁听常委会会议

2000 年 4 月，区十一届人大常委会第十六次会议通过，实行公民旁听人大常委会会议制度。每次会议旁听名额不超过 6 人，分别由民主党派、社会团体推荐和公民自主申请产生。区十一届人大常委会第十六次会议至区十二届人大常委会第二十四次会议期间，共有 100 位公民分别参加 20 次常委会会议旁听。

第三章　乡镇人民代表大会

按《中华人民共和国地方各级人民代表大会和地方各级人民政府组织法》规定，各乡镇建有乡镇人民代表大会制度。1985 年 10 月建区以后，首届乡镇人大于 1985 年年末召开，会议届次延续原镇海县乡镇人大的会议届次。自 2002 年以后，乡镇人民代表大会每届任期调整为 5 年，与区人民代表大会任期同。

第一节　乡镇各届人民代表大会

第九届各乡镇人民代表大会

1985 年 10 月，撤销镇海县建制，建立镇海区。区辖城关、骆驼、澥浦、俞范、贵驷 5 镇，汶溪、河头、长石、庄市、湾塘、临江、清水浦 7 乡，镇海区第九届 12 乡镇人民代表大会不久召开。

第十届各乡镇人民代表大会

1985 年年末，湾塘乡并入俞范镇，清水浦乡并入临江乡。1987 年年初，庄市乡改为庄市镇。至此，镇海区下辖城关、骆驼、澥浦、俞范、贵驷、庄市 6 镇，汶溪、河头、长石、临江 4 乡。1988 年，镇海区 10 乡镇召开第十届人民代表大会。

第十一届各乡镇人民代表大会

1990 年 1—4 月，镇海区 10 乡镇召开第十一届人民代表大会。1992 年 5 月，乡镇设置调整为 5 镇 1 乡：城关镇、骆驼镇、庄市镇、贵驷镇、澥浦镇和河头乡。撤销的乡镇，其人民代表大会也相应撤销，代表资格自行终止。

第十二届各乡镇人民代表大会

1993 年 1—4 月，镇海区 6 乡镇召开第十二届人民代表大会。

第十三届各乡镇人民代表大会

1996 年 1 月，镇海区 6 乡镇召开第十三届人民代表大会。

第十四届各乡镇人民代表大会

1999 年 1—4 月，镇海区 6 乡镇召开第十四届人民代表大会。

第十五届镇人民代表大会

2001 年 8 月，镇海区乡镇设置调整为 2 镇 4 街道：澥浦镇、九龙湖镇、招宝山街道、蛟川街道、骆驼街道、庄市街道。原镇改为街道办事处的，镇人民代表大会自然终止。经中共镇海区人大常委会党组报经中共镇海区委同意，在街道设区人大工作联络处主任。调整后，澥浦、九龙湖两镇的人大会议每届任期由3年调整为5年。澥浦镇的人大会议届次延续原届次。新设九龙湖镇的人大会议届次改为从第一届起。

2002年1月22日，召开第十五届澥浦镇人民代表大会第一次会议。第十五届澥浦镇人大共举行10次会议，每年2次。

2002年1月23日，召开第一届九龙湖镇人民代表大会第一次会议。第一届九龙湖镇人大共举行10次会议，每年2次。

第十六届镇人民代表大会

2007年1月19日，召开第十六届澥浦镇人大一次会议，至2008年1月18日召开第十六届人大三次会议。

2007年1月19日，召开第二届九龙湖镇人大一次会议，至2008年1月11日召开第二届人大四次会议。

第二节　乡镇人大主席团

1987年年初，全区乡镇人大选举产生主席团。主席团在会议期间行使法律规定的职权；在本级人大闭会期间，负责处理日常工作，筹备、召集本级人大下次会议的事项。1989年年初，经中共镇海区委批准，在俞范、贵驷、长石、临江4乡镇设立主席团常务主席试点。1990年1月至4月，镇海区乡镇人大会议选举产生主席团常务主席。1996年年初，全区6乡镇人大换届选举产生主席、副主席。至2001年9月，全区6乡镇有专职主席2人、兼职主席4人，各配备人大工作联络员1人。2002—2008年，澥浦镇、九龙湖镇两镇设人大主席、副主席。

乡镇人大主席团在本级人民代表大会闭会期间负责以下工作：

检查宪法、法律、法规以及上级人民代表大会及其常务委员会和本级人民代表大会的决议在本行政区域内的执行情况；检查督促本级人民政府组织实施本级人民代表大会决定的事项，并向代表通报本级人民政府组织实施的情况；检查本级人民代表大会批准的财政预算的执行情况；对本行政区域内涉及公共利益的重大问题，向本级人民政府提出意见和建议，或者提请本级人民代表大会审议；主持本级人民代表大会代表的补选；筹备、召集本级人民代表大会下次会议。

（责任编辑　冯国定）

第三十编　人民政府

本编目录

1949年5月26日，镇海县人民政府成立。1955年11月，县人民政府改称县人民委员会。1968年9月，改称县革命委员会。1980年12月，恢复县人民政府。1985年11月，镇海区人民政府正式行使职能。镇海区人民政府在中共宁波市委、市人民政府和中共镇海区委领导下，落实区人民代表大会的决议、决定，接受区政协民主监督，推进法治政府建设，履行政府职能，逐步建立起职责明确、办事高效、运转协调、行为规范的行政管理体制和工作机制。

第一章　区人民政府组织机构

第一节　区人民政府

1985年11月，区第七届人大三次会议选举产生区人民政府领导成员，正式行使区人民政府职能，并以原县人民政府工作机构为基础，建立区人民政府直属机构。至2008年，镇海区人民代表大会、区人大常务委员会会议共选举或任命代区长、副区长74人。

第七至十三届镇海区人民政府区长、副区长名录一览表

表30－1

届别	职务	姓名	籍贯	任期	备注
第七届人大三次会议	区长	张　曦	镇海	1985年11月—1987年5月	—
	副区长	张乾卿	北仑	1985年11—1987年5	—
		张金康	鄞县	1985年11月—1987年2月	—
		吴再鸣	宁波	1985年11月—1987年5月	—
		徐芸屏（女）	海宁	1985年11月—1987年5月	—
		张根锡	镇海	1987年2月—1987年5月	—
第八届人代会	区长	张　曦	镇海	1987年5月—1990年1月	—
	副区长 代区长	洪均杰	镇海	1990年1月—1990年5月	八届人大常委会第十八次会议
	副区长	张根锡	镇海	1987年5月—1990年5月	—
		姚　力	镇海	1987年5月—1990年5月	—
		吴再鸣	宁波	1987年5月—1990年5月	—
		董克勤	镇海	1987年5月—1990年5月	—
第九届人代会	区长	洪钧杰	镇海	1990年5月—1991年3月	—
		程　刚	宁波	1991年3月—1992年7月	—
	代区长	姚　力	镇海	1992年9月—1993年3月	—
	副区长	张根锡	镇海	1990年5月—1991年2月	—
		姚　力	镇海	1990年5月—1992年9月	—

续表 30 - 1

届别	职务	姓名	籍贯	任期	备注
第九届人代会	副区长	吴再鸣	宁波	1990 年 5 月—1992 年 5 月	—
		董克勤	镇海	1990 年 5 月—1993 年 3 月	—
		程　刚	宁波	1991 年 1 月—1991 年 3 月	—
		郑信才	镇海	1991 年 2 月—1993 年 3 月	—
		陆启梁	镇海	1991 年 5 月—1993 年 3 月	—
		徐升华	镇海	1992 年 5 月—1993 年 3 月	—
		王振明	奉化	1992 年 7 月—1993 年 3 月	—
		施孝国	镇海	1992 年 11 月—1993 年 3 月	—
第十届人代会	区长	姚　力	镇海	1993 年 3 月—1996 年 10 月	—
		何一江	鄞县	1997 年 3 月—1998 年 2 月	—
	副区长 代区长	何一江	鄞县	1996 年 10 月—1997 年 3 月	十届人大常委会第二十八次会议
	副区长	郑信才	镇海	1993 年 3 月—1997 年 9 月	—
		陆启梁	镇海	1993 年 3 月—1997 年 9 月	—
		徐升华	镇海	1993 年 3 月—1994 年 8 月	—
		施孝国	镇海	1993 年 3 月—1995 年 6 月	—
		王振明	奉化	1993 年 3 月—1995 年 6 月	—
		董国安	镇海	1994 年 8 月—1998 年 2 月	—
		徐岳芳	镇海	1995 年 6 月—1998 年 2 月	—
		汪卫国	镇海	1997 年 9 月—1998 年 2 月	—
		干爱玲（女）	宁波	1997 年 9 月—1998 年 2 月	—
		刘伟德	北仑	1997 年 9 月—1998 年 2 月	—
第十一届人代会	区长	何一江	鄞县	1998 年 2 月—2000 年 7 月	—
		郭华巍	临海	2001 年 2 月—2003 年 2 月	—
	副区长 代区长	郭华巍	临海	2000 年 7 月—2001 年 2 月	十一届人大常委会第十八次会议
	副区长	徐岳芳	镇海	1998 年 2 月—1999 年 5 月	—
		董国安	镇海	1998 年 2 月—2002 年 12 月	—
		汪卫国	镇海	1998 年 2 月—2002 年 12 月	—
		干爱玲（女）	宁波	1998 年 2 月—2001 年 4 月	—
		刘伟德	北仑	1998 年 2 月—2002 年 12 月	—

续表 30－1

届别	职务	姓名	籍贯	任期	备注
第十一届人代会	副区长	张江华	北仑	1999 年 5 月—2003 年 2 月	—
		杨世和	奉化	2001 年 4 月—2003 年 2 月	—
		陈召华	奉化	2002 年 12 月—2003 年 2 月	—
		郑世海	北仑	2002 年 12 月—2003 年 2 月	—
		翁雪莲（女）	镇海	2002 年 12 月—2003 年 2 月	—
		胡钟华	杭州	2001 年 5 月—2003 年 2 月	十一届人大常委会第二十四次会议
第十二届人代会	区长	郭华巍	临海	2003 年 2 月—2005 年 11 月	—
		马卫光	绍兴	2006 年 1 月—2007 年 2 月	—
	副区长 代区长	马卫光	绍兴	2005 年 11 月—2006 年 1 月	十二届人大常委会第十八次会议
	副区长	陈召华	奉化	2003 年 2 月—2006 年 12 月	—
		张江华	北仑	2003 年 2 月—2007 年 2 月	—
		杨世和	奉化	2003 年 2 月—2005 年 12 月	—
		郑世海	北仑	2003 年 2 月—2007 年 2 月	—
		翁雪莲（女）	镇海	2003 年 2 月—2007 年 2 月	—
		王耀军	镇海	2006 年 12 月—2007 年 2 月	—
		王兆波	镇海	2006 年 12 月—2007 年 2 月	—
		潘俊国	温岭	2003 年 8 月—2005 年 12 月	十二届人大常委会第十次会议
第十三届人代会	区长	马卫光	绍兴	2007 年 2 月—2008 年 5 月	—
		陈召华	奉化	2009 年 1 月—	—
	副区长 代区长	陈召华	奉化	2007 年 2 月—2009 年 1 月	十三届人大常委会第九次会议
	副区长	张江华	北仑	2007 年 2 月—	—
		郑世海	北仑	2007 年 2 月—2008 年 1 月	—
		翁雪莲（女）	镇海	2007 年 2 月—	—
		王耀军	镇海	2007 年 2 月—	—
		王兆波	镇海	2007 年 2 月—	—
		柴鹏飞	慈溪	2007 年 10 月—	—
		钟红华	余姚	2007 年 4 月—2008 年 9 月	十三届人大常委会第一次会议
		李宏伟	长治	2007 年 10 月—2008 年 12 月	十三届人大常委会四次会议

第二节 政府机构

1985年10月，镇海区人民政府直属部门30个。1994年，建立区党政机构改革领导小组及其办公室，负责全区的机构改革工作。后又历1996年4月、2002年1月二次较大的机构改革，至2008年区政府机构设置如下：

区人民政府组成部门（21个）

镇海区人民政府办公室 1981年建立县人民政府办公室。1985年10月，改称区人民政府办公室。

镇海区发展和改革局 1984年10月，县计划委员会与县经济委员会合并组建县计划经济委员会。1985年10月，改称区计划经济委员会。1996年4月，改称区计划与经济委员会。同时，区乡镇企业管理局与区计划与经济委员会合署办公。2002年1月，更名区发展计划与经济局。同时，与区统计局合署办公，区物价局并入区发展计划与经济局，挂区物价局牌子。2005年5月，区经济体制改革办公室并入，更名为区发展和改革局，增挂区经济局、区经济技术协作办公室牌子。同年8月，区统计局析出。

镇海区民政局 1985年10月，县民政局改称区民政局。

镇海区人事局 1985年10月，县劳动局和县人事局合并组建区劳动人事局。1991年6月，劳动与人事分离，析置区人事局。

镇海区劳动和社会保障局 1991年6月，劳动与人事分离，析置区劳动局。2002年1月，改称区劳动和社会保障局。

镇海区统计局 1985年10月，县统计局改称区统计局。2002年1月，与区发展计划与经济局合署办公。2005年8月，析置区统计局。

镇海区司法局 1981年3月，建立县司法局。1985年10月改称区司法局。

镇海区审计局 1984年2月，建立县审计局。1985年10月，改称区审计局。

镇海区科学技术局 1974年10月，建立县科学技术委员会。1985年10月，改名区科学技术委员会。1993年1月，区科委与区科协合署办公。2002年1月，更为今名。

镇海区人口与计划生育局 1986年3月，建立区计划生育委员会，与区卫生局一套班子。1987年9月，区计划生育委员会析置独立。2002年1月，更名区计划生育局。2005年5月，更为今名。

镇海区农业局 1985年10月，县农林局、县水利局、县水产局3局合并，建立区农林渔水局。1986年4月，撤销区农林渔水局，置区农林局、区水利局、区水产局（区水产总公司）。1996年4月，区农林局、区水利局、区水产局3局合并，称区农业局。同时，撤销区农村经济委员会并入区农业局。1997年12月，增挂区林业局牌子。2002年1月，增挂区水利局牌子。

镇海区贸易与粮食局 1977年5月，建立镇海县财经贸易办公室。1984年2月撤销，7月又复建，1985年10月再撤销。1988年9月，建立区财贸办公室。1996年4月，改称区贸易局。2002年

1 月，区粮食局并入改为今名。

镇海区财政局　1985 年 10 月，改称区财政税务局，挂区财政局、区税务局牌子。1994 年 11 月，析置为区财政局、区地方税务局和区国家税务局。析置后区财政局和区地方税务局合署办公。2002 年 1 月，增挂区国有资产管理委员会办公室牌子。2004 年 12 月，区财政局和区地方税务局分设。

镇海区建设与交通局　1984 年 2 月，称县城乡建设环保局。1985 年 10 月，改称区城乡建设环保局。1997 年 9 月，环保职能析出，改称区建设管理局。2002 年 1 月，区建设管理局与区交通局合并改称今名。挂镇海区人民防空办公室牌子。

镇海区教育局　1985 年 10 月，县教育局改称区教育局。1989 年 4 月，更名为区教育委员会。2002 年 1 月，复称区教育局，挂区体育局牌子。

镇海区卫生局　1970 年 7 月，建立县卫生局。1985 年 10 月，改为今名。1987 年，增挂区红十字会牌，属局内设机构。

镇海区对外贸易经济合作局　1988 年 3 月，建区对外经济贸易局。1996 年 4 月，更为今名。1998 年 6 月，挂区外商投资管理局牌子。2002 年 1 月，挂区招商中心牌子。

镇海区环境保护局　1997 年 9 月建立，由区城乡建设环保局析出。

镇海区城市管理局　2002 年 5 月建立，同年 9 月增挂城市管理行政执法局牌子。

镇海区安全生产监督管理局　2004 年 8 月建立。

宁波市公安局镇海分局　1985 年 10 月，县公安局改称区公安局。2006 年 3 月，改为今名。

表 30-2

2006 年镇海区人民政府组成部门（21 个）人员编制情况表

部门名称	内设科室（个）	科室名称	行政编制数	其中领导职数
区人民政府办公室	8	秘书科、综合科、督查科、经济一科、经济二科、公共事业科、调研信息科、法制科	22 名（其中后勤服务人员 2 名，离退休干部工作人员 1 名	办公室主任 1 名，副主任 4 名（不含兼职）；正副科长 8 名
区发展和改革局	8	办公室、政工科、发展计划科（区国防动员委员会经济动员办公室）、投资科（区造价管理办公室）、体制改革科、经济运行科、经济协作科、价格管理科	26 名（其中后勤服务人员 2 名，离退休干部服务人员 1 名）	局长 1 名，副局长 3 名；正副科长 10 名
区教育局	5	办公室、组织人事科、教育科、计划财务科、体育科	16 名（其中后勤服务人员 2 名）	局长 1 名，副局长 3 名；正副科长 5 名
区科学技术局、科学技术协会	4	办公室（区知识产权办公室、区技术市场管理办公室）、科技发展科、学会科普科、信息化管理科	11 名（其中后勤服务人员 2 名）	局长 1 名，副局长 2 名，科协主席 1 名（兼），科协副主席 2 名（兼）；正副科长 4 名
区民政局	5	办公室、社会事务与救灾救济科（区地名委员会办公室）、优抚安置科（区“双拥”领导小组办公室）、基层政权与社区建设科（民间组织管理办公室）、社区建设科	12 名（其中后勤服务人员 2 名）	局长 1 名，副局长 3 名；正副科长 5 名
区司法局	4	办公室（政工科）、法制宣传教育科、基层工作管理科（帮教安置科）、法律服务管理科（区法律援助中心）	司法局 14 名；招宝山、骆驼、庄市街道司法助理员各 3 名，蛟川街道、澥浦镇、九龙湖镇司法助理员各 2 名	局长 1 名，副局长 2 名；正副科长 4 名
区财政局	8	办公室、人事监察科、预算科、行政事业财务管理科（区政府采购管理办公室）、财政监督科（政策法规科）、国资管理科（外经科）、农财农税科（区农业综合开发办公室）、会计事务管理科	39 名	局长 1 名，副局长 2 名；科级职数 12 名
区人事局、区编委办	4	办公室、公务员管理科（区事业单位登记管理办公室）、工资考核科（退休干部管理办公室）、专业技术人员管理科（培训科、区引进国外智力办公室、人才开发科	14 名（其中后勤服务人员 2 名）	局长 1 名，副局长 2 名；副科长 4 名
区劳动和社会保障局	4	办公室、劳动力管理科、社会保险科、劳动争议仲裁科（区劳动争议仲裁委员会办公室）	12 名（其中后勤服务人员 2 名）	局长 1 名，副局长 2 名；正副科长 4 名
区建设与交通局	7	办公室（法制科）、计划财务科、工程建设科、建工管理科、交通运输管理科（区国防动员委员会交通战备办公室）、房地产管理科、人防科	17 名（其中后勤服务人员 2 名，离退休干部工作人员 1 名）	局长 1 名，副局长 3 名，总工程师 1 名；正副科长 10 名

续表 30-2

部门名称	内设科室（个）	科室名称	行政编制数	其中领导职数
区城市管理局	5	办公室、政工科（执法督查科）、计划财务科、综合管理科、执法管理科	8 名	局长 1 名，副局长 2 名；正副科长 5 名
区农业局	8	办公室、政工科（科教科）、法规科、经营管理科（农村集体资产管理办公室）、产业指导科、水利科、林特科（区公安分局森林警察大队）、海洋与渔业科	26 名（其中后勤服务人员 2 名，离退休干部工作人员 1 名），森林公安 3 名	局长 1 名，副局长 3 名；正副科长 8 名
区贸易与粮食局	5	办公室、粮食科、市场发展科、行业管理科、蔬菜副食品科	13 名（其中后勤服务人员 1 名，离退休干部工作人员 1 名）	局长 1 名，副局长 3 名；正副科长 5 名
区对外贸易经济合作局	3	办公室、外资科、外贸外经科	7 名（其中后勤服务人员 1 名）	局长 1 名，副局长 2 名；正副科长 3 名
区卫生局	4	办公室（挂会计核算中心牌子）、组织人事科、医政管理科、公共卫生科（挂献血办牌子）	8 名（其中后勤服务人员 1 名）	局长 1 名，副局长 2 名；正副科长 5 名
区人口和计划生育局	3	办公室、政策法规统计科（流动人口计划生育管理办公室）、宣传教育科学技术科	8 名（其中后勤服务人员 1 名）	局长 1 名，副局长 2 名；正副科长 3 名
区审计局	3	办公室、财政金融事业审计科、经贸投资审计科	12 名（其中后勤服务人员 2 名）	局长 1 名，副局长 1 名；正副科长 3 名
区环境保护局	4	办公室（法制宣教科）、开发建设管理科、污染管理科、生态科	7 名	局长 1 名，副局长 2 名，总工程师 1 名；正副科长 4 名
区安全生产监督管理局	3	办公室、综合安全监督管理科、危险化学品安全监督管理科	12 名 (其中机关工勤人员 1 名)	局长 1 名，副局长 2 名；正副科长 3 名
区统计局	4	办公室 (法规与教育科)、综合核算科、工业与投资科、服务业统计科	10 名 (其中机关工勤人员 2 名)	局长 1 名，副局长 2 名；科级职数 4 名
宁波市公安局镇海区分局	5	办公室、政治处、纪委 (监察室)、警务督察队、法制科；设 9 个直属单位：国内安全保卫大队，公共信息网络安全监察大队、治安大队（副局级）、刑事侦察大队（副局级）、缉毒大队 、经济案件侦察大队、交通警察大队（公路巡逻民警大队） (副局级)、监所管理大队、巡特警大队（副局级）	350 名（行政编制 258 名，事业编制 92 名）	局长 1 名、政委 1 名、副局长 3 名、政治处主任 1 名；定正职（副局）8 名、副职（正科）7 名，其下设机构正职（副科）34 名；其他内设及派出机构定正科（主任、科长、大队长、所长、教导员）28 名、副科（副主任、副大队长、副所长）21 名

说明：资料来源区编办。区监察局、区文化广电新闻局、区民族宗教事务局没有单独“三定”方案

垂直与地方双重管理机构（7 个）

宁波市质量技术监督局镇海分局 1973 年 12 月，成立镇海县计量管理所。1985 年 10 月，改名宁波市标准计量局镇海管理所。1987 年 9 月，更名宁波市镇海标准计量所。1988 年 11 月，划归区计划经济委员会。1990 年 10 月，挂镇海区标准计量管理局牌。1996 年 4 月，析置区技术监督局。2002 年 1 月，改为今名。

宁波市工商行政管理局镇海分局 1978 年 12 月，建镇海县工商行政管理局。1985 年 10 月，改称区工商行政管理局。1993 年 2 月，区物价局与之合署办公。1996 年 4 月区物价局析出，改称宁波市工商行政管理局镇海区分局。1999 年 6 月改为今名。

宁波市国土资源局镇海分局 1988 年 2 月，建区土地管理局。2002 年 1 月，改称区国土资源局。2005 年改为今名。

宁波市镇海区国家税务局 1994 年 11 月，由区财政税务局析置。

宁波市镇海地方税务局 1994 年 11 月，由区财政税务局析置，称区地方税务局。2004 年年末，改为今名。

宁波市食品药品监督管理局镇海分局 2002 年 4 月，组建宁波市药品监督管理局镇海分局。2005 年 8 月，改为今名。

宁波市规划局镇海分局 前身为 1984 年建立的镇海县城乡建设规划处。2003 年 6 月，改为今名。

直属工作机构（22 个）

镇海区支援重点工程建设领导小组办公室 1983 年 9 月，建镇海县支援重点工程建设办公室。1985 年 10 月，改称区支援重点工程建设办公室。1991 年 3 月，改称区支援重点工程建设领导小组办公室。

镇海区委区府信访局 1986 年建区委、区人民政府信访办公室。1997 年 7 月，改名为区委、区府信访局。

镇海区侨务办公室 1985 年 10 月，更名区侨务办公室。1987 年 7 月，挂区外事办公室牌。2002 年 1 月，与区委统战部合署办公。

镇海区供销合作社 1985 年 10 月，县供销合作社改称区供销合作社。

镇海区农业机械化服务总站 1985 年 10 月，县农机管理总站改称区农机管理总站。2002 年 1 月，更为今名。

镇海区围垦局 1982 年 9 月，建立镇海电厂灰库工程指挥部。1997 年 9 月，更为今名。

镇海区档案局 1985 年 10 月，改称区档案科。是年年末，成立区档案馆，归口区委办公室。1988 年 9 月，区档案科（馆）归口区政府办公室。1990 年 10 月，挂区档案局牌。1996 年 4 月，区档案局、馆合并，复归区委办公室。

镇海区老龄工作委员会办公室 1987 年 3 月，成立区老龄问题委员会，下设办公室。2002 年，更为今名。

镇海区人民政府驻北京办事处 1989 年 5 月建，系区人民政府外派机构。

镇海区人民政府驻上海办事处 1991年9月建，系区人民政府外派机构。

镇海区机关事务管理局 1992年7月，区人民政府办公室行政科更名为区人民政府机关事务管理局。

浙江省镇海经济开发区管理委员会 1992年9月，建立镇海经济开发区、镇海高新技术开发区管理委员会。1994年5月，更名镇海工业技术开发区管委会。同年9月，更为今名。

镇海区旅游局 1996年9月，建区人民政府旅游办公室。翌年，更为今名。

镇海区九龙湖旅游区管理委员会 2000年7月，建九龙湖旅游风景区开发管理委员会。2006年3月，改为今名。

镇海区行政审批管理办公室 2000年8月，成立区行政服务中心。2003年4月，建区招投标中心，与区行政服务中心合署办公。2008年3月，更为今名。

宁波化学工业区管委会 2002年11月，建宁波化学工业区管委会。2003年2月，与宁波化工开发有限公司合署办公。

镇海区人民政府应急管理办公室 2006年3月建，挂靠区人民政府办公室。

镇海新城管理委员会 2006年3月建。

镇海区公共建设服务中心 2006年3月建。

镇海区外来务工人员服务管理工作领导小组办公室 2007年10月建，简称区外管办，挂靠区人民政府办公室。

镇海区大宗货物海铁联运物流枢纽港管理委员会 2007年11月建。

镇海区气象局 2008年12月，建区气象局（站）。

【附】1996—2005**年裁撤的区级机构**（18个）

镇海区农村经济委员会 1987年4月，建区农业委员会，与区委农工部合署办公。1989年1月，改名区农村经济委员会。1996年4月撤。

镇海区农林局 1986年4月建，1996年4月撤。

镇海区水利局 1986年4月建，1996年4月撤。

镇海区水产局 1986年4月建，1996年4月撤。

镇海区乡镇企业管理局 1984年5月，县社队企业管理局改名为县乡镇企业管理局，保留县第二工业局牌子。1985年10月，改名区乡镇企业管理局。1996年4月，并入区计划与经济委员会。

镇海区农业开发区管理委员会 1993年1月建，1997年12月撤。

镇海区粮食局 1985年10月改称区粮食局。2002年1月，与区贸易局合并。

镇海区物价局 1984年2月，组建县物价局。1985年10月改称区物价局。1993年2月，与区工商行政管理局合署办公。2002年1月，并入区发展计划与经济局，挂物价局牌。

镇海区交通局 1972年2月，建县交通局。1985年10月，改称区交通局。2002年1月，区交通局与区建设局合并。

镇海区商业局 1985年10月，改称区商业局。2002年9月撤区商业局，改称镇海区商贸资产投资发展有限公司。

镇海区工业公司 1984年2月，县工业局改称县工业公司。1985年10月，改称区工业公司。1989年5月并入与区计划经济委员会。1991年3月，复建区工业公司。2002年转制改称区工业国有资产投资有限公司。

镇海区建筑总公司 1985年1月建立，称镇海县建筑总公司，属地建筑企业纳入其统一管理。1986年10月改名为镇海区建筑总公司。1989年被撤销。

镇海区二轻工业公司 1981年6月，建县二轻工业局。1984年2月改称县二轻工业公司。1985年10月，改称区二轻工业公司。2002年转制后并入区工业国有资产投资有限公司。

镇海区纺织丝绸工业公司 1986年12月，建立区纺织丝绸公司。1988年5月，改称区纺织丝绸工业公司。1989年10月转为行政性公司。2002年转制后并入区工业国有资产投资有限公司。

镇海区物资局 1970年7月，恢复镇海县物资局，1984年10月，挂县物资总公司牌。1985年10月改称区物资局。2002年转制后并入区商贸资产投资发展有限公司。

镇海高科技园区领导小组办公室 1995年2月建，2002年1月撤。

镇海区人民政府驻杭州办事处 1992年5月建，系区人民政府外派机构。1993年12月撤。

镇海区人民政府驻深圳办事处 1988年1月建。系区人民政府外派机构。2002年1月撤。

镇海区经济体制改革办公室 1986年12月，建区经济体制改革办公室与区经济协作办公室合署办公。1988年10月，区经济体制改革办公室析置。2005年5月并入区发展和改革局。

第三节 政府施政记略

第七届区人民政府（1984年8月—1987年5月）

实施全区农村第二步改革，完善家庭联产承包责任制，鼓励土地逐渐向种田能手集中。稳定粮食生产，扩大多种经营。全面取消农产品统派购制度，对粮、棉、生猪、蔬菜等大宗农副产品实行合同定购收购。建立区、乡（镇）两级农业发展基金制度，推广以工补农和劳动积累制度。1986—1987年，区、乡（镇）、村三级用于贴农和建农的资金达到1187万元，改善农业生产基础设施条件。壮大乡镇企业，扩大经营自主权，1987年乡镇工业产值已占全区工业总产值的60%。

完善国有、集体企业经济责任制，实施第二步“利改税”，推进“工奖捆浮”为主的企业内部分配制度改革，推行厂长（经理）任期目标责任制。引导加强基础管理和技术改造工作，新建和扩建一批骨干企业。继续供销社体制改革。全区27家小型国营商业企业全部实行“改转租”，77.5%农村代购代销店转为个体经营。建立和完善乡级财政体制。

加快城乡建设步伐，1985—1987年，全区共建乡镇道路54条，总长22.7千米，城乡住宅竣工面积85.8万平方米。建成百货大楼、龙赛医院和招宝山饭店等一批商业和公用服务设施。完成全区的村镇规划。

全区7个乡镇实施九年制义务教育，新建校舍2万平方米。改善医疗卫生条件，健全城乡医疗卫生网络。落实计划生育工作（责任制）。广泛开展“四有”教育和“五讲四美三热爱”活动。87%的孤寡老人实行“五保”。

第八届区人民政府（1987 年 5 月—1990 年 5 月）

开展治理整顿和深化改革工作，稳定物价，保障供给，清理整顿流通领域秩序。

巩固农村家庭联产承包责任制，完善山林责任制，稳步推进粮田适度规模经营。建立区、乡（镇）、村三级农业发展基金、农民劳动积累制度和上缴承包款制度。把科技兴农作为发展农业的重大措施来抓，加强农田水利基本建设。

全民、城镇集体企业 95% 以上实行厂长（经理）负责制。重点支持优势企业技术改造，开展横向经济联合引进项目和资金。开展对外开放再动员、再教育，制订外贸生产总体发展规划，发展“三来一补”，建立外贸机构与队伍。

实施花园型城区建设规划，实施“绿化工程”，加强道路通信等基础设施建设，增强城镇综合服务功能。

全面实施九年制义务教育，实施“社会教育工程”，逐步普及幼儿教育，发展各类职业技术教育和成人教育。建立科技基金筹集制度，增加科技投入。开展创建国家卫生城区工作，初步实施“初级卫生保健工程”，全面推行乡（镇）卫生院体制改革。落实“五保”统筹制度。开展“季评精神文明十件新事”活动。

第九届区人民政府（1990 年 5 月—1993 年 3 月）

以外向拓展为导向，实施外向带动战略。对外开放从第二产业扩大到第一产业、第三产业。建设镇海经济开发区和高新技术开发区，利用外资和区外资金 702.5 万美元和 4146 万元人民币。引导港澳台同胞和海外侨胞兴办实业，捐资兴办社会公益事业。对外贸易持续稳定发展。开展对外劳务输出。

完善企业承包经营责任制，87% 的全民、城镇集体企业落实第二轮承包，开展企业内部用工、分配、福利等三项制度改革。开展商业流通体制改革。

乡镇企业为重点，全民、集体、乡镇企业一起上，加大技改投入，调整工业产业和产品结构，促进工业经济有效益的高速发展。发展“一优两高”农业，加强农业社会化服务实体建设，改善农业基础设施，完成清排配套二期、中大河治理四期等水利工程。加快商业网点基础设施更新改造。

加强城乡（道路、通信、供水等）基础设施建设，实现乡镇高级路面连线，程控电话联网，新建和改建道路 67.97 千米，完成十字路水库一、二期引水工程，农村自来水普及率 95%。

开展创建省文明城市和国家卫生城市活动，全区卫生面貌得到显著改善。在城乡广泛开展群众性精神文明创建活动。被评为全国城市计划生育工作先进集体。

实施扩镇并乡工作，全区十个乡镇合并为五镇一乡。

第十届区人民政府（1993 年 3 月—1998 年 2 月）

推进以企业改革为重点的经济体制改革，85% 以上乡镇企业转换经营机制，开展国有、城镇集体企业产权制度改革，粮食购销和价格全面放开，实施城镇住房制度改革，清理土地市场。加快个体私营经济发展。

依靠科技进步，把开放型经济作为重中之重，培植规模经济，营造实力工程，增强发展后劲。推进开发区和工业小区建设，积极引进外资项目，大力引进国内外先进技术与设备，培育机电、化工、轻纺三大支柱产业，实际利用外资 1.07 亿美元，工业生产性投资五年累计达到 21.2 亿元。加强农业综合开发，建设农业开发示范区，实施“树强扶弱奔小康”工作和“强村富民”计划，每年投入上千万元资金用于农业基础设施建设，建成 440 公顷名优特农产品生产基地。

五年投入十余亿元资金，改善公共基础设施，整治后海塘煤场污染，环境综合治理进一步加强。城区建成区面积从 13.11 平方千米扩展到 16.16 平方千米。区域内公路密度每百平方千米 73.5 千米，荣获全国绿化先进百佳县（区）称号。

全面实施科教兴区战略，首批通过市高标准普及九年义务教育、高标准扫除青壮年文盲验收，引进各类专业人才和大中专毕业生 4000 多人。

实施农村社会养老保险，实行城镇职工最低工资标准和城乡居民基本生活费保障制度，开展下岗职工再就业工作，努力平抑物价，开展“送温暖”活动。

保护开发镇海口海防遗迹，实施爱国主义教育工程。实施全民健身计划。

第十一届区人民政府（1998 年 2 月—2003 年 2 月）

全面完成国有城镇集体企业的“两项制度”（产权制度和用工制度）改革，初步建立国有资产监管和营运体系。大力发展个体私营、外资、混合所有制等经济。完成区、镇（街道）两级政府机关机构改革，全面推开生产经营类事业单位改制工作，逐渐转变政府职能。

重新调整工业园区功能布局，完善园区基础设施，加快外向型经济发展，产业特色优势和集聚效应逐步显现。加快现代农牧产业带、生态经济带、沿山环湖林带、特色农业带等产业基地建设，形成特种养殖、蔬菜瓜果、花卉苗木、水产品等主导农产品体系，开展食用农产品质量安全管理建设，全面实施农村税费改革。

确定和开展“三带三区”① 建设重点和三片联动的大城区建设，建设宁波高教园区（北区）。完成乡镇行政区划调整、撤镇建街道和行政村撤并，实施社区体制改革。强化城市绿化、美化、亮化、净化及城市景观建设，加大城市管理力度。开展环境保护专项整治，开展农村环境综合整治，高标准实施城区绿化和生态公益林建设。

实施科技创新“410”工程，初步形成以企业为主体的区域创新体系。巩固“两高”成果，普及高中段教育，逐步解决外来民工子女入学问题。改善农村医疗条件。广泛开展“建设美好家园，争做文明市民”为主题的群众性创建活动，广泛开展全民健身活动。

实施“民心工程”，广泛开展扶贫帮困工作。建立被征地农民养老保障和城镇职工基本医疗保障制度。

第十二届区人民政府（2003 年 2 月—2007 年 2 月）

改造提升老城，建设浙东生产性港口物流中心；开发建设新城，建设宁波中心城北部商贸商务

---

① 镇海城市化发展方向为沿海重化工业带；沿江景观带；组团式城区生态绿化带。宁波高教园区北区；现代居住新区；海防、商帮、名人文化旅游区。

中心；开发建设宁波化工区，建设国家级石化产业基地。

建立产学研相结合的科技合作框架，实施科技创新“10 +1”工程，建设宁波市大学科技园区，提升企业科技自主创新能力。加快高新技术和先进适用技术改造提升传统产业步伐，做强做大临港型工业，积极发展高新技术产业，石化、机械、电子等主导产业群逐步形成，规模以上工业企业高新技术产品产值率达到30%。发展港口物流业，五大专业市场交易总额达到204.6亿元。把招商引资作为头号工程，四年累计实际利用外资6.1亿美元，2006年进出口总额首次突破40亿美元。

稳定粮食生产，重点建设蔬菜、水果、花卉等现代农业园区，建设一批农业产业化及休闲农业项目。推进“百村示范、千村整治”工程，开展“清洁美化家园行动”。探索农村社区化管理，被列入全国农村社区建设实验区。编制区域村庄布局和建设规划。实现村村通公交的目标。

加快国有企事业单位改革，基本完成区工业国有资产投资公司转制工作，完成物资总公司及市政、园林、环卫3个单位改制。实施新一轮镇（街道）财政体制调整，实施新一轮行政审批制度改革。开展村级经济股份制改造试点。加强开展与部省属单位全面合作交流，开展“山海协作”和区域经济合作。

开展大气环境治理和水环境治理，发展循环经济，推进清洁生产，推进节能降耗工作。建成海天、镇骆、雄镇、清风4条生态林带，城区绿化覆盖率达到45.17%，被评为全国绿化先进集体。深入开展环保执法“绿剑行动”，健全实时查处机制、环境容量预警管理机制、公众参与和监督机制，建成全省首个区环境监测监控中心。成功创建国家级生态示范区。

开展解难创优工作。建立覆盖城乡的劳动力市场，大力推进农民转岗就业。全面实施新型农村合作医疗制度、土地被征用人员养老保障制度，推行职工低标准养老保险和城镇居民养老保障制度。建立完善以实施城乡低保制度为基础、各项救助制度相互配套的新型社会救助制度。推进城乡统筹居家养老工作。开展安全生产、交通安全专项整治。完善外来务工人员服务和管理。撤销宁镇路3个“四自”公路收费站，顺利实施城区低洼地改造。开展志愿服务活动，创建品牌社区和和谐社区，深入推进文明城区创建工作。扎实推进基础教育均衡发展，建立以区为主的义务教育管理体制，普及15年基础教育。建立城乡社区卫生服务网络，实施医疗卫生基础设施“3 +3”工程，优化医疗资源布局。有序推进食品药品“放心工程”。成功创建全国计划生育优质服务先进区。开展群众系列文化活动，率先在全省完成城乡一体数字电视整体转换。

【附】援建青川县瓦砾乡

青川县地处四川盆地北部广元市境内，瓦砾乡距青川县城乔庄18千米。汶川“5·12”大地震后不久，根据省、市对灾后援建工作的安排，镇海区、宁海县结对援建青川县瓦砾乡。2008年8月27日，援建人员进驻瓦砾乡，开展为期两年多（780余天）的恢复重建工作。分指挥部指挥长由宁海县干部李恒贤担任，副指挥长由镇海区干部王闰清担任。镇海区3名援川干部出自区建设与交通局、区发改局、区质监站。

瓦砾乡乡灾后恢复重建项目共30个，援建资金4475万元，其中列入省、市指挥部援建计划的25个，计3825万元，村镇（街道、企业）结对帮扶项目5个，计200万元，援建项目的日常维护和“交支票工程”（由指挥部落实资金，当地实施和监管的项目）450万元。项目涵盖学校、卫生院、村民服务中心、场镇道路、供水、排水、照明等基础设施，农房重建示范点配套设施、通村（社）道路、人畜饮水、环境整治等民生工程，产业帮扶和智力援助项目。

援建期间，除列入援建口子的财政资金和社会捐赠资金以外，区民政局向青川县瓦砾乡捐赠资金37万元，捐赠价值11.26万元的物资，包括塑钢窗、折叠篷、衣服、文具等。从地震发生到2009年年末，区红十字会收到社会各界捐款242.88万元，区慈善总会收到捐款1088万元及价值24.2万元的衣服、鞋子物品，均已汇款或发送给援建指挥部。

镇海永大构件有限公司董事长沈康明为瓦砾小学捐资40万元，设立“教育基金”。

区中心学校、宁海实验小学教育集团为瓦砾小学捐赠12万元专项资金，用于新校舍教育设施和校园文化建设。

镇海区和宁海县卫生局向瓦砾乡卫生院捐赠价值10万元救护车1辆。

2009年全年和2010年下半年，镇海幼儿园青年教师黄斌连续三次赴乔庄幼儿园支教，成为浙江省支教团最年轻、在川时间最长的教师，也是青川县第一位男性幼儿老师。

区教育局向乔庄幼儿园捐赠1架钢琴，并举行“千里送教”的教研活动。

镇海艺术幼儿园向乔庄幼儿园捐赠36箱价值2万元的爱心玩具。

镇海炼化小学为乔庄幼儿园大班的孩子购买小学所需的文具。

镇海幼儿园募捐500套新园服送往乔庄幼儿园。

澥浦卫生院孙景熙，庄市佩珍医院学忠、江小明赴瓦砾乡卫生院，参与为期两到三个月的医疗，卫生防疫，卫生监督，健康教育等医疗援建工作。

2010年春节，镇海新闻网发起“志愿者访青川”活动。宁波金鼎紧固件有限公司购置一批文具送给瓦砾乡的孩子。书画家王复才书写春联送给青川受灾群众。

省定援建项目建设 瓦砾乡有两个省定项目，即瓦砾乡中心小学和瓦砾乡卫生院。项目投资概算分别为909.55万元和201.04万元。瓦砾乡中心小学包括教学行政楼、辅助生活楼两个单体工程，建筑面积2310平方米。瓦砾乡卫生院工程为框架三层，建筑面积637平方米。项目于2008年11月11日举行奠基仪式，中共宁波市委书记巴音朝鲁参加奠基仪式。2009年8月18日，瓦砾小学成为宁波援建的4个乡镇中第一个通过验收的省定项目，在9月1日前顺利交付使用。瓦砾小学被评为四川省“天府杯”和浙江省“钱江杯”优质工程奖。9月21日，瓦砾乡卫生院也竣工并交付使用。

瓦砾场镇建设 委托宁波大学规划设计研究院编制《瓦砾乡场镇修建性详细规划》，方案涵盖场镇农房示范点、公共服务设施、优势主导产业三大区块，涉及项目11个，总投资1100万元。建成“小青瓦、白粉墙、提角线、木栏花窗”的瓦砾一条街，在原有街路基础上拓宽2米多。场镇基础设施建设，包括环场镇道路、给排水、台地挡墙、溪流整治、街景风貌统一、节点绿化等。场镇环形道路全长1.2千米，瓦砾大桥下设置安全岛。南侧台地建挡墙使后排农房地基更坚固，改变原来脏乱差面貌。主街道埋设大口径排污管道和供水主管道，两旁农户可将分管接入。道路两侧设置雨水收集管道，统一排入溪流。柴王村民服务中心，建筑面积350平方米，于2009年7月投入使用，成为青川县当时设施最好的村级服务中心。拆除破旧猪圈后建造的休闲小广场面积1500平方米，仿古亭子、青石板地面、花坛草坪、健身器材，小广场成为场镇居民休闲的好去处。流经场镇的小溪流，经清底、砌石、安装护栏、铁链，溪底铺卵石。绕环形路安装具有现代气息的50盏太阳能路灯。

人畜饮水工程　2009年3月，分指挥部利用枯水期，翻山越岭，走遍瓦砾全乡5个村30多个社，为每个社找到合适的水源地。在青川县水利部门协助下，编制28个社的人畜饮水工程实施方案。2009年11月，全面进场施工。分指挥部技术人员每天带着干粮上山作指导，现场协调施工中问题，与村社干部共同处理好蓄水池占地和管线过境等问题。许多项目地处高山峡谷，没有道路，建材靠马拉、人驮运送上山，还要克服高山冰冻影响，施工难度大。经过两个多月紧张施工，新建28个点的饮水工程全部完成。王家坝、赵家沟和柳坝子等示范点饮水工程，产权明晰、设施齐全、标志明显、按表入户、计量收费，并协助落实"以水养水"的长效管理机制。所有饮水工程在2010年3月全面移交相关村社。瓦砾场镇和王家坝两个饮水项目被省援建指挥部确定为青川县人畜饮水示范工程。

道路交通建设　2009年年初，分指挥部安排专项资金76万元，对18个通社道路应急抢修保通。安排90万元资金对上河村通村道路应急维修，完成沿线地质灾害处理、路基防护施工和天然砂砾石面层的施工。黄茶公路至上河村6千米通村道路硬化，平均宽度3.5米，工程审计价374.68万元。工程实施过程中，分指挥部和乡政府成立工作班子，处理沿线道路占线、树木、青苗补偿等问题。2010年5月6日，通过青川县交通局等部门验收。该道路解决了上河村全部和庙子村大部群众出行问题，是宁波援建一镇三乡中长度最长和投资最大的通村公路硬化项目。

现代畜牧园区基本形成　根据省、市援建指挥部"一乡一业"产业援建的指导思想，提出"多养猪、快赚钱、早还贷、奔小康"的口号，援助瓦砾乡生猪产业项目2个，援建资金523万元。分指挥部与乡政府从德阳引进农业龙头企业，在瓦砾乡建立强达种猪场，导入生态环保理念，建设零排放标准化圈舍，打造万头生态种猪基地，项目占地面积2公顷，建有标准化猪舍14幢4800平方米。引入良种母猪700头。每年可提供优质二杂母猪4000头，优质商品仔猪8000头。园区达到"零排放"养猪的生态环保要求。推行统一规划、统一设计、统一建设、统一配套、分户经营的"四统一分"模式，拆除场镇破旧零乱的圈舍，新建三个点共1200平方米的标准化圈舍。补助两养殖大户新建2800平方米"零排放"生态圈舍，改造600平方米大户圈舍。对苏家坪、柴家坝80农户实行适当补助，分户按标准要求建圈舍，加上县新村建设范围的王家坝生猪小区，在黄茶公路一线，形成特色鲜明的生猪养殖产业带。

农房重建　青川瓦砾乡灾后需重建的农房总数为1061户，到2009年12月底全面完成农房重建任务，完成率为100%。

第二章　政务建设

20世纪80年代始，镇海区以推进企业改革为主线着力政府职能转变，把应由企业、社会、中介组织承担的职能分离转出，把应由政府履行的经济调节、市场监管、社会管理和公共服务职能加强，逐步建立起职责明确、办事高效、运转协调、行为规范的行政管理体制和工作机制。

第一节　制度建设

工作制度

1990年，制定《宁波市镇海区人民政府工作规则》，对自身职权、区长副区长职责、会议制度、文件审批和会议组织工作等作出具体规定。2003年1月、2007年7月，二次修订《宁波市镇海区人民政府工作规则》，对区人民政府组成人员职责、履行政府职能、实行民主决策、坚持依法行政、加强行政监督、提高工作效能、会议制度、公文审批制度、作风纪律建设等作出详细规定。

会议制度

1990年6月，制定《镇海区人民政府会议议事规则》，确定区人民政府全体会议、区人民政府常务会议、区长办公会议、镇（乡）长会议、区人民政府分口例会等5会议的工作制度和程序。2003年1月，会议制度调整为4类：区人民政府全体会议、常务会议、区长办公会议和区人民政府专题协调会议。2007年7月，规定区人民政府实行区政府全体（扩大）会议、区政府常务会议、区长办公会议和区政府专题会议制度。

全体（扩大）会议　区人民政府全体（扩大）会议由区长、副区长、区长助理、区人民政府组成部门的主任和局长组成，由区长或区长委托负责常务工作的副区长召集和主持。区人民政府办公室副主任，各镇人民政府、街道办事处、区人民政府直属单位和有关部门的主要负责人列席会议。邀请区委有关部门、区人大常委会、区政协领导参加，视情邀请区人武部，区人民法院、区检察院、人民团体和新闻单位负责人参加。区人民政府全体（扩大）会议一般每半年召开一次。区人民政府全体（扩大）会议主要任务是传达上级决策，决定和部署政府重要工作，通报全区性工作，讨论《政府工作报告》等。

常务会议　区人民政府常务会议由区长、副区长、区长助理组成，由区长或受区长委托负责常务工作的副区长召集和主持。区人民政府办公室主任、副主任列席会议，根据议题情况邀请区人大常委会、区政协和区人武部领导参加。区人民政府有关部门（单位）及镇人民政府、街道办事处主要负责人根据议题需要列席会议。区人民政府常务会议一般每季度召开一次，视需要可随时增开。

会议主要任务是传达上级指示，研究落实上级决定，研究决定事关全局性的重大事项，研究决定提请区人大或区人大常委会审议的有关事项，分析研究经济运行形势及其他重要事件。

办公会议　区长办公会议由区长、副区长、区长助理、办公室主任组成，由区长或区长委托负责常务工作的副区长主持召开。区人民政府办公室副主任、区人民政府有关部门（单位）及镇人民政府、街道办事处主要负责人根据议题需要列席。区长办公会议一般每旬召开一次。主要任务是研究落实上级指示，研究决定专项性重要行政事项，讨论通过以区政府名义召开的全区性重要工作会议方案，研究专项性事件的处理意见，听取政府部门工作汇报，研究决定镇（街道）和部门提请的事项，听取分管副区长、区长助理关于月度工作情况汇报，听取组织部门对政府系统人事任免事项的通报。

专题会议　区人民政府专题会议由区长、副区长、区长助理或受区长、副区长、区长助理委托的区人民政府办公室主任或副主任主持召开。根据会议内容，召集有关部门（单位）和有关镇人民政府、街道办事处负责人出席。区人民政府专题会议根据需要不定期召开。会议主要任务是讨论需要区人民政府或分管区长专题协调、组织实施的重要问题。

第二节　政府法治建设

接受监督

1989年10月，建立区长办公电话和区长信箱。坚持政府领导下访、接访，确保信访渠道畅通。建立区级领导和各部门负责人阅批重要群众来信制度，并督促抓好落实。1990年，区人民政府制订六项制度，自觉接受人大监督和政协民主监督，建立与各民主党派、无党派爱国人士、工商联和工青妇等群众团体的对口联系制度，规范办理人大代表的议案、建议和政协委员的提案。1991年6月，制订政府系统办理人大代表建议、政协委员提案的工作规则，实行归口处理分级负责，并将办理情况列入机关岗位目标责任制考核。2004年3月，完善《人大代表建议和政协委员提案办理工作规则》。2004—2008年，每年对政府系统建议、提案办理工作进行“回头看”活动。

政务公开

1998年8月，明确行政机关重点是公开政务，社会公用事业服务部门重点是推行社会服务承诺制。2002年9月，乡镇人民政府全面推行政务公开。2005年5月起，全面实施政府“阳光工程”，逐步推行政府阳光决策流程制度、全面推行政务公开、推进依法行政、建立政府与公众对话机制、大力推进电子政务和建立完善监督体系。

信用建设

2002年5月，开展信用政府建设，改进机关工作作风。2003年4月，制定《关于加强政府信用建设提升政府行为公信度的实施意见》，明确政府信用建设的主要目标和基本原则，通过规范政府行政工作程序、明确政府机关职责、完善政务公开制度、加强对政府行为的监督、建立政府机关及其公务员行为的信用记录制度、建立行政行为失信惩罚机制等，明确责任，建立投诉机制，全面推进政府信用建设。2004 年 10 月，对有关单位和部门的信用度情况、审批制度改革执行情况进行考评。

民主决策

建立群众参与、专家咨询和政府决策相结合的决策机制，健全重大决策的规则和程序，及行政质询和行政决策责任追究制度。全区经济、社会、改革等方面的重要决策，及区级重要机构的设立、撤并和职能调整等关系全局的重大决策，事先通过社会公示或听证会形式通过召开座谈会等形式，事先广泛听取人大代表、政协委员、民主党派、群众团体、专家学者等方面的意见和建议。

第三节 行政审批制度改革

集中办证

2000 年 10 月，成立镇海区经济服务中心。全区 19 个部门的 116 项行政审批服务事项进入经济服务中心窗口办理。2003—2005 年，镇海区实施两轮行政审批制度改革，行政审批事项从 2000 年的 8532 项削减到 1542 项。2004 年 7 月《中华人民共和国行政许可法》实施，区经济服务中心更名为区行政服务中心。按照“便民、高效”和“应进必进、能进则进”原则，把更多的行政许可和服务事项纳入行政服务中心窗口受理。受理事项的审批依据、条件、程序、收费、承诺时限等，均在中心大厅以办事须知形式公示。2007 年 6 月，行政许可职能原由两个及两个以上科室承担的部门实施许可职能归并，建立行政许可科。区级 15 个部门成立行政许可科，入驻中心并建立首席审批员制。改革后，入驻中心的行政许可职能部门、进中心受理项目（包括初审项目）、现场即办率和办事承诺时间由归并前的 17 个、155 项、50% 和 13 天，提高（或缩短）到 27 个、255 项、65% 和 7 天。2008 年 5 月，镇海区行政服务中心更名为区行政审批管理办公室。年末，出台《关于实施区、镇（街道）、村（社区）审批服务联动工作的意见》，推进行政许可服务受理事项向镇（街道）、村（社区）延伸，建立镇（街道）行政服务中心、村民服务中心（社区服务站）。年末，镇海区 32 个部门的 301 项行政许可事项、154 非行政许可事项进中心窗口受理，占全部行政许可和非许可项目的 94% 。所有受理事项比法定时限提速 77% ，群众办事满意率始终保持在 98% 以上。年办件量在 13 万件以上。区行政服务中心获“浙江省示范行政服务中心”称号。

审批绿色通道

2001 年开始，实施生产性建设项目审批“绿色通道”。凡固定资产投资或技改项目投资在 500 万元以上，外资投入在 100 万美元以上的工业项目，在报送必需资料和缴纳相关费用的前提下，按照从简从快的原则，实行边审批边办、特事特办。

全程代理服务

2002 年 6 月，出台《镇海区审批项目全程代理制度实施办法》，区内工业性建设项目全面实行全程代理制。2002—2008 年，区行政服务中心共代理 1000 多个生产性建设投资项目。

并联审批

三种类型的审批事项纳入并联审批：基本建设项目、区级权限内的工商企业注册登记、辖区产权登记。按照“一门受理，抄告相关，同步审批，限时办结”原则，由牵头窗口负责并联审批事项的受理，协办部门负责所涉及事项的审批。审管办牵头建立并联审批会商制度，发改局、规划局、国土局、环保局、建设交通局、房管处、工商局、消防大队等为会商成员单位。实行并联审批双承诺制度，即牵头责任窗口向申请对象承诺；协办窗口向牵头窗口承诺，保证设定的审批承诺时间按时完成。实施并联审批后，生产性建设项目从立项到竣工验收，全部审批周期从原承诺 128 个工作日压缩到 88 个工作日。

第四节　电子政务

2001 年 12 月，镇海区人民政府开始政务专网改造、政府网技术开发和政府办公自动化系统建设。2004 年 3 月，区人民政府增设电子政务信息中心。2005 年 1 月，建立区人民政府网上办公系统。2005 年 5 月起，全面升级政府门户网站，推进政府服务电子化。2006 年 10 月，区人民政府制定《镇海区电子政务建设规划与实施方案（2006—2008）》，重点实施电子政务网络平台工程、区人民政府门户网站群工程、全区党政办公自动化系统工程建设。（参见第十二编“邮政　电信　信息化”第三章“网络与信息化”）

第三章 信 访

镇海区重视人民来信来访工作，把其作为密切联系人民群众的桥梁，在受理来信来访中创新工作方法化解矛盾，保证党和政府各项工作的顺利贯彻。

第一节 信访机构

机构

1985 年 10 月，镇海县来信来访办公室改称镇海区来信来访办公室，属党委系统。1988 年，区来信来访办公室划归区政府办公室。1997 年 7 月，更名为区委区府信访局（以下简称信访局）。2002 年 5 月，核定信访局行政编制 3 名。2004 年 3 月，机构级格定为正局级，人员增配 2 名。2006 年 9 月，内设接访科和办信督查科。2008 年 8 月，增加行政编制 1 名。

信访网络

1986 年，区级部门和乡镇设专职或兼职信访干部。1990 年全区行政村、41 个 100 人以上乡镇企业和 15 个街道居委会建立信访民调小组，形成区、乡镇、村三级信访网络。1991 年，区级部门和乡镇建立信访工作领导小组，明确分管领导和信访专兼职干部。2000 年乡镇建立调解中心，开办便民服务窗口。2002 年镇海区完善镇（街道）信访、调解、综治三位一体的工作机制，以及村（社区）信访信息网络。2004 年，总浦桥社区开展信访进社区试点。2006 年镇、街道信访办为中层正科机构。2007 年，建设市、区、镇（街道）和部门三级信访信息系统平台。2008 年实现市、区和镇（街道）、职能部门三级联网，对信访事项网上登记受理。

第二节 信访制度

1986 年，镇海区建立每月一天区党政领导接待来访制度，以及分级负责、归口办理的信访责任制。1988 年乡镇建立人民来信来访制度。1989 年建立各级党政领导接待日，并建立区长值班电话。1990 年规定区级党政领导每月一次接待日并安排部门负责人参加。1995 年全面推行逐级上访制度。1996 年建立健全信访岗位责任制，制定文明接待公约。1997 年镇海区实施领导信访工作责任制。1999 年宁波市统一每月 16 日为各级党政领导接待日。2000 年建立信访工作每月排查上报制度。2001 年规范重要信访件的报结内容、期限和程序，同时实施重要信访领导包案、重点乡镇重点单位管理和责任查究。2003 年建立镇、街道和区属单位信访工作排名通报制度。2004 年开始，每年与镇街道签订《信访工作目标管理责任书》。2004 年 9 月，建立处理信访突出问题及群体性事件联席会议制度。2005 年 4 月，建立区人民政府定期研究、重点研究群众信访突出问题工作制度。2007 年，将进京上访和到省集体上访作为考核重点，实行一票否决。

第三节　信访受理

1986 年和 1987 年，群众信访多为要求解决历史遗留问题。主要受理复查平反冤假错案、地下党遗留问题、“文化大革命”查抄物资、落实华侨土改征收、城镇私改房造、精简户口遗留问题及农婚知青安置落实问题。

1990 年后，群众集体上访增加。信访集中在城乡住房、房产、城建管理、工资劳保、就业安置等方面。1992 年，镇海区处理一批信访疑难案件和重要信件，使信访总量，特别是集体上访大幅下降。1993 年，集体上访主要反映被整顿的人力三轮车经营者和被兼并的乡镇企业职工的生活出路问题。1994 年后，群众集体上访猛增，并逐年上升。主要反映企业转制、三轮车和残疾人车的整顿、旧城改造拆迁安置、土地征用招工和土地补偿费等问题。

2002 年开始，农村土地征用、拆迁安置、二轮土地承包、就业、环保、社会保障和城市管理成为群众诉求热点，至 2004 年信访总量达到峰值。群众信访呈现越级多、涉土多、重复多、区域集中、问题集中、新旧交替不断的特点。

2005—2008 年，信访总量稳中有降。2005 年土地类信访减少，社会保障、城建环保等信访上升。2007 年和 2008 年群体性上访增加，信访内容为 20 世纪 60 年代至 70 年代退伍老兵要求政府给予补贴参加社会养老保险、原乡镇企业退休人员增加生活补贴、小型水库移民要求享受大中型水库移民政策。

1986—2008 年镇海区区级信访受理情况表

表 30－3

年份	信访（件/人次）	其中来信（件次）	其中来访		其中集体访	
			批次	人次	批次	人次
1986	1205	763	287	442	8	56
1987	1133	698	270	435	10	67
1988	1002	637	231	365	7	47
1989	917	556	228	361	6	40
1990	1054	556	261	498	14	132
1991	996	509	262	487	12	115
1992	759	400	222	359	4	37

续表 30－3

年份	信访（件/人次）	其中来信（件次）	其中来访		其中集体访	
			批次	人次	批次	人次
1993	788	269	279	519	14	111
1994	949	259	335	690	23	224
1995	933	339	278	594	25	271
1996	907	215	284	692	26	353
1997	907	228	303	679	32	288
1998	1209	215	467	994	37	412
1999	1228	224	456	1004	34	409
2000	1439	237	433	1202	46	679
2001	2150	262	699	1888	59	872
2002	3625	394	864	3231	116	2104
2003	3938	537	1199	3401	149	1900
2004	4227	588	1546	3639	138	1564
2005	3585	559	1317	3026	123	1262
2006	3453	410	1190	3043	127	1441
2007	3244	389	956	2855	86	1560
2008	2976	302	919	2674	84	1478

说明：资料来源区信访局

第四章 外事 侨务 台湾事务

第一节 外 事

1987 年 4 月，建立镇海区人民政府外事办公室，与侨办、侨联合署办公。1992 年，明确区外事办公室基本任务是贯彻执行上级的对外方针政策，督促、检查和协调全区外事工作和涉外活动，处理涉外事项。主要工作 8 项：出国境审批管理、涉外宣传及礼宾服务、所在地外籍人员管理、所在地赴境外经商人员及劳务输出人员管理、涉外应急管理、对外合作与友好城市建设、涉外服务人才建设和完善外事工作机构队伍建设。2002 年，区外事办公室划入区人民政府办公室。

外事接待

镇海区外事接待工作依托重要节庆、会议、展览、项目建设等平台，做到外事接待“周到热情、有理有节”。做好海外宁波帮人士回乡探访、捐资捐赠、参加各类活动的接待工作。接待北欧企业代表团、挪威项目考察团、荷兰阿克苏·诺贝尔总部考察团、法国欧尚集团考察团、日本大塞璐化学工业株式会社代表团、加拿大枫叶公司团组等访问团体。接待挪威驻华大使、挪威驻上海总领事、塔吉克斯坦总统办公室农业与土地垦殖部主任、德国埃尔旺根市市长等。

外事出访

2002—2008 年，镇海区因公出访约 1000 人次，出访团组在海外进行经贸洽谈、招商引资、技术交流、培训考察等活动。在德国、日本等开展镇海产业推介活动，为世界 500 强企业落户镇海发挥积极作用。

外国专家获奖评选

自 1996 年市人民政府设“茶花荣誉奖”和“茶花纪念奖”以来，在镇海区的外国专家有 7 人获得“茶花荣誉奖”，7 人获得“茶花纪念奖”。宁波 LG 甬兴化工有限公司总经理林成谈和金汉燮分别获 1999 年和 2003 年浙江省“西湖友谊奖”。

第二节 侨 务

1963 年 10 月，建立镇海县侨属工作委员会，“文化大革命”中活动停止。1978 年 11 月恢复活动，更名为县归国华侨联合会。1979 年 3 月，召开县第二届归侨侨眷代表大会。1985 年 10 月，改称镇海区归国华侨联合会。县人民政府侨务办公室更名为区人民政府侨务办公室。侨务工作坚持为经济建设服务、为侨胞港澳同胞服务和为祖国统一大业服务的宗旨，充分调动归侨侨眷、海外侨胞、港澳同胞和留学人员及家属的积极性，为镇海的经济发展和社会稳定发挥积极的作用。

2008 年年末，镇海区归侨、侨眷 282 户，海外侨胞、港澳同胞 5000 余人。改革开放以来，出国留学 250 余人。

镇海区归国华侨联合会

1986—2008 年，召开第三届至第七届镇海区归国华侨联合会大会。

1986—2008 年镇海区归国华侨联合会主席副主席名录一览表

表 30-4

届别	姓名	性别	职务	任期
第三届	吴炳辉	男	主　席	1986. 01—1989. 09
	陈　云	女	副主席	1986. 01—1989. 09
	徐孝芳	男	副主席	1986. 01—1989. 09
第四届	吴炳辉	男	主　席	1989. 09—1995. 06
	陈　云	女	副主席	1989. 09—1995. 06
	徐孝芳	男	副主席	1989. 09—1995. 06
第五届	吴炳辉	男	主　席	1995. 06—2000. 12
	沈佳音	女	副主席	1995. 06—1998. 07.
	顾燕华	女	副主席	1998. 07—2000. 12
第六届	沈天祥	男	主　席	2000. 12—2003. 05
	盛树君	男	主　席	2003. 05—2006. 03
	顾燕华	女	副主席	2000. 12—2006. 03
第七届	盛树君	男	主　席	2006. 03—
	顾燕华	女	副主席	2006. 03—

侨眷服务

镇海区是重点侨乡，也是宁波帮的重要发源地。自 1991 年起，镇海区为归侨侨眷排忧解难，帮助侨胞眷属解决煤气开户、申请经济适用房、解决拆迁安置房等事项。1995 年，组建镇海区出国留学人员联谊会。2000 年在全区成立 6 个侨联分会基础上，又在归侨、港澳同胞较多的社区成立三胞眷属联谊会。2005 年，开展侨情普查，充实和完善侨情数据库。镇海区登记在册的归侨侨眷（含港澳眷属）282 户 872 人，留学人员家属 206 户 218 人。

公益捐赠服务

为港澳同胞及海外华侨华人捐赠做好服务，捐赠项目符合捐赠人意愿，适应受赠单位需要。1985—2008 年，累计捐款 20127. 76 万元、533 项。热情接待邵逸夫、赵安中、包玉书、张爱芳、包景表、陈志耀等一大批镇海籍的海外爱心人士。

引进侨胞投资

至2008年年末，全区共有侨资企业42家，其中港资29家，占69%。侨资企业投资总额近2亿美元，其中投资1000万美元以上企业有：百隆东方有限公司、宁波海德针织漂染有限公司、宁波镇骆公路有限公司、宁波常镇公路有限公司。侨资企业总产值近30亿元，利税总额1.5亿元。2004年，香港杰志有限公司投资1000万美元兴办宁波美琪化工有限公司。2005年，法籍华人杨璧如投资3.9亿元兴办宁波第五医院，2008年医院主体建筑竣工。

第三节　台湾事务

1961年1月，中共镇海县委成立对台湾工作小组。1966—1975年，受“文化大革命”影响，对台工作小组停止活动。1975年2月，恢复县委对台湾工作小组。1981年9月，县委对台工作小组下设办公室。1983年1月，建立县人民政府台湾事务办公室，与县委对台工作小组办公室一套班子。撤县建区后改称区人民政府台湾事务办公室。1994年，区人民政府台湾事务办公室与区委统战部合署办公。

台胞台属

1986年镇海区台办调查，镇海区有台胞383户1025人、台属481户2323人。有通信联系的201户，占台属总户数的42%。2000年区台办调查，镇海区有台胞630户1810人、台属797户3188人。调查显示，镇海区台属与台湾台胞、台属联系交往情况为：

1996—2006年镇海区台属与台胞台属联系交往情况表

表30－5

台属户数	联系（户次）	信电（次）	来镇（次）	去台（次）
797	600	456	337	32

回乡定居

1982—2008年，回镇海养老定居的台胞共18人。1982年10月，首个回乡定居的台湾招商局员工刘阿红，经第三地香港回镇海城关落户。回乡养老定居台胞中有1人两年后又返台湾。2008年年末，镇海区尚有回乡养老定居台胞4人，余皆离世。

台商投资

1988年4月，台湾籍菲律宾客商郑孝慈在临江乡开办宁波金冠工业有限公司，生产箱包，为全区第一家浙台合资企业。1992年4月，台商史庭梁开办宁波泳庆运动器具有限公司，生产游泳镜，为第一家台商独资企业。1994年10月，金丰（中国）机械工业有限公司在镇海经济开发区注册成立，总投资5000万美元，生产冲压机械，为镇海区最大的台商独资企业。同年，大中（宁波）缝纫机有限公司在骆驼机电园区成立。2002年9月—2004年6月，金丰集团投资1000万美元成立金丰精密机械科技有限公司；台商投资250万美元成立宁波拓诚机械有限公司；台商投资800万美元成立宁波三印金属制品有限公司；台商投资50万美元成立宁波极致精密机电工业有限公司。至2008年，全区台资企业共163家，涉及机械、缝纫、油压、压铸、五金、电子、再生资源等行业。

台胞台商捐赠

1989—2008年，台胞台商累计捐赠41批次，合计人民币528.18万元，美元23.7万元。其中，楼志章捐资6次累计人民币183.4万元、美元4.9万元；俞翊焘捐资12次累计人民币118.16万元，美元2.5万元；朱之信捐资4次累计美元13.5万元；郭丰裕捐资3次累计人民币22.3万元。2006年，区人大常委会授予俞翊焘“爱乡楷模”称号。2002—2008年，金丰（中国）机械有限公司向宁波大学困难学生提供助学贷款基金，累计人民币73万余元。2006年10月，昌荣、中茂、联鹰等公司向贵州普安贫困学生捐赠价值4万余元的文具用品。2008年汶川“5·12”大地震，台商联谊会为灾区捐赠人民币100万元。2005年10月，金丰（中国）公司总经理王南历被评为宁波市“荣誉市民”。2006年，其子王思之接任金丰（中国）公司总经理，被评为首届市十大“新宁波青年”。

1989—2008年镇海区台胞台商捐资情况表

表30-6 单位：万元

捐赠者	捐资年份	捐赠金额	币种	受赠项目
郑孝慈	1989	6.30	人民币	临江乡教育基金
朱之信	1990	1.00	美元	庄市朱家岸村路
朱之康	1990	0.20	美元	庄市朱家岸村路
俞翊焘	1990	1.50	美元	临江乔梓小学
朱之康	1991	0.50	美元	庄市公园
朱之信	1991	2.50	美元	庄市公园
楼志章	1991	4.90	美元	庄市公园
叶谋升	1991	1.00	美元	庄市公园
张百春	1991	0.30	美元	庄市公园
李松鹤	1991	0.30	美元	庄市公园
王新初	1991	0.50	美元	庄市公园
俞翊焘	1991	5.26	人民币	临江乔梓小学
俞翊焘	1992	1.00	美元	乔梓小学图书仪器
朱之信	1992	5.00	美元	庄市朱家岸村路
楼志章	1992	62.40	人民币	中兴中学
楼志章	1993	25.00	人民币	庄市小学
俞翊焘	1993	10.00	人民币	渡驾桥村路
俞翊焘	1994	3.20	人民币	乔梓小学
楼志章	1994	36.00	人民币	庄市小学
尤伯东	1994	10.00	人民币	骆驼中心学校

续表 30－6

捐赠者	捐资日期	捐赠金额	币种	受赠项目
王　力	1994	2.00	人民币	区台联
郭丰裕	1994	4.30	人民币	庄市永丰村路
庄启星	1995	1.02	人民币	河头敬老院
朱之信	1995	5.00	美元	庄市朱家岸村路
俞翊焘	1995	2.20	人民币	乔梓小学
郭丰裕	1996	8.00	人民币	庄市永丰村路
楼志章	1996	30.00	人民币	庄市小学
俞翊焘	1996	50.00	人民币	乔梓小学
俞翊焘	1998	2.50	人民币	乔梓小学
俞翊焘	1998	3.00	人民币	渡驾桥村路
楼志章	1999	30.00	人民币	庄市小学
金丰公司	2002—2008	73.00	人民币	宁波大学助学贷款基金
郭丰裕	2003	10.00	人民币	庄市永丰村
俞翊焘	2003	2.00	人民币	招宝山公园
盛仲友	2003	2.00	人民币	抗“非典”
俞翊焘	2004	25.00	人民币	乔梓小学
骆驼台商 19 家	2005	5.00	人民币	100 名贫困老人
俞翊焘	2005	15.00	人民币	招宝山公园路
台商联谊会	2006	5.00	人民币	100 名贫困老人
庄市台商 4 家	2006	4.00（实物文具折）	人民币	贵州普安贫困学生
台商联谊会	2008	100.00	人民币	汶川赈灾

说明：资料来源区台办

人文交往

1987 年 11 月，台湾当局开放台湾居民赴大陆探亲。1988 年 4 月，台北宁波同乡会一行 80 余人首次回乡探亲，团长李子瑜回老家长石探亲。是年，镇海区出现台胞回乡探亲高潮，回乡探亲的台胞共 113 批 184 人次。

1989 年，台湾当局允许大陆亲属赴台探病奔丧。是年 2 月 9 日，区体委退休干部江永年获准赴台探母，为 40 年来镇海区首例因私去台。1989 年 7 月，原国民党“中央日报”发行部主任俞绍伟回乡探亲。1990 年 8 月，台属王维业继承其父王根义在台湾遗产，为 40 年来镇海区首个赴台继承遗产人。1992 年，台湾地区针织工业同业公会理事长楼志章到镇海探亲。

1993 年 8 月，台湾大学生组成的海峡两岸宁波籍大学生夏令营一行 20 余人到镇海参加夏令营活动，参观镇海口海防遗址及镇海石化总厂。此后，台北宁波同乡会多次组织返乡参观团来镇海参观镇海口海防遗址、镇海中学、郑氏十七房、九龙山庄、镇海经济开发区等，区台办向他们赠送《镇海画册》，介绍镇海改革开放后，经济建设、社会事业方面取得的成就。1996 年，区青少年宫 2 幅作品参加台湾中华艺文交流协会举办的亚洲金牌奖国画巡回展。2000 年后，区台办多次邀请台湾《中国少年晨报》、台湾 TVBS 电视台、东森电视台、《劲报》等新闻媒体到镇海采访，介绍镇海投资环境，扩大镇海影响。

经贸交流

1994 年 4 月，台北宁波同乡会理事长王雄夫率台北宁波同乡会返乡参观团一行 20 余人到镇海观光。1997 年 6 月，台北市宁波同乡会一行 40 余人到镇海区观光。1999 年 4 月 28 日，台湾地区石油化学同业公会理事长陈武雄、台湾经济研究院院长吴荣义一行到镇海区考察。

1999 年 9 月，应台湾机器工业同业公会之邀，镇海区经济贸易考察团一行 8 人赴台，系镇海区首批因公赴台活动。2001 年 8 月，应台湾省“中华中小企业促进会”之邀，区工商联一行 9 人赴台参加“浙台两地经贸发展研讨会”。2003 年 4 月，应台湾省“中华经贸科技高教暨农业发展促进会”之邀，镇海区一行 10 人赴台参加“工商联赴台经贸交流考察团”活动。2008 年 11 月，应台湾“中华工商文化发展协会”之邀，镇海区一行 7 人赴台湾征集宁波帮博物馆实物。

宁波市台资企业协会镇海区联谊会

1997 年 6 月，金丰（中国）机械工业有限公司总经理王南历发起成立宁波市镇海区台资企业协会小组，有 7 家台资企业参加。2001 年 9 月，宁波市台资企业协会镇海区联谊会在前台资企业协会小组基础上成立，至 2009 年 5 月共选举产生 3 届联谊会。2001 年 9 月—2006 年 6 月，首届台商联谊会，17 家台资企业入会，会长王南历。2006 年 6 月—2009 年 5 月，第二届台商联谊会，45 家台资企业入会，会长王森旺。

第五章　民族　宗教

改革开放后，镇海区少数民族人口数量呈较快增长。2000—2008 年，户籍少数民族人口增长一倍多，少数民族流动人口也大幅增加。2008 年，镇海区户籍少数民族 980 人，民族成分 25 个，占总人口 0.5%。随着少数民族人口增加，政府加强民族工作，做好少数民族困难户帮扶，制定实施减免公办幼儿园少数民族幼儿入托费和公办中小学校少数民族学生学杂费政策。2008 年起，区财政每年安排少数民族发展专项配套资金。区委统战部发动民营企业捐款设立少数民族困难户帮扶基金，开展民族团结进步创建活动和宣传教育，巩固和发展区域民族团结的良好局面。

镇海区贯彻党的宗教信仰自由政策，依法管理宗教事务，坚持独立自主自办原则，引导宗教与社会主义相适应。2005 年国务院《宗教事务条例》颁布施行，辖区宗教团体和宗教活动场所规范化建设依法推进，宗教界代表人士队伍建设成效明显。恢复和设立宗教场所严格按法规报批，统筹考虑、合理布局。宗教场所建设安全有序，宝陀禅寺等场所格局进一步完善，香山教寺重建开光，天主教堂恢复重建。宗教场所的文化内涵不断提升，区宗教领域保持稳定和睦的良好局面。随着经济社会快速发展，出现流动人口宗教信徒增多等新情况。

1993 年，区人民政府宗教事务科更名为区人民政府民族宗教事务科。1996 年 4 月，与区委统战部合署办公，区委统战部挂区人民政府民族宗教事务办公室牌子。1997 年 12 月，更名为区人民政府民族宗教事务局。2005 年 5 月，镇海区民族宗教事务局升为一级局，与区委统战部合署办公，列入政府工作部门。

第一节　民族事务

少数民族联谊组织

1988 年，镇海区有户籍少数民族 92 户 169 人。2008 年，区有户籍少数民族 980 人，民族成分 25 个。列入前五位的民族有满族 225 人、回族 142 人、土家族 134 人、壮族 118 人、苗族 75 人。其间，为 20 周岁以下少数民族办理民族成分更改 99 人，由汉族改为少数民族。随着少数民族户籍人口增加，1998 年 10 月，建立区少数民族联谊小组，经民主协商，马同文任组长。2002 年 11 月，调整小组成员，朱桐生任组长。

少数民族帮扶

少数民族发展专项资金 2000年开始，市民宗局每年下拨少数民族发展专项资金。2007年起，区级财政每年落实2万元配套资金。同年，区慈善总会设立少数民族困难家庭帮扶专项资金。1999—2008年，共发放少数民族帮扶资金13.2万元。

扶持少数民族教育 落实少数民族初中生、高中生中考、高考加分政策和少数民族幼儿、中小学生学杂费减免、营养午餐补助政策。

第二节 宗教事务

宗教团体登记

1991年9月，镇海区佛教协会、镇海区基督教三自爱国运动委员会、镇海区基督教协会三个宗教团体按中华人民共和国社会团体登记规定，由镇海区民政局登记。

宁波市镇海区佛教协会 1935年县佛教协会成立，总持讲寺僧人法悟为会长。1937年抗战初起，佛教协会在总持讲寺举办僧侣救护队训练班，受训僧侣30余人。1941年镇海沦陷，佛教协会停止活动。1952年另组县佛教协会筹备会，对会员进行爱国主义、劳动光荣和宗教政策教育，举办手工业生产合作社，组织僧侣参加建设水库劳动，并订立经忏、法事活动时间、范围。1958年撤县并市，县佛教协会被撤销，1963年恢复。“文化大革命”时停止活动。1985年6月，重组县佛教协会。1985—2008年，共选举产生5届佛教协会班子。

宁波市镇海区基督教三自爱国运动委员会（宁波市镇海区基督教协会） 1955年10月，成立镇海县基督教三自（自治、自传、自养）爱国会、基督教协会。“文化大革命”时停止活动。1980年4月，中共镇海县委批复同意恢复活动，同年12月在宁波召开镇海县基督教第二次代表会议，继又成立基督教协会，恢复教务活动。1980—2007年，共产生6届基督教协会班子。

宗教活动场所登记

1993年，经批准的镇海区宗教活动场所13个。其中佛教4个，即招宝山宝陀寺、净圆寺、普渡庵、半山庵；基督教8个，即城关、后施、贵驷、骆驼、庄市教堂和清水浦、万嘉桥、湾塘聚会点；天主教1个，即岚山祈祷所。

1997年根据《宁波市宗教活动场所管理办法》，登记的开放宗教活动场所17个。其中佛教5个：即宝陀寺、净圆寺、半山庵、普渡庵、佛教老年安养院；基督教11个，即城关教堂、后施教堂、贵驷教堂、骆驼教堂、庄市教堂和清水浦、湾塘、万嘉、光明、长石、汶溪聚会点。天主教1个，即岚山祈祷所。

2004年登记换证，镇海区登记宗教活动场所21个。其中佛教7个：宝陀寺、净圆寺、香山教寺、半山庵、普渡庵、佛教老年安养院、大圆庵；基督教12个：城关教堂、后施教堂、贵驷教堂、骆驼教堂、庄市教堂和清水浦、湾塘、万嘉、光明、长石、汶溪、新泓口聚会点；天主教2个：镇海天主教堂、岚山祈祷所。

2006 年 12 月，根据《宗教事务条例》登记换证，基督教聚会点作为教堂下属机构，不再发证。全区 18 个宗教活动场所换发新证，全部为寺观教堂（一类宗教活动场所）。其中佛教 7 个：宝陀禅寺、香山教寺、净圆禅寺、普渡庵、半山庵、大圆庵、佛教老年安养院；基督教 9 个：城关教堂、骆驼教堂、贵驷教堂、庄市教堂、后施教堂、清水浦教堂、湾塘教堂、光明教堂、长石教堂；天主教 2 个：镇海天主教堂、岚山祈祷所。

2007 年，经市民族宗教事务局批准，设立宁波镇海佛教协会观音阁，为其他宗教活动处所。

（责任编辑　冯国定）

第三十一编　政治协商会议

本编目录

1980年3月，中共浙江省委批复同意建立中国人民政治协商会议镇海县委员会（以下简称县政协），为镇海县政协工作始。1980年12月，召开县政一届一次会议，选举成立常务委员会。1984年8月，召开县政协二届一次会议。至1985年4月县政协二届二次会议止，镇海县政协共召开2届6次全体会议。

1985年10月撤县划区后，设立中国人民政治协商会议宁波市镇海区委员会。区政协委员会按照《中国人民政治协商会议章程》，围绕中共镇海区委、区人民政府的中心任务，履行政治协商、民主监督、参政议政职能，在推进镇海经济社会发展、维护社会政治稳定、巩固和扩大爱国统一战线方面发挥积极的作用。

第一章　政协镇海区委员会

中国人民政治协商会议宁波市镇海区委员会（以下简称区政协），由中国共产党、民主党派、无党派人士、工商联、人民团体、少数民族和各界代表，以及特别邀请人士组成。

区政协会议的届次延续原镇海县政协会议的届次。1986 年 11 月，区政协二届三次会议为区政协首次全体会议。会议协商同意将中国人民政治协商会议宁波市镇海县委员会改名为中国人民政治协商会议宁波市镇海区委员会，在镇海区的原县政协委员、常务委员、正副主席为区政协的委员、常务委员、正副主席。

1986—2008 年，区政协自二届三次会议到区政协八届二次会议，共举行过 24 次全体会议。

区政协第三、四届每届任期 3 年，从第五届起，每届任期 5 年，其中第七届任期 4 年。

第一节　政协委员会组成

区政协自第三届会议以来，每届政协委员均由上届区政协常务委员会会议协商决定。届中政协委员的调整，由本届区政协常务委员会根据政协工作需要和政协委员的工作、职务变动情况决定增减。

第二至八届政协镇海区（县）委员会组成情况表

表 31－1　　单位：人

界别	第二届	第三届	第四届	第五届	第六届	第七届	第八届
中国共产党	5	5	5	8	6	8	12
民主党派	1	—	—	—	—	8	12
无党派爱国人士	—	—	7	—	—	—	3
工会	3	3	3	3	4	4	3
共青团	2	2	2	2	3	4	3
妇女联合会	2	2	2	3	4	3	4
科学技术协会	—	—	—	4	4	4	5
科学技术界	11	12	10	22	19	17	17
教育界	7	9	10	10	11	10	10
体育界	2	2	2	2	2	2	2
医卫界	7	8	10	9	8	9	8

续表 31－1

界别	第二届	第三届	第四届	第五届	第六届	第七届	第八届
文艺界	2	6	7	6	6	6	6
工商联（工商经济界）	5	16	15	6	8	16	18
经济界	—	—	—	22	19	19	20
农业界（农林界）	8	12	12	13	12	9	8
社会科学界	—	—	6	6	6	6	3
新闻界	1	2	2	3	3	3	3
侨联（侨眷港眷归侨）	10	12	11	11	10	8	7
台属	7	7	—	—	—	—	—
宗教界	2	3	3	3	4	4	5
少数民族	1	1	2	2	2	2	2
个体劳协	—	1	—	—	—	—	—
社会福利	—	—	—	—	—	3	8
特别邀请人士	2	7	11	25	25	25	16
一次会议委员总数	78	110	120	160	156	170	175
届末委员总数	98	121	142	191	126	177	180

界别活动小组

区政协八届一次会议闭会后，突出政协的界别特色，设立民主党派、无党派人士，中共，工商联，经济，科技、科协，农业，教育，文艺、体育、新闻，医疗卫生，工会、共青团、妇联，侨联，宗教、少数民族，社保、社科等 13 个界别活动小组。界别活动小组设组长 1 名，副组长 1～2 名。

政协主席、副主席

二届区政协设主席 1 人，副主席 5 人。三届区政协设主席 1 人，副主席 6 人。四届区政协设主席 1 人，副主席 7 人。五届区政协设主席 1 人，副主席 7 人。六届区政协设主席 1 人，副主席 6 人。七届区政协设主席 1 人，副主席 5 人。八届区政协设主席 1 人，副主席 5 人。

第二至八届镇海区（县）政协主席、副主席名录一览表

表 31－2

届次	职务	姓名	籍贯	任职时间	附：常委人数	
					一次会议	届末
第二届	主　席	张恒绪	山东济阳	1985 年 11 月—1987 年 5 月	20	17
	副主席	舒世震	衢县	1985 年 11 月—1987 年 5 月		
		黄声远	镇海	1985 年 11 月—1987 年 5 月		
		朱起人	宁波	1985 年 11 月—1987 年 5 月		
		刘同森	镇海	1985 年 11 月—1987 年 5 月		
		俞厚芳	鄞县	1986 年 4 月—1987 年 5 月		

续表 31－2

届次	职务	姓名	籍贯	任职时间	附：常委人数	
					一次会议	届末
第三届	主　席	张恒绪	山东济阳	1987 年 5 月—1990 年 5 月	21	23
	副主席	舒世震	衢县	1987 年 5 月—1990 年 5 月		
		俞厚芳	鄞县	1987 年 5 月—1990 年 5 月		
		陆启梁	宁波	1987 年 5 月—1990 年 5 月		
		傅积泰	镇海	1987 年 5 月—1990 年 5 月		
		贺孝杰	北仑	1987 年 5 月—1990 年 5 月		
		姚稼良	宁波	1987 年 5 月—1990 年 5 月		
第四届	主　席	乐山弗	镇海	1990 年 5 月—1993 年 3 月	14	18
	副主席	乐可祥	镇海	1990 年 5 月—1993 年 3 月		
		俞厚芳	鄞县	1990 年 5 月—1993 年 3 月		
		傅积泰	镇海	1990 年 5 月—1991 年 11 月		
		陆启梁	宁波	1990 年 5 月—1991 年 11 月		
		贺孝杰	北仑	1990 年 5 月—1993 年 3 月		
		章近忠	乐清	1990 年 5 月—1993 年 3 月		
		王承良	镇海	1992 年 3 月—1993 年 3 月		
第五届	主　席	洪钧杰	镇海	1993 年 3 月—1996 年 2 月	19	19
		周忠德	镇海	1996 年 3 月—1998 年 2 月		
	副主席	董克勤	镇海	1993 年 3 月—1998 年 2 月		
		傅积泰	镇海	1994 年 3 月—1998 年 2 月		
		王承良	镇海	1993 年 3 月—1998 年 2 月		
		沃仁祥	宁波	1993 年 3 月—1998 年 2 月		
		贺孝杰	北仑	1993 年 3 月—1998 年 2 月		
		章近忠	乐清	1993 年 3 月—1996 年 8 月		
		王明康	镇海	1993 年 3 月—1998 年 2 月		
第六届	主　席	胡永先	慈溪	1998 年 2 月—2001 年 1 月	19	20
		郑信才	镇海	2001 年 1 月—2003 年 2 月		
	副主席	傅积泰	镇海	1998 年 2 月—2003 年 2 月		
		王承良	镇海	1998 年 2 月—2001 年 1 月		
		周晓芳（女）	镇海	1998 年 2 月—2003 年 2 月		
		贺孝杰	北仑	1998 年 2 月—2003 年 2 月		
		王明康	镇海	1998 年 2 月—2003 年 2 月		
		张惠诚	宁波	2001 年 1 月—2003 年 2 月		

续表 31－2

届次	职务	姓名	籍贯	任职时间	附：常委人数	
					一次会议	届末
第七届	主席	郑信才	镇海	2003 年 2 月—2007 年 1 月	20	20
	副主席	汪卫国	宁波	2003 年 2 月—2007 年 1 月		
		励宝莲	宁波	2003 年 2 月—2007 年 1 月		
		周晓芳（女）	镇海	2003 年 2 月—2007 年 1 月		
		张惠诚	宁波	2003 年 2 月—2007 年 1 月		
		贺孝杰	北仑	2003 年 2 月—2007 年 1 月		
第八届	主席	王　悦（女）	缙云	2007 年 2 月—	33	33
	副主席	汪卫国	宁波	2007 年 2 月—		
		周晓芳（女）	镇海	2007 年 2 月—		
		张惠诚	宁波	2007 年 2 月—		
		胡文安	宁波	2007 年 2 月—		
		石　勇	福建福州	2007 年 2 月—		

历届镇海区市政协委员名录

市八届政协委员（1983 年）

庄明德　吕志鸿　朱庆成　吴炳辉　杨志雍　李允鉴　李翊良　周国夫　舒世震　蒋思豫

市九届政协委员（1988 年）

马同文　王明康　毛履渊　乐可祥　史彩霞（女）　朱庆成　许毅复　吴炳辉　张恒绪　俞玲雁（女）　赵家骏　夏国华　徐德智　蒋思豫

市十届政协委员（1993 年）

严红霞（女）　颜鹤鸣　陆伯鸿　夏锦帆　胡绪魁　王春荣　夏国华　吴炳辉　蒋思豫　林君午　史彩霞（女）　顾亚奋（女）　朱庆成　陈和琳　王明康　董克勤　傅积泰　沃仁祥

市十一届政协委员（1998 年）

严红霞（女）　沈佳音（女）　吴金坤　谢振明　胡柳道　王伯民　林君午　徐惠清　顾亚奋（女）　商维成　周晓芳（女）　蒋可煌　郑信才　王明康　傅积泰

市十二届政协委员（2003 年）

车海平　石　勇　顾燕华（女）　林敏平　宋根良　李　雅（女）　黄婉利（女）　刘向前　钱志海　詹巨平　吴金坤　周晓芳（女）　蒋可煌　陈天云　郑信才

市十三届政协委员（2007 年）

刘晓梅（女）　江正洪　李　波（女）　李　雅（女）　顾可雅（女）　顾燕华（女）

虞国平　陆孟达　陈天云　胡文安　王　悦（女）　杨利中（女）

历届镇海区省政协委员名录

省五届政协委员（1982 年）

史国煌　杨周隆　姜亦铁　胡明德

省六届政协委员（1987 年）

史国煌　杨周隆　傅积泰

省七届政协委员（1992 年）

王鸣阳　张锁珍　郝嵩岳　傅积泰

省八届政协委员（1998 年）

王利生（女）　何传忠　傅积泰　张锁珍

省九届政协委员（2003 年）

周建荣　陈宝华

（注：因管理机制原因，省市政协委员名单不全。）

第二节　政协委员会全体会议

区政协每年举行一次全体会议。每届委员会的第一次全体会议选举产生本届委员会主席、副主席、秘书长和常务委员。

各次全体会议分别听取和审议区政协常务委员会工作报告；听取和审议区政协关于提案工作情况的报告。会议期间，委员列席区人民代表大会，听取区人民政府工作报告和其他报告，参与对镇海区经济和社会发展的讨论，提出意见和建议。会议审议通过相应的决议和会议提案审查情况的报告。还通过委员在大会发言、专题审议、政情交流等形式履行政协职能。

区政协第二届委员会全体会议

二届三次会议是撤县设区后的第一次全体会议。1985 年 11 月 6 日至 8 日召开。会议作出关于镇海县政协改名为宁波市镇海区政协的决议。

二届四次会议　1986 年 3 月 31 日至 4 月 3 日召开。会议提出，在面临改革开放和开发建设繁重任务下，为振兴镇海区经济和精神文明建设而同心协力，团结奋斗。

区政协第三届委员会全体会议

三届一次会议　1987 年 5 月 25 日至 30 日召开。会议认为，要坚持四项基本原则，反对资产阶级自由化，珍惜安定团结的政治局面；要积极投入“双增双节”运动，协助做好镇海区“七五”计划的实施工作。

三届二次会议　1988 年 3 月 21 日至 25 日召开。会议号召全体政协委员进一步解放思想，为区两个文明建设，特别是为大力发展外向型经济献计出力。

三届三次会议　1989 年 3 月 12 日至 15 日召开。会议提出要高举社会主义和爱国主义旗帜，以

“治理整顿、深化改革”为重点，对全区大政方针、两个文明建设和群众生活中的重大问题，开展政治协商和民主监督。

区政协第四届委员会全体会议

四届一次会议 1990年5月4日至9日召开。会议指出，全区在形势大好中还存在不少困难和问题，要求为战胜困难，稳定大局，进一步贯彻治理整顿、深化改革的方针，认真履行使命。

四届二次会议 1991年3月25日至29日召开。会议号召委员振奋精神，扎实工作，为努力完成十年规划和“八五”计划，推动全区经济建设、民主法治建设做出贡献。

四届三次会议 1992年3月23日至26日召开。会议强调要充分利用国内政治社会稳定的有利条件，把自己的事办好，全面贯彻“一个中心、两个基本点”，解放思想，加快改革，促进全区经济和社会事业更快更好发展。

区政协第五届委员会全体会议

五届一次会议 1993年3月8日至12日召开。会议学习中共十四大文件，提出要以中共十四大精神和建设有中国特色社会主义理论为指针，围绕经济建设这个中心，为推进全区经济跨越式超常规发展发挥职能。

五届二次会议 1994年3月7日至10日召开。会议学习贯彻中共十四届三中全会精神，强调要贯彻邓小平关于建设中国特色社会主义理论，为全区两个文明建设服务。会议倡议社会各界为保护开发利用镇海口海防遗迹献计出力。

五届三次会议 1995年11月6日至8日召开。会议要求委员围绕“抓住机遇、深化改革、扩大开放、促进发展、保持稳定”这一大局，为促进全区两个文明建设做出新的贡献。

五届四次会议 1996年3月18日至22日召开。会议号召全体委员为实现区“九五”计划和2010年远景目标而奋斗，为把镇海建设成为具有现代化中等城市水平的国际港口城区积极参政议政，献计出力。

五届五次会议 1997年3月3日至6日召开。会议期间，委员们以沉痛心情缅怀邓小平，号召继承邓小平遗志，团结在以江泽民为核心的党中央周围，同心同德，开拓奋进，用实际行动迎接中共十五大召开，迎接香港回归。

区政协第六届委员会全体会议

六届一次会议 1998年2月22日至26日召开。会议号召政协委员高举邓小平理论伟大旗帜，以中共十五大精神为指导，为把镇海区建设成为具有现代化水平的国际港口城区做更大贡献。

六届二次会议 1999年3月15日至18日召开。会议号召在迈向新世纪征途中，坚定信心，振奋精神，为实现跨世纪目标而奋斗。

六届三次会议 2000年2月25日至28日召开。会议提出多从发展战略上献良策，为提前基本实现现代化而努力。

六届四次会议 2001年2月12日至15日召开。会议在新世纪开局之年召开，要求围绕区委“十五”计划建设中提出的对外开放、城市化、科教发展、区域经济联动发展“四大战略”建言献策。

六届五次会议　2002年3月4日至7日召开。会议要求委员要按“三个代表”重要思想，为全面推进“三带三区”建设宏伟目标而履行各项职能。

区政协第七届委员会全体会议

七届一次会议　2003年2月17日至21日召开。会议认为，七届区政协继往开来，要在六届政协工作基础上与时俱进，开拓创新，为推进现代化生态园林城区而努力奋斗。

七届二次会议　2004年2月16日至19日召开。会议强调继续要从加快镇海现代化生态园林城区建设和促进人民生活质量提高的大局出发，求真务实，深入调研，使政协各项工作规范化、制度化、程序化，再上新台阶。

七届三次会议　2005年1月17日至20日召开。会议号召委员和各界人士认真实践科学发展观理念，为提前基本实现现代化而努力奋斗。

七届四次会议　2006年1月18日至20日召开。会议指出，要认真落实科学发展观和构建社会主义和谐社会，在启动“十一五”规划的开局之年中，围绕中心，服务大局，关注民生，促进发展，向更高水平的小康社会迈进。

区政协第八届委员会全体会议

八届一次会议　2007年2月4日至8日召开。会议指出，要高举邓小平理论和“三个代表”重要思想伟大旗帜，同心同德，开拓进取，为全面落实科学发展观、全力建设和谐新镇海，为率先在全市建成更高水平的小康社会而努力奋斗。

八届二次会议　2008年1月13日至15日召开。会议号召，全体政协委员要认真贯彻落实中共十七大精神和区委“两创”实施意见，为镇海经济社会又好又快发展，为全面建设更高水平的小康社会做出新的贡献。

第二章 区政协组织机构

根据《中国人民政治协商会议章程》规定，区政协设常务委员会主持会务，由主席会议处理常务委员会的重要工作。设立政协办公室、专门委员会和其他工作机构，负责机关日常运行、组织政协委员履职活动。

第一节 政协常务委员会

区政协设常务委员会（以下简称常委会）主持会务。常委会由区政协主席、副主席、秘书长和常务委员组成，其候选人由参加区政协的各民主党派镇海基层组织、团体、各民族和各界人士协商提名，经区政协全体会议选举产生。全体会议根据工作需要和常委组成人员的工作、职务变动情况调整常委会成员。

区政协常务委员会会议

区政协常务委员会会议（以下简称常委会议）一般每季度举行一次。常委会议议题分为协商决定政协内部重要事宜和议政全区经济社会发展两大类。

年初年末的常委会议讨论确定区政协内部事务。会议议题通常有：审议通过下一次区政协全体会议议程（草案）和日程；审议通过政协常委会工作报告；制定政协年度工作计划或工作要点等。换届前后常委会议要协商决定新一届政协参加单位、界别设置、委员名额和人选。协商本届政协参加单位、委员名额和人选的增加或变更，需经常务委员会议协商决定的有关人事任免事项。

政协常委会议议政的内容有：协商讨论区政府工作报告（征求意见稿）；听取本区经济建设、改革发展、社会事业、财政税收等各行各业、各个时段的政情通报；讨论审议事关区发展和稳定、群众关注的热点问题；确定专题，在调查研究基础上形成调研材料或议政文章，通过常委会议的专题发言、政协论坛等形式参政议政，提出意见和建议。

第二节 主席会议

主席会议由区政协主席、副主席和秘书长组成，处理常务委员会的重要日常工作。主席会议一般每月举行一次，议题分为政协内部和外部两类。

主席会议商议政协内部事务的内容一般有：决定政协常委会召开的日程、议题和议程（草案）；

审议提请常委会协商决定的本届政协参加单位、委员名额和人选的增加或变更，下届政协的参加单位、委员名额和人选及界别设置。审议通过全体会议邀请列席人员范围、分组办法和委员小组召集人名单（每届第一次全体会议委员小组召集人名单，由全体会议主席团第一次会议审议通过）；审议政协年度工作计划、常委会工作报告和重要活动方案；审议重点工作和重要视察、调研方案；审议专委会、界别工委年度计划和工作总结，听取工作汇报；听取提案立案、重点提案及建议案办理情况汇报；讨论决定主席、副主席的分工；审议须提交常委会议通过的人事任免事项；任免政协办公室副主任、专委会副主任、界别工委正副主任，决定专门委员会委员。

主席会议根据政协章程和有关规定，安排协商活动，决定协商的形式和内容。重点协商讨论中共镇海区委、区人民政府的重大方针政策和区经济社会发展中的重大问题，提出意见和建议；听取中共镇海区委、区人民政府及有关部门对重要问题的报告或说明，提出意见和建议。审议通过以区政协或区政协常委会名义向中共镇海区委、区人民政府提出的建议案。

区政协的月度计划、临时性工作、机关内部事务等由主席办公会议处理决定。办公会议驻会主席参加，一般扩大到政协办公室主任、副主任和专委会主任、专职副主任。

第三节　区政协办公室　专门委员会

区政协办公室

前身为县政协秘书处，1984 年 10 月改称县政协办公室。1985 年 10 月改称区政协办公室。主要负责区政协全体会议、常务委员会会议、党组会议、主席会议及有关政协工作会议的会务工作和文字材料工作；负责向上级政协及中共镇海区委、区政府报送的建议和建议案、信息等有关材料的起草工作；负责区政协全体会议、常务委员会会议决议、决定的具体组织实施工作；负责区政协委员的联系工作，收集整理各界人士的意见、建议，及时向上级政协及中共镇海区委、区政府反映；负责承办区政协常务委员会、主席会议决定安排的委员视察、调研活动的组织和服务工作；负责区政协的宣传和机关职工的学习及精神文明创建工作。负责与中共镇海区委、区人大常委会、区政府有关部门及镇（街道）、政协各参加单位的联系、协调等工作；协调各专门委员会活动的组织工作；负责区政协的对外联谊接待工作；负责权限范围内的人事和机构编制管理工作；负责区政协机关保密、文档和人民群众来信来访工作；负责区政协机关后勤、财务和离退休人员服务工作等。

1997 年 4 月，区政协办公室内设综合秘书科和行政事务科。2002 年 5 月，调整为文秘文史科、行政事务科和联络提案科。2007 年 4 月，调整为综合秘书科、行政事务科和联络提案科。

区政协专门委员会

1987 年 5 月区三届政协期间，设立政协文史资料委员会、政协学习委员会、政协提案委员会和“三胞”联谊会 4 个非常设的专门委员会（以下简称专委会）。随着换届，有的专委会改变为工作委员会或不再设立。1997 年 4 月，区政协设立专门委员会办公室为常设机构，下设提案联络科。2005 年 9 月，区政协设立提案委员会、经济科技和城建资源环境委员会、教文卫体和文史资料委员会、社会法制和港澳台侨委员会 4 个专门委员会，撤销原专委会办公室。专委会主任为专职干部，副主任和专委会委员均为兼职。

提案委员会 提案委员会在每届第一次全体会议期间称为提案审查委员会，负责委员提交提案的收集、审查、分类、立案和提案的交办、督办。提案委员会须在每次全体会议上向委员报告上次会议以来提案工作情况，报告本次全会提案收集分类情况。

经济科技和城建资源环境委员会 就区经济、科技、城建、环保、农业农村工作中重要问题开展专题调研和视察监督，及时向区委区政府及有关部门提出意见和建议。负责起草本委职责范围的调研报告、会议文件和有关文稿，协调落实所联系界别工作委员会的大会发言材料。加强与区委、区政府有关部门的联系和协作，听取相关工作情况通报，组织开展对口协商，推动职能部门改进工作。帮助委员和社会各界人士了解当前经济科技、城建环保、农业农村发展趋势和方针政策，适时组织交流和考察活动。收集、反映本委成员和委员的意见、建议，反映政协信息和社情民意。

教文卫体和文史资料委员会 就区教育、文化、卫生、体育工作中重要问题开展专题调研和视察监督，及时向区委区政府及有关部门提出意见和建议。负责起草本委职责范围的调研报告、会议文件和有关文稿，协调落实所联系界别工作委员会的大会发言材料。加强与区委、区政府有关部门的联系和协作，听取相关工作情况通报，组织开展对口协商，推动职能部门改进工作。负责征集、编辑和出版本地区文史资料，做好书画院相关工作，弘扬传统文化，努力增强区文化软实力。收集、反映本委成员和委员的意见、建议，反映政协信息和社情民意。

社会法治和港澳台侨委员会 就区社会法治事业和港澳台侨事务中重要问题开展专题调研和视察监督，及时向区委区政府及有关部门提出意见和建议。负责起草本委职责范围的调研报告、会议文件和有关文稿，协调落实所联系界别工作委员会的大会发言材料。加强与区委、区政府有关部门的联系和协作，听取相关工作情况通报，组织开展对口协商，推动职能部门改进工作。广泛联系港澳台同胞、海外侨胞以及镇海籍宁波帮人士，加强与宗教界人士、新媒体人士、新社会阶层代表人士的团结联谊，积极发挥桥梁纽带作用。积极走访政协委员及所联系的社会各界群众，加强与工商联、人民团体和各民主党派人士、无党派人士的联系，共同做好团结统战工作。

第四节 其他机构和组织

区政协工作委员会

区政协根据履职需要，在建立界别活动小组的同时，还按工作性质和地域设立若干个政协工作委员会（以下简称工委，以前也称工作组）。按工作性质划分的一般有工业、农业、商贸、科技、城建、交通、环保、教育、文体、医药卫生、民族宗教、社会法制、港澳台侨等，每届设立时有分有合。以地域划分的一般按镇、街道的名称设立。政协委员一般按其所在单位、地域或本人从事工作的性质，编排到各个工委（组）。政协工委是非常设的政协基层组织，政协委员平时的活动由工委组织。

区政协文史资料委员会

1984年设立，时称政协文史资料研究会，曾更名为文史资料征集委员会，其成员由在文化、历史、文学书画、摄影等专业上有特长的区政协委员组成。主要工作为搜集、研究、整理、编纂镇海区地方史料。1986—2008年编辑《镇海文史资料》第一辑到第九辑和《镇海老照片》《镇海籍宁波帮人士》共11册书籍。2005年教文卫体和文史资料委员会设立后，更名为文史资料编委会。

镇海书画院

1987年12月成立，书画院由政协委员和镇海当地书法、绘画爱好者并小有名望的人士组成，聘请外地镇海籍书画家为顾问。书画院通过作品展览、书法美术讲座、书画鉴赏、义卖作品等活动形式团结联谊，促进本区文化艺术的交流和繁荣。

区政协之友社

政协之友社（以下简称之友社）是区政协领导下的非社团性政协内部联谊组织，成立于1991年4月。社员为历届因年龄原因退休的政协委员。之友社为人民政协事业的拓展和统一战线工作的延伸，围绕“议政献策、联络联谊、奉献服务”开展活动。之友社在区政协换届后换届，至2007年已第五届。

第三章　重要工作

区政协在中共镇海区委的领导下，紧扣团结民主两大主题，围绕中心，服务大局，积极履行政治协商、民主监督、参政议政职能，充分发挥人民政协作为协商民主重要渠道和专门协商机构的作用，为促进镇海区经济社会持续健康发展做出重要贡献。

第一节　政治协商

区政协就事关全区政治、经济和社会事业的重大问题与中共镇海区委、区人民政府进行政治协商。历年来政治协商的事项有：区党代会、区委会议的工作报告，区人民政府工作报告，区经济和社会发展五年计划，区委、区人民政府关于建设法治镇海、和谐社会等重大决定，关于“解四难、创四优”“创业富民、创新强区”“重塑新优势、实现新跨越”等重大举措以及区人民政府重大建设项目的实施等。

1986—2008 年镇海区政协政治协商主要工作情况表

表 31 - 3

届别	协商形式	协商内容
第二届	全体会议协商	协商审议政协镇海县委员会改名政协宁波市镇海区委员会，原镇海县政协委员、常委、正副主席为镇海区政协委员、常委、正副主席
	常委会议协商	协商讨论镇海国民经济和社会发展第七个五年计划
	工作组协商座谈会	协商学校亟待解决的问题、加强侨胞捐资兴建学校管理、戏曲剧本创作
第三届	全体会议协商	听取和讨论政府工作报告及其他报告，协商区级领导成员名单，协商粮棉生产、乡镇工业、财政执行情况、城镇建设、市场物价、教育事业、廉政建设
	常委会议协商	协商半年度政治经济形势和社会事业发展情况及下半年部署、清理整顿工作、农业生产、教育问题
	工作组协商座谈会	协商骆驼镇建设规划、城市交通问题、教育事业发展、教师队伍建设
第四届	全体会议协商	听取和讨论政府工作报告及其他报告
	常委会议协商	协商上半年国民经济和社会发展计划执行情况通报、集中开展严厉打击严重刑事犯罪活动斗争情况通报、治理“三乱”情况、工业企业改革试点、扩镇并乡后人事变动、关于经济技术开发区建设、对外招商、住房制度改革情况、房地产开发、广播（有线）电视事业发展、文化市场建设、环保工作、加快发展旅游业
	工作组协商座谈会	协商社会治安、区经济和社会发展第八个五年计划要点（征求意见稿）、解决城关自来水质问题、扩大船坞吨位、“三资”企业发展、处理水质保护与适度开发旅游的关系、区国民经济和社会发展十年规划和“八五”计划（草案）、依托大工程优势发展地方经济

续表 31－3

届别	协商形式	协商内容
第五届	全体会议协商	听取和讨论政府工作报告，就建设儿童乐园、办好有线电视、为种粮大户排忧解难、注重经济运行质量和效益、加强农村卫生院建设、加快工业技术改造、离异家庭子女家庭教育、重视环境保护、发挥港口优势、国有企业解困、提高个私经济效益、防止公有制企业资产流失、促进精神文明建设、建立职工帮困基金、加强企业营销工作、强化名牌意识、挖掘镇海侨务资源等提出意见建议
	常委会议协商	协商引进外资工作、“三资”企业管理和开发区建设、创建国家卫生城市（省文明城市）工作、区“九五”计划和2010年规划目标定位问题、开发区和工业区建设、保护开发利用海防遗迹工作规划设想、深化企业改革、农业和菜篮子工程、农业发展及企业转制后村级集体经济发展问题、工业经济和企业管理问题、近三年社会治安综合治理工作、环境保护问题、提高工业经济整体素质、城区规划和教育结构布局
	工作组协商座谈会	协商建设沿海“明星”城区、旧城改造和城区建设规划、蔬菜生产、加快个私经济发展、老年事业发展和老年公寓情况、区宗教工作、反腐倡廉工作、税制改革、民族宗教工作、区体制改革情况、新兴产业发展、电子信息技术应用推广、城区乱停车、农村文化市场建设、工业企业改革、化工行业发展思路与对策、菜篮子工程、招宝山景区规划管理
第六届	全体会议协商	听取和讨论政府工作报告
	常委会议协商	协商发展区外向型经济、加快区农业产业化经营、加快个私经济发展、深化完善国有城镇集体企业改革、骆驼小城镇建设、城市化建设、区域经济联动发展、文化发展建设、现代化生态型城市建设、素质教育、建设现代化生态型园林城区、全区作风建设和2002年政府实事工程建设
	主席会议协商	协商小区建设、农业工作、土地审批、老干部和老龄工作、“双整治”斗争工作、招商工作、镇乡撤并方案、区法院检察院工作、2002年政府实事工程、区人事变动情况、园区建设和资金运作、区域经济联动
第七届	全体会议协商	听取和讨论政府工作报告及其他报告
	常委会议协商	协商规范市场经济秩序、打击假冒伪劣商品，环保、医保、社保、低保，推进城市化进程，打造镇海精品经济，“解四难、创四优”长效机制实施方案，政府转型问题，发展循环经济，农村建房、拆迁安置房、城市买房，镇海区域经济发展的优势和劣势，食品药品安全监管
第七届	主席会议协商	协商全区规划工作、上半年国民经济和社会发展计划执行情况及区计经局工作、村改居、环保部门工作、两院工作、城市建设交通道路规划、公安工作及队伍建设、幼儿教育、创建国家级生态示范区、审计执法工作、农村环境卫生整治、区投融资情况、安全生产工作、全区土地管理及使用、信访工作、骆驼新区建设、平安镇海建设、全区文化建设、2006年解难创优和建设社会主义新农村有关政策、后海塘环境整治、科技创新工作、社会主义新农村建设工作
	对口协商	协商镇海卫生事业发展“3＋3”工程实施情况
第八届	全体会议协商	听取和讨论政府工作报告及其他报告
	常委会议协商	协商城乡社会治安工作，推进社会主义新农村建设，出行、停车、食品药品安全质量和物业管理等部分民生问题
	主席会议	协商发展旅游业，港口物流业，上半年国民经济与社会发展计划执行情况及下半年工作安排，区作风建设年及行政许可职能归并工作，国家级生态区建设，科技资金促进企业自主创新，危险化学品事故、突发环境事件应急处置，老城新城规划实施情况，法院检察院工作，依法取缔残疾人正三轮车非法运营、切实保障残疾人基本生活方案
	对口协商	协商贯彻《中华人民共和国劳动合同法》中碰到的用工、保险等问题，人民调解工作等

第二节　参政议政　民主监督

参政议政

政协会议提案　1985年11月，区政协二届三次会议以来，至2008年1月区政协八届二次会议，共收到以政协工作委员会（组）和委员提案3521件，其中立案3020件，内容涉及经济，城建交通环保、科教文卫体、劳动人事、社会福利等。立案的提案移交区党政部门办理，各部门在办理提案过程中，认真采纳或吸收提案中的意见或建议，将提案办理情况向委员做出反馈和解释。

第二至八届镇海区政协会议提案情况表

表31－4　　单位：件

届别	次别	会议日期	收到提案	立案	通过决定决议
第二届	第三次会议	1985年11月6日—11月8日	26	26	3
	第四次会议	1986年3月31日—4月3日	76	75	2
第三届	第一次会议	1987年5月25日—5月30日	120	120	3
	第二次会议	1988年3月21日—3月25日	75	75	2
	第三次会议	1989年3月12日—3月15日	130	130	1
第四届	第一次会议	1990年5月4日—5月9日	135	125	2
	第二次会议	1991年3月25日—3月29日	111	105	1
	第三次会议	1992年3月23日—3月29日	106	106	1
第五届	第一次会议	1993年3月8日—3月12日	140	134	1
	第二次会议	1994年3月7日—3月10日	169	169	1
	第三次会议	1995年3月13日—3月16日	144	134	1
	第四次会议	1996年3月18日—3月22日	178	174	1
	第五次会议	1997年3月3日—3月6日	184	182	1
第六届	第一次会议	1998年2月22日—2月26日	168	155	1
	第二次会议	1999年3月15日—3月18日	150	124	1
	第三次会议	2000年2月25日—2月28日	148	139	1
	第四次会议	2001年2月12日—2月15日	172	148	1
	第五次会议	2002年3月4日—3月7日	194	164	1
第七届	第一次会议	2003年2月17日—2月21日	196	132	1
	第二次会议	2004年2月16日—2月19日	241	189	1
	第三次会议	2005年1月17日—1月20日	186	92	1
	第四次会议	2006年1月18日—1月20日	159	92	1
第八届	第一次会议	2007年2月4日—2月8日	149	102	1
	第二次会议	2008年1月13日—1月15日	164	128	1

说明：提案以会议期间为主，也包括闭会期间少量提案

社情民意反映　区政协发动委员开展了解和反映社情民意工作。政协委员们在日常工作生活和与各类群体接触中了解搜集到各种社情民意，区政协通过委员约谈会、委员书面或口头提供，未立案提案转化等途径汇总，不定期编制《社情民意》资料，发送到区政府及其部门，供决策和改进工作参考。

调研和考察活动　区政协工作委员会（组）每年都要结合自身性质、特点展开调研，以工委或委员个人名义撰写调研材料，在一年一次的政协工作会议上发言议政，为区委、区政府决策参考。

区政协一年4次的常务委员会会议，一般有一次以上要在确定专题的基础上组织部分委员进行调查研究和赴外地考察取经，写出调研报告，在常委会议上发言。调研和大会发言成为区政协参政议政的重要形式。近几届的调研和发言，在转变政府职能，加快推进区域城市化进程，建设和谐社会，纵论区域优劣势、探索经济发展新路子、新农村建设、旅游业发展、物流枢纽港建设、文明城市建设等专题提出意见建议。

民主监督

提案办理督促　建立重点提案区政府领导领办和区政协主席会议督办制度。在提案办理过程中，区政协提案委根据各阶段提案办理情况，抓好提案的督查和指导工作，并对全部提案的面上办理情况进行检查，及时指出办理中存在的问题；下半年还开展提案办理“回头看”和后评议活动，对提案落实情况开展跟踪督查，促使委员提出的一些实际存在并且区有关部门有能力解决的问题及时得到解决。

政情通报与政协视察　区政协的常务会议、主席会议根据需要，邀请、指定区人民政府或部门的负责人就某一专题通报情况。对一些需要直观的政情，区政协组织委员进行视察。政情通报会议和委员视察活动，使政协委员们了解本区当前的中心任务、重点工作和群众关心的重要问题。政协委员们在通报和视察过程中发现问题，可以向区人民政府或有关部门提出批评和意见。比较重大的事宜，区政协在会议或活动之后，集中委员意见，形成书面建议供区政府参考。

此外，每年春节、中秋节来临之即，都要和区委统战部一起联合举办茶话会，区四套班子领导与部分政协委员、民主党派、工商联、无党派代表人士、侨台眷属代表、宗教界爱国人士以及在区投资创业的港台侨胞会聚联欢，宣传本区建设成就和改革开放方针政策，联络感情，增进共识。

（责任编辑　冯国定）

第三十二编　民主党派　社会团体

本编目录

1985年开始，中国国民党革命委员会、中国民主同盟、中国民主建国会、中国民主促进会、中国农工民主党、中国致公党和九三学社陆续建立宁波市镇海支部。各民主党派履行参政议政、民主监督和社会服务等职能，就社会关注的问题开展调研，向党和政府提出建议意见，为经济社会发展献计献策，巩固爱国主义统一战线。

工会、共青团、妇联、科协、工商联、侨联等社会团体是中国共产党联系人民群众的桥梁和纽带，在中共镇海区委的领导下，按照各自章程积极开展工作，为镇海社会经济发展做出贡献。

第一章　民主党派基层组织

镇海区民主党派基层组织，坚持中国共产党领导的多党合作制度，充分发挥自身优势，参政议政、民主监督，积极献计献策、反映社情民意，为镇海的改革开放和社会主义现代化建设做出贡献。

第一节　组织建设

中国国民党革命委员会

1999 年 7 月 14 日，民革宁波市委员会镇海综合支部（以下简称民革镇海支部）成立，是民革宁波市委最早按行政区域设立的基层支部。当时有党员 10 人，分别属于民革宁波市委的企业、医务、科技、社会支部。2008 年有党员 23 人，分别来自政府机关、法院、医卫、教育、企业等单位。

中国民主同盟

1989 年成立民盟镇海小组。1991 年 4 月，中国民主同盟镇海支部（以下简称民盟镇海支部）成立，当时有盟员 7 人。民盟盟员来自科研院所、政府部门、学校、医院、企事业单位等 10 多个不同行业。2008 年有盟员 29 人。

中国民主建国会

2002 年 6 月，中国民主建国会宁波市镇海支部（以下简称民建镇海支部）成立。成立时有会员 6 人。该支部会员发展主要以经济界人士为主。2008 年有会员 13 人。

中国民主促进会

2000 年 8 月，中国民主促进会宁波市镇海支部（以下简称民进镇海支部）成立，当时有会员 4 人。该支部会员发展以镇海区教育界人士为主，兼顾其他界别人士。2008 年，有会员 13 人。

中国农工民主党

1986 年 11 月，中国农工民主党镇海支部（以下简称农工党镇海支部）成立，成立时有党员 6 人。2008 年有党员 22 人。

中国致公党

1989 年 10 月 26 日，成立中国致公党镇海临时支部（以下简称致公党镇海支部），成立时有党员 5 人。1991 年 11 月成立致公党镇海支部。2008 年，有党员 19 人。

九三学社

1985—1992 年，共有 10 人先后加入九三镇海石化支社。1993 年 11 月，成立九三学社镇海支社，当时有社员 14 人。2008 年，共有社员 38 人。

第二节　主要活动

参政议政

1986—2008 年，共有 106 人次民主党派人士担任历届区人大代表或政协委员，其中 18 人次担任历届区人大常委或政协常委。1986—2008 年，区人大代表、政协委员中的民主党派人士共提交人大建议、政协提案 552 件。其中有的建议、提案被中共镇海区委、区人民政府采纳。比如：2003 年民进镇海支部撰写的《关于在后海塘景区建立古树名木园》的调研报告，区人民政府采纳实施。2007 年民革党员蒋可煌提出的《尽快完成庄市物流货运市场搬迁，解决常洪隧道附近交通堵塞问题》，列为中共宁波市委书记督办的重要提案。

民主监督

1995 年 6 月，区建立特约“四员”（特约监察员、检察员、审计员、教育督导员）队伍，监察、检察、审计、教委等部门共聘请 14 名民主党派、无党派人士担任特约“四员”，颁发聘书，并开展监督活动。2005 年，中共镇海区委开展先进性教育活动，有 56 名民主党派成员、无党派人士被所在单位或上级单位聘为监督员，其中 7 人被聘为镇海区先进性教育活动区级监督员。

社会服务

民主党派成员发挥人才、智力优势，服务社会，服务民生。1990 年农工党镇海支部多次赴河头乡卫生院开展义务医疗咨询服务活动，为革命老区人民服务，累计诊治人数达 500 余人次，受到当地人民的称赞。民革镇海支部长期热心社会公益活动，与黑龙江省集贤县第一、第四中学和区精英小学贫困学生结对，民革镇海支部党员每年捐款，帮助贫困学生完成学业，原主任委员蒋可煌每年出资 5000 元，资助宁波大学贫困学生。民进镇海支部每年开展中考、高考咨询。2007 年 10 月 29 日，7 个民主党派支部成员 40 余人在区人民大会堂广场举行“喜迎国庆、共建和谐”广场服务活动，为市民提供法律、医疗、理财等咨询服务活动。2008 年 12 月 13 日，7 个民主党派支部成员 30 余人在骆驼举行“情系民生、共建和谐”社会服务活动，为市民提供医疗义诊、健康咨询、法律援助、金融理财、科技咨询等服务活动。

第二章　社会团体

镇海区社会团体在中共镇海区委、区人民政府的支持下，各尽职责，对促进区域经济发展、社会稳定等方面发挥积极作用。

第一节　工　会

组织机构

区总工会　1986 年 1 月 21—24 日，召开建区后首次工会代表大会。1986—2008 年，共召开代表大会 6 次，会议届次承接镇海县工会代表大会届次。选举产生第七届至第十二届区工会委员会和经费审查委员会。

第七至十二届镇海区工会代表大会一览表

表 32－1

次别	时间	出席代表（人）	大会主题
七	1986 年 1 月 21—24 日	196	团结奋斗改革创新，为实现“七五”计划，振兴镇海经济建功立业
八	1989 年 1 月 23—24 日	196	推进工会改革，团结全区职工在两个文明建设中发挥主力军作用
九	1994 年 1 月 5—8 日	181	团结动员全区职工发挥主力军作用，为把镇海区改革开放和社会主义两个文明建设推上新台阶而努力奋斗
十	1998 年 12 月 15—17 日	160	高举邓小平理论伟大旗帜，团结动员全区职工为实现镇海区跨世纪宏伟目标而努力奋斗
十一	2003 年 12 月 17—19 日	181	以“三个代表”重要思想为指导，团结动员全区职工在建设现代化生态园林城区中充分发挥工人阶级主力军作用
十二	2008 年 12 月 8—9 日	201	高举中国特色社会主义旗帜，团结动员全区职工为全面建设小康社会而奋斗

第七至十二届镇海区总工会主席名录一览表

表 32－2

届数	年份	职务	姓名
第七届	1986—1989	总工会主席	顾德才
第八届	1989—1994	总工会主席	顾德才
第九届	1994—1998	总工会主席	顾德才
第十届	1998—2002	总工会主席	高炳华
第十一届	2002—2006	总工会主席	胡文耀
第十二届	2006—	总工会主席	胡文耀

基层工会 1987年后，乡镇企业局、农林渔水局、文化广播电视局、财贸局、民政局、区直机关、城关镇、贵驷镇、庄市镇、骆驼镇、澥浦镇、河头乡等相继成立工会工作委员会。同时组建区教育工会、区纺织丝绸行业工会联合会。2001年，撤销城关镇工会工作委员会，成立招宝山街道和蛟川—开发区街道工会工作委员会。2007年，区6个镇（街道）全部建立工会，并配备专（兼）职干部。

1986—2008年镇海区基层工会情况表

表32-3　　单位：人

年份	基层工会数	职工总数	其中女职工	会员总数	其中女会员
1986	144	19527	9970	17665	8392
1987	164	20393	9713	18689	8680
1988	174	21523	10330	20004	9535
1989	192	22774	11275	22022	10847
1990	226	24760	12047	23683	11556
1991	242	25136	12488	24505	11977
1992	242	27066	13531	25324	12680
1993	235	27690	14000	24371	13054
1994	230	24172	11982	22561	11020
1995	247	25320	13796	22875	11502
1996	250	24604	13031	21458	10443
1997	241	25896	13250	22320	11430
1998	254	22487	11952	19958	10312
1999	304	27358	14904	21790	11402
2000	513	53114	26335	48783	24828
2001	476	54674	27112	47069	25315
2002	411	49896	24172	40909	19589
2003	450	52132	26483	43365	20971
2004	528	67439	31696	56859	26723
2005	587	71820	36278	60648	28714
2006	617	86798	44939	61743	32308
2007	821	114166	55120	87024	42329
2008	983	127269	58730	98123	47575

主要活动

提高职工技能 1986年，成立区职工技术协会委员会基层组织21个，会员183人，到1996年基层技协组织发展到73个，有会员9820人。1993—1996年，全区共举办各类技术培训班204期，参加职工5778人，技术攻关889项，技术开发234项，推广新技术180项，技术扶贫110项，为民服务20项。

劳动竞赛　区总工会发动全体职工开展社会主义劳动竞赛活动，内容涉及劳动生产的各个方面。1986—2008年，全区评出各级劳动模范131人，其中区特等劳动模范25人，区模范集体34个；市劳动模范28人，其中市特等劳动模范2人，市模范集体10个；省劳动模范11人；全国劳动模范2人。

帮扶困难职工　1996年，区总工会筹集职工帮困基金132万元。2001年，区总工会会同工商、财税、劳动、教育、卫生、城建等部门制订特困职工在就业、住房、医疗、子女读书、粮油水电补贴等方面的优惠政策，发动全社会帮助困难职工排忧解难。2004—2008年，全区共有17万人参加工会医疗互助保障，共为9511名患病职工兑付医疗保障金717万元。到2008年，全区有221家企业建立职工爱心互助会，筹集资金2317万元，有1800余名困难职工得到805万元生活补助。全区22个行政村建立203个爱心系列服务点，4万余外来务工人员得到爱心服务。

协调劳动关系　1995年，全区有147家企业工会与行政部门通过平等协商，签订集体劳动合同和工资协议。2001年，镇海区建立劳动关系三方（政府、工会、企业主管部门）协调机制和劳动关系预警机制。2003年，成立职工维权帮扶中心，开通“12351”维权热线电话。2003—2008年，区总工会受理职工来信来访1277件，涉及职工2910人次，结案1236件。全区共签订集体合同、工资协议1320件，覆盖企业1935家。截至2008年，全区有41个行政村建立职工维权服务点，152名劳动争议调解员持证上岗。

开展文体活动　1988年，区工人俱乐部有文学创作等群众性文体协会8个，每年约有2万人次参加各类文体活动。区职工业余学校设有高中文理科班8个，1995年与宁波大学成人学院联合办学，2005年与镇海社区学院联合办学，为职工学习深造搭建平台。2007年，组建新镇海人职工艺术团。1986—1994年，区总工会举办3届工人运动会。1995—2008年，举办八届镇海地区职工游泳比赛。

创建职工之家　1987年，全区有合格职工之家124家，占总数的75.6%，截至2008年，全区有区级先进职工之家166家，其中全国模范职工之家2家、全国模范职工小家3家、省模范职工之家10家、省示范街道工会3家。

第二节　共产主义青年团

组织机构

共青团镇海区委　1985年10月，镇海撤县建区，由原共青团镇海县第七届委员会改建共青团镇海区委，下设青农、青工、学校、组织、宣传、办公室等部门。代表大会届次承接共青团镇海县代表大会，至2008年，共青团镇海区委历经第八届至第十五届代表大会。

第八至十五届共青团镇海区委历次代表大会情况表

表 32－4

次别	日期	代表（人）	大会主题
八	1986 年 1 月 28—30 日	160	坚持改革创新，培养“四有”新人，为振兴镇海贡献青春
九	1989 年 1 月 19—21 日	180	在实践中探索，在改革中前进
十	1992 年 1 月 9—11 日	179	坚定信念，发奋进取，在建设和繁荣镇海的历史进程中再展宏图
十一	1995 年 1 月 10—12 日	198	面向新世纪，构建新纽带，在服务经济和服务青年的实践中培养跨世纪的接班人
十二	1997 年 12 月 28—30 日	200	求真务实，开拓创新，为实现镇海跨世纪宏伟目标贡献青春
十三	2000 年 12 月 27—28 日	200	面向新世纪，争创新辉煌，团结带领团员青年为镇海提前基本实现现代化而努力奋斗
十四	2004 年 4 月 27—28 日	200	求真务实，开拓创新，引领全区青年为加快建设现代化生态园林城区而努力奋斗
十五	2008 年 4 月 10—11 日	197	全面贯彻落实中共十七大精神，团结带领团员青年为镇海率先在全市建成更高水平小康社会而贡献智慧和力量

第八至十五届共青团镇海区委书记名录一览表

表 32－5

届数	年月	职务	姓名
八届	1986 年 1 月—1989 年 1 月	团委书记	姚微琴
九届	1989 年 1 月—1992 年 1 月	团委书记	高炳华
十届	1992 年 2 月—1992 年 9 月	团委书记	高炳华
十届	1992 年 12 月—1994 年 12 月	团委书记	高小伟
十一届	1995 年 1 月—1995 年 8 月	团委书记	高小伟
十一届	1996 年 4 月—1997 年 1 月	团委书记	叶剑鸣
十一届	1997 年 11 月—1997 年 12 月	团委书记	王兆波
十二届	1997 年 11 月—1999 年 8 月	团委书记	王兆波
十二届	1999 年 12 月—2000 年 11 月	团委书记	俞泉云
十三届	2000 年 12 月—2001 年 9 月	团委书记	俞泉云
十三届	2002 年 5 月—2003 年 5 月	团委书记	穆晓莉
十三届	2003 年 12 月—2004 年 3 月	团委书记	徐天红
十四届	2004 年 4 月—2004 年 12 月	团委书记	徐天红
十四届	2005 年 1 月—2007 年 4 月	团委书记	杨承志
十四届	2007 年 10 月—2008 年 4 月	团委书记	沈　思
十五届	2008 年 5 月—	团委书记	沈　思

共青团基层组织　1986 年，全区共青团基层组织 150 个，团员 2746 人。至 2008 年，共青团基

层组织 508 个，团员 10020 人。

1986—2008 年镇海区共青团基层组织情况表

表 32－6

年度	团委（个）	团工委（个）	团总支（个）	团支部（个）	团员（人）
1986	6	4	17	123	2746
1987	6	4	19	140	3087
1988	6	4	22	155	3412
1989	6	5	23	178	3915
1990	6	5	25	194	4263
1991	7	5	27	211	4640
1992	7	6	28	227	4994
1993	7	6	28	242	5321
1994	7	6	29	264	5808
1995	7	7	31	283	6226
1996	8	7	31	304	6688
1997	8	8	32	313	6876
1998	8	8	32	326	7172
1999	8	9	33	337	7414
2000	9	9	35	345	7590
2001	9	9	35	356	7832
2002	9	10	36	368	8096
2003	10	10	36	379	8338
2004	10	11	37	391	8574
2005	11	11	37	402	9210
2006	12	11	38	415	9545
2007	13	12	38	428	9814
2008	16	12	40	440	10020

少年先锋队建设　1988 年，成立中国少年先锋队宁波市镇海区委员会（以下简称少工委），委员 11 人。共青团发挥“全团带队”传统，加强少先队组织建设，支持少先队开展各项活动，保护和关心少年儿童成长。

1992—2006 年镇海区少年先锋队历次代表大会情况表

表 32－7

次别	日期	代表（人）	大会主题
二	1992 年 10 月 13—14 日	160	为培养跨世纪的沿海开放城市新主人努力奋斗，开拓进取
三	1996 年 10 月 13—14 日	151	为培养和造就 21 世纪的新主人而努力奋斗
四	2000 年 6 月 1—2 日	182	深化雏鹰行动，推进素质教育，为培养和造就社会主义事业合格建设者和接班人而努力奋斗
五	2006 年 10 月 13—14 日	217	促雏鹰腾飞，护领巾启航，团结引导少年儿童为构建“生态镇海”做好全面准备

主要活动

普法维权教育活动 1986 年全区各级团组织共成立 541 个学法小组。同时开展后进青年帮助转化工作，全区共建立帮教小组 222 个，帮教队伍 727 人，落实帮教对象 251 人。1987 年团员普法合格率达到 100%，同时协助做好解除劳教青年安置工作。1992 年 10 月成立镇海区青少年权益维护小组，建立少年法庭共青团陪审员制度。1994 年开展与失足青少年“一助一”帮教活动，与省少管所的 11 名镇海籍失足青少年建立帮教联系制度。2001 年，成立镇海区未成年人保护委员会，在全区建立志愿者队伍，在学校、社区设立 40 个维权信箱，对校园周边环境进行整治，对侵犯未成年人合法权益的图书摊点、网吧、游戏机房经营者依法予以惩处。2002 年，与教育局共同牵头在各中小学设立青少年法治教育课堂和法治教育宣传窗，聘请校外法制副校长和辅导员，开办家长学校，建立学校—家庭—社区一体化的法治教育网络。2004 年开展“中国少年平安行动”“平安校园”“青少年维权岗”创建活动。区法院被共青团中央、最高人民法院授予全国优秀“青少年维权岗”。出台《关于进一步加强和改进未成年人思想道德建设的实施意见》，部署开展全区未成年人“五大工程”和“十件实事”工作，开通“96354”青少年维权热线，启用青少年维权网镇海工作站。2005 年印发《平安自护金点子集》2 万余册，在全区小学三年级至初中段学生中全面实施暑期集中社区报到制度，有 4000 人次未成年学生参加社区组织的夏令营、趣味培训班等假期活动。

青年文明创建活动 1986 年，全区设青年文明岗位 34 个。1987 年 4 月召开青年文明岗研讨会，同时举办“我的岗位美”演讲赛。1996 年镇海区创建“青年文明号”活动全面启动，开展“为镇海第二次创业献青春”主题活动。1997 年工行胜利桥储蓄所等 3 个岗位被命名为省级“青年文明号”。1998 年 4 月召开全区“青年文明号”创建活动推进会，表彰全区省、市、区三级青年文明号先进集体 39 个。1999 年表彰全区省、市、区三级青年文明号先进集体 42 个。在继续加强金融、卫生、公安、财税、邮电等部门创建工作的同时，“青年文明号”创建活动延伸到机关、乡镇企业。2002 年启动青年文明号信用建设示范行动，组织“青年文明号”岗位成员上街为民服务，建立“青年文明号”预先申报制、命名前公示制以及年度复评考核动态管理督查制。在城区开展创建“青年文明社区”活动。1996 年开办“天天读书社”，有会员 2200 人，在白龙、银杏、胡家弄等小区建立“天天社区服务亭”。1997 年在城区主要小区陆续建立 9 个天天社区服务亭，推出图书借阅、公用电话、急救包等十几个便民服务项目。1998 年团省委在全省推广镇海“天天”创建模式。在农村开展青年星火带头人活动，1996 年卢满芳被授予省“青年星火带头人”称号。1997 年在全区农村实施“双十”工程，建立区十大青年星火示范基地、表彰十大青年星火示范户。

保护生态环境行动 1999 年启动“镇海区保护母亲河生态环境行动”，12 月 31 日，建立共青世纪林，举行世纪林揭碑仪式，开展河道清污和植树护绿活动。全区少先队组织开展为“保护母亲河”捐款活动，捐款 2 万余元。每月定期开展“手拉手捡回一个希望，还母亲河一片绿色”废品回收活动，回收款 6000 余元。2000 年实施“311”绿色工程，种植成人纪念林 2 公顷、建立“护绿基地”10 个、沿 329 国道建立农村青年护绿带 10 千米。发动青年志愿者 2000 余人，清理河道 25 条。2002 年 4 月开展保护母亲河生态监护活动。2004 年启动万名镇海青年“认种生态责任田”计划，首批确定 3 项 13 大块生态责任田内容。

青年志愿者活动 1986 年在全区开展为您服务活动，共有 34 个团组织，340 余团员青年参加。1987 年成立青少年学雷锋小组 126 个，为民办好事 4734 件。在 9 个镇乡成立助耕帮急小组 81 个，为劳力缺少户帮工达 657 人次。1990 年开展“十乡镇双夏助耕帮急青年突击队夺旗竞赛活动”，成立 231 个突击小队，出动团员 4000 多人次，为 493 户困难户、烈军属完成助耕 95.67 公顷。1992 年开展“学寿昌继传统，学雷锋见行动”活动，团员青年为建寿昌公园捐资 4837.69 元。560 名团员上街开展为民服务，设服务项目 146 项，服务群众 2700 多人。1994 年为修复海防遗迹开展“修复工程在心中”街头文艺演出和修复工程募捐活动，全区团员青年及少先队员捐款 5 万多元。1997 年镇海区青年志愿者服务总队成立，建立 52 支专业、专职、公益帮扶青年志愿者服务队。8 月组建 30 余支青年突击队，1000 多名团员青年参加抗台救灾。2000 年 3 月 5 日启动“天天青少年援助中心”网络，向全区青少年提供法律援助、贫困救助、助学结对和青年联谊等活动。2002 年开展“金秋菊展暨科技投资洽谈会”（以下简称“秋洽会”）青年志愿者服务行动，成立青年志愿者指导中心，向社会公开招募 500 余人为“秋洽会”志愿服务。2003 年推行注册青年志愿者制度，组建 42 支青年志愿服务队，招募注册青年志愿者 1469 人，为“秋洽会”提供志愿服务 3 万余人次。“非典”期间，成立预防“非典”青年志愿者应急小分队，5000 余人次青年志愿者参与社区援助行动。2007 年推出“欢乐平安进万家”假期假日大型便民利民广场志愿服务活动，开展“三下乡”等扶贫帮困活动。

“心手相连”助学活动 1994 年成立镇海区“心手相连”助学行动办公室，收到捐款 22948 元，参加捐款的单位和个人 96 个，有 47 名青少年得到资助。1996 年在全区中小学生中开展“心连心建书库、手拉手跨世纪，为三峡小伙伴捐书献爱心”活动，捐书 21380 册。1997 年与贵州普安县结对扶贫，助学 50 对，捐赠 2 万元。1998 年开展“与下岗职工家庭子女手拉手”活动，捐款 2 万余元，帮助 45 名下岗职工子女入学。1999 年向社会各界发出“心连心，手拉手”倡议，100 余特困生落实结对资助。2002 年为全区 144 名贫困学生助学结对。2003 年实施外来民工子弟援助计划，组织“向优秀民工子弟送温暖”活动，全区共青团员、少先队员为外来民工子女捐款 4 万余元，为 2694 名外来民工子弟捐赠“预防非典爱心袋”。2004 年开展献爱心大型公益演出，筹集助学资金 11 万余元。资助农民工子女 28 人就学，向 8 所民工子女学校捐赠 200 余套学习用品、数千套秋冬衣服。2008 年开展低收入家庭青少年关爱行动，实施“助学、助医、助业”三大工程。

第三节　妇女联合会

组织机构

1985 年 10 月，撤县划区，原镇海县妇女联合会改称镇海区妇女联合会。1986 年全区有乡镇妇联 10 个、专职妇联主任 10 人；有农村妇代会 287 个，城区妇代会 32 个，共有主任、副主任 402 人，妇代会委员 810 人。2008 年有镇、街道妇联 6 个，主席 6 人，农村妇代会 63 个，社区妇代会 21 个，党政机关事业单位妇委会 9 个，驻镇海企、事业单位妇代会 5 个。

代表大会

1986—2008 年，镇海区召开妇代会共 5 次，即第九次至第十三次。

第九至十三届镇海区妇女联合会代表大会情况表

表 32－8

届别	时间	代表（人）	大会主题
九	1986 年 2 月 20—22 日	200	团结奋斗，开拓前进，为镇海腾飞而发挥妇女“半边天”作用
十	1989 年 1 月 12—14 日	225	务实求新，开拓前进，为深化改革，振兴镇海而努力奋斗
十一	1994 年 1 月 11—13 日	225	求实创新，开拓前进，为镇海改革开放和现代化建设建功立业
十二	1999 年 1 月 7—9 日	200	高举邓小平理论伟大旗帜，团结和动员全区妇女为跨世纪宏伟目标而奋斗
十三	2004 年 1 月 7—9 日	175	认真贯彻中共十六大精神，团结动员全区妇女为建设现代化生态园林城区而努力奋斗

第九至十三届镇海区妇联主任名录一览表

表 32－9

届别	时间	职位	姓名
第九届	1986 年 2 月—1989 年 1 月	主任	黄慧芬
第十届	1989 年 1 月—1993 年 2 月	主任	姚微琴
第十届	1993 年 2 月—1994 年 1 月	主任	顾亚奋
第十一届	1994 年 1 月—1999 年 1 月	主任	顾亚奋
第十二届	1999 年 1 月—2002 年 11 月	主任	顾亚奋
第十二届	2002 年 11 月—2004 年 1 月	主任	王亚玉
第十三届	2004 年 1 月—2006 年 6 月	主任	王亚玉
第十三届	2006 年 6 月—	主任	余维勤

主要活动

“双学双比”竞赛　1988 年，组织女工开展双增双节、劳动竞赛、技术比武等活动。1990 年举行首次妇女插秧比赛，开展“两户带一户”活动，全区共“结对子”577 户。1992 年，全区 65 家乡镇企业开展“创文明女职工”活动，1572 人参加。1995 年年初，建立宁波市第一个“双学双比”活动发展基金。1998 年“巾帼致富龙头村”创建活动在各镇乡展开。2004 年，开展“巾帼致富示范点”创建活动，创建示范点 10 个，巾帼致富带头人与困难妇女结对 40 对，初见成效。2007 年，启动“巾帼示范村”创建活动，全区确定 10 个试点村。2008 年，表彰首届“十佳农村新女性”。

巾帼建功活动　1992 年 3 月开始“巾帼建功奉献”活动，组织百米无疵布、商品包装、银行点钞等技术比武。以后活动重点逐步转向“巾帼文明岗”创建，组织城镇女职工开展岗位知识技能竞赛，激励女职工建功、成才。1996 年有 811 人次参加文明岗位竞赛。2000 年开展区“巾帼十杰”评选。2006 年 3 月，全区首批 28 个“巾帼文明岗”与农村妇代会结成共建对子，促使其文明示范作用向农村妇女辐射延伸。2007 年，成立区女企业家联谊会。2008 年组织开展区第二届“十大杰出女性”和首届“十佳农村新女性”“十佳巾帼新市民”评选。至此，全区各行业有区级以上“巾帼文明岗”154 个，其中全国级 2 个、省级 10 个、市级 52 个。

五好文明家庭、文明楼群创建活动　1986 年城关地区 33 幢楼群开展文明楼建设，在农村把开展“五好”活动与治穷致富结合起来，开展“结对子”活动。1991 年、1996 年先后摄制《美在楼群》《楼群春曲》两部电视专题片。2000 年，全区 20 个街道（新村、居委会）的 148 幢楼成立 134 支文明楼群志愿队，有队员 2590 人，开展医疗保险、熨衣裁剪、理发修理、帮困结对等各种义务服务。2002 年 1 月，落实 120 名志愿者与社区内 120 孤身空巢老人结对，提供服务，连续三年。2004 年 5 月，百户文明家庭首次认养绿地 17257 平方米，此项活动连续三年被评为市级优秀奖。2006 年举行公民道德宣传月暨文明礼仪进万家启动仪式，全区有 500 多名“巾帼牵手银龄”志愿者，定期上门为老人们提供生活、医疗、维权等无偿服务。2007 年评选出区“十佳”贴心好婆媳、“十佳”爱心好父母、“十佳”孝心好儿女。2008 年，以“平安、文明、学习、绿色、和谐”为主题，深化和谐家庭创建。年末，全区有市级以上文明家庭 278 户，其中全国级文明家庭 1 户、学习型家庭 1 户，省级学习型家庭 2 户、绿色家庭 11 户；全区有五星级文明楼 53 幢、四星级 47 幢、三星级 66 幢。

妇女参政　1990 年区人大代表 247 人，其中女代表 89 人，占 36%；乡镇人民代表 703 人，其中女代表 191 人，占 27.1%。1993 年，区党代会 230 名代表中有女代表 48 名，占 20.9%；人代会 248 名代表中有女代表 68 名，占 27.4%；在 160 名区政协委员中有女委员 31 名，占 19.1%。在 688 名镇乡人大代表中有女代表 182 名，占 27.2%。其后区党代会、区人代会、区政协会均有一定比例女代表、女党员。在镇乡党政领导班子中都有女性任职。2008 年，60 个行政村“两委”班子换届，有 80 名女性进入“两委”班子，100% 行政村配有妇女干部。

妇女培训　区妇联年年举办种植、养殖、绣花、编织等农村就业培训班。2006 年后，广泛开展女性劳动力素质培训，至 2008 年，共培训农村女性劳动力 15377 人次。其中举办农业技术培训班 99 期，参训妇女 4235 人次；转移就业技能培训班 66 期，参训妇女 2094 人次；其他培训班 214 期，参训妇女 9048 人次。2002—2008 年，举办 8 期“月子保姆”免费培训班，共有 374 名失业失土女性参加培训，举办母亲素质教育培训班 148 期，受训母亲 24403 人次。

妇女健康普查 1990年为全区妇女进行为期25天的乳腺病检查，检查10707人，其中7865人正常，2842人患有不同程度的腺体增生症，占受检总数的26.5%。基层妇女组织广泛开展妇科病普查。2005年4月，免费为250名低保户和低收入家庭中的贫困育龄妇女提供4项妇科检查。2008年2月，全面启动“妇女健康促进工程”，至年底共有20416名妇女参加妇科病普查，普查率为45%。

妇女儿童权益维护 1988年贯彻落实省《女职工劳动保护条例》，使乡镇企业中男女同工不同酬和妇女“三期”得不到保护的状况有很大改观。1990年后，宣传贯彻执行《中华人民共和国妇女权益保障法》《中华人民共和国未成年人保护法》，调解家庭纠纷，落实抚养、赡养，为妇女儿童排忧解难。1989—1995年，配合公安部门解救被拐骗拐卖至镇海的外省妇女30名、儿童2名。2001年建立妇女法律援助中心，2002年起，在全区各镇（街道）、村（社区）建立妇女儿童维权服务中心、服务维权站，开通妇女维权热线。在区、镇（街道）妇联和公安机关建立两级“110”妇女儿童（家庭暴力）救助服务协作网络，开通“梓荫女子”心理咨询热线。每年“三八”维权周期间，各级妇联开展法律宣传服务活动。2008年，建立区“妇女儿童爱心救助基金”，启动资金33.9万元。

第四节　科学技术协会

组织机构

1985年10月撤县建区，镇海县科协改称镇海区科协，与区科委合署办公。1988年10月，区科协与科委分开独立办公。1993年1月，区科协和科委重新合并。至2008年，全区共有镇、街道科协6个，区级学会、协会23个，企业科协1个，全区所有村、社区都建立科普分会。

代表大会

1987年10月20日，召开镇海区科协第四次代表大会（承接镇海县科协届次），出席代表181人。

第四至八次镇海区科协代表大会情况表

表32－10

次别	召开年月	出席代表（人）
四	1987年10月20日	181
五	1991年1月14日	215
六	1994年10月9日	210
七	1999年6月17日	200
八	2004年6月18日	180

主要活动

详见第三十六编“科学技术”第二章“科学技术普及”。

第五节　工商业联合会

组织机构

镇海区工商业联合会　简称镇海区工商联，又称镇海区总商会。前身为镇海县工商联，成立于1956年，1966年“文化大革命”开始后停止活动，恢复于1988年。镇海区工商业联合会是以本区非公有制经济代表人士为主组成的人民团体和民间商会，是中华工商业联合会的地方组织。

第四至七次镇海区工商联代表大会情况表

表32－11

次别	召开年月	出席代表（人）	选举	姓名
四	1990年8月	66	区工商业联合会执委会主任委员（会长）	李义杰
五	1994年12月	100	区工商业联合会执委会会长	胡耀观
六	1999年11月	99	区工商业联合会执委会会长	叶海章
七	2004年11月	137	区工商业联合会执委会会长	章良柱

基层商会　1994—1995年，庄市、骆驼、贵泗、澥浦、城关、河头等镇乡陆续成立商会。1998年，成立区直属商会和化工商会。2000年成立煤炭商会和沥青同业公会。到2008年，全区工商联有团体会员1027家，其中同业公会、行业商会7家，镇商会、街道商会、园区商会7家，村级商会3家、社区商会1家。

主要活动

参政议政　参政议政是工商联的一项重要职能。2004年，向区政协会议提交个人提案23件、团体提案1件，并提交《尽快落实工业园区内中小企业的发展区块，切实解决中小民营企业的发展用地》的建议案。2005年，提交政协会议提案12件，占提案总数的13.2%。2006年，提交政协会议《关于促进民营企业落实科学发展观，加快经济增长方式转变的建议》《关于科学整合利用我区土地资源的建议》提案。2008年人大会议提交建议14件，政协会议提案27件。

服务企业　2004年3月，与区劳动保障局联合举办促进被征土地人员就业招聘洽谈会。有53家企业参加，推出岗位773个，达成意向414人。1986—2005年，为近20家企业提供融资担保，累计融资3000多万元，促进企业增加销售额3.3亿元，增加就业岗位5524个，增加利税2384万元。2004年煤炭商会为30多家企业培训财会人员，随后区工商联与统战部联合举办培训班，对30家企业厂长（经理）进行管理知识专题培训。2006年，澥浦商会组织22家会员企业管理者赴欧洲10国，学习西方工业国家的先进理念和成功经验，开拓新市场。同年煤炭商会协助政府完成煤场搬迁。2008年，开展“改革开放三十年镇海经济风云榜”——先进企业评选表彰活动。

扶贫帮困　2003年春节，与区慈善分会开展“光彩慈善行动”，到80户困难居民家中慰问。同年9月，4人被授予“宁波慈善之星”称号。2005年，会员企业向光彩事业、社会公益事业、困难群众捐款和助学结对缴纳学费，总计达75.2万元；招聘下岗失业职工25人，安置农民工300余人，有125家企业参加为失土农民和下岗职工献爱心活动。东南亚发生海啸灾害后，招宝山商会和煤炭商会向受灾地区分别捐助6.5万元、3万元。同年，煤炭商会向贵州少数民族地区捐款兴教40万元。2006年，区各级工商联会员企业开展扶贫帮困、助学结对、慈善捐款共800多万元。

对外联络 镇海区工商联与贵州普安县工商联、舟山定海区工商联、嵊泗县工商联、岱山工商联等建立友好合作关系。

第六节 残疾人联合会

组织机构

1989年6月，镇海区残疾人联合会成立，为事业单位，隶属于区民政局。1997年12月，镇海区残疾人劳动就业服务所成立，为事业单位，经费自收自支。1998年6月，区残疾人第三次代表大会召开，残联机构单列，但仍作为副局级单位挂靠区民政局。2002年8月，残联升格为直属区政府的参照公务员管理的正局级事业单位。2006年3月，残疾人劳动就业服务所经费预算调整为财政全额补助，机构升格为正科级。2005年，6镇（街道）残联配备专职理事长。

第一至五届镇海区残疾人联合会代表大会情况表

表32－12

届次	时间	代表数	
		总数（人）	其中残疾人（人）
一	1990年2月24—25日	65	37
二	1993年12月24日	68	36
三	1998年6月30日	69	36
四	2003年6月13日	70	42
五	2007年12月28—29日	80	46

第一至五届镇海区残疾人联合会理事长名录一览表

表32－13

届别	时间	职务	姓名
第一届	1990年2月	理事长	胡文耀
第二届	1993年12月	理事长	贺长寿
第三届	1998年6月	理事长	吴忠和
第四届	2002年7月	理事长	张荷芬
第五届	2007年12月	理事长	郑刚

主要活动

残疾人就业　1998—2008年，建残疾人扶贫基地2个，残疾人示范基地3个。共安排残疾人就业968人，扶持个体从业129人。组织技能培训400人次。2007年，设立残疾人劳动就业服务站，就业服务网络向镇（街道）、村（社区）延伸。

残疾人扶贫　2001—2008年，区财政累计投入近40万元，对228户残疾人进行扶持。投入13万元为36户残疾人家庭修建房屋2900多平方米，并采取投入资金、免费培训、免费供种等措施扶持新建残疾人种植、养殖示范基地。

残疾人康复　1998—2008年，累计实施白内障复明手术616例，发放各类辅助器具651件。1998年，建立社区康复指导站，成立康复领导小组。到2008年累计实施各类康复指导、训练99人次。1999年，龙赛医院投入50余万元购置超声乳化白内障设备，并组织眼科医师培训。2000年，镇海区康复工作技术指导组成立，在城区7个街道开展社区康复工作。2004年，与卫生局联合下发《关于加强残疾人康复工作的实施意见》《关于进一步将残疾人康复工作纳入社区卫生服务的实施办法》；在农村建立残疾人重大病救助基金；残疾人在社区就医，免收挂号、检查、咨询、量血压等费，药费减收15%，并实行优先就诊和上门服务。当年，安排重度精神病人治疗和康复，康复出院125人，支付生活、医疗补助费8万多元。2005年，残疾人的康复服务城镇社区扩大到100%、农村扩大到80%。全区所有行政村和社区都建档立卡，为残疾人提供服务。同年，镇海区智残儿童托养班创办，对21名因弱智无法实施九年制义务教育儿童集中托养。2006年，发放残疾人参加新型农村合作医疗保险补贴9.88万元。2007年，镇海区残疾人康复服务中心成立，为偏瘫、脑瘫、骨关节患者等进行康复训练；残疾人辅助用品供应站建立，为残疾人免费提供辅助器具；为患慢性病的贫困残疾人发放208张定额为500元的医疗救助卡；为骆驼、蛟川、招宝山街道共1104名残疾人免费健康体检。2008年，与民政局、卫生局、财政局等联合制定《镇海区残疾人康复工程实施办法（试行）》。

生活保障　1999—2008年，逢助残日和春节等，对特困残疾人进行慰问，累计投入慰问补助金212.27万元，2479残疾人受益。临时救助和生活补助累计发放775.22万元，4221残疾人受益。助学补助累计发放21.6万元，贫困家庭197学生受益。养老保险补贴累计发放17.7万元，93残疾人受益。2008年，有227名残疾人单独给予最低生活保障。

第七节　其他社团组织

2000年起，遵照《社会团体登记管理条例》社团管理办法，社团工作向法治化方面推进，通过年检，对政社不分、结构失衡、业务过窄、组织重复、名存实亡的组织给予注销，对非法组织予以查处。

至2008年年底，镇海区共有注册登记的社团组织92家。

1991—2008 年镇海区社会团体名录一览表

表 32－14

序号	社会团体名称	性质	主管单位	登记日期
1	教育学会	学术	区教委	1991 年 5 月 13 日
2	青少年科技辅导员协会	联合	区教委	1991 年 5 月 15 日
3	离退休教育工作者协会	联合	区教委	1991 年 6 月 5 日
4	老年人体育协会	专业	区体委	1991 年 9 月 24 日
5	游泳协会	专业	区体委	1991 年 4 月 24 日
6	武术协会	专业	区体委	1991 年 8 月 2 日
7	棋类协会	专业	区体委	1991 年 6 月 15 日
8	篮球协会	专业	区体委	1991 年 10 月 3 日
9	乒乓球协会	专业	区体委	1991 年 9 月 3 日
10	医学会	学术	区卫生局	1991 年 6 月 15 日
11	中医学会	学术	区卫生局	1991 年 6 月 15 日
12	土木建筑学会	学术	区科委	1991 年 5 月 20 日
13	建筑企业协会	联合	区城建局	1991 年 10 月 3 日
14	质量技术学会	学术	区技监局	1991 年 6 月 30 日
15	风景园林协会	专业	区城管局	1991 年 6 月 10 日
16	农机学会	学术	区农机局	1991 年 5 月 10 日
17	财政学会	学术	区财政局	1991 年 8 月 6 日
18	会计学会	学术	区财政局	1991 年 6 月 26 日
19	珠算协会	专业	区财政局	1991 年 4 月 24 日
20	农村金融学会	学术	区农行	1991 年 5 月 30 日
21	佛教协会	联合	区民宗局	1991 年 9 月 4 日
22	中兴学校校友会	联合	区统战部	1991 年 7 月 5 日
23	消费者权益保护委员会	联合	区工商局	1991 年 5 月 9 日
24	个体劳动者协会	联合	区工商局	1991 年 5 月 13 日
25	乡村医生协会	学术	区卫生局	1991 年 5 月 30 日
26	基督教协会	联合	区民宗局	1991 年 9 月 4 日
27	基督教三自爱国运动委员会	联合	区民宗局	1991 年 9 月 4 日
28	政协书画院	学术	区政协	1991 年 9 月 20 日
29	老年书画诗词协会	学术	区老龄委	1991 年 9 月 12 日
30	钓鱼协会	专业	区体委	1991 年 12 月 25 日

续表 32－14

序号	社会团体名称	性质	主管单位	登记日期
31	桥牌协会	专业	区体委	1991 年 9 月 23 日
32	集邮协会	专业	区邮政局	1991 年 10 月 16 日
33	企业管理协会	联合	区计经委	1991 年 8 月 30 日
34	质量管理协会	联合	区计经委	1991 年 10 月 5 日
35	职工技术协会	联合	区总工会	1991 年 9 月 9 日
36	体育总会	专业	区体委	1992 年 9 月 3 日
37	档案学会	学术	区档案局	1993 年 5 月 8 日
38	民营企业协会	联合	区工商局	1993 年 9 月 7 日
39	驻镇部省属单位联动企业联谊会	联合	区支重办	1993 年 10 月 5 日
40	海外联谊会	联合	区统战部	1993 年 12 月 24 日
41	外商投资企业协会	联合	区外贸局	1994 年 6 月 20 日
42	足球运动协会	专业	区体委	1994 年 7 月 25 日
43	机动车驾驶员协会	联合	区公安局	1994 年 11 月 8 日
44	留学人员和家属联谊会	联合	区统战部	1995 年 8 月 31 日
45	税务学会	学术	区国税局	1996 年 6 月 27 日
46	人大工作理论研究会	学术	区人大办	1997 年 3 月 25 日
47	思想政治工作研究会	学术	区宣传部	1997 年 8 月 12 日
48	新四军历史研究会	学术	区党史办	1998 年 3 月 18 日
49	化工行业协会	行业	区工商联	1998 年 6 月 24 日
50	收藏协会	专业	区文广局	1999 年 12 月 30 日
51	工商行政管理学会	学术	区工商局	2000 年 1 月 20 日
52	再生资源行业协会	行业	区供销社	2000 年 1 月 20 日
53	自然科学协会	学术	区科委	2000 年 1 月 25 日
54	创造发明协会	学术	区科委	2000 年 11 月 30 日
55	福利企业协会	联合	区民政局	2001 年 3 月 12 日
56	市场协会	联合	区工商局	2001 年 3 月 23 日
57	机动车维修配件行业协会	行业	区建交局	2001 年 7 月 2 日
58	门球协会	专业	区体育局	2002 年 2 月 27 日
59	环境科学学会	学术	区环保局	2002 年 7 月 9 日
60	印刷行业协会	行业	区文广局	2003 年 1 月 9 日
61	民营科技企业协会	联合	区科技局	2003 年 4 月 25 日
62	粮食行业协会	行业	区贸易局	2004 年 4 月 23 日
63	旅游协会	行业	区旅游局	2004 年 6 月 3 日

续表 32－14

序号	社会团体名称	性质	主管单位	登记日期
64	户外活动协会	专业	团区委	2004 年 12 月 17 日
65	妇女问题研究会	学术	区妇联	2004 年 12 月 17 日
66	餐饮行业协会	行业	区贸易局	2005 年 1 月 5 日
67	文化产业协会	联合	区文广局	2005 年 4 月 12 日
68	煤炭行业商会	行业	区工商联	2005 年 7 月 18 日
69	国际税收研究会	学术	区地税局	2005 年 10 月 10 日
70	危险化学品经营运输仓储协会	联合	区物资局	2005 年 11 月 21 日
71	人才协会	联合	区人事局	2006 年 6 月 28 日
72	农业生产资料行业协会	行业	区供销社	2006 年 6 月 28 日
73	旅馆行业协会	行业	区公安局	2006 年 6 月 28 日
74	社区工作协会	联合	区民政局	2006 年 5 月 25 日
75	慈善总会	联合	区民政局	2007 年 2 月 6 日
76	发改系统老年人协会	联合	区发改局	2006 年 6 月 28 日
77	环境卫生协会	联合	区城管局	2006 年 6 月 28 日
78	企业联合会（企业家协会）	联合	区发改局	2007 年 6 月 11 日
79	九龙湖镇葡萄协会	联合	区农业局	2007 年 4 月 12 日
80	镇海区红十字会	联合	区卫生局	2007 年 7 月 12 日
81	党的建设研究会	学术	区委组织部	2007 年 9 月 10 日
82	总商会	联合	区工商联	2007 年 9 月 10 日
83	城乡卫生协会	联合	区卫生局	2007 年 9 月 26 日
84	女企业家联谊会	联合	区妇联	2007 年 10 月 29 日
85	羽毛球协会	专业	区体育局	2007 年 12 月 24 日
86	志愿者协会	联合	区文明办	2008 年 1 月 25 日
87	调解员协会	联合	区司法局	2008 年 6 月 17 日
88	宁波市镇海区招宝山街道社区社会组织联会	联合	区民政局	2008 年 10 月 17 日
89	宁波市镇海区心理咨询工作者协会	联合	区卫生局	2008 年 12 月 12 日
90	经济信息协会	学术	区委办	1994 年 3 月 25 日
91	镇海港区液体化工仓储协会	联合	港务局	1995 年 12 月 12 日
92	人口学会	学术	区计生委	1991 年 9 月 14 日

（责任编辑　陈柏青）

第三十三编　政　法

本编目录

全区政法机关坚持严格执法、公正司法，加强法律服务，促进基层民主法治建设，保护公民、法人和其他组织合法权益，营造良好的法治环境。党委政法委是党委领导和管理政法工作的职能部门。公安、检察、审判机关分工负责，互相配合，互相制约，司法体制和工作机制得到不断完善。

第一章　政法委及综治

中共镇海区委政法委员会（以下简称区政法委）是中共镇海区委领导、协调全区政法工作的职能部门。1986—2008年，区委政法委根据中央、省市委和区委对政法工作的要求，组织、协调、指导区社会治安综合治理、维护社会稳定、普法宣传教育和建设“法治镇海”等工作；协助区委及区委组织部管理区属政法部门干部，协调、指导全区政法队伍建设。

第一节　社会治安综合治理

1985—1986年，继续深入开展打击严重刑事犯罪和严重经济犯罪活动，加强社会治安综合治理。

1987年，区委印发《1987—1988年社会治安综合治理工作的若干规定》，进一步明确社会治安综合治理（以下简称综治）基本任务，完善治安、调解纠纷承包责任制，各级党委、政府确定一名负责同志专管，固定综治办公人员，配齐配强联防队和公安、司法、民政助理。

1992年开始，区委、区政府与各乡镇党委、政府签订社会治安综合治理目标责任书，并检查考核乡镇社会治安综合治理目标管理责任落实情况。

1993年，对庄市、骆驼等乡镇重点部位开展社会治安大清查，组织实施“三打一禁”（即打击团伙犯罪、打击拐卖妇女儿童犯罪、打击车匪路霸、严禁卖淫嫖娼）专项行动。

1994年，开展城区建筑工地外来人口管理试点工作。

1995年，开展“平安村（社区）”创建活动，完善基层群防群治网络。

1996年，城关镇被列入全市20个重点整治镇乡之一，区、镇两级开展社会治安重点地区突出问题排查整治，成效明显，城区社会治安状况持续良好。

1997年，组织开展建筑工地、废旧物资回收业和出租房屋整治，打击违法活动，加强外来人口管理。

1998年，以创建“平安村（社区）”为载体，综治工作进村、进社区，基层综治工作进一步加强。

1999年，组织在城关镇街道居委会和五里牌村试点“枫桥经验”，依靠群众保一方平安。

2002年，创建平安社区、安全小区、治安安全村和治安安全单位，镇（街道）创建工作全部达标。

2003年，各社区建立综治警务室，60%的行政村建立综治工作室。

2004年，贯彻省市相关会议精神，部署“平安镇海”创建工作，骆驼街道建立全区首个综治工作中心，镇海区连续第八年被评为宁波市社会治安综合治理先进集体。

2005年，创建未成年人零犯罪社区，探索建立“以房管人”的流动人口管理模式。

2006年，开展镇、街道综治中心规范化建设，创建“六位一体”（即综治、警务、治保、人民调解、保安、流动人口服务登记）的村级规范化综治室。是年，26个村综治室达到规范化标准。

2007年，创建“平安校园”“平安企业”“平安家庭”，所有镇、街道全部达到宁波市“平安乡镇”考核标准。

2008年，所有村、社区全部建立规范化综治工作室。

第二节　社会稳定维护

1996年，区维护稳定办公室建立健全信息网络，扩大信息员队伍。至2000年，信息网络不断拓宽，保障维护社会稳定工作及时开展。

2001年，制止和化解一批影响大的社会不稳定因素。

2004年，创建“平安镇海”，加强对社会不稳定因素的排摸，基本实现对社会不稳定因素早发现、早化解，加大对群体性、突发性事件的协调处理力度。

2005年，各镇（街道）设立反邪教工作专（兼）管员。

2006年，全区范围开展无邪教村、无邪教社区创建，将反邪教工作纳入年度社会治安综合治理目标考核。

2007年，建立司法救助金，有效化解一批涉法涉诉信访案件，健全党委定期研究维护社会稳定制度，党委政府主要领导进一步落实保一方平安“第一责任人”的职责。

2008年，镇海区被省、市评为北京奥运会期间安保信访维稳先进县（市、区）。

第三节　政法队伍建设

1987年，组织全区干警学习邓小平理论，开展“三条禁令”“三讲教育”“双学双比”等活动。

1991年，开展以争先创优和严格执法、热情服务等为内容的思想作风教育整顿活动，弘扬先进典型，加强宗旨教育和职业道德教育，增强干警服务全党工作大局的自觉性。

1995年，开展清除地方和部门保护专项治理，复查案件3326件。

1998年，政法委组织开展严禁刑讯逼供专项治理。

2000年，以争创人民满意活动为契机，制订政法系统领导班子“一岗双责”考核制，政法委会议议事规则和案件督办协调制度。

2001年，根据中央、省、市文件精神，初步建立执法监督工作体系，对重大案件执法实施监督。

2002年，建立区政法干警违法违纪举报中心。

2004年，开展涉法涉诉信访案件专项监督，至2008年每年监督信访案约10件。

第二章 公 安

1985年10月，镇海撤县设区，建立宁波市公安局镇海区分局。2006年3月，镇海区公安分局改称“宁波市公安局镇海分局”，属宁波市公安局直接管辖。1986—2008年，公安机关加强法治建设、组织建设、基础工作和各项专业建设，提高公安队伍整体素质和装备水平，打击各类刑事犯罪，开展群防群治，维护社会稳定，和谐警民关系，参与抗洪防台、抗击“非典”、抢险排难、抗震救灾等各种突发性事件，保障人民群众生命财产安全。分局先后被评为全国公安机关抓基层、打基础、苦练基本功“三基”工程建设（2006—2008年）先进单位、全省社会治安综合治理先进集体、连续3年获全省公安机关执法质量考评优秀单位、2008年度全市优秀公安局。2008年5月，镇海公安分局6名干警赴汶川执行灾区维护稳定任务。2008年9月，镇海公安分局巡特警大队被宁波市委、市政府授予抗震救灾模范集体，赴川抗震救灾队为抗震救灾先进集体，1人获抗震救灾劳动模范、3人获抗震救灾先进个人称号。

第一节 机构 队伍

机构沿革

1985年10月，建立宁波市公安局镇海区分局，内设秘书、政工、政保、内保、治安、预审、消防（部队称消防中队）等科和刑侦队、看守所。至年底有人民警察85名，后逐年增加。1987年10月建立交通警察队（1991年9月改称交通警察大队）。1990年9月设法制科。1993年11月建立巡逻警察大队，4月刑事侦查队改称刑事侦查大队。1994年1月，消防中队升格为消防大队。1996年4月设“110”指挥室，12月建立经济案件侦查大队。1997年12月建立非机动车管理所。1998年4月建立督察队。1999年1月建立户口证件办理中心，4月建立森林警察大队（挂靠区农业局）。2000年5月交警大队与巡警大队合并为交通巡逻警察大队，经济文化保卫大队并入治安大队。2002年11月建立公共信息网络安全监察大队、缉毒大队，政治保卫大队更名为国内安全保卫大队，看守所更名为监所管理大队。2003年3月直属单位实行大队建制。2005年8月交警大队与巡逻警察大队分设。2006年10月，成立信息研判中心。2008年年底，分局设有办公室、政治处、纪检（监察室）、警务督察队、法制科、信息研判中心等6个处、科、室，辖国内安全保卫、公共信息网络安全监察、治安、刑事侦查、缉毒、经济案件侦查、交通警察、巡特警、监所管理等9个直属大队和1个森林警察大队（挂靠区农林局）共16个职能部门，全局有人民警察423名。

建区后，原县公安局下属的城关、城北、城南、城西、新港、清水浦、澥浦、骆驼、庄市、俞范等10个派出所划归镇海区公安分局，后庄市、俞范二所分别并入骆驼、城北派出所。1993年8月，调整为城关、骆驼、澥浦、庄市、城北、城西、新港、贵驷、河头9个派出所。1995年12月撤销新港派出所。1997年10月城关派出所更名为城区派出所。2001年11月随行政区划调整，设招宝山、蛟川、骆驼、庄市、澥浦、九龙湖6个公安派出所。1985年10月，有镇海发电厂、石化三公司、浙建二公司3个企业派出所。1987年以后，又建立镇海园林派出所、镇海棉纺厂派出所、镇海区公安分局森林警察大队等企事业单位公安机构。企事业单位公安机构的编制、经费、干警管理等均由其所属单位负责，公安业务归区公安分局领导。后随公安体制改革，除保留森林警察大队外，撤销企事业单位派出所。

队伍建设

素质建设 1986年起，逐步建立岗位培训、警衔晋升培训、初任培训等制度，2002—2007年举办或参加各类公安培训班154期，受训干警6600余人次。1989年起，每年开展以思想作风纪律为重点的主题教育和集中教育活动，建立完善从严治警制度。1990年起，组织干警参加公安管理专业大专自学考试，吸纳高学历人员充实到民警队伍，至2008年年底，全局干警大专以上学历381名（其中硕士3名、大学本科201名、大学专科177名），占全部干警总数的90%。1993年4月，首次授予161名人民警察各级警衔，至2008年6月，受衔人民警察累计394名。1994年起，开展派出所规范化建设。是年，骆驼派出所在全区公安派出所中首个荣获省级规范派出所称号。1998年，开展封闭式正规化训练，1999年分局208名干警参加全国统一岗位执法资格考试，合格率99.9%。2006—2008年，开展“抓基层、打基础、苦练基本功”（以下简称“三基”）工程建设。

和谐警民关系 1990年后，每年开展学习雷锋活动和爱民月活动，2000—2008年全区公安干警集中参加公益活动20余次，人数每年均2000人次以上。1996年起，推进报警服务系统建设，民众有警情、有困难均可拨打“110”报警或寻求帮助。1998年，开展创建“人民满意派出所”活动，推行公开政务、接受监督的“阳光工程”。是年，城区派出所在全区公安派出所中首个获省级人民满意派出所称号。1999年，开展文明优质服务活动和“创建人民满意单位和民警”活动。2000年后，建立户籍、车辆、出入境管理窗口双休日对外服务、预约服务制度。2002年后，开展警营开放日活动，每年4次以上邀请警风监督员、社区居民及有关新闻媒体，走进警营，实现警民之间“零距离”互动。2006年后，开展“警民恳谈·问计于民”活动。

立功争光 分局看守所连续两次获全国优秀公安基层单位、全国标兵看守所称号；有12个科所队被省公安厅授予全省公安战线单项工作先进集体，15个科所队被省公安厅授予全省公安基层先进科、所、队，13个科所队被宁波市委、市政府授予先进集体；4个科所队和专案组立集体二等功，分局和45个科所队、专案组先后立集体三等功；金国民、庄晓峰、杨建军、张国斌等4人先后获公安部颁发的“全国优秀人民警察”称号，金飞跃获公安部2007年度全国优秀公安监所所长称号，9名干警先后被省公安厅授予全省优秀人民警察，2名干警先后被省公安厅授予全省优秀科、所、队长（指导员），9名干警先后被宁波市委、市政府授予市劳动模范、先进个人，3名干警立个人二等功，64名干警立个人三等功。金国民追逃工作方法被镇海区总工会命名为“金国民追逃法”，得到公安部和省、市公安机关领导高度肯定，2008年7月在全省公安系统推广。

第二节 犯罪侦查

刑事犯罪侦查

1986—1987 年，继续开展全国统一部署的严厉打击严重刑事犯罪活动（以下简称“严打”）。

1988—1995 年，连续开展“打击流窜犯罪”“除六害（卖淫嫖娼，制作、贩卖、传播淫秽物品，拐卖妇女儿童，贩卖、私种、吸食毒品，赌博，封建迷信）”“打击车匪路霸”“反盗窃”“严厉打击刑事犯罪”等专项斗争。

1996—1998 年，再次开展“严打”斗争，破案 1920 起，抓获刑事犯罪嫌疑人 3561 人。

1999—2000 年，开展“追逃犯”“打黑除恶”“拐卖妇女儿童”等专项斗争，破案 1673 起，其中重特大案件 379 起，抓获刑事犯罪嫌疑人 1105 人（其中逃犯 118 人），抓获人贩子 17 人，解救被拐妇女 122 人。

2001—2002 年，在再次开展“严打”整治斗争中破案 2167 起，抓获刑事犯罪嫌疑人 3133 人。

2004 年，开展侦破命案专项行动和整治社会治安突出问题的专项行动，全年破获刑事案件 1326 起，抓获犯罪嫌疑人 675 人，内立案命案 5 起均被破获。

2005—2006 年，开展打击“两抢一盗”（抢劫、抢夺、盗窃）专项斗争，两年累计破获刑事案件 2686 起，抓获刑事犯罪嫌疑人 1396 人，其中破“两抢”案件 386 起，立案命案 18 起，破案 17 起。

2005 年，运用网络技术抓获犯罪嫌疑人 18 人，协破刑事案件 19 起，侦捕逃犯 8 人。2005 年后，分局推广刑侦大队教导员金国民总结的追逃法，至 2008 年全区共抓获网上逃犯 660 人，占全局追逃总数的 67%。

2007—2008 年，开展以“打击遏制系列性侵财型犯罪活动、强化社会面治安防范控制”为主要内容的“雷霆三号”等多项专项行动，共破获刑事案件 3075 起，其中重特大案件 241 起，抓获刑事犯罪嫌疑人 1516 人，两年共立命案 25 起，破案 24 起。

1986—2008 年，全区刑事发案 39463 件，破案 17385 件，其中侦破杀人大案 30 起，抢劫大案 20 起，盗窃大案 21 起，贩毒、吸毒大案 17 起，绑架大案 8 起，强奸大案 9 起。

1986—2008 年镇海区刑事案件侦破情况表

表 33-1　　单位：起

年份	全部案件			其中重特大案件		
	发案数	破案数	破案率（%）	发案数	破案数	破案率（%）
1986	147	112	76.2	24	22	91.7
1987	152	109	71.7	25	23	92.0
1988	221	156	70.6	53	43	81.1
1989	267	179	67.0	79	52	65.8

续表 33-1

年份	全部案件			其中重特大案件		
	发案数	破案数	破案率（%）	发案数	破案数	破案率（%）
1990	1873	334	17.8	180	79	43.9
1991	1987	666	33.5	234	124	53.0
1992	757	317	41.9	191	72	37.7
1993	793	511	64.4	215	137	63.7
1994	836	636	76.1	296	208	70.3
1995	800	652	81.5	310	222	71.6
1996	864	701	81.1	360	275	76.4
1997	1409	516	36.6	649	200	28.8
1998	1931	703	36.4	946	313	33.1
1999	1913	771	40.3	953	314	33.0
2000	2150	902	42.0	97	65	67.0
2001	2209	1071	48.5	136	89	65.2
2002	2087	1096	52.5	126	86	68.3
2003	2527	866	34.3	182	169	91.3
2004	3337	1326	39.7	197	134	68.0
2005	3452	1352	39.2	211	129	61.1
2006	3356	1334	39.7	234	158	67.5
2007	3254	1510	46.4	220	136	61.8
2008	3141	1565	49.8	150	105	70.0

说明：1. 1986年前，根据公安部《关于修改盗窃案件立案标准的通知》规定，一般盗窃案件的立案标准为城市80元以上，农村40元以上。该立案标准也适用于诈骗、抢夺案件；

2. 1987年1月—1992年2月，根据公安部规定，盗窃、诈骗、抢夺案件的一般、重大和特大案件的立案标准的损失数额分别为25元、1000元和10000元以上。并从1987年12月26日起，刑事案件增加劫持飞机、持枪杀人、持枪抢劫、劫持人质、特大爆炸、投毒等严重暴力案件。此外，在扰乱社会秩序，利用迷信骗财害人、强迫妇女卖淫、引诱容留妇女卖淫、走私制作贩卖传播淫秽物品、赌博6类案件中受刑事处罚的，列入刑事案件范围；

3. 1992年3月起，根据公安部《关于修改盗窃案件立案统计办法的通知》和浙江省省公安厅会、省人民检察院、省高级人民法院联合文件通知，盗窃案件的立案标准改为个人盗窃公私财物数额较大的起点为600元；盗窃数额在2000元以上或虽不足2000元但后果比较严重的，立为重大案件；盗窃数额在20000元以上或不足20000元但情节或者后果特别严重的，立为特别重大案件。对于盗窃财物不足立案数额标准的，一般列为治安案件查处。个人诈骗和抢夺公私财物的案件参照上述立案标准；

4. 2000—2004年，根据公安部统一口径，"重特大案件"称为"八类案件"（即杀人、伤害致死、强奸、绑架、抢劫、抢夺、盗窃、盗窃机动车）；

5. 2005年后，根据公安部统一口径，"重特大案件"称为"八类恶性案件"（即杀人、伤害致死、强奸、绑架、爆炸、放火、投毒、劫持等八类严重刑事案件）

经济犯罪侦查

1997年前，经济犯罪案件由人民检察院受理，公安机关仅做配合工作。1997年起，对涉税、假冒商标等经济犯罪案件由公安机关管辖，人民检察院不再受理。1997—2000年，全区侦破经济犯罪案件144起，抓获犯罪嫌疑人187人（其中刑拘92人、提请逮捕53人、取保候审41人、监视居住1人次），追缴各类财物价值5188.74万元，协助外地公安机关查办经济犯罪案件44起。2001—2005年，先后开展打击涉税犯罪、生产销售假冒伪劣商品、药品、医疗器材犯罪、制贩假币犯罪、信用卡恶意透支犯罪、金融票证犯罪，整治地下钱庄、职务侵占犯罪，累计侦破经济犯罪案件184起，抓获犯罪嫌疑人216人，追缴各类财物价值6213.51万元。2004年6月5日，破获一起特大职务侵占和商业受贿案，案值4000余万元。2006—2008年，先后开展打击涉税犯罪、制贩假币犯罪、商业贿赂犯罪、侵犯商标专用权犯罪、非法网络传销犯罪、制售假发票犯罪、销售假烟犯罪等专项斗争，全区累计侦破经济犯罪案件99起，抓获犯罪嫌疑人142人，追缴各类财物价值5952.64万元。1997—2008年，经济犯罪立案460起，破案405起，其中大案22起。

1997—2008年镇海区经济犯罪案件侦破情况表

表33-2

年份	立案（起）	破案（起）	破案率（%）	查处犯罪嫌疑人（个）	挽回经济损失（万元）
1997	29	21	72.41	18	555.56
1998	30	26	86.67	32	971.23
1999	38	38	100.00	80	3399.35
2000	47	37	78.72	57	262.60
2001	42	46	109.52	54	96.10
2002	32	30	93.75	39	512.00
2003	32	30	93.75	33	637.00
2004	58	43	74.14	54	4300.00
2005	38	35	92.11	36	658.51
2006	50	45	90.00	52	1778.45
2007	25	22	88.00	29	1770.19
2008	39	32	82.05	61	2404.00

第三节　治安管理

公共场所治安管理

1985年11月，确定公共场所管理范围为旅社、集贸市场、影剧院、车站和码头，建立治安联防小分队和治安保卫小组，对城关地区公共复杂场所进行突击整顿，打击在公共场所寻衅滋事的流氓行为。

1989 年，执行《浙江省公共场所治安管理办法》。

1990 年，区人民政府先后颁发《关于印发〈镇海区文化市场管理实施细则〉（试行）》和《镇海区音像管理工作实施细则（试行）》通知，对文化娱乐场所开办从严控制、严格审批，依法取缔服务场所异性按摩等明令禁止的经营项目。

1991—1992 年，加强对全区歌舞厅、录像放映点、影剧院、饮食服务场所等主要公共场所管理，成立行业联防队。1993 年，成立特业联防队，全年清查公共场所 700 余次，抓获违法犯罪人员 40 名，破获治安案件 19 起（其中大案 5 起）。

1994 年，公安机关会同区文化、广电、工商等部门先后 3 次对辖区音像制品发行点（站）、录像室、电子游戏室和书摊进行检查。

1996 年后，强化公共复杂场所（以下简称公复场所）基础建设，取缔有奖电子游戏机经营活动。

1997 年，全区有公共复杂场所 716 家，公安机关先后 17 次对辖区公复场所进行检查，对 16 家违规经营单位进行处罚。

1998 年，全区更换和审批办理公共复杂场所治安许可证 407 家，其中对 20 家违规经营单位给予处罚。

1999 年 5 月底至 12 月中旬，公安机关对骆驼镇和城关镇的公共复杂场所进行整顿，培训公复场所经营负责人。

2000 年重点整治辖区内“网吧”非法营业情况，清查娱乐服务场所 2000 余家次。

2001 年全年清查各类娱乐服务场所 1800 余家次，查处违法场所 48 家，对全区“网吧”统一更换治安许可证。

2002 年，处理 45 家违规经营单位。2003 年，对全区 427 家娱乐、美容美发等公共场所进行治安管理集中整治，对经营不规范的 12 家场所进行限期整改。

2005 年 3 月 1 日，实施《娱乐场所管理条例》，检查美容美发、娱乐场所 579 家次。

2006 年 3 月底，与区文广局联合举办娱乐场所业主学习贯彻《娱乐场所管理条例》和《中共人民共和国治安管理处罚法》培训班，并签订《镇海区娱乐场所经营单位依法经营目标管理责任状》。

2007 年，全区娱乐场所安装闭路电视监控设施。2008 年全面开展公复场所治安动态视频监控系统建设。

1986—2008 年，共查处扰乱公共场所治安秩序案件 1512 件。

1986—2008年镇海区查处扰乱公共场所治安秩序案件情况表

表33－3

年份	查处起数	处罚人数				
		合计	拘留	罚款	警告	其他
1986	8	21	17	4	—	—
1987	18	24	9	14	1	—
1988	18	51	23	14	14	—
1989	27	56	13	42	1	—
1990	33	49	19	24	6	—
1991	85	134	55	68	11	—
1992	94	164	91	62	11	—
1993	84	133	65	46	2	20
1994	94	140	69	57	14	—
1995	115	170	99	62	9	—
1996	142	244	121	82	5	36
1997	131	231	109	86	4	32
1998	141	226	116	90	9	11
1999	153	231	116	109	1	5
2000	86	130	90	37	2	1
2001	70	90	59	26	—	5
2002	92	126	90	32	—	4
2003	32	47	39	8	—	—
2004	48	70	63	6	1	—
2005	14	22	6	—	—	16
2006	11	11	10	—	—	1
2007	14	14	—	12	2	—
2008	10	25	24	—	1	—

说明：资料出自镇海区公安分局历年“公安业务月报表”

特种行业管理

1986年，对全区130家特种行业（其中旅馆业47家，旧货收购、寄卖业20家，刻字业13家，印刷业等其他行业50家）实施治安管理。

1989年，旅馆业管理实行“安全业务合格证”制度和治安承包责任制，清查废旧收购户81家，取缔无证收购户29家，收缴违法违章收购铜、铝、铁等2000余公斤，查处被盗窃农用低压电线和电缆线、电动机等案件25起，收容审查盗窃、销赃人员8人。

1991 年，建立区刻字评审委员会，对刻字经营单位和从业人员进行评审考核，不合格者取消从业资格；核发废旧金属收购业“特种行业许可证”。

1992 年，对全区 200 家特种行业（其中旅馆业 62 家、旧货业 57 家、刻字业 10 家、其他行业 71 家）开展整治工作。

1994 年，开展废旧金属收购业专项治理。

1995 年，专项整治金银饰品、旅馆业、典当业，重发“特种行业许可证”。

1999 年 1 月，对印刷业进行全面清理整顿。是年 4 月，机动车修理业和报废机动车回收业列入治安管理范围。

2000 年，建成旅馆业治安管理信息系统。

2001 年，定点准予印制布告、通告、重大活动工作证、通行证、社会流通票证，落实典当业、调剂业的治安管理职责。

2002 年 11 月，取消印刷业、报废汽车回收业、生产性废旧金属收购业、旧货业等行政审批。

2003 年，深化行政审批制度改革，对特业加强事中、事后监督管理，推行旅馆业治安星级评定工作。

2004 年，重点开展中低档旅馆业的治安管理。

2005 年，对 148 家宾馆旅社分 3 个等级进行管理，对刻字业实行网络化管理。

2007 年，开展对夜宿浴室专项整治，符合夜宿条件的办理“特种行业许可证”。

2008 年，对旅馆业一证多住、无证住宿现象进行整治。是年，全区共有特种行业 425 家（其中旅馆业 149 家、印刷业 60 家、旧货业 121 家、刻字业 24 家、机动车修理行业 71 家）。在特业中受理刑事案件 28 起，受理治安案件 30 起，收缴赃物赃款 1.1 万元。

危险物品管理

1987 年，培训 72 名爆破员，清查危险物品，收缴散失枪支、炸药、雷管、导火索等。

1988 年，整顿工作用枪，严格执行枪支弹药配发、携带、保管、演习等规定。

1989—1993 年，建立配枪单位枪支、弹药档案，严格管理制度。1994 年，督促整改爆炸危险物品安全隐患问题 65 起，吊销爆炸物品使用许可证 4 家，停业整顿 15 家，限期整改 46 家。

1995—1997 年，内保单位枪支集中保管，检查内部用枪单位的枪支使用和保管情况，查封民用枪支销售点，对公务用枪人员进行培训考核。

1998 年，骆驼镇和河头乡开展狩猎队枪支配备管理和发证工作，澥浦镇开展农村爆炸物品管理整治试点。

1999 年，查处涉爆案 4 起，收缴炸药 981 节、雷管 7021 枚、导火索 1656 米，与 41 家民间爆炸物使用单位签订安全管理责任书，完成全区公务用枪的调整和枪证发放工作。

2000 年，全面检查全区公务用枪，重新调配、收缴不符合配枪条件的枪支，收缴劣质烟花爆竹 12 箱，取缔非法供销点 1 处，对 4 家采石场和 7 家烟花销售点下发整改通知书，对全区矿山 139 名相关人员进行爆炸物品管理及安全知识培训。

2001 年，开展“治爆缉枪”专项斗争，收缴非法枪支 46 支（其中土枪 12 支、气枪 34 支），土枪弹 3517 发，气枪弹 305 万发，查处涉爆案 1 起，涉枪案 3 起，查获各类犯罪团伙 25 个；查处违规烟花爆竹销售网点 36 家，收缴雷管 41 枚。

2002—2008 年，收缴各类枪支 713 支、管制刀具 1062 把、雷管 13802 枚，及一批涉爆涉枪物品，整顿规范烟火爆竹销售市场。

信息网络安全监测

2002 年 11 月，设立公共信息网络安全监察大队，配有执法资格人员 3 名，开展全区网吧安全管理。

2003 年，加强对金融系统计算机安全监察，对辖区银行使用的密码键盘进行专项检查和整改，协助建立金融单位计算机安全管理领导小组和安全管理体系。

2004 年，在全区重点单位发放计算机杀毒软盘，调查计算机应用单位人员和计算机硬件，掌握辖区首批网络安全基础资料。

2005 年，重点进行互联网用户备案和网吧安全审核管理。

2007 年，开展网上维稳工作。是年 3—9 月，集中整治网吧，取缔黑网吧 16 家，收缴计算机 120 台，完成网吧视频监控系统工程建设，严格网吧实名登记制度和管理软件安装率，全区 33 家网吧软件的安装率、在线率均达 100%。

查禁“黄、赌、毒”

1986 年，开展禁赌专项斗争，举办禁赌学习班 12 期，226 名参赌人员参加。

1987 年，开展对涉嫌色情活动的“路边店”、娱乐服务等公共场所专项治理，着重打击容留、引诱、强迫妇女卖淫的犯罪分子和窝主，查获卖淫、嫖娼案件 24 起，捣毁流氓窝点和卖淫窝点 8 处。

1988 年，开展打击制作、贩卖、传播淫秽物品违法犯罪专项斗争，破获一起涉及 30 多个单位 70 余人的传播淫秽录像案。

1989 年，重点打击容留、引诱、强迫妇女卖淫的犯罪分子及窝主，开展查禁赌博专项治理。

1992 年起，开展“打击处理利用淫秽物品犯罪”活动，是年查处传播淫秽物品案件 10 起，收缴淫秽手抄本 5 本、淫秽图片 197 张、淫秽书刊 1 本。

1994 年开展“扫黄打非”（扫除和打击制作，贩卖、传播黄色淫秽物品和非法出版物）集中行动，查处传播淫秽物品案件 7 起，收缴黄色淫秽图片 2 张、黄色淫秽录像带 14 盘，对“赌博或者为赌博提供条件的”“制作、复制、出售、出租或者传播淫秽书、淫秽画、淫秽录像或者其他淫秽物品的”等违法行为情节严重者实行劳动教养。

1995 年，开展查禁卖淫嫖娼、色情活动专项治理，查获卖淫嫖娼人员 33 名。1996 年 3 月 14 日破获镇海区首起毒品案，抓获犯罪嫌疑人 20 余名，缴获海洛因 6 克、哌替啶 2 瓶。

1997 年，开展“禁毒、禁赌、扫丑”统一行动，全区铲除罂粟、大麻等毒品原植物 2544 株，涉及种植户 35 户；破获卖淫嫖娼案件 44 起 541 人，依法处理 22 人；查获制黄贩黄案件 15 起，处罚违规录像出租、放映点 9 家；查获赌博 320 场，处理 607 人。

1998 年，开展打击卖淫嫖娼等色情活动专项治理，18 家违规场所中 35 人受处罚。

1999年，开展扫除“黄、赌、毒”专项整治行动，全年查处涉丑案件154起，赌博案30起，查获种植毒品案1起。

2000—2008年，连续开展打击“黄、赌、毒”专项行动，查处毒品案件613件，卖淫嫖娼案件866件，赌博案件1343件，查获一大批淫秽物品。

处置群体性突发事件

20世纪80年代后，群体性治安事件增多。进入21世纪后，发生的群体性事件主要为土地征用、房屋拆迁、企业改制或经营不善、非法集资、劳务纠纷、医疗纠纷、土地权属及滩涂权属之争等引发的经济型群体性事件和因环境污染、各种事故等引发的社会型群体性事件。公安机关在党委政府领导、协调下，加强基础工作和情报信息工作，化解矛盾，依法处理，维护社会稳定。2002年5月16—18日，因华翔公司气体检验实验室实验残液污染环境、后海塘万隆食用酒精有限公司直排未经处理废水产生恶臭气体，引发400多名群众上街自发游行示威，公安机关配合有关部门，依法妥善处置，平息事态。2000—2008年，镇海警方单独或协助有关部门处置群体性突发事件215起（其中2000年20起、2001年11起、2002年27起、2003年24起、2004年32起、2005年25起、2006年31起、2007年25起、2008年20起）。

治安巡防

1990年，开展以城镇、集镇为重点的治安巡逻活动。是年全区有专职联防队10个68人，长期或临时护厂队、护村队231个。

1991年，公安分局设立3层20多个卡点，警民结合，开展治安巡防。1992年，公安机关重点整治全区治安状况差的单位和乡村，组织开展护村巡逻。

1993年11月巡特警大队成立后，在城区公共场所和繁华地段进行昼夜巡警执勤，在城郊接合部设立治安岗亭多处，公安民警分批进驻辖区329国道线、79省道线沿线及6处区际结合部乡镇、行政村，与乡镇治安联防队、护村巡逻队联合开展治安巡逻。

1995年，全区6个乡镇和公路沿线派出所全部实行夜间巡逻，对主要道路、车站、广场等公共复杂场所进行24小时着装巡逻。

1996年7月，建设城区治安大联防网络。

1998年，分局调整、增设巡逻岗亭、卡点，严密各项治安防范措施。

1999年，在城区主要街道实行24小时全天候巡逻执勤制度。2000年6月，加强巡逻设卡，完善治安动态管理。

2002年，将原来的交巡警城区中队、防暴中队、“110”处警中队合并新组建为特勤中队，构筑快速反应的动态防控体系，加强对街面治安防控。

2004年3月，推行派出所巡区巡防、交巡警巡线巡防、其他警力定点设卡巡防、社区辅助巡防等四级网格化巡逻工作机制。2006年，警方采取“主副班工作制”“错时工作制”和“武装巡逻与便衣伏击结合”等形式，昼夜全天候在辖区车站、渡口、菜场及其他繁华地段巡逻守候。

2007年，成立区保安大队、镇（街道）保安中队，协助警方开展治安巡防，加强护厂队、护村队、护楼队建设。

2008 年 7 月 8 日—9 月 20 日，开展“迎奥运、保平安”治安巡逻活动。

基层治保组织建设

1986 年，全区有基层治安保卫委员会 523 个，治保小组 399 个，治保人员 3146 人。

1987 年，整顿全区治保会组织，对各行政村和 272 家乡镇企业实行治安承包责任制。

1988 年，治安承包由个人承包改为治保会集体承包。是年，全区有基层治保组织 358 个（其中治保委员会 183 个、治保小组 175 个），治保人员 955 人。

1990 年，对全区基层治保组织进行调整，公安机关与企事业单位、学校签订治安承包责任书，开展创“平安社区”活动。

1995 年，对治保干部进行业务培训。

1996 年，继续调整、整顿、规范基层治保组织，全区健全治保组织 556 个（其中治保会 308 个、治保小组 248 个），有治保人员 1793 人（其中治保委员 1093 人、治保小组成员 700 人）。

1999 年，学习“枫桥经验”，加大对农村流氓恶势力、车匪路霸和破坏农业生产违法犯罪活动的打击力度，开展评比十佳优秀治保干部活动。

2008 年年底，全区有内部单位治保组织 426 个（其中治保会 180 个、治保小组 246 个），有治保人员 1340 人（其中治保委员 576 人、治保小组成员 764 人）。

1986—2008 年镇海区基层治保组织情况表

表 33－4 单位：个

年份	治保组织	人数	年份	治保组织	人数
1986	922	2146	1998	564	1910
1987	360	1012	1999	487	1677
1988	358	955	2000	580	1724
1989	161	1014	2001	480	1600
1990	778	2341	2002	386	1520
1991	629	2336	2003	448	1798
1992	406	1519	2004	460	1491
1993	677	2998	2005	501	1929
1994	518	1724	2006	494	1883
1995	597	1810	2007	523	2479
1996	556	1793	2008	426	1340
1997	558	1793	—	—	—

说明：表内治保组织个数及人数是指治保会与治保小组之和

内部保卫

1986 年，全区有内保单位（指公安机关列管的内部保卫单位，以下简称内保单位）128 家，有企业派出所 3 个，银行及重要单位相继建立经济民警队伍。

1989 年，内保单位开展防盗、防爆、防火、防事故大检查。

1990 年，9 个省级以上文物单位列为内保单位中重点管理范围。是年起，公安机关对涉及公共安全的重大活动实施安全许可、安全监督与保卫。

1991 年年底，内保单位均建立保卫组织。

1994 年起，内保单位实行公安局、派出所分级管理（分局列管单位称“大内保”，各派出所列管单位称“小内保”），是年全区有大内保单位 67 家、小内保单位 76 家，内保系统开展“创（平）安”活动。

1997 年，全区 11 家“大内保”单位被评为市级治安安全单位。

1999 年，全区“大内保”单位调整为 60 家，“小内保”单位 209 家。

2001 年，全区 264 家创安单位有 256 家创安单位验收合格，其中被评为区级及以上合格单位 203 家。

2004 年，全区有创安单位 373 家（其中“大内保”60 家、“小内保”313 家），内保单位考核合格 358 家（其中市级合格单位 49 家，获得省、市级以上治安安全示范单位 7 家），“创安”合格率达 96%。

2005 年，公安机关对内保单位发生的刑事案件进行每月一次集中分析。是年，全区有创安单位 386 家（其中“大内保”55 家、“小内保”331 家）。

2006 年，构建重点单位信息平台、开展校园周边环境和电力治安专项治理。

2007 年，会同区安监、消防等部门对内部单位进行安全检查、督促落实创安单位的规章制度，对发现的问题当即发出整改意见书，限期整改。

2008 年，全区有内保单位 431 家（其中“大内保”76 家、“小内保”355 家），获得省、市级以上治安安全示范单位 7 家，市级“治安安全单位”81 家，“创安”合格率达 97.9%，区公安分局获全省 2008 年度“创安”工作先进集体。

第四节　户政管理

常住户口管理

1986 年，全区常住人口 65595 户 191806 人，其中非农业人口 75015 人、农业人口 116791 人。

1989 年 4 月，经省政府批准，撤销城关城北村，642 人农业户口转为非农业户口（俗称“农转非”）。

1990 年，新生婴儿可随父随母自愿申请登记常住户口，两地分居夫妻及老年人投靠子女入户政策放宽，来镇海投资兴业以及有合法稳定职业或生活来源的外地人，可落户居住地。是年，开展第四次人口普查前的户口整顿和调查，全区有待定户口 1202 人，人户分离人口 747 人。

1991 年，实行蓝印户口管理制度（一种介于常住户口与暂住户口之间的户籍管理制度，加盖公安机关蓝色印章，俗称“蓝印户口”），当年办理蓝印户口 1300 只。至 1996 年年底，共办理蓝印户口 2707 人，后蓝印户口逐步转为城镇常住户口。

1997 年下半年，统一城乡户籍登记管理制度，乡镇派出所接管本乡镇户籍管理。

1998 年 3 月，镇海区骆驼镇列入全省第二批小城镇户籍制度改革试点，于 12 月开展户籍管理改革试点工作，允许符合有合法固定住所和稳定的非农职业或生活来源等两个落户条件的农业人口在城镇落户。

2001 年，宁波市取消进城落户指标限制，按居住地登记户口，全区 4099 名农业户口转为非农业户口。

2008 年年底，全区常住户口 92473 户，计 224348 人，其中非农业人口 159537 人。

流动（暂住）人口管理

1985 年起，暂住 3 个月以上、16 周岁以上人员，派出所发给“暂住证”，外来务工、经商、办厂、从事服务行业以及投靠亲属等暂住时间较长的人员，发给“寄住证”。1987 年暂住人口 7627 人，1989 年达 16714 人。随着暂住人口大量增加，公安机关在暂住人口集中区域设立专管员，配合户籍民警定期核查暂住人口。

1994 年下半年，开展暂住人口调查、登记和发证工作。是年，全区共登记暂住人口 21031 人，发“暂住证”16260 份。

1995 年 4—9 月，贯彻《浙江省暂住人口管理条例》，开展暂住人口管理清理整顿工作，建立暂住人口管理网络，共登记暂住人口 25679 人，发“暂住证”24094 份。

2000 年起暂住人口剧增，于 2000 年年底建成暂住人口综合管理信息系统中心库。

2004 年 4—7 月，开展以出租房屋和中小旅馆为重点的外来人口集中整治工作，在暂住人口较多的镇和街道建立流动人口管理中心。

2005 年，全区推行流动人口集中居住、分层次管理、出租房屋委托管理。

至 2008 年 12 月底，全区登记暂住人口 219462 人，出租房屋 32032 间。

居民身份证管理

1986 年 3 月城关镇试点发放居民身份证，12 月完成全区居民身份证编码，1987 年年初发证。1989 年 10 月，对应申领居民身份证而尚未领到或因原证遗失、损坏尚未补领到居民身份证的公民，以及 16 周岁以上常住户口待定公民，制发临时身份证，有效期 1 年和 2 年，与居民身份证有同等的法律效力。1990—2004 年，每年制作居民身份证底卡 8000 余只。2004 年 8 月，换发第二代居民身份证。2008 年，16 周岁以上人口九成以上持有第二代居民身份证。

第五节　出入境管理

境外人员出入境管理

1987 年，全区涉外宾馆、饭店建立户口管理制度，设专（兼职）户口管理员，涉外单位建立联系人制度。

1989 年，出入境管理部门与全区涉外单位建立联系人制度和安全保卫制度。是年，受理境外人就业、居留等申请 168 人次。

1992 年，依法放宽出入境条件。

1994 年后，简化出入境手续，来镇海旅游、经商、考察、访问的境外人大幅度增加。

1998 年，公安部门依据有关法律规定集中整治外籍海员经常涉足的公共娱乐场所，遏制对外籍海员“宰客”、非法限制人身自由、非法扣押护照等事件发生。

1999 年，实行涉外管理单位和接待单位联席会议制度，对外轮海员开展网络化、系统化管理。

2000 年起，管理部门严肃查处非法入境及居留行为，并依法遣送出境。

2001 年，新建和完善外管档案。

2004 年，临时来镇境外人员 1857 人次，受理境外人员签证、居留等申请 277 人次。

2005 年，贯彻实施《外国人在中国永久居留审批管理办法》。是年，区内常住境外人员 390 余名，临时来镇境外人员 1500 余人次，受理境外人员就业、居留等申请 256 人次，审批、办结登陆外籍海员 3 万余人次。

2006 年，执行公安部新的《往来港澳通行证和签注受理、审批、签发管理工作规范》，受理境外人就业、居留等申请 175 人次。

2007 年，受理境外人就业、居留等申请 182 人次，临时入境人员 1734 人次，外籍海员 19971 人次。

2008 年，受理境外人员就业、居留等申请 300 人次，临时入境人员 1900 人次。

公民因私出入境管理

1986 年 2 月，《中华人民共和国公民出境入境管理法》及《实施细则》相继公布实施。区公安分局按照“依法管理、宽严得当、维护主权、保证安全”的方针，进一步强化“开放、管理、服务、法治”意识，制定《外事民警守则》，坚持做到严格管理、简化手续、不徇私情、不开后门、给予方便，并在审批管理上实行以公正办事、公开办事结果和接受社会各界监督为主要内容的“两公开一监督”制度。

1987 年 11 月，台湾当局准许一般民众经由第三地赴大陆探亲后，来镇海的台湾同胞逐渐增多。区公安分局配合区政府对台办做好台胞回乡申报、注销临时户口制度，使台胞来去自由和安全。是年，受理出境（国）申请 86 人次。

1988—1990 年，全区受理出境（国）申请 248 人次。区公安分局进一步强化“开放、管理、服务”意识，认真宣传和贯彻《中华人民共和国集会游行示威法》《中华人民共和国行政诉讼法》，举办各类培训班、座谈会等。本着依法管理、宽严得当原则，实行审批管理“两公开一监督”制度，增强申请工作透明度，提高外事干警业务素质和执法水平。

1991 年 6 月后，开通因私旅游渠道，查验户籍证明后办理护照，防止异地申请。

1992 年受理出境（国）申请 138 人次，比 1991 年增加 1.53 倍。其中出国 61 人次、出境 77 人次，分别比 1991 年增加 1.65 倍和 1.45 倍。此后，全区受理出境（国）申请的公民人数逐年增加。

1995 年 7 月 1 日后，实行计算机打印“往来港澳通行证”。

1996 年，区公安分局在严格把好审批关，处理好开放与搞活、执法与服务的关系，规范外事和出入境管理，改善接待环境，提高服务质量，推出对外承诺制和便民管理新举措。

1997 年 1 月，按省公安厅规定实行不准出境对象通报备案制度，3 月起对前往港澳地区定居申请人，需预约登记，公开打分排序，获准的公开通报，接受群众监督。

1998 年，入境管理工作实行政务公开，接受群众监督。

2000 年 12 月，1997 版新护照和 1997 版贴纸签证颁发启用。

2002 年 6 月 1 日起公民出国（境）可在派出所填申请表。

2003 年 6 月，贯彻执行省公安厅《公民按需申领因私护照受理审批管理工作规范（试行）》。

2004 年起，区常住居民持本人身份证、户口簿申领因私护照，无须所在单位及辖区派出所签署意见（国家工作人员和特定岗位工作人员除外），办证时间从 20 个工作日缩短到 15 个工作日，签注从 20 个工作日缩短到 5 个工作日，急事急办。

1987—2008 年，全区受理公民出国申请 35785 人次，其中出国 16243 人次，出境（赴港澳台地区）19542 人次。

1987—2008 年镇海区公民因私出国出境人数统计表

表 33－5　　　　单位：人次

年份	合计	其中	
		赴外国	赴港澳台
1987	86	38	48
1988	82	37	45
1989	101	55	46
1990	65	27	38
1991	90	37	53
1992	138	61	77
1993	263	142	121
1994	280	145	135
1995	306	197	109
1996	343	201	142
1997	387	275	112
1998	496	402	94
1999	672	422	250
2000	1381	945	436
2001	1862	830	1032
2002	2265	1040	1225
2003	2370	972	1398

续表 33－5

年份	合计	其中	
		赴外国	赴港澳台
2004	3606	1192	2414
2005	4266	1916	2350
2006	4486	2025	2461
2007	5750	2870	2880
2008	6490	2414	4076
合计	35785	16243	19542

第六节　道路交通管理

路面管理

1986 年 10 月，公安机关接管道路交通安全工作，全区开展“搞好交通文明建设，保障交通安全畅通”活动。

1987 年 5 月 1 日，在城河路与胜利路交叉路口建成镇海区第一个交通指挥岗亭和第一组信号灯，此后城区主干道适时增设、更新交通标志、标牌、标线。

1988 年，开展部分路段手扶拖拉机违章运行专项整治。

1989 年，城区车站路、城河路设置机动车道与非机动车道隔离栏，此后城区各主要路段陆续增设、更新。

1990 年，集中整治城区和骆驼部分路段交通秩序混乱现象。

1991 年，开展遏制交通事故上升势头整治行动，纠正、处理违章 2.8 万次。

1992 年 8 月，辖区公安交通检查站全部被撤销，把设站拦车检查转变为巡逻为主、疏导交通、纠正违章，实施以城区和国道线为重点的 24 小时管理勤务方案。

1993 年，整治“瓶颈”路段，开展交通秩序整顿竞赛活动。

1994 年 8 月，会同工商部门对西门菜场周围道路车辆乱停乱放、秩序混乱等状况进行整治。

1995 年，改造更新城区隧道路口至胜利路口交通基础设施，创建规范化道路。

1996 年，专项整治城关主要街道占道设摊、堆物、非机动车行驶及停放秩序。1996 年 4 月，开展以整顿无证驾驶、酒后驾车、非机动车和行人违章等为重点的道路交通秩序专项整治。

1997 年 9 月 1 日起，城区范围禁鸣喇叭。

1999 年，开展为期 3 个月的交通安全集中整治行动，并在隧道口、澥浦岭、常洪等地安装电子监控系统。

2001 年，在隧道口至聪园路段，创建“交通管理示范街”。

2002 年，在 329 国道骆驼段设置城区外第一处红绿灯。

2003 年，开展“畅通工程”上等级活动，会同相关部门对城区内占道设摊、违章堆物、停车秩序等行为进行综合整治，推进平安大道及交通安全村、交通安全学校、交通安全企业的创建工作。

2004 年，区域主要路段增设护桩，清除可视距离障碍物及路障，增设减速装置。

2005 年，规范学校和幼儿园周边道路标志、标线，加强危险化学品道路运输安全管理。

2006 年 6—9 月，集中整治正三轮摩托车（残疾车）等车辆非法营运，查处 343 辆，暂扣车 315 辆，查处无牌无证摩托车 579 辆，无牌无证营运三轮客车 78 辆，拘留无证驾驶 41 人。

2007 年，增设乡村道路标志牌、减速带，开展为期 40 天的交通秩序整治统一行动，查处各类交通违法行为 4500 余起。

2008 年，先后开展“奥运道路交通安全攻坚战”“遏制重特大交通事故百日安全竞赛活动”“严禁酒后驾车专项整治”“正三轮摩托车非法营运专项整治”“宁波高教园区北区交通安全集中整治及城区道路交通秩序整治”“春运安全突击整治”等路面各类交通整治工作。其间，处理无证驾驶 799 起，酒后驾车 666 起。至当年 8 月底，全区主要及复杂路段有红绿灯 80 处、电子监控 80 处、智能卡口 9 只，电子警察 89 套，道路交通标志、标线和隔离栏等路面安全设施齐全。

车辆管理

1986 年，全区有机动车 3440 辆，汽车发牌到市公安局车辆管理所办理，摩托车及简易机动车发牌由区公安局车辆管理所办理。

1987 年，对全区 20 余万辆自行车进行检验换照。

1988 年，建立各类汽车技术档案。

1989 年，农用拖拉机的发牌、发证、机手考核、审验等管理工作由公安部门委托农机部门管理。

1990 年，清理整顿滥用特种车辆、安装警报器、标志灯具等行为，重新核发“特种车辆使用证”。

1991 年 6 月，会同区公路运输管理处对从事道路运输、且以国营和集体单位名义注册的私人车辆或以私人名义注册的单位车辆进行清理整顿。

1992 年，手拉车、人力三轮车登记、发证管理由交通部门移交区公安局交警大队。

1993 年，农用运输车划归农机局检验。

1995 年 8 月，残疾人专用车和助动自行车纳入非机动车管理，对燃油助动车发牌管理。

1997 年 10—11 月，开展对机动车无牌无证专项治理，严格车辆牌证管理，方便准办车辆办理牌证。

1998 年 7—9 月，全区换发分合式自行车牌照。

1999 年年底，燃油助动车停止上牌。

2000—2001 年，推出流动车管所，下乡上门服务，加班办理证照；推出摩托车牌照电脑选号，清理整顿摩托车牌证；与辖区车辆单位、维修行业、回收公司签订责任状，建立机动车维修部门承修车辆验证登记制度。

2002 年，发牌管理电动助动车，至年底全区有牌证电动助动车 1900 余辆。

2004 年，对使用满 5 年的燃油助动车实施报废制度。是年 5 月 1 日起实施新《道路交通安全法》，明确电动自行车为非机动车，电动助动车增长迅速，仅 10 月 1 个月就上牌 1085 辆。

2005 年 10 月，全区禁止燃油助动车上路行驶。

2006 年，开展对“五小车”（电瓶三轮车、铁壳三轮车、非法安装动力装置的人力三轮车、正三轮摩托车、超标电动自行车）及无牌无证机动车专项整治活动，做好重点车辆户籍化管理工作。

2007 年，客运车辆、危险品车辆、接送学生车辆等发证建档，重点管理。

2008 年 7 月底，全区在册自行车 33 万余辆、电动助动车 3.42 万辆、三轮车 3.43 万辆（其中客运三轮车 646 辆）。2008 年 12 月底，全区机动车有大型汽车 3105 辆，小型汽车 22628 辆（其中私家车 12404 辆）；各类摩托车 31443 辆。

驾驶员管理

1985 年后，机动车驾驶员需经驾校正规培训，才能参加交通监理部门考试。

1986 年，浙江省《机动车驾驶员行车禁令》实施，组织 3812 名驾驶员学习。

1987 年 10 月，驾驶员统一由公安交通管理部门管理。

1988—1999 年，组织机动车驾驶员学习《中华人民共和国道路交通管理条例》实施，两年共轮训驾驶员 1 万多人次。

1989 年 10 月 1 日，全区启用全国统一新驾驶证，对实习转正和三年内的新驾驶员、违章驾驶员举办轮训班，对摩托车驾驶员进行考试发证。

1990 年，规定“1 车 6 人”制统一教练和集体培训的办法，取消“以师带徒”制。

1991 年，制定驾驶员培训合格率及质量跟踪等考核制度，同时实行分级审批培训许可证制度（大、小型汽车驾驶员培训班由区车管所验收合格报市局车管所审批，摩托车、农用三轮运输车、上路行驶的拖拉机培训学校、班由区车管所审批）。

1993 年，取消初招学员文化测试，规定初学驾驶员的培训时间和操作小时。是年，成立汽车驾驶员培训站，全区共培训和考核二、三轮摩托车驾驶员 1061 名，农用车驾驶员 20 名，举办机动车驾驶员轮训班 16 期，对 4039 名机动车驾驶员进行年度审验。

1994—1997 年，着重轮训客运驾驶员，实施大客驾驶员统考。是年 11 月，组建“镇海区机动车驾驶员协会”，利用驾驶员协会开展交通安全教育。

1998 年，实行驾驶员违章记分卡制度，驾驶员违章记分满 8 分者须参加安全知识教育。其间，开展对外地在镇驾驶员专项治理，按规定登记 180 人。是年 3 月，成立宁波市交通安全教育学校镇海区分校。

1999 年，区交通安全教育分校课程增加“交通行为道德”“交通活动和交通管理”“交通法规”“驾驶理论与安全行车常识”“交通违章与事故防范”“车辆维修常识”“救护常识”“事故录像”等 9 门，通过 136 个安全片组，实施安全教育。

2000 年后，持有准驾车型 A、B、N、P 驾驶证的驾驶员签证到 60 周岁，超过 60 周岁的注销，换发其他车型驾驶证，签证到70周岁。

2003年9月1日后，机动车驾驶员年审、换证可体检合格后直接在分局车管所窗口办理。

2004年，对从事客运职业的驾驶员严格资格审查。2005年，重点组织辖区内200余名出租车、校车、单位客运车驾驶员进行交通安全培训学习。

2006年，开展以客运车辆、危险化学品运输车辆、接送学生车辆及外省货运车辆驾驶人为重点的户籍化管理工作。

2007年，实施户籍化管理外省籍货车及驾驶人，定期向辖区内车辆单位提供车辆及驾驶人交通违法、肇事等相关信息，开展危险化学品运输车驾驶人（押运员）安全教育培训。

2008年，集中教育有违法记录的客运车辆、校车、危化车驾驶员。

交通安全宣传

1986—1987年，开展交通法规及交通安全宣传活动。

1990年起，每年开展中小学生交通安全常识课教育。

1995年，与镇海电视台联合举办“红绿灯下”节目，与镇海报、镇海广播电台合办相关交通安全栏目；绘制《中华人民共和国道路交通管理条例》宣传图片，在公路沿线村庄、学校、厂矿、企事业单位巡回展出。

1996年起，开展春运“交通安全宣传周”活动，全区小学生全面实行戴小黄帽制度。

1997年，宣传城区“禁鸣”规定，发区政府通告1.6万份，各类宣传品15万余份，在城区新增交通安全宣传窗30块，交通安全宣传牌15处。

1998年，在有线广播中开办“每日提醒”及“交通之友”栏目，先后在3个村、7个居委会建立“交通安全村”和“市民安全学校”，区交警大队开始每年到中小学校给学生上交通安全教育课。

1999年，与区广播电台联合开办“交通音乐频道”栏目，每天播出1个小时交通安全知识；与《镇海报》社联办“人、车、路”专版，年内在报刊上发表交通安全文章159篇、电视新闻68条、广播稿222篇。是年，与澥浦镇共创交通安全试点镇，在辖区公路沿线建立10个交通安全村。

2000年以后，交巡警大队每年在国、省道沿线行政村开展交通安全宣传，每年受教育人数均达2万余人次以上。2001年，组建有60余名退休教师参加的义务交通安全宣传员队伍。

2002年，在16所中小学进行交通安全宣传教育。2003年10月，《中华人民共和国道路交通安全法》颁布后，投入15万余元用于交通安全宣传工作。

2004年，组织机关、学校、社区、乡村、企业播放《全国交通事故典型案例警示录》等宣传光盘。是年，累计建立10个“交通安全村”、7个“交通安全街道”，与华通电器集团、镇海热电厂等单位共创“交通安全厂”，国、省道沿线的庄市、骆驼、澥浦等街道、镇形成三级交通安全管理网络。

2005年，开展交通安全宣传工作进村、进社区、进学校、进200人以上企业、进专业运输单位活动，创建36个“交通安全示范村”36个、“交通安全示范学校”21所。

2006年，开展道路交通安全“百日行动”宣传教育活动。

2007年，开展“文明出行，和谐交通”道路交通安全竞赛活动。2008年，开展全国第四个“平安迎奥运，有序交通我参与”交通安全宣传日活动和“道路交通安全百场戏、百场电影、百幅图版”巡演（展）活动。

道路交通事故处理

1987年9月，原由交通监理部门负责的交通事故调查处理工作全部移交公安交通管理部门。

1989年后，事故处理执行《浙江省道路交通事故处理工作规程》，辖区内发生重大、特大事故及一般事故需扣证7个月以上处罚的，均由区交警队审批。年内依法对交通肇事者收审2人、拘留18人、扣驾驶证256本，其中扣驾驶证6个月以上20本。

1994年，开展交通事故处理工作考评。

1995年，成立道路交通事故伤残评定小组。1996年，开展对轻微交通事故执法检查。

1997年，在全市率先设立交通事故巡回法庭，与区物价局联合成立交通事故车辆评估中心，推行道路交通事故现场勘查、责任认定、损害赔偿调解内部“三分离”制度。

1998年1月1日起，推行事故处理分段办案制度，对重特大交通事故举行现场办案会，开辟交通事故急救“绿色通道”，推广交通事故巡回法庭试点经验，开展事故处理民事调解移交人民法庭的试点工作。

1999年7月后，实施《宁波市道路交通事故处理业务考核办法》，每年对事故处理工作进行考核。

2000年8—9月，开展对道路交通事故处理内部执法执纪检查。是年，辖区发生的4起交通肇事逃逸案（其中2起重大交通肇事逃逸案），全部侦破。

2001年，实施事故处理阳光作业，执行事故责任人认定公开听证制度。

2002年6月1日后，实施宁波市公安局《关于快速处理交通事故有关问题的通告》规定，对在道路上发生的基本事实清楚，且仅造成车物损失或人员轻微伤害的道路交通事故实施快速处理。

2004年后，加强交通事故接处警、交通事故处理等规程执法监督。

2006年，应用“全国道路交通事故信息管理系统”，加大非现场执法力度，交通事故处理更加科学。是年，侦破辖区4起交通肇事逃逸案。

1986—2008年，全区共上报交通事故5123起，死亡人数841人，伤残人数3549人，直接经济损失9493.75万元。

1986—2008年镇海区道路交通事故情况表

表33－6

年度	事故数（起）	死亡（人）	受伤（人）	直接经济损失（万元）
1986	27	3	19	1.05
1987	53	16	34	1.21
1988	58	25	33	8.84
1989	44	14	30	5.03

续表 33－6

年度	事故数（起）	死亡（人）	受伤（人）	直接经济损失（万元）
1990	34	20	16	1.66
1991	34	15	25	1.49
1992	54	29	20	32.96
1993	75	30	31	47.94
1994	88	32	69	6768.99
1995	154	48	74	108.79
1996	209	36	148	232.57
1997	280	43	214	214.68
1998	239	34	154	261.21
1999	377	42	232	215.38
2000	441	47	176	283.27
2001	433	51	175	323.72
2002	395	49	231	275.72
2003	298	58	184	276.44
2004	459	59	456	184.63
2005	360	50	374	75.43
2006	307	49	328	73.21
2007	254	47	284	67.10
2008	230	44	242	32.94
合计	5123	841	3549	9493.75

第七节　监所管理

监所建设

1986 年，开展创先进看守所和抓“百日安全”、创安全所活动。

1989 年，开展“文明监所”活动和监室安全大检查。

1991—1994 年，翻建、拆建看守所监房、办公用房、收容所、食堂、武警中队营房。

1997 年，开展创“安全年”活动，实施等级化管理，制定《看守所目标管理实施细则》。

1998 年 2 月，向社会公开“严格执法，文明管理”八项承诺。

1999 年，按二级所要求设立少年监室、已决犯监室和过渡监室，推行过渡监室轮换制，对新入所犯罪嫌疑人先集中关押，集中教育（同案犯及累犯除外），经过 1 个月左右的行为规范训练后，再分散到其他监室，以增强新入所犯罪嫌疑人员的法律意识和杜绝“牢头狱霸”。

2000 年，强化过渡监室管理，对收押新入所犯罪嫌疑人重点进行入监须知、监规和行为规范教育。是年，投入 20 万元资金用于监所设备更新和环境改造。2001 年被公安部评定为一级看守所。

2002 年，迁入徐家堰新建监所，新所占地面积 3. 87 公顷，建筑面积 9000 平方米，按关押量属中型看守所。

2003 年，开展“双加强、双保障”（加强监管执法、加强法律监督、保障刑事诉讼顺利进行、保障在押人员合法权益）创建活动，注重对在押人员人性化管理、亲情化教育，挽救和改造在押人员。

2004 年，看守所建成接待受理中心，方便群众来访，警务公开内容上墙。是年，区看守所被省公安厅、省人民检察院授予“双加强、双保障”示范单位。

2005—2006 年，贯彻落实《全市公安监管场所管理工作整顿方案》，开展监管场所整顿工作，设立“严管监室”（严管有“牢头狱霸”现象的在押人员）；坚持民警对在押人员的面对面管理制度（新入所人员 7 日跟踪观察、民警每天进监室管理、主辅民警协同管理、谈话教育、出所人员回访、在押人员受虐报警等）；实行勤务制度改革，监控、巡视二岗合一；以监区为警务区（警务组）包干执勤管理，避免包监民警因病、休假、出差、培训时出现管理空挡，保证监室 24 小时有责任人。

2005 年，区看守所被评为“全国公安优秀基层单位”，同时被授予首批“全国标兵看守所”称号（浙江省唯一获此称号的看守所）。

2006 年 4 月，被公安部、最高人民检察院授予“双加强、双保障”示范单位。

2007 年，投入 80 万元完善看守所基础设施和科技硬件设施。

截至 2008 年，区看守所连续 14 年安全无事故，连续 8 年被公安部评为“全国一级看守所”，2008 年 2 月再次被评为“全国标兵看守所”。

教育改造

1986 年后，开展“文明监室”和评比改造积极分子活动。

1990 年起，每月 2 次广播上课，配合专项斗争，开展专题教育，宣传、兑现“坦白从宽，立功赎罪、立大功受奖”政策，敦促在押人员交代余罪，检举他人犯罪线索。

1996 年后，对在押人犯进行形势、时事、政策、法律、法规学习，运用个别谈话等形式开展思想教育。

1997 年后，开展每周 1 次分监教育，每月 2 次大课教育。

1998 年，看守所制订《入监须知》，人手一册。

1999 年 2 月 6 日，区看守所召集表现突出的 12 名人犯及其家属参加迎新春亲人帮教会。2000 年，开展对本地留所服刑人员刑满释放后跟踪教育、定期上门走访，建立帮教联系制度和档案。是年 4 月 26 日，组织表现突出的 39 名短刑犯参观镇海口海防历史纪念馆。

2001—2002 年，宣传“严打整治”斗争形势和法律法规、政策措施，教育敦促在押人员坦白交代自己的余罪，检举揭发他人犯罪线索。

2003 年，成立罪犯考核奖惩评审小组，日记载、周评议、月公布，考核情况逐级上报后交市中级人民法院裁定，还邀请 10 余名留所服刑罪犯家属参观、座谈，帮助改造。

2004 年，组建看守所“育新艺术团”，先后与镇海招宝山街道后大社区、宁波大学科技学院等单位联合举办“关注未来，远离犯罪”文艺活动，留所服刑的育新艺术团成员上台演出，以身说法。

2005—2006 年，区看守所开展保障在押人员身心健康活动，两年内帮助 14 名在押人员解决婚姻关系。

2007 年，定期安排留所服刑罪犯进行忏悔活动。

2008 年，应在押人员要求，开展在押人员向四川省灾区捐款、献血活动。

生活管理

1986—2008 年多次调整伙食标准，节假日加餐，保证人犯吃足定量，吃熟、吃热、吃卫生，按时供应开水；人犯有病，及时诊治、送药，组织同监人犯照顾、护理重病人犯，病患专做病号饭，增发营养品；在押人员确无衣被者，由看守所供；完善防暑防寒降温设施。

1992 年，患性病人犯实行分监关押，定期消毒，安排医院专业医治。

1999 年，看守所设医务室，配专职医生，治病防病，对新入监的人员建立健康档案。

2000 年起，监所内建图书室，监室内辟“学习园地”，重大节日组织在押人员进行文化娱乐活动比赛。

2003 年，看守所在每个监区安装热水器，新建篮球场，改善生活条件。

2004 年后，逢年过节供应传统食品，改造表现好的在押人员准予每月 1 次与家人通电话，每月与亲属共同进餐，每年安排 10 名人犯与其亲属一起吃年夜饭，让表现突出的留所服刑人员回家过春节。

2005 年后，看守所开设阅览室、电教室、小卖部，安装系列健身设施，每个监室均订有报纸、杂志。

2006 年后，镇海看守所每年在春节期间组织改造积极的服刑人员和他们的家属在所内参加亲情会餐。

2007—2008 年，建立健全在押人员伙食管理制度和食堂工作管理细则，就餐、饮水、食品供应、生活卫生等项工作标准化、规范化、制度化。

第八节 消 防

人员装备

1985 年 10 月，武警消防部队移交公安机关直接领导，成为公安机关和武警部队双重领导的现役部队。是年，镇海区公安分局设消防科（部队称消防中队），人员43名，有大小型消防车辆各3辆，各类机动水泵5台。镇海炼油厂（后改炼油化工股份有限公司）消防大队有消防车辆15辆、消防队员183名，镇海炼化仓储有限公司消防中队有消防车辆3辆、消防队员33名，浙江镇海发电厂（后改为镇海发电有限责任公司）消防队有消防车辆2辆、消防队员20名，驻镇海部省属大、中型企事业单位建立专职消防队，全区有义务消防队24支、消防三轮卡车5辆、机龙66台。

1986年，15个消防重点单位中有12个成立义务消防队，有队员200名，10个乡镇及企业单位配备专职和兼职消防员。

1987年，10个乡镇及企业单位中有9支义务消防队共200多名队员（其中专职消防队员19名）。

1990年，武警消防中队集资8万元，添置防火勘测包和对讲机。是年，全区建有40支义务消防队，有机动泵43台、轻便消防车2辆。

1992年，全区成立消防联防大队。1993年，消防中队添置消防车1辆、机动泵1台。

1994年，消防科（中队）改称消防大队，人员增至46人，有大型消防车辆5辆。是年，全区有乡镇、企业单位专职、义务消防队40余支。

1995年，武警消防大队投入100万元建1座高26.5米登高训练塔，添置2辆大功率水罐泡沫车。

1996年6月，武警消防大队迁入虹桥新办公楼，投入资金110多万元，占地1万平方米，建筑面积2800平方米。是年，全区6个镇（乡）均成立专职或义务消防队，并新增手抬机动泵7台。

1997年，武警消防大队配备举高车、干粉泡沫联用车、大功率水罐车、火场装备供给车等装备，完善“119”通信指挥系统。

1998年，成立武警镇海消防大队骆驼消防分队（后改称中队），配备水灌车和泡沫车各1辆。

2000年12月，武警镇海消防大队投入96万元购置1辆重型泡沫水罐消防车，至2005年相继购置中型泡沫水罐消防车2辆、抢险救援车和通信暨照明车各1辆及特种装备和个人防护器材，形成灭火作战、抢险救援、通信指挥等一系列装备体系。

2006年后，区政府每年划拨专项资金，消防大队先后添置空气呼吸器、防火隔热服、正压式排烟、组合式液压破拆器、消防避火服、可燃气体测爆仪、有毒气体探测仪、金属切割机、救援起重垫、开门器、泛光灯等先进装备。

2007年1月，宁波化工区消防特勤站在澥浦落成。同年2月，成立武警镇海中队森林消防队，人员30名。

2008年，区消防大队下辖镇海、骆驼两个消防中队，有执勤消防车13辆，另有7支企事业单位专职消防队100余人，有消防车辆21辆、机动泵15台。

火灾预防

1986年，全区有重点消防管理单位20个，19个重点消防管理单位考核验收合格。

1987年，确定每年12月为“防火宣传月”，全年检查150多个油库，整改20多处火险隐患，审核建筑工程防火设计项目73个，参加竣工项目验收20个。

1988年，贯彻市政府关于《对全市机企事业单位发生火灾事故实行挂牌制度的若干规定》。

1989 年，根据“谁主管，谁负责”原则，落实消防安全责任制，开展农村消防自防自救建设。

1990 年，消防重点单位增加到 23 个，消防安全检查 15 次。

1991 年，消防重点管理单位调整到 24 家，春节前后对全区部分单位进行消防安全检查。

1992 年，开展对基建工地和装修工程的消防监督。1993 年，歌舞厅等公共娱乐场所纳入消防监督。

1994 年，对全区 59 家宾馆、饭店、舞厅影院、大型商场等场所进行全面检查，4 家单位被依法停业整顿。

1995 年，开展全区消防整治工作，审核 153 家单位，查出火险隐患 1300 余条，重点单位停业整改 17 家，经济处罚 16 家。

1996 年，开展“消防百日安全竞赛”活动和开发区、易燃易爆化学危险品、建筑消防设施、公共娱乐场所 4 项专项治理。全年检查 500 多家单位，查出火险隐患 2000 条，重点单位停业整改 2 家。

1997 年，开展宾馆饭店消防大检查和专项整治。

1998 年 9 月 1 日起实施《中华人民共和国消防法》，对重点单位消防安全每季度检查一次。

1999 年，开展易燃易爆化学危险品专项整治工作，组织消防检查 19 次，检查单位 163 家次，查出火险隐患 220 余条，发出火险隐患通知书 15 份，处罚单位 25 家。

2001 年，根据浙江省新规定，消防安全重点单位增至 70 家。是年，大型消防安全宣传 3 次，防火大检查 24 次，检查单位 260 余家，责令重点单位停业整顿 3 家，关闭企业 1 家。

2002 年，在化工区实战演习应急防灾救护。

2003 年年初，实施《危险化学品安全管理条例》，检查清理 10 辆以上危险品槽车的化学物品运输单位。2004 年 9 月，消防大队与镇海人民广播电台合办消防专栏节目。

2005 年，重点开展大型化工企业消防安全工作检查、指导和对中小学学生防火宣传、火灾救护演示练习。

2006 年，列管消防安全重点单位 315 家，其中化学危险品单位 102 家。当年 11 月成立区火灾隐患集中普查整治工作组，检查指导、督促整改历时 4 个多月。

2007 年，培训危化行业、旅馆行业等 10 个行业协会会员单位 3000 余人消防安全知识。是年，审核建筑工程消防设计项目 415 个，竣工消防验收项目 279 个，开业前消防安全检查 36 个。

2008 年，消防大队与有关部门联合开展重大危险源普查，共普查 16665 家，其中内有危化品库区 2 个、生产场所 36 个、储罐区 49 个、加油站罐区 30 个。

火灾扑救

1986 年起，“119”火警指挥中心 24 小时值班，接警至消防车离库不超过 1 分钟。1986—2008 年有效扑灭火灾 404 场次。1995 年 5 月 9 日，扑灭骆驼工业小区宁波万新装饰工业有限公司特大火灾，过火面积约 5000 平方米，直接经济损失 338 余万元。

1986—2008 年镇海区火灾情况表

表 33 - 7

年份	火灾次数	死亡人数	受伤人数	经济损失（万元）
1986	17	2	5	5. 48
1987	8	10	1	3. 35
1988	15	5	—	19. 37
1989	13	5	4	16. 62
1990	43	—	—	8. 13
1991	24	—	—	20. 79
1992	17	—	—	118. 65
1993	16	—	—	32. 95
1994	20	—	—	30. 02
1995	14	—	—	378. 60
1996	18	—	—	161. 07
1997	19	1	1	134. 21
1998	13	—	—	36. 72
1999	9	—	—	55. 20
2000	13	2	—	28. 08
2001	8	2	—	32. 90
2002	10	1	1	188. 69
2003	7	—	2	24. 91
2004	10	1	2	63. 20
2005	10	—	—	46. 12
2006	7	—	—	54. 78
2007	34	—	—	59. 50
2008	59	—	—	62. 00
合计	404	29	17	1581. 34

第九节 “110”警务

1995 年 9 月前，区公安分局设置“110”匪警电话。1995 年 10 月，在刑侦大队设立“110”报警热线，报警范围为盗窃、抢劫、杀人等重大刑事案件。

1996 年 4 月（7 月 16 日发文）成立“110”报警指挥室，向社会许下“四有”（有警必接、有险必救、有难必帮、有求必应）承诺。

1998 年改建为“110”报警指挥中心，制定、印发《镇海区公安分局“110”指挥中心工作制度》《镇海区公安分局“110”接处警操作规范和程序》等制度。是年 6—8 月联合辖区 11 家单位组成“110”求助工作网络，24 小时接受群众紧急求助。

1999 年，辖区 124 家单位安装报警系统。

2001 年，修订、上墙《“110”指挥中心主任工作职责》《“110”指挥中心工作制度》《“110”接警处警操作规范》《“110”接处警操作程序》《“110”接处警交接班制度》等 10 项工作制度。

2002 年，实行全区电脑联网报警，至年底，全区电脑联网报警单位 160 家。

2003 年，开展以“展形象、示成绩、宣法规、创满意”为主题的“110”宣传活动，举办“110”系列图片展、电视专题片、广播节目和报刊专栏，分发安全防范和“110”报警常识宣传资料 5000 余份。

2004 年后，坚持“宁可多接 1000 个无效电话，不可放过一个有效报警”的原则，每天几十次对电话骚扰者进行耐心劝说和教育。

2005 年 8 月，整合“110”“122”“119”3 个不同警种报警台到“110”指挥中心，形成治安、交通、消防“三台合一”、协同作战的报警服务体系。2006 年年初在城区“家世界超市”三岔口、车站路与聪园路岔口、聪园桥头等重点部位和繁华地段安装“紧急报警通”装置，实现现场视频监控与报警联动。是年 4 月，第一期“紧急报警通”正式投入使用。

2007 年 12 月 4 日，全区主要通信线路防盗报警系统接入“110”指挥中心，实现电信公司通信线路防盗报警系统与分局“110”指挥中心联网。是年，分局建立运行“110”现场证据管理系统和二级处警平台，规范“110”处警现场取证工作。

2008 年，建立“110”接处警工作定期回访机制，减少“110”接处警中涉警投诉。

1996 年 7 月 16 日至 2008 年 12 月 31 日，分局“110”报警服务台接警 349785 次。其中有效处警 223693 起，处置各类案（事）件 67814 起，现场抓获犯罪嫌疑人 8658 人，调处交通事故 11500 起，调处火灾事故 1018 起，调处民事纠纷 57694 起，接处各类求助报警 9605 起，救助伤员 2568 人。

1996—2008 年“110”指挥中心接处警情况表

表 33－8

年份	接警（次）	其中							
		有效处警（起）	查处案（事）件（起）	现场抓获犯罪嫌疑人（起）	调处交通事故（起）	调处火灾事故（起）	调处民事纠纷（起）	接处民众求助（起）	救助伤员（人）
1996	818	818	563	44	71	4	0	121	0
1997	3554	3554	2823	1330	280	19	0	0	0
1998	4448	4356	1524	420	390	13	1001	515	0
1999	6229	6229	1396	447	640	9	2055	663	201

续表 33－8

年份	接警（次）	其中							
		有效处警（起）	查处案（事）件（起）	现场抓获犯罪嫌疑人（起）	调处交通事故（起）	调处火灾事故（起）	调处民事纠纷（起）	接处民众求助（起）	救助伤员（人）
2000	8225	8225	1410	513	749	13	2900	837	0
2001	50537	9074	1423	543	1056	8	3395	907	267
2002	19120	18783	2822	2549	395	58	3925	432	293
2003	16509	16509	7108	1020	377	72	4594	1477	263
2004	115300	31100	13300	310	7500	99	4400	1100	36
2005	24227	24227	6671	488	28	108	8236	819	307
2006	30271	30271	8366	414	8	207	8998	1204	527
2007	34686	34686	9838	355	4	241	9288	775	436
2008	35861	35861	10570	225	2	167	8902	755	238

说明：1996 年度数据为 7 月 16 日（“110”指挥室正式成立）至 12 月 31 日统计数

第十节　公安科技装备

刑侦科技装备

1986 年 4 月，区公安分局改建刑侦队专业技术用房，并设法医、痕迹、照（录）像 3 个专业，配备技术人员 4 人，开始建立公安刑侦信息网络。

1988 年，建成分局二级刑事技术点。1989 年，建立三级刑事技术点，在原有专业基础上增加文件检验专业。

1997 年，先后引进多波段光源仪、科进指纹自动识别系统、瓦里安气相色谱仪、SP－9000 多波段光源仪、摄录像设备、多种客体的指纹显现仪、特审室设备、刑侦大队局域网设备等一批高新技术设备。

1998 年，责任区民警中队添置刑侦勘查器材，现场勘查率和痕迹物证提取利用率明显提高。

1999 年，建立刑事犯罪情报信息系统，通过网上查询分析、技术串并破案。

2000 年，投入 200 万元配置专业型数码相机、刑事勘察车、刑侦移动办公系统等技术装备，开通指纹远程比对系统，建立刑事犯罪情报资料库。

2001 年，投入 20 余万元配置数码图像处理系统和比对显微镜设备，建立刑侦图像处理室和法医物证实验室、尸体解剖室，基层刑侦中队配置新照相机和勘查箱。

2002 年后，刑侦工作应用电子信息化、DNA 鉴定等一整套科技手段。

至2008年，分局痕迹检验已能全面开展工具、枪弹、牙齿、整体分离等痕迹的检验鉴定。

治安科技装备

2002年年底，镇海公安分局投入25万元配置一批计算机设备，为各派出所50台计算机安装治安管理信息系统，年内共采集录入各类治安管理信息9000余条。

2003年，开始建设治安动态监控系统。

2006年，治安动态监控延伸覆盖澥浦和九龙湖两个镇。是年3月，治安动态监控系统建设基本完成，全区建成104个治安监控点、16个电子警察、2个智能卡口、3套移动监控设备、5个“紧急报警通”、1个控制中心、7个分控室，总投资1507万元，完成“社会治安监控”一类、二类点布点和选址。

2008年，投入5000多万元，完成“社会治安监控”一类、二类监控点1000个。同时扩大治安动态监控系统建设，增加监控点密度，提升街面治安动态防控能力。

通信科技装备

1985年年底，镇海分局投资3000元购置100门共电式总机1台，置换原来的50门共电式总机，值机人员实行24小时值班制。

1987年，分局投资15万元引进日本爱克姆公司150兆无线电常规通信系统，在招宝山建立150兆常规基地站，建成150兆无线常规通信网，全局有电台193台。

1989年，区公安分局与市公安局的机要通信开通，相应配备三类传真机。

1990年，添置150门共电交换机，内外线设施有中继线13条、省市专线2条、外线39条、程控内线127条。

1991年，投资54万元购置数字程控交换机1台，安装内线电话120部、外线电话70部，租用电信局中继线15条，购置三类传真机2台，与市公安局开通三类文字传真。1992年，分局装备加密机，实现与省、市公安机关加密文字传真。1991—1993年，分局新增SX－2000型程控机、摩托罗拉BB机系统、大井移动电话系统各1套，机要通信车1辆。其间，分局寻呼台建成，实行人工与自动、数字及中文兼容，群呼功能可在30秒内向有关人员发出所需群呼信息。基地站建成后，辖区无线通信覆盖面达80%以上。

1992—1994年，先后购置安装模拟程控交换机和多功能长途拨号中继器。此后，公安有线专网实现自动拨号，拨4位可到本局任一用户，拨8位可到省公安厅、其他地市或外省任一公安专线用户。1994年，分局在交警大队设置350兆无线基地站，是年10月，350兆集群无线通信网投入使用，覆盖面可达全区。

1997年年初，分局与各派出所开通加密传真。1998年投资6万元安装4200型交换机，租用电信局中继线和专线各4条，与市公安局大楼程控交换机联网，实现内线电话自动拨号。

2000年，完成350兆集群无线通信网的升级改造，实现全省联网。

2007年，先后完成警务督察视频监控子系统、证据管理系统等工程建设。

2008年1月，在骆驼街道新建的350兆无线通信集群基站开通使用，覆盖九龙湖镇、庄市街道、澥浦镇、骆驼街道等区域。至年底，全局有对讲机391台。全局民警配机率达90%以上，一线民警配备对讲机人手1台。

计算机应用

1992年，计算机开始在镇海公安机关应用。

1999年5月，结合全国“网上追逃行动”工作，建立连接市局的二级计算机网，建立远程信息采集工作站，组建综合布线120点的局域网。

2000年，建立办公自动化硬件系统和公用计算机信息服务中心、全区暂住人口、旅馆住宿信息、外管信息等一批应用系统。交警部门组建交警信息系统，与市交警支队连通。

2007年，购置一批数字身份证书，全局配备率达96.5%，民警通过数字证书可进入公安各业务系统开展工作。至年底，全局有计算机425台。

第三章 检 察

1985 年 10 月，镇海县人民检察院更名镇海区人民检察院。区检察院依法履行法律监督职能，加强法律监督能力建设，为经济社会发展提供司法保障。

1988 年 10 月起，区检察院实行自侦案件内部侦、诉分离。1989 年 4 月起，实行侦、捕分离，完善内部侦、捕、诉分离的制约机制。1991 年，检察技术工作起步，在现场勘验、搜查取证、字迹鉴定等侦查活动中初见成效。1995 年 7 月 1 日，《中华人民共和国检察官法》实施，检察队伍管理走上法治化轨道。1997 年，启动预防职务犯罪工作。1998 年，开展民事行政检察工作，法纪检察职能调整为仅限于查处国家机关工作人员利用职务实施的非法拘禁、刑讯逼供、报复陷害、非法搜查、暴力取证、破坏选举等犯罪。1999 年，区建立职务犯罪预防工作领导小组，办公室设在区检察院内。2003 年起推行案件繁简分流机制。2004 年起推行每个案件都要提审犯罪嫌疑人的“每案必提”制度。2007 年设立预防职务犯罪专门机构，规范、完善职务犯罪预防工作。2008 年，按照关于司法体制改革的要求，围绕严格执法、公正执法、文明执法，开展“强化法律监督、维护公平正义”教育活动，着力规范执法。

1986—2008 年，共受理审查公安机关和自侦部门提请批准逮捕案件 4391 件 6896 人（1987—1989 年报表不记件只记人），批准逮捕各类刑事案件 3983 件 6445 人（1986—1989 年报表不记件只记人）；共受理审查公安机关和自侦部门移送审查起诉案件 5172 件 7664 人，决定起诉 4589 件 6947 人，追诉 46 人，移送他院起诉 213 件 428 人。

第一节 机 构

内设机构

1985 年 10 月，内设刑事检察一科、刑事检察二科、经济检察科、法纪检察科、监所检察科、办公室，在编人员 24 名。

1987 年 10 月，增设控告申诉检察科。

1989 年 5 月 15 日，建立镇海区人民检察院驻镇海看守所检察室。

1990 年 3 月，经济检察科改名为贪污贿赂侦查局。1991 年 8 月，设立政工科。

1996 年 3 月，改局名为反贪污贿赂局。1997 年，成立预防职务犯罪工作领导小组，明确控申科为主要工作机构（2007 年 4 月职务犯罪预防科成立后，控告申诉检察科不再承担预防职务犯罪工作）。

1998 年 5 月，政工科改为政治处，刑事检察一科改为审查批捕科，刑事检察二科改为审查起诉科，设立民事行政检察科和检察技术科。

2002 年 12 月，审查批捕科改为侦查监督科，审查起诉科改为公诉科，法纪科改为渎职侵权检察科。

2004 年 12 月，设立法律政策研究室。

2005 年 12 月，渎职侵权检察科改为反渎职侵权局。

2007 年 4 月，设立职务犯罪预防科，11 月设立监察室，与政治处合署办公。

2008 年 8 月，设立检察保障中心（为区检察院属事业单位），设立司法警察大队，撤销法律政策研究室，办公室增挂法律政策研究室牌子。

2008 年，区人民检察院内设 13 个科（处）室：政治处（监察室）、办公室（法律政策研究室）、反渎职侵权局、反贪污贿赂局、侦查监督科、公诉科、监所检察科、检察技术科、民事行政检察科、控告申诉科、职务犯罪预防科、法警大队和检务保障中心，在编人员 54 人。

2001 年 6 月，检察院办公地点迁至镇宁东路 58 号，占地面积 7334 平方米，建筑面积约 4800 平方米。

检察委员会

检察委员会在检察长主持下，讨论决定重大案件和其他重大问题。1986 年，检察委员会有委员 4 名。1998 年 12 月，制定检察委员会职责和议事规则，日常办事机构设在办公室。此后，检察委员会职责和议事制度逐渐完善，1986—2008 年，有 100 余件疑难、复杂案件提请检察委员会讨论。2008 年，检察委员会有委员 8 人。

1986—2008 年镇海区检察院检察长名录一览表

表 33－9

职务	姓名	籍贯	任职时间
检察长	王意仁	鄞县	1980 年 8 月—1990 年 6 月
检察长	毕锡明	北仑	1990 年 6 月—1997 年 9 月
代理检察长	励宝莲	象山	1997 年 9 月—1998 年 2 月
检察长	励宝莲	象山	1998 年 2 月—2002 年 11 月
代理检察长	吴巧森	东阳	2002 年 11 月—2003 年 2 月
检察长	吴巧森	东阳	2003 年 2 月—2008 年 12 月

第二节 人民监督员制度

2004 年，根据最高人民检察院要求，区人民检察院开始人民监督员制度试点工作。当年，全区范围推选 5 名社会各界人士（多为人大代表、政协委员）为人民监督员。2005 年，根据高检院下发的《关于人民监督员监督“五种情形”的实施规则（试行）》《关于进一步规范和深化人民监督员制度试点工若干具体问题的意见（二）》，进一步规范监督程序。2007 年人民监督员扩大至 9 名。人民监督员对“三类案件”（人民检察院在查办职务犯罪案件中犯罪嫌疑人不服逮捕决定的、拟撤销案件、拟不起诉案件）和“五种情形”（人民检察院在查办职务犯罪案件中遇到应当立案而不立案或者不应当立案而立案的；超期羁押的；违法搜查、扣押、冻结的；应当给予刑事赔偿而不依法予以确认或者不执行刑事赔偿决定的；检察人员在办案中有徇私舞弊、贪赃枉法、刑讯逼供、暴力取证）进行监督。至 2008 年，共监督“三类案件”11 件 11 人，其中拟撤销案件 9 件 9 人、拟不起诉案件 2 件 2 人。

第三节　刑事检察

审查逮捕

1986 年开展“严打”斗争第三战役，着重打击严重危害社会治安的强奸、流氓、盗窃及赌头赌棍，查办该类案件占全部案件的 91.8%，其中重大案犯 32 人，占批捕总数的 32.3%。

1987 年，配合有关部门开展禁赌、打“两流”等多次专项斗争，提前介入公安机关侦查 28 次，自行补侦 408 份，勘验现场、参与预审 10 件 17 人，占重特大案件的 42.5%。

1988 年，配合有关部门开展打击流氓、盗窃、流窜以及传播淫秽物品等专项斗争，批捕 35 人，起诉 33 人，分别占批捕和起诉总数的 22.2% 和 27.5%。

1990 年起，配合“严打”斗争，突出打击七类重点犯罪（杀人、抢劫、强奸、放火、爆炸、拐卖人口和其他严重破坏社会秩序的犯罪），1990—1993 年，共依法批捕“七类”犯罪 403 人。

1994 年，打击流氓团伙和“车匪路霸”，下半年配合农村社会治安专项治理活动。

1996 年，全国展开“严打”斗争，全区有 174 名严重刑事犯罪分子依法受到惩罚。

1997 年起，修改后的刑法、刑事诉讼法相继施行，重点打击杀人、抢劫、贩毒、重大盗窃等严重刑事犯罪。

2001 年 4 月起全国开展“严打”斗争，全区批准逮捕杀人、抢劫等严重暴力犯罪和盗窃等多发性犯罪 378 件 538 人。

2003—2006 年，突出打击严重暴力犯罪、黑恶势力、有组织犯罪和“两抢一盗”侵财型犯罪，四年共批捕此类型犯罪嫌疑人 1427 人。

2007 年起，加大对抢劫、抢夺、盗窃（以下简称“两抢一盗”）刑事犯罪的打击力度，2007—2008 年共依法批捕该类犯罪 369 件 614 人，占依法批捕刑事犯罪总数 50% 以上。

立案监督

1997 年 1 月，修正后刑事诉讼法赋予检察机关对公安机关为主的刑事立案活动的监督权，包括对应该立案而不予立案的监督，对不应立案而予以立案的监督。1998 年，对 2 件应当立案而未立案侦查的案件发出要求“说明不立案理由通知书”，公安机关重新审查后做出立案决定。

至2008年，共发出要求“说明不立案理由通知书”50余份，立案监督45件46人。

侦查监督

主要监督镇海区公安分局等侦查活动，不构成犯罪的不批准逮捕，事实不清或证据不足的退回补充侦查，发现余罪漏犯进行追捕，对侦查活动中的违法情况提出纠正意见。1986—2008年，共不批准逮捕558人，退回公安机关补充侦查156人，追捕各类犯罪嫌疑人14人，提前介入公安机关侦查500余件次。

刑事公诉

20世纪80年代到21世纪初3次“严打”斗争过程中，审查起诉工作坚持从重从快方针，强调办案质量，重特大案件优先审查，突击办理，多次对证据不足的案件自行补证。

1997年，公诉部门适应庭审改革，逐步推行主诉检察官制度，提高出庭公诉质量。2000年，开展主诉检察官办案责任制试行工作，探索公诉改革。2003年，根据最高人民法院、最高人民检察院、公安部《关于使用普通程序审理“被告人认罪案件”的若干意见》和《关于使用简易程序审理公诉案件的若干意见》的有关规定，推行案件繁简分流机制，依据法律规定实行“被告人认罪案件”简化审和简易程序。当年，适用简易程序审理案件占全部案件40%以上。

2005年起，贯彻宽严相济刑事司法政策，保护诉讼参与人尤其是犯罪嫌疑人、被告人的诉讼权利。

1986—2008年，共受理审查公安机关和自侦部门移送审查起诉案件5172件7664人，决定起诉4589件6947人，追诉46人，移送他院起诉213件428人。1986—1995年，依法免予起诉201人（1996年修正后刑事诉讼法取消检察机关免予起诉决定职权），不起诉57人。对法院开庭审判案件，均派员出庭支持公诉。2005年，公诉科夏冰获全省十佳公诉人称号，为当时宁波市检察系统唯一获此称号的检察官。

刑事审判监督

监督手段包括依法提出抗诉，以及对刑事审判中的违法情况提出纠正意见。1986—2008年，依法向镇海区人民法院提出抗诉4件。2005年，区人民检察院开始执行检察长列席人民法院审判委员会制度。2006年，区检察院首次委派1名副检察长列席区人民法院审判委员会会议，听取区人民法院审判委员会对一交通肇事案量刑的讨论决定。

未成年人犯罪检察

2000年前开始探索未成年人刑事犯罪案件办理工作机制，如将未成年人与成年人分案起诉，会同学校、家长、街道对未成年犯罪人员做好回访、帮教工作，保障未成年犯罪嫌疑人的合法权益。

2001年，探索预防青少年犯罪工作，与辖区龙赛中学、仁爱中学共同签订《青少年维权协议》，将学校作为青少年法治教育基地，为学生上法治课。对社会闲散未成年人加强管理，与街道办事处签订《青少年维权协议》，建立定期联系制度，开展法治教育。是年，率先在全市检察系统开展“青少年维权岗”工作，建立《创建优秀青少年维权岗实施办法》《青少年维权岗职责》《未成年人案件受理范围》等制度，与杭州少管所建立工作联系制度，被授予宁波市“优秀青少年维权岗”称号。

2002 年，与后大街、城东两个社区建立和聘请社区青少年维权工作联络员制度，利用寒暑假开展社区内中小学生形式多样的法治教育。

2004 年，选派 2 名检察官兼任临江中学、炼化子弟学校法制副校长，为学生开设法制课堂，同时成立未成年人案件帮教小组，开展教育、感化和挽救工作。当年区检察院“青少年维权岗”被评为浙江省第二批优秀“青少年维权岗”。

2006 年起，先后与公安机关、法院联合发布维护青少年犯罪人合法权益的文件，与 6 家企业建立青少年帮教基地，将 18 ~20 岁的犯罪人员纳入帮教范围。

第四节 职务犯罪侦查与预防

经济检察

1986 年，区检察院把打击经济领域内犯罪活动（以下简称“经打”）纳入重要议事日程，重点放在国家机关和企事业单位内部案件上，着重打击贪污、受贿、中饱私囊的犯罪行为。1986 年下半年，召开供销、商业、物资、二轻四个系统“经打”会议及驻镇的部属、省属企业七大单位纪委、“经打办”负责人联席会议，互通情况，草拟《敦促经济犯罪分子投案自首的宣传提纲》发到各系统，敦促犯罪人员主动投案自首，先后发现各类线索 22 件，投案自首 5 件 5 人，并派出联络员配合供销、商业、物资、二轻四个系统开展工作。

1987 年，区“打击经济犯罪办公室”的编制、人员、经费以及办公设施等全部移交给镇海区检察院管理。

1988 年，设立经济罪案举报中心，受理人民群众的举报。是年 12 月在区财税局设立“税务检察室”。后分别在农业银行镇海支行、镇海石油化工总厂、浙建二公司、镇海工商行政管理局、镇海区烟草专卖局、镇海区地方税务局设立检察室。1998 年撤销所有派驻的检察室。

1989 年立案查处经济罪案 28 件 33 人，超过前三年总和。1990 年立案查处 35 件 38 人，为建区以来立案最多年份。

1994 年，查办全市第一起证券工作人员挪用公款经济犯罪案件。

1997 年起，检察院经济检察受理案件范围调整为贪污贿赂犯罪案件受理，对涉税、假冒商标等经济犯罪案件由公安机关管辖，人民检察院不再受理。

1986—1997 年共立案查处投机倒把、假冒商标、虚开增值税、偷抗税等经济案件 41 件。

反贪污贿赂

1988 年立案贪污案 2 件 2 人，受贿案 5 件 7 人。

1989 年，贯彻最高人民法院、最高人民检察院《关于贪污、受贿、投机倒把等犯罪分子必须在限期内自首坦白的公告》，当年立案查处贪污贿赂案件 24 件 29 人，占经济案件立案总数 86% 和 88%；其中大要案 10 件 10 人，追回赃款 54. 4 万元。

1990 年，立案侦查贪污、贿赂案件 30 件，占立案经济罪案总数的 86%，其中 11 月侦破浙建二公司经济犯罪系列案件6件，4件为重特大案件。

1992年在省工业设备安装公司宁波工程处侦破贪污、受贿案件13件14人，其中大要案8件，追缴赃款20余万元。

1990年后重点查办党政机关、司法机关、行政执法机关和经济管理部门贪污、贿赂等犯罪案件，至1998年共查处此类机关部门案件20余件30多人。

1998—2002年，在全区国有集体企业改制过程中查办国有企业内的贪污贿赂等职务犯罪，共立案侦查贪污贿赂等职务犯罪61件71人，挽回直接经济损失1800余万元。

2006年，开展治理商业贿赂犯罪专项斗争，查处该类犯罪6件8人。2007年，开展查办城镇建设领域商业贿赂犯罪案件专项工作，查处一起涉及多个部门、多个环节的贿赂窝串案。

2008年，查处中交第三航道工程局有限公司宁波分公司系列受贿窝串案，查办发生在医疗卫生、矿产资源管理、工程建设领域的大要案10件。

1986—2008年，共受理贪污、贿赂、挪用公款、巨额财产来源不明、隐瞒境外存款、私分国有资产、私分罚没财物等国家工作人员职务犯罪案件357件419人，其中贪污贿赂案件303件，大案162件185人，要案37件38人，为国家和企业挽回经济损失4000多万元。

渎职侵权检察

1986年，最高人民检察院对渎职侵权检察受理案件范围和立案标准作出明确规定，区检察院当年受理18件法纪案件。1986—1996年，共受理法纪案件150件，立案侦查24件。

1997年始，人民检察院管辖的渎职侵权案件范围缩小，仅限于查处国家机关工作人员利用职务便利实施的犯罪。

1998年，法纪检察部门侦结1件发生在行政执法机关的徇私舞弊出售发票案件。该案为新刑法实施后，全市检察系统查处的国家机关工作人员渎职犯罪的新罪名案件，该案的查办经验在全省法纪工作会议上介绍交流。

2000年，建立与行政执法单位联席会议制度。2001年，渎职侵权犯罪检察工作根据法律规定和自身工作特点，尝试“以事立案”，建立内部案件线索移送制度。

2004年，建立查处贪污贿赂案件与查处渎职侵权案件相结合的大侦查工作格局。

1997—2008年，共受理各类侵权、玩忽职守、重大责任事故案件89件，立案查处17件。

职务犯罪预防

1997年，反贪污贿赂局开展职务犯罪预防相关工作。1999年，区检察院成立预防职务犯罪工作领导小组，控申科为主要工作机构，初步建立驻镇海大工程单位、乡镇、金融三大预防网络，启动宣传预防、个案预防、行业预防、同步预防工作，对有关案发单位发出检察建议。是年，率先在全国石化行业以签订廉洁协议的形式开展预防工作。

2000年，反贪、控申等部门在发案机关和国企进行7次大规模预防职务犯罪宣传，与镇海炼化签订160多份“廉洁协议”，2次深入乡镇巡回宣传，省、市报纸媒体对镇海预防职务犯罪工作作宣传。

2001年，重点在金融、教育等系统开展预防职务犯罪工作，先后12次到有关单位上法制课。

2001—2003 年，与发电厂、镇海炼化等重点单位开展行业预防，签订“廉洁协议书”1000 余份，涉及工程标的逾 8 亿元。

2004 年，职务犯罪预防行业范围拓展到建设、交通等领域，遂步向农村、社区辐射，在骆驼街道建立检察下访接待站，聘请 1 名职务犯罪预防工作联络员，在白龙社区建立法律服务站，全年给全区 6 个镇（街道）等有关单位党员干部 1000 余人进行职务犯罪预防教育。是年，开展重点工程同步预防和个案监督预防，对镇海污水处理厂及配套管网工程实施现场职务犯罪预防。

2006 年起，向社会开放全国行贿人犯罪数据库查询，平均每年为相关单位提供行贿犯罪档案查询 200 余次。

2007 年 4 月，在全市基层检察院首家设立预防职务犯罪科，区委、区政府将职务犯罪预防工作纳入各单位工作目标考核范围，在镇海炼化百万吨级乙烯工程和舟山大陆连岛工程宁波连接线项目等重点工程进行同步预防。

2008 年，与 16 家大工程单位联合搭建交流、预警、宣教、信息四个职务犯罪预防平台，建立审计、监察、国土、农业等部门职务犯罪预防工作联席会议、信息共享制度，加强案件剖析、预防调研和对策研究。当年，发出检察建议 5 件均得到落实，接受咨询 37 次，其中 25 条建议被采用。

第五节　监所检察

1989 年，镇海区检察院驻镇海看守所检察室采取定期检察、重点检察、专题检察等方式检察看守所，加强监所安全检查和对在押人员法治教育。

1990 年，配合“严打”斗争，会同公安、法院对看守所在押 70 余名人员召开面对面敦促交代余罪、检举揭发犯罪动员大会，现场对有认罪态度好、积极退赃和悔罪表现、又有检举他人犯罪情节的 1 名盗窃罪犯作出免诉决定，两天内 8 名人员要求揭发他人犯罪。

1991 年，对区内监外执行罪犯的监管改造开展一次重点跟踪监督，并形成有检察建议的书面报告。1991 年下半年，看守所改建，驻所检察室也随人员临时转至宁波市看守所，1992 年下半年迁回。

2000 年，先后对超期羁押、不按法律规定交付执行、监外执行罪犯进行专项检察，纠正超期羁押 3 件 3 人，纠正其他违法行为 6 次，依法批准逮捕 3 名重新犯罪的监外执行罪犯。

2001 年起，超期羁押现象得以杜绝，加强对违法减刑、假释、保外就医等刑罚执行和监管活动的监督，2001—2008 年，共审查呈报减刑、假释人员 200 余人次。

2003 年，实现镇海区检察院与看守所的监控、数据双联网。

2004 年，以创国家一级规范化达标检察室为目标，开展“双加强、双保障”活动（即加强监管执法，加强法律监督，保障刑事诉讼顺利进行，保障在押人员合法权益）、罚金刑执行、减刑、假释、保外就医等专项检察活动，建立检察官预约谈话制度，发放预约检察官谈话单 300 余份，被评为第一届国家二级规范化检察室。

2005 年，被最高人民检察院、公安部授予全省唯一“双加强、双保障”创建活动全国示范单位称号。

2008 年，为迎接联合国人权高专办对区看守所的考察，加强驻所检察室硬件和软件建设，确立立功案件交流、夜间监督、随机预约谈话等一系列制度，坚持每季向人大常委会、政法委、公安、法院等进行换押通报，在各诉讼环节实现 15 年无超期羁押。当年，被评为第二届国家二级规范化检察室。

1986—2008 年，对干警一般违法提出口头纠正 280 次，监管安全设施等方面提出建议 100 次，安全大检查 200 多次，平均每年为在押人员上法治大课 7 次，与在押人员谈话 244 人次，受理羁押人员申诉案件 12 件，均依法办结。至 2008 年，监管场所连续 14 年无安全事故。

第六节　控告申诉检察

1986 年年末设专门的机构，配信访人员负责来信来访、接待等工作。当年，共复查历史免诉案 24 件，决定撤销免诉 4 件，占复查总数的 16.7%。

1987 年，控告申诉检察科设立。次年 9 月成立经济罪案举报中心，由控申科代行职责，制定和完善工作细则，并在城关镇设立 2 只举报箱，建立举报电话昼夜值班制等。当年，通过举报渠道获取经济罪案线索 44 件，刑事案线索 24 件，法纪案线索 2 件。

1989 年，在骆驼等 4 个镇设举报箱 4 只，在骆驼旅社设接待室。

1990 年 2 月，经济罪案举报中心移交经济检察科。

1998 年，开通举报专线电话，实行举报承诺制度，全年受理举报 94 件次，控告 14 件次，申诉 9 件次，较上年显著上升。1999 年起，每年 6 月最后一周开展“举报宣传周”活动。

2002 年，实行首办责任制，规定举报案件办理时间、责任落实、意见反馈等内容，加快举报案件分流速度。

2007 年，立案复查 1 件刑事申诉案件，最终息诉。

2008 年，受理首例刑事赔偿案件，依法作出向赔偿请求人赔偿 2979.3 元的决定。

1986—2008 年，共受理控告、举报、申诉 2598 件，根据案件管辖范围按照法律规定进行分流和妥善处理，依法稳妥处理集体来访和矛盾可能激化的“告急”案件。其中，控申部门依法初查 700 余件，经初查构成犯罪的移送相关部门立案 200 余件。1998 年控申科被评为市级“文明接待室”，2001 年被评为省级“文明接待室”。

第七节　民事行政检察

区民事行政检察起步较晚，民事行政检察科于 1998 年正式挂牌开始工作。当年共受理不服法院判决、裁定的申诉案件 8 件，立案 2 件，建议提请抗诉 2 件，均被市检察院采纳并向省检察院提请抗诉。

1998—2008 年，先后多次走访联系辖区各相关单位、乡（镇）、街道司法所、综治办，以及律师事务所、法律服务所，宣传民事行政检察职能。

2006 年与镇海电台联合制作 30 分钟的“法律直播室”节目宣传民行检察职能，与区新闻网联合建设以宣传民行检察为重点的“检察纵横”互联网页，并开通网上法律咨询和受理申诉系统。

2007 年，印发 1000 多份《民行检察工作手册》分发到社区、街道、乡镇，借助邮政广告刊登民行检察职能内容发放到报刊用户手中。当年，受理不服人民法院判决、裁定的民事申诉案件 17 件，立案 15 件。

2008 年，实行网上办案，加快案件办理进度。

1998—2008 年，共受理民事行政案件 154 件。经审查立案 101 件，向宁波市检察院提请抗诉 23 件，建议提请抗诉 31 件。

第八节　检察技术

信息化建设

1998 年设立技术科后开始推进信息化工作。2001 年，建筑面积 4000 余平方米的现代化侦查业务用房装修，添置电脑 15 台，完成计算机局域网早期工程。2004 年年底，检察三级专线网完工，局域网正式并入全国检察专线网络。至 2008 年，先后完成 OA 系统、三级机要通道、监控系统、庭审支持系统、执法数据库技术平台、执法信息共享平台等多个系统的建设。

心理测试技术

2002 年配置 1 台 PG－7Ⅱ型多道心理测试仪，2007 年升级为 PG－12 型多道心理测试仪。2007 年 7 月，宁波市人民检察院心理测试协作小组成立，区人民检察院作为三家基层检察院成员单位之一，协助全市检察机关利用心理测试技术辅助办案。2003—2008 年，共从事心理测试 60 余件，出具心理测试检验鉴定文书 40 余份。

同步录音录像

2005 年，投入资金 28 万元完成检察机关讯（询）问室和看守所特审室讯问监控系统数字化改造。是年年末，全面推行讯问职务犯罪嫌疑人全程同步录音录像制度，至 2008 年共为自侦部门提供录像 200 多次，为固证、应对翻供等提供技术协助。

第四章　法　院

镇海区人民法院实践“公正与效率”工作主题，推行公开审判、“阳光审判”，确立“调判结合”的工作思路，依法惩治犯罪，维护人民群众合法权益。1986—2008 年，共受理各类案件 50312 件，办结 49697 件，其中：受理刑事案件 4983 件，占各类案件总数的 9.9%，办结 4864 件，办结率 97.61%；受理民事案件 15602 件，占各类案件总数的 31.01%，办结 15455 件，办结率 99.06%；受理经济纠纷和商事案件 12906 件，占各类案件总数的 25.65%，办结 12619 件，办结率 97.78%；受理行政案件 1437 件，占各类案件总数的 2.86%，办结 1436 件，办结率 99.93%；受理执行案件 15329 件，占各类案件总数的 30.47%，办结 15268 件，办结率 99.60%；受理申诉、审判监督案件 55 件，占各类案件总数的 0.11%，办结 55 件，办结率 100%。

第一节　机　构

1985 年 10 月，镇海县人民法院改称镇海区人民法院，内设办公室、刑事审判庭、民事审判庭、经济审判庭 4 个机构，下辖骆驼人民法庭和城关人民法庭。1985 年 11 月，设立执行庭。

1986 年 1 月，设立湾塘人民法庭。1988 年 5 月，设立信访申诉科和行政审判庭。

1990 年 8 月，设立政工科。1992 年 5 月，信访申诉科改称告诉申诉审判庭。

1996 年 3 月，撤销湾塘人民法庭，设立庄市人民法庭。1998 年 2 月，政工科改称政治处，设立司法警察大队。

2000 年 4 月，撤销城关人民法庭和庄市人民法庭。

2001 年 1 月，民事审判庭改称民事审判第一庭，经济审判庭改称民事审判第二庭；撤销告诉申诉审判庭，改设立案庭和审判监督庭。2001 年 11 月，设立执行局，与执行庭合署办公。

2003 年 5 月，撤销骆驼人民法庭，此后无下辖法庭。

2005 年 8 月，设立民事审判第三庭。

2008 年 8 月，设立审判保障中心和执行监督科。

2008 年年底，全院共设办公室、政治处、监察室、刑事审判庭、民事审判第一庭、民事审判第二庭、民事审判第三庭、行政审判庭、审判监督庭、立案庭、执行局（庭）、司法警察大队、审判保障中心和执行监督科等 14 个内设机构。

1986—2008 年镇海区人民法院院长名录一览表

表 33 - 10

职务	姓名	籍贯	任职时间
院长	贺再梅	浙江宁波	1985 年 11 月—1992 年 12 月
代院长	孙绍富	浙江鄞县	1992 年 12 月—1993 年 3 月
院长	孙绍富	浙江鄞县	1993 年 3 月—1997 年 3 月
代院长	陆明明	浙江余姚	1997 年 3 月—1998 年 2 月
院长	陆明明	浙江余姚	1998 年 2 月—2005 年 1 月
代院长	张云军	浙江宁海	2005 年 1 月—2005 年 1 月
院长	张云军	浙江宁海	2005 年 1 月—2008 年 12 月

第二节　审判方式改革

1986 年，以公开审判为重心，实行回避、辩护、合议等审判制度，应公开审判案件全部实行公开审判。

1988 年，强化合议庭审案职权，对民事、经济案件审理凡依法应组织合议庭的都适用普通程序，刑事案件公开辩护率达到 67.5%。

1994 年，率先在全市实行彻底的立审分离制度，告审庭统一行使立案权，并实行错案责任追究制、案件催办制度和一月一次办案通报制度。

1995 年，全面推行“一步到庭”审判方式，强化当事人举证责任，强化庭审功能，强化合议庭和审判员职责，试行主审法官责任制，提高当庭宣判率，诉辩式审判方式基本形成。

1996 年，实行审执彻底分离制度，改变过去审执不分的情况。

1998 年，出台《关于加强合议庭和独任审判员职责的若干规定》，将绝大多数案件的审判权下放给合议庭审判长和独任审判员行使，并与最高人民法院《违法审判责任追究办法》《审判纪律处分办法》和本院《审判监督管理办法》相配套实施。

2000 年，深化审判方式改革，除法律规定外，一律依法定程序提前公告开庭日期，实行公开开庭审理，公民依法旁听，刑事案件当庭宣判率达到 89%，经济和民事案件当庭宣判率分别达到 63% 和 43%。2001 年，法院与检察院共同实行刑事案件普通程序简易审。

2003 年，实行民商事案件繁简分流，扩大刑事、民商事案件简易程序适用范围。

2005 年 1 月，根据全国人大常委会于 2004 年 8 月 28 日通过的《关于完善人民陪审员制度的决定》，启动人民陪审员选任工作，经预选、考察、公示，选任 26 名人民陪审员，并于 3 月至 4 月期间进行集中培训和考核，5 月 1 日至年底，新选任的人民陪审员共参加陪审 250 件。

2007 年，进一步完善“控辩式”“诉辩式”庭审方式改革。区人民法院深化审判方式改革同时，建立完善下乡立案、假日法庭、巡回审判、预约开庭等制度，探索邮件立案、网上调解、远程申领执行款等便民措施；拓宽司法救助范围。2007—2008 年，累计发放司法救助金 38.95 万元，依法缓、减、免交诉讼费 77.84 万元。

2008 年，为弱势群体当事人免费提供保全担保 222 件，担保金额 1431 万元。

第三节　刑事审判

依法惩处刑事犯罪

1986 年起，刑事审判坚持依法从重从快惩治严重危害社会刑事犯罪。1986—1988 年，共办结各类刑事案件 270 件 408 人，办结率 98.54%，其中经济犯罪 58 件 114 人。

1989 年起，坚持“严打”方针，依法从重从快惩处杀人、抢劫、强奸、流氓、重大盗窃、拐卖人口、引诱容留强迫妇女卖淫等犯罪，严厉打击受贿、贪污等严重经济犯罪，开展“禁赌”“扫黄”“除六害”等专项斗争和专项治理。1989 年，受理抢劫、绑架、故意伤害等严重刑事犯罪案件比上年增加 73%，受理严重经济犯罪案件比上年增加 100%，特别是贪污案件上升幅度更大。抓紧重大恶性案件审判，“严打”案件办结时间案均 17.9 天，比上年加快 5 天多；严惩严重经济犯罪，广泛宣传，大造声势，设立投案自首、揭发检举接待处和举报箱，召开规模较大的宣判大会，兑现政策、敦促犯罪分子自首。是年共办结各类刑事案件 135 件 189 人，办结率 96.42%，判处 5 年以上有期徒刑 39 人占 54.9%，其中判处经济犯罪分子 62 名，判 5 年以上有期限徒刑 15 名。

1989—1999 年，共受理各类刑事案件 1699 件 2470 人，办结 1574 件 2300 人，其中办结经济犯罪案件 500 件 719 人。

2000 年起，坚持从重从快惩处有组织犯罪、带黑社会性质的团伙犯罪、拐卖妇女儿童犯罪、涉毒犯罪以及经济犯罪、职务犯罪。是年，共审结杀人、抢劫、强奸等暴力性犯罪以及涉毒、重大盗窃等严重刑事犯罪案件 173 件 254 人，占刑事办结案件的 70.61%，判处 5 年以上有期徒刑的占严重刑事犯罪总数的 35.8%。

2000—2008 年，共受理各类刑事犯罪案件 3033 件，占 1986—2008 年刑事犯罪案件总数的 60.87%，办结 2986 件，办结率 98.45%，判处 4487 人，其中办结危害公共安全犯罪案件 301 件 321 人；职务犯罪案件 82 件 89 人。

1986—2008 年，给予刑事处罚 6632 人，其中判处 15 年至 20 年有期徒刑的 53 人，10 年至 15 年有期徒刑的 368 人，5 年至 10 年有期徒刑的 1051 人，5 年以下有期徒刑 3593 人，拘役 414 人，有期徒刑、拘役缓刑 921 人，管制 83 人，单处罚金 149 人，免予刑事处分 30 人。

审理未成年人刑事案件

坚持宽严相济的刑事审判政策，加强未成年人犯罪案件的审理和对未成年犯的帮教工作。

1991 年，成立专门审理涉及未成年犯罪案件的少年刑事审判合议庭。

1999 年，少年案件刑事审判合议庭被评为省级“青少年维权岗”。

2004年8月20日，最高人民法院、共青团中央、中央综治办等11家中央国家机关单位联合发文，授予镇海法院少年案件刑事审判合议庭全国“优秀青少年维权岗”荣誉称号。

1986—2008年，共判处未成年刑事被告人511人，占刑事案件被告人总数的7.05%，给予刑事处罚503人，其中判处15年至20年有期徒刑的3人，10年至15年有期徒刑的11人，5年至10年有期徒刑的54人，5年以下有期徒刑314人，拘役57人，有期徒刑、拘役缓刑43人，管制9人，单处罚金12人，免予刑事处分8人。稳妥推进刑事审判与社区矫正良性互动，家庭监管与社会监管协调一致的工作机制建设。

至2008年，帮教基地已安置未成年缓刑犯及青少年归正人员11人。

第四节　民商事审判

民事审判

1986年，受理民事案件154件，加上旧存的14件，合计168件，结案155件，办结率92.26%。

1987年1月1日《中华人民共和国民法通则》施行，民事案件快速增长，当年受理246件。

1988年，民事案件突破300件，达到329件，结案314件。

1989—1992年，共受理1843件，结案1845件，收结案基本维持在每年460件左右。

1993年，受理539件，结案517件。

1994年，受理485件，结案512件。

1995年，受理569件，结案576件。

1996年，受理589件，结案593件。

1997年，受理761件，结案751件。

1998年，民事案件首次突破1000件，达到1011件，结案1016件。

1999—2003年，民事案件逐年下滑。1999年，受理1110件，结案1113件。2000年，受理994件，结案983件。2001年，受理970件，结案975件。2002年，受理586件，结案582件。2003年，受理554件，结案560件。2004年，民事案件又恢复上升趋势。

2004—2007年，共受理2992件，结案2864件。

2008年，民事案件猛增至1870件，比1986年增长11倍，结案1851件。民事案件中上升幅度大的主要有离婚、人身损害赔偿两类案件。离婚案件，1986年为88件，1987年148件，1990年255件，1993年248件，1994年236件，1994年后离婚案件依然占民事案件相当比例，2008年达296件，比1986年上升236%。

人身损害赔偿案件，1986—1995年10年受理359件，2008年一年受理429件。

商事审判

1986年，受理经济纠纷案件71件，结案76件。1989年，受理123件，结案121件。1986—

1991 年，6 年间共受理经济纠纷案件 679 件，解决争议标的 1565.21 万元。随着市场经济体制改革的深入，经济纠纷案件大量增加。1993 年，受理 257 件，结案 259 件。1995 年，受理 353 件，结案 354 件。1996 件，受理 553 件，结案 558 件。1997 年，受理 660 件，结案 661 件。1998 年，受理 739 件，结案 743 件。2005 年，经济纠纷案件首次突破 1000 件，达 1015 件，结案 1015 件。2008 年，受理 1598 件，结案 1488 件，分别比 1998 年上升 116.23% 和 100.27%。

商事案件中企业购销合同案件和借款合同案件上升幅度较大。1986—1991 年，受理购销合同案件 334 件，借款合同案件 117 件。1998 年，受理购销合同案件 296 件，借款合同案件 311 件。2008 年，受理买卖合同案件 356 件，借款合同案件 623 件。1992—1999 年，还受理企业破产案件 28 件，其中全民企业破产 5 件，非全民企业破产 23 件。

第五节　行政审判

行政诉讼案件审判

1988 年，受理行政诉讼案件 3 件，办结 3 件。1988—2001 年共受理各类行政诉讼案件 34 件，其中 1994 年无行政诉讼案件。

2002 年起，行政诉讼案件大量增加。2002—2008 年，共受理 185 件，办结 185 件。

1988—2008 年，受理的 219 件行政案件中，劳动和社会保障 48 件，土地 45 件，治安 20 件，房屋登记 15 件，拆迁 15 件，规划 13 件，环保 4 件，其他 59 件。其中维持行政行为 58 件，撤销、变更行政机关行政行为或确认行政机关具体行政行为违法 19 件，原告撤诉 92 件，驳回原告起诉或诉讼请求 38 件，其他 12 件。

非诉行政案件审查

1990 年 1 月 1 日施行的《中华人民共和国行政诉讼法》对非诉行政执行作出规定。1990 年，受理非诉行政案件 15 件，办结 14 件。1991 年，受理 13 件，办结 12 件。1992 年，受理 25 件，办结 25 件。1993—2001 年，非诉行政案件缓慢增长，9 年间共受理 443 件，办结 444 件。2002 年，非诉行政案件出现较大增幅，当年共受理 97 件，办结 97 件。2003 年，受理 70 件，办结 70 件。2004 年，受理 70 件，办结 70 件。2005 年，受理 82 件，办结 80 件。2006 年，受理 151 件，办结 153 件。2007 年，受理 93 件，办结 87 件。2008 年，受理 159 件，办结 165 件。2002—2008 年共审查非诉行政案件 722 件，裁定准许执行 666 件，不准许执行 50 件，行政机关主动撤回 6 件。

第六节　案件执行

1986—1995 年，共受理执行案件 1458 件，结案 1413 件，办结率 96.91%。其中，受理民事执行案件 601 件，结案 598 件，办结率 99.50%；受理经济纠纷执行案件 699 件，结案 660 件，办结率 94.42%；受理刑事案件有关财产部分执行案件 2 件，结案 2 件，办结率 100%。

1996 年起，执行案件数量大幅上升。1996 年，受理 597 件，结案 627 件；1997 年，受理 723 件，结案 692 件；1998 年，执行案件数量首次突破 1000 件，达到 1313 件，结案 1334 件。1999 年，受理 1306 件，结案 1313 件。2000 年，受理 1171 件，结案 1173 件。

2001—2004 年，执行案件数量逐年下滑。2001 年，受理 1205 件，结案 1239 件；2002 年，受理 987 件，结案 987 件；2003 年，受理 966 件，结案 867 件；2004 年，受理 844 件，结案 803 件。

2005 年起，执行案件数量又逐年攀升。2005 年，受理 1123 件，结案 1121 件；2006 年，受理 1154 件，结案 1161 件；2007 年，受理 1339 件，结案 1304 件；2008 年，受理 1786 件，结案 1759 件。受理的执行案件中，民事执行案件上升幅度较大，1986 年受理 11 件，2008 年受理 1150 件，共增长 100 余倍。

1986—2008 年办结的案件，执行和解和自动履行的 8896 件，占办结数的 58.27%，终结执行的 2048 件，占办结数的 13.41%，作其他处理的 4324 件，占办结数的 28.32%，完成执行标的 16.65 亿元。

第七节　申诉、审判监督

1986—1991 年，申诉、审判监督案件由各业务庭负责办理。共受理民事申诉、审判监督案件 7 件，办结 6 件，办结率 85.71%。办结的案件中，维持原判 5 件，部分改判 1 件。受理刑事申诉、审判监督案件 74 件，加上积案共计 92 件，办结 92 件，办结率 100%。办结的案件中，维持原判 65 件，改判 19 件，作其他处理 8 件。改判的 19 件案件中，宣告无罪 15 人，减轻刑罚 2 人，作其他处理的 2 人。宣告无罪的 15 人中，“文化大革命”前被定为反革命罪的 7 人，其他刑事犯罪 8 人。

1992 年 5 月，信访申诉科改称告诉申诉审判庭，申诉、审判监督案件由告诉申诉审判庭办理。2001 年，撤销告诉申诉审判庭，改设立案庭和审判监督庭，审判监督庭负责审理审判监督案件。1992—2008 年，共受理民商事申诉、审判监督案件 48 件，加上积案共计 49 件，办结 49 件，办结率 100%。办结的案件中，维持原判 22 件，改判或部分改判 9 件，撤诉和调解 9 件，作其他处理 6 件，决定再审 3 件，占办结数的 6.21%。受理刑事申诉、审判监督案件 28 件，办结 28 件，办结率 100%。办结的案件中，维持原判 21 件，改判 5 件，撤诉 2 件。改判的 5 件案件中，减轻刑罚 4 人，免予刑事处分 1 人，宣告无罪 1 人。

第五章　司法行政

镇海区司法行政工作，开展法治宣传、依法治理、法律服务、法律援助、人民调解、帮教安置、社区矫正、基层民主法治建设等工作，在推进依法治区、维护司法公正、促进社会公平正义发挥重要作用。

第一节　机　构

1985 年 10 月撤县设区，成立宁波市镇海区司法局，编制 15 名，下设局办公室、宣传教育科、调解管理科，下辖律师事务所和公证处 2 个事业单位。1985 年 12 月对外增挂普法办公室（区普及法律常识教育联席会议办公室）牌子。

1995 年 1 月，律师事务所改制为自收自支事业单位，更名为浙江雄镇律师事务所。

1996 年 7 月，调解管理科改为基层工作管理科。

1997 年 12 月，成立刑释解教人员帮教安置科。

1998 年 11 月，建立乡镇司法所。

2000 年 9 月，雄镇律师事务所与司法局脱钩。

2001 年 1 月，基层工作管理科对外增挂法律援助中心牌子。

2002 年 7 月成立法律服务管理科，当年 11 月公证处改制为司法局下属自收自支全民事业单位。

2004 年 3 月成立法律援助中心，为司法局下属事业单位。

2007 年 1 月，公证处调整为宁波市司法局管理的事业单位，更名为浙江省宁波信达公证处。是年 6 月，基层工作管理科对外增挂社区矫正工作科牌子。

2008 年 5 月，澥浦、九龙湖、招宝山、蛟川、骆驼、庄市成立 6 个司法局直属司法所。

2008 年 1 月，镇海区司法局被评为省级行政执法先进集体。

第二节　法治宣传

“一五”普法（1986—1990 年）

对象是党政机关和人民团体的干部、企业、事业单位职工、农渔民、城镇居民、中小学生和驻镇部队等不同职业的公民。普及法律常识的主要内容是《中华人民共和国宪法》《中华人民共和国刑法》《中华人民共和国刑事诉讼法》《中华人民共和国民事诉讼法（试行）》《中华人民共和国婚姻法》《中华人民共和国继承法》《中华人民共和国经济合同法》《中华人民共和国兵役法》和《治安管理处罚条例》。全区级订购普法课本和常用法律手册 14555 本，自编宣传资料 28 期 2600 份，翻印普法资料 22 期 2300 多份，黑板报出法治专刊 4600 期，广播讲座 172 次，法治图片展览 6 场次、参观人数 4600 人次，放映幻灯 143 场次、观众 15. 5 万人次，区普法办为相关单位上法治课 26 场次、受教育的人达 3150 多人次。1986 年，区级领导和党政机关、人民团体干部进行普及《法学基础理论》《中华人民共和国宪法》考核；举办农村、区属企事业单位、城关居委会、教育系统普法骨干培训班；区级机关分 4 个单元进行学法考核，平均普及合率 99% 以上；举办《中华人民共和国经济合同法》讲座，区属企业法人代表及产值百万元以上企业的供销科长、公司供销员 300 多人参加。1987 年起，按年度普法计划实施普法教育。1989 年 3 月，经市普法验收小组验收，验收结果合格。

“二五”普法（1991—1995 年）

主要内容以宪法为核心并以经济法为重点。1992 年 4 月在庄市镇进行普法试点，参加面授教育占普法对象的 96. 6% 和 87. 6%6 月，召开全区农村普法工作会议，推广庄市镇试点经验。是年，组织干部学习《中华人民共和国宪法讲话》和《社会主义法制建设若干问题讲话》，并于 7 月进行考核；举办企业骨干培训班，参加人数 120 人；举办首期企业经济法岗位培训面授辅导和结业考试，379 名学员参加考试，占应考人数的 90% 。1993 年，437 名厂长、经理和企业骨干参加企业经济法岗位培训，357 名通过结业考试；机关、乡镇干部 2216 人参加共同法考试。1994 年，提前完成共同法普法任务。“二五”普法期间，编印普法 160 题问答小册子 2 万册，征订发放各种法治教育读本 46800 册，编写下发宣传资料 3600 份，有 13 余万人参加法治宣传面授教育。根据宁波市依法治市五年规划，1994 年 7 月起实施第一个为期四年的依法治区规划。1995 年，“二五”普法工作通过市级考核验收，庄市镇被评为“二五”普法省级先进单位。

“三五”普法（1996—2000 年）

重点学习宣传新《中华人民共和国刑事诉讼法》《中华人民共和国行政处罚法》《中华人民共和国国家赔偿法》和《公务员条例》，开展《中华人民共和国合同法》《中华人民共和国土地管理法》《中华人民共和国村民委员会组织法》《香港特别行政区基本法》等法律宣传教育，组织学习《邓小平论民主法制建设》《中共中央法制讲座汇编》《社会主义法制建设基本知识》《社会主义市场经济法律知识读本》。继续实施 1994—1997 年依法治区规划，制定《镇海区行政执法错案追究暂行办法规定》，印发《镇海区国家机关执法责任制适用法律法规目录》和《镇海区行政机关执法责任制协助实施法律法规条款一览表》，有 3900 多名执法人员参加业务培训，1997 年通过市对本区实施第一个依法治区四年规划的考核。1998 年第二个依法治区五年规划启动，1999 年全区开始依法治村工作，2000 年全区 35 个村达到依法建制、以制治村要求。“三五”普法期间，建立区法制培训中心，乡镇建立法制学校，中小学普立青少年法制学校。全区“三五”普法顺利通过市级考核验收。

“四五”普法（2001—2005 年）

建立有 23 人参加的“四五”普法讲师团，全区 21 所直属中小学配备 22 名兼职法制副校长。庄市街道、卫生局、龙赛中学、招宝山街道后大社区、镇海热电厂开展“四五”普法试点。2001 年，出台《镇海区进一步加强青少年法制宣传教育工作的实施意见》，编撰《外来从业人员简明法律读本》，12 月 4 日开展全国第一个法制宣传日活动，举办法制宣传日活动周。2002 年，下发《关于在全区公务员中深入开展法律知识学习和组织依法行政培训的意见》，组织机关干部学习《公务员依法行政读本》《干部法律知识读本》；区政府对全区 76 个行政执法部门、执法机构全面清理登记、审核，对有行政处罚主体资格的行文确认并登报公布；15 个村开展创建民主法治示范村活动；第二个依法治区五年工作通过市级考核验收。2003 年，实施“镇海区国家公务员依法行政培训计划”，发放《公务员依法行政读本》1200 余册；全区中小学校学生每人配发《青少年法律知识读本》计 1 万余册，向学校分发青少年法制教育挂图 30 套，重新调整聘请法制副校长 45 名，成立由 17 名同志组成的青少年法制教育讲师团；14 个行政村分别被认定为市、区两级民主法治示范村。2004 年，全区在 50 个村（社区）开展民主法治村（社区）达标活动。2005 年，全区达标三星（区）级民主法治村 34 个、社区 16 个，分别占行政村和社区总数的 53.97%、64%，推荐四星（市）级民主法治村 10 个、社区 4 个、五星（省）级村 1 个；开展《信访条例》宣传周活动，在人民大会堂广场开展宣传活动，印发信访条例 3000 份，张贴标语 500 余张，展出有信访条例内容的板报 24 块。全区“四五”普法工作通过宁波市“四五”普法考核验收组考核验收。

“五五”普法（2006—2008 年）

学习宣传重点是《中华人民共和国宪法》和国家基本法律制度，主要为与经济社会发展和群众生产生活关系密切、整顿和规范市场经济秩序、维护社会和谐稳定相关法律法规的宣传教育，教育重点为领导干部、公务员、青少年、企业经营管理人员和外来务工人员。先后组织开展《中华人民共和国妇女权益保障法》《中华人民共和国税法》《中华人民共和国土地管理法》《中华人民共和国工会法》《中华人民共和国统计法》《中华人民共和国计划生育法》《中华人民共和国安全生产法》《中华人民共和国环境保护法》《中华人民共和国老年人权益保障法》《信访条例》《中华人民共和国治安处罚法》《中华人民共和国道路交通安全法》等法律法规的宣传活动。继续坚持党委中心组每季一次学法和机关干部每月一次集中学法制度，2006—2008 年公务员和行政执法人员学法作业本完成率达到 99%。青少年法治教育以法治学校为主阵地，以课堂教育为主渠道，发挥法制副校长、法制辅导员的作用，教育有计划、学习有教材、任课有老师、学后有考试。企业经营管理人员的法治教育，通过举办培训班、举办讲座等形式，提高企业依法经营、依法管理的意识和能力。2006 年在 10 个单位开展外来务工人员法治宣传教育志愿者试点，共聘请 32 名外来务工人员法治宣传志愿者，2007 年又有 29 名外来务工人员为第二批志愿者。2008 年法治宣传外来人员志愿者工作被司法部、省司法厅充分肯定，在专项工作会议上作经验介绍，是年 8 月 2 日的《法制日报》予以转载刊登。开展民主法治村（社区）创建活动，至 2008 年年底，全区有三星（区）级民主法治村 55 个、社区 20 个，分别占村总数的 89% 和社区总数的 80%，四星（市）级民主法治村 20 个、社区 7 个，九龙湖镇田顾村、庄市街道联兴村、招宝山街道总浦桥社区为五星（省）级民主法治村（社区）。

2006—2008年，镇海电视台《法制天地》节目共播出36期，镇海电台《法律直播》节目共播出68期，《今日镇海》编发《法制之窗》（后改为《法制天地》）专刊99期。2006年设立“司法行政网站”，2007年6月区司法局与区网络中心、区检察院、区法院、承信法律服务所联合在镇海新闻网开办《法治在线》专栏，开展法治宣传、法律咨询和在线援助。

2008年12月，谢宏章当选全省十大优秀法治宣传员。

第三节　人民调解

1986年度全区所有乡镇均有司法助理员和人民调解调委员会，村民调解委员会155个，居民调解委员会11个，企业人民调解委员会228个。1986年5月对全区162个调解组织进行整顿充实，8月各乡镇举办村级（包括乡镇企业）调解主任培训班，培训内容侧重于《中华人民共和国婚姻法》《中华人民共和国继承法》，损害赔偿和房屋纠纷处理。

1987年9月举办大中型企业及城关镇各街道调解主任参加的《中华人民共和国婚姻法》学习班，11月举办职工500人以上的10家大中型企业调解主任参加的《中华人民共和国继承法》学习班。随着区行政区划和管理体制的调整，人民调解委员会也随之调整。

2000年8月，镇（街道）成立调解中心，形成以人民调解为基础，行政调解、司法调解相互衔接的“大调解”格局。

2008年2月，成立区联合人民调解委员会，下设办公室和民事纠纷、劳动争议、交通事故纠纷、医疗纠纷、国土资源纠纷5个人民调解工作室。

2008年年底，有区级调解委员会1个，镇、街道调解委员会6个，村、社区调解委员会88个，200人以上企业调解委员会60个，外来务工人员集居地调解小组9个。

基层人民调解组织新模式得到省司法厅的肯定，2008年12月2日，《法制日报》以《宁波试水“县级”人民调解》为题进行刊登报道。2008年12月评选全省司法行政系统百名优秀人物，九龙湖司法所司法助理员朱美菊当选十大优秀调解员。

1985—2008年镇海区人民调解组织调处纠纷情况表

表33－11

年份	受理案件数	成功调解案件数	调解成功率
1985	2904	2738	94.28%
1986	3063	2771	90.47%
1987	2698	2452	90.88%
1988	2240	1983	88.53%
1989	2902	2813	96.9%
1990	2944	2764	93.89%

续表 33－11

年份	受理案件数	成功调解案件数	调解成功率
1991	2224	2125	95.55%
1992	1751	1684	96.17%
1993	1751	1684	96.92%
1994	1182	1125	95.18%
1995	1208	1164	96.35%
1996	1302	1280	98.31%
1997	1339	1301	97.16%
1998	1250	1200	96%
1999	1171	1153	98.5%
2000	1163	1072	92.2%
2001	1145	1128	98.5%
2002	976	976	100%
2003	945	928	98.2%
2004	1129	1091	96.63%
2005	1160	1139	98%
2006	1004	972	97%
2007	1934	1093	98%
2008	9097	8988	98.8%

第四节　社区矫正与帮教安置

社区矫正

2006 年，根据最高人民法院、最高人民检察院、公安部、司法部联合发布《关于扩大社区矫正试点范围的通知》，镇海社区矫正工作开始展开。2007 年 5 月成立镇海区矫正工作委员会，下设办公室，办公室设在区司法局。区司法局基层工作管理科增挂社区矫正工作管理科牌子，承担区社区矫正工作委员会办公室日常职能。各镇（街道）、驻镇部省属有关单位成立社区矫正工作领导小组，对全区社区矫正对象进行排查。2007 年 6 月，区公安分局将社区矫正对象名册移送司法局社区矫正工作管理科，经核实后分送各镇（街道）司法所。对司法所从事矫正工作专职人员进行业务培训，建立各项管教制度；司法所和公安派出所共同配合对已列入交接的矫正对象组织谈话，告知权利义务；确定社区矫正对象的亲属监护责任人，签订监护责任书；组建社区矫正帮教志愿者队伍，经培训后颁发聘书，签订帮教协议；确定公益劳动基地和劳动内容；建立司法所社区矫正工作的基层台账和工作档案，组织专项检查，查漏补缺。2007 年 9 月起，社区矫正工作进入正常化运行状态，社区矫正各项工作严格依照规范性文件进行操作。

2007—2008 年镇海区社区矫正工作情况表

表 33 - 12 单位：人

年份	累计	解除	在册	管制	缓刑	假释	暂予监外执行	剥夺政治权利	脱管	漏管	重新犯罪
2007	198	46	152	2	113	14	5	18	0	0	0
2008	303	130	173	0	119	27	5	22	0	0	0

帮教安置

刑满释放、期满解教的帮教工作过去一直由公安机关监控。根据 1996 年 1 月中央综治委第一次刑释解教人员帮教安置工作协调小组会议精神，镇区委办下发《关于建立刑释解教人员帮教安置协调小组的通知》，协调小组下设办公室，办公室设在司法局内。1997 年 12 月司法局成立刑释解教人员帮教安置科，帮教安置的对象为刑满释放五年内或期满解教三年之内没有生活出路和有重新犯罪倾向的人员。各镇乡司法所与公安派出所衔接，进行建档立卡工作，建立各行政村（社区）帮教安置工作小组，帮教志愿者队伍，形成区、镇、街道、村（社区）三级网络工作机制，建立报到登记制度，排查通报制度，信息核对制度，“三假”（假姓名、假身份、假地址）查证制度，分类管理和帮教结对等制度，建立创业基地。

1997—2008 年镇海区安置帮教工作情况表

表 33 - 13 单位：人

年份	列管期间		帮教率	安置率	重新犯罪率
	刑释人员	解教人员			
1997	260	30	100%	85.8%	3.1%
1998	283	35	100%	91.3%	2.05%
1999	365	31	96%	94%	3.03%
2000	399	43	96.2%	91.1%	2.94%
2001	310	47	100%	96.07%	4.2%
2002	319	56	98.2%	96.8%	2.1%
2003	300	39	98.5%	96.6%	2.06%
2004	294	42	99.1%	96.7%	1.2%
2005	344	38	96.5%	93.6%	2.9%
2006	380	36	96.8%	99.4%	1.32%
2007	382	15	97.2%	95%	0.52%
2008	415	20	97.5%	97.1%	0.72%

说明：1. 刑释人员指刑前释放人员；
2. 解教人员指解除劳动教养人员

第五节　法律服务

公证

1985—2008 年，全区累计公证案件 39305 件，其中 2001—2008 年公证案件数占 54.32%。

1985—2008 年镇海区公证案件统计情况表

表 33 - 14　　　　单位：件

年份	涉外公证（含港澳台）	国内公证		合计	收费（万元）
		公民权利义务	经济合同		
1985	73	38	689	800	0.70
1986	40	33	116	189	0.40
1987	63	70	139	272	0.60
1988	67	70	156	293	0.50
1989	125	139	194	458	2.46
1990	35	69	76	180	0.92
1991	0	278	160	438	2.01
1992	126	278	160	564	3.37
1993	205	213	379	797	5.48
1994	196	281	649	1126	8.70
1995	206	464	610	1280	12.30
1996	259	492	677	1428	17.39
1997	165（21）	185	488	859	20.47
1998	206（14）	467	650	1337	27.00
1999	302（12）	797	922	2033	51.51
2000	369（22）	912	1597	2900	71.36
2001	586（8）	678	2253	3525	70.25
2002	320（11）	613	1867	2811	60.51
2003	435（18）	871	1930	3254	116.00
2004	278（19）	1107	1326	2730	103.00
2005	452（12）	408	1532	2404	87.00
2006	439（1）	403	1284	2148	82.00
2007	538	603	1065	2204	213.00
2008	865	838	572	2275	283.00

律师事务

1986—2008 年，共代理各类案件 3582 件，其中代理诉讼类案件 3284 件，累计收费 722.89 万元。

1985—2008 年镇海区律师事务所业务统计情况表

表 33 – 15

年份	担任法律顾问（家）	代理诉讼类案件数			代理非诉讼案件数	收费（万元）
		刑事	经济	其他民事		
1985	5	58	18	19	5	1.50
1986	8	51	24	2	14	1.72
1987	17	52	38	13	14	3.90
1988	30	64	28	27	7	4.80
1989	33	100	28	81	43	6.70
1990	34	87	37	51	9	5.47
1991	42	68	39	34	16	7.22
1992	39	65	44	38	28	7.00
1993	45	77	85	35	74	12.08
1994	57	75	96	57	19	28.50
1995	53	69	74	63	25	29.80
1996	59	67	75	65	26	36.70
1997	59	63	90	90	10	60.00
1998	65	57	98	105	11	40.50
1999	72	54	58	66	0	36.50
2000	57	38	58	61	0	35.60
2001	55	40	48	0	0	36.50
2002	48	17	88	0	0	44.70
2003	47	36	25	29	0	45.00
2004	41	54	27	26	0	53.20
2005	36	30	34	35	0	54.00
2006	34	12	14	10	0	59.00
2007	36	24	20	13	2	56.20
2008	34	19	36	0	0	57.80

基层法律服务所

1985 年 6 月司法部提出在乡镇建立法律服务站要求，乡镇以司法助理员为主，聘用 2～3 名具有一定法律常识的人员组建乡镇基层法律服务所，受理民事、经济、行政诉讼代理、非诉讼代理，主持调解纠纷、解答法律咨询、代写法律文书和办理其他法律事务，接受聘请担任法律顾问。是年，建立汶溪乡、河头乡法律服务所。

1987 年 6 月，按照司法部《乡镇法律服务所暂行规定》，相继对批准成立的法律服务所进行法律培训和业务培训。

1988 年，庄市镇、俞范镇、澥浦镇、临江乡、区老龄委建立法律服务所。

1989 年，城关镇、贵驷镇建立法律服务所，撤销区老龄委法律服务所，全区共有法律服务所 8 家。

1992 年，乡镇撤并后有城关、贵驷、骆驼、澥浦、河头 5 家法律服务所，庄市镇不设法律服务所。后法律服务所逐步增加，1998 年达到 15 家。

2000 年 3 月按照司法部《基层法律服务所管理办法》和《基层法律服务工作者管理办法》，进一步规范对法律服务所和法律服务工作者的管理，完善核准登记、年度检查、执业资格审核、执业登记、执业证年度注册、行政处罚等管理制度。是年，全区有法律服务所 9 家。

根据国务院统一部署和司法部《关于印发〈基层法律服务机构脱钩改制实施意见〉的通知》要求，2001 年起法律服务所开始脱钩改制，逐步转为合伙制的法律服务所。

2008 年年底，全区有合伙制法律服务所 4 家，分别为宁波兴港法律服务所、宁波蛟川法律服务所，宁波承信法律服务所，宁波骆洲法律服务所。1989—2008 年，累计代理案件 6433 件。

1985—2008 年镇海区基层（乡镇）法律服务所变迁情况表

表 33－16 单位：家

年份	新建	更名	撤销	实存
1985	2	0	0	2
1988	5	0	0	7
1989	2	0	1	8
1990	0	0	0	8
1991	0	0	0	8
1992	1	0	4	5
1993	0	0	0	5
1994	2	0	0	7
1995	1	0	0	8
1996	3	0	0	11
1997	3	4	2	12
1998	3	0	0	15
1999	0	0	3	12
2000	2	0	5	9

续表 33－16

年份	新建	更名	撤销	实存
2001	3	6	3	9
2002	0	0	2	7
2003	0	0	0	7
2004	0	0	3	4
2005—2008	0	0	0	4

1989—2008 年镇海区基层法律服务所业务情况表

表 33－17

年份	服务所数量（家）	担任法律顾问（家）	代理案件数量（件）
1989	8	16	63
1990	8	2	89
1991	8	22	120
1992	4	25	140
1993	4	14	158
1994	6	49	205
1995	7	49	189
1996	10	48	152
1997	12	77	396
1998	15	110	363
1999	12	116	343
2000	9	85	589
2001	8	154	294
2002	7	79	270
2003	7	72	470
2004	4	46	537
2005	4	54	492
2006	4	50	535
2007	4	104	532
2008	4	85	496

第六节　法律援助

1999年4月，区司法局“1600148”法律服务专线开通，是年接受法律咨询2483件，接待来访341人次，办理援助案件38件。2001年2月，镇海区司法局成立法律援助中心，“1600148”法律服务专线并入镇海区法律援助中心，12月设立各镇、街道及妇联、残联、老龄委、团区委、总工会法律援助工作站。2002年2月，“1600148”更名为“12348”法律服务专线，编印“12348”法律服务专用电话使用手册3000余份，分发给广大群众。法律援助中心建立后，开展多种形式法律援助工作。向全区特困户、特困职工、残疾人、老年人发放法律援助联系卡；在“三八”妇女节、“助残日”、“五一”劳动节上街下乡送法上门，发放宣传资料2万余份；在《今日镇海》开设“148”法律咨询之窗专栏，在镇海电台《市民桥》节目中解答群众有关法律咨询和案例分析；坚持每月向政府报送《“148”情况反映》；在区行政中心设立法律援助咨询接待窗口，并在区行政服务中心网络上公布法律援助申请的条件、受案范围、办理程序和联系方式；在全区律师、公证、法律服务工作者中发展法律援助志愿者。建立法律援助与司法救助的衔接渠道，法院对法律援助案件一律缓交诉讼费。建立外来务工人员法律援助绿色通道，在83个村（社区）和39个200人以上外来务工人员集居点建立法律援助联系点，覆盖率达到100%。法律援助把低保户、困难单亲家庭和残疾人家庭列为重点援助对象，发放法律援助卡1572张。2003年12月法律援助中心获得省司法厅“优秀青少年维权岗”荣誉称号，2005年12月王通义被评为省法律援助先进个人。1999—2008年，全区共办理援助案件1598件，其中2008年占55.57%。

1999—2008年镇海区法律援助业务量统计情况表

表33－18

年份	“12348”法律咨询（件）	接待来访（人）	办理援助案件（件）
1999	2483	341	38
2000	2340	941	23
2001	2102	1214	55
2002	1412	911	28
2003	2134	957	55
2004	1565	754	71
2005	1555	821	130
2006	1634	923	164
2007	1310	1117	146
2008	728	2508	888

（责任编辑　陈柏青）

第三十四编　军　事

本编目录

镇海为我国东部沿海具有战略地位的港口之一，据山控海，扼甬江，卫宁绍，守浙东门户。东汉以后，在这里屯兵设戍置镇，立卫建所，历来为海防要地。凡浙东兵事涉及海战，镇海均当其冲。宋金兵焚劫，明倭寇骚掠，清时英、法侵略军先后侵犯，20 世纪 40 年代日军两次登占蹂躏，腥风血雨，不堪尽述。然朝朝代代，镇海军民抗暴御侮、爱国卫乡的英勇业绩与抗争精神浩然千秋。建区前境内军事已见前志。1986 年以来，境内仍驻有中国人民解放军以及武警地方部队，卫护着地方海防安宁。镇海军警民联防、军警民共建、军民团结和谐、拥政爱民、拥军优属等工作已成为区政府和当地驻军的优良传统，2003 年镇海区被浙江省委、省军区命名为“双拥模范城”。

第一章　人民武装部　驻军

第一节　人民武装部

1985年10月，镇海县人民武装部改建为镇海区人民武装部（以下简称区人武部）。1986年6月，镇海区人武部由军队建制改为地方建制，称“宁波市镇海区人民武装部”。1996年4月，区人武部复归军队建制。镇海区人民武装部以加强和发展地方武装力量，维护地方稳定，促进地方经济发展，为部队征集高质量兵员为主要工作任务。2001—2004年连续3年被评为省军区先进团级单位。2004年被南京军区评定为先进旅团党委和全面建设先进单位。2006年6月被南京军区评为先进人武部，并记集体三等功。2007年、2008年被省军区评定为先进团级单位、先进团级党委、全省民兵武器装备仓库管理先进单位、省军区文明卫生军营、资源节约先进人武部和军事志工作先进单位。

1987年，全区有城关、骆驼、汶溪、河头、澥浦、长石、庄市、贵驷、俞范、临江10个乡镇武装部。1992年5月镇乡整合后，全区有城关、骆驼、庄市、贵驷、澥浦、河头6个乡镇武装部。2001年4月镇海区机构调整后，全区有招宝山、蛟川、骆驼、庄市4个街道武装部和澥浦、九龙湖2个镇武装部。

第二节　驻　军

83614部队　前身为1958年在镇海团桥组建的宁波工作站，隶属福州军区。1964年，划归南京军区。1986年1月其代号改为中国人民解放军83614部队。

宁波军分区教导队　1950年组建，为正营级单位。

37813部队　1970年4月组建，1985年11月撤销。

92899部队　原代号304部队，成立于1960年3月，隶属东海舰队。1999年3月，由37704部队和37711部队合并为92899部队。

92852部队　1958年3月组建，属东航司令部建制。1959年11月划归东航后勤部。2000年10月部队代号改为92852。

92602部队54分队　1954年10月组建。

92919 部队 20 分队 1961 年组建。

第三节 武 警

宁波市镇海区边检分站 1988 年 6 月组建，其前身为 1984 年 4 月成立的镇海监护中队。主要担负金塘、七里屿 2 个锚地，镇海港区、宁波港区 13 个泊位及成品油码头、宁波新乐船厂等码头、企业的边防检查、监护任务。

镇海消防大队 1994 年 1 月组建，其前身为 1974 年建队的镇海县公安局消防中队。主要担负全区防火监督、灭火救灾和抢险救灾任务。

武警镇海中队 1983 年 1 月组建，其前身为镇海公安分队。主要担负镇海县看守所、拘留所的看守、押解以及维护社会治安等任务。1998 年 3 月，改称镇海区中队。

武警宁波支队九中队 2007 年 7 月组建，主要担负镇海国家石油储备基地安全保卫任务。

第二章　军事工作

区人武部根据不同时期、不同军事斗争形势，制定战备方案，协助地方维护社会治安，开展军警民联防等工作。并与驻地各兵种密切配合，从实战出发，从严从难开展军训，强化业务练兵。

第一节　战　备

战备方案与演练

1986年，对全区交通潜力进行调查，制定《镇海区交通战备方案》，成立区交通战备领导小组。1991—1997年，战备工作重点逐步转移到应付突发事件，主要应对防区内发生自然灾害、敌对分子破坏活动。1998年，先后召开3次战备工作会议，落实战备任务和措施，改善机关和基层武装部战备工作基本设施条件。1999—2004年，加强作战问题的研练，完善战备方案，提高民兵预备役队伍开展隐蔽战线斗争、抢险救灾、处置突发事件、科技支前参战等方面的能力。建立区作战指挥中心，完善区、镇（街道）两级战备工作基础设施，加强各项战备制度建设。2004年4月，宁波军分区在区人武部召开现场会，推广镇海区战备工作规范化建设经验。

1989年5月上旬，组织全区10个乡镇民兵快速小分队，到汶溪乡的三圣殿水库进行防汛抢险救灾实地演练。1990—1999年，每年都根据当时军事和社会形势，组织连排规模的演练。2000—2008年，以反恐维稳为主题，组织民兵紧急出动演练。2004年8月，组织力量对镇海区重要经济目标加强防卫的研究，在宁波港镇海港埠公司码头组织重要经济目标防卫实兵演练。

海防管理

镇海区濒临东海，战备工作重点在于海防管理。1989年6月，以预防偷渡事件发生为重点，制订《镇海区加强海防战备紧急方案》。1991年7月，成立镇海区海防管理委员会，区委、区政府发出《关于加强海防管理的通知》，加强海防管理人才队伍建设和对海防管理的综合治理。2001年5月，根据省军区、军分区指示，重新调整区海防管理委员会，将其挂靠在区人武部。先后出台《镇海区海防管理规范化建设实施办法》《镇海区出入境船舶管理实施办法》等多项海防管理地方性法规，建立海防管理委员会“一办四中心”（综合办公室，宣传教育中心、流动人口管理中心、出入境船舶管理中心、海上监督管理中心）海防管理机构。镇海区海防管理工作经验被军分区总结推广，得到国家边防委的肯定。2003—2008年，充实加强海防管理委员会，进一步分解落实各责任单位的职责，促进海防安全。

军警民联防

1986年，在沿海一线乡镇建立民兵快速反应小分队。1988—1991年，完善《镇海区军警民联防方案》，健全联防组织机构和保障制度，建立信息情报网，组织对海、对空观察和侦查。2002—2006年，修订《镇海区军警民联防方案》，先后制定《镇海区军民共管设防工程规定》《军警民联防制度》。

第二节　军事训练

人武部军事训练

1986年，进行训练改革，实行正规化训练。1989—1994年，为提高部队应付局部战争和突发事件的能力，按照技术、战术、技能、养成4个层次组织训练。各层次各训练期的基础训练协调发展，总评成绩良好。采取集中在职学习、函授作业、集中辅导、自查自考和分区抽考结合的方法，进行机关干部在职业务训练。训练成绩和参谋业务比武，在分区11个县（市、区）人武部中，获得团体总分第二名。1995—1996年，集中对机关和专武干部进行后备力量知识培训；领导干部以海岸防御战斗为背景，进行战法研究和想定作业。1997—2002年，以提高应付未来战争和各种突发事件的能力和科技强军为目标，不断加强军事高科技知识的学习，组织作战相关课题编组作业和演练，开展机关业务知识学习和培训，组织镇海区国防动员委员会开展战时行动演练，组建作战指挥中心，配备先进的指挥设备。2003—2008年，以计算机技术培训为重点，以新军事理论变革、作战文书拟制、识图用图和体能为主要训练内容，全面提高部队战技能力。在宁波军分区的各次考核、比武中均名列前茅。

武警执勤与训练

边防检查站　镇海边防检查分站多次被评为浙江边防总队先进单位。1988—1995年，多次开展以军事业务训练为主的比武竞赛，发挥老战士传帮带作用。2000年后，随着改革开放和经济建设发展，重点进行反走私、反偷渡和应对突发事件的实战演练。按照正规化建设要求，整顿执勤、训练、工作、生活秩序，健全日常管理制度。除完成正常训练和执勤任务外，1997年参加沿江路抗洪救灾，安全转移群众100多人；2002年完成江泽民总书记考察镇海口安全保卫任务；2003年完成镇海秋洽会文艺演出安全保卫工作。

消防大队　1986年后，借鉴国外高层建筑火灾扑救经验，消队大队开展登高训练，改革训练内容、训练方法，向多层次、多样化、多结构训练模式转变。1991—1993年，根据《公安消防部队战斗员业务技术等级考核实施办法》《消防技能训练规则》，改进消防基本功训练内容，提高火场应用特种装备能力，增强部队快速反应和灭火救援能力。1993年8月，成功扑灭中巴车发生爆炸引起的火灾，抢救18名受伤人员。1996—2000年，每季组织一次考核，均圆满完成训练计划。坚持加强官兵体能训练，达标优秀率95%以上。同时组织全区消防重点单位的消防骨干进行培训，协调社会联动单位作好灭火救援准备，组织指挥多种形式消防队伍演练和参加灭火救援。2002—2008年，开展全员岗位大练兵活动。组织中队以上干部进行消除化学品泄漏问题的研究，拟订《消防大队消除化学品泄漏灾害的应急预案》，并参与由区人武部组织的重要经济目标防卫实兵演练。

第三章　国防后备力量

中华人民共和国成立后，兵员动员、征集等兵役工作，实行地方党委统一领导，党、政、军相结合的领导体制。兵役制度为公民参加武装组织或在武装组织之外承担军事任务，接受军事训练之制度。建区后，镇海区民兵经过多次整编，民兵组织由单一步兵向多兵种发展，民兵组织、民兵政治工作、民兵军训逐渐制度化、基地化、规范化。镇海民兵在战备值勤、生产建设、抢险救灾和维护社会治安等方面发挥重要作用。

第一节　义务兵征集

根据1984年新《中华人民共和国兵役法》规定，县（市、区）设征兵办公室，负责办理本区兵役工作。此后，兵役工作一直由区人武部具体负责实施。2000—2008年，宁波市镇海区征兵工作连续8年受到省、市表彰。

1989年，镇海区人武部和民政局共同提出“征、优、安、储”四位一体做法，应征青年接到入伍通知同时，落实优待和安置事宜，以消除其后顾之忧。随后，区政府出台《宁波市镇海区征兵工作实施细则》。1992年8月，首次颁发公民兵役义务证。为保证兵员质量，区人武部会同相关部门严格执行法定征兵程序、体检标准和政审规定。按照择优录取的原则，把政治思想好、身体好、文化程度高的青年征集服役。同时协助部队做好新兵入军营工作，区征兵办在新兵交接后3个月内，都到新兵所在部队回访，上门做好新兵思想工作，使他们安心在部队服役。

第二节　民　兵

民兵组织

1986年，镇海区人民政府与区人武部联合下发《关于民兵预备役工作意见》，区人武部拟定《镇海区基干民兵组织调整五年规划》。1987—1995年，民兵组织建设进入以调整组织、调整训练、调整装备为主要内容的工作时期，在此期间，民兵组织由单一兵种发展为多兵种专业；重新恢复民兵团、营、连建制；开展基层武装部建设和基层民兵工作“三落实”两个达标活动；推广河头乡民兵组织整顿试点经验，全区开展民兵整组工作。2007年，区成立第一家民营企业人民武装部——宁波华通电器集团股份有限公司人民武装部。

1996—2000 年，民兵组织建设进入由数量型向技术型转变发展，以民兵应急力量建设和提高民兵专业技术含量为主要工作内容。相继成立市属民兵应急营某连，在宁波市民兵应急营编成内行动；对 8 支民兵技术含量分队重新编组和调整，初步实现民兵预备役部队由数量型向技术型转变；建立民兵信息站、信息船、信息哨、信息组和信息员，构建民兵信息网络。

2001—2008 年，民兵组织建设进入规范化、标准化发展。对全区各镇（街道）、企业武装部和民兵营（连）部规范化建设组织检查考核，80% 基层武装部、86% 民兵营（连）部达到规范化建设标准。在全区开展基干民兵组织整顿和调整改革，扩大具有高技术含量民兵专业分队。2005 年以来，全区 90% 民兵连达到规范化建设要求。

民兵政治工作

1992—2000 年，先后在广大民兵中开展以加快改革扩大开放为主题的宣传教育，以“扬民族魂，激爱国情，建明星城”为主题的宣传教育，“树立正确人生观、价值观”专题教育，社会主义精神文明建设思想道德教育，向 1998 年抗洪英雄学习，纪念改革开放 20 年“赞颂光辉成就，迎接新的世纪”为主题的爱国主义教育和“学历史，话改革，跟党走，讲责任”学习教育等多项活动。

2001 年后，组织民兵预备役人员开展“弘扬雷锋精神，践行道德规范”系列活动；“学习实践‘三个代表’重要思想，全面贯彻落实十六大精神”学习教育；纪念抗日战争胜利 60 周年的“勿忘国耻、振兴中华”系列教育。通过这些宣传教育活动，更加坚定民兵预备役人员的社会主义理想信念，激发爱国奉献精神。

民兵军事训练

1987—1989 年，初步实现民兵训练制度化、基地化、规范化。1990 年、1991 年，组织民兵进行通信专业训练，参加省军区考核和军分区比武。1993—1997 年分期对专武干部集训。每年对全区基干民兵、特别是民兵应急分队进行封闭式强化训练，参训率 80%，合格率达 98%。1999 年预备役炮兵团特务连、汽车抢修分队及医疗救护分队，参加省、市两级组织的科技练兵观摩交流现场会暨实弹射击和阅兵活动。

2000—2008 年，每年组织市属民兵应急连及全区民兵预备役人员进行封闭式强化训练，参加应付突发事件综合演练，其中包括应急集结出动、对恐怖和犯罪分子实施围捕等课目。2006 年 4 月制定民兵组织整顿方案，对全区基干民兵队伍进行全面重组和点验，到点率达 100%。2008 年共完成民兵水上救援分队、民兵应急分队等 10 批次 13 支分队的训练任务。

民兵参建

1986 年区人武部、团区委联合动员组织团员民兵为宁波开发建设建功立业，广泛开展“五比”（比主人翁态度、比创新开拓精神、比经济效益和社会主义效益、比服务质量、比工作效率）竞赛活动。1987 年 5 月，区人武部制定《镇海区民兵参加两个文明建设规划》，组织民兵积极参加创建文明乡镇、文明单位、“五好”家庭。1990 年在全区民兵中开展学雷锋活动，先后组织民兵预备役人员 1.1 万余人次宣扬雷锋精神，成立民兵学雷锋小组 170 多个。2003 年开展“投身绿化工程，打造绿色镇海”民兵活动，出动 800 名民兵，植树 66.67 公顷。同时积极参加水利建设和抢险救灾。1991 年 12 月，在全区民兵中组织“水利杯”竞赛活动，组织民兵带头参加冬修水利建设。1992 年

11 月，发动 6 个镇（乡）民兵组成突击队，参加甬江“清排”工程会战，出动民兵 1200 多人次，挖运泥土 5000 多立方米。1997—1999 年先后调动民兵近 500 人参加抗台抢险。在 1999 年 5 月，修订完善《宁波市镇海区人武部抗洪救灾行动预案》，成立抢险救灾应急值班分队。2004 年 4 月 5 日，九龙湖镇斗鸡岙发生山林大火，各镇（街道）民兵应急分队在 30 分钟内奔赴火场，投入救火。民兵还积极参加社会治安维稳，创建平安镇海活动。1996 年配合公安机关开展“严打”斗争，全区共出动民兵 3720 人次，协助公安部门破获并查处案件 56 起，抓获犯罪分子 79 人。1997 年 4 月，协助公安机关开展“禁赌禁毒”集中行动，出动民兵预备役人员 340 人。2000—2002 年，区人武部组织民兵参加维护社会治安，民兵巡逻执勤达 48300 人次，配合公安部门抓获盗窃犯 86 人、犯罪嫌疑人 196 人，制止斗殴 128 起。

第三节　预备役登记

1984 年，根据新《中华人民共和国兵役法》规定，在对预备役军官范围进行调整同时，把基干民兵和经过预备役登记的 28 岁以下的退伍士兵，以及其他符合预备役士兵条件的男性公民，编入第一类预备役士兵。第一类预备役士兵到 29 岁，转入第二类预备役；第二类预备役士兵到 35 岁，退出预备役。

1986 年，进行退伍军人预备役登记统计和核对工作。

1992 年，首次对 1988 年 9 月 1 日以后转业在镇海区的军队转业干部进行登记。同时对地方与军队专业对口技术人员进行预备役登记。

1996 年，全区先后分两批对预备役军官进行登记统计和军衔评授工作。区人武部制订“九五”期间军地专业对口技术人员预备役登记规划，将预备役士兵登记范围扩大。

2003 年，逐步组建以技术人员为骨干的科技含量分队。

2003—2005 年，组建科技支前保障大队。

第四章　国防动员　人民防空

1995 年 12 月，镇海区成立“国防动员委员会”，负责组织协调实施全区的人民武装动员、国民经济动员、人民防空、交通战备等工作，坚持对全区公民进行以爱国主义为核心的国防观念和国防知识教育。

新中国成立后一段时期，防空事宜由县政府临时处置。1985 年 6 月，建立镇海县人民防空办公室，后并入城建局。2004 年 6 月，成立防空预案领导小组，修订《镇海区防空袭预案》，完成区防空专业队伍建设，实施与城市规模相适应的防空体系，相关工作步入法治管理轨道。

第一节　国防动员

1995 年 12 月，成立“镇海区国防动员委员会”，下设秘书组和人民武装动员、经济动员、人民防空、交通战备 4 个办公室。国防动员成员单位有区委办公室、区政府办公室等 19 个。区国防动员委员会负责组织协调实施全区的人民武装动员、国民经济动员、人民防空、交通战备等工作。至 2004 年 7 月，成员单位增加到 23 个，设有专门办公室 8 个。

区国防委员会成立后，坚持对全区公民进行以爱国主义为核心的国防观念和国防知识教育，启发公民自觉维护国家利益，履行各项国防义务。通过组织宣讲报告会和知识竞赛等多种形式进行国防教育。1989 年，组织民兵和在校学生开展“我爱国防”知识竞赛。组织民兵文艺演出队在全区进行巡回演出。1994 年组织全区民兵参加由《解放军报》主办的“纪念中华人民共和国成立 45 周年国防知识竞赛”。1997 年与相关单位联合开展贯穿全年的“庆回归、颂祖国、建港城、做贡献”主题活动。组织“万人竞赛话回归”香港回归知识竞赛、“香港百年”专题报告会、省国防教育基地授牌仪式、“长城颂”军地文艺演出等活动。2004 年 9 月，组织参加宁波市举办的“汇丰杯”知识竞赛。

以学校为重点，对青少年加强国防教育。1986 年后，在镇海职高和骆驼中学 8 个班，坚持不懈地开展“三防”教育。1990 年 6 月，成立镇海区少年军校总部，在全区 9 所学校成立少年军校，至 1993 年 6 月，少年军校学员 580 人。1995 年 5 月 8 日，区人武部、区教委一起组织少年军校成立 5 周年庆祝活动。2003 年组织全区中学生开展主题为“国防连着你我他，安宁维系千万家”第三个全民国防教育日征文活动。

利用爱国主义教育基地和重大纪念活动进行国防教育。1996 年，会同海防纪念馆开展“国防教育一日游”活动。1997 年 5 月，镇海口海防历史遗址被列入人防教育基地。1999 年 6 月《中华人民共和国国防法》颁布一周年，组织驻军部队和民兵预备役人员开展为期1个月的《中华人民共和国国防法》宣传活动。2005年，纪念抗日战争胜利60周年，通过举办放映爱国主义电影月、请老干部讲传统、举行读书演讲、在中小学开展专题征文比赛以及在有线电视、镇海新闻网和《今日镇海》报开辟专题等形式，在全区进行爱国主义和国防教育。同年，会同有关部门组织主题为“关注人防、关爱生命”的防空知识宣传，逾10万人次接受教育。又通过组织“三防”演练开展国防教育。2000年9月，在区机关和城关、庄市等镇组织实施海上民用船舶动员征集演练。2005年8—9月，区国动委组织实施“镇海区城区防空袭演习”，全区共有26家单位和10万余人参加演习。

第二节　人民防空

1985年6月，建立镇海县人民防空办公室，为县人民防空委员会办事机构，后并入城建局。2004年2月，区建设与交通局增设防空科，区人民防空办公室与防空科实行一套班子、两块牌子，合署办公。6月，成立防空预案领导小组，修订《镇海区人民防空预案》，制订与预案相配套的空情、通信、工程、队伍扩编、交通运输、医疗救护、社会治安、消防、移交、抢险救灾、政治工作等11个保障计划。

1991年，人防专业队伍整组工作与城市民兵整组同步进行。4月27日，区人防办组织化学事故应急救援研讨性演练。1992年10月，区人防办指挥干部参加省人防业务培训。1996年8月，镇海区确定战时人防指挥方案。1998—2000年，先后完成编制重点目标防护方案；重点经济目标的排摸和各单位的防护方案审定工作；高效组织指挥保障系统规划方案的编制。2005年，对人防综合专业队伍进行整顿，组织抢险抢修、医疗救护、防化防爆3支专业队伍进行强化训练和防空袭演习。2007年拟定指挥所编成、重要目标警戒、反恐维稳、情报侦查、通信和机要保障、政治工作和新闻管制、后勤保障8个配套方案，拟定交通动员和交通管制、经济动员、信息动员、科技动员、人民防空和政治动员工作等7个方案计划，形成一整套紧贴实际配套管用的作战方案。

第三节　工程建设

1986年11月，区政府和区人武部联合发布《关于设防工程维护管理的有关规定》。

1987年，编制审定“平战结合人防工程建设规划”，纳入城市建设总体规划。

1990年4月，开发利用招宝山坑道，开辟“洞天招宝”旅游景点，并利用坑道和地面经营场地，开发人防工程2000平方米。

1991年4月，成立军事设施保护委员会。

1998年4—6月，对全区设防工程进行普查。

2000年，建造“××停车场”防空工程项目通过评审。2003年4月该工程竣工，建筑面积

1310 平方米，总投资 600 万元。

2001 年 8—12 月，组织全区国防工程看管员进行业务培训。利用 GPS 全球定位系统对全区国防坑道和其他设防工程进行精确定位，建立数据库。对全区军事禁区、军事管理区和作战工程保护范围进行勘定和设柱立牌标示。

2004 年，制订治理早期人防工程规划。

第五章 军民共建

1988 年 6 月，成立区双拥和军警民共建工作领导小组，双拥办公室设在区民政局，军民共建办公室设在区委宣传部（1991 年后设在区精神文明建设办公室）。2003 年，镇海区被省委、省军区命名“双拥模范城”。

第一节 拥政爱民

参加支援地方经济建设 1995—2004 年，驻镇部队支援地方经济建设逐渐向智力科技方向发展，共为驻地学校捐书 6000 余册约 6 万元；派出干部战士，为工程企业应急分队军训人员 4800 人次；派出医疗人员义务医疗群众 3000 余人次；义务植树 12 万余株，清理河道 2000 余米；协助空中航拍 2 次，GPS 定点测 3 次，开发应用软件 2 个。2001—2008 年，参加义务劳动 3000 多人次，为灾区捐款 8.6 万余元，捐物 8000 余件，义务献血 3.3 万毫升，义务植树 5500 余棵。

抢险救灾 1990 年 8 月底，镇海连续遭受台风的袭击和影响。驻军部队参与支援地方抢险救灾，先后出动部队 1000 多人次，预备役部队 1700 人次，预备役汽车 500 台次，运送各类物资 170 余吨。2001—2008 年 8 年间，区人武部和驻军部队先后组织指挥抗台救险 3 次、扑灭山林火灾 4 次。

第二节 军警民共建

1989 年 9 月，区精神文明建设办公室专门设立军警民共建办公室，制订《镇海区军警民共建若干规定》。

1990—1998 年，军警民共建活动以制度建设为主，注重活动的经常性，强调知识共建、文化建设、科技共建。

2000—2004 年，全区各军警民共建单位，以争创“双拥模范城”为载体，开展双拥共建活动。

截至 2008 年 10 月，有 24 个单位、48 名个人被省、市表彰为军警民共建先进单位和个人。

（责任编辑 陈柏青）

第三十五编　教　育

本编目录

镇海有深厚的尊师重教传统。宋崇宁三年（1104）始建县学。元代设社学，明清两代在各乡、都建立书院10所，学塾更多。自清末学堂兴起至解放前夕，全县兴办的全日制小学超过200所。新中国成立后，中小学发展迅速，“文化大革命”中教育事业发展虽遭受严重挫折，经拨乱反正，教育事业得到恢复和发展。建区后，1993年通过浙江省首批“两基”（基本普及九年制义务教育、基本扫除青少年文盲）评估验收，1996年实现“两高”（高标准普及九年制义务教育、高标准扫除青少年文盲）目标，1997年被省人民政府授予“浙江省‘两基’工作先进区”。2000年2月成为浙江省首批“教育强县（区）”，2003年，在全市率先普及高中段教育。2007年、2008年，在市政府对外来务工人员子女义务教育工作综合考核中，镇海区均获第一。2008年，全区有街道（镇）镇中心幼儿园10所，小学24所、初中5所，九年一贯制学校3所，民办外来务工人员子女学校6所，普通高中和完全中学4所，民办完全中学1所，中等职业学校1所，教师进修学校1所，社区学院1所，成人学校5所，中小学生社会实践基地1个，区业余蹦床技巧运动学校1所。同年，幼儿入园率99.75%，小学入学率100%，初中入学率100%，高中入学率97.47%，九年义务教育人口覆盖率100%，外来务工人员子女在公办学校就读率为72%，普通高校录取率89.63%。全区形成学前教育和九年制义务教育、高中教育，再到成人教育的完整体系，基本实现从学前教育到高中教育的15年教育普及。一批重点学校、特色学校成为镇海教育的品牌。镇海区已成为“省中小学生课外文体活动工程示范区”，至2010年全区有省体育特色学校5所、省艺术特色学校3所。

第一章　教育改革

镇海建区后，不断深化教育行政、办学体制、教育教学等方面改革，推动镇海教育向现代化教育迈进。

第一节　管理体制改革

教育行政管理机构改革

1985 年 10 月，撤县建区，原镇海县教育局更名为镇海区教育局。1989 年 4 月，改区教育局为教育委员会。2002 年 1 月，复名为教育局。1987 年 9 月，镇海区恢复教育督导制度，次年 3 月，教育局增设督导室。1992 年 11 月，区人民政府成立教育督导室，作为区政府教育督导办事机构。2008 年 10 月，在全区建立督学责任区制度，并以学校类别划分 3 个督学责任区开展督导工作。

调整学校管理关系

1985 年，开始实行分级管理，镇海中学、城关中学、城关二中、骆驼中学、教师进修学校、电大工作站、区中心幼儿园等为区办，由教育局主管（含上述 4 个中学的义务段教育）。其余初中和小学由乡（镇）主管。1990 年 11 月，幼儿教育划归教委管理，行政领导仍由主办单位负责。2001 年调整义务教育管理职责，实行区管中学，镇（街道）管小学。2002 年，招宝山、蛟川街道小学归属教育局管理。2004 年 9 月，中国石化下辖的镇海炼化公司炼化中学、炼化小学和石化三公司的子弟学校，成建制移交镇海区。2006 年 1 月，骆驼街道、庄市街道、澥浦镇、九龙湖镇管理的 13 所小学成建制划转区管理，镇海区实现义务教育“以区为主”的管理体制。至此，全区所有中、小学校均由教育局直接管理，实现学校规划建设、干部和教师调配、教育经费、招生等教育工作统一管理。

推行校长负责制

1988 年，在镇海中学、中兴中学开始实行校长负责制。1993 年 4 月，区职业技术学校和贵驷中学进行校长负责制试点。1998 年 12 月，中兴中学、临江中学、澥浦镇中心学校进行校长负责制试点。1999 年 5 月，校长负责制全面推开，实施对校长三年任期考核制度。2008 年，对全区 120 位校级领导成员进行德、能、绩、勤全方位考核，依据考核情况，充实调整校长队伍。

实行教师聘任制

1988 年开始评定教师职称。1998 年，由区教委审批同意接收的各类大中专毕业生，新调入人员和招工人员，均试行人事代理制。人事代理制对象与用人单位建立聘用合同关系，经区人才交流中心和区教委鉴证，人事关系挂靠在区人才交流中心。1999 年 8 月，区教育系统全面实施教职工聘用合同制。2003 年，全面实施教师资格准入制度。2005 年 9 月起，民办流动人口子女学校聘任的大中专院校毕业生，其人事关系亦可委托区人才中心实行人事代理。2006 年，教育局选派到农村、社区、边缘地区支教的骨干教师，实行柔性流动，时间一般 3 年左右，其编制仍在原校，奖金、福利由教育局统一发放。2008 年，新进事业编制的专任教师，除国家政策性安置等个别人员外，面向全社会公开招聘录用。

优化学校内部分配制度

2001 年 10 月，确定两所学校作为教师分配制度改革试点。把学校未列入统发工资项目的 30% 活津贴和学校自筹资金中可自主用于教职工奖金部分，按教职工岗位、绩效重新分配。在保障教职员工福利待遇同时，完善优绩优酬、绩效优先的分配原则和方法。2006 年 9 月，校长（书记）的岗位津贴、福利、奖金与任期目标、工作实绩、上课兼课等情况挂钩，由局统一发放。

建立名优教师激励机制

2003 年，区委、区政府开始对名优教师进行奖励。特级教师除享受省定津贴外，再享受市定每月 300 元津贴；市级名教师由市、区一次性各奖励 1 万元，在任期内每月可享受教育资料信息费 100 元；区名教师一次性奖励 1 万元，市学科骨干教师一次性奖励 500 元，区中青年学科带头人每学年享受岗位津贴 500 元，区中青年骨干教师每学年享受岗位津贴 200 元。2004 年 9 月起，市定特级教师津贴提高到每月 800 元。在教育系统退休仍保持特级教师荣誉称号的，除每月享受省定津贴 80 元外，再按每月 200 元的标准享受荣誉津贴。2005 年，对名教师分层次实行区政府特殊津贴和教育局特殊津贴。

改革招生制度

初中招生 1986 年，取消初中入学考试，小学毕业生按学区直接升入初中。2001 年，初中招生实行免试就近入学。为抑制过度择校现象，维护农村学校生源质量，从 2008 年初一新生起，区籍老城区学校择校生不再享受一级重点中学的提前保送录取资格。

高中招生 1988 年，高中、中专、技校招生与劳动人事局招工实行一次性考试。1992 年，镇海中学、中兴中学高中招生试行保送生制度。1996 年，文化科考试实行初中毕业考与高中段招生考试两考合一。对应届毕业生无正当理由不参加体育考试的不予录取。2000 年，农村初中学生上升一级重点中学（镇海中学）享受一定的降分优惠，并逐渐增加一级重点中学向农村中学的招生分配名额。2005 年，实行自然科学实验操作和英语“2 选 1”加试，加试满分为 10 分，加试成绩记入高中段招生考试成绩总分。2007 年，高中段学校录取新生把考生综合素质测评等第作为前置条件。录取镇海中学综合素质评价须达到 1A3P（A 为优良 P 为合格），其他普通高中招生原则须达到 4P 及以上等第。同时，实施阳光招生工程，完善公开透明的招生考试工作体系，确保群众知情权。

第二节　办学多元化

民间办学

1991年区教委对教育行政部门颁发的“镇海区社会力量办学许可证”单位进行考核验收。1992年10月起，贯彻落实《宁波市民间办学试行意见》。1999年5月，成立区教委社会力量办学办公室，办公室设在教育科（2004年改设在职业成人教育科）。2005年12月，对符合《中华人民共和国民办教育促进法》等法律规章的10所民办学校、42所民办幼儿园换发新版的“民办学校办学许可证”。2007年1月，区教育局下发文件，加强公办学校与民办学校的交流，促进联动发展，探索民办外来务工人员学校管理新模式。

1987年9月，区首所俞范欣欣个体幼儿园开办，至2008年3月25日前有办学许可证民办幼儿园57所。1998年5月，股份制民办中学宁波市镇海蛟川书院开办。2001—2003年，先后有6家外来务工人员子女学校开办。2001—2004年，镇海区文化馆文化艺术培训学校、镇海区图书馆文艺培训中心、镇海区雅乐文化艺术培训学校、上海贝林格尔镇海双语教学培训学校成立。

捐资助学

镇海籍港澳台同胞及海外华侨、华人，自1986年至2008年共有160多位人士及社团给家乡教育事业捐建505个项目，计16138万元，促进镇海区教育事业发展。

主要捐资人有翁伟年、顾兆田、包玉书兄妹、包玉刚、包从兴、邵逸夫、赵安中、赵亨文、叶庚年、叶谋彰、李明昌、陈志耀、金如新、俞立梓及其后人俞翊焘俞亚雯兄妹、赵亨龙、吴剑鸣、包景表及其夫人周茂瑜、叶中贤、魏绍相、严信才、朱昌言、金维明、叶百中、张爱芬、包秀云、吴向梅、张明为、傅根娣、傅在源、张爱芳、李景和家属、王声烨、董宗义五兄妹、应行久、应立人及应金玉堂、虞刚年、张建民等。

主要捐建项目有骆驼中学伟年实验楼、新建骆驼积静幼儿园、河头鸿山小学、新建河头幼儿园、扩建鸿山小学教学楼、扩建河头顾兆田幼儿园、援建庄市兆龙学校、建造龙赛中学、龙赛体育中心、建造龙赛中学生活区、扩建兆龙小学田径场、建造龙赛中学图书科技大楼、建造中兴中学、助资建造镇海青少年宫、建造贵驷小学瑞云教学楼、瑞云育才楼、贵驷禾丰小学及贵驷小学校舍修理、建造城关一校陈友德教学楼、建造镇海幼儿园沈珠兰教学楼、改造镇海幼儿园、新建邵氏康乐园（庄市勤勇小学曾设为校址）、建造骆驼中学逸夫教育楼和庄市逸夫小学、骆驼团桥小学林杏琴教学楼、南洪小学、骆驼镇中学、骆驼中心小学、湾塘小学、河头田顾小学、骆驼团桥小学、澥浦镇中学、骆驼敬德小学、澥浦觉渡小学、贵驷启绪小学的林杏琴教学楼及澥浦镇中心学校综合科教实验楼、骆驼中心小学游泳池、骆驼团桥小学实验室、建造庄市诗舲幼儿园、新建澥浦镇中心幼儿园、临江乔梓小学、扩建乔梓小学田径场、乔梓小学教育楼、新建城关张和祥小学、镇海中学体艺馆、镇海中学图书和电教馆、建造骆驼中心学校林杏琴教学楼、后施李景和小学、骆驼中心学校王统元科技楼、城关中心学校吴剑鸣育才楼、城关实验小学育才楼、金华小学、城关精英小学、职业中学伯生楼与思源楼、仁爱中学、职业中学致远馆、区外语实验学校、澥浦镇中心学校育能教学楼与育贤教学楼、九龙湖长石小学魏绍相综合楼、澥浦镇中学赵友飞教学综合楼、张和祥小学礼堂、澥浦幼儿园等。

另外又有部分捐赠奖教奖学金，数额甚大。（详见“丛录”《华人港澳同胞捐赠统计表》）

设立教育基金

1989 年 1 月，成立镇海区人民教育基金会。1988 年至 1989 年，先后接受港胞宦宝英、张培英及郑孝慈 9 万余元教育基金。1989 年年初，发动社会各界认捐 191 万元，实收 172 万元。1992 年 6 月，区教育基金会收到 39 个区属单位的教育集资 15. 8 万元，10 个乡镇教育集资 41 万元。1998 年 6 月底，教育基金达 252 万元。2000 年为 697. 43 万元。2006 年，全区各种类型的奖优帮困基金共有 11 个，基金数额在 100 万元以上的有镇海中学、龙赛中学、仁爱中学、中兴中学、炼化小学和炼化中学。2006—2008 年，共募集到捐赠资金 4815 万元。基金收入用于教育事业，主要用于改善学校的教学设备设施、图书资料、奖励教学成绩显著的教师、优秀学生奖励和帮困助学。1999 年至 2008 年，用于助学金 243. 52 万元，用于奖教 726. 86 万元。

第三节　实施素质教育

教学

课堂教学　1991 年，强调课堂教学以学生为本，在全区全面推广小学“整体优化实验”。1994 年，开展幻灯、投影片、录音、录像等形式的电化教学，普及实验教学。1996 年 11 月，重申各学校不得突破周学生学习、活动总量（高中为 34 课时），作出必须按教学计划开齐全部课程等 4 项规定。1997 年，深化课程教法改革，在教学计划、教材诸方面进行素质教育改革试点。2004 年秋季，作为省级课改推广实验区，所有初中和小学各学科起始年级开始使用实验教材。2005 年始，继续落实减轻中小学生课业负担措施，保证中小学生每天必要的体育活动时间。同年，实施新课程的年级把“生态环境”教育作为乡土教育课程。2006 年 9 月，全面启动普通高中新课程改革，所有基础教育学校全部实施课改，基本形成国家、地方、校本三级课程管理体系，开展依托校本课程创建“一校一品”工作。2008 年，开展初中学校后 20% 学生的学业水平帮扶工作，实施《初中学生成长记录册》，实施《镇海区学生作业布置和批改规范》，推广“基本作业 + 弹性作业”的课堂作业模式。

实践基地　2002 年 11 月，区政府投资 400 余万元，建设占地 2. 67 公顷的中小学生社会实践基地，集学生实践、科技教育、国防教育于一体。2002 年以来，每年参加实践活动的中小学生达 6000 余人次。2008 年，社会实践基地进一步扩展，设有小机床操作、陶艺、雕刻、木工、纸艺、泥塑等门类。

考评制度　2000 年 2 月起，小学学科成绩评定实施等级制，全区小学推行素质测评报告单。2003 年，评定学生英语成绩一律采用等级制。2005 年，建立健全与素质教育要求相一致的考试评价制度，评定实行等级制，规定体育必考与选考项目。

德育

教学管理 1990年，区教研室编写《知史明志，爱国爱乡》史地乡土教材，在区内中小学试点。1991年，在各中小学开展“两史一情”（中国近代、现代史及国情）教育。1993年，区教委向全区学校印发中小学生手册。1998年，全区贯彻实施教育部制定的德育规章体系。制定《镇海区中小学德育评价指标体系》，改革“一刀切”“一个模式”的德育考核方法。2007年起，全区各学校开展创建特色德育教育活动。

德育阵地建设 加强中小学社会实践基地和爱国教育基地建设，建成全市首家德育网——镇海区学校德育网。全区有各类德育基地41个，军警民共建单位13个。镇海中学校园内爱国主义教育基地，2005年被评为宁波市爱国主义教育基地。镇中校园与镇海口海防遗址一起成为全国36个共青团中央命名的“全国青少年爱国主义教育基地”之一，同时被列为中宣部公布的100个爱国主义教育基地之一。

德育活动 全区学校开展形式多样的各种德育实践活动，其中有“军民共建”活动、“爱国旗、爱祖国”教育活动、跨世纪中国少年雏鹰行动、青年志愿者行动、民族精神教育月活动等。发挥关工委的组织作用，开展形式多样的思想道德品质教育。1996年10月，开展“知香港、爱祖国读书教育活动”。1997年12月，中兴中学以校史教育为契机，开展“爱国、爱乡、爱校”教育。1999年，骆驼中学开展向1994届校友、抗洪英雄嵇琪和“爱国拥军好母亲”嵇蓉珍学习活动。2000年5月，开展“共建美好家园，争做文明市民”和“告别不文明言行”教育活动。2002年12月，开展文明上网、拒进营业性网吧宣传教育活动。2005年，进行理想信念、弘扬民族精神、纪念抗战胜利60周年、诚信、禁毒、反邪教等宣传教育活动和书画作品比赛等系列活动。各中小学相继开展“诚信从我做起”主题教育活动、收集“金点子”活动、“美德在身边”故事演讲会和征文比赛、“策略研讨会”、自理能力大赛、学会关爱学会感恩活动、阳光体育和艺术“2+1”活动。2006年，中兴中学举办“生涯教育”工程成果展示会。以包玉刚、邵逸夫、赵安中等宁波帮爱国人士为丰富的商帮文化资源，加强对学生的教育。2006年，各中小学开展“八荣八耻”教育活动，取得良好效果。2008年，开展汶川抗震救灾精神学习教育活动和支灾行动，全区中小学师生共向四川地震灾区捐款98万多元。

心理健康教育 2003年，区教师进修学校与宁波大学合作，确定仁爱中学、精英小学等4所学校为心理健康教育实验学校，先后对1000余名学生进行心理健康讲座，引导学生确立科学的世界观、人生观、价值观，促进学生知识水平和身心健康同步提高。至2006年，镇（街道）中心学校以上的学校均建立心理健康辅导室，配备心理健康教育专兼职教师，针对学生心理问题开通“心理导航”。

公民教育与训练 全区各校重视公民教育与训练。1986年，实施第一个五年普法教育。20世纪90年代起，开设法治教育课程，先后编发《青少年法制教育读本》《镇海区中小学生法制教育读本》，开展学校、家庭、社会三位一体的学生法治教育试点活动。学校运用各种形式开展学生的公民意识教育、公共道德教育、服务社会教育与实践活动。鼓励学生参加志愿者活动，学校组建各种类型社团，让学生参加社团活动，或参加干部竞选。有的学校模拟社会活动，如组织法庭开庭、演说或辩论。

体育卫生

体育达标 1988年全区统一实施体育合格标准。1989年镇海区获省“学校体育达标”先进集体，1991年中学体育达标率为92%，小学为90%。每年各校都召开体育达标运动会，2001年中学达标率为97.44%，小学为98.37%。2006年开始，全面实施《国家学生体质健康标准》测试，不再实施《国家体育达标测试》。2007年全区中小学合格率为89.05%；2008年小学、初中、高中合格率分别为93.74%、90.03%、93.89%。

课外体育 1986年，分别在重点学校设立田径、篮球、足球、乒乓球、排球、游泳、举重等体育项目训练网点。2005年，骆驼中心学校列入省级体育传统项目（游泳）学校。列入市级体育传统项目训练点有：区中心学校为田径及游泳训练点，张和祥小学、炼化子弟学校、仁爱中学、棉丰小学为田径训练点，庄市中心学校为举重训练点。2008年，新增骆驼中学市级自行车训练基地，蛟川中心学校区级射击训练基地。

卫生制度 1986年起，城关镇中心学校、城关中学定为省卫生监督和学生健康监察试点单位。1987年，全区各中学及乡（镇）学校建立卫生健康档案。2005年，建立学校传染病报告制度，会同区卫生局编写《学校、幼儿园传染病预防和饮食安全知识读本》。2006年，建立学校卫生工作联系医生制度。2008年，全区学校落实各种传染病防控措施。是年，区中心学校被省卫生厅、教育厅授予“世界卫生组织健康促进学校”。

校园文化建设

课外读书活动 全区各中小学普遍组织学生开展读书活动。1990年，城关四校开展“让精神世界美好”读书活动，获全国先进集体优秀奖。1997年6月，省委宣传部、省教委授予镇海区教委“中小学‘知香港、爱祖国’”读书活动组织工作优秀奖。城关镇中心学校重视学生课外阅读，倡导学生写日记，该校二至六年级学生撰写的《小学生日记大全》由宁波出版社出版。2003年9月，龙赛中学获全国青少年“学雷锋精神，树时代新风”读书活动组织奖。区教育局开展的“学雷锋精神，树时代新风”读书活动被评为省读书活动先进集体。10月，镇海区获全国青少年“中华美德读书活动”优秀组织奖。

文艺特色教育 各中小学校发掘本校特色教育资源，构建特色学校文化，开设特色教育课程。1997年，国务院港澳办、国家教委授予镇海区教委“全国少年迎‘1997香港回归’大型系列活动”先进集体称号。1999年省教育系统第二届艺术节，镇海区获音乐部分一、二、三等奖共5名。美术部分获铜奖1名；会演录像获一、二、三等奖共16名。2003年，镇海中学、区实验小学被确定为市首批艺术特色学校。2005年5月，精英小学学生绘画作品在台湾与宁波联办的儿童青少年绘画创作竞赛中，有27人分别获特等、佳作、优秀等奖项。9月，在“首届全国校园才艺选拔赛”上，镇海中学6名选手分别在声乐类、器乐类获3项一等奖、2项二等奖、2项三等奖，5名老师获全国校园才艺大赛优秀指导老师奖。2006年11月，镇海中学被省委宣传部命名为“浙江省文化示范点”。

校园文化星级达标活动　1998年在全区中小学校（园）开展文化建设星级达标评优活动。1991年1月，全区评出四星级学校1所（镇海中学）、三星级11所、二星级13所、一星级4所。2000年，第二轮星级评估，镇海中学、龙赛中学、职教中心、骆驼中学、仁爱中学、中兴中学、炼化中学被评为四星级，另评出三星级学校7所、二星级12所。

1987—2008年镇海区学校获省以上荣誉称号情况表

表35-1

年份	单位	荣誉称号	命名机关
1987	城关一校	省军民共建先进单位	省军区、省人民政府
1987	骆驼中学校办厂	省勤工俭学先进单位	省人民政府
1987	区业余技巧运动学校	全国业余体育训练先进集体	国家体委
1987	实验小学	少先队全国红旗大队	全国少工委
1988	骆驼镇	省基础教育先进乡镇	省人民政府
1989	区自考办	全国自学考试先进单位	国家教委
1991	实验小学	省军警民共建先进单位	省军区、省文明办
1992—1997	镇海中学	省级文明单位	省委、省人民政府
1995	区中心学校	全国雏鹰红旗大队	共青团中央、全国少工委
1996	镇海中学	全国绿化工作先进集体 全国部门造林绿化400佳单位	全国绿化委员会 人事部、林业部
1996	镇海中学	省先进基层党组织	省委
1999	镇海中学	全国现代教育技术实验学校	教育部
1999—2001	镇海中学	全国五四红旗团委创建单位	团中央
1999	实验小学	全国素质教育先进单位	教育部
2000	镇海中学	全国中小学德育工作先进集体	教育部
2000	庄市成校	全国基地党校示范点	中央宣传部宣传教育局
2001	庄市中心学校	全国群众体育先进集体	国家体委
2001	镇海中学	浙江省文明单位	省人民政府
2001	职教中心	国家级重点职业学校	教育部
2001	区中心学校	省文明单位	省人民政府
2002	龙赛中学	联合国教科文组织环境与人口可持续发展教育项目实验学校	联合国教科文组织
2002	镇海中学	《梓荫花》文学社全国百家优秀文学社	教育部
2003	镇海中学	全国精神文明建设工作先进单位	中央精神文明建设指导委员会
2003	龙赛中学	全国青少年“学雷锋精神，树时代新风”读书教育活动组织奖	全国青少年读书教育活动委员会

续表 35－1

年份	单位	荣誉称号	命名机关
2004	区中心学校	省文明单位	省人民政府
2004	镇海幼儿园	全国学前家庭教育研究基地	中国学前教育研究会
2004	镇海中学	全国艺术教育特色学校	教育部关心一代工作委员会、中央教育科学研究所
2005	镇海中学	全国文明单位	中央精神文明建设指导委员会
2005	龙赛青少年俱乐部	全国优秀青少年体育俱乐部	国家体育总局
2006	镇海中学	全国绿化模范单位	全国绿化委员会、人事部、国家林业局
2006	龙赛中学	省文明单位	省人民政府
2006	区中心学校	全国少先队“快乐活动”“快乐集体”奖	全国少工委
2006	中兴中学	全国中小学思想道德建设先进单位	中国教育学会
2007	镇海中学	全国教育系统先进集体	人事部、教育部
2007	龙赛中学	全国绿色先进学校	国家环保总局、教育部
2008	镇海中学	浙江省先进基层党组织	中共浙江省委
2008	区中心学校	世界卫生组织健康促进银牌学校	省卫生厅、WHO 合作组

第二章　学前教育

20 世纪 80 年代，镇海区学前教育以普及为主。1986 年，全区有幼儿园 27 所，135 个班级，在园幼儿 4095 人，入园率 69%。其中教育部门办 1 所，11 个班级；集体办 16 所，96 个班级；其他部门办 10 所，28 个班级。1995 年，个体幼儿园发展至 16 所，入园幼儿占全区幼儿总数 16%。2003 年，区“幼儿教育券”在澥浦镇试行。幼儿在户籍所在地集体幼儿园、省二级以上幼儿园（镇海幼儿园和艺术实验幼儿园除外）、达到宁波市农村示范性幼儿园评估标准园舍设备要求的幼儿园接受学前教育的，由政府给予每月 30 元教育补助（全年按 10 个月计算）。2005 年，全区基本普及学前三年教育。2007 年年初，进一步落实幼儿教育“政府负责、分级管理、教育部门指导、镇（街道）实施”管理体制，幼儿教育列入区政府对各镇（街道）工作考核内容。2008 年，财政性教育经费中安排学前教育发展专项资金 500 万元。2008 年，全区共有各级各类幼儿园 67 所，入学幼儿 10480 人，其中本区户籍的 4965 人，形成以公办幼儿园为示范，民办幼儿园为主体，多种幼儿园共同发展的多元化办园格局。

第一节　幼儿园管理

规范办园

1992 年 7 月，区物价局、区教委、区卫生局联合制定《镇海区个体幼儿园办园基本要求》，就卫生保健、教育教学、收费等作明确规定。1993 年贯彻幼教法规，全区幼儿教育形成以示范幼儿园为龙头、骨干幼儿园为基地的教研网络。1997 年，实行社会力量办学许可证制度。镇海机关幼儿园等 40 家幼儿园和 30 所小学学前班先后获得社会办学许可证。2005 年 10 月，建立镇（街道）村（社区）幼儿园骨干教师队伍，幼儿园骨干教师每两年评选一次。年底，评出区首批镇（街道）村（社区）幼儿园骨干教师 30 人。2006 年，先后对幼儿园保健室、教学玩具、体育活动设备设施进行安全检查，全区镇（街道）中心以上幼儿园配备专职保安。

考核评级

1989 年年底，对 33 所幼儿园进行全面考核评级，其中镇海石化总厂幼儿园、机关幼儿园、镇海幼儿园列为一级。1993 年，镇海幼儿园成为市示范幼儿园，1995 年，又成为省示范幼儿园。1997 年，炼化幼儿园被定为省示范幼儿园。2002 年 10 月，艺术实验幼儿园成为省示范幼儿园。2004 年年初，骆驼中心幼儿园成为市级乡镇（街道）示范幼儿园。2008 年全区有省级示范幼儿园 3 所，市农村示范幼儿园 8 所，市现代化达纲幼儿园 12 所，区三星级以上幼儿园 14 所。

幼教课程

1983年后，各级各类幼儿园陆续使用部编和省编《幼儿园教材》。学前班选用部编大班幼儿园教材或省编学前班教材。周课时16~18节，一年内学会认、读、写、拼音，掌握10以内数的概念和加减运算。1994年，贯彻“幼儿教育规程”，克服“重教育，轻保育；重上课，轻游戏”倾向。1996年9月，规模较大的幼儿园及乡镇中心幼儿园成立教研组，担负制订教研计划、检查评优、整体协调职能。1998年6月，区教委作出在园幼儿户外活动时间每日不得少于2小时、户外体育活动时间不得少于1小时的规定。2001年10月，区教委作出把普及普通话、使用规范字纳入幼儿园常规工作的规定，把普通话作为校园语言。2004年，幼儿园设语言、计算、科学、体育、艺术等课程。2006—2008年，推出“课程强调自主探索，情感体验”，要求教学与活动的多元，凡是幼儿感兴趣的，并有发展价值和操作可能的，诸如天文地理、动物植物，作为幼儿教学探索的主题和内容。

学制与班额

1986年前，幼儿园学制三年，入园年龄4至6周岁。1986年后，入园年龄改为3~6周岁，农村个别的扩大到7周岁。班额小班30~35人，中班35~40人，大班40~45人。小学附设学前班，招收6周岁儿童受教，单独编班，学额不超40人。1996年，区教委规定，幼儿园小班（3~4周岁）一般为25人，中班（4~5周岁）30人，大班（5~6周岁）35人。2003年，全面启动实施“幼托一体化工程”，接收2~5周岁幼儿入园（入托）。

1986—2008年镇海区幼儿教育情况表

表35-2

年份	园数（所）	班数（个）		在园幼儿数（人）		园长、专任教师数（人）		
		计	其中小学附设	幼儿园	其中小学附设	合计	园长	专任教师
1986	27	135	49	4095	1436	203	20	183
1987	40	177.5	55.5	5652	1781	317	30	287
1988	30	186	65	5889	2124	347	31	316
1989	33	179	60	5431	1908	313	28	285
1990	34	184	57	5484	1453	318	29	289
1991	42	190	47	6054	999	333	37	296
1992	46	193	51	6186	1927	412	34	378
1993	44	188	58	6855	2373	342	31	311
1994	43	195	49	6834	1908	359	38	321
1995	32	195	46	7000	1860	345	34	311
1996	41	204	50	6592	1785	379	36	343
1997	64	216	47	6763	1768	388	47	341
1998	55	226	44	6960	1612	397	49	348

续表 35－2

年份	园数（所）	班数（个）		在园幼儿数（人）		园长、专任教师数（人）		
		计	其中小学附设	幼儿园	其中小学附设	合计	园长	专任教师
1999	54	223	40	6694	1636	408	57	351
2000	55	215	31	6712	1142	368	36	332
2001	56	225	20	6740	695	407	39	368
2002	58	236	12	7446	550	413	39	374
2003	72	279	12	7937	526	493	48	445
2004	69	250	13	8321	494	508	45	463
2005	69	273	10	8150	391	502	43	459
2006	61	287	8	8799	332	851	50	478
2007	63	315	7	9483	330	933	59	697
2008	67	335	7	10480	264	1027	62	647

2008 年镇海区幼儿园情况表

表 35－3

园名	班级数	在园人数（人）	离园人数（人）	教职员工（个）		占地面积（平方米）	建筑面积（平方米）	办园性质
				总数	其中教师			
招宝山街道中心幼儿园	14	483	135	—	—	4407	4277	集体
后大街社区幼儿园	6	257	97	22	15	1080	1502	集体
西门幼儿园	7	172	94	24	15	3300	1200	集体
金色未来幼儿园	2	23	21	7	3	525	605	民办
大拇指幼儿园	3	62	20	5	3	150	250	民办
聪园幼儿园	4	92	90	8	6	300	412	民办
镇海幼儿园	11	407	133	61	32	4216	4621	教育部门
艺术实验	16	571	178	87	43	7305	7660	教育
石化海达幼儿园	9	311	139	53	26	12284	6857	集体
海纳幼儿园	6	244	67	26	14	3400	2640	集体
蛟川街道中心幼儿园	12	442	131	49	28	6545	6178	集体
幸福苑幼儿园	7	111	62	28	15	3614	1797	民办
棉丰小学附属幼儿园	4	137	120	12	7	1200	550	民办
五里牌培英幼儿园	6	230	90	16	9	1200	900	民办

续表 35 －3

园名	班级数	在园人数（人）	离园人数（人）	教职员工（个）		占地面积（平方米）	建筑面积（平方米）	办园性质
				总数	其中教师			
蛟川街道小天使幼儿园	4	149	46	8	4	400	390	民办
棉丰育苗幼儿园	6	154	53	9	6	1070	520	民办
童歆幼儿园	3	62	—	5	3	350	183	民办
鑫隆幼儿园	10	231	25	39	22	3100	2100	民办
骆驼街道中心幼儿园	13	456	131	47	30	2989	2344	集体
慈光幼儿园	10	340	115	31	23	6660	5300	民办
团桥小学附属幼儿园	4	171	87	7	5	1227	627	集体
灵桥幼儿园	3	83	20	6	3	320	260	民办
希望幼儿园	5	145	15	9	6	817	559	民办
育苗幼儿园	3	104	36	6	4	720	584	民办
团桥港道幼儿园	2	51	—	5	3	205	140	民办
勤劳幼儿园	4	67	15	6	4	340	220	民办
超群幼儿园	3	107	30	7	3	441	266	民办
贵驷幼儿园	6	255	98	23	14	2561	1271	集体
民联稻田幼儿园	6	228	75	24	14	6013	2138	集体
沙河乐乐幼儿园	2	58	18	3	2	160	80	民办
贵驷丽丽幼儿园	2	77	25	3	2	261	171	民办
田湖平安幼儿园	2	39	15	3	2	349	169	民办
后施晶晶幼儿园	5	161	16	14	8	1200	900	民办
虹桥小聪聪幼儿园	5	216	55	8	5	400	358	民办
棉丰家家幼儿园	5	123	36	8	5	540	327	民办
春苗幼儿园	3	126	35	4	3	661	341	民办
小星星幼儿园	3	44	2	5	3	336	216	民办
陈家幼儿园	5	123	20	9	6	700	500	民办
棉丰维维幼儿园	2	65	—	5	2	145	198	民办
蓝精灵幼儿园	3	61	19	6	4	200	220	民办
潜龙双语幼儿园	4	110	15	17	7	3500	1760	民办
诗龄幼儿园	13	455	128	50	28	4064	2118	集体
光明村幼儿园	3	64	20	6	3	380	180	集体

续表 35－3

园名	班级数	在园人数（人）	离园人数（人）	教职员工（个）		占地面积（平方米）	建筑面积（平方米）	办园性质
				总数	其中教师			
团桥港道幼儿园	2	51	—	5	3	205	140	民办
勤劳幼儿园	4	67	15	6	4	340	220	民办
超群幼儿园	3	107	30	7	3	441	266	民办
贵驷幼儿园	6	255	98	23	14	2561	1271	集体
勤勇小天鹅幼儿园	8	269	80	20	16	1728	1228	民办
永丰幼儿园	2	65	15	4	3	320	180	民办
钟包欣欣幼儿园	5	162	63	9	5	600	438	民办
庄市佳佳幼儿园	3	75	10	6	2	360	180	民办
庄市天天幼儿园	5	121	40	9	5	580	430	民办
庄市天天乐幼儿园	3	67	20	5	3	552	352	民办
余三社区幼儿园	3	79	11	6	4	880	420	民办
幸福幼儿园	2	64	16	4	2	400	140	民办
东禾幼儿园	4	106	25	10	4	890	600	民办
妮妮幼儿园	2	57	—	4	3	400	215	民办
澥浦中心幼儿园	11	334	121	37	23	7281	5451	集体
庙戴幼儿园	1	33	13	2	1	400	200	民办
新星幼儿园	3	105	38	7	3	250	210	民办
郑家幼儿园	3	76	25	6	3	244	156	民办
殿跟幼儿园	3	56	10	4	3	440	232	民办
启蒙幼儿园	3	50	6	3	2	360	240	民办
湾塘欢乐幼儿园	3	105	32	6	4	281	205	民办
顾兆田幼儿园	9	268	115	35	19	3782	2201	集体
长石幼儿园	4	164	59	8	5	954	408	集体
汶溪幼儿园	1	13	9	2	1	660	220	民办
笑笑幼儿园	2	39	13	3	2	225	185	民办
小燕子幼儿园	3	93	17	5	3	400	286	民办
汶溪陈娟幼儿园	1	24	7	3	1	290	160	民办
西经堂幼儿园	2	40	13	4	3	150	210	民办

说明：数据摘自2008年9月年度报表，9月后新开办的个体幼儿园未入统计。2008年的数据与学年报表中的9月数据并不完全一致的系当年年底统计

第二节 重点幼儿园简介

镇海幼儿园

园址位于镇海区招宝山街道滚江弄1号。原名为镇海县第一幼儿园。1949年创办于后大街的文泰小学内，1952年移址于城关一校（现实验小学）。1955年起搬迁至滚江弄1号的新建园所。隶属镇海县（区）教育局，1987年分级管理后由城关镇政府（后招宝山街道）分管，2006年9月又划归区教育局直接管辖。创办初期只有1个班级、2位教师、20余名幼儿。2008年占地4266平方米，建筑面积4418平方米，有15个班、500余名幼儿。在编在职教职工共35人，专任教师学历大专以上达83.9%，其中本科34.3%。是浙江省一级幼儿园、浙江省示范性幼儿园、宁波市五星级幼儿园。

镇海艺术实验幼儿园

园址位于镇海招宝山街道聪园路108号。前身是原机关幼儿园，创建于1985年。2002年9月迁入新园，更为今名。占地面积7660平方米，绿化面积1600平方米。2008年有21个班级，700多名幼儿，87位教职员工，专任教师44名，大专以上学历占94.4%，其中具有中级技术职称16名，占专业技术人员36%。是省示范幼儿园、省一级幼儿园、市现代化达纲园。

骆驼街道中心幼儿园

园址位于骆驼街道银店路190号。前身为骆驼镇幼儿园，创办于1979年，经过3次搬迁，1995年2月迁入由港胞翁伟年捐资改建的积静幼儿园内，定名为镇海区骆驼镇积静幼儿园。2001年撤镇建街道，随之定名为骆驼街道中心幼儿园。2008年有12个班级，有幼儿469名，教职员工43名，其中具有大专及以上学历达83%，具有学前教育专业达76%，有幼儿园高级职称教师1名、幼教一级职称23名、区骨干教师3名。占地面积2240平方米，建筑面积2180平方米。是宁波市现代化建设达纲幼儿园、宁波市乡镇示范幼儿园。

第三章　九年制义务教育

1986年，城关镇在全区率先实施九年制义务教育。次年，骆驼、贵驷、庄市、俞范、澥浦、临江5镇1乡第二批实施九年制义务教育。到1988年，全区10个乡镇全面实施九年制义务教育。1989年，成为全省12个首批普及九年制义务教育的县（市、区）之一。是年，69所小学达到市《基本办学纲要》标准。1993年，7～15周岁儿童少年入学率达98.81%，17周岁人口九年义务教育完成率为92.55%，15周岁以上青壮年非文盲率达98.4%。1996年，市政府授予镇海区首批高标准普及九年制义务教育和扫除青壮年文盲称号，并授予庄市镇为市首批教育强镇称号。为推进城乡义务教育均衡发展，实施农村强校和农村初中质量提升工程，重点解决农村学校教师缺员、缺科问题，每年安排一定比例的优秀大学毕业生充实到农村学校，实施校校结对和名优教师支教行动。2000年后，采取多种措施解决外来务工人员子女入学难困难。2006年，小学入学率巩固率为100%，初中入学率为100%，巩固率保持在98.2%以上。2008年，全区共有小学、初中41所，在校小学、初中学生共36171名，学生入学率保持100%，残疾儿童入学率达100%。外来务工人员子女在镇海区各校入学人数19934人，其中在公办学校就读的14379人，就读率为72%。

第一节　布局调整

小学布局调整

1986年9月，河头乡中心学校迁至鸿山小学，撤汶溪乡、贵驷镇、庄市镇等4所小学。1987年2月俞范镇中心学校迁至棉丰学校，9月新建城关镇中心学校。1989年6月，城关一校定为区实验小学，城关三校复名声远小学。1992年2月，临江中官路小学和俞范小学合并，在联丰村新建临俞小学，6月新建城关镇张和祥小学。1993年新建骆驼敬德小学，骆驼中心学校迁建。1997年8月新建庄市镇逸夫小学。2001年8月城关二校和声远小学合并，新建精英小学。11月城关镇中心学校更名为招宝山中心学校。2002年5月，招宝山中心学校更名为镇海区中心学校。12月，张和祥小学作为教师进修学校实验实习基地。2008年2月，撤销乔梓小学和临俞小学，合并新建蛟川中心学校，区投资5600万元。至2008年，全区共撤54所完小和村校，新建6所具有一定规模的高规格小学。

初中布局调整

1986年下半年开始，撤临江乡中心、俞范镇中心、觉渡学校附设初中班。1987年，港胞捐资新建的中兴中学开学，同时撤庄市中学（学生并入中兴中学）。1988年，新建俞范镇初级中学，撤庄市汉塘初中、贵驷镇沙河初中及团桥学校附设初中班。至此，全区无附设初中点。1989 年，形成每个乡、镇办一所中学格局。1993 年 9 月新建龙赛中学，招初中新生 6 班。1994 年撤骆驼镇长石初中、汶溪初中。1997 年 9 月新建仁爱中学。1998 年 5 月由大成实业公司创办镇海蛟川书院（民办中学）。1999 年 7 月，城关中学和四校合并建立镇海区外语实验学校，骆驼镇中学合并清湖等三所小学建立骆驼镇实验学校。2001 年 8 月，撤河头中学并入骆驼中学。2004 年 9 月，在原职教中心校址新建古塘初级中学，撤销贵驷初中和龙赛中学初中班。临江、俞范两所公办初中学校改为公办九年一贯制学校。2005 年 9 月，原庄市职业技术学校校址建立庄市学校，对流动人口子女实施九年一贯制义务教育。2008 年，俞范学校、临江学校整体搬迁，俞范学校并入古塘中学，临江学校迁到乔梓小学原址。

2008 年镇海区九年制义务教育各学校情况表

表 35－4

校名	班级（个）		学生（个）		毕业生（个）		教职员工（个）		占地面积（平方米）	建筑面积（平方米）
	小学	初中	小学	初中	小学	初中	总数	其中教师		
应行久外语实验学校	24	18	1160	1004	176	337	119	107	8485 6950	11732 6620
镇海区中心	35	—	1676	—	263	—	90	81	13868	10987
区实验小学	18	—	912	—	171	—	47	45	4608	4200
精英小学	25	—	1026	—	205	—	59	57	19000	8801
张和祥小学	18	—	816	—	155	—	42	42	8230	4200
业余蹦技运动学校	2	—	51	—	11	—	9	8	2400	1680
蛟川中心学校	59	—	2429	—	382	—	147	124	60028	24719
李景和小学	7	—	302	—	80	—	18	17	4165	1912
南洪小学	6	—	230	—	32	—	11	11	2340	1297
棉丰小学	12	—	478	—	75	—	25	22	6600	1800
三公司学校	12	—	463	—	81	—	30	28	10023	3848
俞范学校	10	—	499	—	100	—	23	20	4700	1801
炼化小学	23	—	987	—	167	—	86	82	8755	7114
庄市学校	12	8	585	379	98	86	26	25	7003	2954
庄市中心学校	21	—	942	—	138	—	56	49	17900	5818
兆龙学校	11	—	414	—	45	—	21	19	7870	1955
逸夫小学	12	—	474	—	84	—	22	20	10800	2820
骆驼实验学校	12	15	521	715	96	227	85	77	10320 5000	5213 2487
骆驼中心小学	36	—	1714	—	304	—	107	91	38221	12130

续表 35－4

校名	班级（个）		学生（个）		毕业生（个）		教职员工（个）		占地面积（平方米）	建筑面积（平方米）
	小学	初中	小学	初中	小学	初中	总数	其中教师		
团桥小学	12	—	487	—	85	—	27	23	10800	2200
敬德小学	6	—	226	—	38	—	12	12	5146	1598
贵驷小学	24	—	1052	—	171	—	65	55	30150	12464
澥浦中心学校	25	—	1244	—	200	—	76	65	25268	7369
湾塘小学	12	—	474	—	81	—	28	22	5853	2976
长石小学	11	—	468	—	52	—	27	22	7195	2226
九龙湖中心学校	25	—	1025	—	170	—	65	54	20017	8603
汶溪小学	6	—	190	—	41	—	12	10	4486	2489
仁爱中学	—	30	—	1664	—	548	121	100	19756	14346
炼化初中	—	16	—	563	—	202	69	58	11935	12180
古塘初中	—	29	—	1203	—	398	99	97	21000	10640
乔梓学校	—	16	—	770	—	187	52	51	10350	3686
中兴中学	—	18	—	893	—	278	166	146	68667	27937
蛟川书院	—	48	—	2047	—	634	157	154	211213	73800
骆驼中学	—	24	—	1218	—	429	134	115	46690	19000
澥浦初中	—	16	—	771	—	217	54	42	10670	7609

说明：中兴中学、骆驼中学为完全中学，蛟川书院为民办中学，应行久外语实验学校、庄市学校、骆驼实验学校为九年一贯制学校。数据摘自 2008 年 9 月年度报表

第二节　教学管理

学制

1983 年秋，各乡（镇）总班数二分之一及城关镇各小学、各区中心小学恢复六年制。1989 年 6 月，全面实施六年制，全区改制完毕。初中自 1986 年后，全部实施三年学制。1999 年 9 月，新建的外语实验学校和骆驼实验学校，实行九年一贯制教育。2004 年 9 月，临江初中、俞范初中改制为九年一贯制学校。2005 年 7 月，新建庄市学校实施九年一贯制教育。

课程

1986 年乡（镇）中心学校及城关镇各小学开设卫生课，1997 年全区各校均开卫生课。1993 年，初中“物理”“化学”“生物”合为一门“自然科学”；“历史”“地理”合为“社会”，中小

学渗透“劳技”教育。1995 年完小以上学校始设健康教育课。1995 年下半年起，在城区各小学和部分乡（镇）中心学校试设外语课程。2000 年 7 月，小学五、六年级增设外语和信息技术选修课程，初中二至三年级外语课由选修改为必修，初三自然科学课由选修改为必修。至此，小学开设思想品德、语文、数学、常识、音乐、美术、体育与保健等课程，初中开设思想品德、语文、数学、外语、自然科学、社会、体育、音乐、美术、农技（或劳技）、家庭生活等 11 门课程。2001 年 9 月，外语实验学校、仁爱中学、中兴中学、骆驼镇实验学校及贵驷中学，设立剑桥少儿英语等级培训考试点。2002 年，小学五、六年级和初一年级信息技术课为必修课程，小学英语课从三年级起开设。

办学评估

1989 年，69 所小学达到市《基本办学纲要》标准。2000 年，区教育局制订《镇海区农村完小办学水平星级评估方案》。2001 年，对 16 所农村完小进行全面检查评估，乔梓等 13 所学校被评为三星级，长石等 3 所学校被评为二星级，区内已无一星级农村完小。

1986—2008 年镇海区小学教育基本情况表

表 35－5

年份	学校数（所）	班级数（个）	学生数（人）	入学率（%）	教职工人数	
					合计	专任教师
1986	88	392	12730	99.60	715	615
1987	77	394	12946	99.60	720	616
1988	76	407	14473	98.80	754	670
1989	71	472	16097	99.90	817	721
1990	67	437	16464	99.70	753	767
1991	59	418	14480	99.90	674	612
1992	54	400	13732	99.85	817	728
1993	56	432	15373	99.80	809	737
1994	49	431	15886	99.85	806	735
1995	49	431	16112	99.98	842	780
1996	47	432	16403	99.90	840	778
1997	45	431	17083	99.91	842	779
1998	44	439	17638	99.92	838	775
1999	35	434	17581	99.92	894	779
2000	28	423	17241	99.93	835	779
2001	27	398	16783	99.93	804	786
2002	24	379	16789	99.95	836	786

续表 35－5

年份	学校数（所）	班级数（个）	学生数（人）	入学率（%）	教职工人数	
					合计	专任教师
2003	24	396	16906	99.97	1015	892
2004	24	499	22583	100	1087	961
2005	24	511	22948	100	1133	1020
2006	25	534	24166	100	1239	1096
2007	25	481	24837	100	1261	1120
2008	25	505	24971	100	1311	1157

1986—2008 年镇海区初中教育基本情况表

表 35－6

年份	学校数（所）	班级数（个）	学生数（人）	毕业生数（人）	招生数（人）	流产率（%）	专任教师（人）
1986	11	170	8240	2795	2364	5.42	321
1987	10	164	7392	2526	2272	3.05	313
1988	10	133	5784	2394	1239	1.74	334
1989	9	116	4833	2052	1310	2.10	338
1990	9	174	4903	2009	2303	1.48	304
1991	9	179	6026	1265	2650	1.35	347
1992	9	155	7246	2248	2825	1.30	442
1993	9	176	8021	2148	2565	1.40	481
1994	9	181	8319	2464	2926	1.02	494
1995	8	181	8416	2690	2958	0.85	509
1996	8	179	8661	2406	2804	0.54	525
1997	9	168	8003	2750	2264	0.54	526
1998	10	157	7305	2788	2277	0.53	496
1999	10	159	7247	2612	2747	0.27	504
2000	6	174	8326	2132	3368	0.20	482
2001	5	187	9197	2150	3163	0.20	518
2002	5	197	9694	3306	3236	0.17	518
2003	5	196	9566	2793	2779	0.21	548
2004	3	195	9399	3061	3342	0.20	568
2005	3	207	9988	3172	3503	0.04	595

续表 35－6

年份	学校数（所）	班级数（个）	学生数（人）	毕业生数（人）	招生数（人）	流产率（%）	专任教师（人）
2006	4	219	10562	3271	3883	0. 02	452
2007	5	178	10939	3078	3804	0. 02	338
2008	5	171	11207	3198	3911	0. 00	376

说明：学校数不包括九年一贯制学校及完中初中部，学生数与专任教师包括这两类学校

第三节　外来务工人员子女义务教育

普及外来务工人员子女义务教育

2002 年，对进入公办学校就学的外来人口子女，实行“四减七免”（入学满四年，借读费减半，满七年全免）。2002 年 5 月，区教育局出台《关于流动人口子女学校小学毕业生中招收品学兼优学生升入公办初中的实施意见》。经严格考核，首批 42 名学生就读于省重点中学——龙赛中学，并实行“三免”（免学杂费、借读费、住宿费）。2004 年 4 月，区政府出台《镇海区流动人口子女义务教育若干规定》。2004—2005 年，建立 3 所公办外来务工人员子女学校。对符合条件但未在公办学校就读的学生，每生每年补贴 330 元，2006 年至 2008 年共补贴 256 万元。2007 年，安排专项资金 1000 万元，用于解决外来务工人员子女义务教育问题。2008 年，19934 名外来务工人员子女在镇海区各类学校就读，其中在公办学校就读的 14379 人占 71%。

扶持规范外来务工人员子女学校

2001 年 11 月，镇海区首所外来务工人员子女学校——建成小学开办。2002—2005 年，城关镇星宇和希望、庄市镇利民和爱心、骆驼镇育才和务实等外来民工子女学校陆续开办。2002 年起，实施《镇海区外来民工子女学校办学标准（试行稿）》，对 5 所外来民工子女学校进行年检评估，全部基本合格。区教育局扶持和规范民工子女学校办学，出资聘请富有管理能力的退休教师分别担任各校名誉校长，协助加强学校管理。民工子女学校添置贵重教学设备设施，给予 30% 资额补助。2002 年 5 月起，全日制小学与当地外来民工子女学校建立结对帮扶关系。民工子女学校行政管理归属镇（乡）中心学校，财务由镇中心学校统管，每学期学杂费收入的 1% 作为风险储备金。同年 8 月，民工子女学校财务管理纳入区教育局会计核算。2004 年，区教育局聘请政法部门 6 位优秀干警分别兼任民工子女学校法制副校长，加强对学生法治教育。2005 年 9 月起，区教育局每年补助公交公司 25 万元，用于民工子女上学放学接送。2006 年年初，对 6 所外来务工人员子女流动人口学校（小学）进行星级评估，务实、建成学校为二星级，庄市爱心、虹桥希望学校为一星级。2007 年进行第二轮星级评估，务实、建成学校被评为三星级。2008 年，区教育局首次实施后备干部到民办外来务工人员子女学校挂职锻炼制度。

2008 年镇海区外来务工人员子女民办小学情况表

表 35－7

校名	班级数	学生数	毕业生数	教职员工数		占地面积（平方米）	建筑面积（平方米）
				总数	其中教师		
建成学校	26	1431	279	54	45	4356	3555
务实学校	23	1158	216	45	39	7800	3660
星宇小学	12	563	112	20	17	2800	1350
希望学校	21	1178	224	41	36	3840	1768
爱心学校	16	808	172	30	26	6480	3050
育才学校	10	416	89	19	15	1360	717

说明：数据摘自 2008 年 9 月年度报表（各学校 2008 年的数据与 2008 年 9 月的学年报表数据并不完全一致的系当年年底统计数）

第四节　学校选介

应行久外语实验学校

校址位于镇海清川路 91 号。1999 年 7 月，城关中学和城关四校撤并，建立宁波市镇海区外语实验学校。是第一所以外语为特色的九年一贯制公立学校，享受完全中学待遇，由区教委直接管辖。2006 年 3 月 31 日，更名为宁波市镇海应行久外语实验学校。应行久捐建。英语教学、数学特长生培养、艺术教育、科技活动等为学校特色项目。先后获“市现代技术示范学校、市行为规范示范学校、省卫生先进单位、省国防教育先进单位、省绿色学校”等 40 余项称号。在职在编教职工 118 人，专任教师学历达标率 100%，达高一级学历人数占 95% 以上。2008 年有教学班 42 个，其中小学部 24 班、中学部 18 班，学生总数 2100 余人，是全区班级数、学生数最多的一所义务教育段学校。

仁爱中学

校址位于镇海区招宝山街道淡水井头 25 号。由祖籍镇海旅日侨胞张爱芳女士，遵循其丈夫张济仁遗愿，捐资 800 万元新建。1998 年 10 月，新校落成，定位为区实验初级中学，享受完全中学待遇。建校以来，以“校有特色，生有特长”为目标，致力于学校特色和品牌创建工作：三个特色项目——德育、体育、科技，一个品牌——全面素质教育。获“宁波市首批行为规范示范学校”“浙江省治安安全单位”“浙江省卫生先进单位”“浙江省国防教育先进学校”“浙江省现代教育技术实验学校”“浙江省绿色学校”等称号。占地近 2 万平方米，总建筑面积 1.4 万平方米。各类教育设备齐全。2008 年有教学班 30 个，学生 1644 名。教职工 105 人，有高级教师 30 名，中高级教师占专任教师 70%。

镇海区中心学校

校址位于镇海区招宝山街道龙洋路39号。前身为镇海区城关镇中心学校，创建于1987年8月。2002年5月改名为镇海区中心学校，由区教育局直管。占地13868.20平方米，建筑面积10987平方米，绿化面积2104.61平方米。2008年有35个教学班，1678名学生，81名专职教师。其中有市名校长、市区名教师、区学科带头人等多名。坚持“全面发展打基础、特长发挥出人才”办学宗旨，先后获“宁波市义务教育课程改革先进集体”“浙江省文明单位”“浙江省城镇示范小学”“浙江省重视教育科研先进集体”“浙江省教育科研先进集体”“浙江省校本教研示范学校”“浙江省现代教育技术实验学校”“浙江省红十字示范校”“浙江省语言文字示范校”“浙江省体育特色学校”“浙江省巾帼文明岗”“浙江省卫生先进单位”“全国雏鹰红旗大队”“全国百所特色学校”和“世界卫生组织（WHO）健康促进银牌学校”等多项称号。

镇海区实验小学

校址位于镇海区招宝山街道人民路34号。创建于1912年，原名县立女子高等小学校。1926年秋，改为县立第一小学。抗战胜利后，改为南熏镇中心小学，1947年又改为蛟川镇中心学校，1949年7月改为城关镇中心学校。1953年为城关区中心学校，又称城关一校。“文化大革命”期间，曾更名为红旗“五七”学校，1978年复名为城关镇中心学校。1987年6月改为城关一校。1989年改为现名。占地4608平方米，建筑面积4284平方米。有齐备的校园音响系统、闭路电视系统和多媒体网络系统。2008年有教学班18个，922名学生，教职工44人。教师都具有大专以上学历，其中本科占37%；拥有21名名优教师，占教师总数的47.7%。学校以创名校、出名师、育名生为办学目标，初步成为一所有特色的实验学校，先后获“全国素质教育先进单位”“少先队全国红旗大队”“省军警民共建先进单位”“省语言文字规范化示范学校”“省现代教育技术实验学校”“省绿色学校”“省艺术项目特色学校”“省卫生先进集体”“市文明单位”“市示范性文明学校”等称号。

骆驼中心学校

校址位于镇海骆驼街道三五路151号。前身为翁氏私立锺毓学校，创建于清宣统三年（1911），1949年10月改为慈溪县庄桥区骆驼小学，1951年改为骆驼区中心小学。“文化大革命”期间并入骆驼中学。1971年还原址，1978年恢复骆驼区中心小学，于1985年10月改称骆驼镇中心学校。1993年4月，易地扩建，并于次年8月迁址于骆驼孝思房。2001年，撤镇建街道，学校始用现名。占地面积33075平方米，建筑面积10492平方米。2008年有30个教学班，学生1477人，教职工74名，其中专任教师72名。拥有多名学科带头人和优秀教师。历经百年发展，学校积淀深厚的文化底蕴和优良教育教学传统。1995年来，获得“市文明单位”“省首批文明学校”“省首批示范性实验小学”“全国少先队红旗大队”“省现代教育装备实验学校”“省科研兴校200强”“省实验学校研究会先进集体”“省校本教研示范学校”“省书法教育研究会实验基地”“省中小学图书馆（室）工作先进集体”“省先进体育传统项目学校”“省第九届运动会业余训练先进集体”“省中小学交通安全宣传教育先进集体”等称号。学生黄瑞芬进入国家队后，先后5次获世界技巧冠军；作为省游泳特色学校，全校绝大多数学生会游泳，1990年代表宁波市参加省学校游泳比赛获团体第二名。

1988年、2006年两名学生分别参加全国城运会和全国游泳锦标赛获3金2银1铜。在7至13届省运会游泳比赛中共获10金19银19铜。9至15届市运会共获得67枚金牌。在省市级非全运会游泳比赛中共获金牌23枚，至2008年还保留着56项省、市、区少儿游泳纪录。学生书画作品2000余件在省级刊物上发表或获奖。学校推进教育信息化建设，校园网已累积教师自制课件5000余件，有十余位教师课件在全国、省市制作评比中获奖。

庄市中心学校

校址位于镇海区庄市街道街河北路18号。前身为清光绪二十一年（1895）三月创办的崇正书院，光绪三十二年改办为崇正两等小学堂。1928年改名为庄市小学，1947年7月至1961年为庄市区校。1961年更名为庄市镇中心学校。2002年改名为庄市中心学校。占地面积17900平方米，绿化面积1098平方米。2008年有21个教学班，学生942名，教职工51名。有多名区市级教坛新秀和学科带头人。以科研强校、文化润校、质量立校、特色亮校为办学目标。1994年后获“省先进实验室”“雏鹰红旗大队”“省首批农村示范学校”。“全国群众体育先进集体”“市优秀科学教学实践基地”“市教育特色网站”“中国青少年网络普法基地”“省中小学示范实验室”等称号。从2000—2008年，学生习作在省市级报纸杂志发表或获奖300篇左右，美术作品获奖或发表230余幅，书法作品100幅左右，体育艺术类获奖近100人次，其他类30次左右。

澥浦中心学校

校址位于镇海区澥浦镇校院新村86号。前身为澥浦学堂，创办于清光绪三十年（1904）。民国初改为澥浦学校。1928年分为区立澥浦小学与区立澥浦高级小学。抗战胜利后，改为澥浦乡中心国民学校。1949年解放后改为公立。1969年更名为澥浦中心小学，1970年改为觉渡公社澥浦学校，1983年改名为觉渡乡中心学校。1985年3月定名为澥浦镇中心学校。占地面积25268平方米，建筑面积7369平方米，2008年有教学班25个，学生1175名，在编教师59名。具有光荣革命传统，1942年10月已曾建立中共澥浦小学支部。努力探索“以特色促发展”办学路子，创建3个特色项目——宁波市艺术特色项目学校（器乐）、地方文化澥浦船鼓、地方文化舞龙，1个办学品牌——艺术特色。并取得一定成果。“小螺号”艺术团曾获省中小学生器乐合奏比赛三等奖，还参加省电视台节目摄制。学生素质全面提高，在各级各类比赛中频频获奖。曾获“全国青少年读书教育活动组织奖”“省小学组电脑作品一等奖”，以及“市园林式单位”“市非物质文化遗产传承基地（青少年）”“省食品卫生A级单位”等称号。教师队伍呈现年轻化、专业化，35周岁以下青年教师占77%，大专以上学历58人，其中本科学历32人。

第四章 高中教育

1985 年 10 月，镇海区有镇海中学、骆驼中学、城关中学、石化总厂职工子弟中学 4 所完中，共 37 个班级，1829 名学生，121 名专任教师。1986 年，城关中学停招普高生。1987 年镇海区高中有 39 班，学生 1967 人，专任教师 133 人。其中新建中兴中学于 9 月开始招收高一新生 140 余名。1992 年，新建的龙赛中学开始招收高一新生 2 班，骆驼中学试办全省第一所农村综合高中。1994 年 8 月，镇海石化总厂所属炼化中学试行动态编班，探索高中分层次教育模式。1995 年，镇海中学成为全省第一所省一级重点中学。1998 年，根据省一级重点中学必须与初中脱钩的规定，镇海中学不再招收初一新生，龙赛中学试办普通高中体育、艺术特色班，骆驼中学开拓“2+1”高中分流教育。是年，创办股份制民办完全中学蛟川书院，其中高中部有 11 班。2004 年 9 月，龙赛中学初中部撤销，不再招收初中年级学生。2007 年，龙赛中学通过省一级重点中学评估。2008 年，全区有高级中学 2 所，完全中学 2 所，民办高中 1 所，共有 93 个班级，4050 名学生。普通高中教育段共有在职教师 375 人，专任教师学历合格率为 99%，有各类名优教师 120 人，其中省特级教师 5 人。

第一节 教育教学

学籍管理

1996 年 7 月起，加强普通高中学籍管理。招收高一年级新生，不得有编外生、旁听生；未经会考，任何部门不得发放高中毕业证书。1999 年 8 月，当年秋季入学高一学生统一使用修订后的学生档案表，对以前入学的普通高中学生由各学校进行调整。2006 年起，根据新课程改革与实验要求，全区对所有学生建立电子学籍，实行数字化、开放化、动态化学籍管理。

会考

1993 年，镇海中学参加省高中证书会考，优秀率为全市第一，中兴中学会考合格率居全市前茅。1994 年，经省教委评估确认，镇海中学为省内第一所高中会考全科免试学校。1996 年，龙赛中学首届高三两个班级 85 名学生通过省九科证书会考，全部毕业，其中语文、政治会考合格率、平均分等指标均达一级水平。2004 年，镇海区高中证书会考合格率达 99.6%。

课程设置

全区普通高中从 2001 年秋季起全面实施教育部制定的《全日制普通高级中学课程计划（试验修订稿）》，并使用与该计划相配套的高中新教材。2001 年，龙赛中学以省级课题为契机，进行高中语文教学改革；中兴中学结合省级课题，在研究性课程开设上进行探索。

2001 年镇海区普通高中教学计划情况表

表 35－8　　单位：小时

科目	高一	高二	高三	授课总时数
政　治	2	2/3	1	177
语　文	4	4	5	392
数　学	4	4	5	392
外　语	4/5	4	4	385
物　理	3	3/2		187
化　学	3/2	3		187
生　物		3		102
历　史	2	2		136
地　理	3			102
体　育	2	2	2	184
计算机	2			68
艺　术	1	1		68
劳动技术	每学年 4 周，共 12 周			
社会实践	每学年安排 2 周。 在劳动技术课或学科教学活动的时间内安排			
每周必修课总课时数	30	28	17	2380
选修课		2	13	380
课外活动	4（体育锻炼 2 其他 2）	同左	同左	368
周活动总量	34	34	34	3128

2001 年镇海区普通高中课程设置表

表 35－9　　单位：小时

课程			周课时累计	必修选修授课时数	总授课时数学
学科	思想政治	必修	6	192	192
	语　文	必修	12	384	384
	外　语	必修	12	384	384
	数　学	必修	8	280	332～384
		选修	2～4	52～104	
	信息技术	必修	2	70	70～140
		选修	2	70	
	物　理	必修	4.5	158	158～306
		选修	5	148	

续表 35－9

<table>
<tr><th colspan="3">课程</th><th>周课时累计</th><th>必修选修授课时数</th><th>总授课时数学</th></tr>
<tr><td rowspan="12">学科</td><td rowspan="2">化 学</td><td>必修</td><td>4</td><td>140</td><td rowspan="2">140～271</td></tr>
<tr><td>选修</td><td>4.5</td><td>131</td></tr>
<tr><td rowspan="2">生 物</td><td>必修</td><td>3</td><td>105</td><td rowspan="2">105～183</td></tr>
<tr><td>选修</td><td>3</td><td>78</td></tr>
<tr><td rowspan="2">历 史</td><td>必修</td><td>3</td><td>105</td><td rowspan="2">105～236</td></tr>
<tr><td>选修</td><td>4.5</td><td>131</td></tr>
<tr><td rowspan="2">地 理</td><td>必修</td><td>3</td><td>105</td><td rowspan="2">105～209</td></tr>
<tr><td>选修</td><td>4</td><td>104</td></tr>
<tr><td>体育与健康</td><td>必修</td><td>6</td><td>192</td><td>192</td></tr>
<tr><td>艺术（音乐、美术）</td><td>必修</td><td>3</td><td>96</td><td>96</td></tr>
<tr><td rowspan="4">综合实践活动</td><td>研究性学习</td><td rowspan="4">必修</td><td>9</td><td>288</td><td>288</td></tr>
<tr><td>劳动技术教育</td><td colspan="3">每学年 1 周（可集中安排，可分散安排）</td></tr>
<tr><td>社区服务</td><td colspan="3">一般应利用校外时间安排</td></tr>
<tr><td>社会实践</td><td colspan="3">每学年 1 周（可集中安排，可分散安排）</td></tr>
<tr><td colspan="3">地方和学校选修课</td><td>11～19</td><td colspan="2">340～566</td></tr>
</table>

说明：周课时累计指各学科每学年周课时之和

高考

1986 年，全区高考录取学生共 180 人，其中重点大学 68 人，一般本科 50 人，专科 62 人，高考录取率为 43.4%。1994 年，镇海中学高考录取率为 98.7%，列全省第二位。1998 年，龙赛中学高考上线共 96 名，其中理科上重点线 14 名，文科上重点线 6 名。1999 年，全区高考录取学生共 451 人，高考上线率为 65.5%，居全市第二位。是年，镇海中学高考上线率 99.6%，重点大学上线率为 85%。2001 年，镇海区高考上线 860 人，上线率 88.3%，上组档线 910 人，上线率为 93.43%，录取 849 人，录取率 87.2%。2003 年，共录取 954 人，录取率为 87.5%，高出全省平均近 10 个百分点，其中镇海中学高三毕业生被清华、北大录取 28 人，占全市一半多，在全省县（市、区）中列首位。2003 年，全区升入普通高校高职校共计 1039 人，首次突破千人大关。2006 年，全区普高毕业生参加高考共 1725 人，上线 1578 人，其中上本科线 1014 人，浙江省文理科前 100 名中，镇海区占 19 名。镇海中学一本上线率达 88.1%，其中 600 分以上学生占 70.2%，宁波市文、理科第一名均出自镇海中学。2008 年，全区 5 所普通高中学校报考普通高校 1697 人，其中上重点大学批次 489 人，占 28.8%；上本科批次以上 1031 人，占 60.8%；上档线以上 1602 人，占 94.4%，镇海中学重点大学上线率达 91.8%，囊括全省高考第一、二名和宁波市文科第一、二名，31 名学生被清华、北大录取。

1986—2008 年镇海区高中学生情况统计表

表 35－10

单位：人

年份	镇海中学		龙赛中学		中兴中学		骆驼中学		石化厂子弟中学		城关中学		合计			
	班级	学生数	班级	学生数	班级	学生数	班级	学生数	班级	学生数	班级	学生数	班级	学生数	招生数	毕业生数
1986	17	868	—	—			11	570	5	166	4	225	37	1829	659	356
1987	20	1046	—	—	2	112	11	568	4	129	2	112	39	1967	691	575
1988	23	1220	—	—	5	248	10	507	5	145		—	43	2120	667	572
1989	22	1125	—	—	7	326	8	396	5	146		—	42	1993	601	692
1990	21	1062	—	—	6	260	7	341	5	148		—	39	1811	559	719
1991	17	867	—	—	6	271	5	238	6	149	1	52	35	1577	388	637
1992	14	717	—	—	6	274	4	188	5	125	2	90	31	1394	424	602
1993	13	698	2	86	7	346	5	242	6	138	2	91	35	1601	767	571
1994	18	875	4	203	9	462	7	337	6	166	1	40	45	2083	883	397
1995	21	1008	7	374	10	516	8	377	6	196		—	52	2471	840	429
1996	20	1020	8	456	10	519	7	329	7	240		—	52	2564	853	751
1997	21	1073	10	584	9	464	6	297	9	309		—	55	2727	1041	870
1998	23	1134	11	648	9	475	6	317	10	347		—	59	2921	1034	830
1999	24	1195	13	722	9	492	7	387	10	332		—	63	3128	1159	839
2000	24	1161	14	738	9	492	7	388	8	275	蛟川书院		62	3054	962	1031
2001	24	1147	16	774	10	541	6	326	7	222	2	110	65	3120	1111	1028
2002	24	1125	18	894	13	697	5	285	6	203	4	229	70	3433	1380	1017
2003	24	1135	21	1074	19	1003	6	274	6	203	6	337	82	4026	1572	948
2004	25	1140	24	1231	23	1224	6	328	6	217	7	350	91	4490	1554	1075
2005	24	1149	24	1283	25	1324	6	329	6	221	7	365	92	4671	1557	1637
2006	25	1206	24	1272	24	1270	8	429	4	148	7	341	92	4666	1285	1534
2007	25	1186	24	1249	24	1238	10	500	2	84	8	388	93	4645	1384	1548
2008	25	1183	24	1225	24	1190	12	548	0	0	8	359	93	4505	1471	1621

说明：摘自 1986—2008 学年中小学及其他学校综合统计报表

1986—2008 年镇海区高中毕业生升学情况统计表

表 35－11　　单位：人

年份	考生数	高等院校				高中中专	高中技术	升学总人数
		重点大学	一般本科	专科	小计			
1986	415	68	50	62	180	35	24	239
1987	548	70	61	78	209	48	46	303
1988	613	75	49	76	200	97	35	332
1989	649	74	62	86	222	74	—	296
1990	738	49	46	88	183	76	47	306
1991	715	44	47	79	170	81	84	335
1992	621	54	33	76	163	110	63	336
1993	603	54	62	100	216	101	49	366
1994	374	54	65	57	176	84	17	277
1995	377	63	43	52	158	32	3	193
1996	626	108	97	102	307	43	2	352
1997	681	166	71	86	323	30	20	373
1998	667	177	92	70	339	36	4	379
1999	689	181	91	179	451	—	—	451
2000	911	234	263	212	709	—	—	709
2001	974	237	384	228	849	—	—	849
2002	1120	252	341	319	912	—	—	912
2003	1090	279	318	357	954	—	—	954
2004	1240	339	454	313	1106	—	—	1106
2005	1508	368	476	443	1287	—	—	1287
2006	1725	426	564	461	1451	—	—	1451
2007	1694	453	529	459	1441	—	—	1441
2008	1697	469	577	475	1521	—	—	1521

说明：区高招办统计

第二节　镇海中学

校址位于鼓楼东路 32 号。镇海中学创建于清宣统三年（1911），前身是镇海县中学堂。后数次易名，1952 年改名为镇海县第一初级中学。1956 年与辛成初中合并，成立完全中学，命名浙江省镇海中学。1959 年更为浙江省宁波镇海中学。1985 年改名为宁波市镇海中学。1960 年出席全国文教战线群英会，被授予“全国先进单位”称号。1978年被浙江省政府定为13所重点中学之一，1981年被定为浙江省首批办好的18所中学之一。20世纪90年代，连续成为全省第一所通过合格评估的重点中学、第一所实行高中会考全科免试学校和第一所通过一级重点中学评估的学校。至2008年，学校获得“全国计算机教育先进单位”“全国现代技术实验学校”“全国青少年科技创新人才培养项目实验学校”“全国中小学德育工作先进单位”“全国模范职工之家”“全国依法治校示范校”“全国绿化先进单位”“全国部门造林绿化400佳”“全国精神文明建设先进单位”“全国文明单位”“省结对扶贫先进学校”“省教育科研先进学校”等称号，名列全国百强学校。为国家培养一大批杰出人才，中科院院士李志坚、贺贤土、沈自尹，著名美籍华人作家於梨华、南京紫金山天文台台长张和祺等均毕业于此。

校园建筑中西合璧，拥有丰厚历史文化资源，汇集抗倭、抗英、抗法、抗日及解放战争时期的历史遗迹及人文景点15个，其中3处系全国重点文物保护单位（点）。镇中校园与镇海口海防遗址一起成为36个“全国青少年爱国主义教育基地”之一，被列为中宣部公布的100个爱国主义教育基地之一。学校“德育12345系统工程进校园”案例受到中央文明办表彰。

坚持教科研兴校，《学生最优发展模式》《课堂——网络整合，超课堂教学模式的探索》两个课题先后获省人民政府第一、二届基础教育教学成果一等奖。国家级课题《融人文与科技，营造个性化校园——镇海中学现象的学校文化解读》获浙江省基础教育教学成果一等奖。另一个国家级课题《基于现代信息技术环境下学与教的理论与实践研究——应用现代信息技术培养学生创新精神的实验研究》也已结题，有多个国家级课题研究在进行中。

整体办学水平处于全省领先地位。几年来高考上线率一直保持100%，重点率达87%以上，600分以上高分每年都在60%以上，2006年达70.2%。学生多次列省、市文理科高考前几名，从2002年到2008年，共有85名学生进入北大和清华。学科竞赛成绩突出，在多届全国物理竞赛和国际物理学奥林匹克竞赛中取得好成绩。2008年“镇海中学教育教学成果在全国产生影响力”入选“纪念改革开放30周年宁波教育30件大事”。

学校占地8.53公顷，建筑面积4万余平方米。学校设施先进，建有高规格的千兆校园网，高规格的图书电教馆、功能齐全的体艺馆、室内冷暖游泳池、屋顶网球场、400米塑胶田径场、橡胶篮排球场等现代化教育设施俱全。在近郊建有一个占地3.33公顷的农科园艺场。2008年有24个高中教学班，学生近1200人。有教职工128名，中高级职称占82%以上，特级教师5名，省、市教坛新秀30多名。获全国和省级劳动模范、先进教师等荣誉称号10余名。

2004—2008年镇海中学高考上线情况表

表35－12

项目	2004年	2005年	2006年	2007年	2008年
重点率	82.10%	87.80%	88.10%	93.90%	91.80%
二本率	96.31%	96.60%	96.40%	99.70%	98.60%
本科率	99.43%	100%	99.70%	100%	99.72%

续表 35－12

项目	2004 年	2005 年	2006 年	2007 年	2008 年
理科全省前 100 名人数	7	9	9	12	17
文科全省前 100 名人数	2	2	10	3	6
全省前 100 名文理合计人数	9	11	19	15	23

2004—2008 年镇海中学学生升入部分高校情况表

表 35－13　单位：人

学校	2004 年	2005 年	2006 年	2007 年	2008 年
北京大学	7	12	16	13	15
清华大学	8	7	7	9	16
复旦大学	6	14	9	14	19
上海交大	7	4	5	13	10
中国人民大学	2	1	1	6	5
中国科技大学	4	5	3	1	6
浙江大学	52	65	63	75	71
以上各校合计	86	108	104	131	142
升入中国香港、澳门地区，美国、法国、英国、加拿大、新加坡等境外学校	3	10	17	19	17

1990—2008 年镇海中学获全国级学科竞赛优胜者名录一览表

表 35－14

年份	姓名	竞赛名称	获奖
1990	苏淑芳	全国化学冬令营赛	一等奖
1990	代表队	全国中学生物理竞赛（浙江赛区）	二等奖、三等奖各 1 人
1991	代表队	全国中学生物理竞赛（浙江赛区）	一、二、三等奖各 1 人
1995	代表队	全国中学生化学竞赛（浙江赛区）	13 人获奖，其中一等奖 2 人
1996	代表队	全国中学生奥林匹克化学竞赛（预赛）	一等奖 4 人、二等奖 3 人、三等奖 10 人
1996	代表队	全国中学生化学竞赛（浙江赛区）	一等奖 1 人、二等奖 3 人、三等奖 14 人
1997	代表队	全国高中数学联赛	一等奖 4 人、二等奖 6 人、三等奖 8 人
1997	代表队	全国第十四届中学生物理竞赛（浙江赛区）	一等奖 1 人、二等奖 3 人、三等奖 4 人
2002	王魏刚	第十九届全国中学生物理决赛	一等奖
2002	王加白 王崇理	第十八届全国数学冬令营赛	银奖 铜奖

续表 35－14

年份	姓名	竞赛名称	获奖
1999	代表队	全国高中数学联赛	一等奖 7 人、二等奖 11 人、三等奖 8 人
2003	代表队	第二届全国女子数学奥林匹克赛	2 银、2 铜奖
2004	代表队	全国高中数学联赛复评	王崇理等 4 人选入省队
2004	代表队	第二十届全国中学生物理竞赛	一等奖 6 人、二等奖 8 人、黄赟获金奖
2005	王崇理 柯　挺 周晓云	第二十届全国数学冬令营赛	金奖 银奖 银奖
2006	柳音羽 方仙法	第十一届全国青少年信息学奥赛	银奖
2006	沈才立 谢　腾	全国数学奥林匹克赛	金奖 银奖
2006	代表队	全国中学生数学联赛	一等奖 5 人，团体优胜奖
2006	代表队	第二十三届全国物理竞赛（浙江赛区）	团体第一名，一等奖 8 人
2007	张斌秋	首届亚洲与太平洋地区信息学奥赛	铜奖
2007	沈才立	国际奥数竞赛（IMO）	金奖
2007	沈才立 周晨璐	第二十二届全国数学冬令营奥赛	金奖 银奖
2007	代表队	第二十四届全国物理竞赛复赛	一等奖 8 人
2008	谢　天	第二届亚洲与太平洋地区信息学奥赛	银奖
2008	代表队	第十三届全国青少年信息学奥赛	17 名选手全部获奖，其中一等奖 3 人

第三节　其他高级中学（完中）

龙赛中学

校址位于区招宝山街道茗园路 151 号。兴建于 1991—1993 年，为公立学校，由香港实业家包玉书、包玉刚兄妹 6 人，捐资 1000 万港元建造。“龙赛中学”校名以其父母名中（包兆龙、陈赛琴）各取一字组成。占地面积 4 万平方米，建筑面积 1.6 万平方米。教学设施设备高标准、现代化，拥有标准的田径场、体育馆、理化生物实验室和科技图书馆，配置多媒体系统包括电脑房、语音实验室、电化综合教室，建有全校闭路电视系统。教师中本科学历为 100%，50% 以上为中学高级教师。发表或在市级以上获奖论文 140 余篇，其中有 37 篇发表在国家级期刊上，校本培训工作和教科研成果在宁波市同类学校中名列前茅。后包氏兄妹又先后捐资 100 万美金和 1000 万港元的升值部分，设立“包氏奖教奖学基金”，用于奖励优秀教师、品学兼优的学生和帮助家庭经济困难的学生。2004 年晋升为省二级重点中学。学校教学质量稳中有升，年年进步，高中会考合格率 99%，50%

学科达到浙江省一级水平。2003年后，高考上线率均在98%以上，上重点大学学生保持在20%左右，本科率在80%以上。获得“全国绿色学校”“省一级重点中学”“省文明单位”“省文明学校”“省卫生先进单位”“省安全治理示范学校”“市示范性文明学校”“市德育先进单位”“市花园式单位”“省高中办学水平A级学校”“上海师范大学科学技术学院实验研究基地”“教育部十五规划重点课题实验学校”“联合国教科文组织EPD项目实验学校”等称号。

中兴中学

校址位于镇海区庄市街道中兴路1号。前身为创建于1904年的叶氏义庄，创办人是宁波帮领袖、上海滩“五金大王”叶澄衷。1987年，由包玉刚、邵逸夫、包从兴、赵安中、叶谋彰等旅港校友共同捐资复校并扩为完全中学，并与1956年创办的庄市中学合校，定名为宁波市镇海区中兴中学。1992年，旅港、台校友再度捐资扩建校舍。学校被宁波市政府定位为对外联谊的窗口学校，并享受省级重点中学待遇。2003年，区政府投资4000万元进行扩建改建。已形成治学严谨、德智并重、中西合璧、理念超前的办学特色。先后获得浙江省高中办学水平A级学校、宁波市示范性文明学校等多项称号。2004年，承担省级重点规划课题《开发商帮文化资源，开展高中生涯教育》，通过研究包玉刚、邵逸夫等中兴老学长成功之路，传承中兴精神，寻求商帮文化与学生生涯发展结合点，指导高中生规划自己人生。该课题获2006年浙江省优秀科研成果二等奖。占地面积68700平方米，建筑面积28168平方米，绿化覆盖率43%。拥有实验室、多功能报告厅、多功能教室、网络中心、计算机教室等专用教室20多个。2008年有42个班级，在校学生2072人；教职员工152人，设学科教研组12个；高级教师42人，中高级教师占专任教师数的78.8%，拥有市、区骨干教师、学科带头人34人，镇海区名教师3名，省、市教坛新秀8名，省级各类先进教师5名。

骆驼中学

校址位于镇海区骆驼街道荣骆路372号。创建于1956年，初名镇海县第三初级中学。1960年始办高中，次年高中并入镇中，1971年起恢复高中。1980—1986年新建大礼堂、教学楼、伟年实验楼等。2001年河头中学、2004年贵驷中学先后并入骆中，到2008年已成为一所理念先进、特色突出、环境幽雅、现代气息浓郁的完全中学。坚持以人为本，走内涵发展之路，在特色品牌创建方面成为宁波市自行车运动训练基地和镇海区政协书画院传承基地。省立项课题《教师专业成长档案数字化管理与应用研究》的成果在全区各学校中推广。校园网站先后被评为宁波市2006年教育实践类特色网站和浙江省2008年度优秀教育类网站。2008年学生高考上线率达91.5%，报考美术、体育类的考生本科率达90%。占地4.5万平方米，建筑面积2万平方米，绿化覆盖率50%。2008年有教学班36个，学生1700多名，教职工118人，其中中、高级职称教师占70%，是宁波市示范性文明学校、市一级绿化先进单位暨花园式单位。

蛟川书院

校址位于镇海庄市街道逸夫路。1998年，由镇海大成实业公司出资兴办股份制民办初级中学，命名为宁波市镇海蛟川书院，取原镇海县别名“蛟川”之深厚文化底蕴。2001年，扩展为完全中学。凭借体制优势，秉持“质量立校、科研强校、管理治校、服务兴校”办学理念，在教学模式上，强化小班化教学的实践探索，开展与新加坡等国外著名中学交流和协作。先后获得宁波市示范性文明学校、省民办特色学校等奖项，并于2006年被评为全国教育科学规划课题实验基地。几年来，书院毕业生以综合素质优、发展后劲足广受赞誉。初中部学生一级重点中学升入率在区内独占前列；高中部学生高考升学率、重点率、600分以上高分率均超过宁波市省一级重点中学平均水平，学生多次在国家和省市学科竞赛中获奖。庄市校区于2006年竣工并正式开课。占地22公顷，建筑面积近7.2万平方米。2008年初中部有教学班级46个，学生2031人；高中部教学班级11个，学生520人。学校在职在编教职工135人，96%拥有师范院校本科学历。

第五章　职业技术教育

镇海区建区后，专业、职业技术教育得到很大发展。1986 年，镇海职业中学成为宁波市首批办好的十所职业中学之一。1989 年，全区接受职业技术教育的新生，占全日制高中数新生比例数的 50% 以上。1991 年，区政府建立职业技术教育领导小组，制定全区首个职业技术教育五年规划。1997 年，贯彻落实《中华人民共和国职业教育法》，建立职教事业经费逐年增长机制。进入新世纪后，专业、职业技术教育规模进一步扩大。2008 年，区职业教育中心学校招收 14 个职业中专班，698 名新生，在校生 1972 名，43 个班，毕业 622 人，就业率 97.3%，学校“双师型”教师占专业课教师的 82.6%。

第一节　布局设置

1981 年，原镇海县城关二中试办财会、棉纺专业两个附设职高班，招收 97 名学生。1984 年 8 月，附设职高班正式定名为镇海职业中学，与城关二中并存。1986 年 9 月，庄市中学开设职业高中机电班，招生 50 人，学制 2 年。镇海石化总厂开办中等技术学校，学生 477 人。镇海教师进修学校设立宁波师范教育点，招收民师 42 人。贵驷中学第二届幼师班招收应届初中毕业生 32 人。1987 年，城关中学设职高点，招生 105 名。同年，利用庄市中学与中兴中学合并后原校舍创办镇海区职业技术学校。该校除接收原庄市中学机电班学生外，另招收纺织、化工、电子等 4 个专业班，共有 214 名学生。1989 年 7 月，全区形成 2 所独立职业中学和 3 所附设职高的布局。1997 年 7 月，镇海职业中专与镇海职业中学、区教师进修学校三校合并，更名为镇海区职业教育中心学校，对外挂镇海区职业教育中心、镇海区教师进修学校、镇海区职业中专三块牌子。2000 年，区教师进修学校从职教中心析出，区职教中心与职能相近的成人教育中心、宁波电大镇海工作站、区自学考试教育中心合并，保留原有校名。2001 年 4 月，学校被评定为国家级重点中等职业学校。2001 年 8 月，撤销镇海区职业技术学校，并入镇海区职业教育中心学校。2002 年，在宁波高教园区（北区）新建一所规模为 42 班，集职教、成教、电大、自考为一体，设置专业十余个的新职业教育中心学校，2004 年 9 月学校搬迁至新校区。

第二节　教学管理

专业设置

镇海区职业技术教育，根据地方经济特点，形成以机电技术应用专业为主，财贸与旅游、幼师并重，计算机应用等其他专业为补充的专业结构体系。创办于1984年的机电技术应用专业，为市首批重点专业和现代化示范专业。

课堂教学

1986年，对学生首次实行千分制考核。从1988年开始，职业高中所开设的课程进行毕业会考。1994年秋季起，职业高中语文、数学、政治、体育等文化课教材和机械、电工、财会、幼师、烹饪等专业课主干教材全市统一，非主干教材各校根据专业特点及本地实际需要自定。1996年，按照国家颁发的《职业技能标准》和《职业技能规范》，制定各专业课结业会考考纲和职业中专语文、数学会考考纲，逐步规范职业中专文化课、专业课教材，制定职业中专主要专业课教学计划，确定职业高中语文、数学两科二级会考要求。是年6月，全市职业高中一年级语、数统考，镇海区合格率分别为98.4%、94.8%。1997年6月，当年新招收班级开设《基础英语》课程，并于1998年至2000年参加全市统一考试。2004年，从当年秋季入学新生开始，全市省级及以上重点中等职业学校实施学分制和弹性学制。

职业实践

学校实施工学结合教学活动，分阶段，有序稳妥地推动“1331工程”。第一阶段，要求学生在入学第一学期内，到实习基地学习1周，使学生熟悉各种职业的工作环境；第二阶段，在两个暑假期间参加社会实践活动各3周，使理论学习与实际操作得到一个有机的统一；第三阶段，在毕业前参加专业毕业实习一个学期。以毕业后就业为导向，有针对性地将学生安排到相对应实习岗位上，提高学生就业竞争力。2007年12月，区职教中心与4家工业企业签约，成立区政府授牌的校外实训基地，学生实习基地从校内拓展到社会。2008年，华通电力有限公司被省教育厅等单位授予优秀职业教育校外实习基地荣誉称号（2007年度）。

第三节　办学模式创新

校企联办

1990年起，区职业中学开始“双元制”教学试点，先后与10多个部门、企业单位联合办学，利用其场地、设施、专业教师等优势，拓宽职业教育办学路子，逐步形成部门联办、厂校联办、校际联办、“双元制”办学、独立自考5种办学新模式。1997年，职业教育中心学校建立后，针对企业需求，与相关企业签订多份合作办学协议书。2008年校企合作班已由2003年的2个班增升到20

多个班，联办企业由当年的2家增加到13家，并形成具有镇海特色的“5+1”校内外实习实训基地，即在校外有5家企业可供学生无条件实习实训，在校内引进1家企业的车间供学生进行产品加工或研发。通过校企联动和“订单式”办学，学校实现与社会需求“零距离无缝对接”教学目的，毕业生一次性就业率达95%以上。

校校合作

区职业教育中心学校先后与浙江商业技师学院、宁波技师学院等高等院校合作，分别采取“3+3”和“3+4”教学模式，合作开办旅游酒店管理和汽车运用与维修专业，建立“中职+技师”培养模式。与宁波工程学院成人教育学院签约，合作开设中高职贯通班，即实行中职+自考本科+高技能培训“2.5+3+X”教学模式，开办1个汽车维修与检测专业班。与杭州科技职业技术学院签订合作办学协议，合作开设五年制高职教学班（“3+2”），学生前三年学习、实训由镇海职教中心负责，中职阶段学习结束后经测试选拔，进入杭州科技职业技术学院进行“3+2”高职后两年学习，符合毕业条件的发给高等职业教育毕业证书并向教育部电子注册。

1986—2008年镇海区职业高中教育情况表

表35-15　　单位：个、人

年份	学校		班级				学生			在编教工	
	独立设置	附设点	合计	独立设置	附设点	委培班	在校学生	毕业生	招生	总数	其中教师
1986	1	3	16	9	7	—	756	295	411	32	30
1987	2	3	23	15	8	—	872	342	477	57	46
1988	2	3	24	15	9	—	857	256	334	67	54
1989	2	3	21	16	5	—	736	526	328	97	72
1990	2	1	20	19	1	—	814	269	369	82	59
1991	2	—	17	16	—	1	762	355	262	77	51
1992	2	—	15	14	—	1	630	305	204	75	51
1993	2	—	20	18	—	2	838	299	451	76	50
1994	2	—	29	23	—	6	1199	204	462	80	57
1995	2	—	33	25	1	7	1390	309	458	86	60
1996	2	—	30	24	1	5	1272	392	331	90	66
1997	2	—	30	27	—	3	1220	428	402	95	78
1998	2	—	30	28	—	2	1145	290	446	114	80
1999	2	—	30	29	—	1	1133	345	321	97	82
2000	2	—	31	31	—	—	1240	316	419	110	92
2001	1	—	31	31	—	—	1295	393	532	136	95
2002	1	—	33	33	—	—	1353	388	544	127	96

续表 35－15

年份	学校		班级				学生			在编教工	
	独立设置	附设点	合计	独立设置	附设点	委培班	在校学生	毕业生	招生	总数	其中教师
2003	1	—	35	35	—	—	1483	364	581	160	118
2004	1	—	38	38	—	—	1736	417	658	160	119
2005	1	—	40	40	—	—	1913	440	683	—	125
2006	1	—	42	42	—	—	1960	550	633	—	130
2007	1	—	43	43	—	—	1968	662	695	—	132
2008	1	—	43	43	—	—	1972	622	698	—	132

说明：摘自 1986—2008 学年中小学及其他学校综合统计报表

第六章　成人教育

镇海区成人教育已逐步形成办学多层次、覆盖面广的办学特点。

1988 年 1 月建立成人培训中心学校。1990 年 6 月，该校与省广播电视大学镇海工作站合并。1993 年 4 月，区成人培训中心学校更名为区成人教育中心学校，2000 年 2 月，镇海电大工作站、电视中等专业学校镇海分校与镇海职业教育中心、成教中心、自学考试工作委员会办公室“四合一”。2008 年 9 月成立镇海社区学院，实行统一领导和管理。

1985 年年初，贵驷镇建立成人教育中心学校，至 1987 年 9 月，俞范、庄市、临江、澥浦、骆驼、河头、城关镇先后建立成人教育中心学校。1991 年，贵驷镇、汶溪乡、庄市镇、澥浦镇相继建立成人中等文化技术学校。1992 年，原有乡镇撤并为 6 个乡镇。1994 年 12 月，城关镇、骆驼镇相继建立成人中等文化技术学校。庄市镇成人中等文化技术学校被定为市首批示范乡（镇）成校。1996 年 10 月，建立河头乡成人文化技术学校。全区 6 个乡镇的成人文化技术学校全部建立。成人文化技术学校对应届未升学初、高中毕业生，进行就业前的职业道德、就业知识、专业技术培训，至 1997 年，10 年累计培训达 4500 余人次，每年培训率达 90% 以上。1994 年 12 月，城关镇、骆驼镇相继建立成人中等文化技术学校。庄市镇成人中等文化技术学校被定为市首批示范乡（镇）成校。2000 年年初，原城关镇成人中等文化技术学校迁入新校舍，更名为蛟川成人中等文化技术学校。2001 年 12 月，随行政区划调整，原贵驷镇成人中等文化技术学校作为骆驼成人中等文化技术学校教学点。

至 2008 年，全区各类成校办各类培训班 1300 余期，培训总人数达 11 万多人次。

第一节　扫盲教育

1986 年，全区 12～40 周岁非文盲率达 96.62%。1989 年，非文盲率达 97.8%，文盲数为 2430 人。其间，区政府贯彻国务院《扫除文盲条例》，区长与乡（镇）长签订扫盲责任状，各乡（镇）扫盲领导小组落实“五定”（教师、经费、对象、奖惩、课文）措施，发挥共青团、妇联、全日制学校作用，采取分散包教、集中办学等形式开展扫盲教育，全区脱盲 562 人，非文盲率达 97.96%。1990 年为国际扫盲年，根据市政府《关于在全市进行扫盲检查的通知》要求，各乡（镇）建立扫盲组织管理机构。全区完成脱盲 231 人，青壮年非文盲率达 98.1%。1993 年 6 月，省“两基评估验收组”进行督检评估，镇海区以“7～15 周岁儿童少年普及率 98.81%，青壮年非文盲率 98.4%，脱盲巩固率 95.8%”高指标顺利通过，成为省首批“双基”先进区。1996 年 12 月，经市府“两高”评估验收，镇海区获省首批“高标准普及义务教育和扫除青壮年文盲”称号。2000 年后至 2004 年，脱盲人员巩固率稳定在 95% 以上，达到高标准扫除青壮年文盲要求。

第二节　职工教育

1986 年，贯彻“面向企业、专业对口、学以致用”办学方针，教育重点由“双补”转移到中级技术（业务）岗位培训。全区举办函授培训 18 期，职务培训 21 期。1989 年，城镇职工教育采取岗位培训和学历教育相结合教育形式，年底有 1812 人获领毕、结业证书。1990 年后，贯彻“先培训后上岗”原则，区教委会同企业主管局在招工时加强对新职工进行职业技术培训，受训职工达 8200 余人次，占职工总数 34.3%。1990 年 4 月，镇海棉纺厂举行“纺织大专证书班”毕业典礼，22 名学员取得毕业证书。2002 年，区教育局实施职工双证制（学历、技能）培训工程，共有 7425 名职工（农民工）接受大中专以上学历教育。2006 年，骆驼成人学校与金海电子、华冶钢铁、百纳工艺等企业开展校企培训合作，实行学校出单、企业订单、政府埋单的校企合作的三单培训工程。2007—2008 年，加强企业外来务工人员教育和各类实用技能、技术培训，培训率占整体外来务工人员 57.1%。

第三节　农民教育

1986 年，各乡（镇）开展以政治、文化、技术相结合的多形式多层次教育，举办各类短训班，全区 151 个行政村办学面为 21.5%，入学总数 2498 人。1991 年，全区农民受教育人数达 14137 人，占农民总数 11.3%，农村总劳动力的 18.6%。1994 年，澥浦镇成人中等文化技术学校开展对外来务工人员进行电脑基础、普网知识及 CAD 制图等内容培训，连续三年共培训 234 人。1996 年 9 月，贵驷镇成人中等文化技术学校开办首期绿色证书班，1997 年 12 月结业，45 名学员领取“省农函大结业证书”和“农民技术资格证书”。1997 年 3 月，以乡镇成人中等文化技术学校为主阵地，开办生产、生活、生育学习班，开展对农民的人口理论教育。2003 年上半年，区教育局与劳动局实施“百万农民培训工程”，共有 7425 名农民（含职工）接受大中专以上学历教育。2007—2008 年，全面开展面向被征地农民、农村劳动力和外来务农人员的教育和各类实用技术培训，累计培训 3.4 万余人次。

第四节　广播电视教育

浙江省广播电视大学宁波分校镇海工作站创建于 1979 年 2 月，站址设在进修学校内。至 1985

年年底，先后毕业人数为理工科53人（正式学员42人），文科27人（正式学员16人），单科结业398人。1988年5月，建立市广播电视中等专业学校镇海分校。8月，电大工作站、镇海电视中专分校与区成人培训中心学校合并。1992年，招成人高复生50名，增设电视中专农用机械专业，招收应届初中毕业生40名，学制三年。1993年，宁波电大分校进行首批第二学历英语测试，镇海区47名考生合格上线46名，为全市前茅。1994年，镇海电大工作站建站15周年，为镇海、北仑两区培养22个专业1029名大专毕业生，66名电视中专毕业生，单科结业2500多人次，各类培训3万多人次。2005年10月，被评为2004—2005年度广播电视大学全国统一考试优秀考点。是年，镇海电大工作站晋升为宁波电大镇海分校。2006年4月，在《中国远程教育》杂志社和宁波电大共同举办的中国远程教育学术研讨会上，镇海电大作为唯一的县级电大作《引导学员上网学习的策略》的演讲。2007年，在宁波县级电大目标管理责任制考核中，镇海分校名列首位。2008年，再次名列全市电大之首，获目标管理综合奖第一名、教学管理第一名。

第五节　自学考试

1984年下半年，由镇海县委组织部、机关党委共同组织党政干部辅导班，为镇海县自学考试自考开端。1988年，自考中心开设汉语言文学本科、中等教育。年底，中等教育第一次开考，合格率为91.9%。1989年，成立区自考办。1990年，中等教育的“公安中专”四门课程考试合格率均为100%。1993年上半年第18次自考中，861人次获得高教各专业合格证书，29人获得毕业证书。1984—1994年，共开考34个专业，其中本科6个，大专23个，中专5个，其间有军人、干部、教师、职工、农民及社会青年累计2万余人参加考试，在籍考生达7447人，居全省首位。1994年，被评为省“自考”先进单位。1999年下半年，新开设通信技术、工程企业管理、计算机应用、律师等专业，参加自学考试报名人数达2991人、6564课次，是区自考史上增幅最大的一次。报考人员中，最多的是干部900人，教师307人，外来务工人员参考人数占报名总人数15%。2000年，成人高校招生报考625人，录取264人，报考人数与录取人数较上年翻一番。2005年，参加自学考试达7100多人次，有122名考生取得大专以上毕业文凭。2008年上半年，有1982人参加自考，当年毕业33人，被评为省自学考试优秀考点。

第六节　社区教育

2000年，区教委确定骆驼镇为区申报市社区教育实验试点单位。2002年下半年，招宝山街道部分社区开展评选“学习型家庭”试点活动，创建学习型社区，建立和完善社区活动中心、图书阅览室、老年活动室、全民健身点。2003年街道（乡镇）建立社区教育工作站。2003年，蛟川成人文化技术学校根据社区（村）居民要求，开办编织、绣花等培训班，受训妇女99名，其中70余名经过培训后实现就业。2004 年 5 月，蛟川、庄市、骆驼、澥浦、九龙湖 5 个街道（镇）相继成立社区教育中心，挂牌在街道（镇）成人文化技术学校。是年 7 月，镇海区被省教育厅定为省级社区教育实验区。2004 年年底，全区有社区教育学校 5 所，社区市民学校 27 所，专职教师 122 人，兼职教师 40 人。2005 年，建立社区学院，挂牌在区职教中心学校，纳入职教中心统一管理，学院院址设在工人俱乐部内。同年，区政府建立镇海区社区教育委员会。2005 年 7 月，成立招宝山街道社区教育中心。2007 年，建立社区教育联络员队伍，开通镇海社区教育网。2008 年，澥浦镇和庄市街道通过市教育局社区教育示范乡镇（街道）评估验收。开展社区教育以来，全区社区居民受学历教育 956 人，职业技术培训 5935 人次，幼儿早期教育 397 人次，老年人教育 1034 人次，青少年学生校外教育 1720 人次。2008 年，社区学院、镇（街道）社区教育中心（含成人学校）全年完成学历培训 192 人，招生近 200 人，人数达 370 余人。

第七章 教育科学研究

镇海区重视发展教育科研事业，引领教育的现代化，逐步形成“一校一品，各具特色”的办学态势。

第一节 教科研组织

教育学会

区教育学会成立于1988年10月。第一届学会会员24人。1999年7月，区教育学会实行理事单位制，8月，区教育学会转为法人社团。下设幼儿教育、德育、小学文科、小学理科、中小学外语、中学语文、中学数学、信息技术等8个教育分会。

教育科学研究所

镇海区教育科学研究所（以下简称教科所）成立于1992年1月31日。同月，各中学和乡（镇）中心学校相继成立教科组（室），负责校级教育（学）课题研究计划，参加区教科所组织的理论学习，发动本校教师撰写教育、教学论文。1994年，镇海中学被评为省教育科研先进单位。1998年，实行教科所、教研室两块牌子、一套班子的体制，教研员均为教科所成员。1999年年初，区教科所配备专职科研干部。1999年，全区共有34所学校建立教科研机构。2000年，区教科所并入教师进修学校。至2002年，共申报国家级课题1项、省级16项、市级12项，获省级教育成果奖3项，市级优秀成果奖12项。2006年，有1项课题在中国教育学会交流，28项课题分别在省、市教科所立项，5项课题获省、市基础教育成果奖，16项课题获省、市教育科研优秀奖。镇海中学两项课题先后获省基础教育（学）成果一等奖。2008年，获省基础教育成果三等奖2项、市教育科研优秀成果一等奖1项，7项新的研究课题被省立项。

教研辅导组织

1985年10月，镇海县教育局教研室更名为镇海区教育局教研室。1993年5月，成立区实验教学研究组，研究学校实验教学及中小学实验室管理和建设，由教研室具体指导。1995年3月，区教委成立学校艺术教育工作领导小组，健全美术、音乐教研组，加强艺术教育研究。2005年上半年，建立教研员联系学校制度，教研员至少要用三分之二的工作时间到学校去听课。9月，在全区中小学教研组启动创建“名牌学科”活动。2006年，镇海中学、龙赛中学、外语实验学校等学校建立自下而上以校为本的教研制度，开展教研组达标建设和创建“名牌学科”活动，镇海中学、蛟川书院、区中心学校的4个教研组被评为宁波市首届星级学科教研组。2007年，骆驼中心学校被评为省校本教研示范学校。2008 年，全区 30 个教研组被评为镇海区首批中小学“名牌学科”教研组。

第二节　教育教学研究

1986 年年初，区教育局设“教学研究成果奖”。年底，以“教育三个面向”（面向世界、面向未来、面向现代化）为题材，开展教学专题研究论文评选，《把普及九年制义务教育速度建立在科学分析的基础上》获省三等奖。1988 年，《浅谈初中学生的学习情绪》获省普教科研论文二等奖。10 月，区教育局确定临江乡中心学校为农村小学第一个整体优化教育实验乡。1989 年年底，全区开展农村小学整体优化教育实验。1991 年，城关镇中心学校的《整个班进行珠算式心算的实验研究》和骆驼中学的《农村普通高中办学模式研究》，列入省级科研项目。1994 年，镇海中学的《高中整体改革实验》和《计算机多媒体辅助教学系统》列入省教科研课题。2001 年 9 月，龙赛中学成为上海师范大学教育科学院的实验研究基地。2002 年 3 月，龙赛中学承办教育部人文社科“十五”计划重点课题《运用现代认知心理学原理，改革教师教学能力培训内容与方式的研究》，该校成为全国中学实验研究基地。2003 年 7 月，区中心学校“作文先导式”教学立为教育部“十五”期间重点课题。2005 年 10 月 6 日，省、市教育部门、教科院所专家组成的鉴定组，分别对龙赛中学省教科“十五”计划重点课题《中学语文非预设性课堂教学形态研究》、区中心学校承担的 2004 年度市教科规划课题《发展小学生数学反思能力的实践研究》、外语实验学校的《小学外语教学开放性探索》3 项研究成果进行结题鉴定，得到较高的评价。是年 10 月，镇海电大《开放教育平时作业组织实施、管理及质量控制》入选中央电大优秀科研成果文集。2006 年，中兴中学的省级重点课题《开放商帮文化资源，开展中学生生涯教育研究与实践》，获省内专家教授的赞赏。2007 年，镇海中学的《重点中学教师教研现状的调查分析及其行为转型的研究与实践》课题成果，被评为省优秀研究课题。2008 年，镇海中学素质教育的科研经验被教育部网站推广。

1986—2008 年镇海区教育系统部分省以上获奖课题情况表

表 35－16

年份	单位	课题名称	获奖
1986	区教育局	把普及九年制义务教育速度建立在科学分析基础上	省三等奖
1988	教育局课题组	浅谈初中生的学习情绪	省二等奖
1993	骆驼中学	农村普通高中办学模式探讨	省二等奖
1993	贵驷中学	初中作文叙写方法	全国语文教师论文大赛二等奖
1994	镇海中学	一所中学的德育构思与实践	省二等奖
1994	骆驼中学	农村普通高中办学模式探讨	省二等奖
1996	骆驼中学	气体分子运动模拟演示器	全国三等奖
1998	城关二校	应用计算机开展珠算式心算教学的尝试	省二等奖

续表 35 – 16

年份	单位	课题名称	获奖
1998	城关镇中心	小学数学活动课教学模式与“特长生”培养的研究与实践	全国单列市二等奖
1998	炼化小学	小学数学课堂教学落实素质教育初探	全国单列市优秀教学成果二等奖
1999	镇海中学	学生最优发展教育模式	省一等奖
1999	区职业中心	缘结烹饪	全国特等奖
1999	声远小学	未来电视机	全国少年“五自”实践活动一等奖
2000	骆驼镇中心	大面积提高农村小学生作文水平的探索	省一等奖
2001	南洪小学	大面积提高小学生汉字书写能力的实践与探索	全国基础教育优秀奖
2002	区职教中心	职业教育与成人教育一体化办学的理论与实践	省鉴定奖
2002	镇海中学	融人文与科技建设个性化校园文化	列教育部重点课题
2003	区职教中心	专题作业教学活动的实践研究	省成职教优秀成果奖
	澥浦成校	新时期妇女教育的探索	全国成教协会优秀成果二等奖
	镇海中学	超课堂教学模式的探索	省二届基础教育一等奖
2004	职教中心	“专题作业”研究课题	省第二届教学成果二等奖
2005	职教中心	培养综合职业能力服务社会经济发展	国家级课题二等奖
	区中心学校	新课程条件下，个性化班级文化建设的探索	省人民政府教学成果一等奖
2006	龙赛中学	镇海平原鸟观察研究	国家一等奖
	镇海中学	学生最优发展模式	省人民政府教学成果一等奖
2007	镇海中学	课堂——网络整合，超课堂教学模式的探索	省人民政府教学成果一等奖
	古塘中学	在省英特尔未来教育项目应用评奖活动中	省优秀应用团队奖
2008	澥浦中学	乡镇成校农民培训实效性探讨	全国成人教育优秀调研报告二等奖
	龙赛中学	中学生开展励志教育的行动研究	省同类系统课题领先水平

第八章　教　师

镇海区加强师德建设，规范教师队伍管理，改善教师队伍结构，全面开展中小学教师继续教育的全员培训，营造尊师重教的社会氛围，提高教师队伍的整体素质，以适应全区实施素质教育和教育现代化的需要。2008 年，全区小学教师学历合格率为 100%，高一级学历比例达 91.3%；初中教师学历合格率为 99.6%，高一级学历比例达 89.88%；高中教师合格学历比例 97.57%，职高教师合格学历达 99.05%。教师内部结构优化，音、体、美、科学、信息技术等学科专职教师配备率逐年提高。全区先后评出省特级教师 14 名，市级名师 11 名，区级名师 55 名；市级名校长 6 名，区级骨干校长 4 名。

第一节　队伍建设

考核聘用

1989 年，区教委制定教师履职考核评分标准，对教师政治思想、工作态度、教育教学工作、科研成果进行全面考核。1995 年 10 月，区教委印发《关于加强教职工管理的几点补充规定》，对全年无故不参加政治学习时间达总时间 1/2 者、受过政纪党纪处分者、从事“家教”“第二职业”者等作出七条处理意见。1999 年 8 月，全面实施教职工聘用合同制。2003 年，全面实施教师资格准入制度。2005 年 9 月，民办学校教师实行登记注册制度，凡到区教育局登记注册的教师视为在册人员，学校应与受聘教职工签订聘用合同。凡在民办流动人口子女学校从事教学工作，取得相应教师资格，具备中小学相应教师职务任职条件的在册教师，可申报相应教师职务任职资格评审。2006 年，实施幼儿园、民办学校教师最低工资标准和社会保险缴纳标准。2007 年，教育行政部门按照“全面开放、分级管理”原则，进一步健全中小学教师继续教育学员的学分及登记制度。2008 年，面向全社会公开招聘，吸收高校优秀毕业生、外地优秀人员进入教师队伍。

师德建设

1987 年起，实施《宁波市教师职业道德规范及实施意见（试行稿）》，每年暑期进行教师师德教育。1997 年，实行师德“一票否决制”。1998 年 6 月，区教委下发《镇海区中小学教师职业道德规范实施细则》。2000 年 6 月，在全区教职员工中开展师德建设研讨活动。2001 年 3 月，全区教育系统开展“21 世纪怎样当教师”主题教育活动，开展教师职业道德宣誓活动，评选一批师德群体创优先进学校。8 月，《宁波市人民教师誓词》公布，建立教师宣誓制度，首次宣誓仪式于当年 9 月 10 日教师节举行。2003 年 3 月，在全区中小学教师中推行个人信用十项承诺制度，并建立信用警示和奖惩机制。2004 年 8 月，把诚实立身、信誉立教的诚信教育等内容列为师德建设重点，评选首届德艺双馨教师，进行先进德育工作者和优秀班主任评比。2006 年 2 月，评选区师德群体创优先进学校 19 家。2007 年，镇海中学教师王青玲被评为省师德楷模。2008 年，区教育局再次明确禁止中小学在职教师从事有偿家教活动。退休教师金时荣于 1995 年被区关工委聘为讲师团团长，9 次被评为省、市关心下一代工作先进个人，2007 年被评为区“十大爱心感动人物”。退休教师罗昌兴 1994 年参加关心下一代工作，至 2008 年获省、市、区关心下一代工作先进个人、老有所为奉献奖、优秀志愿者荣誉近 20 次。

名师名校长工程

名师工程 1998 年 4 月，全区中小学开展评选百名上好课教师活动，评出上好课教师 112 名。1999 年 1 月，实施“名师工程”，产生区级教坛新秀 113 人，小学骨干教师 91 人，中学骨干教师 122 人，其中 23 人被评为小学学科带头人，33 人被评为中学学科带头人。2002 年 8 月，评出首批区名师 19 名，第二批骨干教师 92 名，学科带头人 20 名。2003 年上半年，启动实施第二轮名师培养工程。2005 年 5 月，评选第三批区中青年骨干教师共 152 名，至年底新增享受正教授级中学高级教师 1 人，市第二批名教师 4 名，区第二批名教师 21 人，区第三批学科带头人 70 名。是年年底，成立镇海区名教师联谊会，组织名教师开展带徒、送教、名师沙龙、著书立说等活动。2008 年，新增区骨干教师 151 人，学科带头人 49 人，名师 15 人。首批评选区骨干班主任 28 人。2008 年，全区共有各级各类名优教师 530 人。

名校长评选 2002 年评选出市名校长 2 名，2004 年评选出市名校长 2 名。2007 年，启动区首批骨干校长推荐评选，完成第三批市名校长推荐工作，新增市名校长 1 名。2008 年，区教育局首次评选出区级骨干校长 4 名。

2002—2008 年镇海区宁波市名校长名录一览表

表 35－17

姓名	单位	性别	专业技术职称	评任年份
谢荣华	龙赛中学	男	中学高级	2002
沈尧华	镇海区中心学校	男	小中高	2002
周国华	外语实验学校	男	中学高级	2004
吴国平	镇海中学	男	中学高级	2004
毛志挺	仁爱中学	男	中学高级	2007

2002—2008 年镇海区宁波市名教师名录一览表

表 35－18

姓名	单位	性别	任教学科	专业技术职称	评任年份
许克用	镇海中学	男	高中数学	中学高级	2000
朱道初	镇海中学	男	高中语文	中学高级	2000
王正均	镇海中学	男	高中美术	中学高级	2000

续表 35 - 18

姓名	单位	性别	任教学科	专业技术职称	评任年份
崔国久	龙赛中学	男	高中语文	中学高级	2002
舒建东	镇海中学	男	高中英语	中学高级	2002
陈　幸	镇海区中心	女	小学数学	小 中 高	2002
黄国龙	镇海中学	男	高中物理	中学高级	2005
陈尚余	镇海中学	男	中学语文	中学高级	2005
王盛裕	外语实验学校	男	中学数学	中学高级	2005
顾可雅	区中心学校	女	小学语文	小 中 高	2005
杨一丽	镇海中学	女	高中数学	中学高级	2008

1979—2008 年镇海区省特级教师名录一览表

表 35 - 19

姓名	单位	性别	任教学科	评任年份
胡明德	镇海中学	男	高中数学	1979
沈瑞楚	镇海中学	男	高中数学	1986
朱道初	镇海中学	男	高中语文	1990
许克用	镇海中学	男	高中数学	1990
李高风	镇海中学	男	高中物理	1990
王正均	镇海中学	男	高中美术	1994
罗忠烈	镇海中学	男	高中物理	1994
周志良	镇海中学	男	高中体育	1998
谢敏海	镇海中学	男	计 算 机	2002
崔国久	龙赛中学	男	高中语文	2002
林敏平	仁爱中学	女	数 学	2002
刘道剑	镇海中学	男	高中语文	2002
黄国龙	镇海中学	男	高中物理	2006
陈尚余	镇海中学	男	高中语文	2006

1996—2008 年镇海区正教授级中学高级教师名录一览表

表 35 - 20

姓名	单位	性别	任教学科	宁波市授予年份
沈瑞楚	镇海中学	男	高中数学	1996
许克用	镇海中学	男	高中数学	1996
朱道初	镇海中学	男	高中语文	1996
王正均	镇海中学	男	高中美术	1999
崔国久	龙赛中学	男	高中语文	2005

第二节　学历　职称

学历

1986年，小学专任教师共615人，学历合格率为60.8%；初中专任教师418人，学历合格率为46.6%；高中专任教师共121人，学历合格率为68.7%，职高专任教师30人，学历合格率为23.3%。2000年，镇海区小学、初中、高中专任教师合格学历分别为97.2%、94.6%、87.1%，小学教师中大专以上学历为43.4%，初中教师中本科学历为39.9%，高中教师中研究生主干课程班结业率为10.1%，职业高中文化课教师学历基本达标，专业课教师本科学历为85%。2004年，幼儿园专任教师共491人，学历合格率97.6%，其中大专以上学历36.5%；镇海区小学专任教师共961人，学历合格率达99.48%，其中大专以上学历67.64%；初中专任教师共568人，学历合格率达98.77%，其中本科学历75.35%；高中专任教师357人，学历合格率达96.36%；职业高中专任教师119人，学历合格率达98.8%；幼儿园专任教师共491人，学历合格率达97.6%，其中大专以上学历36.5%。2008年，幼儿园专任教师647人，高师毕业及以上316人，合格学历为100%；小学专任教师946人，其中本科毕业436人，专科毕业428人，中师高中毕业82人，合格学历为100%；初中专任教师753人，本科以上666人，大专毕业84人，合格学历99.6%；高中专任教师489人，本科以上479人，合格学历为97.9%；职高专任教师114人，本科以上113人，合格学历99%。

职称

1988年，首次开展教师职称评审工作。全区共1175教师参评，中学系列561人，小学系列571人（其中幼教19人），其他系列43人，1094名教师获得各类职称，占参评总数的93.11%。其中：任命中学高级教师职务28人，中学一级150人，二级287人，三级58人；小学高级101人，一级338人，二级122人，三级10人。2004年，小学专任教师中有中学高级职称5人，初中专任教师中有中学高级职称42人，高中专任教师中有中学高级职称93人，职业高中专任教师中有中学高级11人，全区教师共有中高级教师职称1118人，占全区教师总人数的45.2%。2008年，全区有幼儿园专任教师647人，其中小学高级69人、一级154人、二级2人、三级1人、未评421人。小学专任教师995人，其中中学高级14人、小学高级434人、一级269人、二级8人、三级1人、未评269人。中学专任教师1069人，其中中学高级237人、一级439人、二级334人、三级1人、未评58人。职教中心专任教师105人，其中副高19人、中级51人、初级29人、无职称6人。

1986—2008 年镇海区教职员工情况表

表 35－21

单位：人

年份	幼儿园		小学		中学				职高	
	教职工数	专任教师数	教职工数	专任教师数	教职工数	专任教师数	其中初中专任教师	其中高中专任教师	教职工数	专任教师数
1986	220	203	715	615	721	539	418	121	32	30
1987	435	317	720	616	707	528	395	133	57	46
1988	456	347	757	670	702	533	399	134	67	54
1989	436	313	817	721	664	499	361	138	97	72
1990	424	333	817	718	702	539	396	143	84	59
1991	496	333	820	736	727	545	409	136	77	51
1992	454	312	817	728	757	577	442	135	75	51
1993	501	342	809	737	807	620	481	139	76	50
1994	571	359	817	758	799	662	494	168	80	57
1995	560	345	842	780	837	699	508	191	86	60
1996	595	379	840	778	870	723	525	198	90	66
1997	522	388	842	779	868	718	526	192	95	78
1998	543	397	838	775	858	713	496	217	114	80
1999	558	408	834	779	892	752	504	248	97	82
2000	546	407	835	779	907	770	482	288	110	92
2001	567	388	894	786	1047	803	518	285	136	95
2002	622	406	977	868	1079	858	543	315	127	96
2003	760	475	1015	892	1082	891	548	343	160	118
2004	784	491	1087	961	1096	925	568	357	160	119
2005	830	516	907	854	1198	1028	552	476	163	114
2006	851	528	1016	887	1338	1179	695	474	162	120
2007	943	585	1080	920	1382	1211	721	490	163	123
2008	1029	647	1088	946	1401	1242	753	489	156	114

说明：摘自 1986—2008 学年中小学及其他学校综合统计报表

1986—2008 年镇海区小学专任教师学历情况表

表 35-22 单位：人

年份	教职工总人数	专任教师数	高师毕业及以上	中师毕业	职高幼教毕业	高中毕业	初中毕业及以下	合格学历（%）
1986	715	615	—	—	374	241	60.8	—
1987	720	616	—	—	404	212	65.6	—
1988	757	670	—	—	475	195	70.1	—
1989	817	721	—	—	537	184	74.5	—
1990	817	718	—	—	558	160	77.7	—
1991	820	736	—	26	556	154	79.1	3.5
1992	817	728	—	28	574	126	82.7	3.8
1993	809	737	1	39	570	127	82.8	5.4
1994	817	758	1	45	578	134	82.3	6.1
1995	842	780	—	52	632	96	87.9	6.7
1996	840	778	—	71	623	84	89.2	9.1
1997	842	779	—	124	588	67	91.4	15.9
1998	838	775	4	161	556	54	93.0	21.3
1999	834	779	8	219	518	34	95.6	29.1
2000	835	779	19	313	425	22	97.2	42.6
2001	894	786	43	370	357	16	98.0	52.5
2002	977	868	50	410	397	11	98.7	53.0
2003	1015	892	101	451	333	7	99.2	61.9
2004	1087	961	184	466	306	5	99.5	67.6
2005	907	854	267	442	145	—	100	83.0
2006	1016	887	288	471	128	—	100	85.5
2007	1080	920	357	457	99	—	100	88.1
2008	1088	946	436	428	82	—	100	91.3

说明：摘自 1986—2008 学年中小学及其他学校综合统计报表

1986—2008 年镇海区幼儿园专任教师学历情况表

表 35-23 单位：人

年份	教职工总人数	专任教师数	高师毕业及以上	中师毕业	职高幼教毕业	高中毕业	初中毕业及以下	合格学历（%）
1986	220	203	—	77	—	—	126	37.9
1987	435	317	—	158	—	—	159	49.8
1988	456	347	—	150	—	—	197	47.3

续表 35 - 23

年份	教职工总人数	专任教师数	高师毕业及以上	中师毕业	职高幼教毕业	高中毕业	初中毕业及以下	合格学历（%）
1989	436	313	—	173	—	—	140	55.3
1990	424	333	—	194	—	—	139	58.3
1991	496	333	4	79	75	70	105	68.5
1992	454	312	3	80	68	66	95	69.6
1993	501	342	4	83	80	57	118	65.5
1994	571	359	12	87	84	60	116	67.7
1995	560	345	5	110	78	51	101	70.1
1996	595	379	3	140	80	56	100	73.6
1997	522	388	5	158	65	69	91	76.5
1998	543	397	9	159	67	81	81	79.6
1999	558	408	16	171	71	75	75	81.6
2000	546	407	49	188	56	72	42	89.7
2001	567	388	64	—	—	302	22	94.3
2002	622	406	107	—	—	282	17	95.8
2003	760	475	150	—	—	313	12	97.5
2004	784	491	179	—	—	302	10	98.0
2005	830	516	201	—	—	289	—	100
2006	851	528	226	—	—	286	—	100
2007	943	585	295	—	—	275	—	100
2008	1029	647	316	—	—	303	—	100

说明：摘自 1986—2008 学年中小学及其他学校综合统计报表

表 35-24

1986—2008 年镇海区初中、高中（职高）专任教师学历情况表

单位：人

年份	初中					高中					职高				
	专任、教师数	本科及以上	大学专科毕业	中专、高中毕业及以下	合格学历（%）	专任教师数	大学本科及以上	大学专科毕业	高中及以下	合格学历（%）	专任教师数	大学本科及以上	大学专科毕业	中专、高中毕业及以下	合格学历（%）
1986	418	56	139	223	46.7	121	71	46	4	58.7	30	7	18	5	23.3
1987	395	46	145	204	48.4	133	77	51	5	57.9	46	11	26	9	23.9
1988	399	50	165	184	53.9	134	82	49	3	61.2	54	13	31	10	24.1
1989	361	60	175	126	65.1	138	82	54	2	59.4	72	14	48	10	19.4
1990	396	83	193	120	69.7	143	87	53	3	60.8	59	12	40	7	20.3
1991	409	96	212	101	75.3	136	82	50	4	60.3	51	10	31	10	19.6
1992	442	113	232	97	78	135	82	49	4	60.7	51	11	31	9	21.6
1993	481	142	253	86	82.1	139	93	43	3	66.9	50	12	29	9	24
1994	494	125	285	84	83	168	121	43	4	72	57	13	34	10	22.8
1995	508	127	303	78	84.6	191	147	41	3	77	60	14	39	7	23.3
1996	525	124	342	59	88.8	198	162	35	1	81.8	66	16	44	6	24.2
1997	526	131	357	38	92.8	192	154	37	1	80.2	78	24	49	5	30.8
1998	496	138	331	27	94.6	217	182	35	—	83.9	80	32	44	4	40
1999	504	162	309	33	93.5	248	211	37	—	85.1	82	33	45	4	40.2
2000	482	197	259	26	94.6	288	251	32	4	87.2	92	51	37	4	55.4
2001	518	267	235	16	96.9	285	259	23	3	90.9	95	58	34	3	61.1
2002	543	309	222	12	97.8	315	291	20	4	92.4	96	63	30	3	65.6
2003	548	378	158	12	97.8	343	326	14	3	95	118	109	8	1	92.4
2004	568	428	133	7	98.8	357	344	11	2	96.4	119	111	7	1	93.3
2005	553	441	110	4	99.6	368	357	8	—	97.0	114	109	4	1	95.6
2006	695	583	108	4	99.4	474	457	14	3	96.4	120	114	5	1	95.0
2007	721	629	89	3	99.4	490	477	13	2	97.3	123	117	5	1	95.1
2008	753	666	84	3	99.6	489	479	9	1	97.9	114	113	1	—	99

第三节　业务素质建设

教学基本功修炼

1991 年 9 月，进行镇海区青年教师教学基本功表演、选拔、评奖工作。1996 年，在全国中小学音乐、美术教师教学基本功比赛中，镇海中学教师王正均获绘画特等奖，李爱民等 7 人分别获中小学组绘画、美术、书法、音乐一、二、三等奖。1997 年 11 月，市教委小学教师基本功训练评估验收组对骆驼镇、澥浦镇 45 名教师抽测，合格率为 100%。1999 年，龙赛中学青年教师李莉荣获"全国中学化学优质课"评比一等奖，实验小学教师王敏文获"全国思想品德优质课"奖。2000 年后，区教育局对教师提出新五项基本功要求：语言表达、心理健康教育指导、考试命题与试卷分析、教材分析、编写教案及网络知识与应用。2000 年，镇海中学教师程文浩研制的《洛仑兹力演示仪》教具，被中国青少年科技发明协会评为全国二等奖。2003 年，在省初中政治优质课评比中，仁爱中学教师金燕荣获一等奖。2004 年，镇海区中小学教师在省优质课评比中获一等奖 1 人、二等奖 3 人、三等奖 1 人。

学历培训

1986 年 9 月，镇海教师进修学校招收民师 42 人，学制 2 年。1987—1988 年，未达合格学历教师通过进修、中师函授毕业 240 人，获专业合格证书 66 人。1993—1994 年，分两批对 93 名小学骨干教师进行大专层次学历培训。1997—1999 年，150 名小学教师经三年函授后获大专文凭。2000 年 9 月，区教师进修学校开办小教专业本科班，先后招收九届在职教师学员，毕业 321 人。2003 年，全区 150 多名教师参加中文、数学、英语研究生课程进修并结业。

全员岗位培训

1988 年年底起，镇海区在全省率先开展以岗位培训为主的小学教师继续教育，1991 年完成小学教师第一轮全员岗位培训，并对 100 名中学教师进岗位培训。下半年，开始小学教师第二轮岗位培训，100 多人参加培训。1994 年初中教师首轮培训结束，80 名中学教师完成培训任务。1996 年，全面完成小学教师第二轮培训任务，培训工作完成率为 98.6%，人均培训 221 学时。1999 年，小学教师进入第三轮培训。初中教师进入第二轮培训，小学、初中、高中继续教育培训率分别达到 100%、99.2%、99.3%。2002 年，全员岗位培训以学科教育科研为主要内容，重点学习教育的"经验法""调查法""实验法"。2005 年 12 月起至 2007 年 9 月 23 日止，镇海区开展实施农村中小学教师素质提升工程，经省市统考，合格率为 99.93%。2008 年，构建以教师进修学校为主体，教师任职学校为阵地的教师培训立体网络，全面推广校本研修，开展以教师专业为重点的培训。启动外来务工人员子女学校教师素质提升工程。

校长培训

按照国家教委校长培训纲要，1991 年，镇海区 99 名中小学校长开始进行正规培训。1993 年，区教委完成 100 名中小学校长岗位培训。1994 年，小学校长、初中校长均获得岗位培训合格证书。

新任命31名校长和后备干部开始岗位培训。1996年起，实行校长持证上岗制。1996年，区教师进修学校被省教委评为“中小学校长培训教学工作先进单位”。1998年5月，完成镇海区88名中小学校长第一轮岗位培训任务，所有校长持证上岗。2004年，6名外来务工人员子女学校校长进行岗位培训，并取得上岗证书。小学校长提高培训以五年为一轮，在完成“八五”“九五”“十五”轮训后，2006年开始进行“十一五”小学校长提高培训。2008年，完成第三批中小学骨干校长班的培训结业工作。

附：镇海教师进修学校

校址镇海环城西路203号。学校创立于1978年，担负原镇海县及撤县后镇海、北仑两区中小学干训和师训任务。学校占地面积4283平方米，建筑面积3365平方米。2008年有教职员工25人，其中专任教师20人。专任教师中，本科以上学历18人，占总数90%；中高级以上教师15人，占总数75%；区名师3人，区学科带头人6人。1993年起，只承担镇海区干训师训工作。1997年8月，与镇海区职业中学合并，建立“镇海区职业教育中心学校”，同时挂“镇海教师进修学校”牌子。1999年办学合格水平通过省级评估。2000年2月，与职业教育中心学校分离，与区教委教研室、教科所、条件装备站合并，建立新的宁波市镇海教师进修学校。学校设宁波教育学院镇海教学点、宁波市普通话水平培训测试站镇海点、宁波市镇海区中小学心理健康教育指导中心、镇海区教育信息网管理中心等。学校设有多媒体综合电教室、卫星地面接收设备、视频会议系统、有200个座位的多媒体阶梯教室、有设备齐全、功能完善的区教育信息网管理设施等。自2000年起，学校有机结合教研、培训、科研、条件装备和网络中心工作，优化“小实体、多功能、大服务”的办学机制。学校先后荣获“浙江省小学教师培训工作先进单位”“市文明单位”“省教学工作先进单位”“市小学教师基本功训练先进区”“省普通话测试工作先进单位”等称号。

第四节 生活待遇

工资津贴调整

1989—1990年按照国家规定，中小学教师普调工资。1991年，教师月工资为人均117元。教师工资总额比上年增加79.8万元，奖励工资、岗位津贴增加91.9万元，职工福利费增加7.8万元，主要副食品价格补贴增加15万元。离退休费达145.9万元，比上年增加49.1万元，占总经费14.68%。1994年，教师月工资人均178元。1995—2005年，先后15次给教职工增资。其中包括1995年、1997年、1999年、2001年、2003年、2005年考核晋级；1996年、1997年奖金余额提高；1996年、1999年职务岗位津贴调整；1997年、1999年、2001年1月、2001年10月、2003年工资标准调整。2006年工资改革，提高教师工资，全区提高奖金、福利工资总计1279.8万元。设定幼儿园、民办学校教师的最低工资标准和社会保险缴纳标准。2008年教职工年人均基本工资由1986年的1008元提高到14210元。

退休教师工资补差

1989 年，教龄满 30 年符合规定的中小学退休教师，退休金可达到原工资的 100%。2007 年，退休教师的生活补助由每年 4000 元提高到 5000 元。2008 年，退休教师年人均退休金由 1986 年的 1146 元提高到 30981 元。

户口待遇

1989 年，镇海区率先解决 21 名中教高级、小教高教教师子女“农转非”。1991 年，在农村（含建制镇）工作满 10 年已婚教师，其配偶户口在城镇的，可将其本人及符合政策的子女户口迁到配偶所在的城镇。

教师住房

1989 年，区政府规定，各单位在制定建房分房方案时，夫妻双方或一方为教师的，给予分房优惠待遇。是年，城关、骆驼、贵驷、庄市 4 个乡镇共建造教师住宅 94 套。1991—1994 年共建教师住宅 226 套，计 12430 平方米，教师住房成套率达 55% 以上。1995 年，全年共完成教师住房建设 62 套，共 4030 平方米。1996 年，完成教师住房建筑面积 4200 平方米。1998 年 9 月，骆驼镇两幢 54 套教师住宅楼竣工，每套区教委、镇政府各补贴 0.6 万元。2005 年，区教育局向全区 1618 名教师发放首批住房补贴，总金额达 49807283 元。同时，对 1999 年后参加工作的 483 名新职工，发放住房补贴金额 2821478.72 元。2006 年，第二批住房补贴涉及 503 名教师，计补贴金额 1050 万元，发放到位。

1986—2008 年镇海区教职工、离退休教职工基本工资情况表

表 35－25

年份	在职公办教职工			离退休教职工		
	年平均人数	年基本工资支出（万元）	年人均基本工资（元）	人数	年退休金支出（万元）	年人均退休金（元）
1986	1173	118.30	1008	164	18.80	1146
1987	1213	126.81	1045	182	23.40	1286
1988	1278	162.40	1271	183	33.40	1825
1989	1310	163.30	1269	220	40.90	1859
1990	1339	194.60	1453	255	55.10	2161
1991	1387	198.50	1431	274	66.90	2442
1992	1416	218.00	1540	317	96.80	3054
1993	1449	207.80	1434	342	145.00	4240
1994	1506	658.20	4371	379	245.00	6464
1995	1564	718.10	4591	419	346.20	8263
1996	1563	735.90	4708	502	392.60	7821
1997	1610	637.40	3959	506	461.50	9121
1998	1607	815.60	5075	568	524.90	9242

续表 35－25

年份	在职公办教职工			离退休教职工		
	年平均人数	年基本工资支出（万元）	年人均基本工资（元）	人数	年退休金支出（万元）	年人均退休金（元）
1999	1666	914. 70	5490	601	606. 90	10098
2000	1685	1047. 20	6215	647	926. 80	14324
2001	1704	1406. 90	8256	682	1140. 00	16667
2002	1777	1569. 20	8831	723	1300. 00	17981
2003	1777	1698. 30	9557	803	1680. 70	20930
2004	2028	1993. 30	9829	932	2027. 50	21754
2005	2080	2135. 80	10268	957	2304. 10	24075
2006	2163	2511. 70	11705	1010	2747. 10	27198
2007	2252	3146. 10	13970	1007	3115. 10	30934
2008	2262	3214. 30	14210	1064	3296. 40	30981

第五节　表彰奖励　参政议政

表彰奖励

1985 年 1 月，全国人大常委会决定每年 9 月 10 日为教师节，镇海区每年都举行教师节活动，区、局领导到学校慰问教职工，增拨教育奖励经费，评表彰优秀教师和各类先进教育工作者，对经济有困难教师和身体不好的教师给予经济补助或看望慰问。1985—2008 年，镇海区教师共获省以上表彰 57 人次。其中镇海区业余技巧学校祝达飞、镇海中学何性善获评全国先进工作者，祝达飞获全国五一劳动奖章，周国民等 7 人被评为全国模范教师、全国优秀教师、全国优秀教育工作者，李高风等 5 人次被评为省劳动模范，李关荣等 18 人次被评为省优秀教师（含省优秀班主任、省优秀青年老师、省优秀教育工作者、省师德楷模），王克勤等 24 人获省春蚕奖。

参政议政

1987 年，教育系统中当选为区第八届人大代表共 13 人，其中镇海中学何性善当选为省第七届人大代表，城关中学殷娟等 3 人当选为市第九届人大代表；16 人当选为区第三届政协委员。1990—2007 年间，教育系统中当选区第九届至十三届人大代表共 45 人次。任区第四届至第八届政协委员的共 97 人次。

第九章　教育经费和设施

1986年以来，政府对教育经费投入不断加大，教育经费筹措渠道不断扩大，生均经费迅速增长，城乡家庭经济困难学生的各项助学配套政策逐步完善，实施校舍标准化建设和新建一批高标准校舍，学校实验、文体、现代化信息技术等各类设施不断完善，保障全区教育事业协调均衡发展。

第一节　教育经费

来源与使用

经费来源　区教育经费来源包括区财政投入、集体投入、个人和家庭支付、社会力量和个人捐资等多个渠道。1986年，全区国家教育经费总投入784.8万元，其中国家财政性教育经费和预算内教育经费584.5万元，占经费总额74.48%，校办企业用于教育经费21.5万元，占教育经费总额2.74%，社会捐资150万元，占经费总额19.11%，（学）杂费收入28.8万元，占经费总额3.67%。至2008年，全区国家教育经费收入达到71080.3万元，比1986年增加近90倍。其中，财政支出（国家财政性教育经费、预算内教育经费、其他预算内用于教育经费）64179.3万元，占总收入的90.29%；社会捐资729.1万元，占总收入的1.03%；（学）杂费和其他收入6171.9万元，占总收入的8.68%。1986—2005年，累计教育支出占预算内支出15.61%，2006—2008年预算内累计教育支出比重提高到16.42%。

经费使用　学前教育投资逐年增加，2008年建立学前教育发展专项资金。完善义务制教育经费保障，加大对农村教育投入和贫困家庭学生助学，2006年义务教育阶段学生免除学杂费，2008年免除课本费。普及高中教育，发展职业教育和其他教育，全区中小学和职教中心生均教育事业经费和生均公用经费逐年增长，教育内部各层次之间投入趋于科学合理。2008年财政性教育经费分配，学前教育占2.75%，小学占42.72%，初中占21.62%，高中占17.54%，职业教育占7.3%，其他教育占8.1%。

经费管理

收费管理　1988年，全区进行财务纪律大检查，按校颁发收费许可证，杜绝滥收费。是年8月，区教委、物价局、监察局联合印发《镇海区教育收费监测实施办法（试行）》，建立“学生教育收费负担监测备案制度”和“学生家长联系制度”，继续执行“学生收费登记卡制度”，收费管理实行校长负责制。2003年，区教育局、物价局、财政局联合下发《关于调整中小学学杂费标准并进一步规范收费管理的通知》，实行收费责任制。教育局和各中小学实行“一把手”为教育收费管理的责任人，责任人逐级签订责任状。推行“阳光收费”工程，坚持收费公示，公开亮证，登记制度，自觉接受学生及社会监督。自2006年起，还未实行独立的民办学校其收费标准一律按同类公办学校收费标准执行。

财务管理 1986年，教育事业费附加的收、管、用责权属乡（镇）政府。1987年9月，区制订《教育系统财务管理条例》，学校财务工作受乡（镇）政府和教育局管理，以乡（镇）政府为主。1988年，乡（镇）中小学事业经费不再按公、民办划分，采取统一计算。1992年5月扩镇并乡后，区教委规定教育基金建立专户储存，国拨经费结余部分转入新的镇，继续用于教育事业，不得截留和移作他用。1997年6月，成立镇海区教委内部审计工作领导小组，对乡镇教育经费附加使用情况审计调查、单位及学校行政负责人离任经济责任审计、基建工程竣工决算必审。1998年，各级各类学校建立逐级审查制度，建立乡镇中心学校、中学季度财务互审制度。2000年9月起，所有直属学校实行“收支两条线”管理，所有收费由银行代收，进财政专户。2002年7月，区教育局成立会计核算中心，对区直属学校会计集中核算，实行银行单一账户、资金集中收付，结算统一办理，核算实行监管的运行机制。2005年，全年完成审计项目17个，审计金额达3.3亿多元。2006年，对所有学校国有资产盘点，实现学校国有资产管理网络化。2007年学校财务联网。2008年，完善教育收支预算、听证、审计、公示、督查和责任追究等制度，对全区涉及义务教育的23所学校及教师进修学校教育经费使用情况和食堂账户进行检查，未发现重大问题。

2004—2008年财政性教育经费在各级教育中的分配情况表

表35－26　　　　单位：万元

项目	2004年	2005年	2006年	2007年	2008年
学前教育	378.60	310.70	1273.90	1266.20	1050.90
小学	6923.20	10604.00	11436.20	14232.00	16334.60
初中	3307.60	4758.00	4494.30	7054.10	8268.10
高中	4845.70	6430.90	6437.30	3964.60	6705.30
职业教育	2422.90	2422.10	3566.20	2138.10	2790.50
其他教育	625.90	2402.60	1267.90	3154.20	3085.80
合计	18503.90	26928.30	28475.80	31809.20	38235.20

1986—2008年镇海区财政预算内教育事业经费支出情况表

表35－27　　　　单位：千元

年份	教育事业支出								
	个人部分					公用部分			
	教职工工资	补助工资	其他工资	助学金	其他	公务、业务费	设备、购置费	修缮费	其他
1986	1183	691	188	10	190	282	251	752	159
1987	1268	686	234	9.6	218	265	220	698	189
1988	1624	757	334	6	517	521	180	576	16

续表 35-27

年份	教育事业支出								
	个人部分					公用部分			
	教职工工资	补助工资	其他工资	助学金	其他	公务、业务费	设备、购置费	修缮费	其他
1989	1633	839	409	9	655	587	242	748	158
1990	1946	795	551	9	717	530	222	728	141
1991	1985	1131	669	9	757	428	235	573	371
1992	2180	1586	968	12	345	472	220	511	482
1993	2078	10	1450	14	3560	1005	206	362	334
1994	6582	—	2450	16	5758	1166	277	403	—
1995	7181	—	3462	17	5662	1086	335	497	949
1996	7359	—	3926	34	9447	1573	567	1387	—
1997	6374	—	4615	55	12081	1931	966	1794	1018
1998	8156	—	5249	24	5249	5874	7268	15920	11150
1999	9147	10101	6069	20	6372	7511	9507	7505	13115
2000	10472	12135	9268	73	15343	10663	10866	9095	13558
2001	14069	15204	9841	81	20346	10720	10455	8286	20589
2002	15692	12849	29775	54	31424	13681	8909	4495	20402
2003	16982	14907	49927	35	35543	12342	13816	11150	10046
2004	19933	19001	63276	109	46053	15563	14163	8687	15173
2005	19318	29919	35745	50	40594	7671	2468	9318	2702
2006	23006	27285	52094	19	52088	9324	2169	1352	6959
2007	31850	30553	59802	437	55814	13279	7123	3918	—
2008	29824	33379	77953	8073	60847	19778	2903	1463	—

第二节 勤工俭学

1986 年，全区有校办企业 28 家。次年，实现利润 74 万元。1988 年发展到 40 家，年销售额 743 万元，创利润 104 万元。1989 年，区政府将勤工俭学列为对乡（镇）政府首长教育工作责任状内容之一。是年新批校办工厂 34 家，注册资金 242 万元，流动资金 59.3 万元，中学及乡（镇）中心学校校办厂普及率达 95%，农村小学校办厂普及率为 16%。1992 年，勤工俭学总产值及营业额 6142 万元，勤工俭学收入 559 万元，学生人均收入 222 元。1993 年，年产值（营业额）超千万的校办企业有6家，年产值（营业额）超百万的有30家。1998年，校办企业开始产权制度改革，或用一次性卖断形式，或以租卖相结合形式。到2000年年底，全区全资校办企业产权制度及用工制度改革基本完成，学校共收回资金950多万元（不包括不动产）。1986—2000年，收入用于教育1425.8万元。

1986—2000年镇海区校办企业产值销售利润情况表

表35-28 单位：万元

年份	工业产值	工业销售	工业利润	校办企业、勤工俭学和社会服务收入用于教育
1986	—	—	55.00	21.50
1987	433.30	—	74.00	28.20
1988	608.55	743.00	104.00	21.90
1989	782.96	891.95	126.45	21.90
1990	887.63	958.50	142.78	29.60
1991	2184.73	2073.54	212.56	40.20
1992	2847.24	2659.07	341.07	80.40
1993	5560.06	6472.60	578.42	64.60
1994	9287.96	8422.83	669.32	94.00
1995	12566.28	10991.64	710.38	117.60
1996	12160.60	11789.14	852.54	161.20
1997	13127.43	12140.47	1141.53	212.30
1998	18633.00	18319.00	1438.86	147.50
1999	21052.30	20848.44	1845.04	214.90
2000	25033.89	24300.60	1541.55	170.00

第三节 学校建设

校舍改造

1986年，区府拨款44.5万元用于校舍修缮，新建改建校舍16498平方米，总投资236万元。区直属中学、城镇中小学基本排除一级危房。1988年，10个乡（镇）基本实现“校校无危房，班班有教室，人人有课桌椅”，成为全市首批实现无危房先进区（县）。1989年，校舍大修4560平方米，镇海区被评为全省“校校无危房”先进区（县），获奖5万元。1995年，共拆除旧校舍850平方米，新建校舍8400平方米，工程总投资1015万元。1993—1995年，农村校舍改造计划基本完成。

校舍建设

1986年年底，俞范初中及鸿山、兆龙、觉渡、清湖、俞范镇中心、长胜等小学启用新校舍。

1993年，全区新建校舍18131平方米，总投资1172万元，完成龙赛中学、张和祥小学及中兴中学扩展工程。1996年，镇海中学图书馆综合楼、城关中学教学楼竣工。1997年，总投资615万余元用于兴建仁爱中学，职业中学和区教师进修学校迁入新校舍。1993—1999年，全区投入教育经费1.5亿元，新建高标准校舍12万平方米，全区80%以上校舍为新建或改建。2001年投入资金165万元，建成骆驼中学教学楼及食堂，总面积4809平方米。同年新建校舍有：精英小学9290平方米，庄市镇中心学校综合电教楼1600平方米，蛟川书院5015平方米。2002年，新建建筑面积7000平方米的艺术实验幼儿园，新建外语实验学校教学楼6900平方米。2004年9月，占地约18.47公顷，建筑面积4.5万平方米，总投资9000万元的新职教中心学校在庄市高教园区落成。2005年，在庄市街道新建蛟川书院，建筑面积约7.2万平方米，总投资1.6亿元，于2006年9月竣工启用。2007年，投资1400万元的蛟川中心幼儿园、投资1000万元的澥浦中心幼儿园先后建成。7月，对团桥小学进行扩建，并更名为镇海区新城小学，投资5500万元，征地26510平方米，新建校舍面积17500平方米。2008年2月，蛟川中心学校投入使用，征地46923平方米，总建筑面积19710平方米，总投资5606万元。

第四节 教育设施

仪器、信息化设备

1985年年底，全区各中小学校仅配置一般要求的教学仪器。1993年，全区教育系统已配有计算机116台，小学普教仪器达到义务教育学校设备的Ⅰ类5所、Ⅱ类36所，Ⅰ类、Ⅱ类占全区小学的76%。音乐器材达标的50所，占全区小学的93%，美术器材达标的41所，占全区小学的76%，体育设施达标的42所，占全区小学的78%。1994年，全区投入电教经费76.6万元，完中仪器配备全部达Ⅰ类标准，全区除11所村校Ⅲ级配备外，其他中小学都实现Ⅰ、Ⅱ级配备（其中Ⅰ级为16所），配置达标率100%。各中小学有语言实验室20个、1086座，电脑房12个、电脑329台。1997年，省、市检查组对中小学电化教育工作进行检查，被查的8所学校平均得分88分，全区小学两机一幕全部进教室，中小学实验课开课率达100%，在国家、省、市评比中，列全市领先地位。1998年，50%完小建成计算机房。是年3月，以90.1分成绩通过市教委对镇海区高标准普及实验教学验收。2001年，投入800万元，建成骆驼中心学校、龙赛中学、招宝山中心学校、实验小学、职教中心、教师进修学校校园网及区教委机关局域网。2002年，投入700余万元用于电教化建设，各学校开始普及多媒体综合电教室、校园计算机网络系统、校园音响系统、校园闭路电视系统、视音频编辑系统、数码摄像机、计算机等现代化教学设备。2003年，用于学校现代化教育设施的资金约900万元，其中新增计算机661台，总数达3800多台，新增多媒体液晶教学投影系统53套，总计达141套，全区所有中心小学及以上学校均完成校园网络建设。是年4月，镇海中学、龙赛中学、职教中心、仁爱中学、骆驼中心学校、庄市中心学校、区中心学校、炼化小学、镇海幼儿园、炼化幼儿园等10所学校，成为市首批现代化建设达纲学校。2005年，义务教育段学校普及多媒体教室的教学平台工程，拥有多媒体教室448套，高中段普通教室多媒体液晶教学投影系统普及率达70%。2007年，教育现代化装备投入1400万元。是年年底，全区学校有计算机7200台，平均5个学生拥有1台，有各类多媒体教育平台约880套，全区标准化学校达标率达76%。2008年，全区标准化学校达标率达84%。全区共有省、市现代教育技术示范学校、实验学校13所，37所学校（10所中学、12所小学、13所幼儿园、2所成人学校）成为宁波市现代化达纲学校。

图书

1986年，全区各中小学有图书84241册。1993年，通过学校购置，社会捐款等形式，中学生人均图书达18.39册，小学生人均13.6册。1997年，镇海中学投资2000多万元，建造图书电教大楼；职教中心、龙赛中学、骆驼中学、城关中学、骆驼镇中心等校建起图书科技大楼。2002年，全区用于图书经费14万元，各校均配备专（兼）职图书管理人员，学校组织读书、书评等活动普遍开展。2003年，全区35所中小学均建有图书室（馆）。学校图书馆面积、人均藏书量、借阅量等指标已全部达到市A级图书馆标准。2005年，全区用于图书配备资金约30万元，新增图书5万册。至2005年年底，普通中学有图书490535册，生均33.04册（全市为28.8册），小学有图书520950册，生均22.7册（全市为20.25册），职业中学有图书55619册，生均30.59册（全市为13.14册）。2008年，启动图书信息化管理，31所学校装备“图书馆自动化集成系统”软件。

体育场地与器材

1993年，镇海中学兴建体艺馆，总投资1000万元，建筑面积5200余平方米。1994年投资175.8万元，建成龙赛体育中心体育馆，占地1.18公顷，建筑面积4755平方米。1995年，全区4所完中有400米标准田径场，占地面积82872平方米，赛地面积65798平方米。初中、完小有200至400米田径场15个，小型体育馆6个。1999年，乡镇中心学校以上学校均有环形跑道田径运动场。2008年，区教育局投资460余万元，澥浦中学、澥浦中心小学及九龙湖中心小学的200米田径运动场，改造成塑胶田径场，实现全区中心小学以上学校均有塑胶田径场目标。

2008年镇海区小学办学设备情况表

表35－29

校名	计算机（台）	图书（册）	图书室（平方米）	微机室（平方米）	语音室（平方米）	实验室（平方米）
区中心学校	211	39000	260	125	96	180
区实验小学	234	32291	180	190	120	190
精英小学	231	49560	294	175	543	175
张和祥小学	120	21659	100	90	90	90
蛟川中心学校	240	37132	300	270	52	540
李景和小学	35	6299	49	52	52	49
南洪小学	33	4039	35	71	71	72

续表 35－29

校名	计算机（台）	图书（册）	图书室（平方米）	微机室（平方米）	语音室（平方米）	实验室（平方米）
棉丰小学	70	9707	60	70	70	70
三公司学校	100	16940	190	56	56	286
俞范学校	57	10000	48	48	64	64
炼化小学	140	42750	300	180	120	80
庄市学校	63	8615	45	45	—	65
庄市中心学校	125	34296	118	135	179	209
兆龙学校	42	13000	30	56	55	45
逸夫小学	67	16935	112	116	118	112
骆驼中心学校	227	56271	354	202	134	354
团桥小学	45	8000	80	50	50	80
敬德小学	22	6515	56	40	—	50
贵驷小学	176	34111	379	209	80	190
澥浦中心学校	189	31498	267	184	96	241
湾塘小学	94	16610	72	95	79	79
长石小学	72	9760	72	75	75	75
九龙湖中心学校	182	40578	254	167	192	230
汶溪小学	32	6098	74	52	52	50

2008 年中学、九年制学校办学设备情况表

表 35－30

校名	计算机（台）	图书（册）	图书室（平方米）	微机室（平方米）	语音室（平方米）	实验室（平方米）
镇海中学	922	102011	5150	2150	1500	3728
龙赛中学	269	79308	1200	330	220	1729
中兴中学	368	71153	590	216	86	1420
骆驼中学	370	69309	360	280	120	207
蛟川书院	330	19000	2187	2000	—	5553
应行久外语实验学校	170	20000	220	312	—	1212
仁爱初中	221	23527	367	242	—	2181
炼化初中	205	48418	460	265	232	810
古塘初中	317	23844	1175	240	100	5279

续表 35－30

校名	计算机（台）	图书（册）	图书室（平方米）	微机室（平方米）	语音室（平方米）	实验室（平方米）
乔梓学校	124	2200	52	60	—	208
庄市学校	63	8615	45	45	—	65
骆驼实验学校	152	17000	210	180	90	410
澥浦初中	76	23910	110	184	184	493

（责任编辑　陈柏青）

第三十六编　科学技术

本编目录

镇海区实施“科教兴国”战略，加快科技创新环境、科技创新体系、科技创新能力建设，促进经济社会较快发展。1996 年被国家科委授予“全国科技工作先进区”称号，2007 年被省政府授予“浙江省科技强县（市、区）”称号、浙江省党政领导科技进步与人才工程目标责任制考核优秀单位，2008 年被中国科协评为“全国科普示范区”，2004—2008 年科技进步水平综合评价均名列全省县（市、区）前 10 名。2008 年，全区有产学研合作科研机构 14 家，国家高新技术企业 19 家，省、市、区三级企业技术工程中心 42 家，民营科技企业 190 家，科技（科普）示范基地（单位）33 家，构建“一府十校十所”科技与人才合作平台，设有轴承、液压马达、紧固件、化工研发与测试科技公共服务平台；累计获得授权专利 2139 件，专利授权数增幅位居全市前列；高新技术产值 236. 90 亿元，区属规模工业新产品产值率 15. 22%；全区拥有专业技术人才 28166 人，其中高级技术人才 826 人、中级技术人才 4370 人，建立博士后科研工作站 1 个，60% 多的科技人员集中在企业。

第一章　科技机构

建区后，深化科技机构体制改革，由政府为主办科研机构改为企业为主创办科技机构，由自办科研机构逐步发展到以产学研共建和引进科研机构为主。2002 年，依托周边高等院校和产业布局，镇海区政府与宁波大学开始筹建宁波市大学科技园（2009 年 7 月，被市政府认定为宁波市级大学科技园。2010 年 1 月，成功晋级为宁波市首个、浙江省第三个国家级大学科技园）。2005 年，中科院宁波材料技术与工程研究所（以下简称中科院宁波材料所）于镇海庄市街道开工建设，为中科院在浙江省建立的首个研究所。

第一节　科研院所

1986 年，全区有科研院所（室）10 个，规模较大的有区农业科学研究所、水稻良种繁育场、棉花良种繁育场等。1988 年，城关镇在浙江大学机械系支持下建立高技术开发研究所。同年，机电部上海研究所在城关建立镇海技术开发服务部。1991 年，建立民办镇海三立电子应用研究所。是年，纳入国家统计的县级研究所有区农业科学研究所、应用技术研究所、电讯研究所三家。1992 年，镇海区出台鼓励企业兴办研究所举措，先后建有镇海液压机械研究所、宁波万达轻工机械研究所、镇海矿山机械研究所、镇海通信设备研究所等 4 家。2000 年后，科研机构向产学研合作共建和引进为主发展，企业科研机构逐渐向企业工程（技术）中心发展和管理。2000 年 8 月，中科院成都有机化学研究所于镇海高科技园区建立宁波化学研究中心，为镇海区首个产学研合建的科研机构。

2004 年春，中国科学院、浙江省、宁波市联合决定在甬建立宁波材料所。2005 年 8 月，中科院材料所在镇海区庄市街道奠基建设。镇海区为中科院材料所建设提供土地 18 公顷，人才公寓 134 套。2006 年 3 月，研究所编制获中央编委正式批准。2007 年 5 月，中科院宁波材料所整体迁入镇海新园区办公。同年 11 月，通过中科院、浙江省、宁波市组织的筹建工作验收。2008 年 4 月，中科院宁波材料所首届领导班子成立。研究所以制造业和材料产业的发展需求为导向，以材料科技进步为牵引，瞄准世界前沿，面向全国需求，立足宁波、服务浙江、辐射“长三角”。

至 2008 年年末，全区引进产学研科研机构 14 家。

2000—2008 年镇海区产学研合作共建引进科研机构情况表

表 36 – 1

机构名称	研发方	镇海方	签约年份
宁波化学研究中心	中科院成都有机化学研究所	镇海科技成果转化有限公司	2000
中科院北京国家技术转移中心宁波工作站	中科院北京国家技术转移中心	镇海科技创业服务中心	2003
哈工大宁波（镇海）新材料研发转化基地	哈尔滨工业大学	镇海科技局	2004
宁波中水回用技术工程研究中心	上海交通大学	宁波三友环保工程有限公司	2005
中欧环保技术中心	德国不来梅大学	宁波青华环保科技有限公司	2005
浙大宁波中意液压马达技术研发中心	浙江大学	宁波中意液压技术有限公司	2005
北大软件工程国家工程技术中心宁波工程基地	北京大学北大软件工程国家技术中心	镇海区政府	2006
中科院兰化所国家工程中心宁波分中心	中科院兰州化学物理研究所	镇海区政府	2006
香港理工大学—浙江大学国际创意研发中心	香港理工大学、浙江大学	镇海区创业服务中心	2007
九龙湖紧固件信息化公共服务平台	中机生产力促进中心	九龙湖镇政府	2007
华通机电工程技术研究院	西安交通大学	宁波华通电器集团股份有限公司	2007
摩士轴承技术开发研究院	浙江大学、平田精密器材（上海）有限公司	宁波摩士集团股份有限公司	2007
中科院西安光机所 IT 产品制造装备宁波基地	中科院西安光机所	宁波远成石化电力机械有限公司	2007
轴承研究测试中心	杭州轴承试验研究中心	银球轴承有限公司	2007

说明：不含中科院和省、市共建的中科院宁波材料所

第二节　企业工程技术中心

2000 年正式启动区级企业工程技术中心的申报评审工作，对企业知识产权创造、研发投入、研发人员、场地、设备、项目、管理制度等方面进行考核认定，认定后给予企业 10 万元的资助奖励。对新认定的国家、省、市级工程（技术）中心，区财政按照上级资助额度给予 1 ∶ 1 的配套资助，并在有关科技计划立项方面给予优先支持。至 2008 年，全区共有各级工程技术中心 42 家，其中省级 16 家、市级 22 家、区级 4 家。

2008 年镇海区企业工程技术中心名录一览表

表 36－2

名称	依托单位	创建年份		
		区级	市级	省级
宁波 LG 化学工程技术中心	宁波乐金甬兴化工有限公司	—	—	2003
宁波龙欣精细化工省级高新技术企业研究开发中心	宁波龙欣精细化工有限公司	2003	2004	2006
宁波金海安保器件省级高新技术企业研究开发中心	宁波金海电子有限公司	2002	2005	2007
宁波国创压敏材料省级高新技术企业研究开发中心	宁波市镇海国创高压电器有限公司	2002	2006	—
汇众粉末冶金装备省级高新技术企业研究开发中心	宁波汇众粉末机械制造有限公司	—	2006	—
海达塑料装备省级高新技术企业研究开发中心	宁波市海达塑料机械有限公司	2001	2007	—
中意液压马达省级高新技术企业研究开发中心	宁波中意液压马达有限公司	2003	2005	—
绅乐汽车多媒体省级高新技术企业研究开发中心	宁波绅乐电子有限公司	2005	2008	—
新容电容器省级高新技术企业研究开发中心	宁波新容电器科技有限公司	—	2004	—
摩士轴承省级高新技术企业研究开发中心	摩士集团股份有限公司	2000	2004	—
德泰炭黑省级高新技术企业研究开发中心	宁波德泰化学有限公司	—	2008	—
宁波百隆色纺纱工程技术中心—经委	百隆东方有限公司	—	2008	—
宁波明欣压力容器工程技术中心—经委	宁波明欣化工机械有限责任公司	2007	2008	—
宁波欧易液压传动与控制工程技术中心	宁波欧易液压有限公司	2006	2008	—
宁波埃美柯阀门工程（技术）中心	宁波埃美柯铜阀门有限公司	2007	—	—
宁波连通石化设备工程（技术）中心	宁波连通设备制造有限公司	2002	—	—
宁波华通输配电技术研发工程中心—经委	宁波华通电器集团股份有限公司	2000	—	2002
宁波医药省级高新技术研究开发中心	宁波市医药技术研究有限公司	—	—	2005
宁波文魁制笔技术研究工程中心	宁波市文魁控股集团有限公司	2002	2007	—
宁波杜亚管状电机工程技术中心	宁波杜亚机电技术有限公司	—	2008	—
宁波佳信户外休闲用品工程技术中心	宁波佳信旅游用品有限公司	—	2008	—
宁波科光特种织造设备工程技术中心	宁波科光机电有限公司	2006	2008	—
宁波升亚音响设备工程技术中心	宁波升亚电子有限公司	—	2008	—
宁波诚邦办公自动化设备工程技术中心	宁波市诚邦办公设备有限公司	2005	2008	—
宁波金穗聚氨酯弹性体功能材料工程技术中心	宁波市金穗橡塑机电有限公司	—	2008	—

续表 36－2

名称	依托单位	创建年份		
		区级	市级	省级
宁波凯达汽车零部件工程技术中心	宁波凯达汽车部件有限公司	2007	2008	—
宁波市阳光机动车雨刮器工程技术中心	宁波市镇海阳光交通器材有限公司	—	2008	—
宁波天韵通信设备工程技术中心	宁波天韵通信设备有限公司	2001	2008	—
宁波同和电动工具研究开发工程技术中心	宁波同和机电有限公司	2000	2008	—
宁波金鑫粉末冶金工程（技术）中心	宁波金鑫粉末冶金有限公司	—	2008	—
金丰冲压装备工程（技术）中心	金丰（中国）机械工业有限公司	2007	—	—
宁波杰杰五金工具工程（技术）中心	宁波市杰杰工具有限公司	2007	—	—
宁波达尔轴承工程（技术）中心	宁波达尔轴承有限公司	2007	—	—
宁波德贝里克热泵热水器工程（技术）中心	宁波德贝里克电器有限公司	2007	—	—
宁波夏厦小模数齿轮传动件工程（技术）中心	宁波夏厦齿轮有限公司	2007	—	—
宁波东毓橡胶机械工程（技术）中心	东毓（宁波）油压工业有限公司	2006	—	—
浙江中平粉末冶金工程（技术）中心	浙江中平粉末冶金有限公司	2001	—	—
宁波中鑫毛纺工程（技术）中心	宁波中鑫毛纺集团有限公司	2002	—	—
宁波华丰毛纺技术工程中心	宁波华丰针织成衣有限公司	2002	—	—
镇海特种纺织机械技术工程中心	宁波市镇海剑杆头厂	2002	—	—
宁波招宝磁性材料技术工程中心	宁波招宝磁业有限公司	2004	—	—
宁波金腾汽车电机产品工程技术研究中心	宁波市镇海金腾电器有限公司	2005	—	—

第三节　宁波市大学科技园

2002 年 10 月，宁波大学提出建设大学科技园的建议，得到宁波市人民政府全力支持；11 月，受宁波市人民政府委托，镇海区人民政府与宁波大学签署共建大学科技园协议；2003 年 5 月，宁波市人民政府批准命名“宁波市大学科技园”；6 月，宁波市大学科技园发展有限公司正式成立；2006 年 6 月，宁波市大学科技园开工建设；2007 年 11 月，宁波工程学院、浙江纺织服装职业技术学院加盟共建宁波市大学科技园；2008 年 6 月，宁波市大学科技园科技创业大厦落成。宁波市大学科技园采取“政府引导、高校主体、企业化运作”的建设模式。三所高校与镇海区人民政府共同出资 1500 万元组建宁波市大学科技园发展有限公司，负责园区的建设和管理，其中宁波大学出资 200 万元，宁波工程学院出资 100 万元，浙江纺织服装职业技术学院出资 100 万元。至此，宁波市大学科技园成为宁波大学、宁波工程学院、浙江纺织服装学院和镇海区政府为主体，宁波市政府支持建设的高新技术企业孵化、高校科技成果转化、创新创业人才培养、创新资源集聚和辐射的科技创新平台。

园区布局

园区规划在空间上呈现“三校共一园、一园连三区”的布局结构，规划总占地面积 18. 4 万平方米，建筑面积 18. 7 万平方米。

宁波市大学科技园 A 区　由科技创业大厦（核心区）和创 e 慧谷组成。创业大厦占地面积 1. 3 万平方米，建筑面积 26156 平方米，主要承担公共服务、研发孵化和学生创业三大功能；“创 e 慧谷”规划占地 8. 1 万平方米，建筑面积 10. 4 万平方米，2006 年 6 月奠基，2008 年 6 月落成投入使用，主要承担集聚创意产业、研发机构和科研人员住宅等生活设施功能。

宁波市大学科技园 B 区　北欧工业园研发孵化中心，规划总占地面积 8. 3 万平方米，建筑面积 5. 2 万平方米，2008 年 6 月正式开工，2009 年 4 月投入使用，是大学科技园开展国际化合作平台，面向北欧地区高校和科研院所引进国外智力，并与国内高校和科研院所互动的国际联合办园的试验场和中心区。

宁波市大学科技园 C 区　镇海高科技园区成果转化中心，始建于 1993 年，2001 年全面建成，占地面积 8000 平方米，建筑面积 4600 平方米。2004 年成为宁波市级科技企业孵化器。

企业孵化和科技成果转化

至 2008 年，大学科技园在孵企业 62 家，其中 39 家企业与依托高校在人才、成果、技术方面有紧密关联，占在孵企业总数的 63%。在园（非在孵）企业 6 家，已“毕业”企业 15 家。建立公共技术平台和企业研发机构 19 家，其中国家级高端研究中心的分支机构 4 家。园区企业中就业人员达 1888 人，其中本科以上学历 686 人，占 36. 33%。园区内企业累计转化科技成果 154 项，其中依托高校转化科技成果 103 项，占 66. 9%。其中，在孵企业转化科技成果 142 项，内依托高校转化科技成果 98 项，占 69. 0%。园区企业已接受依托高校大学生实习、实训达 3341 人次，累计接纳应届毕业生 255 人。2008 年，园区企业共承担市、区级各类科技计划 36 项，R&D 经费投入 4257 万元，申请专利 283 项，其中发明专利 42 项，授权专利 123 项。2008 年，园区企业技工贸总收入 35472 万元，利润总额 4184 万元，上缴税金总额 1536 万元。

第二章　科学技术普及

镇海区为全国科普示范县（市、区），6个镇（街道）全部成为省、市级科普示范单位。镇海区科协先后获得浙江省“九五”“十五”科普工作先进集体荣誉称号。

第一节　科普宣传

科普宣传周（日、节）

1988年11月，举办首届科普宣传周活动，有73个单位参与，开展活动79项，展出科普图板188块、黑板报54块，放映电影、录像44场，举办讲座15场，发放科普资料3000余份，开展咨询服务活动，参加人数达6.5万余人次。至2001年，全区连续举办6届科普宣传周活动，累计发放科普宣传资料9万余份，受益人数近40万人次。科技界召开揭批邪教座谈会，向全区科技工作者发出“崇尚科学、反对邪教”的倡议书。在人民大会堂广场组织广大市民参加“崇尚科学、反对邪教”签名活动，印发宣传资料1200本。送“反对迷信、反对邪教”录像片到乡镇、街道和机关放映。2001年开始，每年5月定期举行科技活动周活动。2003年，“首届中国浙江科普节”镇海分场，设有86项活动项目，参与人数达5.8万人次。2006年开始，每年9月第三周定期举办“全国科普日”系列活动。是年，开展科技（科普）活动周、第三届中国浙江科普节等大型科普活动，组织学会协会开展咨询服务，发放资料4000余份，举办科技知识讲座40余场次，讲课专家30余人，听众万余人。

科普下乡

1986—2008年，科技局、科协及其所属学会、协会组织开展各类科普下乡活动158场，免费发放各类科普书籍、资料80多万册（份）。

“普网”工程

2004年4月，宁波市“百万家庭计算机网络知识普及教育工程”正式启动，镇海区决定培训所需经费除市核拨46元/人外，不足部分由区财政追加预算15万元，培训对象凡参加考试合格者一律免费。至2008年累计培训结业学员约1.2万余人。

青少年科普活动

全区所有学校配有科学教育教师和科技辅导员，组织科技兴趣小组，开展科技创新活动。开展科普特色学校创建，镇海中学、贵驷小学、石化三公司学校被评为首批科普特色学校。区青少年科技辅导协会通过“科普宣传周”“科技节”等形式，举办电脑程序设计大赛、中小学生车辆模型赛、科普征文等活动，骆驼街道开展“流动科普教室进学校”活动，取得较好科普效果。2007年宁波市举行青少年科普主题知识电视大赛，镇海区代表队获得第一名。

宣传阵地建设

1995年5月25日，镇海有线电视台开辟《科技之窗》专题电视节目，每月1期，当年共播放科普录像片6部。1996年，出刊《镇海农村科技信息》。2006年7月21日，全省首家社区科技馆——胜利路社区科技馆正式开馆，投资120万元，至2008年年底接待参观人员已逾2万人。2007年，车站路社区建成融展示、教育、主题实践于一体的军民共建国防科普教育馆，招宝山街道所辖9个社区完成标准化科普画廊的建设工作，贵驷社区建成主题为“人、自然、环境”的社区科普教育馆。全面完成农村科普“一站、一栏、一员”工程。华通电器集团有限公司成立全区首家企业科协，建成高标准的科普画廊、科普阅览室等科普阵地。2008年，全区所有行政村完成科普画廊的建设任务，曙光村建成融教育与旅游休闲于一体的科普公园，后大街社区建成国内第一个社区博物馆。2008年6月，国内第一家以院士为主题命名、以院士的成就和风采为主题陈列内容的展馆——宁波市大学科技园创业大厦内镇海籍院士风采馆开馆，朱高峰、翁史烈、周毓麟、白以龙、杨雄里、吴祖泽、倪光南、於崇文、周永茂、林永年、贺贤土、倪维斗、范立础、郑颖人、包为民等15位镇海籍中国科学院、工程院院士出席开馆仪式，成为全市爱国主义教育基地和科普工作基地。

第二节　科技培训示范

科技培训

1988年起，镇海区科委每年通过不同形式举办各类农村实用技术培训班，为结业人员颁发结业证书。1993年，区级各学会（协会）、乡镇科协举办各类培训班93期，培训人数达11579人次。1994年，区科委、科协会同区委组织部对全区三分之一的农村党员开展实用技术培训，有85%的村干部参加现代农业生产基本知识教育培训。1996年，中国农村致富技术函授大学镇海区分校成立，下设6个乡镇辅导站，9月开办第一期妇女蔬菜专业班，12月在庄市、骆驼、河头举办绿色证书培训班，农函大培训成为农村实用技术培训的主要阵地。1998年，区农函大分校首次对中高考落榜返乡的初高中毕业生进行社会主义新农村接班人的职业教育，帮助他们树立尊农爱农的思想，增加科技兴农意识。2000年，区农函大分校探索建立“农、科、教”联合办班的模式，共举办农函大培训11个班，结业学员464名，举办各类短期培训班73期，培训人数4517人。至2008年，农村劳动力实用技术技能培训1.4万余人次。

科技示范

科技示范户　1989年，开展“一、二、三”（一即抓好一个乡镇、二即二个专业技术协会、三即三个科技示范户）和“三个一”（乡镇抓好一个专业技术协会、一个科技示范户、一块丰产田）的科技兴农活动。1991年，建立近郊型农业科技示范点16个。1993年，全区农村科技示范户累计达到1112户，其中112户达到区级农业科技示范户标准，专业涉及蔬菜、粮油、棉花、畜牧、林特、淡水养殖和多种经营等专业。2003 年开始，区一级不再评定农业科技示范户，推荐示范户参加上级单位评选。2008 年，全区共有省级农业科技示范户 10 个。

科技（科普）示范基地 1998 年，区科协在城关镇顺风村建立镇海区新汇农业科技示范场，依托万亩旱地综合开发畈，先后与浙农大、浙江农科院、上海市农科院的协作，引种试种藤稔葡萄、美国黑提、韩国生菜等新品种 10 余个，被列入省农业科普示范基地。1999 年，庄市镇光明村优质果艺科普示范基地被列入宁波市科普示范基地，面积 13.33 公顷，引种梨、柚等新品种，并对梨头保花保果、鹿血酒开发等一系列技术试验示范。2000 年，全区各乡镇均建立一批有特色的农业科技（科普）示范基地，有农业科技示范区 100 个，开展农业新品种的引进、试验和示范推广工作。镇海新汇农业科技示范场，先后引进试种蔬果新品种近百个，筛选推广品种 10 个，取得良好的经济效益。2001 年，全区累计创建区级科技（科普）示范基地 27 家，其中重点农业科技（科普）示范基地 16 家。镇海新汇农业科技示范场在原有基础上扩增面积 2.67 公顷，新建钢结构连栋大棚 1440 平方米，标准钢大棚 29 个，并与市农科院签订马铃薯组织培养协议，1 万余株试管苗基质定植，翌年向农户推广试种。2003 年，全区认定龙头科技（科普）示范基地 4 家。2005 年，建成 2 家农业科研所和 8 个科技农业龙头示范基地。2007 年，宁波飞洪生态农业发展有限公司特色蔬菜引进种植示范及配送集成化星火示范基地、宁波市镇海江南家禽育种有限公司绍兴鸭青壳系种苗培育及生态化养殖星火示范基地，被宁波市科技局评为宁波市星火示范基地。2008 年，九龙湖镇周银康的无公害果蔬种植基地，骆驼街道董家畈叶建国的枇杷种植基地，澥浦镇十七房江寅波的花卉苗木种植基地，九龙湖镇长石村飞洪农场叶飞的蔬菜种植基地，分别获得省农业科普示范基地称号。截至 2008 年年底，全区有国家级农村科普示范基地 1 家，宁波市星火示范基地 2 家，区级农业科技（科普）示范基地 10 家，先后引进蔬菜瓜类等新品种 400 余个，其中橘红南瓜、甜玉米、引茄一号、礼品西瓜、户太八号葡萄等近 20 个新品种不同程度得到推广，带动周边农户 3000 户以上，每户年收入增加近万元。

科技（科普）示范单位创建

2000 年开始，省、市科协启动科普示范单位创建工作，镇海区组织、发动和鼓励有条件的单位申报创建。2004 年，澥浦镇成为浙江省首批基层科普示范乡镇。2005 年，招宝山街道成为全区首个浙江省科普示范街道，招宝山街道胜利路社区成为全区首个浙江省科普示范社区。2007 年，胜利路社区科技馆成为全区首个浙江省科普教育基地。2008 年，镇海区建成“全国科普示范县（市、区）”，九龙湖镇西经堂村、田顾村成为全区首批宁波市科普示范村，宁波市飞洪生态农业发展有限公司九龙湖基地荣获“全国科普惠农兴村先进单位”称号，成为宁波市首家国家农村科普示范基地。至 2008 年年底，镇海区 6 个镇、街道全部建成省、市级科普示范单位，建成国家级基层科普示范基地 1 个，省、市级科普示范村（社区）19 个，省、市级科普教育示范基地 3 个，农业科技（科普）示范基地 10 个，青少年科普特色学校 3 所。

2004—2008年镇海区科普示范单位、科普教育基地情况表

表36－3

名称	单位	认定年份
全国科普示范县（市、区）	镇海区	2008
国家农村科普示范基地	宁波飞洪生态农业发展有限公司	2008
浙江省科普示范镇（街道）	澥浦镇	2004
	招宝山街道	2005
	庄市街道	2006
	蛟川街道	2007
宁波市科普示范镇（街道）	九龙湖镇	2005
	骆驼街道	2005
浙江省科普示范村（社区）	胜利路社区	2005
	城东社区	2006
	后大街社区	2006
	庄市社区	2006
	贵驷社区	2006
	总浦桥社区	2007
	车站路社区	2008
	白龙社区	2008
	顺隆社区	2008
宁波市科普示范村（社区）	西门社区	2006
	临江社区	2007
	张鑑碶社区	2007
宁波市科普示范村（社区）	兴庄路社区	2008
	南一社区	2008
	汇源社区	2008
	西经堂村	2008
	田顾村	2008
青少年科普示范学校	镇海中学	2006
	贵驷中心小学	2006
	三公司学校	2006
浙江省科普教育基地	胜利路社区科技馆	2007
宁波市科普教育基地	胜利路社区科技馆	2006
	镇海海防口历史纪念馆	2006
镇海区科普教育基地	镇海区图书馆	2004
	镇海区青少年宫	2004

第三节 信息化示范试点

2003年，出台《镇海区科技创新“10+1”工程计划及认定标准》，首次提出要创建信息化示范企业，重点推动制造业企业的管理信息化水平，鼓励企业运用信息技术改造提升传统产业，以信息化带动工业化，当年认定制造业信息化示范企业（基地）3家。2005年，区政府、电信运营商、同人软件等共同出资组建宁波腾泓信息服务发展有限公司，为宁波市信息化建设（企业信息化）试点单位。当年8月，经倪光南院士等多名专家论证评审，“E企联动”作为面向紧固件行业信息化服务平台，以ASP方式面向企业提供多种信息化应用，被宁波市经委认定为首个块状化经济信息化公共服务试点平台批复立项。至2005年年底，全区培育市级以上信息化示范试点企业13家，有50%以上规模企业开始实施CAD、CAM、PED、ERP、电子商务、财务、仓库管理等信息化工程，建设企业网站231家，70家企业设立内部局域网，紧固件企业ASP进入市场推广，化工企业ASP进入调研实施，液体化工电子交易市场建设起步。2006年开始，区政府对投入50万元以上的企业信息化建设项目予以补助，有9家企业受益。同年，宁波都普特液体化工电子交易中心有限公司、宁波海信铁路器材有限公司被列为宁波市信息化试点单位，光明村被评为区农村信息化推进示范单位。2007年，全区推广浙江科技信箱，搭建为政府、企业、高校、科研院所、中介机构和科技人员服务的科技信息交流平台，有注册单位会员108个，个人会员408个。2008年年底，全区有市级信息化示范单位15家，区级信息化示范试点单位17家。

2002—2008年镇海区区级以上信息化示范（试点）单位情况表

表36-4

承担单位	类别	认定年份
宁波摩士轴承集团公司	宁波市工业企业信息化示范企业	2002
宁波中江高强螺栓有限公司	宁波市工业企业信息化示范企业	2005
宁波金鼎紧固件有限公司	宁波市工业企业信息化示范企业	2005
宁波乐金甬兴化工有限公司	宁波市工业企业信息化示范企业	2005
宁波中意液压马达有限公司	宁波市工业企业信息化示范企业	2005
浙江金甬腈纶有限公司	宁波市工业企业信息化示范企业	2005
宁波市镇海金腾电器有限公司	宁波市工业企业信息化示范企业	2005
宁波西马特电机制造公司	宁波市工业企业信息化示范企业	2005
宁波海达塑料机械有限公司	宁波市工业企业信息化示范企业	2005
宁波宁力高强度紧固件有限公司	宁波市工业企业信息化示范企业	2005
宁波宝日精密薄板有限公司	宁波市工业企业信息化示范企业	2005
宁波衡山集团股份有限公司	宁波市工业企业信息化示范企业	2005

续表 36－4

承担单位	类别	认定年份
阿克苏诺贝尔过氧化物（宁波）有限公司	宁波市工业企业信息化示范企业	2005
宁波都普特液体化工电子交易中心有限公司	市级信息化试点单位	2006
宁波海信铁路器材有限公司	市级信息化试点单位	2006
宁波宝日精密薄板有限公司	区级信息化示范企业	2006
华美线业有限公司	区级信息化示范企业	2006
宁波大通轴承有限公司	区级信息化示范企业	2006
宁波富莱茵汽车部件有限公司	区级信息化示范企业	2006
宁波镇洋化工发展有限公司	区级信息化示范企业	2006
宁波市凤飞工艺品有限公司	区级信息化示范企业	2006
庄市街道光明村	农村信息化示范项目	2006
宁波九龙紧固件制造有限公司	市级信息化试点单位	2007
宁波镇海国创高压电器有限公司	市级信息化试点单位	2007
宁波浙华重型钢管制造有限公司	区级信息化示范企业	2007
东毓（宁波）油压工业有限公司	区级信息化示范企业	2007
宁波市海达塑料机械有限公司	区级信息化示范企业	2007
宁波市镇海金力高强度紧固件有限公司	区级信息化示范企业	2007
庄市街道光明村	市级信息化试点单位	2008
宁波恒润渔具有限公司	市级信息化试点单位	2008
宁波康信电缆有限公司	区级信息化示范企业	2008
宁波盈展精密薄板有限公司	区级信息化示范企业	2008

说明：2006 年以前，由宁波市经委、市政府信息化管理办公室主要行使信息产业管理职能。2006 年，宁波市信息产业局成立，对市级信息化示范（试点）单位重新进行认定

第三章 科技创新

1988 年，贯彻“科技面向经济，经济依靠科技”方针。1988 年 5 月至 1990 年 5 月，全区开发科技新产品 147 项，其中省级以上 6 项。1990 年起，“科技兴农、科技兴工”作为全区经济建设的中心任务。1991—1995 年，全区开发新产品 250 项，其中列入市级以上科技项目 94 项，国家级重点新产品 20 项，引进推广新品种、新技术 100 项，科技进步对经济增长贡献率达到 42%。1996 年，全区加强科技横向联合，发展高新技术产业。2000 年，高新技术产值达到 17.4 亿元，占全区工业总产值 20.7%。2000 年后，实施科技创新工程，建设区域科技创新体系。2006 年起，承办一年一次的“镇海杯”国际工业设计大赛，打造国际化合作平台。2007 年 1 月，宁波化工区被省政府命名为临港石化省级高新技术特色产业基地。2008 年年底，初步形成镇海经济开发区、宁波（骆驼）机电园区、宁波化工区、宁波市大学科技园区等高新技术产业集聚区，建立“一府（区政府）十校（十所大学）十所（十所科研院所）”科技与人才合作框架。

第一节 科技项目

1986—1999 年，共获得国家级科技项目 38 项，其中国家级重点新产品计划 20 项、国家火炬计划 7 项、国家星火计划 5 项、国家推广计划 1 项、国家军转民计划 2 项、国家中小企业技术创新基金 3 项。2000—2008 年，累计承担国家级创新基金、新产品、火炬计划等项目 51 项，获得国家财政补助金额 1120 万元。

2000—2008 年镇海区国家级科技项目承担情况表

表 36－5

实施单位	项目名称	项目类别	资助金额（万元）
宁波金海电子有限公司	热定序器系列产品	国家创新基金	75
宁波市镇海科瑞生物工程有限公司	L－正缬氨酸的工艺合成	国家创新基金	50
宁波市天衡制药有限公司	枸橼酸托瑞米芬及片	国家创新基金	50
宁波汇众粉末机械制造有限公司	粉末成形机	国家创新基金	50
宁波华纳化工有限公司	年产 150 吨 2—甲氧基丙烯	国家创新基金	75
宁波广厦热力成套设备公司	波纹换热管技术与产业化	国家创新基金	98
浙江久而久化学有限公司	NT－501 磁材胶粘剂	国家创新基金	62.5

续表 36－5

实施单位	项目名称	项目类别	资助金额（万元）
宁波格林触点有限公司	三复合铆钉型电触点	国家创新基金	64.5
宁波市天衡制药有限公司	枸橼酸托瑞米芬及片	国家创新基金	17
宁波汇众粉末机械制造有限公司	FY40 型粉末成形机	国家重点新产品	85
宁波市天衡制药有限公司	枸橼酸托瑞米芬原料药及片剂	国家重点新产品	45
宁波奔野拖拉机汽车制造有限公司	奔野牌 BY52 型轮式拖拉机	国家重点新产品	15
宁波金海电子有限公司	JH607 热控时器	国家重点新产品	15
宁波科光机电有限公司	KGF755NS 型高速无梭双面绒带织机	国家重点新产品	55
宁波招宝磁业有限公司	超高矫顽力节能环保永磁电机专用钕铁硼磁钢	国家重点新产品	10
宁波意宁液压有限公司	IYJW 型液压绞车	国家火炬计划	10
宁波海达塑机有限公司	HDH300 直压式塑料注射成型机	国家火炬计划	10
宁波金海电子有限公司	JZX－18FH/JZX－18FH－F（JH18FH－F）小型按钮式电磁继电器	国家火炬计划	10
宁波绅乐电子有限公司	车载数字多媒体终端	国家火炬计划	15
宁波国荣基康润机械有限公司	煤矿 φ1200mm 四层复合钢丝缠绕聚乙烯管材生产线	国家火炬计划	15
浙江杭州湾腈纶有限公司	用于建筑材料的腈纶直板丝	国家火炬计划	15
宁波德泰化学有限公司	高分散性炭黑 N220 及尾气综合利用	国家火炬计划	10
宁波东来化工有限公司	1 万吨/年对苯二甲酸二辛酯连续化生产项目	国家火炬计划	10
宁波市海达塑料机械有限公司	HDP 48PET 瓶坯专用注塑机	国家火炬计划	10
宁波国荣基康润机械有限公司	一步法硅烷交联 PEXb 五层复合管材挤出生产线	国家火炬计划	10
宁波中意液压马达有限公司	ZYH 型液压回转装置	国家火炬计划	10
宁波汇众粉末机械制造有限公司	FY260－300 粉末成形机	国家火炬计划	10
宁波大红鹰生物工程股份有限公司	Ve 提取中低酸价生物柴油的生产	国家火炬计划	10

第二节　高新技术

高新技术产业

1993 年，在五里牌镇海经济技术开发区东侧建设镇海区高科技园区，作为镇海高新技术产业孵化基地，引进和发展高新技术产业。至 1996 年，共建有标准厂房 7123.8 平方米，有 9 家企业在园区注册生产，厂房利用率达 92%，投资金额接近 5000 万元，重点开发高新技术产品，有些项目列入国家火炬计划和成果推广计划。1993 年后，发展以新材料、现代电子通信、生物工程、精细化工及计算机技术和重点基础元器件等为重点领域的高新技术产业。1997 年，全区首次对高新技术产业产值进行调查统计，高新技术产业产值达到 6.5 亿元，占区属工业产值 10% 以上。2000 年，设立发展高新技术产业等 4 项专项资金，共 1750 万元，用于推动高新技术产业发展。其中：高新技术产业发展资金 500 万元，高新技术风险投资担保资金 500 万元，技改贴息资金 500 万元，技术创新资金 250 万元。2000 年，全区高新技术产值 17.4 亿元，占区属工业产值 22%，比 1999 年增长 113.7%，增长排名全市第一。2001 年，列入科技进步“410”工程的高新技术企业，允许税前提取销售额的 3% 作为技术开发经费，支持企业进行新产品、新技术的研发。是年，区属高新技术产品销售额 26.3 亿元，占工业销售 26%。2005 年实现高新技术产品销售 110 亿元，占工业销售 33%，高技术产业增加值占工业增加值比重由五年前的 0.9% 上升到 5.6%。2008 年，实现高新技术产品产值 240 亿元，规模以上工业高新技术产业增加值达到 28.21 亿元，区属规模以上工业新产品产值 95.88 亿元，区属规模以上工业新产品产值率 15.22%。全区初步形成化工及新材料、电子信息、光机电三大高新技术产业群，数控工业装备、液晶显示器等信息化产品发展势头良好，化工及新材料、机电一体化两大产业成长为全区的重点支柱产业。全区高新技术产业呈块状集聚，主要集中在镇海经济开发区、宁波（骆驼）机电园、宁波化工区、宁波市大学科技园等园区，其高新技术企业占全区总数的 23.4%，产品产值占全区高新技术产品产值的 61.5%。

高新技术企业

1995 年，宁波天衡制药有限公司被认定为浙江省高新技术企业，为镇海首家高新技术企业。1996 年 8 月，国家将高新技术企业认定范围扩展到国家高新区外，宁波华通电器集团股份有限公司被科技部认定为“重点高新技术企业”，2003 年 3 月再获国家重点高新技术企业复审合格证书。1996 年，全区开展创建科技型企业活动，认定科技型企业 5 家，作为高新技术苗子企业重点培育。2000 年，实施科技创新“410”工程，重点扶持 10 家高新技术苗子企业。2002 年，全区已有市级以上高新技术企业 11 家，区级高新技术苗子企业 24 家。2003 年，继续加大力度发展高新技术产业，培育高新技术企业，有 3 家企业被认定为市级高新技术企业。2007 年，宁波 LG 甬兴化工有限公司、宁波龙欣精细化工有限公司、宁波天衡制药有限公司批准为省级高新技术特色产业基地骨干企业。至 2007 年年底，全区累计培育国家、省市级高新技术企业达 32 家。2008 年，国家对高新技术企业认定管理进行全面调整，取消省级以下高新技术企业的认定，不再保留省、市级高新技术企业称号，改由国家统一认定管理。是年，全区认定的国家高新技术企业 19 家。

1995—2007 年镇海区市级以上高新技术企业名录一览表

表 36－6

单位名称	创建年份	级别
宁波天衡制药有限公司	1995/2007	省级/国家级
宁波华通电器集团股份有限公司	1996	国家级
宁波天韵通信设备有限公司	1999	省级

续表 36－6

单位名称	创建年份	级别
宁波市嘉明通信设备有限公司	2000	省级
宁波英特姆液压马达有限公司	2000	省级
宁波市镇海国创高压电器有限公司	2000	省级
宁波市海达塑料机械有限公司	2001/2005	省级/国家级
宁波金海电子有限公司	2002	省级
宁波意宁液压有限公司	2002	省级
宁波广厦热力成套设备有限公司	2003	省级
宁波招宝磁业有限公司	2003	省级
宁波中化化学有限公司	2003	省级
宁波中意液压有限公司	2004	市级
金丰（中国）机械工业公司	2004	市级
宁波摩士合普轴承有限公司	2004	市级
宁波令通电信设备有限公司	2004	市级
宁波汇众粉末成型机制造有限公司	2005	省级
宁波凯达汽车部件厂	2005	省级
宁波龙欣精细化工有限公司	2005	省级
宁波新容科技有限公司	2005	省级
富伟精密机械（宁波）有限公司	2006	市级
宁波华纳化工有限公司	2006	市级
宁波科瑞生物工程有限公司	2006	市级
宁波连通设备制造有限公司	2006	市级
宁波绅乐电子有限公司	2006	市级
宁波市医药技术研究有限公司	2006	市级
宁波市镇海金腾电器有限公司	2007	市级
宁波积家电子有限公司	2007	市级
宁波富邦电池有限公司	2007	市级
宁波明欣化工机械有限责任公司	2007	市级
宁波欧易液压有限公司	2007	市级
东毓（宁波）油压工业有限公司	2007	市级

2008年镇海区国家高新技术企业名录一览表

表36－7

单位	认定时间
宁波市海达塑料机械有限公司	2008年9月
宁波绅乐电子有限公司	2008年9月
宁波新容电器科技有限公司	2008年9月
宁波龙欣精细化工有限公司	2008年9月
宁波金海电子有限公司	2008年9月
宁波德泰化学有限公司	2008年9月
百隆东方有限公司	2008年9月
宁波市天衡制药有限公司	2008年9月
宁波汇众粉末机械制造有限公司	2008年9月
宁波欧易液压有限公司	2008年9月
宁波中意液压马达有限公司	2008年9月
宁波连通设备制造有限公司	2008年9月
宁波摩士集团股份有限公司	2008年9月
宁波市镇海金腾电器有限公司	2008年12月
宁波天韵通信设备有限公司	2008年12月
宁波国荣基康润机械有限公司	2008年12月
宁波市镇海国创高压电器有限公司	2008年12月
宁波市医药技术研究有限公司	2008年12月
镇海石化工程有限责任公司	2008年12月

第三节　科技合作

1992年，区政府先后5次到上海、杭州等大专院校、科研院所开展科技横联。是年，合作建立28个科技横联组织，聘请近500名科技顾问，与上海市科委所属20余个研究部门挂钩联系。1993年，先后与国家科委、中国科技金融促进会、中国高科技产业化研究会、中国农业科学院以及其他在京研究所挂钩联系，建立协作关系。8月，中国农科院所属8个研究所领导访问镇海，与镇海区签订9个开发技术项目协议书，成立由中国农科院原院长卢良恕等有关专家组成的镇海区农业技术顾问团。1994—1997年，先后赴北京、上海、西安、杭州等地高校、科研院所，开展科技合作交流，共引进推广项目34项，建成澥浦河蟹人工育苗和贵驷大棚蔬菜示范基地。1998—1999年，先后在北京、上海、西安组织召开科技信息发布洽谈会，上百家企业、80余家科研机构参加，发布科技信息1500余条，达成“新型陶瓷材料”“步进电机”“黄花梨保花保果技术”等合作意向24项。2000年，举行科技合作交流会，邀请镇海籍院士11名、中科院所属7个分院及其他研究所、大专院校等专家学者160余人参加，区内有120余家企业参加。2001年，区政府与哈尔滨工业大学、东南大学签订长期科技合作协议，双方组成科技合作领导小组及办公室，设立科技合作专项资金。是年，宁波摩士集团与哈工大签订合作共建“哈工大轴承技术开发分中心”协议，宁波西马特电机制造有限公司与东南大学签订合作共建“东南大学电气技术开发分中心”协议。2002年年初，召开“一府二校”科技合作领导小组第一次会议，确定第一批合作资金资助项目6个，其中中试项目3个，技术攻关项目3个。同年，镇海区与中科院自动化所、电子学所、中科院成都有机所、成都光电所共建“一区四所”科技合作关系。2003年，举办镇海区工业科技合作洽谈会，镇海区政府与中科院北京国家技术转移中心、上海国家技术转移中心及成都光电所等5家单位签订全面合作协议。2004至2006年，举办以机电产业为重点的镇海·骆驼科技合作洽谈会，签订合作项目42项，技术交易额达1782万元，达成共建企业研究所、工程技术中心、产学研技术联盟等科技协作项目4项。举行“2005年镇海区化工及新材料科技合作洽谈会”，签订合作项目27项，技术交易额1803万元。2006年举办镇海区电子信息（软件）产业科技合作洽谈会，发布企业技术攻关难题，推介国内相关大专院校、科研单位的科技成果项目253项，达成签约项目34项，技术交易额3122.9万元。2007年7月11日，镇海区—宁波大学科技合作交流暨项目签约仪式在宁波大学举行，共签署8个项目合作协议，镇海区聘请宁波大学有关专家为科技顾问，宁波大学聘请镇海区企业经营者为兼职教授。2008年6月6日，举行宁波市大学科技园科技创业大厦落成暨科技项目签约仪式，集体签约44项科技合作项目，协议利用资金11737万元。12月23日，镇海区与宁波工程学院举行全面科技合作洽谈会，签约5个科技合作项目，互聘兼职教授5名和企业科技顾问5名，7家企业成为工程学院战略合作企业。2000—2008年，全区还以组团和随团形式，分赴全国重点城市开展科技合作交流16次，邀请专家到镇海指导150余次，累计签约合作项目297项，技术交易额19593万元。

2001—2008年镇海区主要科技合作开发项目情况表

表36-8

项目	承担单位	合作单位
巨型长毛兔繁育	镇海种兔场	浙江省农科院
宁波国创电器保护工程技术开发中心建设项目	宁波镇海国创高压电器有限公司	中科院宁波材料所
中水回用技术工程研究中心建设项目	宁波三友环保工程有限公司	上海交通大学环境科学与工程学院
大通流、高梯度氧化锌电阻片研究	宁波镇海国创高压电器有限公司	中科院宁波材料所
染料工业化造粒关键技术攻关	宁波龙欣精细化工有限公司	浙江大学材料和化工学院
苯基硼酸类及衍生物系列开发	宁波应发硼纳有限公司	清华大学化学系
大型工业原油罐旋转喷射混合系统研制	宁波连通设备制造有限公司	浙江大学化工机械研究所

续表 36－8

项目	承担单位	合作单位
D－半胱氨酸盐酸盐	宁波镇海科瑞生物工程有限公司	苏州大学化学化工学院
二氨基苯骈咪唑酮小试工艺开发	宁波龙欣精细化工有限公司	宁波工程学院化工系
2，6－二丙氯拉嗪合成技术	宁波远欧精细化工有限公司	中国药科大学
棕榈酰胺丙基三甲基氯化铵	宁波东方永宁化工科技有限公司	浙江大学催化研究所
N－乙酰－L－半胱氨酸新工艺技术	宁波市镇海步云生化厂	湖北省宜昌市微生物研究所
高可靠性汽车电机用密封轴承研制	宁波摩士集团股份有限公司	浙江大学机械设计研究所
汽车防盗报警器	宁波市嘉明通信设备有限公司	杭州电子科技大学
无线翻页激光笔	宁波天韵通信设备有限公司	浙江大学管理学院创新与发展研究中心
光学数码图像分析系统	宁波赛诺普光电仪器有限公司	浙江大学光学工程研究所
L－正缬氨酸的合成工艺研制	宁波市镇海科瑞生物工程有限公司	中科院广州化学所
新型蓄冷空调技术研究	宁波衡山模塑有限公司	宁波大学
集群综合资源事整合系统开发	宁波天韵通信设备有限公司	宁波大学工业总公司
摄像技术配套的水流量标准装置的研制	宁波市镇海明泰成套设备有限公司	中国计量学院
先进树脂基复合材料成型技术	宁波安力绝缘材料有限公司	北京航空航天大学
汽车前向防撞雷达开发	宁波嘉明通信设备有限公司	中科院电子学所
汽车后悬架自动控制装配调整系统开发	宁波纳发汽车零配件有限公司	中科院沈阳自动化所
共建工程技术研究开发中心	宁波轻工机械制造有限公司	中科院自动化所
建立产、学、研技术合作联盟	宁波市镇海伟峰电子有限公司	中科院西安光学精密机械研究所
建立产、学、研技术合作联盟	宁波绅乐电子有限公司	中科院计算机技术研究所
太阳能电源开发、照明等	宁波普银钢铁有限公司	西安交通大学
深色皮革中六价铬含量的检测技术	宁波飞帆皮革有限公司	宁波工程学院
QJMD100型脉冲电子束水松纸打孔机	宁波轻工机械制造有限公司	中科院电子学所
单向非推球轴承开发	宁波华翔轴承有限公司	东南大学
管桩张拉力的测量	宁波市镇海永大构件有限公司	中科院力学所
汽车空调过滤网研发	镇海凯达汽车配件厂	中科院过程工程研究所
曲线加工技术	宁波市镇海钢球模具厂	中科院理化技术研究所
废弃皮革（毛皮）的再利用	宁波飞帆皮革有限公司	中科院过程工程所
基于GSM公网的汽车防盗系统	宁波市镇海恒利通讯设备实业有限公司	西安电子科技大学

续表 36－8

项目	承担单位	合作单位
毛纺羊毛、羊绒低温染色	宁波中鑫毛纺集团有限公司	中科院化学所
黄泰数控 HTCNC－1	宁波市镇海黄泰数控有限公司	东南大学
应用于密封、摩擦材料技术研究	宁波海山克尔铃密封件有限公司	东华大学材料学院
不饱和聚酯模塑复合材料窨井盖技术	宁波市镇海乾宝通信有限公司	北京航空航天大学
液体指套膜	宁波金海电子有限公司	中科院过程所

第四节　科技成果

1986—2008 年，共获得市级以上科技进步奖 52 项，评出区级科技进步奖 96 项。2004 年，由宁波市镇海骆驼禽蛋专业合作社、浙江省农科院畜牧兽医研究所、宁波市镇海区畜牧兽医站合作开展的高产蛋鸭新品系——绍兴鸭青壳系选育研究项目，获得 2004 年浙江省科学技术奖三等奖，为镇海区历史上第一个获得省政府科学技术奖励的项目。

2001—2008 年镇海区获省市科技进步奖项目情况表

表 36－9

项目名称	承担单位	奖励级别	年度
YJW 型挖泥船用液压绞车	宁波意宁液压有限公司	市二等奖	2001
炼制高硫原油设备腐蚀与防护研究	镇海炼化、浙江工业大学	市三等奖	2001
高温高压 W 型缠绕垫片研制	镇海炼化、国营慈溪密封材料厂	市三等奖	2001
GPX119 型光纤配线架	宁波宝云集团有限公司	市三等奖	2001
TM 型 MCC 马达控制中心	宁波华通电器成套厂	市三等奖	2001
JPX180 系列配线	宁波天韵通讯设备有限公司	市三等奖	2001
茄瓜类等蔬菜灾变病虫害发生与防治关键技术研究	宁波市农业科学研究蔬菜研究所、镇海区人民政府蔬菜办公室等	市三等奖	2002
宁波森木资源研究	宁波市林业局、镇海区农业局等	市三等奖	2002
KGF855 型高速无梭尼龙粘扣带机	宁波科光机电有限公司	市三等奖	2002
冷焦水密闭循环处理工艺技术	中国石化镇海炼油化工股份有限公司、华东理工大学	市三等奖	2002
油系统自动放水装置	中国电力企业家协会火电分会宁波科技服务中心	市三等奖	2002
高温高压 W 型缠绕垫片的研制	中石镇海炼化股份有限公司、慈溪博格曼密封材料有限公司	市二等奖	2003
JZX－18FH/J2X 小型按钮式电磁继电器	宁波金海电子有限公司	市三等奖	2003

续表 36－9

项目名称	承担单位	奖励级别	年度
显像管用二氧化钛	宁波新福钛白粉有限公司	市三等奖	2003
卡维地洛（原料及片剂）	宁波天衡制药厂	市三等奖	2003
高产鸭蛋新品系	宁波市镇海骆驼禽蛋专业合作社等	市三等奖	2003
热解石墨合金	宁波市镇海明通工程化合物有限公司	市二等奖	2004
一种具有自由下放功能的液压绞车	宁波意宁液压有限公司	市三等奖	2004
ZTH5000/B 摆线型液压回转装置	宁波中意液压马达有限公司	市二等奖	2004
TJ3001 配线架集中告警系统	宁波市嘉明通信设备有限公司、浙江天演信息技术有限公司	市三等奖	2004
缠绕管式换热器工程技术研究	镇海炼油检修安装公司、合肥通用机械研究所	市三等奖	2004
FY40 型粉末成形机	宁波汇众粉末机械制造有限公司	市二等奖	2004
蛋鸭青壳系选育研究	宁波骆驼禽蛋专业合作社	省三等奖	2004
枸橼酸托瑞米芬原料药及片剂	宁波市天衡制药有限公司	市二等奖	2005
JPX180 宽带数据传输总配线架	宁波天韵通信设备有限公司	市三等奖	2005
LVQB－110W2 户外高压 SF6 电流互感器	宁波华通电器集团股份有限公司	市三等奖	2005
镇海炼化炼油节水减排成套技术攻关	中石化镇海炼化有限公司 中石化工有限公司石化科学研究院	市一等奖	2006
热定序器	宁波金海电子有限公司	市三等奖	2006
枸橼酸托瑞米芬原料药及片剂	宁波市天衡制药有限公司	省三等奖	2007
原位聚合鞣制及无铬皮革制造技术的应用	宁波工程学院、四川大学浙江明新皮业有限公司、宁波飞帆皮革有限公司	省三等奖	2007
聚酯纺丝系列溶剂染料	宁波龙欣精细化工有限公司	市二等奖	2007
FML 数控调频发射器	宁波绅乐电子有限公司	市三等奖	2007
FY140 型粉末成型机	宁波汇众粉末机械制造有限公司	市三等奖	2007
摄像式全自动水流量标准装置	宁波市镇海明泰设备成套厂中国计量学院	市三等奖	2007
大型石化企业节水减排成套技术开发及应用	中国石油化工股份有限公司镇海炼化分公司、中国石油化工股份公司石油化工科学研究院	省一等奖	2008
FY140 型粉末成形机	宁波汇众粉末机械制造有限公司	省三等奖	2008
聚酯纺丝系列溶剂染料	宁波龙欣精细化工有限公司	省三等奖	2008
乙烯裂解炉对流段模块	宁波连通设备制造有限公司	市三等奖	2008
盐酸吉西他滨原料药	宁波市天衡制药有限公司	市三等奖	2008
FY260 粉末成形机	宁波汇众粉末机械制造有限公司	市三等奖	2008
双面绒带织造技术研究与研发	宁波科光机电有限公司、宁波大学	市三等奖	2008

第四章　科技管理与服务

镇海建区后，改革科技计划实施方式和科技项目支持方式，逐步完善科技与人才政策体系，建立政府引导、企业为主的科技投入机制，发挥科技市场在科技资源配置的主体作用，加强专利管理，开展和规范技术人员职称聘审，保障科技事业的持续发展。

第一节　管理机构

1985 年 10 月，建立镇海区科学技术委员会和镇海区科学技术协会，一套班子、两块牌子。1988 年 10 月，区科委、科协分署独立办公。1993 年 1 月，科委与科协重新合并。2002 年 1 月，更名为镇海区科学技术局，区科技局与科协的机关行政编制共 10 名。2005 年 10 月，区政府将信息产业管理的职能由发改局调整至科技局，区科技局增设信息化与科技合作科，负责推进全区信息产业发展，行政编制扩编 1 名。

第二节　科技创新环境建设

科技政策

1986 年起，区政府把促进科技进步政策列入全区促进经济社会发展计划内，相继出台、完善新产品开发、技术改造、技术创新、科技合作、科普宣传示范、科技人才引进等一系列政策文件，营造鼓励创新、尊重创新的氛围。尤其是 2000 年后，整合政策资源，完善全区提高科技创新能力的政策体系。

2006—2008 年镇海区科技与人才政策情况表

表 36－10

文件名称	文号
《关于进一步增强科技创新能力，促进经济增长方式转变的实施意见》	镇区委〔2005〕28 号
《镇海区新一轮科技创新“10＋1”工程若干政策》	镇政发〔2006〕7 号
《关于下发镇海区推进全区品牌建设的若干意见的通知》	镇政发〔2006〕18 号
《关于进一步鼓励宁波市大学科技园入园企业科技创新创业的若干意见》	镇政发〔2006〕23 号

续表 36－10

文件名称	文号
《关于印发镇海区加快推进创意产业发展若干意见的通知》	镇区委〔2007〕22 号
《关于进一步推进自主创新，建设创新型成城区的若干意见》	镇区委〔2007〕25 号
《关于印发镇海区促进创意产业发展若干政策的通知》	镇政发〔2007〕19 号
《镇海区科技资金使用管理办法》	镇政发〔2007〕198 号
《关于实施工业创业创新倍增计划的若干意见》	镇政发〔2008〕42 号
《关于印发宁波市大学科技园区创意产业基地管理办法（试行）的通知》	镇政办发〔2008〕41 号
《关于印发镇海区工业创业创新倍增计划若干配套政策的通知》	镇政办发〔2008〕159 号
《关于印发镇海区产学研合作项目补助办法（试行）的通知》	镇科〔2008〕16 号
《关于印发镇海区科技公共技术服务平台认定管理办法的通知》	镇科〔2008〕17 号

说明：摘自区科技局、区科协的镇海区“十一五”科技进步报告、“十二五”科技创新计划

科技投入保障

1986 年起，区财政加强对技术改造、新产品开发支持，后范围逐步扩大到支持企业创品牌创名牌、扶持科研（技术）开发机构建设、扶持产学研合作、扶持高新技术产业发展、扶持工业信息化建设、助力科技人才引进和培训。2000 年后，财政加大投入，增加预算内支出，多渠道筹措资金，建设科技创新体系。其间，镇海区提供土地 18 公顷余、人才公寓 134 套，支持中科院材料研究所宁波所建设；区财政投入 9400 余万元，建设宁波市大学科技园创业大厦。2008 年，区财政科技三项经费达 7995 万元，占区本级财政支出 4.3%，全区科普经费达到 66.6 万元，人均达 1.9 元。财政科技资金发挥明显的引导效应，企业科技投入 2008 年已增至 7.83 亿元，占区属规模工业销售收入的 1.5%。

1986—2008 年镇海区财政科技三项经费投入情况表

表 36－11

年份	区财政科技投入（万元）	占财政支出比例（%）
1986	55	0.27
1987	51	0.29
1988	62	0.23
1989	129	0.39
1990	117	0.32
1991	181	0.45
1992	131	0.27

续表 36－11

年份	区财政科技投入（万元）	占财政支出比例（%）
1993	60	0. 07
1994	130	0. 14
1995	96	0. 09
1996	750	0. 57
1997	1450	0. 97
1998	1900	1. 04
1999	2600	1. 14
2000	4400	1. 47
2001	608. 6	1. 20
2002	601	1. 10
2003	619	0. 90
2004	774	0. 80
2005	741	0. 60
2006	871	0. 60
2007	6215	4. 00
2008	7995	4. 30

说明：摘自《镇海区统计年鉴》

2006—2008 年镇海区科技创新投入情况表

表 36－12

项目	2006 年		2007 年		2008 年	
	实绩数	同比增减%	实绩数	同比增减%	实绩数	同比增减%
区财政科技投入（万元）	4235. 3	32. 27%	5591. 4	33. 53%	6611. 5	18. 2%
企业科技投入（亿元）	6. 63	57. 86%	7. 79	17. 5%	7. 83	0. 5%

说明：摘自区科技局、区科协的镇海区“十一五”科技进步报告、“十二五”科技创新计划

科技市场培育

1988 年，镇海区技术市场建立，承办技术开发、转让、咨询服务及相关技术性经营活动，实行技术交易优惠政策。1988—2008 年，签订技术合同 2610 份，交易额 46877 万元，先后组织专家顾问团开展 86 项企业技术难题、技术需求攻关，为 145 家企业开展项目申报代理服务，代理项目申报、科技查新、项目总结等 247 项，代理专利申请 215 项、授权申请 187 项、征集企业技术难题需求 345 项。2002 年，投资 50 余万元的网上技术市场镇海区分会场投入运行，累计组织上网企业 325 家、发布技术难题 597 项、科技成果转化 784 项、促进合作 235 项，技术交易额达 1. 4 亿元。

1988—2008 年镇海区技术市场交易情况表

表 36 - 13

年份	技术合同（份）	技术交易额（万元）
1988	10	17
1989	15	23
1990	25	50
1991	60	240
1992	120	600
1993	230	1800
1994	300	2500
1995	244	3300
1996	268	3500
1997	156	2037
1998	134	2206
1999	139	2428
2000	154	2998
2001	192	3468
2002	134	3350
2003	127	3500
2004	87	6384
2005	52	2015
2006	53	2210
2007	51	2134
2008	59	2117

说明：资料来源区科技局

第三节 专利管理

专利授权

1986—1999 年，全区累计获得授权专利 352 件。自 2000 年起，专利授权呈现强劲上升势头。2002 年，专利授权量首次突破 100 件，达到 117 件，2008 年达到 511 件，其中发明专利 53 件。2000—2008 年，累计获得授权专利达 1787 件，共计兑现专利专项资金 533. 3 万元，其中 2007 年专利资金首次突破百万元大关，达 122. 3 万元。2000 年，全区发明专利和实用新型专利只占授权专利总数的 38. 5%，2008 年，全区发明专利、实用新型和外观专利分别占授权专利总数的 10. 4%、59. 3% 和 30. 3%。专利技术产品在一些高新技术企业发展中起到主导作用，宁波意宁液压有限公司专利产品产值占到企业产品产值的86%。

专利示范

2003年，开展区级专利示范企业评审，择优向上级推荐，当年认定区级专利示范企业6家。宁波文魁笔业有限公司被确定为2003年度省专利示范企业，为镇海区首家省级专利示范企业。2007年，宁波汇众粉末成型机制造有限公司和宁波杜亚机电技术有限公司列入宁波市专利试点企业。2008年，区级专利示范企业评审工作停止，改由专利大户认定政策替代。截至2008年年底，全区已有省、市、区级专利试点（示范）企业18家，组织实施15项专利产业化项目。

2003—2010年镇海区专利示范（试点）企业名录一览表

表36－14

企业名称	级别	认定年份
宁波市文魁控股集团有限公司	省级/区级	2003/2003
宁波市天衡制药有限公司	省级/区级	2006/2003
宁波杜亚机电技术有限公司	省级/市级/区级	2008/2007/2003
宁波绅乐电子有限公司	省级/市级/区级	2008/2008/2003
宁波汇众粉末成型机制造有限公司	市级/区级	2007/2004
宁波市恺丰文具礼品有限公司	区级	2007
宁波市镇海中正园艺工具有限公司	市级	2010
宁波米斯克精密机械工程技术有限公司	市级	2010
宁波市杰杰工具有限公司	市级/区级	2004/2003
宁波奥利多工艺品有限公司	市级/区级	2005/2004
宁波天韵通信设备有限公司	市级/区级	2004/2003
宁波衡山模塑有限公司	市级/区级	2005/2004
宁波联鹰工程塑料五金有限公司	区级	2007
宁波顺发塑料机电有限公司	区级	2007
宁波市嘉明通信设备有限公司	区级	2004
宁波良亮灯具厂	区级	2004
宁波百纳工艺品有限公司	区级	2005
宁波意美捷影视设备有限公司	区级	2005

说明：资料来源区科技局

第四节　技术职称评审

工程技术人员

1988年开始对全区工程技术科技人员进行职称评审。1990年年底，全区共有工程技术职称资格人员3506人，其中高级职称58人、中级职称547人、助理工程师1514人、技术员1387人，有3人被列为市级有突出贡献科技人员。1991年，全区工程技术职称评审开始规范化、标准化、统一化管理，每年定期组织工程系列中级及助理级评审，向市高评委推荐高级工程师人选。1999年，对中级职称严格实行量比考核，提高职称评审的公平性、公正性、择优性。2002年起，开展工程技术人员专业知识继续教育，2008年组织3期企业人才高级研修班，受训人员200多人。至2008年年底，全区有各级工程技术职称人员4708人，其中高级125人、中级920人、助理级及技术员3663人。

农民技术人员

1989年首次开展农民技术职称评定，通过组织申报、审核、培训、考试、考核等程序，评定农民技师41人、助理技师99人、技术员179人、助理技术员32人，共351人。1992年，评定农民助理技师19人、技术员141人、助理技术员23人。1997年，评定农民技师2人、助理技师20人、技术员184人。2000年，评定农民技师8人、助理技师7人、技术员166人。2001年，评定农民技师16人、助理技师43人、技术员121人。2004年，评定农民技师8人、助理技师35人、技术员29人。2008年，全区共有技术职称的农民技术人员1173人，其中技师67人、助理技师188人、技术员791人、助理技术员1101人。

（责任编辑　陈柏青）

第三十七编　文　化

本编目录

镇海区建立后，文化馆、青少年宫等区级文化单位先后迁入新址。建成镇海口海防历史纪念馆、宁波帮博物馆等一批有镇海特色的纪念馆（博物馆）。省级“东海文化明珠”工程实现全覆盖，社区（村）文化宫遍布。1987 年，举办首次元宵节文化活动，建立以元宵节系列文化活动与金秋菊展系列文化活动为主的群众性大型文化活动格局。送文化进村、进社区与群众自娱自乐文化活动蓬勃兴起，村村有队伍，每个社区有特色。全区公共文化服务基本实现城乡均等化，群众文体活动队伍活跃于广场、公园、街头。校园文化百花齐放，企业文化健康发展。文艺创作精品迭出，三集广播连续剧《静静的胡杨》获全国第十届“五个一工程”优秀作品奖，《百人龙鼓》《十里红妆》获中国民间文艺最高奖——“山花奖”。

全面开展历史文化遗产普查和保护，收集整理地方重要历史文献，编纂出版一批地方志书。收集非物质文化遗产 7580 多项，其中列入省级非物质文化遗产 2 项、市级 2 项。与北仑区联合编纂的《镇海县志》获省第四届地方志优秀成果一等奖。

1986 年起，信息化、数字化传媒快速发展，广播影视和新闻网络覆盖全区。2007 年实现全区数字电视整体转换，形成由报刊、广播、电视、新闻网络构成的大众传媒体系。以歌舞娱乐、音像制品、图书报刊、艺术摄影、广告艺术、印刷印务、上网服务为主要业态的文化市场逐步兴起和繁荣。

1998 年，镇海区获得全国文化先进县（区）称号。

第一章　文化社团与院馆

1986 年，撤销镇海越剧团，其后镇海无专业文艺团体。20 世纪末，成立区文化艺术协会及相关专业协会。2008 年全区有 15 个文化社团。区和镇、街道均建有文化馆（站）和图书馆，兴建一批纪念馆（博物馆、美术馆）。

第一节　文化社团

镇海区文化艺术协会

1999 年 12 月，以原有艺术门类协会和文化馆、青少年宫业余文艺团队为基础，整合成立镇海区文化艺术协会，下设文学、音乐、舞蹈、摄影、戏剧艺术团、曲艺、京剧联谊、少儿艺术团等分会，有会员 300 人，开展文艺创作、辅导、培育文艺队伍、组织文化活动等工作。2006 年，区文化艺术协会注销。

镇海区文学艺术界联合会

成立于 2006 年 11 月。2008 年年末，有会员 378 人，其中市级及以上会员 167 人。下辖 12 团体会员：作家协会、摄影家协会、曲艺戏剧家协会、音乐家协会、舞蹈家协会、书法家协会、美术家协会、民间文艺家协会、宁波大学分会、浙江纺织服装职业技术学院分会、镇海炼化文联、骆驼街道文联。成立创作基地 2 处：顺隆社区创作基地和澥浦镇创作基地。

镇海区政协书画院

1986 年成立，以区政协委员中的书画界人士和在书画界有一定影响的书画家为主组成。书画院成立后，广泛开展书画创作、研究和交流活动。编辑出版《镇海书画院作品集》《书画论文集》。2008 年年末有成员 30 余人。

镇海老年书画诗词协会

1988 年 10 月成立，时有会员 39 人。内设书法组、绘画组和“招宝山诗社”“蛟川印社”。协会围绕区重大活动、传统节庆活动和老年朋友的文化需求，开展书画诗词学习、创作和交流，编辑出版《蛟川晚翠》《招宝山诗词》《镇海新吟》等诗画选集 10 余册。2008 年年末有会员 134 人。

第二节 文化馆（宫）

镇海区文化馆

前身为镇海县文化馆。1985 年 10 月，改称镇海区文化馆。1996 年，迁至鼓楼西路 65 号。区文化馆系省定二级馆，有馆舍面积 1000 平方米，有舞蹈、音乐、戏曲排练室、多功能教室以及音响、灯光、乐器、演出服装、摄影器材等设备或配置。在编 10 人，涉及文学写作、摄影美术、戏曲舞蹈、群文管理、声乐器乐等文化艺术门类。专业人员摄影获得省“群星奖”银奖，其他艺术参赛多次获省二、三等奖。

镇海区工人俱乐部

前身为镇海县工人俱乐部，地址胜利路 177 号，1985 年 10 月更名镇海区工人俱乐部，内设歌舞厅、影视厅、台球厅、棋牌室等，组织开展职工业余文体活动。

镇海区青少年宫

前身为“镇海县青少年之家”，位于中山公园内。1985 年 10 月改为今名。1988 年，迁至胜利路新建的吴穗梅大楼，占地面积 3000 平方米，建筑面积 2000 平方米。在编教师 7 人，其中有中国书法家协会和音乐家协会、浙江省美术家协会和舞蹈家协会会员 4 人。常年开设书法、美术、音舞、器乐、体育、文学等培训班，年培训学员 1 万人。每年有 200 余人在全国、省、市各类书画竞赛中获奖。

镇海区老年活动中心

1987 年成立，位于鼓楼西路 21 号，面积 1200 平方米，设有台球、乒乓球、棋牌、图书阅览等活动项目。2001 年获评省“先进老年活动中心”。

乡（镇）文化站

1985 年 10 月，镇海区有乡、镇文化站 10 个。1992 年合并为城关、骆驼、贵驷、庄市、澥浦、河头 6 个。文化站内设图书阅览室、棋牌室、老年活动室等，开展时政宣传、文艺培训、文体娱乐等活动。2002 年，改为招宝山街道、蛟川街道、庄市街道、骆驼街道、澥浦镇、九龙湖镇 6 文化站。文化站功能向村、社区延伸，陆续建成社区文化宫和村落文化宫。

企业文化设施

镇海炼油化工股份有限公司、镇海发电厂、宁波港务局、中国石油化工总公司第三建设公司和镇海棉纺织厂等大单位均建有文化宫、影剧院、俱乐部、图书室等，为单位职工提供文化体育娱乐服务。

第三节 图书馆

镇海区图书馆

前身为镇海县图书馆，1985 年 10 月改称镇海区图书馆。1995 年 8 月，位于人民路 58 号的新图书馆竣工，投资 286 万元，建筑面积 1800 余平方米。翌年 1 月，迁入新馆，安装图书编目和流通 2 个计算机系统，设采编室、外借室、少儿阅览室、科技阅览室、报刊阅览室。2002 年 1 月，增加电子图书外借服务。2003 年 8 月，增设电子阅览室。1990 年被文化部评定为二级图书馆，2005 年 7 月再次被确认为二级图书馆。2008 年，有工作人员 13 人，藏书 15.26 万册，年借阅 19.36 万人次，设专柜收藏收集地方文献 700 余册。2007 年实现书目数据上网服务，同年开办图书通借通还业务，实现网上查询续借。

学校图书馆

全区各中小学校建有图书馆（室），藏书量不等，有专职或兼职管理人员。2003 年，全区 35 所中小学校图书室（馆），面积、藏书量、人均借阅量等指标全部达到市 A 级图书馆标准。镇海中学图书电教馆于 1996 年 9 月建成，图书楼 5150 平方米，藏书 20 余万册，其中有《四库全书》1 套，可同时容纳 800 名师生阅览，馆内设有 360 席的报告厅。龙赛中学、中兴中学也有规模较大的图书馆。

企事业单位图书馆

镇海炼化公司、石化三公司、镇海发电厂、省建二公司、宁波港务局、三航四处、镇海棉纺织厂等单位均设立图书馆（室），藏书以相关专业为主，并配有专职管理人员。镇海炼化公司馆藏图书达到 5 万余册。镇海棉纺织厂图书馆因改制于 2000 年被撤销。

乡镇图书馆

各乡镇文化站均设有图书馆，各文化站图书超万册。2002 年后，开始兴建社区阅览室。

第四节 影剧院

人民剧院

1955 年建于南大街，1968 年由公私合营改为国营。1985 年 10 月，改称镇海区人民剧院。1986 年 6 月，收购百花剧场，辟为舞厅。1988 年，获省文化事业单位“以文补文”先进单位。后剧院演出渐趋冷落，改为经营第三产业。2003 年 3 月剧院被撤销，原址为“南熏别院”房产开发用地。

镇海电影院

1979 年 10 月建成，位于城河西路。1985 年 10 月隶属宁波市电影公司。后几经改造，除了电影放映外，部分对外出租作为商场、歌舞厅、酒吧等营业场所。

镇海区人民大会堂

始建于1952年，称县人民大会堂，占地面积1064平方米，建筑面积650平方米，800座位。1962年翻修，座位增至935个，县电影公司在此设置固定放映机，为城关主要放映点。1992年，大会堂拆除重建，座位668个，前为广场，占地面积4712平方米。1995年8月竣工后投入使用。1999年1月挂牌“镇海区演出中心”。为全区大型会议和文化演出中心。

第五节　纪念馆　博物馆　美术馆

陈寿昌烈士纪念馆

1992年年初，为纪念陈寿昌烈士，将正在建设中的古塘公园更名为寿昌公园，在园内建陈寿昌烈士纪念馆。社会各界捐款208.26万元。纪念馆于1992年3月5日动工，同年11月11日竣工。馆内珍藏烈士照片、遗物254件。除纪念馆主体建筑外，附设镇海革命烈士纪念馆、陈寿昌烈士铜像、寿昌阁等单体设施。铜像基座刻聂荣臻元帅题词“陈寿昌同志永垂不朽”。馆区占地面积5500平方米，建筑面积近1000平方米，为宁波市爱国主义教育基地和宁波市中共党史教育基地。

镇海口海防历史纪念馆

位于招宝山麓，占地面积2万平方米，建筑面积3200平方米。1995年4月18日，镇海口海防历史纪念馆奠基。1997年10月建成开馆，江泽民题写馆名，2000年中宣部列其为“全国百家爱国主义教育示范基地”。纪念馆陈列镇海口海防史迹，以1885年中法战争镇海保卫战为重点，通过传统陈列和现代科技相结合，直观再现镇海军民抗倭，抗英、法、日等外来侵略的历史。现代海防展厅是解放军海军发展史实专题展厅，采用图文、海军装备、模型和专题片播放相结合的展陈方式，与基本陈列相呼应。至2008年年底，接待各界人士100万人次。

宁波帮博物馆

位于庄市。2006年，宁波帮博物馆列入宁波市“十一五”重点文化建设项目，由镇海区承建。2007年6月8日奠基，2009年10月22日举行开馆典礼。展区分宁波帮历史、宁波帮成就两部分，含序、筚路蓝缕、建功立业、赤子情怀、群星璀璨、薪火永传六个章节。会馆是海内外宁波籍人士活动场所。香港政界名流、商业巨子，中国台湾、美国、日本的宁波籍人士和团体也有大量捐赠。至开馆时，征集到各类史料、实物千余件。有包陪庆捐赠的撒切尔夫人剪彩的世谊号轮船仪舵器；董建华胞妹金董建平捐赠的董浩云使用过的打字机及船舵；王宽诚家族捐赠的王宽诚为支持抗美援朝捐赠飞机的史料、实物。上海市书法家协会主席、镇海籍著名书法家周慧珺题写馆名。

朱枫烈士纪念楼

1994年镇海中学扩建田径场，朱枫故居划入学校扩建规划。为纪念朱枫烈士，保留“憩园”一角，修葺建成朱枫烈士纪念楼。中共中央统战部原部长罗青长题“朱枫烈士纪念楼”匾额，为宁波市爱国主义教育基地。

镇海美术馆

位于人民路，原系清吴杰故居东院，略作修缮辟为镇海美术馆，2001 年 11 月投入使用。展区面积 400 平方米，分上下两层，常年举办书法美术作品展览，兼作镇海籍书画家艺术传承基地。旅外镇海籍书画家捐献作品供镇海美术馆展示和收藏。

陈逸飞纪念馆

位于古塘公园内，由仿古民宅“镇海人家”改建而成，展厅面积约 600 平方米。2008 年 4 月建成，以纪念镇海籍著名画家、视觉艺术大师陈逸飞。纪念馆由陈逸飞油画作品展示、循环影视、环艺作品实物、模特服饰窗展示、模拟 T 台、影视欣赏等部分组成，展示陈逸飞丰富多彩的艺术人生。

第二章　文学艺术

建区后，政府鼓励群众性文艺创作活动，各文化团体开展各类文艺创作培训和评奖活动，文学、美术书法、摄影、音乐舞蹈、广播影视等领域涌现一批优秀文艺人才和作品，不少作品获国家级奖。

第一节　文学创作

20 世纪 80 年代后，全区活跃着一支业余文学队伍，一批后起之秀崭露头角。2000 年后，区文联和作协定期举办各类文学评奖活动，邀请知名作家开展文艺讲座，坚持“每月作协沙龙”活动，适时召开重点作品研讨会，办好文艺季刊《镇海潮》，推动文学创作，壮大作家队伍。2007 年 2 月 28 日成立区作家协会，至 2008 年，有会员 71 人，其中市级及以上会员 41 人，已有十余部作品出版。有徐志明长篇小说《磨难岁月》《涛声依旧》《知青富豪》和杂文言论集《蛟川闲话》，温尚志评论、随笔、杂文《文野集》，陆立明长篇小说《走向幸福》，陈伟高纪实文学《尘封日记——一名援越抗美老兵历闻》，包丹虹人物专访集《叩开名家之门》、散文集《说与西风》，王惠定《百壶斋铁耕砚池随笔》多集，叶新埒《休闲随笔》等。

第二节　美术书法

1986 年后，各类书画组织纷纷建立，多种形式的书画活动频繁。1990 年区文化部门编辑出版《当代镇海籍书画家作品集》。区有 7 人加入中国书法家协会和中国美术家协会，有 10 人加入省书法家协会和省美术家协会。

著名书法家包六科奇拙大楷存世作品近千件，中国香港地区及日本、加拿大都有收藏。蒋思豫为于右任入室弟子，其于体草书翰墨散落雪窦寺、阿育王寺、七塔寺、净圆寺、吴公碑、俞大猷亭、梓荫山摩崖石刻等，且多被收藏。王正均曾获全国第六届、第八届美展及全国版画展银奖、鲁迅版画奖，获全国优秀版画家称号，其版画作品被中国美术馆和中国革命历史博物馆收藏。王承天擅工艺花鸟画，作品多次在海内外展出、发表或被收藏。金燕昌、王惠定、王惠富、毛炳全、周祥德、陈杰范、邵忠伟、鲍宗献、楼吾林、曹国庆、陆天波等人的书、画、篆印作品在国内外获奖、展出、收藏、出版。

第三节　摄影艺术

20 世纪 80 年代，区文化馆通过举办摄影培训班，普及摄影知识，逐步开展有组织的摄影创作活动。1988 年，李浙东发起创建镇海摄影学会，不定期开展摄影创作交流、摄影比赛和展览活动。80 年代末，镇海的摄影创作水平日益提高，部分会员作品获省摄影展一等奖、全国群星奖和全国影展、国际影展的奖项。2007 年 2 月，镇海区摄影家协会成立。举办各类赛事和展览，开展学术讲座，坚持“会员活动日”，创办《镇海摄影报》《镇海摄影网》，涌现一批精品力作和创作骨干。镇海区有中国摄影家协会会员 10 人，省级会员 30 人。2007 年 12 月，省文化厅授予镇海区摄影家协会为省 5 个“优秀摄影群体”之一。

1980 年后，李浙东有 200 余幅作品在国内外摄影比赛中获奖。2001 年获第十五届“富士杯”全国摄影十杰，上海人民美术出版社出版《春华秋实——李浙东摄影集》。2002 年应邀赴日举办“中国摄影家李浙东摄影展览”。2004 年获《大众摄影》杂志群英会年度十佳摄影师。周承禔作品《千呼万唤不出来》《听海》《鱼汛时节》，刘克智作品《神州之星》《石化支柱》，胡卫国的作品《祈祷》《沧海桑田》，郑迴作品《东海渔仓》《沧海》，戎成作品《进城》《情意融融》，王博雷作品《瑞雪》《茶园雪霁》等，分别在全国影展和大赛中获奖或入选参展。

第四节　音乐舞蹈

20 世纪 90 年代起，学校发展素质教育，学校音乐舞蹈呈现百花齐放局面。社会面向学生的音乐舞蹈培训机构纷纷兴办，多以辅导幼儿和小学生乐器和现代舞为主。2000 年后，政府实施文化惠民工程，城乡社区群众性音乐舞蹈活动与健身活动相融合，民间音乐舞蹈普及面扩大，涌现一批民间音乐舞蹈人才和佳作。

2001 年，董万昇等历时半年创作完成器乐合奏《快乐的手工匠》。2002 年 7 月开始排练，弹花、箍桶、钉碗、磨刀、木匠、补鞋、篾匠等 7 工匠手拿各自工具弹奏出美妙的旋律，表现民间匠人劳作之乐。同年 9 月获宁波第七届音乐舞蹈节创作一等奖，11 月获省第四届音乐舞蹈新作大赛创作和表演两项银奖。镇海电视台为此制作专题片《寻找远去的音符》。2003 年 6 月 24 日，中央电视台“梦想剧场”栏目组邀请演奏人员赴京摄制节目，亮相央视 30 分钟。

后大街道龙鼓队成立于 1999 年 5 月。经过蔡泉根、裘燮畴等精心编排，百名队员反复演练，百人龙鼓表演有龙舞的灵动奇巧，有锣鼓的雄壮粗犷，形似蛟龙出海，声如雷霆万钧。2000 年 5 月，在省“广场民间舞蹈大赛”中获金奖。2001 年 6 月，赴京参加“山花奖·居庸关长城杯中华鼓舞大赛”，获中国文联、民间文艺家协会授予的中国民间文艺最高奖——“山花奖”。

2007 年 8 月，澥浦船鼓队代表浙江省进京参加“北京民族文化艺术博览园”演出活动。《澥浦船鼓》参加“奥运之约、好运北京”——北京民族文化艺术博览园中心舞台演出及巡游表演10场。骆驼街道《九龙呈祥》参加天安门奥运文化广场演出。

2007年10月27日，省“群星奖”广场舞蹈比赛，镇海区演出的《九龙柱》《八面威风》获省群星奖金奖。

2008年4月27日，后大社区由红妆作乐器演奏的乐曲《十里红妆》，申报上海大世界基尼斯纪录成功，成为单场演出人数最多（818人组成）的民间乐舞。

第五节 广播影视

电视作品

1994年，镇海有线电视台节目部成立，为镇海最早的电视作品创作机构。1995年，电视文艺片《雄镇颂》获浙江电视文艺奖一等奖。1997年，出台精品佳作创优奖励办法。翌年，创作首部4集电视连续剧《青春节拍》，获第十九届全国电视剧“飞天奖”少儿连续剧三等奖、第九届浙江省电视剧“牡丹奖”优秀电视剧二等奖。2001年参与拍摄的28集电视连续剧《乱世英雄吕不韦》，在中央电视台播出，参与拍摄的12集电视连续剧《国球手》。2002年参与拍摄的4集电视连续剧《世纪考生》和2006年参与拍摄的8集电视连续剧《血墙》，分别获得全国飞天奖三等奖。2008年参与拍摄的14集电视连续剧《无名的功勋》，获得省牡丹奖二等奖。

广播剧

2000年镇海电台创作第一部广播剧《母爱的阳光》后，接连有6部广播剧作品分别在全国、省、市级展赛中获奖。其中三集广播连续剧《政绩工程》获年度中国广播剧奖连续剧二等奖、省政府二等奖，《月亮湾的月亮》获2003年浙江省广播剧文艺奖二等奖，《今天我是升旗手》获2004年中国广播剧专家奖二等奖；三集广播连续剧《静静的胡杨》荣获全国第十届“五个一工程”优秀作品奖，广电总局2005—2006年度中国广播影视大奖，第六届中国广播剧专家奖连续剧金奖，浙江省“五个一工程”特别奖。

第六节 戏剧曲艺

清代和民国时期，曾有“聚庆丰”“新聚庆丰”等戏班到县内演出，其曲调系高腔、昆曲、徽调、京调混糅，故称乱台班。抗战前后，“的笃班”（以下简称绍兴戏）以及“滩簧”班流入。抗战胜利后，县城已有越剧戏班不定期演出。1950年，镇海县文教科把原在舟山一带演出的私营“大喜舞台”引进镇海，改为集体所有制的“大喜剧团”。1951年首次排练大型脚本戏《梁山伯与祝英台》，从剧目到灯光、布景、道具、服装等全部革新，受到群众欢迎。次年，剧团排练《闯王进京》取得成功。1954年，“大喜剧团”改名为“镇海越剧团”，有演职人员80余人，多次在华东地区演出中取得优异成绩，张定凤、王斐花、张南琴、筱霞芳等是较有影响演员。1958 年县市合并至 1962 年年底，改名为宁波市越剧二团。1963 年赴杭州演出获得好评。“文化大革命”时改名为镇海县毛泽东思想文艺宣队。1978 年镇海越剧团重新组建。1983 年赴沪观摩演出，获得好评。青年演员方亚芬被上海越剧院选入“红楼剧团”，后多次随团赴港、澳演出，成上海越剧界著名演员。1985 年 10 月，根据上级关于“一个市不能同时拥有两个同一剧种的剧团”的文件规定，镇海越剧团撤销。

曲艺说唱形式有蛟川走书、宁波滩簧、宁波走书、快板等。蛟川走书镇海独有，如今继续在社会上传唱。宁波滩簧和宁波走书已鲜有人唱。解放后，传承蛟川走书的艺人有舒瑞昌、虞友甫、陆祖赓、邱兆和、张亚琴等，所演曲目受听众喜爱。20 世纪 70 年代，镇海县曲艺协会重新成立，以蛟川走书为主要曲种，创作改编现代书目《海岛女民兵》《敌后武工队》《野火春风斗古城》，传统书目有《杨家将》《飞龙传》《隋唐演义》等。县曲艺队演唱的《养猪姑娘王兰青》《互助合作是方向》获 1954 年省首届曲艺调演一等奖。《抗台英雄贺玲娣》获 1957 年省首届戏曲大会演一等奖。2007 年，《炮魂》获浙江省第三届曲艺新作大赛暨“群星奖”选拔赛表演金奖、创作铜奖。

第七节　其他创作

根雕

镇海人施永高，摸索根雕，尤擅雕刻佛像。镇海文化部门曾为其在区举办个人根雕展，现定居北京，为中国工艺美术家协会会员。镇海另一根雕创作集中在澥浦余严村。1996 年，村民严存刚利用业余时间开始根雕作品创作，一直坚持至今，在当地小有名气，举办过根雕作品展览。

剪纸

剪纸是历史悠久的民间美术，镇海地区流传很久。具体产生于何时，现已无从考证。随着时光流逝，民间剪纸逐步萎缩，现仅存少数年岁较长的剪纸艺人。剪纸代表人物蛟川街道金亚尼，其剪纸工艺复杂，图案精美。为传承剪纸文化，成立金亚尼剪纸作坊。

船模

船模工艺创作主要集中在澥浦镇澥浦村。村民王兴财有多年的渔业经历，退休后，摸索制作船模，积累一定的制作经验。

第三章 群众文化

1986年起，群众文化列入精神文明创建活动重要内容。1987年镇海区举行建区后第一次元宵节文化活动，以后定期举办各类文化艺术节、金秋经贸文化月、大型菊展等全区性文化活动。有区文化馆、图书馆、青少年宫等群众公益性文化阵地，20世纪90年代开展“东海明珠工程”建设，镇、街道文化站均达到省一级站标准。2000年后实施“人人享受文化、人人参与文化”和构建“15分钟文化圈”的文化惠民工程，健全镇（街道）文化站，镇村（社区）二级文化工作者队伍，社区（村）逐步建立阅览室、健身房、室外文体活动场地、宣传长廊等文化设施。社区（村）普遍建立群众文体队伍，全区有专兼职文化辅导员100多人，培育龙鼓队、船鼓队、戏曲队、器乐队等50多支各具特色、有一定演艺水平的群众文化队伍，人数达2000多人。2007年建立区群众性文化演艺平台——雄镇大舞台，开展“千场戏剧万场电影进农村”和“雄镇大舞台进基层”等活动。校园文化已成为镇海教育的著名品牌，企业文化健康发展。

第一节 社区文化

1986年后，开展创文明小区、文明楼群、文明家庭活动，社区文化纳入文明创建中。20世纪90年代后期，后大社区开始建立群众文化队伍，随后招宝山街道所有社区陆续建立文体队伍。2000后，社区文化纳入社区建设规划，整合居委会的文化资源，吸收和培养文艺骨干。2002年起，区政府完善社区文化事业经费投入机制，启动市级示范社区文化宫建设，建立居民小区知识窗、学习长廊、公共阅报栏、楼道小黑板等文化设施，后大街社区文化宫为宁波市首批示范社区文化宫。开展社区文化共建活动，各社区先后与200多家单位共建100多个活动点。开展社区居民读书节、社区居民运动会、睦邻节、“百名公德星”评选等活动，吸引居民走出家门参与互动。2006年起，建设“一社一品”社区文化，每个社区均有10支以上各类文体活动队伍。2008年6月至9月，举办区首届社区文化艺术节。后大街社区，有近20支居民文化队伍，其中百人龙鼓队和十里红妆大型乐舞先后荣获中国民间文艺最高奖——“山花奖”，被中央有关部委命名为全国文化先进社区、全国十佳学习型社区。

第二节　农村文化

20 世纪 80 年代至 90 年代，农村文化设施与文化阵地相对匮乏，看电影和看戏等传统文化活动逐渐减少，镇乡一级有少量组织的集中性文化活动，村级文化活动稀少。1996 年起开展创建浙江省“东海明珠”工程，乡镇（街道）逐步形成以文化站、广电站、党校、成人教育中心为主体的文化阵地。2003 年年初，全区创建成功省级“东海明珠”工程 4 个、市级 1 个。2003 年起全区开展新农村建设，完善村级文化设施，建立农村文化队伍。2006 年起，区财政每年拨出 100 万元专项资金用于农村阵地建设，推出“十村示范、百村（社区）互动”活动，新农村文化建设“五个一”（一个灯光篮球场、一条健身路径、一支文体队伍、一个露天戏台、一个综合文化活动室）工程等。文化阵地实现全覆盖，其中建造露天或活动戏台 67 个，村综合文化活动中心 59 个，自然村文化活动点 486 个，流动图书馆 25 个。2007 年起，实施农村文化队伍建设工程，区财政每年增加投入 100 万元。至 2008 年，村文化辅导员普及率达到 100%，涌现出《八面威风》《蛟川古韵》《澥浦船鼓》《九龙呈祥》《荷花球舞》等一批农村文化精品。开展“雄镇大舞台走进农村”“社区文化农家乐”“万场电影千场戏剧进农村”等大型系列文化活动。2007 年 5 月，举办全区首届农民文化艺术节，有 50 多支文化队伍、1500 多人参加展演。2008 年，全区农村放映电影 200 场次，演出戏剧百余场次。

第三节　校园文化

1986 年后，学校开始举办校园艺术节、读书文化节、课本剧活动周等形式的文化活动载体，兴办学校文化艺术组织，创办文化艺术刊物。1990 年，城关四校开展的“让精神世界美好”读书活动获全国先进集体奖。1991 年 10 月，区成立红领巾读书协会，会员 436 人，遍及 10 个乡镇中心学校。1994 年，组织学生开展“看百部爱国主义教育优秀影片、读十本好书、唱十首好歌”活动。1997 年，镇海区教委获“全国少年迎‘1997 香港回归’大型系列活动”先进集体奖。1998 年，全区中小学校开展文化建设星级达标活动。1999 年 8 月，区教委举行“镇海区奔向新世纪”——1999 教育艺术汇报演出活动，演出时间近 2 个月，169 个声乐、器乐、舞蹈节目作专场演出。是年，省教育系统第二届艺术节活动中，镇海区共获一等奖 3 名、二等奖 10 名、三等奖 9 名。2001 年下半年，全区有 1000 名中小学生参加教育系统艺术节活动，参与面为历史之最。2003 年 9 月，龙赛中学获全国青少年“学雷锋精神，树时代新风”读书活动组织奖，10 月，镇海区获全国青少年“中华美德读书活动”优秀组织奖（全省仅 2 名）。2005 年 9 月，镇海中学 6 选手参加“首届全国校园才艺选拔赛”，获一等奖 3 项、二等奖 2 项、三等奖 2 项。2006 年 6 月，全区共有 39 所中小学 400 余名学生参加区第八届艺术节绘画、书法比赛。2008 年创建省青少年课外文体活动工程示范区，100%学校达标，镇海中学被省委宣传部命名为“浙江省文化示范点”。

第四节　企业文化

20世纪80年代至90年代，企业文化主要限于国有和集体企业，工会及企业主管部门组织职工开展读书、文艺会演、歌咏比赛等活动，一些规模较大企业有文化设施和厂报厂刊。2000年后，党委、政府和工会等群团组织推进民营企业和外资企业文化建设，一些企业创办厂报厂刊，开展学习身边楷模、职工精神大讨论、争创“工人先锋号”等活动，开展企业精神、企业文化、企业形象建设，设置职工文化活动设施，举办文化艺术会演。区总工会每年挑选部分企业报刊展品在区美术馆集中展示，举办职工文化艺术节，开展“企业之歌”演唱比赛，推进企业文化建设。2007年5月，区总工会成立“新镇海人”职工艺术团，由外来务工人员组成，开展为外来务工人员演出活动。新镇海人职工艺术团参与中央电视台拍摄的反映外来务工者工作生活的国内第一部电影《农民工》。后区总工会将新镇海人职工艺术团和区总工会职工艺术团合并，成立手牵手职工艺术团。手牵手职工艺术团事迹被《浙江工人日报》《宁波日报》等多家媒体报道，被评为镇海区改革开放三十年30件新事之一。

第五节　大型群众文化活动

金秋菊展系列文化活动　1986年举办金秋菊展，后形成金秋菊展系列文化活动，每年于10月下旬至11月举办。2004年10月28日至11月10日，区委宣传部和招宝山街道联合主办该年度的金秋菊展系列文化活动，由民间文艺表演、专场文艺演出、时装表演、演唱比赛和长跑运动等五大系列活动组成。

群众元宵文化活动　为镇海区每年必办大型节庆活动。1993年元宵节，有近20种形式、700多人的民间文艺表演队伍沿城河路东行，沿途观看6万余人。晚上，城河路火树银花，沿街灯笼绚烂夺目，有4万名群众赏灯观景。

镇海文化艺术节　1990年9月23日，区首届文化艺术节开幕，历时10天，项目33个，7万余人参与。其后于1995年10月和1999年9月分别举行第二届、第三届文化艺术节。

庆祝香港回归文艺大巡游　1997年6月30日，香港回归在即，镇海举行文艺大巡游。民间文艺队伍20余支600余人参与会演，观者络绎不绝，绵延数里。当晚举行焰火晚会，引十万市民观看。

喜迎新世纪系列活动　2000年12月31日至2001年1月1日，在鼓楼广场举办“世纪之光”大型文化系列庆典活动。活动由“缤纷世纪”礼花燃放、“世纪之光”广场文艺晚会、迎新世纪庆典仪式、乡镇民间文艺调演、“世纪瞬间”摄影比赛等项目组成，万余群众参与盛会。

第五届兰花博览会 2004年2月21日，宁波市暨镇海区第五届兰花博览会在吴杰故居举行。兰博会以“兰花文化与城市文明”为主题，分兰花展览、兰花评比、兰花交易三系列，汇集800多盆兰花精品。兰博会会期3天，近5000多人观赏兰展，兰花交易额60万元。

生态镇海——“人口、资源、环境”主题宣传系列活动 2004年5月至7月，由区委宣传部、计生局、环保局、国土资源局联合举办。分为上街服务、知识竞赛、文艺演出、摄影比赛四系列。共分发宣传资料2万份，接受群众咨询300多人，展出图版100多块。

激情广场大家乐文化活动 2004年7月15日，招宝山街道组织夏季“激情广场大家乐”文化活动，活动时间从7月持续到9月底，内容为周末电影大放送，周六“周周乐”纳凉文艺晚会和最佳广场活动评选。

经贸文化月活动 2007年10月20日至11月20日，举办首届镇海区经贸文化月活动，包括经贸文化月开幕式暨“雄镇大舞台”民间文艺大巡游、“活力镇海”群众文艺调演、中法战争镇海之役珍品展、陈逸飞大视觉艺术作品展、2007第二届镇海论坛——《海防历史与爱国主义》、“陈逸飞故乡”专场晚会、陈逸飞电影作品纪念展等活动。2008年，继续举办区第二届经贸文化月活动。

“新农村、新农民、新风尚”区首届农民文化艺术节 2007年5月，区委宣传部、农村工作办公室、农业局联合主办镇海区首届农民文化艺术节。艺术节以“讴歌新时代农村新面貌，展示新镇海农民新风采”为主题，包括“新农村、新农民、新风尚”民间艺术大会串，百名农民摄影擂台赛，农民健身舞比赛，农民秧歌、腰鼓大赛，“希望的田野”农村文艺调演，优秀文艺团队和最佳文化活动评选等7项活动。艺术节历时3个月，全区5镇、街道50多支农村文艺团队、1550名文艺骨干参加比赛和展演，观众2万余名。

承办浙江省首届排舞大赛 2007年12月8日下午，浙江省首届排舞大赛在区人民大会堂广场举行。大赛由省文化厅主办，市文化广电新闻出版局、区人民政府和省群艺馆承办，市群艺馆、区文广新闻出版局和招宝山街道执行承办。来自全省11个市和本区的35支代表队竞相亮舞。招宝山街道代表队表演的《西班牙之歌》和《玩在2004》分别获得青年组一等奖和中老年组一等奖，《蹦蹦跳》获得少儿组三等奖和最佳完成奖，镇海区获得优秀组织奖。

第四章　非物质文化遗产

悠久的历史留下弥足珍贵的文化遗产，农耕文化、鱼盐文化、商帮文化、海防文化交织在一起，形成独具镇海特色的非物质文化。蛟川走书、澥浦船鼓列入省级保护名录，庄市长面制作工艺列入市级保护名录。镇海口海防历史故事，流传地区除了原镇海县（含今镇海、北仑区）区域外，还广泛流传在舟山群岛和宁波地区，在台州一带也有流传。区职教中心列入蛟川走书传承基地，蛟川中心小学列入民间剪纸传承基地，俞范社区建立金亚尼剪纸作坊，但多数非物质文化遗产项目尚未落实保护措施。区文化馆原副研究员沈志远，主笔出版6本民间文化集成，包括曲艺、民乐、民俗、舞蹈、故事、歌谣等，先后获得全国和浙江省民间文学集成工作先进个人、浙江省非物质文化遗产保护工作先进个人和“浙江省首批优秀民间文艺人才”称号。

第一节　非物质文化遗产普查

2007年6月起，全区开展非物质文化遗产普查，共搜集7580多项。2008年6月，宁波出版社发行《宁波市非物质文化遗产田野调查（镇海卷）》。非物质文化遗产区域分布，九龙湖镇约占四分之一，其他各镇、街道分布比较均匀。招宝山街道非物质文化遗产项目体现城区自古流传的风俗、地名典故，以“蛟川走书”和“招宝山系列传说”为代表；蛟川街道非物质文化遗产项目以各类手工制作技艺为主；庄市街道是宁波商帮文化的发源地之一，形成有一定历史价值的宁波商帮家谱文化；骆驼街道非物质文化遗产项目主要特色是民间文学类作品；澥浦镇形成独有的“渔乡文化”和“庙会文化”，以反映当地生产习俗的民俗舞蹈“澥浦船鼓”为代表；九龙湖镇因其山地多、农业发达，形成独具特色的农耕传统技艺和地方传说。

澥浦镇（68个）

民间文学　1. 父子进士亭的由来；2. 进士门头的传说；3. 老外公的传说；4. 泥螺山的传说；5. 曲塘村地形的传说；6. 十七房村石山头的传说；7. 湾塘村地名的来历；8. 湾塘“狮子门头”的来历；9. 澥浦都神殿菩萨的传说；10. 对课；11. 喝墨水；12. 出嫁歌；13. 吃食五更调；14. 打夯歌；15. 货郎叫卖歌；16. 海涂顺口溜（儿歌）；17. 节气歌和节气俗语；18. 家宴菜单词；19. 哭七七（仪式歌）；20. 癞头哥摸蛳螺；21. 全家福；22. 十多十少；23. 十二个月渔调；24. 三国挖花调唱词；25. 四季水果（儿歌）；26. 十只台子；27. 田头山歌；28. 挖花调唱词；29. 怨郎五更小调；30. “初一月半昼过平，潮水落出吃点心”等；31. “光棍做人像神仙，生起病来叫皇天”

等；32. 民间谚语；33. “日久见人心，路遥知马力”等谚语二十条；34. 天气谚语。

民间音乐　35. 田头山歌。

民间舞蹈　36. 澥浦船鼓。

戏曲　37. 宁波滩簧。

曲艺　38. 宁波走书。

民间美术　39. 根雕；40. 船模工艺；41. 剪纸；42. 小葫芦工艺品；43. 明清古建筑郑氏十七房。

民间手工技艺　44. 灰汁团的制作技艺；45. 六谷胖制作技艺；46. 宁波三道名菜的烧制技艺；47. 糯米饺制作技艺；48. 织土布技艺。

生产商贸习俗　49. 澥浦渔民出海捕鱼的习俗；50. 商业行贩价格暗语。

消费习俗　51. 造房上梁。

人生礼俗　52. 六十六岁吃六十六块肉；53. 出殡安葬。

岁时节令　54. 袚高秋。

民间信仰　55. 呕魂灵；56. 十二月二十三夜祭灶神　57. 张老相公殿庙会。

游艺、传统体育与竞技　58. 猜拳；59. 击鼓传花。

传统医药　60. 提痧刮痧；61. 黄栀治伤筋；62. 治百日咳偏方；63. 白毛夏枯草；64. 化食丹；65. 海猪油治烫伤；66. 石柴果。

其他　67. 禁漕；68. 澥浦镇碑记。

九龙湖镇（91 个）

民间文学　1. 白素贞与法海及许仙；2. 葛洪除四怪；3. 活佛脚的由来；4. 横溪韩公殿；5. 九龙山传说；6. 九龙山乳香泉；7. 九子二十三孙独自上孤坟；8. 六夹岙庙菩萨与北雪老龙；9. 老鹰山传说；10. 卖油郎；11. 人心不足蛇吞象；12. 石赶山传说；13. 神仙难夺有运之财；14. 潭院庭种西瓜；15. 真龙出世之谜；16. 猪头山的传说；17. 老太求佛；18. 民间故事二则；19. 歌谣五首；20. 墓穴内说桲词；21. 民间谚语 22 条；22. 农业谚语 20 条；23. 生活谚语 20 条；24. 谜语。

曲艺　25. 唱新闻；26. 说书。

民间杂技　27. 隔壁戏。

民间美术　28. 塑菩萨；29. 刺绣；30. 香包。

民间手工艺　31. 锄头制造技艺；32. 稻桶制造技艺；33. 番薯糕头制作技艺；34. 灰汁团的制作技艺；35. 金团制作技艺；36. 酿白酒水技艺；37. 神仙烧鸡制作技艺；38. 汤团制作技艺；39. 印糕制作技艺；40. 榨油技艺；41. 草编技艺；42. 老家具木工技艺。

生产商贸习俗　43. 大旱之年求雨；44. 灌溉水稻田；45. 戽水农具龙骨车；46. 砻谷 47. 老木犁耕田；48. 木风箱扇稻谷；49. 碾米　50. 求雨；51. 早稻、晚稻收割；52. 早稻晚青（稻）播种；53. 长石集市；54. 兑糖担子；55. 货郎担子；56. 剃头。

消费习俗　57. 建房“告土”；58. 上梁挂红布。

人生礼俗 59. 产后满月；60. 小孩满月剃头；61. 订婚；62. 回门；63. 闹洞房；64. 相亲；65. 迎娶新娘习俗；66. 做媒；67. 丧葬习俗；68. 做寿坟习俗；69. 求子。

岁时节令 70. 除夕；71. 重阳；72. 七夕洗头；73. 中秋。

民间信仰 74. 放水灯；75. 放焰口；76. 做八剧头；77. 接财神；78. 稻花会；79. 都神会；80. 民间庙会；81. 看风水；82. 算命。

游艺、传统体育竞技 83. 搓麻将；84. 猜拳；85. 踢毽子；86. 挖花；87. 小孩玩“粪坑棋”；88. 踏高跷；89. 小孩甩泥炮仗。

传统医药 90. 刮痧气；91. 治骨刺偏方。

招宝山街道（52 个）

民间文学 1. “倭豆”的由来；2. 一鉴池的传说；3. 招宝山的传说；4. 镇海“蛟川桥”的由来；5. 张礚碶“布襤扯大旗”；6. 镇海“泥艋船”的由来；7.《吃酒豁拳歌》等；8.《火萤头夜夜飞》等五首；9. 四季渔歌；10. 诙谐谚语。

民间音乐 11. 挖花歌调；12. 马灯调。

民间舞蹈 13. 跳蚤会舞蹈。

戏曲 14. 宁波滩簧。

曲艺 15. 蛟川走书；16. 唱新闻；17. 小热昏卖糖。

民间美术 18. 根雕；19. 塑菩萨；20. 香袋钩制。

民间手工技艺 21. 铅皮匠技艺；22. 镇海外海铁锚制作技艺；23. 臭冬瓜腌制技艺；24. 番薯糖片制作技艺；25. 灰汁团的制作技艺；26. 酒酿蜂糕制作技艺；27. 水晶油包制作技艺；28. 布鞋制作技艺。

消费习俗 29. 吃茶；30. 立夏吃“脚骨笋”等；31. 正月十四吃“丫头羹”；32. 建房习俗。

人生礼俗 33. 催生包；34. 满月；35. 代代相传；36. 六十六岁要吃肉；37. 报丧；38. 做七习俗；39. 相量（俩）盏。

岁时节令 40. 冬至习俗。

民间信仰 41. 叫魂灵；42. 镇海七月半水灯会；43. 祭灶；44. 请财神；45. 请菩萨；46. 水缸姑娘；47. 正月十四请厕缸姑娘。

民间知识 48. 番薯藤等治急性胃肠炎；49. 医治缠身龙。

游艺、传统体育与竞技 50. 空竹；51. 打弹子。

传统医术；52. 提痧筋。

蛟川街道（49 个）

民间文学 1. 蒋介石唱马灯调；2. 镇海渡驾桥来历；3. 民谣三首；4. 童谣；5. “小伢儿”等五首；6. 渔歌等五首；7. “地田要冬耕”等；8. “一勿可赌力”等；9. 民间谜语四十条

民间音乐 10. 麻将歌（挖花调）；11. 山歌；12. 二胡演奏技艺。

民间舞蹈 13. 跑马灯。

曲艺 14. 蛟川走书。

民间美术 15. 花灯制作；16. 香袋（香包）。

民间手工技艺 17. 臭冬瓜腌制技艺；18. 笃鲜腌制技艺；19. 灰汁团制作技艺；20. 金团制作技艺；21. 邱隘米鬼制作技艺；22. 水晶油包制作技艺；23. 裁缝技艺；24. 纺织技艺；25. 打铁技艺；26. 渔网修补技艺；27. 竹篮编织技艺；28. 漆匠技艺；29. 木匠技艺。

生产商贸习俗 30. 商贸禁忌。

消费习俗 31. 上梁习俗。

人生礼俗 32. 催生；33. 给孩子过百日；34. 给小孩过满月；35. 安床伴郎（挈出尿瓶）；36. 六十六岁吃六十六块肉；37. 做寿结缘；38. 安葬（出丧）；39. 报丧；40. 送终；41. 移尸。

岁时节令 42. 初二至初八走亲；43. 二月二吃“天野羹”（天外羹）。

民间信仰 44. 祭祖仪式；45. 呕灵魂（呕魂灵）。

民间知识 46. 槿树叶洗头；47. 治婴儿夜啼。

传统医药 48. 治疮药；49. 专治烧烫伤土方。

庄市街道（50 个）

民间文学 1. 薛家坟的传说；2. 过时皇历卖不出；3. 笑话：近视眼（5 只）；4. 九九歌；5. 田螺经等 5 首；6. 气象谚语（20 条）；7. 谜语。

民间音乐 8. 打夯号子；9. 叫卖；10. 马灯调。

戏曲 11. 越剧。

曲艺 12. 唱新闻；13. 四明南词。

民间杂技 14. 抖空竹（搓铃）。

民间美术 15. 船灯制作；16. 剪纸；17. 剪纸及纸扎祭奠用品；18. 剪纸铜钿 19. 民间刺绣；20. 香包（香袋）。

民间手工技艺 21. 金团的制作技艺；22. 砻谷技艺；23. 年糕的制作技艺；24. 咸菜的腌制技艺；25. 印糕的制作技艺；26. 庄市长面的制作技艺；27. 磨纸（锡箔）技艺；28. 瓦爿墙制作技艺。

生产商贸习俗 29. 叫卖；30. 庄元大绿豆烧。

人生礼俗 31. 婚嫁；32. 寿庆；33. 丧葬；34. 送娘子。

岁时节令 35. 春节。

民间信仰 36. 屙缸姑娘；37. 接财神；38. 祭灶；39. 谢年；40. 求签；41. 算命。

游艺、传统体育竞技 42. 屙缸棋；43. 斗纸折赖四（青蛙）；44. 风筝；45. 玩具：密特朗（陀螺）莲湘棒。

传统医药 46. 三棱针挑痧气。

其他 47. 包氏家谱；48. 倪氏家谱；49. 邵氏家谱；50. 叶氏家谱。

骆驼街道（50 个）

民间文学 1. 才佳伯的传说；2. 烂塘庙等传说；3. 骆驼桥的传说；4. 名医吴浩然的传说；5. 盛本学书法；6. 周百万的传说；7. 草篮吊情人；8. 呆大女婿；9. 对课配婚；10. 姑娘们穿耳环的来历；11. 黄鳝太公；12. 吊孝歌谣；13. 儿歌 5 首；14. 骆驼歌谣；15. 骆驼歌谣五首；16. 十二个月子字歌；17. 勤俭谚语 20 条；18. 谜语。

民间音乐 19. 姐妹回娘家。

戏曲 20. 越剧；21. 将袋案（将头案）。

曲艺 22. 宁波走书；23. 快板（近亲结婚害处多）；24. 相声。

民间美术 25. 刺绣；26. 剪纸。

民间手工技艺 27. 竹器编制技艺。

生产商贸习俗 28. 盛滋记酿酒习俗。

消费习俗 29. 宁波咸菜大汤黄鱼烧制 30. 建房分上梁馒头；31. 包红指甲；32. 槿树叶洗头。

人生礼俗 33. 催生；34. 拜堂；35. 定亲；36. 铺床、伴郎；37. 做寿（拜生）38. 戴孝；39. 浇杠太平咒；40. 死人铺桥湾（做道场）41. 做七头。

民间信仰 42. 祭灶神菩萨；43. 青林庙会；44. 算命。

民间知识 45. 节气谚语（20 个）。

游艺、传统体育与竞技 46. 赢兵输逃（也称为清兵捉强盗）；47. 掷子；48. 浮泳。

传统医疗 49. 挑痧气（也称挑痧筋）；50. 小儿挑刺。

镇海区列入省、市级非物质文化遗产名录一览表（截至 2010 年）

表 37－1

级别	项目名称	类别	传承人	传承基地	公布时间
省级	蛟川走书	民间曲艺	张亚琴	后大街社区	2007 年 6 月
省级	澥浦船鼓	民间舞蹈	费绍法	澥浦镇中心学校	2009 年 6 月
市级	庄市长面制作技艺	民间手工艺	陈明芳	宁波帮文化旅游投资公司	2010 年 6 月

第二节　蛟川走书

起源

蛟川走书系镇海民间说书形式，宁波走书的主要曲种之一，列入省级非物质文化遗产。其创始年代已无从查考。据蛟川走书艺人相传，其起源有两种说法。其一为清代光绪年间，由居住在镇海县城小南门民间说唱艺人谢阿树（又名谢元鸿、瘌子阿树）所创；其二为当时舟山一带民间小调“滃调”演化而来。“蛟川走书”基本调中最后一句唱腔落音于“尺”调中尚可见其踪迹。镇海古时别称蛟川，故把这种创新的说唱形式定名为“蛟川走书”，迄今已师承 5 代。解放后较有影响的艺人有朱阿根、舒瑞昌、张亚琴、虞友甫等。

演唱特点

蛟川走书演唱时操镇海方言，文、白兼用，因人物或情节需要亦可插入其他方言。演唱时可以走动，用较大的形体动作来表现人物。唱书可以有两人或以上乐手伴奏，伴奏者应在该曲种演员唱基本调最后一句时和唱。演唱至少两人，称双档走书，即一演唱一伴奏。超过两人称多档走书，但演唱大多为一人。少数开篇类书目可以有两演员同唱，但长篇书目只宜一演员演唱。伴奏乐器主要是小扬琴和敲鼓板，也可加入二胡、萧、三弦、琵琶等丝竹乐器。有时无乐器，只需有人伴以鼓板或敲击小瓷杯演唱。演唱时，演员大多边模仿书目中人物的声音、动作表演，夹叙夹议，说、学、逗、唱兼具。

曲目内容

蛟川走书主要传统曲目多为言情、公案、侠义、战争等内容，如《杨家将》《大红袍》《七侠五义》《隋唐》等，长篇可唱二三个月，短的唱一个晚上甚至更短。现存文化馆档案室曲目共计54篇回，1557页。

曲调曲风

蛟川走书曲调由4腔系组成，即蛟川走书腔系、四明南词腔系、乱调腔系和民间杂调小曲等。除蛟川走书腔系外，其余3腔系均为借鉴、移植。其中，蛟川走书腔系有［基本调］、［基本调悲调］（慢中板）和［快基本调］（急板），早期统称［四工火］。以上3腔系曲调可以相互转接。其他曲调多吸收自戏曲或民间小调，如甬剧或杭剧的［清水二簧］、［大陆调］（武林调）、［一根滕］等。

［基本调］（四工火）　1＝F或G。2/4拍。主胡定弦5（低音）、2。文体为七字（包括增减）奇言对偶句式。曲体为较定型的上、下句式，以四句为一段者，较常见，开场时必唱。首句，前二字散唱，第三、四字上板，定速，第五、六字共唱两小节，末字落音“2”（在强拍上），过门据“2”韵变奏。第二句，第一、二字唱一小节，第三、四字唱一小节（在强拍上，而后休止一拍），第五、六字各唱二小节，末字在强拍上唱“3”音，过门据“3”韵变奏。第三句与第一句相似，但前二字不散唱，行腔也略有差异，唱完无过门，接唱第四句。第四句（结煞句）：前四字共唱二小节，第五、六、七字各唱两小节，并加入伴唱，落音“6”，而后伴唱加腔10小节，落音为“2”结束。有时，也可六句为一段，则第四句腔同第二句，第五句腔同第三句，第六句结煞，腔同四句为一段的第四句。

［基本调悲调］（慢中板）　1＝F或G。2/4拍。主胡定弦5（低音）、2。用于悲伤处。速度稍慢，行腔低沉。第一句不落“2”而落低音“1”，用滑音从“1”过渡到低音“7”，带哭音，无过门，紧接唱第二句。第二句低腔低走，落音“3”，之后有“3”韵过门。如此上、下句可多次反复唱。至结煞句之前的一个上句，唱腔高走然后落“2”转低音“6”接唱结煞句，结煞句同［基本调］，只是行腔低回，情感沉重，伴唱同基本调。

［快基本调］（急板）　1＝F或G。2/4拍。主胡定弦（低音）5、2。多用于紧张、急促之处。文体为七字（包括增减）奇言对偶句式。曲体为句数不限的单乐句重复，结煞句之前的上句末三字散唱，转结煞句（同［基本调］）。一板一个字位，不论上、下句，落音都是“1”，之后都有一句：

“啊里工尺四上里工火”之伴唱。中间，为了紧凑，也可少加或不加伴唱。结煞句（同基本调），加腔伴唱为“四上里工火”。

四明南词腔系 吸收自四明南词，常用曲调有［平湖调］、［紧平湖调］、［赋调］、［紧赋调］、［慈调］等，以［赋调］运用最多。谱例略。

乱弹腔系 从四明南词中间接吸收而来，常用曲调有［三顿］、［快二簧］、［三五七］等。曲体、功能和用法，同四明南词。谱例略。

保护与传承

1982—1992 年，张亚琴为镇海县（区）人民广播站曲艺专题栏目演唱《飞龙传》《杨家将》《潘杨案》《兴唐传》《五一兵站》《敌后武工队》《野火春风斗古城》等曲目，镇海电台成为最早录制蛟川走书，并进行播放的媒体。1996 年 10 月至 1998 年 5 月，为镇海电视台“蛟川书场”录像演播《杨家将》《飞龙传》《兴唐传》等曲目，每天 20 分钟，演播的音像资料均加以保存。2008 年 5 月，镇海区职教中心建立省级非物质文化遗产项目“蛟川走书”传承基地。

蛟川走书的师承关系

- 谢阿树——舒瑞昌
  - 虞文兴
  - 杨存兴
  - 陆尧林——张亚琴
    - 赵素婷
    - 吕素琴
    - 汪文娟
    - 江亚华
  - 韩宗根

- 朱阿根—虞友甫——
  - 胡杏娥
  - 沈菲菲
  - —林小明
  - —李丹艳
  - —张亚飞

- 陈忠舫——费顺金——
  - 余宝发—
    - 黄炳华
    - 余鹏鸣
  - 王永兴
  - 石青山
  - 王才声
  - 费阿毛

方阿四——胡纪福

高纶绣——高礼刚

汤阿裕——汤鑫森

冯渭长——冯文贵

乐师：陆祖庚——汤铭箴

蛟川走书艺人

舒瑞昌（1888—1961）　城关人。早年，自弹三弦，擅唱南词和演讲评话，后改唱蛟川走书。主要长篇书目有《隋唐》《飞龙传》《金枪传》《紫金鞭》《大红袍》等，短篇有《日月琴》。解放前经常在庙会、堂会和农村中演唱。解放后，多在城关鼓楼定点演唱。他的音乐人员陆祖赓善操扬琴，邱兆和善拉胡琴。舒瑞昌演唱《隋唐》等书目被蛟川走书艺人视为正宗，听众赞誉为精彩曲目。

虞友甫（1922—1967）　邬隘人，有天赋的嗓音，常学唱民间小曲。后拜艺人朱阿根为师，学唱蛟川走书。曾去上海，拜识说唱艺人俞岳兴，赠受《包公案》等几部大书。解放前夕回乡演唱。1950 年任镇海曲艺人协会主任。1953 年 12 月代表镇海曲艺界参加浙江省第一届民间音乐演唱会，演唱《包公案》中“捉拿落帽风”一折，获演唱二等奖。1958 年，创作走书《抗台英雄何玲娣》（张雅琴演唱），参加省首届曲艺调演获一等奖。擅长演唱《包公案》《飞龙传》《杨家将》《五虎平西》等大部书。1963 年兴演唱现代书之风，他自编自唱《桥隆飚》《黑凤》等现代书，还移植演唱《血榜记》《夺印》等书目。

张雅琴　1928 年 6 月出生，大碶人，家境贫寒。她 17 岁学唱蛟川走书，19 岁师拜陆尧林，成为镇海蛟川走书第一个女艺人。先后任县曲协主席，市曲协理事、副主席。1982 年加入浙江省曲艺家协会和全国曲艺家协会，当选省曲艺家协会理事。多次参加省、市曲艺会演、调演并获奖。1957—1990 年，为传承蛟川走书，先后招收女青年 9 人为徒。

第三节　澥浦船鼓

起源

澥浦船鼓是一种民间船舞，始于清嘉庆中后期（1810 年前后），距今已有 200 年历史，为船形道具与大鼓合一的生产习俗舞蹈，俗称船鼓。初时，船鼓仅为当地渔民出海捕捞和“谢洋”迎送之用，祈祷平安与庆贺丰收，后来逐渐融入当地庙会和民间节庆活动，极受当地民众喜爱。1996 年起，区、镇两级政府和文化部门对濒于失传的该民间舞蹈作挖掘、抢救和整理，使之复苏，并多次参加区、市组织的民间文化巡游或比赛。传承人贺绍发。

表现形式

澥浦船鼓，起始时以竹木扎成船形，饰以松毛、柏枝等，中置一鼓即成，运用民间旱船的传统表现形式。后文化部门在保护基础上，对船鼓表演道具进行创新，由一艘大渔船（中有一只大鼓）、12 艘小渔船（中间各有一只蟹鼓）、两座大宝塔、36 座小宝塔组合而成。澥浦船鼓仿东海渔船船形制作，内放澥浦大鼓，为主要道具。渔船象征渔民赖以生存的劳动工具，澥浦大鼓隐喻渔家男儿的阳刚气魄。镇海宝塔为辅助道具，喻示渔家子女祈祷上苍保佑亲人平安归来。表演动作有船只前行状，侧行状，后退状，交叉行进状，显示渔民海上生产生活的情景。表演开始前，先用锣鼓和唢呐奏前奏曲，后来又逐渐吸收一些民间小曲作伴奏音乐，丰富表现力。表演时，船鼓与伴奏同时击打鼓点，乐队吹奏的曲调主要有“马灯调”“紫竹调”“孟姜女调”“看相调”等民间小调，每奏完一曲，船鼓表演队伍就变换一次队形，有一字形、三角形、四方形等队形，表演时间可长可短。

第五章　文物与保护

1979年，建立镇海县文物管理委员会，设立办公室。1981年7月，县人民政府公布威远城等第一批县级文物保护单位。镇海区建立后，县文物管理委员会更名为区文物管理委员会，共进行四次文物普查工作，落实文物保护规划和措施。区人民政府于1995年4月公布第一批区级文物保护点1处，1996年11月公布包玉刚故居等第二批区级文物保护单位3处、第二批区级文物保护点6处，2000年公布父子进士亭等区级文物保护单位11处，观音阁等区级文物保护点14处，至2008年，全区有全国文物保护单位1处，省级文物保护单位1处，区级文物保护单位18处，区文物保护点20处。

民间文物收藏始于“文化大革命”后期，20世纪90年代起尤盛，收藏涉猎广泛。

第一节　文物普查

1999年至2000年12月，实施宁波市“寻找文明计划”第三次文物普查工作，共查得不可移动文物102处，其中古遗址6处、古建筑40处、石窟寺及石刻24处（件）、近现代重要史迹及代表性建筑10处、其他22处。2007年5月至2010年12月，区人民政府根据国务院、省、市人民政府关于开展第三次全国文物普查要求，对文物开展全面普查和整理，共查得不可移动文物457处，其中复查65处、新发现392处。按类别分为古遗址7处，古墓葬12处，古建筑297处，石窟寺及石刻9处，近现代重要史迹及代表性建筑132处。

第二节　文物类型

可移动文物

1986年之前，镇海库藏文物中较珍贵的有：中法战争镇海口战役平夷铁炮，明代祝枝山《五言绝句草轴》，清任伯年《朱元璋拜石图》。1986—2008年，镇海区开展4次文物普查，共搜集收藏碗、刀、炮弹、石碑、城砖等文物107件，墓志铭3块，动物化石2件，俞大猷生祠碑3块。

2008 年镇海区现存文物基本情况表

表 37－2

文物名称	数量	发现时间	发现地点	存放地点
平夷炮	1 门	1978 年 3 月	城关小道头	海防历史纪念馆大门口
后膛炮	2 门	1978 年 3 月	进港区公路	梓荫山
平夷炮	1 门	1979 年 12 月	城关中舍庵	海防历史纪念馆大门口
小铁炮	1 门	1979 年 12 月	建城碑亭下	海防历史纪念馆内陈列
平夷炮	1 门	1980 年 5 月	小港笠山	梓荫山
红衣炮	2 门	1980 年 5 月	小港笠山	招宝山下
小铁炮	1 门	1981 年 10 月	三官堂	海防历史纪念馆内陈列
孔庙碑刻	4 方	1983 年 4 月	镇海中学	镇海中学
古书籍	万余册	1972—1973 年	社会征集	区文管会
玉石器	165 件	1972—2008 年	社会征集	区文管会
铜铁器	344 件	1972—2008 年	社会征集	区文管会
陶瓷器	510 件	1972—2008 年	社会征集	区文管会
古钱币	数千枚	1973—2008 年	社会征集	区文管会

2008 年镇海区库藏文物等级情况表

表 37－3

等级	类别	数量	年代
国家一级	雕塑造像	1	清
国家二级	瓷器	1	唐
国家三级	书画、陶瓷、石器、铜器、骨牙	124	新石器时代—近现代

不可移动文物

1989 年 12 月，后海塘列为省级文物保护单位。1996 年 11 月，镇海口海防遗址列为全国重点文物保护单位，包括威远城、明清碑刻、月城、安远炮台、吴杰故居、吴公纪功碑亭、泮池、俞大猷生祠碑记，以及江南的宏远炮台、靖远炮台、镇远炮台、平远炮台、戚家山营垒、金鸡山瞭台。另有区级文物保护单位 18 处，区级文物保护点 20 处。

第三节　文物保护单位

全国重点文物保护单位

镇海区镇海口海防遗址 1 处 8 点。

威远城　处招宝山，旧时扼守镇海口重地。明嘉靖三十九年（1560）春，都督卢镗督建。城内平面呈长方形，周长502米，正面墙高7.4米，雉堞74垛。城墙下层为条石错缝垒砌。内门有联“海不扬波千古定，地无爱宝一山招”。

明清碑刻　威远城内西侧。碑高2.1～3米，宽1米左右，尚存9碑。“海天清晏”碑，楷书，明天启二年夏五月，浙江巡抚苏茂相立。“撑半壁天”碑，楷书，明天启乙丑岁仲春吉旦，浙江总兵何斌臣书立。“擎天鳌柱”碑，楷书，明天启丁卯岁孟冬吉旦，钦差镇守浙江太子太保左都督瀛海郭钦立（浙江总兵，官阶太子太保、中军都督府左都督）。“天开图画”碑，行书，明崇祯辛巳之春，总镇两浙太子少保玉峰杜弘域（浙江总兵，官阶太子少保、右军都督府右都督）题。“重修招宝山宝陀寺”碑，清顺治壬辰仲春陈锦堂撰。“海天雄镇”碑，楷书，清道光十五年未冬，宁绍道台鄱阳周彦立。“招宝山宝陀寺续修碑记”碑，楷书，清道光十九年，邑人陈修鼎撰，舒达书。“永清四海”碑，楷书，清光绪十年（1884）岁次甲申仲夏吉旦，提督浙江全省军务欧阳利见书立。“中法战争镇海口之役碑记”碑，楷书，清光绪十五年三月，浙江提督欧阳利见立。

月城　招宝山山腰。清光绪八年（1882），浙江提督欧阳利见督建。城长210米，高3.6米，宽3米，条石错缝垒砌。正门上方刻“海宇乂安”，即“海疆平安”意。欧阳利见《增修招宝山月城碑记》嵌于月城内壁。

安远炮台　招宝山东麓。清光绪十年（1884）建，见证中法战争镇海之役历史。炮台呈圆形，占地269平方米，高6米，内径16.5米，壁厚约2米。台顶、弹库、营房、胸墙已毁。台壁为黄泥、沙、石灰和糯米饭混合夯实而成。台门朝西，拱高5米，宽3米。光绪十三年置有21厘米德国克虏伯后膛钢炮1门，1936年冬移置钳口门炮台。今炮台一侧置清道光年间铸造钢炮3门。

吴杰故居　位于人民路。清光绪十二年（1886）建，坐北朝南，东、西两院，木结构建筑，占地约1200平方米。吴杰，光绪年间镇海炮台守备。镇海口抗法保卫战期间，吴杰亲自开炮痛击法舰，法国远东军司令孤拔被其所伤。

吴公纪功碑亭　梓荫山西，1936年为纪念吴杰百年诞辰建。碑高2.6米，宽1.1米，厚0.18米。南面两柱镌刻“丰功留梓荫，威望震欧洲”。内植“吴公纪功碑”一方，记吴杰生平。湘潭袁思亮撰，县人俞佐庭书。

泮池　镇海中学内。原为学宫内环河，始浚于宋绍兴八年（1138）。嘉定四年（1211）建三桥其上，名泮水桥，后毁。清道光二十一年（1841），中英鸦片战争镇海口之役，两江总督裕谦投池尽节。

俞大猷生祠碑记　明嘉靖三十五年（1556），在县东镇远门内为抗倭名将俞大猷建生祠，嘉靖三十八年丰道生撰碑文，镌石立碑4方于镇远门侧，今存3方，移至梓荫山东麓。

省级文物保护单位

1989年12月公布，后海塘1处。

后海塘　巾子山向西北方向延伸至俞范嘉燮亭，全长4800米，其中巾子山至西城角段1300米采用“城塘合一”筑法，高8米，塘在下，城在上。城上原有望海楼，警铺（岗亭）古炮，车马道。城塘西北角尚存明万历元年（1573）建城碑亭，碑刻《增筑定海内城碑记》明兵部尚书张时彻撰。2003年，塘上建仿古望海楼。

区（县）级文物保护单位

1981年7月公布，鼓楼等3处。

鼓楼 位于招宝山街道，现存鼓楼系明洪武二十九年（1396）修，清乾隆五十九年（1794）重建。鼓楼造型端庄古朴，重檐歇山顶。楼高8米，建筑面积200平方米，占地500平方米。条石砌筑，中有拱形通道，拱顶距地5米，宽逾6米。由石阶拾级登台，外有围廊。南门额上书“朝宗古迹”，北书“东南屏瀚”。居中3间为厅堂，南檐下金字匾额，横书“镇海楼”。

圆通宝殿 明嘉靖三十九年（1560）始建。1981年大修。殿5间，建筑面积360平方米。重檐歇山顶，前后双步粱台式结构，朱椽筒瓦，正脊中悬光寰铜镜，两端置龙首琉璃鸱吻，阳面嵌有“国泰民安”、阴面“风调雨顺”大书。“圆通宝殿”四字，1987年赵朴初书。

小洞岙窑址 属中唐晚期，位于汶溪小洞岙，保存较完整。堆积层东西长78～85米，南北宽68～75米，厚2米。1979年发现，有碗、钵、盅等。胎质灰白或涤灰色，彩釉呈青或青黄色，采用刻画、模印、堆塑、点彩等装饰手法，题材以荷花、秋葵为主，间有龙纹、双鱼纹。

1996年11月公布，镇海烈士陵园等3处。

镇海革命烈士陵园 1952年建于河头十字路狮子山北麓。1978年迁至河头黄狼山。总面积29800平方米，分为五坪，第五坪为纪念广场，纪念塔高11.2米，建于高程57米的山巅，塔后为革命烈士纪念室。

朱枫烈士纪念楼 镇海中学内。原为朱家花园一部分，砖木结构，建于民国时期。1994年为纪念朱枫烈士改建为纪念楼。建筑面积144平方米，大小五间两层，八字坡硬山顶，穿斗式结构，布局曲折，小巧玲珑，具有江南园林风格。中共中央统战部原部长罗青长题写“朱枫烈士纪念楼”匾额。楼内陈列朱枫烈士生平事迹和遗物。

包玉刚故居 位于钟包村后新屋。坐北朝南，砖木结构，五间两弄两层，典型江南民居风格。1989年区拨款收回西首正房及厢房，整修后作陈列室。天井及南墙安置包兆龙铜像和碑文。

2000年12月公布，孔庙大成殿等11处。

孔庙大成殿 镇海中学内。始建于北宋雍熙二年（985），明万历年二十五年（1597）毁，知县丁鸿阳重建。清光绪二十三年（1897）重修。1937年大修，改为钢筋混凝土结构。占地面积580平方米，面阔五间单层，进深四柱九檩四周廊，为五架前后双步梁结构，重檐歇山顶，朱椽青筒瓦，殿脊高17米。

月洞门 位于澥浦街东。约始建于元明间。清代重修。洞门高3.9米，宽4.55米，深5.4米。从旁侧可拾级而上。两侧有矮翼墙。拱门东额“海不扬波”，西额“回澜毓秀”。门上刻楹联与匾。立沙碗塘碑记，时清光绪七年（1881），记沙碗塘变迁。

父子进士亭 位于庙戴通德。明景泰年间，刘洪、刘光父子中进士，在村建牌坊，已毁。其后人在街心建父子进士亭。木结构，四柱歇山顶，亭高6.20米，长宽各4.05米，为晚清建筑。

明代石牌坊 位于骆驼朝阳村里新屋。里新屋后有两墓，已毁。墓前牌坊尚存，上有精细雕刻及造型。

都神殿 位于澥浦镇街西。始建于明末，清乾隆年间拓建，1920年重修。原有中军殿、前殿、戏台、看楼、大殿、流芳厅、角亭等。现存门楼、戏台、厢房（看楼）。戏台面宽4.9米，进深5.1米，高7米，歇山顶，铸铁台柱。

觐祖桥　位于骆兴村田胡。始建清乾隆年间。民国初重建，单孔石拱桥，南北向，跨越田胡河。长9.8米，面宽2.54米，跨径2.5米。拱圈用条石错缝嵌筑，桥面两端铺设踏跺18级。两旁置望柱、栏板。

朱仁房　位于鼓楼西路11号。系清代民居。建筑面积1522平方米，宅院由4个自成一体又互为相连的二层木结构建筑组成。正屋坐南朝北，前临街后濠河。门楼设大门三重。廊檐、转角采用木栅格扇，与院落墙虚实相称。正屋、边厢、门楼、马头墙纵横相间，错落有致。木雕造型别致，漏窗砖雕镂刻精细。

邵逸夫旧居　位于勤勇邵家，坐西朝东，建筑面积200平方米，砖木结构中西合璧两楼建筑。

叶氏义庄　位于庄市街道叶家村，清同治十年（1871）叶澄衷筹资创办，占地面积2800平方米，坐北朝南，砖木平面层结构。后办为义学，光绪三十二年（1906）更名叶氏中心学堂，1916年改为私立中心学校，1949年停办。

徐宅　胜利路与人民路口。建筑面积1039平方米。主建筑三间两弄木结构楼房一幢。屋面平脊覆以平瓦，两堵山墙挑出屋脊，悬山顶式。外墙混凝土抹面，拉有大块横线条，与窗楣挑出披水。地坪用拼花地砖铺装，围以铁铸图案栏杆，通埭玻璃移窗。内室铺装企口地板，安装壁炉与抽水马桶，尽显西式风格。正楼前有庭院花坛，面积150平方米，植有苏铁、红枫等名贵花木。原朝南开启大门，门额“霜红小筑”，1985年胜利路拓宽拆除。

傅宅　又称傅乾月房，人民路4号。系汪伪时期上海市市长傅筱庵旧居，建于1922年。坐北朝南，占地面积1600平方米。两层框架结构，走马楼四合院，为典型的民国时期中西合璧建筑。

2005年5月公布，抗日碉堡群1处。

抗日碉堡群　位于招宝山、后海塘一带。系军事掩体，现存数量8座。1936年秋，宁波防守司令部根据民国政府国防部制订的《宁波区海防设备实施计划》要求构筑。

区级文物保护点

1992年6月、1995年4月、1996年11月，分3次公布7处。

胡亨房花园假山　位于后大街42号。建于民国时期，长15米，宽7米，高6米，建筑面积105平方米。

郑氏十七房　位于澥浦镇，清代中晚期民宅群。今存单进和多进深宅大院10余幢，建筑面积28160平方米。马头墙、厢房、石雕、牌坊等各具特色。

庶来遗址　长石庶来村。面积约1500平方米。1995年6月发掘，出土商周时期青铜刮削器、黑陶折腹盆、石斧、石犁、青铜跪俑等。

文种故里桥　位于汶溪中心村。传春秋时期越国大夫文种居此。始建年代无考，1914年重修。“文种故里”秀才郭玉恒书。

憩桥桂花厅　位于民联村憩桥。原为中法战争将领贝锦泉、贝珊泉故居“将军第”组成部分，专门接待上司的客厅。坐西朝东，三间一弄两层，进深三柱六檩前廊，硬山顶砖木结构。

一鉴池 位于中山路东口。呈三角形，各边长15.8米，26.9米，30米，原有明嘉靖五年（1526）刻石，清康熙时嵌于二圣庙墙外。

砚池 位于招宝山饭店内。原为学宫一部分，平面呈半月形，周长70.8米。东侧原有文笔峰，已毁。

2000年12月公布，文物保护点13处

黄公祠 位于十七房村庙基头，始建于宋淳祐九年（1249），祀浙东转运司判官黄恕为除水患以身殉职，占地面积738平方米，由门楼，大殿，东西戏楼，戏台组成。明嘉靖七年（1528）重修，清乾隆五十六年（1791）、1919年、2008年再修。留有石供台、圣旨匾及清木匾各一块。

黄杨桥 位于长石黄杨村。始建元朝，清道光十四年（1834）重修。三孔石板平桥，长20米，其中桥面长12米，引桥长8米。桥墩顶石雕饰有赑龙。桥右侧建三间八柱凉亭。

盛氏祠堂门楼 位于骆驼余三村。建于清中期，三进四明轩大宅，称九十九间走马楼，为盛丕华故居。民宅损毁严重，门楼保存较为完整。

后丰林庙 位于陈家村徐家堰。建于清光绪年间。坐西朝东，砖木结构，建筑面积565平方米，由门楼、看楼、戏台、大殿组成。戏台雕刻精细。

庄熙英宅 位于庄市庄一社区，建于1932年，建筑面积290平方米，中西合璧建筑。

叶澄衷墓址 位于庄市曙光村贝乐朱樊自然村

观音阁 招宝山西侧半山腰，明代建有夕照庵。清《招宝山志》载："在招宝山后，山势回环，松风掩盖，以夕为佳"，吟咏"夕照霞辉"，为招宝山十二景之一，后圮。1917年，僧妙山在旧址重建观音阁，后毁于抗日战争时期。1985年，释智柔在废墟上重建元始殿，供千手观音，仍名观音阁。

梵文摩崖石刻 "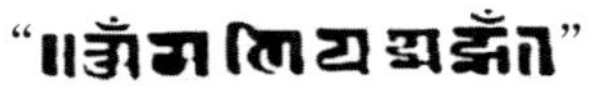"印度梵文，南陵云路南段。1984年2月，整山绿化发现，阴镌峭壁，长6米，高1.2米。汉语译音为"唵、嘛、呢、叭、咪、吽"，即佛教密宗（喇嘛教）的"六字真言"。1987年，摩崖前修石板坪台，置石雕栏杆，摆石制圆桌2张，石鼓凳8只。摩崖左侧植《摩崖石刻简介》石碑1方。

第一山碑 招宝山南麓山坡，碑高1.85米，宽1米，阴镌直书大楷"第一山"，系江西庐陵箫天荫书。碑原址半山腰，1986年3月移至佳景坊侧石崖，碑前筑坪台，置石雕栏。

棋子坪碑 又名魁星阁，半山亭与威远城之间，原坪阁湮灭。1982年整山绿化发现旧址有石碑1方，系清乾隆六十年（1795）植，高1.55米，宽0.78米，镌有阴文行书"棋子坪"。同年，复建双檐六角攒尖顶弈棋亭，高6米，直径3.15米，木结构，朱柱乌瓦，中置石桌棋坪，旁置石鼓凳和坐栏。清《招宝山志》载："棋子坪在半山之间，有小沙滩，其下通海，相传出石棋子，人欲取之，先以白米或黑豆撒其中，翌日得子，各随其色，今无验。"

中共慈镇县工委遗址 位于九龙山南麓。1947年3月12日，该处组建中共慈镇县工委、县武工队，开展武装斗争。1989年10月建"思源亭"，亭柱镌联："碧血丹心先烈精神垂永世，宏图伟业后人志气看今朝"，亭中植碑一方，书"中国共产党慈镇县工委委员会遗址碑记"。

茶亭、茶楼、茶会碑　位于民联村憩桥，清光绪三十二年（1906）建。茶亭、茶楼为行人休息处，茶会碑记载建造捐资者。

憩桥救火会　位于民联村憩桥。建于民国，系当时救火会会址。建筑面积40平方米，中西合璧式。

第四节　历史文化遗址

2000年12月，镇海区文物管理委员会以竹简书样式记载县城五个城门遗址，以古籍书样式记载其他遗址。

镇海县城遗址

镇海原名定海，建县筑城始于五代后梁开平三年（909），遗址位于现招宝山街道区域内。（详见第一编“政区”《县城城垣兴废录》）

镇海县城南薰门遗址

位于城河路与南大街交会处。俗称大南门，原为县城正门。语出《南风》“南风之薰兮，可以解吾民之愠兮”等句，寓和煦兴育意。

镇海县城清川门遗址

位于城河路与清川路交会处。又称小南门，为南城墙之偏门。原城门右侧辟有水门，称南水门。清川，有渴望城河水清澈畅流意。

镇海县城镇远门遗址

位于城河路与鼓楼东路交会处。俗称东门，为东城墙之大门。古代东门外为浩渺之大浃口，列为守防要隘，“镇远”寓镇宁远方意。

镇海县城武宁门遗址

位于苗圃路与工农路交会处。又名武平门，俗称小西门，为西城墙之偏门。武宁含勇武平宁意。

镇海县城向辰门遗址

位于苗圃路与后大街交会处。俗称大西门，为西城墙之正门。向辰取义《论语》“为政以德，譬如北辰，居其所，而众星拱之”之句。

定海卫指挥署、演武厅遗址

位于鼓楼北。明洪武二十年（1387），朝廷派信国公汤和建置定海卫，在此建指挥使司署，统辖郭巨、大嵩、穿山、左所、中所、右所、前所和舟山的中中所、中左所等9个千户所。洪武二十九年，在署前建钟鼓楼，为司署之仪门。嘉靖年间，福建都督指挥卢镗、都督佥事俞大猷和参将戚继光等率兵驻扎定海卫数年，围剿倭寇。万历二年（1574）改称总兵府，清康熙二十六年（1687）迁往舟山。其址于雍正三年（1725）改建为演武厅。道光二十一年（1841）被英军焚毁，光复后重建。有大堂、里堂、厢房等公廨40余间。宣统元年（1909）邑绅樊时勋出资在原址兴办公益布厂，得银25000余元，拨建劝学所、中学堂及警察署等。今留遗址及地名尚有鼓楼、正门石坊、大校场、卫西河头、旗杆格弄。

总兵府、水师营遗址

位于镇海图书馆东。明初因抗倭在定海（镇海）置总兵府，管理浙东海防军务，统辖陆兵五总、水兵三支。明万历二年（1574）总兵府迁入卫指挥署内，其址改建为定海水师营参将署。清同治年间，为驻镇浙洋外海水师统领。光绪二十七年（1901）归定海镇总兵吴杰统率。宣统二年（1910）改称浙江外海水师巡防队。1913年更名浙江省外海水上警察厅，拥有大小巡船90艘，为商船护航，管辖浙江全省海域。1938年，水警厅移驻黄岩海门。1941年，原衙署被日伪军拆除。

镇海县公署遗址

位于人民路傅宅旁。五代后梁贞明二年（916）始建县公署。南宋建炎四年（1130）毁于金兵。绍兴元年（1131）重建。元、明、清曾三次毁于兵火，复建。有各类房屋200余间。1941年4月，遭日军轰炸夷为废墟。抗战胜利后改为“中山公园”。今为文化广场。

北宋航济亭遗址

位于城河路与南大街交会处附近。宋元丰元年（1078），建航济亭于县城东南，为高丽使者往返赐宴之地。南宋建炎四年（1130）毁于金兵。其间，接待高丽使团14次，宋使4次。

望海楼遗址

位于后海塘。明嘉靖三十三年（1554），知县宋继祖在县城北门筑望海楼。万历元年（1573）增筑内城，城塘合一。楼前置大炮一门，左右各设置警铺6所、大炮12门。既观沧海，又警倭患，清中后期圮。

【附】名宅故居调查

2004年，区文化建设领导小组办公室、区建设与交通局对辖区名宅故居作调查，列入调查的建筑物计有158幢（处），其中列为区级文物保护11处。现择要记录113幢（处）。

招宝山街道尚保留的名宅故居8幢，其中徐宅（区委办公楼）、傅宅（区政协办公楼）、吴杰故居、朱仁房列入区级文物保护单位。

2008年招宝山街道名宅故居情况表

表37-4

坐落	屋名	建筑年代	结构及现状	建筑面积（平方米）	备注
人民路	区委办公楼（徐宅）	1928年	砖混结构，中西合璧，正屋楼房3间2弄，西有偏楼4间，前有花坛围墙，占地约1000平方米	1039	区级文物保护单位
人民路	区政协办公楼（傅乾月房）	清光绪十二年（1883）	框架结构，楼房5间2弄，左右各4间厢房，走马楼四合院，前庭哥特式石柱立体建筑，占地1600平方米	2008	区级文物保护单位

续表 37－4

坐落	屋名	建筑年代	结构及现状	建筑面积（平方米）	备注
人民路	吴杰故居	清光绪年间	西院楼屋3间2弄，前后明轩各2间，光绪十二年（1886）建造。东院楼屋3间2弄，院前有偏楼4间，光绪二十一年（1895）建。总占地1300平方米	1012	区级文物保护单位
鼓楼前	朱仁房	清光绪初年	正屋楼房5间2弄，前后两进，左右平屋厢房。围墙外东西耳楼各一幢共6间。占地面积1540平方米	1522	区级文物保护单位
鼓楼前	唐家	明末	正厅高平屋前后两进；两侧通埭厢房7间2弄，各为四檐落水畚斗楼，前围墙，尚有偏屋3间	1400	2005年原址仿古翻建
三角地	戴荣房	清末民国初	正屋楼房5间2弄，两厢房各2间。后埭楼房5间2弄，两披屋。前有围墙，东有耳楼共7间，占地面积1440平方米	1958	屋主戴运来在沪创办华成烟草公司等
三角地	大林家	清道光年间	正屋楼房5间2弄，前后2埭，有围墙相隔，前庭两厢楼房各2间。西侧偏房平屋5间，东侧偏楼3间。占地3025平方米	2595	相传屋主曾任江西省盐官
后大街	胡亨房	清末	木结构，正屋5间2弄，两明轩。边有花园小洋房	1761	—

自20世纪80年代开始至2008年，招宝山街道已拆除有款式的大宅70余幢。已拆迁的邵辅忠大宅、大郑家等45幢名宅列表记之，其中王恕房和陈泰兴房移址后海塘重建“镇海人家”。

1981—2008年招宝山街道消失的名宅故居情况表

表 37－5

宅名	坐落	建筑年代	结构布局	建筑面积（平方米）	备注
沙家	九弯弄	清末民国初	木结构，2层，5间2弄，一字形，前后2进，另有花厅	1075	2003年拆，建鼓韵小区
王恕房	茅檐弄	清末民国初	木结构，2层，5间2弄三合院，前后左右厢房，建有花厅	2487	2003年拆，建鼓韵小区
陈泰兴房	茅檐弄	清末民国初	木结构，2层，5间2弄三合院，建有花厅	1660	2003年拆，建鼓韵小区
唐宅	鼓楼前	明代	木结构，2层	764	—
王家	半街	—	木2层，3间2弄，左右厢房	708	1981年拆，今南大街90号处
新向家	牌楼下	—	木结构，5间2弄平屋	1091	1993年拆，建镇中体艺馆

续表 37 – 5

宅名	坐落	建筑年代	结构布局	建筑面积（平方米）	备注
车家大屋	太平桥	清末民国初	木结构，3 间 2 弄四合院	1350	2000 年拆，建蛟川书院
叶星海宅	朝宗坊	—	木结构，2 层，3 间 2 弄	320	—
朱家花园	鼓楼东路	清末民国初	木结构，2 层 3 进四合院和花园边上的憩园	1782	1993 年拆，建镇中跑道。保留 144 平方米憩园
进士第	鼓楼东路	明末清初	木结构，5 间 3 进四合院	1375	2000 年拆，建蛟川书院。传鼓楼东路 42 号为谢姓进士第
老向家	向家牌楼	明末清初	木结构，2 进四合院	740	1995 年拆，建镇中食堂及学生宿舍
黄家大屋	九弯弄	清代	木结构，四合院	998	2003 年拆，建鼓韵小区
朱彬绳宅	长生桥	清末民国初	木结构，2 层，前后 2 进	1488	1995 年拆，建长生桥住宅区
严焦铭宅	清川弄	清代	木结构，2 层	1122	2001 年拆，建清川小区
袁家大屋	清川路	清末民国初	木结构，2 层 5 间 2 弄 2 进	1363	1987 年清川路拓宽拆部分，1993 年建清川小区拆
邵辅忠尚书第	仓河头	明天启五年（1625）	前后 2 院，各有 2 进	2000	1998 年拆，建中山小区
大郑家宅	郑家弄	清乾隆、道光年间	三合院 5 间 2 弄，左右厢房，前后 2 进	2272	1997 年拆，建中山小区
陶宅	马贺弄	1929 年	钢混结构 3 层，3 间 2 厢房，2 层走廊平台	420	1993 年拆，建三江超市
金家大屋	童李衙弄	清末	2 层南北 2 院，各为 5 间 2 弄，前后 2 进，左右厢房，四合院	2220	2003 年拆，建三江超市绿地
薛禄二房	胜利路	民国初	木结构，2 层，2 间 2 弄三合院	450	1990 年拆，建龙赛医院门诊楼
大郑家	卫西河头	清末	木结构，2 层 5 间，前后 3 进，左右厢房各 1 栋	3502	2006 年拆，建鼓楼广场步行街
王凯房	龚家弄	—	木结构，2 层，7 间 2 弄左右厢房	1475	1982 年、1997 年拆，建党校、鼓西小区
白均房	新桥头	—	—	—	1985 年、1986 年拆，建一字河头、方家弄住宅
虞松房	新桥头	—	—	—	1985 年、1986 年拆，建一字河头、方家弄住宅
胡恭敏房	大教场路	1912 年	正屋 5 间 2 弄高楼房一幢，旁有 2 间桂花厅楼房，前有高大围墙、甬道和门楼。后侧厢房楼屋各 3 间	1561	2008 年拆，建鼓楼广场步行街

续表 37－5

宅名	坐落	建筑年代	结构布局	建筑面积（平方米）	备注
大夫第	童李衙弄	明末清初	木结构，四合院	636	1996 年拆，建银杏小区
小陈家	鼓楼西路	清代	木结构，四合院	755	1998 年拆，建中山小区。该房为陈寿昌烈士故居
汪家大屋	人民路	清末	木结构，四合院，南面平屋，北面楼屋	916	1987 年拆，邮电局扩建
樊时勋宅	童李衙弄	清末	木结构，3 间 2 弄	370	1996 年拆，建银杏小区
陈文房	后大街	清末民国初	木结构，2 层 3 间 2 弄，左右厢房	1145	2009 年拆，邬家弄地块改造
周经房	八里桥	民国初	费家河头转角处，前进为砖木洋房	985	1983 年拆，建人武部宿舍楼
周经房	八里桥	清末	后进 3 间木结构四合院	677	1998 年拆
竺家大屋	竺家弄	—	木结构，2 进，前后楼屋 3 间，后进平屋 3 间	818	前进楼房 90 年代毁于火，后进平房 1996 年拆，建天宝小区
樊时勋宅	仓基弄	民国初	砖木 2 层 5 间，左右木结构厢房	1438	1997 年拆，建仁爱中学跑道
樊时勋宅	仓基弄	清末民国初	木结构，2 层 5 间 2 弄，左右厢房平房	698	1997 年拆，建仁爱中学跑道
樊时勋宅	仓基弄	清末民国初	木结构，2 层 3 间西北厢房平屋	926	1997 年拆，建仁爱中学跑道
史晋生宅	三角地	清末民国初	木结构，前进平房 7 间，西南厢房，后进 2 层 5 间 2 弄	1134	2000 年拆，建谢家小区
方家大宅	方家弄	清末民国初	木结构前后二进四合院加东边附房，后进正房在解放前被炸毁	1789	1985 年、1986 年拆，部分建胜利路，部分建住宅
方菊房	陈衙弄	清末民国初	木结构，2 层 3 间 2 弄东、西、北面为平屋厢房	690	2 层 3 间 2 弄 60 年代毁于蚁，重建砖混楼房。2002 年拆，建后大社区办事处
张尊房	八里桥	清末民国初	木结构，2 层 5 间 2 弄，前后 2 进	610	前进 5 间 2 弄 70 年代前毁于火，后进 1998 年拆
樊宅	马贺弄	明末清初	木结构，5 间 2 弄，前进平屋，后进楼屋	1370	1998 年拆，建西街服装城
李乾房	马贺弄	清末民国初	木结构，2 层 3 间前后二进左右长厢房楼屋	1210	1998 年拆，建西街服装城
横弄陈家	马贺弄	清代	木结构，2 进四合院	1320	1998 年拆，建西街服装城
傅月坤房	贵衙弄	民国初	木结构，2 层 3 间 2 弄	550	1998 年拆，建西街服装城

续表 37－5

宅名	坐落	建筑年代	结构布局	建筑面积（平方米）	备注
薛仁房	后大街	清末民国初	木结构，3 间 2 弄三合院	789	1996 年拆，建天宝小区
朱玉房	竺家弄	清末民国初	木结构，5 间 2 弄 4 明轩	1556	1996 年拆，建天宝小区
邬家大屋	邬家弄	清末民国初	木结构，2 层 3 间三合院	692	2007 年拆，邬家弄地块改造
徐宅	三角地	明末清初	木结构，5 间 2 弄 2 进左右厢房2 层	816	1993 年拆，建三角地住宅

蛟川街道尚留名宅故居 13 幢，其中有包达三故居，俞佐庭、俞佐宸兄弟故居。自乾隆至道光年间，新老周、施周陈、渡驾桥、石塘下等村建造豪华大宅几十幢，以施周陈村最为集中。

2008 年蛟川街道名宅故居情况表

表 37－6

坐落	屋名	建筑年代	结构及现状	建筑面积（平方米）	备注
俞范	俞家大屋	清末民国初	正屋朝南楼房 5 间 2 弄 4 明轩，前有明堂围墙，东西两厢平房各 5 间。解放后作县棉场	1000	屋主为旅沪巨商俞佐庭和弟俞佐宸
石塘下	陈善庆大屋	清末	5 间 2 弄楼房前后两进，偏屋高平屋 5 间 2 弄，四周围墙，中有长生弄 1 条，后进又有楼房 5 间 2 弄	1200	—
迎师桥	叶家大屋	清咸丰年间	正屋楼房 5 间 2 弄四明轩，前有明堂围墙，后有天井	700	—
张陈傅	陈家大屋	清咸丰年间	正屋大九架高平屋 5 间 2 弄，两厢前明轩各 2 间，后明轩各 2 间，前有围墙门楼及偏屋，四合院式	800	—
庙后张	刘哉堂大宅	清咸丰年间	正屋楼房 5 间 2 弄，前后明轩、围墙外又有两厢长埭明轩，砖雕门楼，回形布局	2000	—
新老周	周立本	清咸丰年间	正屋楼房 5 间 2 弄，两厢四明轩，前有明堂，围墙，砖雕门楼。后有天井、围墙及偏屋	800	—
新老周	周兆定	清光绪年间	正屋楼房 5 间 2 弄，两厢明轩平屋 4 间，大明堂，高围墙，后有偏屋 6 间	800	—
石塘下	包达三故居	清末	大七架高平屋 5 间，自成院落。已转让	250	包达三，解放后任浙江省副省长
桥头王	新添庙王家	清同治年间	正屋朝南楼屋 5 间，东厢楼房一埭，平屋一埭各 7 间，西厢楼房前后二埭各 7 间，前有围墙，自成院落	2800	屋主福建闽侯人，捕鱼和经营南货船
新老周	周姓大屋	清咸丰、同治年间	正屋楼房 5 间 2 弄四明轩，内部结构尚称完善	600	—

续表 37－6

坐落	屋名	建筑年代	结构及现状	建筑面积（平方米）	备注
新老周	鲁家大屋	清咸丰年间	正屋九架高平屋 5 间 2 弄，两厢明轩，石板明堂	300	—
施周陈	陈五房	清同治年间	正屋朝南九架高平屋 5 间 2 弄四明轩，前明堂，后天井，四周围墙	600	—
施周陈	周丰山大屋	清同治、光绪年间	原有正屋楼房 7 间 2 弄四明轩，前后二埭，裙楼每埭楼房 18 间，整体气势非凡，内部结构改变严重	4000	—

庄市街道清末至民国初期建豪门大宅数十幢，集中在庄市集镇和包家、叶家。至 2004 年尚留名宅故居 29 处，其中包玉刚宅、邵逸夫宅、叶氏义庄、庄成记列为区级文保单位。故宅尚在但已非原样的有叶澄衷故居、宋炜臣故居、倪光南故居、朱高峰故居、范徐丽泰故居、董杏生故居。

2008 年庄市街道名宅故居情况表

表 37－7

坐落	屋名	建筑年代	结构及现状	建筑面积（平方米）	备注
三眼桥	庄成记	1936 年	3 间 2 弄楼房，自成院落，后有花园，构筑新颖。列为区级文保点	500	屋主在三眼桥开设全兴行，营山货，建材和酿酒
后河头	新天房	民国	正屋楼房 5 间 2 弄，两厢各 2 间，右有偏屋。历为庄市区委驻地，今属私居	1000	屋主开设裕顺山货行
后河头	庄云房	民国	正屋楼房 5 间 2 弄，两厢各 2 间	800	屋主庄宝康在青岛开泰康饼干厂
中央漕头	庄荣房	民国	正屋楼房 3 间 2 弄，两厢各 2 间	500	屋主庄云章在沪开五金行
后新屋	大夫第	明末	现存门房 5 间，两厢畚斗楼 10 间及明堂。现有后裔居住	500	屋主明崇祯年间为官
后河头	李忠房	民国	正屋楼房 3 间 2 弄，两厢各 2 间	500	屋主李云福在沪开绸缎局
六份头	小洋房	民国	3 间楼房，中西合璧	300	由庄氏建造
烂秧田	沈润德房	民国	正屋楼房 5 间 2 弄，后偏屋大七架 7 间，左右大门	1000	屋主沈雨卿老顺记五金行账房
烂秧田	包乾房	民国	正屋楼房 3 间 2 弄，构筑新颖，自成院落	400	屋主在武汉开设粮行
烂秧田	老包乾房	清咸丰年间	正屋楼房 5 间 2 弄，前后围墙	500	与包乾房同主
墙脚下	永昌门头	清同治年间	楼房 5 间 2 弄及明轩，门楼完整，自成院落	500	—

续表 37 – 7

坐落	屋名	建筑年代	结构及现状	建筑面积（平方米）	备注
止所门弄	止所门头	清同治年间	正屋楼房 5 间 2 弄，两厢平房明轩，后有钢混结构望火楼，自成院落	800	屋主庄士英曾经营福建木材
三眼桥	乐汝成故居	民国	楼房一幢 5 间，自成院落。解放后曾作庄市区署和农业银行办公楼	400	乐汝成在沪开设泰康饼干厂
钟包村东七房	包兆龙故居	清光绪年间	正屋楼房 5 间 2 弄，两厢各 2 间，自成院落	940	区级文保单位
叶家	叶氏义庄	清同治十年（1871）	大七架高平屋对称两埭，约 18 间，自成院落	1000	叶澄衷建造，区级文保单位
勤勇村	邵逸夫旧居	1936 年	楼房 3 间，构筑新颖，自成院落	240	区级文保单位
庄市大街 2 号	庄禹梅	清光绪年间	5 间 2 弄楼房一幢	400	庄禹梅宁波报界名人
隔河倪	倪氏故居	清道光三年（1823）	5 间 2 弄	100	倪起蛟为道光总兵，后裔倪光南工程院院士
朱家岸	朱高峰	清同治、光绪年间	5 间 2 弄四明轩大屋一幢	500	—
宋家汇头	宋炜臣故居	清同治、光绪年间	楼房 3 间 2 弄，两平房明轩，自成院落，结构破旧	500	宁波商帮武汉开拓者
叶家	叶澄衷故居	清光绪十六年（1890）	原居占地十余亩，三进两厢。解放后改为国家粮库，今尚存楼屋厢房 7 间	600	—
三眼桥	楼氏祖堂	道光年间	楼房一埭，一间辟为楼氏宗祠	200	屋主楼志章
后倪	倪维斗旧居	清光绪年间	原楼房，解放后多被拆除，留厢房楼屋 2 间及石雕大门	160	倪维斗工程院院士
老鹰湾	董杏生故居	民国	原有花园洋房大宅，20 世纪 80 年代后多改造。仅存钢混结构门楼，构筑新异	50	董杏生旅沪巨商
大市堰	余氏集居	清中	楼房大屋 3 幢	1500	屋主余光生、余名钰
徐家堰	徐大统与范徐丽泰旧居	清末	楼房一埭四间，无款式	350	父徐大统沪上纸业巨子，独资建大统桥
朱家桥	余芝卿故居	清光绪年间	有楼房 7 间 2 弄，两厢，自成院落	500	余芝卿大中华橡胶厂创办者
二十二房包家	包从兴旧居	清光绪年间	正屋楼房 5 间 2 弄，两厢房，自成院落	600	包氏为香港友宁纺织投资公司董事
叶家	叶庚年故居	清光绪年间	楼房 5 间 2 弄、两厢，自成院落。已赠送当地，为村老人活动中心	500	—

骆驼街道著名的有柏墅方方家和骆驼盛家。迄今骆驼街道较为完整的名宅故居尚有 38 幢，其中盛在郊大宅慈镇两县名望最大，号称九进十明堂。贝珊泉大宅原是规模恢宏的官府，清大臣左宗

棠曾驻足桂花厅。柏墅方方家，原有豪华大宅五六幢，解放后驻军改造，仅留方七房高平屋和余庆堂积谷仓。团桥老街始建于明代，过街楼尚在。河东街有明代建筑八角楼大夫第，穗祥弄林杏琴故居。寺后胡、洪家村清中叶经商发迹者多建有大宅。

2008 年骆驼街道名宅故居情况表

表 37－8

坐落	屋名	建筑年代	结构及现状	建筑面积（平方米）	备注
骆驼集镇	翁甫卿大宅	1948 年	中西合璧楼房 5 间 2 弄，前后两幢，四明轩，结构完善。解放后曾为骆驼区委驻地	1000	—
余三村	盛在郊	清乾隆、嘉庆年间	称九进十明堂，南北长 500 米。现整体结构有很大改变。台门，甬道、头门、前大厅尚在	5000	台门、前厅（祖堂）列为区级文物保护
汤家池	刘姓大屋	清同治、光绪年间	正屋前后两埭，边有厢房，四面围墙，自成院落	1200	—
寺后胡	大夫第	清道光、咸丰年间	正屋五架梁高平屋 3 间，厢房楼屋 7 间 2 弄，左右共四埭，砖雕门庭	2500	—
寺后胡	东新屋	清同治、光绪年间	原大宅称九十九间，门楼、大厅、后厅共 3 进。左右四埭明轩，各楼房 15 间 4 弄，款式非凡。70 年代大厅、后厅被拆	3300	—
柏墅方	余庆堂	清光绪年间	高平屋 7 间，前后二进，前有围墙，自成院落	1000	原为方氏积谷仓，慈善用房
田胡	义裕堂	清道光年间	正屋楼房 5 间 2 弄，两明轩，前庭门楼平屋 5 间，四合院式，三雕精致	800	—
穗祥弄	林穗祥	民国	正屋楼房 5 间 2 弄，两明轩各 2 间，偏屋楼房 5 间	1000	屋主开设穗祥米店，为赵安中母林杏琴故居
洪家村	后三房	清咸丰三年（1853）	楼房 5 间 2 弄，左右两明轩，有围墙，自成院落	700	—
洪家村	洪二房	清咸丰年间	楼房 7 间 2 弄，平屋 5 间 1 弄，有围墙，中堂阶石长 4.8 米	1000	—
洪家村	洪七房	清咸丰年间	正屋楼房 5 间 2 弄，左右明轩平屋各 2 间，自成院落	700	—
洪家村	永大房	清乾隆年间	东厢楼房 7 间，正屋楼房 5 间 2 弄，两偏房	1200	—
洪家村	勤贻堂	1949 年	新式楼房正屋 3 间 2 弄，两明轩，前后围墙，自成院落	500	屋主洪永兴在沪开设金钱牌热水瓶厂
洪家村	洪祖良	晚清	正屋 5 间 2 弄，两厢房，自成款式	700	屋主在沪开设新昌颜料行
洪家南路	洪之裕	清咸丰年间	正屋 5 间 2 弄，有围墙，自成款式，俗称油车大屋	500	—
借邑港	树滋堂	清咸丰年间	楼房 7 间 2 弄 1 埭，两厢明轩平屋各 2 间，前有围墙，自成院落	1000	—

续表 37－8

坐落	屋名	建筑年代	结构及现状	建筑面积（平方米）	备注
贵驷	刘仁房	清同治前	正屋楼房 5 间 2 弄，并列两幢，前后围墙	1500	—
贵驷	刘聘三洋房	1933 年	3 间 2 弄前后两进，左右厢房，新式砖混结构。解放后为国家粮库，现为贵驷社区老年活动中心	1500	刘聘三任劝工银行行长、宁波旅沪同乡会常务理事
太史弄	刘崇照故居	清光绪年间	楼房 5 间 2 弄，两明轩，前有门楼 3 间，后有偏屋一埭，称太史第	800	刘崇照光绪年间进士，翰林院庶吉士，民国镇海县第一任县知事
憩桥	贝三房	清同治、光绪年间	正屋楼房 5 间 2 弄，前后两埭，外有桂花厅楼房 3 间，自成院落	1500	清定海副总兵贝珊泉故居。桂花厅列为区文保单位
憩桥	贝时璋旧居	清光绪年间	楼房朝南一埭 5 间，前有围墙，自成院落	300	—
新安桥	小贝家	清咸丰年间	正屋楼房 7 间 2 弄，两厢楼房明轩各 3 间，另有平屋偏房数间，四周围墙，自成院落	2000	屋主曾经营福建木材
余三	盛丕华	清乾隆、嘉庆年间	有楼房数间，平屋 5 间	300	盛丕华解放后曾任上海市副市长
对桥弄	翁史烈旧宅	清雍正、乾隆年间	有完整楼房 3 间，对桥弄 28 号	150	翁史烈曾任上海交通大学校长，中科院院士
河角头陈	杨家五房	清光绪年间	楼房一埭 5 间	500	中科院院士杨福家、杨福榆兄弟旧居
借邑港	林永年	清光绪年间	原有楼房一幢，多倒塌。今留有大门头和楼房 2 间	100	林永年中国工程学院院士，解放军总参谋部研究院研究员
憩桥	贝元房	清光绪初	原有豪华大宅，解放后多被拆除	200	定海总兵贝锦泉官府
赵严家	赵安中	清道光年间	尚留东厢楼房 1 间 1 弄	100	港胞赵安中旧居
沙河	郑芳钧	1932 年	原有大宅正屋楼房 7 间 2 弄，两厢明轩。解放后由国家粮站改造。尚有偏侧楼房 3 间，自成院落	1000	郑芳钧 1946 年独资建造芳钧学校
贵驷甸张	颜茂生	清光绪年间	正屋 5 间 2 弄一幢，自成院落	400	屋主曾在沪开设颜料行
沙河堰头	贡友堂	清光绪年间	正屋朝南楼房 5 间二进，两厢平屋明轩各 2 间，自成院落	800	—
沙河田央	—	明代	尚有楼房二弄，其中一幢四檐落水畚斗楼，前有明式门楼，构筑独特，上置 4 组 3 级木抖拱，下为条石门框	800	—
沙河甸央周	周德泰	清嘉庆、道光年间	尚有楼房正屋朝南 5 间 2 弄，两厢楼房各 5 间，原围墙、大门已拆，房屋尚称完整	1200	屋主在杭州、苏州、镇江等开设锡箔庄
团桥河东路	八角楼大夫第	明代	留有楼房 7 间 2 弄前后两埭，由月洞门进出。四檐落水楼房一幢，大门柱石尚在	1000	—

续表 37－8

坐落	屋名	建筑年代	结构及现状	建筑面积（平方米）	备注
聚龙王	刘姓大宅	清光绪末	正屋 7 间 2 弄六厢房楼房一幢，四周围墙，外有偏屋 9 间	800	—
清水湖	中大屋	清同治、光绪年间	有楼房 5 间 2 弄，二明轩，院落尚完整	600	—
清水湖	启绪门头	清代	有正屋楼房 5 间 2 弄一埭，两厢明轩各 2 间，前有围墙，自成院落	600	—
杨家垫桥	杨姓大宅	清光绪年间	朝南正屋大厅 3 间，两厢楼房 5 间 2 弄各一埭，前后围墙，自成院落	1000	—

澥浦镇旧时商贾云集，发迹后多建有大宅。迄今尚留名宅故居 21 处，其中十七房郑家，有恒德房、恒祥房、二房堂前、大祖堂、后堂楼、立房、新房、通德堂等深院大宅近十幢，形成民居古建筑群，列入区级文物保护单位。曲汇塘陈家和牌门头刘家，明清时出进士，官府豪宅尚在。澥浦王家名宅集中。

2008 年澥浦镇名宅故居情况表

表 37－9

坐落	屋名	建筑年代	结构及现状	建筑面积（平方米）	备注
唐福桥	澥浦学校	1920 年	英式楼房正屋 5 间 2 弄，两厢楼房各 2 间，前后围墙。后进偏楼 5 间	700	屋主黄允芳，解放后改为学校
唐福桥	蔡大房	清末民国初	正屋楼房 5 间 2 弄，两明轩，后埭偏屋平房 7 间，前后围墙，自成院落	1000	屋主蔡鸿生曾在沪经商
新漕跟	邵姓树滋堂	清光绪年间	正屋楼房 5 间，二厢平屋明轩，前有围墙，自成院落	500	曾驻澥浦盐务局
余严	陈国珍宅	清同治年间	正屋朝东楼房 5 间 2 弄，两厢平屋各 2 间，后有偏屋平屋 7 间，前有围墙，自成院落	800	—
十七房郑家	—	清中后期	有恒德房，恒祥房、二房堂前、大祖堂、后堂楼、立房、新房、通德堂等深院大宅近 10 幢	7000	区级文物保护单位
庙后	全盛大宅	清光绪年间	有楼房二埭，各 11 间，前后围墙，自成院落	1000	全盛先主在岱山经营渔业，后裔工程院院士郑颖人家
牌门头	进士门头	清同治、光绪年间	楼房一幢 5 间 2 弄，东有双道大门，门额“吉迪”	400	相传屋主曾任江阴县令
曲塘	进士门头	清光绪年间	有正屋前厅，两厢及书房等楼房 20 余间，四周围墙及门楼	1200	光绪初进士陈聿昌故宅，称“草舍利舍”

续表 37－9

坐落	屋名	建筑年代	结构及现状	建筑面积（平方米）	备注
清水湖	后大屋	清乾隆、嘉庆年间	正屋朝南3间，两厢楼屋5间2弄共四埭，其中西檐落水畚斗楼2幢	1500	—
湾塘顺风	敦铭堂	清光绪年间	有楼房2间，经修葺，辟为纪念堂	120	侨胞张和祥故居
三七房	金宗城	清代	有楼屋三间，年久失修	100	金宗城曾任上海银行副经理。子金如新曾任香港宁波同乡会会长，甬港联谊会顾问
湾塘	英珊门头	清光绪年间	有正屋楼房7间2弄，两厢楼房各3间，前有围墙大门，自成院落	800	—
湾塘	春和门头	清光绪九年（1883）	有楼房正屋5间2弄，两明轩，自成院落	800	屋主周春和福建经营木材
湾塘	周正国	清末民国初	有楼房5间2弄，二厢房，自成院落	600	—
湾塘	三仁门头	清光绪九年（1883）	正屋楼房5间2弄，两厢明轩，自成院落	800	—
澥浦王家	后新屋	清同治、光绪年间	正屋朝南3间，两厢楼房四埭，各7间，自成款式	1600	其中21号为上海华山医院主持医师王德昭旧居
澥浦王家	八份头	清光绪年间	正屋楼房5间，偏屋楼房5间及二明轩，自成院落	800	—
澥浦王家	前新屋	清光绪年间	前后两进，自成院落。前进楼房5间，后进平屋5间	500	—
三七房	金姓大屋	清末民国初	楼房一幢，5间一埭，前中后三进，自成院落	900	—
三七房树桥头	金姓古宅	清乾隆、嘉庆年间	原有大宅一幢，部分已拆，尚留正厅朝东3间，两厢楼房10间	800	屋主经营北船。相传有运营沙船17艘
余严	金品珊	清末民国初	正屋朝东楼房5间2弄，两厢明轩楼房各2间，前有围墙，自成院落	600	—

九龙湖镇尚留名宅4幢。原长石王伯元大洋房、上嵇村洋房毁于抗战时期。20世纪90年代，拆除河头徐姓大宅、汶溪陈姓大宅、田顾前洋房、后洋房。

2008年九龙湖镇名宅故居情况表

表37－10

坐落	屋名	建筑年代	结构及现状	建筑面积（平方米）	备注
长石庙跟	王家大屋	清嘉庆、道光年间	正屋楼房5间2弄，东厢楼屋9间2弄，前有围墙大门	1200	—
下畦	嵇美江屋	民国	正屋楼房5间，左右两厢房，后埭偏屋平房7间，前有围墙	700	—
长石	王伯元宅	民国	原有洋房一幢，抗战时期被伪军占据，1943年焚毁。留后埭偏房平屋8间	250	王伯元旅沪银行家
河头	杨家大屋	清代后期	楼房7间，前有围墙，无大损坏	500	长春桥西堍

第五节 民间收藏

镇海民间素有收藏文物古玩传统。解放初，部分收藏品陆续散失，有的被藏主后人出售外流，有的被上级部门平调，如瑞岩寺藏经送交天童寺，有的由本地有关部门送交省级文化部门，如1952年塔峙岙乡将徐圣禅后人捐出的包括制于唐开元二年（714）“彩凤鸣岐”琴在内的14张古琴送交县文化馆，1956年县文化馆将这批古琴移交省博物馆，成为该馆镇馆之宝。又如1862年宁波的太平天国主将黄呈忠、范汝增给英法驻宁波水师头目一份照会，送交省博物馆。“文化大革命”期间，相当数量民间收藏品被抄或被毁。部分被个人取走，部分上交省图书馆（省图书馆古籍部有好多古籍扉页中尚钤有镇海图书馆印记）。

改革开放后，民间收藏再次兴起，收藏种类不再局限于文物古董、书画瓷器等传统收藏，拥有更加丰富和平民化的品类。2000年1月，成立镇海区收藏协会，会员70余人。2004—2006年，出版专集《宁波镇海民间收藏商帮文史实物拾萃》《金氏名人专辑》《商帮文史实物专辑》。镇海区收藏协会每年出版一期《招宝收藏》（内刊）。2001年至2008年，每年不定期举办会员收藏品展览、藏品鉴定等社会服务活动。

至2008年，民间收藏有石器、铜器、铁器、玉器、陶瓷器、家具、书画、石刻、木刻、古籍、古玩、工艺杂件等3万多件。从新石器时期到民国时期，以瓷器为主，达万件以上。收藏书画200余帧，其中有康有为、姚燮、陈偕榆、马公愚、任伯年、沙孟海等作品。招宝山街道包芝江个人藏书逾万册，其中线装古籍7800卷，时间跨度600年以上，部分为存世善本、孤本。

2008年镇海区部分藏家情况表

表37－11

姓名	出生年月	主要收藏品
包芝江	1942.06	古籍
樊阿达	1937.09	火花
刘明德	1944.11	瓷器、书画、古籍
竺惠明	1946.07	古灯、书画
严国荣	1951.12	书画
张仁康	1945.02	奇石、书画
乐维根	1945.08	奇石、红木家具
王惠富	1945.07	砚台、书画
焦安康	1934.02	瓷器、玉器、杂件
乐友庆	1934.04	瓷器、红木家具
徐国兴	1955.03	瓷器、杂件

续表 37－11

姓名	出生年月	主要收藏品
汤安定	1955. 10	瓷器、书画
范公覆	1947. 01	邮票、钱币
汤青海	1936. 05	玉器
周永全	1934. 10	玉器、陶瓷器
蒋　勇	1966. 01	书画、红木家具
乐兴华	1960. 03	瓷器、“文化大革命”系列
沈天祥	1945. 02	书画
戴永定	1962. 05	玉器、书画
郑云龙	1956. 01	瓷器
竺联芳	1950. 07	瓷器
乐国安	1944. 12	玉器、瓷器
张建忠	1955. 04	瓷器
张伟根	1956. 03	瓷器
阮惠龙	1959. 10	瓷器
金国铭	1964. 01	瓷器、连环画
陈诚年	1924. 06	铜镜、钱币
毛炳全	1947. 05	书画、木雕、民间美术品

说明：排名不分先后

第六章 文化市场

20世纪80年代，一些单位内部放映录像、举办舞会。后社会上营业性录像放映出现，地摊上也出现书刊、磁带销售。国有文化经营单位开始经营机制改革，开发多种经营。1986年7月，成立区文化馆录像放映队，1991年全区有录像放映队19个。90年代初，区内已形成歌舞娱乐、音像、书报刊、演出等为主的文化市场，1994年文化市场经营场所达到240个，民营文化经营单位成为文化市场主体。进入21世纪后，文化市场得到有序发展。2008年，区文化市场经营场所265个，文化市场经营单位470户，形成包括歌舞娱乐、游戏游艺、互联网上网服务、出版物经营、音像制品经营、营业性演出团体和演出场所、文物古玩、广播电视服务、艺术培训、打字复印和印刷等门类市场。随着文化市场的发展，政府对文化市场管理逐步健全和规范。

第一节 市场概况

音像制品

20世纪90年代初，镇海区文化部门成立录像制品发行站，为自收自支事业单位，向全区各放映单位供片。随着文化市场兴起，社会经营音像制品日渐增多。2005年前后，录像制品发行站业务萎缩，店面转租。2005年4月，镇海区文化产业协会音像分会成立。当年有音像制品经营单位42家，2006年36家，2007年、2008年维持在33家。

印刷印务

20世纪80年代，位于城河路镇海印刷厂为主要国有印刷单位，90年代转制关闭。其后印刷印务市场以民营为主，打字复印店铺大量增加。2003年1月，成立镇海区印刷行业协会。2005年，有印刷印务经营单位146家，2006年增加到165家，2007增加到186家，2008年196家。

报刊图书

改革开放前，镇海报刊图书市场以新华书店和邮政单位为主。改革开放后，个体书店发展壮大。2005年，共有报刊图书经营单位102家，2006年增加到122家，2007年128家，2008年142家。

新华书店

1953年8月，设新华书店镇海县支店，由省分店统管。1956年，归镇海县自行管理。1985年10月改名镇海区新华书店。1988年开始实行经理负责制。1996年，投资270万元购置2000余平方米房屋和近3000平方米土地，建造书店大楼。后在后大街、炼化生活区、骆驼设立门市部。

娱乐场所

20 世纪 80 年代起，卡拉 OK、歌舞厅、电子游戏厅等经营性娱乐场所广泛开办，至 90 年代中期达到顶峰。2000 年以后，大众舞厅和 OK 厅减少，被以 KTV 为主要形式的歌舞娱乐场所取代。2005 年 4 月，成立镇海区文化产业协会歌舞娱乐分会。2005 年，全区共有歌舞娱乐经营单位 25 家，2006 年增加到 41 家，2008 年下降到 33 家。

网吧服务

许可社会从事网吧服务行业始于 2001 年。2005 年 4 月，成立镇海区文化产业协会网吧分会。为保护未成年人，对网吧服务市场实行总量控制。2005 年，共有网吧 31 家，2006 年 32 家，2007 年、2008 年维持在 33 家。

1994—2008 年镇海区文化市场经营场所情况表

表 37－12　　　　单位：个

年份	歌舞厅	OK 厅	台球厅	游戏厅	录像放映厅	音像店	出版物经营场所	演出场所	保龄球馆	综合娱乐场所	网吧
1994	27	27	28	30	31	22	75	—	—	—	—
1995	36	34	11	59	32	29	84	10	—	—	—
1996	42	32	26	68	31	68	90	10	—	—	—
1997	60	30	35	63	20	90	116	10	6	8	—
1998	67	12	45	60	19	109	130	7	8	6	—
1999	75	14	54	61	20	78	140	7	5	6	—
2000	50	7	—	68	13	105	114	7	—	8	—
2001	50	7	—	63	13	102	112	7	—	8	32
2002	50	5	—	6	4	55	95	—	—	8	30
2003	40	5	—	4	4	53	80	—	—	8	29
2004	33	5	—	3	4	41	86	—	—	—	29
2005	25	—	—	4	—	42	102	5	—	—	31
2006	41	—	—	4	—	36	122	6	—	—	32
2007	39	—	—	15	—	33	128	8	—	—	33
2008	33	—	—	16	—	33	142	8	—	—	33

2005—2008 年镇海区文化市场经营单位情况表

表 37－13　　单位：个

年份	歌舞娱乐场所	游戏游艺场所	出版物经营单位	音像制品经营单位	网吧	演出场所	演出团体	打字复印经营单位	印刷企业	地面卫星接收单位	艺术培训单位
2005	25	4	102	42	31	5	2	55	91	4	4
2006	41	4	122	36	32	6	2	64	101	4	4
2007	39	15	128	33	33	8	2	80	106	4	4
2008	33	16	142	33	33	8	1	86	110	4	4

第二节　市场管理

1986 年 3 月，建立区社会文化管理委员会对文化市场进行管理。1988 年 7 月，成立镇海区文化市场管理办公室，实行文化经营许可证制度。1989 年 7 月，区文广局建立文化稽查队，隶属于文化市场管理办公室。1996 年 4 月，区文化市场稽查队为全民事业单位，定编 3 人，经费自收自支。2005 年 8 月，区文化市场稽查队升格为区文化市场行政执法大队，隶属于区文化广电新闻出版局，定编 8 人，经费由财政全额补助。

20 世纪 90 年代初，文化市场管理以培育市场、培训人员为主。随着文化经营单位、从业人员逐年增加，管理以调控、整顿、压缩为主，整治文化市场小、散、乱状况，与有关部门联合开展“扫黄打非”整治。90 年代中后期起，区文化、公安、工商等部门联合建立文化市场管理协作机制，对辖区市场加强日常监管，组织专项整治，开展联合行动，集中整治出版物、娱乐、网吧等场所涉黄、盗版、色情陪侍、未成年人进入等违规违法问题。2000 年后，完善依法执法、执法必严、违法必究、程序规范的执法机制。2008 年，审批文化市场行政许可 30 件，检查文化经营场所 3521 家次，取缔无证经营 93 家，收缴赌博机 4000 余台（块），查缴非法音像制品等 4000 余件，行政处罚立案 10 件，罚款 4.9 万元。1987—2008 年，共立案 571 件，查获无照经营 636 户，罚没款 88 余万元。

1987—2008 年镇海区文化市场稽查及处罚情况表

表 37－14

年份	出动人次	检查家次	立案数	查获非法物品（件）	无证经营（户）	罚没款（元）	停业整顿（户）	吊证（户）
1987	28	19	—	—	—	—	—	—
1988	360	158	—	123	3	—	—	—
1989	500	200	—	2000	7	—	—	—
1990	600	170	—	1080	6	1725	—	—

续表 37－14

年份	出动人次	检查家次	立案数	查获非法物品（件）	无证经营（户）	罚没款（元）	停业整顿（户）	吊证（户）
1991	560	210	—	420	2	—	—	—
1992	289	249	—	280	1	—	—	—
1993	258	369	4	980	5	1570	3	5
1994	482	781	3	832	8	4500	16	2
1995	348	680	6	7780	8	40000	21	7
1996	908	1290	63	2356	6	38000	32	—
1997	1000	1200	128	10000	9	50000	29	—
1998	860	630	119	7680	13	42000	37	—
1999	1608	2135	57	4809	24	44050	57	—
2000	513	1268	16	380	18	40000	38	—
2001	326	1566	22	8372	14	58680	18	—
2002	276	3186	53	7830	21	200500	68	—
2003	370	1278	12	5620	16	25000	21	—
2004	880	3380	30	9600	36	113000	19	—
2005	2046	6218	11	20365	32	25000	3	—
2006	1250	3606	24	36173	192	90000	4	—
2007	1085	3606	9	6617	122	59000	2	—
2008	1125	3521	14	10321	93	49000	4	1

第七章　广播　电视　电影放映

20 世纪 90 年代，有线广播发展为广播电台，成为浙江省县（市、区）电台中唯一拥有两个频率的四级广播电台，广播入户率 98%，无线电视发展为有线电视，电视网络全覆盖。1998 年 7 月，镇海人民广播电台和镇海有线电视台合并成立镇海广播电视台。2002 年 5 月，调整镇和街道广播电视站管理体制，镇、街道属广电站由镇海广播电视台代管。2004 年 12 月 29 日，镇海电视台投资 7800 万元，历两年建造镇海广电新闻中心大楼。大楼建筑面积近 2 万平方米，镇海电视台、镇海电台、镇海新闻网络中心 3 家单位入驻。2006—2007 年，全区模拟电视整体转换成数字电视，镇海获省广电局授予的“城乡一体数字电视整体转换示范区”称号。2008 年，镇海广播电视台获人事部、广电总局“全国广播影视系统先进集体”称号。

第一节　广　播

1985 年 10 月，县人民广播站更名区人民广播站。1994 年 3 月，镇海人民广播电台、镇海调频广播电台挂牌成立，成为浙江省县（市、区）电台中唯一拥有两个频率的四级广播电台。播出频率 FM104. 7 兆赫，全天播出节目时间 14. 5 小时。1997 年 1 月，实现调频、有线节目独立分播，发射功率达 1000W。2001 年 10 月，广播发射塔迁址马鞍山，实现发射功率 5000W，FM104. 7 信号有效覆盖宁波市及舟山等地区，FM104. 7 实现 24 小时全天候直播。2002 年，确立 FM104. 7 城市娱乐台发展定位，开始打造“FM104. 7 活力调频”品牌，加强节目策划，追求优质产品，努力生产精品。同年 11 月，镇海电台网站 WWW. FM1047. CN 正式开通。2005 年，对 FM104. 7 频率作类型化改造，推出“FM104. 7 Yes Radio”音乐广播，成为宁波市内较有影响的广播频率。后又推出以调频“FM98. 0”为呼号的新闻综合频率，开办一套日播出 15 小时的综合节目，其中《绿色田野》节目获全国亿万农民健康促进行动领导小组颁发的“乡村健康金话筒奖”。2007 年，经浙江省广电局批准，FM98. 0 改频为 FM100. 1，发射功率 3000W，FM100. 1 广播信号实现区境内 100% 有效覆盖。后对 WWW. FM1047. CN 两次较大幅度改版，建立 104. 7yesradio 音乐广播网络电台。2008 年，开展农村有线广播“村村响”工程试点，随后在全区普开。

第二节　电　视

无线电视

1981 年年底，镇海县政府筹建镇海电视转播台，由大工程单位和县政府共同集资 9.5 万元，镇海电视事业开始起步。1984 年 4 月，镇海电视差转台建成，差转天线设在青少年宫楼顶，高 6 米，功率 10 瓦。1984 年年初，县政府在金鸡山征地 0.13 公顷，建设金鸡山电视转播台，12 月 26 日开播。此后，县境内陆续建立大榭（部队）、炼油厂、柴桥后所（部队）、昆亭、河头等大小不等的转播台。1987 年，在金鸡山建设首座 5 米卫星地面接收站，9 月 9 日启用，试播中央二台。1989 年 1 月 1 日，镇海区电视转播台开始独立办公。1995 年，金鸡山转播台结束无线发射。

有线电视

1990 年 8 月，镇海区筹建有线电视台，500 多户小区居民收看到清晰的亚运会节目。随后，全区开始建设乡镇有线电视系统。1993 年 12 月，全面完工并通过省级验收。1994 年 4 月，广电部批准设立镇海有线电视台，成为宁波市第一家行政区域性有线电视台。1995 年，电视信号通过微波传输方式实行乡镇联网，有线电视台节目在全区同步播出。1997 年 10 月，全区有线电视实现区到乡镇、大工程单位的光缆联网，采用 HFC 网络向全区传送 29 套电视节目，完整转播中央台、省台、市台等节目，实现区域有线全覆盖。1999 年，全区有线电视用户 8.4 万户。电视台自办节目设置《镇海新闻》《新闻视野》《法制天地》《红枫晚霞》《城管经纬》《交巡警纵横》《财税之窗》《党的生活》等 10 栏目。2003 年，广播电视台对全区传输网络作数字化改造，2004 年年底，开通有线数字电视，完成有线电视网络传输方式从模拟向数字转变。电视台添置 4 通道数字电视转播车 1 辆，非线性编辑网络系统、硬盘播出系统等设备投入使用，电视摄、录、编和播出进入全数字时代，传输节目从几十套上升到上百套，高清和双向互动节目相继推出。2006 年 5 月，镇海电视台网站建成并开始试运行。2006 年 9 月至 2007 年 10 月，镇海电视台投资近 1 亿元，实施城乡一体数字电视整体转换工程，全区 10 万用户由模拟电视转换成数字电视，转换率为 99.7%。2008 年 7 月 1 日，镇海电视台开通全省首个县、区级党建频道——先锋频道，设有 13 个栏目，日播出时间 10 小时。

第三节　电影放映

1956 年，镇海县建立电影队。1958—1962 年，电影队并入宁波市电影管理站。1963 年，复建镇海县电影管理站，管理 4 个国营放映队和 2 个集体放映队，拥有 5 部 16 毫米和 1 部 35 毫米电影放映机。1978 年，电影放映进入黄金时代，全县 35 毫米国营电影队增至 17 个，另有集体办电影队 9 个。此后，镇海炼化、宁波港务局等大工程单位陆续建起 6 个企业电影放映场所。1979 年 10 月，镇海电影院落成，面积逾2000平方米，可同时接待观众1200人。1985年10月撤县建区，镇海电影管理站被撤销，镇海电影院划归宁波电影公司。20世纪80年代，家庭电视的普及和录像放映市场兴起，电影放映渐衰落。80年代末，专业电影放映队纷纷解散，国营电影院仅存镇海电影院一家，其内部也由大厅放映改为若干小厅放映，部分用房对外出租商用。2005年，实施文化惠民工程，开展“万场电影千场戏剧”进农村活动，区财政拨付放映经费，群众免费看电影。2005—2008年，每年农村放映电影100余场次。

第八章　新闻出版

1956 年 5 月创办《镇海报》，1958 年 6 月改为《镇海日报》，年底县市合并停刊。1963 年兴办《镇海科技报》。1985 年 10 月撤县分区后，由北仑区继续出刊。1990 年后，出版事业发展较快，出版大量史志类、文史类、文学类、艺术类等书籍。1991 年 10 月，创办《镇海信息报》，1993 年 12 月更名《镇海报》。期刊均为内部发行的通信类刊物。2004 年 8 月，成立镇海新闻网络中心。

第一节　报　刊

《镇海信息报》

1991 年 10 月，镇诲区委、区人民政府同意创办《镇海信息报》，隶属于区委宣传部，定编 8 人，经费差额补助。1992 年 3 月 9 日正式发刊，每周 1 期，4 开 4 版，日发行量约 6900 份。

《镇海报》

1993 年 12 月 29 日，省新闻出版局批准《镇海信息报》更名《镇海报》。同年 10 月扩版为每周 2 期，日发行量约 8100 份，11 月引进先进激光照排和冲片机。1995 年 1 日报社印刷厂成立，出报改为每周 3 期。6 月 28 日第一次套印双色成功。1996 年 8 月报社成立发行部。1997 年《镇海报》征订破万份。1999 年每周 3 期扩刊为 5 期。2000 年 1 月 1 日起《镇海报》由 4 开 20 版每周五期扩到 4 开 24 版每周 6 期。2003 年贯彻落实中共中央办公厅、国务院办公厅《关于进一步治理党政部门报刊散滥和利用职权发行，减轻基层和农民负担的通知》，12 月 31 日《镇海报》停办。

《今日镇海》

2004 年 2 月 16 日《今日镇海》创刊，4 开 4 版每周 3 期，日发行量约 7600 份，委托区邮政局随《宁波日报》发行，免费赠阅。2004 年 8 月，建立区镇海新闻网络中心，撤销镇海报社，人员成建制过渡到镇海新闻网络中心。10 月 28 日《今日镇海》出版 4 开 4 版每周 3 期彩报。2005 年 1 月《今日镇海》日发行量约 9000 份，委托宁波日报发行站发行。2006 年 1 月 1 日扩版为 4 开 4 版每周五期彩报，日发行量约 1.2 万份。2007 年 2 月 9 日《今日镇海》开始采用高技术采编系统，提高采编效率，推进无纸化办公。10 月 8 日《今日镇海》数字报开通。10 月 24 日《今日镇海》新闻聚焦版获第五届“新华社新闻精编奖”好版面一等奖。2008 年 1 月 1 日发行量增加到 1.6 万份。2008 年 12 月 31 日镇海报社印刷厂注销，并入镇海资讯广告有限公司。

内部发行的行业性或单位报纸

有镇海电台与区农办合办《绿色田野》（后停办），镇海棉纺织厂《镇棉报》（企业转制停办），镇海华通集团《华通报》，卫生系统《镇海卫生》，摄影家协会《镇海摄影报》，企业家协会《镇海企业家报》等。

无正式刊号公开发行的期刊，仅有少量以特定人群为发行对象的内部刊物。如区委主办，区委政研室承办工作交流类期刊《镇海通讯》。区文联主办文学类期刊《镇海潮》，区海外联谊会主办会刊《彩虹》，镇海中学办《梓荫花》《梓荫书友》，中兴中学主办《钟声》等。

第二节　新闻网

2004 年 8 月，镇海新闻网络中心成立，副处级事业单位，隶属于区委宣传部，核定事业编 20 人，经费财政全额补助。10 月 12 日镇海区新闻网开通，成为继报纸、广播、电视之后的大众传媒。2005 年 1 月，镇海新闻网首页访问量累计达 13.3 万人，全部页面浏览量达 40 万人，成为区点击率最高的综合性门户网站。7 月，镇海新闻网领取 ICP 证（网络经营许可证），成为具有互联网经营资质单位。2006 年 1 月 1 日，镇海新闻网以《今日镇海》扩版扩期为契机，改“先报后网”为所有新闻当晚发布，增强新闻时效性。2006 年 3 月 2 日，据 Alexa 公布的最新排名，镇海新闻网成为全省县（市、区）新闻网中访问量最高的网站，被评为 2005 年度全省县（市、区）优秀网站。2006 年 10 月 27 日，镇海企业在线网站开通，镇海手机报开始试运行。2007 年 1 月 1 日，镇海新闻网开通“主题镇海”频道，把党代会和两会宣传引入网络。2007 年 4 月 10 日，镇海新闻网开通“21890”民情直通车专题频道。5 月 18 日，镇海新闻网推出《镇海历史上的今天》栏目。2008 年 4 月 25 日，镇海新闻网代表团考察舟山网，双方签署《两网开展地方特色频道互动合作和信息资源交流协作的备忘录》。5 月，镇海区开展“民声快递”活动，镇海新闻网开设“民声快递”栏目，倾听群众呼声，关注社情民意，成为政府与群众沟通的便捷平台。

第三节　出　版

1985 年以来，区内有关单位和个人出版书籍大致可分为“文史类”“文学类”“艺术类”以及其他。

1985—2008 年镇海区出版物情况表

表 37－15

书名	编著	出版年份	出版社
文史类			
《镇海文史资料》（1—9 辑）	镇海区政协文史资料委员会编	1985	内部发行
《雄关烽烟录》	炎明编著	1992	海洋出版社

续表 37－15

书名	编著	出版年份	出版社
《镇海英烈传》	朱长根主编	1997	百家出版社
《浃江风云》（1—6 集）	镇海区新四军历史研究会编	1997	浙江新闻出版局批准发行
《抗日烽火：浙东门户抗战纪事》	镇海区新四军历史研究会 吕明干、朱长根编	不详	内部发行
《中国共产党镇海历史大事记（1949—1995）》	中共镇海区委党史研究室编，	2001	宁波出版社
《海天雄镇：镇海史画》	王耀军主编	2003	宁波出版社
《革命老区——十字路的变迁》	镇海区党史研究室与新四军历史研究会合编	2003	内部发行
《浙江省镇海中学校园问典》	吴国平主编	2004	内部发行
《招宝山诗词选》	镇海区档案局、区文管会合编	2004	内部发行
《镇海老照片》	镇海区政协文史委员会 励宝莲主编	2005	内部发行
《招宝山》	陈兵主编	2006	宁波出版社
《镇海籍人士在国内外》	区档案局编撰	2006	内部发行
《军魂颂》	镇海区党史办与新四军历史研究会合编	2007	内部发行
《人文庄市》	俞珍芬主编	2007	中国文史出版社
《镇海籍宁波帮人士》	镇海区政协与宁波市政协学习与文史委合编	2007	中国文史出版社
《历史的丰碑》	镇海区党史研究室与镇海区新四军历史研究会、镇海区关心下一代工作委员会合编	2008	内部发行
《镇海改革开放 30 年》	周晓芳主编	2008	宁波出版社
文学类			
《中国民间文学集成浙江省宁波市镇海区卷》	民间文学集成办公室编	1988	浙江省民间文学集成办公室
《磨难岁月》	徐志明著	2000	中国文联出版公司
《梓荫花开》	镇海中学编	2003	作家出版社
《蛟川闲话》	徐志明著	2004	中国文史出版社
《招宝山诗词选》	招宝山诗社编	2004	内部发行
《尘封日记——1 名援越抗美老兵历闻》	陈伟高著	2006	中国文史出版社
《走向幸福》	陆立明著	2006	宁波出版社
《花环：1985—1992》	陈洪著	2007	作家出版社
《涛声依旧》	徐志明著	2007	作家出版社

续表 37－15

书名	编著	出版年份	出版社
《中外诗歌研究》	钱志富著	2007	人民文学出版社
《青春年华》	翁晴为著	2007	宁波出版社
《到了舍身崖》	钱志富著	2008	人民文学出版社
《叩开名家之门——丹虹专访》	包丹虹著	2008	中国文联出版社
《花语集》	蔡菊香著	2008	大众文艺出版社
《拥抱阳光》	史康美著	2008	中国文联出版公司
《说与西风》	包丹虹著	2008	宁波出版社
《文野集》	温尚志著	2008	宁夏人民出版社
艺术类			
《风景这边独好：王复才山水写生》	王复才著	1995	湖南少年儿童出版社
《镇海名胜》	镇海区政协文史委编	1995	同济大学出版社
《镇海籍书画家作品集》	毛廷佐主编	1999	上海人民美术出版社
《李浙东摄影集》	李浙东著	2001	上海人民美术出版社
《镇海招宝二十四景写真集》	严水孚著	2001	区政协文史委内部发行
《中国篆刻百家——王惠定篆刻》	王惠定篆	2002	黑龙江美术出版社
《镇海书画院作品集》	傅积泰主编	2003	区政协内部
《镇海古建筑艺术集锦》	严水孚编著	2004	云南美术出版社
《书画论文集》	傅积泰主编	2004	区政协内部发行
其他类			
《休闲随笔》	叶新埒著	1985	不详
《文化中心手册》	沈志远编著	1987	浙江人民出版社
《中法战争镇海之役 110 周年学术研讨会论文集》	镇海口海防历史遗迹保护开发领导小组编	1996	内部发行
《镇海籍院士风采录》	毛廷佐主编	2000	宁波出版社
《实用宁波话》	张济同著	2006	黑龙江教育出版社

第九章 档案事业

建区以来，镇海区档案管理由单一的机关内部工作逐步发展成为一项统一管理的专门事业，档案工作走上依法管理的轨道，档案在为社会各方面服务中发挥着重要作用。

第一节 机构沿革

1985 年 11 月，成立宁波市镇海区档案科。同年 12 月，中共镇海区委批准成立镇海区档案馆，科、馆合署办公，归口区委办公室。1988 年 9 月，区档案科（馆）归口区人民政府办公室。1990 年 10 月，对外增挂区档案局牌子。1993 年 5 月，成立区档案学会。1996 年 4 月，明确区档案局（馆）为区委办公室管理的事业单位，内设监督指导科和保管利用科。1998 年 12 月，列为参照公务员管理事业单位。2003 年 12 月，增挂区现行文件查阅中心牌子。

第二节 档案馆

馆舍建设

区档案馆大楼建于 1984 年 6 月，建筑面积 960 平方米，为独栋三层建筑、环形走廊设计。馆内设有办公室、库房、接待室、查阅室等，库房档案装具已陆续改装为密集架。1996 年，区档案馆成功创建省三级馆，是浙江省第一家达到省三级档案馆的县（区）级档案馆。1998 年晋升为省一级档案馆。1999 年获省档案系统先进集体称号。

馆藏特色

1988 年以前，馆藏档案主要为区级党政机关形成的文书档案。1990—1991 年、2000—2002 年，开展两次大规模的档案接收工作，将区级机关、乡镇及部分企事业单位在 1990 年以前形成的反映本单位主要职能活动和历史面貌的永久、长期档案接收进馆。制定《镇海区转制企业档案管理暂行规定》，将部分转制企业档案接收进馆。下发《关于征集档案资料的通告》等文件，从区文管会、区广播站等单位及个人征集到各类县志、家谱、照片若干，充实馆藏资源。至 2008 年年末，馆藏全宗由 1990 年 115 个增加到 173 个；馆藏档案由 27627 卷增加到 60827 卷 2657 件；图书资料由 8409 册增加到 12173 册；照片档案由 1064 张增加到 31680 张。

档案利用

改革开放后，因各项政策落实、编史修志的需要，档案利用明显提高。档案部门从 1989 年开始，分批次向社会开放满 30 周年的档案，开放目录和部分档案原文在网上公布。2003 年开始，建立民国档案、婚姻档案、革命历史档案、农业税清册档案等数据库，并重新编制、完善检索工具和检索体系，使利用率高的档案全部实现机检。2005 年开始，增设网上查询、电话查询、预约查询等档案利用形式。1988—2008 年，接待利用档案者 25330 人次，利用卷数 91218 卷。

1988—2008 年镇海区档案馆馆藏档案及利用情况表

表 37 – 16

年份	档案数量（卷）	全宗数量（个）	利用人数（人）	利用卷数（卷）
1988	23420	108	1904	11235
1989	24950	109	2083	7357
1990	27627	115	1268	4545
1991	30194	141	693	3137
1992	33545	144	367	2484
1993	35339	158	355	1575
1994	36844	160	350	1336
1995	37553	160	448	1427
1996	37690	157	266	1028
1997	37943	157	374	1962
1998	38486	158	379	1096
1999	38486	158	368	887
2000	41171	158	432	860
2001	44033	158	523	1156
2002	47175	158	605	1263
2003	46484	158	1430	3560
2004	46990	159	1528	3729
2005	54369	165	2829	20177
2006	56974	168	2941	11867
2007	58200	170	3264	5081
2008	60827	173	2923	5456

档案编研

区档案馆编有 15 种计 100 多万字的编研成果，有镇海区历年大事记、《镇海区基层单位科技档案分类方案选编》《镇海区档案馆指南》《镇海籍教授专家名录》《镇海籍院士风采录》《镇海籍人士在国内外》《镇海望族家谱简辑》等，编研资料体现镇海特色，存史资政。

馆藏部分专题档案简介

（一）旧政权档案

民国时期，镇海县党、政、军、社团等在1926年至1949年9月间形成（其中个别契约形成于清乾隆、同治、光绪、宣统年间），由镇海区公安局在1985年12月向镇海区档案馆移交。这部分档案材料残缺不齐，通过整理、立卷，共计550卷。

镇海民国时期政权档案情况表

表37－17

全宗号	目录号	案卷号	责任者	主要内容	形成时间
旧1	1	1—34	国民党镇海县党部	县党部、执委、监委会议记录、当选证、工作报告、党员登记表	1926.01—1949.03
旧2	2	1—163	民国县政府	成立组织、启用印章、任免、工作报告、会议记录及民政、卫生、教育、建设、政治及胡凤联律师事务所资料	1855.07—1949.06
旧3	3	1—38	民国镇海县参议会	会议记录、议案复议处理、选举法令、成立镇海报	1944.01—1949.08
旧4	4	1—5	会道门	同乐会、一贯道、同善社、基督教等通告、表册、照片	1922— 1923.10
旧5	5	1—86	民国县政府教育科	小学教员履历表、名册、登记表及县立初中、简师报表	1935— 1949.09
旧6	6	1—55	民国县政府田整处	成立组织、启用印章、粮田征收、1947年受灾调查、统计表	1783.11—1949.09
旧7	7	1—24	民国县政府田粮处	机构建立、印章启用、人员名单登记表、土地执照、契约	1942— 1949.08
旧8	8	1—145	民国县政府国税稽征局	机构成立、改并、启用钤记、任免、征税、规定、办法、报告	1940.11—1949.08

（二）馆藏镇海县农业税土地产量分户清册及地籍图

1988年10月，对县财税局遗留的镇海县农业税土地产量分户清册、镇海县地籍图表等零散材料收集、清理、立卷归档，按十个方面内容组成2011卷档案，其中有清乾隆、同治、光绪、宣统年间的土地买卖契约若干。

镇海县地籍图系1934年至1937年期间测绘，其每幅规格为40厘米×50厘米，用重磅铅画纸绘制，原编有2825幅，现实存2793幅。整理中在中心图幅不能衔接时，作为缺图，但仍保留室号。按先江北，后江南地区循序整理，计江北960幅/81卷，缺图2幅，缺位沙河头北、桥里戴西北地区；江南地区1833幅，缺图29幅，按1/1000计算，缺位郭巨太平岙11幅，梅山岛西部10幅，白峰东南5幅及高河塘、陈山下3幅，仰岛湾以东、峙头图全缺。解放后县界划并都没有计入缺图幅数内。

原镇海县农业税土地产量分户清册及地籍图情况表

表 37－18

档号			案卷数	案卷内容	形成年份
全宗号	目录号	案卷号			
64	61	1—435	312	镇海县农业税土地产量分户清册（农业户、长本）（江北地区）（另外田胡村有部分土地房产证与清册可以对照）	1951
64	62	1—120	120	镇海县农业税土地产量分户清册（非农业户、短本）（江北地区）	1951
64	63	1—265	实有图261卷册240卷	镇海县地籍 实有图幅2793幅，案卷编265卷；其中262、263、264、265卷为有原图、附册，册无图；地籍表册265卷，实有240卷；其中37、43、50、51、52、58、60、62、63、65、67、68、69、70、71、72、73、74、75、76、77、78、79、80、81卷为缺号	1934—1937
64	64	1—283	283	镇海县地籍公布图	1946—1949
64	65	1—39	39	镇海县房屋契据及契税收据存根（最早是清乾隆五十二年、光绪四年山地买卖契约，光绪九年、光绪十年、宣统二年镇海海关土地房屋买卖契约）	1981—1983
64	66	1—7	7	镇海县土地房产所有证存根（只有长石、西顾、河头等地，其他地区没有）	1952—1953
64	67	1—5	5	镇海县地籍全图及都图分布图	1946—1952
64	68	1	1	肖穿线铁路慈柴段新工征用土地解决情况表	1955—1957
64	69	1—45	45	镇海县1950年农业税征收清册	1950
64	70	1—576	576	镇海县1949—1965年土地产量征收清册和农业税土地变动核实情况及负担试算表	1949—1956

（三）馆藏镇海县望族谱牒

谱牒记载一个家族自始祖以来繁衍生息、分支迁徙，不断拓展的历程。区档案馆将收集的家谱通过整理重新组卷后有91种，394册，供社会各界研究参考。（详见第六编“姓氏　大族　谱牒”第三章“家谱宗规”）

第三节　档案管理

档案法治建设

1987年9月《中华人民共和国档案法》颁布实施。区档案局制发重点建设项目、房屋拆迁、城市社区等专业档案管理规范，并通过业务培训、专项督查等，依法规范档案管理。全区逐步建立健全档案机构和管理制度，城建档案、房地产档案、土地管理档案、拆迁档案、公安档案、诉讼档案、重点项目档案、婚姻档案、学籍档案等专业档案陆续建立。2003年开始，建立全区机关、街道档案工作年检制度。2007 年，制定《机关文件材料归档范围和保管期限表》。2008 年，区档案局制定《关于加强民生档案工作的意见》，公布首批民生档案目录 48 种。

规范化建设

1987 年开始，开展建立综合档案室活动。首家建立综合档案室的是区工业局，到 1990 年，69 家区级机关及乡镇机关有 65 家建立综合档案室。区各级 385 家应建单位有 263 家建立综合档案室。至 1992 年，区级机关档案室全部完成上等级任务，其中市一级先进 2 家、市二级先进 51 家、市三级先进 7 家。2001 年《浙江省机关档案工作目标管理省级认定办法》实行，镇海区重点抓好到期复查和提档升级工作，达标覆盖率和升级率在全市保持领先地位。2003 年，全区 6 镇街道档案管理全部达到省三级先进水平。至 2008 年年末，区公安分局、区人民法院、区人民检察院、区国土局、区工商局、区统计局、镇海中学、建设银行镇海支行、人民银行开发区支行等 9 家单位通过省一级目标认定。

档案管理现代化

2003 年，在 20 家区级机关试点推广文书档案立卷改革，按照《归档文件整理规则》要求，实行“一文一件”的归档方法，逐步在全区机关开展文档一体化管理，建立档案目录文件级数据库，并推行档案全文扫描，实现档案数字化管理。2008 年年末，全区共有 200 余家单位实行一文一件数字化管理档案，全区通过省级示范化数字管理档案室创建的 11 家，规范化数字档案室创建 85 家。

企业档案管理

1988 年起，区档案局制定《镇海区工业企业档案管理定级升级试行标准》，开展企业档案管理升级工作。至 1991 年，完成 20 余家企业的升级认证，其中宁波轻工机械厂是全市第一家通过档案管理省级先进考评的企业。宁波轻工机械厂、镇海棉纺厂、镇海区邮电局 3 家企业档案管理达到国家二级先进水平。

村、社区档案管理

村级档案管理起步于 20 世纪 80 年代初，1990 年全区各村的档案基本实现集中统一管理。1997 年起，开展村级档案管理达标升级活动，至 2000 年，所有村建立综合档案室，其中 125 个村档案管理达标。2006 年，九龙湖镇田顾村成为区首个浙江省行政村示范档案室。至 2008 年，有 25 村综合档案室创建成功省级行政村示范或规范化档案室。

2003 年，招宝山街道 8 个社区档案管理达到区级先进水平。2008 年，开展创建省级社区示范化档案室活动。是年，招宝山街道总浦桥社区、后大街社区成为浙江省首批社区示范档案室。

第十章　史志编纂

第一节　中共地方史

1981年4月，建立中共镇海县党史资料征集小组，同年8月更名为中共镇海县委党史资料征集小组。1984年3月，改名为中共镇海县委党史征集研究小组，下设办公室。撤县划区后，1985年12月建立中共宁波市镇海区党史资料征集研究委员会，1991年1月更名为中共宁波市镇海区委党史委员会。区委党史研究室是区委党史委员会的常设办事机构，负责党史资料的征集、研究、编纂和资料管理利用工作。至2008年年底，党史系统编辑出版《中共镇海地方史简编（新民主主义革命时期）》等书籍。2006—2008年，开展宁波市镇海区抗日战争时期人口伤亡和财产损失调研，先后赴省、市、区档案馆、图书馆，查阅档案、报刊、书籍1000余卷（册），在镇海本地寻访当年亲历浩劫的老人及其亲人70余人，整理成档案、文献、口述等资料。

《中共镇海地方史简编》（新民主主义革命时期）

由区委党史研究室编纂。1992年9月内部出版，字数约8万字。由两部分组成：中共镇海党史概述；新民主主义革命时期发生在镇海的重要党史专题。中共镇海党史概述按镇海党组织的建立和大革命时期、土地革命战争时期、抗日战争时期、解放战争时期编写，记述中国共产党在镇海地方建立组织，发展壮大，进行艰苦卓绝斗争，直至1949年5月镇海解放的战斗历程。重要党史专题共9个，部分为根据革命先辈回忆整理的珍贵资料。附录中共镇海地方组织分布示意图5张。

《中国共产党镇海历史·第二卷》（1949—1978）

2004年8月正式启动编纂工作。《中国共产党镇海历史·第二卷》时间跨度从镇海县解放到中共十三届三中全会召开。全书包括30年历史进程，划分为建立人民政权和实现向社会主义过渡（1949.5—1956.9）、社会主义建设事业在探索中曲折发展（1956.9—1966.5）、“文化大革命”的内乱和社会主义建设的艰难推进（1966.5—1976.10）、在历史的转折中前进（1976.10—1978.12）4个编，按时经事纬的体例，分19章展开叙述。

第二节　旧　志

镇海素有修志传统。从南宋乾道《四明图经》卷四记《定海县》开始，此后宋宝庆《四明志》、元延祐《四明志》、至正《四明续志》、明洪武《四明府志》、永乐《宁波府志》、成化《四明郡志》《宁波府简要志》、嘉靖《宁波府志》、清康熙《宁波府志》、雍正《宁波府志》等，均对定海县（镇海）设有专卷或分类记述。明嘉靖四十二年（1563）县令何愈主修完成《定海县志》。清康熙年间县令唐鸿举曾组织纂修县志，虽成稿而未及付印（后引用者称《唐令志稿》）。清乾隆十七年（1752）与四十五年（1780），两次编纂《镇海县志》（国家图书馆有两志存书）。嘉庆十二年（1807），县人陈景沛编修《蛟川备志稿》（亦称《备志举要》《县志备录》）及其别编《蛟门文献草创》，共21卷。俞樾于光绪五年（1879）总纂的《镇海县志》40卷，体例较完备，县人张锡钟为其勘误正讹删冗补遗8年，形成《重订〈镇海县志〉稿》40卷（后引用者称为《张志稿》）。1918年，县知事洪锡范倡议组织编纂县志，聘王荣商为总纂，陈脩榆为修志筹备处主任，至1932年，在后任县知事盛鸿焘主持下，《镇海县志》45卷及《镇海县新志备稿》上下卷、《镇海县全图》编纂印行。

在《定海县志》编纂前，有宋元《四明六志》记及本县。列表如下：

宋元《四明六志》记及镇海县情况表

表37－19

书名	修纂者	成书年份	卷数	有关内容
南宋乾道《四明图经》	张　津	南宋乾道五年（1169）	12	卷四定海县
南宋宝庆《四明志》	胡　榘、罗　浚、方万里	南宋宝庆四年（1228）	21	卷十八、卷十九定海县志
南宋开庆《四明续志》	吴　潜、梅应发、刘　锡	南宋开庆元年（1259）	12	未设专卷，但烽燧、出戍、蠲免抽博倭金，收养漂泛倭人、高丽人等与县有关
元大德《昌国州志》	冯福京、郭　荐	元大德二年（1298）	7 首末各1卷	涉及镇海建制，明洪武二年（1369）州降为县，清康熙二十六年（1687）建为定海县，改明州之定海县为镇海
元延祐《四明志》	马　泽、袁　桷	元至元六年（1340）	20 目录2卷 传本17卷	卷一沿革考·境土，记有定海县。卷三职官考下，记有定海县。卷八城邑考、卷十二赋役考、卷十四学校考、卷十五祠祀均分记定海县
元至正《四明续志》	王元恭、王厚孙	元至正二年（1342）	12	卷二职官记定海县名贤、进士、举人，山川、土产、赋役、学校皆记及
宋元《四明六志》校勘记	徐时栋	清咸丰四年（1854）徐氏烟屿楼刊本，后有同治补刊本	31 内附宋《四明它山水利备览》2卷	

说明：由宁波市地方志编纂委员会整理。宁波出版社2011年5月影印出版。16开本，102.3万字。定价980元

以镇海（定海）为名的县志有：

明《定海县志》 卷数不详

修于明初，修人名氏不可考，已佚。见《文渊阁书目》卷二十新志类著录。

明正德《定海县志》 卷数不详

明正德年间，知县福建闽县人郑余庆修，薛俊纂，书已佚。见雍正《宁波府志》卷十八著录：（郑余庆）“字崇善，闽人，正德末由举人令县，礼聘薛博士俊纂辑县志，躬为裁定。”

明嘉靖《定海县志》 13卷

明嘉靖四十二年（1563），知县、广西富川人何愈修，鄞县张时彻纂。刊本，13卷，4册，南京地理研究所、上海图书馆、天一阁等藏有刊本。见《澹生堂藏书目》《内阁藏书目录》等著录。雍正《宁波府志》卷十八何愈传云：“邑志自正德间邑令郑余庆纂，四十年，愈雅意更新，遂刊成集。”

清康熙《续定海县志》 不分卷

清康熙七年（1668），知县、麻城人王元士修，虞光祚纂。未刊，抄本（残）藏浙江图书馆。此志见雍正《浙江通志》卷二百五十三著录。乾隆《镇海县志》卷五名宦传云：“元士号九山，麻城人，康熙六年来令。……邑志自前明嘉靖后，百年来未修。因采访增辑成稿。至十一年升琼州司马，未及刻，稿存于署。”浙江图书馆所藏之残抄本二册，其秩官门所载始于嘉靖四十三年（1564），终于康熙六年，正是续嘉靖《定海县志》。王元士于康熙六年到任，故职官终于此年。

清康熙《定海县志》 17卷

清康熙六年（1667），知县、麻城人王元士始修。康熙二十二年，知县郝良桐续修。稿成未刊。见雍正《浙江通志》卷二百五十三著录。浙江图书馆藏有残抄本，存卷五至十七。

清康熙《镇海县志》 卷数不详

清康熙三十四年（1695），知县、福建南平人黄宫柱、安徽歙县人唐鸿举修，县人薛士学、陈梦莲纂。康熙二十六年，改名镇海县。黄宫柱康熙二十九年（1690）在任，唐鸿举康熙三十四年在任。书成未梓，后志多有引用，原稿散佚。谢兆昌序尚存，载光绪《镇海县志》卷三十一。

清《镇海县志正讹》 2卷

清县人张懋建撰，2卷，传本未见，《蛟川诗话》、乾隆《镇海县志》著录。

清《蛟川续志》 卷数不详

清县人谢允昌编纂，传本未见，民国《镇海县志》卷四十艺文录云：“《蛟川诗话》尝引是书。”镇海古称蛟川。

清乾隆《镇海县志》 8卷 首1卷

清乾隆十二年（1747），知县河南商丘人王梦弼修，余姚邵向荣订正。乾隆十七年告成，刊本，北京、南京、浙江等图书馆，天一阁有藏（不全），又有乾隆四十五年周樽增补刊本，附周樽《同善院志》一卷。上海图书馆有藏。

清嘉庆《镇海县志》 20卷

清嘉庆年间，县人陈景沛纂。20卷，未付梓，见光绪《镇海县志》卷三十一著录。残稿本存浙江图书馆。

清嘉庆《蛟川备志》 50卷

清嘉庆十二年（1807），县人陈景沛纂。蛟川系镇海别称。手抄50卷，其别编又称《蛟川文献》。浙江图书馆藏有稿本，不全，存卷一至四、六至十二、十四至二十一

清《蛟川备志举要》 卷数不详

清县人陈景沛纂。卷数不详，光绪《镇海县志》艺文著录，即是《蛟川备志》的删节稿。未见传本。

清光绪《镇海县志》 40卷

清同治九年（1870），知县、直隶丰润人于万川创修，德清人俞樾总纂，鄞县人刘凤章协修。光绪五年（1879）刊印。稿本，16册，藏南京图书馆。北京、上海、浙江等图书馆，天一阁，镇海文管会藏有刊本。又有台北《中国方志丛书》影印光绪五年本。

清光绪《重订镇海县志稿》 40卷

清县人张锡钟重修，自清光绪八年（1882）至光绪十五年稿成，未付梓。原为补正光绪《镇海县志》，后改为重修。稿已散佚，见民国《镇海县志》卷四十五著录。民国《镇海县志》多取裁此稿。

民国《镇海县志》 45卷 首1卷

县知事江苏太仓人洪锡范始修于1920年，县人王荣商、慈溪人杨敏曾同纂，至1924年县知事、广东香山人盛鸿焘稿成，次年铅印，记载至清宣统三年（1911），卷首地图1卷，24册。北京、上海、浙江等图书馆，天一阁，镇海文管会，镇海档案馆藏有刊本。

民国《镇海县新志备稿》 2卷

县人董祖羲辑，附于民国《镇海县志》后，记述民国志截稿后近事及补缺拾遗。也有单行本。又有台湾《中国方志丛书》影印本。北京、南京等图书馆，天一阁藏有1931年上海蔚文印刷局铅印本，2册。

第三节 新编县志

1987年7月，由镇海、北仑两区联合组成《镇海县志》编纂委员会及办公室、编纂室，两区联合纂修县志。主编陈兵，副主编严水孚、周永康（兼）。全志设29编，以引言、大事记总摄卷首，增设镇海区新志备稿和北仑区新志备稿，总字数257万字，1993年完稿，1994年11月由中国大百科全书出版社上海分社出版发行。两区72单位（部门）、130余人参与此项工作。1999年1月，《镇海县志》获浙江省第四届地方志优秀成果一等奖。方志出版社出版的《中国方志五十年史事录》对此书评录说："是志基于镇海是濒江临海，作为宁波外港的地理位置，特设港口、渔业、盐业、省部市属工业和企业等编，都抓住其特点。又基于是海防前线，其军事编对于鸦片战争和抗日战争都写得很充实，集纳不少珍贵的资料。是书始修于1988年，时县早已于1985年撤并为宁波

市的两个辖区——镇海区、北仑区。作为镇海县最后一部县志，除了下限记至1985年外，于正编之外，又特设《镇海区新志备稿（1986—1991）》和《北仑区新志备稿（1986—1991）》两个附编。内容为‘党政群团’和‘社会经济发展概况’（包括民政建设、经济发展状况、教科文卫面貌等）。这种以‘备稿’名目出现的专编，在方志史上虽不是绝无，但在本届志书中却是仅有的。”

第四节 专业志

《宁波市镇海区地名志（1991版）》

1986年4月，由镇海区地名委员会组成《宁波市镇海区地名志》编纂委员会编纂，主编严水孚。1991年12月由江苏太仓牌楼印刷厂印刷，内部发行，16开本，字数40万字，印1200册，地图24幅，照片43帧。收集镇海区乡（镇）、村、自然镇、自然村、街道、居民区及其所辖新村和街巷、专业部门、主要人工建筑、名胜古迹、自然地理实体等各类地名共计1926条。分综述、政区居民地、专业部门、名胜古迹、人工建筑、地理实体、地名史料、地名艺文、文件选编、地名索引十卷。每条地名均按“来历、出处、含义、交替”等要素排列，以体现地名的历史和现状。

《镇海县商业志》

1988年4月，镇海、北仑两区商业局组成《镇海商业志》编纂委员会编纂，主编王明。1991年8月内部发行，字数约40万字。印数1000册。14章67节。内分民国时期商业、私营商业的社会主义改造、商业行政管理机构、国营商业经营机构和体制改革、县城集体商业、畜禽蛋品购销、糖烟酒购销、针纺织品百货购销、侨汇商品供应、五金交电化工商品购销、煤炭石油购销、中西药品购销、县城饮食服务业、商办食品工业等，并以概述、大事记总摄卷首，1958年10月至1962年12月，镇海县和宁波市合并，有关涉及商业事项，均作连贯性记述。志书记述镇海县国营商业的建立和曲折发展过程，以及有关国营商业归口经营商品的购销状况，力求反映地方和行业特色。

《镇海县渔业志》

1988年，镇海、北仑两区水产局组成《镇海县渔业志》编纂领导小组编纂，主编徐德智。1992年8月内部发行，字数15万字。11章48节。上限不拘，下限1985年。图2幅。印数1000册。内分渔业生产关系、渔场渔港、水产资源、海洋捕捞、淡水渔业、海水养殖、涂业生产、水产品保鲜加工、水产供应、渔业团体和行政管理、渔民习俗等11章48节，卷前为前言、概述、大事记。志书记述本地区渔业历史和地方特色，如东海渔场渔资源拥有及变化，外海主要捕捞作业溜网起源于澥浦的考证，澥浦渔民每逢冬汛远航韩国济州洋面捕获鲨鱼作业，澥浦与新碶头南北两大渔港发展历史、捕捞作业特色及渔港功能变迁，澥浦三鲍鳓鱼等传统鱼产品加工工艺，均有重墨描述。

《镇海县粮食志》

镇海区、北仑区粮食局编。主编洪鲁珍。1993年内刊。16开本，30万字。9章33节。上限不拘，下限1985年。图2幅。

《镇海庄市地方志》

镇海庄市地方志编纂委员会编。主编童志行。1993 年内刊。16 开本，约 12 万字。6 章 18 节。着重记晚清以来，庄市商帮名人造福桑梓、报效祖国的史实。

《镇海县教育志》

1990 年 9 月，由镇海、北仑两区教育委员会组成《镇海县教育志》编纂委员会编纂。总纂陈兵，主编王承法、副主编贺岳年。1993 年 10 月内部发行，16 开本，字数 32 万字，图 2 幅，照片 55 帧。印数 2000 册。定价 19.5 元。12 章 48 节。内分领导管理、县学书院学塾、学前教育、小学教育、中学教育、专职业教育、成人教育、教学研究、教师队伍、勤工俭学、教育经费、人物，并以序言、凡例、大事记、概述总摄卷首，修志始末殿后。录教育界人物 204 人。志书记载时间起自宋雍熙二年（985），迄于 1985 年 10 月镇海县撤县设区。另附 1986 年至 1989 年两区教育分志。志书对本地办学情况、镇海县教育事业发展特点、尊师重教、群众办学积极性及教育领域的优良传统作了记述。

《镇海县水利志》

1988 年 2 月，由镇海、北仑两区水利局组成《镇海县水利志》编纂委员会编纂。主编陈玉闪。1994 年 12 月由杭州大学出版社出版发行，字数 32 万字，地图 2 幅，照片 29 帧。印数 1100 册。定价 20 元。内分自然环境、水系、水资源、海江塘、水库、水闸堰坝、河溪整治和农田建设、机电排灌、围垦海涂、灾害与防灾、水利机构、工程管理、水利科技、综合经营、丛录等 15 章 26 节。并以概述、大事记总揽卷首，编后语附后。志书记述镇海县自然环境、地质、地貌、水系形成；水资源蕴藏量及开发利用；水利工程建设、围垦海涂与管理以及抗灾防灾情况；记述水资源利用、水环境污染等影响水资源可持续发展问题。上限溯源，下限 1986 年。

《镇海园林志》

镇海区城建环保局编。主编周燧、郭慕昆。1994 年 12 月内刊。32 开本，4.5 万字。6 章 18 目。照片 33 帧。印 2000 册。

《镇海县交通志》

1993 年 8 月，由镇海、北仑两区交通局组成《镇海县交通志》编纂委员会编纂，主编姚克章，副主编郑旭。1997 年由北京海洋出版社出版，16 开本，字数 30 万字。地图 1 幅，照片 13 帧。印数 1000 册。定价 50 元。10 章 36 节。内分海港历史概况、港口开发建设、海运、河运、公路、铁路、管道桥梁、交通管理、人物共 10 章。以序言、交通历史大事年表总摄卷首，附录、修志始末、编后记殿后。上限不拘，下限 1995 年。

《镇海邮电志》

镇海邮电局编。主编潘文旭。宁波出版社 1998 年 10 月出版。16 开本，26.2 万字。印 1000 册，定价 50 元。6 章 33 节。上限不拘，下限 1995 年。地图 2 幅，照片 13 帧。

《宁波市镇海区城乡建设志》

1995 年 4 月，由镇海区城乡建设局《镇海区城乡建设志》编纂委员会编纂。主编严水孚，主审龚作振。1998 年 10 月由内蒙古文化出版社出版，16 开本，字数 70 万字，地图 1 幅，照片 152

帧。印数2500册。定价68元。分为卷首和上、中、下3编21章158节。卷首照片图件、序、凡例、综述和大事记。上编记叙城区建设部分，含城市规划、城区道路、河桥海江塘、水电煤气、邮电交通、广视消防、环境卫生、环境保护、园林绿化、房屋建设、人防工事等，中编为乡镇建设，下编为机构和管理，分列城乡建设机构、房地产管理、建筑建材、城建科技和丛录等。下限正文为1995年，部分跨年度建设项目适当延伸。

《镇海县土地志》

1995年11月，由镇海、北仑两区土地管理局和宁波经济技术开发区国土规划局组成《镇海县土地志》编纂委员会编纂。主编陈兵，副主编贺树行。1999年2月由上海辞书出版社出版，16开本，字数40.8万字，图照插页15页30面。印数2700册，定价68元。7编25章65节。上溯发端，下至1995年。内分环境资源、开发利用、土地制度、地税地租地价、地政管理、人物、丛录7编，并以引言、大事记总摄卷首，修志始末、编后记。志书记述本地区陆域扩展、土地数量增加及利用情况，介绍地质、地貌和土壤类型及特征，对土地资源表现的实物形态、价值形态、法律形态及其在社会主义市场经济条件下的使用价值和交换价值都进行表述，记述土地开发利用所面临的严峻形势，用事实阐述中央提出的“在现代化建设中必须实施可持续发展战略”的正确性。

《镇海县农业志》

1998年12月，由镇海、北仑两区农业局组成《镇海县农业志》编纂委员会编纂。主编严水孚，副主编李良骥。2001年12月由中华书局出版社出版。字数120万字，图5幅，照片166帧。16开本，印数2000册。定价100元。内分农业基础、生产关系变革、农经管理、粮棉油、林特果蔬、植保肥料、水利、农机具、渔业畜牧业、科技劳模、农业机构及附录11编，概述、大事记总摄卷首。志书记叙时限，上溯发端，下限至1985年年末。全志对耕地、人口和粮食占有等要素相互消长作比较统计，对农业所有制变化和经营体制改革和农业气象乃至近期来气候变暖趋势均作系统记载，对东海渔业资源近期来走向枯竭也作记述。

《镇海区人民代表大会志》

2000年12月，由镇海区人大常委会《镇海区人民代表大会志》编纂委员会编纂，主编胡炳甫，副主编方瑞丽。2003年3月完成初稿，字数73万字，图照插页44页，2004年5月由中华书局出版，16开本，印数1000册。定价100元，7编31章80节。本志由述、记、图、表、录组成，以志总揽。首立概述、大事记，中设编、章、节，编由县各界人民代表会议、人大代表、人民代表大会、常务委员会、常委会日常工作、常委会机关党群组织、乡镇人民代表大会7编组成。本志记述时限，始自1949年5月26日镇海县城解放，下至2003年2月17日镇海区第十一届人民代表大会届满。志书记载镇海区（县）历届人民代表大会（会议）依法行使职权的轨迹。反映镇海人民代表大会在近半个世纪经历建立、曲折发展、遭受严重破坏、重新恢复、逐步完善的历程。

《招宝山》

镇海口海防历史纪念馆、《宁波市镇海区志》编纂委员会合编，主编陈兵。宁波出版社2006年6月出版。32开本，10.4万字。定价16元，14类目。照片7帧。

（责任编辑　陈柏青）

第三十八编　医疗卫生

本编目录

据文献记载，镇海中医明代已有师授祖传。清光绪六年（1880），镇海公善堂成立，为镇海的中医院雏形。1919 年，镇海最早的西医院庄市同义医院（今宁波康宁医院前身）成立。1920—1937 年间，霍乱、天花、白喉、流脑、麻疹、伤寒、痢疾等传染病交替流行，热心公益人士纷纷筹建民办医院和私人诊所，镇海城内陆续建有良济、仁慈、回春、同泽等医院，贵驷有蛟西医院，骆驼有骆驼桥医院，龙山（现部分在慈溪市，部分在镇海区九龙湖镇）有济众医院。这些医院多则六七人，少则两三人，流行病严重时义诊送药。1941 年，镇海沦陷，医疗卫生事业受到摧残。抗战胜利后，时县政府接收汪伪中心医院，建县卫生院，设病床 8 张。解放前十年，因民困医少，加之战争和疾病，原镇海县人均寿命平均仅 35 岁（镇海县志记述为人口平均期望寿命 36 岁，系全省测算数）。

新中国成立后，医疗卫生工作贯彻“面向工农兵、预防为主、团结中西医、卫生工作与群众运动相结合”四大方针，镇海县卫生院改称镇海县人民医院（今龙赛医院前身），1950 年建立镇海工人医院。1951 年开始在久丰纱厂等企业实行劳保医疗。1952 开展爱国防疫群众运动，是年 11 月党政机关及所属事业单位施行公费医疗制度。1952 年起，组建由个体中西医诊所组成联合诊所。是年 8 月，成立镇海第一个联合诊所——骆驼西医联合诊所；1953 年 3 月成立城关区中西医联合诊所（今镇海中医院前身）。至 1957 年共建有联合诊所及分所 11 个，个体开业医生全部参加当地联合诊所。1958 年秋，县人民医院开设镇海卫生学校，首期培训妇幼保健员 60 人，学制两年。1962—1965 年，医疗卫生事业贯彻“调整、巩固、充实、提高”八字方针。“文化大革命”时期，医疗卫生事业受到严重影响。其间，农村推行合作医疗制度，培训亦农亦医的“赤脚医生”（1978 年改称乡村医生），1975 年有“赤脚医生”500 余名。1979 年，《全国医院工作条例》颁布，医疗机构运行步入正轨轨道。1980 年，卫生系统提出“向科学进军”，新建人民医院门诊楼近 2000 平方米，陈志耀、包玉书、包素菊、包丽泰、李明昌、顾新世、施义芳、顾国和等 13 位旅外“宁波帮”人士先后捐资或赠送医疗设备，新建医疗用房 1.2 万平方米、救护车 3 辆、各类医疗仪器 42 件。1983 年，骆驼区卫生院开展技术经济责任制改革试点。

1985 年 10 月镇海区建立后，实施初级卫生保健，建立城乡一体医疗服务体系、公共卫生管理体系和多层次的医疗保障体系，广泛开展爱国卫生运动和创建全国卫生城市活动。2008 年年底，全区有卫生事业机构 141 个，比 1986 年 71 个增长 98.59%；医院实有床位数 1468 张，比 1986 年 748 张增长 96.26%；卫技人员 2155 人，比 1986 年 1053 人增长 104.65%；区属单位参加各类医疗保险 137825 人；婴儿死亡率 3.62‰，人均期望平均寿命 76 岁（男 74 岁、女 79 岁）。

第一章　医疗卫生体制改革

20 世纪 80 年代起，卫生体制改革着力解决卫生资源短缺、公办医院自我发展活力和服务能力不足、城乡医疗卫生事业发展不协调、基本医疗保障层次低及保障面窄等矛盾，缓解群众看病难和看病贵困难，建立惠及广大人民群众的医疗卫生体制。

第一节　公立医院运行机制改革

扩大医院自主权

1986 年试行《目标管理岗位责任制》，1987 年实施卫生系统院、所、站长负责制，单位绩效与奖金发放额度挂钩。1987 年 10 月，推行卫生系统院、所、站长任期目标责任制，河头卫生院试行院长承包责任制，考核内容从原经济业务指标为主扩展到两个文明同步考核，内部分配向技术水平高、贡献大、岗位风险大的人员倾斜。是年，改革乡镇卫生院拨款办法，按人头拨款过渡到按任务补助和参考人头拨款相结合。1989 年起扩大医院人事和经费支配自主权。逐步扩大医院中层干部任免权和推行中层干部竞争上岗制度。医疗机构经费结余部分 30% 作为事业发展基金，65% 作为奖励基金，2% 为集体福利基金，3% 为院长基金（其中 10% 缴卫生局作为局长基金），用于年终一次性奖励有较大贡献专业人员和管理人员。1998 年，贵驷镇中心卫生院进行人事制度改革试点，试行末位淘汰制度和人事代理制度。1999 年起，卫生系统除军转干部外，所有新进人员一律实行人事代理制。2000 年 1 月，卫生局对龙赛医院进行职工工资奖金总额包干试点，根据岗位、职务、职称、工龄、贡献等要素，考核决定个人收入，后在全系统推行。

医院补偿机制改革

20 世纪 80 年代和 90 年代初，医疗机构供求矛盾严重，政府无力于短期内大量投入，国家有关部门从 1991 年到 1993 年连续出台一系列“以药养医”政策，允许医疗机构药品进销差价率 40%，部分中药上浮幅度可以高达 200%，由此筹集医院发展资金。1993 年 12 月，龙赛医院实施院和科室二级核算的改革试点，实行院长、科主任两级负责制、二级核算，条件成熟的科室实行承包制，员工实行优化双向组合，劳动报酬与劳动数量和医疗质量挂钩。1994 年年底，医院业务量比上年增长 68%，后每年大幅递增，医院自我发展能力迅速增加。1994 年，全区医院总收入（财政补助、医疗收入、药品收入、其他收入四项合计）比上年增长 48.72%，其中药品收入比上年增长 53.34%。随着医疗技术进步和新药的不断应用，加之“以药养医”政策助推，“看病贵”矛盾逐渐显现。80 年代末，全区人均年医药费用不足百元，1997 年上升到 327.45 元。1997 年，区卫生局停止实行医务人员奖金收入与药品处方额挂钩。同年，落实中共中央、国务院《关于卫生改革和发展的决定》，区财政调整医疗机构的补偿机制，投入力度逐年加强。1998 年，区财政承担医疗机构绝大部分的正常性运行亏损和政策性亏损。1999 年起政府补偿机制逐步完善，2002 年年底医疗机构补偿基本达到医改要求，2008 年，财政补助占医院总收入（财政补助、医疗收入、药品收入、其他收入四项合计）26%，比 1994 年增加 20.5 个百分点，药品收入占医药收入 67.98%，比 1994 年下降 5.83 个百分点。

产权制度改革试点

1993 年 3 月，临江卫生院开展股份合作制试点改革，医院产权由国有股和个人股各占 50% 组成，实行董事会领导下的院长负责制。医院改制后继续承担公共卫生职能，原政府拨款不变，作为医院事业发展专项基金。1994 年至 2003 年 10 年间，医院着力为外来民工服务，保持全区最低平均处方定额。2003 年职工平均收入相当于全区医疗机构职工平均收入水平的 1.6 倍。2005 年 7 月，依据卫生部规定，回购临江卫生院的个人股份，恢复公办。

第二节　统筹城乡医疗卫生资源改革

医疗资源调整

20 世纪 90 年代，全区乡镇卫生院开展标准化建设，改造危房，配置先进基本医疗仪器。2004 年起，开展区级医院领办农村卫生院工作：区级医院派骨干到农村卫生院担任院长、书记，医疗专家轮流到农村卫生院坐诊，在管理、人才、技术、资金、设备等方面全面扶持农村卫生院，区级医院的医疗服务下伸到农村。2005 年起，解决农村看病难列入政府实事工程。2006 年起，开展城乡医疗资源调整，实施“3＋3”城乡医疗基础设施建设工程，即建设、改造、扩建 3 家综合性医院（2 家分别在骆驼、庄市）和 3 家农村社区卫生服务中心。至 2008 年，已投入资金 3 亿余元，超过新中国成立以来县、区对卫生基础设施投入的总和，1 家综合性医院和 3 家社区卫生服务中心投入启用。2007 年、2008 年，根据卫生部全行业管理改革要求，镇海发电厂职工医院、镇海炼化公司医院分别成建制划归区卫生局直接管理。

社区卫生服务

1999 年 10 月，开展医疗服务模式改革试点，后大街道建立全市第一家社区卫生服务站，挂靠原城关镇防疫保健中心。1999—2004 年，招宝山街道共建立 9 家标准化社区卫生服务站，每个社区均有卫生服务站，原城关镇防疫保健中心改建为招宝山街道社区卫生服务中心。2004 年，区政府印发《镇海区关于加强社区卫生服务建设的决定》。2005 年，社区卫生服务网络拓展到农村，乡镇卫生院改建为社区卫生服务中心，人口密集的村建设社区卫生服务站，每建一站补贴 5 万元，各站的人、财、物由乡镇卫生院调派，社区卫生服务站都有一名执业医师当家。有条件的村卫生室，按标准改造为卫生服务站。是年，全区 6 家社区卫生服务中心与 4 家区级综合性医院签订双向转诊协议。当年，社区卫生服务门诊量达全区总门诊量的 51%，是全市首个超过区级综合性医院门诊量的区，镇海区获“省社区卫生服务示范区”称号。2007年，镇海区政府下发《关于进一步深化城乡社区卫生服务的实施意见》，规划慢性病管理，推行社区责任医生，推进中医药进社区。2007—2008年，实施城乡社区卫生服务“牵手工程”，区级综合性医院、临床科室领办、结对、帮扶农村社区卫生服务机构。2008年，开展第二轮城乡社区卫生服务站标准化建设。年底，全区有社区卫生服务中心6家，社区卫生服务站45家；社区卫生服务中心用房面积，从2005年的15320平方米增加到21369平方米；卫生服务站平均拥有用房面积，从2005年的110平方米增加到194平方米；卫技人员从2005年235名增加到677名，其中执业医师从2005年175名增加到276名；社区卫生服务门诊量占全区总门诊量的61.5%，基本实现城区10分钟、农村15分钟的社区卫生服务。当年，镇海区通过“省社区卫生服务示范区”复评，后在全省社区卫生服务综合绩效测评中，位居全省第五。

社会多元化办医

2000年后，民办医疗机构开始发展，其中发展最快的是个体诊所。2001年，镇海第一家民营诊所——益民门诊开业于镇海聪园路，至2008年，全区有个体诊所52家。

2004年，石化三公司医院改制为股份制，更名为三健医院（后改名为镇海第二医院）。2005年11月，宁波市荣誉市民、法籍华人杨璧如女士兴办的宁波市第五医院（宁波市肿瘤医院）于庄市街道动工建设。医院投资3.9亿元人民币，系宁波市唯一一家以肿瘤防治为特色的非营利性综合医院，列入宁波市十大医疗基础设施建设重点工程之一和区“3+3”医疗基础设施建设工程（医院已于2011年3月开业试运行）。

公共卫生体制改革

2002年4月，撤销镇海区卫生防疫站，建立区卫生监督所和区疾病预防控制中心。同年5月，改革药品流通管理体制，建立宁波市食品药品监督管理局镇海分局，区卫生局药品监管职能划归该局，区药品检验所也成建制划入该局。2003年应对“非典”之后，开展突发公共卫生事件的长效防控体系建设。2004年7月，开展卫生监督执法体制改革，设立招宝山街道、骆驼街道、庄市街道3个卫生监督分所，建立垂直管理覆盖城乡的卫生监督体制，改变农村卫生监督由乡镇卫生院兼管的体制。2005年4月，区卫生局设立公共卫生科。2006年，乡镇卫生院改建为社区卫生服务中心，由医疗为主转变为公共卫生工作和医疗工作并举。区财政按每年每一服务人口15元（镇、街道按标准50%配套，后服务人口扩大到外来流动人口）给予补助。各镇（街道）设1名公共卫生管理员，各行政村（社区）确定1名公共卫生联络员。2008年，全区已形成三级公共卫生网络，建立和完善应急指挥体系、应急医疗体系、应急救助体系、应急防控体系，完善22个专业细分的公共卫生预案。是年，全区公共卫生3大类12项指标综合达标率92%以上，达到市公共卫生考核标准。

城乡一体医疗急救体系

2004年5月，整合全区医疗急救力量，成立镇海区医疗急救中心（120），以龙赛医院急诊科为依托，骆驼医院、澥浦镇卫生院分别设立急救点。2005—2008年，区医疗急救中心不断完善，财政予以拨款，人员、设备、工作经费全额保障，形成城区10分钟、农村30分钟的急救半径，实行“120”区内出车免费。

第二章　医疗卫生机构

1986 年，列入镇海区管理的医疗卫生机构共计 71 个（不包括属于宁波市管辖的宁波市康宁医院），其中隶属于镇海区卫生局管辖的医卫机构 18 个。区卫生局管辖的全民所有制医卫机构有龙赛医院、骆驼中心卫生院、防疫站、妇幼保健所、医药科技情报站、药品检验所等 6 个，集体所有制医卫机构有湾塘区中心卫生院、城关镇卫生院、澥浦镇卫生院、骆驼镇卫生院、骆驼镇团桥卫生院、湾塘乡卫生院、临江乡卫生院、庄市乡卫生院、河头乡卫生院、河头乡西河卫生院、长石乡卫生院、汶溪乡卫生院等 12 个。企业医疗机构 50 个，其中部属企业医疗机构有镇海石化总厂职工医院和中国石化第三建设公司职工医院，学校医务室 3 个，农村村级卫生组织 145 个。卫生技术人员 866 名（当年统计年鉴数为 1053 人），属卫生局管辖的医疗卫生机构医疗技术人员 496 人，其中 16 人具有中级专业技术职称，占医疗技术人员的 3. 23%。1986 年后，区卫生系统陆续新建镇海城关镇预防保健中心（后改建为招宝山街道社区卫生服务中心）、镇海自然疗法门诊部（1996 年 4 月建立，为自收自支事业单位，2008 年 9 月，自然疗法研究所注销，其门诊部并入区中医院）、区卫生监督所和区疾病预防控制中心（2002 年 4 月，撤销区卫生防疫站后建立）、镇海区中医医院（由城关镇卫生院改建）等一批医疗卫生机构。镇海发电厂职工医院、宁波港务局第二职工医院等企业单位的医疗机构也相继在镇海区建立。1986—2004 年，乡镇卫生院设置按行政区划调整整合和更名，2005 年统一改建为社区卫生服务中心。1986—2008 年，镇海区卫生系统基本建设竣工项目 19 项，投入 2. 15 亿元。2008 年年底，全区共有医疗卫生机构 141 个（不包括宁波康宁医院），卫生技术人员 2155 名，其中卫生局管辖的中级以上医疗技术专业技术职称的人数占 53. 3%。

第一节　医疗机构

区级医院

1986 年，区级医院仅有龙赛医院 1 家。1990 年，镇海城关卫生院改建成中医院，升格为区级医院。2008 年 3 月，市卫生局批准镇海炼化股份有限公司医院更名为镇海区炼化医院，列为镇海区区级医院。

龙赛医院　前身为镇海县人民医院。1985 年 5 月，港胞包玉书兄妹为纪念其父包兆龙、母陈赛琴，捐资 500 万港元，政府和卫生部门筹资 87 万元，兴建“龙赛住院大楼”，1986 年 9 月，7099 平方米的“龙赛住院大楼”竣工，包氏兄妹又捐资 160 万元兴建“龙赛门诊大楼”，另捐赠价值 3900 余万日元的医疗仪器和设备。同年 11 月，为表彰和铭记包氏兄妹的义举，更名为龙赛医院，医院的所有制性质和隶属关系不变。1987 年，医院总建筑面积达 20153 平方米，床位增至 310 张。1991 年 5 月，升级为一级甲类医院。其后该院相继新建医技楼、急诊大楼、传染病楼。2004 年，医院核定床位 420 张，设临床科室 20 个，医技科室 5 个，职能科室 8 个。2005 年 11 月，评为二级甲等医院。2008 年年底，有职工 472 人，其中卫技人员 419 人，含高级职称 67 人，另有编外卫技人员 150 人，年门诊量 72.15 万人次，实际占用总床日 15.7 万日，开展各类手术 3158 例。

镇海区中医医院 前身为镇海城关镇卫生院。1990 年 5 月，投资 115 万元新建的中医院竣工。是年，在编职工 60 名（全民所有制 9 人、集体所有制 51 人），其中卫技人员 53 名。1992 年原属集体编制的职工转为全民编制。1999 年 8 月，医院筹资 1060 万元，其中港胞包景表捐资 100 万元，新建建筑面积 3340 平方米的“永源楼”。经过多年发展，医院集医疗、教学、科研、中医特色、社区卫生服务于一体，其中医小儿科在全市有较高知名度。2005 年 11 月，评定为二级乙等中医院。2008 年 12 月 30 日，镇海中医医院迁入政府投资 1.37 亿元的新院区，总建筑面积 34616 平方米，地面 15 层，地下 1 层。医院搬迁前有职工 207 人，其中高级职称 23 人、中级职称 60 人。2008 年，门急诊 29.03 万人次，实际占用总床日 2.71 万床日。

镇海炼化医院 原为镇海石化总厂职工医院，建立于 1975 年 6 月，后更名为镇海炼油化工股份有限公司职工医院。1986 年有职工 232 人，其中卫技人员 153 人，设床位 120 张。2004 年，有职工 192 人，其中卫技人员 144 人（副高及以上职称 15 人，中级职称 52 人），核定床位 126 张，门诊设有 17 个临床与医技科室。2008 年 1 月，镇海炼油化工股份有限公司职工医院划归镇海区，3 月更名为镇海炼化医院，年底被省卫生厅定为二级乙等医院。医院高压氧舱设备在区内领先，化工急救、烧伤、内分泌等专科有较大影响。2008 年年底，全院有职工 136 人，其中主任医师 1 人、副主任医师 19 人，年门急诊 23.65 万人次，实际占用总床日 1.83 万床日。

社区卫生服务中心

前身系乡镇和街道医院（卫生院）。1986 年全区的乡镇卫生院设置及数量基本与乡镇行政区划一致。1986 年 4 月，骆驼镇团桥卫生院撤归骆驼镇卫生院管理，湾塘乡卫生院改称为俞范镇卫生院。同年 5 月，西河卫生院撤归河头乡卫生院，1989 年年底又分设为河头、西河两家卫生院，1998 年 6 月再次划归河头乡卫生院。1995 年 2 月，骆驼镇卫生院、骆驼镇长石卫生院、骆驼镇汶溪卫生院统一并入骆驼医院。同年 8 月，原由城关镇湾塘卫生院更名的澥浦镇湾塘卫生院，划归澥浦镇卫生院。2004 年，贵驷中心卫生院并入骆驼医院，后施卫生院并入临江医院。2005 年，乡镇卫生院过渡到社区卫生服务中心。

骆驼街道社区卫生服务中心（骆驼医院） 前身为骆驼中心卫生院，1992 年 12 月更名为骆驼医院。1992 年，港胞赵安中、赵亨龙父子捐资 32 万元，迁址兴建骆驼中心卫生院“林杏琴门诊楼”（以赵安中母亲之名命之）。同年，港胞翁伟年夫妇捐资 20 万元，兴建骆驼医院“积静楼”（以翁伟年夫人之名命名），捐资 20 万港元购买医疗器械。1995 年，赵安中夫妇再次捐资 10 万元，兴建“林杏琴健康小区”。是年 2 月，原集体编制职工转为全民合同制职工。2008 年，有职工 196 人，实有床位 140 张，年门诊量 38.34 万人次。医院下设 9 个社区卫生服务站。

庄市街道社区卫生服务中心（庄市佩珍医院） 其前身为庄市镇卫生院。1991 年 4 月在庄市镇选址新建，总投资89万元人民币，其中巴西籍华人张明为捐资50万港元，命名“庄市佩珍医院”（佩珍系张明为先父名）。是年，有职工26人，其中卫技人员25人，有简易床位25张。2008年年底，有职工53人，年门诊量21.34万人次。医院下设5个社区卫生服务站和3个便民医疗点。

澥浦镇社区卫生服务中心（澥浦镇卫生院） 1986年有职工15人，其中卫技人员11人。1994年10月，港胞赵安中捐资30万元，由澥浦长河路迁址汇源路88号，新建林杏琴门诊楼和林杏琴住院楼。2008年，有在编职工24人，其中卫技人员21人，另有编外人员32人，年门诊量13.6万人次。医院下设5个社区卫生服务站和1个社区卫生服务点。

九龙湖镇社区卫生服务中心（九龙湖镇卫生院） 其前身是河头乡卫生院。1986年有职工9名，其中卫技人员8名。1997年在河头马家桥村新建卫生院，投资180万元，其中港胞赵安中捐资20万元建造“林杏琴门诊楼”。2001年11月，撤乡建镇，更名为九龙湖镇卫生院。2002年，原属骆驼医院管辖的长石、汶溪两个医疗点划归九龙湖镇卫生院。2008年，有职工24人，门诊量8.57万人次。医院下设5个社区卫生服务站。

蛟川街道社区卫生服务中心（蛟川街道临江医院） 前身为临江乡卫生院，1986年有职工11人。1992年8月撤乡扩镇，医院更名为城关镇临江卫生院。1993年3月，改组为临江股份合作制医院。2001年11月，城关镇被撤销，建立招宝山、蛟川两个街道，医院随之更名为蛟川街道临江股份合作制医院。2004年，收归国有，更名为蛟川街道临江医院。2008年有职工33人，年门急诊人次17.17万人次。医院下设11个社区卫生服务站。

招宝山街道社区卫生服务中心（招宝山街道医院） 前身为原城关镇预防保健中心，2001年11月，更名为镇海区招宝山街道预防保健中心，2005年更名为招宝山街道社区卫生服务中心，下设8个社区卫生服务站。2008年年底，在编职工20人，非在编人员99人，其中卫技人员82人；年门诊61.43万人次。

职工医院

镇海第二医院 原名为宁波三健医院，其前身为中国石化第三建设公司职工医院，建于1978年。2004年7月，医院转制为民办非营利性医疗机构，更名为宁波三健医院。2004年年底，有职工92名，其中卫技人员79名（高级职称8人、中级职称19人），核定床位98张。2007年，改名为镇海第二医院。2008年，该院有职工122名，床位60张，医院无等级，参照区级医院管理。

宁波港务局第二职工医院 前身为港务局镇海港区门诊部，1989年改名为宁波港务局第二职工医院。1990年有职工37人，其中卫技人员32人，核定床位25张。2004年有职工34人，其中卫技人员30人（内有副主任医师1人）。2008年，该院有职工55人，床位30张，服务对象仍以港务局镇海港埠公司、轮驳公司和港务局宿舍区职工家属为主。

镇海发电有限责任公司职工医院 前身为镇海发电厂职工医院，建立于1990年，有职工28人，其中卫技人员24人，设床位30张。2000年1月，更名为镇海发电有限责任公司职工医院。2004年，有职工27名，其中卫技人员21名。2006年划归地方管理，撤销建制，职工分别并入蛟川街道医院和区中医院。2008年，改为蛟川街道社区卫生服务中心下属的电厂社区卫生服务站。

医务室

2008 年全区有医务室 19 个。其中：企业医务室 13 个，医务人员 45 人，内有执业医师资格的 19 人，执业助理医师资格的 2 人，注册护士 19 人；学校医务室，区内有 6 所学校（幼儿园）设有医务室，配备医务人员 7 人，内有执业医师资格的 6 人，助理医师资格的 1 人。

个体诊所和乡村卫生室

全区个体诊所以口腔科（牙科）为主，乡村医疗机构以村卫生室为主。村卫生室名义上由村集体举办，大部分实际由个人经营。村卫生室从业人员为乡村医生，其中 95% 左右没有执业医师资格，后经过省卫生厅专门培训并取得相应的村卫生室行医资格。乡村医生无执业医师资格的，不能异地执业，也不能接收高热患者或其他急、危、重症患者。2008 年年底，全区注册的个体诊所 52 家，从业人员 69 名；乡村医务室 87 家，从业人员 117 名。

1986—2008 年镇海区卫生系统基本建设竣工项目情况表

表 38－1

年份	新建医疗用房	面积（平方米）	金额（万元）	其中：捐资金额
1986	迁建贵驷中心卫生院	1902	38.50	20 万元
1986	龙赛医院门诊楼	2979	160.00	—
1991	迁建庄市佩珍医院	2100	87.37	50 万港元
1992	中医院门诊综合楼	1917	87.28	—
1994	龙赛医院医技楼	1790	153.00	—
	迁建骆驼医院	5271	345.00	门诊楼 32 万元、住院楼 20 万元、健康小区 10 万元
1996	迁建澥浦镇卫生院	2314	199.16	30 万元
1997	龙赛医院急诊楼	4681	668.00	—
1999	龙赛医院传染病楼	1847	163.00	—
2001	中医院病房综合楼	3340	849.07	100 万元
2002	骆驼医院行政楼加层	495	69.87	—
	九龙湖卫生院	647	120.00	—
2003	骆驼医院急诊楼	420	78.02	—
2006	蛟川街道社区卫生服务中心迁建	4075	456.21	—
2007	九龙湖镇社区卫生服务中心扩建	1136	328.00	—
	庄市街道社区卫生服务中心迁建	7545.78	2392.97	—
2008	招宝山街道社区卫生服务中心迁建	859	600.00	—
	炼化医院划归地方	10645	797.38	—
	中医院迁建工程	35265	13943.58	—
合　计		89228.78	21536.41	—

1986—2008 年镇海区医院床位情况表

表 38－2　　单位：张

年份	总计	龙赛医院	中医院	康宁医院	骆驼医院	贵驷医院	佩珍医院	澥浦医院	炼化医院	三健医院	港务局医院	发电厂医院	其他
1986	748	225	7	260	50	15	—	—	120	50	—	—	21
1987	810	250	12	260	82	15	—	—	120	50	—	—	21
1988	945	312	12	342	60	30	—	—	120	50	—	—	19
1989	979	312	12	340	60	30	—	—	121	50	—	35	19
1990	1002	312	12	340	60	30	—	—	121	50	25	30	22
1991	996	312	12	340	60	30	—	—	121	50	25	30	16
1992	1032	312	30	340	60	30	25	—	121	50	35	13	16
1993	1017	312	30	313	60	30	25	—	121	50	35	25	16
1994	1010	312	30	281	80	30	25	—	121	50	35	30	16
1995	1065	312	30	281	80	30	25	—	121	100	40	30	16
1996	1048	312	30	286	80	30	25	—	121	78	40	30	16
1997	1105	360	30	286	80	30	25	25	121	78	40	30	—
1998	1000	310	30	286	80	10	25	25	126	78	—	30	—
1999	1020	310	30	286	80	30	25	25	126	78	—	30	—
2000	1027	310	30	286	80	30	25	10	126	100	—	30	—
2001	968	310	40	286	80	8	25	15	126	78	—	—	—
2002	985	310	40	286	69	30	31	15	110	60	—	30	4
2003	1118	310	67	340	100	30	25	—	110	100	—	30	6
2004	1306	420	67	440	100	—	30	—	110	103	—	30	6
2005	1338	420	80	440	120	—	25	—	—	120	103	—	30
2006	1338	420	80	440	150	—	25	—	—	120	103	—	—
2007	1433	420	80	440	140	—	25	—	—	110	218	—	—
2008	1468	420	80	440	140	—	25	—	35	110	218	—	—

表 38-3

1986—2008 年镇海区医院（卫生院）经济运行数据情况表

年份	总收入(万元)	其中				总支出	结余	全年业务收入	其中		
		财政补助(万元)	医疗收入(万元)	药品收入(万元)	其他收入(万元)				门诊收入(万元)	住院收入(万元)	其他收入(万元)
1986	620.98	94.69	84.97	320.14	19.69	536.52	84.46	424.80	341.09	64.02	19.69
1987	772.39	63.14	141.92	446.09	33.69	631.28	141.11	621.70	451.52	136.49	33.69
1988	1148.40	98.35	169.33	740.87	52.79	984.91	163.49	962.99	668.85	241.35	52.79
1989	1093.17	90.19	267.65	686.30	49.03	991.73	101.44	1001.21	677.70	274.48	49.03
1990	1380.09	103.10	342.78	867.94	66.27	1309.88	70.21	1274.07	837.30	370.50	66.27
1991	1545.01	105.20	382.59	967.17	90.05	1409.26	135.75	1436.85	963.00	383.80	90.05
1992	1898.30	117.36	453.28	1224.08	103.58	1715.65	133.85	1777.10	1179.30	494.22	103.58
1993	2972.03	180.11	709.39	1845.01	237.52	2755.63	216.40	2783.66	1665.30	880.84	237.52
1994	4419.97	243.46	1013.93	2829.16	333.42	4115.77	304.20	4166.28	2384.03	1448.83	333.42
1995	6631.68	329.04	1458.22	4265.75	578.67	6127.82	503.86	6295.21	3629.26	2087.28	578.67
1996	9202.13	644.48	1910.74	5919.69	727.22	8564.57	637.56	8536.91	4927.78	2881.91	727.22
1997	9978.46	429.71	2217.14	6406.05	925.56	9289.35	689.11	9528.52	5702.07	2900.89	925.56
1998	10599.74	495.79	2499.80	6922.27	681.88	9805.74	794.00	10085.09	6334.67	3068.54	681.88
1999	10344.40	780.71	2469.60	6864.92	229.17	9767.30	577.10	9563.69	6651.72	2682.80	229.17
2000	11551.64	473.02	3037.73	7784.07	256.82	11054.19	497.45	11077.62	7463.03	3357.77	256.82
2001	11707.11	751.49	3358.15	7241.36	356.11	10770.51	938.60	10955.62	7042.91	3556.60	356.11
2002	14064.70	1066.76	4357.48	8386.77	253.69	13380.90	683.80	12997.94	8048.55	4695.70	253.69
2003	17592.57	919.90	5277.41	10855.32	539.94	17019.70	572.87	16672.66	10087.86	6044.86	539.94
2004	21578.83	1686.61	6767.93	12708.62	415.67	21456.52	122.31	19892.21	11727.96	7748.58	415.67
2005	25983.74	1811.00	7441.53	16184.35	546.86	26624.98	−641.23	24172.74	14932.07	8693.81	546.86
2006	27897.92	2283.90	7925.32	17044.38	644.32	28347.44	−449.52	25614.03	16487.73	8481.98	644.32
2007	33180.39	3632.38	9046.13	19759.86	742.02	33372.26	−191.87	29548.00	18778.05	10027.93	742.02
2008	58346.94	15689.98	13237.14	28107.19	1312.63	56492.19	1854.75	42656.96	27981.70	13362.63	1312.63

表 38-4

1986—2008年镇海区医院（卫生院）情况表

年份	全年门急诊人次	每门诊定额(元)	实际占用床日	每床日定额(元)	全年出院人数	每出院费用(元)	药品收入占医药收入比例%	固定资产总值（万元）	其中：房屋建筑物（万元）	其中：专业设备（万元）	房屋建筑面积（平方米）	其中：医疗用房（平方米）	卫生（中医）事业费（万元）	财政总支出(万元)
1986	812074	4.20	72403	8.84	7571	84.56	79.03	376.58	163.62	151.59	20826	—	127.08	—
1987	883098	5.11	120816	11.30	8482	160.92	75.86	814.85	577.37	146.77	36509	—	98.57	—
1988	893574	7.49	134644	17.93	9291	259.77	81.40	890.45	597.01	107.72	35055	—	137.79	—
1989	761893	8.89	116320	23.60	8310	330.30	72.08	1082.90	796.83	111.64	42077	25702	136.89	—
1990	827154	10.12	123359	30.03	8616	430.01	71.86	1288.44	929.09	149.12	40635	29367	156.20	3663
1991	785287	12.26	116845	32.85	7727	496.70	71.81	1443.85	977.10	205.82	42262	29880	165.00	4174
1992	842713	14.22	128696	38.40	7574	652.52	73.14	1671.58	1074.12	297.33	44773	31665	177.30	4860
1993	843342	19.75	139153	63.30	8595	1024.83	72.46	1829.54	1138.74	352.85	42744	30975	281.18	8142
1994	787278	30.28	130484	111.04	8469	1710.75	73.81	2486.63	1493.00	617.00	47028	31927	376.35	9129
1995	833099	43.56	121870	171.27	7605	2744.62	74.62	3342.10	1768.11	1091.78	48056	33870	488.62	10259
1996	833854	59.10	120507	239.15	7616	3784.02	75.80	3712.65	1787.71	1404.26	50744	38341	821.25	13083
1997	761684	74.19	108714	266.84	7165	4048.69	74.46	4144.88	1886.54	1572.65	48562	35959	767.54	14870
1998	775693	81.33	108869	281.86	7939	3865.15	74.43	6026.00	3114.62	2079.39	57351	39701	787.93	18509
1999	777242	85.58	96044	279.33	7518	3568.50	73.54	6252.81	2746.92	2733.59	49929	40420	1125.72	22871
2000	822420	90.76	96619	347.53	8650	3881.82	71.93	7161.82	2759.57	3464.35	50074	39492	853.61	29871
2001	876819	80.32	114215	311.40	9953	3573.39	68.32	8812.22	3777.24	3766.68	50420	43071	1451.18	40918
2002	1065121	75.56	140998	333.03	11332	4143.75	65.81	10342.88	4054.63	5057.76	49665	42222	1651.49	55000
2003	1319000	76.48	166269	363.56	14147	4272.90	67.29	11502.53	4181.61	5834.18	49691	42152	1786.36	71260
2004	1373400	85.39	201607	384.34	16727	4632.38	65.25	13371.36	4046.94	7152.15	47004	41161	2790.21	93636
2005	1666902	89.58	211649	410.77	17708	4909.54	68.50	13970.98	4366.09	7640.07	49011	43358	2983.29	119207
2006	1928992	85.47	207107	409.55	17556	4831.39	68.25	15203.49	4442.85	8608.06	53752	41516	3481.73	140159
2007	2232642	84.95	228610	438.65	19369	5177.31	68.60	15669.55	4725.86	8912.10	55257	44399	5651.37	156878
2008	2853952	98.05	257534	518.87	22774	5867.50	67.98	21094.51	6649.94	11745.14	68014	52491	17930.45	185898

第二节　公共卫生及其他医卫机构

镇海区卫生防疫站　1986年，镇海区卫生防疫站有职工25人，其中卫技人员19人。2001年年底，有职工41人，其中卫技人员37人（副主任医师1人）。2002年3月，根据卫生部防疫管理体制改革要求，撤销镇海区卫生防疫站。

镇海区疾病预防控制中心　2002年4月，由原镇海区卫生防疫站撤销后新建。有在编职工22人，其中卫技人员20人，副主任医师1人。2008年，有在编职工25人，其中卫技人员20人，有副主任医师1人。

镇海区卫生监督所　2002年4月，由原镇海区卫生防疫站撤销后新建。2004年7月下设招宝山街道、骆驼街道、庄市街道3个卫生监督分所。2008年年底，有在编职工24人，卫技人员22人，其中主管医（技）师11人，另有非在编人员8人。

镇海区妇幼保健院　1986年，镇海区妇幼保健所有工作人员9人，其中卫技人员7人，床位6张，设有妇女保健、儿童保健和计划生育指导门诊。1998年1月，更名为镇海区妇幼保健院。2002年在省、市同类医院中，率先开展儿童心理保健、男性保健、新生儿听力筛查、产前筛查、精液自动分析等新技术新项目。妇保院曾被评为浙江省卫生系统职业道德建设先进集体，浙江省“巾帼文明示范岗”，市级文明单位。2008年，有在编职工27人，其中卫技人员24人（副主任医师1人），另有非在编人员10人。

第三节　医疗技术人员

1985年年末，区卫生局所属医疗卫生机构共有卫生技术人员496人，其中西医主治医师14人，医师84人，医士95人；中医师22人，中医士9人；主管护师1人，护师15人，护士（助产士）106人；主管药师1人，药剂师11人，药剂士12人；中药士3人；技师5人，技士24人；无技术职称从事中西药配方、中医、口腔学徒、护理等工作的有94人，占卫技人员总数18.95%。卫技人员中无高级专业技术职称人员，大专以上学历的76人，占15.23%。1986年，属卫生局管辖的医卫机构卫技人员496人，16人具有中级专业技术职称，占卫技人员总数的3.23%。其后，各医卫机构引进中级以上职称的卫技人员63名，开展在职卫技人员的在职进修、培训等医学继续教育，录用医学类大中专毕业生444名。2004年，区卫生局所属医疗卫生机构有卫技人员800人，比1985年年末增加61.29%，其中主任医师5人，副主任医师65人，主治（管）医师348人，医师313人，医士、护士69人，中级以上卫技专业技术职称的人数占52.05%，大专及以上学历占51.81%。2008年，区卫生局所属各医疗卫生机构有卫技人员1035人，其中中级以上卫技专业技术职称的人数占53.3%，大专及以上学历的人数占89.56%。

2008 年区卫生局属医卫机构卫技人员情况表

表 38－5　　单位：人

医院名称	西医					中医					护理					药剂					中药剂					医技				
	主任医师	副主任医师	主治医师	医师	医士	主任中医师	副主任中医师	主治中医师	中医师	中医士	主任护师	副主任护师	主管护师	护师	护士	主任药师	副主任药师	主管药师	药师	药士	主任中药师	副主任中药师	主管中药师	中药师	中药士	正高	副高	中级	助级	员级
龙赛医院	8	39	52	31	2	1	6	10	4	0	0	1	119	40	4	0	1	8	8	2	0	1	2	2	0	2	8	23	11	1
区中医医院	0	10	13	12	0	1	9	13	10	0	0	2	13	15	4	0	1	7	3	0	0	0	4	0	0	0	0	10	3	1
区炼化医院	1	17	23	6	0	0	2	2	0	0	0	0	28	24	1	0	1	6	1	0	0	1	0	0	0	0	1	5	3	0
骆驼医院	1	3	32	27	13	0	0	3	1	0	0	1	22	15	1	0	0	6	3	1	0	0	2	1	0	0	0	3	1	0
庄市佩珍医院	0	0	9	13	6	0	0	1	0	0	0	0	6	5	0	0	0	0	1	1	0	0	1	0	0	0	0	2	1	2
澥浦镇卫生院	0	0	6	5	3	0	1	0	1	0	0	0	0	2	1	0	0	0	0	0	0	0	0	1	0	0	0	0	1	0
九龙湖镇卫生院	0	0	2	9	5	0	1	0	0	0	0	0	0	5	0	0	0	0	0	0	0	0	0	0	0	0	1	0	0	0
蛟川街道医院	0	0	8	11	2	0	0	0	0	0	0	0	2	2	0	0	0	0	0	2	0	0	0	0	0	0	0	0	1	1
招宝山街道医院	0	0	3	5	3	0	0	0	1	0	0	0	2	5	1	0	0	1	0	0	0	0	0	1	0	0	0	0	0	1
区卫生监督所	0	3	9	4	1	0	0	0	0	0	0	0	2	0	0	0	0	0	1	0	0	0	0	0	0	0	0	0	1	0
区疾控中心	0	1	11	4	0	0	0	0	0	0	0	0	0	1	0	0	0	0	0	0	0	0	0	0	0	0	0	2	3	0
区妇幼保健院	0	1	9	3	1	0	0	0	0	0	0	0	2	2	0	0	0	1	0	0	0	0	0	0	0	0	0	1	2	0
合计	10	74	177	130	36	2	19	29	17	0	0	4	196	116	12	0	3	29	17	6	0	2	9	5	0	2	10	46	27	6

说明：上述人员不含医药类专业大中专毕业生见习期人员

1985—2008 年期间若干年镇海区卫技人员职称情况表

表 38－6　　单位：人

年份		1985	1995	2000	2004	2008
卫技人员总数		496	702	742	800	984
西医	主任医师	—	1	—	4	10
	副主任医师	—	12	29	46	74
	主治医师	14	101	98	127	177
	医师	84	101	138	161	130
	医士	95	94	52	36	36
中医	主任中医师	—	—	—	1	2
	副主任中医师	—	5	5	11	19
	主治中医师	—	17	18	21	29
	中医师	22	15	11	10	17
	中医士	9	3	1	—	0

续表 38－6

年份		1985	1995	2000	2004	2008
护理	副主任护师	—	—	1	4	4
	主管护师	1	21	64	152	196
	护师	15	111	125	96	116
	护士（助产士）	106	90	78	24	12
药剂	副主任药师	—	1	1	2	3
	主管药剂师	1	5	12	19	29
	药师	11	25	28	22	17
	药士	12	19	10	4	6
中药剂	副主任中药师	—	—	—	1	2
	主管中药师	—	1	3	5	9
	中药师	—	8	7	6	5
	中药士	3	7	5	2	—
医技	主任技师	—	—	—	—	2
	副主任技师	—	—	1	1	10
	主管技师	—	6	10	24	46
	技师	5	23	21	18	27
	技士	24	17	10	3	6

说明：其中 2008 年卫技人员总数中不含在卫技岗位尚无职称人员

第三章 医政管理

镇海建区后，医政管理从以事业单位管理为主转向全行业管理，从依靠行政手段为主管理转向依法管理，从以管理为主转向管理与服务并重，依法规范各类医疗服务。

第一节 卫生行政管理机构

1986 年，镇海区卫生局除内设部门外，非职能科室有区医学科技情报站、区药品检验所，与局合署办公的挂靠单位有区爱国卫生委员会办公室、区公费医疗办公室、区计划生育委员会办公室。1987 年 9 月，区计划生育委员会列入区政府组成部门，区计生委办公室从卫生局划出。1989 年 5 月 9 日，镇海区红十字会成立，其办事机构与卫生局合署办公。1990 年 7 月，成立区初级卫生保健委员会，与卫生局合署办公。1997 年 12 月，与区卫生局合署办公的有区公费医疗办公室、区初级卫生保健办公室、区红十字会办公室、区爱国卫生委员会办公室，非职能科室有医学科技情报站、药品检验所。2001 年 5 月，区公费医疗管理办公室划归区劳动和社会保障局。2002 年 5 月，区药品检验所划归区药品监督管理分局，当年 6 月，区卫生局增挂区献血办公室牌子。2008 年，卫生局机关有公务员 9 人、事业人员 11 人、借用人员 10 人，临聘人员 5 人。

第二节 医疗机构和从业人员管理

医疗机构管理

1988—1990 年，加强村卫生室管理，开展“文明村卫生室”评选活动，促使村卫生室逐步走向规范。1996 年后，规范医疗机构准入制度，村卫生室申领执业许可证，乡村医生持证上岗，实施乡村医疗机构一体化管理。1997 年制订《镇海区区域卫生规划》，10 月开始医疗机构登记管理，依据区域卫生规划对医疗机构布局进行调整。1998 年年底，完成医疗机构执业许可证发证工作。1998 后，建立医疗机构年检制度，全区所有医疗机构纳入依法管理轨道。2006 年起，全区村卫生室开展规范管理、提高素质、完善职能、逐步转型工作，考核验收合格的授予社区卫生服务站牌子。

从业人员管理

1993 年实施《中华人民共和国护士管理办法》。1995 年全区乡村医生进行业务培训，有 127 人获得乡村医生证书。1999 年实施《中华人民共和国执业医师法》，国家实行医师资格考试制度。

2003 年，全区有执业医师 456 人，执业助理医师 56 人，注册护士 416 人。2004 年年底起，非卫生局直属医疗机构从业人员的管理，按执业医师法依法管理。2004 年 1 月起，实施国务院颁布的《乡村医生从业管理条例》。2008 年，全区有执业医师（含助理）878 人，注册护士 724 人。

第三节　医疗质量管理

1998 年开展乡镇卫生院设备更新，1999—2001 年三年时间，把“老三件”（体温计、血压计、听诊器）换成“新三件”（X 光机、生化机、B 超机），提升医疗保障条件。同期，安排乡镇卫生医务人员到上级医院进修，启动住院医师规范化培训及全国继续医疗教育项目，对全区口腔技师和乡村医生进行实践技能考核认证等工作。1999 年，统一和完善医疗操作规范，对原有的农村合作医疗首次实行病人安康保险。2000 年 3 月，成立镇海区麻醉质控中心，成立镇海区医疗质控网络。2001 年，提高医疗质量列入卫生工作的重点，规范医疗操作行为，开展医疗质量评比。2003—2004 年，开展医保定点医院的医疗质量督查。2004 年起，建立和完善社区卫生服务医疗质量管理机制。2005 年实施社区责任医生制度，按照每 1500 ~ 2000 服务人口配备一名责任医生，共配备社区责任医生 124 人，并建立以社区责任医生为主、公共卫生人员和社区护理人员参加的 47 个片区责任医生团队，提供 24 小时服务及家庭出诊。2005 年 5 月，新增急救质控中心，制订相关制度并开展相关培训，提高医疗急救水平和质量。2007 年，开展“医院管理年”活动。2008 年，全区医疗机构开展“医疗质量万里行活动”和“平安医院”创建活动，医疗纠纷大幅降低，医疗事故为零，龙赛医院、中医院、炼化医院通过省“平安医院”考核。当年，卫生局调整和新成立 16 个医疗质控领导小组，质控组织覆盖医疗工作的各个方面。

1997 年成立区医疗鉴定委员会，由区内法医、医疗专家组组成，负责医疗纠纷、事故的鉴定工作。1999 年，邀请部分人大代表、政协委员参加区医疗鉴定委员会，参与医疗鉴定过程的监督，提高医疗鉴定的公正、公平性。2005 年起全市医疗鉴定工作交由宁波市医学会牵头主持，本区正高职称医生为其专家库成员。

第四节　血液管理

1986—1997 年，全区医疗用血主要由医院自行解决，除向各地血站调剂外，一部分来自农村为主的 20 ~ 40 岁居民，称之为“助血员”。这些人一般不愿公开身份和张扬，每 100 毫升血液付给 30 ~ 50 元的报酬。区级医院均有一份助血员名单，根据患者用血需要，把血型符合要求的助血员请到医院，以满足临床用血需要。1998 年 10 月 1 日《中华人民共和国献血法》正式实施，有偿供血改为义务献血。区人民政府成立无偿献血工作领导小组。政府对各采供血机构进行整顿和规范，镇海区临床用血全部由宁波市献血办、中心血站统一采供，统一管理，区级医院不再自行采供血。

1997—2004年，献血工作由市人民政府献血办下达指标，按各单位在职人数（机关事业单位11%、企业8%、农村按总人口5‰比例）分解，每年在3000人次左右，实际采血人数根据临床用血需求。2005年开始取消政府指令性计划，全面实施无行政指令性献血。2006年起，区献血办对医疗机构依法用血、科学用血进行定期监督检查，保障血液采集、运输、供应各环节规范安全运作。2006—2007年，全区无偿献血4058人次，累计献血135.8万毫升，自愿无偿献血及临床用血自给率均保持100%，一次性输血300毫升及以上者比例达到90%，成分输血率达到99%以上。自体输血在龙赛医院全面开展，两年内共完成171例。2008年度，无偿献血2394人次，累计献血量84.5万毫升，一次性献血300毫升及以上者比例达到98.6%，自体输血82例。1985—2008年，全区未发生有关血液的感染、传染和致亡事件。2000—2008年，镇海区连续3次、累计5次被评为浙江省无偿献血先进区。

第五节　药品器械管理

1986年，镇海区内各医疗机构的药品和常用医疗器械，95%以上从区医药公司采购。20世纪90年代初，国家以药养医政策的实施，医疗机构为降低药品、医疗器械进货成本，选择部分大宗品种直接向药品、医疗器械的生产企业以及药品一级、二级批发企业进货。2000年2月，卫生局规范局直属医疗机构的医药购销行为，整治医药购销中不正之风，确定宁波医药股份有限公司等6家单位为药品和医疗器械定点采购单位，采购量占85%以上，保障药品、医疗器械质量。2002年，药品、医疗器械的市场流通和质量由宁波市食品药品监督管理局镇海分局监管，卫生局仅对进入医院后的相关药品、医疗器械的使用、保管进行依法管理。2006年后，全区医疗机构纳入省、市部分大宗药品和医疗器械统一招标采购。1986—2008年，镇海区未发生患者因药品质量问题造成的死亡事件。

第四章　疾病防控

中华人民共和国成立后，镇海县先后消灭血吸虫病、丝虫病，基本消灭疟疾、麻风病，消除碘缺乏病。20 世纪 80 年代起，个别曾经消灭或基本控制的传染病种死灰复燃，一些新发传染病预防控制任务艰巨，慢性非传染性疾病逐步成为本区居民主要死因。1986 年起，全区逐步建立完善公共卫生应急体系、传染病防控体系、慢性病防控体系、健康危害因素监测与卫生监察技术体系，从单一的疾病防治方式转向综合防治和群体干预方式。2005 年 5 月镇海区被确定为 10 家省级艾滋病综合防治示范区之一，次年 12 月，被评为省艾滋病综合防治优秀示范区。2000 年后，镇海区把慢性病管理纳入社区卫生服务范围，建立居民健康档案，开展重点慢性病管理工作。2004 年后，实施参合农民和城镇退休职工两年一次的免费健康体检。2008 年，开展慢性病防治示范点建设，高血压、糖尿病、冠心病、恶性肿瘤等纳入规范化管理。

第一节　传染病防治

疫情

1986—1989 年传染病平均年发病率为 1294. 01/10 万（1988 年发病率达 2590. 89/10 万，主要是甲型肝炎暴发流行），平均年死亡率为 1. 87/10 万。计划免疫开展，免疫相关传染病发病明显下降，有的传染病在区内已经消灭，如白喉、脊髓灰质炎、钩端螺旋体病、疟疾。肠道传染病为主要传染病种类，包括病毒性肝炎、痢疾、伤寒和副伤寒等。1990—1999 年，传染病平均年发病率为 449. 72/10 万，发病率明显比以前下降，1990 年发病率最高，其发病率也只有 687. 62/10 万，平均年死亡率为 1. 01/10 万。计划免疫相关传染病发病率降至较低水平，传染病种类仍以肠道传染病为主。1994 年、1995 年霍乱高发，两年发病 309 例，占 20 世纪 90 年代全区霍乱总发病数 93. 07%。其中 1994 年发病 239 例，占总传染病数 20%。20 世纪 90 年代病毒性肝炎平均发病率为 231. 47/10 万，高发年为 1991 年和 1992 年，分别为 786 例和 904 例，发病率分别为 391. 94/10 万和 445. 28/10 万。性传播传染病在 20 世纪 80 年代末起呈上升趋势，平均年发病率为 65. 12/10 万。1997 年，肺结核、新生儿破伤风列为乙类法定传染病报告，肺结核发病率较平稳，年平均发病率为 33. 04/10 万，本地居民无新生儿破伤风疫情，但流动人口中时有发生。2000—2008 年，传染病平均年发病率为 321. 4/10 万，平均年死亡率为 0. 21/10 万，其中 2000 年发病率最高，年发病率 330. 03 / 10 万，无重大暴发疫情。传染病种类以肠道传染病和性传播传染病为主。其间，随着流动人口增加，麻疹发病呈上升趋势，其中以 2004 年发病最高，发病 99 例，发病率 23. 97/10 万。2004 年全区共报告伤寒、副伤寒 114 例，年发病率 27. 61/10 万，全区 6 个街道、镇（乡）均有病人，其中招宝山街道占总发病数 69. 30%。2003 年 3—9 月抗击“非典”，最终排除所有疑似病例。

1986—2008 年若干年镇海区甲乙类传染病发病、死亡情况表

表 38 - 7 单位：例

年份	发病数	死亡数	发病率（每十万人口）	死亡率（‰）
1986	2015	3	1058. 38	1. 58
1990	1359	4	687. 62	2. 02
1995	842	4	403. 20	1. 92
2000	708	1	330. 03	0. 47
2002	610	0	282. 43	0
2004	1311	2	317. 47	0. 48
2006	939	6	329. 63	2. 11
2008	1122	1	382. 70	0. 34

主要传染病防控

霍乱 霍乱一直是全区重点防控的传染病之一。1986 年以来，开展农村改水工作，加强餐饮卫生管理，有重点开展健康教育，流行季节各乡镇卫生院开设肠道门诊，及时发现疫情和扑灭疫情，霍乱疫情得到有效控制。1986—2008 年，全区共发病 344 例，其中 1994 年、1995 年两年发病占总发病的 89. 83%，2000 年后，每年发病 0 ~ 2 例。

性病、艾滋病 1988 年 7 月开始性病防治工作，确定龙赛医院为监测单位，区防疫站为疫情统计单位。1989 年性病发病人数 52 例，发病率为 26. 3 / 10 万。1990 年开始，性传播疾病中艾滋病、淋病、梅毒列为乙类法定传染病报告，加大性病防控工作。1996 年制定《镇海区艾滋病控制规划（1996—2000 年）》，开展控制防治艾滋病宣传教育，举办防治业务培训班，对龙赛医院临床用的血制品开展 HIV 检测。2001 年，区内发现首例艾滋病感染病例，随即开展相关防治工作，对 HIV 病毒携带者和艾滋病患者给予积极治疗、跟踪随访和康复指导。2005 年 5 月，建立“政府主导、多部门合作、全社会参与”的防治艾滋病工作机制，建立健全组织机构体系，构建宣传教育网络，开展全区范围的高危行为干预，建立覆盖多人群的筛选网，落实“四免一关怀”政策。2005 年 8 月，建立宁波首家艾滋病自愿咨询检测门诊，至 2006 年年底共接待 848 名咨询者。2006 年，实施预防艾滋病母婴传播免费项目，公共场所干预覆盖率达 95% 以上，2 个街道各类人群抽查，艾滋病防治知识认知率达 70%。2006 年性传播疾病，由 2002 年的 177. 34 / 10 万下降至 92. 81 / 10 万。2008 年，开展预防艾滋病宣传进社区、进农村、进校园、进工厂、进工地的“五进”活动，开展为期 4 个月的公共场所艾滋病防治专项检查。截至 2008 年年底，全区共报告艾滋病病人及 HTV 感染者共 16 例，均按“四免一关怀”政策给予治疗和帮扶。

传染性“非典”型肺炎 2003 年 4 月，宁波市余姚参加广交会人员中发现 1 例“非典”疑似病人，镇海区对“非典”进行紧急防控。全区建立“横向到边，纵向到底”的疫情监测网络，实

行“非典”疫情日报告和零报告制度。医疗单位报告的可疑病人，组织“非典”防治专家会诊和核实，制定疑似病人隔离治疗、密切接触者追踪和集中隔离观察、疫点消毒等现场防控措施。紧急防控阶段全区共报告医学观察病例2例，经隔离观察，最终排除“非典”。2003年9月后，全区进入常态规范管理。

伤寒、副伤寒　1986—2008年，全区共发病1080例，其中1987年、1989年、1990年、1993年、2004年、2005年发生6次流行规模较大。多年的疫情显示和流行病学调查，病人以本地的青壮年农民为主要发病人群，病例多呈散发，年发病率在4.63～145.08/10万，与本地生吃半生吃海产品有密切关系。2004年，区卫生部门制定《镇海区伤寒、副伤寒防治方案》，确定伤寒、副伤寒防治规划目标，完善各项防治措施。

病毒性肝炎　病毒性肝炎为本区重点防治的传染病。1985—2008年，病毒性肝炎年发病率在55.54 / 10万～2404.77 / 10万之间。1988年1—4月，本区发生甲肝暴发性流行，为食用受甲肝病毒污染的毛蚶引发。各医疗单位大力防治，城关、骆驼、贵驷、临江、庄市等地设临时隔离病房，床位600余张，疫情较快得到控制，无一死亡病例。镇海区加强食品安全监督，制定疫情监测、预防、治疗等措施，次年发病下降到254.93 / 10万，其后年发病率波动在310.26～55.54 / 10万，呈现逐年下降趋势。

麻疹　1986年起，易感儿童普种麻疹减毒活疫苗，全区儿童接种率99%，麻疹疫情持续稳定在较低水平。1986—2002年，麻疹发病率一直控制在10 / 10万以下。2003—2008年，来镇外地务工人员大量增加，其外地来的儿童接种率仅为60%～80%，外地来镇儿童成为麻疹发病的高危人群，全区麻疹发病率处于高发状态。2003年麻疹疑似发病146名，经血清学诊断确诊78名，其中6名全程接种。其间，镇海区加强对外来民工子女学校（幼儿园）查验接种证工作和外来儿童的接种工作。2008年11月11—24日，开展适龄儿童麻疹疫苗强化免疫接种，累计接种28185人，接种率96.65%，其中散居儿童接种率达到94.91%。

计划免疫

接种管理　1986年，全区计划免疫全部实行EPI（卡介苗、脊灰、百白破、麻疹）按月接种门诊，乙脑、流脑、伤寒等季节性疫苗接种也全面规范开展。1988年在全市率先推广计划免疫保偿制度，每位儿童交21.00元，接种门诊负责7岁内儿童六种疫苗的接种（包括加强），一旦发病获得一定的赔偿，儿童的计划免疫接种率进一步提高。1986年和1995年，分别实现以区、乡（镇）为单位适龄儿童接种率85%的目标考核，计划免疫相关疾病得到有效控制。1988年，开展乙肝疫苗（血源疫苗）接种试点，1989年6月全区范围推广，1990年将乙肝疫苗纳入计划免疫管理，1997年由血源疫苗改为基因疫苗，2002年10月1日乙肝纳入计划免疫，新生儿实行免费接种。2004年起，外来流动儿童纳入计划免疫管理，计划免疫的免费品种、计划外疫苗的收费价格均与本地儿童相同。2007年7月1日开始，麻腮风疫苗纳入免费接种疫苗范围，适龄儿童免费接种。2008年1月，全区开展2007—2008年第二轮脊髓灰质炎疫苗强化免疫活动，共接种14593人次，接种率96.4%。2008年，常住儿童麻疹和乙肝首针及时率达61.74%和69.84%，“五苗”接种率97.2%，流动儿童“五苗”接种率90.89%。

规范化接种门诊建设 1999年启动规范化接种门诊创建工作，各乡镇医疗单位先后对接种门诊的硬件和软件设施进行改造，安装空调、电视、DVD，增添接种台、椅子、接种器械等设施，区疾控中心统一制作上墙宣传资料。至2003年年底，11家接种门诊全部完成创建工作，其中示范门诊4家、规范门诊4家、合格门诊3家（均为工业企业医疗机构）。接种日逐渐由按月变成按旬、按周、按日，分流接种门诊量，提高接种安全。2008年，全区所有社区卫生服务中心全部成为规范化接种门诊。

第二节 地方病防治

血吸虫病

俗称“鼓胀病”，镇海区属血吸虫病非流行区。现阶段防治的重点是做好流动人口输入性血吸虫病病例的监测和治疗。2001—2008年，对区内较大规模奶牛养殖场和皮毛加工企业的一线接触者开展监测，共计89人次，未发现阳性病例。

丝虫病

俗称“流火”“大脚风”，流行历史较长，是一种严重的地方病、多发病。镇海区设区前已经达到基本消灭丝虫病，1986年后主要开展监测工作。1986—1996年，卫生部门对16村计10540人开展病原监测，采用一耳双片血检，未发现微丝蚴阳性。同期，进行流动人口血检，共计589人，未发现阳性。1996年对6个监测点进行体征病人调查、登记，共发现历史体征病人18例，均采用正规治疗。1996年11月，镇海区消灭丝虫病工作通过省、市考核。1997—2008年，重点开展对流动人口的病源监测，累计监测流动人口3437人，未发现阳性病人。

疟疾

俗称“卖柴病”“冷热病”。1986年，开展人群疟疾监测工作，疟防工作重点由全面防治转入监测阶段。1986—1989年，共监测当地居民10243人，血检结果全部阴性，监测流动人口799人，结果均为阴性。其间，发现疟疾病人2例（内源性、输入性各1例），镜检结果均系间日疟，对2例病人进行正规治疗，其密切接触者24人也作了追踪检查。1989年，全区达到卫生部规定的基本消灭疟疾标准。1990—2008年，全区累计血检“三热病人”9648人，流动人口4223人，发现病人25例，及时进行治疗和疫点处理，无死亡病例。

碘缺乏病

碘缺乏病在20世纪70年代前曾称为地方性甲状腺肿大疾病（地甲病），镇海区碘缺乏病患者相对较少。1995年年底开始，依法实行食盐加碘为主的综合性防治措施，对碘盐加工厂（批发站）、销售点、用户三个层次进行监督管理。1997年12月，成立镇海区地方病防治领导小组，统一协调各部门加强碘缺乏病等疾病的防治工作。1999年11月通过“实现碘缺乏病阶段目标评估”。2000年起开展不同层次碘盐监测和病情监测，2000—2008年，累计监测批发站碘盐879份，合格率93.5%；居民用户碘盐1764份，合格率99.55%；调查8～10岁儿童2406人，查出甲状腺肿大

73 人。2002 年 6 月，镇海区作为全国第 4 次碘缺乏病监测点接受上级考核，考核结果达标。2008 年，国内开展地区分类评估，对于不缺碘地区放开不加碘的食盐使用，镇海区继续沿用食盐加碘。

第三节　居民病伤死亡原因分析

1996 年起开展居民病伤死亡原因调查，每年进行居民死因分析。1996—2008 年，5 岁以下儿童死亡率明显下降，从 24.15‰下降到 5.07‰，但人口总死亡率无明显变化；首位死因始终是恶性肿瘤，第二位死因以脑血管病为主，第三、四位死因以呼吸系统疾病、损伤和中毒交替出现，第五位死因 2005 年前为心脏病，后是损伤和中毒。脑血管病和心脏病多与高血压、动脉硬化等慢性疾病有关。呼吸系统疾病多是老年性慢性支气管炎，该病形成与恶化与吸烟有一定关系。损伤和中毒多以交通事故占绝对多数，安全生产出现的事故死亡所占比例不高，老年人跌倒损伤致死等时有发生。

1996—2008 年镇海区居民总死亡率及儿童死亡率情况表

表 38 - 8

年份	婴儿死亡率（‰）	5 岁以下儿童死亡率（‰）	总死亡率（1/10 万）		
			合计	男性	女性
1996	20.24	24.15	650.6	735.0	564.8
1997	9.68	12.35	655.2	750.0	559.1
1998	11.10	15.91	644.6	698.0	590.5
1999	6.75	9.00	640.0	717.0	561.9
2000	4.94	7.76	623.1	704.4	540.8
2001	6.49	8.81	636.7	707.3	565.5
2002	7.44	9.93	684.7	748.3	620.7
2003	2.88	2.88	661.6	716.6	606.4
2004	4.78	6.76	614.49	683.50	545.3
2005	5.25	1.12	576.95	661.78	489.65
2006	5.00	5.71	535.96	606.82	463.48
2007	3.82	5.73	540.63	626.21	453.33
2008	3.62	5.07	569.58	645.24	492.36

1996—2008 年镇海区前五位死因情况表

表 38 -9

年份	序位	第一位	第二位	第三位	第四位	第五位
1996	死因	恶性肿瘤	呼吸系统	脑血管病	损伤中毒	心脏病
	死亡率（1/10 万）	157. 73	130. 98	84. 24	76. 25	54. 42
	构成比（%）	24. 24	20. 13	12. 95	11. 72	8. 36
1997	死因	恶性肿瘤	脑血管病	呼吸系统	损伤中毒	心脏病
	死亡率（1/10 万）	181. 40	991. 11	98. 19	79. 53	51. 70
	构成比（%）	27. 68	15. 13	14. 99	12. 14	7. 89
1998	死因	恶性肿瘤	呼吸系统	脑血管病	损伤中毒	心脏病
	死亡率（1/10 万）	161. 31	105. 71	94. 41	84. 93	56. 22
	构成比（%）	25. 02	16. 40	14. 64	13. 18	8. 72
1999	死因	恶性肿瘤	脑血管病	呼吸系统	损伤中毒	心脏病
	死亡率（1/10 万）	175. 41	105. 86	93. 96	82. 98	61. 01
	构成比（%）	27. 41	16. 54	14. 68	12. 96	9. 53
2000	死因	恶性肿瘤	脑血管病	损伤中毒	呼吸系统	心脏病
	死亡率（1/10 万）	179. 34	88. 45	83. 89	71. 73	51. 67
	构成比（%）	28. 78	14. 20	13. 46	11. 51	8. 29
2001	死因	恶性肿瘤	脑血管病	呼吸系统	损伤中毒	心脏病
	死亡率（1/10 万）	180. 97	98. 05	90. 49	88. 07	44. 49
	构成比（%）	28. 42	15. 40	14. 21	13. 83	6. 99
2002	死因	恶性肿瘤	脑血管病	呼吸系统	损伤中毒	心脏病
	死亡率（1/10 万）	206. 31	115. 22	98. 93	81. 74	51. 28
	构成比（%）	30. 13	16. 83	14. 45	11. 94	7. 49
2003	死因	恶性肿瘤	脑血管病	损伤中毒	呼吸系统	心脏病
	死亡率（1/10 万）	190. 47	110. 46	94. 93	87. 17	47. 77
	构成比（%）	28. 79	16. 70	14. 35	13. 18	7. 22
2004	死因	恶性肿瘤	脑血管病	损伤中毒	呼吸系统	心脏病
	死亡率（1/10 万）	197. 49	91. 85	81. 58	65. 73	51. 94
	构成比（%）	32. 14	14. 95	13. 28	10. 70	8. 45
2005	死因	恶性肿瘤	脑血管病	呼吸系统	心脏病	损伤中毒
	死亡率（1/10 万）	188. 72	115. 93	76. 84	62. 46	53. 47
	构成比（%）	32. 71	20. 09	13. 32	10. 83	9. 27

续表 38－9

年份	序位	第一位	第二位	第三位	第四位	第五位
2006	死因	恶性肿瘤	脑血管病	呼吸系统	心脏病	损伤中毒
	死亡率（1/10 万）	194.49	108.35	59.06	57.28	38.63
	构成比（%）	36.29	20.22	11.02	10.69	7.21
2007	死因	恶性肿瘤	脑血管病	呼吸系统	心脏病	损伤中毒
	死亡率（1/10 万）	167.20	113.09	75.84	62.53	36.37
	构成比（%）	30.93	20.92	14.03	11.57	6.73
2008	死因	恶性肿瘤	脑血管病	呼吸系统	心脏病	损伤中毒
	死亡率（1/10 万）	191.64	127.61	76.03	59.14	35.13
	构成比（%）	33.65	22.40	13.35	10.38	6.17

1996—2008 年镇海区居民平均期望寿命情况表

表 38－10　　单位：岁

年份	平均期望寿命		
	合计	男	女
1996	73.26	69.89	77.12
1997	73.83	70.21	77.98
1998	74.30	71.40	77.46
1999	74.46	71.52	77.62
2000	74.81	71.45	78.67
2001	74.51	71.43	77.92
2002	75.23	72.86	77.80
2003	76.22	73.65	79.00
2004	76.57	74.11	79.20
2005	76.12	73.50	79.14
2006	76.71	74.30	79.47
2007	76.79	73.99	80.00
2008	76.70	74.62	79.11

第五章 妇幼保健

1986—2006 年，全区妇幼保健行政管理由卫生局医政防保科承担，2007 年起由卫生局公共卫生科承担。全区妇幼保健业务工作由区妇幼保健所（1998 年 1 月更名为镇海区妇幼保健院）承担。1993 年 1 月，开始进行“中美预防神经管畸形”合作项目，成立区项目执行小组，对各乡镇卫生院及各有关单位的妇幼工作人员进行培训。1996 年开展创建“爱婴医院”和“母婴同室单位”。其后，龙赛医院、骆驼医院、镇海炼化医院率先进行新生儿疾病筛查。2000 年，全区所有接生医疗单位开展新生儿先天性甲状腺功能低下、苯丙酮尿症的筛查工作。同年，北京医科大学派员对区内妇、儿保人员进行生育健康电子监测及计算机应用的培训，安装电子监测系统，11 家医疗单位的妇儿保门诊均配备电脑，全区妇幼保健工作进入网络化、信息化管理。2005 年 9 月，出台《镇海区流动人口孕产妇保健、儿童保健管理办法》，实行“首建有册，有查有管，高危、体弱儿追踪”的管理。2006 年，镇海区实施《镇海区儿童发展规划（2006—2010 年）》。2007 年，全区 7 岁以下儿童保健管理率达到 94.77%，孕产妇系统管理率达到 94.22%。实施预防出生缺陷的一、二、三级综合性社会化干预措施，2008 年本地人口出生缺陷率下降到 8.71‰，达到自开展出生缺陷监测工作以来的最低水平。2008 年 2 月，全区启动妇女健康促进工程。

第一节 妇女保健

产科管理

1989—1992 年，区妇保院组织各乡镇卫生院贯彻执行《乡镇卫生院产科若干规定》，完善产科门诊，健全医疗救护制度，提高产科质量。1995 年，区卫生局拨款改善全区妇幼保健设施，达到省市提出的装备要求。1997 年，各医院产科对 1991—1996 年围产儿死亡（全区共死亡 165 例）进行评审，提出进一步加强围产保健、提高新生儿抢救成功率的要求和措施。1997 年，全区保持连续 6 年无孕产妇死亡，获市“母亲安全奖”。1999 年，区妇保院组织开展助产人员培训、考核、发证工作，实行助产人员持证上岗。同年，全区农村卫生院普及相关仪器设备，产科的辅助诊断技术得到明显提高，新生儿安全系数进一步增加。2002 年，成立镇海区围产质控中心。2004 年制定《镇海区产科急救应急处理实施预案》和《镇海区母婴保健技术考核办法》。2005 年，镇海区对流动人口孕产妇实行 800 元平产限价政策，其中符合计划生育政策的给予 400 元费用补助。2006 年，制定《高危妊娠管理实施办法》，出台《产后访视工作规范》。

孕产妇系统保健

1986年，全区户籍总人口191806人，育龄妇女51777人，产妇2095人，建立围产保健卡1980人，建卡率为94.51%，其中12周以前建卡554人。产前检查13590次，人均6.48次，产后访视1701次，访视率81.18%。全区无孕产妇死亡，围产儿死亡30例，占14.51‰。1989年，高危孕妇得到筛选和监护，妊娠图普遍应用，胎儿生长发育情况受到科学监护。1991年3月，全区开展母婴保健保偿工作，入保率达孕妇建卡人数90%以上。1992年，贯彻《浙江省优生保健条例》（以下简称《条例》），成立镇海区实施《条例》领导小组和区优生保健技术鉴定小组，负责区内优生保健工作。1995年，开展加强孕产妇管理质量工作，高危孕产妇管理进一步规范化。1996年，各医院均创建爱婴医院或母婴同室，母乳喂养率接近100%。1998年，加强《中华人民共和国母婴保健法》执法队伍建设，成立区母婴保健技术鉴定委员会，提高孕期保健管理质量。1998年，全区早建率97.5%，孕产妇系统管理率94.5%，高危孕产妇住院分娩率达100%。2002年，全区孕产妇系统管理率达96.8%，围产死亡控制在6.77‰，全年无孕产妇死亡。2004年，全区孕产妇系统管理率93.87%，围产儿死亡率4.76‰（为历史最低），全年无孕产妇死亡。2008年，全区孕产妇保健系统管理率94.1%。2005年起，开展流动人口妇幼保健工作，流动人口中孕产妇保健建卡人数逐年上升，2008年达1518人，比2005年增加62.3%，实现流动人口孕产妇“零死亡”目标。2007—2008年，流动人口中孕产妇保健列入创建卫生强镇考核目标。2008年，有近2000名孕妇、孕前妇女接受保健及指导。

妇女病普查

妇女病普查，原本是一些效益好的企业根据总工会、妇联等群团组织要求，为女职工支付费用开展相关检查。20世纪90年代，逐步成为机关事业单位享受公费医疗妇女一项健康保健待遇。2002年起，40周岁以上妇女的妇女病普查，纳入城镇职工基本医保常规体检项目，每二年检查一次。2007—2008年，开展两年一轮的全区妇女健康检查，累计参检率达80%以上。2008年妇女健康检查共计17053人，其中农村妇女8722人、城镇就业人员6693人、城镇无业人员1604人、城镇低保人员34人，参检率37.19%，疾病检出率64.92%。检出恶性肿瘤10例，其中乳腺癌8例，卵巢癌2例。妇女病普查为妇女“两癌”的早发现、早治疗和提高存活率创造条件。

第二节　儿童保健

1986年，全区开设儿保门诊8个；全区有0~7岁儿童13619人，建立健康检查卡的6920人，其中0~3岁儿童5494人，建立健康检查卡的2977人；儿童体格发育情况，身高达到超均值的1058名，占52.64%，体重达到超均值的998名，占49.65%，发现佝偻病69例，为3.4%；进行血红蛋白测定552例，在11克以下456例；婴儿死亡27例，死亡率为13.06‰，其中新生儿死亡23例，死亡率11.12‰。1987年，除汶溪乡外，其他镇乡医院（卫生院）均开设儿童保健“三室”（保健室、活动室、宣教室）。1988年，儿童保健贯彻“预防为主，防治结合，服务社会”方针，把降低各种儿童常见病多发病，提高儿童健康素质，降低婴幼儿死亡率作为儿保工作目标，各医疗机构普遍开设儿保门诊。当年，全区有 0～7 岁儿童 17769 人，其中 0～3 岁建卡率为 86.47%。1991 年起，全区儿童保健门诊从单纯的检查逐渐转到小儿“四病”（佝偻病、小儿腹泻、肺炎、贫血）防治、婴幼儿喂养、保健指导等工作，提高儿童系统管理率。1995 年，贯彻落实《市儿童保健工作常规》，重点加强对体弱儿的管理，全区 264 名佝偻病、566 名贫血儿童矫治率达到 100%。1996—2001 年，托儿所、幼儿园保健工作渐趋规范化，流动人口的儿童保健纳入当地管理。2004 年，全区开展“规范保健室”创建活动。2005 年后，流动人口儿童保健建卡人数逐年上升，2008 年达到 5202 人，比 2005 年增加 94.3%。2006 年，实施流动人口儿童年每年一次免费常规体检（含血常规），累计体检 13729 人。2008 年，在全市率先开展“小婴儿发育性髋关节异常筛查”，共有 528 名高危小婴儿进行超声波筛查，发现有异常的 86 名，通过矫治，有 53 名转为正常。2008 年 9 月，开展食用含三聚氰胺奶粉婴儿筛查诊治工作，一周内共排摸 3 岁以下儿童 15991 人，免费筛查 8338 人次，查出 46 例有明显泌尿系统疾患，给予内科保守治疗，无死亡病例。

第六章　卫生监督

1986年区卫生防疫站设有卫生监督科，1997年区卫生局将防疫站卫生监督科作为局直属卫生监督大队，2002年4月成立区卫生监督所，监督大队职能划入区卫生监督所，依法开展食品卫生、公共场所卫生、医疗卫生、职业卫生、放射卫生等监督。2004年7月7日，健全城乡一体卫生监督执法网络，加强农村卫生监督。1985—1990年，全区发生食物中毒10起，中毒人数70人，死亡1人；1991—1995年发生食物中毒3起，中毒人数47人；1996—2000年发生食物中毒4起，中毒人数63人；2001—2005年发生食物中毒12起，208人中毒。食物中毒多发在饭店、单位食堂，以细菌性食物中毒为主，家庭中有河豚、织纹螺及猪头肉亚硝酸盐中毒。2006—2008年未发生食物中毒，未发生职业病群体性事件。

1986—2001年，医疗卫生监督管理工作纳入卫生局医政科行政职能，2002年起由区卫生监督所依法监督管理。依据《中华人民共和国传染病防治法》《医疗机构管理条例》《消毒管理条例》《医疗废弃物管理条例》等法律法规，开展传染病防治、整顿医疗市场秩序、一次性使用医疗用品和医疗废弃物管理、消毒产品、消杀企业管理等方面工作。进入21世纪，随着新镇海人大量增加，农村及城乡接合部无证行医现象严重，加大整治无证行医力度。2005年，建立农村集市日无证行医巡查制度，对全区农村集市进行轮回检查，规范和净化医疗市场。2008年取缔非法行医46起，查获销毁药品、器械369件。

第一节　食品安全卫生监管

食品安全监管

2005年6月，成立区食品安全委员会。镇、街道成立公共安全监督管理所，设专人负责食品安全，村（社区）均有食品安全协管员。每年区与镇（街道）、部门签订责任状，镇（街道）与村（社区）签订责任状，同时将食品安全列入“平安镇海”考核。

检验检测

区食品安全检测中心（区疾病控制中心）、菜市场农药残留检测室、商品流动监测车及食品卫生安全“六合一”检测箱为检测平台，实行上级部门监督抽检与日常巡检，计划检测与随机检测，定向抽检与跟踪抽检，专项检测与评价性检测相结合。2008年区投入217万元，置气质联用仪、原子荧光仪、离子色谱仪、微波消解仪、高速离心机、高精度水浴箱，增配食品检测技术人员。

卫生监督

1986 年，全区 380 家食品生产经营单位建立食品安全档案，行政处罚 5 起，罚款 190 元，食品抽样检查合格率 77. 99%。2005 年，4244 户食品生产经营单位建立食品安全档案，新发食品卫生许可证 1378 户，实施行政处罚 167 起，罚款 24. 03 万元。2004 年起，食品抽样检测覆盖到全区农村，先后开展餐饮业食品卫生信誉度量化分级管理、快餐店售菜台改造、早点业整治、严查有毒有害食品等工作，做好重大活动的食品卫生保障，取得较好社会效果。2006 年，开展农村土厨师卫生管理工作，有 40 多名厨师参加家庭聚餐申报、操作卫生规程、防止食物中毒等知识培训，实行体检合格上岗制度。同年，开展餐饮单位“五常法”（常组织、常整顿、常清洁、常规范、常自律）管理试点，2008 年全区学校、幼托机构和大中型餐饮单位全面推广。2008 年 9 月起，实行每季一次重点餐饮单位餐具消毒情况随机抽查。同年，全区对 21 家村级菜市场开展食品卫生整治，卫生许可证持证率从原来 60% 提高到 93%，从业人员健康证持证率从 47% 提高到 93%。2008 年，食品抽样检查合格率 94. 42%。

1986 年后，重点推动辖区内 8 个水厂自身建设，定期监督检验，城关镇水厂一月一次，建制镇水厂一季一次，乡级水厂半年一次。2001 年后调整为每年丰水期、枯水期各监督检验一次，自来水厂水质合格率逐年提高。2005 年后镇海区逐步纳入宁波自来水公司大网供水，水质得到保证。1986—2008 年，全区未发生因水质问题造成的传染病暴发，未发生饮用水中毒事件。

1986—2008 年若干年镇海区食品抽样检测合格情况表

表 38 - 11

年份	食品抽样检测合格率（%）
1986	77. 99
1990	86. 37
1995	84. 34
2000	82. 90
2002	88. 31
2004	67. 98
2006	84. 78
2008	94. 42

说明：2004 年抽样点从以城区为主扩大到农村

第二节　公共场所卫生监督

1986 年，开始在建制镇对公共卫生所涉行业建档。1987 年国务院《公共场所卫生管理条例》颁布实施后，各乡镇全面开展公共场所服务行业建档、从业人员体检及营业场所监测工作，监督对象为旅店业、理发业、影剧院、浴室和游泳池等“五行业”。1987 年年底，全区有理发业 60 家、浴室业 3 家、影剧院 12 家、旅社业 41 家，均按规定进行管理。1992 年后，卫生监督监测向乡镇延伸，范围不断扩大。2008 年年底，全区共有各类公共场所单位 1168 家，其中旅店业 208 家，文化娱乐场所 76 家、理发美容店 813 家、公共浴室 48 家、游泳场所 6 家、商场 17 家，从业人员 4102 人。当年有 48 家不符合卫生要求的单位被责令整改，对整改不力的 17 家实施行政处罚。

第三节　职业卫生防治与监管

1986 年，全区有纺织、机械、船舶、轻工、化工、渔业、有色金属等企业 822 家，职工 47345 人，重点开展企业“三苯”（苯、甲苯、二甲苯）监测、尘肺病防治管理、有毒有害作业工人健康体检、农药中毒报告管理等工作。20 世纪 90 年代，乡镇企业、私营企业及三资企业数量不断增加，主要职业危害为印刷业中的铅、电镀业中的铬、采石业中的粉尘、油（喷）漆业中的苯系物等，劳动卫生工作以尘毒危害监测、工人健康体检和农药中毒管理为主。1998 年在镇海建立宁波化学工业区，区内各类职业病危害因素相应增加，呈现复杂化、多样化趋势。2002 年 5 月 1 日起，实施《中华人民共和国职业病防治法》，区卫生监督所专设卫生监督二科，专司职业病防治执法监督。执法监督从涉苯企业着手，以制鞋、玩具制造、家具制造等行业为重点，开展专项整治，建立职业病危害项目申报制度。全区存在职业病危害的以化工行业、电镀业、机械制造业居多，三资企业中的化工行业职业危害尤为明显。职业病危害因素以化学物质为主，主要有苯及苯系物、丙烯腈、铅、硫酸、铬酸、氰化物、甲醇、甲醛、氧化锌、二甲基甲酰胺、氯气、硫化氢等，以及粉尘类危害因素。2005 年，对存在职业病危害因素的企业进行调查、申报、登记，建立职业危害企业档案。2008 年年底，全区申报职业病危害项目的 317 家企业均已建档，职工总数 57896 人，接触职业危害因素的有 10400 人，其中女职工 397 人。区卫生监督部门依法要求企业实行劳动保护，强制为职工体检，对体检结果有问题或存在潜在问题的调离原工作岗位，给予积极治疗，对违法企业依法处罚，维护职工合法权益。

第四节　学校卫生监督

1986—2008 年，学校卫生工作贯彻预防为主方针，从增长学生卫生知识、培养学生良好卫生习惯着手，积极改善学校环境，开展体检，加强防病措施和疾病防治，提高学生的健康水平。全区中小学校均建立学生健康档案，建档率 92.9%，达到省的规定要求。加强学校卫生常规工作，开展中小学生健康体检和学生肠道寄生虫病、龋齿、近视等常见病防治。开展学校现场卫生学监测调查，先后开展中小学生头虱普查普治、甲型肝炎防治、眼镜卫生质量监测等工作。

2002 年以后，区卫生监督所每年对城区学校开展一次学校卫生监督监测，每次 5 家，监督覆盖率 50%，合格率均为 100%。2004 年起，对全区的学校食堂实行食品卫生量化分级管理。当年全区共有设食堂的中（小）学校 39 所，评出 A 级 3 所、B 级 15 所、C 级 18 所。2008 年全区 108 所中（小）学、幼儿园食堂评出 A 级 15 所、B 级 21 所、C 级 72 所。

2006 年春，卫生部门与学校建立学生传染病信息共享制度，及时发现和防控传染病。2007 年 4 月，镇海幼儿园和艺术实验幼儿园通过市卫生局检查验收，成功创建为宁波市第一批托幼示范单位。2008 年 6 月，开展外来民工子弟学校中小学生及 0～7 岁流动散居儿童免费体检，共免费体检 11545 人。

第五节　卫生检验设备及实验室建设

1992 年，购买国产 SQ－207、SQ－208、SQ－1002 型气相色谱仪，开展三苯、防腐剂、甲醇、杂醇油等检验 10 多项。1997 年，购买国产 AAS9442 型原子吸收仪，金属离子的测定从传统的化学分析转变为仪器分析。1997 年购买 318MC 酶标仪、1998 年购买伯乐洗板机。1998 年 11 月，通过省组织 HIV 初筛实验室考核。2001 年 2 月购置日本岛津 GC－17A 气相色谱，并实现分析仪器自动化。2003 年购置超低温冰箱、紫外可见分光管度计、璇光仪等一系列分析仪器。2004 年 4 月，通过省技术监督部门计量认证，通过检测项目 109 项。2004 年，购买法国梅里埃半自动微生物鉴定及药敏智能系统，常见的食物中毒病原菌分离效率大为提高。2004 年 9 月“镇海区食品安全检测中心”挂牌成立，对食品安全样品进行检测。2008 年 4 月，按照县级实验室建设标准，区政府拨款 100 万元购买十余件疾控实验室的快速检测设备。

第七章　医疗设备与技术水平

镇海区的医疗科教研水平在全市的影响力分为两个阶段。第一阶段为1986—1997年，镇海区医疗科教研综合实力居全市中上水平。龙赛医院在县（市）区级医疗机构最早拥有CT机、最早开展心脏起搏器安装、最早开展断指再植术。第二阶段为1998—2008年，镇海区与宁波交通日益便利，市级医院的高速发展，全市统筹的基本医疗保障制度实施，镇海居民到宁波看病现象十分普遍，区域内的病例总数和可供研究的典型病案急剧减少，导致相关医疗机构医疗科教研活动日益弱化，科教研综合实力居全市中下水平。进入21世纪后，镇海区加大对医疗科技投入，加强与高层次的医疗机构合作，提高医疗科教研水平。

第一节　医疗设备

1986年以后，医疗设备更新速度加快。龙赛医院5万元以上器材从80年代初的数十件增加到1990年年底的195件，有些设备的先进性属市内领先。手术、麻醉室有美国双子式手术灯、太平洋电动多功能手术床、三母无影灯、高频电刀、手术室净化系统、麻醉监护仪、CS5自体血回输仪等33件；胃镜室有电子胃镜、电子影像处理系统奥林巴斯电子内窥镜等9件；血透室有血透机、床水机等6件；心电图室有动态心电监护系统等5件；B超室有美国产彩超、多普勒彩超、彩色多普勒超声诊断系统等12件；ICU室有太空监护仪、西门子通用呼吸机、血气分析仪、床边血液超滤等19件；放射科有CT机、磁共振机、数字肠胃主机、全自动洗片机等18件；各病区、门诊都拥有监护仪、治疗仪等90多件。2005年起，区政府对综合性医疗机构购置医疗设备给予50%财政补贴，各社区卫生服务中心购置医疗设备，各级财政给予资助。2008年，全区综合性医院新增LIGHT SPEED 16计算机断层扫描系统、FEP－BY02超声刀、双板DR DIGTAL DIAGNOST多功能数字平板放射成像系统等医疗设备10件，总金额1746.98万元。1995—2008年，卫生系统医疗机构共购置重要医疗设备26台，总金额7563.85万元。

1995—2008年镇海区卫生系统医疗设备仪器购置情况表

表38－12

年份	大型仪器设备				
	设备（仪器）名称	型号	数量（台）	金额（万元）	其中 捐赠金额
1995	CT机	—	1	376.00	—
1996	电子胃镜	—	1	40.00	—

续表 38-12

年份	大型仪器设备				
	设备（仪器）名称	型号	数量（台）	金额（万元）	其中 捐赠金额
1997	腹腔镜系统	史赛克 814 型	1	61.80	—
1998	彩色超声诊断仪	美国 ACUSON	1	103.60	—
	骨质密度分析仪	—	1	46.50	—
2000	麻醉机	德尔格	1	62.70	—
	手术室净化系统	—	1	77.90	—
	全自动生化分析仪	BeckmanCXQ	1	116.00	—
	彩色超声诊断仪	—	1	79.50	—
	生化分析仪	—	1	66.80	—
2001	全自动血球计数仪	—	1	70.00	—
2002	数字胃肠机	—	1	180.20	—
	化学发光免疫分析仪	—	1	49.70	—
	生化分析仪	CX5PRO	1	80.75	—
	彩色超声诊断仪	—	1	112.00	—
	彩色多普勒 B 超机	GELOGIQ500PRO	1	130.00	10 万美金
2003	磁拱振机	—	1	200.00	—
	彩色超声诊断仪	—	1	88.00	—
	爱克发 CR 干式相机	日立 AAFA	1	152.10	—
	电子影像处理系统	—	1	49.50	—
	全自动生化仪	—	1	120.70	—
2004	彩色多普勒	SEQUQIA512	1	226.70	—
	全自动生化分析仪	7080IC	1	100.00	—
2004	体外冲击波碎石机	—	1	88.00	—
	移动式 C 型臂力线机	APX-111DSA50	1	150.10	—
	FQR500RX 光机	—	1	63.40	—
2005	麻醉机+麻醉监护仪	AESTIVA/S	1	48.50	—
	奥林巴斯电子内窥镜	EUTS-LUCERA	1	83.00	—
	500 毫安胃肠机	—	1	85.28	—

续表 38－12

年份	大型仪器设备				
	设备（仪器）名称	型号	数量（台）	金额（万元）	其中 捐赠金额
2006	伟伦中央监护系统	ACUITY LT	1	43.00	—
	彩色多普勒超声诊断系统	GE LOGIQ 7	1	105.84	—
	多普勒彩超	SEQUQIA 512	1	182.70	—
	EX 遥控 X 线摄片机	—	1	75.00	—
	500MA X 线摄片机	—	1	40.28	—
	彩色多普勒超声诊断系统	—	1	157.25	—
	彩色多普勒超声诊断系统	SSD－3500	1	79.50	—
	自动生化仪	TBA－40FR	1	66.80	—
	彩色 B 超	BD－8000C	1	55.00	—
	CR 计算机处理系统	AGFA5500	1	69.00	—
	原子吸收仪	—	1	44.60	—
2007	电子胃镜	4400 型	1	58.00	—
	脑电图仪	光电 1500	1	41.52	—
	经颅多普勒仪	TC8080	1	69.46	—
	X 光机	岛津 SHIMAVILIO	1	104.92	—
	640 对置式摄片机	BUS T59201	1	45.58	—
	彩色超声波诊断仪	LOGIQ BOOK	1	52.57	—
	钼靶乳腺机	GIOTTO IMAGE－MR	1	61.42	—
	彩色超声波诊断仪	东芝 NEMIO	1	176.20	—
	计算机放射成像系统	AGFA ADC SOLO	1	106.06	—
	彩色超声波诊断仪	Voluson 730 pro	1	199.56	—
	产科监护系统	OB TRACE VUE/FM－2	1	50.33	—
	尿液分析仪	UF－100	1	60.54	—
	全自动血红蛋白分析仪	HS－12	1	50.16	—
	生化分析仪及附件	OLYMPUS640	1	136.93	—
	血细饱计数器	XT－1800i	1	64.12	—
	自动临床免疫分析仪	VITROS ECI	1	79.32	—
	细菌净化台	细菌鉴定/药敏分析仪 AutoScan－4	1	72.84	—

续表 38－12

年份	大型仪器设备				
	设备（仪器）名称	型号	数量（台）	金额（万元）	其中 捐赠金额
2007	电子胃镜	EVIS－240	1	57.25	—
	中型医用高压氧舱	NG260/800A	1	74.45	—
	腹腔镜系统	STRYKER	1	59.12	—
	多功能麻醉机	DRAGER JULIAN PLUS	1	56.02	—
	自动洗片系统	K－ASC0b1027	1	64.80	—
	全自动生化仪	CX4PRO	1	48.00	—
2008	多功能数字平板放射成像系统	双板 DR DIGTAL DIAGNOST	1	232.18	—
	超声刀	FEP－BY02	1	385.00	—
	计算机断层扫描系统	LIGHT SPEED 16	1	445.00	—
	全自动生化分析仪	DXC800	1	78.00	—
	彩超	IU22	1	170.00	—
	彩色多谱超声诊断仪	SA－9900	1	85.00	—
	奥林巴斯电子胃镜	260	1	69.00	—
	气质联用仪	—	1	98.82	—
	全自动生化仪	—	1	48.98	—
	麦迪逊彩超	—	1	135.00	—
合计		—	—	7563.85	—

第二节　医疗技术

1986年后，镇海区开展的医疗技术有胶质瘤、听神精瘤、脑膜瘤等颅内肿瘤切除术、食管癌根除术、肺癌肺叶及全肺切除术、股骨头置换术、髋关节置换术、腰椎间盘突出切除术、重度脊柱侧弯矫形术、经尿道前列腺电切术、全膀胱切除术、体外冲击波碎石、肾癌根治术、纤维支气管镜、腹腔镜胆囊切除、腔镜下甲状腺手术、胆总管切开取石术、胰十二指肠切除术、门脉高压门体分流及门奇断流术、直肠癌根治低位保肛术、胃癌根治术、肝胆管盆式胆肠内引流术、甲状癌根治、颈淋巴结清扫术、乳房癌根除术、子宫全切术、宫腔镜等内镜技术诊断、心脏起搏器植入、冠状动脉造影、急性心肌梗塞的溶栓治疗、ERCP治疗、脑出血微创抽吸术、无创呼吸机对呼吸衰竭的治疗、血液透析及高压氧舱治疗。其中具有突破性或处于全市领先的技术有：1989年5月，龙赛医院在上级医院专家指导下开展腹膜透析新技术；1989 年 6 月，龙赛医院在市医学专家指导下，首例埋藏式永久性程控起搏器安装成功；1989 年 10 月，龙赛医院在杭州一院专家的帮助下开展 ERFP 检查；1990 年 10 月，龙赛医院在上海“八五”医院专家指导下开展“介入疗法”新技术；1992 年 1 月，龙赛医院骨科开展断指再植成功；1997 年 8 月，龙赛医院外科开展首例腹腔镜胆囊切除术；2000 年 7 月，龙赛医院妇产科在上海医院专家指导下开展首例妇科腹腔镜手术；2001 年 9 月，龙赛医院心内科完成首例 C 臂机下“冠状动脉造影术”；2004 年 2 月，龙赛医院开展用超声刀治疗肿瘤的新项目；2005 年，龙赛医院神经内科应用微创技术治疗临床症状恶化的脑出血；2006 年，龙赛医院骨科开展重度脊柱侧弯矫形新手术；2007 年，龙赛医院开展将血液回输技术应用于骨科大手术；2008 年，龙赛医院开展 CPA 区及大脑凸面脑膜瘤、巨大动静脉畸形切除术，龙赛医院麻醉科承担宁波市级课题“术前自体血小板单采在骨科大手术中血液保护的研究”。2008 年，省级立项科研课题 3 项，市级立项科研课题 1 项。1986—2008 年，共获省四等奖 1 项，市四等奖 1 项，区各类科技（成果）进步奖 33 项。获市优秀论文奖 3 项，区各类优秀论文奖 108 项。

第三节　医学综合能力建设

继续教育

2001 年龙赛医院首次与浙医一院合办省级继续教育项目，以后每年一期。2002 年 5 月，龙赛医院成为“宁波大学教学医院”，作为宁波大学的教学实习基地。2002 年 12 月成立镇海糖尿病中心，对医务人员进行相关培训教学。2003 年龙赛医院院长助理马苏亚主任医师应美国费城托马斯杰斐逊大学医学院邀请，赴美做访问学者。2006 年龙赛医院与浙医一院合办国家级继续教育项目。1986—2008 年卫生系统在职职工通过自考、电大、远程、夜大等途径参加学历教育并已取得大专和本科毕业文凭的人数达 1337 人次，在职在读人数 400 多人，其中近年新招研究生和就读在职研究生有 40 人次。1986—2004 年获国家级和省级一类学分继续教育的卫技人员累计 1218 人次，2005—2008 年中级及以上卫技人员参加继续教育获一类学分率达到 95%。1986—2008 年全区卫技人员到上级医疗机构进修学习累计 978 人次，其中出国进修 5 人次。

随着社区卫生服务的兴起，2000 年开始举办第一期全科医学培训，至 2004 年全区有 123 名基层医务人员参加宁波市全科医学教育培训（包括宁波市农村基层全科医学教育培训），112 名医师毕业，2005—2008 年全区全科医师培训数达 202 名。2001 年开始举办第一期宁波市社区护士转型教育培训，至 2008 年止共有 120 名在社区卫生服务中心（站）工作的护士参加社区护士转型教育。学科建设

学科建设

2006 年，区卫生局开展学科带头人评选，每两年评选一次，推进医学学科建设。当年，评选出全区 5 名医学学科带头人和 10 名后备学科带头人，学科带头人每人每年享受 3 万元学术津贴，后备学科带头人每人每年享受 1.8 万元学术津贴。2008 年 3 月，区卫生系统评选产生第三届突出贡献

学科带头人 1 名、学科带头人 8 名、后备学科带头人 14 名。龙赛医院 B 超科进入市领先行列，马苏亚的 B 超诊断书在全市医院和部分省级医院均能通用。中医院中医儿科名震一方，周边县（市）区儿童纷纷到区中医院前来诊治。其他如心血管内科、神经内科、脑外科、手外科、肛肠科以及病理科、高压氧治疗中毒等，均有一定的社会知名度。2008 年，市级重点扶持学科 1 个，区重点扶持学科 8 个。

第八章 爱国卫生运动

1986—1999 年，爱国卫生运动的基本内容是除“四害”。1990 年开始，全区爱国卫生运动工作重点突出创建“全国卫生城市”。1993 年，省城市卫生检查团到镇海检查，各项检查均为合格。1995 年 10 月，国家卫生城市检查团检查全区食品卫生、公共场所卫生、传染病防治、健康教育等工作表示满意。1996 年 6 月，浙江省卫生城市验收团对贵驷镇、庄市镇复查验收，各项指标基本符合要求。1999 年 9 月，全国城市卫生综合检查团检查镇海区，肯定全区卫生工作和爱国卫生运动的组织和管理。2003 年，根据市政府创卫工作要求，全区开展创建国家卫生城市工作。2004 年 3 月，宁波市创建国家卫生城市通过国家考核验收，其后镇海区巩固完善国家卫生城市创建成果，顺利通过两年一次国家卫生城市复评。

第一节 除“四害”

1986 年，开展群众性灭鼠活动，鼠密度由灭前的 10% 下降至 5%。1987 年，全区开展创建“无鼠害”城区活动，并于次年创建成功。其后数年，均开展大规模灭鼠达标巩固工作，鼠密度控制在 0.25% ~1.7% 之间，获宁波市灭鼠先进城区。1989 年城区通过全国、省爱卫会灭鼠考核鉴定组考核，灭鼠三项监测指标均符合全国爱卫会规定的“无鼠害”考核要求，被评为全国灭鼠先进城区。1990 年，全区农村在农田共投放毒饵 28.5 吨，农村鼠密度（夹日法）由 7.24% 下降至 0.62%，经市考核达标，获农村灭鼠先进集体荣誉。1998 年，全区全年共建鼠屋 2500 余只，重新对防鼠设施进行补漏，开展大规模的检查和投药工作。当年接受全国灭鼠复查，镇海区以室内鼠迹阳性率 4.73%，外环境鼠迹阳性率 0，防鼠设施不合格率 14.6%，通过全国爱卫会组织灭鼠达标复查。1997 年，全年共投入灭蟑药物 3 万包，药笔 3 万支，灭害灵 48 瓶，敌敌畏 5 箱，经密度监测，全年平均蟑螂密度为 0.26 只/样盒，苍蝇密度为 58.3 只/笼・日，蚊子密度为 1.9 只/人工小时。1999 年，全年共投入灭蟑神笔 9 万余支、烟炮 5000 只、灭蚊生物剂 200 公斤、奋斗呐 300 公斤、气雾剂 600 余瓶、其他各类灭蝇药物 0.7 吨，通过省级灭蝇达标考核。其后，“四害”密度常年控制在全国爱卫会规定的标准之内。2003 年，通过全国爱卫会组织的灭蚊达标考核。2004 年 9 月，镇海区招宝山街道试行除“四害”市场化运作模式，实施社会招标，由专业消杀公司承包除“四害”工作。2005—2008 年，全区各镇（街道）除“四害”工作从行政包办逐步过渡到市场化运作，区爱卫办负责指导、监督、考核、协调。

第二节 农村改水

1986年，新建澥浦镇水厂和河头乡杜郭水厂，全区自来水受益人数达到10.15万人，占总人口的53%，受益村占全区行政村总数的41%。当年，全国省市改水会议在宁波召开，镇海区水厂的规范化运作受到好评，欧共体专家还到骆驼、俞范、贵驷3家水厂参观考察。1987—1989年，各乡镇每年集资改水经费180万元，铺设总管道52千米，提前达到国家"七五"改水规划要求。1990年，成立专业队伍，开展高楼水箱清洗消毒，防止二次污染。1991年，镇海区被评为全国"七五"改水先进县（区）。1992—1995年集资千余万元，铺设管道10千米，完成十字路水库引水工程，保障城区居民饮用水的质量，继续开展村村通水工程。1995年年底，全区151个村均通自来水，受益人口占农村总人口的95%以上，提前完成"八五"改水任务。同年，开展十字路水库饮用水源防治工作，10月通过市考核验收，被评为合格饮用水源保护区。1995—1997年，三年总投资1200万元，先后铺设600毫米大口径管道22千米，400毫米管道11.5千米，建造二座加压站对高楼水箱供水。1997年，各镇（乡）通过市爱卫会自来水化镇（乡）考核。2001年，镇海区爱卫会被评为市级"七五"期间农村改水先进单位。2004年2月，市爱卫会复查后，重新确认命名澥浦镇、九龙湖镇、骆驼街道、蛟川街道为自来水化乡镇（街道）。2004—2006年，镇海区投入8360万元，实施新一轮农村自来水管网和一户一表改造工程。2008年，除2个镇外，各街道均并入宁波市大网供水。

第三节 健康教育

1986年，全区无专职健康教育人员，企事业单位、农村大部分配有兼职人员，从事健康知识宣传工作。1986—1988年，防疫站自编《卫生宣传报》，全区开展"五个一"健康教育宣传（一块黑板报、一张卫生小报、一只广播、一堂卫生课、一支文艺宣传队），城区各小学开设卫生课进行较系统的保健教育。1986年，防疫站自编《农民卫生保健》手册，开展农民卫生科普教育。1989年，开展社区健康教育试点，次年全区各乡镇（街道）全面推行社区健康教育。1992年起，确定各类人群规范化教育11个试点单位，推广规范化教育，开展对接触有毒有害作业工人的健康教育。"八五"期间，全区健康教育率达到95%以上，公共场所经营管理单位开展无吸烟单位评选活动。1995年，本区实施九亿农民健康教育行动。2000年起，健康教育向健康促进转变，后大街社区试行高血压防治为主的慢性病干预，随后城区其他社区也相继推行。2003年，招宝山街道开展暑期中小学生健康促进系列活动。2004年，健康教育和健康促进工作纳入社区卫生服务范围，全区共有健康教育专兼职人员35名，基层单位卫生宣传员242名。2005年，建立区、镇（街道）、村（社区）三级健康教育体系，成立健康教育讲师团，成员26名，下基层宣讲39次。当年，《镇海卫生报》开辟

《健康教育》专栏，每期印刷1万份，随《镇海报》（后改《今日镇海》）免费发送。2006年，聘请医疗机构专家，以老年大学、社区老年协会等为平台，向中老年市民普及健康知识。2007年起，区财政拨出专项经费，支持爱卫办牵头正式组建健康教育讲师团，深入农村、社区、机关、企事业单位举办健康讲座，当年讲座35场，2008年，健康教育讲师团行政村上门宣讲率达到100%。2007—2008年，区财政累计拨款70余万元，编辑出版《卫生常识系列读本》，包括《疾病防治知识》《妇幼保健知识》《营养与食品卫生知识》《公共卫生应急知识》4个分册，赠发到全区每个家庭。

第四节　农村环境卫生

1999年，全区以卫生村创建为突破口，开展为期3年的全区农村环境卫生整治，有34个村达到区级卫生村的标准，其中2个村达到市级卫生村标准。2001年，宁波市开展为期3年的农村环境卫生整治工作，镇海区制定《全区农村环境整治三年规划及实施方案（2001—2003)》，全面清除露天粪缸列入区政府实事工程。2001—2002年，全区清除露天粪缸2万余个，建造公厕1107座、专用化粪池470只、垃圾箱3555只、垃圾中转站87座，率先在全市消灭露天粪缸，《健康报》头版作了报道。2002年，全区农村实施6～8小时的动态保洁，保洁覆盖率以村为单位统计达87%。2003年，结合卫生村创建，巩固和拓展农村动态保洁，专项整治群众反映强烈的环境卫生问题。2004年，制定《2004—2006年镇海区农村环境卫生整治实施方案》，开展农村公厕无害化改造试点。2005年，农村公厕无害化改造列入政府实事工程，当年共改造无害化公厕326座，拆除破损公厕169座，改造专用化粪池73只。至2006年，共改造无害化公厕644座，完成全区农村公厕改造任务。2006年，全面实现农村环境卫生整治规划确定的目标。2007年，制定《“清洁美化家园行动”（2007—2009年）三年纲要》，印制10万份清洁美化家园行动公约，每户一份。2008年，全区农村区域保洁责任制覆盖率100%，清洁美化家园行动公约签订率100%，垃圾桶装化上门收集率100%。

（责任编辑　陈柏青）

第三十九编　体　育

本编目录

镇海是早期传播并进行近代体育活动的地区之一。镇海建区后，普及群众性体育活动，每年举办全民健身周（月）活动，组织开展各类综合性或单项体育活动。学校体育不断得到充实和提高。区运会、老年人运动会、机关运动会、社区运动会、非公有制企业职工运动会、残疾人运动会等6项全区性大型体育活动赛事已成传统。镇海区运动员多次在世界、国家、全省比赛中取得较好成绩，为省运动队输送一大批体育人才。1995年10月，骆驼镇经国家体委批准成为“全国亿万农民健身活动先进乡镇”。贵驷镇、澥浦镇、庄市镇先后被省体委批准为省级体育先进乡镇。1996年镇海区被评为第五批全国体育先进区。2003年镇海区被评为全国健身周活动先进单位。至2008年，全区所有镇、街道均获省体育强镇称号，体育锻炼人口达48%。

第一章　民间传统体育

镇海传统武术源远流长，民间体育活动有广泛的社会基础，不少选手在各类比赛中都取得较好成绩。

第一节　传统武术

镇海武术可追溯至明朝，为抗击倭寇，各地群众设拳坛，练武布阵。1928 年，镇海县民众教育馆曾辅导群众练习武术。新中国成立后，传统武术仍在民间流传。1970 年县体委军管组聘任武术教练，建立县体操技巧武术队，多次参加比赛获奖，一批运动员被输送到省武术队。1973 年城关镇正式建立武术队，多次参加全国和省比赛，至 1984 年共获金牌 15 枚、银牌 6 枚、铜牌 11 枚，并向上级体育部门输送运动员 2 名，其中陆灵勇后被评为精武级运动员。1986 年后，随着群众健身热潮兴起，传统武术得到推广和普及。1975 年 9 月，镇海籍运动员颜建国在第三届全国运动会上获南拳亚军，1980 年 7 月，在浙江省武术传统项目比赛中，颜建国等获得传统项目和散打优胜奖。1979—1984 年，镇海籍运动员胡坚强获得南拳全国冠军 4 次，亚军 1 次。1985 年，镇海籍运动员乐美勇获浙江省武术比赛金牌。1999 年，镇海籍运动员董镇安在全国武术锦标赛中获太极拳比赛金牌。2005 年，镇海籍运动员应育鑫在美国费城举行的国际武术比赛中获 2 枚金牌。

第二节　长跑活动

长跑活动在镇海有广泛的群众基础，有组织开展元旦或冬季群众长跑活动已形成传统。1995 年，由中老年退休干部、教师和职工为主组成镇海长跑队，坚持至今。1996 年 3 月，在宁波赛区奥运圣火传递护送员选拔赛中，镇海长跑队员分别获冠军、亚军。此后在 1998 年“泰山国际登山节”比赛、“利群”杯第十三届西湖桂花国际马拉松赛、1999 年北京全国第二届老将田径运动会、2000 年杭州“银绿杭州杯”全国长跑邀请赛、2002 年浙江省暨杭州市国际马拉松赛、2003 年第二届全国沿海城市长跑邀请赛、2004 年杭州“青春宝庆余堂杯”全国长跑邀请赛、2004 年上海“东丽杯”国际马拉松比赛、2004 年“中冠房产杯”全国长跑邀请赛、2005 年杭州“华立·爵士风情杯”全国长跑邀请赛等全国性比赛中，镇海区队屡屡获团体和个人奖项。

第三节　信鸽放飞　钓鱼

信鸽放飞

20 世纪 60—70 年代民间信鸽放飞逐步兴起，原镇海县信鸽协会于 1978 年成立，有组织地开展信鸽放飞活动。1985 年 10 月建区后更名为镇海区信鸽协会。2002 年镇海区信鸽协会承办宁波市“冯氏杯”信鸽大奖赛。2003 年与海曙区信鸽协会协办“冯氏杯”信鸽大奖赛。2004 年 12 月 4 日，成立镇海区第十届信鸽协会，有会员 60 人。

钓鱼

原镇海县钓鱼协会于 1984 年 11 月正式成立，建区后更名为镇海区钓鱼协会。协会先后组织华东各省市钓鱼协作赛、华东三十城市协作赛，承办浙江省第四届钓鱼赛和宁波市第三届钓鱼比赛，举办“迎亚运”大型义钓活动。为宣传残疾人保障法和为残疾人募捐、支持北京申办奥运会等，共举办 6 次大型义钓活动。在 1987 年浙江省第三届钓鱼比赛、1988 年浙江“火电杯”钓鱼比赛、1990 年重庆单列城市钓鱼邀请赛、1993 年青岛华东地区海钓比赛、1995 年无锡锡山区华东地区“捷达”杯钓鱼比赛、1995 年慈溪市周巷海峡两岸“欧娜杯”钓鱼比赛、1999 年华东城市钓鱼比赛中，镇海都获得团体或个人奖项。1992 年，邀请台湾国际钓鱼名人吕景新到镇海传授钓鱼技术，交流钓鱼经验，同时邀请宁波地区各县、市钓鱼协会会友参加。

第二章 社会体育

1986—2008年，群众体育活动从城区扩展到农村，群众健身网络系统基本形成。全区获省及省以上群众体育先进单位荣誉23项，镇海炼化公司和镇海中学获全国群体先进单位，后大社区获全国和浙江省体育先进社区称号，2个村创建成为省村级体育俱乐部，22个村创建成为市级体育特色村。

第一节 职工体育

1986年，区总工会组织举办镇海区第一届工人运动会，设田径、游泳、篮球、足球、乒乓等比赛项目，以后又举行2届。1995年，举办第一届镇海地区职工（包括驻镇海部队、省属大工程单位、企业等）游泳比赛，至2008年共举行8届。2005年，区总工会组队参加宁波市第八届职工游泳比赛，获3枚金牌、3枚银牌，并获团体总分第一。2005年5月至10月，区总工会组队参加宁波市第八届职工运动会的田径、中国象棋、围棋、游泳、乒乓球等五项比赛，并承办中国象棋、围棋比赛。2005年6月至8月宁波市举行第五届外企运动会，镇海区宁波LG·甬兴化工有限公司、金丰（中国）机械工业有限公司、宁波镇海热电厂有限公司、宁波孚宝仓储有限公司4家单位参加，宁波LG·甬兴化工有限公司为协办单位之一。2006年11月，镇海区举行首届非公（外商）企业职工运动会，比赛项目有障碍接力赛跑、拔河、中国象棋、三人制篮球、乒乓球、游泳6项，参加单位20个，参赛人员共1200人次。

第二节 农民体育

20世纪60年代初，团桥等部分乡建有农民篮球队，经常相互交流。1984年5月，湾塘乡农民高月球参加在绍兴举行的浙江省马拉松比赛，以3小时32分57秒的成绩获省女子马拉松比赛第一名。1992年10月，骆驼镇农民钟兆民获省第二届农民运动会100米仰泳第一名。1995年9月，骆驼镇7名游泳运动员代表宁波市参加浙江省农运会游泳比赛，获团体第一名。1995年10月，骆驼镇获全国亿万农民健身活动先进乡镇称号。1996年3月，骆驼镇举办首届全民健身运动会，有63个队、3000名运动员参加。进入21世纪后，农民体育融入社区体育活动。2002年后，全区各街道（镇）都建立健全体育活动领导小组，设立体育辅导站，负责体育业务培训，每年有固定经费，有小型竞赛。2006 年实施“农村体育奔小康工程”。

第三节 老年人体育

老年人参加体育活动，初期多为自发单体活动，一般以打拳、舞剑、下棋、钓鱼、散步为主。1987 年镇海区成立老年人体育协会，街道、镇成立老年人体育领导小组。1991 年，举办首届老年人运动会后，区每两年举行一次老年人运动会。1995 年贯彻实施《中华人民共和国体育法》和《全民健身计划纲要》，推动老年人健身活动进一步开展，项目增多，范围扩大，竞赛活动频繁。2003—2006 年间，在富阳比赛的省老年柔力球对抗赛、在上海举行的全国第二届老年人太极柔力球比赛、在富阳举行的省老年柔力球对抗比赛、在宁海举行的省老年柔力球对抗比赛、在廊坊举行的第五届全国老年人柔力球比赛中，镇海区运动队（员）均取得可喜的成绩，获得好名次。2006 年 4 月至 10 月，镇海区第八届老年运动会举行，比赛项目有门球、乒乓球、气排球、健身球、柔力球、桥牌、棋类、太极拳、剑、健身秧歌、竞技麻将、飞镖、钓鱼 12 项，参赛运动员共 530 人次，运动会历时 112 天。至 2008 年，老年人运动会已举办 8 届，有 3000 多人次参加比赛。

第四节 其他群体活动

残疾人体育

残疾人体育主要依托区体育协会和各镇、街道和企业资助，开展简单易学的体育活动，每年约有 400～500 人参加体育活动。1998 年 5 月 29—31 日，组团参加市第四届残疾人运动会。2008 年，第十三届残疾人奥运会在北京举行，镇海区运动员郎云龙参加七人制（脑瘫）足球赛。

社区体育

1995 年全区开展全民健身活动后，社区组织居民参加健身活动，逐步形成社区体育队伍。1999 年，区妇联举办镇海区文明楼"迎回归"健身操比赛，比赛内容有健身操、太极拳、木兰剑等。2002 年 5 月，镇海区举办首届社区运动会暨健身大赛，有 13 支社区代表队参加，设 9 个项目，参赛者达 1100 人次。2006 年 5 月至 7 月，举办镇海区第二届"生态·和谐"社区运动会，比赛设拔河、飞镖、钓鱼、三人制篮球（男子）、乒乓球、中国象棋、武术、门球共 8 项，参加单位有 4 个街道、2 个镇的 22 个社区，参赛运动员共 900 人次。2005 年后大街社区获省城市先进体育社区，2006 年获全国城市先进体育社区称号。

机关体育

机关体育平时以科室或单位之间小型乒乓球、棋牌之类的活动为主，有些单位组织开展工广播体操活动。1993 年起，开始每两年举行一次机关运动会，至 2008 年已举办 8 次，有 1 万多人次参加。1995 年区妇联举行自行车慢车赛，参加对象为区级机关女干部，有 46 人参加。

第五节 全民健身

全民健身周（月）

1995年国家颁布实施《全民健身计划纲要》。当年，镇海区组织第一届全民健身周活动。1997—2008年，每年举行一次全民健身宣传周（月）活动。其中：第三届（1998年）的“百村”象棋赛，有180名运动员参加；第五届（2000年）组织开展三次大的活动，6月举行全国体育大会健美操比赛，7月开展社区体育宣传活动，10月组织万人健身月活动，累计参加各种体育活动有五万余人次；第八届（2003年）举行万人跳绳比赛；第十届（2005年）举办体育事业“辉煌十年”成就展览，组织纪念体育法颁布十周年征文比赛，培训社会体育指导员，举办中国门球冠军赛宁波赛区比赛，举办全区青少年和民众武术比赛；第十一届（2006年）全民健身活动月，宣传“群众体育与奥运同行”，弘扬“重在参与”的奥运精神，举行镇海区第二届“生态·和谐”社区运动会、镇海区第八届老年人运动会、省浙东片海洋体育文化展示，组织评选“全民健身好家庭”等；第十二届（2007年）全民健身月活动期间，举行区第十二个全民健身活动月启动仪式暨区第八届机关运动会开幕式，同时举行广场健身表演活动。其间，各镇、街道、学校、协会及企事业单位，组织开展不同层次的运动会和健身活动。

群众健身网络

镇海区群众性健身活动，主要以中老年群体为主。晨练活动在20世纪90年代初期逐步形成和发展，集体排舞的晚练活动逐步兴起，各类健身活动遍及全区各公园。1991年区妇联举办女子健美操比赛，有10个单位参加。进入21世纪后，群众性健身活动从城区向到农村发展，村村开展群众健身活动。2004年团区委在龙赛体育馆举行为期3天的第一届青年篮球赛，共24支代表队参加比赛，运动员达250人。2004年全区有93支健身队伍，分布在各街道、镇，其中城区中山广场有将近10支队伍，项目有太极拳（剑）、木兰扇、柔力球、健身球、交谊舞、门球以及各种徒手活动。2005年，各镇、街道组织31次大型群众健身活动，参加活动的有1.2万多人次。2008年，全区有组织和一定规模的健身队伍达到310支，遍及城乡社区，形成“社社有特色、村村有队伍”的群众体育健身网络体系。

全民健身路径

原先只是在招宝山街道少数地段安装健身器材，供附近居民锻炼身体。2002年起，全区实施健身路径建设工程。2003年，区体育局下发《关于印发“镇海区‘中国体育彩票’全民健身路径管理暂行办法”的通知》，规范全民健身路径的建设、使用、管理等工作。2004年年底，全区建有健身路径172条，分布各社区和66个村。2006年，对全区范围内的健身器材进行安全检查，对存在安全隐患的、因选址不妥引发扰民矛盾的，分别采取维修、更换或拆除措施。鼓励社区（村）更新老旧的健身路径器材，符合条件的列入2006年全民健身路径建造（更新）计划，给予每套器材一次性补助5000元。后又制订出台《镇海区公共体育设施建设、维护、管理办法》，对村、社区新建、更新健身路径，按区、镇（街道）、社区（村）各三分之一的比例，给予补助。2008年，全区所有社区、村拥有1套以上健身路径和室内活动室100平方米以上，门球场近40片。行政村健身路径普及到自然村，平均5套，社区平均3套。

国民体质监测

2005年7月6日，区教育（体育）、科技、民政、财政、卫生、统计、总工会等单位组成国民体质测试领导小组，建立镇海国民体质监察站，设在龙赛体育中心。2005年9月6日至16日，监测站对区艺术实验幼儿园、庄市诗龄幼儿园、体育中心、骆驼中学、蛟川街道临江社区等1456名人员进行测试，测试项目共24项，其中身体形态7项，机能4项，素质13项。测试结果，受测人员优秀为67.5%，中等为19.4%，差为13.1%。2008年，全区各镇、街道均建立国民体质监测站，开展国民体质监测工作。

1994—2008年镇海区省级及以上群众体育先进单位一览表

表39－1

获奖年份	获奖单位	奖项名称	授奖机关
1994	镇海中学	全国群体先进集体	国家体委
1995	骆驼镇	全国亿万农民健身活动先进单位	国家体委农业部居民协会
	技巧运动学校	业余训练先进集体	国家体委
	镇海炼化公司	全国群体先进单位	国家体委
1996	镇海区	全国体育先进区	国家体委
	骆驼镇	省级体育先进乡镇	省体委
	城关镇	省级体育先进乡镇	省体委
1996	庄市镇	省级体育先进乡镇	省体委
	贵驷镇	省级体育先进乡镇	省体委
	澥浦镇	省级体育先进乡镇	省体委
	澥浦镇	省级特色体育先进乡镇	省体委
	镇海城关镇	省级体育先进乡镇	省体委
	镇海中学	省级体育先进集体	省体委
2005	区龙赛青少年体育俱乐部	全国先进青少年体育俱乐部	国家体育局
2005	后大街社区	省城市先进体育社区	省体育局
2006	后大街社区	全国城市体育先进社区	国家体育局
2006	澥浦镇	浙江省体育强镇	省体育局
2007	庄市街道	浙江省体育强镇	省体育局
2008	骆驼街道	浙江省体育强镇	省体育局
2008	蛟川街道	浙江省体育强镇	省体育局

续表 39－1

获奖年份	获奖单位	奖项名称	授奖机关
2008	九龙湖镇	浙江省体育强镇	省体育局
2008	蛟川街道棉丰村	浙江省村级体育俱乐部	省体育局
2008	九龙湖镇田顾村	浙江省村级体育俱乐部	省体育局

第三章　学校体育

1986年起，镇海学校体育教学从目的任务，教材内容，到组织措施教法手段，不断得到充实、改革和提高。1990年3月，贯彻实施《学校体育工作条例》，学校体育步入法治化轨道。20世纪90年代，学校体育教育与健康教育相结合。2001年，把提高学生身体素质列入学校素质教育的重要内容。2006年，开始实施课外文体活动工程。2007年，全区调整中小学教学计划，保证中小学生每天1小时体育活动时间，小学1至2年级体育课程由原每周3课时增至4课时。全区各中小学每年举办校级运动会，许多学校有自己传统的体育项目，区蹦床技巧运动学校成为镇海学校体育的品牌。

第一节　体育教学

1991年8月24日成立区中小学体育教学研究会。1992年秋季起使用浙江省受国家教委委托编写的《体育与保健》课本，2002年体育课本更名为《体育与健康》。1992年，省教委规定体育加试扩大到报考中专的考生。1993年，省教委规定初中毕业生报考高一级学校均须加试体育。20世纪末起，重视学校体育教研活动质量，假期举行体育学科培训，组织名师讲座和课题研讨，开展教坛新秀练兵和新秀评比活动，开展教师相互听评课和教案评比活动，组织参加市中学体育教研活动和课堂教学评比，参加省市体育教师基本功比赛等。关注农村中小学体育教师的培训，开展“E环境下的教学专题培训”体育公开研讨课、农村中小学教师素质提升工程、体育新课程教学设计、民工子弟学校体育工作研讨等工作。开展体育教师基本功训练和名师带徒工作，开展小学青年体育教师“一年过关”教学设计考评、名师展示开课、三年内新教师观摩等活动。

第二节　体育活动

课外体育

课外体育活动列入学校作息制度，普遍开展早操、课间操，下午放学前有课外活动时间，其活动内容、形式、时间及管理办法趋向制度化和经常化。2006年，实施课外文体活动工程。2007年，全面实行大课间体育活动制度，每天上午统一安排20～30分钟的大课间体育活动时间，组织广播体操等体育活动。没有体育课的教学日另外安排课外活动时间。2008年，镇海区创建成为浙江省第二批课外文体活动工程示范区。

体育达标

1975 年《国家体育锻炼标准》公布后，学校全面开展体育达标活动，1982 年度，镇海中学、骆驼中学获省体委、省教育厅的达标先进单位称号。1986 年后，中小学生达标活动进一步发展，各校每年上半年都召开达标运动会。1995 年，镇海区被省体委、省教委评为浙江省体育达标先进集体，石化三公司中学、张和祥小学评为省达标先进学校。2006 年起，实施《国家学生体质健康标准》测试，不再实施《国家体育达标测试》。2007 年全区中小学生合格率列全大市第三。2008 年小学、初中、高中合格率均列全大市前三名。

学校运动会

全区各中小学每年举办校级运动会。各校以教学行政班组队，按年龄分组，参加面广，教师共同参与。许多优秀运动员从学校运动会起步，逐步走向更为广阔的舞台。

第三节　业余训练

传统体育项目训练

1986 年，落实国家“体育运动从少年儿童抓起”指示，区设立体育传统项目训练网点。1996 年，确定中兴中学、庄市镇中心学校为区排球点校。2001 年，区教委体委命名仁爱中学（田径项目）、骆驼镇中心（游泳项目）为区第一批体育传统项目特色学校。2002 年，全区有五所学校列入省、市级体育传统项目特色学校，其中镇海区中心学校为省级田径项目，骆驼中心学校为省级游泳项目，庄市中心学校为市级举重项目，炼化子弟学校为市级乒乓球项目，仁爱中学为市级篮球项目。2005 年，骆驼中心学校为省级体育传统项目学校（游泳）。当年，6 所学校列入市级体育传统项目训练点，区中心学校为田径及游泳训练点，张和祥小学、炼化子弟学校、仁爱中学、棉丰小学为田径训练点，庄市中心学校为举重训练点。2008 年，新增骆驼中学市级自行车训练基地和蛟川中心学校区级射击训练基地。

2008 年镇海区省、市级体育传统项目学校情况表

表 39－2

学校	项目
骆驼中心学校	省级体育传统项目学校（游泳）
区中心小学	市级体育传统项目训练点（田径、游泳）
张和祥小学	市级体育传统项目训练点（田径）
庄市中心学校	市级体育传统项目学校（举重）
炼化子弟学校	市级体育传统项目学校（田径）
棉丰小学	市级体育传统项目学校（田径）

青少年体育俱乐部

2002 年成立，镇海区教育局体育科和区体育中心联合组成董事会，吸纳 29 所学校为俱乐部团体会员，个人会员达 671 名。成立初期由区教育局拨给一定的运作经费，2003 年实行自负盈亏。俱乐部以活动营造氛围、以办赛提升名气、以体育结对创造影响，发动全区广大青少年参与体育活动。青少年体育俱乐部有重点地开展体育培训。龙赛中学区青少年体育中心，聘请 14 位中小学体育老师担任兼职教练，培训中小学生游泳，全年可培训 2000 人次，并组建区青少年游泳队。青少年体育俱乐部开展与民工子弟学校体育结对，从人才、资金、器材等方面扶持民工子第学校体育活动。区青少年体育俱乐部被评为 2005 年度全国优秀青少年俱乐部，2007 年被评为“宁波市群众体育工作先进单位”。

区业余蹦床技巧运动学校

区业余蹦床技巧运动学校，原名“镇海区业余技巧学校”（前身系 1979 年成立的镇海县体操队），1987 年建立，为“三集中”的县级业余体校，1999 年 4 月改为现名，学校同时挂宁波市运动学校蹦技分校牌子。2005 年 6 月，学校被浙江省体育局授予“浙江省蹦床技巧高水平后备人才基地”。学校有教练员 5 名（其中高级教练员 1 人、中级教练员 3 人、初级教练员 1 人），占地面积 4000 平方米，建有综合训练馆 1 座，2008 年有运动员 50 人。学校输送的运动员共获得世界冠军 5 个，亚洲冠军 2 个，全国冠军 116 个。学校每年代表浙江省参加由国家体育总局举办的全国青少年蹦床技巧比赛，1987 年至 2008 年连续保持 21 年的全国冠军。学校 2 次被国家体委授予“全国体育系统先进集体”称号。2005 年以来学校向上一级运动训练单位共输送运动员 15 名（省体校重点生 7 人、省队转正 1 人、省队试训 2 人、市体校中专生 4 人、高校 1 人）。建校以来共获全国和世界比赛金牌 89 枚、银牌 47 枚、铜牌 45 枚，共获省比赛金牌 264 枚。

1985—2008 年镇海区蹦床技巧参赛成绩情况表

表 39－3　　单位：枚

年份	比赛地点	姓 名	届 次	金牌	银牌	铜牌
1985	北京	黄瑞芬	第五届世界杯技巧赛	2	—	—
1986	美国	黄瑞芬	第七届世界技巧锦标赛	2	—	1
1987	四川	黄瑞芬	第六届世界杯技巧比赛	1	—	1
1987	镇江	樊莉莉	全国技巧比赛	1	2	—
1987	四川	徐张玲	全国技巧比赛	2	—	—
1987	四川	林桥明	全国技巧比赛	3	—	—
1987	四川	卢　彪	全国技巧比赛	—	3	—
1987	四川	顾笑燕	全国技巧比赛	—	1	1
1988	合肥	林桥明	全国技巧比赛	1	1	—
1988	合肥	芦　燕	全国技巧比赛	1	2	—
1988	合肥	徐张玲	全国技巧比赛	1	—	1

续表 39－3

年份	比赛地点	姓 名	届 次	金牌	银牌	铜牌
1989	吉安	徐张玲	全国技巧比赛	3	—	—
1989	吉安	林桥明	全国技巧比赛	9	—	1
1989	吉安	芦　娩	全国技巧比赛	1	2	1
1989	吉安	顾笑燕	全国技巧比赛	—	—	1
1989	吉安	赵百恩	全国技巧比赛	9	1	—
1989	吉安	庞勇群	全国技巧比赛	—	—	1
1997	蚌华	陈芸芸	全国技巧比赛	2	1	3
1997	蚌华	陈　刚	全国技巧比赛	—	1	—
1997	蚌华	胡小龙	全国技巧比赛	—	—	2
1997	蚌华	张旭飞	全国技巧比赛	—	2	1
1997	蚌华	陈洪恩	全国技巧比赛	—	—	2
1998	南宁	张旭飞	全国技巧比赛	3	—	—
1999	柳州	陈芸芸	全国技巧比赛	—	3	—
1999	柳州	张旭飞	全国技巧比赛	2	1	
1999	柳州	陈洪恩	全国技巧比赛	—	—	2
2000	上海	张旭飞	全国技巧比赛	1	—	—
2000	上海	陈洪恩	全国技巧比赛	2	1	—
2000	上海	金爽双	全国技巧比赛	2	—	1
2001	山西	陈　维	全国技巧比赛	—	1	—
2001	山西	金　鑫	全国技巧比赛	1	2	—
2001	山西	陈　刚	全国技巧比赛	1	2	—
2002	四川	陈　刚	全国技巧比赛	2	1	—
2002	四川	张旭飞	全国技巧比赛	1	1	—
2002	四川	金　鑫	全国技巧比赛	2	1	—
2002	四川	赖虹雯	全国技巧比赛	1	1	1
2002	四川	杨颖琰	全国技巧比赛	1	1	1
2002	四川	邬海波	全国技巧比赛	—	1	—
2004	四川	金　鑫	全国技巧比赛	3	—	—
2004	四川	邬海波	全国技巧比赛	—	1	—
2004	四川	张旭飞	全国技巧比赛	1	—	1
2004	四川	陈洪恩	全国技巧比赛	2	—	4

续表 39－3

年份	比赛地点	姓 名	届 次	金牌	银牌	铜牌
2004	四川	陈 刚	全国技巧比赛	3	—	—
2005	江西	陈洪恩	全国技巧锦标赛	1	2	—
2005	江西	戴振斌	全国技巧锦标赛	—	—	1
2005	福建	邬海波	全国青少年蹦床锦标赛	1	—	—
2005	香港	陈洪恩	全国技巧冠军赛	1	—	2
2005	香港	戴振斌	全国技巧冠军赛	1	—	1
2005	香港	赖虹雯	全国青少年技巧锦标赛	1	—	—
2005	香港	杨颖琰	全国青少年技巧锦标赛	1	—	—
2005	香港	陈海熊	全国青少年技巧锦标赛	1	—	—
2005	香港	金 鑫	全国青少年技巧锦标赛	1	—	—
2005	香港	田林续	全国青少年技巧锦标赛	1	—	—
2005	香港	赵 琪	全国青少年技巧锦标赛	1	—	—
2005	湖州	42 名运动员	浙江省青少年蹦床技巧比赛	20	—	—
2005	荷兰	邬海波	世界蹦床锦标赛	—	—	1
2006	常州	陈海荣	全国技巧比赛	22	5	4
2007	湖州	陈海荣	全国技巧比赛	16	4	8
2008	江苏	陈洪恩	全国技巧比赛	3	—	—

1984—1993 年镇海区中小学生参加世界、全国蹦床技巧比赛获奖情况表

表 39－4

比赛 姓名	保加利亚 1984 年（第六届世界技巧锦标赛）	北京 1985（第五届世界杯技巧比赛）	美国 1986（第七届世界技巧锦标赛）	法国 1987（第六届世界杯技巧比赛）	合肥 1988 比赛	吉安 1989 比赛	滁州 1990 比赛	萧山 1991 比赛	内江 1992 比赛
黄瑞芬	1 铜 3 金（全）	2 金 5 金（全）	2 金 1 银 4 金（全）	1 金 1 银 2 金（全）	—	—	1 金	—	—
樊莉莉	1 金 2 银（江苏）	—	—	—	—	—	—	—	—
徐张玲	—	—	—	2 金	1 金 1 铜	3 金	1 金 1 铜	2 金 1 银	3 金
林桥明	—	—	—	3 金	1 金 1 银	2 金 1 铜	—	1 金 1 银	—
卢 彪	—	—	—	3 银	—	1 金 2 银	1 金 1 银	—	—
顾燕笑	—	—	—	1 银 1 铜	—	2 铜	1 铜	—	—
赵百恩	—	—	—	—	—	2 金 1 银	1 铜	—	—

续表 39－4

比赛 姓名	保加利亚1984年(第六届世界技巧锦标赛)	北京1985(第五届世界杯技巧比赛)	美国1986(第七届世界技巧锦标赛)	法国1987(第六届世界杯技巧比赛)	合肥1988比赛	吉安1989比赛	滁州1990比赛	萧山1991比赛	内江1992比赛
乐春灵	—	—	—	—	—	2金1银	1铜	—	1金
庞勇群	—	—	—	—	—	1铜	—	—	—
陈芸芸	—	—	—	—	—	—	—	1金2银	3金
沈　粤	—	—	—	—	—	—	—	1金2银	3金
孙　琦	—	—	—	—	—	—	—	—	1金
徐　丹	—	—	—	—	—	—	—	—	3银
曲　爽	—	—	—	—	—	—	—	—	3银
李佳沉	—	—	—	—	—	—	—	—	3铜
顾小艳	—	—	—	—	—	—	—	—	3铜
曹　莹	—	—	—	—	—	—	—	—	3铜
合　计	4金2银 1铜	7金	6金1银	8金4银 2铜	3金4银	8金3银 4铜	2金1银 4铜	5金6银	8金3银 3铜

1994—2004年镇海区中小学生参加世界全国蹦床技巧比赛获奖情况表

表 39－5

比赛 姓名	铜陵1994年	成都1995年	海南1996年	蚌埠1997年	南宁1998年	柳州1999年	上海2000年	山西2001年	四川2002年	四川—香港2004—2005年
徐张玲	1金 2铜	—	—	—	—	—	—	—	—	—
石晓波	1金 2铜	—	1金 2铜	3金	3金	3金	—	—	—	—
陈芸芸	2金 1铜	1金 1银	—	2金 1银	—	3金	—	—	—	—
徐　丹	2铜	—	—	3铜	—	—	—	—	—	—
翁寅乙	2铜	—	—	3铜	—	—	—	—	—	—
林　晟	—	2金 1银	—	—	—	—	—	—	—	—
周江良	—	2金 1银	—	—	—	—	—	—	—	—
曹　莹	—	3铜	—	3铜	—	—	—	—	—	—
本佳沉	—	3铜	—	3铜	—	—	—	—	—	—
顾小艳	—	3铜	—	3铜	—	—	—	—	—	—

续表 39－5

比赛 姓名	铜陵 1994 年	成都 1995 年	海南 1996 年	蚌埠 1997 年	南宁 1998 年	柳州 1999 年	上海 2000 年	山西 2001 年	四川 2002 年	四川—香港 2004—2005 年
陈　峰	—	3 铜	—	—	—	—	—	—	—	—
胡　珂	—	3 铜	—	—	—	—	—	—	—	—
陈　刚	—	—	3 金	1 银	—	—	—	1 金 2 银	2 金 1 银	3 金
张旭飞	—	—	—	2 金 1 铜	3 金	2 金 1 银	1 金	—	1 金银	1 金 1 铜
陈洪恩	—	—	—	2 铜	—	2 铜	2 金 1 银	—	—	2 金 4 铜 2 金 4 铜 田林续赵琪 1 金
金爽双	—	—	—	2 铜	—	2 铜	2 金 1 银	—	—	戴振斌 1 金 1 银
胡小龙	—	—	—	2 铜	—	—	—	—	—	陈海荣 1 金
石　磊	—	—	—	—	3 铜	—	—	—	—	—
陈　维	—	—	—	—	—	—	—	1 银	—	—
金　鑫	—	—	—	—	—	—	—	1 金 2 银	2 金 1 银	3 金
赖虹雯	—	—	—	—	—	—	—	—	1 金 1 银 1 铜	3 金 1 金
杨琰艳	—	—	—	—	—	—	—	—	1 金 1 银 1 铜	3 金 1 金
邬海波	—	—	—	—	—	—	—	—	1 银	1 银 1 金 世绵赛 1 铜
合计	4 金 4 银 3 铜	3 金 2 银 6 铜	4 金 2 银	5 金 4 银 9 铜	6 金 3 银	5 金 4 银 2 铜	3 金 2 银	1 金 3 银	4 金 4 银	9 金 1 银 5 铜 2005 年 7 金 1 银 1 铜

第四章 体育赛事

撤县设区以来，全区性大型体育活动比赛有区运会、老年人运动会、机关运动会、社区运动会、非公有制企业职工运动会、残疾人运动会等。区运动会每四年举办一次，延续原镇海县运动会届次。镇海区多次组队参加省级比赛，镇海运动员参加第六、七、八、九届全国运动会和第1～5届全国城市运动会，均取得好成绩。镇海区还承办或协办部分省市以上赛事，并多次组团出访或出国参赛。

第一节 区级运动会

1988—2008年，共举办6届区级运动会。

1988—2008年镇海区历届区级运动会情况表

表39－6

年份	竞赛名称	竞赛项目	参加单位	人数	地点
1988	第六届运动会	棋类、田径、篮球、排球、足球、乒乓球、游泳、羽毛球、武术	区属各系统、骆驼、湾塘、城关镇、在镇省大工程单位	1700	镇海炼化公司
1992	第七届运动会	成年部14项 青少年部13项	青少年部分完中初中小学三组，成年部有在镇大工程单位、区属各系统、各镇参加	1000	城关镇
1996	第八届运动会	成年部14项 青少年部13项	青少年部分完中初中小学三组，成年部有在镇大工程单位、区属各系统、各镇参加	1200	城关镇
2000	第九届运动会	成年部14项 青少年部13项	成年部有省部属在镇单位、区属各口、各乡、镇共22个单位，青少年部有中学小学共36个单位	1800	城关镇
2004	第十届运动会	成年部12项、青少年部11项	成年部甲组14个单位、乙组各镇街道6个单位；成年部乙组11队青少年部高中组6个，初中组10队，小学甲组10队	3100	各街道、镇负责一项比赛
2008	第十一届运动会	成年部13项、青少年部9项	全区各镇、街道、系统、学校、驻镇部队和省级企业共49个代表团	3262	主赛场在招宝山街道，分赛场设在区内其他5个镇、街道

第二节 省级比赛

1986—2008 年，镇海区五次组队参加省级比赛。其中，参加四次浙江省青少年运动会，一次浙江省青少年田径赛。参加浙江省青少年运动会，累计获得第三名以上的运动员 42 名。其中 2006 年省第十三届青少年运动会，获金牌 10 枚（区蹦床技巧学校获 5 枚，镇海区输送的运动员获水上 3 枚、拳击 1 枚、举重 1 枚），银牌 11.5 枚，铜牌 6 枚，总分 299.5 分，奖牌数和团体总分分列全大市第四名和第三名，获 2006 年宁波市体育贡献奖荣誉。2007 年参加省第八届青少年田径比赛，获金牌 21 枚、银牌 21 枚、铜牌 6 枚，本区进入甲级队比赛，团体总分 423.8 分，获全省第 13 名（2001 年排名 44 位，2004 年全省第 19 位）。2008 年参加省赛共获 23.75 枚金牌，16.5 枚银牌，12 枚铜牌，总分 436 分。镇海区运动员参加省运动会，在省第八届、第九届、第十届运动会获第一名项目 14 项，获第二名项目 19 项，获第三名项目 9 项。

1986—1994 年镇海区参加省运动会获前三名情况表

表 39－7

年月	届别	类别	项目	姓名	成绩	名次
1986.09	八	田径	铅球	徐启文	11.80 米	3
		田径	铁饼	徐启文	38.54 米	2
		田径	少女乙投掷组	谢海易	1078 分	1
		游泳	100 米蛙泳	谢金波	1′28″7	3
		游泳	200 米蛙泳	谢金波	3′13″8	2
		游泳	少男甲 100 米自由泳	徐国义	59″2	2
		游泳	400 米自由泳	徐国义	4′28″1	2
		游泳	100 米蝶泳	徐国义	1′4″2	2
		游泳	少女甲 200 米仰泳	张春波	2′34″6	2
		游泳	40 米自由泳	张春波	5′0″7	3
		游泳	100 米仰泳	张春波	1′12 7	2
		游泳	少男乙 100 米仰泳	翁君桥	1′7″4	1
		游泳	200 米仰泳	翁君桥	1′7″4	1
		游泳	200 米个混合泳	翁君桥	2′25″7	1
		游泳	少女乙 800	戴小珍	10′26″3	3
		游泳	100 米蝶泳	戴小珍	1′12″1	2
		游泳	200 米个人混	戴小珍	2′39″2	2
		武术	刀术	乐美勇	8.4 分	3

续表 39－7

年月	届别	类别	项目	姓名	成绩	名次
1986.09	八	武术	自选长拳	乐美勇	8.5 分	2
		武术	棍术	乐美勇	8.63 分	1
		武术	基本功	乐美勇	8.4 分	2
1990.09	九	田径	跳高	王　芳	1.77 米	1
		田径	七项全能	王　芳	5765	1
		游泳	女 11 岁蝶泳全能	郑奕辉	303.3 分	3
		举重	48 kg级总成绩	胡益君	125 kg	2
		技巧	团体	—	113.72 分	1
		技巧	男子单人	卢　彪	28.99	1
		技巧	男子单人	林桥明	28.12	2
		技巧	女子单人	徐张玲	29.24	1
		技巧	女子双人	顾燕笑	28.27	2
		技巧	男子双人	—	27.63	1
		技巧	女子双人	—	27.86	1
		技巧	混合双人	—	23.52	2
		技巧	女子三人	—	25.13	1
		技巧	男子四人	—	17.43	2
1994.09	十	田径	男丙铅球	孙　科	15.28 米	3
		田径	铁饼	孙　科	49.22 米	2
		田径	女甲标枪	郑　春	43.76 米	3
		田径	女丁标枪	黄建红	49.72 米	1
		游泳	男 11 岁组蝶泳全能	蔡松波	275.1 分	2
		游泳	女 15 岁组仰泳全能	郑奕辉	160.4 分	3
		举重	女子 46 kg级总成绩	黄月红	125 kg	2

第三节　全国比赛

镇海区运动员参加第六、七、八、九届全国运动会和第一至五届全国城市运动会，取得较好成绩。2005 年 8 月全国青少年蹦床比赛，镇海区运动员郭海波获技巧男子全能第一名。2008 年全国太极柔力球比赛，镇海区获团体第四名。

镇海区运动员参加第六至九届全国运动会获前八名情况表

表 39－8

年月	届别	类别	项目	姓名	成绩	名次
1987. 11	六	技巧	单跳	黄瑞芬	29. 10 米	2
1993. 09	七	田径	跳高	王　芳	1. 78 米	4
		球类	排球	胡阔海	—	6
1997. 10	八	田径	跳高	王　芳	1. 82 米	7
		球类	排球	胡阔海	—	2
2001. 11	九	射击	50 米小口径自选步枪 3×40	葛宏占	1252. 5 环	7
		射击	10 米气步枪	葛宏占	699. 7 环	3
		排球	女排	陈仕君	—	8
		技巧	女子团体	张旭飞	—	7

1988—2003 年镇海区运动员参加全国城市运动会获前八名情况表

表 39－9

年月	届别	类别	项目	姓名	成绩	名次
1988. 10	一	游泳	50 米仰泳	翁君桥	29″10	1
		游泳	100 米仰泳	翁君桥	1′02″63	1
		游泳	200 米仰泳	翁君桥	2′14″88	1
		游泳	4×100 米混合泳接力	戴小珍	4′50″31	6
1991. 09	二	田径	女子跳高	王　芳	1. 86 米	1
1999. 09	四	射击	10 米汽步枪 60 发	葛宏占	696. 1 环	1
		射击	50 米小口径步枪 3×40	葛宏占	1268 环	2
		射击	50 米小口径自行步枪卧射 60 发	葛宏占	692. 2 环	8
2003. 10	五	蹦床	团体	张旭飞	94. 35 分	8

说明：1999 年葛宏占破世界青年纪录

第四节　承办赛事　组团出访参赛

承办协办全国、省单项比赛

1995 年 11 月 25 日至 30 日全国拳击锦标赛在宁波举行，由宁波市承办，共计 116 名运动员参加 12 个级别的 84 场比赛，镇海区协办比赛的部分场次。镇海区蹦床技巧运动学校先后承办全省技巧比赛共 10 次。2000 年 5 月 28 日至 6 月 6 日，首届全国体育大会在宁波市举行，有 38 个代表团

3046人参加，其中健美操项目于镇海区举行。2000年3月，协办“交行杯”全国名人桥牌邀请赛。此外，还承办浙江省第四届钓鱼比赛及全国乒乓球精英赛2次，名人乒乓球历届冠军“鲁能杯”比赛。

组团出访

2000年12月，区桥牌协会沈益、沈良真、庄伟民、赖宁平4人组成桥牌队，受国家体委委派，代表宁波市镇海区桥协到台湾高雄参加大陆澳门地区桥牌比赛。参加比赛的共10支队伍，镇海获得季军。在高雄比赛结束后，桥牌队又到新竹、嘉义、台南、台北等地访问比赛。

【附】镇海区（县）田径各组最高纪录

镇海区小学男子组最高纪录一览表

表39－10

项目	姓名	成绩	单位	破纪录地点时间
50米	金　伟	7.2秒	骆驼小学	1985年区田径赛
60米	张　超	7.6	棉丰小学	2004年区运会田径赛
100米	王卓绪 王建伟	11.5 12.31（电计时）	区中心学校	2007年市运会田径选拔赛 2001年市运会
200米	张军皓 王建伟	24.7 25.03（电计时）	区中心学校	2007年市运会田径选拔赛 2001年市运会
400米	张军皓	57.4	区中心学校	2006年区田径赛
800米	张军皓	2.06.9	区中心学校	2007年市运会田径选拔赛
1500米	张军皓	4.43.7	区中心学校	2006年区冬季长跑比赛
4×100米	—	50.6	区中心学校	2006年11月市田径传统学校赛
100米栏（0.84米、8.5米）	王　景	14.8（电计时）	张和祥小学	2008年市中小学生田径赛
跳　远	王建伟	5.80米	实验小学	2001年市运会
铅球3公斤	秦始峰	16.15米	区中心学校	2003年区田径赛
跳　高	任树标	1.65米	实验小学	2005年区小学生田径选拔赛
垒　球	周　伟	64.43米	城关四校	1995年市田径赛
标　枪300	胡劲逸	57.58米	张和祥小学	2001年区中小学生田径赛
三项全能	王　景	1402分	张和祥小学	2007年市运会田径赛

镇海区小学女子组最高纪录一览表

表39－11

项目	姓名	成绩	单位	破纪录地点时间
50米	金丽君	7.9秒	实验小学	1996年区田径赛
60米	郭秀玲	8.2秒	庄市小学	2006年区田径赛

续表 39－11

项目	姓名	成绩	单位	破纪录地点时间
100 米	汤姣姣	13.1	长石小学	2005 年市中小学生田径赛
200 米	朱莹莹	27.3	骆驼小学	2007 年区田径赛
400 米	毛梦园	1.03.5 1.04.80（电计时）	骆驼小学	2004 年区运会田径赛
800 米	秦 迟	2.27.5	张和祥小学	2008 年市中小学生田径赛
1500 米	章盈盈	5.03.0	张和祥小学	2001 年区田径赛
4×100 米	—	54.8	庄市小学	2008 年区运会田径赛
100 米栏 （0.84 米、8.5 米）	秦 迟	19.1（电计时）	张和祥小学	2008 年市中小学生田径赛
跳 远	蒋薇伟	4.83 米	棉丰小学	2003 年区田径选拔赛
铅球 3kg	梅 英	11.81 米	张和祥小学	2000 年市田径赛
跳 高	张周阳	1.50 米	张和祥小学	2005 年市中小学生田径赛
垒 球	徐 佳	52.26 米	张和祥小学	1999 年区田径赛
标 枪 300	徐 佳	39.09 米	张和祥小学	2000 年市田径赛
三项全能	阮 静	1498 分	张和祥小学	2007 年市运会田径赛※

镇海区初中男子组最高纪录一览表

表 39－12

项目	姓名	成绩	单位	破纪录地点时间
50 米	付 伟	7.0	霞浦中学	1985 年市田径赛
200 米	徐 晨	23.1	仁爱中学	2004 年市中学田径赛
400 米	周 灿	51.5	蛟川书院	2008 年市中学田径赛
800 米	周 灿	2.01.1	蛟川书院	2008 年市中学田径赛
1500 米	杨 杰	4.17.2	仁爱中学	2006 年市中学田径赛
100 米栏	张忠义	15.1	俞范中学	1998 年区中学生田径赛
400 米栏	徐 聪	1.01.2	蛟川书院	2003 年市中学田径赛
110 米栏	徐 聪	15.3	蛟川书院	2003 年市中学田径赛
4×100 米	—	45.4	区联队	2004 年市中学田径赛
4×400 米	—	3.44.2	区联队	2003 年市中学田径赛
跳 远	柳 煜	6.50 米	蛟川书院	2008 年区运会田径赛
三级跳远	柳 煜	14.31 米	蛟川书院	2008 年市中学田径赛
铅球 5 公斤	方国振	15.40 米	古塘中学	2005 年市中学生田径赛
标枪 500 克	王 良	51.60 米	龙赛中学	1999 年区中学生田径赛
标枪 600 克	胡劲逸	57.07 米	蛟川书院	2004 年区运会田径赛

镇海区初中女子组最高纪录一览表

表 39 – 13

项目	姓名	成绩	单位	破纪录地点时间
50 米	俞明亚	7.6	镇海中学	1982 年县中学生运动会
200 米	谷 岩	25.7	蛟川书院	2007 年区中学生田径赛
400 米	谷 岩	58.5	蛟川书院	2007 年区中学生田径赛
800 米	张梦婷	2.13.1	仁爱中学	2006 年第 13 届省运会田径赛
1500 米	张梦婷	4.27.6	仁爱中学	2006 年第 13 届省运会田径赛
3000 米	顾云鸯	11.36.6	骆驼实验学校	2004 年市中学生田径赛
100 米栏	沈 莹	15.41	仁爱中学	2006 年第 13 届省运会田径赛
4×100 米	—	51.4	蛟川书院	2007 年区中学生田径赛
4×400 米	—	4.11.7	区联队	2008 年市中学生田径赛
三级跳远	汤娇娇	11.02 米	仁爱中学	2006 年市中学生田径赛
跳 高	王敏明	1.60 米	省体工	2003 年区中学生田径赛
铁饼 1 公斤	梅 英	31.90 米	龙赛中学	2001 年区中学生田径赛
铅球 4 公斤	张含燕	12.25 米	炼化中学	2006 年第 13 届省运会田径赛
标枪 500 克	何 琦	44.13 米	仁爱中学	2004 年市中学生田径赛
标枪 400 克	郭诗波	37.07 米	龙赛中学	2001 年市运会
标枪 600 克	王倩文	38.98 米	仁爱中学	2006 年 11 月市田径传统学校赛

镇海区高中男子组最高纪录一览表

表 39 – 14

项目	姓名	成绩	单位	破纪录地点时间
100 米	徐 晨	10.7	龙赛中学	2005 年区中学生田径赛
200 米	徐 晨	22.0	龙赛中学	2006 年市中学生田径赛
800 米	邬 斌	1.58.4	职教中心学校	2006 年区中学生田径赛
1500 米	程健力	4.11.2	职教中心学校	2008 年省职教田径运动会
5000 米	程健力	16.53.5	职教中心学校	2008 年省职教田径运动会
110 米栏	徐 聪 徐 聪	14.9 15.2（电）	镇海中学 镇海中学	2006 年区中学生田径赛 2006 年省重点中学运动会
400 米栏	徐 聪	58.4	镇海中学	2007 年市中学生运动会
4×400 米	—	3.35.2	区联队	2004 年市中学生田径赛
跳 远	卢为义	6.81 米	龙赛中学	2003 年区中学生田径赛
铁饼 1.5 公斤	方国政	46.94 米	镇海中学	2007 年区中学生田径赛
铅球 6 公斤	方国政	15.85 米	镇海中学	2008 年市中学生运动会
标枪 700 克	邱 斌	55.93 米	职教中心学校	2006 年区中学生田径赛

镇海区高中女子组最高纪录一览表

表 39－15

项目	姓名	成绩	单位	破纪录地点时间
100 米	白燕燕	12.5	镇海中学	2006 年市中学生田径赛
200 米	陈　丹	26.1	镇海中学	2007 年市中学生田径赛
1500 米	章盈盈	5.09.9	镇海中学	2007 年区田径赛
3000 米	顾云鸯	11.36.5	职教中心学校	2005 年市中学生田径赛
100 米栏	王　芳	14.8	镇海中学	1989 年市中学生田径赛
4×100 米	—	52.3	镇海中学	2008 年区运会田径赛
4×400 米	—	4.20.3	镇海中学	2007 年市中学生田径赛
跳　远	付燕燕	5.47 米	镇海中学	1982 年省七届运动会
三级跳远	吴丹丹	11.42 米	职教中心学校	2007 年市运会田径赛
跳　高	王　芳	1.62 米	镇海中学	1987 年市中学生运动会
标枪 600 克	郑　春	45.24 米	镇海中学	1992 年市中小学生田径赛

镇海区田径女子最高纪录一览表

表 39－16

项目	姓名	成绩	单位	破纪录地点时间
100 米	付燕燕	12″5	镇海中学	1982 年第七届省运动会
200 米	谷　岩	25″7	蛟川书院	2007 年区田径赛
400 米	谷　岩	58.5	蛟川书院	2007 年区田径赛
800 米	张梦婷	2′13″13	仁爱中学	2006 年第 13 届省运会田径赛
1500 米	张梦婷	4′27″58	仁爱中学	2006 年第 13 届省运会田径赛
3000 米	顾云鸯	11：36.5	职　教	2005 年市中学生田径赛
100 米栏	王　芳	14″8	镇海中学教师	1989 年市中学生田径赛
400 米栏	王　琳	1′12″0	三公司学校	1982 年市九届运动会
4×100 米	—	51″4	蛟川书院	2007 年区田径赛
4×400 米	—	4′11″7	区联队	2008 年市中学生田径赛
马拉松	高月球	3′33″0	湾塘乡砖	1982 年 5 月省马拉松比赛
跳　高	王　芳	1.62 米	镇海中学	1987 年市中学生田径赛
跳　远	付燕燕	5.47 米	镇海中学	1982 年省七届运动会
三级跳远	吴丹丹	11.42 米	职教中心学校	2007 年市运会田径赛
铅球 4 公斤	张含燕	12.95 米	镇海中学	2007 年市运会田径赛
铁饼 1 公斤	张含燕	33.51 米	镇海中学	2007 年区田径赛

续表 39－16

项目	姓名	成绩	单位	破纪录地点时间
标枪 400 克	郭诗波	37.07 米	龙赛中学	2001 年市运会
标枪 500 克	何 琦	44.13 米	仁 中	2004 年市中学生田径赛
标枪 600 克	郑 春	45.24 米	镇海中学	1992 年市中小学生田径赛
七项全能	付燕燕	3408 分	镇海中学	1982 年 5 月县五届运动会

镇海区田径男子最高纪录一览表

表 39－17

项目	姓名	成绩	单位	破纪录地点时间
100 米	徐 晨	10″7	龙赛中学	2005 年区田径赛
200 米	徐 晨	22″0	龙赛中学	2006 年市中学生运动会
400 米	邬 斌	50″18	职教中心学校	2006 年省首届职教田径赛
800 米	邬 斌	1′58″4	职教中心学校	2006 年区田径赛
1500 米	杨 杰	4′15″4	镇海中学	2008 年市中学生运动会
3000 米	苏志勇	9′33″0	镇海中学	1987 年区少年田径赛
5000 米	柯玉虎	17′01″3	镇海县	1982 年省七届运动会
10000 米	柯玉虎	36′11″9	镇海县	1982 年市九届运动会
马拉松	胡小康	3′09″0	公安局	1958 年驻军（师级）马拉松赛
110 米栏	徐 聪 徐 聪	14″9 15.2（电动）	镇海中学 镇海中学	2006 年区田径赛 2006 年省重点中学运动会
400 米栏	徐 聪	58′4	镇海中学	2007 年市中学生运动会
4×100 米	—	44″2	龙赛中学	2006 年市中学生田径赛
4×400 米	—	3′35″2	区联队	2004 年市中学生田径赛
跳 高	邵凯杰	1.95 米	龙赛中学	2006 年区田径赛
撑竿跳高	韩 光	3.87 米	大碶中学	1981 年县中学生运动会
跳 远	卢为义	6.81 米	龙赛中学	2003 年区田径赛
三级跳远	柳 煜	14.31 米	蛟川书院	2008 年市中学田径赛
铅球 7.26 克	方国政	13.07 米	镇海中学	2006 年省中学生运动会
铁饼 2 公斤	徐启文	35.16 米	石化三公司	84 年市七届工人运动会
标枪 800 克	赵奎强	52.31 米	教育系统	2004 年区十运会
十项全能	陈小东	4337 分	高塘公社	1978 年宁波地区五届运动会

第五章　体育队伍与设施

镇海区体育总会下属有12个单项体育协会，组织体育爱好者开展正常性体育活动。全区中小学已有一支能适应中小学教学需要的体育教师队伍，学历全部在大专以上。国家二级和三级裁判员已涵盖全区所有开展的体育项目。全区体育设施已普及到村和社区，学校体育设施逐步向社会开放。

第一节　体育社团

区体育总会

镇海区体育总会成立于1992年10月5日，下属11个单项体育协会，至2003年4月，体总第三次换届，协会下辖单项体育协会12个。区体育总会建立后，推动和发展社会体育、学校体育和竞技体育，组织开展全民健身月活动、金秋菊展健身长跑活动、“四季杯”门球赛、“三人制”广场篮球赛、“乒协杯”乒乓球俱乐部联赛、“鲁能杯”中国乒乓球俱乐部超级联赛、国际名人乒乓球俱乐部邀请赛、中国门球冠军赛宁波赛区等比赛，开展体育对外交往活动，指导和促进各单项体育协会工作。

体育协会

老年人体协　1987年2月建立，获2002—2006年度宁波市老年人体协工作先进集体，2006—2009年度浙江省群众体育先进集体（省体育局），先后承办宁波市门球赛、桥牌赛、健康麻将赛，2003年获全省、全市太极柔力球比赛第一名，市门球赛第一、第二，市桥牌比赛第二、第三，健康麻将赛第一、第二，中国象棋个人第一、团体第二，2007年浙江省五届老运会柔力球对抗赛团体冠军，2008省老年人地掷球比赛团体第一名。

游泳协会　1987年7月成立，1996年承办全国少儿游泳赛，2006年、2007年主办宁波市小学生游泳邀请赛，2005年于宁波市第八届职工游泳比赛中获金牌3枚、银牌3枚，团体总分第三名。

乒乓协会　1984年成立，2003年、2004年被省体育局评为先进集体，2004年承办国际名人乒乓球俱乐部邀请赛，承办第一届国际名人乒乓球俱乐部邀请赛，2006年承办第二届国际名人乒乓球俱乐部邀请赛，先后承办“鲁能杯”乒乓联赛4次，承办2006年浙江省乓协副秘书长以上领导乒乓球联谊赛，2003年获省宁协杯团体（男子）第七名，2004年获省宁协杯团体（男子）第六名。

足球协会　1994年成立，承办全国拳击精美赛冠军赛（部分场次），浙江省青少年足球赛，获省青少年足球男子组第四名，宁波市第十二届运动会青少年部女子组足球第二名。

篮球协会　1980年成立，1987年篮球协会被评为市体育先进集体，先后承办肯德基青少年三人制篮球赛和全国冠军挑战赛常规赛镇海赛区比赛。2003年获宁波市男子篮球乙级联赛第一名晋升B级队；2005年获宁波市“浙高杯”篮球邀请赛第一名；2005年获宁波市第二届社区运动会男子篮球赛第一名，获体育道德风尚奖；2005年6月获宁波市第三届乡、镇街道男子篮球赛冠军，施月亭获宁波市篮球功臣荣誉，余学昌获全国优秀裁判员称号；2005年、2006年、2007年分别获宁波市篮球甲级联赛第一名、第三名、第三名。

棋类协会　1986年6月成立，1999年6月承办宁波市新闻系统象棋赛。2005年6月承办市总工会第八届运动会围棋比赛。1986年获中国象棋团体第四名；2003年胡公宁获中国象棋个人第一名。

钓鱼协会　1985年2月成立，1989年和慈溪共同组织承办华东地区各大城市钓鱼比赛；1988年浙江省第四届钓鱼比赛在镇海举行。曾获宁波市第17～24届钓鱼比赛团体第三名2次、第五名1次，个人获1个第四名、2个第五名、2个第八名。2000年海海钓团体第六名。华东城市第24、26、29届钓鱼协作赛获个人1个第四名、2个第五名。

武术协会　1968年成立，获1998—2001年宁波市群众体育先进集体，木兰拳获宁波市集体一等奖。

桥牌协会　1988年成立。2000年受国家体委委托，代表宁波市桥牌协会赴台湾高雄、新竹、台北等地，与台湾桥牌界进行友谊比赛，取得好成绩。

门球协会　2002年3月成立，2002年、2003年、2004年被评为区先进体育社团，2003年、2004年被评为宁波市门球协会先进协会，2004年被评为宁波市体育总会先进协会。2005年承办中国门球冠军宁波赛区门球比赛，2006年承办宁波市门球协会领导成员门球邀请赛。2002年参加全国体育大会（第二届）、2003—2005年参加宁波市多种门球锦标赛、省“珍奥杯”门球比赛，都获得较高名次。在2005年参加全国中青年门球锦标赛团体赛中获团体第二名。

信鸽协会　1978年成立，1985年洪伟被评为全国体育优秀裁判员。1998年、1999年被评为市级群众体育先进集体。2002年承办宁波市冯氏杯信鸽大奖赛、700千米国家赛、2003年浙江省信鸽500千米竞赛中，协会成员均获得优秀名次。

长跑分会　1995年成立，1999年绍兴诸暨“五泄风景区”杯老年登山比赛个人第二名（盛焕培），2002年杭州西湖“桂花杯”国际长跑赛5000米组老年人团体第二，2004—2007年杭州国际长跑赛四届个人第一名（许建永）。

龙赛体育中心

镇海区龙赛体育中心成立于2003年5月，属于全民事业单位，由镇海区教育（体育）局主管。2004年起，体育中心与青少年体育俱乐部联合承办（或协办）区中小学生全部体育比赛。承办历届社区运动会。完成第二轮、第三轮国民体质测试，体育中心内设的国民体质测试站被浙江省体育局授予省先进监测站。

第二节　体育师资与裁判员

体育师资

1986年，全区基本形成能适应中小学教学需要的体育教师队伍，其后加强体育教师的引进和培养。2008年，全区专职体育教师已达128人（中学77人、小学51人），学历全部在大专以上，有中高级职称的占53%。

运动裁判员

2008年年底，镇海区各体育社团、学校的等级裁判员总数有437人，其中国家级1人，国家一级34人、二级172人、三级230人。二级和三级裁判员已涵盖全区所有开展的体育项目。

2008年镇海区国家级、国家一级裁判员名录一览表

表39－18

级别	类项	姓名
国家级	门球	杨英德
国家一级	田径	周志良　李侠克
	乒乓球	车书敏
	游泳	谢金波
	篮球	史国振　余学昌　施月亭　杨雪详　谢　勇　姚志忠　陈国荣　房建法　蒋世杰　叶　铮
国家一级	门球	沙必真　黄承红　王继奋　张芳真　王冬梅　邓松林　朱绍宗　金葆守
	武术	费华胜　包于榕　乐美勇
	羽毛球	朱红花　朱洪国　鲍钱儿　包国平
	足球	孔雷军　傅　轶　周文波
	信鸽	林洪浩
	健身气功	董镇安

社会体育指导员

1994年6月10日起施行社会体育指导员制度，体育局每年都选拔、培训社会体育指导员，组织他们参与省、市有关培训。2005年，全区有各级社会体育指导员405名，达到每万人有体育指导员19人（千分之1.9），超过国家标准要求。2008年，全区有一级社会体育指导员5人、二级社会体育指导员117人、三级社会体育指导员500人，总数622人，每万人拥有社会体育指导员36人。社会体育指导员在基层发挥作用，每年组织开展各类综合性或单项体育活动赛事达200余次，健身气功、排舞、地掷球、柔力球、门球、武术、船鼓7个项目形成特色品牌，多次代表宁波市参加省级以上比赛，获优异成绩。

第三节 体育场地与设施

2008年年底，全区体育资源总面积52.56万平方米，建筑面积5.52万平方米，全区人均体育场地面积2.5平方米。基本建成社区居民“15分钟健身圈”，各开放学校活动人员年平均约5000人次。公共体育设施对70岁以上老年人免费开放，60~70岁老年人减半收取活动费。

龙赛体育中心体育馆

中心总占地面积8600平方米，建筑面积3928平方米，其中室内球类馆，比赛场地（30米×18米），设有座位228个，总投资175.80万元；室内游泳馆，有短池1个（25米×16米），总投资123.60万元；室外网球场1片（42米×20米），总投资10万元；健美健身房1间（13米×10米×3.3米），总投资10万元。体育中心可举行篮球、排球、羽毛球、棋类、网球、乒乓、桥牌、游泳各项运动项目比赛。年均培训人员约3500人，年均开展活动300余场次，年均活动13万人次。

镇、街道体育场所

镇、街道体育场地面积20.51万平方米，建筑面积1.96万平方米。共有健身路径313条，公用室外标准篮球场（灯光篮球场）106个，门球场31个，羽毛球场23个，地掷球场7个，网球场2个，室内活动室184个。

中小学校体育场所

学校场地总面积32.05万平方米，建筑面积20.51万平方米，体育设施建筑面积1.96万平方米。其中：田径场，塑胶400米标准田径场4个，非标准400米塑胶田径场2个，塑胶300米及以下17个，煤渣田径场6个；室内球类馆27个；游泳池3个；球场，室外篮球场90个，排球场36个，网球场2个；乒乓房28个。镇海中学体艺馆设篮球排球比赛厅、综合训练厅、舞蹈厅及乒乓、音乐、美术等室，建筑面积3815平方米，1994年6月竣工，总投资1000万元。室内游泳池（屋顶为网球场）建筑面积1460平方米，2001年11月竣工，总投资100万元。

2008年镇海区各镇、街道活动场地情况表

表39－19

街道、镇	社区、村总数	已建健身路径			已建篮球场			门球场	地掷球
		条数	已安装社区、村	比例（%）	片数	已安装社区、村	比例（%）	片数	片数
招宝山	10	35	10	100	6	3	30	9	1
骆驼	23	105	23	100	31	19	83	11	3
庄市	13	45	13	100	22	11	85	3	—
蛟川	16	34	16	100	16	15	94	5	2
澥浦	9	34	9	100	14	8	89	1	—
九龙湖	12	60	12	100	17	11	92	2	1

（责任编辑 陈柏青）

第四十编　民政　老龄事业

本编目录

建区以来，镇海区民政工作和老龄事业立足“改善民生、维护民利、保障民权”，围绕构建和谐社会的总体目标，在基层自治建设、双拥优抚、救灾救助、社会福利、养老为老、社会事务、慈善事业等方面全力推进，取得一定成绩。

1999 年 4 月，镇海区被民政部命名表彰为“全国村民自治模范县（市、区、旗）。”2002 年，镇海区列入民政部首批全国社区建设示范城区。是年年末，民政部授予镇海区招宝山街道全国社区建设示范城区。2005—2008 年，中国社会工作协会城区工作委员会先后授予招宝山街道全国和谐社区建设示范街道、全国和谐社区建设示范街道暨全国街道杰出贡献先进集体、全国和谐邻里建设示范街道、全国和谐社区建设自主创新先进街道。2007 年镇海区被列为全国农村社区建设实验区。2008 年，镇海区获浙江省和谐社区建设先进区。

第一章　民　政

第一节　基层自治建设

村民委员会和社区居民委员会为基层自治组织。2008 年，镇海区 62 个村设村民委员会，25 个社区设社区居民委员会。

村民委员会建设

民主选举村民委员会　1986—2008 年，镇海区共举行 8 次村民委员会换届选举。1986 年，镇海区村民委员会首次换届，贵驷除禾丰村外的 19 个村，加上河头长胜村，合计 20 个村，开始按《中华人民共和国村民委员会组织法（试行）》办法（未正式出台）选举村民委员会。其余 132 村仍按原办法改选。1989 年 9 月，按《中华人民共和国村民委员会组织法（试行）》实施第二届村民委员会换届选举，在贵驷镇试点。至年年末，全部 151 个村（城北村被撤销），选举产生主任、副主任和委员共 504 人。1992 年，第三届村民委员会换届选举在澥浦试点。全区各村普遍选举换届。1995 年，第四届村民委员会换届选举在贵驷镇试点。全区选出村委会主任 149 人，委员 457 人，其中新当选主任 51 人、委员 108 人。第五届村民委员会换届选举，按市政府办公厅通知推迟于 1999 年 3 月后举行。4 月初，在河头曹郎村试点。全区 151 个村选出村委会主任 151 人，委员 305 人，其中女性主任 1 人。2002 年 5 月，第六届村民委员会换届选举在 151 个村合并为 66 个村后进行。应换届的 54 个村，选举一次成功。村委会成员中，中共党员占 93.5%，初中以上文化程度占 76%，平均年龄 47.6 岁。其中，民联村在全区首先以“海推直选”方式选举产生新一届村民委员会。2005 年 3 月，第七届村民委员会换届选举。应换届 55 个村，43 个村一次选举成功，11 个村二次选举成功，1 个村未选出村主任。55 个村选出村委会成员 186 人，其中村主任 54 人、委员 132 人。2008 年 2 月，第八届村民委员会换届选举，在九龙湖镇田顾村试点。应换届的 59 个村，参加选民 88604 人，参选率 98.6%。53 个村一次选举成功，6 个村二次选举成功。共选出村委会成员 185 人，其中主任 59 人、委员 126 人。

民主管理　镇海区普遍建立村民代表议事制度，规范决策程序。凡村重大事项及村民关注的热点、难点，由党支部、村委会、经济合作社联合研究，村民代表大会半数通过形成决议，予以实施。村民代表大会一般每年 2 次。1991 年 9 月始，普遍建立村治安保卫、文教卫生、民政协调、村规民约等小组。村委会都制订自治公约。1995 年起，建立村务公开的监督制度，确定每年 1 月 20 日和 4 月 20 日为村务公开日，实行“二公开一监督”。每村由 3～5 人组成监督小组。2006 年开始，开展民主管理规范化村建设，至2008年年末，民主管理规范化建设达标村59个。

社区建设

社区居民委员会选举 1990年1月《城市居民委员会组织法》实施前，居民委员会成员由居民小组推荐和乡镇选派，居委会主任一般由党支部书记兼任。《城市居民委员会组织法》施行后，1991年12月城关镇各街道（居民委员会）换届选举，班子成员由居民代表选举产生，组成3～5人，设主任、副主任，每届任期3年。2001年起，城区街道及乡镇居民会陆续改为社区居委会，社区居委会成员由社区代表大会差额选举产生。2004年起，招宝山街道社区居民委员会换届，由社区成员按差额直接选举形式产生。

社区自治组织 社区建立成员代表大会，社区居委会下设服务协调委员会、环境卫生委员会、治安调解委员会、文化教育委员会、残疾人及老龄工作委员会等专委会。各社区建有290余支1万余人参加的志愿者队伍和240多个社会民间组织，开展宣传、卫生、治安、文化、教育等志愿服务与自我服务工作。

社区服务 全区统一设立社区居民服务大厅、社区卫生服务站、老年活动室。部分社区设“车轮食堂”“高血压俱乐部”“爱心康复室”“爱心呼叫”等特色服务机构，推出卫生、绿化、健康、娱乐、休闲、学习、饮食、家政、就业、保障、居乐、养老等18类，90多种便民服务项目。

社区文体活动 20世纪90年代开展全民健身活动，社区居民文体活动蓬勃兴起，陆续建有龙鼓队、船鼓队、牛仔舞龙队、健身操队、舞蹈队、合唱队、戏曲队、民乐队等文体队伍300余支，成员万余人。居民小区普遍置有健身苑，一些社区还设有太极拳、健身气功等工作室。社区普遍建有阅览室，上架书籍约3000册，面积80～180平方米；社区老年活动中心有棋类、球类等活动室与场地。

社区经费与队伍 1986年起，区、镇两级财政对城关镇所属街道下拨部分资金，补充办公经费不足。城关镇财政每年补贴街道6000～10000元。2001年1月，城关镇街道工作人员月薪为600元，并缴纳养老保险，新进社区工作者月薪400元，未办理养老保险。2003年1月始，社区工作者统一办理养老、医疗及失业保险。2006年，招宝山街道社区工作者月薪750～850元。2007年1月起，社区按每千户事业经费15.5万元和外来人口管理费2.5万元标准核定。区财政与招宝山街道按5∶5分担，其他镇街道按4∶6分担。是年，下拨社区经费1058.07万元，其中社区事业经费926.82万元，外来人口管理费131.25万元。区财力先后投入3800余万元购建和改造社区办公用房及硬件设施，社区办公服务用房总面积达4万多平方米，每百户平均350平方米。社区通过公开招聘、考录，建立专职社区工作者队伍。2008年年末，全区社区工作者243人，其中党员133人，大专以上文化程度181人，平均年龄37岁。

社区建设荣誉 2005年，后大街社区获评“全国十佳学习型社区”；总浦桥、西门、兴庄路、南一等社区被评为省级和谐示范社区；2001—2008年，后大街、总浦桥、西门、城东、胜利路、白龙、炼化、贵驷8个社区获评省文明社区；2008年，城东、中街等12个社区获评宁波市现代化和谐社区。

第二节　优抚安置

优抚

抚恤　抚恤对象分革命烈士、因公牺牲、病故3类。1985年规定：1980年4月1日后牺牲的烈士，其家属一次抚恤金按烈士生前40个月工资计发。伤残现役军人、部队职工、民兵、人民警察给予伤残抚恤。伤残分四等六级，发给伤残抚恤证，实行终身抚恤。1985年1月，烈属、因公牺牲、病故人员家属定期定量补助改为定期抚恤金。2004年，镇海区定期抚恤对象241人，抚恤金79.85万元。2004年11月，按照《军人抚恤优待条例》规定实施新旧伤残等级套改，新评定伤残军人分为十等级。2005年6月，全区伤残军人117人，其中在乡28人。伤残军人分为一等1人、二等甲级8人、二等乙级24人、三等甲级32人、三等乙级52人，另有伤残民兵1人，全年抚恤金80.64万元。

义务兵优待　1986年10月，镇海区农村应征青年收到入伍通知书时，同时收到乡镇企业招工通知书，不计工资计工龄。1989年10月，农村应征青年实行义务兵养老保险制度。是年，为64名义务兵办理养老保险。1997年7月起，城镇户口义务兵家属优待金，按不低于上年市区职工平均工资70%标准发给，城镇户口重点优抚对象按义务兵优待金的20%～45%上浮。农村重点优抚对象按农村义务兵家属优待金20%～45%上浮。2003年11月，义务兵优待金标准全市统一。2004年，镇海区城镇义务兵家属优待金户均11086元，农村户均6500元。重点优抚对象调整为按义务兵家属优待金标准25%～45%上浮。从2004年起，农村入伍的义务兵退役回乡定额补助6000元，当年补助32户。

重点优抚　2005年1月起，重点优抚对象定恤、定补、优待金统称优抚金。优抚金标准每年7月调整。2006年1月，7名在乡抗战老复员军人纳入城镇职工基本医疗保险。2007年7月，重点优抚对象参加城乡医疗保险后，再享受民政部门的医疗补助，补助比例在50%～80%。

1986—2004年镇海区优抚对象补助情况表

表40－1

年度	定期定量抚恤补助		临时补助	群众优待			
	人数	金额（万元）		户数	优待金	其中：义务兵家属	
						户数	优待金（万元）
1986	379	4.60	—	318	11.70	315	11.60
1987	417	6.80	—	351	12.40	345	12.30
1988	438	10.86	—	350	15.10	348	14.97
1989	484	11.15	—	407	18.78	405	18.68
1990	457	10.99	—	393	22.80	390	21.90
1991	455	9.48	—	424	31.40	421	30.20

续表 40－1

年度	定期定量抚恤补助		临时补助	群众优待			
	人数	金额（万元）		户数	优待金	其中：义务兵家属	
						户数	优待金（万元）
1992	457	10.95	—	393	29.99	391	29.28
1993	453	17.70	—	341	34.91	339	34.84
1994	437	25.80	—	310	45.60	308	45.50
1995	345	25.60	1.06	304	74.10	301	73.60
1996	347	28.10	1.23	690	176.50	320	138.80
1997	431	27.43	0.79	641	196.80	313	162.00
1998	424	26.40	0.96	611	219.40	310	182.20
1999	424	37.45	0.93	630	244.00	331	204.40
2000	414	78.00	3.76	608	257.00	314	212.00
2001	398	83.54	3.96	483	213.00	216	176.00
2002	394	100..64	6.61	462	194.00	201	160.00
2003	384	97.93	5.69	454	239.00	214	197.00
2004	279	102.50	5.74	421	265.00	201	222.00

说明：资料来源区民政局。定期抚恤、补助金不含在职伤残人员保健金

2005—2008 年镇海区优抚金及义务兵优待金情况表

表 40－2 单位：万元

重点优抚对象					义务兵优抚金		
年度	人数	金额	年人均	临时补助	户数	金额	户均
2005	266	149.61	0.56	5.00	193	203.90	1.06
2006	262	196.88	0.75	5.11	203	205.00	1.01
2007	352	250.00	0.71	5.20	201	259.80	1.29
2008	328	283.00	0.86	3.02	185	273.00	1.48

说明：资料来源区民政局。定期抚恤、补助金额不含在职伤残人员的保健金

2008 年镇海区革命伤残人员情况表

表 40－3 单位：人

类别	合计	伤残等级（1～10 级）										人员分类		
		1	2	3	4	5	6	7	8	9	10	军人	警察	民兵
在职	71	—	—	1	—	5	15	21	29	—	—	69	1	1
在乡	40	—	—	—	1	3	14	7	13	2	—	40	—	—

说明：资料来源区民政局

安置

退伍复员军人安置　1987年，城镇退伍军人由国家分配工作，立功者可照顾其志愿。1999年冬季，7名城镇退役士兵首次办理自谋职业手续。2001年起，城镇退役士兵安置政策全市统一，服役10年以下，2年以上的每人2万元，第3年起每增加1年军龄加发1000元。10年以上的转业士官，实行双向选择自谋职业包底安置的办法。至2005年，全区办理自谋职业180人，其中服役满10年的5人，累计发放安置补助金459万元。后根据不同对象提高自谋职业补助标准。2008年12月，退伍安置对象在服役期间荣立二等功、三等功以上奖励的，由区人民政府指令性安置到行政事业单位，伤残军人不安排工作的，发自谋职业安置补助金，并享受在乡伤残军人待遇。是年，城镇退役士兵自谋职业补助标准为22307元，满10年的转业士官自谋职业补助标准为75912元。

1986—2008年镇海区转业复退军人安置情况表

表40－4　　单位：人

年度	接收数	其中				
		城镇安置	其中转业志愿兵	占安置总数（%）	农村安置	占安置总数（%）
1986	105	32	1	30	73	70
1987	57	10	2	18	47	82
1988	49	10	5	20	39	80
1989	51	10	5	20	41	80
1990	174	47	2	27	127	73
1991	89	28	2	31	61	69
1992	161	58	12	36	103	64
1993	109	59	2	54	50	46
1994	93	42	3	45	51	55
1995	83	42	6	51	41	49
1996	97	40	6	41	57	59
1997	103	51	13	50	52	50
1998	79	35	9	44	44	56
1999	145	75	6	52	70	48
2000	128	69	1	54	59	46
2001	118	67	5	57	51	43
2002	98	50	2	51	48	49
2003	113	66	6	58	47	42
2004	93	58	1	62	35	38
2005	91	53	1	100	38	100
2006	93	54	2	100	39	100
2007	108	68	3	100	40	100
2008	96	54	7	100	42	100

说明：资料来源区民政局

军队离退休干部安置 1985年，建立镇海军队离休退休干部（以下简称军休干部）休养所，地址龙洋路30号，占地2586平方米，建筑面积2745平方米，建军休干部住房40套。第四批移交地方安置的军休干部在隧道北路614号建住房3套，建筑面积214平方米。第五批开始，移交地方安置的军休干部住房由军队解决。1986—2008年，镇海区共接收异地安置军休干部57人，遗属14人。因自然减员因素，2008年年末镇海区尚有军休干部33人。军休干部住房执行军队统一的住房制度，政治待遇按照安置地国家机关同职级离休退休干部的规定执行，军休干部参加重大庆典和政治活动时，可以按照军队规定着离休退休时的军装，佩带军衔、文职符号和勋章、立功奖章，生活、医疗等待遇均按国家有关规定执行。区人民政府每年八一建军节和春节慰问军休干部。

军休干部的生活待遇，按照军队统一的项目和标准执行。军休干部遗属、家属无固定收入的，其生活待遇执行军队统一的项目和标准，2007年1月起，按照军人抚恤条例规定，其生活费由地方政府发给。

军队离休干部享受安置地国家机关离休干部同等医疗待遇。其无经济收入的家属、遗属纳入地方离休干部医疗管理体系，医疗费按规定报销。军队退休干部比照安置地国家机关退休公务员参加基本医疗保险和实行公务员医疗补助，享受同职级退休公务员医疗待遇。军队退休干部享受基本医疗保险和公务员医疗补助待遇后，个人自付医疗费较多的，按区人民政府规定标准给予适当补助。无经济收入的军队退休干部家属、遗属除参加城镇居民医疗保险外，个人自负部分超过一定金额的，按宁波市民政局〔2007〕33号、财政局〔2007〕881号文件规定给予适当补贴。二等乙级以上伤残军队退休干部，医疗待遇纳入宁波市革命伤残军人医疗保障范畴。

烈士褒扬

镇海烈士陵园 始建于1952年3月，河头乡十字路村人民在狮子山西侧，树7米高纪念碑一方，安葬21名烈士。1978年春，移址勤山村黄狼山，占地2.93公顷，投资20万元，树12米高纪念碑一方，张爱萍题“革命烈士永垂不朽”。1984年，建纪念馆7间，160平方米，安放48名烈士骨灰盒，陈列170名镇海籍烈士和194名在镇海牺牲的外籍烈士英名、部分遗像和事迹。1996年，烈士纪念馆存放的52名烈士骨灰盒移至新建烈士墓。1999年投资25万元重修烈士纪念碑。2002年，投资120万元，陵园广场绿化，筑围墙。2007年，烈士陵园纪念馆安装消防设施，陵园步阶两旁重新栽花草树木。

陈寿昌烈士纪念馆 （详见第三十七编“文化”第一章“文化社团与院馆”）

拥军优属拥政爱民

建区后，镇海区每年均开展拥军优属活动。2004—2008年，镇海地方拥军以科技拥军、文化拥军、智力拥军为主。区人民政府拨款30万元为武警区中队建立电脑网络信息化室。镇海中学出资3万元，帮助部队建立流动图书站。镇海港埠公司出资10万元支持部队正规化建设。招宝山街道10个社区，开展文化拥军活动20多次，举办大型文艺演出4场。骆驼地税分局、镇海职校为军校考试的战士和准备退伍的战士作文化辅导和就业指导。2005—2008年，区人民政府为全区400多名重点优抚对象及义务兵家属发放优抚、优待金1820余万元。每年“八一”建军节、春节、元旦，区人民政府组织团拜会、座谈会、联欢会和走访慰问活动，共计发放慰问补助费200余万元，为驻镇海部队军嫂发放生活补助费 100 余万元。驻镇海部队积极参加和支持地方两个文明建设。2005—2008 年，军民共建结对 32 家，节假日、春节、元旦开展联欢、帮扶、送温暖活动，军民关系融合。

1986—2008 年镇海获市以上拥军优属拥政爱民先进单位情况表

表 40－5

年份	授奖机关	获奖单位	奖励名称
1988	市人民政府、宁波军分区	俞范镇、三航四公司、区人民武装部	民兵参建工作先进单位
1991	市人民政府、宁波军分区	贵驷镇	拥军优属先进单位
1991	市人民政府、宁波军分区	区消防中队	拥政爱民先进单位
1992	省人民政府、省军区	区人民政府	退伍安置先进单位
1992	中共宁波市委、市人民政府、宁波军分区	骆驼镇、城关镇	拥政优属模范镇
1994	民政部、总政治部	全国双拥模范城	市本级（含本区）
1994	省人民政府、省军区	区人民政府	退伍安置先进单位
1994	市人民政府、宁波军分区	区邮电局、贵驷镇	退伍安置先进单位
1995	中共中央宣传部、总政治部	区人民政府、37704 部队	军民共建社会主义精神文明先进单位
1996	中共宁波市委、市人民政府、宁波军分区	区人民政府	双拥工作先进区
1997	民政部、总政治部	全国双拥模范城	市本级（含本区）
1997	中共宁波市委、市人民政府、宁波军分区	镇海轮驳公司、区粮食局	拥军优属先进单位
1997	中共中央宣传部、总政治部	镇海边检站、镇海港埠公司	军民共建社会主义精神文明先进单位
1997	中共宁波市委、市人民政府、宁波军分区	区人武部、区消防大队	拥政爱民先进单位
1997	市军民共建双拥国防教育领导小组	镇海港埠公司、镇海中学、城关中心学校	共建先进单位
1999	市军民共建双拥国防教育领导小组	镇海港埠公司、镇海边检大队、镇海中学、37704 部队 226 船	共建先进单位
2000	中共宁波市委、市人民政府、宁波军分区	区人民政府	双拥工作先进区
2000	民政部、总政治部	全国双拥模范城	市本级（含本区）
2000	省军区	镇海港埠公司、三航四公司、区人武部	民兵预备役开展精神文明建设活动先进单位
2002	中共宁波市委、市人民政府、宁波军分区	招宝山街道、骆驼街道、澥浦镇	双拥模范镇（街道）
2002	市军民共建双拥国防教育领导小组	镇海中学、镇海港埠公司、镇海轮驳公司	军警民共建文明单位

续表 40－5

年份	授奖机关	获奖单位	奖励名称
2002	市军民共建双拥国防教育领导小组	宁波商业银行镇海支行、92899部队测绘处、区公路管理段、92899部队227船、区地方税务局二分局、92852部队、城东社区、武警中队	军警民共建单位
2003	中共浙江省委、省人民政府、省军区	区人民政府	双拥模范城
2004	民政部、总政治部	全国双拥模范城	市本级（含本区）
2004	市军民共建双拥国防教育领导小组	镇海油港轮驳有限公司、镇海中学、镇海港埠有限公司、区军民共建办公室	军警民共建先进单位
2004	市军民共建双拥国防教育领导小组	区中心中学、92899部队51分队、宁波市商业银行镇海支行、92899部队测绘处、城东社区、区武警中队、区地方税务局二分局、92852部队	军警民共建先进单位
2006	市双拥办	镇海区	省双拥模范城

说明：资料来源区民政局

第三节　社会救济

赈灾救济

自然灾害救济　1988年7月，受暴风雨袭击，镇海区7416人捐现金24757元，粮票17375公斤，衣被35890件，国家拨救济款1万元予以救济。1989年7月，受9号台风影响，粮食减产350吨，受灾293户，1025人得到国家救济。1990年，15号台风加干旱，成灾面积553公顷，房屋倒塌39间，损坏51间，35人得到国家救济。1994年，受风雹、干旱、水灾影响，经济损失420万元，粮食减产3000吨，100人得到国家救济。1995年，受台风干旱影响，经济损失650万元，粮食减产4000吨，200人得到国家救济。1997年8月强台风登陆温岭市，1998年6号台风，2000年9月“桑美”台风，镇海区不同程度受到影响，受灾群众都得到国家综合救助和群众互救。2005年镇海区受9号台风“麦莎”影响，全区受灾20253人，紧急转移10399人，直接经济损失1836万元，其中农业直接经济损失762.3万元，为灾民发放台风救灾补助资金67.7万元。2007年台风“韦帕”和“罗莎”在浙闽沿海登陆，全区受灾13227人，直接经济损失6442.4万元，其中农业直接经济损失6027.4万元，共拨救灾补助资金50万元，有1700户、3295人得到区政府救助。2008年遭百年不遇的低温雨雪冰冻灾害，造成直接经济损失2467.8万元，其中农业经济损失1500万元，受灾6310人，为163户、261人发放应急补助生活资金12万元。

火灾救助　火灾户损失，城镇居民由所在单位给以救助或民政部门救济，农村村民由村集体补助，群众互救或国家给予必要救助。1987年推行农村家财保险（含自然灾害），镇海区参加家财保险农户达70%。同时，各乡镇建立救济扶贫基金，受灾群众能及时得到救助。1987年，镇海区火灾救助5起16户53人，补助款2700元、瓦1.5万张、红砖12.5万块、水泥20吨。2005年，镇海区火灾救助22户，补助资金5.9万元。2006年，镇海区火灾救助55户，补助资金11.4万元。2007年，镇海区火灾救助24户，补助资金24200元。2008年，镇海区火灾救助20户，补助资金5.6万元。

困难救济

城镇困难救济 1987—1990年，镇海区城镇困难户救济1135户，救济金6.2万元。1993年起改以人计。1993—2004年，镇海区城镇困难户救济21300人次，救济金540.5万元，其中定期定量补助499人次。

农村困难救济 1987—1990年，镇海区农村困难户救济470户，救济金3.84万元。1993—2004年，镇海区农村困难户救济12599人次，救济金126.3万元。

2005年始，社会困难救济纳入区城乡一体化救助体系。2006年临时救助275人次，救助金43.19万元。2007年临时救助297人次，救助金45.87万元。2008年临时救助393人次，救助金74.48万元。

冬令救济

对象是缺少棉被、棉衣，过冬防寒有困难的烈军属、革命伤残军人、复员退伍军人、五保户、特困户、精简退职老职工、城乡居民中的“三无”人员（无生活来源、无劳动能力、无法定赡养人、扶养人或抚养人的居民）。1987年，区政府拨给各乡镇冬令救济款8000元。1991年，区政府拨给各乡镇冬令救济款1.8万元。2006年，区政府发放春荒、冬令救济款20万元。2008年，区政府发放冬令救济款30万元，585户1144人得到救济。

医疗救济

1986—1991年，镇海区共救济因病致贫困难户655人，减免医疗费15.9万元。2002年，出台《镇海区城区帮困助医实施办法》，规定持有镇海区“居民最低生活保障证”和“社会扶持证”的家庭成员，其符合城镇职工基本医疗保险用药目录和诊疗项目的医药费用，由区政府给予25%～100%的医疗救助。2003年起，镇海区实施农村住院医疗保险和大病救助基金制度。2006年1月，出台《镇海区医疗救助办法（试行）》。2006—2008年，救助4215人次，金额619万元。

在乡“三老”补助

1985年4月起，对革命根据地在乡老党员、老交通员、老游击队员（以下简称“三老”），给予补助。定期每人每月10～20元，年终一次性补助50～100元。后补助标准提高，人均每月280～315元。2008年，镇海区在乡“三老”补助对象27人。

起义宽释人员救助

1956年起，国家规定对原国民党政府起义人员、国民党军人家属生活困难者给予适当经济救助。1976年7月，规定宽大释放转业的原国民党县团级以上党政军人员，年老体弱、劳动收入不能维持生活或者丧失劳动能力、生活无依靠者，县级民政部门发给生活补助费，每人每月7～13元。2008年，镇海区有原国民党特释人员1人每月补助641元，原国民党宽释人员2人每月补助

300 元。

农村五保老人供养

2002 年前，镇海区农村“五保”户供养经费实行镇（街道）统筹，供给标准由镇（街道）确定。2002 年起，区人民政府对经济薄弱村统筹资金补贴 50%。至 2008 年，镇海区共补助农村“五保”户供养资金 29.76 万元。2005 年镇海区农村“五保”户年人均供养金 5495 元。2005 年 12 月起，农村“五保”对象纳入农村养老保险范围。2006 年“五保”对象 161 人，年人均供养金 7757 元。2007 年“五保”对象 145 人，年人均供养金 8240 元。2008 年“五保”对象 133 人，入福利机构集中供养 125 人，户院挂钩 8 人，年人均供养金 9858 元。

收容遣送

1982 年国务院发布《城市流浪乞讨人员遣送办法实施细则》，收容遣送由民政和公安部门共同负责。1997 年宁波市《收容遣送条例》出台，镇海区成立“三无”人员教育管理工作领导小组（即无合法证件、无固定住所、无正当生活来源人员）。区公安部门负责“三无”人员收容。“三无”人员入收容中心前，核实无经济收入者，暂住“三无”收容中心，提供免费食宿。在本地有亲属的通知其领回。符合申领暂住证的补办证件。愿意回原籍的，由区民政部门负责遣送。1996 年至 2003 年 8 月，镇海区累计收容遣送“三无”人员 11800 人。2003 年国务院发布《城市生活无着的流浪乞讨人员救助管理办法》后，区“三无”人员教育管理工作领导小组撤销。此后，改流浪乞讨人员收容遣送为实行救助。2006 年 6 月，建立镇海区流浪乞讨人员救助管理站。自 2003 年 8 月至 2008 年 12 月，镇海区累计救助流浪乞讨 280 人，其中为其寻找家人或送回原籍 235 余人，投入救助经费 254 万元。

外地救助

1991 年 10 月，镇海区筹集资金 38.3 万元，粮票 4.9 万公斤和价值 4300 元的实物，支援无锡等灾区。2001—2004 年，向贵州黔西南地区捐赠衣被 4 批，35.7 万件，总价值 188.8 万元。2006—2007 年，为贵州省贫困地区筹集并发送衣被 13.68 万件，现金 21.07 万元。2008 年汶川大地震，镇海区筹集救灾资金 2298.15 万元，救灾物资折价计 179.58 万元。同年 10 月，筹集发送衣被 4.57 万件。

最低生活保障

1996 年 7 月，镇海区建立城镇居民最低生活保障线制度。翌年 1 月，建立农村村民最低生活保障线制度。城镇居民人均月收入低于 150 元，农村低于 100 元的，列入最低生活保障。最低生活保障资金按级分口承担。区财政承担“民政对象”所需资金，其余由所在单位或主管部门负担，主管部门有困难的，由扶贫帮困周转基金解决，小康村全额由村负担。2004 年年底，镇海区列入低标准保障的城镇居民 972 人、农村 961 人。2005 年，城镇居民低标准保障标准 1 人户每月 320 元，双人户每人月 300 元，3 人户以上每人月 280 元；农村低标准保障标准 1 人户每月 180 元，双人户每人月 170 元，3 人户以上每人月 160 元。2006 年 10 月起，城镇居民低标准保障标准 1 人户每月 340 元，双人户每人月 320 元，3 人户以上每人月 300 元。2006 年 7 月起，农村低标准保障标准 1 人户每月 200 元，双人户每人月 190 元，3 人户以上每人月 180 元。是年年末，镇海区列入低标准保障的城镇居民580户831人、农村689户961人。2007年年末，镇海区列入低标准保障城镇居民584户824人、农村684户950人。2008年1月，城镇居民低标准保障标准1人户每人月390元，双人户每人月370元，3人户以上每人月350元；农村低标准保障1人户每月265元，双人户每人月255元，3人户以上每人月245元。是年年末，镇海区城镇居民616户840人、农村684户949人列入低标准保障。

2003—2008年镇海区民政各类救助情况表

表40-6　　单位：万元

救助项目	2003年	2004年	2005年	2006年	2007年	2008年
城市低标准保障	215.16	215.10	213.09	242.34	249.97	98.23
农村低标准保障	135.86	144.34	143.48	182.27	190.13	257.46
临时救济	40.00	50.41	40.80	52.78	45.87	75.05
特殊、定期救助	32.30	33.03	33.61	37.49	39.49	42.90
规划扶贫	2.00	2.15	—	—	—	—
医疗救助	42.85	51.27	75.89	129.53	214.19	275.28
五保供养	149.40	160.90	148.00	150.00	264.00	180.00
春节慰问	163	191.07	291.18	375.37	459.64	490.69
物价补贴	—	—	98.89	5.18	48.20	98.84
救　灾	—	25.00	54.85	25.00	62.00	42.00
流浪乞讨	—	20.00	32.00	54.00	72.00	80.00
农村困难家庭住房修缮	—	—	11.08	1.05	3.45	3.72
困难老人生活补助	—	—	—	—	62.59	86.30

说明：资料来源区民政局

第四节　慈善事业

镇海区慈善总会

1998年，宁波市慈善总会镇海区慈善分会成立，有组织的公益慈善事业起步。2006年改组后改称镇海区慈善总会。2006年11月，镇海区慈善总会召开首届会员代表大会。选举产生区慈善总会第一届理事会理事68人，会长1人，副会长9人。会议通过《镇海区慈善总会章程》《镇海区慈善总会资金使用管理办法》。各镇、街道设立慈善分会，社区、行政村设立慈善工作站。

善款募集

1998—2005年，宁波市慈善总会镇海区慈善分会募集善款1709.3万元；2006—2008年，镇海区慈善总会募集善款4412.8万元，合计募集善款6122.1万元。

慈善一日捐活动　活动始于1999年，每年开展。2000年退休干部郑某某拄着拐杖向慈善机构捐款2000元，一直延续5年。2001年，70岁退休工人孙某某从后施步行10余里到慈善机构捐款1000元，持续5年直至去世。2002年，机关干部陈某某把其所在系统捐给她女儿治病的余钱15200元捐给慈善机构。2004年，镇海区匿名捐款人“我想”出现，向慈善机构捐款108万元，后又捐50万元。2005年，“我想”被市慈善总会、宁波晚报评为感动甬城十大慈善新闻人物。2006年，“我想”被评为镇海区“十大爱心感动人物”，同年12月，省人民政府授予“我想”浙江省慈善个人奖。

冠名基金 为捐赠者慈善定向救助资金。基金规模不一，基金到位年限可长可短，本金按约定动用。2003年始，镇海区陆续有8家企业与慈善机构签订10年冠名基金协议，其中宁波华通电器集团公司每年3万元，宁波海达塑机有限公司每年2万元，宁波永大构件有限公司每年2万元，浙江中平粉末冶金有限公司每年3万元，宁波航海纺机厂（镇海剑杆头厂）每年3万元，宁波中鑫毛纺集团呢绒厂每年2万元，镇海声光金属型材厂每年2万元，宁波西马特电机制造公司每年1.5万元。蛟川、庄市、骆驼街道，澥浦、九龙湖镇10年冠名基金，每年10万元。

创始基金 2006年区慈善总会成立，募集创始基金1300万元，其中捐款100万元的有镇海再生金属资源加工园区、招宝山街道；捐款50万元以上的有镇海永大构件有限公司、宁波华通电器集团股份公司、宁波百隆集团有限公司、宁波伟峰影像设备集团有限公司；捐款10万元~49万元的单位、个人42个。

村老年慈善福利基金 2008年7月，建立村老年慈善福利基金，由村确定基金规模，本金留村，本金增值部分6%每年用于村慈善福利。全区各村均建立老年慈善福利基金。2009年基金规模10200万元，年可用资金612万元。

表40－7

1988—2008年镇海区慈善捐款情况表

年份	募集款（万元）	单位捐款（家）	个人捐款（人）
1998	20.40	57	898
1999	27.80	71	11505
2000	56.05	151	17758
2001	60.10	162	20581
2002	242.04	270	28482
2003	338.50	368	35482
2004	416.90	365	35982
2005	547.50	407	37663
2006	1669.70	551	38782
2007	1063.70	607	38981
2008	1679.40	485	15867

说明：资料来源区慈善总会

慈善救助

1998—2008 年，镇海区慈善救助支出共 3854. 5 万元，有 35860 人得到惠助。

助医　总支出 839. 6 万元，受惠 10068 人，其中“白内障复明行动”支出 100. 7 万元，503 人得到免费复明；贫困家庭精神病患者免费治一疗程，救助支出 93. 2 万元，计 209 人；贫困家庭发放固定助医卡 3570 本，每本 500 ~ 700 元，累计固定助医支出 202. 9 万元；大病救助、临时助疗，支出 442. 8 万元，救助 5786 人。

助学　发放助学款 428. 9 万元，3607 人接受助学。

助困　总支出 1049. 8 万元，17274 人受助，其中发放助困卡 2012 本，每卡金额 1200 元，累计发放 243. 6 万元；困难家庭危房修建 212 户支出 73. 5 万元；失业职工、贫困农户扶助发展生产 18 户支出 17 万元；2004 年办慈善超市，向 4164 户困难家庭发放实物卷和超市卡，价值 219. 1 万元；临时助困 2888 人，支出 178. 5 万元；元旦春节送温暖 7880 人，发放慰问金 318. 1 万元。

助孤助残助老　孤儿慰问款 15. 7 万元，计 370 人。向残疾人发送 112. 2 万元帮扶慰问款。2001—2008 年，每年老人节向 3877 名老年人发放慰问款 191 万元。

赈灾　支付救灾款 9. 6 万元，有 109 人次受助。四川汶川特大地震，划拨赈灾款 736. 4 万元。

公益扶助　按捐款人意愿定向扶助，用于修路、村老年活动中心修建、购置设备、敬老院生活设施改善，支出 471. 3 万元。

第五节　福利事业

福利企业

1971 年，镇海县橡胶制品厂开办，民政福利企业起步。福利企业安置盲、聋、哑、残人员就业，享受国家税收优惠政策。1993 年起，镇海区实施福利企业开办与扶持贫困村、改善民政救助对象生活、残疾人就业相结合。1998 年全区有福利企业 76 家，工业总产值 5. 6 亿元，销售收入 5. 03 亿元，利润 4100 万元。2002 年开始，镇海区对福利企业作整合，至 2005 年减为 42 家，工业产值 10. 6 亿元，销售收入 10. 03 亿元，利润 1. 4 亿元。1995—2005 年，民政局属福利企业实施转制改革。2007 年 5 月，改革后的福利企业改为由属地乡镇、街道管理。2008 年，镇海区福利企业共 35 家，安置残疾 1132 人，工业总产值 10. 03 亿元，销售收入 10. 17 亿元，利润 3090 万元。

2008 年镇海区福利企业名录一览表

表 40 – 8

企业名称	企业名称
镇海区运动器械橡塑配件厂	镇海区威远塑粉有限公司
镇海区橡胶机电制品有限公司	镇海区九龙电力设备有限公司
镇海区电热清洗机有限公司	镇海区裘皮厂
镇海区康明化工有限公司	镇海区普力得电器有限公司
宁波镇海华一包装有限公司	镇海区灵升车业厂

续表 40－8

企业名称	企业名称
镇海区海达塑料机械制造有限公司	镇海区亨利石油化工机械有限公司
镇海区中意液压渔机厂	镇海区灵达电器配件厂
镇海区海强电器机械制造有限公司	镇海区永大构件有限公司
镇海区针织福利厂	镇海区中鑫呢绒有限公司
镇海区九龙玻璃制品有限公司	镇海区高压紧固件厂
镇海区剑杆头厂	镇海区宏大齿轮转动件有限公司
镇海区第三羊毛衫厂	镇海区华东机械厂
镇海区声光金属型材厂	镇海区通宝纸业有限公司
镇海区西马特电机制造有限公司	镇海区合金减摩有限公司
镇海区开汇仪表科技有限公司	镇海区哈咪电器有限公司
镇海区凯达汽车部件厂	镇海区金峰皮革制品有限公司
镇海区威远机电有限公司	镇海区天翔转轴有限公司
镇海区金点电子有限公司	—

说明：资料来源区民政局

1993—2008年镇海区福利企业安置残疾人情况表

表 40－9

年　度	福利企业（家）	残疾职工（人）	销售收入（万元）
1993	41	492	8251
1994	68	727	17500
1995	71	863	31379
1996	76	944	40226
1997	76	1033	48661
1998	76	1085	50315
1999	76	1130	63585
2000	74	1197	75711
2001	73	1245	80033
2002	56	1257	78754
2003	47	1076	76020
2004	43	1124	90695
2005	42	1097	103314
2006	42	1128	103283
2007	34	1179	97406
2008	35	1132	101761

说明：资料来源区民政局

福利彩票

1987年10月，镇海区首次发行福利彩票，一个计奖组50万张，奖券储存、发放、开奖、兑奖由工商银行办理。1987—1994年，镇海区共销售福利彩票（奖券）120万张，金额245.3万元，筹集福利资金51万元。1998年，第一次大奖组福利彩票400万元在城关销售，3天内400万元福利彩票销售一空，筹集福利资金80万元。1999年，第二次大奖组福利彩票1000万元在镇海经济开发区销售，3天销售693万元，筹集福利资金145万元。同年，销售浙江风采福利彩票126万元。2000年，第三次大奖组福利彩票600万元在骆驼镇销售，3天销售492万元，筹集福利资金96万元。2002年，第四次大奖组福利彩票500万元在城关销售，3天销售480万元，筹集福利资金81.6万元。2003年，第五次大奖组福利彩票500万元在骆驼机电园区销售，销售229万元，筹集福利资金38.9万元。同年起，福利彩票实行电脑设点销售，当年销售59.5万元，筹集福利资金5.95万元。2004—2008年，累计福利彩票销售8145.2万元，筹集福利资金814.52万元。2008年，镇海区有福利彩票销售点共32家。

养老福利机构

1958年，城关镇在八里桥头办敬老院，入院老人10余人。1987年，八里桥头敬老院赡养老人迁入夏金生福利院。2008年，镇海区共有养老福利机构10家（包括敬老院），其中公办3家、集体办6家、民办1家，总占地面积64158平方米，总建筑面积4.1万平方米，总床位1555张。每万人床位69张，每万名老年人床位440张。

镇海区夏金生福利院 聪园路北。1986年，由区和城关镇集资46万元兴建，其中港胞陈志耀和夏秀君夫妻捐资23万元。福利院以陈氏岳父夏金生名命，1987年10月落成，占地面积4362平方米，主建筑3层楼房1幢，建筑面积1800平方米，能赡养老人77人。建院21年间，经改造扩建，总投资达到370万元，建筑面积增至2850平方米。2008年年末，设房50间、床位113张，入院老人113人，有员工21人。1987—2008年，累计收养老人420人。床位利用率始终为100%。1995年，获省二级福利院称号，后又获省、市、区文明单位、优质服务单位、先进福利院等荣誉。

镇海区老年公寓 聪园路北。1989年由区人大常委会牵头集资102万元兴建，其中区政府拨款30万元，机关、企事业单位集资49万元，港胞陈志耀捐资23万元。1991年10月建成，占地面积3500平方米，建筑面积2030平方米。4层主楼公寓，以陈氏父名命，称陈友德寿康楼。有房47间，其中单人12间，双人35间。1999年12月，老年公寓扩建，建筑面积增至2700平方米，有房77间，122床位，其中健康老人88床位，高龄老人34床位，有服务员21人。设阅览室、电视室，健身房、多功能厅、医务室、门球场等活动厅室，以及食堂、厨房、餐厅、公共浴室等辅助用房。床位利用率始终保持100%。

镇海区第二福利院 石塘下包家。1990年6月，由区政府拨款、向社会集资和港胞陈志耀捐资兴建。初期投资168万元，占地3000平方米。1992年6月建成，40床位。有医务室、书报阅览室、综合活动室、健身房以及公共浴室、食堂、厨房等辅助用房。健身房置有10余种健身器械。经三次改建，至2008年年末，有128床位。有工作人员24人，入住老人120人。

镇海区九龙福利院 1998年兴办，初时位于河头乡政府。2003年6月，移址河头乡卫生院处改建。总投资1500余万元，占地1.8万平方米，建筑面积1.3万平方米，2004年竣工投用。设医务室、图书阅报室、综合活动室、乒乓室、健身房以及浴室、食堂、厨房等辅助用房。至2008年年末，有300床位，入院老人240人，工作人员43人。九龙福利院为稳定期精神病患者、老年痴呆患者康复托养服务。

第六节 民政行政事务

婚姻登记

1986年至1999年2月，镇海区婚姻登记事务由各乡镇（街道）受理。1999年3月始，婚姻登记改为由区民政局集中受理。区民政局设立婚姻登记厅。2008年8月1日起，取消婚姻登记收费。

1986—2008年镇海区婚姻登记受理情况表

表40－10

年份	结婚（对）	离婚（对）	年份	结婚（对）	离婚（对）
1986	2561	52	1998	2102	254
1987	2635	60	1999	1570	211
1988	2211	60	2000	1634	256
1989	2043	59	2001	1599	212
1990	2036	84	2002	1740	224
1991	2164	90	2003	1628	341
1992	1992	92	2004	1992	462
1993	2216	99	2005	1487	458
1994	2200	163	2006	2088	510
1995	2156	183	2007	1603	470
1996	2183	241	2008	1974	479
1997	2000	251	—	—	—

说明：资料来源区民政局

收养登记

《中华人民共和国收养法》于1992年4月1日起执行，收养关系依法由区民政部门登记受理。1996—2008年，镇海区核准收养登记278起。

1996—2008年镇海区收养登记情况表

表40－11　　单位：起

年份	1996	1997	1998	1999	2000	2001	2002	2003	2004	2005	2006	2007	2008
数量	8	27	0	0	31	32	31	13	22	20	32	20	42

说明：资料来源区民政局

殡葬管理

殡葬改革　1987年建立镇海区殡葬管理所。是年，镇海区规定遗体火化范围为国家机关干部、城关地区教师、医生、国有和城镇集体单位党支部正副书记、正副厂长（经理）。1996年，区投入经费67.68万元购置5辆殡仪车，乡镇配备专职殡葬管理员。同年11月，加大遗体火化推进力度，除汶溪等15个沿山区村外，全部推行遗体火化。1997年12月1日起，镇海区全境推行遗体火化。全面实施遗体火化后，至2008年年末，镇海区遗体火化面、火化率均达100%。

1996—2008年镇海区遗体火化登记情况表

表40－12

年份	1996	1997	1998	1999	2000	2001	2002	2003	2004	2005	2006	2007	2008
具数	214	1199	1209	1265	1244	1201	1354	1415	1342	1544	1480	1551	1552

说明：资料来源区民政局

殡葬整治　1987—1995年，镇海区加强公墓管理，乱葬乱埋治理。1996—2008年，开展墓葬专项整治，区、镇（街道）财政支出1201.85万元，拆除禁坟区、公墓地违规建墓24座，“三沿五区”（沿铁路、沿公路、沿通航河道两侧以及耕种区、住宅区、风景区、开发区和森林保护区）坟墓拆迁及就地深埋6557穴。结合推行遗体火化，公墓地禁止做土葬大坟。大同公墓（含第四墓园、第五墓园、第六墓园及神钟山墓园）、狮子山公墓全面推出骨灰坟，倡导树葬、草坪葬。

地名管理

1986年3月，成立镇海区地名委员会。1989年9月，对原镇海县1981年地名普查工作进行补查和资料更新，对一个乡镇内的重名，自然村名加前缀或方位词处理。区内地理实体名称、聚落名称、人工建筑与水利设施等含有地名意义的名称，均形成图文、表、卡。1988—2008年，区地名委员会命名各类地名401条，其中街路、巷弄228条，住宅区54条，专业市场85条，桥梁10条，更名17条，聚落（村居）名7条。1988—2008年，以城镇街路和开发区为重点共设置地名标牌141586块，其中1992—2008年，设街路弄牌2150块，楼幢牌3937块，门牌98765块，设乡镇（街道）村牌215块，农村门牌25567块。

社会组织登记

社会团体登记　1988年12月，民政部门重新承担社会团体登记管理职责。1991年1月，镇海区清理整顿社会团体，至1992年年底结束。清理整顿后，原77个社会团体准予保留74个，自动解散2个，撤销1个。保留的社会团体中，协会48个，学会14个，研究会4个，基金会4个，涉外社会团体4个，其中中华医学会浙江省镇海分会等5个团体更名。1998年10月，国务院新的《社会团体登记管理条例》实施。2000年8月，省人民政府发布《浙江省社会团体管理办法》。自2000年起，镇海区社会团体登记步入规范，通过年检对政社不分、结构失衡、业务过窄、组织重复、名存实亡的组织给予注销，对非法组织予以查处。2008年年末，镇海区注册登记的社会团体共92家。（详见第三十二编“民主党派　社会团体”第二章“社会团体”）

民办非企业单位登记　1998年10月，国务院颁布《民办非企业单位登记管理暂行条例》。1999年12月，民政部发布《民办非企业单位登记暂行办法》。2000年，镇海区对民办非企业单位复查登记。复查对象为2000年8月31日前已经有关部门批准或登记的。教育、卫生、科技、文化、体育、劳动、民政、社会中介服务，凡是从事法律、法规和国家政策规定不以营利为目的的行业、事业活动，或章程中载明不以营利为目的的都必须办理民办非企业单位登记。2004年7月，《浙江省民办非企业单位管理暂行办法》施行。2001—2008年，经依法登记的镇海区民办非企业单位共141家，其间注销12家，撤销6家。2008年年末，镇海区注册登记的民办非企业单位共123家。

第二章　老龄事业

1987年，镇海区60岁以上户籍人口20103人，占总人口的10.48%，步入人口老龄化社会。是年，成立镇海区老龄问题委员会。2002年更名镇海区老龄工作委员会。镇、街道成立老龄工作委员会，下设办公室，配有老龄工作专职干部。2005年，镇海区获得首批“全国老龄工作先进区”和首批“全省老龄工作先进区”称号。2008年年末，镇海区60岁以上老年户籍人口39598人，占总人口17.65%。

第一节　老年活动组织建设

基层老年人协会

1987年，勤勇村首先建立老年人协会，随之迅速普及。2005年开始，基层老年人协会实行三年一次换届选举。至2008年年末，镇海区村（社区）老年人协会普及率100%，老年人入会率90%。老年人协会成为老年人“自我服务、自我教育、自我管理”的有效载体，也成为新农村建设和和谐镇海建设的有力帮手。

老年人体育协会

1987年，成立区老年人体育协会，镇（街道）、村（社区）亦建立老年人体育协会。经费由各界资助和区财政拨付。老年人入会率58%。建成老年体育辅导站（点）97个，辅导员345人。6个街道（镇）均为省小康型老年体育街道（镇）。每年举办门球、健身球操、桥牌、乒乓、柔力球、健康竞技麻将及太极拳、剑等培训。柔力球、地掷球在省、市比赛中取得佳绩，成为老年体育强项。

老年书画诗词协会

1988年成立，有会员110人。每年不定期举办书画诗词展。出版《招宝山诗词》《镇海新吟》《蛟川晚翠》诗词书画。

红枫艺术团

2004年成立，有老年团员近百人。分设合唱队、舞蹈队、拉丁舞队、时装队。每年老人节以及其他庆祝活动，红枫艺术团活动踊跃。

第二节　老年服务

居家养老服务

进入 21 世纪，以居家为基础、社区为依托、机构为支撑的老年服务体系渐成格局。2004 年，总浦桥社区首设“日间老年护理中心”。2005 年，区拨专款 30 万元，用于高龄困难老人购买服务和补助居家养老服务。2006 年，镇海区创建“全国养老服务社会化示范区”取得成功。2004—2008 年，区财政共投入 450 余万元，用于购买居家养老服务、完善硬件设施及保证居家养老服务中心日常运作。2008 年年末，全区建成 16 个居家养老服务中心，23 个村居家养老服务站，有居家养老服务员 145 人。困难老人 235 人接受无偿服务，为 270 名高龄老人提供低偿服务。

社区“3587”工程

创建“浙江省老龄工作规范化社区”简称，要求达标社区建成 3 个组织：社区老年人协会、老龄工作小组、志愿者队伍。5 个网络：养老保障网络、医疗服务网络、生活照料网络、文化教育网络、权益维护网络，同时完成 8 项任务达到 7 项标准。镇海区创建省“3587”工程始于 2003 年。至 2008 年，全区有 23 个社区达到省定工程要求标准，占社区总数的 90%。

社会公共服务体系为老年人服务

镇、街道均建社区卫生服务中心，下设社区卫生服务站。形成“城区十分钟、农村十五分钟”卫生服务圈。建设小区健身苑，形成“十五分钟健身活动圈”。2002 年开始，镇海区农村规范化老年活动室创建，设棋牌、阅览、电教、乒乓等，配备活动器械。至 2008 年建成 58 个，占村数 93.5%。2005 年始建立镇、街道、社团组织法律援助站，设村（社区）法律援助联络点，构建“半小时法律援助服务圈”。2008 年，区设法律援助中心，镇（街道）和 5 个社团组织设法律援助站，83 村、社区有法律援助联络点。

第三节　老年活动

老人节活动

1988—2008 年连续 21 个老人节，年年举行庆祝活动。内容有区领导电视讲话，征文活动，知识竞赛，表彰先进，文艺演出、放映电影、体育比赛、游园活动、外出参观旅游等。节日期间，晚辈给老年人送礼、请老年人吃饭，一家团聚为老年人庆祝节日，企事业单位给老年人送钱送物成风。

老年运动会

1991 年举办首届老年运动会，并确定每两年举办一次。2003 年起，调整为每三年举办一次。至 2008 年共举办 8 次。每届运动会都有十余个有益老年人身心健康的体育竞赛项目，参赛老年数百人。

老年学习

老年大学和浙江老年电视大学镇海分校是镇海老年人参加学习的载体。1998 年起，陆续有老年人参加省老年电大学习。2003 年 4 月，浙江老年电视大学镇海分校建立，当年入学 400 人。至 2008 年年末，入学 9985 人，注册学员 3200 人，占老年人口 8.3%。村、社区有集中教学班 71 个。2005 年，浙江老年电视大学镇海分校获“浙江省老年电视大学先进分校”称号。

老年旅游

旅游在老年活动中越来越红火。离退休人员活动组织建立至今，每年都组织成员外出观光。老年协会组织老年会员观光旅游。初在宁波大市范围内旅游。乘公交车免费，景区门票优惠的推出，老年人旅游开始跨越大市，或早出晚归或住一晚。旅行社看好老年人旅游潜力，老年人出游向全国辐射。2000 年以来，出境游老年人日益增多。

老年文艺活动

区有红枫艺术团、老年大学艺术团、京剧联谊会、越剧联谊会。镇、街道都有老年艺术团，称“夕阳红”艺术团。社区、部分村也建有艺术队或俱乐部。镇海炼化有夕阳红艺术团，镇海港区有老年艺术团。2004 年，区内有称为“团”的老年文艺队伍有 60 支，演出队、表演队更多。艺术节目丰富多彩：歌曲、戏曲、说唱、舞蹈、民乐、铜管乐、打击乐、秧歌、腰鼓、龙鼓、舞龙、舞凤、旱船、模特表演等。老年人表演欲望强烈，不计报酬，不怕辛苦，随叫随到，有的为演出废寝忘食。每个团队随时可拉出一台节目。元宵节、老人节、菊展、春节慰问、送戏下乡等活动，随处可见老年人风采。

第四节　敬老助老

1987 年，港胞邵逸夫捐资建设邵氏康乐园，港胞陈志耀捐资助建夏金生福利院。1991 年，陈志耀捐资助建镇海老年公寓。1993 年，港胞包玉书捐资建庄市老年娱乐中心。2002 年，刘聘三祖居供贵驷社区老年活动中心使用。民联村老年活动室，余三村老年活动室亦由民间捐助。

1989 年，成立镇海区老年福利基金会。2005 年定性为公募基金会，原始基金 400 万元。2007 年，原始基金增至 550 万元。2004 年以来，用于老年人困难救助和老年福利事业资金每年约 100 万元。

1999—2003 年，华人傅在源设立“富的基金”，每年资助 3 万美元给特困老人和慰问 90 周岁以上老人。

2002 年始，台商王南历助养 5 名特困老人每月 100 元，每年春节上门慰问老人。2004 年，助养老人数增至 10 人。2007—2009 年，LG 甬兴化工有限公司助养 100 名困难老人，每人每月 100 元。2007—2008 年，顺风达公司助养 10 名困难老人，每人每月 100 元。宁波中鑫毛纺集团、宁波华通集团公司逢春节、老人节慰问走访特困老人。

（责任编辑　冯国定）

第四十一编
人事　劳动　社会保障

本编目录

建区前1979年4月，镇海县设劳动局；1984年2月，增设镇海县人事局，负责全县的劳动人事行政管理工作。1985年10月，县劳动局和县人事局合并，改名为区劳动人事局。1991年6月，又分析为区劳动局和区人事局。2002年1月，撤区劳动局组建区劳动和社会保障局，保留区人事局。1985—2008年，全区劳动、人事和社会保障的行政管理工作职能随着机构的变化时分时合，各司其职。

第一章　人　事

1986—2008年，镇海区人事工作适应现代化建设需要，以经济建设为中心，抓好人才和改革两大主题，促进人事人才工作在市场经济条件下的顺利转型。人才工作方面，突出强调人才资源是第一资源，深入实施人才强区战略，大力推进人才队伍建设，建立形成较为完备的人才开发体制机制，为全区经济社会发展提供强有力的人才智力支撑。强化人事管理体制机制改革创新，严格机构和人员管理，规范机关事业单位工资、津贴、福利，建立较为科学、规范的机关事业单位选人、用人机制和收入分配制度。

第一节　人事管理

调配

1986—1996年，镇海区党政机关和企事业之间凡属国家干部身份的，通过商调流动。其间，区外调入3471人，其中调入机关351人，调入事业1441人，余为调入企业。调出干部3221人，其中机关调出196人，事业调出956人，余为企业调出。流动性较大的是教育、卫生等事业单位。1997年实行公务员制度后，除调任和公开选拔方式进入公务员队伍或因本人申请调出外，党政机关和企事业单位之间干部不再商调。

军队转业干部安置

区级政府主要安置营级及以下军队转业干部（以下简称军转干部）。1986—1995年，军转干部大多安置在镇海区各大工程单位、金融系统，安置在区机关事业的66人。1996—2004年，军转干部大多安置在区级机关，计101人。2005年开始，采取考试考核竞争上岗办法安置军转干部。2005—2008年，军转干部安置在行政机关45人，安置在事业单位16人，自主择业1人。

考核

1987年始，镇海区从德、能、勤、绩对机关干部实施年度考核。一般经个人总结、群众评议、组织核定流程。1992年印发《镇海区区级机关工作人员年度考核办法》。1998修订目标管理考核办法，要求区级机关年初制定职能目标，年底对照目标自评、联评，考评。设立机关工作人员考核手册。2004年《关于印发镇海区国家公务员（机关工作人员）年度（绩效）考核工作实施意见的通知》，对考核标准、考核结果应用等方面作了细致规定。

培训

1992年起，镇海区对党政机关（包括部分事业单位）工作人员开展公务员初任培训。培训政治、法律、公务员制度、行政管理、公文写作等，经授课和闭卷考试，300多人取得合格证书。不久，制定中长期培训计划和实施细则，分批分期对党政机关公务员进行《社会主义市场经济理论》《当代科技》《WTO基础知识》《公务员依法行政》《中华人民共和国行政许可法》《计算机应用能力》等培训。1995—2008年，镇海区党政机关15000多人次参加培训。党政机关公务员100%接受法律培训，96.7%通过计算机一、二、三级考试，92.3%参加《当代科技》、《社会主义市场经济理论》、《WTO基础知识》培训。2002—2008年，共推荐71名在职公务员进修研究生学历。2004—2008年，推出菜单式综合素质系列讲座16次，由高校教授和专家授课，听讲公务员5000人次。

第二节　机关事业单位人事制度改革

党政机关人事制度改革

录用　建区后，招收录用机关干部主要通过两种渠道：按条件和资格申报录用；按有关政策和指标从以工代干人员中通过考试录用。1991—1996年，镇海区共录用干部1224人，其中党政机关行政干部241人。1996年起，除少数调任外，录用机关干部一律公开招考。

实施公务员制度　1997年开始镇海区实施公务员制度。至1998年，全区739名国家机关干部过渡为公务员，57名暂缓过渡，2名不能过渡。2002年，镇海区公务员总量1260人（含垂直管理的工商、药监、质监部门，下同）。公务员学历结构：研究生20人、大学313人、大专496人、高中（中专）372人、初中59人。大专以上学历占65.8%。职务结构（不含区级党委、群团及乡镇部分党委领导，下同）：处级、科级、科办员比例分别为19.7%、40.4%、39.6%。2008年，镇海区公务员总量1464人。学历结构：硕士以上研究生80人、大学849人、大专395人、中专以下140人。大专以上学历占90%。职务结构：处级、科级、科办员比例分别为20.3%、59.0%、20.7%。年龄结构：35岁及以下402人、36～40岁322人、41～45岁261人、46～50岁217人、51～54岁137人、55岁及以上125人。

中层职位竞争上岗　1998年开始，镇海区推行公务员中层职位竞争上岗。区人民法院率先推出18个岗位试行中层职位竞争上岗。2002年4月，镇海区推出110个中层岗位竞争上岗，占规定范围内中层职位55%，其中跨系统竞争职位61个。有503名干部参加竞争上岗，96名中青年干部通过竞争取得中层岗位，88名原中层干部在竞争中落选（一部分因年龄原因落选）。2003年6月，出台《镇海区中层职位竞争上岗暂行规定》，明确今后各镇、街道、区直属单位中层职位和各镇、街道的工会、共青团、妇联负责人，当中层干部聘任期满、中层职位需要调整或中层职位出现空缺时都要竞争上岗。1998—2004年，镇海区共推出中层职位218个，占机关中层职位71.8%，193名公务员通过竞争上岗。中层干部平均年龄由1997年的46.5岁降到37.9岁，大专以上文化程度比重由50.3%上升到81.2%。

事业单位人事制度改革

实行聘用制　1997年，镇海区出台《关于加强乡镇事业人员管理工作的若干意见》，对乡镇事业机构设置、人员编制、事业人员条块关系、素质、待遇、交流等加强管理。1998年，推行事业人员聘用制，选择贵驷卫生院试点。年末，卫生系统年度新进事业人员全部签订聘用合同。1999年，有89家事业单位的2950名人员向聘用制过渡，初步建立以聘用合同为基础的用人机制。2000年，全区177家事业单位4300人签订聘用合同。2008年，全区事业单位人员全部签订聘用合同。

公开招聘　1996年镇海区公开考试招聘事业编制人员，当年招收进乡镇广播电视站9人，乡镇殡葬管理站6人。2000年参照公开录取公务员的方法和程序，区经济服务中心、区招商中心、区医保处录用事业编制8人。2003年，镇海区引进事业编制53人，考试录用事业编制21人。2008年镇海区对招聘范围、条件及程序等进行全面规范，全年43家事业单位公开招聘事业编制308人。

人事代理　2004年5月1日起，新录用事业人员全部实行人事代理制度，由用人单位委托区人才开发服务中心代理档案管理等相关人事业务。

2008年，镇海区有事业单位208家，事业人员5259人，其中全额拨款事业3483人，差额拨款事业1391人，经费自理385人。

第三节　专业技术人员管理

职称评聘

1977年前，实行专业技术人员职务任命制，职务任命与工资挂钩，并作为干部管理。1977—1983年，实行技术职称评定制，即对学术、技术水平进行评价，不聘任职务，不履行职责，不与工资挂钩。1986年起，镇海区实行专业技术职务聘任制。有明确的岗位、任职条件、岗位职责和相应的权利，聘任后与工资待遇挂钩。专业技术职务聘任先在事业单位展开，实行评聘分离。即专业技术职务根据单位实际需要，在定编定员基础上确定高、中、初级专业技术职务的结构比例，由行政负责人在有任职资格（任职资格通过评定获得）的专业技术人员中聘任，确定聘期。聘任期内享受专业技术职务工资。

任职资格考试

1992年始，专业技术人员试行以考代评，即根据一定的资格和条件直接报考对应专业，经笔试合格后授予相应专业技术职务任职资格证书。首次实行以考代评专业有经济、统计、会计等。当年镇海区报名参加经济员、统计员、助理统计师、会计员全国统一考试共661人。1994—1996年，报名参加统考4104人次，取得相应资格1800余人。1997年起，以考代评的范围扩大至工程、医药、法律、农业、商务、价格、图书、文博等20余类。1997—2008年，镇海区年均1600多人参加任职资格考试，取得相应资格6784人。

1986—2008 年若干年份镇海区专业技术人员统计表

表 41 - 1　　　　单位：人

年份	专业技术人员	其中高级职称人员	其中中级职称人员
1990	3080	60	530
1995	5590	135	1213
2004	11416	506	3446
2008	28166	826	4370

第四节　人才引进与开发

1986—2008 年，镇海区通过综合招聘会、专业洽谈会、日常招聘会、网络招聘会等方式引进人才，落实人才激励政策，重视人才培训，发挥人才在经济社会发展中的作用。2008 年年末，全区人才总量 43235 人，每万人有人才 1879 人，居省、市前列。

人才引进

1995 年镇海区出台《关于加快引进各类人才的若干规定》，对调入镇海区的专业人员，由人才中心办理商调、调转、录用手续。2004 年起，人才引进工作整体推进，陆续出台《镇海区大力引进人才和智力实施意见》等政策，对本科以上人才引进实行“无门槛”落户。实施高层次人才引进异地安家补助：国内有知名度高级专家补助 10 万元；正高级专家 5 万元；博士和副高级职称 2 万元。招聘达成初步意向的硕士研究生以上学历或中级以上职称人员，经人事部门同意来镇海考察面试，给予交通补贴。补贴标准省内（除宁波市外）200 元/人，华东（除浙江省外）500 元/人，其他地区（除华东地区外）800 元/人。

人才激励

1986—1993 年，镇海区对科技人才实施住房资金补助、优先解决子女“农转非”、获区有突出贡献科技人员赴外省休养一次性 3000 元奖励。1995 年镇海区调整对突出贡献专业技术人员奖励办法，注重成果奖励，增加人身意外伤害险和家庭财产险。对获市级、省级、国家级突出贡献人员发放特殊津贴。2002 年起，两年一次评选突出贡献专业技术人员、优秀专业技术人员。被评为突出贡献专业技术人员、优秀专业技术人员分别奖励 1 万元和 3000 元。区财政每年安排 100 万元资金，用于评优奖励。至 2008 年，共评选出 8 名镇海区有突出贡献专业技术人员和 52 名镇海区优秀专业技术人员，共发放奖励资金 40. 8 万元。实行高层次人才政府特殊津贴，对入选国家人才工程、省“新世纪 151 人才工程”和市“4321 人才工程”的第一、二层次人员，给予 5 万元 ~ 15 万元科研经费资助。至 2008 年，镇海区累计发放科研经费资助 74 万元。2006 年，出台《镇海区非公有制企业本科毕业生租房补贴实施细则》，对到非公有制企业工作的高校毕业生实施租房补贴，硕士及以上月补 400 元，大学本科 200 元。至 2008 年，共补助 3229 人，累计补助金额 369. 68 万元。2008 年出台《镇海区人才公寓实施办法》。

人才培训

2006年起，对企业在职培养高层次和紧缺人才实行资助，其中新培养1名博士资助2万元，新培养1名硕士资助1万元。至2008年，共选送考录25名在职研究生，选送培养经费71万元。

人才库

1990年开始，建立镇海区专业技术人才库。2008年年末，镇海区库存各类专业技术人才28166人。按职称分其中高级826人、中级4370人。按职业分其中工程技术13957人、卫生技术1718人、经济管理4526人。其中享受区人民政府特殊津贴23人，区优秀专业技术人员144人，区突出贡献26人，海归留学31人。

第五节　工资福利

工资

1956年6月起，机关事业单位工作人员实行职务等级工资制。1985年、1993年、2006年机关事业单位3次进行工资制度改革。

1985年工资改革　机关事业单位工作人员实行相同的以职务工资为主要内容的结构工资制，包括基础工资、职务工资、工龄津贴和奖励工资4部分。镇海区参加1985年工资改革6624人，月增资额11.7万元，人均增资17.66元（不含教、护龄津贴）。

1993年工资改革　机关事业单位工资制度分离。机关实行职级工资制。机关工作人员（工勤人员除外）工资由职务工资、级别工资、基础工资和工龄工资4部分组成。1993年工资改革还建立相应的增资机制，包括职务晋升增资、考核增资和随工作年限增加工龄工资以及定期调整工资标准。同时实行奖金的发放与考核挂钩。实行地区津贴制度，整顿以往种类繁多的津（补）贴。机关技术工人实行岗位技术等级工资制，普通工人实行岗位工资制。事业单位依据类型建立工资制度，并与机关工资制度脱钩。镇海区5164名在职机关事业工作人员按新工资标准套改，其中机关1130人月均增资171元，事业4034人月均增资189元；另有离退休1086人，月均增资129元。

1993年工资改革镇海区机关工作人员工资水平情况表

表41－2

年平均人数	工资总额（千元）	年平均收入（元）			
		小计	基本工资	津贴和补贴	其他
1130	8362	7400	3314	2163	1923

2006年工资改革　公务员基本工资构成调整为职务工资和级别工资2项，取消基础工资和工龄工资。职务工资按所任职务进入工资标准，级别工资按所任职务、任职年限和套改年限3个条件，按规定的套改表确定。执行新的增资制度，包括职务晋升、滚动晋级、两年考核晋档、五年考核晋级。事业单位实行岗位工资制，由岗位工资和薪级工资组成。事业工作人员按所聘岗位执行相应的

岗位工资标准，按照本人套改年限任职年限和所聘岗位，套改相应的薪级工资。执行新的增资制度，包括岗位变动晋级、每年考核晋级。镇海区有6276名机关事业人员按2006年工资标准进行套改，其中机关单位1613人，人均增资月360元；事业单位4663人，人均月增资290元。另有离退休2726人，人均月增资290元。机关技术工人仍实行岗位技术等级工资制，基本工资构成由原岗位工资、技术等级（职务）工资和奖金3项调整为岗位工资和技术等级（职务）工资2项。普通工人仍实行岗位工资制，基本工资构成由原岗位工资和奖金2项调整为岗位工资1项，年度考核合格及以上的，每两年晋升1个工资档次。

2006年工资改革镇海区公务员工资标准情况表

表41-3 单位：元

厅局级副职	领导职务	1080	十五级1档至十级11档	859~2244
	非领导职务	990		
县处级正职	领导职务	830	十八级1档至十二级13档	658~2065
	非领导职务	760		
县处级副职	领导职务	640	二十级1档至十四级14档	551~1835
	非领导职务	590		
乡科级正职	领导职务	510	二十二级1档至十六级14档	461~1579
	非领导职务	480		
乡科级副职	领导职务	430	二十四级1档至十七级13档	386~1403
	非领导职务	410		
科员		380	二十六级1档至十八级13档	320~1294
办事员		340	二十七级1档至十九级12档	290~1141

2006年工资改革镇海区事业人员工资标准表

表41-4 单位：元

类别	岗位工资	薪级工资
专业技术人员	550~2800（十三级至一级）	80~2600（1级至65级）
管理人员	550~2750（十级至一级）	80~2600（1级至65级）
技术工人	545~830（技术工五级至技术工一级）	80~915（2级至40级）
普通工	540	70~915（1级至40级）

2006年工资改革镇海区机关事业工人工资标准表

表41-5 单位：元

	类别	技术等级工资	岗位工资
机关技术工人	高级技师	410	895~1649
	技师	270	760~1397
	高级工	195	650~1280
	中级工	155	570~1177
	初级工	125	500~1047
普通工	—	—	610~1230

工资标准调整

1993 年工资改革至 2003 年，10 年间机关事业单位 5 次调整工资标准。

1993—2003 年镇海区机关人员工资标准调整情况表

表 41－6　　单位：元

调整项目	1993 年	1997 年	1999 年	2001 年（1）	2001 年（2）	2003 年
基础工资	90	110	180	230	—	—
职务工资	50～215	—	100～365	—	—	130～520
级别工资	55～298	—	85～460	115～686	—	—

说明：职务工资指办事员到司长、厅、局长的第一档，级别工资从 15 级到 5 级

1993—2003 年镇海区事业人员工资标准调整情况表

表 41－7　　单位：元

调整项目	1993 年	1997 年	1999 年	2001 年（1）	2001 年（2）	2003 年
专业技术职务等级工资	150～390	164～404	236～544	288～668	313～785	334～880
职员职务等级工资	145～480	159～494	230～665	286～832	322～968	243～1109
技术工人等级工资	145～245	159～259	224～368	280～442	315～498	336～557
普通工人等级工资	135～314	140～382	213～453	280～523	303～571	324～592

说明：专业技术职务等级工资指初级到正高级职称的第 1 档；职员职务工资指六级职员到一级职员第 1 档；技术工人技术等级工资指初级工到高级技师第 1 档；普通工人工资指第 1 档到第 13 档

1993—2003 年镇海区机关工人工资标准调整情况表

表 41－8　　单位：元

<table>
<tr><th colspan="2">项目</th><th>1993 年</th><th>1997 年</th><th>1999 年</th><th>2001 年（1）</th><th>2001 年（2）</th><th>2003 年</th></tr>
<tr><td rowspan="2">技术工人</td><td>岗位工资</td><td>130～190</td><td>144～204</td><td>194～254</td><td>215～293</td><td>250～349</td><td>271～408</td></tr>
<tr><td>技术等级（职务）工资</td><td>15～55</td><td>—</td><td>30～114</td><td>65～149</td><td>—</td><td>—</td></tr>
<tr><td>普工</td><td>岗位工资</td><td>135～314</td><td>149～382</td><td>213～453</td><td>268～523</td><td>303～571</td><td>324～592</td></tr>
</table>

说明：技术工人技术等级工资指初级工到高级技师第 1 档

假期

行政事业干部可享受年休假、探亲假、婚假、丧假、产假、小产假、哺乳假等假期，除年休假外，其他假期均应扣发工资、奖金和相关津补贴。

退休退职

参加工作年满 10 年，男性满 60 周岁，女性满 55 周岁，或因丧失工作能力的干部，可享受离职休养或退休待遇，按国家规定发给离退休费。完全丧失工作能力，又不具备退休条件的，可退职，按国家规定发给退职费

养老保险

1996 年，实施机关事业职工养老保险社会统筹。当年，镇海区 232 家机关事业单位 6471 名在职人员、1506 名离退休人员纳入养老保险，保险基金收入 1227.84 万元，支出 955.39 万元，离退休人均月养老金支出 577 元。2002 年 5 月，根据甬政发〔2002〕7 号《关于我市国家机关工作人员

暂停缴纳养老保险费有关问题的通知》精神，镇海区国家机关工作人员停止缴纳养老保险费，机关离退休人员的养老金不再由统筹基金支付。2008 年，镇海区参加事业养老保险社会统筹单位 258 家，在职人员 5845 人，离退休人员 2602 人。当年，养老保险基金收入 8420 万元，支出 7542 万元，离退休人均月养老金支出 2400 元。

其他待遇

包括丧葬费、抚恤费、遗属生活补助费等。

2006—2008 年镇海区机关事业单位遗属生活补助费标准情况表

表 41 －9　　单位：元

项　目	2006 年 1 月起	2006 年 7 月起	2007 年 7 月起	2008 年 1 月起
因公（工）死亡工作人员遗属	500	580	600	760
非因（工）死亡工作人员遗属	380	400	420	450
遗属系鳏寡孤者增发	60	60	60	60
新中国成立前参加革命工作和曾获得省级劳动模范（军级战斗英雄）	—	—	—	—
及以上称号并保持荣誉的工作人员死亡后，遗属可再增发	120	120	120	120
抗日战争时期参加革命工作的工作人员遗属可增发	—	—	160	160
1937 年 7 月 6 日前参加工作人员遗属可增发	—	180	200	240

第二章　劳　动

依据国家法律法规和政策，逐步调整劳动力管理机制。1986—2008 年，镇海区建立以市场为导向的就业机制，以劳动合同制为中心的企业用工制度，以企业最低工资保障、劳动力市场工资指导价位和工资指导线为一体的劳动工资制度。

第一节　劳动就业

城镇居民就业

1986 年起，镇海区全民所有制企业招工实行“面向社会、公开招收、全面考核、择优录用”，允许企业和职工“双向选择”，计划经济时期实行的统包统配用工制度开始松动。1995 年，镇海区贯彻《中华人民共和国劳动法》，实施“劳动者自主择业、市场调节就业、政府促进就业”的方针，以市场为导向的就业机制逐步建立。

1986—2008 年，镇海区城镇登记失业率情况为：

1986—2008 年镇海区城镇登记失业情况表

表 41－10

年份	登记失业人数	登记失业率（%）	年份	登记失业人数	登记失业率（%）
1986	2	—	1998	1300	3. 16
1987	7	—	1999	1168	3. 39
1988	19	—	2000	2080	3. 46
1989	44	—	2001	5296	3. 37
1990	34	—	2002	1395	2. 68
1991	81	—	2003	1817	2. 36
1992	108	—	2004	1904	2. 34
1993	419	—	2005	2054	2. 32
1994	450	—	2006	2085	2. 26
1995	339	—	2007	2164	2. 26
1996	494	—	2008	3793	2. 97
1997	592	2. 75	—	—	—

说明：资料来源区劳动和社会保障局。1997 年开始统计城镇登记失业率，仅指失业职工登记

再就业扶持

1997年12月，镇海区设“再就业工程专项经费”。1998—1999年，有1万人次到劳动力市场登记求职，5000余人走上就业岗位。2000—2002年，城镇下岗、失业人员实现再就业1万余人。随着企业产权制度改革深入，2001—2005年镇海区出台促进下岗、失业人员再就业政策，包括鼓励自谋职业、自主创业、政府贴补的小额担保贷款、税费减免、行政事业费减免、再就业援助补贴等，帮助各类劳动力自谋职业。

2002—2008年镇海区再就业补贴情况表

表41-11 单位：万元

项目	2002年		2003年		2004年		2005年		2006年		2007年		2008年	
	人数	金额	人数	金额	人数	金额	人数	金额	人数	金额	人数	金额	人数	金额
社保补贴用工补助	1906	223	5474	1308	6715	2381	6870	2858	6801	2944	5823	2762	5217	1233
灵活就业社保补贴	—	—	—	—	—	—	—	—	174	28	489	135	4233	437
再就业援助	—	—	48	9	213	139	357	79	350	68	231	50	255	46
公益性岗位补贴	103	18	137	22	114	24	300	257	332	378	297	415	294	388
随军家属生活困难补贴	228	2	2440	24	617	6	118	27	122	26	102	25	75	20
职介补贴	67	2	393	15	1002	33	86	1	—	—	—	—	—	—
培训补助	94	5	70	4	100	6	705	29	600	30	306	18	174	11
困难失业工春节慰问	—	—	24	6	20	1	—	—	—	—	—	—	—	—
失业人员自主创业贷款贴息	536	—	1024	—	632	—	1	39	2	—	—	—	1	—
行政事业性收费税收减免	—	—	27	—	46	—	1564	—	1554	—	986	—	515	—
商贸服务企业税费减免	—	250	—	1395	—	2659	83	—	145	—	108	—	83	—
被征地人员缴费补贴	—	—	—	—	14517	7005	5894	2745	9632	4694	3544	1705	3982	1917
被征地人员生活补助	—	—	—	—	4407	529	5891	910	8095	1170	8915	1411	10018	1521
被征地人员公益性岗位补贴	—	—	—	—	404	88	623	156	695	204	644	199	630	189
被征地人员用工补助	—	—	—	—	73	6	98	15	105	17	106	17	103	15
合计	—	500	—	2791	—	12946	—	7116	—	9559	—	6737	—	5777

说明：资料来源区劳动和社会保障局。2002年开始实施再就业补贴

农村被征地人员就业

2002年开始，镇海区重视农村被征地人员和农村富余劳动力就业，千方百计落实被征地人员就业。至2008年，镇海区劳动年龄段内被征地人员3.8万人，就业率95.19%。

第二节　企业用工制度改革

搞活固定工制度

1982年，固定工制度开始松动。部分国有、县属集体企业招工采取“新人新办法，老人老办法”，除国家统配人员仍为固定工外，新招人员实行劳动合同制，但企业职工80%以上仍为固定工。1989年开始，镇海印刷厂、宁波轻工机械厂、镇海电容器厂等试点实行全员劳动合同制。1995年《宁波市劳动合同制度实施办法》出台，至1996年镇海区企业全部固定工与所在单位签订劳动合同，劳动合同制职工基本取代固定工。

实行用工合同制

1984年12月，国有、县属集体企业新招工人全部实行合同制。1996年10月，镇海区规定年产值500万元以上或职工100人以上的镇（乡）村办企业实行劳动合同制度。1997—2000年，区属148家国有、集体企业转制改革，涉及国有企业职工9852人，集体企业职工5691人，在给予职工经济补偿后，全部改为劳动合同制职工。2008年，镇海区各类用工单位18.6万人签订劳动合同。

第三节　劳动工资管理

工效挂钩

核定企业工资总额基数和经济效益指标基数以及挂钩浮动比率，使企业工资总额随企业经济效益指标完成情况而浮动，企业有自主分配权。政府通过征收工资调节税控制工资增长。1985年，镇海渔网厂工效挂钩试点。1988年，镇海区42家国有企业、71家大集体企业实施工效挂钩。当年企业工资总额平均增长24%。1991年，镇海区实施第二轮工效挂钩。1995年，镇海区对没有实施工效挂钩的国有大集体企业采取工资总额包干。2004年工效挂钩办法基本结束，但仍有9家企业实行。

最低工资

1994年9月，镇海区建立企业职工最低工资保障。是年，职工最低工资标准月210元。1996年，最低工资标准调整为月270元。同年，镇海区乡镇企业职工纳入最低工资保障，最低工资标准月200元。1999年镇海区城镇和乡镇企业职工最低工资标准统一，当年最低工资标准月380元。2001年最低工资标准月440元。2003年最低工资标准月520元，非全日制工作的最低小时工资为4.7元。2004—2008年，最低工资标准年年调整，2008年9月，最低工资标准为月960元，非全日制工作最低小时工资标准为8.0元。

工资指导价位

1999年宁波市劳动力市场工资指导价位首次公布，镇海区按市公布的指导价位执行。劳动力市场工资指导价位项目1999年为47个，2008年为338个。对分行业工资、初次就业的大中专毕业生工资、分专业技术等级、分登记注册类型、分学历工资以及小时工工资指导价位分类公布。

工资指导线

1998年镇海区试行工资指导线制度。当年企业货币平均工资增长基准线为8%，下线为0%及以下，上线为12%。其中，实行下线工资增长基准线的企业必须使职工工资达到最低工资标准。2005年镇海区企业货币平均工资增长基准线为10%，适用于生产正常，经济效益有所增长企业；工资增长上线（预警线）为15%，适用于经济效益有较快增长企业；下线为零增长或负增长（但不得低于最低工资标准），适用于经济效益不明显或出现亏损企业。

第四节 就业服务

劳动力市场

1993年6月，镇海区首办劳动力（劳务）市场，地址胜利路28号。2001年迁址工农路1号，市场面积1100平方米，每月8日、18日和28日举办3场招聘会。2006年起，改为每月3日、8日、13日、18日、23日、28日举办6场招聘会。2008年劳动力（劳务）市场更名为镇海区人力资源市场。2003年，骆驼街道、庄市街道亦建劳动力市场。

2001—2008年镇海区劳动力市场交流会情况表

表41－12

年份	交流会场次	进场单位（个）	提供岗位（个）	求职人次	录用人次
2001	5	191	2394	7170	—
2002	25	906	8197	24400	5639
2003	32	1559	13263	26040	5839
2004	47	2003	15746	38620	8884
2005	35	1890	13524	36550	6315
2006	68	3285	23893	51100	7496
2007	69	3430	33000	53200	8943
2008	66	3117	24172	52550	8045

说明：资料来源区劳动和社会保障局。2001年开始举办进场交流会

职业介绍

1992年4月，镇海区建立职业介绍所，不久更名职业介绍中心，与区就业管理处合署办公。

1993 年 5 月，改名为镇海区劳务市场管理办公室。1997 年 12 月，复名区职业介绍中心。2003 年，镇海区职业介绍中心被评为省优秀公共职业介绍机构。2008 年，全区职业介绍机构共 29 家，其中公办 7 家、民办 22 家。

1992—2008 年镇海区职业介绍情况表

表 41 - 13

年份	机构（个）		求职登记人次	介绍人次	介绍成功人次	职业指导人次
	公办	民办				
1992	3	5	736	226	159	—
1993	3	5	1017	287	183	—
1994	3	5	2026	392	297	—
1995	3	7	2627	806	328	—
1996	3	7	2931	1608	595	—
1997	3	7	3129	2356	856	—
1998	3	7	4195	3064	1714	—
1999	3	7	4798	3902	2879	—
2000	4	8	7027	5647	4648	6785
2001	4	8	12913	10504	6885	9735
2002	4	8	8846	9069	5027	9200
2003	7	19	7289	11066	6015	15968
2004	7	20	24609	25063	13595	28250
2005	7	20	22835	20833	14998	15985
2006	7	20	27660	26812	19681	19362
2007	7	21	17140	19706	14426	11998
2008	7	22	25407	17962	13163	17785

说明：资料来源区劳动和社会保障局

劳动保障事务代理

1998 年，镇海区建立劳动保障事务代理制，服务对象：（1）区内企事业单位；（2）区内失业人员及从事个体劳动、外出务工或自谋职业人员。劳动保障事务代理内容：代管个人档案；代办养老、失业、医疗等社会保险手续，代交社会保险费；到达法定退休年龄时代办退休手续。

1998—2008 年镇海区劳动保障事务代理情况表

表 41 - 14

项目	1998 年	1999 年	2000 年	2001 年	2002 年	2003 年	2004 年	2005 年	2006 年	2007 年	2008 年
养老保险（人）	489	2016	4083	8460	9422	7038	1413	1078	1347	1343	4486
收缴养老保险金（万元）	61	191.	427	1347	1724	—	—	—	—	—	—
收缴失业保险金（万元）	8	33	62	0. 82	3. 76	—	—	—	—	—	—

续表 41－14

项目	1998	1999	2000	2001	2002	2003	2004	2005	2006	2007	2008
医疗保险（人）	—	—	—	4200	5626	4301	984	1126	1461	1418	4528
收缴医疗保险金（万元）	—	—	—	177	324	—	—	—	—	—	—
办理退休（人）	1	4	38	95	216	231	303	451	219	243	419

说明：资料来源区劳动和社会保障局。2003 年起，社会保险由现金收缴改为银行代扣代缴

外来用工管理

20 世纪 90 年代以来，外来务工人员不断涌入镇海。1995 年，镇海区外来务工人员就业需申办“农村和外来劳动力就业证”凭证就业。2004 年 11 月，镇海区外来务工人员原需办理的就业证、计生证和暂住证三证合一称新暂住证，外来务工人员凭新暂住证免费参加招聘会和享受就业服务。当年年末，镇海区共办理“三合一”新证 11.5 万本。

第五节　职业技能培训

20 世纪 90 年代，镇海区职业技能培训由企业、企业主管部门的职工学校、区职业学校等举办，区劳动部门颁发培训相关等级证书。90 年代末，职业技能培训社会化，社会组织和个人举办职业培训。2000 年起，区劳动部门把符合条件的社会办学机构和职业学校、成人学校确定为定点培训机构。2008 年镇海区形成以区职业技能培训中心，区职业教育中心为主，镇（街道）成人学校，社会培训机构共同参与的培训网络。全区有定点培训机构 21 家，开设计算机操作、服装制作、数控车工、加工中心操作工、家政服务、维修电工、烹调、面点制作、保安等职业培训专业近 40 个。

就业前培训

1985 年，贯彻“先培训、后就业”方针，全民、区属集体以上企业招用人员由原来的直接招工改为招收经过职业培训的人员或先招培训生，经培训后再择优录用。当年镇海区招收培训人员 294 人，专业为财会、烹调、电器、机械等。培训由企业主管部门职工学校、区劳动服务公司（就业管理服务处）、乡镇成校实施。未升学的初、高中毕业生大都进行就业前培训。1994 年，对未升学的初、高中毕业生 817 人举办 15 期培训班，培训电工基础、财会、摄影、裁缝、自行车修理、美术、英文打字、糕（面）点制作等。

技术等级培训

技术等级培训培训对象初为企业班组长和业务骨干，后在各技术系列中逐步推开。对使用先进设备和关键技术岗位的职工，逐步实行持证上岗。技术密集型企业主要为中、高级工培训。

失业人员、农村劳动力培训

2002 年，镇海区出台对下岗失业人员培训给予补助的规定。2003 年，镇海区出台被征地人员参加职业技能培训给予补助的政策。2004 年，镇海区出台对农村劳动力参加职业技能培训给予补助

的政策。同年起，区财政每年支付培训补助费200万元以上。

1986—2008年镇海区职业技能培训情况表

表41－15

年份	培训人次	年份	培训人次
1986	588	1998	1300
1987	500	1999	1952
1988	305	2000	2457
1989	145	2001	1915
1990	260	2002	2332
1991	918	2003	3655
1992	790	2004	5147
1993	1529	2005	4565
1994	1699	2006	4593
1995	1090	2007	5466
1996	1203	2008	5008
1997	924	—	—

说明：资料来源区劳动和社会保障局

第六节　劳动监察　劳动仲裁

劳动监察

1996年1月，成立镇海区劳动监察大队，加强劳动监察管理。负责维护劳动者合法权益，检查用人单位遵守劳动保障法律、法规和规章的情况；依法纠正和查处违反劳动保障法律、法规或者规章的行为。采取主动监察、专项检查和受理投诉举报的办法。

1997—2008年镇海区劳动监察情况表

表41－16

项目	1997年	1998年	1999年	2000年	2001年	2002年	2003年	2004年	2005年	2006年	2007年	2008年
被检单位（家）	178	223	346	274	207	232	257	271	346	430	491	837
涉及职工（人）	9686	13198	28467	26852	23550	22504	23719	17635	15672	31724	25189	37316
受理举报（件）	126	107	73	76	91	117	143	183	244	149	145	190
立案查处（件）	16	28	21	9	41	52	61	67	184	136	144	188
罚款（万元）	2.00	3.22	1.27	1.20	0.60	1	12.80	1.50	4.00	12.10	9.50	15.04
清退童工（人）	—	4	—	4	2	3	12	2	4	8	13	14

续表 41－16

项目	1997 年	1998 年	1999 年	2000 年	2001 年	2002 年	2003 年	2004 年	2005 年	2006 年	2007 年	2008 年
追发职工工资（万元）	6.32	21.73	1.08	3.47	4.32	28.27	132.00	169.00	176.00	104.20	202.95	510.77
涉及人数（人）	99	131	19	43	72	196	731	1919	1495	709	986	2044
补签劳动合同（人）	1497	678	348	4600	2760	2973	2986	5537	6081	6352	5433	1528
清退风险抵押金（万元）	0.42	0.35	0.29	0.42	0.54	1.14	8.66	0.38	28.35	4.00	7.02	0.02
涉及人数（人）	42	11	11	16	22	25	179	12	211	211	231	2
督促企业社保登记（家）	—	—	197	4	11	14	2	8	17	5	1	8
督促企业社保缴费（人）	—	—	—	75	118	—	54	47	238	29	150	242
取缔非法职业介绍（家）	—	—	6	—	1	5	3	2	1	1	1	1
劳动年检（家）	33	137	140	215	240	387	416	468	508	1085	2749	4293
处理群体性事件	3	3	—	1	4	6	6	3	8	2	6	31
专项检查（次）	3	5	4	4	3	5	5	5	6	7	8	8

说明：资料来源区劳动和社会保障局

劳动仲裁

1986 年，恢复劳动争议仲裁，建立镇海区劳动争议仲裁委员会及其办公室，委员会由区劳动人事局、区总工会、区计经委、区公安分局、区信访办、区劳动服务公司派员共 7 人组成。1988 年 7 月，调整为区劳动人事局、区总工会、区计经委负责人 3 人组成。2002 年 3 月，镇（街道）成立劳动争议调解委员会，配备专兼职调解员。2005 年 5 月，建立镇海区劳动仲裁院，与区劳动争议仲裁委员会办公室合署办公。2005 年 9 月，建立镇海经济开发区劳动争议调解委员会。2007 年 3 月，建立宁波化学工业区劳动争议调解委员会。2008 年 11 月，建立金属园区劳动争议调解委员会。1986—2008 年，镇海区劳动争议案件初以辞退、除名纠纷居多，中期以工资纠纷、工伤补偿居多，后期社会保险争议明显上升。

1989—2008 年镇海区劳动争议立案统计表

表 41－17

年　份	区立案数	镇（街道）园区立案数
1989	6	—
1990	0	—
1991	6	—
1992	4	—
1993	12	—

续表 41 - 17

年　份	区立案数	镇（街道）园区立案数
1994	41	—
1995	31	—
1996	46	—
1997	92	—
1998	110	—
1999	116	—
2000	166	—
2001	196	—
2002	192	—
2003	268	502
2004	284	685
2005	278	926
2006	402	1007
2007	435	1035
2008	671	2296

第三章　社会保障

1985 年以前，职工的劳动保障由企事业单位按国家规定各自承担。1986 年，镇海区在全市首先建立全民企事业和外资企业职工养老保险和待业保险（后称失业保险）社会统筹制度。1998 年镇海区建立职工工伤保险社会统筹制度。2001 年镇海区建立城镇职工基本医疗保险社会统筹制度。2003 年镇海区建立职工生育保险社会统筹制度。至此，镇海区企事业单位职工的养老、医疗、失业、工伤、生育保障实现全覆盖。2004—2008 年，镇海区的养老保险和医疗保险向城镇居民、乡村农民、被征地人员拓展，基本实现全区城乡社会保障全覆盖。

第一节　城镇职工社会保障

职工基本养老保险

1986 年 10 月，镇海区全民企业、全民事业和外资企业职工建立养老保险社会统筹制度。1988 年 1 月，统筹扩大到县以上集体所有制企事业。1988 年 7 月，乡镇聘用退休干部纳入养老保险。1995 年 5 月，城镇县以下集体企业和单位使用 3 个月以上的临时工纳入统筹。并允许曾经在小集体企业工作的职工通过补缴养老保险费的方式折算为视同缴费年限，已退休人员可以视其年龄、原领取退休费等情况补缴费用后，移交统筹机构发放养老金。1997 年 6 月，养老保险扩大到城镇私营企业主及其雇员、个体工商经营者及其帮工。1998 年 12 月起，企业离退休人员养老金由社保机构委托银行社会化发放。1987—2008 年，养老保险的缴费比例、缴费基数和退休职工的养老金屡有调整。

1987—2008 年镇海区企业职工基本养老保险收支存情况表

表 41－18

年份	在职参保（人）	离退休（人）	基金收入（万元）	基金支出（万元）	基金结余（万元）
1987	8013	801	144.50	77.80	66.70
1988	16970	2910	422.42	308.92	180.20
1989	17855	2962	584.64	427.90	336.94
1990	19268	3027	681.51	492.34	526.11
1991	20299	3077	811.23	534.67	802.67
1992	21722	3317	1081.86	1208.11	676.42

续表 41－18

年份	在职参保（人）	离退休（人）	基金收入（万元）	基金支出（万元）	基金结余（万元）
1993	21710	3784	1652. 23	1362. 44	966. 21
1994	20691	3972	2259. 71	1794. 18	1431. 74
1995	22842	4427	3853. 39	2521. 68	2763. 44
1996	19519	5004	3760. 08	2712. 28	3811. 24
1997	18763	5334	3472. 86	3113. 44	4170. 66
1998	17328	6005	4190. 37	3768. 77	4592. 26
1999	21633	6358	4417. 33	4571. 59	4438. 00
2000	25386	6723	5994. 53	5036. 53	5396. 00
2001	28157	7129	8720. 85	6332. 79	7784. 06
2002	32355	7582	9900. 10	7640. 81	10043. 35
2003	37945	8043	10012. 23	8229. 64	11825. 94
2004	46600	8674	15001. 62	9289. 74	17537. 82
2005	52198	9333	18770. 48	11061. 57	25246. 73
2006	59482	10158	24261. 16	13667. 87	35840. 02
2007	69303	11157	29229. 21	15998. 00	49071. 22
2008	120451	12138	42547. 06	20190. 02	71428. 26

说明：资料来源区劳动和社会保障局

职工失业保险

1986 年 10 月，镇海区职工待业保险开始社会统筹。国有、县以上集体企业固定职工和劳动合同制职工，机关、团体、事业单位中合同制职工首先实施。按工资总额的 1% 每月缴纳统筹费。1996 年 1 月，改称失业保险。参保统筹对象扩大到各类企业的合同制职工。统筹费改由单位和职工分别按基数的 1% 和 0. 5% 缴纳。1999 年 1 月，缴费标准调整为单位按基数的 2%、职工按基数的 1% 缴纳。2004 年 1 月，职工待业保险参保统筹范围扩大到社会团体、民办非企业、城镇个体工商户及其雇工、国家机关合同制职工，失业保险费改由地方税务部门征缴。

1986—2008 年镇海区企业职工失业保险收支情况表

表 41－19

年份	参保单位（人）	参保职工（人）	统筹收入（万元）	统筹支出（万元）
1986	211	17689	2. 86	0. 00
1987	215	18034	13. 66	0. 10
1988	225	18464	15. 24	0. 31
1989	232	19360	17. 25	0. 59

续表 41－19

年份	参保单位（人）	参保职工（人）	统筹收入（万元）	统筹支出（万元）
1990	247	20278	20.77	1.06
1991	250	21510	22.72	2.12
1992	252	21461	27.37	3.45
1993	271	22921	26.43	16.60
1994	293	22047	101.92	54.31
1995	306	22785	139.21	58.06
1996	336	20918	197.80	90.22
1997	336	19188	206.23	178.23
1998	320	16864	310.85	263.28
1999	470	23181	548.54	359.68
2000	483	26963	609.40	585.10
2001	477	29054	672.27	1834.48
2002	647	29573	748.01	2290.00
2003	840	29586	871.61	1654.20
2004	1005	31605	1200.00	1352.00
2005	1199	34617	1345.61	971.58
2006	3127	35953	1880.90	674.41
2007	3559	44468	2640.00	609.40
2008	3728	83702	3722.10	1262.63

说明：资料来源区劳动和社会保障局

职工工伤保险

1998 年镇海区建立职工工伤保险社会统筹，参保企业不再承担职工工伤的赔付责任。国家《工伤保险条例》2004 年 1 月实施后，调整工伤保险社会统筹办法，按不同行业实行 0.4% ~1.6% 的差别费率，根据上年度工伤保险收支情况调整缴费比例。工伤保险社会统筹费由单位承担。2006 年 10 月，工伤保险扩大至事业、民办非企业单位。

1998—2008 年镇海区职工工伤保险收支存情况表

表 41－20

年份	参保人数（人）	基金收入（万元）	基金支出（万元）	滚存结余（万元）
1998	16045	25.90	0.06	25.84
1999	16113	99.21	7.95	117.10
2000	16475	121.81	58.40	180.51

续表 41－20

年份	参保人数（人）	基金收入（万元）	基金支出（万元）	滚存结余（万元）
2001	17700	157.52	47.34	290.69
2002	17531	192.97	81.51	402.15
2003	20174	210.90	113.62	499.43
2004	23148	204.11	204.39	499.15
2005	34279	223.41	281.49	441.07
2006	57871	401.55	467.78	374.84
2007	75324	618.37	784.75	208.46
2008	99629	833.15	1014.92	26.69

说明：资料来源区劳动和社会保障局

城镇职工基本医疗保险

1986—2000 年，医疗保障分企业职工劳保医疗和机关事业单位公费医疗两类。

企业职工劳保医疗　国有、大集体企业职工及其退休人员，发生的医疗费用由企业按比例据实报销。20 世纪 80 年代后，职工的医疗费用大幅增长，部分企业试点对职工劳保医疗制度进行改革，实行医疗费“定额包干、结余归己、超额适当负担”，杜绝医疗费的不合理支出。

机关事业单位公费医疗　1986 年，镇海区成立公费医疗办公室。机关事业单位工作人员及其离退休人员、二等乙级以上革命伤残军人医疗费用纳入公费医疗办公室管理。20 世纪 90 年代，试行“医疗经费包干，结余归个人所有”，“定额包干、结余归己、超支适当分担”，“全额包干、结余留用、超支不补”，“统一标准、分级管理、全额包干、结余归单位和超支不补” 等办法。

1986—2000 年镇海区公费医疗支出情况表

表 41－21

年份	公费医疗人数（人）	经费支出（万元）
1986	3188	40.72
1987	3283	68.83
1988	3614	87.40
1989	3969	90.50
1990	4122	150.00
1991	4280	134.50
1992	4408	149.51
1993	4665	178.45
1994	4864	292.00
1995	4995	513.90

续表 41－21

年份	公费医疗人数（人）	经费支出（万元）
1996	5213	774.99
1997	5397	877.12
1998	5479	1096.92
1999	5575	1170.84
2000	5702	1437.42

说明：资料来源区公费医疗办

2001年起，镇海区建立城镇职工基本医疗保险社会统筹制度，原实行的企业职工劳保医疗和机关事业单位公费医疗随之取消。企业、国家机关、事业、社会团体、民办非企业以及城镇个体经济组织、自由职业者均纳入城镇职工医疗保险社会统筹范围。医疗保险基金实行宁波市统筹。2003年1月，门诊医疗亦纳入城镇职工基本医疗保险统筹。城镇职工基本医疗保险费由单位和职工共同承担，按比例缴纳。

2001—2008年镇海区城镇职工基本医疗保险收支情况表

表 41－22

年份	城镇职工基本医疗保险			
	在职（人）	退休（人）	统筹收入（万元）	统筹支出（万元）
2001	20142	8244	2544.28	1775.16
2002	25073	9613	3879.32	3093.65
2003	33495	8503	6936.20	5601.70
2004	36845	11479	8956.90	6373.59
2005	43662	12332	11389.99	9280.32
2006	54762	13211	14247.73	10462.75
2007	70971	14357	17960.83	12258.36
2008	122365	15460	23421.84	14407.93

说明：资料来源区劳动和社会保障局

企业职工生育保险

2003年5月，镇海区建立企业职工生育保险制度。城镇企业（含民办非企业单位）及其职工，均纳入企业职工生育保险范围。用人单位以在职职工缴纳基本养老保险费基数作为生育保险的缴费基数，按0.5%比例缴纳。2007年5月，生育保险基金费率提高至0.7%。女职工生育或实施计划生育手术时所在单位按规定为其参加并履行缴费义务满6个月以上，且符合国家计划生育政策规定生育的，可享受生育津贴、生育医疗费用等待遇。

2003—2008 年镇海区企业职工生育保险收支存情况表

表 41 – 23

年份	参保人数（人）	基金收入（万元）	基金支出（万元）	滚存结余（万元）
2003	20174	79.74	22.92	56.82
2004	23148	152.08	143.58	8.5
2005	27829	190.07	154.88	100.51
2006	34644	247.74	166.83	181.62
2007	44710	426.77	350.82	257.57
2008	96724	899.55	494.22	662.90

说明：资料来源区劳动和社会保障局

第二节　农村社会保障

农村社会养老保险

1992 年 9 月，成立镇海区农村社会保险事业管理处，隶区民政局。1993 年，省列镇海区为全国首批农村社会养老保险试点县（区）。农村社会养老保险以个人缴费为主、集体补助为辅、国家给予政策扶持。采取个人账户基金储备积累，个人缴费和集体补助全额记入个人名下。基金由区统一管理。镇海区农村社会养老保险先觉渡村试点，后庄市、贵驷镇展开，1995 年全区推开。2003 年 7 月，区农村社会保险事业管理处划归区劳动保障局。2007 年 11 月，停止办理农村社会养老保险，已参保人员可选择保留或退出。

1993—2008 年镇海区农村社会养老保险收支存情况表

表 41 – 24

年份	参保人数（人）	享受人数（人）	基金收入（万元）	基金支出（万元）	滚存结余（万元）
1993	9086	15	223.10	0.10	223.00
1994	11500	1016	542.00	59.00	706.00
1995	32536	1133	808.00	190.00	1324.00
1996	44690	1259	421.00	120.00	1625.00
1997	47153	1417	581.00	124.00	2082.00
1998	43582	1545	550.00	178.00	2454.00
1999	31159	1765	649.00	171.00	2932.00
2000	29470	1902	516.00	245.00	3203.00
2001	27480	2077	535.00	259.00	3479.00
2002	27208	2290	486.00	284.00	3681.00

续表 41－24

年份	参保人数（人）	享受人数（人）	基金收入（万元）	基金支出（万元）	滚存结余（万元）
2003	25230	2569	550.00	326.00	3905.00
2004	24574	2937	662.00	357.00	4210.00
2005	23883	3186	679.00	402.00	4487.00
2006	19936	3384	570.00	615.00	4442.00
2007	18873	3546	414.00	801.00	4055.00
2008	16908	2981	76.00	1412.00	2719.00

说明：资料来源区劳动和社会保障局

农村被征地人员养老保障

2002 年，镇海区建立被征地人员养老保障制度，为宁波市首创。被征地人员自愿选择参保档次，一次性缴清养老保障费。养老保障待遇不定期调整。2008 年享受标准为：1 档 440 元/月，2 档 390 元/月，3 档 340 元/月。

2003—2008 年镇海区被征地人员养老保障收支存情况表

表 41－25

年份	参保人数（人）	享受人数（人）	基金收入（万元）	基金支出（万元）	基金结余（万元）
2003	19873	7430	33073.21	1003.94	32069.27
2004	23510	11709	8379.74	4043.94	36405.07
2005	24989	12899	4371.10	4879.76	35896.41
2006	26352	14101	4038.38	5397.30	34537.49
2007	27099	15123	3361.20	6125.60	31773.09
2008	26889	16867	4246.01	10468.39	25550.71

说明：资料来源区劳动和社会保障局

农民养老保障

2008 年 1 月，镇海区建立农民养老保障。常住农业户口，年满 18 周岁及以上人员，重点为男 60 周岁、女 55 周岁及以上人员。养老保障资金以个人缴纳为主，政府适当补助。缴费标准分 4 档，由参保人自行选择，一次缴清费用。当年，5664 名农民参保，其中 5412 名参保农民即享受养老保障待遇。2008 年，农民养老保障待遇标准分 4 档：1 档 300 元/月，2 档 250 元/月，3 档 200 元/月，4 档 150 元/月。

新型农村合作医疗

1990 年，镇海区 29 个村实行不同形式的集资医疗。1994 年试行农村住院医疗保险。1998 年，参加农村合作医疗人数已占农业人口的 52.63%，但受制于村集体经济状况，补偿比例低，农民看不起病的矛盾仍突出，不少农户因病致贫。

2003 年，镇海区在全省率先推出以住院医疗保险为主、大病困难救助为辅的新型农村合作医疗制度（以下简称新农合）。2007 年，镇海区获省新型农村合作医疗工作先进区称号。

在 2003 年 7 月至 2004 年 6 月，第一个医疗保险年度中，全区有 95172 人参加新农合，参加新农合率 92.24%。共筹集资金 769.4 万元，筹资标准人均 85 元，其中个人自负 25 元，市、区、镇三级财政补助 60 元。参合农民住院后，首次结报起付线 500 元，有效费用在 500～5000 元的补偿 50%；5001～10000 元的补偿 60%；10001 元以上的补偿 70%，年度最高补偿为 2 万元。参合农民因病致家庭生活特别困难的，给予 5000 元以上的大病救助金。当年有 5537 人次得到补偿，补偿率 5.8%，补偿金额 1031 万元，人均 1863 元。对 82 人次参合农民实施大病救助，救助金 72.25 万元。

2004 年 7 月，人均筹资标准调整为 105 元，其中个人 35 元，各级政府 70 元。补偿比例调整为：1 万元以下的 50%，1 万元～3 万元的 60%，3 万元的以上 70%。增加参合农民去非定点机构医疗给予 20%～30% 的补偿，起付线 1000 元，年度封顶线 3 万元。有 97149 人参加新农合，参加新农合率 95.1%，筹集资金 925.4 万元，6401 人次得到补偿，补偿率 6.58%，补偿金额 1156.9 万元，人均补偿 1808 元。对 128 人次实施大病救助，救助金 95.6 万元。是年起，为参合农民实施两年一次免费体检。当年 67474 人参加体检，体检率 69.49%。

2005 年 7 月，96514 人参加新农合，参加新农合率 95.8%，筹集资金 919.9 万元。6769 人次得到补偿，补偿率 7%，补偿金额 1234.4 万元，人均补偿 1824 元。分 2 批对 193 人次实施大病救助，救助金 97.6 万元。

2006 年 7 月，筹资标准调整为 130 元，其中个人 45 元，各级政府 90 元。在 5 个村开展门诊补偿试点。当年有 93736 人参加新农合，参加新农合率 96.4%，筹集资金 1128.5 万元。6418 人次得到补偿，补偿率 6.58%，补偿金额 1141.31 万元，人均补偿 1778 元。对 224 人次实施大病救助，救助金 94.1 万元。同年，开展第二轮健康体检，参检农民 76816 人，体检率 81.95%。

2007 年 7—12 月，参加新农合农民 88312 人，参加新农合率 96.6%，筹集资金 531.72 万元。3516 人次得到补偿，补偿率 3.98%，补偿金额 725.85 万元，人均补偿 2079 元。对 134 人次实施大病救助，救助金 44.1 万元。同时，区、镇（街道）财政每年人均补助 20 元，全面实施门诊补偿制度，补偿比例 20% 左右。门诊补偿 34166 人次，补偿金额 69 万元。

2008 年起，医疗保险年度调整为每年的 1 月 1 日至 12 月 31 日，人均筹资标准 175 元。其中，个人 40 元，各级政府 135 元。有 87757 人参加新农合，参加新农合率 97.07%，筹集资金 1450.97 万元。全年 5771 人次得到补偿，补偿率 6.58%，补偿金额 1147.03 万元，人均补偿 1988 元。门诊补偿 67183 人次，补偿金额 112.92 万元。对 218 人次实施大病救助，救助金 87.8 万元。成立农民健康体检中心，拨专款 200 万元配备体检车、仪器设备，下乡为农民体检。

2008 年 12 月 1 日起，镇海区人民政府出资为参加新农合农民向保险公司投保，开创省内新农合医疗附加意外伤害险。参加新农合农民发生意外伤害后，享有人身意外伤害（死亡、残疾）保险金 2 万元，意外伤害住院医疗保险金 1800 元。

第三节　城镇居民社会保障

城镇老年居民养老保障

2006 年 11 月，镇海区实施城镇老年居民养老保障制度。男年满 60 周岁及以上、女年满 50 周岁及以上的常住非农户籍居民，符合条件的可自行选择缴费标准参保，一次性缴纳保障费。持有“最低生活保障金领取证”和“社会扶助证”的参保人员，政府给予补贴。2008 年参保人员养老保障享受标准：1 档 420 元/月，2 档 370 元/月，3 档 320 元/月。

2006—2008 年镇海区城镇老年居民养老保障收支存情况表

表 41 – 26

年　份	参保人数（人）	享受人数（人）	基金收入（万元）	基金支出（万元）	基金结余（万元）
2006	2387	1862	4244.49	67.08	4177.41
2007	2772	2402	887.22	979.27	4085.36
2008	2919	2715	489.67	1216.88	3358.15

说明：资料来源区劳动和社会保障局

城镇居民基本医疗保险

2008 年，镇海区建立城镇居民基本医疗保险社会统筹制度。城镇居民（老年居民、非从业人员、婴幼儿、未入学未成年人、学生）纳入保险。采取个人缴纳与财政补助办法，实行区级统筹。基本医疗保险待遇包括住院和特殊病种规定的治疗项目。当年，参保 37226 人，统筹收入 699.1 万元，支出 1067.53 万元。

第四节　外来务工人员社会保险

2008 年 1 月，宁波市外来务工人员社会保险在镇海区实施。该保险为综合险，含工伤、大病医疗、养老、失业和生育保险，统一由用人单位缴纳，个人不缴费。当年养老保险缴费基数确定 960 元，缴费比例 13%，大病医疗保险的缴费基数为统筹地上年度在岗职工月平均工资的 60%，缴费比例 2.5%，失业保险缴费比例 2%，工伤保险缴费比例根据参保单位签订的缴费费率确定，生育保险缴费比例 0.7%。46151 名外来务工人员参加社会保险。

（责任编辑：冯国定）

第四十二编　民情民俗

本编目录

镇海先民在海道辐辏之区，面对浩渺江海，垦殖繁衍，围塘造田，渔耕樵牧，斥卤煮盐。几个世代以来，形成明显地域性格：勤劳坚韧，开拓务实，爱国爱乡，擅商善谋，宽容诚信，兼收并蓄。眷恋乡土，却敢于闯海涉洋开辟新路；耕读传家，又多让子孙参与商贾经营。宋、元以来，有好几位在镇海任职官员，因有感于地方“民风淳厚”而落籍镇海，其子孙绵瓞，遂成大族。（见《镇海县志》1994 年版“人物”“人口姓氏”部分与《镇海区志》“姓氏　大族　谱牒”编）。明代沿海地区民众为保家卫乡，奋起抗击倭寇劫掠；清代末叶军民同心抗击英国和法国侵略军；清同治元年，甬江南灵岩、泰邱、海晏三乡（即今北仑区区域）士农工商万余人因太平军强奸民妇，并从小港至王瓦跟插旗屠村等行径，合力举旗反抗（见民国《镇海县志》卷十五第十七、十八页）；抗日战争时期甬江南北人民积极参加抗击日伪军斗争……都反映镇海人民为保家卫国而不屈不挠抗争精神与强悍性格。龙山、澥浦一带俗称“三北”，民间流传有“三北人，打大（读‘驼白’）阵”这样形象的谚语。

中华人民共和国成立后，树良风，改陋习，宵小匿迹，路不拾遗，“黄、黑、赌、毒”，一概扫除。“文化大革命”时，优良传统遭批判，后经拨乱反正，重建精神文明。

1985 年建区以后，镇海逐步推进全区城镇化向城市化发展，经济繁荣发展，居民生存状态大有改善，居民生活由温饱趋向小康；但也存在不平衡与反差，并出现一些新矛盾。

第一章　观念　心理

20 世纪 80 年代起，改革开放大潮改变着民风习俗。新观念、新风尚不断出现，风俗主流积极向上与时俱进。但由于几千年封建思想未彻底消除，加上“文化大革命”负面影响，旧思想旧观念和陋俗有所返潮，致使当地风俗中仍出现与时代前进步伐不相应节拍。

第一节　主流意识

珍惜幸福　改革开放政策实施，镇海经济发展迅速，逐步从温饱向小康过渡中的本地居民，需要过安定平静幸福日子，更需要保持和谐安定、长治久安的社会环境。于是，祈求风调雨顺、祖国繁荣、社会安定、和谐幸福、积善行好、关心公益、珍惜目前经济发展带来的幸福生活，便成为社会主流意识。在中老年居民群中，家人友朋之间常会谈论：“镇海除化工气水、粉尘等带来环境污染外，确是一块好地方：环境清静，市容整洁，交通方便，绿化普及，经济发展，物资充足，海产新鲜，社会秩序相对稳定。改革开放二十余年来，镇海的总体环境可说是‘风调雨顺’（没有大的自然灾害）、‘安定和谐’，而政府也不断在为民办实事……”大家都互相勉励要“珍惜幸福”。

实现和谐　对人与自然关系认识越来越清醒，认识到要敬畏自然，与自然和谐相处，顺应并利用自然规律为人类造福；而改变自然环境不能以破坏生态平衡为代价。于是，“生态意识”在居民中开始深入，“建设生态城市”成为全区居民上下共同心愿和行动。“科学发展观”也逐渐为全社会接受。处理人际关系上，人性与人情复苏，注重“人和”，强调和谐互助，尊老爱幼，关心社会公益。1997 年建立镇海口海防纪念馆，群众踊跃自动捐款 1050 万元；每次救灾行动居民响应积极迅速，扶贫工作持久实在，如骆驼中学离休教师茅人潮，连续数年扶助贵州 6 名经济困难生而不张扬；日常参加志愿者行动热情高涨，无偿输血参与者众。街道、社区对弱势群体给予热情关怀，招宝山街道有的社区还专门举行“孝德活动”，2007 年下半年起又对 70 岁以上老人作出特殊照顾关怀……都体现本地建立和谐社会主流意识之璀璨。在社会上如此，在家庭中也体现和美。家庭暴力被视为非法，受到谴责。家庭成员之间亲昵和美成为新型家庭追求目标。

包容海纳　主要体现在对外来务工者认同尊重融合上。历史上镇海一直有外来移民。沿海围塘造田，晒盐办场，引来许多余姚、黄岩等地山区贫困农民作工。他们安家落户后已融入本地居民群。而一些大族先祖，也多是宋、元、明、清各朝代外来移民。宋时为避金兵随王室南迁至此，明时卫所军籍落户，是大姓移民的主要来源。所以镇海有包容外来人、接纳外来事物的地域性格。经济发展迅速，大工程相继在镇海建立，招引来大批外来职工。改革开放后政府部门和企事业单位历年都有人才引进。21 世纪以来，外来务工者更不断涌入。本地人对外来务工者从隔膜（用“外国人”一词来称呼他们）、容纳，到认同、尊重、关注。2006 年，外来人口已超过本地人口，外来人员为本地经济发展贡献，赢得居民尊重。一部分人已把镇海当成第二故乡，成为“新镇海人”。不过对外来待业人员，有的本地人仍用疑虑目光审视，认为他们是社会不安定隐患因素。

怀乡情结 不管在哪里，不管年纪大小，“月是故乡明，人是故乡亲”，“每逢佳节倍思亲”，故乡山山水水、饭菜海鲜、民风习俗，都会使游子兴起无限追忆。有的虽已入外国籍，却永远抹不掉对故乡思念，而且至老弥笃。如船王包玉刚还乡，还特意点尝家乡菜臭冬瓜、苋菜管（读“股”），念念不忘他那出生地镇海庄市；浙江省爱乡楷模邵逸夫，爱国爱乡，截至 2006 年，累计向内地教育事业捐资已达 33 亿元左右；另一位省爱乡楷模傅在源，多次捐巨资兴学助学，为家乡老年福利基金、社会公益事业捐资；省爱乡楷模赵安中，对幼年常住外祖家团桥特别关怀，少年求学的团桥小学、中兴学校是他重点报答对象，其捐资办学项目从镇海扩展到宁海、余姚、奉化、象山乃至金华、温州、台州、丽水等贫困乡和贵州黔东南、黔西南等贫困地区。旅外镇海人几年来向家乡捐资累计 520 余次，计款合 2 亿元以上。已迁台湾的镇海人，也恋念着故乡一切，有的还著文追忆。20 世纪 80 年代后出国定居的中青年学子，尽管在国外事业有成，但始终不忘生养他的父母之邦。居住上海、北京、香港等地镇海人经常返乡探亲或清明祭扫祖墓，有的还特意携妻带儿，让他们认识老家故土。而这种怀乡情结并不妨碍他们在外开创事业。

第二节 价值观念

自我实现 敬业创新 20 世纪 80 年代后，年轻有为一代，都希望能在工作事业上有所作为，发扬个性，实现自身价值，想闯，敢闯，而且志在四方。这与老一辈很多人为生存而背井离乡闯荡江湖已有较大区别。摒弃平庸，有所作为，不断进取创新，成为政府部门、企事业单位年富力强者共有心理。在转型时期激烈竞争中，他们审时度势，朝气蓬勃，力求创出业绩，有所建树。

一部分老年人，在“老有所为”思想支配下实现“桑榆晚景夕阳红”，积极参与社区文化建设与城乡社会服务，体现老年人价值。

由于多种经济共存，在就业问题上，个人可以根据自己情况选择职业，创造财富。原来那种一生被捆绑在“单位”里，被捆绑在农田上，不敢越位思想已然打破。大多数人认识到只要勤奋劳动，三百六十行，行行都能落档，都可以创造财富和业绩。

弘扬美德 弘扬中华民族传统美德，正在青少年心中植根。社会上好人好事不断出现，做了好事，不求回报是普遍公认的“原则”。既紧跟时代步伐，又体现中华美德的乡约社规家训，在全区各乡镇街道社区及部分家庭不断地散发着正能量。

时尚意识 打开国门，许多新思潮、新形式、新事物流入，“追求时尚”成为中青年尤其是青年的时尚。涉世未深青少年中“追新”和“追星”较多。某些青年和中年事业有成者崇尚衣着时新名牌，器用高档美观，家居豪华舒适，交际气派豪放，谈吐风趣新潮。上网、泡吧、健身、美容、旅游、聚餐，以至蓄养宠物犬、纵情情色在本地城镇成为有些人追求的时尚。同样是追求时尚，一部分人着重在物质享受方面，大部分人着重在更高层次的精神生活方面。

财富追求　改革开放初期，万元户是一般人羡慕对象，到21世纪初，拥有几十万元、几百万元已不算稀罕。年轻企业家们将积累资本作为奋斗目标。大多数人虽然与“富人”排行榜无缘，但在求职、择偶时，经济收入成为重要条件。谁都想进待遇好的单位或企业工作，找经济收入高者为对象。即使当事人不重视这点，家人也会代为筹算策划。当代工作人跳槽之频繁、外地人到本地打工人数的骤增，其主要便是经济收入因素在调动。

股市人气特旺，是想炒股赚大钱，至少赚些买菜钱。本地参股户数至2007年7月有3.6万户。城区天一（后为光大）证券大厅经常人头攒动，气氛紧张，情绪激动。少数人将资金投向房地产买卖，因为能赚大钱。但实际本地因炒股或做房地产买卖赚“大钱”的极少，亏本或微亏的较多。个别人由于资金少，于是动脑筋买下几个公墓墓穴，即做死人的房地产买卖，居然也赚钱。

消费观　储蓄和节俭仍是人们所奉行美德，但更倡导合理消费。老年人多数坚持节俭，好省则省，能用仍用，舍不得扔掉旧衣旧家具。中青年群多主张该花则花，该用则用，认为钱是人赚的，也该由人去消费。老年人多主张消费要“量入为出”，中青年多主张可以用按揭方式先贷款消费，然后逐期还款。小康之家，已不满足于物质消费，开始考虑文化消费。也有少数年轻人过分追求时尚，服饰要穿名牌，用具要买进口货，交际要顾面子，旧的、过时的东西弃之如敝屣。近年来出现一批“入不敷出”的“月光族”（每月工资都用光）。

名利欲与面子观念　“水往低处流，人望高处走”仍左右着许多人思想。上学择校讲学校级别，工作岗位讲地位待遇级差。服务性行业特别是苦累岗位，被视为低等，本地居民不屑干，多由外来工承揽。

一般居民很看重人情面子。不管家里多困难，外表排场与人情不肯废。有些家长鼓励小辈努力奋斗，大大小小争取做个“领导者”。求职时多想找收入多、地位高、赚钱不吃力而又有光彩面子的位置。在菜场、超市或街头时不时可以听到家长们寒暄后以自己子女“大小是个领导”、“总算有点实权”等话语自豪。当自己家人孩子出现什么问题时会觉得“大失面子”，讲“我们的台怎么坍得起！”等等沮丧话。

急功近利心理　一个时期社会上蔓延过急功近利浮躁心理，汲汲于出效益、成果、成绩、利润。在这种心理支配下，好大喜功、浮夸虚饰、阿谀奉承、造假制劣等不良风气有所抬头。

第三节　生存理念

生存、环保意识　20世纪70年代后，炼油厂等四大工程相继在镇海落户，镇海人欢欣鼓舞，因为它们促进并带动本地经济发展，解决本地部分人员就业问题，所以大力支持，无偿划拨大块土地，支援人力和财力，为工程建设提供优惠条件。但随着一些工业企业大烟囱浓烟和煤灰使居民家中窗台、桌椅每天积起一层尘灰，水缸里的水布满尘粒，中大河等河流里曾一度鱼儿不能存活，河水无法食用，空气中异味时闻，直至癌症病人的增加，居民和政府意识到环境污染严重性，才积极采取措施加强环保工作。民间流传着“开始是要钱不要命，后来是要钱又要命，现在主要考虑要命了”，形象地反映居民对生存与环保关系在意识上的转变。

维权意识 改革开放后，人们知道运用法律武器、舆论监督来维护正当权利。对有关个人生存的事，能依法诉求争取，并运用宪法赋予权利争取生存保障。2002年5月后大街某点化工气体污染事件，当地居民抗议请愿，最后得到妥善解决。复退军人、下岗工人、失地农民等为自身生存利益，依法上访。“讨个说法”已成为居民都懂的熟话。各级政府重视人民呼声，在“以人为本”思想指导下，尊重人权，关心民瘼，不断增强服务意识。

保健意识 生活已从温饱走向小康，人们更希望健康长寿。认为只有健康，生活才有质量。居民积极购买医疗保险，参加健身活动，一些简单的传统养生之道和新的保健观念被代代身教言传。如防口治心，运动健身，“生命在于运动”，知足常乐，防老先防脑，调整饮食结构，药补不如食补，走出小房子，融入大社会等等。老年大学保健班、街道社区保健讲座经常满座。保健专家讲话广为传播，保健书刊亦甚受欢迎。

文化需求 一般有固定收入者已不满足于温饱，还有追求更高层次小康生活要求。首先在精神生活上对文化、娱乐有更多更高需求。从观看电视、电影，参加舞会、卡拉OK，参加社区集体健身体育舞蹈活动，上网，旅游等大众文化，到参加书法、绘画、摄影、围棋、收藏、诗词、歌舞、写作、插花、剪纸、茶道等文化活动，都体现当代居民达到温饱后精神寄托。镇海区各类群众文化组织活动，诸如书法绘画艺术、摄影协会、诗社、京剧联谊会、收藏者协会等相当活跃，而且成果不少。大多离退休人员和上班族还重视图书报刊阅读，将阅读看成是休闲与充电兼备的活动，阅读成为他们除上班、家务、应酬外主要生活内容。少数中老年还写书出版，或在网上发表。

趋吉避凶意识 镇海先民向江海讨生活，江海险恶，人们不得不注意趋吉避凶，趋利避害。在日常生活中形成很多避忌和向往。为了航行速度，将“箸”改称为“筷”，因为“箸”与“住”同音，在江海中航行，船速得“快”不可“住”。外出商贾，主要为赚钱，因此讳“蚀”喜“赚”，将常用与“蚀”音相近的字眼，改成“赚”音。譬如将“舌头”称为“赚头”，将形似舌头的犁舌，改称为“犁镵”；将从水面延伸的像舌头那样土地称为“塖头”，都是为忌讳说“蚀”。现在生活条件改善后，更希望平安吉祥，享受幸福。于是平日除增强安全防护意识外，大多数人注意远离凶害。少数人奉行陋俗，到达迷信程度。吉祥物、护身符被随身佩挂。驾驶员在车上悬挂吉祥物祈求行车平安。生活中避忌不吉利话语和数字。如因避忌“死”而不喜欢“4”这个数字，手机号、车牌号、择日子力避有“4”的号码。对“8”和“6”两个数字情有独钟，因为它们谐音“发”和“顺溜”。近年又兴起重视“7”这个数字，说是“七上八下”，于是“7”字也列入“吉字”榜内。结婚、建房、挂牌开张、破土动工要择“吉日”，建房要选“风水”。有人在电脑中算命，以趋吉避凶。大红“福”字被倒过来张贴，以求“福到（倒）”。个别老年人忌讳别人问他“高寿”，怕提醒“阎罗大王”记起他这位“漏网户”。

宿命思想 算命、排八字、看相、详梦、拆字，在城乡间、互联网上流行。年轻人喜欢排星座，看流年。一部分人对自己及前程和现状，常归于命运。认为发财或破财、得意或失意、幸福或坎坷、顺利或倒霉，都是“命中注定”，说“财与命相连”，不可抗拒和逆转。而人际关系也看重“缘分”，讲究缘生缘尽，有缘无缘，有缘无分，有分无缘，前世来生等等。

寻求心态平衡　新世纪以来，由于改革开放带来的社会发展和深刻变革，一些下岗退休的中老年人感到需要“善待自己，享受生活”。他们从自身体会中讲出许多感悟人生，寻求心态平衡的顺口溜。如“好好活，慢慢拖，一年还有几万多”“不要攀，不要比，不要自己气自己”“少吃盐，多吃醋，少打麻将多散步”“按时睡，按时起，跑步跳舞健身体”“只要能吃饭，钱就不会断”“不怕赚钱少，就怕走得早”“官再大，钱再多，阎王照样土里拖”等，来调整心态和生活，爱护自己，享受已得到的幸福。知足、珍惜、感恩、回报成为很多身心健康中老年人的共同心态。

第四节　家庭伦理

挑战旧的家庭观念　古代“父母在，不远游”那套儒家伦理和那种耕读传家（如郑氏十七房，在族谱中就记载此点）农业社会传统，已于近代被一批批离乡求学、经商、谋职人群冲破。20 世纪 80 年代后，镇海学子外出上大学，毕业后几乎多数都在外地谋职创业。21 世纪来出国留学生越来越多。年轻人不满足被乡土局限，家长也积极鼓励子女独立向外谋发展。过去只希望留孩子在身边受父母翼护观念逐渐淡出。

家庭结构由以“三世同堂、四世同堂”为荣的大家庭，转变为一对夫妻、一个孩子小家庭模式。多数子女一结婚，就另立门户。然后一对老伴相依为命，居家养老，或者帮助子女养育第三代。再老成为空巢时，或许就进敬老院度晚年。镇海区老人进宁波颐乐园、镇海老年公寓、夏金生福利院养老者为数不少。以单身、独身终老，也不罕见。

家庭关系基本体现平等和谐，旧社会家庭里那种重男轻女、男尊女卑、夫权至上已改变于无形。家庭暴力很少见到。代沟虽存，但正逐渐消弭，婆媳关系亦多有改善。

夫妻平等　夫妻平等在家庭里大多已落到实处。女性在经济上独立、文化教育水平上提高，改变自己在家庭中地位。旧时存在的夫权思想、大男子主义，被尊重妇女观念替代。少年夫妻老来伴，老人们经过多次政治运动，历经考验，在困难时夫妻相濡以沫，携手共渡，至今白头偕老，共享桑榆晚福。这类老人不在少数。城乡间早晚还常可看到老夫老妻相伴在公园、江河畔、马路上幸福地散步；也能见用轮椅推着自己老伴在外面散步的。经过金婚的老夫老妻已大大增加。有的特意着婚纱礼服拍照留念。

家庭话语权的变化　中国传统家庭中父亲是家长，有绝对权威，家中大事都是父亲说了算。妻子也得听丈夫的，孩子在家里只能做“听话”的乖乖。而且孩子求学（从上幼儿园、小学、小升中、中上大，以至读研、留学）、参加课外活动、兴趣爱好、工作、求偶等人生轨迹都由父母代为设计安排。21 世纪以来，家长的“一言堂”逐渐被打破。妻子和孩子在家中都享有话语权，对家事可以发表自己意见。由于现在孩子见识并不一定比父母差，又或父母开明民主，或者父母宠爱孩子，于是有时孩子意见可以左右父母，尤其是已经成长的孩子，在家庭中更有较多话语权，甚至于父母向子女靠拢迁就。

总之，过去那种“父父子子”“夫为妻纲”伦理已演进到平等民主夫妻父子关系。家里事大家管大家做，分工不分家，有商有量，和谐相处。还有一类有趣情况，就是恩爱夫妻甚多是“妻管严”那种类型的，而且往往传为美谈。

孩子教育 教育孩子的观点年青一代跟中老年一代有差别。对独生子女普遍偏向宠爱。有些祖父母、外祖父母将孩子宠成“小皇帝、小公主”，在儿童阶段更甚。多数年轻人不希望老一代过多干涉自己对孩子教育。家庭教育较多偏重智育，轻忽“做人”道德和公民意识教育、勤劳教育，新世纪以来，这种现象引起注意并有所改正。

“望子成龙”是家庭成员共有思想。关心安排独生子女前程成为父母心中头等大事。对子女教育投资占家庭开支很大比例。有识家长，从小就重视开发孩子智慧，而且陪他们参加各种各样培训班。从幼儿园、小学到初中、高中、大学“择校”“选班”“拣老师”，目的是为让孩子有长足进步，将来有出息，能找到好工作，发挥他们才智，为自己家庭、也为国家社会做出一定贡献，争面子——争光。为子女成才，好多家长不惜“成本”给子女请家庭教师辅导。有些职业妇女为更好养育子女，服侍丈夫，而辞去工作，“回归家庭”。20 世纪 50 年代生的家长，由于自己青少年时代没能好好读书，便想把自己失去的时间与“理想”从孩子（子女、孙辈）身上补回，为子女“前程”读书铺路不遗余力。

婚恋观念的变化 对待婚恋，家长们大多讲求“门当户对”，本人却多“一见钟情”或“情人眼里出西施”，以感情为主。姑娘们找对象“标准”随时代变化而变化。曾流传民谚说：“50 年代找工农，60 年代找军营，70 年代找文凭，80 年代找富翁。”还有说：“四只轮盘（指驾驶员）一把刀（指屠宰或卖肉食等的操刀者），白衣战士（指医护人员）红旗飘（指军人）。”新的“门当户对”观念影响着择偶标准。貌、财、才、德以及家庭社会关系，是择偶条件。

中老年丧偶再婚已为大多数子女接受，有的子女还大力促成。少数单身老人找保姆为伴，也为社会容纳。招宝山街道居民最早创办“单身老人俱乐部”，为单身老人找伴搭桥设平台。

夫妻感情不和，按婚姻法规定离婚，不再受“人言可畏”或“面子攸关”影响。多数协议离婚者持“不合则离，好合好分”态度。中年妇女离婚后有“曾经沧海难为水”之憾，高难寻，低不就，再婚较难。再婚者年龄差已非主要考虑条件，有条件中年男子再婚，找小于自己十几岁二十岁女子也非难事。

婚姻上还有另类情况：一是比较随便，结婚时考虑不周，婚后性格冲突，不久即行离婚。结婚迅疾，离婚率亦高，称“闪婚”“闪离”。也有结婚、离婚三四次仍不感到“幸福美满”，且有领取结婚证旅行度蜜月，却在旅行回来后立即办理离婚手续的个案。一是过于苛求，特别是高学历在职女性，对爱情理想化，追求完美，拣东挑西，蹉跎岁月，老大不小，还没成家，抱有“选不上中意的宁愿独身”想法。

由于电脑开始普及，网上聊天、交友比较普遍。平时隐藏在内心的情感，通过网上聊天交友释放。

第五节　宗教信仰

解放前，寺庙庵堂、宫殿观阁遍布城乡各处，除正式受戒的僧尼道士外，居民中迷信神佛的众多，逢寺拜佛，遇庙求神。对大自然许多不理解的事物，往往加上神的尊衔，给以崇拜。太阳、月亮称菩萨，雷电风火都有神，山河土地有神，海有龙王，灶有灶神，门有门神，床有床公和床婆，连扫帚也称“公公”……解放后，破除迷信，寺庙庵观被拆除或移作他用，神佛都被“扫地出门”，“鬼神”从人们头脑中自然清除。“文化大革命”后，寺庵庙宇有限度开放，物质生活状况的改善，原已“销声匿迹”的神佛又被部分居民崇拜起来。有一部分中老年居民祈求自己和家人的健康、财运、事业等得到保佑，寄希望于神和佛，烧香拜佛求神活动又复增多。当每年夏历二月十九、六月十九、九月十九三天，传说中观世音菩萨诞生、出家、成道日子，从头天下午起，招宝山山道上善男信女就络绎不绝，上宝陀寺和观音阁坐夜拜佛。区内重建的香山寺、净圆寺、半山庵、大圆庵、普渡庵等，也常年香火不断。有的人对福、禄、寿、财众吉星特别膜拜。财神、寿星、关羽等尊神普受喜爱。有一些商店特地为财神建龛供香。2008 年全区受过戒的佛教僧尼不满百人，经常参加佛教宗教活动的居士和信徒每年约有数千至一万人次。每个寺庵阁院不乏佛教活动的“志愿者”。

天主教在明崇祯元年（1628）传入本地。葡萄牙传教士费乐德，应吴清村（今镇海城东海滨）王姓裁缝邀请，自杭州来宁波传教。清道光、咸丰年间，镇海城区开设天主教祈祷所，属宁波教区管。太平天国运动时，祈祷所被毁。后由清廷拨滚江弄育婴堂房屋赔偿。抗日战争时期，每逢瞻礼日，下邵、岚山、江南、小港、柴桥等地 200 余名信众集县城祈祷，坐堂负责人孙誉良。1949 年，天主教堂遭国民党飞机炸毁。1993 年，恢复天主教活动。2008 年，全区有天主教徒约 230 人。

基督教为清同治九年（1870）传入本地。先有宁波循道公会派人至城内传道，后浸礼会、圣公会、基督教徒公会、自立会、神召会、地方教会等教派相继在县内设堂传道。1953 年，有教堂及传教点 26 处，教徒 1271 人。2008 年有基督教徒 2000 人左右。

天主教和基督教徒信仰都相当虔诚，每周礼拜讲道，平日教友之间互相帮助。其日常生活作息、婚丧礼仪，都按教规严格遵守。

佛教活动场所

2008 年年末，镇海区合法佛教活动场所共 8 处。属于“寺观教堂”7 处：宝陀禅寺、香山教寺、净圆禅寺、半山庵、大圆庵、普渡庵、佛教老年安养院；属于“其他宗教活动处所”1 处：观音阁。

宝陀禅寺　1985 年省人民政府批准恢复开放宝陀寺。脱尘、性慧法师经手陆续修建地藏殿、三圣殿、牌位堂、念佛堂。法正于 1998 年重建牌位堂、斋堂、办公楼，2003 年建三圣殿、地藏殿，2006 年建客房寮房。2006 年宝陀禅寺被列为省级重点寺院。2007 年又建钟楼、鼓楼、天王殿，2008 年建藏经楼。常住寺僧 15 人，住持法正。

香山教寺　始建于唐天宝年间，为杭州富春僧人常寂所建。唐广德初（约 763），择香山南坡开阔地辟建新寺，名“智度寺”。唐大历八年（773），刺史裴儆奏请以“香山寺”为额。明嘉靖年间，更名为“香山教寺”。至晚清时，规模宏大，拥有寺田80多公顷、寺山140多公顷，寺名远播。清同治年间，遭西方列强侵掠焚毁。20世纪60年代初，寺毁废。2002年10月，开始复建香山教寺。2006年1月圆通宝殿、藏经阁建成，并举行观音菩萨圣像开光法会。2006年起，住持释佛祥，有僧众10人。

净圆禅寺 山门楣额石刻“净圆禅寺”为国民党元老戴季陶手迹。寺前身为西方寺放生园，1929年改称净圆禅寺。1935年后，住持释浩明在寺内办净圆义务小学，使当地村民子弟有读书机会。后又办一施诊所，聘请西医张弼，再有台州人魏锦石医师布施医药，为贫苦农民解决治病困难。1942年12月，居士李万钟办起救济院。从上海、宁波等处收养11～17岁难童40余人，分男女两班教养。抗战期间，新四军浙东游击支队常有伤病员在寺内疗伤，同时开展群众工作。上海市科委原党委副书记李学民，以浙东游击支队联络副官身份，常驻净圆禅寺。1987年，李学民回到镇海，怀念当时住在寺内的情境，赞许净圆禅寺在抗日期间做过有益工作。1990年8月，区政府批准净圆禅寺重新开放。寺院占地面积16316平方米，已建成山门、天王殿、大雄宝殿、三圣殿、内坛及僧房、香客楼、斋堂等，总建筑面积7024平方米，有寺僧18人。1990年后历任住持释常志、释慧定，2006年起，释证觉任住持。

半山庵 解放前称西山观音阁，处河头勤山。1932年由居士褚仁球、普照和尚发起募捐建庵。后有比丘尼释夏莲继任。1988年区政府准半山庵为佛教信徒修持场所，2008年住持释如就。

大圆庵 处骆驼街道敬德村。始建于清，“文化大革命”期间停止活动。1998年，比丘尼释云修募集资金建大殿。2008年，大圆庵有大殿、厢房等合计建筑面积214平方米，住持释云修。

普渡庵 又名草庵，始建于清，处蛟川街道水琚王村。1988年区政府批准普渡庵为佛教信徒修持场所。至2008年，历任住持释阿定、释达生。

佛教老年安养院 位于蛟川街道五里牌村。1994年5月，由释立悟发起并出资筹建，1995—2004年，共筹资130余万元，建成大雄宝殿、地藏殿、东西厢房、食堂等，总建筑面积1544平方米，释立悟任院长。院内常住老年居士11人，常在安养院参加活动信徒60人。

观音阁 1985年，区政府同意修复观音阁供尼修持。1985—1995年，释智柔募集资金建成香光殿、正大殿、原始殿、大师殿、斋堂等，计建筑面积1700余平方米，格局自成一体。2006年4月，释慈谷接任住持。

天主教活动场所

2008年年末，有天主教活动场所2处：镇海天主教堂、天主教岚山祈祷所。

镇海天主教堂 清同治三年（1864），代牧师田嘉壁把城关滚江弄育婴堂改为天主堂，后再改为“中华圣母堂”。1949年8月，镇海天主堂被国民党飞机炸毁。后由宁波教区本堂柴日昶神父主持，修理并设祭台，供信徒活动。1962年天主堂平屋被拆，宗教活动禁止。1993年启动镇海天主教堂重建，区财政拨款25.5万元作征地补偿金，宁波教区拨建筑工程款5万元补不足，在中一村划拨土地0.26公顷。重建后的天主教堂建筑面积706平方米，2005年4月开工，2006年年底落成。有信徒约100人，堂管组长神父施维贤。

天主教岚山祈祷所 解放前称下陆山嘴天主教祈祷所，由宁波教区戴安德主教委派姚铎民神父负责传教。1991 年落实宗教政策，征地建堂。有信徒 130 多人，其中有 2005 年来澥浦打工的河南南阳教区唐河县管庄天主教信徒 40 余人。历任负责人陈炳章、宋哲敏。

基督教活动场所

2008 年，全区登记基督教活动场所 9 处：城关教堂、骆驼教堂、贵驷教堂、庄市教堂、后施教堂、清水浦教堂、湾塘教堂、长石教堂、光明教堂。

城关教堂　1980 年 2 月复堂。1989 年教堂重建并于当年圣诞节落成。历任堂管会主任孔繁生、胡祖学、周志芳，2004 年起为周马大。城关教堂有教徒 500 人。

骆驼教堂　1980 年 3 月复堂。政府落实汤家池一处四间平屋作为教堂。复堂时有信徒 129 人。1981 年扩建平屋 3 间。1984 年在教堂旁新造楼屋 1 间，信徒增至 150 人。1992 年 5 月，在教堂旁边办老年信徒快乐园。1995 年汤家池地块拆迁，政府安排在骆驼朝东屋征地 1733 平方米建造新堂，建筑面积 425 平方米。1996 年 10 月新堂落成，能容纳 450 多人聚会。同时建造附属用房平屋 10 间，建筑面积 536 平方米，有快乐园 10 间、楼屋 2 间。2001 年，教堂扩建食堂。历任堂管委主任董才章、应大恩、黄世华、陈世耀。骆驼本堂有教徒 400 多人。下属汶溪聚会点 40 人，长石聚会点 20 余人。

庄市教堂　1927 年，由汪金荣长老发起。定名“庄市中华基督教堂”，1930 年，加入宁波教区中华基督教自立联合会。教堂恢复开放后，堂管会主任张奉忠，2005 年董美珍。2008 年有信徒 200 人。

后施教堂　1950 年后由宁波循道公会领导，成立南洪堂管委，负责人孙杏仙，聚会信徒 40 余人。1957 年购置后施 20 余平方米平房 1 间，50 余名信徒聚会。1967 年“文化大革命”开始，教堂停止活动。1985 年落实宗教政策，购置后施食堂，面积 60 多平方米。后又购置旧厂房 10 间，面积 200 多平方米，常聚会 200 人左右。2004 年新堂落成，面积 1470 平方米，信徒 250 余人。下属新泓口聚会点 20 人。2008 年堂管会主任沈根花。

清水浦教堂　1932 年，在清水浦设布道所，信徒 20 余人。1942 年，购置塘路南面 2 间平屋作礼拜堂，信徒 70 余人。1949 年夏，聚会点被国民党飞机炸毁。1952 年，由上海信徒奉献 3 间平房，聚会恢复，信徒 80 余人。1966 年聚会停止。1980 年，城关堂在清水浦设聚会点。1990 年常聚会信徒 80 余人。2006 年 12 月依法登记为教堂。

贵驷教堂　1992 年，贵驷中河西路建造教堂，聚会人数 300 人左右。2004 年 10 月，按立沈银生为长老。2008 年堂管会主任沈银生。

湾塘教堂　1992 年，贵驷教堂设湾塘聚会点。1994 年以前在信徒家中聚会。后集资在湾塘信用社旁购买小屋 6 间，占地面积 274 平方米，建筑面积 179 平方米，聚会人数 30 余人。2001 年拆迁，迁址棉海村助剂厂东北角。新堂占地面积 825 平方米，建筑面积 314 平方米，聚会近 100 人。2006 年 12 月，登记为教堂。首任堂管会主任王亚芬。

长石教堂　原为骆驼堂长石聚会点，2006 年 12 月登记为教堂。租用镇海信用社房子。信徒 20 人左右。首任堂管会主任沈雪娟。

光明教堂　原为庄市教堂光明聚会点，2006 年 12 月登记为教堂。信徒 20 人左右。首任堂管会主任贝春芬。

第二章 衣食住行

改革开放后，衣食住行的极大改善，休闲生活被提到生活“议程”上，也是镇海居民奔向小康的一个侧面标志。

第一节 居住 器用 服饰

住房

居民生活从温饱到小康过程中，“住要宽敞，吃要营养，穿要漂亮”成了人们的新追求。本地人多已在城镇购置住房。房地产开发商新建住宅楼从三层、五层逐渐向七层以及更高层发展。外形20余年来无大更改，直至21世纪才稍显变化。房屋设计多未讲求节能保温，2008年来渐渐注意房屋建筑与装修的环境保护理念。内部装修则根据户主经济实力、个性爱好、文化修养各呈异彩。一度兴豪华舞台型，现又趋向简朴实用型。20世纪80年代来，有钱户不断更新住房，有的建造别墅，或在宁波市区，或在山清水秀处购建别墅。农村居民多自建住房。只有外来务工者，除个别人节衣缩食几年后已购置住房，大多数尚租房居住。一些服务工只能租住车棚容身。外来务工人员，居住宿舍逼仄拥挤，也只得将就。少数在职年轻人买房面积求大，装修求洋，不按照自身经济能力办事，只得要求双方父母“支援”，甚至拖累父母负债。

为照顾子女孙辈在城区读书，特别是重点学校毕业班学生，有的家庭特地在学校附近租房，由母亲或其他长辈陪伴照护饮食起居。21世纪以来，靠近著名中小学的“学区房”特别吃香，家长买新房选址，就要“跟着孩子读书走”。

住宅楼、商品房逐步推广小区物业管理，安装防盗门窗。各家各户，多是关起房门成一统，很少像老房子那样互相串门聊天。同幢楼房住户，上下楼梯时相遇，点头招呼，很多不知道彼此姓名。社会虽开放，从住房看却还属“封闭式”。城区居民1995年人均居住建筑面积17平方米，2008年增加到31.6平方米。

器用

在农村，或老年人居住的屋子里，还能看到旧式的橱柜桌椅床箱。现在中青年的新房子里都是配套的新式家具，或与新房同步装修的壁橱书架。

日常家用器皿过去多竹木制品，现在多玻璃、搪瓷、塑料、不锈钢、陶瓷。一般人家普遍使用电器，从电灯、电话、电风扇到电视机、电冰箱、电饭煲、不粘锅、微波炉、电磁锅以至吸尘器、洗衣机、空调器；小件物品如电须刀、电吹风、电按摩器、电热毯、电暖炉也多进入寻常百姓家。

讲究健身卫生一些人家还使用消毒柜、空气净洁器、健身器械等。新世纪以来提倡绿色保健，于是瓦罐、瓷锅又被起用。

夏日早晚，还可看到有些中老年人摇着芭蕉扇，悠闲地在家门口或马路边、公园里闲谈。

烧饭在农村、山区还见柴灶，城镇小区住宅楼已多用煤气灶，即便是煤球炉子也只是在老式住房或农村尚有使用。一些长年旅外游子回乡，仍希望能吃上用柴灶烧出来米饭，说这种米饭“特香”。2007 年起，煤气管道首先在城区铺设，逐渐普及使用天然气。

过去客来烧茶情况已被纯净水器或电茶壶即开即用替代。

搞清洁卫生器具、用品更是种类繁多、品牌琳琅。

擦汗抹嘴，过去随身带手帕，现在除个别老年人外，多用纸巾替代。

除个别山区，马桶和尿壶等逐渐被淘汰，由抽水马桶替代。

手机是改革开放来发展、更新、普及极快的通信交际工具。20 世纪 80 年代末 90 年代初，个别人拿着个像砖头那样“大哥大”，在众人前使用，曾羡煞一些人。而今，手机款式越来越新颖，体型越来越轻巧，功能越来越多样，价格也从高档到低档，一般人都能买得起，而移动或电信、联通公司通信服务也越来越周到，因而使用手机人群越来越多。

电视机已普及城乡。数码相机、摄像机使用者也多起来。从磁带随身听机，到光碟随身听机，发展到 MP3、MP4，从 VCD 机到 DVD 机，这些音像视听工具，甚受青年喜爱。

电脑开始普及家庭。为了子女学习，有的家长专门为子女配购电脑。股市旺兴，一部分股民专配电脑炒股看行情并进行网上交易。

衣饰

汉代有首《城中谣》说：“城中好高髻，四方高一尺。”千百年来仍脱不开这种现象。服饰款式及色彩搭配，往往从大城市流行过来，而大城市的流行服饰又往往从影视中模仿过来。

政府工作人员、企业管理人员在公务场所多着西装，税务、工商和公检法部门工作时着制服，银行、超市及较大服务行业职工多统一着工作服。平时城乡普遍流行休闲服。城镇还有少数老年人和农村老农仍穿中山装，一般本地人多已不着中山装。夹克衫、T 恤、皮装等盛行于青年群。追求时尚年轻人，讲究服装名牌，认为它代表自己身价。中小学生校服，以大方舒适耐用，并体现青少年青春活泼个性为主，而且也在不断推出新款，只是做工与面料为一些家长所挑剔。老年人穿着以宽松舒适为主，近年来老年女性也倾向于款式花俏，色彩亮丽，以保持年轻态。

21 世纪来，随着国外“嘻哈文化”从大城市流行到本地，一些年轻人在服饰上也流行起嘻哈服装，穿着故意留几个“破洞”和挂着不少引人注目“零件”的服装。年轻一代在穿着打扮上追求的时尚主要是“健康、动态、性感”。

女性对服装兴趣较浓，家里有几十套服装，还会慨叹“没有衣服穿”。上班打工族女性对上街选衣感兴趣。她们多数购买新款而价格较低廉的。收入较好，负担较轻白领中年女性，会选些名牌衣服。故此，城镇中服装店、服装市场比比皆是。还有一种现象，就是子女不要穿的衣服，由父母“接穿”。因为对老年人来讲，那些衣服式样还挺新，料子也不错，价钱又不菲，扔掉可惜。这跟过去子女穿父母穿下旧衣服，整个儿倒了过来。时髦年轻女性在穿着上讲究“性感”，以显露曲凸玲珑调匀肢体美。超短裙、露脐装、吊带装等服装不再局限在春夏季节穿着。旗袍、唐装等服饰新世纪以来也在悄然兴起。

鞋子普遍穿皮鞋、运动鞋、旅游鞋，女的时兴穿靴子。女子皮鞋跟曾越来越高，鞋头越来越尖。流行几年后又慢慢恢复到中、低跟。拖鞋，不能在上班、乘车、开大会、上电影院时穿，只能家居时拖拖，而今夏天却时兴穿无跟鞋，且以年轻女性为多。

戴金佩玉，有为纪念爱情、亲情，有祈求平安幸福，更多为显示生活富裕，映衬肢体美。于是，佩戴首饰特别为一般女性所追求。改革开放以来，戒指、项链、耳环、手镯（链）等饰物，金银珠宝、水晶玛瑙，品种、质量多种多样，而且已不限于女性专佩。大款们戴上黄金白金项链、手链的不是个别现象，个别戒指不只戴一只、两只。至于翡翠、玛瑙等制作的吉祥挂饰，则为一般中青年所喜佩。近年又出现一种“钱多的反而不大戴金佩玉”现象。部分迷信的男女，在寺庙里购来大小佛珠、挂件，作饰物保平安或求好运。

有一定文化品位的中青年，在衣着打扮上多数根据自己工作性质、文化修养、审美观点，设计购置适合“身份”、符合体型、体现气质的服饰。为了显得精神、年轻，映衬自身人体美，注意穿着打扮成为富裕后人们生活常规。

洗沐美容美发

古代理发、沐浴都有一定日子，要选择“吉日”。因此很多人一生理发和洗澡次数可以计算出来。现代人讲清洁卫生，用水条件又好，理发洗澡为生活必需。有人每天冲澡，男子每天刮胡子。也有一些中青年蓄养大胡子，或剃个大光头，以显另类。城镇上浴室从低档到高档，从大池到盆汤、桶浴，到桑拿浴以及日本式、俄罗斯式、芬兰式等多种形式沐浴服务，还有专门洗头房、足浴堂、按摩房等等，接揽需要按摩服务休闲的顾客。

发式发型随着社会开放而多姿多样。一般以女性及青年变化较多。“文化大革命”时认为烫发是资产阶级生活方式观念早已推翻，烫发不烫发都由各人喜爱。老年女性怕见白发，很多染黑头发，显得年轻；中青年女性染金黄色的不少。一个时期曾以动画里青少年发式为蓝本。现在青年往往以仿效歌星发型为时髦，一部分青年则模仿电视韩剧中青年发式发型。中小学生校规中有明文规定，发式均显大方、有朝气。

按摩、贴面膜、贴油敷粉擦胭脂、美发染甲修眉毛，是部分女性每天必修课。美容美发店（厅、院、屋）遍布城镇，吸引经济条件宽裕而又渴望青春长驻的男女顾客。中高档化妆品也因此比较畅销。

女性更盼望青春常驻，常显年轻态。在经济条件许可前提下，美容美发、化妆修饰成为很多女性日常生活中“浓笔重墨”点缀的内容。部分女性为此特意去做整容手术，植眉、割眼皮、拉皱纹、点唇色、隆胸都有。

第二节　行旅　休闲

行路

过去多步行，到城市去有航船可趁。一些集镇如骆驼、贵驷、团桥、澥浦、长石、妙胜市、万嘉桥、庄市、后施都有到宁波和镇海城区航船，大多是清早开船，下午回来，以吹螺号或敲锣招徕乘客，沿路都可搭乘。个别集镇有夜航船，叫“倒撑”，即下午开船，早晨回来。有钱的临时可以雇脚划船。出门近地的，有钱可雇轿子。生病要急诊，可雇元宝篮。

抗日战争时期自行车还极少见，解放后自行车才渐渐普及起来，现在连好多小学生踏自行车都行走如飞。

至2008年，本地上班务工者逐步从用自行车代步，到普及电动自行车。退休者“安步当车”，提倡步行。城区内出租车在道上来回逡巡，三轮人力车在城区车站、码头、超市和医院门口候客。区内外交通发达，出行乘坐公交车较为方便。20世纪末，全区仅极少数人购置轿车。一部分年轻上班族当住房改善后，就考虑购买小车。有些家庭已购有两辆轿车。2002年全区私家车1419辆，2006年递增至8222辆，至2008年年初，全区私家车9座以下已有17942辆。由于私家车递增很快，车棚及停车场建设滞后，城区道路建设跟不上车辆发展，小区及较大马路两旁常停满小车。当前城区一些小学和幼儿园，一日几次校门口满是接送孩子上学和回家的自行车、摩托车、轿车，道路交通往往为之阻塞。镇海中学每学期放假那天，环绕学校周围早就停满小车，东至招宝山路，西至横街、胜利路，南至中山公园东门口，北至大校场路，以及鼓楼周围马路两旁，接孩子回家的小车多至200多辆（2006年）。

休闲旅游

从每星期开始两天休息和大节日有长假后，上班族享受假日休闲生活。年轻辈“常回家看看”，跟父母团聚，老人逗着孙辈，不娱也乐。还有逛市场、去书店、玩电脑、玩牌、访亲友、带孩子逛公园……各凭所好。

长假日出外旅游，地点从近地到外地、从国内到国外。自费旅游中国香港、澳门地区及新加坡、马来西亚、泰国、欧洲、美洲也非个别。退休双职工安排旅游的更多。小家庭、同学组团旅游之风方兴未艾。休假日去九龙湖及近地农家乐、果园品农家菜、采摘时鲜水果、掏竹笋，或登山赏景的小型人群也多起来。

平时休闲则以看电视、听音乐、玩电脑、看报纸看书以及聊天为多，部分人则奔舞场舞厅、卡拉OK厅、录像厅或娱乐城“潇洒”。平时在家看电视体育竞赛频道已不单是年轻人“专利”。一些中老年居民，坐在电视机前观看重要体育竞赛，全心投入，感同身受，边看边评，其兴奋度比在场观众还热烈。往往为观看世界杯比赛，半夜起来打开电视机。一些事业有成或经济宽裕中年人，经常举行友朋同学聚会，联络感情。外来务工者休闲生活多是看电视录像、逛街、找老乡聊天、打牌。一些服务行业打工妹，休闲时爱逛街、看电视或打牌，或睡觉补充平日睡眠不足，也有以绣花针织排遣空闲。

青少年学街舞、溜旱冰、滑滑板也在兴起。以往少年儿童玩的踢毽子、跳绳、跳橡皮筋那类活动少见了，造房子、打弹子、接子、套绳结、挑香棒等游戏，已基本绝迹。

经济条件好的从玩保龄球到台球、高尔夫球，作为时尚娱乐项目。

游泳已作为健身活动受青少年青睐，特别在暑期，很多家长投资让孩子学习游泳。新世纪以来，退休干部、教师、职工每天坚持游泳、冬夏不辍的也不少。

家庭主妇或主男，上午上街买菜、回来洗菜烧菜没得空闲。退休和下岗职工下午和晚上很多打牌消遣，近年来中老年妇女又兴起制作“丝网花”“穿珠子”，自赏或送人。

老有所学

本地老年人群越来越大。一部分以积极态度对待老年生活，不断提高自身思想道德、科学文化以及健康素质，提高老年生活质量，参加各种形式学习，关心世界形势，学时事，学文史，学作诗，学书法画画，学英语，学保健，学音乐弹唱，学戏曲舞蹈，学烹饪，学摄影，学电脑操作……区老年大学一年比一年兴旺，2008 年已发展至 28 个专业、43 个班、1030 名学员（人头数）及 35 名教职员。各街道老年大学和各类学习班也吸引许多居民业余学习。

网络吸引

互联网为大多干部职工和学生提供信息，扩大视野，活跃思想，扩展文化学术交流，丰富业余生活。它已成为这部分人群不可缺少的学习平台。

上网聊天交友为大多数中青年人所喜爱。特别是上班族，业余网聊成为时尚生活一部分。他们在 QQ、MSN，以至逐渐勃兴的微信等互动空间中倾诉所思所想，排遣寂寥，寻求知音，联系友朋，谈天说地，驰骋纵横。博客也为爱思考或写作年轻人提供发表平台。

使用网络语言成为年轻人的时尚，好多人正在适应网络文化，共同创造着网络文化。

网上交易、购物已是城镇部分网民常用的采购手段，而且日见普及。

网络游戏不但吸引青少年，也吸引着退休的职工，譬如在网上“种菜”“偷菜”，参加者往往相当投入，甚至半夜起来到人家“园地”里去“偷菜”。

一些网吧常常客满，以青年尤以外来务工青年为多。少数青少年因自控能力较差，迷恋网络游戏，以致荒废学业或影响工作，甚至上当受骗，深为家长和教育部门担忧。

参与社区文化活动

21 世纪以来，镇海社区文化活动越来越活跃，各社区争奇斗艳，各显神通，吸引广大居民参与。社区文化室内容丰富，早晚广场上跳健身舞蹈、练各类拳剑人群众多，节假日经常有广场文艺演出。中老年妇女是社区文化活动主力，扇子舞、拉罐操、健身球操、柔力球操、彩绸舞、筷子舞、排舞、太极拳剑、木兰拳剑、地方戏演唱以及歌咏、弹琴、绘画、书法、剪纸、插花……差不多健身舞蹈及一切文艺活动参加者有百分之九十以上是女性。街道（镇）、社区还有龙鼓队、女子舞龙队、女子腰鼓队、女子铜管乐队、女子文艺演出队、艺术团……这些群众性文艺团体在全国、省、市各级会演中频频获奖，更鼓舞妇女参与社区和村镇文化活动积极性。社区文化活动成为新时期大众文化开展一大特色。

打扑克、搓麻将成为居民普遍热衷的休闲活动

城市里很少有几幢居民楼没有搓麻将声，乡镇中很少在街巷中看不到牌桌。即使住在狭窄车棚房的外来务工者，也经常聚在一起搓麻将，或扎堆蹲在地上打牌。社区、村镇活动室，麻将桌旁总是坐得满满。大多数居民打牌作为娱乐消遣活动，联络感情，活跃思维，丰富生活，所以流行较广。老年体协还将桥牌、麻将当作体育竞赛项目。对搓麻将，赞成者认为打麻将不过是友朋间联络感情，消遣而已，无伤大雅；反对者认为打麻将费时失业，玩物丧志，如若因此赌博成瘾，则造成家庭失和、社会不安定。

出现以打扑克牌、搓麻将、赌牌九、玩游戏机，以及开铜宝、赌六合彩等五花八门赌博，政府明令禁止，但屡禁不止。严重的赌博窝点，已带有黑社会性质团伙苗头。

【专记】传统的儿童游戏——嫐话

过去儿童游戏叫“嫐话”（“嫐”读如“奶白”，“话”也读如“和”），项目丰富，多数健康益智，有助儿童各方面成长，而且无须太多“成本”，却让儿童玩得津津有味。如今被声光电等高档玩具和游戏替代，那些娱乐活动已成“明日黄花”。

民国时期小学儿童的游戏有：打乒乓球、拍小皮球、踢毽子、跳绳、拔河、跳高、跳远、赛跑、投篮球、踢足球、滚铁环、打木球、投环、折纸、结绳、搭积木、走棋子（五子棋、象棋、军棋、跳棋、野兽棋）、掰手劲拗手劲等。

离校在家游戏有：

造房子　在石板地上划分房子，用小瓦片投掷，从近到远，投入一块无误，再单脚跳跃前去，不能踏线，将小瓦片踢回；再投第二间（块）石板，依次掷准，单脚踢回。如历次无误，可选择一间（块）作为私房，并可连续“造”下去，犯规者则下场让别人踢。

车水　双脚轮番交替踏阶沿石石阶，参与者共同计数，看谁踏得最多而不乱。

跳矮人　一人伛偻用手扶膝站在空地，其余人挨次一个个从其背上撑跃而过，似现在跳羊。

斗鸡　两人相玩，各自左膝上屈，用双手抱住，右脚独纵，互相挤撞，作斗鸡状。被撞倒或撞散架者为输。

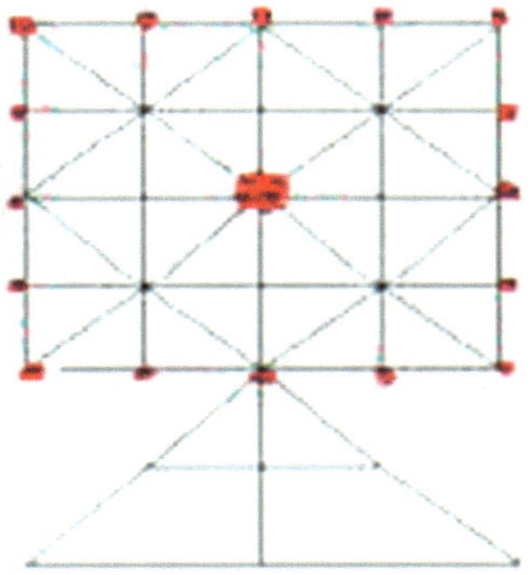

走屙坑棋棋盘

走屙坑棋　在地上画个“函”字形棋盘，拾小石子作棋子，一人掌握16粒小子放在棋盘四边，正中央放一粒大石子，称作大子。两人相对，大子先走。当大子在走动中走到对方两子中间成扁担状时，称为挑担，可以吃掉这两只小子。如果大子吃掉14只小子，这局就为大子赢。小子则千方百计设法围赶大子，逼大子进“屙坑”（三角形区）里去。直到大子被逼进“屙坑”，此局便算小子赢。

摸瞎子　也叫摸瞎子。一个人被蒙住双眼作瞎子，其余人手拉手围成圈子，或在规定范围内走动躲避。作瞎子的要闻气辨声，设法抓住其中一个，并要通过摸头摸脸，叫出被抓人的名字，才能“解脱”这个角色，由被抓者“接任”瞎子。

抢四角 几个人每人占住一个屋柱，并不断运动调换位置。一个人在中间，等待时机，觑空占领空柱。失去“基地”（屋柱）的便代替那人，成为抢柱者。

寻幽猫（“猫”读如“慢”） 就是捉迷藏。一个人躲藏，另一人或多人搜索找寻。找到双方交换躲藏，久久找不到可以要求藏方“叫”一声后再寻。多数儿童乐此不疲。

打野战 在农村草籽或芘花地里，或旧坟滩、荒滩地，分成两方互相混战。

接子 用小石子或用装满米粒、沙子的小布袋当“子”，向上抛掷，在上掷的子未落下前，一面拍桌（从一下、二下到多下），然后接住。也有拍胸、点额、指鼻、摸耳的。有的还抛掷一次，在桌上捞取一子，第二次再抛一子，从桌上捞取二子，再接子；第三次捞三子，直到捞完剩子。还有灌子，即接子时用手成酒杯状接住；泻子，一面接子，一面从手中落下一子。

炮车战 六人分成两组，一人在前，一人弯腰用手搭住前人两肩作炮架，一人骑在第二人背上。双方相互冲撞，被撞下来的算输。

抬轿子 两人左右手交叉搭成座架子，一人骑坐于上，走来行去，好不自在。

挑香棒（或彩棒） 拿一把烧完香的剩棒，往下撒散，再用单棒一根一根挑起，不能带动其他香棒。挑得多者为胜。

拍七 几个人一起数数，逢“明七”的“七、十七、二十七……”不能数出来，用拍手一下来代替；逢“暗七”即“七”的倍数“十四、二十一、二十八……”也不能数出来，用拍手二下来代替。谁反应迟弄错了就算输了。

打弹子 在石板地上于石板接缝处处挖出几个小洞，定名为头洞、二洞、三洞……两个或两个以上人按次在起点打玻璃弹子，目标是从头洞依次进入，谁最早完成算赢。游戏时既要让自己的弹子命中目标，又要弹远别人的弹子。类似现在的门球打法。

斗瘌蛳 两人对面相坐，各自把自己的瘌蛳放在桌上，瘌蛳头朝对方，然后同时用嘴吹气，把自己的瘌蛳吹向对方。在双方瘌蛳嘴相碰时，各方用力地吹自己的瘌蛳。两只瘌蛳相撞，谁的瘌蛳被撞翻，谁就输了游戏，而且这只被翻转的瘌蛳也输给对方。

折瘌蛳，其实也是一种折纸技术。瘌蛳种类很多，如：蹦蹦跳瘌蛳、大眼睛瘌蛳、尖嘴大王瘌蛳等，形象逼真。纸质量高，折得好，折出的瘌蛳在互斗中获胜比例就大。

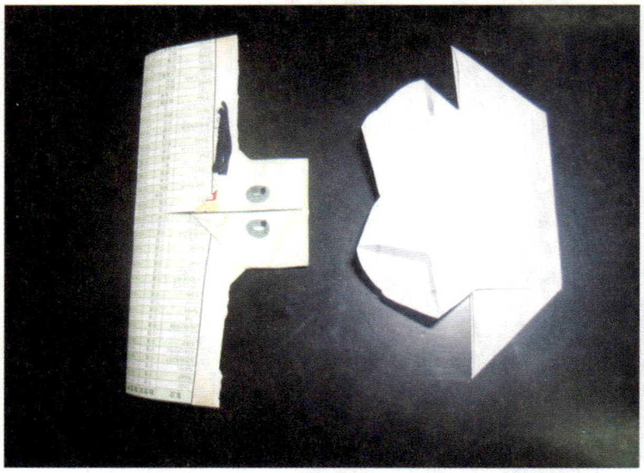

折瘌蛳

到海涂拾海瓜子（黄蛤）、撮泥螺、柯沙蟹、柯弹涂（跳鱼）。

在河头钓鱼、钓虾、钓河鳗、摸蛳螺。

在田头挑马兰头、挑花荠菜、择野葱、撮田螺、钓黄鳝。

还有：

老鹰拖小鸡

捉贼捉强盗

扮黄狗扮老虎互斗、扮羊顶角

三足竞走

打水仗、打水片

做鷂子、放鷂子

堆雪人、捏泥人、掏沙沟

弶麻雀、弹麻雀

再有爬树、掏鸟窝、钓青蛙、捉蚱蜢、捉蜻蜓、捉萤火虫、横蜘蛛网、捉蟋蟀、斗蟋蟀、养蚕、吹肥皂泡泡、打陀螺、扯哑铃、掼香烟牌子、擂铜板、掷色子（骰子）、拉胡琴、吹笛子等等。

更有翻跟斗、竖蜻蜓、打虎跳、春节期间套着面具做戏。

小姑娘还挑线绷、剪纸花、做香袋、做布娃娃、绣花、用凤仙花汁染指甲……

幼童嬲话有办酒窠、扮新郎新娘子。

摇船　两人对坐，手拉手，一起一伏，作船儿波动状，一面口中唱："摇啊摇，摇到外婆桥。外婆叫我好宝宝，糖一包，果一包，问我爸爸好不好，问我妈妈好不好。"或者让小儿跨坐在大人的双脚上，大人拉住小儿双手，一边将双脚往上往下摆动，作摇船起伏状，一边口唱此歌。

车水　两人对躺，双脚相抵，一伸一缩，一来一往似车水状。

斗斗虫虫飞　父母握着孩子的双手，让他们的食指伸出，边唱："斗斗虫虫飞，麻雀（读'麻将'）剥剥皮。翥（读'渡'）啊飞勒起，飞到囡囡嘴巴里！"边让他们食指对食指和着节拍碰触，到"翥啊飞勒起"时，就拎起他们小手往上飞扬，意为飞起来了；唱到"飞到囡囡嘴巴里"时，就将孩子双手往嘴巴点去。

也有一种是在捉到知了、小甲壳虫，用一条小棉线绑住，食指指戳小虫背上，边唱边玩。唱到最后一句，把手脱离虫背，虫会扑腾地飞起。

跌跌绊绊　孩子们围坐成圈，然后一起唱："跌跌绊绊，绊过南山；南山北斗，至尊买牛；牛蹄马蹄，钉鞋雨伞；扇扇风炉，飞过黄浦。一脚伸来一脚跔（读"轧欧切"）"。每唱一个字就轮流用手拍打自己大腿。当唱到最后一个"跔"字时，轮到拍大腿那个孩子一只脚要往里缩，如果没有来得及缩，就会被打手底板。一面打手，一面唱下面一首童谣：

"本来要打千千万万记，现在辰光来弗及（读'其'），只好打三记：一！二！三！山里有只老虎，老虎关在笼子里，笼子坏塌，老虎逃脱，逃到南京，买包糖精，吃了变成猢狲精。"

唱完这首童谣，大家又会重新围坐在一起，唱第一个童谣，开始新的一轮游戏。

画老公公　一面唱着童谣，一面画画：

有个老公公，（写一个"公"字，代表眉毛和鼻子）

欠人家两只铜板，（画两个圆圈，代表两只眼睛）

三日不还四日还，（画"三"字，代表三条皱纹；再画个"四"字，像嘴巴牙齿）

四日不还坐牢监，（画个椭圆，将眉眼嘴鼻皱纹都关进去）

听明哦？听明哦？（每唱一句，画个耳朵）

有数！有数！有数！（代表老公公回答。一边画胡须和头发）

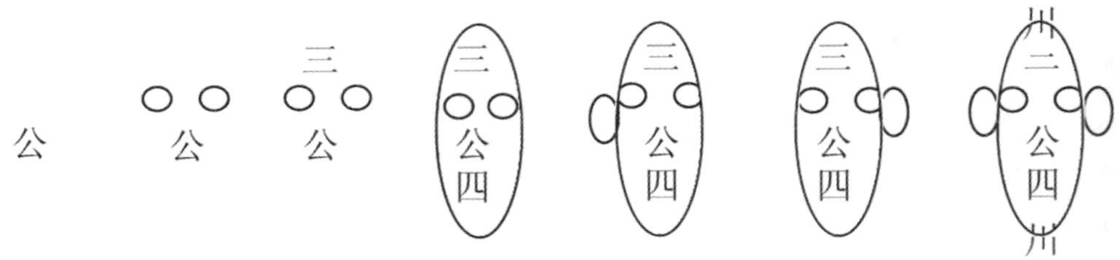

说“八”字　相互比说“八”字童谣，口中念着“有个老伯伯，来到八里桥，买包八宝饭，钞票会用掉八块八角八分八。”突出“八”这个音，不是按正规发音，而是用上下嘴唇先紧闭，后猛然弹开，同时向里吸气，发出清脆的一声“叭”。

（本节由杜风、区文化馆调查提供）

第三节　日常饮食

市场开放后，物资丰富，而居民随着经济收入提高，饮食也更多样化。镇海有山有水有良田，近江靠海多水产，地里长，树上生，河里游，海里窜，涂里爬……山珍海味，可吃东西多得很，所以本地居民很懂得吃。水产海鲜不说，腌品种类也多，还有庄市长面、城关酥饼、咸光饼等特色点心，九龙湖葡萄、草莓等水果。臭冬瓜、苋菜管、腌茄糊、咸齑、菜干、年糕干、笋脯、龙头㸆、带鱼丝㸆等等都是过去一般家庭自制食品，作长下饭或常点心。现在，对镇海居民来说，饮食不仅为吃“饱”，而是要求吃“好”，吃得“健康”，提倡多吃杂粮、蔬菜和少吃盐。

主食

本地人主食习惯吃大米饭，同时喜食米粉制品年糕、糯米团子和面粉制品面条。解放以后，传入北方面食，淡包、饺子也成为有些家庭常食。20世纪80年代来，四川火锅、兰州拉面、新疆羊肉串各式特色食品在市场上纷纷出现。肯德基、麦当劳、比萨店一家一家开张，快餐店、咖啡厅经常客满。

许多上班族早餐吃点心——豆浆、牛奶、豆腐脑、馄饨、水饺、各色包子、生煎或锅贴、大饼、油条、粢饭、年糕团、方便面……中午吃食堂饭或快餐，晚饭则自己烧。学生中午多在校或快餐店就餐。健康指导中说“早上吃得饱，中午吃得好，晚上吃得少”，现在上班族多数是“早上吃得少，中午吃得饱，晚上吃得好”。

菜肴

本地人最爱吃海鲜，菜场、超市中各类鱼、虾、蛤、螺、蟹等海鲜，每天大多卖完。市场上蔬菜瓜果，一年四季不断档，猪、羊、牛、鸡、鸭、鹅各类禽畜肉类，生熟都有。过去因近海产盐，腌制品较多，居民常食腌品，口味普遍嗜鲜偏咸。现在，那种“下饭呒告饭吃饱”讲法和偏食咸货习惯，逐步被讲究营养保健，以吃菜为主，吃饭为辅，而菜肴又以清淡为主等观念代替。体力劳动者为补充热量，仍多爱肉食。

酒茶饮料烟

喝酒成为普遍现象。以往多喝黄酒，现在品类繁多。过去一般人家家长常喝，渔民常喝。体力劳动强度大的行业中人常喝酒消乏，失意落魄者常借酒浇愁解闷。应酬场中、婚丧喜庆常常敬酒喝酒、猜拳赌酒。俗谚说“老酒糯米做，吃勒闲话多”。因酒能乱性，严谨人家对喝酒就有所控制，仅在节日喝些。现在有人每天都喝。有人拿啤酒当开水喝，一餐饮一两瓶啤酒是“小菜一碟”，不在话下。21 世纪来酒宴上碰杯时，干红葡萄酒也是大杯大杯灌。豪饮、牛饮，一次喝十瓶八瓶啤酒不算稀罕。在档次较高筵宴上，茅台酒、五粮液等高档酒也上桌。2003 年来因为干红葡萄酒价格高，家庭自制葡萄酒大行。农村中自酿米酒的仍有。

喝茶普及。老式茶室逐渐退出市场，新茶座、茶室、茶馆、茶坊在城镇上纷纷开业。同学、同事小聚，每人花三十几元在茶馆里泡上半天，聊天、商谈、玩牌，随意小吃，其乐融融。城镇家庭和单位里平时多喝纯净水、地矿水。外出、会议喝瓶装矿泉水居多。少数中老年人已养成喝茶习惯，出门随身携带茶叶杯子，个别还讲究些茶道。

饮料从各类牛奶到可乐、冰红茶、各类果汁等等品类极多，一般家庭夏天饮料不断。也有自家做的凉粉、琼脂冻或自榨新鲜果汁等解暑食品。

休闲食品品种更多，中式（广式、苏式、宁式、甬式……）、西式在超市中都可买到。而街头炒货店的炒货现炒现卖，流动摊贩卖烘番薯、羊肉串、新疆葡萄干、臭豆腐、茶叶蛋、蒸苞米、米馒头、薯条，水果店、摊、车在城镇到处可见，冷饮批发也生意兴隆。过去只有夏令才见的水果，现在一年四季都可买到。

抽烟似已成为“成熟”标志和交际手段，因而有些青少年就学着吸烟，而人际交往中递烟成为“礼仪”行为。某些烟瘾客非到疾病犯到威胁生命时很少戒除。吸烟多为中青年男性，21 世纪以来年轻女性吸烟者也在增加。同时，公共场所禁烟渐成社会公德，而吸烟对呼吸器官与肺部的伤害，也被卫生部门疾病与死亡统计数据所证实，引起烟民的警惕。

【附】家庭自制食品

镇海居民以往习惯家庭自制食品，虽然新世纪以来那些食品多能从市场上买到，但仍有一些人家喜欢自己动手制作。

晾菜蕻干

选择起风天气，将新鲜菜蕻用清水撩洗干净，再在滚水里煮一下，不要煮得熟透，随即撩起，以保持色泽青绿，沥水放在竹篮上，用筷子穿起，逐株晾在绳子上，每天适当翻动。待干瘪后剪成寸余长短，再在红猛阳光下晒干燥（注意适时翻动），然后收到阴处稍凉，可用无害食品袋装包，扎紧袋口，贮藏于饼干箱、锡瓶等盛器内。以后即食即取，冲汤、炒菜、煮年糕等都可。过去还常用来馈赠给大城市亲友。

腌咸齑

浙东一带咸菜腌制通常选用菜种叫雪里蕻，最好的菜种为上海金丝菜，特点是脆、嫩、叶子细。雪里蕻咸菜是宁波地方特产，色黄，味香。腌好雪里蕻咸菜先要适时选种好雪里蕻菜：雪里蕻种植分秋冬两季，秋季生长期75～90天，冬季115～130天（跟气温有关）。如果天数不够或超过，都会给咸菜品味带来影响。要选好品种，选择抗病性好的菜种，适时播种，可预防病害；生长期要注意病虫害防治。还要做好肥料管理，一季施肥三次，一般出苗10～15天施一次氮肥，肥料为尿素和磷肥。20～25天为移苗期，每亩肥料可用15斤尿素、10斤磷肥；收割前30～45天之际，每亩可用尿素30～40斤、磷肥20～30斤。理想的雪里蕻收割前呈现叶片微黄，菜梗青绿。

雪里蕻收割要选择好天气（一般上午8—9时），收割后将菜根朝上，晒4～5个小时，收回家后最好在家里晾2天，让雪里蕻自然发黄。

腌制时准备好缸和盐（大缸一定要洗净晾干），每百斤菜约撒6斤盐。把菜紧密地放入缸内（菜叶子别碰到缸壁，否则叶子会发黑），铺一层菜撒一次盐，用脚使劲踩踏结实。等踩出带水泡沫后，再放第二层菜，依此类推，直到放满，然后在菜上面铺上竹排或木板，压上重石头。气温超过20℃时半个月就可以食用，气温低时要一个半月才可以食用。可以根据季节、口味和腌制时间长短，决定放盐量。

这样腌制的雪里蕻色泽黄亮，鲜美可口，质地脆嫩。日常生活中，可用来做各种配菜，如咸菜黄鱼汤、咸菜笋丝等，最有名的是“咸齑大汤黄鱼”，也可单独食用。

旧时曾相传小脚女人是不能用脚踩雪里蕻的，否则这缸咸菜会变臭。民间还流传民谚“三天不吃咸齑汤，两只脚骨酸汪汪”。

本地咸菜中比较好吃的除雪里蕻咸齑外，还有白菜咸齑、榨菜咸齑。

（此条由庄市街道林静波提供）

腌臭冬瓜

臭冬瓜是镇海居民普遍喜欢的菜肴，多数家庭都会腌制。

首先要制作臭露：将冬瓜烧熟后的露汁冷却后，放入一小块嫩豆腐、一小碗熟毛豆，再放一些苋菜管（即将苋菜的茎切成4～5厘米长一段，烧熟）发酵，至变味变色即可（臭露发酵时间可根据各人口味来定）。

然后开始腌制。第一步：选肉质厚的冬瓜（宜选用白皮冬瓜）洗净、切块。将冬瓜表面白色粉末和小刺用板刷刷干净，分切成边长8～10厘米大小正方形块。第二步：将切好冬瓜块整齐地叠放在锅里烧熟，一般以八成熟为最好。第三步：从锅中取出熟冬瓜放在容器中，让其完全冷却凉透。第四步：腌制。将冷却冬瓜块瓤对瓤、皮对皮一块块叠好放入甏中。每一层都要均匀地撒上适量的盐。腌12小时后，放入臭露，让它发酵。最后封口与取用：臭冬瓜放入甏中后，坛口用盖或塑料薄膜、棉布密封，以防灰尘和蚊蝇。一般24小时后腌制的臭冬瓜就可以取用。取用时，筷子要专用，切不可将油腻或另外的咸气带入甏中。浮在冬瓜上面浮藻（俗称“白花”）不可以去掉，否则臭露会因失去发酵能力而腐败变质。吃的时候可依据各人口味放些味精、麻油等调料。

（此条为招宝山和蛟川街道范银娣、齐汉真提供）

烧咸菜大汤黄鱼

咸齑大汤黄鱼是家乡菜，能干的家庭主妇都会烧制。

一般挑选1~2斤重黄鱼、半斤新鲜咸菜，将黄鱼洗净，热锅后放入三两食油，入鱼用油煎，火不要太旺太急，否则容易烧焦鱼皮。待两面鱼皮煎至起皱略呈黄色后，倒入少许黄酒，放入姜片、咸菜及两斤半左右清水（至鱼体浸没）。水烧开后，放入适量盐，少许味精，再用文火慢煮汤水，以不使黄鱼肉脱骨为佳。

（此条骆驼街道林良、澥浦镇曹惠君等提供）

神仙烧鸡

"神仙烧鸡"在镇海至少有150年历史，一直延续到20世纪50—60年代。现在有的居民主妇仍会烧煮。"神仙烧鸡"肉嫩味美，从前是居民家庭中高档滋补食品。

制作过程：

选土鸡"梅林鸡"约一斤半重（旧法选2.4斤左右），必须是童子鸡。并准备2.4斤早稻草（俗称红稻草）。将鸡宰杀洗净后，切成四块，置放甑里（也有将整鸡放入，可视容器大小而定），加入黄酒、酱油、姜等佐料，再将用水发过的金针菜、木耳、香菇等放在鸡身内和周围，香菇不要放在底下，以免黏锅。黄酒、酱油、糖、葱等要拌和放入，不要放味精，也不需再加水。然后把甑放在尺四镬（镬不用太新）里，甑底下垫上三块瓦片成三角形，盖上镬盖（如果是木镬盖要用水浸过，避免烧焦）。甑外不要放水。用红稻草十几根一束地慢慢烧，火头对准镬肚脐，不能断火。2.4斤红稻草总要烧半小时以上。如果鸡较大，则烧一段时间后可以将甑里的鸡翻一遍。草烧完则鸡肉已熟透。2.4斤稻草能把一只鸡烧成烂熟，而且味道特鲜美，简直是神仙所烧、神仙所享，所以美称为"神仙烧鸡"。

（此条由九龙湖镇方凤英、骆驼街道陈孝玫提供）

做年糕

新谷上市，选好米种，民国时一般以"水底清""洋湖糯"等品种大米，或用早米掺和，淘好浸泡在缸里，并注意适当换水。选择日子，邀拢亲友邻居来家做年糕。用专用蒸笼蒸米，火候到了就取出覆在石捣臼中。每蒸出来，一个人用石杵舂，一个人翻，两人配合默契，边舂边翻。待蒸米舂成黏性强的团块，取出在板上用力揉按，以加强黏性。然后，搓成一长条，再分摘一小团一小团给印年糕的人。印年糕的便将年糕团按在擦过黄油各式木制花色模子内，揿结实，取下模板，一条年糕就制成了。在上面打上红色吉印，以备过年祭祀之用。晾在板上或竹箆上，干透后可以切成年糕干久藏，也可以浸在水缸里备取食。做年糕时还要做些"元宝"，备供神以求吉祥。还做些小白兔、小猪、小鱼，用小黑豆、小红豆当眼珠，供孩子边玩边吃。中途还做年糕饺子，用咸菜、油条或黄糖等作馅子，给大家当点心。有时出蒸快，来不及印年糕，就用擂棍一擂，做成饼状，叫"大饼股"。有些人家还做些小桃子形年糕团专供老鼠食用，说这样老鼠见情，就不会乱啮其他东西。

晒冬粉

将糯米浸泡一定时候，水磨后液汁流入布袋，满后扎紧袋口，沥水一昼夜左右，待水稍干，再将布袋放在冷灰堆中吸水。半干不湿时取出掰成一小块一小块，放在竹箆上，在猛太阳下晒燥，然后收藏于干燥容器中备用。要注意晒时不能受潮，否则粉色变黄，质量不高。要用时再和水揉捏粘韧，做团子、饼子都行。宁波猪油汤团就是用冬粉裹的。

做灰汁团

早稻收割完后，新谷登场，为庆丰收，或祈求来年风调雨顺，会做“灰汁团”供奉菩萨。在做七月半羹饭时也会做灰汁团，祭祀祖先。祭祀完后由家人分享，还有分给左邻右舍的。灰汁团颜色暗红，团质糯韧，甜而不腻，是居民喜欢的甜点。

做灰汁团先要轧米粉。把当年透骨新鲜早稻米淘干净，摊在米筛上晾干，再轧成米粉，轧得越细越好。再做灰汁水：挑选一些当年早稻草梗烧成灰，用纱布包好，放入脸盆里，一边用温水浇，一边用手捏挤，使其溶于水中。等杂渣沉淀后，沥出干净的灰汁水。然后搓团：将灰汁水放入锅内与米粉、红糖一起搅拌，搅拌到均匀为止。待彻底冷却后，再搓成一只只乒乓球大小团子。最后将搓好团子放在铺好纱布的蒸笼内，每个团之间留一定间隙，用文火烧蒸，不到半小时，就可食用。

（此条综合招宝山街道郑凤仙、九龙湖镇刘珍斐提供资料）

做金团

金团，又叫松团，因外面擂上松花变成黄色，所以称之金团，也称松花团。

过去种田时有种田金团，割稻时有割稻金团，做寿时有龙凤金团，拜寿者一般送108只金团，用竹篮担挑来。做生意有五代金团，结婚时有龙凤金团，订婚也用金团，图样为双喜。新生儿满月时有子孙金团。大凡逢喜庆吉日大都要用金团。祭祀用的称“净团”，即所供奉的金团事先未作过任何用途的。

制作过程：

1. 取糯米四斤掺和粳米六斤（也有糯米粳米三、七配比），按气温下缸浸水4～10小时不等。

2. 撩起后放在大的竹箩中，用清水冲洗掉酸汪气。然后将米盛入大盆，加水细磨。如用大磨，需要两人，一人推磨，一人牵磨并添米到磨孔中，同时在磨嘴上挂布袋盛米浆。

3. 扎紧盛满米浆的布袋口，把袋子放在一个能漏水的榨箱里，上面放石头压，把水分压出，使其变为湿米粉。没有榨箱的也可以将米浆袋悬空吊起来，待水滴得差不多时，再用冷灰吸干水分。

4. 将压干的湿米粉倒入大簸箕或大盆内，取一点米粉搓揉后，捏成几块米块，放入蒸笼内蒸熟。

5. 馅子制作：选用豇豆或黄豆，在水中浸软，磨成粉末，再加糖炒拌，炒至透而不焦即可。也可加适量橘饼、瓜子肉、橙丁、红绿丝、桂花等，使金团更加香甜。

6. 把蒸熟的米块摊凉，用力搓揉，使米粉变得有韧性且有透明感，然后将其分成几块，按团印大小揉成团，包上馅，将捏成后的团子

金团印模

滚上松花，即可放入团印内挤压成型。

（此条综合招宝山街道张海良、庄市街道周尊康、九龙湖镇刘珍斐提供资料）

做番薯糕

番薯糕，在旧社会是农村穷人家主粮的一种。现在番薯糕作为绿色食品出现在酒席上。它清香可口，冷番薯糕也很好吃，对便秘者还有食疗作用。

制作过程：

1. 鲜番薯刨丝晒干后磨成粉，粉要磨得细而匀。

2. 将番薯粉放在甑里加上适量冷水，用力揉拌至粉不会散开。然后把粉搓成一根根圆柱形，约 10 厘米长，在桌上预先撒上一些干薯粉，把搓好的薯团放在桌上。

3. 拿一根棉纱线一头用牙齿咬住，一头用手捏住，拿起搓成的薯团，把棉线绕过 360 度，将薯团分 0.5 厘米一块，直至割完为止。

4. 把生薯团放在羹架或蒸架里，在锅里蒸熟，即可食用。

做酒酿蜂糕

蜂糕谐音“丰糕”，含祈祝丰年之意。

制作过程：

1. 发酵：将糯米与粳米按照 1∶2 的比例混合，蒸熟成饭，与白药（少许）搅拌制成酒酿；再将酒酿与熟粳米饭磨成糊状，与面粉、砂糖一起搅拌成烂面团，放入面盆中发酵，以温度 28℃～30℃为最好。等到面浆上层有龙眼大气泡、下层有豆粒大气泡时就可以准备上锅蒸制。

蜂糕

2. 蒸糕：事先准备好蒸笼，底下摊好白纱布，将蒸笼置于锅上，接下来将发酵好的粉浆用勺子舀到白纱布上，用刮刀刮平，盖上蒸笼盖子，用旺火加热蒸熟。

3. 刷油、切块：蒸糕时一般会用筷子在面上捅几个出气孔，即将蒸熟时，用刷子在糕的表面涂上熟生油或麻油，撒上红绿丝作点缀，（也可放上小枣、桂花等果料）。完全熟后，酒酿蜂糕呈乳白色，掰开后，可见中间有蜂窝，即可切块销售或装盘食用。

（此条由招宝山街道翁安富提供）

水晶油包制作

水晶油包馅内板油粒晶莹剔透，满口流馅，香甜可口，受到城乡居民喜爱。以前普通百姓都将它作为一种上等食品，一般家逢大事，如建房上梁等才用，也有将其作为贺礼送给亲朋好友。

制作过程：

1. 选面粉：油包的皮子需选上白面粉，发酵成面团，加适量食用石碱揉匀后摘成剂子。

2. 做馅子：选肥厚的猪板油，去皮筋，掺和精制白糖，制成颗粒状待用，同时以多种果仁、瓜子仁和糖瓜条等与白糖加工成盖糖。

3. 做包子：将板油粒与盖糖裹入剂子，揉压成扁圆状，蒸熟即可。

4. 在出笼油包顶上敲上红印。

水晶油包

（此条由招宝山街道毛翠玉、齐美云等提供）

自制印糕

印糕色金黄，味香，又甜又松。它既可送人，又可当作点心吃。

制作过程：

1. 做糖水：黄糖加水（1斤黄糖1斤水），再加少许饴糖，用文火将糖在锅内煎成糖汤；糖汤要黏度适中，用镬铲提起见到藕丝状即可。熬好糖水要冷一昼夜。

2. 将米在锅镬里炒黄发香，用石磨磨成细粉备用。

3. 把磨好的炒米粉和熬好的糖水拌均匀，粉以能捏成块不散开为好。

4. 在印糕板图案内撒上少量松花，把粉团塞在糕板内用手压结实，垫上箬壳用长擂棍擂压；拿掉箬壳用削刀把糕板上多余面粉刮掉，撒上松花粉再用圆擂棍擂实。然后糕板朝下，轻轻地敲击，把印好的糕敲出。

5. 在铁筛簝上垫一张纸，把印好糕排列在筛上。每一筛装满后放到火缸上去烘。火缸热度要适中，不能太旺或有烟，用文火烘焙8到10小时。最后把烘好的糕装入锡瓶或铁皮箱里，以防受潮，保持原味。

（此条由庄市街道周尊康、九龙湖镇胡和琴提供）

磨倭豆粉、磨黄豆粉、磨炒米粉

将倭豆（即蚕豆）、黄豆（即大豆）、米等炒熟，在石磨中细磨。磨时可加香料、咸气或糖或芝麻等。前两种可作下饭（佐料），过稀饭。炒米粉则为休闲食品。

做炒米糖、春糗、做青饼

自制腌品、酱品、盐渍或酒渍品还有苋菜管（方言读“股”）、腌茄糊、霉豆腐、糟带鱼、糟鲳鱼、糟鳗、豆瓣酱、酱萝卜、酱大头菜、醉鸡肉、醉鹅肉、醉蟹、醉虾、醉蛏子等。俗话说“苋菜管，腌茄糊，肚皮吃得胀鼓鼓”，形容它们的滋味好，开胃。又说“骨头酥得像糟鲳鱼”，形象地表达骨头酥麻得要化去的感觉。

自制干品有晒虾干、晒带鱼丝鲞、晒龙头鲞、晒黄鲒鲞、晒各类鱼鲞、晒笋脯、刨萝卜丝、刨番薯丝等。

自酿的酒有米酒，黄酒，还有搭浆板。

自孵的豆芽有倭豆芽、黄豆芽、绿豆芽。

自家炒制品有炒倭豆（有盐炒和沙炒）、炒花生、炒瓜子、炒番薯角、炒番薯片、炒黄豆等。

自制解暑食品有绿豆汤、木莲冻（食化）、地栗糕。

上述家制食品不仅因它们符合近江海本地人口味而为人们喜爱，更有趣味的是它们制作过程。自从经济发展，食品制作也趋社会化，又以居住条件改变，超市发展，一切多能从超市购到，主妇们家务劳力得到解放，而自制家常食品乐趣也难再“享受”。

【附】菜市场上常见的河鲜海味

鱼类：

黄　鱼　即石首鱼，有大黄鱼、小黄鱼等。

梅　鱼　又称大头梅鱼、梅童鱼。梅山洋多产此，故名梅鱼；又说是梅子熟时来，因名。

鲳　鱼　亦称鲳鳊鱼、叉片鱼，有白鲳、刀鲳、婆鲻等。

箬　鳎　属比目鱼一类，以其形似箬故名。

鳓　鱼　有鲜白鳓鱼、鲍盐鳓鱼。

鲚　鱼　有凤尾鱼、刀鱼等种。亦称鮆（jì）鱼。

米　鱼　即鮸（miǎn）鱼。

鲻　鱼　宁波老话“千鱼万鱼不及鲻鱼”形容其味美。

带　鱼　无鳞，身如练带，故名。

马鲛鱼　学名鲅鱼。

鲨　鱼　皮上有沙，故名。

鳗　　　有海鳗（箭鳗、鲥鳗、狗鳗、沙鳗等）、河鳗。

鲇　鱼　即鲶，头大口方，银灰色，背青黑，无鳞多涎。

黄颡鱼　俗称昂刺鱼。

河　豚　肝及卵有毒。身短稍胖，色微黄。

虾　鳎　骨柔无鳞，盐腌后叫龙头鲞（鳑）。

乌　鲗　俗写乌贼。即墨鱼。盐腌渍俗称螟脯鲞（亦写成明府鲞）。

网　潮　也写望潮。小章鱼，亦称八爪鱼。有长脚、短脚之分。

鲲　鲼　俗称小乌鲗，长者不满一寸。

鱿　鱼　体内有二片鳃作为呼吸器官，身体分为头部、很短的颈部和躯干部。头部两侧有一对发达的眼和围绕口周围的腕足。

弹　涂　亦叫阑胡，即跳鱼。

土　鲋　亦作土步、吐哺。

铜盆鱼　即真鲷，头大口小，鱼肉微红，背鳍和臀鳍有硬棘。

瓦片鱼

海蚯蚓　俗称海触蜒。

马头鱼　品种依身体色泽分三种：有金甘鲷、红甘鲷，白甘鲷。

马面鱼　俗称橡皮鱼、剥皮鱼。

海鲫鱼　亦称九九鱼、海鲗。

石斑鱼　有红斑、青斑、泥斑、花石斑、花斑、过斑等种类。

黄　鲇　多细刺。

黄　鲬

泥　鱼　大泥鱼俗称烂稻草。

鸭蛋鲳

跳　干

排　鱼

白　姑　俗名白果子、白姑子。

黄　姑　俗称黄婆鸡、黄姑子，形似黄鱼。

察　鱼　（谐音）

采花鱼

子　鱼

茶子鱼　（谐音）

安康鱼　俗称海蛤巴，其鳍棘硬，外形丑陋。

多宝鱼　有真多宝、假多宝之分。

池　鱼　俗名花交池。

鲭　鱼　别名青砖鱼。

老虎鱼

虎头鱼

养殖鲟鱼

海娘鱼

鲈　鱼

鳜　鱼　亦称桂鱼。

鳙　鱼　俗称花鲢、胖头鱼。

鳊　鱼　体高，甚侧扁，呈长菱形，头后背部隆起。头小，近似三角形。

青　鱼　俗称乌青、螺蛳青。

鲫　鱼　俗称河鲫鱼。

鳢　鱼　头有七星如北斗，一名乌鳢。

鲤　鱼　小的叫鲤花。

鲢　鱼　亦叫白鲢。

草　鱼　即鲩，因其食草，故名。

溪坑鱼

黄　鳝　黄质黑纹，形似蛇。

泥鳅（鳝）　似鳝鱼而短，无鳞，用涎自卫，很难抓握。所以形容人滑溜说他“滑得像泥鳅”。俗语说“天上算斑鸠，地下算泥鳅”，形容泥鳅味道鲜美。

甲　鱼　即鳖，不可与苋菜同食。

乌　龟

牛　蛙

贝类：

扇贝、赤贝

蛤　蛎　一名海蛤，俗称蛤皮。有文蛤、圆蛤、花蛤、水蛤、毛蛤、白瓜子、黄蛤（俗称海瓜子，一潮生一晕。梅雨时最肥，称为梅蛤）等。

黄　蚬　河蚌。

蚶　子　有银蚶、毛蚶、血蚶等。可采苗种于海涂，叫蚶田。

蛏　子　有竹青等。病后不可食蛏。

蛎　黄　亦写成蛎房，即牡蛎肉。食之有美容作用。

龟　脚　因状似龟脚故名。一名仙人掌，一名佛手蚶。

鲎　　　形如覆斗，有十二足长五六寸，尾长二三尺，壳坚硬。尾尖有刺，能触人。口足都在腹斗下。血蓝色。

螺类：

香螺、辣螺、钉螺、芝麻螺、海蛳螺、蛳螺、田螺、花生螺、海螺、玉螺等。

泥　螺　亦称吐铁，因其吐舌含沙，沙黑如铁，故名。澥浦和梅山泥螺甚有名。

淡　菜　即贻贝，去壳不放盐而干制，故称淡菜。形似珠母，有滋补作用。美名叫“东海夫人”。唐朝时曾是贡品之一。

虾类：

对虾、龙虾、小龙虾、水白虾、活皮虾、沙壳虾、基围虾、竹节虾、江白虾、红壳虾、糯米饭虾、青虾、湖虾、黄虾、河虾

虾　蛄　俗称“撒尿扑”，状如蜈蚣而大。

螃蟹：

石蟹　金钱蟹　沙蟹　元宝蟹　梭子蟹　招潮蟹　红钳蟹　青蟹　管门蟹　白蟹

油扁蟹　彭越蟹（“彭越”读“鲍元”，一种小蟹，螯呈黄色。）

河　蟹　亦称螃蟹、大闸蟹，生湖泊淡水中，能横行，故叫螃蟹，俗称毛蟹。

藻类：

海带　苔菜　海草　紫菜

海参：

亦称沙噀。如牛马肠脏，头长约五六寸左右，无首无尾无目无皮，但能蠕动，碰触它则缩小，慢慢恢复臃肿状态。用沙盆搓揉，除去涎腥，加料烧煮脆美，为名贵海味，有滋补作用。

干货类：

海　鰸　亦写作海蜒，鳀（tí）的幼鱼干制品。

海　蜇　又叫水母。形如覆笠，大的如盆，小的如斗。其头称海蜇头，身称海蜇皮。

鲳　蟹　即腌梭子蟹，亦称蝤蛑。

干　贝　即江瑶柱，用江瑶贝闭壳肌晒干制成，富有蛋白质，并含糖元、琥珀酸等，为名贵海味。

虾米（开洋）　虾干　虾皮　乌贼鲞　鱿鱼鲞　带鱼丝鳑　黄鱼鲞　鳗鲞　淡菜干　箬鳎鲞　龙头鳑　腌泥螺　蟹酱　腌墨鱼蛋　腌鱿鱼蛋　醉香螺　糟鱼　虾姑干　泥鱼干　鲳鱼鲞　白果干　排鱼干　剥皮鱼干　河豚鱼鲞（亦称乌狼鱼鲞）　鱼膏干　鱼子干

【附图】

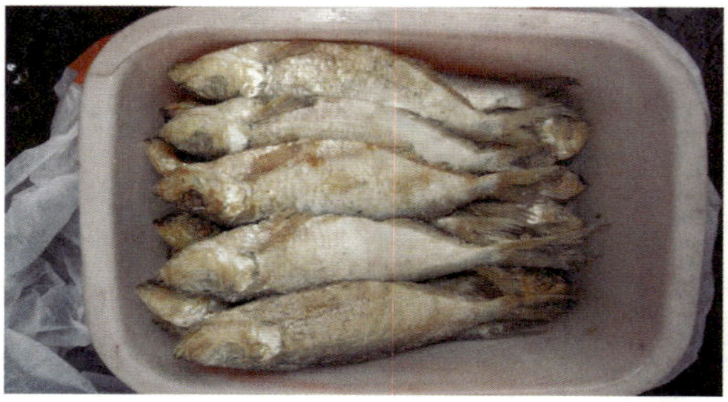

鳓鱼

小黄鱼

鲨鱼

带鱼

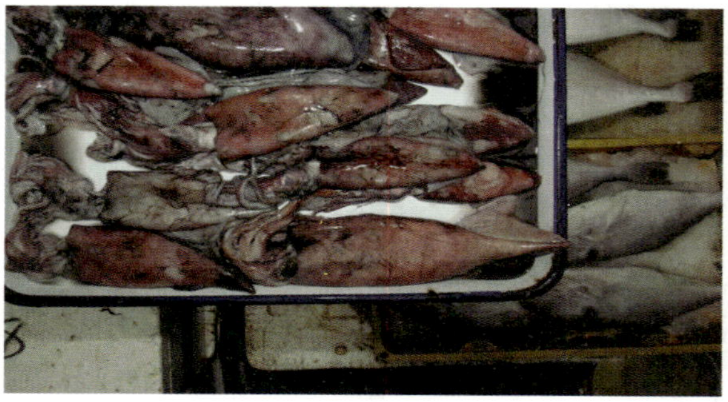

鱿鱼

鲳蟹

黄蛤

蛏子

玉螺

银蚶

蛤皮

钓带鱼

鳗鲞

鲳鱼

鮸鱼

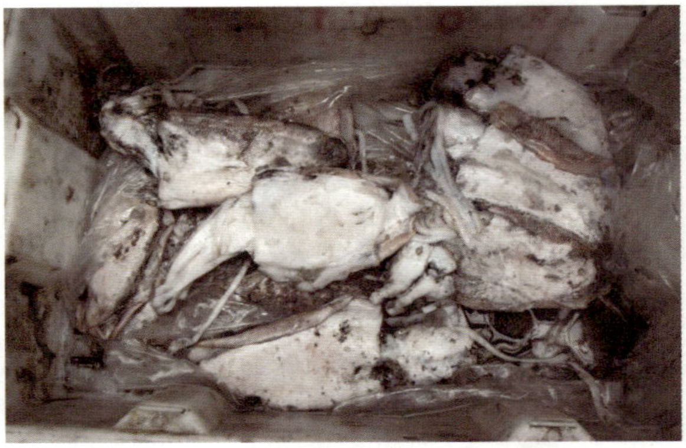
乌鲗

梅鱼

虾鳎

多宝鱼

活皮虾

小鱿鱼

梭子蟹

马鲛鱼

对虾

小白虾

虾蛄

彭越蟹

虾皮

海蜒

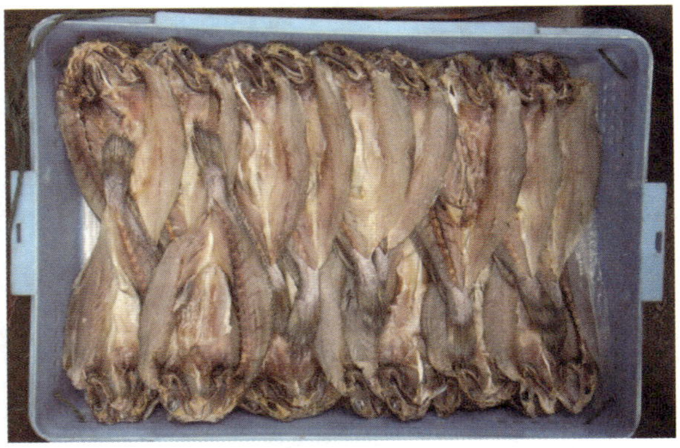
黄鱼鲞

（上述内容详见第三编“野生动植物资源”）

第三章 人情 礼俗

1994年版《镇海县志》“风俗”编中已记述当地主要人际交往礼仪和节日风俗，现将其变化及未详尽部分作补充叙述。

第一节 宗亲家族

解放后曾被批判的宗族、家族观念，随着开放政策落实，又渐渐在人们中特别一些老人头脑中“复兴”。寻根活动在某些中老年人群中展开。修家谱已作为促进家族凝聚、建立和谐社会一项辅助活动，不再会被批判封建复辟。镇海自20世纪80年代起已有些大姓如朱氏、童氏、邵氏、樊氏重修家谱，车氏、金氏、楼氏、叶氏、陈氏、郑氏等继之，而且有所创新。通过续修家谱，广泛联系迁居外地族人，使家族重新得到凝聚。

称谓

称谓上没有像过去那样严格区分。譬如称呼岳父、岳母、公公、婆婆，依从对方称呼，统喊“爸爸、妈妈”；堂亲不分嫡堂、从堂，表亲不分姑表、姨表，都以哥、姐、弟、妹相称。“爷爷、奶奶、叔叔、阿姨”为对年长者尊称，“先生、女士”则是对一般男女统称；“小姐”本是尊称，现在由于出现三陪女、性工作者等群体，称小姐显得不恭。于是对年轻女性，不论美丑，都称“美女”，有时统称为男生、女生或男士、女士。人前背后称自己或对方丈夫、妻子为“先生、太太”。机关、企事业单位称年长或资深同事过去叫“师傅”，现在叫“老师”。在金钱、权力占“风气之先”的状态下，机关部门学校员工对领导也有称“老板”的。各类称谓有尊称、谦称、鄙称、贱称，有雅称、俗称，各行各业，五花八门，都反映转型时期人际关系特色。家庭中称呼与过去也略有不同：

镇海区2008年新旧称谓对照表表

表42－1

对象	过去称呼	现在称呼
父亲	阿爸、阿爹、爹爹、大、大大、阿大	爸爸、爸、老爸、老爹
母亲	阿姆、姆妈、嬷、阿无、娘	妈妈、妈、老妈
祖父	阿爷、爷爷	爷爷
祖母	阿孃、娘娘	奶奶
夫	某哥、喂（或直呼其名）、某某爹、老头子	老公、老头、老某
妻	某妹、哎（或呼名）、某某娘、老太婆	老婆、老太婆、老某

已经废弃不用或更改的称呼

祖父，古亦称王父、大父；祖母，古亦称大母。今不称。

祖父兄弟夫妻旧称堂祖父、从祖父、伯祖、叔祖、伯公、叔公、公公、堂祖母、从祖母、伯婆、叔婆、伯祖母、叔祖母。今均不如是称，而依大小序数称呼几爷爷、几奶奶。

曾祖旧称王大公、曾太公、太公，今称太公或太太、阿太。

曾祖母古亦称曾祖王母，俗称太婆，古今相同，今亦称太太或阿太。

伯父、叔父与伯母、叔母为在书面文字上称呼，俗均称伯、叔、嬷、婶，或前冠以大小序数。

岳父母旧称丈人、丈母，今不称。

第二节　节　日

节日有传统节日、法定节日、新节日。年长的较重传统节日，中青年对“洋节日”，如圣诞节、情人节、愚人节、父亲节、母亲节等感兴趣。对“善男信女”来说，观世音的三个诞辰、农历七月十五鬼节也均有所表示。2006 年时见诸月历中各种节日有：春节、元宵节、清明节、立夏、端午节、乞巧节（七夕）、中秋节、重阳节、冬至、元旦、妇女节、植树节、青年节、劳动节、护士节、儿童节、教师节、记者节、国庆节、老人节、“七一”建党节、“八一”建军节、情人节、父亲节、母亲节、愚人节、圣诞节。

建区以来大型节日活动要数每年过元宵节。全区在城关组织大型灯会，锣鼓喧天，各社区组织文艺队伍参加游行，有龙鼓、船灯、铜管乐队、舞龙、武术、舞蹈，一路上载歌载舞。晚上火树银花列道旁，五彩烟火升天空，舞台、广场歌舞纷呈，猜灯谜处人头晃动。近年过元宵节发展到各街道都举办活动。届时扶老携幼，呼朋喊友，万人空巷，热闹非常。自 1979 年 11 月 3 日至 25 日开展第一届金秋菊展来，每届 11 月菊展期间，城镇亦热闹非常。

清明节仍是受居民普遍重视传统节日，2008 年开始已增补为法定假日，在外游子多不忘一年一度回乡祭扫祖墓。届时去公墓道上车辆拥挤，交管部门组织扫墓专车，加班加点，保证道路畅通，秩序井然。有的家庭在家“上供”纪念逝去亲人。

春节、中秋两节多数家庭讲究家人团圆。重阳节部分家庭合家出外旅游。

立夏、立秋、端午、冬至等节除吃糯米饭、西瓜、粽子、汤团、汤糊等一些吃的文化，一般家庭还记得立夏称体重，吃茶叶蛋、倭豆米饭、脚骨笋，端午防虫烧艾、挂艾草，吃雄黄酒，佩香袋，立秋防病吃萝卜籽，冬至备冬等习俗。

七夕被一部分人看作是中国情人节，在民间有推广的趋势。

一般法定节日则由有关部门和人员组织活动纪念或庆祝。

民间祭祀鬼神的习俗仍在流传，如中元（农历七月十五）鬼节做豆腐羹饭祭鬼，农历七月三十晚插香满地祭地藏王菩萨生日，观音菩萨三个生日（圣诞、出家、成道）上招宝山进香、坐夜，十二月二十三夜祭灶神……

【附】100 年前的岁时习俗

元旦 大年初一，旧时称元旦。元旦前数日，洒扫室堂门庭。五更起来，陈列香烛，全家男女都穿礼服祭拜天地各路神灵。陈列果饵酒馔祀祭祖先，将列祖列宗遗像挂于厅堂，按长幼尊卑序拜尊长。男子还出拜宗族长辈、亲戚，称“贺岁”。各家备酒席互相宴请。

立春 立春前一日，县官以五彩仪仗迎春，立春那天祭芒神（谷神），用土牛（用泥土制的牛，亦有用芦苇和纸做的）象征试耕，举行“耤（jiè）田”（古代天子、诸侯借用民力耕种的田，类似后来的“领导试验田”）仪式，以示迎春和劝农，城乡分发春牛图于士大夫家。各家作春盘、春饼，饮春酒。

正月初八夜 是夜，女子们供香请仙姑或“屙缸姑娘”（称“厕神”），用米盘请求预示吉凶。

元宵节 正月十五是“上元”，是夜称为元宵。元宵节从正月十三夜上灯至十八日落灯止。十三夜起城内各处悬灯挂彩，火树烟花，演戏娱乐，供人游赏。

正月十四夜 各家以糯米粉搓圆子，成豆状大，称“灯圆”。做成羹后先祭祖先，后合家共食，取团团圆圆意。

做丫头羹 正月十四夜，各家综合瓜、豆、枣、栗等多种食料做成甜羹，称为“丫头羹”。邻里间并相互馈赠“丫头羹”。此俗始于何时已不可考证。相传为家婢有意把日常多余之食杂积蓄，到那天合煮成甜美的羹，奉主人品食，其味极好，于是各家仿效。

正月十五夜 正月十五夜，农家以火把照田间，谓可除越冬害虫，称“烧蝗虫”。是夜，妇女相率过桥七条，叫走七家桥，有的地方在正月十四夜过七家桥。

清明节 清明前10天始，各家陆续祭扫祖墓，给祖坟除草加土，在坟头上插竹挂纸钱。门户上插柳枝或把柳枝插戴于首。做青糍、黑米饭，备鱼肉甜酒供墓头，以祭土地菩萨和祖先，并备辛盘（用葱、韭等五种味道辛辣菜蔬放在食盘中供食，取迎新之意）、寒食（冷食，据传为纪念介子推焚死而不举火寒食），称为“攒盒”（即后来的“拼盘”）。

赛社 三月十五后东郊赛社，俗称“行庙会”，鼓乐喧闹，彩仗鲜艳，游人如堵。城厢内外各处悬灯猜灯谜，同时演戏迎神。

立夏节 用赤小豆和糯米煮饭，称立夏饭。以乌笋（脚骨笋）、软菜煮羹吃，称接脚骨。那天称体重以权衡一年中的健壮或瘦弱。

初夏渔期 初夏黄鱼始发为捕鱼佳期。本地渔船出洋乘潮捕鱼，黄鱼在水底能叫。捕鱼以三汛为期，俗称头水、二水、三水。每汛将毕，渔船首尾相接进港。捕乌贼船亦有“三水”之说。是时，招宝山下沿塘一带樯帆如织，四方商贾争先贸易，至六月上旬三汛毕。除渔民终年捕鱼外，临时出海捕捞的农民回来后仍操作农事。

浮屠浴佛 相传四月初八为佛祖释迦牟尼生日。那日僧人用水洗涤佛像。招宝山上宝陀寺供奉观音，二月十九、六月十九、九月十九三期香火最为旺盛。善男信女多登招宝山礼佛。

端午节 夏历五月初五为端午节。各家取菖蒲及艾条插门户上，编扎五彩香袋佩在身上，女子则用丝绸布扎虎形和艾人插在头上，有的削菖蒲根成葫芦形染上雄黄系于手臂，或画虎贴于床边，更多的以雄黄菖蒲掺和白酒作雄黄酒小饮，以辟邪禳毒。又作粽子和骆驼蹄形糕祭供祖先，邻里亲戚互相馈赠。

晒盐　六月盛夏晒盐旺季。沿海盐民刮泥晒盐，称六月泥土为伏泥。三伏天日烈土燥，晒盐较常时多而且好。

七夕乞巧　夏历七月初七，相传牛郎织女相会。妇女以槿叶水洗发梳扮。在庭院里陈瓜果，上香拜祭织女以乞巧。

中元鬼节　夏历七月十五为“中元”，称“鬼节”。各家备酒肉羹饭祭先祖。和尚、道士诵经，设瑜伽焰口，超度亡灵和“地狱中的沉沦鬼魂”，称“盂兰盆会”。

七月三十　俗谓地藏王菩萨生日，夜里燃香遍插地上，在河中放水灯。这天不随地大小便和倒水，以表示敬重地藏王。

中秋节　中秋节各家置酒赏月，邻里亲戚以月饼相馈。全国以夏历八月十五为中秋节，独浙东宁波一带以八月十六为中秋节。一说，相传南宋史越王史浩（宁波人）之母系八月十六诞生，故宁波一方改八月十六为中秋节，此俗一直流传至今。

重阳节　夏历九月初九，也称重九。重阳日县人登高宴赏，饮茱萸酒。各家制重阳糕、粽子相馈赠。

冬至　各家备香烛祀神灵，大族人家在宗祠中请戏班子演戏，备酒肉祀神灵祭祖先。沿海渔家于冬至后置窖藏冰，以备来年渔期冷藏之需。

掸尘祭灶　夏历十二月十五起到二十四止，各家掸尘。二十三夜用纸马、糯米团祭祀灶神，送灶神上天。在此时期碾米粉，做年糕。

谢年（送年）　十二月二十起到二十八止，各家合祭众神，称为“谢年”。

除夕　夏历年末夜为除夕。除夕前数日各家以鱼肉果饵精美食品互相馈送，称“馈岁”。各家祀神灵及先祖，称“送岁”。除夕夜，合家团聚宴食，称“分岁”。点烛焚香、燃炭烧火，长幼坐等天明，称“守岁”。长辈赐钱给儿孙称“押岁”。除夕前预备食物为新年初休市数日之用。蒸米做稃（一种油炸面食，称“寒具”），至新年再热一热当饭吃。换桃符，贴春联，易门神，称“从新”。放爆竹，烧苍术、祛瘟丹，称“辟邪”。

（录自光绪《镇海县志》）

第三节　人情往来

人情往来，“文化大革命”时曾被否定，现已恢复“礼尚往来”。

向长辈贺节多送补品，一般亲友之间贺节多用电话、手机短信祝颂。对亲密友朋结婚以及恩师、女友或子女孙辈生日或节日，往往到电视台点歌、鲜花店订送鲜花祝贺。元旦、春节贺卡、贺信逐渐被电话和手机短信以及电子邮件所代。

结婚贺仪又兴送钱，数量则根据亲疏，一般都为三位数，而且多带 8 或 6 数，谐音“六六顺溜”和“发发发”，以示顺利和旺发。一些经济条件较好或有一定社会地位的家庭而双方新人都也有好收入的，办婚事很隆重，参加贺婚的礼金21世纪来已上四位数。一般丧仪多送花圈或鲜花，基本不用挽幛，近年又兴送重被、锡箔的。

长辈逢五逢十大生日，子女会在饭店订包厢聚餐，也有父母给子女过生日的。有些老学生会特意召开同学会，热热闹闹地在大饭店给老师祝逢十大寿。生日蛋糕只是应个景，图个气氛，因为奶油过腻，大家怕吃。当父母六十六岁生日时，有些女儿仍按传统给父母烧上六十六块肉吃（俗谚有云：六十六，阎罗大王请吃肉）。俗话还有“请吃酒，掗（读‘丫白’）拜生”说法。小辈拜寿也有送金团、馒头、蛋糕的。城镇中家人过大生日，还要普送蛋糕或馒头，让邻居、亲朋共享喜庆，称为“送福求寿”，认为越分多越吉利。

一些年轻人到情人节特别活跃，用手机、电子邮件，向对方倾送一条条“甜言蜜语”或优美情诗情歌、雅致图片，或奉献鲜花——玫瑰花之类表示爱意。

中秋送月饼仍在流行，不过小康之家因为已怕吃甜腻点心，有时一盒月饼往往到手转赠，甚至转来转去仍旧转到“原发点”。

亲友同事生病，多数人会关心慰问。探病时多送营养品和水果，近年也兴送鲜花或“丝网花”。祝贺新单位挂牌开业或新房建成，多送花篮。

孩子上学成“家族大事”，至亲好友馈送礼品或现金，比送大人贺节礼还重还多。

21世纪来，小孩满月、周岁、上学办酒送礼，渐成风气，亦显本地区居民生活富裕后喜庆消费的增加。

第四节　婚嫁　生育

在婚嫁习俗上，影影绰绰留有上古抢婚影子：新娘上轿时由兄弟行（即郎舅）抱或搀领上轿（有的由娘舅或叔父代）；下喜车后由新郎抱着或背着至新房床上。迎亲时女家关着门表示“抵拒”，要用喜包“贿赂”把门的女方亲戚。迎亲吉时往往选傍晚黄昏时刻（“婚”字、“娶”字都表示黄昏时抢亲的意味），迎亲多组成“庞大”队伍。新娘上花轿时要哭哭啼啼，表示“被迫出嫁”不舍父母。

这些“抢亲”影子不管“抱”“背”“哭”“啼”“拒”“纳”，都是喜气洋洋，“两相情愿”，毫无勉强之意。

解放初也有“组织分配”的婚姻，根据级别、年龄、资历，由“组织”出面“操办”“包办”，“先结婚，后恋爱”。

古今中外杂糅的婚俗

封建包办婚姻，商品交易买卖婚姻，现代自由恋爱，未婚同居……都打上时代烙印，反映人们婚恋和性观念变化。

20世纪30年代前镇海还保留甚多封建婚姻习俗，还盛行“父母之命，媒妁之言”“门当户对”“一女不嫁两夫”等。特别一些大族世家更为讲究“门当户对”，例如方、李、叶、金、郑、向、任、樊、薛、朱、周、王、盛、刘、贝、虞、乐、曹、庄、施、吴、谢、洪、胡、邵、张、沈、包、俞、范、董、余、傅等大姓，好多亲连亲，姻结姻，丝丝缕缕，有着隔不断姻亲关系。这些家族联姻，维系着旧社会几代人关系，对形成宁波帮起过促成作用。也有违反科学的中表联姻，“亲上加亲”近亲结婚，以致结出恶果，生出畸形或痴呆儿或短寿者，并影响好几代。

婚姻礼仪上，讲究“传统”繁文缛节。从约媒、相亲、合八字、订婚（下定）到择吉迎亲、大礼、合卺、回门、谢媒等，莫不有一套约定俗成定规。

抗日战争开始后，国难当头，一切从简。蒋介石又提倡“新生活运动”，婚礼开始简化。20世纪30年代，“文明结婚”已从大中城市通行到小城镇。结婚在孙中山像前举行，跪拜改成鞠躬。一度在镇海流行过由县、乡镇举办的集体结婚仪式，仪式结束后回家再办酒宴。酒席上嬉嬉闹闹调侃新娘、作弄新郎以及晚上闹洞房照旧进行。

解放初干部结婚极简单，领个结婚证，分几袋小糖，把被铺搬到一起就行。

“文化大革命”期间结婚实行“革命化”，很少大操大办。向毛泽东主席像鞠躬，向尊长鞠躬，主婚人讲几句话，婚礼便算结束。再简单一点根本不举行什么仪式，领出结婚证，便是合法夫妻。

“文化大革命”后一度时兴“旅行结婚”，领出结婚证，新婚夫妻一同到外地旅游一番，回来再办几桌酒席。这样省事、省钱、省麻烦，甚为工薪阶层所接受。

20世纪末，由于经济发展，镇海居民生活从温饱型过渡到小康型，有了钱，就想在婚喜大事上热热闹闹庆一番。

对象大多自己找，或虽由亲友同事介绍，却经自己接触后认可。其间交往一段时间中也许会有些反反复复、争争闹闹，不过多不影响“大局”。倒是考虑婚后具体问题较多，如住房、装潢、家具摆设等。城市职工多由自己解决，也可以由父母资助解决住房和装饰、居家设备的资金。新世纪以来购房还可以按揭贷款，分期付还。农村青年结婚住房多数由父母解决。领结婚证日期还要考虑婚姻法规定。等不及的便先办婚礼，到达法定结婚年龄再办手续。

至于定婚礼金，订婚戒指项链，是否要有订婚仪式等，则由双方家庭协商处理。

结婚仪程，根据双方家庭（或家族）文化层次、教养、品位以及经济能力，糅合古今中外城乡种种习俗，各取所需。

譬如选择结婚日期，大多数人家选择节假日，有的却要从“黄历”中选择“吉日”，以求婚后大吉大利。个别七大姨八大姑老娘舅三叔婆等尊亲，会出些好心好意的主意。什么属啥年不能结婚，哪个日子不吉利，哪个生肖不相配，什么日子结婚生下孩子有出息等。

过去结婚要坐花轿，新娘要戴凤冠披霞帔，打扮成后妃的样子，认为这是我们浙江女子的“特权”，是南宋皇帝特许的。那时有的夫妻吵架，女的“维权”时会说：“我是你大红花轿抬进来的！”意思是堂堂皇皇、明媒正娶的结发妻子，不容许你欺侮。新社会不再坐花轿，但接新娘从自行车、拖拉机、摩托车到现在小轿车，一级比一级高档。喜车请婚庆礼仪店或鲜花店装饰，外饰彩花纸链，车头贴上大红双喜字。新郎新娘同坐一辆，送亲亲友多至近十辆。一路上浩浩荡荡，有的还绕城或绕村一圈，炫耀并公告。宁波专门设有婚照苑，招徕新婚夫妇摄录婚照，一套婚纱照，小则几千元，多则上万元。镇海城镇中喜庆婚嫁花铺也日渐增多，这些店铺生意红火。至于婚嫁礼仪公司受主办方委托，从拍婚纱照到结婚仪式的主持、婚礼全过程摄像等一切全包。

城市化过程中，旧房拆迁，家中没办酒席地方，多借公共场所，聘请厨师承办。条件好的早就订下大饭店，而宾馆酒店也开辟办喜庆筵席业务。参加庆贺亲友早在门口等候，邀请来摄像人高举摄像机，从新郎迎亲，新娘长辈给新娘喂上轿（车）饭，新娘出门跨火盆，被抱入轿车，迎亲车队……一路摄来，将新人行动举止、亲友相迎热烈场面，以及当时鞭炮连响等音像全都摄入，制成光碟。也有将喜车先开到家里，下车后由新郎抱新娘登堂入室，休息片刻，见见部分亲友，再去饭店。

新人胸佩红花，一身亮丽，新郎多着西装，新娘披婚纱，在鞭炮声中由傧相陪侍进入礼堂。

堂上除大红双喜字，还贴上某某先生、某某女士喜结良缘等吉庆颂语。司仪（也叫主持人）高声宣布结婚仪式开始。婚礼进行曲中新郎轻牵新娘手双双登台，男女傧相两旁相伴，童男童女在后面拉起婚纱。司仪者发表一套非常吉利颂辞：“百年好合”“郎才女貌”“天作之合”“有情人终成眷属”“和谐美满”“贤妻良母”“早生贵子”“事业兴旺”“财源滚滚”等。接着行礼如仪，向双方尊长鞠躬。在向尊长行礼时，尊长将早已准备红包给新娘作“见面钿”。接着双方相互鞠躬，交换戒指等信物。接着由主婚人或证婚人致辞，有的还要新人报告恋爱经过，要新人拥抱接吻，或要新娘唱歌。如果亲友中有爱热闹的那时会起哄出“难题”。

旧时新娘从一早就要克制饮水，否则由于连上洗手间空隙也没有，会憋得脸色煞白。单是向各位尊长磕头跪拜，也弄得两位新人头昏眼花、腾云驾雾，只能像木偶样由伴娘伴郎搀扶“指导”，反正只是拜拜拜。现在就宽松得多，拜见礼大大简化。

酒宴开始，新娘是“不可以”饕餮就餐的。对着满桌色香味俱佳丰盛菜肴，只能“点到为止”。再馋痨，也要摆出一副“有教养”样子。什么“不要大口大口吃东西”“咀嚼时不要发出‘吧唧吧唧’声音”等等教条戒律，都要作为新婚礼仪遵守。因为那时是众目所注，或者摄像镜头正对着新娘，怕失礼失面子。

傧相（过去叫“伴郎”和“伴娘”），多由美男和美妹担任，不但要相貌好，还要口才好，更要酒量好。某些宾客就喜欢作弄他们，特别喜欢作弄年轻女傧相。傧相任务是“保护”好新人，不让他们受窘失态。因此要代酒、代唱、做“调解员”。

新郎新娘要挨桌敬酒，从长辈敬起。此时，爱闹的宾客提出各类难题作弄新人。用线吊住苹果，要新人光用嘴一起啃，要新人当众再接吻，要新人“学习”“猪八戒背媳妇”……作弄好新人作弄女傧相。总之，要热闹，“闹”得“热”才显喜气。

主宴完毕，除少数远路来近亲留下来，大多亲友散去。旧时一套“闹房”基本已免除。

生育

过去妇女怀孕叫“重身”或“有身”“双身”。孕妇地位极“贵重”，因为她将为家族传宗接代做贡献。夫家免不了烧香拜佛求菩萨，以求产下麟儿。产前娘家要送礼“催生”。产后要分红蛋。满月要办满月酒。家境贫困的就一切从简。新中国建立后这些习俗大多已改革，但孕妇仍是家庭中重点保护对象。随着经济情况的好转，新世纪以来这类习俗又在老辈口传中“复兴”。

实施计划生育政策后，优生优育观念深入本地人心。人们对生育更注重科学，注重质量。怀孕期实施胎教，让胎儿听轻音乐，轻声细语跟胎儿对话；孕妇饮食强调营养全面，定期检查怀孕状况……临产都去医院妇产科，胎儿个头较大或孕妇高龄，多采取剖腹产。因此婴儿成活率极高，产妇健康安全也得到保证。

产后出院回家调养，一般由母亲或婆婆操持调理，经济条件好的，并专请月嫂保姆照顾服侍。为给产妇发奶，多数买鲫鱼煮汤或其他“发食”给产妇吃。产妇少奶汁的，则用奶粉、牛奶喂婴儿。

劳动妇女生育有相应保障。国家明文规定妇女产假、生育保险、医药报销等福利措施，在镇海都得到贯彻。近年来对外来人口中“新镇海人”的产妇保养、生育保险也引起重视。

第五节　丧葬　祭祀

“慎终追远”，是历来强调“孝道”传统之一。新时代讲孝道，也是继承中华民族优良道德传统。

丧葬

最后岁月—临终关怀

在父母老病最后岁月里，子女尽着赡养义务，亲侍汤药，捧盆喂汤，尽可能满足老年人各项要求。侍奉老人饮食起居多为女儿或媳妇，因为女子较细心，男子或有不便或出门工作。

近20余年来，由于多数子女工作繁忙，没精力照顾老人，只得将老人托付给社会。所以老人临终关怀亦渐趋社会化，街道、社区敬老院、养老院、老年公寓、福利院等单位建立护理室，代子女负起老人晚年照顾护理之责，给老人以桑榆岁月温暖。经济条件较好的家庭，请专人到家护理老人。

过去老年男子死在家里的，称为“寿终正寝”（正寝，指正屋或正厅）。依照古礼，男子临终时要移尸到正屋南窗（南牖）下或厅堂中，换过席子（叫“易箦”），头向东睡，等待呼吸停止。还有一道“属纩”手续，即将“纩”（很轻的絮丝）“属”（放置）在口鼻边，以测试还有没有气息。后世用较轻的纱巾盖脸，也有测试之意。女子临终不移床厅堂（此“礼”早已打破），叫作“寿终内寝”。现代，真正意义上“寿终正寝”“寿终内寝”已很少。

如果是非正常死亡（如溺水、车祸），叫“死于非命”。依旧礼不能停尸于正厅，只能在偏屋或室外搭棚停尸。如今此俗已废。

临终时，病人和家人都希望亲人在身边。有的病人已进入弥留状态，为等待子女亲人回来见上最后一面，强撑着一口气，直到想见亲人回来见面才断气，不然“死难瞑目”。

当父母病重，家里会急召在外子女回来。古代交通不便送信困难，近代以来用电报或电话就可以报信。

信教人家则按照教规办。如耶稣教徒，在教友病重时会自发无条件地作种种照顾，临终时更聚集床前为其向“主”祈祷，祝其上升天堂。有这样说法，教徒去世，亲友不应该哭，因为死者去

“天堂”，亲友应为其庆幸才是。

久病痛楚不堪，逝世是一种解脱。民间叫婚丧为“红白喜事”，也含超脱之意。

断气（停止呼吸）后，家人抱住死者，摇撼哭喊，捶床顿足，据说那时死者还有可能听到。现代科学发现，人死后听觉是最后消失的。因此，送终者不能在死者周围乱讲不该讲的话，以免死者永别这个世界时仍带着无尽伤心。

收殓—停尸—哭灵

人死后首先要给他擦拭身子，换上“寿衣（衫）”，一般以棉织品为宜，免得火葬时难以焚化且污染较重。还要注意给死者摆好姿势，如合上眼皮，将两手交叉放在腹上或平放体侧，梳理头发，男的或刮一刮胡子。

穿殓衣前古代有“招魂”仪式，召呼死者“魂兮归来”。招魂原含生者对死者说不尽痛挽之意，但却发展为迷信的陋俗。

换衣后，在遗体上覆盖白布，过去则是裹锦衾或盖殓被（俗称“重被”）。设有灵堂的就移尸灵堂，榻前供香烛，并由亲人守夜。也有请佛婆念经守夜，或雇人值夜。现在如死在医院里，一般就移到太平间（停尸房），有的就直接由殡仪单位接送去殡仪馆暂置，在镇海城区的就送到关怀院设置灵堂。暂放在太平间的晚上也多由亲人守夜。炎夏天周围还得放置冰块防腐。停尸处严禁猫狗进入。守夜既是最后陪伴死者，也是考虑万一死者或许能恢复知觉，更为防止猫狗骚扰和老鼠啃啮遗体。

大殓或火化前，灵堂上灯火不灭。早晚点香添茶上供，亲人（主要为妇女）每天哭灵诉说。诉说着死者生前美德和对自己关心，检讨自己如何如何照顾不周，不懂体贴以及今后度日艰难等等。号诉极处，摧肠裂肝，常因哭灵至嗓哑泪尽甚至泣血。宁波地区妇女哭灵时还有一种调子：61· — 26· 0 | 16 · — 56· — ‖。妻子哭丈夫时常包含着“你为啥介狠心哪——丢下阿拉走了！要我今后咋做人啊……”等内容。

报丧—吊唁

报丧对象首先是死者亲友、上级。现在多用电话报告。民国前专门请报丧人，倒挟着油纸伞去报丧（俗称“报讣音”）。有些因亲友多，不及一一通知，就在新闻报上刊登讣告。讣告专指报告丧讯。现代，一定级别的老干部去世由生前单位在报上刊登讣告以示悼念。

接到丧讯的亲友、上级，根据亲疏，亲自或派人至丧家吊唁。吊，是祭奠死者，唁，是慰问家属。吊唁时送衣被（重被）、挽联、挽幛（用整幅布帛做成，上面书写或粘贴挽联）、赙钱（亦叫吊钱）等赙礼。送来物品陈列现场，重被则叠放椅背上。现在一般作兴送花圈或鲜花。花圈档次则根据送者跟死者关系，以及上级单位级别而定。花圈放置位置也依照级别、亲疏来安排。迷信人家还送冥币和锡箔，并在灵前焚化。近20年来冥钞币种很多，“美元”“港元”“欧元”都有，还印上“冥国银行”字样，冥币单位有达“亿元”的。

当亲友、上级来吊唁时，家属要表示感谢。古代这种礼仪烦琐得很，如一听到吊唁者临门，家属要立即伏地举哀（即哭号），有钱人家同时要举哀乐，吊者行礼上香。这些都由司仪人员高声报告和指挥，包括跪拜升起。吊唁者行礼后对家属要表示抚慰，追念死者好处，劝说顺变节哀，话不宜多，即行告辞。由死者儿子或孙子迎送，妇女只在帏后或室内哭。如果吊唁者是死者下辈亲戚，那么一跨入门槛就要匍匐哭号，爬跪上前，抚尸大恸。死者亲属中要有人上前劝止，递上毛巾擦泪。

过去还为死者立一块木制灵牌，上写死者姓名，俗称“神主牌”，代表死者亡灵。牌面写上辈分、排行、功名（类似级别职称）“某某某之灵位”或“某某某之神主”。富家往往将“主”字上面一点用硃笔写成红色，请族长或德高望重的名人“点‘主’”，即用新笔蘸墨，将“主”字上面一点点黑。现代用死者放大的遗照，也有立神主牌位，外饰黑布，供在桌上方。

大殓—向遗体告别

大殓就是向死者遗体告别，将遗体移入棺材，火葬的则是送进火葬炉。土葬用棺材的旧俗先用铜钱或纸钱铺好棺底，垫上衾被，有的还铺上石灰木屑之类防潮，然后由死者亲人捧头抱脚小心地移尸入棺。入棺前已用寿衾将死者全身裹住，并用带子捆好，头枕、脚架都要安放妥当。然后将死者生前喜爱东西和用过物品（如衣服鞋帽、烟管、笔墨砚台、扇子以及书画等）放进棺材，叫随葬。再将亲友所送寿被，按辈分长幼，一条一条盖置于上，放一件，报一下赠送者身份，让死者记住这份情意。铺的盖的程序很繁。父母死，入殓时子女一定要到场，否则就不能盖棺。女的死了，娘家人也要到场。讲迷信的入殓时凡与死者生肖相克者都要回避，孕妇也要回避，以免相冲不吉。盖棺时全家举哀，孝子、孝女更要号啕大恸，因为这是真正意义上永别。棺缝用桐油石灰密封。

现代火葬普及，向遗体告别仪式或追悼会一般多在殡仪馆或有设备的福利院、临终关怀院举行。仪式前已由馆、院专业人员给死者整容化妆。由单位或相关部门主持告别仪式。参加的依次向遗体鞠躬告别，再向遗属握手慰问。仪式后即送遗体去殡仪馆焚尸炉火化。当天或几天后家属领取骨灰装盒。21 世纪以来，丧礼分化，部分开明家庭主张一切从简，部分家庭对亲人丧礼则越来越繁复地向旧俗回归。

殡葬—服丧

以前盛行土葬，要用棺木，要做坟墓，要占用许多良田。民国时浙江省主席黄绍竑在回忆录中写道，乘车经镇海，只见公路（现今的 329 国道线）两旁良田中有大量坟墓。他慨叹镇海过去坟墓占用农田之多。解放后经几次平整土地，农田中坟墓已绝迹。

旧时，棺木和坟墓根据死者家道贫富和地位高低而定档次。贫民和贱民们只得藁葬，用草垫一裹，或求得慈善机构施舍的薄皮棺材，掩埋于义冢地上。有的一时还来不及做坟，或兵荒马乱年代不能移柩还乡，则择地暂厝，叫“殡坟”。镇海还有几家大族设专门“坟庄”，请专人管坟。

旧俗殡葬要择日，要举行奠祭，称“开吊”，仪式隆重烦琐。殷富人家灵堂布置庄重肃穆，挽幛挽联花圈布满灵堂四周。有专门司仪（赞礼生）、服务生招待来宾，根据来宾身份，“指挥”丧家接待。有“吹行”专奏哀乐，富家还请僧道做法事，民国时还有请西乐队奏哀乐，请小学生唱悼歌。开吊毕即举行“大出丧”。出柩向贳器店贳来天平杠，由四人或八人抬柩。送葬队伍白衣白帽，由纸幡、纸人纸马与吹行（乐队）开道，孝子手捧神主牌位（现代捧死者遗像）走在灵柩前，亲人们手持孝杖（孝，读 hào，俗称哭丧棒），伛偻哭号随行于灵柩后，其他人再随其后。过桥要停下来拜祭。友朋和后辈有的还要路祭。出丧时要到本地神庙神祇处“请来‘路引’”，以便黄泉路上通行无阻。出丧路上边走边撒纸钱。到墓地后抬棺入穴，那时主人夫妇都不哭。下棺后开始封土，一边祭土地神，烧锡箔纸钱。该哭的亲人都大哭举哀。下葬回家仍旧要在灵堂哭踊，然后撤去灵堂，将死者用过席子、草荐、枕头等在门外路口火化。

向遗体告别、送葬等一些丧葬礼仪习俗，是表示尊敬死者，也是为让活人看——看家属亲情孝心，看死者生后荣耀。旧时个别有财势的则借此比阔，烧化许许多多纸钱，纸扎许许多多明器（包括别墅汽车、僮仆婢妾），中西乐队齐备，僧道尼姑俱到，组织长队送葬，丧幡花圈，盈屋满街。有的人生前贫困，家人却让他死后“富有”。个别子女在父母死后大办丧事来标榜“孝顺”。

随着时代变迁及殡葬改革，这些礼俗日渐简化。尽管土葬已被火葬替代，由于旧思想、旧文化尚未彻底消除，而居民生活条件改善，旧俗却又以新形式出现。少数经济条件较好家庭，在送骨灰盒到公墓地时，除请僧人念经或铜管乐队奏哀乐外，给死者随葬烧化的明器（即冥器），有冥钞元宝，有纸糊的电灯电话电视机微波炉等家用电器。这些现象不时可以在河头大同公墓地见到。

时代进步，生态建设进展迅速，多数居民家庭自觉履行火葬，有的还选择树葬，草坪葬，不占用土地面积，将骨灰盒埋葬在地下，上面植树种草。更进一步的则将骨灰撒到江河大地上，回归自然。只有个别山区还有土葬造坟，大多数人家都将骨灰盒放在公墓地。

丧礼后旧俗照五服规定服丧，都根据上下尊卑、亲疏远近来决定。

现代已没那么严格，只要服素色衣服即可，叫“穿素”。服丧期禁止穿着大红大紫，禁止大鱼大肉吃喝，停止参加娱乐活动，否则将被认为大不孝。总之，要表示哀戚，不宜大喜大乐。解放后在左臂上缠黑袖套，后则改别黑布条或白花，表示居丧期的哀思。

21 世纪来镇海有少数思想开放的老人，生前已决定捐献遗体全部或部分给医院救生或医科院校解剖，并由公证处作好公证。

祭祀

从佛教传入中国，丧葬习俗中增加“做七”一项。“做七”也叫“斋七”。每七天做羹饭追荐死者一次。到第四十九天叫“满七”，隆重些的请僧尼念经。解放前迷信说五七前夕，死者魂灵会最后一次回家探视，在自己起居室徘徊逡巡，未亡人会提心吊胆疑神疑鬼地折腾一夜。死后满一百天要作百日祭，叫“做百日”，逝世一周年要作“周年祭”，叫“做周年”。此后每年逢死者逝世日，有做忌日羹饭的旧俗，表示悼念。近年有钱人家又兴起给死去长辈做冥寿，叫“做阴寿”，要到寺院里去做佛事，叫“做水陆道场”。主家要有主要人物主持，随着和尚念经在佛前捧香转悠。旧说是积阴德，向“冥府”孤魂野鬼们施舍慈善，并超度鬼魂。

现代每逢亲人逝世纪念日，家人会在亲人像前点上几支香，供上清茶水果，献上一束鲜花. 现在又兴做羹饭，来追忆死者生前事迹，以表示悼念。每年清明节，都会去墓地祭扫，上供祝祷，给墓地除草培土，给坟碑上字迹涂新漆。重亲情者常会有“子欲养而亲已逝”憾疚。

【专记】部分人群社会调查

一、夕晖掠影——镇海区老年人生活（2005 年调查）

镇海区早在 1987 年就进入老龄化社会，老年人口已占全区常住人口 10%，并以每年 3.2% 速度递增。至 2004 年 12 月，全区 60 周岁以上老年人已有 31933 人，占全区总人口 15.22%。其中男性 16073 人，女性 15860 人。81～90 岁的高龄老人中，女性 2505 人，男性 1652 人。平均预期寿命 76.08 岁，其中女 78.59 岁、男 73.87 岁。按地区分类，城市老年人 17376 人，农村老年人 14557 人；若按社会职业分类，行政、事业单位（包括中小学教师）有 5159 人，企业退休职工为 8950 人，城市社会老人约 3000 人，其余均为农村老人。

进入改革开放，国家经济发展以后，男女职工到了退休年龄，就可享受社会统筹养老保险，领取退休金。养老责任已从完全由儿女负担，逐步转移到部分由社会负担。目前尚无财力全部实行“社保”，只能有计划的逐步扩大社会保险覆盖面。农村老年人口主要还是子女供养。

镇海区根据上级有关指示，提出“社会保障适度超前”的工作思路，先后出台《镇海区城区居民最低生活保障办法》、《镇海区农村村民最低生活保障实施办法》、《镇海区被征地人员养老保障办法》（以下简称“土保”）、《镇海区农民住院医疗保险管理及大病救助办法》和《镇海区城区帮困助医实施办法》等多项文件，建立“镇海区老年福利基金”，并成立区老龄工作委员会及其办公室，专门负责老龄工作。动员青年志愿者扶助老人，发扬“尊老、敬老、养老”优良传统，初步形成党政主导、社会参与、全民关怀的老龄事业，为构筑全区老年人的社会保障网，打下坚厚基础。区老龄委曾两次被评为“浙江省老龄工作先进集体”，2004 年镇海区又被评为首批“全国老龄工作先进区”。

老年人的经济收入和生活保障

历史上镇海区的老人养老，除农民家庭全部由儿孙供养外，小商小贩、手工业者、商店职工和自由职业者等，还有“积钱养老”和“买田收租”养老习俗。20 世纪上半叶由于抗日战争、解放战争影响，物价一日数涨，“积钱养老”已无可能，就多转入“买田收租谷”养老，所以在“土地改革”时，出现大量“小土地出租者”。镇海县共有小土地出租者 13832 户、出租土地 52731 亩，约占全县土地的 1/7（参见《镇海县土地志》100～101 页）。新中国成立后，遂废土地买卖。20 世纪 80 年代以后物价稳定，职工工资逐年增加。工资较高、家庭负担较轻的干部、职工，又开始积钱在银行存款，以备年老时不时之需。据初步了解，现在有“劳保”等固定收入的离退休人员家中，存款上万元的比比皆是，上 10 万元、20 万元的也有。但大多数丧失劳动能力，生活依靠子女供养的城乡老人，生活水平尚在全市居民上年人均可支配收入之下（据宁波市人民政府 2005 年 1 月 20 日发布的全市居民上年人均可支配收入为 15882 元）。根据老年人经济收入，大体有下列几类群体：

（1）享受社会劳保统筹和职工医疗保险的行政、事业单位退休人员和企业退休职工，由社保机构或有关单位按月发放退休金，退休职工每人每年约 1 万元、行政、事业单位退休人员每年约 2.4 万元，并可报销大部分医疗费。离休人员（全区共 163 人）享受全职工资待遇约 4 万元，医疗费用全部报销。物质生活已达到或超过温饱水平，部分已达到小康水平。这类群体有 1.4 万人，占全区老年人口 44%。

（2）农村被征地人员已享受养老保障及“住院医疗保险和大病救助办法”的老人有1.1万余人，约占农村人口76%、占全区老年总人口34%。每人每月可领取240～340元的养老保险金。他们不需要每月向子女伸手要赡养费，还可报销部分住院医疗费用，生活比较稳定。

上述两类社保覆盖人口已占全区老年总人口77%。

（3）在城市由子女供养的老年人约3300余人。由于城市居民收入普遍增加，生活水平提高很快，对老人的供养待遇也就相应改善，多数已达到温饱水平。未见老人遭遗弃、受虐待等恶劣现象。这与当地传统重视“尊老、敬老、养老”的风俗有关。对子女下岗、失业或有病、残的家庭老人，近年来已实行“低保”，由政府每人每月发给240～320元低保金。2004年城区共有低保老人856人。对“因病致贫，因病返贫”的特困户，政府定期或不定期按月补助320元，逢年过节另行发放救助金。

（4）农村中由子女供养，尚未享受“土保”或无土可保的老人，据2004年12月统计全区有3500余人，随着农民收入有所增加，老年人生活也有了改善。对无子女或虽有子女，但子女失业、有病残无力供老人的困难户，实行农村“低保”，全区有农村低保户961人，由政府按月发放160～180元低保金，其中70岁以上每月再增加30元。对孤寡老人由民政部门收养送入福利院“五保”（保吃、保穿、保住、保医、保丧葬），全区共有“五保”老人453人，除少数有其他收入、有自住居室不愿入院者外，其余已全部进入福利院集体供养。据调查，21世纪来在农村由家庭供养的老年人，生活尚称安定，95%以上已参加新型的“农村合作医疗”，“有病不医”的情况少见，因赡养纠纷诉至法院的情况，已难得听到。

老年人的衣、食、住、行

吃食 俗语“民以食为天”，老年人也不例外。但人老了，牙齿掉了，胃口差了，吃食要吃松、软、烂、熟。过去每餐吃饭两三碗，现在吃一碗饭还要盛得浅些。劳保收入高的、子女经济条件好的老人，开始讲究食物和营养科学，要享受“口福”。常吃水果，饮牛奶，吃少量葡萄酒，注意鱼、肉、禽、蛋和蔬菜的搭配。有些老人少吃或不吃高脂肪、高蛋白食物，怕增高胆固醇。经济条件较差的老人也常食价钱较便宜的鸡蛋、杂鱼，以增加营养。对老年人来说，吃的支出，在目前还是家中主要开支。

穿着 镇海传统崇尚俭朴，民谚“新阿大，旧阿二，破阿三”。现在生活改善，实行“计划生育”后子女也少了，但俭朴传统仍存在。大多老年人不喜在衣着上追求时尚，只要求穿得“保暖、清爽、精神、得体”也就满足。认为穿得邋遢要失子女面子，穿得名贵、时尚也不合体统。就是有钱也舍不得花上几百元、上千元去买名牌衣着。不少老人常穿子女换下的尚有七八成新的旧衣鞋，既为了省钱，也不暴殄天物，且保留了俭朴美德，遂形成“新子女、旧父母（衣着）”的新时尚。

住房 20世纪80年代，女子出嫁要找有楼房的人家，不准备好新房，很难讨到新媳妇。老人为下一代幸福，只得筹钱造楼屋或让出住的楼房，自己住小屋。90年代起城区拓路、辟广场、拆旧街建高楼大厦；农村征地、迁村建设工业园区，城乡不少旧街、老村面目焕然一新，镇海城乡居民纷纷迁入新居，全区有70%以上的居民住上砖混小高楼。拆迁户原房面积较大的，在分到一大一小二套新房时，一般都将大套让给儿子，自己住小套。农村也有子女住新屋，父母住旧房的。有些人家住房面积不足，就在正屋旁搭间偏屋给老人住，虽是个别现象，也有存在。

行路、旅游　20世纪80年代初，公交汽车只通附近市、县。老人出门办事都是步行，会骑自行车的不多。90年代中期已村村通公路，农村老人外出坐公交车都很方便。2003年起，为优待70岁以上的高龄老人，可以免费乘坐市区内公交车。现在镇海城镇，凡是早晚在马路上急走的老人，大多不是出门办事而是在以“走路”锻炼身体。近年来，时兴老人外出旅游，多在市内、省内游览，也有出国旅游的，其中一部分人是子女赞助，还有是子女出国在外，邀请老人去国外探亲、观光。70岁以上老年人可以免费进入旅游景区，门票可以减免。2004年起，政府规定70岁以下老人也可考汽车驾驶证、驾驶汽车，但老人买私车还只有个别的。

现代生活用品　电灯家家都有，火油灯早已绝迹。电话，城区绝大部分人家都有，农村大部分人家也有。不少老人已有手机或“小灵通”，很多是子女换新机，旧机送老人用的。彩电，洗衣机、冰箱城区家家都有，农村大多数人家也有，有些老人还有微波炉和空调，也多是子女换新后送的。电脑作为信息和书写工具，也开始在老人中兴起，到老年大学学电脑操作的有数十人。2004年起，各社区开展普网工程。城区各社区已有近千名老人参加电脑初步培训，目前，电脑已成为老年人的新宠。但能经常熟练运用和上网聊天的还不多。

老年人的精神生活

老年人的精神生活，往往由有无劳保收入、身体健康状况、家庭是否和睦团结和本人的文化知识修养如何所决定，镇海区老年人精神状态和精神生活，大致可分下列几种：

一、为民服务到老不息。有些离退休老人，人虽离职而仍有为民服务之心。如有一位已年届90高龄的离休干部胡伟，每天背包为群众上门理发，20年来风雨无阻。特别是为即将临终的特困老人免费理发，深得群众赞誉。曾获部、省、市、区多次表彰。不少退休老人主动与社区联系，自愿担任社区义务工作，或诊病答疑，或讲解法律知识，或教健身体操，或管理俱乐部，或为单身老人牵线搭桥当“红娘”，这样为民义务服务的老人，每个社区都有。

二、退而不休，继续创造精神、物质财富。他们在离退休后，仍在家看书报或上网学习，不断“充电”。有人著书立说，有人修史明志，也有在文化、教育、医务和商贸系统有所作为的。这部分老人人数不多。

三、忙好公务忙家务。有些退休人员在离职退休后常说：“扪心自问，过去把家庭当作饭店、旅社，现在要多做家务，以功补过。”有些老人把接送第三代孙辈上学、放学的责任包揽下来，在幼儿园、小学放学时，门口有一部分白发苍苍老人耐心等候，接到孩子后，欢天喜地的一同回家。有些老人感到过去忙于应付工作，对子女照顾很少，欠了子女的债，现在要在第三代身上给予补偿，镇海城乡到处洋溢着“隔代亲”的温馨气氛。当地还有重外孙胜过孙儿女的情况。这与当前“有事找女婿，吃饭寻丈母娘”的现实存在和“少年外婆家，中年丈母家，老来女儿家”的习俗有关。

四、热心参加文艺、体育活动和学习文化、卫生知识，这部分老人人数不少。清晨漫步公园、广场和街头空地，常可见穿着红、黄、绿相间运动衫的老年人（多是老年妇女），在忙着舞剑、摇扇，跳健身舞、交谊舞锻炼身体，形成一道靓丽的风景线。老年大学学员有860人。听老年电视大学讲座的全区有19个教学点，听讲人数超过千人。老年人还结伴参加老年诗词、书画协会，参加京剧联谊会、老年体协、老年艺术团，并经常举办展览、演出和竞赛活动。21世纪来老人思想较前解放，人际交往也就多了起来，有些老人对时政有些看法或对邻里对家中有些矛盾，就自觉或不自觉的集合到亲朋好友家中，或在公园一隅畅谈，说古道今，议论时政，抨击腐败，交流生活和养生知识、体会，美其名为“话疗”，说这也是一种心理治疗方法。

上述四部分老年群体，多是行政、事业单位和大工程企业离退休人员。他们享受社会劳保和医疗保险，吃饭、看病无忧，有条件从事自己喜欢的文体活动，以慰自己一世的辛劳。

五、城镇集体企业退休职工和农村老人。他们吃饭、穿着、住宿等基本生活条件还过得去，但经常要为大病住院和孙辈的上学费用多方筹措。农村老人在土地被征用后，既无外出打工能力，又无杂地可种果、蔬来补贴家用。身体尚健，且有力量抚养孙子女的老人，还受子女青睐，无力抚养孙辈的老人，部分到附近老年活动室去参加活动，部分在自家门口或到附近空地晒太阳，偶与同辈人聊些家常或搓麻将。老年妇女也有约伴去寺院烧香念佛或到教堂祈祷，以寻求心灵安慰或为修下世保子女平安。当前镇海城乡对子女婚嫁、老人丧葬、先人忌日等旧礼俗，也在这部分老人参与下恢复和延续。

在农村中已“土保”和未“土保”的老人中贫富差距很大，有的老年农民土地面积较多或旧房面积较大，征地补偿金额也就较多，有10万元、20万元，甚至更多，其子女因经商、务工收入也不少。这些老人生活舒坦，每天三餐吃穿不愁。一有空就去活动室打牌、搓麻将。有赌小钱的，但多是休闲，说是“健康麻将”。有些失地农民，由于土地、房屋不多，补偿金就少，或将补偿金全部或大部交其子女。这些老人的生活就比较困难，个别的甚至说：“还是五保户好，他们的生活有保障。”

六、愁生活、愁生病、愁子女。2004年全区尚有“低保户”“特困户”千余人，他们虽有政府救助，每月可领少量补助金，但在当前物价有涨、医疗费用较贵的现实情况下，“因病致贫、因病返贫”的情况时有发生。他们精神上常在“愁”中过日子。俗语说：“救急容易救贫难”，按照目前国家经济条件，要完全解决这些问题，还有一定困难。

对今后镇海老年人生活的期望

一、随着国家经济发展，逐步扩大对老年人口社会保障的覆盖面。家庭代际交换转变为社会代际交换，是人类社会发展的必然趋势。国家财政收入逐年增加，政府必定会加大对社会保障的投入。但政府财政支出是有计划、有限制的，不可能全包下来，还需要社会各界特别是企业家资助。现在对企业资助公益事业减免税收标准定得太低，影响企业家投资公益的积极性，如能修订免税标准，使之与国际接轨，定能调动社会各界开发慈善事业的积极性，同时还应将慈善事业从政府行为为主向民间拓展。

二、在不断增加社会公益金的条件许可下，逐步提高“低保”和“五保户”的待遇标准，提高他们生活标准，使他们也能享受改革开放的成果。在全市多数人民已从温饱转入小康生活欢愉之际，不能让他们长期停留在“最低生活水平”线，对其中长期在贫病中挣扎的老人，光靠平时不定期的救助是不够的，亟待制度上的扶助，如把他们也纳入“社保”或“土保”的长效机制之中。

三、目前养老机构供需矛盾十分突出，城市老年公寓供不应求，农村福利院床位空置。原因是农村福利院条件差，城市老人不愿入住。需要创造条件再增加综合性老年公寓，以满足老年人的心愿。

老年人的生活用品需要，与市场上无货供应的矛盾亟须解决。老年群体是消费者，广大老年群众的需要就能推动社会生产的发展。开发老年用品产业，不但可以解决供需矛盾，满足老年群众的需要，还可解决部分就业问题。

注：本文统计数字，由区老龄委办公室提供。

（调查撰稿：贺树行）

二、风华正茂时——21世纪初期镇海青年（2010年调查）

随着社会发展，各种文化交流、融合加快和时尚潮流的冲击，当代青年在思想、情感、行为、生活等各个方面也呈现出不同面貌。对镇海青年时尚观念的调查，重点关注时尚意识时，他们思想、求学就业、情感、社交、生活等方面的影响及表现。调查对象为在校学生和非在校青年（包括青年职工、闲散待业青年），走访单位包括人事、民政、公安、法院、团委、妇联、关工委等部门及部分街道。

时尚意识在青年思想方面的影响及表现

镇海青年学生思想状况主流是积极健康、乐观向上的，具体表现在：

（1）对社会主义核心政治观点的认同感较强。他们思想开放、活跃，比较关注国家政治生活，热心讨论社会政治问题。调查中，94%受访者认为中华民族传统文化和传统美德很重要或比较重要，对祖国传统文化有较强的认同感。

（2）关注国家发展，爱国心强。绝大多数以作为中国人而自豪，当祖国遭受外敌入侵时被访青少年有99.5%选择会参军或以其他方式支持抵抗；镇海青年学生非常关注国家的发展，平时会主动去了解并讨论与国家发展进步有关的诸如经济发展、社会稳定和教育改革等问题。

（3）人生目标较明确，价值取向的主流积极进取，生活态度也积极向上。大部分青年学生都有明确的人生目标或大致的奋斗方向。他们都认为要为实现自己的理想努力奋斗，同时也认识到高尚的个人品德、能吃苦耐劳、机遇、工作经验和社会关系等是取得成功的重要因素。

（4）95%被访青年学生认为自己有较好的社会公德意识。很少有诸如“在公共场所大声喧哗”“闯红灯”“排队时插队”“随地吐痰”等不良习惯行为，并能做到“在公交车上为老弱病残孕让座”“捡拾公共场所丢弃的垃圾”“见到长辈主动问好”等文明行为。

时尚在青年求学、社交、情感等方面的影响及表现

（1）在求学方面的影响及表现

“有好的教学方法”“不打击学生自信，善于鼓励”“课堂上是老师，下课了是朋友”和“不偏心，平等待人”等是镇海青年学生认为的好老师标准。大部分学生都拥有电脑、MP3/MP4、电子字典等学习新工具。在未来学习方向上，大多有比较明确专业兴趣和可能选择；部分学生还有如考研深造、出国留学等长远计划。随着社会发展，出国留学成为镇海许多家长和青年的选择。区出入境管理机构近三年（2007年1月—2009年11月，下同）统计资料显示，仅这三年全区总计出国留学

青年学生就有280人，且低龄比例逐渐加大。留学去向涵盖26个国家（地区），其中以英国、澳大利亚、美国和加拿大居多。

（2）在情感方面的影响及表现

在爱情观方面，较小部分的非在校青年不相信有真正爱情，或认为它没有现实重要，而持此类观点的在校学生却相对较多。在择偶标准上两类青少年都把“谈得来”“诚实善良”放在首选，此外，非在校青年中优先考虑“工作”或“经济实力”更多。青年情侣之间在情感表达方式上，发短信、打电话、逛街、一起玩电脑游戏等较多，写信几乎没有。

（3）在社交方面的影响及表现

镇海青年与父母交流状况良好。大多数都会主动和父母聊天、关心父母身体，部分青年还经常或有时和父母拥抱。交友方面，镇海青年的朋友主要由同学和同事构成，在校学生中主要是同学，非在校学生中主要是老同学。在择友标准上，“有共同的爱好”和“脾气好，易相处”是他们首先考虑要素。平时和朋友们一起活动方式比较多样，如逛街、在咖啡屋聊天、运动、吃饭喝酒、KTV唱歌、玩电脑游戏、外出旅游和打牌等。

在学习和生活方面的影响及表现

镇海青年生活状态和学习状态都较好，生活态度端正。极少数青年学生认为学习很“痛苦”，绝大部分青年都表现出对生活的热爱，态度端正，理念健康。在消费方面，绝大部分都会以满足生活必需为原则进行消费，借（贷）款等超前消费方式很少。

对流行时尚的追求既热情又理性。一方面，绝大多数青年在平时生活中都会讲究流行时尚，但同时又都有“适度选用”的原则。在使用物品种类方面，服饰、鞋子和电子产品排在前列。标准上，首先考虑质量、款式和品牌。此外，对各种文化的认同显得比较分散：除对中华文化认同度稍高外，其他如中国香港、台湾地区及日本、韩国、美国、意大利、英国、法国等都有。平时生活和娱乐中，他们经常上网聊QQ、玩电脑游戏、看新闻、看电视和写个人博客，部分还会网上购物和信用卡购物。

综述

镇海青年在接受时尚观念方面比较快，也会在条件允许的情况下比较理性地去实施，追求自己心中的时尚。20世纪90年代以来，外来文化加速流入，各种文化传播工具的应用和普及等因素增多，影响迅速遍及青年的学习、生活、情感等各个方面。同时受家庭、社会在教育观点、教育方法方面的变化等因素影响，和上一代青年相比，当代青年在世界观、价值观、人生观等方面呈现出不同特征。这一代青年成长期和“人生观”形成期正是我国社会发生急剧变化，文化多元的时代，使得他们能迅速接受新事物且在思想观念与行为方式呈现出独立与多样。他们具有很强的可塑性，但也未能稳固地建立一个精神的中心。在这代青年身上，以前的大家庭不复存在，他们成长中承担着过多的关注，在他们身上，文化整个都变了，无论社会、家庭还是学校从培养模式到管理方法上都面临新情况，尽管如此，镇海青年对我国传统文化和价值观的认同感仍然较强，生活、学习状况良好，态度端正，对各种时尚的追求热情但不乏理智。

（调查撰稿：刘　鹏）

三、荏苒春华——上班族生活（2004 年调查）

20 世纪 80 年代中期，镇海上班族人数在 5.1 万左右，主要在工矿企业、机关事业单位、大工程单位、商业企业。至 90 年代，随着经济发展和经济体制改革的深化，镇海国民经济结构发生转变，上班族从业方式与从事工种有所变化，据区统计局劳动统计口径显示：2004 年镇海有从业人员 5.7 万人，主要集中在制造业、建筑业、三产服务业、行政机关、教科文卫等单位。

上班族的经济状况

收入：20 世纪 90 年代末起，随着企业改革、工资改革的深化，不同行业、工种的上班族工资差距明显拉大。镇海区统计局 2004 年统计资料显示：机关在岗职工平均工资 47018 元/年，事业单位在岗职工平均工资 35418 元/年，企业在岗职工平均工资 16831 元/年，其中大工程单位金融、房地产以及电信、电力等垄断行业职工工资高于普通企业职工工资。上班族的收入来源呈现多样化趋势，除工资、奖金外，还有投资分红、股票收益、房租、利息、炒房收益、经营收入等隐性收入。

支出：在消费观念上，贷款消费逐渐取代传统的量入为出消费观，尤其在购买房产等大宗不动产时，上班族普遍采取贷款方式。消费支出中，食物支出所占比重为 35%，非食物支出占 65%，消费重点由满足温饱的饮食需求转向置业置车、外出旅游、美容保健、文化教育等领域，服务性消费支出占 25%。上班族的经济负担主要有三块：一是满足自身消费需求。二是供养老人。由于镇海区政府社会保障工作适度超前，大部分老人能享受到社会养老，因此上班族在这方面承担的压力不重；三是养育子女。自 1997 年以来，教育（主要指子女文化教育）费用在家庭开支中所占比重逐年上升，至 2004 年已占整个消费支出的 10%。

上班族的价值观、人生观

市场经济条件下，上班族的价值观日趋务实，更加注重物质利益。如上班族中有部分在工作之余炒股、炒房、投资做小生意，以获取更多物质利益，不会被指责，而且还受人称羡。大多数上班族在肯定金钱在生活中不可或缺的作用同时，意识到拜金主义的危害，并没有将金钱的作用夸大化和偏颇化。

强调合理的自我利益也是上班族价值观念中一个突出发展趋势。在处理集体利益与个人利益时，集体取向的价值观仍得到大多数上班族认同与肯定，但个体取向的价值观呈现一定的增强之势。看待奉献与索取的关系上，绝大多数上班族选择“多奉献，多索取”，面对自我与他人利益关系时，绝大部分上班族以不损人为前提合理利己。

多数上班族把工作视为事业。他们普遍敬业爱岗，力图在从事岗位上有所作为，从而获得相应物质待遇或职位晋升。一旦付出与所得不成正比，自身价值无法实现，他们就会主动调换工作。这一跳槽心理在青年上班族身上更为明显。在择业时，他们更关注自身潜能的发挥，更青睐自由度较大、自主性较强的从业方式。互联网的普及使家庭办公成为一种新的就业方式，极少数青年甚至选择成为在家办公的 SOHO 一族①。步入中年的上班族中，求稳求妥成为他们第一选择。他们的择业相对理智，更为现实，只要利益有保障，他们轻易不会跳槽。

---

① SOHO，是“在家上班”的代名词，也是一种时尚的工作方式。

改革开放后，追求民主、平等成为大多数上班族的心愿，但是传统的“官本位”思想依然影响着上班族思维。工作中，有的上级对下级盛气凌人，对错以职级大小为判别标准。由于职位和权力、经济利益密切相连，职务能否上升成为不少上班族心理上的沉重负担。升则春风得意，升迁无望则心灰意冷。等级观与现代人追求的平等思想相悖，上班族一面在痛斥这种由等级差别造成的权力、经济利益的落差，一面又在为晋升到更高级别不懈努力。

进入20世纪90年代，随着“单位制”逐渐解体，上班族对单位依赖度日趋式微。如何提高自身竞争力，进而改变个人现状成为多数上班族需要考虑的问题。许多上班族在业余时间接受继续教育或参加各类技能培训，以期达到学有所长、术有专攻。

青年上班族的交友范围极广，同学、同事、同乡、客户、合伙人等都是他们能够结交的朋友。他们比较重视友情，与朋友交往频繁，但交友时也带有一定盲目性，友情基础并不牢固。相对而言，中年上班族对友情选择显得更为理智。他们的交际圈因工作性质和个人性格差异有大有小，但真正意义上的朋友不多，来往也不频繁。随着近年拉关系风影响，使得上班族交友也带上了功利色彩。

另外，由于电脑及互联网技术广泛应用，网友作为一种新型朋友关系走进上班族视野，在一定程度上填补了缺乏情感交流带来的空虚；但这种友情毕竟不真实、不确定。清醒而现实的上班族仅把网友作为宣泄情感的种对象，很少会在网上发展真正友谊。

上班族看重名利。多数人把名利双收作为个人追求的目标。尤其镇海地方虽小，商帮名流、科技俊彦出了不少，他们的事迹被广为宣传，也激发了上班族对名声和财富的渴望。

现代社会节奏快，职场竞争激烈。镇海个私经济比较发达，上班族大部分在个私企业上班，工作时间长，工资报酬相对低，且随时面临被解雇的风险和再次择业的压力。在原有岗位上，上班族也有职位晋升、自我发展的要求，心理压力较大。那些年届退休或已达事业巅峰的上班族，还要承受由职业停滞带来的巨大心理失衡。在生活上，上班族一面不断贷款满足高消费需求，一面又节衣缩食供房、供车、供子女上学，有的还要赡养老人。因此，大部分上班族承受着经济与精神双重负担。

上班族的婚姻家庭观

上班族男女在家庭中地位基本平等。夫妻间彼此尊重，相互支持，家庭大权基本平分秋色。家庭日常开支，多数由妻子做主；但在购买大宗物件、是否要孩子、孩子的升学就业、买房等大的问题上，则多由夫妻双方共同磋商决定。多数上班族重视家庭，有强烈的家庭责任感。

社会进步和经济发展，上班族的婚姻观也发生深刻变化，婚姻质量成为上班族追求的目标。夫妻双方更强调感情的融洽、生活的幸福和家庭人际关系的平等。一旦婚后产生矛盾且不可调和，他们多数选择离婚而不愿继续凑合下去。在择偶标准上，上班族显得更为现实，尤其是女性的择偶标准，对收入、住房、才能、人品等要求高过以往的家庭背景、外貌、学历等要求。男性择偶比较看重外貌、经济条件等。在择偶方式上，自由恋爱逐渐增多，包办婚姻已基本绝迹。随着外来人口涌入，镇海当地人与外来人口通婚比例也在逐步上升。

上班族很重视子女教育。望子成龙，望女成凤是许多上班族父母的心愿。一些年轻上班族在孩子尚未出生时即开始胎教。及出世，就着手进行早教。自小学起，又为孩子进名校奔波。上班族一般都舍得为孩子的教育投资，愿意为孩子购买书籍、聘请家教，多数父母为孩子在课余补报各类培训班。据1986年教育部门统计，镇海除了青少年宫，还没有一家单位开办培训补习班，到2003年已先后有4家单位开办数十种课目繁杂的培训补习班。在对孩子的教育中，不少上班族重智育轻德育。同时，与孩子沟通较少，导致有心理问题的儿童增多。

上班族的衣食住行和业余消闲

上班族对衣着要求大致可分为两类：一类很注重品牌和时尚，舍得花钱购置名牌时装，一旦过时了，就不再穿着；一类对服饰品牌要求不高，只要穿着舒适合体、价钱合理即可。

饮食上，上班族较注重营养搭配，蔬菜、肉禽蛋奶、水产品、水果一样不能少，粗细搭配也有讲究。但除了一部分上班族可以在父母处搭伙吃饭外，部分人无时间打理一日三餐，在单位食堂、中西式快餐店、点心摊填食充饥。

住房上，最后一轮福利分房政策结束前，单位有福利分房的上班族主要依靠单位解决住房，没有福利分房的只能通过父母和自己努力购买住房或者租房、与父母合住，住房面积在三四十平方米到七八十平方米之间。货币分房政策实施后，房地产市场逐渐繁荣，为上班族带来多种选择的同时，也给部分头脑活络上班族创造了投资机会，但高价商品房让许多刚参加工作上班族望而生畏。他们只能通过租房、住单位宿舍、与父母同住等方式解决住房问题。

交通上，自行车是上班族主要代步工具。电瓶车因其速度快，日益受上班族青睐。上班路途较远的，公交或单位班车是首选，而外出访客或游玩多乘公交或打的等。21世纪来开私家车的上班族日益增多。

随着收入增长和人们生活方式的转变，上班族业余生活和休闲内容也越来越丰富。有阅读、收藏、莳花、书画及其他一些文体活动。除打牌、搓麻将等传统项目，短短二十几年间先后流行过以下几种娱乐活动：80年代末至90年代初，主要是看电影、打台球、保龄球、唱卡拉OK、跳交谊舞；90年代中期至21世纪初，练拳、打球、跳形体操等健身运动的上班族日益增多，上网、泡吧、旅游、垂钓也成为不少上班族放松身心的休闲方式，也有些上班族以参加探险、爬山、极限运动等作为消闲。

上班族为社会创造财富，演绎着时尚潮流。他们上有老，下有小，自身还要求发展的现实，给他们的生活平添几分沉重。

（本文数据资料根据区统计局统计年鉴和区婚姻登记处提供）

（调查撰稿：潘春芬　2004年）

四、异乡来客——在镇海的外来务工者

随着城市化进程发展，至2005年，镇海登记在册外来务工者已达18万人（实际人数远超此限）。同期镇海常住人口不过22万人，二者比例接近1：1。他们是镇海新移民，喜欢镇海，但不一定能成为镇海人。然而他们的生存生活状况、困难、心声、问题等，越来越与镇海发展密切相关。本文系通过采访调查后的观察报告。为便于行文，以外来农民工（以下简称民工）称呼那些来镇海的外来农村务工人员。

民工的来源及年龄、文化程度

近两年，镇海区流动人口规模基本保持在15万人至19万人之间，多为农民工。他们来源地广泛，但相对比较集中。省内主要来自浙西各市县，省外主要来自安徽、四川、苏北、江西、山东、湖北、贵州、河南等省（地区）。流动人口以男性为主，女性比例正逐渐上升。他们来镇海工作多通过老乡介绍。人口流动中，越来越多的人由过去分散的“单身外出”方式逐渐转变为“举家迁徙”，出现流动人口“家庭化”趋势。因为外来农民工主要在镇海从事本地人不愿干的苦、脏、累工作，所以他们年龄绝大部分集中在21～40岁之间。从文化程度看，受初中及以下文化教育者占大部分。

民工求职分流及工资待遇

镇海区民工普遍分布于劳动密集型行业，如建筑施工、制造、餐饮服务、零售、运输、环卫等，并任职于进入门槛比较低的部门。根据行业和岗位不同，其收入和待遇也大有差别。在调查的50个分布于不同行业民工中，20.7%的外来务工者称月收入不足500元，月收入在500元到1000元的占54.3%，1000元以上的占25%。而2004年，镇海在岗职工平均工资为20292元，月均收入为1690元，并保持稳定增长幅度。民工工资远低于城市居民收入。另据接受采访的民工反映，用人单位计件付酬劳动时间基本超过法定时间。他们每天至少工作10小时，有些长达12小时甚至更长，没有双休日、节假日，而且在法定节假日加班拿不到双倍以上工资。在建筑、生产等私营单位，民工无法按时拿到全额工资的现象也时有发生。

多数民工没有参加养老保险，因为他们觉得自己不是本地人，今后肯定回老家养老，在这里交再多钱也没有用，所以参保积极性不高。在民工不理解和不支持的同时，社保政策也在一定程度上遭到企业、尤其是中小型非公有制企业的抵制。不少企业通过隐瞒职工人数、故意不给农民工办社保等方法，千方百计逃避参保。然而民工对工伤、医疗保险的需求是很高的。在建筑等高危行业，民工因为发生意外事故，缺乏医疗与生活保障，而与用工单位发生纠纷的事时有发生。调查中，当问及“如果身体不适，您一般会如何处理时”，回答“先不去医院，扛着再说”的民工不在少数。

工资之外，民工能享受到福利待遇也极其有限。调查中，近一半人回答“没有福利待遇”，而选择“能享受其他福利待遇”的人中，多数只能领到一些“防暑用品”，其他如“劳保用品”“节日慰问金（品）”“集体旅游”等几乎无人选择。

除了上述属于雇工、工作相对稳定的外来民工，还有个体经商、打散工者、待业人员等，他们的经济收入高低不一，但多数不超过1500元。

与城市居民比较，大部分民工干的是最苦、最累、最脏的活，拿的是最低的工资，过的是最差的生活，为何不离开呢？主要原因是家乡更苦，而且没有就业机会。他们即使在城市每月只拿300元，拿到家乡也是一笔可观收入。所以越来越多的人背井离乡，来城市寻求发展。

民工生活状况

住：民工中鲜有买房者，他们主要住单位提供的宿舍或租住民房。在工厂就业的大多住在企业单位集体宿舍或工棚中。在建筑业、服务业就业的，大多吃住在工地或是老板提供的住所。没有固定雇主的零散流动者，大多在城郊租赁民房。张鑑碶至后海塘城郊接合部、五里牌经济开发区、骆驼机电园区、庄市工业小区一带，外来人口聚居相对集中。他们居所绝大部分在20平方米以下，并且是多人合住。基本生活设施也比较差，一半以上没有卫生间、厨房和客厅。单位宿舍一般是免费提供的，而租房则需每月支付100元至200元不等的房租。据统计，镇海区约有5万余间暂住房，这些房住的基本上都是外来务工人员。

食：异地谋生，每一分钱都来得不易，收入不高的民工们对于饮食要求满足于“吃饱”，他们不像本地人那样注重食物营养搭配、清洁卫生。由于他们多来自内地，吃不惯镇海的海鲜，所以多以青菜、大蒜、辣椒、肉类等为主食。为节约，举家来打工的民工一般自己做饭做菜，单身民工多在单位食堂吃饭或由老板供给。他们平均每日伙食费在5元到10元间。

衣：对于服饰，多数民工持“能穿就行”“不能太旧”的实用观点，很少有人要求时尚。由于长期从事体力活，一些民工衣着较为邋遢，因而人们一度将衣着打扮作为分辨外地民工的标志。但随着民工在城市停留时间增长，民工对服装的整洁度要求、审美观也在日益提高。如今漫步镇海街头，要是行人不开口讲话，很难分辨得出他（她）是当地人还是外来民工，尤其一些青年民工装扮也十分前卫。

行：自行车是民工主要交通工具，另外有些民工购置货运三轮车和摩托车，但它们主要用于经营谋生；还有些民工租用有营运执照的客运三轮车做载客生意。这些都不能算作纯粹意义上的代步工具。

业余生活：民工生活圈子比较狭小，基本局限于单位与住所之间。打牌、喝酒、闲聊、看电视、逛街是他们经常做的事。长时间的工作已使他们疲惫不堪，所以业余时间他们除了上述活动，基本都是以休息为主。由于文化程度不高，他们普遍不会上网，也舍不得花钱上网。虽然镇海周边有不少旅游景点，但除了一些青年民工，其他人很少出去游玩。

民工的婚恋、家庭与教育

来打工的基本都是青壮年，他们多是怀着今后能过上好日子目的出来的。这好日子也包括对幸福婚姻、美满家庭的渴望。在婚姻观上，青年民工大都很理智。虽然在镇海打工，但他们中很少有人在当地找对象，一般都回老家找同乡作终身伴侣，然后有可能的话夫妻再结伴出来打工。然独处异乡，不仅青年打工者寂寞难解，而且那些没有单独租房的民工夫妻和一方还在老家的民工也难以享受正常的夫妻生活。这种种因孤单、压抑产生的生理心理问题，导致许多外来务工者产生感情困惑，有时会让他们做出一些不理智之举。

农民工家庭观念浓厚，对家庭有很强的责任感。他们在外省吃俭用，把辛苦挣来的钱定期寄回老家。回乡路遥且路费昂贵，他们很少回老家，只能通过电话与家里人联系。有些民工自己出来打工，孩子在老家上学。由于缺乏父母督促教育，孩子学习状况和行为出现偏差。有条件的民工，为了让子女能享受到城市良好的健康成长空间，也将子女带到镇海。2004年，全区约有2万名15岁以下流动人口子女，其中8~15岁适龄入学儿童8000多名。

在孩子入学问题上，民工家长希望当地公办学校能接纳自己子女。由于教学资源限制，不能放开接纳全部民工子女进入公立学校。但在当地教育部门重视下，采取多种措施，接纳民工子弟入学。至2005年上半年统计，镇海有3所公立学校接纳民工子弟，计收民工子弟中小学生6258名；在城乡接合部、民工聚居地有民办民工子弟学校6所，学生5907名。

民工中佼佼者

在一批先期来镇海外来农民工中，已有部分经过长期不懈努力，有的成为单位业务能手，有的创业成功成为老板，开始在镇海安家落户。2004年年底，镇海区首次进行“十佳外来务工明星”评选。入选者来自各行各业，他们当中有被称为“城市美容师”的清洁工人，有工厂车间里一线技术工人，有经过自己苦心钻研攻克企业难题的技术员，也有经过艰苦创业成为老板或进入企业管理层的成功者。这部分人通过努力为自己开辟新的生活道路，同时也得到当地社会对他们的认同。

民工的服务管理

镇海区一直较为重视流动人口管理和服务工作。2000年，区建立区、镇（街道）、村（社区）包括驻镇大工程企业居委会等“三级”管理网络。区成立流动人口治安管理工作领导小组，下设办公室，镇（街道）、村（社区）也对应成立管理服务机构。2003年，区委、区政府专门召开流动人口管理工作协调会议，把流动人口管理工作提高到促进全区经济和社会的协调发展的高度。2005年，在区委召开的十届七次全体委员会议上，首次把“做好流动人口子女入学工作”写入报告中，进一步表明党委、政府对外来民工关注与重视。

早期对流动人口管理，主要是硬性地要求流动人口做好“三证”（即“暂住证”“婚育证”“劳动就业证”）申领工作。2003年以后，一些人性化管理和服务措施相继出台。流动人口管理办公室除了做好“三证”办理，还采取“以外管外”办法，从辖区流动人口中挑选素质较好人员加入专职管理员队伍，以乡情和耐心为外来民工服务。各镇（街道）通过在土地、税收、费用等方面优惠政策，积极创造条件，改造或新建流动人口适度集中居住点，并在这些集居点实行有组织的管理；同时，对于使用流动务工人员多的企业，要求在新建厂房时，建造流动务工人员住宿用房。这些举措极大地改善部分外来民工居住条件，也使管理工作走上新台阶。

区各职能部门也开始加入到流动人口管理和服务行列中。如法律维权部门，深入各镇村开展对流动人口法治宣传和法律服务，妇联、计生部门联合对流动人口中妇女进行计生知识教育。教育部门从民工家长最关心的子女就学问题入手，积极筹建民工子弟学校。工会、团委等群团组织也经常开展无偿职业介绍、职业技能培训、优惠服务、帮困结对等多样活动，帮助民工和民工子弟。一些招用民工较多企业，也十分注重对民工教育培训，有些大的企业，流动人口职工的优秀分子入团、入党，有的还提拔到管理岗位。

对民工的管理中，政府在做种种努力，作为民工最大需求者的多数企业却行动滞后。企业认为民工资源过剩，民工对企业认同度低，“招之即来，挥之即去”，既不愿提高工资报酬，也不愿过多培训民工，导致民工对企业的认同感不强，一旦有更好的岗位，即刻走人。

农民进城务工，不仅是农民就业需要，也是城市发展需要。他们用汗水和努力实现着自己希望的同时，也为城市创造了价值、提供了税收。当我们在享受着外来民工为我们这个城市带来的整洁、舒适的生活环境时，我们对他们的人文关注还是大大不够。有些人还带着蔑视的目光、嫌弃的眼神，不屑地称呼他们“外国人”。殊不知我们本地人的始祖也是当年背井离乡从外地迁移过来的。因此，今天的“外来工”，焉知不是今后的“本地人”。所以任何轻视或歧视“外来民工”都是无知和自大。我们将今天的“外来农民工”作为一个特定群体来记录，一是为了让后来人了解历史上曾有十数万外来人口为镇海城市的发展做出贡献，二是希望我们这个城市能够尊重民工、善待民工，为他们提供良好的生存环境和发展空间。

（调查撰稿：潘春芬）

五、镇海区拾荒者生存状况（2005 年调查）

镇海拾荒者大都来自外省农村，生活在城市的边缘。通常在凌晨出发，背着蛇皮袋，以收购、拣拾废品为生。拾荒者存在对城市大有裨益，但也给城市管理带来一些困扰。

随着城市化进程加快，拾荒者规模不断扩大，逐渐成为城市中一个特殊群体。本文拟从他们的生存状态、他们的存在给城市带来的影响以及城市对这一群体采取的管理模式等方面对当前镇海区拾荒者生存现状作一报告。

拾荒者历史回顾

约在 20 世纪 70 年代底镇海区就出现第一批拾荒者，后来，拾荒者队伍逐渐扩大，到 90 年代初已有 60 余人。这些拾荒者主要来自安徽、河南、山东 3 个省份，分散居住在镇海城区的城乡接合部。拾荒工具以手推车、蛇皮袋、钳子为主。目标是城区垃圾箱内尚有利用价值的物品。还有少数加入流动收购的队伍。随着建设规模扩大和人民生活提高，各种废弃物与日俱增。随之，从事流动收购、拣拾的外来人员也越来越多。从事流动收、捡废品人数，从 2000 年的 300 人左右，到 2002 年达 1000 余人，增加 3 倍多。镇海区再生资源管理办公室的数据显示，镇海 2000 年废品回收总量是 11.5 万吨，到 2002 年回收总量达 22 万余吨，两年增加 1 倍。

拾荒者生存现状

在这 1000 余人中，有 90% 以上是外来人口，主要来自安徽、河南、江苏、山东以及浙江中部地区，散居在城乡接合部，并以城区石塘下村、后海塘、张鑑碶社区、中一村等为多，或租民房，或自己搭棚，几人合居一起。他们白天黑夜走街串巷，有的收、有的捡，有的收、捡同时进行，过着与镇海本地居民相异的生活。

2005 年 7 月中旬，笔者多次到拾荒者居住集中的威海路进行调查。那里有一排平房，住着很多拾荒者，房子周围小山似地推满装有废品的蛇皮袋，乱石、煤渣、杂草遍地，几个小男孩光身子站在烈日下玩耍。

威海路农工商煤场左侧一座红砖房的租住者小黄向笔者展示她的生活。那是一座用红砖垒起来的房子，外墙没有粉刷，前面用木板、竹子围起小小院子，堆满易拉罐和塑料瓶等废品垃圾，还养着几只鸡。约 20 平方米房子里放两张床，上面铺着几层泛着黄黑色的被子。床边放着一只老式煤炉，一张矮桌，一束强烈阳光从小屋顶中直射进来，屋内温度与室外无异。

小黄是安徽阜阳县农民，今年32岁，来镇海已有2年。夫妻两人在这里租个破房子，平时以拾荒为主，一般早上5点多出门捡垃圾，晚上7点多才回家。每月大约有1000元左右收入，日常开支主要是租金、水电费及一些柴米油盐之类的，大约500元左右。他们有一个儿子放在老家由外婆带养。

小黄当初选择拾荒是因为这一行不要本钱，不要技术，只要肯吃苦，不怕没面子就行。初来时，还能赚到一些钱，比在老家种地强，但今年又增加很多“同行”，收入有所下降。这里消费很高，今年夏天青菜要卖到2元一斤，一个月只吃两三次肉，其他的开支能省则省。在这里，担心的事情很多，担心下雨，天一下雨，生意没得做，房子还漏水，地上全是脏水，家里放的这些纸板箱、易拉罐就要发霉、生锈，没人要了。担心炎热，高温天气，人在屋里一动不动都全身淌汗。但最担心的还是孩子的学习，放在老家一点也管不着，放任自流。

在拾荒者中，小黄生活不算最差。她的同乡兼同行老秦，因为没钱，有过多次吃了上顿没下顿的经历。她的另一个老乡连房子都租不起，捡来物品堆在老乡处，晚上就睡在废品旁。

对拾荒者管理

流动收、捡可再生利用的废弃物，对减少资源浪费，净化环境，方便群众投售等方面十分有利；但这些人绝大多数是外来人员，构成复杂，底子不清，良莠混杂，个别的“日相夜窃”“顺手牵羊”，给居民安全和社会治安带来严重隐患。另外，他们收、捡的废品在村角巷尾、公路两旁胡乱堆放，淤塞塘沟，臭气四溢，造成二次污染，严重影响城市市容环境的形象，危害群众健康。对此，从1997年至现在，镇海区政府对拾荒者的管理一直都在进行之中。

1997年，镇海区城市监察大队针对拾荒者存在的负面影响，第一次开展整治。整治内容主要是做到“四统一”，即统一工具、统一服装、统一上岗证、统一牌照。具体是取消手推车、自行车，统一以黄色三轮车为拾荒工具，以蓝大褂为拾荒服装，颁发上岗证，统一三轮车牌照，上岗证上贴上照片，证号与牌照号统一。第一次给这批拾荒者以“再生资源收集人员”称号，并制定“再生资源收集人员守则”，要求他们做到有照收集，牌号统一，遵纪守法，日进日出，搞好卫生等。同时，与工商、公安部门联合，对违反规定的收集人员进行没收车辆，取消收集资格等处理，收到明显的效果。但是，由于拾荒者流动性强，管理难度大，整治效果只维持半年。后来，对拾荒者管理只着重于对流动收购者管理，另一部分以拣拾为主的拾荒者基本处于放任自流状态。

1998年，镇海区政府成立再生资源管理办公室，重新对流动收购员进行管理，颁发上岗证、三轮车牌照，制定“流动收购员守则”，要求他们做到文明经营，挂牌、亮证收购，挂牌位置醒目，牌证统一，接受群众监督。

1998年以后，由区再生办牵头，其他部分联合，对流动收购开展几次专项整治。

1999年，区再生办探索新的管理模式，由中一村提供区府汽车修配厂西侧闲置地一块，计3.8亩，建造房子，让一部分流动收购员集中居住，集中堆放废品。

2005年5月，宁波市创建全国首批文明城市，区府汽车修配厂西侧的环境大大影响城市景观，区政府决定拆除，将这一部分人疏散到威海路。

今后管理探索

针对镇海区拾荒者存在现状，区再生办提出管理设想：在后海塘选地 20 亩，建立废弃物回收处理中心，先对蛟川和招宝山两街道流动收购、拣拾废弃物流动人员进行公寓式管理。实行统一居住，统一管理，统一堆放。把该两街道外来人员流动收购、拣拾的废品全部集中起来。加强管理，规范收购和拣拾行为。凡从事流动收购和拣拾人员，都须登记核准，划地堆放。流动收购和拣拾人员必须挂牌亮证上岗，统一车辆着色，统一服饰。取缔无证照收购，严禁场外堆放。专门设立管理办公室，负责对流动收购和拣拾人员的日常事务管理。

（调查撰稿：陈海群）

（责任编辑　陈　兵）

第四十三编　方　言

本编目录

新中国成立后推广普通话，地方话渐被普通话替代。作为母语，方言长期在本地区大部分人中“流通”。它反映文化的个性存在，并且在不断发展融合变化。近代研究镇海方言的代不乏人。

明嘉靖二年（1523），县城人薛俊为抗倭著《日本考略》中有“寄语略”一章，是我国最早以汉字记录日语语音的文章。通过两者对音可以了解当时镇海方言语音。清光绪年间编纂《镇海县志》，曾将镇海方言词语搜集综合成编。清张懋延《蛟川诗话》中也对镇海方言有所考校。1920年前后，镇海籍教育家李琯卿研究宁波方言，曾拟定宁波话注音符号方案。1930年代太原六郎王祖恩编辑《镇海方言》小册子，并于1935年成稿。40年代霞浦中心小学校长忻天趣，留心调查宁波俗话，收集记录，编辑成文，石印出版，在小范围内传播。1964年至1966年，浙江省开展全省方言调查时，语言学家方松熹曾在镇海城关调查过方言。70年代末，镇海县农林局退休干部朱纪法、镇海发电厂职工周元兴、城关居民郑静芳，都曾积极搜集镇海方言资料。朱纪法还将镇海俗话、谚语编印成册。英国语音学家 Phil Rose（汉名费国华）于70年代起，研究宁波（镇海）方言，发表《声调音韵学研究——镇海方言双音节词连读变调的声学语音学分析》等论文。90年代，宁波师范专科学校师生应邀调查编写《镇海县志·方言编》，并由宁波大学首任校长朱兆祥教授等审定修订。21世纪初，镇海籍广东外语外贸大学英文学院研究生戴红霞调查镇海方言，写出专论《镇海方言的塞擦音－擦音的音位系列调查研究》。此后有镇海澥浦人徐春伟对镇海方言情有独钟，工余时间几乎都用在研究镇海方言上，还建立方言研究网站，征集同好，共同研讨镇海方言，并发表方言论文多篇。

《镇海区志·方言编》是1994年版《镇海县志·方言编》的补充和阐释。它在原有基础上，就方言字音和词汇作一次选辑整理，并且着重于方言读音和文字举例；另外增加“词汇溯源”，介绍某些常用地方词汇的由来；增加非物质文化普查得来的镇海谣谚，以保存地方文化。为方便阅读，用地方话直音或国际音标注音（国际音标用“[ ]”号括注）。如没有相符的单字，则用“切音”标注（即用上字的声跟下字的韵相拼）。对某些词汇作些简释或用法举例。对专业性较强的术语、语言规律，试图作通俗阐释。

“镇海方言”，实际上应是包括大碶、柴桥、郭巨等现属北仑区范围的语言。它保留一些古音层次，如“交”、“教”、“胶”读“高”音，“孝”、“哮”读“耗”音，“生病”读成“生鬃”，“句章”读“勾章”等等。而原属镇海县地域的方言，南北东西也有微差。如澥浦、骆驼地区将“碗”、“苑”、“宛”等都读成“鸳”音，将“宁波”读成“宁北［boʔ］”；大碶地区将“黄糖放糖汤”读成“uo do fo do tʰo”，把鼻音隐去了。郭巨地区将“巨”、“具”读成“轧白于切［gy］”、“肉”读成“诺［no］”。《镇海区志》中的“方言”，主要以镇海老城区及庄市、澥浦一带的语音为主来介绍方言词汇，适当补充百年来语音发展融合后的今读音—即所谓“新派镇海话”，虽嫌杂糅，然亦以反映语音发展变化的现状。

第一章　语　音

镇海撤县设区以来方言的语音有所变化：

1. 声母部分：中古舌叶音五母 ʧ 、ʧʰ、ʤ 、ʃ 、ʒ 消失，辖字并入 ʦ、ʦh、ʥ、s、z，这与吴语太湖片近百年来的变化趋向一致。

2. 懒音现象。混读现象相当普遍，［ɔ̃］读成［uɔ̃］、［ã］读成［uã］、［o］读成［uo］、［ɦyø］读成［ɦuø］；［yeʔ］与［yoʔ］。除了混读外，还有韵母合并现象，新派［iaʔ］并入［iɪʔ］，［yŋ］并入［yoŋ］、［øʔ］并入［oʔ］、［ʑi］并入［ɦi］、［vu］并入［ɦu］。新派［iĩ］普遍并入［i］，咸山摄基本无鼻音。在个别新派口音中，［øŋ］并入［oŋ］。

3. 误读现象。镇海方言寒韵、覃韵因官话影响，老派和新派读音都有混淆，主元音误读为 ɛ。新派尤其是“70 后”开始，母语能力严重下降，在读非常用字时，普通话影响造成的误读严重。“如”读成［lu］（应读 ʒʮ 或 ȵy），“网”读成［uɔ̃］（应读 mɔ̃），“幸”读成［ɦiŋ］（应读 ɦã）。

4. 受宁波城厢（属鄞县音体系）影响，镇海城关、小港、新碶新派依［noŋ］字作为第二人称时，发无鼻音的［nəu］，但镇海区乡下仍旧用尔、尔依两套，发无鼻音的［nəu］不多见。参考苏州城乡第二人称分别存在［nE］、［nəŋ］差异的情况，宁波城厢的第二人称可能发生类似音变，即［noŋ］→［no］→［nəu］。老派第二人称是尔/尔依［noŋ］，新派只有掉了鼻音的［nəu］，导致新派尔拉这一第二人称复数形式也消失。

5. ［yɔ̃］、［ue］、［ie］3 个老文读音，新派基本不用。

6. 声调方面。镇海方言声调合并的趋势非常明显，声调的演变方向趋于宁波市区话和上海话。演变最快的城关话的声调调类调值都和宁波市区话与上海话无甚区别，只有 5 个声调，阴平和阴去合并，阳平、阳上、阳去合并。

镇海方言的声母和韵母细分大致有以下几个：

镇海方言声母表（共 39 个）

表 43－1

条目	清不送气塞音	清送气塞音	浊塞音	清擦音	浊擦音	阴次浊	阳次浊
唇音	p 帮	pʰ 滂	b 并	f 敷	v 奉	ʔm 妈	m 明
齿音	ʦ 早	ʦʰ 草	ʥ 残	s 三	z 随		
舌头音	t 端	tʰ 透	d 定			ʔl 拉	l 来
						ʔn 那	n 南

续表 43－1

条目	清不送气塞音	清送气塞音	浊塞音	清擦音	浊擦音	阴次浊	阳次浊
舌叶音	ʧ 专	ʧ^{h} 穿	ʤ 全	ʃ 舍	ʒ 船		
舌面音	ʨ 见	ʨ^{h} 溪	ʥ 群	ɕ 晓	ʑ 寻	ʔȵ 拈	ȵ 疑
牙音	k 光	k^{h} 框	g 狂			ʔŋ 嗯	ŋ 牙
喉音	ø 影			h 好	ɦ 匣		

声母部分：m、l、n、ȵ、ŋ5 个边音均分为清浊两套，分别与阴阳声调相配，可视为清浊对立的一部分。五边音在大多数数场合读浊音，也有几十个字读清音。也有学者将读清音时的边音视作独立的声母。

镇海方言韵母表（共 54 个）

表 43－2

开	合	齐	撮
ɿ 之			ʮ 如
		i 衣	
		iI 燕	
	u 乌		y 雨
a 埃	ua 歪	ia 亚	
o 丫	uo 蛙	io 要	yo 瘸
e 哀	ue 外文	ie 也文	
ɔ 澳			
ei 雷	uei 委		
œy 头		iu 幽	
əu 倭			
ɛ 宴	uɛ 弯		
ø̃ 端		u ø̃碗	yø̃ 怨
eĩ 安			
ã 樱	uã 横	iã 央	
ɔ̃ 项		uɔ̃ 汪	yɔ̃ 降文
oŋ 翁			yoŋ 永
əŋ 恩	uəŋ 温	iŋ 英	yŋ 云
øŋ 春			
aʔ 压	uaʔ 挖	iaʔ 握	
øʔ 雪		iɪʔ 乙	yeʔ 郁
oʔ 沃	uoʔ 屋		yoʔ 玉
l 而文	m 无	n 芋	ŋ´尔

韵母部分：根据郑张尚芳等《吴语的分区（稿）》和《吴语研究：第六届国际吴方言学术研讨会论文集》刘泽民的《吴、赣、客、粤、江淮诸方言谈覃寒桓的今读及相关问题》均指出老派覃韵字和谈寒韵钝音字是有鼻音的，因此韵母应该为 eĩ，即贪 tʰeĩ ≠ 推 tʰei，而不与老县志里 ei 韵相混，故在音系表里单独增加 eĩ 韵。今新派同音。

增加见系果合三戈韵韵母本音 yo（对应儿化音为 yø̃）。

yɔ̃ 韵只有清代留下来的老文读音，只有“降”一个字。

老县志发音人由于受浙江官话影响，流摄开口呼 œy 混入 ei，麻韵三等字 ia 发为 ie。因此恢复增加 œy 韵，并将 ie 视作 ia 的文读音。

第一节　同音字表

区志的“同音字表”是在 1994 年版《镇海县志·方言编·同音字表》基础上，作了一些扩大范围的调查，并参考古今辞书的音韵重新整理编辑的。由于半个多世纪来社会的发展变化，人群语言交流的广泛，镇海方言音韵也在悄悄地慢慢地发生变化，目前整理的可能已经不是“纯正”的镇海方言了。

一字两读或多读，按下列情况附加标记：1. 文白异读，用字下加单线表示口语音，加双线表示读书音。2. 异义两读，在字右上角用数字号码标出，或在右下角用小字简注区别字义或例词。3. 同义两读，只对差别较大的两读字，在右上角标出号码。4. 儿化变读，本音表不加标记，在变音字下加波形线。

字后释义简注用波形号代替本字。

1. **之韵**［ɿ］

tsɿ　［53］支洨卮栀枝肢禔氏知蜘脂祗咨资姿之芝淄兹孳孜滋嗞龇鶅黑～～
　　［35］纸咫紫旨指秭止趾址芷子仔梓滓　［44］智至致志痣置制掣鸷剚用刀刺质人～撴手挣～头

tsʰɿ　［53］差参～雌痴蚩嗤粢　［35］此侈齿耻祉　［44］刺次厕炽帜

dzɿ　［221］疵玼驰池瓷迟治持慈鹚糍餈峙　［13］雉　［城区 13/澥浦 21］渍致稚治值治滞

sɿ　［53］施斯厮师筛狮蛳私尸思司伺丝诗疏梳　［35］徙弛矢屎史使驶始死
　　［44］赐翅四肆驷伺试弑世势贳笥

zɿ　［221］匙时词祠柌辞鲥檬～涎　［13］是氏禔舐视市似祀姒士仕柿　［城区 13/澥浦 21］嗜示谥视寺嗣饲侍事逝誓自字豉

2. 如韵［ʮ］

sʮ ［53］须需 ［44］尠岁

zʮ ［13］叙绪序抒

ʧʮ ［53］猪锥诸株蛛朱珠侏茱 ［35］拄主拄 ［44］注疰铸蛀驻著饭～满满一碗，吴俗谓盛物于器曰～。飳鱼饵綴～鞋

ts^hʮ ［53］趋吹炊枢 ［35］取褚鼠 ［44］娶趣觑处

ʤʮ ［221］锤椎槌除储雏厨锄 ［13］柱 ［城区 13/澥浦 21］坠锤箸除住聚

ʃʮ ［53］书黍舒输运～ ［35］水数暑鼠 ［44］恕庶输～赢

ʒʮ ［221］垂蜍谁殊如茹儒 ［13］纾抒杼墅竖树汝乳孺 ［城区 13/澥浦 21］署薯曙树

3. 衣韵［i］

pi ［53］碑蓖屄否～极泰来 ［35］彼髀鄙啚匕比 ［44］臂秘泌痹闭蔽庇毖～眼火

p^hi ［53］帔披丕纰批剕用刀平削剫剥 ［35］嚭 ［44］譬屁媲睥

bi ［221］皮疲啤脾埤裨毗琵枇仳肥笓篦鼙螷蛤～ ［13］婢痞陛髀崥～倒，侧面倾倒。《唐韵》符鄙切，《说文》崩也。 ［城区 13/澥浦 21］避被备鼻毙币敝鐾弊

mi ［221］糜弥猕眉嵋楣薇微迷 ［13］靡渳弥美尾娓米眯寐～花眼 ［城区 13/澥浦 21］媚魅煝寐未味谜

ˀmi ［53］微咪眯渳

fi ［53］霏妃非飞扉绯非 ［35］斐匪榧 ［44］沸疿痱费废肺柿木～，斧子砍下的碎木片，可作燃料。

vi ［221］肥微薇唯惟 ［13］尾娓 ［城区 13/澥浦 21］狒腓扉翡费未味

ti ［53］低氐堤揥用手指方向 ［35］邸底诋抵 ［44］帝蒂缔渧

t^hi ［53］梯 ［35］体軆汤果粉交关～，《广韵》～軆，软貌。［44］替剃涕

di ［221］啼蹄提题锑鳀 ［城区 13/澥浦 21］地第弟缔悌娣棣题递逮

li ［221］离篱璃鹂梨蜊厘狸犁闾榈驴黎犁莉丽～水藜～涎＝人或动物口中的黏液剺～开

［13］履里鲤李理娌俚吕旅缕偻褛礼 ［城区 13/澥浦 21］荔利莅痢吏虑屡丽戾隶俪唳例厉蛎瀌滴，眼泪水～落来了攦往地上猛掷劆泪

tɕi ［53］羁畸掎敧饥机肌姬基箕讥饥蛆沮鸡稽叽玑畜咸～皮搁～筐篦～ ［35］几纪己济

［44］寄冀觊记沮挤计系继祭际髻暨鲰

$tɕ^h$i ［53］欺妻凄溪砠苴狙蛆雎攲～碗瓦爿，《广韵》不正也。 ［35］企跂起杞岂启稽～首

［44］弃器气契碶憩去睩近睩眼＝近视眼。《广韵》七计切，“视也”。

dʑi ［221］奇琦骑岐歧祁鳍其期旗琪麒骐淇祺祈齐脐跂（伎）～头鹅，《广韵》倾也。

［13］揵持箸取物技妓伎荠渠第三人称痔 ［城区 13/澥浦 21］骑忌剂忮～人，脾气固执，倔强的人。

ȵi ［221］宜仪尼呢疑而倪儿泥 ［13］蚁你耳拟 ［城区 13/澥浦 21］议谊义腻二饵毅诣羿霓艺嬖铜钿～眼拨我

ˀȵi　［35］你

ɕi　［53］牺羲熙嬉禧熹希曦稀胥西栖犀嘶烯　［35］喜洗死　［44］戏絮细栖婿世㾓痛～～，《集韵》许既切，痛也。

ʑi　［221］徐齐　［13］叙绪序抒屿　［城区13/澥浦21］自

ki　［53］居姓　［44］锯

ɦi　［221］移姨彝夷饴怡异贻颐奚嵇兮迤瘍《廣韻》羊益切。病相染也。　［13］以已矣迤　［城区13/澥浦21］易肄勚异巳曳裔又系

i　［53］漪祎伊医依衣　［35］椅　［44］缢懿意饐食物坏掉

4. **乌韵［u］**

pu　［53］逋餔晡庯陠鵏峬稗鯆乡下土～，乡下人　［35］补谱圃　［44］布

pʰu　［53］铺～陈敷　［35］怖普浦潽水沸　［44］铺～板

bu　［221］匍朴菩蒲敲胀～，米泡在水中过久而胀大，《玉篇》㪍～，屋欲坏。引申为扩张。本清音字，今读浊音。脯本清音字，今读浊音。　［13］簿部篰倒笼～殕食物上的白色霉菌，本清音字，今读浊音。［城区13/澥浦21］捕哺步埠孵～小鸡

fu　［53］敷麸孚俘孵肤夫擫游河辰光莫用水～我　［35］甫斧俯府莆抚殕　［44］赴讣付赋傅富副

vu　［221］扶芙符芜诬巫凫浮无　［13］父辅腐釜武舞妩侮怃鹉妇䩉嘴～　［城区13/澥浦21］附驸务婺雾

tu　［53］都　［35］睹赌堵肚猪～　［44］妒

tʰu　［35］土　［44］兔吐堍唾涎～

du　［221］徒屠涂途图镀荼　［13］杜肚～皮　［城区13/澥浦21］渡镀度

nu　［221］奴　［城区13/澥浦21］怒弩误娱捂悮寤忤迕悟

lu　［221］卢炉芦庐颅鲈栌　［13］鲁卤虏滷菜的汤汁擄　［城区13/澥浦21］路露潞鹭璐赂

tsu　［53］租　［35］阻祖组　［44］诅

tsʰu　［53］初粗　［35］楚础　［44］措醋错瘄～子＝麻疹

dʑu　［13］龃　［城区13/澥浦21］助

su　［53］梳蔬苏酥须殨污～＝不干净　［35］所数　［44］诉素塑

ku　［53］孤姑辜箍　［35］古鼓臌股估贾　［44］顾雇故固痼

kʰu　［53］枯骷　［35］苦　［44］库裤绔

gu　［13］跍蹲下。玉皇殿，～一～，对面就是寺后胡咕

hu　［53］呼　［35］虎浒

ɦu　［221］胡壶狐瑚湖糊弧葫咶（嘝）～咙＝喉咙吾吴蜈　［13］户沪五午伍　［城区13/澥浦21］护互

u ［53］乌呜污邬於~探=地方 ［35］坞邬鸠 ［44］焐恶机椅子

5. 于韵［y］

tɕy ［53］龟归居据拘驹车象棋痾 ［35］鬼举矩 ［44］贵据锯踞句

tɕʰy ［53］亏墟区驱岖躯蛆 ［35］龋 ［44］去

dʑy ［221］渠衢瞿 ［13］跪巨拒距炬 ［城区 13/澥浦 21］柜惧具

ȵy ［221］虞愚娱 ［13］蕊语御女 ［城区 13/澥浦 21］御驭遇寓

ɕy ［53］虚嘘 ［35］许诩毁旧指小儿换牙齿。《广韵》况伪切，“男八岁女七岁而毁齿。” ［44］煦

ɦy ［221］围余舆与誉于盂逾俞愉瑜愈 ［13］与予羽禹雨宇愈 ［城区 13/澥浦 21］豫预誉舆裕觎谕喻吁芋雨羽

y ［53］於淤迂瘀伛 ［44］喂饫

6. 挨韵［a］

pa ［35］摆叭 ［44］爸拜扒

Pʰa ［44］派湃絀

ba ［221］牌排 ［13］罢 ［城区 13/澥浦 21］败

ma ［221］埋趏《廣韻》从莫白切，音陌。《玉篇》走貌。今口语常为儿化音，指走路慢且摇晃。 ［13］买 ［城区 13/澥浦 21］卖迈

ˀma ［44］妈

ta ［44］带

tʰa ［44］泰忲太汰

da ［221］坎 ［城区 13/澥浦 21］大扶汏

na ［13］奶娜哪 ［城区 13/澥浦 21］奈那淖~泥

ˀna ［44］那表指示

la ［城区 13/澥浦 21］赖籁癞喇

ˀla ［53］拉啦

tsa ［53］斋 ［44］债祭

tsʰa ［53］钗叉差瑳~眼=近视眼 ［44］蔡差衩杈

dza ［城区 13/澥浦 21］馕

sa ［53］崽 ［35］洒 ［44］晒

za ［221］柴瘵冒~病 ［221］豺 ［城区 13/澥浦 21］寨搽手执容器左右晃动

ka ［53］街皆偕阶咖~喱 ［35］解 ［44］懈诫戒界介届疥尬芥疥~厨隘地名

kʰa ［53］揩咖~啡 ［35］楷锴卡

ga ［221］伽嘎 ［13］解来回拉 ［城区 13/澥浦 21］懈~门

ŋa　［221］崖涯捱～辰光霂形容大雨声及水等液体大量急速流出的声音　［城区 13/澥浦 21］外

ha　［35］蟹澥此二字本浊音，今清化　［44］哈

ɦa　［221］谐鞋还～有　［13］骇　［城区 13/澥浦 21］械齘

a　［53］鸦～片　［35］矮挨唉躷踦靠　［44］隘叆～拢，天气阴沉的样子阿～姆=佣人

7. **亚**［ia］

tia　［53］爹

tɕia　［53］迦佳阶嘉家加　［35］姐贾　［44］借喈～八俐，高声尖叫的人（多指女性）《广雅》～～，鸣也。驾

tɕʰia　［35］且　［44］笪

dʑia　［221］茄

ȵia　［13］若惹

ɕia　［53］些　［35］写鬲～老酒　［44］卸泻

ʑia　［221］斜邪　［城区 13/澥浦 21］谢榭

ɦia　［221］邪耶椰斜崖涯霞　［13］野也冶　［城区 13/澥浦 21］夜械

ia　［城区 13/澥浦 21］亚

8. **歪韵**［ua］

kua　［53］乖怪奇～　［35］拐［44］怪～罪

kʰua　［44］快筷本音

gua　［221］怀

hua　［53］竵歪

ɦua　［221］怀槐淮　［城区 13/澥浦 21］坏

ua　［53］歪娃洼哇

9. **奥韵**［ɔ］

pɔ　［53］包胞苞褒　［35］饱宝保堡鸨褓葆　［44］豹报爆～裂趵弹起，油锅里油～出来

pʰɔ　［53］脬抛泡　［44］炮抛

bɔ　［221］庖跑袍爮爮　［13］鲍抱　［城区 13/澥浦 21］刨暴曝瀑爆～炸

mɔ　［221］茅猫毛髦　［13］卯　［城区 13/澥浦 21］貌帽冒

ˀmɔ　［44］莫不要覓

tɔ　［53］刀　［35］捣岛祷倒～塌　［44］到倒～立

tʰɔ　［53］韬绦滔叨～光　［35］讨　［44］套

dɔ　［221］陶桃焘逃涛掏萄　［13］道稻　［城区 13/澥浦 21］导悼蹈盗

nɔ　［13］挠脑恼嫐　［城区 13/澥浦 21］淖闹脑蹂（厺）用脚踩

lɔ ［221］劳涝唠牢捞萝勞 ［13］老涝佬恅涝 ［城区 13/澥浦 21］痨涝

ˀlɔ ［53］捞涝唠

tsɔ ［53］抓糟遭嘲本音 ［35］爪早澡藻蚤枣找抓～痒 ［44］罩笊灶躁

tsʰɔ ［53］抄钞操慥糙［35］炒吵草 ［44］糙耖

dzɔ ［221］巢曹槽漕嘈火～病＝吃了就饿的病 ［13］造 ［城区 13/澥浦 21］巢漕

sɔ ［53］捎弰骚搔缫臊筲 ［35］嫂扫～地 ［44］稍梢潲扫～帚筲燥悛《集韵》先到切，音燥。《玉篇》快性也。豪～，赶紧。

zɔ ［13］皁造

kɔ ［53］交蛟茭胶鲛郊教高膏皋羔糕篙 ［35］绞搅铰鬲杲缟搞姣 ［44］教窖校酵觉较告叫

kʰɔ ［53］敲墝硗 ［35］巧考拷烤 ［44］犒靠铐鲓（鱶）鱼～

gɔ ［13］搅～脑子搞～七廿三绞～丝旁

ŋɔ ［221］敖遨翱熬鳌鏊爊嗷鳌 ［13］咬 ［城区 13/澥浦 21］傲

hɔ ［53］蒿哮痨～驼＝哮喘佬大～佬，大人物。 ［35］好 ［44］孝哮耗好薅～菜蔽因变形而不平

ɦɔ ［221］肴豪号毫壕濠 ［13］皓昊浩 ［城区 13/澥浦 21］效校号

ɔ ［53］凹坳鏖～糟 ［35］拗袄媪 ［44］坳奥懊澳謸燠在容器里加水，《广韵》燠釜以水添釜詏诬赖抭量物

10. 丫韵［o］

po ［53］巴钯笆芭吧蚆 ［35］把 ［44］霸坝

pʰo ［53］葩 ［44］怕

bo ［221］爬杷琶齙《集韵》步化切。齙齖，齿出貌。《字彙》齿不正也。筢 ［13］跁笆 ［城区 13/澥浦 21］耙

mo ［221］麻蟆嬷麽～奢［13］马码 ［城区 13/澥浦 21］骂

ˀmo ［53］嬷～～，比父亲大的姑妈或是比母亲大的姨妈

tʰo ［53］挓用手指或脚底来回搓

no ［221］拿哪～吒

ʧo ［53］遮渣揸（叡、摣）～牌，《说文》取也。 ［35］者赭 ［44］诈咋笮榨蔗吒咤姹

ʧʰo ［53］车叉杈差迱 ［35］姹 ［44］诧斥差衩杈瘥病有好转踀脚骨～勒阴沟里，《玉篇》踏也。

ʤo ［221］碴茶涂楂查喳 ［13］社 ［城区 13/澥浦 21］乍

ʃo ［53］奢赊畲鲨沙砂裟纱莎 ［35］洒舍啥傻耍 ［44］赦庐～头间閜～～板＝滑梯

ʒo ［221］蛇荼 ［13］若惹 ［城区 13/澥浦 21］射麝

ko ［53］嘉家加痂袈迦 ［35］假贾 ［44］驾稼嫁架价假

kʰo ［53］抲欱～～，儿语睡觉。

go ［13］茶～～，儿语喝水嗲～～譬人＝不停地骂人

ŋo　［221］牙衙芽伢犽《集韵》牛加切，音牙。吴人谓赤子曰𤘅～。　［13］我雅瓦讹　［城区 13/瀣浦 21］迓讶犽齖枒砑

ho　［53］颬开口吐气的样子煆鰕弯腰虾本浊音，今清化　［35］閜　［44］煆《扬子·方言》煦煆，热也。吴越曰煦～。罅～觑眼，因高度近视而须眯细眼睛才能看清的人

ɦo　［221］遐霞瑕　［13］厦　［城区 13/瀣浦 21］夏下

o　［53］鸦丫桠阿～弥陀佛　［35］哑　［44］亚挜硬把东西给人或卖给人

11. 要韵［io］

pio　［53］标镖𤔓味道脆嫩　［35］表裱

p^{h}io　［53］漂～浮飘　［35］瞟　［44］漂～亮票

bio　［221］瓢嫖　［13］鳔　［城区 13/瀣浦 21］骠

mio　［221］苗描　［13］眇渺淼秒藐　［城区 13/瀣浦 21］妙庙

^{ʔ}mio　［53］藐眼睛一～

tio　［53］貂刁雕　［35］鸟　［44］吊钓窎

t^{h}io　［53］佻挑𠝹给予他人好处㓮～刺　［35］䠷出～　［44］眺跳

dio　［221］迢条调迢　［城区 13/瀣浦 21］掉调

lio　［221］聊潦辽料撩廖嘹獠缭蓼燎𢾕人瘦长。《广韵》力小切，音燎。《玉篇》小长貌。蹽镠

［13］了僚瞭醸《广韵》力小切。～白，面白。　［城区 13/瀣浦 21］料疗镣尥抄近路，《说文解字注》行胫相交也。

tɕio　［53］浇钊骄娇焦蕉椒昭招盄油～朝明～交蛟郊教　［35］缴沼矫剿皎侥姣　［44］叫照诏醮教校

tɕ^{h}io　［53］超跷敲墝硗㲖饭～　［35］悄巧　［44］窍峭俏眺撬本音

dʑio　［221］晁潮樵礁乔桥侨荞翘嘲朝～代　［13］肇兆赵　［城区 13/瀣浦 21］轿翘撬

ȵio　［221］尧饶蛲　［13］娆扰绕侥　［城区 13/瀣浦 21］尿绕

^{ʔ}ȵio　［53］尧～～猪，儿语

ɕio　［53］萧箫宵消霄捎逍销硝哨烧哮敲㩭掀开𢷾当心～屁股，《集韵》击也。

［35］筱晓小少大～爷　［44］啸肖鞘孝少～年

ʑio　［221］韶　［13］绍　［城区 13/瀣浦 21］邵召

ɦio　［221］遥窑姚摇谣瑶肴　［13］芍舀杳　［城区 13/瀣浦 21］鹞耀曜曜效校

io　［53］腰邀妖祆幺夭吆　［35］殀闄把房间从中隔开。《广韵》隔也。　［44］要窔隐暗处。

12. 蛙韵［uo］

kuo　［53］瓜蜗　［35］寡剐　［44］卦挂诖褂

k^{h}uo　［53］夸　［35］垮　［44］跨胯

go　［城区 13/瀣浦 21］跨口语浊化

huo　［53］花华用刀切割瓜果、鱼肉等而不使断裂𥧌短时间睡眠　［44］化

ɦuo　［221］华桦　［城区 13/澥浦 21］画话

uo　［53］洼蛙窊低洼搲《集韵》吴俗谓手爬曰搲　［44］䆀《集韵》乌化切。色败也。

13. **靴韵**［yo］

tɕyo　［53］佳老文读

dʑyo　［221］瘸

ɕyo　［53］靴

14. **哀韵**［e］

te　［35］歹　［44］戴

tʰe　［53］胎台～州梯路～　［44］贷态

de　［221］台抬苔　［13］骀待怠殆迨绐诒軩　［城区 13/澥浦 21］代岱黛逮袋埭

ne　［13］乃　［城区 13/澥浦 21］耐

ˀne　［35］奶吃～～，儿语

le　［221］来莱

tse　［53］灾栽哉　［35］宰载　［44］载再

tɕʰe　［53］猜　［35］采彩睬　［44］菜

dze　［221］裁才财材　［13］在　［城区 13/澥浦 21］裁才在栽

se　［53］鳃　［44］赛塞

ke　［53］该赅垓晐　［35］改　［44］盖丐溉

kʰe　［53］开佧　［35］恺凯　［44］慨忾

ge　［城区 13/澥浦 21］餩隑戤

ŋe　［221］隑呆　［城区 13/澥浦 21］艾碍

he　［53］咍　［35］海

ɦe　［221］孩趩　［13］亥　［城区 13/澥浦 21］害嗐

e　［53］哀埃唉　［44］蔼霭暧爱叆

15. **茄韵**［ie］

tie　［53］爹

dʑie　［221］茄辣～

16. **外韵**［ue］

ɦue　［城区 13/澥浦 21］外

17. **倭韵**［əu］

pəu　［53］波菠　［35］跛　［44］播簸

p^həu　［53］颇坡玻　［35］叵　［44］破

bəu　［221］婆鄱　［13］薄~荷　［城区13/澥浦21］缚

məu　［221］模膜摩魔幕磨~刀　［城区13/澥浦21］暮慕募墓磨

təu　［53］多　［35］朵耳~躲挆　［44］桗剁挅剁

t^həu　［53］拖她他它~山堰　［35］妥椭　［44］唾涶

dəu　［221］驼陀佗驮鸵拕　［13］舵堕　［城区13/澥浦21］大惰

nəu　［221］挪捼挼挼搓　［13］那娜婀~　［城区13/澥浦21］糯懦

ləu　［221］罗逻萝箩锣摞骡螺腡手指~，指纹圈　［13］裸卵羸火~，蚯蚓攎收拢，口语
［城区13/澥浦21］摞

ʔləu　［44］攎、搂抱婴儿

tsəu　［35］左佐　［44］做

ts^həu　［53］搓　［44］锉挫错口语

səu　［53］梭唆娑啥　［35］锁琐

zəu　［221］痤矬下陷　［13］坐　［城区13/澥浦21］座

kəu　［53］歌柯哥戈锅　［35］舸果裹　［44］个过

k^həu　［53］珂轲科窠稞蝌髁骬脚~头　［35］可轲坷颗棵　［44］课

ŋəu　［221］鹅俄讹娥峨蛾　［城区13/澥浦21］饿卧

həu　［53］呵荷薄~佝~背　［35］火伙　［44］货

ɦəu　［221］何河苛和禾荷~花胩~头　［13］祸伙啊语助词　［城区13/澥浦21］贺

əu　［53］倭喽莴窝涡屙阿~胶跒~倒婀~娜婑~暖。《集韵》乌禾切，音倭。暖貌。捼抱

18. **雷韵**［ei］

pei　［53］杯碑悲　［44］贝狈辈褙背~脊褙拚~命

p^hei　［53］胚坯醅抔訾　［44］沛配霈

bei　［221］裴培陪赔　［13］倍　［城区13/澥浦21］佩焙悖背备被~迫

mei　［221］枚梅媒玫煤莓霉焜（煿）~焦 = 烧焦　［13］每美镁　［城区13/澥浦21］痗昧
妹阿~

ʔmei　［44］妹~~

vei　［城区13/澥浦21］匢（㕡）勿会合音字

tei　［53］堆　［35］叻拉　［44］对

t^hei　［53］推　［35］腿　［44］蜕退煺~鸡毛，《集韵》以汤除毛。

dei　［221］颓　［城区13/澥浦21］兑队

nei ［221］捼 ［13］馁浽餧（腇）食物软 ［城区 13/澥浦 21］内汭

lei ［221］雷儡镭嘞擂 ［13］垒磊瘺蕾儡 ［城区 13/澥浦 21］类累涞泪

tsei ［53］追锥 ［44］缀辍最醉赘

tsʰei ［53］崔催吹炊衰 ［44］翠脆倅淬焠啐捶用力拉

dzei ［221］摧锤椎槌 ［城区 13/澥浦 21］缒槌锤坠锤

sei ［53］虽浽蓑衰倠～气，《博雅》仳倠，醜也。 ［35］髓水 ［44］碎谇啐税说祟岁

zei ［221］粹随垂陲谁 ［13］罪 ［城区 13/澥浦 21］遂彗隧穗睡瑞邃蕊锐叡睿

hei ［35］许应～

19. **委韵**［uei］

kuei ［53］圭闺瑰规龟归 ［35］轨癸鬼诡桅 ［44］桂脍鳜刽愧会～计贵

kʰuei ［53］睽奎恢诙魁盔窥亏 ［44］块魄米～，口语浊音清化

guei ［221］奎葵逵匮馈跪柜魄本音

huei ［53］灰挥辉晖徽 ［35］毁贿悔 ［44］诲悔晦喙讳卉

ɦuei ［221］回徊茴帏韦闱违围桅危巍 ［13］韪炜伟玮苇 ［城区 13/澥浦 21］慧惠卫彗会绘溃回为位遗胃谓纬汇猬渭伪魏

uei ［53］煨偎逶威 ［35］猥委萎诿 ［44］荟秽尉慰畏蔚

20. **欧韵**［œy］

pœy ［35］掊

pʰœy ［35］剖

mœy ［221］谋眸牟缪 ［13］母牡某拇亩 ［城区 13\ 澥浦 21］茂贸鄮

fœy ［35］缶否

vœy ［221］浮 ［13］妇负阜

tœy ［35］斗蚪陡抖 ［44］斗

tʰœy ［53］偷覰～睛眼＝麦粒肿，《說文》目蔽垢也。本端母字，今读如透母。 ［35］敨（敨）把包着或卷着的东西打开。鼾量词，幢 ［44］透音欧跶趉从高往下跳

dœy ［221］头投骰 ［城区 13/澥浦 21］豆逗痘窦读句～豉～孙

lœy ［221］楼娄搂偻蝼髅瞜剅謱謰～，话说不清楚 ［13］篓 ［城区 13/澥浦 21］陋漏镂瘘镂剅

ʔlœy ［44］镂～眼

tsœy ［53］邹诌噣叽～ ［35］走 ［44］皱奏绉

tsʰœy ［53］诌 ［44］凑揍

sœy ［53］搜揪馊飕溲 ［35］擞叟 ［44］瘦嗽

zœy ［221］愁 ［城区 13/澥浦 21］骤

kœy　［53］钩沟句佝篝　［35］苟狗枸　［44］构够垢诟媾

k^hœy　［53］抠眍眼珠深陷［35］口叩竘~分，略显不够一点　［44］扣筘寇寇訆事先与人说定

Gœy　［221］痀驼背，背弯曲　［13］趨踋此组均为口语音

ŋœy　［221］生　［13］藕偶　［城区 13/澥浦 21］偶

hœy　［53］齁诟呴~煞，急迫　［35］吼呴　［44］鲎清化

ɦœy　［221］侯猴喉篌瘊　［13］厚后候逅呴

œy　［53］讴欧瓯鸥呕　［35］呕殴　［44］沤怄

21. **幽韵**［iu］

piu　［53］彪

biu　［221］滮

miu　［城区 13/澥浦 21］谬缪

tiu　［53］丢

liu　［221］刘留流榴琉浏馏硫瘤　［13］柳抑~糨糊　［城区 13/澥浦 21］溜

tɕiu　［53］啾周州洲舟鸠揪揂纠赳鬏（鬏）一~柴　［35］肘久九韭酒帚赳灸　［44］救究疚厩昼咒

$tɕ^h$iu　［53］秋湫鳅抽丘蚯邱惆搊糗~汤果粉　［35］丑　［44］臭

dʑiu　［221］酋酬踌绸稠裘仇求球虬筹觓搊将绳收拢，~鹞线。《集韵》引也。　［13］愀舅臼咎纣柏　［城区 13/澥浦 21］胄宙旧柩就

ȵiu　［221］牛柔　［13］纽钮杻扭炄

ɕiu　［53］修羞收休　［35］朽首手守　［44］狩兽秀绣宿

ʑiu　［221］囚泅　［13］受寿绶　［城区 13/澥浦 21］袖授寿售绶

ɦiu　［221］尤邮鱿犹悠油由攸釉游郎秞蚰蝣猷　［13］有友诱莠酉　［城区 13/澥浦 21］宥又佑右柚鼬祐囿

iu　［53］忧优幽　［35］黝蚴　［44］幼

22. **燕韵**［iĩ］

piĩ　［53］边鞭鳊编揙砭牑砖~　［35］编匾缏萹惼碥扁糄贬蹁匾《南粤志》器物之不方不圆者。［44］变徧遍砭

p^hiĩ　［53］篇偏翩媥　［44］片

biĩ　［221］便　［13］辫辩辡辨　［城区 13/澥浦 21］卞汴便

miĩ　［221］眠绵棉　［13］免娩勉鮸冕缅　［城区 13/澥浦 21］面

tiĩ　［53］癫滇巅　［35］典点玷碘　［44］殿店沾垫

t^hiĩ　［53］天添　［35］栝（栎）火~

diĩ　［221］田佃钿甜恬湉　［13］簟　［城区 13/澥浦 21］电殿奠淀甸佃钿

liĩ　［221］莲怜连联涟鲢令链廉镰謰说话不清䶬牙齿外露　［13］琏摙莲敛捡潋穛　［城区 13/澥浦 21］练涟殓敛潋瓠倒～，因瓜过熟而瓜瓤脱落敹～槌潋稠～

tɕiĩ　［53］犍腱笺坚鉴肩煎詹瞻蟾兼蒹尖歼艰沾展毡䇳一～稻草皽臀～搛～菜，挟菜　［35］揵蹇翦剪钱检睑简柬䍐《集韵》不从罽谓之䍐。　［44］建见鉴荐战颤箭溅煎占僭㧊支撑倾斜房屋，使之平正间

tɕʰiĩ　［53］千阡芊迁牵纤骞签谦　［35］浅遣谄歉饘～浆　［44］蒨茜倩芊谴遣堑椠欠

dʑiĩ　［221］前钱虔犍键揵潜箝钳拑黔缠钤　［13］践饯件键俭芡渐　［城区 13/澥浦 21］健腱荐贱饯潜蹇

ȵiĩ　［221］年妍研黏粘鲇拈严　［13］捻染　［城区 13/澥浦 21］砚研彦唁谚辗碾验念岸儼

ˀȵiĩ　［53］黏粘拈

ɕiĩ　［53］轩掀先仙鲜杴杴𣈶泥～、火～佡轻狂　［35］洗筅筅显癣险陕闪蚬黄～毨鸟用嘴整理羽毛　［44］献宪线苫扇煽

ʑiĩ　［221］涎　［13］剡　［城区 13/澥浦 21］羡贱

kiĩ　［53］干竿肝邗甘柑苷泔杆　［35］秆感敢橄澉　［44］干赣

kʰiĩ　［53］看刊龛堪坩　［35］侃坎砍　［44］看阚瞰磡勘墈䶬咸～～

ɦiĩ　［221］言贤弦舷延埏筵蜒盐阎炎咸～丰　［13］演衍琰剡焰现蜒软体动物爬行㷔～～动　［城区 13/澥浦 21］羡延涎艳焰盐渰𤇾火～开＝火蔓延，《集韵》以赡切，《说文》火行也。

iĩ　［53］蔫焉烟燕咽胭焉蔫嫣鄢淹腌恹餍魇　［35］偃郾堰躯厌𡑞奄掩埯䁙比长短。嫌～贬，不满意。㢈蟹腹下面的薄壳　［44］堰鄢郾傿宴燕咽躯堰厌餍魇魘结～

23. 鹦韵［ã］

pã　［53］浜摒绷崩蹦伯　［44］迸

pʰã　［53］砰怦乓抨烹閛砰关门絣—～葡萄

bã　［221］彭澎膨棚朋鹏聱聱～螃～蚏蟹　［城区 13/澥浦 21］甏蚌

mã　［221］萌氓盲𤿻金𤿻，石榴　［13］猛蜢　［城区 13/澥浦 21］孟盟

ˀmã　［53］饭～～，儿语饭

tã　［35］打

tʰã　［35］淌水～。汤珍珠版《宁波方言词典》作“汤”。

dã　［城区 13/澥浦 21］宕延～，～账趤《集韵》大浪切，音宕。闲逛。

lã　［13］冷

tsã　［53］争筝狰　［44］诤挣

tsʰã　［53］瞠撑

dʑã　[221] 峥　[城区 13/澥浦 21] 锃盛姓䟫~进去，挤进去

sã　[53] 生牲甥笙　[35] 省节~眚眼内生点　[44] 朿竹木上极小的刺

kã　[53] 更粳赓羹埂耕迒蛇虫鱼爬行；三轮车把握不住方向，《广韵》兔径也。　[35] 耿梗挭哽郠绠鲠埂骾　[44] 更

kʰã　[53] 坑铿

gã　[城区 13/澥浦 21] 鲠《说文》本作鯁，鱼骨。《广韵》刺在喉。俗音浊化。

ŋã　[城区 13/澥浦 21] 硬

hã　[53] 亨大~哼　[44] 啈

ɦã　[221] 行~李珩衡桁~条绗~针　[13] 杏

ã　[53] 罂莺樱鹦茔　[35] 犃小牛　[44] 掊《广韵》吴人云抛也。

24. **央韵** [iã]

liã　[221] 良梁粱粮凉量　[13] 两俩　[城区 13/澥浦 21] 亮谅量晾喨踉

tɕiã　[53] 姜疆僵张将~来浆脚拐~雀麻~　[35] 奖桨蒋长~大　[44] 帐胀涨张酱账仗打~将~领

tɕʰiã　[53] 羌锵枪跄呛炝䗲~蟹腔伥鹊鸦~　[35] 昶抢镪敞厂僘　[44] 怅畅昶

dʑiã　[221] 肠场强~大长~短　[13] 澋洗丈杖謽~~嘶噁价钿~眼，便宜，吴语方言。　[城区 13/澥浦 21] 仗依~弶

ȵiã　[221] 瓤娘孃　[13] 仰壤嚷攘　[城区 13/澥浦 21] 让酿

ɕiã　[53] 香乡襄厢湘镶箱相~信商~量　[35] 想鲞响飨饷享~受　[44] 向相看~

ʑiã　[221] 详翔祥痒墙蔷　[13] 像象橡　[城区 13/澥浦 21] 匠

ɦiã　[221] 阳杨扬羊疡洋烊样徉　[13] 养~分痒膳恶心~~《集韵》以两切。膳膳，欲吐。[城区 13/澥浦 21] 漾炀恙养供~

iã　[53] 央鸯殃秧　[35] 鞅柍秧詇峡駚炴怏　[44] 䩕青~~，《玉篇》青貌。

25. **横韵** [uã]

kuã　[53] 光~火骨红脚~　[35] 梗

guã　[22] 逛~~奔去

huã　[53] 晃~来~去

ɦuã　[221] 横撗~蛛网

uã　[53] 横~对

26. **肮韵** [ɔ̃]

pɔ̃　[53] 帮邦梆　[35] 榜膀绑　[44] 谤泵训读，来源于英语音译 pump。

pʰɔ̃　[53] 滂镑磅　[35] 髈《广韵》髀，吴人云~　[44] 胖

bɔ̃　［221］庞傍蒡彷膀髈房旁鳑螃防　［13］棒蚌　［城区 13/澥浦 21］傍

mɔ̃　［221］亡芒望茫忙　［13］网莽蟒　［城区 13/澥浦 21］妄望忘

ˀmɔ̃　［44］㒶张～，《字汇补》觅也。

fɔ̃　［53］方坊芳肪枋　［35］仿纺彷舫　［44］访妨放

vɔ̃　［221］房坊　［44］妄望忘亡

tɔ̃　［53］当应～铛裆　［35］党挡阻～　［44］当上～档挡～扶

tʰɔ̃　［53］汤镗（噔）～锣蹚趟　［35］傥躺耥　［44］烫

dɔ̃　［221］唐糖堂棠搪螳塘溏膛瀿庭～，屋檐下的冰柱䌫麻～　［13］荡［城区 13/澥浦 21］宕趤

nɔ̃　［221］囊　［13］攮～一刀曩～昔　［城区 13/澥浦 21］儾～头，布料比所需尺寸放宽的余量

lɔ̃　［221］郎莨稂桹廊榔蜋狼踉哴晾干阆空旷㝗壳～　［13］朗㝗稀疏　［城区 13/澥浦 21］浪阆趤《集韵》郎宕切，音浪。《类篇》趤趤，逸游。

tsɔ̃　［53］臧赃　［35］脏肮～　［44］葬

tsʰɔ̃　［53］仓苍沧

dzɔ̃　［221］藏～东西　［13］奘　［城区 13/澥浦 21］奘藏～族脏五～

sɔ̃　［53］桑丧～事　［35］磉嗓颡搡　［44］丧～失

zɔ̃　［221］昨

ʧɔ̃　［53］章漳樟璋彰獐桩庄妆装　［35］掌～门　［44］障瘴壮装

ʧʰɔ̃　［53］昌倡猖阊鲳菖仓苍沧疮舱创～伤摐用棒撞击物体　［35］怆闯　［44］唱倡怆沧创开～

ʤɔ̃　［221］幢撞常嫦　［城区 13/澥浦 21］幢撞状

ʃɔ̃　［53］双商伤殇霜孀　［35］爽赏

ʒɔ̃　［221］尚裳尝偿徜床　［13］上绱～鞋，把鞋底鞋帮缝在一起　［城区 13/澥浦 21］尚上偿

kɔ̃　［53］江扛杠豇肛冈岗刚钢纲亢㝩灶衍地～　壳瓦～　［35］讲港吭地～　［44］洚降～落

kʰɔ̃　［53］康糠腔跫　［35］慷　［44］抗伉亢囥藏炕

gɔ̃　［44］戆

ŋɔ̃　［221］卬昂

hɔ̃　［53］夯

ɦɔ̃　［53］忼航行银～杭降投～肮　［13］项吭　［城区 13/澥浦 21］巷

ɔ̃　［53］鞅～颡鱼　［35］映　［44］盎

27. 汪韵［uɔ̃］

kuɔ̃　［53］光胱桄　［35］犷广逛　［44］桄光诳

kʰuɔ̃　［53］匡筐框眶　［44］旷

guɔ̃　［221］狂　［城区 13/澥浦 21］诓

huɔ̃　［53］荒慌　［35］谎恍　［44］况

ɦuɔ̃　［221］王往黄皇璜惶煌隍湟徨蝗瘟凰趪簧縠卵～　［13］往晃幌滉　［城区 13/澥浦 21］旺曠～亮，《集韵》胡旷切。曠眼，明貌。

uɔ̃　［53］汪　［35］枉馈软，～酸酸　［44］汪

28. **降韵**［yɔ̃］

tɕyɔ̃　［44］降老文读

29. **晏韵**［ɛ］

pɛ　［53］班颁肦斑辫般扳瘢　［35］版板坂阪　［44］扮畈搬～一跌

pʰɛ　［53］攀　［44］鋬盼襻纽～帕绢～

bɛ　［221］辵迈过去，《類篇》涉也，或書作踙。牌麻雀～　［13］阪　［城区 13/澥浦 21］瓣辨办爿

mɛ　［221］蛮谩猫迷幽～＝捉迷藏　［13］晚娩挽浼　［城区 13/澥浦 21］万蔓曼慢

ˀmɛ　［221］蛮咩～～羊，儿语。

fɛ　［53］翻番幡翻反蕃藩籓发看～＝刘海欧顺手，熟练，《玉篇》作欸。　［35］反坂返
［44］仮泛（汎）～舟贩疲恶心欲吐畚酒变质，《说文》酒疾熟也。

vɛ　［221］烦繁樊矾藩凡帆泛（氾）仮～头　［13］范犯晚娩挽浼～人去帮忙　［城区 13/澥浦 21］饭梵万

tɛ　［53］单郸丹殚箪担～任勯　［35］亶疸胆　［44］旦担挑～石量词

tʰɛ　［53］滩叹摊聃坍瘫舑舌头伸出来勯疲倦之极，《集韵》多寒切。力竭也。　［35］坦毯　［44］炭碳叹錟

dɛ　［221］坛檀掸弹谈痰箓～竹繟～嘴＝下齿比上齿突出的人。《广韵》宽绰。　［13］但袒诞啖　［城区 13/澥浦 21］但惮弹淡蛋氮

nɛ　［221］难困～　［13］赧　［城区 13/澥浦 21］难～民

lɛ　［221］兰澜阑谰拦籣栏斓蓝褴篮　［13］懒览揽榄　［13］脸　［城区 13/澥浦 21］烂澜滥缆

tsɛ　［53］遭更换时间或地点　［35］醆琖盏斩崭　［44］赞攒绽～柱蘸站灒溅，～了一身水。攒～凑趱饡（馓）油～子

tsʰɛ　［53］餐搀菜花脸～＝荠菜　［35］羼铲刬惨齴～牙，《玉篇》初产切，小儿齿。
［44］粲灿璨篡忏

dzɛ　［221］残帴潺孱巉惭谗馋镵僝骂人，《玉篇》僝僽，恶骂也。　［13］撰馔栈孱湛精～劖用刀、锄头等器具猛击。　［城区 13/澥浦 21］栈暂谗赚鳡虾～，《集韵》仕限切，音棧。魚名。或作鰶、鰯。站俗音賺弄～，弄错。《集韵》直陷切，音赚。《说文》重买也，错也。《类篇》一曰市物失实。或省作赚。

sɛ　［53］跚珊姗删山疝三杉衫　［35］伞产做～掺　［44］散汕栅

zɛ ［221］柴草～

kɛ ［53］奸艰缄尴监间房～ ［35］简柬拣硷减碱 ［44］谏～训监鉴鑑张鑑碶裥

kʰɛ ［53］嵌铅《韵学大成》“溪闲反”。 ［35］槛 ［44］舰

gɛ ［44］谏～嘴，单字俗音浊化

ŋɛ ［221］颜岩 ［13］眼 ［城区13/澥浦21］雁赝

hɛ ［53］瞎算命～子 ［35］喊

ɦɛ ［53］濠～河头 ［221］闲咸衔 ［13］限 ［城区13/澥浦21］苋陷馅 ［53］鸭

［44］晏迟，晚矮称呼矮子

30. **弯韵**［uɛ］

kuɛ ［53］关鳏纶 ［44］惯掼

kʰuɛ ［44］筷

guɛ ［221］环 ［城区13/澥浦21］擐掼

huɛ ［53］儇聪明 ［35］甩

ɦuɛ ［221］环还归～顽 ［13］皖 ［城区13/澥浦21］患幻宦

uɛ ［53］弯湾娃

31. **鸦韵**［ø̃］

pø̃ ［53］般瘢巴尾～ ［44］半绊

pʰø̃ ［53］潘番 ［35］坢 ［44］判泮畔沜牉

bø̃ ［221］盘蹒槃磐蟠瀊水回旋。《集韵》从蒲官切，音盘。洄也。笵搠草～婆老太～

［13］伴拌 ［城区13/澥浦21］叛畔伴迸～走，《集韵》薄半切，音畔。去也。

mø̃ ［221］瞒谩蹒馒鳗镘马（膸）泥～船蔺～裆裤輓 ［13］满 ［城区13/澥浦21］幔漫谩

tø̃ ［53］端 ［35］短 ［44］锻腶碫断踹

tʰø̃ ［53］湍剸一～路，《集韵》徒官切，从音团。《玉篇》截也。本浊音，今清化。

dø̃ ［221］团抟 ［13］断缎 ［城区13/澥浦21］段

nø̃ ［13］暖囡

ʔnø̃ ［44］囡小称

lø̃ ［221］銮鸾峦栾挛脔滦孪螺蜒蚰～裸赤～锣镗（噹）～ ［13］卵 ［城区13/澥浦21］乱

tsø̃ ［53］镌 ［35］纂钻

tsʰø̃ ［53］诠痊筌荃拴蹿氽烹调方法，把食物放在开水里稍微一煮 ［44］窜撺串爨《广雅》，炊也。

dzø̃ ［221］全泉

sø̃ ［53］酸宣揎 ［35］选 ［44］蒜算

zø̃ ［221］旋璇

ʧø̃ ［53］专砖颛湍 ［35］转鱄青~鱼 ［44］战

ʧʰø̃ ［53］穿川车坐~杈竹桠~ ［35］舛喘 ［44］钏

ʤø̃ ［221］椽传缠盘~ ［13］篆瑑掾撰僎譔 ［城区 13/澥浦 21］馔襈僎传

ʃø̃ ［53］栓 ［35］陕闪 ［44］扇

ʒø̃ ［221］蟾船然燃蝉婵 ［13］善鳝染赡 ［城区 13/澥浦 21］缮擅膳鳝禅单

kø̃ ［53］哥阿~，他称

ŋø̃ ［221］鹅雁~芽绿豆~

hø̃ ［53］虾

ø̃ ［53］鸦火老~

32. **碗韵**［uø̃］

kuø̃ ［53］官莞棺观~看贯倌冠衣~ ［35］管盥馆脘胸~头果祭灶~瓜黄金~
［44］贯灌鹳冠观寺~冠~军架羹~

kʰuø̃ ［53］宽髋 ［35］款窾~空，空闲。

huø̃ ［53］欢獾花奶~=婴儿，夜开~=瓠瓜 ［44］唤焕奂涣

ɦuø̃ ［221］桓完丸纨莞院 ［13］缓浣 ［城区 13/澥浦 21］换玩

uø̃ ［53］豌蜿婠惋~子，布帛剪裁后的余料 ［35］碗 ［44］惋腕捥睕琬

33. **鸳韵**［yø̃］

ʨyø̃ ［53］捐涓鹃 ［35］卷~帘 ［44］绢狷眷睠卷书~

ʨʰyø̃ ［53］圈 ［35］犬 ［44］券劝

ʥyø̃ ［221］权拳蜷颧 ［城区 13/澥浦 21］圈倦

ɕyø̃ ［53］暄萱喧嬛趯《广韵》况袁切。《说文》疾也。《玉篇》疾行也。靴~子 ［44］绚弦眴楦鞋~揎
拘用脚踢或是拳打。《唐韵》许县切。击也。

ȵyø̃ ［221］元原源沅鼋 ［13］阮软 ［城区 13/澥浦 21］愿颜~头，《说文》面不正也。

ɦyø̃ ［221］袁爰垣园援辕媛猿玄悬眩鸢缘圆 ［13］远泫铉 ［城区 13/澥浦 21］县眩炫
援媛院掾缘

yø̃ ［53］鸳冤宛渊剜 ［35］婉菀苑怨鞔（鞔）除~，《广韵》量物之具。

34. **安韵**［eĩ］

teĩ ［53］耽眈酖 ［35］黕

tʰeĩ ［53］探贪 ［44］傝澖将竹器在水中击打使其干净；水上升与地面相平，水~上街沿了；《集韵》~汎，
浮貌。

deĩ　［221］覃潭昙谭燂昙　［13］禫谭萏窞

neĩ　［221］南男楠　［13］腩　［城区13/澥浦21］醎软

leĩ　［221］婪岚　［13］漤

tseĩ　［35］搢（又作揝）手摇动

tsʰeĩ　［53］参~加　［35］惨黪

dzeĩ　［221］蚕

heĩ　［53］鼾蚶憨䶎红~~，《广韵》面红。　［35］暵𩔾瘪~~。《五音集韵》瘦也。或作𩔾。　［44］汉熯

ɦeĩ　［221］寒韩翰邯邗汗含涵函邯　［35］焊　［13］旱颔领撼焰菡欿蜭涵莟顄　［城区13/澥浦21］翰汗悍瀚憾焊（釬）~接

eĩ　［53］安谙庵　［35］埯　［44］按案暗

35. **恩韵［əŋ］**

pəŋ　［53］贲奔~跑　［35］本畚苯　［44］奔投~

pʰəŋ　［53］喷~发

bəŋ　［221］盆葐湓　［13］笨　［城区13/澥浦21］坌翻起或松动泥土捹

məŋ　［221］蚊汶门扪明盟闻纹雯文纹　［13］吻刎懑　［城区13/澥浦21］问汶闷

ʔməŋ　［44］闷~炦炦焖油~笋

fəŋ　［53］芬纷氛吩分~别　［35］粉　［44］忿粪奋坌拖~，又音封

vəŋ　［221］汾焚文闻纹雯氛覅（𠔽）勿曾合音字甮勿用合音字　［13］愤坟吻刎　［城区13/澥浦21］秎坋问闻分安~

təŋ　［53］敦惇墩登灯簦撴　［35］等吨戥趸~注顶楼~　［44］瞪顿扽敦镫凳磴燉鞳刁~，因生气不理人；刁难。

tʰəŋ　［53］吞暾膯《类篇》吴人谓饱曰膯。　［35］吨氽~去，《字彙》水推物也。　［44］褪~落，《韵会》吐困切。脱落，脱去。

dəŋ　［221］屯豚誊臀饨坉腾滕藤忳邨炖庉住在房中　［13］囤盾庉遁炖沌蹾走路~~响，《集韵》~~，行貌。　［城区13/澥浦21］钝又有冷嘲之意遁邓蹬澄水~一~扽伸手从口袋拿出东西。《博雅》引也。俗音浊化。

nəŋ　［221］能宁~使=~可　［城区13/澥浦21］嫩

ləŋ　［221］沦伦轮纶仑抡论抡楞棱论~语惀估量薐菠~=菠菜倰　［城区13/澥浦21］论~坛

tsəŋ　［53］臻榛尊增憎磳曾姓簪罾扳~，小渔网争筝狰　［35］撙~节噂　［44］诤谮捘用手挤压，《增韵》挤也，掐也。

tsʰəŋ　［53］村参~差　［35］忖　［44］衬寸蹭谶榇

dzəŋ　［221］存层岑赠曾~经蹲虎~山峥

səŋ　［53］孙狲僧森参人~生~活牲甥笙　［35］损　［44］逊渗

kəŋ　［53］根跟更~换　［44］艮茛珢亘更~加

kʰəŋ　［35］垦恳肯铿啃　［44］掯硍《集韵》从苦根切。吴俗谓石有痕曰~。

gəŋ　［13］諪~老头

həŋ　［53］很狠仇~。此二字本浊音，今清化。　［35］涬《鄞县通志》甬语水浸渍而入曰~。　［44］啈厉声斥责豨胖阳棚~起

ɦəŋ　［221］痕报恒　［13］狠~使老命　［城区 13/澥浦 21］恨

əŋ　［53］恩嗯

36. **英韵**［iŋ］

piŋ　［53］滨槟彬斌兵冰　［35］丙炳饼禀鉼　［44］傧摈殡鬓柄怲掤并（併）合~

pʰiŋ　［53］缤甹姘乒　［35］品　［44］聘娉俜

biŋ　［221］频嫔颦贫平评苹枰泙坪瓶屏萍凭冯暴虎~河胼~肛=木莲　［13］牝髌膑并（並）~且　［城区 13/澥浦 21］病评枰凭

miŋ　［221］珉岷闽缗旻民泯明盟鸣名洺冥铭溟螟瞑暝　［13］愍悯闵敏泯抿皿眳慏茗溟䏃嘴巴合拢　［城区 13/澥浦 21］命

tiŋ　［53］丁钉虰仃叮　［35］顶耵鼎酊沉淀　［44］矴钉订定锭

tʰiŋ　［53］汀听厅町桯　［35］珽　［44］汀

diŋ　［221］庭停筳亭霆挺廷　［13］挺艇霆涏蜓　［城区 13/澥浦 21］定锭

liŋ　［221］磷邻粼磷麟鳞潾令灵龄囹蛉铃苓柃伶泠拎玲聆零令灵翎呤岭羚陵凌绫菱鲮崚掕林琳淋临霖○　［13］嶙僯橉撛领岭唥廪檩凛癛懔　［城区 13/澥浦 21］遴吝悋磷蔺零令倰摇~~

ˀlin　［44］拎

tɕiŋ　［53］津巾斤筋惊京荆鳖精氏菁鲭晶婧箐征正经泾颈蒸兢矜征症斟针箴葴瑊砧金今衿襟贞桢祯浈腈~肉　［35］紧肜尽谨堇警儆景境整颈井到拯枕锦扰疹蚊虫叮过后皮肤上起的包　［44］晋缙进靳敬竟镜劲政正证证浸禁甑径迳

tɕʰiŋ　［53］亲卿清侦蛏轻蹵鑿青鲭侵称琛钦衾倾　［35］赾逞骋睈请寝顷　［44］庆倩罄磬鑿称秤沁揿觎（䁔）眼睛~盯，《说文》私出头视也。

dʑiŋ　［221］堇陈趁尘秦勤芹擎鲸情晴成城诚盛呈程酲珵埕承丞澄蹵一只脚跳着走。《廣韻》去盈切《玉篇》一足行貌。俗音浊化。瞪惩沉琴擒黔禽澿黚黄~~，《玉篇》黄色也。　［13］近静睁靖婧阱痉泾朕谌噤澿蕈尽　［城区 13/澥浦 21］陈阵诊仅觐瑾僅近竞郑呈净靓婧盛晟乘嵊剩瞪丞鸩澿

ɕiŋ　［53］新辛薪欣忻昕欣声馨星腥醒猩惺升深心莘歆身浇~鲑鱼~，水产品统称　［35］省反~睲惺醒沈审　［44］信讯迅汛衅圣性姓兴胜

ʑiŋ　［221］绳寻浔晴塍田~梗　［城区 13/澥浦 21］净

ȵiŋ　［221］仁人纫银狺鄞垠龈鄞迎宁凝任恁壬吟　［13］忍泞饪恁　［城区 13/澥浦 21］

刃认韧仞佞妊任衽赁纴积滞的污垢

ɦiŋ ［221］寅盈嬴瀛楹赢刑形邢型陉蝇淫霪行营莹荧萤荥滢 ［13］引蚓颕颖

［城区 13/澥浦 21］孕

iŋ ［53］因茵洇姻湮氤殷英瑛婴璎缨膺应鹰音阴喑茎萦收好线状物，绕成团。《广韵》绕也。

［35］隐影饮缊缝被头，《广韵》缝衣相着。瀴夏季将瓜果、食品放入水中使其凉，～～其。《广韵》冷也。

［44］印映荫揾比测容器大小；～米，《集韵》於靳切。一曰平量也。熨

37. **温韵**［uəŋ］

kuəŋ ［53］昆崑琨鲲蜫锟 ［35］衮绲鲧辊惃磙滚

kʰuəŋ ［53］坤髡 ［35］捆 ［44］困涃睏

huəŋ ［53］昏婚阍荤

ɦuəŋ ［221］馄浑珲魂 ［13］混浑 ［城区 13/澥浦 21］诨

uəŋ ［53］温殟辒瘟 ［35］稳 ［44］揾～酱油

38. **蕴韵**［yŋ］

tɕyŋ ［53］均钧袀沟君军莙窘皲开～ ［44］吻皲豮～头＝猪鼻子，《广韵》居运切。

tɕʰyŋ ［53］囷箘菌

dʑyŋ ［221］群裙宭 ［13］窘箘菌菌 ［城区 13/澥浦 21］郡

ɕyŋ ［53］熏曛勋勋醺 ［44］训臐熏

ȵyŋ ［221］娘陈仅余山著《扪烛脞存》卷八《方谚脞》，“越俗谓新妇为女娘，其泛相呼则曰娘，稍年长者曰老娘，音女裙切，见毛西河《古今通韵》。”

ɦyŋ ［221］筠药匀昀云芸耘郧妘纭员 ［13］殒涢陨药尹允 ［城区 13/澥浦 21］运晕郓韵闰润

yŋ ［53］赟煴氲组蕴 ［35］恽蕰蕴韫缊酝 ［44］酝愠组蕰

39. **春韵**［øŋ］

tsøŋ ［53］遵 ［44］儁俊骏

tsʰøŋ ［53］逡竣揿踆

søŋ ［53］荀询峋洵恂 ［35］笋隼榫 ［44］峻浚陖埈舜瞬

zøŋ ［221］旬巡驯循揗洵 ［城区 13/澥浦 21］殉徇侚

ʧøŋ ［53］真甄振珍谆肫 ［35］缜胗疹赈诊准屒一列房子 ［44］震振赈娠侲镇踬下蹲屈身纵跳之意盹（谆）

ʧʰøŋ ［53］春瞋嗔椿皴 ［35］蠢 ［44］趁

ʃøŋ ［53］申伸绅呻眒胂身

ʒøŋ ［221］辰敐晨宸神晨纯莼醇鹑淳焞唇仁人訒厚～～，《说文》厚也。 ［13］肾蜃揗吮忍楯

檐～，屋檐伸出的部分 ［城区 13/澥浦 21］ 慎蜃顺揗认任刃韧仞赁闰

40. **翁韵［oŋ］**

pʰoŋ ［35］ 捧

boŋ ［221］ 蓬篷塳袯戴头～

moŋ ［221］ 懞蒙檬朦 ［13］ 蒙朦懵 ［城区 13/澥浦 21］ 梦瞢

foŋ ［53］ 风枫丰沣封峰锋蜂烽 ［44］ 讽葑封

voŋ ［221］ 冯逢缝漨夆摓 ［13］ 奉 ［城区 13/澥浦 21］ 凤俸缝摓

toŋ ［53］ 东冬倲疲～～端～午节 ［35］ 董懂嗹 ［44］ 冻栋倲㑝～

tʰoŋ ［53］ 通侗恫曈 ［35］ 侗捅统徊直徿～ ［44］ 痛

doŋ ［221］ 同童僮铜桐峒筒瞳潼曈侗橦酮彤疼冬烔赨（赨）红～～ ［13］ 动桶挏硐～红被面，《类篇》赤色。 ［城区 13/澥浦 21］ 洞恫眮峒胴恸筒

noŋ ［221］ 农侬脓哝襛衣服厚 ［城区 13/澥浦 21］ 齈癑糯

ˀnoŋ ［44］ 齈～鼻头

loŋ ［221］ 隆窿笼胧聋栊珑昽龙笼蠬六十五～ ［13］ 昽笼拢陇垄徿 ［城区 13/澥浦 21］ 弄㑝老木～倲，《集韵》㑝倲，愚貌。路引～幡

tsoŋ ［53］ 宗纵踪枞 ［35］ 緫 ［44］ 粽综纵

tsʰoŋ ［53］ 揔怱楤匆葱囱聪熜枞～树揔（摠）手进物，～手＝扒手，本心母字，今读清母。 ［44］ 愡

dzoŋ ［221］ 丛琮淙鬃 ［城区 13/澥浦 21］ 从

soŋ ［53］ 嵩崧松淞 ［35］ 悚竦怂耸揔 ［44］ 送宋

zoŋ ［城区 13/澥浦 21］ 颂诵讼

ʧoŋ ［53］ 中衷忠终钟蹱 ［35］ 肿种踵冢 ［44］ 中衷众

ʧʰoŋ ［53］ 忡盅充冲憧 ［35］ 宠 ［44］ 铳蹱眈瞌～

ʤoŋ ［221］ 虫冲种盅崇重 ［13］ 重 ［城区 13/澥浦 21］ 仲重

ʃoŋ ［53］ 春揰叔阿～

koŋ ［53］ 公功工蚣攻肱恭龚珙弓躬宫 ［35］ 拱巩 ［44］ 贡供

kʰoŋ ［53］ 空崆 ［35］ 孔恐 ［44］ 控空

goŋ ［城区 13/澥浦 21］ 共

hoŋ ［53］ 烘叿薨哄～动 ［44］ 烘篊镬～＝甕架哄起～

ɦoŋ ［221］ 洪讧红虹鸿烘弘堆～鹅 ［13］ 鸿［城区 13/澥浦 21］ 烘蕻哄起～镬尺四～

oŋ ［53］ 翁蓊嗡鎓装锄头柄之处屋东新～鶲 ［35］ 蓊勜暡膾食物臭气 ［44］ 瓮齆因鼻孔堵塞而发音不清，《字汇》鼻塞曰～。蕹

41. **永韵**［yoŋ］

tɕyoŋ ［35］ 囧璟炅炯拱拲巩孓巩栱窘

tɕ^{h}yoŋ ［53］ 穹銎倾 ［35］ 恐顷

dʑyoŋ ［221］ 穷琼蛩邛筇椰 ［城区13/澥浦21］ 共

ɕyoŋ ［53］ 凶汹匈兄胸 ［44］ 嗅啕

ȵyoŋ ［221］ 戎绒浓茸揖人多推挤顒 ［13］ 宂

ɦyoŋ ［221］ 融雄熊容溶庸熔镛墉佣蓉荣嵘营莹荧萤荥滢 ［13］ 勇涌甬踊蛹俑永 ［城区13/澥浦21］ 用咏泳袸~被

yoŋ ［53］ 邕雍痈瓮痈蓊 ［35］ 拥

42. **压韵**［a^{ʔ}］

pa^{ʔ} ［5］ 拨钵八扒伯迫百柏掰□口渴

p^{h}a^{ʔ} ［5］ 拍魄帕怕泼脈《集韵》分也。

ba^{ʔ} ［2］ 勃渤饽悖孛脖跋拔白帛舶鲌垡量词，不成形的固体单位，一~灰尘炦热~~鬻牛奶~勒灶台顶，《玉篇》釜汤溢。方言转音读如“铺”。浡鱼蟹吹起来的泡沫䙚餲~气

ma^{ʔ} ［2］ 物袜没殁末昧秣眛沫麦脉陌帓没呒没合音拍脚骨~依断休~馐头

fa^{ʔ} ［5］ 弗不拂佛发法

va^{ʔ} ［2］ 佛伐筏栰罚阀乏泛勿物哦宁波话表示询问的语助词

ta^{ʔ} ［5］ 妲靼咄剟裰敠德得答搭褡嗒耷褡㑃皮肤松弛的样子掇两手端东西怺~~动，《集韵》心恐也。埣地方黜白~~搭瘩溚

t^{h}a^{ʔ} ［5］ 搭闼挞跶獭脱獭忒榻鳎㑊塔遢嗒揩突埣塌溚滑~~黠黑~~僌休~头，很满的样子，《广韵》肥貌悚~落，《广雅》忘也。

da^{ʔ} ［2］ 蓬突凸达夺特沓踏渣~~滴爛腐~~瘩壮~~，《字林》肥貌。

na^{ʔ} ［2］ 讷肭抐捺纳衲靹燥粥~饭

la^{ʔ} ［2］ 剌瘌勒肋腊镴蜡攋邋猎儠揦砢拦住簕~子攋拉本音，阿~捋用手指顺着抹过去，整理嘞~~响辣蝲杨~

tsa^{ʔ} ［5］ 卒撮札扎聉茁迮窄蚱责咋摘谪仄昃侧则眨亘~柱，《唐韻》陟革切，音責。亘亘，硬貌只量词頿~头~脑，《广韵》~颇，头不正貌。吥忖忖闲早，~~味道，《集韵》啖也。𪘲《篇韵》音摘，谨也。

ts^{h}a^{ʔ} ［5］ 撮襊察刹栅箣擦策册测恻插臿锸嚓聶聶~~扱唽~乱话檫漆尺赤斥皵《集韵》皴~通

dza^{ʔ} ［2］ 柮咋岝宅择泽杂翟檡贼煠渫牐闸本字闸趚（趏）急速穿行，《集韵》音杂。疾走貌。捽《说文》持头发也。

sa^{ʔ} ［5］ 瑟蟋萨杀煞色啬穑蔷塞涩飒歃霎唽睸眨眼释冰雪融化涑小雨零落滓~窗=没入浅水中

za^{ʔ} ［2］ 石硕贼又音煠又音渫又音闸又音

ka^{ʔ} ［5］ 葛割隔膈搹瘑~瘂=疥疮革鸽嗑钾夹郏甲胛钾擖溢俗音槅房屋或器物的隔断板堨土质硬咴~舌头=口吃合~算霅晗（睒）眼睛~记~记，忖睏觉了

kʰaˀ　［5］渴磕客搭刻克掐咳剋瞌搕劼卡甲指～

gaˀ　［2］犰轧犽

ŋaˀ　［2］额頟齾缺齿顩～～动

haˀ　［5］喝赫黑

ɦaˀ　［2］麧齕纥褐黠辖核劾合盒盍阖洽狭狎匣曷褐

aˀ　［5］遏轧揠搕餩鸭压押餲～䭇䭇，食物变味餩打嗝轭厄呃

43. **约韵**［iaˀ］

liaˀ　［2］略掠

tɕiaˀ　［5］脚爵雀甲钾着～棋

tɕʰiaˀ　［5］却鹊绰趞皵

dʑiaˀ　［2］着火～

ȵiaˀ　［2］溺疟虐箬～壳，用来包粽子的笋叶鰙（箬）～鳎

ɕiaˀ　［5］削

ʑiaˀ　［2］嚼

ɦiaˀ　［2］药跃钥

iaˀ　［5］约

44. **挖韵**［uaˀ］

kuaˀ　［5］骨鹘括聒刮蝈帼骱掴～耳光䀨眼乌珠～瞎，《类编》目暗也。

kʰuaˀ　［5］窟阔矻

huaˀ　［5］忽吻䆐豁剨囫䨚划～拳㤉睁大眼睛撼～干机揩

ɦuaˀ　［2］滑活获划棚核䀨《玉篇》面小。兀扤杌刖船～来～去，《说文》船行不安也。《韵会》或作舤。

uaˀ　［5］挖殟～塞＝心闷䀨眼睛张开，《广韵》目开之貌頞头钻进水中《广韵》纳头水中也。

45. **雪韵**［øˀ］

tsøˀ　［5］蕝鷞～断＝折断，《广韵》断物也。撮～药欼～肉骨头，《玉篇》吮也。

tsʰøˀ　［5］出黢暗～～赤～裸～膊黜齣一～戏

dzøˀ　［2］绝

søˀ　［5］恤戌畋雪

ʧøˀ　［5］质骘窒茁窋绌拙炪茁啜䂼短哲蜇浙折蜇食物变质产生的异味䂼短～～尐

ʧʰøˀ　［5］叱黜啜撤彻

ʃøˀ　［5］失室说刷设

ʒøˀ　［2］实术沭日入

46. 乙韵［iIʔ］

piIʔ ［5］必毕跸笔滗泌闭鳖憋辟璧碧襞壁逼烞高温灼烤，《集韵》必结切，灼物焦也。或作弊。踋心～～跳

pʰiIʔ ［5］匹瞥潎憋瘪僻辟癖霹劈癖僻肥嫳潎畐撇

biIʔ ［2］馝苾佖坒吡咇弼蹩别擗椑躄辟辟萆愎獘趩赶路《类篇》走也。哔煏烘干，《玉篇》火干也。

miIʔ ［2］蜜宓滵密灭搣觅幂汨蔑蠛篾幭蔑

tiIʔ ［5］的嫡镝滴肑芍蹢玓樀扚啇鰌杓喋跕擿适嘀跌

tʰiIʔ ［5］铁逖遏剔踢怗帖钻贴跕蝶呫倜惕蓨

diIʔ ［2］眣眹胅耋迭跌绖轶泆趃荻狄敌翟迪笛籴涤牒喋蹀谍堞褺叠慑牒褋褶蝶蹀暗～卜胧

liIʔ ［2］栗溧戾捩唳列迾烈洌冽裂茢颲鴷栵脟蛶浮哷雳疬镉砾枥栎鰈刿历沥跞历力立粒笠苙砬拶劣埒锊咧篱竹制晒物用具。《集韵》力协切。竹笭，所以干物。籭《广韵》良涉切，编竹为之。律寽綷膟葎率捋《集韵》劣戌切，去滓汁曰～。

tɕiIʔ ［5］吉趌狤拮洁讫讦羯揭鍻结絜洁桔袺节疖哲晰浙折孑戟撠积脊嵴迹鲫炙拓跖激击绩积职戠织陟棘摺鹫阴～即唧稷蝍楖畟鲫唧揤执汁瓡慹潗湒咠蕺葺疲亟只～有縶急汲给汲级芨彶皀戢接棱睫楫櫼婕折辄浃劫讦趌墼颊筴梜荚蛱哲喆蜇皷蓝～～鏍沙～

tɕʰiIʔ ［5］七诘乞切窃柣沏挈锲竭藒愒掣隙漆油～尺赤斥戚慽敕勅饬湆鹙忒慗缉葺咠泣湆妾惬恢匧箧怯謋～～诌诌，形容低语声音《类篇》诌～，阴私小言也。皵～起，指甲或竹木表皮裂开或翘起瘜～落，病后虚弱；痨～病

dʑiIʔ ［2］秩侄疾姞佶狤竭碣楬杰桀偈搩愵～力，《说文》劳也。剧屐掷擿踯蹢籍踖藉耤塉瘠唐集辑截搿腋下夹；担保寂直值殖植埴及笈衱极笈蛰捷辙澈鲒黄～

ȵiIʔ ［2］日疙屹圪仡涅捏呈热逆溺匿昵蹑镊捻惗业邺孽蘖颞臬聂啮镍乿～闭拢＝小儿不许哭啼，《篇海》声绝也。

ɕiIʔ ［5］悉膝蟋歇蝎屑楔揳撷褉薛亵泄设昔腊惜泻焟楷释媳锡析晳蜥菥淅惁息郋瘜蒠熄识式拭轼饰烒湿吸歙晰疲虚～病适螫摄滠歙胁㴙歙～巴掌

ʑiIʔ ［2］舌鞨折席夕汐射食蚀习袭褶涉石硕

ɦiIʔ ［2］逸佚溢轶颉页齕纥曳弋翊翌翼芅橶獥晔烨熠挟代亦弈奕帟译怿驿掖易液蜴射煜晔叶协叶侠腋绎瘍

iIʔ ［5］一弌乙益谥嗌齸膉咽忆亿臆抑邑靥厭谒閟贴壁躲藏擪（擫）用手指按压穊～子，《集韵》禾稻不实也。蠮蚊虫～丝，口语又音伊

47. 郁韵［yeʔ］

tɕyeʔ ［5］橘厥蹶瘚蕨撅鳜孓玦诀决抉炔

tɕʰyeʔ ［5］屈诎阙缺

dʑyeʔ ［2］倔崛堀掘撅掘煀短，一～＝一段觼《说文》角有所触发也

çyeʔ ［5］ 血侐旻怂恿

ȵyeʔ ［2］ 月刖抈玥蚏

ɦyeʔ ［2］ 汩聿鹬越粤钺曰穴悦阅域

yeʔ ［5］ 郁灪尉熨抉哕《广韵》逆气鬱～炦炦＝多欝手骨～出

48. 沃韵［oʔ］

poʔ ［5］ 濮朴蹼幞鳪剥驳肑博髆搏镈猼膊欂北卜姓硦～石头

pʰoʔ ［5］ 扑墣鲍璞朴墣圤飑鞄曓墣䪪面大貌纀灰～～《玉篇》色暗也。《集韵》一曰浅黑也。

boʔ ［2］ 暴曝瀑朴仆業樸仆瞨雹泊亳箔薄䨔卜匐仆垘伏茯匐袱栿地～

moʔ ［2］ 目睦穆牧木沐莫幕摸漠墨默苜寞膜

foʔ ［5］ 福腹幅辐蝮覆復蝠复～习

voʔ ［2］ 伏服茯馥洑匐幞袱缚复～旦大学

toʔ ［5］ 啄褶笃督豚涿豚拯丢掉落启～底豥《说文》椎毃物也。熓肉骨头～～，小火慢煮。沰褶

tʰoʔ ［5］ 秃托袥沰橐拓庹大拇指与中指张开的长度，又作"拓"

doʔ ［2］ 独黩读椟牍渎犊毒铎度踱澤襗

noʔ ［2］ 褥傉槈搙搦搙诺

loʔ ［2］ 禄鹿漉辘琭簏麓谷摝六陆戮睩摝渌绿落络烙洛珞酪骆铬挌乐快～

ʔloʔ ［5］ 摝摇动睩眼珠转动

tsoʔ ［5］ 足作柞凿

tsʰoʔ ［5］ 瘯起棟簇蹴促错厝遣

dzoʔ ［2］ 族锉凿昨凿鑿打孔用的工具着碰～

soʔ ［5］ 速棟殐嗽涑漱肃宿蓿夙溡粟傈涑索搽用手来回轻轻抚摸骕燥～

zoʔ ［2］ 续俗謍～人＝骂人

tʃoʔ ［5］ 粥祝竹竺筑瘃烛属瞩嘱捉涿诼琢卓桌啄灼勺酌戳焯斫～柴镯用小锄头勾取垡～漏

tʃʰoʔ ［5］ 矗蓄触棟豖逴趠晫踔龊戳珼～齐

dʒoʔ ［2］ 逐轴妯浞镯搠浊擢濯戳《广韵》舂也霍～～落雨，《玉篇》大雨，《廣韻》大雨～～。

ʃoʔ ［5］ 缩谡摍叔掓束朔欶嗽矟槊蒴数烁铄嗍

ʒoʔ ［2］ 熟孰淑塾蜀属赎妁勺汋杓仢芍

koʔ ［5］ 谷瀔縠觉角珏毂各阁格胳袼搁郭格骼鸽挌铬国玃镢攫矍榷

kʰoʔ ［5］ 哭酷嚳敲壳恪廓扩壳确埆硗～皵东西干后与原来的黏着处脱落，中间凸起，《广韵》皵～，皮干也。

ŋoʔ ［2］ 岳乐愕鄂谔蕚鳄噩腭颚鹤頔摇动

hoʔ ［5］ 縠熇嚛郝霍藿擢嚯殼用力吐出来，《玉篇》，呕吐貌。謞诱出真话

ɦoʔ ［2］ 学涸获镬檴濩擭或惑嫛

oʔ ［5］ 沃屋渥握幄龌恶垩蜜喔

49. **屋韵**［uo^{ʔ}］

uo^{ʔ}　［5］屋

50. **玉韵**［yo^{ʔ}］

tɕyo^{ʔ}　［5］菊鞠掬鞫趜

tɕ^{h}yo^{ʔ}　［5］鞠吃曲蛐

dʑyo^{ʔ}　［2］趜跼局锔～碗、～锅

ɕyo^{ʔ}　［5］蓄畜慉旭婳漂亮，《广韵》许竹切音蓄。媚也。

ȵyo^{ʔ}　［2］肉玉捒双手用力揉浴澅～

ɦyo^{ʔ}　［2］育毓煜昱囿欲浴役疫

yo^{ʔ}　［5］郁栯

51. **而韵**［l̩］

l̩　［221］儿而　［13］耳洱尔

52. **姆韵**［m̩］

m̩　［221］姆亩拇　［44］无姆

ʔm̩　［53］无（呒）姆～妈

53. **芋韵**［n̩］

n̩　［221］芋

54. **鱼韵**［ŋ̍］

ŋ̍　［221］儿鱼渔吾吴蜈梧䃣～秄　［13］尔五伍

ʔŋ̍　［53］唔

（《同音字表》由徐春伟编辑补充）

第二节　语音特点

一、镇海方言保留许多古语音遗迹

1. 保留中古全浊音声母系统

d（达）达屯稻唐第图拕埭

g（轧白）轧白艮搅谏白喀跑共戆

ɦ（合）合恒号夏河咸白红胡

dʑ（直）直琴旧奇赵情弶具穷

ʑ（徐）徐寻兆舌寿谢

dz（慈）慈存站宅曹残才助

Z（是）是层坐熟柴涎白造裁

dʒ（除）除藏传俗

ʒ（如）如神善日

2. 保留着大量以舌根音 g（轧白）ŋ（额）两个声母为音头的字音

ga（轧白啊切）嘎解锯开懈~闷、~口、~舒舒

ŋa（额啊切）外白挨~辰光、~弗过去

gɛ（轧白晏白切）谏~嘴~得、介会~

ŋɛ（岩白）岩眼颜

ge（轧白哀切）戤~墙壁、~牌头、~社户饬打~（打嗝）

ŋe（额哀切）碍艾呆

gei（轧白安切）跔蜷曲、收缩（今属欧韵［œy］读［gœy］）

ŋei（额安切）牛偶藕（今属欧韵［œy］读“额欧切”［ŋœy］）

ŋəu（额倭切）鹅俄饿娥卧

ŋø（额算切）鹅

go（轧白丫白切）跨迈越，从身上~过去

ŋo（牙白）牙芽衙瓦我砑

gɔ（轧白奥切）搅~七廿三

ŋɔ（额奥切）敖傲熬咬

ga[?]（轧白压切）轧~牢、~朋友、~轧头寸

ŋa[?]（额压切）额颉~~动

go[?]（轧白沃切）搁~牢、~浅

ŋo[?]（额沃切）岳鄂嶽乐姓

gã（轧白樱白切）鲠骨头~在喉咙里

ŋã（额樱白切）硬

gəŋ（轧白恩切）哏蹩单足行走詪~古老头

goŋ（轧白翁切）共

gɔ̃（轧白肮切）戆~大吭地~

giĩ（轧白燕切）搴~钹

ŋiĩ（额燕切）岸砚

gu（轧白乌切）跍蹲下

gua（轧白歪白切）怀~里

guɛ（轧白弯切）掼甩~锣槌环白，便桶~

guei（轧白委切）溃馈柜跪

guaʔ（轧白挖切）刮~翼梢

guã（轧白横切）逛~~奔去

gu（轧白汪切）狂

guəŋ（轧白温切）溃(2)~脓

3. 镇海老城区话中还保留着从中古的“咸、山”两摄演变过来的燕韵［iI］跟舌根音 k、k'、g、ŋ 相配的字音。如：

kiĩ（格燕切）感甘柑泔敢干杆肝竿乾

kʰiĩ（客燕切）看磡

giĩ（轧白燕切）搴

ŋiĩ（额燕切）岸

4. 完整地保存舌尖音、舌面音、舌叶音等三套塞擦音－擦音系统，而没有翘舌。

舌尖音 ʦ、ʦʰ、ʣ、s、z 组跟开口呼中的非圆唇韵母 a、ɛ、e、ei、əu 等相结合，如：债差咋晒柴；灾彩才赛裁。还有一个例外是也和圆唇韵母 ɔ 相结合，如：早操曹骚皂。

舌面前音 ʨ、ʨʰ、ʥ、ɕ、ʑ 组，跟齐齿呼及撮口呼的韵母相结合，如：机气技西徐；居区距虚*。

舌叶音 ʧ、ʧʰ、ʤ、ʃ、ʒ 组，跟 8 个圆唇韵母 ɥ、ø、øŋ、øʔ、o、oŋ、ɔ̃、oʔ 相结合，如：知取池书树；专川全算船；珍春*申唇；折出*失拾；遮车茶沙蛇；种聪仲送*；章昌常双上；竹戳蜀速辱。

5. 保留入声韵母系统中 9 个入声韵母：

aʔ	压答则鸽	iaʔ	握甲恰	uaʔ	挖括阔活
øʔ	质出雪集	ieʔ	乙的笛叶	yeʔ	郁菊缺育
oʔ	沃笃促扩	uoʔ	屋~里厢、~落	yoʔ	欲吃肉

二、镇海方言中有 5 个半浊音 l、m、n、ȵ、ŋ 在多数场合读浊音，但在 30 几个字中读成清音（也有认为这些所谓清音只是声调读成阴去或阴入的半浊音）。如：

ʔl：ʔla 拉　ʔlɔ 捞　ʔlœy 锼~空　ʔliĩ 謰~~缕缕　ʔləuʔ 搂~婴儿　ʔlaʔ 嘞~~响

ʔm：ʔmo 妈~~（姑母或伯母）　ʔmio 藐（瞄）眼睛~~　ʔmɔ 莫不要觅张~　ʔmɛ 蛮~好咩　ʔmei 妹~~　ʔmi 眯~瞭眼微~~小蜜甜~~沵老酒~一口　ʔmã 饭吃~~（婴儿语）

ʔməŋ 悗~声大发财姆~~吒~数目帐

ʔn：ʔna 那　ʔne 奶~~脯　ʔnoŋ 齉~鼻头　ʔnaʔ 那示意授物

ʔȵ：ʔȵi 粘~结格牢　ʔȵio 尧~~叫

ˀŋ：　ˀŋo 呕～～船　ˀŋaʔ　额

三、镇海方言鼻音韵尾 m、n、ŋ 有的已脱落，有的正在萎缩

中古的山摄字本来有鼻音韵尾 n，咸摄字有鼻音韵尾 m，现在镇海方言中都已脱落。

如："晏"，镇海音读［ɛ］，少数读［iɪ、ei］；"鸦"，镇海音读［ø］，少数读［uø］；"燕"，镇海音读［iĩ］；"怨"，镇海音读［yø］。

古代"臻"摄字的韵尾都是 n，"宕、梗、曾"三摄和"通、江"两摄的韵尾都是 ŋ，经多年演变后，镇海话中 n 韵尾已合并于 ŋ 韵尾，现存有恩［ŋ］、英［iŋ］、温［uəŋ］、春［øŋ］、翁［oŋ］、永［yoŋ］六个韵。有的 ŋ 尾脱落，只留下鼻化音，如：樱［ã］、央［iã］、横［uã］、肮［ɔ̃］、汪［uɔ̃］等五个韵。

四、方言词中有因"儿化"而变音现象

北方方言中有一类"儿化"音，读得快时，往往只听出那个字的声母。如姓"陈"的孩子，叫他"小陈"，亲昵些称为"小陈儿"，"陈"字儿化后，就读"xiao chr"，听起来像是叫"小哧"。古代或镇海土话中"儿"读成 n 或 ŋ，原属镇海县的布阵岭（现属北仑区），本地人都叫"布其岭"。是将"阵"字儿化，"布阵"读"布阵儿"。据《广韵》注"阵"，读"直刃切"。方言声母说得快就是"布其儿"，再弱化"儿"音，变读成"布其"。

至于"孔墅岭"的"墅"，《广韵》本就注"承与切"，读快点，弱化了韵母，渐渐念成"其"音了。

类似的还有跟下一个字音合读而变音的现象。如镇海区有吴家岙、秦家岙，"家"字，《广韵》注"古牙切"，本地方言音读"［ko］（国际音标）"，"家岙"两音快读，"家"字的韵母弱化，变成"吴夹岙"、"秦夹岙"。同样，"蛟河倪"读成"隔河倪"也是这个原因。

"宁波"，本地人常说成"宁北白"，将"波"字读成"北"音，也有儿化因素。

五、在日常镇海土话中残存儿化韵的变音，如鸦、虾、鸭、猫等

1. 后缀还保存的或已半脱落而使原韵母鼻化的：

袯　［boŋ］读"蓬"，戴头～、兜～斗篷

路　［loŋ］读"龙"，引～幡

六　［loŋ］读"龙"，十五～月半跟

叔　［ʃoŋ］读"送"，阿～

镬　［ɦoŋ］读"红"，尺四～

屋　［oŋ］读"翁"，东新～

伯　［pã］读"浜白"，～～、阿～

縀　［pʰã］读"乓白"，一～葡萄

脚　［tɕiã］读"浆"，拐～、碗～

雀　［tɕiã］读"浆"，麻～、麻～牌

骨　［kuã］读"格横切"，脚～、红脚～

2. 曾经后缀 ŋ 或 n 的字音，以后脱落并使原韵变成 ɛ̃、ø̃ 等：

帕 [pʰɛ̃] 读“盼”，绢～

牌 [bɛ̃] 读“办”，麻雀～、神主～

猫 [mɛ̃] 读“慢”，小～、三脚～、弥幽～捉迷藏

发头发 [fɛ̃] 读“泛”，看～刘海

兜 [tɛ̃] 读“单”，肚～、饭～

濠 [ɦɛ̃] 读“咸白”，～河头

鸭 [ɛ̃] 读“晏白”，小～、绿头～

娃 [uɛ̃] 读“弯”，小～、挡～、看牛～

奶 [nɛ̃ 读清音] 读“呐哀切”，～～脯

茄 [dʑie] 读“其也切”，～子

眉 [mi] 读“弥”，～毛

巴 [pø̃] 读“半”，尾～

婆 [bø̃] 读“盘”，老太～

马 [mø̃] 读“瞒”，泥～船即泥艄

螺 [lø̃] 读“峦”，蜒蜒～蜗牛

卵 [lø̃] 读“峦”，～袋

裸 [lø̃] 读“峦”，赤～

车 [ʧʰø̃] 读“川”，坐～

鹅 [ŋø̃] 读“额鸦白切”，雁 [ŋã]（读“硬”）～

芽 [ŋø̃] 读“额鸦白切”，绿豆～

虾 [hø̃] 读“黑鸦白切”，河～、海～

瓜 [kuø̃] 读“观”，黄金～、酱～

果 [kuø̃] 读“观”，柴～、桑～

鸦 [ø̃]

六、镇海方言中有许多文白异读的字（文读指文言音、读书音、雅音，白读指白话音、口语音、土音），在日常生活中往往兼说文白两读的音。而许多从政治和文化中心来的新词都以文读方式进入方言。如“大”字在“大家 [do ko]”一词中白读为 [do]（读“达哑白切”），在“老大大儿子”、“大缸”、“大屋”、“大黄鱼”、“大年夜”、“吃大户”、“讲大话”、“大好佬”、“呆大”、“戆大”、“大脚膀”、“大舌头”、“大块头”、“大天亮”、“大后日”、“大前年”白读为 [dəu]（音如“拕”）。而在下面一些词中“大”字都读为 [da]：伟大、大学、大厦、大势、大体、大亨、大班、大蒜、大意、大力士、大丈夫、大约摸、世界大同、大慈大悲、大腹便便等。

又如：

字	白读音	例　词	文读音	例　词
肥	bi（读如“敝”）	～皂、浇～	vi（读如“吠”）	～料、～沃、～胖
未	mi（读如“迷”）	～了还早	vi	～来、～免、～必
味	mi	～道、气～	vi	～觉、～精
尾	mi	～巴	vi	～声、～大不掉、交～
微	mi	～～读清音小	vi	～弱、～笑、～不足道
晚	mɛ̃（读如“迈”）	～稻、～娘、～头	vɛ̃（读如“万”）	～上、～饭、～辈、～年
万	mɛ̃	七～八～麻雀牌名	vɛ̃	～一、～岁、～能
蚊	məŋ（读如“门”）	～虫、～虫香	vəŋ（读如“文”）	～香、～帐、～子
问	məŋ	～路、弗懂就～	vəŋ	～题、～候、请～
闻	məŋ	～到煤气味	vəŋ	新～、～所未～
忘	mɔ̃（读如“梦”）	～记、～掉	vɔ̃（读如“亡”）	～恩负义、～我精神
望	mɔ̃	～～看望、～东走	vɔ̃	希～、～尘莫及
龟	tɕy（读如“居”）	乌～	kuei（读如“圭”）	～缩、～板膏
鬼	tɕy	小～、～叫、吊煞～	kuei	～怪、～哭狼嚎
贵	tɕy	价钿～	kuei	～宾、～重、长命富～
亏	tɕ^{h}y（读如“去”）	吃～、～勒过	k^{h}uei（读如“盔”）	幸～、功～一篑、～心
跪	dʑy（读如“具”）	脚踝头～勒痛煞	guei（读如“揆”）	三～九叩、～拜
柜	dʑy	～台、被～、火～	guei	～子、衣～
围	ɦy（读如“与”）	～巾	ɦuei（读如“回”）	～攻、～棋、～绕
喂	y（读如“淤”）	～饭、～鸡	uei（读如“畏”）	～养
交	kɔ（读如“高”）	～代、～界	tɕio（读如“教”）	～涉、～易所、～战
教	kɔ	～书、～方板	tɕio	～育、～官、～会
绞	kɔ	～毛巾、～肠痧	tɕio	～刑、～架
叫	kɔ	～化子	tɕio	～苦、～嚣
校	kɔ	大～场	tɕio	～对、～正、～核
酵	kɔ	发～、～头	tɕio	～母菌
敲	k□ɔ（读如“拷”）	～门、～竹杠	tɕ^{h}io（读如“俏”）	推～
孝	hɔ（读如“耗”）	～杖棒、～子	ɕio（读如“笑”）	～敬、～顺、忠～
哮	hɔ	～驼病	ɕio	～喘
间	kɛ̃（读如“监”）	房～、～架、～日	tɕiɪ（读如“箭”）	时～、人～、～接
谏	gɛ̃（读“轧白限切”）	～嘴～得	tɕiɪ	进～、～言
颜	ŋɛ̃（读如“癌”）	～色、～料、～体	ɦiɪ（读如“言”）	红～薄命、容～
咸	ɦɛ̃（读如“憾”）	～淡、～货店	ɦiɪ	～丰、少长～集

人	ȵiŋ（读如“凝”）	～客、做～家	ʒøŋ（读如“仞”）	～间、～民、～情
仁	ȵiŋ	虾～	ʒøŋ	～爱、～慈、～至义尽
韧	ȵiŋ	～皮吊气	ʒøŋ	坚～、～带、～性
认	ȵiŋ	～得、～生	ʒøŋ	～识、承～、～可
戴	ta（读如“带”）	～花、～眼镜	te（读“德哀切”）	披星～月、姓～
赖	la（读如“喇”）	～掉、做无～	lɛ（读如“览”）	依～、抵～
阶	ka（读如“街”）	～沿	tɕie（读如“皆”）	～级、～段、～梯
介	ka	～绍	tɕie	～意、～入
也	ɦia（读如“涯”）	～好、我～要	ɦie（读如“械”）	之乎者～
怀	gua（读“轧白歪切”）	放勒～里	ɦuɛ（读如“环”）	～念、～疑、～胎
锯	ki（读“格衣切”）	大～、钢丝～	tɕy（读如“居”）	～木、～床
去	tɕ^{h}i（读如“气”）	走过～、上学～	tɕ^{h}y（读如“驱”）	～年、～世、～声
世	ɕi（读如“喜”）	一生一～、下～	ʃɥ（读如“势”）	～界、～纪
死	ɕi	～尸、～结	sɿ（读如“驶”）	～亡、置之～地
二	ȵi（读如“艺”）	～一添作五、～房东	l̩（读如“耳”）	～胡、～十四史
耳	ȵi	～朵皮、～光	l̩	～机、～闻目睹
儿	ŋ́（读如“五白”）	～子、～孥	l̩	～女、～童、～戏
吹	ʧ1^{h}ɥ（读如“痴”）	～风、～行	ts^{h}ei（读如“催”）	～嘘、～灰之力
槌	ʤɥ（读如“柱”）	楝～、鼓～、弹花～	dzei（读“词安切”）	一～定音、棒～
锤	ʤɥ	秤～	zei（读如“垂”）	～炼
岁	ʃɥ（读如“书”）	几～、压～钿	sei（读如“税”）	～月、太～、万～
谁	ʒɥ（读如“殊”）	～依啥人，也读“孰糯”	zei（读如“垂”）	～人不知、是～
争	tsã（读“滋樱切”）	～气、～来～去	tsəŋ（读如“挣”）	～光、战～、斗～
生	sã（读如“省白”）	～病、学～意	səŋ（读如“僧”）	～产、～命、～涯
更	kã（读如“羹”）	敲～、五～头	kəŋ（读如“根”）	自力～生、～加
樱	ã（读如“鹦白”）	～桃	iŋ（读如“英”）	～花
明	məŋ（读如“门”）	～份帐	miŋ（读如“民”）	～白、～朗
顶	təŋ（读如“等”）	屋～、楼～、阁～	tiŋ（读如“鼎”）	～好、～天立地
宁	nəŋ（读如“能”）	～可、～使	ȵiŋ（读如“拧”）	安～、～波
菱	ləŋ（读如“仑”）	老～、水～	liŋ（读如“凌”）	～形、～铁矿
漆	ts^{h}a^{ʔ}（读如“插”）	～黑、墨～黑	tɕ^{h}ie^{ʔ}（读如“七”）	油～、如胶似～
赤	ts^{h}a^{ʔ}	～佬、～豆	tɕ^{h}ie^{ʔ}	～子之心、～手空拳
赤	ʧ^{h}ø^{ʔ}（读如“出”）	～脚、～膊		
鼻	ba^{ʔ}（读如“白”）	～头管、～头红	biɪ^{ʔ}（读如“别”）	～子、～血、～涕
日	ȵiɪ^{ʔ}（读如“热”）	红猛～头、～脚	ʒø^{ʔ}（读如“入”）	～记、～用品、～食

石	ʑiɪʔ（读如“食”）	～榴、～湫、～浦	zaʔ（读如“闸”）	～板、铁～心肠
缚	bəu（读如“婆35”）	草～、～起来	poʔ（读如“膊”）	束～、手无～鸡之力
陡	toʔ（读如“笃”）	笔～	tei（读如“斗”）	～坡、～峭
鸟	dio（读如“钓”）	打～、～叫	ȵio（读如“绕”）	～瞰、～类
潭	deɪ（读如“颓”）	水～	dɛ（读如“坛”）	龙～
畜	tɕʰyoʔ（读“欺欲切”）	～牲	ɕyeʔ（读如“旭”）	～牧、～养
浴	ȵyoʔ（读如“玉”）	滰～	ɦyeʔ，ɦyoʔ（读如“越，欲”）	～室、沐～
家	ko（读如“加”）	人～	tɕia（读如“佳”）	～庭、～长
嘉	ko	～兴	tɕia	～奖、～许、～勉
觉	koʔ（读如“各”）	～得、～渡寺	tɕyeʔ（读如“菊”）	～悟、～醒
魂	ɦuaʔ（读如“活”）	～灵	ɦuəŋ（读如“浑”）	灵～、神～颠倒
核	ɦuaʔ	桃～、膀阳～	ɦaʔ（读如“合”）	～心、～实、～算
鱼	ŋ́（读如“五白”）	～鳞、～子	ɦy（读如“愉”）	～翅、～米之乡

七、镇海方言中存在不少一字两读现象

1. 声母相近的两读举例

ʑ－ɦ 两读：ʑia－ɦia 谢斜邪　ʑio －ɦio 兆绍扰樵

ʑiu －ɦiu 寿授受　ʑiĩ － ɦiĩ 前贱　ʑiã－ ɦiã 墙匠

ʑiŋ － ɦiŋ 盈楹赢羸瀛绳静净晴

ʒ－ʤ 两读：ʒo－ʤo 蛇佘　ʒ－ʤ 偿尝　ʒoʔ － ʤoʔ 昨前白读，后文读

z－dz 两读：zɔ－dzɔ 槽嘈

2. 韵母相近的两读举例

o－ uo 两读：ko－ kuo 挂瓜剐卦　kʰo－ kʰuo 夸　ho－ huo 虾

ɦo－ ɦuo 下厦夏　o－ uo 鸦哑丫

yŋ－ yoŋ 两读：tɕyŋ－tɕyoŋ 军君钧均　tɕʰyŋ－tɕʰyoŋ 菌炯窘迥

ɕyŋ－ɕyoŋ 薰勋熏驯训　ɦyŋ－ɦyoŋ 匀韵　yŋ－yoŋ 蕴酝

iɪʔ－iaʔ 两读：tɕiɪʔ－tɕiaʔ 甲峡　tɕʰiɪʔ－tɕʰiaʔ　恰

yoʔ－yeʔ 两读：ɦyoʔ－ɦyeʔ 浴欲

第二章 词 汇

本章着重对镇海方言词汇组成特点和常用词溯源作些探索，并举例说明某些方言词的书写。

第一节 方言词特点探索

一、合音和合音字

本地方言中有一些合音词和合音字，正如北方语言中的“甭”。如：

䎋，即“只要”“只”，方言读如“吉”（国际音标［tɕieʔ］)。“䎋”，只要连读，音如“交”。例：䎋你一句闲话，我就放心了。

𠁥（覅)，即“勿会”“勿”，方言读如“物”（国际音标［vaʔ］）或“弗”。“覅”（国际音标［vei］)，勿会连读。例：今天天气不好，看样子婆婆是𠁥来的啦！

甮，即“勿用”，勿用连读（国际音标［vəŋ］)，表示不用。例：请留步，甮送啦！

其他如弗爱连读，表示不喜欢。例：我弗爱其睬！

二、音转

由于地区、古今方言音系不同，某些词语便有了不同写法和读音。如：

龌龊、鏖糟 脏、不干净，北方称“肮脏”，宋、元话本上写作“腌臜”，本地叫“龌龊”、“鏖糟”。鏖糟，古代已有此词，见《汉书·霍去病传》注。鏖糟、龌龊、腌臜、肮脏，是南北、古今的不同音转 。不过，本地“龌龊”作形容词用，“鏖糟”一词不仅作形容词，还作名词，指灰尘。例：地上鏖糟介多。作形容词时还引申有“倒霉”、“晦气”、“触霉头”的意思，有写作“懊糟”的，含懊恼意。例：该桩事体弄过鏖糟！

鏖糟，某些地区有读成“揞［ɛ］糟”的。

角落 北方叫“旮旯”，本地叫“角落”，也是南北音转。本地语音中读入声字的较多。

流氓 “游民”的转音。“游”、“流”叠韵，“民”、“氓”双声。本指无业游荡的人，后泛指不务正业、为非作歹，靠敲诈勒索为生的人。

三、组词的形象性

方言词组中有许多音节铿锵，组合和谐，形象生动，感情色彩浓烈的例子，一听就感到地方味十足。

1. ××里××（A 里 AB）

有些词汇，单独讲，显得硬邦邦，没有转圜余地。如若用个助词“里”字（读轻声）将它分割缓冲一下，语意就显得略为婉转，程度也稍有减弱：若“里”字读重音，则词意就加重了。例如：

疙里疙瘩　慌里慌张　尴里尴尬　邋里邋遢　龌里龌龊　糊里糊涂

毛里毛躁　啰里啰唆　弯里弯角　古里古怪　戆里戆得　花里花得

土里土气　洋里洋气　流里流气　浪里浪气　邪里邪气　娇里娇气

嗲里嗲气　妖里妖气　老里老气　刁里刁气　滑里滑气

2. ×头×脑（A 头 A 脑、A 头 B 脑）

“头”和“脑”是人身上重要部分，将一些形容性或表示动作的词夹在“头”、“脑”之间，组成一个形容性的词组，它的程度加强，也更生动，而且讲话节奏感也更明显。例如；

呆头呆脑　笨头笨脑　指这个人或行为呆笨的程度很高了。

戆头戆脑　指傻乎乎的尽做傻事。

晕头晕脑　昏头昏脑　指忙乎、紧张、被摆弄得昏头奋脑，不知东西南北、日月阴阳。

犟头倔脑　倔头倔脑　对谁都不买账，都对着干，活像斗牛中的牛。

寿头寿脑　寿头刮脑　象老寿星的头，又长又大，自己摸不着自己的头脑，指说话做事不知分寸，不识世故人情。说人“寿头”，往往带有轻视或轻蔑意味。不过现代姑娘们对自己的爱人或男朋友，有时也称“寿头”，则要结合她的神态辨别一下是“嗲意”还是“恨意”。是“嗲意”的话，多是“欣赏”他能低声下气地讨好她。

滑头滑脑　油头滑脑　滑头滑脑，贬中有点带赞，常用于对儿童或小青年；油头滑脑，则是贬义。

蔫头奋脑　垂头丧气、可怜兮兮的样子，有一副落汤之鸡、丧家之犬的味道。

方头方脑　圆头圆脑　好一副富态福相。

灰头灰脑　有点像过街老鼠落水狗神态。

夹头夹脑　不管三七二十一，口水、棍棒往人身上泼打。

没头没脑　指事情不知所云，或将子虚乌有的事栽到人头上。

俗头俗脑　逐头逐脑　绝头绝脑　俗不可耐，猥琐，上不来台盘的庸俗相。

连头搭脑　指全部。又指责拖泥带水、毫无根据的讲话：“连头搭脑讲眼啥！”

贼头狗脑　指东张西望、躲躲闪闪，似窃贼之瞄别人口袋和狗找寻骨头般行为神态。昆剧《十五贯》里娄阿鼠的形象就是这样。

3. 爱用数字

方言中常喜欢掺入数字，增强夸张的语气。

搅七廿三　推三阻四　乱话三千　横七竖八　嗨五喝六　人五人六

4. 用象声叠词或双声叠韵词来加强词语的形象

逛逛奔去　阵阵奔来　笃笃敲门　嗲嗲警人　哿哿睏觉　腾腾蹬脚

乒令乓冷　叮令咚龙　黑格仑登　呆的卜落

5. “镂脓刮髓”及其他

方言中有一类用并列的动宾词组相结合，而且以人身体某部分作动作对象的成语，多有表示程度深的意思，如“搜肚刮肠”这个词组，已经形容挖空心思，将老底子都掏出来了，而“镂脓刮髓”这个方言词组则更进一步刻画出动脑筋的深度，虽然“土”一点，却是入木三分。这个词组还用于形容异想天开，想人之所未想。

搜肚刮肠　表示思考深入；

镂脓刮髓　表示揳入纵深；

咬牙切齿　表示仇恨深痛；

剥皮抽筋　表示刑罚狠辣；

敲骨吸髓　表示剥削深重；

刻骨铭心　表示记忆深刻；

牵肚挂肠　表示思念深切。

还有：

掴桌打凳　表示吵架已经升级。

娘死（读“西”）娘倒　形容骂人的狠极程度。

6. 修辞策略

方言对话中其实蛮注意修辞的策略。如：

“顺带过便”，讲得多轻松。“我顺带过便来望望你”，潜台词是“你不用过意不去”。“你顺带过便给我带一块肥皂来”，意思是“这点小事你不会嫌麻烦罢”。孩子对父母说“放学回家时顺带过便去书店买本书”，父母听了不会阻止吧。

还有一种好话坏说与坏话好说，也即修辞里忌讳语和反话。如：

看到人家的婴儿，生得活泼可爱，你得说“小囡生得真难看”或“咋会有介难看小囡哦”等等。

面对着晚年的老人，忌讳说“死”，只能说“百年之后”。对着死了长辈的人，不直说“你爸你妈死了怎么怎么的”，而说“你爸你妈‘过了’怎么怎么的”。用“过了”代替“死”字，隐含着“天地者万物之逆旅，光阴者百代之过客”，人生如寄的哲理。

上述例子，都包含着习俗中忌凶求吉的意味。

第二节　词语探源

“犯关”

“犯关”是本地方言中常用的词。“犯关了”，意思是“不好了”“糟糕了”。“这事真正犯关”，意思是“这事真正为难”。“犯关”原意是商人带着货物碰到关卡上官兵勒索，为难之极：不给钱财吧，怕货物要被没收或税钱加重；给吧，真有点不甘心、舍不得。因此凡遇事为难就叫“犯关”，就是说“犯到关卡上，为难极了。”后来“犯关”逐渐扩大演变成程度副词，如说：“犯关好”“犯关难”“犯关当心”，“犯关”的意思犹如“非常”。

“毛病”

原意是指牲畜的毛色有缺陷。宋代苏东坡《续杂纂》中有句：“怕人知，卖马有毛病。”明代徐咸的《相马书》曾解释说：“马旋毛者，善旋五，恶旋十四，所谓毛病，最为马害者也。”清代袁枚《新齐谐·来文端公前身是伯乐》中也有这样句子：“每值挑马，百十为群，瞥眼一过，其毛病纤悉无不一一指出。”后来引申于疾病，再凡是器物损坏或发生故障、事物中存在问题或弊害也称“毛病”，再后来凡是缺点错误都叫“毛病”了。女性嗔责男性“毛病!”，是怪他某些言语行动不得体，“神经有毛病”。嗔责中或许还带“嗲味”。

“倒灶”

《太玄经》中说：“灶灭其火，惟家之祸。”过去烧饭用柴灶，如果灶倒毁了，火也灭了，饭也烧不成，就要挨饿。于是，俗话将做事不利比喻“倒灶”。

“三脚猫”

俗话中将各种技艺只懂一点皮毛的人叫“三脚猫”。元代张鸣善《水仙子·讥时》的套曲中就有这样句子：“说英雄谁是英雄？五眼鸡岐山鸣凤，两头蛇南阳卧龙，三脚猫渭水非（飞）熊。”明代郎瑛的《七修类稿·奇谑四·三脚猫》提到“俗以事不尽善者，谓之三脚猫。”他说嘉靖间，南京神乐观道士袁素果有一只三脚猫，非常会捕老鼠，可是奔跑起来不成步法，没有样子。三脚猫虽会捉鼠，却不善奔跑，比喻技艺不全不善。这个俗喻原来历史不短。

“阿拉（我类）[aʔlaʔ]”

本地方言中，凡人称代名词后加一“勒[laʔ]”音，则代表复数。这是它的语尾变化。正像宋、元时在人称代名词后加上“每”字（“我每、你每”即现代语的“我们、你们”）代表复数一样。“我”字普通话的转音读成“阿”，“类”读入声变成“勒”。“类”“勒”“拉”“仂”等都不过是借音而已。“我类”或“阿拉”都指“我们”或“我们的”。“渠（其）拉”指“他们”或“他们的”。

“孰类（谁类）儿子”

“孰类（谁类）”读入声变成“贼勒”，“儿”读“鱼白[ŋ̍]”，明明是“谁家的孩子”意思，是中性词，现在被理解为“贼勒儿子”（贼的儿子），变成骂人的口头语。缺少文化教养的人，开口闭口常带“贼勒儿子”这个口头禅，是将它作为加强语气的附加词来用了。

现在北仑区柴桥、郭巨一带方言中还使用着“孰”（读“树白”）这个古词语，音义与“谁”（读“树白”）相同。

“交关”

解放初，南下干部到本地工作，最早学会的方言词就是“阿拉”和“交关”。

“交关”，表示程度深、数量多，含“极”“非常”“很”的意思。民国《鄞县通志·文献志·方言》中认为“交关”是“儹”字的反语（反切）。“儹”（读如“赞”），《说文》中解释为“最”

的意思。市井中说货物出众叫“儹极”。这跟现代词语中“崭”字的某些用法相同，如“崭新”“崭亮”“崭齐”，方言中就说“交关新”“交关亮”“交关齐”。

“伯嚭（‘嚭’，读‘批’[p^hi]）”

日常生活中将善于花言巧语、奉承拍马、欺骗别人，或言过其实、天花乱坠地吹牛的人叫作“伯嚭”；也有对嘴巴很“甜”、会讨大人欢喜的孩子笑骂他为“伯嚭”。

伯嚭原是人名，他是春秋时代楚国人，逃亡到吴国，得到吴王夫差信任，官封太宰。他很会奉承，哄得夫差言听计从，对他宠信无比。吴灭越后，越王勾践称臣，夫妇被夫差俘去做马夫。伯嚭收受越国贿赂，答应设法放归勾践，使越国复国。于是在夫差面前一面不断进谗言，撺掇夫差逼杀忠臣伍子胥，一面替勾践讲好话，使夫差放勾践还国。勾践卧薪尝胆，终于灭掉吴国，并将夫差放逐到甬东（句甬之东，一说即是现在的舟山）。伯嚭降越为臣，一说为勾践所杀。戏剧“卧薪尝胆”讲的就是这个故事。因为这是跟宁波有关的故事，宁波人很爱看。当年京剧演员陆君鹏（艺名“筱毛豹”）在宁属各地演出勾践卧薪尝胆，舞台上搭配那个伯嚭胁肩谄笑，完全是小花脸形象，给观众留下深刻印象。“伯嚭”确实可以做善奉承拍马、花言巧语者的代表。

“和而（落）散姆”

“和落散姆”表示一切都包括在内的意思。它是英语 Allsum 的译音，中译意思就是全部、总数。这是宁波开埠后引入的外来语。像现在把“再见”叫“byebye”一样。

“弗管三七廿一”

“弗管三七廿一”，也讲“弗管三七二十一”。为什么偏偏讲“三七廿一”，不讲“四七廿八”、“三八廿四”……呢？据考证，这个俗语由来颇古。

《史记·苏秦列传》中记述苏秦以合纵之策游说齐宣王，其中说道：“临淄之中七万户，臣窃度之，不下户三男子，三七二十一万，不待发于远县，而临淄之卒固已二十一万矣。”意思是：“齐国都城临淄有七万户人家，我私下估计，每户还不止三个男子，不需要向别县征发兵卒，光临淄一地就有三七二十一万丁卒可以征发了。”苏秦这样不顾每户男丁的多少、老弱情况，都以一户三口男丁计算，以此来作征发兵卒依据，实有不顾一切的意思。以后，便传下“不管三七二十一”这话。

“丁相公画（划）一字”

《枌社謄觚》中说《山堂肆考》记载一件事：元朝丁济任奉化县尹，判案时凡遇公论所在，一次判决后坚持不再更改。百姓称为“丁相公一字判”。后来宁属各地将做事固执不变的叫作“丁相公画一字”，或者干脆称为“丁相公”。“相公”，本指宰相，在宋、元时为表示尊敬，对官吏也泛称“相公”。此后扩大为对年少书生以及妻子对丈夫都可以尊称“相公”。

“段塘阿姆”

过去宁波段塘妇女曾经参与闹花灯，扮演开朗、活泼、插科打诨、嬉嬉闹闹的角色，留给人很深印象，于是流传下“段塘阿姆闹花灯”的俗话。以后对性格外向，喜爱打闹玩乐，嬉笑怒骂随心所欲，讲话缺少分寸，百无禁忌无节制的女性，称为“段塘阿姆”“段塘叔婆”，略称“段塘”。现代使用这个词语时，不一定是贬义，有些妇女也会自嘲“阿拉是段塘阿姆”哩。

“若要好，问三老”

假使将这句俗话里“三老”理解为“三个老头”，那就错了。

“三老”是官名，秦、汉时在乡、县、郡三级均设立“三老”。他的职责是掌管一地的教化，相当于现代教育、文化、宣传部门管理者。只有懂得礼仪、文献、历史掌故、法令法规，知识渊博，德高望重，年在五十岁以上者，才得被举任为“三老”。尤其在乡间，当时凡婚嫁喜庆、丧葬祭祀、邻里纠纷、评理判事、重大庆典……都要请教“三老”或请“三老”主持。这样做起来才能中规中式，不出纰漏。后来俗话中“若要好，问三老”的“三老”，已泛指为“齿尊（年纪大）、德尊（品行好）、爵尊（地位高）”的人了。

“好好先生”

源出东汉末司马徽故事。司马徽，字德操，东汉末颍川阳翟（属今河南）人。善于知人，庞德公称他为“水镜”。长期居荆州，知道荆州刘表见事不明，必害好人，于是绝口不议论时政。凡是有人去请问他对当代人物的评议，他总是说“好，好”。他的妻子劝他说：“人家来请教你，你应该告诉人家你的看法才是，可是你却什么都说‘好，好’，这也未免过分谦虚作假了。”司马徽听了说：“你这话说得也‘好’！”于是，以后称不问是非曲直、一团和气、只求相安无事的人叫“好好先生”。发展到后来，对一般善良的人也叫“好好先生”（见《世说新语·言语》）。但是司马徽却曾向刘备推荐诸葛亮和庞统，说“卧龙、凤雏，得一可以平天下”。《三国演义》中对这件事也有衍述。

“梼杌”

梼杌，读如“涛无”，传说中远古的恶人“四凶”之一。《左传·文公十八年》：“颛顼氏有不才子，不可教训，不知话言，告之则顽，舍之则嚚，傲很（倨傲乖戾）明德，以乱天常，天下之民谓之‘梼杌’。”后来泛指神志无知的恶人。本地指精神病人发作时为“梼杌”，读如“大白糊”，也叫“大糊病”，盖音转也。

“看三色”

人的态度变化叫“三色”，因此观察人的态度，以推测其喜怒哀乐、爱恨情仇心理，叫“看三色”。“三色”，是指三种容色。源出《吕氏春秋》，《韩诗外传》卷四有记：“管仲曰：‘何谓三色？’曰：‘欢忻乐说（即‘悦’），钟鼓之色也；愁悴哀忧，衰絰之色也；猛励充实，兵革之色也’。”

“养生”“养生媳妇”

“养生媳妇”的习俗，最早见于《三国志·魏书·东夷传》，裴松之注：“《魏略》曰：其嫁娶之法，女年十岁，已相设许。婿家迎之，长养以为妇。至成人，更还女家。女家责钱，钱毕，乃复还婿。”意思是说女孩十岁时已许配给人，并由男家迎去养育。等女子长成，再回女家。由女家索钱要财，然后再将女子还给男家正式成婚。女孩养在男家，称作“养媳妇”，也叫“养生媳妇”。本地旧社会时的养生媳妇习俗，是否在汉末就有，无考。但当时穷家养不起女孩，将女儿送人做养生媳妇，或男家娶不起媳妇，用最小的代价，领养一个“养生媳妇”，以便给儿子成亲这类情况甬江南北都存在。

养生媳妇在夫家的地位极低，吃得最差，做得最多，受辱挨骂，小心翼翼、提心吊胆地过日子。直到新中国成立后，此陋俗才消除。

“倭豆”

别地都称“蚕豆”，独有宁波地区叫“倭豆”，据说是从明朝倭寇经常入侵骚扰后才这样称呼的。因为蚕豆成熟时往往是当时倭寇开始到沿海猖狂骚掠的时候。

第三节　方言词举例

［**人身部分**］

脑髁头　“髁”读“客［k^{hʔ}］”，也读“科［k^{h}au］”，骨的关节端呈圆丘形部分。

脖孔窖　读“子孔兑白［ʦ ʅk^{h}oŋ dei］”，囟门，婴儿头顶骨未合缝的地方。

嘴䣇　“䣇”读“部［bu］”。

酒窖　“窖”读“兑白［dei］”，酒窝。

鼻头　“鼻”读“白［ba^{ʔ}］”。

天花板　指上腭。

小舌头　指软腭。

胡咙头　喉咙。

耳朵皮　“耳朵”读如“尼多［ȵi to］”。

眼眉毛　“眼眉”读“颜迷［ŋɛ mi］”。

骷髅头　“髅”读“六白［loʔ］”。

肋排骨

肋胳肢下

胸脘头　“脘”读“官［kuø］”。

肩胛头　“胛”读“克［k^{h}a^{ʔ}］”或“夹白［ka^{ʔ}］”。

奶脯（蒲）　“脯”读“部［bu］”。

背脊心

手挣揿头　“挣”读俗音，志杏切［ʦã］。

肚脐眼

脚髁（骬）头

脚仰肚

大脚膀　“膀”读“胖［p^{h}ɔ̃］”。

脚趾末头

脚箾络头

趼（茧）　［ʨi］手足生厚皮。

脶（箩） [ləu] 箕 [tɕi] 手指纹。

寒毛 人身毫毛，例：寒毛凛凛。

枯壳靥 “靥”读“厌 [iĩ]”，皮屑。疮痂也叫“靥”。

貌相 “貌”读“买白 [ma]”，相貌。

［**疾患**］

近睩眼 “睩”读“溪 [tɕʰi]”。

眯睩眼

斗鸡眼

瞜眼 “瞜”读“搂 [lœy]”，亦读 [lei]。眼睛深深地凹入。

覒睛 “覒”读“偷 [tʰœy]”，亦读 [tʰei]，覒睛，麦粒肿。

多晒眼 “晒”读“霎 [saʔ]”。

酒齇（皻、齄）鼻 “皻”读“糟 [tsɔ]”。

齉鼻头 “齉”读“农平声 [noŋ]”，“鼻”读“白 [baˀ]”。

大嘴酺 “酺”读“部 [bu]”，大嘴酺即腮腺炎。

齙牙 “齙”读“爬白 [bo]”。

齴牙 “齴”读“产 [tsʰɛ]”。

冻瘃 “瘃”读“足 [ʧoʔ]”，冻疮。

热疖

痱子

瘄子 “瘄”读“ 醋 [tsʰu]”。

瘃 例：头上敲起一个瘃 [ʧoˀ]。

瘤 “瘤”读“雷 [lei]”例：面孔上有一粒瘤。

雀子斑 “雀”读“脚 [tɕiaˀ]”。

痧气 中暑。

瘌痨 读“隔老 [kaˀ l ɔ]”，疥疮。

痨瘵病 “瘵”读“七 [tɕʰiɪˀ]”，肺病。

痔（哮）驼病 “痔”读“耗 [hɔ]”，哮喘病。

冒燥病 疟疾。

病痼毒 “痼”读“固 [ku]”。

宣发 少年白发。

血瘾 “瘾”读“阴 [iŋ]”。

生癀（瘟）病 “癀”读“皇 [ɦuɔ̃]”，黄疸病。

开膹皴（皴皵） “膹皴”读“春白拆 [ʧʰøŋ tsʰaˀ]”，皮肤开皲。

聋髼（聋病）　　“髼”读“鬃［bã］”

虚疲病　“疲”读“吸［ɕiɪʔ］”，生病无气力。俗以人内心有愧疚叫“生虚疲病”。

臀皻　“皻”读“几［tɕi］”，坐板疮。例：屁股生臀皻。

疣子　“疣”读“尤［ɦiu］”，皮肤上出现的黄褐色小疙瘩。

疰夏　孩童逢夏天多病叫“疰［ʧʮ］夏”。

劳乏（劳发）　因疲劳乏力而身体发热叫“劳乏［faʔ］”。

［动作行为］

张覔　“覔”读“末奥切［ʔmɔ］”，去声。儿童嬉戏，突然相见叫“张覔”。

嫌贬　批评人或物叫“嫌贬［iɪ piɪ］”。

馋唠　贪食叫“馋唠［ʥɛ lɔ］”。

忏念　求验祈祷叫“忏念”。“忏”读“搀［tsʰɛ］”。例：各庙各菩萨，各有忏念法。

謈人　“謈”读“辱白［zoʔ］”，骂人。

眑　读“别白［bieʔ］”，例：眑眼火。

睩　读“攏［ʔloʔ］”，眼睛迅速转动观察四周。例：眼睛睩来睩去。

相　看，有目的地细看叫“相［ɕiã］”。如：给我相一相、相亲。

畹　读“挖［uaʔ］”，目张开的样子。例：眼睛畹开天已经大亮了。

眨　读“革［kaʔ］”，眼睛一合一张。例：眼睛眨记眨记在动啥脑筋？

瞠　读“自杏切［ʥã］”，撑开眼睛。例：眼睛瞠大一点。

望　朝远处看。读“网［mɔ̃］”。娘望儿、望外婆。

饫　读“瘀［y］”去声。喂婴儿吃东西叫“饫”。例：给小囡饫粥。

欶　读“速［soʔ］”，吮吸。例：欶蛳螺、欶奶、欶骨头。

啜　读“辍［ʧøʔ］”，例：啜骨头、啜指末头。

湎　读“弭［ʔmi］”去声。喝一点点叫“湎”。例：老酒随意湎一点。

打呃

打餩　读“戤”浊音［ge］。吃得过饱，胃气上冲发声叫“打饺”。

瘔（呛）颔　读“腔翁［tɕʰiãoŋ］”，吃东西时食物误进气管而咳嗽。

咽酸　吃东西过饱，引起胃酸泛上复咽下，叫“咽酸”。

唓　读“插［tsʰaʔ］”，妄言叫“唓”。例：唓乱话。

舑　读“摊［tʰɛ］”，伸舌。例：舌头舑出来拨医生看看。

嗑　读“轧白［gaʔ］”，牙齿相咬。例：廿八粒牙齿空嗑。

呕　喊人叫“呕［œy］”，也读“安［ei］”。例：去呕阿姆来！

傲　［ŋɔ］称赞、赞许。某人的儿子人人傲；自傲馒头白，咬开纯是麦。

谏　读“轧白晏白切［gɛ］”，唠唠叨叨的指责叫“谏”。例：谏嘴谏得。

吐瀺（涎）唾　“瀺”“涎”读“士减切［zɛ］”，“唾”读“吐［tʰu］”。

造孽（扰业） 俗以口角叫“造孽［zɔ ȵieˀ］”。

啕（嗅） “嗅”读“凶［ɕyoŋ］”，审气辨味。亦写作“啕”。

gain 读“叫［ʨio］”，小儿啼哭叫“gain”。例：毛头gain得厉害，是不是肚子饿了？

诎 读“传［ʤø］”，叨念。例：诎过又诎。

僝 读“士闲切［zɛ］”，责辱。受人斥责叫“吃僝头”。

孯 读“蜡［laʔ］”，拦住。

抲 读“跨白［kʰo］”，捕捉。抲鱼、抲虾。

揿 读“钦［ʨʰiŋ］”，按。揿电钮、揿门铃。

抑 读“柳［liu］”，搅拌。抑糨糊、抑藕粉。

鸠 读“堆［tei］上声”，用力牵拉。把绳子鸠牢，我拉你上来。

搣（搣） 读“灭［mieˀ］”，用手指捻搓。例：抲纸捻、抲线。

挢 读“轿［ʥio］”。例：挢石板、挢箱子。

挧 读“玉白，女六切［ȵyoʔ］”，揉搓。例：挧面粉、挧年糕团。

搡 读“消［ɕio］”，掀揭。例：搡镬盖、搡箱子盖。

挈 读“乞［ʨʰiIˀ］”。例：将水挈一桶来。

揾 读“温［uəŋ］”，蘸，浸入。例：揾酱油。

敨（敨）读“透［tʰœy］亦读［tʰei］”，将卷折的物件展开。例：敨被头、敨包袱。

揭（㔾）读“燕［i I］”，度量大小长短。例：两个人揭揭看，谁个子高些？

攋 读“赖白［la］”，尖锐锋利的器物划过皮肤。例：攋开。

劙 读“里［li］”，切割、划割或剖分开。用刀把箱子劙开。也作“蓠”。

搲 读“哑白［o］”，强给人家。例：搲卖豆腐。

搩（搩） 读“及［ʥieˀ］”，将物件夹在肋胳肢下。例：雨伞一搩就出门了。

搲 读“乌瓦切［uo］”，用手爬物，或用筷子扒饭入口。例：搲饭。

扐（捋） 读“辣［laˀ］”、“卢则切”。用指压取，或用手握住物体使向一端滑动。例：扐芹菜叶、扐数珠、扐树叶。

扳 ［pɛ］

拈 读“念［ȵɛ］”，用指取物。

拎 ［liŋ］

拑（箝、钳） ［ʥi I］夹住。

搋（搋） 读“拍［pʰaˀ］”，开物。例：搋鸡肉、两脚搋开。

扽 读“屯［dəŋ］”，从袋子里取物。例：扽袋皮。

拗 读“袄［ɔ］”，拉折。把筷子拗断、拗手劲。

搭 ［taˀ］抚摸。例：搭脉。

搛 读“其［ʥiĩ］”，夹取。例：搛下饭。

掇 读“答［taˀ］”，搬起来。例：掇凳子。

撺掇　诱人为非或从中挑拨叫“撺掇”。

掐　读“恰［tɕʰiɪʔ］”，亦读［tɕᴳiaʔ］用指甲刺或按。例：掐人中（穴）。

揎　读“许缘切［ɕyø］”，徒手打人。例：揎了他一拳。

挌　读“客［k’aʔ］”，扼人咽喉。例：挌胡咙头。

搧　读“扇［ɕiĩ］”，用手掌打，例：扇耳光。现通“扇”。

掸　读“掸［tɛ］”，拂去尘土。掸尘。

摣（揸）　读“庄加切，渣白［ʧo］”，用全手握住。例：把衣服摣牢。

撦（扯）　读“车［ʧʰo］”，裂开。

捞　［lio］，取物。例：隔笆撩菜秧。水中取物，例：撩草。

撮　读“仓括切［tsʰaʔ］”，用指头取物。例：三个指头撮田螺。

擤　读“醒［ɕiŋ］”，例：擤鼻涕。

舚　读“坍［tʰɛ］”，伸出舌头来。舚舌头。

㫋　读“厌［iĩ］”，度量长短。例：㫋㫋看，谁的个子高些。

拕　读“佗［dəu］”，用手拿东西。例：把那本书拕来。

抈　读“鱼厥切［yeʔ］”入声，反折，折断。例：手骨抈出了。

舀　［io］舀水。

庹　读“托［tʰoʔ］”，拃开手指量物一次叫“一庹”。

搡　读“桑［sɔ̃］”，将器皿猛然重重地往地上或桌上一放。

拚命　“拚”读“背［pei］”。

掭　读“天［tʰiĩ］”，轻轻拨动。例：掭灯芯。

捯　读“到［tɔ］”，两手替换着把线或绳子拉回或绕好。例：捯线。

搊　读“酬［dʑiu］”，将绳收拢，引，例：搊鹞线。

畀（畀）　读“必益切［piɪʔ］”，也读“百［paʔ］”，给予。例：钞票我已经畀服务员嘞。

捽　读“昨没切［dzaʔ］”，揪，揪住头发叫“捽头发”。

揈　读“轰，呼宏切［hoŋ］”，驱赶。被人揈出门来。

搿　读“轧白［gaʔ］”，用力抱持，引申为结交。例：搿朋友。

搳　读“豁［huaʔ］”，猜拳叫“搳拳”。

掴　读“古获切［kuaʔ］”，用巴掌打。例：掴耳（读“尼”）光。

摙　读“连［liĩ］”，抱物在怀中。例：摙被头。

捞　［ləu］捞牌、捞捞摸摸。

擌　读“横”［ɦuã］，擌蜘蛛网。

搂　［əu］用两手搂抱或搂抓。例：搂孩子、搂鸡贼。

戥　读“登［təŋ］”，将物品放在手掌上估计其轻重，叫“戥戥分量”。

彀　读“俦［dʑiu］”，将引长的绳索收起来。例：彀鹞线。

皵　读“鹊［tɕʰiaʔ］”，亦读［tɕ’iɪʔ］，手爪或表皮破损未断叫“皵”，例：指甲皵起。

擫 读“郁［ye$^?$］”，折叠。例：擫纸头、擫拢。

擉 读“濯［ʤo$^?$］”，用手推物。例：擉手挣擉头。

掿（豛、敪） 读“笃［to$^?$］”，击。例：掿进去、掿一记。

搥（捶） 读“除白［ʤʮ］”，例：搥背；唔搭我搥背，我搭唔做媒。

丢 读“笃［to$^?$］”。例；东西丢落了。

揞 读“晏白［ɛ］”，抛掷。例：揞石头。

趱 读“贼白［za$^?$］”或“宅［ʣa$^?$］”，悄悄地闪过。急速穿行，《集韵》音杂。走貌。例：趱进趱出干什么？半路趱出程咬金。

打横 顺道转一转叫“打横［ɦuã］”。例：你先回家，我到超市去打个横。

趏 音［ma］，因病或肥胖走路迟缓，或故意慢吞吞地移步。《廣韻》从莫白切，音陌。《玉篇》走貌。今口语常为儿化音或丢失韵尾，指走路慢且摇晃。例：趏记趏记走过来。

沓 读“塔［tʰa$^?$］”，《集韻》讬合切。做事拖拉，行动迟缓。例：你这个人做事真沓。

跸（跘） 读“爿白［bɛ］”，跨越而过。例：跸地栿。

尥 读“撩［lio］”，跨步涉水。例：尥大水。抄近路。例：尥近路

蹔 读“丞［ʥiŋ］”，一只脚跳着走。

蹂（厹） 读“脑［nɔ］”，脚踏。例：蹂咸齑。

蹁 读“边［piɪ］”，用脚横斜踢人。

跔 读“轧白欧［gœy］切”，缩弯腿脚。例：脚跔拢。

痀 读“轧白欧［gœy］切”，缩弯背脊，驼背，背弯曲。

跍 读“轧白［gu］胡切”，蹲下去。例：“玉皇殿，跍一跍，对头就是寺后胡”。

绊跌 “绊”读“扳［pɛ］”，例：不小心被石块绊了一跌。

崥 “崥”读“避［bi］”，崥倒，侧面倾倒。

戤（隑） 读“轧白哀切［ge］”，倚、靠。例：戤社户；靠门戤着；你戤谁势道？

佁 读“呆白［ŋe］”，静止不动。立着不动也叫“佁”。例：东立立，西佁佁。

闶 读“揖［ie$^?$］”，隐身不想让人看见。例：闶壁贼；鬼鬼祟祟闶记闶记做啥？

伛 读“欧［œy］”，亦读［ei］，俯身。例：把头伛倒。

将息（将摄） 病后养护身体。

燂 读“弹［dɛ］”，烧热。例；燂茶。

熯 读“汉［heĩ］”，将食品放在饭镬或蒸锅上，利用烧饭或烧水的蒸气加温使熟。例：熯下饭、熯馒头。

煆 读“呼下白切”、“虾白去声［ho］”，利用饭熟后的蒸气加热。

煺 读“推［tʰei］”，浸汤去毛。例：煺鸡毛。

煠（炠） 读“贼白，时阿切［za$^?$］”，例：油煠桧（即油条）。

熻 读“笃［toʔ］”，小火慢煮。例：例：熻肉骨头。

氽（焯） 读“窜［ʧʰø］”，把食物放到沸水中稍微一煮。便：氽面条、氽丸子、氽菠菜。

酘　读“豆［dœy］”，亦读［dei］，冷热水相调和。例：用冷水酘一酘。

糊　读“秋［tɕiu］”，糊汤果粉。

瘍　读“易［ɦi］”，相传染，例：病瘍过。

饐　读“椅［i］”，食物腐败发臭。

胀敀　敀，读“部［bu］”，米泡在水中过久而胀大。

㞘　读“写［ɕia］”，㞘老酒。

訲　读“扣”，訲定，事先与人说定。

遭　读“崭［tsɛ］”，更换时间或地点。

［**情态形容**］

本地方言中为了增强对人、事、物性状、情态描述的形象性，往往在该中心词前或后加上叠音词，表达就更生动了。

突突［da^{ʔ}］滚

冰冰冷

火火热

骨骨［kua^{ʔ}］抖

阵阵［dʑiŋ］奔

蹸蹸（蹬）［dəŋ］响

嗤嗤［ʧʰʯ］睏

㗗㗗　（读“轧白嗄切［ɡo］”）响……例：眠鼾㗗㗗响。

笃笃［to^{ʔ}］敲（读“烤［kɔ］”）

骤骤［zœy］流

呼呼响

嘎嘎［ɡa］叫

石石［za^{ʔ}］硬

的的［tiI^{ʔ}］软

锃锃（读“盛白［dzã］”）亮

溚溚［ta^{ʔ}］渧

搭搭（读“答［ta^{ʔ}］”）动

㤘㤘（感感）［tɕʰiI^{ʔ}］动

弋弋（读“亦［ɦiI^{ʔ}］”）动

圆滚滚［kuəŋ］

方墩墩［təŋ］

扁榨榨［ʧo］

细绺绺［liu］

矮跍跍［gu］

白绵绵［miɪ］

黑黢黢（读“出白［ʧʰøʔ］”）

黑黯黯（读“沓［tʰaʔ］”）

红彤彤［doŋ］

黄澄澄［ʥiŋ］

绿莹莹［ɦiŋ］

紫瘩瘩［taʔ］

灰朴朴［pʰoʔ］

热度度［du］

热烔烔（读“桶［doŋ］”）

灼（读“节［tɕiɪʔ］”）辣辣［laʔ］

冷幽幽　［iu］

湿渍渍（读“则［ʦaʔ］”）

燥麸麸［fu］

干剥剥［poʔ］

厌糟糟［ʦɔ］

餲䊪䊪［aʔ baʔ baʔ］

腐爛爛［daʔ］

空势势［ʃʮ］

实畐畐（读“蚀别别［ʑiɪʔ biɪʔ biɪʔ］”）

豁朵朵　［huaʔ to to］

㝗（读“朗［lɔ̃］”）泛泛

老肯肯［kʰəŋ］

肉膈膈［ȵyoʔ kaʔ kaʔ］

大（读“驼白［dəu］”）戤戤［ge］

壮瘩瘩［taʔ］

瘦怯怯［tɕʰiɪʔ］

瘪塌塌［piɪʔ tʰaʔ tʰaʔ］

瘪㥾（顣）㥾［pieʔ hɛ hɛ］

瘚倲倲［ɕiɪʔ toŋ toŋ］

啬鄙鄙［saʔ pi pi］

慌稀稀［ɕi］

痛瘖瘖［ɕi］

懒偒偒［tʰaʔ］

腐滞滞（读“其［dʑi］”）
粘胶胶（读“告［kɔ］”）
轻泛泛［fɛ］
重顿顿［təŋ］
戆［gɔ̃］得得［ta?］
惹［ʒo］得得
寿［ʑiu］得得
胀饚饚［tɕiã təŋ təŋ］
殟（读“挖白［ua?］”）佬佬……
寒势势［ʃʮ］
酸汪汪［sø̃ uɔ̃ uɔ̃］
痒飕飕［sœy］
懈（读“轧白啊切［ga］”）舒舒［ʃʮ］
馈（读“往［uɔ̃］”）腩腩［nei］
歪（［hua］）笪笪（读“岂呀切”［tɕʰia］）

［计量］

记　［tɕi］打一记
世　［ɕi］（读如“希”）一生一世
埭　［da］（读如“大”）到宁波走一埭；一埭一埭字写得多么整齐
爿　［bɛ］（读如“办”）一爿叶子
裥　［kɛ］（读如“橄”）一裥橘子
眼　［ŋɛ］（读如“岩白”）一眼东西　犹一点点，谦意。
疃　［tʰø］（读“忒暖切”）　走一疃路
缚　［bəu］（读如“婆”）一缚柴、一缚绳　犹束、捆意，将动词作量词。
窠　［kʰəu］（读如“科”）一窠小鸡、鸟窠
绺　［liu］（读如“流”）一绺头发
綳　［pʰã］（读如“烹”）一綳桂花、一綳紫葡萄
梗　［kuã］（读“光横切”）一梗甘蔗、一梗扁担
棱（稜、瞵）　［liŋ］（读如“鳞”）一瞵地
庹　［tʰo?］（读如“托”）一庹长
撮　［tsʰa?］（读如“册”）一撮盐
挈　［tɕʰie?］（读如“切”）一挈包头、一挈蟹
斢　［tᵍøy］（读如“偷”）一斢屋、双斢
塔　［tʰa?］（读如“塔”）一塔地方

沰　［toˀ］（读如“督”）一沰墨汁、一沰糨糊

浡（坺）　［baˀ］（读如“渤”）一浡棉花、一浡灰尘

博　［poˀ］屋柱与屋柱之间称“博”，例：这间屋有三博

［生产劳作］

摸六株　指种田，农活。插秧时每倒行一步插六株，以后耘耙收割均由六株成列进行，故泛指农业生产为摸六株。

煝［mei］焦泥　“煝”读如“煤”，烧土杂肥。

削田塍［ɦiŋ］　修理田埂，削除田埂边的草。

罱［nɛ］河泥　捞取河底淤泥以作肥料。

壅芋艿　给芋艿培土。

打菜蕻［hoŋ］　除去油菜多余叉枝，让菜蕻生长。

打棉花脑　除去棉花疯长枝脑，使养料供给棉株结果开花。

青葬　将棉花田上的芘花用大钉耙翻到泥下去，使其腐烂作肥料。

旋网　渔业中的打网作业。

大丝插网　俗称强盗网。

弹弓作业　也叫弹吊，用长钢绳拴分线置竹弹弓诱饵捕鱼。

夜钓　渔业中的金钩作业，用长绳分线拴钩饵捕鱼。

戳鳖　用铁制掌形鳖戳在池塘四周戳鳖。

推缉　用缉网在潮位深及膝盖至胸部间跋涂逆水推网缉鱼。

串网　有大串、小串。

拉钩　用金属钩拉钩鱼类。

箍［kʰu］桶　“箍”读“苦”，用竹篾或金属做成圈形，套在圆桶上，使桶片之间紧固不渗水。

打筘［tɕʰiu］　“筘”读“秋”，用来箍桶的圈形竹篾或铁丝叫“筘”，筘散了重新箍上叫“打筘”。

戗［tɕʰiã］菜刀　“戗”读“呛”。

爆胖菩

簟匠　篾作师傅。

裁缝

拷边

褙襞［pei paˀ］　读“背百”。将旧布洗净后用麦粉浆一层一层粘在平板上，晒干后裁做鞋面。

緻［ʧʮ］鞋　“緻”读“致”，将鞋底和鞋帮缝合，然后用楦头使鞋形定型，一般称“绱鞋”，本地叫“緻鞋”。

缉［tɕʰiɪˀ］鞋底　“缉”读“七”，针脚细密相连、行列整齐地用麻线缉缝布鞋底。

绗［ɦɔ̃］袜底、绗棉被　“绗”读“杭”，用针线将面子和里子及夹层里的棉絮、驼毛、丝绵等粗缝起来，使它固定，叫“绗”。

缲［iŋ］被子　“缲”读“隐”，用针线固定面儿和里子等，使它相合。

缏［bi］衣服　“缏”读“敝”，用比较粗疏的针脚缝制衣袖或裤脚叫“缏”。

镶［ɕiã］边　“镶”读“相”，把布条或带子镶绲在衣服等的边缘，叫镶边。

𧝓［toˀ］肩、𧝓角　“𧝓”读“笃”，裁制衣服时裁肩和裁角，叫“𧝓肩”、“𧝓角”。

打裥［kɛ］　“裥”读“橄”，在裙幅或布帛上打摺子，叫“打裥”。

塟［ʧoˀ］漏　房子有裂缝，要将它堵补塞牢。

［**童语**］

儿子、团子、妮子　“儿”“团”“妮”都读“鱼白［ŋ́］”。

女、囡、媛、懦、拏　都读“暖白［nø］”。

娃、孩、小孩　“娃”“孩”读“湾［uɛ］”。

奶欢（奶花）、小毛头　婴儿。

莋犽　“莋”读“唔［ŋ́］”，“犽”读“额啊切［ŋa］”。婴儿啼哭声。

哭啜猫　会哭的孩子像猫讨吃呜呜地呜叫一样，戏称为～

小祖宗、小太婆、小阿姆　责骂难服侍的男女孩子，像尊奉祖宗长辈一样还不满意。

小皇帝、小公主　现在温饱小康家庭对独生子女的宠称，看似“尊称”，实含“贬义”了。

奶奶脯　孩子的乳房。

脚泥螺、脚拏拏（懦懦）　泥螺、拏拏，像孩子脚趾形状。

小鸡鸡、小脬脬　指小男孩、小女孩生殖器。

东东　指东西。现在网上也兴将东西叫东东。

唔唔　儿童大便时努气的声音，本是象声词，转为名词，大人对孩子称大便为“唔唔”。也为大人帮助孩子大便时助力的呼声。

亮亮　指灯。

饭饭　读“孟孟［ˀmã］”，吃饭叫“吃饭饭”。

肉肉　读“绒绒［ȵyoŋ］”。指肉。

肉肉猪　“肉”读“女哑切［ȵio］”。“肉肉”，像猪叫的声音。也写作“尧尧猪”。

咩咩羊　“咩咩［ˀmɛ］”，羊叫声。

嘎嘎鸭　“嘎”读“轧白啊切［ga］”。像鸭叫声。

駕駕鹅　“駕”读“轧白杭切［gɔ̃］”。像鹅叫声。

嗲嗲鸡　“嗲嗲［ko］”，鸡叫声。

奥胡猫　“奥胡”像猫的叫声，“猫”读“蛮［mɛ］”。

欳欳　“欳”读“轲白［kʰo］”。孩子称睡为～～，像打鼾声音。

滰白白　“滰”读“强［dʑiã］”，孩子洗手叫～白白。“白白”指手洗后白净了。

啐啐　“啐”读“翠”。孩子受了惊吓，大人轻轻地捏着他的耳朵，说“啐啐”，或者拍着他的胸部，边拍边说“啐啐”。也叫“呕魂（读‘活’）灵”。

冐　“冐”读“末奥切［ʔmɔ］”。跟婴儿开玩笑，突然见面，嘴里呼“冐!”。

倭倭来，鼕鼕来　明朝时浙东沿海遭受倭寇侵掠，所到之处，烧杀抢掠，还将婴儿插在竹竿或刺刀上取乐。家长怕婴儿啼哭被倭寇听到，就提心吊胆地吓阻说“倭倭来了，鼕鼕地敲门啦”来阻止婴儿啼哭。流传到后来，这句话演变成对婴儿的催眠曲了。大人抱着婴儿，边走动边轻拍轻摆，嘴里念念有词，哼着“倭倭来！鼕鼕来”，语调轻柔，充满爱抚。

第三章 谣 谚

第一节 歌 谣

宁波下饭人人喜爱

喷喷酥兰花倭豆，
塌塌腩清炖胖蹄，
咸辣辣鳓鱼炖蛋，
酸溜溜醋熘沙鱼，
硬结结鲍盐带鱼，
淡呵呵虾鳔豆腐。
透透鲜笋丝咸齑，
醉醺醺糟鲳鳊鱼，
长脚老虾油爆爆，
河鲫鱼嘞葱烤烤，
两斤半肉红烧烧。

渔 歌

1. 起篷歌： 一拉金，拉格嗨呀！
二拉银，拉格嗨呀！
三拉珠宝亮晶晶，大海不负苦心人！

2. 渔民悲歌： 渔船撑到浪岗沿，性命不值老鸭钿。
三寸板里是娘房，三寸板外见阎王。

3. 摸鱼谣： 睏睏湿船板，吃吃雨淘饭。
扯铃扯八角，日夜鱼虾摸。
鱼虾摸来别人家，自己吃眼豆腐渣。

4. 黑秤手： 黑风黑水黑沙滩，黑天黑地黑老板。
一张黑脸像黑炭，黑神伸出黑手板。
一指拍拍算盘扳，黑秤称出黑机关。

秤锤上头剋几把，抲鱼人命里吃苦饭。

5. 淡水养鱼歌： 惊蛰春气动，养鱼莫放松。
清明鱼开口，饲养要抓紧。
寒露鱼闭口，秋捕好时光。
四季不脱青，一年长三斤。

6. 四季渔歌： 春季黄鱼咕咕叫，要叫哥哥踏海浪。
夏季乌贼加海蜇，猛猛太阳晒背脊。
秋季杂鱼随侬挑，网里滚滚舱里跳。
北风吹来白雪飘，风里雨里带鱼钓。
一阵风来一阵雨，愁煞多少新嫂嫂。

7. 鱼名歌： 鳗鱼长，鲳鱼扁，梅童头大身子短。
飞鱼飞，鲻鱼跳，鳓鱼肚皮像快刀。
黄鱼头大，鳊鱼头小，海蜇无眼随水漂。
琵琶鱼懒，海鲤鱼噪，箬鳎鱼眼睛单边藏。

8. 带鱼歌： 山东来了小强盗，嘴巴好像快剪刀。
你会往南逃，我会往北套。
带鱼两头尖，生在海礁边。
要想吃带鱼，还在东海面。

拾泥涂

谷箩蟹，
红火钳，
黄蛤做花咋稀奇，
蛎房会生石窖里，
弹涂（鱼）跳来又跳去（读“起”）；
管门头蟹爬进洞眼里，
长钉狮螺抓满地，
泥螺挨磨真好看。

注：蛎房即牡蛎。黄蛤也称海瓜子。谷箩蟹即红钳蟹，因形似谷箩而名，也称大刀谷箩。弹涂即跳鱼，亦称阑胡。

十二个月渔调

渔歌是旧时渔民在休闲时演唱的小调，表现比较自由，一般依附于民间小曲进行演唱。可以一人独唱，也可以男女对唱，也可以用二胡伴奏，也可以不用伴奏进行清唱，其特点是演唱灵活、自由、不受场地、乐器等条件限制。下面渔歌取材《封神演义》《三国演义》《隋唐演义》《水浒》《说岳传》《杨家将演义》《白蛇传》《孟姜女》等通俗小说。

正月虎鱼像团箢，纣王无道宠妲己，妲己娘娘女爱妃，万里江山随便其。
二月鲨鱼背上乌，岳飞大破洞庭湖，高宠枪挑牛头山，韩世忠炮打两狼关。
三月鲤鱼尾巴红，周仓大刀显威风，桃园结义三弟兄，刘备张飞与关公。
四月狗鳗两头甩，卢俊义勿肯上梁山，梁山勿听宋江话，杨雄石秀在马下。
五月排鱼眼睛青，瓦岗寨英雄要算程咬金，三锤击开裴元庆，半路碰着老杨林。
六月鲻鱼别别跳，三国英雄算马超，西凉马超来追曹，割落胡须下红袍。
七月米（鮸）鱼脑头鲜，杨昆单爱宝微剑，战过多少英雄将，误伤一位高怀亮。
八月黄鱼晒白鲞，老杨林单爱虎头枪，战过多少英雄将，独怕罗成回马枪。
九月乌郎肚下胖，奸臣要算欧阳芳，屈斩忠良吴秀成，围困河登百万兵。
十月蝤蠓生红黄（膏），代王而死杨大郎，双龙大会金沙滩，害得杨家落灾难。
十一月银带白如雪，孟姜女千里送寒衣，闲人只说闲人话，那个肯送寒衣来。
十二月对虾像龙眼睛，当作和尚是好人，隔夜苏堤寻夫君，断桥相会哭伤心。

盐民歌

一根扁担两头弯，两只脚底磨沙滩。
一年三百六十日，祖祖辈辈挑盐担。
起早落夜出门槛，百步沙滩来往返。
阿拉宁波人呒靠山，苦卤苦水苦扁担。
行行呒没介个苦，两行苦泪拌苦饭。

船民歌

1. 拔船过堰(坝) 歌

嗨唷啲呀！排好队呀！
众兄弟呀，加把劲呀！
饭煮燥，味道好，拔船包生活，拔上咪老酒。
功夫下到底，砻糠变白米。
嗨罗啲呀！出把力呀！
船头拔其直，脚手自顾着。
嗨罗啲呀！拔船听号子，号子过下力气。
嗨罗啲呀！

2. 撑船歌　撑船郎，真悲伤，
睡睡活动床，吃吃咸齑汤，穿穿破衣裳，

爹娘见了泪汪汪，老婆见了肝肠伤。

撑船郎，真悲伤！

长工歌

正月甲子正月中，肩背包袱来上工，吃了一杯上工酒，好比西山画眉落鸟笼。

二月甲子二月中，二月天气冷冬冬，老板叫我去挖坑，十指会冻红冬冬。

三月甲子三月中，身背犁镵快如风，上畈耕到下畈转，埭头欠长骂长工。

四月甲子四月中，四月秧苗青松松，一阵雷来一阵风，打死秧苗謦（读“辱白”）长工。

五月甲子五月中，五月夏至杨梅红，赤紫杨梅自家吃，下暑杨梅请长工。

六月甲子六月中，手拿沙尖兴冲冲，先割指头后割稻，讲我长工风骚骚。

七月甲子七月中，头顶烈日把田耘，一把烂泥一把汗，做煞长工呒茶喝。

八月甲子八月中，河边车水闹哄哄，手捏阳伞是东翁，头戴草帽是长工。

九月甲子九月中，身背锄头快步行，削光草皮煨焦泥，话我长工偷懒皮。

十月甲子十月中，备好箩担并稻桶，沙尖磨磨派割稻，老猪娘肉请长工。

十二月甲子十二月中，身挂柴刀爬山岭，上山砍到下山转，柴担欠重骂长工。

六十甲子轮流转，自家种田自撑船，不要依东翁来该管，苦打苦算苦度日。

采茶歌

三月采茶防茶老，急煞采茶女娇娇，早采三日是个宝，迟采三日变成草。

茶芽新发年复年，姐妹采茶到山前，姐采东来妹采西，采得新茶好欢喜。

养蚕歌

1. 养蚕需教觅四眠，买桑需买田头鲜，蚕眠桑老红闺静，灯红三更作茧圆。

2. 头蚕势，二蚕势，养得三蚕再得势；采得好茧子，踏得好细丝，卖得好银子，造得好房子，称心又如意，成年有余粮。

不平歌

1. 乡长买田起屋，保长吃鱼吃肉，甲长奔上奔落，百姓苦头吃足。

2. 穷人头上三把刀：苛捐杂税坐监牢。穷人面前三条路：上吊逃难落泥涂。

3. 天上星多月不明，地上山多路不平，朝中官多出奸臣，百姓造反改朝廷。

二十四节气歌

春雨惊春清谷天，夏满忙夏暑相连，秋处露秋寒霜降，冬雪雪冬小大寒。

注：四立：立春、立夏、立秋、立冬，一年四季开始。二分二至：春分、秋分、夏至、冬至，

是天气冷暖与昼夜长短的转变。二雨二雪：雨水、谷雨、小雪、大雪，反映下雨下雪的程度。二暑二寒：小暑、大暑、小寒、大寒，表示一年中最热最冷的时间。惊蛰、清明、小满、芒种，反映季节与农事关系。处暑、白露、寒露、霜降，表示天气逐步转凉的信息。

九九歌

九九歌是人们长期摸索出来的气象规律，时间为从冬季进入严寒到大地回春天气转暖之间，分成九个九，每个九为九天，共81天，故称九九歌。

夏至九九歌：一九、二九，扇子不离手。三九二十七，冰水甜如蜜。四九三十六，揩汗如出浴。五九四十五，头戴秋叶芫。六九五十四，乘凉入佛寺。七九六十三，床头寻被单。八九七十二，思量盖夹被。九九八十一，家家打炭墼。

注：从夏至起的九九八十一天，天气由热转凉。

冬至九九歌：一九、二九，滴水不流。三九、四九，绞开捣臼。五九四十五，河边插杨柳。六九五十四，笆头出嫩刺。七九六十三，破衣两头环（读“掼［guɛ］”）。八九七十二，黄狗睏阴地。九九八十一，飞爬一齐出。

注：从冬至起的九九八十一天，天气由凉变暖。

潮汛歌

1. 春潮五更始，夏潮黄昏送，秋潮两头大，冬潮太阳红。

又：春潮五更间，秋潮夜饭后，夏潮潮赶月，冬潮月赶潮。

2. 初一月关子午潮，潮水落出吃点心，十二廿七鸡啼涨，潮到沙头天大亮，初三十八点心潮，初八廿三早夜平。

3. 初二十六大潮汛，初八廿三当小水，廿七廿八双顿饭，潮到滩头吃夜饭。

4. 初一十五当大水，初五二十下水头，初八廿三当小水，十二廿七起水头。

5. 上半个月潮跟月，下半个月月随潮。初一月半昼过平，潮水落出吃点心。初二十六，早北夜北。初三十七，潮到沙滩日头直。初四十八，起更潮水落。初五二十，早夜落半潮。初六廿一难算，潮平三更半。初七廿二水，二更出西水。初八廿三早夜平，潮水落泽午时正。初九廿四，早夜南水。初十廿五半夜涨，潮到沙头敲五更。十一廿六水，天亮东南水。十二廿七鸡啼涨，潮到沙头天大亮。十三廿八，潮到沙头，日爬山头。十四廿九水，日落丁山夜南水。

注：潮水一天涨落二次，计24小时51分钟，因此每天涨落时间要推迟51分钟。

节气农事歌

立春迎春祷丰收，雨水有雨麦苗秀。惊蛰闻雷飞爬出，春分春花含苞立。清明播种蛙声朗，谷雨起畈秕花旺。立夏种田过半摊，小满割麦抢时限。芒种忙种忙忙种，夏至灌水不放松。小暑出谷稻头尖，大暑割稻要抢先。立秋无雨秋旱重，处暑耘耥当浇壅。白露露白好种菜，秋分分秋出稻齐。寒露三天撒秕花，霜降来临割晚稻。立冬种麦种油菜，小雪积肥捻河泥。大雪培土削麦子，冬至至冬大如年。小寒抬冰好上手，大寒过年做糕点。

注：此歌朱纪法曾作修正。

月象歌

初三初四蛾眉月，十五十六正团圆。十七八，爬山挖。十八九，坐等守。廿一二，月亮二更二。廿三四，月亮像小梳。廿五六，月亮山头煮饭熟。

十二个月“子”字歌

正月吃瓜子，
二月放鹞子，
三月清明做饺子，
四月种田下秧子，
五月端午吃粽子，
六月朝天扇扇子，
七月老三拿银子，
八月月饼嵌馅子，
九月吊红夹柿子，
十月重糖炒栗子，
十一月正冬至，
十二月冻煞叫（读“告”）化子。

三北地区十二月歌

正月作客看灯放鹞子，二月观音礼拜绕村子，三月清明上坟拔苗子，四月立夏称人健身子，五月端午驱蚊吃粽子，六月乘凉猜谜摇扇子，七月七巧穿耳梳辫子，八月中秋赏月采桂子，九月重阳吃团子，十月游山玩水摘栗子，十一月兰街看戏买画子，十二月家家过年杀鸡子。

骆驼地区民谣嫁媛歌

铜罐米饭白鲞汤，有媛放到柏墅方，
杨梅李子夏白桃，有媛放到凤浦岙，

倭豆米饭倭豆粥，有媛放到后三北。

注：柏墅方方氏是宁波商帮中大族，这首民谣反映嫁女之家择婿后女儿可能享受的生活状况。

三乡公益堂

三乡公益堂，主任方某璋，老酒用船装，日日吃蹄膀。

注：20世纪40年代地方士绅组成三乡公益堂，旨在造福本地，兴办公益事业。办事处设在团桥方氏广仁堂。这个民谣指的是当地民众亲见的事实。

十二个月花鸟小曲

正月茶花早报春，金翅大鹏在天庭，一心思想下凡尘，飞出天门做将军，尽忠报效紫微星。

二月兰花盆里青，孔雀住在九霄云，飞落凡胎外国尘，百万军中争帅印，要与中国比输赢。

三月桃花花色浓，金鸡头上一点红，五色毛羽多玲珑，飞到外国帅营中，一心要做大先锋。

四月蔷薇软飘飘，白鹤童子双翅摇，来了师父过仙桥，飞下红尘乐逍遥，要把先锋印信挂。

五月石榴红如火，两国出战本领大，打死小鸟许许多，站出凤凰来讲话，九头鸟一听笑呵呵。

六月荷花水上漂，竹鸟嘴尖要啄蛇，老鹰停在树上叫，山鸭成群水上漂，啄木鸟山上装鬼叫。

七月凤仙枝上青，鹊鸟报信喜盈盈，老鸦要算大忠臣，有祸过头叫三声，叫得男女心头惊。

八月桂花扑鼻香，翠鸟毛羽鲜得猛，逐魂看见眼睛痒，假装翠鸟勿象样，眼睛下视真难相。

九月菊花满园浓，百哥讲话多玲珑，鹦鹉讲话勿清通，竹叶青屯树林中，西山画眉落雕笼。

十月芙蓉赛牡丹，野王鸟巢中生蛋，愁煞斑鸠树上烦，缸雕飞到大坟滩，百样蛰虫都遭难。

十一月水仙开得好，雁鹅一年来一遭，飞过潼关拔根毛，燕子回去哭号啕，老燕过江命难逃。

十二月蜡梅色金黄，对对鸳鸯凑成双，荒鸟吃谷稻田上，鹭鸶嗒（吃）鱼在河塘，麻雀冻死树林上。

唱唱新生活

生意兴隆通四方，一年四季大发财。身体健康样样好，恭喜顺溜赚钞票。高楼大厦遍地造，代代子孙大学考，白发夫妻同到老，下代孝顺上代笑。改革开放办法好，条条马路建设到，电灯电话通四方，进出交通多便当。来往车辆多热闹，有上班的去工作，有上学的把书读。有的银行去储蓄，有的就去炒股票。大小工厂都办到，做出产品质量好，人民生活都用到。别的地方都不唱，单唱我们镇海好地方。招宝山大桥来造好，下面还有开隧道。不用轮渡到对江，骆驼桥汽车直通北仑港，小港大碶一直横，柴桥三山岙里相。亚浦穿山通大洋，白峰虾峙夹上阳。郭巨白渡到六横，桃花虾岙横一横，沈家门轮船直往到青浜。还有那渔业生产多海鲜，渔民信心更加强。渔轮帆船机帆船，好比杀敌上战场，来来去去快得猛，支援建设出力量。

国防建设更坚强，解放军保卫祖国出力量，全民皆兵力量强，海军巡逻在海洋，空军巡逻天上相，陆军巡逻在山场，保卫世界和平美名扬。五星红旗飘四面，大好形势在眼前，大量补品应市面，随便购买多方便，春夏秋冬四季衣，穿在身上多美丽。大哥大收音机带身边，联系业务多方便。到现在新造房子真美丽，热天装起空调机，冷天家里装暖气，电话机、洗衣机、录音机、录像机、脱排机，彩色电视不稀奇，数码电视多方便，国内国外都看见，新闻联播报勿及，各派越剧随依便，年轻人每夜好看武打片，真刀真枪显威严，叮叮当当比高低。弹簧眠床沙发椅，坐坐睏睏真惬意。从生眼睛头回见，睏勒眠床好看戏。电冰箱多方便，碗碗小菜放里面，热天不会多浪费。技术革新来创造，各种用品说不光，家里还有煤气灶，方便要算电饭煲，烧菜不用人管着，辰光到可以自动来跳掉，吃起来糯不糯来干不干，主要钟头要把牢，上班不会来迟到。

打夯歌

20世纪60年代建造十字路水库（即今九龙湖）由当时民工所创编的打夯歌

拎起来呀，杭唷！
夯头要把稳呀，杭唷，
绳子要拉紧呀，杭唷！
百年大计呀，杭唷，
共同建设呀，杭唷！
兴修水利呀，杭唷，
水库为先呀，杭唷！
增产增收呀，杭唷，
大家欢喜呀，杭唷！
水稻产量呀，杭唷，
超过双千呀，杭唷！
棉花丰收呀，杭唷，
超过双百呀，杭唷！
齐心协力呀，杭唷，
造好水库呀，杭唷！

生意十字经

一本万利开典当，二龙抢珠珠宝行，三（山）珍海味南货店，四季发财水果行，五颜六色绸缎店，七星高照古董店，八字墙门开钱庄，九巧玲珑贯器店，十字街头开茶坊。

家宴菜单

在婚丧节日中往往要邀请亲戚朋友聚在一起设宴请客，厨师在列菜单中有冷盆、热炒、外加咸甜点心。有人把它编成一首歌谣：

鸡肉白斩斩，火腿镶皮蛋；
蛎房（即牡蛎）薄薄摊，鸭胗满盆斩；
燻鱼圆滚滚，羊肉红焖焖；
风鸡腊鸭加风鳗，蚶子满盆像银圆；
弹涂（即跳鱼）别别跳，鹅掌鸽蛋鳝鱼烧；
红烧牛筋炒虾米，冰塘甲鱼补身体；
油氽黄鱼喷喷香，海参鱼翅鲜贝羹；
红膏鲳蟹两头尖，大汤黄鱼摆咸齑；
肉丝小炒相配芙蓉饭，小马盒子自家挑；
桂园汤团炖酱板，新鲜水果随你拣；
风蟹甲鱼透新鲜，郎君喜吃我再添。
花生穿红衣，瓜子舌头理。

儿 歌

1. 十二个月：正月大错过，二月芥菜大，三月拔毛针，四月拗乌笋，五月煮蒲羹，六月乘风凉，七月七巧凉，八月桂花香，九月九重阳，十月芋艿香，十一月雪子响，十二月放炮仗。

2. 新娘子：新娘子，子，煮萝卜；卜，爬沙蟹；蟹，蟹肚脐；脐，搛烂泥；泥，泥墙壁；壁，壁老虎；虎，虎头牌；牌，牌门坊；坊，放炮仗；仗，长眼竿；竿，赶水牛；牛，牛车盘；盘，盘龙灯；灯，灯盏爿；爿，办酒宴（读“宽”）；宴，宽宽心；心，新娘子。

3. 买啥西：正月铜钿多，拿个铜细买青果，青果两头尖，还是买荸荠，荸荠扁榨榨，还是买甘蔗，甘蔗节打节，还是买柑橘，柑橘红猛猛，还是买金庞（读“猛”），金庞象牙齿，还是买桃子，桃子半边红，还是买老菱，老菱像元宝，三团缺油包，春粿春年糕，还是不买好，回家睏懒觉（读“高”）。

又：两个铜板买水果

正月人客多又多，两个铜板买青果；青果两头尖，宁可（“宁”，读“能”）买荸荠；荸荠扁榨榨，宁可买甘蔗；甘蔗截打截（方言音“掘”），宁可买广橘；广橘青杏杏，宁可买金庞（即石榴）；金庞嵌牙齿，宁可买桃子；桃子半边红，宁可买吊红（柿子的一种）；吊红麻舌头，宁可买梨头；梨头一根柄，宁可买老菱；老菱两头翘，宁可吃枇杷；枇杷核太大，宁可吃苹果；苹果味欠好，宁可吃葡萄；葡萄酸刁刁，宁可吃香蕉；香蕉软绵绵，宁可吃爆米；爆米机器爆，“吭嗵”一大炮；春粿春年糕，吃了味道交关好。

4. 踢毽子：踢毽子，踢毽子，一踢踢到半天空，好像燕子飞向彩云中。踢毽子，踢毽子，毽子踢得上下转，一转转到土地庙。土地庙，土地庙，土地公公来说道，谁的毽子踢得高。就算谁最妙，妙妙妙，妙妙妙，谁敢和我来比妙，就数我最妙。

5. 浪浪浪，骑马到低塘，低塘一埭堰，直落花弄堂，花弄堂里真热闹，哥哥弟弟看戏忙。

6. 阿福抬轿：

三块鸡肉请老婢，老婢老，耳朵聋，快快请裁缝，裁缝手脚慢，快快找老猫，老猫吃黄鱼，黄鱼偷海蜇，海蜇怪和尚，怪出老和尚。老和尚念经，念出子孙，子孙剥壳，剥出阿福，阿福抬轿，抬到余姚，余姚呢呢光光杀猪肉，后门去张张，捡副猪大肠，河里去滰滰，老鹰是介坏，一碰碰勒河中央。短哏竿撩撩撩勿着，长哏竿撩撩撩勿着，隔壁借一把小扫帚，一撩就撩着。大刀切切切勿落，小刀切切切勿落，隔壁借一把剃头刀，一切就切落。大镬煮煮煮勿落，小镬煮煮煮勿落，隔壁借一盏菜油灯盏，一煮就煮落。大盖盖盖勿落，小盖盖盖勿落，隔壁借一只茶壶盖盖头，一盖就盖落。小人吃吃吃勿落，大人吃吃吃勿落，隔壁一个呒牙婆婆，一吃就吃落。

又：雪落蓬蓬扬，公公陪娘娘。娘娘磕一跌，难为隔壁；隔壁告状，告出和尚；和尚笃经，笃出书生；书生骑马，骑出蛤巴；蛤巴耕地，耕出黄蜒；黄蜒打枪，打出麻将；麻将剥谷，剥出阿福；阿福抬轿，抬到余姚。东张张，西张张，张出一根猪肚肠。河里去滰滰，老鹰姑娘是介坏，一拖拖到河中央。长哏竿撩撩撩不着，短哏竿撩撩撩不着，问隔壁叔婆借一根灯芯棒，一撩就撩着。大镬盖盖盖盖不落，小镬盖盖盖盖不落，问隔壁叔婆借一只马桶盖，一盖就盖落。大人吃吃吃不落，小人吃吃吃不落，问隔壁叔婆借一个毛头奶欢，一吃就吃落。

7. 河水碰：河水碰，河水碰，碰勒河中央，河里去打仗，扑通扑通响。

注：两个大人，一抱孩子两脚，一抱孩子两胁，相对左右晃动，一面唱此儿歌。

8. 泗泗（谐音“舅舅”）：泗泗，泗泗，河里游游，鸡笼关关，生只鸡蛋，给外甥官当夜饭。

9. 鵟晴

一鵟晴，二鵟雨，三鵟做大水，四鵟没屋柱，五鵟氽大树。

10. 你要啥人抱：

囡囡呀！你要啥人抱？我要妈妈抱？妈妈织布做袄袄。

囡囡呀！你要啥人抱？我要阿爸抱，阿爸出门赚元宝。

囡囡呀！你要啥人抱？我要姐姐抱，阿姐梳头刮眉毛。

囡囡呀！你要啥人抱？我要阿哥抱，阿哥割草磨镰刀。

囡囡呀！你要啥人抱？我要外婆抱，外婆腰骨躬勿倒。

囡囡呒人抱，乖乖走，莫磕倒。

11. 火萤头夜夜飞：火萤头夜夜飞，飞到舟山做大水，大水明堂花浪浪，小水明堂种六谷，六谷做饭有得吃，买亩地，砌间屋，抬个老婆享上福，生个儿子像萝卜，酱油搵搵介好吃。

12. 犯关犯关真犯关：犯关犯关真犯关，宣统皇帝坐牢监，正宫娘娘担监饭，左右大臣做行贩，红皮老鼠拖小猫，三岁姑娘生小娃（男小孩，“娃”读“弯”），小小泥鳅吞老鸭，苍蝇飞过太白山，侬说犯关勿犯关？

13. 一粒星：一粒星格伦登，二粒星炒倭豆，倭豆香加辣酱，辣酱辣，捉水獭，水獭乌，捉鸪鸪，鸪鸪头上一个瘃，敲开二斤四两血。血作啥？血磨刀；刀作啥？刀劈篾；篾作啥？篾打网；网作啥？网抓鱼，鱼作啥？鱼给外公外婆吃。

14. 鲢鱼经：念念鲢鱼经。做条鲢鱼真伤心，大大网来抓我，刨我鱼鳞血淋淋，放在镬里气里叉（煮鱼声音），盛进碗里开荷花，吃进嘴里多罗密，吐出骨头猫来接。

哭七七

旧时人死后要做七，即自死时第一天算起，每七天为一期，一共要做七期（共四十九天）。每一期（俗称一个七头）到了时要点上香，白烛，桌上供数碗菜、酒、饭、筷子等（即做羹饭），并烧锡箔，活着的亲人要哭一会表示悲哀。“哭七七”的唱词，一般在死人的家里晚上陪夜时由民间艺人所唱。

头七到来哭哀哀，手拿红被盖上来，风吹红被四角动，可比吾夫活转来；二七到来细思量，思思量量哭一场，月亮里点灯空照明，好比春梦做一场；三七到来做道场，亲戚朋友真闹猛，廿四和尚团团转，小奴奴打扮来上香；四七到来去梳妆，梳妆台上哭情郎，房间里有面菱花镜，只照奴家不照郎；五七到来望乡台，望乡台上哭哀哀，大男小女号啕哭，但等我郎活转来；六七到来去关梦，关着我夫见阎王，牛头马面立两旁，当中立着我夫郎；七七到来白满身，白布衣衫白布裙，有心戴你三年孝，呒心满七去嫁人。一路哭来一路行，还有啥人来做媒人，做好媒人终有媒银谢，郎君要比前夫胜三分；一路哭来一路行，回头公婆叫几声，勿要怪媳妇心肠硬，终怪你儿子命不长；一路哭来一路行，三岁孩童讲两声，跟娘总是跟婆好，勿晓得后爹啥心肠？

“哭七七”唱词有多种，这是其中的一种，在解放前比较盛行，现在会唱的人已找不到了，基本失传。

挖花调“三国”唱词

天牌　天水郡里收姜维，伯牙智勇有才干。诸葛爱才设妙计，收服姜维归自己。

地牌　张松暗画地理图，刘璋无能送成都。在朝大臣无力助，抱头痛哭心中苦。

人牌　白衣神枪小周郎，孔明赴会坐两旁。群英会上起谋心，急煞鲁肃心发惊。

娥牌　鹅毛月亮照山头，子龙长枪救阿斗。想起我儿刘阿斗，跟着大臣往哪走。

板凳　诸葛亮摆空城计，吓退军师司马懿。单等赵云兵到齐，方可退后二十里。

长三　一枝长枪落当阳，糜氏夫人投井厢。怀中阿斗身无恙，霸陵桥上逼猛将。

梅花　一计一计又一计，周瑜施用美人计。三计不成气煞死，卧龙柴桑去祭礼。

黄九　黄鹤楼请客，刘备问诸葛，要去勿要去，自家去想去。

三六　大刀虎将老黄忠，百步穿杨多少勇，关兴张苞两先锋，东吴放箭命送终。

三五　三五大船铁板连，庞统巧施连环计，大借东风七星坛，曹兵死伤八十万。

二六　二六八点和（读如“胡”），貂蝉戏吕布，活赔（意为“为了”）王司徒，董卓大吃醋。

三四　三次道上迎张修，曹操贪色要风流。实为爱花大事丢，小小宛城也难收。

二五　向伍阿嫂度兰桥，孟德从此乐逍遥，为了看相美多姣，大将典韦命送掉。

一四　马谡要死失街亭，小小山头扎大营，只因不听丞相令，辕门斩头血淋淋。

二三　三番两次叫不还，孙权待机要夺还，派遣吕蒙做元帅，白衣扮商混进关。

丁柱　龙山三关战吕布，吕布刺杀丁源父，投拜董卓认义父，凤仪亭上会吃醋。

二四　甘露寺内看女婿，国太看了蛮中意，派了国老做媒去，孙权夫人也欢喜。

白板　白袍小将算马超，武艺高强年纪小，割发弃袍让人笑，西凉追曹人人夸。

癞头哥，摸螄螺

正月人客多又多，来了娘舅阿婶加外婆，还有前生前世一个太外婆，说是给我癞头做媒来。我癞头，一听做媒笑呵呵，手拿一只四两篮，十字街坊转一转，各色摊头已收过，十一点钟，大时鸣钟，叮叮当当，当当叮叮已敲过，我呒告东西请外婆，只好到三星河里摸螄螺。三星河长又长来、阔又阔来、大又大，鲤鱼擦子交关多。癞头哥我一看就动火，拿起大石头，卜咙通，丢过河，一丢会丢中对面个美娇娥："我在河头埠，嚓得嚓得裤子搓，理勿该，那里的短命鬼，丢得我浑身衣衫湿裸裸。"

货郎叫卖歌

过去乡村有挑着日常生活用小商品的货郎担，专门沿村叫卖，边走边吆喝。

大人捋（玩）牌九，小人玩派司牌，老鼠敲碎灯盏、（快速讲）红绿钮子、大小木梳、长短骨针、蓝白棉纱、面油、雪花粉、嘴唇膏、长统丝袜宽紧带、红绿衣线两叉生、杭州剪刀锃骨亮、别针、顶针、竹针、钢针、骨针、勾针、被针、棉纱针、鞋底针、外加直贡呢鞋面好卖来～～～～！

赌徒自叹

一根扁担软泛泛，肩挑一担鲜货担；一走走到施公山（慈溪市境），生意勿做走进牌九摊。今日赌运真退板，钞票会输交交关，丢掉鲜货担，勿做小行贩，拎只讨饭篮，沿街去讨饭。我劝大家勿要赌，输光铜钿变瘪三。

吃酒豁拳歌

一定恭喜，俩相好来，连中三元，四季发财，五子登科，六六顺风，七巧生意，八仙过海，九快得利，十全十美，元宝一对。

第二节　谚　语

一、气象物候时令谚语

父老辈口头流传着许多关于气候的谚语，是人民在生产和生活中长期观察积累的智慧结晶。虽然由于近代来宇宙自然人类活动各种因素的影响，全球气候有所变化，但是这些谚语的流传，大致上还是有些意思的。（文中日期均指夏历）

立春：春打六九头。

雨水：一年四季在于春，一日之间在于晨。

惊蛰：雷响惊蛰前，七七四十九日不见天。

春分：行了春分（风）有夏雨。

清明：清明要明。

谷雨：谷雨要雨。

立夏：立夏吃只蛋，眼睛苦勒烂（意为一年中最忙的农事开始了）。

小满：小满夹芒种，腰骨做驼（佝）拢。

芒种：小满不满，芒种不管。

夏至：夏至杨梅满山红，小暑杨梅要出虫。

小暑：小暑打雷犯重霉。

大暑：小暑出谷，大暑吃谷。

立秋：三霉三伏并高秋。

处暑：处暑根头乌，晚青晚稻晒不枯。

白露：白露白绵绵。

秋分：秋分稻出齐。

寒露：寒露望春稻。

霜降：霜降一齐老。

立冬：立冬割半稻。

小雪：小雪已入冬。

大雪：大雪雪纷飞。

冬至：干净冬至邋遢（意为下雨雪）年；邋遢冬至干净年。冬至八六是清明。

小寒：小寒天气冷，大寒过新年。

大寒：一九二九下水不流，三九四九冰开捣臼。

春寒多雨水。

春天生意实难做，一头行李一头货。

春天孩儿面，一日变三变。

春霜不露白，露白要赤脚；春霜三朝白，晴到割大麦。

夏寒断滴，春寒有雨。

春分秋分，昼夜平分。

春雾雨，夏雾日，秋雾凉风冬雾雪。

夏雨隔牛背，秋雨隔灰堆。

春东风，雨太公；夏东风，燥松松；秋东风，毒辣辣；冬东风，雨祖宗。

夏至落雨做重霉，小暑落雨做三霉。

小暑下雨犯重霉。

秋天老北风，晒煞河底老虾公。

早西晚北夜东风，晒死河底老虾公。

立秋无雨三日晴。

秋雷迭卜，大水没屋。

冬至有霜年有雪。

冬至月头卖田买牛，冬至月中日风夜风，冬至月底卖牛买被。

冬季暖则雨。

冬雪宝，春雪草。

清明前后落夜雨。

清明断雪，谷雨断霜。

黄梅天，十八变。

黄梅天寒雨水多。

吃了端午粽，还要冻三冻。

小满不满，芒种不管。

九月十二晴，钉鞋挂断绳。

九月十二晴，阴阳还弗灵，还要十三夜到一夜星，撩田过畈到清明。

九月二十七风，懒妇老娘掏傢筐（读“孔”），懒妇是介话，十月还有一个夏。

高秋无雨二十日晴，大旱勿过七月半。

久晴西风雨，久雨西风晴。

陈山戴帽，大雨就到。（陈山，指甬江南岸陈山）

乌云在东，有雨不凶；乌云在西，大雨成溪。

云向东，一阵风；云向南，雨绵绵；云向西，穿蓑衣；云向北，好晒谷。

早上东南黑，中午有雨发。

早上南起疙瘩云，不出三天雨淋淋。

天上鱼鳞斑，晒谷弗用翻。

天开夜红霞，明天晒煞老人家。

朝霞不出门，晚霞行千里。

早霞雨淋淋，晚霞晒死人。

日晕雨，月晕风。

东鲎（虹）日头西鲎（虹）雨。

早虹雨滴滴，晚虹晒背脊。

早夜风凉，晴到重阳（指夏天）。

夜里星光明，明朝仍旧晴。

日头倒照，明朝落得奥妙。

日出一个洞，落雨呒没缝。

天开又合，大雨瓢泼。

雨中落日破云明，今天可知明天晴。

日头返照，晒得猫叫。

日晕三更雨，月晕午时风。日晕长流水，夜晕百草枯。

大晕晕风，小晕晕雨。

太阳带伞，有雨在喊。

日落胭脂（满天）红，无雨便是风。

乌云遮落日，弗落今日落明日。

日落云连天，大雨紧相连。

星星霎眼，明天带伞。

天上星跳跳，有雨少不了。

落雨见星，难得天晴。

久雨见星，天气将晴。

五月南风有大雨，六月南风海也枯。

三月南风下大雨，四月南风晒河底，五月南风遭大水，六月南风河底枯。

东北风，雨祖宗（指春秋两季）。

上半年东南风晴，下半年西北风晴。

六七月里吹北风，一两日里刮台风。

冬吹南风有雨来，夏吹南风好晒衣；冬吹北风天晴明，夏吹北风雨淋淋。

雷声绕围转，有雨弗久远；雷下高山顶，天气要转晴。

早雷弗过午，午雷两头空，夜雷三日雨。

雷打天顶（读“墩”），虽雨弗猛；雷轰天边，大雨连天。

响雷易晴，闷雷勿晴。

响雷无尾声，马上天会晴。

东闪空，西闪风，南闪火门开，北闪有雨来。

旱刮东风弗雨，涝刮东风弗晴。

早看东头，晚（读“蛮”）看西头。

上半个月看初三，下半个月看十四。

月初看初三，下月看十八。

头八晴，好年成；二八晴，好种成；三八晴，好收成。

久雨山头青，天气会转晴。

斜雨快晴，直雨连天。

细雨勿晴，快雨快晴。

落雨起泡，落过就好。

落雨像针，落个弗停。

夹雨夹雪，无休无歇。

一场春雨一场暖，一场夏雨一场热，一场秋雨一场凉，一场冬雨穿上棉。

夜开天，晴半年。

浓霜猛日头。

三日霜，暖如汤。

霜夹雾，晴得井底枯。

落雪弗冷释（读“色”）雪冷。

冬冷弗算冷，春冷冻煞犡。

春天生意实难做，一头行李一头货。

睏睏冬至夜，做做夏至日。

十雾九晴。

地上罩雾，只管洗衣裤。

春雾霜，夏雾雷，秋雾雨，冬雾风。

正月雾，日里没燥路；六月雾，晒得水塘枯；十月雾，低田好摆渡。

朝雾晴，晚雾阴；昼雾晴，夜雾雨。

朝雾即收，旭日可求，朝雾不开，有雨即来。

东鲎（虹）晴，西鲎（虹）雨，南鲎（虹）北鲎（虹）卖儿女。

长鲎（虹）无大雨，短鲎（虹）雨发癫。

雨前鲎（虹），落弗停，雨后鲎（虹），天将晴。

鲎（虹）高日头低，早晚穿蓑衣。

夏鲎（虹）断雨点，秋鲎（虹）海无泥。

东南海上出新鲎（虹），一两天内有台风。

鸡唤雨，雀噪晴。

蚂蚁上桌面，大雨在眼前。

水缸泥鳅上下翻，风雨就要来。

缸穿裙，大雨临。

盐缸还潮，阴雨难逃。

烟不出屋，滴滴笃笃。

河翻水泡，雨水将到。

咸肉滴卤，雨下如注。

骨节发痛，不雨即风。

远方钟声清，天气要转晴。

鸠唤雨，雀噪晴，喜鹊洗澡有雨临。

燕子高飞晴天到，燕子低飞雨天报。

燕子窝内填草多，当年雨水比较多。

乌鸦成群叫，风雨就来了。

麻雀吵架，天气将好。

蛇过道，有雨到。

水蛇水面游，雨水遍地流。

蜘蛛结新网 ，天气要晴好。

蜘蛛搬家，雨天要到。

蚂蚁搬窝，大雨成河。

蚂蚁爬上树，还要做大水。

蜜蜂出窝，天气晴好。

蜜蜂早归，雨来风吹。

蜻蜓结队飞，雨来天将变。

蝉儿叫声停，阴雨将来临。

猫洗脸，狗嚼草，不过三天雨来了。

狗吐舌头鸡张嘴，乌云遮天要下雨。

狗猫换毛早，天气冷得早。

麻雀囤食，天要下雪。

蚂蟥水底沉，明朝天气晴；蚂蟥水上浮，明朝雨淋头。

鲤鱼跳，田螺浮，龟背潮，大雨就来了。

二、暴期俗谚

正月初八玉皇暴。

正月十三上灯暴。

正月十五三官暴。

正月十八早春暴，摇船出海落帆倒。

正月二十九龙神暴。

二月初二土地暴。

二月初八八亨暴。

二月十九观音暴，开船还是弗开好。

三月初二要记防，癞蛤蟆出洞有风暴。

三月初三梁王暴。

三月初九阎王暴。

三月十五真君暴。

三月十九落洋暴。

过了三月二十三娘娘暴，搭勒捣臼好过港（指北仑金塘港）。

四月初八牛王暴。

四月二十四太子暴。

五月初五屈原暴。

五月十三关帝暴。

六月十二彭祖暴。

六月十九观音暴。

六月二十四雷公暴。

七月初八神煞暴。

八月十四伽蓝暴。

八月二十三张府暴。

九月初九重阳暴，海宫龙王信带到。

九月十九观音暴。

九月二十七风，懒妇箵箕空。

十月五风响如雷。

十月初十十阳暴。

十月十二彭祖暴。

十月十五三官暴。

十月二十一东岳暴。

十月二十七流星落地暴。

十一月十四水仙暴。

十一月二十九南岳暴。

十二月初五乌龟暴。

十二月十三土地暴。

十二月十八沙和尚过港暴。

十二月二十三掸尘暴。

七风八暴，蟹浆搵燥。

三、人事世情

一回生，两回熟；三分人，七分扮；穷做亲，富做生；吃勿论，捞勿肯；赚一千，用一万；管闲账，淘闲气；六月债，还得快；人会料，天会掉；一个好，勿会吵；笑长命，哭生病；印勿明，官勿清；雷声大，雨点小；生看见，熟呒份；挂羊头，卖狗肉；真主意，假商量；落手快，勿招怪；开头门，多头风；好做酒，坏做醋；嘴巴皮，卖铜钿；骨头轻，眼孔浅；硬到底，苦到死；亲兄弟，明算账；若要好，大做小；家勿和，被人欺。牛耕地，马吃谷；爹做官，儿享福。

树高千丈，叶落归根。

人心难测，鸭肫难挖。

天要落雨，娘要嫁人。

人有失礼，马有失蹄。
卖唱靠口，脚板靠走。
宁可失财，不可失节。
箩里拣花，越拣越花。
教书欠通，讨饭欠穷。
八仙过海，各显神通。
萝卜青菜，各有所爱。
大王好见，小鬼难挡。
大路朝天，各走一边。
看羹吃饭，量体裁衣。
鼓楼麻雀，屙缸石板。
越吃越馋，越嬉越懒。
教子有方，门庭兴旺。
眼大呒光，蛋大呒黄。
好省弗省，念佛送鲞。
打铁呒样，随打随像。
舌头呒骨，随弯随阔。
屋怕弗稳，人怕忘本。
田地要冬耕，儿子要亲生。
天怕东风鬼，人怕床头鬼。
儿子像阿娘，银子好打墙。
邻居碗对碗，亲戚盘对盘。
好笋出笆外，好花开墙外。
一勿可赌力，二勿可赌食。
坐吃山要空，浪费无底洞。
年轻弗学好，到老一根草。
勿听老人言，吃苦在眼前。
小人佯皮皮，大人勿欢喜。
贪贱买老牛，一年倒两头。
一气三分迷，一忍三分理。
树为一张皮，人为一张脸。
过头饭好吃，过头话难讲。
天怕雪后风，人怕老来穷。
天高弗算高，人心节节高。
眼睛大只小，看见样样要。

勿讲一肚气，讲讲两肚气。
用得着是宝，用不着是草。
打人勿打脸，骂人勿揭底。
老酒糯米做，吃了闲话多。
吃力弗讨好，阿黄搡年糕。
一餐省一口，一年有一斗。
有气当呒气，烦恼当欢喜。
墙倒众人推，病急乱投医。
一字两头平，看秤要看星。
有病莫瞒医，瞒医害自己。
穷人志气高，不好也会好。
狗咬吕洞宾，弗识好人心。
一字值千金，读书要当心。
一母生九子，连娘十条心。
东倒吃猪头，西倒吃羊头。
秀才不出门，能知天下事。
天下呒难事，只怕有心人。
只要功夫深，铁杵磨成针。
大懒差小懒，小懒使脚板。
屋里烧缸灶，外面充阔佬。
有力长头发，呒力长指甲。
外面是狗熊，屋里充英雄。
屋里像条龙，外头变根虫。
路遥知马力，日久见人心。
秀才碰到兵，有理讲弗清。
拳头打出外，手臂弯进里。
少吃多滋味，多吃坏肚皮。
三个臭皮匠，抵个诸葛亮。
人多好用力，人少好吃食。
不怕不识货，只怕货比货。
行家一出手，就知有勿有。
逐魂装翠鸟，毛羽欠细巧。
两脚站得牢，不怕大风摇。
人到事中迷，就怕没人提。
吃饭一大桌，做事呒着落。

度度日脚过，养养阿宝大。

各庙各菩萨，各有忏念法。

心想要发财，运道还未来。

丈姆看女婿，越看越中意。

丈人看女婿，越看越加气。

只有看中意，呒没做中意。

做做做弗煞，气气要气煞。

相打呒好手，相骂呒好口。

吃人家嘴短，拿人家手软。

人要好话听，佛要香火敬。

种田不留种，饿煞呒人咏。

讲讲大好佬，做做瘟跌倒。

轻记还重记，打煞自该死。

脚踏地中央，不怕路翻向。

量力买吃食，勿可买不值。

宁可买弗值，勿可买吃食。

娘舅大石头，说话一句头。

鹅嘴鸭脚板，冻冻会冻惯。

赌赢真威风，赌输象瘟虫。

炒菜看火候，出门看天色。

烧酒夹老酒，吃了打娘舅。

睏前烫烫脚，胜服安眠药。

一礼还一礼，麻糍还糯米。

船大好装货，船小好掉头。

尿急要生病，屙急要丧命。

出世是我早，运道是你好。

有福勿会享，坐着等天亮。

大头等勿来，小头眼勿开。

递烟勿送火，比死还难过。

吃吃饭店饭，屯屯小客栈。

逢早勿打扮，上轿穿耳眼。

只听楼梯响，呒没人看张。

讲讲勿相信，自己去打听。

坐吃山要空，浪费呒底洞。

人越坐越懒，嘴越吃越馋。

穿破才是衣，到老才是妻。
又要等先生，又要候年庚。
漆匠不用学，只要漆得薄。
当面呒脚色，背后要气煞。
乖笨看手足，伶俐看耳目。
娘勤囡勿懒，父懒子好闲。
男勤无荒地，女勤无破衣。
生活勿会做，排场交关大。
生头熟人客，装勒弗认得。
好汉弗打妻，好狗弗咬鸡。
师父领进门，修行在自身。
来路勿清通，钞票勿经用。
种田靠种子，生意靠牌子。
小叔大阿侄，打痛话弗出。
侬要儿女好，从小要管牢。
健康靠锻炼，勿能光求医。
儿女当皇帝，爹娘做娘姨。
饭吃八成饱，到老肠胃好。
霸王吹闷筒，有力呒处用。
吃饭靠过口，干活靠帮手。
牛不知角弯，马不知脸长。
勤学又勤问，不愁呒学问。
菜没盐呒味，话没理呒力。
杀鸡用牛刀，刀钝怪肉老。
抬树抬小头，问路问老头。
荒地怕好汉，好地怕懒汉。
绳捆二道紧，账算三遍清。
柜台立三年，见人会相面。
裁缝靠熨斗，鞋匠靠楦头。
细雨湿衣裳，滴酒破家当。
服软勿服硬，顺直勿顺横。
靠人总是假，跌倒自己爬。
三早抵一工，月亮当灯笼。
三年勿吃酒，买头老黄牛
自养自值钿，调一弗欢喜。

算命若有灵，世上呒穷人。

木弗凿弗通，人弗学弗懂。

抱抱怕捏煞，放放怕跌煞。

盐多下饭苦，儿多做娘苦。

从小吃过苦，当家勿含糊。

舌头打个滚，乱话弗用忖。

室雅勿须大，花香不在多。

穿上新花絮，弗忘破蓑衣。

要吃就是补，弗吃就是苦。

上山一蓬烟，落海一餐鲜。

勿怕难上难，就怕不耐烦。

一年两头春，杀鸡呒没肫。

天怕雪后风，人怕老来穷。

花无百日红，人无千日好。

呒力莫硬撑，有力莫强横。

问人弗蚀本，舌头打个滚。

轻担让重担，空手让雨伞。

牙痛勿算病，痛来要侬命。

吃吃曹操饭，做做刘备事。

好事弗可错，坏事弗可做。

问路勿施礼，多走十几里。

台上一分钟，台下十年功。

灯弗点勿亮，理弗辨弗明。

闲话讲道理，带鱼吃肚皮。

有理讲实话，呒理讲蛮话。

众人眼是秤，好坏看分明。

墙上一盆葱，切开两头空。

自傲馒头白，咬开纯是麦。

单丝弗成线，独木难成林。

在家靠父母，出门靠朋友。

见人讲人话，见鬼讲鬼话。

财与命相连，奔煞呒相干。

家和万事兴，家乱贼奔进。

平时弗烧香，急来抱佛脚。

上轿穿耳环，临阵看兵书。

六十弗留宿，七十弗留食。
冬补十进九，夏补随汗流。
好心犯恶意，石板压脚面。
日里走四方，夜里补裤裆。
吃吃咸齑汤，搽搽珍珠霜。
落水要性命，上岸要包袱。
三百六十行，行行弗落档。
天下十八省，马屁弗穿绷。
明是一盆火，暗是一把刀。
半斤对八两，胡椒对生姜。
人情留一线，日后好相见。
强盗扮书生，大脚装小脚。
外行看热闹，内行看门道。
闷声大发财，元宝滚进来。
钱财弗露白，露白要赤脚。
争气勿争财，要钱勿要命。
弗怕弗识货，只怕货比货。
对折拦腰环，零头掳掳翻。
树倒猢狲散，鸡飞狗上屋。
捏捏怕捏煞，放放怕放煞。
走大路怕水，走小路怕鬼。
吪郎看大体，心头没主意。
酒醉骂仇人，胆大做将军。
赚钱勿吃力，吃力勿赚钱。
大鱼吃小鱼，小鱼吃虾米。
人心隔肚皮，三爹六主意。
临时抱佛脚，屙急造毛坑。
钱到公事办，火到猪头烂。
远水不救近火。
远亲不如近邻。
一客不烦两主。
井水不犯河水。
牛头不对马嘴。
强盗碰着劫贼。
拣亲不如择媒。

会赚弗如会积。

太岁头上动土。

宰相肚里撑船。

真金不怕火炼。

天有不测风云，人有旦夕祸福。

严嵩势道要过，绸缎衣衫要破。

讲讲神仙阿伯，做做死蟹一只。

文弗像读书人，武弗像救火兵。

旡事弗可胆大，有事弗可胆小。

早起三朝抵一工。

墙头开花墙外红。

只传媳妇不传囡。

打狗须看主人面。

偷鸡弗着蚀把米。

捏着鸡毛当令箭。

眼睛生在额角头。

好汉只怕病来磨。

老虎头上拍苍蝇。

一个将军一个令。

老虎屁股摸不得。

新造毛坑三日香。

暴吃馒头三口生。

寅年先吃卯年粮。

无事弗登三宝殿。

有钱不买疙瘩产。

事非经过不知难。

书到用时方恨少。

屙缸边缘臭攀谈。

死人肚里自晓得。

严嵩势道终会过。

燕子做窠空劳碌。

浪子回头金不换。

钉煞秤花生煞命。

老鼠弗园过夜食。

看人挑担不吃力。

这山望见那山高。
恶龙难斗地头蛇。
嘴巴讲得出莲花。
上梁不正下梁歪。
羊肉当作狗肉卖。
人心难测水难量。
十个指头有长短。
万宝全书缺只角。
修子修孙在修德。
虎落平阳被犬欺。
船到江心补漏迟。
官大一级压死人。
打落门牙肚里吞。
将军难免阵头亡。
大熟之年隔壁荒。
败子回头金不换。
和尚拜堂全外行。
少年休笑白头翁。
好马不吃回头草。
老鼠翻进白米缸。
自扳石头压脚面。
为人不做亏心事，半夜敲门不吃惊。
有钱难买子孙贤，人老珠黄不值钱。
菩萨面前讲实话，铜钱眼里打秋千。
百年世事三更梦，各人头上一方天。
知人知面不知心，画龙画虎难画骨。
有勒千钱想万钱，做勒皇帝想成仙。
屋倒碰着连夜雨，行船偏遇顶头风。
自家做做来弗及（读“其”），人家做做弗中意。
自家忖忖诸葛亮，做起事来三弗像。
只见和尚分馒头，弗见和尚吃拳头。
吭药可医不死病，有钱难买少年时。
有个豆子顶个壳，做日和尚撞日钟。
生意不成人意在，人生何处不相逢。
牡丹虽好叶扶助，一将功成万骨枯。

逢人且说三分话，未可全抛一片心。
清官难断家务事，好女弗穿嫁时衣。
天要落雨娘要嫁，人怕出名猪怕壮。
三岁打娘娘会笑，廿岁打娘娘上吊。
弗到黄河心弗死，到了黄河出眼泪。
瞎子见钱眼会开，千里做官只为财。
富在深山有远亲，穷住闹市无人问。
横切萝卜竖切菜，砻糠搓绳起头难。
三个女人抵潮鸭，三个女人一台戏。
屙缸底下掏梅核，饭店门口摆粥摊。
河水不犯井水界，上台容易下台难。
行得春风有夏雨，见过平地识高山。
十起官司九起奸，英雄难过美人关。
踏着尾巴头会动，打落牙齿肚里吞。
七分锣鼓三分唱，一夜夫妻百夜恩。
骨头全呒四两重，好花能有几时红。
三年讨饭官懒做，一向坐吃山会空。
巧妇难为无米炊，好汉不吃眼前亏。
依依官法要打煞，依依佛法要饿煞。
恶人自有恶人磨，杨蝲自有蛤蟆拖。
强中更有强中手，新出猫儿比虎凶。
画龙画虎难画骨，娶妻娶德弗娶色。
儿孙自有儿孙福，莫为儿孙作牛马。
得放手时且放手，占便宜处失便宜。
坏人应作好人看，死马当作活马医。
蛳螺壳里做道场，小做新妇大排场。
日里不做亏心事，半夜敲门不吃惊。
门前大树好遮荫，何必灵山拜观音。
三个厨工杀谷蜢，三只指头撮田螺。
三岁意致看到老，三代不脱舅家风。
人逢喜事精神爽，邻舍做官也喜欢。
廿年媳妇廿年婆，再过廿年变太婆。
酒杯虽小淹死人，筷子不粗打断筋。
月里媳妇勿可哄，月里小人勿可耸。
酒不醉人人自醉，色不迷人人自迷。

木匠走进三日烧，泥水走进三日挑。

大人勿计小人过，宰相肚里好撑船。

运道来了推弗开，烤熟毛蟹爬进来。

掇凳勿坐讨凳坐，吃奶不亲摸奶亲。

无心插柳柳成荫，有意栽花花弗大。

船到桥门自会直，弗是碰来就是蹩。

泼妇骂街眼泪多，手扳杨柳喊投河。

鲁班师父造凉亭，小讨饭来瞎批评。

三分染料开染店，八幅罗裙拖响铃。

三寸棉纱放鹞子，十月芋艿爊鸡娘。

皇帝弗羯羯（谐音“急”）太监，相公弗做做书童。

是非只为多开口，烦恼都因强出头。

聪明面孔笨肚肠，绣花枕头烂草包。

少不轻狂老不板，吃回苦头学回乖。

廿亩棉花廿亩稻，晴也好来雨也好。

一朝天子一朝臣，帝王也有草鞋亲。

各人自扫门前雪，莫管他人瓦上霜。

鸭肉骨头水拖糕，老鹰飞过拔蓬毛。

男大当婚女大嫁，廿岁女子不由娘。

欠债还钱人偿命，赖债不如赖人情。

千日琵琶百日琴，一寸光阴一寸金。

晴带雨伞饱带粮，晾竿挑水后头长。

新发财主讨饭相，秀才人情纸半张。

吃了砒霜药老鼠，留些尾巴掸苍蝇。

饭店门口摆粥摊，夫子门前卖《孝经》。

鲁班门前弄大斧，关公面前舞大刀。

江湖铜钱江湖用，当方土地当方灵。

对着和尚骂贼秃，打马无非畀驴听。

手底心中翻顶倒，肚皮里厢打官司。

不怕山高怕脚软，不怕人穷怕志短。

宁看八十婆婆丧，别看二十姑娘妆。

若要夫妻同到老，梁山伯庙到一到。

牡丹虽好，全靠绿叶扶助。

金窠银窠，不如屋里草窠。

爹有娘有，不如自家怀有。

千里烧香，弗如孝敬爹娘。

有愁呒愁，愁六月呒日头。

儿子生一百，不值老头一只脚。

又要马儿好，又要马儿不吃草。

若要俏，冻得嘎嘎叫。

（责任编辑　陈　兵）

第四十四编　人　物

本编目录

沧海桑田，是今日镇海历史变迁真实写照。千百年来，先人们在这里筚路蓝缕，既开辟了这块港通四海的土地，也哺育了一代代坚毅、睿智、勇于创造的镇海人，赢得浙东门户、海天雄镇、商帮故里、院士之乡、人文梓荫等美誉。

本编主要收集在海内外各创业绩的镇海籍人士和在镇海建功立业的外籍人士，下限为2010年。除烈士按牺牲年份为序，其余统一按出生年份为序。计选立传略145人、传录56人，表列228人。对22位院士作简要介绍。2010年之后去世的重要人物，不分类属，统一按出生年月为序，合辑为备志人物。亦表选存史，搜集罗列当代各线精英520余人，下限为2012年。条件所限，缺漏定多，以待补遗。

第一章　英　烈

第一节　烈士传略

胡焦琴（1902—1927）

女。柴桥樟漕头（现北仑区）人。早年毕业于静德女子学校。1922 年入浙江省立第一女子中学读书，常为《妇女杂志》及校刊撰文，明志抒怀，抨击时弊，呼号妇女解放。带头放脚，两次拒绝封建包办婚姻。

1926 年，任教于镇海县立第一小学，提倡新式教育，主张向学生传授新知识、新思想，加入中国共产党，参与筹组国民党镇海县党部，当选为国民党镇海县党部执行委员兼妇女部长。1927 年春，国民革命军北伐入浙后，曾参与策动县知事及北洋驻军归顺国民革命军，还组织农民自卫队，收缴保卫团枪械，领导坤和草帽厂女工进行罢工斗争。不久兼任镇海县立第一小学校长。蒋介石发动“四一二”反革命政变后，临危不惧，代理中共镇海县独立支部书记，利用国民党镇海县党部执行委员与县政府建设科科员的合法身份，坚持革命斗争，掩护代县长蒋歌薰脱离险境。6 月 6 日，因反动分子告密被捕。面对国民党特派员诱胁，严词斥骂，不为所动。中共党组织曾设法助其脱逃，未成，被移押宁波防守司令部，受酷刑而不屈。6 月 23 日，在旧宁波府署侧广场被害。

解放后，遗骸安葬于紫石乡龙泉梨园山麓，1981 年迁葬柴桥镇大湾村。

陈存世（1907—1928）

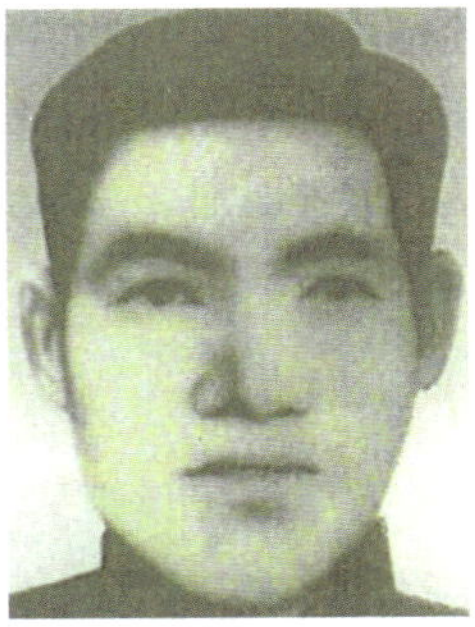

又名和青，团桥人。出生于小康之家，小学毕业后，考入位于宁波的浙江省立第四中学。1925 年加入中国共产党。常从家里拿钱充作党的活动经费。参与领导宁波学生和工人运动。后去上海大学读书。1927 年“四一二”事变时，遭通缉，转入地下斗争，任共青团宁波市委宣传部部长。是年 11 月，在柴桥一带筹划执行省委《浙东暴动计划》，未及发动事泄，遭逮捕，在解往杭州途中逃脱，继续从事革命活动。1928 年 3 月再次被捕，5 月 3 日在浙江陆军监狱慷慨就义。

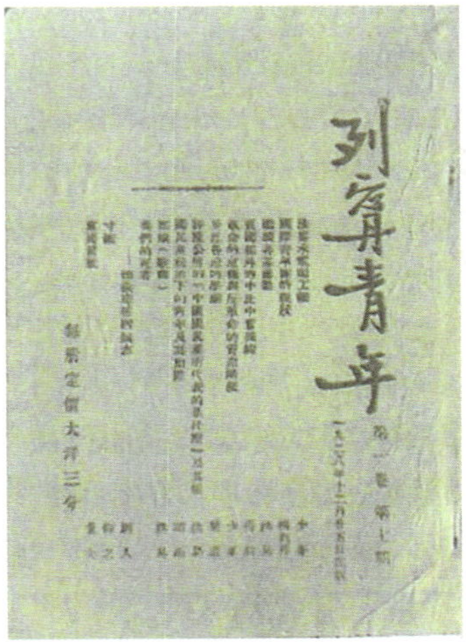

《列宁青年》发文悼念陈存世等烈士

陈寿昌（1906—1934）

原名希堪，城关李衙前人。后随家人迁居上海、汉口。1921 年考入武汉电报局，被分配至郑州工作。1923 年 2 月，组织职工声援京汉铁路工人大罢工。1924 年在武汉加入中国共产党。1927 年在李立三、刘少奇等领导下，参与组织武汉工人收回英租界的斗争。6 月当选为中华全国总工会执委会委员。“七一五”反革命政变后，摆脱敌人搜捕，转赴上海，任市政总工会党团书记。1928 年 2 月任中共江苏省委委员；3 月兼任上海闸北区委书记；4 月任中共江苏省委委员；7 月任中共沪西区委书记。后调中共中央特科工作，先后任二科（情报）、四科（交通）科长，与打入国民党中统的李克农、钱壮飞、胡底单线联系，把他们获取的情况及时交给中共中央军委书记周恩来。1929 年奉派去苏联，不久返回上海，在周恩来直接领导下开展党的秘密工作。1931 年年底任中共福建省委书记。1932 年调江西中央苏区所在地瑞金，任中华全国总工会苏区中央执行局党团书记。1934 年第五次反围剿开始时，任中共湘鄂赣革命根据地省委书记兼军区政委，到任后立即制止当地的肃反扩大化，改组红军，兼任红十六师政治委员。中央红军主力长征后，与军区司令员徐彦率领红十六师在罗霄山脉坚持游击战争。是年 11 月 22 日，在湖北崇阳、通城边界的老虎洞遭遇战中负伤，当晚在崇阳县金塘镇河坪村牺牲。

陈寿昌遗物印章

1935 年春，湘鄂省苏维埃政府在崇阳、通城之间建立一个新的县城，命名为寿昌县。1991 年 12 月，镇海将城区古塘公园命名为寿昌公园，并建造陈寿昌烈士纪念馆、碑、阁和铜像，聂荣臻元帅为烈士题词：陈寿昌同志永垂不朽。

郑建华（1916—1940）

原名良芹，小名善明，城区白家浦人。8 岁上学，13 岁因贫辍学。16 岁学医，满师后，一度挂牌行医，以“学历不足”被迫停业。1937 年年初去苏州医校学习。未半年“七七”事变，回乡边医边学，积极参加抗日救亡活动。次年加入中国共产党，以行医掩护党的活动。后任定海县政府科员、国民党兵团政工队队长，带领队员活动于舟山本岛。每逢日军搜捕，总是先让队员隐蔽，自己断后。1940 年 2 月 24 日在紫薇乡合门岙工作时，由于伪保长告密，遭日军逮捕。29 日，被押解至上海日本第三舰队军法会议看守所。关押期间，不为刑审、利诱所屈，设法带“身病心贞”口信给党组织。6 月 24 日晚遭秘密杀害。

颜怀信（1910—1941）

温岭人。18岁考入河南陆军军官学校，曾参加“八一三”淞沪抗战。1941年任国民革命军暂编第三十四师一团三营营长，奉调驻防镇海。颜营布防在城北巾子山、后海塘、双根塘一线，同时将营部迁至妙胜寺。

4月16日开始，日舰疯狂炮轰甬江两岸守军阵地。17日，又以部分日军分乘数十艘汽艇驶近各地海滩作火力侦察。18日拂晓起，日军向镇海口岸登陆。守军以丙等装备的低劣武器，阻击装备精良的日军于滩头，血战一天，遭重大伤亡。4月19日，上千日军在兵舰、飞机掩护下，从甬江南、北多点登陆。9时40分许，县城陷落。颜率残部撤至妙胜寺一带，苦战至下午5时许，壮烈殉国。部下负其遗体撤退，后寄柩于慈城。1947年3月，迁原籍安葬。

1950年镇海县人民政府以“为国争光”匾额一方赠予烈士家属。1989年5月，民政部追认其为抗日烈士。

盛杏英（1923—1947）

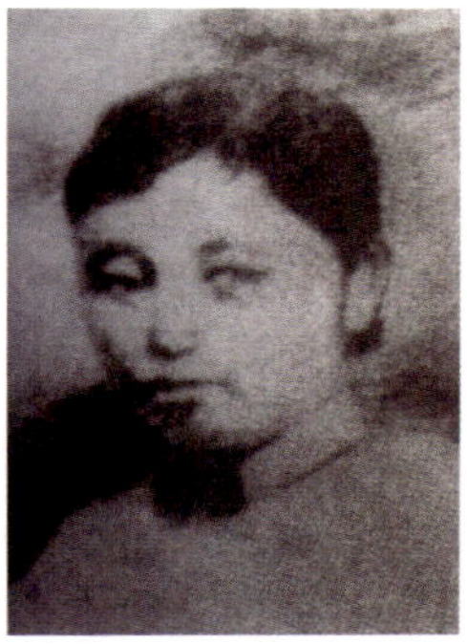

女，化名柳英，骆驼余三村人。1938年秋，受中共党员教师启迪熏陶，参加抗日救亡运动。1940年任骆驼桥妇联队长。1941年参加共产党组织筹组的慈东抗日游击队。1942年春，调三北游击司令部“五支四大”总办事处，是年加入中国共产党。8月，编入民运工作队，在海甸戎家一带从事抗日宣传工作，为党政部门筹集抗日经费。

1942年11月，在日军大扫荡时被捕，在狱中经受住敌人种种折磨，没有暴露党员身份。1943年3月经组织营救出狱，回办事处继续工作。1945年9月底，浙东游击纵队奉命北撤。组织安排其分散隐蔽至上海。1947年7月，秘密返回三北寻找组织，被国民党慈溪刑警队人员认出，在福田庵附近被捕，受严刑逼供而不屈，8月8日，就义于慈城大宝山刑场。

张困斋（1914—1949）

又名人杰，自号昆者，衙前村（现北仑区）康乐桥人。幼随父至上海求学。11岁丧父，从母回籍，住镇海城区南门外东河塘。毕业于县立初中，后到上海一家私人银行当职员。1931年“九一八”事变后，跟随其兄张承宗积极投入抗日救亡活动。1934年加入中国社会科学家联盟。1935年参加抗日武装自卫会。“一二·九”运动后，加入上海职业界救国会，为该会积极组织者和宣传者。多次参加抗日救亡示威游行，担任纠察，屡受国民党军警殴打，犹奋勇在先。1936年发起组织上海市银钱业业余联谊会。1937年“八一三”抗战后，又成立银钱业职工同人战时服务团，上街宣传，至伤兵医院和难民收容所慰问。是年10月加入中国共产党。1938年去无锡参加抗日游击队，在苏南宁沪路东区负责编印刊物《江南》。一年后返上海。日军进占租界，困斋从事汪伪经济调查，学会日语、俄语。抗战胜利后，奉命负责掩护党的机关，在今延安中路916号、正对中统特务机关开设丰记米店，任经理，每天工作达十五六小时。同时，领导中共上海局秘密电台，与报务员秦鸿钧克服困难，屡次出色完成任务。1949年3月19日，秘密电台被发现，张、秦先后被捕，备受酷刑，终不吐密。5月7日，就义于浦东戚家庙。

华　健（1918—1949）

原名华风夏，又名康永明，团桥人。1937年全面抗日战争爆发前到四川工作。1938年6月在重庆加入中国共产党。公开身份是生活书店店员。1939年年初至夏任中共重庆市城区区委组织委员。1939年8月至1940年1月任中共重庆市委新市区委书记。1941年到延安，入中共中央党校学习。1945年4月至6月作为大后方代表团成员参加中共七大。解放战争时期被派回四川成都工作。1947年8月至1948年5月任中共川康特别委员会委员，在成都先后以建业银行和培根火柴厂职员身份为掩护，从事党的地下工作。1948年5月调任中共川北工作委员会书记。1949年1月13日被叛徒出卖，在成都被捕。在狱中经受酷刑而坚贞不屈。后押解到重庆渣滓洞监狱关押。1949年10月28日被公开枪杀于重庆大坪刑场。

朱　枫（1905—1950）

女，原名桂凤、贻荫，改名谌之，字弥明，城区朱家花园人。出生富裕家庭。1914年入县立高级女子小学，1921年入宁波女子师范学校。1925年“五卅”惨案发生，带头参加游行示威等反帝爱国活动。次年师范毕业去上海任家庭教师，并从沙孟海学习书法。1927年远嫁沈阳。1931年“九一八”事变后举家返乡，次年丈夫病逝。

1937年“七七”事变后，投入抗日救亡运动。其间，与中共党员朱晓光结婚。是年年底举家去武汉，次年年初参加共产党领导的新知书店工作。武汉会战前夕撤往湖南桃源、沅陵等地。分娩后携家人至金华，在新知书店金华分店工作，会同华白沙、张一之帮助台湾爱国志士筹建台湾抗日义勇队。1939年秋新四军教导总队设立随军书店，与丈夫一起赴皖南新四军教导总队驻地中村管理书店。1940—1942年，在国民党顽固派两次反共高潮和敌后人民抗日战争最困难时期，先后坚持在新知书店和书店桂林办事处工作。1941年夏，化名周爱梅，代表组织三次进入上饶集中营，探望和设法营救皖南事变时被捕关押的丈夫。1942年春朱晓光越狱成功，由朱枫掩护从浙南山区绕道大后方返回上海。

1943年待命重庆整顿加强书店副业珠江食品店。1944年年初离渝转汉至沪，参加书店驻沪办事处筹组同丰商行。10月，同丰商行遭敌破坏，被捕押于沪西日本宪兵队，经受酷刑，守口如瓶，后经中共组织营救出狱。1945年春由徐雪寒介绍秘密加入中国共产党，调至中共华中局在沪贸易机构联丰棉布号和鼎元钱庄，以公方代表身份经理财务，兼管情报部门经费。在李克农的直接领导下，巧妙周旋于国民党财、军、警上层人物之间，保护党的事业和同志安全。

1948年秋，调香港合众贸易股份有限公司任职。中华人民共和国成立后，奉命秘密去台湾工作，担任交通员，负责传递台湾当局“国防部次长”吴石（中共地下党员）取得的情报，为解放舟山、金门等地做准备。1950年2月，因叛徒告密，在台中共党员被大批捕杀。朱枫临危不惊，设法乘军用飞机直抵舟山，隐蔽于某医院14天。2月底在沈家门被国民党抓捕，送回台北。经受严刑逼供和利诱哄骗，始终坚贞不屈。6月10日下午4点，在台北马场町刑场英勇就义。

第二节　镇海县抗日阵亡将士

镇海县抗日阵亡特工统计表

表44－1

姓名	所在部队番号及职别	阵亡时间与地区
邵来清	预备六师特务连下士	1938.1于江西永修
朱彩根	十一师六十二团机三连上等兵	1938.9于牛角泉
张月华	七十九师二三六团八连上等兵	1938.10于江西
徐自芳	浙江政工一支一总三中二等兵	1939.1于浙江富阳
孙光明	浙江政工一支一总三中二等兵	1939.1于浙江富阳
邱　鸿	四二三团二连一等兵	1939.3于江西涂家埠
许文安	七十九师补充团八连二等兵	1939.4于江西南昌
董坤泉	七十九师补充团八连上等兵	1939.4于江西南昌
胡明玉	七十九师补充团九连一等兵	1939.4于江西南昌
陈永成	七十九师补充团八连二等兵	1939.4于江西南昌
张生全	浙江政工一支一总四中二等兵	1939.5于浙江余杭
孙　赋	浙江政工一支一总五中二等兵	1939.5于浙江杭州
童友章	四十师一一八团四连上等兵	1939.7于叶子山
王兴革	四十师一一九团九连一等兵	1939.9于江西南昌
邵如界	一四一师四二三团四连二等兵	1939.9于江西高安
蔡伯根	一四一师四二三团七连一等兵	1939.9于江西高安
张作生	预备五师十三团五连	1939.9于江西
朱志通	浙江保安三团五中队少尉队长	1939.10于浙江余杭
王长桂	新编第十师三十团机一连上等兵	1939.10于江西宜丰

续表 44－1

姓名	所在部队番号及职别	阵亡时间与地区
文瑞金	新编第十师三十团机一连上等兵	1939.10 于江西宜丰
应阿水	新编第十师三十团三连二等兵	1939.10 于江西宜丰
陈三宝	新编第十师三十团三连二等兵	1939.10 于江西宜丰
陈仙和	新编第十师三十团三连二等兵	1939.10 于江西宜丰
顾阿顺	新编第十师三十团三连二等兵	1939.10 于江西宜丰
沈成贵	新编第十师三十团三连二等兵	1939.10 于江西宜丰
胡月信	新编第十师三十团三连二等兵	1939.10 于江西宜丰
陈阿彩	新编第十师三十团三连上等兵	1939.10 于江西宜丰
叶阿甫	新编第十师三十团三连上等兵	1939.10 于江西宜丰
林士金	新编第十师三十团三连上等兵	1939.10 于江西宜丰
陈信廷	新编第十师三十团三连上等兵	1939.10 于江西宜丰
张　勇	新编第十师三十团机一连下士	1939.10 于江西宜丰
周龙友	新编第十师三十团机一连二等兵	1939.10 于江西宜丰
乐志毅	十九师五十七团八连一等兵	1939.10 于江西南昌
陈阿银	九十八师二九四团机三连中士	1939.10 于江西宜都
张祥月	四二三团二连一等兵	1939.10 于江西涂家埠
范信坤	新编第十一师三十一团七连一等兵	1939.12 于江西
徐永清	新编第十一师三十一团七连一等兵	1939.12 于江西
胡连甫	新编第十一师三十一团七连二等兵	1939.12 于江西
朱贵生	新编第十一师三十二团八连上等兵	1939.12 于江西
丁长富	新编第十一师三十二团八连上等兵	1939.12 于江西
黄和清	新编第十一师三十二团八连一等兵	1939.12 于江西
洪文品	新编第十一师三十二团八连二等兵	1939.12 于江西
吴策来	新编第十一师三十三团九连一等兵	1939.12 于江西
张和顺	新编第十一师三十三团九连二等兵	1939.12 于江西
贺祖良	新编第十一师三十三团九连二等兵	1939.12 于江西
曹阿根	新编第十一师三十三团九连一等兵	1939.12 于江西
程宝兴	新编第十一师三十三团九连一等兵	1939.12 于江西
陈永祥	一〇八师四八一团机三连二等兵	1939.12 于安徽宣城
王炳棠	一五五师九三五团六连上等兵	1940.2 于广东
徐焦生	预备五师一三团机一连上等兵	1940.2 于江西

续表 44－1

姓名	所在部队番号及职别	阵亡时间与地区
周其章	一五五师九二五团六连一等兵	1940. 3 于广东
王烈宏	长江渡河指挥部技士	1940. 6 于浙江
王吉庆	一四五师四三四团三连二等兵	1940. 6 于安徽
梅　逸	一〇七师三二〇团七连一等兵	1940. 6 于江西
沈岳利	七十九师四三七团二连上等兵	1940. 8 于江西
沈阿见	暂编三十五师一团一连一等兵	1940. 10 于浙江
吴善德	暂编三十五师三团一连二等兵	1940. 10 于浙江
陈三梅	暂编三十五师一团三连二等兵	1940. 10 于浙江
王　浩	七十九师二三六团九连下士	1940. 10 于浙江
陈信法	七十九师二三六团二连下士	1940. 10 于浙江
周正田	暂编三十三师三团三连二等兵	1940. 10 于浙江
吴阿龙	暂编三十三师三团三连二等兵	1940. 10 于浙江
朱阿伦	七十九师二三七团二连二等兵	1940. 10 于浙江
金才香	新编七十九师三二七团七连下士	1940. 10 于安徽
周品章	预备五师十五团五连上等兵	1940. 10 于江西
陈鹏扬	空军三十二中队少尉飞行员	1941. 3 于四川
陈可报	新编二十一师六二四团四连二等兵	1941. 3 于江苏
周和根	一〇五师三一四团二连一等兵	1941. 3 于江西
胡国友	暂编三十四师一团二连二等兵	1941. 4 于浙江
倪胜璋	宁海水警	1941. 4 于浙江石浦
严文祥	一九二师一一一八团一连一等兵	1941. 4 于浙江寿昌
童福第	一九二师一一一八团四连上等兵	1941. 4 于浙江寿昌
陈章耿	六十三师一八八团八连上等兵	1941. 4 于浙江兰溪
陈国耀	暂编三十三师三团三连上等兵	1941. 4 于浙江瑞安
邹阿文	暂编三十五师三团机三连二等兵	1941. 4 于浙江永嘉
周福年	暂编三十五师二团机一连上等兵	1941. 4 于浙江东阳
姜德荣	四十师二十八团六连一等兵	1941. 4 于浙江衢县
陈成镜	七十九师二三七团迫击炮连二等兵	1941. 4 于浙江金华
赵志清	六十二师十八团迫击炮连中士	1941. 5 于浙江吴兴
徐坤元	暂编三十五师一团七连一等兵	1941. 5 于浙江诸暨
周成甫	暂编三十五师三团四连下士	1941. 5 于浙江诸暨

续表 44－1

姓名	所在部队番号及职别	阵亡时间与地区
包银康	六十七师一九九团五连上等兵	1941. 5 于浙江
范钦华	八十六军工兵营一连一等兵	1941. 5 于浙江
乐金海	一〇五师三一三团一连二等兵	1941. 5 于江西
胡永水	一〇八师野补团迫击炮连一等兵	1941. 8 于安徽
罗永品	预备五师十四团六连下士	1941. 8 于江西
古平来	四十三师一二九团机三连二等兵	1941. 8 于湖北
虞茂发	四十师一一九团机三连一等兵	1941. 8 于江苏高淳
章小乔	新编十一师三十二团七连一等兵	1941. 9 于湖南湘阴
陈岩福	九十五师二八四团九连二等兵	1941. 9 于湖南湘阴
陆梦有	预备五师十五团九连一等兵	1942. 1 于江西南昌
江阿三	六十七师一九九团一连一等兵	1942. 2 于浙江衢县
童善定	暂三十二师三团二连上等兵	1942. 5 于浙江嘉兴
张志标	暂三十二师三团二连上等兵	1942. 5 于浙江海盐
王阿元	暂三十二师三团二连上等兵	1942. 5 于浙江海盐
王长利	暂三十二师三团三连一等兵	1942. 5 于浙江海盐
邵光琪	镇海县自卫二十大队一中队中尉队长	1942. 5 于浙江奉化
郑世赓	镇海县国民兵团自卫一大队少校大队长	1942. 5 于浙江奉化
文伯杰	一九四师五八〇团三营上尉副营长	1942. 5 于浙江
蒋阿发	六十二师一八六团八连上等兵	1942. 5 于浙江桐乡
胡阿生	十六师四十六团机枪连一等兵	1942. 6 于浙江衢县
潘巧邓	十六师四十六团机枪连二等兵	1942. 6 于浙江衢县
王阿山	一九二师一一一九团八连一等兵	1943. 10 于浙江孝丰
杨学和	三十六师七十七团一连上等兵	1944. 6 于浙江汤溪
张阿云	暂编三十三师三团机一连上士	1944. 9 于浙江丽水
洪阿康	一九二师一一一九团一连下士	1944. 10 于浙江孝丰
张剑山	预备二师六团二连上尉	1944. 11 于云南
周永昴	十八师五十四团八连一等兵	1945. 4 于湖南
林甫清	五十三师通讯三连少尉	1945. 10 于缅甸

说明：资料来自中国第二历史档案馆《国民党抗日阵亡将士（镇海籍）名录》

第三节 镇海区革命烈士

镇海县革命烈士统计表

表 44－2

姓名	性别	出生年份	籍贯	牺牲时间	牺牲地点	牺牲时所在单位及职务	备注
虞一鸣	男	1901	镇海	1928	武昌	参加北伐，在武汉革命军中做党的工作	黄埔军校四期学员
邹志淑	女	—	骆驼刘杜村	1931	上海	上海特工队从事地下工作	
韩　波	男	—	镇海	—	—	苏北抗大学员	抗日时期牺牲
周　坚	男	1914	城区	1940	昆明	空军军官学校第十期学员	葬于南京抗日航空烈士墓园
谢　勃	男	1916	城区	1940. 9	德清武康镇八角井	中共武德工委书记	1988 年在牺牲地建谢勃烈士纪念碑
胡季杰	男	—	骆驼田胡村	1941. 1	安徽省泾县	新四军军部电台排长	党员，又名胡庆荣
方荣庆	男	1917	城区	1941. 8	宁波	定海县国民兵团抗日青年突击队队员	党员
杨大深	男	1921	城区	1942	江苏省句容县	新四军第 6 师 18 旅 52 团教导员	党员
洪祖恩	男	1922	长石周胜村	1942. 12	宁波市洪塘茅金闸	慈镇县庄桥区民运工作员	
陈祥生	男	1920	俞范核心村	1943	庄市	镇海县庄市区常备班战士	
林晓洛	男	1922	镇海	1943. 8	江苏	太湖游击队苏西办事处民运科长	又名陆忠犹
高　峰	男	1924	骆驼田胡村	1943. 12	江苏启东县聚阳镇	新四军东南警卫团战士	又名盛钟秀。党员
郑甫章	男	—	骆驼周家楼	1943. 11	镇海县长骆乡	中共镇海县长骆乡支部书记	党员
郑娇娣	女	1926	澥浦郑家村	1944	慈溪县田央黄	慈溪县龙山区文书	又名郑志芳
王　云	男	—	临江五里牌村	1944. 5	镇海县庄市村	新四军浙东游击纵队副班长	
徐惠岳	男	1922	骆驼金华村	1945	慈溪县龙山	慈溪县自卫队第 2 中队战士	
陈士杰	男	1923	镇海	1945. 6	新登县	新四军苏浙军区第 4 纵队 10 支队 4 营 10 连支书	党员
冯松千	男	1923	庄市联盟村	1945. 9	镇海县庄市村	三五支队交通员	又名阿起
杜怀恩	男	1924	河头曹郎村	1945	奉化县江口	新四军浙东游击纵队战士	

续表 44－2

姓名	性别	出生年份	籍贯	牺牲时间	牺牲地点	牺牲时所在单位及职务	备注
赵玉清	男	—	临江赵家村	1945	镇海县渡驾桥	浙东游击纵队甬江江防大队长	党员
王善林	男	—	临江王家村	1945	镇海县渡驾桥	浙东游击纵队甬江江防大队队员	党员
刘德甫	男	—	骆驼刘杜村	—	辽宁北镇县	解放军军工部工人	
郑锡康	男	—	镇海	1945	宁波	新四军浙东游击纵队医务员	
陈钧年	男	—	骆驼胜光村	1945.12	江苏省宿迁县	新四军浙东游击纵队某部战士	
陆南江	男	1924	长石孙陆村	1946.9	山东	山东野战军第1纵队3旅9团战士	
罗兴富	男	1926	骆驼团桥村	1946	宿迁县新安镇	山东野战军第1纵队3旅8团6连通讯员	
余严庆	男	—	河头邵家村	1946.12	宿迁县	山东野战军第1纵队3旅9团1营战士	
陈坤江	男	1922	河头田舍陈村	1947.5	孟良崮	华东野战军第1纵队3师某部通讯员	党员
楼阿六	男	1927	团桥	1947.5	孟良崮	华东野战军第1纵队3师直属炮兵连副班长	
叶顺荣	男	—	镇海	1947.7	山东省滕县	华东野战军第1纵队3师7团战士	
张文法	男	1925	河头勤山村	1947.8	鲁西南	华东野战军第1纵队3师电中队通讯员	
周凤岗	男	1929	临江新老周村	1947.10	镇海	镇海县江南武工组组员	党员
林阿四	男	1921	团桥	1947.12	山东省莱芜县泥沟	华东野战军第1纵队3师7团战士	又名林之理
朱根三	男	1926	庄市村	1948	安徽省肃县	华东野战军第1纵队3师8团副班长	党员
陈亚荣	男	—	镇海	1948	淮海战役	华东野战军第1纵队3师7团班长	党员
张申成	男	—	镇海	1948	淮海战役	华东野战军第1纵队3师8团班长	党员
陈阿英	男	—	镇海	1948	淮海战役	华东野战军第1纵队3师7团班长	
陈南康	男	—	镇海	1948	淮海战役	华东野战军第1纵队3师7团战士	党员
孙杏章	男	1919	镇海	1948	淮海战役	华东野战军第1纵队3师9团战士	
田宝华	男	—	镇海	1948.1	山东贾庄	华东野战军第1纵队3师7团班长	党员
张信田	男	1921	俞范后施村	1948.8	镇海新老周庙河塘	镇海县庄市区通讯员	又名张光巨

续表 44－2

姓名	性别	出生年份	籍贯	牺牲时间	牺牲地点	牺牲时所在单位及职务	备注
朱奉元	男	—	镇海	1948.9	山东济南	华东野战军某部战士	
王阿龙	男	1921	俞范五丰村	1948.9	镇海县湾塘	镇海县庄市区工作人员	
陈四康	男	1927	骆驼金东村	1948.11	镇海俞范乡前程村	慈镇县东区武工队队员	
张庆桂	男	—	镇海	1949	舟山登步岛	中国人民解放军第22军66师198团战士	
郑士桂	男	—	镇海	1949	舟山登步岛	中国人民解放军第22军66师198团战士	
邬嘉靖	男	1930	庄市协兴村	1949.4	余姚县四明山	浙东人民解放军第2游击纵队3支队4大队班长	
李光跃	男	1924	镇海	1949.5	山西省太原市	中国人民解放军第68军某部摄影干事	团员
刘忠富	男	1923	贵驷	1949.10	福建金门	中国人民解放军第29军85师253团班长	
张杜基	男	1924	庄市	1950.4	广西云表	时为中国人民解放军第45军133师炮营2连战士	
顾　勋	男	1906	河头下畦村	1950.9	鄞县梅墟小阮岙	中国人民解放军第20军某部侦察员	又名朱伯信、顾永年
严阿岭	男	—	镇海	1950.11	朝鲜	中国人民志愿军第20军60师178团战士	党员
许力心	男	—	镇海	1951	朝鲜	中国人民志愿军第20军60师炮兵连司号员	
金信根	男	1925	庄市汉塘村	1951	朝鲜	中国人民志愿军第九兵团司令部某部指导员	党员
周岳清	男	1924	庄市勤勇村	1951	朝鲜	中国人民志愿军第20军60师179团4连排长	
戴炳生	男	1930	庄市朱家岸村	1951.2	朝鲜	中国人民志愿军第42军125师374团4连班长	
王兴发	男	—	镇海	1951.4	朝鲜	中国人民志愿军第40军120师358团7连战士	
郑忠保	男	1926	长石明星村	1951.4	朝鲜	中国人民志愿军第20军59师175团高机连战士	
洪鸿德	男	1925	骆驼胜光村	1951.6	朝鲜	中国人民志愿第20军59师175团战士	
朱柏康	男	1929	澥浦	1951.6	朝鲜	中国人民志愿军第20军60师179团文化教员	
方文华	男	1912	骆驼金华村	1952	朝鲜	中国人民志愿军后方勤务司令部供应科排长	
徐廷芳	男	1929	河头河山村	1952.4	朝鲜	中国人民志愿军第20军59师175团战士	
刘同裕	男	1931	贵驷里洞桥村	1952.8	宁波市郊梅墟	镇海县人民法院工作人员	又名刘玉龙

续表 44－2

姓名	性别	出生年份	籍贯	牺牲时间	牺牲地点	牺牲时所在单位及职务	备注
陈梦熊	男	1919	河头田舍陈村	1953.1	朝鲜	中国人民志愿军公安第1师43团11连班长	党员
王文章	男	1924	河头河山村	1953	朝鲜	中国人民志愿军第23军67师200团后勤运输队战士	
谢伟礼	男	1928	城区	1953.3	朝鲜	中国人民志愿军第23军69师警卫营排长	又名阿法。团员
何友才	男	1935	镇海	1953	朝鲜	中国人民志愿军战士	
李文云	男	—	镇海	1953.5	玉环县小鹿山岛	中国人民解放军第20军60师179团战士	
周水苗	男	1926	河头杜郭村	1954.10	黄岩县海门	中国人民解放军第20军60师炮营2连战士	
应永根	男	1931	河头应家村	1955.3	天台县	中国人民解放军0080部队3支队炮连战士	
任显庭	男	1920	庄市	1956.8	象山县丹城镇	丹城镇新华书店职工	
李光辉	男	1932	镇海	1960.12	舟山	海军东海舰队海测大队助理员	团员
乐　静	男	1922	镇海	1961.4	农村调研	中共中央华东局宣传部	党员，曾任《解放日报》副总编辑
孙　贤	男	1928	城区	1963.3	福建省平潭县	中国人民解放军3725部队政委	党员
陈金才	男	1942	澥浦	1964.7	嵊泗县	中国人民解放军6381部队21分队战士	团员
高永年	男	1943	贵驷三五村	1970.4	定海	中国人民解放军4007部队后勤辅助船大队311船班长	党员
朱世云	男	1948	城区	1970.9	福建省平潭县	中国人民解放军海字348部队某部战士	团员
周观行	男	1947	俞范庙后张村	1971.1	福建省平潭县	海军福建基地海潭水警区警卫排班长	团员
郑信再	男	1919	城区	1971.11	上海	上海松江人武部科长	党员
张云鹏	男	1921	骆驼金华村	1975.10	辽宁省昌图县	中国人民解放军第16军高炮团1连战士	团员
邵根芳	男	1950	临江沈家村	1978.8	象山县石浦镇	中国人民解放军83254部队71分队排长	党员
刘　晓	男	1963	贵驷庙港村	1984.8	老山前线	中国人民解放军35316部队65分队战士	部队党委追认为党员
叶仁龙	男	1952	镇海	1988.8	镇海城区	宁波海洋渔业公司保卫科经济民警	省公安厅追记一等功
陈平泰	男	1942	镇海	1995.12	镇海	浙建二公司设备租赁公司员工	

第四节 镇海区外籍烈士

镇海县外籍烈士统计表

表44-3

姓名	性别	出生时间	籍贯	牺牲时间	牺牲地点	牺牲时所在单位及职务	备注
王文荣	男	1909	宁波三爱乡	1935	浙江军人监狱	中共镇海特别支部委员	党员
邬励声	女	1919	上海南汇县	1944.7	镇海县澥浦镇	新四军浙东游击纵队民运组组长	党员
蒋子瑛	男	1922	宁波庄桥	1945.10	洋墅大袁陈	中共慈镇县慈东区委书记	党员
陈爱中	男	1920	乐清	1947	宁波草马路	中共四明工委委员、组织部部长	曾任慈镇县特派员
沈秉钧	男	1924	慈溪观海卫	1948.2	河头乡西河	中共慈镇县东区工委书记	党员
张　先	男	1925	福建福安	1949.5	镇海城区	解放军22军山炮团饲养员	党员
罗福田	男	—	湖南长沙	1949.5	镇海县临江	解放军22军66师198团战士	
刘学群	男	—	河南辉县	1949.5	镇海县临江	解放军22军66师198团副连长	
周立田	男	—	山东振华	1949.5	镇海县临江	解放军22军66师198团战士	
李道明	男	—	湖北浠水	1949	镇海城区	解放军22军66师198团副班长	
王守龙	男	—	江苏东海	1949.7	镇海城区	解放军22军66师198团排长	
牟见日	男	—	山东日照县	1949.7	镇海城区	解放军22军66师198团班长	
李友明	男	—	山西郭县	1949.7	镇海城区	解放军22军66师198团班长	
李英湖	男	—	河南宁县	1949.7	镇海城区	解放军22军66师198团战士	
叶连提	男	—	山东日照	1949.7	镇海城区	解放军22军66师198团卫生员	
王庆新	男		河北泽县	1949.7	镇海城区	解放军22军66师198团战士	
汤宾生	男		河北南皮县	1949.7	镇海城区	解放军22军66师198团班长	
周福利	男		山东茂马县	1949.7	镇海城区	解放军22军66师198团排长	
张先玉	男		安徽合肥	1949.7	镇海城区	解放军22军66师198团战士	
孙秀清	男		山东阳信县	1950.2	镇海城区	中共镇海县委干部	
叶炳友	男		四川	1950.3	镇海湾塘	解放军22军65师194四团战士	
李正大	男	—	—	1950.4	镇海湾塘	解放军22军64师191一团战士	

续表 44－3

姓名	性别	出生时间	籍贯	牺牲时间	牺牲地点	牺牲时所在单位及职务	备注
贾志荣	男	—	广西贵县	1950. 5	镇海湾塘	解放军 23 军 69 师 207 团战士	
何　祥	男	—	广东五华	1950. 5	镇海澥浦	解放军 23 军 69 师 207 团战士	
徐登华	男	—	江苏如皋	1950. 9	镇海骆驼	解放军 23 军 69 师通讯连战士	
杜云田	男	1923	安徽颍上	1950. 9	镇海骆驼	解放军 23 军 69 师通讯连电话兵	
殷东海	男	1930	鄞县	1950. 12	镇海城区	解放军 22 军 65 师 195 团通讯员	
苏文成	男	—	广西	1950	镇海庄市	解放军 22 军教导团学员	
韩德芳	男	—	山东省惠民县	1951. 1	镇海城区	195 团步炮连上士	
李谟宇	男	1935	湖南省新邵县	1974. 3	镇海城区	中国人民解放军 4258 部队 26 分队休养所指导员	党员
庄耀祥	男	1942	江苏省海门县	1978. 1	镇海城区	中国人民解放军 37704 部队海洋大队副队长	党员
梁宏宝	男	1962	宁波奉化	1983. 7	镇海石化	镇海石化化肥厂化验室组长	
张汉红	男	1957	杭州萧山浦沿镇	2010. 7	镇海炼化	中国石化镇海炼化分公司安环处副处长兼消防大队大队长	
张启明	男	1968	北仑柴桥	2010. 7	镇海炼化	中国石化镇海炼化分公司消防大队一中队中队长	
蘧正杰	男	1992	衢州市龙游湖镇	2010. 7	镇海炼化	中国石化镇海炼化分公司消防大队一中队消防员	

第二章　知名人士

第一节　传　略

［名宦能吏］

夏时正（1412—1499）

字季爵，晚号留余道人，汶溪人。少随父居仁和。明正统十年（1445）中进士，授刑部主事，后升刑部郎中。景泰六年（1455）复查福建刑事案卷，平反死狱60余人，擢南京大理卿。成化七年（1471）巡视江西灾情，免除无名税10余万石，放粮赈济灾民23万户，汰诸司冗役数万名，罢不称职官吏200余名，增筑南昌章江门滨江堤坝和丰城诸县堤岸。后乞归杭州，贫甚，布政使张瓒为他筑西湖书院以居。卒葬杭州三峰山。纂有成化《杭州府志》《太平志》，著有《留余稿》等。

刘　洪（—1472—）

字文裕，澥浦人。明正统十二年（1447）举人，景泰五年（1454）进士，颇有政绩，授兵部主事。为人耿直，升武选郎中。劬劳国事，诸司推最赐四品。

成化八年（1472），奉皇上之命，对平定原州土蛮叛乱中的将校论功行赏。当时威宁伯王越、兵部尚书项忠，各以子弟相托。刘洪一口回绝道："予夺国宪也，岂臣敢为哉。"在奉敕纪功中，严格衡量功绩，一无所淆，将校帖服。弘治十一年（1498）授三品衔，升广东左参政。其子刘光，弘治九年进士。官为知府。为百姓多方谋划好事。朝廷赐建"父子进士坊"于其乡牌门头官道中（今澥浦镇庙戴村）。

卢　镗（1505—1577）

字子鸣，河南汝宁卫人。处州卫世袭指挥，熟知韬略，久处浙直，屡破贼锋。明嘉靖三十八年（1559）以都督佥事充总兵官守定海，后晋都督同知，甚获督府信赖。卢镗考察地形后认为：招宝山雄踞海口，与金鸡山对峙，为甬江咽喉。守城非据险要处不可，而据险要处非建城不可。经请示巡按御史胡宗宪，在招宝山顶筑建城堡，亲自督办，一年三个月乃成，命名为"威远城"。同时，在招宝山麓西南筑靖海营堡，在隔江的金鸡山铸火器若干座，以战舰布防甬江口，与县城呈掎角之势，形势益固。不久，有倭寇向南洋突围，率军攻击，斩杀倭寇数百。驻镇海时，曾书写"流芳"两字，刻石立碑，置于学宫泮池旁，以此激励自己和将士们抗倭卫国。原招宝山后山观音洞石壁上镌刻有其书写的楹联，左面是“六国来王处”，右面是“平倭第一关”。

薛三才（1555—1619）

字仲儒，别字青雷，城区薛家弄人。明万历十四年（1586）进士，授庶吉士，益博览群书，考究古今经世之学。历任礼、户、兵科给事中。数好直言，多次上疏辩论政事，言词剀切。李成梁上奏说打败土蛮子卜言，皇帝已告庙宣捷，三才上奏论其欺罔。给事中张涛直谏论事被谪，上疏辩救，致被夺俸一年。任给事中七年，例推京卿，三才独慨然请外补，说：哪里不是臣子效职的地方呢？出京任湖广右参政，分守荆西道，匡扶正直、斥除骄吏，得罪权贵，几乎得祸。万历三十七年任右副都御史，巡抚宣府，单骑就道，谢绝迎送。任内整饬军纪，修筑墙堡，制御有策，并针对营伍日疲、屯堡日空、将令日驰、军情日骄、边备日毁、士气日靡、储备不预等提出“七虑”，上疏朝廷。后升兵部右侍郎，蓟辽总督。在任四年，凡可以为边陲计者，无不殚力经营。继升兵部尚书，革除内侍虚冒禁军员额陋习，上任20天，理尽八个月积件。内纡筹画，外集谋议，常通宵不眠，积劳成疾，犹强起校阅将士骑射。万历四十七年四月卒。弥留之际，所谈皆边关大计，无一语及私。卒后赠太子太保，谥恭敏。

薛三省（1558—1634）

字鲁叔，别字天谷，城区人。三才之弟。明万历二十九年（1601）进士，为庶吉士，授检讨。后以右谕德充任东宫讲读官。天启三年（1623）后历任礼部右侍郎兼侍读学士、经筵讲官、《神宗实录》副总裁、礼部左侍郎、吏部左侍郎。

时宦官魏忠贤权势日炽，人劝其往见，三省严词拒绝：“吾自入都门，未曾妄投一刺，而今岂改节乎！”因其名望重，还是升了礼部尚书。其议多与宦党相悖，又逢毛文龙以边功献媚魏氏，请求妄报捷讯，坚持不许，魏几欲伺机加害。三省自念不去祸且不测，遂称病乞休。晨上疏，巳刻获准，当天冒大雪离京。魏使内监拦路搜箧，仅见敝裘一领和药饵少许，都说：“此清官也！”叹息而去。崇祯元年（1628），起为南京礼部尚书兼翰林院学士，协理詹事府事，书辞不赴。七年后再次召用时，卒已月余，赠太子太保，谥文介。

家居十年，闭门读书，自奉甚俭，事亲至孝。好施惠乡里。本县人民军粮与坊役负担过重，三省据理力争。又奏请两台，用县里巨奸大恶的数千赃银制官器，代替邮传并坊役。曾入营抚定当地驻军因援辽引起的动乱。捐资倡修学宫，重视教化。著有《易蠡》《春秋辨疑》《天谷山人文集》《天谷山人诗集》等。

谢　渭（1567—1628）

字道游，一字鑑止，城区人。家贫苦学，明万历三十八年（1610）进士，授大理寺评事。历任左右寺奉使，治滇、黔狱，多所平反。迁刑部贵州司郎中，任内发生伪造文书案，事出自主管选拔官员的长官，权要讲情企从轻发落。渭秉公执法，竟置大辟。万历四十七年升湖广按察司副使，天启三年（1623）补四川安绵道。时奢崇明乱蜀，渭星夜穿越栈道赴安绵，协助总督朱燮元整顿军伍，汰退老弱不驯者，严厉制裁骄兵悍将。平定乱事后，招抚被胁乱民，解救者以万计。天启五年正月，提师援黔道，屡建功。升任山东粮储参政，改守上川东道，继升任广东按察使，守雷、廉两州。后因病归家。崇祯元年（1628），前督抚朱燮元再起，应邀赴蜀，至成都病卒。

平生雅喜荐拔人，不必有所故识。有诬枉，不惜力为营救，亦不必其人知。盖阴行义多如此。

谢泰宗（1598—1667）

字时望，城区谢家河塘人。明崇祯十年（1637）进士，授广东番禺知县。捕盗息讼，多有建树，转工部主事，为忌者所诬陷，被贬为福建幕僚。处之泰然，在福建修缮城垣，加固防卫措施，率领吏卒巡视无虚日。故相黄景昉路遇，见其勤政如此，赞叹道：像这样的官员再多几位，那东南地区可以安枕无忧了！不久，南京、北京相继陷落。奉父避居柴楼。清顺治三年（1646），拒绝浙江总督推荐，息影家园，六十九岁卒。

平生嗜学，手不释卷，博览群书，且兼通孙吴韬略，著述颇多，有《天愚山人集》《二十七史笺释》《纲鉴类抄》等13种270余卷。时人称其为“经济文章，咸卓当代，继先业开后贤，岿然作中流砥柱”。并誉之为“吾邑之风雅大宗”。

王梦弼（1688—1755）

字代言，一字惕庵，河南商丘人。清乾隆十一年（1746）以选贡任镇海知县，操守廉洁，勇于任事。后海塘曾两经潮冲，堤堰多半坍塌，次年秋，飓风为害尤烈。梦弼详尽考核今昔塘工利病，报请上司拨发经费，垒石排桩改建夹层石塘800余丈，历四载竣工，工程坚固大超以前。始终躬亲巡视，不辞辛劳。又以公款余钱修筑钩金塘、石江塘、汇头塘等塘。乾隆十六年大旱，劝富家出粟平粜开办粥厂，救济无数。县志始修于明嘉靖年间，后一直未再纂修刊行，乃邀请县学教谕邵向荣主其事，广征博采，考证校核，研精去留，于次年编纂成《镇海县志》。在任七载，升姚州知州，县人感德画像供祀。两年后逝于姚州任上。

裕　谦（1793—1841）

博罗忒氏，原名裕泰，字鲁山、衣谷，号舒亭，锡林郭勒盟镶黄旗人。清嘉庆二十二年（1817）进士。道光二十年（1840）署理两江总督。次年2月，以钦差大臣赴浙江督办军务。5月，实授两江总督，全力加强定海、镇海防务。遣葛云飞、王锡朋、郑国鸿三总兵守定海。在镇海县城召集文武官员、军民船户，动员抗英，厉禁以淡水、食物资敌。10月1日定海失陷，三总兵殉国。7日，祭神誓师于关帝庙，部署诸将严守招宝、金鸡两山及拦江炮台等处，宣告：“今日之事，有死靡贰。”“城存与存，城亡与亡！”10日，英军分路进犯，裕谦登城擂鼓督战。驻守对岸金鸡山总兵谢朝恩中炮落海殉职，守军大都阵亡。英军又猛攻招宝山，并从小径趋山巅威远城，守将浙江提督余步云逃遁，英军移炮轰击县城，守城军溃，知县叶堃弃城走，裕谦见势不可为，乃下城嘱副将赍印送浙江巡抚刘韵珂，将遗嘱交亲兵送家属，自诣文庙，望阙叩拜后投泮池。亲兵救起，舆送宁波，尚有微息，复舟送余姚，中途服毒自尽，殓于杭州。清廷以尚书例赐恤，加赠太子太保，谥靖节。

清咸丰四年（1854），县民在东岳宫侧建昭忠祠，祀裕谦等殉难将士，并勒碑以记，今不存。

盛植型（1829—1887）

字钧士，号蓉洲，骆驼盛家村人。幼溺于学，伺父寝，辄潜起，点灯夜读，文誉日著。清咸丰五年（1855）中举人，翌年登进士。以主事分发吏部，光绪元年（1875）预修《穆宗实录》成，保升员外郎，寻掌考功司印，补文选司员外郎。在京以“清、慎、勤”自励，布衣蔬食，步行上街。几次却馈巨贿，开罪大臣，欲加专擅玩法罪，经查无丝毫徇私，才得安免。光绪九年授湖北安襄郧荆兵备道，首以兴学、弭盗贼为务；而割除十八路蠹役，百姓称颂。其他义校、书院、育婴堂、启善堂、粥厂、候审所、水龙会等，或创，或仍，或厘剔其积弊，或恢张其规程，靡以岁月，贯以精诚，交收其效。又有老龙堤系郡县安危，屡谒大府，丐留樊城镇算船缗钱十之四，充岁修费，大府卒允其请焉！

丁亥（1887）正月，劬瘁致疾，卒于官，葬于鄞西南乡柴家山之麓。

贝锦泉（1831—1888）

字敏修，贵驷憩桥村人。少时家境贫寒，经友人介绍至葡籍外轮做水手替班，颇受德国大副赏识，学得较全面的远航驾驭能力。三年后返故里，在甬江与五乡碶之间撑船为生。清咸丰四年（1854），同府商人集资购宝顺轮护航，聘为司炮舵，后又被擢为管带（船长），在东海各洋打击盗船、擒杀海匪，遂海氛靖宁，海商复兴。同治五年（1866），浙闽总督左宗棠向洋商购买轮船一艘，定名华福宝，即委锦泉为管带，归船政衙门调用。同治八年，福建船政局建造的万年青号下水，船政大臣沈宝祯赏识其才略，命为管带。未几，左宗棠再委任锦泉为华福宝轮管带。光绪初年，改任超武号兵舰管带，屡立战功，多次获提升和嘉奖。

清光绪十一年（1885），浙东告急。奉旨从台州海门调任定海总兵，防守镇海前沿阵地舟山群岛，与前台州知府成邦干协同设防备战，修筑和加固原有炮台，各港口密钉网桩，撤销灯塔灯标、照会英美各船不得驶近炮台、各哨口加强守备。法舰大举侵犯镇海口期间，锦泉等对封堵法舰后路功绩显然。

清光绪十四年（1888）冬病逝，追封为建威将军（武一品），并由翁同龢题写墓碑铭。

吴　杰（1837—1910）

字吉人，安徽歙县人。年轻时应募入左宗棠军，攻太平军于闽、浙间，以功加都司衔，署常山千总。清光绪四年（1878），镇海口设炮台，奉调任镇海营炮台守备，管辖镇海口招宝山和金鸡山南北诸炮台。平日队伍整肃，炮具整洁，演放灵便，统带兵士，恩威兼施，深得人心。

清光绪十年（1884）中法战起，次年3月1日，法海军中将孤拔率舰队进犯镇海口，被击退。3日，法一装甲舰闯入，轰击招宝山炮台。吴杰督战，亲手开炮，中敌舰烟囱，再击中其船桅，横木炸溅，击伤孤拔。数日后又击退其第三次进犯，取得镇海口之役胜利。论功升为候补参将。后被误参，受革待处。原浙江抚臣刘秉璋、宁绍台道薛福成为其奏功申诉，以补用游击调去江苏。1894 年中日甲午战争前，调返镇海，遂举家定居。平日保护商船渔民，追歼海盗，县人尊称“吴大佬”。后三次署理总兵，一次代理浙江提督职务。殁后葬镇海东冈碶村后山。1936 年 10 月，镇海士民集资建造吴公纪功碑亭于城内梓荫山麓。

程利川（1865—1911）

字曙舫，城区人。清光绪十五年（1889）中举，三年后登进士，授户部山东司主事。廉洁自律，勤勉职守，在职十余年，每年增加赋税收入二百多万两白银。义和团作乱时，来到其住所，发现屋内没有一样值钱的东西，因此幸免于难。转官为户部员外郎，管理捐纳房。后被朝廷任命为岳州知府，户部奏请以参议职务留任本部。1900 年庚子和议后，日本想乘机谋夺长芦盐税专利，送公文到商部，措辞强硬，有所要挟。利川向户部堂官建议，根据已定的和约据理力争，最后得以将长芦盐税收回自办。后随铁良遍巡东南各省，清理积弊。宣统元年（1909），以财政部候补参议加三品职衔出任湖北财政正监理官。因与湖广总督意见不合，宣统三年告病回镇海，不久逝世。

刘崇照（1863—1920）

字楚芗，号挺庐，贵驷里洞桥村人。清光绪十六年（1890）进士，授翰林院庶吉士。散馆后出任江苏盐城知县。清正廉洁，揭查奸猾，建北闸、办清丈局，百姓称“刘青天”，建其生祠于闸旁。光绪二十年、光绪二十三年两次为乡试同考官。后以道员在任候选。光绪二十七年丁忧回镇海家乡。历任乡约局长、府县教育会长、六县地方自治会董事等职。光绪三十二年，筹资数万银圆，于贵驷佑兴门头建两等小学一所，取名“宝善学堂”，贝时璋院士、林永年院士等幼时均曾在该校就读。又向上级政府报请免除倪家堰卡税，商民称便。

辛亥革命时被推为镇海县民政长，旋为民国镇海县首任知事。1912 年 5 月卸任。

洪锡范（1878—1922）

字伯言，江苏太仓县人。清末毕业于北洋大学。1915 年 3 月，署镇海县知事。次年 3 月实授。不久因病辞职，1917 年 11 月回任。1919 年 3 月，省政府考核以“实政实心，民怀吏畏”上报，奖五等嘉禾章，欲调署兰溪，因镇海士民奔走相挽，遂留本任。1920 年 5 月因病乞假，1923 年 1 月卒于沪寓。

为人气度宽宏，遇大事当机立断。初任镇海时，遇乡民积怨盐警，集众死抗。上级行文严捕，株连甚众。锡范推诚安抚，仅拘为首两人，且不解去省，不久释放，乡民感德。一次飓风为灾，奉令紧急放赈。为杜绝有人中饱私囊，督属员按口定赈金，按户设封囊。外注明所发数量，委公正士绅按册发囊。在任兼理司法，其勘破寺僧杀师与昭雪盐警劫商诬盗等案，尤为人称颂。后因截获大米走私出海船只，邻县某大绅由京密电省长，令释去，争之不得，遂请病假离去。锡范关心地方文史，1919 年延请县中名宿重修县志，即今传民国《镇海县志》。

［军政人员］

张载阳（1873—1945）

字春曦，号暄初，新昌人。清光绪二十四年（1898）考入浙江武备学堂。宣统二年（1910）毕业，历任浙江常备军步队哨官、旗官、队官，浙江新军第三营管带，八十四标标统等职，辛亥革命光复杭州时，驻守镇海。浙江省于11月4日通电宣布省军政府成立。消息传来，镇海县丞召各方代表紧急会议，一致表示创建共和大势所趋，理该响应，并征询本地驻军意见。张载阳当即表态响应。次日，宁波军政分府通电成立，县军政当局和各界代表再次决定响应起义。11月6日早晨，由载阳率领军队，在县城内外游行，正式宣布镇海光复，县城欢腾，百姓惊喜交集。

中华民国成立后，任旅长兼杭州警备司令，浙江禁烟局长，台州、嘉兴、湖州镇守使，浙江陆军暂编第二师师长，浙江陆军第一师师长，浙江省省长兼第二师师长等职。1924年辞职隐居。1945年病逝。

朱宝庭（1880—1947）

临江虹桥村人。幼丧父，家贫寒，清光绪二十年（1894）进上海英商太古轮船公司当杂役，4个月后被解雇。不久母亡，复赴沪，先后充盛京轮、促定轮等船水手。1918年参与筹建上海均安水手公所。五四运动中参加发动上海海员大罢工。1922年加入中国共产党。是年5月到广州出席第一次全国劳动大会，受到孙中山接见。8月领导上海海员罢工。9月组织成立中华海员工业联合会上海支部，当选为副会长。1925年在上海参加领导"五卅"运动，发动海员大罢工。1926年1月至1927年7月，任中华海员工业联合会执行委员会委员、派往上海分会委员。1926年5月出席在广州市召开的第三次全国劳动大会。同月至1927年6月任中华全国总工会第二届执行委员会候补委员。1927年6月，在汉口出席全国第四次劳动大会和太平洋第一次劳动会议，当选为中华全国总工会第三届执行委员会委员。大革命失败后，在天津、唐山一带从事革命活动，因发动天津海员罢工而被国民党当局通缉。1928年4月起，参加中华全国海员总工会的领导工作。1931年赴苏联参加赤色职工国际工作。1932年10月回到上海，1933年到闽浙赣革命根据地负责工会工作。

1934年国民党第五次围剿中央苏区时，只身被围困在山中数月，几经艰险。回到上海后，参加抗日救亡运动。1936年被国民党当局逮捕入狱。1937年7月被中共党组织营救出狱后到延安。1939年1月，被选为延安县出席陕甘宁边区第一届参议会代表。1945年4月至6月作为中直、军直代表团成员出席中共七大。1947年1月24日因病在陕西省安塞县逝世，毛泽东挽联誉为"工人阶级的英雄"。

郑钟潮（1894—?）

十七房海甸村人。幼时在崇德小学接受新式教育。14 岁去上海洋行学商，在青年会攻习英文时期加入商团。清宣统三年（1911）11 月 3 日，以商团会员的身份，参与辛亥革命上海光复战。12 月正式加入革命军，为战地干事团成员，随大军光复南京。1912 年，获沪军都督陈其美颁赐的光复上海有功最优等奖状和一枚“急公好义”银质奖章。1923 年孙中山发动讨袁之役，钟潮又参加二次革命。退役后回上海从商，曾任南京公用汽车公司总经理，上海仁丰染织厂总经理等职。1937 年“七七”事变后，倾囊支持抗战，将公司 64 辆车（占三分之二）供献给国家，作为军需。并来往重庆、昆明以及东南亚等地，抢运交通器材，供应抗战需要。1946 年，去台湾创办实业，任台湾仁利化工厂有限公司总经理。1954 年撰写《镇海郑钟潮先生六十自述》一书。

庄智焕（1900—1978）

字仲文，庄市人。上海南洋大学、法国巴黎高等电气学校毕业，获无线电工程师学位。1925 年回国，任黄埔军校电讯教官，军校第四、第五期电讯队少校队长，广州国民政府秘书厅电台中校台长。历任汉口无线电信局局长、武汉国民政府财政部无线电管理处处长、南京国民政府无线电台台长、交通部电政局长等职。1929 年任中国国民党总理奉安委员会办公处秘书。1930 年任交通部与日本大东、大北、太平洋三公司交涉收回海底电线及中日电信会议之中方首席代表。1931 年后任交通部高等参事，交通大学教授。1947 年为出席第 30 届国际劳工大会中国代表团资方代表。后定居美国。

金维映（1904—1941）

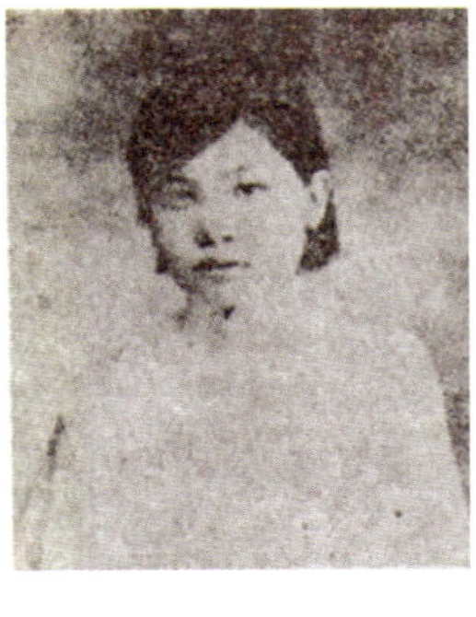

女，原名爱卿，又名志成，城区白家浦村人。出生于岱山。清宣统二年（1910），因遭受灾荒被送回白家浦老家，跟随叔父、婶娘生活。1912 年被接回定海。1926 年在定海小学教书时加入中国共产党。1927 年春当选为舟山总工会执行委员；3 月参与组织盐民开展反土豪劣绅斗争，成立岱山盐民协会。“四一二”反革命政变后被国民党当局逮捕，后经组织营救获释，转移至上海进入中华全国总工会女工部工作。1929 年 6 月担任中共江苏省委妇女运动委员会书记。1930 年 7 月任上海丝织业工会中共党团书记、上海工会联合行动委员会领导人，领导发动上海百余家丝织厂工人罢工。1931 年入江西中央苏区工作，先后任中共江西于都、胜利县委书记，是中共历史上最早的女县委书记之一。1934 年 2 月被选为中华苏维埃共和国中央执行委员。10 月随中央红军进行长征，任中央纵队休养连政治指导员兼支部书记。是中央红军中走完长征路的 30 位女红军之一。1935 年到达陕北后历任中共中央组织部组织科科长、抗日红军大学女生大队大队长、陕北公学生活指导委员会副主任等职。1938 年赴苏联学习并治病。1941 年年底德国法西斯飞机大规模轰炸莫斯科时遇难。

余光生（1906—1978）

曾用名余宰扬、余辛白，贵驷大市堰村人。6 岁随父母回国。1927 年毕业于上海交通大学土木系。1928 年赴美留学。1929 年进入美国密歇根大学研究院学习铁路运输和公路建筑，1930 年获硕士学位。1932 年 3 月加入美国共产党，担任美洲华侨反帝大同盟执行委员、书记，纽约《救国时报》编辑，美国共产党中国局书记，后转入中国共产党。1939 年年底回国参加抗日战争。曾任中央负责人张闻天的秘书兼管延安华侨事务。延安《解放日报》创刊后，先后担任该报副总编辑、国际版主编、总编辑。1945 年 4—6 月作为中直、军直代表团成员出席中共七大。1946 年 12 月调东北工作，历任东北铁路总局局长、东北人民政府委员、财政经济委员会委员等职。中华人民共和国成立后，历任中央人民政府铁道部驻东北特派员、中长铁路理事会主席、齐齐哈尔铁路管理局长兼党组书记、铁道部副部长兼运输总局局长、哈尔滨铁路管理局局长兼党组书记等职。1978 年 6 月在北京病逝。

其父余遂辛，是中国早期的留日学生，同盟会成员，早年追随孙中山参加过辛亥革命，1956 年被聘任为国务院参事。

金翊群（1910—2002）

女，又名金硕君，澥浦人。1925 年入启明女中读书。1926 年由杨眉山介绍加入中国共产党，任宁波各界妇女联合执行委员会委员，7 月任中共宁波地委委员，8 月任中共宁波地委妇女运动委员会书记，兼任共青团宁波地委委员。1927 年受党组织指派，到上海景贤中学参加上海三次武装斗争，3 月任中共上海市闸北区人民委员会委员。6 月以上海市代表身份参加在武汉召开的中华全国第四次劳动代表大会，后即留武汉，在刘少奇、向警予领导下工作，工作中与龙大道结婚。1928 年在中共浙江省委机关工作。1931 年 1 月，龙大道牺牲，上海白色恐怖严重，金翊群隐姓埋名回宁波，带着一对儿女从事教育工作。中华人民共和国成立后，在孝闻街小学任教。

李淑英（1912—1999）

女，曾用名李玲香，镇海人。出身贫苦，1920 年到上海南洋华成烟厂当童工。1933 年加入中国共产主义青年团，1937 年转为中国共产党党员。先后任共青团上海团外组织负责人，共青团上海临时工委负责人，中共上海地下党女工干事，上海职工教育委员会委员、书记等职。1943 年赴延安中央党校学习，毕业后留中央职工委员会从事职工运动研究工作。1947 年后，任陕西子长县铁工厂党支部书记、晋绥军工四厂指导员、中央后方党委行政处干部。1948 年当选为中国第六次劳工大会代表，从事全国职工总会工作。是年 11 月，任沈阳烟厂军事代表，参加和主持沈阳烟厂的接收工作，而后任该厂厂长。中华人民共和国成立后，调往全国总工会，先后任中国食品工会全国委员会副主任、副主席，分党组组长；中国轻工业工会副主席、主席，分党组组长、书记。是全国政协第三、四、五届委员，第四、五届常委，第九届全国总工会执行委员，全国妇联第二、三届执委。

戚铭渠（1914—1990）

上虞人。浙江省立高级中学肄业。1938 年 10 月加入中国共产党。曾任浙东敌后抗日根据地慈镇办事处主任，镇海县县长兼抗日自卫大队长等职。1943 年，在骆驼桥战斗中俘获国民党顽固派慈溪县警察总队宋清云部一个中队四五十人。1944 年 6 月，率庄市区常备队与浙东纵队第三支队第一、四中队配合，奇袭洪桥伪军，俘获日军顾问和伪军上校总队长以下官兵 28 人，受浙东纵队司令部传令嘉奖。在两年多与敌、伪、顽十余次战斗中，亲自指挥并参与 9 次，且广泛团结各阶层群众，热情诚恳与知识分子、开明士绅结交，调动他们抗日积极性，民众亲切地称为“我们的戚县长”。

解放战争时期，历任华东野战军第一纵队政治部秘书科长、对敌工作部副部长、政治部民运部长等职。抗美援朝时，任中国人民志愿军二十军后勤部政委。1955 年被授予中国人民解放军上校军衔。1957 年转业后，曾任上海古典文学出版社副社长，中华书局上海编辑所副主任、副总编辑，新华书店上海市店负责人，上海人民出版社《辞海》编辑室负责人，上海市出版局副局长，上海古籍出版社党组书记、总编辑等职。

盛康年（1914—1965）

又名仲悟，骆驼盛家村人。震旦大学肄业。1933 年任《新社会》半月刊杂志主编，积极宣传抗日，后遭国民党政府查封。1934 年参加由宋庆龄、何香凝等发起的中国民族武装自卫委员会，在青年学生中发展组织，开展抗日救亡活动。1938 年，协助父亲盛丕华组织“星期聚餐会”，吸引爱国民主人士参加。1946 年年初加入中国民主建国会，把红棉酒家三楼改为“红楼”，专供爱国民主人士活动之用。1948 年中共中央发出“五一号召”后，从上海去香港，与潘汉年等中共在港负责人取得联系，为其父去北平做准备，又陪同一批民主人士自香港乘海轮抵北平，受到毛泽东接见。1949 年 5 月上海解放后，在上海市副市长潘汉年的支持帮助下组织七一学习会，向上海工商界上层人士宣传党的工商政策，并介绍荣毅仁等著名工商界代表与中共上海市委领导人会见。是年 9 月作为民主建国会代表出席中国人民政治协商会议第一届全体会议。此后历任民建上海市分会秘书长，政务院参事，上海市政协副秘书长，上海市第二商业局副局长，民建中央第一、二届委员，民建上海市委第一、二、三届常委，是第二届全国政协委员，第一、二届上海市人大代表，第二、三、四届上海市政协常委。整风“反右”中受到冲击。1985 年 9 月 18 日，中共中央统战部为其平反昭雪。

朱德禽（1915—1986）

原名世慎，临江虹桥村人。生于农民家庭。7岁进徽荫小学读书，1936年到上海利达行做职员，以半工半读读完大学课程。1941年进上海中国钟表厂任职员，后任厂长兼副经理。1946年2月，在上海参加民主建国会。1948年任民建临时干事会干事，在会员和工商界人士中宣传中国共产党政策。上海解放前夕，冒着生命危险，将民主建国会《欢迎解放军宣言》稿送至《商报》发表。随后，投入协助中国人民解放军接管上海工作，先后在税务局、地方工业局任事。1953年后，任民建中央宣传处副处长、组织部部长等职。是第三、四届民建中央常委。第五、六届全国政协委员。中共十一届三中全会后，尽心竭力恢复和发展民建组织，同时担任中国工商经济开发公司董事，为振兴中国经济积极联络海外同胞。

周思义（1917—1983）

原名周鲁泉，笔名史年、洛沙、萧舟等，河头杜郭村人。1935年在上海参加中共领导的社会科学者联盟。“一二·九”运动后，加入国难教育社及上海市中学生救国联合会。1936年加入中国共产党。1937年“八一三”抗战后，在上海市青年界救亡协会和上海市学生协会中的党组织担任领导工作。1940年5月离沪，到鄞县西乡领导党的地下工作，曾任鄞县县委宣传部部长、鄞奉县工委副书记。浙东敌后抗日根据地建立后，历任四明青年工作队队长、四明地区特派员办公室秘书长、奉西县工委书记、嵊新奉县委宣传部部长兼奉西区委书记等职。1945年10月，奉命随部队北撤，历任华东野战军一纵队三师宣教科副科长和《战斗报》副社长、第三野战军20军政治部秘书科长。中华人民共和国成立后，任华东军区政治部宣传科科长、新华社前线分社副社长、新华社解放军分社社长。1973年调任浙江省广播事业局副局长、党组副书记。

方　铭（1921—1981）

骆驼方家村人。14岁到上海当学徒。1938年参加八路军，是年加入中国共产党。抗日战争时期历任江南人民抗日义勇军连长、新四军营长、苏中军区团参谋长等职。解放战争时期任山东野战军副团长、华东野战军团长、师副参谋长、参谋长等职。中华人民共和国成立后，任中国人民解放军师参谋长。参与组建最早的空降兵部队——空军陆战第一旅，任副旅长。1952年第一旅改称空军陆战第一师，先后担任副师长，师长。以后陆战第一师改称伞兵教导师和空降兵师，一直担任师长。后升任空降兵第十五军副军长、军长，武汉军区空军副司令员兼空降兵军长。1964年晋升为少将。是中国共产党第九届候补中央委员。

赵士炘（1922—1968）

曾名增林、临灏，化名邵东山，临江老周村人。敬收小学毕业后考入宁波中学，抗战后失学。1937 年秋，参加镇海县抗敌后援会抗日救亡宣传队。后去上海，先后入惠灵、南洋、复旦实验中学等校，勤奋学习，数次跳级插班。

1941 年太平洋战争爆发，日军侵占上海租界后辍学回乡，在大碶公德小学教书。受共产党员、校董李侠民影响，次年加入中国共产党。后任庄市区民主政府文教指导员兼前江小学校长，根据党组织要求，将学校建成连接甬江两岸的“交通堡垒”。继为中共庄市区委组织委员、慈镇县工委城市工作站、敌伪军工作站站长等。抗战胜利后随军北撤，任第三野战军第一纵队政治部保卫干事。调任中共慈镇县委特派员，组建慈镇县大队。中共慈镇县工委、县办事处成立后，任县工委书记、县办事处主任，坚持敌后斗争，开辟根据地。1949 年，调任中共四明工委秘书。宁波解放后，历任定海军管会公安处处长、宁波市公安局副局长、中共宁波市委委员、公安局局长等职。1954 年 3 月，调任浙江省公安厅政治部副主任。后任省人民委员会副秘书长兼外事办公室主任、交际处处长等职。1966 年 8 月底，造反派借破“四旧”之名，欲捣毁灵隐禅寺。士炘受中共浙江省委委派，联合浙江大学、杭州大学师生等竭力维护，遵照周恩来总理指示，终于保全千年古刹。后因其拒绝提供假材料以陷害中央及省有关领导同志，致遭残酷迫害，于 1968 年 5 月 28 日猝死，年仅 47 岁。

沈宏康（1922—2008）

曾名朱阿祥、杨重光，慈溪附海乡人。1942 年加入中国共产党，同年 12 月担任镇海县范市太平闸村党支部书记。1944 年 10 月至 1945 年 9 月先后任中共镇海县龙山区委候补委员，沿山区委委员、组织委员。1945 年 8 月，因庄市区遭受白色恐怖，机关紧急撤离，奉县委命令潜入庄市领导党员反内战斗争。10 月，新四军浙东纵队北撤，任中共慈镇县庄市区委特派员，坚持隐蔽斗争。1947 年，任中共慈镇县组织联络员、武工队队长、工委委员、慈镇县办事处副主任兼县大队教导员，县办事处代主任。1949 年 5 月镇海解放后，任中共镇海县委委员、组织部副部长、土改指挥部副指挥。1951 年 6 月任中共镇海县委副书记，次年 8 月任镇海县县长。1951 年 7 月、12 月，1952 年 3 月当选为镇海县第四、五、六次各届人民代表会议常务委员会副主席。1952 年 11 月，当选为镇海县第七次各界人民代表会议常务委员会主席。

1951 年当选为浙江省第二届各界人民代表会议代表。1953 年 3 月起，先后担任中共宁波地委办公室副主任、主任，中共宁波地委副书记、浙江省宁波专员公署专员、宁波地区革委会副主任，中共嘉兴地委副书记、嘉兴地区行政公署副专员等职。1989 年 12 月在宁波市人大常委会副主任任上离职休养。

周阿庆（1923—2001）

曾用名周阿清，镇海人。14 岁跟着哥哥逃荒到上海，18 岁开始，到上海范泰机器厂等私营企业学徒、当工人。1951 年至 1955 年 3 月为上海福来汽车配件厂工人。1955 年 3 月，响应党中央支援国家重点建设的号召，来到南京无线电厂工作，后任该厂工程师。1956 年加入中国共产党。1959 年获全国先进生产者称号。1969 年 4 月至 1973 年 5 月任南京无线电厂革委会副主任。1973 年 6 月至 1978 年 12 月任南京市总工会副主任、副主席。1979 年 1 月至 1986 年任南京无线电厂副厂长。1987 年至 1993 年 9 月任南京无线电厂顾问。

是 20 世纪 50 年代全国著名的技术革新能手。1958 年改进模具旋钮心，提高工效 950 倍。1959 年，将一台只能压铸锌合金零件的压铸机改革成能压铸锌铝合金的机器，提高工效几十倍；在另一项压铸模的创新中，使加工恒温槽零件由一件需 200 个小时，缩短到只要 30 个小时，合格率由 10% 提高到 99%。60 年代，三改压铸机，使工效比原来提高 4 倍，压铸金属材料的能力也从 1 种扩大为 3 种。1975 年 7 月，在全国重点企业汇报会上，提出加强企业管理，健全规章制度的 5 条建议，得到邓小平的肯定。

曾任江苏省人大常委会委员。是中共第十一届、十二届中央候补委员。

鲍奕珊（1923—2005）

镇海人，出生于上海。1940 年 3 月，在上海参加中国共产党外围组织。1941 年 8 月，加入中国共产党。历任中共上海大学支部书记，上海中学区委委员、副书记、书记，上海中学委员会委员、书记。1949 年 5 月后，历任中国共产主义青年团上海市委学生部副部长、军体部部长，中共上海市沪东区、杨浦区委委员，区青年工作委员会书记。1951 年 7 月后，历任共青团中央青工部科长、秘书主任，中央国家机关团委书记。1959 年 8 月后，历任共青团西藏自治区工作委员会书记，中共西藏自治区昌都地委第二书记、西藏自治区山南地委书记。1978 年后，历任中国科学院化学研究所党委书记，中国科学技术协会党组书记、书记处书记。

是中国化学会副理事长；第七届全国政协常委、科学技术委员会副主任，第八届科教文卫体委员会副主任。

［文人学者］

曹粹中（—1124—）

字纯老，号放斋，镇海人。南宋名臣李光之婿。北宋宣和六年（1124）进士，始任黄州教授。时秦桧在相位，李光为参政。桧知其名，欲识之，粹中辞焉，私语妇曰：“尊公其能终为首揆所容乎？”已而李光果然被砭谪岭南。自是隐居，终秦氏之世，未尝求仕。张浚晚年入相，荐之于朝，以朝散郎通判建宁。不久，乞身而归，卒赠侍讲。著有《放斋诗说》，成书后，不仅影响四明地区《诗（经）》学的发展，也直接影响王应麟《诗考》的撰述。全祖望经过审慎查考后认为：论吾乡《诗》学者，得不推先生为首座与！

姚 燮（1805—1864）

字梅伯，晚号复庄，又号野桥，别署大某（楳）、大梅山民、疏影词史、复翁、老复、二石生等。出生城区谢家河塘。祖辈多寒士，五岁能对客赋《灯花》诗。自幼勤读博学，至老不辍。诸凡经史子集、稗史杂言，无不观览；诗文书画、戏曲音韵、小说评点，均有造诣。喜旅游吟唱，24岁结枕湖诗社。清道光十四年（1834）乡试中举，入京会试不第，与名士交游，艺术功力日臻深厚。大学士阮元以其词如白石姜夔，画如煮石山农王冕，赠号“二石生”。

鸦片战争期间，镇海、宁波相继陷落。乡土沦亡，国家危殆，亲友罹劫，姚燮挈妇将雏，奔走流离，历尽颠沛，诗风大变，情词悲愤激昂，为浙东抗战诗史。清道光二十二年（1842），英军自甬、镇暂撤，燮僦居鄞江桥，与朱立淇同纂《四明它山图经》。秋，移家宁波市心桥南。不久病剧，借寓城北玉清道院，五月余病愈后自号复庄。因科举屡挫，绝意仕进。此时家境又复困苦，吟有“寒衣在典不可赎，赤手思炊米无宿”纪实诗。此后寓游杭、苏、沪、京等地，以作画撰文为生。结交既广，流连吟咏，征歌游宴，放佚不羁。金尽则闭门作画，其画仕女花卉翎毛，意境奇特，尤工墨梅，淋漓尽致，款篆“还我原姿”“方寸千里”以示志。市人争购，称大梅先生。

清咸丰三年（1853），离沪回甬。咸丰十年（1860），太平军起义战火迫近甬地，燮避至象山，与欧景辰兄弟及王莳兰等组织红犀馆诗社。其间写《西沪棹歌》120首，自言“似听老妪喃喃语，半述山川半土风”，极有生活气息。为诗社祭酒，和易亲近，对青年循循善诱。鄞县董沛、郭传璞等曾从学与燮，后为浙东名家。晚年致力于戏曲、小说与经、史，又雅好音乐，精通音律，自能制曲，著有《梅心雪》等传奇及《琴谱雅音九奏》等。为考证古乐、古戏曲源流，访民间艺人，至田头山村，撰写《今乐考证》13卷；编校《今乐府选》500卷。二书被誉为“中国戏曲史上规模空前的选本与空前的剧目著录”。又为清代《红楼梦》三大评点家之一。

一生勤于著述，卒前数日，犹编辑《蛟川书系》，撰《蛟川先正小传》。《清史稿·文苑传》赞其“所为诗苍凉抑塞，逼近少陵；骈体文亦沈博绝丽……尤工倚声”。在东冈契别墅大梅山馆中藏书万卷，内多珍本，今亦散落各处。诗集今有《复庄诗存》，清诗人高产者之一。

王师真（1807—1872）

一名师贞，字湛安，五里牌人。少好骑射，不为俗礼羁缚。后从文，专心攻读，博览经史及诸家兵法，于数理也颇有研究。1841年英国侵略军攻陷镇海县城。县令叶堃以失城将受议处，欲走小道去省城待罪，师真劝其留以谋收复之策；己则纠集义勇，及夜以小舟满装引火物，悄然驶近英船，烧其船尾。英军死伤颇多，大为惊慌，不久，弃城而逃。清廷奖其六品蓝翎顶戴，传谕嘉赞。后以县丞由安徽改福建，奉命催提粮饷，办理延建汀邵防务。后援例晋升县令，终因不能趋时附势而辞职回乡。

息影家园后，虽寒素，然喜觅法帖，购古砚，勤作书画。与慈溪叶元堦、定海厉志、同乡姚燮、卢派友好。生前著述及书札公牍散失殆尽，仅存读书随笔17篇，禀牍奏稿5篇。

陈偁榆（1858—1942）

字星白，城区人。幼学经书，10岁能背诵《尔雅》《尚书》。清光绪二十年（1894）乡试中解元。后二次进京应试未中，遂绝意仕进。曾应聘福建省景福县景行书院掌教。为人正直不阿，平生不妄取一钱，50余年间以卖文鬻字为生。名其居为荻隐庐，对慕名前来达官巨公处待淡然，只作文字交。多次参与县内公益义举。光绪二十七年参与疏浚城厢内外河道及开东门浦等水利兴修事务。1923年发起大修后海塘，并为干事。1918年任民国《镇海县志》筹备处主任及事务主任，手订条例，创设志局，遴聘名宿，周谘博访，并关心测绘事宜。至1922年县志成书，历时4载，不受酬劳，将银1880圆如数缴还。抗战期间，辗转居沪，严守节操。晚年逢国家多难，郁郁以殁。

一生致力品格修养，以书法名播海内，且善作擘窠大字，今杭州玉皇山、紫来洞，宁波育王寺、七塔寺，日本函馆关帝观庙等名山寺观，尚留有其墨迹石刻。

曹位康（1868—1927）

字馥山，柴桥（今北仑区）人。清光绪三十一年（1905）官费赴日本东京帝国大学留学，选攻经济历史专科。其间曾与黄兴等革命党人过从较密。宣统元年（1909）学成回国，受聘为燕京大学教授。应礼部考试后授举人，委为学部七品官，主持在京镇海县试馆。后任教于保定师范学堂。

清宣统三年（1911）受聘任镇海县中学堂首任校长，筹办建校事宜。辛亥革命后学堂改为学校，招收学生两个班，于1912年正式开学上课。在中学内附设县立高等小学校。其间被推举为镇海县教育会副会长，1913年任会长，并当选为浙江省议会议员。旋应定海县之聘，出任定海县中学校首任校长。1915年前后去兰州任国家制币局调查员。1921年回镇海，任县立高等小学校长（时镇海县立中学已于1917年停办）。1926年秋，恢复中学建制，改名镇海县立中学，再任校长。1927年1月因病去世。

庄禹梅（1885—1970）

原名继良，笔名病骸、醒公、平青等，庄市人。幼时家贫，由祖母抚养成人。清光绪三十年（1904）中秀才，次年入上海理科学校速成班，6月结业后回镇海当塾师，任小学校长。后去上海，以病骸笔名撰写章回体武侠小说，由陶成章介绍参加光复会，并加入中国同盟会。1912年任镇海县公署教育科科员，应邀至宁波任《四明日报》社编辑。1914年7月辞职去上海，卖文为生。1916年，孙中山抵甬演讲，任记录员。后为环球书店编撰章回体小说《孙中山演义》。1917年编辑《外交思痛录》，任教镇海中学。

1919年任宁波《时事公报》编辑。1925年加入中国国民党。次年任国民党宁波市党部商民部长。后离开报社，专事国民党党务工作。1927年3月国民革命军进入宁波，被委为《民国日报》社社长。因该报刊载《蒋介石犹效军阀故技耶》《王俊十大罪状》两文，被宁台温防守司令王俊逮捕，处徒刑15年。经虞洽卿疏通，于1929年无罪释放。是年5月经张旦辉介绍加入中国共产党，从事宣传工作，并再任《时事公报》编辑。1937年任《宁波商报》编辑，为中共《商报》支部书记。1941年宁波沦陷后，在宁波、定海、镇海庄市等地从事敌后宣传工作。1945年3月去四明山革命根据地梅岭，在中共浙东区党委城市工作委员会（对外称“大陆商场”）办报。抗战胜利后返甬，1947年任《宁波时事公报》副刊编辑。1948年4月组建宁波文艺工作者协会，任常务理事。

宁波解放后，历任《宁波人报》《宁波时报》社社长。曾任宁波各界人民代表会议协商委员会副秘书长、第一至六届政治协商会议宁波市委员会副主席、中国国民党革命委员会宁波市委第一至三届主任委员。

1948年因中共党组织单线领导人被俘而失去组织联系。1985年经中共浙江省委核查，决定承认其原党籍。

庄　俊（1888—1990）

字达卿，庄市人，生于上海。5岁丧父。清宣统元年（1909），唐山路矿学堂毕业后，考取庚款公费留美，转入清华留美预备学校，是年受派遣去美国伊利诺大学建筑工程系学习。1914年，毕业回国任清华学校讲师兼驻校建筑师。1923年，再去美国哥伦比亚大学进修。1925年，在沪创办庄俊建筑师事务所。两年后成立中国建筑师学会，连任会长达24年。1942年，太平洋战争爆发，日本侵略军占领上海租界。暂停执行建筑师的业务，在大同大学和沪江大学夜校任教，拒绝与日本人和汪伪政府打交道。

中华人民共和国成立后，被中央特邀至北京工作，得到周恩来总理接见。先后任交通部华北建筑工程公司、建工部中央设计院和华东工业建筑设计院总工程师，直到1958年退休。潜心编纂《英汉建筑工程名词》一书。曾被选为北京市第三、四届人大代表；上海市徐汇区第二至五届人大代表；政协上海市第五届委员。1990年4月25日逝世于上海。

乌崖琴（1889—1981）

名人垚，幼名清寿，晚号履中，庄市乌隘村人（今属江北区）。幼年丧父，赖母织绣抚养，10岁始入私塾。18岁，以“头图”（即前二十名）入县学。适值清廷废科举、办学堂，乃赴宁波补习数学，考入宁波师范学堂。清光绪三十四年（1908）以完全科最优等成绩毕业，特奖给“贡生”，任教尚志小学。半年后经宁波府教育会推荐，至江苏教育总会单级教授法传习所学习。学满返甬，筹办模范单级小学，教、管、训俱独立担任。自朝至暮，几无暇晷，教学效果明显，深受众人赞赏。于是单级教授法在甬、镇等地推广。两年后被聘为镇海城立小学、县立高小等校校长，先后6年，对校舍建设、教师聘用、校纪整饬等均多建树。其间，兼任镇海教育会会长2年。1919年镇海筹办县志局，兼任干事。1921年应聘任宁波旅沪同乡会理事，总理学务26年，使同乡会小学从3所增至10所。20世纪20年代初，补助宁波籍留法勤工俭学学生学费，创该会助学金先声；同时兼理旅沪同乡子弟大、中学生助学金、奖学金。后又设置贷学金，受益学子近900人。曾被聘为中国通商银行南市分行副经理。上海沦陷后，拒绝投敌劝诱，辞去银行职务，易名“履中”，意为“脚踏在中国土地上，要站在中国人的立场行事”。抗战胜利后重返教坛，任上海储能中学校长，多方掩护校内中共组织活动。镇海辛成中学建成，于1948年2月至1949年1月任不支薪校长。解放后，参加中国国民党革命委员会，为上海静安区政协委员。

余名钰（1896—1962）

字秀生，庄市大市堰村人。1916年北京大学矿冶系毕业后赴美留学。1917年赴美国加州大学留学，1918年获硕士学位。1919年归国后，历任黑龙江关都金矿、江西安福煤矿、安徽宣城煤矿工程师，私立东陆大学化学系主任、教授等职。1934年在上海杨树浦创办大鑫钢铁厂，任总经理兼总工程师，生产铸钢、铸铁、马口铁及耐火、耐酸、耐磨等各种合金钢铁原料及工业机械，产品供不应求，两三年后成为颇具规模的民营钢铁厂。1938年工厂内迁重庆，员工1000余名，从事炸弹、手榴弹、山炮等军火生产。1943年5月，为新疆金属冶制厂勘测选址，被聘为新疆省府冶金顾问。1945年国共重庆谈判期间，多次得到毛泽东和周恩来约见，共商抗战胜利后中国经济建设。是年返沪恢复大鑫钢铁厂，兼营日亚钢铁厂，后又兼任上海钢铁股份有限公司总经理。1950年后被重工业部聘为钢铁顾问。1951年，应王震将军之邀，到新疆参与创建钢铁企业，并出任新疆军区军工部总工程师。1957年调北京钢铁设计研究总院，任一级工程师，并出版《铸铁》等著作。是年当选第三届全国政协委员，1958年任农垦部钢铁顾问。

金臻庠（1896—1966）

号恨顽，笔名金雁桥，城区西门人。辛亥革命后率先剪辫，并骑马环城兜圈，以示其志。1918年自办锺灵小学。五四运动时，组织“救国十人团”，抵制查毁日货，打击奸商，社会瞩目。1920年邀集同道，创办《时事公报》，任经理。该报为宁波第一张白话文报纸，抨击时弊，顺应革命潮流，致遭当政者所忌。又不趋炎附势，拒贺宁波镇守使之子婚礼，被其伺机报复。1922年5月，因该报庄禹梅撰题《兵化为匪之可危》短评，遭查缉。金、庄两人被关押25天，由是声誉益著。

1927年“四一二”事变后，以隐晦的笔调刊登牺牲烈士的英名和他们的死难事迹。1937年“七七”事变后，《时事公报》特在沪设短波电讯室；改副刊为《挺进》，宣传抗日，日销超过1.5万份，创当时浙东报纸发行量纪录。1941年4月宁波沦陷，《时事公报》停刊，报馆遭日伪劫持，为伪鄞县乡镇联合会把持盗用。臻庠及时发电在沪浙各报刊登启事揭露。抗战胜利，即筹划复刊，并据理挫败当局欲将《时事公报》作“敌产”加以接收的图谋。1946年2月《时事公报》复刊，仍以“桀骜”姿态立身社会。1948年10月，报社遭浙江省保安处借镇海县自卫队李丹部哗变新闻“失实”为由查封。其间，曾任江北镇镇长、鄞县参议员、宁波商会理事。

宁波解放前夕，与中共四明工作委员会建立联系，为解放宁波提供地图和入城路线。与沈曼卿一起改组自卫救济委员会，动员众多民主人士和工商业者留城，共同维护社会治安，坐镇工商联三昼夜。1950年任宁波市工商联合会筹委会主任后，做了大量开创性的工作，直至1953年1月联合会正式成立，俞佐宸就任主任委员。从1955年6月起，连续当选为宁波市政协第一、二届委员会副主席兼副秘书长，并驻会工作。1957年被错划为“右派分子”，1979年4月得到改正。

贝时璋（1903—2009）

贵驷憩桥村人。8岁入贝氏家族进修学堂，10岁转至贵驷桥宝善学堂，12岁随父去汉口，入德华学校，很快适应德文教材和德语教学，且成绩名列前茅。1919年考入上海同济医科专门学校，1921年赴德国留学。曾先后就读于弗莱堡大学、慕尼黑大学和土宾根大学，1928年3月获土宾根大学自然科学博士学位，留校担任助教，并师从著名实验生物学家哈姆斯（J. W. Harms）从事科学研究。1929年秋回国。1930年筹建浙江大学生物学系。是年8月被聘任为浙江大学副教授。1937年随校西迁，先后担任浙江大学生物系副教授、教授、系主任，并聘任为浙江大学理学院院长。1948年当选为中央研究院第一届院士，受邀请担任荷兰国际胚胎学研究所研究员。1949年当选为荷兰国际胚胎学研究所委员。中华人民共和国成立后，协助筹建中国科学院。1955年被选聘为中国科学院学部委员（院士）。曾任中国科学院生物物理研究所研究员、名誉所长，中国科学院实验生物研究所、北京实验生物研究所、生物物理研究所所长，中国科技大学生物物理系主任，中国生物物理学会理事长、名誉理事长。是中国生物物理学的奠基人。

一直从事实验生物学研究工作，对生物的细胞常数、再生、性转变以及细胞的结构和分裂等作了研究，发表一系列论著。20世纪30年代初期，在丰年虫中间性的性转变过程中观察到细胞重建现象。70 年代起，相继在丰年虫、鸡胚早期发育、小鼠造血系统（骨髓）、根瘤菌和沙眼衣原体等方面进行细胞重建的研究，首次发现细胞的繁殖增生除细胞分裂之外，还存在着另外一条途径——细胞重建，创立“细胞重建学说”。鉴于他长期从事实验细胞学研究取得的卓越成就，德国土滨根大学于 1978 年、1988 年和 2003 年 3 次授予博士学位。中国国家天文台将 1996 年发现的 36015 号小行星命名为“贝时璋星”。

是第一至六届全国人大代表，第三至六届全国人大常委会委员，第二届全国政协常务委员会委员。

2011 年 5 月 25 日，中国发行生物物理学家——贝时璋纪念邮票。

方善境（1907—1983）

笔名焦风，骆驼柏墅方村人。1924 年上海澄衷中学毕业后学习世界语。1929 年同肖从云、傅壁城、徐豪生、薛诚之创建汉口世界语同志会，出版《光明》会刊。不久更名为汉口世界语学会，并出版《希望》杂志，是学会和会刊的主要负责人之一。1932 年加入国际世界语协会和国际无产阶级世界语者联盟，组织汉口普罗世界语者联盟，为此受到宪兵营拘捕。1933 年从苏联刊物《新阶段》上翻译肖三写的“中国语书法之拉丁化”一文，刊登在《国际每日文选》上，第一次向国内介绍汉字拉丁化。1938 年，在汉口创办以抗日为宗旨的《东方呼声》，后该刊迁至香港，坚持出版至 1940 年。1939 年同《远东使者》杂志合作，出版《鲁迅小说选》的第一部世界语译本。1949 年上海解放不久，为恢复上海世界语协会竭尽全力，在复会大会上当选为理事。1950 年参与创办《人民世界》月刊。1951 年当选为中华全国世界语协会理事。1958 年调《中国报道》杂志社，历任翻译组组长、编委会委员、顾问等职，主持编译《鲁迅小说集》，参加《毛泽东诗词》世界语译文的定稿工作。1981 年发起成立新华世界语函授学校，并担任校长。是第四届全国政协特邀代表，第五届全国政协委员。

庄启东（1910—1997）

庄市人。1927 年 5 月加入共产主义青年团。是年冬，因宁波地下党团组织遭破坏被捕，囚禁在杭州陆军监狱。1928 年秘密加入狱中的中共党组织。1933 年出狱后到上海，在沪东区赤色互济会工作，并从事写作、以稿费维持生活。1934 年任左联上海闸北区委宣传委员，后任上海春光书店和新钟书店总编辑，主编过《新语林》等进步文艺刊物。

1938 年到重庆，在中国青年新闻记者学会总会任干事。1939 年转往山西，任民族革命大学教务处长。旋因阎锡山发动“十二月事变”，偕妻子何桢于是年年底抵延安，任中华文艺界抗敌协会延安分会理事兼编译部副部长，并参加编辑《大众文艺》。1940 年在重庆曾协助茅盾编《文艺阵地》。1942 年，任陕甘宁边区文化协会秘书长。1943 年，任地委机关报《抗战报》主编。

1945 年 9 月被派赴东北，先后任《哈尔滨日报》和《北光日报》总编辑，中共哈尔滨总工会党组书记、市委党校副校长、市委宣传部副部长，东北总工会文教部长、秘书长等职。中华人民共和国成立后，历任国家计委劳动工资局副局长、国家经委劳动工资局局长、国家计委劳动工资局局长。在“文化大革命”中被打成“叛徒”，1978 年得到彻底平反。1980 年 8 月任国家计委经济研究所顾问，1984 年 6 月起享受副部长级待遇。

张雪父（1911—1987）

贵驷妙胜寺村人。自幼喜爱绘画，青年时代曾参加上海白鹅绘画研究所举办的夜校学西画，后从赵叔孺习国画。毕生从事绘画和工艺美术，作品熔中西画术于一炉，独具风格。其山水画用笔苍劲，墨色丰润，求气势、重实感。擅花卉走兽，尤精牡丹。国画《加强学习》获华东区一等奖；《筛石女工》《劳动征服自然》等作品，曾在苏联、波兰、日本巡回展出；《化水灾为水利》作为国礼赠给外国领导人。又任全国工艺美校通用教材《图案设计基础》主审、全国轻工系统中专教材《装潢设计》主编。参与北京人民大会堂上海厅和国宴厅室内装潢总体设计；负责设计“永久”自行车商标、“跃进号”远洋轮室内装潢。1987 年春应邀任镇海区政协书画院顾问。

从事美术教育工作 20 余年，开设美术学、图案装饰画、装潢设计等多个课程，深受学生欢迎。为筹建以工艺美术教育为主体的上海大学美术学院，殚精竭虑，多次在市人大、政协会议上提议、呼吁，学院终得诞生。

1956 年加入中国民主同盟会，为上海市政协第五、六届委员。

徐雪寒（1911—2005）

原名汉臣，曾用名梅君，河头河庄村人。1925 年在上海大学附中读书时加入共青团，1926 年加入中国共产党，派任中共绍兴县委书记。1928 年因叛徒告密被囚杭州陆军监狱，同时入狱的有薛暮桥等。在狱中成立临时党支部。1933 年保释出狱，由薛介绍加入中国农村经济研究会。1935 年受组织委派创办新知书店，任经理。“八一三”事变后新知书店内迁，在武汉和桂林出版《钢铁是怎样炼成的》等进步书刊配合抗战。1943 年 3 月调入华中局情报部，协助潘汉年工作。后任华中局经济研究处处长、华中银行副行长等职。1949 年随军入沪，任华东区铁路总局局长、华东贸易部部长，后任中央对外贸易部副部长。1955 年因“潘杨事件”受株连，1977 年平反后任中科院《经济研究》杂志编辑。1982 年，中央成立国务院经济研究中心，担任常务干事，为推动金融体制改革、促成中国人民银行的建立，做出不懈的努力；为推动外贸体制改革、形成统一管理、联合经营的方针，做出重要贡献。1981—2005 年，任孙冶方经济科学基金会理事、韬奋出版奖基金会理事、北京生活·读书·新知三联书店老同志联谊会首任名誉会长等职。

倪斐君（1912—1966）

女，临江倪家村人。城区新仓女校启蒙，1925 年随父到上海学习。1930 年从上海仁和产科学校毕业，先后在南京私立济生医院、康济医院和上海天主教圣心医院任助产士、护士长。1934 年到上海东南医学院深造。是年春与国民党军事委员会参谋本部次长贺耀祖结为夫妇。1935 年 5 月随夫出使土耳其，助贺折冲樽俎，甚为得力。1937 年春，贺出任甘肃省政府主席兼兰州行辕主任，随行。贺与八路军驻甘办事处主任谢觉哉有旧，兼以同乡，过从甚密。斐君受谢影响，做团结抗日工作。是年"七七"事变爆发，首先在兰州成立甘肃省妇女抗日后援会，任主席，创办《妇女旬刊》宣传救日。1938 年在兰州秘密加入中国共产党。1940 年贺任军事委员会侍从室第一处主任、国民政府行政院经济会议及国家总动员会议常委兼秘书长，斐君随夫至重庆，担任重庆难民妇女服务团团长，开展抗日救亡活动，并协助宋庆龄从事社会福利救济事业。兼任重庆中苏文化协会妇委会委员、重庆国际难童学校校长、儿童世界月刊社社长。当时重庆经常遭到日机轰炸，总是不等警报解除，就亲自率领服务团抢救难民，有时甚至通宵达旦地工作。1945 年后任中国妇女联谊会常务兼副秘书长。抗战胜利，蒋介石回南京，贺因与蒋有分歧，辞职赋闲。1946 年 2 月全家由重庆迁回上海。斐君除继续协助宋庆龄从事中国福利基金会工作外，又通过各种渠道，组建中国妇女联合会上海分会。解放前夕，贺不愿去台，乔装离沪，只身去港。斐君被国民党特务列入黑名单，仍坚持留在上海。1949 年 5 月上海解放后，被上海市人民政府邀请参加上海市人民代表会议。

1949 年 8 月，贺在香港与龙云等 44 人联名发表反蒋宣言，并于冬日返回北京，受到毛泽东接见，被任命为中南区军政委员会委员兼交通部部长。斐君历任上海人民医院内科医师，上海女医师联谊会主席，中国人民救济总会和中国红十字总会副秘书长，全国妇联第二、三届执委，第一、二、三届全国人大代表。1966 年 6 月，率中国红十字会代表团去非洲访问。是年 8 月，在"文化大革命"中被迫害致死。1978 年平反昭雪，移灵于北京八宝山革命公墓。

李价民（1912—1988）

横河乡人（今北仑区）。儿时入敬德小学学习，曾就读于上海光华大学历史系与南京及重庆中央大学体育系。获浙江省运动会五项全能和铅球、铁饼冠军。

1946年2月至1948年1月，任镇海县立初中校长。在任期间，一心为校，竟至劳累吐血。1947年1月，国民党当局借口紧缩，解聘进步教师，价民愤然辞职，学生罢课挽留，迫使当局收回成命。平日急公好义，倾向革命，曾为从事秘密工作的共产党员介绍教职；冒险收养三五支队北撤干部孩子；为地下党活动提供方便，有时地下党开会，令其妻放哨。1949年8月被聘为镇海私立辛成中学校长，筹划经费，物色教师，为防空袭而三迁校舍，发动师生种菜砍柴、捉鱼运砖以补经费不足。抽出自己微薄薪金补贴困难教师。兼任政治、英语、历史等课，重视提高教学质量。1956年7月1日，镇海县中与辛成中学合并为浙江省镇海中学，出任校长。是年12月被选为镇海县副县长，分管文卫工作，兼任镇海中学校长。后历任宁波市教育局副局长、市人民委员会委员、市政协常委、省政协委员等职。“文化大革命”中受到不公正的待遇，仍为镇海文管会整理古籍1万多册，分类、编目乃至重新装订，一丝不苟。“文化大革命”结束后，任镇海县体育运动委员会副主任。

张中原（1913—1992）

原名忠元，号樾荫轩主、文翁，镇海人。生于上海，年幼时就爱上书画，以书法入画，十二岁时画兰竹便技惊四座。二十岁后，得海上画坛名辈指授，技艺大进。曾向花鸟名家江寒汀请教，对花写照，对鸟写生，其画神韵兼备、栩栩如生，能青出于蓝而自成家派。其作品在1956年全国美术展览中获国画奖。1957年被打成右派，后又因历史问题入狱五年，接着被下放江西山区，1979年平反后重返上海，重新焕发创作活力。1981年举办个人画展，刘海粟、钱君匋、唐云、陆俨少等名家纷纷题词赠诗。1984年应邀去美国举办个人画展，后于1992年于纽约逝世。

除精通书画外，又兼嗜好京剧。作为周信芳女婿，深得岳父的衣钵真传，能演出的戏不下五十余出。同时把戏剧感情倾注于画中，使其画别有意趣。

胡　苏（1915—1986）

原名谢相箴，城区人。14岁辍学到上海当学徒，后到宁波当店员。1934年与友人组织宁波各界抗日救国联合会，建立时代剧社，排演《放下你的鞭子》等话剧。1937年到延安后，先入抗日军政大学学习，后转入鲁迅艺术学院戏剧系。1938年加入中国共产党。曾任延安鲁艺、华北联合大学教员，冀中军区火线剧社副社长、冀中文协主任。毕业后创作《好日子》等独幕剧。1948年5月，率冀中京剧团到西柏坡给党中央演出时，受到毛泽东主席接见。中华人民共和国成立后，历任河北省文联主任，中共河北省委宣传部文艺处处长，文化部电影局电影剧本创作所编剧，长春电影制片厂编剧、副厂长，中国影协第四届理事，中国剧协第二届理事、吉林分会主席。

汤德全（1915—2006）

庄市后倪村汤家人。生于上海。1936 年上海同济大学附中毕业，去德国德累斯顿工业大学念书。1941 年毕业，1942 年获瑞士动力机械专业学位工程师称号。曾任瑞士卜郎勃机电厂设计和研究工程师。1946 年任上海同济大学电机系教授兼新通电力公司工程师。

中华人民共和国成立后，与吴子牧院长共同创建中国矿业学院，建立第一个矿山机电专业。1959 年任人民大会堂建设副总指挥，主管机电装备设计、安装及运行，保证开国 10 周年大庆的召开。1965 年主持完成煤炭部平顶山四矿“一条龙生产系统自动化样板矿”。1966 年负责完成煤炭部重点科研项目，中国第一台“矿井井下机车运输信号、集中、闭塞系统”的研究设计，组装和运行。1965 年负责主持煤炭部、一机部两部合作的国家科委重点攻关项目“矿井新型多绳提升及其电力驱动系统的研究设计”。1978 年起负责主持指导煤炭部、机电部两部合作的“矿井千伏级井下供电设备和系统”攻关项目，获 1989 年国家科技进步奖一等奖。1995 年当选为中国工程院院士。

曾任北京市机电工业局副局长、煤炭科学研究院副院长，国家能源委顾问委员会副主任，全国政协第五、六、七届委员，第六、七届全国政协常委兼科技委委员，国家学位委员会第一届评议组成员等职。

周洁夫（1917—1966）

祖籍镇海，生于上海。1938 年赴延安参加八路军。曾就读于延安抗日军政大学，1939 年加入中国共产党。历任东北人民解放军政治部《自卫报》记者、编辑、副社长，中南军区政治部创作员，解放军总政治部专业作家，《解放军文艺》副主编，广州军区政治部文化部副部长。1949 年开始发表作品。1952 年加入中国作家协会。著有长篇小说《走向胜利》《祖国的屏障》，散文集《访苏散记》，短篇小说集《追击》《老战士》《海上》《坚强的人》，报告文学集《人民的炮兵》《钢铁的连队》，中篇小说《十月的阳光》，长诗《开垦》等。报告文学《枪声就是命令》获《解放军文艺》优秀创作奖。

阮星肇（1917—1985）

又名阮竹贤，曾用名阮维肇，庄市人。幼时家贫，酷爱书法、绘画，小学毕业后辍学。1932 年进上海瑞昌食物五金商店当学徒。1937 年转入华孚木器公司协助接洽业务，兼做会计。该公司主要为在沪外侨和洋行买办等定制各类西式家具。通过刻苦钻研，很快掌握家具的设计原理和实际制造经验。未满 30 岁成沪上行业名家。

1946 年起，先后承担国民大会堂全部家具的设计监制和一批政府机关的办公家具，如南京国民政府行政院两任院长官邸等。所设计家具，造型、装饰同建筑物的特点和主人公的身份浑然一体，高雅别致，华贵大方，同时具有较高的艺术水平，引起美、荷等国驻南京使馆官员的兴趣，纷纷前来定制。1958 年，分工负责为北京人民大会堂上海厅全部、钓鱼台国宾馆部分会客厅设计家具。70 年代后期到 80 年代初，参与上海家具研究所编绘的《上海市场家具图册》《软体家具图册》《宾馆和招待所家具图册》等，记录上海家具发展的历史。1982 年退休后，协助老同学包玉刚在镇海家乡兴办中兴中学。

周洵钧（1917—1994）

又名翰章，新老周村人。后随家迁沪。1935 年考入中央大学化学系。毕业后任教昆明同济大学和重庆中央大学化学系。1948 年赴美国俄克拉荷马州立大学留学。1950 年获硕士学位。是年 3 月回国，任浙江大学化学系副教授。1958 年任杭州大学化学系教授、系副主任。后又为博士生导师。1978 年开始金属有机化学研究。10 多年间，研究碲、硒、钼、钛、钐等金属有机化合物的合成以及在有机反应中的应用，提供一系列新的有机合成方法。历任中国化学会理事，浙江省化学会副理事长，省高等学校化学学科职称评审委员会委员。

1958 年参加中华全国总工会第八次代表大会。是浙江省政协第四、五届委员。

刘祖洞（1917—1998）

贵驷人。1943 年毕业于广西大学农学系。后在迁移至贵州梅潭的浙江大学攻读研究生，师从谈家桢教授，从事遗传学研究。1945 年获硕士学位。毕业后留校任助教。1949 年赴美国密歇根大学动物学系攻读博士学位。在美国学习期间，致力于哺乳动物的进化遗传学研究。对美洲地鼠进行种间和亚种间的杂交实验，探讨杂种不育原因及其隔离机理。这项工作获得国内外遗传学家和进化学家的赞誉，至今仍被引用。1953 年任复旦大学生物系教授，历任遗传学教研组主任，遗传学研究所人类和医学遗传研究室主任，复旦大学学位委员会委员，《中国科学》《科学通报》编委，中国遗传学人类和医学遗传专业委员会主任，《遗传学报》《遗传》副主编，上海遗传学会理事长等职务。为中国民主同盟会会员。

是中国人类医学遗传学领域的创始人之一。著述《遗传学》被综合院校、农林院校和师范院校选用为教材和重要参考书。中国不少该领域的知名专家学者都是师从刘教授进入医学遗传学研究领域。

樊　康（1917—2001）

原名思曾、慎咸，城区人。中学时代参加抗日救亡活动，1936 年考入复旦大学新闻系。先后在上海、武汉参加共产党领导的救亡演剧队、冼星海主持的海星歌咏队，并去山西参加牺盟会和荣河县抗日自卫队，从事抗日宣传与武装斗争。1938 年后，在香港、广州、桂林等地继续从事抗日宣传与文艺工作。1941 年皖南事变后，由党组织安排留在上海，以教师及银行职员身份为掩护，从事党领导的文艺与团结作家工作。其间参与创办大型文艺刊物《万人小说》，任《时代日报》副刊《新生》特约编辑，写作一批杂文、随笔和文学评论。1944 年加入中国共产党。1950 年调上海文学工作者协会任研究部副主任，后调上海作家协会工作。1957 年起，担任《收获》《上海文学》编辑部编辑。1979 年调中国大百科全书出版社上海分社，任《中国文学》卷编辑组组长。1985 年 12 月离休。

包　蕾（1918—1989）

原名倪庆轶，笔名叶超、华萼等，城区人。中学时开始写作，1936 年发表《后台》《释放》等独幕剧。1941 年肄业于复旦大学。“八一三”事变后参加青年救国服务团，创作《雪夜梦》《胡子和驼子》《巨人的花园》等儿童剧。后在上海等地中学任教。写有剧本《三人行》等。1947 年加入中国共产党。中华人民共和国成立后，任上海少年儿童出版社编辑部主任，1963 年任上海美术电影制片厂编剧。《金色的海螺》获亚洲电影节卢蒙巴奖，《三个和尚》获文化部优秀奖、金鸡奖等。著有《包蕾童话选》及长篇童话《斩龙少年传奇》。是中国作家协会会员、中国电影家协会理事、名誉理事。

周　楚（1918—2003）

原名周刍，城区八里桥人。八一电影制片厂一级演员，中国电影表演艺术学会名誉理事，中国电影家协会会员，中国戏剧家协会会员。曾在上海法学院就读，1940 年毕业，参加过中国旅行剧团、新艺话剧团、上海大同影业公司，任主角或重要角色。1951 年任中国人民解放军总政文工团研究室研究员、总政话剧团演员兼导演，1962 年总政治部授予“五好文工团员”称号。先后拍摄的影片有：《梅妃》《夜深沉》《解语花》《花溅泪》《二百五小传》《天字第一号》《天桥》《红楼二尤》《狼牙山五壮士》《南海长城》《挺进中原》《法庭内外》等。其中《梅花巾》获马尼拉及开罗国际电影节奖；《安第斯山风暴》得到周恩来总理的好评。执导电视剧《周总理的一天》获第三届优秀电视剧“飞天奖”单本剧奖。

唐　海（1920—2004）

原名唐盛宽，镇海人。1938 年在家乡从事抗日救亡宣传。1939 年在金华参加宋庆龄、斯诺、艾黎等发起的中国工业合作运动，任“工合”安徽屯溪事务所指导员。1940 年，任桂林、香港国际新闻社记者。抗战胜利后，任上海《文汇报》记者、《新民报》（晚刊）采访部副主任兼南京《大刚报》上海办事处主任。1946 年，作为《文汇报》记者，在蒋介石举行的记者招待会上，质问为什么不释放政治犯问题。次年报社被封，受到追捕，出逃香港，参加香港《文汇报》创办，任采访主任。上海解放后，

《文汇报》复刊，参加开国大典采访。后奔赴抗美援朝前线，发表多篇战地通讯，收入报告文学集《朝鲜纪行》。“百花齐放、百家争鸣”方针提出后，发起并主持《文汇报》开展“为什么好的国产片这样少?”（即“电影的锣鼓”）的讨论。曾任《文汇报》副总编辑，上海新闻工作者协会副秘书长等职。

庄修之（1921—2003）

学名宏威，庄市人。叶氏中兴小学启蒙，上海诚明商学院工业管理系毕业。20 世纪 50 年代起任上海纺织局洋泾水泥厂化验室主任，进行炼钢废渣综合利用研究，开发成功高标号转炉化铁炉渣水泥、高强煤球灰矿渣水泥、荧光水泥等优级材料。“文化大革命”后与上海同济大学建材系合作，研制成功硫铝酸盐超早强水泥，获国家重大科技成果奖。1981 年任上海市地矿局地质勘查研究组组长，组织开发成功 S 形瞬凝水泥、L 形低比重地勘水泥、U 形超细地勘水泥以及勘探现场测试仪器，填补中国地矿水泥多项空白。1982 年研制成功 H. R 型硫铝酸盐地质勘探水泥，获国家发明三等奖，被列为国家一级保密技术。

余仲舒（1921—2006）

澥浦余严村人。13 岁当学徒，1939 年加入中国共产党。20 世纪 60 年代入上海科技系统发展航天事业。任上海仪表厂和新华无线电厂党委书记，完成导弹自动驾驶仪及运载火箭无线电测量和监视系统的研制任务。1975 年任新江机器厂党委书记。承担上海航天系统运载火箭大型箭体关键部件生产和全箭总装、总调、总测。1978 年任上海航天局党委副书记，主管科研与生产。1981 年 9 月 20 日完成“一箭三星”重任，实现航天技术重大突破。1984 年长征三号运载火箭又成功发射中国首颗通信卫星。曾获航天工业部一等奖。

胡明德（1925—2004）

柴桥人（现北仑区）。读完小学四年级跟父亲做行贩，练出一套心算绝技。1951 年年初进村办小学教算术，1953 年入柴桥区中心小学任教。5 年间发愤自学，学完初高中数学和物理，又攻下大学本科数理学科必修课程。1956 年成为浙江省内自学成才典型，被聘为镇海中学教师。“文化大革命”结束后，被推举为浙江省政协委员，任镇海中学副校长。1979 年被评为省劳动模范，是年又成为浙江省首批七名特级教师之一。

董辅礽（1927—2004）

庄市万嘉桥村人。1950 年毕业于武汉大学经济系。1953 年至 1957 年在莫斯科国立经济学院做研究生，获副博士学位。曾任武汉大学经济系讲师，中国科学院经济研究所行政业务领导小组组长，中国社会科学院经济研究所副所长，中国社会科学院研究生院副院长，中国社会科学院经济研究所所长，第七、八届全国人大常委，全国人大财经委员会副主任委员，全国政协委员，全国政协经济委员会副主任委员，中国社会科学院经济研究所名誉所长，兼任北京大学、武汉大学、中国人民大学教授。

1978 年以前，主要研究社会主义再生产和国民收入问题，其主要研究成果发表后立即在国内外经济学界引起广泛关注，并被冠之以“董氏再生产模型”。1978 年以后，紧扣时代脉搏，深入研究中国现实的经济问题，大胆地提出“政企分开”和“政社分离”、按功能分类改革国有企业等一系列独到的见解，倡导市场取向的经济体制改革，其中有些已被国家经济决策部门和立法部门采纳，对中国经济发展和改革产生积极影响。1984 年获首届孙冶方经济学奖。1987 年被法国政府授予军官级学术勋章。

华三川（1930—2004）

澥浦人。幼年时代自学美术。中华人民共和国成立后开始从事连环画和插图创作，以特有的钢笔画法形成自己的风格，产生重大影响。连环画作品有《英雄村》《交通站的故事》《白毛女》《青年近卫军》《王孝和》《项链》《表》等百余种。其中《交通站的故事》获首届全国连环画评奖绘画创作二等奖。晚年从事国画创作，以富有民族特色的画风雅俗共赏。出版有《锦瑟年华》《华三川人物画集》《华三川人物线描画稿》《华三川绘新百美图》《华三川人物新作选》等十多部大型画集。

曾任中国美术协会会员、上海美术协会理事等。

史树中（1940—2008）

镇海人。生于上海。1961 年毕业于华东师范大学数学系，并留校任教。1976 年调入天津南开大学数学系、南开数学研究所任教。1979—1981 年法国法兰西学院、巴黎第九大学访问学者。回国后在凸分析、非光滑分析、集值分析等方面，都做出国内外有影响的研究成果。1984 年被特批为教授和基础数学专业博士生导师，1987 年被国家人事部授予“国家有突出贡献中青年专家”称号。1997 年任北京大学金融数学与金融工程研究中心主任，2000 年受聘为北京大学光华管理学院金融系教授，为中国金融学科的建设做出贡献。

曾任中国数学会常务理事，中国数学会传播工作委员会主任，国务院学位委员会学科（数学）评审组成员，北京大学信息与工程学部委员等。

［良医能工］

钟章元（1832—1905）

庄市梅堰村人。继承先人医业，精究医理，擅长妇科。凡胎产崩漏垂危之症，经其治疗，均见成效，时人称为“钟半仙”。邻里有贫病者，常登门免费医治给药。为便于远道病人复诊，特在白龙王庙镇上益寿堂药店内设观察病床数张。若雇舟来诊，则移舟内诊治，以便病家。后转向以内科为主，成为宁波城内四大中医名家之一。子纯泮、次孙钟英（一桂）、三孙一棠，均精于医道，享誉沪、甬。

张懋炽（1856—1920）

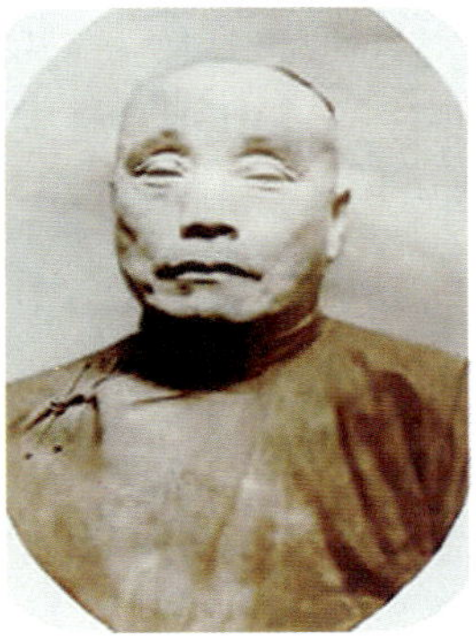

号纯粹，城区张鑑碶村人。幼年丧父，从祖父张立魁习医，后受业于同乡郑门，内外科俱精，治理喉科痈疡尤佳。自从医始，收入颇丰，而先生志不在此，用药不尚名贵，常以低廉有效替代珍稀，遇贫病，非但免收医金，且惠赠药物，重症则登门诊治，仁心仁术，人皆称颂。

清光绪六年（1880），邑绅在城区米行街设公善堂，后以经费不支，仅存设诊施药等项。懋炽受聘为董事。数年后，以原主持者谢世而独当其事。遇资金短缺，门诊难以为继，则商请挚友及城乡名医参与义诊。一时精英荟萃，求诊者日增，其垂危重症得愈者不可胜数，甬上遂有“西医数‘保黎’，中医称‘公善’”之美誉。当时义诊医师每人每月坐堂3～6次，而懋炽则隔日值班，寒暑不辍。公善堂为群众义务门诊40年，懋炽主其事达20年。

1915年夏公善堂毁于火灾，懋炽日夜奔走，移门诊于静波庙，继续施诊给药；同时求助于缙绅。一年后，于旧址建楼房5间，更名为公善医院，并得浙江医专盛佩葱支持，逐渐扩展西医门诊。其日常经费由城中各商号捐输。

自奉俭朴，不置田产，不营华屋，一生以行医济世，身后仅瓦房三间，别无长物。长子子平继父业，行医50余年，亦以外科、喉科名世。门生汤福荪、再传弟子包杏畊，均有青出于蓝之誉。

庄可法（1869—？）

生于庄市。早年赴苏州拜名医张太医为师，刻苦攻读中医名著，五年中深得其师嘉许，清光绪二十年（1894）回原籍开设孟河医寓。为医之道端在济贫扶困。行医以来，亲友乡人，不计酬金，对赤贫求诊则免收号金，甚至用自己出诊的轿子接送病人，至今乡里还流传着“医生的轿子让给病人坐”的美谈。

精通伤寒之症，有独特之功，人称孟河华佗，深受同行敬佩。先后收过曹之康、周之段、于之高、庄之新、包之才等五位高足。

对家乡公益慈善极为关心，曾为崇正小学、三乡公益堂亲自担任募捐；清宣统元年（1909）在庄市街上创设至安水龙会；1914年率先捐资购置洋龙，改建永安救火会。并在所寓止所门内，设立烽火瞭望警报台。

余　岩（1879—1954）

字云岫，又名允绥，号百之，澥浦余严村人。早年曾主持贵驷宝善学堂。清光绪三十一年（1905）由鲲池书院公费派赴日本留学。辛亥革命时，随留日医学生组织“赤十字社”归国，在上海、南京、陕西等地作救护。

1913年再度赴日，在大阪医科大学专攻肺病治疗。毕业归国后竭力发掘祖国医学宝库，发现国内医书上有关“瘰疬与结核病同源说”记载早于法国千余年，遂在远东热带病学会上报告，引起各国代表对中医中药的重视。继又整理国产药物的文献研究。1933年后，先后写成《释名病释》《方言病疏》《尔雅病疏》等，对古书中有关病名加以考证和诠释。但又片面主张“废（中）医存药”，此论遭全国中医界强烈反对。曾在上海自设门诊，处方轻易不用外来药，并用西法提炼中药，制成“余氏消炎膏”。

中华人民共和国成立后，任全国第一届卫生会议筹委会华东分会委员、全国卫生科学研究会中医专门委员会委员、中华医学会理事等职。1951年报名参加医界组织的救护队，欲赴抗美援朝前线，因年高未准，则鼓励两孙参军。

著有《药理学》《余氏医述》等。病逝前，遗命将遗体捐赠医学院作病理解剖用。

林国镐（1897—1972）

号吉甫，镇海人。早年在圣约翰大学肄业，后考入清华学校。1918年毕业后到美国白朗大学理学留学。1920年入哈佛大学医学院学习。1924年获哲学博士学位。次年游学欧洲，先后在英、德、奥、荷兰等国的著名化学实验室访问。1927年回国后在北平任协和医学院生物化学科讲师。1930年任中央大学医学院生物化学教授，并建立生物试验室。抗战时期曾在重庆中央卫生实验院任化学药物组主任。1948年倡议组织中国生物化学会，被推为主要负责人。中华人民共和国成立后，任上海第一医学院教授、中国军事医学科学院生物物理室主任。

早期在食物和营养研究方面做出贡献，参加过血红蛋白质的变性研究和荤素膳食营养价值的比较等研究。对氨基酸的有机合成，提出合成χ—氨基酸二烷基乙酸的通用新法，利用这种方法可连续合成多种氨基酸，包括缬氨酸、亮氨酸及正亮氨酸等。是中国生物化学研究的开创者之一。

朱师墨（1908—1989）

镇海人。1928年去天津拜全国四大名医之一，著名中医学家施今墨为师，后在施今墨诊所任助医。1934年起在镇海、上海、武汉等地开业行医，并受聘为中央国医馆名誉理事。1955年起到同济医科大学附属协和医院中医科工作，先后担任中华全国中医学会常务理事、中医学会湖北分会理事长、湖北省药政管理处顾问、中医学会武汉分会名誉理事长、中华医学会武汉分会理事兼中医学组主任委员等职。1978 年被授予湖北省第一个中医学教授，曾出席全国科学大会，并担任大会主席团成员。

精通中医基础理论，尤对中西医结合治疗肝硬化腹水、慢性肾炎、妇科崩漏等疾有独特医技。著有《施今墨医案验方合编注笺》等。

俞霭峰（1910—1991）

女，镇海人。1935 年南京金陵女子大学毕业获理学学士学位，1939 年北平协和医学院毕业获医学博士学位。曾任北平协和医院妇产科住院部医师，重庆中央医院妇产科副主任医师。1946 年赴美国芝加哥大学医学院附属医院学习，并受聘为联合国世界卫生组织妇产科观察员。1948 年学成回国后任职于天津中央医院。中华人民共和国成立后，历任天津医学院教授、天津医学院附属医院妇产科主任，天津市计划生育研究所所长，中华医学会妇产科学会副主任委员，卫生部医学科学委员会委员，世界卫生组织妇婴卫生委员会顾问，天津医科大学总医院教授，天津市计划生育研究所名誉所长。是第一至六届全国人大代表、第三至六届全国人大常委会委员。曾出席世界妇女代表大会和第一次全国妇女代表大会。

长期致力于口服避孕药的研究，探索孕激素——决诺酮在人体的抗着床作用并获得成功。主编有《妇产科手术学》《产科内分泌》等书。被评为天津市特级、一级劳动模范，天津市科学技术先进工作者。获全国科学大会奖和全国医药卫生科学大会奖。

先生虞颂庭，泌尿科专家，周恩来和邓颖超称其两人为："男虞"和"女俞"。

方之扬（1922—2003）

骆驼柏墅方村人。1948 年毕业于上海同德医学院。1951 年起在第二军医大学长海医院工作，历任外科医师、主任医师、讲师、副教授、教授等职。1983 年起任长海医院专家组副组长、第二军医大学专家组副组长、一级教授。曾任中华医学会烧伤专业组常委、中华医学会烧伤外科学会主任委员、国际烧伤学会会员和《中华整形烧伤外科杂志》编委。

1955 年以来收治烧伤病例万余例，自 1958 年以来先后成功救治 40 多个烧伤面积超过 90%、Ⅲ°>70% 的严重病例，荣立集体一等功。1961 年首次报道并证实尿培养霉菌阳性可作为播散性霉菌感染的早期诊断指标，并总结 G+球菌及 G-杆菌败血病的早期诊断；1965 年开始对金葡萄噬菌体的研究；1968 年开展大面积三度焦痂切除并覆盖异种皮或自体小皮片嵌入植皮新技术。在国内首开烧伤休克的发病机理及救治研究。获得国家科技进步一、二等奖、卫生部科技甲级奖、全军科技进步二等奖等。1998 年被总后勤部授予"科学技术一代宗师"荣誉称号。

［商界精英］

方润斋（1808—1858）

团桥柏墅方村人。国学生。清道光十年（1830），与兄弟方性斋、方仁和在上海南市开设履和钱庄，是上海最早开设的钱庄之一。之后在北市租界区开办北履和，后改组为寿康钱庄。开设方镇记，从事进出口贸易。学习外语，与英商李百里洋行进行生丝与花色洋布交易。组织专人至湖州收购土丝，绍兴、嵊县等地收购绿茶。广东商人冯秋波倒欠上海多家商号货银一百万两，商界震动。润斋受牵累，毅然倾其所有偿客户。几年后旧业恢复，利润倍增。合资开办安裕、承裕、赓裕、复康四钱庄。任上海四明公所董事，与弟仁荣等倡议募资拓地修建四明公所，首输巨资，应者纷集。两年中全面修复正殿、后殿、土地祠等。新建济元堂、先董祠、馆丁寓所等，规模恢宏。宁波同乡甚受其惠。

郑　勋（1810—1863）

字南琴，号竹溪，十七房郑家村人。国学生。自幼敦厚持重。承接其父钱业，筹算屡中。五口通商后，携资赴上海发展钱业。当沪上钱业兴起时，又挟利回宁波创业，成甬上钱庄业巨头。兼营渔盐、丝茶、银楼、当铺多业，声望大振。自其曾祖维嘉在甬创业起家，至郑勋事业达巅峰，被誉屹然为甬江之砥柱者二十年。

热心公益，每闻浙省军需告急，必首捐巨款。为扩建上海四明公所和重建杭州四明义园合捐银9000两。捐资成立宁波保卫局，又捐田输金创立宁波体仁局；为首议立乡团，建立宝田庄周济孤寡困窘者，善行不胜枚举。清咸丰九年（1859）获授正二品资政大夫、叙议道台，顶戴红珊瑚，成宁波最早“红顶商人”。

方性斋（1823—1872）

团桥柏墅方村人。精通英语，擅长进出口贸易。清道光十年（1830）在沪参与创办南履和钱庄。咸丰八年（1858）方润斋去世后，继续经营其家族生意。在短短几年内，又在沪增设同裕、尔康、延康、五康等多家钱庄，同时抓住五口通商商机，开拓代理洋行做资金汇划的新业务，促进方氏家族钱庄业的持续发达。时新方家系统在上海经营的钱庄有17家，为上海九大钱业家族集团之首。在汉口、杭州有7家钱庄。1912年宁波六大家银楼中方氏独占5家。商界尊称性斋为“方七先生”，为上海滩名人。

叶澄衷（1840—1899）

又名成忠，庄市叶家村人。世务农，6 岁丧父，9 岁入私塾，未及半年，因贫辍学。14 岁赴沪学商，17 岁驾舢板贩日用品于黄浦江上，与外轮海员接触，初习日常英语会话。曾捡得英国洋行经理乘其船过渡而遗落公文包，守候半日，奉还原物拒谢金。失主感动，延誉同侪，并邀其协营五金。几年后渐有积蓄。清同治元年（1862），在虹口百老汇路口，独资开设顺记五金洋货店，并承办外轮所需船舶五金，又向英国进口船舶配件，营业大盛。美孚石油公司美商给以经销美孚火油优惠权。即扩大销售业务，在城乡广设分支网点，陆续在上海及各大商埠开设可炽铁栈、新顺记、南顺记、义昌成记、北顺记等 18 所分号，时称"五金大王"。

拥资既丰，继又投资于银钱业、房地产业及沙船业。所营钱庄多至百余家，遍及国内大中城市，较为著名的有余大、瑞大、承大、志大等。所营树德地产公司，在沪置地 400 余亩。自置沙船 100 余艘，经营海港及沿海航运。清光绪十六年（1890）与宋炜臣在上海合办燮昌火柴厂，1897 年在汉口、苏州开设分厂。1894 年在上海开办纶华缫丝厂。至 19 世纪末，拥资银 800 万两，国内称巨富。

事业有成，关心公益。在家乡设忠孝堂义庄，内办义塾、牛痘局；在上海建崇义会、广益堂、怀德堂等；又兴书院，修境庙，抚孤恤寡，修桥铺路，兴水利，赈灾区。清光绪十四年（1888）奉天饥荒，带头输巨资，清廷曾颁奖"乐善好施""勇于为善"匾。在老顺记内开设夜校，延聘西师执教，对商家子弟课以语言文字、商务、税关等知识。

晚年办学尤勤，清光绪二十五年（1899）于虹口捐地 20 余亩，银 10 万两，创办澄衷蒙学堂（后改澄衷中学）。临终授意撰联以明志："余以幼孤，旅寓申江，自伤老大无成，有类夜行思秉烛；今为童蒙，特开讲舍，髫年志学，一般努力惜分阴。"校舍未及建成而病逝。其子贻鉴、贻钊承父志，两次助学捐资银 20 万两，培养大批英才，颇有影响，光绪帝赐予"启蒙中德"匾额。

楼其梁（1841—1932）

字麒祥，贵驷沙河村人。13 岁去嘉善学商，后至沪。28 岁受聘为介顺鱼行经理。勤勉谨慎，善于经营，成上海渔盐业界巨擘。后组建仁孚公司、承余蛋公司及茂昌公司，还创设蛋业公所、腌腊公会，以及促进业内团结的永年会等。关心家乡公益事业，开设保生医院，创立承余小学、楼氏小学。筹款修复化子闸，再募基金为常年管理之用。南大河、西大河、北大河全长百余里，疏浚需十余万金，其梁奔走呼吁，分段施工。旅沪同乡为其八十九岁祝寿，固辞未果，则将寿仪一万五千金悉数充入西大河疏浚。东滨海塘外泥涂扩展，众民拦涂种养，但有人仗势圈地霸占，群起反对，涉讼多年，直至械斗。其梁又集资数万，全购涂地，修起大塘，去暴兴农，众民安业。为公益老而不辞，往来沪杭，路感风寒，归而益剧，终至不治。

方继善（1843—1898）

团桥柏墅方村人。15 岁弃学从商，父亡后继承家业。经营上海方萃和糖行、宁波方紫金银楼、杭州方裕和南北货店及上海安康、汇康、安裕和宁波瑞康等钱庄。七叔性斋去世后，为主综理方家事业。长期任上海四明公所董事，参与领导两次四明公所事件，面谒当局，陈述史事，继在回乡养病时致书旅沪同乡，详叙前案，往复论辩，有理有据，始得中外官绅主持公论。是19世纪末在沪宁波商帮领袖人物。

一生乐善好施，热心公益事业，曾为建书院、赈黄河决口水灾、修桥筑路及广仁堂、福幼堂、育婴堂等慈善事业捐资巨万。

樊 棻（1844—1916）

字时勋，城区人。青年时在宁波当棉花行司秤。父母去世后，自念蜗处里巷，难以展志，遂去沪。几经历练，熟知贸易利弊。清光绪十六年（1890），同乡叶澄衷重其才，延请主持商务，倚为左右手。后被福州船政大臣沈葆桢委为驻沪采办，又受李鸿章委办漠河金矿及海军物料，被张之洞委为湖北铁路局转运，“经营江南，意气平生”。1884年法军侵犯沿海，有人谤议叶氏曾暗中接济法军，樊力为辩诬，由此更为人所重。

清光绪二十一年（1895）后，与实业家张謇合股创办通州纱丝厂和通海垦牧公司。光绪三十二（1906）任新成立的浙江铁路公司总协理和董事。与同人共同创办浙江兴业银行，任银行董事和上海分行经理。1914年兴业银行总行迁上海，樊任总经理。

热心回报桑梓，清光绪二十九年（1903）以3.4万元，在镇海仓基弄创建便蒙学堂，附设勤稼女学。1913年以2.9万元，在镇海大校场旁建公益织布厂。病逝后归葬镇海城北。

严蕉铭（1846—?）

城区人。初在上海任美商其昌洋行买办，清光绪八年（1882）至天津，先后任顺全隆、禅臣、绵华、立兴等洋行买办。进口以军火为主，因而得与李鸿章、袁世凯等人相往来。第一次世界大战期间盘进英商兴茂公司机器打包厂，成立天津打包公司。由于与洋行及官方均有密切联系，在天津买办群中甚有声望，是宁波帮在天津的核心人物之一。曾与严信孚、王铭槐等共同发起成立天津浙江会馆，为全浙旅津同乡团拜聚会之所。并从光绪十一年至1920年一直担任会馆主持董事。还捐资筹办浙江义园、浙江学校等公益事业。

汪显述（1853—1925）

字丙生，城区人。出身赤贫，幼年丧父，依靠母亲纺织所入抚养成人。15岁辍学，织网捕鱼。不久受雇于钱庄、店肆。后由姻亲陈巨美推荐至上海，入同乡叶澄衷开设的义昌号。供职之暇，留心洋务，久之能通西语，为叶澄衷所赏识，委管老顺记栈。既而遣赴汉口设顺记分庄，始充副办，继升经理。不久合资经营洋货、洋油各业，而澄衷又以帆船12艘相委托，于是分设报关行兼帆船公司，经营益见发达。时张之洞创设汉阳铁政局，聘其为采办员。久居汉地经商，名声日隆。日商大阪、日清公司，三井、日信洋行都先后聘其为经理、副办等职，用以拓展航业和商务。曾任第二届汉口商会协理。热心公益善举，在汉口设布厂、英文补习所，施衣施米施药等不一而足。家乡浚河渠、平道路、设蒙养学校以教养青年子弟、浚自流井以充公众饮水，都斥巨资而为。

叶雨庵（1855—1935）

字成钦，庄市叶家村人。早年家贫，只身赴沪经商。后得族兄叶澄衷相邀，任老顺记五金号及澄衷公司经理；经常被派往天津、沈阳、汉口等地料理账务；对叶氏的地产业、沙船业、钱庄业的商务账目进行稽查，逐渐成为叶氏家族企业的重要辅佐。被推为沪商会会董、宁波旅沪同乡会会董、上海慈善会会董。协助澄衷在家乡兴建叶氏义庄和中兴学堂，首任校董。同时担任三乡公益堂董事、崇正学校校董、镇海同义医院旅沪同志会干事长、主席、经募总主任等职。1935 年赴上海募集经费时，突患中风逝世。

陈　薰（1858—1917）

号子琴，城区人。因精于商业，受严信厚指派任源丰润票号福建分号经理。虽从事商业，但留心时事，壮年往朝鲜调查商务，被朝鲜商人举为董事。时值袁世凯为朝鲜钦差，薰上书请立垦务局，招游勇屯田以裕军饷。未被采纳。不久回国。甲申（1884）中法之役，总镇贝锦泉、统领成邦干知其有胆识，以民团事相属，究奸诘宄，不遗余力。事平论功，不欲邀赏，理商业如故。20 世纪初任源丰润票号总经理，并任上海道库源通官银号司事，还在汉口办官钱局，是当时金融界领袖人物。清光绪三十四年（1908）参与发起创办四明银行，其股份占 75 万两创办资本的 7%，为创办时最大股东，并任第一任总经理。曾任上海商务总会第三、四、五届议董，沪北商团公会会员。辛亥革命后返回故里。

盛炳纪（1860—1927）

字竹书，城区人。13 岁丧父，从叔植型旅居北京读书。后回镇海，以郡试第一名考取秀才，但乡试屡不中。后捐中书职，赴四川从其族兄盛炳纬于四川学署。后转赴江苏，在金坛、常熟等县做幕僚，主管会计，为厘剔漕粮积弊，竭尽心力。幕游 15 年，中年后转事商业。

清光绪三十三年（1907）赴汉口，被推为宁波会馆总董。创办旅汉学校，成立戒烟馆、同乡会。对争回浙江路权、宁绍轮自辟航线等事，均热诚筹划。翌年被选为汉口总商会议董，后被举为协理、总理。辛亥革命时，汉口商业损失严重，受难商民议设理债处，炳纪手拟章程，苦心规划，妥为料理，众商悦服。又商户存于招商局汉口货栈值银 120 余万两货物毁于兵火，局方不偿，舆论大哗，众议设追赔联合会交涉，经其奔走调停，历时 3 年，终获解决。众感德绣像铸杯致谢，并酬千金偿旅费，固辞不受，全数捐与上海红十字会。宣统三年受聘任浙江兴业银行汉口分行经理。1912 年 11 月，与宋炜臣等出席全国第一次工商会议，并发起成立中华全国商会联合会，被举为湖北干事。第一、二次商会联合会，均被推为审查长。1915 年后调沪，历任浙江兴业银行总行、交通银行沪行经理，三度任上海银行公会会长。创办《银行周报》，筹设票据交换所、徵信所、建筑银行公会会所、银行俱乐部等，又办理造币厂借款、车辆借款、通泰五公司借票及代兑中法银行钞票等，深得众心。

关心乡里公益，曾垫款5000余元，创办养蒙、志成及公立一校，补助经费达13年；辅助镇海县令，亲赴各乡劝学，两年内劝办公私学校70余所；又一再筹集巨款，兴工浚治东门浦。此外以寿仪创办贫民借贷局，赞助乡人樊棻办公益织布厂，助向道深、周世瀛等办公善医院，受惠者颇众。

史晋生（1862—1934）

名致容，城区人。早年在叶澄衷开设的顺记五金号任职，清光绪十四年（1888）被委为顺记号烟台分号经理。光绪二十三年调任汉口顺记经理，并任燮昌火柴厂监察。又被张之洞委为汉口商务局总董。光绪三十三年汉口商务局改为商会，被举为总理，不就，但竭力赞助，请当局拨商会会所，又在汉口调停九九商捐，在当地商界享有盛誉。辛亥革命时，被袁世凯委办善后事宜。1912年任汉口中国银行副行长兼营业科长。1914年在汉口开办宁绍公司汉口分公司。是年任浙江兴业银行汉口分行总经理。1918年南、北军在湖北交战，竭力挽请各方划定战线，以保护商人利益勿受损害。1923年代理汉口银行公会会长。

一生热心公益事业。花甲寿期时，获大总统黎元洪“惠周远迩”赠奖匾。曾在烟台成立四明丙舍，购地置义冢。清光绪二十三年（1897）宁绍米荒，奉叶澄衷命办米3万石赈济。光绪二十七年又赴乡办米万担举办平粜。之后，请得当局同意截留米捐30余万两，开办商务局及劝工所。主持汉口四明公所增置义地，是武汉宁波帮代表人物。光绪三十年四川大灾，募集数万款项救济。1913年直鲁豫旱灾甚烈，难民云集汉口，发起华北义赈会，任副会长，并募集50余万元救济灾民。1920年参与发起修纂镇海县志。1922年在汉口购地200余亩为宁波旅汉公学新校址。是年，移寿仪及宴资1.1万余元，疏镇海城厢内外河道及宁波城濠河。1923年又参与发起大修后海塘，并兼任干事，在汉口积极征募经费。

阮雯衷（1865—1934）

庄市阮家村人。早年家贫，在邻村渡驾桥穗和米号当学徒。约清光绪二十六年（1900）到上海创业，开办元丰粮号。由于经营得法，获利丰厚，于是又在宁波、汉口设分号，光绪三十一年在汉口设立元丰豆粕制造所。1912年向美商购买机器，在开封开设元丰蛋品加工厂，产品交外商销售，积累资金后，又在京汉铁路沿线彰德、许昌、驻马店、郑州等地增设分厂，并自备火车车皮数十辆，建立铁道停车线，总投资达200余万银两。元丰蛋厂还经营国内外杂粮贸易。第一次世界大战时期，该厂有职工2000余人，每年纳税达数百万元，成为全国最大的蛋厂。热心慈善公益，救济河南灾荒，在许昌设立贫民医院，在湖北出资修缮黄鹤楼，在舟山出资保护与修缮佛顶山等多处古迹。宣统二年在乡里捐建时中学堂。1918

年出资数万元疏浚前大河。清政府曾授予奉政大夫，晋封二品衔，赏戴花翎。

宋炜臣（1866—1927）

字渭润，庄市勤勇村人。初为庄市街上南货店伙计。清光绪十四年（1888）与同乡叶澄衷在上海创办燮昌火柴公司，并任副经理，这是当时全国最大的火柴厂。光绪二十三年到武汉创办分厂，任经理，资本42万元，为汉口最大的火柴厂。光绪三十二年联合旅沪宁波帮及湖北、江西巨商朱葆三、叶璋、王子坊、叶世濂等11人，集资300万元，发起创办汉口既济水电股份有限公司，其规模居全国之冠，宋任董事厂兼总经理，并连任五届。是年与人在汉口创设华胜军装总公司。光绪三十三年又联合顾润章、顾溶、郑清廉等集资银49万元，在汉口创办扬子机器制造公司，制造铁路桥梁、车辆、叉轨，同时制造大小轮船、兵船、趸船、驳船、救火船只及附属机件，及锅炉、水塔、水闸、抽水机、各种煤气发动机等多种机件，是国内最大的民营机器厂之一。宣统二年（1910）集资开办湖北阳新富池口铜煤矿。1913年又创办湖北竹山五丰铜矿。第一次世界大战时，还创办一个金矿和炽昌硝碱厂，投资厦门信用银行和常德德兴房地产合资公司，被誉为“汉口头号商人”。1914年被选为国会议员，1915年参与发起成立中华全国商会联合会。从光绪三十三年至1913年，连任汉口商务总会第一、第三至六届议董，1916年任汉口总商会会董。

陈良玉（1866—?）

镇海人。早年在上海开设万昌祥烟号，任总经理。民国初年任宁波旅沪同乡会公义联合会董事。1918年与同乡王佐卿、陈才宝、陈文鉴等在沪创办中国兴业烟草公司。是年任中国烟酒联合会总干事。1919年任宁波旅沪同乡会副会长。1921年与虞洽卿等在沪创办中国商业信托公司。1926年参与发起成立中国卷烟厂公会，并担任会长。曾任多届上海总商会会员，第七、八、九届上海总商会会董。

叶星海（1870—1928）

名炳奎，字星海，以字行，镇海人。早年因家世清寒而失学，却艰苦自励，不堕其志，曾就邻家塾师请业，久而通文辞。初在上海轮船招商局任书记员，后由太古洋行买办、鄞县人李维龄介绍，在上海美隆洋行任职员，结识德商吉伯利。清光绪十三年（1887）随其到天津，出任兴隆洋行买办，并为该行股东。同时自设兴隆西栈，经营羊毛、羊绒、皮革等。第一次世界大战期间，与人承买英商兴茂公司机器打包厂，成立天津打包公司。1918年与同乡李组才等人成立利济贸易公司，任董事长，为天津华商对外贸易第一家。1923年辞去兴隆买办职务，改任天津法商永兴洋行买办，经营土特产出口，贸易额颇大，是天津浙江会馆领袖人物。

方樵苓（1871—1951）

字韶龄，团桥柏墅方村人。继承父业经营方慎记号、元生糖行和延康、允康、寿康等钱庄，同时又投资航运、金融、工矿业。清光绪三十四年（1908）参与创办宁绍轮船公司，并任协理。是年又参与创办四明银行，任首任董事。后又与侄方椒伯等投资天生煤矿公司，并开设天生煤号，自任总经理。辛亥革命时，输巨款支持陈英士在上海响应革命，并发起组织革命军饷征募队，劝募军饷。南京临时政府成立后，购买巨额公债，支持孙中山临时政府。1919 年任宁波旅沪同乡会副会长。60 岁以前，往来沪甬间，兼顾上海事业与家乡族务、公益。光绪三十二年，与族侄式如等创办“方氏培玉两等小学堂”。其设备、师资、教育质量为当年镇海北乡之冠。

薛文泰（1873—1930）

字焕章，城区薛家弄人。清光绪三十一年（1905）在上海创办益泰轧花厂，任经理。1917 年又在上海创办振华纱厂、厚生纱厂，并担任振华纱厂经理。是年 12 月参与发起成立华商纱厂联合会，任董事。1919 年在上海参与创办维大纺织公司，是大股东之一。1921 年投资中国铁工厂，为主要股东。1922 年与方椒伯、秦润卿在上海创办大有余榨油厂，并兼任经理。20 年代初又开始大举投资金融业。1920 年投资上海证券物品交易所，任理事。1921 年与秦润卿等在上海创设中国棉业银行，与李柏葆、王正廷等创设中华劝业银行，均为主要投资人。又投资与人设立瑞泰、均泰、敦余、泰昌等钱庄。曾以中国棉业联合会和上海油厂公会代表长期为上海总商会会员、会董。

参与许多社会慈善事业，如给上海的中国济生会捐款，给救火会捐款等。1920 年，得大总统徐世昌赐“乐善好施”匾。1923 年，得大总统黎元洪赐“慈祥在报”匾。是年，捐银 1.5 万银圆，在家乡薛家弄创办文泰国民学校，学生免收书学费。

刘正康（1874—1939）

镇海人。少年时旅居苏州，初为震生裕木行学徒，后任经理，并为苏州木业行公会董事。同时在江浙地区广泛投资，任上海天一保险公司、中兴煤矿公司及中央储蓄会苏州分会经理，发起筹建苏福（苏州至光福）长途汽车公司，襄建创设华盛造纸厂，创设苏州国货公司，抵制日货。曾出资主持修浚苏州阊门、胥门外诸河。其他如创办苏州市民公社、社团、保卫团，以维护治安。创办游民乞丐学艺所，阊门外办半济粥厂，以济贫者。曾任苏州总商会会董，力主修复浙宁会馆，参与修建虎丘路。

余芝卿（1874—1941）

号茂芳，鄞县人。幼年父母双亡，家庭又遭火灾，由其姐带至庄市朱家桥养育。姐夫之父见其聪明活泼，精心培育。发奋攻读，学业大进，文笔、书法皆有可观。14岁由到上海德盛成东洋庄当学徒，因勤奋能干，满师后即被派至镇江分店主持业务。后自设永泰祥东洋庄，清光绪三十年（1904）因经销火油（即煤油）失败，赴日本谋生。光绪三十三年与人合伙在上海开设和昌盛东洋庄，后发展成为上海著名的百货东洋庄。嗣后在大阪开设鸿茂祥坐庄，做中日间贸易，积资成为侨日华商巨富，并担任三江公所董事长。1926年在上海创办大中华橡胶厂，1928年建成生产“双钱”牌胶鞋，所产品质优良，企业发展迅速。1934年改为大中华橡胶股份有限公司，任董事长。至1937年扩展至10家工厂，先后在上海设门市部12家，并在南京、汉口、长沙、广州等地设发行所，其资本占全国同业的25%，产值占全国的33%，形成大中华橡胶托拉斯。

1937年上海沦陷，为免日军滋扰，将公司总部迁至香港，拒绝与日本人合作，避居港岛。1941年11月，太平洋战争爆发，日军占领香港，与留港全体职工一起迁回上海。是年冬在沪病故。一生关心社会公益、地方教育事业，1934年捐资20万元在沪创办德元小学，招收大中华职工子弟免费读书。

张水云（1877—1955）

镇海人，出身制酱世家。光绪年间继承父业，接办上海南市小九华街江万兴酒坊。由于经营得法，积累大量资金。清光绪三十年（1904），盘进宋万康酱坊，改名为万康宏记酱园。是年，又在浦东25堡盘入顺记酒坊，作为另一处酿酒场地，生产醋、酒两作。1915年，万康宏记酱园场地被哈同占用，高价租给侨商郭氏建造永安公司。张水云在澳门路和劳勃生路购地建房，创设万康新栈。1916年，又在西藏路建立万康宏总店，并在上海各处先后开设14家分店。1923年，为改进制酱工艺，投资10万元，向日本购进一项专利，以及全套酿制酱油的机器设备。新厂所产“机制卍字酱油”“重酎酱油”，其风味比旧法酱油浓厚醇美，产品远销旧金山、新加坡、南洋各地，在国内外享有盛誉。此外还拥有张鼎新酱园、老万慎糟坊及新闸路酱园弄房屋多处。

林涤庵（1878—1953）

又名林三森，镇海人。晚清秀才。年轻时曾到长沙研究矿石标本，后在上海河南路开办实业仪器商店，向学堂出售各类矿石标本。1919年集资2万元，创办大丰工业原料股份公司。1924年后，业务逐步拓展，先后在汉口、长沙、香港、广州等地设立支店分公司。1920年又设立制造厂，制造蒸馏水、绿矾、硫酸铜等。次年因经营不善，由其本人盘进，改名复旦工场，先后生产硝酸银等30余种产品。1923年大丰公司有锡酸、铬酸等12项产品被上海总商会商品陈列所第三次展评会评为优等品，亚莫尼亚水等4项产品评为最优等。1930年重归大丰公司，易名大丰制造厂。除生产原产品外，还生产黑色氧化铜、红丹、黄丹。是当时上海著名的化工行业的企业家。

董杏生（1879—1954）

字杏荪，庄市老鹰湾村董家人。少时在家乡崇正书院读书，16岁到上海宝源洋行学生意，三年后升职员，不久提升为营业部主任、帮办。清光绪三十二年（1906）自设董杏记号，经营轮船及运输业务，同时经营报关、进出口贸易、房地产、制售保险银箱等业务。1922年将运输车改为公交车在上海市内行驶，是为上海历史上最早开通的公交车。1925年五卅运动爆发后，率先参加各界罢工罢市后援会，并援助上海市总工会筹划海员罢工经费。曾多次被选为上海总商会会董，宁波旅沪同乡会会董。1929年被选为镇海旅沪同乡会理事长。

热心公益慈善事业。清宣统元年（1909）独资捐1.5万银圆，在家乡兴建董氏轫初学堂，并承担该校经费达30年之久。1918年发起创办镇海同义医院。认捐巨款又集资10万余元，扩建新院舍、增添病床、购置设备。让自己儿子、国立同济大学医学院博士董志章任首任院长。并与宁波永耀电力公司商议，敷设电线到医院及庄市沿线集镇。1921年与里人傅德慷、陈文鑑、陈珊泉共同捐建私立四义国民学校，并为学校提供1万元基金。次年，获大总统题“敬教劝学”匾及金色一等褒彰嘉奖。1922年镇海后海塘大修，为驻沪塘工协会五干事之一。晚年发起兴建镇海第一条公路——镇骆公路。稍后又发起创办三乡公益堂。1949年解放后将大量地产及三乡公益堂、同义医院的余款移交政府。

王皋荪（1880—1944）

镇海人。年轻时只身赴上海，清光绪三十二年（1906）在建造外白渡桥时已是小工头，工作勤快认真，获得洋商青睐，被英商太和洋和聘为买办。之后开设王荪记营造厂，早年承建多座里弄住宅。1920年建造公济医院。次年承建外滩日清公司。1929年建成华懋公寓，为当时上海法租界第一幢超过10层的大厦。该楼高57米，内部布置和装修都达到当时上海最高水准。1911年起担任浙宁水木公所议董；后浙宁、沪绍两帮合并为上海市营造厂同业公会，任委员。1931年积极倡导成立上海市建筑协会，并为大会五人主席团成员，担任大会主席，被选为第一届执行委员、常委、主席。约1933年在上海开设慎勤五金号，专营建筑五金和其他建筑材料，逐渐退出营造界。

盛丕华（1882—1961）

原名沛华，骆驼盛家村人。7岁时父亲去世。少年时在家乡就读私塾。清光绪二十一年（1895）去上海，先入宝成银楼当学徒，继进恒兴钱庄当跑街，三年后转至新宝成银楼当账房助理，以后又转任庆大洋货号、大丰洋货号账房。光绪三十四年，参加反对将沪杭甬路权让予英国的保卫路权运动，组织浙江旅沪学会。

1914年任宁绍轮船公司监察人。1917年孙中山筹设上海证券物品交易所，列名发起人，并受中山接见。1920年上海证券物品交易所成立，出任常务理事，并被推为主管会计。此后历任上海总商会会董、上元企业公司经理。1924 年赴汉口，主持张澹如开设的易记公司。1927 年任中国银行汉口分行秘书，后任经理。1930 年回上海，重返交易所任常务董事。此时他还与他人共同投资中一银行，被选为董事。1934 年在上海组织爱国团体“中社”，出版《新社会》半月刊，宣传抗日。1937 年“七七”事变后，曾任上元企业公司经理、美科药厂董事长、上海红棉酒家董事长，举办星期聚餐会。抗战后期支持并参加抗日救亡运动和爱国民主运动，红棉酒家成为进步人士隐蔽活动场所。抗战胜利后加入中国民主建国会。1946 年 6 月作为上海各界代表之一，赴南京请愿，反对内战。

1949 年平、津解放后，离沪转道香港至北平。3 月 25 日参加解放军入城仪式，4 月 15 日参加毛泽东召集的工商界人士座谈会。6 月返回上海，筹建上海市工商联合会。9 月赴京出席中国人民政治协商会议第一届全体会议，推为大会主席团成员，继参加开国大典。此后历任上海市副市长、全国人大代表、全国政协常委，并任中国民主建国会副主任委员、民建上海市主任委员、上海市工商联主任委员等职。1956 年带头参加私营工商业社会主义改造，1961 年 2 月 8 日病逝于上海。

姚德甫（1884—1942）

名承祜，城区人，文学家姚燮之孙。幼失怙恃，家境清寒。先入上海王顺昌火炉店学徒，后经友人介绍去美商上海电力公司为学徒。勤学不舍，技艺进步甚速，不数年即升技副、技正、技总。因及时解救触电的美籍高级工程师，被提升为华人组长。上海电力公司扩建新厂，德国制造的新机器安装试车不能启动，外籍工程师束手无策，经德甫检查摸索，终获启动。为便于与外人交往，发愤学习外语，每至深夜，日久应付自如。第一次世界大战结束，上海租界张灯庆祝，因装置不当试灯不亮，外籍高手检修无效，德甫调试，一举即成，由此名声益著。商务印书馆、中华等多家厂商争聘其为电气顾问。

1918 年，辞去上电技总职务，集资创办小型零件制造及电气安装工程企业。因其声誉获特许，凡承装工程均准予免检。次年又集资创办华通电业机器厂，所产精工细制，足与进口货媲美。由是业务更隆。遂迁址扩大规模，创新产品，至 1935 年，其产品新颖程度在国内首屈一指。1937 年“七七”事变后，华通厂曾成批生产手摇发电机，供抗日部队使用。“八一三”上海事变后，工厂陷日军占领区，遂迁厂至租界另设工场开工。太平洋战争发生后，日方始以威逼利诱，迫其“合作”，继以抗日分子罪名加以逮捕，囚禁施刑，均不为所动。后被勒索巨款始得脱身。

包达三（1884—1957）

字楚，石塘下包家村人。少年时在家乡私塾读了几年启蒙书。16 岁进上海一纸店学徒。业余刻苦自习，清光绪三十二年（1906）考取公费留学日本，先习商科，后入明治大学攻读法律。曾亲往晋谒孙中山于其寓中，不久即加入同盟会。辛亥革命前夕潜回上海参加敢死队，攻打江南制造总局，参与光复杭州之役。1913 年参与反袁称帝武装斗争，失败后遭通缉，再度避住日本。9 月积极参加筹组中华革命党，成为首批党员，并任部长。1914 年回国，匿居租界，秘密参加反袁活动。1916 年 5 月，陈其美在沪遇刺身亡，包达三顿感国事日非，前途茫茫，遂于 1917 年离开上海去广州，另谋发展。

1918 年在广州与富商女结婚，遂弃政从商。在苏北办理盐垦，在开封、上海等地开设制蛋厂，并创办黄海渔船公司。1920 年，参与上海证券物品交易所创建，任常务理事。1927 年上海特别市政府成立后，集资开办地产公司，购入江湾一带大量土地，筹建引翔港跑马厅，建造远东新村等住宅，成为闻名上海的房地产商。上海沦陷期间，拒任伪职，改名避居友人处，依靠变卖家产、文物度日。1941 年在沪创办永达药厂、雷石化学公司，任经理。抗战胜利后，参加中国民主建国会。1946 年 6 月，以上海各界和平请愿团成员去南京，在下关车站遭特务殴辱，身负重伤仍坚持斗争。此后，支持民主运动，把卖地所得黄金 200 两充作活动经费，赞助宋庆龄发起设置文艺界福利基金。利用社会关系，为共产党传递文件和宣传品，接济营救被捕中共党员。1948 年年底，在中共上海党组织帮助下，化名石龙公，离沪去香港。

中华人民共和国成立后，应邀出席中国人民政治协商会议和开国大典。历任中央人民政府财政经济委员会委员、华东军政委员会委员和浙江省人民政府副主席、副省长等职，并任民主建国会中央常委、中华全国工商联合会常委、浙江省工商联合会主任委员、浙江省民主建国会主任委员。曾当选全国和浙江省第一届人大代表。1952 年将自己的全部财产都献给国家。1957 年 4 月 6 日，因心脏病在杭州逝世。

方椒伯（1885—1968）

名积蕃，骆驼柏墅方村人。6 岁入私塾就读，8 岁丧父，17 岁时应科举考试未中，次年到沪习商，与叔樵苓共同经营祖遗企业，往返沪、甬间。21 岁时集资在家乡创办培玉两等小学堂，首任校长。后又任宁波溪海公学校长及宁波教育参事会参事。辛亥革命上海光复，参加中华民国协济会，协筹军需。1917 年从上海神州法政专门学校毕业，获律师证书。先后任东陆银行上海分行经理、上海四明公所及四明医院董事、上海总商会会董兼商务公断处长、宁波旅沪同乡会会董、常务理事兼会务主任等职。

1919 年发生五四运动，5 月 9 日，上海总商会正副会长朱葆三、沈联芳用总商会名义，发出违反民意的由中日双方直接交涉归还青岛的通电，舆论大哗。椒伯等发动上海各同业公会等 70 余个团体组织各公团联合会，被推为会长，通电反对，朱、沈被迫辞职。1922 年起连任两届上海总商会副会长，任期内多次领导上海商界抗争民权，反对各系军阀横征暴敛，通电全国各金融机关拒绝为北洋政府承募一切借款债务，吁请分期裁兵，要求北洋政府限期公开财政。1923年10月军阀曹锟贿选总统，上海总商会联合各团体召开市民大会，通电声讨，组织游行，并组织民治委员会，推进民治运动。

1931年“九一八”事变后，发起“抵制日货，爱用国货”运动。1937年“八一三”淞沪战争爆发，上海难民麇集，椒柏任上海难民救济协会副秘书长兼劝募主任，募得救济金1000余万元，救济难民11万余人。并以宁波旅沪同乡会会董身份，负责筹划救济来沪同乡，设难民收容所10处，设法遣送同乡难胞20多万人返甬。上海沦陷后，日伪多次强邀椒伯出任市府秘书长伪职，均被坚拒。

1955年起连任三届上海市政协委员。1956年12月加入中国国民党革命委员会，任民革上海市委委员。

俞佐庭（1889—1951）

名崇功，又字荫堂，俞范人。幼年入私塾。16岁进余姚木行学徒，20岁进镇海慎余钱庄为职员。不久去上海恒祥钱庄任账房。1916年宁波慎德钱庄改组为天益钱庄，被聘为经理，与同乡虞洽卿、李思浩相识，过从渐密。1921年至上海任中易信托公司银行部经理，与陈布雷结识并成为知友。1926年，赴天津任垦业银行经理。1927年应宁波市长罗惠侨之邀，任宁波市财政局局长，并被选为宁波市总商会会长。1931年在沪筹设恒巽钱庄，任经理。次年当选上海市商会常务理事。此后数年，在宁波独资开设慎生、正大、东升、万成等4家咸鱼行，在沪、杭、宁、绍投资金融、保险、航运、新闻等业，拥有14家企业股份，并任监事或董事长。1932年，当选为上海市商会常务理事。1934年，当选为上海市商会主任委员。当时舶来品充斥市场，积极提倡国货，在河南路开设国货商场。又重视职业教育，开办商业职工学校、商业实习夜校劳工班。1935年10月，为民国政府经济考察团成员赴日考察。

上海沦陷后结束钱庄业，深居简出。1941年12月，日伪逼其出任伪中央储备银行要职，拒不附逆，辗转至渝。抗战胜利后返沪，再次当选上海市商会理事。1947年任四明银行常务董事兼总经理，1948年当选国大代表。上海解放前夕，携眷去台湾，后移居香港，1951年因中风在港病逝。

对家乡公益事业赞助甚多：1917年为创办同义医院主要赞助者之一；1923年修后海塘时，与他人合建嘉燮亭；1947年与黄声远等创办私立辛成中学，独资建造大礼堂——佐庭堂；捐资俞范村开办志成小学、组织水龙会、挖掘饮水槽等。

金润庠（1890—1961）

字绅友，城区人。8 岁丧父，赖母在甬举办女塾，兼以绘绣，维持生计。14 岁去汉口立昌生海味行学徒。后至上海英商华通保险公司当练习生，勤学英语和法律，得公司器重。19 岁升任公司华人经理，又调任华通杭州分公司经理。不久进上海美商德泰洋行、光耀桅灯洋行为买办，兼营交易所生意。旋以私资开设润丰恒商行。1912 年上海发生交易所倒闭风潮，在交易所财产清理讼案中崭露头角，并与奉化竺梅先相识，均以为唯振兴实业始能救国，遂弃商从工。1929 年邀集褚辅成等友好，以 23 万元盘进嘉兴禾丰造纸厂，1931 年又邀杜月笙、金廷荪、叶荫三等以 29 万元盘进杭州武林造纸厂，将两厂改组扩建为民丰、华丰造纸厂。联合苏州、天津多家造纸业，组成中国纸版同业联合会。

1937 年“八一三”事变，时任上海市商会常务理事，参加抗敌后援会，劝募各种物资支援抗战，捐资创设红十字会伤兵医院，常深夜去前线征询缺需，动员家属子女参加上海市民义务缝制棉军服。由此遭日特汉奸仇视跟踪，谋图暗害。上海沦为孤岛后，拒与日商合作，弃厂抛眷，离沪转汉至香港。与中茶公司挂钩，从宁波贩运茶叶出口，往返于渝、桂、港等地，并秘密进入上海劝募抗日美金公债。1941 年竺梅先病故，民丰、华丰两厂均由金掌握。其间，日商曾强占民丰设备，盗用民丰名义，生产太阳牌卷烟纸。经多次交涉，迫使日商确认两厂是中国公民私有财产，由日方签约承租。1945 年抗日战争胜利后，收回民丰、华丰两厂，任公司总经理，坚持选用国产先进设备，积极扩大生产。1946 年任上海市造纸公会理事长。1947 年起，结识民主人士，参加红棉酒家聚餐会。1948 年当选国大代表，任全国工业协会副理事长、上海市商会常务理事等职。解放前夕，不受诱胁，拒绝去台，并设法保全民丰厂免遭军统特务炸毁。上海解放，即回总公司工作。曾被推为浙江省各界人民代表会议特邀代表。1953 年 11 月，民丰、华丰两厂率先实行公私合营。先后被选为浙江省工商联常委、省政协常委、全国政协第二、三届委员。1961 年 9 月病逝于上海。

张佩珍（1890—1968）

庄市河湾张人。16 岁去上海德商美最时洋行学商，后任该行纸张部主任。1920 年在沪自设纸号，1930 年创办海洲贸易公司，历任上海市商会委员、纸业同业公会会长等职，成为沪埠纸业巨擘。1925 年“五卅”惨案后，组织敌货检查队，竭力抵制日货。1937 年上海沦陷，遣子女赴内地参加抗战。抗战胜利后，在上海恢复海洲贸易公司，重振旧业。任上海市商会监事、纸商业同业公会常务理事等职。1952 年移居苏州。

平生热心公益，为宁波旅沪同乡会、四明公所等捐助基金。镇海同义医院创建后期经费告急，均由张氏支付，总额达数万元。1931 年，与同乡合并崇正等三校为庄市小学，年捐 500 元，后又捐 2 万余元重修校园。

长子张明为，在巴西、日本、美国拼搏多年，1991 年捐资 50 万港元与政府共同建造庄市佩珍医院，1999 年回国定居上海，以毕生所得捐资助学，累计近亿元。

乐汝成（1891—1954）

字筠，贵驷爱登桥人。早年在上海达生南货号学徒，三年满师后去青岛万康南货店任职。1914 年赴济南创办泰康号并任经理，注重经营特色，刻意求新，打破旧式商业"忌招眼，重实惠"格局，3 年内收回全部投资。1927 年迁总店于上海，购机器，开工厂，聘名师，增加食品花色品种；重信息、抓质量、讲卫生，改善经营管理。到 1937 年已发展成为国内首屈一指的产销联营的大型食品企业。有总、分厂各 1 个，总、分发行所 10 处，年产各色食品 20 余万箱，营业额 300 余万元。上海沦陷时，泰康厂房、机器被毁，损失严重。抗战胜利后，着手筹集资金，原拟大规模发展生产，但因严重通货膨胀，企业陷入困境。上海解放前夕去台湾经营。历任宁波旅沪同乡会执行委员、上海市饼干罐头食品同业公会理事、上海四明公所董事、镇海同义医院董事、镇海竞进小学校董等职。

俞佐宸（1891—1985）

又名煌，字崇绩，号鞠堂，俞范人。幼入私塾，15 岁入宁波咸恒钱庄当学徒，后为账房。1915 年起先后任宁波元德、元益、天益钱庄经理、总经理，兼任宁波恳业、四明银行经理等多种职务。1932 年任濒临倒闭的和丰纱厂经理。以厂基作押，向银行贷款；同时，整顿内部组织，改革工资制，致力提高质量。至 1937 年，纱锭增至 2. 6 万枚。1941 年日军在镇海登陆，宁波随之沦陷。弃产远走，赴香港、重庆等地。抗战胜利后复任和丰纱厂总经理，兼任四明银行宁波分行行长和四明保险公司宁波分公司经理，又开设董生阳等 4 家商行。广泛投资于地方金融业、工商实业。诸凡电力、电讯、面粉、榨油、渔业都有其股本。任宁波商会会长及银行、钱庄、纺纱 3 个同业公会理事长。1946 年起每年支援中共地下组织粮食 200 至 300 石。1947 年当选为国大代表。

解放前夕，接受共产党员劝导，留居上海。1949 年 6 月，返回宁波。1952 年加入中国民主建国会。1953 年率先将和丰纱厂实行公私合营。1953 年至 1966 年任宁波市副市长。曾当选第一、二、三、四、六届全国人大代表。还担任民建中央常务委员、民建浙江省委主委、浙江工商联副主委、浙江省工商联副主席、浙江省侨联副主席、宁波市政协副主席、民建宁波市委主委、宁波工商联主委、宁波市人大常委会副主任等职。1980 年与王宽诚共同发起成立甬港联谊会，并任宁波甬港联谊会会长。晚年还任全国工商联顾问、宁波市侨联名誉主席等职。1985 年 3 月 20 日在宁波病故。

方液仙（1893—1940）

字传沅，小名阿揆，骆驼柏墅方村人。宁波斐迪中学毕业后入上海中西书院。痛感时弊，又感祖辈经营钱庄业之不易，于是随德籍化验师窦伯烈学化学，自设实验室，悉心钻研。1912 年在住处创办中国化学工业社，研制牙粉、雪花膏、花露水、香水、香粉等化妆品，雇货郎肩挑叫卖。虽受洋货倾销影响，亏损颇多，但略无馁意。1919 年五四运动后，提倡国货浪潮席卷全国，液仙所营也获转机，在叔方季扬支持下，购地建厂，广置机器，发展生产。1923 年研制生产中国最早的牙膏，新建专制调味粉及酱油精的二分厂，并赴日本觅得生产味精技术，研究制成“观音粉”和“味生”两个品种，与同学吴蕴初生产的佛手牌味精一起，将日产“味之素”挤出中国市场。1928 年建三分厂，专产三星蚊香，并在沪、浙广种蚊香主要原料除虫菊。经多年苦心经营，三星蚊香取代市场上日本野猪牌蚊香。1935 年，中化社资金已达百万元，遂改为股份有限公司，任总经理。同时兴办晶明玻璃厂、中国制管厂、肇新化工厂等配套企业，1939 年成为国内规模最大日用化学品工业综合性企业。

1933 年 2 月，联合华生电器厂等九大厂，在南京东路开设中国国货公司，任董事长兼总经理。在上海较早采用专职销售员、邮寄销售等方式，业务得到不断发展。1937 年 5 月，又与吴鼎昌等在沪创办中国国货联营公司，并先后在宁、汉等十余个城市开设中国国货公司，促进民族工业发展，被誉为“国货大王”。上海“一・二八”“ 八一三”抗战中，两次开办伤兵医院。积极支持中共上海党组织领导的群众性联谊团体益友社，任名誉理事。1940 年日伪多次拉拢，以“实业部长”相许，悉遭严正拒绝。日伪见其始终不肯就范，遂萌杀机。1940 年 7 月 25 日，乘车离寓时突遭汪伪特务枪击，受伤后被强挟绑架，殒身车中，时年仅 47 岁。

戴畊莘（1895—1956）

名芳达，临江虹桥村人。7 岁在原籍读私塾，后入上海澄衷中学就读，中途辍学，随父经商。1919 年承父业，经营利昌王金号。1925 年与同学挚友陈楚湘合资创办华成烟草股份有限公司，任董事长，复被推举为上海总商会会董。五卅后国人抵制外货，华成公司生产的金鼠牌、美丽牌香烟销行全国。4 年后兼任总经理，整顿会计制度，健全组织系统，增建厂房、仓库，改进生产设施，改善工人福利，建立子弟学校，在天津、南京设分公司，香港、新加坡设代理经销处。企业基础日益巩固，经营规模不断扩大，打破英美烟草公司独霸远东卷烟市场局面。先后被推为青岛中国烟叶公司、华一印刷公司董事长。1934 年赴德国治病，回程时去美国考察实业，返国后赴胶济铁路沿线调查，研究烟叶种植及收购情况，并在长辛店购地建造收烟坊，以提高国烟质量。1936 年职工增至 3700 余人，又在广州、汉口、杭州、北京等地增设发行所和货仓。抗战期间遭巨大损失，战后新建厂房，成立上海市卷烟工业同业公会，被推为理事长。1948 年因病去国外治疗。中华人民共和国成立后即返沪。无奈因病体不支，嘱其子仑庠追随诸前辈为国效力，己则居家养疴。1955 年 9 月医生诊断其患癌症，10 月华成公司公私合营成立大会时，勉力出席，表示夙意。

曾在故乡设立义学；按月接济近百家贫苦孤寡，持续 20 年。还以“华成”名义为宁波新建灵桥捐资万元，在家乡交通要道，广设“金鼠”“美丽”凉亭，方便行人。1922 年捐巨资救济浙江省水灾，得省颁一等奖章及嘉奖奖匾。

包兆龙（1895—1982）

名大澍，庄市钟包村人。幼读私塾，及长从商，曾在汉口开鞋店，在上海设银楼，任衡阳工矿银行、重庆工矿银行经理。抗战胜利后，任上海市银行业务部经理。1946 年与人合资在沪办国丰造纸厂，1948 年携资举家迁香港，从事进出口贸易。采纳次子玉刚建议，专业航运。1967 年扩创为环球航运集团，为集团主席，后改任名誉主席。

热心公益，以济贫助学为务，设包兆龙助学基金，资助环球集团属下雇员子女升学深造；又以 100 万港元捐助香港苏浙公学扩展校舍。在京、沪、甬、港均有其捐资兴建的公益项目。

金宗城（1895—1995）

澥浦三七房村人。12 岁到上海金业小学就读，毕业后进江苏银行做练习生，因勤慎称职，不几年擢升会计员。1918 年进上海银行供职，任保管部主任，旋擢升为副会计。1922 年赴美国欧文银行实习，归国后任国外汇兑部襄理，筹划礼券发行及开办旅行部业务。1925 年任检查部襄理，兼任会计师业务。1931 年任沪分行部监督，与各方联络日广，先后应邀于三友实业社、新新公司、梅林罐头食品公司、上海女子银行等多家企业任董事、监察。1934 年当选为上海银行董事，翌年为营业部经理。又被选为上海租界华人纳税会工部局华籍地皮委员，兼宁波同乡会、青年会、红十字会理事等职。1937 年“七七”事变后参加救济工作，任上海难民救济协会常委兼财务委员，宁波旅沪同乡会执行委员。后邀王宽诚等五人创立五洲商业储蓄银行，被推举为董事长。1950 年迁居香港，任海外信托银行董事、香港工商银行顾问、华侨地产公司董事长等职。

邵醉翁（1896—1975）

本名同章，字仁杰，号醉翁，庄市朱家桥老邵人。1914 年上海神州大学法科毕业后任上海地方审判厅及会审公廨律师。1921 年任中法振业银行经理，同时在上海、天津、宁波等地与人合股经营北货、钱庄、绸布、纸业等商号。1922 年集股经营笑舞台，演出文明戏，并创办和平社剧团。1925 年在上海创办天一影片公司，任总经理兼导演。是年导演影片《立地成佛》。后相继导演《梁祝痛史》《珍珠塔》《孟姜女》《唐伯虎点秋香》等。1932 年在左翼电影运动下，导演抨击封建婚姻制度的影片《芸兰姑娘》《挣扎》等，并将改编自法国作家莫泊桑的短篇小说《项链》的电影剧本《一夜豪华》搬上银幕。1934 年，陆续将制片资材运往香港，建立香港分厂，专摄粤语片。抗日战争全面爆发后，天一公司结束在上海的制片业务，将全部资产运往香港分厂，改名南洋影片公司。中华人民共和国成立后将公司交诸弟掌管，自己退出影界，闲居终老于上海。曾任上海市政协第三、四届委员。

金芝轩（1897—1962）

原名金体达，又名子显，城区人。幼年就读于镇海，13 岁考入宁波育德金工学校，后转入宁波工业专门学校，1915 年毕业后到美国，在旧金山友宁钢铁公司船厂做工。劳动之余发明照相机快门停止装置，专利被柯达公司购买。1917 年回国，先后任汉口扬子机器厂助工和上海慎昌洋行装机工程师。24 岁时被香港新通公司破格聘任为机器部主任，后自办四达公司和四达工业厂，经营机器业务。

1932 年“一・二八”淞沪战起，以公司库存材料加工赶制两万顶钢盔捐赠十九路军。1937 年 10 月，被中国红十字会总会聘为总会交通股主任。1938 年 4 月，访问当时新四军军部所在地皖南岩寺，被聘为军部卫生交通顾问。1945 年年底，中国民主促进会成立，经赵朴初、陈巳生介绍入会，成为该会的积极分子。1946 年，协助共产党秘密开办吉泰商行，为解放军购买军用物资出力甚多。1947 年离开上海去香港，1949 年返回北平，5 月上海解放后，在上海军管会接管资源委员会任汪道涵、孙冶方助手。1950 年年初被任命为华东工业部经理处处长。1952 年 12 月，调到第一机械工业部任技术司副司长。

1950 年 4 月，中国民主促进会第一次全国代表大会上，当选为中央理事会理事。1953 年 10 月，参加第三届赴朝慰问团。1954 年 12 月，当选为中国政治协商会议第二届全国委员会委员。1956 年，中国民主促进会第二次全国代表大会上，当选为中央委员、中央常务委员。1957 年被错划为右派分子，1959 年 12 月摘帽。1962 年 10 月 26 日，因病去世。1979 年恢复政治名誉。

其父金棻士是参加辛亥革命的老同盟会员，因反对袁世凯险遭杀害，后改名息隐在镇海城内办勤工学校，以教书终其一生。

陈楚湘（1897—1973）

贵驷妙胜寺村人。幼年读私塾，10岁转入镇海两等学校。1912年入上海小西门民立中学。1916年辍学经商，进英美烟公司营业部任职，三年后入其父亲合资兴办的中国兴业烟公司工作。1924年继承父业创办福和烟公司，任总经理；后与戴畊莘共同集资4万银圆接盘华成烟厂，为常务董事兼总经理。1925年五卅惨案发生后，国人热心提倡国货，华成烟厂出品的金鼠牌香烟销量直线上升，是年10月又生产美丽牌香烟，成为上海滩的名牌香烟，销量更大，盈利猛增。1937年公司职工达三四千人，成为规模最大的民族卷烟企业。8月13日淞沪战起，9月7日汇山路华成总厂被日军焚毁，损失巨大，与诸董事决定另建新厂，苦支危局。抗战胜利后，外国烟大量倾销，国产烟销路几乎被断绝，陈苦心经营，方使华成得以度过危机。其间又兼营皮毛业，开设恒康慎皮毛号，任经理，并任上海市皮毛油膏商业同业公会常务理事。1956年在《新闻报》撰文积极拥护公私合营。公私合营后华成烟公司改为华成烟厂，仍担任经理。后并入上海卷烟厂。

贺聚道（1898—1967）

镇海人。年轻时随父去沪。20世纪30年代与兄弟合作盘进上海金星金笔厂，任经理。1954年该厂公私合营后任副经理。解放初以金星笔厂名义购买慰问品，参与私营工商业者慰问解放军伤病员。积极参加社会活动，先后被推举为常熟区优抚工作委员会副主席、抗美援朝运动委员会主任委员、经济建设公债区工作委员会副主任和上海市工商联常务委员，并在抗美援朝中带动工商界捐募寒衣、捐献飞机大炮、认购公债，以个人和厂的名义捐献1架战斗机（旧币15亿元），并认购公债2.6万余份。热心资助衡山电影院、徐汇剧场、民办曙光中学等文教事业。

曾先后担任常熟区各界人民代表会议协商委员会副主席、徐汇区政协第一至第四届副主席。

邵仁棣（1898—1973）

号邨人，庄市朱家桥老邵人。早年毕业于上海会计学校。1925年与其兄创办天一影片公司，专事财务也做编剧。曾以民间故事和古典小说为蓝本，改编和创作《立地成佛》《女侠李飞飞》《忠孝节义》等多部电影剧本。1932年，“天一”所摄《上海浩劫记》和《东北二女子》被禁映，于是兄弟协商由醉翁携部分人员及器材赴香港创业，仁棣留守上海。1936年8月6日，天一港厂片库被焚，醉翁病，仁棣即赴港助兄，主持港厂业务，革故鼎新，摄多部影片，其中抗日爱国影片《回祖国去》和《女战士》等颇受好评。1941年为避战火，携眷属归沪。1945年返港，将天一港厂更名为南洋影片公司。不久，又改为邵氏父子影业有限公司，任董事长并主持制片业务。曾拍摄《红玫瑰》《双面人》《碧云天》《喜临门》《马戏春秋》等70余部影片。后逸夫至港接管邵氏影业，仁棣逐渐退出影坛，从事物业地产。病故于香港。

郑尊法（1899—1970）

又名玉川，澥浦十七房村人。1917 年浙江省立四中毕业后去日本，次年入东京高等工业学校读化学。1923 年毕业后回国，进上海商务印书馆编译所任编辑。1924 年与同乡梅汀荪等合资创办上海民生墨水厂，任厂长并负责墨水研制和制造。1931 年该厂已成为全国最具信誉和影响的墨水厂之一。是年创办上海光华工艺厂，后又投资大用金笔厂、华丰钢铁厂、联文食品厂等企业，并兼任经理。太平洋战争后，民生工厂曾一度处于半停产状态。1946 年复业，在与美国派克等墨水的竞争中得到发展，1948 年产量达 25 万打的最高水平。1955 年工厂实行公私合营，改名民生墨水厂（1966 年改名上海墨水厂），任厂长。1952 年加入中国民主建国会，曾先后任上海嵩山区、卢湾区人大代表，卢湾区人民委员会委员、区工商联常委、同业公会区行业委员会主任委员等职。1970 年在上海病逝。

叶庚年（1900—1988）

字贻丰，庄市叶家村人。早年在中兴学堂就读，后来转入上海澄衷中学，继入上海圣芳济书院。1919 年考入香港大学攻读工程学科，两年后辍学回上海。曾应考赴任山东烟台盐务稽核所会计主任，两年后辞职返沪，先开五金店，后设新亨营造厂。1935 年后参与承建杭州钱塘江大桥、湖南株洲兵工厂等工程，为抗战做出贡献。1939 年迁香港，创立香港新昌营造厂任董事长兼总经理。日军侵港，新昌宣布停业，誓不与日军合作。日军投降后，重操旧业，在美国、日本、东南亚及中国台湾地区等地承建大型工程。后发展为新昌企业集团，经营范围涉及建筑、地产、海运、保险等，子公司达 50 余家。1972 年新昌香港控股有限公司上市，为董事长。至 1993 年，新昌集团在香港建起诸如海洋公园、世界贸易中心、香港科技大学、喜来登酒店等标志性建筑。历任香港苏浙同乡会会长、东华三院总理、宁波旅港同乡会名誉会长、香港甬港联谊会名誉会长等职。

热心家乡建设。曾出资兴建庄市同义医院，疏浚中大河、横河堰，建造千岁桥和苏家桥，被乡里公举为叶氏义庄校长，向该校捐资 50 万港元。1986 年，同包玉刚、邵逸夫等中兴学长一起协力中兴复校。以其长子叶谋彰先生的名义捐资助建中兴中学。

邵仁枚（1901—1985）

早年主管天一影片公司发行，曾编《义妖白蛇传》《唐伯虎点秋香》等电影剧本。1926 年，只身赴新加坡拓展影业。不久，邀弟逸夫前往共担。背驮映机，巡回星岛，风餐露宿，艰辛备尝。1930 年与逸夫在新加坡成立邵氏兄弟公司，创建发行网，购入先进电影及器材，并在南洋收购戏院。至 1937 年邵氏在新加坡、马来西亚、越南等地拥有 100 余家电影院和 9 家游艺场，并建立完整影片发行放映网。1957 年逸夫返港后，独自经营且兼营娱乐业，又热心公益，为当地绅商和慈善家，被誉为南洋“陶朱公”，曾获英国爵士勋衔。1958 年，与逸夫在香港成立邵氏兄弟（香港）有限公司。自此，邵氏父子公司经营戏院和影片发行，邵氏兄弟公司主管制片业务。称霸香港电影市场二十余年。1985 年病故于新加坡。

黄声远（1903—1989）

城区朝宗坊人。3 岁丧父，9 岁进城立第一小学就读，5 年后因家贫辍学。16 岁进上海懋和糖行当学徒。1928 年，到德商天成、禅臣等数家洋行跑街。因勤劳能干，收入渐多，与人合股开设义和糖行。因“一·二八”淞沪战事，放出账款难以回收，资金殆尽。在股东汤显臣支持下，将糖行搬迁至法租界继续营业。后为德商雅利洋行推销存糖，情况好转，生意蒸蒸日上。1938 年，与人合作开设大元公司，专做洋糖订货业务。不数年，成沪上糖业巨子。

事业有成，深感自幼失学之苦，“让更多贫苦学童入学”愿望更形强烈。1943 年在镇海城区大校场旁购得周姓住宅一座，于 1945 年独资创建为声远小学，免费招生，对家境特别困难的，还给予生活补助。又与俞佐庭等人于 1947 年购得公益布厂旧房及基地，开办私立辛成初级中学，聘金鹿笙为校长，由高冀成主持校务。次年辛成中学新校舍建成，声远出资八成。学校的设备经费和教职员工薪给，均由其筹募承担。后义和糖行解散，又经数年办学，积蓄已罄，至 1956 年政府接管前七年间，为维持两所学校，声远变卖房屋、家具、首饰，甚至皮大衣。1957 年，为扩大中学入学人数，再度为建办民办初中奔走。因募得无几，就捐赠城区小道头旧房及地基，并拆来安衙弄黄家两间楼房的砖瓦、木料，建成城关中学。20 世纪 60 年代后期，夫妇居处及日常生活发生困难，虽有港澳和国外亲友，但从不要求接济，对倾家办学至老无悔。1981 年县教育局专门为其建造 140 平方独立楼房一幢。1989 年城关三校复名声远小学并建碑铭记。

曾任浙江省第一、二、三届人大代表、镇海县政协副主席、宁波市政协常委等职。

王性尧（1905—1968）

原名师伦，笔名逊卢，号无违居士，庄市阮家村人。小学毕业，以刻苦自学达高中程度。1921 年进北京泉通银行当练习生，业余进修英语。3 年后返沪入荧昌火柴公司当文书。次年投资大华仪表厂，任董事。1930 年 7 月荧昌与鸿生、中华合并，成立大中华火柴公司，任总务科副主任。

“九一八”事变后，代表“大中华”参加“星五聚餐会”，共同提倡推销国货。后成立中华国货产销协会，任理事。1934 年受聘任国货联办处主任，在其擘画指导下，仅一年，已有广州、重庆、西安、昆明等国货公司 11 个，初步完成一个国货推销网，“爱用国货、生产救国”口号得各地人民支持。1937 年 5 月，任新成立的官商合办中国国货联合营业公司副经理，联办处遂告结束。“八一三”上海事变后奔波于川、黔、粤、桂各省，并在重庆设立国货联营公司西南业务处。1939 年年初，总公司迁重庆。1941 年改联营为私营。是年年底，太平洋战争爆发，日军进驻上海租界。多次拒绝日伪引诱拉拢，并劝告亲友拒与敌人合作。公司以商号的名义向内地秘密输送紧缺物资，不久被日方发觉，被迫迁往内地。抗战胜利后，公司迁回上海，仍任公司协理。1948 年被选为上海市商会候补理事。

1951 年国货联营公司公私合营，任总经理。积极推动上海工业品出口同业组织公私联营，得上海工商界推重。曾任上海市工商联第二、三、四届副主任委员，民建上海市委常委，第一至四届上海市人大代表，第一至四届上海市政协委员、常委，中华全国工商联第二届执行委员、第三届常务委员，中国民主建国会中央委员和第一、二、三届全国人大代表。在“文化大革命”中遭迫害，于 1968 年 6 月在沪去世。

沈日新（1905—2007）

原名沈鸿逵，字日新，镇海人。15 岁到张家口边业银行当练习生。19 岁成为西北银行甘肃分行会计主任，3 年后升任西北银行总稽核。23 岁被任命为西北银行陕西分行行长。后任天津市多家银行经理。1941 年，携天津银商界 100 万银圆入上海创办存诚钱庄。后加入上海钱业公会，并被选为理事，1946 年、1948 年连任理事长。上海解放后，任上海金融业同业公会副主任委员。1959 年调入中国人民银行总行，先后任储蓄局、工商信贷管理局副局长。1978 年任中国人民银行参事室副主任。1987 年获评研究员职称。2000 年 4 月，以 95 岁高龄任参事室主任。曾任中国人民政治协商会议第五至七届委员，第六、第七届全国政协经济委员会委员、财政组副组长，中国民主建国会中央委员，中央咨议委员。

方善堃（1908—1968）

字子藩，骆驼柏墅方村人。1927 年毕业于上海文商专科学校，后赴日本东京工业大学应用化学系读药学。1931 年“九一八”事变后回国，任职上海大丰工业原料公司。1934 年去德国柏林工业大学化学系深造，复在博城大学化学系攻读博士学位。1939 年回国，任大丰工业原料公司总经理兼总工程师，组建化学研究所，自任所长，研制成西药及化工产品数十项。创设天丰制药厂，任经理。成功研制消炎药“消治龙”，为抗日战争做出重大贡献。曾任中国化工厂、上海汉光电化厂总经理，上海市化工原料商业同业公会、制药工业同业公会理事，中华化学工业会副理事长。1956 年公私合营后，任大丰化工厂总经理，是年任化学原料工业公司私方副经理。历任上海市人民代表大会代表、上海市政协常务委员、民建上海市委委员、上海市民主青年联合会执行委员、上海市工商联执委、常委等。

虔信佛教，1946 年在鹿苑佛学会的基础上，筹备组织上海佛教青年会，被推举为负责人，此后即任该会理事长。还被推举为中国佛教协会理事，上海佛教协会副会长。

徐大统（1909—1982）

庄市徐家堰头村人。小时求读于私塾，后转至庄市崇正学堂。毕业后在钱庄当职员，3 年后自己创办大统纸号，生意发达后改名为统益纸号，自任总经理。为了解决纸张来源，徐氏投资于脑威鲍利葛造纸厂。由此徐氏闻名于沪埠纸业，被推为上海市纸商业同业公会理事，后成为同业公会理事长和伦社理事长，成为沪上纸业巨子。还投资洪大钱庄等金融业。

热心家乡公益事业。曾为家乡创办一所小学，捐建一条村路和一座水泥钢筋结构的“大统桥”，为三乡公益堂捐输巨资。1948 年，去香港定居。

张和祥（1909—1987）

湾塘顺风村人。幼时家贫失学，拾海鲜贴补家用。而立之年携妻上海摆摊谋生。1942 年与族人至日本，在东京开设小吃店。工于经营，后扩展成山王大饭店，高 19 层，顶部可停 6 架直升机，底部为停车场。继设四明商业合作社，成为东京十大华侨财团之一。曾长期任宁波旅日华侨同乡会理事长，历任国民党中央评议员、东京中华学校理事长、“自由新闻社”社长、日本中华商会常务代表、东京华侨总会理事等职。继配傅根娣，1991 年捐款创建镇海张和祥小学。

周祥赓（1910—1993）

字光昭，湾塘殿根村人。1929 年随舅兄赴日本。在日本读完中学后考入东京政法大学经济科。毕业后在东京创办一家中国式面食店，由于经营得法，生意兴隆，逐步扩展为高级上海料理交通大饭店，成为在日本有一定政治影响和经济实力的华侨企业家。在 1985 年，其付给日本政府的个人所得税是全日本的第 16 位。由于对日本国民经济发展贡献，曾获得日本首相颁发的奖状、勋章等。

1945 年，第二次世界大战结束后，当选东京华侨联合总会首任会长。作为代表去横滨迎接麦克阿瑟将军，并陪同考察东京。奥林匹克东京大会时，又蝉联第二届会长，并被推举为世界华商总会副会长。

应行久（1914—2001）

后施人。早年在上海沪江大学攻读商科，毕业后从商，历经磨难。1946 年在上海从事汽车、化工进出口贸易。1949 年赴美国，在纽约从事礼品贸易，从开设幸福礼品店开始，经营规模不断扩大。1973 年买下纽约世贸中心（当时全球最高大厦）顶楼开办礼品公司，并在美国其他旅游胜利开设 8 家大型礼品公司，同时经营进出口贸易的地产业务，是美国华人十大财团之一大中集团创办人。1979 年春，应美国总统卡特邀请，去华盛顿参与欢迎邓小平访美仪式。是年 6 月，美东华侨商会改组为全美华侨总商会，应行久被推举为会长、董事长。1992 年改任永远总顾问，是著名爱国侨领。

1988 年，受聘为宁波市国际经济公司顾问，曾多次赈灾捐款。20 世纪 80 年代末在慈溪合资开设大中有限公司，后又在宁波开设大中贸易公司。其子应立人在家乡镇海捐资助学。2006 年 3 月，镇海区外语实验学校更名为镇海应行久外语实验学校。

徐敏初（1917—2009）

俞范人。1930 年随亲戚赴日本，边学习边打工。1937 年回到祖国，在上海、江苏、浙江一带经商，秘密将抗战物资运送到抗日前线。1956 年重返日本经商，同时不遗余力促进中日友好。曾任东京华侨总会负责人，热心帮助宁波市政府在东京设立经贸联络处。1989 年牵线安徽省马鞍山市与日本群马县伊势崎市洽谈建立友好城市，被授予马鞍山市荣誉市民、伊势崎市荣誉市民。2000 年得到访问日本的朱镕基总理接见。

包玉刚（1918—1991）

名起然，字玉刚，以字行，庄市包家村人。少年就读于叶氏中兴学校，15 岁至甬学徒。未几赴昆明学商，后随父在上海、汉口经商。1939 年投身金融界，先在中央信托局衡阳办事处任职，随即任中国工矿银行衡阳分行副经理、重庆分行经理。1945 年抗战胜利后回沪，在上海设立中国工矿银行上海分行，自任经理。1946 年 5 月任上海市银行业务部经理，次年任副总经理兼业务部经理。1948 年年底随家迁居香港，从事与内地的进出口贸易。

1955 年开始发展航运事业。贷款购入旧船，命名“金安”，后为美国石油公司运油，又添新船。1956 年苏伊士运河关闭，货运价格猛涨，坚持“低租金，长合同”方针，抓住货源。运河开放后货源短缺，船只过剩，包氏却稳渡难关，还使船队增至 7 船。1962 年与汇丰银行桑达士合作成立巴哈马世界海运有限股份公司。1967 年组织环球航运集团，从事石油运输业。1970 年改名环球航运集团有限股份公司。1972 年成立环球国际金融有限公司，均任董事会主席。至 1978 年已拥有船只 200 余艘，总吨位 2100 多万吨，居世界航运业之首。1979 年被国际独立油轮协会推举为主席，成为世界船王。1980 年以 21 亿港元收购英资九龙货仓有限公司，取得控制权，任九龙仓董事会主席。是年促成环球航运集团、汇丰银行、日本兴业银行和中国合资的“国际联合船舶投资公司”在香港成立，任董事长。1985 年又收购四大英资洋行之一会德丰股权，任会德丰主席；又与曹光彪收购华资港龙航空公司部分股权，任港龙航空公司董事长（后让予曹光彪）。1986 年又收购英国标准渣打公司股份。还曾任香港隆丰集团和隧道公司主席、《南华早报》董事长、国泰航空公司董事、汇丰银行副主席、美国大通银行国际咨询委员会成员、美国电话电报公司顾问、日本兴业银行高级顾问等。其投资经营领域遍及航运、地产、酒店、公共运输、传播、航空、金融、仓储、码头、零售、贸易等。

1963年加入英国籍，但对祖国和桑梓始终怀有赤子之心。曾任香港基本法起草委员会副主任委员，并在中央关于香港问题的谈判中利用自己的关系和影响力，穿梭于中英两国高层之间，为香港的回归做出重要贡献，受到邓小平多次接见。1979年以后在北京、上海、杭州、宁波等地捐巨资兴建旅游、教育、卫生和公共设施，并为家乡宁波的发展奔走，自称“宁波大使”。曾任国务院经济开发协调小组顾问，宁波旅港同乡会、香港甬港联谊会、宁波经济建促进协会名誉会长，为宁波改革开放、成为计划单列市做出特殊贡献。1984年捐资2000万美元创办宁波大学，并出资设立包兆龙、包玉刚中国留学生奖学金，捐资助建包玉刚图书馆等。被浙江省政府授予爱乡楷模。

1978年获英国女王颁授爵士勋位。比利时国王、巴拿马总统及日本天皇等亦相继授予勋章、奖章。1991年9月23日病逝于香港。

金如新（1918—2005）

澥浦三七房村人。生于上海。1941年毕业于沪江大学商科，曾供职于上海平安保险公司。1956年将所属企业申请公私合营，然后移居香港，在英国人开设的南英保险公司任副经理，负责华人方面的业务，直到1995年退休。曾任南英保险有限公司顾问，香港浙江省同乡会联合会名誉会长、宁波旅港同乡会永远名誉会长、香港苏浙同乡会常务理事、香港甬港联谊会名誉顾问。1985年后多次回内地参观，并为发展甬港关系积极奔走。1989年捐资兴建澥浦幼儿园，1996年捐资助建宁波市联谊中心。是宁波市荣誉市民。

一生痴爱京剧。于香港邀邵逸夫、陈廷骅等名流，设华丰票社扶持京剧。还出资举办“金苑杯”全国少儿京剧大奖赛，被聘任为中国京剧基金会理事，获得菊花奖。

赵安中（1918—2007）

骆驼北塘畈赵家村人。早年就读于团桥小学、庄市叶氏中兴学校。1932年到宁波江厦街承裕钱庄学业。1934年因钱庄歇业而学做保险业。1944年辗转温州、武汉、广州等地从事小本生意。1949年留居香港，在宏兴金号任职，1952年兼任新生布厂会计。1955年把妻儿接到香港。1956年6月进入日本江商洋行香港分行，后任该行董事。1959年与朋友合作创办嘉丰纱厂，任董事、总经理。1963年嘉丰该名为荣华纺织有限公司。1966年独资经营荣华。1973年在印度尼西亚万隆创办纱厂。

多次资助内地特别是家乡宁波的教育等社会公益事业，1986年与在香港的中兴校友一起捐资建造中兴中学。1989年5月捐资兴建团桥小学林杏琴教学楼。此后，以林杏琴命名的捐资办学项目，从故乡镇海扩展到宁海、余姚、奉化、象山等宁波全市范围乃至浙江省内金华、温州、台州、丽水的贫困乡镇和北京潭县、贵州黔东南、黔西南等贫困地区。1995年后，在其夫人中风瘫痪和本人癌症复发情况下，坚持向宁波大学捐助2500万元、南京大学1200万元、浙江大学1400万元，作为建立教育基金和兴建教学大楼、会展中心等用。二十年间，资助国内大中小学及医院等新建项目170

余个，遍及11个省区，总额1.3亿余元。是浙江省爱乡楷模、宁波市荣誉市民。

2007年10月27日，带病应邀出席母校中兴中学复校20周年庆典，病情恶化住院。是年11月4日在家乡逝世，如愿叶落归根。亲人遵嘱将其骨灰撒在四明山上。

楼志章（1919—2002）

字诗赓，庄市人。幼年丧父，8岁就读于崇正学堂，初小毕业后考入叶氏中兴学堂，与包玉刚、朱之信、赵安中等同班。1935年到上海鸿康钱庄做学徒。业余就读上海沪江大学附设学校，攻读文科、英语、日语。1947年首次赴基隆港，从事两岸贸易活动。1949年两岸贸易中断，与人合资开办联益纺染公司。1966年在台北创办永大针织股份有限公司，任总经理。1970年到新加坡开设针织工厂。1972年开设成衣织造染整工厂。1990年后，与人合资在江苏太仓兴办针织厂。1993年带领纺织同行访问北京，受到江泽民接见。曾先后多次回乡，捐助教育事业。

1991年以后，热心家乡公益事业，与朱之信等捐资建造庄市公园，扩建中兴中学，捐资修建庄市小学礼堂、志英教学楼等。曾受聘为庄市中心学校名誉校长。

林涟水（1920—1999）

又名士璜，庄市人，出生在城区。始读于叶氏中兴学校。1941年在上海开五金店，1950年赴香港。抗美援朝时，不顾美国等对中国实施经济封锁，冒着生命危险，从法国、比利时辗转至香港，把一批无缝钢管运到广州。因此事被美国情报机关列入黑名单，被迫离开香港到法国，半年后到西班牙。1954年在马德里开设第一家中餐馆——中国饭店，带动一批旅西华人投入到餐饮业。数年苦习西班牙语，无偿为华人提供翻译、法律和税务方面的帮助，至20世纪70年代，已能够熟练运用西班牙语参与法律诉讼活动，维护当地华侨的合法权益，为华人在西班牙的生存和发展做出巨大贡献。1984年，应邀回国参加国庆三十五周年观礼，并首次回到故乡镇海探亲。1992年叶落归根，回乡颐养天年。

包玉星（1920—2005）

庄市包家村人。少年就读叶氏中兴学校，后毕业于上海沪江大学。先在上海四明银行、大陆银行任职。1956年赴香港，后在新加坡创办联成航运公司，任董事长，在多地设分支机构。1980年率先购买中国建造的船舶，推动中国船舶走向国际市场。1986年在宁波合资兴办花港公司，经营沪、甬、定海航线客运业务，填补宁波高速客轮航运空白。曾任香港甬港联谊会、宁波旅港同乡会名誉会长，香港上海总会名誉顾问。

长年来以祖堂“履安堂”名义在家乡敬老济贫，且不事张扬。曾向钟包村捐赠车辆；与兄妹一起捐建镇海龙赛中学。

张济仁（1921—1985）

贵驷王家桥村人，生于上海。早年求学上海。1948 年与哥哥张济民在香港汇合，一同经营香港大华贸易公司。抗战胜利后，独自打理大华公司。1954 年，赴日本进入济民创办的药品公司，兄弟两人齐心协力发展日独药品株式会社，1970 年，公司销售总额突破一百亿日元，在日本同行中排名第二十四位。

身居海外，心怀故园。1996 年其妻张爱芳遵其遗志，捐资 800 万元在城区兴建一所初级中学，镇海区政府从夫妻两人名字中各取一字，命名为仁爱中学。1998 年追加投入 100 万元，设立仁爱中学 KangLu 教育基金，用来奖励优秀师生和资助困难学生。

李明昌（1928—2007）

字明瑞，贵驷人。家境贫苦，只读过五年小学。1940 年随家去上海，后进春记纸行习商。1951 年赴港，供职纸行。1954 年起，经常往返于北京、上海、广州、四川等地的造纸厂，为各厂推销出口纸张。1956 年为首届广交会五人筹备小组成员之一，并担任纸业筹备委员会主席，1958 年参加国庆九周年观礼。1961 年创办德昌纸行，后改为德昌行有限公司，任总经理。1977 年以 5 万美元购置电脑自动叠纸机，赠予国家轻工业部。

对家乡感情非常深厚。1981 年捐赠给贵驷卫生院一批日本产先进医疗设备。后又在家乡捐资助建贵驷中心医院、中小学教学楼，并捐赠教学设备及奖教奖学金。20 世纪 90 年代，合资开办镇海工业缝纫机厂及澥浦粉末冶金厂。是镇海籍香港同胞中第一个在故乡投资兴办实业的企业家，并将每年红利均捐给学校。

曾任港九机制纸业商会会长，香港中华总商会理事、会董，甬港联谊会副监事长、副会长，宁波旅港同乡会常务理事等职。是宁波市政协第十、十一届委员。

［**社会闻人**］

周正祥（？—1849）

字瑞占，东管乡人。以监生经商，好义举。清道光十七年（1837）秋，飓风坏后海石塘数百丈，田庐坟墓多被漂没，与弟恒联合绅士黄溥、谢铮贤、金思维等 80 余人，呈文县府道及藩抚，请拨款改建，遭总督申斥。道光二十三年秋飓风激浪，冲坍益广，众议弃冲决地庐舍，退让数百步建塘。正祥力主就原缺口处改建夹层石塘，以保久远。适总督刘韵珂阅兵镇海，因与同志具状申请，允其开捐。然捐资者多存观望，或以“假公肥私”诽谤诬诉。倡议者人人皆危，唯正祥不惧中伤，修塘之心不移。几经周折，朝廷始命浙省拨库银七万三千余两助工费，于道光二十八年兴工。后委员前来勘视，竟克减大段，谓自范家村过北，其塘外尚有护沙，无须改建，于是领银常为所阻。同时知府企图官府独建，乃密诬正祥“冒官帑，塘工草率”。浙抚偏信，欲治其罪，赖布政使汪本铨压按公文未发。闻讯赴省呈请拆验塘工，居杭数日，染病归，愤郁而死。后巡抚委宁绍台道与知县诣塘拆验，始知正祥别出心裁，完固精详，可垂永久，方无异议。1850年夏工竣，县人皆为正祥未及亲见而惋叹。

盛炳纬（1855—1930）

字省传，又字养园，骆驼盛家村人。九岁能文，十岁试于郡。从父至京在国子监念书，每次考试都名列前茅。清光绪五年（1879）中举，次年中进士，选庶吉士，授翰林院编修。无意名利，时去书肆求善本书，闭门勤读如故，光绪十一年提督四川学政，严格考试，杜绝冒滥。光绪十七年任江西学政，后兼江西乡试监临官，选调各县高才生百余人到省城经训书院肄业，经其赏识提拔之青年学子，皆知名于世。后奉母辞官家居，察度时势，以为当务之急，首在提倡教育，培育人才。当时老师名宿多不喜办学，炳纬独开风气之先。1897年与郡守程稻村创办储才学堂，后改名宁波中学堂。又筹款6万余金，改建新校舍于宁波城南，拓地至40亩，规模为浙中之冠，主其事达十余年。继复与县人谋划，募款三万余金，补助镇海鲲池书院膏火费，延名人宿儒为院长；议建县中学堂，亲赴上海、汉口，募集资金数万圆，选优秀之士6名赴日留学，以为中学师资。经其筹划奔走，县立中学堂与县立高等小学堂俱得以开办。

对社会公益之事，往往引为己任，不避劳怨，且出资首创。清光绪二十四年（1898）筹办粮米接济浙东饥荒，两年后创办巡防。宣统三年挽救和丰纱厂，以私人名义借资开工，使数千工人不至于失业；创办永川外海诸商轮；协助路局在宁波境内筑铁路购地，居民无一怨言。尤关心乡邦文化建设，购得姚燮手辑《蛟川耆旧诗系》遗稿，为之刊行。参与规划《镇海县志》修纂，并任总阅。

朱忠煜（1860—1925）

字彬绳，虹桥人。15岁随父在瑞茂税行习商。因聪慧好学，诚信待人，先后被聘为多家税行经理。与人合资从福建、温州运输木材，在镇海开设榆生、永大、永成木行，又与上海木业公会联营航运，家业兴盛。与旅沪同乡筹办沪甬客货轮停靠镇海码头。在晚清至民国前期，长期担任镇海总商会总理。

一生节俭持家，致力于慈善公益事业，不以艰巨烦琐而有所推诿。与族人朱葆三合资开办徽荫学堂，捐田捐资作校产；捐资并主持修筑后海塘，疏浚前大河，建公善医院，建梓山公园，修纂民国《镇海县志》。由于公益贡献，获清政府部奖九品衔、国子监议叙五品衔；1919年由内务部奖给河工二等奖；1921年浙江省长奖“急公好义”匾额。

陈洁如（1906—1971）

女，团桥河角头陈人。自小随父亲到上海，12 岁入蔡元培创办的上海爱国女子中学就读，与巨商张静江续弦和女儿成为好友。1919 年，蒋介石通过张静江和孙中山的关系，求娶陈洁如，并最终得到陈母的首肯。1921 年 12 月 5 日举行婚礼。1926 年，蒋欲与宋氏联姻，劝陈洁如出洋进修。在美 5 年，取得哥伦比亚大学教育学院硕士学位。1933 年返沪，与养女瑶光住在一起，深居简出。中华人民共和国成立后，任上海市卢湾区政协委员，1961 年经周恩来批准移居香港，1971 年 1 月 21 日离世。2002 年秋，瑶光将母亲棂梯安葬在上海福寿园。

刘良模（1909—1988）

贵驷桥刘家村人。生于上海。读中学时信仰基督教，沪江大学毕业。参加中华基督教青年会全国协会，任学生部干事及事工组主任。1931 年“九一八”事变后投入抗日救亡运动。1936 年在上海南市体育场万人歌咏大会上，指挥歌唱《义勇军进行曲》震动全市。1937 年日军进攻上海后，刘离沪转甬去金华等地开展抗日救亡宣传。1939 年春，在金华遇周恩来，得到支持鼓励，由此受当局忌恨、排斥，被迫于 1940 年离国赴美，入克罗兹神学院及费城大学深造，课余在美国人民和华侨中揭露日军侵华暴行。1947 年冯玉祥将军在美发表揭露国民党政府发动内战罪行演讲，刘为现场翻译。1949 年 8 月，受周恩来电邀，回国参加第一届中国人民政治协商会议及开国大典。在京期间，与有关人士共同发起组织基督教三自爱国运动委员会，被推为筹委会书记。

历任全国政协第三至第六届常委，上海市政协第一至第六届常委、副秘书长、副主席。全国基督教三自爱国运动委员会常委、副主席及第四届常委顾问等职。

王雅琴（1917—2003）

女，镇海人。幼时家贫，后随母移居上海。1925 年随王筱新学艺。1928 年参与成立新雅社并开始沪剧演出。1937 年进文滨剧团。1940 年为上海沪剧社社长。1951 年后任艺华沪剧团长，率团多次赴兰州、西安、洛阳和福建等地慰问演出。1979 年重建“新艺华沪剧团”，任团长。是全国剧协会员、上海剧协理事、上海市文学艺术界联合会会员，两次代表上海文艺界赴京出席全国文联代表大会。第一至五届上海市人民代表大会代表，第五届黄浦区政协副主席。

盛名江浙两省，被观众誉为“申曲皇后”。中华人民共和国成立后，先后创作《黄浦怒潮》《金沙江畔》《丰收之后》《年轻一代》等现代剧目，并改编《碧落黄泉》《铁汉娇娃》《秋海棠》《第二次握手》《一双绣花鞋》等剧目，好评如潮。1951 年获上海市戏曲会演演员一等奖，1954 年获华东戏曲会演演员一等奖。

楼文敖（1919—？）

贵驷沙河头楼家人。3 岁因病聋哑，24 岁以好奇随上海市田径队跟跑，教练王有富发现其有惊人耐力，遂征其入队。1947 年打破日本运动员保持的万米亚洲纪录。1948 年成为第 14 届伦敦奥运会中国代表队 33 名运动员之一。第一次穿钉鞋参加比赛，在 1 万米的比赛中，突发意外，一颗鞋钉穿破鞋底。尽管脚底血迹斑斑，仍坚持完赛，在 17 名选手中名列最后。8 月 8 日参加马拉松比赛，20 千米处排在第二，之后逐渐落后直到退出比赛。

伦敦奥运会后去美国参加比赛，从此再也没有回到大陆，后在香港的一个游泳馆做清洁工。去世时默默无闻，甚至没有人知道确切时间和地点，只猜测是在 20 世纪 60—70 年代。

2012 年，英国作家珍妮·汉普顿出版的《伦敦奥运——1908 和 1948》一书的封面照片，正中央、排在第五位的第 202 号运动员，即正在参加 1948 年伦敦奥运会马拉松比赛的楼文敖

贺仁忠（1927—1995）

镇海人。自幼家贫，幼年辍学从姑父习艺。20 世纪 30 年代末，拜名鼓师张耀锦为师，学习越剧主胡。40 年代初期，进入上海先施、大新等游乐场越剧团。后琴艺大进，15 岁时就为越剧名演员施银花操琴，名声大震。40 年代后半期，在上海积极与同行探讨新的伴奏方式，并与著名演员尹桂芳、竺水招、陆锦花、戚雅仙、屠笑飞、毕春芳、张云霞等长期合作，形成独特主胡风格。1951 年加入浙江越剧实验剧团，编写的循环式越剧过门被列为省级教材，在 1954 年的华东戏曲会演中获乐师奖。1960 年起开始越剧作曲。主要作品有《梁山伯与祝英台》《白蛇传》《鸡毛飞上天》《谢瑶环》等。并与卢炳容合作创作《孔雀东南飞》及彩色越剧艺术片《西厢记》的音乐。1965 年调浙江艺术学校任教。1972—1978 年调浙江曲艺队任作曲、演奏员，1978 年调回省艺校。任教期间与卢竹音合作，为浙江小百花越剧团演出的《双珠凤》作曲。

是中国音乐家协会会员、浙江省剧协会员，一级演奏员。曾任浙江省音乐家协会理事、浙江省越剧音乐研究学会副会长等职。

［备志人物］

邵逸夫（1907—2014）

原名仁楞，字逸夫。庄市朱家桥老邵村人。幼在家乡中兴学校读小学。1923年叶氏中学毕业后，协助其兄邵醉翁在上海创办天一影片公司。1926年后与三兄仁枚赴新加坡开拓电影市场。1928年在新加坡成立“邵氏机构”。1931年邵氏兄弟将上海天一影片公司迁香港，1936年改称南洋影片公司。除自拍电影外还购地建戏院，在东南亚建立比较完整的电影发行网。1958年在香港成立邵氏兄弟影业公司，任总裁，从事电影拍摄与发行业务，曾因拍摄《貂蝉》《倾国倾城》《独臂刀》《天下第一泉》而轰动一时。1961年12月在香港九龙建邵氏影城，并把电影发行业务扩展到欧美及中国台湾地区等地。1967年与人合资创办“电视广播有限公司”（即“无线电视”），任常务董事。1980年任电视广播有限公司董事局主席，随后着力经营所属的明珠台和翡翠台，使其收视率长期在港岛居首，影响扩及中国内地、澳门、台湾和世界各地华人社会，同时投资房产物业、证券市场等。80年代还任邵氏影业公司董事长、香港电视有限公司总裁、香港红十字会会长、香港中文大学终身校董、联合书院荣誉主席及永远校董、香港制片人协会会长及香港上海总会、苏浙旅港同乡会、宁波旅港同乡会永远名誉会长。1992年受聘为第一批港事顾问，1996年委为香港特别行政区筹备委员会委员。

热心社会公益事业。1973年成立邵氏基金会，资助香港、英国、美国及新加坡等地社会公益项目。1985年起向内地捐助善款。一生累计捐出逾百亿港元，其中向国内捐助达47.5亿港元。兴建5000多个教育、医疗、文化项目，以邵逸夫命名的教学楼，图书馆，医院，剧院等设施遍布全国。2002年成立被誉为东方诺贝尔奖的邵逸夫奖，设天文学、数学、生命科学与医学3个奖项，用以资助全球造福人类的杰出科学家进行研究，基金总额高达50亿元；每年颁奖一次，奖金100万美元。他身体力行了自己的那句话：“一个企业家最高的境界就是慈善家。”2008年被民政部授予中华慈善奖终身荣誉奖。

1974年、1977年先后获英国女王颁发的CBE勋衔和爵士衔。美国旧金山市将每年的9月8日命名为“邵逸夫日”。1990年中国科学院将新发现的2899号行星命名为“邵逸夫星”。1998年获香港特区政府颁发大紫荆勋章。是浙江省爱乡楷模、宁波市荣誉市民。

汤于翰（1913—2014）

城区人。20世纪30年代从上海医学院毕业后进比利时鲁汶大学从事病理研究，获医学博士学位。回国后历任上海中比镭锭医院院长、上海红十字会医院院长、上海医学院教授、北京医院医学主管。40年代前往英国深造及行医，在防治癌症与心血管疾病方面有突出贡献，被选为伦敦皇家内科医学院院士和爱丁堡皇家内科医学院院士，成为最早获此殊荣的中国人之一。1951年到香港，奔忙于当地和国际性的医学和科学机构之间，又相继获得国际外科医学院院士、美国胸腔科医学院院士、美国心脏科医学院院士、香港内科医学院院士、香港心脏科医学院院士和香港医学研究院院士等衔，并担任香港中华医学会会长和法国文化协会会长、香港浙江省同乡会联合会名誉会长。此外，还先后获比利时国王利奥博勋令骑士和法国国家荣誉兵团骑士等荣誉。精通数国语言，著述甚多，80 岁后还潜心研究，撰写巨著《现代医学史》。

1996 年 5 月携妻子首次回乡访问。1997 年捐巨资发起创建宁波大学医学院。2000 年捐资助建宁大附属医院汤于翰医疗中心大楼。是浙江省爱乡楷模、宁波市荣誉市民。

蒋思豫（1914—2016）

江苏宜兴人，晚年落籍镇海。从少喜爱书画。1933 年入复旦大学中文系。当时于右任是该校校务委员、教授，接纳其为入室弟子。1937 年在武汉第三战区驻京办事处工作。后随李公朴去太原，在阎锡山与中共合办的山西民族大学当教育干部。1938 年日军攻陷太原，返武汉入国民政府军事委员会政治部三厅任宣传干事，身兼《中国青年》编辑和《中央日报》《扫荡报》记者、特约撰稿人等职，亲历台儿庄战役和武汉保卫战。1945 年任国民党贵州省党部秘书室主任。1948 年任少将高参，并兼任高邮县长。

解放前夕，听从中共地下党员劝阻，没有去台湾。1951 年，因历史问题被华东公安部逮捕入狱。1976 年特赦回镇海（夫人的祖籍），专心致志研习书画。晚年书风更加高古雄浑、清奇劲健，直追右公笔韵。自称“三原门下”，并刻了一方“三原门下”的闲章，勉励自己终生向于右任学书法。

为宁波市民革顾问、宁波书画院画师、镇海书画院顾问。曾任宁波市政协第八、九、十届委员。

包玉书（1915—2011）

名起杰，庄市包家村人。曾就读叶氏中兴中学。1945 年起，在上海大陆银行任职。1949 年后，入上海市纺织进出口公司工作，后下放到上海市郊青浦县赵宅公社水产养殖场劳动。1962 年赴香港，先后任香港航运集团董事、香港环球航运集团新加坡分公司总裁，兼任香港苏浙同乡会、香港浙江省同乡会联合会名誉会长、香港甬港联谊会永远荣誉会长、宁波旅港同乡会名誉会长等职。1984 年以后，与亲属共同捐资建造兆龙学校、龙赛医院、龙赛中学、兆龙学校教学楼、龙赛体育中心，庄市老年娱乐中心，助建宁波大学龙赛理科楼，修筑村路，捐赠医疗和教学设备、设立奖教奖学金，捐款于镇海口海防历史纪念馆和宁波慈善总会，及文成、缙云等贫困地区，计 20 余项。2002 年又独捐 2200 万元助建宁波大学科学楼。是浙江省爱乡楷模、宁波市荣誉市民。

钟一棠（1915—2016）

庄市钟家村人。出身中医世家，从小立志“不为良相当为良医”，在效实中学读了一年书后，于15岁入上海中医专门学校，毕业后从其兄钟一桂医师传习中医二年余，然后独立悬壶甬城。1941年4月，宁波沦陷。到上海避难一年后，回宁波到江北“永勤德堂”药店坐诊。1952年为响应政府号召“走集体道路”而参加宁波市江北区第五联合诊所。1955年任宁波市卫生局医疗预防科副科长。1958年调入宁波市第一医院中医科。1977年62岁时，受命筹建宁波市中医医院，于1980年任该院院长，五年后任该院顾问，直至2000年3月，86岁高龄时才告退休。98岁还在江东开设“钟益寿堂”，延揽甬上名中医，并亲往坐诊。

1983年被评为浙江省名老中医；1991年被评为全国五百名老中医药专家之一；1992年被评为全国有突出贡献的科技人员，享受国务院政府特殊津贴。2004年荣获中华中医药学会最高奖——中华中医药学会成就奖，并任中华中医药学会终生理事。2009年被评为中华人民共和国成立60周年对宁波发展做出杰出贡献60位人物之一。历任中国中医学会首届理事，浙江省中医学会副会长，宁波市中医学会理事长，宁波市科协委员、顾问。

朱昌言（1917—2013）

谱名贤璠，城区人。17岁赴沪入正大祥五金店学业。抗战胜利后，合作开设滋丰五金店和一统贸易公司。1950年去香港，开设合营泰记五金钢铁、货仓储运及小型地产业务。

贾而好儒，雅爱文艺，收藏颇丰，包涵字画、瓷杂、文房、家具、青铜器等各个领域，尤喜收藏海上大家吴湖帆书画。为人豁达，乐善好施。在上海博物馆新馆建造时，与董慕节、顾小坤、陆宗霖和叶仲午捐资书法馆，又捐赠青铜器及石碑等。1993年牵头抢救流散香港的国宝级文物战国楚竹简，1994年斥资购回第一批竹简，年度采购经费罄尽情况下，与友人解囊购下第二批竹简，捐赠上海博物馆，昌言独出资六成。2005年得悉家乡编修地方志，主动惠助5万港元。是年4月访问离别50余年家乡，又以其子女名义，为镇海文教卫生事业捐赠200万元。

其父南洲，早年在城区开设乾大咸货行和云蔚阁纸店，自购木船数艘经营货运，曾任镇海县国税稽征局局长、国营招商局镇海办事处负责人。重视地方公益，在祖基上开办同泽医院，遇贫病多赐诊赠药；捐金襄建“吴公纪功碑亭”等。日军攻陷镇海后，坚拒出任维持会会长，称病回老家隐居。

刘以鬯（1918—2018）

原名刘同绎，字昌年，贵驷人。生于上海。1941 年毕业于上海圣约翰大学。是年到重庆，曾主编过《国民公报》和《扫荡报》副刊。1945 年回上海，任《和平日报》总编辑，后创办怀正文化社，出版中国新文学作品。1948 年去香港，先后任《香港时报》《星岛周报》《西点》等报刊编辑、主编。1952 年到新加坡，任《益世报》主笔兼副刊编辑，后到吉隆坡任《联邦日报》总编辑。1957 年回港后从事文学创作、翻译和研究工作，同时继续报纸副刊的编辑工作。代表作有小说《酒徒》《对倒》《寺内》《打错了》《岛与半岛》《他有一把锋利的小刀》《模型・邮票・陶瓷》；评论《端木蕻良论》《看树看林》等。《刘以鬯中篇小说选》《对倒》分别获第四届和第六届香港中文文学双年奖小说组推荐奖。其小说《对倒》《酒徒》，引发香港导演王家卫分别拍摄成电影《花样年华》《2046》。曾获香港特别行政区政府颁授荣誉勋章。2014 年获香港艺术发展终身成就奖。

2018 年 6 月 8 日下午 2 点 25 分，在香港东华东院逝世，享年 99 岁。

金瓯卜（1919—2012）

城区人。上海之江大学建筑系毕业。1937—1949 年，从事地下党工作十几年，先后任男中区委书记、之江大学区委书记、社会区委书记。在天天都有生命危险的恐怖环境中，团结群众，集聚社会精英，在敌人的心脏顽强战斗，从事大量的学运、策反、情报、统战等工作，是上海学生运动主要领导人之一。

1949 年上海解放后，任上海市军管会工商局管理处处长。主要负责上海上层工商界的统战工作，把刘鸿生、荣毅仁、经叔平等引见给陈毅市长，对当时上海维持生产、恢复和发展经济起了重要作用。1952 年，组建华东建筑设计院。1953—1963 年，任国家工业建筑设计院院长。参加首都国庆十大工程项目设计和审定，兼任人民大会堂工程审查组长。20 世纪 70 年代任北京市规划局副局长，努力保护历史名城风貌。1984 年 5 月，在上海城市总体规划专家讨论会上，首倡跨江开发浦东。

长期担任中国建筑学会副理事长兼秘书长及《建筑学报》编委主任。1985 年离休后，建立民营中外合资大地建筑事务所（国际），任董事长。1994 年组建联华建筑发展基金，资助沿海及内地贫困地区近 80 处规划设计和开发项目。创编建筑师必备工具书《建筑设计资料汇编》。

傅在源（1920—2011）

城区人，出生于上海。毕业于上海圣约翰大学附属高中，后留学日本早稻田大学。1951 年在日本东京创立三晶实业株式会社，1963 年起获日本杂豆进出口配给额首位，并在神户、香港、纽约设立分公司，有“东京杂粮大王”之称。

1992 年，年届古稀踏上故土，探访家族根源之地，至 2004 年 5 月 27 日共 5 次探访镇海。1997 年 11 月，捐助 170 万元建造招宝山鳌柱塔。多次为镇海中学重建扩建项目捐助巨额资金；建立 1200 余万元本金的“富的镇中基金”；又成立受惠面遍及浙江、贵州、湖北 40 余所重点中学寒门学子的“富的大学生助学基金”，历时十年，助学金达 2400 余万元。加上对镇海区老年福利基金和其他社会公益事业捐助，二十年间捐资合计达 16 项共计 4789 万元。是浙江省爱乡楷模、宁波市荣誉市民。

张济民（1920—2017）

贵驷王家桥村人。1935 年只身赴新加坡闯荡。后到香港开办大华贸易公司。第二次世界大战结束，赴日本创办日独药品株式会社，公司雇员超过 1000 人。1973 年移居美国，从单纯的地产投资过渡到经营管理，最后达到全面的地产开发，有美国华人“房地产大王”和旧金山“湾区首富”之誉。中美建交后发起组建美国华商总会，并出任第一任会长。任中国教育基金会首任主席。1982 年，创办美国华声电视台，每天定时播放中文节目，向华人社会宣扬中国文化，报道中国经济建设情况。

朱兆祥（1921—2011）

虹桥村人。中学时参加“一二·九”运动，抗战爆发后从事救亡活动。1940 年在鄞县梅园乡加入共产党，任中共宁波高级工业学校党支部委员和鄞县县委学委委员。是年 10 月考取浙江大学土木工程系，毕业留校在材料试验室工作。1950 年当选中华全国科技普及协会常委、组建秘书处，并任中共全国科联、科普联合支部书记，推动省市科联、科普分会的建立。1955 年 10 月，作为中国科学院代表，赴深圳欢迎钱学森回国。协助钱学森和钱伟长筹建中国科学院力学研究所并筹组中国力学学会。1959 年到中国科学技术大学，任职地球物理系和近代力学系。1963 年起主持爆炸力学教研室，创建爆炸力学专业。历任副教授、教授，爆炸力学教研室主任、近代力学系副主任。

1985 年出任宁波大学首任校长。在办学中，努力进行教育改革，学校只设学系而不分专业，放宽各系的培养面，倡导发扬浙东学派“实事求是，经世致用”的传统，培养既有宽厚的学科基础知识，又有开拓创新能力的优秀人才和社会中坚。1988 年秋，学校初具规模，6.6 万平方米校舍竣工，8 个学系全面招生，教学和科研活动正常展开，力请辞去校长职务，回到北京中国科学院力学研究所任研究员。

历任中国力学学会第一至四届理事或常务理事，爆炸力学专业委员会副主任，《爆炸与冲击》杂志副主编等。

张利一（1921—2014）

原名张履一，山东沂源人。1939 年在鲁中参加革命。1963 年起，历任镇海县县长、县革委会主任和中共镇海县委书记。在镇海工作期间，常年深入农村，不避劳累。率干部去诸暨学习毛竹生产经验，在镇海大湫山试点。次年，全县种植毛竹 8585 亩，县内竹制农具困难逐步解决。在昆亭人民公社察查毁林情况，指导成立山林队，种植金柑、茶叶等；组建畜牧场，动员群众畜牧积肥，改善土质。勘访旱涝灾地，安置移民，围塘造田，建起多座水库、大闸及海塘。任期内围垦土地 4 万亩。不数年，粮棉增产，农民增收，每年上缴国家征购粮 1 亿余斤。“文化大革命”初被停止工作。后出任县革委会主任，将一批下放干部组成工作队，以避造反派批斗。某公社揭出三个“通台湾”反革命组织，张考辨真伪，落实政策，终告无事。对家人甚严，妻不过问公事，要子女参加劳动。1971 年后，历任宁波地委常委、地区革委会副主任、地委副书记、地区公署专员、市人民政府顾问等职。1986 年 1 月离休。

包从兴（1922—2013）

庄市叶家人。早年就读于叶氏中兴小学。1935 年小学毕业后，赴上海谋生。1948 年，赴香港拓展商业、在香港创办香港友宁纺织投资有限公司，任董事长。20 世纪 60 年代，遇见纺织业大发展，而非洲人工低廉，开始持续投资非洲加纳，创设数家大规模纺织厂，规模、设备、产量都位居西部非洲首位，成为西非“纺织业大王”。1965 年，中华人民共和国周恩来总理访问非洲，获单独接见。2013 年 9 月，逝世于香港。

曾任第八、九、十、十三届旅港宁波同乡会会长，是旅港宁波同乡会永远名誉会长、香港苏浙同乡会永远名誉会长、香港甬港联谊会名誉会长，为“宁波帮”帮宁波发挥巨大作用。曾与海外校友一起捐助重建中兴中学。是宁波市荣誉市民。

苏中杰（1922—2013）

庄市人。1942 年 1 月参加革命，4 月加入中国共产党。历任文书、副政治指导员、政治教导员、团政治处副主任、师政治部秘书科科长、团政治委员、师政治部副主任、师副政治委员、军分区政治委员、西藏军区副政治委员等职。历经苏中“七战七捷”战役、山东莱芜、孟良崮战役以及淮海、渡江、解放南京战役和西藏平叛等战斗。两次负伤，三等乙级残废。副军职离休干部。

楼乾贵（1923—2014）

镇海人。3 岁随家迁居天津。1942 年考入上海震旦大学医学院。1947 年考取上海音乐专科学校兼读声乐。1949 年获医学博士学位，到北京协和医学院任医师及助教。1953 年，应邀随中国青年艺术团赴罗马尼亚参加第四届世界青年与学生和平友谊联欢节，在美声独唱比赛中获银奖。1954 年随中国人民解放军歌舞团赴苏联、波兰、罗马尼亚等国巡回演出，被授予罗马尼亚国家红星勋章、波兰国家骑士十字复兴勋章。1955 年调入中央歌剧院，任演员、声乐教员、声乐指导等。1979 年、1980 年，分获文化部国庆 30 周年优秀歌曲一等奖和“声乐艺术成就”一等奖。1980 年、1990 年两次在美国举行独唱音乐会。

是国家一级演员。2003 年获中国音乐最高奖——金钟奖终身荣誉勋章。

盛峻峰（1923—2015）

笔名草婴，骆驼西盛村人。1937 年 7 月抗日战争全面爆发后，随父母迁居上海避难。受鲁迅翻译作品影响，对俄语产生浓厚兴趣。15 岁起向一位居住在上海的俄国家庭妇女学习俄语两年。后在参加拉丁化新文字研究会时结识姜椿芳，俄语日益精进。1941 年 8 月起，受邀为中文版《时代》周刊翻译稿件，首次采用草婴作为笔名。1954 年，华东作家协会成立，成为首批会员。该协会有 100 多名会员，其中以巴金为首的专业会员不到 10 人，草婴与罗稷南、傅雷等都是不占国家编制、没有行政级别、没有工资、仅靠稿费维生的“三无”翻译家。是中国第一位翻译肖洛霍夫作品的翻译家，还曾翻译过莱蒙托夫、卡塔耶夫、尼古拉耶娃等人的作品。从 1977 到 1997 年，以一人之力完成《托尔斯泰小说全集》12 卷、400 多万字的翻译工作，这一壮举在全世界都是独一无二的。

1987 年获高尔基文学奖。1999 年获俄中友协颁发的“友谊奖章”和奖状。2006 年被授予“俄罗斯荣誉作家”称号和“高尔基勋章”。1997 年被中国作协授予鲁迅文学翻译彩虹奖；2002 年被中国翻译工作者协会授予“中国资深翻译家”荣誉称号。曾任上海作家协会副主席、翻译家协会会长、中国译协副会长等职。

林言箴（1924—2013）

澥浦人。上海震旦大学医学院毕业，医学博士。历任上海瑞金医院外科主任，上海二医大腹部外科研究室主任，上海消化外科研究所名誉所长，世界卫生组织器官移植工作组成员，法兰西国家外科医学院外籍院士，亚洲肝胆胰外科学会创建会员。1976 年主持中国第一例临床肝移植手术；主持胃癌扩大根治术，胃癌浸润转移机制及其防治，胃癌生物学行为及生物治疗等基础与临床研究。曾获国家科技成果奖，卫生部重大科研成果甲级奖等多项奖励，享受国务院政府特殊津贴。曾担任美国哈佛大学等六所医学院校及意大利米兰大学的客座教授。主编、副主编、参与编写《外科手术图解》《腹部外科学》《当代普通外科学》等学术专著。因在肝脏病研究方面卓越成就，1991 年 10 月被意大利《LESDERSHOP》杂志选为封面人物。

盛卓人（1928—2013）

又名焕倬，骆驼桥人。出生于上海。1946 年考入燕京大学理学院，第二年进入医预系，1949 年 2 月北平西郊先行解放，和其他 9 位同系同学参加解放军，到沈阳进入中国医科大学，1953 年毕业后留校任外科助教。1956 年参加为期一年的全国麻醉科师资培训班后，在附属第一医院创建麻醉科，全国首家开展开胸心肺成功，抢救很多危急、重症病人。历任中国医科大学麻醉教研室主任，教授、博士生导师。1985 年赴美克利夫兰临床医学中心访问研究，获国际医学研究合作最高奖。专著《实用临床麻醉学》是国内麻醉科医生重要的专业参考书，获卫生部科技图书奖。享受国务院政府特殊津贴。

樊　骏（1930—2011）

原名绳曾，又名祉咸，城区仓基弄人。1953 年毕业于北京大学中文系。历任中国社科院文学研究所现代文学研究室副主任，研究员。1982—1998 年先后担任中国现代文学研究会副会长、会长，《中国现代文学研究丛刊》副主编、主编等学术职务。是国内老舍研究的领军人物，著有论文《论〈骆驼祥子〉的现实主义》《关于编写中国现代文学史教材的几点看法》，合作编辑《中国现代文学史》《中国现代短篇小说选》等。《关于中国现代文学史料工作的总体考察》一文，获首届鲁迅文学奖。享受国务院政府特殊津贴。是第七至九届全国政协委员。

林殷才（1930—2012）

河头马家桥村人。1950 年 4 月参加工作。1955 年 4 月加入中国共产党。1956 年 6 月至 1957 年 7 月赴苏联巴库等地石化企业和研究单位实习。1959 年 4 月起，历任兰州化学工业公司合成橡胶厂副厂长、公司经理，化学工业部副部长、中国国际贸易委员会化工行业分会会长、宁波经促会常务副会长、名誉会长等职。多次返回家乡镇海，2005 年出席朱枫烈士 100 周年诞辰纪念活动，2006 年考察宁波化工区，2007 年出席宁波帮博物馆奠基仪式。2012 年 4 月 12 日在北京病逝，葬于家乡公墓。

是中共第十二、十三届中央候补委员，第十四届中纪委委员。

袁培文（1932—2011）

镇海人。1951 年考入上海音乐学院小提琴专业。1955 年赴匈牙利李斯特音乐学院留学。1962 年毕业，获该院“小提琴演奏家、教育家”称号文凭。1962 年 7 月回国。曾任上海音乐学院管弦系小提琴教授、研究生导师、小提琴教研室主任及管弦系副主任。1980 年 8 月，受文化部委派前往英国梅纽因学校。1982 年 8 月受芬兰文化部邀请作为小提琴专家任中芬音乐学院小提琴教授，并在各城市多次举办独奏音乐会。1985 年 11 月被邀赴芬兰任第五届西贝柳斯国际小提琴比赛评委。1992 年获国务院政府特殊津贴。

第二节　传　录

［名宦能吏］

卢　万（生卒不详）

字维远，吴人。宋绍定年间定海知县。到任月余，筑塘捍海，浚河垦田，下乡问俗，寒暑不辍。审理词讼，了解实情，处理公正。病逝于官，县民哀悼。众助安葬其于孔浦，并立祠岁祀。

俞大猷（1504—1580）

字志辅，号虚江，福建晋江人。明嘉靖十四年（1535）武进士，授参将。嘉靖三十一年，倭寇大扰浙东，奉调驻守宁、绍、台、温四郡。次年，汪直勾结倭寇大举突入定海关，大猷率兵追捣烈港贼巢，并连败松门、普陀、昌国、临山、观海卫等地诸寇，擒斩四千，堕海死者不可胜计。越二年，升南直隶副总兵，士民请留不准，立生祠祀之。今梓荫山下建有俞大猷纪功碑亭。

郑　谦（1765—1840）

澥浦郑家村人。清嘉庆二十二年（1817）进士。首任福建归化知县。该县深山穷谷，盗寇猖獗。到任后亲访民苦，严明法纪，募乡勇缉捕盗贼，公正处理积案，让群众过上安稳日子。几年后离任，百姓群集相送。旋任四郡要道南平知县。因拙于催科，亏负县额课，降为嘉兴府教授。所欠巨款由其弟用经商收入代为清偿，历时数年。嘉兴执教 10 年，循循善诱，培育众多优秀学子。

［党政干部］

谢仁安（1913—1995）

原名谢甫才，城区人。1938 年 7 月加入中国共产党，任镇海城区抗日救亡工作团团长、党支部书记。1941 年年底任中共慈镇县特派员，为开辟三北根据地做出贡献。后历任中共三北工委委员、宣传部部长、慈镇县工委书记等职。1945 年 10 月随部队北撤，任华东野战军一纵一旅政治部民运科长，后任华东军政大学十二团政委。先后参加孟良崮、淮海、渡江、解放上海等战役。中华人民共和国成立后，曾任解放军第二军医大学政治部主任、副政委、政委、顾问等职。1955 年被授予中国人民解放军上校军衔，1960 年被授予大校军衔。

虞天石（1916—1998）

龙山人（今慈溪市），出生于上海。当过学徒。1937 年 8 月，参加龙山镇抗日救亡团，后加入中国共产党，为抗日救亡团负责人之一。1940 年到湾塘乡小学教书，从事党的地下工作。次年镇海沦陷，按上级指示，与李平、戚铭渠在镇北筹组抗日武装未获成功。后打入国民党龙山区署、县江北办事处任指导员，收集传送情报，壮大革命力量。1942 年 7 月起，历任中共慈镇县和慈姚县县委委员、组织部部长、中共慈镇中心县委委员兼中共镇海县委书记等职。

抗战胜利后撤至苏北，在华中局经济部门工作。1946 年年底，受派去舟山建立联络点，策动国民党部队起义。1947 年再入上海，因叛徒告密被捕。经各方援救，由死刑改判无期。上海解放后出狱。分配至上海市法院，历任研究室副主任、市法院民庭和北区分庭庭长等职。

庄熙英（1919—2001）

庄市人。1945 年毕业于上海圣约翰大学经济系。旋去苏中抗日根据地，任苏中行政公署经济组长，赴淮阴参与华中银行总行创建，创办济南商业专科学校，自编教材培训财政干部。解放战争中，随军南下上海参与接管中国实业、新华、四明、通商 4 家小银行，建立上海银行。进福建，创建人民银行分行，任省银行干部学校校长，受聘福州大学教授。“大跃进”期间，任福建省委《红与专》杂志编辑组长，被打成严重右倾分子。“文化大革命”中受迫害，后平反。1978 年负责筹建上海市物价研究所和市物价学会，并任物价学会秘书长。离休后受聘上海社科院经济研究所及上海市经济体制改革研究会特邀研究员；国务院物价委员会、国家物价局特邀调研员，驻浙江物价特派视察员。

［文人学者］

薛　俊（—1521—）

字文祥，城区人。少刻意学问，博学多才。明正德末年，知县郑余庆请其修纂《定海县志》。嘉靖初，由贡生入京应礼部廷试，获第一，授常州府训导，后升江西浮梁教谕，逢倭乱未赴任。浙江总督胡宗宪驻定海防倭，俊就水战一事献计道："现今防倭之官哨船，虚饰美观，倘遇大风，易受阻，莫若去虚求实，以每一官哨船增置小划船三四只，有事协同大船作战，无事则上山砍柴，下海捕捞，以渔樵所得，充器械修理之费。"得采纳。

明嘉靖二年（1523），日本国使宗设来贡，抵宁波。未几，宋素卿等亦至。互争真伪，自相残杀。所过州县，大肆焚掠。浙江濒海之地，人民苦之。俊因纂辑《日本考略》，大略言防御之事为多，而国土、风俗亦类入焉。都督万表载之经济文录中。逝年 71 岁。

翁宏坤（1876—1942）

骆驼桥人。晚清秀才，早年开办私塾。信仰三民主义，拥护辛亥革命。与翁氏族内士绅一起，1911 年办私立锺毓学校并任校长。立"爱、敬、敏、勇"为校训。力募办学基金，贫苦子弟免费入学。院士翁史烈等在此启蒙。抗战时期拒绝出任伪职。

王元斌（1882—1966）

石塘下村人。1907 年由清廷派遣留学日本东京帝国大学，攻读工科，五年后毕业回国。在湖南省立第一师范等校任教，曾与徐特立共事。后与表弟包达三在家乡创办听涛小学。1934 年就任镇海县立商校（即镇海县立初级中学）校长，增设普通初中班。1940 年辞职后任上海制革厂厂长，并创办大元皮革厂。1954 年被选为长宁区第一、二届人民代表。

郑达甫（1891—1965）

本名孝纲，字善纲，澥浦十七房郑家村人。家贫少孤，在家乡小学任教，性喜绘画，尤擅临摹。20 余岁时到慈溪一店铺司账，旋赴沪，以卖画为生。初时无人问津，后为一杨姓商人延留在家，专门为其代笔作画。且每幅画出售所得利润，杨郑二人六四分账，郑还要自费购买笔墨颜料等。这种奇怪的合伙生意持续 20 来年，杨坐享名利。抗战期间，卖画不易，返乡以采樵、卖饼为生。解放后，这段隐秘被人捅破，作品被邀参加第二届全国美术展览会，同时受聘为上海市文史馆馆员。其画别具风格，名"锦灰堆"，画面展现的多为旧书、残帖、断简、公文、废契、短柬等，有正有反、有半截、有折角，加以错综组织，"或似烬余，或似揉皱"，充分表演艺术意味。

颜圣介（1897—1961）

字仲廉，庄市朱家岸村颜家人。1915 年毕业于杭州陆军测量学校。后在宁波、镇海、湖州等土地清丈处任职，对测绘持严谨态度。1920 年参加重修《镇海县志》，负责地图测绘，足迹遍及全县，攀山登岛，寒暑不辍。一次去东西霍山测绘，需渡海攀崖，风大浪急峰险，同行者不敢进，唯颜鼓勇直上。数年后，终于测绘成准确的《镇海县地图册》。解放前夕拒绝赴台，解放后参加新中国建设。

沙厚烈（1900—1973）

城区人。早年任《天津商报》编辑、主编，笔名大风。1921 年在天津创办《大风报》，自任社长。因痛贬时弊，颇得民心，报纸发行较广。天津沦陷时，为不给敌人宣传，易报名《天风画报》，仍为日报，头版定名“黑旋风”，扬善挞恶，爱憎分明。

林鸿赍（1900—1981）

镇海人。早年就读于天津新学书院，毕业后考入清华大学经济系，后至美国纽约大学经济系学习。回国后任财政部关务署科长，后调至天津任统税管理所主任。20 世纪 30 年代任中国银行杭州分行襄理，后任中国银行天津分行副经理、经理。抗战胜利后，任天津中孚银行经理。中华人民共和国成立后，与友人合资成立天津中孚贸易公司，出任董事长。1956 年公私合营后，被安排至天津外贸局干部学校任教。1958 年，天津外贸干部学校与天津财政学校、南开大学经济系合并为河北财经学院，于河北财经学院对外贸易系任教至 1966 年退休。

高拜石（1901—1969）

字懒云，笔名芝翁、南湖、介园，镇海人。因先世宦游八闽，遂寄寓福州。北平平民大学文科毕业。历任《新生晚报》《华报》《寰宇新闻》《民国日报》及《中央日报》编辑及主笔，官及台湾省政府新闻处主任秘书等职。善属文，工诗词，长于近代史事，熟谙人物掌故。曾在“新生副刊”连载《古春风楼琐记》，广获好评，后结集出书。另有《南湖录忆》《浮沤识小》《茗边脞记》等作品。

醉心于金石之学，书法篆刻，刚朴遒劲，颇得吴昌硕真传。曾从朱敬亭、黄蔼农、沈冠生诸名家学习，称其“行楷近南园松禅，温润有致。精金石篆法，尤工篆隶，厚润茂密，古味盎然”。

范世勤（1905—1955）

张鑑碶人。曾在镇海县中任国文教师及训育主任。刻苦自学多门外语，并研究速记术，创造中文速记符号。1934 年在上海开办私立世勤中文速记学校。出版《世勤中文速记》，得到时任教育部长王世杰题签，于右任题字。1936 年进入中央通讯社，以战地特派记者跟随第五战区司令李宗仁辗转各战场报道战讯，多次采访抗日名将张自忠，发表长篇通讯。1938 年 10 月，与郭沫若等合作出版《日本在泥淖中》一书。1948 年辞去中央通讯社和申报记者职务，回上海就职联合国在沪设立的救济总署任专员。解放后该机构由人民政府接管，任该署档案管理委员会副主任，翻译大量外文资料档案。

包六科（1910—1985）

原名蕴才，字奇拙，骆驼桥人。就读于宁波商校、无锡国专。少时潜心翰墨诗文。30 岁后定居上海，与当时名家邓散木、白蕉、唐云等结交甚密。1948 年参加书画义展，得款支持中共地下党组织。1950 年在沪设翰光家庭制本工业社，发行《奇拙大楷字帖》，广受青睐。曾是上海王星记扇厂特约书法家。晚年隐退故里，笔耕不息，犹热心对新辈爱好者书艺传授。曾为浙江省书法协会顾问、宁波市书法协会理事、镇海政协书画院顾问、镇海书画协会顾问。

金　浪（1915—1999）

原名朱维年，字凤烈，镇海人，浙江美术学院教授。早年在上海当学徒时，拜师学中国画三年。1938 年赴延安，入鲁迅艺术文学院美术系一期学习。1947 年在北方大学任教，1949 年参加北京首届全国文艺工作者代表大会。曾任全国美协浙江分会理事。擅长中国画、年画。代表作有《慰问军属》《解放开封》《渡过金沙江》《六盘山上》。

乐羽侯（1917—2002）

镇海人。1939 年进上海新华影业公司当化装练习生。1940 年，独立完成影片《僵尸复仇记》和《森林恩仇记》化妆工作。曾担任《鸡鸣早看天》《乘龙快婿》《幸福狂想曲》等影片的化妆。中华人民共和国成立后，任上海电影制片厂化妆师和造型师，担任《林则徐》《聂耳》《白求恩大夫》《搜书院》《关汉卿》、戏曲片《红楼梦》《碧玉簪》等影片的化妆造型工作。是中国电影工作者联谊会理事、中国影协第五届理事。

［良医能工］

朱仲仙（1859—1920）

名承道，号志光，城区张鑑碶村人。幼年足跛，淡泊名利，不乐仕进，潜心研究中医学，颇有功诣，人称“儒医”。尤善治伤寒，应诊不收医金而药到病除，名声大振。与同乡张懋枳莫逆，受邀参加公善堂义务门诊，与县内医界精英共同造福乡里。晚年身弱身残，而诚心诊治如故，抱病赴小港为病家治伤寒，待病人愈后登门道谢，辞世已七日。

严海葆（1880—1944）

字源来，镇海人。宁波中医专科流派严氏外科开创者。早年得天童寺一位挂锡医僧师传，专治肠科，后转中医外科，尤擅治乳腺炎等症，内服外敷并用，行医 40 余年，医名甚盛。弟子分布沪、甬，亦多医名。

董元龙（1881—1942）

字天吉，晚年号乐天居士，后施蔡董村人。壮年学医，宗苏州孟河学派，擅长内、儿、妇科，行医乡里，名闻遐迩。曾获宁波中医学会举办从业中医师测试第一名。镇海沦陷期间，避居汶溪十字路。是年时疫盛行，当地净圆寺方丈染疾。以医家道义往诊，竟遭传染，不治去世。撰治医经验多篇。

程章钦（1891—1964）

字贤良，湾塘后程村人。始祖亨济，学文练武，熟悉跌打损伤、接骨入穴。至章钦已历四代，皆继其业。中年在临床诊治脱臼时，只需摸准穴位，趁病人不在意之际，一拉一甩，立时进穴。一些肩扛背驮工人，一遇损伤，都会想到“程氏伤科”。晚年时医学益精，从辨证论治，善于一针（针灸）、一草（中草药）、一方（良方）、一法（传统法则）结合运用，著有《医余晓集》。

庄云庐（1892—1966）

原名智阐，字孟先，庄市人。6岁入叶氏中兴学堂，后去沪入澄衷蒙学堂，曾习商。1920年突患小儿麻痹症致下肢瘫痪，遂回甬从父习医。不久又问业于名医范文虎，得其亲传。数年后自行开业，门诊时以轮椅代步，出诊时以轿代车。率先实行中西医结合，三、四十年代与吴涵秋等筹组中医协会，并创办国医专门学校，任课兼教导主任。1952年为首创建江东百丈联合诊所。为宁波市首届政协委员。

陈九如（1898—？）

镇海人。世代业医。早年在上海行医，擅长妇科内科。后任军职，累官至陆军少将。1949年赴台后，历任“中医药学会”理事长，“中国医药研究所”医籍整理委员会主任委员，“行政院卫生署中医药委员会”研究委员、财团法人“中国医药发展基金会”董事暨中医研究委员会召集人等职。编著有《黄帝内经今义》《伤寒论精义》《四诊新编》等。

董春雨（1903—1978）

又名春潮，字士奎，骆驼人。年轻时从父董元龙学医，苦读孟河学派医学经典，于实践中总结体会。其父逝世后，独立挂牌于团桥，诊室悬挂“惟愿人皆健，何愁我独贫”楹联，贫病者求医免费开方，并力求减轻药费负担。擅长内科，医名日盛。中华人民共和国成立后参加庄市联合诊所，直到退休。

包杏畊（1903—1990）

城区人。从医60余年，擅长“伤寒、湿病”诊治。伤寒高热病人求医，往往一剂退热见效。其用药特点是因病施治、恰到好处，从不滥用贵重药品，组方、配方十分严谨。不分病人身份门第，一视同仁，求诊者往往半夜排队挂号。

林一杏（1905—1963）

字荇塘，号齐昭，团桥人。先授业于孟河派名医董元龙，后又追随于徐雨藻门下。与上海针灸精英承卢庵、仲克明等探究针灸铜人穴位，深有所悟。曾在沪上亚飞路、愚园路行医，1943年后在家乡团桥挂牌门诊，以内、儿、妇科为主，并行针灸、拔罐、艾炷灸法，地区内外甚具医名。

宋英士（1913—?）

女，又名祖隆，庄市人。中国医科大学第二医院教授，妇产学系主任。解放初参加中国医科大学建校工作，担任制定全国高校医学教育统一教学大纲中的妇产科学小组组长。著有《绒毛膜上皮癌死亡病例（40例）临床和病理》等。

童剑琴（？—1995）

骆驼桥汤家池村人。出身中医世家，师从浙东名医范文虎。遍览名家医方，专攻伤寒杂病。任骆驼联合诊所内科中医师，坚持上午在诊所应诊，下午去农村巡回医疗。几十年来精研经典，善用经方，独具特色，疗效显著，病家纷至。从不故步自封，在各级学术会上无保留地介绍实践体会，并带徒6名，传授医术。是首批浙江省名中医。曾任中医学会宁波市分会理事，镇海县政协委员。

张鸿宾（1921—2002）

张鑑碶村人。秉承父业，1943年在县城设私人诊所。中华人民共和国成立后，参与组建镇海县工商联和卫生工作协会，任协会会长。1953年年初偕戎鹤龄、程尚宇医师在城区设立县内首家联合诊所（镇海中医院前身），任所长。自学解剖、病理、药理等西医理论，与传统中医结合，提高医术，赢得病家赞誉。曾任中华医学会浙江省理事兼镇海分会会长、镇海区人大常委会副主任、滨海区人大常委会副主任、镇海卫生工作协会会长等职。是浙江省第四届人大代表。

［实业名人］

戴显运（1855—1919）

字运来，城区人。14岁去上海学商。数年后熟谙商情，精通英语，与洋人交易不需要翻译。又以世界大势注重冶铁，遂创设利昌铁肆。卓于经营，由此业日盛而名益著。乐善好施。有关甬、沪两地公益，均踊跃捐资。1918年，东管乡疏浚西大河，慷慨捐资5000银圆。重修县志时，又首捐银5000元。

周运杓（1864—1937）

字星北，城区人。早年辍学，进镇海木行习商。清光绪九年（1883）与三弟运元同赴天津，在老顺记五金行习商。旋合办升大营造厂，承建天津汇丰银行、中央银行、浙江兴业银行等大型办公楼及住宅楼。事业昌盛后，在天津置私宅，在镇海城区八里桥建中西式周氏家园。花甲后，回乡致力地方公益。出资建办孤儿院，自任院长；又捐资养老院，创斐迪女校，协办便蒙小学，任校董；参与修建后海塘，修桥铺路建凉亭；投资建办公益织布厂等地方实业。为人公正，常为乡人排忧解难，处理民事纠纷，县人尊称为“公保先生”。孙中山曾手书“乐善好施”匾以赠。

陈协中（1865—1914）

又名济易，城区人。祖籍广东新安，父在清咸丰、同治年间以武弁驻镇海，遂落籍。幼年丧父，由舅挈至上海五金店学徒。业余学习英语、算术，渐臻精通，性又勤慎，不久为资方西人所信任，聘为天津分号主管。在津创设济安自来水厂，协助救火会工作。事业有成时关心家乡公益，时东钱湖谋浚，梅湖淤塞尤甚，而经费无着。闻讯捐银4.6万两，为浚梅湖之资，又2000两为修纂《湖志》之费。1913年开工，至次年3月工竣，而协中已于2月初病卒。乡人立遗爱祀于湖上，以协中附祀。

蒉允芳（1881—1950）

又名春发、懋勋，澥浦人。少时在上海一家渔行当学徒，后经营地产致富。曾任协隆地产公司董事长。又与友人合资开设茂泰洋行、地球药房等企业。1947年经营失败返乡闲居。

热心家乡公益。1929年独资建造澥浦小学校舍。又出资自长河塘至海头长2.5千米之地依次安装石柱路灯，在澥浦泥螺山巅建造一座航海标志灯塔，捐款5000元疏浚西大河。

胡友卿（1881—1953）

贵驷人。14岁去上海，在小东门一家海味行当学徒。20岁时，随店主去香港，后来独立开行。曾任香港苏浙同乡会副会长。1941年日军入侵香港，许多华商关店，胡每周五发放救济米和救济金，帮助失业职工渡过难关。

张忍甫（1884—1952）

字法成，城区人。从小父母双亡，赖母舅叶琢堂抚养成人。16岁到杭州万兴钱庄习业，后在寅源钱庄任跑街。民初在杭州集股自设诚昌钱庄，自任副理，但掌握实权，业务兴旺，遂又集股创设亦昌、同昌两钱庄，均任副经理。1929年中央银行杭州分行成立时任经理，直至1948年退休。同时任浙江地方银行常务董事或监察人10余年。还曾任杭州电厂董事、上海万国储蓄会杭州代理、上海公平洋人保险部杭州代理等职。

董子星（1884—？）

镇海人。曾任海通、满海、海昌、宝信四家洋行钟表部买办，上海市钟表商业同业公会理事长、常务理事，中美钟表公司经理，上海造钟厂厂长，中国联合眼镜公司董事长，大中钟表公司总经理，三星钟表公司经理等职，为上海钟表业巨擘。对钟表眼镜制造修理，有极深湛之技术研究，出品精良耐用，多不让舶来品。

沈榴村（1887 —?）

号仁本，镇海人。毕业于日本大阪商业专门学校。回国后创办天孙印花厂及天丰织绸厂。曾任上海辛丰织印绸布厂董事长兼总经理、和丰印染绸厂董事长、祥丰印染绸厂董事长，上海市绸缎印花工业同业公会理事长、绸缎商业同业公会理事、棉布商业同业公会监事，镇海商业职业学校校董，镇海三乡公益堂董事，宁波旅沪同乡会名誉会董等职。

钟章耀（1890—1973）

镇海人。幼读私塾五年。1904 年到上海当学徒。1921 年与表兄胡永年在上海创办耀昌医疗器械号并任经理，为民族资本专营医疗器械之始。20 世纪 30 年代，该号经营的国产医疗器械有手术台、剖诊床、洗胃器、外科开刀器械、妇科器械等品种 500 余个规格。1946 年发起成立上海医疗器械同业公会，任常务理事。1956 年公司参与公私合营后任私方经理。是年成立上海医疗器械工业公司，任顾问。1973 年 1 月在上海去世。

倪庚年（1895 —?）

镇海人。曾在上海创办义丰、永兴两大棉织厂，自任经理；任恒兴棉织厂监察，为当时上海织造业巨头之一。1946 年 4 月 8 日，上海市内衣织造工业同业公会成立，任理事长。

洪绍谕（1895 —1986）

骆驼人。早年留学美国，获麻省理工大学化学工程学士和哥伦比亚大学化学工程硕士。回国后在上海从事实业活动。曾任上海市化妆品工业同业公会监事、上海机制国货工厂联合会理事、中国化学工业社股份有限公司襄理。

陈筱坪（1895 —?）

镇海人。上海制造局兵工专门学堂毕业，后任职于上海公共租界工部局电气处，四年期间颇著劳绩，被美孚洋行老板看中，聘至该洋行汽油部工作。1931 年 6 月在上海日晖港创建中国新亚化工厂股份有限公司。1932 年 8 月首创国产碳酸钙，此为各橡胶厂必需原料。1933 年 10 月后又兼营矿灰，深受用户欢迎。但不久因日货倾销，企业亏损，为振兴民族工业，坚持生产，表现出民族资本家的爱国志气。

蔡子香（1897 —?）

镇海人。1929 年在上海创办蔡宏记五金号，1932 年开设华德染织厂。后任上海特别市非铁金属同业公会理事长，丰昌铜锡五金号总经理，开元钱庄董事长，以及惠民商业银行、天星化学厂、同安保险公司、义丰钱庄等董事。

刘聘三（1892—1974）

贵驷人。1921 年上海中国劝工银行成立，任总经理。南京政府成立后，转任中央银行上海分行经理，不久辞职重返劝工。曾任上海国泰商业储蓄银行董事，大上海橡胶厂监察人，宁波旅沪同乡会常务理事等职，还出资在家乡兴建驷桥小学。1950 年去香港。

车懋章（1897—1981）

号时丰，城区人。1912 年在汉口元泰五金号当学徒。3 年后调到该五金号驻上海办事处工作。1935 年任汉口元泰五金号上海分号经理。加入中国民主建国会，任民建上海市委常委。上海解放后，曾任中国五金机械公司上海市公司经理、上海五金采购供应站经理、上海市五金交电公司经理。还曾担任过全国工商联执行委员、上海市工商联常委、工商联商业委员会主任、上海市五金商业同业公会副主任、上海市政协委员等职。

在镇海长山桥创建小学，在辛成中学创办时捐助土地。

李景和（1900—1992）

后施五丰人。幼时在李家小学读书。曾在其父李家堂药房和宁波报关行工作。1924 年赴上海谋生。1935 年创办强华纸号，从事纸张贸易。1937 年合资创办宾康药厂，生产效高价廉药品。曾任上海市纸商业同业公会理事，宁波旅沪同乡会理事，时敏学校校董，上海四明医院常务董事等职。1948 年举家迁往香港，开设纸行及油厂。1953 年将产业交于长子，只身赴巴西，经营植物油厂。

1994 年，其子捐资近 45 万元于家乡兴建李景和小学，后又追加设立“奖教奖学金”。

叶守庭（1902—?）

镇海人，15 岁时习烟业。曾任鸿昌烟叶行经理、宁波七星烟厂总经理，后任上海市烟叶商业同业公会理事长，对同业权益尽力维护，曾为中国烟叶业出口贸易做出贡献。

王子澄（1903—1995）

镇海人。1917 年在上海科学书局学业，18 岁入上海民智书局门市部任职。24 岁创立光明书局，出版多部进步书刊。抗战期间，将该店纸型运往内地，曾在汉口、广州、桂林、重庆、昆明、金华等地设立分店。上海解放前夕，曾出面保释读书出版社范用、欧阳章，利群书报联合发行所陆梦生、生活书店薛迪畅和陈正达出狱。后率先申请公私合营，任上海图书发行公司副经理，为上海市第一至三届人大代表和第三至五届政协委员。

邵修善（1913—？）

镇海人。复旦大学毕业。继承父业，制造火柴，创设燮昌火柴公司。接盘华昌章记厂，合并为华昌火柴梗片公司。自创大明火柴股份公司、温州光明火柴公司。曾任上海市火柴工业同业公会常务理事、垣利银行董事长。

朱之信（1919—1997）

庄市朱家岸村人。就读叶氏中兴学校。抗战期间随堂兄朱志芳就职于武汉泰忠商店及上海天益贸易行。1946年去台湾，在台北市自创福信棉织厂，生产针织内衣。并设正信贸易行，经营自行车及五金等进出口业务。1954年创办中国电气器材厂股份有限公司，任董事长。制造收音机、扬声器及各种电子零件，产品销英国、美国、德国、日本、西班牙等国。1987年以来，先后捐资13万美元，用于建造庄市公园、中兴中学二期扩建工程，朱家岸村路。

庄启发（1920—1998）

庄市人。中兴学堂毕业。13岁去上海祥生汽车公司当学徒。1944年与人合伙在昆明开设启华贸易行，经营汽车配件。1953年加入中国民主建国会和工商联。1956—1998年，担任中国五金机械公司云南省昆明市公司经理。曾任云南省工商联副主委、云南省民主建国会副主委、全国工商联执行委员等职。病故于昆明。

刘京荣（1924—1997）

原名刘松岳，骆驼桥半西刘村人。培玉小学启蒙，1940年去上海。初学裁缝，后进报关行习商。报关行倒闭后，进华新轮船习艺。1948年去日本运货时与家人断了联系，遂在日本的一同乡开设酒楼打工，稍后自设小吃店。20世纪70年代，在东京开出8家上海饭店连锁店。曾任东京华侨总会理事、浙江同乡会会长、旅日华侨互助合作社理事。1984年起，捐资为家乡安装自来水、拓展村至骆驼镇道路。

翁伟年（1927—2006）

骆驼人。幼年就读于钟毓小学。父亲在上海开设怡成药行。抗日战争时全家迁至上海。1947年其父中风半身不遂，遂独立负责全部业务。1957年奉父命赴香港接管经营永大药行，原负责人已将分行所有资财席卷一空。经多年努力，使该行得到振兴，并在日本、加拿大开设分公司。1987年又将香港永大行迁入商业新区，使该企业获得新的发展。

曾任香港永大药业有限公司董事长、香港甬港联谊会副会长。1981年捐资40万港元新建骆驼中学伟年实验楼一幢，还动员在香港的同乡好友捐钱购买教学仪器。

［社会闻人］

金翠玉（1905—1949）

澥浦三七房人。早年拜男旦董泉水为师，学唱甬滩。在上海新世界、新新公司演唱《打窗楼》《庵堂相会》等剧目。唱腔柔美，吐字清晰，扮相、身段均佳，被誉为滩簧女性“四大名旦”之首。高亭、百代唱片公司曾录制其唱段。1938 年后离开舞台，1946 年曾被邀至恒雅剧场演出《称心如意》等改良甬剧。

徐恒志（1915—2007）

原籍镇海。少时受父影响归信佛教。25 岁到能海上师处受三皈五戒，法名定真。同时得王骧陆居士蒙示以般若要旨，并函授观心方法。20 世纪 50 年代，在清定上师座下受瑜珈菩萨戒。80 年代起，在上海佛教居士林、厦门佛学院等处演讲佛教。后曾在美国洛杉矶、旧金山等地弘法。历任上海佛教协会各届理事，上海佛教居士林讲师，弘一大师研究会顾问，宁波佛教居士林名誉林长等职。

郑颂英（1916—2000）

澥浦十七房村人。历任上海佛教协会会长、上海居士林林长。16 岁皈依佛门，青年时期与赵朴初、李圆净、方子藩等居士协同举办佛教慈善事业。1945 年任上海佛教青年会副理事长兼弘法部主任。20 世纪 80 年代后期任中国佛教协会理事，上海市佛教协会出版流通组组长。

第三章　院　士

第一节　中国科学院院士

贝时璋（1903—2009）

清光绪二十九年（1903）10 月 10 日生于镇海贵驷。实验生物学家，细胞生物学家，教育家。中国细胞学、胚胎学创始人之一，生物物理学奠基人。

1948 年当选为中央研究院院士。1955 年被选聘为中国科学院学部委员（院士）。（详见本编第二章“知名人士”第一节“传略”之“文人学者”）

周毓麟

1923 年 2 月 12 日生于上海，祖籍镇海庄市。计算数学家、流体力学家。1945 年毕业于上海大同大学数学系。1946 年到中央研究院数学研究所任助理员。1949 年起在清华大学数学系，北京大学数学、力学系历任讲师、教研室主任。1954—1957 年，在苏联莫斯科大学数学力学系学习，获物理数学科学副博士学位。1960 年调核工业部，历任研究员、副所长、院科技委委员、顾问。

对非线性正则与退化抛物型与椭圆形方程的各类问题做了很多有意义的工作，其合作完成的关于渗透方程的研究成果，被国内外同行专家公认为是这重要研究方向的经典性研究，不断被引用。关于流体力学与一些物理方程数值方法研究，流体运动中波系相互作用结构的研究，为中国第一颗原子弹的研制成功，及中国氢弹原理的突破及战略武器的理论设计，做出重大贡献。对铁磁链型强退化的非线性抛物组的各种问题整体解的研究成果，受到国内外同行专家的重视。在离散函数类中建立起范数间的内插关系，利用这些离散冷承分析的结果，研究各种类型非线性发展偏微分议程的差分格式，使有限差分法理论形成一个新系统。1982 年获国家自然科学奖一等奖，1985 年获国家科技进步奖特等奖。

1991 年当选中国科学院学部委员（院士）。

杨福愉

1927 年 10 月 30 日生于上海，原籍镇海骆驼。生物化学家。1950 年毕业于浙江大学化学系，获学士学位。1960 年获苏联莫斯科大学生哲学博士学位。中国科学院生物物理研究所研究员。

长期从事生物膜研究。发现 Mg2 + 对线粒体 H + － ATP 酶重建于脂质体具有关键作用，提出

Mg2 + 通过改变膜脂流动性影响 H + - ATP 酶构象与活性模型，进而提出跨膜 Ca2 + 梯差对膜蛋白构象与活性的调节有重要的影响，发现神经苷脂 GM1 与 GM3（前者较后者多两个已糖残基）对肌浆网 Ca2 + 泵（Ca2 + - ATP 酶）具有相反的调节作用，发现微量元素 Se 对人红细胞膜骨架有直接的稳定作用，提出“克山病是一种心肌线粒体病”的观点，首先用“匀浆互补法”代替“线粒体互补法”来预测谷子等农作物的杂种优势获理想结果，对谷子、玉米、棉花杂优的测试准确率达 80% ~85%。曾获全国科技大会重要成果奖 1 项，国家自然科学奖 1 项，中国科学院自然科学奖 2 项、科技进步奖 1 项，卫生部科技进步奖 1 项，国家教委自然科学奖 1 项。

1991 年当选中国科学院院士（学部委员）。

沈自尹

1928 年 3 月 22 日生，祖籍镇海城区。中西医结合学家。毕业于镇海县中，在家乡宁波完成基础教育。1952 年毕业于上海医学院。复旦大学附属华山医院教授。

率先对中医称为命门之火的肾阳进行研究，发现肾阳虚证病人，其反映肾上腺皮质功能的尿 17—羟皮质类固醇值明显低下，经补肾中药治疗可以恢复正常，这一结果得到国内 7 个省市以及日本高雄医院等研究单位的重复与公认；通过对同病异证组进行下丘脑—垂体—靶腺轴功能的对比研究，推论肾阳虚证主要发病环节在下丘脑，这一成果的意义是首次用现代科学方法在国际上证实肾阳虚证有特定的物质基础；通过采用分子生物学方法，证实唯有补肾药才能作用并提高下丘脑的双氢睾酮亲和力及 CRF 基因的表达，对肾阳虚证达到能定性、定量以至将主要调节中枢定位在下丘脑提出多方面的有力证据。

1997 年当选为中国科学院院士。

刘元方

1931 年 2 月 1 日生于上海，祖籍镇海城区。核化学与放射化学家。幼时随父母回到镇海县城生活 5 年，后全家迁往苏州。1952 年毕业于燕京大学化学系。北京大学教授。曾任国际纯粹和应用化学联合会放射化学与核技术委员会主席。

20 世纪 50 年代开展热原子化学研究。领导建成每分钟 5 万转的雏形六氟化铀气体高速离心机。1980—1981 年在美国加州大学劳伦斯伯克利实验室从核反应直接制得镨—251，解决从几十种元素中快速分离出纯镨的难题，精确测量镨—251 的衰变性质，发现两条新 g 射线，重制新纲图。建立从核燃料后处理废液中提取铑和钯的新萃取流程成功地研究从金川贵金属精矿中分离和提纯铑和铱。开展抗癌单克隆抗体的放射性标记化学的研究，用于癌症的放射免疫定位诊断，其中铟—111 标记的比活度达国际先进水平。1994—1998 年，用加速器质谱法测定尼古丁和 DNA 组蛋白的加合，揭示尼古丁是潜在的致癌物。当前主要研究加速器质谱法在生物医学领域的应用；富勒烯和碳纳米管的化学功能团化和标记，用于医学和毒理学研究。

1991 年当选为中国科学院学部委员（院士）。

杨福家

1936年6月11日生于上海，祖籍镇海骆驼。核物理学家。1958年毕业于复旦大学物理系。复旦大学教授。曾任中国科学院上海原子核研究所所长，复旦大学校长，英国诺丁汉大学校监（校长）。

给出复杂能级的衰变公式，概括国内外已知的各种公式，用于放射性厂矿企业，推广至核能级寿命测量，给出图心法测量核寿命的普适公式领导实验组用g共振吸收法发现国际上用此法找到的最窄的双重态。在国内开创离子束分析研究领域。在束箔相互作用方面，首次采用双箔（直箔加斜箔）研究斜箔引起的极化转移，提出用单晶金箔研究沟道效应对极化的影响，确认极化机制。与J. H. Hamilton合著Modern Atomic&Nuclear Physics。领导、组织并基本建成“基于加速器的原子、原子核物理实验室”。

1991年当选为中国科学学部委员（院士）和第三世界科学院院士。

白以龙

1940年12月22日生于云南，祖籍镇海城区。力学家。1963年毕业于中国科学技术大学力学系。1966年中国科学院力学研究所研究生毕业。中国科学院力学研究所研究员，曾任该所副所长，中国力学学会理事长等职。

主要从事爆炸、固体和非线性力学研究。阐明热塑剪切变形局部化的准则、演化和结构，针对冲击载荷下材料的破坏建立统计细观损伤力学，提出损伤演化诱致突变和跨尺度敏感性等概念。代表作有Adiabatic Shear Localization（with Dodd），《统计细观损伤力学和损伤演化诱致突变》（与夏蒙芬，韩闻生，柯孚久合作）。1993年获国家自然科学奖二等奖。

1991年当选为中国科学院学部委员（院士）。2002年当选为欧洲科学院院士。

陈祖煜

1943年2月3日生于重庆，原籍镇海城区。中国水利水电科学研究院教授级高工。1966年毕业于清华大学，1991年在清华大学获博士学位。兼任中国土木工程学会土力学及岩土工程分会副理事长。

长期从事边坡稳定理论和数值分析的研究工作。发展完善以极限平衡为基础的边坡稳定分析理论得出边坡稳定分析上限解的微分方程以及相应的解析解将有关理论和方法推广到三维问题的求解，使边坡三维稳定分析成为现实可行先后提出并解决小湾、天生桥、漫湾、二滩、天荒坪等大型工程滑坡险情的工程措施并成功实施编制的边坡稳定分析软件STAB已形成一个具有141个应用单位的用户网。

2005年当选为中国科学院院士。

包为民

1960年3月生于哈尔滨，原籍镇海庄市。制导与控制专家。中国航天科技集团公司科技委主任。1982 年 8 月毕业于西北电讯工程学院电子工程系信息处理专业。现任国家某两个重点工程总设计师，兼任总装备部精确制导专业组副组长和《计算机工程与设计》编辑委员会委员。作为中国航天运载器总体及控制系统领域的学术带头人，他将理论知识和实践工作相结合，为中国国防现代化建设解决一系列技术难题，是国防科技工业有突出贡献中青年专家。

2005 年当选为中国科学院院士。

第二节 中国工程院院士

汤德全（1915—2006）

1915 年 12 月 14 日生于上海，祖籍镇海庄市。动力机械工程、矿山机电工程专家。1995 年当选为中国工程院院士。（详见本编第二章“知名人士”第一节“传略”之“文人学者”）

陈敬熊

1921 年 10 月 16 日生于镇海庄市。电磁场与微波技术专家。1947 年毕业于上海大同大学。1950 年上海交通大学电讯研究所研究生毕业。航天工业总公司第二研究院研究员，北京大学、清华大学、北京航空航天大学兼职教授。曾任航天工业总公司第二研究院 23 所副所长。

长期从事电磁波地面波传播、电磁场理论、天线与微波技术的研究与应用。1959 年最先提出 Maxwell 方程的直接求解法，在地空导弹研制中解决许多工程问题。其中地空导弹制导雷达设计的天线系统误差关键技术的解决，获 1985 年国家发明奖一等奖。1986 年由科学出版社出版题为“电磁理论中的直接法与积分方程法”专著一本，曾在墨尼赫国际博览会展出。

1995 年当选为中国工程院院士。

周永茂

1931 年 5 月 15 日生于镇海城区。核反应堆工程专家。1955 年毕业于上海国立交通大学。1958 年原苏联莫斯科动力学院核能进修班毕业。中国中原对外工程有限公司高级工程师。长期在反应堆工程和科技第一线从事设计、研究和建设工作，承担并完成国家交给的许多核科研任务：完成“双流程堆芯”潜艇核动力堆本体的早期设计方案；主持开展为生产堆、动力堆、游泳池堆的燃料元件与氚靶元件的首次国产工艺定型工作；参与高通量堆设计建造和工程的重大决策，该堆的设计特色，国外尚无先例；核工业二次创业期间，领导民用微堆的开发，该堆在国内建造 4 座、国外建造 5 座，赢得很好的国际信誉和经济效益。21 世纪初主持开发用中子俘获疗法（BNCT）医治脑瘤的核医疗器械——医院中子照射器，2014 年 9 月 9 日实施中国首例黑色素瘤患者的 BNCT 临床试治。

1995 年当选为中国工程院院士。

林永年

1932年2月13日生于镇海骆驼桥，在宝善学堂启蒙。信息处理技术专家。1960年毕业于苏联莫斯科大学。中国人民解放军总参谋部第51研究所研究员，中国人民解放军信息工程大学电子技术学院客座教授。长期从事国防科研工作，先后荣获国家科技进步奖一等奖1次、二等奖2次、三等奖3次，国家发明奖二等奖1次，军队科技进步奖一等奖3次、二等奖2次，国防科工委科技进步二等奖1次。

1995年当选为中国工程院院士。

翁史烈

1932年5月21日生于镇海骆驼桥。热力涡轮机专家。5岁随父亲移居上海。1952年毕业于上海交通大学。1962年苏联列宁格勒造船学院研究生毕业获科学技术副博士学位。上海交通大学教授。主持承担中国航空涡轮风扇发动机的多用途改型研制。开拓中国新一代热力发动机，提高现代化水平。研制成中国第一台陶瓷绝热涡轮复合柴油机原理样机，完成中国第一批增压器陶瓷涡轮转子的设计和试验台建设。在他的主持和组织下，从20世纪80年代初起，先后在上海交通大学创建振动、冲击、噪声国家重点实验室、教育部动力机械重点实验室。他组织、主持的项目获国家科技进步奖和省部级奖多次。

1995年当选为中国工程院院士。

倪维斗

1932年10月6日生于上海，原籍镇海庄市。动力机械工程专家。1957年于苏联包曼高工获工程师学位。1962年于苏联列宁格勒加里宁工学院获副博士学位。清华大学热能工程系教授。曾任清华大学副校长、中国环境与发展国际合作委员会委员、教育部科技委主任。长期从事热力涡轮机系统和热动力系统动态学方面的研究。全面、系统地发展复杂热力系统及其关键部件的先进建模方法和一系列新的控制策略；在建立大型火电机组性能与振动远程在线检测与诊断系统中做出重要贡献；对先进燃气轮机的消化、吸收、应用、推广发挥核心、组织和指导作用。曾获国家教委科技进步一等奖，国家科技进步二等奖。近年从事中国能源战略的研究，推动以煤气化为龙头的多联产能源系统、醇醚替代燃料在国内的应用。培养博士后、博士和硕士80余人，曾获国家级优秀教学成果二等奖。在核心刊物上发表论文320多篇，出版著作8部。

1991年被选为国际高校科学院院士。1999年当选为中国工程院院士。

郑颖人

1933年11月5日生于镇海澥浦。先后就读于启绪小学、凤湖中学。岩土工程与地下工程专家。1956年毕业于北京石油学院。曾任教授和常务理事。现任后勤工程学院教授。

长期从事岩土工程的教学和研究，先后在军事地下工程与边坡工程的稳定性分析、地下工程围岩力学、岩土塑性力学、岩土极限分析方法、区域性土的研究等领域取得丰硕成果。提出地下工程弹塑性、粘弹塑性位移解及围岩压力计算公式和围岩安全系数计算方法；发展广义塑性理论和数值极限分析方法，推动岩土力学的发展。发表论文500余篇，著作12部。3篇论文入选全国最有影响的百篇论文。《边坡与滑坡工程治理》（2007）获中国政府出版奖提名奖和“三个一百”原创科技图书奖，《岩土塑性力学基础》（1989）获水利部优秀科技图书一等奖。在分离式地下油罐计算方法、机场软基强夯处理技术、埋入式抗滑桩的设计计算等方面取得重要科研成果，为军队和地方解决技术难题。获国家科技进步二等奖与三等奖各1项，军队及部委级科技进步一、二等奖10项，获全国科学技术大会奖1项，培养博士、硕士研究生100余名。1996年被总后勤部授予“科学技术一代名师”称号，2007年获“重庆直辖十年建设功臣”，2009获中华人民共和国成立60周年重庆杰出贡献英模称号。

2001年当选为中国工程院院士。

范立础（1933—2016）

俞范人。出生于上海。1955年毕业于同济大学。曾任同济大学结构工程学院院长，土木工程防灾国家重点实验室学术委员会常务副主任等职。2001年当选为中国工程院院士。

长期从事桥梁与结构工程领域的教学和科研工作。唐山地震后，在国内首次编写桥梁杆系非线性地震反应分析程序；20世纪80年代，率先建立中国大跨度桥梁及城市复杂立交工程的抗震理论和计算方法；90年代，提出两水平的大跨度桥梁抗震设计方法，率先开展桥梁减隔震和抗震加固技术研究，开发研制一、二代橡胶抗震支座；进入21世纪，提出基于寿命期和性能的大跨度桥梁抗震设计方法，解决中国大跨、高墩桥梁抗震和减震关键技术，开发研制大吨位全钢双曲面球型减隔震支座。这些成果已应用于上海卢浦大桥、东海大桥、苏通长江大桥等50余座重大桥梁工程。关心家乡建设，指导解决杭州湾跨海大桥建设中海底天然气可控释放等难题。主编中国首部《城市桥梁抗震设计规范》，成果曾荣获国家科技进步一等奖1项，交通部科技进步特等奖1项，省部级科技进步一等奖5项，2003年获全国优秀教师称号，2010年获何梁何利科学与技术进步奖。

朱高峰

1935年5月27日生于上海，原籍镇海庄市。通信技术与管理专家。1951—1952年就学于清华大学物理系，1958年毕业于苏联列宁格勒电信工程学院，获工程师学位。曾任原邮电部副部长、主任高级工程师。中国工程院副院长。

长期从事电信科研工作。20世纪60年代至70年代，参与主持多个通信载波传输系统总体设计与研制工作，负责总体设计的中国第一套中同轴电缆，1800路载波通信系统是中国载波通信系统的重要组成部分，1978年该项目获全国科学大会奖。特别是负责总体设计的中同轴电缆4380路载波通信系统，频带宽，技术难度大，有些技术达到国外万路载波系统的水平。打破国际上对中国的通信技术封锁，填补国内空白，获1985年国家科技进步奖一等奖。

20 世纪 80 年代倡议并组织建设全国长途自动电话网，提出网络运行可靠性总体设想，推动通信网络理论的发展。90 年代组织制定中国长途网络规划，为“八五”计划期间建设中国 22 条光缆主干线起了主导作用。为中国邮电事业的发展做出突出贡献。

1994 年当选为中国工程院院士。

倪光南

1939 年 8 月 1 日生于镇海庄市。1961 年毕业于南京工学院。中国科学院计算所研究员。联想集团首任总工程师。

作为中国最早从事汉字信息处理和模式识别研究的学者之一，提出并实现在汉字输入中应用联想功能。主持开发的联想式汉字系统，较好地解决汉字处理的一系列技术问题，于 1988 年获国家科技进步一等奖，所在企业亦由计算所公司改名为联想集团。随后又主持开发联想系列微型机，于 1992 年获国家科技进步一等奖，此后联想微机成为联想公司的主要业务。上述两项拳头产品，创造重大的经济效益和社会效益。近年来，致力于在中国推进开放源代码的 Linux 操作系统，以及基于国产 CPU 和 Linux 的网络计算机等有自主核心技术的产品。

1994 年当选为中国工程院院士。

第三节　国外院士

汤于翰（1913—2014）

城区人。医学家。20 世纪 40 年代被选为伦敦皇家内科医学院院士和爱丁堡皇家内科医学院院士，成为最早获此殊荣的中国人之一。（详见本编第二章“知名人士”第一节“传略”之“备志人物”）

庄祥昌

1928 年生，镇海庄市人。航空航天专家。1952 年毕业于第五军医大学医疗系，毕业后从事航空生理和航天医学的研究工作。曾任解放军总装备部航天医学工程研究所副所长、研究员，专业范围涉及失重、超重、救生等领域，为中华人民共和国这些领域的第一代专家。是“神舟九号”与“天宫一号”成功实现载人交会对接的功臣。1991 年，获国务院颁发的终身政府特殊津贴。

1998 年当选为国际宇航科学院院士。

林芳华

1959 年生于镇海澥浦。数学家。1981 年毕业于浙江大学数学系，后赴美国留学。1985 年，获美国明尼苏达大学数学博士学位。1985—1987 年间，在美国纽约大学科朗研究所任助教。1988 年，始任芝加哥大学数学系正教授（时年仅 29 岁）。1989 年，回到纽约大学，任科朗研究所终身教授。

20 世纪 90 年代，林成国际偏微分方程领域杰出青年数学家之一。1990 年受邀在日本京都国际数学家大会上作 45 分钟报告，是继陈景润、吴文俊后第三位获此殊荣者。2002 年，获美国数学会 Bocher 奖（与陶哲轩及 Daniel Tataru 同时获奖）。2004 年在第三届世界华人数学家大会上，被授予“陈省身奖”，以表彰其对液晶理论、调和映照等数学研究上做出的贡献。

2005 年当选为美国科学与艺术院院士。

【附】备志人物

徐芑南

1936 年 3 月出生于镇海县。1958 年毕业于上海交通大学。

中国船舶科学研究中心副总工程师，研究员，国家深潜器高技术领域著名专家，“蛟龙”号载人深潜器总设计师。长期从事潜艇、潜水器结构强度与稳定性应用研究和水下机器人工程研发，是中国最大深海模拟试验装置的创建者。

20 世纪 80 年代，徐研制出多种型号无人深海潜水器和水下机器人，但因条件限制，独缺大深度载人潜水器。2002 年 6 月，7000 米载人潜水器研制被国家正式立项。66 岁的他重新批挂出发。他不顾年老多病，靠着信念和毅力，靠着团队精神，边设计、边试验，所有设备的每一个细节都经过相当于 7000 米外水压的实验考核。2009 年“蛟龙号”进行第一次 1000 米级海上试验。两年后，“蛟龙号”成功抓起 3700 米海底一条体长 10 余厘米的柔软海参，又把钛合金国旗插向海底。2012 年 6 月 15 日至 30 日，“蛟龙号”成功完成目标 6000 米试验，其中 3 次突破 7000 米。“蛟龙号”的胜利建成，共获国家科技奖励 2 项，国家科委、中国科学院科技奖励 2 项，上海市、江苏省级奖励 5 项。2013 年 12 月当选中国工程院院士。

陈恕行

1941 年 6 月出生上海，籍贯镇海团桥。1962 年毕业于复旦大学数学系，1965 年同系研究生毕业。专于偏微分方程。历任上海复旦大学数学研究所学术委员会主任、教授，博士生导师。兼微分方程研究室主任，国家教委高等学校数学与力学教学指导委员会成员，中国数学会教育工作委员会委员，上海市数学会理事等职。长期从事偏微分方程理论与应用研究。与谷超豪等合作研究的“非线性双曲型方程组和多元混合型偏微分方程”，获 1982 年国家自然科学二等奖；“非局部边值问题与分布参数控制”获 1985 年国家教委科技进步二等奖；独立研究的“非线性编微分方程的奇性分析”，获 1987 年国家教委科技进步二等奖，1992 年又获上海市科技进步奖与全国光华科技二等奖。独立完成的研究项目“高维非线性守恒律方程组与激波理论”于 2005 年再获国家自然科学二等奖。

编写教材有《数学物理方程》《偏微分方程概论》《偏微分方程的现代方法》《数学物理方程方法指导》等。其中《数学物理方程》获 1987 年国家优秀教材奖；《偏微分方程概论》获 1987 年国家教委优秀教材奖。出版的专著有《傅里叶积分算子理论及其应用》《仿微分算子引论》等。2013 年 10 月当选中国科学院院士。

第四章　人物名表

镇海区人才济济，江东才俊，术精业显。今搜集当代各线精英，专列此表，使良金美玉，不埋于世，且备续志参考。

第一节　政　界

镇海区政界人士名表

表 44－4

姓名	出生年份	家乡地	主要事迹
杨展大	1920	庄　市	解放战争时任中共慈镇县工委委员、组织部部长、代书记。解放后任慈溪县委副书记，杭州铁路分局局长、党委书记；浙江省人大常委会委员、浙江省新四军暨抗日根据地历史研究会副会长等职
王剑君	1920	五里牌	1939 年加入中国共产党。历任镇海县抗日民主政权庄市区区长、中共庄市区委书记等职。1942 年参加新四军浙东支队。历任团宣传股长、三野九兵团司令部宣传科长、兵团党委秘书。1951 年入朝参战。后任解放军政治部《八一杂志》编辑部副主任、总政治部宣传处处长、国防大学政治经济教授会副主任、国防大学调研员
胡凡夫	1921	镇　海	曾任北京图书馆副馆长、中科院系统所党委书记兼副所长等职
钟沛璋	1924	庄　市	1946 年在上海创办中联广播电台，并任台长。1948 年起任《青年知识》半月刊主编。中华人民共和国成立后，负责创办上海《青年报》，任总编辑。后任《中国青年报》副总编辑、副社长，中共中央宣传部新闻局局长
贺师礼	1930	镇　海	研究员。早年在上海市教育协会从事地下刊物出版工作。后历任华东师大教育科学院副院长、上海市创造教育学会副会长等
张彩珍（女）	1930	镇　海	1948 年由时任同济大学党总支书记乔石介绍入党，1954 年，时任国家体委主任贺龙亲点到体委工作。曾任国家体委副主任，中华全国体育总会、中国奥委会副主席，中国垒球协会主席等职。中国历史上第一位获得奥林匹克勋章的女性
郑英炜	1931	澥　浦	曾任宁波职业技术学院党委书记
郑基英	1931	澥　浦	教授。历任江汉石油学院副院长，湖北省沙市副市长、荆州市人大常委会副主任等职。两次带学生参加大庆石油会战
方善足	1934	骆　驼	曾任温州市副市长，浙江省人民政府驻海南、广州办事处副主任，浙江省石油化学工业厅副厅级巡视员，浙江善高化学有限公司董事长等职
王世杰	1936	镇　海	20 世纪 80 年代在中国驻联合国代表团任参赞。1990 年起先后任中国驻巴林、约旦和伊朗大使。2002 年被任命为中国首任中东问题特使

续表 44－4

姓名	出生年份	家乡地	主要事迹
庄正方	1938	庄　市	曾任中共杭州电子科技大学党委委员、纪委副书记
施燕华（女）	1939	城　区	曾被派为中国常驻联合国代表团口译和笔译。1975 年起任邓小平、李先念等中央领导外事活动时翻译。接待尼克松、里根等来访，参加中美三个联合公报和建交谈判。1994—1998 年出任驻卢森堡大使。1998 年以公使衔参赞身份，与其丈夫吴建民出使法国
陈明德	1940	镇　海	曾任中国民主建国会北京市委副主委兼秘书长，北京市工商行政管理局副局长。中国民主建国会中央副主席，全国政协常委、全国政协副秘书长，中国拉丁美洲友好协会理事
闻兆丰	1940	庄　市	曾任总参四部副部长。1997 年授予少将军衔
阮克痒	1942	庄　市	空军指挥学院教授、副院长，空军少将军衔。参加“援越抗美”防空作战一年。曾任《航空杂志》社长、军委办公厅特约研究员等职。2009 年担任总设计师，在故乡镇海建中国防空博览园
方之焯	1944	骆　驼	曾任中共镇江市委书记、江苏省九届人大常委会副主任、党组成员等职。是中共十五大代表，八届全国人大代表
郑素蓉（女）	1944	澥　浦	曾任上海跃华玻璃厂党总支书记。三次评为上海市三八红旗手，建材业全国劳动模范。上海市党代会第六、七届代表，中共十五大代表
范徐丽泰（女）	1945	徐家堰头	1949 年随父母移居香港。1993 年起，先后担任香港特别行政区筹备委员会预备工作委员会委员、筹备委员会委员等职。香港回归后，历任香港特别行政区临时立法会主席、香港特区第一、二、三届立法会议员、主席。是第九、十届全国人大代表
张　曦	1945	城　区	1984 年 1 月起历任镇海县副县长，镇海区委副书记、区长，镇海区委书记。2000 年 12 月起历任浙江省委常委、省委秘书长、浙江大学党委书记等职。2011 年 3 月任浙江省地方志编纂委员会副主任、浙江大学发展委员会主席
金闽珠（女）	1946	城　区	曾任上海电视台党委书记兼台长、上海市广播电影电视局副局长等职。全国优秀党务工作者。是中共上海市第六次代表大会代表，上海市九届人大代表
陈仲方	1947	团　桥	1984 年 6 月至 1985 年 9 月任镇海县县委书记。1994 年 4 月任丽水地委书记。1998 年起任浙江省人事厅厅长、省编委办主任、党组书记、省委组织部副部长等职
金立群	1949	镇　海	历任财政部世界银行司副司长、司长、部长助理、副部长等职。2003 年出任亚行副行长。2008 年 9 月，任中国投资有限责任公司监事长
张小康（女）	1949	团　桥	2000 年 4 月被任命为中国驻爱尔兰大使，后又调任驻新加坡大使
孙建国	1952	河北吴桥	出生于镇海城区，镇海中学毕业。2009 年 1 月，任中国人民解放军总参谋部副总参谋长。2011 年 7 月晋升为海军上将军衔。是中共第十七届中央候补委员、第十八届中央委员
沈　何	1952	城　区	历任青海省海北州党委副书记，省委组织部副部长，常务副部长，青海省委常委，政法委书记、秘书长兼办公厅主任，青海省人大常委会副主任等职
郑　瑜	1962	澥　浦	历任宁波市科技局局长及市政协副主席等职

第二节　商　圈

镇海区商圈人士名表

表 44 - 5

姓名	出生年份	家乡地	主要经历与业绩
朱学仁	1914	镇　海	创办的美伦毛纺厂是中国第一个生产造纸毛毯的厂家，在中国近代造纸业中有举足轻重的地位
乐伯美	1920	镇　海	曾任香港瓦通纸业厂商会第二届理事长
顾兆田	1922	河　头	著名爱乡港胞。1985 年起，先后捐资在家乡助建鸿山学校和幼儿园，累计捐建社会公益事业金额超过 300 万元
包景表	1924	城　区	捐资建造镇海实验小学育才楼，助建镇海中医院住院楼、门急诊楼，精英小学、区职教中心等，金额超过 1600 多万元。是浙江省爱乡楷模，宁波市荣誉市民
庄杏凤（女）	1927	镇　海	1947 年随夫迁居香港，后定居加拿大。1986 年，将陈裕发故居（221 平方米）赠予老家姜村，设为老年活动室，并捐资用作活动经费
徐道德	1927	庄　市	曾任日本东京华侨总会常务理事、旅日华侨浙江同乡会副会长
陈志耀	1929	城　区	曾任香港甬港联谊会副会长。为镇海区侨联第五、六届名誉主席。捐资建造镇海陈友德寿康楼、镇海实验小学陈友德教学楼、夏金生福利院，助资落架大修鼓楼。和闻儒根等 12 人一起，向宁波大学赠送《影印文渊阁四库全书》一套
施义芳	1929	后　施	1949 年去香港供职李伯堂纸行，创办奥林比亚公司。1985 年为镇海人民医院捐赠救护车
水铭漳	1929	清水浦	出生于新加坡，为当地大建筑商，新加坡三江会馆会长。曾任新加坡中华总商会董事，新加坡宁波同乡会主席等职
张爱芳（女）	1930	清水浦	1996 年捐资兴建镇海仁爱中学，设立奖教学基金。是浙江省爱乡楷模，宁波市荣誉市民
何增年	1934	清水浦	英国皇家建筑学会资深会员（特许建筑师）、香港建筑学会副会长、香港营造师协会执行会员、加拿大工程师学会会员、美国土木工程师学会会员。宁波旅港同乡会常务理事
朱复之	1937	朱家岸	曾任多届台湾省加工出口区电气工业同业公会理事长、常务理事
王心仁	1939	汉　塘	蝉联多届美东纽约三江慈善公所主席。曾参加国庆 50 周年观礼
周荣一	1940	镇　海	台湾第三届“十大杰出青年”，第四届“十大杰出企业家”
胡运熹	1942	骆　驼	历任美东纽约三江慈善公所主席、西东狮子会会长、华人总商会及中华总商会常务理事
应立人	1942	后　施	美国大中集团主席兼董事长、美中国际贸易促进会会长。出资助建镇海应行久外语实验学校，后又建镇海立人中学。是宁波市荣誉市民
张　宇	1943	城　区	1993 年成为中国第一批“高级园际商务师”。2008 年后任中国对外文化集团公司董事长兼总经理。2011 年当选第 12 届“CCTV 中国经济年度人物”。公司连续四届入选中国“文化企业 30 强”

续表 44－5

姓名	出生年份	家乡地	主要经历与业绩
包陪庆（女）	1945	庄　市	曾任香港环球航运集团董事、香港厂商联合会名誉会长等职。1994 年受聘国务院港事顾问。助建宁波大学教育楼，前后出资 100 万美元和 1000 万元人民币。2002 年当选为浙江省政协委员、宁波市政协常委。2004 年在浙江大学建立“包玉刚国际基金”和“包玉刚讲座基金”。是浙江省爱乡楷模，宁波市荣誉市民
金维明	1946	澥　浦	在浙大城市学院建立“新丽助学金”；捐资建成宁波大学金宗城运动场。在澥浦镇兴建文化广场。任中国竺可桢教育基金会理事、香港甬港联谊会常务理事、宁波旅港同乡会副会长、香港上海总会常务理事。历任浙江省政协第五至八届委员
张惠中	1954	贵　驷	历任亚洲商务联盟首席主席、社会服务委员会及港口事务委员会专员。20 世纪 80 年代起，辅助其父张济民在大陆事业，任包头稀土集团总裁
赵亨衍	1943	骆　驼	南非纽翰尼斯堡田茂贸易有限公司总经理
赵亨龙	1948	骆　驼	印尼荣华纺织有限公司总经理。为家乡捐资项目 50 多个。是宁波市荣誉市民
郑绍琪	1950	庄　市	宁波华通电器集团股份有限公司董事长、党委书记。浙江省劳动模范，浙江省创业标兵，宁波市人大代表、企业家协会副会长、民营企业家协会副会长。2006 年起担任光明村党总支书记，2011 年获评全国文明村
钟康明	1953	贵　驷	宁波中鑫毛纺集团有限公司总经理。曾任中国毛纺织行业协会副理事长、浙江省毛纺织行业协会常务副理事长、宁波市人大代表。是宁波市特等劳模、镇海区十大功臣
赵亨文	1957	骆　驼	香港荣华纺织有限公司董事总经理。1995 年被聘为宁波大学客座教授
顾东华	1958	河　头	宁波旅港同乡会副会长，浙江省政协八届委员、浙江省海外联谊会理事。1989 年为镇海骆驼医院捐赠救护车 1 辆
姜　风（女）	1958	城　区	中国家用电器协会副理事长兼秘书长，教授级高级工程师
钟华君（女）	1956	镇　海	历任上海市第一商业局副局长，第一百货股份有限公司董事长，友谊集团股份有限公司监事长、党委书记，百联（集团）有限公司监事会主席，友谊复星（控股）有限公司董事长、党委书记
顾伟国	1959	镇　海	中国银河证券股份有限公司副研究员、党委书记、总裁、法定代表人
郑毓明	1960	澥　浦	美国 BP 阿莫科全球业务中心新兴市场集团副总裁，美英石油公司国际贸易副总裁。兼任北京阿莫科东方炼油公司总裁
周　镇	1963	城　区	中国人民大学会计系副主任、教授。1992 年任深圳石油集团总会计师及所属上市公司副总经理
李迅雷	1963	城　区	1996 年起任深圳君安证券公司研究所副所长、国泰君安证券公司研究所所长、公司销售交易总部总经理、总裁助理，总经济师、首席经济学家。2008 年当选为上海市人大代表、市第十三届人大常委会财经委委员。为中国证券业协会分析师委员会副主任委员，中国国际金融学会理事等
陈鲁明	1963	城　区	中国顶级律师。擅长处理国际争议、涉外仲裁、诉讼、调解和谈判等
余　锋	1964	城区	历任英格索兰公司市场部经理、业务总监、中国区售后业务总经理，工业技术亚太区市场总监等职。2011 年 3 月起，担任英格索兰安防技术亚太区总裁

续表 44－5

姓名	出生年份	家乡地	主要经历与业绩
吴晓晖	1966	镇　海	历任上海市人大常委会主任秘书，上海绿地集团有限公司副总裁，上海新华发行集团有限公司副董事长
王　清	1966	镇　海	1992 年移民香港，合资创办 GALAXY MICROSYSTEM LIMITED 影驰科技有限公司，20 年后在行业细分领域市场占有率排名前三
劳新兴	1967	城　区	促成宁波与亚特兰大结为“姐妹城市”
金　霞（女）	1969	城　区	中国第一批职业广告人之一。2001 年获世界最高级别的公关年度大奖 Mercury Awards 银奖
杨文仕	1971	镇　海	上海龙象建设有限公司董事长、总经理，企业连续三届被评为上海市建筑施工企业综合实力排名 30 强和浦东新区建筑施工 10 强企业
刘海颖（女）	1973	镇　海	2005 年 11 月起任可口可乐上海申美饮料有限公司首席财务官、可口可乐中国实业有限公司首席财务官等职
江南春	1973	镇　海	分众传媒集团董事局主席、首席执行官。曾被中央电视台、中国传媒大学等评为“2004 中国广告十大风云人物”；2006 年获选《财富》杂志中国最具影响力的 25 位商界领袖之一
谢赞恩	1973	镇　海	上海源天软件有限公司首席执行官。源天软件的协同知识管理案例，曾获哈佛《商业评论》管理行动奖

第三节　科　苑

镇海区科苑人士名表

表 44－6

姓名	出生年份	家乡地	主要经历与业绩
汤富麟	1920	镇　海	原冶金部攀枝花钢铁研究院、鞍钢钢铁研究所教授级高级工程师，享受国务院政府特殊津贴。发明“异变单机连轧机”，获北京国际发明展览会银奖及国家发明奖
周祖荫	1920	城　区	教授级高级工程师。曾参加河北官厅，四川狮子滩，新疆喀什，甘肃刘家峡、八盘峡，青海龙羊峡，宁夏青铜峡等 20 余座水电站建筑的结构设计。捐款支持镇海口海防历史纪念馆的兴建
沙逸仙	1920	城　区	中科院化学研究所研究员，从事有机结构分析研究工作。历任中国化学学会理事、中国仪器仪表学会常委
沈光铭	1923	镇　海	曾任中国科学院电子学研究所研究员、副所长
虞浦帆	1923	城　区	原电子工业部华东计算机技术所教授级高级工程师。为中国第一台近 500 万次大型集成电路计算机主要设计师
朱世铣	1924	城　区	教授级高级工程师。曾任牡丹江市纺织工业公司副经理兼总工程师、市科协副主席等职
盛焕候	1925	骆　驼	教授级高级工程师。历任上海石油商品应用研究所所长，第一、二届上海石油学会常务理事、科普委员会主任等职

续表 44－6

姓名	出生年份	家乡地	主要经历与业绩
郑家骏	1925	澥　浦	历任美国堪萨斯大学癌症研究院院长、药理系教授、有机化学药物研究室主任。设计综合抗癌、抗疟、抗农害等药物3000多种。为中、美20余所大学客座或荣誉教授
郑熙英	1928	澥　浦	中科院化学研究所研究员。早期从事高分子合成研究，后参与我国煤炭腐殖酸资源开发利用工作。享受国务院政府特殊津贴
金嗣骥	1929	城　区	教授级高级工程师，马鞍山钢铁厂副总工程师
徐兴汉	1929	镇　海	教授级高级工程师。历任辽宁省鞍山市城市规划局总工程师、省城市规划学术委员会副主任、第二届鞍山市人大常委会委员等
蔡正平	1930	澥　浦	研究员级高级工程师。是中国力值与硬度计量领域的奠基人之一。享受国务院政府特殊津贴
孙家珍	1930	镇　海	中国科学院长春应用化学研究所研究员，复旦大学及同济大学兼职教授。中国民主同盟吉林省委常委、吉林省政协委员。中国著名的辐射研究和辐射加工方面专家
梅祖安	1930	镇　海	历任上海民丰造纸厂和杭州华丰造纸厂副厂长、总工程师、教授级高级工程师，曾获轻工部科技进步三等奖
应顺潮	1930	镇　海	电力部电力科学研究院教授级高级工程师。历任沈阳和北京航空学校无线电教研室主任、《中国电机工程学报》编审
刘巽浩	1931	贵　驷	国务院农业发展中心研究员，中国农业大学教授。1983年在《人民日报》发表《对黄淮海平原开发工程发展战略的建议》，对中央开发黄淮海决策产生积极影响。享受国务院政府特殊津贴
王家琛	1931	镇　海	教授级高级工程师。煤炭科学院总院合肥研究所研究员
郑领英	1932	澥　浦	中科院大连化学物理研究所研究员，享受国务院政府特殊津贴
王兆熊	1932	镇　海	历任北京市专利管理局局长、北京市科委副主任、北京科协副主席等职。有《煤炭综合利用理论》等专著
郑家声	1933	澥　浦	俄语专家，初任苏联专家翻译，后为国家测绘出版社编审，享受国务院特殊津贴
刘永焕	1933	镇　海	长沙有色冶金设计院教授级高级工程师
余存杰	1933	镇　海	中国天津奥的斯电梯有限公司副总裁、总经理。中国电梯协会副理事长，全国劳动模范，全国先进科技工作者。享受国务院政府特殊津贴
杨彩顺	1933	镇　海	教授级高级工程师。先后被评为空军先进科技工作者、空军航空修理系统劳动模范和有突出贡献技术专家
何维俭	1933	镇　海	教授级高级工程师。东风－50型拖拉机系列设计组组长
赵安祥	1933	镇　海	教授级高级工程师。从事无线电电真空专业，两项科研成果获国家科技大会三等奖、国防科委二等奖及湖北省科技二等奖
郑本英	1934	澥　浦	四川东方电机公司教授级高级工程师。享受国务院政府特殊津贴
倪光炯	1934	庄　市	复旦大学物理系教授。长期从事理论物理研究。曾获国家教委科技进步二等奖；中科院科技进步二等奖。全国劳动模范

续表 44－6

姓名	出生年份	家乡地	主要经历与业绩
虞和谦	1934	镇　海	教授级高级工程师。中国机械工程学会物料搬运分会副理事长。主持设计建成中国首座全自动化立体仓库，获机械工业部科技成果一等奖。享受国务院政府特殊津贴
王家梁	1934	镇　海	北京市农林科学院综合发展研究所研究员，中国土地学会副理事长。北京市有突出贡献专家
余晓年	1934	澥　浦	兰州有色冶金设计院副院长，教授级高级工程师。从事自动控制、电讯仪表研究
林巨源	1934	镇　海	教授级高级工程师。参加中条山三大铜矿、黄河水源和上海铜冶炼厂工程设计。主持深圳、厦门、杭州、宁波市政给排水规划和深圳、厦门城市污水处理厂和污水海洋处置工程设计。获部、省级优秀设计一等奖 4 项、二等奖多项
张和祺	1935	城　区	研究员。曾任紫金山天文台台长。被誉为中国空间天文学的主要奠基者。获国家教委科技成果二等奖、中科院科技成果三等奖、江苏省科技成果三等奖各 1 次
戴冠军	1935	镇　海	西安公路学院汽车研究所研究员
顾基发	1935	镇　海	中科院研究所研究员。中国系统工程学会理事长。曾获 1978 年全国科学大会奖和航天部科技进步二等奖
樊绘曾	1936	城　区	研究员。获 1978 年卫生部科技大会二等奖。曾赴日本与大鹏药品（株）协作新药研发。享受国务院政府特殊津贴
何梅英（女）	1936	镇　海	公安部第一研究所研究员。负责研制的“TS1　型碲化锌镉暗光摄像管”，获部科技成果一等奖和国家科技进步三等奖。参与研制的“GD1　微光摄像管”获国家科技进步二等奖。全国三八红旗手
杜圣华	1936	骆　驼	教授级高级工程师，核工业部优秀科技工作者，享受国务院政府特殊津贴
孙延春	1936	镇　海	宁波电机厂厂长兼总工程师、教授级高级工程师。主持完成 1250 千瓦发电机，获机械部 1993 年科技进步二等奖。享受国务院政府特殊津贴
陈锡康	1936	石塘下	中科院系统科学研究所研究员。著作获国家科技进步三等奖，院科技进步一、二等奖。历任中国投入产出学会名誉理事长、国际投入产出协会创建成员理事
张文香（女）	1936	镇　海	上海社会科学学会联合会研究员。中国生产力学会理事
包涵龄	1936	城　区	北京工业大学电子工程学系教授级高级工程师。科研成果获全国科技大会奖 1 项，国防科工委科技进步二等奖 1 项、三等奖 3 项
吴茂郁	1936	镇　海	上海港教授级高级引航员。兼任交通部上海、珠海引航技术交流中心教授
范存娣（女）	1936	上　海	宁波航海纺机有限责任公司（位于九龙湖镇）教授级高级工程师，总工程师。创制新一代纺机剑杆头，获国家科技进步奖，享受国务院政府特殊津贴
朱世祺	1937	城　区	中国科学院电子学研究所教授级高级工程师
郑　旻（女）	1937	澥　浦	南京水泥工业设计院工艺总设计师，教授级高级工程师
李国杰	1937	庄　市	从事无线电和导弹技术研究，研究员。多次获部科技进步奖，其中某项科技成果被装备在中国“飞豹”歼击轰炸机的雷达上

续表 44－6

姓名	出生年份	家乡地	主要经历与业绩
胡世璇	1937	城　区	教授级高级工程师。机电部有突出贡献专家，享受国务院政府特殊津贴
车荣钲	1937	城　区	中科院山西省分院物理研究所研究员级高级工程师。赴法、德国家研究中心新材料实验室客座研究员。曾获国家科技进步三等奖
司徒明	1937	城　区	航天总公司第三研究院 31 研究所研究员
宋文淼	1938	城　区	中科院电子学研究所研究员，中国科技大学研究生院（北京）兼职教授。“微波管理论和设计研究”获 1978 年国家科学大会奖和中科院科技进步三等奖
常家强	1938	镇　海	浙江工业大学教授级高级工程师。研制成功氨合成催化剂和氨合塔内件，获国家发明三等奖。氨合成综合节能技术获国家科技进步二等奖。享受国务院政府特殊津贴
於定华	1938	镇　海	解放军电子工程学院和国家超细粉末工程研究中心教授。获国家发明三等奖，以及全军科技进步二、三等奖各 1 项。享受国务院政府特殊津贴
周佩璋	1938	城　区	航天工业总公司研究员。3 项研究获部级二、三等技术成果奖
李大展	1938	城　区	中国建筑科学研究院地基础研究所研究员。获部科技进步三等奖 2 次
方积年	1938	骆　驼	中国科学院上海药物研究所研究员。获中科院自然科学二等奖及上海市科技进步三等奖。享受国务院政府特殊津贴
郑企成	1939	澥　浦	中国农科院研究员
孙定华	1939	城　区	西安变压器厂教授级高级工程师，总工程师。享受国务院政府特殊津贴
陆雄飞	1939	澥　浦	核工业部所属中国宝原公司副总经理，教授级高级工程师
陈继申	1939	城　区	宁波市镇海区纺织公司副总经理，教授级高级工程师
房良钧	1939	镇　海	天津社会科学院副院长，研究员。天津哲学学会副会长。天津市劳动模范，享受国务院政府特殊津贴
方之熙	1940	骆　驼	英特尔公司研究院副总裁兼英特尔中国研究院院长
周兆初	1940	城　区	教授级高级工程师。曾任济南铸造锻压机械研究所研究室主任、副所长、总工程师、研究所党委副书记等职
陈利民	1940	镇　海	冶金部北京钢铁研究总院教授级高级工程师。在超微粒子、功能材料等方面获得多项国家发明专利权、国家发明奖和部门科技进步奖。享受国务院政府特殊津贴
乐俊旺	1940	镇　海	国家广播电影电视总局设计院教授级高级工程师。享受国务院政府特殊津贴。全国一级注册结构工程师特许人员
谢建民	1940	城　区	教授级高级工程师。主持浙江省财政厅大楼、金华市行政中心等工程设计与施工，获最高质量奖鲁班奖
夏祖讽	1941	城　区	研究员级高级工程师，核工业土建专家。获国家级科技进步二等奖 1 项，部级科技进步奖一等奖 2 项、二等奖 3 项。被国家人事部评为有突出贡献的中青年专家，享受国务院政府特殊津贴。2004 年获“中国工程勘察设计大师”称号
林荫日	1941	镇　海	教授级高级工程师。参加 30 多个各型水电站设计，获国家优秀工程设计奖金奖 1 项、银奖 2 项

续表 44－6

姓名	出生年份	家乡地	主要经历与业绩
王文忠	1941	澥　浦	研究员级高级工程师，机械电子工业部哈尔滨电工仪表研究所总工程师兼国家电工仪表质量监督检验检测试中心主任
林振国	1941	镇　海	上海第二压缩机厂教授级高级工程师
张云展	1941	镇　海	研究员级高级工程师。中国兵器工业第 206 研究所总设计师，曾获部级科技进步一等奖 2 项，二、三等奖各 3 项
朱之轮	1942	城　区	教授级高级工程师。曾主持研制大型科学分析仪器 12D496 微热量计，达世界先进水平，1990 年获国家四部委联合颁发的金奖
金持平	1942	城　区	冶金部马鞍山钢铁设计院研究总院总设计师、教授级高级工程师，享受国务院政府特殊津贴。辽宁省劳动模范
张祖新	1942	城　区	南开大学元素有机化学研究所生物测定室教授
董尧清	1942	城　区	教授级高级工程师。主持完成科研项目获部级科技进步奖 4 项，享受国务院政府特殊津贴
竺利君（女）	1942	城　区	水电部葛洲坝勘测设计院从事土木工程结构设计工作，教授级高级工程师
沈燕燕（女）	1943	城　区	南京国家电子部第 714 厂通讯研究所研究员级高级工程师。参与中国第一枚洲际导弹及第一颗通信卫星通讯监测系统研制。获部级科技进步一、二等奖
周均铭	1943	镇　海	中国科学院物理研究所研究员、分子束外延研究组组长。获国家科技进步二等奖和中科院科技进步一等奖各 2 次。为中科院有突出贡献中青年专家
董振民	1943	镇　海	上海宝钢集团梅山矿业公司科技中心技术总管，教授级高级工程师。建立完善多级机站通风系统，获部级科技进步二等奖
邵光海	1943	镇　海	教授级高级工程师。独立发明　“磁转子式霍尔角位移传感器”，获得 1984 年度国家发明奖。享受国务院政府特殊津贴。曾任宁波市环境保护科学研究院院长、市第十届、第十一届人大常委会常委
陈洋珠	1944	临　江	为宁海县创出“望海茶”“望府银毫”“汶溪玉叶”等全国、省、市级名茶 8 款。全国及浙江省劳动模范，全国农业科技先进工作者。享受国务院政府特殊津贴
陈祖源	1944	城　区	教授级高级工程师。曾任武汉仪器仪表研究院院长，中国仪器仪表学会理事，武汉仪器仪表学会理事长。中国民盟中央委员，武汉市人大常委会委员
杨相利	1944	城　区	机械部杭州照相机械研究所总工程师、所长，教授级高级工程师。先后获部级科技进步二等奖 2 项、三等奖 1 项，享受国务院政府特殊津贴
胡　武（女）	1945	俞　范	杭州市机械科学研究所教授级高级工程师。享受国务院政府特殊津贴
陆仁义	1946	镇　海	冶金建设集团马鞍山钢铁设计研究总院院长、教授级高级工程师。获部级科技进步三等奖共 3 项。马鞍山市劳动模范
陈文华	—	庄　市	航空工业部所属国营三七〇厂研究员级高级工程师。获国防科工委技术进步一等奖、科技部特等奖
庄行方	1948	庄　市	教授，曾任中国电子会计学会副会长、中国信息化推进联盟副会长、中国电源协会名誉理事长

续表 44－6

姓名	出生年份	家乡地	主要经历与业绩
包起帆	1951	庄　市	教授级高级工程师。上海国际港务（集团）股份有限公司副总裁。领军发明集装箱电子标签系统；实现中国航运界在领衔制定国际标准方面零的突破。是中共十四大至十七大代表，全国劳动模范，全国道德模范
朱之轨	1955	城　区	参与南浦大桥、杨浦、徐浦大桥建设。主持建造海南世纪大桥、广西柳州大桥以及多个省市道路桥梁建设项目。建设部及上海市建设功臣、劳动模范
刘自勉	1958	沙　河	教授级高级工程师。宁波市建筑设计院院长、党委书记，宁波市土木建筑学会和市勘察设计协会副理事长。宁波市劳动模范，全国建设系统先进工作者
陈祖雄	1960	镇　海	机械工业部第二设计院项目总设计师，教授级高级工程师
邹汉法	1961	镇　海	国家色谱研究中心和色谱研究室主任、研究员。获中国科学院青年科学家奖和中国科协优秀青年科技奖
周伟江	1962	庄　市	中国航天空气动力技术研究院第一研究部总工程师，研究员。入选“国家科技人才百千万工程”，享受国务院政府特殊津贴，获航天基金奖，国防科工委突出贡献专家
罗永浩	1962	棉　海	上海交通大学教授，上海市优秀学科带头人，长期从事生物质热化学转化、煤的清洁高效燃烧和工业节能的研究，获得国家自然科学基金，上海市科技进步二等奖，教育部科技进步三等奖
郑　远	1962	后　施	舟山市规划建筑设计研究院副院长、总设计师、教授级高级建筑师，国家一级注册建筑师
陈萍萍（女）	1962	城　区	航天部南京 8511 研究所研究员。曾获多项国防专利，多项国防进步二等、三等奖，享受国务院政府特殊津贴
高裕江	1963	骆　驼	浙江大学建筑学院教授级高级建筑师，一级注册建筑师。首批杭州市跨世纪优秀科技人才和江苏省新世纪学术带头人。获国家级优秀建筑设计奖 2 项，建设部优秀建筑设计二、三等奖 5 项
张建军	1963	城　区	合肥工业大学教授，德国斯图加特大学访问学者。安徽省跨世纪学术骨干。获省科技进步二等奖 1 次
康蓉莉（女）	1963	城　区	兵器工业系统总体部研究员。获国防科学技术二等奖 1 项、三等奖 2 项
黄锡甫	1963	温　州	宁波德泰化学有限公司（位于镇海）总经理，教授级高级工程师。获省科技进步三等奖 1 次
楼启为	1963	骆　驼	上海交通建设总承包有限公司总工程师，疏浚筑堤专家。获 2001 年上海市科技进步二等奖，2002 年上海市科委成果奖。全国劳动模范。国家交通部授予长江口深水航道治理工程“建设功臣”称号
俞　波	1963	镇　海	国网电力科学研究院、南京南瑞集团继电保护研究所、继电保护技术分公司总工程师，教授级高级工程师。获部科技进步一、三等奖各 1 次
张　帆	1963	镇　海	杭州航天科学技术集团电子技术有限公司副总经理、研究员。获航天部科技进步二等奖 1 项、三等奖 2 项；国家国防科学技术三等奖 1 项
柴焕波	1964	镇　海	湖南省文物考古研究所研究员。在发现里耶秦简、永州零陵县望子岗商周遗址等方面发挥重要作用，2 次获得全国十大考古发现奖
沈俊杰	1965	镇　海	浙江华展工程研究设计院有限公司副总工程师、岩土研究所所长，教授级高级工程师

续表 44－6

姓名	出生年份	家乡地	主要经历与业绩
陈国良	1965	镇　海	上海凯悦建设咨询监理有限公司总经理。研究员。享受国务院政府特殊津贴
李亚裕	1965	镇　海	长期从事航天推进剂研究与管理，国家重大项目专家组专家。部级劳动模范。获国防科技成果二等奖、三等奖各 1 次，部级科技成果二等奖 1 项，军队科技成果二等奖 1 次
史伟民	1965	镇　海	浙江理工大学现代纺织装备技术教育部工程研究中心副主任、教授。获国家科技进步二等奖 1 次；省部级科技进步一、三等奖各 1 次
沈　刚	1965	镇　海	中国联合工程公司副总经理，教授级高级工程师
王海良	1967	镇　海	上海航天局第 803 研究所研究员。曾获国防科技进步二等奖、三等奖
王文海	1967	镇　海	浙江大学控制系研究员。获国家科技进步二等奖 1 项，省部级一等奖 3 项。为中国首批注册自动化系统工程师之一
高宏良	1968	绍　兴	宁波市规划局镇海分局副局长，教授级高级工程师。2010 年“镇海区基础地理信息系统”获国家优秀城市勘测工程奖
徐　浩	1978	镇　海	数学博士。2008 年完整证明世界数学难题“法伯相交数猜想”
严晋跃	1959	镇　海	能源工程专家。瑞典皇家理工学院博士，上海交通大学第三批“长江学者奖励计划”特聘教授。瑞中科技合作促进会主席，中科院海外评委
倪静萍（女）	1962	城　区	日本通商省工业技术院研究所和美国德克萨斯大学纳米分子科学技术研究中心研究员，日本智索石油化学株式会社研究所主任研究员
李雅琴（女）	1964	镇　海	美国罗德岛大学海洋学研究员。美国藻类学会、海洋和湖沼学会会员
张　峰	1965	镇　海	先后任职于美国国家实验室、劳伦斯伯克利国家实验室，朗讯科技等，从事光通信和光网络领域研究。是光突发交换系统和网络首席光系统构架师，并成功将其商用化
董　方	1968	镇　海	2008 年作为通用电气公司首席代表，加入国际电子技术标准协会，参与对 X 光管以及 CT 安全性能标准的制定，并加入美国医用物理协会、国际电子工程学会
张建中	1973	镇　海	韩国三星集团美国研究院副总裁，首位 3GPP 华人副主席
杨静军（女）	1978	镇　海	葛兰素史克英国总公司高级研究员

第四节 教坛

镇海区教坛人士名表

表44－7

姓名	出生年份	家乡地	主要经历与业绩
傅信祁	1919	城区	上海同济大学教授。曾任全国建筑技术学术委员会主任委员。从事装配式建筑、城市住宅建筑功能与质量方面研究。参与《辞海》《中国大百科全书》相关条目编写
方云亿	1920	镇海	杭州大学生物系教授。浙江省植物学会理事，《浙江植物志》编委办公室主任。获省科技成果一等奖和中科院自然科学一等奖
余名仑	1921	镇海	江西大学生物系教授，曾任江西植物学会理事长
王予宏	1922	镇海	天津大学电子系教授。参与刘家峡水电站有关课题研究，曾获省、部级科技进步奖和突出贡献奖
徐季子	1922	庄市	宁波师范学院教授、原副校长。曾任宁波市政协主席、中国民主同盟浙江省副主席、宁波市文联主席等职
徐德祥	1923	镇海	云南大学化学系教授
吴兴来	1924	镇海	昆明云南师范大学数学系教授
包启昌	1924	庄市	历任国家教科书审定委员会历史学科审查委员，上海历史教学研究会会长、中国教育学会历史教学研究会理事长。是上海市劳动模范，上海市首批特级教师
韩鸿兴	1924	团桥	上海机械学院低温工程学教授。其创造发明获国家经委开发优秀成果奖和第15届萨格拉布国际发明展出奖
周敬修	1925	河头	上海医科大学神经生物学教授。获卫生部科技成果甲、乙级奖
杜功乐	1925	骆驼	研究员。曾任上海南市区教育学院教育科学研究室主任
王文彬	1925	镇海	上海社会科学院研究员，教授，上海市成本研究会副会长。主编《审计学》。享受国务院政府特殊津贴
向惟洨	1926	城区	宁波大学教授
樊慷咸	1927	城区	北京理工大学教授。热工专家
应天云	1927	骆驼	上海同济大学外语系教授，系主任。兼任教育部大学外语教材编审委员会、国家教委大学外语教学指导委员会副主任兼俄语组组长。主编和主审部颁《俄语教学大纲》
谢虹（女）	1927	城区	河北师范学院化学系教授、系主任。《仿叶绿素的研究》获省科技进步二等奖。享受国务院政府特殊津贴
刘灵清	1927	镇海	沈阳东北工学院化学系教授
陈仁悟	1927	贵驷	陕西机械学院金属材料工程系教授
周伟舫	1927	庄市	复旦大学化学系教授。上海市腐蚀科学技术学会第一、二届理事，《电化学测量》主编

续表 44－7

姓名	出生年份	家乡地	主要经历与业绩
倪爱如（女）	1927	庄　市	1976 年起被借调至英汉大辞典编写组，参加繁重艰巨的编写工作达 17 年之久，直至该辞典正式出版
董大年	1928	镇　海	浙江大学光学仪器系教授、系主任。全国光学仪器专业教学指导委员会主任。研制扫描分幅二用转镜高速摄影机，获部级科技进步二等奖；研制“激光数字波面干涉仪”，获部级科技进步一等奖和国家科技进步三等奖
周敏显（女）	1928	河　头	上海外国语大学俄语系教授
刘同舜	1929	骆　驼	复旦大学国际政治和国家关系系教授，世界经济研究所国际关系研究室主任，中国国际关系研究会副理事长
胡受奚	1929	骆　驼	南京大学地球科学系教授，科研成果曾获国家、省部级奖 10 余项
严普强	1929	澥　浦	清华大学精密仪器及机械学系教授。科研成果获国家发明三等奖 2 项、全国发明展览会银奖 1 件。享受国务院政府特殊津贴
王祖年	1929	镇　海	武汉工业大学电化系教授。编写《辉光离子氮化》，获 1978 年全国科技大会奖
周承倜	1929	贵　驷	大连大学力学系教授。历任大连理工大学、美国南方大学、弗吉尼亚理工大学教授。获 1978 年全国科学大会奖。多次任国际会议执行主席
庄继德	1929	庄　市	吉林工业大学教授，历任汽车系主任、校长等职，吉林省科协第三届副主席。吉林省劳动模范、第一批有突出贡献的中青年专业技术人才
刘和甫	1930	镇　海	中国地质大学（武汉）教授。历任地矿部国际地学交流培训中心常务副主任、北京大学石油天然气研究中心研究员等职
李玉明	1930	镇　海	天津商学院教授，会计系主任。中国会计学会理事，天津市劳动模范。将西方单一量本利分析法发展为两个分支
吴富民	1930	镇　海	西北工业大学教授。曾获部、省级科技成果和科技进步奖 12 项。享受国务院政府特殊津贴
胡赓祥	1930	团　桥	上海交通大学材料科学系教授。历任教研室主任、系副主任、研究所副所长。“稀土铝导线研究”获部级科技进步一等奖
朱德威	1930	清水浦	北京大学城市与环境学系教授，地理信息系统研究室主任
金玉芳（女）	1930	城　区	上海交通大学哲学系教授
陈昌明	1931	澥　浦	上海应用技术学院理论力学教授。曾深入鞍钢初轧厂、宝钢初轧厂研究并解决轧机主传动系统扭转振动及断轴问题
周经纬	1931	河　头	历任大连理工大学教授，动力工程系内燃机研究所第二性能研究室主任
夏松波	1931	镇　海	哈尔滨工业大学动力系教授。科研成果获部级一等奖 2 项。享受国务院政府特殊津贴
樊期曾	1932	城　区	先后在沈阳农业大学、河海大学常州分校任教，教授。两获部级优秀成果二等奖。水利部优秀教师。享受国务院政府特殊津贴
金志刚	1932	城　区	天津大学土木系教授
王肇民	1932	五里牌	同济大学教授。中国土木工程学会高耸结构委员会主任委员、中国工程建设标准化协会高耸构筑物委员会委员，上海钢结构协会常务理事。曾获 1978 年全国科学大会重大科技成果奖

续表 44－7

姓名	出生年份	家乡地	主要经历与业绩
高同福	1932	镇　海	东北财经大学财经外语系教授
王文清（女）	1932	镇　海	北京大学技术物理系教授。“金属硫蛋白结构与生理功能”研究项目，获1995年国家教委科技进步一等奖
金含芬（女）	1932	镇　海	教授。历任华东师范大学公共教育学科教研室副主任、西欧北美教育研究室副主任、比较教育研究所副所长
蒋忠玮	1932	城　区	南京航空航天大学自控系教授。科研成果获部级三等奖和科学基金二等奖
方乃正	1932	骆　驼	上海海运学院船舶无线电导航技术系教授
陈丕璋	1932	骆　驼	上海工程技术大学教授
周雅琴（女）	1932	镇　海	西北大学中文系教授。历任当代文学室、鲁迅研究室主任
刘巽伯	1932	贵　驷	上海同济大学材料科学与工程系教授。“粉煤灰陶粒混凝土的材性及施工工艺”研究，获国家教委科技进步二等奖
金志刚	1932	城　区	天津大学土木系教授。研究课题“用激光测速仪测燃烧速度”获天津市科技进步二等奖
金如山	1932	城　区	北京航空航天大学航空发动机系教授
沈凤麟	1932	镇　海	中国科学技术大学无线电系教授，曾任《中国科大学报》副主编
郑志峰	1932	城　区	吉林工业大学机械工程系教授、系主任，全国链传动标准化技术委员会主任。获省、部级科技进步二、三等奖共5项
倪维斗	1932	庄　市	台湾“清华大学”教授，与中国工程院院士倪维斗同姓、同名、同乡、同属猴，在两个同校名的大学同为教授
朱世辉	1933	镇　海	昆明陆军学院教授。国家有突出贡献专家，享受国务院政府特殊津贴
乐美锋	1933	镇　海	西安交通大学工程力学系教授
余丰年	1933	澥　浦	大连理工大学教授、化工学院院长，辽宁省化工学会副理事长。科研成果获国家教委科技进步二等奖，“顺丁橡胶生产技术”获国家科技进步特等奖
倪家泰	1933	镇　海	华东师范大学国际研究学院教授
陆龙文	1933	镇　海	华东交通大学教授，江西省土建设计所所长。国家一级注册结构工程师。全国铁路优秀知识分子。九三学社江西省委副主任，享受国务院政府特殊津贴
倪光正	1934	庄　市	浙江大学教授。长期致力电磁场理论教学精辟应用研究。出版《电磁场》一书获1988年国家教委高校优秀教材一等奖，两项研究分获国家教委科技进步一等奖、河北省科技进步三等奖
何性善	1934	奉　化	1973年起任镇海中学校革委会副主任、党支部副书记，主持工作，建设一支敬业奉献的教师队伍。1978年、1981年学校先后被确定为全省13所重点中学和首批18所重点中学之一。1982年任校长。1987年收回东部校舍，恢复并保留学校悠久的历史文物古迹。1999年10月，在超期任职5年后退休，被聘为名誉校长。是浙江省劳动模范、全国先进工作者

续表 44－7

姓名	出生年份	家乡地	主要经历与业绩
张贤钰	1934	俞 范	华东政法大学教授、民商教研室主任、硕士生导师组组长
包智星（女）	1934	庄 市	北京大学德语教研室主任、教授
徐 建	1934	镇 海	华东政治学院教授。负责起草《上海市青少年保护条例》，为中国第一部保护青少年的地方法规
倪光炯	1934	庄 市	复旦大学物理系教授、理论物理教研室主任、现代物理研究所所长。全国劳动模范
邱毓昌	1934	镇 海	西安交通大学电气工程系教授。1 项理论成果获部、省级科技进步二等奖
刘慰俭	1934	贵 驷	上海工业大学教授。曾任上海市金属学会常务理事。获上海市级科技成果、技术改进二、三等奖 5 项
庄表中	1934	庄 市	浙江大学力学系教授。曾任中国振动工程学会副理事长
刘巽尔	1934	贵 驷	北京理工大学机械工程系教授、系主任，曾任中国兵工学会机械加工学会副主任。参与研制“大尺寸同轴测量仪”获部级科技进步二等奖
管梅谷	1934	镇 海	复旦大学统计运筹系教授、系主任
沈瑞初	1934	城 区	镇海中学正教授级中学高级教师，省数学特级教师。宁波市突出贡献科技人员
樊慕曾	1935	城 区	教授。曾获全军院校军队级优秀教学成果二等奖。曾任全国军事教育学会常务理事。享受国务院政府特殊津贴
周祖达	1935	城 区	天津医科大学教授
周永元	1935	城 区	纺织科学与工程教授，曾任中国纺织大学校长、全国纺织教育学会副理事长等职。享受国务院政府特殊津贴
周德庆	1935	镇 海	复旦大学教授，微生物学和微生物工程系主任。曾任中国微生物学会理事，第一、二届国家教委生物学教学指导委员会委员及微生物学科组组长。享受国务院特殊津贴
王尔乾	1935	贵 驷	清华大学计算机科学与技术系教授、系主任。曾任国家教委高校计算机教学指导委员会副主任。获国家科技进步二等奖 1 次、部级科技进步一等奖 3 次
项世法	1935	镇 海	大连工学院教授
沈瑞珍（女）	1935	城 区	北京林业大学教授。科研课题获林业部和北京市科技进步二等奖 1 项、三等奖 2 项。享受国务院政府特殊津贴
陈家森	1935	镇 海	上海华东师范大学物理学教授、物理系副主任
郑 权	1935	镇 海	上海科技大学应用数学系教授、系主任。获上海市重大科技成果二等奖。上海市劳动模范
沈守范	1936	澥 浦	华东工学院机械制造工艺系教授。主持研究“低速电机”等 3 个项目，获省部级科技进步二等奖、国家三等奖；“低速电机”获发明专利并被国家重点推广。享受国务院政府特殊津贴

续表 44－7

姓名	出生年份	家乡地	主要经历与业绩
贺茱青	1936	镇　海	中国人民解放军防化学院教授。三次获全军科技进步奖和优秀教学成果奖
李芝芬（女）	1936	镇　海	北京大学化学与分子工程学院教授，《化学通报》常务编委。曾获国家教委科技进步二等奖
包涵龄	1936	石塘下	北京工业大学电子工程系教授，国家劳动部劳保研究所兼职研究员。获国家级奖励 1 项、部委级三等奖以上奖励 5 项。享受国务院政府特殊津贴
陈秋芳（女）	1936	庄　市	西安电子科技大学教授，副校长。享受国务院政府特殊津贴
庄有为	1936	庄　市	上海师范大学政治系教授
刘巽俊	1936	贵　驷	长春汽车拖拉机学院教授。曾任中国汽车工程学会发动机分会主任、全国高等学校内燃机专业教学指导委员会委员。吉林省有突出贡献中青年专家，享受国务院政府特殊津贴
郑家麟	1937	澥　浦	北京市第十八中学特级教师，享受国务院政府特殊津贴
王兆华	1937	镇　海	天津大学电子工程系教授。承担“863”计划、国家和天津市自然科学基金课题 5 项
石教英	1937	镇　海	浙江大学计算机系教授。曾获省科技进步一等奖 2 项，三等奖 1 项，国家教委科技进步二等奖 1 项。领导的实验室被评为全国先进集体。享受国务院政府特殊津贴
俞允强	1937	镇　海	北京大学物理系教授，中科院理论物理所客座研究员。在转动量核引力塌缩方面研究获科院科技进步二等奖
夏义民	1937	镇　海	复旦大学国际文化交流学院教授。参与编写和修订《现代汉语词典》、《新华字典》等辞书
陈锦娣（女）	1937	城　区	北京理工大学自动控制系教授
张亚军	1937	镇　海	大连工学院数学系教授
励雪琴（女）	1937	镇　海	杭州大学教授。曾任浙江省政府督学
贺雅娟（女）	1938	镇　海	南京通讯工程学院计算机系教授。获军队科技进步二等奖 1 次，三等奖 4 次。总参先进个人、江苏省妇女创造发明先进个人
郑玉篁	1938	澥　浦	北京航空航天大学教授
戎秋涛	1938	镇　海	浙江大学环境化学系教授
朱守谦	1938	城　区	贵州农学院林学系教授。获部级科技成果一、二、三等奖共 4 次
沈尧天	1938	城　区	华南理工大学应用数学系教授。国家级有突出贡献中青年专家，广东省劳动模范。获部级科技进步二等奖
吴立鹏	1938	城　区	复旦大学教授，管理学院常务副院长
方积乾	1939	骆　驼	曾任北京医科大学教授、中山大学公共卫生学院教授、国际生物统计学会中国组负责人、广东省卫生统计学会会长等

续表 44－7

姓名	出生年份	家乡地	主要经历与业绩
陈怀惠	1939	镇　海	南京师范大学数学系教授，系主任。获国家教委科技进步奖 1 项
陈志华	1939	镇　海	上海交通大学数学系教授、系主任。曾任上海市数学学会副理事长
竺润祥	1939	镇　海	宁波大学土木系教授。曾获国家及省科学大会奖，享受国务院政府特殊津贴
徐善驾	1939	临　江	中国科技大学无线电电子学系教授。曾获中科院重大科技成果二、三等奖
许克用	1939	城　区	镇海中学正教授级中学高级教师，省数学特级教师。宁波市劳动模范、浙江省师德楷模、全国优秀教师。享受国务院政府特殊津贴
朱道初	1939	鄞　县	镇海中学正教授级中学高级老师，省语文特级教师
徐和瑾	1940	镇　海	复旦大学外文系教授
郑家庆	1941	澥　浦	芬兰图尔库大学天文系教授
徐邦发	1941	镇　海	新疆塔里木农垦大学教授
胡西琴（女）	1942	俞　范	浙江大学农业与生物技术学院园艺系教授。获部省级科技进步奖 6 项，享受国务院政府特殊津贴
周若兰（女）	1942	镇　海	上海同济大学建筑系教授
金式如	1943	镇　海	历任上海市闸北区中学副校长、深圳实验学校校长等职。全国劳动模范，全国优秀校长，享受国务院政府特殊津贴
周持兴	1943	镇　海	上海交通大学高分子科学与工程系教授。享受国务院政府特殊津贴
倪重匡	1943	镇　海	复旦大学计算机系教授。科研成果获得 1978 年全国科学大会奖及航天部科技奖
邵　剑	1943	镇　海	浙江大学数学系教授。两次被浙江大学学子们评为“我最喜爱的浙大老师”
陈章国	1944	镇　海	杭州师范大学英语教授。浙江省高等院校高级职称评审委员会学科评议组成员、宁波市教授级中学教师评审委员会特聘委员兼学科评议组组长。浙江省首届高等学校教学名师
於幼华	1945	镇　海	台湾大学土木系教授及环境工程研究所所长
汪纯本	1945	临　江	中山大学管理学院教授。曾获教育部社会科学成果二等奖，享受国务院政府特殊津贴
徐又一	1945	镇　海	浙江大学教授，厦门大学兼职教授。浙江省膜学会副理事长。浙江省有突出贡献的优秀科技工作者。曾获国家教委科技进步二等奖、浙江省科技进步二、三等奖、海南省科技进步一等奖。享受国务院政府特殊津贴
洪志良	1946	镇　海	复旦大学教授，德国汉诺大学教授。“DDD 心脏起搏器数字控制单元”“RISC 技术研究和应用”被列入国家重大科技成果并获奖
阮仲皋	1946	庄　市	徐州空军学院教授。曾获军队科技进步奖一等奖 1 项、二等奖 2 项、三等奖 3 项

续表 44－7

姓名	出生年份	家乡地	主要经历与业绩
徐志啸	1948	镇　海	复旦大学中文系教授。著有《楚辞综论》《先秦诗》《中国比较文学简史》等十余部
王　京	1948	镇　海	北京科技大学教授。获省部级科技进步奖一、二等奖 5 项
乐嘉锦	1951	镇　海	上海东华大学计算机科学与技术学院院长，教授。曾获上海市科技进步二等奖和发明专利一项
严晋婴	1953	镇　海	瑞典皇家理工学院教授。致力于二氧化碳减排、回收研究
石良平	1955	镇　海	教授。中国统计学会海关统计分会副会长。中国最早进行国民经济核算统计的专家之一。享受国务院政府特殊津贴
郑　伟	1956	澥　浦	华东政法大学教授。曾被东方电视台《东方大律师》栏目评为十佳律师之一
崔国久	1956	吉　林	正教授级中学高级教师，浙江省语文特级教师。曾任龙赛中学校长、民盟宁波市委常委。是全国优秀教师。曾被文化部、全国教育工会授予园丁奖，赴北京人民大会堂受奖并受到国家领导人接见
郑百伟	1957	澥　浦	上海师范大学教授。上海市高校优秀青年教师、市曙光学者
陈宇光	1958	城　区	美国艾奥瓦州立大学植物生理博士。浙江大学农学院及生物工程学院客座教授
王锦玲（女）	1959	城　区	郑州大学数理力学系教授
董欣年（女）	1959	万嘉桥	出生于武汉，董辅礽之女。分子生物学、植物生理学家，杜克大学生物学系教授。2012 年当选为美国国家科学院院士
蔡雷震	1962	城　区	香港中文大学计算机科学与工程学系终身教授
金　力	1963	城　区	复旦大学副校长，生命科学院院长，教授。美国辛辛那提大学环境健康系基因组信息中心教授，国家“973”计划首席科学家
张建军	1963	镇　海	合肥工业大学分布式控制研究所所长、教授。获省科技进步二等奖 1 项、三等奖 2 项
邱　妘（女）	1963	城　区	宁波大学国际交流学院院长、教授。宁波市会计学会副会长、浙江省会计学会理事
尹　伟	1964	城　区	中国人民公安大学教授。全国公安系统优秀教官、优秀教育训练工作者。曾任中国维和警察防卫教官。2008 年执教南美洲国际特警训练营，获“和平骑士”荣誉称号
王梅珍（女）	1964	镇　海	浙江纺织服装职业技术学院院长，教授。九三学社社员、第十一届全国人大代表，宁波市第十三届政协常委
黄国龙	1964	慈　溪	正教授级中学高级教师，浙江省物理特级教师。镇海中学副校长。浙江省优秀教师
郑小军	1965	澥　浦	浙江传媒学院系主任、编审
陈尚余	1965	金　华	镇海中学正教授级中学高级教师，省语文特级教师
郑丽敏（女）	1965	城　区	南京大学化学化工学院副院长，教授。曾获国家教委科技进步一等奖和三等奖

续表 44 - 7

姓名	出生年份	家乡地	主要经历与业绩
陈春龙	1965	镇　海	宁波大学研究员
金　阳（女）	1965	庄　市	绍兴文理学院化工学院教授、教授级高级工程师
史伟民	1965	镇　海	浙江理工大学教授。研发“自动缫丝机”“自动邮简机”等，获国家科技进步二等奖、发明二等奖各 1 项；省部级科技进步一、三等奖各 1 项
王　军（女）	1966	镇　海	北京大学西班牙系教授
屠幼萍（女）	1966	城　区	华北电力大学教授。获北京市科技进步二等奖 2 项
谢海芬（女）	1966	镇　海	华东理工大学校长助理、教授
陈　杭（女）	1967	镇　海	浙江大学生物医学仪器工程学院教授
包永忠	1968	镇　海	浙江大学化学工程与生物专业教授。获国家科技进步二等奖和浙江省科技二等奖各 1 个
金　韬	1968	镇　海	浙江大学信息与电子工程学系教授
应金萍（女）	1968	镇　海	浙江工商职业技术学院党委副书记、教授
许晓彦	1970	城　区	上海海事大学教授。上获上海市科技进步二等奖
余海浩	1972	镇　海	美国孟菲斯大学经济管理学院教授
王　辉	1972	骆　驼	美国布朗大学数学系终身教授
俞　燕（女）	1973	城　区	美国辛辛那提大学工商管理学院终身教授，博士生导师
钱　冬	1977	镇　海	美国普林斯顿大学物理系和上海交通大学物理系研究员。教育部新世纪优秀人才、上海市曙光学者
李夏军	1986	镇　海	美国纽约大学教授

第五节　文　渊

镇海区文渊人士名表

表44－8

姓名	出生年份	家乡地	主要经历与业绩
作家			
叶元章	1922	镇　海	研究员。中华诗词学会理事、浙江省诗词学会副会长、省作家协会会员
戴光晰（女）	1931	镇　海	中国电影艺术研究中心研究员。著有电影文学剧本《未完成的故事》《公民凯恩》等十余部。享受国务院政府特殊津贴
盛晓峰	1931	骆　驼	上海古籍出版社高级编辑
吴衡康	1932	庄　市	商务印书馆翻译室外国经济编辑室主任。享受国务院政府特殊津贴
周家俊	1934	镇　海	5次获全国优秀报告文学奖、1次短篇小说奖。上海市优秀新闻工作者。国务院表彰有突出贡献的专家，享受国务院政府特殊津贴
倪　匡	1935	镇　海	著名小说家。小说的数量超过三百本。《蓝血人》入选20世纪中文小说一百强（香港《亚洲周刊》评选）。电影剧本超过四百部，其中拍出电影300余部。曾为香港作家协会会长。获第31届香港电影金像奖终身成就奖
夏义民	1937	镇　海	复旦大学国际文化交流学院教授。参加编写和修订《现代汉语词典》和《新华字典》等辞书
吴福辉	1939	镇　海	中国现代文学馆副馆长、研究员。主要研究方向为20世纪30—40年代中国小说。获“十月文学奖”“上海文学奖”
李兴叶	1941	镇　海	中国作协文艺报社常务副总，编审。享受国务院政府特殊津贴。参与十多部纪录片的摄制，为《再次登上珠穆朗玛峰》《伟大领袖与导师毛泽东同志永垂不朽》等影片撰稿
余通化	1942	庄　市	中国作家协会会员。《余通化儿童文学作品选》获浙江省1993—1996年优秀文学奖
张仲年	1945	镇　海	上海戏剧学院戏曲舞蹈分院院长、教授。1999年国务院授予“有突出贡献中青年专家”称号。电视剧作品《逆火》获德国第十六届柏林国际广播电视节大奖
吴士余	1945	镇　海	上海市出版工作者协会秘书长，编审。曾任上海人民美术出版社社长，上海三联书店总编辑，中国国际名人协会常务理事，英国剑桥传记中心委员等职
夏　真（女）	1946	镇　海	宁波教育学院教授，浙江省作协理事、宁波市作协副主席，浙江省政协委员。曾获中宣部“五个一”工程奖、浙江省优秀文学作品特别奖、《当代》文学奖。享受国务院政府特殊津贴
亦　舒（女）	1949	镇　海	香港作家。著有60余部小说，多以都市男女的婚姻和爱情为主题，八部翻拍成电影，代表作有《玫瑰的故事》《喜宝》等
周积明	1949	镇　海	教授。曾任湖北大学副校长。国家有突出贡献的中青年专家，享受国务院政府特殊津贴
庄大伟	1951	镇　海	一级文学编辑。从事儿童文学创作，全国优秀儿童工作者。上海作家协会理事

续表 44－8

姓名	出生年份	家乡地	主要经历与业绩
刘国奋（女）	1957	城 区	中国社会科学院台湾研究所研究员、主任。《台湾研究》杂志副主编
新闻			
江 坪	1934	迎师桥	曾任《浙江日报》总编辑，浙江省新闻工作者协会主席、名誉主席，中华全国新闻工作者协会特邀理事等职
罗品棠	1935	城 区	高级记者。宁波人民广播电台总编室主任兼新闻台副主编。6 件作品分获全国一、二、三等奖和单项奖。历任宁波市人大代表、宁波市新闻学会副会长
陈文炳	1937	镇 海	历任上海市广播电视局副局长、上海市人民广播电台台长。曾获全国国际新闻三等奖、全国广播新闻一等奖。上海市第八、九届政协委员，上海电视艺术家协会常务副主席、上海老新闻工作者协会副会长
庄凯勋	1939	庄 市	曾任新华社新闻信息中心副主任兼总经理。新华社新闻研究所特约研究员、中国新闻学院兼职教授。退休后曾任新浪网总编室高级顾问，主持并创建国内门户网站的首个读书频道
王明国	—	镇 海	高级记者。《新民晚报》社群众工作部主任，获第二届上海市韬奋新闻奖，第三届韬奋新闻奖提名奖
李名慈	1946	镇 海	上海少年儿童出版社副社长兼副总编辑，上海市出版工作者协会理事、中国少儿知识读物研究会副会长。历任中国民主促进会中央委员、“民进”上海市委副主委、上海市政协常委兼副秘书长
陈忠彪	1947	镇 海	高级编辑。全国先进工作者，上海市劳动模范。曾任《解放日报》新闻编辑部主任。获上海市第二届“韬奋新闻奖”
李安瑜	1948	镇 海	高级记者。曾任《新民晚报》社专刊部主任、上海老新闻工作者协会四届理事
邬志豪	1957	镇 海	主任记者。上海电视台新闻综合频道采访部主任。1987 年和 2003 年，分别深入中国对越自卫反击战前线及伊拉克战争前线现场报道最新战况。第二届范长江新闻奖获得者。曾获中国新闻奖一等奖、全国优秀电视新闻特等奖。上海市十佳记者、市十大杰出青年
贝莉莉（女）	1957	城 区	高级记者。1982 年参加《浙江工人报》复刊筹备工作，历任副总编辑，总编辑，浙江省首届先进青年记者，省“双十佳”新闻工作者
俞志华	1957	镇 海	编审。曾任《科技通报》主编、《科学 24 小时》杂志社副社长、浙江省科技期刊编辑学会常务副秘书长
田 勇	1959	城 区	高级编辑。曾任宁波日报报业集团副总编辑、中国宁波网总编辑等职
张 忠	1964	城 区	高级记者。《人民日报》社地方部副主任。全国优秀新闻工作者
鲁 强	1967	城 区	高级记者。《钱江晚报》副总编辑、红旗出版社社长。曾获中国新闻奖一等奖
陈 蓉（女）	1976	镇 海	上海东方传媒集团制片人、主持人。全国“金话筒” 主持人

续表 44－8

姓名	出生年份	家乡地	主要经历与业绩
美术			
朱根华	1932	城　区	《人民日报》国际部高级编辑，专事新闻漫画创作。三次获“全国好新闻奖”和“中国新闻奖”一、二等奖。第一、二届中国新闻漫画研究会秘书长、副会长
陈钧德	1937	镇　海	教授。中国油画学会常务理事，上海油画学会会长、上海美术家协会常务理事
陈聿强	1938	镇　海	中国美术学院教授。奥地利维也纳美术学院客座教授。作品赴美、加、英、德、拉美和非洲等二十余国展出。获中国版画家协会“鲁迅奖”和全国第十三、十四届版展铜奖。作品《雨》《空谷疏林》等被大英博物馆、中国美术馆等收藏
江碧波（女）	1939	镇　海	四川美术学院版画系教授、系主任。加拿大多伦多安大略美术学院客座教授。中国美术家协会及中国版画家协会理事。享受国务院政府特殊津贴
方世聪	1941	骆　驼	在法国被誉为继赵无极、朱德群先生之后的中生代杰出画家。作品被英国查尔斯王子、摩纳哥阿尔贝特王子和各国博物馆收藏
王承天	1941	大　碶	镇海教师进修学校教师。浙江省美协会员、浙江省美术教育研究会会员、镇海书画院副院长。擅工笔花鸟画，作品多次在海内外展出、发表或被收藏。参加编写、修订浙江省初中美术教材
娄中国	1942	庄　市	上海电影制片厂高级美术设计师。参与60余部电影、电视剧美术设计，《游园惊梦》获21届香港电影金像奖最佳美术指导
沈尧伊	1943	镇　海	中国人民大学徐悲鸿艺术学院教授。中国美术家协会理事，连环画艺术委员会主任、北京美术家协会副主席。曾获第七届全国美术展览金奖。文化部优秀专家、国家人事部中青年有突出贡献专家
王正均	1943	大　碶	镇海中学正教授级中学高级教师、省美术特级教师。曾获全国第六届、第八届美展及全国版画展银奖和优秀作品奖、鲁迅版画奖。获评中国优秀版画家，全国优秀中小学美术教师。任浙江省美术家协会理事、宁波市美术家协会副主席、宁波画院副院长
王复才	1944	河　头	创作山水画获中国美协“全国写生画展”佳作奖（最高奖）、中国文联首届美术金彩奖等。中国美术家协会会员，北仑区政协书画院院长
李全华	1951	镇　海	擅长儿童读物插图。作品获第七届全国美展银奖、第二届全国优秀少年儿童读物绘画一等奖，第三届国家图书奖和中宣部第六届五个一工程“一本好书奖”
施永高	1952	后　施	自学成才木雕工艺师。中国工艺美术协会会员
华其敏	1953	澥　浦	擅长中国画。作品多次参加全国美展。获全国书籍装帧设计奖、全国连环画创作奖和首届全国中国画展佳作奖等。为中国美术家协会会员
盛珊珊（女）	1957	骆　驼	从绘画扩展到其他艺术领域，包括为公共场所特定创作大型雕塑和玻璃雕塑。是芝加哥第一届亚裔人节的首席艺术家。2009年由联合国教科文组织推荐、以独立艺术家身份参加威尼斯双年展
郑　力	1964	临　江	中国艺术研究院中国美术创作研究员。获第九届全国美术展览会金奖、第十届铜奖。作品《鹤鸣九霄》被中南海怀仁堂布置并收藏；《祖国万岁》被中国军事博物馆收藏；《万事如意》被中南海勤政殿布置并收藏

续表 44－8

姓名	出生年份	家乡地	主要经历与业绩
书法			
金燕昌	1936	上　虞	20 世纪 50 年代初定居镇海城区。中国书法家协会（国际）会员、世界硬笔书法家协会会员、北仑区政协书画院副院长、宁波职业技术学院客座教授、日本东京书法艺术研究院理事。擅行草，兼及真隶。精品被馆藏和个人收藏，并刊刻于多处碑林
林仲兴	1938	镇　海	曾在上海美术馆、中国美术馆举办个人书法展览。中国书法家协会会员。曾任上海书法家协会理事
周慧珺（女）	1939	庄　市	上海中国画院一级美术师，中国书法家协会理事，上海市书法家协会主席、上海市文联副主席。1974 年出版《鲁迅诗歌选》行书字帖，连印百余万册
沈尧定	1941	镇　海	中国儿童艺术剧院一级美术设计。享受国务院政府特殊津贴。参与舞剧《中国革命之歌》、话剧《花园街 5 号》、电视台晚会等 50 余部。获第七、八届布拉格国际舞美展荣誉奖，油画《普通劳动者》被革命博物馆收藏
陈茗屋	1944	城　区	获"全国篆刻比赛"一等奖，在日本举办 10 多次个展。曾任上海青年文学艺术联谊会理事兼书法社副社长，现为中国书法家协会会员、西泠印社社员、全日本古典篆刻研究会会长
陆天波	1946	骆　驼	中国书法家协会会员。作品入选国际临书大展
王惠定	1947	骆　驼	中国书法家协会会员，宁波市篆刻创作委员会主任，镇海区书画协会会长
毛炳全	1947	海　曙	镇海文化馆馆员。获全国第十三届书法作品展群星奖。浙江省书法研究会和宁波市书法家协会理事
徐子屏	1948	骆　驼	深圳书画艺术学院书法教授、东方艺术研究院教授，深圳印社副社长兼秘书长、中国书画家艺术交流协会常务理事。作品入选西泠印社《中国当代书法名家墨迹》
周　斌	1964	镇　海	华东师范大学艺术学院美术学系教授。中国书法家协会会员，上海市书法家协会理事，上海青年文联理事，上海青年书法家协会副主席
演艺			
金香琴（女）	1924	嵊　州	12 岁就在宁波剧场为二牌花旦。15 岁至上海戏院挂头牌。1947 年至宁波天然舞台为台柱，上演上百个传统戏，还聘请编导编排 40 余出新戏，为推进越剧在宁波的繁荣和改革做出贡献。结婚后逐渐淡出舞台，后随丈夫徐品富（曾任江静轮船长）至镇海定居
张亚琴（女）	1928	大　碶	蛟川走书第一位女艺人。1954 年获浙江省曲艺调演一等奖，1957 年获省省届戏曲大会演一等奖。常年率众串乡过村，每年组演 300 多场，深受欢迎。1964 年筹资建立镇海《百花剧场》
杨春霞（女）	1943	镇　海	20 世纪 70 年代，在京剧样板戏《杜鹃山》中塑造党代表柯湘，红遍大江南北，《家住安源》《黄莲苦胆》《乱云飞》等经典唱段更是脍炙人口、经久不衰
孙重亮	1948	镇　海	国家一级导演，上海京剧院院长。主演过多部话剧、电视剧及电影。组织拍摄 200 多部（集）国产电视剧。为上海戏剧家协会常务理事
方亚芬（女）	1965	城　区	越坛"袁派"杰出传人。原镇海越剧团青年演员，后为上海越剧院红楼剧团演员。国家一级演员。获上海市白玉兰表演艺术主角奖、市劳动模范及"十佳演员"称号。2007 年获 23 届中国戏剧梅花奖榜首

续表 44－8

姓名	出生年份	家乡地	主要经历与业绩
音乐			
盛茹茵（女）	1918	骆驼	参与北京市及全国音乐教材编写工作，创作《上学歌》《向日葵》《今日我戴上红领巾》等多首经典儿童歌曲
车明	1929	镇海	国家一级编剧，享受国务院政府特殊津贴，安徽电影家协会副主席。曾为《平原游击队》《大浪淘沙》等影片谱曲
姚关荣	1936	镇海	国家一级指挥。历任北京电影乐团负责人、首席指挥，深圳特区乐团首席指挥。曾担任贝多芬第三、五、六交响乐和勃拉姆斯《第二交响乐》的指挥。享受国务院政府特殊津贴
施咏康	1929	镇海	广州星海音乐学院教授、副院长，中国音协广东分会副主席。交响诗《黄鹤的故事》获第六届世界青年联欢节音乐创作比赛三等奖
王惠然	1936	镇海	一级作曲。创作作品获“二十世纪华人音乐经典”等十余项中国与国际性大奖。首创“四弦高音柳琴”，获中国乐器改革最高奖，文化部科技进步一等奖，全国科技进步三等奖
摄影			
华慧英	1925	城区	摄影师。1961 年获第一届台湾电影金马奖最佳黑白片摄影奖（《宜室宜家》）。1975 年获第二十八届戛纳电影节综合技术奖（《侠女》）
陈锦俶（女）	1934	镇海	世界第一批女电影摄影师。国家一级摄影师。1950 年至 1969 年间，跟随周恩来总理等领导人拍摄新闻纪录片。中国影协第四、五届理事，全国妇联第五、六届执委。全国三八红旗手
郭天中	1948	镇海	上海《解放日报》社摄影高级记者。长期负责在沪重大活动的专职摄影报道任务。如汪辜会谈、APEC 会议、“上海组织”六国元首会议以及叶利钦、克林顿、卡斯特罗、普京、布什、施罗德等外国政府首脑访问上海等
周剑生	1950	城区	著名华人摄影家，日本 PPS 通讯社、日本世界文化图片社签约摄影师，从 1994 年起自费拍摄“世界遗产”，遍及五大洲的 77 个国家和地区。多幅作品被中国美术馆、澳门政府等收藏。2008 年唯一被北京奥组委会邀请在奥运村举办专题作品展
周承禔	1953	骆驼	中国摄影家协会会员、宁波市摄影家协会理事、镇海区摄影家协会副主席。摄影作品获文化部第 2 届、12 届全国群星奖“银奖”，第 13 届浙江推选作品展“金奖”；第 28 届国际“摄联”黑白摄影两年展“银奖”；获浙江省“五个一工程”奖。省文化厅授予“摄影艺术贡献奖”
李浙东	1954	城区	中国摄影家协会会员、浙江省摄影家协会理事、省摄影艺术学会副主席，宁波市摄影家协会副主席，镇海区摄影家协会主席。作品获国际摄影艺术展金奖；文化部第十二届全国群星奖银奖；浙江推选作品选金奖等。曾赴日本成功举办个人影展。第十五届《富士杯》全国摄影十杰、《大众摄影》群英会十佳摄影师、省文化厅授予“浙江省摄影艺术贡献奖”、省摄协授予“首届德艺双馨摄影家”“浙江省 1979—2009 优秀摄影家”
体育			
祝达飞	1951	上海	全国优秀教练员。长期担任镇海区业余蹦床技巧运动学校校长，启蒙培养运动员黄瑞芬、徐张玲等 5 名世界冠军、2 名亚洲冠军和 116 名全国冠军。全国先进工作者，享受国务院政府特殊津贴

续表 44－8

姓名	出生年份	家乡地	主要经历与业绩
黄瑞芬	1969	骆　驼	1985 年为中国赢得首块世界技巧比赛女单金牌，而后又连续两届夺冠。国际级运动健将、浙江省劳动模范、新长征突击手、三八红旗手
徐国义	1970	骆　驼	中国游泳突出贡献教练员。曾带训过罗雪娟、吴鹏、陈慧佳、叶诗文等 9 名国家级游泳名将。 2007 年立浙江省一等功；2008 年获北京奥委会突出贡献个人奖
收藏			
郑介初	1930	湾　塘	香港著名邮品收藏家。1945 年纽约版孙中山肖像“贰元倒印邮票”（民国“四珍”之一）唯一发现者和拥有者。任宁波旅港同乡会常务理事，甬港联谊会秘书长。是宁波市荣誉市民
徐洪恩	1935	澥　浦	中华全国集邮联合会会员。编组专题邮集《雕塑艺术》《世界古建筑的瑰宝》获中华全国邮展银奖
包芝江	1941	城　区	藏书 2.3 万册，其中线装古籍 7800 卷，时间跨度 600 年以上。收藏《甲戌丛编》《乙亥丛编》《丙子丛编》《丁丑丛编》《戊寅丛编》《乙卯丛编》等民国丛书，连续编纂、排印八年，印数仅止 126 部
翁明奎	1948	骆　驼	收藏的 108 件汉至清代古玉器参展上海世博会。收藏的古玩家具精品和书画入选国家邮政总局明信片。2011 年被评为首届宁波市当代十大收藏家之一
宗教			
曹圣洁（女）	1931	镇　海	中国基督教协会副会长。两度获上海市“三八红旗手”称号

第六节　医　林

镇海区医护人员名表

表 44—9

姓名	出生年份	家乡地	主要经历与业绩
倪素俊（女）	1922	镇　海	主任护师。历任宁波第二医院护理部副主任及手术麻醉科主任。浙江省优秀护士
裘德懋	1924	庄　市	上海市第一结核病防治院院长、主任医师。“中西医结合针麻肺切除术”获 1978 年全国科学大会奖、卫生部重大科技成果甲级奖。任中华医学会上海分会肺科学会副主任
张照寰	1925	城　区	上海医科大学公共卫生学教授，预防医学研究所社会医学研究室主任
王德昭	1925	觉　渡	上海医科大学教授，附属华山医院外科主任医师，上海医学会普外科学会主任。享受国务院政府特殊津贴
刘承煌	1925	贵　驷	上海医科大学皮肤病学研究所研究员，华山医院皮肤病学研究所皮肤生理研究室主任。获上海市重大科技三等奖
沃俊杰	1926	镇　海	江西省宁冈县人民医院副院长、主任药师

续表 44—9

姓名	出生年份	家乡地	主要经历与业绩
孙成孚	1927	镇　海	中国协和医科大学、北京协和医院教授
程　立	1927	临　江	上海医科大学教授。中国病理生理学会第四届常务理事。科研成果获卫生部科技成果甲级奖，国家教委科技进步二等奖。1 上海市有突出贡献中青年专家。享受国务院特殊津贴
陈仁彪	1929	骆　驼	上海第二医科大学教授。“全国白细胞分型 hla 抗血清筛选”获卫生部甲级科学技术成果奖。享受国务院政府特殊津贴。上海市政协第七、八届委员，九三学社上海市第十至十二届常委
范振华	1929	城　区	上海医科大学运动医学教授
丁　钺	1930	镇　海	上海医科大学教授。华山医院内科主任医师。铅中毒防治、骨髓移植治白血病、淋巴瘤等研究获国家科技进步三等奖；“关于职业病调查研究”获上海市科技进步奖
童重起	1930	镇　海	锦州铁路局中心医院主任医师。全国卫生先进工作者。享受国务院政府特殊津贴
朱晓枫	1930	城　区	南京军区总医院内科主任医师、教授
张士善	1931	贵　驷	河北医学院、温州医学院药理学教授
胡婉英（女）	1931	镇　海	上海中医学院医疗系教授，附属曙光医院主任医师。获上海市科技进步三等奖。上海市劳动模范
朱世亮	1931	虹　桥	上海医科大学教授。肿瘤医院超声诊断科主任医师。中国超声诊断情报中心副理事长，上海市超声医学工程学会会长。1986 年被《中国超声医学杂志》评为全国 10 名有贡献的超声医学专家之一
顾倬云（女）	1932	城　区	解放军总医院主任医师、教授。全军肝胆外科研究所主任医师。享受国务院政府特殊津贴
葛绳德	1932	镇　海	解放军创伤外科烧伤研究所和第二军医大学上海长海医院烧伤科主任、教授。解放军烧伤整形外科学会理事、中华医学会烧伤外科学会常委，华东烧伤协作组主任委员。享受国务院政府特殊津贴。获国家科技进步一、二等奖各 1 项
董永绥	1932	贵　驷	武汉同济医科大学、附属同济医院儿科教授。部级先进教师
余应年	1932	镇　海	浙江医科大学教授。国家级有突出贡献专家。获国家、省部级科技成果奖 9 项
朱贤立	1933	镇　海	武汉同济医科大学神经外科教授。瑞士苏黎世大学科学院客座院士。享受国务院政府特殊津贴
陈士葆	1933	镇　海	第二军医大学长征医院内科教授。曾任周恩来总理专职保健医师
胡修瑾	1934	镇　海	重庆医科大学教授。成果获中华医学会优秀奖和四川省、重庆市科研优秀奖
徐惠贞（女）	1934	镇　海	上海二医大附属瑞金医院主任医师、烧伤科主任。烧伤科集体获国家科技进步二等奖 1 次
王　薇（女）	1934	觉　渡	上海医科大学耳鼻咽喉科学教授。上海市三八红旗手
林殷利	1934	骆　驼	上海第二医科大学教授

续表 44—9

姓名	出生年份	家乡地	主要经历与业绩
胡福定	1936	镇 海	云南省人民医院呼吸科主任医师，昆明医学院教授。获卫生部科技进步奖 1 次、省科技进步奖 3 次，享受国务院政府特殊津贴
李 钟	1936	镇 海	历任纽约州亚佰年医学院生物化学研究员、美国西北大学医学院癌症研究中心教授
胡嘉存	1937	镇 海	曾任宁波第二医院院长、李惠利医院首任院长。兼任宁波大学医学院副院长、中华医学会宁波分会副会长兼外科学会主任委员。获省科技成果三等奖 1 次
黄英俊	1937	镇 海	浙江中医学院内科教授
王思理	1937	五里牌	中国药品生物检定所教授、主任药师
李雅斐（女）	1938	镇 海	天津市药品检验所主任药师
马顺甫	1938	镇 海	南京军区第九四医院神经内科主任医师。获集体及个人科技进步一等奖 2 项
张佩利（女）	1938	镇 海	浙江医科大学附属第二医院神经科主任医师，获省科技进步二、三等奖各 1 项
刘才栋	1940	镇 海	上海医科大学教授
陈佩佩（女）	1940	镇 海	南京军区杭州疗养院主任医师
胡亚丽（女）	1940	镇 海	南京市秦淮医院内科主任医师
郑玉衡	1940	澥 浦	上海第二医学院医学系教授，附属新华医院小儿科主任医师
洪善贻	1941	团 桥	主任中医师，浙江中医药大学兼职教授，浙江省名中医研究院研究员。曾任宁波市中医院院长、浙江省中医药学会肿瘤分会副主任委员、宁波市中医药学会副会长等职。享受国务院政府特殊津贴。获浙江省医学科技三等奖 1 次
胡雅斐（女）	1942	镇 海	天津药品检验所主任药师
向荣成（女）	1942	镇 海	浙江大学医学院附属第一医院主任医师
洪贞霞（女）	1942	上 海	镇海龙赛医院主任药师。历任九三学社镇海区支委；镇海区人大常委会副主任、区政协委员
林同鑫	1943	团 桥	镇海名中医，三次应邀访日坐诊
傅卜年	1944	镇 海	主任医师。历任宁波市第一医院副院长，浙大医学院教学医院教授，省呼吸系统病学会副主委等职
郭立申	1945	镇 海	宁波妇幼医院主任医师
郭盛菊（女）	1946	镇 海	慈溪市人民医院妇产科主任，主任医师。宁波市白求恩式卫生工作者

续表 44—9

姓名	出生年份	家乡地	主要经历与业绩
李清华	1946	城　区	主任技师。宁波市临床检验中心主任
姜钧楼	1946	城　区	主任中医师。曾任宁波市江北区孔浦医院院长
郑日升	1954	镇　海	长期担任浙江省内监狱医院院长。内科主任医师
胡佩莉（女）	1956	上　海	镇海龙赛医院主任医师，院感染科长。在非洲马里医疗援外 2 年，全面指导锡加索医院内科临床与教学，获浙江省表彰
焦小玲（女）	1956	呼和浩特	镇海区人民医院主任医师，呼吸科主任。宁波市第二届白求恩式医务工作者
刘宗元	1956	辽宁建昌	镇海龙赛医院主任医师
郝玲妹（女）	1956	呼和浩特	镇海龙赛医院主任技师，检验科主任
贺冠海	1957	城　区	杭州市第一人民医院普外科主任医师。“人体原位肝移植”获省科技三等奖
柯纪定	1957	宁　波	镇海龙赛医院副院长，主任医师，消化内科主任
徐佩莉（女）	1957	宁　波	镇海中医院儿科主任中医师，区中医学会秘书长。浙江省中医技术骨干
王敏珍（女）	1958	城　区	杭州邵逸夫医院妇产科主任医师。获卫生部科技进步三等奖
邵国丰	1959	镇　海	宁波李惠利医院主任医师、心胸科主任，教授。享受国务院政府特殊津贴
吴国富	1960	衢　州	镇海龙赛医院主任医师
施　燕（女）	1960	宁　波	镇海龙赛医院主任中医师。浙江省基层名中医
贺志良	1961	镇　海	主任中医师。曾任镇海区人民医院（宁波市第七医院）院长
石建宇	1961	台　州	镇海区人民医院主任医师、副院长，外科主任
李　波（女）	1961	海拉尔	镇海区人民医院副院长，主任医师，呼吸科主任
马苏亚（女）	1962	城　区	主任医师。宁波大学兼职教授、中国超声工程学会常务理事、浙江省医学会超声分会常务委员、宁波市医学会超声分会主任委员、宁波市超声医学工程学会会长。享受国务院政府特殊津贴。2010 年获中国医师奖
黄黎峰	1962	宁　波	镇海龙赛医院副院长，主任医师、神经内科主任。宁波市白求恩式医务工作者
袁燕萍（女）	1962	城　区	镇海龙赛医院主任中医师，针灸科主任。镇海区首批名中医
朱忠伟	1962	宁　波	镇海炼化医院院长，主任医师
丁光杰	1962	上　海	镇海龙赛医院主任医师

续表 44—9

姓名	出生年份	家乡地	主要经历与业绩
熊佐玲（女）	1962	双鸭山	镇海中医院主任医师
陈文采（女）	1963	城　区	宁波市李惠利医院心血管内科主任医师
傅文中	1963	衢　州	镇海龙赛医院主任医师，心血管内科主任
陈东妹（女）	1963	宁　波	镇海中医院主任医师
苏敏敏（女）	1964	城　区	宁波市第三医院妇产科主任医师
周明浩	1964	鄞　州	镇海中医院副院长，骨伤科主任医师
朱励民	1964	余　姚	镇海龙赛医院主任医师
沈　洁（女）	1964	城　区	哈佛医学院神经学教授。上海交通大学“长江学者奖励计划”特聘讲座教授
俞　汀	1965	城　区	浙江省卫生厅卫生监督局主任医师
杨聪玲（女）	1965	鄞　州	镇海中医院主任医师
周亚龙	1966	镇　海	广州军区第一八七医院肝胆外科主任，主任医师。获军队科技进步及医疗成果奖 4 项
王佩飞（女）	1966	镇　海	乐清市人民医院病理科主任医师
刘飞霞（女）	1966	奉　化	镇海中医院主任医师，儿科主任。第四批全国名中医药专家学习继承人
徐　黔	1966	慈　溪	镇海龙赛医院主任医师，外二科主任。获市科技进步三等奖 1 次
陆　梅	1966	镇　海	美国罗马琳达大学全职副教授，牙医学院骨研究所主任。浙江大学医学院客座教授
潘恒标	1967	宁　海	镇海龙赛医院副院长、主任医师
曹群奋（女）	1967	宁　波	镇海区人民医院主任医师、消化科主任
谢　凯（女）	1967	诸　暨	镇海炼化医院主任中医师，门诊主任
徐　秀（女）	1967	骆　驼	复旦大学附属儿科医院主任医师、科主任
兰志建	1968	衢　州	镇海中医院儿科主任医师
方　波（女）	1968	镇　海	镇海九龙湖镇卫生院副院长，主任技师
毕美芬（女）	1969	宁　波	镇海中医院主任中医师，少儿呼吸专科主任

续表 44—9

姓名	出生年份	家乡地	主要经历与业绩
崔　巍	1970	镇　海	宁波李惠利医院结直肠外科副主任，主任医师
沈是铭	1970	宁　波	镇海龙赛医院副院长，主任医师，骨科主任
俞　毅	1970	城　区	IBM 亚太区医疗卫生与生命科学事业部副总经理
王青青（女）	1971	镇　海	浙江大学免疫学研究所副所长、教授。获省科技进步二等奖 2 项
王邦荣	1974	镇　海	宁波第六医院骨科主任医师

第七节　劳动模范　先进人物

1985—2010 年，镇海区被授予全国劳动模范或全国先进工作者 9 人次，省劳动模范 28 人次（包括在省外获得后转入镇海区的 2 人），获国务院部委、全国总工会、妇联等部门或国家级行业协会表彰 17 人次。以授予时间先后为序。

镇海区获国务院、省政府表彰的劳动模范、先进工作者名录一览表

表 44－10

姓　名	性别	授予时工作单位及职务	授予称号	授予年份
李高风	男	镇海中学教导处副主任	浙江省劳动模范	1985
章秀峰	男	镇海石化总厂催裂化车间班长	浙江省劳动模范	1985
钟正慧	女	吉林省毛纺织厂（调入光华纺织公司）	吉林省劳动模范	1985
孙文彬	男	镇海石化总厂排水车间	1986 年度浙江省劳动模范	1987
徐云达	男	镇海发电厂汽机检修分场副场厂	1986 年度浙江省劳动模范	1987
楼建立	男	镇海石化总厂化肥厂合成车间主任	1987 年度浙江省劳动模范	1988
叶中央	男	交通部宁波海上安全监督局镇海航标区主任	全国劳动模范	1989
唐洋潮	男	镇海石化总厂工贸公司汽车驾驶员	1988 年度浙江省劳动模范	1989
俞鹤鸣	男	宁波港务局镇海港埠公司机械队内燃机修理班班长	1988 年度浙江省劳动模范	1989
			全国劳动模范	2000
祝达飞	男	镇海区业余技巧运动学校高级教练	1988 年度浙江省劳动模范	1989
		镇海区技巧运动学校副校长	浙江省“七五”劳动模范	1992
		镇海区业余蹦床技巧运动学校校长	全国先进工作者	2005
张仲华	男	镇海区澥浦屯山村养猪专业户	1989 年度浙江省劳动模范	1990

续表 44—10

姓　名	性别	授予时工作单位及职务	授予称号	授予年份
孙玉宝	男	中石化总公司镇海石油化工总厂厂长、高级工程师	1989 年度浙江省劳动模范	1990
何性善	男	镇海中学校长、中学高级教师	1994 年浙江省劳动模范	1995
			全国先进工作者	1995
张云高	男	河头乡河山村种粮专业户	1994 年浙江省劳动模范	1995
张家仁	男	镇海炼油化工股份有限公司董事长兼总经理、高级工程师	全国劳动模范	1995
贺春安	男	西安互感器厂（调入华通电器集团公司）	陕西省劳动模范	1997
朱永汉	男	镇海发电厂生技处副处长	浙江省劳动模范	1999
郑绍琪	男	宁波华通电器集团股份有限公司	浙江省劳动模范	1999
何　良	男	浙江省第二建筑工程公司分公司项目经理	浙江省劳动模范	1999
			全国劳动模范	2000
华高明	男	交通部第三航务工程局第四工程公司第一工程处主任	浙江省劳动模范	1999
孔繁江	男	镇海炼化车间主任	浙江省劳动模范	1999
张国明	男	宁波雨云蔬菜厂厂长	浙江省劳动模范	2004
戴自国	男	中国港湾建设总公司上海航道局第二工程公司“航浚 1003”轮船厂	浙江省劳动模范	2004
蒋文钧	男	镇海炼油化工股份公司炼油五部副总工程师	浙江省劳动模范	2004
胡金雄	男	中港总公司第三航务工程局宁波分公司总工程师	全国劳动模范	2005
吴长江	男	宁波港集团油港轮驳有限公司原油过驳队队长	全国劳动模范	2005
蒋　莹	男	浙江省二建集团有限公司一分公司经理	全国劳动模范	2005
张骏驰	男	中石化宁波工程有限公司	浙江省劳动模范	2009
赵章琪	男	镇海区蛟川街道综合治理中心	浙江省劳动模范	2009
金国民	男	宁波市公安局镇海分局刑侦大队	浙江省劳动模范	2009
汤旭明	男	浙江省二建集团有限公司	浙江省劳动模范	2009
胡耀华	男	宁波港股份有限公司镇海港埠分公司机械修理工	浙江省劳动模范	2009
			全国劳动模范	2010

镇海区获国务院部委、国家级部门或行业协会表彰的先进人物一览表

表 44－11

姓　名	性别	授予时工作单位及职务	授予称号	颁布年份
章秀峰	男	镇海石化总厂催裂化车间班长	全国五一劳动奖章	1985
祝达飞	男	镇海区技巧运动学校副校长	全国五一劳动奖章	1990
陈凤梅	女	镇海区监察局	全国监察系统先进工作者	1990
王定军	男	宁波丝织厂电工	全国五一劳动奖章	1992
乐建秀	女	宁波丝织厂	全国纺织工业劳动模范	1994
华爱民	女	中国银行镇海支行	全国金融系统劳动模范	1996
周林表	男	镇海区科委	全国科技系统先进工作者	1998
顾亚奋	女	镇海区妇联主席	全国三八红旗手	1999
周国民	男	镇海中学	全国模范教师	2001
胡金雄	男	中港总公司第三航务工程局宁波分公司副总工程师	全国五一劳动奖章	2004
王海帆	男	中石化镇海炼化分公司化工部安全员、高级技师	全国五一劳动奖章	2007
潘佩霞	女	宁波弘生毯业有限公司教练员	全国五一劳动奖章	2008
席伟达	男	宁波化学工业区管委会副主任	全国石油和化学工业先进工作者	2008
李斌红	男	中国石化镇海炼化分公司工程部主管	全国五一劳动奖章	2009
郑金伟	男	宁波华通电器集团股份有限公司生产管理中心主任	全国机械工业劳动模范	2009
王小曾	女	百隆东方有限公司三分厂后纺车间轮班长	全国纺织工业劳动模范	2010
刘晓梅	女	宁波龙欣精细化工有限公司总工程师	全国五一劳动奖章	2011
顾明岳	男	宁波金洋化工物流有限公司总经理	全国物流行业劳动模范	2011

说明：资料来源区总工会

（责任编辑：郑　修　顾科明）

丛　录

本编目录

一、政令选

1. 浙江省人民政府关于同意调整宁波市行政区划的批复

浙政〔1985〕64号

（一九八五年八月九日）

各市、县人民政府，各地区行政公署，省政府直属各单位：

一九八五年七月一日、十六日，国务院批复：

一、同意撤销镇海县，将原镇海县的行政区域并入宁波市。设立宁波市镇海区，扩大宁波市滨海区。以原镇海县和滨海区的行政区域，按甬江分界，甬江以北为镇海区，甬江以南为滨海区。

二、同意撤销余姚县，设立余姚市（县级）。以原余姚县的行政区域为余姚市的行政区域。

浙江省人民政府

2. 宁波市人民政府关于宁波市镇海区扩镇并乡方案的通知

甬政发〔1992〕113号

（一九九二年五月七日）

镇海区人民政府：

经省政府同意，省民政厅于一九九二年五月五日对你区扩镇并乡方案批复如下：

镇海区原辖10个乡镇，其中镇6个，乡4个。扩镇并乡后调整为6个乡镇，其中镇5个，乡1个。

城关镇，辖30个村，31个居民区，镇政府驻城关镇胜利路36号；

骆驼镇，辖41个村，2个居民区，镇政府驻骆驼镇大庙弄53号；

庄市镇，辖25个村，1个居民区，镇政府驻庄市镇庄市村；

贵驷镇，辖20个村，1个居民区，镇政府驻贵驷镇贵安路10号；

澥浦镇，辖14个村，1个居民区，镇政府驻澥浦镇觉渡村；

河头乡，辖21个村，乡政府驻河山村。

宁波市人民政府

3. 镇海区委、镇海区人民政府关于抓紧保护开发利用镇海口海防遗迹，推进全区爱国主义、集体主义和社会主义教育的决定

镇区委〔1994〕7号

（一九九四年二月一日）

各镇乡党委、区直属各单位：

镇海自古以来是我国重要的海防要地，先后经历了抗倭、抗英、抗法、抗日四次闻名中外的抗击外来侵略的自卫战争，留下了许多珍贵的海防遗迹和先辈可歌可泣的英勇业绩。这些海防遗迹历史悠久、范围广、数量多、类型全、保存较好（单城关镇区域就有省级文物保护点达九处之多），有的遗迹在全国也属罕见。

镇海口海防遗迹是我国人民热爱祖国、不畏强暴、抵御外侮、自强不息的历史见证，这是镇海人民乃至中华民族极其宝贵的精神财富。在当今和今后不断扩大对外开放，加快发展社会主义市场经济和加强社会主义精神文明建设中具有独特的开发利用价值，也是推进我区两个文明建设的一大潜在的历史文化优势。因此，抓紧修复利用这些珍贵的历史文化遗产，是坚持“两手抓、两手都要硬”的方针，认真贯彻党中央加强思想政治教育的指示，推进精神文明建设的迫切需要。它不仅挽救保护历史文物，改善城区景观，丰富群众文化生活，而且对于推进全区爱国主义、集体主义和社会主义教育，激励全区人民奋发图强，加快改革开放和社会主义现代化建设，具有非常重要的意义。区委、区政府决定：

一、建立由洪钧杰、周忠德、张卫民、郑信才等区委区政府主要领导参加的“镇海海防遗迹修复开发领导小组”，下设专门工作班子和“镇海海防遗迹修复开发资金筹集委员会”，并立即抓紧开展工作。

二、镇海口海防遗迹修复工程要统一规划，分期实施，重点突破，整体推进。以新建“镇海口海防历史博物馆”、整修和恢复招宝山区、后海塘区和镇海中学内的海防遗迹的“一馆三区”为目标，争取四年左右时间基本完成修复工作。当前重点抓好“镇海口海防遗迹历史博物馆”的建设。

三、抓住时机，充分发挥新闻舆论和各种宣传工具的作用，广泛进行群众性的宣传教育和发动工作。各级党委、政府和各部门要把“修复工程”作为我区精神文明建设的一件大事来抓，通过各种形式宣传修复开发海防遗迹的目的意义，宣传先辈反侵略斗争的英勇业绩，增强人民群众的民族自信心和凝聚力，增强国防观念和国强民富、国泰民安的意识，进一步激发爱祖国爱家乡爱社会主义的热情，积极投身改革开放和经济建设。

四、镇海口海防遗迹修复开发是一项功在当代、利在当代、造福子孙的具有重要现实意义和历史意义的社会建设工程，需要得到全社会的参与和支持，才能顺利完成。群众的参与过程本身就是很好的受教育过程。要大力动员区内外各单位和社会各界群众及海外人士为镇海口海防遗迹修复工

程献计献策、捐献文物和捐资出力，确保“修复工程”顺利进行，在我区社会主义两个文明建设中发挥重要作用。

中共宁波市镇海区委
宁波市镇海区人民政府

4. 宁波市镇海区人民代表大会常务委员会关于进一步加强环境保护工作的决定

镇人大〔2002〕12号

（2002年6月28日镇海区十一届人大常委会第33次会议通过）

根据镇海环境的现状，为了贯彻实施环境保护基本国策和可持续发展战略，加强环境整治，把我区建设成为经济繁荣、社会稳定、环境优美的现代化生态型园林城区，特作如下决定：

一、进一步提高对环境保护工作重要性的认识

全区各级组织、各级领导要客观面对镇海的环境现状。由于历史原因，加上经济的快速发展和人民生活水平的日益提高，广大人民群众对环境保护的呼声日益强烈，公众环境意识是公民素质的重要体现，是社会文明进步的标志，要十分重视人民群众对环境保护的呼声和要求，要充分认识环境保护工作的重要性和紧迫性。环境保护事关经济持续发展，更事关人民群众的切身利益。进一步加强环境保护工作，是贯彻“三个代表”重要思想的具体体现，是落实党的宗旨观念的客观要求，是实施“民心工程”的重要内容。

要树立正确的发展观，发展经济不能以牺牲环境为代价，不能走先发展后治理的老路。我们追求的是环境与经济的协调，人与自然的和谐，不能不计资源消耗求得一时的发展，要为子孙后代留下一个可持续利用的资源环境。只有建立在生态环境良性循环基础上的经济社会发展，才是实实在在的发展。

二、采取切实有效措施，努力实现环境综合整治的主要目标和任务

政府必须对本行政区域环境质量负责。“十五”期末，全区主要污染物排放总量要比2000年减少10%。要着重做好大气污染防治工作，重点防治废气的大气环境污染，特别要重视特殊污染因子的监管，确保城区及居民稠密区的空气质量不低于二级标准；切实加强水污染的防治工作，要重点保护与人民生活密切相关的饮用水源保护区，加强河网水体的污染综合治理工作，使水环境质量达到功能区划的要求；切实解决饮食娱乐服务行业环境污染等群众反映强烈的问题；继续保持并扩大烟尘控制区和噪声达标区的范围；切实控制和综合解决农业污染源、生活污染源问题。

制定区域规划，合理布局，不仅是优化资源配置的需要，也是保护环境的首要一环，根据城区及其周围环境承载能力，应依照区域环评的要求，设置城区周围的有效保护距离，无论新建、扩建项目，都不得突破规定边界，并加快实施威海路一侧有效的生态隔离带。威海路以东区块应逐步调整现有布局，化工、冶炼、煤尘等有污染的项目一律不准进入，现有企业的污染物必须达标排放，并不得在该区域扩建，污染严重且治理无望的应予关停或搬迁。澥浦化工区作为新兴的工业园区，不能再走后海塘区块的发展老路，要尽快制订区域规划，并根据功能定位，在项目选择，合理布局以及基础设施建设等方面，科学决策，严格把关。

切实制订并落实“关于排污总量控制的规定”，应把主要污染物（包括化学特殊因子）排放量分解落实到各工业区和主要排污企业，并根据环保“十五”计划要求，逐年削减排污总量，新建、扩建项目必须在总量许可的情况下方可实施。

必须加强对新建、扩建、改建项目引进源头上的控制，建设对环境有影响的项目必须严格按规定程序审批，对于进入“绿色通道”的重点项目，也必须明确必要的前置条件。项目选择要严格按国家计委、国家经贸委关于当前国家重点鼓励发展的产业、产品和技术目录中鼓励、限制、禁止项目的规定，所有新建、扩建、改建项目要提高技术起点，采用清洁生产工艺，努力改善经济增长质量。

不断提高环保管理水平和增大行政执法力度，采取切实有效手段，加强对我区大气环境质量的监测和分析。建立对重点污染项源自动在线监控系统和日常巡查执法制度，严格对排污企业的监管；要用足用好法律赋予的职权，严肃查处环境违法行为，依法实施行政处罚，责令限期整改、停产整治直至关停搬迁；要加强与有关大工程单位的联系，制订和实施镇海环境突发事件的紧急预案；群众反映强烈、迫切需要解决的突出问题，要尽快制订解决方案，实施专项整治，以求实效。

要继续加大环境保护投入力度。“十五”期间，全区环境保护资金投入要达到同期国内生产总值的1.5%以上。环保基础设施工程项目、生态工程项目和重大环境综合整治项目应优先纳入国民经济社会发展计划和财政预算；工业园区在开发建设过程中必须坚持基础设施先行的原则，按照园区规划和区域环境评价的要求，配套建设环境基础设施；依法足额征收排污费，专款专用；要增加用于环境管理、环境监测、环保科研、环保宣传上的投入；加强有关部门行政能力和队伍建设。

三、加大环境保护执法监督的力度

区人大常委会加强对环境保护的执法检查或视察，听取政府环境保护工作情况汇报，提出改进的意见和建议，支持和监督区人民政府及有关部门加大环保执法力度，及时纠正有关违法问题；区人大常委会有关工作委员会应定期听取政府有关部门关于环境保护规划、依法管理、综合整治及财政投入等方面汇报，对人民代表大会及其常委会作出的决议、决定和执法检查、评议整改意见进行督促检查；要发挥人大代表在环保执法监督方面的主体作用。根据需要安排区人民政府向区人民代表大会作环境保护情况的专题报告。

对严重违反环境保护法律法规的重大问题，可以依法向政府及其部门有关负责人提出质询，必要时也可以组织特定问题调查。对造成重大损害或严重社会后果的，依法撤销、罢免有关负责人的职务。

区法院、检察院要加强环境保护司法工作。及时受理环境保护民事、行政、刑事案件，排除干扰，公正司法；对那些置国家法律法规于不顾，破坏资源、污染环境的单位和个人，要严厉查处，构成犯罪的依法追究其刑事责任。

四、发挥社会监督和公众参与作用

要切实加强环境保护的法制宣传和科普教育。区政府及有关部门要将环境保护、生态经济等法律常识和科学知识纳入普法宣传和教育计划，不断提高各级领导干部和广大群众的环保意识、生态理念和法制观念。

各新闻单位要及时宣传环保工作中的先进典型，公开批评、揭露污染环境和破坏环境的违法行为，充分发挥新闻舆论的监督作用。

要建立公众参与机制，扩大公民对环境保护的知情权、参与权和监督权，促进环境保护决策的科学化、民主化。环保等部门要组织专家和公民以适当方式参与环境影响评价，实行环境和生态保护有奖举报制度。鼓励工会、共青团、妇联等社会团体和公民参与环境保护和生态建设。政府应对为环境保护做出贡献的单位和个人给予精神鼓励和物质奖励。

宁波市镇海区人大常委会
2002 年 7 月 2 日。

二、诗文选

★ 碑记

1. 唐会稽郡夏氏夫人墓志铭并序

仲弟检校国子祭酒、前守越州都督府长史、殿中侍御史谦撰

夫人本弘农湛氏，周之苗系也。犯穆宗皇帝庙讳，长庆初，准勅改为夏氏。勅词云：夏禹启子之后也，就会稽郡焉。皇曾祖讳启聚，皇祖讳进，皇考讳金，皇妣姚氏，夫人即少女也。笄年归于顺阳范氏宣节校尉、前守翁山镇将王名行德，风猷擅美，簪组承家，大孝因心，挺然操志。两持霜刃，割左右股奉膳二亲，上天降祐，疾皆平愈。州县耸观，乡闾仰止，褒赐累加，蠲免徭役。夫人以礼敬奉上，克修严祀，六亲缉睦，琴瑟谐和，闺门积善，增业家肥。有男曰中伦，次曰中元，仁孝贞慎，悉皆有立。长女适王氏，次适钱氏，次适王氏，懿行双美，闺门共推。诸其胤嗣，先殁而不书。

呜呼夫人，甲子乙酉寒暑遘疾，秦医莫疗，风树不止，瑞云难留。乾符己亥岁十一月六日，奄终于明州鄮县永安乡梢树里第也，享年七十有五。悲夫！寒风惨凄，百鸟悲噪，遐龄未及，逝水俄

倾［顷］。广明元年，岁在庚子十二月庚辰五日甲申，卜宅迁于里东先翁姑之塋侧，有所依怙，魂无恨耶！地厚岗平，形势盘郁。虑陵谷迁变，江壖改移，承命记文，拭泪而铭曰：

六亲懿范，孟母推贤，闺门范则，曹氏比肩，善恶同归，莫能究焉。□目□河，埋玉荒田。旧里之东，大塋之前，永闷幽壤，垂千万年。

注：此志镌于唐广明元年（880），1970年在庄市公社贺驾桥（现作贺家桥）挖河时出土，为镇海至今发现的最古之碑铭。志长51厘米，宽37厘米，保存于镇海区文管会。

2. 香山智度寺新钟铭

舒　亶

慈溪香山智度寺作钟楼而钟不称，于是正觉禅师谋新之，一冶而就，实元符改元（1098）十一月五日也。是寺真应大师真身在焉，冥感旁通，四走檀施，则是钟不日而成，岂特人力也哉！亦乐居士舒亶闻而赞叹，为之铭曰：

三界冥冥，白日夜行，
非雷非霆，闻者震惊。
是声是空，破一切聋，
十方三世，不离其中。
是声非有，假一切手，
复归于尽，谁作谁受。
是大因缘，具大神力，
非声而声，不德而德。
其万斯年，与世作则。

注：原文载乾道《四明图经》卷十一碑文。舒亶（1041—1103），慈溪（今余姚大隐）人。宋治平二年（1065）状元。神宗时任监察御史裏行，与李定同劾苏轼，是为“乌台诗案”。

3. 平倭记

〔明〕张时彻

皇帝临御之三十一载，岁在壬子，倭寇越境肆掠，郡邑大骚。当事者狃于恬嬉，按兵观望，莫有发一矢以捍贼尘者。皇帝赫怒，爰命元戎秉钺，虎符四发，材官云驰，亦罔克鹰扬，荡涤妖氛。

失律丧师，坐吏议而齿剑者踵相接也。皇帝曰：咨是大辱，国何以师为？盍择才御史夙著风猷者往监督之其可。梅林胡公实来选徒简将，率先戎行，兵威丕振，数以肤功上奏阙下。皇帝嘉悦，屡降纶音，锡之爵命。不二年，而进巡抚与总督。公感非常之遇，厉匪躬之忠，挥金募士，设画宣奇。盖无日不讨于军实，往往披甲戴鍪，决生死于锋镝之间，戮其左次与不用命者。于是三军震厉，人百其竞。有乍浦之捷，有龛山之捷，有仙居之捷，有王江泾之捷，有沈家庄之捷，有柯桥之捷，有舟山之捷。其余逐北追奔，穷搜而掩击者不可胜计。贼益望风褫魄。

乃岁丁巳，叛人汪直挟诸倭酋以来，诈言款边，以要互市，包藏祸心，伺我备弛，逞其毒焰。公预洞隐伏，因其间而用之。阳示羁縻，阴遣里中素所善者厚诱而致之麾下，纳于圜棘，疏请躬提师旅，尽歼余孽。贼既失桀魁，计出无何，乃遁入岑江，幸缓须臾无死。岑江，固山海奥区也，天堑凌空，丛箐蔽日。我兵环而围之，水连艨艟，陆伏貔虎，尽绝其薪粟之路。于时又有他寇纠聚死党，虎瞰鸱张，航海来援，气吞溟渤。公曰：贼锋甚锐，不可迩也。逮其未合而诱之，此成擒耳！乃使间谍绐之曰：直方互市，若等亦有所利乎？贼疑信未定，遽以偏师袭之。一歼之于普陀，再歼之于朱家尖，无一人得脱者。贼用大怖，悉火其辎重，潜徙于白泉。益聚榛莽，断塞蹊径，自谋治舟以逸，无复逞志。乃挑选精锐，分为数军，迭出而疑之。贼困不得休，饥不得食，相枕藉以死。其余孽未尽者乘涛夜遁。诸将奉公夙戒，伏兵四集，追而击之，斩馘若干，俘获若干。海波澄清，疆境宁谧。露布星驰，捷书上报，道路欢呼曰："庶几复见天日矣！"缙绅士大夫交相庆劳，歌颂兴焉。

某辱公知爱，睹此盛美，不啻身亲为之。爰矢厥词，用张大伐。公自戊午（1558）三月视师海上，迄十一月乃罢，而定海实惟驻节之所。维时巡海副使谭君纶、郡守周公希哲命邑令陈纪陈正道勒石招宝山之巅，以昭于永永。其词曰：

皇祖开基，九服咸熙，放牛归马，守其边陲。十圣继统，风恬物嬉，外国来宾，惟德用绥。氐戎羌国，贡有常期。物大蠹作，防久斯隳。蠢兹狡寇，扰我东隅。神州鼎沸，羽檄云驰。帝命中丞，仗钺视师。临轩推毂，假尔便宜。翼翼中丞，奋扬武威。胸中甲兵，百万熊貔。宣奇决胜，迅若风雷。屡歼鲸鳄，京观封尸，殊方震叠，反侧怀疑。直为叛首，称款来归。要我互市，乞我玺书。滔天大憝，匿于甘辞。电烛其奸，多方羁縻。诱以间谍，饵以金绯。致之辕门，縶之牢之，余孽未靖，险阻海隅。岑江既破，白泉是逋。如鱼在釜，喘息斯须。砺我戈矛，简我车徒，分番掩击，馘将搴旂，群丑褫魄，兽骇禽飞，乘涛夜遁，偷活庶几。号令孔严，伏兵四驰。犄角穷追，靡有孑遗。海波不扬，妖氛悉除。农歌于野，商谣于途：孰翦荆榛，靖我郊衢？孰施乳哺，鞠我孩雏？乃室乃家，以耕以渔。垣墉屹屹，岳渎辉辉，谁为此者？御史大夫，皇皇神武，赫赫庙模，社稷之卫，天子是毗，光辅中兴，周虎商伊。帝曰汝嘉，锡爵分珪，太史作颂，勒于鼎彝。

（碑无存，文见民国《镇海县志》）

4. 都督俞公祠碑记

虚江（即晋江）俞公大猷，字志辅。始来自霍邱。五世祖敏，从高皇帝集大统，授泉州卫前所百户。四传至爰松公瓒，皆世袭焉。

爰松生公，治《易》（指大猷专攻《易经》），充泉州府学弟子员，试辄高等，人以文魁望之。爰松公卒，公白诸有司，请以官让其弟，得毕志于文举。不可。则如京师受职归。嘉靖甲午（1534）魁武举，乙未（1535）会试亦魁，进千户，视师于金门。金门号难治，公以恺悌公廉御之，教士卒以荆楚剑法，帅其子弟谈习经礼。金门大治。戊戌（1538）秋，臬司征公讨贼，擒酋杨志新等二百三十二人。癸卯（1543）秋内牧，兵部尚书毛公伯温荐之，诏公御敌于木莲港，斩首甚众。明年，进指挥佥事，以都指挥体统守备汀、漳。丁未（1547），擒海寇康老，斩首二百八十有二。是岁秋，擒流贼雷士贤等九十余人，又擒流贼汤信四等百七十人。事闻，进广东都司署都指挥佥事。戊申（1548）秋，擒新兴贼谭青蛇、苏青竹等五十余人。十二月，迁福建都司。广人请于都御史，乞还之。奏上，明年迁广东，守钦、廉。夏，南彝平。秋，安南叛贼至，公帅水陆兵败之于白勒港，绝其道，俘溺无算。寻自龙门追及于万宁，擒其酋范子仪、范子流、范廷真等，斩首千二百余级。庚戌（1550），黎寇作。公帅师徂征，擒其酋符门钦等，斩首五千二百余级，遂平黎。三月，进右参将，守琼州。当是时，鄞、歙亡命入海构倭（联结倭寇）反，官兵亟战不利。兵部侍郎张公时彻荐公移镇于浙，而宁、绍、台、温隶焉。公督水陆兵击列港（即烈港、沥港），募善伏者潜从背逼其巢穴。火夜起，贼辎重尽毁，大溃。次于马迹，飓风昼晦，群蛟荡舟，公恬不为动，既而曰："虽天变，亦舟人弗力。"斩二人以殉，军始知有纪律者，惧而思奋。俄而，倭攻昌国，公帅舟师赴之，战于石浦、扁礁头、玉屏、海门、松门，十有八合，擒斩四千，溺者万计。余贼百余人，转补陀洛迦山据之。公集兵围之，令举火。或曰："恤首功。"公曰："靖民而已，首功何为者？"遂火，贼歼焉。是月，谍言"温州有贼"，公复帅舟师追之。贼走绍兴，抵柯桥，四面皆水。官壁舟，贼将涸以攻城，典史吴成器觉而拒之。公不寐，曰："吾心动，贼其至乎？"将数卒，操一舟觇之。贼方持戎器，急，公手戈踣一人，贼众骇乱，急击殪之。丙辰（1556），进副总兵，提督金山。时贼将趋留都，公督永顺等兵，于乙卯（1555）之夏，五战于平望、王江泾、秋母亭、六金坝、英德湖，斩首千余。秋，七战于大赤海洋、柘林、陶宅、青村、周浦内地，斩首千余。冬，三战于川沙洼、吴淞、宝山，斩首百七十，尽沉其舟。丙辰，贼徐海以倭围桐乡。诏进公都督佥事，直隶浙江总兵，佐总督胡公宗宪救桐乡。胡公密谋于公，使谕徐海解围，而授之以朱旗，俾出海；公豫以舟师伏于海。胡公获徐海，轘之于沈庄。倭数千，扬朱旗出海，公伏起，无一脱者。自夏及秋，五战于宝山、高家嘴、平洋沙、吴淞、刘家河。遣小舟觇贼，数里举火相属，追及于洋山、茶山，凡斩首千五百，溺者亦无算。留都安。舟山者，定海之塞也。贼据山，且阅岁十有二日。公图于副使方湖王公，授略于指挥张四维，帅麻阳兵攻之，壁益坚。夜使人持死豚投其壁，狗群吠，夷惊起，纵兵击，且焚殆尽，擒百四十，献于胡公，斩之。其民归于田，屋舍妻孥，晏然复矣。于是诏进公都督同知，总兵开府定海。定海之士民曰："微公，吾堕也。"相与蕹壤构穴，而尸祝之。

道生闻而笑曰："公之惠，直定海而已乎？贼谋以金陵为市，公抗讨议，贝锦多敍，稍慑于身，谋大事且不测，故辟邪说以立纪，亦难矣；卒践其言，卓然成绩，难乎难哉！"其议论、诗词，文多不载。

注：据民国《镇海县志》载，此碑记由考功承德郎丰道生（即丰坊）撰写，时在明嘉靖三十八年（1559）为俞大猷立生祠之时。文见民国《镇海县志》，残碑现移植于镇海中学梓荫山麓俞大猷生祠碑亭。

5. 昭忠祠记

〔清〕姚　燮

道光二十有一年，岁辛丑八月二十有六日，海夷陷镇邑。两江总督裕公谦、海南狼山镇总兵谢公朝恩、把总金公鼃、丞李公向阳殉难死。士民钦其节，建昭忠祠于邑东郊招宝山之阳，配以同时兵弁与死者，礼也。征燮为记，丹诸石，俾后谒祠者有考。燮惟明存亡之义者，无临难苟免之心，死社稷则祀之，为旷代不易之典。故张长史睢阳之庙祔以许南，杨节毅成都之祠从之史郭，猋轮窅忽，云旂往来，甍桷既崇，精爽斯托已！

聿溯英吃黎（英吉利）之肆虐，扰我海疆数年。龟兹不臣，陆浑抗命。鳄方驱于粤海，猰复突于浙东。大奚之殇未招，西兰之潮已血。马校尉不作，谁馘羌无弋之头；李总管已归，孰断吐谷浑之臂。先是庚子春，天子震怒，斋宿卜吉，命我两江总督臣裕为大帅，赐之节钺，授以机宜，谕其驰驿明州，急为剿办。盖李崇深沉，素惬民誉；休璟谙练，久为上知也。甫下车镇邑，逆夷乘未备，遣酋长以诡词餂公。公不听，缚酋悬诸竿射而刳之。夷惧，扬帆遁焉。李广射匈奴之骑，上郡危解；柳玭剔蕃人之尸，临泾寇逋。法令必伸，天威乃著。誓以霆激电扫，一挥尽歼，上抒宸忧，下苏民困。倚盾草檄，目摄海隼；枕戈茹蘖，梦骑天狼。故公之在镇者一岁有奇，刚而能廉，肃而能峻，敏而能断，督而能周，与将士同苦甘，于赏罚昭明慎。而东浙之民，方将从韦孝宽以掘堑，倚檀道济为长城。讵知鹿云走天，败军之气以兆；袄枭謼夜，神州之陆欲沉。昌国再陷，三镇授命。遂使苻坚胆炽，长驱而逼鄞城；庞萌焰张，引军而阚泗水。公乃登陴数马，升坛歃牲，而孤城之悬已如卵危，群志之怯复同齑靡。河桥之旗未折，潼关之骑多逃。霍将军称上阁勋臣，竟拔塞而退奔乌盩；严县官本刑余下走，敢弃辎而远出平陵。撝撝然如朽拉枯摧，纷纷者类狐跄鼠窜。铁牖倾而黄流决，石车发而赤欃飞。而公于此，既难为王晙之誓天，复莫效李廉之祷火。伤哉朱鸟，促零丁欲堕之魂；嗟此青山，仗建业孱军之守。时惟余狼山镇谢公固垒金鸡，独当一面。待凿凶门而出，下有颓渊；欲屯高砦以防，上无险壁。广固之援兵已断，平凉之袭卒方骄。七十创被于一身，三十里难为退舍。遂使峥嵘温序，类朱循之之在围；可怜慷慨虞悝，与谯王承而同死。盖把总金公佐谢公以拒战，同被害于时也。

呜呼，熸蠢溃防，天吴肆虐。瘢耆者片刻飞炮云崩，辚籍者千人暴骸阜积。乡（向）使谢公者手能砥柱，力可洄澜，逐孙恩于浃口，磔卞彪于巾山。十决阖而十荡辟，廓清晕月之氛；死地生而危地存，抵阨皋阑之隘。奚至宋金刚之队不去汾州，何无忌之师竟逾桑落？是难望也，殆有天乎！而裕公于此以为大局如斯，藐躬奚属，掌握已无寸柄，左右不过数人，忍寄活于亡命儿之肩，敢受殛于操觚家之笔。因为之冠裂裳毁，面北拜稽，仰天苍苍，呼臣负负，鞞刀已失，鸩酒何来？洒痛泪以仓皇，矢危心以坚白。素车未眇，逝从子胥而游；清流一泓，往揽灵均之袂。则公之投池以殉也，其属官负之出，匿于舟，江行抵姚邑。公既苏，卒仰药而死。呜呼，大星其陨，熛风不回；归命无渝，全操罔玷。纵先轸之元未丧，毅何减于易雄；谓常山之舌故存，烈终过于来歙。赐谥靖节，恤典有加，而公复何憾乎！若李公一丞耳，非有守土之责者，城既陷，升堂自缢。上闵其节，赠以五品衔，并荫其后如制，则又硕果蒙泉，无愧于疾风劲草者欤！从容含笑，颜色如生。白水鑑之清，赤眉望之避。爵不必辞祭酒，龚胜无负于国恩；官不必居侍中，庾珉早辨其一死。猗彼策骅骝健马，挟印而逃，伏轀輬轻车，摘冠南遁者，胡不闻焉警，悔焉恧也。呜呼！二十年县尹，名羁栈豆之驹；一万里昆州，路绝浪穹之雁，又足哀已。是宜垩素蛎之壁，藻文杏之梁，巍神舆出入之门，敞仙舄凭依之座，飨祀不忒，洒扫维虔。集绍宗、许穆于一堂，英风可挹；麾渠勒、乌苌于境外，瀚海长清。聊仿蔡伯喈之撰词，以备范蔚宗之作传。将天地凝之正气，星岳无迁；亦山川泽以忠魂，云雷皆壮也。

祠经始于咸丰三年岁癸丑六月，越岁甲寅八月始落成。费缗若干，皆蠲自邑之好义者，具详碑阴，有足征已。系之以铭曰：

泰壹上煜，泰媪下凝；节以生著，名以死成。上覆下载，生英死灵；死而犹生，与元降升。至元无形，返为至贞；贞珉太朴，贞树冬青。地轴何朽？天柱何倾？兹宅而监，兹形而声，襄皇郅治，福民太平。设裳在庭，悬弓在楹；有笾有硎，载尝载蒸。浩乎万古，视此东瀛。

（碑无存，文见民国《镇海县志》）

6. 建威将军浙江提督奇车伯巴图鲁欧阳公防夷碑记

〔清〕郭传璞

镇海即古定海，海口峣立雄关，实全浙门户。对峙于候涛山之南岸者，厥惟金鸡。潮汐吞吐，瞬息千里，恤乎骇人。贾舶渔舠，辐辏骈坒；海外岛夷若高丽、新罗、日本之属，击泡落漈，习于长年，春秋狎至。绥御失宜，瘈犬反噬，方牒所纪，悉数不能终也。

圣清定鼎，威棱赫濯，跨越汉唐，楛矢篆币，贡献不绝。道光间，英吉利犯滃洲，三总兵死之，窜入鄞、慈，浙东大震。洎款议成，泰西丑类以次麇集中国十三处互市。先帝不忍以战事殃民，俞之彍义沛仁，华离沦浃矣。

今上嗣服之九年，法兰西攻越南。越南，我藩属也，来乞师。虏虑掣肘，爰迁怒于我。甲申夏，联艅南下，先犯闽海，马尾、基隆连遭挫衄，继犯镇海，直薄嘉门。大府趣军门欧阳公妥速筹防。公相度形势，营南岸，合别将北岸诸营，兵不逾万，筑长堤，阙隧道，完废卡，葺危碉，复就金鸡山麓建暗炮台二。沐雨栉风，克期集事。大府致书诫公，不宜轻身前敌，有损国体。公奋不顾身，昕宵督率慰劳如家人，故士皆乐为之用。乙酉正月，虏以五舰扑七里屿，然□□旋有大黑舰导前，继以三舰逼近口门。我军水陆夹击，飞弹雨注，几毁其船，乃退。越日，虏继又来，中我巨炮，透炸烟筒，遂倒轮溃。虏酋孤拔称骁悍，盖死于是役也，或曰于闽，而虏深讳之。夜以舢板袭我，我有备不得逞。如是相持者数月，公须发为白。至异者虏每于桅巅测准，施炮千百，跕跕坠地，未尝开裂，□□百姓，虏以为神。

方虏犯闽也，南洋大臣曾公奏调开济、南瑞、南琛、澄庆、驭远五舰往援，责总兵吴安康统之。澄、驭两艘猝遇敌舰九，避入石浦，失机遂沉。其中济、瑞、琛三艘曾公檄守吴淞，道梗（道路阻塞）不达。公因招泊口内为助，军容于是益壮。

当是时，曾公犹子纪泽奉使泰西，密奏虏外强中干，议战便。而上体天地好生之德，遵皇太后柔远之训，不欲穷兵黩武于瀛壖之荒僻，犹成庙志也。六月款议成，沿海解严。公凯歌回辕，都士人焚香跪迓，欢声雷动。皆曰："公活我！公活我！"说者谓：南北岸诸台，胡梅林、戚南塘旧迹也，公革所当革，因所当因，孰如公智？千金之子不下堂，何况大帅！公亲冒矢石，为翘关超距先（翘，举。关，门关。翘关原指武试科目名。这里全句意指欧阳利见身先士卒），孰如公勇？虏酋李士卑斯一再请见，公拒以羊陆私交非制也，则谨诺，孰如公信？我御之上，我右之上，史册相望，公和衷共济，口不言功，孰如公让？迄于今，海氛□靖，四方相同。公为而不有，有而不宰，宜可少纾矣，乃端居危坐，常若抱无涯之戚（无边的忧愁）也，是固有不得已者在也。彼仅以美书翰，工声律，赞公之风流儒雅者，岂足以知公哉！郡人德公，深以传璞与公有故而属文诸石。

公氏欧阳，名利见，字健飞，一字鉴非，湖南祁阳人也。系以颂曰：海有时而枯，石有时而烂，公之丰功亘古焕；石有时而烂，海有时而枯，公之荩忱中外孚。吾言不绐，有如此海；吾言不易，有如此石。

光绪十五年已丑九月，宁波合郡士民公立。

注：1. 巴图鲁，本是蒙古语，汉语为"勇士"之意。满洲习俗好以称号加人，大致照其人性行定一美号，用以表彰部下才能和功绩。清代赐号中最习见的即"巴图鲁"，因它是表示武勇的，称为"勇号"。在清同治、光绪时，武臣立功，往往由汉字勇号改赐清字勇号，称为晋号。

2. 此碑原植江南大道头明远亭北首，今已遗失。碑文见于民国《镇海县志·金石》。

7. 吴公纪功碑记

〔民国〕袁思亮

公姓吴氏，讳杰，字吉人。先世为安徽歙县人，至公考始迁浙之龙游。公生十三岁而孤，贫甚。里中富室姜某见而奇之，曰：非常儿也，出资为葬父，使食于其家。及龙游陷寇，姜氏阖门歼焉。公手刃负其少子，驰三日夜而后免。当是时，左文襄公方督师援浙，公占名兵籍中，从攻克龙游，转战浙闽间，累功擢（提升）守备，赏孔雀翎，加都司衔，署常山千总。文襄移督陕甘，以公从。中道闻母病，遽请急归。

光绪甲申，中法交恶，浙海戒严。巡抚（指刘韵珂）筑炮蛟门，檄公领之。提督大军军（驻扎）江口，日夜翼翼，讲戎持重（碑文中刻为“日夜翼讲成持重”）。会法舰来窥，公发炮中之，逸。越两日，敌舰队大至，攻台，公还击，殪其渠。提督初闻公与敌战，大骇，已闻公却敌，则又大恚，惭智慧出公下。乃以违约束责公对簿。而巡抚上公功，授参将，然犹摭（搜找）他事造蜚语中伤公，罢去。宁绍台兵备道薛公福成方入觐，讼言公冤。巡抚擢川督，亦檄公自随。

甲午中日衅启，浙江巡抚复奏调公领镇海炮台。命下，浙人皆相庆，曰：“还我吴公矣!”公始著绩由龙游，而孤军据台创法舰，功尤伟。至是大府绝重公。尝统全浙水师、嘉湖水陆各营镇防各军；凡权总兵官者三，摄提督者一，十余年未尝离浙，始终兼领炮台，故驻镇海之日尤久。呴濡士卒，与为一体，而纪律整肃，宽不长奸，猛不侮孱，兵民洽和，盗贼屏息。渔舟商舶出入岛屿，棹歌扬帆弛其戒心。尽一县中沐浴威惠。公亦敬礼其士夫，附循其子弟，至相为婚姻，恩谊胶固。年七十有四卒，即葬县东南黄梅堰，其子孙遂著籍为镇海人。

越二十有六年，岁在丙子（1936 年），县之缙绅父老相与言曰：岁月逝矣，惟公有劳于兹邑，日以辽邈，不有记述，后将何称？爰具书其事来请刻辞，将砻石而树之五达之衢，俾（使）居游者览观，以永公之功。乃序而铭之，铭曰：

长鲸扬鳍蹙鯹波，黑云蔽空山峨峨。俯瞰霆击摧其牙，屹立屏嶂功孰多。大纛五丈森矛戈，十载坐镇潜蛟鼍。嬗代耆氓仍讴歌，服休无斁非私阿！贞石可蚀铭不磨。

湘潭袁思亮撰，县人俞佐廷书

（碑亭仍存镇海中学内梓荫山麓，招宝山上有仿制碑亭）

8. 续修镇海后海塘记

镇邑城北滨海，城之下即后海塘。自县境东首巾子山起，迤逦而西，过济生亭，又稍折而西北，经包家路至俞范路，为石塘者一千六百三十八丈。石塘以外大秒汪洋，风潮激荡，故工程最为重要。自俞范路西北至下岚山嘴为土塘者，三千三百九十丈，盖得下岚山为屏蔽，风减则潮较缓，沙积则涂渐广，故虽有坍塌，而不至［致］全毁；若能更筑外圩，涂可成田，则塘益固。此石塘土塘所以分筑，其形势固有不同也。

民国十年辛酉秋，飓风坏塘。邑人傅宗耀、盛炳纪、李征五等筹拨华洋义赈会会款，及宁波灾赈余款等银币十余万，设局兴工。癸亥八月工竣，慈溪冯幵为之记，凡有劳于是役者姓名皆与焉。当时石塘仅修一千零二十丈，既治济生亭之要冲，以费尽，至包家路而中止。局中董事李厚培、江义昌深以为虑，乃共步行察勘石塘，大小 孔计百余处亟须修补。二十年飓风又作，土塘已坍十余处，新修石塘罅漏叠出，其未修者尤岌岌堪危，各乡海塘亦同时告警。于是，全县消灾善后会呈请县长郑瑜，召集各机关团体、七区士绅，以后海塘关系最重，复组织镇海塘工局，公推李耘青厚培为主任，周星北运杓、江在田义昌、范莲舫大器为之副，而以义昌兼任会计，于二十年十一月成立。先从土塘开工，凡五月而土塘工毕。其石塘本拟二十二年九月可以修竣，乃届时风潮尤烈，石随浪出，塘与路并损坏。众志益奋努力，继续规复旧址，以达于俞范路。至二十三年七月始克蒇事。于是土塘、石塘及自城达塘之路一律告成，并巾子山之东钩金塘亦竣工焉。

是役也，无钜款可筹拨，故其事较前为难。开工之始，仅县政府拨浙江水灾急赈会银洋一千元，本县水警局及零星捐户千余元。因亟向沪甬捐募，为众擎易举，计上海募款者俞佐庭主其事，刘聘三、洪雁宾副之；宁波募款者陈兰荪、俞佐宸主其事，张善述、周宏生副之。盖赖诸君子奔走经营之力，又得乐善者相赞助款，是用集事乃有济。综计修理全塘用银币五万余元，修路用银币五千余元，筑亭用银三千元，历三载之久，合群力以图，可谓劳矣。助次姓氏以用款细目详征信录。抑更有足述者，此次募款俞氏兄弟功最多，实承其封翁之遗训。封翁名嘉言，前次修塘曾与其事，而冯记中偶未及之。十四年在梵音寺会议，力疾赴会，谓塘工未竟全功，为患必巨。至疾革时犹谆嘱其二子，今竟克底于成，是其功不可没也。鄞人袁履登为其封翁九十寿，助修塘银币八千元。封翁名燮元，九十二岁矣。孝于亲而施及于众，亦可觇吾乡风俗之敦厚焉。亭既成，名曰嘉燮，立碑志之。是犹庆安、鸿福两亭命名之义，所以特示旌异，而尤愿塘成以后山川嘉应，阴阳燮理，得永永保此丰乐也。

甲成［戌］仲秋鄞县夏启瑜记

鄞县王禹襄书

（镇海后海塘嘉燮亭碑高约 2.4 米，宽约 1.2 米，现仍存原处）

9. 镇海李母张太夫人墓表

（按：2007 年 12 月，镇海区文管会在招宝山麓发现此碑；2009 年 7 月，移植于北仑区戚家山街道蛟山公园养正亭内）

乙卯仲冬，量移（量，同“量”。量移，指因罪远谪，遇赦酌情调任近处任职）晋阳，识镇海李君观侯于坐次。夺颖扬蕤，翘翘振异，曳裾错履，上下云龙。康每垂叹，今此绸缪，辄不经意，私虑他日不无置念。岁月熛忽，苔岑潜移，殢羽沉鸿，鲜由会合，不图今日重晤春明。日者手祖慈张太夫人事略示康读之，属为制词。郁郁灵萱，荫承子舍；修修慈竹，秀到孙枝。极一门五世之荣，实千载一时之会，不可谓非盛已。

太夫人张氏，浙江鄞县人也。生而渊令，长而婉瘱。年十八，归李君梅塘。迨事两姑，得堂上欢。诺唯之谨，寀于几先；调护之勤，出乎过望。族党有相迕者，每曲为取譬，冀其省释。足令龃龉之辈，自耻闻名戚串之间，胥捐夙怨。时复斢赢剂虚，嘘枯振匮，恒河浩劫，猥欲相赒，而饥溺之思，时悬于眉睫；怵惕之念，兆端于怀来。分以惠人，斃非市义。呜呼，廑矣！此犹其大较也，进表其荦荦者：

先是浙之镇海大饥，于癸巳再饥，于戊戌中更，壬寅而浙东赤旱踵见告矣。太夫人惄然忧之，始令散粟造福，绾年之厄。洎命分粜以平列郡之值。十年之内，四岬奇灾，全活者以数十万计。固知赤魃之役寝，继以凶荒；垂髫之身郅，艰于颗粒。出之巾帼，愧煞须眉。其仗义好施也有如此。

某年奸民谋略卖良家子四百余人，鱶之海外。道经镇海，为太夫人所闻，遣子征五商之海关。总榷已报可，旋为所司延搁，舟忽驶去。续遣子云书星夜走沪上，议电某红十字会，赍金南洋，赎而归之。呜呼，投蚓饵鱼上竿即市去，去之时，同伤不腊。累累之助，竟获生还。所可痛者，棣通以来，诱货之事，不胜偻指。巨奸大憝，闾巷欲得而甘心；顾影偷安，官吏或匿而不报。向之所司，几偾厥事，愦愦溺职，职此类也。设非太夫人拯之水火之中，拔诸网罟之内，则此数百辈葬身何所，可忍言耶！其返生异域又如此。

太夫人两遭火患，夷然不惊。昔避居沪上，邻人不戒于火，有外兵酗酒持械欲入。乃阖户灭烛启窗引避。兵以暗室无人，疾呼而去。又佣妇某夜遗火，度不可灭，舆姑出室，复奉遗像祏主，以妥先灵，己乃殿焉。迄事大定，曾不究诘。是诚闻之者动容，感之者自愧。即其所值，屡滨于危，方之古人，无惭孝妇，犹复減己家珍，不分斃失，我则不德，人又奚尤？此则茆屋虽破，宁怨秋风，禽巢忽倾，非关积雨，栽植心上之地，頮濯性中之天者焉。其智足以济变也又如此。

尤可记者，太夫人严于课读，明于择木。其教子若孙也，曰："科学宜择其利济者为之，兵学、法学未始非御侮之才、治世之具，究之兵凶战危，如杀机何？舞文弄墨，如作奸何？汝曹其谨志之！至于农、工、贾、矿、理化、医药，或裨实用，或利群生，肄而习之，积久自寤。"累世禀承，罔敢或坠。诚以君子之泽，不以一世而斩；函人之仁，端以慎术为先。其他筹设益智、浃浦、灵杰等校，俾失学子弟，傧傧影附，而不知皆由太夫人佽助来也。其嘉惠后进也又如此。

夫以太夫人宅心渊厚，惇崇信义，难人之所难，为人所不为，仁可以肉白骨，义可以薄重霄，智可以抗击豪强，才可以亭毒群类，得其片语，足以平嚣，奚翅万家待以举火。方儗一门鼎盛，百岁咸臻，而卒之阅日不斢，寒泉谢景，溘从霜露，痛结灾黎。讵意湛绵，遽伤呜咽。履康不能阐德音于万一，痛母教之凌夷，呜呼哀哉！

翼翼坤德，肃肃母仪，染丝斲梓，道在首基。乾餻犹昔，墓槚旋悲；丞离寒暑，篹檰凄怆。柳丸欧荻，义粟仁浆。坠尘翳魄，宁痛趦渐之时；结草衔环，齐堕感恩之泪。

太夫人生道光癸卯六月二十四日，殇以戊午十一月四日，春秋七十有六，上距梅塘先生之殇已二十余年于兹矣。壬戌十月，祔葬于镇海崇邱乡东冈碶杨梅山之麓。子八人，孙四十三人，孙女二十九人，曾孙十人，曾孙女六人，外孙六人，女四人，外曾孙十三人，女十二人。其出自太夫人者凡百四十余人，并蛰蛰绳绳，重光未艾，可谓女中使独，旷古难逢，迅电奔流，鸾軿揜返，式扬懿美，永扇清芬！

第四十八行“子八人”下夺（夺，即遗漏）“女三人”三字。

句容王履康撰
汀州伊立勋书
岁在甲子嘉平月建立

10. 中法战争镇海之役胜利纪念碑记

镇海抗法保卫战，是我国近代抗击外来侵略海岸战中唯一取得全面胜利的战役，是近代军事史上一次成功的防御战。

一八八五年三月，法国远东舰队司令孤拔率法舰多艘进犯镇海口，镇海军民在浙江巡抚刘秉璋指挥下，上下一心，严密布防；同仇敌忾，众志成城；奋起还击，重创法舰；迫使法舰铩羽溃退，粉碎了西方列强“船坚炮利”不可战胜的神话。它与镇南关——谅山大捷一起，合奏了一曲中国军民抗击外来侵略的凯歌，谱写了近代反侵略战争的光辉一页。

历史似镜，鉴照古今；安远古垒，磅礴正气。抗法保卫战中，镇海军民自强自信、不畏强敌，与侵略者进行了不屈不挠的斗争。民族气节、爱国精神，是中华民族特别是镇海人民引以为豪的精神财富和文化遗产，值得我们学习和借鉴。

雄关基于正义，功碑立于民心。为了纪念镇海人民和爱国将士建立的历史功绩，弘扬民族精神，激励爱国热情，镇海区委、区政府作出了“保护开发镇海口海防遗迹，全面实施爱国主义教育工程”的决定。抗法将领刘秉璋曾孙、香港亿利达工业发展集团公司董事长刘永龄先生欣然响应，助资建造“中法战争镇海之役胜利纪念碑”。俾彪炳千古，以激励后人。

宁波市镇海区人民政府
一九九七年十月

★ 旧志序选

1. 修定海志序

〔明〕刘应箕

余筮仕初，领姚邑事。承部使者委核按牍于定，与定令（余同年）金君摄山登招宝山，俯长波，望海岛，见所谓民风土物，郁郁乎疆域之胜矣。时嘉靖乙巳（1545）也。后十年，余分宪兹土，寻参此藩，又复一登临。其时王直拥众为乱，督府方视师海上，四路兵颇集。馈饷相仍，旌旗满野，楼橹冲波，闾井汹汹然，非昔比也。无何，余以闵凶西归，寇难寻息。甫四年，余复承乏视海事，见山川景物与畴昔异。因谘耆旧，询往迹，考纪载，知记籍典宪攸系，所以纪时事而备诸沿革，不可以无志也。

定邑最滨海，故俗环汐抱沤之众，懠懠（侪侪）焉捕错海隅，以终旦夕。今编氓力穑事溉菑畲者，种种垅亩焉。兵兴以来，黉泮鞠蔬圃，几称倚席。今里社彬彬，文物灿烂，忠义孝友，足以陈常，而布教阐化者，可异也。往候涛一带，俱荒莽寂寞，余抚景慨然增感。兹堞雉纵横，塔影嶙峋，屏列森罗相望矣。其户口徭役贡赋之琐屑细微，官府之所以征科于闾井，与黔黎之所以服役挽输于公家，以克运饷赡供，亿者为制不同。然废兴数易，因革靡恒，迁徙建置之功，二十年间，其更张窜定，知其几变易哉！是志胡可以弗修也？

乃定令何君愈请其事于大司马张公，因集旧志，复增以纪传、年表之法，易为今志云。噫！司马文章抱蓄，一代典献也。兹悬舆邦土，从容艺苑，故得遂何子请。假令司马敷康定徽猷，旦夕曳绂于朝宁，则去梓里远甚，不能睹记其所以沿革者，又奚暇及此！纵及之，又曷能详且核，彰彰若此哉！兹固何令述作之幸也。

或曰："司马尝为宁波志矣，综同括异，其载定事颇悉，兹复绎之邪？"余曰："志都会者略夫省，志省者略夫郡，志郡者略夫邑。体裁有所重，其事故有详略，势也。兹专志邑，其事顾悉于郡志之所述也已。是司马公弗辞而矢词撰，意以应何令者也，独无意邪？"

嘉靖癸亥（1563）八月之吉　浙江按察司巡视海道副使东蜀刘应箕撰

2. 明州《香山寺志》序己酉

〔明末清初〕黄宗羲

儒者专意经纶，其运动开阖之所，不得不归之朝市。而山洞崇幽，风烟迅远，势相阔绝，于是学仙者私据之，而别生事端，便复傲朝市，以所无有“洞天福地”之说出，猿鸟亦受驱役矣。释氏庄严任务，宫室遍于域中；又复以泉石灵响，佐其螺钹。凡寺有志，此近来之一变也。然而庸俗驱乌，无与于文章之事，而使名迹销沉，清言漏夺，大抵以时人所作充赋，留秽简牍耳。纸上姓名，一一已为虫鱼啖尽。昔忞公以天童、储公以灵岩属余发凡。念士既不得志于时，便当十岳之上留其足迹，而乃俯循儒墨于文网之内，琐琐一方，此心未折，以故力辞而止。

己酉（1669）十一月，来游达蓬，续宗上座出其所著《香山寺志》求余为序。诠次不烦，与前年所序赵禹功《称心寺志》皆名笔也。灯下展阅，铿然橡栗堕瓦，不异李五峰宿石梁时。又念头颅如雪，远游志愿何可必遂？不如一丘一壑，光景绝可怜爱耳。

此山东临沧海，多海市，秦始皇尝驻跸于此，以其可达蓬莱，故谓之达蓬山。《封禅书》言“三神山去人不远，诸仙人及不死之药皆在焉，而黄金银为宫阙。未至，望之如云；及至，三神山反居水下。临之，风辄引去，终莫能至”云。颇怪此等妄谈，不可以欺愚者，以始皇之明察，方士焉能以凿空乌有之事，令其听信？吾至此山，而所谓黄金银之宫阙，居人无不见之，然后知方士之言，未尝无所据也。始皇即欲不信，得乎？盖登州海市，掩映远山，望之如云，而此山临视，咫尺阑楯之底，其谓反居水下是也。嗟乎！此山培塿，以始皇之力，终不能有。而二三寂子，黄金银宫阙，且收之为篱落间物，其亦可慨也夫！

载《南雷文定前集·卷一》

3. 康熙《镇海县志》序

〔清〕谢兆昌

清康熙三十四年（1695），知县福建南平人黄宫柱、安徽歙县人唐鸿举修县志，县人薛士学、陈梦莲纂。书成未梓，后志多有引用，原稿散佚。谢兆昌序尚存，载光绪《镇海县志》卷三十一。

吾邑志书，自嘉靖张司马东沙公修郡志后，历百余年，更无人补续。然东沙所修，实简略不备，盖因鄞邑而并及他邑，故鄞邑独详，而他邑皆略。其间未有简略如吾邑者也。

余自解组后，常留心于此，因循数年，未及草创，心甚歉然。后闻有陈仙佩者，业已成书，余即叩其门，索观之。见其考订详明，历历有据，并能补从前之所未备，为之击节称快。盖此事本属吾辈之责，而仙佩以一书生，不惮殚毕生之精力，广询博访，经数十年，而克有成书，岂惟吾邑，实亦国家文献所攸赖也！余为告诸当事，亦有乐捐资以开局者，而卒以内召不果。甚矣，吾辈与当事，不得辞其咎耳！

忆少时在郡，见沈太史蛟门公手抄所著文集，有《定海修葺学宫》一记，内云“吾鄞从无获登隽状头者，而定海顾得两人，意欲手录其文，忽为其人持去，后追索之不可得。”此记学宫应有石刻，今无从寻觅，姑记于此。

仙佩有声场屋，与余家昆从交最久。余特序其事于卷首，使归而谨藏之，以俟世之采风问俗者。

康熙辛卯（1711）

［**谢兆昌，镇海县城人，康熙六年**（1667）**进士**］

4. 乾隆《镇海县志》序

王梦弼

古者立史纪政，而诏地事有图，观民风有诗，考贤能有书，皆以淑事顺施，和其政而协于治。志乘之作，合古小史、外史之掌，以汇一代政治之林，昭同文而大一统，典甚盛也。百里邑视古列国，民生土宇之所属，职方亦綦重矣。士人以疎视逖听之身，一旦车驱而来，非文献以征其概，欲无稗政也难哉！

余自丙寅（1806）移镇，入境问善败利病之状。其地三面环海，波臣为虐，陵谷代迁，城社之兴废，民物之丰耗屡焉。土疏泉泄，以潴蓄为命。岁入不给，常仰穀他郡。民半借鱼盐以生。其人率劳而能思，朴不匿秀；诗书礼让，风教易行。余闻而识之，将欲以印证往辙，审得失之验，而遵循焉。

乃考其志，修自前明司马张公，标仍定海，名实已淆，觉无以彰信宪后。且垂二百年于兹，漫漶残缺，不能卒读。其间放轶之事，亦莫可数计。本朝一切典章经制，概未之及，惧将有病于政也，心恒怲怲不能释。会有督修之檄下，检往牍，则下且数数矣。守土之责，奚以辞？

夫作志固有难言者，若疆索形势、土宜物生、军赋学校、宾饮射读之法，征缮营作、祷词供给之事，及茂士闻人，美言尊行，凡以慎封守、谋生聚、昭厝理而寓劝惩者，择必精，语必详，信而不诞，直而不阿，此科律也。斧藻群言，根据理要，文质相副，本末兼明，综练得体，矜慎名贵，则才、学、识三者实兼资焉。余固陋，百无一得，自无敢以短绠临深，取讥学海。虽然，怀疑畏难，使二百年将坠之绪竟归澌灭，旷瘝之督，益奚以解？用是心师采录，引助高雅，聚诸本稿，商榷讨论，冀积晨夕之力，不纷扰而荟萃一编。

岁丁卯（1747），飓涛告警，溃堤坏垣，斥卤溢塍隰间，阖邑惴惴不自保。被风雨，出抚循，周度再三，大工继作，征发日剧。从版筑，历四寒暑，席几不暇暖。余隙及文字，什不得二三。比庚午（1750）秋，初草成帙，即出而分寄心目于此邦之彦。犹虑旷远滋甚，于冬春之交，又为分区征考之策，而陈言更多，藉得广览，重加贯穿。洎乎辛夏稿再脱，方拟修饰。会是夏不雨，岁乃告歉，奉命蠲租缓赋，赈本赈折，施糜助种，资贩贷耕，开禁道，集市舶，移粟输籴，凡古荒策莫不毕举，且极优厚，悉应户较亩勘，要归厘理，降而问疾救药之末，无一非吏事之所当尽。午夜焦思，仆仆无已，他则概不遑及也。猥以琐劣，再蒙计荐。念受事来，于所闻水溢旱暵之忧，具身经焉。赖我圣主湛恩，列宪教恤，斯际疆圉底奠，黎民乂安，下吏奔走，日虞不称，兢兢循奉令行，幸免陨越。今瓜且及代矣，无可慰吏民贻久远者。修志之举，阅经六载，宁堪再缓，重辜众望耶？乃于春间，复理前后所为稿，再事芟补，校雠编次，厘为八卷三十类，举以付梓，六阅月而告竣。是役也，赖二三君子更迭而讲画，匡所不逮。都人士好我，出闻见相补益，辄复授笔札，以务尽其意。而裨补阙失，纠绳愆谬，则我文武寅僚暨学博邵君之力多焉。

当世作者如林，以四明论，一郡五邑，先后成书，郁为不刊。是编旷隔独久，湮没孔多。余之渺见寡识，于考古既未窥涯略，即数年来身所经历，耳目所睹记者，亦或论见不齐，疑信错出，参互考订，固不厌精详，终以他役间兴落成丛次，知无当于酌古准今，备掌故而佐治理，与远近作者相后先也。惟是始基弗立，则踵事无凭，故网罗旧闻，序述事理，文不求工，语不嫌质，存俟鸿通者裁成而润饰之，以附当代之简末，而成一邑之信乘，则私心之所愿望而庆幸者夫。

乾隆十七年（1752） 镇海县知县商丘王梦弼撰

5. 嘉庆《蛟川备志》序

〔清〕陈 焯

镇海本为定海，于古号蛟川，盖扶舆磅礴，清淑之气泄为浩漫灵怪恍惚之区。数百年来，必有奇人魁士笃生其间，立德立功立言，以传之不朽者。兹于宗人巾山文学所作而见之。

巾山为前明勋卫世家，簪笏代传，及我朝定鼎而失其官。时则以文学著者，有省菴先生讳梦莲，其高祖也。尝修葺邑志，已有完书，乾隆十七年邑令王公修志，悉本之。吾邑文献有征，实为首功。

顾新旧二志，自宋之《乾道图经》，宝庆、开庆二志，元之延祐、至正二志，未克全见，因不免于缺讹。今巾山于藏书家各得古志稿，辑成轶，复蒐宋元以下诸名家诗文全集，并旁见侧出者，采录以补其缺而证其讹，事覆而文增。一日，出以示余。余曰："此异日蛟川修志必备之书也。君可谓善继先志矣！"

夫志者，记也，记其事也。当修志开局，定以期限，迫于告成，自沿革迄人物遗文逸事，虽有分辑兼采诸人，未必竭一时之见闻，萃古今之美备。是在乡邦彦士留心文献者，积有成稿，以供其纂修。班孟坚有言："有因而成易，无因而成难。"巾山之作，所系非浅鲜矣！且继先志，孝也；备采择，义也；重桑梓，敬也；传示后来，信也。兼此四善，吾颍川氏族同有光焉，遂为之序，而以

“蛟川备志”弁其首。

（陈焯，浙江归安人，贡生，官镇海县学训导）

6. 光绪《镇海县志》序录

〔清〕俞 樾

自《乾隆志》之后，至今百有余年矣。中间两经兵燹，事迹益繁，若不及今蒐讨，更数十年，故老云亡，遗文散佚。岁月愈久，亦愈无征，其何以信今而传后欤？

同治九年（1870），丰润于公万川来宰是邑，以为欲考来者，必观其往；欲善后者，必监（鉴）于前。乃进邑士大夫与之参稽旧志，旁搜博采，择善而从，凡历数年之久，乃成书四十卷。书成，惧其体例之未能斠若画一也，以余旧官柱下，牰习记载之文，将全稿寄余吴下曲园，俾审定之。余时居太夫人忧，而是年夏又遘内子姚夫人之变，家运坎坷，心神忉惆（怛），学问之事，日以荒落，何足以定得失哉！重达来意，流（浏）览一周，间亦小有献替，扪籥扣盘，固不足为全书之损益也。

光绪五年岁在己卯（1879）秋八月　旧史氏俞樾记

［俞樾，德清人，道光三十年（1850）进士，著名学者、文学家、经学家、古文字学家、书法家，《清史稿》有传］

7. 民国《镇海县志》序

杨敏曾

句章建城，始于越王句践，秦即因以置县，而镇邑为其东境。秦皇观海，韩说行师，其道盖出于此。历汉迄隋，相沿无改。唐初，句章合并于鄮，镇邑又为鄮境。大历初，鄮东海壖置望海镇。逮及元和，镇且离明州而独立。海疆保障，视之特重，已为后来建县之先声。朱梁改镇名为静海，寻置县，名望海，又改定海。宋、元、明三朝，一仍梁旧。至清康熙二十六年（1687），县始改定今名。

宋、元两朝，县未有志，其事略散见于乾道、宝庆、延祐四明诸志中。明嘉靖癸亥（1563），同郡张尚书时彻始辑《定海县志》，刊行于世。入清代改今名。志一修于乾隆壬申（1752），再修于光绪己卯（1879），成书具在，故事足征。前人于此，盖亦殚竭心力矣。夫自己卯下迄今兹，历时不过四十余年。顾时期虽短，而时局之波谲云诡，规制之日新月异，由全国而影响于一邑者，实前此千百年中所未有。见闻所及，均足为记载之资。兼以学说革新，举世风靡，先世留遗之国粹，或且无意于保存，征文考献之事，有未可留俟异日者，盖亦时会使然也。

镇邑修志之议，倡于洪伯言大令。民国七年（1918），即以此意遍询绅耆，众均赞同。次年，走访盛省传、王友莱两太史，请其出而主持。复集邑绅于梓山公园，议决实行。总纂一席，推友莱太史任之；设筹备处，推陈星白孝廉主之；县十一区每区举分纂一人，采访二人，先由采访入手，另延地学专家从事测绘。九年（1920）四月，始设志局于城东隅中学堂内。洪大令辞职，继任者为盛蔚堂大令，进行不辍。太史以病不克住局，手草《凡例》，发交分纂诸君，分门撰述，随时缮稿送阅，期以十月毕事。十年（1921）正月，太史病卒。稿本虽大半寓目，而改定者无多。其自属稿者，《大事记》已写定，而《人物传》则未完。邑人士重行集议，佥以历时已久，亟盼成书，拟以鄙人继太史之后。自维学殖荒落，一再固辞，而公牍、私函，敦迫无已。因思初稿成于众手，以通人之学识辑乡邦之掌故，自必审慎不苟，鄙人但司覆核，或可勉效一得之愚。十一年（1922）夏至局，志稿数十册取而遍阅之。时董君颖笙驻局专任校理，遇有疑义，辄与陈、董二君斟酌再三。其非一二人所能解决者，又复博访周咨，取决众议。书分前后两编，以前清、民国为区别，此为创例，几经众议而后定。所分门类，但求合乎现势，亦不尽遵前志之旧。其未完者续成之，其偶误者求厘订之。越一载余，而全书告竣。今春，陈君书来，谓刊行有日，属为弁言简端。镇邑近岁以来，人才物力蒸蒸日上，事关公益，次第举行，即今新志告成，能者效力，富者出赀，均为有功桑梓。谫劣如余，亦得滥竽其间，效土壤细流之助，竟九仞一篑之功。执笔书此，既自幸，弥自愧已。

中华民国十三年（1924）四月　慈溪杨敏曾撰

［**杨敏曾，慈城人，光绪五年**（1879）**举人，宁波储才学堂首任监堂，辛亥革命后第一任慈溪县县长**］

8.《镇海县志》序言

朱兆祥

镇海的新县志行将编成付印，这对于生息其上的五十万镇海人以及移居外地的镇海裔来说都是件大事。从五代时吴越国王钱镠在今镇海建县的公元909年开始，直到为了改革开放建设大宁波而撤县析区的1985年，镇海县的建制前后一共经历了一千零七十七年之久。这部新县志就是镇海建县千年历史的总结。特别值得一提的是这段历史的最后六十年，镇海和全国一样在社会主义思潮的主宰下经历了翻天覆地的变化，使得这部新县志的重要性远远超越了镇海历史上曾经刊行的嘉靖、乾隆、光绪、民国诸志。1924年编成的民国县志总纂杨逊斋先生在县志序言上曾慨叹从光绪县志到民国县志的四十几年中“时期虽短，而时局之波谲云诡，规制之日新月异，由全国而影响于一邑者，实前此千百年中所未有”。他指的是孙中山先生领导的推翻二千年封建帝制的辛亥革命对中国社会变化的影响，他当然无法料到嗣后六十年中在中国共产党领导下的新民主主义革命和社会主义建设对中国社会变革的影响之深刻、广泛和激烈程度。今日镇海在经济、政治、思想、文化等各方面的现代化程度是远非六十年前旧镇海所能比拟的。据一位经济学家说，现代化的一个重要特征是城市化，所以镇海撤县归市正是为了加速实现社会主义现代化这样一个重要历史使命的开始。只要看看实行改革开放以来，北路沿官塘从俞范、后施、贵驷到澥浦一线，中路沿大浃江从虹桥、清水浦、半路张、三官塘到白沙一线，江南沿海从小港经算山、新碶头、林大、穿山到白峰，里线从育王岭、大碶、清水、霞浦到柴桥一线，建筑物都几乎已经连成一片，这就是镇海城市化的明证。这样的历史步伐是不可阻挡的。镇海县目前虽已析成镇海和北仑两区，而两区人民缅怀过去艰难岁月中长期共同开发镇海的光荣业绩和手足情谊，都以作为“镇海人”而自豪，在今后则将携手融入建设现代化大宁波的热潮之中。所以现在编印的县志可能是历史上最后一部镇海县志，这就更加说明了这部新县志的重要性。

镇海古称浃口，从唐朝到清朝陆续改名为望海、静海、定海、镇海，始终没有离开过“海”字，即所谓“海壖之地”。根据地质学家和考古学家的研究，七千年前镇海县境是一片大海，只有三条山梁露出海面。那就是北面自望海尖至澥浦附近的四明山余脉，南面由太白山向东到峙头入海的天台山脉，中间是由育王岭分叉出来走向东北的长山山脉（灵峰山）。距今七千年所谓“卷转虫海侵”的鼎盛时期，海岸线大致就是现在的山麓线。“海退”开始后，平地才逐渐露出，起先只是所谓“斥卤之地”的盐碱沼泽，经过几千年来的洪水冲积和湖海淤积，后来又经居民长期筑塘围垦改造自然，才有今天的面貌。灵峰山西面的甬江流域成陆较早，远古的海岸线从鄞慈奉县境内小溪、城山、白杜、同岙一线沿东北方向过镇海县境退向东海，经历了好几千年。在镇海境内，历来有“唐涂宋滩”之说，就反映了后期海岸线的后退过程。如今从澥浦择山经憩桥、后施到沙头庵一线的龟脊状隆起地貌以及从甸张、王隘到丁董的沙堤，都是早年海岸冲积生成的遗迹。灵峰山东面在北宋初还是浅海，南宋时筑了从孔墅岭经大碶头、霞浦到穿山的海塘，这就是当年的海岸线。岸外滔滔的八凤洋后来又逐年淤积，被新碶一带新建外塘围成陆地。塔峙、城湾诸岙的居民至今还把岙外大碶平原叫作外洋头。所谓沧海桑田之说，在镇海县境是表现得明显不过了。

镇海的先民是河姆渡人。镇海县境距河姆渡新石器时代遗址不过十几千米，在小港横山和柴桥沙溪都曾发现河姆渡文化的遗迹，河姆渡人的文化特征表现为使用石锛骨耜，种植水稻，善用舟楫，喜食贝蛤，营住干栏，纺葛着麻，崇拜鸟图腾。他们经历过两三千年的演化，发展成为于越民族。传说在夏商时代至迟到西周时就建立了越国，有自己的语言和文化。镇海县境就在其所辖句甬东之境，相传越国著名大夫文种的故乡就在今镇海汶溪乡。战国中期，越被楚所灭，越民四散，“滨于江南海上”，看来镇海一带沿海地区成了会稽越民逃散地之一。秦始皇统一中国时，“降越君，置会稽郡”，从此于越民族就在和中原华夏民族的长期接触交流中融合成为汉族．在秦代，镇海境内的人口是很稀少的，按宋末至今的人口统计数据反推，当时人口不会超过千人。后来随着镇海陆地的成长和开发，不断有移民迁入，特别是中原战乱如晋代五朝乱华和唐末五代十国混战时，有一部分移民进入镇海，现存的陆、乐、汪、郭等姓家族就是那时迁入的。两宋之际特别是宋室南渡为避金兵而迁入的很多。南宋末期的1227年，镇海开始有第一份人口统计，当时共有口数56 492人，至明初稳定增加到近十万人。明朝迁入的移民最多，有记载的就有140个家族，但是镇海的人口却大大下降了，这是跟长期海禁和倭寇侵扰分不开的。明末清初，镇海成为浙东遗民抗清的战场，顺治甚至把江南居民全部迁走，人口锐减到三万人的低谷。康熙之后人口平稳上升，到民国初年超过了三十万人。抗日战争时期又出现一次低谷。中华人民共和国成立之后人口增殖较速，到 1985 年时接近五十万人。

镇海三面环海，所以海洋历来是镇海人民的生命线。钱镠之所以在镇海设县是因为“地滨海口，有渔盐之利”。甚至直到乾隆年代，人们还说镇海“民半藉渔盐以生”。镇海又常被称为浙江咽喉而受到高度重视，所以早在唐代就设置为不隶明州的望海镇，理由是“望海镇俯临大海，与新罗、日本接界”。唐宋之际，日本和高丽的使臣、僧侣和商人来中国都规定要从镇海口出入，镇海俨然成了国家的门户。可是也正因为是滨海咽喉，每当朝代更迭或外族入侵，镇海总免不了遭受严重的兵寇焚劫杀戮之灾，而台风和海涛也不时造成异于寻常的重大灾害。县志上不断记载：“大风海沸，屋塌船毁，压溺死者甚众”；“海潮涌高数丈，人畜淹没不计其数”；“飓涛告警，溃堤坏垣，斥卤溢塍，江海为一”。这种海潮上涌造成一片汪洋的恐怖景象，甚至在我的童年时代还遇到过两次。农田经咸潮浸泡，常常颗粒无收。滨海土地贫瘠，淡水资源缺乏，所以县志上也常有大旱大荒的记载，至时“稻麦尽枯，民不聊生，剥去草根树皮为食，饿死者众”；“饥民取山中白泥充饥”，甚至严重到“道路饿殍相望”，“卖儿鬻女相食”的悲惨境地。所以大自然对于镇海人民是苛刻的。航海和捕捞生活以及早期接触外邦的经历，培养了镇海人民外向型的性格。从向海洋讨生活发展到去异地海外谋生活，勇于冒风险顶恶浪，忍受背井离乡的艰苦生活，恶劣的自然条件使镇海人民非常勤劳勇敢，刻苦节俭，善于调动内在的智慧去战胜不测的灾难。因而历史上镇海人民就博得了“劳而能思，朴不匿秀”的赞誉。几千年来，我们的祖先从“鸟夷卉服”的时代开始，在“厥土涂泥”的沼泽地上开发出一个可供生息发展的美丽的镇海〔注〕，其贡献的伟大足使我们后人永远不忘。

岁月流逝，镇海终于进入了 20 世纪，这是一个以科学昌盛见称的时代。然而，历史上的苦难使镇海远远落在世界的后面。在我们一辈人出世的时候，民国已经成立好几年了。父老辈的长发辫已经剪去，却长期留下前半头剃光、后半头长发到颈的过渡发型。缠足恶习已被明文废除，然而已缠成的小脚却无法改变了。青年妇女开始放脚。人们把这时代叫半放脚的时代。市面上流通的铜钱已被“以一当十”的铜板所代替。钞票还没有出现。通用的主币是值银七钱三分的洋钱，一元大洋约换三百个铜板。辅币是贰毫角子的小洋。大洋小洋对铜板的比值每天随市场升落。市场记账记数通用一种码子字，阿拉伯数字还局限在学校里。日常生活中火石火绒刚刚被自来火所代替，菜油灯则被美孚洋油灯所取代，灶跟间里却还点着两根灯芯的灯盏爿。城里开始出现电灯是在 1917 年。20 年代初，电灯公司坐落在招宝山脚下的一个堂前里，用 3 台各 35 千瓦的发电机轮番发电点亮全城千把盏电灯。城里还有一所布厂，几家轧米厂，这就是镇海的全部近代工业了。整个镇海还没有一条马路，镇海人还没有看见过汽车。陆上就是靠步行，只有行医的先生或在婚丧大事中作客才坐一种小轿。内河的交通工具是航船、倒撑和脚划船。大浃江里有几条小火轮来往宁波和沿海岛屿。到上海去则有大火轮“老江天”，这是一艘两侧设有“明轮”，搭客上千的第一代大轮船，是镇海所能见到的 20 世纪初期最大的文明产物了。镇海的农村恐怕在晚清时期就已偏离自然经济的面貌了。民初时农村里以农为业的，十户中不过四五户。一般家庭中男孩到十四五岁时多出门学生意，近则宁波上海，远则汉口天津，或者站柜台当学徒，或者学铜匠学裁缝，当水手当西崽，长大了就在外面经商做工，个别得法的就当经理办企业，都是长年在外，只留家属在乡。在镇海，大多家庭都有出门人，极盛时全县出门人数约占总人口的四分之一。以致农村劳动力不足，许多温、台、余姚人移来填补当了佃头和棉农。县政权的势力如村间保甲逐步渗入农村，但族长的宗法统治还起作用。遇到邻间纠纷、分家不平都得找族长桥头三太公评理。各族家谱大都规定了偷盗乱伦、为僧为优，甚至当兵为隶禁止入谱。居民们在阳世有祠堂的管束，到阴间有庙宇的统治。庙里的“老爷菩萨”本来是为了纪念为民兴利除害的功臣，现在在他的塑像之旁加塑了“赏善罚恶”的无常和判官作陪，成了统治阴间的阎罗大王。封建加上迷信，成为平衡居民心理的力量。也只有托这些祖先鬼神的福，村民们才有可能在祠庙里观看戏文，听到唱书、滩簧、宣卷，欣赏民间锣鼓吹打和丝竹音乐；才有机会通过稻花会、都神会、小鬼会、盂兰盆会以及拜忏念经等看到民间艺术集中表演的大场面。祠庙文化虽然在传播和保存民间文化方面起了不容忽视的作用，毕竟还是宣扬宗法伦常、听天由命、因果报应等等束缚人们思想的意识形态支柱。

五四运动之后，在镇海举起新文化启蒙运动旗帜，成为反帝反封建尖兵的，主要是当时一百多所小学的教师。这些小学刚刚从私塾改过来不久，因而学生入学时还要叩拜孔夫子，请老同学喝糖茶；旧的蒙学课本《三字经》、《幼学》、《论语》、《孟子》已经被新的教科书代替了，可是《古文观止》和《尺牍》还是必读课，小学生们还不得不用“光阴似箭，日月如梭”一类套话来写作文。教师们发动了提倡白话文、破除迷信、普及新文艺等活动。一些先进教师首先接受社会主义思想并向学生宣传，在国难当头时节还广泛发动学生在农村宣传。他们在教育镇海青年一代、传播新文化新思想方面的作用是不可低估的。镇海的第一个共青团员和第一个共产党员都是小学教师。大碶灵山小学和县城新仓小学可以说是镇海最早有党团员活动的传播马克思主义思想的策源地。从1926年中国共产党在镇海建立县级组织开始直到1941年开展敌后游击战争，十五年中绝大多数地下党员都是小学教师；党的活动大都是以小学校作为掩护来进行的；庄市崇正小学、大碶石湫小学、小港蔚斗小学、山沿陈闻韶小学先后成为镇海党的领导机关所在地，这一切都不是偶然的。抗日战争和解放战争时期，在共产党领导下，这些先进的知识分子和工农相结合，在镇海坚持革命斗争，写下了许许多多可歌可泣的壮烈诗篇。

六十年甲子转眼就过去了。拿六十年前后的镇海经济作一比较，这真是名副其实的天翻地覆。从刚刚开始点洋油到现在有了自己的大型石油化学工业，从几十千瓦电力发展到现在2座百万千瓦级的大发电厂，从千吨级的轮船运输到现在建成可以吞吐10万吨级巨轮的世界著名深水良港，从没有一条马路到现在公路、铁路在甬江南北纵横，再还有可以说是从无到有出现的星罗棋布的乡镇企业，这种变化速度是史无前例的。农村的土地改革第一次解放了农村的生产力，而农村经济体制改革后联产承包制的推行发展到乡镇企业的涌现，更加大大解放了农村的生产力。现在农村里几乎家家户户造新房的兴旺气象，哪里是六十年前所能意料到的。这些不得不令人想到1949年的革命胜利在社会变革上所引发起的转折是多么巨大，而解放以来全国人民的支持和镇海人民的贡献又是多么巨大！我们的新县志将对镇海这一历史巨变作出全面而真实的记载。

我是镇海人，我爱镇海。镇海的土地、人民、文化哺育了我。遗憾的是，我少小离家，没有为家乡的革命和建设作过什么贡献。可是故乡的山川田野、风物人情常常浮现在我脑际。有时大浃江和灵峰山的景象在眼前闪现，有时船灯调或蛟川走书的曲调在耳边响起，每当此时心头总有一阵震颤和激动。由于故乡人民的厚爱，使得我有机会在晚年应命家乡来创建宁波大学，而大学又偏选址在千年以来属于镇海县境的拗猛江畔。这样就使我能够重新闻一闻家乡泥土的气息，了却我报效桑梓的一片愿望。友人诗句有云："早年曾掬忧时泪，迟暮最亲下里人。"能够为家乡做出哪怕是点滴贡献，也是最最幸福的事了。现在镇海最后一部县志编成，要我写序言，这又是故乡人民给我的荣誉。我抑制不住内心的激动趁机阅读了新志的稿件，进一步认识了镇海人民不平凡的历史道路，新志系统地总结了镇海人民的贡献和经验，展示了镇海的全部自然和人文资源。研究镇海历史文化的人会从新志找到较全面的参考资料，各条战线的管理领导人员可以在施政决策中有可靠的依据，而居住在镇海土地上的人们读到之后会更加热爱我们的镇海，共同奋发，为建设社会主义的大宁波做出重要的贡献，创造我们的未来。

朱兆祥

1993 年 6 月 24 日于北京

注："鸟夷卉服"四字，明清两代县志几度引用，或作"鸟言卉服"，皆指出入镇海口的洋人番客。按此语首见于《尚书·禹贡》及《史记·夏本纪》，今本作"岛夷卉服"。据今人研究当以汉郑玄所见古本所载"鸟夷卉服"为是，乃指古越民族崇拜鸟图腾，穿麻着葛一事。相传越人使用鸟语、鸟字，并有崇拜鸟神、鸟祖，用鸟卜以及鸟田、鸟耘等传说。考古发掘已发现有众多鸟形图案的彩绘、雕刻以及有鸟篆铭文的铜器，被认为是越民族崇拜鸟图腾的物证。故"鸟夷卉服"实指古越民族，镇海先民属此。"厥土涂泥"也为禹贡所载，指古扬州区域的土质特征，不也正是镇海"唐涂宋滩"的景色吗?

（朱兆祥教授系《镇海县志》编纂委员会顾问、宁波大学首任校长）

★ 蛟川竹枝词

1. **张本均**　字静泉，号郢荃，懋建孙。清乾隆四十年（1775）诸生，嘉庆三年（1798）补增生。著有《郢荃诗草》，辑有《蛟川耆旧诗》。

蛟川竹枝词

渡江南去岭回环，端宪家居水石间。莫怪读书人过此，葱珑犹认沈家山。沈端宪公故里在崇邱乡，沈家山下公墓在焉，《勾余土音》曾纪以诗。

问字当年载酒肴，湖山书院筑芳郊。瓣香合溯黄文洁，百卷新书手自抄。宋儒黄震，谥文洁，居灵绪乡，湖山书院是其著书处，有《黄氏日抄》百卷行世。

冶游庵里可怜生，女伴如花逐队行。盐课余闲频纵屧，风流谁似柳耆卿？宋柳耆卿为定海盐场大使，全谢山有《访柳屯田冶游庵》诗云："屯田不羁人，冶春资游屧。""女儿百辈随，如花环以蝶。""顾问盐课场，会计罔不协。"

达蓬顶上望蓬莱，烟雾迷濛几度猜。游客至今谈往事，此间知有始皇来。《府志》：大蓬山亦名达蓬山，因欲达蓬莱故名，在灵绪乡，昔秦始皇东游至此。

十二峰峦挺瑞芝，�屏飞石路嵚崎。何当振策招提去，松径摩挲拓古碑。瑞岩山有十二峰，宋大中祥符五年，芝草生于青松峰上，守臣康孝基奏闻，真宗敕词褒美，因勒石纪瑞焉。山有十景，绿云屏、飞石坑为十景之二。

一骑红尘贡白蚶，役夫奔命问谁堪。而今奏罢即须记，珍重春醪醉小甑。唐时，明州岁贡蚶役，民不胜疲。元稹为浙东观察，奏罢之，事见《唐书．元稹传》。

生小家乡住海隅，楼成蜃气漫云诬。郎船惯向蓬山泊，曾见珠宫贝阙无？黄梨洲有《达蓬山海市赋》。

候涛山下水漫漫，回望侬家日又残。郎若登楼须纵饮，扶桑红旭醉中看。

晚禾秧接早禾栽，小麦花迟大麦开。官吏若知民力苦，定教缓缓纳粮来。

东管乡风西管同，一般高廪贮篱中。秋深夜半挑灯坐，听彻邻家打稻蓬。

新年拜佛上灵峰，妇女攀萝结伴从。底事梳妆出门去，归来人笑鬓蓬松。

城隍社火岁相承，一架琉璃几样灯。最是绣花龙耐看，玉容都向画楼凭。

清明拜扫墓旁边，遍地烧香挂纸钱。听得一番锣鼓闹，好风吹过上坟船。

乡味春来分外嘉，寻芳频到野人家。兼旬雨茁龙须笋，一夜雷惊雀嘴茶。乌笋之后有龙须笋。

菜花零落柳花飞，梓荫山边日掩扉。不道郎舟出洋去，风风雨雨未言归。

渡头梅雨日丝丝，江北江南正买鲥。潮长又逢风色好，收鲜不怕进关迟。

梅天渔汛闹洋山，闽舶乘风入大关。依向南薰门外过，听残鴃舌语绵蛮。

记得星河鹊驾通，一团槿叶采篱东。金盆洗遍鬖鬖发，挽定香鬟伫好风。邑中妇女每年七夕采槿叶，煎汤洗发。

乘闲频向北城过，此地人家白屋多。一日两回潮水落，拾来黄蛤共泥螺。

鲎帆鲫墨产江滨，怪错纷纷市上珍。别有妍姿堪佐酒，羡他东海号夫人。

2. **黄廷议**　字秉高，号澹轩，廷诰从弟。监生，候选州判。著有《月楼吟草》。

蛟川竹枝词

泽国民贫土不饶，商渔远泛水迢遥。沿江多少舟人妇，月上东风候晚潮。

贫民多住北城隅，十岁儿童口自糊。拾得泥螺黄蛤卖，大西门外有泥涂。

北乡勤作不辞劳，女织男耕度暮朝。午后海塘来布客，肩挑背负赶柴桥。

惯走江湖浪荡仙，使拳唱曲满街前。九流三教人俱集，朝海僧来恰占先。

宝山紫菜久驰名，拔取东门人最精。觅遍悬山与远岛，扁舟一叶浪中行。

蛟关渔汛集千舟，歌闹江中酒闹楼。一到夏时端午节，黄鱼乌鲗满滩头。

灯祭街衢百样陈，神迎东岳遍城巡。秋千歌舞高抬阁，扮出红妆色色新。

南乡山谷产新茶，塔峙城湾味更嘉。才过清明谷雨候，岩边溪畔女如花。

老圃仓前最足夸，夏来美味有冬瓜。豆茄总占乡村早，雪里新挑韭菜芽。

邑庙元宵搭彩楼，悬灯演剧闹无休。不知何处红妆女，月上三更尚欲游。

3. **佚　名**　（浙江）定海人。

蛟川竹枝词

小引

余翁洲人也，岁壬子随先大父寄居镇邑，屈指十余载矣！二三知己往来谈论，时或优游江上，凡风土人情，得之于耳、遇之于目者，颇为详悉。今当炎暑，闷坐空斋，借戏言而漫谱新腔，采俗事而旋成土调，埙篪相和竹枝名篇，非敢妄质当代，而醉窗且笑且歌，亦聊以为消夏之计云耳。

前江后海夹中流，镇邑形同片席浮。东北无边通异城，有船曾到大琉球。

气郁沧溟细雨濛，晓光幻出蜃楼空。闲来偶向城头去，指点三山一望中。

孙卢五代扰边垂，十八倭犹遍用师。安得佽飞重入海，长鲸斩尽建功奇。

峙岙秧涂作种田，秋来海错一时鲜。望潮若用桑条煮，色比珊瑚分外妍。

妾住昆亭近海边，儿夫日日下泥田。莫嫌妾口樱桃细，小小泥螺呷一千。小泥螺名“呷千”。

江城水族实堪夸，怪类奇形物物嘉。潮罢山童岩下集，铁锹劚落老婆牙。蛰类。

客来饮酒贺新年，膏蟹生啖味却鲜。置得盈盘声索索，横行散出满筵前。

一六横街大市期，主人各守垄头基。卖盐桥畔人收布，鸣鹤场来细似丝。逢一、六为大市，三、八为小市。

卤水虹桥篾镬煎，熬成霜雪贮茅檐。一肩老少挑来重，里巷旋闻唤卖盐。

旭日东升山尚阴，仙人洞口白云深。樵夫也识山招宝，棋子坪边觅土参。

山下红衣一炮横，山头威远有高城。红颜多少征人妇，惟望将军贼早平。威远，招宝山城名。

望海楼窗八面开，观音示像坐莲台。纷纷士女如云集，半为山僧识相来。山有老僧识风鉴。

清明天气雨绵绵，黑饭青糍作意虔。箫管水门桥下过，夕阳斜送上坟船。

总持寺对企明岭，七塔临池倒影深。传说石人浮海至，应知来奉铁观音。寺有石人四座，俗传浮海而来，今侍立大士旁。

妇女元宵约队忙，穿红着绿不成妆。郎言庙里看灯去，妾往庵中呷菜汤。小港有桥头庵，上元日，妇女云集呷菜汤，俗云“延寿孟婆汤”。

收租六月到田家，扁豆棚边桌靠笆。野菜盈盘新米饭，温吞一碗臭蒿茶。

突兀灵峰路曲弯，终朝香客往犹还。姑娘脚小娇无力，倩得旁人扶下山。

争买鱼胶早出门，税关衕口市声喧。儿童学讲蛮人语，妇女咸知楚客言。

冰鲜船载进蛟门，驶过金鸡又虎蹲。潮到贩夫争货价，鲤鱼旗影遍江村。

鳌柱峰头构一楼，高悬佛火指行舟。渔灯隔浦遥相照，估客争啉到埠头。

东岳宫前晒鲞忙，客人论价聚茶坊。须知泽国生民计，半是渔盐半稻粱。

旧时仙巷拟乌衣，云散风流燕尚飞。楼畔寻春何处是？空教翘首便思归。

贺郎朋友预为邀，传席乌衣一路招。小弟大哥随后送，彩舆抬过太平桥。城东有太平桥，彩舆必由此而过。乌衣，丐妇也。

过客先登利涉亭，黄昏渔火乱如星。航船不许连潮落，每到关前棹一停。

桂花糯熟近重阳，处处田家播谷忙。纤手裹成青箬粽，莲花印处有清香。

状元坊即解元坊，今古题名姓氏香。多少钗裙坊下过，愿郎及早趁槐黄。

剃头无事夜吹箫，打缉街头市近嚣。海客住风何处是？天香馆里酒旗招。

渔船对对互鸣钲，渡口腥风一路迎。自是洋生时节到，耳边只听闽人声。

虎皮塘内住渔家，泥作围墙屋半斜。男尽捕鱼妻织网，垂髫小女学摇麻。

牛角尖头地势弯，长江水路实为艰。洋船到此恐扦舵，多少轻舟带进关。

偶逢天旱老农忙，白布缠头列几行。击鼓鸣钲齐赴县，邀官虔拜谢龙王。

林庙高临城北边，鱼商共助一轻船。老僧常道神来往，朝在温州暮镇川。谚云："上午在温州，下午在镇海。"问签灵验，故渔人助船于庙中。

只缘社会闹江边，逐队龙灯竞渡船。百尺九华光四照，高台阁上打秋千。

谚语如何可当诗，新腔谱出任人訾。輶轩若问蛟川事，檀板临风唱竹枝。

《蛟川竹枝》一卷，不知何人作。亦不工，末附《寄叶十八》诗，亦不知即此人所作否。似较《竹枝》诗口稍顺，以原在末页，仍附之。《竹枝》小引首云："余翁洲人，岁壬子随大父寄居镇邑。"然则是定海人，尝客镇海者。同治七年五月二十二日，城西草堂徐氏收藏。重装既竟，六月十一夕，时栋记。

4. 胡　湜 字啸雯，一字峭水，维炳曾孙。清嘉庆二十四年（1819）进士，授翰林院庶吉士。著有《胎花楼诗草》。

蛟川竹枝词

三面波光拥一城，江潮时共海潮生。人家住在潮声里，半是风声半雨声。

罗罗海物胜园蔬，鲎酱螺羹入馔初。最喜年年三四月，沿街听卖小黄鱼。

蛟门两扇豁长天，遥引穿山一抹烟。每到秋来风色好，江南泊遍运租船。

比户生涯海上浮，鱼期大半捕鱼游。弟兄昨夜开船去，明日刚刚大水头。

洋生时节正黄梅，烟雨江城瘴不开。忽听半街人语杂，闽船多少进关来。

梓山高荫石莲香，下接鲲池旧讲堂。记得春秋好时节，白鸡黄酒祀文昌。

高河塘外秋风吹，长山桥头秋日迟。一路看山到霞浦，恰逢九月望潮时。

海门征戍几经年，少妇深闺愁欲燃。日日候涛山上望，南洋风雨北洋烟。

达蓬山上海云晴，达蓬山下江月明。阿侬生小山前住，不见楼台蜃气成。

儿童少小不知愁，城北城南恣浪游。偶向太平桥下过，无端唱出太平讴。

5. **谢琪贤** 字锦林，号硕轩，阊祚孙，佑份子。清乾隆五十年（1785）廪生。

蛟川竹枝词 十七首录七

土瘠无嫌近海隅，居民靠水口能糊。一年大计资鱼蛤，樵采归来便下涂。

江城社赛暮春天，缀凤装龙各斗妍。簇拥一团谁最闹？近来新扮打秋千。

樱桃红熟又梅黄，恰好渔舟正返洋。闽粤山人蛟海客，满城只见嚼槟榔。

无端海气现神京，多趁炎朝山雨晴。却笑土人沿俗说，讹言昔日涨崇明。

蒲网江头海错饶，肥鲜一一美名标。绝佳还算中秋节，吃过鳓鱼又望潮。

曙鼓楼头剧暑天，南来爽籁可人怜。三三傍午携冰簟，语倦横斜一觉眠。

霜华渐渐逼枫林，拔菜多人觅旧岑。携得满筐深紫色，团箕晒尽梓山阴。

6. **徐起橿** 字小石。道光二年岁贡。

清湖竹枝词

云烟杳霭绕湖中，二月春阴杨柳风。两岸相招无多路，泥丸掷不过西东。

土风不俭不奢华，屋舍鳞鳞千百家。只为沿塘澥浦近，葫芦早晚卖鱼虾。

当年栋宇结珑玲，今日登场草已青。堪笑时人怜古迹，犹遵旧号唤凉亭。

天气暄和雨乍晴，村中社会号长生。红蓝旗影兼箫鼓，想是农民贺太平。

桥北桥南映绿波，汇成斜对是人和。招来游子并闲士，笑语喧哗两处多。

三间老屋傍西南，尘市相连镇宅庵。赖有神灵呵护力，各家香烛奉花龛。

高插旗杆表甲科，楼房屹峙号南河。门中别出标妆样，老是斋娘小翠娥。

7. **张振夔** 字庆安，号磬庵，又号介轩，浙江永嘉人。清嘉庆二十三年（1818）举人，官镇海教谕。著有《介轩文抄》《介轩诗抄》。

蛟门竹枝词

孟冬十月鳌柱峰，鸡鸣望见扶桑东。金蛇百万戏水底，双轮飞上冯夷宫。

逆风捩舵戗帆行，斜掣扁舟一叶轻。若到拗蛮（猛）江拗转，侬心还有一时平。

当时郎向蛟门去，劝妾休登招宝山。今日山头见怪浪，郎出蛟门还未还。

南船北船放碇多，江干落日竹枝歌。阿侬生长风波里，不怕浪花溅越罗。

小家门对大江开，自送郎行信未回。闻道他乡好行乐，他乡日日有船来。

七宝寺前南宋钟，老僧犹是晓来舂。遥遥八百余年后，依旧人间睡正浓。

换罢青龙笑口开，邻家爆竹紧相催。阿婆理鬓匆匆出，更向僧堂坐夜来。

准备元宵三日餐，丫头羹熟坐团团。儿骄女宠争滋味，乍道甜来又道酸。

检点竹筲木箸俱，女儿三五悄相呼。阿翁岁暮愁荒旱，嘱待更深问紫姑。

莫问墨鱼旺若何，侬先踏月听笙歌。得教元夕明于昼，足抵他人一饱多。俗谚："元宵暗，乌贼爬上岸。"

过了灵峰又竹山，争求戒牒脱金环。年年度得人千百，才供头陀一岁闲。

江村同护五都神，全副銮仪出色新。报道前驱骑马至，烛龙十里接城闉。

育王山中二月时，传看舍利眼迷离。分明一点心头镜，黑白青红各自知。

黄梅天气雨兼晴，江上蜃楼照眼明。欲报郎从高处望，遥空一抹彩云横。

团扇罗裙八月时，阿婆齐结再生缘。城中城外芒芒过，八寺何人走得全。八月朔，妇女游八佛寺，云"来世八字好"。

戏彩堂中乐未央，更调琴瑟入兰房。回眸一笑烦先问，今日谁家作贺郎？娶妇家请少年相礼，名"贺郎"。

双双对对枕衾全，堆遍银床不放眠。细数鸳鸯三十六，何如并作并头莲。嫁女以多备枕衾争胜。

为采石华难阻郎，采归妾自晒朝阳。昨闻白浪高于屋，默祝团圞长似筐。

水底裸身胜下罾，西风猎猎两肩冰。家中倘有王祥母，似此求鱼能不能？

也匀脂粉贴流黄，家住城西门外庄。惯送凤凰一处宿，阿侬自有野鸳鸯。嫁女必遣堕民妇伴送，名"送娘"。

候涛山下红毛船，黑鬼张帆白鬼眠。寄语舵工好回舵，拦江埠头近在前。

欲向金溪问是非，鉴池西望夕阳微。南山少日传经处，剩有幺童放学归。

8. **谢辅姑**　字恺宾，号鞠堂。清咸丰九年（1859）进士，工部营缮司主事。

甬江竹枝词

黄梅时节暮潮天，棹转洋山数队船。定有黄鱼来日买，红灯到处写冰鲜。

白玉一瓶融牡蛎，红香半瓮腌梅蚶。还看五月南风转，巨蟹膏黄鲎血蓝。

9. **范观濂**　字莲洲。诸生。著有《山北乡风集》。

山北乡风集　二百十六首录十八

自序

岁癸丑，馆于余邑双河，去家颇远。六月初旬，暑亦颇酷，思欲得遣愁消暑之方，因为乡风诗二百余首，略言镇、慈两邑北乡山川风物，据其所见所闻，不嫌挂漏，非作志也。望后罢吟，因次而录之，用以自志云。

海　物

海上闲评味有余，大家风格首鳓鱼。当筵还剩千金价，一卷丰筋入骨书。鳓鱼，即子鱼。秦桧妻以青鱼为子鱼，献百尾于宫中，太后哂之，即此鱼也。此鱼他处亦有，独我乡大佳。肉既细腻，骨中筋满，甚美胜鲥鱼，未有倍数，真鱼中大家也。

紫鳞绿眼厚唇黄，巨口丰鳃味最长。甘弃稻田三百亩，鮢鱼头好必须尝。土语云："能弃三百亩田稻，莫弃鮢鱼脑。"言其头美也。头有四美：鳃、唇、颌、眼。

紫背黄边爱虎鱼，形如命字尾长舒。瑶丝软骨编成翅，鲞似儿童卷角书。

鮸鱼头大碎成金，石首分支非本音。琐尾纵难登伟器，别传风味到如今。

鲎鱼玉质本名魺，肉鲎何如子鲎高。箬鲽鱼形成箬叶，银条丝样恰银条。“鲽”音“蝶”，又音“塔”，据郭景纯所谓比目鱼，疑即箬鲽，但云一目，今鲎有两目，小而并生。

阑胡点翠眼高生，呼作弹涂共识名。杜鳢泥鱼花萼谱，支分赤鳝染蓝成。此四种皆匾尾无鳞，而赤鳝身蓝，品亦少逊，如谱中之蓝线也。

箭鳗腊结味深甘，鲪号龙头软玉篸。此外小鱼繁种类，不胜弹指问鱼篮。

唱卖声高入暮霞，小篮争买晚潮虾。银钩劲似兰亭笔，只只冰须出浪花。

进退浮沉逐浪回，多须好跃见雄才。脑间何得衔红石，曾目东洋水目来。清明红头海虾。

黄虾身匾节疏匀，体重形坚品最珍。头壳尖长须似秃，笔头公又见波臣。

黄甲名传瑞应占，横行趫捷举双钳。琢开完璞连城贵，再数余珍亦满奁。他蟹不如此螯之巨且美也。

紫壳尖长两角梢，斑文白蟹乍登庖。阔开后爪成划翅，想见横飞把浪捎。渔者云：“白蟹激浪梭飞，如儿童以薄石片撇水面也。”亦二螯八跪，但后两脚爪匾阔，故又呼“蟹匾”，黄甲亦然，不如白蟹之更阔也。

子蟹脐开子满函，争如酱蟹更超凡。膏凝一壳猩猩血，红溜冰肌引老馋。此二种独出澥浦，皆白蟹也。

小蟹时珍号绕桩，屡防逃酒似生降。茹毛饮血风斯在，活食曾无配作双。浇酒覆而活食之，最善逃也。

蓝袜青衣一种传，无肠公子眼飘然。团脐生就双钳小，苦尔人间把脚缠。沙蟹，团脐钳小于长脐一半，他蟹不然也。其眼细长如须，亦与他蟹不同。钳蓝也，形绝似袜，余见人有着蓝袜者，每戏呼为“沙蟹”。

蟛蚖［蜞］清秀爪纤纤，八月乌胶满壳粘。别有一般官路蟹，狠生一只一红钳。蟛蜞从土名，官路蟹似蟛蜞，而一钳甚巨，色红。

细理丝纹圆蛤良，两须伸缩有蛏肠。黄蚶细品称瓜子，朗蛤珠圆独我乡。朗蛤四时皆有，春初更美，惟我乡及余邑有之，他处不惟无见，并不闻其名也。

紫金片切熏鱼子，翠玉环连剔海蛳。海物离乡无贵贱，腥涎干蕘尽称奇。鲻鱼子为美品，故又名“子鱼”。清明海蛳品细绝佳，土铁、虾子及诸干考，皆美物也。

10. **张鸿远** 原名汝缨，字蓉簪，一字簪卿，号小岳，锡申子。清光绪元年（1875）举人。著有《小岳诗赋古文草》，校订《蛟川耆旧诗续集》。

蛟川竹枝词

海门泛棹兴如何，远近青山顷刻过。更有烟波图画好，白沙江口白帆多。

载得扁舟江上行，波光三面拥长城。阿侬生小江边住，不辨潮声和雨声。

南洋风雨北洋烟，时到黄梅放闽船。偶向南薰门外过，归舟无数夕阳边。

11. **周茂榕** 字霞城，号野臣。廪贡，即用训导。协修光绪《镇海县志》，著有《晚绿居诗稿》。

蛟川竹枝词

比邻传座醉春头，灯灺更阑客尚留。玉碗郎当抛骰子，分曹笑夺状元筹。

买灯竟许续元宵，春入兰闺韵事饶。问罢紫姑笼绛蜡，出门去踏七家桥。

旧火翻新钻绿槐，纸钱风里菜花开。家家忙到清明节，黑饭一盂上冢来。

钓捕生涯海作田，海荒海熟过年年。大洋一水分南北，放出千头小对船。

石首登盘四月天，红鲈白勒斗芳鲜。食单添注好名色，小小梅鱼枫叶鳊。

烛龙火凤万灯光，不夜城开举国狂。连日赛神东岳庙，笑他人鬼尽荒唐。

梵王宫殿海云庵，妇女分参古佛龛。手执�筐争路速，南人向北北人南。

夏日炎炎火作轮，北城高跨海之滨。纳凉争傍荷花沼，不见鸥槃旧主人。

指挥大使出京华，一县分排十八衙。想见当时风独古，茅檐衕里御龙家。

肄业鲲池旧讲堂，斗牛紫气入文昌。春秋合订景贤社，鹅炙羊腔祭沈黄。

江潮入夜势汹汹，大估扬帆抵甬东。明月已沉渔火灭，候涛山顶一灯红。

续蛟川竹枝词

节到元宵漏点长，团圞坐处鼻生香。丫头羹熟尝滋味，手段争夸新嫁娘。

送郎昨日船出关，妾身日登招宝山。忽见白浪如山大，昨宵隔邻人已还。

小船未去大船开，玉骨金鳞满载回。共说今年水花好，洋山庙里赛神来。

上字湖开绿水平，登瀛桥畔读书声。此乡自是衣冠薮，文采争传谢半城。

12. **袁 谟** 字丕显，号赓薰，别号莫言，鸿沛族侄。清咸丰七年（1857）诸生，同治七年（1868）贡太学。著有《望浹楼诗草》。

蛟川竹枝词

招宝平倭第一关，戚公遗迹尚青山。当年逸事人争说，光饼流传满市阛。

江南车水胜江北，早救公饥足解租。昨夜河渠增半尺，鄞乡蓄水放钱湖。

陈山云帽卜滂沱，电闪蛟门溢水波。五月江头霉雨润，新秋江上飓风多。

中秋晒网趁斜阳，浹水渔船尽谢洋。领略江村风味好，黄鱼入市桂花黄。

13. **谢辅绅** 字搢甫，炳贤子。著有《渠渠草》。

蛟川物产五十咏

鳟王鱼首字嵌王，膏面红须两派长。药石疗人无此效，培元心肾理膀胱。鳟王肾。

白红二种石根生，水愈深时产愈精。应是龙宫多嬖幸，故将一品锡嘉名。东海夫人。

五湖游罢好乘桴，高蹈犹随范大夫。欲吐莲花寻铁干，定海莲花洋有铁干莲，盗舟不能行。谶［忏］除艳福礼南无。西施舌。

知味牙还啖石牙，爬罗剔抉到山涯。莫嫌齿落婆娑甚，老境从来渐入嘉。老婆牙。

南越丛书见一班，共生合体亦痴顽。饥能取食饱能入，坏户依然自启关。璅蛣腹蟹。

背翘一骨号螵蛸，无尾无鳞味最饶。也识舞文称小吏，满囊墨沈水云描。乌鲗

八脚齐垂一首圆，望潮八月贴涂田。纵然多口阒无籁，聊把圈儿密密圈。望潮。

尖同槲叶铦如铓，入网之鱼性亦狂。进退两途能互易，鲳宜顺褪鯬宜刚。鲳鱼、勒鱼。

合成两美判雌雄，碧血盈腔尾掉风。竖作樯桅垂作舵，片帆飞渡海之东。鲎帆。

各种螺名出海乡，何如金玉赋其相。旋纹逾入味逾美，尖壳含黄胜蟹黄。玉螺。

呼窘青莲舌不妨，田螺秃尾一齐尝。斋厨昨日过樱笋，只恐腹中飞豆娘。海蛳。

瓮头黏腻卤牵连，借箸前来尚带涎。惟有桃花名独冠，肯随流水到蛟川。土铁。

白如嫩玉软如绵，张口红唇味倍鲜。读到将军九駿颂，食单曾否入新编？虾鳎。

潮落沿涂橇若飞，儿童细认蛤斑微。熟梅天气三霉后，个里凝脂满壳肥。黄蛤。

状如蜥蜴跃江干，背上花纹数点攒。生怕涂田泥滑滑，不嫌力小儿回弹。弹涂。

不用虾捞不用钩，生成半寸狎浮沤。灯光射处丁沽集，取尽鱼儿万万头。海鮥。

《尔雅》曾传比目名，此鱼不比不能行。细鳞紫色形如箬，不独南鹣附翼鸣。箬鳎。

石蛐扬葩赋景纯，名详藟蚝辨难真。何如咸水结成蛎，魂磥连房附海滨。蛎房。

棠鲤春来上钓矶，东风小市雨霏霏。安排早韭兼新笋，流水桃花鳜共肥。土步。

晓起承筐入市多，贩鲜船到大鸣锣。江乡石首羹材好，何事黄花说潞河。黄鱼。

何用鯬来训诂夸，银鳞网得乐渔家。海棠香里相持赠，平衬一枝红槿花。鲥鱼。

请君入瓮味何如，焉用湖头五柳居。宋五嫂羹谁得拟？西门近日况无鱼。醋溜鱼。

割罢银刀雪片如，不劳数典到王余。较量粤海鱼生粥，回首蓬池斫鲙鱼。鱼脍。

铁丝笼上火初炎，女子头衔多子占。一尾一盘环若璧，纤纤玉手试新尖。鲚鱼腊。

刺针排列鬣鬐匀，入馔称为上品珍。美女书生编雅号，含沙不射影中人。沙鱼。

网钓分名饫老饕，横江晓雾泛鱼舠。白银连片长如带，衔尾而来未肯逃。带鱼。

纬萧昨夜费渔翁，欲换尖团句不工。侯拜内黄惭草制，酒旗村店旧家风。毛蟹。

一蟹何曾一蟹殊，殿将十八种新图。功臣惆怅菹彭越，《尔雅》零星误蔡谟。蟛蜞。

菊天新酒篚飧馔，镂剔胭膏一背红。蟹粉团成经聂切，片金光潋酒杯中。蟹膏。

种田一例比蛏苗，子午回头两度潮。抛得棱棱新瓦垄，檐牙屋脊总难描。蚶子。

戈剑森然似蟹螯，惯随水母涉波涛。等闲压担论斤卖，不费江边草屩捞。虾。

蟦蛇分名血沫浮，全无脏腑亦无头。以虾为目藏身巧，借尔灵心为我谋。海蜇。

黑点为睛玉作肤，如银如面总相符。吴都误认王余片，不信嘉名小白呼。银鱼。

海错从来浙产多，寿王侍宴百珍罗。最怜香味呼新妇，牙齿何妨佐老婆。吹沙鱼。

压担琅玕不费钱，胸中尽许箨龙眠。老僧诗味无蔬气，正好同参玉版禅。春笋。

寒雨连番润竹林，冻雷昨夜破苔阴。登盘俊味无劳说，拨触当年孝子心。冬笋。

旁生侧出几茎连，正是黄梅雨过天。取却嫩梢烧老节，一般煮豆豆萁燃。鞭笋。

轮囷浑不费犁锄，鸶尾筵前伴野蔬。医俗好参医瘦法，何妨大嚼配花猪。猫头笋。

湘湖佳种胜西湖，润滑流匙异酪酥。引得季鹰归兴早，秋风不待四腮鲈。莼。

风光龙井自年年，小摘刚逢谷雨前。塔屿柴桥春啜茗，竹炉新瀹白沙泉。茶。

茨菇叶烂满湖秋，恰与乌菱价共酬。的的圆珠疑剖蚌，软温万颗剥鸡头。芡。

采采歌声西复东，摘来嫩绿与轻红。碧筒饮罢休嫌渴，别有冰瓷浸水蕻。菱。

菰米莲心味共夸，侵晨艇子绿篷划。剥来论百沿船卖，镜里闲抛六角花。刺菱。

金丸风味忆江南，载酒西园佐饮酣。卢橘休言因夏熟，不论斤两只论篮。枇杷。

余花晚笋景飞腾，赤玉盘中一色凝。科目羡他唐进士，承恩赐宴继红绫。樱桃。

色如火齐味如冰，族望南村旧可凭。十八盘中盘呑种，扬州辨色圣称僧。杨梅。

水墨花开入画宜，种成一顷讵为萁。紫樱未饱青梅小，正是蛾眉上蔟时。蚕豆。

雪里红同耐岁寒，佐来元日五辛盘。厨娘莫似寻常吏，熟手虽多辣手难。紫芥。

平畦嫩绿压霜华，春韭秋菘未足夸。别有一般风味好，瓮头旨蓄访农家。雪里蕻。

小园与栗共收藏，雅号蹲鸱旨否尝。领取十年贤宰相，拨残炉火始升香。芋头。

14. **王荣商**　字友莱。清光绪十二年（1886）进士，官翰林院侍读，癸卯四川乡试正考官。著有《容膝轩诗文集》。

元旦作竹枝词数首，嫌其俚俗已删之矣，意不忍舍，复存一首

何处新年异旧年，庭前竹马舞蹁跹。老夫岂有苍生望，高卧东山听管弦。

15. **张宗录**　字资生，号南园居士。清光绪六年（1880）诸生，光绪十四年附贡。著有《南园诗选》《南园杂录》。

清湖竹枝词

迴无城郭只墙垣，草草亭台小小园。一劫红羊喜无恙，被人呼作小桃源。

曰字形河川字桥，东南西北路迢迢。夜深遍听水船橹，月白风清正涨潮。

声声爆竹岁华新，茶果先陈上下神。谒庙拜先贺邻毕，闲裁红纸写宜春。

牙牌才过又呼卢，韵士高人嫌太粗。才德工（功）良高唤起，新翻花样升官图。

家家小妇尽浓妆，日夜有灯日夜忙。厌煞邻家新婿到，偏偏要送桂圆汤。

装得筲箕异样妍，夜深无事迓天仙。闺中也解田家苦，不问梅期问有年。

刷得丛兰尚带沙，一肩担压影横斜。东村呼过西村去，才入新春听卖花。

土谷诞神二月中，鼓声终日响冬冬，玉麒麟过曾头市，脚色终推老庆丰。

信来释氏生天说，灯果香花礼十王。头白颓翁鬓秃妇，大家并坐却无妨。

挈榼提壶到墓田，子规声里雨如烟。虚文不识何人肇，一吊黄钱插墓巅。

清水湖畔踏青游，清水湖下放行舟。踏青人散行舟去，明月一轮湖水流。

要来本境谒诸神，数日前头约比邻。东借罗裙西借袄，借来终不称侬身。

拈香只为酬心愿，敢学采兰赠芍游。寄语明州贤太守，此风此俗不妨留。时郡尊边公有妇人入庙之禁。

云鬟样好学苏州，点缀胭脂花粉油。昨日天津花带到，今朝正好插当头。

决事无烦卦象占，签筒捧到玉纤纤。一张薄纸逢人解，求得中平第二签。

长生会到大桥头，落日照旗影自稠。高唤一声人散避，凤舟拥过又龙舟。

三月中旬麦未黄，门前听卖小鸡忙。阿侬最爱舟山种，多出几钱倒不妨。

姊妹商量绣凤鞋，邻姬团坐话愁怀。忽闻瞎子先生到，个个要他八字排。

乡里竟多城市气，两行新老隔河开。湖平月落人争闹，知是慈西笋鲞来。

纷纷评论是蚕家，叶贵丝轻价不加。一定明年改旧业，依然磨箔纺棉花。

提筐行过路三叉，土产亲来馈母家。裙布荆钗粗点缀，鬓边还插象红花。

四月中旬天气和，灵峰领牒事如何。十钱要买银千两，到底人心贪婪多。

拔得青秧到处栽，归家要作贺筵开。宵深拇战声犹闹，七巧呼过八马来。

艾绿蒲青悬隔帷，石榴花照眼迷离。先生宽担书生笑，最好端阳解馆时。

今宵正是纳凉天，桥北桥南坐比连。有客高谈《三国志》，宵深月落不归眠。

雷祖诞辰早吃斋，烧香人去共相偕。天时酷热纱衫薄，理实非宜志实佳。

宵深钟鼓出声迟，胜会盂兰七月时。打出灯谜东道薄，旱烟一包笔三枝。

河灯泛时正泛船，东安桥过西安桥。东安桥比西安好，分付梢人缓缓摇。

里正催租入户频，合升斗石数轻匀。国家薄敛追唐虞，免得桃源去避秦。

扁舟一叶泛良辰，为访名山暂作邻。一路归来人问讯，登高今日醉何人？

早晚今年十倍收，草蓬边坐话悠悠。邻翁要费大东道，一人一个紫芋头。

演戏保安趁务闲，洋洋入耳听丝弦。一年祭祀重长至，又到祠堂谒祖先。

灶神今夜奏天神，数日前头遍拂尘。风俗自来宗俭朴，惟将茶果荐行程。

肩来钱袋绕街行，到处惟闻索债声。不是上洋银信到，总清帐待几时清。

镇宅庵中守岁华，更阑人语尚喧哗。侬家住处卿能记，新岁有闲来吃茶。

阿侬家住在中河，自少家居闻见多。倘有人来问风俗，试看侬作竹枝歌。

16. **郑廷琛**　谱名有伸，字子刚，号荇沚。清光绪七年（1881）诸生，光绪二十八年岁贡。著有《荇沚遗稿》。

补张资生《清湖竹枝词》

蜡烛荧荧吐绿华，招巫祝福语呕哑。分将合境平安样，一纸黄符贴各家。

17. **倪邦宪**　字曙洲，号襄甫，又号渔笠。清光绪四年（1878）郡庠生，光绪二十二年岁贡。著有《澹虑斋文存》《澹虑斋诗抄》。

蛟川竹枝词

滨海本为斥卤区，田禾全赖雨沾濡。西乡更苦支河隘，小旱先愁苗半枯。

地邻后海尽渔家，珍错纷罗各色夸。算去东南饶物产，只除土铁逊桃花。

倭寇猖狂不息戈，当年蹂躏叹如何。至今恐吓儿童惯，禁止终宵呱泣多。

蚕桑才了晒盐忙，东去虹桥又一乡。农自忧晴灶忧雨，沿途积水趁朝阳。

招宝山连威远城，每逢香火祝天晴。敛钱又到灵峰去，越是愚人心越诚。

十日平原意气骄，元宵又闹七家桥。紫姑抬得殷相问，早晚收成孰富饶?

锣鼓喧阗到处同，游人争盼赛神工。倾囊不惜脂膏费，只博繁华一览中。

仙人洞口响涓涓，望海楼中水接天。曾记时过三月后，江干多放对鱼船。

阴晴天气近黄梅，三发潮时石首来。莫谓鱼鲜难久蓄，冰船满载到江隈。

鱼盐蜃蛤利争趋，大半生涯属钓徒。挨过黄梅天气好，人家晒鲞遍山隅。

清明节后更喧哗，儿女提筐乐采茶。携手同行街十字，相夸谷雨细萌芽。

水乡风味淡秋天，船到梅墟泊晚烟。最好蟹肥添食谱，木犀花后菊花前。

18. **梅鼎恩**　谱名敏瑜，字榜联，号伯俨，养浩子。清光绪二十八年（1902）举人。

蛟川竹枝词　十六首录四

海物肥鲜四季宜，乡村客到不嫌迟。主人分付儿童去，青蟹黄鱼正值时。

四月蚕眠桑叶稀，不教卒岁叹无衣。小姑贪置妆奁物，抽得新丝便上机。

担水挑泥三伏初，煮成盐色雪花如。山民莫笑谋生拙，柴米相通两有余。

傍水依山数十家，田园开辟种桑麻。关心谷雨清明节，整顿筠篮去采茶。

19. **盛钟襄**　字思赞，号逊伟，浙江慈溪人。诸生，贡太学，历官山西左云、怀仁等县知县。著有《溪上寄庐韵存》，纂修《慈镇盛氏七修宗谱》。

骆驼桥村竹枝词　有序

村界慈溪、镇海两邑，人杂事繁，难尽形诸笔墨。然世境有沧桑之变，是日情形安知后来不改革乎？余宦晋多年，南望故园，音问屡梗。近值乞假旋里，就现状作竹枝词五十首，随口拈成，不计工拙，聊当风土岁时之记云尔。

舍南舍北尽分居，究竟谁家境有余。溪海交通人执业，工商耕读与樵渔。村为慈、镇接壤，虽富者无几，而居民各有恒业。

一水中分上下河，喧嚣终日客船过。夏瓜秋菜冬春笋，消受姚江土产多。村之水利分上下河，所售土产半自余姚。

逢双开市骆驼桥，白蛤黄鱼味美调。白蛤即圆蛤，黄鱼即石首鱼，两物作羹，味极美。最是居奇穿网货，晚潮风起满肩挑。双日开市潮落时，沿海之人以水族来卖，曰“穿网货”，又曰“晚潮鲜”。

留人争把客衣牵，堤畔高呼坐快船。纤急无关风水顺，打桥门似箭离弦。村距郡城三十里，有小船来回不绝，拉纤者逢桥掷过，捷如箭发，俗名之曰“打桥门”。

石堰横斜积数重，乡音近杂水声冲。僧归不理人无赖，关住山门打晚钟。堰曰“贵胜”，看管者以拔船之资为糊口，动辄詈殴，曰“堰头无赖”。上有小庵，僧人居之。

西汉东吴两相公，馨香尸祝各尊崇。村有二庙，东祀吴相阚公泽，西祀汉相田公千秋。决疑要把流年问，签语推详上下中。

随班祀祖喜丁添，祠事吾宗法立严。到底人心分贵贱，身非顶戴莫加签。吾宗祠祀事，限年齿不及者不能随班行礼，俗名“上丁祀”。时凡行礼者每人给签一枝，照签给物，有顶戴人，视大小，以次递加。

负贩从来尽自由，卖盐过此划鸿沟。分明一样家常物，才隔河桥价便优。村人食盐以桥为界，慈盐由官局运销，故较镇盐之价为昂。

五方杂处聚为邻，月夕花晨过往频。众口交推行善乐，堂开“归厚”集“存仁”。村中户口甚多，五方杂处，所行善举著名者曰“归厚堂”，曰“存仁集”，余曾各订条规。

荒园日暮噪寒鸦，冷落墙阴野草花。过客停舟遥指点，当年都是好人家。村当吾族盛时有花园五，曰：守愚、日涉、竹医、肯园、一鉴轩，中皆池榭精致，花木葱茏，而今则寥寥矣。

除暴安良保地方，议成条约共相商。热心全仗诸乡长，权借禅堂作法堂。时办乡约，设局于贵胜庵内。

江湖口诀好谈风，卜祝医巫技不同。可爱娇声年少女，钳牌还会取牙虫。村临大道，常来医巫卜祝等人，曰“走江湖”。

村庄每喜改衣冠，想合时宜问窄宽。新式依然翻古样，一年一换惬心难。俗尚浮糜，即衣冠屡有改易，则其他可想而知。

顶子坟头顶子人，相逢都道是前因。科名权在朱衣手，鼓吹声闻恐未真。坟在香江桥畔，相传是地本墓道，岁久渐平。夜有古衣冠者出，谓人曰：“盍祀余，余将为尔致科名。”吾宗人闻而兜土封之，后有同宗登科者，坟必预如鼓吹声。事虽荒诞，而寒食扫墓则非有顶子者不与焉，故曰“顶子坟”。

春秋社会宰鸡豚，三老心憨体独尊。看戏回头谈故事，杖藜扶入小柴门。春秋社会多戏，有老者每于戏后妄谈故事，曰“桥头老三”。

香灯隐约带风轻，去乞仙丹陌上行。村人患疡多请阴先生，往必焚香燃灯，返则以松花或香灰供于座上，祷已取所供物调水油敷患处，颇有效，俗名之曰“仙丹”。途遇村醪随意备，阴先生唤醉先生。先生吴姓，名道庄，镇邑吴陆村人。嗜酒，精疡科。一日醉归，堕水死，葬于其村。后有人患疮，百治不效，忽梦见先生医以药，醒即痊，遂传其名，远近闻者效之。因其好饮，故到墓求医必供以酒。

苦雨凄风骨殖寒，何如入土早平安。儿孙终被形家惑，那管先灵泣厝棺。风水惑人，有数世不葬其亲者，曰“厝棺”。

书声风送隔河东，私塾改良正养蒙。何处家庭好教育，学成娇女胜儿童。村多私塾，近颇改良，惟女子尚多失学，是所望于家庭教育。

祭完田祖饷春耕，三八留心问雨晴。无数蜻蜓飞款款，恐防大水减年成。俗传种田有秘诀，每年正月三旬逢八日，以晴雨卜丰凶，又蜻蜓多主大水，均验。

异样妆成结束新，媚他主顾十分亲。不知纤手调饧日，几许旁人妒堕民。村有堕民妻，曰“丐妇”。其人衣斜襟，耳无镮，肩负花包，手携长伞，四季服色元青，一望而知。每出为民间修容及服役喜庆、丧葬事，善媚人，能得人欢，时或调饧送人，且颇有姿容妖艳者，惟各走各户，不得混，曰“主顾家”。

如飞小轿软垂帘，就里媸妍迹自潜。风急偏从低处卷，弓鞋红露凤头尖。缠足之风犹炽，富室妇女每出必乘肩舆。

人生婚嫁事寻常，奚用哓哓费较量。月老有心偏好胜，两家体面说门当。婚姻不论财，古体也，而今则互相耗费。

细篾香篮玉指擎，愿修来世太痴情。秋波笑盼无迴避，默数青蚨叫买饧。闺人信佛，年轻者亦出行无忌，曰“修来世”。

豆羹香味饱清晨，往贺新年便起身。犹记昨宵人索债，烧香先去拜财神。元旦煮豆为羹，食毕到庙烧香，曰“拜庙岁”。

夜游非为玩灯光，七架桥头走得忙。欲把生平心事诉，归来私请厕姑娘。正月十四夜，走七桥，请厕姑娘，皆闺人事。

金鼓喧鸣灯满庭，花开火树照疏棂。蛇虫出去金银进，吉利词原最好听。元宵放灯，锣鼓喧天，又用烛芯燃火，遍照门窗户灶，呼曰：“蛇虫出去，金银进来。”

前头翁仲挂斜皫，归到宗房有胙分。妇是淡妆郎素服，大家今日上新坟。清明上坟，有祀产者归必分胙。凡遇新葬，各具素衣以祭扫。

迎神赛会各纷然，去去行行断复连。阿母潜呼娇女避，少年浪子踮墙边。三月迎神赛会，观者塞途，男女混杂，曰“行会看女人”。

雨势淋浪那肯休，禾苗萎尽老农愁。取张素纸临窗坐，剪个僧人贴倒头。春雨不止，纸剪和尚倒贴于墙祈晴，亦有灵。

竹林乌笋夏初长，好接今年脚骨强，饱食樱厨身并起，互将轻重比当场。立夏食乌笋，曰“接脚骨”，午后秤人。

门悬蒲艾座熏烟，却好榴开花正鲜。角黍包成堪设席，雄黄酒醉午时前。端阳悬蒲艾，烧苍术、白芷，熏蚊烟，午刻设席，有角黍雄黄酒，曰“过节”。

馈送杨梅担歇担，老鸦乌最味甘甜。要知是物犹人样，容易过时惹众嫌。杨梅熟时，买以送人，黑者为佳。寒村诗注：土人目之为老鸦乌。惟有定时，过则不食。相传曰："夏至杨梅满山红，小暑杨梅要出虫。"

黄梅时节地翻潮，湿气中人病易招。摊被忽惊残梦破，许多蛙鼓闹通宵。入霉时地多潮，湿中则病生，而又水足秧田，蛙声如鼓，几乎无夕安眠。

曝衣清早起开箱，汗滴如珠近太阳。未出中庭三五步，架前先送麝兰香。伏日晒衣，曰"晾霉"。

溽暑难当上伏天，蚊多成市不堪眠。其时要算农辛苦，车取河流灌稻田。晚禾怕干，村农每于夏夜，桔槔引水灌田，曰"车水"。

瓜壶藤引土墙堆，煮作羹汤日几回。竟月持斋缘底事，厨娘赋性怕闻雷。六月持斋一月，曰"雷菜"。

绕篱槿叶当围屏，渍捣银盆色染青。云髻半披梳洗净，穿针楼上拜双星。七月七日，槿叶捣渍洗发，或有月下穿针者。

蟋蟀声中火已流，黄云遍野及时收。今朝为主明朝客，相约尝新过立秋。立秋前后，新谷登场，各家舂米为饭，祭祖毕然后食，曰"尝新"。

新凉天气动秋声，庐外青磷鬼夜鸣。魂招兰盆东畈塔，纸衣彩舞月三更。余家近处有义冢，曰"东畈塔"。中元夜，村人兰盆会，剪纸为衣，烧楮召魂，每致磷火鬼声，骇人耳目。

积成盆水夜昏黄，缭绕香烟透曲廊。休信幽冥有教主，笑人供养地藏王。七月晦，俗传地藏王开地狱门，禁水洒地，夜间焚香插地上或悬香球，名曰"地藏香"。

时新粉饵饷田夫，芋叶如何贴水铺。摘去犹流朝露点，戏交贫女作珍珠。掘芋者必饷以汤团。芋叶如荷，盛露若珠。

月赏庭前客降临，蒸糕煮鸭酒同斟。嫦娥今夜来陪宴，二八娇容更动心。中秋作糕宰鸭，俗云："鸭肉骨头水拖糕，八月十六等勿到。"按，《宁郡志》：宋四明史越王弥远祝母寿于八月十六，因令郡人以是日为中秋，设宴过节，寓同庆其母之意，时人畏而从，后成习惯。

寒砧敲断傍妆台，斟酌衣裳称体裁。白露期过身不露，新棉花应候先来。白露节后，人无裸体，故曰"白露身不露"。维时各家预备寒衣，新棉花上市。

落帽风吹几处曾，茱萸会约少吟朋。自家另有登高趣，独步扶梯最上层。重九登高之风，吾村独无。

持螯也费用心机，脐剔尖团肉拣肥。夜半西风斜月里，两三灯点钓鱼矶。蟛蟹肥瘦随时视脐，俗云：“九月尖［团］（‘［］’内系纠正之字），十月团［尖］。”又，西风劲则蟛蟹佳，捕者夜用灯火照水滨，辄得之。

庄家真乏片时空，才纳禾完又叠蓬。学稼须知培土脉，焦泥烧透火光红。晚禾收割毕，堆草于场，比屋高，曰“叠草蓬”。诸秽杂物拌土烧灰为田料，曰“煹焦泥”。

阴尽阳生地气和，报安符贴响铜锣。一年惟有此长夜，夜静先占梦若何。冬至道家书符分贴，鸣锣祀神，曰“报安”。是夜为最长，人皆云可以求梦。

安排果品漏声迟，略表心虔遣侍儿。跪向东厨勤饯送，代求好话报天知。俗以灶神为东厨司令，腊月二十三日上天奏报一年善恶，是晚具十景（什锦）糖果祭之，曰“祭灶”。

灶王跳后换桃符，年货零星要预图。窃笑微闻小儿女，床头谒岁有钱无？岁除日，丐头戴幞头，赤须持剑，登门跳舞，曰“跳灶王”。更新门神或春联，曰“换桃符”。预备新年所用物品，曰“年货”。置钱于床，曰“谒岁钱”。

洒扫尘埃岁已除，阖家欢宴煮园蔬。拜年学个新兴髻，妆对菱花隔夜梳。除夕洗地，曰“年夜地”。通宵不寐，曰“坐夜”。

20. **陈锡哉** 字蔚文。清光绪十九年（1893）诸生。

蛟川竹枝词

秧田水足雾初消，几日晴和好插苗。记得往年收获候，秋风秋雨上咸潮。

阿侬生长住江滨，竹屋茅檐结比邻。多少渔船齐出海，风潮愁煞未归人。

21. **刘 郇** 字廉巽。附贡生，五品衔中书科中书，民国镇海城自治会议长，县教育会会长，民国《镇海县志》修志协会干事。蛟川崇正诗社社友。

蛟川秋日竹枝词 崇正诗社己卯秋季课题

桂花香候仲秋天，上市黄鱼透味鲜。桂花黄鱼最好。只是今年来货少，战事所阻。一斤要卖两千钱。

纵然随地可迎神，最是灶君旦暮亲。岁岁初三逢八月，隔砂制饼祝生辰。

缘何八字有娘娘，回向寺中历史详。才过地藏生日后，都来烧得一枝香。

病经冷热面容枯，愈后兼旬力尚无。安得韩公诗一首，遣将疟鬼付神荼。余患疟月余，恨而赋此，恐于体格有未尽合也。

蛟川冬日竹枝词 崇正诗社己卯冬季课诗

沿称冬至大如年，例向祠堂谒祖先。又记家家逢此节，早餐都食粉团圆。

历年成例至今循，腊月廿三祭灶神。糖果满盘茶两碟，糖果俗名“祭灶果”。一回送旧一迎新。是夕为新旧灶神交替。

除夕城开到五更，片时禁闭又通行。旧例除夕城门暂闭即开。讨钱不避年初一，只要灯笼烛尚明。旧例灯光不灭，虽元旦亦可收帐。

立冬时节晚未收，一岁辛劳再度酬。早稻为初度酬。难得今年逢大熟，丰歌岂独唱鳌舟。余于本邑风俗素未留意，作诗难，寻题亦不易。今因避难鳌舟村，就所闻见，赋此充数。

22. **倪承灿** 字铁池，邦宪子。清光绪二十二年（1896）丙申科试以泮元入邑庠，曾任杭州《浙江潮日报》总主笔。著有《铁庐丛墨》十卷，编有《宁波小说七日报》《翼社》《艺文杂志》《友声》等。

蛟川新正竹枝词

爆竹

挝罢冬冬除腊鼓，一声送旧又迎新。好从晓梦惺忪里，惊破千门万户春。

汤团

猪油粉屑两匀调，圆样搓成沸水撩。寄语饿伧休浪嚼，飞酥烫嘴不相饶。

春联

乞借生花笔一枝，书红依样榜门楣。剧怜沦落旧绅第，犹帖当年颂祷词。

花灯

锣鼓喧阗震耳聋，游龙跃马闹儿童。平原十日繁华甚，不数元宵一夕红。

挂像

瀼瀼春露感情兴，一轴遗容祖爽凭。瞻拜登堂符岁例，留将记念付云仍。

摆祭

炫异矜奇拉杂陈，纷罗海错并山珍。年年庙赛遵行惯，越是灯前越簇新。

贺年

弹指光阴等逝川，何来恭喜闹年年。童曹最是心肠热，博得果儿又攫钱。

开学

休假光阴蓦地过，儿童上学漫蹉跎。枝头清脆春禽语，和得书声到耳窠。

办岁饭

请客红笺一纸驰，新春东道竞先施。笑教语浪拇儿令，闹到参横月落时。

呷菜汤

孟婆菩萨两荒唐，异想天开设菜汤。不是乡愚迷痼甚，尘羹肯作玉浆尝。

接财神

何许蛇神何许名，侈谈五路势纵横。问君毕竟临何地，省得侬家岁岁迎。

请紫姑

浊窟秽墟赋大招，请仙又过七家桥。盈盈罗拜团箕后，先问卿姑第几娇。

升官图

官界无钱上达难，何妨嬉戏博高官。争雄掷到雉卢点，平步青云一例看。

状元红

到手功名拾芥轻，博场花样漫相惊。何当玉碗郎当下，唱出金胪第一声。

23. **叶　菁**　字兰笙，浙江金华人。诗作于1937年，时作者供职于镇海西管区建设办事处，后任庄市区署区长。镇海崇正诗社社友。

团桥竹枝词

西大河流水一条，横波砌石号团桥。家家商肆东西列，单日人声集市嚣。西大河流过镇中，上架石桥，曰“团桥”，团桥镇即以此得名。

沿街一路作商场，色色海鲜摆两旁。男女纷纷来上市，摩肩擦背走中央。国历单日集市，以街道为买卖场所。

摩登少妇发蓬头，短裤长袍街市游。买得筠篮鱼蟹满，应知夫婿掉归舟。上市妇女每挈盈篮鱼蟹而回。

电灯雪亮彻宵明，商旅无须逐月行。狗盗从兹知敛迹，乡村仿佛赛名城。电灯于民国二十四年夏创设。

巍峨屋宇壁涂红，旧址当年东岳宫。三面桥梁四面水，南来拂面有薰风。镇之北有东岳宫，今已改为西管区建设办事处。

画栋雕梁气象雄，泥装偶像一朝定。从知世事沧桑变，神庙官衙迥不同。宫内偶像，已于1928年由当地党部捣毁一光。

莘莘学子沐春风，陶铸国民具化工。漫道贤愚关赋禀，何妨到此一炉镕。团桥小学，为全镇文化中心。

绸缪经始忆当年，改进尤欣有后贤。弦诵一堂今已盛，天机活泼乐陶然。校成于光绪季年，为胡元钦、林兰书诸公创办。现任校长陈君子英办事认真，改进得法，学生日见发达。

堂开方氏种心田，舍药施材结善缘。一点慈怀参造化，仁风广播死生全。慈善机关广仁堂，为方氏余庆堂捐资设立。

卦名既济仗人工，会立久安规划鸿。从此祝融难肆虐，消灾弭患著丰功。久安救火会，规模宏大，设备完全，远近火患，均利赖之。

一带绀墙入望赊，后栽修竹护僧家。湾环绿水将门绕，几杵钟声到晚衙。东岳宫右有永宁寺，为晋代所建古刹，地居一镇之胜。

24. **林齐煌** 字一梅，号聊圃花农，修华子。蛟川崇正诗社社友。著有《双伶楼集》。

蛟川元日竹枝词 八首存四

香烟缭绕看氤氲，佛座神前更似云。可笑全年多刻薄，偏于此日不开荤。

奔走东西去拜年，新妆少妇貌如仙。家庭琐事真堪乐，儿女争分押岁钱。

都道清闲我道忙，邻家儿女结成行。花生瓜子不离口，还有桂圆莲子汤。

夕阳时候炮声喧，万户千家尽闭门。不点灯油多暗睡，暗头财主古言尊。

（资料来源：王雷编注《蛟川竹枝词》，宁波出版社）

三、海防古事

1. 洪口戍和望海镇

——镇海海防溯源

镇海在公元二世纪时开始驻有兵卒，东晋时已有“浃口戍”之名，唐宪宗李纯元和四年（809）升级为“望海镇”，一直到五代后梁开平三年（909）改名静海镇；同年闰八月，吴越王钱镠因望海镇地滨海口，有鱼盐之利，奏请朝廷建立为望海县（不久改为定海县，《旧五代史·郡县志》）。“戍”和“镇”都属于军事建置。镇海县的形成，首先是从海防地位重要设立军事建置而来的。

镇海的海防历史可以上溯到汉朝。汉武帝刘彻元鼎六年（前111），在今福州一带的东越（东粤）王余善反汉。刘彻派遣横海将军韩说率兵出句章（治所在今余姚市南，东晋时移到今宁波市南，并筑县城，唐时为鄞州县治），从现在的甬江浮海东征。这是本地跟军事有关的最早记载。东汉顺帝刘保阳嘉元年（132），由于曾旌等起义，杀了句章、鄞、鄮三县县长，还攻击会稽东部都尉，刘保命令沿海地区各县都要屯驻兵卒。镇海当时属句章县东境，地处甬江入海口，为攻、守双方必争之地，于是，从那时起便开始屯有兵戍。东晋安帝司马德宗隆安三年（399），五斗米道首领孙恩从海上攻上虞，杀县令，袭会稽。次年攻打浃口（即今镇海），接着入余姚，破上虞，转攻临海，被将军高雅之、刘裕等击败，孙恩退还浃口。隆安五年（401）二月，孙恩又攻浃口，攻句章（今宁波），被刘牢之、刘裕追击，败退到海上。八月，孙恩再从浃口转奔临海；六年三月被临海太守辛景打败，投海自沉。南北朝时临海人田流起事、闽人陈宝应起事，唐时台州人袁晁起事，浃口都是必争必守之地。从这里可以看到，在浃口屯兵建“戍”，最早是为了防止海上起义的队伍从这里攻打内地。其实，浃口除了临时驻军稍多，浃口戍常驻兵卒数量少得很。即使是句章县城（宁波），东晋时较为卑小，刘裕驻兵也不过几百人。

“戍”，据南北朝和唐时兵制，在地形险要的边疆之地建立营垒、城堡，派兵驻防，大的叫“镇”，小的叫“戍”。戍分上中下三等，五十人为上戍，三十人为中戍，不足三十人为下戍。“戍”设有戍主和戍副，《南齐书·沈文季传》中就有浃口戍主汤休武拒战孙宏的记载。“镇”也分三等，每防五百人为上镇，三百人为中镇，不及三百的为下镇。镇设镇将、镇副、兵曹、仓曹（中、下镇无仓曹）。镇将与县令分庭抗礼，公事可以直接送到州里。他所管辖的是“镇”所在的城区。“镇”和“戍”的主要任务是管地方的防捍守御。浃口戍和望海镇究竟属于那一等，已无从查考。《镇海县志》记载，唐元和十四年（819）八月，浙江东道观察使薛戎向朝廷奏请说：“望海镇俯临大海，与新罗（朝鲜古国）、日本接界，请据敕文不隶明州。”意思是望海镇的地位重要，根据朝廷颁布文件的精神，可由浙江东道观察使直属领导，凡事不必再经过明州衙门了。朝廷批准了薛戎的建议。这样，望海镇的地位提高了一级，为后来的建县奠定了军事和政治基础。

资料来源：
民国《镇海县志·建置》。
《旧五代史·郡县志》，中华书局。
《晋书·孙恩传》，中华书局。
《南齐书·沈文季传》，中华书局。

2. 孤城控神州　海色上戍楼

——倭患和威远城的建立

明代嘉靖年间（16 世纪中叶），倭寇在沿海地区骚扰非常频繁。几股武装走私集团勾结日本海盗、浪人，向中国沿海进行走私兼劫掠活动。每次倭寇蜂拥而至，烧官仓，焚民居，抢劫银钱珠宝。倭寇不但抢活人，还抢死人。他们掘开坟墓，盗取死者的陪葬品，弄得骸骨狼藉。他们杀人，连婴儿、孕妇也不放过。将婴孩缚在竹竿上，用滚烫的沸水往婴儿的身上浇洒取乐。有时看到怀孕的妇女，就赌测胎儿是男的还是女的，接着便剖开孕妇的肚子验看，他们却哈哈大笑。他们掳掠青壮年，胁迫这些人为寇。群众稍反抗，就将该地房屋烧光，平民杀光。倭寇攻城掠乡，杀人放火，进行海盗式的掠夺。所到之处往往“积尸如山”，光杭州一城，倭寇所杀中国平民的血，就汇流成河。镇海口海防历史纪念馆抗倭厅中有“倭寇劫掠长卷”画幅，形象地反映了倭寇的凶残。

沿海居民，一听闻倭寇到来，莫不惊惶，连婴儿一听到倭寇来了，也骇得停止啼哭。直到现在，还听到有的做外婆的在哄婴儿时唱着“倭倭来！鼕鼕来！宝宝囡囡弗要哭！”这就是明代时用“倭寇来了，鼕鼕敲门”来阻吓婴儿乖乖地不要啼哭的遗风，由此可想见倭患的深重。

倭寇的凶狠，传承了所谓“武士道”精神，作战时往往赤身露体，挥舞着倭刀，“冥不畏死”。倭寇的狡猾，明末县人张鸣喈（今北仑衙前人）《山舍偶考》中有倭寇作战的记载。他说：倭寇进犯，多挥扇为号。扇子挥起，众倭寇都望空左右劈舞倭刀，称为“舞蝶阵”。接着排成长蛇阵行进，一面挥舞八脚旗，一个跟一个。最凶狠的作前锋和后卫，其余人夹在中间。这些流窜的倭寇，每股大的几千人，小的几十人。队伍长长的、缓缓地、气势狠戾而行。碰到明军，就分散布阵。对敌时，常先派少数人跳跃蹲伏，以吸引明军矢石炮火，伺机突击，然后长驱直入。战事激烈中，倭寇绕到阵后的伏兵突起夹击。有时候还驱赶着羊群或中国妇女在前，使明军眼花缭乱，不知所措，惊愕间他们便枪刀齐施。倭寇习惯用双刀，肉搏时上面挥舞，出其不意往下反掠，令明军难以捉摸。枪不露竿，突然击出；弓长箭巨，近人而发。嘉靖三十二年（1553）时，一股倭寇被围在金山，看似销声匿迹，忽然突围而出。侵扰慈溪胜山的倭寇，准备竹梯，看似要攻打，突然撤逃而去……凶狠加上狡猾，沿海人民受苦就更深了。

倭寇劫掠定海县（即镇海）前后长达二百多年，使县内人口大减。明洪武二十四年（1391）到明嘉靖四十一年（1562）间，县内人口净减19739户、60057口。

当嘉靖三十二年（1553）以供奉观音出名的普陀山宝陀寺被倭寇破坏，浙江总督胡宗宪奏请朝廷将寺院搬迁到招宝山上来，免得观音多次遭灾。得到批准后于嘉靖三十六年（1557）迁宝陀寺到招宝山顶，连“万寿牌”也带来了。当时招宝山上丘墓累累，一片蒿墟，只有一个叫明慧的老和尚在上面搭建一间简陋草舍栖身。经过总督胡宗宪、都督卢镗、海道副使谭纶、宁波知府张正和、镇海知县宋继祖、都指挥黎秀等发起捐俸和第一任住持真海和尚向十方化募，不到一年建成了宝陀寺。一天，卢镗和谭纶上宝陀寺，登招宝山，俯瞰县城，考察镇海口的形势，议论着沿海防务。他俩都认为定海（即后之镇海）是浙东沿海重要的地区，并且是沿海烽燧的交会处，而招宝山更是江海的咽喉和城治的门户。如果倭寇登据招宝山上，用火炮向县城轰击，那么县城房舍便要瓦碎屋塌，县城将不攻而破。再说倭船陆续衔尾进入镇海口，守军也难以制止。要想守卫县城非据险不可，而据险非建城不可。如能在招宝山上筑城守卫，来巩固城防，那是最好的了。于是，他们向总督胡宗宪建议在山巅建城。胡宗宪非常赞成，就命令卢镗和谭纶督建，择日开工，建筑城堡。

三个月中，工匠们在山巅开凿山道二百余丈，筑城高二丈二尺，厚一丈，修雉堞一百六十七垛，开了东、西两城门，上面建楼作海神祠，于嘉靖三十九年（1560）春落成。两年后（嘉靖四十一年），海道副使刘应箕、知县何愈又主持在威远城中增盖石屋四十余楹，屯兵戍守，还建炮台安置五千斤的铁发贡炮四门，将城堡定名为“威远城”。从此，威远城控海口，扼要冲，和县城唇齿相依。加上同时在招宝山麓西南扩建靖海营堡，筑屋四十余楹，将校场扩大，时时校阅操练，海口则布列战船，至此，“平倭第一关”的格局初步奠定。原来在后山潮音洞中由卢镗书写的石刻“六国来王处，平倭第一关”，也是由此而来的。可以说，威远城首先是为防倭而建。

以后，明朝天启四年（1624）、清朝顺治十五年（1658）、康熙四年（1665）、道光二十五年（1845）都曾修缮过威远城。特别是康熙四年由水师总镇常进功主持的加筑大修，使威远城扩大五十丈，加高三尺，增厚一倍，并在城的东、西、北各建炮台一个，每台安放二千斤铁发贡炮两座，更加强了战守军械的配备。威远城在清和民国时期，由驻守镇海口爱国官兵谱写过抗击英、法、日侵略军的可歌可泣的壮烈战斗序曲。

资料来源：

郑若曾《筹海图编》，中华书局。

民国《镇海县志》。

3. 浃江浪涌号角起　炮声震海天

——招宝山下的水军操演

明嘉靖时都督卢镗在招宝山顶督建威远城后，又在山麓西南扩地建筑营堡，建造营房，驻扎兵士，放置五千斤的铁发贡炮四门、三百斤的铜发贡炮一百多门，定名靖海营，又名威远营。在招宝山下大浃江口（即镇海口），还拓建演武场，占地百亩，作为平日操练军士的教场。一直到清雍正三年（1725），大教场搬到城内鼓楼北，这里才废为荒地。明万历年间（1573—1619），定海总兵（明时镇海县尚称定海县，兼辖舟山）兼理水陆军务，而这里扼海口要冲，水军操练更显得十分重要。

据明末清初文学家陶庵老人张岱（1597—1679）《梦忆》中回忆他亲见的一次明朝定海水军在浃江口的大型操演，其场面的宏伟，在当时是非常可观的。

操演时，江中巡弋火船（用于搏战）及哨船、多橹快船（用于追逐）千百艘，中间还夹杂着渔艓轻舠，来来往往好像织梭回穿。看似杂乱，其实依据水军编制及作战部署，进退有序。船头和船尾相隔，紧张嘈杂得言语也难以交流，只能用旗语联系，用鼓声传达命令。两队互相截击阻拦，进进退退，一点也不马虎。水兵多数是从地方上招募的熟习水性的壮丁。只见年轻力壮的侦察哨兵，像猿猴那般蹲在大战船高高的桅斗上，前后瞭望，一发现“敌船”，就一下子从桅斗上抛空跃入江中，勇猛潇洒地破浪冲涛，顷刻之间游到岸上，跑步奔向中军，向指挥官报告，接受命令。报告完毕，又复奔突跃入水中，在水中游动，象鱼凫般轻松自如。

夜间的水军演习，更叹为观止。参加操演每艘船的旌旗桅杆上都挂一盏小灯，用青布遮裹着。只听见号角“呜呜”一响，万烛齐亮。一瞬间，江上水光映射，点点的烛光连成一片，水中倒影又加倍明显。在招宝山上凭栏俯瞰，嘿，大浃江中真像是在烹斗煮星，而锅里的沸汤正滚滚扬扬把星斗翻上滚下。突然，火炮轰烈，连连击出，犹如在风雨晦暝的夜晚，霹雳隆隆，电光倏闪，几乎使人不敢正眼看视；又像是用雷斧辟断了山崖巨石，地动山摇地坠向不可测度的深渊。这场面真看得人惊心动魄，久久难忘。

从 17 世纪前期的中国军事技术水平来看，这般水操堪称壮观的了。

资料来源：张岱《陶庵梦忆》。

4. 啃着咸光饼　摆起鸳鸯阵

——戚继光练兵抗倭

上了年纪的镇海人，大多数吃过或见过“咸光饼”，也知道这咸光饼是明代抗倭名将戚继光，为了率领军士追击倭寇而特制的行军干粮。那种饼比大饼小，上面没有芝麻和葱，烘焙熟了，不易馒坏，用绳草在中间串起来，结成一束，携带在身，随时可吃，吃了耐饥，非常适合行军当干粮。戚继光考虑倭寇侵掠的流窜性大，军士追击时常顾不上埋锅做饭，创出了这种用麦粉做的小饼，作为部队干粮。因为是戚继光所创，所以大家叫它“光饼”，咸的就称“咸光饼”。

戚继光字元敬，祖上为山东半岛登州卫指挥佥事，父亲景通，曾做过都指挥，署理大宁都司。《明史》中说戚继光幼时“倜傥负奇气”，“家贫，好读书，通经史大义”。嘉靖年间继光承嗣祖上的职务，被荐为都指挥佥事，派往山东防倭，接着改任浙江都司，担任参将。

嘉靖三十六年（1557）后，戚继光曾几次围倭、剿倭无功，将问罪，因平汪直有功复官，改守台、金、严三郡。

几次带领浙江卫所的兵士后，他感到那些卫所驻兵缺乏训练，作战时很难胜敌。而金华、义乌地区民风剽悍，青壮年多很勇敢，如果加以招募训练，可以成为一支劲旅，便于追剿倭寇。于是请准上级，从金华、义乌等地招募三千人入伍，进行严格训练。戚继光教给他们击刺的方法及长短兵器的交互使用。又根据南方是多河道池塘的水乡，不利于追逐敌人，就因地制宜，创造适合南方歼敌作战的阵法；同时，对战舰、火器、兵械都根据精良的要求更新。不久，一支精兵便训练出来了。随后，嘉靖四十年（1561），戚继光在定海（即后之镇海）龙山雁门岭（今属慈溪）、台州、仙居等地大败倭寇，先后九战九捷，杀、俘倭寇一千余人，烧毙、溺毙的无数。从此，“戚家军”便名闻天下。那时，总兵官卢镗和参将牛天锡也破倭寇于宁波、温州，浙东地区倭乱基本平定。

戚继光根据抗倭的野战特点，创造了“鸳鸯阵”“三才阵”。将步兵战斗队形由大阵变为小阵，从密集转为疏散，同时充分发挥火器的杀伤力。所谓“鸳鸯阵”，是一种新型的战斗队形。它由十人为一伍，由一名队长带领。战斗时，前面由圆牌手、长牌手在队长带领下前冲，接着是狼筅手两名，一左一右截袭。狼筅手拿的狼筅是长武器，也叫狼牙筅，为戚继光所创造。即用大毛竹上截，带着所附的旁边枝节，叉叉丫丫像狼的牙齿一般，看来粗可二尺，长一丈五六尺，用锋利的刀刃缚在竹顶上，长一尺，刺向倭寇，有马刺马，见人刺人，而敌人却难以接近。后面紧跟两组长枪手，每组二人，分列左右，可以远程射击。最后两名短兵手，手持短兵器，准备肉搏杀敌。一伍一伍的前后左右互相配合，伍内各士兵也相互照应配合，交叉作战。“三才阵”则是由鸳鸯阵展开而成的。队长居中，左右为狼筅手，再左右为两组长枪手，长枪手中间分别为圆牌手和长牌手，后面为两名短兵手。鸳鸯阵和三才阵，各伍可分可合，联系紧密，加上人人骁勇，个个强悍，故而其后三年内能在福建兴化等地大败倭寇，保卫东南沿海的安宁。嘉靖四十二年，戚继光已代替俞大猷升为总兵官了。

戚继光治军赏罚明信，号令严肃，士卒用命。《明史·戚继光传》赞他行事如“飙发电举”，屡次摧败大寇，名气还在另一抗倭名将俞大猷之上。戚继光善于用兵，更善于总结用兵经验，他给后人留下了《纪效新书》和《练兵实纪》两部兵书。他的治军纪律也为群众乐道，在戏曲舞台上镇海越剧团曾演过一出《辕门斩子》，就是歌颂戚继光严格执行军法的故事。镇海人民还把现属小港开发区的七家山传称为戚家山，将山上的清光绪七年（1881）建造的七家山营垒说成是戚继光练兵之处，具见戚继光在人民心中的威望和人民对戚继光的爱戴怀念。

资料来源：
《明史·戚继光传》，中华书局。
《四库全书·纪效新书》《四库全书·练兵实纪》。
郑若曾《筹海图编》，中华书局。

5. 慷慨登坛意气豪

——裕谦抗敌御侮殉节

鸦片战争镇海口之役中殉节的两江总督裕谦，坚决抵御外来侵略，誓死捍卫海疆，与城同存亡，是个大义凛然的民族英雄。

英国殖民主义者自己国内也是禁止鸦片的，但却积极支持鸦片输出，因为鸦片输出害的是别国人民，得利的是英国鸦片商和殖民政府。当别人禁止鸦片，影响到殖民主义者利益时，便大发雷霆，想用武力迫使别人就范。另外从占领海外市场来说，殖民主义者也想用大炮轰开中国市场大门。

19 世纪时的中国，朝政腐败，朝廷上下不知道已经步入“落后挨打”局面，还恬然地自诩“天朝”、“大国”，将“洋人”看成是未开化的“蛮夷”，盲目自大。那时，只有林则徐，才算得上是睁眼看世界的第一人。林则徐严禁鸦片，不畏英国殖民主义者的威胁，毅然御侮抗战。裕谦赞成林则徐禁烟御侮主张，说过“方今最为民害者惟鸦片一项，流毒既广，病民尤烈”，并在江苏布政使署理江苏巡抚任内，配合林则徐在广东禁烟，积极认真查办烟案，打击烟贩，处分包庇烟贩的官员。

清道光二十一年（1841）二月，裕谦被派为钦差大臣，到浙江接替伊里布办理浙江防务，不久，实授两江总督。伊里布是个妥协派，他于上年十月十三日私自跟侵略军签订了屈辱的停战协定，撤走守防水兵，遣散乡勇。此事遭到镇海人民强烈反对，他们张贴传单，鸣锣聚众千余人请愿，要求加强防守，追回兵勇，保宁波，保浙东。当伊里布听到裕谦要来代他办理防务，迫不及待地将余姚县解送到镇海大营的 15 名侵略军俘虏，送还到占领定海城的英军驻地。他认为裕谦“素性刚狠，专恣杀戮”，要是不提早送俘，恐怕裕谦来了不答应。

裕谦到镇海后，一面了解形势，加强防务，一面发布了许多文告、谕示，鼓舞士民同仇敌忾的勇气，表示抗战的决心。当时有一股势力，倾向妥协，害怕战争，见裕谦屡表抗战决心，遂背后称他为“裕大话”，认为他只会讲讲大话。浙江提督余步云，就是一个主张妥协的将军。他在招宝山头张起了白旗，显示无意抵抗侵略军。当时英侵略军曾派员用甜言蜜语来欺骗裕谦，被裕谦拒绝。由于侵略军在定海奸淫杀掠，裕谦愤怒下将一个被郭巨乡民捉来的侵略军俘虏磔死。当 1841 年 10 月 1 日定海沦陷后，裕谦于 10 月 7 日在关帝庙与众将盟誓：“今日之事，至死靡贰（今天的形势，除了誓死抗战没有第二条路）。”他领众宣誓说：我们奉命专门来御侮抗战，理当努力争取胜利。凡我文官武将上上下下，如敢怀二心，接受侵略军一封信的、离开镇海一步的，要公开的按照军法处分；即使逃脱，也要受到神道的处死。誓言“城存与存，城亡与亡!”而提督余步云却借口腿疾，不肯参加盟誓表态，事后还强调说“家有大小人口三十多人……”不愿誓死抗战。

道光二十一年八月二十六英军进攻镇海，余步云从招宝山撤兵逃去宁波。谢朝恩战死，知县叶堃逃跑，县丞李向阳自缢。最后裕谦投泮池死节，实践了他的“城亡与亡”的盟誓。可居然还有人认为英军所以要攻定海和镇海，是因为裕谦杀死了侵略军俘虏触怒了他们的缘故。以此来“证明”抵抗侵略的“危害”。这种论调在部分官员中流传，公然为侵略者找侵略借口。

文学家姚燮在《昭忠祠记》中赞裕谦说：“公之在镇者一岁有奇，刚而能廉，肃而能峻，敏而能周，与将士同苦甘，于赏罚昭明慎，而东浙之民，方将从韦孝宽以掘堑，倚檀道济为长城……”姚燮的弟子林嵩尧《吊靖节裕公》诗中也说：“慷慨登坛意气豪，孤心久已誓靴刀。惊雷响发奔枭骑，激水寒沉湿战袍。却为符离思魏国，转哀房相误陈陶。和戎自此成长策，终古寒江咽怒涛。”

裕谦殉难。当时谣言纷纷，说他临阵脱逃。正直之士听了蔑言极为愤慨。根据当时裕谦的幕属家将等亲见亲闻，裕谦殉难前后情况是这样的：

八月十七定海再度沦陷，10 月 7 日，裕谦率众将士在关帝庙誓师抗战。回营后他神色凝重不悦，对周围幕僚说：“外国人船上，作战则张挂红旗，求和则竖白旗。我见到提军（指余步云）所守防的招宝山上，却悬挂着白旗，所以决定在关帝庙誓师，来激励将士们的抗战豪气。可是提军在祭告时借口腿有毛病，不能行礼而避开，可见他抗战心志不坚。”又说：“我路经学宫（今镇海中学），见泮池旁有石碑镌刻着‘流芳’（按系明卢镗所题）两字，不觉怦然心动。万一形势不好，你们可以在这池中收我尸骨。”接着，他将皇帝的朱批上谕以及奏稿等重要文件整理寄回嘉兴行馆，并且向幕僚嘱咐许多家庭琐事。他说：“我没有儿子，只有一个胞侄可以兼祧（指同时承继两家香火）。两个女儿，一个已出嫁，一个还在襁褓，要叮嘱家里人维持这个家，同甘共苦。至于将来我的丧葬费用，总督府中廉俸银两还有一些积存，勉强可以对付。如果还有多余，请交给我妻子收用。家中房产仅仅能够糊口，全部听由我胞弟掌管处理，切不可由于丧葬费用不够去变卖家产办理。我所有向朝廷的奏稿，托各位同我的一些好友，代为印刻，和前刻的《勉益斋偶存稿》，一起交给我胞弟存在家祠中。如果上面要调查我的生平事实，就可以将这两种书送呈。”另外写了两封遗书，交给阮姓幕属签押保存。他又对那些文职幕僚说：“各位都是书生，万一敌人进城，临阵时你们可以作速出城，探听消息。胜利的话，请代为起草捷报，战事失败，则请代为办理后事。”他叮嘱家人“死后将我送到余姚，勿殡殓，余提军一定会以我为借口来退敌兵……”种种迹象，证明裕谦决心与城同存亡。

八月二十六日英国侵略军进犯招宝、金鸡两山，战事激烈，裕谦在城上督战，余步云忽然上城找他，说什么“为了保全几百万生灵，请派外委陈志刚去英军兵舰上‘暂时羁縻’（按：其实是求和）。”裕谦告诉余步云：“这样不过是苟且一两天，况且卑辞请求，有伤国体。”拒绝了余的提议。余步云去后一会儿又匆匆上来，可耻地说，他一个人身死是理所当然，但是家中妻子儿女三十余口，实在可怜，还说他女儿今天出阁等等，裕谦回答说：“儿女情长，英雄难免，但忠义事大，抗战到底的意志决不可移!”这些情事，为当时在场军士共闻共见。

侵略军在招宝山麓登岸，余步云率先弃炮逃走。裕谦令城上放炮阻止不成。威远城失守，金鸡山也乱，县城沦陷，城中火起，难民溃兵互相拥挤，有一个军弁踉踉跄跄地边奔边哭喊："裕大帅投泮池殉难了！"裕谦的家人余升、陆喜等，远远地看到裕谦在县城陷落时，对着北京的方向叩头，涌身投入泮池，当即喊救。副将丰伸泰、千总马瑞鹏等赶到，立即叫士兵将裕谦捞起，装进小轿，抢护出城。到宁波府署，知府邓廷彩替裕谦换了干衣，裕谦已不省人事。那时谣言四起，说侵略军将攻宁波府城，以十万金购买裕谦尸体。余升等见裕谦只有微息，情势紧急，忙率几十个从兵，在四更城门开启时扛抬裕谦出城，找来一只小船，驶达余姚（据《清朝野史大观》记载，裕谦当时已暗自吞金）。随从幕属先后探视，裕谦心口尚有微温，余升在旁急急呼唤，裕谦张开眼，断断续续地讲述余步云逃跑的大略情形，慢慢地神色渐变，口不能言。船行四五里，裕谦停止了呼吸。乱离急切之际，既无棺木，又无金钱，只好载着遗体前行。二十九日（10 月 13 日）傍晚到萧山西兴坝，巡抚刘韵珂派人探问，由丰伸泰、余升渡江呈报。刘韵珂命备棺衾。九月初一渡江到钱塘（今杭州），死已五天，绘画遗像，经钱塘知县验看后，在地藏庵收殓。

裕谦临危不惧，督战御敌，泰然死节，清廷赐谥"靖节"，名副其实。镇海人民为了纪念裕谦及鸦片战争镇海之役中御侮抗战牺牲的烈士，在招宝山麓建立了昭忠祠。

资料来源：
《清史稿·裕谦传》，中华书局。
《中国近代史资料丛刊·鸦片战争》，上海人民出版社。
王其朋《瓶壶山房虫吟草》，见《蛟川诗系续编》卷五。
《清朝野史大观》卷五《清人逸事》，中华书局，1936 年。
民国《镇海县志》。

6. 碧血洗丹心

——鸦片战争中四总兵殉难事补遗

四总兵是指定海镇总兵葛云飞、处州镇总兵郑国鸿、寿春镇总兵王锡朋、狼山镇总兵谢朝恩。他们都是被调到定海、镇海防守海疆抵御侵略，在定海战役和镇海口战役中牺牲的。

道光二十一年（1841）1 月 27 日清廷对英宣战，裕谦代替伊里布为钦差大臣到浙江办理防务。2 月 24 日，英军撤离了侵占 7 个月半的定海县城。葛云飞、郑国鸿、王锡朋三总兵奉命率领兵士 4800 多名，运炮 50 尊，带火药数万斤，渡海接驻定海守卫。他们到定海后办理被沦陷过国土的善后工作，加强定海的海岛防卫，在定海东山头仿照招宝山上威远城样式，筑造了震远城，又从东山头起沿江一带到晓峰岭建造泥城。7 月时，道光皇帝旻宁心中对"战""和"犹豫不定，并且存着侥幸心理，命令沿海各省裁撤守防兵丁。当裕谦向他报告英军将再次北上侵犯，还遭他斥责，说什么“不必为浮言所惑，以致糜饷劳师”。8 月，果然英国侵略军大举北上侵犯浙东。9 月 26 日，英国兵舰 20 多艘、士兵 3000 多名进犯定海。总督裕谦命人密送锦囊给三总兵，说在危急时拆看。三总兵率领全体守卫将士，浴血奋战，衣不解带，昼夜不息。葛云飞亲自开炮，29 日那天还开炮击沉一艘英船，毙敌百余人，其中有一个叫朴鼎利喇的，是被裕谦处死的英俘温哔地里士的外甥。他为报母舅被杀之仇，助发巨万兵饷到定海来，曾跟侵华英军约定，破城后，要杀尽鄞县、镇海、定海离城十里之内的人民。他这一死，此约也就作废。战争激烈时，三总兵拆开裕谦发来的锦囊一看，里面只有“临阵退后者按军法立斩”十个字。不管有没有这十个字，守卫定海的军民浴血奋战了六昼夜，死难惨烈，终于在 10 月 1 日中午，被侵略军从晓峰岭下窜入，葛、郑、王三总兵力战殉国。葛、郑两总兵被敌炮轰落在泥城下。葛云飞头颅只剩一半面孔，郑国鸿腰部穿过炮弹片，腿上也中了火枪。他们遗体在城壕中暴露了两昼夜，由义民徐保兄弟于 10 月 3 日寻到后冒险将他们用小棺粗殓送到镇海大营。由上面拨给抚恤殓费银五百两、葬费银三千两，第二天卯时（5 ~ 7 时）涨潮，派员送两总兵灵柩到宁波江心寺进行大殓。大殓时，两总兵面貌虽然被伤，但仍然坚毅英爽异常。奉命辨认查验遗骸的官员，事后写诗赞他俩“腰穿头碎面如生，一寸丹心如铁炼”。

王锡朋总兵，字樵慵，被派防卫定海时驻营在东山头震远城。当天看到晓峰岭官军失利，马上率领部队救援，刚到半塘碰到英军，立即展开战斗。后来泥城被英军炮轰，锡朋葬身水中，忠骸当时没法寻得，只能“死作波臣重泰山，英灵惟愿制夷蛮”了。

葛云飞，字凌台，会稽山阴人，赐进士出身。他在担任瑞安镇副将时自拟过一副联句，作为座右铭自勉。联句是：持己以正，接人以诚；任事惟忠，决机惟勇。后来因为亲丧，丁艰在家。由于为人处事“正诚忠勇”（时人赞语），朝廷中大臣保举他，被起用调任定海镇总兵。他登巾子山吊张世杰的诗中有“故国山河事已非，孤臣犹拥汉旌旗”的句子。在朝廷一片主和声中，他是主张坚决抗战的。他曾和同事谈起，对原来总督伊里布轻易地送还侵略军的战俘到英军占领的定海一事不满，对朝廷“剿”“抚”变迁没有定见深感困惑，也知道战争中吉凶难定，但作为一个中国军人，决不能辜负国家民族和“皇恩”。他到定海初给家中寄信说到“忽剿忽抚，终无定见。现虽收复（指定海英军撤退），而善后事宜，更无把握。念余一武夫，仰荷圣朝起用，惟不避艰危尽我心而已”。

郑国鸿，字雪堂，湖南凤凰厅人，由廪生改就云骑尉职，允文允武，奖掖后生小辈，忠厚待人，常以真诚至言启发下级，并用格言古训书写楹联屏帖，规箴赠送给下级。9 月 29 日（八月十五）那天开战时，他刚出营门，左臂就被敌人枪弹打中。士卒们惊恐极了，他却草草包扎一下，仍旧从容领阵出战。抗战时，虽然已经负伤，还是继续战斗，在血战中亲自杀死侵略军数人。时人诗赞他“义胆忠肝贯日高，弹丸穿臂不惊号”，“生已誓天甘沥胆，死犹杀贼尽寒心”。

10 月 8 日（八月廿四），英舰集结镇海口外，侵略军水陆两司令乘汽船公然驶近笠山和虎蹲山一带侦察，9 日，集结了 30 多艘英舰、2000 多侵略军官兵在外游山东面。10 日（八月廿六）黎明，向镇海口发起猛烈攻击，并在军舰掩护下从笠山前强渡登陆；另一股侵略军 1000 余人在钳口门登陆，越过小浃江，经义成碶到沙蟹岭，猛烈夹攻金鸡山守军。守金鸡山的是狼山总兵谢朝恩，他率领守军，顽强抵抗，当时形势像姚燮在《昭忠祠记》中写的“固垒金鸡，独当一面。待凿凶门而出，下有颓渊；欲屯高砦以防，上无险壁”，“援兵已断，袭卒方骄”，终至血战捐躯，尸身落海。后来浙江巡抚刘韵珂曾令谢的儿子廷荣多方寻觅骸骨，始终无法找到，于是没有得到朝廷的恤典。时人曾在诗中叹道：“金鸡山上狼山镇，海中孤立堂堂阵。身亡波激浪滔滔，躯骸未获无封晋。”又诗：“宝山（指招宝山）师溃犬羊奔，君独捐躯报国恩；未泯丹心羞鼠窜，竟抛白骨任鲸吞。有儿难觅波中魄，无术能招海外魂；应遇瀚州三镇帅（指定海殉难三总兵），英灵相约出蛟门。”谢朝恩是四川资阳人，移居到华阳。开始是因为家里贫穷从军，后来积功做到都司、副将，直至升任为狼山镇总兵，鸦片战争时驻防镇海，被派守卫金鸡山。

四总兵和其他殉难的官兵壮烈地牺牲了，自强不息的中国人民不会忘记那段历史，不会忘记他们的碧血丹心。先烈们不畏强暴、坚抗侵略、英勇奋战、慷慨赴死的精神辉映日月，永垂不朽！

资料来源：

《清史稿·葛云飞、谢朝恩、郑国鸿、王锡朋本传》，中华书局。

王其朋《瓻壶山房虫吟草》，见《蛟川诗系续编》卷五。

陈登原《国史旧闻》卷六十，中华书局。

7. 鲲池有幸留名臣

——林则徐在蛟川书院住了三十四夜

道光二十一年闰三月十一（1841年5月1日），已在广州革职待罪的林则徐接到道光皇帝旻宁谕旨，“赏给四品卿衔”，着他“迅即驰驿赴浙江听候谕旨”。林则徐高兴地于5月3日午刻从广州天字码头上船。经过一个多月的劳顿，四月二十一日（6月10日）巳刻（9~11时）到达宁波府城，沿途宁波、鄞县一些官员都到船上探望。林则徐没有停船，直接沿甬江赴镇海，下午4时左右到达，晚上到北城内蛟川书院（现镇海中学鲲池畔体艺馆址）住宿。

从第二天（6月11日）开始，林则徐不顾旅途劳累，每天除接见应酬外，多是登山渡江，察看山海形势，与有关官员商议防务，指导防御英国侵略军进犯的方略。其间，十分重视炮台建设，并跟炮局人员研制新炮，试演新炮。在他的日记中看到，至五月二十五（7月13日）的三十三天中，有16天他都在为研制试演新炮出智出力。五月初三（6月21日），镇海铸炮局研铸成功8000斤重大铁炮。林与炮局人员一起，研造出称“磨盘架四轮车”的磨盘炮架。他长期来患有疝气，行动不便，但为了捍卫祖国，抵抗侵略，四上招宝山，五登金鸡山，视察各处防御工事，商讨防务，日夜不息。有时冒雨外出，不以为苦。在具体防御上，林则徐屡次指出：定海孤悬大海，对外交通不便，接应困难，用重兵良将守这个绝岛，不是好策略。希望能将三镇总兵（即定海镇、狼山镇、处州镇）所率军队调到内地，以固守镇海口这个门户。他又提出小浃江口和钩金塘两处必须加强防守，以阻敌人登陆。可惜这些极有战略眼光的建议没被裕谦采纳。结果果然在这方面出了问题。

林则徐在人民中有极高威望。当上年九月二十五日被革职待罪消息传到广东，官民震惊。每天探望的人络绎不绝，慰问的，挽留的，送万民伞、靴子、明镜、香炉、颂牌的，几乎将寓所前街道阻塞。一些商店代表、居民恨不得攀住林则徐的轿杠子不让他离开。林则徐留下了群众送来的52面颂牌，安放在广州天后宫内，其余礼物都退还了。到了镇海，镇海城乡居民同样对林则徐万分崇敬。在他外出时，不分男女老少，争着以能认一认这位忠心对天、明察秋毫、禁烟御侮的大臣为荣。

四月初七旻宁曾给裕谦密旨，着他“于林则徐到浙后，酌量相当差使，奏明请旨”。裕谦在四月十八（6月7日）也向道光帝推荐说：“该员向为兵民所悦服，逆夷所畏惮，其一切设施亦能体用兼备，奴才素所深知。如蒙圣慈，饬令林则徐驻扎镇海军营，更替刘韵珂回省，即由该员会同浙江提臣余步云率镇将妥为筹办……”不料广州战败后，旻宁听奕山等谎奏，将责任归咎于林则徐、邓廷桢，认为他们要对广东防务负责，将两人“从重发往伊犁效力赎罪”，“即由各该处起解，以为废弛营务者戒……”五月二十五（7月13日），林则徐接到“谕旨”，内心震惊，当晚收拾行李，并制刻了一方“宠辱皆忘”图章以自勉。裕谦却为林则徐遭此不公平待遇和自己失去一位谋主而痛惜惆怅不已。

次日（7月14日）中午会客罢，林则徐出南城到大道头上船。在大小文武官员礼送下，下午2时左右开船，经宁波、慈溪，三更后在丈亭停泊。由此踏上了漫长的去伊犁的戍途。

林则徐纪念堂

蛟川书院原门额

资料来源：

《清史稿·林则徐传》，中华书局。

《林则徐日记》《林则徐文集》

民国《镇海县志》

陈登原《国史旧闻》卷六十，中华书局。

8. 偷头记（节译）

19 世纪 40 年代鸦片战争中宁波沦陷时，黑水党义民徐保、张小火等 60 余人打击侵略者及汉奸的行动极大地振奋了民心。清人徐时栋专门写了《偷头记》一文记述此事。文章写得活灵活现，节译如下：

……英国侵略军占据了宁波以后，每夜派士兵分组在街头巷尾巡逻。往往两个侵略军士兵一先一后巡行时，正咭咭呱呱地笑谈，忽然走在后面那个没有了声音。前面那个诧异地回过头来一瞧，突然见后面那个已经变成没头的尸体，扑在地上。前面那个大惊失色，吓得呆呆地僵立着，动也不会动了。没多久，那位的头也失去了。

黑水党的义民们有时穿着西装，戴着礼帽，手里拿着手杖，拖着黑色皮鞋，神气地橐橐走过来。英国侵略者以为是自己人，走过来搭讪，义民等他近身，突然拔出尖刀将侵略者刺杀。

至于活捉侵略者方法更别致。就是从后面用布条扣住他们的头颈，使其叫不出声来，接着绞紧布条的两头，便背起来快快奔走。到了僻静的地方，放下来堵住他的嘴，把他放进布袋里，用绳子拴着从城上往城外送。有时被别的侵略者见到追来，则另外一个义民悄悄地从小巷里突出，将那个追者的头也“偷”走了。

侵略军在城上，也是全夜来回巡逻。义民们用长藤做成圈环，暗地里静静守候在城外。听到巡逻者走过，故意发出古怪的声音惊扰他们。巡逻的侵略军士兵惊诧好奇，便靠着城垛朝下张望。义民马上快速地用藤环钩住他的头往下力拉。侵略者被藤环套住头颈拉坠城下，便被塞住嘴巴反缚起来。义民接着仍旧像原来那样等着。城上另外那些侵略军以为掉下城的是偶然失足，都伸着头向下面探视，想怎样救援那个失足者。于是，那些伸头张望的又被义民们钩下去俘虏了。义民们开心地拥着俘虏离去，快得像一阵风。

这样，凡城内外以偷鬼头而来的义民越来越多，方法也越来越巧妙，打击侵略者的事迹也越来越多……侵略军的头子虽然防护很小心，可是内心却非常恐惧。日日夜夜心内发毛，常常自惊自扰。每天得到“失头”的报告，往往有几十起甚至一百多起，真是恐慌极了……

资料来源：

徐时栋《烟屿楼文集》卷十六《偷头记》。

《清朝野史大观》卷四《清朝史料》，中华书局，1936 年。

9. 丰碑留梓荫

——吴大佬轶事

镇海人对中法战争镇海口之役中吴大佬（吴杰，字吉人）炮击法舰，致使侵略军头子孤拔身亡的事迹，多已耳熟能详，引以为荣的了。从吴杰女儿对亲友后辈口传轶事和同时代人笔记中，可以看到吴杰的性格为人。

清道光十七年（1837），吴杰出生于安徽歙县，从小跟父亲迁居到浙江龙游。13 岁因父亲去世被姓姜的人收养。咸丰年间，太平军攻占龙游时姜氏一家被杀，吴杰感恩冒死救姜家小儿子突围。因为穷，投入左宗棠军当小兵。后来娶了个社会地位“低贱”的“堕民嫂”为妻，而吴杰从没有看不起这位在旧社会被打入最底层的发妻。

由于攻战太平军的军功，吴杰从一个小兵累升到加都司衔，署理常山千总。光绪四年（1878）吴杰 42 岁那年，调到镇海营担任首任的威远炮台守备。威远炮台建成于光绪三年（1877），地点在招宝山东北麓（后为建煤码头削平），当时安置大炮 8 门，是镇海口建造的第一座近代化大炮台。1880 年又在金鸡山东沙湾头和小浃江口成靖远、镇远两炮台，都由吴杰负责管辖。他统带炮兵，恩威并施，队伍整肃，炮具整洁，建演放灵便。浙江巡抚刘秉璋视察后极为赞赏，并向皇帝推荐他的才具，说亲见吴杰训练炮兵的成绩，而且能得到士兵的尽心效力，自己心里非常器重他。

光绪十年（1884）中法战争开始，镇海口形势紧张。提督欧阳利见主张将沿海各炮台的精炮拆迁（包括威远炮台）。吴杰认为这样拆迁对防卫不妥，流涕力争。而欧阳利见执意要拆迁，还说，如果吴杰违反拆迁命令就要正法。后由刘秉璋严电训饬制止才罢。次年法国军舰进犯镇海口。浙江巡抚刘秉璋、宁绍台道薛福成、浙江提督欧阳利见、宁波知府杜冠英等都全力投入抗法战争的指挥、领导、协调工作中。吴杰则指挥炮台，并亲自开炮，在与侵略军炮战中取得了胜利。关于吴杰炮击法舰，据他的女儿告诉妯娌们，说有一次晚上，吴杰因为“内急”（肚子不好）要上厕，向镇海口外一看，见法舰悄然驶近海口，向内港而来。急切之间，等不得向上级请示，当机立断，向入侵法舰连击 5 炮，击沉其中 1 艘，敌舰仓皇逃离。这个说法，跟民间流传的“吴大佬，撒屙开大炮”相吻合，但却没有见于文字。

《虞初近志・纪吴吉人事》中记述：吴杰击退法舰，却受到欧阳利见的斥责，责他“不奉命令擅自开火”，要斩他“以肃军令”。抚标统领杨歧珍竭力争辩说：“违令固然当斩，杀敌却应厚赏。功罪相抵，可以免死，为什么要斩他？”于是才免正法。后来巡抚刘秉璋对吴杰说：“你也太鲁莽了！”吴杰瞪着眼睛大声说：“敌人来了不杀，要将士干啥？我宁愿以违令死于国法，不甘心被敌人绑着脖子捉去！如若象大帅所讲，难道要从从容容将整个炮台拱手让给敌人才算不鲁莽吗？”巡抚不计较他的抗言，反认为他气势雄壮，笑着称赞他是“壮士”。炮击法舰的胜利，当事者用快电向朝廷报捷，铺张宣扬，功劳都归给指挥的将帅，吴杰只获奖一个千总候补，而且后来又被欧阳利见借口罢劾了。

由于刘秉璋、薛福成向朝廷极力报告吴杰在抗法战事中的功劳，朝廷总算赏还吴杰被欧阳利见罢劾的游击官职，后又三次署理总兵，一次代理提督，曾管带着宁波各炮台。欧阳利见为什么要对吴杰处分罢劾，是清军中的宗派还是个人忌妒因素，或是两者都有，众说纷纭。

原来宁波新江桥浮桥是法国天主教堂出面筹款建造的。建成初天主教堂要向来往的车辆及行人收费，是吴杰通知教堂停止收费的。吴杰向天主教堂执事说："教堂筹款建造浮桥是好事，也是符合上帝意志的；但是向过往行人收过路费就不合上帝和教堂行事的初衷了……譬如马路是我们中国人修造的，要是我派士兵守在教堂门口路上，向你们教堂外出人员收取过路费，你们说，这样合理吗?"驳得教堂执事哑口无言。于是只得停止收取过桥费。当时宁波人流传一句谚语："老百姓怕官，官怕洋人，洋人怕吴吉人。"

吴杰卒于宣统元年。1936 年吴杰百岁诞辰，正是"中华民族到了最危险的时候"，国难当头，镇海绅商等各界人士为缅怀吴杰功绩，激励人民同仇敌忾，抵御外侮，弘扬民族正气，集资在梓荫山麓建造"吴公纪功碑"及碑亭。亭上镌刻"丰碑留梓荫，威望震欧洲"柱联。碑亭向后人述说着镇海口在近代史上光辉的一页。

资料来源：

民国《镇海县志·新志备稿》。

王荣商《容膝轩文集·吴吉人传》。

胡寄尘《虞初近志·记吴吉人事》。

傅璧园口述其堂祖母（吴杰之女）亲述吴杰轶事。

（《海防古事》撰稿 陈 兵）

四、蛟川旧闻

★ 读诗知史

有些诗被称为"诗史"，是因为它记录了当时史实。有些叙事诗，由于其中反映当时社会某个侧面，使后来读者也能从诗中知晓历史点滴。

1. 唐宋时镇海妇女善丝织裁缝

唐虞世南《织锦曲》（亦称《中妇织流黄》）诗：**寒闺织素锦，含怨敛双蛾。综新交缕涩，经脆断丝多。衣香逐举袖，钏动应鸣梭。还恐裁缝罢，无信往交河。**

虞世南是唐太宗李世民所推重的大臣，擅长诗、书。李世民称赞他是“德行、文辞、忠直、博学、书翰”五绝。历代县志中多记载虞世南是镇海三北人，在澥浦有他的墓。不过也分析说他在81岁去世后“赠礼部尚书，谥文懿，陪葬昭陵”，“既云‘陪葬昭陵’，此殆为衣冠墓与？然《一统志》亦载之，定非无据者”。姚燮认为虞世南的后代子孙居住在澥浦的很多，说他是镇海人，并不是抢人家的名人来抬高自己。大碶扎马（今属北仑区）《虞氏世谱·序》记载，扎马虞氏源出三北伏龙山虞宗，自称是唐虞世南裔孙。以后子孙又四衍至邬隘、新碶、柴桥、霞浦、大榭、新路岙、紫石、高塘、白峰等地。

明杨升庵在《诗话补遗》中说《中妇织流黄》诗“分明是一幅织锦图”，还说“非深知织作者，不知‘**综新交缕涩，经脆断丝多**’此二句之妙”。流黄，即绢。综，是织机上使经线上下交错以便梭子通过的装置。考诸宝庆《四明志·叙赋》说：“俗本不善蚕桑，其丝线织紝皆仰贾人自山东闽浙来，然颇善织……”虞世南在三北一带常看到当时妇女织作，所以能有此描写。姚燮说虞世南“所居里本以织作为女工，见之真，道之确”。“裁缝”一词，是本地方言，其实传自古越语。虞世南是以本地方言入诗。《四明志·定海卷》中还有当时定海（即后镇海）每年夏税“绢九千五百三十一疋九尺八寸三分、绸二千三百二十九疋二丈七尺九寸八分、绵（丝绵）一万八千六百六十一两四钱六分”等记载。据此，唐时镇海妇女织锦已非个别了。

2. 招宝山上唐时有像模像样的寺宇

唐时湖塘（在今北仑大碶）乐仁厚曾任刑部尚书，他有一首《候涛山》诗：**蛰龙浮海出，一苇渡江沙。紫竹迷朝雾，红灯缀晚霞。半轩明月在，满座好风赊。妙法僧参处，琉璃映法华**。

乐仁厚与兄兵部尚书仁规在唐光化年间因为正直遭忌，又以朱温之乱，弃官归隐。从上首诗中可以看出，1100年前招宝山上不但有寺宇供和尚栖息，而且紫竹朝雾、红灯晚霞、半轩明月、满座好风，景致甚美。一千余年来寺宇屡建屡圮，屡圮屡建，均随时代变迁或因兵灾、火灾而变化。直至明嘉靖三十五年（1556），总督胡宗宪、都督卢镗、海道谭纶等倡议捐俸兴建宝陀寺前，招宝山上还是丘墓累累，莽然蒿墟，只有一个老僧叫明惠的结茅舍守在那儿（明·钱文荐《望海楼记》）。

3. 镇海的海运史早就开始

……渔阳豪侠地，击鼓吹笙竽。云帆转辽海，粳稻来东吴；越罗与楚练，照耀舆台躯……

这是唐杜甫《后出塞》诗中诗句，反映明州海运历史悠久。张懋延《蛟川诗话》中记：“按胡长孺曰‘杭、吴、明、越、扬、楚、幽、蓟、莱、密，俱岸大海，舟航可达。故海运之法，自秦已有之。唐亦转东吴粳稻以给幽燕’。”唐宣宗大中元年（847），明州商人张支信率领37人组成的商队，乘航海大木船，满载货物，从望海镇起碇出海放洋，去日本贸易。在《唐书》中记载中国商人从明州经望海镇出海放洋，横渡东海至日本贸易的有30余次。清代《典汇》中说“浙中通番，皆自定海（今镇海）出洋”，《汇苑》中说定海是“夷舟所从入”。福建、两广、辽东、登州等地货船，都从镇海关进入宁波郡城。所以后来大家认为镇海是明州港海上丝路的起碇港。

4. 宋淳化年初置市舶务于定海

元代诗人张翥（1287—1368）在一首《送黄中玉之市舶》诗中写道：**昔我游四明，壮观真海波。褰裳宝山顶，曙色寒嵯峨。日轮鎔生金，涌出万丈涡。云气忽破碎，朱光相荡摩。决眦蓬莱**

宫，携手扶桑柯。群山迎我笑，佩羽纷傞傞（傞傞，飘舞的样子）。**飓风欻惊潮，腾掷鳄与鼍。浮槎径可击，从此超天河。精神动百灵，上下烦撝呵**（卫护意）。**归来已十载，远梦时一过。君来贤父兄，儒术传世科。薄言捧省檄，舶署聊婆娑。是邦控蛮夷，走集聚商舸。珠香杂犀象，岁入何其多。权衡较低昂，心计宁有讹。资阅须历试，壮图讵蹉跎……**

据宝庆《四明志》记载，明州的市舶务“淳化元年（909）初置于定海县（即镇海），后乃移州治于行春坊县学之西，徙市舶务于子城东南”。清道光七年（1827）在常平仓左城下修路时掘到两块宋代断碑，其中一块是《新建市舶司记》。断碑中提到明州“连樯接舻，贡琛献赀，源源相因，观光上国；重以商贾懋迁，□物珍伟，森列环萃，纷至沓来”。还说“甬东舶司，创于淳化三年，历承平□中兴，以迄于今，凡二百三十余载……”（光绪《鄞县志》、《四明谈助》）

元至元十五年（1278）立提举庆元（即今宁波）市舶使司，至元三十年，温州市舶司并入庆元，大德二年（1298）上海、澉浦市舶司也并入庆元，庆元成为元朝重要贸易港口。（1995年版《宁波市志》）

黄中玉到庆元市舶司来任职，张翥以诗送别。诗人回忆十年前自己游四明招宝山时的感受和对四明地位形势以及物产商贾进出口的描述，从一个侧面印证明州丝绸之路的事实。此诗可作丝路文化历史看。

5. “六国来王”的出处

明代庄冏生写招宝山诗：**鳌柱孤悬锁海门，岩城雄镇势尤尊。潮通六国来王地，壁压三军细柳屯。石面青苔多岁月，波间红艳起朝暾。朅来更上层楼望，万里洪涛啮虎蹲。**

《招宝山志》记载，原招宝山后山观音洞石壁上镌刻有明卢镗书写的大字，左面是“六国来王处”，右面是“平倭第一关”。这两句话表明镇海关地位的重要。“王”字这里当作动词，是朝见天子表示臣服的意思。“来王”是指当时的“藩国”从这里入关朝见中国皇帝，进贡礼物，表示臣服。那么这里“六国”一词是指哪些国家？出处又从何而来？

查“六国”的名称，见于《宋书》。日本倭王向中国皇帝提出，要求让他统管现属朝鲜和韩国的六个小国家，皇帝同意了，就赐敕书，令“日本国倭王持节都督百济、新罗、任那、加罗、秦韩、慕韩六国诸军事”。后来在大明初年（457）进一步加敕重申。唐、宋、元、明各代都有纳贡的事，特别是北宋后期起，高丽使者都是从镇海关入贡的。到明代，所谓“六国”已非专指上述六国，而是泛指从海上进关的北方和南方各国。

“六国来王”的提法，既自豪，又自大——因以“天朝大国”自诩啊。

6. 《镇邑东门歌》

镇海东门外本来逼近海口，以候涛山作为狂澜的砥柱，潮势直趋竺山山麓，又从竺山反激，东门外就成涨涂。东门石塘外曾做过水军阅兵演武的校场。清代王双浃（名谕，字如纶）写有《镇邑东门歌》，记载当初东门外情况。诗如下：

东门临浃江，江潮侵平原。草失昔年青，渔家倾茅屋。可怜演武场，半聚鱼虾族；久断金鼓声，游人鲜征逐。惟有初夏时，渔舟争辏辐：晒鲞遍山隅，晒网张山麓。闽商言语殊，状貌更蜷跼，皂帕趁额包，栲裤连衣束。赛神锣鼓喧，兴来歌盘曲。通洋数十年，习久亦成熟。提鱼换酒

浆，缚蟹易饘粥。近日敞龙宫，跣足群跪祝。过此一月期，溽暑盐花簇。秋来潮汐雄，牛羊不敢牧。日午海湫翔，夜深海鬼哭。突兀候涛山，不能卫其足。近烦当局心，估值图兴筑。肯捐渔税金，功成应迅速。以人治其人，万事等转毂。舍此别筹无，须教海涌粟。老拙倍关心，庶免葬鱼腹。

转毂，飞转的车轮，比喻行进迅速。诗中反映作者对东门外涨涂后如何围塘拒海潮冲击的忧心，和春汛过后渔民生活的描述：晒鲞、晒网，祷神赛会，卖鱼兑酒，售蟹换粮，一时豪情，暂忘辛劳，兴来盘歌，以及跪祝下一汛出海捕捞的平安与丰收。特别对福建渔民衣着情态描写更是传神。

7. 镇海旧有钟楼

明礼部尚书薛三省致仕回乡后，住镇海城区薛家弄（今龙赛医院东部地），有《夜半闻钟声》诗：**千尺蜃楼百石钟，秀分鳌柱映芹宫。晨昏潮答声偏壮，襟带天开势倍雄。早识姓符名旧德，重瞻气象颂新功。春雷欲动惊群蛰，子夜龙吟跃海东。**

原诗后还注明本来钟楼被飓风吹坏，新钟楼由县令龚彝（明崇祯二年上任）主持修葺，移位到学宫东南侧，并在钟款上仿刻为宋绍兴初铸造。虽是仿造古钟，也说明古时镇海曾建有钟楼。2008年前鼓楼广场北侧曾铸立钟鼓造像，就是根据地方文献记载设计的。

资料来源：清张懋延《蛟川诗话》。

★ 父老传说

1. “路林”原意是“辂临”

镇海去宁波方向常镇公路中途有个路林站，那里有个路林市场。“路林”的地名是怎样来的呢？民国《镇海县志》引光绪《鄞县志》卷七十四《土风》中记录屠本畯（辰州）《甬东江北歌》有一首诗是这样写的：

夫差破后已亡吴，曾说清江驻舳舻。唯有辂林犹似昔，千门落日自啼乌。

意思是说辂林这地方曾经夫差或越王勾践所驻跸。“辂”，指帝王所乘大车。张懋延在《蛟川诗话》中分析认为那是不可能的，只有宋高宗赵构（即康王）被金人追逼逃经定海（即后之镇海），从明州（即宁波）乘楼船沿甬江而来，岸上护驾的军士和拉纤的人夫无数，经过辂林。这样说皇帝车驾曾经过现在的路林一带，还可以讲得通。同样“渡驾桥”这个桥名也含这个意思。民间传说“张鑑碶，布褟扯大旗”，也是说赵构逃经本地。据此，张懋延认为辂林这个地名，应该是“辂临”，即皇帝乘坐的车驾曾经到过。后来因为附近有鸬鹚村，便改写为“鹭林”，中华人民共和国建立后更简化为“路林”。

2. **借邑港的来历**

传说某朝一位慈溪县县官因为慈溪县没有出海口，影响经济发展，想跟镇海县协商，借一个出海口。几经商谈，于是有一天两县县官乘坐着乌篷脚划船，从骆驼桥那儿沿河勘察，船到地头，慈溪县官就提出，就是这脚划船经过这条河沿河一段借给我们吧。经上司批准，那划船经过沿河一段便划归慈溪县，那条小河，遂称为“借邑港”。解放前镇海县境地图上便出现一条东西狭长属于慈溪县的地段。民国时，骆驼桥集镇属于慈溪县境。但南北两面仍属镇海县境。属慈溪县的称为骆驼镇，属于镇海县部分地方称六大乡。由于“骆驼”两字的方言读音跟“六大”是一样的，音相同，字不同，也区别了地段。解放后为简便，将“骆驼镇”简写成“六大镇”。至于说“六大桥”是从汶溪下来的第六条大桥，那是牵强附会之说。

3. **张鑑碶，布襕扯大旗——宋高宗赵构逃难到定海**

宋高宗赵构被金兀术从临安（今杭州）追到海上，曾经经过定海（即今镇海）。因这一线索，给以后镇海老百姓留下个传奇故事。传说赵构逃到张鑑碶，兀术大军前脚后跟追到。幸亏一个晒谷农家女，将他藏在谷箩底下，自己坐在翻转的谷箩上做针线活。金兵追来，查问农家女，她应对自然，骗过追兵，救了赵构一劫。赵构得救，逃难之中无以为谢，于是对她说，局势平定后一定派人来接她去宫中享福，并指着农家女围在腰间布襕，要她到时将布襕张在门上，以便记认。后来赵构果然派人到张鑑碶来找这位农家女。不料，被许多人知道了，名利心切，好多有姑娘的人家门口都扯起布襕。赵构的使者没法确认，回去一报告，结果由赵构“钦命”：为报答农家女救命之恩，准许此后浙江女子出嫁可以用后妃服饰和仪仗，即戴凤冠，披霞帔，乘花轿。于是，浙江女子好不荣耀，尽管宋时女子地位仅是男子的附属品，但结婚出嫁的那天，非光光彩彩地出回风头不可。“张鑑碶，布襕扯大旗”的俗话也传了下来。民间艺人复述这个传说，创作了有情有节的说唱文学。20世纪80年代，镇海文宣队还据此编演过《康王告状》的戏剧。赵构究竟有没有在张鑑碶上过岸，兀术是不是追得这么紧，史书上都没有记载。至于是不是受到过农家女的掩护，在什么地方，那只有赵构自己知道。传说归传说，历史上赵构到过定海（即今镇海，下同）是确实的。

岳飞写的《满江红》词中有一句“靖康耻，犹未雪，臣子恨，何时灭”，指的是宋钦宗靖康二年（1127，也是宋高宗建炎元年）金人攻破汴京（今开封）后，俘虏太上皇宋徽宗赵佶、宋钦宗赵恒父子以及皇后、妃子、赵氏皇室众族人、贵戚、大臣、宫女内侍，还有教坊娼优、技艺百工等等共一万四千人，分批押解到东北去关押、服劳役，或分发拍卖做奴仆婢妾。被迫远离故园的俘虏们遭受到野蛮落后的非人待遇，《宋史》和前人笔记中对此都有记述。赵恒的弟弟康王赵构，于那年五月在应天府（也称南京，今河南省商丘地区）即位为皇帝，改元建炎。因为他是赵佶第九个儿子，德不高，望不重，为坐稳皇位，首先制造个“泥马渡康王”神话，以证明坐上皇帝宝座是“奉天承运”。

建炎三年（1129）二月赵构到杭州后，将杭州辟为行宫，改名临安。金人那种强盗式的掠夺侵犯从没停止过，赵构便在越州（今绍兴地区）和临安之间逃来避去。六月，金兀术大举进犯，有向临安进攻的动向。赵构慌急得没法，问大臣尚书左仆射并同平章事的吕颐浩说：事情紧迫了，怎么办？吕颐浩替他出了个“航海之策”，说：敌人多是骑兵，肯定不能乘船袭击我们；江浙地方炎热，他们肯定不能久留。等他们退去，我们再回两浙。“彼出我入，彼入我出，此兵家之奇也”。赵构非常听得进，于是便带领文武官员、后妃、宫女内侍等由军队护送，“浩浩荡荡”地逃奔明州（即宁波，下同）。十二月（1130年1月）兀术攻陷临安和越州。十二月十五（1月27日）赵构从明州东渡门登上楼船，沿甬江向定海进发。庞大的逃难队伍，一船一船的人和物资，除保护的军队外，沿途还征发百姓拉纤。第三天十二月十七（1月29日），船队才到达定海县城（《宋史》)。楼船停泊在道头沿江一带。史书上记载，赵构是在楼船上接见大臣的，而且，那时正是严寒季节，在定海停泊时还向行在诸军发“雪寒钱”。不过民国《镇海县志·鼓楼》中却记有一条说，赵构曾“登是楼以朝群执事”（清谢泰宗《鼓楼颂》)，因此鼓楼南面门额上有“朝宗古迹”字样。然而宋宝庆《四明志·定海卷》中没发现宋朝有鼓楼的记载。现在的鼓楼始建于明洪武二十九年（1396），重建于清乾隆五十九年（1794）。

赵构在定海（今镇海）停驻不久，两天后（1月31日）便到昌国县（今定海)。金兀术领兵随后追来。建炎四年正月十六（1130年2月25日），金兵攻陷明州，当天大雨，晚上还居然雷声轰隆，金兵连夜乘雨攻破定海县城。随后，金兵也用船队追赵构，中途遇到宋军阻击，没有追上。赵构已逃到温州。3月，定海遭到金兵野蛮的烧杀掳掠。等金兵大肆劫掠明州和杭州后北去，赵构才于三月十九（4月9日）从温州乘船回来。三月二十九（4月19日）又到定海，据说看到定海县城遭金兵洗劫后惨景，恻然不安，接着转明州回临安。

赵佶是个书画大师，也是足球爱好者（《水浒传》中跟高俅踢球的那个端王就是他），但是个十足的昏君。赵构同他父亲一样也是个昏君。连明朝史官在《续资治通鑑纲目》中也批评他说“不能任人”，“拒敌诸将有功，略无慰劳抚恤之意”，不知道收复失地，只知道逃奔，“遂使敌人猖獗，大举入侵”。还说他“于忠臣贤士之言，百不从一；而于小人之言，听受如响”。绍兴十一年（1141），秦桧同金议和约定：赵构向金主称臣，每年缴纳给金岁币银绢各25万，并认定金、宋以淮河为界。而岳飞父子却作了和议的牺牲品，被赵构和秦桧等以“莫须有”罪名杀害了。从此，南宋小朝廷偏安一隅，皇室贵胄大小官员们“便把杭州作汴州”，过着醉生梦死的生活，直到南宋灭亡。只有抗金将士和义民们在与野蛮落后的金国统治者斗争不息。

4. 拉郎配

戏曲舞台上有一出《拉郎配》的戏，说的是皇帝下旨要选妃子和宫女，闹得人家都赶紧嫁女。只要没结过婚的男子，不管俊丑，有没伤残，匆匆忙忙地被拉来婚配。那个吹喇叭的小郎倌，东家吹了赶到西家，西家婚礼还没完，便被南家拉去，嘴唇吹得麻木，面颊都吹得肿大了，结果连自己也被拉去做新郎。这闹纷纷、乱纷纷的艺术夸张，实在源于历史事实。镇海（即原定海）在明天启元年（1621）也上演过“拉郎配”闹剧。

明代政治腐朽，神宗朱翊钧万历末年已到达顶点。朱翊钧在位四十八年，只接见过大臣几次。朝中大臣可以任意自来自去，弃官回家。一边官员缺编不调补，一边候选的文武官员几千人住在京城的旅馆里等待分配；由于吏部和兵部没有人掌印开“介绍信”，不能赴任报到。囚犯没有人审问，随他们在监狱里自生自灭。权力全部掌握在太监手中，而朱翊钧却认为天下太平。他死后儿子朱常洛（光宗）继位，不到一年，生病吃了方士进呈红丸便死了。常洛的十六岁儿子朱由校（熹宗）

即位，年号天启。朱由校更是昏愚，在位七年，从未召见过大臣们。他信任太监魏进忠（后改名忠贤）和乳母客氏，朝廷全部权力都由魏忠贤把持，称“九千岁”。

十六岁的新皇帝登位，宫中自然要换一批人，进一批新宫女，以备皇帝选用。这些事，无疑由太监魏忠贤他们操持。

从民间选美女进宫，是明朝开国皇帝朱元璋规定的。朱元璋痛恨历史上后妃们干预政治，曾经说过“要是人不是母亲生的，天下女人都可以杀掉”的话。他在洪武三年制定宫内禁令，其中一条是后妃一律从民间采选，不许臣子向皇帝进献美女。明朝选进宫的女子叫“淑女”，意思是贤良美好的女子。帝王后宫佳丽数千人到几万人，这封建王朝极端腐朽的制度，残害葬送了许许多多青春少女。

话说明代天启元年，宫中将派中使（宫中派出的专使，多指太监）向民间选送淑女进宫的消息，从省城传到浙东。据说十四五岁以上没有婚配的女子，都在被挑选之列。女儿被太监选中，则将人财两空。于是民间女儿未婚配之家，赶紧替女儿找婆家，快速选婿，草率成婚，原来一套“婚嫁大礼”都顾不得讲究。为速成结婚，有的只得“乱点鸳鸯谱”。一下子，近地未婚成年男子，几乎供不应求，外来的也行，只要能不让女儿进宫就行。结婚的吹鼓手，疲于奔命。浙东女子出嫁，从南宋开始凤冠霞帔坐花轿。现在贳器店的花轿照顾不过来。花轿贳不到，小轿也将就。到后来，连小轿也雇不到，有人想出在椅子上绑几条绳子，穿过杠子，当作“喜轿”，新娘坐上，抬起就走。

忽然又传来“凡是寡妇孤身的要一起陪送淑女进宫”。从南宋来被道学思想箝制的贞女烈妇观失灵了。寡妇们也纷纷找媒婆说对象，把自己再嫁出去。那些日子，可忙煞和乐煞了做媒的。

“拉郎配”闹剧，在鄞县、定海（即镇海前身）等宁属各县闹闹嚷嚷一阵子。最后，也没有听见在本地有被选为“淑女”的。

5. 妖言惑众

明嘉靖九年（1530）正月，民间谣传有妖眚（指妖异灾害）到来，于是每天晚上各家都有人手拿兵器，敲着竹梆，以备阻吓妖眚。

清道光二十六年（1846）六月初八起，谣传有邪教徒用妖术剪纸作人形，半夜进入人家，剪人头发，割人肌肉。说是妖人到来时，声音像潮水汹涌。于是，当听到海潮声音，每户人家都敲起金属响器戒备，通宵不睡。这样持续好多天。这个谣言，是从省城杭州传到绍兴，再传到鄞、慈溪、镇海各县的。

★ 人物掌故

1. 黄晟到望海镇应募军校不合格

后梁开平年间任明州刺史（相当宁波市长）的黄晟是鄞县（今鄞州）人。他刚直勇敢，年轻时曾参加望海镇招募军校，因为生得矮小不英俊，体检不合，没被选中。后来才逐步由军功升迁，及至当上明州一把手——刺史。

2. 朱熹曾到定海访问学者沈焕，并十分推崇他

民国《镇海县志·杂识》记载，曾任南宋丞相的鄞人史浩推荐朱熹知南康军。朱熹到明州（即宁波）拜谒史浩，在明州半月，曾到定海学者沈焕家拜访。沈焕留朱在家数日，相互切磋理学，谈得很投机，“蔬食菜羹，相得欢甚”。临别时，沈焕送朱熹出门，见一只鸡在墙内，沈焕好像很抱歉地说：“这是邻家的鸡。”朱熹笑着说：“你不说不是更高明吗！”

此事传为文坛佳话。明代薛士学（字书岩）、周西（字方人）、许应祯（字孟祥）都有诗记其事。许应祯诗云：

伟人何事驻车尘，把臂曾标两凤麟。一月话言良不薄，千秋公案到今新。清泉定照须眉古，苍藓难寻杖履春。想像印山城下（一作“畔”）**路**（原注：书院侧有拳石名印山），**衡门岁晏尚留宾。**

理学衣冠南渡盛，鹅湖高弟溯先民。谁言滨海无多地，能使新安远问津。六籍渊源分简册，一灯风雨共床茵，追随自恨余生晚，山水悠悠松桂春。

沈焕（1138—1191），为当时著名学者，时人尊称南山先生，誉为“明州四先生”之一。原住小港沈家山下，后迁今衙前村，后裔繁衍，遂为衙前大族。（1994 版《镇海县志》有传）

朱熹相当推崇沈焕，曾有一篇称赞沈的文章赠他，对沈焕给予很高评价。文章说：

夫我友者叔晦（沈焕字），洵（的确是）天地徒（禀赋着天地正气的人才）也。生于蛟关之右，禀天之灵，受地之精，英姿敏达（敏捷而通达），气度端方。安贫高尚，仅知养性存心；践迹圣贤（跟随着圣贤的踪迹，意为实践圣贤之教化），默缵（默默地继承）渊源道脉（道统）。壮而谟猷（谋略）经济（经世济民），霖沛苍生。一言而风化攸关（所关），移风易俗；一举而民生利益，济困扶危。矩步登朝，骇动天子之命问；阐扬圣教，心悦大道之隆尊。奉上克恭，驭下克逊。治己备四勿（指“非礼勿视，非礼勿听，非礼勿言，非礼勿动”）之箴，治人尊五美（这里指《左传·襄公二十八年》中的“大适小有五美，宥其罪戾，赦其过失，救其灾患，赏其德刑，教其不及”五种美德）之教。婉容事母，正色事君。深幸我友之道已高矣，德已修矣。道德兼修，可谓完人。余尝登拜就正（登门拜访请教），夫能聆德音之盈耳，实获我心；夙叹仪型于两地，遐慕丰神。敬修牍赞（用书信来赞美），再图面盟（希望能再次当面请教）。以闻（特此告知您）！

3. 治水判官黄恕跃马填决口

南宋淳祐年间有个浙东转运使判官黄恕，办事一向干练。当时定海庄北村土塘的北面武功村有条和尚塘，其中涂泥污荡，不知有多深。南北两塘相距一百多丈，延袤好几里，横亘在阡陌之间。以前许多人都想用泥土石块将两塘连起来，以围垦造地拒海潮。可是每逢将要合拢时，水从底下涌上来，四向泛溢，总是白费工夫。有时夜里听到涛声如鼓，第二天必定大决口。海潮泛滥，田地被咸水浸袭，甚至一年有十余次。官民望涂束手叹气而已。淳祐八年夏天，知府兼沿海制置使章大淳委派黄恕办理治水事宜，并特地叮嘱他和尚塘与庄北村土塘相连的事。黄恕毫不犹豫应承下来。当天就单骑到地头考察，召集民工，风餐露宿，亲自背着工具督促民工搬运土石，从两头对拢筑塘。大家也都奋勇劳动，气氛热烈。每当塘口将合龙时，总被海潮冲决。多次返工，日夜紧赶，仍是不行。黄恕思虑再三，见塘旁有峻崖，鞭马到峻崖上对大家说：“我将用身体去堵这里缺口，你们一定要努力把土石方从速填上，将塘修筑好!”说罢，策马纵身一跃，跳到缺口处。大家见状，号哭声震响原野，一面赶紧遵照黄恕所嘱，奋力投下土石方，海潮不再泛滥，三日三夜两塘终于封土合龙。这是宋淳祐八年（1248）四月初八日的事。朝廷知道这事，进授黄恕为宣抚判官，当地民众特地为黄恕建庙纪念他。

资料来源：民国《镇海县志》。

4. 廉政楷模——薛氏兄弟两尚书

城区薛家弄（今龙赛医院东楼地）在明代万历年间，出了进士出身的兄弟两尚书——薛三才和薛三省。

薛三才担任礼、户、兵科给事中时，已经多次上疏辩论政事，讲实话，言词剀切。有一位给事中李沂因向朝廷提意见被下狱监禁。三才上疏说不应该以言语稍为激烈些而处分提意见的谏臣，还奏请朝廷召回因言论被处分的谏臣姜应麟等人。接着因为给事中张涛讲实话议论政事被处分，三才又上疏解救，以致遭到当局的不满，受到被夺去俸禄一年的处分。后出任湖广右参政时因匡扶正直，斥除骄吏，得罪权贵，几乎得祸。明万历三十七年（1609）担任右副都御史时考察官府，单骑上路，拒绝地方官吏迎送。在任内整饬军纪，并针对当时军事防御松弛、军队懈惰、军备不足等情况，向朝廷提出“七虑”。后来升任兵部右侍郎，总督蓟辽边防军务，规定所属大官到任时，如在一百里内可以参谒一次，路远的可免参见。即使参见，只备一个手本（名片）就可以，不得再送其他礼品。逢年过节也不准向上级馈送礼物。升任兵部尚书后，不畏流言蜚语，锐意整顿部务。革除内侍虚冒禁军员额（即“吃空额”）陋习。到任20天，就将兵部8个月的积案处理清楚。为国事积劳成疾，还抱病工作，参加将校军事考核。临死时遗嘱仍是边关大事，没一句谈及私事。

薛三省在担任礼部右侍郎及礼、户两部左侍郎前曾任东宫讲读官（给太子讲学），一个当权的太监想拉拢请他吃饭，三省拒不赴宴。当时，太监魏忠贤权倾朝野，许多大臣都去奉迎拍马，三省却不屑阿附。有人劝他去走动拜谒魏忠贤门下，他回答说：“我自进京任事，从来不曾为了拉关系，套近乎，向哪个上司投过刺（送名片拜谒），难道现在要改变节操吗?”后来升任为礼部尚书，因上疏痛论朝政不足之处，与太监党相悖逆，又逢有边臣通过魏忠贤要三省向皇帝谎奏捷报，遭三省拒绝。魏忠贤欲多次伺机加害。三省见朝中正直官员都遭魏氏排挤加害，而皇帝昏聩，不理政事，无奈，于是就称病退休。早晨送上乞休报告，权奸们巴不得去掉这软硬不吃的眼中钉，不到中午就批准三省退休。当天，三省冒着大雪离开京城。魏忠贤又使内监来拦路检查行李找岔子，希望从中发现三省有罪把柄。结果发现三省的行李内只有一件敝旧裘袍和少许中药。连负责搜查的内监也禁不住叹赞说：“这真是清官呀!”崇祯元年（1628），任命三省为南京礼部尚书兼翰林院学士。坚辞不受。再次召用时，三省已逝世一个月多了。

资料来源：民国《镇海县志·人物传》。

5. **胡宗宪逢迎有术**

胡宗宪是明代嘉靖年间浙江总督，在任八年，全力抗倭。定海（即后之镇海）百姓还建生祠歌颂他。但是他“颇事搜括，结交权奸”（《辞海》胡宗宪条），而且拍足了嘉靖皇帝的马屁。当时定海县包括舟山在内，在舟山曾两次捉到过白鹿。胡宗宪认为邀宠的机会来了，一面叫幕僚徐渭（即徐文长）代拟向嘉靖帝《进白鹿表章》，说麋鹿须活一千五百年才变白色，这是皇帝圣德感化所致，是显示皇帝圣寿的象征，是极大的祥瑞；一面叫人穿着黄衣服饲养白鹿。当时黄色是帝王专用色，皇帝都穿黄袍。饲鹿员每天穿着黄衣喂鹿吃喝，白鹿驯熟了，每次喂食时就用舌舔着饲鹿人的衣服和手，表示亲热。当拍马屁的表章和白鹿送到京城时，白鹿见了皇帝穿着黄衣，就亲热地去舔他的衣袍。嘉靖帝高兴极了，认为真是“奉天承运”的圣德感化这表示吉祥的白鹿。于是大大赏了胡宗宪一番。胡宗宪不仅送白鹿，还投嘉靖帝所好，上贡给皇帝房中术的书和补肾提高性欲的药物，使嘉靖帝对胡宗宪大为赏识。后来在胡被弹劾时曾多次包庇他。但最后胡宗宪仍因结交严嵩父子被指为奸党而下狱死去。

资料来源：
《明史·胡宗宪传》，中华书局。
民国《镇海县志·坛庙》。
《辞海·胡宗宪条》，上海辞书出版社，第六版。

6. **海瑞曾留定海（镇海）共筹军饷**

《海防类考》中记载，明代倭寇骚乱时定海用兵时间最长。那时海瑞任浙江淳安知县，押解军饷到定海。海道谭纶非常看重他，说海瑞有文武之才，可以重用，于是向总督胡宗宪推荐。胡宗宪便将海瑞留在定海军中，命他同当时定海知县宋继祖一起，专门为抗倭部队筹措军饷。由于海瑞的才具出众，多被省、府各级官员所倚重。

资料来源：民国《镇海县志·杂识》。

7. **明末王之仁视死如归**

王之仁是由武举累官任定海总兵的。当时方安国逼南明小朝廷南行。之仁说，明军有数十万，忽然渡海南去，这儿剩下孤军怎样迎击敌人？我只有一死罢了！于是用船载着妻妾子媳幼女及孙子辈，驶出甬江口，全部沉溺于蛟门下。捧着南明朝廷封他的兴国公印绶，面北再拜后，也将它投入海中。自己则到松江，戴着明代的高高官帽，穿着明代官服登岸，观看的人大为惊骇。他到降清的大将洪承畴处，报名入见，自称是“前朝大帅现在来投见，希望明明白白地死在明处！”洪承畴以礼接见他，劝他剃发投降。王之仁宁死不从。最后于八月二十四日被杀于松江西市。

资料来源：民国《镇海县志·杂识》。

★ 招宝山头道古

1. 镇海别名蛟川

用自然实体的名字来命名行政区域，为一般地名命名规律。现在招宝山街道和蛟川街道，就是遵循这个规律，以本地山川名字命名。

蛟川名字是怎样来的？它代表什么？

蛟川本指大浃江。据民国《镇海县志》和《中国古代地名大辞典》所记，大浃江应是甬江在原镇海县境段（即今下白沙至招宝山出海口）总称。

6000年前，甬江是从三官堂附近出海的。约4000年前，海退后岸线北移，甬江从现今的贵驷、后施一带入海。

历来故老相传镇海县境是“唐涂宋滩”。考之旧志，的确如此。贵驷以北地区一直到唐、五代时还是大海和滩涂。五代后唐时妙胜寺的方丈在一次向朝廷奏本中写着“夜宿寺中，能听到波涛澎湃之声”。宋元丰三年（1080）郑佃撰写的《妙胜寺碑记》中也说：“明州定海有禅院曰妙胜，距州城三十里，濒海之上，环水之中，居处庳陋，而有风涛漂注之患……”长期来，甬江上游好几次山洪暴发，江水骤涨，原来的水道淤塞，遂改道由现在招宝山南麓出海。浃江，是指水势滂溏涌激的江。据东晋设浃口戍来分析，当时应该已有大浃江这个江名。

父老又传，某次山洪暴发，有一条大蛟，从四明山上随着山洪冲向下游，它要入海去成“真龙”。只见甬江中波涛翻滚，大蛟一出海口便没入海中。那个海口外小山，就被称为蛟门，而大浃江便有蛟川这个别名。那是借用江苏宜兴荆溪别名，因为传说晋时周处除三害曾在荆溪斩蛟，所以称荆溪为蛟川。既然大浃江也出过“蛟”，自然也可以称为“蛟川”。川，是大河的意思。古代传说蛟是没有长角的龙，能发洪水，民间便把山洪暴发称作“出蛟”。其实，主要是因山洪像传说中蛟龙那样汹涌翻腾，汩汩滔滔，一泻而下。好事者便附会说是蛟要成龙入海，编了神话在民间流传。

大概是明、清时期，地方上舞文弄墨文人增多，兴起将地名取个风雅点别号。于是，“浃水”、“蛟川”这两个大浃江的别名，又成了定海（即清康熙二十六年后的镇海）县名的别号。当时编写反映地方情况的书籍，好多就用“蛟川”取名，如《蛟川备志》、《蛟川诗话》、《蛟川诗系》、《蛟川耆旧诗》、《蛟川先正文存》、《蛟川人物志》、《明季蛟川献征录》等，也有辞赋叫《蛟川形胜赋》、《蛟川竹枝词》等等。有的县人在书画上题名，自称为“蛟川×××”或“浃水×××”的。乾隆十一年（1746）在梓荫山下还建立“蛟川书院”（后改为鲲池书院），那块石刻门额牌坊，现重树在镇海蛟川书院校园中。1947年到1949年，镇海城区还建立过蛟川镇。1998年民办中学创立，也命名为“蛟川书院”。长时期来，“蛟川”便成为镇海别名。

千涛波底蛟龙跃，几百年过去，镇海县虽在1985年撤销，但“蛟川”之名却流传了下来。

2. 镇海关是友好关

——宋时和高丽交往片断

北宋后期，招宝山下镇海口彩舫往来，万斛神舟停泊，迎送着高丽（朝鲜古国）友好使团和朝廷派遣出使高丽的使节。高丽国的朝贡、求经、求医、求书、求兵、派遣士子就读国子监以及两国相互慰问，信使频繁。那时的定海，既是我国海疆军事重镇，又是一个实实在在的睦邻友好口岸。

据《宋史·高丽传》记载，宋神宗赵顼（xū）熙宁七年（1074），高丽王派使臣金良鑑来要求说，过去高丽使者到中国进出都走山东登州，但是现在契丹（辽国）人的势力太大，想避开他们，希望今后改道从明州（今宁波）进出。朝廷答应了他们，并规定接待费用都由国库开支。神宗元丰元年（1078），在定海（今镇海，下同）县城东南40步地方特地为招待高丽使团往返赐宴建造了航济亭（一个较有规模的接待站）。由于从定海、明州直到汴京接待都热情优厚，高丽使者来得更多了，使团的人数常常超过一百，最多的一次有293人。同年，在明州建造了两艘万斛神舟，取名“凌虚致远安济”和“灵飞顺济”。赵顼派遣以假左谏议大夫安焘为正和假起居舍人陈睦为副的使团，乘坐了这两艘神舟，从镇海口出发远航高丽。安焘和陈睦到了高丽国都，高丽国人欢呼出迎，国王王徽冠带拜受诏书，对使团重礼接待，安置在别宫“顺天馆”中，表示他们尊顺中国象尊顺上天一样。此后，高丽和中国来往更勤了，定海关上使团来往不绝。

宋徽宗赵佶政和中（1111—1117）又提高了接待高丽使者的规格。政和七年（1117）四月，明州知州楼异，奉命在明州船场和定海招宝山下船场建造画舫百舵，泊在招宝山下海口，专门备供迎送高丽使者及其游览之用。赵佶宣和四年（1122）三月，朝廷又派遣给事中路允迪、中书舍人傅墨卿为国信使，组织大型使团，出使高丽。当时还拨钱叫明州建造两艘更大的万斛神舟，赐名“鼎新利涉怀远康济”和“循流安逸通济”，“锦帆朱鬣，威耀若神”，为出使高丽的使团乘坐。宋《宝庆志定海县治图》中的“利涉道头”（约今三航四公司专用码头处）就是因“利涉”等神舟停泊而称名的。徐兢在《宣和奉使高丽图经》中详尽地描述了这次出使情况和高丽的国情、民情。他形容神舟“巍如山岳，浮动波上，锦帆鷁首，屈服蛟螭”，上平如衡，下侧如刃，破浪而行。此次出使三月十四日从汴京（今开封）出发，五月初三船到明州，换乘了两艘神舟、六艘客舟，带了大量礼品远航。十九日到定海，在定海总持寺（今镇海中学体育场址）做了七天七夜道场祈求平安。二十四日，招宝山下镇海口八艘彩船锣鼓喧天，彩旗飞扬，路允迪等在招宝山上焚了御香，朝着海洋拜了又拜，解碇启航，乘东南顺风张篷放洋。第三天进入大洋，再五天到黑山，进入高丽国境。七天后到礼成江，高丽人早已在岸上列队欢迎，上万件的兵器甲马旗帜仪仗排列在岸旁，观者如堵。上岸到使馆碧澜亭暂歇，然后陆行40多里抵达高丽国都。使团受到高丽国王和人民的热烈隆重的接待。当七月十三日完成出使任务动身回程时，航路遇上大风浪，惊涛骇浪，好不吓人。一直到八月二十七日中午才驶过招宝山到达定海县，航行了42天。在定海上岸时船上的人面容憔悴，“几无人色”。但是他们告慰的是圆满完成了出使任务，为中国和高丽的友好竭尽了全力。

在《宋史·高丽传》中记载两国使团重大来往的70余次，其中从镇海口入关或启航的近30次，而且每次来往都是非常友好的。

3. 鳌柱山和鳌柱塔

招宝山本名候涛山，又叫鳌柱山，也叫铁符山（见《铁符志》）。威远城碑群中有“擎天鳌柱”石碑，为明天启七年（丁卯，1627）镇守浙江左都督郭钦所立。现在，招宝山上鳌柱塔，在毁多年后以崭新面貌矗立起来了。

鳌，是古代传说里海中能负山的大鳖或大龟，老百姓叫它鳌鱼。《楚辞·天问》有“鳌戴山抃”句，说“大鳌背负着山欢欣地舞动”。《字林》中说：鳌是海中大龟，力负蓬、瀛、壶三山。古人认为“天圆地方”，我们居住的大地是由大鳌负着在海面上漂浮的。而大鳌甚不安分，经常要“玩忽职守”，摇头摆尾。“鳌鱼转侧，地动山摇”，就波不宁，海不定，就要地震、海啸。用什么办法治它？镇海的先人想到传说中的鳌柱：古时部族首领共工氏跟颛顼争位，失败后怒触西北不周山，将天柱撞折，于是“天倾西北，地不满东南”。后来，女娲氏炼五色石补天，斩断大鳌的四脚来立四极，作为天柱撑住苍天。从此大鳌的足便替代了天柱。先人将候涛山又名为鳌柱山，即是赋予它作天柱的使命：一要擎天，即撑住东南半壁天；一要拄地，即要压住鳌鱼不翻身，不转侧，也就是不要地震，不要海啸。又在山上建佛塔一座，命名鳌柱塔，用来镇住鳌鱼。

过去建造鳌柱塔，混合了宗教、迷信成分，但反映人们希望海定波宁、安居乐业愿望。改个名字，造个镇妖佛塔，当然不能解除地震、海啸的威胁。只有大力兴修水利，改善城镇建设，才能最大限度地减少大自然灾害给人们造成的损害。试看如今的海塘、江塘建设，已不是“鳌鱼转侧”所能撼动。

今天的鳌柱塔，恢复了旧观，却胜似旧观，则更多地从城市建设、人文景观和旅游文化、建筑文化等多角度来考虑的了。

4. 遗老的愤懑

——薛山人和他的“冢”

镇海招宝山上有一块《薛山人书剑冢碑》，碑背面有“记”。

薛山人，镇海城区薛家弄人，生于清同治六年（1867），谱名居滨，又名长庚，字蕊书，号辠（zuì）庶，别号西有山樵。长庚青年时考上县学生员（即秀才），后补为增广生员，并入了贡，以训导职务候选。但五次乡试（考举人）都落了榜。1905年（光绪三十一年）废除科举，他再也不能参加科场竞争，便隐居在家，自称山人。辛亥革命后，愤世嫉俗，郁郁不乐。民国开始，县内读书人剪去辫子，改换服装，而薛山人坚持拖长辫，着旧装，并取号“辠庶”。辠，同“罪”字，罪庶，意思是有罪的百姓。他感到对不起清王朝，因为王朝覆灭了，而他这个子民不能为皇上效力，居然还“苟活”于世，真是“罪孽深重”。他备好寿衣寿棺，营造寿坟在祖坟近旁，立了坟碑，上题“辠庶瘗（yì）处”，标明这里是“有罪的子民埋骨的地方”。在离寿坟几步又筑了“发冢”，即将平日梳辫子时梳落下来发丝储存后埋起来，表示不忘“本”，请人撰写了《发冢记》，还打算在杭州西湖筑衣冠冢，在苏州山塘筑文字冢，都请人撰写了碑记。

一天，得见《辛亥殉难记》、《辛亥殉难表》两本资料（其中都是记载为封建王朝“殉难”、对抗辛亥革命的人名表和事迹），如获至宝，认为这三千多人才是自己生平知己。薛山人为他们立了牌位，上香供烛，祭拜痛哭；继而怒发上冲，拔剑而起，乱砍几案上的纸片。家里人将被他砍落在地的纸片捡起一看，原来上面写的都是那些辛亥革命时起义、投顺，而他认为“朝秦暮楚”的人名字，可见对这些人的痛恨。1924 年冬，他在招宝山麓筑了“书剑墓”，请朋友蒯森撰写墓记。里面埋葬的就是这把剑和那两本书。他的本意是自己死后当同那些为清王朝“尽忠”的人做伴，聚首谈心；或化作厉鬼，跟那些“忘义贪暴”者争斗较量一番。蒯森根据他的意思写了碑记，薛山人感到太露骨，怕遭非议，于是在正式刻石时改动了几处。一是将原文“皆当世之朝秦暮楚人也”改为“明季之马阮诸人也”。马、阮，指马士英和阮大铖，都是明末奸臣。用马、阮等人来影射“朝秦暮楚”之人。一是将原稿题记的干支纪年改为太岁纪年，“岁在旃蒙（指天干中的‘乙’）赤奋若（指地支中的‘丑’）月窉（bǐng，农历三月的代称）日晦”是指农历乙丑年三月三十日，即 1925 年 4 月 22 日。这样，既显示其高深，又让一般人摸不透它的时代（那篇改动过的原稿，还夹存在镇海区档案馆《薛氏家谱》中）。

1931 年，薛山人抱着对新时代的愤懑去世。大浃江还是滔滔东流着，招宝山更是郁郁葱葱，生机勃勃。“书剑冢”给后人留下了历史的反面教材。

5. 宝陀寺前说观音

招宝山融合海防、佛教、旅游、健身多种文化于一体，显示了它的品位；而佛教文化中独尊观音。在世俗神佛崇拜中，观音的知名度很高，得到善男信女的喜爱膜拜，其影响在佛国菩萨中居第一位。菩萨，是佛国中的高级职称，仅次于佛。它是梵文“菩提萨埵（duǒ）”的简称，意思是“觉有情”“道众生”“道心众生”，也有译为“大士”“大圣”的。

观音，本称观世音，也叫“观自在”、“光世音”、“观世自在”。他是大乘佛教编造出来的。我国古代佛经翻译者根据《妙法莲华经》《正法华经》等经书中的述说，创造了“观世音”这个名号。据那些经书中说：观世音是个大慈大悲的菩萨，能够现出三十三个化身，救助十二种大难，能够“观”人“世”苦难之“音”。众生遇到大难，只要不断诵念他的名号，菩萨就能立刻觉察到（“观其音声”），并前去拯救，而且不分贵贱贤愚，“召之即来”，似是能“逢凶化吉，遇难呈祥”。当然这不过是幻想罢了，但反映了人们接受而且欢迎这位对众生平等、与人为善的菩萨。唐时为了避唐太宗李世民的讳，略去“世”字，简称“观音”。唐大中十二年（858），一说咸通五年（863），日本名僧慧谔从山西五台山请了观音像回日本，中途经过舟山群岛的梅岑山边，被大风所阻。慧谔认为观音不肯去日本，要留在中国。于是在梅岑山的潮音洞前紫竹林旁建造起寺院，命名为“不肯去观音院”，供奉的那尊观音便称“不肯去观音”。又根据《华严经》中提到观音在普陀洛伽山现身说法的故事，将梅岑山改称为“普陀山”。从此，舟山的普陀山便成为观世音菩萨显灵说法的道场，后来成为中国佛教的四大道场之一。夏历二月十九、六月十九、九月十九三天，传说是观音的诞辰、成道和涅槃日（涅槃，意为圆寂）。于是每逢夏历二、六、九三个月，到普陀山朝拜的特别多，连日本、朝鲜和东南亚的善男信女也都一潮一潮的涌来参拜，普陀山成了中国最大的国际性佛国道场。

明朝嘉靖年间，由于倭寇猖獗，频频骚扰浙东沿海，舟山更受其害，影响了观音的香火。嘉靖三十六年（1557），总制胡宗宪命令将已改名为补陀寺的观音禅院，从普陀山搬迁到招宝山威远城，叫宝陀寺（或称补陀寺）。从此，观音菩萨在招宝山上“安家落户”。不过已不是当年“不肯去观音”原像了，因为原像在宋嘉定十三年（1220）已毁于火灾。此后普陀山另建寺院，而招宝山上的宝陀寺也屡毁屡建，直至今天。

现在招宝山上有宝陀寺的圆通宝殿和观音阁两处供奉观音的殿阁，由僧、尼分掌。按佛教规定，“圆通殿”是专门供奉观音的佛殿。这是由于观音曾经有个“圆通”的美名。观音阁中以观音为主尊的佛殿，则称为大士殿，也叫菩萨殿，供奉的是观音、文殊、普贤三尊菩萨。观音居中，文殊、普贤分乘狮子白象列居左右。

观音到底是男性还是女性呢？据佛经中传说，观音是个“勇猛丈夫”。在甘肃敦煌壁画和南北朝时的诸佛雕像中，观音都作男身，而且还长着漂亮的小胡子。由于南北朝时佛教在中国传播很快，尼姑及信女大量增加，连宫廷里的后妃也多信佛。佛教为了适应中国化、世俗化，需要造出一位女菩萨，以争取广大中国女信徒的爱戴。而观音有“三十三化身”，当然也有女身，若让他固定为女性菩萨，既有慈悲心，兼有慈母爱、女性美，岂不是更能打动凡心，获得善男信女们的拥护以弘扬“佛法”。于是，隋唐以来，观音的性别按照人们的意愿固定为女性了。宋代以后的观音像基本上是按照中国古代仕女形象来创作的，白衣观音、杨枝观音、鱼篮观音、水月观音、莲卧观音、合掌观音、送子观音……许许多多的观音像，都是按中国老百姓自己愿望塑造的，更富有民族特色，符合中国人的审美心理和情趣。外国有人称赞说中国观音是“东方维纳斯”。

观音阁

宝陀寺

圆通宝殿中的观音像，称为圣观音，也叫正观音，是观音的标准像。观音头戴有毗卢佛像的毗卢帽，结跏趺坐在莲座上。莲座，象征来自世俗，而超脱世俗，“出淤泥而不染”，圣洁无比。佛座后有一大组群像，其中观音手持净瓶，脚踏鳌头，立在普陀洛伽山山海之间，称作海岛观音。上下左右塑有许多小像，是据佛经中善财童子五十三参故事塑造的，但近现代来多有将《西游记》中的故事塑上去的，如红孩儿、黑熊精，甚至唐僧取经等等。

观音阁中有一副楹联：东海浪，甬江潮，招宝青山淡抹妆；江山娇，历波涛，宝莲座下尽折腰。现在，“宝莲座下折腰”的现象不是个别的、偶然的，而且有年轻化趋势。怎样来正确理解并对待宗教信仰与神佛崇拜、科学与迷信、参拜观音与民俗风情、文化现象等关系，是值得社会教育工作者和宗教工作者慎重思考的。

6. 历史上的重大灾异

地震

镇海地区属少震弱震区。据《二十四史》和历代县志、府志等文献记载，从唐咸通十三年（872）至1985年镇海分区前的1114年间，共记载地方地震10次，波及的24次。其中唐代1次，元代1次，明代5次，清代20次，民国3次，新中国成立后4次。实际地震的次数应多于记载。

地震时家里瓦器、铜器叮叮当当发出震动声，屋瓦也“勒勒”作响，门窗桌椅碰撞有声，地面和房屋好似在移动，人睡在床上感到好像乘船在波浪中颠簸，箱环摇动，吊灯摆动，水缸里的水似被搅动。清咸丰四年（1855）十一月二十八日（1月16日），镇海发生3级地震，23天前已发现河水状如滚汤、骤涨三四尺的预兆。咸丰七年正月初十（2月4日）那次，宁波东北发生3.25级地震，镇海、鄞县等地夜半天空明亮如白昼，山里野鸡都叫起来，一会儿，地下发出隆隆响如擂鼓声音。1921年3月19日下午4时许，小港发生3.75级地震，窗户震动，缸水荡动，人感到坐立不安，摇摇欲倒。1985年9月11日，大衢东鼠浪岛东2千米处发生3.9级地震，在大榭岛发生3.8级地震，河里鱼儿浮起，天空一道闪光，地面上下振动，房屋格格作响达4秒钟。

据《明史·五行志》和《嘉靖实录》记载，明嘉靖二年七月初四（1523年8月14日）那次震中在下部的5.5级地震，对本地区的破坏最严重。当时，空中有像打雷的声音，骤然间风雨大作，地面大震。那次地震，连城墙都被震毁，一般房屋可想而知。

旱涝冰雪虫疫灾情

历代地方志中记载镇海地区从唐代到撤销镇海县（1985年）为止除地震外的重大自然灾害共137次，其中旱灾60次，涝灾46次，风涛海啸12次，冰雹雪灾9次，严重虫灾5次，瘟疫5次。

宋代熙宁八年（1075），五谷不登，疫病大作，病死的人草草埋抛郊野的很多。明代正德三年（1508），从7月到次年1月连续半年以上不下雨，田里粮食无收，连可吃的野草也采尽，人们饥饿难耐，以至卖儿鬻女，吃孩子延续生命。那年冬天又是大雪，河里冰块不释，草木都枯死，全县冻饿而死的人很多。万历十六年（1588）大旱大饥，瘟疫流行，百姓中有用子女换一餐的，也有身怀百金却买不到粮食而饿死的。崇祯七年（1634）那次大旱，饥民挖取南乡山上的白泥充食，传称为“观音土”。崇祯十三年也是大旱大饥，饥民吃观音粉腹胀致死的极多。清雍正元年（1725）干旱，稻麦都枯死，民不聊生，有的剥取榆树皮，采集水仙、蕨草、鬼绿、红刺根等来充饥。全县各乡路上，都可以发现饿死的尸体。1940年伏旱继秋旱，甬江以南地区大部分旱稻没有收成。这次是从1934年以来旱情最严重的一次。秋天又是高温，霍乱病在全县流行，称为“时疫”，各乡镇都有许多人病死。1967年，郭巨地区从6月22日到11月9日137天没有下透过雨。当年全县受灾粮田

10.17 万亩，秋作物大部无收。

降水过多，或海潮倒灌，发生涝灾时情况也是严重的。宋淳熙四年（1177）九月初一初二两天，大风雨夹着海涛，冲毁海堤2500余丈。明隆庆三年（1569）秋飓风、暴雨，加上海啸，潮水涌入城中。万历元年（1573）秋大风，海浪涌高数丈，掀翻战船，冲坍房屋，人畜死伤不计其数。万历年间水灾、风灾、海沸潮滚，引起屋坍船翻人溺毙压死等严重情况有5次。崇祯元年到六年（1628—1633）年年有台风，以崇祯六年秋天为最厉害，连续十天暴雨如注，民房倒塌，外洋防海战船漂没损坏的十分之八九，巡防的兵士沉海而死的也不计其数。清代道光十七年（1837）七月二十四日那次大风雨，堤塘都崩溃，江河的水都溢出水道。道光二十三年（1843）八月初八的大风雨，塘坍后，水高一丈，房舍倒坍，船只只能行驶在桥上。1922年，崇邱、海晏、灵岩、泰邱、东绪、前绪、郭巨等乡及城区遭风水重灾。同年秋，第三次飓风来临，连下三天大雨，镇海县城水深5尺，柴桥水深8尺。1928年，飓风引来水灾，堤塘冲毁5000余丈，灾民2300余人。1933年，秋天暴风雨，海潮又突涨，塘堤倒坍，咸潮入侵县城，拔树起屋，毁屋300余间，冲损数千间，冲没船只一百余艘，毁坏棉地六七万亩，受灾百姓无归宿的数百户，等待救赈的4万余人。1956年8月1日遭受强台风袭击，最大风力12级以上，潮位高达4.85米，最大暴雨量116.9毫米，冲毁海塘59段、49538米。受淹稻田3.26万亩，棉地1.81万亩。海潮高过海塘2米，15吨大船被刮到塘内。损坏渔船300余艘，倒坍民房1800余间，无家可归者320户，伤347人，死亡55人，其中上阳乡死21人。

历史上冰雹成灾也出现过几次。清康熙六十年（1721）三月十五落下来的冰雹小的像碗那样，大的象盆那样。1971—1978年出现7次冰雹。其中1977年4月24日从汶溪到岭头20个乡镇遭受冰雹袭击，农作物受害面积2万亩，大块冰雹重量有110克；1980年6月27日下午，湾塘、骆驼地区遭受狂风和冰雹袭击，风力12级以上，湾塘乡受灾棉花1.2万亩，其中断枝折秆3608亩。全县倒塌房屋323间，受损2210间，电线杆很多被吹倒折断。

清光绪三年（1877）中天时非常不正。五月二十四日（7月4日）中午大风拔木，屋瓦都被吹飞。六月十六日（7月26日）夜，伏龙山见雪。同月，四乡蝗虫特多，草木作物损失极重。年终时又连月阴雨、大风、冰雪，直到次年初，一百天中天晴只有20天。

（《蛟川旧闻》撰稿 陈 兵）

五、宁波商帮历史资料

“阿爸出门赚元宝”

——1935 年和 1947 年在上海工商界的镇海人

编者按：

解放前童歌里有这样句子：“囡囡宝，侬要啥人抱?”“我要阿爸抱!”“阿爸出门赚元宝。”……

在镇海，大多家庭都有‘出门人’，其中去外地从事工商业的人数众多，在上海的比率更高。今辑录抗日战争前、后在上海从事工商业的镇海人名录以存史。这些人士在上海工商界中均属比较有名望的，有的还是宁波帮中的中坚人物。

因资料不全，校核困难，请知情者更正为盼!

一、1935 年

丁方槐 均祥钱庄经理。

王蓉卿 1891 年生，上海东方汇理银行华经理。

毛纯卿 1883 年生，慎成祥纸号店主兼经理、裕丰贸易公司股东兼监督、大中华造纸厂董事。

方善济 字巨川，1889 年生，金城银行沪行副经理，中国垦业银行、大生纺织公司监察人。

方稼孙 1898 年生，承裕甡记钱庄、方惠和糖行、方萃和糖行、乾丰证券号股东。

方液仙 1893 年生，中国化学工业社股份有限公司兼总经理，中国国货公司董事长兼经理，永盛薄荷厂、肇新化学厂，中国胶木厂董事长，开成造酸公司，晶明玻璃厂、美龙香料药品公司董事。

方积蕃 字椒伯，1885 年生，律师，宁绍商轮有限公司、大有余榨油厂董事，冰鲜鱼行同业公会执行委员，上海市商会监察委员，上海公共租界纳税华人会常务委员。

方子勤 医师。

方式如 1866 年生，安康因记钱庄、赓裕来记钱庄、宁波瑞康钱庄股东。

方季扬 1882 年生，安裕源记钱庄、方萃和晋记糖行店主，安康因记钱庄、赓裕来记钱庄股东，中国化学工业社董事长，宁波方紫金银楼店主。

方国棨 1880 年生，华孚鱼行经理，源利、丰号两鱼行股东兼经理，渔业敦和公所常务委员。

方选青 1874年生，安康因记、赓裕来记、承裕甡记等钱庄、方萃和糖行股东。

方传濬 1907年生，安康因记、赓裕来记钱庄股东，肇新化学厂股份有限公司董事。

方鸿年 裕康南货号店主，悦来、恒心、天平南货号股东，宁波方裕和南货号店主。

方苏庵 1901年生，华安商业储蓄银行总稽核。

车植庭 辛泰银行经理。

乌崖琴 1889年生，中国通商银行南市分行副经理，天一味母厂、宁绍商轮公司、宁波通运汽车公司监察人，南洋印刷公司董事。

史祖绍 1900年生，浙江兴业银行信托部副经理。

乐文照 中国红十字会第一医院副院长兼内科主任。

叶　瑜 1874年生，四明商业储蓄银行总代理、中央信托局局长、中国建设银公司、中国银行、商办江南铁路公司常务董事，中国国货银行、中兴煤矿公司董事，中央银行、上海市银行、上海华商纱布交易所理事、中国农民银行监事，新闻报股份有限公司监察人。

向侠民 1896年生，南京鼓楼冰厂董事长，统原商业储蓄银行、天一味母厂董事，承泰证券号、同盛证券号、信利公司股东。

向凤楼 1867年生，四明商业储蓄银行监察人。

向潜圜 1879年生，中华劝工银行襄理。

向锡璜 1901年生，浙江兴业银行总行襄理。

孙同钧 1902年生，中华劝工银行襄理兼信托部主任。

孙道胜 1897年生，国华广告印刷社经理、华美烟公司广告主任、申报馆体育记者、上海市新闻记者公会监察委员兼事务主任。

刘同嘉 1891年生，联美烟业公司华经理、大来银行董事。

刘彤云 富丰纸号、富记纸号店主，汇丰纸号股东。

刘敏斋 1882年生，裕昇昌慎记纸号经理，大中华造纸厂董事，正润祥纸号、宝华华行、锦泰昌报关行股东，上海市纸业同业公会主席委员。

刘聘三 1892年生，中华劝工银行董事兼总经理、上海国泰商业储蓄银行董事、大上海橡胶厂监察人。

汤国年 1869年生，瑞昌顺五金号股东兼经理，大华火柴公司、统益锉刀公司董事。

庄蓉洲 庄源大店主、瑞兴行股东兼经理。

李权时 1895年生，复旦大学商学院院长，银行周报社经理兼编辑。

李祖恒 1908年生，四明储蓄会襄理兼会计科科长。

李祖恩 六河沟煤矿公司常务董事兼经理，华嘉洋行华经理，天利淡气制品厂股份有限公司、大华火油股份有限公司董事。

李祖超 1908年生，丰盛保险公司经理、通源渔轮局股东兼经理。

李祖莱 1908年生，安裕源记钱庄襄理、华安银行常务董事。

李祖贤 1894年生，六合贸易工程公司股东兼总经理。

李祖范 1897年生，中国化学工业社董事兼经理，六合贸易工程公司董事兼工程师，中国胶木厂、肇新化学厂董事。

李詠裳 1877年生，中华劝工银行、恒利银行董事长，四明商业储蓄银行、中华商业储蓄银行、大德新榨油厂董事，敦余钱庄、恒巽钱庄、新丰杂粮行、宁波天益、元益、彝泰、彝生等钱庄股东。

何少寅 1885年生，老九章公记绸缎庄股东兼经理，中国通商银行、上海华兴保险公司监察人。

宋沛道 1897年生，振华油漆公司协理、上海机制国货工厂联合会执行委员。

余　岩 字云岫，日本大阪医科大学毕业，医师，上海市医师公会监察委员。

邵达人 达华工业厂、瑞和砖瓦公司经理，大东钢窗公司董事长，明錩机器有限公司董事、华阳染织厂无限责任股东，上海正谊社常务委员。

邵醉翁 1896年生，天一影片公司董事长兼总经理。

陆翰青 1892年生，统原商业储蓄银行襄理。

周文林 1887年生，精益制革厂、宝山造纸厂经理，精华鞋帽洋货庄股东。

罗鸿年 1880年生，中国通商银行南市分行襄理。

林兆革 1898年生，浙江兴业银行北苏州路支行经理兼总仓库经理。

林滌菴 1878年生，大丰工业原料公司董事兼经理，同丰恒记工业原料公司、科学仪器馆、天原电化厂、南阳肥皂厂、开成造酸股份有限公司等董事，天利淡气制品股份有限公司、五洲大药房等监察人。

金润庠 1890年生，协丰益记纺织公司经理，民丰造纸厂、华丰造纸厂董事兼协理，天益盛记纸号股东，国产纸版联合营业所所长，大来银行、宁绍商轮公司监察人，上海市商会常务委员，纸业同业公会执行委员。

金宗城 1895年生，上海商业储蓄银行董事兼营业部经理，华安合群保寿公司、新新公司、公勤铁厂、成丰纱管厂、中国旅行社、大有印刷公司、三兴烟草公司董事，中国第一信用保险公司、大华保险公司、家庭工业社监察人、上海公共租界工部局地皮委员会委员。

郑翼齐 中和商业储蓄银行协理、建中商业银行监察人。

范和甫 1886年生，大陆药房经理、中法大药房董事、上海市新药业同业公会主席委员。

胡西园 1897年生，中国亚浦耳电器厂股份有限公司常务董事兼总经理，中国窑业公司监察，中华工业总联合会委员，上海市商会执行委员。

胡式之 1902年生，江浙商业储蓄银行副经理。

胡锡安 1885年生，四明商业储蓄银行襄理、四明保险公司董事。

俞道就 1901年生，上海浙江兴业银行虹口支行经理。

姚德甫 1884年生，华通电业机器厂、华成五金电器号股东兼经理。

徐　桴 1884年生，上海市财政局局长兼土地局局长，上海市银行理事兼总经理，上海市兴业信托社董事兼总经理，辛泰银行常务董事，会文堂新记书局店主，大来银行、中国通商银行、丰盛实业公司、民丰造纸厂、华丰造纸厂、天原电化厂、华兴保险公司、开成造酸厂、无锡泰隆面粉公司等董事，中国农民银行理事。

徐景福　1882年生，裕大恒糖行副经理、上海糖业合组公司董事、上海市商会糖业同业公会代表。

倪宝孚　1880年生，三阳南货号经理、上海市商会南货业同业公会代表。

陈正翔　大来银行副经理.

陈仰和　1872年生，四明商业储蓄银行副经理、四明保险公司董事、中央影戏公司监察人、丰号慎记冰鲜鱼行股东。

陈廷绪　1872年生，浙江兴业银行监察人。曾任两浙盐运使，海宁塘工局局长。

陈尔梅　1888年生，中华劝工银行经理。

陈寿芝　1897年生，新仁昌五金号股东兼经理、友联建筑公司股东兼副经理、大来商业储蓄银行董事。

陈馨甫　1878年生，方萃和糖行经理、上海糖业合组有限公司董事长。

陈楚泉　茂和烟行经理，福和烟公司董事长，华成烟草公司、人和雪茄烟厂、天翔驼绒织造厂董事，瑞昌欧美食物号股东。

陈楚湘　华成烟草公司董事长，福和烟公司董事，福兴烟公司、胡庆余堂国药号经理，宝昌联号股东。

张佩珍　1890年生，海洲公司店主，上海市商会候补执行委员，上海纸业同业公会常务委员。

张石川　1890年生，明星影片公司董事兼总经理，华威贸易公司、中央影戏公司董事。

张肖梅（女）　1906年生，中国保险公司监察人。曾任中国银行经济研究室代理主任。

张祖安　1900年生，天厨味精厂股东兼总经理，天利淡气制品厂股份有限公司、中华工业化学研究所董事。

贺培元　1892年生，中国垦业银行西区支行经理，中国实业公司、中国窑业公司董事，亿中证券号股东兼经理及经纪人，建中银行监察人。

盛丕华　1882年生，江海银行、大中华股份有限公司监察人。

盛安孙　1894年生，上海煤业银行董事兼经理。

盛筱珊　1877年生，赓裕来记钱庄经理，中国化学工业社、中和商业储蓄银行董事，宁波通源钱庄股东，上海市钱业同业公会、钱业联合准备库执行委员。

曹莘畊　1889年生，新丰杂粮行经理，大德新榨油厂董事兼协理，上海杂粮油饼交易所理事，上海市杂粮同业公会执行委员。

傅其霖　1888年生，华安水火保险公司董事兼经理，坤和草帽出口行行主兼经理，上海华兴保险公司、华商保险联合公司、华商船舶保险公司董事，中国通商银行监察人，源和草帽行、仁德证券号股东。

傅品圭　1895年生，中汇银行总稽核，大亚银行、民孚商业储蓄银行董事，祥大源五金号经理，中国机制纽扣厂股东。

傅宗耀 1872 年生，上海通商银行总经理，美国钞票公司、英商耶松船坞及机器制造厂董事、经理。

谢瑞森 1902 年生，四明保险公司董事兼经理、保兴保险公司经理、亿中企业银公司监察人、瑞新顺益记五金号股东。

谢衡牕 1875 年生，裕昌煤号店主，大通煤矿公司副董事长，华东煤矿公司、柳江煤矿铁路公司、民丰造纸厂、恒大新记纱厂、大丰庆记纱厂、华兴水火保险公司、宁绍商轮公司、宁绍保险公司、上海内地自来水公司董事，鄞奉长途汽车公司监察人。

虞仲言 1904 年生，惠中商业储蓄银行董事副兼经理。

虞顺懋 1904 年生，三北轮埠有限公司副经理。

盧蓉舟 1903 年生，肇泰水火保险公司上海分公司副经理。

二、1947 年

丁大富 1899 年生，棉布商业同业公会理事、信大祥绸布庄重经理。

丁方华 1910 年生，西式木器商业同业公会理事、精艺木器厂第二发行所经理。

丁惠康 1908 年生，电气商业同业公会理事、悦康电料五金行经理。

丁筱圃 1903 年生，上海市蓬帆商业同业公会候补理事，成茂五金蓬帆行经理。

方椒伯 又名积蕃，1885 年生，清末废科举兴学校时，即在镇海创办培玉小学，旋又任宁波溪海公学校长。辛亥革命后任镇海县参议会议员。后入上海神州法政专门学校研究法律，毕业后任上海东陆银行经理，宁波同乡会委员，四明医院董事，上海商会会董，商事公断处处长，银行公会会董，宁波轮船公司董事长，华商证券交易所董事，上海总商会副会长，上海纳税华人会董事，上海通商银行南市分行经理，浙江水利协会会长，上海市商会执委、监事，公共租界纳税华人会副会长，宁波商轮有限公司董事，大有榨油厂董事，宁波旅沪同乡会常务理事。

方子藩 1907 年生，化学原料工业同业公会常务理事，化学原料商业同业公会常务理事，大丰工业原料公司董事长、总经理，天丰化学制药厂董事长、总经理。

方善桂 1913 年生，中央银行纱布外销评议委员会委员。美国哈佛大学研究院经济博士。

方善枢 1909 年生，东方股票号董事长。

方福昌 1911 年生，上海市烟叶商业同业公会候补理事、五丰仁记烟叶号经理。

方鼎发 1900 年生，上海酱园业公会常务理事、元和酱园经理。

毛春圃 1896 年生，上海煤商业同业公会理事、晋昌煤行经理。

王伯元 名怀忠，1893 年生，慈溪长石（今属镇海）人。中国垦业银行常务董事兼经理，中国天一保险公司、中国窑业公司、镇江贻成新记机器面粉厂、上海通和商业储蓄银行、国泰商业储蓄银行董事长，上海绸业商业银行董事，中国建设银公司监察人，同润钱庄、同庆钱庄、鸿胜钱庄、泰康、乾昌祥金号股东，裕发永金号店主，蒙藏学院常务董事，复旦大学校董，上海公共租界工部局地皮委员会委员，上海市银行业同业公会理事。

王竹笙　1895 年生，柴碳业同业公会理事、煤业同业公会候补监事、久和永记柴碳行经理。

王烈英　1906 年生，酱园商业同业公会理事、元和酱园协理、国禾酱色厂经理、无锡救火会监事、无锡万源慎酿造厂经理、禾丰糖坊经理。

王彬生　1904 年生，上海新法洗染公会候补理事，精美、大西洋洗染商店经理。

王祥圭　1900 年生，上海化学原料公会监事、洪大工业原料号经理。

王竟成　1918 年生，上海军装同业公会理事，复兴军服厂重庆总厂经理、重庆复兴军服厂上海分厂经理兼厂长，南京金莺绸缎服饰公司经理。

王瑞麟　1900 年生，上海毛巾被毯工业公会理事、中国萃众制造股份有限公司副经理。

王楚根　1899 年生，水果号商业同业公会理事、永兴水果号副经理。

王荣裳　1888 年生，上海拍卖商业同业公会理事。

王德铭　1888 年生，蓬帆公会理事、全昌蓬帆五金行经理。

贝时楞　1899 年生，百货商业公会候补理事、义和百货号经理。

包大用　1912 年生，上海徐汇区区长。

包志荣　1909 年生，上海洋酒食物号经理。

包玉刚　1910 年生，青年银行家，曾在中央信托局及中国工矿银行各分支行处主持业务。上海市银行业务部经理。

包启洪　号惟一，1904 年生，电器商业公会常务理事、大中华电器公司常务董事。

乐汝成　1893 年生，泰康罐头食品公司创办人，任总经理，成茂食品股份有限公司董事长，罐头食品业公会常务理事，上海四明公所董事，哈茂冷气公司董事，联华保险公司董事，四明医院院董、同义医院院董、镇海兢进小学校董。

乐秀章　1918 年生，余源隆总号总经理、中华基督教堂董事。

乐恒义　1897 年生，化学原料业公会常务理事、永鑫化学原料行经理。

乐瑞生　1883 年生，瑞记制帽厂厂主、草呢帽业公会常务理事、帽私立进贤小学董事长。

乐楚廷　1896 年生，蛋业公会常务理事、朱慎昌蛋行经理。

乐辅成　1899 年生，泰康食品厂经理、董事，饼干糖果罐头面包业公会理事。

乐宝成　1887 年生，饼干糖果罐头面包业公会理事，泰康食品厂副总经理兼厂长及常务理事。

叶守庭　1902 年生，烟叶业公会理事长、鸿昌烟叶行经理。

叶传芳　1909 年生，轮船商业公会监事、华商轮船股份有限公司总经理。

任康伯　钟表公会理事、华兴利钟表行经理。

向洪昌　1906 年生，天厨味精厂营业主任、上海罐头食品工业同业公会理事、伟大食品厂经理。

戎锦章　1902 年生，烧酒同业公会理事、同昌永酒行经理。

朱九皋　1896 年生，鲜猪业公会监事、久丰猪行经理、顺裕号申庄经理。

朱旭昌　1885 年生，上海钱业公会常务理事、大统染织厂董事长、大华科学仪器公司董事长、上海福利钱庄董事长兼总经理。

朱振业 1916年生，蛋业公会监事、万泰蛋行经理。

朱绍良 1910年生，纸盒业公会候补理事。

朱敏棠 1906年生，调味粉业公会理事，太乙调味厂董事长、总经理，大统染织厂经理。

朱卿堂 1894年生，烧酒同业公会常务理事、大庆永酒行经理。

朱德华 1914年生，鲜猪业公会理事、德丰猪行经理。

孙全昶 1886年生，彩印业公会监事、大业印刷公司副经理。

孙梅岭 1918年生，橡皮车料业公会监事，和兴橡皮车料号经理。

刘春霖 1897年生，转运商业公会常务理事、永康祥运输公司经理。

刘炳章 1900年生，北货商业公会常务理事、慎益北货号经理。

刘伯森 1899年生，证券同业公会候补理事、久裕证券号经理。

刘筱康 1902年生，纸业同业公会理事、泰康纸行经理。

刘同德 1901年生，五金零件材料业公会理事、久昌五金号经理。

刘希孟 1893年生，钱兑业公会理事，恒泰鑫记银号经理。

刘虎臣 1900年生，棉布业公会监事、久记棉布厂总经理、久记棉布号经理。

刘　斌 1910年生，猪行业公会理事兼总务科主任，源盛猪行会计主任。

刘有昌 1909年生，桂圆业公会常务理事，祥泰同记桂圆杂货行经理。

刘光楣 1910年生，皮毛油骨业公会理事，恒昌祥皮毛号经理。

庄智远 1909年生，饼干糖果罐头面包业公会理事，汇利面包厂经理。

许如英 1905年生，正和棉布号经理，兼任镇海鸿丰绸布庄总经理，大丰恒染织厂、大华拉绒厂顾问。

张佩珍 1890年生，纸业公会常务理事、海洲企业公司董事长兼总经理、上海总商会监事、同义医院院董、上海集成药房董事长、大康银行董事、上海实业银行常务董事。

张伟涛 1896年生，明星影片公司制片主任，大陆影片公司、中华第一影片公司总经理，中央大戏院、恩派亚戏院总经理。上海市戏剧院同业公会理事。

张惠民 1913年生，机制煤球业公会监事、电力煤球厂经理。

张剑秋 1908年生，铅印业公会监事、天马印刷所经理。

张余庆 1899年生，北货业公会候补理事、兴余北货行经理。

张延康 1913年生，蛋业公会监事，张宏泰蛋行经理。

余志久 1895年生，天津华孚化学公司经理、溪口武岭学校农产实习主任、上海罐头食品公会监察、开林罐头厂总经理。

吴茂利 1891年生，电工器材公会理事、华利电线厂经理、新成钢管厂经理。

吴翰康 1892年生，海味杂货公会监事、宝来行总经理。

忻丽水 1897年生，柴炭业公会理事、德泰柴炭行经理。

陈玉书 1883年生，上海总商会委员，煤业公会监事，镇海私立培育小学校董，上海煤业义务小学校董，甡义煤号、怡成煤号、远东煤球公司总经理。

陈言方　1905年生，软木业公会常务理事、强华软木厂经理。

陈克英　1905年生，西式木器业公会候补理事、陈永昌木器号经理。

陈芝生　1882年生，机器工业同业公会理事、培生铁工厂经理。

陈炳章　1918年生，照相制版业公会理事，华东照相制版所、华生照相制版所经理。

陈莘芳　1899年生，上海市机制煤球业公会理事长、华成煤球厂厂主。

陈赛才　1890年生，出租汽车业公会常务理事、公大汽车行行主。

陈锦祥　1902年生，橡胶业公会常务理事、鸿源协记号经理、信丰昌号经理。

李景和　1900年生，纸业公会理事、宁波旅沪同乡会理事、时敏学校校董、上海四明医院常务董事。

李明耀　1898年生，纸业公会理事、协盛昌永记号经理。

李祖夔　1893年生，曾任上海县知事，上海火柴同业公会候补理事、中华海员总会委员、大华火柴公司董事长兼总经理。

李祖彝　1901年生，化学原料公会监事、肇新化工厂股份有限公司经理。

李祖华　1895年生，植物油制炼公会理事、大德新榨油厂总经理。

李纯全　1904年生，罐头食品公会理事、酱园业公会理事、镇江恒顺酱醋厂创办人、上海恒顺酱醋厂经理。

沃志清　1904年生，化学原料工业公会理事、大华泡化碱厂经理。

沈子祥　1909年生，酱园公会常务理事、中源酱园经理。

沈日新　1904年生，钱业公会理事长，上海市商会理事，上海存诚钱庄董事兼经理，天津同兴银号监察人。

沈成瑜　1890年生，纱管业公会监事、民丰纱管厂经理。

沈东昇　1870年生，水果业公会理事、协兴号经理。

沈松盛　1883年生，蛋业公会理事、恒昌永记蛋行经理。

沈信华　1900年生，水果号商业同业公会理事长、新华丰水果行经理。

沈秋霖　1897年生，南货业公会监事、老顺泰南货号经理。

沈榴邨　1887年生，上海绸缎印花工业公会理事长、棉布商业公会监事、上海绸缎印花商业公会理事、机器染织工业公会候补理事、上海市商会经济计划委员，商业职业学校校董、镇海三乡公益堂董事、四明医院院董、宁波旅沪同乡会名誉会董、宁波旅沪同乡会各小学校董，辛丰织印绸布厂董事长兼总经理，和丰、祥丰印染绸厂董事长，大陆染织厂、新陆棉织厂监察人。

沈中扬　1896年生，酱园公会理事长，天厨味精厂监察，万康酱园经理。

邵修善　1913年生，火柴同业公会常务理事、恒利银行董事长、上海大明火柴公司总经理、温州光明火柴厂总经理、华昌火柴梗片厂总经理。

邵运芳　1903年生，西式木器业公会常务理事、锦昌新林记西式木器号经理。

严子勤　1900年生，北货业公会监事、福裕北货行经理。

金润庠　1890年生，上海市参议员，国民大会代表，上海市商会常务董事，中国工业协会上海分会常务理事，第六区造纸工业同业公会理事长，民丰造纸公司总经理，华丰造纸公司总经理。

周元康 1897 年生，药材商业公会理事、裕昌药行经理。

周君贤 1908 年生，皮业公会常务理事、精益制革厂经理、宝山造纸厂董事、协泰皮号经理。

周长春 1900 年生，柴炭业公会理事、松泰柴炭行经理。

周启范 1906 年生，纱管工业公会理事长、中国纱管厂经理，宁波旅沪同乡会理事长。

周毓孚 1901 年生，鞋业公会常务理事、鞋业小学校董、华东皮鞋商店经理。

周蓉洲 1909 年生，参燕业公会理事、安康参药号经理。

周琏贵 1889 年生，海味杂货公会理事长、顺昌海味北货行经理。

周显岳 1899 年生，酱园公会候补理事、志大酿酒坊万举鹤记号经理。

林正旭 1904 年生，西式木器商业公会理事、新□庆记木器厂经理。

林宗靖 1900 年生，证券公会理事、证券交易所经纪人，瑞大慎记证券号经理。

林连富 1902 年生，医疗器械公会监事、德昌铜作号经理。

郑方正 1894 年生，茂昌股份有限公司副总经理、蛋业公会理事长。

郑洽贞 1900 年生，蛋业公会常务理事、郑沅泰蛋行经理。

郑长庚 1892 年生，北货同业公会常务理事、戴新恒记北货行经理。

郑循英 1898 年生，造纸业公会理事、永安福记造纸厂股份有限公司总经理。

郑学诰 1909 年生，中国砖瓦厂、永祥印书馆标准纸品公司、中国钙厂等公司董事长。

范恒成 1914 年生，戏剧公会理事、鑫记大舞台经理。

俞佐庭 1889 年生，宁波总商会会长、上海市商会主席，惠中商业银行董事长，四明银行常务董事兼总经理，四明宁绍保险公司董事长。

俞明岳 1909 年生，证券公会理事、裕丰证券号经理。

俞明时 1906 年生，证券公会常务理事、上海市商会组织委员、兴业股票号经理。

钟纯光 1918 年生，医疗器械业公会理事、协昌医疗器械厂经理。

钟章耀 1889 年生，医疗器械业公会理事、耀昌医疗器械公司经理。

钟鼎臣 1901 年生，广告业公会监事、鼎盛广告社经理。

施福元 1901 年生，烧酒业公会常务理事、新德丰酒行经理。

施礼刚 1898 年生，蓬帆公会理事、美康蓬行总经理。

姚永耀 1912 年生，上海市电工器材工业公会理事、华通电业机器厂常务董事兼经理、华泰机器造船厂董事长、华成五金电器厂总经理、张崇新酿造股份有限公司董事。

洪绍渝 1895 年生，上海市化妆品工业公会监事、机械国货工厂联合会理事、上海中国化学工业社股份有限公司襄理。

胡西园 1897 年生，与德人亚浦耳合伙创办电泡厂，后独手接办。上海市商会理事，中国全国工业协会常务理事，上海市电工器材同业公会理事长，中国亚浦耳电器厂总经理。

胡本才 1909 年生，南货商业公会候补理事、人福公司南号经理。

胡志炯 1919 年生，钟表公会理事、孙广兴钟表材料公司副经理、立新热水瓶厂常务理事，华新地产公司监察。

胡忠彪　1910 年生，化妆品工业公会理事、新一行股份有限公司董事长兼总经理。

胡昌涛　1911 年生，鲜猪商业公会理事、祥泰申庄经理。

费仁芳　1898 年生，鞋业公会理事、大新鞋帽商店店主。

贺如福　1904 年生，钟表业公会常务理事、太平洋钟表店总经理、远东钟表制造厂总经理、远东钟表进口行总经理。

倪仰周　1889 年生，酱酒公会监事、滋大昶酱酒号经理。

倪庚年　1895 年生，内衣织造业公会理事长，创办永兴、义丰棉织厂并任经理。

倪锡章　1905 年生，药材商业公会理事长、永泰福行经理。

徐大统　1908 年生，纸业公会常务理事、伦社理事长、统益纸号总经理、挪威鲍利葛纸厂华经理。

徐大福　1905 年生，茶食业公会理事、野荸荠茶食号经理。

徐玉麟　1898 年生，水果号同业公会监事、新元泰经理。

徐正科　1876 年生，猪行业公会监事、源顺猪行经理。

徐志方　1904 年生，棉布业公会理事、永达纱布号经理。

徐初香　1903 年生，海味杂货业公会常务理事、同福和号经理。

徐松林　1885 年生，烟叶业公会监事、永大烟叶行经理。

徐传鑫　1885 年生，蛋业公会理事、徐鑫记蛋行经理。

徐聚良　1896 年生，彩印业公会理事、徐胜记印刷厂经理。

殷德裕　1907 年生，烟叶业同业公会理事，侨南烟叶行、裕丰烟叶行经理。

袁承发　1899 年生，柴炭业同业公会监事，三和柴炭行经理。

唐涌庆　1894 年生，茶食商业公会理事、天禄丰记茶食号经理。

夏文标　1898 年生，出租汽车公会理事，中国联业汽车公司经理。

郭存忠　1901 年生，五金零件材料业公会候补理事、大丰五金号经理。

黄永泉　1905 年生，烟叶业公会常务理事、森康烟叶行经理。

黄光祖　1896 年生，南货业公会理事、瑞丰懋南货号经理。

黄裕明　1887 年生，烧酒业公会理事、同春福酒行经理。

黄克云　1909 年生，酱酒业同业公会常务理事，同庆酱园经理。

曹莘畊　1889 年生，上海市第三区植物油制炼业公会理事长，大德新榨油厂经理、新华薄荷厂经理、衡阳国泰颜料厂总经理。

董子星　1884 年生，钟表业公会理事长，中美钟表公司经理，上海造钟厂厂长，中国联合眼镜公司董事长，大中钟表公司、三星钟表公司总经理。

董日森　1906 年生，造漆业公会常务理事、万里造漆厂经理、洪泰昶记杂货店经理、中国国光纺织印染厂董事。

董兴甫　1908 年生，砖灰业公会候补理事、久丰永记水泥砖灰行经理。

傅昌裕 1887年生，杂粮油饼业公会会长，德泰杂粮行经理、通成公司襄理，豆米行业公会理事、监事。

程金耀 1911年生，五金业同业公会理事、大中华五金厂厂主。

程开沅 1896年生，烧酒业公会理事、受丰永酒行经理。

蒉延芳 1883年生，裕商仓库总经理，黄浦拖驳公司总经理，中华捷运公司总经理，中华毛织公司董事长，光中造纸厂董事长，浙江兴业银行董事，浙东银行董事及南通大生纱厂、和新纱厂、丰众制造厂，云飞汽车公司、丽来化学制药公司、鑑臣香精原料公司、九福制药公司、中国水□物品公司、儿童书局、越东煤球公司、新通贸易公司等董事或董事长，市商会副理事长兼福利委员会主任，四明医院与上海济民医院董事长，中英协会常务理事，上海渔市场常务理事。

虞中华 1907年生，烧酒业公会理事、同信昌酒行经理。

虞如品 1895年生，南货业公会理事长、虞永兴南货号经理。

虞顺慰 1912年生，上海轮船业公会理事，三慰公司总经理，三北轮船公司总经理。

戴宏亮 1901年生，蛋业公会理事、国泰蛋行经理。

戴畊莘 名芳达，1895年生，卷烟业公会理事长，市商会监事，中国工业协会上海分会理事，广益善堂副董事长，上海闸北延绪山庄董事，上海中国妇孺救济总会董事，上海商社监事，中国华成烟草公司董事长，中国华一印刷公司董事长。

资料来源：上海图书馆

1. 《上海工商人物志》，1948年1月，上海经济资料出版社，馆藏编号：244575—79

2. 《上海工商人名录》，中国征信所，1936年5月发行，分类号：F127.51—62，索书号：244585，馆藏条码：54121200281197

（本文录自《镇海史志通讯》第17期）

六、华人港澳同胞捐赠明细表

1985 年华人港澳同胞捐赠统计表

日期	捐赠者		捐赠内容	金额（元）	受捐单位
	姓名	国家及地区			
1 月 7 日	施义芳	委内瑞拉	日产 MAZDA 牌 E2000 型救护车 1 辆	22000	镇海人民医院
1 月 21 日	顾新世	中国香港	日产 MAZDA 牌 E2000 型救护车 1 辆	22000	镇海人民医院
2 月 4 日	顾兆田	中国香港	建造河头鸿山小学	160000	河头乡政府
3 月 1 日	顾国和	日本	化粪设备 1 套	35000	镇海县侨联
3 月 12 日	包玉星	中国香港	解放牌 5 吨卡车 1 辆	70000	庄市乡钟包村
4 月 25 日	翁伟年	中国香港	乐声牌空白录像带 12 盒	600	骆驼中学
5 月 14 日	刘翠玉	比利时	日产丰田牌 9 座面包车 1 辆	16000	镇海县侨联
5 月 29 日	钟永义	日本	日本产 20 寸彩电 1 台	1500	镇海县侨联
6 月 20 日	闻儒根	中国香港	电钟（24 寸）1 只	240	镇海人民医院
7 月 17 日	包玉书 包素菊 包丽泰	中国香港 日本 中国香港	建造龙赛医院住院楼（ 500 万港元）	1980000	镇海龙赛医院
9 月 2 日	顾兆田	中国香港	日产 CNDA F3511 型照相机 1 架	350	镇海县侨联
9 月 12 日	顾兆田	中国香港	铅笔盒 250 只	500	河头鸿山小学
9 月 26 日	顾兆田	中国香港	3000 元、铅笔盒 100 只	3250	河头路下徐小学
11 月 9 日	顾兆田	中国香港	建造河头幼儿园	110000	河头乡政府
11 月 19 日	包玉书 包素菊 包丽泰	中国香港 日本 中国香港	医疗仪器（200 万港元）：800X 光机、冷光源灯泡、万能手术床、空调机、欧林巴斯 JF10 型、十二指肠纤维镜 1 只	792000	镇海龙赛医院
12 月 12 日	李明昌	中国香港	日产乐声牌（大 1/2）录像机 1 台	1900	城关职业中学
12 月 23 日	陈志耀	中国香港	裘皮褥子 9095 张	55025	城关敬老院

年计：人民币 3270365 元　项目 17 项（其中基建 3 项）
备注：累计金额 3965165 元　累计项目 46 项（其中基建 7 项）

1986 年华人港澳同胞捐赠统计表

日期	捐赠者		捐赠内容	金额（元）	受捐单位
	姓名	国家及地区			
3 月 22 日	普莱顿	美国	钢琴（5000 美元）	15982	庄市兆龙学校
3 月 28 日	李明昌	中国香港	建造贵驷中心医院	205500	贵驷医院
5 月	俞范人	中国香港	修理校具	500	俞范小学
5 月 7 日	包玉刚	中国香港	包兆龙公路	1000000	庄市镇政府
5 月 29 日	翁伟年	中国香港	奖学金（1986 年度）	1000	骆驼中学
7 月 2 日	包玉刚 包从兴 邵逸夫 赵安中 赵亨文 叶庚年 叶谋彰	中国香港	650 万港元 100 万港元 100 万港元 100 万港元 50 万港元	4700000	建造中兴中学
7 月 3 日	赵安中	中国香港	2 万港元	8000	庄市中兴校友会
7 月 8 日	辛孝庶	中国香港	私房落实折价款	2125	贵驷镇老年协会
7 月 14 日	包玉书 包素菊 包丽泰	中国香港 日本 中国香港	龙赛门诊楼	1150000	龙赛医院
7 月 29 日	陈志耀	中国香港	修建鼓楼	10000	镇海文管会
8 月 25 日	闻儒根	中国香港	电钟 1 只	200	龙赛医院
8 月 28 日	包素菊	日本	电子血压机 20 只	1000	龙赛医院
9 月 3 日	包素菊	日本	铅笔盒 300 只	600	兆龙学校
9 月 6 日	陈志耀	中国香港	熟皮垫子 36 包 2700 张	2000	城关敬老院
9 月 29 日	陈志耀	中国香港	侨联经费（10000 港元）	4700	镇海区侨联
10 月 7 日	包玉书 包素菊 包丽泰	中国香港 日本 中国香港	龙赛门诊楼	450000	龙赛医院
10 月 10 日	包玉书	中国香港	兆龙学校奖学金	5000	兆龙学校
	张爱芳 徐美利等	日本	龙赛住院楼落成贺礼 25 万港元、196 万日元	57110	龙赛医院
11 月 11 日	包从兴	中国香港	中兴校友会经费（5 万港元）	23500	中兴中学校友会
	包玉星	中国香港	棉衣 50 件	150	城关敬老院
	越村俊雄	日本	50 万日元	10900	城关幼儿园
11 月 26 日	顾兆田	中国香港	彩电 2 台	3000	河头乡政府、路下徐村各 1 台

年计：人民币 7651268 元　项目 22 项（其中基建 5 项）
备注：累计金额 11616433 元　累计项目 68 项（其中基建 12 项）

1987 年华人港澳同胞捐赠统计表

日期	捐赠者		捐赠内容	金额（元）	受捐单位
	姓名	国家及地区			
1月	顾兆田	中国香港	春节礼金	2000	河头乡路下徐村 60 岁以上老人
1月9日	陈志耀	中国香港	捐建夏金生福利院	230000	城关镇
2月1日	夏秀君 陈志耀	中国香港	买鼓、号等乐器	2000	城关三校
3月21日	叶庚年	中国香港	旧居 476.68 平方米赠送庄市老人中心	20000	庄市镇政府
4月24日	陈志耀	中国香港	熟皮片子 120 包　扣除民政局经理部手续费收 5761.65 元	41432	夏金生福利院
5月18日	越村俊雄	日本	50 万日元	12869	镇海幼儿园
6月1日	翁伟年	中国香港	奖学金（1987 年度）	1000	骆驼中学
6月23日	翁维义	加拿大	教学仪器	8500	骆驼中学
6月24日	刘京荣	日本	半仙刘村道路拓修	10000	骆驼镇
6月25日	范广亮	中国香港	显微镜 2 台	2300	龙赛医院
7月5日	李明昌	中国香港	圆珠笔 240 支	500	贵驷中心医院
8月25日	闻儒根	中国香港	电钟 2 只	400	龙赛医院
9月5日	包玉书	中国香港	书包 300 只	4500	兆龙学校
9月5日	李明昌	中国香港	20000 港元	9500	贵驷中心医院
9月5日	包玉书	中国香港	奖学金（1987 年度）	5000	兆龙学校
10月26日	李明昌	中国香港	乐声牌 21 寸彩电 1 台	2100	贵驷老年协会
10月26日	李明昌	中国香港	乐声牌 21 寸彩电 1 台、录像机 1 台、大录像带 10 盒	4700	贵驷镇中心小学
10月26日	张兴富	中国香港	礼金	500	夏金生福利院
10月26日	许以涛	中国香港	礼金	2500	夏金生福利院
10月26日	吴国华	中国香港	礼金	5000	夏金生福利院
10月26日	阮芳亮	中国香港	礼金	5000	夏金生福利院
10月26日	张佩芳	中国香港	礼金	5000	夏金生福利院
11月4日	包玉书	中国香港	奖教奖学金（16 万港元）	112000	兆龙学校
11月4日	包玉书	中国香港	建造新教学楼（18 万港元）	126000	兆龙学校
11月4日	吴向梅女	日本	建造青少年宫（100 万港元）	783000	镇海区团委
	陈志耀	中国香港	修建镇海鼓楼	35000	镇海区文管会
11月4日	金鹤年	日本	日产东芝 28 寸彩电 2 台	3600	龙赛医院、少年宫各 1 台
12月23日	李明昌	中国香港	建造贵驷小学瑞云教学楼	150000	贵驷镇中心小学
12月23日	邵逸夫	中国香港	建造邵氏康乐园（200 万港元）	1650000	庄市镇勤勇村

年计：人民币 3434402 元　项目 30 项（其中基建 7 项）

备注：累计金额 15050835 元　累计项目 98 项（其中基建 19 项）

1988年华人港澳同胞捐赠统计表

日期	捐赠者		捐赠内容	金额（元）	受捐单位
	姓名	国家及地区			
2月1日	陈志耀	中国香港	建造陈友德教学楼	150000	城关一校
3月3日	顾兆田	中国香港	建造河头路下徐村水泥路	100000	河头路下徐村
4月9日	陈志耀	中国香港	乐声牌21寸遥控彩电1台、照相机1架、录像机1架、扶体拐架1架	3560	夏金生福利院
5月23日	翁伟年	中国香港	奖学金（1988年度）	1500	骆驼中学
6月15日	刘翠玉	比利时	建造贵驷徐家堰村自来水塔（1.6万美元）	110000	贵驷镇政府
6月23日	赵安中	中国香港	中兴中学中兴文学社	1000	中兴中学
6月28日	陈志耀	中国香港	衣服	2000	夏金生福利院
6月28日	无名氏	中国香港	礼金	750	夏金生福利院
6月28日	闻儒根	中国香港	礼金	750	夏金生福利院
6月28日	陈志耀	中国香港	服装费	2724	城关三校
6月28日	陈志耀	中国香港	冷柜	2500	夏金生福利院
7月26日	陈志耀	中国香港	日产玲木15座面包车（10万港元）	80000	镇海中学
7月26日	陈志耀	中国香港	日产玲木15座面包车（10万港元）	80000	夏金生福利院
8月22日	包玉刚 赵安中 包从兴	中国香港	修理叶氏义庄	215000	庄市镇政府
9月6日	包玉书	中国香港	服装费	15500	兆龙学校
9月15日	陈志耀	中国香港	买书包、铅笔	9000	城关一校
11月1日	闻儒根 张炳昌	中国香港	陈友德教学楼落成礼金10000港元	9400	城关一校
11月1日	叶谋彰 水铭章	中国香港 新加坡	10000港元 600新元	4700 1089	庄市福利院
11月1日	包从兴 赵安中	中国香港	1000港元	470	中兴中学
11月24日	无名氏	中国香港	10000港元	8000	庄市福利院
11月24日	周菊英 朱葆初 金鹤年 朱佐芸 徐玉梅 傅根娣	日本	彩电2台	5000	兆龙学校、少年宫各1台
11月24日	吴向梅女在沪亲属	上海	电子琴1台	2000	少年宫
11月25日	陈志耀	中国香港	奖学金	15000	城关一校

续表

日期	捐赠者		捐赠内容	金额（元）	受捐单位
	姓名	国家及地区			
11 月 25 日	宦宝英	中国香港	奖学金	15000	城关一校
11 月 25 日	张培英	中国香港	奖学金	15000	城关一校
11 月 25 日	陈志耀	中国香港	买金笔（市捐资工作会议纪念品）	2000	区侨联
11 月 25 日	闻儒根	中国香港	人民币	900	夏金生福利院

年计：人民币 852843 元　项目 28 项（其中基建 3 项）
备注：累计金额 15903678 元　累计项目 126 项（其中基建 22 项）

1989 年华人港澳同胞捐赠统计表

日期	捐赠者		捐赠内容	金额（元）	受捐单位
	姓名	国家及地区			
1 月 7 日	顾兆田	中国香港	春节礼金	4450	路下徐村 60 岁以上老人
1 月 7 日	陈志耀	中国香港	皮毛 50 箱	50000	夏金生福利院
1 月 7 日	陈志耀	中国香港	美国产飞歌冰柜 1 台	3000	夏金生福利院
1 月 7 日	李明昌	中国香港	奖学金（1988 年度）	5000	贵驷小学
1 月 7 日	李明昌	中国香港	人民币	10000	招宝山宝陀寺
1 月 7 日	李明昌	中国香港	圆珠笔 120 打	4320	贵驷小学教学楼落成
1 月 7 日	徐王秀丽 金徐月华 李少芸 李少雯	中国香港	15000 港元	7050	贵驷小学
1 月 20 日	金如新	中国香港	建造澥浦幼儿园	100000	澥浦幼儿园
1 月 20 日	李明昌	中国香港	建造医院宿舍楼	100000	贵驷中心医院
1 月 20 日	李明昌	中国香港	教育基金	10000	区教委
1 月 26 日	包玉刚	中国香港	船及飞机模型		包氏故居陈列
1 月 27 日	刘京荣	日本	修路	4000	骆驼半仙刘村
1 月 27 日	包玉星	中国香港	羊毛衫 80 件	5440	夏金生福利院、庄市老人中心
2 月 20 日	顾兆田	中国香港	春节礼金	2500	河头幼儿园
2 月 23 日	赵安中 包从兴 叶谋彰	中国香港	购置图书（8840 美元）	60000	中兴中学
2 月 23 日	陈克伦	美国	修路	67000	临江乡政府
	翁维义	中国香港	购置物品（16000 港元）	7520	骆驼中学

续表

日期	捐赠者		捐赠内容	金额（元）	受捐单位
	姓名	国家及地区			
4月19日	顾南华	加拿大	日产马自达救护车1辆（11万港元）	52000	骆驼卫生院
4月20日	陈志耀	中国香港	购置物品	1360	夏金生福利院
5月5日	赵安中	中国香港	礼金	12000	庄市福利院1万元、中兴中学2000元
5月5日	包玉刚	中国香港	钟包村建设	2500000	庄市钟包村
5月5日	赵安中	中国香港	建造林杏琴教学楼	200000	骆驼团桥小学
5月5日	陈志耀	中国香港	建造沈珠兰教学楼（20万港元）	180000	镇海幼儿园
5月5日	张明为	巴西	建造庄市幼儿园（40万港元）	282000	诗毈幼儿园
5月5日	赵安中	中国香港	声宝牌VC录放像机2台、彩电2台、录音机：单卡10台双卡2台	20000	中兴中学
5月20日	李月亭	上海	礼金（7000港元）	3290	陈志耀表兄弟送夏金生福利院
6月17日	包从兴 叶谋彰 赵安中	中国香港	购置图书	40298	中兴中学
9月	陈志耀	中国香港	皮毛褥子、衣服150箱（5万港元）	23500	区教委教育基金会
9月	陈志耀	中国香港	扶体拐杖	500	夏金生福利院
9月23日	叶谋彰	中国香港	收音机1台、1万港元	5000	庄市老年协会
10月19日	俞立梓	中国香港	建造临江乔梓小学35万元、修路6万元	410000	临江乡政府
10月19日	郑孝慈	中国香港	教育基金	63000	临江乡教育基金会
11月4日	李明昌	中国香港	奖学金（1989年度）	5000	贵驷小学
12月3日	无名氏	中国香港	礼金	10000	庄市福利院
12月3日	陈志耀	中国香港	礼金	20000	龙赛医院
12月3日	顾兆田	中国香港	镀铜烫嘴壶	2407	路下徐村60岁以上老人
12月3日	叶谋彰	中国香港	奖学金	5000	中兴中学

年计：人民币4275635元　　项目37项（其中基建9项）
备注：累计金额20179313元　　累计项目163项（其中基建22项）

1990 年华人港澳同胞捐赠统计表

日期	捐赠者		捐赠内容	金额（元）	受捐单位
	姓名	国家及地区			
1月5日	顾兆田	中国香港	春节礼金	2120	河头乡路下徐村60岁以上老人
3月15日	陈志耀	中国香港	医疗、康复器材	2588	夏金生福利院
5月2日	李明昌	中国香港	奖学金（1990年度）	5000	贵驷小学
5月7日	翁伟年	中国香港	奖学金（1990年度）	1540	骆驼中学
5月13日	陈志耀	中国香港	大型玩具2件	3700	镇海幼儿园
6月22日	陈志耀	中国香港	脱排机、冷柜、电风扇等	8300	夏金生福利院
6月23日	陈志耀	中国香港	建造老年公寓陈友德寿康楼	230000	镇海区老龄委
6月28日	包玉书	中国香港	师生服装费	28500	兆龙学校
7月20日	李明昌	中国香港	日产9座面包车1辆（8..5万港元）	51000	区侨联
7月20日	包玉书	中国香港	美国法巴康宁M170型全自动血气分析仪（1.66万美元）	93600	龙赛医院
7月24日	俞立梓	中国香港	建造大会堂	300000	乔梓小学
9月6日	俞翊焘	中国台湾	礼金	4500	乔梓小学
9月12日	俞立梓	中国香港	捐建招宝山鳌柱塔	1000.000	镇海园林管理处
10月2日	陈志耀	中国香港	五保老人礼金	1520	夏金生福利院老人
10月14日	包玉星	中国香港	声宝21寸彩电2台	3500	夏金生福利院、庄市老人中心
11月19日	顾兆田	中国香港	棉被105条	7350	河头乡路下徐村60岁以上老人
11月30日	李明昌	中国香港	窗帘	6000	贵驷中心医院

年计：人民币1749218元　项目17项（其中基建2项）
备注：累计金额21928531元　累计项目180项（其中基建33项）

1991 年华人港澳同胞捐赠统计表

日期	捐赠者		捐赠内容	金额（元）	受捐单位
	姓名	国家及地区			
1月7日	张明为	巴西	建造佩珍医院（50万港元）	350000	庄市镇政府
1月13日	闻儒根	中国香港	大号热水袋60只	600	夏金生福利院
1月13日	赵安中	中国香港	购置图书、修补地板	20000	团桥小学
1月13日	闻儒根	中国香港	金子1两	5200	招宝山宝陀寺
1月23日	翁伟年	中国香港	建造积静住院楼（20万港元）	150000	骆驼卫生院
2月5日	张炳昌	中国香港	买糖果	1480	夏金生福利院

续表

日期	捐赠者		捐赠内容	金额（元）	受捐单位
	姓名	国家及地区			
2月5日	顾兆田	中国香港	购置教学仪器、玩具	14800	鸿山学校7400元、河头乡幼儿园7400
2月9日	叶谋彰	中国香港	活动费	10000	庄市老年协会
2月10日	陈志耀	中国香港	春节礼品	1400	夏金生福利院
3月20日	金如新	中国香港	修路	10000	澥浦镇政府
3月23日	翁伟年	中国香港	日产松下乐声牌MI摄 录一体化摄像机及附件	5000	骆驼中学
3月23日	翁伟年	中国香港	日产松下乐声牌J25BD型录像机	2400	骆驼中学
3月23日	翁伟年	中国香港	中华学习机10台、电子计算机输出打印机5台	30500	骆驼中学
4月9日	翁伟年	中国香港	奖学金（1991年度，4000港元）	3000	骆驼中学
6月21日	陈志耀	中国香港	奖教奖学金（3000港元）	2200	镇海幼儿园
6月21日	陈志耀	中国香港	购置物品	22000	镇海康复中心
7月2日	李明昌	中国香港	日产手提摄像机1台、录像带10盒	5500	职业中学
7月2日	闻儒根	中国香港	德产莱克照相机1架	900	镇海老年公寓
7月2日	闻儒根	中国香港	日产松下J25 录像机1台	3000	镇海老年公寓
9月27日	雷森鑫	中国香港	救护车1辆（110000港元）	52000	龙赛医院
9月	陈志耀	中国香港	雏鹰奖学金	8000	城关一校
10月12日	陈志耀	中国香港	东芝传真机1台（4180港元）	3000	区侨联
10月15日	陈志耀	中国香港	修鼓楼	10000	镇海文管会
10月26日	陈志耀	中国香港	宁波侨乡报	2000	宁波侨联
10月26日	陈志耀	中国香港	冰柜	3600	镇海老年公寓
10月26日	陈志耀	中国香港	洗衣机	3600	夏金生福利院
10月26日	吴建平 竺银康 李明昌	中国香港	吴建平1万港元；宦宝英5000元；邹星培2000元；竺银康、李明昌、包素菊、宣森媛、中山五子、朱佐芸、城雪子、堀素子、傅根娣、张爱芳、李少雯、杨祖德各1000港元	20000	镇海老年公寓
11月24日	赵安中	中国香港	建造林杏琴教学楼	300000	澥浦中学
11月27日	顾兆田	中国香港	棉毛衫裤101套、绒线围巾101套	6795	河头乡路下徐村60岁以上老人
12月3日	陈志耀	中国香港	老人礼金	2260	夏金生福利院
12月11日	傅根娣	日本	建张和祥小学	1000000	镇海区教委
12月11日	李明昌	中国香港	建瑞云育才楼	200000	贵驷小学

续表

日期	捐赠者		捐赠内容	金额（元）	受捐单位
	姓名	国家及地区			
12月19日	傅在绎	中国香港	皇冠牌轿车1辆	80000	区侨联
12月	张炳昌 闻儒根	中国香港	猪羊各1只	500	夏金生福利院老年公寓
12月	赵安中 包从兴 楼志章 朱之信	中国香港	建造教学楼、宿舍、食堂、扩建田径场	1620500	中兴中学

年计：人民币3950235元　　项目35项（其中基建7项）
备注：累计金额25878766元　　累计项目215项（其中基建40项）

1992年华人港澳同胞捐赠统计表

日期	捐赠者		捐赠内容	金额（元）	受捐单位
	姓名	国家及地区			
1月24日	陈志耀	中国香港	日产21寸乐声彩电1台	3000	老年公寓
2月20日	傅根娣 徐　太	日本	6万日元	2500	区侨联
2月11日	顾国华	中国香港	日产空调机3台	16000	庄市佩珍医院
2月11日	陈圣蟾	中国香港	日产东芝BD3810复印机1台	7000	区侨联
2月	包玉书	中国香港	建造庄市老年活动中心	170000	庄市镇政府
2月20日	倪家翠	中国香港	5000港元	4000	庄市老人中心
2月20日	叶谋彰	中国香港	购置物品	5000	中兴中学
2月20日	包玉星	中国香港	棉毛衫裤、保暖鞋	13000	各乡镇敬老院212人
2月20日	叶谋彰	中国香港	购置物品	5000	庄市老人中心
3月2日	褐奇光	中国香港	日产170型佳能传真机1台	4500	华丽绣服厂
3月19日	倪朝灿	中国香港	尼桑轿车1辆	110000	澥浦敬老院
3月19日	包玉书 兄妹6人	中国香港	建造龙赛中学（1000万港元）	8000000	区教委
3月20日	包从兴	中国香港	尼桑面包车（1.7万美元）	110000	庄市镇老人中心
4月6日	倪朝灿	中国香港	卡拉OK音响及设备1套	20000	澥浦镇文化中心
4月14日	张明国	日本归侨	奖学金	20000	庄市镇中心小学
4月16日	顾兆田	中国香港	安装自来水管道	35000	河头路下徐村
4月23日	包玉书	中国香港	美国全功能麻醉机及芬兰多功能麻醉监护仪各1台（4.4万美元）	260000	龙赛医院
5月15日	赵安中	中国香港	赞助费	2000	中兴中学新叶杂志

续表

日期	捐赠者		捐赠内容	金额（元）	受捐单位
	姓名	国家及地区			
5月20日	包玉书	中国香港	日产 CLYMPR8 牌、P20 支气管纤维窥镜、丹麦产82型电测听器、法国产超声洁牙器各1台9700美元	60000	龙赛医院
7月	翁伟年	中国香港	奖学金（1992年度）	3200	骆驼中学
7月	李明昌	中国香港	购置B超1台	20000	贵驷中心医院
7月	李明昌	中国香港	金霸王油印机1台	10000	区侨联
7月7日	傅在源	日本	别克8座面包车（2.5万美元）	150000	镇海中学
7月7日	李瑞珠	中国香港	丰田3.0轿车（200000港元）	180000	城关中学
7月7日	翁伟年	中国香港	丰田3.0轿车（200000港元）	180000	骆驼中学
7月8日	王增达	中国香港	尼桑旧车1辆（3万港元）	24000	镇海老年公寓
7月8日	李明昌	中国香港	丰田 VZH－10HL 面包车1辆12座（120000港元）	108000	贵驷中学
8月8日	郑善国	中国香港	标致轿车1辆（1.5万美元）	120000	龙赛医院
9月3日	陈志耀	中国香港	购置物品	8000	实验小学
9月3日	赵安中	中国香港	建花坛、实验室	10000	团桥小学
9月7日	张炳昌	中国香港	礼金（2000港元）	1600	夏金生福利院
10月3日	包玉书	中国香港	礼金	10000	夏金生福利院、老年公寓各5000元
10月3日	陈志耀	中国香港	中午宴请费	10000	夏金生福利院、老年公寓各5000元
10月3日	陈志耀	中国香港	礼盒	2400	夏金生福利院老人
10月3日	包玉书	中国香港	礼金	1000	龙赛医院病人
10月19日	赵安中	中国香港	赞助费	4000	中兴中学新叶杂志、澥浦中学各2000元
10月8日	顾兆田	中国香港	修河塘、河埠头	40000	河头路下徐村
10月8日	赵安中	中国香港	建造骆驼卫生院	320000	骆驼卫生院
10月15日	顾兆田	中国香港	毛毯、床单	18500	河头鸿山学校、顾兆田幼儿园老师、路下徐老人
10月17日	赵安中	中国香港	买奖杯	1000	团桥小学
11月1日	翁伟年	中国香港	修缮费	100000	骆驼医院、骆驼中学各5万元
11月10日	陈志耀	中国香港	礼金	2560	老年公寓（650元）、夏金生福利院（1910元）

续表

日期	捐赠者		捐赠内容	金额（元）	受捐单位
	姓名	国家及地区			
11 月 10 日	李植裕	中国香港	彩电 2 台	5000	俞范城北、临江敬老院各 1 台
11 月 12 日	陈志耀	中国香港	慰问费	8000	临江、俞范敬老院各 3000 元、镇海幼儿园 2000 元
12 月 5 日	包玉星	中国香港	买毯子、棉被	4000	庄市老人中心
12 月 26 日	翁伟年	中国香港	礼金	2000	骆驼中学校庆

年计：人民币 10190260 元　　项目 46 项（其中基建 4 项）
备注：累计金额 36069026 元　　累计项目 261 项（其中基建 44 项）

1993 年华人港澳同胞捐赠统计表

日期	捐赠者		捐赠内容	金额（元）	受捐单位
	姓名	国家及地区			
1 月 8 日	李明昌	中国香港	奖学金（1993 年度）	8000	贵驷小学
3 月 6 日	王永华	中国香港	修路	42000	庄市勤勇村
3 月 6 日	张明为	巴西	诗舲幼儿园扩建（16 万港元）	153600	庄市镇政府
4 月 8 日	赵亨龙	中国香港	建造林杏琴教学楼	300000	骆驼中心学校
3 月 23 日	包玉书	中国香港	龙赛体育中心	1500000	区业余技巧运动学校
3 月 23 日	傅在源	日本	建造镇海中学体艺馆（150 万港元、美金 36 万）	4240000	镇海中学
4 月	赵安中	中国香港	建造林杏琴教学楼	180000	骆驼敬德小学
4 月	赵安中	中国香港	建造林杏琴教学楼	180000	澥浦觉渡小学
4 月	顾兆田	中国香港	建造鸿山学校教学楼	310000	河头乡政府
4 月 11 日	赵安中	中国香港	增添学校设备、灭火器	2000	团桥小学
4 月 11 日	宁波同乡会甬港联谊会	中国香港	礼金	4000	庄市老年活动中心
4 月 17 日	周方信	中国香港	日产丰田皇冠轿车 1 辆（27 万港元）	270000	区机关幼儿园
4 月 24 日	郑善国	中国香港	FO－560 型传真机 1 台（7600 港元）	8000	区台联
5 月 5 日	包玉书	中国香港	购置教育设备	1200000	龙赛中学
5 月 11 日	翁伟年	中国香港	奖学金（1993 年度）	4000	骆驼中学
6 月 14 日	李明昌	中国香港	传真机 1 台（7600 港元）	8000	区工商联
7 月 12 日	郑善林	中国香港	日产皇冠轿车 1 辆	245000	中医院

续表

日期	捐赠者		捐赠内容	金额（元）	受捐单位
	姓名	国家及地区			
7月12日	傅国海	中国香港	日产丰田大正皇面包车1辆	215000	职业中学
7月15日	吴兴年	中国香港	日产皇冠3.0轿车1辆（27万港元）	270000	张和祥小学
8月20日	张科伟	中国香港	日产录像设备1套（34万港元）	340000	镇海电视转播台
8月20日	赵元敏	中国香港	广州标致505型轿车1辆（15万港元）	150000	镇海文管会
10月1日	张明为	巴西	医疗设备	80000	庄市佩珍医院
10月1日	陈志耀	中国香港	扩建工程	60000	夏金生福利院
10月3日	傅根娣	日本	奖教奖学金	100000	张和祥小学
10月3日	宁波同乡会甬港联谊会	中国香港	礼金	6000	龙赛中学
10月3日	宁波同乡会甬港联谊会	中国香港	礼金	2000	张和祥小学
10月3日	包玉书	中国香港	奖学奖教基金（100万港元）	1100000	龙赛中学
10月3日	包玉书	中国香港	镀金圆珠笔300支	100000	龙赛中学落成礼品
10月	包从兴 赵安中 楼志章 朱之信	中国香港	奖教奖学金（包从兴20万港元；楼志章、朱之信、赵安中30万港元；共50万港元）	550000	中兴中学
10月6日	张科伟	中国香港	广州标致8座旅行车1辆（13.7万港元）	155000	区红十字会
11月	赵安中	中国香港	建造林杏琴教学楼	160000	贵驷启绪小学
11月	徐施爱菊	中国香港	建造乐园	200000	后施村
11月29日	李明昌	中国香港	美国产SYNCHRON CX4全自动生化分析仪1套及全部试剂（12万美元）	1080000	龙赛医院
12月29日	包从兴	中国香港	面包车1辆（20万港元）	165000	中兴中学
年计：人民币1338.76万元　项目34项（其中基建11项） 备注：累计金额4945.66万元　累计项目295项（其中基建55项）					

1994年华人港澳同胞捐赠统计表

日期	捐赠者		捐赠内容	金额（元）	受捐单位
	姓名	国家及地区			
1月7日	姚于晨	美国	486美产电脑1台（2200美金）	18700	区侨联
1月15日	顾兆田	中国香港	春节礼金	20000	河头顾兆田小学、幼儿园、路下徐村60岁以上老人
2月8日	包从兴	中国香港	礼金（1万港元）	11200	镇海老年公寓

续表

日期	捐赠者		捐赠内容	金额（元）	受捐单位
	姓名	国家及地区			
4月20日	李景和家属	巴西	建造校舍（5万美元）	425000	城关景和小学
4月25日	李明昌	中国香港	建造校舍	200000	贵驷和丰小学（瑞云小学）
5月5日	包玉书	中国香港	奖教奖学金利息：28770元、校服35930元	64700	龙赛中学
5月23日	陈志耀	中国香港	买玩具	3000	镇海幼儿园
6月	翁伟年	中国香港	建造骆驼积静幼儿园	300000	骆驼镇政府
6月3日	张炳昌	中国香港	购置物品	11130	骆驼中学
7月12日	翁伟年	中国香港	买B超	226000	骆驼医院
8月	赵安中	中国香港	建造林杏琴教育楼	200000	城关南洪小学
8月20日	包玉书	中国香港	美产GESYCEE300计算机　断层摄影装置1套（43.7万美元）	3714500	龙赛医院
9月	陈志耀 魏传瑞 王绍成	中国香港	建造海防历史纪念馆：（陈5万元、魏10万元、王18万元）	330000	海防历史纪念馆
9月20日	陈志耀	中国香港	“六一”礼款	4000	城关实验小学2000元、三校500元、中心小学500元、镇海幼儿园1000元
9月29日	李道一	巴西	礼金	10000	李景和小学
9月29日	陈志耀	中国香港	礼金	2000	李景和小学
9月30日	王声烨	印度尼西亚	建造王统元科技馆	400000	骆驼中心小学
10月7日	陈志耀	中国香港	赡养老人27204元、空调12000元、鸿福亭扩建16000元、月饼2070元	57274	夏金生福利院
10月	王绍成	中国香港	建造鳌柱塔	200000	镇海园林处
10月	赵安中	中国香港	建造林杏琴教学楼	350000	骆驼镇中学
10月20日	翁伟年	中国香港	日产三洋SFX－11传真机1台	3000	区侨联
10月	李明昌	中国香港	修校舍	80000	贵驷中心小学
11月	吴剑鸣	中国香港	建造吴剑鸣育才楼（50万元）、观音阁（20万元）	700000	城关中心学校、观音阁
11月8日	陈志耀	中国香港	立碑	15000	老年公寓
12月15日	顾兆田	中国香港	棉衣、热水瓶	36000	河头顾兆田小学、幼儿园、路下徐村60岁以上老人

年计：人民币738.15万元（王绍成捐鳌柱塔实际到汇20万）　项目25项（其中基建6项）
备注：累计金额5683.81万元　累计项目320项（其中基建61项）

1995年华人港澳同胞捐赠统计表

日期	捐赠者		捐赠内容	金额（元）	受捐单位
	姓名	国家及地区			
2月21日	包玉书	中国香港	扩建田径操场	150000	庄市兆龙学校
2月	包玉书	中国香港	建造海防历史纪念馆	1000000	海防历史纪念馆
3月18日	赵安中	中国香港	建造林杏琴游泳池	200000	骆驼中心小学
4月28日	包景表	中国香港	建造育才楼（40万港元）	420000	城关实验小学
4月	甬港联谊会	中国香港	捐建海防历史纪念馆	110000	海防历史纪念馆
6月28日	翁伟年	中国香港	奖教奖学金（1995年度）	6000	骆驼中学
7月	刘永龄	中国香港	捐建中法战争纪念碑（50港元）	540000	海防历史纪念馆
7月	赵安中	中国香港	捐建林杏琴门诊楼、住院楼	300000	骆驼医院
7月	赵安中	中国香港	建造林杏琴健康小区	100000	骆驼医院
7月17日	陈志耀	中国香港	购买电脑	30000	实验小学
7月17日	陈志耀	中国香港	增添设备	30000	镇海区幼儿园
8月	赵安中	中国香港	购图书	20000	骆驼中心小学
8月20日	李明昌	中国香港	捐建海防历史纪念馆	50000	海防历史纪念馆
8月20日	董瑞萼	中国香港	捐建海防历史纪念馆	50000	海防历史纪念馆
8月27日	赵安中	中国香港	买图书	10000	南洪小学
10月5日	刘翠玉	比利时	建翠玉凉亭	50000	夏金生福利院
10月8日	包玉书	中国香港	设备	50000	广播电台
10月9日	赵安中	中国香港	建造林杏琴教育楼	300000	湾塘小学
10月8日	包玉书	中国香港	建造生活楼	300000	龙赛中学
11月2日	包玉书	中国香港	金华学校	300000	不计数
11月2日	包玉书	中国香港	助建语言实验楼	50000	兆龙学校
11月2日	傅根娣	日本	购买电脑及附件	180000	张和祥小学
11月	俞立梓	中国香港	操场扩建、门楼、奖教奖学金	173600	乔梓小学

年计：人民币411.96万元　项目22项（其中基建7项）
备注：累计金额6095.77万元　累计项目342项（其中基建68项）

1996 年华人港澳同胞捐赠统计表

日期	捐赠者		捐赠内容	金额（元）	受捐单位
	姓名	国家及地区			
1 月 19 日	顾兆田	中国香港	电饭锅及春节礼金	42000	河头顾兆田小学、幼儿园、路下徐村 60 岁以上老人
1 月 19 日	李明昌	中国香港	美国产全自动生化分析仪及试剂	393000	龙赛医院
2 月 6 日	陈志耀	中国香港	老人礼金	26000	贵驷、骆驼、河头敬老院
2 月 8 日	包玉书	中国香港	老人礼金	8700	夏金生福利院
2 月	李明昌	中国香港	奖学金（1996 年度）	10000	贵驷中心学校
2 月	包从兴	中国香港	礼金	10000	庄市老人中心
2 月	陈志耀	中国香港	春节礼金	20000	老年公寓、夏金生福利院各 1 万元
3 月 5 日	包玉星（履安堂）	中国香港	春节慰问金	40000	江北福利院 2 万元、庄市老人中心 1 万元，湾塘、临江敬老院 1 万元
3 月	邵逸夫	中国香港	建造逸夫教育楼	800000	骆驼中学教育楼
3 月	邵逸夫	中国香港	建造逸夫小学	500000	庄市勤勇村
4 月 18 日	赵安中	中国香港	礼金	10000	骆驼中心小学
4 月	顾兆田	中国香港	买钢琴	9000	顾兆田幼儿园
4 月 20 日	陈志耀	中国香港	买电脑	300000	城关实验小学
6 月 24 日	陈志耀	中国香港	改造教育楼	200000	镇海幼儿园
6 月 24 日	陈志耀	中国香港	陈友德教育楼 贴面砖	30000	城关实验小学
8 月	俞翊桼 俞亚雯	中国香港	建造教育楼：翊桼 30 万、亚雯 20 万	500000	临江乔梓小学
8 月	赵安中	中国香港	建造林杏琴教育楼	200000	田顾小学
10 月 5 日	包景表	中国香港	彩色打印机 1 台、电脑 10 台（进口）	130000	城关实验小学
10 月 8 日	包秀云	中国香港	佰生教育楼	1000000	职业中学
10 月	翁伟年	中国香港	奖学金（1996 年度）	12000	骆驼中学 8000 元、骆驼幼儿园 4000 元
10 月	张明为	巴西	奖学金	18500	庄市诗舲幼儿园
10 月	张明为	巴西	买彩色 B 超 1 台	100000	庄市佩珍医院
10 月 28 日	张爱芳 傅根娣 周菊英 朱佐芸	日本	龙赛医院 10 周年庆典礼金（日币 40 万）	32000	龙赛医院
10 月 28 日	张爱芳	日本	建造仁爱中学	8000000	城关二中（仁爱中学）

年计：人民币 1239.12 万元　　项目 24 项（其中基建 7 项）
备注：累计金额 7334.89 万元　　累计项目 366 项（其中基建 75 项）

1997 年华人港澳同胞捐赠统计表

日期	捐赠者		捐赠内容	金额（元）	受捐单位
	姓名	国家及地区			
1 月 31 日	陈志耀	中国香港	春节老人礼金	20000	各乡镇敬老院
1 月 31 日	顾兆田	中国香港	春节礼金	62000	河头顾兆田小学、幼儿园、路下徐村 60 岁以上老人
2 月 1 日	包秀云	中国香港	建造思源楼	1000000	职业高中
2 月 1 日	董宗义 5 兄妹	美国	建造致远馆	500000	职业高中
4 月 10 日	赵安中	中国香港	建造林杏琴门诊楼	200000	河头卫生院
4 月 10 日	包玉书	中国香港	建造图书科技大楼	1200000	龙赛中学
4 月 10 日	顾兆田	中国香港	标准化电路安装	50000	河头路下徐村
4 月 14 日	傅在源	日本	奖教奖学金（100 万美元）	8280000	镇海中学
4 月 14 日	傅在源	日本	建造图书电教观（25 万美元）	2060000	镇海中学
4 月 21 日	赵安中	中国香港	购图书	50000	骆驼小学
5 月 21 日	陈志耀	中国香港	“六一”礼款（3000 港元）	3100	城关中心小学 800 港元、声远小学 600 港元、实验小学 600 港元、二校 500 港元、幼儿园 600 港元
7 月 5 日	翁伟年	中国香港	奖教教学金	12000	骆驼中学 8000 元、骆驼积静幼儿园 4000 元
7 月 5 日	陈志耀	中国香港	课桌椅更新	5000	三校
7 月 10 日	李明昌	中国香港	奖学金（1997 年度）	10000	贵驷小学
8 月 26 日	香港苏浙同乡会	中国香港	购置教育仪器	300000	镇海中学
10 月 9 日	包玉书	中国香港	奖励基金	1000000	龙赛医院
10 月 12 日	傅在源	日本	建造鳌柱塔（21 万美元）	1700000	镇海园林处
10 月 12 日	傅在源	日本	电梯、电教设备（40 万美元）	3300000	镇海中学

年计：人民币 1975.2 万元　　项目 18 项（其中基建 5 项）
备注：累计金额 9310.09 万元　　累计项目 384 项（其中基建 80 项）

1998 年华人港澳同胞捐赠统计表

日期	捐赠者		捐赠内容	金额（元）	受捐单位
	姓名	国家及地区			
1 月 2 日	顾兆田	中国香港	春节礼金	66000	河头顾兆田小学、幼儿园、路下徐村 60 岁以上老人、河头敬老院
1 月 22 日	陈志耀	中国香港	春节礼金	27500	骆驼、澥浦、庄市、贵驷、城北、城西敬老院
1 月 22 日	包玉书	中国香港	春节礼金	10100	夏金生福利院
1 月 26 日	包玉星（履安堂）	中国香港	春节礼品	20000	庄市老人中心
3 月 6 日	顾兆田	中国香港	修村路	70000	河头路下徐村
3 月 20 日	赵安中	中国香港	绿州杂志社	10000	骆驼中心学校
3 月 20 日	赵安中	中国香港	综合科教实验楼	200000	澥浦中心学校
3 月 29 日	颜贵康	中国香港	建老年活动中心	250000	庄市镇朱家岸村
4 月 20 日	赵安中	中国香港	建林杏琴教育楼	300000	骆驼镇中学
4 月 20 日	张明为	巴西	买鞋	7500	庄市镇诗舲幼儿园
5 月 20 日	顾兆田	中国香港	乒乓球台	5000	河头顾兆田小学
6 月 9 日	顾兆田	中国香港	顾兆田幼儿园扩建	80000	河头乡政府
10 月 8 日	张爱芳	日本	奖教奖学金	1000000	仁爱中学
10 月 8 日	傅根娣	日本	外墙装饰	154000	张和祥小学
10 月 8 日	包玉书	中国香港	添置运动设施	100000	区业余技巧运动学校
10 月 10 日	包秀云	中国香港	城关云龙福利中心	800000	城关镇
11 月 5 日	金维明	中国香港	购电脑	46300	澥浦觉渡小学

年计：人民币 314.64 万元　　项目 17 项（其中基建 4 项）
备注：累计金额 9624.73 万元　　累计项目 401 项（其中基建 84 项）

1999 年华人港澳同胞捐赠统计表

日期	捐赠者		捐赠内容	金额（元）	受捐单位
	姓名	国家及地区			
1 月 21 日	顾兆田	中国香港	人民币	50000	河头顾兆田小学、幼儿园、路下徐村 60 岁以上老人
2 月 12 日	包玉星	中国香港	棉衣 100 件	15000	庄市老人中心
3 月 1 日	顾东华	中国香港	增添设备	10000	河头顾兆田小学
3 月 21 日	李明昌	中国香港	奖教奖学金（1999 年度）	10000	贵驷中心小学

续表

日期	捐赠者		捐赠内容	金额（元）	受捐单位
	姓名	国家及地区			
4月16日	张明为	巴西	扩建幼儿园	80000	庄市诗龄幼儿园
4月18日	丁眉寿	澳大利亚	鳌柱塔上望远镜	15300	镇海园林处
5月8日	傅在源	日本	区老年基金（3万）	250000	区老龄办
5月8日	傅在源	日本	奖教奖学金补差（9万美元）	740000	镇海中学
5月8日	傅在源	日本	富的大学生助学基金（50万美元）	4150000	镇海中学
6月3日	周茂瑜	中国香港	建造精华小学	150000	城关镇政府
6月15日	翁伟年	中国香港	伟年实验楼　外墙装饰	80000	骆驼中学
7月12日	翁伟年	中国香港	奖教奖学金（1999年度）	12000	骆驼中学8000元、积静幼儿园4000元
8月16日	戴振平	中国香港	镇海画册印刷	50000	区文广局
8月18日	金维明	中国香港	购电脑	34000	澥浦觉渡小学
9月21日	傅在源	日本	建游泳池（50万美元）	4150000	镇海中学
10月8日	金维明	中国香港	购买洗衣机、电冰箱	4000	澥浦敬老院
10月23日	李道中	巴西	语言实验室、电脑	150000	李景和小学

年计：人民币995.03万元　　项目17项（其中基建2项）
备注：累计金额10619.76万　　累计项目418项（其中基建86项）

2000年华人港澳同胞捐赠统计表

日期	捐赠者		捐赠内容	金额（元）	受捐单位
	姓名	国家及地区			
1月2日	赵安中	中国香港	建林杏琴教学楼	250000	骆驼团桥小学
1月5日	袁忠恺	中国香港	修建招宝山路	40000	镇海园林处
1月10日	顾兆田	中国香港	春节礼金	70000	路下徐村、河头敬老院、河头顾兆田幼儿园、学校
1月25日	履安堂（包玉星）	中国香港	春节礼品	40000	庄市老人中心、骆驼等敬老院
2月	包景表	中国香港	建造中医院永源楼	1000000	镇海区中医院
4月	张明为	巴西	张明为奖教奖学基金	100000	中兴中学
6月	包景表	中国香港	建造精英小学	2500000	城关镇政府
7月	傅在源	日本	汇入100万美元=830万元。其中：老年基金9万美元、奖教奖学金补差36万美元、上海七色花小学20万美元、大学生助学基金35万美元。减去1999年利息差74万元（多算）	7560000	镇海中学　区老龄委

年计：人民币1156万元　　项目8项（其中基建3项）
备注：累计金额11775.76万　　累计项目426项（其中基建89项）

2001 年华人港澳同胞捐赠统计表

日期	捐赠者		捐赠内容	金额（元）	受捐单位
	姓名	国家及地区			
2000. 10	张爱芳	日本	增添计算机设备	500000	仁爱中学
2000. 10	包玉书	中国香港	奖教奖学金（100 万美元）	8270000	龙赛中学
1 月 7 日	李明昌	中国香港	买电脑	70000	贵驷中心学校
1 月 10 日	顾兆田	中国香港	春节礼金	66000	河头顾兆田小学、幼儿园、路下徐村 60 岁以上老人、河头敬老院
3 月 18 日	包玉书	中国香港	购电脑	150000	庄市兆龙小学
3 月 18 日	包玉书	中国香港	救护车 2 辆	1600000	龙赛医院
5 月 12 日	包玉书	中国香港	购置设备	100000	技巧运动学校
8 月 8 日	翁伟年	中国香港	奖教奖学金（2001 年度）	12000	骆驼中学 8000 元、骆驼幼儿园 4000 元
8 月 18 日	应行久	美国	助建区外语实验学校	1000000	区外语实验学校
9 月 5 日	陈志耀	中国香港	砌河塘	7000	兆龙小学
11 月 13 日	傅根娣	日本	购置教育设备（1 万美元）	82000	张和祥小学

年计：人民币 1185. 7 万元　　项目 11 项（其中基建 1 项）
备注：累计金额 12961. 46 万　　累计项目 437 项（其中基建 90 项）

2002 年华人港澳同胞捐赠统计表

日期	捐赠者		捐赠内容	金额（元）	受捐单位
	姓名	国家及地区			
1 月 24 日	顾兆田	中国香港	春节礼金	21000	路下徐村老年人、河头敬老院
1 月 30 日	包玉星	中国香港	春节礼品、羊毛内衣	50000	镇海区 8 所敬老院五保老人
6 月 5 日	翁伟年	中国香港	奖学金（2002 年度）	12000	骆驼中学 8000 元、积静幼儿园 4000 元
6 月 8 日	傅在源	日本	富的大学生助学基金（50 万美元）	4132000	镇海中学
10 月 8 日	张建明	日本	购买教学设备（70 万日元）	52500	张和祥小学
10 月 10 日	张爱芳	日本	教学设备	1000000	仁爱中学
10 月 13 日	包秀云	中国香港	购买医疗器械（10 万美元）	826000	镇海中医院
10 月 17 日	包景表	中国香港	建造新职教中心大楼（100 万美元）	8264000	区新职教中心
11 月 19 日	顾兆田	中国香港	路下徐村修路（8 万港元）	84500	河头路下徐村

年计：人民币 1444. 2 万元　　项目 9 项（其中基建 2 项）
备注：累计金额 14405. 66 万　　累计项目 446 项（其中基建 92 项）

2003 年华人港澳同胞捐赠统计表

日期	捐赠者	国家及地区	捐赠内容	金额（元）	受捐单位
1 月 8 日	顾兆田	中国香港	春节礼金（4 万港元）	42500	河头敬老院，河头路下徐 60 岁以上老人、顾兆田小学、顾兆田幼儿园
1 月 9 日	包玉书（履安堂）	中国香港	春节礼金	50000	各镇、街道敬老院、贫困户
1 月 10 日	吴剑鸣	中国香港	1240 只书包	62000	镇海区中心学校全体学生
1 月 10 日	吴剑鸣	中国香港	12 座面包车 1 辆	180000	镇海区海外华侨、华人联谊会
1 月 10 日	李 坤	中国香港	沿江景观带李坤广场	4000000	镇海区建交局
5 月 7 日	张明为	巴西	购置教学设备	100000	庄市诗舲幼儿园
7 月 31 日	叶谋彰	中国香港	添置设施（2 万港元）	21300	中兴中学、庄市老人中心
7 月 31 日	傅在源	日本	资助贫困学生上大学	2850000	镇海中学
9 月 13 日	顾兆田	中国香港	回乡慰问金	13300	河头敬老院、顾兆田小学、顾兆田幼儿园
10 月 10 日	殷尚瀛	美国	购置教学设备	50000	区外语实验学校
10 月 20 日	胡运熹	美国	资助贫困学生（5 万美元）	413200	区外语实验学校
10 月 20 日	王心仁	美国	资助贫困学生	10000	区外语实验学校
10 月 21 日	叶中贤	中国香港	助建“育能教学楼”	200000	澥浦中心小学
11 月 3 日	李明昌	中国香港	资助贫困学生	10000	贵驷小学

年计：人民币 800. 23 万元　　项目 14 项（其中基建 2 项）
备注：累计金额 15205. 89 万元　　累计项目 460 项（其中基建 94 项）

2004 年华人港澳同胞捐赠统计表

日期	捐赠者	国家及地区	捐赠内容	金额（元）	受捐单位
1 月 8 日	顾兆田	中国香港	春节礼金（4. 5 万港元）	48000	河头敬老院，河头路下徐 60 岁以上老人、顾兆田小学、顾兆田幼儿园
1 月 9 日	严信才夫妇	中国香港	春节礼金	20000	云龙福利院、河头敬老院、中汇贫困职工
1 月 10 日	包景表	中国香港	助建门、急诊楼	2000000	区中医院
3 月 1 日	李明昌	中国香港	资助贫困学生	10000	区贵驷小学
4 月 25 日	魏绍相	中国香港	助建魏绍相综合楼	150000	九龙湖镇长石小学
4 月 29 日	叶中贤	中国香港	助建育贤教学楼	200000	澥浦中心小学

续表

日期	捐赠者	国家及地区	捐赠内容	金额（元）	受捐单位
4月29日	李明昌 忻礼轼 姚祥兴 竺银康 翁伟年	中国香港	助建古塘公园（25万美元）	2066000	区政府
6月10日	严信才	中国香港	助建赵友飞教学综合楼	500000	澥浦中学
7月8日	包从兴	中国香港	购置面包车1辆（12万港元）	127500	中兴中学
7月18日	翁伟年	中国香港	奖教奖学金（2004年度）	15700	骆驼中学1万元、骆驼幼儿园5700元
10月20日	王心仁	美国	资助贫困学生	10000	区外语实验学校
11月18日	傅在源	日本	资助贫困学生上大学	1560000	镇海中学
	包玉书等	中国香港	各类基金	68000	龙赛中学、龙赛医院、仁爱中学等

年计：人民币677.52万元　　项目13项（其中基建5项）
备注：累计金额15882.41万元　　累计项目：472项（其中基建99项）

2005年华人港澳同胞捐赠统计表

日期	捐赠者	国家及地区	捐赠内容	金额（元）	受捐单位
1月18日	顾兆田	中国香港	春节礼金（4.5万港元）	48500	河头敬老院，河头路下徐60岁以上老人、顾兆田小学、顾兆田幼儿园
1月28日	李明昌	中国香港	资助贫困学生	10000	贵驷小学
1月28日	郭大东	中国香港	资助贫困学生	40000	庄市街道办事处
2月8日	顾兆田	中国香港	河塘砌石、吸泥（2.86万港元）	30300	河头路下徐村
4月16日	朱昌言	中国香港	编写区志（5万港元）	53100	区志办
4月22日	朱昌言	中国香港	用于九龙湖镇敬老院建设、龙赛医院添置医疗设备、精英小学添置教学设施、实验小学电脑房建设	2000000	河头敬老院、龙赛医院、精英小学、实验小学
4月25日	王宽诚教育基金会	中国香港	镇海科技创业服务中心建设（100万美元）	8290500	区科技局
4月28日	傅在源	日本	资助贫困学生上大学（富的大学生助学基金）	500000	镇海中学
5月1日	张建民	日本	修建大礼堂等	100000	张和祥小学
5月1日	叶惟钧	中国香港	编写区志	50000	区志办
5月8日	赵安中	中国香港	中兴中学“新叶”杂志	100000	中兴中学
5月28日	傅根娣	日本	购置教学设备（2万美元）	165300	张和祥小学
6月13日	虞刚年	美国	资助贫困学生（2万美元）	165300	镇海中学（虞刚年贫寒奖学金）

续表

日期	捐赠者	国家及地区	捐赠内容	金额（元）	受捐单位
6月18日	赵安中	中国香港	彩虹创刊10周年	50000	区海外联谊会
8月18日	翁伟年	中国香港	奖教奖学金（2005年度）2300加拿大元	15200	骆驼中学10200元、骆驼幼儿园5000元
10月25日	香港甬港联谊会	中国香港	资助贫困学生	6000	镇海中学、中兴中学、龙赛中学各一名
	傅在源	日本	富的镇中基金利息	633600	镇海中学
	包玉书等	中国香港	各类基金利息	80000	龙赛中学、龙赛医院、仁爱中学等

年计：人民币1233.78万元　　项目18项（其中基建4项）
备注：累计金额17116.19万元　累计项目490项

2006年华人港澳同胞捐赠统计表

日期	捐赠者	国家及地区	捐赠内容	金额（元）	受捐单位
1月6日	顾兆田	中国香港	春节礼金（7.21万港元）	74800	河头敬老院，河头路下徐60岁以上老人、顾兆田小学、顾兆田幼儿园
1月28日	郭大东	中国香港	资助贫困学生	45000	庄市街道办事处
3月18日	李明昌	中国香港	资助贫困学生	10000	贵驷小学
5月8日	顾兆田	中国香港	添置教学设备（5万港元）	51500	九龙湖镇顾兆田幼儿园
5月8日	应金玉堂应立人	美国	助建区外语实验学校	11546500	区外语实验学校
7月18日	翁傅积静	中国香港	奖教奖学金（2006年度）2300加拿大元	16200	骆驼中学11200元、骆驼幼儿园5000元
7月21日	董包秀云	美国	购置医疗器械（10万美元）	800000	区中医院
9月18日	陈百中	中国香港	资助贫困老人和学生	40000	区老年基金会、澥浦中心小学
9月28日	王心仁	美国	资助贫困学生	20000	区外语实验学校
10月18日	赵安中	中国香港	资助贫困学生（2万元人民币、1600美元）	32600	中兴中学
	傅在源	日本	富的镇中基金利息	633600	镇海中学
	傅在源	日本	资助贫困学生上大（富的大学生助学基金）	800000	镇海中学
	包玉书等	中国香港	各类基金利息	100000	龙赛中学、龙赛医院、仁爱中学等

年计：人民币1415.02万元　　项目13项（其中基建1项）
备注：累计金额18531.21万元　累计项目503项

2007 年华人港澳同胞捐赠统计表

日期	捐赠者		捐赠内容	金额（元）	受捐单位
	姓名	国家及地区			
1 月 1 日	姚国源	中国香港	资助贫困老人	5000	河头敬老院
1 月 1 日	顾兆田	中国香港	资助贫困老人	15000	河头敬老院
1 月 1 日	陈百中	中国香港	资助贫困老人和学生	60000	区老年基金会 4 万
1 月 18 日	李明昌	中国香港	资助贫困学生	10000	贵驷小学
1 月 22 日	顾兆田	中国香港	春节礼金（14. 15 万港元）	140000	河头路下徐贫困老人、顾兆田小学、顾兆田幼儿园
3 月 18 日	金维明	中国香港	助建九龙湖镇敬老院	200000	九龙湖镇政府
3 月 26 日	李施云娥	中国香港	资助贫困学生	25000	贵驷小学
4 月 26 日	包景表	中国香港	包氏急救医疗救助基金（5 万美元）励志奖学金（5 万美元）	770000	区中医院、区职教中心各 5 万美元
6 月 12 日	顾兆田	中国香港	助建九龙湖镇敬老院	200000	九龙湖镇政府
6 月 25 日	王宽诚教育基金会	中国香港	镇海区中科院材料所实验楼（100 万美元）	7630500	宁波市人民政府
7 月 11 日	翁傅积静	中国香港	奖教奖学金（2006 年度）2300 加拿大元	16200	骆驼中学 11200 元、骆驼幼儿园 5000 元
10 月 11 日	香港甬港联谊会	中国香港	助建九龙湖镇长宏村老年活动中心	100000	九龙湖镇政府
10 月 20 日	张爱芳	中国香港	奖教奖学金（捐字第 12 号）	2000000	仁爱中学
10 月 29 日	叶惟钧	中国香港	奖教奖学金 100 万港元	950000	中兴中学
10 月 29 日	虞刚年	美国	购置教学物品（5. 6 万美元）	420000	中兴中学
11 月 18 日	金维明	中国香港	助建澥浦幼儿园	200000	澥浦镇政府
8 月 18 日	贺山	日本	与贵州省贫困学生结对	2000	贵州省贫困学生
	傅在源	日本	富的镇中基金利息	633600	镇海中学
	傅在源	日本	资助贫困学生上大学（富的大学生助学基金）15 万美元	1130000	镇海中学
	包玉书等	中国香港	各类基金利息	150000	龙赛中学、龙赛医院、仁爱中学等

年计：人民币 1465. 73 万元　　项目 20 项（其中基建 5 项）
备注：累计金额 19996. 94 万元　累计项目 521 项

2008 年华人港澳同胞捐赠统计表

日期	捐赠者	国家及地区	捐赠内容	金额（元）	受捐单位
1月1日	李施云娥	中国香港	资助贫困学生	10000	贵驷小学
1月1日	无名氏	中国香港	资助贫困老人	10000	招宝山街道
1月10日	李吴剑鸣	中国香港	资助贫困老人	20000	招宝山街道、骆驼敬老院
1月10日	顾兆田	中国香港	春节礼金（5.4 万港元）	50600	河头路下徐贫困老人、顾兆田小学、顾兆田幼儿园等
3月24日	陈百中	中国香港	澥浦幼儿园添置设备	20000	澥浦镇政府
6月26日	虞刚年	美国	四川地震灾区（1 万美元）	68500	区红十字会
6月23日	翁傅积静	中国香港	奖教奖学金（2008 年度）2300 加拿大元	15500	骆驼中学 10500 元、骆驼幼儿园 5000 元
	傅在源	日本	富的镇中基金利息	633600	镇海中学
	傅在源	日本	资助贫困学生上大学（富的大学生助学基金）5 万美元	350000	镇海中学
	包玉书等	中国香港	各类基金利息	130000	龙赛中学、龙赛医院、仁爱中学等

年计：人民币 130.82 万元　　项目 11 项（其中基建 0 项）
备注：累计金额 20127.76 万元　累计项目 533 项

说明：资料来源区侨办

七、内河航运史略

镇海县内河航运，在历史上与当地灌溉农业的发展紧紧地连在一起。资料表明，将镇海这个“海壖之地”，改造成为平原上河渠纵横的稻棉之乡，先是“筑塘捍海，外御风潮”，而后“设滩煮盐”，经过一定时间后才开渠蓄水或截江阻咸蓄淡，改盐田为农田，直至逐步完善灌溉农业体系。在兴修农田水利同时，内河航道也逐步形成。由于地理上的原因，五代至明代，先在江北，后在江南，陆续造就了三个相对独立的内河航运区。明中叶后，内河航运已发展成为地方交通的主要力量。1918 年，江南始行“汽油船”。最盛时，全县有河运船 506 艘，总吨位不下 1300 吨。1941 年，镇海沦陷后船舶减少，汽船多数停驶，战后未见起色。

解放后，镇海县内河航运逐步恢复。船舶经过全面技术改造，实现了机动化，在经济建设中起了重要的作用。20 世纪 70 年代，内河客运渐为公路运输替代，80 年代末，内河货运也为日益发展的公路运输替代。

航道

镇北航区航道

中大河

南宋宝祐五年（1257），镇海、慈溪两县奉丞相吴潜之命，完成了此河的凿疏工程。据旧志记载：该工程，一方面，把镇海城西各小河连通并凿疏成东西向的运河。另一方面，建造了茅洲闸和化纸闸（化子闸），将姚江支流后江之水引导到运河；为了节制水位，又筑贵胜、大市两堰。《嘉靖志》载："中大河起于慈溪丈亭江，由夹田桥过茅洲、化纸两闸，以达定之西城，而近中又节之以贵胜、大寺（市）两堰，以严蓄泄。"历史上的中大河、从化纸闸至镇海，中间经过长石、骆驼、贵驷、大市堰、汇头周、新添庙桥，中间以贵胜堰为界，其东称上河，其西称下河；镇北去的船只到此过堰，然后抵化纸闸，经后江入姚江，与杭甬运河相接。

1959 年，建成姚江大闸后，为了增加镇北内河的蓄水量，沿姚江新建了压赛堰和李碶渡两个翻水站，从而提高和稳定了贵胜堰至化纸闸段的水位，使之与上河持平，中大河从此全线贯通。进而全面整治河道，拆除过去所有碍航的堰坝与桥闸（这些过去各村自行建造的桥闸、堰坝，通常是谷雨关闸，立秋后开闸，给航运带来极大的不便）。拆除的除贵胜、大市两堰外，还有镇西桥闸、平水闸、创业桥闸、里洞桥闸、借邑港闸、沙河闸、升孔闸、堰头王闸、沈家堰、西街桥闸、后倪坝、秦胡桥闸等。同时改建了一批孔径过小妨碍过船的桥梁。时在镇北航道上只留下 5 闸，即孔浦闸（新装升船机）①、李碶堰闸（新装升船机）、化纸闸（套闸，季节性通航）、岚山闸（套闸、季节性通航）、甸张闸（套闸、季节性通航）。1979 年普查记录，中大河从镇海城关镇葱园前起，经静德桥、迎师桥、汇头周、大市堰、贵驷镇、骆驼镇、长石乡，至化纸闸，全长 19.93 千米。航道宽 20～25 米，最窄处骆驼桥至三五桥一段宽 14 米。弯道半径，一般在 80 米以上，最小半径安乐寺段 60 米，镇海城关附近段 40 米。水深 1.7 米至 2.0 米，最浅处骆驼镇三五桥、贵驷陆迪功桥、工农桥等处，分别为 1.42 米、1.41 米、1.31 米。河底宽 8～15 米，最窄底宽 4 米。② 通航船舶吨位 10～15 吨，属 12 级航道。桥梁 44 座，多数为石平桥，通航孔净跨最小 3.5 米（骆驼贵胜堰桥），最低 2.0 米（骆驼镇立新桥）。闸坝一座，即化纸闸，系石平桥式碶闸，4 孔，跨径不一，主要通航孔南边一孔跨径 2.85 米，闸梁底净高 1.5 米。码头 7 座，系骆驼内河航运公司、骆驼运输公司、镇海城关内河装卸队、粮棉仓库、粮油加工厂和贵驷棉花加工厂所有。结构型式为浆砌或干砌块石岸壁式。

这条航道，自化纸闸以远，经慈江闸，至丈亭，进入姚江，是镇海直接沟通杭甬运河的唯一内河航运线。其中丈亭至慈江闸 13.64 千米，通航能力 40 吨级。慈江闸至化纸闸 15.24 千米，通航能力 30 吨级。

---

① 孔浦升船机位于宁波至镇北航道上孔浦与甬江的连接处。以前为简易的单孔木闸。1962 年改建为钢筋混凝土闸门。1966 年易址建造成三孔钢筋混凝土闸。1974 年增建第四孔闸门，并在它的上面建造摇篮式由继电器控制的自动升船机 1 台。该机的承船车长 7.4 米，宽 4.22 米，钢轨长 80 米，传动系统平均运行速度每分钟 40.7 米，每船过船时间 2 分钟，最大的船舶通过能力为 30 吨级。

② 水深与底宽均以最低通航水位 2.7 米和船舶吃水 1.3 米标准计算。

前大河

古称浃江河。早期历史无考。南宋淳祐六年（1246）九月，因河道久不浚治而湮塞，由知府颜颐仲“雇募夫工23万9千余工，动用官帑55万7千余缗”，“依故河道”，进行全线疏浚，“自州城桃花渡，经白沙、露林，直至定海（今镇海）西城。”“浚后，河宽5丈，深1.2丈。沿河建造碶闸3座，桥梁6座。后为纪其事，因名颜公渠”（嘉靖《定海县志》）。清始改今名。民国《镇海县志》记，清末时该河自葱园三江口分中大河之水，西南流，经五里牌、清水浦、甬东桥、横河堰、庄市镇，至进贤桥东，过回龙桥，在西卫桥北与西大河会合，长15.4千米，加上西卫桥北至宁波江北岸7.75千米，全长约23千米。1945年10月，镇海县内河航路统计表记载，此河通行“木质航船，搭客载货”。1979年普查时未列入内河航道养护范围，因而表中无记。宁波至镇海航道，通常是指“自宁波江北岸大通桥起，循西大河南支，即经骆驼桥，沿中大河东行，至镇海西城葱园桥”，全程26.67千米（其中骆驼至镇海14.49千米，骆驼至大通桥12.18千米），通航10～15吨船舶，属12级航道。

西大河

旧时航道自澥浦新漕跟起，经觉渡撞山桥、李衙桥、骆驼马家桥、咸宁桥、团桥、洪家、宁波北郊汉王庙，到达宁波三宝桥，长17.24千米。1933年，《中国实业志·浙江省》第十编第四章记此河水深通常为2.64米，满水3.3米，枯水0.17米，河宽16.5～19.8米，通行木质航船，搭客载货。

1979年普查，因重新划分航道，表报中只列骆驼至宁波大通桥一段。此段全长12.18千米（其中西卫桥至大通桥7.75千米），航道宽16～25米，最窄处大通桥附近、与团桥街河2处，宽10～14米。湾道半径30米以上。水深1.6～2.0米，最浅处大通桥、三五桥、工农桥3处，分别为1.22米、1.42米、1.31米。河底宽6～10米。桥梁29座，以石平桥为主（其中13座在宁波市境内），通航孔净跨最小8米（大通桥），最低1.7米（团桥镇迎丰桥）。通航10～15吨船舶，属12级航道。骆驼内河运输站在大通桥建有浆砌块石岸壁式码头1座。

江北大河

航道起于河头，经马家桥、杨家桥、沈堰头、庶来桥、黄杨江、安乐寺、跨塘桥、更楼、黄梅堰、半路庵，至庄桥镇，过李溪渡节制闸，进入姚江，全程14.09（一说15.87）千米（本县境内11.78千米）。这条航道，在马家桥东行通澥浦，东南行通骆驼；还可在安乐寺向西过化子闸进入后江。

1979年普查记录：航道宽18～20米。最窄处庄桥街河（甡桥至双庆桥0.42千米）与河头市附近，分别为11米和12米。弯道半径，在230～290米之间，最小处河头应家东北60米处和马家桥叉江口，分别为80米和40米。水深1.5～2.0米，最浅处河头上畦官山桥与河头市附近，分别为1.17～0.9米。河底宽6～10米。桥梁23座，以石平桥为主，其中属于宁波市的8座。通航孔净跨最小3.05米（杜郭堰头桥），净空最低1.6米（更楼黄梅堰桥）。通航10～15吨船舶，属12级航道。码头5座，其中客运码头2座（河头、庄桥码头），岸壁式；其余3座分别在庄桥、沈堰头、河头，均为粮食仓库码头，浆砌条石结构。1978—1979年，在跨塘桥北50米处，新凿直线航道一条，经长石镇到杨家桥全长4.695千米，宽20米，底宽4.4米，此河开凿后，一改过去黄杨江至杨家桥七弯八曲之旧貌。

镇南航区航道

小浃江河

原是潮汐河流。相传，先秦时有海岛居民驾舟溯江至贸山贸易。明嘉靖三十五年（1556），截流阻咸蓄淡，造东岗碶，自此，“碶上为河，碶下为江。”同时，又分别从鄞县后塘河的石桥港和练盆桥，开凿二条支流谢墅河与新大河，与小浃江河连通，把东钱湖水引到镇南。清道光九年（1829）建义成碶，东岗碶废，小浃江河向北延伸至义成桥市。1966年，浃水大闸取代义成碶，河道进一步向北伸展至浃水大闸出海。

1979年航道普查记录：此河起于浃水大闸，经小港镇、长山桥、赵家、下倪桥、东岗桥、下邵、太师湾，至五乡镇，全程25.44千米，县境内21.37千米。1978—1979年，截弯取直3个河段，即小港浦山段1115米，洪家段580米，联丰段50米，宽度均为20米，共计土方11.5万立方米。全航道通航水位2.7～3.2米，航道宽度25～40米（最窄处小港镇附近15米），水深2～3米。底宽10～20米，河底标高（吴淞）0.3米，桥梁14座，大部分系钢筋混凝土平桥和拱桥，通航孔净跨最小4.7米（安乐桥），净空最低1.4米（群英桥）。航道所经的主要村集都建有岸壁式埠头。通航10吨船舶，属12级航道。

镇东南航区航道

璎珞河

古称杨落河，又叫岩河。宋时，自璎珞通至石湫出海。明嘉靖四十一年（1562），邑令何逾发民筑千丈塘，造长山碶（俗称大碶），石湫碶废，于是璎珞河延伸至长山碶。清雍正七年（1729），筑永丰塘，造新碶（永丰碶），长山碶废，河道随之伸展至新碶出海。1970年建下三山碶，河道改为由此出海。

1979年航道普查记录：此河自璎珞起，经邬隘、石湫、大碶，到新碶下三山碶，全程15.1千米，通航5～10吨船舶，属12级航道。其中璎珞至大碶8.6千米，河宽25米，最窄处邬隘璎珞段为10米；水深1.5～2.0米，河底宽6米，桥梁7座，以石平桥为主。大碶至下三山6.5千米，河宽40米，水深2.0～2.5米，河底宽22米，桥梁11座，均为石台钢筋混凝土平桥和拱桥，通航孔净跨最小3.2米（备碶大桥），净孔最低0.75米（大碶薛家桥）。1977年，发动群众，投工60万工，取直拓宽大碶新庙粮管所至新碶老凉亭河段3900米，挖取土方40万立方米，这段航道情况大为改善。

芦江河与屯埭河

芦江原是潮汐河流，源于瑞岩山，集洪溪、瑞岩、梅家坪三溪之水，东北流至芦浦入海。北宋庆历年间，筑穿山碶，截流蓄淡，改江为河。屯埭河，16世纪，千丈塘与长山碶建成后，在屯埭江筑屯埭下堰（俗称泥堰）与屯埭上堰（即大碶王公堰），把芦江与璎珞两河连通。璎珞河、屯埭河与芦江河构成镇海县东南隅重要的内河航道，在历史上曾发挥过很好的作用。1979年时，芦江河与屯埭河都不再列入航道养护范围。

1933 年镇海县内河航道情况统计表

名称	起讫	全程（千米）	县境内（千米）	水深（米）			宽度（米）	通行
				高水位	低水位	普通		
中大河	镇海快马埠头至化纸闸	20	18.64	1.98～4.62	0.66～2.31	1.32～3.96	19.8～26.4	航船
前大河	快马埠头至回龙桥	17.55	17.55	1.65～4.62	0.33～1.98	0.99～4.29	8.5～19.8	航船
西大河	澥浦至宁波	24.99	17.49	3.30	1.70	2.64	16.5～19.8	航船
小浃江河	小港至五乡镇	25.44	21.37	2.97～6.60	1.65～5.28	2.31～5.94	13～33	航船汽油船
璎珞河	璎珞至新碶	17.00	17.00	4.62	1.65	3.30	26～39	航船汽油船
芦江河	穿山至泥堰	8.00	8.00	9.90	2.31	6.6	6.6～33	航船汽油船
屯埭河	泥堰至大碶	7.50	7.50					

说明：1. 参考《中国实业志》（1933 年）等书编制；
2. 所列航道均属时镇海县政区范围

1979 年镇海县内河航道情况统计表
（1979 年内河航道普查资料）

序号	航道起讫点	里程（千米）				通航水位（吴淞高程）		水深（米）	通航船吨（吨）
		全程	其中			高（米）	低（米）		
			重复里程	辖外里程	养护里程				
1	化纸闸—镇海	19.93	—	—	19.93	3.20	2.70	1.7～2.0	10～15
2	大通桥—镇海	26.69	14.51	7.75	4.43	3.20	2.70	1.6～2.0	10～15
3	庄桥—河头	14.09	0.45	2.31	11.33	3.20	2.70	1.5～2.0	10～15
4	孔浦—镇海	18.93	3.00	1.93	14.00	3.20	2.70	1.10	10～15
5	镇海—澥浦—河头	25.28	5.98	—	19.30	3.20	2.70	1.0～1.5	10～15
6	镇海—庄砖二厂	10.23	8.50	—	1.73	3.20	2.70	0.7～1.1	10～15
7	骆驼粮站—觉渡	5.00	—	—	5.00	3.20	2.70	0.5～1.6	5～10
8	骆驼公路桥—觉渡	7.50	6.40	—	1.10	3.20	2.70	1.2～1.5	10～15
9	骆驼公路桥—河头	9.03	2.63	—	6.40	3.20	2.70	1.6～1.7	10～15
10	长石—庄市	13.39	5.34	—	8.05	3.20	2.70	1.1～1.2	10～15
11	贵驷—新泓口砖厂	4.28	1.47	—	2.81	3.20	2.70	1.1	10～15
12	长石—汶溪	4.23	2.03	—	2.20	3.20	2.70	0.9	5～10
13	河头—殿跟	10.68	5.48	—	5.20	3.20	2.70	1.5	10～15
14	庄桥—西经堂	11.22	3.34	—	7.88	3.20	2.70	1.2～1.5	10～15

续表

序号	航道起讫点	里程（千米）				通航水位（吴淞高程）		水深（米）	通航船吨（吨）
		全程	其中			高（米）	低（米）		
			重复里程	辖外里程	养护里程				
15	西经堂叉口—田地周	2.20	—	—	2.20	3.20	2.70	1.2～1.5	10～15
16	龚家—后择木庙	0.80	—	—	0.80	3.20	2.70	1.2～1.5	10～15
17	庄市街一桥—贵驷	7.07	3.97	—	3.10	3.20	2.70	1.1～1.2	10～15
18	清水浦—万嘉桥	4.40	1.40	—	3.00	3.20	2.70	1.1～1.2	10～15
19	小港镇—五乡	25.44	—	—	25.44	3.20	2.70	2.0～3.0	10
20	长山粮站—梅墟	10.90	—	2.20	8.70	3.20	2.70	1.1～1.3	5～10
21	许家桥岔口—衙前	0.58	—	—	0.58	3.20	2.70	0.5～0.9	5～10
22	前房节制闸—石桥粮站	0.73	—	—	0.73	3.20	2.70	1.0～1.2	5～10
23	长山粮站—下邵化肥厂	12.66	5.50	—	7.16	3.20	2.70	1.4～1.7	5～10
24	长山粮站—鄞县龙一	13.25	6.80	—	6.45	3.20	2.70	1.2	5～10
25	长山粮站—东岗碶	6.62	1.90	—	4.72	3.20	2.70	1.5～2.0	5～10
26	长山粮站—小港节制闸	7.00	2.40	—	4.60	3.20	2.70	1.5～2.5	5～10
27	长山粮站—小港砖厂	5.40	4.00	—	1.40	3.20	2.70	1.5	5～10
28	璎珞—下三山碶	15.10	—	—	15.10	3.20	2.70	1.5～2.5	5～10
29	大碶镇—横河粮站	4.50	—	—	4.50	3.20	2.70	1.0～1.2	5～10
30	大碶镇—五星粮站	7.10	2.80	—	4.30	3.20	2.70	1.0	5～10
合计		304.23	87.90	14.19	202.14	—	—	—	—

说明：所列航道系指交通部门养护航道

运输船舶与船型

船舶

抗日战争前，镇海县有内河运输船506艘[①]，估算总吨位1300吨。船种与分布情况是[②]：镇北地区，有航船70～80艘，货运船90～100艘，脚划船20艘，其他赶市或民间自备船60艘。镇南地区，航船10艘，货运船20～25艘，其他赶市或民间自备船10艘。镇东南地区，航船40艘，货运船100艘，赶市或民间自备船30艘。山北地区20～30艘。

1941年，镇海沦陷后，船舶数逐渐下降。据调查，1946—1948年，专门从事客货运输的内河船舶，镇北地区有55～60艘，合250～300吨；镇南、镇东南两地有50～60艘；合105～120艘，船吨位约500～600吨[③]。

---

① 镇海县政府《1936年镇海县交通调查》。藏镇海区档案馆，卷110宗2目122页。
② 据对江北、江南以及柴桥、新碶、霞浦等地调查。
③ 这个数字中不包括其他赶市船与民间自备船。

解放以后，内河运输船舶通过组织起来逐渐集中到运输合作社内；同时，各厂矿企业自置机动船以自运货物。1965 年起，开始船舶的技术改造与更新换代，置拖轮，搞机动拖带，改木结构为钢丝水泥结构。船舶载重能力随着航道的拓浚由 3 吨左右提高到 10 ~ 15 吨。到 1985 年，全县共有机动和非机动船 331 艘，总吨位 2522 吨，1795 马力。

1956—1985 年镇海县内河运输船统计表

年份	拖轮		机动船			驳船	
	艘数	功率（马力）	艘数	吨位	功率（马力）	艘数	吨位
1956—1958	—	—	12	60	—	38	200
1960—1961	—	—	15	85	—	70	360
1965	4	32	16	85	—	84	456
1970	12	187	16	80	—	117	558
1975	15	324	31	182	—	334	2217
1980	16	621	80	514	245	679	4851
1981	16	621	86	514	263	547	3925
1982	6	128	223	1530	1206	275	2083
1983	6	128	376	2835	1796	36	408
1984	6	128	336	2395	2295	36	408
1985	8	180	284	2031	1615	39	491

船型

1. 木板船

红头船　航船中较大者，能搭客 40 人，载重在 5 ~ 8 吨。

快　马　航船中最小者，载重 0.5 吨，能搭客 5 ~ 6 人。因其吃水浅自重轻，无论是纤行或驶风，都比较快速，因名“快马”。

脚划船　供临时租用，主要是载客。用双足划桨。船体狭长。容客最多 3 人，灵活轻快。

百官船　造于上虞县百官镇而得名。船体涂以桐油红，平底、方头、方艄，船板较厚，船舱较大，船头两边画有眼睛。橹摇、拉纤或挂帆行驶。适用于货运。有大小 2 种，大者载重 10.5 吨，小者 4.5 吨。

沙石船　载 5 ~ 10 吨，形似百官船，以运输石料为主。

乌山船　尖头，自重轻，船板薄，底平，船稳。适宜于浅水航行和装载轻泡货。船舷当勒子。外面涂清桐油为主。大者 7 吨，小者 5 吨。

尖头船（俗称导头船）　船头较尖，船板厚。前舱不宜装货。主要用于短驳，或者用作渡船。

鸭嘴阔头船（俗称柴拖）　船头阔而低，船较稳。

田装船　船型与百官船相似，但吨位较小，一般为 2 ~ 3.5 吨。灵活，适航于小江支流。农用为主，或为各自然村的交通船。

2. 水泥船

小型水泥货驳船　钢丝网水泥结构。20 世纪 60 年代开始使用。形状与百官船相似。艏艉有气舱，以增大浮力。后舵盘用木料，上面装有橹支可以使橹。船舵与百官船相同。后艄用水泥壁壳，供船员住宿用。小型水泥驳船分 3 吨、5 吨、10 吨几种。3 吨系农用船，后艄不装壁壳。

15 吨水泥货驳船　圆头，船头船尾均用扁铁包牢，无须木材。船舵装在船尾凹进处，不易撞坏，舵杆用空心铁管，船长 15. 5 米。阔 2. 8 米（包括船舷在内），净深 1. 2 米。后艄用水泥壁壳，长 3 米，宽 2. 1 米，高 0. 75 米；壁壳上面有扶手。

挂桨机水泥船　即装有柴油发动机与螺旋桨的水泥船，单船行驶，不再用橹。挂桨机装在艉部，一人操作，既管机，又掌舵，时速 10 千米左右。

运量

客运，以最盛时即 1930 年前后全县 120 所航船计算，则年客运量当在百万人以上。日军占镇后逐渐下降。

解放以后，若干年份客货运量统计：

1973—1979 年镇海县内河客运量统计表

年份	客运人次
1973	34021
1974	33125
1975	53625
1976	33627
1977	43068
1978	7342
1979	5347

说明：资料来源《镇海县交通志》

1956—1985 年若镇海县内河货运量统计表

单位：万吨

年份	合计	航运企业运输	个体运输
1956	5. 99	5. 99	—
1960	11. 75	11. 75	—
1965	12. 75	12. 64	0. 11
1970	13. 93	13. 56	0. 37
1971	16. 38	12. 45	3. 93
1972	17. 88	14. 16	3. 72

续表

年份	合计	航运企业运输	个体运输
1973	11.71	10.95	0.76
1974	11.58	10.33	1.25
1975	44.57	13.22	31.35
1976	71.03	10.20	60.83
1977	113.87	11.75	102.12
1978	166.30	15.95	150.35
1979	140.83	14.62	126.21
1980	95.66	13.16	82.50
1981	68.29	12.24	56.05
1982	74.27	11.61	62.66
1983	57.79	11.82	45.97
1984	54.95	12.92	42.03
1985	44.73	9.77	34.96

说明：资料来源《镇海县交通志》

航船与航线

内河航船均有固定航线和停靠埠头，定时定班，搭客为主。夜间开航的叫夜航船。全县镇北、镇南、镇东南3个航区最盛时有航船120艘。镇北方面航船大部上甬城，部分来镇海，少数赴慈溪、余姚；江南与东南方面航船，主要是上甬城（开往璎珞河头的，也是为上甬城）。镇海沦陷后，减至80艘。20世纪70年代中后期，内河客运陆续为汽车运输取代。

镇北航区航船

1930年前后镇海县镇北航区航船运营情况统计表

航船名	到达停泊地	经过地	艘数	间距（千米）
“庙　跟”	宁波江北岸李家后门	倪家堰、泗洲塘、砖桥	1	6.66
“庄市汤家”	宁波江北岸李家后门	庙跟、倪家堰、泗洲塘、砖桥	3	8.88
“周家垫洪家”	宁波江北岸李家后门	压赛堰、倪家堰、泗洲塘、砖桥	3	8.88
“寺后胡”	宁波江北岸李家后门	团桥头、刘杜、周家垫、外曹、压赛堰、倪家堰、泗洲塘、砖桥	1	12.77
“朱家岸”	宁波江北岸李家后门	周家垫、外曹、压赛堰、倪家堰、泗洲塘、砖桥	1	14.44
“畈田塘”	宁波江北岸李家后门	徐家岸、西卫桥、外曹、压赛堰、倪家堰、泗洲塘、砖桥	1	14.44
“后　倪”	宁波江北岸李家后门	庙跟、倪家堰、泗洲塘、砖桥	1	9.44

续表

航船名	到达停泊地	经 过 地	艘数	间距（千米）
“刘 杜”	宁波江北岸李家后门	周家垫、外曹、倪家堰、泗洲塘、砖桥	1	10
“团桥头”	宁波江北岸李家后门	刘杜、周家垫、外曹、倪家堰、泗洲塘、砖桥	1	11.11
“徐家堰”	宁波江北岸李家后门	庄市、庙跟、倪家堰、泗洲塘、砖桥	1	11.11
“大市堰”	宁波江北岸李家后门	妙胜市、雁岩桥、团桥头、刘杜、周家垫、外曹、压赛堰、倪家堰、泗洲塘、砖桥	1	16.16
“蔡家庙桥”	宁波江北岸李家后门	寺后胡、团桥头、周家垫、外曹、压赛堰、倪家堰、泗洲塘、砖桥	1	14.44
“柏墅方”	宁波江北岸李家后门	寺后胡、团桥头、周家垫、外曹、压赛堰、倪家堰、泗洲塘、砖桥	1	13.33
“湾 塘”	宁波江北岸李家后门	借邑港、寺后胡、团桥头、周家垫、外曹、压赛堰、倪家堰、泗洲塘、砖桥	2	20.00
“清水湖”	宁波江北岸李家后门	堰头王、骆驼桥、刘杜、外曹、压赛堰、倪家堰、泗洲塘、砖桥	1	22.22
“妙 胜”	宁波江北岸李家后门	雁岩桥、团桥头、外曹、压赛堰、倪家堰、泗洲塘、砖桥	3	15.00
“贵驷桥”	宁波江北岸李家后门	妙胜市、雁岩桥、外曹、压赛堰、倪家堰、泗洲塘、砖桥	5	16.66
“骆驼桥”	宁波江北岸李家后门	寺后胡、团桥头、外曹、压赛堰、倪家堰、泗洲塘、砖桥	7	16.66
“堰头王”	宁波江北岸李家后门	骆驼桥、团桥头、外曹、压赛堰、倪家堰、泗洲塘、砖桥	1	16.66
“下河吴家”	宁波江北岸李家后	骆驼桥、团桥头、外曹、压赛堰、倪家堰、泗洲塘、砖桥	1	19.44
“借邑港”	宁波江北岸李家后门	骆驼桥、团桥头、外曹、压赛堰、倪家堰、泗洲塘、砖桥	1	19.44
“沙河头”	宁波江北岸李家后门	周家港钟家、骆驼桥、外曹、压赛堰、倪家堰、泗洲塘、砖桥	2	22.22
“觉渡寺”	宁波江北岸李家后门	沈家头、堰头王、骆驼桥、外曹、压赛堰、倪家堰、泗洲塘、砖桥	2	22.22
“十七房郑家”	宁波江北岸李家后门	金家桥、觉渡寺、骆驼桥、外曹、压赛堰、倪家堰、泗洲塘、砖桥	2	22.22
“澥 浦”	宁波江北岸李家后门	浦路戴、觉渡寺、骆驼桥、外曹、压赛堰、倪家堰、泗洲塘、砖桥	4	24.99
“河 头”	宁波江北岸南昌埠	西经堂、汶溪市、长石桥、颜家桥、邵家汇、庄桥、李碶，入姚江	1	22.00
“汶 溪”	宁波江北岸南昌埠	长石桥、颜家桥、邵家汇、庄桥、李碶，入姚江	1	20.00
“长 石”	宁波江北岸南昌埠	颜家桥、邵家汇、庄桥、李碶，入姚江	1	15.00
“骆驼、长石、河头市”等	慈城	骆驼桥、长石桥、过化纸闸，入后江再经鞍山、官庄桥	不详	25.00

续表

航船名	到达停泊地	经　过　地	艘数	间距（千米）
“龙山南门凉亭”	观城	山下、龙头场、奉公堰、筋竹岙、田央王、施公山、海甸戚家、范市、淞浦、掌起桥	不详	40.00
“庄　市”	镇海快马埠头	钟包、王萧桥、丁卯桥、万嘉、石塘下	1	13.00
“汉　塘”	镇海快马埠头	清水浦、渡驾桥、虹桥、张鑑碶	1	10.00
“叶家弄”	镇海快马埠头	清水浦、渡驾桥、虹桥、张鑑碶	1	8.00
“阮　家”	镇海快马埠头	清水浦、渡驾桥、虹桥、张鑑碶	1	8.00
“长河塘”	镇海快马埠头	清水浦、渡驾桥、虹桥、张鑑碶	2	8.00
“清水浦”	镇海快马埠头	渡驾桥、虹桥、张鑑碶	1	6.00
“渡驾桥”	镇海快马埠头	虹桥、张鑑碶	1	5.00
“朱　家”	镇海快马埠头	长河塘、清水浦、渡驾桥、虹桥、张鑑碶	1	8.00
“徐家堰头”	镇海快马埠头	妙胜寺市、大市堰、万嘉、迎师桥、石塘下	1	15.00
“石塘下”	镇海快马埠头	葱园桥	1	5.00
“迎师桥”	镇海快马埠头	新添庙桥、石塘下、葱园桥	1	8.00
“新老周”	镇海快马埠头	迎师桥、新添庙桥、石塘下、葱园桥	1	10.00
“万　嘉”	镇海快马埠头	迎师桥、新添庙桥、石塘下、葱园桥	1	10.00
“大市堰”	镇海快马埠头	丁卯桥、万嘉、迎师桥、新添庙桥、石塘下、葱园桥	1	11.00
“妙胜市”	镇海快马埠头	大市堰、万嘉、迎师桥、新添庙桥、石塘下、葱园桥	1	12.00
“贵　驷”	镇海快马埠头	妙胜寺、大市堰、万嘉、迎师桥、新添庙桥、石塘下、葱园桥	1	13.00
“骆　驼”	镇海快马埠头	贵驷、妙胜、大市堰、万嘉、迎师桥、新添庙桥、石塘下、葱园桥	1	15.00
“堰头王”	镇海快马埠头	骆驼、贵驷、妙胜、大市堰、万嘉、迎师桥、新添庙桥、石塘下、葱园桥	1	16.00
“澥　浦”	镇海快马埠头	觉渡、李洪桥、堰头王、骆驼、贵驷、妙胜、大市堰、万嘉、迎师桥、新添庙桥、石塘下、葱园桥	1	23.00
“万　嘉”	清水浦（接下江火轮）	叶家弄、阮家、长河塘	2	6.00

说明：资料来源《镇海县交通志》

1941—1949 年镇海县镇北航区船舶运营情况统计表

航船名	停泊地	航班	艘数	备注
“骆　驼”	宁波江北岸三宝桥	每日往返一次	5	
“团　桥”	宁波江北岸三宝桥	每日往返一次	1	
“洪　家”	宁波江北岸三宝桥	每日往返一次	2	

续表

航船名	停泊地	航班	艘数	备注
“解　浦”	宁波江北岸三宝桥	每日往返一次	2	
“觉　渡”	宁波江北岸三宝桥	每日往返一次	1	
“贵　驷”	宁波江北岸三宝桥	每日往返一次	3	
“庄　市”	宁波江北岸三宝桥	每日往返一次	2	
“后　倪”	宁波江北岸三宝桥	每日往返一次	1	
“清水浦”	宁波江北岸三宝桥	每日往返一次	1	
“新老周”	宁波江北岸三宝桥	每日往返一次	1	
“徐家堰头”	宁波江北岸三宝桥	每日往返一次	1	
“河　头”	宁波江北岸南昌埠	每日往返一次	1	
“汶　溪”	宁波江北岸南昌埠	每日往返一次	1	
“长　石”	宁波江北岸南昌埠	每日往返一次	1	
“骆　驼”	镇海快马埠头	每日往返一次	1	
“解　浦”	镇海快马埠头	每日往返一次	1	
“庄　市”	镇海快马埠头	每日往返一次	1	
“河　头”	骆驼	每日往返一次	1	
“万　嘉”	清水浦	每日往返一次	2	接下江轮船
“骆驼堰下”	慈城镇	每日往返一次	1	
“河　头”	慈城镇	每日往返一次	1	
“河　头”	庄桥	每日往返一次	1	
“骆　驼”①	陆埠	每日往返一次	1	山货为主，客运为辅
“叶家弄”	镇海快马埠头	每日往返一次	1	
“万　嘉”	镇海快马埠头	每日往返一次	1	
“堰头王”	镇海快马埠头	每日往返一次	1	
“徐家堰头”	镇海快马埠头	每日往返一次	1	

说明：资料来源《镇海县交通志》

① 这条航运线，起自骆驼镇，过化子闸，经夹田岙、二六市、三七市、丈亭、抵陆埠。

1958 年镇海县镇北航区船舶运营情况统计表

起航地	到达埠头	艘数	航　班	经营者
骆　驼	宁波大通桥	1	每日 1 班	骆驼内河社
庄　市	宁波大通桥	1	每日 1 班	骆驼内河社
新老周	宁波大通桥	1	每日 1 班	专业运输户
贵　驷	宁波大通桥	1	每日 1 班	专业运输户
骆　驼	镇海南薰桥	1	每日 1 班	骆驼内河社
贵　驷	镇海南薰桥	1	每日 1 班	骆驼内河社
骆　驼	汶溪	1	每日 1 班	骆驼内河社
河　头	骆驼	1	每日 1 班	骆驼内河社

说明：资料来源《镇海县交通志》

1964 年，宁波内河运输合作社开辟庄桥至河头航班，行驶汽油船，每日一班（1985 年停航）。

1965 年，骆驼内河社增开沙河至大通桥航船，以运日用杂货为主，客运为辅。

1968 年，骆驼内河社辟汶溪至镇海航班，行驶汽油船，一主三拖（3 只驳船：骆驼、贵驷、庄市交通船）。6 时 30 分由汶溪开航，10 时 30 分到达镇海南薰桥或快马埠头。12 时由镇海回航，16 时到汶溪，一天一个来回，沿途停靠：迎胜、河头陈、庶来、黄杨、长石、胜光、长六、骆驼、民乐、贵驷、棉花厂、妙胜寺、大市堰、丁卯桥、万嘉桥、迎师桥、创业桥、石塘下等 18 个埠头。

20 世纪 70 年代末，乘客锐减，骆驼内河社客运连年亏损，1980 年内河客运停业。

镇南航区航船

1930 年，镇南航区有航船 10 艘，汽船 1 艘（鄞山公司甬镇号），船长 14 米，宽 2. 3 米，吃水 0. 66 米，25 马力。发照日期：1918 年 3 月 28 日。1941 年 4 月 19 日宁波沦陷后，汽船停航。

解放初，镇南航区仍有航船 9 艘。1953 年，减至 5 艘。1963 年，鄞县航运公司“鄞客 26”轮（一主一拖）航行大河桥至东岗碶线，5 艘航船停航。汽船每日 1 班，中间经过福明桥、盛垫桥、新桥、小站、阮家堰、江桥头、高低张、下邵、符家汇、顾家桥、下倪桥。1980 年，江南至五乡公路通车后，乘客锐减，改为货运为主。1985 年，大河桥河道填塞，汽船改泊下茅塘。

1930 年前后镇海县镇南航区航船运营情况统计表

航船名	到达停泊地	经　过　地	艘数	间距（千米）
“长山桥”	宁波江东三眼桥	符家汇、汪家、高低张、钟家桥、樟树桥、大站、小站、韩岙周家、沈家庄	1	
“小　港”	宁波江东三眼桥	长山桥、符家汇、汪家、高低张、钟家桥、樟树桥、大站、小站、韩岙周家、沈家庄	1	
“东岗碶”	宁波江东三眼桥	汪家、高低张、钟家桥、樟树桥、大站、小站、韩岙周家	1	

续表

航船名	到达停泊地	经　过　地	艘数	间距（千米）
“符家汇”	宁波江东三眼桥	汪家、高低张、钟家桥、樟树桥、大站、小站、韩岙周家、沈家庄	1	
“顾家桥”	宁波江东三眼桥	姚家斗、高俞、钟家桥、樟树桥、沈家庄	1	
“下　邵”	宁波江东三眼桥	埠头墩、新桥	1	
“江桥头”	宁波江东三眼桥	埠头墩、新桥	1	
“丁家山”	大河桥	埠头墩、新桥	1	
“长山桥”	大河桥	夏杜岙、王谷港、镇定桥、钟家桥、樟树桥、柴叶港桥、万安桥、莘新桥、盛垫桥、福明桥、张斌桥	1	33.13
“衙　前”	大河桥	新民、梅墟、五都房、盛垫桥、福明桥、张斌桥	1	
“甬镇”汽船	起自大河桥	张斌桥、福明桥、盛垫桥、太平桥、江桥头、丁家山、下邵、符家汇、东岗碶、长山桥	1	33.13

说明：资料来源《镇海县交通志》

1941—1949 年镇海县镇南航区航船运营情况统计表

航船名	停泊地	航　班	艘　数
“江桥头”	宁波江东大河桥	每天往返 1 次	1
“丁家山”	宁波江东大河桥	每天往返 1 次	1
“下　邵”	宁波江东大河桥	每天往返 1 次	1
“顾家桥”	宁波江东大河桥	每天往返 1 次	1
“符家汇”	宁波江东大河桥	每天往返 1 次	1
“东岗碶”	宁波江东大河桥	每天往返 1 次	1
“长山桥”	宁波江东大河桥	每天往返 1 次	2
“小　港”	宁波江东大河桥	每天往返 1 次	1
“衙　前”	宁波江东大河桥	每天往返 1 次	1

说明：资料来源《镇海县交通志》

镇东南航区航船

先是航船或夜航船航行于柴桥等村镇与璎珞间。20 世纪初，穿山港造轮埠，停靠“沪鸥”“甬鸥”客轮，内河航运转盛，宁穿公路通车前达于鼎盛，并通行汽油船。

与镇北和镇南方面不同的是，抗战爆发后，因为制海权落入敌手，过去正常的海上贸易受阻，于是商人就有冒着被敌舰袭击的危险，用帆船出入穿山港与新碶海口，往上海、舟山等地做单帮生意。定海沦陷后，沪定间行驶意旗“利玛”轮，在定泊于干礅，商人就设法用帆船装货在夜间避过敌人的海上封锁，经大榭过北渡，运至霞浦，然后再从霞浦由内河贩运到宁波各地。一时间，霞浦镇上商贩云集，街路两旁摆满烟卷、红糖、面粉、龙头细布、红枣等百杂货品。内河航运因为公路不通而客货两旺，从霞浦起航的船舶，最盛时多达40艘。镇海沦陷，干碶—大榭—穿山的帆船通路失去作用，霞浦市面随之回落，航船恢复旧貌。但新碶、穿山两口的商贸海帆一直延续到抗日战争结束。其间，镇东南航区仍显得颇为热闹。曾因宁穿公路通车而已经停航的穿柴汽船，重新组股，投入营运。柴桥航船除原有4艘（夜船）继续航行外，也增开4艘，往返于柴璎之间。新碶汽船一日二班，航船3艘一日一班，开往璎珞。

1930年前后镇海县镇东南航区航船运营情况统计表

航船名称（起航点）	到达停泊点	经过各地	艘数	航班	间距（千米）
柴桥航船	璎珞河头	杨木、霞浦、清水桥、牌门头、大碶、石湫	7	下午2时柴桥开，次日下午返航	22.50
霞浦航船	璎珞河头	清水桥、牌门头、大碶、石湫	3	清晨开，下午回，一天往返一次	20.00
新碶航船	璎珞河头	半浦陈、石湫	3	每天往返一次	18.00
新碶赶市船	柴桥	泥堰、霞浦	1	每逢农历一、六、三、八开	18.00
新碶货班	璎珞河头	半浦陈、石湫	1	每天往返一次	18.00
大碶鱼班	璎珞河头	半浦陈、石湫	1	每天往返一次	15.00
风洋、算山等赶市船	大碶		4	每逢农历一、六、三、八早上开，下午回	
穿山客轮	柴桥		19	接穿山港停泊班轮	2.00

说明：资料来源《镇海县交通志》

1930年前后镇海县镇东南航区汽船运营情况统计表

船名	到达停泊地	载　重	业　主	航　班	始航时间	停航时间
柴桥“公利”	璎珞河头	6吨80客位	公利汽船行乐阿土	每天下午穿山开，次日上午返柴桥	1925年	1932年
柴桥“芦江”	璎珞河头	6吨80客位	芦江汽船行周财耕	每天下午穿山开，次日上午返柴桥	1931年	1934年因鄞川公路通车而停航

说明：资料来源《镇海县交通志》

1937—1949年镇海县镇东南航区汽船与航船运营情况统计表

起航地、船名及类型	到达地	载重（吨）	航　　班	始航时间	停航时间
穿山新汽船	璎珞	1主3拖载120人	每天下午2时穿山开，次日上午璎珞回	1939年	1941年4月
穿山老汽船	璎珞	1主3拖载120人	每天下午2时穿山开，次日上午璎珞回	1939年	1945年8月
新碶“交通”号汽船	璎珞	1主1拖载30~40人	1天2班	1939年	1945年8月
新碶“大通”号汽船	璎珞	1主1拖载30~40人	1天2班	1945年9月	1949年年初
柴桥郑桂芳夜航船	璎珞	6~7吨	每天下午柴桥装货开船，次日上午璎珞回程	1937年11月	1948年

续表

起航地、船名及类型	到达地	载重（吨）	航　　班	始航时间	停航时间
柴桥 日航船4艘	璎珞	每艘可载 30～40人	每天上午柴桥开，次日上午由璎珞回程	1941年年初	1949年年初
霞浦 航船4艘	璎珞	每艘可载 30～40人	每天清晨霞浦开，下午璎珞回	1937年8月	1949年
新碶 航船3艘	璎珞	4吨，每艘 30～40人	1天1班	1937年	1949年
新碶 “公利”货班船1艘	璎珞	5吨	1天1班，早上璎珞回，下午新碶开	1937年	1945年8月
大碶 鱼班船	璎珞	3吨	1天1班	1937年	1945年8月
柴桥 客货混载航船	璎珞	10艘约40吨	无固定航班	1939年	1945年8月

说明：资料来源《镇海县交通志》

（六、华侨华人港澳台胞捐资，七、内河航运史略责任编辑　冯国定）

八、《镇海县志·大事记》修订稿

（公元73年—1985年9月）

汉

东汉明帝永平十六年（73）

僧普定结精舍于灵鹫山（即后之灵峰山），名佛国道场，为境内佛教传布最早记载（《灵峰山志》）。

东汉顺帝阳嘉元年（132）

曾旌起义杀句章、鄞、鄮三县长，东部都尉命令沿海县各屯兵戍（《后汉书·顺帝纪》）。

晋

东晋安帝隆安四年（400）

四月（5月）　五斗米道首领孙恩于上年起义后又攻浃口（今镇海口），入余姚，破上虞，转临海，为刘裕所败。次年，孙恩又破浃口，被刘裕击败，退入海（《晋书·孙恩传》）。“浃口”之称始见于此。

南北朝

宋明帝泰始六年（470）

临海人田流于上年起事，称东海王，掠海盐，杀鄞令。龙骧将军周山图领兵驻屯浃口，进击田流。田流败灭。

陈文帝天嘉四年（563）

闽人陈宝应占据建安、晋安两郡后攻临川，扰浃口。次年，兵败被执。

唐

唐代宗宝应元年（762）

八月（9月）　台州人袁晁起义后攻占台、信、温、明等州，建立政权，年号“宝胜”，民苦赋敛者争归之。唐李光弼遣兵镇压。时浃口为明州鄮县东境。次年四月，袁晁兵败被俘。

唐德宗贞元十四年至十五年（798—799）

贞元十四年（798）十二月（799年1月）　明州将栗锽杀刺史，联结慈、鄞、奉山民，掠浙东。

贞元十五年（799）二月（3月）　浙东观察使裴肃擒栗锽。

唐宪宗元和四年（809）

分鄮县地，在甬江海口设置望海镇。

唐元和十四年（819）

八月（9月）　浙东观察使薛戎奏请：“望海镇去明州七十里，俯临大海，与新罗（朝鲜古国）、日本诸蕃接界，请据敕文不隶明州。”朝廷许之。

唐宣宗大中元年（847）

六月（8月）　明州海商张支信率商队共37人乘航海大木船，满载货物，由望海镇起碇放洋，于8日到达日本肥前值嘉岛那留浦（今五岛列岛和平岛）贸易。此后70年间，中国商人自明州港经望海镇放洋，横渡东海去日本贸易者史书明载的有30余次。

唐僖宗乾符四年（877）

二月（3月）　起事之江苏狼山镇遏使王郢（狼山镇在今江苏南通境）率众攻陷望海镇，掠明州，为镇海节度使裴璩分化镇压。4月（闰二月），王郢被埇桥（今安徽宿县）镇遏使刘巨容射杀。

唐僖宗中和四年（884）

六月（7月） 浙东观察使刘汉宏谋图割据两浙，命朱褒督造大舰，演习于望海镇。886年（僖宗光启二年）为杭州刺史董昌命钱鏐击败。

唐昭宗乾宁四年（897）

始筑治城，并始筑后海塘。

五代

后梁太祖开平三年（909）

五月（6月） 吴越王钱鏐巡视明州，筑城于望海镇，周环450丈，濠300余丈。寻改望海镇为静海镇，并以镇隶属明州。

闰八月（9月） 钱鏐因望海镇地滨海口，有渔盐之利，奏置望海县（《太平寰宇记》。另据《十国春秋》、《吴越备史》作静海县），为建县之始。不久，改为定海县（即今镇海，下同）。

宋

北宋太宗雍熙二年（985）

主簿李齐在县东始建先圣殿（学宫前身）。

北宋太宗淳化元年（990）

置市舶司于定海，后移于明州子城东南。一说淳化三年（992）将原设于杭州之两浙路市舶司迁至明州定海，并以监察御史张肃领之。至道二年（996），一说淳化四年（993），又迁回杭州。

北宋真宗咸平二年（999）

设市舶司于明州，凡大食（阿拉伯）、古逻、阇婆（印尼）、占城（越南南部）、真里富（柬埔寨）等海外诸藩通商，均经定海至明州交易。

北宋仁宗庆历七年（1047）

鄞令王安石兴修鄞东和芦江水利，在县东南海堤西石岩上凿孔三窍为碶，因名穿山碶。时该地属鄞县海晏乡。

北宋神宗熙宁七年（1074）

高丽使臣金良鑑来朝，要求入使改道由定海入甬江，转明州赴京。朝廷答允。

北宋熙宁十年（1077）

鄞县之海晏、灵岩、泰邱3乡划隶定海县。

北宋神宗元丰元年（1078）

朝廷派遣安焘、陈睦趁坐在明州制造之“凌虚致远安济”与“灵飞顺济”两艘万斛大舰，自定海出使高丽。

建航济亭于县城东南，作高丽使往返迎送赐宴之所。

日本派遣通事僧仲回入使，又遣海商孙仲为使，自定海入关至明州。

划金塘乡归属昌国，定定海为上县，辖清泉东乡、清泉西乡、灵绪乡、崇邱乡、灵岩乡、泰邱乡、海晏乡等7乡。

北宋徽宗崇宁三年（1104）

诏天下立三舍法，罢贡举，取士从学校中选拔，于是增广学宫。

建立清泉盐场。穿山、长山两子场隶属之。

南宋高宗建炎三年至四年（1129—1130）”

建炎三年（1129）十二月（1130年1月）”　金兀术领兵南侵，陷临安、越州，三年十二月十五日（1月27日），宋帝赵构自明州出东渡门登楼船，29日至定海县，31日至昌国县。

建炎四年（1130）正月十六日（2月25日）　金兵陷明州，乘夜大雨震雷破定海，以舟师追袭赵构于海上，不及。赵构至温州。3月金兵焚劫定海、明州、杭州等地，大掠北去。4月9日赵构自温州出发，19日至定海继转明州去临安。

南宋高宗绍兴二年（1132）

置沿海制置司，先后增水军4000人，由统制、统领等率领驻定海。

南宋绍兴三年（1133）

四月（5月）　驻屯于定海之明州守将水军都统制徐文，率所统海舟60艘、官军700余人叛奔金人扶植的伪齐刘豫。

南宋孝宗淳熙三年（1176）

日本民船因遭飓风漂泊，入定海口至明州，百余人断粮。朝廷诏令供给钱米，待其本国船来后遣归。

南宋淳熙四年（1177）

九月（10月）　濒海大风，海涛漂没民田。

南宋淳熙十六年（1189）

知县唐叔翰与水军统制王彦举、统领董珍报请度支使拨下钱米，在县治北仿钱塘例建造后海石塘岸602.5丈。

南宋光宗绍熙二年（1191）

学者沈焕（1139—1191）卒。沈焕，崇邱乡沈家山人，南宋理学家，曾在家乡讲学，倡全县诗礼之训。讲学之堂额“南山书院”，系宋孝宗所书。时人誉称“南山沈先生，师严道尊”，与袁燮、杨简、舒璘并称为“明州四先生”，誉沈焕为“浙中之梁木”。

南宋绍熙五年（1194）

大饥，人取草木为食。

南宋宁宗嘉泰二年（1202）

日本民船为飓风漂泊至定海县，朝廷诏令供给钱米，遣送回国。

南宋宁宗开禧元年（1205）

创设龙头盐场。次年，改穿山盐场为正场。

南宋宁宗嘉定十五年（1222）

知县施廷臣等续筑后海石塘520丈，置永赖、海晏（俗称沙头庵亭）两亭。又在石塘尽处再筑土塘560丈。

元

南宋恭帝德佑二年　五月起端宗景炎元年　元世祖至元十三年（1276）

正月（1月）　宋张世杰驻兵定海。元将石国英遣都统卞彪劝降。世杰磔卞彪于巾子山，以示不屈。四月（5月），世杰率军入福州。

七月（8月）　宋兵攻定海港口，被元沿海招讨副使哈剌解击退。八月（9月）复攻，又被击退。

元至元十八年（1281）

八月初一（8月16日）　元右丞范文虎率兵10万，由定海等处度海征日本壹歧、平户等岛，遭飓风，船舰损坏，未交战而还。10余万人仅存十分之一二。范命征东留后军分驻庆元海口（即今镇海口）。时定海属庆元路。

元成宗大德八年（1304）

四月（5月）　在定海设千户所，调蒙古军300人守之，以防倭寇侵掠。

元惠宗顺帝至正四年（1344）

海啸。

元至正八年（1348）

十一月（12月）　方国珍起兵，俘胁江浙参政朵儿只班奏请朝廷授定海尉。不久，国珍又反。

元至正二十七年　朱元璋吴元年（1367）

12月　朱元璋部汤和攻克庆元路，并分别攻取定海、慈溪等县。方国珍遁入海岛。次月，向朱投降。

是年　朱元璋改庆元路为明州府。

明

明太祖洪武元年（1368）

正月（1月）　明定卫所制，信国公汤和在沿海督建卫所戍守。

三月（3—4月）　海东叶希戴率兰、秀、岱、剑、金塘五山人反，袭定海县城，驾船200余艘，直入甬江，攻府城，为驸马都尉王恭力战退之。

是年　千户王及贤建立县城木栅（旧城元时已隳）。

明洪武二年（1369）

4月（三月）　倭寇侵入浙江境内，屡次劫掠明州等地，于是设沿海守备防之。

明洪武三年（1370）

禁沿海百姓私自出海。

明洪武四年（1371）

十月（11月）　日本遣僧祖来自定海进关入贡至京，并送回从明州、台州掠去的男女70余人。

明洪武五年（1372）

七月（8月）　倭寇骚扰明州等处，被靖海侯吴祯逐走。朝廷命浙江、福建濒海九卫造海船660艘，游弋海上，以防倭寇。

明洪武七年（1374）

正月（2月）　暂罢市舶司，严海禁，以防倭寇。

七月（8月）　吴祯率水军巡海讨捕倭寇，有俘获。

是年　守御千户端聚换去县城木栅，重建为石城。

明洪武八年（1375）

正月（2月）　遵诏令设置社学，城中坊隅1所，各乡、都24所。明嘉靖间废。

明洪武十二年（1379）

置定海守御千户所。

知县何公肃督率鄞、慈、奉、定四县民工修筑后海塘。

明洪武十四年（1381）

改明州为宁波府，定海县隶之。

明洪武十七年（1384）

倭寇扰浙东。朝廷命汤和巡视海上，筑浙东沿海诸城，宁波屯兵设守，令副千户武毅将军万钟守御定海。

明洪武二十年（1387）

汤和在浙东、西设卫所，筑59城防倭。立定海卫，拓展定海城，周7里余，辟6门，各建城楼，上加雉堞警铺，除小南门外，各门外围月城。同年筑龙山、郭巨等所城。在澥浦筑管界巡检司城，竹山海口筑甬东巡检司城。

徙大榭、小榭岛居民至穿山等地，废昌国县，并入定海县。

明洪武二十四年（1391）

天下郡县赋役黄册编成。定海县在籍户数33756户，人口98805人。

明洪武二十七年（1394）

二月（3月）　倭寇骚扰浙东诸海口。朝廷命魏国公徐辉祖、安陆侯吴杰增兵守御。吴杰筑穿山所城，调定海卫后千户所官军守之，故又名后所城。同年在灵岩乡筑长山巡检司城，迁大嵩巡检司于海晏乡梅山。

是年　严禁沿海人民私往海外贸易。

明洪武二十九年（1396）

指挥刘澄在县治东北建造鼓楼，上置更鼓。

明成祖永乐元年（1403）

在浙江宁波和福建、广东复设市舶司，日本来使及商船贸易，指定由定海入口至宁波市舶司办理手续。

明永乐二年（1404）

四月（5月）　倭船18艘寇扰穿山所，百户马兴战死。6月，总兵官王友出海讨捕。

明永乐三年（1405）

十月（11月）　朝廷命浙江临山、观海、定海、宁波、昌国等卫造海船48艘。

十一月（12月）　日本国王源道义遣使擒送劫掠中国沿海居民之对马、壹歧诸岛倭寇首领20人来献。朝廷命日本政府自行惩治。使者将此20人絷至宁波，尽杀之。

明英宗正统四年（1439）

五月（6月）　倭船40艘寇扰浙东，连破台州桃渚、宁波大嵩2个千户所，并陷昌国卫。

明正统七年（1442）

五月（6月）　倭船扰掠浙东，次年9月倭寇又扰浙东。

明正统十三年（1448）

在梅山太平岙筑巡检司城。

明宪宗成化年间（1465—1487）

海道副使朱绅、备倭都指挥张勇在城外筑沿江石塘，起自南薰门龙王堂至武宁门养济院边。

明孝宗弘治十七年（1504）

大饥。

明弘治十八年（1505）

九月（10月）　地震频繁：十一日（8日）杭、嘉、绍、宁4府地震；次日南京与宁波、苏州等7府及通、和2州同日地震。

明武宗正德三年（1508）

六至十二月（7 月至次年 1 月）　不雨，禾黍无收，百姓采野菜为食，仍难以生活，以至卖儿鬻女相食。冬大雪，河冰不化，草本萎死，全县冻饿死者甚众。

明正德七年（1512）

因上年海水溢进，漂溺民居，水利佥事胡观增高后海土塘 5 尺。

明世宗嘉靖二年（1523）

六月（7 月）　日本使者宗设、宋素卿于上月先后来宁波，互争真伪，自相斗杀，并大掠宁波及傍海乡镇，攻定海城。定海卫掌印指挥李震和知县郑余庆同心守城御寇。寇自育王岭至小山浦，杀百户胡源，夺船出海。

七月初四（8 月 14 日）　空中有声如雷，地大震，城垛尽毁。震中下邵附近，震级 5.5 级。

是年　给事中夏言奏称“倭患起于市舶”，于是罢市舶司。

明嘉靖七年（1528）

知县周懋于宋沈焕讲学之处重建南山书院。

明嘉靖十年（1531）

增筑沿江石塘至镇远门海口。清乾隆五年（1740）又于石塘尽处接筑土塘至招宝山麓。

明嘉靖十九年（1540）

闽人李光头、歙人许栋自福建越狱出逃入海，纠集人众，盘踞于郭巨所对面之双屿（峙）港，与佛朗机（葡萄牙）人、倭人互市，并勾引倭寇，出没海上剽掠。濒海地区，时复告警。

明嘉靖二十四年（1545）

大荒，谷价腾跃，银一钱换谷一斗。道路饿殍相望。

明嘉靖二十七年（1548）

二月二十日（3 月 29 日）　准日本贡使策彦周良等百人进定海关至宁波宾馆。四月（5 月）去北京。

四月（5 月）　浙江巡抚都御史朱纨命都指挥卢镗等进攻双屿（峙）港，败李、许等于九洋山，俘日本人稽天破，擒李光头。六月（7 月）又追俘许栋，栋党王直收集余众遁逃。卢镗毁去李、许等在双屿（峙）港的设施及船舰，并用木石将屿（峙）港堵塞。

明嘉靖二十八年（1549）

七月（8 月）　浙江海盗王直、陈东等与倭寇相勾结，大掠浙东。沿海地区倭寇之患大炽。

是年　海盗陈思盼窜入庚头，被定海卫指挥刘隆击退。不久陈思盼为王直所灭。

明嘉靖三十一年（1552）

二月（3月）　王直勾引倭寇突入定海关大掠，福建捕盗王端士率兵击退之。倭寇转移至沥港，流动温、台、宁、绍间。六月（7月）又陷郭巨所，指挥樊懋力战而死。

明嘉靖三十二年（1553）

闰三月（5月）　王直勾结倭寇，大举骚扰浙东西、江南北，台、宁、嘉、湖、苏、松、淮北同时报警。俞大猷等追捣沥港贼巢。遣把总张四维屯兵龙山，黎秀屯兵郭巨，遥为声援。王直败走。余党于四月（6月）犯定海，被击退。五月（7月），倭寇200余在郭巨登陆，沿路劫掠烧杀。朝廷命张经总督剿倭军务。

明嘉靖三十三年（1554）

二月（3月）　卢镗等追击倭寇。4月寇奔逸至定海王家团。夏，登劫金家岙，村人杨一御寇力战而死。其间官兵挫败倭寇于龙山，围攻于定海，困歼于慈溪。倭寇出海奔普陀，俞大猷又围攻之。

明嘉靖三十四年（1555）

四月至五月（5月）　倭寇从前仓白沙湾登陆，直抵陈山。崇邱地区被倭寇焚劫几尽。百户刘梦祥领兵与倭寇战于崇邱，力乏寡援而死。倭寇转趋鄞江桥、樟村，定海卫百户韩纲领兵阻击。

省祭官杜槐率兵与倭寇战于白沙，杀贼30余人，斩其一帅，槐受伤坠马牺牲。

知县宋继祖主建东冈碶，10月碶成。

明嘉靖三十五年（1556）

二月（3月）　倭寇2600人、船23艘登劫龙山、鸣鹤场。

三月（4月）　因定海为日本入贡必经之通道，浙直总兵移驻于定海。

参将卢镗与定海知县宋继祖、生员李良民、武生娄楠等，会兵攻击舟山倭寇，大败之。

四月（5月）　倭寇犯龙山所城，李良民率所兵击退之。次月复犯龙山所，为所兵击死数十人，乃退去。

八月（9月）　倭寇据定海邱王（今属慈溪市龙山镇）为巢，生员戎良翰力战而死。提督阮鹗与俞大猷、卢镗合兵围攻。倭寇连夜溃逃，被官军歼灭于邱家洋。一支登伏龙山，亦被歼灭。

胡宗宪击败勾结倭寇之奸民徐海，徐海投水死。自此两浙倭寇气势渐弱。

九月（10月）　官兵与倭寇战于雁门岭。余姚生员倪泰员战死。

明嘉靖三十六年（1557）

四月（5月）　倭寇犯定海关。百户俞宪章迎战而死。

十一月（11 月） 总督胡宗宪诱引王直入定海关擒之。嘉靖三十八年冬（1560 年年初），斩直于杭州。

官兵击败据金家岙及邱家洋之倭船。

是年 胡宗宪迁建宝陀禅寺于招宝山巅，宝陀寺原建在梅岑山（即今普陀山）紫竹林。

明嘉靖三十七年（1558）

胡宗宪命总兵俞大猷、参将戚继光、张四维等包围岑港。7 月胡亲至定海坐镇指挥。

明嘉靖三十八年（1559）

三月（4 月） 倭寇从邱家洋犯定海，戚继光率“戚家军”击败之。

明嘉靖三十九年（1560）

都督卢镗以招宝山雄踞海口，为江海之咽喉，于招宝山巅筑建城堡，名“威远城”。越二年，于威远城置 5000 斤的铁发贡 4 尊，是为镇海口有大炮之始。

明嘉靖四十年（1561）

四月（4 月） 倭寇侵犯郭巨、大嵩诸所及奉化、象山诸县，计数十处。胡宗宪督各地驻军击破之。

五月（5 月） 倭船 3 艘计 200 余人突入梅山岛山径，为指挥艾升等击溃，转扰天童、小白。

明嘉靖四十一年（1562）

知县何愈修长山碶，新筑千丈塘，塘自长山碶起至陈华铺止，长数十余里。

历百余年旱涝灾害、瘟疫、倭寇骚掠杀戮，全县人口减少至 14017 户、38748 人。

明嘉靖四十二年（1563）

张时彻、何愈等修《定海县志》。

明穆宗隆庆三年（1569）

秋 淫雨，飓风大作，海啸，潮水由女墙灌入县城，居民惶惧。

明神宗万历元年（1573）

六月（7 月） 宁波府海涌数丈，淹没船只庐舍、人畜不计其数。

明万历二年（1574）

为防卫海啸狂潮薄城，定海县北城墙新筑重垣。

明万历三年（1575）

杭、嘉、宁、绍4府海潮涌高数丈，人畜淹没，船只漂损。

明万历四年（1576）

十月（11月）　倭寇犯定海。

明万历十六年（1588）

大饥，瘟疫盛行，死者甚众。米价每石银一两六钱。

明万历十七年（1589）

大风，海沸。宁波府所属各县屋塌船毁，压溺死者甚众。

明万历二十六年（1598）

浙江水灾，定海被灾九分，准免粮六分。

明万历四十八年（1620）

虎入清川门，官兵逐毙于刘千户家。

明熹宗天启元年（1621）

四月（5月）　部檄定海镇陆兵1000余人援辽，士卒闻讯大哗，缚营官，毁民居，势难阻遏，经知县顾宗孟抚慰开导，事乃平息，且整队出发。天启元年十二月（1622年1月），援辽浙江兵溃于玉田。

是年　讹传中使四出，为皇宫选淑女，并征集寡妇护送。于是民间大恐，草率婚配。舆轿雇尽，用椅代轿，百物腾贵，久不能平。

明思宗崇祯六年（1633）

六月（7月）　飓风，雨如注，民房倒塌，外洋防海战船漂没损坏十之八九，巡兵沉溺众多。

明崇祯七年（1634）

旱，饥民取南乡山中白泥充饥，竞传称为“观音粉”。

明崇祯十三年（1640）

六月（7月）　大旱，米价踊贵，一石价银三两余，守兵3个月无米。人取白泥充饥，多得腹胀病。

清

清世祖顺治二年（1645）

六月（7月） 清贝勒博洛率兵趋杭州。明鲁王朱以海监国于绍兴。各地义军纷纷兴起抗清。闰六月十二日（8月3日），明原刑部员外郎钱肃乐在宁波起兵，定海总兵王之仁等以海上兵响应，定海知县朱懋华等以兵饷会合。

清顺治三年（1646）

春 明崇明叛将张国柱下海掳掠，泊舟招宝山外，诳入定海关，纵兵大掠3日，且扩大至邻近地区，百姓受害惨重。

六月（7月） 清博洛军渡钱塘，陷绍兴、宁波，鲁王逃亡至舟山。八月（9月），王之仁沉溺妻妾子妇幼女弱孙于蛟门海中，独至松江，受迫降不屈而死。

是年 清设协镇总兵于定海，辖陆师3营、水师2营。

清顺治四年（1647）

十二月（1648年1月） 明舟山守将黄斌卿率舟师入蛟门，抵三江口，被清守将击退。舟师退后，清军用战舰防守定海关口，甬江内用竹筏与铁缆造成“滚江龙”拦江截之。南岸筑炮台及小城、营房，瞭望守御，以防南明军队再次袭击。

是年 大饥。

清顺治十四年（1657）

正月（2月） 清政府迁舟山百姓至定海、鄞县。

是年 郑成功命部将施举招抚松门一带渔船为向导，至定海关，与清水师遭遇，施举战死。

清顺治十六年（1659）

五月初一（6月20日） 郑成功军攻定海，自穿山登陆，直逼江南，结阵10余里，炮攻县城。后由青峙下船，游弋于龙山后海，又转移至梅山港、青龙港及庳头、上王，既而移泊至昆亭。前后10余日始撤离。

是年 大旱。日有大晕。

清顺治十八年（1661）

清政府强迫泰邱、海晏沿海30里居民迁于内地，并严禁出洋采捕。

清圣祖康熙元年（1662）

全县在籍户数11957户，人数30081人。

清康熙二年（1663）

奉檄沿海一带钉定界桩，仍筑墩堠台寨，竖旗为号，设兵卒昼夜巡探。

大旱，自上年夏五月（6月）不雨至是年秋七月（8月），降雨量尚不满缶，奇荒异常。七月十八日（8月31日）才下大雨。

清康熙四年（1665）

于威远城东、西、北3面各筑炮台1座，每座置2000斤铁发贡2尊。

清康熙八年（1669）

清政府因郑经退保台湾，准沿海居民撤桩展界复业，并许近海采捕。

建昆亭寨城。

清康熙十四年（1675）

明降将耿精忠反后遣部将曾养性攻象山等地，集船数百至定海城下，守将方俊拟翻城接应，事发被斩。知县聂士贞率兵民搏战。清水师提督常进功率师自定海出洋，在沈家门击败耿军。

清康熙十八年（1679）

定海总兵牟大寅率兵搜岛屿，发现有木城草屋者全部毁去。

江南有虎患，数年来白昼啮人。康熙二十一年至二十年（1682—1683）伤百余人。康熙四十五年（1706）、康熙四十七年（1708）虎又两次入城。

清康熙二十二年（1683）

十月（11月）　由于台湾郑克塽降清而开海禁，诏沿海移民迁回原籍，并开宁波、广州等4港。

清康熙二十三年（1684）

四月（5月）　诏令浙江、福建、广东沿海地方依照山东等处例，许百姓500石以下船只可往海上贸易、捕鱼；出海前须预先禀报地方官，登记、具保、给票、烙号。十月（11月）定浙江沿海贸易收税例。弛海禁，但不得以火器出洋。

是年　徙定海总兵移驻舟山。

清康熙二十四年（1685）

部议覆准浙江立税关，在宁波设海关行署，定海县内设口址四：定海口（后称镇海分关）、小港口、邱洋口、澥浦口。次年特设监督浙海钞关一员。

清康熙二十六年（1687）

改定海县为镇海县，总定海县之名历经后梁、宋、元、明至清康熙二十六年，计770余年。次年，在昌国故址置定海县。

清康熙二十九年（1690）

大雨连旬，平地水深5尺，漂没田禾，倾坏民居。

清康熙三十五年（1696）

大旱。自去秋不雨，至是年6月始雨。早稻全萎，晚稻薄收。

清康熙五十年（1711）

缪燧任镇海知县期内捐资建立义学，据《重修浙江省通志稿》记载，此乃镇海最早之义学。

清康熙五十八年（1719）

立崇正书院，乾隆三年（1738）移至庄市。

清世宗雍正元年（1723）

大旱，稻麦尽枯，民不聊生，剥取草根树皮为食，饿死者甚多。

清雍正二年（1724）

镇海渔业团体南莆公所、北莆公所成立，设机构于宁波双街，为全国最早渔业团体组织。

在县城南门外建税关（税关道头东首）。光绪二十七年（1901），改称常关。

清雍正三年（1725）

七月十八日（8月25日） 大雨，海潮涌入，乡民登至屋脊或大树上避水。

清高宗乾隆十一年（1746）

二月（3月） 蛟川书院在梓荫山下建成。后更名为鲲池书院。

清乾隆十二年（1747）

七月十四日（8月19日） 海潮大作，东北风冲决城塘并溃，北城尽圮，民居多漂没圮坍。

清乾隆十六年（1751）

9月 大旱，6—9月不雨，田禾受灾十分之七，发公帑赈济，减免秋粮。

冬 知县王梦弼主事改建夹层堵缝镶榫石塘576.5丈，历时4载，耗银8万余两，次第落成。

清乾隆十七年（1752）

知县王梦弼、县丞益士杰等修《镇海县志》。

是年　稻谷大丰收。

清乾隆二十一年（1756）

英商船泊镇海峙头洋面，要求进宁波港贸易。

清仁宗嘉庆六年（1801）

夏　蔡牵起义军在镇海歧（峙）头洋迎战定海镇总兵李长庚水军，败绩。

清嘉庆十二年（1807）

县人陈景沛编辑《蛟川备志》21 卷。

清宣宗道光元年（1821）

夏秋季霍乱盛行，城乡死者数千人。

清道光十一年（1831）

饥馑，设厂赈灾民。民多疫死。

清道光二十年（1840）

六月十二日（7 月 10 日）　提督祝廷彪扼守招宝山以防英军，巡抚乌尔恭额至宁波，调标兵守镇海，募渔船数百艘，分布隘口。英军封锁宁波及长江口。

七月初九（8 月 6 日）　英军乘小舟登招宝山后山外。清廷命孙世楷等抵敌，英军下船退回。

九月（10 月）　钦差大臣伊里布至镇海后，宴请侵华英军总司令和谈判全权代表义律，馈赠以米面牛羊鸡鸭，并于 11 月 6 日背着朝廷与懿律签订屈辱的停战协定。随即遣散乡勇，撤海防兵 6000 余名。

十月二十二日（11 月 15 日）　镇海民众张贴知单，反对伊里布与英军妥协撤走防兵、遣散乡勇水勇，并于 16 日鸣锣聚集千余人，赴伊里布行寓总持寺请愿，要求加强防御，追回已撤各兵，以保宁郡，保浙东。

是年　建造南、北拦江炮台。

清道光二十一年（1841）

二月（3 月）　裕谦接代伊里布为钦差大臣，越二月，实授两江总督。在镇海金鸡山筑炮城，移调提标左营游击于穿山，在招宝、金鸡两山密设炮位，严筑工事，塞江拦索，调各路官兵不下 2 万，分守四郊，以御英国侵略军。

闰三月十三日（5 月 3 日） 林则徐奉命离粤赴镇海军营效力。四月二十一日（6 月 10 日）下午至镇海，此后渡甬江，登高山，察地势，指导防守方略，研铸大炮。五月初三（6 月 21 日）在镇海铸炮局铸成 8000 斤重大铁炮。五月初十（6 月 28 日）清廷又以林则徐在广东“废弛军务”罪与邓廷桢一起从重发往新疆伊犁，五月二十六日（7 月 14 日）下午林则徐离镇远戍。

八月二十六日（10 月 10 日） 镇海被英军攻陷。两江总督裕谦殉节，狼山镇总兵谢朝恩、把总金萼等战死，县丞李向阳自缢，提督余步云、知县叶堃等逃跑。此役殉难者尚有守备王万隆、把总汪宗宾、解天培、外委林庚、吴廷江等。

清道光二十二年（1842）

正月二十九日（3 月 10 日） 奕经于上年 10 月奉命赴浙江督战。2 月至绍兴，定 3 月 10 日三路进军收复定海、镇海、宁波。军机为内奸泄露，三城之战皆败。

正月（3 月） 宁波等地失陷后，街头发现《宁波众义民告乡里父老公启》，号召各乡人民抗英。生员王师真于二月二十五日（4 月 5 日）夜率爱国义民火烧英船。军功刘朝元兄弟率众偷袭英军在招宝、金鸡两山军火库。黑水党活跃甬江两岸攻击英军。仅县城二道头、五里牌等处民众 2 个月来愤杀侵略军事件计 10 余起。

三月二十八日（5 月 8 日） 英军为集中兵力进犯乍浦，于 6 日、8 日相继退出宁波、镇海城，但仍留其将罗卜丹驻兵招宝山。

七月二十四日（8 月 29 日） 耆英、伊里布与璞鼎查签订《中英江宁条约》（即“南京条约”）。九月初八（10 月 11 日）英军退出镇海招宝山。

清道光二十三年（1843）

八月初八（10 月 1 日） 大风雨，水高 1 丈，舟行桥上。牲畜溺死、房屋崩塌、棺木漂流，不计其数。

清道光二十四年（1844）

1 月 宁波开埠。

清文宗咸丰五年（1855）

冬 县人李容（也亭）及慈溪费纶志、盛植琯集银 7 万元购轮船 1 艘，定名“宝顺”，用于护航，聘贝锦泉为管带，为中国用轮船之始。

清咸丰十一年（1861）

十一月初五（12 月 6 日） 太平军李世贤部黄呈忠、范维邦等率部攻占镇海。

十一月初八（12 月 9 日） 太平军攻占宁波后命何文庆入镇海，与范维邦同守镇海。改镇海关为天平关，并下令蓄发，裹红巾，假祠庙庵观为公所，设乡官理民事。

十一月（12 月） 聚居南薰门外少数闽人阴图焚劫，致使沿江市屋数百间焚毁殆尽。

清穆宗同治元年（1862）

四月初八（5 月 6 日） 清道员张景渠督令属下自定海率兵攻镇海，强登南北两岸。太平军何文庆败走，范维邦降清。7 日太平军撤出镇海。10 月，黄呈忠、范汝增率部与清军鏖战后撤出宁波府城。

清同治四年（1865）

清政府海关署与宁波道台在镇海口虎蹲山设灯塔。同治十二年（1872）、1932 年两经改建。

清德宗光绪三年（1877）

建威远炮台于招宝山北麓，置各种大炮 8 门。其后至光绪十三年（1887），在招宝山、金鸡山、笠山等地先后建成靖远、镇远、定远、天然、自然、宏远、平远、绥远、安远、南拦江等炮台。

清光绪四年（1878）

夏 大旱，七乡河皆龟坼，稻禾尽枯。

清光绪五年（1879）

刊行俞樾总纂之《镇海县志》40 卷。

清光绪六年（1880）

五月（6 月） 县人顾心田捐买民地建造之公善堂落成，内设医局，后改公善医院，为镇海最早设立之医院。

清光绪九年（1883）

提督欧阳利见在威远城增建月城。

创设军用镇海电报局于招宝山，后迁至南门外。

清光绪十一年（1885）

正月十五日至十七日（3 月 1 日—3 日） 法远东舰队司令孤拔率法舰 4 艘侵犯镇海口，炮击招宝山炮台。守军开炮还击，击伤孤拔坐舰，击沉另一法艇，孤拔受伤，6 月 11 日死于澎湖岛。正月十八日（4 日）夜，法军乘小船企图袭击港口炮台，被副将费金组击退。正月二十八日（14 日）法舰遥击小港炮台。二月初四（20 日）夜，守军在青峙岭伏炮突击法舰。时法舰军因镇海守防严密，进攻失败，沮丧而退，封锁镇海口外。三月初一（4 月 15 日）宣布停战。五月十四日至十七日（6 月 26 日—29 日），法舰撤离镇海口，释放被掳民众 23 名。

清光绪十三年（1887）

购德国克虏伯后膛钢炮 7 门，分置宏远、平远、绥远、威远、安远等炮台。次年冬炮台全部竣工。

清光绪十五年（1889）

县人张锡钟纂成《重订镇海县志稿》40 卷。

清光绪十六年（1890）

在县房道头西首建造镇海第一个轮埠——海龙轮埠。

清光绪二十二年（1896）

在县城南门外永安街创设镇海邮政局。

清光绪二十七年（1901）

八月初二（9 月 14 日） 清政府命各州县设立小学堂。是年，在大市堰由余镜清出资开办睿智学堂，为镇海最早创办之学堂。

清光绪三十二年（1906）

二月二十二日（3 月 16 日） 小港乡民因迎会捐款争执，捣毁英耶稣堂及教民仇绍棠纸铺。事后教会与英驻宁波总领事馆强令镇海县府“严办首要”，并赔银洋 1 000 元。

是年 成立县教育会，兴办学堂。县人盛炳纪等在校士馆原址创办镇海公立两等小学堂。

清宣统元年（1909）

成立劝学所，为教育执行机关，领导全县教育。

清宣统二年（1910）

全县统计在籍户数计 100658 户、320702 人。

清宣统三年（1911）

九月十五日（11 月 5 日） 辛亥革命爆发后，全国响应。镇海于九月十六日（11 月 6 日）宣告光复，成立军政支部，推举驻镇军标统张载阳为支部长。

十月初八（11 月 28 日） 撤销军政支部，公推刘崇照为民政长，管理全县行政。

中华民国

民国元年（1912）

1月1日　成立县公署，刘崇照为首任县知事。

6月　龙头场盐署并入慈溪鸣鹤场。

10月　创办贫民习艺所于城区。1922年6月停办。

是年　遵南京临时政府令，革除旧制陋习，改用阳历，易冠服，废跪拜，剪除发辫，劝禁缠足，禁鸦片，禁赌博，禁蓄婢宿娼，严禁贩卖人口，解放“堕民”。

成立县议会，翌年冬停止。1922年复成立。

县立中学正式招生开学。

民国2年（1913）

樊棻筹资29000余元，在城区建办公益织布厂。

民国3年（1914）

4月　虞洽卿组建三北轮埠公司，建码头于城区、穿山及伏龙山下，购置“镇北”“慈北”“姚北”轮航行于宁波、定海、象山等地。是年虞氏又创办龙山镇电报局和电话处，并在沙河头设南北衔接总机。

6月11日　沪杭甬铁路宁波至百官段通车，全长77.9千米，路经县境压赛、白沙。

民国4年（1915）

郭巨一带霍乱流行。

沪甬线宁绍轮在镇海停泊搭客，以驳船接送旅客。

民国5年（1916）

龙山铁路建成，自三北轮埠公司站房至龙山码头，长约1.6千米。

民国6年（1917）

陈雍琅等集资8万元，在小西门外（今电影院北首）创办县内首所电灯厂——镇海华明电灯厂。

民国7年（1918）

永川轮船公司建码头于城区县房道头西，置轮行驶于甬、镇、温州等埠。

各警察所户口调查，全县共100187户374193人。

民国 8 年（1919）

五四运动浪潮传入镇海，城区、柴桥等地学校师生组织游行示威宣传，联合工商各界，成立组织，掀起反帝反买办、抵制日货、反土豪劣绅热潮。

西管区绅商捐资在庄市横河堰创办同义医院。

民国 9 年（1920）

2 月　重修《镇海县志》，1924 年冬编竣。

6 月　由于去岁歉收，米价昂贵，饥民相属于道，官绅协办平粜。灵岩、泰邱等乡贫民结群吃荒，簇拥米店求施。

7 月 8—12 日　东绪乡饥民数千人，拥至虞洽卿家“吃大户”。

民国 10 年（1921）

3 月 19 日　午后 4 时许地震，人摇晃欲倒，窗户震裂有声，约时三四秒复宁。

是年　飓风淫雨成灾，江南诸乡堤塘、道路、桥梁多被冲毁，稻作棉花遭淹。

城区筹设消防局，购置新式水龙及器械。

民国 11 年（1922）

3 月 21 日　昆亭、庳头、三山等地乡民不堪盐税重剥和盐警肆虐，聚众 3000 余人，攻打柴桥盐局，焚毁警长住舍。翌日，盐警调集百余人，扬言报复。乡民鸣锣召众，至 28 日，在对抗中死乡民 4 人，负伤数名。经县知事偕海晏、郭巨两乡自治会长赴盐务总署陈说利害，盐署慑于民愤，允诺降低盐税，约束盐警，事方平息。

3 月　县知事盛鸿焘倡议，集银 4 万余元修浚中大河自白龙洋至骆驼桥段。1924 年，又耗银 3000 元，重修大市堰。

民国 12 年（1923）

招商局在城区济川渡西建轮埠 3000 吨级江天码头，沪甬线客轮进出在此停靠。

冬　重修鼓楼竣工。

民国 13 年（1924）

3 月　镇远门外良济医院改办城区孤儿院。

7 月　重修后海石塘 1 020 丈、土塘 3 400 丈竣工，塘上建庆安、鸿福两亭。

是年年底　灵山、敬德、十七房小学教师王赞襄、竺清旦、江少怀等人在校内成立三民主义研究会、读书会、少年共进会等组织，宣传孙中山“联俄、联共、扶助农工”政策和反帝反封建思想。

民国 14 年（1925）

3 月 28 日　各界代表 2000 余人，在县城大校场举行追悼孙中山先生大会。

5 月 23 日　中国国民党镇海区分部成立。

6 月 4 日　“五卅”惨案发生后，县成立外交后援会。7 日，举行反抗帝国主义暴行，抵制英、日货大游行。同日柴桥等地也成立外交后援会。30 日，全县再次举行反帝大游行，公祭“五卅”死难烈士，发起募捐，慰问难胞家属。

7 月 4 日　县小学教员联合会成立。

7 月 10 日　县仇（日）货调查委员会成立。

8 月 9 日　县旅沪同乡会成立。

9 月　王赞襄、唐海沧、钟志一等在灵山小学成立共产主义青年团支部，被编为宁波第六支部。

是年　新碶顾荆庸发动当地 8 个村农民筹建镇海县第六区农民协会，1927 年正式成立。

民国 15 年（1926）

11 月 17 日　县妇女联合会成立。

11 月　中国共产党镇海独立支部成立，书记沃醒华。

12 月　在中共支部帮助推动下，国民党县党部成立，沃醒华、胡焦琴等 6 名共产党员被选为县党部执委。

民国 16 年（1927）

1 月 1 日　中共镇海独立支部、国民党县党部共同策动驻镇水警厅长、炮台司令和县知事起义投顺国民革命，并举行换旗仪式。

1 月 13 日　联军孙传芳部第二师第三旅派兵两营驻城警戒；2 月初由十一师一团接防。

2 月 19 日　国民革命军第十七军及省防军一部乘轮抵镇，接管镇海。县知事刘强夫出走。

2 月下旬　组建城区各界人民团体联合会、县总工会、县农民协会。

3 月 16 日　城区人力车、绸缎业两工会及坤和草帽厂 200 多工人，要求增加工资，罢工游行。

3 月底　工人、农民、盐民数百人，勒缴驻灵岩、城区的保卫团和缉私营枪械。

3 月　县处理逆产委员会查封勾结军阀的上海市商会会长傅筱庵在镇房产。押解地方劣绅游街示众。

4 月初　崇邱区农民协会盐民部发动大批盐民驱散青峙岭、沙蟹岭、二道头、衙前、张鑑碶等处缉私营、秤放局人员，封闭房屋。各地盐民时有起事，下洋盐民缴缉私营枪械 20 余支。

4 月中下旬　“四一二”反革命政变后，国民党宁属特派员代表金越光到镇“清党”，任命洪伟观、李仲瑜等接管县党部。中共镇海独立支部书记沃醒华等避离，胡焦琴代理支部书记。

4 月 27 日　国民党“清党”后，县总工会被改名镇海工人大同盟；5 月 1 日，县农民协会亦被宁波农民大同盟派员改组。

5 月 6 日　国民党省党部特派张咸铠到镇再次改组县党部，加紧搜捕共产党人。

6月6日　胡焦琴被捕，同月23日在甬就义。

8月　中共宁波市委派康友铨、陈存世来镇重建党组织。秋后，柴桥、骆驼、镇北、龙山相继建立中共党支部，不久均被破坏。

9月28日　改组后的国民党县党部成立。11月又组建县党部临时执行委员会。

是年　始行“二五减租法”，经农民协会合法斗争，江南地区在1929年基本实现。

民国17年（1928）

10月　全县人口公布共计为93508户381127人，其中男204077人、女177050人。

是年　推行村里制，全县建11区、20里、216村。

穿山商轮公司成立，置“穿山”“大华”客轮，航行于穿山、上海、定海、海门等地。

台风为害，沿海各区堤塘冲毁5000余丈，灾民2300余人。尤以海晏、泰邱受灾最烈。

开展扫毒运动，设戒烟（鸦片）医院1所，戒烟男146人、女6人。1931年，北乡又铲尽烟苗（罂粟花）百余亩。

民国18年（1929）

6月　《镇海日报》创刊。发行人李仲瑜，日发行约500份。

8月　拆县城南薰门瓮城，拓建为南薰路；后又拆东首城墙建菜市场。

9月　中共镇海支部在庄市崇正小学重建，不久被迫停止活动。

是年　宁波永耀电力公司架设宁波白沙至庄市同义医院电力线路。

民国19年（1930）

2月　县佃业仲裁委员会成立。

夏　实行乡镇制，全县建为7区、22镇、166乡、3266闾、16248邻。

7月　拆武宁门瓮城。

民国20年（1931）

5月　成立镇海电话代办所。

10月10日　大碶地区17所学校师生共2000余人，在新庙召开抗日救国大会，提出“停止内战、枪口对外”“抵制日货，严惩奸商”等口号，会后举行示威游行，并捣毁贩卖日货的“可大昌”布庄。

10月　中共镇海特别支部在大碶成立。

是月　争执几十年之岩、泰两乡分界线，经省民政厅实勘调解，定大浦河中心为分区线。

11月　绅商捐资银5.8万元，修补俞范至岚山土塘3390丈，又续修自包家至俞范石塘计1638丈。

是月　重修《镇海县志》及新修民国《镇海县新志备稿》和《镇海县志·地图册》出版。编为47卷，共25册。

民国21年（1932）

1月14日　县国民救国促进会成立。

3月8日　县无线电台在水警局内装置完竣，并开放商电。

4月24—25日　因中共宁波组织负责人被捕叛变，中共灵山小学支部书记王文荣等4人被捕，王死于杭州狱中。同时被捕还有时敏、林头、石湫等小学进步师生六七人。

秋　蒋介石自宁波乘逸仙号兵舰到镇，登招宝山考察镇海要塞。

11月　成立县保安团。

民国22年（1933）

2月12日　城区灯会，警察出阻毁灯，群众捣毁警署。

4月5日　鄞镇慈公路通车。

5—8月　霍乱大流行，仅城区即死300余人。

9月　暴风淫雨，咸潮入灌，毁屋300余间、船100余艘，淹田地10余万亩，灾户3万户，待赈4万余人。

民国23年（1934）

春　米价狂涨2倍，城区米价银18元。

5月　县电话代办所改为电话支局，全县建11个电话代办所。

7月12日　宁（波）穿（山）公路全线竣工。

9月　调整乡镇建制，推行保甲制，全县建97乡镇、955保、9 332甲。

夏秋　大旱，田土龟裂。沿海滨江地区近年迭受咸潮倒灌，咸质上升，田禾霉烂，受灾奇重。

是年　三北公司在城区小道头建3000吨级宁兴码头。

县中医师公会成立，会员30余人。

民国24年（1935）

1月7日　鄞镇慈公路镇（海）骆（驼）支线通车营运。

1月9日　财政部关税署批准三北公司往来沪甬船只免征土货转口税。原从宁波转口的慈溪、余姚等地部分土货，改由镇海转口。

3月31日　民国政府航空委员会筑镇海南泓飞机场建成，1937年后废。

5月10日　慈（溪）邱（王）公路之汶溪至邱王段试行通车。

8月3日　汶（溪）骆（驼）公路试行通车。

民国 25 年（1936）

1 月　浙江省地方银行镇海办事处建立。同年，成立镇海县库。

10 月　纪念吴杰 100 周年诞辰，筹资建“吴公纪功碑亭”于梓荫山麓。

11 月　在大市堰毙虎 1 头。后在毙虎处建“伏虎桥”，今存。

是年　镇（海）大（碶）公路修竣通车，全长 14.3 千米。

民国 26 年（1937）

8 月初　全县霍乱流行，3 个月内死亡 920 余人。

8 月 26 日　上午 8 时，日机 1 架向城区打镑街投弹 1 枚，毁平房 4 间，死 1 人。

8 月　淞沪抗战开始，县成立抗敌自卫后援会，县长张感尘任主任。次年改称抗日自卫委员会。

是月　县政府、国民党县党部举办党政军事训练班，继之各乡镇开始壮丁训练。爱国青年应征抗日。不久实行“三丁抽一”征兵制。

秋　县境内修筑防御工事。自龙山至白峰沿海各要津建造钢筋水泥碉堡，主要港口打篱笆桩。

11 月 5 日　日舰 2 艘在镇海口外炮击县城。

12 月 24 日　杭州沦陷，浙东告急，为防御日军进犯，掘毁县境内宁穿、镇大、鄞镇慈等六七条公路，主要人行大道掘成“S”形，每桥只留石梁 1 条。同时拆去杭甬铁路、龙山铁路路轨。

12 月 31 日　宁波城防司令部奉命封江，凿沉新江天轮于甬江口。

民国 27 年（1938）

1 月 5 日　为疏散宁波籍在沪难民，应旅沪同乡会之请，沪甬轮恢复航班。不日，再次封锁，此后时开时封。

2 月　省派战时合作队员赴江南六区组社。至 1940 年 7 月，共建战时合作社 12 个。

3 月　小港蔚斗小学建立中共支部。8 月中共镇海县工作委员会建立，卓子英任书记。至 1940 年年底，全县建有中共党支部 11 个，党员 100 余人。

是月　县抗日自卫委员会战时政治工作队成立，兼队长徐肇宗、指导员周鸣宇（中共党员），队员 50 余人，赴崇邱地区宣传抗日。

春　以中共党员为骨干，组成县流动施教团。团长毛信坤，副团长周闪耀。并与城区救亡团相配合，分赴浃江南北进行抗日救亡宣传。小港、横河各地抗日救亡宣传组织也相继成立。

4 月　县抗卫会出版《抗日》旬刊。12 月又出版《战时镇海》半月刊。同时，县动员会办《乡卫》半月刊。龙山虞天石、虞金迅创办《龙山呼声》。

6—10 月　疟疾流行。

是年　甬江口打梅花桩，防止日舰闯入甬江。

土地清丈结束，全省地籍分编 7 都、104 图。

民国28年（1939）

4月4日　县妇女会主办第一次集团结婚。

6月7日　日机6架空袭宏远炮台，被驻军击中1架，坠落于甬江口。

6月23日　舟山被日军侵占，定海县长苏本善率部至柴桥，驻紫石。

7月1日起　宁波复封港，镇海口遂为主要中转场所。澥浦、新碶、穿山等口岸一时商舶云集。

7月7日　城乡7个抗日救亡团体发起召开万人声讨汉奸傅筱庵大会。会后砸毁傅宅大门，没收其家产。

7月　建立县合作金库。

是年　宁波防守司令部下令凿沉太平、福安、大通等大小船舰18艘于招宝山至小金鸡山一线。

民国29年（1940）

3月2日　行驶镇甬线景升轮泊宁波江北岸码头时遇日机空袭，人慌船翻，380余人罹难。

6月2日　日军300余人在大榭岛登陆，至晚退去。

6月　中共县工委在江南组建抗日武装王贺乡巡夜队。

7月初　日舰20余艘游弋于金塘洋面，每日炮击镇海口两岸。

7月13日　日军第三舰队宣布16日起封锁宁波港口，沪甬线客、货轮均提前离港。

7月16日　日舰8艘向镇海要塞各炮台及沿海阵地炮击500余发，日机22架配合轰炸，投弹70余枚。守军予以还击。下午，日舰又在澥浦港击毁渔船10余艘。

7月17日　凌晨，日海军陆战队第三联队在青峙老鼠山偷袭登陆，守军不支溃退。日军进犯江南道头及县城，沿途焚毁房屋，杀害平民。次日焚毁城西武宁镇房屋3000余间。

7月19—21日　第十六师与一九四师协同向戚家山小港等日军阵地展开猛烈反击，日军伤亡千余人，夤夜窜海遁逃。是役小港唐爱陆等人组织民众支援前线。

7月　宁波防守司令部又将凯司登轮、海绥轮等共1175吨沉于梅墟拗猛江，封堵内江。

12月　灾荒严重，国民党政府强征民粮，第六区（泰邱）农民进行抗粮斗争。县政府逮捕六区农会干事顾荆庸，押解至大碶青龙桥时，千余农民执竿举石，抗官保顾，县长周启植慑于民愤，将顾释放。

是年　夏秋80余天无雨，早稻歉收，晚稻无收；又因干旱引起霍乱流行，死亡甚众，仅澥浦镇即死亡10余人。

因“七·一七”战事，县政府徙庄市汤家河湾张。

民国30年（1941）

1月　全县成立庄市、龙山、长山、柴桥4个区署。

4月15—18日　泊镇海口外日舰10余艘，不时炮击小港、城区、澥浦一带。日机多次轰炸沿海港口，投弹200余枚。

4月19日　凌晨一时许，日军第五师团第九旅团及海军陆战队一部在黄瓦跟、金鸡山登陆；拂晓又从后海塘、双跟塘登岸。守军一九四师刁君岳连全连官兵在竺山头力战殉国。城区守军暂编三十四师一团一营与敌激战招宝山，营长戚威良阵亡。下午，守军暂编三十四师一团三营在妙胜寺阻击日军，营长颜怀信牺牲。是日上午县城陷落。镇海县政府撤至鄞西。23 日凌晨，另股日军 1 300 余人在林大山登陆，进犯霞浦、柴桥。

5 月 26 日　一股日军窜入镇北，焚毁澥浦苏将军庙、龙山伏龙禅寺。伏龙寺始建于唐咸通三年（862）。

7 月 3 日　沪甬线复航。

7 月　日伪在城区组建“自治会”。翌年，改称“县乡镇联合会”。

9 月　抗日武装王贺乡巡夜队扩建为江南独立中队，中队长王博平，政治指导员林勃。后编入苏北淞沪游击队“五支四大”，称新四中队。

是年　驻城日军拆南城墙一段，筑通江边码头车路。

民国 31 年（1942）

4 月　县农会江南办事处成立，顾荆庸为主任。

5 月　原县警察第三大队姚华康与汪立本部火并后率部投靠日军，编为汪伪“镇北保安团”，盘踞澥浦、邱王、河头、骆驼等地。

是月底　中共领导的抗日武装龙山自卫队成立，后扩展为慈镇县大队。

7 月　中共浙东地区委员会决定将镇海县城和甬江以南归属三东（鄞东、奉东、镇东）地（工）委领导，镇海县工委书记陈志达；甬江以北属慈镇县工委领导，慈镇县工委书记谢仁安。

8 月　经中共慈镇县工委和士绅朱祖燮筹划，在龙山所巩院创办凤湖中学。翌年 10 月，因伪军威迫而迁至龙南启绪小学，有不少师生参加革命。

是月　茂丰纱厂在县城白家浦创建。1943 年后改名为久丰纱厂。

秋　县立初中借名私立蛟川中学在霞浦小学原址开办。1943 年春迁瑞岩寺，改为县立中学。

11 月　抗日民主政府慈镇县办事处成立，主任金如山，后为戚铭渠，辖龙山、庄市等区。

民国 32 年（1943）

2 月 20 日　中共慈镇县工委委员李长来在柴桥遭定海国民兵团包围，突围时遇难。

4 月 27—28 日　长山区农民反对废梅湖为田，由石门乡乡长王宁远率 5 000 余人赴梅湖掘堤。宁波专员俞济民闻讯派自卫队武装护坝，群情激愤，迫使自卫队退却，遂复湖蓄水。

5 月　汪伪镇海县政府在城区建立，谢兴如任伪县长。

8 月　在柴桥瑞岩寺镇海县立初中内附设简易师范班。

11 月 6 日　国民党顽固派军队——慈溪自卫第二总队宋清云部乘中共抗日武装主力集结四明山之机，逮捕慈镇县办干部及抗日群众 130 余人，其中 30 余人被害。

11 月 30 日　国民党政府县独立中队与定象保安总队一大队在大碶王隘杨家桥伏击下乡“扫荡”之日军，击毙日军官兵多名。

民国 33 年（1944）

2 月 12 日　定象保安第二大队夜袭宿营大碶的汪伪县保安大队 50 余人。伪兵死伤数名，余投降。

3 月 19 日　抗日武装浙东纵队三支队暨警卫大队在筋竹岙歼灭汪伪中央税警团 4 个班。次日，伪中税警团纵火焚烧筋竹岙村。

3 月 22 日　浙东纵队第三支队和慈镇县大队歼击盘踞在庄桥的国民党顽固派宋清云部，俘 56 名。

3 月　抗日民主政府慈镇办事处下建龙山、庄市两区署，11 月再建沿山区署。

5 月 23 日　定象保安总队褚公良部在梅墟截击行驶甬镇线之中华轮，击毙护航日军 3 名。

5 月　三民主义青年团鄞县分团镇海办事处成立。

6 月 7 日　人民武装庄市区常备队配合浙东游击纵队第三支队侦察排，袭击洪桥汪伪舟山警备司令部第四总队，俘日本少佐顾问吉永久寿秀和伪军上校总队长卫文达等 28 人。

6 月 25 日　浙东纵队三支队和慈镇县大队在马家桥、田顾间歼灭汪伪军第十师三十九团 1 个连。

6 月　抗日民主政府庄市区干部、民兵于日军“扫荡”前，张贴反战传单，后有 4 名日军携传单投诚。

8 月　驻甬日军在压赛乡、同德乡和毗邻庄（樟）桥镇圈地辟建飞机场，割稻毁田拆屋，殃及 15 个村庄。镇海县里漕、傅范、新桥姚家等村受害。

夏　大旱。

10 月　日军分驻澥浦、汶溪、小港、青峙、穿山等沿海沿山一线，在山巅构筑工事，以防美国军队登陆。

是月　日机 1 架在峙头洋被美国空军击落。飞行员跳伞后，为渔民俘解至郭巨，转送宁海。

民国 34 年（1945）

年初　美机轰炸舟山日军基地，一机被日炮击伤。驾驶员跳伞降落峙头洋，由当地乡民救起送县政府。

2 月　抗日民主政权建立浙东行政公署。慈镇县办事处分置慈溪、镇海两县，戚铭渠任镇海县县长。

4 月 4 日　国民党政府成立县临时参议会。

5 月　中共镇海县委成立，虞天石任县委书记。

6 月 16 日　国民党政府县独立第二中队和庄市自卫队，在东冈碶截阻击退下乡“扫荡”日军。

7 月 1 日　悬挂德旗之“谋福”（新宁绍）轮由镇驶沪，中午在鱼腥脑岛附近被盟军飞机炸沉，罹难 600 余人。

8 月 15 日　日本宣布无条件投降。20 日前后，侵占澥浦、河头等沿山日军撤离至慈城集中，抗日民主政府各区常备队和民兵配合三北特务营先后收复邱王、河头、澥浦、贵驷、骆驼、长石、湾塘等地日伪军据点。

8 月 22 日　抗日民主政府龙山区署进驻解浦，组织民兵大队、青年会和敌伪资产清算委员会等群众组织。

9 月 18 日　国民党政府县长雷霆率部自城湾迁返县城。占守城关日军于 24 日撤离。

9 月 20 日　抗日民主政府庄市区署在贵驷召开庆祝抗战胜利万人大会。同日下午，国民党政府庄市区区长邱友三率部占领五里牌等地，杀害抗日民主政府区江防队长赵玉卿、民兵队长王善林。

9 月下旬　县抗日民主政府及其武装力量奉命北撤，10 月 7 日最后一批干部、战士撤离。部分地方干部、党员分散隐蔽。

10 月 23 日　中共慈镇县特派员蒋子瑛在洋墅大袁陈村遭国民党政府何九峰部围袭牺牲。

12 月　国民党浙江省民政厅令，撤销庄市、龙山、长山、柴桥 4 区署。1948 年后又陆续复建。

民国 35 年（1946）

1 月 14 日　县农会召开代表大会。是时有乡农会 62 个、会员 18 619 人。

4 月　由徐圣禅、董杏荪、方椒伯等绅商联名创建之东管、西管、前绪三乡公益堂成立。

5 月 5 日　全县选举县参议员。6 月 24 日县参议会成立。

6 月 23 日　县合作社联合社成立。

6 月　江南柴桥、长山等区教育界开展“反饥饿”罢教运动半个月，迫使县政府发放教育欠款。

8 月 29 日　县地方法院原拟首审汉奸谢兴如等人，临庭托词证据不足，改期再审，后以游街了事。

10 月　筹建县银行于南薰路，资金 58 万元。翌年 11 月开业。

10—12 月　举行肃清烟毒宣传会，县设戒烟所。登记查获烟民 35 人，其中被判刑 10 人。

11 月 16 日　恢复沪甬线客轮在镇海停靠搭客载货。

11 月　战时掘毁之鄞镇慈公路镇海段路面修复通车。

民国 36 年（1947）

1—3 月　全县编并 34 乡镇、362 保、4 481 甲。

2 月 15 日　国民党县府公务人员因待遇低、生活受威胁实行“总请假”一星期。

2 月 23 日　成立县农业推广所。

3 月初　国民党县政府组建民众自卫总队，县长兼总队长，并整编各乡镇民众自卫队，负责征兵、“清乡、剿共”等事宜。

3 月 11 日　中共慈镇县特派员赵士炘、沈宏康等 12 人，突袭窖湖乡公所，缴获长短枪 12 支。

3 月 12 日　慈镇县武装工作队成立。

3 月　重建中共三东（鄞东、奉东、镇东）工作委员会，书记詹步行。

4 月　重建中共慈镇县工委，书记赵士炘。

5月14日　受全国反饥饿反内战学运影响，县简师学生40余人结队游行，并至国民党县政府请愿。

6月3日　中共四明部队与县武工队分兵袭击庄市警察所和在彭王庙执勤自卫队。

6月21日　定海除奸大队缴获霞浦镇公所警备班长短枪9枝后，在岭头改编为中共领导的浙东第四自卫纵队，徐小玉任纵队长。

7月　国民党政府发布“戡乱总动员令”。县建立“戡乱动员委员会”，县长周力山兼主任。

8月19日　浙东第四自卫纵队杨锡林部缴获柴桥警察所、自卫队枪械；然后抢劫商店，扣押地方人士。

8月23日　全县人口调查汇集，计70527户292218人。

8月　人民武装慈镇县大队成立，郑侠虎任大队长。

10月　中共领导的慈镇县办事处成立，主任赵士炘，副主任沈宏康。

是月　慈镇县调整行政区域，设东区（庄市、庄桥、沿山）、中区（龙山、观城）、西区（丈亭）。

是月　镇大公路江南道头至高塘段修复通车。

12月22日　中共三东工委指派余力行赴上阳成立江南武工队。翌年2月，该部缴获大碶警察所枪械后，编入东海游击总队。

是年　县农会和浙东植棉指导区协作推广种植美国德字棉16543亩，珂字棉3734亩。

县医师公会成立。

民国37年（1948）

1月　中共浙东临委决定将“三东”（鄞东、奉东、镇东）地区改名为东海区，并成立东海工委，詹步行为书记。

阴历年关　人民武装慈镇县大队和东区武工队护送横溪、十字路贫苦群众70余人，夤夜赴沙河外新屋国民党粮库，开仓放粮万余斤济贫。

3月　国民党县政府指派“清乡”工作队34人，赴各地督促执行反共的“联保连坐”法。

8月14日　县农会常务理事顾荆庸率代表18人赴南京和杭州请愿，要求按“地价法”缴地租。

秋　国民党政府八十七军（番号长江）自华北战场撤退至浙东，一部进驻镇海境内。

10月13日　人民武装东海游击总队王起等一部抵岭头，遭国民党政府定海刑警队袭击，副总队长江之铭遇难。

11月12日　人民武装慈镇县大队和一区武工队袭击驻范市国民党武装据点，俘中队长以下官兵30余人。

11—12月　因叛徒出卖，柴桥、清水桥一带中共党组织遭破坏，李志松、张顺利等4人先后被捕。江南武工队撤离至天台山区。

12月3日夜　行驶沪甬线之江亚轮在吴淞口外突然爆炸沉没，罹难乘客3100余人，内镇海籍人士甚多。次年4月30日，罹难者棺柩运甬。

是年 全县发现天花33例。

民国38年（1949）

2月 国民党政府浙江省第二专区建立“三北剿匪指挥部”，对慈东、镇北中共游击区进行全面“清剿”。

5月中旬 中共浙江省委决定，由随军南下干部刘刚、刘维新和原慈镇县委委员沈宏康组成中共镇海县委员会。

5月20日前后 国民党军队强征民夫，突击修复镇骆公路，日夜疏运杭州溃退之辎重部队抵镇海下船逃离。招商局、三北公司趸船码头亦遭劫掠。

5月22日 国民党政府龙山区区长姚鹏程率区自卫队90余人，通过中共澥浦支部引导，向民主政府慈镇县办投诚。

5月24日 人民解放军第二十二军六十六师一九七团进抵骆驼桥；一九八团于25日下午2时抵张鑑碶。国民党政府六十六团向县城溃退。国民党党政军机关连夜撤走。

（镇海解放后）

5月26日晨6时 中国人民解放军二十二军六十六师一九八团解放镇海县城。

5月27—29日 解放军二十二军六十四师、六十五师、六十六师各一部挺进穿山半岛，国民党县政府及守军撤退梅山等岛屿。

6月1日 中共镇海县委进驻县城。月初建立镇海县人民政府。

6月4日 上午8时许，镇甬线江利轮驶至梅墟遭国民党飞机袭击，死伤30余人。

6月 建立县公安局，次月设柴桥、澥浦、郭巨派出所。接收镇海县卫生院，改称镇海县人民政府卫生院。

7月9日晨 国民党八十七军1个团在龙山登陆，龙山区区长忻一波等4人被捕。同日上午又窜犯长跳嘴、穿山两地，均被解放军击退。

7月13日 建立中国人民银行镇海办事处，接管国民党政府浙江省银行镇海办事处及镇海县银行全部资产，开展收兑金圆券工作。

7月23—24日 台风暴雨坏海塘百余里，沿海11个乡遭灾，被淹农田15万亩，毁屋160余间，死30余人，灾民3500多户、近万人。人民政府组织群众2万余人，以工代赈，修复海塘8711丈。

7月 成立镇海农民协会筹备会。翌年5月召开农代会，成立县农民协会。

8月18日黄昏 人民解放军二十二军六十四师、六十六师一九六团、军山炮团进攻大榭岛，次日拂晓大榭岛解放。

8月24日 盘踞梅山岛之国民党残部弃岛撤逃。25日，解放军六十五师一九三团进驻该岛。至此，县境全部解放。

8 月　县支前指挥部组织大碶、柴桥地区民工，修筑自大碶至下三山公路；庄市、龙山两区民工 1500 余人抢修璎珞至穿山公路。至 1950 年 5 月 19 日舟山解放，共出动民工 49.7 万工，筹集支前船只 400 余艘，支前物资 3 万余件。

8—12 月　盘踞舟山国民党空军轰炸穿山、柴桥、三碶、大碶、小港、湾塘、澥浦及县城等地，炸毁学校、祠庵和民房 300 余间，死伤 45 人。

9 月 18 日　全县 34 个国民党政府乡（镇）政权除梅山外，均接管完毕。废除保甲制，陆续建立村政府、村农会和村民兵组织。至年底，全县建立 4 区（庄市、龙山、长山、柴桥）、7 镇（城关、澥浦、庄市、三碶、大碶、柴桥、霞浦）、28 乡、455 村。

9 月　中国花纱布公司宁波分公司设范市、柴桥两棉花收购处。

是月　组建浙江军区第二军分区镇海县大队。次年 12 月改编为独立第五营。

中华人民共和国

1949 年

10 月 3 日　解放军六十六师、六十四师一九〇团以新碶沿海为基地，发起金塘岛战役。10 月 5 日，金塘岛解放。

10 月 17 日　镇海县第一届各界人民代表会议在张鑑碶召开，出席代表 133 人，通过支前、救灾、剿匪 3 项决议。

10 月下旬　各乡召开农代会，开展民主反霸和减租减息工作。

10 月底　成立镇海县支前善后生产救灾委员会，办理救灾工作，并联络宁波旅沪同乡会向社会各界募捐。是年共筹集和发放救济粮大米 5.715 万公斤，救济款 1.74 亿元（旧人民币），衣服 6286 件，有 83840 人得到救济。

10 月　暴雨成涝，秋汛大水。柴桥地区水稻受淹 5 万余亩，被淹 7 天，造成严重减产。

1950 年

春　农村开展生产度荒、生产自救运动，人民政府拨大米 40 万公斤，以工代赈兴修水利。

3 月 20 日　召开县首届妇女代表大会，建立镇海县民主妇女联合会。

是月　国民党政府飞机 1 架侵入县城投弹，炸毁房屋 3 间 1 弄，炸死 1 人。

4 月　县供销商店改组为供销合作总社。

是月　中国人民银行镇海办事处改组为县支行。

5 月 12 日　县城遭国民党政府飞机轰炸。县级机关暂迁庄市。

6 月 18—27 日　调整区乡建制，新建城关、大碶、郭巨 3 区公所，全县共分 6 区、13 镇、71 乡。

6 月　建立镇海县人民法院。

7 月　改民办大喜剧团为县基本剧团。1954 年正式定名为镇海县越剧团。

是月 中国新民主主义青年团镇海县工作委员会成立。

修复被损海塘。县人民政府用以工代赈方式，动用民工21万工，在86天中修复海塘62.78里，完成土方41万立方米，修建大小涵洞、碶闸32座，受益土地15万亩。

10月 中共镇海县委在万嘉乡进行土地改革试点工作。

是月 成立县总工会筹委会。1952年9月正式成立总工会。

11月 全县进行土地改革，至翌年5月基本结束。45379户无地少地农民分得土地28.82万亩。

12月 开展抗美援朝运动，次年2月至4月15日，全县8000余名青年报名参军，1705人被批准入伍；至7月底，全县共捐献57.29亿元（旧人民币）。

1951年

1月1日 9万群众参加抗美援朝游行。

1月 大榭及附近岛屿从定海县划属镇海。

2月 镇压反革命运动开始。19日上午在龙头场召开公审大会，著匪姚华康被依法处决。

3月8日 全县12万名妇女参加“反对美帝武装日本”大游行。

3月19日 召开镇海县各界人民抗美援朝大会，号召全县人民订立《爱国公约》。

3月 各乡村普遍学习、宣传《中华人民共和国婚姻法》。次年4月28日全县贯彻《中华人民共和国婚姻法》，开始办理婚姻登记。

是月 全县第一个互助合作组织——长山乡周岳流农业生产互助组成立。

春 镇骆公路通车。

5月1日 “五一”国际劳动节，14万劳动人民参加示威游行。

6月17日 原慈溪县骆驼镇划属镇海县。

8月10日 在城关举行全县第一届人民体育大会。

9月 建立镇海县检察署，1954年12月改组为县检察院。

12月 响应抗美援朝总会号召，开展和平签名运动，12万人在《和平宣言》上签名。

是年 久丰纱厂等较大企业实施《中华人民共和国劳动保险条例》。

1952年

1月1日 召开县首届农业劳动模范代表会议。

1月 开展“三反”（反贪污、反浪费、反官僚主义）运动。

3月 山门乡张美康互助组改为农业生产合作社。

是月 修建镇海烈士陵园于河头乡十字路狮子山麓。

4月 成立镇海县卫生防疫委员会，次年改称县爱国卫生运动委员会。发动群众扑灭“五毒”（鼠、蚊、蝇、虱、臭虫），号召群众订立《爱国卫生公约》。

是月 移建县农场于邬隘斗鱼桥。

9月 全面取缔反动会道门。在城关举办反动会道门罪行展览。

11 月　政府机关、党派团体及所属事业单位工作人员实行公费医疗制度。

12 月　全县有工业企业 177 家，职工 934 人，年产值 1159 万元（旧人民币），比 1949 年增长 282%，占全县工农业总产值 1/4。

是年　培训速成识字教学师资，加速扫除文盲。

1953 年

1 月　重建穿山碶，新建闸门 7 孔，5 月 19 日告竣。

是月　各地先后召开初级市场物资交流大会。

是月　陈胜等 18 个乡开展民主建政工作。

4 月初　全县有互助组 3448 个、常年互助组 1166 个、农业生产合作社 5 个，入组、社农户占农业人口 44.6%。

5 月 19 日　成立县选举委员会，首次开展普选工作。

7 月 1 日　第一次人口普查，全县共 86611 户 310066 人。

9 月　自 7 月底起连续 60 余天无雨，13 万余亩水田龟裂。

是月　合岙乡划属鄞县。

11 月　召开县第一次渔民代表会议。

是年　县妇幼保健站成立，培养农村接生员，推行新法接生。

县委召开各类会议，进行党在过渡时期总路线和总任务教育，贯彻粮食统购统销政策。

1954 年

年初　开始实行粮食统购统销。

2 月下旬　澥浦镇“戴昌隆”号渔船出海捕捞被南朝鲜掳去，内有船员 8 名。

4 月　柴桥区农场转为九峰高级农业生产合作社。

7 月 12 日　县首届人民代表大会第一次会议召开。

9 月　久丰纱厂配置 60 千瓦发电机，次年 6 月发电，并向城关镇部分单位及居民供电照明。

是月　实行棉花和棉布统购统销。

10 月 5 日　县信用合作社第一次代表会议召开。全县参加信用合作社农户 39461 户，占农户总数 78.63%。

10 月 15 日　县行政区域作重大调整：龙山区北部雁门、龙山、龙场、田央、施山、甸山、范市、东湖、灵湖、沿海 10 个乡镇划属慈溪县。慈溪县河头、西顾、长石、长骆、田湖 5 个乡划入镇海县。新建骆驼区。全县辖骆驼、庄市、城关、长山、大碶、柴桥、郭巨 7 个区、80 个乡镇。

12 月 24 日　全县第一个渔业社——澥浦镇渔业生产合作社建立。

1955 年

3 月 1 日　国家发行新人民币，规定旧币 1 万元兑换新币 1 元。

3月11日 成立县推销1955年国家经济建设公债委员会，向各界人民宣传认购建设公债。

3—6月 贯彻省委关于农业生产合作社“全力巩固，坚决收缩”方针，全县缩减农业社238个。

4月16日 沪甬线“民主三号”轮在甘屿附近因雾触礁，经解放军海军舰艇、二十二军837运输船和附近渔船营救，1308名旅客全部脱险。

4月30日 县第一个抽水机站——长山站基建竣工，机灌面积11602亩。

5月9日 长山区农业技术推广站成立，各区农技站相继组建。

7月初 县委进行粮食“三定”到户试点。9月底，全县基本实行粮食定产、定购、定销到户。

7月 江北地区发生稻瘟病，早稻罹病11.5万亩。次年3月，万弓塘西8400亩稻田改种棉花。

10月 成立县兵役委员会，始行义务兵役制。

11月18日 县第一届人民代表大会第四次会议召开，选举县长、副县长、县人民委员会委员和人民法院院长。县人民政府改称为县人民委员会。

11月23日 中共镇海县第一次代表大会召开，选举产生第一届中共镇海县委员会和监察委员会。

12月 县有线广播站建立。

是年 推广连作稻，至次年种植连作早稻16.16万亩。

1956年

1月20日 召开县农业丰产经验交流大会，推广以改变耕作制度为中心的农业技术改革。

2月16日 开始撤区并乡，全县84个乡镇撤并为27个乡、7个镇。

2—3月 建立农业生产高级社136个、初级社490个，全县基本实现初级形式农业合作化。

3月12日 全县私营工商业者向政府申请公私合营，小商贩组织合作商店。至年底基本完成对私营工商业的改造。

5月1日 《镇海报》创刊。1958年11月1日停刊与《宁波报》合并。

6月23日 县首届工商业联合会代表大会召开，成立县工商业联合会。

6月 人民剧院建成。工人俱乐部落成。县电影队成立。

7月 全面调整干部、职工工资，改包干制为薪金制。

是月 百货、纺织、贸易、食品、专卖5个国营公司成立。

8月1日 强台风侵袭，风力12级以上，狂风暴雨坏屋1800余间，冲毁海塘59段，毁坏渔船390艘，死55人。县成立救灾委员会，拨发救济款21万元，以工代赈款53万元，机关干部和城关居民捐献衣物10700多件，全县灾民6000多人得到救济。

9月 镇海县中与辛成中学合并，成立镇海中学；郭巨、霞浦、邬隘、大碶、小港、骆驼、庄市7所初中同期开办。

11月 县科普协会成立。

12月 三山农业生产合作社被评为省级模范社、1956年度全国农业增产模范。社主任郑明元出席全国劳模代表会。

是年　全县手工业基本实现合作化。

建立中国农业银行镇海县支行。

县委号召除“四害”（鼠、雀、蚊、蝇），至1958年掀起以除“四害”为中心的爱国卫生运动高潮，各地敲锣，放爆竹轰吓、围剿麻雀。1960年“四害”中麻雀代以臭虫。

1957年

2月　原宁波专署棉场改建为镇海县棉场。1963年春改为县棉花良种繁育场。

7月　永耀电力公司在久丰纱厂安装560千伏安变压器1台。

9月14日　开展整风运动，后转为反右派斗争，至次年4月基本结束。全县错划右派分子169人，20世纪80年代初全部得到改正。

12月　新路岙水库动工兴建。1959年开始蓄水，总库容量1610立方米。

是年　开始办理退休安置。

1958年

1月20日　汶溪乡从余姚县划属镇海。

1月　精简机构，下放干部。至5月底共下放干部191名。

2月　抗日初期凿沉于甬江口的新江天轮残骸被打捞上岸。

6月25日　县科学工作委员会成立。

6月　全县掀起“大跃进”热潮，“大办钢铁”“大办工业”，建起小高炉880座，2万余人投入“炼钢”，但均徒劳无效。

8月　5月下旬起70余天无雨，23万亩稻田断水，部分稻田改种旱作物。

是月　三合乡6个农业社合并成立三山人民公社。至年底，全县共建8个人民公社，入社户数82277户，实现人民公社化。

10月4日　中共浙江省委决定撤销镇海县建制，并入宁波市。国务院于11月21日批复。

10月　各人民公社先后办公共食堂844个，幼儿班、托儿所2907个，实行“组织军事化，生活集体化，行动战斗化”。

是月　撤销区乡建制，实行公社化体制。

11月　在城关镇八里桥建敬老院，入院老人19名。

12月　常洪至镇海公路始建。后经1960年、1961年、1964年3次续建，于1965年1月26日建成通车。

是年　全县掀起水利建设高潮。小洞岙、三圣殿、郎家坪、十字路、城湾、千亩岙、瑞岩寺、王家麓等水库先后动工。9月，地处宁波北郊的姚江大闸动工，镇海县江北地区各乡镇参加建设，次年6月建成。长山区各乡出工参加地处鄞县的三溪浦水库建设，1963年建成。

是月　在梅山岛建立宁波市梅山盐场。

1959 年

1 月　开展土壤普查工作。

年末　工业陷入低潮，总产值比上年下降约十分之一，大批新企业被迫下马。

是年　有两批共 765 人支援宁夏回族自治区，后多陆续返回安置。

1960 年

1 月　大张旗鼓开展宣传总路线、“大跃进”和人民公社。

6 月中旬　人民政府用民航飞机在江北地区喷药防治水稻害虫。

9 月　久丰纱厂迁往余姚。

10 月　镇海中学获全国先进集体称号，出席全国文教战线群英大会。

11 月　贯彻中共中央指示，明确人民公社“三级所有，队为基础”，在农村纠正“一平二调”、浮夸、强迫命令、特殊化和瞎指挥等不正之风（以下简称“五风”）。

是年　粮食发生困难，动员群众见缝插种蔬菜，采集野菜、红刺根，制作代食品。

1961 年

1 月　“大办工业”“大办钢铁”时抽调的农民工返乡。

是月　开展整风整社运动。

是月　贯彻国民经济“调整、巩固、充实、提高”方针，并精简部分职工。

4—5 月　调整公社规模，原县境内 8 个公社分为 34 个。恢复区建制，撤销管理区，停办公共食堂，重新分配自留地。

是年　压赛堰、李碶渡两个大型翻水站建成，装机 38 台，计 1320 千瓦。

是年　由于营养不良引起浮肿病、妇女闭经等疾病。浮肿病发病率占总人口 1.2%。

1962 年

2 月　农村人民公社开始以生产队为基本核算单位，贯彻按劳分粮政策。

9 月 4—6 日　14 号台风伴大暴雨，总雨量 219.2 毫米，晚稻被淹 15.68 万亩。

1963 年

1 月 3 日　恢复镇海县建制，隶属宁波专署。

3 月　始建城关镇自来水厂，6 月简易投产。

4 月 6 日　投资 44 万元扩建县拖拉机站。

7 月 12 日　县召开早稻良种评选会议，总结推广枫林农科大队全面选用良种增产经验。

8 月 16 日　县防疫指挥部发出紧急报告：6 月以来急性肠炎和腹泻病人增至 3656 人，乙型脑炎发病比上年同期增加 3 倍。

8 月　省奖励三山大队的跃进牌 2.5 吨货车于 8 月上旬开始行驶，为全县第一辆大队集体自备车。

10月23日　县侨属工作委员会成立。

是年　建立电影放映站，增加电影放映队。年底，始建县计划生育委员会。

1964年

2月2日　县农业先进单位和劳动模范代表会议召开，评选出县级先进单位163个、先进个人18名，出席省劳模会议代表12名。

5月14日　澥浦大闸动工兴建。

7月1日　第二次人口普查结束，全县人口总数380361人，比1949年增长34.73%。

7月15日　县第五届人民代表大会第二次会议召开，选举省人民代表，动员城镇知识青年下乡。

7月　棉区各地使用有机磷农药，累计中毒227人，经抢救后多数恢复健康。

8月4日　省交通厅同意镇海渡新建40马力铁质客货两用渡轮，替换木质渡船。

8月　首批知识青年1138人到农村插队落户。1979年后陆续回城就业。

10月16日至11月10日　县委召开三级干部会议，学习“五反”（反对贪污盗窃、反对投机倒把、反对铺张浪费、反对分散主义、反对官僚主义）文件，开展“小四清”（清政治、清经济、清组织、清思想）运动。

是年　全县粮食亩产402.5公斤，棉花亩产54.5公斤，分别达到《农业纲要》指标。

1965年

2月20日　召开贫下中农代表会议，成立县贫下中农协会筹委会。

2月　县委召开三级干部会议，学习贯彻《农村社会主义教育运动中目前提出的一些问题》（即“二十三条”），组织生产高潮。

10月3日　浙江省上虞社会主义教育工作团一分团进驻镇海县，全县各公社分批开展社会主义教育运动（以下简称“四清”运动），次年六七月结束。

12月　大碶白石大队首次接受港胞虞孝土赠送消防水龙1台。

1966年

2—5月　农村各公社与机关单位分批开展“四清”运动。

6月　全县开展活学活用毛主席著作群众运动。

8月下旬　学习中共中央《关于无产阶级文化大革命的决定》，机关单位陆续成立“文革小组”，“文化大革命”开始。

9月5—8日　15号台风和暴雨侵袭，宁穿、镇大公路水深过膝，受淹农田10万余亩。

9月　全县中学师生代表赴京，参加中央领导人在天安门广场的接见。

是月　县级机关全面开展大鸣大放大字报运动，并组织“捍卫毛泽东思想红卫兵”，成立“红卫兵总部”，开始对所谓“党内走资派”“黑帮黑线人物”“牛鬼蛇神”轮番批斗，延续至年底。

10月　大破“四旧”（旧思想、旧文化、旧风俗、旧习惯）和“横扫一切牛鬼蛇神”的“横扫”运动扩向全县，一些文物、古迹遭破坏，不少家庭被查抄。“战斗队”纷纷建立，行政机关趋向瘫痪。

是月　中小学教师离校去外地进行“革命大串连”，学校停课闹“革命”。

秋　北京、杭州等外地师生来镇，成立“全国炮打司令部联络站”，张贴大字报，率众冲击县委。

12月26日　上阳至白峰公路动工建筑，次年5月1日通车。

12月　“镇海县革命造反派联合指挥部”成立，“发动”群众批判“资产阶级反动路线”，省委社教工作团镇海分团和县委“文化大革命领导小组”解体。26日，农村“四清”工作队全部撤离。

是年　新碶、三山新塘建成，分别围地1920亩和3392亩。洋沙山新塘围地2500亩，1972年告竣；新碶东塘围地4150亩，1974年告成。

1967年

2月　全县“造反派”组织分成对立两派，4月，成立“县无产阶级革命造反派联合指挥部”（以下简称“无联总”），各树山头。

3月　地方工作由县人武部主持，建立县生产办公室，统揽党、政、财、文大权。

6月　国家和地方集资8万元，在小港港口兴建浃水大闸。

7月20日　“县革命造反派联合总指挥部”（以下简称“县联总”）成立。

8月19日　“县联总”组织300余人在招宝山麓兵营前静坐，要求部队支“左”。同日，“无联总”成员数百人在人武部大院内静坐，呼吁人武部“继续支持”。

8月20日　“县联总”接管县广播站，更名为东方红广播站。

9月14日　柴桥中学发生武斗。11月4日、9日又两次武斗，校内设备、仪器受损。

9月　中小学“复课闹革命”。缩短学制：小学5年，初高中各2年。

是月　县公安局由人武部军管。

10月26日　镇海“工革会”、宁波“工联总”与镇海“贫总”等“造反派”组织在张鑑碶发生武斗。

秋　旱情严重，全县少种晚稻2.2万亩，断水10万亩。果树、幼林枯死，部分地区群众生活用水发生困难。

是年　“造反派”两派组织多次反复争夺“领导权”。

1968年

2月23日　“贫总”与“工革会”两派组织为争夺县广播站发生武斗。

2月　下三山14孔大闸兴建。

4月底　在机关、学校等开始实行“早请示、晚汇报”的“三忠于”（忠于毛主席、忠于毛泽东思想、忠于毛主席的革命路线）活动。

5月16日　大碶公社“造反”组织两派发生武斗。

9月28日　镇海县革命委员会成立，至11月，全县29个公社、3个镇全部成立革命委员会。

同日　农村公办小学下放到生产大队，由贫下中农管理学校。工宣队、贫宣队进驻中小学，领导学校“斗、批、改”。公办教师“回队任教”。

10月　县级机关干部集中县棉场“斗批改干校”，开始“清理阶级队伍”。全县立案审查560人，1979—1980年时落实政策，平反改正176人。

12月　自县至公社建立“群众专政指挥部”，对持不同观点的群众和所谓“牛鬼蛇神”“现行反革命”等肆意关押拷打。

是年　湾塘岚山大队825亩棉田亩产105公斤。

各生产大队建立合作医疗制度。

县城中山公园旧址扩建为人民公园。1974年辟公园一角为儿童公园。

1969年

3月15日　县支边领导小组成立，动员去黑龙江等省知识青年258人，后陆续返回。

6月　开展整党建党，至次年5月结束，6400名党员恢复组织生活，一批老党员被诬以各种不实之词未能恢复。

7月23日　中共镇海县革命委员会核心小组建立，下属各单位陆续复建党组织。

8月31日　撤销“县革命造反联合总指挥部”。

12月　江北围塘工程开工，围垦面积共8400余亩，1974年2月告竣。

是年　邮电局首次使用电传电路。

1970年

1月9日　撤销各级“群众专政指挥部”。

1月15日　成立夺煤大会战指挥部，开展夺煤会战，但仅挖出些泥炭。

2月28日　开展打击反革命破坏活动、反对贪污盗窃、反对投机倒把、反对铺张浪费的“一打三反”运动，至3月24日全县发生自杀事件20起，死亡16人。

5月　恢复各公社（镇）中共党委。

6月　中共镇海县第四次代表大会召开，选举产生县委员会。

9月下旬　继续在全县开展“清理阶级队伍”和“一打三反”运动，至12月中旬，仅郭巨公社被审查和揪斗606人。

11月　镇海化肥厂第一期工程动工，次年6月建成投产。

是年　梅山、昆亭、郭巨筑塘围地，至1979年梅山新建东塘、塊里塘、七星涂塘，总共围地7500亩；昆亭至1976年建成东、西两塘，围地7800亩；郭巨塘围地2200亩。

社、队办工业产值比 1965 年年均递增 94. 15% 和 13. 19%，全民与集体工业因停产“闹革命”，年均递增仅为 1. 41% 和 6. 89%。

1971 年

4 月　成立清查领导小组开展清查所谓“‘五・一六’反革命阴谋集团分子”。

是月　全县在“文化大革命”期间被揪人员，已解除审查 6632 人，尚有 140 人待审查落实。

6 月 5 日　县委扩大会议传达学习毛泽东《我的一点意见》等文件，开展“批陈（陈伯达）整风”。

9 月 16 日　35 千伏江北输变电工程开工，次年 8 月竣工通电。

9 月 25 日　共青团镇海县第五次代表大会召开，恢复共青团镇海县委员会。

10 月 16 日　召开全县党员干部大会，声讨林彪反革命集团反党叛国罪行。

12 月 30 日　晚 6 时 47 分地震，震级 3. 5 级，城关、庄市、觉渡、高塘、大碶、柴桥等地房屋摇动，窗户震颤有声。

是年　“砍资本主义尾巴”，限制农户家禽家畜数量，不准发展家庭副业。

1972 年

2 月 21 日　召开全县干部大会，批判林彪一伙制定的《“571”工程纪要》。

5 月 28 日　恢复中共骆驼、大碶等各区区委。

12 月 6 日　重建县计划生育委员会。

是年　霞浦五七西塘建成，围地 2700 亩；东塘于 1975 年建成，围地 1800 亩。至 1974 年统计，全县在 1953 年后围垦海涂 48711 亩，其中耕地 29932 亩、盐田 14100 亩。

1973 年

4 月　恢复县公安局。

7 月　国务院港口建设领导小组组长粟裕至镇海考察，确定在甬江口建设新港。

是月　为纪念毛泽东主席“7・16”横渡长江，县革委会组织 500 人横渡甬江。

10 月 5 日　建立杉木基地 5000 亩。

是年　创建少年体校。

1974 年

1 月 12 日　国家计划委员会批准在镇海城关招室山下建设镇海港区。1975 年 9 月防波大堤合拢，1978 年建成煤炭码头 2 座。

2 月　县、区社逐级建立“批林批孔”小组，层层揪“复辟势力代表人物”。

5 月　县革委会颁发《镇海县计量管理暂行办法》，统一全县计量管理工作，

6 月 2 日　农林部及省、地选点清水浦建立海洋渔业基地。

7月9日　国家计委批复在镇海新建年加工原油250万吨的炼油厂和算山原油码头，次年5月23日动工兴建，1978年12月建成。

8月19日　13号台风袭击，风力12级以上，海塘出险38处，损坏碶闸48座，盐田被淹2900亩。

12月19日　水电部选定在临江虹桥建造镇海发电厂，一期工程规模25万千瓦。

是年　中小学开展“批林批孔”运动，批判所谓“修正主义教育路线回潮”，提出要培养“头上长角，身上长刺的反潮流战士”。

始建新村。宁波港区建筑多幢五层住宅楼新村，航务、建筑新村相继落成。

1975年

2月18日　洪塘至镇海港区的进港铁路动工。1977年12月28日简易通车。1983年10月31日正式运行。1984年9月接通石化总厂专用铁路。

5月27日　撤销县棉花良种繁育场，其地作为浙江炼油厂厂区，职工并入炼油厂。

同日　在城关镇自来水厂基础上扩建县自来水厂，次年2月建成供水。

同日　镇海发电厂开始土建，2台12.5万千瓦机组分别于1978年12月和1979年9月竣工并网发电。

7月　兴建镇海丝织厂，1980年5月建成。

9月　县投资31万元建水泥厂。

11月19日　建立支援镇海港、炼油厂、电厂，渔业基地4项重点工程办公室，拨出新围塘土地3282亩，作为炼油厂海涂水库。

12月　抽调县，区四级干部650人，分赴柴桥、郭巨、下邵，庄市、骆驼等公社开展农业学大寨运动，次年扩大至全县。

是年　全县有91%大队开办合作医疗站，培训赤脚医生1200名。

1976年

1月8日　周恩来总理逝世，各单位，团体自动集会悼念。

1月17日　建立县消防委员会，各公社相继建立消防组织。

4月　“反击右倾翻案风”刮到县内。

9月9日　毛泽东主席逝世，各单位、团体纷纷集会，举行为期一周的悼念活动。

10月　中共中央粉碎“王、张、江、姚”反党集团后，全县开展对江青反革命集团有关人和事的揭发、批判和清查。

是年　重浚岩河，自大碶新庙前至下三山大闸，长4千米，宽50米。

1977年

8月下旬　7号强台风侵袭，暴雨3天。

9月5日　十字路水库工程指挥部成立，10月21日动工兴建。

10月1日　浙江炼油厂建成试车。

10月20日　因建十字路水库，迁建县烈士墓园至河头黄狼山。

10月　县农业科学研究所在邬隘建立。

是年　镇海县液化石油气站筹建。1979年12月20日首次向用户供应液化石油气。

1978年

1月13日　宁波北仑港筹建小组建立。

3月20日　县教师进修学校创建。

3月　镇海中学被确定为省重点中学。

6月　清水浦大闸动工兴建。

7月2日　镇海县划属宁波市辖治。

8月　全县75个大队早稻单季超《纲要》（800市斤），其中亩产超千斤的有4个大队。

10月30日　邮电局开通直达杭州载波电报电路。12月至上海2号话路开通。

11月20日　浙江炼油厂（镇海石油化工总厂）建成投产。

12月16日　叶佩素（柴桥人）在第八届亚运会田径赛中获女子五项全能冠军。1982年10月，在亚运会上又获五项全能冠军。

12月25日　中国人民建设银行镇海县支行成立开业。

12月26日　谷牧副总理考察北仑港。

是年　镇海中学地震测报小组被评为全国地震战线学大庆先进集体。

1979年

1月8日　全国石油基本建设学大庆现场会议在浙江炼油厂建设工地召开。

1月22日　育王岭通水隧道工程指挥部成立，1984年8月建成通水。

1月　镇海电影院落成。

是月　奉、鄞、镇3县联建的亭下水库工程动工，1983年5月8日下闸蓄水，库容1.53亿立方米，镇海县按出工比例分得水量2433万立方米。

9月　电视大学镇海工作站建立。

是年　塔峙乡杨岙村自来水厂建成。

全面复查“文化大革命”中冤、假、错案，纠错平反，落实政策。至1980年8月，3000余名干部、群众得到平反，恢复政治名誉，对“文化大革命”中非正常死亡的160余名群众和致残、致伤人员作必要的善后工作，发放补助款2.9万余元。“文化大革命”前几次政治运动中受处理的240余人亦通过复查，改正错案，纠正不正确的处理。

经群众评审，县革委会批准，摘掉绝大多数地、富、反、坏分子帽子。

1980 年

2 月 28 日　城湾水库工程竣工。

3 月　县府拨款 30 万元开发招宝山风景区。

5 月初　港胞李明昌捐赠湾塘卫生院价值万元的卫生仪器设备 1 套。次月，葛林华捐日币百万元兴建贵驷中学林华实验楼。此后，镇海籍旅居港澳等地人士回乡日多，纷纷捐资兴建家乡文教卫生等设施。

6 月 27 日　13 时至 13 时 30 分，湾塘、骆驼地区遭狂风和冰雹袭击。

8 月 8 日　7 万吨级大庆 525 号油轮首泊算山原油码头。11 月 4 日，万吨级“红旗 110 号”货轮靠泊镇海港。

11 月　敷设镇海至定海“127”24 路海线，翌年 5 月竣工，总投资 62.44 万元。

12 月 23—30 日　恢复因“文化大革命”而中断的人民代表选举制度，县第六届人民代表大会第一次会议召开，首次选举产生县人大常委会。

12 月 23—31 日　建立人民政治协商委员会镇海县委员会，并召开第一次全体委员会议。

是年　全县新法接生率达 99%，省卫生厅验收合格，发给普及新法接生合格证。

是年　县水稻良种场选育油菜良种 92－13 系获省科技成果一等奖。

1981 年

1 月 1 日　注销“镇海县革命委员会”印章，恢复镇海县人民政府名称。

1 月 3 日　恢复城关、柴桥、骆驼、大碶 4 镇建制。

2 月 27 日　建立镇海县环境保护监测站。

4 月 22 日　中共中央总书记胡耀邦考察北仑港。

5 月 12 日　中国政府和联合国合资建设笠山风力发电试验站建成。

6 月　在城关西门白龙洋兴建镇海棉纺厂。

8 月　鼓楼、招宝山等 8 处被确定为县级文物保护单位。

9 月 1 日　14 号强台风侵袭。

10 月 5 日　10 万吨级“宝清海”轮从澳大利亚装载 82 万吨铁矿石抵达北仑港。

12 月 18 日　在金鸡山巅建立县电视差转台。

12 月　开始农业资源调查、规划工作，1985 年完成。

是年　小港至林大山的北仑进港公路竣工。

1982 年

1 月 18 日　国务院总理赵紫阳考察北仑。

3 月　开展“全民文明礼貌月”活动。

5 月 1 日　邮电局自动电话正式开通使用。

7 月 1 日　第三次人口普查，全县共有人口 488449 人。

8 月底 抽调部分机关干部协助公社稳定完善农业生产责任制工作。

9 月 5 日 开始实行县党政领导干部接待群众来访制度。

10 月 全面开展企业整顿工作。

12 月 27 日 北仑港矿石中转码头全部竣工，建成 10 万吨级泊位 1 个，2.5 万吨级泊位 2 个及其全部配套工程。

12 月 浙江炼油厂改名为镇海石油化工总厂，从单一炼油扩建为综合性化工厂。

是年 镇海中学被评为全国少年科技活动先进集体。

是年 开始东、南濠河填方，拓建城河东路、城河西路，1985 年竣工。

1983 年

1 月 25 日 镇海县人民政府设台湾同胞接待站。

1 月 27 日 县委召开工作会议，贯彻中共中央《关于印发〈当前农村经济政策的若干问题〉的通知》，总结推广农村联产承包责任制。

3 月 镇海发电厂二期工程开始打桩，至 1985 年 12 月，20 万千瓦三号机组投产发电。

5 月 中共镇海县委发出通知，要求共产党员、国家干部带头实行火葬，简办丧事

9 月 22—23 日 国务院副总理万里考察镇海港、北仑港和镇海石油化工总厂。

9 月 26 日 10 号强台风正面袭击县境，最大风力 12 级以上，镇海口潮位 4.63 米，倒塌海塘 2691 米、民房 1000 余间。

10 月初 十字路水库建成，库容量 2030 万立方米。

10 月 修葺威远城，1985 年竣工。

11 月 8 日 县个体劳动者协会成立。

11 月 自 4 月起改革基层体制，政社分设，复建乡镇人民政府、村民委员会等组织。

12 月 16 日 国务院副总理李鹏考察镇海发电厂和北仑港发电厂算山厂址现场。

12 月 25 日 宁波至北仑港铁路工程动工，1985 年 12 月 25 日建成。

12 月 县工人俱乐部新大楼竣工开放。

1984 年

1 月 27 日 划镇海县城关镇、湾塘乡、新碶乡和小港、临江乡的一部分组建宁波市滨海区。

2 月 9 日 县青少年宫与县图书馆合建大楼落成，6 月正式开放。

2 月 22 日 北仑发电厂筹备处成立。

4 月 省体委等单位授予大碶镇为“体育之乡”称号。

8 月 成立县职业中学。

8—10 月 镇海港分别建设集装箱码头和液体化工码头，1987 年建成投产。

10 月 18 日 划小港乡港口地区 1.3 平方千米辟为宁波经济技术开发区，后扩大至 5 平方千米。

10 月 日本琉球中国同好协会理事长李亚伦（华裔）回乡，就经济、文化方面同镇海县府签

署镇海县与宜野湾市结为姐妹县市的意向书。

12月 县府在沪召开镇海籍旅沪工商界人士联谊茶话会，120人应邀参加。

是月 港胞包玉书、包丽泰，日籍华人包素菊捐资兴建兆龙小学和钟包公路。

是年 全县各乡镇建立文化中心。

是年 镇海县纳入中央卫生部与联合国儿童基金会订立的扩大免疫规划装备范围，传染病发病率明显下降。

是年 经省验收合格，全县基本消灭血丝虫病。

是年 县农林局棉花地膜覆盖栽培技术应用获省农业科技成果一等奖。

是年 北仑铁路施工，近万名青年参加义务劳动，受共青团中央表扬。北仑铁路于次年12月25日建成。

是年 庄市、俞范、骆驼、澥浦、大碶、柴桥、邬隘、紫石、郭巨、岭头先后办起敬老院，供养孤寡老人。

1985 年

5月16日 镇海与绍兴县结为友好县，

5月21日 日本琉球中国同好协会第一回访中团一行33人，由理事长陈雪峰、团长奥平润率领访问镇海。

7月1日 国务院批复同意撤销镇海县。将原镇海行政区域并入宁波市，设立宁波市镇海区，扩大宁波市滨海区（1987年6月改北仑区），区境按甬江分界。

7月14日 全美华侨商会董事长应行久（镇海籍）等到镇海湾塘、后施等地寻根访故。

8月17日 省府确定镇海（不含穿山以东之穿山半岛、姚墅岙、塔峙和东扫箕之间山区）列入甲类对外开放区。

9月 中共省委批准撤销镇海县委，建立中共宁波市镇海区委员会和滨海区委员会。

是月 举办纪念抗法战争镇海口战役胜利100周年研究会，省、市有关专家、代表80余人出席参加。

是月 黄瑞芬（骆驼人）参加北京世界技巧比赛，获女子技巧全能冠军。

10月1日 镇海区人民政府和滨海区人民政府开始分署办公。

10月28日 庄市中兴校友会校友包玉刚、包从兴等倡建中兴中学，得到众多中兴校友赞助。1987年10月中兴中学落成。

11月6日 处理“文化大革命”中查抄财物清退工作结束，历时8个月。

11月 港胞顾兆田捐资兴建河头幼儿园。

是年 全县乡（镇）、村办工业总产值占全县工业产值50.87%。

是年 评聘各类科技人员885人，其中高级工程师1人，工程师、农艺师、主治医师、会计师、统计师等中级科技人员64人。

是年 东海舰队37531部队与驻地大榭岛乡政府共同集资兴建教学楼、幼儿园、公路、菜场、码头等。

是年　港胞包玉书、包丽泰，日籍华人包素菊先后捐资兴建人民医院住院大楼和门诊大楼。翌年11月，人民医院改名为龙赛医院。

九、1994年版《镇海县志》勘误

页次	栏别	行次	误	正
3	右	倒6	元顺帝至正四年	元惠宗（顺帝）至正四年
10	左	中	1751年2条大事记	2条大事记对调并删去第13行
11	右	倒4	1878年（清光绪四年）	1879年（清光绪五年）并删去倒第2行
19	左	2～3行		伏龙寺被日军焚毁应为1941年5月26日
19	左	23	谢仁安	虞天石
20	左	17	5月6日	应为“1943年4月27—28日”
20	右	倒2	31日	30日
21	右	23	19	17
24	右	倒1	1610立方米	1610万立方米
25	左	倒12	12月	10月
27	左	8、17	联合指挥部	联合总指挥部
29	左	3	合拢	合龙
36	右	倒2	299	295
37	表	宋代	孝武孝建元年	孝武帝孝建元年
39	表	11	宁宗绍熙五年	光宗绍熙五年
39	表	倒2	顺帝至正二十五年	惠宗（顺帝）至正二十五年
40	右	8	海定则宁波	海定则波宁
41	左	倒2	60	40
49		倒7	大堰	大碶
53	右	23	太西、太和	泰西、泰和
54	左	11	柴桥	重复删去
54	右	10	11	9
55	左	倒7	西河	河头
56	右	倒5	鼓楼	鼓东

续表

页次	栏别	行次	误	正
64	左	14	临江	删除
64	左	17	14	13
65	右	倒 3	宝幢乡	宝幢镇
66	左	倒 13	西端	西部
67	右	19	后墩	厚墩
78	表	倒 1	正初	正月初
81	左	12	甘冽	甘洌
83	右	10	甘冽	甘洌
96	右	倒 10	乡西	乡东
98	右	13	宋治平六年	宋治平元年
100	右	10	长约五十里	数据存疑
103	左	13	12 座	10 座
107	左	11	鲵鱼	鮸鱼
107	右	倒 9	东南海域	东北海域
132	右	倒 2	蝮蛇科	蝰科
133	左	1	蝮蛇科	蝰科
134	左	1	萤甲科	萤科
134	左	倒 3	鳍科	鮨科
134	右	7	鳍科	鮨科
137	右	15	木犀科	木樨科
139	右	12	样符	祥符
140	左	27	木犀	木樨
140	左	28	木犀	木樨
140	左	29	木犀	木樨
141	左	倒 10	机率	几率
163	左	6	镇海	镇海（时称定海）
180	右	倒 13	蒲城	浦城
196	表	倒 2	常委员	常委会
197	左	30	副院长	副县长
198	右	7	清雍八年	清雍正八年
202	左	24	卢江	庐江

续表

页次	栏别	行次	误	正
202	左	26	清江	潜江
202	右	4	安色	安邑
202	右	5	河北	湖北
204	左	倒 7	肖山	萧山
209	表	16、18	沥水	沂水
210	表	13	荣城	荣成
224	表 2	左	所属 D 支部	删除“D”
228	右	6	牵联	牵连
229	表	倒 2、4	荣城	荣成
229	表	倒 8、11	荣城	荣成
234	右	4	人大副主任	人大常委会副主任
240	左	倒 6	万加	万嘉
245	左	8	1946	1946 年
252	左	倒 5	张戴阳	张载阳
254	左	倒 7	邬隘明堂岙	鄞县明堂岙
256	表	倒 5	候光友	侯光友
256	表	倒 2	陈仲芳	陈仲方
258	右	倒 3	—1685	—1658
264	右	倒 9～10	中法战争前	中法战争前后
265	左	倒 10	安远	删“安远”
268	右	13	大榭岛乡人民政府	大榭乡人民政府
271	右	17	栾经	奕经
275	左	1	唐肃宗上元三年	唐肃宗壬寅年
279	右	16	百宫	百官
283	表	10	贺房村	贺利房
299	右	倒 12	反盗窃国家财产	反盗骗国家财产
300	左	倒 6	建	复建
306	右	22	194	197
309	右	11	宁复	宁夏
313	右	倒 5	万加	万嘉
315	表	倒 2	民国前 26 年	删去“前”
339	左	倒 10	沪光大学	沪江大学

续表

页次	栏别	行次	误	正
340	右	3	国和中学	顾国和中学
346	表	倒3	邱隘乡	邬隘乡
352	左	21	三门乡	山门乡
371	右	2	咸地	咸田
371	右	倒10	蒿苣笋	莴苣笋
372	左	2	碗豆	豌豆
372	左	9	贵州汉中	陕西汉中
381	左	21	1987年县食品公司	删去“县”
381	右	倒13	棱菌病	梭菌病
385	左	倒17	大坂	大阪
385	左	倒10	县板焊厂	县钣焊厂
391	右	2	滩销	摊销
400	左	倒12	王兴（岛）	黄兴（岛）
400	右	倒10	岱巨洋	岱衢洋
400	右	倒10	两个月	45天
401	左	6、7	北宋时，招宝山下明州第一码头旁建有大船厂，	南宋绍兴年间在定海（即今镇海）驻扎殿司水军（乾道三年改为御前水军）后，同时建立水军船场，制造船舰，
414	右	20	竭泽而鱼	竭泽而渔
425	文左	倒6	1547引	15471引
434	左	24	（插入一句）	1958年在新碶成立镇海县盐业管理所
436	左	倒12	—1521	—1520
443	左	图注	1823	1923
443	左	图注	123年8月	1923年8月
443	文左	倒11	合拢	合龙
445	左	倒9	合拢	合龙
446	右页	图	成湾水库	城湾水库
448	右	倒10、倒3	后墩塘	厚墩塘
459	右	17	合拢	合龙
464	表	倒16	鸟竹园	乌竹园
466	左	倒8	肖镇	萧镇
466	右	倒5	和俞水电站	何俞水电站
472	表	12	后墩	厚墩

续表

页次	栏别	行次	误	正
473	表	5	七星涂（梅山）	七姓涂
474	右	1	陈华铺	陈华浦
476	表右	7	亚浦	霞浦
480	右	倒2	曹莘耕	曹莘畊
481	左	22	柴油发机组	柴油发电机组
492	左	2	经济成份	经济成分
492	左	倒5	1962年全县	1962年原县辖区
502	左	倒6	文化大革命革	文化大革命
509 510	右 左	倒1 1至9行	镇海县……图经》)	自南宋绍兴年间建立水军船场后，造船业更有发展
513	左	15	1974年	1984年
527	表	年份第1行	1958	1956
537	右	倒9	沿山陈	山沿陈
538	右	倒9	蒋博桥	蒋傅桥
542	左	20	1956年	1958年
549	右	文倒7	林塘	林唐
555	右	文6	新河村	新和村
557	右	1	4月17日	4月16日
570	左	9	国民21年	民国21年
572	下表	倒2	徐家偃	徐家堰
581	表注	倒1	油茶子	油茶籽
605	表	1965年2、8栏	373.1　120.5	264.6　12.0
605	表	1967年2栏	329.5	328.7
605	表	1978年2..11栏	1028.1　41.2	999.3　12.4
605	表	1979年2、10栏	969.2　25.1	965.6　21.5
618	右	倒5	5家	6家
640	左	12	沙扑	沙朴
651	右	18	城关镇租金	城关镇月租金
665	右	5	集体贸易	集市贸易
674	右	4	饭点	饭店
685	正文右	4	170余名	273名
686	左	11	合拢	合龙

续表

页次	栏别	行次	误	正
686	左	倒 13	1973 年	1978 年
695	右	倒 11	噪音监测	噪声监测
726	左	14	三门	山门
743	左	8	1973 年	1975 年
762	右	14	支点	支店
768	右	18	椭园	椭圆
771	左	倒 9、10	“1989 年 12 月……” 句	全句删
772	左	倒 5	“约建于……” 句	“始建于宋熙宁六年（1073）”
777	右	倒 3	—984	—985
781	左	1、2	四月初八	四月初十
785	左	倒 1	包杏耕	包杏畊
797	右	4	麻诊	麻疹
863	右	11	钳门口	钳口门
878	左	倒 2	1916 年	1917 年
881	左	倒 4	1930 年	1931 年
883	右	倒 10	抵制查毁日货	抵制、查毁日货
888	右	7	边养病	1949 年边养病
898	右	5	并陉	井陉
901	左	倒 10	1889—1956	1889—1976
901	右	19	浦东县	删去“浦东县”
908	右	12	喷雾机	喷雾器
910	左	倒 3	副主任	副主任委员
917	左	17	枪枝	枪支
931	右	19	艰“渡”	度
934	右	8	黄浦军校	黄埔军校
935	左	3	黄浦军校	黄埔军校
937	表	倒 6	长石	灵绪
937	表	倒 12	《括仓文存》	《括苍文存》
942	表	2	丹阳县	镇丹县
942	右	2	祥福	祥祐
947	表	4	渭头县	洞头县
947	表	倒 4	军人监狱	陆军监狱

续表

页次	栏别	行次	误	正
948	表	倒 7	宁县	宁陵县
948	表	倒 5	泽县	沧县
949	表	2	于昌克	于克昌
949	表	倒 12	山东省铜山县	江苏省铜山县
949	表	倒 7	江苏省迁县	江苏省宿迁县
949	表	倒 6	胡西盛	胡亚盛
949	表	倒 6	河北省靖远县	甘肃省靖远县
949	表	倒 3	山东省邑度县	山东省昌邑县
950	表	倒 12	河南省邱城县	河南省郸城县
950	表	倒 8	江苏省叶挺县	河南省叶县
951	表	18	新中县	新汶县
951	表	倒 5	湖安县	福安县
951	表	倒 7	东平里	东平县
951	表	倒 1	吴安县	吴桥县
952	表	13	贵亭县	贵定县
952	表	倒 5	天桂县	天柱县
953	表	倒 2	宁婆县	宁娄县
962	表	4	沙逸仙　男	沙逸仙　女
971	右	倒 5	□吴会	通吴会
972	左	7	鳟而夷者	鳟而坠者
972	左	12	该督理	督理
972	左	13	然规而验焉	然视而验焉
984	左	15	叶颂华	叶颂清
1005	左	7	中华人民共和国村民委员会组织法	中华人民共和国村民委员会组织法（试行）
1005	左	15	中华人民共和国居民委员会组织法	中华人民共和国城市居民委员会组织法
1017	左	12	巴籍华人	巴西籍华人
1021	右	1	8 月 9 日	7 月 1 日
1022		图	蛟头乡	岐头乡（六横岛）
1032	右	5	糟筒车	槽筒车
1034	左	倒 2	浙幅九号	浙辐九号
末页	采访人员	1	乐茂棠	陆茂棠

修志始末

中华人民共和国成立后首部《镇海县志》问世于1994年11月，印数5000册（其中2000册供北仑区使用），发行后，社会各界反响热烈，来人来函来电索求者络绎不绝。到2004年，区档案馆所藏《镇海县志》已不足50册。时值全国第二轮地方志编纂全面开展之际，区委、区政府决定编纂《宁波市镇海区志》。2004年9月，成立镇海区地方志编纂委员会，郭华巍任主任，王耀军任办公室主任，同时设副主任5人、委员27人，聘请陈兵为主编。不久，聘请省内外方志界专家、学者和曾在镇海工作过的部分老领导朱兆祥、魏桥、郑祖安、俞福海、杨金荣、张曦、王卓辉等18人为顾问。聘请熟悉地情、爱好文史研究的20余名老同志担任采访员。

由于人事变动等原因，编委成员经4次调整。2007年改马卫光为编委会主任，许武松为办公室主任；2008年改陈召华为编委会主任，聘请陈家俊为主编，陈兵为总纂；2012年改魏祖民为编委会主任，王信永为办公室主任；2017年改俞奇恩为办公室主任。各副主任、委员同时作出相应调整。

区志编纂委员会办公室成立后，即着手制定《编纂方案》与《基础纲目》。明确本次编纂的是镇海区建区以来第一部区志，力求全面反映镇海区地情、民情、政情，重点记述1985—2008年，建区23年来的发展变化。编纂基础纲目的基本思路是：全方位反映建区以来本地经济、政治、文化、社会、生态文明等方面发展实情。力求有前瞻性，注视改革开放中出现的新情况、新事物，并客观反映前进过程中存在问题；又要符合科学概念，注意纲目间逻辑关系；更要重视资料的存世价值，抢救，记录并保存有价值的文化资料，详今明古，体现地方志的历史厚度。着眼于创时代之新，立地方特色之异，按“环境资源—经济发展—政治建设—社会民生”的顺序分成39编，以“编—章—节—目—子目”展开编纂。

2004年9月，召开《宁波市镇海区志》编纂动员大会，将39编撰写任务落实到59个编撰部门。要求承编单位不以部门职能分工为唯一依据，要以整体角度编写承编内容，并与相关单位作必要协调。广发征集区志资料布告，委托区政府驻杭州、上海、北京办事处等联络点，区侨办、区台办等部门，广泛团结寓外镇海籍人士，为区志编修献计出谋，提供资料。2004年10月创刊《镇海史志通讯》，选刊新撰志稿，载录修志信息，交流编纂经验，征集反馈意见。2013年以后改为《镇海史志》。

区志编纂委会办公室承担“人物”“方言”“政区”“民情民俗”“丛录”等5编，同时自撰

《镇海县志·大事记》（修正）、《区志大事记》等39编以外的文字内容。“人物”采取二十四史中的列传分类方式以明本地人才品类，又参考《史记》中列传与世家形式，编纂“大族世家”；遵循“生不列传”原则，对健在人物采取“简介”“列表”等形式记载；保存镇海大姓家谱的目录线索，记录镇海古代近现代人物1000余人。“民情民俗”着重于当代，对节日旧俗淡化的趋势也有适当反映；节目编排打破前志的习俗分类，保存部分非物质文化遗产，特别是儿童游戏、婚嫁丧葬习俗，给予浓笔记述；将特殊群体（老年人、青少年、上班族、外来打工者、拾荒者）的社会调查报告附录于后。扩大《镇海县志》原有“丛录”编，将经史实考证的“古事”“旧闻”“谈助”类内容充实其中，以保存地方历史文化，大部分碑记作适当注释或解读。“大事记”采用《通鉴纲目》编纂形式，以记事本末体穿插“链接”，适当加插图。借鉴民国《镇海县新志备稿》，将有重要参考价值但已超出区志下限的内容，以“备稿”“备记”等形式记录，以方便参阅。

2008年开始转入第二阶段，这一阶段的编纂思路是：提升品位，凸现个性，优化结构，充实内容，调整文字，规范操作。其间对区志编纂大纲作过6次调整。省社科院原副院长魏桥教授用“大纲很有创意，不同凡响，又符合镇海实际，设计合理，体现特色，可以立一家之言，成不拘一格的志书，值得欢迎”给予高度评价。

2012年，各部门分志稿基本完成。2014年形成《宁波市镇海区志》征求意见稿，广泛听取各方面意见，去粗取精，去伪存真。2016年10月13日，《宁波市镇海区志》（初审稿）通过专家评审。根据专家意见进行增删修订，删去原记载越界的“现属北仑区院士”等节，新增部分素材，从39编调整为45编。如将“大族世家”整章从“人物”编中抽出，“姓氏”整章从“人口姓氏”编中抽出，与“谱牒”合为“姓氏　大族　谱牒”编；新增“建筑业　房地产”编；将“财政税务”编分为“财政”和“税务”2编；将“区政机构”编分为“人民代表大会”“人民政府”“人民政协”3编；将“政务实施”分为“民政　老龄事业”“人事　劳动　社会保障”2编。对部分编名进行修正，以求更加符合编载内容。2018年4月17日，《宁波市镇海区志》（复审稿）通过专家评审。根据专家意见，进一步加强总纂通稿，尽可能减少差错硬伤。将“丛录”单列于各编之后。全书定为44编。2018年9月，形成《宁波市镇海区志》（终审稿）。

2018年12月14日，《宁波市镇海区志》终审会议举行，省方志办原主任杨金荣，市方志办副主任傅晓等领导、专家，区领导林伟明、王资耀、严红霞及相关部门负责人出席会议。终审专家组评审意见认为《宁波市镇海区志》是一部高质量之作。终审政审组成员单位同意《宁波市镇海区志》通过政审。区政府宣布《宁波市镇海区志》通过终审，批准出版。

“史固贵实，录不尚虚”，“不信不实，史之贼也”（《史通通释》）。十四载修志，我们深信人民是历史的创造者，是真正的英雄，坚持“志为民所编”的原则，从“历史”和“人民”的角度衡量，决定内容的取舍和掌握表达的分寸。既严守志书的“地界”“时界”和“志界”，又把目光与思路不局限于一时一地，“立足本地，兼顾周边；‘瞻前顾后’，把握现实；眼观六路，耳听八方”。紧紧把握住改革开放这个主题，定好空间和时间的“位”。在内容和结构上力求有所创新和突破，强调地方的个性特色，对社会体制发生的变化，如政府与社会职能的分工，小政府、大社会格局的形成，管理与服务职能的变换，以及与时代进步相适应的社区组织的发展，物流业的兴起等，都持有清楚的认识，并在编纂中作相应调整和改变。我们珍视历史赋予的使命，严守史德。以严谨求实的态度参与编撰。记实绩，记事实；记成绩，也记失误；去夸饰，去水分，绝浮词，绝虚假，不允许“无中生有”或“添油加醋”，叙事“恰到好处，留有余地，宁可不够，不要过头”。对资料广采博览，择精选要。

在编纂过程中，反复强调资料性及资料的存世价值。记实体，述实情，写实绩，留史迹，存数据，成为各编章的撰写要点。如“地域与人文优势”编，将地方特色内容概述其中，供读者纵览，也供施政者参考；同时从区志定位角度，将部省市属大企业作为地域优势记述，既立足本地，又重视大工程企业，主客分明，定位恰当。区志中记录消失的乡镇村落、山体、海礁、道路、古建筑、古码头、古海塘、古内河航运。经济类则记录改革发展轨迹和可参比的数据，特别是改革的效果业绩。对有计划的整批移民留存名册。对1994年版《镇海县志》中重要差讹作了勘误。

是届修志参与承编撰写或负责资料提供的有100余个单位、130余名人员，搜集资料1000余万字，送交区志编纂办公室的志稿700余万字。中石化镇海炼化分公司、浙江浙能镇海发电有限责任公司、宁波港股份有限公司镇海港埠分公司、镇海海关、镇海海事处等部省市属单位，驻镇海部队和各镇、街道、部门均积极提供基础资料。区档案局、区党史办和区文管会给予全力支持和配合。蛟川樊氏、城关金氏、衙前张氏、清湖张氏、八里桥周氏、江南沈氏、镇海车氏、楼氏、十七房郑氏、柏墅方方氏等后裔都送来家谱或赞助款。方氏后裔方之冈不遗余力地寄赠家族宗谱文字照片资料，并联系镇海籍在沪人士，宣传地方修志事业，还帮助审核纠正坊间对方氏家族人物的差错记述。离开家乡70余年、年近九旬、现居住香港的朱昌言得知要编纂《宁波市镇海区志》的消息后，慷慨捐资5万港元赞助区志的编写和出版工作。叶澄衷在香港裔孙赞助区志办5万元。北京、上海的镇海籍同乡会，与区志办联系密切，提供资料甚丰。区志聘请的顾问，尽职履责，真顾实问，发挥不可替代的作用。省社科院原副院长魏桥教授尽管年事已高，对寄去的每一份志稿，都细阅精评，给予鼓励指导。省社科院原副书记，省地方志办公室原主任杨金荣，以一个学者的视角，对每份志稿都逐章逐节展开点评，精细入微进行指导。上海社科院郑祖安教授，以浓浓乡情多次送来珍贵资料，经常来信来函，提出许多创意，鼓励编纂出充满镇海特色的地方志。《宁波市志》原主编俞福海，对《宁波市镇海区志》始终如一给予关心支持，从编纂方案、纲目安排，到具体编章特色的体现，都提出建设性建议。浙江大学原党委书记张曦，无论事情再多，工作再忙，都认真阅读寄送的志稿，反复思考，提出具体修改意见。原宁波市政协主席王卓辉，对于区志如何突出改革开放这一主题，来信来函反复指点。区政协原主席乐山弗，区政协原副主席董克勤，他们审阅过的每份志稿，都有大量批注，甚至整段重写。已故宁波大学首任校长朱兆祥、宁波市水利局原局长胡允和、区人大常委会原副主任郑康宁在世期间，始终如一关心关爱区志的编纂，付出过辛勤劳动和心血。孙家明、张锡域为1994年版《镇海县志》勘误付出辛勤汗水。童志行、任根德、严水孚三位老同志，退休后全身心投入发掘和弘扬地方文化活动中，为推动镇海的史志工作，做出重大贡献，对区志编撰帮助良多。档案馆胡永翘长期来为地方志编纂主动提供资料、查证史实，从不厌烦。文管会李根员重视地方文献文物资料的蒐集保存，而且一贯来对地方志编修热情积极支持，除经常主动供给资料外，还将拍摄的数百帧珍贵文物照片提供给区志编纂室选取。《今日镇海》报社张敬愉将多年来经过精选、反映地情的千余帧照片资料，无保留的提供给区志编纂室。张敬愉、李根员两位的照片资料，加上李浙东、周承禔的摄影，奠定区志编委会编辑《镇海图照册》的基础。住沪镇海人杜功乐（杜风）研究员，在患中风后书写绝对困难情况下，仍以颤抖的手陆续写出数百页地情、方言资料，雁书不绝，其情感人。年轻干部徐春伟朝气蓬勃，善于蒐集资料，每得到有关镇海地情新史料，总是第一时间提供给地方志办公室参考……凡上述种种，无不凝聚各界人士对《宁波市镇海区志》殷殷关切情怀，在此，表示衷心感谢。

宁波市镇海区地方志编纂委员会办公室
2019 年 5 月

（执笔　陈柏青）

跋

大音希声，满桶不响；唯其浅薄，故而呶呶。

《宁波市镇海区志》主要记述1985年至2008年间镇海区地情、政情、民情的概貌，反映镇海在城市化和奔小康过程中社会经济文化发展轨迹及个中曲折艰难。它素面朝天，去陈言，戒浮词，剔虚假，存史实，不讳言自然资源的稀缺，不讳言环境污染给居民和政府带来的危害及压力；乐观地记述地域人文资源的优势，喜滋滋地记录一代一代出类拔萃的“江东子弟”们关怀家国、开拓进取及其创造的业绩与成就；记录了镇海的开放、包容、生态和谐、人性关怀、重文崇德厚生、优化环境的事实和数据，给读者保存尽可能客观的参比资料。它不仅记述了镇海的“今生”，也适当追叙了她的“前世”，从历史文化的角度记述了她的“根”，也记下了在这块土地上所发生事物的“源”和“流”。因为有“根”，才有后来的枝叶、花果；知道“源”和“流”，才会更珍视“根”。区志不只是留下些数据文字，而是在延续着地方文化。

二十几年来镇海区的变化实在太迅猛了。旧貌换新颜，老村落、石板路、旧屋宇，甚至山体、滩涂、河流、田畴，转眼之间，已为陈迹。连片矗立的民居企业高楼群，环境设备优良的中小学校幼儿园，蓊郁苍翠的绿化林带，蛛网般的交通线，穿梭行驶的车辆，熙来攘往的上班族、上学族、休闲族，还有源源加入的外来人员，带给镇海旺旺的人气、士气、活力和蓬勃生机。一个融入大宁波的现代化港口新城已初具规模。记旧录新，便成为编修区志的要务。

能参与区志的编纂，全面了解我们的家乡，感受她的日新月丽，让思想感情接通地气，体味和谐清朗的生活，是非常幸运的。

修志同仁对“历史”和“人民”心存敬畏。心中时时有历史老人提醒我们“重视史德”，感受到读者期待和督促的眼光。于史实不敢妄加穿凿，于数据力求接近真实。不敢华伪媚俗，浮夸哗众；亦不敢拘泥所见，偏执一端。虽不能完全理明辞达，神完气足，也信守文字之道，与政相通，修志存史，该当为世所用。

《宁波市镇海区志》的编纂力求承继地方志编纂优良传统，推陈出新，与时俱进；在结构、内容和形式上有所创新，试图冲破“千志一面”定势和“党八股”束缚，去芜存菁，不落陈套。可是戛戛乎何其难哉！

尽管十余年来“为伊消得人憔悴”，年轻的多添了皱纹，年长者白发频增，然而感恩人民，回报社会，参与编纂的全体同志无怨无悔，相互策勉，希竭驽钝，免致陨越，小心翼翼地摸索着自己的修志路。只盼这套区志的出版，能给社会主义志苑添上小小一抹红艳，给后人留下可靠的地情数据，也差堪告慰了。

由于机构变动频繁，人员更迭转轮，资料散失，查考无门，使某些部类史实缺项、数据不全；又囿于我们学识才能鄙陋，十年磨剑，鲁钝依旧，地方个性张扬，未能淋漓尽致：志书的粗疏缺失，自不待言，有待读者裨补缺漏，修正舛讹。

新知无尽，真理无穷，励业益知，青胜于蓝。编纂更完善的地方志，谨寄厚望于来者！

陈 兵

2019 年 5 月

索　引

主题词索引

A

B

C

D

H

J

K

L

M

N

P

Q

R

S

T

W

X

Y

Z

主要人名索引

B

C

D

F

G

H

J

K

L

N

Q

R